D1701054

J. von Staudingers
Kommentar zum Bürgerlichen Gesetzbuch
mit Einführungsgesetz und Nebengesetzen
Buch 2 · Recht der Schuldverhältnisse
§§ 611–613
(Dienstvertragsrecht 1)

Kommentatorinnen und Kommentatoren

Dr. Karl-Dieter Albrecht
Vorsitzender Richter am Bayerischen Verwaltungsgerichtshof a. D., München

Dr. Christoph Althammer
Professor an der Universität Regensburg

Dr. Georg Annuß
Rechtsanwalt in München, Außerplanmäßiger Professor an der Universität Regensburg

Dr. Christian Armbrüster
Professor an der Freien Universität Berlin, Richter am Kammergericht a. D.

Dr. Arnd Arnold
Professor an der Universität Trier, Dipl.-Volksw.

Dr. Martin Avenarius
Professor an der Universität zu Köln

Dr. Christian Baldus
Professor an der Universität Heidelberg

Dr. Wolfgang Baumann
Notar in Wuppertal, Professor an der Bergischen Universität Wuppertal

Dr. Winfried Bausback
Professor a. D. an der Bergischen Universität Wuppertal, bayerischer Staatsminister der Justiz, Mitglied des Bayerischen Landtags

Dr. Roland Michael Beckmann
Professor an der Universität des Saarlandes, Saarbrücken

Dr. Dr. h. c. Detlev W. Belling, M.C.L.
Professor an der Universität Potsdam

Dr. Andreas Bergmann
Professor an der Fernuniversität Hagen

Dr. Falk Bernau
Richter am OLG Celle, Wiss. Mitarbeiter am Bundesverfassungsgericht

Dr. Werner Bienwald
Professor an der Evangelischen Fachhochschule Hannover, Rechtsanwalt in Oldenburg

Dr. Claudia Bittner, LL.M.
Außerplanmäßige Professorin an der Universität Freiburg i. Br., Richterin am Hessischen Landessozialgericht

Dr. Reinhard Bork
Professor an der Universität Hamburg

Dr. Jan Busche
Professor an der Universität Düsseldorf

Dr. Georg Caspers
Professor an der Universität Erlangen-Nürnberg

Dr. Tiziana Chiusi
Professorin an der Universität des Saarlandes, Saarbrücken

Dr. Michael Coester, LL.M.
Professor an der Universität München

Dr. Dagmar Coester-Waltjen, LL.M.
Professorin an der Universität Göttingen

Dr. Thomas Diehn
Notar a. D. in Hamburg

Dr. Katrin Dobler
Referentin am Justizministerium Baden-Württemberg

Dr. Heinrich Dörner
Professor an der Universität Münster

Dr. Anatol Dutta
Professor an der Universität Regensburg

Dr. Christina Eberl-Borges
Professorin an der Universität Mainz

Dr. Dres. h. c. Werner F. Ebke, LL.M.
Professor an der Universität Heidelberg

Dr. Jan Eickelberg, LL.M.
Professor an der Hochschule für Wirtschaft und Recht, Berlin

Dr. Volker Emmerich
Professor an der Universität Bayreuth, Richter am Oberlandesgericht Nürnberg a. D.

Dipl.-Kfm. Dr. Norbert Engel
Ministerialdirigent a. D., Rechtsanwalt in Erfurt

Dr. Helmut Engler
Professor an der Universität Freiburg i. Br., Minister in Baden-Württemberg a. D.

Dr. Cornelia Feldmann
Rechtsanwältin in Freiburg i. Br.

Dr. Karl-Heinz Fezer
Professor an der Universität Konstanz, Honorarprofessor an der Universität Leipzig, Richter am Oberlandesgericht Stuttgart a. D.

Dr. Philipp S. Fischinger, LL.M.
Professor an der Universität Mannheim

Dr. Johann Frank
Notar in Amberg

Dr. Rainer Frank
Professor an der Universität Freiburg i. Br.

Dr. Robert Freitag, Maître en droit
Professor an der Universität Erlangen-Nürnberg

Dr. Jörg Fritzsche
Professor an der Universität Regensburg

Dr. Bernhard Großfeld, LL.M.
Professor an der Universität Münster

Dr. Beate Gsell, Maître en droit
Richterin am Oberlandesgericht München, Professorin an der Universität München

Dr. Karl-Heinz Gursky
Professor an der Universität Osnabrück

Dr. Thomas Gutmann, M. A.
Professor an der Universität Münster

Dr. Martin Gutzeit
Professor an der Universität Gießen

Dr. Martin Häublein
Professor an der Universität Innsbruck

Dr. Johannes Hager
Professor an der Universität München

Dr. Wolfgang Hau
Professor an der Universität Passau

Dr. Rainer Hausmann
Professor an der Universität Konstanz

Dr. Stefan Heilmann
Richter am Oberlandesgericht Frankfurt, Honorarprofessor an der Frankfurt University of Applied Sciences

Dr. Jan von Hein
Professor an der Universität Freiburg i. Br.

Dr. Christian Heinze
Professor an der Universität Hannover

Dr. Tobias Helms
Professor an der Universität Marburg

Dr. Dr. h. c. mult. Dieter Henrich
Professor an der Universität Regensburg

Dr. Reinhard Hepting †
Professor an der Universität Mainz

Dr. Carsten Herresthal, LL.M.
Professor an der Universität Regensburg

Christian Hertel, LL.M.
Notar in Weilheim i. OB.

Dr. Stephanie Herzog
Rechtsanwältin in Würselen

Dr. Katharina Hilbig-Lugani
Professorin an der Universität Düsseldorf

Joseph Hönle
Notar in München

Dr. Ulrich Hönle
Notarassessor in Amberg

Dr. Bernd von Hoffmann †
Professor an der Universität Trier

Dr. Heinrich Honsell
Professor an der Universität Zürich, Honorarprofessor an der Universität Salzburg

Dr. Norbert Horn
Professor an der Universität zu Köln, Vorstand des Arbitration Documentation and Information Center e.V., Köln

Dr. Peter Huber, LL.M.
Professor an der Universität Mainz

Dr. Rainer Hüttemann
Professor an der Universität Bonn

Dr. Florian Jacoby
Professor an der Universität Bielefeld

Dr. Rainer Jagmann
Vorsitzender Richter am Oberlandesgericht Karlsruhe a. D.

Dr. Ulrich von Jeinsen
Rechtsanwalt und Notar in Hannover, Honorarprofessor an der Universität Hannover

Dr. Joachim Jickeli
Professor an der Universität zu Kiel

Dr. Dagmar Kaiser
Professorin an der Universität Mainz

Dr. Bernd Kannowski
Professor an der Universität Bayreuth

Dr. Rainer Kanzleiter
Notar a. D. in Ulm, Honorarprofessor an der Universität Augsburg

Dr. Sibylle Kessal-Wulf
Richterin des Bundesverfassungsgerichts, Karlsruhe

Dr. Fabian Klinck
Professor an der Universität Bochum

Dr. Frank Klinkhammer
Richter am Bundesgerichtshof, Karlsruhe

Dr. Steffen Klumpp
Professor an der Universität Erlangen-Nürnberg

Dr. Hans-Georg Knothe
Professor an der Universität Greifswald

Dr. Jürgen Kohler
Professor an der Universität Greifswald

Dr. Stefan Koos
Professor an der Universität der Bundeswehr München

Dr. Rüdiger Krause
Professor an der Universität Göttingen

Dr. Heinrich Kreuzer
Notar in München

Dr. Hans-Dieter Kutter
Notar a. D. in Nürnberg

Dr. Gerd-Hinrich Langhein
Notar in Hamburg

Dr. Arnold Lehmann-Richter
Professor an der Hochschule für Wirtschaft und Recht Berlin

Stefan Leupertz
Richter a. D. am Bundesgerichtshof, Honorarprofessor an der TU Dortmund

Dr. Martin Löhnig
Professor an der Universität Regensburg

Dr. Dr. h. c. Manfred Löwisch
Professor an der Universität Freiburg i. Br., Rechtsanwalt in Lahr (Schw.), vorm. Richter am Oberlandesgericht Karlsruhe

Dr. Dirk Looschelders
Professor an der Universität Düsseldorf

Dr. Stephan Lorenz
Professor an der Universität München

Dr. Ulrich Magnus
Professor an der Universität Hamburg, Richter am Hanseatischen Oberlandesgericht a. D.

Dr. Peter Mankowski
Professor an der Universität Hamburg

Dr. Heinz-Peter Mansel
Professor an der Universität zu Köln

Dr. Peter Marburger
Professor an der Universität Trier

Dr. Wolfgang Marotzke
Professor an der Universität Tübingen

Dr. Sebastian A. E. Martens
Professor an der Universität Passau

Dr. Dr. Dr. h. c. mult. Michael Martinek, M.C.J.
Professor an der Universität des Saarlandes, Saarbrücken, Honorarprofessor an der Universität Johannesburg, Südafrika

Dr. Annemarie Matusche-Beckmann
Professorin an der Universität des Saarlandes, Saarbrücken

Dr. Jörg Mayer
Honorarprofessor an der Universität Erlangen-Nürnberg, Notar in Simbach am Inn

Dr. Dr. Detlef Merten
Professor an der Deutschen Universität für Verwaltungswissenschaften Speyer

Dr. Tanja Mešina
Richterin, Baden-Baden

Dr. Rudolf Meyer-Pritzl
Professor an der Universität zu Kiel, Richter am Schleswig-Holsteinischen Oberlandesgericht in Schleswig

Dr. Peter O. Mülbert
Professor an der Universität Mainz

Dr. Dirk Neumann
Vizepräsident des Bundesarbeitsgerichts a. D., Kassel, Präsident des Landesarbeitsgerichts Chemnitz a. D.

Dr. Hans-Heinrich Nöll
Rechtsanwalt in Hamburg

Dr. Jürgen Oechsler
Professor an der Universität Mainz

Dr. Hartmut Oetker
Professor an der Universität zu Kiel, Richter am Thüringer Oberlandesgericht in Jena

Wolfgang Olshausen
Notar a. D. in Rain am Lech

Dr. Dirk Olzen
Professor an der Universität Düsseldorf

Dr. Sebastian Omlor, LL.M., LL.M.
Privatdozent an der Universität des Saarlandes

Dr. Gerhard Otte
Professor an der Universität Bielefeld

Dr. Lore Maria Peschel-Gutzeit
Rechtsanwältin in Berlin, Senatorin für Justiz a. D. in Hamburg und Berlin, Vorsitzende Richterin am Hanseatischen Oberlandesgericht zu Hamburg i. R.

Dr. Frank Peters
Professor an der Universität Hamburg, Richter am Hanseatischen Oberlandesgericht zu Hamburg a. D.

Dr. Axel Pfeifer
Notar in Hamburg

Dr. Jörg Pirrung
Richter am Gericht erster Instanz der Europäischen Gemeinschaften i. R., Professor an der Universität Trier

Dr. Ulrich Preis
Professor an der Universität zu Köln

Dr. Maximilian Freiherr von Proff zu Irnich
Notar in Köln

Dr. Manfred Rapp
Notar in Landsberg am Lech a. D.

Dr. Thomas Rauscher
Professor an der Universität Leipzig, Dipl. Math.

Dr. Peter Rawert, LL.M.
Notar in Hamburg, Honorarprofessor an der Universität Kiel

Eckhard Rehme
Vorsitzender Richter am Oberlandesgericht Oldenburg i. R.

Dr. Wolfgang Reimann
Notar a. D., Honorarprofessor an der Universität Regensburg

Dr. Tilman Repgen
Professor an der Universität Hamburg

Dr. Dieter Reuter
Professor an der Universität zu Kiel, Richter am Schleswig-Holsteinischen Oberlandesgericht in Schleswig a. D.

Dr. Reinhard Richardi
Professor an der Universität Regensburg, Präsident des Kirchlichen Arbeitsgerichtshofs der Deutschen Bischofskonferenz, Bonn

Dr. Volker Rieble
Professor an der Universität München, Direktor des Zentrums für Arbeitsbeziehungen und Arbeitsrecht

Dr. Anne Röthel
Professorin an der Bucerius Law School, Hamburg

Dr. Christian Rolfs
Professor an der Universität zu Köln

Dr. Herbert Roth
Professor an der Universität Regensburg

Dr. Ludwig Salgo
Apl. Professor an der Universität Frankfurt a. M.

Dr. Renate Schaub, LL.M.
Professorin an der Universität Bochum

Dr. Martin Josef Schermaier
Professor an der Universität Bonn

Dr. Gottfried Schiemann
Professor an der Universität Tübingen

Dr. Eberhard Schilken
Professor an der Universität Bonn

Dr. Peter Schlosser
Professor an der Universität München

Dr. Martin Schmidt-Kessel
Professor an der Universität Bayreuth

Dr. Günther Schotten
Notar a. D. in Köln, Professor an der Universität Bielefeld

Dr. Robert Schumacher, LL.M.
Notar in Köln

Dr. Roland Schwarze
Professor an der Universität Hannover

Dr. Andreas Schwennicke
Notar und Rechtsanwalt in Berlin

Dr. Maximilian Seibl
Akad. Rat a. Z. an der Universität München

Dr. Hans Hermann Seiler
Professor an der Universität Hamburg, Richter am Hanseatischen Oberlandesgericht a. D.

Dr. Stephan Serr
Notarassessor in Würzburg

Dr. Reinhard Singer
Professor an der Humboldt-Universität Berlin, vorm. Richter am Oberlandesgericht Rostock

Dr. Dr. h. c. Ulrich Spellenberg
Professor an der Universität Bayreuth

Dr. Sebastian Spiegelberger
Notar a. D. in Rosenheim

Dr. Ansgar Staudinger
Professor an der Universität Bielefeld

Dr. Malte Stieper
Professor an der Universität Halle-Wittenberg

Dr. Markus Stoffels
Professor an der Universität Heidelberg

Dr. Dr. h. c. Fritz Sturm †
Professor an der Universität Lausanne

Dr. Gudrun Sturm
Assessorin, Wiss. Mitarbeiterin

Burkhard Thiele
Präsident des Oberlandesgerichts Rostock

Dr. Karsten Thorn
Professor an der Bucerius Law School, Hamburg

Dr. Gregor Thüsing, LL.M.
Professor an der Universität Bonn

Dr. Barbara Veit
Professorin an der Universität Göttingen

Dr. Bea Verschraegen, LL.M., M.E.M.
Professorin an der Universität Wien, adjunct professor an der Universität Macao

Dr. Klaus Vieweg
Professor an der Universität Erlangen-Nürnberg

Dr. Markus Voltz
Notar in Offenburg

Dr. Reinhard Voppel
Rechtsanwalt in Köln

Gerd Weinreich
Vorsitzender Richter am Oberlandesgericht Oldenburg

Dr. Birgit Weitemeyer
Professorin an der Bucerius Law School, Hamburg

Dr. Olaf Werner
Professor an der Universität Jena, Richter am Thüringer Oberlandesgericht Jena a. D.

Dr. Daniel Wiegand, LL.M.
Rechtsanwalt in München

Dr. Wolfgang Wiegand
Professor an der Universität Bern

Dr. Peter Winkler von Mohrenfels
Professor an der Universität Rostock, Richter am Oberlandesgericht Rostock a. D., Rechtsanwalt in Rostock

Dr. Hans Wolfsteiner
Notar a. D., Rechtsanwalt in München

Heinz Wöstmann
Richter am Bundesgerichtshof, Karlsruhe

Redaktorinnen und Redaktoren

Dr. Christian Baldus

Dr. Dr. h. c. mult. Christian von Bar, FBA

Dr. Michael Coester, LL.M.

Dr. Heinrich Dörner

Dr. Hans Christoph Grigoleit

Dr. Karl-Heinz Gursky

Dr. Johannes Hager

Dr. Dr. h. c. mult. Dieter Henrich

Sebastian Herrler

Dr. Dagmar Kaiser

Dr. Dr. h. c. Manfred Löwisch

Dr. Ulrich Magnus

Dr. Peter Mankowski

Dr. Heinz-Peter Mansel

Dr. Jörg Mayer

Dr. Jürgen Oechsler

Dr. Gerhard Otte

Dr. Lore Maria Peschel-Gutzeit

Dr. Manfred Rapp

Dr. Peter Rawert, LL.M.

Dr. Volker Rieble

Dr. Herbert Roth

Dr. Markus Stoffels

Dr. Wolfgang Wiegand

J. von Staudingers
Kommentar zum Bürgerlichen Gesetzbuch
mit Einführungsgesetz und Nebengesetzen

Buch 2
Recht der Schuldverhältnisse
§§ 611–613
(Dienstvertragsrecht 1)

Neubearbeitung 2016
von
Philipp S. Fischinger
Reinhard Richardi

Redaktor
Volker Rieble

Sellier – de Gruyter · Berlin

Die Kommentatorinnen und Kommentatoren

Neubearbeitung 2016
§§ 611–613: REINHARD RICHARDI/PHILIPP S. FISCHINGER

Neubearbeitung 2011
§§ 611–613: REINHARD RICHARDI/PHILIPP S. FISCHINGER

Neubearbeitung 2005
§§ 611, 612, 612a, 613, 614, 615: REINHARD RICHARDI
§§ 611a, 611b, 613a: GEORG ANNUSS

Dreizehnte Bearbeitung 1999
§§ 611–615: REINHARD RICHARDI
Die Erläuterung der §§ 611a, 611b, 613a erfolgte zusammen mit Rechtsanwalt Dr. GEORG ANNUSS

Sachregister

Rechtsanwältin Dr. MARTINA SCHULZ, Pohlheim

Zitierweise

STAUDINGER/RICHARDI/FISCHINGER (2016)
Vorbem 1 zu §§ 611 ff
STAUDINGER/RICHARDI/FISCHINGER (2016)
§ 611 Rn 1

Zitiert wird nach Paragraph bzw Artikel und Randnummer.

Hinweise

Das Abkürzungsverzeichnis befindet sich auf www.staudingerbgb.de.

Der Stand der Bearbeitung ist jeweils mit Monat und Jahr auf den linken Seiten unten angegeben.

Am Ende eines jeden Bandes befindet sich eine Übersicht über den aktuellen Stand des „Gesamtwerk STAUDINGER".

MIX
Papier aus verantwortungsvollen Quellen
FSC
www.fsc.org FSC® C016439

Die Deutsche Nationalbibliothek verzeichnet diese Publikation in der Deutschen Nationalbibliografie; detaillierte bibliografische Daten sind im Internet über http://dnb.dnb.de abrufbar.

ISBN 978-3-8059-1197-9

© Copyright 2016 by oHG Dr. Arthur L. Sellier & Co. – Walter de Gruyter GmbH, Berlin. – Printed in Germany.

Dieses Werk einschließlich aller seiner Teile ist urheberrechtlich geschützt. Jede Verwertung außerhalb der engen Grenzen des Urheberrechtsgesetzes ist ohne Zustimmung des Verlages unzulässig und strafbar. Das gilt insbesondere für Vervielfältigungen, Übersetzungen, Mikroverfilmungen und die Einspeicherung und Verarbeitung in elektronischen Systemen.

Satz: fidus Publikations-Service, Nördlingen.

Druck und Bindearbeiten: Hubert & Co., Göttingen.

Umschlaggestaltung: Bib Wies, München.

♾ Gedruckt auf säurefreiem Papier, das die DIN ISO 9706 über Haltbarkeit erfüllt.

Inhaltsübersicht

	Seite*
Vorwort	IX

Buch 2 · Recht der Schuldverhältnisse

Abschnitt 8 · Einzelne Schuldverhältnisse

Titel 8 · Dienstvertrag und ähnliche Verträge	1
Untertitel 1 · Dienstvertrag (§§ 611–613)	64
Sachregister	729

---

* Zitiert wird nicht nach Seiten, sondern
nach Paragraph bzw Artikel und Randnummer;
siehe dazu auch „Zitierweise".

Vorwort

Das Dienstvertragsrecht des BGB ist nach wie vor die Basis des Arbeitsvertragsrechts. Die wenigen Bestimmungen waren, wie man schon bei seinem Erlass konstatierte, „von dem Versuch einer Kodifikation des modernen Arbeitsvertragsrechts weit entfernt" (OTTO vGIERKE). Der Reichstag hatte deshalb in einer am 11. 12. 1896 verabschiedeten Resolution die Erwartung ausgesprochen, „daß die Verträge, durch welche jemand sich verpflichtet, einen Theil seiner geistigen oder körperlichen Arbeitskraft für die häusliche Gemeinschaft, ein wirthschaftliches oder gewerbliches Unternehmen eines anderen gegen einen vereinbarten Lohn zu verwenden, für das Deutsche Reich baldthunlichst einheitlich geregelt werden". Die Weimarer Reichsverfassung hatte in Art 157 Abs 2 sogar versprochen: „Das Reich schafft ein einheitliches Arbeitsrecht." Bei der Wiedervereinigung Deutschlands hat der Einigungsvertrag in Art 30 Abs 1 dem gesamtdeutschen Gesetzgeber die Aufgabe zugewiesen, das Arbeitsvertragsrecht möglichst bald einheitlich neu zu kodifizieren. Dennoch ist es bisher nicht gelungen, die Kodifikationslücke zu schließen.

Die Kodifikationslücke betrifft das BGB; denn Grundlage für Begründung und Inhalt der Arbeitsverhältnisse ist die Privatautonomie. So gilt die Rechtsgeschäftslehre des BGB auch für den Arbeitsvertrag. Die Bedeutung der Willenserklärung ist keine andere als sonst für einen Schuldvertrag. Nur trifft man schnell auf Lücken, die sich weniger aus der Besonderheit eines Arbeitsverhältnisses ergeben als vielmehr daraus, dass Dienst- und Werkleistungen keine ihrer Besonderheit entsprechende Regelung im BGB gefunden haben. Aber dessen Grundsatzfestlegung ermöglicht die richtige Rechtsfolgenbestimmung. Dabei zeigt sich, dass auch für notwendige ökonomische Strukturanpassungen die Risikoabgrenzung des BGB einen unvermindert aktuellen Gerechtigkeitsgehalt aufweist. Was § 615 regelt, ist für die Flexibilisierung in den Arbeitgeber-Arbeitnehmer-Beziehungen eine Grundsatzfestlegung zum Schutz des Arbeitnehmers.

Aber nicht nur das Arbeitsvertragsrecht, sondern vor allem auch das kollektive Arbeitsrecht bildet einen Teil der Zivilrechtsordnung; denn es bestimmt für eine gleichberechtigte Beteiligung der Arbeitnehmer das System vertraglicher Verhandlung und Einigung mit der Arbeitgeberseite, um die Vertragsgerechtigkeit in einer freiheitlichen Ordnung zu sichern und zu gewährleisten.

Seit der Neubearbeitung 2011 haben sich in Gesetzgebung, Rechtsprechung und Schrifttum mannigfache, teilweise grundlegende Änderungen ergeben. Das vermag nicht zu überraschen. Denn wenn „im Arbeitsrecht [schon] eine Woche eine lange Zeit [ist]" (OTTO KAHN-FREUND), was sind dann fast fünf Jahre? Aus dem Bereich der Gesetzgebung sei pars pro toto der Erlass des Mindestlohngesetzes zum 1. 1. 2015 (als Art 1 des Tarifautonomiestärkungsgesetzes vom 11. 8. 2014, BGBl I 1348, s § 611 Rn 1341 ff), aus dem der Rechtsprechung zum Beispiel die Neubewertung von Freiwilligkeitsvorbehalten (s § 611 Rn 923 ff) oder des Allgemeinen Gleichbehandlungsgesetzes (s § 611 Rn 416 ff) genannt.

Ein derartiges Werk ruht stets auf den Schultern mehrerer Personen, denen die Verfasser an dieser Stelle ihren herzlichsten Dank aussprechen. Es sind dies die Mitarbeiter am Lehrstuhl Prof. FISCHINGER: die Wissenschaftlichen Mitarbeiter Frau CHRISTINE MONSCH, Herr JONAS HOFER (LL.B.) und Herr CHRISTIAN WERTHMÜLLER sowie die Studentischen Mitarbeiter Frau CHRISTINE STRAUB, Frau JANA RETKOWSKY, Herr BENEDIKT BRÜSS, Herr SASA GIGIC, Herr JONATHAN GODWYLL, Herr PIERRE KLOTZ, Herr MANUEL SCHEIBER, Herr JAN STIFTER (LL.B.) und Frau KATHARINA VOIGT.

Regensburg/Mannheim, im Juli 2015   REINHARD RICHARDI
                                             PHILIPP S. FISCHINGER

Titel 8
Dienstvertrag und ähnliche Verträge

Vorbemerkungen zu §§ 611 ff

Schrifttum***

Arbeitsrecht-Blattei – Systematische Darstellungen (AR-Blattei SD) und Gesetzestexte (AR-Blattei GT), Entscheidungssammlung (AR-Blattei ES), hrsg von DIETERICH/NEEF/SCHWAB [eingestellt]
BERSCHEID/KUNZ/BAND, Praxis des Arbeitsrechts (4. Aufl 2013)
BROX/RÜTHERS/HENSSLER, Arbeitsrecht (18. Aufl 2010)
DÄUBLER, Das Arbeitsrecht 1 (16. Aufl 2006) und 2 (12. Aufl 2009)
DÖRNER/LUCZAK/WILDSCHÜTZ, Handbuch Arbeitsrecht (12. Aufl 2015)
DORNBUSCH/FISCHERMEIER/LÖWISCH, Fachanwaltskommentar Arbeitsrecht (7. Aufl 2015)
DÜTZ, Arbeitsrecht (19. Aufl 2014)
ENNECCERUS/LEHMANN, Recht der Schuldverhältnisse (15. Aufl 1958)
ESSER/SCHMIDT, Schuldrecht, Bd II 1 (9. Aufl 2003)
GAMILLSCHEG, Arbeitsrecht I: Arbeitsvertrags- und Arbeitsschutzrecht (8. Aufl 2000)
ders, Kollektives Arbeitsrecht I: Grundlagen, Koalitionsfreiheit, Tarifvertrag, Arbeitskampf und Schlichtung (1997)
ders, Kollektives Arbeitsrecht II: Betriebsverfassung (2008)
HANAU/ADOMEIT, Arbeitsrecht (14. Aufl 2006)
HENSSLER/WILLEMSEN/KALB (Hrsg), Arbeitsrecht: Kommentar (6. Aufl 2014 – Zitierweise: HWK)
HROMADKA/MASCHMANN, Arbeitsrecht I (6. Aufl 2015) und II (6. Aufl 2014)
HUECK/NIPPERDEY, Lehrbuch des Arbeitsrechts (7. Aufl; Bd I von A HUECK 1963; Bd II von H C NIPPERDEY 1. Halbbd 1967, 2. Halbbd 1970)
JAKOBS/SCHUBERT, Die Beratung des Bürgerlichen Gesetzbuchs in systematischer Zusammenstellung der unveröffentlichten Quellen, Recht der Schuldverhältnisse II (1980)
JUNKER, Grundkurs Arbeitsrecht (14. Aufl 2015)
KITTNER/ZWANZIGER/DEINERT (Hrsg), Arbeitsrecht – Handbuch für die Praxis (8. Aufl 2015)
KRAUSE, Arbeitsrecht (3. Aufl 2015)
LARENZ, Lehrbuch des Schuldrechts, Bd II/1 (13. Aufl 1986)
LIEB/JACOBS, Arbeitsrecht (9. Aufl 2006)
LÖWISCH, Arbeitsrecht (10. Aufl 2014)
LOTMAR, Der Arbeitsvertrag nach dem Privatrecht des Deutschen Reiches I (1902), II (1908)
MEDICUS/LORENZ, Schuldrecht II (17. Aufl 2014)
MOLL (Hrsg), Münchener Anwaltshandbuch Arbeitsrecht (3. Aufl 2012) (zitiert: MAH)
MÜLLER-GLÖGE/PREIS/SCHMIDT (Hrsg), Erfurter Kommentar zum Arbeitsrecht (15. Aufl 2015)
Münchener Kommentar zum Bürgerlichen Gesetzbuch, Schuldrecht/Besonderer Teil II (6. Aufl 2012)
NIKISCH, Arbeitsrecht I (3. Aufl 1961), II (2. Aufl 1959) und III (2. Aufl 1966)
PREIS (Hrsg), Der Arbeitsvertrag (4. Aufl 2011)
ders, Arbeitsrecht – Praxis-Lehrbuch zum Indi-

---

* Es handelt sich nur um ein Verzeichnis der allgemeinen, hier – soweit herangezogen – abgekürzt zitierten Literatur für das Dienstvertragsrecht. Weitere Literatur ist jeweils den Angaben des Schrifttums bei den einzelnen Erläuterungen zu entnehmen.

Reinhard Richardi/Philipp S. Fischinger

vidualarbeitsrecht (3. Aufl 2009), Praxislehrbuch zum Kollektivarbeitsrecht (2. Aufl 2009)
RICHARDI (Hrsg), Kommentar zum Betriebsverfassungsgesetz (14. Aufl, bearbeitet von RICHARDI/THÜSING/ANNUSS 2014)
RICHARDI/WLOTZKE/OETKER/WISSMANN (Hrsg), Münchener Handbuch zum Arbeitsrecht I und II
(3. Aufl 2009)
ROLFS/GIESEN/KREIKEBOHM/UDSCHING, Arbeitsrecht Kommentar (2008)
SCHAUB/KOCH/LINCK/VOGELSANG, Arbeitsrechts-Handbuch (15. Aufl 2013)
SCHLIEMANN (Hrsg), Das Arbeitsrecht im BGB (2. Aufl 2002) (zitiert: ArbR BGB)

SÖLLNER/WALTERMANN, Grundriss des Arbeitsrechts (14. Aufl 2007)
SÖLLNER/WALTERMANN, Arbeitsrecht (15. Aufl 2009)
SOERGEL, Bürgerliches Gesetzbuch, Schuldrecht III/1 (12. Aufl 1997)
SPIEGELHALTER (Hrsg), Arbeitsrechtslexikon (88. Aufl 2015)
STAHLHACKE (Hrsg), Handbuch zum Arbeitsrecht (HzA), Loseblattausgabe
TSCHÖPE, Anwalts-Handbuch Arbeitsrecht (9. Aufl 2015)
WOLLENSCHLÄGER, Arbeitsrecht (3. Aufl 2010)
ZÖLLNER/LORITZ/HERGENRÖDER, Arbeitsrecht (7. Aufl 2015).

Systematische Gesamtübersicht*

1. Teil: Der Dienstvertrag als Vertragstyp im Zivilrechtssystem

A. Begriff und systematische Stellung des Dienstvertrages im bürgerlichen Recht
I. Begriff _____ 1
II. Systematische Stellung im bürgerlichen Recht _____ 2
III. Systematische Gestaltung des Dienstvertragsrechts _____ 5

B. Rechtshistorische Entwicklung des Dienstvertragsrechts
I. Entstehungsgeschichte _____ 8
II. Dienstvertragsrecht außerhalb des BGB _____ 13
III. Arbeitsverhältnis als Modell des Dienstvertrags _____ 19

C. Dienstvertrag und Werkvertrag
I. Haupttypen des Vertrages auf Arbeit _____ 23
II. Kriterien der Abgrenzung _____ 26
III. Unterschied der Gefahrtragungsregelung als Wesensmerkmal für eine Abgrenzung zwischen Dienst- und Werkvertrag _____ 40
IV. Vorschläge einer Neuabgrenzung de lege ferenda _____ 48
V. Einzelfälle _____ 52

D. Abgrenzung des Dienstvertrages von verwandten Vertragstypen
I. Werkvertrag und ähnliche Verträge _____ 62
II. Auftrag _____ 67
III. Dienstverschaffungsvertrag _____ 71
IV. Gesellschaftsvertrag _____ 74
V. Miet- und Pachtvertrag _____ 78
VI. Gemischte und typenfremde Verträge _____ 81
VII. Schieds- und Schiedsgutachtenvertrag _____ 93

2. Teil: Recht des Arbeitsverhältnisses

A. Geschichtliche Grundlagen und Entwicklung des Arbeitsrechts
I. Voraussetzungen für die Entwicklung des Arbeitsrechts _____ 99
II. Entwicklung des Arbeitsrechts vor dem Ersten Weltkrieg _____ 109

---

* Detaillierte Übersichten finden sich bei den einzelnen Kapiteln.

Titel 8
Dienstvertrag und ähnliche Verträge

Vorbem zu §§ 611 ff

III.	Entwicklung des Arbeitsrechts in der Weimarer Zeit	113
IV.	Arbeitsverfassung des Nationalsozialismus	119
V.	Entwicklung nach dem Zweiten Weltkrieg	121

B. Arbeitsrecht und bürgerliches Recht

I.	Begriff und Abgrenzung des Arbeitsrechts	135
II.	Arbeitsrecht als selbstständige Rechtsdisziplin	146
III.	Eigenständigkeit des Arbeitsrechts	149
IV.	Rechtssystematischer Zusammenhang mit dem Zivilrecht	156

C. Grundfragen einer Systembildung

I.	Privatautonome Ordnung	159
II.	Rechtsnatur des Arbeitsverhältnisses	160
III.	Individualarbeitsrecht und kollektives Arbeitsrecht	176

Alphabetische Übersicht*

Arbeitnehmerschutzrecht	180 ff
– Arbeitszeitschutz	183
– Frauenarbeits- und Mutterschutz	184
– Heimarbeit	186
– Jugendarbeitsschutz	185
– Schwerbehinderte Menschen	185
– technischer Arbeitsschutz	182
Arbeitsgerichtsbarkeit	
– als Teilbereich des Arbeitsrechts	179
– Geschichte	118
Arbeitsgesetzbuch	99, 130, 149
Arbeitsrecht	
– als selbstständige Rechtsdisziplin	146 ff
– Begriff	135 ff
– Geschichte s Geschichte des Arbeitsrechts	
– Individualarbeitsrecht	176 ff
– Kodifikation	15, 147, 149 f
– Systembildung	159 ff
– und bürgerliches Recht	156 ff
Arbeitsverhältnis	
– Rechtsnatur	160 ff
Architekt	29, 59
Arzt	55 f
Auftrag	67
Behandlungsvertrag	55
Berufsgenossenschaft	
– Unfallverhütungsvorschriften	182

Dienstverschaffungsvertrag	71 ff
Dienstvertrag	
– Abgrenzung zu anderen Vertragstypen	26 ff, 62 ff
– Begriff	1
– Stellung im bürgerlichen Recht	2 f
– Verhältnis zum Arbeitsvertrag	5 ff, 19 ff
Dienstvertragsrecht	
– außerhalb des BGB	13 ff
– rechtshistorische Entwicklung	8 ff
Elternzeit	184
Factoring	88 f
Forschungs- und Entwicklungsvertrag	61
Franchising	90 ff
Frauenarbeitsschutz	184
Gefahrenschutz	182
Gefahrtragung	40 ff
gemischter Vertrag	81 ff
Geschichte des Arbeitsrechts	99 ff
Gesellschaftsvertrag	74 ff
Heimarbeitsschutz	186
Internatsvertrag	60
Jugendarbeitsschutz	185

---

* Detaillierte Übersichten finden sich bei den einzelnen Kapiteln.

Kommissionsvertrag	53	Schiedsgutachtenvertrag	96
		Schiedsrichtervertrag	94 ff
Mietvertrag	78 ff, 86	Schiedsvertrag	93
		Speditionsvertrag	24, 53
Pachtvertrag	78 ff	Steuerberater	58
Rechtsanwalt	20, 57	Werklieferungsvertrag	64 ff
Reisevertrag	66	Werkvertrag	23 ff, 62 ff

1. Teil: Der Dienstvertrag als Vertragstyp im Zivilrechtssystem

A. Begriff und systematische Stellung des Dienstvertrages im bürgerlichen Recht

Systematische Übersicht

I.	Begriff	1	III. Systematische Gestaltung des	
II.	Systematische Stellung im bürgerlichen Recht	2	Dienstvertragsrechts	5

I. Begriff

1 Der Dienstvertrag ist ein Vertrag, durch den jemand Dienste gegen Entgelt zusagt. Er gehört zu den gegenseitigen Verträgen. Die Spärlichkeit der gesetzlichen Regelung steht in einem umgekehrten Verhältnis zum weiten Anwendungsbereich: Gegenstand des Dienstvertrages können Dienste jeder Art sein (§ 611 Abs 2). Obwohl er gegenseitiger Vertrag ist, fordert das Gesetz nicht, dass der Empfänger der Dienstleistung für sie positiv eine Gegenleistung versprochen hat; denn nach § 612 Abs 1 gilt eine Vergütung als stillschweigend vereinbart, wenn die Dienstleistung den Umständen nach nur gegen eine Vergütung zu erwarten ist (näher dazu § 612 Rn 4 ff).

II. Systematische Stellung im bürgerlichen Recht

2 Der Dienstvertrag ist Grundtypus für eine Vielzahl von Vertragstypen, deren Gegenstand die **Leistung von Arbeit** bildet. Er erfüllt diese Funktion aber nur begrenzt, weil wegen der unterschiedlichen Risikogestaltung neben ihm der Werkvertrag den anderen Haupttyp des Vertrages auf Arbeit bildet. Dienstvertrag und Werkvertrag unterscheiden sich von den Sachleistungsverträgen dadurch, dass bei ihnen der Hauptzweck nicht in der Verschaffung eines Vermögensgegenstandes besteht, wie bei Kauf, Tausch und Schenkung sowie Miete, Pacht, Leihe und Darlehen, sondern in der Erbringung einer Dienstleistung (vgl O vGierke, Deutsches Privatrecht III [1917] 411). Ihr gemeinsames Element ist die Verpflichtung zu einer Tätigkeit gegen Entgelt (zur Abgrenzung dieser beiden Vertragstypen s Rn 23 ff).

3 Dienstvertrag und Werkvertrag bilden die **Haupttypen des Vertrages auf Arbeit.** Die Zivilrechtsdogmatik hat sie deshalb zunächst unter dem Gattungsbegriff des *Arbeits-*

vertrages zusammengefasst (grundlegend die Bearbeitung von Lotmar, Der Arbeitsvertrag I [1902], II [1908]; ebenso auch O vGierke 412, 509; Nikisch, Die Grundformen des Arbeitsvertrags und der Anstellungsvertrag [1926]). Der für das Verständnis des geltenden Rechts konstitutive Gegensatz zwischen selbstständiger und abhängiger Erwerbstätigkeit bleibt bei dieser Zusammenfassung unberücksichtigt.

Da **Arbeitsrecht** nur bei **abhängiger Arbeit** Anwendung findet, beschränkt man heute den Begriff des Arbeitsvertrages auf den Vertrag, durch den ein Arbeitsverhältnis begründet wird. Da mit der Annahme abhängiger Arbeit unvereinbar ist, dass der Schuldner der Arbeitsleistung das Risiko für den Arbeitserfolg trägt, scheidet für sie der Werkvertrag als Vertragstyp aus. Arbeitsrecht gilt jedoch nicht stets, wenn jemand auf der Grundlage eines Dienstvertrags Arbeit schuldet. Die normativen Gesichtspunkte für seine Anwendung decken sich nicht notwendigerweise mit den Kriterien, die für die Unterscheidung zwischen Dienstvertrag und Werkvertrag maßgebend sind. Der Empfänger einer Dienstleistung ist nicht notwendigerweise Arbeitgeber. **4**

III. Systematische Gestaltung des Dienstvertragsrechts

Das Dienstvertragsrecht des BGB enthält, wie man schon früh erkannt hat, eine Reihe von Bestimmungen, die nicht für jeden Vertrag über eine Dienstleistung passen, sondern einen Dienstvertrag voraussetzen, bei dem im Allgemeinen ein **Arbeitsverhältnis** vorliegt (vgl dazu bereits Molitor, Wesen des Arbeitsvertrages [1925] 71 ff). Es handelt sich um die Vorschriften, die einen sozialen Schutz des Dienstverpflichteten bezwecken. Daher kommen keineswegs alle Vorschriften der §§ 611 ff auf jeden Dienstvertrag zur Anwendung; denn §§ 612a, 613a, § 615 S 3, §§ 616–619a, § 620 Abs 3, § 622 und § 630 S 4 gelten nur für Arbeitsverhältnisse, §§ 629, 630 S 1–3, wie es im Gesetzestext heißt, für ein „dauerndes Dienstverhältnis". **5**

Im Schrifttum wird deshalb angenommen, dass der vom BGB dem Werkvertrag gegenübergestellte Dienstvertrag kein einheitlicher Vertragstypus sei; denn zu ihm gehörten sowohl der **abhängige Arbeitsvertrag** als auch der **unabhängige Dienstvertrag**, auf den das Arbeitsrecht keine Anwendung findet (so schon Staudinger/Nipperdey/Mohnen[11] Vorbem 2 zu § 611; ebenso Soergel/Kraft Vorbem 2 zu § 611; MünchKomm/Müller-Glöge § 611 Rn 5; Nikisch I 159). Diese Gegenüberstellung ist schief; insbesondere verfehlt ist die Vorstellung, die Gesetzesbestimmungen würden in erster Linie für den unabhängigen Dienstvertrag gelten. Sie sind vielmehr in ihrer **Mehrheit auf Arbeitsverhältnisse zugeschnitten** (Wendehorst AcP 206 [2006] 205 [223]). **6**

Entsprechend ist sowohl nach der Entstehungsgeschichte als auch nach der Zahl der Bestimmungen das **Modell des Dienstvertragsrechts vor allem das Arbeitsverhältnis**. Dieser Erkenntnis steht auch nicht entgegen, dass sich das Arbeitsrecht überwiegend außerhalb des BGB entwickelt hat und in einer Vielzahl von Spezialgesetzen geregelt ist. Daraus lässt sich lediglich ableiten, dass das Dienstvertragsrecht des BGB außerordentlich lückenhaft ist. Das rechtfertigt es aber nicht, das Arbeitsverhältnis aus dem Geltungsbereich des Allgemeinen Teils und des Rechts der Schuldverhältnisse auszuklammern. Die Grundlagen des Zivilrechtssystems sind im Prinzip auch für das Arbeitsverhältnis verbindlich; denn das Arbeitsverhältnis ist eine Erscheinungsform der Privatautonomie. **7**

B. Rechtshistorische Entwicklung des Dienstvertragsrechts

Systematische Übersicht

I.	Entstehungsgeschichte	8	III. Arbeitsverhältnis als Modell des Dienstvertrages	19
II.	Dienstvertragsrecht außerhalb des BGB	13		

I. Entstehungsgeschichte

8 1. Die Verselbstständigung eines Vertragstyps des Dienstvertrags bildet den Abschluss einer Rechtsentwicklung. Das **römische Recht** und auch noch das gemeine Recht hatten den Gebrauch einer Arbeitskraft dem Gebrauch einer Sache gleichgestellt und ihm deshalb dem Konsensualkontrakt der *locatio conductio* zugeordnet (vgl WINDSCHEID/KIPP, Pandektenrecht [9. Aufl 1906] II § 399, 719). Die römischrechtliche *locatio conductio* umfasste als Vertrag auf entgeltliche Gebrauchsüberlassung sowohl Miete und Pacht wie auch Dienst- und Werkvertrag. Begrifflich unterschied man von der Sachmiete, der *locatio conductio rei*, die *locatio conductio operis* (Werkvertrag) und die *locatio conductio operarum* (Dienstvertrag). Modell war die als Sachmiete konstruierte Sklavenmiete.

9 Von den großen Gesetzbüchern brach zuerst das preußische Allgemeine Landrecht mit der Unterstellung unter den Gattungsbegriff der Miete, indem es Dienst- und Werkverträge unter der Kategorie der Verträge über Handlungen regelte (ALR I 11 §§ 869 ff, 894 ff, 925 ff). Das österreichische Allgemeine Bürgerliche Gesetzbuch erfasst sie in dem Hauptstück „Von Verträgen über Dienstleistungen" (§§ 1151 ff ABGB). Trotz der Verselbstständigung spiegelt die systematische Einordnung die Herkunft wider, und auch § 611 Abs 1 erhielt seine Fassung in Anlehnung an den Mietvertrag „im Hinblicke auf die nahe Verwandtschaft beider Verträge" (Mot II 455).

10 2. Noch im **Ersten Entwurf** waren Dienstvertrag und Werkvertrag in einem Titel behandelt (E I §§ 559 ff). Grundlage waren die Vorschriften über „Dienstverdingung, Werkverdingung und Mäklervertrag" nach den Bestimmungen des Dresdener Entwurfs (vgl SCHUBERT, Vorentwürfe der Redakteure zum BGB, Schuldrecht 2, 553 ff). Trotz der Zusammenfassung in einem Titel war aber die Regelung über den Dienstvertrag bereits verselbstständigt. Den Unterschied erblickte man darin, dass bei dem Dienstvertrag für die Arbeit als solche, bei dem Werkvertrag für das Arbeitsprodukt die Vergütung versprochen wird (Mot II 471). Man hat den Begriff des Werkvertrags nicht auf den Vertrag beschränkt, der die Herstellung oder Änderung einer Sache zum Gegenstand hat, sondern ihn auf Verträge erstreckt, „welche einen anderweiten durch Arbeitsleistung oder Dienstleistung zu bewirkenden Erfolg zum Gegenstande haben" (Mot II 470). Man hat damit bewusst in Kauf genommen, dass Dienst- und Werkvertrag sich oft schwer voneinander unterscheiden lassen. Dies sei „ein Übelstand, welcher in der Natur der Dinge liegt und sich nicht beseitigen lässt" (Mot II 507).

11 3. Der Ursprung aus der römisch-rechtlichen *locatio conductio* hatte den Dienstvertrag auf solche Dienste beschränkt, die nach römisch-rechtlichem Verständnis üblicherweise von Unfreien geleistet wurden *(operae illiberales)*. **Dienste höherer Art**, wie die Erteilung von wissenschaftlichem Unterricht und die Dienstleistungen der Ärzte und Advokaten, bildeten nicht den Gegenstand der Dienstmiete; denn ursprünglich galt es als unanständig, dass man sich für die eines freien Mannes würdige Tätigkeit entlohnen ließ. Sozial gehobene Stände stellten ihre Dienste nicht gegen Entgelt zur Verfügung; sie erhielten den zugesagten Lohn nicht als eine vertragsmäßige Gegenleistung, sondern als *honorarium*. *Operae liberales* bildeten deshalb den Gegenstand des *mandatum,* der als Konsensualkontrakt durch das Merkmal der Unentgeltlichkeit geprägt war. Trotz der Bedenken, welche Anwälte und Ärzte gegen die Anwendung der Vorschriften über den Dienst- oder Werkvertrag geltend gemacht hatten (vgl Prot II 277), hat das BGB die Unterscheidung aufgegeben. § 611 Abs 2 bestimmt ausdrücklich: „Gegenstand des Dienstvertrags können Dienste jeder Art sein." Damit wurde der Dienstvertrag zu einem sämtliche Dienstleistungen umfassenden Vertragstyp. Lediglich in § 627 Abs 1 ist noch eine Sondervorschrift erhalten, die sich auf Dienste höherer Art bezieht.

4. Mit der Verselbstständigung des Dienstvertrags hat das BGB die Konsequenz aus der Erkenntnis gezogen, dass der auf Dienstleistungen gerichtete Vertrag von Miete und Pacht verschieden ist. Grund dafür ist nicht nur, dass der Mensch als mögliches Miet- oder Pachtobjekt ausscheidet, sondern auch, dass die menschliche Arbeitskraft und die menschliche Arbeit nicht Miet- oder Pachtobjekt sein können, weil sie, wie LOTMAR (Arbeitsvertrag I 49) es formuliert, durch den Gebrauch, soweit dieser reicht, „aufgebraucht" werden.

II. Dienstvertragsrecht außerhalb des BGB

1. Das Dienstvertragsrecht des BGB war und ist **unvollständig**. Verschiedene unter den Begriff des Dienstvertrags fallende Vertragsverhältnisse waren bereits durch die Reichsgesetzgebung mehr oder minder ausführlich geregelt, zB das Dienstverhältnis der „Handlungsgehülfen" (Art 57–65 ADHGB) und vor allem das Dienstverhältnis der gewerblichen Arbeiter und Angestellten (§§ 105–139b GewO). Das BGB ließ diese Sonderregelungen bestehen (vgl Mot II 455).

Vor allem blieben gemäß Art 95 EGBGB die landesgesetzlichen Vorschriften, welche dem Gesinderecht angehörten, unberührt. Das Gesinderecht galt nicht nur für das Hauspersonal, sondern ihm waren weitgehend auch die landwirtschaftlichen Arbeitsverhältnisse unterstellt (vgl O v GIERKE, Deutsches Privatrecht III [1917] 645). Für diesen Bereich galt, wenn man von §§ 617–619, 624 absieht (Art 95 Abs 2 EGBGB), nicht das Dienstvertragsrecht des BGB, sondern maßgebend waren Gesindeordnungen, die erst durch Nr 8 des Aufrufes der Volksbeauftragten vom 12. 11. 1918 (RGBl 1303) außer Kraft gesetzt wurden. Dieses Recht ging von einem sozialen Herrschaftsverband aus, durch den das Gesinde unter die Herrschaft eines Dienstherrn gestellt war: Den Dienstboten traf nicht nur die Verpflichtung zur Leistung der versprochenen Dienste, sondern darüber hinaus war er zum Gehorsam und zur Treue verpflichtet (vgl §§ 70–79 Gesinde-Ordnung für sämtliche Provinzen der Preußischen Monarchie vom 8. 11. 1810 [GS 101]).

2. Die Regelungsprobleme, die mit dem Tatbestand der abhängigen Arbeit verbunden sind, wie Arbeiter und Angestellte sie verrichten, haben deshalb im BGB nur partiell eine Regelung gefunden. Das BGB blieb nach den Worten Otto vGierkes „von dem Versuch einer Kodifikation des modernen Arbeitsvertragsrechts weit entfernt" (Deutsches Privatrecht III [1917] 600). Dieser Mangel war aber bei seinem Erlass keineswegs verborgen, sondern wurde bei der Beratung im Reichstag ausführlich behandelt (vgl Beratung des Entwurfs des BGB im Reichstage – Stenographische Berichte [1896] 316 ff). Man sah es jedoch als wesentlich an, in das Dienstvertragsrecht des BGB „nur Bestimmungen allgemeiner Art, die sich für die Dienstverhältnisse der verschiedensten Art eignen", aufzunehmen, während „solche Dienstverhältnisse, die mit Rücksicht auf ihre soziale Bedeutung oder andere Besonderheiten einer besonderen eingehenden Regelung bedürfen, der Spezialgesetzgebung zu überlassen seien" (so Struckmann als Kommissar des Bundesrats, in: Beratung des Entwurfs des BGB 326). Das Recht der Arbeiter und Angestellten war in Sondergesetzen geregelt. Otto vGierke hatte Recht, als er 1917 feststellte: „Nur unter Heranziehung dieser Sonderrechtssätze lässt sich das Wesen des heutigen Dienstvertrages erschließen." (600). Es galt aber nicht nur verschiedenes Gesetzesrecht, sondern heterogen waren auch die ihm zugrunde liegenden Wertentscheidungen; denn das Recht des freien Arbeitsvertrags galt nur für Arbeitsverhältnisse in Handel und Gewerbe, nicht aber in der Haus- und Landwirtschaft (s auch Rn 14).

16 Der Reichstag sprach daher bei Verabschiedung des BGB in einer Resolution die Erwartung aus, „dass die Verträge, durch welche jemand sich verpflichtet, einen Theil seiner geistigen oder körperlichen Arbeitskraft für die häusliche Gemeinschaft, ein wirthschaftliches oder ein gewerbliches Unternehmen eines anderen gegen einen vereinbarten Lohn zu verwenden, für das Deutsche Reich **baldthunlichst einheitlich geregelt werden**" (StenBer über die Verhandlungen des RT, IX. LegPer [1896] 3846, s auch dort 3823; weiterhin dort 3. Anlageband, Aktenstück Nr 440 d, 2119). Viel falscher konnte der Reichstag mit dieser Erwartung nicht liegen.

17 3. Nach der Lehrtradition des 19. Jahrhunderts gehörte Sonderrecht zu den **deutschrechtlichen Materien**. Dabei ging man davon aus, dass sich in den Sonderrechtsgebieten deutsche Rechtsgedanken über die Rezeption des römischen Rechts hinaus erhalten hätten. Deshalb stellt Otto vGierke fest: „Der heutige Dienstvertrag ist deutschrechtlichen Ursprungs." (Deutsches Privatrecht III [1917] 593). Der deutschrechtliche Dienstvertrag wurzele im Personenrecht; sein Vorläufer und sein Keim sei der *Treudienstvertrag* gewesen (vgl O vGierke, in: FS Brunner [1914] 37 ff). Von diesem Ansatz aus entwirft er eine Dogmatik des Dienstvertragsrechts: Jeder Dienstvertrag begründe ein *persönliches Herrschaftsverhältnis* (Deutsches Privatrecht III 609). Er setze „die Parteien zueinander in Beziehung von Diener und Herr". Der Dienstvertrag begründe „stets eine persönliche Treuverpflichtung" (610). Die nach allgemeinen Grundsätzen geschuldete Vertragstreue gewinne auch ohne besondere gesetzliche oder vertragsmäßige Bestimmung „infolge der Eigenart des Dienstvertrages für den Dienstpflichtigen den persönlichen Inhalt der Diensttreue". Entsprechend sei der Arbeitgeber „zur Fürsorge für die Person des Dienstpflichtigen verpflichtet"; in dieser Fürsorgepflicht lebe „die personenrechtliche Seite der alten Verpflichtungen des Herrn, wie sie die Herrentreue bedingt", fort (620).

18 Dieser *deutschrechtliche Ansatz* hat die **Entwicklung des Arbeitsrechts maßgebend geprägt**. Sinzheimer bezeichnet es als das „besondere Verdienst Otto vGierkes, das herrschaftliche Element im Wesen der abhängigen Arbeit wieder nachgewiesen zu haben" (Grundzüge des Arbeitsrechts [2. Aufl 1927] 11 Fn 1; vgl auch POTTHOFF ArbR 1922, 267). Die persönliche Abhängigkeit wurde dadurch zum dogmatischen Grundproblem der Arbeitnehmereigenschaft (vgl dazu die Kritik von BALLERSTEDT RdA 1976, 5 [7 ff]; s auch § 611 Rn 23 ff).

III. Arbeitsverhältnis als Modell des Dienstvertrags

Das Arbeitsverhältnis ist nach geltendem Recht eine **Erscheinungsform der Privatautonomie**. Es hat seine historischen Grundlagen nicht in einem personenrechtlichen Treudienstvertrag, der ein Herrschaftsverhältnis begründet, sondern in der Anerkennung der Vertragsfreiheit für eine Beschäftigung in Handel und Gewerbe. Trotz des lückenhaften Charakters der BGB-Regelung ist der Dienstvertrag vor allem der Vertragstyp für die Arbeit im Dienst eines Anderen. Bei selbstständiger Stellung des Arbeitsleistenden stellt sich nämlich stets die Frage, ob ein Dienstvertrag vorliegt oder ob es sich um einen anderen Vertragstyp, insbesondere einen Werkvertrag handelt (zur Abgrenzung s Rn 23 ff). Modell des Dienstvertrags ist das Arbeitsverhältnis. Gerade deshalb hatten OTTO VGIERKE und vor allem ANTON MENGER die dürftige Regelung gerügt, die völlig unberücksichtigt ließ, dass beim Lohnarbeitsvertrag, wie OTTO VGIERKE es formuliert hatte, „das Dienstverhältnis die ganze Persönlichkeit ergreift" (Entwurf eines bürgerlichen Gesetzbuchs und das deutsche Recht [1889] 104). ANTON MENGER hatte die Regelung gefordert, wie sie in den §§ 617–619 Gesetz wurde (Das bürgerliche Recht und die besitzlosen Volksklassen [1890], zitiert nach der 5. Aufl [1927] 171 ff). 19

Da für den Dienstvertrag kein Begriffsmerkmal ist, dass die Arbeitsleistung im Dienst eines anderen erbracht wird, bildet der Titel über den Dienstvertrag nicht nur die Grundlage für die Vertragsverhältnisse über eine derartige Beschäftigung, sondern auch die Grundlage für Vertragsverhältnisse über Dienstleistungen, die man insbesondere nicht dem Werkvertragsrecht unterstellen kann. Deshalb eröffnet sich ein Anwendungsbereich für Vertragsverhältnisse, die man nicht dem Arbeitsverhältnis zuordnen kann, weil der Dienstverpflichtete nicht Arbeitnehmer, sondern Unternehmer ist oder wie ein Arzt oder Rechtsanwalt einen freien Beruf ausübt. Für diesen Bereich finden aber die Vorschriften des Dienstvertragsrechts, die einen besonderen sozialen Schutz des Dienstverpflichteten bezwecken, keine Anwendung (s Rn 5). 20

Dass das Dienstvertragsrecht des BGB sowohl den Dienstvertrag des Selbstständigen als auch den Arbeitsvertrag des Arbeitnehmers umfasst, hat der Gesetzgeber vor allem durch das Erste Arbeitsrechtsbereinigungsgesetz vom 14. 8. 1969 (BGBl I 1106) bestätigt, indem er für die Kündigungsfristen bei einer ordentlichen Kündigung zwischen dem „Dienstverhältnis, das kein Arbeitsverhältnis im Sinne des § 622 ist" (§ 621) und dem „Arbeitsverhältnis eines Arbeiters oder eines Angestellten (Arbeitnehmers)" (§ 622) unterscheidet. Das Betriebsverfassungsgesetz vom 15. 1. 1972 hat die Rechtsfolgen des Betriebsinhaberwechsels auf das Arbeitsverhältnis durch Einfügung des § 613a in das BGB geregelt (BGBl I 13), und auch das Arbeitsrechtliche EG-Anpassungsgesetz vom 13. 8. 1980 (BGBl I 1308) hat die maßgeblichen Normen über die Gleichstellung von Mann und Frau für das Arbeitsverhältnis in das BGB übernommen, nämlich in §§ 611a, 611b, 612 Abs 3 und 612a. Das Gesetz zur Umsetzung europäischer Antidiskriminierungsrichtlinien vom 14. 8. 2006 (BGBl I 21

1897) hat §§ 611a, 611b und § 612 Abs 3 wegen der umfassenden Neuregelung im Allgemeinen Gleichbehandlungsgesetz aufgehoben (Art 3 Abs 14).

22 In der Entwicklung des Arbeitsrechts hat es immer wieder Bestrebungen gegeben, das Arbeitsverhältnis aus dem Gesamtzusammenhang mit dem Dienstvertragsrecht des BGB zu lösen (s ausführlich Rn 149 ff). Seit dem Schuldrechtsmodernisierungsgesetz vom 26. 11. 2001 (BGBl I 3138) kann der Geltungsanspruch des BGB für das Arbeitsverhältnis nicht mehr in Frage gestellt werden (s Rn 150). Denn dadurch wurden mit § 615 S 3 und § 619a Bestimmungen in das Dienstvertragsrecht eingefügt, die für das Arbeitsverhältnis aufgestellt sind. Zudem wurde der Arbeitsvertrag in die Gesetzesregelung über die Allgemeinen Geschäftsbeziehungen einbezogen (vgl § 310 Abs 4). Schließlich betrifft das in § 275 Abs 3 vorgesehene Leistungsverweigerungsrecht vor allem Arbeits- und Dienstverträge (vgl BT-Drucks 14/6040, 130).

C. Dienstvertrag und Werkvertrag

Schrifttum

HACHENBURG, Dienstvertrag und Werkvertrag im BGB (1898)
LEENEN, Typus und Rechtsfindung (1971)
LIEB, Dienstvertrag, in: Gutachten und Vorschläge zur Überarbeitung des Schuldrechts III (1983) 183
MOLITOR, Das Wesen des Arbeitsvertrages (1925)
NIKISCH, Die Grundformen des Arbeitsvertrages und der Anstellungsvertrag (1926)
RICHARDI, Der Arbeitsvertrag im Zivilrechtssystem, ZfA 1988, 221
ders, Die Bedeutung der Entgeltrisikozuweisung für den Dienst- und Werkvertrag, in: FS Georgiades (2005) 349

RIEZLER, Der Werkvertrag nach dem Bürgerlichen Gesetzbuch für das Deutsche Reich (1900)
G RÜMELIN, Dienstvertrag und Werkvertrag (1905)
SINZHEIMER, Ein Rechtssystem der Arbeit, ArchBürgR 34 (1910) 291
TEICHMANN, Empfiehlt sich eine Neukonzeption des Werkvertragsrechts?, in: Verhandlungen des 55. DJT (1984) I A
TILLMANNS, Strukturfragen des Dienstvertrages (2007)
WEBER, Die Unterscheidung von Dienstvertrag und Werkvertrag (Diss München 1977).

Systematische Übersicht

I. Haupttypen des Vertrages auf Arbeit _____ 23	4. Abgrenzung nach einer typologischen Methode der Rechtsanwendung ___ 37
II. Kriterien der Abgrenzung	**III. Unterschied der Gefahrtragungsregelung als Wesensmerkmal für eine Abgrenzung zwischen Dienst- und Werkvertrag**
1. Abgrenzung nach der Verschiedenheit des Leistungsgegenstandes ___ 26	
2. Abgrenzung nach einem sozialen Leitbild _____ 31	1. Unterschiedliche Regelung des Entgeltrisikos als Kriterium ___ 40
3. Zeit und Erfolg als Bestimmungsfaktoren für die Unterscheidung zwischen Dienst- und Werkvertrag _ 33	2. Unerheblichkeit der Entgeltgestaltung _____ 41

3.	Unerheblichkeit der Unterscheidung zwischen Leistungshandlung und Leistungserfolg	42	zuweisung als der normativ maßgebliche Grund für die Notwendigkeit einer Unterscheidung	47
4.	Verschiedenheit des Leistungsversprechens als Grund für die Alternativität der Entgeltrisikozuweisung	43	**IV. Vorschläge einer Neuabgrenzung de lege ferenda**	48
5.	Alternativität der Entgeltrisiko-		**V. Einzelfälle**	52

I. Haupttypen des Vertrages auf Arbeit

Dienstvertrag und Werkvertrag bilden die Haupttypen des Vertrages auf Arbeit. Ihr **23** **gemeinsames Element** ist die **Verpflichtung zu einer Tätigkeit gegen Entgelt**. Dadurch unterscheiden sie sich von den Sachleistungsverträgen, deren Hauptzweck in der Verschaffung eines Vermögensgegenstandes besteht, wie Kauf, Tausch und Schenkung sowie Miete, Pacht, Leihe und Darlehen. Andererseits bestehen auch zwischen Dienst- und Werkvertrag erhebliche **Unterschiede**: So enthalten nur die §§ 631 ff, nicht aber die §§ 611 ff Regelungen über die Mängelhaftung; die Kündigungsmöglichkeiten (§§ 620 ff einerseits, §§ 649 f andererseits) weisen erhebliche sachliche Unterschiede auf. Ferner führt das Unterlassen bestimmter Mitwirkungshandlungen zu verschiedenen Rechtsfolgen (§ 615 vs §§ 642 f). Zu nennen sind schließlich die allein bei Werkverträgen bestehenden Sicherungsrechte der §§ 647–648a sowie die besonderen, von der Rechtsprechung entwickelten Regelungen über die Beschränkung der Arbeitnehmerhaftung (ausf STAUDINGER/RICHARDI/FISCHINGER [2016] § 619a Rn 28 ff).

Dienstvertrag und Werkvertrag lassen sich von den besonders geregelten Verträgen **24** auf Arbeit, wie dem Auftrag (§ 662) und dem Verwahrungsvertrag (§§ 688 f), dadurch einfach und zweifelsfrei abgrenzen, dass es sich beim Auftrag begrifflich um eine unentgeltliche Arbeitsleistung, bei den anderen Verträgen um eine Arbeit ganz bestimmter Gestaltung und Art handelt. Außerhalb des BGB sind spezialgesetzlich geregelt die Transportverträge, zB der Frachtvertrag (§§ 407 ff HGB), der Handelsvertretervertrag (§§ 84 ff HGB), der Kommissionsvertrag (§§ 383 ff HGB) und der Speditionsvertrag (§§ 407 ff HGB). Bei diesen Verträgen stellt sich aber stets, soweit eine gesetzliche Sonderregelung fehlt, die Frage, ob zur Lückenschließung das Recht des Dienstvertrages oder des Werkvertrages Anwendung findet.

Für die Abgrenzung irrelevant ist die Bezeichnung des Vertragsverhältnisses durch **25** die Parteien, entscheidend ist allein der Geschäftsinhalt (BAG 25. 9. 2013 – 10 AZR 282/12, NZA 2013, 1348 [1350]). Dieser kann sich sowohl aus den Vereinbarungen der Parteien wie der praktischen **Vertragsdurchführung** ergeben; im Fall eines Widerspruchs zwischen Vereinbarung und Durchführung ist Letztere maßgebend, weil erstens sie am ehesten Rückschlüsse auf den wahren Willen der Parteien erlaubt und zweitens eine Umgehung gesetzlicher Schutzvorschriften durch geschickte Vertragsgestaltung unterbunden wird (BAG 6. 8. 2003 – 7 AZR 180/03, BeckRS 2003, 41607; BAG 18. 1. 2012 – 7 AZR 723/10, NZA-RR 2012, 455 [458]). Besonders praxisrelevant wurde in den letzten Jahren die **Abgrenzung zwischen Werkvertrag und Arbeitnehmerüberlassung** (s dazu näher § 611 Rn 157 ff).

II. Kriterien der Abgrenzung

1. Abgrenzung nach der Verschiedenheit des Leistungsgegenstandes

26 Durch den Dienstvertrag wird „derjenige, welcher Dienste zusagt, zur Leistung der versprochenen Dienste" (§ 611 Abs 1), durch den Werkvertrag dagegen „der Unternehmer zur Herstellung des versprochenen Werkes" (§ 631 Abs 1) verpflichtet, wobei Gegenstand des Werkvertrages „sowohl die Herstellung oder Veränderung einer Sache als auch ein anderer durch Arbeit oder Dienstleistung herbeizuführender Erfolg" sein kann (§ 631 Abs 2).

27 Der Gegensatz besteht demnach darin, dass beim Dienstvertrag die **Arbeit als solche**, beim Werkvertrag dagegen **ein durch Arbeit herbeizuführender Erfolg** zugesagt wird (vgl Mot II 455, 470 f). Die Abgrenzung kann nur richtig vorgenommen werden, wenn man beachtet, dass der Werkvertrag nicht nur die Herstellung oder Änderung einer Sache zum Gegenstand hat, sondern der Begriff auch solche Verträge erfasst, „welche einen anderweiten durch Arbeitsleistung oder Dienstleistung zu bewirkenden Erfolg zum Gegenstande haben" (Mot II 470). Nach den Motiven „leuchtet es nicht ein, weshalb die Vorschriften über den Werkvertrag auf den Fall, in welchem ein Werk im engeren Sinne zu beschaffen ist, beschränkt werden, dagegen auf den Vertrag, welcher einen anderweiten, durch Arbeitsleistung oder Dienstleistung zu bewirkenden Erfolg zum Gegenstande hat, die für den Dienstvertrag geltenden Rechtsnormen Anwendung finden sollen" (Mot II 507). Dabei hat man durchaus erkannt, „dass jener Vertrag und der Dienstvertrag oft schwer voneinander sich unterscheiden lassen werden".

28 Beim Dienstvertrag sind Gegenstand der Verpflichtung „die Dienste für sich betrachtet oder die Arbeit als solche" (Mot II 455, 471). Gegenstand des Werkvertrages ist dagegen „das Werk (im engeren und weiteren Sinne) oder das Erzeugniß der Dienste oder der Arbeit" (Mot II 471). Rechtsprechung und Lehre sehen in dieser Unterscheidung das Merkmal der Abgrenzung zwischen Dienst- und Werkvertrag: Beim Dienstvertrag wird die Arbeit oder die Dienstleistung als solche, also ein Wirken geschuldet, während beim Werkvertrag der durch Arbeit herbeizuführende Erfolg, also ein Werk ohne Betrachtung der zur Vollendung erforderlich gewesenen Einzeldienstleistungen, unter eigener Verantwortung des Leistenden zugesagt wird (vgl STAUDINGER/PETERS/JACOBY [2014] Vorbem 25 ff zu § 631; MünchKomm/ BUSCHE § 631 Rn 14 ff; SOERGEL/KRAFT Vorbem 36 ff zu § 611; SOERGEL/TEICHMANN Vorbem 11 ff zu § 631; ESSER/WEYERS, Schuldrecht II, § 27 II 3 a; LARENZ II/1 § 52 I; MEDICUS § 99 I 2; ENNECCERUS/LEHMANN, Schuldrecht § 145 I 1; HECK, Schuldrecht § 110, 2 und 3; – aus der Rechtsprechung: RG 16. 11. 1909, RGZ 72, 179 [180]; RG 11. 6. 1909, RGZ 72, 281 [282]; RG 22. 11. 1912, RGZ 81, 8 [9]; RG 1. 12. 1914, RGZ 86, 75 [77]; RG 15. 12. 1917, RGZ 91, 328; BGH 5. 2. 1952 – GSZ 4/51, NJW 1952, 458; BGH 26. 11. 1959 – VII ZR 120/58, BGHZ 31, 224; BGH 4. 6. 1970 – VII ZR 178/68, BGHZ 54, 106 [107]; BGH 7. 3. 1974 – VII 202/70, BGHZ 62, 204 [206]; BGH 22. 10. 1981 – VII ZR 310/79, BGHZ 82, 100 [105]; BGH 19. 6. 1984 – X ZR 93/83, NJW 1984, 2406; BGH 16. 7. 2002 – X ZR 27/01, BGHZ 151, 330 [332]; BAG 25. 9. 2013 – 10 AZR 282/12, NZA 2013, 1348 [1350]).

29 Die Umschreibung, beim Dienstvertrag werde ein Wirken, beim Werkvertrag ein Werk geschuldet, ermöglicht aber keine Abgrenzung im Zweifelsfall. Das gilt ins-

besondere, wenn es um die Erbringung von Dienstleistungen geht, die nicht in der Herstellung oder Veränderung einer Sache bestehen. Für sie besteht in der Rechtsprechung die Tendenz, auch bei selbstständiger Tätigkeit der Annahme eines Dienstvertrages den Vorzug zu geben, wenn es sich um Dienste höherer Art handelt. So wird der ärztliche Behandlungsvertrag als Dienstvertrag angesehen (s Rn 55 f), und auch die Prozessvertretung durch einen Rechtsanwalt wird als Dienstvertrag behandelt (s Rn 57), während der Architektenvertrag, selbst wenn er nicht die Bauplanung, sondern nur die Bauführung (örtliche Bauaufsicht) umfasst, ein Werkvertrag sein soll (s Rn 59). Die Verlagerung in das Dienstvertragsrecht hat rechtshistorische Gründe. Dienstleistungen der Ärzte und Advokaten waren nach römischem Recht nicht Gegenstand der *locatio conductio*, also weder der Dienstmiete noch des Werkvertrages; sie fielen unter das *mandatum* (s Rn 11). Das BGB hat dagegen durch die Klarstellung in § 611 Abs 2 den Dienstvertrag zu einem sämtliche Dienstleistungen umfassenden Vertragstyp gemacht (s auch Rn 11). Deshalb lag es nahe, die dem *mandatum* unterstellten Verträge auf Dienstleistungen nicht dem Werkvertrag, sondern dem Dienstvertrag zuzuordnen. Der Werkvertrag blieb im Schwerpunkt der Vertragstyp für handwerkliche Tätigkeit (s auch Rn 32). Dabei kommt zu kurz, dass sich die Regelung über den Werkvertrag nicht auf die Herstellung oder Veränderung einer Sache beschränkt.

Bereits der E I hatte in § 579 bestimmt, dass auf einen Vertrag, welcher nicht auf die Herstellung oder Veränderung einer Sache, sondern auf „einen anderweitigen durch Arbeitsleistung oder Dienstleistung zu bewirkenden Erfolg" gerichtet ist, die Bestimmungen über den Werkvertrag entsprechende Anwendung finden. Die Bestimmung wurde als überflüssig gestrichen, nachdem in § 567, dem heutigen § 631, als Abs 2 aufgenommen wurde, dass Gegenstand eines Werkvertrages sowohl die Herstellung oder Veränderung einer Sache als auch ein anderer durch Arbeits- oder Dienstleistung herbeizuführender Erfolg sein kann (vgl Jakobs/Schubert, Die Beratung des BGB, Recht der Schuldverhältnisse II [1980] 844). Wesentlich ist deshalb nicht, dass ein Werk zugesagt wird, das nach seiner Beschaffenheit abgenommen werden kann (vgl § 646); es genügt vielmehr, dass ein Arbeitserfolg geschuldet wird, auch wenn er nicht in der Herstellung oder Veränderung einer Sache besteht. Keine Rolle spielt daher auch, dass eine Vielzahl von Vorschriften, zB die über Rücktritt, Abnahme oder Pfandrecht, keine Anwendung finden. **30**

2. Abgrenzung nach einem sozialen Leitbild

Die Unterscheidung zwischen Dienst- und Werkvertrag ist, wie bereits Otto vGierke zutreffend bemerkt hat, „in ihrer typischen Ausgestaltung der Ausdruck eines tief liegenden Gegensatzes der sozialen und wirtschaftlichen Ordnung" (Deutsches Privatrecht III [1917] 593): „Die Funktion des Dienstvertrages besteht in der Organisation der Arbeit durch ihre Einfügung in ein herrschaftlich geleitetes Ganzes, während der Werkvertrag eines der Mittel ist, um die selbstständige Unternehmerarbeit für Dritte nutzbar zu machen." Damit wird ein Gesichtspunkt genannt, der die unterschiedliche Ausgestaltung des Dienstvertrags- und Werkvertragsrechts beherrscht. Für die Abgrenzung ist allerdings nicht in erster Linie die Selbstständigkeit entscheidend (ebenso bereits Rümelin, Dienstvertrag und Werkvertrag [1905] 31 ff). Für den Werkvertrag ist zwar kennzeichnend, dass der Unternehmer selbstständig darüber entscheidet, wie er die Arbeitsleistung erbringt, damit der zugesagte Erfolg eintreten **31** kann. Dass er bei seiner Tätigkeit den **Weisungen** des Bestellers nachzukommen hat, schließt aber nicht die Annahme eines Werkvertrages aus. Denn die völlige Weisungsfreiheit gehört nicht zu den Wesensmerkmalen des Werkvertrages, wie sich aus § 645 Abs 1 S 1 ergibt (ebenso BGH 22. 10. 1981 – VII ZR 310/79, BGHZ 82, 100 [106]); wenn allerdings die Weisungen so weit gehen, dass sie den Einsatz und die Organisation der Arbeit unmittelbar vorgeben und dem Tätigen kaum noch Freiraum belassen, spricht dies für das Vorliegen eines – ggf Leih- – Arbeitsverhältnisses (BAG 6. 8. 2003 – 7 AZR 180/03, BeckRS 2003, 41607; ErfK/Preis § 611 Rn 14). Das Fehlen der Selbstständigkeit ist auch keine Voraussetzung für die Annahme eines Dienstvertrages, sondern umgekehrt im Regelfall dessen Folge. Die fehlende Selbstständigkeit bei der Erbringung der Arbeitsleistung bildet die Voraussetzung für die Geltung des Arbeitsrechts; sie ist aber ihrerseits nicht ein vorgegebener Tatbestand, sondern Folge einer vertragsrechtlichen Festlegung (s § 611 Rn 1909 ff).

32 Dogmatisch verfehlt ist eine Orientierung am sozialen Leitbild auch insoweit, als man den Werkvertrag als Vertragstyp auf handwerkliche Tätigkeiten beschränkt und bei Erbringung sog höherer Dienste der Annahme eines Dienstvertrages den Vorzug gibt (s Rn 29). Dass bei Leistung höherer Dienste ein Dienstvertrag anzunehmen ist, kann insbesondere nicht auf § 611 Abs 2 gestützt werden; denn diese Vorschrift bezieht sich ausschließlich darauf, dass in der gemeinrechtlichen Doktrin wie im römischen Recht sog *operae liberales* nicht der *locatio conductio,* sondern dem *mandatum* zugewiesen waren. Sie beantwortet dagegen nicht die Frage, ob es sich um einen Dienst- oder Werkvertrag handelt. Dass der Werkvertrag auch heute noch im Schwerpunkt den Vertragstyp für handwerkliche Tätigkeit bildet, während Dienstleistungen der Ärzte und Rechtsanwälte nicht ihm, sondern dem Dienstvertrag unterstellt werden, kann nicht mit der gesetzlichen Rechtsfolgenanordnung im geltenden Dienstvertragsrecht begründet werden; es handelt sich vielmehr um eine rechtshistorische Nachwirkung (s Rn 29), deren Konservierung in der herrschenden Doktrin berufsideologisch motiviert ist.

3. Zeit und Erfolg als Bestimmungsfaktoren für die Unterscheidung zwischen Dienst- und Werkvertrag

33 Da nach den Definitionsnormen der §§ 611 bzw 631 beim Dienstvertrag die Tätigkeit als solche, beim Werkvertrag dagegen ein Erfolg geschuldet wird, liegt es nahe, die Abgrenzung danach vorzunehmen, ob die versprochene Arbeit nur durch eine zeitliche Grenze bestimmt wird oder durch den zugesagten Erfolg begrenzt ist (so vor allem Nikisch, Die Grundformen des Arbeitsvertrags [1926] 13 ff). Dabei darf man aber nicht unbeachtet lassen, dass es sich lediglich um **relative Kriterien** handelt; denn jede Tätigkeit hat eine zeitliche Dimension, und jede in einem Leistungsversprechen zugesagte Tätigkeit soll einen Zweck erfüllen, wird also auf einen Erfolg hin vorgenommen (vgl auch Leenen, Typus und Rechtsfindung [1971] 147; Weber, Die Unterscheidung von Dienstvertrag und Werkvertrag [Diss München 1977] 63 ff; siehe jetzt auch die Unterscheidung zwischen zeitbezogenen und „erfolgsbezogenen" Dienstverträgen bei Tillmanns, Strukturfragen des Dienstvertrages 44 ff).

34 Der für den Werkvertrag charakteristische Erfolg muss nicht darin bestehen, dass ein **weiterer, mit der Tätigkeit nicht notwendig verbundener Erfolg** eintritt (so bereits Lotmar II 432 f; Nikisch, Grundformen des Arbeitsvertrags 45 f). Der für den Werkvertrag maßgebliche Erfolg ist der nach dem Leistungsversprechen in der Arbeit liegende Erfolg, *nicht der Erfolg des Arbeitserfolgs*. Auf der Verkennung dieses Unterschiedes beruht es, wenn der ärztliche Behandlungsvertrag nur deshalb dem Dienstvertrag zugeordnet wird, weil der Arzt nicht den Erfolg seiner Leistung schuldet (so aber MünchKomm/SOERGEL [3. Aufl 1997] § 631 Rn 62). Diese Auffassung hat schon LOTMAR (II 433) widerlegt; denn „jede chirurgische Operation hat in der Eröffnung, Durchsuchung, Abtragung eines Organs, die sie bezielt, ihren Erfolg, auch wenn der Erfolg des Erfolgs versagt bleibt, etwa der Patient stirbt" (ebenso schon vorher RIEZLER, Der Werkvertrag [1900] 92; weiterhin ENNECCERUS/LEHMANN, Schuldrecht 603; STAUDINGER/NIPPERDEY/MOHNEN[11] Vorbem 146 zu § 611; NIKISCH, Grundformen des Arbeitsvertrags 46; LEENEN, Typus 151). Der durch Arbeit herbeizuführende Erfolg kann „schon in der Ausführung der Tätigkeit gesehen werden" (LARENZ, Methodenlehre der Rechtswissenschaft [2. Aufl 1969] 443).

Den Dienstvertrag kennzeichnet, dass die Arbeitsleistung auf Zeit erfolgt, ihr also **35** nicht schon durch den Inhalt der übernommenen Arbeit, die Arbeitsaufgabe, ein natürliches Ziel gesetzt ist (so NIKISCH, Grundformen des Arbeitsvertrags 14; JACOBI, Grundlehren des Arbeitsrechts [1927] 46 f). Dadurch wird allerdings nicht ausgeschlossen, dass auch beim Werkvertrag eine zeitliche Begrenzung der zu leistenden Arbeit vorliegen kann (vgl WEBER, Unterscheidung von Dienstvertrag und Werkvertrag 68 ff). Das gilt beispielsweise für das Heizen und Beleuchten eines Raumes oder dessen fortlaufende Reinigung (vgl OLG Hamburg 22. 6. 1972 – 6 U 40/72, MDR 1972, 866 f). Die rechtsdogmatische Einordnung als Dienst- oder Werkvertrag kann deshalb nicht davon abhängen, ob die Subsumtion unter ein bestimmtes Tatbestandselement, das man für die Annahme eines Dienst- oder Werkvertrages isoliert, möglich ist, sondern man hat in den Fällen, in denen zweifelhaft bleibt, wie der vorliegende Vertrag zu verstehen ist, die Anweisung in den Motiven zum BGB ernst zu nehmen, „dass bei verständiger Würdigung aller Umstände die richtige Entscheidung nicht verfehlt werden kann" (Mot II 472).

Deshalb trifft es nicht zu, dass die Unterscheidung von Dienst- und Werkvertrag „in **36** methodisch richtiger Weise nur auf den Tatbestand, nicht auf die Rechtsfolgen beider Verträge" gestützt werden kann (so NIKISCH, Grundformen des Arbeitsvertrags 60). Der Tatbestand des Vertragstyps und die für ihn gesetzlich vorgesehenen Rechtsfolgen sind einander zugeordnet. Eine tatbestandliche Präzisierung kann nur gelingen, wenn man die Rechtsfolgen in die Beurteilung einbezieht (so bereits RÜMELIN, Dienstvertrag und Werkvertrag [1905] 2 f).

4. Abgrenzung nach einer typologischen Methode der Rechtsanwendung

Die Erkenntnis, dass die Abgrenzung rechtsfolgenorientiert sein muss, bedeutet **37** nicht, dass Dienstvertrag und Werkvertrag durch eine typologische Zuordnung voneinander abzugrenzen sind (so aber LEENEN, Typus 148 ff; WEBER, Unterscheidung von Dienstvertrag und Werkvertrag 129 ff). Bei einer typologischen Rechtsfindung bleibt letztlich offen, welcher normative Gesichtspunkt für die Einordnung ausschlaggebend ist. Richtig ist lediglich, dass bei Verträgen auf Arbeit die Grenze zwischen Dienst- und Werkvertrag fließend sein kann und deshalb für die Heranziehung der maßgeblichen Rechtsnormen nicht die unter einem bestimmten Blickwinkel erfolgte Qualifizierung als Dienst- oder Werkvertrag ausschlaggebend sein kann. Es richtet sich vielmehr nach dem Inhalt des rechtsgeschäftlichen Leistungsversprechens, ob der mit ihm verfolgte Zweck die Anwendung einer im Gesetzesrecht ausgeformten Rechtsregel notwendig macht.

38 Deshalb geht es zwar zu weit, wenn man, abgesehen von der Regelung der Gefahrtragung, die für den Dienstvertrag gegebenen Vorschriften auch auf den Werkvertrag anwendet und umgekehrt (so aber RÜMELIN, Dienstvertrag und Werkvertrag [1905]). Richtig daran ist aber, dass es Gemeinsamkeiten gibt, die es rechtfertigen, Vorschriften aus dem Dienstvertragsrecht im konkreten Fall auch auf einen Werkvertrag anzuwenden, zB §§ 617 und 618 (ebenso LOTMAR II 842 f; NIKISCH, Grundformen des Arbeitsvertrags 61; OLG Düsseldorf 21. 10. 1994 – 22 U 33/94, NJW-RR 1995, 403). Das Gesetz selbst hat sein Konzept einer Erfolgsbezogenheit des Werkvertrags mit der Regelung des § 645 durchbrochen, der auf demselben materiellen Geltungsgrund wie die Regelung in § 615 beruht und deshalb ein dienstvertragliches Element im Werkvertragsrecht darstellt (vgl PICKER JZ 1985, 693 ff). Damit trägt der Gesetzgeber dem Umstand Rechnung, dass die Übergänge zwischen den beiden Vertragstypen unscharf sind; er vermochte sich nicht dem Gerechtigkeitspostulat zu entziehen, dass auch beim Werkvertrag die geleistete Arbeit eine Vergütung verlangt (so zutreffend PICKER JZ 1985, 693 [694]). Bei einer typologischen Zuordnung wird der hier bestehende Zusammenhang nicht erkannt, sondern er wird an den Rand gedrängt, der für die Präzisierung des Typus unerheblich ist.

39 Trotz der Feststellung, dass die tatbestandliche Präzisierung eines Typus „nicht ohne Rückgriff auf die Rechtsfolge" geschehen könne (so LEENEN, Typus 150 f), bleibt offen, welcher normative Gesichtspunkt für die Einordnung ausschlaggebend ist. Eine klare Abgrenzung ist nicht möglich, soweit man lediglich darauf abstellt, dass die Zuordnung sich nicht zuletzt an der Frage zu orientieren habe, ob das Dienst- oder Werkvertragsrecht die angemessenere Regelung enthalte, und daher zu dem Ergebnis kommt, dass es das Kündigungs- und Gewährleistungsrecht sei, auf dessen Anwendbarkeit die Qualifikation eines Vertragsverhältnisses als Dienst- oder Werkvertrag abziele (so LEENEN aaO 151). Die „typologische Rechtsfindung" legt einen dichten Schleier darauf, warum gerade das Kündigungs- oder Gewährleistungsrecht Anwendung finden soll. Sie vermag insbesondere auch nicht zu erklären, warum die Gefahrtragungsregelung des § 645 für den Werkvertrag einen Prinzipienbruch bedeutet, sie aber für das Dienstvertragsrecht so selbstverständlich ist, dass sie dort nicht besonders festgelegt, sondern durch § 615 mitgeregelt wird.

III. Unterschied der Gefahrtragungsregelung als Wesensmerkmal für eine Abgrenzung zwischen Dienst- und Werkvertrag

1. Unterschiedliche Regelung des Entgeltrisikos als Kriterium

40 Der für die Abgrenzung zwischen Dienst- und Werkvertrag wesentliche Unterschied liegt in der Gefahrtragungsregelung für das Entgelt (so zutreffend RÜMELIN, Dienstvertrag und Werkvertrag [1905] 21; RICHARDI, in: FS Georgiades [2006] 349 ff). Die Gesetzesmaterialien sind insoweit eindeutig: „Bei dem Dienstvertrage wird für die Arbeit als solche, bei dem Werkvertrage für das Arbeitsprodukt die Vergütung versprochen" (Mot II 471). Beim Werkvertrag trägt deshalb der Unternehmer die Gefahr bis zur Abnahme des Werkes (§ 644 Abs 1 S 1); ist nach der Beschaffenheit des Werkes die

Abnahme ausgeschlossen, so trifft ihn das Risiko jedenfalls bis zur Vollendung des Werkes (§ 646). Beachtet man, dass dieselbe Dienstleistung sowohl in der Form eines Dienstvertrages als auch in der eines Werkvertrages erbracht werden kann, so scheitert bereits an dieser Tatsache eine Abgrenzung nach deskriptiven Tatbestandsmerkmalen. Maßgebend ist vielmehr, wer nach dem Inhalt des Leistungsversprechens das Entgeltrisiko zu tragen hat, wenn die Arbeitsleistung nicht erbracht werden kann oder der mit ihr bezweckte Erfolg nicht eintritt.

2. Unerheblichkeit der Entgeltgestaltung

Kein Abgrenzungskriterium ist hingegen die Entgeltgestaltung. Für die Annahme **41** eines Dienstvertrages ist es zwar ein Indiz, wenn das Arbeitsentgelt nach der Zeit der Tätigkeit bemessen wird, und entsprechend spricht es für einen Werkvertrag, wenn die Vergütung, ohne auf die Dauer der Arbeit Bezug zu nehmen, für das Arbeitsergebnis gezahlt wird (vgl BGH 16. 7. 2002 – X ZR 27/01, BGHZ 151, 330 [333]). Es ist aber durchaus möglich, dass bei einem Dienstvertrag die Vergütung nicht zeitbezogen, sondern leistungsbezogen ausgestaltet ist. Die Vereinbarung einer Entlohnung im Akkord macht den Arbeitsvertrag nicht zum Werkvertrag (nicht zutreffend deshalb RÜMELIN, Dienstvertrag und Werkvertrag [1905] 58, wenn er aus der Art der Lohnfestsetzung, hier also der Vereinbarung eines Stücklohns für die Herstellung eines bestimmten Arbeitsergebnisses generell ableitet, es liege dann ein Werkvertrag vor; ähnlich iErg LOTMAR II 877 ff; s aber auch dort 897 ff). Beim Werkvertrag ist durchaus möglich, dass die Vergütung nach der Zeit der Arbeit festgesetzt wird (ebenso auch RÜMELIN 58). Der Anspruch auf die Vergütung besteht bei einem Werkvertrag jedoch nur im Fall des erreichten Erfolgs, wie es gerade darauf beim Dienstvertrag nicht ankommt, auch wenn die Vergütung nach dem Arbeitsergebnis bemessen wird. Der Unterschied wird deutlich, sobald trotz der aufgewandten Arbeit der mit ihr bezweckte Arbeitserfolg nicht eintritt: Beim Werkvertrag besteht im Prinzip kein Anspruch auf das Entgelt; beim Dienstvertrag ist er dagegen gegeben, weil lediglich die Arbeitsleistung geschuldet wird.

3. Unerheblichkeit der Unterscheidung zwischen Leistungshandlung und Leistungserfolg

Das erfolgsbezogene Gestaltungsprinzip beim Werkvertrag darf nicht mit der Un- **42** terscheidung zwischen Leistungshandlung und Leistungserfolg verwechselt werden. Auch beim Dienstvertrag genügt für die Erfüllung nicht, dass der Schuldner die versprochene Arbeit ordnungsgemäß anbietet, sondern es muss auch hier die „geschuldete Leistung" an den Gläubiger iS des § 362 Abs 1 bewirkt werden, dh der Leistungserfolg herbeigeführt sein. Die Besonderheit besteht lediglich darin, dass der Leistungserfolg hier durch die Erbringung einer Dienstleistung eintritt. Deshalb fallen notwendigerweise Leistungshandlung und Leistungserfolg zusammen (ebenso WIEACKER, in: FS Nipperdey [1965] I 783 [794]). Aber auch beim Werkvertrag kann das Schuldnerverhalten und die Verwirklichung des Gläubigerinteresses identisch sein. Das ist der Fall, wenn bereits in der Erbringung einer Dienstleistung die Erfüllung liegt, weil nach der Beschaffenheit des Werkes die Abnahme ausgeschlossen ist; denn es tritt dann an die Stelle der Abnahme die Vollendung des Werkes (§ 646). Bei der Unterscheidung zwischen Dienst- und Werkvertrag geht es deshalb ausschließlich um eine Verschiedenheit des Gläubigerinteresses, dessen Verwirklichung durch die Leistungshandlung herbeigeführt wird, wobei es durchaus möglich ist, dass es sich bei dem Leistungsgegenstand um dieselbe Dienstleistung handelt. Die Reparatur von Schuhen, das Entleeren einer Jauchegrube, die chemische Reinigung von Kleidern sind Gegenstand eines Werkvertrages, den der Unternehmer mit dem Kunden abschließt; der für ihn als Erfüllungsgehilfe tätige Arbeitnehmer erbringt die Dienstleistung im Rahmen eines Dienstvertrages.

4. Verschiedenheit des Leistungsversprechens als Grund für die Alternativität der Entgeltrisikozuweisung

43 Die Alternativität der Entgeltrisikozuweisung hat ihren materiellen Geltungsgrund in der Verschiedenheit des Leistungsversprechens. Den Vertragstyp des Dienstvertrages prägt, dass der Schuldner seine Dienste demjenigen, dem er sie versprochen hat, für eine Zeit zur Disposition stellt (so schon WINDSCHEID HeidelbKritZ 2 [1855] 138 f). Die Dienstleistungspflicht im Dienstvertragsrecht ist als *Speziesschuld* konzipiert; sie wird durch die zeitliche Festlegung ihrer Erbringung spezifiziert (vgl PICKER JZ 1985, 693 [699]). Für sie ist deshalb bei Festlegung eines Zeitpunktes der Fixschuldcharakter wesentlich. Darauf beruht § 615, der davon ausgeht, dass die mangelnde Mitwirkung des Gläubigers zugleich die Möglichkeit der Leistungserbringung beseitigt.

44 Wird dem Schuldner dagegen überlassen, wann er die versprochenen Dienste leistet, so kann seine Verpflichtung ebenfalls dadurch geprägt sein, dass er eine *zeitbestimmte Leistung* erbringt (so zutreffend NIKISCH, Grundformen des Arbeitsvertrags 14 ff). Der Annahmeverzug durch den Gläubiger hat hier jedoch nicht zur Folge, dass die Dienstleistung nicht nachgeholt werden kann. Der Schuldner hat vielmehr lediglich den Anspruch auf Ersatz der Mehraufwendungen, die er für das erfolglose Angebot machen musste (§ 304); es treten also nur die allgemeinen Rechtsfolgen des Annahmeverzuges ein. Damit ist der Anwendungsbereich des § 615 verlassen; aber auch der in § 616 S 1 geregelte Fall einer persönlichen Verhinderung des Schuldners kann nicht die dort vorgesehene Rechtsfolge einer Verpflichtung zur Fortzahlung des Entgelts auslösen, weil der Schuldner selbst bestimmt, wann er die Dienste erbringt. Ein derartiges Leistungsversprechen entspricht also nicht mehr dem klassischen Typ des Dienstvertrages, von dem die Regelung in §§ 611 ff ausgeht.

45 Die Grenze zum Werkvertrag wird überschritten, wenn für den Erwerb der vereinbarten Vergütung nicht mehr allein wesentlich ist, dass der Schuldner mit der Erbringung der Dienstleistung dem Gläubiger zur Verfügung steht. Auch der Werkvertrag hat eine Arbeitsleistung zum Gegenstand, und es ist ebenfalls möglich, dass sie als Fixschuld versprochen wird, zB wenn zu Silvester ein Feuerwerk zugesagt wird. Der Unterschied zum Dienstvertrag besteht darin, dass der Zweck, der mit der Arbeitsleistung verfolgt wird, zum Inhalt des Leistungsversprechens gehört. Beim Dienstvertrag kann deshalb das Entgelt verlangt werden, wenn die Arbeit oder die Dienste geleistet worden sind, wobei der Umfang der zu leistenden Arbeit nach der Zeit bestimmt wird. Beim Werkvertrag genügt dagegen nicht, dass der Schuldner bei der Erbringung der Dienstleistung die im Verkehr erforderliche Sorgfalt gewahrt hat, sondern er trägt im Prinzip das Risiko, dass die Arbeit auch erbracht werden kann. Deshalb schuldet er, wie es in § 631 Abs 2 heißt, einen „durch Arbeit oder Dienstleistung herbeizuführenden Erfolg". Bezieht dieser sich auf die Herstellung oder Veränderung einer Sache, so besteht der Anspruch auf das Entgelt nur, wenn das versprochene Werk hergestellt ist. Bis zur Abnahme des Werkes trägt daher grundsätzlich der Unternehmer die Gefahr (§ 644 Abs 1 S 1). Der Erfolg kann jedoch auch in der Dienstleistung selbst bestehen (Leistwerk); jedoch ist hier notwendig, dass die Dienstleistung nicht mit dem Arbeitsaufwand identisch ist, der zeitlich erforderlich ist, damit sie erbracht werden kann. Notwendigerweise ist sie daher, wenn sie den Gegenstand eines Werkvertrages darstellt, nicht durch die zeitliche Dauer ihrer Erbringung, sondern durch andere Kriterien spezifiziert.

Dienstvertrag und Werkvertrag werden also in ihrem Wesen durch den **Gegensatz in der Zuweisung des Entgeltrisikos** unterschieden (ebenso Esser/Weyers, Schuldrecht II § 27 II 3 c). Dagegen ist nur von sekundärer Bedeutung, dass der Schuldner beim Werkvertrag dafür einzustehen hat, dass es in mangelfreier Beschaffenheit hergestellt wird (vgl § 633); denn insoweit ist Voraussetzung, dass das Werk in der Herstellung oder Veränderung einer Sache besteht. Es handelt sich insoweit lediglich um die Konsequenz, die sich aus der Annäherung an den Kaufvertrag ergibt, wenn der Unternehmer die Herstellung oder Veränderung einer Sache übernimmt. 46

5. Alternativität der Entgeltrisikozuweisung als der normativ maßgebliche Grund für die Notwendigkeit einer Unterscheidung

Die Alternativität der Entgeltrisikozuweisung bestimmt den Unterschied zwischen Dienst- und Werkvertrag. Nur wenn man diese Rechtsfolgengestaltung in die tatbestandliche Präzisierung des Dienst- oder Werkvertrages einbezieht, lässt sich zutreffend ermitteln, was gemeint ist, wenn es in § 611 Abs 1 heißt, dass der Schuldner zur Leistung der versprochenen Dienste verpflichtet wird, und wie § 631 Abs 2 zu verstehen ist, nach dem Gegenstand des Werkvertrages ein durch Arbeit oder Dienstleistung herbeizuführender Erfolg ist. Das **Dogma der Erfolgsbezogenheit beim Werkvertrag** bezieht sich **nicht** auf den **Erfolg außerhalb der Arbeit** oder Dienstleistung; ihm steht auch nicht entgegen, dass die Vergütung nach dem Zeitaufwand bemessen wird, sondern es geht um den Unterschied zum Dienstvertrag in der **Zuweisung des Entgeltrisikos**. Das erfolgsbezogene Gestaltungsprinzip ist aber durch die Anerkennung der Substratsgefahrtragung in § 645 durchbrochen, „weil man sich trotz aller dogmatischen Fixiertheit nicht dem Gerechtigkeitspostulat zu entziehen vermochte, dass auch beim Werkvertrag die geleistete Arbeit eine Vergütung verlangt" (Picker JZ 1985, 693 [703]). 47

IV. Vorschläge einer Neuabgrenzung de lege ferenda

Der Gegensatz zwischen Dienst- und Werkvertrag ist wegen der Alternativität der Entgeltrisikozuweisung sachlich begründet. Dennoch wird wegen der Schwierigkeit der Abgrenzung die Forderung erhoben, die Unterscheidung aufzugeben und sie durch eine andere Grenzziehung zu ersetzen (vgl Teichmann, in: Verhandlungen des 55. DJT [1984] A 108; s auch Lieb, in: Gutachten und Vorschläge zur Überarbeitung des Schuldrechts III [1983] 183 [216]). 48

Nach Teichmann (aaO 42) hat der Dienstvertrag sich „von dem Rechtsverhältnis für den abhängigen, wenn auch nicht stets in die Organisation des Arbeitgebers eingegliederten Arbeitnehmer durch die Integration der sog höheren Dienste zu einer Doppelfigur entwickelt", dessen einer Teil sich „im sozialen Leitbild mit dem des 49

Werkvertrages" deckt. Er empfiehlt deshalb, „das Recht des selbstständigen Dienstvertrages und des Werkvertrages weitgehend – etwa bis auf die Mängelhaftung und die Gefahrtragung – zu vereinheitlichen, möglicherweise sogar eine einheitliche Rechtsfigur (des Dienstleistungsvertrages) zu schaffen" (aaO 108). Wenn aber insbesondere die Gefahrtragung nicht in die Vereinheitlichung aufgenommen werden soll, liegt darin das Eingeständnis, dass die Unterscheidung zwischen Dienst- und Werkvertrag sachlich geboten ist. Es ist deshalb **verfehlt, die rechtshistorisch gewonnene Unterscheidung zwischen Dienst- und Werkvertrag preiszugeben** und durch eine einheitliche Rechtsfigur des Dienstleistungsvertrages zu ersetzen, dessen Zweck ausschließlich darin besteht, den Unterschied zum Arbeitsvertrag zu markieren, der unter das Arbeitsrecht fällt; denn das Merkmal der Abhängigkeit ist alles andere als ein eindeutiges Kriterium (vgl ausführlich § 611 Rn 23 ff).

50 Beachtet man, dass die Zuordnung zum Arbeitsrecht von verschiedenen rechtlichen Gesichtspunkten abhängt, die nur teilweise vorzuliegen brauchen, so ist es ebenfalls **nicht sachgerecht**, im BGB einen **Vertragstyp des selbstständigen Dienstvertrages** zu schaffen (so aber der Gesetzgebungsvorschlag von LIEB, in: Gutachten und Vorschläge zur Überarbeitung des Schuldrechts III [1983] 183 [218 ff]). Die Abhängigkeit ist kein vorgegebener Tatbestand, sondern, da es weder eine Klasse noch einen Berufsstand der Arbeitnehmer gibt, Folge einer vertragsrechtlichen Festlegung. Die für die Geltung des Arbeitsrechts maßgeblichen Gesichtspunkte sind im Allgemeinen gegeben, wenn jemand nicht einen Werkvertrag, sondern einen Dienstvertrag abschließt. Bei Annahme eines Dienstvertrages bedarf es deshalb stets der *besonderen Rechtfertigung,* warum auf das durch ihn begründete Vertragsverhältnis Arbeitsrecht keine oder nur begrenzt Anwendung findet.

51 Der richtige rechtsdogmatische Standort für die Erbringung von Dienstleistungen als Selbstständiger ist deshalb im Allgemeinen nicht der Dienstvertrag, sondern der Werkvertrag (vgl auch HIRTE, Berufshaftung [1996] 357 ff; TILLMANNS, Strukturfragen des Dienstvertrages [2007] 13 ff).

V. Einzelfälle

52 Die Alternativität der Entgeltrisikozuweisung ist normativ der maßgebliche Bezugspunkt für die Abgrenzung zwischen Dienst- und Werkvertrag (vgl Rn 40 ff).

53 1. Das Recht des **Handelsvertreterverhältnisses** (§§ 84 ff HGB) wird als Teil des Dienstvertragsrechts angesehen (vgl EMDE, in: Großkomm HGB [5. Aufl 2008] Vor § 84 Rn 20; MünchKommHGB/vHOYNINGEN-HUENE [3. Aufl 2010] § 84 Rn 67; FISCHINGER, Handelsrecht [2015] Rn 848; s zum Handelsvertreterrecht näher § 611 Rn 1907 ff), während beim **Kommissionsvertrag** (§§ 383 ff HGB) bestritten ist, ob es sich um einen Dienstvertrag (so RGZ 110, 119 [123]; RG JW 1932, 2607 [2608]; CANARIS 455, 457) oder Werkvertrag (so RGZ 71, 76 [78]; differenzierend KOLLER, in: Großkomm HGB [5. Aufl 2008] § 383 Rn 105 f; KNÜTEL ZHR 137 [1973] 286 f; differenzierend FISCHINGER, Handelsrecht [2015] Rn 788) handelt. Der **Speditionsvertrag** (§§ 453 ff HGB) wird ebenfalls teilweise als Dienstvertrag (so RG 22. 10. 1924 RGZ 109, 85 [87]) oder als Werkvertrag (so RG 2. 12. 1925 RGZ 112, 149 [151]) bezeichnet.

2. In jüngster Vergangenheit besonders praxisrelevant ist die **Abgrenzung zwi-** 54
schen Werkvertrag und Arbeitnehmerüberlassung (s dazu näher § 611 Rn 157 ff).

3. Der **medizinische Behandlungsvertrag** (auch Arztvertrag genannt, s näher § 611 55
Rn 1866 ff) ist nach der Rechtsprechung und herrschenden Lehre ein Dienstvertrag
(vgl nunmehr § 630b; s zur Rechtslage vor dessen Inkrafttreten BGH 9. 12. 1974 – VII ZR 182/73,
BGHZ 63, 306 [309]; BGH 18. 3. 1980 – VI ZR 247/78, BGHZ 76, 259 [261]; OLG Düsseldorf 31. 1.
1974 – 8 U 123/73, NJW 1975, 595; OLG Zweibrücken 10. 3. 1983 – 4 U 76/82, NJW 1983, 2094;
MünchKomm/Müller-Gloege § 611 Rn 79 ff; Soergel/Kraft Vorbem 104 zu § 611; Münch-
Komm/Busche § 631 Rn 238; Staudinger/Peters/Jacoby [2014] Vorbem 34 zu § 631; Staudin-
ger/Martinek [2006] § 675 Rn B 22; Larenz, Schuldrecht II/1 § 52 I; Esser/Weyers, Schuldrecht
II § 27 II 3 d; ebenso OLG Karlsruhe 23. 2. 1994 – 7 U 193/93, MedR 1995, 374; **aA** O vGierke,
Deutsches Privatrecht III 593 Fn 7; Lotmar II 433). Ist dagegen mit einem Arzt die Vor-
nahme einer bestimmten Operation vereinbart, so wird teilweise Werkvertrag an-
genommen, wenn nur die sachverständig ausgeführte Vornahme mit der Operation
zugesagt wird (so Enneccerus/Lehmann, Schuldrecht 603; Staudinger/Nipperdey/Mohnen[11]
Vorbem 146 zu § 611; Nikisch, Die Grundformen des Arbeitsvertrags [1926] 46; Riezler, Der
Werkvertrag [1900] 92; Leenen, Typus [1971] 151; Jakobs NJW 1975, 1437; **aA** OLG Düsseldorf 3. 1.
1974 – 8 U 123/73, NJW 1975, 595 [Vornahme einer Sterilisation]; OLG Köln 21. 8. 1997 – 5 W 58/97,
VersR 1998, 1510 [kosmetische Operation]; MünchKomm/Busche § 631 Rn 239 [kosmetische Ope-
ration]; Larenz, Schuldrecht II/1 § 52 I). Der auf eine zahnprothetische Behandlung
gerichtete Vertrag ist nach Meinung des BGH Dienstvertrag; jedoch soll sich die
Gewährleistung für die technische Herstellung der Prothese nach dem Recht des
Werkvertrages richten (BGH 9. 12. 1974 – VII ZR 182/73, BGHZ 63, 306; ebenso MünchKomm/
Busche § 631 Rn 241 f; **aA** Jakobs NJW 1975, 1437 ff).

Der Arzt verpflichtet sich, den Patienten nach den Regeln der medizinischen Wis- 56
senschaft zu untersuchen und zu behandeln. Deshalb ist für die rechtliche Einordnung im Prinzip unerheblich, ob er eine chemische Therapie durchführt oder zum
Skalpell greift. Wesentlich ist aber, ob die Verpflichtung auf eine fortlaufende Tätigkeit gerichtet ist. Daher schließt der Arzt, der in einem Krankenhaus die ärztliche
Versorgung der Patienten übernimmt, einen Dienstvertrag. Die ärztliche Behandlung eines Patienten in eigener Praxis wird dagegen im Allgemeinen durch die
vertraglich übernommene Aufgabe begrenzt. Deshalb liegt es eigentlich nahe, den
medizinischen Behandlungsvertrag als Werkvertrag einzuordnen (so bereits O vGierke, Deutsches Privatrecht III 593 Fn 7). Das Werkvertragsrecht entspricht aber nicht den
Besonderheiten des medizinischen Behandlungsvertrages. Die Einordnung in das
Dienstvertragsrecht sichert, dass der Arzt im Zweifel die Leistung „in Person" zu
erbringen hat (§ 613 S 1; vgl Deutsch/Spickhoff, Medizinrecht [7. Aufl 2014] Rn 110). Davon abgesehen finden aber die sonst für den Dienstvertrag maßgeblichen Vorschriften auf den Behandlungsvertrag im Allgemeinen keine Anwendung. Es handelt sich
bei ihm um einen eigenen Typus, der durch die Merkmale der ärztlichen Tätigkeit
bestimmt wird (so zutreffend Deutsch/Spickhoff, Medizinrecht [7. Aufl 2014] Rn 113).

4. Entsprechende Abgrenzungsprobleme bestehen bei einem **Rechtsanwalt** (s zum 57
Recht des Rechtsanwalts näher § 611 Rn 1895 ff). Verspricht er ein Rechtsgutachten, so soll
ein Werkvertrag vorliegen (RG JW 1914, 642 Nr 4; RG 5. 5. 1916, RGZ 88, 223 [227]; BGH 6. 7.
1971 – VI ZR 94/68, BGHZ 56, 355 [364]; Enneccerus/Lehmann, Schuldrecht 603); Gleiches
gilt, wenn er Vertragsurkunden erstellt (MünchKomm/Busche, § 631 Rn 274). Wird er

dagegen mit der Prozessführung oder gar der dauernden Beratung beauftragt, so soll es sich um einen Dienstvertrag handeln (vgl BGH 20. 10. 1964 – VI ZR 101/63, NJW 1965, 106; BGH 8. 12. 1966 – VII 114/64, NJW 1967, 719 [720]; BGH 16. 10. 1986 – III ZR 67/85, NJW 1987, 315 [316]; MünchKomm/Busche, § 631 Rn 272; Hirte, Berufshaftung [1996] 12 mwNw aus dem Schrifttum; aA aber im alten Schrifttum: O vGierke, Deutsches Privatrecht III 593 Fn 7; Lotmar II 433; Riezler, Der Werkvertrag [1900] 92).

58 Der Vertrag, durch den einem **Steuerberater** die Wahrnehmung steuerlicher Interessen übertragen wird, wird ebenfalls regelmäßig als Dienstvertrag angesehen (BGH 4. 6. 1970 – VII ZR 187/68, BGHZ 54, 106 [107 f]; BGH 7. 3. 2002 – III ZR 12/01, NJW 2002, 1571 [1572]; entsprechend für einen steuerberatenden Wirtschaftsprüfer BGH 6. 11. 1980 – VII ZR 237/79, BGHZ 78, 335 [338]; s zum Recht des Steuerberatervertrags näher § 611 Rn 1918 ff). Auch hier liegt aber bei Einzelaufträgen ein Werkvertrag vor, wenn außerhalb einer ständigen Beratung zB die Erstellung eines Gutachtens, einer Bilanz oder einer Steuererklärung versprochen wird (BGH 17. 10. 1991 – IX ZR 225/90, NJW 1992, 307 [308]). Die gleichen Grundsätze gelten für die Qualifikation der Verträge mit **Wirtschaftsprüfern** (s § 611 Rn 1924 ff).

59 5. Der die Bauplanung sowie die Oberleitung und örtliche Bauaufsicht umfassende **Architektenvertrag** wird dagegen als Werkvertrag eingeordnet (BGH 26. 11. 1959 – VII ZR 120/58, BGHZ 31, 224 [227]; BGH 1. 2. 1965 – GSZ 1/64, BGHZ 43, 227 [230]; BGH 5. 12. 1968 – VII 127/66, BGHZ 51, 190 [191]; s auch BGH 6. 11. 1980 – VII ZR 237/79, BGHZ 78, 335 [338]; ausf Staudinger/Martinek [2006] § 675 Rn B 13 ff). Selbst wenn der Architektenvertrag nur die Bauführung (§ 34 Abs 3 Nr 8 HOAI) umfasst, sieht der BGH in ihm einen Werkvertrag (BGH 22. 10. 1981 – VII ZR 310/79, BGHZ 82, 100 [105 f] im Anschluss an BGH 7. 3. 1974 – VII ZR 217/72, BGHZ 62, 204 [205 f]; für Dienstvertrag allerdings noch BGH 6. 7. 1972 – VII ZR 139/71, BGHZ 59, 163 [166]). Es wird richtig erkannt, dass der Architekt nicht das Bauwerk selbst als körperliche Sache schuldet; es wird aber entscheidend darauf abgestellt, dass die Vielzahl der ihm obliegenden Einzeldienstleistungen der Verwirklichung des im Bauplan verkörperten geistigen Werks dient und somit den Zweck hat, „den dem Bauherrn geschuldeten Erfolg, nämlich die mängelfreie Errichtung des geplanten Bauwerks, zu bewirken" (BGH 26. 11. 1959 – VII ZR 120/58, BGHZ 31, 224 [228]; so auch für den nur bauleitenden Architekten BGH 22. 10. 1981 – VII ZR 310/79, BGHZ 82, 100 [105 f]). Beim Arzt- und Rechtsanwaltsvertrag wird dagegen gerade die Kette von Bemühungen als Merkmal herangezogen, um zu begründen, dass nicht ein Werk-, sondern ein Dienstvertrag vorliegt. Die Vermessung und Absteckung der Maße eines zu errichtenden Hauses auf einem Grundstück ist Werkvertrag, nicht Dienstvertrag (BGH 9. 3. 1972 – VII ZR 302/70, NJW 1972, 901). Ebenfalls ein Werkvertrag liegt vor, wenn ein Sachverständigengutachten zu erstatten ist (BGH 8. 12. 1966 – VII ZR 114/64, NJW 1967, 719 [720]). Dass ein auf die Bauüberwachung gerichteter Vertrag als **Projektsteuerungsvertrag** bezeichnet wird, ändert nichts an seiner Beurteilung als Werkvertrag (BGH 10. 6. 1999 – VII ZR 215/98, NJW 1999, 3118).

60 6. Der **Internatsvertrag** ist Dienstvertrag. Wegen der Unterbringung und Verpflegung des Schülers enthält er zwar auch miet- und werkvertragliche Elemente, die für die Schulausbildung und erzieherische Betreuung des Schülers erforderlichen Dienstleistungen bilden aber den Schwerpunkt der Leistungspflicht. Das rechtfertigt es, den Vertrag grundsätzlich dem Dienstvertragsrecht zu unterstellen (BGH 24. 5. 1984 – IX ZR 149/83, NJW 1984, 2091 [2092 f]; BGH 28. 2. 1985 – IX ZR 92/84, NJW 1985, 2585).

7. Bei einem **Forschungs- und Entwicklungsvertrag** hängt es vom Inhalt der rechtsgeschäftlich übernommenen Pflicht ab, ob er Dienst- oder Werkvertrag ist (vgl BGH 16. 7. 2002 – X ZR 27/01, BGHZ 151, 330). Bei der Verpflichtung zur Erbringung von Forschungs- und Entwicklungsleistungen handelt es sich um einen Dienstvertrag, wenn der Auftragnehmer lediglich ein den Regeln der Wissenschaft und Technik entsprechendes Vorgehen schuldet, dagegen um einen Werkvertrag, wenn er insoweit für den Eintritt eines Arbeitserfolgs einzustehen hat. Dieser Erfolg kann in einem bestimmten Arbeitsergebnis oder auch nur in der ordnungsgemäßen Durchführung von Untersuchungen und der Anfertigung von Berichten bestehen (BGH 16. 7. 2002 – X ZR 27/01, BGHZ 151, 330 [332]). Eine Regel, dass der Forschungsvertrag grundsätzlich als Dienstvertrag und der Entwicklungsvertrag grundsätzlich als Werkvertrag zu qualifizieren sei (so MÖFFERT, Der Forschungs- und Entwicklungsvertrag [3. Aufl 2008] 41 f), lässt sich dagegen nicht aufstellen, weil die Grenzen zwischen Forschung und Entwicklung im Einzelfall fließend sein können (so BGH 16. 7. 2002 – X ZR 27/01, BGHZ 151, 330 [333]). 61

D. Abgrenzung des Dienstvertrages von verwandten Vertragstypen

Systematische Übersicht

I. Werkvertrag und ähnliche Verträge		
1. Werkvertrag	62	
2. Reisevertrag	66	
II. Auftrag		
1. Unentgeltlichkeit	67	
2. Geschäftsbesorgung als Gegenstand	69	
III. Dienstverschaffungsvertrag	71	
IV. Gesellschaftsvertrag		
1. Gemeinsamer Zweck als Wesensmerkmal der Gesellschaft	74	
2. Abgrenzungskriterien	75	
3. Gesellschaftsvertrag und Arbeitsverhältnis	77	
V. Miet- und Pachtvertrag	78	
VI. Gemischte und typenfremde Verträge		
1. Bedeutung des Dienstvertragselements	81	
2. System der gemischten Verträge	83	
a) Typische Verträge mit untergeordneten andersartigen Leistungen	84	
b) Kombinationsverträge (Zwillingsverträge)	85	
c) Doppeltypische Verträge (Zwitterverträge)	86	
d) Verträge mit Typenvermengung (gemischte Verträge im engeren Sinne)	87	
3. Factoring	88	
4. Franchising	90	
VII. Schieds- und Schiedsgutachtenvertrag		
1. Schiedsvertrag und Schiedsrichtervertrag	93	
2. Schiedsgutachtenvertrag	96	
3. Besonderheiten für die Arbeitsgerichtsbarkeit	97	

I. Werkvertrag und ähnliche Verträge

1. Werkvertrag

62 Dienstvertrag und Werkvertrag bilden die Haupttypen des Vertrages auf Arbeit. Sie teilen die historische Herkunft aus der römisch-rechtlichen *locatio conductio.* Der Unterschied besteht darin, dass beim Dienstvertrag die Arbeit als solche, beim Werkvertrag dagegen ein durch Arbeit herbeizuführender Erfolg zugesagt wird (s ausführlich Rn 8 ff).

63 Besteht beim Werkvertrag der Gegenstand der Leistungspflicht in der Herstellung oder Veränderung einer Sache, so geht das Werkvertragsrecht in §§ 631 ff davon aus, dass der Unternehmer seine Werkleistung an, aus oder auf Sachen des Bestellers erbringt. Das Eigentum an der durch Verarbeitung oder Umbildung des gelieferten Stoffes hergestellten neuen Sache erwirbt hier nicht der Unternehmer, sondern der Besteller, da der Unternehmer die Herstellung oder Veränderung für ihn vornimmt (vgl STAUDINGER/WIEGAND [2014] § 950 Rn 16 ff). Hieran ändert es nichts, wenn der Unternehmer Zutaten oder sonstige Nebensachen zu beschaffen hat (so ausdrücklich in der Fassung vor dem Schuldrechtsmodernisierungsgesetz § 651 Abs 2). Selbst wenn er den ganzen Stoff beschaffen muss, um das Werk zu erstellen, liegt ein reiner Werkvertrag vor, wenn die herzustellende Sache unmittelbar mit ihrer Herstellung wesentlicher Bestandteil einer Sache des Bestellers wird (§ 93). Die Verpflichtung zur Errichtung eines Bauwerkes ist deshalb Werkvertrag, falls der Bau auf dem Grundstück des Bestellers errichtet wird.

64 Nicht mehr ein reiner Werkvertrag liegt vor, wenn der Unternehmer sich verpflichtet, das Werk aus einem von ihm zu beschaffenden Stoff herzustellen, sodass mit der Herstellung nicht der Besteller das Eigentum an der hergestellten Sache erlangt; denn in diesem Fall hat er die zusätzliche Verpflichtung, dem Besteller die hergestellte Sache zu übergeben und das Eigentum an der Sache zu verschaffen. Dies sah § 651 Abs 1 S 1 aF bis zu seiner Änderung durch das Schuldrechtsmodernisierungsgesetz ausdrücklich vor. Der Vertragstyp wurde daher als Werklieferungsvertrag bezeichnet (vgl STAUDINGER/RICHARDI [1999] Vorbem 61 zu § 611). § 651 S 1 begnügt sich in der Neufassung mit der Bestimmung, dass für einen Vertrag, der die Lieferung herzustellender oder zu erzeugender beweglicher Sachen zum Gegenstand hat, die Vorschriften über den Kauf Anwendung finden. Der Gesetzgeber zog die Konsequenz aus der Erkenntnis, dass es für die Leistungspflicht keine Rolle spielt, ob die Sache bei Vertragsschluss bereits hergestellt oder noch herzustellen ist. Maßgebend ist vielmehr allein, dass sie den vertraglich festgelegten Anforderungen entspricht. Deshalb ist ein derartiger Vertrag ein Kaufvertrag, der lediglich die Besonderheit aufweist, dass der Verkäufer die Sache herstellt. Es empfiehlt sich daher, ihn als **Lieferungskauf** zu bezeichnen (so BALLERSTEDT, in: SOERGEL/SIEBERT [10. Aufl] § 651 Rn 1; ebenso LARENZ, Schuldrecht II/1 § 53 IV).

65 Soweit es sich bei den herzustellenden oder zu erzeugenden beweglichen Sachen um **nicht vertretbare Sachen** handelt, sind gemäß § 651 S 3 neben dem Kaufvertragsrecht auch die §§ 642, 643, 645, 649 und 650 mit der Maßgabe anzuwenden, dass an die Stelle der Abnahme der nach den §§ 446 und 447 maßgebliche Zeitpunkt tritt. Dem Besteller geht es in diesem Fall im Gegensatz zum Erwerb vertretbarer Sachen wesentlich um die Ausführung der von ihm gewünschten Arbeit, und dann erst um den Erwerb des hergestellten Werkes. Es handelt sich daher nicht um ein Umsatzgeschäft, das dem Vertragstypus des Kaufs entspricht, freilich auch nicht um einen reinen Werkvertrag, sondern um einen eigenen Vertragstypus, der Elemente des Kauf- und des Werkvertrages in sich vereint. Auf den Vertragstypus passt die Bezeichnung „Werklieferungsvertrag" (so LARENZ II/1 § 53 IV). Diese rechtsdogmatische Erkenntnis gilt auch für die Neufassung des § 651 durch das Schuldrechtsmodernisierungsgesetz.

2. Reisevertrag

Durch das Reisevertragsgesetz vom 4. 5. 1979 (BGBl I 509) wurde die Regelung über den Reisevertrag in §§ 651a–651k in das BGB eingefügt (die §§ 615l, m wurden durch G v 23. 7. 2001 [BGBl I 1658] eingefügt) und zugleich die Überschrift des 7. Titels (nun 9. Titel) durch die Hinzufügung der Worte „und ähnliche Verträge" geändert. Der Reisevertrag ist kein Dienstvertrag; ob er ein Werkvertrag oder bloß ein diesem ähnlicher Vertrag ist, ist umstritten (dazu näher STAUDINGER/STAUDINGER [2016] § 651a Rn 7 ff). **66**

II. Auftrag

1. Unentgeltlichkeit

Der Auftrag (§§ 662 ff) unterscheidet sich vom Dienst- und Werkvertrag ausschließlich dadurch, dass der Beauftragte unentgeltlich tätig wird. Er ist ein Vertrag, der auf unentgeltliche Geschäftsbesorgung in fremdem Interesse gerichtet ist. **67**

Zum Wesen des Dienstvertrages gehört dagegen, dass die Dienstleistung gegen ein Entgelt erbracht wird; denn er ist ein gegenseitiger Vertrag (s § 611 Rn 3). Daraus folgt aber nicht notwendigerweise, dass die Arbeitnehmereigenschaft von der Entgeltlichkeit der Arbeit abhängt; denn nicht alle Pflichten, die das Arbeitsrecht dem Arbeitgeber auferlegt, setzen die Entgeltlichkeit der Arbeitsleistung voraus. So existieren mit Volontär- und Praktikantenverhältnissen Vertragsverhältnisse, auf die Dienstvertrags- und ggf Arbeitsrecht auch anwendbar sein können, obwohl sie meist unbezahlt sind. Die Abgrenzung zwischen Auftrags- und Dienstvertrag ist deshalb zwar regelmäßig, aber nicht ausnahmslos anhand des Kriteriums der Entgeltlichkeit zu leisten. **68**

2. Geschäftsbesorgung als Gegenstand

Gegenstand des Auftrages kann jede Tätigkeit sein; er stimmt daher insoweit mit dem möglichen Gegenstand eines Dienst- oder Werkvertrages überein. Eine Besonderheit ergibt sich allerdings aus § 675, der Vorschriften des Auftragsrechts auf einen Dienstvertrag oder einen Werkvertrag, der eine Geschäftsbesorgung zum Gegenstand hat, für entsprechend anwendbar erklärt. Gemeint ist hier der entgeltliche Geschäftsbesorgungsvertrag, der nach dem Unterschied in der Entgeltrisikozuweisung entweder als Dienstvertrag oder als Werkvertrag einzuordnen ist (s Rn 40 ff). Der Begriff der Geschäftsbesorgung ist hier nicht mit § 662 identisch; denn der entgeltliche Geschäftsbesorgungsvertrag ist ein besonderer Dienst- oder **69**

Werkvertragstyp. Geschäftsbesorgung iS des § 675 ist deshalb eine **selbstständige Tätigkeit wirtschaftlicher Art**, die nicht in einer bloßen Leistung an einen anderen, sondern in der **Wahrnehmung seiner Vermögensinteressen** besteht (vgl Staudinger/ Martinek [2006] § 675 Rn A 6 ff).

70 Soweit es um **Arbeitsverträge** geht, sind die in § 675 genannten Vorschriften des Auftragsrechts oftmals analog anwendbar (s auch § 611 Rn 1244, 1740, 1750).

III. Dienstverschaffungsvertrag

71 Vom Dienstvertrag ist der Dienstverschaffungsvertrag zu unterscheiden. Durch ihn verpflichtet sich jemand, einem anderen die **Dienste eines Dritten zu verschaffen**. Bei der Beratung in der 1. Kommission zum BGB war zwar der Antrag gestellt worden, die Dienstverschaffung in die Regelung des Dienstvertrages einzubeziehen (vgl Jakobs/Schubert, Die Beratung des BGB §§ 433–651, 745). Man hielt aber an der Fassung des E I fest, nach der Gegenstand eines Dienstvertrages nur die Leistung von Diensten, nicht auch deren Verschaffung ist (vgl Mot II 456). Der Dienstverschaffungsvertrag ist deshalb im BGB nicht geregelt.

72 Die Verpflichtung, einem anderen die Dienste eines Dritten zu verschaffen, ist aber nicht stets Gegenstand eines selbstständigen Dienstverschaffungsvertrages. Wer zB bei einer Taxizentrale ein Taxi zum Bahnhof bestellt, schließt einen Werkvertrag ab. Zudem kann auch in die Erfüllung eines Dienstvertrages ein Dritter als Erfüllungsgehilfe eingeschaltet sein, wenn entgegen der Auslegungsregel des § 613 der zur Dienstleistung Verpflichtete die Dienste nicht persönlich zu erbringen braucht (s § 613 Rn 3 ff). Ein Dienstverschaffungsvertrag liegt deshalb nur vor, wenn die **Leistungspflicht sich darin erschöpft, die Dienste eines Dritten zu beschaffen**, sodass der Dritte nicht Erfüllungsgehilfe für die Erbringung einer übernommenen Leistungspflicht ist, sondern seine Dienste selbst deren Gegenstand bilden. Dementsprechend haftet der Unternehmer, der einem anderen Arbeitskräfte zur Verfügung stellt, nicht für deren Leistungserbringung, sondern nur für ihre ordnungsgemäße Auswahl dahingehend, dass sie für die Dienstleistung geeignet sind (BGH 9. 3. 1971 – VI ZR 138/69, AP Nr 1 zu § 611 BGB Leiharbeitsverhältnis). Der praktisch wichtigste Fall eines Dienstverschaffungsvertrags ist das zwischen Verleiher und Entleiher bei der **Leiharbeit** bestehende Vertragsverhältnis (dazu näher § 611 Rn 148).

73 Von der Arbeitsvermittlung unterscheidet der Dienstverschaffungsvertrag sich dadurch, dass nicht nur der Abschluss eines Dienstvertrages mit dem Dritten *vermittelt* wird, sondern die durch einen Dritten zu erbringende *Dienstleistung* selbst *zugesagt* wird. Sein Inhalt kann darin bestehen, dass der Dritte nur eine bestimmte Dienstleistung zu erbringen hat, er also wie ein Werkunternehmer tätig wird. Im Allgemeinen wird es sich aber um Fälle handeln, in denen der Dritte dem Empfänger der Dienstleistung mit seiner Arbeitskraft zur Verfügung steht. Wenn er zu demjenigen, der seine Dienste zu verschaffen übernommen hat, in einem Arbeitsverhältnis steht, wird durch seine Überlassung ein Leiharbeitsverhältnis begründet. Im Bereich der Leiharbeit ist zwischen der „echten" Arbeitnehmerüberlassung, die nicht gewerbsmäßig betrieben wird, und der gewerbsmäßig betriebenen Arbeitnehmerüberlassung, die dem AÜG unterfällt, zu unterscheiden.

IV. Gesellschaftsvertrag

1. Gemeinsamer Zweck als Wesensmerkmal der Gesellschaft

Durch den Gesellschaftsvertrag verpflichten sich die Gesellschafter gegenseitig, „die Erreichung eines gemeinsamen Zweckes in der durch den Vertrag bestimmten Weise zu fördern, insbesondere die vereinbarten Beiträge zu leisten" (§ 705). Der Beitrag eines Gesellschafters kann „auch in der Leistung von Diensten bestehen" (§ 706 Abs 3). Der Unterschied zum Dienstvertrag besteht darin, dass durch die Beitragsleistung die **Erreichung eines gemeinsamen Zweckes gefördert** werden soll (so schon LOTMAR I 39; vgl zum gemeinsamen Zweck als konstituierendem Element der Personengesellschaft FLUME, Allgemeiner Teil des Bürgerlichen Rechts I/1 [1977] 37 ff). Der Dienstvertrag ist dagegen ein Austauschvertrag, bei dem die Dienstleistung und das für sie zu erbringende Entgelt in einem Gegenseitigkeitsverhältnis stehen. Der Gesellschaftsvertrag gehört zwar auch zu den gegenseitigen Verträgen (RG 5. 4. 1935, RGZ 147, 341; RG 13. 4. 1940, RGZ 163, 385 [388]; BGH 29. 1. 1951 – VI ZR 171/50, NJW 1951, 308; vgl WINDBICHLER Gesellschaftsrecht [23. Aufl 2013] § 6 II 2); die Leistungen der Gesellschafter stehen aber nicht in einem Entgeltverhältnis, sondern das gegenseitige Abhängigkeitsverhältnis ergibt sich hier daraus, dass die Gesellschafter sich gegenseitig verpflichten, den Gesellschaftszweck zu erreichen. Der Gesellschaftsvertrag ist deshalb nicht bloß ein schuldrechtlicher Vertrag, sondern hat auch einen personenrechtlichen Inhalt (vgl FLUME 11 ff). Mit den schuldrechtlichen Beziehungen der Gesellschafter zueinander untrennbar verbunden ist das Verhältnis eines Gesellschafters zu der Gesellschaft, also den Gesellschaftern in ihrer Gesamtheit (*personenrechtliches Element der Gesellschaft*). 74

2. Abgrenzungskriterien

Dienstvertrag und Gesellschaftsvertrag sind rechtsdogmatisch **wesensverschiedene Vertragstypen**, die als Rechtsfiguren klar voneinander abgegrenzt sind. Ein Gesellschaftsvertrag, in dem ein Teil Arbeit zusagt, unterscheidet sich vom Dienstvertrag durch zwei Elemente: Im Gesellschaftsvertrag wird die Arbeit als Beitrag zur Förderung des gemeinsamen Zweckes zugesagt, und es wird für die Leistung der Arbeit kein Entgelt versprochen, das in das Vermögen des Dienstleistenden eingehen soll, sondern es wird ihm ebenfalls ein Beitrag zugesagt, nämlich eine Leistung, die nicht für ihn bestimmt ist, sondern der Förderung des Gesellschaftszweckes dienen soll, sodass beide Leistungen auf das gleiche Ziel gerichtet sind (ebenso LOTMAR I 39 f). Für die Gesellschaft ist daher typisch, wenn auch nicht wesentlich, dass durch die gemeinsame Zweckverfolgung eine *Vermögensgemeinschaft* unter den Gesellschaftern entsteht (§ 718). Die Gesellschafter bilden in diesem Fall eine Gesamthand, die als solche am Rechtsverkehr teilnimmt und vom BGH rechtsfortbildend als rechtsfähig anerkannt wird (BGH 29. 1. 2001 – II ZR 331/00, NJW 2001, 1056; BGH 18. 2. 2002 – II ZR 331/00, NJW 2002, 1207). Beim Dienstvertrag kommt es dagegen nicht zu einer derartigen Vermögensgemeinschaft. 75

Obwohl Dienstvertrag und Gesellschaftsvertrag, auch soweit es um die Leistung von Diensten geht, rechtsdogmatisch klar voneinander abgegrenzt sind, kann die Unterscheidung im Einzelfall Schwierigkeiten bereiten. Erhält jemand für die Leistung von Diensten eine Gewinnbeteiligung, so kann sie Entgelt für die Dienstleistung 76 sein; sie kann aber auch Folge der Beteiligung an der Gesellschaft sein. Maßgebliches Kriterium ist, ob nach dem Inhalt der vertraglich übernommenen Verpflichtung durch die Leistung von Diensten die **Erreichung eines gemeinsamen Zweckes** gefördert werden soll. Das ist stets anzunehmen, wenn die Vertragsparteien eine Gesamthand bilden. Ein Gesellschaftsverhältnis kann jedoch auch in der Weise vereinbart werden, dass keine Gesamthand begründet wird, sondern, wie dies von Gesetzes wegen für die stille Gesellschaft in §§ 230 ff HGB vorgesehen ist, die Gesellschaft als solche nach außen nicht in Erscheinung tritt, also lediglich eine reine Innengesellschaft darstellt. Auch in diesem Fall beherrscht der Gesichtspunkt gemeinsamer Zweckverfolgung das Vertragsverhältnis, wenn der zur Dienstleistung Verpflichtete **nicht nur am Gewinn, sondern auch am Verlust und den stillen Reserven beteiligt** ist. Die Verlustbeteiligung kann jedoch ebenfalls ausgeschlossen sein, ohne dass dadurch die Annahme einer Gesellschaft entfällt (vgl § 231 Abs 2 HGB). Es müssen in diesem Fall aber besondere Gesichtspunkte gegeben sein, um statt eines partiarischen Dienstvertrages einen Gesellschaftsvertrag anzunehmen (vgl zur Abgrenzung auch WINDBICHLER, Gesellschaftsrecht [23. Aufl 2013] § 18 II 4; KRAUSE, Mitarbeit im Unternehmen [2002] 208 ff).

3. Gesellschaftsvertrag und Arbeitsverhältnis

77 Die Beteiligung an einer Gesellschaft schließt nicht aus, dass ein Arbeitsverhältnis zu ihr besteht. Das gilt im Prinzip auch, wenn es sich um eine Personengesellschaft, also eine BGB-Gesellschaft, eine OHG oder KG, handelt. Leistet ein Gesellschafter allerdings Dienste aufgrund einer sich aus dem Gesellschaftsvertrag ergebenden Verpflichtung, so steht er insoweit nicht in einem Arbeitsverhältnis, sondern wird als Gesellschafter tätig. Wenn er dagegen die Dienstleistungen wie ein Dritter aufgrund eines mit der Gesellschaft abgeschlossenen Dienstvertrages erbringt, findet Arbeitsrecht auch auf ihn Anwendung; er ist also zugleich Arbeitnehmer der Gesellschaft, an der er als Gesellschafter beteiligt ist (s näher § 611 Rn 348 ff).

V. Miet- und Pachtvertrag

78 Mit dem Mietvertrag teilt der Dienstvertrag die historische Herkunft aus der römisch-rechtlichen *locatio conductio*. Noch in der gemeinrechtlichen Doktrin sprach man von Dienstmiete (s Rn 11). Die Bestimmung des § 611 Abs 1 schließt sich in der Fassung der für die Miete getroffenen Bestimmungen des § 535 an, um dadurch die „nahe Verwandtschaft beider Verträge" hervorzuheben (Mot II 455); diese besteht aber nur insoweit, als für beide Vertragsarten das Element der zeitlichen Dauer für den Inhalt der Leistungspflicht prägend ist. Die Regelung des § 537 über das Entgeltrisiko enthält deshalb einen Grundsatz, der uneingeschränkt auch auf den Dienstvertrag Anwendung findet (ebenso PICKER, JZ 1985, 693 [697]); sie ist in § 615 übernommen (s ausführlich STAUDINGER/RICHARDI/FISCHINGER [2016] § 615 Rn 3 ff, 43 f).

79 Im Übrigen sind Mietvertrag und Dienstvertrag im geltenden Recht jedoch klar voneinander dadurch abgegrenzt, dass Gegenstand der Miete nur Sachen sind (§ 535 Abs 1). Daher verbietet es sich, den Dienstvertrag als Gebrauchsüberlassungsvertrag der Miete an die Seite zu stellen (so bereits LOTMAR I 49 ff).

80 Anders als der Mietvertrag kann sich die Pacht auch auf Rechte beziehen (§ 581 Abs 1). Die **Dienstleistung ist** aber ebenfalls **kein Pachtobjekt**, denn mit dem Gegenstand, der dem Pächter zu Gebrauch und Fruchtziehung überlassen wird, meint § 581 Abs 1 einen körperlichen oder unkörperlichen Gegenstand iS der Abgrenzung, wie sie dem § 90 zugrunde liegt. Die menschliche Arbeit oder Arbeitskraft wird nicht erfasst (ebenso LOTMAR I 49). Dennoch kann bei Verpachtung eines Gegenstandes die Abgrenzung der beiden Vertagstypen schwierig sein, insbesondere bei der Betriebsverpachtung. Hier kann zweifelhaft sein, ob ein Pächter wirklich Pächter ist oder aufgrund eines Dienstvertrages tätig wird. Unterliegt der „Pächter" in großem Umfang dem Weisungsrecht des „Verpächters", kann uU ein Dienstvertrag vorliegen; anders, wenn der Pächter in der Nutzung des überlassenen Gegenstandes weitgehend frei ist (vgl BAG 13. 8. 1980 – 4 AZR 592/79, AP Nr 37 zu § 611 BGB Abhängigkeit; STAUDINGER/SCHAUB [2013] Vorbem 45 ff zu § 581).

VI. Gemischte und typenfremde Verträge

1. Bedeutung des Dienstvertragselements

Der Dienstvertrag ist von den gemischten Verträgen zu unterscheiden, bei denen es **81** sich nicht um eine Mehrheit miteinander verbundener Verträge, sondern um einen einheitlichen Vertrag handelt, der sich aus Tatbestandsmerkmalen verschiedener geregelter oder nicht geregelter Vertragsarten zusammensetzt (vgl STAUDINGER/LÖWISCH/FELDMANN [2013] § 311 Rn 30 ff). Bei den gemischten Verträgen spielt das Dienstvertragselement eine sehr erhebliche Rolle, weil häufig neben einer Sachleistung zugleich auch eine Arbeitsleistung versprochen wird. So hat LOTMAR die Absorptionstheorie für die Kombinationsvarianten des Dienst- bzw Werkvertrages mit anderen Vertragstypen entwickelt (vgl LOTMAR I 188 ff, 686 ff, II, 912 ff), und auch RÜMELIN hat das von ihm vertretene Kombinationsprinzip am Beispiel des Dienst- und Werkvertrages entwickelt und es von dort auf andere obligatorische Verträge ausgedehnt (RÜMELIN, Dienstvertrag und Werkvertrag [1905] 320; vgl zur Lehre von den gemischten Verträgen STAUDINGER/LÖWISCH/FELDMANN [2013] § 311 Rn 35 ff).

Erhebliche Bedeutung hat das Dienstvertragselement auch bei den Vertragsarten, **82** die sich in der Wirtschaftspraxis entwickelt haben und keinem der Typen des BGB entsprechen (typenfremde Verträge). Das gilt zB für das Factoring (s Rn 88 f) und vor allem für das Franchising (s Rn 90 ff).

2. System der gemischten Verträge

ENNECCERUS hat ein System der gemischten Verträge entwickelt, das auch hier für **83** die Erfassung des Dienstvertragselements herangezogen werden kann:

(1) Typische Verträge mit untergeordneter andersartiger Leistung,

(2) Verträge mit nebeneinanderstehenden, verschiedenen Typen angehörigen, im Wesentlichen gleichwertigen Leistungen (sog Zwillings- oder Kombinationsverträge),

(3) Verträge mit gegenüberstehenden, verschiedenen Typen angehörigen Leistungen (sog Zwitter- oder doppeltypische Verträge) und

(4) Verträge mit Typenvermengung, die er als gemischte Verträge im engeren Sinne bezeichnet (vgl ENNECCERUS/LEHMANN, Schuldrecht 396).

a) Typische Verträge mit untergeordneten andersartigen Leistungen

84 Tritt die Dienstleistung hinter die Hauptpflichten eines anderen Vertragstyps zurück, wie zB bei der Verpackungs- und Versendungspflicht beim Kauf, so liegt nur ein Kaufvertrag, kein gemischter Vertrag vor. Die Vermietung eines Zimmers mit Bedienung ist grundsätzlich Miete, auf die ausschließlich Mietrecht anwendbar ist (RG 30. 3. 1942, RGZ 169, 87 [88]). Jedoch kann Dienstvertragsrecht analog Anwendung finden, sofern das allgemeine Wesen und der Gesamtzweck des ganzen Vertrages eine Abweichung nicht erfordern.

b) Kombinationsverträge (Zwillingsverträge)

85 Wenn die Pflicht zur Dienstleistung mit der einem anderen Vertragstyp entsprechenden Leistung im Wesentlichen gleichwertig ist, während die andere Vertragspartei eine einheitliche Gegenleistung verspricht, liegt zwar ein einheitlicher Vertrag vor; es ist aber für jede der kombinierten Hauptleistungen, sofern nur sie in Betracht kommt, der entsprechende Vertragstypus maßgebend (ebenso ENNECCERUS/LEHMANN, Schuldrecht 400). Der Krankenhausaufnahmevertrag verpflichtet den Krankenhausträger zur Unterbringung, Verköstigung sowie zur ärztlichen und pflegerischen Versorgung des Patienten, enthält also Elemente des Miet-, Werklieferungs- und Dienstvertrages (s zum Krankenhausaufnahmevertrag näher STAUDINGER/RICHARDI/FISCHINGER [2011] Vorbem 110 zu §§ 611 ff).

c) Doppeltypische Verträge (Zwitterverträge)

86 Ein gemischter Vertrag kann in der Form vorliegen, dass Leistung und Gegenleistung zwei verschiedenen Vertragstypen angehören. Hierher gehört der Hausmeistervertrag, durch den eine freie Wohnung gegen Leistung von Hausmeisterdiensten versprochen wird. Er ist, soweit es um die entgeltliche Gebrauchsgewährung geht, Mietvertrag, soweit er auf entgeltliche Leistung von Diensten gerichtet ist, Dienstvertrag. Nicht verwechselt werden darf aber mit dieser Vertragsform, dass einem Arbeitnehmer kraft seines Arbeitsverhältnisses ohne Abschluss eines Mietvertrages Wohnräume zustehen, die er im Regelfall auch zu beziehen hat (sog *Werkdienstwohnungen,* vgl § 576b); hier ist die Gebrauchsüberlassung Bestandteil des Dienstvertrages. Davon ist ebenfalls abzugrenzen, dass einem Arbeitnehmer mit Rücksicht auf das Bestehen eines Arbeitsverhältnisses Wohnräume vermietet werden *(Werkmietwohnungen,* vgl §§ 576, 576a); hier handelt es sich nicht um einen einheitlichen Vertrag, sondern neben dem Dienstvertrag, durch den das Arbeitsverhältnis begründet wird, steht ein Mietvertrag (vgl § 611 Rn 1404).

d) Verträge mit Typenvermengung (gemischte Verträge im engeren Sinne)

87 Bei den Verträgen mit Typenvermengung enthält der Vertrag einen „Bestandteil, der sich zugleich als ein anderer Vertragstypus darstellt" (ENNECCERUS/LEHMANN, Schuldrecht 402). Jemand verpflichtet sich zur Führung der landwirtschaftlichen Bücher eines Gutsbesitzers, der ihn dafür als Gesellschafter in seine Branntweinbrennerei aufnimmt (so das Beispiel von ENNECCERUS/LEHMANN). Hier enthält der Dienstvertrag einen Gesellschaftsvertrag.

3. Factoring

Beim Factoring lässt sich die eine Partei (der Factor) Forderungen der anderen Partei abtreten und bezahlt dafür sofort (vgl Larenz/Canaris, Lehrbuch des Schuldrechts II/2 [13. Aufl 1994] § 65). Das Factoring erfüllt über die Kreditfunktion hinaus eine Dienstleistungsfunktion, weil dem Kunden erspart wird, die Forderung einziehen zu müssen. Beim echten Factoring erhält der Kunde die Leistung des Factors endgültig; der Factor übernimmt also auch das Risiko der Erfüllung der Forderung, dh der Zahlungsfähigkeit des Schuldners. Beim unechten Factoring muss dagegen der Kunde die Vergütung zurückzahlen, wenn sich herausstellt, dass die Forderung uneinbringlich ist (Fischinger JA 2005, 651). **88**

Beim echten Factoring handelt es sich um einen Forderungskauf; jedoch ergibt sich aus der Interessenlage und der Berechnung der dem Factor geschuldeten Gegenleistung, dass diese auch für die Erbringung einer Dienstleistung gezahlt wird. Dies gilt erst recht für das unechte Factoring, bei dem neben dem Darlehenscharakter die Dienstleistungsfunktion deutlich in Erscheinung tritt. Dennoch handelt es sich **nicht** um einen Dienstvertrag, auf den die §§ 611 ff Anwendung finden. **89**

4. Franchising

Das Franchising ist eine **Form der Absatzkooperation**, und zwar eine Form der vertikalen Kooperation beim Absatz von Waren oder Dienstleistungen (grundlegend Martinek, Franchising [1987]). **90**

Als **Franchise** bezeichnet die EG-Verordnung 4087/88 vom 30. 11. 1988 (ABlEG L 359, 46) eine Gesamtheit von Rechten an gewerblichem oder geistigem Eigentum wie Warenzeichen, Handelsnamen, Ladenschilder, Gebrauchsmuster, Geschmacksmuster, Urheberrechte, Know-how oder Patente, die zum Zwecke des Weiterverkaufs von Waren oder der Erbringung von Dienstleistungen an Endverbraucher genutzt wird (Art 1 Abs 3 lit a). Der Franchise-Vertrag begründet ein **Dauerschuldverhältnis**, das dem Franchisenehmer die Erlaubnis einräumt, diese Schutzrechte zum Zwecke der Vermarktung bestimmter Waren oder Dienstleistungen zu nutzen. Der Franchisegeber erhält dafür ein Entgelt, das häufig, neben einem Festbetrag als „Einstandsgebühr" und einem Mindestbetrag als jährliche Franchise-Gebühr, nach dem Umsatz des Franchisenehmers bemessen wird. Außerdem sichert er sich Kontrollrechte, um die Einheit des Waren- und Leistungsvertriebs zu gewährleisten; denn kennzeichnend für das Franchise-System ist die Verwendung einer einheitlichen Geschäftsbezeichnung, eines einheitlichen Markenzeichens und einer einheitlichen Aufmachung und Ausstattung. **91**

Nach dem Vertragsinhalt richtet sich, ob das Franchising eine subordinative oder eine koordinative Gestaltungsform erhält (vgl Ekkenga, Die Inhaltskontrolle von Franchise-Verträgen [1990] 28 ff). In der Praxis am häufigsten anzutreffen sind **subordinativ strukturierte Franchise-Verträge**, in denen sich der Franchisenehmer zur Absatzförderung nach den Richtlinien und Anweisungen des Franchisegebers verpflichtet, die wirtschaftlichen Folgen seiner fremdbestimmten Tätigkeit jedoch selbst trägt. Zur Frage, ob der Franchisenehmer in solchen Fällen **Arbeitnehmer** sein kann vgl § 611 Rn 362. **92**

VII. Schieds- und Schiedsgutachtenvertrag

1. Schiedsvertrag und Schiedsrichtervertrag

93 Der Schiedsvertrag ist die Vereinbarung, dass die Entscheidung einer Rechtsstreitigkeit durch einen oder mehrere Schiedsrichter erfolgen soll (§ 1029 Abs 1 ZPO). Er begründet eine *prozesshindernde Einrede* (§ 1032 Abs 1 ZPO), für deren Erhebung es genügt, dass der Beklagte ausreichend deutlich macht, dass er die Sachentscheidung nicht vor dem vom Kläger angerufenen staatlichen Gericht, sondern von einem Schiedsgericht getroffen haben will (BGH 13. 1. 2009 – XI ZR 66/08, NJW-RR 2009, 790 [792]; BAG 11. 2. 2014 – 1 ABR 76/12, NZA-RR 2015, 26 [28]). Wird sie geltend gemacht, ist die Klage von dem angerufenen staatlichen Gericht als unzulässig abzuweisen (BAG 25. 2. 2009 – 7 AZR 942/07, juris Rn 17). Der Schiedsvertrag ist als *Prozessvertrag* zu qualifizieren (vgl BGH 3. 12. 1986 – IVb ZR 80/85, NJW 1987, 651; SCHLOSSER, in: STEIN/JONAS, ZPO [22. Aufl 2013] § 1029 Rn 1).

94 Vom Schiedsvertrag ist der **Schiedsrichtervertrag** zu unterscheiden, der zwischen dem Schiedsrichter und den beiden Parteien des Schiedsverfahrens abgeschlossen wird. Nach hM ist er seiner rechtlichen Natur nach ein *materiell-rechtlicher Vertrag,* und zwar ein Dienstvertrag, wenn das Schiedsrichteramt gegen Entgelt ausgeübt werden soll (ebenso SCHLOSSER, in: STEIN/JONAS, ZPO [22. Aufl 2013] Vorbem 7 zu § 1025; THOMAS/PUTZO, ZPO [35. Aufl 2014] Vorbem 9 zu § 1029), während das RG in ständiger Rechtsprechung einen Vertrag eigener Art angenommen hat (vgl RG 21. 3. 1898, RGZ 41, 251 [255]; RG 29. 11. 1904, RGZ 59, 247; RG 4. 11. 1910, RGZ 74, 321 [323]; RG 3. 12. 1918, RGZ 94, 210 [213]; so auch BGH 29. 11. 1952 – II ZR 23/52, VersR 1953, 51; offengelassen [für Schiedsgutachtervertrag] von BGH 22. 4. 1965 – VII ZR 15/65, NJW 1965, 1523 [1524]). Dagegen hat vor allem SCHWAB (in: FS Schiedermair [1976] 499 [510 ff]) Bedenken erhoben: Da erst durch den Vertrag das prozessuale Amt des Schiedsrichters begründet und damit eine prozessuale Wirkung erzeugt werde, müsse der Schiedsrichtervertrag insoweit auch als Prozessvertrag bewertet werden; er sei aber nicht nur Prozessvertrag, sondern unterstehe auch den Normen des bürgerlichen Rechts. Da SCHWAB für die bürgerlich-rechtlichen Wirkungen bei Entgeltlichkeit die Vorschriften des Dienstvertragsrechts heranzieht, besteht im Ergebnis kein Unterschied.

95 Auch wenn der Schiedsrichter nur von der einen Partei gestellt oder von einem Dritten ernannt ist, besteht das Vertragsverhältnis zwischen dem Schiedsrichter und beiden Parteien (ebenso BGH 22. 2. 1971 – VII ZR 110/69, BGHZ 55, 344). Beide Parteien können von ihm die ordnungsgemäße Erfüllung seiner Tätigkeit verlangen, haften ihm andererseits aber auch als Gesamtschuldner (§ 427). Der Schiedsrichter haftet nach den allgemeinen Grundsätzen des Vertragsrechts; soweit es allerdings um die richterliche Tätigkeit geht, gilt grundsätzlich die gleiche Haftungsbeschränkung, wie sie für den ordentlichen Richter nach § 839 Abs 2 besteht (vgl RG 8. 2. 1907 RGZ 65, 175; BGH 6. 10. 1954 – II ZR 149/53, BGHZ 15, 12; SCHLOSSER, in: STEIN/JONAS Vorbem 16 zu § 1025). Für die Vergütung gilt zunächst der Schiedsrichtervertrag, subsidiär § 612 (vgl im Einzelnen SCHWAB/WALTER, Schiedsgerichtsbarkeit [7. Aufl 2005] 107 f). Aus der Tatsache, dass dem gewählten Schiedsrichter die erforderliche Nebentätigkeitsgenehmigung für seine Schiedsrichtertätigkeit fehlt, folgt nicht die Unwirksamkeit des Schiedsrichtervertrags (Hanseatisches OLG Bremen 10. 10. 2014 – 2 Sch 2/14).

2. Schiedsgutachtenvertrag

Wie vom Schiedsvertrag der Schiedsrichtervertrag ist vom Schiedsgutachtenvertrag der mit dem Schiedsgutachter abgeschlossene Vertrag zu unterscheiden (vgl zum Schiedsgutachten STAUDINGER/RIEBLE [2015] § 317 Rn 18 ff). Der Schiedsgutachtenvertrag regelt, dass ein Schiedsgutachter bestimmte, für einen Rechtsstreit wichtige Umstände tatsächlicher oder rechtlicher Art festzustellen hat (MünchKomm/HEERMANN § 675 Rn 101). Die für den Schiedsrichtervertrag maßgeblichen Grundsätze finden im Prinzip auch hier Anwendung; insbesondere muss auch für den Schiedsgutachter, soweit er durch seine Tätigkeit eine schiedsrichterliche Teilfunktion erledigt, das in § 839 Abs 2 niedergelegte Haftungsprivileg als vertraglich vereinbart gelten (so zutreffend MünchKomm/MÜLLER-GLÖGE § 611 Rn 139; SCHLOSSER, in: STEIN/JONAS Vorbem 16 zu § 1025 mwNw; aA BGH 15. 1. 1957 – II ZR 22/56, NJW 1957, 587). **96**

3. Besonderheiten für die Arbeitsgerichtsbarkeit

Für die Arbeitsgerichtsbarkeit enthalten die §§ 101–110 ArbGG eine abschließende Sonderregelung der Schiedsgerichtsbarkeit. Als Prinzip gilt, dass für bürgerliche Rechtsstreitigkeiten aus einem Arbeitsverhältnis ein Schiedsvertrag unzulässig ist (vgl §§ 4, 101 Abs 2 und 3 ArbGG; vgl BAG 11. 2. 2014 – 1 ABR 76/12, NZA-RR 2015, 26 [28]). Etwas anderes gilt nur für tarifvertragliche Regelungen für die in § 101 Abs 1 ArbGG abschließend (BAG 6. 8. 1997 – 7 AZR 156/96, AP Nr 5 zu § 101 ArbGG 1979) aufgezählten Berufsgruppen unter den dort genannten Voraussetzungen. **97**

Ein Schiedsgutachtenvertrag soll dagegen uneingeschränkt zulässig sein, weil er nicht einen Ausschluss des Rechtswegs zum Inhalt habe, sondern sich die Feststellung des Schiedsgutachters darauf beschränke, „für die Entscheidung eines Streits Tatsachen oder Anspruchsvoraussetzungen (Entscheidungselemente) für die Vertragspartner bindend festzustellen"; diese Bindungswirkung sei „keine prozeßrechtliche, sondern eine materiellrechtliche, die auf privatrechtlicher Vereinbarung der Parteien beruht" (BAG 16. 10. 1957 – 4 AZR 257/55, BAGE 5, 38 [41]; aA SCHLOSSER, in: STEIN/JONAS Vorbem 22 ff zu § 1025). **98**

2. Teil: Recht des Arbeitsverhältnisses

A. Geschichtliche Grundlagen und Entwicklung des Arbeitsrechts

Schrifttum

Eine Gesamtdarstellung der Geschichte des Arbeitsrechts fehlt, es gibt aber von verschiedenem Ansatz aus eine Vielzahl von rechtshistorischen Darstellungen; vgl die Nachw von STAUDINGER/RICHARDI[12] Vorbem 662 zu §§ 611 ff und RÜCKERT (Hrsg), Beschreibende Bibliographie zur Geschichte des Arbeitsrechts mit Sozialrecht, Sozialpolitik und Sozialgeschichte, Berichtszeitraum 1945–1993 (1996).

Weiterhin BECKER, Arbeitsvertrag und Arbeitsverhältnis in Deutschland (1995)
BOHLE, Einheitliches Arbeitsrecht in der Weimarer Republik (1990)
GESCHER, Die arbeitsgerichtliche Rechtsprechung in den Westzonen (2001)
KITTNER, Arbeitskampf – Geschichte, Recht, Gegenwart (2005)

RAMM, Entwürfe zu einem Deutschen Arbeitsvertragsgesetz (1992)
REICHOLD, Betriebsverfassung als Sozialprivatrecht (1995)
RICHARDI, Arbeitsrecht als Teil freiheitlicher Ordnung. Von der Zwangsordnung im Arbeitsleben zur Arbeitsverfassung der Bundesrepublik Deutschland (2002)
ders, in: Wiedervereinigung Deutschlands im Arbeitsrecht, ZfA 2010, 215 ff
SCHELL, Das Arbeitsrecht der Westzonen und der jungen Bundesrepublik (1994).

Systematische Übersicht

I. **Voraussetzungen für die Entwicklung des Arbeitsrechts**
1. Bedeutung des historischen Hintergrundes für die Rechtsinstitute des modernen Arbeitsrechts _____ 99
2. Von der rechtlichen Abhängigkeit zum freien Arbeitsvertrag _____ 100
3. Der freie Arbeitsvertrag als Grundlage für die Arbeitsverfassung in Handel und Gewerbe _____ 104

II. **Entwicklung des Arbeitsrechts vor dem Ersten Weltkrieg**
1. Ansätze zur Entwicklung einer paritätischen Arbeitsverfassung _____ 109
2. Staatliche Gesetzgebung _____ 110

III. **Entwicklung des Arbeitsrechts in der Weimarer Zeit**
1. Arbeitsrecht als selbstständiges Rechtsgebiet aufgrund der rechtlichen Gestaltung der kollektiven Beziehungen der Arbeitgeber und Arbeitnehmer _____ 113
2. Staatliche Gesetzgebung _____ 116
3. Entstehen einer besonderen Arbeitsgerichtsbarkeit _____ 118

IV. **Arbeitsverfassung des Nationalsozialismus** _____ 119

V. **Entwicklung nach dem Zweiten Weltkrieg**
1. Gesamtdeutschland _____ 121
2. Bundesrepublik Deutschland _____ 122
3. Deutsche Demokratische Republik _____ 127
4. Arbeitsrecht im wiedervereinigten Deutschland _____ 128
5. Einbeziehung in die Europäische Union _____ 132

I. Voraussetzungen für die Entwicklung des Arbeitsrechts

1. Bedeutung des historischen Hintergrundes für die Rechtsinstitute des modernen Arbeitsrechts

99 Das Arbeitsrecht ist nicht in einem Arbeitsgesetzbuch zusammengefasst. Auch rechtsdogmatisch fehlt ihm die kodifikatorische Geschlossenheit. Seine Verselbstständigung im Rechtssystem beruht ausschließlich darauf, dass die Erbringung unselbstständiger Dienstleistungen seinen Grundtatbestand bildet (s Rn 135). Für das Verständnis des Arbeitsrechts spielt deshalb die geschichtliche Entwicklung eine besondere Rolle. Das gilt nicht nur für den rechtshistorischen Hintergrund, sondern vor allem auch für die Rechtsdogmatik.

2. Von der rechtlichen Abhängigkeit zum freien Arbeitsvertrag

100 Das moderne Arbeitsrecht verdankt seine Entstehung vor allem zwei sozioökonomischen Voraussetzungen: dem Untergang der feudalen Gesellschaft durch die Liberalisierung der Wirtschaftsordnung und der mit ihr in Wechselbeziehung stehenden Industrialisierung.

Eine Arbeitsverfassung hat es allerdings auch vorher gegeben, denn jede Kultur beruht auf dem Grundsatz der Arbeitsteilung. Damit besteht die Notwendigkeit, das Arbeiten mehrerer Personen organisatorisch zusammenzufassen und auf einen bestimmten Zweck hinzulenken. Die dafür erforderliche soziale Herrschaftsgewalt beschränkte sich in früheren historischen Epochen auf die Familie oder die Sippe. In Rom hat sich, bedingt durch das Aufkommen der Geldwirtschaft und des Güterverkehrs, die soziale Herrschaftsgewalt im Verband zur *patria potestas* des Familienvaters entwickelt, der die rechtliche Herrschaftsgewalt als Einzelner über die Mitglieder der *familia* ausübte (vgl Jörs/Kunkel/Wenger, Römisches Recht [1987] 289 ff; Kaser, Das römische Privatrecht I [2. Aufl 1971] 341 f). Für die **Sozialordnung des römischen Weltreichs** war bestimmend, dass die abhängige Arbeit von Sklaven geleistet wurde, von Personen also, die rechtlich unfrei waren. Der Sklave war Rechtsobjekt. Wo ausnahmsweise ein Freier in fremde Dienste trat, lag deshalb die Analogie zur Sachmiete nahe. Sie beschränkte sich aber auf Dienstleistungen, die man in der gemeinrechtlichen Doktrin als *operae illiberales* zu bezeichnen pflegte. Die Erteilung von wissenschaftlichem Unterricht, die Dienstleistungen der Advokaten, der Ärzte und der Feldmesser gehörten nicht zu dieser Kategorie von Dienstleistungen und fielen deshalb nicht unter die *locatio conductio*. Sozial gehobene Stände stellten also ihre Dienste unentgeltlich zur Verfügung und erhielten den zugesagten Lohn nicht als eine vertragsmäßige Gegenleistung, sondern als eine Ehrenschuld, als *salarium* oder *honorarium*. **101**

Grundlage der **Arbeitsverfassung in der feudalen Epoche**, die bis zum 19. Jahrhundert bestand, waren die Hörigkeitsverhältnisse. Das Recht auf die Dienstleistung stand dem Herrn zu, weil ihm Herrschaftsgewalt über die Person gegeben war. Ihr entsprach eine Fürsorgepflicht für die Untertanen, die ihm dafür Treue und Gehorsam zu schulden hatten. Die rechtlichen Beziehungen waren *personenrechtlich* gestaltet. Auch wo Freie als Gesinde oder Gesellen in die Dienste eines anderen traten, war der personenrechtliche Charakter für ihre rechtlichen Beziehungen zum Dienstherrn maßgebend. Das Dienstverhältnis gab dem Herrn eine Herrschaftsgewalt über die Person, auf dessen Grundlage er bestimmte Dienstleistungen verlangen konnte. Lohn und Kostgeld waren in besonderen Gesetzen, sog Taxen, festgesetzt, die grundsätzlich unter-, aber nicht überschritten werden durften. Grundsätzlich war eine gleichberechtigte Mitgestaltung der Lohn- und Arbeitsbedingungen nicht einmal formal gewährt. **102**

Erst allmählich brach unter naturrechtlichem Einfluss der Gedanke durch, diese Abhängigkeitsverhältnisse der **Vertragsfreiheit** zu unterstellen, durch die allein die Freiheit und Gleichheit der Kontrahenten rechtlich gewährleistet schien. Schon im preußischen Allgemeinen Landrecht von 1794 lässt er sich nachweisen. Es enthielt für Fabrikarbeiter, die es als Fabrikanten bezeichnete und die nicht dem Zunftzwang und den Statuten der Zünfte unterworfen waren, die Bestimmung, dass sich die Verhältnisse zwischen ihnen und dem Fabrikunternehmer „nach dem Inhalte des unter ihnen bestehenden Contracts, und nach den über dergleichen Contracte sprechenden Gesetzen" beurteilen (ALR II 8 Abschnitt 4 § 423). **103**

3. Der freie Arbeitsvertrag als Grundlage für die Arbeitsverfassung in Handel und Gewerbe

104 Erst als in der ersten Hälfte des 19. Jahrhunderts die feudale Sozialordnung zerbrach, änderte sich auch die Arbeitsverfassung. Mit der **Einführung der Gewerbefreiheit** wurde für den gewerblichen Bereich die bisherige genossenschaftliche oder staatliche Reglementierung der Arbeitsverhältnisse durch den **Grundsatz der Vertragsfreiheit** ersetzt. § 105 Abs 1 der Reichsgewerbeordnung vom 21. 6. 1869 (RGBl I S 245) bestimmte: „Die Festsetzung der Verhältnisse zwischen den selbstständigen Gewerbetreibenden und ihren Gesellen, Gehülfen und Lehrlingen ist Gegenstand freier Uebereinkunft." Durch das Arbeiterschutzgesetz vom 1. 6. 1891 (RGBl I S 261) wurden die Worte „vorbehaltlich der durch Reichsgesetz begründeten Beschränkungen" eingefügt. Die Vorschrift, die auf § 8 des preußischen Gesetzes über die polizeilichen Verhältnisse der Gewerbe – in Bezug auf das Edikt vom 2. 11. 1810 – wegen Einführung einer allgemeinen Gewerbesteuer vom 7. 9. 1811 (GS 263; vgl Hedemann, Die Fortschritte des Zivilrechts im 19. Jahrhundert, Erster Teil: Die Neuordnung des Verkehrslebens [1910] 7 f) zurückgeht, galt in dieser Fassung bis zum 31. 12. 2002. Durch Gesetz vom 24. 8. 2002 (BGBl I 3412) wurde sie sprachlich geändert; wenn dabei ganz allgemein von einem „anwendbaren Tarifvertrag" die Rede ist, ist die Neufassung inhaltlich falsch, da tarifvertragliche Regelungen einer Vereinbarung nicht entgegenstehen, wenn der Tarifvertrag nur aufgrund einer Bezugnahmeklausel im Arbeitsvertrag anwendbar ist (Richardi, in: FS Picker 1095 [1102]). Durch die Einführung der Gewerbefreiheit wurde der freie Arbeitsvertrag die Grundlage für die Arbeitsverfassung in Handel und Gewerbe und setzte sich bald auch auf dem Gebiet des Bergbaus durch (vgl §§ 80 ff des Allgemeinen Berggesetzes für die Preußischen Staaten vom 24. 6. 1865). Lediglich für Arbeitnehmer in der Land- und Forstwirtschaft und für das häusliche Gesinde erhielten sich die bisherigen Ordnungen bis 1918 (ausführlich zur Entwicklung Richardi, MünchArbR § 2 Rn 2 ff).

105 Mit der rechtlichen Grundentscheidung für den freien Arbeitsvertrag war die Voraussetzung dafür geschaffen, die abhängige Arbeit in ihrer ökonomischen Funktion unabhängig von der Person des Arbeiters zu erfassen. Die Unterstellung der Arbeitsverhältnisse unter die Vertragsfreiheit bedeutete, dass die Anerkennung der Freiheit und Gleichheit auch für denjenigen galt, der in den Dienst eines anderen trat. Da aber für breite Bevölkerungsschichten die persönliche Arbeit die einzige Grundlage ihrer ökonomischen Existenz bildete, diese *arbeitenden Klassen* deshalb synonym auch *besitzlose Klassen* genannt wurden (vgl O vGierke, Das deutsche Genossenschaftsrecht I [1868] 1037), wurde für sie die formale Gleichheit durch ihre reale Imparität entwertet.

106 Hinzu kam, dass mit der durch die Liberalisierung des Verkehrslebens geförderten **Industrialisierung** Unternehmen entstanden, mit deren Größe die Leitungsgewalt über Menschen wuchs. Für diesen Sachverhalt genügt nicht mehr der Grundsatz der individuellen Vertragsfreiheit, um eine gleichberechtigte Mitgestaltung der Arbeitsbedingungen zu gewährleisten. Der Verlust der personenrechtlichen Bindungen bedeutete deshalb, dass, wer befreit von den Fesseln herrschaftlicher Verhältnisse nicht den Anschluss an das Bürgertum fand, auf das Niveau der bisherigen unterständischen Schichten sank, die zwar formal frei, aber außerhalb der ständischen Ordnung und deshalb ohne jeden sozialen Schutz gewesen waren: Aus dem Pöbelstand entwickelte sich das Proletariat. Dabei hat man allerdings zu beachten, dass die Industrialisierung nicht die Quelle des sozialen Elends war, sondern im Gegenteil selbst in der Phase der Frühindustrialisierung die Möglichkeit bot, sich aus der vorhandenen Massenarmut zu lösen und damit die eigene wirtschaftliche Situation zu verbessern. Die Verarmung der arbeitenden Bevölkerung wurde dort gebremst, wo die Industrialisierung einsetzte, sie wuchs dort, wo lediglich die bisherigen feudalen Bande fielen (vgl BOLLBRÜGGE, Der Zustand der Tagelöhner im Großherzogtum Mecklenburg-Schwerin [1835], abgedruckt in: JANTKE/HILGER, Die Eigentumslosen [1965] 71 ff).

Dennoch ist die **soziale Frage**, die im 19. Jahrhundert zu dem Problem der sozialen Ordnung wurde, nicht das *Pauperproblem,* an dem die vorindustrielle Ordnung zerbrochen war, sondern sie wurde durch die Erkenntnis bestimmt, dass die Armut zwar der Grund war, weshalb der Arbeiter dem Kapitalisten seine Arbeitskraft verkaufte, dass aber die soziale Frage in ihrer Besonderheit nicht durch sie, sondern durch die Besonderheit der Ware, nämlich den Verkauf der Arbeitskraft, die mit seiner Person identisch ist, bestimmt wird (so MARX, Das Kapital [1867]; BRENTANO, Die Arbeitergilden der Gegenwart I und II [1871/72]; SCHMOLLER, Die Natur des Arbeitsvertrags und der Kontraktbruch [1874], in: SCHMOLLER, Zur Social- und Gewerbepolitik der Gegenwart [1890] 64 ff; s dazu auch PICKER ZfA 1986, 199 [251 ff]). Man war sich, wenn man von Vertretern des Manchesterliberalismus absieht, in der Diagnose einig. Sozial- und ideengeschichtlich stand aber zur Debatte, ob die Regelungsform des Vertrages zur Begründung und Regelung des Arbeitsverhältnisses durch ein anderes System gesellschaftlicher Ordnung zu ersetzen ist (so die marxistische Konzeption) oder ob die Lösung der sozialen Frage innerhalb des Systems unter Aufrechterhaltung einer marktmäßig-rechtsgeschäftlichen Ordnung des Arbeitslebens verwirklicht werden kann, wie es vor allem die Kathedersozialisten im „Verein für Sozialpolitik", hier insbesondere trotz unterschiedlicher Meinung GUSTAV SCHMOLLER und LUJO BRENTANO, für möglich hielten (s dazu ausführlich PICKER ZfA 1986, 199 [321 ff]; ders, in: FS Zöllner [1998] 899 ff). **107**

Prägend für die Entwicklung in den sozialen Beziehungen zwischen Arbeitgebern und Arbeitnehmern wurde die **Gewerkschaftsbewegung**. Auch die Gewerkschaften, die sich unter sozialistischem Einfluss gebildet hatten, verstanden sich nicht bloß als Kampforganisation, sondern bezweckten die *Gleichberechtigung innerhalb des Systems.* Mit ihrer Forderung nach Abschluss von Tarifverträgen bekannten sie sich dazu, dass nicht der *Kampf,* sondern der *Vertrag* die maßgebliche Gestaltungsform für die Rechtsbeziehungen zu den Arbeitgebern darstellen soll (vgl RICHARDI, Kollektivgewalt und Individualwille bei der Gestaltung des Arbeitsverhältnisses [1968] 87 f; ausführlich PICKER ZfA 1986, 199 [287 ff]; ders, in: GS Knobbe-Keuk [1997] 879 [883 ff] = ZfA 2009, 215 [219 ff]). Der Durchbruch des Tarifvertragssystems hat nicht nur *rechtshistorisch* die Entwicklung des Arbeitsrechts bestimmt, sondern er ist vor allem auch *rechtsdogmatisch* von grundlegender Bedeutung für die teleologische Ausrichtung des geltenden Arbeitsrechts. Auch die gesetzliche Einführung einer Mitbestimmung durch von der Belegschaft gewählte Arbeitnehmerrepräsentanten bezweckt nicht die Ersetzung einer marktmäßig-rechtsgeschäftlichen Ordnung des Arbeitslebens, sondern soll im Gegenteil ebenfalls dazu beitragen, dass die Arbeitnehmer gleichberechtigt an der Gestaltung der betrieblichen Ordnung beteiligt werden. Die gesetzliche Ordnung der Mitbestimmung stellt deshalb nicht das Tarifvertragssystem zur Disposition, sondern im Gegenteil darf die gesetzliche Ordnung der Mitbestim- **108** mung nicht die Funktionsfähigkeit des Tarifvertragssystems beeinträchtigen (vgl BVerfG 1. 3. 1979 – 1 BvR 532/77, BVerfGE 50, 290 [373 ff]).

II. Entwicklung des Arbeitsrechts vor dem Ersten Weltkrieg

1. Ansätze zur Entwicklung einer paritätischen Arbeitsverfassung

109 Bereits die Arbeitsverfassung des Kaiserreichs enthielt die Ansätze, die für die Gestaltung des kollektiven Arbeitsrechts prägend wurden (vgl RAMM, in: FS Mallmann [1978] 191 ff). Neben das Tarifvertragssystem trat als weitere Form einer kollektiven Gestaltung der Arbeitsbedingungen die Beteiligung zunächst freiwillig eingeführter, dann in ihrer Bildung gesetzlich abgesicherter Arbeitnehmerrepräsentanten (vgl REICHOLD, Betriebsverfassung als Sozialprivatrecht [1995] 54 ff). Zutreffend konstatiert SCHMOLLER 1889: „Eine neue Epoche der volkswirtschaftlichen Organisation beginnt mit den Gewerkvereinen und den Arbeiterausschüssen." (abgedruckt in: SCHMOLLER, Zur Social- und Gewerbepolitik der Gegenwart [1890] 439).

2. Staatliche Gesetzgebung

110 Der Staat griff durch seine Gesetzgebung in die soziale Ordnung ein, wobei er sich nach damaliger Auffassung darauf zu beschränken hatte, Gefahren für seine Bürger abzuwenden und ihnen in Notfällen beizustehen. Beide Wege wurden beschritten, der negative Weg des Verbots besonders nachteiliger Arbeitsbedingungen durch die Arbeiterschutzgesetzgebung und der positive Weg der Fürsorge der Arbeiter bei Krankheit, Invalidität und Alter durch die Ausbildung der Sozialversicherung.

111 Die staatliche **Arbeiterschutzgesetzgebung** beginnt mit dem preußischen Regulativ über die Beschäftigung jugendlicher Arbeiter in Fabriken vom 9. 3. 1839: Kinder unter neun Jahren durften überhaupt nicht mehr, Jugendliche von neun bis zwölf Jahren nur noch zehn Stunden täglich beschäftigt werden; Nachtarbeit der Jugendlichen wurde verboten. In den folgenden Jahrzehnten verbesserte sich allmählich der Arbeiterschutz. Auf der preußischen Gesetzgebung beruhten die Arbeiterschutzvorschriften, die in der Reichsgewerbeordnung vom 21. 6. 1869 enthalten sind, darunter Bestimmungen über den Schutz vor Betriebsgefahren und das Verbot des Trucksystems. Eine Novelle von 1878 schrieb die Gewerbeaufsicht zwingend für alle Bundesstaaten des Deutschen Reiches vor. Durch die große Novelle zur Reichsgewerbeordnung vom 1. 6. 1891, das sog Arbeiterschutzgesetz, wurde der Siebente Titel der Gewerbeordnung, der das Arbeiterschutzrecht enthält, vollständig neu gestaltet. Die Sonn- und Feiertagsruhe wurde durch ein generelles Beschäftigungsverbot gesichert. Der Gewerbeunternehmer wurde öffentlich-rechtlich verpflichtet, eine sog Arbeitsordnung zu erlassen. Das Kinderschutzgesetz vom 30. 3. 1903 nahm den Schutz der noch nicht 14 Jahre alten oder noch schulpflichtigen Kinder aus der Gewerbeordnung heraus und regelte ihn unabhängig von der Art des Betriebs.

112 Die Änderung der Sozialordnung machte es außerdem notwendig, für die Arbeitnehmer einen Schutz in den Notfällen des Lebens, bei Krankheit, Alter und Invalidität zu schaffen. Das geschah durch die Einrichtung der **Sozialversicherung** als einer öffentlich-rechtlichen Zwangsversicherung. Ihre Ausbildung ist eine selbstständige Schöpfung der deutschen Sozialpolitik und ist maßgeblich das Werk von OTTO v

BISMARCK. Die Sozialversicherung beruht auf der Kaiserlichen Botschaft vom 17. 11. 1881. Zu ihrer Ausführung ergingen das Krankenversicherungsgesetz vom 15. 6. 1883, das Unfallversicherungsgesetz vom 6. 7. 1884 und das Gesetz betreffend die Invaliditäts- und Altersversicherung vom 22. 6. 1889. Die Sozialversicherung fand ihren ersten Abschluss in der Reichsversicherungsordnung vom 19. 7. 1911. Die Rentenversicherung für Angestellte erhielt allerdings eine besondere Regelung im Versicherungsgesetz für Angestellte vom 20. 12. 1911. Die beiden Gesetze haben trotz zahlreicher Veränderungen die Sozialversicherung über Jahrzehnte geprägt. Sie wurden erst in den achtziger Jahren des 20. Jahrhunderts schrittweise durch das Sozialgesetzbuch, hier vornehmlich die Bücher V, VI und VII, ersetzt.

III. Entwicklung des Arbeitsrechts in der Weimarer Zeit

1. Arbeitsrecht als selbstständiges Rechtsgebiet auf Grund der rechtlichen Gestaltung der kollektiven Beziehungen der Arbeitgeber und Arbeitnehmer

Nach dem Zusammenbruch des Kaiserreichs entwickelte sich das Arbeitsrecht zu **113** einem selbstständigen Rechtsgebiet. Nach dem Sturz der Monarchie hatten, als noch unklar war, wer Träger der Staatsgewalt wird, die Vertreter der Arbeitgeber und Gewerkschaften ein Abkommen, das nach den Delegationsführern benannte **Stinnes/Legien-Abkommen** vom 18. 11. 1918, geschlossen, in dem die Gewerkschaften als berufene Vertreter der Arbeiterschaft anerkannt wurden (vgl KITTNER, Arbeitskampf [2005] 399 ff); vorgesehen war, die Arbeitsbedingungen für alle Arbeitnehmer durch „Kollektivvereinbarung mit den Berufsvereinigungen der Arbeitnehmer" zu regeln, und außerdem wurde, soweit nicht nach damaligem Gesetzesrecht bereits vorgesehen, die Bildung von Arbeiterausschüssen in den Betrieben vereinbart, die zusammen mit dem Arbeitgeber die Durchführung der Kollektivvereinbarungen überwachen sollten (vgl dazu RAMM, in: GS Kahn-Freund [1980] 225 ff). Durch die Tarifvertragsverordnung vom 23. 12. 1918 wurde der Vorrang des Tarifvertrags gegenüber dem Einzelarbeitsvertrag durch die Unabdingbarkeit der Tarifnormen festgelegt. Zugleich wurde angeordnet, dass in allen Betrieben mit mindestens 20 Arbeitern ein Arbeiterausschuss und bei mindestens 20 Angestellten ein Angestelltenausschuss gebildet wird.

Die **Reichsverfassung von Weimar** wies dem Reich in Art 7 Nr 9 die konkurrierende **114** Gesetzgebung über „das Arbeitsrecht, die Versicherung und den Schutz der Arbeiter und Angestellten sowie den Arbeitsnachweis" zu. Sie enthielt einen eigenen Abschnitt über das Wirtschaftsleben (Art 151–165). In ihm versprach sie: „Das Reich schafft ein einheitliches Arbeitsrecht" (Art 157 Abs 2). Ausdrücklich wurde die Koalitionsfreiheit verfassungsrechtlich gewährleistet (Art 159); sie galt, wie es auch heute noch in Art 9 Abs 3 S 1 GG heißt, „für jedermann und für alle Berufe", also insbesondere auch für den Bereich der Landwirtschaft, für die, da sie nicht unter die Gewerbeordnung fällt, die Koalitionsfreiheit bis 1918 nicht einmal mit dem damals schwachen Rechtsschutz eingeräumt war.

Durch Art 165 Abs 1 WRV wurde ausdrücklich gewährleistet, dass die Arbeiter und **115** Angestellten dazu berufen sind, „gleichberechtigt in Gemeinschaft mit den Unternehmern an der Regelung der Lohn- und Arbeitsbedingungen sowie an der gesamten wirtschaftlichen Entwicklung der produktiven Kräfte mitzuwirken"; in S 2 hieß es ausdrücklich: „Die beiderseitigen Organisationen und ihre Vereinbarungen werden anerkannt." Die Reichsverfassung beschränkte sich aber nicht auf die Garantie des kollektiven Koalitionswesens, sondern sah in den folgenden Abs 2 bis 5 des Art 165 als wirtschaftliche Interessenvertretung ein dreistufiges Rätesystem vor, dessen Basis die Betriebsräte bilden sollten. Im staatlichen Bereich war zwar der Versuch, eine Räterepublik zu errichten, gescheitert; im wirtschaftlichen Bereich wurde die Rätebewegung aber zur Repräsentation der Arbeiternehmer institutionalisiert und damit die Kontinuität zu den Arbeitnehmerausschüssen als Einrichtungen einer Mitbestimmung gewahrt (vgl zur Entstehung des Räteartikels GERHARD A RITTER Historische Zeitschrift 258 [1994] 73 ff).

2. Staatliche Gesetzgebung

116 Schon der Aufruf des Rats der Volksbeauftragten vom 12. 11. 1918, die nach der Abdankung des Kaisers vorübergehend die Staatsgewalt ausübten, hatte die Gesindeordnungen und die Ausnahmebestimmungen für Landarbeiter aufgehoben und die Einführung des Achtstundentages und der Erwerbslosenfürsorge versprochen. Der Achtstundentag wurde durch die Arbeitszeitverordnung vom 23. 11. 1918 und 18. 3. 1919 eingeführt und eine Erwerbslosenfürsorge durch Verordnung vom 23. 11. 1918 geschaffen, die durch das Gesetz über Arbeitsvermittlung und Arbeitslosenversicherung (AVAVG) vom 16. 7. 1927 in die Arbeitslosenversicherung umgewandelt wurde. Aus den zahlreichen Demobilmachungsverordnungen, die den Kriegsteilnehmern bei der Beschaffung von Arbeitsplätzen staatliche Hilfe leisten sollten und nur für eine Übergangszeit bestimmt waren, sind der Kündigungsschutz bei Massenentlassungen und das Schwerbeschädigtenrecht hervorgegangen.

117 Prägend für die Arbeitgeber-Arbeitnehmer-Beziehungen wurde in der Weimarer Zeit der **Grundsatz der kollektiven Regelungsautonomie**. Seit der Tarifvertragsverordnung vom 23. 12. 1918 waren die Bestimmungen des Tarifvertrags nicht mehr bloß schuldrechtlich bindend zwischen den Vertragsparteien, sondern sie galten unmittelbar und zwingend für den Inhalt des Arbeitsverhältnisses tarifgebundener Parteien. Durch das Betriebsrätegesetz vom 4. 2. 1920 wurde erstmals eine *Betriebsverfassung* geschaffen. Der Arbeitgeber sollte nicht mehr länger „Herr im eigenen Haus" sein. Die Betriebsvertretung erhielt deshalb im sozialen und personellen Bereich Mitwirkungs- und Mitbestimmungsrechte. Der Arbeitskampf blieb gesetzlich ungeregelt. Der Staat entwickelte aber ein Schlichtungsrecht, um in Tarifauseinandersetzungen einzugreifen. Rechtsgrundlage war die Schlichtungsverordnung vom 30. 10. 1923 (vgl KITTNER, Arbeitskampf [2005] 458 ff). Der Staat konnte, wenn eine gütliche Vereinbarung zwischen den Tarifvertragsparteien scheiterte, ein Schlichtungsverfahren einleiten, und zwar auch gegen den Willen der Beteiligten (Einlassungszwang), und er konnte einen Spruch für verbindlich erklären, wenn die Beteiligten sich ihm nicht freiwillig unterwarfen (Verbindlichkeitserklärung). Dadurch konnte ein Zwangstarif geschaffen werden, der über das in der Tarifvertragsordnung vorgesehene Rechtsinstitut der Allgemeinverbindlicherklärung auf Arbeitgeber und Arbeitnehmer erstreckt werden konnte, die nicht den tarifschließenden Verbänden angehörten.

3. Entstehen einer besonderen Arbeitsgerichtsbarkeit

Durch das Arbeitsgerichtsgesetz vom 23. 12. 1926 wurde die Arbeitsgerichtsbarkeit **118** geschaffen. Es gab zwar bereits eine besondere Gerichtsbarkeit für Streitigkeiten mit gewerblichen Arbeitnehmern, die Gewerbegerichte, und eine besondere Gerichtsbarkeit für Streitigkeiten mit Handlungsgehilfen und Handlungslehrlingen, die Kaufmannsgerichte. Rechtsquellen waren das Gewerbegerichtsgesetz vom 29. 7. 1890 und das Kaufmannsgerichtsgesetz vom 6. 7. 1904. Die Gewerbe- und Kaufmannsgerichte waren Einrichtungen der Gemeinden. Sie waren außer einem unparteiischen Vorsitzenden paritätisch mit Arbeitgeber- und Arbeitnehmerbeisitzern besetzt. Sie entschieden aber nur in der ersten Instanz. Da die Berufung an die Landgerichte ging, fehlte eine Revisionsinstanz. Das Arbeitsgerichtsgesetz hat die Arbeitsgerichtsbarkeit auf alle Arbeitnehmer erstreckt. Es wurde ein dreistufiger Instanzenzug geschaffen. Verselbstständigt war aber nur die unterste Instanz, die Arbeitsgerichte; die Landesarbeitsgerichte waren dagegen besondere Kammern der Landgerichte, das Reichsarbeitsgericht ist als ein besonderer Senat des Reichsgerichts errichtet worden.

IV. Arbeitsverfassung des Nationalsozialismus

Nach der nationalsozialistischen Machtergreifung wurden die Gewerkschaften und **119** Arbeitgeberverbände aufgelöst; das Betriebsrätegesetz wurde aufgehoben und das gesamte kollektive Arbeitsrecht beseitigt (vgl KITTNER, Arbeitskampf [2005] 505 ff). Grundlage der neuen Arbeitsverfassung war das **Gesetz zur Ordnung der nationalen Arbeit** vom 20. 1. 1934. Mittelpunkt der rechtlichen Ordnung des Arbeitsverhältnisses sollte die *Betriebsgemeinschaft* sein. In ihr sollte das Führerprinzip herrschen. Der Unternehmer wurde als Führer des Betriebs, die Angestellten und Arbeiter wurden als seine Gefolgschaft bezeichnet. Auf überbetrieblicher Ebene wurden Arbeitgeber und Arbeitnehmer in der Deutschen Arbeitsfront zusammengefasst. Es wurden Treuhänder eingesetzt, die durch Tarifordnungen ähnlich den früheren Tarifverträgen die Löhne und Arbeitsbedingungen regelten. Diese Tarifordnungen enthielten nicht wie die Tarifverträge autonomes Recht, sondern waren staatliche Rechtsverordnungen. Die autoritäre Ordnung verdrängte allmählich die Reste einer freiheitlichen Gestaltung des Arbeitsverhältnisses. Ursprünglich konnte von den Tarifordnungen zugunsten des Arbeitnehmers abgewichen werden. Schon durch die Lohngestaltungsverordnung vom 25. 6. 1938 erhielten aber die staatlichen Treuhänder die Befugnis, Höchstlöhne festzusetzen. Die Dienstverpflichtung wurde eingeführt. Mit Ausbruch des Krieges wurde die freie Wahl des Arbeitsplatzes überhaupt beseitigt, und durch die Lohnstopverordnung vom 12. 10. 1939 wurde die Gestaltungsfreiheit für die Regelung des Arbeitsverdienstes aufgehoben.

Eine derartige Umwälzung musste auch auf die Entwicklung des Individualarbeits- **120** rechts, also auf das Arbeitsvertragsrecht, Einfluss haben, obwohl äußerlich keine nennenswerten Veränderungen vorgenommen wurden. Die herrschende Lehre in Rechtsprechung und Schrifttum hielt zwar daran fest, dass das Arbeitsverhältnis durch Vertrag begründet wird; es rückte aber der Gedanke der Treue und Fürsorge in den Mittelpunkt der Rechtsbetrachtung. Eine Mindermeinung im Schrifttum wollte dabei nicht stehen bleiben, sondern erblickte im Gesetz zur Ordnung der nationalen Arbeit nicht nur die Grundlage der nationalsozialistischen Arbeitsverfassung, sondern sah in ihm zugleich den Maßstab für die Geltung des bisherigen Rechts; das Arbeitsverhältnis sollte seine Ordnung nicht mehr aus dem BGB, sondern entsprechend einem konkreten Ordnungsdenken aus der Betriebsgemeinschaft erfahren und wurde deshalb als personenrechtliches Gliedschaftsverhältnis beurteilt (vgl Siebert, Das Arbeitsverhältnis in der Ordnung der nationalen Arbeit [1935]; zur Einwirkung der nationalsozialistischen Ideologie auf das Arbeitsverhältnis vor allem Rüthers, Die unbegrenzte Auslegung [1968] 379 ff; Ramm KJ 1968, 108 ff; ders RdA 1988, 157 ff; ders ZfA 1990, 407 ff; Mayer-Maly RdA 1989, 233 ff; zur Arbeitsverfassung des Nationalsozialismus auch Richardi, Arbeitsrecht als Teil freiheitlicher Ordnung [2002] 39 ff; s auch Rn 165).

V. Die Entwicklung nach dem Zweiten Weltkrieg

1. Gesamtdeutschland

121 Die ersten Jahre nach dem Zweiten Weltkrieg standen unter der Herrschaft der Kontrollratsgesetze und der Maßnahmen der Militärregierungen (vgl Richardi, Arbeitsrecht als Teil freiheitlicher Ordnung [2002] 49 ff). Die Gesetzgebung der Besatzungsmächte beschränkte sich zunächst darauf, Gesetze, die während der nationalsozialistischen Herrschaft erlassen worden waren, aufzuheben. Grenzen ergaben sich aber daraus, dass zur Sicherung der Versorgungslage die Zwangsordnung im Arbeitsleben fortbestand. Deshalb gehörte das Gesetz zur Ordnung der nationalen Arbeit nicht zu den sog „Nazi-Gesetzen", die der Kontrollrat durch Gesetz Nr 1 vom 20. 9. 1945 (ABl 6) aufgehoben hatte. Es blieb zunächst in Geltung; aufgehoben wurde es erst zum 1. 1. 1947 durch das Kontrollratsgesetz Nr 40 vom 30. 11. 1946 (ABl 40). Mit der Wiederzulassung der Gewerkschaften wurden die Voraussetzungen eines neuen kollektiven Arbeitsrechts geschaffen. Während in den westlichen Besatzungszonen Industriegewerkschaften gegründet wurden, entstand in der sowjetischen Besatzungszone eine Einheitsgewerkschaft nach sowjetischem Vorbild. Deutschland wurde auch im Arbeitsrecht geteilt (vgl dazu Rüthers, Arbeitsrecht und politisches System [1972]).

2. Bundesrepublik Deutschland

122 Nach der Gründung der Gewerkschaften folgte in den westlichen Besatzungszonen – nicht zuletzt auch auf Initiative der Gewerkschaften – der Zusammenschluss der Arbeitgeber in Arbeitgeberverbänden (vgl Richardi, Arbeitsrecht als Teil freiheitlicher Ordnung [2002] 57 ff). Damit war die Grundlage für die Tarifautonomie geschaffen, die sich allerdings erst nach Beseitigung der staatlichen Reglementierung über den Lohn und mit Etablierung der sozialen Marktwirtschaft entfalten konnte. Die gesetzliche Grundlage für das Tarifvertragsrecht ist noch vor Gründung der Bundesrepublik Deutschland geschaffen worden, nämlich das Tarifvertragsgesetz vom 9. 4. 1949, das ursprünglich nur für das Vereinigte Wirtschaftsgebiet, also für die amerikanische und britische Besatzungszone galt, mit Gesetz vom 23. 4. 1953 aber auch auf die Länder der französischen Besatzungszone erstreckt wurde (vgl Richardi aaO 67 ff).

123 Das Kontrollratsgesetz Nr 22 vom 10. 4. 1946 (sog Betriebsrätegesetz) gestattete, noch bezogen auf Gesamtdeutschland, die Bildung von Betriebsräten. Es war aber nur ein Rahmengesetz; die meisten Länder erließen eigene Betriebsrätegesetze. Erst das Betriebsverfassungsgesetz vom 11. 10. 1952 brachte ein einheitliches Recht der Betriebsverfassung für die privatwirtschaftlichen Betriebe in der Bundesrepublik Deutschland (vgl zur Bedeutung für die Neuordnung der Wirtschaft RICHARDI aaO 101 ff). Bereits vorher hatte das Montan-Mitbestimmungsgesetz vom 21. 5. 1951 die Mitbestimmung auch in die Unternehmensordnung eingefügt; für Kapitalgesellschaften der Montanindustrie gilt seitdem, dass der Aufsichtsrat, dem die Auswahl und Kontrolle der Unternehmensleitung obliegt, mit Vertretern der Anteilseigner und Arbeitnehmer paritätisch besetzt ist. Für die sonstigen Unternehmen wurde aber nicht die paritätische Mitbestimmung eingeführt, sondern im Betriebsverfassungsgesetz vom 11. 10. 1952 wurde lediglich die Drittelbeteiligung der Arbeitnehmer in den Aufsichtsräten der Kapitalgesellschaften festgelegt.

Das Betriebsverfassungsgesetz ist, soweit es um die Betriebsverfassung – die Organisation der Betriebsvertretung und die Mitwirkungs- und Mitbestimmungsrechte des Betriebsrats – geht, durch das Betriebsverfassungsgesetz vom 15. 1. 1972 abgelöst worden. Für Unternehmen mit mehr als 2000 Arbeitnehmern hat das Mitbestimmungsgesetz vom 4. 5. 1976 die Beteiligung in den Aufsichtsräten ausgebaut. Für den Bereich des öffentlichen Dienstes gilt nicht das Betriebsverfassungsgesetz, sondern Rechtsgrundlage ist das Bundespersonalvertretungsgesetz vom 15. 3. 1974, das die Personalvertretung für den Bund und die bundesunmittelbaren juristischen Personen des öffentlichen Rechts regelt und Rahmenvorschriften für die Länder gibt. Für die Dienststellen der Länder, Gemeinden und der sonstigen juristischen Personen des öffentlichen Rechts gelten deshalb Landespersonalvertretungsgesetze. **124**

Auf dem Gebiet des Individualarbeitsrechts ergingen eine Vielzahl von Gesetzen. Bereits zu den ersten gehörte das Kündigungsschutzgesetz vom 10. 8. 1951, nunmehr iF vom 25. 8. 1969, das einen individualrechtlich gestalteten Bestands- und Vertragsinhaltsschutz für das Arbeitsverhältnis geschaffen hat. **125**

Die Arbeitsgerichtsbarkeit wurde durch das Arbeitsgerichtsgesetz vom 3. 9. 1953, nunmehr in der Fassung der Bekanntmachung vom 2. 7. 1979, vereinheitlicht, und es wurde 1954 das Bundesarbeitsgericht in Kassel (aber: Rn 131) errichtet. **126**

3. Deutsche Demokratische Republik

Mit der Bildung der DDR wurde in der sowjetischen Besatzungszone eine sozialistische Gesellschafts- und Staatsordnung geschaffen. Die Wirtschaftsbeziehungen und damit auch die arbeitsrechtlichen Beziehungen wurden einer zentralen staatlichen Leitung und Planung unterstellt. Schon das Gesetz der Arbeit vom 19. 4. 1950 legte den Rahmen fest, um das Arbeitsrecht mit der Planung der Volkswirtschaft in Einklang zu bringen. Auf Beschluss des V. Parteitages der SED erging zur Festigung der sozialistischen Ordnung das Gesetzbuch der Arbeit (GBA) vom 12. 4. 1961. Abgelöst wurde es durch das Arbeitsgesetzbuch vom 16. 6. 1977, das am 1. 1. 1978 in Kraft trat und ein Instrument staatlicher Reglementierung zur Herstellung einer sozialistischen Zwangsordnung war. Der Interessengegensatz zwischen Arbeitgeber und Arbeitnehmer wurde mit der These vom Werktätigen als „vergesellschafteten Eigentümer" für überwunden deklariert. Der Einzelne war damit der Herrschaftsgewalt des SED-Staats ausgeliefert. **127**

4. Arbeitsrecht im wiedervereinigten Deutschland

128 Nach der Beseitigung der SED-Diktatur schlossen die Bundesrepublik Deutschland und die DDR einen Staatsvertrag über die Schaffung einer Währungs-, Wirtschafts- und Sozialunion am 18. 5. 1990. Die Volkskammer der DDR erklärte am 23. 8. 1990 den Beitritt der DDR zur Bundesrepublik Deutschland gemäß Art 23 S 2 GG mit Wirkung zum 3. 10. 1990. Damit fand die staatliche Teilung Deutschlands ihr Ende. Mit dem Staatsvertrag über die Herstellung der Einheit Deutschlands (Einigungsvertrag) vom 31. 8. 1990 wurden das Bundesrecht und das Recht der Europäischen Gemeinschaften auf das Gebiet der ehemaligen DDR übergeleitet (Art 8 und 10).

129 Seit dem 3. 10. 1990 gibt es daher wieder ein **gesamtdeutsches Arbeitsrecht**. Vor allem ist das Bürgerliche Gesetzbuch, das die DDR abgeschafft hatte, wieder in Kraft getreten (Art 230 EGBGB). Der Einigungsvertrag hat in Art 30 Abs 1 dem gesamtdeutschen Gesetzgeber die Aufgabe zugewiesen, das Arbeitsvertragsrecht sowie das öffentlich-rechtliche Arbeitszeitrecht und den besonderen Frauenarbeitsschutz möglichst bald einheitlich zu kodifizieren und den sonstigen öffentlich-rechtlichen Arbeitsschutz in Übereinstimmung mit dem Recht der Europäischen Gemeinschaften und dem damit konformen Teil des Arbeitsschutzrechts der DDR zeitgemäß neu zu regeln.

130 Trotz des Gesetzgebungsauftrags ist bisher ein **Arbeitsvertragsgesetz** nicht ergangen. Bereits der Deutsche Reichstag hatte am 11. 12. 1896 in einer Resolution die Erwartung ausgesprochen, „dass die Verträge, durch welche sich jemand verpflichtet, einen Theil seiner geistigen oder körperlichen Arbeitskraft für die häusliche Gemeinschaft, ein wirthschaftliches oder gewerbliches Unternehmen eines anderen gegen einen vereinbarten Lohn zu verwenden, für das Deutsche Reich baldthunlichst einheitlich geregelt werden". Art 157 Abs 2 WRV hatte sogar versprochen: „Das Reich schafft ein einheitliches Arbeitsrecht." Sämtliche Bemühungen, ein Arbeitsgesetzbuch zu schaffen, sind bisher gescheitert. Das gilt auch für das von der ersten Regierung Brandt/Scheel 1969 versprochene Arbeitsgesetzbuch. Die von der Bundesregierung damals eingesetzte Arbeitsgesetzbuchkommission hat nur einen Entwurf zum Arbeitsvertragsrecht vorgelegt (Arbeitsgesetzbuchkommission, Entwurf eines Arbeitsgesetzbuches – Allgemeines Arbeitsvertragsrecht, hrsg vom Bundesminister für Arbeit und Sozialordnung [1977]); die Kommission ist 1980 offiziell aufgelöst worden. Eine Professorengruppe hat für den Deutschen Juristentag 1992 den Entwurf eines Arbeitsvertragsgesetzes vorgelegt (vgl Arbeitskreis Deutsche Rechtseinheit im Arbeitsrecht, Welche wesentlichen Inhalte sollte ein nach Art 30 des Einigungsvertrages zu schaffendes Arbeitsvertragsgesetz haben?, in: Verhandlungen des 59. DJT Bd I/D [1992]). Auf dieser Grundlage haben der Freistaat Sachsen und das Land Brandenburg Entwürfe in das Gesetzgebungsverfahren eingebracht (BR-Drucks 293/95 und 671/96), deren Behandlung aber schon im Bundesrat ausgesetzt wurde. Auch der im Oktober 2007 von Preis und Henssler vorgelegte Entwurf eines Arbeitsvertragsgesetzes (vgl Henssler/Preis, Entwurf eines Arbeitsvertragsgesetzes [2015]) wurde nicht verwirklicht.

131 Seit 22. 11. 1999 hat das **Bundesarbeitsgericht** seinen **Sitz in Erfurt** (§ 40 Abs 1 ArbGG iVm der Rechtsverordnung vom 8. 10. 1999 [BGBl I 1954]).

5. Einbeziehung in die Europäische Union

Die Europäischen Gemeinschaften (Vertrag über die Gründung der Europäischen Gemeinschaft für Kohle und Stahl vom 18. 4. 1951, Vertrag zur Gründung der Europäischen Atomgemeinschaft vom 25. 3. 1957 und Vertrag zur Gründung der Europäischen Wirtschaftsgemeinschaft vom 25. 3. 1957) beschränkten sich zunächst auf die Herstellung eines Gemeinsamen Marktes für Güter, selbstständige Dienstleistungen und Kapital, während der Arbeitsmarkt nur mittelbar in die Integrationsaufgabe einbezogen war (vgl Richardi, in: Geschichte der Sozialpolitik in Deutschland seit 1945, Bd 3 [2005] 192). 132

Der EWG-Vertrag traf bereits präzise ausgeformte Regeln für die Freizügigkeit der Arbeitnehmer (Art 48, heute Art 45 AEUV) und die Gleichberechtigung von Frau und Mann im Arbeitsleben (Art 119, heute Art 157 AEUV). Vor allem für den letzteren Bereich entwickelte der Europäische Gerichtshof eine Rechtsprechung, die sich bereits in den achtziger Jahren erheblich auf die nationalen Arbeitsrechtsordnungen auswirkte (vgl Richardi, in: Geschichte der Sozialpolitik in Deutschland seit 1945, Bd 6 [2005] 252 ff). Einer Arbeitsrechtsangleichung stand insbesondere entgegen, dass für die Angleichung Art 100 und 235 EWG-Vertrag einschlägig waren, die einen Vorschlag der Kommission und Einstimmigkeit im Rat voraussetzten. 133

Das änderte sich erst durch den in Maastricht geschlossenen Vertrag über die Europäische Union vom 7. 2. 1992 (ABl EG Nr L 293/61), der wegen der Erweiterung der Integrationsaufgabe den EWG-Vertrag erheblich änderte und den Ausdruck „Europäische Wirtschaftsgemeinschaft" durch „Europäische Gemeinschaft" ersetzte (Art 1). In einem ergänzenden Abkommen über die Sozialpolitik, das mit Ausnahme des Vereinigten Königreichs Großbritannien und Nordirland Bestandteil des primären Gemeinschaftsrechts wurde, erhielt die Europäische Gemeinschaft unter dem Begriff der Sozialpolitik auch eine Regelungskompetenz für das Arbeitsrecht, allerdings unter völliger Ausklammerung für das Arbeitsentgelt, das Koalitionsrecht, das Streikrecht sowie das Aussperrungsrecht. Der in Amsterdam am 2. 10. 1997 geschlossene Vertrag (BGBl 1998 II 387, ber BGBl 1999 II, 416) hat unter Beseitigung der Ausklammerung des Vereinigten Königreichs das Sozialabkommen über die Sozialpolitik in Art 136, 137 EGV einbezogen. Durch den Vertrag von Lissabon vom 13. 12. 2007 (ABl Nr C 306 1, ber ABl 2008 Nr C 111 S 56 und ABl 2009 Nr C 290 S 1) wurde der EG-Grundrechtekatalog für rechtsverbindlich erklärt (Art 6 Abs 1 EUV; s § 611 Rn 736). Zudem wurde die Rolle der Sozialpartner gestärkt (Art 152 AEUV). 134

B. Arbeitsrecht und bürgerliches Recht

Schrifttum

Annuss, Der Arbeitsvertrag als Grundlage des Arbeitsverhältnisses, ZfA 2004, 283
Boemke, Schuldvertrag und Arbeitsverhältnis (1999)
Bydlinski, Arbeitsrechtskodifikation und Allgemeines Zivilrecht (1969)

Gamillscheg, Zivilrechtliche Denkformen und die Entwicklung des Individualarbeitsrechts, AcP 176 (1976) 197
Isele, Das Arbeitsverhältnis in der Zivilrechtsordnung, Juristen-Jahrbuch Bd 8 (1967/68) 63

KONZEN, Privatrechtssystem und Betriebsverfassung, in: FS Ernst Wolf (1985) 279 = ZfA 1985, 469
MARTENS, Die Einheit des Privatrechts und das Arbeitsrecht, JuS 1987, 337
MAYER-MALY, Arbeitsrecht und Privatrechtsordnung, JZ 1961, 205
NIPPERDEY, Die privatrechtliche Bedeutung des Arbeiterschutzrechts, in: Die Reichsgerichtspraxis im deutschen Rechtsleben (1929) IV 203
PREIS, Grundfragen der Vertragsgestaltung im Arbeitsrecht (1993)
REUTER, Gibt es eine arbeitsrechtliche Methode?, in: FS Hilger/Stumpf (1983) 573
RICHARDI, Arbeitsrecht und Zivilrecht, ZfA 1974, 3
ders, Der Arbeitsvertrag im Zivilrechtssystem, ZfA 1988, 221
ders, Arbeitsrecht als Sonderprivatrecht oder Teil des allgemeinen Zivilrechts, in: FS Söllner (2000) 957
ders, Das Individualarbeitsrecht als Teil der Zivilrechtsordnung, in: FS 50 Jahre Bundesgerichtshof (2000) II 29
SCHNORR VON CAROLSFELD, Die Eigenständigkeit des Arbeitsrechts, RdA 1964, 297
ZÖLLNER, Privatautonomie und Arbeitsverhältnis, AcP 176 (1976) 221.

Systematische Übersicht

I. **Begriff und Abgrenzung des Arbeitsrechts**
1. Begriffsbestimmung _____ 135
2. Historische Entwicklung des Begriffs _____ 136
3. Arbeitsrecht als programmatischer Begriff _____ 141
4. Arbeitsrecht als rechtsdogmatischer Begriff _____ 144

II. **Arbeitsrecht als selbstständige Rechtsdisziplin** _____ 146

III. **Eigenständigkeit des Arbeitsrechts**
1. Gesetzgebungspolitik _____ 149
2. Literatur _____ 151

IV. **Rechtssystematischer Zusammenhang mit dem Zivilrecht** 156

I. Begriff und Abgrenzung des Arbeitsrechts

1. Begriffsbestimmung

135 Arbeitsrecht ist das für die Rechtsbeziehungen zwischen Arbeitgeber und Arbeitnehmer geltende Recht. Sein Grundtatbestand ist die **abhängige Arbeit**. Die mit ihr verbundenen Regelungsprobleme begründen eine Sonderstellung innerhalb der Rechtsordnung. Das bedeutet aber keineswegs, dass für das Recht insoweit andere Wertentscheidungen als sonst verbindlich sind, sondern es geht im Gegenteil darum, dass das Wertesystem des geltenden Rechts auch die Rechtsbeziehungen zwischen Arbeitgeber und Arbeitnehmer beherrscht. Von diesem Ansatz her ist es problematisch, das Arbeitsrecht als Sonderrecht zu klassifizieren; es ist vielmehr das allgemeine Recht für einen bestimmten Regelungskomplex, der durch den Grundtatbestand der abhängigen Arbeit gebildet wird (vgl dazu RICHARDI, Kollektivgewalt und Individualwille bei der Gestaltung des Arbeitsverhältnisses [1968] 113 ff; zust ArbRBGB/SCHLIEMANN § 611 Rn 813).

2. Historische Entwicklung des Begriffs

136 Der Begriff des Arbeitsrechts ist als Bezeichnung für ein selbstständiges Rechtsgebiet erst in der Zeit nach dem Ersten Weltkrieg in die Rechtswissenschaft eingeführt worden. Die Weimarer Reichsverfassung verwandte ihn, als sie dem Reich in Art 7 Nr 9 die konkurrierende Gesetzgebung über „das Arbeitsrecht, die Versicherung und den Schutz der Arbeiter und Angestellten sowie den Arbeitsnachweis" zuwies und in Art 157 Abs 2 verhieß: „Das Reich schafft ein einheitliches Arbeitsrecht."

Als die ersten Gesetze für Fabrikarbeiter in Preußen ergingen, sprach man zunächst allgemein nur von *Fabrikgesetzgebung*. Mit der Erstreckung auf alle gewerblichen Arbeiter bürgerte sich der Begriff des Arbeiterschutzes ein, um mit ihm die zwingenden Vorschriften zugunsten der Arbeitnehmer zu bezeichnen. Die Novelle zur Gewerbeordnung vom 1. 6. 1891 erhielt die Bezeichnung „Arbeiterschutzgesetz". Mit der Einführung der Sozialversicherung in den achtziger Jahren des 19. Jahrhunderts trat ein weiteres Rechtsgebiet neben das bisherige Arbeiterschutzrecht. Das Arbeitsvertragsrecht, das Arbeiterschutzrecht und das Arbeiterversicherungsrecht bildeten das sog *Arbeiterrecht* (vgl STADTHAGEN, Arbeiterrecht [1. Aufl 1895, 4. Aufl 1904]). Mit der Angleichung der Rechtsstellung der sog Betriebsbeamten, Werkmeister und der mit höheren technischen Dienstleistungen betrauten Personen an die Rechtsstellung der Handelsgehilfen (Art 57 ff ADHGB) durch §§ 133a–133e GewO 1891 trat neben der Gruppe der Arbeiter die der *Angestellten* in Erscheinung (s § 611 Rn 193 ff). **137**

Mit dem Bestreben einer Vereinheitlichung des Angestelltenrechts (vgl OERTMANN und POTTHOFF, in: Verhandlungen des 30. DJT I [1910] 112 ff und 266 ff; POTTHOFF, BAUM und KOBATSCH, in: Verhandlungen des 31. DJT I [1912] 68 ff, 138 ff und 226 ff) stellte sich die Frage nach dem Verhältnis zum *Arbeiterrecht*. Man sah gewichtige Gründe für eine Differenzierung (vgl OERTMANN 114 f; BAUM 143; POTTHOFF, in: Verhandlungen des 30. DJT I, 282). Deshalb lehnte man es ab, das „zu schaffende allgemeine Angestelltenrecht auf die gewerblichen Arbeiter zu erstrecken" (OERTMANN 115). Dennoch wuchs zugleich die Erkenntnis, dass die Angestellten „nur eine *Unterart* in dem allgemeinen Begriff der *Arbeitnehmer*" sind (BAUM 140). Da man sah, dass eine strenge Grenze zwischen Angestellten und Arbeitern sich gar nicht ziehen lasse, erhob man die Forderung, ein einheitliches Arbeitsrecht zu schaffen (so vor allem POTTHOFF, Probleme des Arbeitsrechtes [1912] 99; schon vorher ders, in: Verhandlungen des 30. DJT I [1910] 281 f; ähnlich BAUM, in: Verhandlungen des 31. DJT I [1912] 144). **138**

Mit seinem zweibändigen Werk „Der Arbeitsvertrag" (Bd I [1902]; Bd II [1908]) hat PHILIPP LOTMAR „das Arbeitsrecht als eine *besondere Disziplin* innerhalb der Rechtswissenschaft geschaffen" (SINZHEIMER ArchBürgR 34 [1910] 291 [315]). Für die weitere Entwicklung prägend wurde aber nicht sein Ansatz im Begriff des *Arbeitsvertrages,* der den Unterschied von Dienst- und Werkvertrag in sich aufhob, sondern die Konzeption eines einheitlichen Arbeitsrechts für Angestellte und Arbeiter. Sie begründet zu haben, ist vor allem das Verdienst HUGO SINZHEIMERS (grundlegend sein Beitrag „Über den Grundgedanken und die Möglichkeit eines einheitlichen Arbeitsrechts für Deutschland" [1914]; abgedruckt in: SINZHEIMER, Arbeitsrecht und Rechtssoziologie I [1976] 35 ff). Ihm ging es primär nicht um Vereinheitlichung in einem besonderen Gesetzbuch; denn zu diesem Werk sei „unsere Zeit nicht berufen" (44). Er bezeichnet zwar nach dem Ersten Weltkrieg „als eine der größten Gesetzgebungsaufgaben die Schaffung eines einheitlichen Arbeitsrechts" (SINZHEIMER, Das Wesen des Arbeitsrechts [1927], abgedruckt in: SINZHEIMER I 108 [109]); die Aufgabe, die Einheit herbeizuführen, fällt für ihn **139** aber in den schöpferischen Beruf der Rechtswissenschaft (s auch Sinzheimer, ArchBürgR 34, 291 [321]). Die Einheit, nach der das Arbeitsrecht strebe, sei eine „Einheit des Grundgedankens" (Sinzheimer, Grundgedanken, in: Sinzheimer I 35 [47]). Ihn sieht er in der *Abhängigkeit*, die er als das Grundproblem des Arbeitsrechts bezeichnet (Sinzheimer, Wesen des Arbeitsrechts, in: Sinzheimer I 108 [112]). Daraus zieht er die Konsequenz: „Ob Privatangestellter oder Arbeiter, ob Angestellter mit leitender Funktion oder ohne solche, ob Angestellter mit einem Jahresgehalt von vielen Tausenden oder Arbeiter mit ein paar Mark pro Tag – sie alle unterstehen dem Arbeitsrecht. *Sie setzen als Leistung ihre Persönlichkeit ein und sie sind abhängig.* Und deswegen umfaßt das Arbeitsrecht in seinen Grundgedanken einheitlich alle, die in fremdem Dienst arbeiten, wenn auch die einzelnen Arbeitsverhältnisse noch so verschieden sind und sein sollen" (Sinzheimer, Grundgedanken, in: Sinzheimer I 35 [47]).

140 Nach dem Ersten Weltkrieg wird der Begriff des Arbeitsrechts allgemein zur Bezeichnung des Rechtsgebiets verwandt, das die Regelung der Arbeitsverhältnisse in diesem Verständnis zum Gegenstand hat (vgl Jacobi, Grundlehren des Arbeitsrechts [1927] 34 ff).

3. Arbeitsrecht als programmatischer Begriff

141 Nach seiner Genese ist das Arbeitsrecht nach seinem heutigen Verständnis nicht als rechtsdogmatischer Begriff entwickelt worden; es ist vielmehr zunächst als programmatischer Begriff verstanden worden. Ein Teil des Schrifttums sah seinen Wesenszug darin, dass es *werdendes Recht* sei (so der Titel der Schrift von Heinz Potthoff, Arbeitsrecht – Das Ringen um werdendes Recht [1928]; vgl auch Sinzheimer, in: Die Reichsgerichtspraxis im deutschen Rechtsleben [1929] IV 2). Der in der Weimarer Zeit heftig geführte Streit um Begriff und Abgrenzung des Arbeitsrechts hatte deshalb nicht bloß terminologischen Charakter; er bezog sich auch auf den Inhalt. Obwohl Sinzheimer Notwendigkeit und Berechtigung der positiven Rechtslehre zur Klärung, Ordnung und Gesamtdarstellung des neuen Rechtsstoffes ausdrücklich anerkannte, sah er eine Gefahr darin, dass „die Erforschung der einheitlichen, das Arbeitsrecht bestimmenden Grundgedanken die nicht dem Inhalte der Rechtssätze oder ihrer Klassifizierung zu entnehmen sind, weil sie sich erst einer tieferen wissenschaftlichen Erkenntnis erschließen, notleidet" (Reichsgerichtspraxis IV 2). Arbeitsrecht sei „ein werdendes Recht, das sich immer neu an der Entwicklung des sozialen Lebens orientieren muß", und es sei „ein neues Recht, dessen Eigenart für den Aufbau des Rechtes überhaupt eine bestimmende Kraft besitzt" (aaO).

142 Mit dieser Feststellung wird bewusst ein Ansatzpunkt außerhalb der positiven Rechtsordnung gewählt, um das Arbeitsrecht in seiner Eigenart und Besonderheit zu erfassen. Verdienst dieser Betrachtungsweise ist, dass mit ihr der Lebenssachverhalt, den das Arbeitsverhältnis in der Rechtswirklichkeit darstellt, in die rechtliche Beurteilung einbezogen wurde. Sinzheimer war bereits in seiner grundlegenden Untersuchung über den korporativen Arbeitsnormenvertrag (I [1907], II [1908]) von der These ausgegangen, dass das den Inhalt des gewerblichen Arbeitsvertrags beherrschende Gestaltungsprinzip „nicht einfach aus den Tatbeständen der gesetzlichen Bestimmungen" gewonnen werden könne; es müsse vielmehr, „da diese Tatbestände nicht erschöpfend sind, der Versuch gemacht werden, die wirklichen Erscheinungen des Arbeitsverhältnisses selbst zur Erkenntnis heranzuziehen" (Arbeitsnormenvertrag I 1). Bei einer solchen von der Wirklichkeit ausgehenden Betrachtung zeige sich, „dass der Inhalt des Arbeitsverhältnisses ein viel reicherer und damit der Umfang des ihn bestimmenden Gestaltungsprinzips ein viel weiterer ist, als es nach den gesetzlichen Bestimmungen den Anschein hat" (Arbeitsnormenvertrag I 2).

Die Gefahr dieses Ansatzes liegt darin, dass Gestaltungsprinzipien angenommen werden, die nicht aus dem geltenden Recht erklärt werden können. Die Unvollständigkeit der BGB-Regelung verleitet zu einer Relativierung des Geltungsanspruchs zivilrechtlicher Prinzipien für das Arbeitsverhältnis. **143**

4. Arbeitsrecht als rechtsdogmatischer Begriff

Arbeitsrecht ist **nicht Statusrecht**; es ist weder das Recht einer Klasse noch das Recht eines Standes (so bereits JACOBI, Grundlehren des Arbeitsrechts [1927] 41 ff). Seine Prämisse ist vielmehr die Privatautonomie. Durch das Grundrecht der Berufsfreiheit in Art 12 Abs 1 GG und vor allem durch die verfassungsrechtliche Gewährleistung der Koalitionsfreiheit in Art 9 Abs 3 GG ist sie für Begründung und Inhalt von Arbeitsverhältnissen gewährleistet. Die damit verbundenen Regelungsprobleme machen das Arbeitsrecht zu einem selbstständigen Rechtsgebiet. Es ist aber gegenüber dem bürgerlichen Recht kein Sonderrecht, das dessen Rechtsprinzipien verdrängt, sondern es bildet, da es um privatautonome Gestaltung geht, einen Teil des Zivilrechts, das im BGB nur unvollständig geregelt ist (s Rn 149 ff). **144**

Die Zugehörigkeit zum Arbeitsrecht kann nicht monokausal begründet werden; sie ergibt sich vielmehr aus **verschiedenen normativen Gesichtspunkten**: Das Arbeitsverhältnis wird durch soziale Schutzpflichten gekennzeichnet, wie sie sonst einen Empfänger von Dienstleistungen, der kein Arbeitgeber ist, nicht treffen. Außerdem besteht für das betriebsbezogene Arbeitsverhältnis ein sozialer Bestands- und Vertragsinhaltsschutz, der durch den allgemeinen und besonderen Kündigungsschutz verwirklicht wird. Schließlich wird der koalitionsmäßige Einfluss auf die Gestaltung der Arbeits- und Wirtschaftsbedingungen durch Art 9 Abs 3 GG verfassungsrechtlich garantiert, während ein entsprechendes Verhalten zwischen Unternehmern auf dem Markt für Güter und Dienstleistungen mit dem Gesetz gegen Wettbewerbsbeschränkungen unvereinbar ist. Mittel des Koalitionsverfahrens ist die Tarifautonomie, Instrument zur Lösung von Tarifkonflikten neben der Schlichtung vor allem der Arbeitskampf. Schließlich wird berücksichtigt, dass die Arbeit eines Arbeiters oder Angestellten im Rahmen einer fremdbestimmten arbeitsteiligen Organisation erbracht wird. Deshalb besteht eine Betriebsverfassung, die den Repräsentanten der Belegschaft, den Betriebsräten bzw im öffentlichen Dienst den Personalräten, Mitwirkungs- und Mitbestimmungsrechte einräumt. **145**

II. Arbeitsrecht als selbstständige Rechtsdisziplin

Das Bürgerliche Gesetzbuch ist am Sozialmodell der vorindustriellen Gesellschaft orientiert (vgl WIEACKER, Privatrechtsgeschichte der Neuzeit [2. Aufl 1967] 478 ff; ders, Das Sozialmodell der klassischen Privatrechtsgesetzbücher und die Entwicklung der modernen Gesellschaft [1953] 9, 16 f). Daher ist nicht verwunderlich, dass die Rechtsbeziehungen, die in der Industriegesellschaft ihre sozioökonomische Voraussetzung haben, in ihm nicht **146** geregelt sind. Nichts ist in ihm davon zu spüren, dass die moderne Industrie, wie es in der klassischen Formulierung des kommunistischen Manifests heißt, die kleine Werkstube des patriarchalischen Meisters in die große Fabrik des industriellen Kapitalisten verwandelt hat (Marx/Engels-Werke, hrsg vom Institut für Marxismus-Leninismus beim ZK der SED, Bd 4 [1969] 459 [469]). Die wenigen Bestimmungen in den §§ 611 ff, dem Titel über den Dienstvertrag, werden der Regelungsproblematik der Arbeitsverhältnisse mit Arbeitern und Angestellten nicht gerecht. Das Arbeitsvertragsrecht war in Sondergesetzen geregelt (s Rn 13 ff). Vor diesem Hintergrund wird verständlich, dass das Arbeitsrecht sich aus der allgemeinen Privatrechtsordnung löste, um zunächst überhaupt eine Einheit zu gewinnen.

147 Art 157 Abs 2 WRV versprach: „Das Reich schafft ein einheitliches Arbeitsrecht." Dieser Programmsatz war bewusst im Gegensatz zu der bereits geleisteten Aufgabe der Schaffung eines einheitlichen Bürgerlichen Gesetzbuchs gewählt worden; es sollte „eine Gesetzgebung nach einheitlichen Richtlinien und vor allen Dingen in einer äußeren Zusammenfassung, in einer Kodifikation, gegeben werden" (Abg Katzenstein als Berichterstatter, abgedruckt in: Berichte und Protokolle des 8. Ausschusses der verfassungsgebenden Deutschen Nationalversammlung über den Entwurf einer Verfassung des deutschen Reichs [1920] 388). Auch das Grundgesetz unterscheidet im Katalog, der den Gegenstand der konkurrierenden Gesetzgebung festlegt, zwischen dem bürgerlichen Recht in Art 74 Abs 1 Nr 1 und dem Arbeitsrecht in Art 74 Abs 1 Nr 12 GG (vgl BVerfG 22. 4. 1958 – 2 BvL 32/56, BVerfGE 7, 342).

148 Das Arbeitsrecht ist deshalb eine selbstständige Rechtsdisziplin. Es kann **nicht im Ganzen dem bürgerlichen Recht zugeordnet** werden; denn neben dem Arbeitsvertragsrecht stehen das öffentlich-rechtliche Arbeitnehmerschutzrecht und vor allem das kollektive Arbeitsrecht, wie das Recht der Koalitionsfreiheit, der Tarifautonomie und des Arbeitskampfes sowie das Betriebsverfassungsrecht. Die hier maßgeblichen Prinzipien stehen teilweise im Gegensatz zu Grunddogmen der traditionellen Zivilrechtsordnung: Der für den Tarifvertrag kennzeichnende Vorrang seiner Rechtsnormen schränkt die individuelle Vertragsfreiheit insoweit ein, als bei Tarifgeltung eine Abweichung von den tarifvertraglichen Rechtsnormen nur zugunsten des Arbeitnehmers möglich ist (§ 4 Abs 3 TVG). Die Anerkennung des Arbeitskampfes als Rechtsinstitut erfordert, dass der Grundsatz der Vertragstreue insoweit begrenzt ist, als die Beteiligung an einem rechtmäßigen Arbeitskampf keinen Arbeitsvertragsbruch darstellt. Für die Betriebsverfassung gelten Strukturprinzipien, die in der Weimarer Zeit Rspr und hL veranlasst haben, sie dem öffentlichen Recht zuzuordnen (vgl ausführlich Dietz/Richardi, BetrVG [6. Aufl 1981] § 1 Rn 32 ff).

III. Eigenständigkeit des Arbeitsrechts

1. Gesetzgebungspolitik

149 Die für das Arbeitsverhältnis entwickelten besonderen Rechtsgrundsätze reichen nicht aus, um eine Eigenständigkeit des Arbeitsrechts gegenüber der allgemeinen Zivilrechtsordnung zu begründen. Dennoch entspricht die gegenteilige Auffassung einem weitverbreiteten Standpunkt. Sie beherrscht auch die Gesetzgebungspolitik. Noch das Erste Arbeitsrechtsbereinigungsgesetz vom 14. 8. 1969 sah von einer umfassenden Kodifikation des Arbeitsrechts ab und hat vor allem das bis dahin nach der Berufszugehörigkeit unterschiedlich geregelte Kündigungsrecht vereinheitlicht und im BGB verankert. Nach dem Regierungswechsel 1969 sollte ein Arbeitsgesetzbuch geschaffen werden (vgl RdA 1969, 354). Die Arbeitsgesetzbuchkommission hat lediglich den Entwurf eines allgemeinen Arbeitsvertragsrechts vorgelegt, ihn aber nicht mehr im BGB verankert, sondern in § 128 Abs 1 vorgeschlagen:

> „Auf das Arbeitsverhältnis finden die Vorschriften des Bürgerlichen Gesetzbuchs über das Dienstverhältnis (§§ 611–630) keine Anwendung. Im Übrigen finden die Vorschriften des Bürgerlichen Gesetzbuchs auf das Arbeitsverhältnis Anwendung, soweit sich nicht aus diesem Gesetz oder aus der Eigenart des Arbeitsverhältnisses etwas anderes ergibt."

Da ein Arbeitsvertragsgesetz bisher nicht zustande kam, fehlt der Gesetzgebung für die Arbeitgeber-Arbeitnehmer-Beziehungen eine übergreifende Rechtskonzeption. Punktuelle Eingriffe des Gesetzgebers in die Arbeitsrechtsordnung fanden aber ihre Verankerung im Dienstvertragsrecht des BGB, so §§ 611a aF, 611b aF, 612 Abs 3 aF, 612a, 613a, 615 S 3, 619a, 622, 623. Doch überwiegend sind es Einzelgesetze, auf die zum Teil sogar im BGB verwiesen wird, so in § 620 Abs 3 auf das Teilzeit- und Befristungsgesetz und in § 630 S 4 auf § 109 GewO. Gesetzessystematisch völlig verfehlt sind allgemeine arbeitsrechtliche Grundsätze seit einem Gesetz vom 24. 8. 2002 in §§ 105–110 GewO festgelegt worden; die Bestimmungen finden auf alle Arbeitnehmer Anwendung (§ 6 Abs 2 GewO). Das Schuldrechtsmodernisierungsgesetz 2001 hat dagegen die Weichen anders gestellt, als es den Arbeitsvertrag in die Regelung der Allgemeinen Geschäftsbedingungen aufnahm (§ 310 Abs 4). Daraus ergibt sich, dass die These, das Arbeitsrecht sei ein eigenständiges Rechtsgebiet, in dem allgemein zivilrechtliche Normen allenfalls entsprechende Anwendung finden können, nicht mehr aufrechterhalten werden kann (vgl RICHARDI NZA 2002, 1004 [1005]). Das Schuldrechtsmodernisierungsgesetz bestätigt damit, dass das Arbeitsrecht nicht Sonderprivatrecht, sondern Teil der allgemeinen Zivilrechtsordnung ist. Es hat andererseits nichts daran geändert, dass man, wie schon bei Erlass des BGB beanstandet wurde, von einer Kodifikation des Arbeitsvertragsrechts weit entfernt ist. **150**

2. Literatur

a) Bereits die Konzeption eines einheitlichen Arbeitsrechts beruhte auf der **Prämisse eines Gegensatzes zum bürgerlichen Recht**: Das Arbeitsrecht sei *„vom allgemeinen bürgerlichen Recht, dessen Geist ihm fremd ist, möglichst zu emanzipieren"* (SINZHEIMER, Über den Grundgedanken und die Möglichkeit eines einheitlichen Arbeitsrechts für Deutschland [1914], abgedruckt in: SINZHEIMER, Arbeitsrecht und Rechtssoziologie I [1976] 35 [49]; vgl dazu auch RICHARDI ZfA 1988, 221 [228 ff]). Der angebliche Nachweis persönlicher Abhängigkeit als Wesen des Dienstvertrages durch O vGIERKE (s Rn 17) veranlasste SINZHEIMER zu der These, dass durch die Begründung eines Arbeitsverhältnisses „eine Hingabe des Arbeitnehmers in die Gewalt des Arbeitgebers stattgefunden hat" (Grundzüge des Arbeitsrechts [1927] 145). Der Grund der abhängigen Arbeit sei das Eigentum; das Eigentum an den Produktionsmitteln bringe die Abhängigkeit hervor und sei die Verfügungsgewalt, welche die Abhängigkeit bestimme (aaO 27). Der Vertrag wird auf den in seiner Rechtswirksamkeit verzichtbaren Tatbestand zur Begründung eines rechtlichen Gewaltverhältnisses reduziert, das fremdbestimmt ist; denn die für seinen Inhalt maßgeblichen Normen werden auf Mächte zurückgeführt, **151**

„die den Parteien des Anstellungsvertrages selbstständig gegenübertreten und seinen Inhalt bilden ohne Rücksicht darauf, ob die Vertragsparteien ihn wollen oder kennen" (aaO 144).

152 b)   Ein Teil der Literatur zum geltenden Recht stellt zwar den **Zusammenhang mit der allgemeinen Privatrechtsordnung** nicht in Frage, ist aber gleichwohl der Meinung, dass das **Arbeitsrecht im Verhältnis zum bürgerlichen Recht eigenständig** sei (so vor allem GAMILLSCHEG AcP 176 [1976] 197 ff; ausführlich zu ihm STAUDINGER/RICHARDI[12] Vorbem 118 zu §§ 611 ff). Maßgebend für diese Beurteilung ist die Erkenntnis, dass das BGB für das Arbeitsverhältnis keine seinen Besonderheiten entsprechende Regelung gibt. Auch das BVerfG hat zur Begründung, warum das Arbeitsrecht nicht vom bürgerlich-rechtlichen Kodifikationsprinzip erfasst wird, ausgeführt, es habe sich „als Ganzes – einschließlich seiner Privatrechtsnormen – im Laufe der letzten Jahrzehnte zu einem selbstständigen und eigenständigen Rechtsgebiet entwickelt, das neben dem bürgerlichen Recht steht und nicht mehr vom Kodifikationsprinzip des EG-BGB erfaßt wird" (BVerfG 22. 4. 1958 – 2 BvL 32/56, BVerfGE 7, 342 [348]). Darin liegt jedoch nur eine zutreffende Interpretation der *kompetenzrechtlichen Normen* in Art 74 Abs 1 Nr 1 und Nr 12 GG. Das Arbeitsrecht war bereits beim Erlass des BGB nicht in ihm mit Ausschließlichkeitsanspruch geregelt, sondern es bestand in Sondergesetzen (vgl Rn 13 ff). Dennoch sollte, wenn man von dem auf landesgesetzlicher Grundlage beruhenden Gesinderecht absieht, das Dienstvertragsrecht des BGB auch die Basis für das Arbeitsvertragsrecht bilden; es galt nämlich Vertragsfreiheit in Handel und Gewerbe (§ 105 GewO).

153   Den **Grund für die Eigenständigkeit** sieht GAMILLSCHEG darin, dass das BGB den Kaufvertrag zum Muster seiner Verallgemeinerungen erhoben habe. Der Kaufvertrag sei aber der Prototyp eines gleichgewichtigen Vertrages, während der **Arbeitsvertrag ungleichgewichtig** sei (AcP 176, 197 [205 f]). Dieser Prämisse hat ZÖLLNER widersprochen (vgl ZÖLLNER AcP 176, 221 [229 ff]). Richtig an ihr ist allerdings, dass das Ungleichgewicht der Vertragsparteien die geschichtliche Ausgangsbasis für die Entwicklung des Arbeitsrechts war. Doch war diese Tatsache bei Erlass des BGB bekannt; man sah vielmehr in ihr nahezu übereinstimmend die Ursache der sozialen Frage (vgl PICKER ZfA 1986, 199 [251 ff]). Dass der individuell ausgehandelte Arbeitsvertrag rechtstatsächlich die Ausnahme darstellt, ist **kein Grund, um den Zusammenhang mit dem Zivilrecht preiszugeben**. Auch der Kaufvertrag des täglichen Lebens wird im Allgemeinen nicht individuell ausgehandelt (zust PREIS, Grundfragen der Vertragsgestaltung im Arbeitsrecht [1993] 224).

154 c)   Sieht GAMILLSCHEG im Arbeitsrecht mit Ausnahme seiner öffentlich-rechtlichen Teile immerhin noch ein „lebendiges und wichtiges Glied des Privatrechts" (in: FS Molitor [1962] 57 [79 Fn 38]; ebenso AcP 176, 197 [220]), so ist auch dieser Zusammenhang bei anderen gelöst: Für SCHNORR VON CAROLSFELD besteht ein **fundamentaler Gegensatz zur allgemeinen Privatrechtsordnung**, weil die privatrechtliche Betrachtungsweise nur eine Komponente in dem Komplex der für das Arbeitsrecht maßgeblichen Gesichtspunkte darstelle, für die er neben dem Ausgleich der Interessen einzelner „die Berücksichtigung der Gesellschaft und ihrer Teile", „die Belange der Persönlichkeit und ihrer Entfaltung", „die Interessen der Wirtschaft als Dienerin der Menschen" sowie „endlich die des Staats" nennt (SCHNORR VON CAROLSFELD RdA 1964,

297 [298]). Das Arbeitsrecht soll dem Privatrecht als ein eigener Großrechtskreis gegenübertreten (so auch G Müller RdA 1966, 289 [293 f]).

Wie gefährlich dieser Ansatz für ein gesetzestreues Rechtsdenken ist, wird deutlich, **155** wenn man noch einen Schritt weitergeht und das bürgerliche Recht als das vom Bürgertum geschaffene Recht begreift, dem im Arbeitsrecht ein „Recht des Arbeiters" gegenüberzutreten hat (vgl zB Wiethölter, Rechtswissenschaft, Funk-Kolleg 4 [1968] 283 ff). Die Prämisse beruht auf einer Geschichtsklitterung. Bürgerliches Recht ist nicht das Recht des Bürgertums als Gesellschaftsschicht, sondern die Übersetzung von *ius civile,* also nichts anderes als die Bezeichnung für das Recht des römischen Bürgers im Gegensatz zum *ius gentium,* das für Nichtbürger galt (vgl Boehmer, Grundlagen der bürgerlichen Rechtsordnung I [1950] 4 ff). Dass es nach Beseitigung des feudalen Standesrechts eine gesellschaftsordnende Dimension erhielt und damit eine Privatrechtsgesellschaft konstituierte, entsprach zwar den Interessen des Bürgertums im 19. Jahrhundert, machte es aber nicht zum Sonderrecht für die Bourgeoisie (vgl dazu auch Wieacker, Das Sozialmodell der klassischen Privatrechtsgesetzbücher und die Entwicklung der modernen Gesellschaft [1953] 10 ff; vor allem Böhm, Privatrechtsgesellschaft und Marktwirtschaft, Ordo Bd 17 [1966] 75 ff).

IV. Rechtssystematischer Zusammenhang mit dem Zivilrecht

1. Da für das Arbeitsverhältnis die Privatautonomie gilt, ist für die rechtliche **156** Beurteilung die systematische Einheit mit dem bürgerlichen Recht vorgegeben. Das Arbeitsrecht ist gegenüber dem bürgerlichen Recht **kein eigenes Rechtsgebiet mit eigenen Normen, eigenen Grundsätzen und eigenen Auslegungsregeln**. Nicht die Geltung zivilrechtlicher Grundsätze, sondern im Gegenteil ihre Nichtgeltung muss begründet werden.

Das Bürgerliche Gesetzbuch bezieht seinen **Geltungsanspruch auch auf das Arbeits-** **157** **verhältnis**. Die insoweit bestehende Dürftigkeit seiner Regelung ist kein Grund für eine Loslösung aus der allgemeinen Zivilrechtsdogmatik. Das BGB hat zwar als Privatrechtskodifikation einen Abschluss in der Entwicklung der Zivilrechtsordnung gebracht; dieser Abschluss bedeutet aber nicht Versteinerung, sondern lediglich eine Zusammenfassung in der Entwicklung der Zivilrechtsordnung. Dabei ist gerade für das Arbeitsverhältnis zu beachten, dass es „von dem Versuche einer Kodifikation des modernen Arbeitsvertragsrechts weit entfernt" bleibt (so bereits 1917 O vGierke, Deutsches Privatrecht III 600). Man kann deshalb nicht erwarten, dass die Besonderheiten des Arbeitsverhältnisses im Allgemeinen Teil und im Allgemeinen Schuldrecht des BGB so berücksichtigt sind, wie es dem heutigen Verständnis entspricht. Dieser Mangel ist aber nicht auf das Arbeitsverhältnis beschränkt, und er ist insbesondere kein Grund, die BGB-Regeln nur anzuwenden, „wenn und soweit sie die Vorprüfung auf ihre soziale Tauglichkeit erfolgreich bestehen" (so Gamillscheg AcP 176, 197 [220]). Offen bleibt nämlich, wer über die Tauglichkeit zu entscheiden hat. Gamillscheg weist die Kompetenz dem Richter zu, der sich dabei in dem Rahmen zu halten habe, „den ihm die übergeordneten Wertungsrichtlinien spannen"; er habe nach der Maxime zu entscheiden, „die er als allgemeiner Gesetzgeber aufstellen würde" (AcP 176, 197 [207]). Ein derartiges Verständnis des Richterrechts ist nicht mit dem im Grundgesetz verankerten Prinzip der Gewaltenteilung vereinbar (vgl BVerfG

14. 2. 1973 – 1 BvR 112/65, BVerfGE 34, 269 [286 f]; BVerfG 19. 10. 1983 – 2 BvR 485/80, BVerfGE 65, 182 [194]).

158 2. Die Dürftigkeit der Regelung für das Arbeitsverhältnis war und ist häufig Grund genug für eine Rechtsfortbildung außerhalb des Gesetzestextes des BGB. Sie ist aber **kein Rechtfertigungsgrund für eine Preisgabe der Zivilrechtsdogmatik**; denn lässt der Richter sie bei der richterlichen Rechtsfortbildung unberücksichtigt, so verzichtet er damit zugleich auf eine Begründung mit Normen und Grundsätzen, die innerhalb der Rechtsordnung gesetzlich anerkannt sind (vgl im Einzelnen STAUDINGER/RICHARDI[12] Vorbem 128 ff zu §§ 611 ff; weiterhin PREIS, Grundfragen der Vertragsgestaltung im Arbeitsrecht [1993] 216 ff; ANNUSS ZfA 2004, 283 [307 ff]).

C. Grundfragen einer Systembildung

Schrifttum

BOEMKE, Schuldvertrag und Arbeitsverhältnis (1999)

BYDLINSKI, Arbeitsrechtskodifikation und Allgemeines Zivilrecht (1969)

PICKER, Privatautonomie und Kollektivautonomie – Arbeitsrecht als Freiheitsproblem, in: Recht und Freiheit – Symposion zu Ehren von Reinhard Richardi (2003) 25

PREIS, Grundfragen der Vertragsgestaltung im Arbeitsrecht (1993)

RICHARDI, Kollektivgewalt und Individualwille bei der Gestaltung des Arbeitsverhältnisses (1968)

ders, Arbeitsrecht als Sonderprivatrecht oder Teil des allgemeinen Zivilrechts, in: FS Söllner (2000) 957

RIEBLE, Arbeitsmarkt und Wettbewerb (1996).

Systematische Übersicht

I.	**Privatautonome Ordnung**	159
II.	**Rechtsnatur des Arbeitsverhältnisses**	
1.	Alte Erklärungen	160
a)	Lehre vom personenrechtlichen Gemeinschaftsverhältnis	160
b)	Wurzeln der Lehre	161
c)	Kontinuität der Lehre bei Verschiedenheit ihrer Ausprägung	165
d)	Ablehnung der Einordnung als personenrechtliches Gemeinschaftsverhältnis	168
2.	Neue Erklärungen der Rechtsnatur des Arbeitsverhältnisses	170
a)	Lehre vom gemischt schuldrechtlich-gesellschaftsrechtlichen Arbeitsverhältnis	170
b)	Lehre vom Verbandsbezug des Arbeitsverhältnisses	172
3.	Eigene Ansicht zur rechtsdogmatischen Einordnung des Arbeitsverhältnisses	174
III.	**Individualarbeitsrecht und kollektives Arbeitsrecht**	
1.	Arbeitsvertrag als Ausgangspunkt einer Systematisierung des Arbeitsrechts	176
2.	Überblick	178
3.	Arbeitnehmerschutzrecht als Teil des Individualarbeitsrechts	180

Titel 8
Dienstvertrag und ähnliche Verträge   Vorbem zu §§ 611 ff

I. Privatautonome Ordnung

Das **Vertragsprinzip**, wie es dem Zivilrechtssystem zugrunde liegt, ist der auch **für das** 159 **Arbeitsverhältnis maßgebliche Rechtsgrundsatz**. Mit ihm ist vereinbar, dass jemand in den Dienst eines anderen tritt. Arbeitsverhältnis und freier Vertrag sind insoweit „kein notwendiger Widerspruch"; die Anerkennung als Vertragsverhältnis schließt aber aus, es auf die „Beziehungen eines reinen Herrschafts- und Abhängigkeitsverhältnisses" zurückzuführen (so bereits SCHMOLLER, Die Natur des Arbeitsvertrages und der Kontraktbruch [1874], abgedruckt in: SCHMOLLER, Zur Social- und Gewerbepolitik der Gegenwart [1890] 64 [69 f]). Die Erkenntnis, dass jemand anders als bei der Erbringung einer bestimmten Arbeitsleistung in ein Unterordnungsverhältnis tritt, wenn er aufgrund seines Leistungsversprechens seine Arbeitskraft einem anderen zur Verfügung stellt, rechtfertigt nur die Besonderheit des Arbeitsvertrags, gestattet aber nicht den Schluss auf die Funktionsunfähigkeit einer rechtsgeschäftlich begründeten Ordnung des Arbeitslebens.

II. Rechtsnatur des Arbeitsverhältnisses

1. Alte Erklärungen

a) Lehre vom personenrechtlichen Gemeinschaftsverhältnis

Noch bis in die sechziger Jahre des 20. Jahrhunderts bezeichnete man das Arbeits- 160 verhältnis überwiegend als personenrechtliches Gemeinschaftsverhältnis (so BAG 10. 11. 1955 – 2 AZR 591/54, BAGE 2, 221 [224]; HUECK/NIPPERDEY I 129; NIKISCH I, 169; vgl auch WIEDEMANN, Das Arbeitsverhältnis als Austausch- und Gemeinschaftsverhältnis [1966]). Entsprechend sah man im Arbeitsvertrag einen „gemeinschaftsbegründenden Vertrag, der seine Parallele nicht im Kauf, sondern im Gesellschaftsvertrag findet" (A HUECK, in: HUECK/NIPPERDEY I 129). Diese Auffassung reicht bis in die dreißiger Jahre zurück. Sie hat sich damals unter dem Eindruck des Gesetzes zur Ordnung der nationalen Arbeit vom 20. 1. 1934 zur herrschenden Lehre entwickelt (Rn 119), reicht aber in ihrem dogmatischen Ansatzpunkt weit in die Zeit vorher zurück. Ihr Begründer ist OTTO VGIERKE, der unter Hinweis auf den alten deutschrechtlichen Treudienstvertrag das Arbeitsverhältnis als ein personenrechtliches Herrschaftsverhältnis beurteilte (vgl O VGIERKE, in: FS Brunner [1914] 37 ff; zur Bedeutung O VGIERKES für die Lehre vom personenrechtlichen Gemeinschaftsverhältnis JOBS ZfA 1972, 305 ff; s auch RICHARDI ZfA 1988, 221 [229 ff]).

b) Wurzeln der Lehre

Das angebliche Vorbild des Arbeitsvertrags im **deutschrechtlichen Treudienstvertrag** 161 (vgl dazu die Kritik von EBEL, Gewerbliches Arbeitsvertragsrecht im Mittelalter [1934] 112) hat den Blick dafür verstellt, dass die Entwicklung des Arbeitsrechts vom Grundsatz des freien Arbeitsvertrags ausgegangen ist und daher das Arbeitsverhältnis eine Erscheinungsform der Privatautonomie darstellt. Es handelt sich um ein „Beispiel von Dogmengeschichte miserabelster Art" (so zutreffend BALLERSTEDT RdA 1976, 5 [9]). Trotz des Systembruchs von der feudalen Herrschaftsordnung zu einer marktmäßig-rechtsgeschäftlichen Ordnung des Arbeitslebens wird eine historische Kontinuität behauptet und damit zugleich der Boden für eine systemfremde Einordnung des Arbeitsverhältnisses bereitet (vgl PICKER, in: GS Knobbe-Keuk [1997] 879 [901 ff]). Nicht der „Arbeitsvertrag als Subsistenzmittel der Besitzlosen" (LOTMAR I 11) wird als

Schlüssel zugrunde gelegt, sondern die persönliche Abhängigkeit. Die der Rechtswirklichkeit entnommene Feststellung, dass es wenig an den Tatsachen ändere, wenn man den Herrschaftsverband, den der kapitalistische Großbetrieb darstelle, „in eine Summe von Privatrechtsbeziehungen zwischen Einzelnen und Einzelnen auflöst", führt zu der Schlussfolgerung, die Arbeit sei folglich „in ihm *rechtlos*" (O vGierke, Genossenschaftsrecht I [1868] 1037).

162 Diese Lehre traf bei Sinzheimer auf fruchtbaren Boden (vgl Picker, in: GS Knobbe-Keuk [1997] 879 [901 f]): Der Arbeitsvertrag sei „nicht nur ein gegenseitiger Vertrag, sondern zugleich ein Herrschaftsvertrag, durch den sich der eine Mensch in seiner persönlichen Abhängigkeit in die Verfügungsmacht eines anderen begibt" (Der korporative Arbeitsnormenvertrag I [1907] 16). Deshalb seien die Betriebe, die sich aus solchen Verträgen erheben, „nicht ein Inbegriff inhaltlich freier Vertragsverhältnisse, die Gleichberechtigte verbinden, sondern Herrschaftsbezirke, in denen, wie in absoluten Staaten, die Herrschaft über alle wesentlichen Daseinsbedingungen dem Arbeitgeber oder seiner Bureaukratie zustehen, sodass der Arbeiter, trotzdem er freiwillig in diesen Herrschaftsbezirk eingetreten ist, doch *unfrei* ist, solange sich sein Leben im Bereich dieser Herrschaft abspielt" (aaO).

163 Wie für vGierke ist auch für Sinzheimer die fehlende Funktionsfähigkeit der individuellen Vertragsfreiheit für den Inhalt des Arbeitsverhältnisses der maßgebliche Ausgangspunkt. Vor allem Sinzheimer geht es darum, mit dem Nachweis absoluter Herrschaft des Arbeitgebers den Vorrang des Tarifvertrags zu begründen, dessen Aufgabe und Ziele er darin erblickt, an die Stelle des absoluten Gestaltungsprinzips des gewerblichen Arbeitsvertrags „ein auch im Inhalt vertragsmäßiges Gestaltungsprinzip, an die Stelle der absoluten Rechte die vertragsmäßig gestellte Norm zu setzen, um so nicht nur die Freiheit im Abschluss des Arbeitsvertrages zu erhalten, sondern diese Freiheit auch im Inhalt des Arbeitsvertrags zu begründen" (Arbeitsnormenvertrag I 22). Das Verhältnis zum einzelnen Arbeitnehmer wird als Gewaltverhältnis, als „Hingabe des Arbeitnehmers in die Gewalt des Arbeitgebers" (Sinzheimer, Grundzüge des Arbeitsrechts [1927] 145) charakterisiert, um die Ersetzung der Regelungszuständigkeit des einzelnen Arbeitnehmers auf das Prinzip der „sozialen Selbstbestimmung" zu rechtfertigen (vgl Sinzheimer, Ein Arbeitstarifgesetz [1916]).

164 Die Verdrängung des freien Arbeitsvertrags durch das als Herrschafts- oder Gewaltverhältnis charakterisierte Arbeitsverhältnis sollte zugleich dem Nachweis dienen, dass das Arbeitsverhältnis sich nicht in einem Austausch von Arbeitsleistung und Arbeitsentgelt erschöpfe, sondern dass es – so O vGierke – hergebrachten Grundsätzen entspreche, dass der Arbeitgeber zur Fürsorge für die Person des Arbeitnehmers verpflichtet sei, wie diesen stets eine persönliche Treuverpflichtung treffe; denn der Arbeitsvertrag verpflichte „zu persönlicher Tätigkeit für die Zwecke und Bedürfnisse einer anderen Person" (O vGierke, Deutsches Privatrecht III [1917] 609).

c) Kontinuität der Lehre bei Verschiedenheit ihrer Ausprägung

165 Von diesem Ansatz her wird es verständlich, dass man in der Weimarer Zeit den Arbeitsvertrag als gegenseitigen **Schuldvertrag mit personenrechtlichem Einschlag** charakterisierte (RAG BenshSlg 13, 480; Hueck/Nipperdey I [3./5. Aufl 1932] 201; Lehmann, Grundgedanken des neuen Arbeitsrechts [1922] 11). Trotz des Systembruchs im National-

sozialismus durch das Arbeitsordnungsgesetz konnte man deshalb eine Kontinuität in der Beurteilung des Arbeitsverhältnisses unterstellen, indem man darauf verwies, dass die bei Erlass des BGB herrschende Auffassung des Arbeitsverhältnisses als eines schuldrechtlichen Austauschverhältnisses der eines mehr personenrechtlichen Verhältnisses gewichen sei (vgl A Hueck, Deutsches Arbeitsrecht [1938] 65 f). Man hielt auch dann, wenn man den schuldrechtlichen Charakter überhaupt verneinte, daran fest, dass nach wie vor Entstehungsgrund und Grundlage der rechtlichen Ordnung des Arbeitsverhältnisses der Arbeitsvertrag sei (Nipperdey DAR 1937, 142; weiterhin Mansfeld DAR 1936, 118 [125, 127]; Joerges DAR 1938, 91 [95]).

Von dieser traditionellen Lehre trennte sich Siebert durch seine **Lehre vom perso-** 166
nenrechtlichen Gliedschaftsverhältnis (Das Arbeitsverhältnis in der Ordnung der nationalen Arbeit [1935], in weiteren Arbeiten ausgebaut und begründet; zB DAR 1937, 14 ff, 44 ff; FG Zehn Jahre Arbeitsgericht [1937] 54 ff; ZAkfDR 1944, 73 ff). Sie war wesentlich von dem Gedanken getragen, das Arbeitsverhältnis aus dem Gegenseitigkeitsverhältnis, wie es dem BGB zugrunde liegt, herauszulösen und durch ein Treueverhältnis zu ersetzen, das vom Gedanken des Führergrundsatzes und der Betriebsgemeinschaft beherrscht wird. Nicht ein Vertrag sei die rechtliche Grundlage für die sich aus dem Arbeitsverhältnis ergebenden Rechte und Pflichten, sondern die Ordnung der Betriebsgemeinschaft. Die Grundkonzeption dieser Lehre ist schon damals auf Widerstand gestoßen (vgl Mansfeld DAR 1936, 26 [27 f]; ausführlich ders DAR 1936, 118 ff).

Beachtet man die Vorgeschichte und die auch während des Dritten Reiches beste- 167
hende Meinungsverschiedenheit, so wird verständlich, dass Autoren, die sich gegen die von Siebert begründete Lehre vom personenrechtlichen Gliedschaftsverhältnis gewandt hatten, ihrerseits keine Veranlassung sahen, ihre Beurteilung des Arbeitsverhältnisses aufzugeben. Das gilt zB für A Hueck, der wie Nipperdey den Vertrag als Grundlage des Arbeitsverhältnisses verteidigt hatte (vgl A Hueck, Deutsches Arbeitsrecht [1938] 68 ff; Nipperdey DAR 1937, 142 ff). Mit der Beurteilung als personenrechtliches Gemeinschaftsverhältnis sollte lediglich zum Ausdruck kommen, dass das Arbeitsverhältnis sich nicht in dem Austausch von Arbeit und Lohn erschöpft, sondern für beide Teile auch Treue- und Fürsorgepflichten entstehen (so auch Farthmann RdA 1960, 5 ff, der allerdings zu Recht bestreitet, dass dafür die Konstruktion eines personenrechtlichen Gemeinschaftsverhältnisses notwendig sei; in der Sache besteht jedoch „zwischen ihm und der herrschenden Lehre kein wirklicher Gegensatz", so die Erwiderung von A Hueck, in: Hueck/Nipperdey I 131 Fn 9).

d) Ablehnung der Einordnung als personenrechtliches Gemeinschaftsverhältnis

Die **Auffassung vom Arbeitsverhältnis als einem personenrechtlichen Gemeinschafts-** 168
verhältnis ist **rechtsdogmatisch nicht zutreffend** (so bereits Staudinger/Nipperdey/Mohnen[11] Vorbem 300 vor §§ 611 ff). Die Kennzeichnung als personenrechtliches Gemeinschaftsverhältnis ist so wenig eindeutig auf bestimmte Rechtsfolgen bezogen, dass sich allein daraus nichts über die Anwendbarkeit bestimmter Rechtssätze ergibt (so schon A Hueck, in: Hueck/Nipperdey I 130 Fn 9 a). Völlig unklar ist die Abgrenzung zu den schuldrechtlichen Elementen des Arbeitsverhältnisses. Darin liegt ein wesentlicher Unterschied zur Gesellschaft, die in der gesetzlichen Regelung des BGB im Wesentlichen nur als ein Schuldverhältnis konzipiert ist, aber durch die Einführung des Gesamthandsprinzips auch ein personenrechtliches Element enthält (vgl Flume,

Allgemeiner Teil des Bürgerlichen Rechts I/1 [1977] 11 ff). Ein derartiges personenrechtliches Element, durch das die Gesellschaft als Personengemeinschaft konstituiert wird, enthält der Arbeitsvertrag nicht. Durch ihn wird auch kein Gemeinschaftsverhältnis zwischen dem Arbeitgeber und dem Arbeitnehmer begründet (ebenso bereits NIPPERDEY/MOHNEN aaO).

169 Nicht zuletzt spricht gegen die Beurteilung als personenrechtliches Gemeinschaftsverhältnis, dass sie sich im Schrifttum während der dreißiger Jahre durchgesetzt hat und deshalb unter dem Verdacht steht, als Begründungsformel für eine extreme Gemeinschaftsideologie bei der rechtlichen Ausgestaltung des Arbeitsverhältnisses zu dienen (vgl SCHWERDTNER, Fürsorgetheorie und Entgelttheorie im Recht der Arbeitsbedingungen [1970] 22 ff; E WOLF, Das Arbeitsverhältnis – Personenrechtliches Gemeinschaftsverhältnis oder Schuldverhältnis? [1970]; weiterhin RADKE AuR 1965, 302 [305 ff]; RAMM KJ 1968, 108 [119]; SCHNORR VON CAROLSFELD RdA 1969, 238 ff; s auch RÜTHERS, Die unbegrenzte Auslegung [1968] 382, 390). Ein ideologisches Verständnis hat allerdings auch die Beurteilung als rechtliches Gewaltverhältnis geprägt (so bei SINZHEIMER, Grundzüge des Arbeitsrechts [1927] 10 ff). Bei diesem Ansatz besteht die Gefahr, dass die Klassenkampfideologie in die rechtliche Ordnung der Arbeit eingeführt wird.

2. Neue Erklärungen der Rechtsnatur des Arbeitsverhältnisses

a) Lehre vom gemischt schuldrechtlich-gesellschaftsrechtlichen Arbeitsverhältnis

170 Der Kündigungsschutz und der Ausbau der Mitbestimmung in Betrieb und Unternehmen haben Zweifel daran aufkommen lassen, das Arbeitsverhältnis als schuldrechtliches Austauschverhältnis zu begreifen. Vor allem ADOMEIT (Gesellschaftsrechtliche Elemente im Arbeitsverhältnis [1986]) sieht im Arbeitsverhältnis ein gemischtes Rechtsverhältnis, gebildet aus Elementen des Dienstvertrags und der BGB-Gesellschaft iS einer Innengesellschaft. Durch die Beteiligung an Betrieb und Unternehmen werden die Arbeitnehmer aber nicht Gesellschafter; denn es fehlt der „vermögensrechtliche Unterbau" (ZÖLLNER, in: FS 25 Jahre BAG [1979] 745 [759]), und auch die sonstigen personenrechtlichen Befugnisse und Pflichten bestehen nicht. Grundlage der Rechtsbeziehungen ist daher nicht eine Mitgliedschaft, sondern das Arbeitsverhältnis.

171 Dass Arbeitgeber und Arbeitnehmer ein gemeinsames Interesse an der Funktionsfähigkeit des Unternehmens haben, reicht nicht aus, um dessen Betreiben, wie es für die Annahme einer Gesellschaft erforderlich ist, zum gemeinsamen Zweck von Arbeitgebern und Arbeitnehmern zu machen. Das Arbeitsentgelt ist Gegenleistung aus dem Arbeitsverhältnis, kein gewinnabhängiger Zahlungsanspruch aus gemeinsamer Zweckverfolgung, wie er für die Annahme einer Gesellschaft erforderlich ist.

b) Lehre vom Verbandsbezug des Arbeitsverhältnisses

172 Nach REUTER (RdA 1991, 193 ff und ZfA 1993, 221 [226 ff]) wird das Arbeitsverhältnis im Betrieb durch eine **Verbandsbeziehung** geprägt. Der Arbeitsvertrag zwischen dem Arbeitgeber und dem einzelnen Arbeitnehmer erschöpfe sich darin, dass dieser in den Arbeitsverband aufgenommen werde; sein Gegenstand sei die Einigung über den Arbeitsbeginn und die Arbeitsfunktion, alles andere sei vorgegeben. Selbst die

essentialia des Arbeitsverhältnisses – die Dauer der Arbeitszeit und Höhe des Arbeitslohns – zählten zu den Elementen der Organisation des Zusammenwirkens im Arbeitsverband; denn sie seien nur noch kollektiv verhandlungsfähig. Das Arbeitsverhältnis sei *„nicht mehr Austauschverhältnis, sondern Verbandsbeziehung"* (REUTER RdA 1991, 193 [197]). Der Arbeitsvertrag wird damit auf die Einigung über den Arbeitsbeginn und die Arbeitsfunktion reduziert, während der Inhalt des Arbeitsverhältnisses durch einen gesellschaftsrechtlicher Ordnung entsprechenden Betriebsverband festgelegt wird. Nach REUTER ist deshalb das reguläre Gestaltungsmittel für das Arbeitsverhältnis die Betriebsvereinbarung. Soweit allgemeine Arbeitsbedingungen nicht durch sie geregelt sind, sei ihre Einbeziehung in den Arbeitsvertrag nichts anderes als eine Notlösung, die jederzeit durch eine Betriebsvereinbarung ersetzt werden könne.

Die Lehre vom Verbandsbezug des Arbeitsverhältnisses gliedert den Arbeitnehmer **173** in eine von Arbeitgeber und Betriebsrat gestaltete Hierarchie ein, in der die Arbeitsbedingungen zur Disposition einer Betriebsvereinbarung stehen. Sie ist mit der rechtlichen Grundentscheidung für eine rechtsgeschäftliche Ordnung des Arbeitslebens, in deren Mittelpunkt das rechtsgeschäftliche Dienstleistungsversprechen des Arbeitnehmers steht, nicht vereinbar (ebenso REICHOLD, Betriebsverfassung als Sonderprivatrecht [1995] 541; PICKER, in: GS Knobbe-Keuk [1997] 879 [924 f] = ZfA 2009, 215 [253 f]).

3. Eigene Ansicht zur rechtsdogmatischen Einordnung des Arbeitsverhältnisses

Das Arbeitsverhältnis ist nach geltendem Recht ein **schuldrechtliches Austauschver- 174 hältnis**, dessen Leistungsgegenstand eine **zeitbestimmte Dienstleistung mit im Voraus nicht abgegrenzten Einzelleistungen** ist. Das Zeitelement gibt ihm eine Sonderstellung unter den Schuldverhältnissen, die auf eine Dienstleistung gerichtet sind. Die Zeitabhängigkeit der Dienstleistung wird dadurch ergänzt, dass der Arbeitnehmer seine Dienste in Person zu erbringen hat. Die versprochene Dienstleistung kann deshalb nicht von der Person des Arbeitnehmers getrennt werden; sie besteht nicht in einer von seiner Person abstrahierten „Normalleistung". Diese Abhängigkeit der Arbeit begründet aber keine Abhängigkeit der Person. Der Arbeitsvertrag erzeugt daher im Prinzip nur arbeitsplatzbezogene Pflichten des Arbeitnehmers.

Durch das Grundrecht der Koalitionsfreiheit ist den Arbeitsmarktparteien verfas- **175** sungsrechtlich gewährleistet, die Arbeitsentgelte und sonstigen Arbeitsbedingungen durch Koalitionsbildung „in einem von staatlicher Rechtsetzung frei gelassenen Raum in eigener Verantwortung und im Wesentlichen ohne staatliche Einflußnahme durch unabdingbare Gesamtvereinbarungen sinnvoll zu ordnen" (BVerfG 24. 5. 1977 – 2 BvL 11/74, BVerfGE 44, 322 [344 f]). Dadurch erhält das Arbeitsverhältnis aber keine von der Annahme eines schuldrechtlichen Austauschverhältnisses abweichende Rechtsnatur, sondern es wird lediglich anerkannt, dass auf dem Arbeitsmarkt eine andere Ordnung gilt als auf den sonstigen Märkten für die Herstellung wirtschaftlicher Kooperation. Das Arbeitsverhältnis erhält jedoch notwendigerweise eine **Drittdimension**, wenn der Arbeitgeber nicht nur einen einzelnen Arbeitnehmer, sondern zur Herstellung einer Arbeitsorganisation auch weitere Arbeitnehmer beschäftigt. Die Arbeitsverhältnisse stehen in diesem Fall nicht isoliert nebeneinander, sondern haben einen *Gemeinschaftsbezug*. Darauf beruht, dass der Arbeitgeber überall dort, wo er nach bestimmten, von ihm selbst gesetzten Regeln verfährt, an den Gleichbehandlungsgrundsatz gebunden ist. Aus der Arbeit im Verbund mit anderen Arbeitnehmern ergibt sich eine Arbeit in Belegschaft, die vom Betriebsrat repräsentiert wird. Dass keine isolierte Arbeitsleistung, sondern **Arbeit im Verbund mit anderen Arbeitnehmern** (uU sogar mit dem Arbeitgeber selbst) **geschuldet** wird, bildet den materiellen Grund dafür, dass die Individualautonomie des Arbeitnehmers nicht ausreicht, sondern durch die Betriebsautonomie ergänzt wird, um eine privatautonome Ordnung der Arbeitgeber-Arbeitnehmer-Beziehungen zu gewährleisten. Sie bedarf der Ergänzung, nicht der Ersetzung, durch die Betriebsverfassung (vgl BELLING, Haftung des Betriebsrats und seiner Mitglieder für Pflichtverletzungen [1990]; REICHOLD, Betriebsverfassung als Sozialprivatrecht [1995]; WALTERMANN, Die Rechtsetzung durch Betriebsvereinbarung zwischen Privatautonomie und Tarifautonomie [1996]; HAMMER, Die betriebsverfassungsrechtliche Schutzpflicht für die Selbstbestimmungsfreiheit des Arbeitnehmers [1998]; VEIT, Die funktionelle Zuständigkeit des Betriebsrats [1998]).

III. Individualarbeitsrecht und kollektives Arbeitsrecht

1. Arbeitsvertrag als Ausgangspunkt einer Systematisierung des Arbeitsrechts

176 Kernstück des Arbeitsrechts ist der Arbeitsvertrag. Er ist nicht nur der Begründungstatbestand des Arbeitsverhältnisses, sondern vor allem enthält er auch die *causa* für die Erbringung von Leistungen aus dem Arbeitsverhältnis, mag deren Inhalt auch durch Gesetz, Tarifvertrag, Betriebsvereinbarung oder einzelvertragliche Abrede mit dem Arbeitgeber festgelegt sein. Da die Geltung des Arbeitsrechts nicht personenrechtlich, sondern vertragsrechtlich bestimmt ist, ist es zweckmäßig, den Arbeitsvertrag als Ausgangspunkt einer Systematisierung des Arbeitsrechts zu nehmen (so bereits STAUDINGER/NIPPERDEY/MOHNEN[11] Vorbem 278 zu §§ 611 ff).

177 Die historische Entwicklung, die zur Sicherung eines sozialen Interessenausgleichs die individuelle Vertragsfreiheit eingeschränkt hat, und die Entwicklung einer Arbeitsverfassung, in die der Arbeitsvertrag als Gestaltungsmittel eingebettet ist, bestimmen maßgeblich das System des Arbeitsrechts. Neben dem Arbeitsvertragsrecht hat der Staat öffentlich-rechtliche (durch Straf- oder Bußdrohung gesicherte) Pflichten der Arbeitgeber gegenüber dem Staat zum Schutz der Arbeitnehmer geschaffen (Arbeitnehmerschutzrecht). Neben die durch die Normen des Arbeitnehmerschutzrechts gewährte staatliche Hilfe trat die durch das Prinzip der Koalitionsfreiheit ermöglichte Selbsthilfe der Beteiligten, die sich zu Koalitionen zusammenschließen. Wesentlich ist hier vor allem, dass die Arbeitnehmer als verbandsrechtlich organisiertes Kollektiv auftreten und mit dem einzelnen Arbeitgeber oder Arbeitgeberverband Tarifverträge zur Regelung der Arbeitsbedingungen abschließen. Kommt keine Einigung zustande, so besteht die Möglichkeit des Arbeitskampfes, um die Funktionsfähigkeit der Tarifautonomie zu gewährleisten. Ebenfalls historisch bedingt ist die Bildung von Arbeitnehmervertretungen in den Betrieben; sie führte zur gesetzlichen Entwicklung des Betriebsverfassungsrechts. Für die Beteiligung der Arbeitnehmer ist hier ausschlaggebend, dass der Betriebsrat sie nicht als einzelne vertritt, sondern als von ihnen gewählter Repräsentant der Belegschaft tätig wird. Eine vergleichsweise neue Entwicklung ist die der unternehmensbezogenen Mitbestimmung der Arbeitnehmer durch gewählte Vertreter im Aufsichtsrat.

2. Überblick

Das System des Arbeitsrechts enthält deshalb allgemeine Lehren, die für den Gesamtbereich des Arbeitsrechts von Bedeutung sind. Es zerfällt in das **Individualarbeitsrecht**, zu dem das Arbeitsvertragsrecht und das Arbeitnehmerschutzrecht gehören, und in das **kollektive Arbeitsrecht**, das insbesondere festlegt, ob und unter welchen Voraussetzungen die Koalitionen und die Betriebspartner Regelungen für den Inhalt eines Arbeitsverhältnisses treffen können. Das kollektive Arbeitsrecht ist **zweigleisig gestaltet**. Es beruht auf dem „Dualismus zwischen der Gewerkschaftskonzeption und der Rätekonzeption, zwischen der *freiwilligen* (auf Mitgliedschaft beruhenden) und der allgemeinen gleichen *(demokratischen)* Interessenvertretung" (Ramm JZ 1977, 1 [2]): **(1)** Das kollektive Arbeitsrecht des überbetrieblichen Bereichs umfasst das *Recht der Koalitionen,* das *Tarifvertragsrecht* (näher § 611 Rn 753 f) sowie das *Arbeitskampf- und Schlichtungsrecht* (näher § 611 Rn 1124 ff) und beruht auf der freiwilligen Mitgliedschaft in Gewerkschaften. Konfliktmechanismus zur Regelung des Interessenausgleichs zwischen Arbeitgeber- und Arbeitnehmerseite ist hier ein *Konfrontationsmodell* in Form des Arbeitskampfs. **(2)** Das kollektive Arbeitsrecht auf der Ebene des Betriebs und des Unternehmens, zu dem vor allem das *Betriebsverfassungsrecht* (näher § 611 Rn 835 ff) gehört und dem auch noch das *Mitbestimmungsrecht* zugeordnet werden kann, beruht dagegen auf Eingriffen des Gesetzgebers in die gesellschaftliche Ordnung. Aufgaben und Zuständigkeit des Betriebsrats, insbesondere also die Mitwirkungs- und Mitbestimmungsrechte sind gesetzlich festgelegt, nämlich im Betriebsverfassungsgesetz (BetrVG). Der Betriebsrat erhält sein Mandat durch eine Wahl der im Betrieb beschäftigten Arbeitnehmer. Für die Betriebsverfassung gilt deshalb das konstitutionelle Formprinzip der durch das demokratische Prinzip legitimierten Repräsentation. Die Mitbestimmungsregelung beruht hier auf einem *Kooperationsmodell:* Der Betriebsrat als Repräsentant der Belegschaft eines Betriebs ist durch unterschiedlich abgestufte Rechte an bestimmten Maßnahmen der Betriebs- und Unternehmensleitung beteiligt. Besteht im Mitbestimmungsrecht ein paritätisches Beteiligungsrecht, so wird ein Konflikt nicht durch das Recht zum Arbeitskampf gelöst. *Maßnahmen des Arbeitskampfs* sind vielmehr auf der Ebene der Betriebsverfassung *untersagt* (§ 74 Abs 2 S 1 BetrVG). Wenn der Betriebsrat ein gleichberechtigtes Mitbestimmungsrecht hat, ist entweder die Einigungsstelle oder das Arbeitsgericht eingeschaltet, wenn zwischen Arbeitgeber und Betriebsrat keine Einigung erzielt wird.

178

Schließlich zählt man zum Arbeitsrecht auch das **Recht der Arbeitsgerichtsbarkeit**; denn die Durchsetzung arbeitsrechtlicher Rechtsansprüche erfolgt vor besonderen Gerichten, den Arbeitsgerichten. Für das Verfahren gelten besondere Vorschriften, wobei auf Streitigkeiten aus dem Arbeitsverhältnis im Wesentlichen die Regelung in der Zivilprozessordnung mit den in ihr niedergelegten Rechtsgrundsätzen Anwendung findet (§§ 46 ff ArbGG), während bei Streitigkeiten aus der Betriebsverfassung im Beschlussverfahren eine besondere Verfahrensart zur Verfügung gestellt wird (§§ 80 ff ArbGG).

179

3. Arbeitnehmerschutzrecht als Teil des Individualarbeitsrechts

Durch das **Arbeitnehmerschutzrecht** werden dem Arbeitgeber (ausnahmsweise auch dem Arbeitnehmer) **öffentlich-rechtlich Pflichten** auferlegt, um Rechtsnormen zum

180

Schutz der Arbeitnehmer durchzusetzen. Das Arbeitsvertragsrecht enthält zwar auch Regelungen zum Schutz der Arbeitnehmer, um einen sozialen Interessenausgleich zu gewährleisten. Gesetzesrecht zum Schutz der Arbeitnehmer ist deshalb insoweit im Allgemeinen auch zwingend. Dennoch bleibt es Zivilrecht; denn die Durchsetzung bleibt dem Einzelnen überlassen.

181 Dem öffentlich-rechtlichen Arbeitnehmerschutzrecht liegt kein geschlossenes Konzept zugrunde. Nach seinem Inhalt kann man es in den **technischen** und den **sozialen Arbeitsschutz** gliedern (vgl Kothe, MünchArbR § 290 Rn 1 ff).

182 Der **technische Arbeitsschutz**, der auch Betriebs- oder Gefahrenschutz genannt wird, hat im **Arbeitsschutzgesetz** vom 7. 8. 1996 eine Grundsatzregelung für die Pflichten des Arbeitgebers und der Beschäftigten erhalten. Durch dieses Gesetz wurde die EG-Rahmenrichtlinie Arbeitsschutz in deutsches Recht umgesetzt. Bestehen blieb das Gesetz über Betriebsärzte, Sicherheitsingenieure und andere Fachkräfte für Arbeitssicherheit vom 12. 12. 1973. Neben die staatlichen Gesetze und Rechtsordnungen treten vor allem die von den Berufsgenossenschaften erlassenen Unfallverhütungsvorschriften, bei denen es sich um autonomes Satzungsrecht handelt (vgl zu den Einzelheiten des technischen Arbeitsschutzes Kothe, MünchArbR §§ 292 bis 296).

183 Zum sozialen Arbeitsschutz gehört der **Arbeitszeitschutz**. Gesetzesgrundlage für ihn ist das Arbeitszeitgesetz (ArbZG), das als Art 1 des Arbeitszeitrechtsgesetzes vom 6. 6. 1994 (BGBl I 1170) ergangen ist. Das Arbeitszeitgesetz hat die Arbeitszeitordnung vom 30. 4. 1938 und die altehrwürdigen Bestimmungen über die Sonn- und Feiertagsruhe in §§ 105a ff GewO sowie im Gebiet der ehemaligen DDR § 168 DDR-AGB abgelöst. Damit hat der Gesetzgeber insoweit die ihm im Einigungsvertrag zugewiesene Aufgabe erfüllt, das öffentlich-rechtliche Arbeitszeitrecht einschließlich der Zulässigkeit von Sonn- und Feiertagsarbeit möglichst bald einheitlich neu zu kodifizieren (Art 30 Abs 1 Nr 1; vgl zum Arbeitszeitschutz ausführlich Anzinger, MünchArbR §§ 297–304).

184 Den sozialen Arbeitsschutz bildet vor allem der **Sonderschutz für bestimmte Arbeitnehmergruppen**. Hierher gehört der **Frauenarbeitsschutz**, der weitestgehend beseitigt wurde, weil er sich mit dem Gleichberechtigungsgebot als unvereinbar erwies. Teil des nach wie vor bestehenden besonderen Arbeitsschutzrechts für Frauen ist der **Mutterschutz**, für den im Mutterschutzgesetz iF vom 20. 6. 2002 (BGBl I 2318) eine Gesetzesgrundlage besteht (vgl ausführlich Heenen, MünchArbR §§ 305, 306). Der Vereinbarung von Beruf und Familie dient, wobei keine Rolle spielt, ob es sich um eine Frau oder einen Mann handelt, die **Elternzeit** (früher Erziehungsurlaub), die im Gesetz zum Erziehungsgeld und zur Elternzeit (Bundeselterngeld und Elternzeitgesetz – BEEG) iF vom 5. 12. 2006 (BGBl I 2748) geregelt ist (vgl ausführlich Heenen, MünchArbR §§ 307, 308).

185 Das Verbot der Kinderarbeit und der Jugendschutz bilden den zeitlich ältesten Teil des öffentlich-rechtlichen Arbeitnehmerschutzes. Die maßgebliche Rechtsquelle ist das **Jugendarbeitsschutzgesetz** vom 12. 4. 1976 (vgl ausführlich zum Jugendarbeitsschutz Anzinger, MünchArbR §§ 309 bis 312). Der Eingliederung Schwerbehinderter in den Arbeitsprozess dient das **Schwerbehindertenrecht in Teil 2 des Sozialgesetzbuches –**

Neuntes Buch (SGB IX) vom 19. 6. 2001 (BGBl I 1046; vgl ausführlich zum Schwerbehindertenschutz HEENEN, MünchArbR §§ 313, 314).

Zum öffentlich-rechtlichen Arbeitsschutz kann man in einem weiten Verständnis **186** auch noch den **Heimarbeitsschutz** zählen. Das Recht der Heimarbeit ist im Heimarbeitsgesetz vom 14. 3. 1951 geregelt; es ist durch das Heimarbeitsänderungsgesetz vom 29. 10. 1974 verbessert worden. Heimarbeiter sind regelmäßig keine Arbeitnehmer, aber wegen ihrer wirtschaftlichen Abhängigkeit ein besonders schutzbedürftiger Personenkreis; sie gehören zu den arbeitnehmerähnlichen Personen (vgl ausführlich zum Heimarbeitsschutz HEENEN, MünchArbR § 315).

Untertitel 1
Dienstvertrag

§ 611*
Vertragstypische Pflichten beim Dienstvertrag

(1) Durch den Dienstvertrag wird derjenige, welcher Dienste zusagt, zur Leistung der versprochenen Dienste, der andere Teil zur Gewährung der vereinbarten Vergütung verpflichtet.

(2) Gegenstand des Dienstvertrags können Dienste jeder Art sein.

Materialien: E I § 559, II § 551, III § 604; Mot II 455 ff; Prot II 122.

Schrifttum

BRUNS, Das Synallagma des Dienstvertrages, AcP 178 (1978) 34
O vGIERKE, Die Wurzeln des Dienstvertrages, in: FS Brunner (1914) 37
HACHENBURG, Dienstvertrag und Werkvertrag im BGB (1898)
LIEB, Dienstvertrag, in: Gutachten und Vorschläge zur Überarbeitung des Schuldrechts III (1983) 183
LOTMAR, Der Arbeitsvertrag nach dem Privatrecht des Deutschen Reiches I (1902), II (1908)
MOLITOR, Das Wesen des Arbeitsvertrages (1925)
ders, Arbeitnehmer und Betrieb (1929)
NIKISCH, Die Grundformen des Arbeitsvertrags und der Anstellungsvertrag (1926)
PICKER, Fristlose Kündigung und Unmöglichkeit, Annahmeverzug und Vergütungsgefahr im Dienstvertragsrecht, JZ 1985, 641
PREIS, Grundfragen der Vertragsgestaltung im Arbeitsrecht (1993)

ders (Hrsg), Der Arbeitsvertrag (4. Aufl 2011)
RICHARDI, Der Arbeitsvertrag im Zivilrechtssystem, ZfA 1988, 221
GUSTAV RÜMELIN, Dienstvertrag und Werkvertrag (1905)
SCHLIEMANN (Hrsg), Das Arbeitsrecht im BGB (2. Aufl 2002)
SINZHEIMER, Ein Rechtssystem der Arbeit, ArchBürgR 34 (1910) 291
TILLMANNS, Strukturfragen des Dienstvertrages (2007)
WENDEHORST, Das Vertragsrecht der Dienstleistungen im deutschen und künftigen europäischen Recht, AcP 206 (2006) 205.

Weiteres Schrifttum ist jeweils bei den in der Vorbemerkung behandelten Teilen und bei den Erläuterungen zu § 611 angegeben. Die abgekürzt zitierte Literatur ist den Vorbemerkungen vorangestellt.

---

* Im Folgenden wird jeweils allein die männliche Form (Arbeitnehmer, Arbeitgeber, Beschäftigter usw) verwendet, erfasst sind damit aber selbstverständlich jeweils auch Frauen. Das geschieht allein aus sprachlichen Gründen und begründet daher kein Indiz für eine Diskriminierung wegen des Geschlechts iSv § 22 AGG.

Titel 8 · Dienstvertrag und ähnliche Verträge
Untertitel 1 · Dienstvertrag **§ 611**

Systematische Übersicht

A. Rechtsdogmatische Bedeutung der Bestimmung

I. Festlegung der vertragstypischen Pflichten ... 1
1. Erbringung von Dienstleistungen ... 2
2. Gegenseitiger Vertrag ... 3
3. Der Vertrag als causa für die Erbringung der versprochenen Dienste und die Gewährung der Vergütung ... 5
4. Wesensverschiedenheit der rechtsgeschäftlichen Leistungspflicht gegenüber der Einstandspflicht für Schäden im Vermögen des Gläubigers ... 6

II. Der Dienstvertrag als Modell des Vertrags zur Begründung eines Arbeitsverhältnisses ... 8

B. Der Arbeitnehmerbegriff als Anknüpfung für die Geltung des Arbeitsrechts

I. Zweckbestimmung des Arbeitnehmerbegriffs ... 10

II. Arbeitnehmerbegriff im Gesetzesrecht ... 11
1. Gebrauchsbegriff ... 11
2. Gesetzgebungsvorschläge ... 15

III. Begriffsbestimmung in Rechtsprechung und herrschendem Schrifttum ... 18
1. Lehre vom einheitlichen Arbeitnehmerbegriff ... 18
2. Persönliche Abhängigkeit als Kriterium der Arbeitnehmereigenschaft ... 23
a) Ersetzung der wirtschaftlichen Abhängigkeit durch das Merkmal der persönlichen Abhängigkeit ... 23
b) Einordnung nach dem Grad der persönlichen Abhängigkeit ... 26
3. Indizien für die Arbeitnehmereigenschaft ... 28
a) Persönliche Abhängigkeit als typologisch zu bestimmendes Merkmal ... 28
b) Eingliederung in fremde Arbeitsorganisation ... 31
c) Weisungsgebundenheit als zentrales Merkmal der Arbeitnehmereigenschaft ... 34
aa) Fachliche Weisungsgebundenheit ... 34
bb) Weisungsgebundenheit nach Ort und Zeit der Arbeitsleistung ... 36
d) Personelle und organisatorische Abhängigkeit für die Erbringung der Arbeitsleistung ... 40
e) Fremdnützigkeit als Merkmal der persönlichen Abhängigkeit ... 42
4. Versuche einer Neuabgrenzung ... 44
a) Ansätze zu einer abweichenden Definition des Arbeitnehmerbegriffs ... 44
b) Arbeitnehmerbegriff als Korrelatbegriff zum Begriff des Selbstständigen (duales Modell der Erwerbstätigkeit) ... 46

IV. Notwendigkeit einer vertragsrechtlichen Festlegung des Arbeitnehmerbegriffs ... 49
1. Aufgabe des Arbeitnehmerbegriffs ... 49
a) Historische Ausgangslage ... 49
b) Einheit und Relativität des Arbeitnehmerbegriffs für die Geltung des Arbeitsrechts ... 52
c) Ergebnis ... 54
2. Bedeutung der Vertragsgestaltung für den Arbeitnehmerbegriff ... 56
3. Relativierung der Einheit des Arbeitnehmerbegriffs durch die verfassungsrechtlich abgesicherte Tendenzautonomie
a) Rundfunkmitarbeiter-Beschluss des BVerfG vom 13. 1. 1982 ... 62
b) Bedeutung der verfassungsgerichtlichen Erkenntnis für eine teleologische Definition des Arbeitnehmerbegriffs ... 66

V. Arbeitnehmereigenschaft und Vertragsfreiheit ... 68
1. Arbeitnehmereigenschaft als Gegenstand der Vertragsgestaltung ... 68

a)	Keine Abdingbarkeit der Arbeitnehmereigenschaft	69
b)	Rechtsformwahl	73
c)	Rechtsformverfehlung	76
2.	Keine Abgrenzung durch Kollektivvertrag	79
VI.	**Aussagewert einzelner Vertragsgestaltungen für die Arbeitnehmereigenschaft**	**81**
1.	Arbeitsentgelt	81
a)	Arbeitnehmereigenschaft bei fehlender Erwerbsdienlichkeit der Beschäftigung	81
b)	Bedeutung von Entgelthöhe und Entgeltgestaltung	86
2.	Zeitliche Inanspruchnahme und Arbeitnehmereigenschaft	88
a)	Bedeutung des Zeitelements für die Annahme eines Arbeitsverhältnisses	88
b)	Zeitdauer der Beschäftigung	89
aa)	Vollzeitbeschäftigung auf Dauer als Modell des Arbeitsverhältnisses	89
bb)	Berufsmäßigkeit der Arbeitsleistung	91
cc)	Kurzzeitbeschäftigungsverhältnis	94
dd)	Teilzeitarbeit	97
c)	Festsetzung der Arbeitszeit durch den Empfänger der Dienstleistung	101
3.	Ort der Beschäftigung und Arbeitnehmereigenschaft	102
a)	Ort der Arbeitsleistung	102
b)	Telearbeit („Homeoffice")	104
VII.	**Verbandsrechtliche Sonderbindung zum Empfänger der Dienstleistung und Arbeitnehmereigenschaft**	**106**
1.	Arbeitsverhältnis und verbandsrechtliche Sonderbindung	106
2.	Mitglieder religiöser Gemeinschaften und Rot-Kreuz-Schwestern	109
VIII.	**Arbeitnehmereigenschaft und Mitbestimmungsrecht des Betriebs- und Personalrats**	**112**
C.	**Parteien des Dienstvertrags**	
I.	**Dienstberechtigter (Arbeitgeber)**	**113**
1.	Begriff	113
2.	Aufteilung der Funktion des Dienstberechtigten auf verschiedene Personen	118
3.	Geschäftsfähigkeit des Dienstberechtigten	122
II.	**Dienstverpflichteter (Arbeitnehmer)**	**123**
1.	Begriff	123
2.	Geschäftsfähigkeit des Dienstverpflichteten	125
3.	Arbeitnehmer als Verbraucher	128
III.	**Einbeziehung Dritter in die Arbeitgeber- oder Arbeitnehmerstellung (arbeitsrechtliche Drittbeziehungen)**	**134**
1.	Beteiligung Dritter bei der Erbringung der Arbeitsleistung	134
a)	Dritter als Empfänger von Dienstleistungen	134
b)	Einschaltung Dritter in die Erbringung der Arbeitsleistung	139
2.	Leiharbeitsverhältnis	141
a)	Begriff	141
b)	Zulässigkeit der Arbeitnehmerüberlassung	144
c)	Rechtsbeziehungen zwischen „Verleiher" und „Entleiher"	148
d)	Rechte und Pflichten aus dem Leiharbeitsverhältnis	149
e)	Arbeitnehmerüberlassung im bayerisch-pfälzischen Notariat	155
f)	Abgrenzung der Leiharbeit von Dienst- und Werkvertrag	157
3.	Beschäftigung im Dienst eines Arbeitnehmers (mittelbares Arbeitsverhältnis)	163
4.	Gruppenarbeitsverhältnis	168
a)	Gruppentypen	168
b)	Betriebsgruppe	170
c)	Eigengruppe	176
d)	Gehilfenverhältnis	182
e)	Arbeitnehmer eines Gesamthafenbetriebs	185

5.	Beschäftigung auf der Grundlage eines Gestellungsvertrags	187	IV.	**Betrieb und Unternehmen** — 247

5. Beschäftigung auf der Grundlage eines Gestellungsvertrags — 187
a) Begriff und Anwendungsbereich des Gestellungsvertrags — 187
b) Gestellungsvertrag und Arbeitsverhältnis — 188

D. (Weitere) Grundbegriffe des Arbeitsrechts

I. Arbeiter und Angestellte — 193
1. Historische Entwicklung — 194
   a) Begriff des Arbeiters — 194
   b) Vom Betriebsbeamten zum Angestellten — 195
2. Bedeutung der Unterscheidung nach geltendem Recht — 201
   a) Gesetzesrecht — 201
   b) Tarifverträge und Formulararbeitsverträge — 203
3. Abgrenzung der Angestellten von den Arbeitern — 205

II. Leitende Angestellte — 211
1. Historische Entwicklung — 212
2. Sonderstellung der leitenden Angestellten — 216
3. Stellung im kollektiven Arbeitsrecht — 222
4. Verschiedenheit der Begriffsbestimmung für den Kündigungsschutz — 225
5. Leitender Angestellter und Einzelarbeitsvertrag — 228
6. Verhältnis zu den sog AT-Angestellten — 229
7. Haftung des leitenden Angestellten — 230

III. Arbeitnehmerähnliche Personen — 231
1. Allgemeines — 231
2. Begriff der arbeitnehmerähnlichen Person — 232
3. Bedeutung der Einordnung als arbeitnehmerähnliche Person — 236
4. Heimarbeit — 239
5. Handelsvertreter — 242
6. Sonstige arbeitnehmerähnliche Personen — 243

IV. Betrieb und Unternehmen — 247
1. Bedeutung des Betriebsbegriffs — 247
2. Historische Entwicklung — 248
3. Begriffsbestimmung des Betriebs — 251
   a) Rechtsprechung und herrschende Lehre — 251
   b) Notwendigkeit einer teleologischen Begriffsbestimmung — 255
   c) Betrieb oder Betriebsteil — 257
4. Unternehmen als Organisations- und Wirkungseinheit des Arbeitgebers — 259
   a) Bedeutung des Unternehmensbegriffs im Arbeitsrecht — 259
   b) Historische Entwicklung — 261
   c) Unternehmen als Rechtsbegriff — 264
5. Gemeinsamer Betrieb mehrerer Unternehmen (Gemeinschaftsbetrieb) — 267
   a) Realsachverhalt — 267
   b) Betriebsverfassungsrechtliche Organisationseinheit — 268
   c) Gemeinschaftsbetrieb im Kündigungsschutz und beim Betriebsübergang — 270

V. Konzern — 273
1. Konzern als Form einer Unternehmensverbindung — 273
2. Kein eigenständiger Konzernbegriff im Arbeitsrecht — 276
3. Konzernverbundenheit im Arbeitsvertragsrecht — 279

E. Sonderregelungen für bestimmte Arbeitnehmergruppen

I. Notwendigkeit einer Differenzierung — 284

II. Arbeitnehmer des öffentlichen Diensts — 288
1. Abgrenzung — 288
2. Rechtsstellung — 291

III. Dienstordnungs-Angestellte — 295

IV. Ausbildungsverhältnisse — 297
1. Berufsausbildungsverhältnis — 297

2.	Andere Vertragsverhältnisse, § 26 BBiG	299	VI.	Entwicklungshelfer	345
3.	Umschulungsverhältnisse	300	VII.	Jugendfreiwilligendienste (freiwilliges soziales/ökologisches Jahr)	346
4.	Volontäre, Praktikanten und Werkstudenten	301	VIII.	Mitarbeit in den Diensten Familienangehöriger	347
V.	Beschäftigung im Tendenzbereich und kirchlichen Dienst	305	IX.	Erbringung von Dienstleistungen als Gesellschafter	348
1.	Grundrechtsschutz und Arbeitsrecht	305			
2.	Besonderheiten im Tendenzbereich (Presseunternehmen, Rundfunk- und Fernsehanstalten, Hochschulen)	308	X.	Organmitglieder	351
3.	Mitarbeit im kirchlichen Dienst	311	XI.	Arbeitsleistung aufgrund eines freien Dienstvertrages	356
VI.	Gewerbliche Arbeitnehmer und Handlungsgehilfen	322	XII.	Arbeitsleistung aufgrund eines Gestellungsvertrages	360
VII.	Im Bergbau beschäftigte Arbeitnehmer	324	XIII.	Franchise-Vertrag	362
VIII.	Land- und forstwirtschaftliche Arbeitnehmer	326	G.	Abschluss des Dienstvertrags	
IX.	Schiffsbesatzungen	328			
1.	Seeschifffahrt	329	I.	Grundsatz	363
2.	Binnenschifffahrt und Flößereiwesen	331	II.	Einigung über die essentialia negotii	366
X.	Hausangestellte	332	III.	Form des Dienstvertrags	370
			1.	Grundsatz der Formfreiheit	370
XI.	Künstler	333	2.	Gesetzliche Formvorschriften	372
			a)	Konstitutive Formvorschriften für den Abschluss eines Arbeitsvertrags	372
F.	Dienst- und Beschäftigungsverhältnisse außerhalb eines Arbeitsverhältnisses		aa)	Befristeter Arbeitsvertrag	372
			bb)	Schriftformerfordernis nach Kommunalrecht?	376
I.	Beamte, Soldaten und Richter	334	cc)	Dienstordnungs-Angestellte	377
			dd)	Institutsvergütungsverordnung	378
II.	Strafgefangene	339	b)	Nachweisgesetz	379
III.	Ein-Euro-Jobber	340	c)	Weitere deklaratorische Formvorschriften für den Gesamtvertrag	387
IV.	Wiedereingliederungsverhältnis, § 74 SGB V	342	d)	Formerfordernisse für einzelne Vertragsabreden	389
			3.	Formvorschriften in Tarifverträgen	392
V.	Zivildienstleistende/Freiwillige nach dem Bundesfreiwilligendienstgesetz	343	4.	Formvorschriften in Betriebs- und Dienstvereinbarungen	396
			5.	Festlegung einer Formvorschrift durch die Vertragsparteien	398
			6.	Anforderungen an die Schriftform	403

7.	Ausschluss des Einwandes der Formnichtigkeit	405	VI.	Weitere Rechtsbindungen eines Arbeitgebers bei der Auswahlentscheidung	515
IV.	Beschränkungen der Abschlussfreiheit	406	1.	Verfassungsrechtliche Gewährleistung des Zugangs zu einem öffentlichen Amt nach Art 33 Abs 2 GG	515
1.	Grundsatz	406			
2.	Verfassungsrechtliche Gewährleistung der Abschlussfreiheit	408	2.	Abschlussgebote im Gesetzesrecht	518
3.	Kontrahierungszwang	409	a)	Übernahme in ein Arbeitsverhältnis nach Berufsausbildung	518
a)	Arbeitnehmer	409	b)	Schwerbehinderte Menschen	521
b)	Arbeitgeber	414	c)	Inhaber von Bergmannversorgungsscheinen	524
V.	Antidiskriminierungsrecht zur Begrenzung der Auswahlfreiheit des Dienstberechtigten	416	d)	Sonstige Abschlussgebote	525
			e)	Weiterbeschäftigung während eines Kündigungsrechtsstreits	528
1.	EU-Recht	416			
2.	Gesetzgebungsgeschichte und Kritik am AGG	419	3.	Abschlussgebote in Tarifvertrag, Betriebsvereinbarung oder aufgrund einer einzelvertraglichen Vereinbarung	532
3.	Struktur und Anwendungsbereich	424			
a)	Struktur	424	a)	Tarifvertrag	532
b)	Persönlicher Anwendungsbereich	425	b)	Betriebsvereinbarung	533
c)	Sachlicher Anwendungsbereich	433	c)	Einzelvertragliche Vereinbarung	534
4.	Verbot der Benachteiligung wegen des Geschlechts	436	d)	Anspruch auf Wiedereinstellung nach wirksamer Kündigung	537
a)	Rechtsgrundlagen	436	4.	Abschlussverbote	546
b)	Inhalt des Benachteiligungsverbots	438	a)	Gesetzesrecht	547
c)	Zulässigkeit einer unterschiedlichen Behandlung wegen des Geschlechts	451	b)	Tarifvertragliche Abschlussverbote	551
			c)	Abschlussverbote in Betriebsvereinbarungen	552
5.	Verbot der Benachteiligung aus anderen Gründen	457	d)	Abschlussverbote in Arbeitsverträgen	553
a)	Grundlagen	457	5.	Auswahlrichtlinien	554
b)	Verbotene Differenzierungsmerkmale	459	VII.	Fragerecht des Arbeitgebers und sonstige Datenerhebung vor Begründung des Arbeitsverhältnisses	558
c)	Sicherung der Religions- und Weltanschauungsfreiheit (§ 9 AGG)	467			
d)	Zulässige unterschiedliche Behandlung wegen des Alters (§ 10 AGG)	472	1.	Grundsatz	558
			2.	Fragerecht des Arbeitgebers	562
6.	Organisationspflichten des Arbeitgebers	478	a)	Arbeitsplatzbezogene Voraussetzungen in der Person des Arbeitnehmers	568
7.	Rechtsfolgen eines Verstoßes gegen das Benachteiligungsverbot	481			
a)	Rechtsfolgen bei Nichtbegründung eines Arbeitsverhältnisses	481	b)	Gesundheitszustand	572
			c)	Vermögen und früheres Arbeitseinkommen	575
b)	Rechtsfolgen im bestehenden Arbeitsverhältnis	490	d)	Persönliche Lebensverhältnisse	579
c)	Maßregelungsverbot (§ 16 AGG)	503	e)	Schwangerschaft	584
d)	Ausschlussfristen (§ 15 Abs 4 AGG und § 61b ArbGG)	506	f)	Schwerbehinderteneigenschaft	587
			g)	Alkohol-/Drogenabhängigkeit	592
8.	Beweislast (§ 22 AGG)	510	h)	Alter	593

i)	Wehr- oder Zivildienst; Bundesfreiwilligendienst und freiwilliges Soziales/Ökologisches Jahr	594	f)	Ausschluss des Anfechtungsrechts durch Bestätigung ... 680
k)	Vorstrafen und Strafverfahren	596	g)	Anfechtungsfrist und Erklärung der Anfechtung ... 681
3.	Offenbarungspflicht des Arbeitnehmers	601	h)	Rechtsfolgen ... 686
4.	Auskunftseinholung bei früheren Arbeitgebern	604	4.	Wirkung der Nichtigkeit und Anfechtbarkeit ... 688
5.	Eignungsuntersuchungen	605	a)	Geltung der bürgerlich-rechtlichen Regelung ... 688
a)	Ärztliche Eignungsuntersuchung	605	b)	Sonderentwicklung im Arbeitsrecht: Lehre vom fehlerhaften Arbeitsverhältnis ... 692
b)	Sonstige Eignungsuntersuchungen	613	5.	Beschränkung der Nichtigkeitswirkung für die Vergangenheit ... 701
6.	Begrenzung der Datenverarbeitung und -nutzung durch das Bundesdatenschutzgesetz	616	a)	Nichtigkeitsfolgen bei einer Anfechtung ... 703

§ 611
Abschnitt 8 · Einzelne Schuldverhältnisse

VIII. Pflichten eines anwerbenden Arbeitgebers 617
1. Mitteilungspflichten 617
2. Pflicht zur Schadensvermeidung 618
3. Bewerbungsunterlagen 621
4. Vorstellungskosten 623
5. Mitbestimmung des Betriebsrats und des Personalrats 626

IX. Beschäftigung ausländischer Arbeitnehmer 629
1. Zugang zur Beschäftigung 629
2. Arbeitsbedingungen 637

X. Begründung und Abwicklung eines Arbeitsverhältnisses bei fehlerhafter Vertragsgrundlage 641
1. Vertrag als Begründungstatbestand des Arbeitsverhältnisses 641
2. Fälle einer Nichtigkeit 645
   a) Verstoß gegen ein gesetzliches Verbot 646
   b) Verstoß gegen die guten Sitten 651
3. Anfechtung des Arbeitsvertrags 657
   a) Ersetzung der Anfechtung durch die Kündigung? 657
   b) Irrtum als Anfechtungsgrund 661
   c) Arglistige Täuschung als Anfechtungsgrund 669
   d) Widerrechtliche Drohung als Anfechtungsgrund 675
   e) Beschränkung des Anfechtungsrechts aus dem Gesichtspunkt von Treu und Glauben 676

   b) Wesensverschiedenheit der Nichtigkeit zur Anfechtung 708
   c) Formnichtigkeit 711
   d) Geschäftsunfähigkeit oder beschränkte Geschäftsfähigkeit 712
   e) Verstoß gegen ein gesetzliches Verbot 715
   f) Sittenwidrigkeit 718

XI. Öffentlich-rechtliche Meldepflichten und Vorlage von Arbeitspapieren 719

H. Bestimmungsgründe für den Inhalt der Rechtsbeziehungen

I. Überblick 722

II. System und Rangordnung der arbeitsrechtlichen Gestaltungsfaktoren 727
1. Rangordnung 727
2. Begrenzter Erkenntniswert der Bezeichnung als Rechtsquellen 729
3. Vertrag zwischen Arbeitgeber und Arbeitnehmer als Rechtsgrund trotz Verschiedenheit des Gestaltungsfaktors 732

III. Gesetze als Bestimmungsgrund für den Vertragsinhalt eines Arbeitsverhältnisses 733
1. Struktur der Arbeitsgesetze 733

Titel 8 · Dienstvertrag und ähnliche Verträge
Untertitel 1 · Dienstvertrag   § 611

2.	Verhältnis zum Europäischen Gemeinschaftsrecht	735
3.	Arbeitsvölkerrecht	750
4.	Rechtsverordnungen; Unfallverhütungsvorschriften	751
IV.	**Kollektivvertragliche Gestaltungsfaktoren (1): Tarifvertrag**	**753**
1.	Bedeutung des Tarifvertragssystems für die Ordnung des Arbeitslebens	753
2.	Begriff und rechtliche Einordnung des Tarifvertrags	755
3.	Verhältnis des Tarifvertrags zu höherrangigem Recht	756
a)	Grundrechtsbindung der Tarifvertragsparteien	756
b)	Verhältnis zum staatlichen Gesetz	758
4.	Abschluss des Tarifvertrags	761
a)	Parteien	761
b)	Abschluss	763
5.	Bindung an den Tarifvertrag	764
a)	Tarifgebundenheit kraft Mitgliedschaft	765
b)	Geltungsbereich	768
6.	Inhalt des Tarifvertrags	769
a)	Inhaltsnormen	770
b)	Abschlussnormen	773
c)	Beendigungsnormen	779
d)	Rechtsnormen über betriebliche Fragen (Betriebsnormen)	780
e)	Rechtsnormen über betriebsverfassungsrechtliche Fragen (Betriebsverfassungsnormen)	784
f)	Rechtsnormen über gemeinsame Einrichtungen der Tarifvertragsparteien, § 4 Abs 2 TVG	789
7.	Normwirkung	790
a)	Unabdingbarkeit	790
b)	Das Günstigkeitsprinzip als Schranke der Normwirkung	792
aa)	Allgemeines	792
bb)	Vergleichsmaßstab	793
cc)	Das Günstigkeitsprinzip als Werturteil	796
dd)	Günstigkeitsprinzip und übertarifliche Arbeitsbedingungen	799
c)	Schutz tariflicher Ansprüche	804
aa)	Unverzichtbarkeit	805
bb)	Ausschluss der Verwirkung	808
cc)	Ausschluss- und Verjährungsfristen	809
d)	Beginn und Ende der Tarifgeltung	811
aa)	Beginn	811
bb)	Ende	815
cc)	Neuer/konkurrierender Tarifvertrag	819
8.	Sonderformen der Tarifbindung	820
a)	Normative Tarifgeltung aufgrund Allgemeinverbindlicherklärung (§ 5 TVG)	820
b)	Tarifgeltung aufgrund Rechtsverordnung	824
c)	Schuldrechtliche Bindung kraft Bezugnahme auf Tarifinhalte im Einzelarbeitsvertrag	828
d)	Tarifbindung beim Betriebsübergang, § 613a Abs 1 S 2–4	834
V.	**Kollektivvertragliche Gestaltungsfaktoren (2): Betriebsvereinbarung**	**835**
1.	Begriff und rechtliche Einordnung	835
2.	Abschluss einer Betriebsvereinbarung	839
3.	Inhalt und Grenzen der Betriebsvereinbarungsautonomie	842
4.	Rechtswirkungen einer Betriebsvereinbarung	848
5.	Verhältnis zum Tarifvertrag	852
6.	Die Mitbestimmung des Betriebsrats (Überblick)	854
a)	Gegenstand der Beteiligungsrechte	854
b)	Formen der Beteiligungsrechte	858
7.	„Bedeutung für die individualrechtlichen Rechtsbeziehungen zwischen Arbeitgeber und Arbeitnehmer"	865
8.	Dienstvereinbarungen im Personalvertretungsrecht	870
VI.	**Kollektivvertragliche Gestaltungsfaktoren (3): Kirchliche Sonderregelungen**	**872**
VII.	**Gestaltung durch Allgemeine Geschäftsbedingungen**	**875**
1.	Erscheinungsform der Allgemeinen Arbeitsbedingungen	875
2.	Gesamtzusage des Arbeitgebers und vertragliche Einheitsregelung	877
a)	Gesamtzusage	877
b)	Vertragliche Einheitsregelungen	882

c)	Kein kollektivrechtlicher Charakter	883
3.	AGB-Kontrolle	887
a)	Einbeziehung der Arbeitsverträge durch § 310 Abs 4	887
b)	Verhältnis der AGB-Kontrolle zur bisherigen Angemessenheitskontrolle	890
c)	Ausnahme für Tarifverträge sowie Betriebs- und Dienstvereinbarungen	891
d)	Die „im Arbeitsrecht geltenden Besonderheiten", § 310 Abs 4 S 2 HS 1	897
e)	Einbeziehungskontrolle	901
f)	Schranken der Inhaltskontrolle (§ 307 Abs 3)	904
g)	Inhaltskontrolle einzelner Klauseln	907
aa)	Anrechnungsvorbehalt	911
bb)	Ausschlussfristen	915
cc)	Bezugnahmeklauseln	916
dd)	Formvorschriften	920
ee)	Freiwilligkeitsvorbehalt	923
ff)	Haftungsausschluss	926
gg)	Nachvertragliches Wettbewerbsverbot	929
hh)	Teilbefristung	930
ii)	Versetzungsklauseln	937
kk)	Vertragsstrafen; Schadenspauschalisierungen	940
ll)	Widerrufsvorbehalt	941
h)	Rechtsfolgen eines Verstoßes	948
VIII.	**Einseitige Leistungsbestimmung und Weisungsrecht des Arbeitgebers**	**951**
1.	Befugnis zu einseitiger Leistungsbestimmung im Arbeitsverhältnis?	951
2.	Direktionsrecht (Weisungsrecht) des Arbeitgebers	955
a)	Rechtsgrundlage	955
b)	Inhalt und Umfang	959
c)	Einzelheiten	963
IX.	**Betriebsübung als Bestimmungsgrund für den Vertragsinhalt**	**969**
1.	Begriff und Wesen	969
2.	Geltungsgrund einer Bindungswirkung	970
3.	Voraussetzungen für die Herbeiführung einer Bindungswirkung	975
4.	Bindungswirkung im Bereich des öffentlichen Dienstes	987
5.	Tarifbindung durch betriebliche Übung	989
6.	Betriebsübung bei unwirksamer Betriebsvereinbarung	990
7.	Beendigung der Bindungswirkung	992
a)	Grundlagen	992
b)	Ablösende Betriebsvereinbarung	994
c)	Anfechtung	996
X.	**Gleichbehandlungsgrundsatz als Rechtsprinzip des Arbeitsverhältnisses**	**1001**
1.	Wesen des Gleichbehandlungsgrundsatzes	1001
2.	Rechtsgrundlage und Reichweite des Gleichbehandlungsgrundsatzes	1005
a)	Geltungsgrund	1005
b)	Geltungsbereich	1008
3.	Gegenstand der Pflicht zur Gleichbehandlung	1013
a)	Arbeitsentgelterhöhung und freiwillige Gewährung zusätzlicher Entgeltleistungen	1013
b)	Ausübung des Direktionsrechts	1015
c)	Kündigungen	1016
4.	Inhalt der Pflicht zur Gleichbehandlung	1017
a)	Gleichheitsgebot	1017
b)	Keine Gleichbehandlung im Unrecht und im Rechtsirrtum	1023
5.	Vorrang der Vertragsfreiheit	1024
6.	Rechtsfolgen einer Verletzung der Gleichbehandlungspflicht	1027
7.	Darlegungs- und Beweislast	1031
J.	**Inhaltskontrolle von Arbeitsverträgen**	
1.	Billigkeitskontrolle	1033
2.	Vertragsinhaltskontrolle als Rechtskontrolle	1035

K. Verpflichtung zur Leistung der versprochenen Dienste und Nebenpflichten des Dienstverpflichteten (Arbeitnehmers)

I. Arbeitspflicht des Dienstverpflichteten _____ 1037
1. Pflicht zur Leistung der versprochenen Dienste _____ 1037
2. Persönliche Verpflichtung _____ 1041
3. Art der zu leistenden Dienste _____ 1042
4. Maß der zu erbringenden Dienstleistung _____ 1052
5. Umfang der geschuldeten Dienstleistung _____ 1055
6. Ort der Dienstleistung _____ 1060

II. Spezifizierung der Dienstleistungsschuld durch die Arbeitszeit _____ 1064
1. Dauer und Lage der Arbeitszeit _____ 1064
2. Sonderformen der Arbeitszeit _____ 1069
   a) Arbeitsbereitschaft, Bereitschaftsdienst und Rufbereitschaft _____ 1069
   b) Mehrarbeit und Kurzarbeit _____ 1075
   c) Arbeitszeitkonto _____ 1079
3. Anspruch auf Teilzeitarbeit _____ 1082
4. Anspruch auf Verlängerung der Arbeitszeit _____ 1088

III. Klage auf Erfüllung der Arbeitspflicht und Vollstreckung des Urteils _____ 1089

IV. Befreiung von der Pflicht zur Dienstleistung _____ 1094
1. System der Befreiungsregelung _____ 1094
2. Unmöglichkeit der Leistungserbringung _____ 1097
   a) Verschuldensunabhängiger Befreiungsgrund _____ 1097
   b) Abgrenzung vom Leistungsstörungstatbestand der Unmöglichkeit _____ 1100
3. Leistungsverweigerungsrecht bei persönlicher Unzumutbarkeit _____ 1101
   a) Struktur und rechtsdogmatische Einordnung des § 275 Abs 3 _____ 1101
   b) Inhalt und Reichweite des Leistungsverweigerungsrechts _____ 1102
4. Folgen der Unmöglichkeit der Leistungserbringung _____ 1108
5. Wegfall der Dienstleistungspflicht nach PflegeZG und FPfZG _____ 1110
6. Annahmeverzug des Arbeitgebers _____ 1117
7. Die Zurückbehaltungsrechte nach § 321 und § 273 _____ 1118
8. Besonderes Leistungsverweigerungsrecht nach § 14 AGG _____ 1123
9. Befreiung von der Arbeitspflicht während rechtmäßiger Arbeitskämpfe _____ 1124
   a) Grundlagen _____ 1126
   b) Streikbegriff _____ 1130
   c) Rechtmäßigkeitsvoraussetzungen eines Streiks _____ 1135
      aa) Tarifvertrag als Regelungsziel _____ 1136
      bb) Führung durch eine Gewerkschaft _____ 1139
      cc) Anforderungen an den Kampfbeginn _____ 1140
      dd) Gebot der Verhältnismäßigkeit _____ 1143
      ee) Wahrung der Kampfparität _____ 1145
   d) Rechtsfolgen _____ 1148
      aa) Suspendierung der Arbeitspflicht bei rechtmäßigem Streik _____ 1148
      bb) Ausnahme: Notstands- und Erhaltungsarbeiten während eines Arbeitskampfes _____ 1149
      cc) Arbeitspflicht der nicht-streikenden Arbeitnehmer? _____ 1154
      dd) Geltung auch bei der Aussperrung _____ 1156
10. Befreiung von der Arbeitspflicht aufgrund besonderer gesetzlicher Regelung _____ 1157

V. Nebenpflichten des Arbeitnehmers _____ 1162
1. Treuepflicht des Arbeitnehmers _____ 1162
   a) Begriffsgeschichte _____ 1162
   b) Keine rechtsdogmatische Kategorie _____ 1166
2. Bedeutung von Treu und Glauben für die Pflichten des Arbeitnehmers _____ 1168
3. Verhaltenspflichten und Loyalitätsobliegenheiten eines Arbeitnehmers _____ 1171
   a) Leistungstreuepflicht _____ 1171
   b) Loyalitätsobliegenheiten _____ 1173
4. Pflicht zur Unterlassung von Wettbewerb _____ 1176
   a) Wettbewerbsverbot während der Dauer des Arbeitsverhältnisses _____ 1176

aa)	Verbot	1176	2.	Schlechterfüllung der Arbeitspflicht	1282
bb)	Rechtsfolgen bei Verletzung	1181	a)	Schlechtleistung als Leistungsstörungstatbestand	1282
b)	Wettbewerbsabreden für die Zeit nach Beendigung des Arbeitsverhältnisses	1188	b)	Rechtsfolgen	1285
			3.	Mankohaftung	1289
5.	Pflicht zur Unterlassung einer Nebenbeschäftigung	1195	4.	Vertragsstrafen, Betriebsbußen und Schadenspauschalisierungen	1290
6.	Verschwiegenheitspflicht	1201	a)	Vertragsstrafe	1290
a)	Verschwiegenheitspflicht während des Arbeitsverhältnisses	1201	b)	Betriebsbuße	1296
			c)	Schadenspauschalisierungen	1297
b)	Verschwiegenheitspflicht nach Beendigung des Arbeitsverhältnisses	1214	**VIII.**	**Arbeitnehmerhaftung**	1298
c)	Verschwiegenheitspflicht für Arbeitnehmer aufgrund besonderer Gesetzesvorschrift	1216	**IX.**	**Arbeitnehmerdarlehen**	1303
7.	Schmiergeldverbot	1225			
8.	Compliance-Regeln	1230	**L.**	**Verpflichtung zur Gewährung der vereinbarten Vergütung**	
9.	Grenzen der Meinungsfreiheit und der politischen Betätigungsfreiheit	1232			
a)	Bedeutung der grundrechtlichen Gewährleistung	1232	**I.**	**Die Vergütungspflicht des Dienstberechtigten**	1307
b)	Besonderheiten im öffentlichen Dienst	1234	1.	Begriff und Rechtsnatur	1308
			2.	Bedeutungsinhalt des Arbeitsentgeltbegriffs im Arbeitsrecht	1313
c)	Verbot parteipolitischer Betätigung in Betrieb und Dienststelle	1241	3.	Art und Höhe der Vergütung	1317
10.	Herausgabepflichten	1244	4.	Zeit der Vergütungszahlung	1322
11.	Auskunfts- und Anzeigepflichten	1247	5.	Ort der Vergütungszahlung	1324
12.	Verhinderung von Schäden	1250			
13.	Gesundheitsuntersuchungen	1252	**II.**	**Entfallen der Vergütungspflicht während eines Arbeitskampfes**	1326
VI.	**Recht am Arbeitsergebnis**	1254	1.	Streik	1327
1.	Zuordnung des Arbeitsergebnisses an den Empfänger der Dienstleistung	1254	2.	Aussperrung	1329
			a)	Begriff	1330
2.	Recht der Arbeitnehmererfindungen	1257	b)	Formen	1331
a)	Rechtsquellen	1257	c)	Zulässigkeitsvoraussetzungen	1335
b)	Patent- oder gebrauchsmusterfähige Erfindungen	1260	d)	Aussperrung und Vergütungspflicht	1336
c)	Technische Verbesserungsvorschläge	1263	**III.**	**Rechtsvorschriften für die Entgeltfestsetzung**	1338
3.	Arbeitnehmer-Urheberrecht	1265	1.	Grundsatz und Überblick	1338
			2.	Mindestlohn nach dem MiLoG	1341
VII.	**Nichterfüllung und Schlechterfüllung der Arbeitspflicht**	1268	a)	Überblick	1342
1.	Nichtleistung der Arbeit	1269	b)	Zwecksetzung und Bewertung des Gesetzes	1343
a)	Nichterfüllung als Leistungsstörungstatbestand	1269	c)	Persönlicher Anwendungsbereich (§ 22 MiLoG)	1348
b)	Rechtsfolgen	1273	d)	Territorialer Anwendungsbereich (§ 20 MiLoG)	1353
c)	Besonderheiten bei Teilnahme an rechtswidrigen Streik	1280	e)	Mindestlohn, § 1 MiLoG	1354

f)	Fälligkeit, § 2 MiLoG	1365	4.	Mitbestimmung des Betriebsrats 1481
g)	Schutz des Mindestlohnanspruchs, §§ 3, 13 MiLoG	1369	a)	Systematik der Mitbestimmungsregelung 1481
h)	Übergangsregelungen, § 24 MiLoG	1375	b)	Vorrang von Gesetz und Tarifvertrag 1483
3.	Antidiskriminierungsrecht	1380	c)	Gegenstand und Inhalt der Mitbestimmung nach § 87 Abs 1 Nr 10 BetrVG 1488
4.	Verbot der Diskriminierung nach § 4 TzBfG	1388		
5.	Sonderregelung bei Arbeitnehmerüberlassung und im Arbeitnehmer-Entsendegesetz	1391	d)	Weitergehendes Mitbestimmungsrecht bei der Festsetzung der Akkord- und Prämiensätze und vergleichbarer leistungsbezogener Entgelte 1493
6.	Vorstandsmitglieder/Banken- und Versicherungsbereich	1396		
IV.	**Gegenstand und Bemessung der Arbeitsvergütung**	**1398**	e)	Leistungsgewährung durch Sozialeinrichtungen 1495
1.	Gegenstand der Vergütung	1398	f)	Verletzung des Mitbestimmungsrechts 1498
a)	Unterscheidung in Geld- und Naturallohn	1398	**V.**	**Sondervergütungen** 1499
b)	Besondere Formen der Naturalvergütung	1402	1.	Begriff und Erscheinungsformen 1499
2.	Bemessung der Arbeitsvergütung	1408	2.	Gratifikationen 1501
a)	Zeitlohn	1409	a)	Begriff und Zwecke 1501
b)	Besonderheit der leistungsbezogenen Entgelte	1411	b)	Rechtsanspruch auf Zahlung einer Gratifikation 1504
c)	Akkordlohn	1414	c)	Festlegung der Leistungsvoraussetzungen, Höhe und Kürzung bei Fehlzeiten 1507
d)	Prämienlohn	1426		
e)	Provision	1433	d)	Stichtagsklausel 1510
f)	Bedienungsgelder	1436	e)	Rückzahlungsvorbehalt 1514
g)	Tantieme	1440	3.	Maßnahmen zur Förderung der Vermögensbildung 1522
h)	Aktienkursorientierte Vergütung und Aktienoptionen	1441		
i)	Zielvereinbarungen	1443	4.	Ausbildungsbeihilfen 1523
aa)	Allgemeines	1443	5.	Arbeitgeberdarlehen; Abschlagszahlung; Gehaltsvorschuss 1533
bb)	Inhaltskontrolle	1444		
cc)	Unterlassene Zielvereinbarung/-vorgabe	1449	6.	Leistungen der betrieblichen Altersversorgung 1538
dd)	Zielfeststellung; Zielanpassung; Fehlzeiten	1452	7.	Mitbestimmung des Betriebsrats 1548
ee)	Mitbestimmung des Betriebsrats	1456	**VI.**	**Arbeitsentgelt trotz Nichtleistung der Arbeit** 1554
3.	Vergütungszuschläge	1458		
a)	Überstundenvergütung	1459	1.	Unmöglichkeit der Leistungserbringung 1557
b)	Nachtarbeits- sowie Sonn- und Feiertagszuschläge	1466	2.	Annahmeverzug des Arbeitgebers 1559
c)	Leistungszulagen	1471	3.	Urlaub 1562
d)	Erschwerniszulagen	1472	4.	Feiertagsbezahlung 1563
e)	Funktionszulagen	1473	a)	Anspruchsvoraussetzungen 1565
f)	Sozialzulagen	1474	b)	Berechnung der Feiertagsvergütung 1571
g)	Anwesenheitsprämie	1476	c)	Feiertagsvergütung bei Arbeitszeitflexibilisierung 1574
h)	Sonstige Zulagen	1480	d)	Ausschluss des Anspruchs 1576

§ 611

e)	Nachholen der am Feiertag ausgefallenen Arbeit	1578	10.	Verwirkung des Lohnanspruchs ___ 1665
			11.	Erlöschen des Lohnanspruchs durch Verzicht ___ 1668
VII.	**Sicherung des Arbeitsentgelts**	1579	12.	Lohnabrechnung und Quittung ___ 1673
1.	Geldleistungspflicht als Prinzip	1580	a)	Lohnabrechnung und Lohnbelege ___ 1673
2.	Lohnpfändung	1585	b)	Quittung und Ausgleichsquittung ___ 1677
a)	Entstehung	1585	13.	Lohnzahlungsklage ___ 1685
b)	Zweck, Geltungsbereich und Grundstruktur der geltenden Regelung	1587		
c)	Begriff des Arbeitseinkommens	1590	**M.**	**Weitere Pflichten des Dienstberechtigten (Arbeitgebers)**
d)	Pfändungsschutz des wiederkehrend zahlbaren Arbeitseinkommens	1594	**I.**	**Begriff und Bedeutung der Fürsorgepflicht** ___ 1686
e)	Durchbrechung des Pfändungsschutzes zugunsten privilegierter Forderungen	1598	**II.**	**Beschäftigungspflicht des Arbeitgebers** ___ 1694
f)	Pfändungsschutz nicht wiederkehrend zahlbaren Arbeitseinkommens	1600	1.	Rechtsgrundlage ___ 1694
g)	Modifizierung des Pfändungsschutzes durch das Vollstreckungsgericht: Anpassung an veränderte tatsächliche Voraussetzungen	1602	2.	Inhalt der Beschäftigungspflicht ___ 1700
			3.	Freistellung/Suspendierung ___ 1705
			4.	Entfallen der Beschäftigungspflicht bei Arbeitskämpfen ___ 1708
h)	Berechnung	1603	a)	Streik ___ 1709
i)	Lohnschiebung und Lohnverschleierung	1604	b)	Aussperrung ___ 1711
			c)	Stilllegungsbefugnis des Arbeitgebers ___ 1713
3.	Beschränkungen einer rechtsgeschäftlichen Verfügung über den Lohnanspruch	1607	5.	Weiterbeschäftigungspflicht nach Ablauf der Kündigungsfrist bzw nach Erklärung einer außerordentlichen Kündigung ___ 1714
4.	Aufrechnung	1611		
5.	Zurückbehaltungsrecht	1620		
6.	Insolvenz des Arbeitgebers; Insolvenzgeld	1622	a)	Vorläufiger Bestandsschutz des Arbeitsverhältnisses ___ 1714
7.	Keine Bevorrechtigung der Lohnforderung in Zwangsversteigerung und -verwaltung mehr	1624	b)	Allgemeiner Beschäftigungsanspruch zur Sicherung des Arbeitsplatzes ___ 1716
			6.	Berufliche Fortbildung zur Beschäftigungssicherung ___ 1728
VIII.	**Zahlung des Arbeitsentgelts**	1625		
1.	Erfüllungshandlung	1625	**III.**	**Pflicht zum Schutz von Leben und Gesundheit des Dienstverpflichteten; Haftungsbeschränkung nach § 104 SGB VII** ___ 1731
2.	Empfangsberechtigung	1627		
3.	Gesetzlich vorgeschriebene Lohnabzüge; Brutto- und Nettolohn	1629		
4.	Lohneinbehaltung	1634	1.	Zivilrechtliche Grundsätze ___ 1731
5.	Anrechnung auf das Arbeitsentgelt	1636	2.	Haftungsersetzung durch Versicherungsschutz ___ 1733
6.	Lohnverwirkung	1638		
7.	Lohnverwendungsabreden	1639	**IV.**	**Pflicht zum Aufwendungsersatz** ___ 1740
8.	Lohnüberzahlung und Rückzahlungspflicht	1642	1.	Rechtsgrundlage ___ 1740
9.	Verjährung und Ausschlussfrist	1647	2.	Ersatzfähige Aufwendungen ___ 1741
a)	Verjährung	1647	3.	Vorschuss ___ 1750
b)	Vereinbarung einer Ausschlussfrist	1653		

4.	Kein Bestandteil der Vergütungspflicht	1751	g) Prozessuales	1801
5.	Mitverschulden bei Eigenschädigungen	1754	**VII. Pflicht zur Achtung der Koalitionsfreiheit**	1803
6.	Pauschalisierung; abweichende Vereinbarungen	1756	1. Allgemeines	1803
			2. Grundrechtsträger	1805
V.	**Pflichten zum Schutz des Eigentums und sonstiger vermögensrechtlicher Belange des Dienstverpflichteten (Arbeitnehmers)**	1757	3. Positive und negative Koalitionsfreiheit	1807
			4. Koalitionsbegriff	1808
1.	Schutz der eingebrachten Sachen	1757	5. Koalitionsfreiheit und Pflichten aus dem Arbeitsverhältnis	1814
2.	Rücksichtnahme auf weitere Vermögensinteressen	1758	a) Positive Koalitionsfreiheit	1814
			b) Negative Koalitionsfreiheit	1817
			c) Schranken	1819
VI.	**Pflicht zum Persönlichkeitsschutz des Arbeitnehmers**	1760	**VIII. Pflicht zur Urlaubsgewährung**	1821
1.	Schutz vor Beeinträchtigungen der Persönlichkeit	1760	1. Erholungsurlaub und andere Urlaubsformen	1821
2.	Einsicht in die Personalakten	1763	2. Begriff und Rechtsgrundlage des Erholungsurlaubs	1828
a)	Rechtsgrundlagen	1763	a) Begriff und Rechtsnatur	1828
b)	Begriff der Personalakten	1764	b) Geschichte und Rechtsgrundlagen	1830
c)	Recht auf Einsicht	1766	3. Überblick über die Urlaubsregelung im Bundesurlaubsgesetz	1834
d)	Rechte des Arbeitnehmers hinsichtlich des Inhalts der Personalakten	1768	a) Anspruchsberechtigung	1834
e)	Verhältnis zum Bundesdatenschutzgesetz	1771	b) Urlaubsdauer	1835
f)	Recht auf Einsicht nach Beendigung des Arbeitsverhältnisses	1774	c) Urlaubserteilung	1837
3.	Zeugnisanspruch	1775	aa) Wartezeit	1837
4.	Beurteilung des Dienstverpflichteten	1776	bb) Arbeitsfähigkeit	1838
5.	Datenschutz im Arbeitsverhältnis	1778	cc) Teilurlaub	1839
6.	Schutz nach dem Gendiagnostikgesetz	1781	dd) Zeitliche Lage des Urlaubs	1841
			d) Erlöschen des Urlaubsanspruchs	1846
7.	Auskunftserteilung über den Dienstverpflichteten	1782	aa) Grundsätze	1849
8.	Unterlassen von bzw Einschreiten gegen Mobbing	1789	bb) Besonderheiten bei dauerhaft erkrankten Arbeitnehmern	1849
a)	Begriff	1789	e) Sicherung des Erholungszwecks	1852
b)	Charakteristika	1790	f) Urlaubsentgelt	1855
c)	Ansprüche gegen mobbende Vorgesetze oder Kollegen	1794	g) Urlaubsabgeltung	1859
d)	Schadensersatzansprüche gegen den Arbeitgeber	1795	4. Abdingbarkeit	1863
e)	Sonstige Rechte/Ansprüche gegenüber dem Arbeitgeber	1799	**N. Das Recht der sog freien Dienstverträge unter Einbeziehung des mit ihnen in Zusammenhang stehenden Sonderarbeitsrechts**	
f)	Ausschlussfristen, Verjährung und Verwirkung	1800	**I. Vertrag mit dem Arzt**	1866
			1. Arbeitnehmereigenschaft und freier Beruf	1867

2. Hierarchische Organisation des ärztlichen Dienstes als Strukturprinzip des Dienstrechts der Krankenhausärzte	1872
a) Hierarchische Organisation des ärztlichen Dienstes	1872
b) Gestaltung des ärztlichen Dienstrechts	1874
c) Weisungsrecht gegenüber nachgeordneten Ärzten	1876
3. Arbeitspflicht eines angestellten Arztes	1878
4. Vergütung eines angestellten Arztes	1881
a) Arbeitsentgelt	1881
b) Liquidationsrecht als Bestandteil der Vergütungsregelung	1884
c) Nutzungsentgelt des liquidationsberechtigten Arztes	1888
5. Nebentätigkeit	1889
6. Beteiligung ärztlicher Mitarbeiter an den Liquidationserlösen der leitenden Krankenhausärzte	1890
7. Beendigung des Arbeitsverhältnisses	1892
II. Vertrag mit dem Rechtsanwalt	1895
1. Begriff und Wesen	1895
2. Abschluss des Rechtsanwaltsvertrages	1898
3. Pflichten und Rechte des Rechtsanwalts	1902
4. Beendigung des Vertragsverhältnisses	1905
III. Handelsvertretervertrag	1907
1. Begriff und Abgrenzungen	1907
2. Vertragsschluss	1913
3. Rechte und Pflichten	1914
4. Beendigung und Ansprüche der Beteiligten	1916
IV. Steuerberatervertrag	1918
V. Vertrag mit dem Wirtschaftsprüfer	1924
VI. Vertrag mit dem Architekten	1927
VII. Verträge mit Künstlern und Buchautoren	1928
VIII. Dienstverträge im Rahmen der Tertiarisierung der Wirtschaftslandschaft	1931
IX. Sonstige Dienstverträge	1932

Alphabetische Übersicht

Abhängigkeit des Arbeitnehmers	23 ff, 28 ff
Abschlagszahlung	1533 ff, 1674
Abschlussfreiheit	364
– Beschränkungen	406 ff
– Schwerbehinderte Menschen	521 ff
– Übernahme nach Berufsausbildung	518 ff
– Zugang zu öffentlichem Amt	515 ff, 525
Abschlussgebote	518 ff
– Bergmannversorgungsschein	524
– durch Betriebsvereinbarung	533
– durch Einzelvertrag	534 ff
– durch Tarifvertrag	532
– öffentlicher Dienst	525
– schwerbehinderte Menschen	521 ff
– Übernahme nach Berufsausbildung	518 ff
– Weiterbeschäftigung bei Kündigungsstreit	528 ff
– Wiedereinstellungsanspruch	523, 527, 537 ff
Abschlussnorm (Tarifvertrag)	773 ff
– Abschlussgebot	532 f, 778
– Abschlussverbot	551, 775
– Besetzungsregeln	777
– Schriftformklausel	392 ff
Abschlussverbote	546 ff
– gesetzliche	547 ff
– in Arbeitsverträgen	553
– in Betriebsvereinbarungen	552
– in Tarifverträgen	551, 775
AGG	
s Antidiskriminierungsrecht	
Akkordlohn	1414 ff
– Mitbestimmung des Betriebsrats	1493 ff
Aktienoptionen	1441 f
Allgemeine Geschäftsbedingungen	887 ff
– Anrechnungsvorbehalt	911 ff
– Ausschlussfristen	915

- Bezugnahmeklauseln — 892 ff, 916 ff
- Einbeziehung — 901 ff
- Formvorschriften — 920 ff
- Freiwilligkeitsvorbehalt — 923 ff
- Haftungsausschluss — 926 ff
- im Arbeitsrecht geltende Besonderheiten — 897 ff
- Inhaltskontrolle einzelner Klauseln — 907 ff
- Kollektivregelwerke — 891 ff
- Nachvertragliches Wettbewerbsverbot — 929
- Rechtsfolgen bei Verstoß — 948 ff
- Schadenspauschalierung — 940
- Teilbefristung — 930 ff
- Verhältnis zur Angemessenheitskontrolle — 890
- Versetzungsklausel — 937 ff
- Vertragsstrafen — 940
- Widerrufsvorbehalt — 941

Allgemeinverbindlicherklärung — 820 ff

Altersversorgung
  s Betriebliche Altersversorgung

Anfechtung des Arbeits- bzw Dienstvertrags — 657 ff
- Anfechtungserklärung — 683 ff
- arglistige Täuschung — 669 ff
- Beschränkung der Anfechtungsfolgen — 701 ff
- Beschränkung des Anfechtungsrechts (§ 242) — 676 ff
- Bestätigung — 680
- Beteiligung des Betriebs- oder Personalrats — 684
- Irrtum — 661 ff
- Rechtsschutz des Arbeitnehmers — 685
- Verhältnis zur Kündigung — 657 ff
- widerrechtliche Drohung — 675
- Wirkung der Anfechtbarkeit — 688 ff

Anforderungsprofile — 516 f, 556

Angestellter
- Abgrenzung zum Arbeiter — 205 ff
- AGB — 204
- außertariflicher — 229
- Begriff — 198
- Gleichbehandlung mit Arbeitern — 201 ff
- historische Entwicklung — 194 ff
- Tarifverträge — 203

Annahmeverzug — 1117, 1559 ff

Anrechnungsvorbehalt — 911 ff

Anspruch auf die Dienstleistung
- Klage auf Erfüllbarkeit — 1089
- Übertragbarkeit — 118
- Vollstreckbarkeit — 1090 ff

Anspruchsnorm — 1 f

Anstellungsvertrag — 351 ff

Antidiskriminierungsrecht — 416 ff, 1380 ff
- AGG-Hopping — 428, 483
- Anweisung zur Diskriminierung — 450
- Anwendungsbereich — 425 ff
- Ausschlussfristen — 506 ff
- Belästigung — 448 f
- Benachteiligung — 440 ff
- Beweislast — 510 ff
- Entgeltgleichheit — 1380 ff
- Geschäftsführer — 429 ff
- Geschichte — 419 ff
- Maßregelungsverbot — 503 ff
- Organisationspflichten — 478 ff
- Organmitglieder — 429 ff
- Rechtfertigung — 451 ff, 467 ff, 472 ff
- Rechtsfolgen bei Verstoß — 481 ff
- verbotene Diskriminierungsmerkmale — 435 ff, 457 ff
- Vorstand — 431
- Zugangsbedingung — 430

Anwesenheitsprämie — 1476 ff, 1502

Arbeiter
- Abgrenzung zum Angestellten — 205 ff
- Begriff — 194

Arbeitgeber
- Abgrenzung zum Unternehmer (§ 14) — 114
- Aufspaltung der Arbeitgeberfunktion — 118 ff
- Aufwendungsersatz — 1740 ff
- Begriff — 113 ff
- bei Personen- oder Kapitalgesellschaft — 113, 120
- Beschäftigungspflicht — 1694 ff
- Fürsorgepflicht
  s Fürsorgepflicht
- im Konzern — 276, 279
- Meldepflichten — 719 ff
- Urlaubsgewährung
  s Urlaub
- Verbot parteipolitischer Betätigung im Betrieb — 1240 ff
- Vergütungspflicht
  s Vergütung
- Vorschuss — 1080, 1533, 1750

Arbeitgeberdarlehen — 1533 ff

Arbeitnehmer
- Arbeitnehmereigenschaft — 10 ff
- Arbeitspflicht
  s dort
- Bergbau — 324 f
- Buchautor — 1930
- Bühnenkünstler — 333
- Gesamthafenbetrieb — 185 f
- gewerbliche Arbeitnehmer — 322 f
- Haftung
  s Haftung des Arbeitnehmers
- Hausangestellte — 332
- Künstler — 87, 333, 1928 ff
- land- und forstwirtschaftliche Arbeitnehmer — 326 f
- Musiker — 207, 333, 1929
- Nebenpflichten
  s Arbeitsvertrag
- Schiffsbesatzungen — 328 ff
- Verbraucher — 128 ff
Arbeitnehmerähnliche Personen — 231 ff
Arbeitnehmerbegriff — 10 ff
- Abdingbarkeit — 69 ff
- Alternativmodell — 46 ff
- angestellte Ärzte — 1867 ff
- Arbeitsentgeltregelung — 81 ff
- Eingliederung in den Betrieb — 31 ff
- einheitlicher Arbeitnehmerbegriff — 18 ff
- Fremdnützigkeit — 42 f
- Gesetzgebungsvorschläge — 15 ff
- Indizien — 28 ff
- Mitglieder religiöser Gemeinschaften — 109 ff, 187 ff
- Ort der Beschäftigung — 102 ff
- persönliche Abhängigkeit — 23 ff
- Rechtsformverfehlung — 76 f
- Rechtsformwahl — 73 ff
- Rot-Kreuz-Schwestern — 109 ff, 188 ff
- Tendenzautonomie — 62 ff
- verbandsrechtliche Sonderbindung — 106 ff
- Vertrag als Bestimmungsfaktor — 56 ff, 68 ff
- Weisungsgebundenheit — 34 ff
- Zeitdauer der Beschäftigung — 88 ff
Arbeitnehmerdarlehen — 1303 ff
Arbeitnehmerentsendegesetz — 637, 825 ff, 1318
Arbeitnehmererfindung — 1257 ff
Arbeitnehmerfreizügigkeit — 630, 735
Arbeitnehmerüberlassung — 119, 388, 141 ff
Arbeitsbereitschaft — 1069 ff, 1356, 1467

Arbeitsentgelt
  s Vergütung
Arbeitsergebnis
- Arbeitnehmererfindung — 1257 ff
- Recht am — 1254 ff
- Urheberrecht — 1265 ff
- Verbesserungsvorschläge — 1263 f
Arbeitserlaubnis — 629 ff
Arbeitsgesetzbuch — 15 ff
Arbeitskampf — 1124 ff
- Aussperrung — 1329 ff
- Streik — 1130 ff
Arbeitsleistung
- Annahmeverzug — 1117, 1559 ff
- Fixschuldcharakter — 1064
- Nichtzumutbarkeit — 1101 ff
- Unmöglichkeit — 1097 ff, 1108 f, 1557 ff
- Zurückbehaltungsrecht — 1118 ff
Arbeitspapiere — 720 f
Arbeitspflicht
- Annahmeverzug — 1117
- Art der zu leistenden Dienste — 963 f, 1042 ff
- Befreiung — 1094 ff
- Grundsatz von Treu und Glauben — 1168 ff
- Inhalt — 958 ff
- Klage auf — 1089 ff
- Leistungstreuepflicht — 1171 f
- Leistungsversprechen — 1037 ff
- Leistungsverweigerung — 1101 ff, 1110 ff, 1123
- Maß der zu leistenden Dienste — 1052 ff
- Nichterfüllung — 1269 ff
- Ort der Arbeitsleistung — 958, 965 f, 1060 ff
- persönliche Verpflichtung — 1041
- Schlechterfüllung — 1282 ff
- Streikarbeit — 1049, 1104, 1155
- Suspendierung — 1148 ff, 1705 ff
- Unmöglichkeit — 1097 ff, 1108 f, 1557 ff
- Umfang der geschuldeten Dienstleistung — 1055 ff
- Zeit der Arbeitsleistung — 958, 966, 1064 ff
- Zurückbehaltungsrecht — 1118 ff
- Zwangsvollstreckung — 1090 ff
Arbeitsunfall — 1736
Arbeitsverhältnis
- AGB — 875 ff
- „einheitliches Arbeitsverhältnis" — 115
- Einheitsregelung — 877 ff
- Gehorsamspflicht des Arbeitnehmers — 958
- Gestaltungsfaktoren — 722 ff

– Gestellungsvertrag 187 ff, 360 ff
– Gruppenarbeitsverhältnis 168 ff
– Konzern 273 ff
– mittelbares Arbeitsverhältnis 163 ff
– Rangordnung der Gestaltungsfaktoren 727 f
– Ruhen des 1705 ff, 1161, 1567
– Tarifvertrag 753 ff
– verbandsrechtliche Sonderbeziehung 106 ff
Arbeitsvertrag
– Anfechtbarkeit
  s Anfechtung des
– Arbeitspflicht 1037 ff
– Form 370 ff
– Formnichtigkeit 711
– gesetzliche Formvorschriften 372 ff
– Grundsatz der Formfreiheit 370
– individualvertragliche Formvorschriften 398 ff
– Inhaltskontrolle 907 ff, 1033 ff
– Nebenpflichten des Arbeitnehmers
  s dort
– tarifvertragliche Formvorschriften 392 ff
Arbeitsvertragliche Einheitsregelung 882 ff
Arbeitsvölkerrecht 750
Arbeitszeit
– Arbeitsbereitschaft 1069 ff
– Arbeitszeitkonto 1079 ff
– Bereitschaftsdienst 1069 ff
– Dauer 1064 ff
– Differenzierung und Flexibilisierung 1067
– Kurzarbeit 1075 ff
– Lage 1064 ff
– Mehrarbeit 1075 ff
– öffentlich-rechtlicher Arbeitszeitschutz 1068
– Pausen 1065, 1070
– Rufbereitschaft 1072
– Teilzeitarbeit 1082 ff
– Verlängerung 1088
Arzt 1866 ff
Assessment-Center 614
Aufrechnung gegen den Lohnanspruch 1611 ff
Aufwendungsersatz 1740 ff
Ausbildungsbeihilfe 1523 ff
Ausbildungsverhältnis 297 ff
Ausgleichsquittung 1679 ff
Auskunfts- und Anzeigepflichten 1247 ff
Ausländische Arbeitnehmer 549, 569, 629 ff, 721
Auslösung 1063, 1472, 1756

Ausschlussfrist 915, 1646, 1653 ff
– Antidiskriminierungsrecht 506 ff
– Mobbing 1800
– Nachweisgesetz 380 f, 385
Außenarbeitnehmer 241
Außertarifliche Arbeitnehmer 229
Aussperrung 1329 ff
Auswahlfreiheit 364, 410 ff, 515 ff
– Abschlussgebote 518 ff
– Antidiskriminierungsrecht 416 ff
– Zugang zu öffentlichen Ämtern 515 ff
Auswahlrichtlinien 515 ff

Beamte 334 ff
Bedienungsgeld 1436 ff
Befristung
– auf Regelrenteneintrittsalter 475
– Diskriminierungsverbot (§ 4 Abs 2 TzBfG) 1389
– Mangold 743 ff
– Schriftform 372 ff, 390
– Teilbefristung 930 ff
Bereitschaftsdienst 1069 ff
Bergbau 324 f
Bergmannversorgungsschein 524
Berufsausbildungsvertrag 126
– Abschlussverbot 550
– Befristung 373
– Form 373, 387
– Rückzahlungsvorbehalt 1529
Beschäftigter 12
Beschäftigungsanspruch 1694 ff
Beschäftigungspflicht
– Inhalt 1700 ff
– Rechtsgrundlage 1694 ff
Beschäftigungsverbot 546 ff, 605 ff, 1160
Betrieb 247 ff
Betriebliche Altersversorgung
– Abfindbarkeit 1544
– Anwendbarkeit des AGG 435
– Begriff 1538
– Grundformen 1540 f
– Insolvenzsicherung 1546
– Mitbestimmung des Betriebsrats 1548 ff
– Ruhestandsverhältnis 1545
– Versorgungsanwartschaften 1541
– Versorgungszusage 1542
Betriebliche Übung 969 ff
– Anfechtbarkeit 996 ff

- Beendigung — 992 ff
- Begriff — 969
- bei Gratifikation — 1504
- Bindungswirkung — 970 ff
- Freiwilligkeitsvorbehalt — 983
- irrtümliche — 976
- öffentlicher Dienst — 987 f
- Schriftformklausel — 395, 982
- Widerrufsvorbehalt — 984

Betriebsbuße — 1296
Betriebsgruppe — 170 ff
Betriebsnormen — 780 ff
Betriebsrat — 854 ff
- Arbeitsbefreiung — 1822
- Mitbestimmung
  s Mitbestimmung des Betriebsrates
- Verbot parteipolitischer Betätigung — 1241 ff

Betriebsübung
  s Betriebliche Übung

Betriebs- und Geschäftsgeheimnisse
- Verschwiegenheitspflicht — 1201 ff

Betriebsvereinbarung — 835 ff
Betriebsverfassungsrechtliche Normen — 784 ff
Betriebszugehörigkeit — 474, 557, 1008 ff, 1545
Beurteilung des Arbeitnehmers — 1776 f
Bewerbungsunterlagen — 621 f
Bezugnahmeklausel — 892 ff, 903, 916 ff
BGB-Gesellschaft — 113, 124
Bonusmeilen — 1245
Bundesfreiwilligendienst — 343 f, 594 f

Charta der Grundrechte der EU — 14, 418, 499, 506, 578, 736, 744, 1387
Compliance — 1230 f

Datenschutz
- Datenverarbeitung und -nutzung — 616
- Fragerecht des Arbeitgebers — 558 ff
- im Arbeitsverhältnis — 1778 ff
- Persönlichkeitsschutz — 1771 f
- vor Beginn des Arbeitsverhältnisses — 561

Dienstberechtigter — 113 ff
- Abgrenzung zum Unternehmer — 114
- Begriff — 113 f
- bei Personen- oder Kapitalgesellschaft — 120
- Geschäftsfähigkeit — 122

Diensterfindung — 1223, 1260 ff
Dienstordnungs-Angestellte — 295 f
Dienstvereinbarung — 396 f, 871

Dienstverpflichteter — 123 ff
- Begriff — 123
- Geschäftsfähigkeit — 125 ff
- Mindestalter für Beschäftigung — 127
- Personen- oder Kapitalgesellschaft — 124
- Verbraucher — 128 ff

Dienstverschaffungsvertrag — 110

Dienstvertrag
- Abschluss — 363 ff
- Abschlussfreiheit — 364, 406 ff
- Anwendbarkeit der §§ 320 ff — 3, 1118, 1274
- Auswahlfreiheit — 364
- Formfreiheit — 364, 366 f
- Formvorschriften — 370 ff, 920 ff
- Schriftformklausel — 398 ff

Dienstwagen — 942, 946, 1405 ff, 1499, 1581
Differenzierung der Arbeitszeit — 1067 f
Direktionsrecht — 955 ff
- bei Arbeitnehmerüberlassung — 135, 157 ff
- bei Gruppenarbeit — 171, 181
- im Konzern — 282
- im Krankenhaus — 1876 f

Doppelarbeitsverhältnis — 649, 1196, 1840

Drittbeziehungen
- Arbeitsleistung an Dritte — 134 ff
- Arbeitsleistung durch Dritte — 139 f

Effektivklausel — 800
Eignungsuntersuchung — 605 ff
- ärztliche — 605 ff
- bei Jugendlichen — 608
- Genomanalysen — 611, 1781
- öffentlicher Dienst — 609

Eigengruppe — 176 ff
Ein-Euro-Jobber — 340 f
Eingliederung — 28, 31 ff
Eingliederungstheorie — 641
„einheitliches Arbeitsverhältnis" — 115
Einstandspflicht — 6 f

Einstellung
- Mitbestimmung — 411
- Richtlinien — 554 ff

Einzelverweisung — 830, 894
Entgeltgleichheit — 1380 ff
Entwicklungshelfer — 345
Equal-pay-Grundsatz — 151
Erhaltungsarbeiten — 1149 ff
essentialia negotii — 366 ff
Ethikrichtlinien — 1226, 1248

Europäische Sozialcharta	750
Europäisches Unionsrecht	735 ff
– Frustrationsverbot	737
– Richtlinien	737 ff
– richtlinienkonforme Auslegung	741 ff
– richtlinienkonforme Rechtsfortbildung	748, 1849 f
– Staatshaftung	739 f
Familienangehörige	347
Familienpflegezeit	1110 ff
Fehlerhaftes Arbeitsverhältnis	641 ff, 688 ff
– Anfechtung	657 ff
– Nichtigkeit	645 ff
Feiertagsbezahlung	1563 ff
– bei Arbeitszeitflexibilisierung	1574 f
– bei Kurzarbeit	1569, 1573
– im Arbeitskampf	1568
– im Erholungsurlaub	1567
– Lohnausfallprinzip	1571 ff
Flexibilisierung der Arbeitszeit	1067, 1079, 1574 f
Formfreiheit	364, 370 f
Formnichtigkeit	711
– Arglisteinwand	405, 711
Formvorschriften	372 ff
– AGB-Kontrolle	920 ff
– Arbeitsvertragsrichtlinien der Kirchen	402
– Betriebsvereinbarungen	396 f
– gesetzliche	372 ff
– Nachweisgesetz	379 ff
– tarifvertragliche	392 ff
– vertragliche	398 ff
Frachtführer	357
Fragerecht des Arbeitgebers	558 ff
– AGG	565
– bei früherem Arbeitgeber	1782 ff
– bzgl Alkohol-/Drogenabhängigkeit	592
– bzgl Alter	593
– bzgl arbeitsplatzbezogener Voraussetzungen	568 ff
– bzgl Behinderung	587
– bzgl Drogenabhängigkeit	592
– bzgl Einkommen und Vermögen	575 ff
– bzgl Gesundheitszustand	572 ff
– bzgl Gewerkschaftszugehörigkeit	580
– Konsequenzen für die Anfechtbarkeit des Arbeitsvertrags	670 ff
– Offenbarungspflicht des Arbeitnehmers	601 ff
– bzgl Parteizugehörigkeit	581
– bzgl persönlicher Lebensverhältnisse	579 ff
– bzgl Religions- oder Parteizugehörigkeit	581
– bzgl Schwangerschaft	584 ff
– bzgl Schwerbehinderteneigenschaft	587 ff
– bzgl Stasi-Mitarbeit	582
– bzgl Vermögen	575 ff
– bzgl Vorstrafen und Strafverfahren	596 ff
– bzgl Wehr- oder Zivildienst	594 f
– Datenschutz	561
– Eignungsuntersuchung	605 ff
– frühere Arbeitgeber	1782 ff
– Persönlichkeitsschutz des Arbeitnehmers	558 ff
– „Recht zur Lüge"	564
Franchising	362
Freiwilliges Ökologisches Jahr	346
Freiwilliges Soziales Jahr	346
Freiwillige Sozialleistungen	
– Begriff	1499 f
– Gratifikationen	1501 ff
Freiwilligkeitsvorbehalt	923 ff, 983, 1504
Fürsorgepflicht	1119, 1686 ff,
– Schutz eingebrachter Sachen	1757
– Schutz Leib/Gesundheit	1731 ff
– Schutz Persönlichkeitsrecht s Persönlichkeitsrecht des Arbeitnehmers	
– Schutz Vermögensinteressen	1758 f
Funktionsbeschreibungen	556
Gefahrgeneigte Arbeit s Haftung des Arbeitnehmers	
Gehilfenverhältnis	182 ff
Gehorsamspflicht des Arbeitnehmers	958
Gemeinsamer Betrieb	267 ff
Gemeinschaftsrecht s Europäisches Unionsrecht	
Genomanalysen (GenDG)	611, 1781
Gesamthafenbetrieb	185 f
Gesamtzusage	877 ff
Geschäftsfähigkeit	
– des Dienstberechtigten	122
– des Dienstverpflichteten	125 ff
– Empfangsberechtigung	1627
– Nichtigkeit des Arbeitsvertrages	645, 688, 712 ff
Geschäftsführer	351 ff

Geschlechterquote — 525
Gesellschaft bürgerlichen Rechts — 113, 124
Gesellschafter — 348 ff
Gestaltungsfaktoren
  s Arbeitsverhältnis
Gestellungsvertrag — 187 ff, 360 ff
Gesundheitsuntersuchungen — 1252 f
Gewerbliche Arbeitnehmer — 322 f
Gewissenskonflikt — 1103 ff
Gleichbehandlungsgrundsatz — 1001 ff
– Darlegungs- und Beweislast — 1031
– bei Gratifikation — 1506
– Geltungsbereich — 1008 ff
– Inhalt — 1017 ff
– rechtsdogmatische Begründung — 1001 ff
– Rechtsfolgen bei Verletzung — 1027 ff
Gleichordnungskonzern — 274
Gleichstellungsabrede — 832 f
Globalverweisung — 487, 830, 893
Graphologische Gutachten — 615
Gratifikationen — 1501 ff
– Begriff — 1501 ff
– betriebliche Übung — 1505
– Fehlzeiten — 1509
– Freiwilligkeitsvorbehalt — 1504 f
– Gleichbehandlungsgrundsatz — 1506
– Höhe — 1508
– Rückzahlungsvorbehalt — 1514 ff
– Stichtagsklausel — 1510 ff
Gruppenarbeitsverhältnis — 168 ff
Günstigkeitsprinzip
– Betriebsvereinbarung — 849
– kollektiver Günstigkeitsvergleich — 886, 994
– Tarifvertrag — 792 ff

Haftung des Arbeitnehmers — 1298 ff
Haftungsausschluss — 926 ff
Haftungsersetzung durch Versicherungs-
  schutz — 1733 ff
Handelsvertreter — 242, 1907 ff
Handlungsgehilfe — 322
Hausangestellte — 332
Haustürgeschäft (§ 312) — 130
Heimarbeit — 236, 239 ff
Herausgabepflichten — 1244 ff
Hochschullehrer — 335

Inhaltskontrolle von Arbeitsverträgen —
  904 ff, 1033 ff

Inhaltsnormen — 770 ff
Insolvenzgeld — 1622 f
Institutsvergütungsverordnung — 378, 391, 1397

Kapitalgesellschaft
– als Dienstberechtigter — 120
– als Dienstverpflichteter — 124
Karenzentschädigung — 1190
Kirche — 310 ff
Koalitionsfreiheit — 1803 ff
Kollektivverträge — 753 ff, 835 ff, 872 ff
Kommissionär — 357
Konkursausfallgeld
  s Insolvenzgeld
Kontoführungskosten — 1626
Kontrahierungszwang — 409 ff, 434, 527, 1086 f
Konzern — 273 ff
Konzernbetriebsrat — 277 f, 839, 1012
Künstler — 87, 333, 1928 ff
Kurzarbeit — 1075 ff, 1569, 1573

Land- und forstwirtschaftliche Arbeit-
  nehmer — 326 f
Leiharbeitsverhältnis —
  119, 141 ff, 388, 639, 826, 1155
Leistungspflicht — 6
Leistungstreuepflicht — 1171 ff
Leistungsversprechen — 2
Leistungsverweigerungsrecht
– Arbeitgeber — 1247
– Arbeitnehmer — 494, 1101 ff,
Leitende Angestellte — 211 ff
– Begriff — 216
– Haftung — 230
– historische Entwicklung — 212 ff
– kollektives Arbeitsrecht — 222 ff
Lohn
  s Vergütung
Lohnabtretung — 1607 ff
Lohnsicherung — 1579 ff
– Abtretungsverbot — 844, 1608 ff
– Aufrechnung — 1611 ff
– Geldleistungspflicht — 1580 ff
– Insolvenz des Arbeitgebers
  s Insolvenzgeld
– Lohnpfändung — 1585 ff
– Lohnverwendungsabreden — 1639 ff
– Verbot des Trucksystems — 1579 ff
– Verfügungsbeschränkungen — 1607 ff

– Zurückbehaltungsrecht _____ 1620 f
– Zwangsversteigerung und -verwaltung _____ 1624
Lohnwucher _____ 655
Loyalitätsobliegenheiten _____ 1173 ff

Mandantenschutzklausel _____ 1194
Mankohaftung _____ 927, 1289
Mehrarbeit _____ 1075 ff, 1250, 1460
– Überstundenzuschlag _____ 1462
Meinungsfreiheit des Arbeitnehmers _____ 1232 ff
Meldepflichten des Arbeitgebers _____ 719 ff
Mindestarbeitsbedingungsgesetz _____ 827
Mindestlohngesetz _____ 1341 ff
– Anwendungsbereich _____ 1348 ff, 1353
– Berechnung _____ 1354 ff
– Fälligkeit _____ 1365 ff
– Haftung _____ 1374
– Schutz _____ 1369 ff
– Übergangsregelungen _____ 1375 ff
– Zwecksetzung _____ 1343 ff
Mitbestimmung des Betriebsrates
– bei Betriebsbuße _____ 1296
– bei der Auszahlung des Lohns _____ 1626
– bei der betrieblichen Altersversorgung _____ 1550 ff
– bei der betrieblichen Lohngestaltung _____ 1481 ff
– bei Fragerecht des Arbeitgebers _____ 626 f
– bei Sozialeinrichtungen _____ 1548 ff
– bei Versetzung _____ 1050 f
Mitteilungspflichten des Arbeitgebers _____ 617
Mittelbares Arbeitsverhältnis _____ 163 ff
Mobbing _____ 1789 ff
Musiker _____ 207, 333, 1929

Nachweisgesetz _____ 379 ff
Nebenabreden
– Schriftform _____ 394 f
Nebenbeschäftigung _____ 1195 ff
Nebenpflichten des Arbeitnehmers _____ 1162 ff
– Auskunfts- und Anzeigepflichten _____ 1247 ff
– Beschränkung der Meinungsäußerung und politischen Betätigung _____ 1232 ff
– Herausgabepflichten _____ 1244 ff
– Leistungstreuepflicht _____ 1171 f
– Loyalitätsobliegenheiten _____ 1173 ff
– Schadensverhinderung _____ 1250 f
– Treuepflicht _____ 1162 ff
– Unterlassen einer Nebenbeschäftigung _____ 1195 ff

– Unterlassen von Wettbewerb _____ 1176 ff
– Verbot der Annahme von Schmiergeld _____ 1225 ff
– Verschwiegenheitspflicht _____ 1201 ff
Nebentätigkeit _____ 1195 ff
Nichtigkeit des Dienst- oder Arbeitsvertrags _____ 645 ff
– Verstoß gegen die guten Sitten _____ 651 ff, 718
– Verstoß gegen ein gesetzliches Verbot _____ 646 ff, 715 ff
– Rechtsfolgen der Nichtigkeit _____ 688 ff, 701 ff
Nichtleistung der Arbeit _____ 1269 ff, 1554 ff
Notar _____ 155 ff, 1901

Öffentlicher Dienst
– Beschränkung der Meinungsäußerung und politischen Betätigung _____ 1234 ff
– Offenbarungspflicht des Arbeitnehmers _____ 601 ff
– Verschwiegenheitspflicht _____ 1204
– Zugang zu öffentlichem Amt _____ 515 ff, 525
Organmitglied _____ 351 ff

Personalakten _____ 1763 ff
– Berichtigungsanspruch _____ 1769 f
– Einsichtsrecht _____ 1766 f
– Erklärungen des Arbeitnehmers _____ 1768
Personalfragebogen _____ 627, 671, 862, 1457
Personengesellschaft
– als Dienstberechtigter _____ 113, 120
– als Dienstverpflichteter _____ 124, 176 ff
Persönlichkeitsrecht des Arbeitnehmers _____ 558 ff, 1760 ff
– Auskunftserteilung über den Arbeitnehmer _____ 1782 ff
– Beurteilung des Arbeitnehmers _____ 1776 f
– Datenschutz _____ 1778 ff
– Einsicht in die Personalakten _____ 1763 ff
– Genomanalysen (GenDG) _____ 561, 611, 1781
– Mobbing _____ 1789 ff
– Schutz _____ 1760 ff
– Zeugnisanspruch _____ 1775
Pfändung des Arbeitsentgelts _____ 1585 ff
Pflegezeit _____ 1110 ff
Praktikant _____ 132, 301 ff, 382, 426, 1349
Prämienlohn _____ 1426 ff, 1493 f
Privatautonomie _____ 364
Prostitutionsvertrag _____ 652
Provision _____ 1433 ff, 1493 f

Recht auf Arbeit _____ 415
Rechtsanwalt _____ 114, 356, 1895 ff
Rechtsverordnungen _____ 751 f
Reisekosten _____ 1748
Religionsgemeinschaft _ 307, 311 ff, 461, 467 ff
Richter _____ 334 ff, 427, 1159
Rot-Kreuz-Schwester _____ 109 ff, 188 ff
Rückzahlungsklausel
  s Rückzahlungsvorbehalt
Rückzahlungsvorbehalt
– Ausbildungskosten _____ 1524 ff
– Gratifikation _____ 1514 ff
– Lohnüberzahlung _____ 1642 ff
– Rabatt _____ 1401
– Umzugskosten _____ 1743
Rufbereitschaft _____ 1069 ff
Ruhen des Arbeitsverhältnisses _____ 1161, 1567
Rundfunkmitarbeiter _____ 41, 62 ff, 308 ff

Schadenspauschalisierung _____ 940, 1297
Schadensverhinderungspflicht _____ 1250 f
Schiffsbesatzungen _____ 328 ff
Schlechterfüllung der Arbeitspflicht _____ 1282 ff
Schmiergeld _____ 1225 ff
Schriftform _____ 372 ff
– Nebenabreden _____ 394 f
Schwangerschaft
– als Anfechtungsgrund _____ 666
– Anzeigepflicht _____ 1247
– Diskriminierung wegen _____ 440
– Frage nach _____ 584 ff
Schwarzgeldabrede _____ 648, 1630
Schwerbehinderung
– Abschlussgebot _____ 521 ff
– als Anfechtungsgrund _____ 667
– Anzeigepflicht _____ 601
– Beschäftigungsanspruch _____ 1701
– Diskriminierung wegen _____ 462
– Frage nach _____ 587 ff
– Offenbarungspflicht _____ 601
– Teilzeitanspruch _____ 1087
– Zusatzurlaub _____ 1833, 1851
Sexuelle Belästigung _____ 439, 448 f, 494, 1762
Sittenwidrigkeit des Arbeitsvertrages _____
_____ 651 ff, 718
Soldaten _____ 334 ff, 427
Sonderverbindung _____ 6
Sondervergütungen _____ 1499 ff
– Ausbildungsbeihilfen _____ 1523 ff

– Gratifikationen
  s Gratifikationen
– vermögenswirksame Leistungen _____ 1522
Sonn- und Feiertagsarbeit
– Vergütungszuschläge _____ 1466 ff
Sozialeinrichtung _____ 1482, 1495 ff, 1550 ff
Sozialplan _____ 278, 474, 853, 855, 857, 1062
Spediteur _____ 357
Sprecherausschussgesetz _____ 222
Stellenausschreibung _____ 466, 478, 556 f
Stellenbeschreibung _____ 556
Steuerberater _____ 1918 ff
Strafgefangene _____ 339
Streik _____ 1130 ff
Streikarbeit _____ 1049, 1104, 1155

Tantieme _____ 1440
Tarifdispositives Recht _____ 728, 758 f, 846, 1521
Tariföffnungsklauseln
  s Tarifdispositives Recht
Tarifvertrag _____ 753 ff
– Abschluss _____ 763
– Abschlussnorm _____ 773 ff
– Allgemeinverbindlicherklärung _____ 820 ff
– Anrechnungsklausel _____ 802
– betriebliche Übung _____ 989
– Betriebsnorm _____ 780 ff
– Betriebsverfassungsnorm _____ 784 ff
– Bezugnahmeklausel 828 ff, 891 ff, 903, 916 ff
– Effektivklausel _____ 800
– Günstigkeitsprinzip _____ 792 ff
– Inhaltsnorm _____ 770 ff
– Nachbindung _____ 767
– Nachwirkung _____ 816
– Parteien _____ 761 f
– Tariffähigkeit _____ 761
– Tarifgebundenheit _____ 764 ff
– Unverzichtbarkeit _____ 805 ff
– Verdienstsicherungsklausel _____ 803
– Verwirkung _____ 808
– Wirkung _____ 790 ff
– Zulassungsnorm _____ 783
Teilbefristung _____ 930 ff
Teilkündigungsrecht _____ 947
Teilverweisung _____ 830, 895
Teilzeitarbeit
– Anspruch auf _____ 1082 ff
– Bedeutung für Arbeitnehmereigen-
  schaft _____ 97 ff

– Gleichbehandlungsgebot	1020
Telearbeit	104 f, 241
Tendenzautonomie	62 ff, 306
Tendenzunternehmen	308, 1174
Treuepflicht	1162 ff
Treu und Glauben	
– Formnichtigkeit	405, 711
– Pflichten des Arbeitnehmers	1168 ff
Trinkgeld	1226, 1358, 1400, 1436, 1584
Trucksystem	1579 ff
Übertarifliche Arbeitsbedingungen	799 ff
ultima-ratio-Prinzip	479, 1141 f
Umgruppierung	856, 864, 869
Umzugskosten	1743
Unfallverhütungsvorschriften	752
Unmöglichkeit der Arbeitsleistung	
	1097 ff, 1269 ff, 1557 ff
Unternehmen	259 ff
Unternehmer, Abgrenzung zum Arbeitgeber	114
Unterordnungskonzern	274
Urheberrecht	1265 ff
Urlaub	
– Anspruchsberechtigung	1834
– Begriff und Formen	1821 ff, 1828 ff
– Bildungsurlaub	734, 1826
– Dauer	1835 f
– Erlöschen	1846 ff
– Erteilung	1837 ff
– Rechtsgrundlagen des Erholungsurlaubs	1828 ff
– Sicherung des Erholungszwecks	1852
– tarifvertragliche Regelung	1863
– Urlaubsabgeltung	1859 ff
– Urlaubsentgelt	1855 ff
Verbesserungsvorschläge	1257 ff, 1263 f
Verbraucher, Arbeitnehmer als	128 ff, 889
Verdienstsicherungsklausel	803
Vergütung	
– Abrechnung	1673 ff
– Abschlagszahlung	1534
– Akkordlohn	1414 ff
– Aktienkursorientierte	1441 f
– Annahmeverzug	1559 ff
– Anrechnung	1636 f
– Arbeitnehmerentsendung	1391 ff
– Arbeitnehmerüberlassung	1391 ff

– Art	1317 ff
– Ausschlussfrist	380, 1653 ff
– Bedienungsgeld	1436 ff
– Empfangsberechtigung	1627 f
– Erfüllung	1625 f
– Fälligkeit	1322 f
– Feiertagslohn	1563 ff
– freiwillige Sozialleistungen s dort	
– Geldlohn	1398 f
– Gleichheit	1380 ff
– Höhe	1317 ff
– Leiharbeit	1391 ff
– Leistungslohn	1411 ff
– Leistungsort	1324 f
– Leistungsstörungen	1268 ff
– Lohnabzüge	1629 ff
– Lohnanrechnung	1636 f
– Lohneinbehaltung	1634 f
– Lohnschiebung	1604 ff
– Lohnsicherung	1579 ff
– Lohnüberzahlung	1642 ff
– Lohnverschleierung	1604 ff
– Lohnverwendungsabreden	1639 ff
– Lohnverwirkung	1638
– Lohnverzicht	1668 ff
– Lohnzahlungsklage	1685
– Mindestlohn	1341 ff
– Mitbestimmung des Betriebsrats	1481 ff
– Naturallohn	1399 ff, 1402 ff
– Nettolohn	648, 1630 ff
– Nichtleistung der Arbeit	1554 ff
– Ort	1324 f
– Prämienlohn	1426 ff
– Provision	1433 ff
– Quittung und Ausgleichsquittung	1677 ff
– Rabatte	1401
– Sondervergütungen	1499 ff
– Tantieme	1440
– Teilzeitbeschäftigte	1388 ff
– Tronc	1226, 1437
– Überstundenvergütung	1459 ff
– Übertragbarkeit des Vergütungsanspruchs	1607 ff
– Urlaub	1562
– Vergütungszuschläge	1458 ff
– Verjährung	1647 ff
– vermögenswirksame Leistungen	1522

- Verwirkung des Lohnanspruches _____
  _____ 1638, 1665 ff
- Vorschuss _____ 1533, 1750
- Widerruf _____ 941 ff
- Zahlung _____ 1625 ff
- Zeit _____ 1322 f
- Zeitlohn _____ 1409 f
- Zielvereinbarungen _____ 1443 ff
- Zulagen
  s Vergütungszuschläge
Vergütungspflicht _____ 1307 ff
- Begriff und Rechtsnatur _____ 1308 ff
- Gegenseitigkeitsverhältnis _____ 1313 ff
Vergütungszuschläge _____ 1458 ff
- Anwesenheitsprämie _____ 1476 ff
- Erschwerniszulage _____ 1472
- Funktionszulage _____ 1473
- Leistungszulage _____ 1471
- Nachtarbeitszuschlag _____ 1466 ff
- Sozialzulage _____ 1474 f
- Überstundenzuschlag _____ 1459 ff
- Zuschlag für Sonn- und Feiertagsarbeit _____ 1466 ff
Verjährung _____ 1647 ff
Verlagsvertrag _____ 1930
Verschwiegenheitspflicht _____ 1201 ff
- im bestehenden Arbeitsverhältnis _____ 1201 ff
- nachvertragliche _____ 1214 ff
- öffentlicher Dienst _____ 1204
- vertragliche Abänderung _____ 1205, 1215
Versetzung
- AGB-Kontrolle _____ 937 ff
- Anspruch auf Versetzung _____ 1799
- Begriff _____ 1047 ff
- Mitbestimmung des Betriebs- bzw Personalrats _____ 1050 f
- Weisungsrecht _____ 963, 965
Vertragsstrafe _____ 903, 940, 1290 ff
Verweisung auf Tarifvertrag
- Bezugnahme _____ 892 ff, 916 ff
- und AGB _____ 892 ff
Verzugszinssatz _____ 129, 1685
Volontär _____ 301 ff
Vorschuss _____ 1533, 1750

Vorstand _____ 351 ff, 1396 f
Vorstellungskosten _____ 623 ff, 1748
Vorstrafen
- als Anfechtungsgrund _____ 664
- Frage nach _____ 596 ff
Vorvertrag _____ 371, 534, 1190
Weisungsgebundenheit _____ 34 ff
Weisungsrecht
  s Direktionsrecht
Weiterbeschäftigungsanspruch
- allgemeiner _____ 529, 1716 ff
- nach Betriebsverfassungsrecht _____ 528, 1714 f
Werk(miet)wohnung _____ 1403 f, 1482, 1550
Werkstudent _____ 301 ff
Wettbewerbsverbot
- im bestehenden Arbeitsverhältnis _____ 1176 ff
- Frage nach _____ 570
- nachvertragliches _____ 1188 ff
- Schriftform _____ 389, 1190
Whistleblower _____ 1207 ff, 1233
Widerrufsrecht _____ 130
Widerrufsvorbehalt _____ 941
- Abgrenzung zu Freiwilligkeitsvorbehalt _____ 923, 941
- AGB-Kontrolle _____ 942 ff
- Urlaubserteilung _____ 1843
Wiedereingliederungsverhältnis _____ 342
Wirtschaftsprüfer _____ 1924 ff
Wucher _____ 655 f, 718
Zeugnisanspruch _____ 1775
Zielvereinbarung _____ 1045, 1443 ff
Zivildienstleistende _____ 343 f, 594 f
Zulassungsnorm _____ 783
Zurückbehaltungsrecht
- Arbeitsentgelt _____ 1620 f
- Arbeitsleistung _____ 1118 ff
Zwangsvollstreckung
- der Verpflichtung zur Arbeitsleistung _____ 1090 ff
- Lohnpfändungsschutz _____ 1585 ff
Zweitarbeitsverhältnis
  s Doppelarbeitsverhältnis

Titel 8 · Dienstvertrag und ähnliche Verträge
Untertitel 1 · Dienstvertrag § 611

A. Rechtsdogmatische Bedeutung der Bestimmung

I. Festlegung der vertragstypischen Pflichten

§ 611 Abs 1 enthält die **Anspruchsnorm** für die Erfüllung des Leistungsversprechens, 1
das durch den Dienstvertrag zwischen den Parteien verbindlich wird: Derjenige, der
Dienste zusagt, wird zur **Leistung der versprochenen Dienste**, der andere Teil zur
Gewährung der vereinbarten Vergütung verpflichtet. Nach Abs 2 können Gegenstand
des Dienstvertrags Dienste jeder Art sein. Die dem römischen Recht entstammende
Unterscheidung zwischen *operae liberales* und *operae illiberales* ist aufgegeben (s Vorbem 11 zu §§ 611 ff). Durch die Neubekanntmachung des Bürgerlichen Gesetzbuchs
aufgrund des Schuldrechtsmodernisierungsgesetzes vom 26. 11. 2001 (BGBl I 3138)
erhielt die Bestimmung die Überschrift „Vertragstypische Pflichten beim Dienstvertrag".

1. Erbringung von Dienstleistungen

Der Dienstvertrag ist der Vertragstyp für die privatautonome Gestaltung von 2
Rechtsverhältnissen zur Erbringung menschlicher Arbeit. Er liegt stets vor, wenn
das Leistungsversprechen sich in der Zusage von Diensten erschöpft. Damit bildet er
den Vertragstyp, durch den menschliche Arbeit selbst zum Gegenstand des Rechtsverkehrs wird. Beschränkt die Zusage sich nicht auf die Leistung der versprochenen
Dienste, sondern wird ein durch Arbeit oder Dienstleistung herbeizuführender Erfolg geschuldet, so handelt es sich um einen Werkvertrag (zur Abgrenzung s Vorbem 23 ff,
62 ff zu §§ 611 ff). Regelmäßig erschöpft der Dienstvertrag sich nicht in der Erbringung
einer bestimmten, durch ihren Gegenstand abgrenzbaren Dienstleistung, sondern
für die Leistung der versprochenen Dienste hat das zeitliche Moment essentielle
Bedeutung (s Vorbem 43 ff zu §§ 611 ff). Durch dieses Element wird im Allgemeinen
eine Dauerbeziehung begründet, bei der regelmäßig die Voraussetzungen erfüllt
sind, den Normenkomplex des Arbeitsrechts anzuwenden (zum Arbeitnehmerbegriff
als Anknüpfung für die Geltung des Arbeitsrechts s Rn 10 ff).

2. Gegenseitiger Vertrag

Da die Entgeltlichkeit der Dienstleistung „für den Dienstvertrag wesentlich" ist 3
(Mot II 459), ist der Dienstvertrag ein **gegenseitiger Vertrag**. Er gehört zu den Austauschverträgen, auf die die §§ 320 ff Anwendung finden.

Bei einem gegenseitigen Vertrag sind die beiderseitigen Leistungspflichten „der 4
Entstehung nach durcheinander bedingt" (so die treffende Umschreibung des genetischen
Synallagmas durch O vGIERKE, Deutsches Privatrecht III [1917] 295). Für den Dienstvertrag
gilt jedoch die Besonderheit, dass der Tatbestand eines rechtsgeschäftlichen Leistungsversprechens nur für die Verpflichtung zur Dienstleistung vorliegen muss. Für
die Pflicht zur Gewährung der Vergütung kann dagegen die Willenserklärung, durch
die eine Zusage erfolgt, fehlen, wenn die Dienstleistung den Umständen nach nur
gegen eine Vergütung zu erwarten ist; denn in diesem Fall gilt eine Vergütung als
stillschweigend vereinbart (§ 612 Abs 1; s dort Rn 4 ff).

3. Der Vertrag als causa für die Erbringung der versprochenen Dienste und die Gewährung der Vergütung

5 Der rechtliche Grund, die causa, für die Leistung der versprochenen Dienste und die Gewährung der Vergütung ist der Vertrag. Auch bei einem Arbeitsverhältnis bildet er die causa für den Leistungsvollzug. Im Arbeitsrecht bestehen zwar eine Vielzahl von Gestaltungsfaktoren, die den Inhalt der Rechtsbeziehungen festlegen, insbesondere sind weitgehend tarifvertragliche Bestimmungen maßgebend. Für die Erbringung der Leistungen aus dem Arbeitsverhältnis bildet aber allein der Vertrag zwischen dem Arbeitgeber und dem einzelnen Arbeitnehmer die causa, nicht Gesetz, Tarifvertrag oder Betriebsvereinbarung.

4. Wesensverschiedenheit der rechtsgeschäftlichen Leistungspflicht gegenüber der Einstandspflicht für Schäden im Vermögen des Gläubigers

6 Der Dienstvertrag begründet nicht nur eine rechtsgeschäftliche Leistungsverpflichtung, sondern – wie bei jedem Schuldvertrag – entsteht zwischen den Vertragsparteien auch eine **Sonderverbindung**, durch die über die allgemeine, zwischen jedermann geltende Rechts- und Güterverteilung hinaus, wie sie im Deliktsrecht geschützt wird, dem Schuldner eine Einstandspflicht für von ihm verursachte Schäden im Vermögen des Gläubigers auferlegt wird (vgl zur Unterscheidung zwischen rechtsgeschäftlicher Leistungs- und gesetzlicher Schadensersatzverpflichtung PICKER AcP 183 [1983] 369 [393 ff, 460 ff]). **Leistungspflicht** und **Einstandspflicht** sind **wesensverschieden**; denn nur die Leistungspflicht hat ihren materiellen Rechtsgrund in dem rechtsgeschäftlichen Leistungsversprechen, während die Einstandspflicht für die vermögensrechtliche Integrität des Vertragspartners „ohne und sogar gegen den Willen des Haftenden eintritt" (PICKER AcP 183 [1983] 369). Diesen Unterschied spiegelt § 241 Abs 2 iVm § 311 Abs 2 und 3 wider: Soweit das Schuldverhältnis nach seinem Inhalt jeden Teil zur Rücksicht auf die Rechte, Rechtsgüter und Interessen des anderen Teils verpflichten kann, wird für die Begründung dieses Pflichtenkreises vom Vertragstatbestand abgesehen.

7 Für das **Arbeitsverhältnis** gilt insoweit keine Besonderheit. Die Erkenntnis einer Irrelevanz des Rechtsgeschäfts für alle Haftungen wegen Integritätsverletzungen bewährt sich vielmehr im Gegenteil gerade für die rechtsdogmatische Erklärung der Haftung im Arbeitsverhältnis. Die Verbindlichkeit des Leistungsversprechens beruht auf der Willenserklärung als einem Akt privatautonomer Rechtsetzung. Für den Inhalt der Leistungspflicht ist deshalb maßgebend, was der Arbeitnehmer rechtsgeschäftlich übernommen hat; fehlt insoweit die rechtsgeschäftliche Festlegung, ist maßgebend, was die im Verkehr erforderliche Sorgfalt gebietet. Bei Integritätsverletzungen geht es dagegen nicht um die Erfüllung eines Leistungsversprechens, sondern um eine Einstandspflicht. Für sie sind Kriterien maßgebend, die der Besonderheit einer Beschäftigung im Arbeitsverhältnis Rechnung tragen müssen (s die ausführliche Darstellung unter STAUDINGER/RICHARDI/FISCHINGER [2016] § 619a Rn 28 ff).

II. Der Dienstvertrag als Modell des Vertrags zur Begründung eines Arbeitsverhältnisses

8 Vor dem Schuldrechtsmodernisierungsgesetz, das in § 310 Abs 4 S 2 mit der einschränkenden Formel einer angemessenen Berücksichtigung der „im Arbeitsrecht geltende Besonderheiten" das Recht der Allgemeinen Geschäftsbedingungen, wie es dort heißt, auf „Arbeitsverträge" erstreckte, hatte erst durch das Teilzeit- und Befristungsgesetz vom 21. 12. 2000 der Arbeitsvertrag als Begriff in das BGB Eingang gefunden, also mehr als 100 Jahre nach dessen Inkrafttreten. In § 620 Abs 3 war als Verweisungsbestimmung eingefügt worden, dass für „Arbeitsverträge, die auf bestimmte Zeit abgeschlossen werden", das Teilzeit- und Befristungsgesetz gilt. Ansonsten blieb es in den §§ 611 bis 630 beim „Dienstvertrag", obwohl das Dienstvertragsrecht des BGB, wie man schon früh erkannt hat, nicht für jeden Vertrag über eine Dienstleistung passt, sondern einen Dienstvertrag voraussetzt, bei dem im Allgemeinen ein Arbeitsverhältnis vorliegt (vgl bereits MOLITOR, Wesen des Arbeitsvertrages 71 ff). Die Bestimmungen des Dienstvertragsrechts sind „in ihrer Mehrheit auf Arbeitsverhältnisse zugeschnitten, sodass der freie Dienstvertrag vernachlässigt wird" (WENDEHORST AcP 206 [2006] 205 [223]). Die Bezeichnung „Arbeitsverhältnis" enthalten nur Bestimmungen neueren Datums. So gelten, wie ausdrücklich bestimmt ist, nur für Arbeitsverhältnisse die §§ 612a, 613a, 615 S 3, 619a und § 622 sowie die durch das Allgemeine Gleichbehandlungsgesetz aufgehobenen §§ 611a, 612 Abs 3. Schließlich gelten, wie es im Gesetzestext heißt, §§ 629, 630 S 1 bis 3 für ein „dauerndes Dienstverhältnis". Speziell bezogen auf ein „Dienstverhältnis, das kein Arbeitsverhältnis im Sinn des § 622 ist", sind nur die §§ 621, 627 (vgl auch WENDEHORST AcP 206 [2006] 205 [233]).

Wie wenig man auf kodifikatorische Geschlossenheit Wert legt, zeigt § 630 Satz 4, **9** der für die Pflicht zur Zeugniserteilung nicht die dort in Satz 1 bis 3 getroffene Regelung genügen lässt, sondern anordnet, dass § 109 GewO Anwendung findet, wenn der zur Dienstleistung Verpflichtete ein Arbeitnehmer ist. Mit dieser Verweisung berücksichtigt der Gesetzgeber, dass er in §§ 105 bis 110 GewO allgemeine arbeitsrechtliche Grundsätze für das Arbeitsvertragsrecht kodifiziert hat, deren Geltung nicht, wie es die gesetzessystematische Einordnung nahelegt, auf Einrichtungen beschränkt ist, die unter die Gewerbeordnung fallen, sondern § 6 Abs 2 GewO ordnet ausdrücklich an, dass sie auf alle Arbeitnehmer Anwendung finden. Die verfehlte Verlagerung in die Gewerbeordnung kann nur damit erklärt werden, dass es historisch die Gewerbeordnung war, die in § 105 die rechtliche Grundentscheidung für den freien Arbeitsvertrag in Handel und Gewerbe getroffen hatte (s Vorbem 104, 152 zu §§ 611 ff).

B. Der Arbeitnehmerbegriff als Anknüpfung für die Geltung des Arbeitsrechts

I. Zweckbestimmung des Arbeitnehmerbegriffs

Das Arbeitsrecht umfasst nicht das Recht der Arbeit für andere schlechthin, sondern **10** es enthält „das Recht der Arbeit nur insoweit, als es Arbeitnehmer betrifft" (so die Formulierung von SINZHEIMER, Grundzüge des Arbeitsrechts [1927] 4). Im Arbeitnehmerbegriff spiegeln sich deshalb Begriff und Anwendungsbereich des Arbeitsrechts wider.

II. Arbeitnehmerbegriff im Gesetzesrecht

1. Gebrauchsbegriff

11 Das BGB verwendet den Begriff des Arbeitnehmers ausdrücklich in §§ 612a, 613a Abs 1, 4–6, 619a, 630 S 4, ohne jedoch seine Bedeutung zu erläutern. § 622 Abs 1 enthält ihn in einem Klammerzusatz als Oberbegriff für Arbeiter und Angestellte. Entsprechend definiert eine Vielzahl von Gesetzen Arbeitnehmer iS ihrer Regelung als „Arbeiter und Angestellte einschließlich der zu ihrer Berufsausbildung Beschäftigten" (so § 2 Abs 2 ArbZG, § 17 Abs 1 S 1 BetrAVG; ähnlich § 2 S 1 BUrlG, § 5 Abs 1 S 1 ArbGG). § 5 Abs 1 S 1 BetrVG enthält die Bestimmung: „Arbeitnehmer (Arbeitnehmerinnen und Arbeitnehmer) im Sinne dieses Gesetzes sind Arbeiter und Angestellte einschließlich der zu ihrer Berufsausbildung Beschäftigten, unabhängig davon, ob sie im Betrieb, im Außendienst oder mit Telearbeit beschäftigt werden." Diese formal als Legaldefinition gestalteten Begriffsbestimmungen enthalten nur eine Umschreibung der Personen, die als Arbeitnehmer iS der Gesetzesregelung anzusehen sind. Sie sind völlig nichtssagend. Nur eine Legaldefinition, wer selbstständig ist, enthält § 84 Abs 1 S 2 HGB seit dem Gesetz zur Änderung des HGB (Recht der Handelsvertreter) vom 6. 8. 1953 (BGBl 771): „Selbständig ist, wer im Wesentlichen frei seine Tätigkeit gestalten und seine Arbeitszeit bestimmen kann." Nach Ansicht des BAG können diese Kriterien über den unmittelbaren Anwendungsbereich hinaus „auch auf andere Mitarbeiter in vergleichbarer Lage angewendet werden" (BAG 15. 3. 1978 – 5 AZR 819/76, AP Nr 26 zu § 611 BGB Abhängigkeit; st Rspr, vgl BAG 20. 7. 1994 – 5 AZR 627/93, BAGE 77, 226 [232 f]). Man ist sich jedoch darin einig, dass dadurch nur der selbstständige Handelsvertreter von dem mit gleichen Aufgaben betrauten Angestellten abgegrenzt werden soll, wobei die Vorschrift sogar insoweit nicht als abschließend angesehen wird (vgl ausführlich STOLTERFOHT, Die Selbständigkeit des Handelsvertreters [1973]).

12 Neuere Spezialkodifikationen verwenden häufig den Begriff der **Beschäftigten** als Oberbegriff, unter den nicht nur Arbeitnehmer(-innen), sondern auch zu ihrer Berufsausbildung Beschäftigte sowie häufig arbeitnehmerähnliche Personen fallen (zB § 6 Abs 1 AGG, § 3 Abs 11 BDSG, § 3 Nr 12 GenDG, § 7 Abs 1 PflegeZG); die Unterbegriffe Arbeitnehmerinnen und Arbeitnehmer werden dabei nicht definiert.

13 Die Notwendigkeit, Arbeitnehmer und Selbstständige voneinander abzugrenzen, besteht auch im Sozial- und Steuerrecht. Maßgebend für die Versicherungspflicht in der **Sozialversicherung** ist aber der Begriff der Beschäftigung, in § 7 Abs 1 S 1 SGB IV als „nichtselbständige Arbeit, insbesondere in einem Arbeitsverhältnis" definiert. Daraus folgt, dass sich der sozialrechtliche Beschäftigtenbegriff nicht mit dem arbeitsrechtlichen Arbeitnehmerbegriff decken muss (vgl zB BSG 17. 10. 1990 – 11 BAr 3990). Im **Steuerrecht** geht es um die Abgrenzung von Einkünften aus selbstständiger und aus nichtselbstständiger Arbeit (§§ 18, 19 EStG). In diesem Zusammenhang definiert für das Lohnsteuerrecht § 1 Abs 1 S 1 LStDV Arbeitnehmer als „Personen, die in öffentlichem oder privatem Dienst angestellt oder beschäftigt sind oder waren und die aus diesem Dienstverhältnis oder einem früheren Dienstverhältnis Arbeitslohn beziehen". Die Definition steht hier aber ausschließlich unter der Zielsetzung des Steuerrechts. Die drei Teilrechtsdisziplinen können somit durchaus im Einzelfall zu unterschiedlichen Resultaten gelangen.

Der Arbeitnehmerbegriff wird schließlich in zahlreichen Rechtsvorschriften des **14 Gemeinschaftsrechts der Europäischen Union** (zB Art 45 AEUV, Art 27 ff Charta der Grundrechte der Europäischen Union) verwendet, ohne auch dort bisher eine Legaldefinition erhalten zu haben (vgl Wank, Scheinselbständigkeit 32 ff). Da für den Arbeitnehmerbegriff des Unionsrechts dessen Zielsetzung maßgebend ist, kann er schon aus diesem Grund nicht auf das deutsche Recht übertragen werden, für das wesentlich ist, ob ein Beschäftigungsverhältnis öffentlich-rechtlicher oder privatrechtlicher Natur ist. Notwendig ist vielmehr nur, dass bei Geltung des Unionsrechts der Arbeitnehmerbegriff des deutschen Rechts dem jeweils einschlägigen unionsrechtlichen Arbeitnehmerbegriff angepasst werden muss (so zutreffend Wank, Scheinselbständigkeit 38).

2. Gesetzgebungsvorschläge

Die von der Bundesregierung im November 1970 eingesetzte **Arbeitsgesetzbuch- 15 kommission** hatte in ihrem Entwurf eines Allgemeinen Arbeitsvertragsrechts keinen Regelungsvorschlag für die Definition des Arbeitnehmerbegriffs gemacht, weil sie der Auffassung war, „dass der Begriff des Arbeitnehmers in einem vorausgehenden Buch ‚Allgemeine Vorschriften' geregelt werden sollte" (Arbeitsgesetzbuchkommission, Entwurf eines Arbeitsgesetzbuches – Allgemeines Arbeitsvertragsrecht [1977] 20). Der **Professorenentwurf eines Arbeitsvertragsgesetzes** (Verhandlungen des 59. DJT [1992] I/D) hatte sogar davon abgesehen, eine Legaldefinition zu empfehlen. An der Spitze seines Regelungsvorschlags steht, dass das Arbeitsverhältnis nach dem Grundsatz der Vertragsfreiheit durch den Arbeitsvertrag begründet wird. Bei dessen Umschreibung ist bewusst davon abgesehen worden, dass die vereinbarte Arbeit, wie es in § 3 S 2 AVE 1977 heißt, „unter Leitung und nach Weisung des Arbeitgebers" zu leisten sei. Dies ist nämlich für die Annahme eines Arbeitsverhältnisses keine Begriffsnotwendigkeit. Daher wird der Arbeitnehmer nur mittelbar definiert als jemand, der aufgrund privatrechtlichen Vertrags zur Leistung vereinbarter Arbeit verpflichtet ist. Der Entwurf trifft nur eine negative Abgrenzung, indem er festlegt, dass Personen, die aufgrund unternehmerischer Tätigkeit am Markt auftreten, keine Arbeitnehmer sind (§ 1 Abs 3). Der **Diskussionsentwurf eines Arbeitsvertragsgesetzes (ArbVG)** von Henssler und Preis enthält hingegen eine Legaldefinition des Arbeitnehmers und versteht darunter eine Person, die aus einem Arbeitsvertrag iSv § 1 Abs 2 des Entwurfs verpflichtet ist (§ 1 Abs 1); § 1 Abs 2 wiederum bezieht sich auf eine Arbeitsverpflichtung „im Rahmen der vom Arbeitgeber geschaffenen Arbeitsorganisation und nach Maßgabe von Weisungen des Arbeitgebers" (vgl Henssler/Preis, Entwurf eines Arbeitsvertragsgesetzes [2015]).

Auch die vom **Freistaat Sachsen** und die vom **Land Brandenburg** im Bundesrat **16** eingebrachten Entwürfe eines Arbeitsvertragsgesetzes (BR-Drucks 293/95 und 671/96) enthielten Definitionen des Arbeitnehmerbegriffs (vgl Wank, Scheinselbständigkeit 63 ff). § 1 Abs 2 E-ArbVG Sachsen lautete: „Arbeitnehmer ist, wer seine Arbeit im Rahmen einer fremdbestimmten Organisation nach Weisungen oder vertraglichen Vorgaben verrichtet. Personen, die frei gewählt unternehmerisch tätig werden, sind keine Arbeitnehmer." Der Gesetzgebungsvorschlag in § 2 E-ArbVG Brandenburg ergänzte die in seinem Abs 1 enthaltene Begriffsbestimmung, nach der Arbeitnehmer ist, „wer persönlich aufgrund eines privatrechtlichen Vertrages weisungsgebunden für einen anderen Dienste leistet, ohne aufgrund freiwillig übernommenen Unternehmerrisikos selbstständig am Markt aufzutreten", durch die folgende Bestimmung in Abs 2: „Kann jemand nicht im Wesentlichen frei seine Tätigkeit gestalten und seine Arbeitszeit bestimmen, wird unwiderlegbar vermutet, dass er Arbeitnehmer ist. Arbeitet jemand ohne eigene Mitarbeiter oder ohne eigenes Betriebskapital für einen anderen, so wird vermutet, dass er Arbeitnehmer ist."

17 Keiner dieser Gesetzgebungsvorschläge wurde Gesetz. Angesichts der Schwierigkeiten, selbst vergleichsweise punktuelle gesetzgeberische Reformvorhaben im Bereich des Arbeitsrechts zu verwirklichen, steht nicht zu erwarten, dass in absehbarer Zukunft der „große Wurf" einer Kodifikation des Arbeitsvertrags, der dann auch eine Legaldefinition des Arbeitnehmerbegriffs beinhalten sollte, gelingen wird.

III. Begriffsbestimmung in Rechtsprechung und herrschendem Schrifttum

1. Lehre vom einheitlichen Arbeitnehmerbegriff

18 Obwohl von der Regelungsmaterie einer Rechtsvorschrift abhängt, ob nach ihr die Arbeitnehmereigenschaft vorliegt, haben Rechtsprechung und Literatur einen einheitlichen Arbeitnehmerbegriff entwickelt (zur „Gefährdung" dieses einheitlichen Arbeitnehmerbegriffs im Bereich von Organmitgliedern infolge der Entscheidungen des EuGH in Sachen *Danosa* [EuGH v 11. 11. 2010, C-232/09 *Danosa/LKB Lizings SIA*] und *Balkaya* [EuGH v 9. 7. 2015, C-229/14 *Balkaya/Kiesel Abbruch- und Recycling Technik GmbH*] s Rn 353). Dessen Vorbild ist die Definition ALFRED HUECKS: „Arbeitnehmer sind die aufgrund privatrechtlichen Vertrages im Dienst eines andern zur Arbeit verpflichteten Personen." (HUECK/NIPPERDEY I [1. Aufl 1927] 33, mit der Ergänzung „oder eines ihm gleichgestellten Rechtsverhältnisses" [6. Aufl 1959] 34, [7. Aufl 1963] 34 f). Nach dieser Begriffsbestimmung müssen drei Merkmale vorliegen:

19 (1) Arbeitnehmer ist nur, **wer zur Arbeit verpflichtet** ist, nicht dagegen, wer einen Arbeitserfolg schuldet; denn im letzteren Fall liegt ein Werkvertrag vor. Ein Werkunternehmer ist aber niemals Arbeitnehmer (vgl RAG BenshSlg 10, 419 [423]; RAG 12, 271 [273]; RAG 15, 130 [132]; BAG 23. 4. 1980 – 5 AZR 426/79, AP Nr 34 zu § 611 BGB Abhängigkeit), sondern kann lediglich zum Kreise der arbeitnehmerähnlichen Personen gehören (s Rn 231 ff). Für die Abgrenzung ist nicht maßgebend, dass das *Entgelt* sich nach dem Arbeitserfolg bemisst (s Vorbem 41 zu §§ 611 ff; vgl auch unten Rn 86 f). Auch wenn nicht der Arbeitserfolg, sondern lediglich die Erbringung von Diensten geschuldet ist, kann die Gegenleistung nach der Mengenerzeugung (Akkord), nach einer quantifizierbaren Qualitätsbestimmung der Arbeitsleistung (Prämie) oder nach dem durch die Arbeitsleistung vermittelten Umsatz (Provision) gestaltet sein (zu diesen Lohnformen vgl ausf Rn 1414 ff, 1426 ff, 1433 ff); es wird in diesen Fällen für die Arbeitsleistung ein leistungsbezogenes Arbeitsentgelt erbracht.

20 (2) Voraussetzung der Arbeitnehmereigenschaft ist weiterhin, dass der Verpflichtung zur Arbeitsleistung ein **privatrechtlicher Vertrag** zugrunde liegt; denn das Arbeitsrecht gilt nur für Beschäftigungsverhältnisse, die im Rahmen der Privatautonomie begründet werden. Wie allgemein im Schuldrecht ist daher auch hier der

Vertrag der konstitutive Begründungstatbestand für das Arbeitsverhältnis, jedoch spielt für die Annahme der Arbeitnehmereigenschaft keine Rolle, ob der Arbeitsvertrag fehlerhaft zustande gekommen ist und daher nichtig ist oder angefochten wird. Der Vertragstyp, durch den das Arbeitsverhältnis begründet wird, ist in der BGB-Systematik der Dienstvertrag iS der §§ 611 ff.

(3) Da nicht jeder, der aufgrund eines Dienstvertrages Arbeitsleistungen zu erbringen hat, Arbeitnehmer ist, sondern selbstständig sein kann, ist für die Begriffsbestimmung vor allem wesentlich, dass die Arbeit **im Dienst eines anderen** geleistet werden muss (vgl HUECK/NIPPERDEY I 3; NIKISCH I 4; so bereits KASKEL DJZ 1918, 541; weiterhin ders, Arbeitsrecht [3. Aufl 1928] 2). Dieses Merkmal bezeichnet das Kriterium, das den Arbeitsvertrag vom freien Dienstvertrag unterscheidet. Es geht also um das Verhältnis zu den Selbstständigen, auf die Arbeitsrecht keine Anwendung findet. Nach herkömmlicher Begriffsbestimmung definiert man den Unterschied durch das Merkmal der *persönlichen Abhängigkeit*. Eine wirtschaftliche Abhängigkeit ist dagegen weder notwendige noch hinreichende Bedingung, um die Arbeitnehmereigenschaft zu begründen (s Rn 23 ff); liegt sie vor, kommt aber eine Einstufung als arbeitnehmerähnliche Person in Betracht (s Rn 231 ff). **21**

(4) Schließlich erfolgt die Tätigkeit regelmäßig **entgeltlich** (§ 611 Abs 1), ein ehrenamtliches Tätigwerden begründet kein Arbeitsverhältnis (vgl zB BAG 29. 8. 2012 – 10 AZR 499/11, NZA 2012, 1433 [1435]). Dabei besteht im Dienstvertragsrecht die Besonderheit, dass eine Vergütung auch ohne besondere Abrede als stillschweigend vereinbart gilt, wenn die Dienstleistung den Umständen nach nur gegen eine Vergütung zu erwarten war (§ 612 Abs 1). **22**

2. Persönliche Abhängigkeit als Kriterium der Arbeitnehmereigenschaft

a) Ersetzung der wirtschaftlichen Abhängigkeit durch das Merkmal der persönlichen Abhängigkeit

Kriterium der Arbeitnehmereigenschaft ist nach st Rspr des BAG und hL die **persönliche Abhängigkeit** des zur Dienstleistung Verpflichteten vom Dienstberechtigten (so bereits BAG 28. 2. 1962 – 4 AZR 141/61, BAGE 12, 303 [307]; weiterhin BAG 16. 12. 1965 – 5 AZR 304/65, BAGE 18, 54 [57]; BAG 9. 2. 1967 – 5 AZR 320/67, AP Nr 4 zu § 61 KO; BAG 8. 6. 1967 – 5 AZR 461/66, BAGE 19, 324 [329]; BAG 14. 2. 1974 – 5 AZR 298/73, BAGE 25, 505 [509]; BAG 15. 3. 1978 – 5 AZR 819/76, BAGE 30, 163 [168 f]; BAG 17. 5. 1978 – 5 AZR 580/77, 7. 5. 1980 – 5 AZR 293/78 und 7. 5. 1980 – 5 AZR 593/78, AP Nr 28, 35 und 36 zu § 611 BGB Abhängigkeit; BAG 13. 8. 1980 – 5 AZR 588/78, BAGE 34, 111 [118]; BAG 9. 9. 1981 – 5 AZR 477/79, BAGE 36, 77 [81]; BAG 13. 1. 1983 – 5 AZR 149/82, BAGE 41, 247 [254 f]; BAG 16. 10. 1987 – 7 AZR 519/86, AP Nr 69 zu § 613a BGB; BAG 27. 3. 1991 – 5 AZR 194/90 und 30. 10. 1991 – 7 ABR 19/90, AP Nr 53 und 59 zu § 611 BGB Abhängigkeit; BAG 20. 7. 1994 – 5 AZR 627/93, BAGE 77, 226 [232]; BAG 12. 9. 1996 – 5 AZR 104/95, BAGE 84, 124 [133]; BAG 16. 7. 1997 – 5 AZR 653/96, BAGE 87, 129 [135]; BAG 22. 4. 1998 – 5 AZR 342/97, BAGE 88, 263 [269] und 19. 1. 2000 – 5 AZR 644/98, BAGE 93, 218 [222]; BAG 4. 12. 2002 – 5 AZR 667/01, AP Nr 115 zu § 611 BGB Abhängigkeit; BAG 15. 2. 2012 – 10 AZR 301/10, NZA 2012, 731; aus dem Schrifttum: vor allem A HUECK, in: HUECK/NIPPERDEY I 41; G HUECK RdA 1969, 216 [217]; HROMADKA NZA 1997, 569 ff). Im Schrifttum wird das Merkmal der persönlichen Abhängigkeit im Allgemeinen aber nur mit Vorbehalt verwandt; es ist die positive Feststellung einer für richtig erkannten **23** negativen Abgrenzung, nämlich der Feststellung, dass die wirtschaftliche Abhängigkeit nicht als Abgrenzungsmerkmal in Betracht kommt.

24 Für die Entwicklung des Arbeitsrechts war die **Lohnarbeit** in Fabriken die **maßgebliche Ausgangssituation**. Da man ihre Ursache auf die Vermögenslosigkeit der Arbeiter bezog, lag es nahe, das Kriterium der Arbeitnehmereigenschaft in der *wirtschaftlichen Unselbstständigkeit* zu erblicken (so für die Sozialversicherung ROSIN, Das Recht der Arbeiterversicherung I [1893] 151 f). Auch das Reichsarbeitsgericht sah das Abgrenzungsmerkmal zunächst in der wirtschaftlichen Abhängigkeit (vgl RAG BenshSlg 4, 143); es erkannte dann aber, dass es ausschließlich auf die persönliche Abhängigkeit ankommt (vgl RAG BenshSlg 8, 451 [452]), weil in jeder persönlichen Abhängigkeit auch ein gewisses Maß wirtschaftlicher Abhängigkeit liegt (vgl RAG BenshSlg 15, 505, 550 [552]; RAG 20, 302; ARS 29, 35 [36], 65; RAG 33, 320 [321]; RAG 36, 143 [144]; RAG 38, 182 [183 f]; RAG 45, 34 [35]).

25 Für die Feststellung, ob jemand aufgrund eines Vertrages Arbeitsleistungen als Arbeitnehmer oder als Selbstständiger erbringt, spielt keine Rolle, ob er wirtschaftlich gezwungen ist, seine Arbeitskraft durch Abschluss von Arbeitsverträgen zu verwerten. Das Arbeitsrecht nimmt nicht Bezug auf die Vermögensverhältnisse des einzelnen Beschäftigten, sondern entscheidend ist, dass das Merkmal der Abhängigkeit auf das Arbeitsverhältnis bezogen wird: Man steht nicht in einem Arbeitsverhältnis, weil man wirtschaftlich abhängig ist, sondern umgekehrt ergibt sich eine wirtschaftliche Abhängigkeit regelmäßig aus dem Bestehen eines Arbeitsverhältnisses. Wer als selbstständiger Handwerker wie im Regelfall darauf angewiesen ist, seinen und seiner Familie Lebensunterhalt durch seine Erwerbstätigkeit zu bestreiten, wird dadurch nicht zum Arbeitnehmer. Deshalb hat sich schon in der Weimarer Zeit die Erkenntnis durchgesetzt, dass **wirtschaftliche Abhängigkeit** für die Arbeitnehmereigenschaft **weder erforderlich noch ausreichend** ist (vgl MOLITOR, Das Wesen des Arbeitsvertrages [1925] 75 ff; NIKISCH, Die Grundformen des Arbeitsvertrags und der Anstellungsvertrag [1926] 94 ff; so auch st Rspr des BAG, vgl BAG 20. 7. 1994 – 5 AZR 627/93, BAGE 77, 226 [232]); sie ist „in den meisten Fällen auf seiten des Arbeitnehmers gegeben und insofern bis zu gewissem Grade symptomatisch, aber nicht wesentlich" (JACOBI, Grundlehren des Arbeitsrechts [1927] 53).

b)   Einordnung nach dem Grad der persönlichen Abhängigkeit

26 Da der Arbeitnehmerbegriff keine personenrechtliche Eigenschaft festlegt, sondern sich aus der Vertragsgestaltung über die Erbringung einer Dienstleistung ergibt, ist das **Begriffsmerkmal der persönlichen Abhängigkeit** eine **Leerformel**. Da sie inhaltlich unbestimmt ist, kann aus ihr **kein Abgrenzungskriterium** abgeleitet werden. Nach Auffassung des BAG soll deshalb der **Grad der persönlichen Abhängigkeit**, in der sich der zur Dienstleistung Verpflichtete jeweils befindet, darüber entscheiden, ob ein Arbeitsverhältnis vorliegt (so schon BAG 15. 2. 1965 und 16. 3. 1972 AP Nr 7 und 10 zu § 611 BGB Lehrer, Dozenten; st Rspr, vgl BAG 20. 7. 1994 – 5 AZR 627/93, BAGE 77, 226 [232]; BAG 19. 11. 1997 – 5 AZR 21/97, AP Nr 133 zu § 611 BGB Lehrer, Dozenten; BAG 15. 2. 2012 – 10 AZR 301/10, NZA 2012, 731; BAG 17. 4. 2013 – 10 AZR 272/12, NZA 2013, 903 [905]). Der Rückgriff auf den Grad der persönlichen Abhängigkeit bedeutet aber den „Verzicht auf allgemeine Erfassung" (so bereits JACOBI, Grundlehren des Arbeitsrechts [1927] 51). Es bleibt die Frage unbeantwortet, nach welchen Merkmalen der Grad der persönlichen Abhängigkeit zu bestimmen ist.

Ohne sich von dem Merkmal der persönlichen Abhängigkeit zu verabschieden, hat **27** das BAG eine **Akzentverlagerung in der Bestimmung der Arbeitnehmereigenschaft** vorgenommen. Es definiert als Arbeitnehmer denjenigen Mitarbeiter, der seine **Dienstleistung „im Rahmen einer von Dritten bestimmten Arbeitsorganisation erbringt"** (BAG 20. 7. 1994 – 5 AZR 627/93, BAGE 77, 226 [232]). Für die Abgrenzung entscheidend sind die **Umstände der Dienstleistung**, nicht die Modalitäten der Entgeltzahlung oder andere formelle Merkmale wie die Abführung von Steuern und Sozialversicherungsbeiträgen und die Führung von Personalakten (vgl BAG 20. 7. 1994 – 5 AZR 627/93, BAGE 77, 226 [233]; BAG 12. 12. 2001 – 5 AZR 253/00, AP Nr 111 zu § 611 BGB Abhängigkeit). Fragt man, worauf die Umstände der Dienstleistung beruhen, so gelangt man zu dem für die Einordnung ausschlaggebenden Kriterium der rechtsgeschäftlichen Verpflichtung zur Erbringung einer zeitbestimmten Arbeitsleistung mit im Voraus nicht abgegrenzten Einzelleistungen. Wer dagegen wie beim Werkvertrag einen durch Arbeit herbeizuführenden Erfolg zusagt (§ 631 Abs 2), übernimmt dadurch das unternehmerische Risiko für den Erfolg der Arbeitsleistung und ist deshalb kein Arbeitnehmer, auch wenn er insoweit keine eigene Unternehmensorganisation unterhält und aufgrund tatsächlicher Umstände gezwungen ist, einen derartigen Vertrag zu schließen. Der Hinweis auf den Grad der persönlichen Abhängigkeit bezweckt lediglich, dass nicht jede persönliche Abhängigkeit oder Weisungsgebundenheit bei der Erbringung der Arbeitsleistung die Arbeitnehmereigenschaft begründet, sondern dass insoweit auch zu berücksichtigen ist, dass auch von der Vertragsform abhängt, ob ein Arbeitsverhältnis anzuerkennen ist (vgl REINECKE, in: FS Dieterich [1999] 463 ff).

3. Indizien für die Arbeitnehmereigenschaft

a) Persönliche Abhängigkeit als typologisch zu bestimmendes Merkmal

Nach dem BAG ist der Arbeitnehmerbegriff ein **Typusbegriff**; es sei „aus Gründen **28** der Praktikabilität und der Rechtssicherheit unvermeidlich, die unselbstständige Arbeit typologisch abzugrenzen" (BAG 23. 4. 1980 – 5 AZR 426/79, AP Nr 34 zu § 611 BGB Abhängigkeit; gebilligt für den Beschäftigtenbegriff in § 7 SGB IV durch BVerfG 20. 5. 1996 – 1 BvR 21/96, NZA 1996, 1063). Das BAG verwendet daher zur Bestimmung der persönlichen Abhängigkeit eine **Vielzahl von Einzelmerkmalen**. Dabei stellt es jedoch in den Mittelpunkt, dass der Arbeitnehmer „seine Dienstleistung im Rahmen einer von Dritten bestimmten Arbeitsorganisation erbringt" (BAG 20. 7. 1994 – 5 AZR 627/93, BAGE 77, 226 [232]). Die Eingliederung in die fremde Arbeitsorganisation zeige sich insbesondere darin, dass der Beschäftigte einem **Weisungsrecht des Arbeitgebers** unterliege, das **Inhalt, Durchführung, Zeit, Dauer und Ort der Tätigkeit** betreffen könne. Soweit es um die Gewichtung dieser arbeitsorganisatorischen Gesichtspunkte geht, wird auf die Eigenart der jeweiligen Tätigkeit abgestellt; denn abstrakte, für alle Arbeitsverhältnisse geltende Kriterien ließen sich nicht aufstellen (BAG 20. 7. 1994 – 5 AZR 627/93, BAGE 77, 226 [233 f]; bereits BAG 15. 3. 1978 – 5 AZR 819/76, BAGE 30, 163 [169]).

Nach der Rspr des BAG sind vor allem **fünf Merkmale** Indizien der persönlichen **29** Abhängigkeit (vgl WANK, Scheinselbständigkeit 45 ff): die **fachliche Weisungsgebundenheit**, die **zeitliche Weisungsgebundenheit**, die **örtliche Weisungsgebundenheit**, die **organisatorische Abhängigkeit** für die Erbringung der Arbeitsleistung und die **Fremdnützigkeit** der überlassenen Arbeitsleistung. Da jedoch zugleich betont wird, dass diese Merkmale nicht jeweils sämtlich vorzuliegen brauchen, sondern es entscheidend auf das Gesamtbild ankomme, haben sie einen Abgrenzungswert nur, wenn zugleich feststeht, worauf man diese Indizien zu beziehen hat. Als Potpourri sind sie unbrauchbar (vgl zur Kritik an der typologischen Methode auch MASCHMANN, Arbeitsverträge 62 ff; ablehnend auch ErfK/PREIS § 611 Rn 54).

30 Unstrittig kommt es nicht auf die Vereinbarung/Bezeichnung im Vertrag, sondern darauf an, wie das Vertragsverhältnis **tatsächlich durchgeführt wird**, würde man anderenfalls doch Missbrauchsmöglichkeiten Tür und Tor öffnen (vgl BAG 8. 6. 1967 – 5 AZR 461/66, BAGE 19, 324 [326], BAG 14. 2. 1974 – 5 AZR 298/73, BAGE 25, 505 [509] und BAG 15. 3. 1978 – 5 AZR 819/76, BAGE 30, 163 [172]; BAG 27. 3. 1991 – 5 AZR 194/90 und 30. 10. 1991 – 7 ABR 19/91, AP Nr 53 und 59 zu § 611 BGB Abhängigkeit; BAG 24. 6 1992 – 5 AZR 384/91, NZA 1993, 174 [175]; BAG 22. 3. 1995 – 5 AZB 21/94, NZA 1995, 823; BAG 12. 9. 1996 – 5 AZR 104/95, AP Nr 122 zu § 611 BGB Lehrer, Dozenten; BAG 19. 11. 1997 – 5 AZR 653/96, NZA 1998, 364; BAG 22. 8. 2001 – 5 AZR 502/99, NZA 2003, 662 [663]).

b) Eingliederung in fremde Arbeitsorganisation

31 Da der Arbeitnehmer seine Dienstleistung im Rahmen einer von Dritten bestimmten Arbeitsorganisation erbringt (so BAG 20. 7. 1994 – 5 AZR 627/93, BAGE 77, 226 [232]), zieht das BAG zur Bestimmung der persönlichen Abhängigkeit die **Eingliederung in den Betrieb des Dienstberechtigten** heran (vgl bereits BAG 13. 8. 1980 – 5 AZR 588/78, BAGE 34, 111 [118] und 9. 9. 1981 – 5 AZR 477/79, BAGE 36, 77 [82 f]; BAG 30. 11. 1994 – 5 AZR 704/03, NZA 1995, 622; s auch BSG 22. 11. 1973 – 12/3 RK 83/71, AP Nr 11 zu § 611 BGB Abhängigkeit). Dazu zählt insbesondere, dass der zu Dienstleistungen Verpflichtete seine Arbeitsleistung unter Einordnung in die Betriebsorganisation und die dort bestehenden Dienst- und Schichtpläne erbringt, die betriebsübliche Arbeitszeit einhält, im Zusammenwirken mit anderen Arbeitnehmern tätig wird und einer laufenden oder zumindest regelmäßigen Arbeitskontrolle unterliegt (BAG 28. 6. 1973 – 5 AZR 19/73, AP Nr 10 zu § 611 BGB Abhängigkeit; BAG 3. 10. 1975 – 5 AZR 445/74, AP Nr 17 zu § 611 BGB Arbeitnehmerbegriff Nr 2; BAG 15. 2. 2012 – 10 AZR 301/10, NZA 2012, 731 [732]; s aber auch BAG 17. 4. 2013 – 10 AZR 272/12, NZA 2013, 903 [906], wo das Gericht betont, dass die Einbindung in Dienstpläne weder notwendige noch hinreichende Bedingung ist). Weiter spricht es für die Arbeitnehmereigenschaft, wenn der Dienstverpflichtete über keine eigene Betriebsstätte und Betriebsmittel verfügt und deshalb seine Dienstverpflichtung nur unter Zuhilfenahme der vom Dienstberechtigten gestellten Mittel erbringen kann (BAG 25. 9. 2013 – 10 AZR 282/12, NZA 2013, 1348 [1351]).

32 Das Merkmal der organisatorischen Einordnung in einen Betrieb hat für die Bestimmung der Arbeitnehmereigenschaft Tradition. Schon HEINZ POTTHOFF sah in ihm das Kriterium der Arbeitnehmereigenschaft (Arbeitsrecht [1928] 25; bereits ders, ArbR 1922 Sp 275 f). Man hat deshalb den Grund für die Abhängigkeit auf die Eingliederung des Arbeitnehmers in den Betrieb oder eine sonstige vom Arbeitgeber geschaffene Organisation bezogen (vgl MOLITOR, Arbeitnehmer und Betrieb [1928] 6 f). Vor allem NIKISCH vertrat die Auffassung, dass die Abhängigkeit des Arbeitnehmers erst durch die Einordnung in den Betrieb oder den sonstigen Arbeitsbereich des Arbeitgebers begründet wird (Lehrbuch I 92). Folgerichtig hat er daher angenommen, dass das Arbeitsverhältnis sogar erst und nur durch die Eingliederung des Arbeitnehmers in den Betrieb oder Haushalt zustande kommt (so insbesondere Lehrbuch [2. Aufl 1955] I, 140 ff). Nach dieser Auffassung ist die Eingliederung in den Betrieb

das primäre Begriffsmerkmal, die persönliche Abhängigkeit also lediglich eine Folge der Einordnung in einen Betrieb.

Die Einordnung in einen Betrieb ist zwar der typische Fall für ein Arbeitsverhältnis; aber sie versagt als Abgrenzungsmaßstab bereits dann, wenn keine arbeitsteilige Organisation geschaffen wird, zB bei einer Privatsekretärin. Anderseits ist das Merkmal der organisatorischen Einordnung auch **zu unbestimmt**, um die Arbeitnehmereigenschaft festzulegen; denn es kann durchaus jemand auf Dauer für die Erfüllung des Betriebszwecks notwendige Arbeit in einer Betriebsstätte leisten, ohne dass ein Arbeitsverhältnis besteht (vgl BAG 5. 3. 1991 – 1 ABR 39/90, AP Nr 90 zu § 99 BetrVG 1972; BAG 9. 7. 1991 – 1 ABR 45/90, AP Nr 94 zu § 99 BetrVG 1972). Das Kriterium der organisatorischen Einordnung in einen Betrieb läuft, wie schon JACOBI festgestellt hat, wegen seiner Unbestimmtheit „nur auf eine Umschreibung der persönlichen Abhängigkeit" hinaus (Grundlehren des Arbeitsrechts [1927] 51 f). 33

c) Weisungsgebundenheit als zentrales Merkmal der Arbeitnehmereigenschaft
aa) Fachliche Weisungsgebundenheit
Nach Ansicht des BAG besteht die persönliche Abhängigkeit darin, dass ein Arbeitnehmer **fremdbestimmte Arbeit** zu leisten hat (BAG 15. 3. 1978 – 5 AZR 819/76, BAGE 30, 163 [169]; BAG 15. 2. 2012 – 10 AZR 301/10, NZA 2012, 731; BAG 17. 4. 2013 – 10 AZR 272/12, NZA 2013, 903 [906]). Fremdbestimmt ist eine Arbeit, wenn für die Erbringung der Dienstleistung eine fachliche Weisungsgebundenheit besteht. Ein Merkmal der Arbeitnehmereigenschaft ist deshalb nach dem BAG, dass der Beschäftigte hinsichtlich des Inhalts seiner Arbeitsleistung dem Weisungsrecht des Arbeitgebers unterliegt (vgl BAG 20. 7. 1994 – 5 AZR 627/93, BAGE 77, 226 [233]). Die fachliche Weisungsgebundenheit ist aber nicht ausreichend, um die Arbeitnehmereigenschaft zu begründen. Denn auch ein Selbstständiger kann bei seiner Tätigkeit Weisungen seines Vertragspartners unterworfen sein. Das Werkvertragsrecht geht davon explizit in § 645 Abs 1 aus (vgl BGH 22. 10. 1981 – VII ZR 310/79, BGHZ 82, 100 [106]; zur Abgrenzung von Werkvertrag und Arbeitnehmerüberlassung vgl Rn 157 ff). 34

Die **fachliche Weisungsgebundenheit** ist aber nicht nur nicht ausreichend, sondern auch **nicht erforderlich**, um eine Arbeitnehmereigenschaft anzuerkennen, wie die Fälle gezeigt haben, dass ein Chefarzt Arbeitnehmer sein kann (vgl BAG 10. 11. 1955 – 2 AZR 591/54, AP Nr 2 zu § 611 BGB Beschäftigungspflicht; BAG 27. 7. 1961 – 2 AZR 255/60, AP Nr 24 zu § 611 BGB Ärzte, Gehaltsansprüche; BAG 3. 8. 1961 – 2 AZR 117/60, AP Nr 19 zu § 620 BGB Befristeter Arbeitsvertrag; BAG 24. 10. 1963 – 2 AZR 396/62, AP Nr 26 zu § 611 BGB Ärzte, Gehaltsansprüche; vgl Rn 1870 f). Die Besonderheit der zu leistenden Arbeit kann auch sonst zur Folge haben, dass eine fachliche Weisungsgebundenheit nicht in Betracht kommt (vgl auch BAG 16. 3. 1972 – 5 AZR 460/71, AP Nr 10 zu § 611 BGB Lehrer, Dozenten; BAG 3. 10. 1975 – 5 AZR 427/74, 2. 6. 1976 – 5 AZR 131/75 und 9. 3. 1977 – 5 AZR 110/76, AP Nr 16, 20 und 21 zu § 611 BGB Abhängigkeit; BAG 13. 1. 1983 – 5 AZR 149/82, BAGE 41, 247 [253 f] und BAG 20. 7. 1994 – 5 AZR 627/93, BAGE 77, 226 [233]; aus dem Schrifttum: STOLTERFOHT, Selbständigkeit 107 ff; HEUBERGER, Sachliche Abhängigkeit 39 ff; WANK, Arbeitnehmer 145 ff). Das BAG hat deshalb erkannt, dass vor allem für **Dienste höherer Art** die fachliche Weisungsgebundenheit nicht einmal typisch ist; denn die Art der Tätigkeit kann es mit sich bringen, dass dem Dienstverpflichteten ein hohes Maß an Gestaltungsfreiheit, Eigeninitiative und fachlicher Selbständigkeit verbleibt (vgl BAG 20. 7. 1994 – 5 AZR 627/93, BAGE 77, 226 [233]). 35

bb) Weisungsgebundenheit nach Ort und Zeit der Arbeitsleistung

36 Da die fachliche Weisungsgebundenheit fehlen kann, hat das BAG schon in ersten Entscheidungen zum Arbeitnehmerbegriff entscheidend darauf abgestellt, ob eine Weisungsgebundenheit nach Ort und Zeit der Arbeitsleistung vorliegt (vgl BAG 27. 10. 1956 – 2 AZR 297/54, AP Nr 3 zu § 554 ZPO; BAG 7. 2. 1957 – 2 AZR 440/54, AP Nr 18 zu § 611 BGB Urlaubsrecht; BAG 19. 5. 1960 – 2 AZR 197/58, AP Nr 7 zu § 5 ArbGG 1953; BAG 27. 7. 1961 – 2 AZR 255/60, BAGE 11, 225 [228]; BAG 28. 2. 1962 – 4 AZR 141/61, AP Nr 1 zu § 611 BGB Abhängigkeit; BAG 13. 12. 1962 – 2 AZR 128/62, BAGE 14, 17 [19]; BAG 16. 3. 1972 – 5 AZR 460/71, AP Nr 10 zu § 611 BGB Lehrer, Dozenten; BAG 21. 9. 1977 – 5 AZR 373/76, AP Nr 24 zu § 611 BGB Abhängigkeit; BAG 15. 3. 1978 – 5 AZR 819/76, BAGE 30, 163 [169]; BAG 9. 6. 2010 – 5 AZR 332/09, NZA 2010, 877 [879]; BAG 15. 2. 2012 – 10 AZR 301/10, NZA 2012, 731; BAG 17. 4. 2013 – 10 AZR 272/12, NZA 2013, 903 [906]).

37 Vorbild war die **Unterscheidung zwischen Handelsvertretern und Handlungsgehilfen in § 84 Abs 1 S 2 HGB**. Diese Vorschrift ist durch das Gesetz zur Änderung des Handelsgesetzbuchs (Recht der Handelsvertreter) vom 6. 8. 1953 (BGBl I 771) eingefügt worden, um den selbstständigen Handelsvertreter von dem als Handlungsgehilfen angestellten Arbeitnehmer abzugrenzen. Nach der Legaldefinition in § 84 Abs 1 S 2 HGB ist selbstständig, „wer im Wesentlichen frei seine Tätigkeit gestalten und seine Arbeitszeit bestimmen kann".

38 Nach Ansicht des BAG können diese Kriterien über den unmittelbaren Anwendungsbereich hinaus „auch auf andere Mitarbeiter in vergleichbarer Lage angewendet werden" (BAG 15. 3. 1978 – 5 AZR 819/76, BAGE 30, 163 [169]; so bereits BAG 21. 9. 1977 – 5 AZR 373/76, AP Nr 24 zu § 611 BGB Abhängigkeit; weiterhin BAG 24. 2. 1982 – 4 AZR 223/80, BAGE 38, 77 [84] und BAG 13. 1. 1983 – 5 AZR 149/82, BAGE 41, 247 [253]; zuletzt BAG 20. 7. 1994 – 5 AZR 627/93, BAGE 77, 226 [233]). Das BAG hat deshalb häufig bei freier Einteilung der Arbeitszeit eine Arbeitnehmereigenschaft verneint (vgl BAG 19. 5. 1960 – 2 AZR 197/58, AP Nr 7 zu § 5 ArbGG 1953 [Kürschnermeister]; BAG 28. 2. 1962 – 4 AZR 141/61, AP Nr 1 zu § 611 BGB Abhängigkeit [Messtätigkeit für Wettervorhersage in einer vom Vertragspartner gemieteten Berghütte]; BAG 21. 9. 1977 – 5 AZR 373/76, AP Nr 24 zu § 611 BGB Abhängigkeit [Musikbearbeiter]; BAG 26. 1. 1977 – 5 AZR 796/75, AP Nr 13 zu § 611 BGB Lehrer, Dozenten sowie BAG 13. 11. 1991 – 7 AZR 31/91 und 24. 6. 1992 – 5 AZR 384/91, AP Nr 60 und 61 zu § 611 BGB Abhängigkeit [Volkshochschuldozent]; BAG 9. 9. 1981 – 5 AZR 477/79, AP Nr 38 zu § 611 BGB Abhängigkeit [Psychologe mit zeitlicher Rahmenvereinbarung]; BAG 27. 3. 1991 – 5 AZR 194/90, AP Nr 53 zu § 611 BGB Abhängigkeit [Lektor]; BAG 16. 7. 1997 – 5 AZR 312/96, NZA 1998, 368; BAG 9. 6. 2010 – 5 AZR 332/09, NZA 2010, 877 [879] für Versicherungsvertreter). Es hat jedoch die Arbeitnehmereigenschaft bejaht, wenn ständige Dienstbereitschaft erwartet wird (BAG 7. 5. 1980 – 5 AZR 293/78, AP Nr 35 zu § 611 BGB Abhängigkeit; BAG 20. 5. 2009 – 5 AZR 31/08, AP Nr 16 zu § 611 BGB Arbeitnehmerähnlichkeit), wenn der Arbeitnehmer in Dienst- oder Schichtplänen eingeteilt ist (BAG 16. 2. 1994 – 5 AZR 402/93, NZA 1995, 21 [23]; BAG 16. 3. 1994 – 5 AZR 447/92, NZA 1994, 1132 [1134]; BAG 8. 11. 2006 – 5 AZR 706/05, NZA 2007, 321 [322]; BAG 17. 4. 2013 – 10 AZR 272/12, NZA 2013, 903 [906]) oder wenn der Mitarbeiter in nicht unerheblichem Umfang auch ohne entsprechende Vereinbarung herangezogen wird, ihm also die Arbeiten letztlich „zugewiesen" werden (BAG 30. 11. 1994 – 5 AZR 704/93, BAGE 78, 343 [353]; BAG 15. 2. 2012 – 10 AZR 301/10, NZA 2012, 731 [732]). Ein Indiz für die Arbeitnehmereigenschaft ist es deshalb, wenn der Mitarbeiter in Dienstplänen aufgeführt wird, ohne dass die einzelnen Einsätze im Voraus abgesprochen werden, während für sich genommen keine ent-

scheidende Bedeutung hat, ob er einen „eigenen" Schreibtisch hat oder ein Arbeitszimmer mitbenutzen kann und ob er in einem internen Telefonverzeichnis aufgeführt ist (BAG 30. 11. 1994 – 5 AZR 704/93, BAGE 78, 343 [353]). In örtlicher Hinsicht spricht stark für eine Arbeitnehmereigenschaft, wenn der Arbeitnehmer zur Erbringung seiner Dienste an einem Ort verpflichtet ist, den er nicht selbst bestimmen kann (BAG 13. 1. 1983 – 5 AZR 149/82, NJW 1984, 1985 [1987]; BAG 17. 4. 2013 – 10 AZR 272/12, NZA 2013, 903 [906]). Damit nicht zu verwechseln ist die Frage, ob die Arbeit immer an einem Ort bzw in einem Betrieb zu erbringen ist. Denn allein die Tatsache, dass der zur Dienstleistung Verpflichtete außerhalb des eigentlichen Betriebs, ggf an immer wechselnden Einsatzorten tätig wird, spricht als solches noch nicht gegen die Arbeitnehmereigenschaft, solange nur diese Einsatzorte im Wesentlichen vom Arbeitgeber vorgegeben werden (BAG 6. 5. 1998 – 5 AZR 247/97, NZA 1999, 205 [207]; anders dagegen, wenn kein bestimmter Arbeitsort zugewiesen wird, BAG 9. 6. 2010 – 5 AZR 332/09, NZA 2010, 877 [879]).

Das BAG sah jedoch selbst für die Abgrenzung der Handlungsgehilfen vom Handelsvertreter in § 84 Abs 1 S 2 HGB keine abschließende Umschreibung der für die Arbeitnehmereigenschaft maßgeblichen Gesichtspunkte (BAG 21. 1. 1966 – 3 AZR 183/65, BAGE 18, 87 [90 ff]; ausführlich STOLTERFOHT, Selbständigkeit 16 ff). Demzufolge kann nicht ausgeschlossen werden, dass eine Weisungsgebundenheit nach Ort und Zeit der Arbeitsleistung fehlt und dennoch die Arbeitnehmereigenschaft anzuerkennen ist. Für die Mitarbeiter von Rundfunk und Fernsehen im geistigen und künstlerischen Bereich soll der Annahme einer persönlichen Abhängigkeit, wie das BAG ausdrücklich feststellt, nicht entgegenstehen, dass diese Mitarbeiter weitgehend einer fachlichen Weisungsgebundenheit entzogen seien und sich ihre Tätigkeit auch nicht nach Zeit und Ort festlegen lasse; es genüge, dass sie „aus anderen Gründen fremdbestimmte Arbeit leisten" (BAG 15. 3. 1978 – 5 AZR 819/76, BAGE 30, 163 [170]; dagegen unter Betonung, dass Arbeitnehmereigenschaft gegeben sei, wenn der Sender innerhalb eines bestimmten zeitlichen Rahmens über die Arbeitsleistung verfügen könne, BAG 20. 7. 1994 – 5 AZR 627/93, BAGE 77, 226 [234 ff] und BAG 30. 11. 1994 – 5 AZR 704/93, BAGE 78, 343 [352 ff]). 39

d) Personelle und organisatorische Abhängigkeit für die Erbringung der Arbeitsleistung

Indiz für die Arbeitnehmereigenschaft kann sein, dass eine Tätigkeit **üblicherweise** nur im Rahmen eines Arbeitsverhältnisses ausgeübt wird und eine arbeitsorganisatorische Zusammenarbeit mit anderen Arbeitnehmern für die Erbringung der Arbeitsleistung erforderlich ist (BAG 16. 3. 1994 – 5 AZR 447/92, AP Nr 68 zu § 611 BGB Abhängigkeit [Copilot]; BAG 30. 11. 1994 – 5 AZR 704/93, AP Nr 74 zu § 611 BGB Abhängigkeit [Sprecher und Aufnahmeleiter in fremdsprachlichen Diensten von Rundfunkanstalten]; BAG 12. 9. 1996 – 5 AZR 104/95, AP Nr 122 zu § 611 BGB Lehrer, Dozenten [studentischer Hilfspfleger im Krankenhaus]). Maßgebend ist in diesen Fällen die personelle und organisatorische Abhängigkeit für die Erbringung der Arbeitsleistung. Nach Ansicht des BAG sind deshalb Lehrer an allgemeinbildenden Schulen regelmäßig Arbeitnehmer, auch wenn sie ihren Unterricht nebenberuflich erteilen (vgl BAG 12. 9. 1996 – 5 AZR 104/95, AP Nr 122 zu § 611 BGB Lehrer, Dozenten), während die geringere Einbindung in ein Schul- oder Ausbildungssystem bei Volkshochschuldozenten und Lehrkräften an Musikschulen für den Regelfall zur Folge hat, dass sie nicht aufgrund eines Arbeits- 40 verhältnisses tätig werden (BAG 24. 6. 1992 – 5 AZR 384/91, AP Nr 61 zu § 611 BGB Abhängigkeit, jeweils mwNw).

41 Bei **Mitarbeitern von Rundfunk und Fernsehen** hat das BAG zunächst eine persönliche Abhängigkeit angenommen, wenn sie in ihrer Arbeit auf den Apparat der Anstalt und das Mitarbeiterteam angewiesen sind (BAG 15. 3. 1978 – 5 AZR 819/76, BAGE 30, 163 [170], im Anschluss an ZEUNER RdA 1975, 84 [85]; aber aufgegeben durch BAG 30. 11. 1994 – 5 AZR 704/93, AP Nr 74 zu § 611 BGB Abhängigkeit). Diese Abhängigkeit kann jedoch strenggenommen nicht einmal als Indiz herangezogen werden, sondern entscheidend ist, ob der Sender innerhalb eines bestimmten zeitlichen Rahmens über die Arbeitsleistung verfügen kann (BAG 30. 11. 1994 – 5 AZR 704/93, BAGE 78, 343 [352]). Wer bei Erbringung seiner Dienstleistung die Organisation seiner Tätigkeit selbst bestimmt, ist kein Arbeitnehmer (so für Zeitungszusteller BAG 16. 7. 1997 – 5 AZR 312/96, NZA 1998, 368; verneinend wegen Fehlen eines Gestaltungsspielraums BAG 29. 1. 1992 – 7 ABR 27/91, AP Nr 1 zu § 7 BetrVG 1972; Verneinung der Arbeitnehmereigenschaft für einen Transporteur, der als Frachtführer iS des § 425 HGB tätig ist, BAG 19. 11. 1997 – 5 AZR 653/96, AP Nr 90 zu § 611 BGB Abhängigkeit).

e) **Fremdnützigkeit als Merkmal der persönlichen Abhängigkeit**

42 Für die Arbeitnehmereigenschaft hat das BAG außerdem ursprünglich bei den Mitarbeitern von Rundfunk und Fernsehen darauf abgestellt, dass Arbeitnehmer „ihre Arbeitskraft nicht – wie ein Unternehmer – nach selbstgesetzten Zielen unter eigener Verantwortung und mit eigenem Risiko am Markt verwerten können, sondern dass sie darauf angewiesen sind, ihre Arbeitsleistung fremdnützig der Anstalt zur Verwertung nach deren Programmplanung zu überlassen" (BAG 15. 3. 1978 – 5 AZR 819/76, BAGE 30, 163 [170]; so bereits BAG 2. 6. 1976 – 5 AZR 131/75, AP Nr 20 zu § 611 BGB Abhängigkeit; ErfK/PREIS § 611 Rn 72; MünchKomm/MÜLLER-GLÖGE § 611 Rn 182). Mit dem Gesichtspunkt der Fremdnützigkeit werden aber Ursache und Wirkung miteinander vertauscht. Wer keinen durch Arbeit herbeizuführenden Erfolg verspricht, sondern eine Dienstleistung als solche, überlässt die Verwertung stets dem Empfänger der Dienstleistung. Das BAG hat denn auch später richtigerweise auf das Merkmal der Fremdnützigkeit – soweit ersichtlich – nicht mehr zurückgegriffen, um die Arbeitnehmereigenschaft zu bestimmen (vgl BAG 20. 7. 1994 – 5 AZR 627/93, BAGE 77, 226 und BAG 30. 11. 1994 – 5 AZR 704/93, BAGE 78, 343), ja es hat für die betriebsverfassungsrechtliche Arbeitnehmereigenschaft eines zu seiner Berufsbildung Beschäftigten das Erfordernis eines fremdnützigen Tätigwerdens explizit abgelehnt (BAG 13. 6. 2007 – 7 ABR 44/06, AP Nr 12 zu § 5 BetrVG 1972 Ausbildung).

43 Auch wenn somit die **Fremdnützigkeit der Tätigkeit kein Merkmal der persönlichen Abhängigkeit** ist, ist diese in anderem Kontext nicht bedeutungslos. So ist für die Einordnung relevant, ob bestimmte Tätigkeiten als vergütungspflichtige Arbeitszeit einzustufen sind (BAG 10. 11. 2009 – 1 ABR 54/08, NZA-RR 2010, 301 [302 f]; BAG 12. 12. 2012 – 5 AZR 355/12, AP Nr 41 zu § 611 BGB Arbeitszeit; BAG 19. 3. 2014 – 5 AZR 954/12, NZA 2014, 787 [789]). Überdies ist sie eine der dogmatischen Grundsäulen, die die privilegierte Arbeitnehmerhaftung tragen (s STAUDINGER/RICHARDI/FISCHINGER [2016] § 619a Rn 56).

4. Versuche einer Neuabgrenzung

a) Ansätze zu einer abweichenden Definition des Arbeitnehmerbegriffs

Der Rspr und hL wird vorgehalten, dass durch eine ontologische Begriffsbestimmung festgelegt wird, ob Arbeitsrecht Anwendung findet (so vor allem Wank, Arbeitnehmer und Selbständige [1988]). Der Arbeitnehmerbegriff ist deshalb Gegenstand zahlreicher rechtswissenschaftlicher Untersuchungen geworden, um durch eine am Normzweck des Arbeitsrechts ausgerichtete Beurteilung zu einer präzisen Abgrenzung zu gelangen. Dabei rückte die **Unfähigkeit zur eigenen Daseinsvorsorge** in den Mittelpunkt der Beurteilung (so schon Wiedemann, Das Arbeitsverhältnis als Austausch- und Gemeinschaftsverhältnis [1966] 14 ff; weiterhin mit teilweise anderer Akzentsetzung Lieb RdA 1977, 210 ff; Beuthien RdA 1978, 1 ff; s ausführlich Staudinger/Richardi[12] Vorbem 167 ff zu §§ 611 ff). 44

Obwohl die Schutzbedürftigkeit des Arbeitnehmers der maßgebliche Grund für die Entwicklung des Arbeitsrechts war, kann man von ihr nicht abhängig machen, ob ein Arbeitsverhältnis vorliegt (ebenso Zöllner/Loritz/Hergenröder § 4 III 5 e). Insbesondere ist es nicht gerechtfertigt, die Arbeitnehmereigenschaft nur deshalb zu verneinen, weil eine vollständige Zurverfügungstellung der Arbeitskraft zeitlich beschränkt ist und damit die Möglichkeit eröffnet wird, die eigene Arbeitskraft nacheinander unter Zweckmäßigkeitsgesichtspunkten mehreren Auftraggebern anbieten zu können (so Lieb/Jacobs, Arbeitsrecht [9. Aufl 2006] Rn 15). 45

b) Arbeitnehmerbegriff als Korrelatbegriff zum Begriff des Selbstständigen (duales Modell der Erwerbstätigkeit)

Vor allem Wank (Arbeitnehmer und Selbständige [1988]) hält der bisher in Rspr und Schrifttum gebräuchlichen Definition des Arbeitnehmerbegriffs entgegen, sie sei fehlerhaft, weil sie darauf verzichte, einen Sinnzusammenhang zwischen der Tatbestandsseite, den Merkmalen des Arbeitnehmerbegriffs, und der Rechtsfolge, der Anwendung des Arbeitsrechts, herzustellen. Da nach Ansicht von Wank ein duales Modell der Erwerbstätigkeit die Grundlage des selbstständigen Berufsrechts bildet, sei der Arbeitnehmerbegriff dem Begriff des Selbstständigen gegenüberzustellen. Nur für den Arbeitnehmer bestehe ein umfassender Berufs- und Existenzschutz, während man beim Selbstständigen Eigenvorsorge zu unterstellen habe. Beide Systeme seien daher nur bei freier Wahl durch den Beschäftigten funktional äquivalent. Die Wahl der Rechtsform müsse deshalb an Hand objektiver Kriterien überprüft werden. Sinntragendes Merkmal sei insoweit die **freiwillige Übernahme des Unternehmerrisikos**. Die in Rspr und Lit für die Arbeitnehmereigenschaft genannten Einzelgesichtspunkte seien als Unterbegriffe „an dem Merkmal der freiwilligen Übernahme des Unternehmerrisikos auszurichten" (Wank, Arbeitnehmer 391). 46

Nach Wank ist Arbeitnehmer, wer „sich nach der Struktur des Beschäftigungsverhältnisses nicht unternehmerisch betätigen kann; sei es, dass ihm schon die organisatorischen Voraussetzungen fehlen, sei es, dass er nicht am Markt auftritt, sondern – insbesondere in Vollzeittätigkeit – nur für einen Auftraggeber arbeitet oder schließlich, weil er trotz einer bescheidenen eigenen Organisation und der rechtlichen Möglichkeit, auch für andere tätig zu werden, nach dem Vertrag und dessen Durchführung keinen unternehmerischen Spielraum hat" (Wank, Scheinselbständigkeit 75 f). Wank stellt daher auf folgende Kriterien ab: keine eigene Unternehmensorganisa- 47 tion, kein Auftreten am Markt und keine angemessene Verteilung von Chancen und Risiken, um die Arbeitnehmereigenschaft zu bestimmen. Für Zweifelsfälle soll als Hilfskriterium hinzutreten: „Hat der *Beschäftigte selbst die Form der selbständigen Betätigung* gewählt (freiwillige Übernahme des Unternehmerrisikos), so ist eher zu vermuten, dass auch tatsächlich Selbständigkeit vorliegt" (aaO 77).

48 Dieses **Alternativmodell** ist **mit dem geltenden Recht nicht vereinbar** (ebenso LAG Düsseldorf 4. 9. 1996 – 12 [6] [5] Sa 909/96, BeckRS 1996, 30763510; Maschmann, Arbeitsverträge 90 ff; Hromadka NZA 1997, 569 ff; Boemke ZfA 1998, 285 [321 f]; Buchner NZA 1998, 1144 [1147 ff]; Griebeling RdA 1998, 208 [214 f]; ders NZA 1998, 1037 ff; Reinecke ZIP 1998, 581 ff). Insbesondere berücksichtigt es nicht die Kategorie der arbeitnehmerähnlichen Personen (vgl Hromadka NZA 1997, 1249 ff). Selbst wenn man dem Arbeitnehmer die Kategorie des Selbstständigen gegenüberstellt, ist damit noch nicht erwiesen, dass Selbstständigkeit nur bei wirtschaftlicher Unabhängigkeit vorliegt; im Gegenteil ist die Bewältigung marktbedingter wirtschaftlicher Abhängigkeit eine Aufgabe des Wirtschaftsrechts (vgl Rieble ZfA 1998, 327 [334 ff]). Auch wenn man mit Wank eine teleologische Begriffsbestimmung für geboten hält, ergibt sich daraus noch keineswegs die Richtigkeit des von ihm vertretenen Alternativmodells. Vielmehr löst auch er sich völlig von den für die Zuordnung zum Arbeitsrecht maßgeblichen Gesichtspunkten, unter denen die Bewältigung ungleichgewichtiger Risikoverteilung in Verträgen nur einen Ausschnitt der Problematik bildet und keineswegs arbeitsrechtsspezifischen Charakter hat (so auch Rieble ZfA 1998, 327 [340 f]).

IV. Notwendigkeit einer vertragsrechtlichen Festlegung des Arbeitnehmerbegriffs

1. Aufgabe des Arbeitnehmerbegriffs

a) Historische Ausgangslage

49 Der Arbeitnehmerbegriff wurde entwickelt, um den **personellen Geltungsbereich des Arbeitsrechts** abzugrenzen. Er hat diese Funktion aber erst mit der Entwicklung des Arbeitsrechts zu einem selbstständigen Rechtsgebiet erhalten (s zur historischen Entwicklung Vorbem 99 ff zu §§ 611 ff).

50 In der Zeit vor dem Ersten Weltkrieg wurde der Begriff ebenso wie der Begriff des Arbeitsvertrages in einem sehr weit gefassten Sinn verstanden: Da der Arbeitsvertrag als Gattungsbegriff sowohl den Dienstvertrag als auch den Werkvertrag umfasste (s Vorbem 8 ff zu §§ 611 ff), wurden die Parteien dieses Arbeitsvertrages wie auch des durch ihn begründeten Arbeitsverhältnisses Arbeitgeber und Arbeitnehmer genannt; es heiße „Arbeitnehmer derjenige Teil, der im Arbeitsvertrag die Arbeit zusagt" (Lotmar I 60; ebenso Rümelin, Dienstvertrag und Werkvertrag [1905] passim, zB 30). Arbeitnehmer war also für die Zivilrechtsdogmatik sowohl der Dienstverpflichtete des Dienstvertrages als auch der Unternehmer des Werkvertrages. Dem Merkmal der Selbstständigkeit wurde keine differenzierende Funktion zugewiesen, im Gegenteil vielmehr ausdrücklich festgestellt, für Arbeitgeber und Arbeitnehmer als „rein rechtliche und zwar privatrechtliche Begriffe" sei es „einerlei, ob sie beide im Erwerbsleben der Selbstständigkeit teilhaftig sind oder beide ihrer entbehren, oder ob der eine als selbstständig, der andere als unselbstständig zu betrachten ist, und ob die eine oder die andere Eigenschaft dem Arbeitgeber oder dem Arbeitnehmer zukommt" (LOTMAR I 63). Die Bedeutung, die heute mit den Begriffen des Arbeitgebers und des Arbeitnehmers verbunden ist, wurde vor allem mit den Begriffen des Unternehmers und des Arbeiters ausgedrückt. In der Sozialgesetzgebung stellte man vor allem auf den Begriff des Arbeiters ab, sodass es für deren Anwendung um die Frage ging, „ob die Arbeitnehmerpartei die Eigenschaft eines *Arbeiters* habe, wie sie das Gesetz verlangt" (LOTMAR I 65). Erst als auch Betriebsbeamte und ihnen gleichgestellte Personen in die Arbeits- und Sozialgesetzgebung einbezogen wurden, aber dabei zugleich eine Sonderstellung erreichten (s Rn 195 ff), erhielt der Begriff des Arbeitnehmers die Funktion, als Gattungsbegriff Arbeiter und Angestellte zu bezeichnen. Zugleich trat dadurch eine Verengung ein, weil Aufgabe des Arbeitnehmerbegriffs nunmehr war, den Geltungsbereich des Arbeitsrechts abzugrenzen.

Der Arbeitnehmerbegriff hat also eine Wurzel im **Sozialrecht**, als es darum ging, in den Sozialversicherungsgesetzen, die 1883 für die Krankenversicherung, 1884 für die Unfallversicherung und 1889 für die Invaliditäts- und Altersversicherung ergangen waren, die Versicherungspflicht zu konkretisieren (vgl ausführlich HROMADKA NZA 1997, 569 [573]). Eine **zweite Wurzel** hat er in der **zivilrechtlich notwendigen Abgrenzung des Handelsvertreters vom Handlungsgehilfen** (vgl RG 7. 1. 1916, RGZ 87, 440 ff; RAG BenshSlg 2, 145 ff). Beachtung verdient in diesem Kontext, dass die Notwendigkeit der Abgrenzung durch Rückgriff auf die persönliche Abhängigkeit nur für die Fälle entschieden wurde, in denen jemand aufgrund eines *Dienstvertrags* tätig war. Wer Arbeit aufgrund eines Werkvertrags leistete, kam von vornherein nicht als Arbeitnehmer in Betracht (vgl RAG BenshSlg 7, 299 [300]). Einer wirtschaftlichen Abhängigkeit wurde für diesen Fall keine Bedeutung beigemessen; denn wer einen durch Arbeit herbeizuführenden Erfolg schulde, sei nicht persönlich abhängig und deshalb nicht als Arbeitnehmer anzusehen (RAG BenshSlg 13, 480 ff). 51

b) Einheit und Relativität des Arbeitnehmerbegriffs für die Geltung des Arbeitsrechts

Wer es mit WANK für geboten hält, den Arbeitnehmerbegriff teleologisch zu bestimmen, muss deshalb noch nicht zu dem Ergebnis gelangen, dass das von ihm entwickelte Alternativmodell richtig ist. Im Gegenteil muss eine teleologische Definition berücksichtigen, dass mit dem Begriff eine **Vielzahl unterschiedlicher Rechtsfolgen** verbunden ist. Man muss deshalb den materiellen Geltungsgrund arbeitsrechtlicher Regelungen in die Beurteilung einbeziehen: 52

– Die Erbringung von Arbeit im Rahmen einer fremdbestimmten Arbeitsorganisation führt zu einer *Abweichung von den Risikogrundsätzen,* die sonst in einem schuldrechtlichen Austauschverhältnis gelten: Der Arbeitgeber trägt das Arbeitsentgeltrisiko bei einer Arbeitsunmöglichkeit infolge von Betriebsstörungen; es gilt nicht § 326, sondern § 615.

– Die Planung, Organisation und Leitung der Arbeitsorganisation hat Rückwirkungen auf das *Haftungsrisiko* des Arbeitnehmers und ist Grundlage einer *Fürsorgepflicht* des Arbeitgebers.

– Das *Kontinuitätsinteresse* des Arbeitnehmers an der Aufrechterhaltung seines Beschäftigungsverhältnisses ist materieller Geltungsgrund für den allgemeinen und besonderen Kündigungsschutz, durch den für den Arbeitnehmer ein sozialer

Bestands- und Vertragsinhaltsschutz seines Arbeitsverhältnisses verwirklicht wird.

– Die verfassungsrechtliche Gewährleistung der Koalitionsfreiheit in Art 9 Abs 3 GG und das Recht der Tarifautonomie und des Arbeitskampfes begründen eine *Besonderheit der Marktstellung* innerhalb der marktwirtschaftlich organisierten Wirtschaftsverfassung. Sie ermöglicht es, Tatbestände, die anderenfalls eine unzulässige Vertragsstörung darstellten (zB streikbedingte Arbeitsverweigerung), als legitim anzusehen.

– Das Betriebsverfassungs- und Mitbestimmungsrecht berücksichtigt, dass die Funktionsfähigkeit eines Betriebs und Unternehmens die *Einheit der Planung, Organisation und Leitung* voraussetzt und sich daraus Abhängigkeiten für die Beschäftigten ergeben, die durch eine kollektive Beteiligung begrenzt werden können.

53 Der Katalog zeigt, dass man den Personenkreis so abgrenzen kann, dass auf ihn die gesamten Rechtsfolgen Anwendung finden. Der **materielle Geltungsgrund** ist aber so **verschieden**, dass die Einbeziehung in den einen Regelungsbereich nicht notwendigerweise dazu zwingt, eine Person auch in den anderen Regelungsbereich einzubeziehen. Soweit der Arbeitgeber bei einer Betriebsstörung das Arbeitsentgeltrisiko trägt, zeigt ein Vergleich mit dem Werkvertragsrecht, dass die Risikoverteilung hier nicht anders ist: Wenn das Werk unausführbar wird, weil der vom Besteller gelieferte Stoff einen Mangel aufweist, kann der Unternehmer nach § 645 Abs 1 einen der geleisteten Arbeit entsprechenden Teil der Vergütung verlangen. Obwohl beim Werkvertrag das Dogma der Erfolgsbezogenheit die Entgeltrisikozuweisung beherrscht, gilt für die Substratsgefahrtragung derselbe Rechtsgrundsatz; es handelt sich insoweit um ein Zugeständnis an das dienstvertragliche Element im Werkvertrag (vgl PICKER JZ 1985, 641, [693, 695]). Den Kündigungsschutz hat dagegen nicht jeder Arbeitnehmer, sondern nur der Arbeitnehmer, bei dem das Kontinuitätsinteresse Schutz verdient, also nicht, wer lediglich in einem zulässig befristeten Arbeitsverhältnis beschäftigt wird. Für die Koalitionsfreiheit und das kollektivrechtliche Koalitionswesen ist die Marktorientierung maßgebend. Deshalb sind hier auch Personen einbezogen, die keine Arbeitnehmer sind, aber wirtschaftlich abhängig sind, es sich also um arbeitnehmerähnliche Personen handelt (vgl § 12a TVG). Auch für die Rechtsstellung in der Mitbestimmungsordnung ist nicht die Vertragsrechtsstellung als Arbeitnehmer ausschlaggebend: Der Betriebsrat repräsentiert in der betriebsverfassungsrechtlichen Mitbestimmungsordnung nicht die leitenden Angestellten (§ 5 Abs 3 BetrVG), aber Heimarbeiter, auch wenn sie nicht zu den Arbeitnehmern gehören, sofern sie in der Hauptsache für den Betrieb arbeiten (§ 5 Abs 1 S 2 BetrVG).

c) Ergebnis

54 Für die Rechtsanwendung und damit für den Arbeitnehmerbegriff ist die **Teleologie der sich auf die Regelungsproblematik der abhängigen Arbeit beziehenden Rechtssätze maßgebend**. Sie entscheidet darüber, wer zu den Arbeitnehmern gehört. Demnach **kann der Arbeitnehmerbegriff von Gesetz zu Gesetz verschieden** sein. Er ist es teilweise auch, soweit man auf den Geltungsbereich einzelner Gesetze abstellt. Beispielsweise bestimmt § 5 Abs 2 BetrVG, wer für die Betriebsverfassung nicht als

Arbeitnehmer gilt, auch wenn er in einem Arbeitsverhältnis steht. Dass der Gesetzgeber sich hier einer Fiktion bedient, beruht auf der Vorstellung, dass bei entsprechender Gestaltung des Rechtsverhältnisses zur Erbringung einer Dienstleistung von der Arbeitnehmereigenschaft auszugehen ist.

Man kann den Arbeitnehmerbegriff als **Typusbegriff** bezeichnen (so Herschel, in: FG Kunze [1969] 225 [237]; vgl auch Zöllner/Loritz/Hergenröder § 4 III 5 a cc; Martens RdA 1979, 347 [348]; Hilger RdA 1989, 1 [2]; weiterhin HWK/Thüsing Vorbem 40 f, 59 f vor § 611). Rechtsdogmatisch ist damit wenig gewonnen; eine derartige Charakterisierung bestätigt, dass der Arbeitnehmerbegriff für die Rechtsanwendung nicht überall identisch ist. Eine Klarstellung lässt sich aber in umstrittenen Fällen dadurch nicht erzielen. Für die Rechtsfindung ist ein „Typusbegriff, der durch eine Reihe von Merkmalen bestimmt wird, die jedoch nicht jeweils sämtlich vorzuliegen brauchen" (Zöllner/Loritz/Hergenröder § 4 III 5a cc), ein Muster ohne Wert, solange offen bleibt, nach welchen normativen Gesichtspunkten sich richtet, welche Merkmale fehlen können. 55

2. Bedeutung der Vertragsgestaltung für den Arbeitnehmerbegriff

Da das Arbeitsverhältnis ein **Rechtsverhältnis der Privatautonomie** ist, hängt von der Vertragsgestaltung ab, ob jemand als Arbeitnehmer oder als Selbstständiger tätig wird (ebenso ArbR BGB/Schliemann § 611 Rn 162; Maschmann, Arbeitsverträge 110 f; s aber auch Rn 61). Wer für das Erreichen seiner unternehmerischen Ziele die Tätigkeit anderer „einplant", wird daher nicht notwendigerweise deren Arbeitgeber. Ob und inwieweit die anderen wirtschaftlich darauf angewiesen sind, den Auftrag zu erhalten, spielt keine Rolle, und zwar auch dann nicht, wenn ihr Vertragspartner der einzige Auftraggeber bleibt. Die Beurteilung kann sich nicht dadurch ändern, dass ihr Auftraggeber wirtschaftlich Erfolg hat und sie deshalb so „verplant" sind, dass sie nur noch für ihn tätig werden können. Diese Abhängigkeit genügt nicht für die Anerkennung der Arbeitnehmereigenschaft. 56

Die Arbeitnehmereigenschaft kommt erst in Betracht, wenn jemand mit seiner **Arbeitskraft** seinem **Vertragspartner zur Verfügung steht**, also nicht mehr selbst organisatorisch die Erbringung der Dienstleistung gewährleistet. Wer aufgrund eines Werkvertrags tätig wird, ist kein Arbeitnehmer; denn wer ein Werk, also den Erfolg der Arbeit schuldet, arbeitet „selbstständig und nicht in persönlicher Abhängigkeit vom Besteller" (A Hueck, in: Hueck/Nipperdey I 135). Das gilt auch, wenn er dessen Weisungen unterliegt (ebenso Maschmann, Arbeitsverträge 317). Als besonders praxisrelevant hat sich in den letzten Jahren die Abgrenzung zwischen Werkvertrag und Arbeitnehmerüberlassung erwiesen (dazu näher Rn 157 ff). 57

Der für das Arbeitsverhältnis maßgebliche Vertragstyp ist deshalb der **Dienstvertrag**, bei dem die zugesagte Arbeitsleistung keine im Voraus bestimmte, abgegrenzte Einzelleistung darstellt, sondern sich auf **eine nur der Art nach bestimmte Tätigkeit** bezieht (ebenso Nikisch, Die Grundformen des Arbeitsvertrags und der Anstellungsvertrag [1926] 85 ff; Jacobi, Grundlehren des Arbeitsrechts [1927] 45 ff; so schon Schmoller, Die Natur des Arbeitsvertrages und der Kontraktbruch [1874], abgedruckt in: Schmoller, Zur Social- und Gewerbepolitik der Gegenwart [1890] 64 [65]). Es muss sich um den Vertragstyp handeln, den Nikisch als *Anstellungsvertrag* bezeichnet hat und der hier entsprechend der mo- 58 dernen Terminologie *Arbeitsvertrag* genannt wird (vgl auch MASCHMANN, Arbeitsverträge 110 ff).

59 Wer in einem derartigen Vertragsverhältnis steht, ist **typischerweise Arbeitnehmer**. Etwas anderes kann nur gelten, wenn besondere Umstände es ausschließen, dass arbeitsrechtliche Grundsätze auf das Vertragsverhältnis Anwendung finden, weil entweder wie beim Handelsvertreter die Selbstständigkeit gewahrt bleibt und es daher gerechtfertigt ist, dass ihn das Unternehmerrisiko trifft (s Rn 242, 1909), oder jemand als Mitglied des gesetzlichen Vertretungsorgans in einem Anstellungsverhältnis zur juristischen Person steht und damit eine unternehmerische Funktion wahrnimmt (s Rn 351 ff). Doch zeigen gerade diese Fälle, dass die Nichtanwendung von Arbeitsrecht immer dort zum Problem wird, wo eine Dauerrechtsbeziehung besteht. Die Ständigkeit der Betrauung, für einen anderen Unternehmer Geschäfte zu vermitteln oder in dessen Namen abzuschließen (§ 84 Abs 1 S 1 HGB), begründet für die Handelsvertreter eine Sonderstellung unter den Unternehmern; sie hat dazu geführt, dass im Handelsvertreterrecht ein besonderer, zwingend gestalteter Sozialschutz eingeräumt wird. Wenn der Handelsvertreter vertraglich nicht für weitere Unternehmer tätig werden darf oder ihm dies nach Art und Umfang der von ihm verlangten Tätigkeit nicht möglich ist, kann er sogar zu den *arbeitnehmerähnlichen Personen* gehören, für die durch Rechtsverordnung die untere Grenze der vertraglichen Leistungen des Vertragspartners festgesetzt werden kann (§ 92a HGB), für die bei Rechtsstreitigkeiten aus dem Vertragsverhältnis das Arbeitsgericht zuständig ist (§ 5 Abs 3 ArbGG) und die Anspruch auf bezahlten Erholungsurlaub haben (§ 2 S 2 BUrlG). Bei den Mitgliedern der gesetzlichen Vertretungsorgane einer juristischen Person scheidet angesichts ihrer mit der Funktion verbundenen Zuständigkeit und Verantwortung für das Unternehmen eine Gleichstellung mit den Arbeitnehmern regelmäßig aus (s Rn 351 ff). Wenn es sich aber um ein abhängiges Konzernunternehmen handelt, können sie zu dem herrschenden Unternehmen in einem Arbeitsverhältnis stehen, zu dessen Inhalt gehört, die Funktion als Mitglied eines gesetzlichen Vertretungsorgans in dem abhängigen Unternehmen wahrzunehmen (s Rn 352 aE).

60 Lediglich wenn jemand trotz Vorliegen eines Dienstvertrags **im Wesentlichen frei seine Tätigkeit gestalten und seine Arbeitszeit bestimmen kann**, ist es sachlich gerechtfertigt, auf ihn kein Arbeitsrecht anzuwenden (vgl § 84 Abs 1 S 2 HGB). Auf dieser Grundwertung beruht das nach der Rspr unverzichtbare Merkmal der **persönlichen Abhängigkeit** für die Arbeitnehmereigenschaft (vgl GRIEBELING RdA 1998, 208 [211]). Die Bezeichnung als persönliche Abhängigkeit ist allerdings missglückt. Allzu nahe liegt bei dieser Beurteilung, dass die persönliche Abhängigkeit zum Wesensmerkmal des Arbeitsverhältnisses erhoben wird (so bei O vGIERKE, in: FS Brunner [1914] 37 ff; SINZHEIMER, Grundzüge des Arbeitsrechts [1927] 117 ff; vgl dazu RICHARDI ZfA 1988, 221 [228 ff]). Der Arbeitsvertrag wird auf den in seiner Rechtswirksamkeit verzichtbaren Tatbestand zur Begründung eines rechtlichen Herrschafts- bzw Gewaltverhältnisses reduziert, das fremdbestimmt ist. Gegenstand des Arbeitsrechts ist aber nach geltendem Recht das *privatautonom* begründete Arbeitsverhältnis. Kriterium ist das rechtsgeschäftliche Leistungsversprechen unselbstständiger Arbeit. Von der Vertragsgestaltung hängt deshalb ab, ob Arbeitsrecht zur Anwendung kommt. Die Arbeitnehmereigenschaft darf nicht *personenrechtlich* bestimmt werden; sie wird *vertragsrechtlich* festgelegt.

Die Aussage, es hänge von der Vertragsgestaltung ab, ob jemand als Arbeitnehmer **61** oder als Selbstständiger tätig wird, darf aber nicht dergestalt verstanden werden, dass die Einordnung des Dienstleistenden von der Bezeichnung des Vertragsverhältnisses abhinge. Denn nicht diese Bezeichnung, sondern allein der **wahre Geschäftsinhalt** sind für die Abgrenzung maßgeblich (BAG 25. 9. 2013 – 10 AZR 282/12, NZA 2013, 1348 [1350]). Der Geschäftsinhalt kann sich dabei sowohl aus den Vereinbarungen der Parteien wie der praktischen **Vertragsdurchführung** ergeben; im Fall eines Widerspruchs zwischen Vereinbarung und Durchführung ist Letztere maßgebend, weil sie erstens am ehesten Rückschlüsse auf den wahren Willen der Parteien erlaubt und zweitens eine Umgehung gesetzlicher Schutzvorschriften durch geschickte Vertragsgestaltung unterbindet (BAG 6. 8. 2003 – 7 AZR 180/03, BeckRS 2003, 41607; BAG 18. 1. 2012 – 7 AZR 723/10, NZA-RR 2012, 455 [458]; s auch Rn 70).

3. Relativierung der Einheit des Arbeitnehmerbegriffs durch die verfassungsrechtlich abgesicherte Tendenzautonomie

a) Rundfunkmitarbeiter-Beschluss des BVerfG vom 13. 1. 1982

Die Einheit des Arbeitnehmerbegriffs ist vor allem durch den Rundfunkmitarbeiter- **62** Beschluss des BVerfG vom 13. 1. 1982 (1 BvR 848/77, BVerfGE 59, 231) in Frage gestellt worden. Seit Anfang der siebziger Jahre hatten sog ständige freie Mitarbeiter der Rundfunk- und Fernsehanstalten in Klagen auf Feststellung, dass es sich bei ihnen um Arbeitnehmer handelt (Statusklagen), überwiegend die Festanstellung in einem unbefristeten Dauerarbeitsverhältnis erreicht (vgl BVerfG 13. 1. 1982 – 1 BvR 848/77, BVerfGE 59, 231 [237]; s auch BAG 14. 2. 1974 – 5 AZR 298/73, AP Nr 12 zu § 611 BGB Abhängigkeit; BAG 3. 10. 1975 – 5 AZR 427/74, 2. 6. 1976 – 5 AZR 131/75, 22. 6. 1977 – 5 AZR 753/75 und 15. 3. 1978 – 5 AZR 818/76, AP Nr 16, 20, 22 und 25 zu § 611 BGB Abhängigkeit; BAG 15. 3. 1978 – 5 AZR 819/76, AP Nr 26 zu § 611 BGB Abhängigkeit; BAG 23. 4. 1980 – 5 AZR 426/79, AP Nr 34 zu § 611 BGB Abhängigkeit). Nach Ansicht des BVerfG hat diese Rechtsprechung, soweit es sich um unmittelbar programmgestaltend tätige Mitarbeiter handelt, „die Einwirkung des Grundrechts der Rundfunkfreiheit auf die zugrunde gelegten Voraussetzungen für die Feststellung eines unbefristeten Arbeitsverhältnisses von Rundfunkmitarbeitern verkannt" (BVerfG 13. 1. 1982 – 1 BvR 848/77 ua, BVerfGE 59, 231 [268]). Wegen Verstoßes gegen Art 5 Abs 1 S 2 GG hat daher das BVerfG die mit der Verfassungsbeschwerde angegriffenen Urteile des BAG überwiegend aufgehoben (so BAG 22. 6. 1977 – 5 AZR 753/75, 15. 3. 1978 – 5 AZR 818/76 und 23. 4. 1980 – 5 AZR 426/79, AP Nr 22, 25 und 34 zu § 611 BGB Abhängigkeit; bestätigt aber BAG 7. 5. 1980 – 5 AZR 593/78, AP Nr 36 zu § 611 BGB Abhängigkeit).

Nach Ansicht des BVerfG gewährleistet Art 5 Abs 1 S 2 GG das Recht der Rund- **63** funkanstalten, dem Gebot der Vielfalt der zu vermittelnden Programminhalte auch bei der Auswahl, Einstellung und Beschäftigung derjenigen Rundfunkmitarbeiter Rechnung zu tragen, die bei der Gestaltung der Programme mitwirken. Das Recht, frei von fremdem Einfluss über Auswahl, Einstellung und Beschäftigung der Mitarbeiter zu bestimmen, werde nicht erst durch die Erschwerung der Kündigung, sondern bereits durch die Feststellung beeinträchtigt, dass der Mitarbeiter „ungeachtet des zwischen den Parteien geschlossenen Vertrags in einem unbefristeten Arbeitsverhältnis zur Anstalt stehe" (BVerfG 13. 1. 1982 – 1 BvR 848/77, BVerfGE 59, 231 [270]).

64 Die Bedenken des **BVerfG** richten sich **ausschließlich gegen** die über die Anerkennung der Arbeitnehmereigenschaft herbeigeführte **Festanstellung**. Es sei, wie es ausdrücklich feststellt, „nicht befugt, Lösungswege im Einzelnen [sic] vorzuzeichnen und sich so an die Stelle der Fachgerichte zu setzen" (BVerfG 13. 1. 1982 – 1 BvR 848/77, BVerfGE 59, 231 [257]). Deshalb geht es dem BVerfG iErg auch nicht darum, ob es sich bei den Mitarbeitern der Rundfunk- und Fernsehanstalten um Arbeitnehmer oder freie Mitarbeiter handelt. Lediglich der mit der Arbeitnehmereigenschaft verbundene soziale Bestandsschutz darf nicht zu einer Beeinträchtigung der Rundfunkfreiheit führen. Wie die Pressefreiheit findet zwar auch die Rundfunkfreiheit ihre Schranken in den Vorschriften der allgemeinen Gesetze (Art 5 Abs 2 GG). Die sich daraus ergebende Bindung an den arbeitsrechtlichen Bestandsschutz muss aber „im Lichte des Grundrechts der Rundfunkfreiheit gesehen werden" (BVerfG 13. 1. 1982 – 1 BvR 848/77, BVerfGE 59, 231 [265]). Das BVerfG kommt deshalb zu dem Ergebnis, „dass der Rundfunkfreiheit bei der Zuordnung zu dem verfassungsrechtlich legitimierten Bestandsschutz des Arbeitsrechts ein hohes Gewicht beizumessen ist, welches dasjenige des arbeitsrechtlichen Bestandsschutzes übersteigen kann" (BVerfG 13. 1. 1982 – 1 BvR 848/77, BVerfGE 59, 231 [267]).

65 Das BVerfG hat damit **keine Entscheidung über die Arbeitnehmereigenschaft** getroffen; es sei ihm, wie es ausdrücklich feststellt, „verwehrt, die Grenze zwischen Voll- oder Teilzeitbeschäftigung in einem Arbeitsverhältnis und freier Mitarbeit selbst zu ziehen" (BVerfG 13. 1. 1982 – 1 BvR 848/77, BVerfGE 59, 231 [267]). Das BVerfG verlangt auch nicht die Verneinung der Arbeitnehmereigenschaft und damit die generelle Ausklammerung aus dem Arbeitsrecht; es fordert lediglich, „bei der Auslegung und Anwendung des Arbeitsrechts den dargelegten, sich aus Art 5 Abs 1 und 2 GG ergebenden verfassungsrechtlichen Anforderungen Rechnung zu tragen". Es stellt sodann fest:

> „Das schließt es nicht von vornherein aus, von den für dieses Rechtsgebiet allgemein entwickelten Merkmalen abhängiger Arbeit auszugehen und, wenn diese für ein Arbeitsverhältnis sprechen, dem Einfluss der Rundfunkfreiheit dadurch gerecht zu werden, dass einzelne gegen eine Befristung sprechende Merkmale zurückzutreten haben. Wenn daraufhin die für die Feststellung eines unbefristeten Arbeitsverhältnisses maßgeblichen Kriterien iErg bei Rundfunkmitarbeitern anders als sonst zu beurteilen sind, so ist diese Modifikation durch die verfassungsrechtliche Lage bedingt und begrenzt. Auf andere Rechtsvorschriften, die der sozialen Sicherung der Arbeitnehmer dienen, wie namentlich diejenigen des Sozialversicherungsrechts, lässt sie sich nicht erstrecken. Regelungen etwa der Altersversorgung oder des Schutzes bei Krankheit beschränken nicht die Entscheidungsfreiheit der Rundfunkanstalten über die Auswahl, Einstellung oder Beschäftigung programmgestaltend tätiger Mitarbeiter. Sie werden daher umgekehrt auch nicht durch Art 5 Abs 1 S 2 GG berührt, sodass diese Gewährleistung nicht etwa die Bewertung von Rundfunkmitarbeiterverhältnissen als abhängige Arbeit (§ 7 Abs 1 SGB IV) ausschließt. Das Verfassungsrecht verlangt nicht die Wahl zwischen dem Alles des vollen Schutzes der unbefristeten Daueranstellung und dem Nichts des Verzichts auf jeden Sozialschutz. Es steht nur arbeitsrechtlichen Regelungen und einer Rechtsprechung entgegen, welche den Rundfunkanstalten die zur Erfüllung ihres Programmauftrags notwendige Freiheit und Flexibilität neh-

men würden. Das gilt, soweit ersichtlich, nur im Falle der gerichtlichen Feststellung unbefristeter Arbeitsverhältnisse, während die Möglichkeit befristeter Arbeitsverträge nicht ausgeschlossen wird." (BVerfG 13. 1. 1982 – 1 BvR 848/77, BVerfGE 59, 231 [267 f]; vgl nachfolgend auch BVerfG 18. 2. 2000 – 1 BvR 491, 562/93, NZA 2000, 653 [656]; BAG 9. 6. 1993 – 5 AZR 123/92, NZA 1994, 169 [171]; BAG 26. 7. 2006 – 7 AZR 495/05, NZA 2007, 147 [148] mwNw).

b) Bedeutung der verfassungsgerichtlichen Erkenntnis für eine teleologische Definition des Arbeitnehmerbegriffs

Die verfassungsgerichtliche Erkenntnis zwingt zu einer **Revision der traditionellen** **66** **Betrachtungsweise**, nach der die Geltung des Gesamtkomplexes des Arbeitsrechts von der richtigen Definition des Arbeitnehmerbegriffs abhängig gemacht wird. Das BAG hat dem Beschluss des BVerfG zu Recht entnommen, dass das Grundrecht der Rundfunkfreiheit nicht verlangt, einen von den allgemeinen arbeitsrechtlichen Grundsätzen abweichenden Arbeitnehmerbegriff zu entwickeln (BAG 13. 1. 1983 – 5 AZR 149/82, BAGE 41, 247 [257] mit insoweit zust Anm KONZEN/RUPP; PLANDER, BlStSozArbR 1982, 232; OTTO AuR 1983, 9; abweichend RÜTHERS DB 1982, 1869 [1877]; ders RdA 1985, 129 [137 f]). Die Rundfunkfreiheit gibt auch nicht das Privileg, bei der Begründung eines Mitarbeiterverhältnisses frei zwischen dem Arbeitsvertrag und dem Vertrag als freier Mitarbeiter zu wählen (ebenso BAG aaO; iErg auch WANK RdA 1982, 363 [370]). Dem BAG kann aber nicht darin gefolgt werden, dass die verfassungsgerichtliche Erkenntnis keine Veranlassung gibt, von der traditionellen Begriffsbestimmung des Arbeitnehmerbegriffs abzuweichen (wie hier LORITZ, Die Mitarbeit Unternehmensbeteiligter [1984] 250). Man mag zwar Bedenken dagegen haben, „dass die Rundfunkfreiheit schon bei der Feststellung der *Arbeitnehmereigenschaft zu* berücksichtigen ist" (RÜTHERS RdA 1985, 129 [137 f]); es ist andererseits aber für die Feststellung der Arbeitnehmereigenschaft von grundlegender Bedeutung, ob und inwieweit „Einfallstore" bestehen, um die verfassungsrechtlich geschützten Interessen der Rundfunkanstalten wirksam werden zu lassen (so BAG 13. 1. 1983 – 5 AZR 149/82, BAGE 41, 247 [257]). Da der Arbeitnehmerbegriff keine andere Funktion hat, als den Geltungsbereich des Arbeitsrechts zu bestimmen (vgl dazu grundlegend JACOBI, Grundlehren des Arbeitsrechts [1927] 43), schafft jedes „Einfallstor" einen Bereich, für den insoweit Arbeitsrecht keine Anwendung findet, der Mitarbeiter also nicht Arbeitnehmer ist, auch wenn er sonst unter den Geltungsbereich arbeitsrechtlicher Regelungen fällt und deshalb für sie Arbeitnehmer ist.

Mit anderen Worten: Da die Bildung eines Arbeitnehmerbegriffs völlig sinnlos ist, **67** wenn man mit ihm nicht die Geltung des Arbeitsrechts bestimmt, kann man die **Arbeitnehmereigenschaft nur relativ festlegen**. Jedes „Einfallstor" verringert den Geltungsanspruch des Arbeitsrechts und zwingt daher zu einer Differenzierung bei der Feststellung der Arbeitnehmereigenschaft für die Rechtsanwendung. Man kann aus Gründen der Praktikabilität den Arbeitnehmerbegriff entweder für Vertragsverhältnisse reservieren, auf die das Arbeitsrecht uneingeschränkt Anwendung findet, oder ihn so weit fassen, dass er sich auf alle Vertragsverhältnisse bezieht, auch wenn sie unter einem Teilaspekt nicht vom Geltungsanspruch des Arbeitsrechts erfasst werden. Wählt man die erste Variante, so darf auf die Verneinung der Arbeitnehmereigenschaft nicht gestützt werden, dass Arbeitsrecht unter keinem Teilaspekt zur Anwendung kommt. Legt man dagegen (zutreffender) die zweite Variante zugrunde, so bedeutet die Feststellung der Arbeitnehmereigenschaft nicht, dass der Gesamtkomplex des Arbeitsrechts auf das Vertragsverhältnis Anwendung findet.

V. Arbeitnehmereigenschaft und Vertragsfreiheit

1. Arbeitnehmereigenschaft als Gegenstand der Vertragsgestaltung

68 Man kann den Arbeitnehmerbegriff als Statusbegriff bezeichnen, weil durch ihn eine Vielzahl von Rechtsfolgen festgelegt wird (vgl WANK, Die juristische Begriffsbildung [1985] 47 f). Er ist aber kein Begriff des Statusrechts; denn das Arbeitsverhältnis ist kein Statusverhältnis, sondern eine Erscheinungsform der Privatautonomie. Von der Ausgestaltung des Vertrags hängt deshalb ab, ob jemand als Arbeitnehmer oder als Selbstständiger tätig wird.

a) Keine Abdingbarkeit der Arbeitnehmereigenschaft

69 Von der objektiven Vertragsgestaltung hängt ab, ob ein Arbeitsverhältnis besteht. Insoweit gilt der **Grundsatz der Vertragsfreiheit**. Er gestattet aber **nicht**, dass durch **Statusvereinbarung** die **Arbeitnehmereigenschaft trotz Vorliegen der rechtsgeschäftlich festgelegten Voraussetzungen eines Arbeitsverhältnisses abbedungen** wird (vgl zu Statusvereinbarungen im Arbeitsrecht STOFFELS NZA 2000, 690 ff).

70 Die **Bezeichnung des Vertragsverhältnisses** kann lediglich als Indiz für den Parteiwillen herangezogen werden; maßgebend ist in erster Linie vielmehr, wie das **Beschäftigungsverhältnis tatsächlich ausgestaltet und durchgeführt** wird (vgl BAG 8. 6. 1967 – 5 AZR 461/66, BAGE 19, 324 [326], BAG 14. 2. 1974 – 5 AZR 298/73, BAGE 25, 505 [509] und BAG 15. 3. 1978 – 5 AZR 819/76, BAGE 30, 163 [172]; BAG 27. 3. 1991 – 5 AZR 194/90 und 30. 10. 1991 – 7 ABR 19/91, AP Nr 53 und 59 zu § 611 BGB Abhängigkeit; BAG 24. 6. 1992 – 5 AZR 384/91, NZA 1993, 174 [175]; BAG 22. 3. 1995 – 5 AZB 21/94, NZA 1995, 823; BAG 12. 9. 1996 – 5 AZR 504/95, AP Nr 122 zu § 611 BGB Lehrer, Dozenten; BAG 19. 11. 1997 – 5 AZR 653/96, NZA 1998, 364; BAG 22. 8. 2001 – 5 AZR 502/99, NZA 2003, 662 [663]; BAG 6. 8. 2003 – 7 AZR 180/03, BeckRS 2003, 41607; BAG 18. 1. 2012 – 7 AZR 723/10, NZA-RR 2012, 455 [458]). Bei einer Falschbezeichnung gilt ohnehin nach allgemeinen Grundsätzen das tatsächlich Gewollte (falsa demonstratio non nocet). Problematisch ist deshalb lediglich, dass bei objektiver Betrachtung ein Arbeitsverhältnis vorliegt, die Vertragsparteien aber diese Rechtsform nicht wollten. Da das Arbeitsrecht dem Beschäftigten aber weitgehend einen zwingenden Sozialschutz einräumt, kann er nicht dadurch abbedungen werden, dass man die Arbeitnehmereigenschaft vertraglich ausschließt (BAG 6. 8. 2003 – 7 AZR 180/03, BeckRS 2003, 41607; BAG 18. 1. 2012 – 7 AZR 723/10, NZA-RR 2012, 455 [458]).

71 Der Anerkennung eines Arbeitsverhältnisses steht nicht entgegen, dass der Arbeitgeber in der Annahme, es handele sich um einen freien Mitarbeiter, auf die Vorlage eines Attestes im Krankheitsfall oder auf förmliche Erteilung des Urlaubs verzichtet oder sonst den Beschäftigten steuer- und sozialversicherungsrechtlich als freien Mitarbeiter behandelt hat; es handelt sich insoweit lediglich um Konsequenzen, die der Empfänger der Dienstleistungen aus einem von ihm vertretenen fehlerhaften Rechtsstandpunkt gezogen hat (vgl BAG 28. 6. 1973 – 5 AZR 19/73, 3. 10. 1975 – 5 AZR 427/74 und 9. 3. 1977 – 5 AZR 110/76, AP Nr 10, 16 und 21 zu § 611 BGB Abhängigkeit; weiterhin BAG 14. 2. 1974 – 5 AZR 298/73, BAGE 25, 505 [511]).

Auch über eine **Rechtswahl** kann einer als Arbeitnehmer einzustufenden Person der 72
Schutz des deutschen Rechts regelmäßig nicht entzogen werden. Zwar kann nach
Art 3 Rom I-VO das auf den Vertrag anwendbare Recht frei gewählt werden, das
darf aber nach Art 8 Abs 1 S 2 Rom I-VO nicht dazu führen, dass dem Arbeitnehmer der Schutz entzogen wird, der ihm ohne die Rechtswahl gewährt wird. Das ist
deutsches Recht, wenn der Arbeitnehmer in Deutschland gewöhnlich seine Arbeit
verrichtet, Art 8 Abs 2 S 1 Alt 1 Rom I-VO.

b)   Rechtsformwahl
Nur wenn nach den **objektiven Gegebenheiten** sowohl ein Arbeitsverhältnis als auch 73
ein Rechtsverhältnis als freier Mitarbeiter in Betracht kommt, können die Vertragsparteien darüber entscheiden, ob ein Arbeitsverhältnis oder ein Dienstvertragsverhältnis als freier Mitarbeiter bestehen soll (vgl BAG 8. 6. 1967 – 5 AZR 461/66, BAGE 19,
324 [330] und BAG 14. 2. 1974 – 5 AZR 298/73, BAG 25, 505 [511 f]). So kann bei Funk und
Fernsehen programmgestaltende Mitarbeit sowohl im Rahmen eines Arbeitsverhältnisses als auch im Rahmen eines freien Mitarbeiterverhältnisses erbracht werden,
während sich sonstige Mitarbeit an Radio- und Rundfunksendungen in der Regel
nur im Rahmen von Arbeitsverhältnissen durchführen lässt (vgl BAG 20. 7. 1994 –
5 AZR 627/93, BAGE 77, 226 [234]; ausführlich BAG 30. 11. 1994 – 5 AZR 704/93, BAGE 78,
343 [349 ff]).

Soweit ein Vertrag sich nach den objektiven Gegebenheiten als Vertrag eines freien 74
Mitarbeiters qualifizieren lässt, ist die Wahl dieser Vertragsform durch den Dienstberechtigten kein Missbrauch der Vertragsfreiheit (**aA**, wenn es an einem sachlichen
Grund fehle, BAG 14. 2. 1974 – 5 AZR 298/73, BAGE 25, 505 [512 f]). Ist zweifelhaft, ob nach
der Ausgestaltung und Durchführung des Beschäftigungverhältnisses die Vertragsform eines freien Mitarbeiters vorliegt, kann man als Indiz heranziehen, ob der
Dienstverpflichtete die Beschäftigung als freier Mitarbeiter verlangt hat. Es gilt
insoweit Gleiches wie bei der Kontrolle befristeter Arbeitsverträge, für die als
sachlicher Grund anerkannt ist, dass die Befristung auf dem eigenen Wunsch des
Arbeitnehmers beruht, wenn zum Zeitpunkt des Vertragsschlusses objektive Anhaltspunkte dafür vorliegen, dass der Arbeitnehmer gerade an einer befristeten
Beschäftigung ein Interesse hat (BAG 26. 4. 1985 – 7 AZR 316/84, 6. 11. 1996 – 7 AZR
909/95, AP Nr 91, 188 zu § 620 BGB Befristeter Arbeitsvertrag; ebenso WANK, Arbeitnehmer
107).

Keine Bedenken bestehen, weil der arbeitsrechtliche Sozialschutz im Interesse des 75
Beschäftigten besteht, gegen eine **vertragliche Abrede**, dass jemand **als Arbeitnehmer
beschäftigt** wird. Das gilt, soweit es ausschließlich um die Rechtsbeziehungen zum
Empfänger der Dienstleistung geht, auch dann, wenn bei objektiver Würdigung der
Vertragsgestaltung kein Arbeitsvertrag, sondern ein freier Dienstvertrag vorliegt.

c)   Rechtsformverfehlung
Verkennen die Parteien, dass es sich beim Dienstleistungsschuldner um einen Ar- 76
beitnehmer handelt, ändert dies an dessen Qualifikation als Arbeitnehmer nichts. Er
ist rückwirkend als solcher zu behandeln; die Berufung auf seine Arbeitnehmereigenschaft ist auch dann nicht rechtsmissbräuchlich, wenn der Dienstverpflichtete
eine freie Mitarbeit wünschte (BAG 8. 11. 2006 – 5 AZR 706/05, NZA 2007, 321 [323]). Die
Rechtsformverfehlung gestattet dem Arbeitgeber nicht, sich einseitig vom Arbeits-

verhältnis zu lösen. Zwar wird man den Irrtum als unmittelbaren Rechtsfolgenirrtum einstufen können, der – anders als der nur mittelbare Rechtsfolgenirrtum (BGH 5. 6. 2008 – VI ZB 150/07, NJW 2008, 2442 [2444 f]) – an sich nach § 119 Abs 1 Alt 1 beachtlich wäre (vgl BeckOK-BGB/Wendtland § 119 Rn 32). Eine Anfechtung muss aber dennoch ausscheiden, weil anderenfalls der Bestandsschutz verloren ginge, dessentwegen das Dienstverhältnis gerade als Arbeitsverhältnis zu qualifizieren ist (ebenso BAG 3. 10. 1975 – 5 AZR 445/74, AP Nr 17 zu § 611 BGB Abhängigkeit; Wank, Arbeitnehmer 112 ff; Maschmann, Arbeitsverträge 243 f; Fenn, in: FS Bosch [1976] 171 [182 f]; aA Lieb RdA 1975, 49 [52]; abweichend auch Stolterfoht, Die Selbständigkeit des Handelsvertreters [1973] 199 ff, 215 ff, 255 ff). Bei einem gemeinsamen Rechtsirrtum hält das BAG aber ggf eine Anpassung über die Grundsätze des Wegfalls der Geschäftsgrundlage – jetzt: § 313 – für denkbar (BAG 14. 1. 1988 – 8 AZR 238/85, NZA 1988, 803 [804]; Lampe RdA 2002, 18 [20]); insoweit wird man aber zum Schutz des Arbeitnehmers Zurückhaltung üben müssen (vgl auch LAG Berlin 8. 6. 1993 – 15 Sa 31/02, NZA 1994, 512; kritisch auch ErfK/Preis § 611 Rn 102).

77 Gingen die Parteien von einem freien Mitarbeiterverhältnis aus, obwohl in Wahrheit ein Arbeitsverhältnis bestand, ist die von ihnen getroffene Vergütungsvereinbarung nicht allein wegen der Statusänderung unwirksam (BAG 12. 12. 2001 – 5 AZR 257/00, NZA 2002, 1338). Allerdings kann der Arbeitgeber **Rückzahlung überzahlter Honorare** fordern, wenn rückwirkend der Arbeitnehmerstatus eines vermeintlich freien Mitarbeiters festgestellt wird und bei dem Dienstberechtigten unterschiedliche Vergütungsordnungen für freie Mitarbeiter und Arbeitnehmer galten; denn dann fehlt es – aber nur für die Differenz – an einem Rechtsgrund iSv § 812 (BAG 29. 5. 2002 – 5 AZR 680/00, NZA 2002, 1328 [1329]; BAG 9. 2. 2005 – 5 AZR 175/04, NZA 2005, 814 [816]; BAG 8. 11. 2006 – 5 AZR 706/05, NZA 2007, 321 [324]), wobei der Anspruch nicht bereits dann nach § 814 ausgeschlossen ist, wenn der Arbeitgeber mit dem Bestehen eines Arbeitsverhältnisses rechnen musste (BAG 8. 11. 2006 – 5 AZR 706/05, NZA 2007, 321 [324]). Allerdings gewährt das BAG dem Arbeitnehmer nunmehr insoweit Vertrauensschutz, als eine Rückforderung nur in Betracht kommt, wenn und soweit der Dienstverpflichtete selbst durch eine Statusklage seine Arbeitnehmereigenschaft geltend macht. Dabei muss der Arbeitnehmer erklären, für welche Zeit er von einem Arbeitsverhältnis ausgeht; eine Honorarrückforderung ist dann nur für diese Zeiträume möglich (BAG 8. 11. 2006 – 5 AZR 706/05, NZA 2007, 321 [324]).

78 Weil die tatsächliche Vertragsdurchführung für die Einstufung als Arbeitnehmer oder freier Mitarbeiter entscheidend ist (BAG 6. 8. 2003 – 7 AZR 180/03, BeckRS 2003, 41607; BAG 18. 1. 2012 – 7 AZR 723/10, NZA-RR 2012, 455 [458]), kann sich ein Dienstvertragsverhältnis als freier Mitarbeiter durch eine Änderung der Umstände, unter denen die Dienstleistung zu erbringen ist, im Laufe der Zeit in ein Arbeitsverhältnis umwandeln (und vice versa); auch in einem derartigen Fall kann der Empfänger der Dienstleistung sich nicht darauf berufen, dass er arbeitsrechtliche Beziehungen zum Dienstleistenden nicht gewollt habe (vgl BAG 3. 10. 1975 – 5 AZR 445/74, AP Nr 17 zu § 611 BGB Abhängigkeit).

2. Keine Abgrenzung durch Kollektivvertrag

79 Ist jemand Arbeitnehmer, so kann ihm der arbeitsrechtliche Schutz nicht durch Tarifvertrag genommen werden (vgl BAG 15. 3. 1978 – 5 AZR 819/76, BAGE 30, 163 [171 f]).

Durch Tarifvertrag kann deshalb nicht abgegrenzt werden, ob ein Dienstvertragsverhältnis ein Arbeitsverhältnis oder ein freies Mitarbeiterverhältnis darstellt (vgl auch BAG 2. 10. 1990 – 4 AZR 106/90, NZA 1991, 239 für arbeitnehmerähnliche Personen). Gleiches gilt für Betriebsvereinbarungen.

Eine derartige Möglichkeit eröffnet insbesondere auch nicht § 12a TVG, der die **80** Tarifautonomie unter den dort genannten Voraussetzungen auf arbeitnehmerähnliche Personen erstreckt; denn § 12a TVG setzt die Unterscheidung zwischen Arbeitnehmern und arbeitnehmerähnlichen Personen voraus, liefert aber keine Kriterien für die Abgrenzung (ebenso BAG 15. 3. 1978 – 5 AZR 819/76, BAGE 30, 163 [171 f]).

VI. Aussagewert einzelner Vertragsgestaltungen für die Arbeitnehmereigenschaft

1. Arbeitsentgelt

a) Arbeitnehmereigenschaft bei fehlender Erwerbsdienlichkeit der Beschäftigung

Die geschichtliche Ausgangsbasis für die Entwicklung des Arbeitsrechts ist die **81** **Lohnarbeit**, der für sie maßgebliche Vertragstyp der Dienstvertrag, der zu den gegenseitigen Verträgen gehört (s Rn 3 f). Das Grundrecht der Koalitionsfreiheit setzt voraus, dass das Beschäftigungsverhältnis maßgeblich durch die Erbringung materieller Gegenleistung geprägt wird. Für die Betriebsverfassung bestimmt § 5 Abs 2 Nr 3 BetrVG sogar ausdrücklich, dass Personen, deren Beschäftigung nicht in erster Linie ihrem Erwerb dient, sondern vorwiegend durch Beweggründe karitativer oder religiöser Art bestimmt ist, nicht als Arbeitnehmer iS dieses Gesetzes gelten.

Daraus darf nicht die Konsequenz gezogen werden, dass die Arbeitnehmereigen- **82** schaft überhaupt entfällt, wenn die Beschäftigung nicht in erster Linie dem Erwerb dient. Sogar für die Betriebsverfassung erfolgt die Ausklammerung nur, wenn die Beschäftigung zugleich vorwiegend durch Beweggründe karitativer oder religiöser Art bestimmt ist; denn nur unter dieser Voraussetzung führt die primär nicht erwerbsdienliche Beschäftigung zu einer betriebssoziologischen Sonderstellung, die es ausschließt, den Personenkreis, der sie erbringt, zu der vom Betriebsrat repräsentierten Belegschaft zu zählen (ebenso Mayer-Maly, Erwerbsabsicht und Arbeitnehmerbegriff [1965] 23).

§ 5 Abs 2 Nr 3 BetrVG gilt **nur für die Betriebsverfassung** und darüber hinaus für die **83** Abgrenzung der Belegschaft in der unternehmensbezogenen Mitbestimmung nach dem MitbestG 1976 (§ 3 Abs 1 S 2 MitbestG) und – auch wenn dies dort nicht explizit normiert wird – auch für das DrittelbG (ErfK/Oetker § 3 DrittelbG Rn 1). Die betriebsverfassungsrechtliche Abgrenzung ist aber **nicht Ausdruck eines allgemeinen Rechtsgedankens**, dass der in § 5 Abs 2 Nr 3 BetrVG umschriebene Personenkreis überhaupt nicht als Arbeitnehmer anzusehen ist (so aber A Hueck, in: Hueck/Nipperdey I 54 f; Nikisch I 118). Soweit sonst die Voraussetzungen eines Arbeitsverhältnisses vorliegen, finden arbeitsrechtliche Bestimmungen auch auf ihn Anwendung (vgl Mayer-Maly, Erwerbsabsicht 29 ff; Richardi ZevKR 19 [1974] 275 [290]; iErg auch A Hueck 55 Fn 70, soweit er darauf hinweist, dass einzelne Vorschriften des Arbeitsrechts ihrer

Zweckbestimmung entsprechend auch auf einzelne Angehörige dieser Gruppe zur Anwendung gelangen können).

84 Soweit es um die begriffliche Zuordnung zu den Arbeitnehmern geht, ist **keine Voraussetzung**, dass die **Arbeitsleistung gegen ein Arbeitsentgelt** erfolgt (ebenso A Hueck, in: Hueck/Nipperdey I 48; Nikisch I 94; vor allem Mayer-Maly, Erwerbsabsicht 42; bereits in der Weimarer Zeit: Jacobi, Grundlehren des Arbeitsrechts [1927] 64; Molitor, in: Molitor/Hueck/Riezler, Der Arbeitsvertrag [1925] 67; ders, Arbeitnehmer und Betrieb [1929] 19; Richter, Grundverhältnisse des Arbeitsrechts [1928] 14; **aA** Kaskel, Arbeitsrecht [3. Aufl 1928] 67; Oertmann, Deutsches Arbeitsvertragsrecht [1923] 9; MünchKomm/Müller-Glöge § 611 Rn 187 für den expliziten Ausschluss einer Vergütungspflicht). Dieser Feststellung steht nicht entgegen, dass der dem Arbeitsverhältnis zugrunde liegende Dienstvertrag als Vertragstyp ein gegenseitiger Vertrag ist. Nach § 612 Abs 1 gilt eine Vergütung sogar dann, wenn sie nicht vereinbart ist, als stillschweigend vereinbart, wenn die Dienstleistung den Umständen nach nur gegen eine Vergütung zu erwarten ist (s § 612 Rn 4 ff). Zugleich wird dadurch aber vorausgesetzt, dass durch Vertrag Dienstleistungen auch unentgeltlich zugesagt werden können. Für das Arbeitsverhältnis muss insbesondere beachtet werden, dass vielfältige Pflichten des Arbeitgebers nicht notwendigerweise die Entgeltlichkeit der Arbeitsleistung voraussetzen (vgl Mayer-Maly, Erwerbsabsicht 40 f). Wird kein Arbeitsentgelt gewährt, so finden zwar die Vorschriften, die das Verhältnis von Leistung und Gegenleistung regeln, keine Anwendung, und es ist auch ansonsten die Schutzbedürftigkeit des Arbeitnehmers insoweit gemindert, als er auf die Fortdauer des Arbeitsverhältnisses als materielle Existenzgrundlage nicht angewiesen ist (so zutreffend Zöllner/Loritz/Hergenröder § 4 III 2 c); aber die sonstigen Schutzpflichten sind nicht davon abhängig, dass der Arbeitnehmer ein Arbeitsentgelt erhält.

85 Bereits bei Erlass des BGB fand dies Anerkennung: Auch wenn ein Vertrag wegen der Unentgeltlichkeit der Dienstleistung „nicht als Dienstvertrag anzusehen ist, so ist doch nicht ausgeschlossen, dass einzelne mit der Entgeltlichkeit des Dienstvertrages nicht in Zusammenhang stehende Vorschriften über den Dienstvertrag auch auf jenen Vertrag anwendbar sind" (Mot II 459). Da mit dem Arbeitnehmerbegriff der Geltungsbereich des Arbeitsrechts bestimmt wird, kann man schon aus diesem Grund die Arbeitnehmereigenschaft nicht generell von der Entgeltlichkeit der Arbeit abhängig machen.

b)   Bedeutung von Entgelthöhe und Entgeltgestaltung

86 Wie die Entgeltlichkeit der Arbeitsleistung **keine Voraussetzung der Arbeitnehmereigenschaft** ist, so sind für deren Abgrenzung auch nicht die **Höhe und Modalitäten der Entgeltzahlung** entscheidend (vgl BAG 20. 7. 1994 – 5 AZR 627/93, BAGE 77, 226 [233]). Keine Rolle spielt auch die Gestaltungsform des Entgelts; es ist unerheblich, ob es zeit- oder leistungsbezogen ist.

87 Entgelthöhe und Entgeltgestaltung können lediglich als ein **Indiz** für oder gegen die Arbeitnehmereigenschaft verwandt werden (s auch Wank, Arbeitnehmer 136 ff). Da für deren Anerkennung wesentlich ist, dass die zugesagte Arbeitsleistung keine im Voraus bestimmte, abgegrenzte Einzelleistung darstellt, spricht ein festes Arbeitsentgelt für die Annahme eines Arbeitsverhältnisses und damit für die Arbeitnehmereigenschaft. Ein variables Entgelt steht ihr aber nicht entgegen; denn es ist möglich, dass ein Arbeitnehmer ein leistungsbezogenes Entgelt erhält, zB bei Akkord, Prämie und Provision. Andererseits kann ein variables Entgelt aber, wenn es besonders hoch ist, ein Hinweis dafür sein, dass die versprochenen Dienstleistungen im Voraus als bestimmte Einzelleistungen abgegrenzt sind und daher kein Arbeitsverhältnis vorliegt. Das gilt insbesondere für kurzfristige Engagements von Spitzenkünstlern (ebenso iErg LIEB RdA 1974, 257 [260]). Besteht allerdings eine rechtliche Dauerbindung, so kann selbst bei einem variabel gestalteten, besonders hohen Einkommen ein Arbeitsverhältnis vorliegen; denn entscheidend ist allein, dass „eine fortlaufende Tätigkeit geleistet wird, der nicht schon durch den Inhalt der übernommenen Arbeit, die Arbeitsaufgabe, ein natürliches Ziel gesetzt ist" (JACOBI, Grundlehren des Arbeitsrechts [1927] 46). In einem derartigen Fall sind die Voraussetzungen für den arbeitsrechtlichen Sozialschutz gegeben, soweit nicht besondere Gesichtspunkte seiner Anerkennung entgegenstehen, zB eine grundrechtlich gewährleistete Gestaltungsfreiheit der Geltung des arbeitsrechtlichen Bestandsschutzes entgegensteht (vgl für Rundfunk- und Fernsehanstalten BVerfG 13. 1. 1982 – 1 BvR 848/77, BVerfGE 59, 231; dazu auch hier Rn 62 ff).

2. Zeitliche Inanspruchnahme und Arbeitnehmereigenschaft

a) Bedeutung des Zeitelements für die Annahme eines Arbeitsverhältnisses

88 Da der Arbeitnehmer im Dienst eines anderen beschäftigt wird, ist die **zeitliche Spezifizierung für die Erbringung der Dienstleistung** eine **Voraussetzung für die Anerkennung der Arbeitnehmereigenschaft**. Wer nur eine bestimmte Dienstleistung schuldet, steht nicht im Dienst eines anderen. Wird der Inhalt des Leistungsversprechens durch die übernommene Arbeitsaufgabe bestimmt, so handelt es sich um einen Werkvertrag; aber auch wenn ein Dienstvertrag vorliegt, kommt die Arbeitnehmereigenschaft nur in Betracht, wenn keine bestimmt abgegrenzte Einzelleistung zu erbringen ist, durch den Dienstvertrag also ein Dauerschuldverhältnis begründet wird.

b) Zeitdauer der Beschäftigung
aa) Vollzeitbeschäftigung auf Dauer als Modell des Arbeitsverhältnisses

89 Der für den Geltungsbereich des Arbeitsrechts typische Arbeitnehmer ist der bei einem Arbeitgeber auf unbestimmte Dauer Vollzeitbeschäftigte. Für den **Arbeitnehmerbegriff** ist nämlich nicht nur rechtshistorisch, sondern auch rechtsdogmatisch **Leitfigur der Fabrikarbeiter, der für den Betriebsinhaber den ganzen Arbeitstag tätig ist** (RICHARDI JA 1986, 289 [295]; zust WANK, Arbeitnehmer 185). Für einen Selbstständigen ist dagegen die Vollzeitbeschäftigung auf Dauer nur für einen Vertragspartner nicht typisch, sondern er erbringt Dienstleistungen im Allgemeinen gegenüber einer Vielzahl von Personen, mit denen er Dienst- oder Werkverträge abschließt.

90 Deshalb handelt es sich um eine Ausnahmesituation, wenn jemand als Selbstständiger nur für einen Vertragspartner tätig wird, der seine Arbeitszeit voll in Anspruch nimmt. Bei einem Handelsvertreter kann dies der Fall sein; selbstständig ist daher nach § 84 Abs 1 S 2 HGB nur, wer im Wesentlichen frei seine Tätigkeit gestalten und seine Arbeitszeit bestimmen kann. Aber auch wenn diese Voraussetzung gegeben ist, kann eine soziale Schutzbedürftigkeit vorliegen, die es rechtfertigt, den Handelsvertreter zu den arbeitnehmerähnlichen Personen zu zählen (§ 92a HGB; vgl auch Rn 242, 1911).

bb) Berufsmäßigkeit der Arbeitsleistung

91 Für die Arbeitnehmereigenschaft ist, wie einhellig anerkannt wird, keine Voraussetzung, dass die Arbeit berufsmäßig ausgeübt wird (vgl A Hueck, in: Hueck/Nipperdey I 48; Nikisch I 94; bereits in der Weimarer Zeit: Jacobi, Grundlehren des Arbeitsrechts [1927] 64; Sinzheimer, Grundzüge des Arbeitsrechts [1927] 32 f; aA Kaskel, Arbeitsrecht [3. Aufl 1928] 67; Kreller AcP 122 [1924] 7). „Nicht jede Person, die Arbeitnehmer ist, hat den Beruf, Arbeitnehmer zu sein" (Sinzheimer, Grundzüge des Arbeitsrechts [1927] 32 f). Auch nach dem gegenteiligen Standpunkt wird nicht gefordert, dass die Arbeit den Hauptberuf oder gar den Lebensberuf bildet oder die Tätigkeit des Arbeitnehmers vollständig oder hauptsächlich in Anspruch nimmt; es soll lediglich ausgeschlossen werden, dass Arbeitnehmer ist, wer Arbeit zu Spiel- oder Sportzwecken oder zu wissenschaftlichen Zwecken verrichtet (Kaskel, Arbeitsrecht [3. Aufl 1928] 67). Eine derartige Zweckbestimmung der Arbeitsleistung ist jedoch kein Grund, die Geltung des Arbeitsrechts auszuschließen; es kann lediglich in Betracht kommen, dass für die Zielsetzung ein Grundrechtsschutz besteht, der eine Tendenzautonomie begründet (vgl Rn 62 ff).

92 Der Arbeitnehmereigenschaft steht nicht entgegen, dass die Arbeitsleistung nur **nebenberuflich** erbracht wird (vgl BAG 24. 1. 1964 – 5 AZR 263/63, BAGE 15, 242 [247]; BAG 23. 6. 1993 – 5 AZR 460/71, AP Nr 10 zu § 611 BGB Lehrer, Dozenten; BAG 8. 10. 1975 – 5 AZR 430/74 und BAG 30. 10. 1991 – 7 ABR 19/91, AP Nr 18 und 59 zu § 611 BGB Abhängigkeit; BAG 14. 1. 1982 – 2 AZR 254/81, BAGE 37, 305 [312 f]; BAG 13. 11. 1991 – 7 AZR 31/91, BAGE 69, 62 [68] und BAG 20. 7. 1994 – 5 AZR 627/93, BAGE 77, 226 [233]; BAG 26. 7. 1995 – 5 AZR 22/94, AP Nr 79 zu § 611 BGB Abhängigkeit [Volkshochschuldozent; siehe dazu auch BAG 17. 1. 2006 – 9 AZR 61/05, NZA-RR 2006, 616]; BAG 12. 9. 1996 – 5 AZR 104/95, AP Nr 122 zu § 611 BGB Lehrer, Dozenten). Bei nebenberuflicher Tätigkeit wird der Arbeitnehmer entweder nur vorübergehend für den Arbeitgeber tätig *(Kurzzeitbeschäftigung),* oder es handelt sich bei regelmäßiger Erwerbstätigkeit nur um eine im Verhältnis zum Hauptberuf geringfügige Beschäftigung *(Teilzeitbeschäftigung).* Deshalb kann es sich auch um eine selbstständige Tätigkeit handeln. Dem Willen der Vertragsparteien steht daher hier ein größerer Gestaltungsspielraum zur Verfügung als bei einer Vollzeitbeschäftigung auf Dauer.

93 Da der Erwerbstätige seine Existenzgrundlage im Hauptberuf hat, nahm das BAG zunächst bei nebenberuflicher Tätigkeit häufig das Fehlen einer persönlichen Abhängigkeit und damit ein Dienstvertragsverhältnis als freier Mitarbeiter an (so für nebenberufliche Lehrkräfte an weiterführenden Schulen BAG 15. 2. 1965 – 5 AZR 358/63, AP Nr 7 zu § 611 BGB Lehrer, Dozenten; für einen Buchhalter BAG 9. 2. 1967 – 5 AZR 320/66, AP Nr 4 zu § 61 KO). Maßgebend für die Zuordnung zu den freien Mitarbeitern kann aber nicht sein, dass jemand in einem Hauptberuf seine Existenzgrundlage hat. Das wird ohne weiteres deutlich, wenn er in Konkurrenz mit Personen steht, die bei gleicher Beschäftigung keine andere Erwerbstätigkeit ausüben. Die Tatsache der **Nebenberuflichkeit** einer Erwerbstätigkeit ist deshalb **kein Abgrenzungsmerkmal** (so ausdrücklich für Lehrer an allgemeinbildenden Schulen BAG 16. 3. 1972 – 5 AZR 460/71 und 30. 4. 1975 – 5 AZR 170/74, AP Nr 10 und 12 zu § 611 BGB Lehrer, Dozenten; BAG 24. 6. 1992 AP Nr 61 zu § 611 BGB Abhängigkeit; BAG 12. 9. 1996 AP Nr 122 zu § 611 BGB Lehrer, Dozenten). Sie kann nur eine Rolle spielen, wenn der Beschäftigte im Hauptberuf selbstständig ist und daher den Nebenberuf ebenfalls als Teil seiner selbstständigen Tätigkeit ausübt, zB wenn ein frei praktizierender Arzt die Aufgaben eines Betriebsarztes wahrnimmt. Nur ein äußerst schwaches Indiz für Selbstständigkeit ist es aber, dass eine Tätigkeit typischerweise als Nebenberuf neben einem Hauptberuf ausgeübt wird, wie dies für Lehrbeauftragte und Volkshochschuldozenten zutrifft (weitergehend WANK, Arbeitnehmer 227). Das BAG stellt daher für Volkshochschuldozenten und Musikschullehrer nicht darauf ab, sondern sieht für die Verneinung der Arbeitnehmereigenschaft als ausschlaggebend an, dass die hier nötige Organisation und Koordination sowie die inhaltlichen Vorgaben den Lehrkräften regelmäßig mehr Spielraum lassen als bei schulischen Lehrgängen, wie sie in allgemeinbildenden Schulen durchgeführt werden (vgl BAG 12. 9. 1996 – 5 AZR 104/95, AP Nr 122 zu § 611 BGB Lehrer, Dozenten mwNw).

cc) Kurzzeitbeschäftigungsverhältnis
Wer nur eine **bestimmte, abgrenzbare Dienstleistung** schuldet, steht **nicht im Dienst** 94 **eines anderen**. Die Kurzfristigkeit einer Beschäftigung kann deshalb der Anerkennung einer Arbeitnehmereigenschaft entgegenstehen. Nach Ansicht des BAG werden kurzfristige Dienstleistungen, die außerhalb des eigentlichen unternehmerischen Zieles des Dienstberechtigten liegen, in der Regel auf der Ebene der Gleichordnung vereinbart und durchgeführt (BAG 6. 12. 1974 – 5 AZR 418/74, AP Nr 14 zu § 611 BGB Abhängigkeit für die von einem Künstler selbst gestaltete Zaubershow während der Jubiläumsveranstaltung eines Unternehmens, wobei sich hier jedoch die Frage stellt, ob nicht überhaupt ein Werkvertrag vorliegt).

Nicht beachtet wird, dass für die Geltung arbeitsrechtlicher Grundsätze wie die 95 Haftungserleichterung für Arbeitnehmer keine Rolle spielen kann, ob eine Kurzzeitbeschäftigung vorliegt. Zudem hängt die Anwendung einer Vielzahl arbeitsrechtlicher Gesetze von einer Mindestdauer des Arbeitsverhältnisses ab. So ist von Bedeutung, dass bei Einstellung eines Arbeitnehmers zur vorübergehenden Aushilfe eine kürzere als die gesetzliche Kündigungsfrist einzelvertraglich vereinbart werden kann (§ 622 Abs 5 Nr 1) und der allgemeine Kündigungsschutz erst nach einer Wartezeit von sechs Monaten erworben wird (§ 1 Abs 1 KSchG). Schließlich erwirbt man den Urlaubsanspruch erst, wenn das Arbeitsverhältnis einen vollen Monat bestanden hat (§ 5 Abs 1 lit b BUrlG). Das Problem, ob ein Arbeitsverhältnis vorliegt, ist vor allem eine Frage nach dem **sozialen Bestandsschutz**, wenn jemand **von demselben Auftraggeber mehrmals zu einer Kurzzeitbeschäftigung** herangezogen wird. Für die Abgrenzung der Arbeitnehmereigenschaft von der Beschäftigung als Selbstständiger kann daraus aber nichts abgeleitet werden; insbesondere trifft es nicht zu, dass § 620 ein Regel-Ausnahme-Verhältnis zugrunde liegt, wonach beim selbstständigen Dienstvertrag die Befristung, für den Arbeitsvertrag dagegen die fehlende Befristung die Regel sei (so aber JOBS/BADER DB 1981 Beil 21, 1 f).

Nach LIEB (RdA 1977, 210 [218]) soll ein Kurzzeitbeschäftigter, selbst wenn er Voll- 96 zeitarbeit leistet, kein Arbeitnehmer sein, weil er die Möglichkeit eigener unternehmerischer Disposition über seine Arbeitskraft behalte. Dieses Kriterium reicht jedoch nicht aus, um die Arbeitnehmereigenschaft auszuschließen (ebenso MASCHMANN, Arbeitsverträge 91 f). Abgesehen davon, dass die Frage, wann jemand noch als Kurzzeitbeschäftigter anzusehen ist, in Grenzfällen schwierig zu beantworten ist, verliert dieses Kriterium vor allem dann seine Aussagekraft, wenn wie in den eigentlich problematischen Fällen das Kurzzeitbeschäftigungsverhältnis zu demselben Auftraggeber nach Perioden der Nichtbeschäftigung wiederholt wird.

dd) Teilzeitarbeit

97 Von dem Kurzzeitbeschäftigungsverhältnis ist die **Teilzeitbeschäftigung** zu unterscheiden, bei der jemand zwar täglich, wöchentlich oder monatlich, jedoch nicht für die betriebsübliche Dauer der Arbeitszeit oder jeweils nur an bestimmten Arbeitstagen der Woche oder des Monats beschäftigt wird. Möglich ist, dass jemand im Rahmen eines Kurzzeitbeschäftigungsverhältnisses lediglich zu Teilzeitarbeit verpflichtet ist. Nach § 2 Abs 1 S 1 TzBfG sind teilzeitbeschäftigte Arbeitnehmer, deren regelmäßige Wochenarbeitszeit kürzer ist als die regelmäßige Wochenarbeitszeit vergleichbarer vollzeitbeschäftigter Arbeitnehmer des Betriebs. Ist keine regelmäßige Wochenarbeitszeit vereinbart, so ist die regelmäßige Arbeitszeit maßgeblich, die im Jahresdurchschnitt auf eine Woche entfällt (§ 2 Abs 2 S 2 TzBfG).

98 Die Anerkennung der Arbeitnehmereigenschaft hängt, wenn die Tätigkeit sich nicht in der Erbringung einer bestimmten Dienstleistung erschöpft, von **keiner Mindestdauer der Beschäftigung** ab (vgl BAG 30. 10. 1991 AP Nr 59 zu § 611 BGB Abhängigkeit). Deshalb kommt es auch nicht darauf an, ob die Tätigkeit so **geringfügig** ist, dass sie nicht sozialversicherungspflichtig ist (vgl § 8 SGB IV).

99 Wer für bestimmte Zeit oder möglicherweise sogar auf Dauer eine zeitlich begrenzte Arbeitsaufgabe bei einem anderen erfüllt, braucht aber nicht dessen Arbeitnehmer zu sein. Das ist vor allem zu beachten, wenn es sich um Tätigkeiten handelt, die im Rahmen eines freien Berufes erbracht werden. Unterhält der Beschäftigte eine eigene Arbeitsorganisation, so kann die Teilzeitarbeit noch Teil seiner selbstständigen Berufstätigkeit sein. Auch hier gilt aber als Prinzip, dass nicht die Anwendung, sondern die Nichtanwendung des Arbeitsrechts sachlich zu rechtfertigen ist, wenn eine Arbeitsleistung mit nicht im Voraus bestimmt abgegrenzten Einzelleistungen zugesagt wird. Keine Rolle spielt allerdings, ob das Entgelt für die Tätigkeit das einzige Arbeitseinkommen des Erwerbstätigen darstellt (vgl auch BAG 16. 12. 1957 – 3 AZR 92/55, AP Nr 3 zu § 611 BGB Lehrer, Dozenten).

100 **Teilzeitarbeitsverhältnisse** können **sehr verschieden** gestaltet sein: Bei der traditionellen Teilzeitarbeit wird der Arbeitnehmer nur wenige Stunden am Tag oder an bestimmten Tagen in der Woche oder im Monat beschäftigt. Bei der Arbeit auf Abruf nach § 12 TzBfG richtet sich die Arbeitszeit nach dem Arbeitsanfall. Schließlich besteht Teilzeitarbeit in der Form der Arbeitsplatzteilung (Jobsharing, § 13 TzBfG), bei der sich zwei oder mehrere Arbeitnehmer die Arbeitszeit an einem Arbeitsplatz teilen (ausführlich zur Teilzeitarbeit SCHÜREN, MünchArbR §§ 40 bis 44).

c) Festsetzung der Arbeitszeit durch den Empfänger der Dienstleistung

101 Da durch die Arbeitnehmereigenschaft die Abgrenzung von selbstständiger Tätigkeit festgelegt wird, ist ein Arbeitsverhältnis insbesondere zu bejahen, wenn der dienstberechtigte Vertragspartner innerhalb eines bestimmten zeitlichen Rahmens über die Arbeitsleistung verfügen kann (vgl BAG 20. 7. 1994 – 5 AZR 627/93, BAGE 77, 226 [234 f] und BAG 30. 11. 1994 – 5 AZR 704/93, BAGE 78, 343 [352 f]; BAG 22. 8. 2001 – 5 AZR 502/99, NZA 2003, 662 [663]). Das ist etwa dann der Fall, wenn ständige Dienstbereitschaft erwartet wird (vgl BAG 7. 5. 1980 – 5 AZR 293/78, AP Nr 35 zu § 611 BGB Abhängigkeit) oder wenn der Mitarbeiter in nicht unerheblichem Umfang ohne Abschluss dahingehender Vereinbarung zur Arbeit herangezogen wird, ihm also die Arbeiten letztlich „zugewiesen" werden (so BAG 20. 7. 1994 – 5 AZR 627/93, BAGE 77, 226 [235]; BAG

30. 11. 1994 – 5 AZR 704/93, BAGE 78, 343 [352 f]). Ein starkes Indiz für die Arbeitnehmereigenschaft ist deshalb, ob ein Mitarbeiter in **Dienstplänen** aufgeführt wird, ohne dass die einzelnen Einsätze im Voraus abgesprochen werden (ebenso BAG 28. 6. 1973 – 5 AZR 19/73, AP Nr 10 zu § 611 BGB Abhängigkeit; BAG 3. 10. 1975 – 5 AZR 445/74, AP Nr 17 zu § 611 BGB Arbeitnehmerbegriff Nr 2; BAG 20. 7. 1994 – 5 AZR 627/93, BAGE 77, 226 [235]; BAG 30. 11. 1994 – 5 AZR 704/93, BAGE 78, 343 [353]; BAG 15. 2. 2012 – 10 AZR 301/10, NZA 2012, 731 [732]; s aber auch BAG 17. 4. 2013 – 10 AZR 272/12, NZA 2013, 903 [906], wo das Gericht betont, dass die Einbindung in Dienstpläne weder notwendige noch hinreichende Bedingung ist).

3. Ort der Beschäftigung und Arbeitnehmereigenschaft

a) Ort der Arbeitsleistung

Für die Arbeitnehmereigenschaft spielt keine Rolle, wo die Arbeit geleistet wird. **102** Die Arbeitsleistung wird normalerweise im Betrieb des Arbeitgebers erbracht. Möglich ist allerdings, dass Arbeitnehmer nicht nur gelegentlich, sondern auch regelmäßig außerhalb der Betriebsstätte arbeiten, an wechselnden Einsatzorten, wie Monteure auf Baustellen, oder zur Werbung und Betreuung von Kunden, wie Außendienstmitarbeiter (BAG 6. 5. 1998 – 5 AZR 247/97, NZA 1999, 205 [207]).

Von Bedeutung ist aber, wer über den Ort der Arbeitsleistung **entscheidet** (vgl BAG **103** 13. 1. 1983 – 5 AZR 149/82, BAGE 41, 247 [253]; BAG 15. 8. 2012 – 7 ABR 34/11, NZA 2013, 107 [110]; BAG 17. 4. 2013 – 10 AZR 272/12, NZA 2013, 903 [906]; BAG 25. 9. 2013 – 10 AZR 282/12, NZA 2013, 1348 [1351]). Bestimmt jemand selbst, wo er tätig wird, so steht er dem Empfänger der Dienstleistung im Allgemeinen nicht mit seiner Arbeitskraft zur Verfügung (vgl BAG 9. 6. 2010 – 5 AZR 332/09, NJW 2010, 2455 [2457]). Mit der Annahme eines Arbeitsverhältnisses ist zwar vereinbar, dass der Ort der Arbeitsleistung vertraglich festgelegt wird, aber nicht, dass der Dienstverpflichtete selbst bestimmen kann, wo er tätig wird. Andererseits genügt für die Anerkennung der Arbeitnehmereigenschaft nicht, dass der Empfänger der Dienstleistung bestimmen kann, wo die Arbeit geleistet wird; denn ein derartiges Weisungsrecht kann beim Werkvertrag auch der Besteller haben. Wenn nicht zugleich der zeitliche Rahmen für die Erbringung der Arbeitsleistung festgelegt wird, ist daher unerheblich, ob ein Mitarbeiter einen „eigenen" Schreibtisch hat oder ein Arbeitszimmer benutzen kann, zu dem er einen Schlüssel hat (ebenso BAG 20. 7. 1994 – 5 AZR 627/93, BAGE 77, 226 [235] und BAG 30. 11. 1994 – 5 AZR 704/93, BAGE 78, 343 [353]).

b) Telearbeit („Homeoffice")

Die computergesteuerte Informationstechnik ermöglicht es, dass Arbeitsleistungen, **104** die bisher nur in einer Betriebsstätte erbracht werden konnten, in den Privatbereich verlagert werden. Derartige Heimarbeit führt nicht zum Verlust der Arbeitnehmereigenschaft. Wenn mit einem Arbeitnehmer vereinbart wird, dass er seine Arbeit nicht mehr wie bisher im Büro des Arbeitgebers, sondern an einem bei ihm zu Hause aufgestellten Computer zu erbringen hat, ändert sich durch eine derartige Verlagerung der Arbeit in die Wohnung des Mitarbeiters nicht der für die Anerkennung eines Arbeitsverhältnisses wesentliche Vertragsinhalt.

Dennoch können schwierige Abgrenzungsprobleme entstehen, wenn Telearbeit als **105** Dienstleistung angeboten wird (vgl zu den rechtlichen Gestaltungsmöglichkeiten HEENEN, MünchArbR § 316). Sofern kein Werkvertrag, sondern ein Dienstvertrag vorliegt, ist darauf abzustellen, ob durch die Telearbeit eine Arbeitsleistung **mit nicht im Voraus bestimmt abgegrenzten Einzelleistungen** in Anspruch genommen wird; denn ist dies der Fall, so steht derjenige, der Telearbeit leistet, dem Empfänger der Dienstleistung mit seiner Arbeitskraft zur Verfügung. Die Arbeitnehmereigenschaft richtet sich deshalb auch hier nach den Kriterien, die sonst für die Anerkennung eines Arbeitsverhältnisses vorliegen müssen; es ist also kein durch die Besonderheit der technischen Überwachung geprägter Arbeitnehmerbegriff zu bilden (ebenso KAPPUS, Rechtsfragen der Telearbeit [1986] 68 ff). Der technische Tatbestand ist lediglich insoweit von Bedeutung, als man es als Indiz für die Arbeitnehmereigenschaft werten kann, wenn der mit einem entsprechenden Programm ausgestattete Rechner dem Auftraggeber ermöglicht, den Arbeitsprozess zu überwachen.

VII. Verbandsrechtliche Sonderbindung zum Empfänger der Dienstleistung und Arbeitnehmereigenschaft

1. Arbeitsverhältnis und verbandsrechtliche Sonderbindung

106 Der Annahme eines Arbeitsverhältnisses steht nicht entgegen, dass eine verbandsrechtliche Beziehung zum Arbeitgeber besteht. Auch wenn sich aus ihr eine Pflicht zu Dienstleistungen ergibt, kann neben ihr ein Arbeitsverhältnis bestehen, zB mit einem Ehegatten (s auch Rn 347).

107 Selbst wenn Arbeitgeber eine Gesamthand ist, zB eine BGB-Gesellschaft, eine OHG oder KG, und der Beschäftigte an ihr als **Gesellschafter** beteiligt ist, schließt die Mitgliedschaft nicht aus, dass ein Arbeitsverhältnis vorliegt. Gesellschafter, die aufgrund ihrer sich aus dem Gesellschaftsvertrag ergebenden Verpflichtung tätig werden, sind allerdings keine Arbeitnehmer. Sie erbringen die Arbeit lediglich aufgrund der verbandsrechtlichen Beziehung. Besteht nach dem Gesellschaftsvertrag keine Dienstleistungspflicht oder wird jemand über die gesellschaftsrechtlich festgelegte Pflicht hinaus tätig, so kann aber zwischen der Gesellschaft und einem Gesellschafter ein Arbeitsverhältnis bestehen. Das gilt insbesondere für einen **Kommanditisten**; er kann zugleich Arbeitnehmer der KG sein (s Rn 348 f).

108 Rechtsgrundlage für die Leistung von Diensten für einen **Verein** kann sowohl ein Arbeitsvertrag als auch die Vereinsmitgliedschaft sein (BAG 26. 9. 2002 – 5 AZB 19/01, AP Nr 83 zu § 2 ArbGG 1979; vgl näher MESTWERDT NZA 2014, 281 [283]), weil das Mitglied seinen Beitrag auch durch Dienstleistungen erbringen kann. Problematisch ist die Abgrenzung aber regelmäßig nur bei hauptamtlich aktiven Mitgliedern, bei anderen liegt in aller Regel kein Arbeitsverhältnis vor; fehlt es an einer Erwerbsabsicht, spricht das gegen das Vorliegen eines Arbeitsvertrages (BAG 26. 9. 2002 – 5 AZB 19/01). Allerdings darf nicht über die Annahme einer rein vereinsrechtlich begründeten Arbeitsverpflichtung das zwingende Arbeitnehmerschutzrecht umgangen werden. Je stärker die Weisungsgebundenheit ausgestaltet und je größer der in Anspruch genommene Umfang der Arbeitsverpflichtung ist, umso eher nähert man sich einem Arbeitsverhältnis mit den damit verbundenen Konsequenzen. Dagegen kommt es auf die Frage, ob der Vereinszweck ein ideeller oder wirtschaftlicher Zweck ist, nicht an, da auch bei Letzterem nicht automatisch ein Arbeitsverhältnis anzunehmen ist (ebenso BAG 26. 9. 2002 – 5 AZB 19/01; tendenziell anders ErfK/PREIS § 611 Rn 143).

2. Mitglieder religiöser Gemeinschaften und Rot-Kreuz-Schwestern

Die Besonderheit der mitgliedschaftlichen Bindung kann ein Arbeitsverhältnis ausschließen, zB bei Ordensangehörigen, Diakonissen und Rot-Kreuz-Schwestern. Soweit **Mitglieder von Orden und Säkularinstituten** der katholischen Kirche (vgl can 573 CIC) sowie **evangelische Diakonissen** in kirchlichen Einrichtungen beschäftigt werden, sind sie sogar überhaupt von der Geltung des Arbeitsrechts ausgenommen, weil sie „in einem so engen Verhältnis zur Kirche stehen, dass sie mit der von ihnen gewählten Lebensform einen Stand der Kirche bilden" (BAG 14. 2. 1978 – 1 AZR 280/77, BAGE 30, 122 [131] und BAG 25. 4. 1978 – 1 AZR 70/76, BAGE 247 [253]; vgl auch Richardi, Arbeitsrecht in der Kirche [6. Aufl 2012] § 5 Rn 6 ff). Aber auch wenn sie über ihren Verband aufgrund eines Gestellungsvertrags (näher Rn 360 f) in einem Betrieb tätig werden, der nicht unter den Geltungsbereich der verfassungsrechtlich garantierten Kirchenautonomie fällt (vgl Rn 311 ff), stehen sie in keinem Arbeitsverhältnis (vgl G Müller, Zum Recht des Ordensvertrages [1956] 14 f; Scheuermann AkathKR Bd 130 [1961] 323; weiterhin Müllner, Aufgespaltene Arbeitgeberstellung und Betriebsverfassungsrecht [1978] 47 f). **109**

Wenn dagegen Mitglieder religiöser Gemeinschaften wie andere Arbeitnehmer auf dem Arbeitsmarkt auftreten und Arbeitsverträge abschließen, sind sie Arbeitnehmer; denn es ist für die arbeitsrechtliche Bewertung unerheblich, ob sie dabei in Übereinstimmung mit der Gemeinschaft handeln, der sie angehören. Aber auch dann, wenn kein Arbeitsvertrag mit dem Betriebsinhaber abgeschlossen wird, sondern jemand aufgrund eines Dienstverschaffungsvertrags (s Vorbem 71 ff zu §§ 611 ff) tätig wird, kann das Gestellungsverhältnis so gestaltet sein, dass ein Weisungsverhältnis zwischen dem Betriebsinhaber und dem Beschäftigten entsteht und daher insoweit Arbeitsrecht zur Anwendung kommt (nicht zutreffend deshalb LAG Hamm 9. 9. 1971 – 8 Sa 448/71, AP Nr 3 zu § 611 BGB Ordensangehörige mit abl Anm Mayer-Maly). **110**

Rot-Kreuz-Schwestern stehen ebenfalls grundsätzlich in keinem Arbeitsverhältnis zum Deutschen bzw Bayerischen Roten Kreuz (insoweit zutreffend BAG 18. 2. 1956 – 2 AZR 294/54, BAGE 2, 289 [293]; vgl vor allem BAG 3. 6. 1975 – 1 ABR 98/74, BAGE 27, 163 [169 ff]; BAG 20. 2. 1986 – 6 ABR 5/85, AP Nr 2 zu § 5 BetrVG 1972 Rotes Kreuz; BAG 6. 7. 1995 – 5 AZB 9/93, AP Nr 22 zu § 5 ArbGG 1979; differenzierend Mestwerdt NZA 2014, 281; s auch Groeger ZTR 2014, 379). Daraus darf aber nicht abgeleitet werden, dass sie in keinem Arbeitsverhältnis zum Rechtsträger des Krankenhauses stehen können, in dem sie tätig sind. Das gilt nicht nur für den Fall, dass die Rot-Kreuz-Schwester einen Arbeitsvertrag mit dem Rechtsträger des Krankenhauses abschließt, sondern auch für den Fall, dass ein Gestellungsvertrag mit der Schwesternschaft abgeschlossen wird und die einzelne Schwester aufgrund dieser Regelung im Krankenhaus tätig wird. Die Intensität der mitgliedschaftlichen Bindung schließt lediglich ein Arbeitsverhältnis zur *Schwesternschaft* aus (so jedenfalls BAG 3. 6. 1975 – 1 ABR 98/74, BAGE 27, 163 [169]), nicht aber die Annahme arbeitsrechtlicher Beziehungen zum *Krankenhausträger* (aA BAG 20. 2. 1986 – 6 ABR 5/85, AP Nr 2 zu § 5 BetrVG 1972 Rotes Kreuz); es handelt sich um den Sonderfall eines mittelbaren Arbeitsverhältnisses (s dazu Rn 163 ff), der sich vom Leiharbeitsverhältnis dadurch unterscheidet, dass der Dienstverschaffende zum Dienstleistenden nicht in einem Arbeitsverhältnis steht. Wird eine Person in die Rot-Kreuz-Schwesternschaft aufgenommen, hat ein dort bestehender Betriebsrat ein Mitbestimmungsrecht nach **§ 99 BetrVG** (BAG 23. 6. 2010 – 7 ABR 1/09, NZA 2010, 1302 [1303]). **111**

VIII. Arbeitnehmereigenschaft und Mitbestimmungsrecht des Betriebs- und Personalrats

112 Das Vorliegen eines Arbeitsverhältnisses hängt nicht davon ab, dass der Arbeitgeber bei der Einstellung des Arbeitnehmers in den Betrieb oder die Dienststelle das Mitbestimmungsrecht des Betriebsrats (§ 99 BetrVG) bzw Personalrats (§ 75 Abs 1 Nr 1 BPersVG) gewahrt hat. Die Einstellung ist nicht mit dem Abschluss des Arbeitsvertrags identisch, sondern meint die Eingliederung der Person in den Betrieb, um zusammen mit den dort beschäftigten Arbeitnehmern dessen arbeitstechnischen Zweck durch weisungsgebundene Tätigkeit zu verwirklichen (BAG 23. 1. 2008 – 1 ABR 74/06, NZA 2008, 603 [605]). Der Arbeitsvertrag ist deshalb auch dann wirksam, wenn bei der Einstellung das Mitbestimmungsrecht verletzt wird (ebenso BAG 2. 7. 1980 – 5 AZR 1241/79, BAGE 34, 1 [7 ff]; BAG 2. 7. 1980 – 5 AZR 56/79, AP Nr 5 zu § 101 BetrVG 1972; Thüsing, in: Richardi, BetrVG, § 99 Rn 293 mwNw auch zur Gegenauffassung; für § 75 BPersVG vgl Kaiser, in: Richardi/Dörner/Weber, Personalvertretungsrecht, § 75 Rn 10 mwNw). Allerdings kann der Betriebsrat verlangen, dass der Arbeitnehmer im Betrieb nicht beschäftigt wird (§ 101 BetrVG). Auch wenn somit der Beschäftigungsanspruch (dazu Rn 1039 ff) nicht durchgesetzt werden kann, hat der Arbeitnehmer einen Lohnanspruch nach § 615 S 1 (BAG 2. 7. 1980 – 5 AZR 56/79, AP Nr 5 zu § 101 BetrVG 1972). Solange das KSchG wegen § 1 Abs 1 KSchG noch nicht anwendbar ist, kann der Arbeitgeber unschwer das für ihn sinnlose Arbeitsverhältnis kündigen; ist das KSchG hingegen anwendbar, wird man bei rechtskräftiger Verweigerung der Zustimmung ein Recht zur betriebsbedingten Kündigung annehmen können (ebenso ErfK/Kania § 99 BetrVG Rn 45; BeckOK-BGB/Maurer § 99 Rn 29; Matthes DB 1974, 2007 [2011]; Raab ZfA 1995, 479 [492]; **aA** Richardi DB 1973, 428 [430]; Thüsing, in: Richardi, BetrVG § 99 Rn 296; für Unwirksamkeit des Arbeitsvertrags zB Fitting § 99 Rn 278).

C. Parteien des Dienstvertrags

I. Dienstberechtigter (Arbeitgeber)

1. Begriff

113 Der Dienstberechtigte, der im Arbeitsrecht als Arbeitgeber bezeichnet wird, ist derjenige, der das Forderungsrecht auf die Dienstleistung hat und Schuldner des Vergütungsanspruchs ist (BAG 9. 9. 1982 – 2 AZR 253/80, BAGE 40, 145 [149]). Er kann eine natürliche Person, eine Gesamthand oder eine juristische Person des Privatrechts oder des öffentlichen Rechts sein. Das gilt – nach ihrer Anerkennung als teilrechtsfähig (BGH 29. 1. 2001 – II ZR 331/00, NJW 2001, 1056) – insbesondere auch für eine Außengesellschaft bürgerlichen Rechts (vgl BAG 1. 12. 2004 – 5 AZR 597/03 und 17. 7. 2007 – 9 AZR 819/06, AP Nr 14, 17 zu § 50 ZPO); ein Wechsel im Gesellschafterbestand der GbR hat daher im Außenverhältnis zu den Arbeitnehmern keine Auswirkungen.

114 Da der Arbeitgeberbegriff für das Arbeitsrecht nur als Korrelatbegriff von Bedeutung ist, kann Arbeitgeber nur sein, wer mindestens einen Arbeitnehmer beschäftigt (BAG 21. 1. 1999 – 2 AZR 648/97, AP Nr 9 zu § 1 KSchG 1969 Konzern). Von diesem Arbeitgeberbegriff ist der Begriff des **Unternehmers** im handels- bzw wirtschaftsrechtlichen Sinne und im Sinne von § 14 zu unterscheiden. Der Arbeitgeber ist zwar im Regelfall in dem Sinne Unternehmer, dass er einer gewerblichen oder selbstständigen beruflichen Tätigkeit nachgeht. Voraussetzung für die Arbeitgebereigenschaft ist das aber ebenso wenig wie die Unterhaltung eines Betriebs (zum Betriebsbegriff Rn 247 ff). So ist zB bei Beschäftigung einer Haushaltshilfe die Arbeitgebereigenschaft zu bejahen, die Unternehmereigenschaft aber sowohl im Sinne des Handels- und Wirtschaftsrechts also auch im Sinne von § 14 idR zu verneinen. Umgekehrt ist aber auch nicht jeder Unternehmer Arbeitgeber, denn für die Tätigkeit als Unternehmer ist keine Voraussetzung, dass zur Arbeitsorganisation des Unternehmens Arbeitnehmer gehören. Schließlich: Wer als Arzt oder Rechtsanwalt einen freien Beruf ausübt und zu diesem Zweck Hilfspersonal beschäftigt, ist Arbeitgeber und Unternehmer im Sinne von § 14, nicht aber Kaufmann/Unternehmer im Sinne des Handels- und Wirtschaftsrechts (vgl auch FISCHINGER, Handelsrecht [2015] Rn 4, 39).

115 Möglich ist auch ein sog „**einheitliches Arbeitsverhältnis**". Dabei sind auf Arbeitgeberseite mehrere (natürliche oder juristische) Personen beteiligt, ohne dass diese gesellschaftsrechtlich verbunden, einen gemeinsamen Betrieb führen oder den Arbeitsvertrag gemeinsam abschließen müssten. Entscheidend ist das Bestehen eines rechtlichen Zusammenhangs dergestalt, dass sich eine getrennte rechtliche Behandlung verbietet (BAG 27. 3. 1981 AP Nr 1 zu § 611 BGB Arbeitgebergruppe; BAG 19. 4. 2012 – 2 AZR 186/11, NZA 2013, 27 [28]; BAG 20. 6. 2013 – 6 AZR 805/11, NZA 2013, 1137 [1140]; BAG 10. 4. 2014 – 2 AZR 647/13, NJW 2014, 3533 [3535]). Dieser Zusammenhang ist anzunehmen, wenn die Auslegung des Vertragswerks der Parteien ergibt, dass die einzelnen Vereinbarungen nur gemeinsam gelten und zusammen durchgeführt werden sollen, also Teile eines einzigen Gesamtgeschäfts sein sollen. Die Arbeitgeber sind dann Gesamtschuldner; das einheitliche Arbeitsverhältnis kann in der Regel nur von und gegenüber allen gekündigt werden (BAG 10. 4. 2014 – 2 AZR 647/13, NJW 2014, 3533 [3535]), der Kündigungsgrund muss im Verhältnis zu jedem Kündigenden vorliegen; dementsprechend kommt eine Auflösung nach § 9 KSchG auch nur einheitlich in Betracht (BAG 10. 4. 2014 – 2 AZR 647/13). Ein einheitliches Arbeitsverhältnis ist zB bei Beschäftigung einer Haushaltshilfe durch Ehegatten anzunehmen (LAG Hamm 7. 10. 2002 – 8 Sa 1758/01, NZA-RR 2004, 125).

116 Möglich ist, dass eine Person zugleich Dienstberechtigter *und* Dienstverpflichteter ist. Die Unterscheidung ist deshalb stets auf den konkreten Dienstvertrag zu beziehen, bei dem jemand nicht zugleich Dienstberechtigter und Dienstverpflichteter sein kann. Steht bei einem Arbeitsverhältnis der Dienstberechtigte (Arbeitgeber) seinerseits im Dienst eines anderen, so kann ein mittelbares Arbeitsverhältnis vorliegen (s dazu Rn 163 ff).

117 Wer Arbeitgeber ist, kann auch durch **Fiktion** geregelt sein. Zu nennen sind § 12 Abs 3 SGB IV für die Heimarbeit sowie §§ 10 Abs 1, 9 Nr 1 AÜG für die im Rahmen ihrer wirtschaftlichen Tätigkeit ohne die erforderliche Erlaubnis betriebene Arbeitnehmerüberlassung (näher Rn 146).

2. Aufteilung der Funktion des Dienstberechtigten auf verschiedene Personen

118 Wie auch sonst bei einem Schuldvertrag können die Stellung als Vertragspartei und das Forderungsrecht auf die Dienstleistung auseinanderfallen, zB durch eine Forderungsabtretung (§ 398). Der Anspruch auf die Dienste ist im Zweifel zwar nicht übertragbar (§ 613 S 2), die Übertragbarkeit des Anspruchs auf die Dienstleistung kann aber ausdrücklich oder stillschweigend vereinbart sein (s § 613 Rn 22 ff, 29 ff). Insbesondere bei einem Arbeitsverhältnis ist zu beachten, dass der Arbeitnehmer regelmäßig für einen Betrieb eingestellt wird. Geht der Betrieb oder Betriebsteil, zu dem der Arbeitsbereich des Arbeitnehmers gehört, durch Rechtsgeschäft auf einen anderen Inhaber über, so tritt dieser sogar von Gesetzes wegen in die Rechte und Pflichten aus den im Zeitpunkt des Übergangs bestehenden Arbeitsverhältnissen ein (§ 613a Abs 1 S 1).

119 Wird ein Arbeitnehmer – mit seiner Zustimmung, die bereits im Arbeitsvertrag enthalten sein kann, – einer anderen Person zur Beschäftigung überlassen, so entsteht die Rechtsfigur des **Leiharbeitsverhältnisses**, bei der die Funktion des Arbeitgebers auf die Vertragspartei und den Inhaber der Arbeitsorganisation aufgeteilt wird, in der dem Arbeitnehmer ein Arbeitsbereich zugewiesen ist (zum Leiharbeitsverhältnis s Rn 141 ff; zu den Besonderheiten des Arbeitsverhältnisses im Konzern s Rn 273 ff).

120 Dagegen kommt es nicht zu einer Aufteilung der Arbeitgeberfunktionen auf verschiedene Personen, wenn eine **Personen- oder Kapitalgesellschaft** Arbeitgeber ist. Teilweise wird zwar angenommen, dass bei Personengesamtheiten die Arbeitgeberfunktionen auseinanderfielen, wenn nur einzelne Gesellschafter Geschäftsführungsbefugnis und Vertretungsmacht hätten, andere aber von der Geschäftsführung und Vertretung ausgeschlossen seien (so noch STAUDINGER/NIPPERDEY/NEUMANN[11] § 611 Rn 49; vgl auch bei juristischen Personen zwischen ihnen und den Organmitgliedern HUECK/NIPPERDEY I 89 im Anschluss an TITZE, Das Recht des kaufmännischen Personals [1918] 545 ff, der für diese Fälle die seitdem viel benutzten, wenn auch nicht sehr geglückten Begriffe des konkreten und des abstrakten Prinzipals geprägt hat; vgl dazu RAG BenshSlg 15, 550 [551]). Eine Aufspaltung der Arbeitgeberfunktionen tritt hier jedoch schon deshalb nicht ein, weil die Gesellschafter bzw die Organmitglieder für die Gesellschaft als Vertragspartei handeln (ebenso SOERGEL/KRAFT § 611 Rn 6).

121 Zu einer echten Aufspaltung der Arbeitgeberfunktionen kommt es dagegen in Hafenbetrieben, soweit das Arbeitsverhältnis dort mit dem sog **Gesamthafenbetrieb** begründet wird (s Rn 185 f).

3. Geschäftsfähigkeit des Dienstberechtigten

122 Für die Geschäftsfähigkeit gelten die §§ 104 ff. Eine Besonderheit, die praktisch keine Bedeutung hat, ergibt sich aus § 112: Hat der gesetzliche Vertreter mit Genehmigung des Familiengerichts einen Minderjährigen zum **selbstständigen Betrieb eines Erwerbsgeschäfts ermächtigt**, so ist der Minderjährige für alle Rechtsgeschäfte unbeschränkt geschäftsfähig, die der Geschäftsbetrieb mit sich bringt (§ 112 Abs 1 S 1). Zu ihnen gehört auch der Abschluss eines Dienstvertrags, und zwar auch, soweit durch ihn ein Arbeitsverhältnis begründet wird. Die Bestellung eines **Betreuers** (§ 1896 Abs 1 S 1) hat **keine Auswirkungen auf die Geschäftsfähigkeit des Betreuten**. Möglich ist aber, dass das Betreuungsgericht einen **Einwilligungsvorbehalt** angeordnet hat (§ 1903). Für diesen Fall gelten die §§ 108 bis 113, § 131 Abs 2 und § 210 entsprechend (§ 1903 Abs 1 S 2).

II. Dienstverpflichteter (Arbeitnehmer)

1. Begriff

Dienstverpflichteter ist, wer zur Erbringung der Dienstleistung verpflichtet ist. Normalerweise handelt es sich um **natürliche Personen**. Davon geht auch das Gesetz aus, da der zur Dienstleistung Verpflichtete die Dienste im Zweifel in Person zu leisten hat (§ 613 S 1). Ob daraus folgt, dass er „Verbraucher" im Sinne des § 13 ist, ist umstritten (näher Rn 128 ff). Möglich ist allerdings, dass eine juristische Person oder eine Gesamthand sich zu Diensten verpflichtet. In diesem Fall wird die Dienstleistung durch die Organisation erbracht, die als juristische Person bzw Gesamthand rechtlich verselbstständigt ist. 123

Wenn Dienstverpflichteter eine **juristische Person** oder Gesamthand ist, findet das **Arbeitsrecht im Prinzip keine Anwendung**; denn dieses setzt voraus, dass jemand in Person Dienste zu leisten hat (BAG 11. 4. 2000 – 9 AZR 94/99, nv; ausführlich zum Arbeitnehmerbegriff s Rn 10 ff). Möglich ist aber, dass Arbeitnehmer ihre Leistung als Gruppe (Eigengruppe) anbieten, die in der Regel eine BGB-Gesellschaft ist, aber auch die Rechtsform einer juristischen Person haben kann (s Rn 176 ff). 124

2. Geschäftsfähigkeit des Dienstverpflichteten

Für die Geschäftsfähigkeit des Dienstverpflichteten gelten die §§ 104 ff. Es gilt insoweit Gleiches wie für den Dienstberechtigten (s Rn 122). 125

Eine Besonderheit enthält die Regelung der **Arbeitsmündigkeit** durch § 113. Nach ihm besteht die Möglichkeit, dass der gesetzliche Vertreter einen beschränkt Geschäftsfähigen ermächtigt, „in Dienst oder in Arbeit zu treten". Der beschränkt Geschäftsfähige wird dadurch für solche Rechtsgeschäfte unbeschränkt geschäftsfähig, welche die Eingehung oder Aufhebung eines Dienst- oder Arbeitsverhältnisses der gestatteten Art oder die Erfüllung der sich aus einem solchen Verhältnis ergebenden Verpflichtungen betreffen (Teilgeschäftsfähigkeit). § 113 spielte früher vor allem für Dienstbotenverträge eine Rolle; er hat heute in seinem unmittelbaren Anwendungsbereich für Minderjährige keine Bedeutung mehr, zumal er auf **Berufsausbildungsverträge keine Anwendung** findet (vgl RICHARDI/BUCHNER, MünchArbR § 32 Rn 22; BFH 13. 11. 1986 – IV R 322/84, BB 1987, 251; LAG Baden-Württemberg 8. 8. 1956 – IV Sa 49/56, BB 1956, 925 f; LAG Bremen 6. 11. 1957 – I Sa 87/57, BB 1958, 738). Dagegen ist er auf selbstständige Handelsvertreterverhältnisse anwendbar (BAG 20. 4. 1964 – 5 AZR 278/63, AP Nr 1 zu § 90a HGB). Zudem findet er auf **Volljährige unter gesetzlicher Betreuung** Anwendung, wenn das Betreuungsgericht einen **Einwilligungsvorbehalt** angeordnet hat, der sich auf die Eingehung eines Arbeitsverhältnisses bezieht (§ 1903 Abs 1 S 2; s BAG 13. 2. 2008 – 2 AZR 864/06, NZA 2008, 1055 [1058]). Die Teilgeschäftsfähigkeit umfasst alle bei Arbeitsverhältnissen verkehrsüblichen Vereinbarungen (BAG 8. 6. 1999 – 3 AZR 71/98, NZA 2000, 34 [36]) und, darüber hinausgehend, damit im Zusammenhang stehende Rechtsgeschäfte wie zB den Beitritt zu einer Gewerkschaft (ausf STAUDINGER/KNOTHE [2011] § 113 Rn 14 ff). 126

Von der Geschäftsfähigkeit ist das **Mindestalter für die Beschäftigung** zu unterscheiden. Die Beschäftigung von **Kindern** ist grundsätzlich verboten (§ 5 Abs 1 127

JArbSchG), Ausnahmen sind aber nach Maßgabe der §§ 5 Abs 2, 6, 7 JArbSchG möglich. Kind idS ist, wer noch nicht 15 Jahre alt ist (§ 2 Abs 1 JArbSchG); Gleiches gilt für Jugendliche, die noch der Vollzeitschulpflicht unterliegen (§ 2 Abs 3 JArbSchG; vgl zur Berechnung auch FISCHINGER CaS 2011, 150). Bei einem Verstoß ist der Arbeitsvertrag nach § 134 nichtig, es gelten zugunsten des Kindes die Grundsätze über das fehlerhafte Arbeitsverhältnis (ErfK/SCHLACHTER § 5 JArbSchG Rn 12; WEYAND, JArbSchG § 5 Rn 8). **Jugendliche**, dh Personen, die zwar das 15., noch nicht aber das 18. Lebensjahr vollendet haben und nicht mehr der Vollzeitschulpflicht unterliegen (§ 2 Abs 2 JArbSchG), dürfen hingegen grundsätzlich beschäftigt werden, das JArbSchG sieht hier nur besondere Schutzregelungen vor, zB eine tägliche Höchstarbeitszeit (§ 8), Nacht-, Samstags- und Sonntagsruhe (§§ 14 ff) und Freistellungspflichten für Berufsschule und Prüfungen (§§ 9, 10).

3. Arbeitnehmer als Verbraucher

128 Das Schuldrechtsmodernisierungsgesetz hat das Verbraucherschutzrecht in das BGB integriert. Deshalb stellt sich die Frage, ob es auf Arbeitsverträge Anwendung findet. Relevant ist das vor allem für die Anwendbarkeit von § 310 Abs 3, die Höhe des Verzugszinssatzes in § 288 und das Widerrufsrecht des Arbeitnehmers bei Aufhebungs- oder Abwicklungsverträgen (§§ 312, 355).

129 Unabhängig von der Frage, ob der Arbeitnehmer als solcher gegenüber dem Arbeitgeber Verbraucher ist, lehnt das BAG zutreffenderweise die Anwendbarkeit des erhöhten **Verzugszinssatzes** des § 288 Abs 2 ab, regelt doch dieser nur den Rechtsverkehr zwischen Unternehmern; es bleibt daher bei § 288 Abs 1 S 2 (BAG 23. 2. 2005 – 10 AZR 602/03, NZA 2005, 694 [697]; vgl auch die schlicht ohne weitere Diskussion § 288 Abs 1 heranziehenden Entscheidungen BAG 12. 10. 2011 – 10 AZR 631/10, AP Nr 291 zu § 611 BGB Gratifikation; BAG 20. 12. 2012 – 2 AZR 32/11, NZA-RR 2013, 627 [632]; SCHLODDER, Der Arbeitsvertrag im neuen Schuldrecht [2004] 171 ff; RICHARDI NZA 2002, 1004 [1009]).

130 Nach bisheriger Rechtslage konnte die Verbrauchereigenschaft auch offen bleiben, soweit es um das **Widerrufsrecht** bei Haustürgeschäften (§§ 312, 355) ging, denn § 312 aF war unabhängig davon nach allgemeiner Meinung nicht auf arbeitsrechtliche Aufhebungs- oder Abwicklungsverträge anwendbar (vgl nur BAG 27. 11. 2003 – 2 AZR 135/03, 2 AZR 177/03, AP Nr 1 und 2 zu § 312 BGB; SCHLODDER, Der Arbeitsvertrag im neuen Schuldrecht [2004] 175 ff). Dafür sprach nicht nur die Überschrift des Untertitels 2, die allein von „Besondere Vertriebsformen" sprach, sondern auch die Gesetzgebungsgeschichte und vor allem Sinn und Zweck der Norm. Diese diente dem Schutz von Verbrauchern vor Überrumpelungssituationen an für Vertragsschlüsse ungewöhnlichen Orten (EuGH 17. 3. 1998 – C-45/96, NJW 1998, 1295, 1296; BGH 14. 5. 1998 – IX ZR 56/95, NJW 1998, 2356, 2357; BGH 10. 1. 2006 – XI ZR 169/05, WM 2006, 377 [379]), wovon bei Abschluss eines arbeitsvertragsbezogenen Vertrages am Arbeitsplatz keine Rede sein konnte, ist der Arbeitsplatz doch der natürliche Ort, wo solche Verträge geschlossen werden. Durch das Gesetz zur Umsetzung der Verbraucherrechterichtlinie vom 20. 9. 2013 (BGBl I 3642) wurde der bisherige § 312 gestrichen und das **Widerrufsrecht** nunmehr auf alle **außerhalb von Geschäftsräumen geschlossene Verträge** (§ 312b) ausgedehnt. Schon in tatsächlicher Hinsicht ist es unwahrscheinlich, dass arbeitsrechtliche Aufhebungs- und Abwicklungsverträge nicht im Betrieb, sondern zB in einem Restaurant oder bei einem Besuch des Arbeitgebers in der Wohnung des Arbeitnehmers geschlossen werden. Selbst wenn das ausnahmsweise einmal geschehen sollte, besteht unabhängig davon, ob man den Arbeitnehmer als Verbraucher einstuft, richtigerweise nach wie vor **kein Widerrufsrecht**. Dagegen spricht zwar, dass bei einem Vertragsschluss außerhalb der Geschäftsräume durchaus eine normzweckspezifische Überrumpelungssituation des Arbeitnehmers vorliegen kann und überdies die Überschrift des Untertitels 2 einer Anwendung auf arbeitsrechtliche Aufhebungs- und Abwicklungsverträge nicht mehr zwingend entgegen steht, lautet diese doch nunmehr „Grundsätze bei Verbraucherverträgen und besondere Vertriebsformen". Dennoch hat man eine Anwendung von § 312b abzulehnen. Dafür spricht zunächst § 312 Abs 1 (nF), wonach die Vorschriften dieses Untertitels nur auf Verbraucherverträge anzuwenden sind, die eine entgeltliche Leistung des Unternehmers zum Gegenstand haben; damit scheiden schon einmal alle Aufhebungsverträge aus, bei denen der Leistung des Arbeitnehmers (= Aufhebung des Arbeitsvertrags) keine entgeltliche Gegenleistung des Arbeitgebers, zB in Form einer Abfindung gegenübersteht. Hinzu kommt, dass die von § 312a Abs 2 iVm Art 246 Abs 1 Nr 1 EGBGB vorgesehenen Informationspflichten im Bereich des Aufhebungs-/Abwicklungsvertrags keinen sinnvollen Anwendungsbereich hätten. Vor allem aber spricht gegen ein Widerrufsrecht eine Passage in der Entwurfsbegründung, wonach nur dann ein Verbrauchervertrag (im Sinne der umzusetzenden Richtlinie) vorliege, wenn sich der Unternehmer zur Lieferung einer Ware oder Erbringung einer Dienstleistung und umgekehrt der Verbraucher zur Zahlung eines Entgelts verpflichtet (BT-Drucks 17/12637, 45). Das zeigt, dass der Gesetzgeber nur den klassischen Absatzvertrag regeln, nicht aber auch arbeitsrechtliche Aufhebungs- und Abwicklungsverträge erfassen wollte.

Ob der Arbeitnehmer Verbraucher ist, ist daher nur bei **§ 310 Abs 3** relevant (Rn 889). Das **BAG** und die hM bejahen die Verbrauchereigenschaft (BAG 25. 5. 2005 – 5 AZR 572/04, AP Nr 1 zu § 310 BGB; BAG 31. 8. 2005 – 5 AZR 545/04, AP Nr 8 zu § 6 ArbZG; STAUDINGER/KRAUSE [2013] Anhang zu § 310 Rn 111; K SCHMIDT JuS 2006, 1 [5]; STAUDINGER/ SCHLOSSER [2013] § 310 Rn 48; so auch BVerfG 23. 11. 2006 – 1 BvR 1909/06, NZA 2007, 85 [86]). Die **Gegenauffassung** hält die Legaldefinition des Verbraucherbegriffs in § 13 für missglückt; aus ihrer Wechselbeziehung zur Begriffsbestimmung des Unternehmers in § 14 folge, dass es Personen gibt, die bei Abschluss eines Vertrags weder Unternehmer noch Verbraucher sind. Der Verbraucherbegriff sei allein marktorientiert auf die Nachfrage von Sach- oder Dienstleistungen für den privaten Verbrauch zu beziehen (HENSSLER RdA 2002, 129 [134]). Nicht erfasst sei deshalb der Arbeitnehmer, soweit es um die Leistungsbeziehung aus dem Arbeitsverhältnis geht (so STAUDINGER/ RICHARDI/FISCHINGER [2011] § 611 Rn 25; STAUDINGER/KANNOWSKI [2013] § 13 Rn 53; ANNUSS NJW 2002, 2844; vgl auch die Nachw von DÄUBLER, in: DÄUBLER/DORNDORF, AGB-Kontrolle im Arbeitsrecht [3. Aufl 2004] Einl Rn 61, 62; KORT, AL 2011, 252 [253 ff]). **Zuzustimmen** ist der **hM**. Neben dem eindeutigen Wortlaut spricht hierfür insbesondere § 15 UKlaG, dessen Bereichsausnahme den Schluss nahelegt, dass der Gesetzgeber den Arbeitnehmer (inzident) als Verbraucher ansieht (zutreffend ErfK/PREIS § 611 Rn 182; dagegen ANNUSS NJW 2002, 2844 [2846]). Anführen lässt sich des Weiteren, dass der Gesetzgeber bei der Neufassung von § 13 im Zuge des Gesetzes zur Umsetzung der Verbraucherrechterichtlinie vom 20. 9. 2013 (BGBl I 3642) den Arbeitnehmer nicht herausgenommen hat, obwohl ihm die Problematik und die Handhabung durch das BAG bewusst sein musste; spätestens damit hat er die Auslegung der hM in seinen Willen aufgenommen.

132 Stuft man den Arbeitnehmer als solchen als Verbraucher ein, gilt das konsequenterweise auch für **Volontäre** (BAG 18. 3. 2008 – 9 AZR 186/07, NZA 2008, 1004 [1006]) und Praktikanten.

133 Selbst ein (künftiger) **Geschäftsführer** ist nach Auffassung des BAG bei Abschluss des Anstellungsvertrags mangels Ausübung einer selbstständigen Tätigkeit Verbraucher, wobei das BAG noch nicht entschieden hat, ob das auch dann gilt, wenn er nicht zugleich als Gesellschafter über zumindest eine Sperrminorität verfügt und Leitungsmacht über die Gesellschaft ausüben kann (BAG 19. 5. 2010 – 5 AZR 253/09, NZA 2010, 939 [940 f]).

III. Einbeziehung Dritter in die Arbeitgeber- oder Arbeitnehmerstellung (arbeitsrechtliche Drittbeziehungen)

1. Beteiligung Dritter bei der Erbringung der Arbeitsleistung

a) Dritter als Empfänger von Dienstleistungen

134 Wer als Arbeitnehmer für seinen Arbeitgeber in einem fremden Betrieb tätig wird, um dort als **Erfüllungsgehilfe** (§ 278) im Rahmen eines Dienst- oder Werkvertrags die von seinem Arbeitgeber geschuldete Dienstleistung zu erbringen bzw den geschuldeten Arbeitserfolg herbeizuführen, steht nicht im Dienst des Betriebsinhabers (vgl BAG 10. 2. 1977 – 2 ABR 80/76, BAGE 29, 7 [11]; BAG 8. 11. 1978 – 5 AZR 261/77, BAGE 31, 135 [141]). Er ist also nicht dessen Arbeitnehmer, sondern *Fremdarbeitnehmer,* früher auch als *Unternehmerarbeiter* bezeichnet (vgl BAG 10. 2. 1977 – 2 ABR 80/76, BAGE 29, 7 [11]). Sein Arbeitgeber hat als Unternehmer einen Dienst- oder Werkvertrag mit dem Betriebsinhaber abgeschlossen, zu dessen Erfüllung er seine Arbeitnehmer einsetzt. Für den Arbeitnehmer ist der Betriebsinhaber Dritter, dem er die Leistung zum Zweck der Erfüllung seiner Arbeitspflicht gegenüber dem Arbeitgeber erbringt. Arbeitsrechtliche Beziehungen bestehen daher weder zwischen dem Arbeitgeber und dem Betriebsinhaber noch zwischen dem Arbeitnehmer und dem Betriebsinhaber. Das gilt auch, wenn der Fremdfirmeneinsatz der Erfüllung des Betriebszwecks dient (ebenso BAG 5. 3. 1991 – 1 ABR 39/90, AP Nr 90 zu § 99 BetrVG 1972; BAG 9. 7. 1991 – 1 ABR 45/90, AP Nr 94 zu § 99 BetrVG 1972).

135 Von diesem Fall ist zu unterscheiden, dass jemand zur **Beschäftigung in einem fremden Betrieb überlassen** wird. Auch hier braucht kein Arbeitsvertrag mit dem Betriebsinhaber zu bestehen. Wenn der Arbeitnehmer aber nach dessen Weisungen tätig wird, nimmt der Betriebsinhaber Arbeitgeberfunktionen wahr, die zum Schutz des betroffenen Arbeitnehmers nicht von den Pflichten eines Arbeitgebers getrennt werden dürfen. Zu unterscheiden ist deshalb zwischen zwei Konstellationen: Zum einen die einer echten Arbeitnehmerüberlassung (Rn 136 und Rn 141 ff) und zum anderen solche, in denen der Arbeitnehmer auch im Drittbetrieb nur dem Weisungsrecht seines Arbeitgebers untersteht. Letzteres wird nicht dadurch ausgeschlossen, dass der Betriebsinhaber in den Grenzen des Dienst- oder Werkvertrags, den er mit dem Arbeitgeber abgeschlossen hat, in Bezug auf Einzelheiten der Dienstleistung oder des Werks Anweisungen erteilen darf. Denn in einem solchen Fall handelt es sich nicht um die Ausübung des aus dem arbeitsrechtlichen Verhältnis von Arbeitgeber und Arbeitnehmer resultierenden Direktionsrechts (vgl § 106 GewO, dazu Rn 955 ff), sondern es wird von dem **dienst-/werkvertraglichen Weisungsrecht** Gebrauch gemacht (vgl § 645 Abs 1; ebenso BAG 10. 2. 1977 – 2 ABR 80/76, BAGE 29, 7 [11]). Um solche Fälle handelt es sich zB, wenn ein Unternehmer es übernimmt, mit einer Putzkolonne die Räume eines Betriebs sauber zu halten; die zur Putzkolonne gehörenden Arbeitnehmer stehen daher nicht in einem Arbeitsverhältnis zum Betriebsinhaber. Gleiches gilt für Arbeitnehmer, die eine von ihrem Arbeitgeber gelieferte EDV-Anlage in einem Betrieb laufend betreuen oder bei der Gebrauchsüberlassung von Flugzeugen einschließlich des fliegenden Personals (BAG 17. 2. 1993 – 7 AZR 167/92, AP Nr 9 zu § 10 AÜG). Nicht um einen Fall der Arbeitnehmerüberlassung handelt es sich auch, wenn Arbeitnehmer in einen Gemeinschaftsbetrieb entsandt werden, den ihr Arbeitgeber zusammen mit einem dritten Arbeitgeber führt (MünchKomm/MÜLLER-GLÖGE § 611 Rn 41).

Wenn der Betriebsinhaber den Arbeitnehmer dagegen wie eigene Arbeitnehmer **136** nach seinen Vorstellungen und Zielen im Betrieb einsetzen kann, ist der mit dem Arbeitgeber abgeschlossene Vertrag nicht mehr ein Dienst- oder Werkvertrag, sondern ein **Arbeitnehmerüberlassungsvertrag** (ebenso BAG 8. 11. 1978 – 5 AZR 261/77, BAGE 31, 135 [141]; BAG 30. 1. 1991 – 7 AZR 497/89, AP Nr 8 zu § 10 AÜG). Nach dem Arbeitsvertrag mit dem Arbeitgeber richtet sich, ob der Betriebsinhaber die zur Erbringung der Dienstleistung erforderlichen Weisungen erteilen darf; denn der Anspruch auf die Dienste ist im Zweifel nicht übertragbar (§ 613 S 2). Aber auch soweit die Überlassung zulässig ist, bleibt der Arbeitnehmer in einem Arbeitsverhältnis zu seinem Vertragspartner; es besteht kein Vertragsverhältnis mit dem Betriebsinhaber; etwas anderes gilt nur bei einer nicht mit der erforderlichen Erlaubnis betriebenen Arbeitnehmerüberlassung (s Rn 146).

Eine derartige Arbeitnehmerüberlassung darf nicht dazu führen, dass das typische **137** **Arbeitgeberrisiko** auf den Arbeitnehmer verlagert wird. Schädigt dieser den Empfänger der Dienstleistung, so ist bei einem Dienst- oder Werkvertrag der Unternehmer für das Fehlverhalten seines Arbeitnehmers verantwortlich (§ 278). Bei einem Arbeitnehmerüberlassungsvertrag hat er dagegen lediglich für die ordnungsgemäße Auswahl des überlassenen Arbeitnehmers einzustehen (ebenso BAG 10. 2. 1977 – 2 ABR 80/76, AP Nr 9 zu § 103 BetrVG 1972; BAG 8. 11. 1978 – 5 AZR 261/77, BAGE 31, 135 [142]). Dass zwischen dem Betriebsinhaber und dem überlassenen Arbeitnehmer kein Arbeitsvertrag besteht, führt nicht zu dessen Haftung nach allgemeinen Grundsätzen, sondern es bleibt dem Arbeitnehmer die **Haftungsprivilegierung** im Arbeitsverhältnis erhalten (s ausf STAUDINGER/RICHARDI/FISCHINGER [2016] § 619a Rn 28 ff).

Trotz Fehlens eines Arbeitsvertrags entstehen daher arbeitsrechtliche Beziehungen **138** zum Betriebsinhaber. Dadurch wird aber kein zweites Arbeitsverhältnis begründet, sondern es wird lediglich der Empfänger der Dienstleistung wegen der Aufteilung der Arbeitgeberfunktion in das Arbeitsverhältnis einbezogen. Eine derartige Aufspaltung der Arbeitgeberfunktion prägt das Leiharbeitsverhältnis (s Rn 141 ff), das mittelbare Arbeitsverhältnis (s Rn 163 ff) und bestimmte Erscheinungsformen des Gruppenarbeitsverhältnisses (s Rn 168 ff).

b) Einschaltung Dritter in die Erbringung der Arbeitsleistung

Arbeitsrechtliche Drittbeziehungen können nicht nur entstehen, wenn die Arbeits- **139** leistung gegenüber einem Dritten erbracht wird, sondern sie kommen auch in Betracht, wenn sie von einem Dritten erbracht wird, also ein Dritter in die Erbringung

§ 611

der Arbeitsleistung eingeschaltet wird. Der Arbeitnehmer hat seine Dienste lediglich *im Zweifel* in Person zu leisten (§ 613 S 1). Nach dem Arbeitsvertrag richtet sich deshalb, ob er einen Dritten in den Leistungsvollzug einschalten kann (s auch § 613 Rn 6 ff). Dabei ist aber zu beachten, dass von einer arbeitsvertraglichen Beziehung nur gesprochen werden kann, wenn die Bindung der Arbeitspflicht an die Person des Arbeitnehmers erhalten bleibt; denn wenn auch ein Dritter die Leistung bewirken kann, ist der zur Dienstleistung Verpflichtete nicht Arbeitnehmer, sondern *Unternehmer* (vgl auch BAG 12. 12. 2001 – 5 AZR 253/00, AP Nr 111 zu § 611 BGB Abhängigkeit).

140 Regelmäßig kann es sich deshalb nur darum handeln, dass der Arbeitnehmer bei der Erbringung seiner Arbeitsleistung Dritte als Hilfskräfte hinzuziehen kann *(Gehilfenverhältnis;* s Rn 182 ff) oder die Arbeitsleistung als Gesamtleistung einer Gruppe von Arbeitnehmern zu erbringen ist *(Gruppenarbeitsverhältnis;* s Rn 168 ff). Die Beteiligung kann so gestaltet sein, dass der Dritte in keinem Vertragsverhältnis zum Arbeitgeber steht, dieser also lediglich Empfänger der Dienstleistung ist. Wenn der Arbeitgeber aber dem Dritten Weisungen erteilen kann, die dieser wegen seiner rechtlichen Beziehungen zum Arbeitnehmer einhalten muss, so entstehen auch hier arbeitsrechtliche Beziehungen.

2. Leiharbeitsverhältnis

a) Begriff

141 Wenn der Arbeitgeber **Arbeitnehmer einem Dritten zur Beschäftigung überlässt**, spricht man von einem Leiharbeitsverhältnis. Der Arbeitnehmer wird nicht als Erfüllungsgehilfe im Rahmen eines Dienst- oder Werkvertrags seines Arbeitgebers mit dem Dritten tätig, sondern er wird zur Beschäftigung „ausgeliehen". Die gewählte Terminologie „Leiharbeit" ist wenig geglückt, da es sich nicht um eine Leihe iSv §§ 598 ff, sondern um einen Dienstverschaffungsvertrag (Vorbem 71 ff zu §§ 611 ff) handelt. Da sich der Begriff jedoch in Praxis und Wissenschaft durchgesetzt hat, wird er auch im Folgenden verwendet.

142 Eine derartige Überlassung setzt voraus, dass der **Arbeitnehmer** mit ihr **einverstanden** ist; denn nach § 613 S 2 ist der Anspruch auf die Dienste im Zweifel nicht übertragbar (näher § 613 Rn 22 ff, 29 ff). Es kann aber bereits im Arbeitsvertrag vorgesehen sein, dass der Arbeitnehmer verpflichtet ist, seine Arbeitsleistung im Dienst eines Entleihers zu erbringen (BeckOK-ArbR/Joussen § 613 Rn 17; ErfK/Preis § 613 Rn 9; MünchKomm/Müller-Glöge § 613 Rn 25).

143 Im Allgemeinen ist ein Arbeitsverhältnis darauf gerichtet, dass die Arbeitsleistung dem Arbeitgeber erbracht wird. Eine Arbeitnehmerüberlassung kommt deshalb in diesem Fall nur gelegentlich und dann auch nur vorübergehend in Betracht; eine unbefristete Arbeitnehmerüberlassung ist nach dem BAG unzulässig (BAG 10. 7. 2013 – 7 ABR 91/11, NZA 2013, 1296 [1297]; **aA** Bauer/Heimann NJW 2013, 3287). Rechtstatsächlich spielt sie aber eine erhebliche Rolle, wenn das Unternehmen in einem Konzernverhältnis steht. Hier kann festgelegt sein, dass ein Arbeitnehmer vorübergehend zur Beschäftigung in ein anderes Konzernunternehmen abgeordnet wird, ohne dass dadurch das Stammarbeitsverhältnis zum herrschenden Unternehmen des Konzerns aufgehoben wird. Von Fällen dieser Art, die man auch als **echtes Leiharbeitsverhältnis** bezeichnet (so Zöllner/Loritz/Hergenröder § 27 III 1), ist zu unterscheiden, dass der Arbeitnehmer von vornherein die Dienste nur den Entleihern leisten soll, es sich also um eine **unechte Arbeitnehmerleihe** handelt. Nach der Konzeption des Arbeitsrechts müsste es sich dabei eigentlich um eine untypische Erscheinung handeln; in der Praxis erfreut sich diese unechte Arbeitnehmerleihe aber erheblicher Beliebtheit. Ihr bedienen sich vor allem die sog Zeitarbeitsunternehmen. Grund für die steigende praktische Bedeutung dieses Instruments sind die von vielen Arbeitgebern als zu rigide empfundenen Vorgaben des Arbeitsrechts, insbesondere des Kündigungsschutz- und Befristungsrechts.

b) Zulässigkeit der Arbeitnehmerüberlassung

Anders als nach früherer, bis zum 30. 11. 2011 geltenden Rechtslage, die maßgeblich **144** danach unterschied, ob der Arbeitgeber die Arbeitnehmerüberlassung gewerbsmäßig oder nicht gewerbsmäßig betrieb und nur bei ersterer eine Erlaubnispflicht annahm (s näher STAUDINGER/RICHARDI/FISCHINGER [2011] Vorbem 456 ff, 464 ff zu § 611), knüpft das **Gesetz zur Regelung der Arbeitnehmerüberlassung (Arbeitnehmerüberlassungsgesetz – AÜG)** in der seitdem geänderten Fassung nunmehr daran an, dass die Arbeitnehmerüberlassung „im Rahmen ihrer wirtschaftlichen Tätigkeit" erbracht wird, § 1 Abs 1 S 1 AÜG. Dies bedeutet eine erhebliche Ausweitung des Anwendungsbereichs, weil nunmehr, anders als früher, eine Gewinnerzielungsabsicht des Verleihers nicht mehr erforderlich ist und daher auch gemeinnützig handelnde, zB karitative Unternehmen und Personenführungsgesellschaften im Konzern erfasst sind (LEMBKE NZA 2011, 609; ErfK/WANK § 1 AÜG Rn 31; **aA** HAMANN NZA 2011, 70 [71]). Ausnahmen vom Anwendungsbereich normiert § 1 Abs 3 AÜG, nach dessen Nr 2a das AÜG weitgehend nicht anwendbar ist, wenn die Überlassung nur gelegentlich erfolgt und der Arbeitnehmer nicht zum Zweck der Überlassung eingestellt und beschäftigt wird.

Das Arbeitnehmerüberlassungsgesetz trifft für die Arbeitnehmerüberlassung beson- **145** dere **gewerberechtliche Regelungen** (§§ 1–8). Voraussetzung für eine zulässige Arbeitnehmerüberlassung ist, dass das Arbeitsverhältnis seinen Schwerpunkt beim Verleiher behält. Steht der Arbeitnehmer nicht in einem gesicherten Stammarbeitsverhältnis zum Verleiher, sondern wird er nur in den Entleiherbetrieb eingeordnet, so liegt in Wahrheit eine *Arbeitsvermittlung* vor (vgl § 1 Abs 2 AÜG). Durch das Gesetz soll sichergestellt werden, dass der Verleiher eine Betriebsorganisation hat, die ihn befähigt, die üblichen Arbeitgeberpflichten ordnungsgemäß zu erfüllen und das Arbeitgeberrisiko zu tragen (vgl § 3 AÜG). Deshalb bedürfen Verleiher einer Erlaubnis (§ 1 AÜG).

Bei der legalen Arbeitnehmerüberlassung bleibt der Verleiher auch während der **146** Überlassungszeit Arbeitgeber des Leiharbeitnehmers; ein Doppelarbeitsverhältnis scheidet aus. **Fehlt dem Verleiher aber die nach § 1 AÜG erforderliche Erlaubnis**, ist der Arbeitsvertrag zwischen Verleiher und Arbeitnehmer unwirksam (§ 9 Nr 1 AÜG). Den notwendigen Schutz des Leiharbeitnehmers will das Gesetz dadurch gewährleisten, dass nach § 10 Abs 1 S 1 AÜG ein **Arbeitsverhältnis zwischen Entleiher und Leiharbeitnehmer** als zustande gekommen **fingiert** wird. Der Inhalt dieses Arbeitsverhältnisses wird durch § 10 Abs 1 S 2–4 AÜG geregelt.

Nur mit Einschränkungen zulässig ist die Arbeitnehmerüberlassung im **Baugewerbe**, **147** § 1b AÜG. Eine dagegen verstoßende Arbeitnehmerüberlassung führt anders als bei einem Verstoß gegen § 1 Abs 1 S 1 AÜG aber nicht nach § 10 Abs 1 S 1, § 9 Nr 1 AÜG zu einem Arbeitsverhältnis zwischen Entleiher und Arbeitnehmer; auch eine Analogie scheidet mangels planwidriger Regelungslücke aus (BAG 13. 12. 2006 – 10 AZR 674/05, AP Nr 31 zu § 1 AÜG).

c) Rechtsbeziehungen zwischen „Verleiher" und „Entleiher"

148 Für den Vertrag zwischen Verleiher und Entleiher ist § 12 AÜG zu beachten. Fehlt dem Verleiher die nach § 1 AÜG erforderliche Erlaubnis, ist der Dienstverschaffungsvertrag unwirksam (§ 9 Nr 1 AÜG); es gilt dann ggf § 10 AÜG (Rn 146); hat der Verleiher den Arbeitnehmer entlohnt, kann er vom Entleiher über § 812 die von diesem ersparten Aufwendungen kondizieren (BAG 8. 11. 1979 – VII ZR 337/78, AP Nr 2 zu § 10 AÜG; BGH 18. 7. 2000 – X ZR 62/98, NJW 2000, 3492 [3494]).

d) Rechte und Pflichten aus dem Leiharbeitsverhältnis

149 Das Leiharbeitsverhältnis kommt durch **Vertrag zwischen dem Verleiher und dem Leiharbeitnehmer** zustande. Da aber nach dem Inhalt des Dienstleistungsversprechens der Arbeitnehmer den Arbeitseinsatz in einem Drittbetrieb nach Weisung eines vom Verleiher ausgewählten Dritten schuldet, ist der Vertrag insoweit ein **echter Vertrag zugunsten Dritter** (so zutreffend SCHÜREN, AÜG [4. Aufl 2010] Einl Rn 168 ff). Neben seinem gewerberechtlichen Inhalt enthält das Arbeitnehmerüberlassungsgesetz **arbeitsrechtliche Bestimmungen für das Leiharbeitsverhältnis**.

150 Den Entleiher trifft die **Fürsorgepflicht**, soweit der Leiharbeitnehmer in seine betriebliche Organisation eingeordnet ist. Den Anspruch auf das **Arbeitsentgelt** hat der Leiharbeitnehmer aber primär gegen den Verleiher. Hat dieser für ihn keine Beschäftigungsmöglichkeit, so kommt er in Annahmeverzug und ist deshalb zur Fortzahlung des Arbeitsentgelts verpflichtet; dieser Anspruch kann nicht durch Vertrag aufgehoben oder beschränkt werden (§ 11 Abs 4 S 2 AÜG). Des Weiteren hat der Leiharbeitnehmer auch dann einen Lohnanspruch gegen den Verleiher, wenn im Betrieb des Entleihers streikbedingt keine Arbeitsleistung möglich ist (BAG 1. 2. 1973 – 5 AZR 382/72, NJW 1973, 1629). Einen Lohnanspruch gegen den Entleiher hat der Leiharbeitnehmer nur, wenn zwischen ihm und dem Entleiher nach §§ 9 Nr 1, 10 Abs 1 AÜG ein Arbeitsverhältnis fingiert wird.

151 Zum Schutz des Leiharbeitnehmers sind nach **§ 9 Nr 2 AÜG** Vereinbarungen grundsätzlich unzulässig, die für den Leiharbeitnehmer für die Zeit der Überlassung schlechtere als die im Betrieb des Entleihers für einen vergleichbaren Arbeitnehmer des Entleihers geltenden wesentlichen Arbeitsbedingungen vorsehen **(equal-treatment-Grundsatz)**. Maßgeblich ist dabei ein Gesamtvergleich aller Entgelte im Überlassungszeitraum (BAG 23. 3. 2011 – 5 AZR 7/10, NZA 2011, 850 [853] mwNw). Unter die „wesentlichen" Arbeitsbedingungen fallen typischerweise die Höhe des Arbeitsentgelts, Sozialleistungen, Arbeitszeit und die Dauer des Urlaubsanspruchs, „Vereinbarungen" sind Abmachungen in Arbeitsverträgen und Betriebsvereinbarungen (HWK/GOTTHARDT § 9 AÜG Rn 12). Als Folge der Unwirksamkeit kann der Arbeitnehmer vom Verleiher Gleichstellung verlangen (§ 10 Abs 4 AÜG). Vom equal-treatment-Grundsatz kann zu Lasten der Arbeitnehmer durch **Tarifvertrag** abgewichen werden, §§ 3 Abs 1 Nr 3 S 2, 9 Nr 2 HS 2 AÜG. Es handelt sich dabei um eine Pervertierung des eigentlich zum Schutz der Arbeitnehmer existierenden Tarifvertragssystems, die umso gravierender ist, als selbst dann, wenn Arbeitnehmer und/

oder Arbeitgeber nicht normativ an den Tarifvertrag gebunden sind, dieser in seinem Geltungsbereich durch Bezugnahme im Arbeitsvertrag übernommen werden kann (§ 3 Abs 1 Nr 3 S 3 und 4 und § 9 Nr 2 HS 3 und 4 AÜG). Voraussetzung ist aber, dass der Tarifvertrag wirksam ist; daran fehlt es zB bei den von der CGZP geschlossenen Tarifverträgen, sodass die Leiharbeitnehmer (rückwirkend) Anspruch auf equal-payment haben (vgl aus jüngerer Vergangenheit die CGZP-Beschlüsse BAG 14. 12. 2010 – 1 ABR 19/10, NZA 2011, 289 und BAG 22. 5. 2012 – 1 ABN 27/12, nv).

Ein weiteres Schutzinstrument wurde durch Gesetz vom 28. 4. 2011 (BGBl I 642) mit **152** Wirkung zum 30. 4. 2011 geschaffen. Seither ermächtigt **§ 3a AÜG** das Bundesministerium für Arbeit und Soziales, unter den dort genannten Voraussetzungen durch **Rechtsverordnung** bundesweit geltende tarifliche Mindeststundenentgelte als Lohnuntergrenze für Leiharbeitnehmer festzusetzen. Der Verleiher hat dem Arbeitnehmer diese Mindestentgelte sowohl für Zeiten mit wie ohne Überlassung zu zahlen, § 10 Abs 5 AÜG.

§ 14 AÜG regelt die **betriebsverfassungsrechtliche Zuordnung**: Leiharbeitnehmer **153** bleiben Angehörige des Verleiherbetriebs (Abs 1); sie sind bei der Wahl des Betriebsrats im Entleiherbetrieb nicht wählbar (Abs 2 S 1). Sie sind dort aber zum Betriebsrat wahlberechtigt, wenn sie länger als drei Monate im Betrieb eingesetzt werden (§ 7 S 2 BetrVG). Trotz dieses aktiven Wahlrechts zählten sie nach traditioneller Auffassung nicht zu den Arbeitnehmern gem § 9 BetrVG (so noch BAG 16. 4. 2003 – 7 ABR 53/02, AP Nr 1 zu § 9 BetrVG). Das beruhte auf der Zwei-Komponentenlehre, nach der für eine Betriebszugehörigkeit iSv § 5 Abs 1 BetrVG ein (wirksames oder fehlerhaftes) Arbeitsverhältnis zum Betriebsinhaber und eine tatsächliche Eingliederung in die Betriebsorganisation verlangt wurde (BAG 10. 3. 2004 – 7 ABR 49/03, NZA 2004, 1340 [1341]). Nach Aufgabe der Zwei-Komponentenlehre beim drittbezogenen Personaleinsatz durch das BAG zählen nun aber in der Regel im Entleiherbetrieb beschäftigte Leiharbeitnehmer bei den Schwellenwerten gem § 9 BetrVG mit (BAG 13. 3. 2013 – 7 ABR 69/11, NZA 2013, 789). Das BAG geht davon aus, dass nicht der formale Bestand eines Arbeitsverhältnisses maßgeblich sei, sondern der Sinn und Zweck der betriebsverfassungsrechtlichen Norm herangezogen werden müsse. Entgegen seiner früheren Rechtsprechung sieht das BAG zutreffenderweise auch durch die regelmäßig beschäftigten Leiharbeitnehmer die Betriebsratstätigkeit erheblich beeinflusst. Da es Sinn und Zweck des § 9 BetrVG ist, die Zahl der Betriebsratsmitglieder in ein angemessenes Verhältnis zur Belegschaftsgröße zu stellen, sind diese mitzuzählen (BAG 13. 3. 2013 – 7 ABR 69/11, NZA 2013, 789 [792]). Zuvor hat das BAG bereits bei den Schwellenwerten des § 111 BetrVG entschieden, dass Leiharbeitnehmer unter die „in der Regel Beschäftigten" fallen können (BAG 18. 10. 2011 – 1 AZR 335/10, NZA 2012, 221). Denn § 111 BetrVG soll nur kleinere Unternehmen vor den finanziellen Überforderungen durch Sozialpläne schützen, für die Bestimmung der wirtschaftlichen Leistungsfähigkeit ist es aber gleichgültig, ob die Arbeitsplätze durch eigene Arbeitnehmer oder Leiharbeitnehmer besetzt sind. In der Regel beschäftigt ist ein Leiharbeitnehmer nach der Rechtsprechung, wenn er länger als sechs Monate beim Entleiher beschäftigt ist (BAG 18. 10. 2011 – 1 AZR 335/10, NZA 2012, 221 [222]). Mit ähnlicher Begründung hat das BAG diese zuletzt auch bei der Bestimmung der Betriebsgröße im Rahmen des § 23 KSchG mitgezählt, soweit mit ihnen ein regelmäßiger Beschäftigungsbedarf abgedeckt wird (BAG 24. 1. 2013 – 2 AZR 140/12, NZA 2013, 726).

154 Vor der Übernahme eines Leiharbeitnehmers zur Arbeitsleistung ist der Betriebsrat des Entleiherbetriebs nach § **99 BetrVG** zu beteiligen (§ 14 Abs 3 AÜG); wegen eines Verstoßes gegen den equal-treatment-Grundsatz des § 9 Nr 2 AÜG (Rn 151) kann er seine Zustimmung aber nicht verweigern, da dies nicht zu einem Beschäftigungsverbot führt (ebenso BAG 21. 7. 2009 – 1 ABR 35/08, NZA 2009, 1156 [1158]; so auch schon [für die nicht gewerbsmäßige Arbeitnehmerüberlassung BAG 25. 1. 2005 – 1 ABR 61/03, AP Nr 48 zu § 99 BetrVG 1972 Einstellung). Mitbestimmungspflichtig ist dabei stets erst der jeweilige konkrete Einsatz im Entleiherbetrieb (BAG 23. 1. 2008 – 1 ABR 74/06, AP Nr 14 zu § 14 AÜG). Nach der zweifelhaften Auffassung des BAG hat der Betriebsrat ein Zustimmungsverweigerungsrecht nach § 99 Abs 2 Nr 1 BetrVG, wenn der Arbeitgeber den Leiharbeitnehmer unbefristet einstellen will (BAG 10. 7. 2013 – 7 ABR 91/11, NZA 2013, 1296 [1297]; aA BAUER/HEIMANN NJW 2013, 3287).

e) Arbeitnehmerüberlassung im bayerisch-pfälzischen Notariat

155 Das fachkundige Personal der Notare im Freistaat Bayern und dem Regierungsbezirk Pfalz des Landes Rheinland-Pfalz ist kraft eines Arbeitsvertrags mit der Notarkasse in München angestellt und wird den Notaren zur Dienstleistung zugewiesen (vgl auch STAUDINGER/RICHARDI¹² Vorbem 462 f zu §§ 611 ff). Deshalb sind in einer Notarstelle neben Angestellten, die unmittelbar von dem Notar angestellt sind (Privatangestellte), Angestellte tätig, die in einem Arbeitsverhältnis zur Notarkasse stehen (Kassenangestellte). Da der Notar die Dienste des ihm jeweils zugewiesenen Angestellten als unmittelbar ihm selbst geschuldet empfängt, steht der Angestellte in einem arbeitsrechtlichen Weisungsverhältnis zum Notar. Es liegt daher ein Leiharbeitsverhältnis vor (ebenso PROMBERGER, Das Arbeitsrecht im bayerisch-pfälzischen Notariat [1970] 46 ff; RICHARDI, in: FS Floretta [1983] 595 [600]).

156 Da die Kassenangestellten nicht nur gelegentlich, sondern nach dem Inhalt ihres Arbeitsverhältnisses ausschließlich bei Notarstellen in Bayern und der Pfalz tätig sind, handelt es sich nicht um ein echtes, sondern um ein unechtes Leiharbeitsverhältnis (ebenso PROMBERGER, Das Arbeitsrecht im bayerisch-pfälzischen Notariat [1970] 48). Das Arbeitnehmerüberlassungsgesetz findet aber keine Anwendung; denn es gilt nur bei gewerbsmäßiger Arbeitnehmerüberlassung, die Notarkasse erfüllt aber nicht die Voraussetzungen, die an den gewerberechtlichen Begriff der Gewerbsmäßigkeit gestellt werden (vgl RICHARDI, in: FS Floretta [1983] 595 [600 f]).

f) Abgrenzung der Leiharbeit von Dienst- und Werkvertrag

157 Von der Leiharbeit zu unterscheiden ist das Tätigwerden als Erfüllungsgehilfe eines Dienstverpflichteten oder Werkunternehmers*. Wenn beispielsweise ein Heizungsmonteur im Betrieb des Werkbestellers seines Arbeitgebers für eine Woche Heizungsanlagen installiert, erfüllt der Monteur allein die Arbeitsverpflichtung gegenüber seinem Arbeitgeber, dem Werkunternehmer, der damit wiederum seiner Verpflichtung aus dem mit dem Besteller geschlossenen Werkvertrag nachkommt. Eine Arbeitnehmerüberlassung an den Besteller liegt hier nicht vor (BAG 30. 1. 1991 – 7 AZR 497/89, NZA 1992, 19 [20]; BAG 6. 8. 2003 – 7 AZR 180/03, BeckRS 2003, 41607; RIEBLE, ZfA 2013, 137 [144 f]); anders verhält es sich, wenn der Arbeitgeber dem Dritten

---

* Aus sprachlichen Gründen wird im Folgenden allein die Abgrenzung zum Werkvertrag dargestellt, die Ausführungen gelten aber entsprechend für die Unterscheidung von Leiharbeit und Tätigwerden als Erfüllungsgehilfe eines Dienstverpflichteten.

geeignete Arbeitskräfte überlässt, die der Dritte nach eigenen betrieblichen Erfordernissen in seinem Betrieb nach seinen Weisungen einsetzen kann (BAG 30. 1. 1991 – 7 AZR 497/89, NZA 1992, 19 [20]). Auch wenn die Abgrenzung in der Theorie eindeutig ist, bereitet sie in der Praxis oftmals erhebliche Schwierigkeiten. Diese sind auch darauf zurückzuführen, dass in beiden Fällen der Unternehmer, in dessen Betrieb die Arbeitnehmer tätig werden, diesen gegenüber zumindest ein faktisches Weisungsrecht besitzt: Beim Werkvertrag kann er gemäß § 645 dem Werkunternehmer und dessen Erfüllungsgehilfen Weisungen erteilen (BAG 18. 1. 2012 – 7 AZR 723/10, NZA-RR 2012, 455 [458]) und bei der Arbeitnehmerüberlassung hat er gegenüber dem Leiharbeitnehmer ein abgeleitetes Weisungsrecht (vgl Rn 149). Wie auch sonst, so gilt auch hier, dass die Bezeichnung durch die Parteien nicht maßgeblich ist, sondern allein der aus der Parteivereinbarung und der tatsächlichen Vertragsdurchführung ableitbare Geschäftsinhalt; widersprechen sich die Vereinbarung und die tatsächliche Handhabung, ist Letztere maßgebend, spiegelt doch erstens diese den wahren Willen der Parteien wider und wird auf diese Weise zweitens eine Aushebelung des zwingenden Arbeitnehmerschutzrechts durch geschickte Vertragsgestaltung verhindert (BAG 30. 1. 1991 – 7 AZR 497/89, NZA 1992, 19 [20]; BAG 22. 6. 1994 – 7 AZR 286/93, NZA 1995, 462 [463]; BAG 15. 4. 2014 – 3 AZR 395/11, juris Rn 21; Maschmann NZA 2013, 1305 [1306]). Das gilt aber nur, wenn die tatsächliche Vertragsdurchführung vom Willen der Vertragsparteien umfasst war (BAG 13. 8. 2008 – 7 AZR 269/07, juris Rn 23; BAG 15. 4. 2014 – 3 AZR 395/11, juris Rn 21).

Die Abgrenzung ist nicht nur sozialversicherungs- (dazu Seewald NZS 2014, 481) und straf- bzw ordnungswidrigkeitenrechtlich (vgl §§ 15, 15a, 16 AÜG) bedeutsam, sondern insbesondere auch zivilrechtlich: Erstens für die **Haftung bei Fehlverhalten** des Arbeitnehmers. Weil die Vertragspflicht des Verleihers gegenüber dem Entleiher mit Auswahl des Arbeitnehmers und Zurverfügungstellung dessen Arbeitskraft an den Entleiher endet, haftet dieser bei Arbeitnehmerüberlassung nur für ein Verschulden bei der Auswahl der verliehenen Arbeitnehmer; hingegen ist der Werkunternehmer für die Herstellung des geschuldeten Werkes gegenüber dem Dritten verantwortlich, sodass die zur Ausführung des Werkvertrags eingesetzten Arbeitnehmer seine Erfüllungsgehilfen sind, für deren Handlungen er nach § 278 vor allem im Rahmen des Gewährleistungsrechts haftet. Relevant ist die Abgrenzung zweitens für die **Arbeitgeberstellung**: Während bei einem Einsatz im Rahmen eines Werkvertrags der Werkunternehmer der Arbeitgeber ist und bleibt, kommt es im Rahmen einer Arbeitnehmerüberlassung mindestens zu einer faktischen Spaltung der Arbeitgeberstellung; vor allem aber wird bei einer ungewollten, „versteckten" Arbeitnehmerüberlassung dem Verleiher meist die erforderliche Erlaubnis fehlen, sodass nach §§ 9 Nr 1, 10 Abs 1 S 1 AÜG nicht mehr er Arbeitgeber ist, sondern ein Arbeitsverhältnis mit dem vermeintlichen Werkbesteller fingiert wird, der damit plötzlich und nolens volens zum Arbeitgeber wird. Drittens schließlich findet auf Fremdpersonal, das auf Basis eines von ihrem Arbeitgeber geschlossenen Werkvertrag in einem Betrieb tätig wird, das **BetrVG** keine Anwendung, wohingegen der Leiharbeitnehmer im Entleiherbetrieb in der neueren Rechtsprechung immer stärker an Bedeutung gewinnt (s Rn 153 f); besonders bedeutsam ist das bei der Frage, ob der Betriebsrat nach § 99 BetrVG beteiligt werden muss (s näher Rieble ZfA 2013, 137 [147 f] mwNw). **158**

Auch wenn es sich bei dem Problem der Unterscheidung von Arbeitnehmerüber- **159** lassung und Werkvertrag in Wahrheit um ein altbekanntes Problem handelt (zutreffend BRAUNEISEN/IBES RdA 2014, 213), hat dieses in letzter Zeit verstärkt (öffentlichkeitswirksam) an **praktischer Bedeutung** gewonnen, versuchen doch zahlreiche Firmen, den Verschärfungen im Arbeitnehmerüberlassungsrecht zu entkommen, indem sie betriebliche Aufgaben per Werkverträgen „outsourcen" um auf diese Weise Fremdpersonal arbeitsrechtlich risikolos einzusetzen (PÖTTERS NZA 2014, 704 [706]; vgl auch RIEBLE ZfA 2013, 137 [139]); dies wiederum hat zu politischen Bemühungen geführt, die sich die Bekämpfung des missbräuchlichen Einsatzes von Werkverträgen auf die Fahnen geschrieben haben, indem Kriterien für eine Abgrenzung vorgegeben werden sollen (BT-Drucks 17/7220 [Die Linke]; BT-Drucks 17/7482 [Bündnis 90/Die Grünen]; BT-Drucks 17/12378 [SPD]; vgl auch BRORS/SCHÜREN NZA 2014, 569 [571 f]; REISERER DB 2013, 2026). Auch wenn eine „Flucht aus dem Arbeitsrecht" in Form von Scheinwerkverträgen mit *rechtlich unzulässigen Methoden* selbstverständlich illegitim und mit den Mitteln des Rechts zu unterbinden ist (BRORS/SCHÜREN NZA 2014, 569 [571]), ist andererseits vor einem voreiligen politischen Aktionismus und einer Verteufelung von Werkverträgen zu warnen. Überdies würde eine „Abschaffung" der Unterscheidung zwischen Werk- und Arbeitnehmerüberlassung dahingehend, dass auch in originär werkvertraglichen Strukturen das AÜG Anwendung findet, ein grundlegendes Datum unserer Wirtschaftsordnung verkennen, die ein – verfassungsrechtlich über Art 2, 12 Abs 1 GG geschütztes – arbeitsteiliges Zusammenwirken mehrerer Unternehmen mit jeweils eigenen Arbeitnehmern voraussetzt (vgl auch BAUER/HEIMANN NJW 2013, 3287 [3288]; GREINER NZA 2013, 697 [698]; TUENGERTHAL/ROTHENHÖFER BB 2013, 53; (RIEBLE ZfA 2013, 137 [141 f]). Ob die Abgrenzungsproblematik wirklich eines gesetzgeberischen Handelns bedarf, oder ob es sich nicht eher um ein reines Vollzugsproblem handelt, das bereits auf dem Boden des geltenden Rechts gelöst werden kann, erscheint mindestens fraglich (vgl RIEBLE ZfA 2013, 137 [141 f]; PÖTTERS NZA 2014, 704 [706]; BAUER/HEIMANN NJW 2013, 3287 [3288]; MASCHMANN NZA 2013, 1305 [1312]).

160 Das **BAG** grenzt Arbeitnehmerüberlassung und Werkvertrag im Grundsatz traditionell wie folgt ab: Arbeitnehmerüberlassung liegt vor, wenn Arbeitskräfte zur Verfügung gestellt werden, die in den Betrieb des Unternehmers (Entleihers) eingegliedert werden und ihre Arbeit allein nach dessen Weisungen und in dessen Interesse ausführen. Mit anderen Worten muss sich der Verleiher also verpflichten, dem Entleiher zur Förderung von dessen Betriebszwecken Arbeitnehmer zur Verfügung zu stellen (BAG 3. 12. 1997 – 7 AZR 764/96, NZA 1998, 876). Ein Werkvertrag ist hingegen anzunehmen, wenn der jeweilige Unternehmer für den anderen tätig wird, indem er die zur Erreichung des geschuldeten Erfolgs notwendigen Handlungen nach eigenen betrieblichen Voraussetzungen organisiert und für die Herstellung des versprochenen Werks verantwortlich ist; entsprechend sind die Arbeitnehmer als Erfüllungsgehilfen des Werkunternehmers tätig (BAG 18. 1. 2012 – 7 AZR 723/10, NZA-RR 2012, 455 [458]; BAG 25. 9. 2013 – 10 AZR 282/12, NZA 2013, 1348 [1350]; BAG 15. 4. 2014 – 3 AZR 395/11, juris Rn 20). Kein unterscheidungskräftiges Kriterium stellt es insoweit dar, dass die Arbeit an den vom Dritten gestellten technischen Geräten erbracht wird, ist dies doch auch beim Werkvertrag denkbar (BAG 18. 1. 2012 – 7 AZR 723/10, NZA-RR 2012, 455 [458]). Maßgebend für die Annahme einer Arbeitnehmerüberlassung ist vielmehr die Eingliederung des Arbeitnehmers in die Arbeitsorganisation des Dritten und die Übertragung des *arbeitsrechtlichen* Weisungsrechts – das das BAG dogmatisch zu Recht klar vom Weisungsrecht des Werkbestellers unterscheidet – auf diesen (BAG 18. 1. 2012 – 7 AZR 723/10, NZA-RR 2012, 455 [458];

BAG 25. 9. 2013 – 10 AZR 282/12, NZA 2013, 1348; BAG 15. 4. 2014 – 3 AZR 395/11, juris Rn 24 f). Dabei genügt allein die Pflicht zur Teilnahme an regelmäßigen Arbeitsbesprechungen nicht, um auf ein arbeitsrechtliches Weisungsrecht schließen zu lassen, weil Weisungen auch im Rahmen von Werkverträgen erteilt werden können (BAG 15. 4. 2014 – 3 AZR 395/11, juris Rn 27).

Der Rechtsprechung ist insoweit zuzustimmen, als insbesondere maßgebend ist, ob **161** dem Inhaber des Einsatzbetriebs ein (abgeleitetes) arbeitsrechtliches **Weisungsrecht** zusteht (ebenso zB Rieble ZfA 2013, 137 [146 ff]; Maschmann NZA 2013, 1305 [1308]; Reiserer DB 2013, 2026 [2028]; Boemke, in: FS vHoyningen-Huene [2014] 43 [45 ff]; Schüren/Hamann AÜG [4. Aufl 2010] § 1 Rn 113). Nur dann, wenn er selbst – ohne vorherige Rücksprache mit dem Vertragsarbeitgeber – jederzeit über die Arbeitskraft des Fremdpersonals verfügen darf, kann eine Arbeitnehmerüberlassung angenommen werden, nicht aber, wenn nach wie vor der Vertragsarbeitgeber den Personaleinsatz steuert. Es ist aber nicht zu übersehen, dass Fallgestaltungen existieren, in denen eine derartige, rein vertragsphänomenologische Abgrenzung kein eindeutiges Ergebnis zu liefern imstande ist. Dann wird nichts anderes übrig bleiben, als eine Abgrenzung anhand teleologischer Gesichtspunkte vorzunehmen, die sich an den Schutzzwecken des AÜG orientiert (näher Greiner NZA 2013, 697 [699]).

In der Praxis steht der Arbeitnehmer, der sich auf das Vorliegen (unzulässiger) **162** Arbeitnehmerüberlassung beruft, regelmäßig vor **Darlegungs- und Beweisschwierigkeiten** (Maschmann NZA 2013, 1305 [1306]). Kennt er – wie in der Regel – die für die Abgrenzung wesentlichen vertraglichen Absprachen zwischen seinem Arbeitgeber und dem Dritten nicht, gilt nach dem BAG eine abgestufte Darlegungs- und Beweislast: Der Arbeitnehmer hat Tatsachen vorzutragen, die den Schluss auf eine Arbeitnehmerüberlassung zulassen. Gelingt ihm dies, hat der Dritte Tatsachen darzulegen, die gegen eine Arbeitnehmerüberlassung sprechen, wobei es genügt, dass er die eine werkvertragliche Vereinbarung begründenden Tatsachen vorträgt. Dann wiederum ist es Sache des Arbeitnehmers vorzubringen, dass trotz entgegen der formalen Vertragsgestaltung in der praktischen Vertragsdurchführung eine Arbeitnehmerüberlassung vorliegt und die für die beteiligten Arbeitgeber handelnden Personen hiervon Kenntnis hatten (BAG 13. 8. 2008 – 7 AZR 269/07, juris Rn 24; BAG 15. 4. 2014 – 3 AZR 395/11, juris Rn 22).

3. Beschäftigung im Dienst eines Arbeitnehmers (mittelbares Arbeitsverhältnis)

Nach § 613 S 1 hat der zur Dienstleistung Verpflichtete die Dienste im Zweifel in **163** Person zu leisten (s § 613 Rn 6 ff). Für ein Arbeitsverhältnis ist allerdings konstitutiv, dass jemand mit seiner Arbeitskraft dem Empfänger der Dienstleistung zur Verfügung steht. Dennoch gilt, soweit es um die Erbringung der einzelnen Dienstleistungen geht, § 613 S 1 auch für das Arbeitsverhältnis. Möglich ist daher, dass der Arbeitnehmer bei entsprechender Vertragsgestaltung einen Dritten in die Erfüllung seiner Arbeitspflicht einbeziehen kann.

Verschiedene Fallgestaltungen kommen in Betracht und sind **voneinander zu unter- 164 scheiden**: Wenn zwischen dem Arbeitgeber und dem Gehilfen ein Arbeitsvertrag besteht, handelt es sich lediglich um eine vom Arbeitgeber getroffene Gestaltung der Arbeitsorganisation, die dem Arbeitnehmer gestattet, einen Arbeitskollegen als Gehilfen in die Erfüllung seiner Arbeitspflicht einzubeziehen. Nur einen Unterfall stellt es dar, wenn der Arbeitgeber dem Arbeitnehmer das Recht einräumt, einen Dritten als Gehilfen auszuwählen, und wenn er ihn zu diesem Zweck bevollmächtigt, in seinem Namen den Arbeitsvertrag mit dem Dritten abzuschließen; es besteht lediglich ein Arbeitsverhältnis mit dem Arbeitgeber, nicht mit dem Arbeitnehmer, tritt dieser doch lediglich als Bevollmächtigter auf (§ 164 Abs 1, 3).

165 Möglich ist auch, dass der **Arbeitnehmer (Mittelsperson) im eigenen Namen mit einem Dritten** einen **Vertrag abschließt**, um durch dessen Hilfe die versprochenen Dienste zu leisten. Soll der Dritte lediglich einen bestimmten Arbeitserfolg herbeiführen, so handelt es sich um einen Werkvertrag; hat er dagegen nach dem Inhalt seines Leistungsversprechens eine zeitbestimmte Leistung zu erbringen, so liegt ein Dienstvertrag vor. Besteht mit dem Gehilfen ein Dienstvertrag, durch den ein Dauerschuldverhältnis begründet wird, so ist er Arbeitnehmer der Mittelsperson, die somit zugleich Arbeitgeber wie Arbeitnehmer ist. Zugleich liegt nach Ansicht des BAG ein **mittelbares Arbeitsverhältnis** vor, „wenn jemand von einem Mittelsmann (Zwischenmeister), der seinerseits selbst Arbeitnehmer eines Dritten ist, beschäftigt wird, wobei jedoch die Arbeit mit Wissen des Dritten für diesen geleistet wird" (BAG 9. 4. 1957 – 3 AZR 435/54, BAGE 4, 93 [98]; vgl auch BAG 8. 8. 1958 – 4 AZR 173/55, BAGE 6, 232 [241]; BAG 12. 12. 2001 – 5 AZR 253/00, AP Nr 111 zu § 611 BGB Abhängigkeit; BAG 20. 1. 2010 – 5 AZR 99/09, AP Nr 119 zu § 611 BGB Abhängigkeit; LAG Hamburg 27. 2. 2008 – 5 Sa 65/07; LAG Rheinland-Pfalz 12. 1. 2012 – 8 Sa 491/11, juris Rn 35; DÄUBLER KJ 2013, 133 [140]). Derartige mittelbare Arbeitsverhältnisse waren in der Zeit vor dem Zweiten Weltkrieg in der Land- und Forstwirtschaft verbreitet (zB Hofgängerverhältnis); sie spielen dort heute aber keine Rolle mehr (vgl MÜLLNER, Aufgespaltene Arbeitgeberstellung und Betriebsverfassungsrecht [1978] 27 f). Praktische Bedeutung hat die Problematik auch heute noch bei der **Einstellung von Hilfspersonal durch einen Krankenhausarzt in leitender Stellung** (vgl BAG 18. 4. 1989 – 1 ABR 97/87, AP Nr 65 zu § 99 BetrVG 1972 [Dialysezentrum]) und bei **Musikkapellen** (vgl BAG 9. 4. 1957 – 3 AZR 435/54 und BAG 8. 8. 1958 – 4 AZR 173/55, AP Nr 2 und 3 zu § 611 BGB Mittelbares Arbeitsverhältnis; BAG 26. 11. 1975 – 5 AZR 337/74, AP Nr 19 zu § 611 BGB Abhängigkeit; BAG 22. 7. 1982 – 2 AZR 57/81, nv; HEINZE NJW 1985, 2112 [2119 f]). Nicht möglich ist ein mittelbares Arbeitsverhältnis, wenn die Mittelsperson eine juristische Person ist, kann doch eine solche selbst nicht Arbeitnehmer sein (BAG 24. 6. 2004 – 2 AZR 215/03, AP Nr 278 zu § 613a BGB; s auch Rn 124).

166 Die gewählte Terminologie des „mittelbaren Arbeitsverhältnisses" darf nicht zu dem Fehlschluss verleiten, der Arbeitnehmer der Mittelsperson stehe in zwei vollgültigen Arbeitsverhältnissen (einem unmittelbaren zur Mittelsperson und einem mittelbaren zum Arbeitgeber der Mittelsperson). Denn damit würde übersehen, dass Arbeitsverhältnisse nach allgemeinen Grundsätzen nicht durch die bloße faktische Einordnung in den Betrieb, sondern durch einen *Vertrag* begründet werden. Deshalb steht der Arbeitnehmer auch in solchen Konstellationen im Grundsatz **nur in einem Arbeitsverhältnis zur Mittelsperson**. Es ist aber nicht zu verkennen, dass derartige Gestaltungen problematisch sein können, insbesondere weil der Mittelsperson, die selbst nur Arbeitnehmer ist, regelmäßig die materiellen Grundlagen fehlen, um das Arbeitgeberrisiko tragen zu können (BAG 9. 5. 1957 – 3 AZR 435/54, BAGE 4, 93 [98]). Deshalb ist zunächst zu prüfen, ob die von den Beteiligten gewählte Konstruktion nicht einen **Missbrauch der Rechtsform** des mittelbaren Arbeitsverhältnisses und eine Umgehung von Gesetzen und Tarifverträgen mit der Folge darstellt, dass ein **unmittelbares Arbeitsverhältnis zum Arbeitgeber der Mittelsperson** anzunehmen ist. Das kann zum Beispiel anzunehmen sein, wenn ein Arbeitgeber die für Reinigungsarbeiten erforderlichen Arbeitskräfte nicht selbst einstellt, sondern seinen Hausmeister anweist, im eigenen Namen auf fremde Rechnung und nach bestimmten Richtlinien Arbeitsverträge mit Reinemachefrauen zu schließen (BAG 20. 7. 1982 – 3 AZR 446/80, AP Nr 5 zu § 611 BGB Mittelbares Arbeitsverhältnis). Aber auch wenn keine derartige missbräuchliche Gestaltung vorliegt, ist das Bestehen bestimmter arbeitsrechtlicher Beziehungen möglich. Wird die **Mittelsperson** lediglich **wie bei einem Dienstverschaffungsvertrag** tätig, handelt es sich der Sache nach um eine Arbeitsvermittlung, die die Mittelsperson für ihren Arbeitgeber durchführt (s auch Vorbem 71 ff zu §§ 611 ff). Deshalb ist es hier sachgerecht, gewisse arbeitsrechtliche Beziehungen zwischen dem Arbeitgeber und dem Arbeitnehmer der Mittelsperson anzunehmen (das ändert aber nichts daran, dass sowohl der Arbeitgeber wie der Arbeitnehmer der Mittelsperson nur jeweils in einem Arbeitsverhältnis stehen). Das ist namentlich mit Blick auf Schutz- und Rücksichtsnahmepflichten des Arbeitgebers der Fall, da anderenfalls der zwingende Sozialschutz des Arbeitsrechts umgangen werden könnte. Unter welchen Voraussetzungen er zudem für die Erfüllung der Ansprüche des Arbeitnehmers gegen die Mittelsperson einstehen muss, ist strittig; richtigerweise genügt es nicht, dass sich die Vergütungsansprüche nicht gegen die Mittelsperson durchsetzen lassen (so aber BAG 9. 4. 1957 – 3 AZR 435/54, BAGE 4, 93 [98]; BAG 21. 9. 1990 – 5 AZR 162/89, AP Nr 57 zu § 611 BGB Abhängigkeit), erforderlich ist vielmehr ein besonderer Verpflichtungsgrund wie zB § 328 oder eine Einstehenszusicherung (ebenso BAG 8. 8. 1958 – 4 AZR 173/55, AP Nr 3 zu § 611 BGB Mittelbares Arbeitsverhältnis; MünchKomm/Müller-Glöge § 611 Rn 1282). Da das Arbeitsverhältnis nur zwischen der Mittelsperson und seinem Arbeitnehmer besteht, ist eine Kündigung nur von bzw ggü der Mittelsperson auszusprechen (BAG 9. 4. 1957 – 3 AZR 435/54, BAGE 4, 93 [98]). Die Kündigung des zwischen dem mittelbaren Arbeitgeber und der Mittelsperson bestehenden Arbeitsverhältnisses führt nicht automatisch auch zur Beendigung des Arbeitsverhältnisses zwischen Mittelsperson und Arbeitnehmer; da das KSchG in letzterem Verhältnis typischerweise nicht anwendbar ist, kann die Mittelsperson aber seinerseits ihrem Arbeitnehmer kündigen.

Wenn ein Arbeitnehmer nicht in ein Weisungsverhältnis zum Arbeitgeber seines **167** Arbeitgebers tritt, die Mittelsperson also eigenverantwortlich darüber entscheidet, ob und wie sie ihre Dienste durch den Einsatz eines oder mehrerer Arbeitnehmer erfüllt, bestehen grundsätzlich keine arbeitsrechtlichen Beziehungen zu dem Arbeitgeber, dem die Dienstleistungen erbracht werden (vgl BAG 20. 1. 2010 – 5 AZR 99/09, AP Nr 119 zu § 611 BGB Abhängigkeit). Es genügt hier nicht, dass dem Arbeitgeber bekannt ist, dass sein Arbeitnehmer die Arbeit nur unter Heranziehung anderer Personen leisten kann. Das ist vor allem bei einer Musikkapelle zu beachten (vgl BAG 8. 8. 1958 – 4 AZR 173/55, BAGE 6, 232 [241 ff]). Weigert sich ein Sender, die Musiker selbst einzustellen, sondern schaltet er eine Orchestergesellschaft ein, die ihrerseits Arbeitsverträge mit den Musikern abschließt, so ist bei einer derartigen Vertragsgestaltung nicht der Sender, sondern nur die Orchestergesellschaft Arbeitgeber der Orchestermitglieder (vgl BAG 26. 11. 1975 – 5 AZR 337/74, AP Nr 19 zu § 611 BGB Abhängigkeit). Grundsätzlich kann nichts anderes gelten, wenn eine natürliche Person zwischengeschaltet wird, die wegen der Besonderheit der Vertragsgestaltung als Arbeitnehmer anzusehen ist.

4. Gruppenarbeitsverhältnis*

a) Gruppentypen

168 Bei einer Tätigkeit im Betrieb ist die Zusammenarbeit mit anderen Arbeitnehmern der normale Tatbestand des Arbeitsverhältnisses. Von der dadurch entstehenden Gruppenbeziehung ist das Gruppenarbeitsverhältnis zu unterscheiden. Gruppenarbeit, die einen Sonderfall darstellt, liegt nur vor, wenn nach dem Inhalt des Leistungsversprechens die Arbeit gerade *als Gruppenleistung* zu erbringen ist (vgl RÜTHERS ZfA 1977, 1 [6]). Wird die Gruppe wie im Regelfall vom Arbeitgeber gebildet, so bezeichnet man diese Form der Gruppenarbeit als **Betriebsgruppe**; schließen die Arbeitnehmer sich aus eigener Initiative zusammen, um ihre Arbeitsleistung als Gruppe anzubieten, so handelt es sich um eine sog **Eigengruppe** (vgl zur Abgrenzung BAG 23. 2. 1961 – 5 AZR 110/60, AP Nr 2 zu § 611 BGB Akkordkolonne).

169 Eine Legaldefinition der Gruppenarbeit enthält § 87 Abs 1 Nr 13 BetrVG für die Mitbestimmung des Betriebsrats bei Grundsätzen über die Durchführung von Gruppenarbeit. Nach ihr liegt Gruppenarbeit iS dieser Vorschrift vor, „wenn im Rahmen des betrieblichen Arbeitsablaufs eine Gruppe von Arbeitnehmern eine ihr übertragene Gesamtaufgabe im Wesentlichen eigenverantwortlich erledigt". Die Begründung des RegE zu § 87 Abs 1 Nr 13 BetrVG spricht von „teilautonomer Gruppenarbeit" (BT-Drucks 14/5741, 47 f). Gruppenarbeit iS des Mitbestimmungstatbestands kann sowohl bei einer Betriebsgruppe als auch bei einer Eigengruppe vorliegen.

b) Betriebsgruppe

170 Bei der Betriebsgruppe wird die **Gruppe durch den Arbeitgeber gebildet**. Jeder Arbeitnehmer hat einzeln und unabhängig von den anderen einen Arbeitsvertrag mit dem Arbeitgeber abgeschlossen; er steht daher in einem unmittelbaren Arbeitsverhältnis zum Arbeitgeber (ebenso BAG 23. 2. 1961 – 5 AZR 110/60, AP Nr 2 zu § 611 BGB Akkordkolonne; LAG Sachsen-Anhalt 26. 2. 2004 – 6 Sa 474/03, juris Rn 30). Eine derartige Betriebsgruppe ist aber nicht schon anzunehmen, wenn mehrere Arbeitnehmer zu einem Team zusammengefasst werden (bloße Arbeitsgruppe). Zwar ist der typische Fall für die Bildung einer Betriebsgruppe die Vereinbarung eines Gruppenakkords (zB bei einer Putzkolonne, BAG 23. 2. 1961 – 5 AZR 110/60, AP Nr 2 zu § 611 BGB Akkordkolonne; bei einer Fliesenleger-Akkordgruppe BAG 24. 4. 1974 – 5 AZR 480/73, BAGE 26, 130 [136]), für das Problem der Gruppenarbeit ist aber nicht wesentlich, dass das Arbeitsentgelt gruppenbezogen erbracht wird. Die Lohnform des Gruppenakkords (vgl zum Akkord Rn 1414 ff) enthält lediglich die Vermutung für das Vorliegen einer Betriebsgruppe (so zutreffend RÜTHERS ZfA 1977, 1 [5 f]). Entscheidend ist vielmehr, dass die Arbeitsleistung als *Gesamtleistung einer Gruppe* zu erbringen ist.

171 Die Betriebsgruppe kann dadurch entstehen, dass der Arbeitgeber den Arbeitnehmer schon beim Abschluss des Arbeitsvertrags zur Beschäftigung in Gruppenarbeit einstellt, sich der Arbeitnehmer also durch den Vertragsschluss damit einverstanden erklärt; es ist aber auch möglich, dass der Arbeitgeber Arbeitnehmer, die bisher ihre Arbeit als Einzelleistung zu erbringen hatten, zu einer Betriebsgruppe zusammen-

---

* **Schrifttum**: ELERT, Gruppenarbeit (2001); RÜTHERS, Probleme der Organisation, des Weisungsrechts und der Haftung bei Gruppenarbeit, ZfA 1977, 1.

fasst. Der Arbeitgeber kann den Wechsel jedoch **nicht kraft** seines **Weisungsrechts** einseitig anordnen; es bedarf vielmehr einer Vertragsänderung, weil eine inhaltlich verschiedene Leistungspflicht des Arbeitnehmers festgelegt wird (wie hier ErfK/Preis § 611 Rn 168; **aA** Schaub/Koch § 182 Rn 2). Bei einer bloßen Arbeitsgruppe erfüllt der Arbeitnehmer durch seine Arbeitsleistung zwar ebenfalls lediglich eine Teilaufgabe; es handelt sich dabei aber vertragsrechtlich um eine Einzelleistung, die isoliert zu beurteilen ist. Davon muss man deshalb den Fall unterscheiden, dass der Arbeitnehmer nicht nur gehalten ist, die jeweils auf ihn entfallende Teilaufgabe sachgerecht zu erfüllen, sondern seinerseits dazu beitragen muss, dass Mängel, die das Gruppenergebnis gefährden, beseitigt und Gefahren abgewendet werden (vgl BAG 24. 4. 1974 – 5 AZR 480/73, BAGE 26, 130 [136]; Rüthers ZfA 1977, 1 [7]).

Bei einer Betriebsgruppe gehört zum **Inhalt des Leistungsversprechens**, dass die **Arbeitsleistung als Gruppenleistung zu erbringen ist**. Dieser Fall der Gruppenarbeit liegt regelmäßig vor, wenn der Arbeitgeber die Arbeitsaufgabe einer Gruppe, zB einer Fliesenleger-Akkordgruppe gemeinschaftlich überträgt, sodass es der Gruppe selbst überlassen bleibt, die Arbeitsgänge und Arbeitsabschnitte unter die einzelnen Gruppenmitglieder aufzuteilen (vgl BAG 24. 4. 1974 – 5 AZR 480/73, BAGE 26, 130). Trotz der vertraglichen Verpflichtung des Arbeitnehmers zur gemeinsamen Gesamtleistung steht **jeder Arbeitnehmer in einem eigenen unmittelbaren Arbeitsverhältnis zum Arbeitgeber** (ebenso BAG 23. 2. 1961 – 5 AZR 110/60, AP Nr 2 zu § 611 BGB Akkordkolonne). Bei einer vertragswidrigen Schlechtleistung der Gruppe kann deshalb der Arbeitgeber jeden Arbeitnehmer aus dem Arbeitsverhältnis in Anspruch nehmen. Dabei ist allerdings zu beachten, dass der Arbeitnehmer zwar nicht nur verpflichtet ist, die auf ihn entfallende Teilaufgabe sachgerecht zu erfüllen, sondern auch in den Grenzen des ihm Zumutbaren alles tun muss, um eine etwaige Schlechtleistung des Nebenmanns durch Hinweise an diesen, ggf auch durch Anzeige an den Vorarbeiter oder Arbeitgeber zu verhindern (ebenso BAG 24. 4. 1974 – 5 AZR 480/73, BAGE 26, 130 [136]); der Schadensersatzanspruch ist aber nur gegeben, wenn der Arbeitnehmer insoweit selbst seine Vertragspflicht schuldhaft verletzt hat, eine Zurechnung des Verhaltens der anderen Gruppenmitglieder über § 278 kommt nicht in Betracht. Dabei haftet jedes Mitglied in der Regel nur **anteilig**, nicht aber gesamtschuldnerisch (LAG Sachsen-Anhalt 26. 2. 2004 – 6 Sa 474/03, juris Rn 30; LAG Bremen 12. 11. 1969 – 1 Sa 61/09, DB 1970, 1969; Rüthers ZfA 1977, 1 [25 ff]; ErfK/Preis § 611 Rn 166). Nach Auffassung des BAG (24. 4. 1974 – 5 AZR 110/60) gilt für die **Beweislast**: Zunächst müsse der Arbeitgeber nachweisen, dass ihm durch die vertragswidrige Schlechtleistung ein Schaden entstand. Wenn ihm das gelungen ist, sei es aber analog § 282 aF Sache des einzelnen Arbeitnehmers, sich dadurch zu entlasten, dass er nachweist, selbst beanstandungsfrei gearbeitet und auch nicht durch die Verletzung vertraglicher Nebenpflichten den Schaden mitverursacht zu haben; auch hinsichtlich des Verschuldens treffe nicht den Arbeitgeber, sondern den Arbeitnehmer die Beweislast. Diese Rechtsprechung war schon nach der bis zur Schuldrechtsreform geltenden Rechtslage nicht überzeugend, führte § 282 aF doch nur zu einem vermuteten Verschulden, nicht aber zu einer vermuteten Verursachung (vgl Rüthers ZfA 1977, 1 [18 ff]); eine Umkehr der Beweislast hinsichtlich der Kausalität lässt sich nur rechtfertigen, wenn die Mitglieder der Betriebsgruppe vertraglich ausdrücklich und eindeutig die gemeinsame Verantwortung übernommen haben (Häuser, in: FS Beuthien [2009] 411 [420] mwNw zu abweichenden Ansätzen). Seit Einführung des § 619a ist die skizzierte Rechtsprechung zudem zumindest hinsichtlich des Verschuldensaspekts mit dem geltenden Recht nicht mehr

172

vereinbar (ebenso HÄUSER, in: FS Beuthien [2009] 411 [422 f]; LAG Sachsen-Anhalt 26. 2. 2004 – 6 Sa 474/03, juris Rn 31 f). Eine Abbedingung des § 619a ist nur einzelvertraglich möglich, nicht aber in AGB, § 309 Nr 12.

173 **Schuldner des Arbeitsentgelts** ist der **Arbeitgeber**. Jeder Arbeitnehmer, der zur Betriebsgruppe gehört, hat unmittelbar gegen ihn den Anspruch auf Zahlung des Arbeitsentgelts (ebenso BAG 23. 2. 1961 – 5 AZR 100/60, AP Nr 2 zu § 611 BGB Akkordkolonne; RÜTHERS ZfA 1977, 1 [16]). Erfolgt die Zahlung durch den Kolonnenführer, so handelt dieser für den Arbeitgeber; die Zahlung an ihn befreit den Arbeitgeber nur dann von der Verbindlichkeit, wenn der Kolonnenführer von den einzelnen Gruppenmitgliedern ermächtigt war, die Zahlungen im Namen der Gruppenmitglieder entgegenzunehmen. Wenn das der Fall ist, bilden die Gruppenmitglieder für das Arbeitsentgelt eine Gesellschaft des bürgerlichen Rechts. Der Gesamtlohn wird in diesem Fall Eigentum zur gesamten Hand und ist unter den Gruppenmitgliedern nach gesellschaftsrechtlichen Grundsätzen zu verteilen (ebenso bereits STAUDINGER/NIPPERDEY/MOHNEN[11] Vorbem 272 zu §§ 611 ff; RÜTHERS ZfA 1977, 1 [17]). Hängt die Entlohnung nicht nur von der Einzelleistung jedes Mitglieds, sondern vom Gruppenergebnis ab, hat der Arbeitgeber eine Fürsorgepflicht hinsichtlich der Zusammensetzung der Gruppe; er muss bei der Auswahl der Gruppenmitglieder, vor allem bei der Besetzung vakant gewordener Stellen, auf eine entsprechende Qualifikation achten; verletzt er diese Pflicht, indem er der Gruppe low performer zuweist, und erleiden die Gruppenmitglieder dadurch einen Schaden, kommt ein Schadensersatzanspruch nach § 280 Abs 1 in Betracht (KÜTTNER/KREITNER, Personalbuch 2015 Stichwort „Gruppenarbeitsverhältnis" Rn 4, 12).

174 Da die Arbeitsverträge mit den einzelnen Arbeitnehmern voneinander abhängig sind, können sie nur von bzw ggü der ganzen Gruppe **gekündigt** werden; etwas anderes ist nur anzunehmen, wenn entweder eine anderslautende Vertragsabrede getroffen wurde oder durch das Ausscheiden eines Arbeitnehmers die gemeinschaftlich zu erbringende Arbeitsleistung weder unmöglich noch wesentlich beeinträchtigt wird (BAG 21. 10. 1971 – 2 AZR 17/71, AP Nr 1 zu § 611 BGB Gruppenarbeitsverhältnis).

175 Die Mitglieder einer Betriebsgruppe sind Arbeitnehmer des Betriebs, in dem sie eingeordnet sind; sie gehören deshalb betriebsverfassungsrechtlich zur Belegschaft dieses Betriebs (vgl RICHARDI, in: RICHARDI, BetrVG § 5 Rn 105).

c) **Eigengruppe**
176 Bei der Eigengruppe haben sich die Arbeitnehmer aus eigener Initiative zusammengeschlossen, um ihre **Leistung als Gruppe dem Arbeitgeber anzubieten**. Die Eigengruppe ist daher in der Regel eine **BGB-Gesellschaft**, sie kann aber auch die Rechtsform einer juristischen Person haben (vgl HUECK/NIPPERDEY I 794; NIKISCH I 229; RÜTHERS ZfA 1977, 1 [34]). Hierher gehören – wie in der Praxis nicht selten – **Musikkapellen** (vgl HEINZE NJW 1985, 2112 [2118 f]).

177 **aa)** Wird der **Arbeitsvertrag mit den einzelnen Gruppenmitgliedern** abgeschlossen, so stehen diese in einem unmittelbaren Arbeitsverhältnis zum Arbeitgeber. Die Rechtslage ist hier wie bei einer Zusammenfassung zu einer Betriebsgruppe durch den Arbeitgeber (vgl RÜTHERS ZfA 1977, 1 [40 f]). Möglich ist, dass die Gruppe den Arbeitsvertrag im Namen der einzelnen Gruppenmitglieder abschließt. Da sie nur

als Vertreter tätig wird, kommen einzelne Arbeitsverträge zwischen dem Arbeitgeber und den Mitgliedern zustande. Für die Kündigung von respektive ggü der Gruppe gilt das zur Betriebsgruppe Gesagte entsprechend (vgl auch BAG 9. 2. 1960 – 2 AZR 585/57, AP Nr 39 zu § 626 BGB). Bei Leistungsstörungen kommt eine gesamtschuldnerische Haftung in Betracht, wenn sich die Gruppenmitglieder gemeinschaftlich zum Vertragsschluss entschlossen haben (BAG 30. 5. 1972 – 1 AZR 427/71, AP Nr 50 zu § 4 TVG Ausschlussfristen) oder die Verpflichtung übernommen haben, für die Erfüllung einzustehen (MünchKomm/MÜLLER-GLÖGE § 611 Rn 1283).

bb) Davon ist zu unterscheiden, dass die **Gruppe als alleiniger Vertragspartner** 178 auftritt. In diesem Fall muss das Verhältnis zwischen dem Unternehmer und der Gruppe und das Verhältnis zwischen der Gruppe und ihren Mitgliedern voneinander unterschieden werden.

Das Verhältnis zwischen der Gruppe und ihren Mitgliedern ist **kein Arbeitsverhält-** 179 **nis**. Die Arbeitspflicht, die gegenüber der Gruppe besteht, damit diese den Vertrag mit dem Unternehmer erfüllen kann, beruht nicht auf einem Arbeitsvertrag; es handelt sich vielmehr bei einer BGB-Gesellschaft oder einer GmbH um eine Pflicht als Gesellschafter aus dem Gesellschaftsvertrag (ebenso HWK/THÜSING Vorbem 124 vor § 611).

Wenn die Eigengruppe im Vertrag mit dem Unternehmer einen bestimmten Ar- 180 beitserfolg versprochen hat, besteht zwischen ihr und dem Unternehmer ein Werkvertrag; die Gruppe ist in diesem Fall Werkunternehmer, der Unternehmer Besteller iS der §§ 631 ff, also nicht Arbeitgeber im arbeitsrechtlichen Sinn. Sollen die Gruppenmitglieder dagegen lediglich Dienstleistungen erbringen, wird also kein bestimmter Arbeitserfolg versprochen, so liegt in der Regel ein sog **Dienstverschaffungsvertrag** (dazu Vorbem 71 ff zu §§ 611 ff) vor, in dem die Gruppe die Arbeitsleistung ihrer Mitglieder verspricht. Auch wenn die Gruppe eine Gesellschaft des bürgerlichen Rechts ist, muss man beachten, dass die Gesellschaft als Gesamthand auftritt. Unter Zugrundelegung der neuen Rechtsprechung des BGH zur Rechtsfähigkeit der GbR wird diese selbst Vertragspartnerin (s BGH 29. 1. 2001 – II ZR 331/00, NJW 2001, 1056).

Im Schrifttum wird die Auffassung vertreten, dass bei einem Dienstverschaffungs- 181 vertrag mit der Gruppe die einzelnen Gruppenmitglieder gleichwohl als echte Arbeitnehmer anzusehen seien, weil sie aufgrund Vertrags dem Unternehmer abhängige Arbeit zu leisten hätten (so A HUECK, in: HUECK/NIPPERDEY I 795; ebenso STAUDINGER/NIPPERDEY/MOHNEN[11] Vorbem 275 zu §§ 611 ff). Da man aber die Besonderheit der Vertragsgestaltung nicht ignorieren kann, ist entscheidend, ob der Unternehmer ein Direktionsrecht gegenüber den Gruppenmitgliedern erhält, es sich also um eine Arbeitnehmerüberlassung handelt. Wenn das der Fall ist, entspricht die Rechtslage der eines Leiharbeitsverhältnisses (s Rn 141 ff). Wenn jedoch die Gruppe eigenverantwortlich bestimmt, ob und wie die versprochenen Dienste zu erbringen sind, besteht kein unmittelbares Arbeitsverhältnis mit dem Unternehmer. Die Gruppenmitglieder sind deshalb auch nicht als dessen Arbeitnehmer anzusehen (s zur Musikkapelle auch Rn 165, 167, 176).

d) Gehilfenverhältnis

182 Einen Sonderfall des Gruppenarbeitsverhältnisses bildet das Gehilfenverhältnis: Der Arbeitnehmer bedient sich zur Erfüllung der Arbeitsleistung eines Gehilfen. Da er die Dienste im Zweifel in Person zu leisten hat (§ 613 S 1), ist Voraussetzung, dass die Hinzuziehung von Hilfskräften ausdrücklich oder stillschweigend nach den Umständen, insbesondere im Hinblick auf den Umfang der übernommenen Arbeit, vereinbart ist. Wenn der Arbeitnehmer den Gehilfen im Namen des Arbeitgebers einstellt und damit als dessen Vertreter handelt, entsteht ein Arbeitsvertrag zwischen dem Arbeitgeber und dem Gehilfen (§ 164 Abs 1, 3). Dementsprechend haftet der Arbeitnehmer nicht für ein Fehlverhalten des Gehilfen nach § 278. Eine Haftung kommt nur in Betracht, wenn der Arbeitnehmer selbst bei der Auswahl, Anweisung oder Beaufsichtigung des Gehilfen Pflichten gegenüber seinem Arbeitgeber verletzt hat.

183 Dass der Arbeitnehmer im Einverständnis mit dem Arbeitgeber einen Gehilfen beschäftigt, genügt nicht für die Annahme einer Vertretungsmacht, den Gehilfen im Namen des Arbeitgebers einzustellen. Deshalb kann hier lediglich in Betracht kommen, dass der Arbeitnehmer selbst einen Arbeitsvertrag mit dem Gehilfen abgeschlossen hat. Wenn der Arbeitnehmer nur wie bei einem Dienstverschaffungsvertrag tätig wird, entsteht aber ein mittelbares Arbeitsverhältnis zum Arbeitgeber (zum Dienstverschaffungsvertrag s Vorbem 71 ff zu §§ 611 ff).

184 Die Anerkennung einer arbeitsrechtlichen Drittbeziehung setzt jedoch voraus, dass der Vertragspartner des Gehilfen seinerseits in einem Arbeitsverhältnis steht. Der Arbeitnehmereigenschaft steht entgegen, dass er bei Erbringung der Dienstleistung auf Hilfskräfte angewiesen und deshalb vertraglich berechtigt ist, seine Leistungen durch Dritte erbringen zu lassen (vgl BAG 12. 12. 2001 – 5 AZR 253/00, AP Nr 111 zu § 611 BGB Abhängigkeit).

e) Arbeitnehmer eines Gesamthafenbetriebs

185 Einen Sonderfall der Gruppenarbeit bilden Arbeitnehmer eines Gesamthafenbetriebs. Nach § 1 des Gesetzes über die Schaffung eines besonderen Arbeitgebers für Hafenarbeiter (Gesamthafenbetrieb) vom 3. 8. 1950 (BGBl 352) kann durch Vereinbarung zwischen Arbeitgeberverbänden bzw einzelnen Arbeitgebern und Gewerkschaften zur Schaffung stetiger Arbeitsverhältnisse in Hafenbetrieben ein besonderer Arbeitgeber, der Gesamthafenbetrieb, gebildet werden. Durch ihn erhalten die Hafenarbeiter, die nicht Stammpersonal der Einzelhafenbetriebe sind, sondern wechselnd in den einzelnen Hafenbetrieben vor allem beim Laden und Löschen von Schiffen eingesetzt werden, ein fortdauerndes Arbeitsverhältnis (vgl BAG 19. 7. 1957 – 1 AZR 161/56 und 25. 11. 1992 – 7 ABR 7/92, AP Nr 1 und 8 zu § 1 GesamthafenbetriebsG). Die Tatsache, dass ein Gesamthafenbetriebsverein als Lohnauszahlungsstelle fungiert, rechtfertigt als solches noch nicht den Schluss darauf, er sei Arbeitgeber (BAG 16. 12. 2009 – 5 AZR 125/09, AP Nr 11 zu § 1 GesamthafenbetriebsG).

186 Der Gesamthafenbetrieb ist eine reine Arbeitnehmerschutzeinrichtung, deren Tätigkeit nicht auf Gewinnerzielung ausgerichtet ist und deren Rechts- und Prozessfähigkeit ungeklärt ist (vgl LAG Mecklenburg-Vorpommern 24. 1. 2012 – 5 Sa 185/11, juris Rn 44). Die Besonderheit liegt darin, dass er oder die mit der Wahrnehmung seiner Aufgaben beauftragte Organgesellschaft **neben** den Hafeneinzelbetrieben Arbeitgeberfunktionen wahrnimmt (vgl im Einzelnen STAUDINGER/RICHARDI[12] Vorbem 530 ff zu §§ 611). Es kommt also zu einer Aufspaltung der Arbeitgeberfunktionen.

5. Beschäftigung auf der Grundlage eines Gestellungsvertrags

a) Begriff und Anwendungsbereich des Gestellungsvertrags

Gestellungsverträge spielen vor allem im Bereich der Krankenpflege eine Rolle. Sie kommen außerdem beim Einsatz von Lehrpersonal in Schulen vor. Der Gestellungsvertrag wird mit einer Organisation geschlossen, deren Ziel es ist, dem Vertragspartner Lehr- bzw Pflegepersonal zur Verfügung zu stellen. Die Besonderheit besteht darin, dass es sich um Verbände handelt, zu denen Mitglieder sich zusammengeschlossen haben, um in der Erziehung oder Krankenpflege tätig zu werden. Der Schwerpunkt im Anwendungsbereich liegt deshalb bei religiösen Gemeinschaften, die nach dem Zweck ihres Zusammenschlusses in erzieherischen oder karitativen Einrichtungen tätig werden. Gestellungsverträge werden zwischen Orden und Säkularinstituten der römisch-katholischen Kirche und den der evangelischen Kirche zugeordneten Schwesternverbänden mit Krankenhäusern und Altersheimen abgeschlossen (vgl MÜLLNER, Aufgespaltene Arbeitgeberstellung und Betriebsverfassungsrecht [1978] 44 f). Außerdem schließen die Schwesternschaften vom Deutschen und Bayerischen Roten Kreuz Gestellungsverträge ab. **187**

b) Gestellungsvertrag und Arbeitsverhältnis

Die Besonderheit gegenüber dem Leiharbeitsverhältnis besteht darin, dass zu dem Gestellungsträger kein Arbeitsverhältnis besteht. Soweit Mitglieder einer religiösen Gemeinschaft in Einrichtungen des Verbandes, dem sie angehören, tätig werden, wird die Arbeit nicht aufgrund des Arbeitsvertrags, sondern aufgrund der verbandsrechtlichen Beziehung geleistet. Keine Arbeitnehmerin ist deshalb eine Rot-Kreuz-Schwester, wenn sie in Einrichtungen arbeitet, die von ihrem Verband selbst betrieben werden; denn in diesem Fall leistet sie die Arbeit aufgrund ihrer Zugehörigkeit zu der Schwesternschaft (vgl BAG 3. 6. 1975 – 1 ABR 98/74, BAGE 27, 163 [169 ff]). Wenn jedoch die Tätigkeit nicht in einer Einrichtung des Verbands ausgeübt wird, ist es möglich, dass die Arbeit trotz der verbandsrechtlichen Beziehung im Rahmen eines Arbeitsverhältnisses geleistet wird. Mitglieder von Ordens- und Säkularinstituten der katholischen Kirche (vgl can 573 CIC) und evangelische Diakonissen stehen, soweit sie in kirchlichen Einrichtungen tätig sind, auch dort in keinem Arbeitsverhältnis; sie sind von der Geltung des Arbeitsrechts ausgenommen, weil sie „in einem so engen Verhältnis zur Kirche stehen, dass sie mit der von ihnen gewählten Lebensform einen Stand der Kirche bilden" (BAG 14. 2. 1978 – 1 AZR 280/77, BAGE 30, 122 [131] und BAG 25. 4. 1978 1 AZR 70/76, BAGE 30, 247 [253]; vgl auch RICHARDI, Arbeitsrecht in der Kirche [6. Aufl 2012] § 5 Rn 6). **188**

Ein Gestellungsvertrag kann so gestaltet sein, dass er lediglich wie ein Tarifvertrag die Rahmenbedingungen für die Beschäftigung festlegt (vgl MOLITOR, in: FS A Hueck [1959] 93 ff). Besteht lediglich ein derartiger Rahmenvertrag, so schließt die gestellte Person einen Arbeitsvertrag mit dem Betriebsinhaber ab; sie steht also unmittelbar zu ihm in einem Arbeitsverhältnis (vgl MÜLLNER, Aufgespaltene Arbeitgeberstellung und Betriebsverfassungsrecht [1978] 43). **189**

Bei einem Gestellungsvertrag, der sich nicht in einer Rahmenregelung erschöpft, ist **190** dagegen die Organisation verpflichtet, dem Krankenhaus- bzw Schulträger die für die Krankenpflege bzw Lehrtätigkeit erforderlichen Personen zur Verfügung zu stellen, ohne dass mit dem Rechtsträger des Krankenhauses bzw der Schule ein Arbeitsvertrag abgeschlossen wird. Auch in diesem Fall schließt die Intensität der mitgliedschaftlichen Bindung ein Arbeitsverhältnis zur Organisation, also dem Ordens- oder Säkularinstitut oder der Schwesternschaft, aus; die gestellte Person wird aufgrund ihrer mitgliedschaftlichen Bindung zum Verband beim Dritten tätig, mit dem der Gestellungsvertrag besteht. Soweit sie mit dem Dritten keinen Arbeitsvertrag abschließt, steht sie zu ihm auch nicht in einem unmittelbaren Arbeitsverhältnis. Das bedeutet aber nicht, dass keine arbeitsrechtlichen Beziehungen bestehen; es handelt sich hier vielmehr um den Sonderfall eines mittelbaren Arbeitsverhältnisses, der sich vom Leiharbeitsverhältnis und den anderen Formen des mittelbaren Arbeitsverhältnisses dadurch unterscheidet, dass der Dienstverschaffende zum Dienstleistenden nicht in einem Arbeitsverhältnis steht.

191 Wie dort geht es auch hier nicht darum, dass neben dem Mitgliedschaftsverhältnis ein gesondertes Arbeitsverhältnis besteht, sondern es geht ausschließlich darum, dass eine über die durch den Gestellungsvertrag vermittelte Leitungs- und Organisationsgewalt des Rechtsträgers der Sozialeinrichtung über die Beschäftigten keine Freistellung vom arbeitsrechtlichen Betriebs- und Existenzschutz begründen kann. Voraussetzung ist allerdings, dass das Gestellungsverhältnis so gestaltet ist, dass ein Weisungsverhältnis zwischen dem Betriebsinhaber und dem Beschäftigten entsteht. In diesem Fall erhält der Betriebsinhaber, obwohl zu dem Beschäftigten kein Arbeitsvertrag besteht, partiell eine Arbeitgeberstellung; sie ergibt sich hier nicht wie bei dem Leiharbeitsverhältnis oder dem mittelbaren Arbeitsverhältnis aus einer Einbeziehung in ein Arbeitsverhältnis; sondern sie wird originär durch eine entsprechende Ausgrenzung aus dem Mitgliedschaftsverhältnis begründet (so zutreffend MÜLLNER, Aufgespaltene Arbeitgeberstellung und Betriebsverfassungsrecht [1978] 50).

192 Soweit Beschäftigte aufgrund eines Gestellungsvertrags in einem Arbeitsverhältnis zum Betriebsinhaber stehen, gehören sie betriebsverfassungsrechtlich zur Belegschaft dieses Betriebs. Hier ist jedoch zu beachten, dass nach § 5 Abs 2 Nr 3 BetrVG Personen, deren Beschäftigung nicht in erster Linie ihrem Erwerb dient, sondern vorwiegend durch Beweggründe karitativer oder religiöser Art bestimmt ist, nicht als Arbeitnehmer iS des Betriebsverfassungsrechts gelten und entsprechend auch aus der Mitbestimmungsordnung nach dem MitbestG 1976 ausgeklammert sind (vgl § 3 Abs 1 S 2 MitbestG); auch für das DrittelbG gelten sie nicht als Arbeitnehmer (ErfK/OETKER § 3 DrittelbG Rn 1). Gleiches gilt trotz unterschiedlichen Gesetzestextes für die Personalvertretung im Geltungsbereich des BPersVG (§ 4 Abs 5 Nr 1 BPersVG; vgl zum Landespersonalvertretungsrecht BENECKE, in: RICHARDI/DÖRNER/WEBER, BPersVG [4. Aufl 2012] § 4 Rn 53 ff). Mitglieder von Ordens- und Säkularinstituten der katholischen Kirche fallen deshalb, auch wenn sie ausnahmsweise in einem Arbeitsverhältnis stehen, unter diese Ausklammerungsregelung, sofern die Arbeitsbedingungen von ähnlicher Beschaffenheit sind wie bei einem Tätigwerden innerhalb des Ordens oder der sonstigen religiösen Gemeinschaft (vgl RICHARDI, in: RICHARDI, BetrVG § 5 Rn 177; s zu den Rot-Kreuz-Schwestern dort Rn 187). Die obigen Ausführungen schließen aber angesichts des mit § **99 BetrVG** zT auch verfolgten Zwecks des Schutzes der übrigen Belegschaft nicht aus, dass bei der auf gestelltes Personal beziehenden personellen Maßnahme ein Zustimmungsverweigerungsrecht des Betriebsrats bestehen kann (näher BAG 23. 6. 2010 – 7 ABR 1/09, NZA 2010, 1302; BAG 9. 10. 2013 – 7 AZR 12/12, NZA 2014, 795).

D. (Weitere) Grundbegriffe des Arbeitsrechts

I. Arbeiter und Angestellte

Eine historische überkommene, heute aber praktisch kaum mehr relevante Unterscheidung ist diejenige zwischen Arbeitern und Angestellten. **193**

1. Historische Entwicklung

a) Begriff des Arbeiters

Mit dem Begriff des Arbeiters hat man seit dem späten Mittelalter zunächst in einem **194** allgemeinen Sinn den mühsam „im Schweiße seines Angesichts" körperlich Arbeitenden bezeichnet (vgl Conze, in: Geschichtliche Grundbegriffe I 216). Der Begriff verengte sich, da Bauern und Handwerker einen eigenen Stand bildeten, zu den lohnabhängig mit der Hand Arbeitenden, insbesondere den Tagelöhnern in Stadt und Land. Das Wort verband sich mit dem Begriff der Klasse und bezeichnete die arbeitende Unterschicht. Spätestens seit 1800 erscheint der Begriff des Fabrikarbeiters, durch den man den Facharbeiter in Fabriken gegenüber ungelernten Handarbeitern abgrenzt. Da man Handwerk und Fabrikarbeit unter dem Begriff des Gewerbes zusammenfasste, hat man die Regelung der Arbeitsverhältnisse unter dem Oberbegriff des gewerblichen Arbeiters für Gesellen, Gehilfen und Fabrikarbeiter zusammengefasst (vgl Titel VII – §§ 105 ff – GewO in der ursprünglichen Fassung). Der Begriff des Arbeiters wurde daher mit dem des Arbeitnehmers synonym, blieb aber zunächst auf den gewerblichen Bereich beschränkt, erfasste also nicht das Gesinde und die Dienstboten. Ausgeklammert waren auch die Handlungsgehilfen (vgl § 154 Abs 1 GewO vor seiner Aufhebung durch Gesetz vom 24. 8. 2002 [BGBl I 3412]). Betriebsbeamte, Werkmeister und Techniker wurden erst durch das sog Arbeiterschutzgesetz vom 1. 6. 1891 in die Regelung einbezogen, erhielten aber in den §§ 133a ff GewO eine Sonderregelung, die für sie eine Gleichstellung mit dem Handlungsgehilfen brachte. Da die Landwirtschaft in die Sozialversicherung einbezogen wurde, erfasste der Begriff des Arbeiters auch den dort in abhängiger Stellung tätigen Personenkreis. Zugleich trat aber eine Verengung ein, als für Angestellte im Angestelltenversicherungsgesetz 1911 eine besondere Rentenversicherung geschaffen wurde.

b) Vom Betriebsbeamten zum Angestellten

Der Begriff des Angestellten ist im 19. Jahrhundert aus dem als Substantiv gebrauch- **195** ten Verbum „anstellen" hervorgegangen (vgl Kocka, in: Geschichtliche Grundbegriffe I 110). Mit dem Begriff der Anstellung verband man im 18. Jahrhundert die Bedeutung, dass jemand auf Dauer in Dienst genommen wurde, wobei für die Verwendung des Begriffs im staatlich-öffentlichen Bereich eine Beziehung zum Amt, das durch Anstellung verliehen bzw übertragen wurde, in Erscheinung trat. Im Gegensatz zum Arbeiter, der für seine Tätigkeit Lohn erhielt, empfing, wer angestellt wurde, Gehalt und war deshalb in seiner ökonomischen und sozialen Stellung vergleichsweise gesichert.

196 Da Fabrikunternehmer im Gegensatz zu Handwerksmeistern von Anfang an Kaufleute waren, ergab sich für sie die Notwendigkeit einer fach- und sachkundigen Buchführung. Sofern der Unternehmer diese Aufgabe nicht selbst erfüllte, musste er sie einem Handlungsgehilfen übertragen. Eine ebenso wichtige Bedeutung erlangte, wer als Werkmeister eine Werkstätte leiten konnte. Da dieser Personenkreis Funktionen des Unternehmers wahrnahm, bestand ein Interesse daran, dass das Dienstverhältnis nicht kurzfristig gelöst werden konnte. Entsprechend konnte dieser Personenkreis seine Tätigkeit von einer standesgemäßen Versorgung abhängig machen; er erhielt nicht Lohn, sondern Gehalt und war daher in seinem Arbeitseinkommen gegenüber Arbeitsschwankungen gesichert. Außerdem ging er, wie für Handlungsgehilfen in Art 60 ADHGB vorgesehen war, bei Krankheit oder einem sonstigen unverschuldeten Unglück, durch das er an der Leistung seines Dienstes zeitweilig verhindert war, „dadurch seiner Ansprüche auf Gehalt und Unterhalt nicht verlustig". Die Arbeitszeit war sehr viel kürzer als bei Arbeitern und wurde nicht kontrolliert; es wurde Urlaub gewährt, und es bestand eine zwar nicht einklagbare, aber faktisch gewährte Arbeitsplatzsicherheit (vgl Kocka, Unternehmensverwaltung und Angestelltenschaft 101 ff).

197 Diese Personen wurden in den Betrieben als Beamte bezeichnet und hoben sich von den Lohnarbeitern ab, weil sie an den unternehmerischen Anordnungs- und Entscheidungsbefugnissen Anteil hatten. Auch außerbetrieblich bürgerte sich der Begriff des Betriebsbeamten ein. Die aufgrund der kaiserlichen Botschaft von 1881 geschaffene Sozialversicherung bezog sie in die Versicherungspflicht ein, sofern der Jahresarbeitsverdienst 2000 Mark nicht überstieg. Damit waren die Betriebsbeamten den Arbeitern gleichgestellt. Man hatte aber die 2000-Mark-Grenze für die Versicherungspflicht auf Betriebsbeamte beschränkt und daher die Rechtsanwendung vor die Aufgabe gestellt, bei den über 2000 Mark verdienenden Arbeitnehmern zu entscheiden, ob es sich um Arbeiter oder Betriebsbeamte handelt (vgl dazu Kocka, Unternehmensverwaltung und Angestelltenschaft 543 mit Fn 127). Da man die Betriebsbeamten auf Personen mit Leitungs-, Aufsichts- und Repräsentationsbefugnissen begrenzte, wurde eine wachsende Zahl von Technikern, Handlungsgehilfen und Bürogehilfen als Arbeiter behandelt, obwohl sie sich nach Vertrag, Tätigkeit und Selbstverständnis von den Lohnarbeitern unterschieden.

198 Die Novelle zur Gewerbeordnung von 1891 zog daraus die Konsequenz; sie definierte den Personenkreis, für den die damals neu geschaffene Regelung über „Verhältnisse der Betriebsbeamten, Werkmeister, Techniker" gelten sollte, als die „von Gewerbeunternehmern gegen feste Bezüge beschäftigten Personen, welche nicht lediglich vorübergehend mit der Leitung oder Beaufsichtigung des Betriebes oder einer Abtheilung desselben beauftragt (Betriebsbeamte, Werkmeister und ähnliche Angestellte) oder mit höheren technischen Dienstleistungen betraut sind (Maschinentechniker, Bautechniker, Chemiker, Zeichner und dergleichen)" (§ 133a GewO). Der Begriff des Angestellten blieb aber auch noch im Gesamtzusammenhang dieser Vorschrift unscharf. Da die Standardisierung der Bürotätigkeit zu einer Kollektivierung der Rechtsverhältnisse der Betriebsbeamten führte und sie deshalb den Lohnarbeitern annäherte, entstand das Interesse, die Sonderstellung zu bewahren, wie umgekehrt insbesondere Techniker durchzusetzen versuchten und auch durchsetzten, nicht auf gleicher Ebene wie Lohnarbeiter behandelt zu werden. Der Zusammenschluss in besonderen Verbänden stellte eine Interessengemeinschaft her. Kristallisationskern war der Kampf um die Ausgliederung aus dem Alters- und Invalidenversicherungsgesetz (AIVG) von 1889; die Privatbeamtenbewegung erhob die Forderung nach einer staatsbeamtenähnlichen Pensionsversicherung, die durch das Versicherungsgesetz für Angestellte (AVG) vom 20. 12. 1911 (RGBl I 998) als besondere Rentenversicherung geschaffen wurde.

Damit war die Aufspaltung der Arbeitnehmer in Angestellte und Arbeiter gesetzlich vollzogen. Neben den Angestellten in leitender Stellung, Betriebsbeamten, Werkmeistern und Handlungsgehilfen, waren bereits „Büroangestellte, soweit sie nicht mit niederen oder lediglich mechanischen Dienstleistungen beschäftigt werden", in der Angestelltenversicherung versichert (§ 1 Abs 1 Nr 2 AVG 1911). Eine Ausweitung des Berufskatalogs brachte das AVG iF vom 28. 5. 1924, das „Büroangestellte, soweit sie nicht ausschließlich mit Botengängen, Reinigung, Aufräumung und ähnlichen Arbeiten beschäftigt werden, einschließlich der Bürolehrlinge und Werkstattschreiber" sowie neben den Handlungsgehilfen und Handlungslehrlingen auch „andere Angestellte für kaufmännische Dienste, auch wenn der Gegenstand des Unternehmens kein Handelsgewerbe ist", einbezog (§ 3 Abs 1 Nr 3 und 4 AVG). **199**

Die Festlegung des versicherungspflichtigen Personenkreises im AVG hat bewirkt, dass die Unterscheidung in Angestellte und Arbeiter auch in Arbeitsgesetze Eingang fand (zur Bedeutung für ein einheitliches Arbeitsrecht s Vorbem 138 zu §§ 611 ff). Bereits nach dem Hilfsdienstgesetz vom 5. 12. 1916 waren neben Arbeiterausschüssen in den diesem Gesetz unterliegenden Betrieben, wenn dort mehr als 50 Angestellte beschäftigt wurden, Angestelltenausschüsse zu errichten. Nach dem Betriebsrätegesetz vom 4. 2. 1920 gliederte sich der Betriebsrat in einen Arbeiter- und in einen Angestelltenrat. Als Arbeiter definierte das Gesetz „die im Dienste anderer gegen Entgelt oder als Lehrlinge beschäftigten Personen mit Ausschluss der Angestellten" (§ 11 Abs 1 BRG). Für die Angestellten verwies es wie die sonstigen Arbeitsgesetze der Weimarer Zeit, die auf den Unterschied zwischen Arbeitern und Angestellten abstellten, mangels besserer Kriterien auf das AVG, wobei es die Neufassung der Definition im AVG vom 10. 11. 1922 vorwegnahm, indem es in § 12 Abs 1 S 2 BRG als Angestellte auch die mit niederen oder lediglich mechanischen Dienstleistungen beschäftigten Büroangestellten miteinbezog. **200**

2. Bedeutung der Unterscheidung nach geltendem Recht

a) Gesetzesrecht

Die **Gesetzesbestimmungen des Arbeitsvertragsrechts** unterscheiden heute nicht mehr zwischen Arbeitern und Angestellten, nachdem das BVerfG § 622 Abs 2 iF des Ersten Arbeitsrechtsbereinigungsgesetzes vom 14. 8. 1969 (BGBl I 1106) für verfassungswidrig erklärt hat (vgl BVerfG 30. 5. 1990 – 1 BvL 2/83, 1 BvL 9/84, 1 BvL 10/84, 1 BvL 3/85, 1 BvL 11/89, 1 BvL 12/89, 1 BvL 13/89, 1 BvL 4/90, 1 BvR 764/86, BVerfGE 82, 126 = AP Nr 28 zu § 622 BGB; s zur früheren Gesetzeslage STAUDINGER/RICHARDI[12] Vorbem 362 ff zu §§ 611 ff). Es besteht kein sachlicher Grund für eine gruppenspezifische Benachteiligung der Arbeiter gegenüber Angestellten; ein solcher kann auch nicht in einer bloßen Rechtstradition gesehen werden (vgl auch FISCHINGER, Haftungsbeschränkung im Bürgerlichen Recht [2015] 35 ff). Der Gleichbehandlungsgrundsatz steht daher im Allgemeinen einer Unterscheidung nach Arbeitern und Angestellten entgegen (s Rn 1022). **201**

202 Das Gesetz zur Reform des Betriebsverfassungsgesetzes (BetrVerf-ReformG) vom 23. 7. 2001 (BGBl I 1852) hat den **Gruppenschutz für Arbeiter und Angestellte in der Betriebsverfassung und unternehmensbezogenen Mitbestimmung beseitigt**. Im Personalvertretungsrecht ist er bestehen geblieben; neben den Angestellten und Arbeitern bilden die Beamten eine weitere Gruppe der vom Personalrat repräsentierten Beschäftigten (vgl §§ 5, 98 BPersVG). Nachdem die materiellrechtlichen Unterschiede zwischen Arbeitern und Angestellten in der Sozialversicherung bereits beseitigt waren (vgl Wank, Arbeiter und Angestellte [1992] 471 ff), hat das Gesetz zur Organisationsreform in der gesetzlichen Rentenversicherung (RVOrgG) vom 9. 12. 2004 (BGBl I 3242) die Unterscheidung auch für deren Organisation aufgegeben. Sie spielt deshalb auch in der Sozialgesetzgebung keine Rolle mehr. Auch im Arbeitszeitgesetz ist die Unterscheidung überholt.

b) Tarifverträge und Formulararbeitsverträge

203 Bis zu ihrer Fusion mit anderen Gewerkschaften in der Vereinigten Dienstleistungsgewerkschaft (ver.di) gab es für Angestellte eine eigene Gewerkschaft, die Deutsche Angestellten-Gewerkschaft (DAG). Nach wie vor verbreitet sind Tarifverträge mit nach Angestellten und Arbeitern (= gewerblichen Arbeitnehmern) getrenntem Geltungsbereich.

204 Auch bei Vertragsmustern, die dem Arbeitsvertrag zugrunde gelegt werden, wird teilweise noch zwischen Angestellten und Arbeitern (gewerblichen Arbeitnehmern) unterschieden (vgl Berscheid/Kunz/Band, Praxis des Arbeitsrechts [2003] 57 ff). Wer zu den Angestellten gehört, erhält im Allgemeinen ein Gehalt, das monatlich ausgezahlt wird. Arbeiter bekommen dagegen meist, wenn sie in einem zeitbezogenen Entgeltsystem entlohnt werden, einen Stundenlohn, der wöchentlich ausgezahlt wird. Obwohl Rechtsgrundlage in beiden Fällen der hier in §§ 611 ff geregelte Dienstvertrag ist, ergibt sich bereits aus der Verschiedenheit des Entlohnungssystems, dass beim Gehalt als Arbeitsentgelt die Abhängigkeit von der Arbeitsleistung nicht so scharf durchgeführt wird wie bei einem Stundenlohn oder einem leistungsbezogenen Entgeltsystem. Tarifpraxis und typische Vertragsgestaltungen haben allerdings dazu geführt, dass sich der aus der Wahl des Entgeltsystems ergebende Unterschied weitgehend abgemildert ist, während umgekehrt auch Angestellte bei Leistung von Überstunden häufig ein zusätzliches Arbeitsentgelt erhalten.

3. Abgrenzung der Angestellten von den Arbeitern

205 Obwohl die Einteilung in Arbeiter und Angestellte im Gesetzesrecht keine Rolle mehr spielt, verwendet § 622 Abs 1 die Unterscheidung in seiner Arbeitnehmerdefinition. Sowohl für den Angestellten als auch für den Arbeiter fehlt aber eine Legaldefinition. Die Gruppenabgrenzung orientierte sich an dem für die Rentenversicherung maßgeblichen Leitbild. Entsprechend hat man deshalb als Arbeiter anzusehen, wer nicht unter die für Angestellte vorgesehene Sonderstellung fiel (so bereits § 11 Abs 1 BRG 1920; s auch Rn 193 ff; ebenso BAG 30. 9. 1954 – 2 AZR 65/53, AP Nr 1 zu § 59 HGB).

206 Für die Feststellung, wer zu den Angestellten gehört, haben Arbeitsgesetze – so auch der durch Art 56 des Pflege-Versicherungsgesetzes vom 26. 5. 1994 (BGBl I 1068) aufgehobene § 616 Abs 2 S 6 – auf die Ausübung einer Beschäftigung Bezug ge-

nommen, „die für die Zuständigkeitsaufteilung unter den Rentenversicherungsträgern nach dem Sechsten Sozialgesetzbuch als Angestelltentätigkeit bezeichnet wird". Der Gesetzgeber hat sich aber insoweit darauf beschränkt, die ursprünglich in § 3 Abs 1 AVG enthaltene Bestimmung wörtlich in § 133 Abs 2 SGB VI aF zu übernehmen. Mit der Neuorganisation der gesetzlichen Rentenversicherung durch Gesetz vom 9. 12. 2004 (BGBl I 3242; s Rn 202) wurde diese Bestimmung zum 1. 1. 2005 aufgehoben. Damit entfällt im Gesetzesrecht jede Orientierung an der Einteilung in Arbeiter und Angestellte.

Hinweise für die Abgrenzung zwischen Angestellten und Arbeitern lieferte früher **207** § 133 Abs 2 SGB VI. Er hatte den folgenden Wortlaut:

„Angestellte sind insbesondere

1. Angestellte in leitender Stellung

2. technische Angestellte in Betrieb, Büro und Verwaltung, Werkmeister und andere Angestellte in einer ähnlichen gehobenen oder höheren Stellung,

3. Büroangestellte, soweit sie nicht ausschließlich mit Botengängen, Reinigung, Aufräumung und ähnlichen Arbeiten beschäftigt werden, einschließlich Werkstattschreibern,

4. Handlungsgehilfen und andere Angestellte für kaufmännische Dienste, auch wenn der Gegenstand des Unternehmens kein Handelsgewerbe ist, Gehilfen und Praktikanten in Apotheken,

5. Bühnenmitglieder und Musiker ohne Rücksicht auf den künstlerischen Wert ihrer Leistungen,

6. Angestellte in Berufen der Erziehung, des Unterrichts, der Fürsorge, der Kranken- und Wohlfahrtspflege,

7. Schiffsführer, Offiziere des Decks- und Maschinendienstes, Schiffsärzte, Funkoffiziere, Zahlmeister, Verwalter und Verwaltungsassistenten sowie die in einer ähnlich gehobenen und höheren Stellung befindlichen Mitglieder der Schiffsbesatzung von Binnenschiffen oder deutschen Seefahrzeugen,

8. Bordpersonal der Zivilluftfahrt."

Die Aufzählung war nicht erschöpfend. Ergänzend hatte der Reichsarbeitsminister **208** durch eine Rechtsverordnung das Berufsgruppenverzeichnis vom 8. 3. 1924 (RGBl I 274), abgeändert durch Rechtsverordnung vom 4. 2. und 15. 7. 1927 (RGBl I 58 und 222), erlassen. Aber auch dieser Berufsgruppenkatalog regelte nicht abschließend, wer zu den Angestellten gehörte.

Kommt man zu keinem eindeutigen Ergebnis, so ist, wie es auch bereits vielfach im **209** Berufsgruppenkatalog geschieht (vgl BAG 20. 5. 1969 – 1 ABR 20/68, AP Nr 1 zu § 5 BetrVG), auf die **Verkehrsauffassung** abzustellen. Für sie kann insbesondere noch die **Tarifpraxis** eine Rolle spielen, sofern Tarifverträge für Arbeiter und Angestellte unterschiedliche Regelungen enthalten. Auch insoweit ist die Bedeutung der Unterscheidung aber geringer geworden, da der Tarifvertrag für den öffentlichen

Dienst (TVöD) beide Gruppen einheitlich unter dem Begriff „Arbeitnehmer" zusammenfasst. Der Gesetzgeber hat daraus die Konsequenzen gezogen und die bisher in § 4 Abs 3 S 1, Abs 4 BPersVG enthaltenen Begriffsbestimmungen für Angestellte und Arbeitnehmer durch das Gesetz zur Reorganisation der Bundesanstalt für Post und Telekommunikation Deutsche Bundespost und zur Änderung anderer Gesetze vom 14. 9. 2005 (BGBl I 2756) gestrichen.

210 Die Rechtsprechung hat in einer Vielzahl von Fällen geklärt, wer zu den Angestellten und wer zu den Arbeitern gehört. Von einer Dokumentation wird hier wegen der geringen rechtlichen Bedeutung abgesehen; sie ist in der Bearbeitung 1999 zusammengestellt (vgl STAUDINGER/RICHARDI [1999] Vorbem 293 f zu §§ 611 ff).

II. Leitende Angestellte

211 Leitende Angestellte nehmen eine Sonderstellung ein. Sie sind zwar Arbeitnehmer und unterfallen daher grundsätzlich dem Schutzbereich des Arbeitsrechts. Aufgrund ihrer herausgehobenen Leitungsposition, in der sie häufig klassische Arbeitgeberfunktionen wahrnehmen, erfahren sie aber zT eine Sonderbehandlung, vor allem im kollektiven Arbeitsrecht (s ausf RICHARDI, MünchArbR § 19 Rn 1 ff).

1. Historische Entwicklung

212 Die Geschichte der leitenden Angestellten beginnt mit der Entstehung der Großunternehmen (vgl HROMADKA, Das Recht der leitenden Angestellten [1979] 91 ff). Bei ihnen ging es **zunächst um die Abgrenzung des für das Arbeitsrecht maßgeblichen Geltungsbereichs**. Nicht jeder, der aufgrund eines Dienstvertrags angestellt ist, fiel unter die Arbeits- und Sozialversicherungsgesetze, sondern in ihnen wurde eine Ausklammerung vorgenommen, die sich nach der Funktion und Einkommenshöhe richtete. Beispielsweise fand die zwingende Vorschrift über die Festlegung von Kündigungsfristen im Handelsgesetzbuch von 1897 keine Anwendung, wenn der Handlungsgehilfe ein Gehalt von mindestens 5000 Mark für das Jahr bezog (§ 68 Abs 1 HGB). Das Angestelltenversicherungsgesetz vom 20. 12. 1911 (RGBl 989) bezog zwar in die Versicherungspflicht „Angestellte in leitender Stellung" (§ 1 Abs 1 Nr 1 AVG) ein, verlangte aber als Voraussetzung der Versicherung, dass ihr Jahresarbeitsverdienst 5000 Mark nicht übersteigt (§ 1 Abs 3 AVG).

213 Zugleich führte das Entstehen von Großunternehmen, insbesondere von Kapitalgesellschaften dazu, dass Personen **zur Unternehmensleitung angestellt** wurden. Parallel dazu erforderte die Selbstverwaltung in der Sozialversicherung und in der Gerichtsverfassung der Gewerbe- und Kaufmannsgerichte, dass man festlegen musste, wer aufseiten der Arbeitgeber tätig werden darf. Der Ausbau des kollektiven Arbeitsrechts in der Weimarer Zeit machte notwendig, den Personenkreis zu bestimmen, der Arbeitgeberfunktionen wahrnimmt und deshalb in einem Gegnerbezug zu Gewerkschaften und Betriebsvertretungen steht. Dabei hat man sich nicht auf die gesetzlichen Vertreter von juristischen Personen und von Personengesamtheiten beschränken können, sondern hat mit unterschiedlicher Definition und Reichweite einen Personenkreis unterhalb der gesetzlichen Vertreter festgelegt; zB sah § 12 Abs 2 BRG 1920 vor, dass nicht als Angestellte iS dieses Gesetzes die Geschäftsführer und Betriebsleiter galten, „soweit sie zur selbstständigen Einstellung oder Entlassung der übrigen im Betrieb oder in der Betriebsabteilung beschäftigten Arbeitnehmer berechtigt sind oder soweit ihnen Prokura oder Generalvollmacht erteilt ist".

Die **Abgrenzung der leitenden Angestellten** stand zunächst unter dem Vorzeichen einer **Ausklammerung aus dem für Arbeiter und Angestellten geltenden Sonderrecht**. Da die Kollektivierung der Arbeitsbedingungen zunehmend auch ihre Arbeitsverhältnisse erfasste und diese Entwicklung durch den Ausbau des kollektiven Arbeitsrechts gefördert wurde, befürchteten die leitenden Angestellten, dass ihre Sonderstellung verloren geht. Sie schlossen sich in besonderen Organisationen unabhängig von den sonstigen Angestelltenverbänden zusammen (vgl Hromadka, Das Recht der leitenden Angestellten [1979] 114 ff). Damit war die Voraussetzung dafür geschaffen, dass die leitenden Angestellten sich als *besondere Arbeitnehmergruppe* etablierten. Gefördert wurde diese Entwicklung durch die weite Fassung des Arbeitnehmerbegriffs, die auch die Arbeitsverhältnisse leitender Angestellter einbezog und daher die Ausklammerung als Ausnahme erscheinen ließ. Durch die Einbeziehung in den Arbeitnehmerbegriff erfolgte zugleich eine Trennung von dem Personenkreis, der in juristischen Personen, insbesondere in Kapitalgesellschaften, die Funktion des gesetzlichen Vertreters wahrnahm. Diese hörten auf, die oberste Gruppe der leitenden Angestellten zu bilden, weil sie wegen ihrer Funktion jedenfalls im Prinzip Nichtarbeitnehmer sind. 214

Gesetzliche Anerkennung haben die leitenden Angestellten als **besondere Arbeitnehmergruppe** erst durch das Mitbestimmungsgesetz vom 4. 5. 1976 (BGBl I 1153) erfahren. Während es bisher bei ihrer Abgrenzung ausschließlich darum ging, sie nicht zu den Arbeitnehmern zu zählen, weist ihnen das Mitbestimmungsgesetz als besondere Gruppe Rechte bei der Besetzung des Aufsichtsrats zu (vgl auch Hromadka, Das Recht der leitenden Angestellten [1979] 289 ff). 215

2. Sonderstellung der leitenden Angestellten

a) Für den Begriff des leitenden Angestellten gibt es **keine allgemeingültige Legaldefinition**. Die Abgrenzung in den Gesetzen ist verschieden. Teilweise wird der Begriff nicht einmal genannt, um den Personenkreis festzulegen (vgl § 22 Abs 2 Nr 2 ArbGG); teilweise wird er als Gebrauchsbegriff ergänzend (vgl § 14 Abs 2 KSchG) oder als Oberbegriff (vgl § 16 Abs 4 Nr 4 SGG) herangezogen, um den Personenkreis zu bestimmen. Für die Rechtsanwendung von Bedeutung ist vor allem die gesetzliche Begriffsbestimmung in **§ 5 Abs 3 S 2 BetrVG**; denn durch sie wird festgelegt, wer nicht zu der vom Betriebsrat repräsentierten Belegschaft gehört. Außerdem wird auf diese Bestimmung verwiesen, soweit es darum geht, die leitenden Angestellten als besondere Arbeitnehmergruppe in der unternehmensbezogenen Mitbestimmung nach dem MitbestG 1976 festzulegen (§ 3 Abs 1 S 1 Nr 2 MitbestG), sie dem Anwendungsbereich des DrittelbG zu entziehen (§ 3 Abs 1 DrittelbG), für sie Sprecherausschüsse nach dem Sprecherausschussgesetz zu bilden (§ 1 Abs 1 SprAuG) und von der Geltung des Arbeitszeitgesetzes auszunehmen (§ 18 Abs 1 Nr 1 ArbZG). Sie unterfallen auch nicht dem Anwendungsbereich von TVöD und TV-L, wenn ihre Arbeitsbedingungen einzelvertraglich besonders vereinbart sind (jeweils § 1 Abs 2 lit a). 216

§ 611

217 b) Die leitenden Angestellten werden innerhalb der **sozialen Selbstverwaltung** weitgehend der **Arbeitgeberseite zugeordnet**, weil ohne sie eine auf dem Prinzip der Parität beruhende Ordnung der Arbeitgeber-Arbeitnehmer-Beziehungen nicht funktionieren könnte. Gesetzesregelungen, die bei der Organisation auf eine Beteiligung der Arbeitnehmer und Arbeitgeber abstellen, beschränken deshalb die Funktion als Arbeitgebervertreter nicht auf die Mitglieder der gesetzlichen Vertretungsorgane einer juristischen Person oder Gesamthand, sondern beziehen Personen ein, denen der Unternehmer Funktionen gegenüber den Arbeitnehmern in den Betrieben übertragen hat (vgl §§ 22 Abs 2 Nr 2, 37 Abs 1, 43 Abs 3 ArbGG, § 16 Abs 4 Nr 4 SGG).

218 c) Wegen ihrer Stellung im Unternehmen hat die **soziale Schutzgesetzgebung** den Personenkreis, den man zu den leitenden Angestellten zählt, häufig aus ihrem Geltungsbereich ausgeklammert, weil man der Meinung war, dass sie weniger schutzbedürftig seien als die sonstigen Arbeitnehmer (so noch Hueck/Nipperdey I 77). Das Schicksal der Angestellten ereilte aber auch den Personenkreis, der sich nach seinem Selbstverständnis zu den leitenden Angestellten zählt; denn in den Großunternehmen führte die Entwicklung ebenfalls zu einer Kollektivierung ihrer Rechtsverhältnisse. Nicht zuletzt der normative Gesichtspunkt der Gleichbehandlung hat dazu geführt, dass es sachlich nicht zu rechtfertigen ist, den Sozialschutz generell nur deshalb zu versagen, weil jemand als Führungskraft in einem Unternehmen tätig ist oder ein vergleichsweise hohes Arbeitsentgelt bezieht.

219 Konnte man ursprünglich davon ausgehen, dass das für die „besitzlosen Klassen" entwickelte Recht auf den zu den leitenden Angestellten gehörenden Personenkreis keine Anwendung findet, so hat sich durch die Entwicklung zu einem einheitlichen Arbeitsrecht für alle Arbeitsverhältnisse, wie sie durch die Anknüpfung an den allgemein bestimmten Arbeitnehmerbegriff gefördert wurde, die Fragestellung geradezu umgekehrt. Durch das Erste Arbeitsrechtbereinigungsgesetz vom 14. 8. 1969 (BGBl I 1106) wurde der Kündigungsschutz auf „Geschäftsführer, Betriebsleiter und ähnliche leitende Angestellte, soweit diese zur selbstständigen Einstellung oder Entlassung von Arbeitnehmern berechtigt sind", erstreckt (§ 14 Abs 2 KSchG).

220 Von weittragender Bedeutung war die Beseitigung der Jahresverdienstgrenze für die Versicherungspflicht in der Angestelltenversicherung durch das Finanzänderungsgesetz vom 21. 12. 1967 zum 1. 1. 1968. Da eine Reihe anderer Gesetze die Zugehörigkeit zu den leitenden Angestellten unter anderem davon abhängig machte, dass ihr Einkommen über der Versicherungspflichtgrenze lag, führte dies mittelbar zur Einbeziehung in die arbeitsrechtliche Schutzgesetzgebung (zB § 1 Abs 2 Nr 2 AZO, § 56 Abs 3 AVAVG; vgl Hromadka, Das Recht der leitenden Angestellten [1979] 246 ff). § 75b S 2 HGB, wonach für sog Hochbesoldete ein Wettbewerbsverbot auch ohne Karenzentschädigung vereinbart werden konnte, ist vom BAG für verfassungswidrig erklärt worden, weil die dort enthaltene Verdienstgrenze von 8000 DM für das Jahr unjustitiabel geworden sei (BAG 2. 10. 1975 – 3 AZR 28/75, BAGE 27, 284). Auch in der weiteren Schutzgesetzgebung hat man darauf verzichtet, durch Festlegung von Verdienstgrenzen eine Ausklammerung aus ihrem Geltungsbereich vorzunehmen. Das Gesetz zur Verbesserung der betrieblichen Altersversorgung vom 19. 12. 1974 (BGBl I 3610) hat im Gegenteil seinen Geltungsbereich auf Personen erstreckt, „die nicht Arbeitnehmer sind, wenn ihnen Leistungen der Alters-, Invaliditäts- oder Hinterbliebenenversorgung aus Anlaß ihrer Tätigkeit für ein Unternehmen zugesagt worden sind" (§ 17 Abs 1 S 2 BetrAVG).

d) Materieller Grund für eine Sonderstellung ist daher nicht mehr das Fehlen einer sozialen Schutzbedürftigkeit, sondern ausschließlich die **Funktionsfähigkeit der Unternehmen innerhalb einer marktwirtschaftlichen Ordnung**. Da ein sozialer Ausgleich nur dann erfolgen kann, wenn die Rentabilität der Unternehmen gesichert ist, muss ein Personenkreis bestehen, dessen Auswahl und Arbeitsbedingungen nicht unter einen Mitbestimmungsvorbehalt gestellt werden. 221

3. Stellung im kollektiven Arbeitsrecht

Eine Legaldefinition der leitenden Angestellten enthält § 5 Abs 3 S 2 BetrVG. Sie bezieht sich primär auf die leitenden Angestellten als eigene Arbeitnehmergruppe innerhalb der Mitbestimmungsordnung: Nur leitende Angestellte, die unter diese Bestimmung fallen, werden nicht vom Betriebsrat repräsentiert (§ 5 Abs 3 S 1 BetrVG); nur sie bilden nach dem MitbestG 1976 eine eigene Gruppe unter den Arbeitnehmern für deren Beteiligung im Aufsichtsrat der von diesem Gesetz erfassten Unternehmen (vgl § 3 Abs 3 Nr 2 MitbestG). Statt durch den Betriebsrat werden sie nach dem Sprecherausschussgesetz durch einen fakultativ wählbaren **Sprecherausschuss** repräsentiert (vgl § 1 Abs 1 SprAuG), der im Vergleich zum Betriebsrat deutlich geringere Mitbestimmungsrechte hat. Leitende Angestellte sind dem Anwendungsbereich des DrittelbG entzogen (§ 3 Abs 1 DrittelbG). Die Legaldefinition gilt aber nicht für andere Arbeitsgesetze; jedoch zeichnet sich eine Entwicklung ab, die den Gesetzgeber veranlasst, in neueren Gesetzen auf sie Bezug zu nehmen (vgl § 18 Abs 1 Nr 1 ArbZG). 222

Bei Erlass des BetrVG 1972 war die Umschreibung der leitenden Angestellten Gegenstand erheblicher Meinungsverschiedenheiten (vgl RICHARDI, MünchArbR § 19 Rn 16 ff). Das BAG hat in seiner Rechtsprechung geschwankt, ob § 5 Abs 3 BetrVG 1972 abschließend festlegt, wer zu den leitenden Angestellten gehört (vgl BAG 5. 3. 1974 – 1 ABR 19/73, BAGE 26, 36 und BAG 29. 1. 1980 – 1 ABR 45/79, BAGE 32, 381 = AP Nr 1 und 22 zu § 5 BetrVG 1972). Schließlich hat der Gesetzgeber eingegriffen und den Begriff des leitenden Angestellten durch das Gesetz zur Änderung des BetrVG, über Sprecherausschüsse der leitenden Angestellten und zur Sicherung der Montan-Mitbestimmung vom 20. 12. 1988 (BGBl I 2312) präzisiert (vgl auch BT-Drucks 11/2503, 11/3604 und 11/3618). 223

Die Tatbestandsmerkmale des § 5 Abs 3 S 2 BetrVG erfassen abschließend und erschöpfend den Begriff des leitenden Angestellten. Das gilt auch für Nr 3. Seine Ergänzung durch Abs 4 relativiert nicht den abschließenden Charakter der Begriffsbestimmung (vgl zur Legaldefinition RICHARDI, MünchArbR § 19 Rn 24 ff; zur Bedeutung des Abs 4 für die Abgrenzung der leitenden Angestellten dort Rn 46 ff; s auch RICHARDI, in: RICHARDI, BetrVG § 5 Rn 194 ff sowie BAG 22. 2. 1994 – 7 ABR 32/93, nv). 224

4. Verschiedenheit der Begriffsbestimmung für den Kündigungsschutz

Soweit es um den allgemeinen Kündigungsschutz geht, bestimmt § **14 Abs 2 S 1 KSchG**, dass die Vorschriften des Ersten Abschnitts, also Bestimmungen über den 225 allgemeinen Kündigungsschutz, mit Ausnahme des § 3 auf „Geschäftsführer, Betriebsleiter und ähnliche leitende Angestellte, soweit diese zur selbstständigen Einstellung oder Entlassung von Arbeitnehmern berechtigt sind", Anwendung finden (vgl zu den Anforderungen näher BAG 24. 3. 2011 – 2 AZR 674/09, NZA-RR 2012, 243 [244]; BAG 14. 4. 2011 – 2 AZR 167/10, AP Nr 12 zu § 14 KSchG 1969; Horn NZA 2012, 186); S 2 bestimmt ergänzend, dass § 9 Abs 1 S 2 KSchG mit der Maßgabe Anwendung findet, dass der Antrag des Arbeitgebers auf Auflösung des Arbeitsverhältnisses keiner Begründung bedarf. Das Arbeitsverhältnis der von dieser Gesetzesregelung erfassten leitenden Angestellten genießt also **„keinen Bestands-, sondern bloßen Abfindungsschutz"** (so zutreffend Kaiser, AR-Blattei: Angestellte II Rn 30; vgl auch Bayreuther NZA 2013, 1238 [1242 ff]).

226 Die kündigungsschutzrechtliche Sonderstellung ist auf Angestellte mit Leitungsfunktion begrenzt. Mit Geschäftsführern ist der Personenkreis gemeint, wie er in § 5 Abs 3 S 2 Nr 2 BetrVG umschrieben ist. Mit dem Begriff des Betriebsleiters erfasst das Gesetz den Vorgesetzten einer für die Verwirklichung der Unternehmenszielsetzung maßgeblichen arbeitstechnischen Organisationseinheit. Ähnliche leitende Angestellte werden ihnen gleichgestellt, soweit sie zur selbstständigen Einstellung *oder* Entlassung von Arbeitnehmern berechtigt sind (s auch BAG 25. 11. 1993 – 2 AZR 517/93, AP Nr 3 zu § 14 KSchG 1969).

227 Die Bestimmung des § 14 KSchG für Angestellte in leitender Stellung gilt **nicht** für den **besonderen Kündigungsschutz** wie zB § 9 MuSchG, § 18 BEEG, §§ 85 ff SGB IX.

5. Leitender Angestellter und Einzelarbeitsvertrag

228 Die Zugehörigkeit zu den leitenden Angestellten führt zu einer Sonderstellung innerhalb der Betriebsverfassung und räumt Gruppenrechte innerhalb der unternehmensbezogenen Mitbestimmung nach dem MitbestG 1976 ein. Deshalb kann **nicht durch Einzelarbeitsvertrag festgelegt werden, ob jemand zu den leitenden Angestellten gehört**. Gleiches gilt, soweit ein gesetzlich zwingend gestalteter Sozialschutz für das Arbeitsverhältnis nach den jeweils maßgeblichen Abgrenzungskriterien leitende Angestellte ausklammert. Wer diese Abgrenzungsmerkmale nicht erfüllt, genießt wie jeder Arbeitnehmer den Sozialschutz, auch wenn er nach § 5 Abs 3 BetrVG zu den leitenden Angestellten gehört, zB den allgemeinen Kündigungsschutz (vgl § 14 Abs 2 KSchG).

6. Verhältnis zu den sog AT-Angestellten

229 Ein Angestellter gehört nicht deshalb zur Gruppe der leitenden Angestellten, weil er aufgrund seiner Tätigkeit oder seiner Bezahlung nicht mehr unter den persönlichen Geltungsbereich eines Tarifvertrags fällt, also zu den sog außertariflichen Angestellten zählt (vgl BAG 18. 9. 1973 – 1 ABR 7/73, AP Nr 3 zu § 80 BetrVG 1972; BAG 6. 5. 2003 – 1 ABR 13/02, AP Nr 61 zu § 80 BetrVG 1972; ausf Blanke, Handbuch Außertarifliche Angestellte [3. Aufl 2003]). Da der Geltungsbereich eines Tarifvertrags von den Tarifvertragsparteien innerhalb ihrer Tarifzuständigkeit festgelegt wird und daher im Allgemeinen nicht den gesetzlichen Merkmalen für die Abgrenzung eines leitenden Angestellten iS des § 5 Abs 3 BetrVG entspricht, ist die Zugehörigkeit zu den außertariflichen

Angestellten nicht einmal ein Indiz für die Annahme eines leitenden Angestellten. Die sog **AT-Angestellten** werden, sofern sie nicht zum Kreis der leitenden Angestellten iS des § 5 Abs 3 BetrVG gehören, vom Betriebsrat repräsentiert: Sie sind zum Betriebsrat wahlberechtigt und wählbar, und dieser hat in ihren Angelegenheiten die gesetzlich eingeräumten Beteiligungsrechte (vgl BAG 22. 1. 1980 – 1 ABR 48/77, BAGE 32, 350 [360 ff]). Daher hat er nach § 99 Abs 1 BetrVG ein Mitbeurteilungsrecht bei der Frage, ob ein bislang außertariflich vergüteter Angestellter nach einer Versetzung weiterhin außertariflich eingruppiert ist (BAG 12. 12. 2006 – 1 ABR 13/06, BAGE 120, 303).

7. Haftung des leitenden Angestellten

Ob die Grundsätze über die beschränkte Arbeitnehmerhaftung auch auf leitende Angestellte Anwendung finden, ist umstritten. Das BAG bejaht das zumindest dann, wenn der leitende Angestellte den Schaden nicht in Wahrnehmung seiner spezifischen Leitungsaufgabe verursacht (vgl BAG 11. 11. 1976 – 3 AZR 266/75, NJW 1977, 598). Der BGH lehnte lange Zeit eine Haftungsprivilegierung ausnahmslos ab (BGH 25. 2. 1969 – VI ZR 225/67, VersR 1969, 474; BGH 7. 10. 1969 – VI ZR 223/67, NJW 1970, 34 [35]), scheint nunmehr aber eher dem BAG zuzuneigen (BGH 25. 6. 2001 – II ZR 38/99, NJW 2001, 3123 [3124]). Die Literatur ist gespalten (dem BAG zustimmend Fleck, in: FS Hilger/Stumpf 197 [216]; gegen jegliche Haftunsprivilegierung Kaiser, AR-Blattei SD Nr 70. 2 Rn 217 f; diametral entgegengesetzt für eine Haftungsprivilegierung auch außerhalb des spezifischen Leitungsbereichs die hL, zB Waltermann RdA 2005, 98 [100]; Schaub/Linck, ArbR-Hdb § 59 Rn 40; Krause NZA 2003, 577 [581]; Otto/Schwarze, Haftung Rn 128; Hanau, in: FS Lorenz 283 [284 ff]; Boergen MDR 1971, 178; Bieler BB 1977, 1000). Richtigerweise ist die Haftungsprivilegierung auch auf leitende Angestellte und zwar nicht nur für den Bereich ihrer eigentlichen Leitungsfunktion, sondern – erst recht – außerhalb dessen anzuwenden. Die rechtsdogmatische und -politische Rechtfertigung der beschränkten Arbeitnehmerhaftung, das vom Arbeitgeber zu tragende Betriebsrisiko (ausf Staudinger/Richardi/Fischinger [2016] § 619a Rn 56 ff, 66 f), lässt sich nämlich bei leitenden Angestellten im Grundsatz ebenso anführen wie bei „normalen" Arbeitnehmern, sind doch auch sie letztlich fremdnützig und weitgehend fremdbestimmt tätig; das schließt es aber nicht aus, dass bei der konkreten Abwägung, in welchem Umfang der leitende Angestellte zu haften hat, dessen vergleichsweise weitergehendes selbstbestimmtes Tätigwerden berücksichtigt wird (Fischinger, Haftungsbeschränkung im Bürgerlichen Recht [2015] 569 ff).

III. Arbeitnehmerähnliche Personen*

1. Allgemeines

Von den Arbeitnehmern unterscheidet das geltende Recht die arbeitnehmerähnlichen Personen. Sie genießen nicht den vollen Schutz des Arbeitsrechts (näher

---

* **Schrifttum:** Hromadka, Arbeitnehmerähnliche Personen, NZA 1997, 1249; Naumann, Die arbeitnehmerähnliche Person in Fernsehunternehmen (2007); Neuvians, Die arbeitnehmerähnliche Person (2002); Pfarr, Die arbeitnehmerähnliche Person, in: FS Kehrmann (1997) 75; Pottschmidt, Arbeitnehmerähnliche Personen in Europa (2006); Richardi, MünchArbR § 20; Schubert, Der Schutz arbeitnehmerähnlicher Personen (2004).

Rn 236 ff). Bei Rechtsstreitigkeiten mit ihnen sind aber die Arbeitsgerichte ausschließlich zuständig (§ 5 Abs 1 S 2 ArbGG). Legt man dem geltenden Recht ein duales System von Selbstständigen und Arbeitnehmern zugrunde (so Wank, Arbeitnehmer und Selbständige [1988]), so gibt es Selbstständige, die wegen ihrer sozialen Schutzbedürftigkeit begrenzt in einen Sozialschutz einbezogen werden, wie er für Arbeitnehmer besteht. Der Unterschied zu ihnen bildet aber die Grundlage der Abgrenzung. Es besteht eine gesetzliche Dreiteilung, die durch die Trias von Selbstständigen, Arbeitnehmerähnlichen und Arbeitnehmern gebildet wird (so zutreffend Hromadka NZA 1997, 569 [576]). Die wichtigsten Gruppen Arbeitnehmerähnlicher sind die in Heimarbeit Beschäftigten (Rn 239 ff), Handelsvertreter (Rn 242, 1907 ff) sowie freie Mitarbeiter (Rn 62 ff).

2. Begriff der arbeitnehmerähnlichen Person

232 Der Begriff der arbeitnehmerähnlichen Person fand in die Gesetzessprache Eingang, als das ArbGG vom 23. 12. 1926 (RGBl I 507) den Arbeitnehmern Personen gleichstellte, „die ohne in einem Arbeitsvertragsverhältnis zu stehen, im Auftrag und für Rechnung bestimmter anderer Personen Arbeit leisten (Hausgewerbetreibende und sonstige arbeitnehmerähnliche Personen)" (vgl Hromadka NZA 1997, 1249 ff). Wer zu den arbeitnehmerähnlichen Personen gehört, kann nur nach Maßgabe des jeweiligen Gesetzes entschieden werden, um dessen Anwendung es geht (ebenso HWK/Thüsing Vorbem 113 vor § 611). Gemein ist ihnen die **wirtschaftliche Abhängigkeit** (vgl auch § 6 Abs 1 S 1 Nr 3 AGG; bis zu dessen Inkrafttreten bereits § 1 Abs 2 Nr 1 S 1 BeschSchG).

233 Eine **Legaldefinition** enthält **§ 12a Abs 1 Nr 1 TVG**, der die in einem Klammerzusatz enthaltene Bezeichnung „arbeitnehmerähnliche Personen" für Personen verwendet, „die wirtschaftlich abhängig und vergleichbar einem Arbeitnehmer sozial schutzbedürftig sind". Einschränkend wird sodann hinzugefügt, dass die Regelung für diese Personen nur gilt, „wenn sie aufgrund von Dienst- oder Werkverträgen für andere Personen tätig sind, die geschuldete Leistung persönlich und im Wesentlichen ohne Mitarbeit von Arbeitnehmern erbringen und

a) überwiegend für eine Person tätig sind oder

b) ihnen von einer Person im Durchschnitt mehr als die Hälfte des Entgelts zusteht, das ihnen für ihre Erwerbstätigkeit insgesamt zusteht" (vgl auch BAG 11. 4. 1997 – 5 AZB 33/96, AP Nr 30 zu § 5 ArbGG 1979).

234 Von Arbeitnehmern unterscheiden sich arbeitnehmerähnliche Personen also durch die **Abwesenheit persönlicher Abhängigkeit**, was in der Möglichkeit freier Zeiteinteilung sowie der fehlenden Eingliederung in die Organisation des „Arbeitgebers" zutage tritt. Diese Merkmale werden durch das Kriterium der **wirtschaftlichen Unselbstständigkeit** sowie das Erfordernis, dass der wirtschaftlich Abhängige seiner sozialen Stellung nach einem **Arbeitnehmer vergleichbar schutzwürdig** ist, ersetzt (vgl BAG 15. 4. 1993 – 2 AZB 32/92, NZA 1993, 789 [790 f]; BAG 11. 4. 1997 – 5 AZB 33/96, AP Nr 30 zu § 5 ArbGG 1979; BAG 15. 11. 2005 – 9 AZR 626/04, BeckRS 2006, 41233; BAG 21. 2. 2007 – 5 AZB 52/06, AP Nr 64 zu § 5 ArbGG 1979). Entscheidend sind die Umstände des Einzelfalles unter Berücksichtigung der Verkehrsanschauung (BAG 2. 10. 1990 – 4 AZR

160/90, AP Nr 1 zu § 12a TVG; BAG 16. 7. 1997 – 5 AZB 29/96, AP Nr 37 zu § 5 ArbGG 1979). Die wirtschaftliche Abhängigkeit setzt dabei voraus, dass der Tätige auf die Verwertung seiner Arbeitskraft angewiesen ist und dass er sich in der Regel an eine einzige Person gebunden hat, sodass ohne deren Aufträge seine wirtschaftliche Existenzgrundlage entfiele; ist er für mehrere Auftraggeber tätig, kommt es darauf an, ob die Beschäftigung für einen der Auftraggeber so wesentlich ist, dass die daraus fließende Vergütung die entscheidende Existenzgrundlage darstellt (BAG 17. 1. 2006 – 9 AZR 61/05, NZA-RR 2006, 616; BAG 21. 12. 2010 – 10 AZB 14/10, NZA 2011, 309 [310]; MünchKomm/Müller-Glöge § 611 Rn 215). Vergleichbar schutzwürdig einem Arbeitnehmer ist eine Person, wenn ihr Maß an Abhängigkeit einen Grad erreicht, der nach der Verkehrsanschauung grundsätzlich nur im Arbeitsverhältnis vorzufinden ist und die geleisteten Dienste nach ihrer sozialen Typik mit denen von Arbeitnehmern vergleichbar sind (zB BAG 15. 11. 2005 – 9 AZR 626/04, AP Nr 12 zu § 611 BGB). Dabei steht die Tatsache, dass die Person einen Gründungszuschuss nach § 93 SGB III bezieht, der wirtschaftlichen Abhängigkeit nicht entgegen (BAG 21. 12. 2010 – 10 AZB 14/10, NZA 2011, 309 [310]). Nachweise zur umfangreichen Einzelfallkasuistik bei ErfK/Preis § 611 Rn 115; Müller-Glöge, in: Germelmann/Matthes/Prütting ArbGG § 5 Rn 33 ff.

Wie der 9. Senat des BAG mittlerweile anerkannt hat, erlaubt es § 12a TVG den **235** Tarifvertragsparteien, den unbestimmten Rechtsbegriff der arbeitnehmerähnlichen Person auszufüllen, wenn sie den Geltungsbereich von Tarifverträgen festlegen, solange sie das Leitbild des § 12a TVG nicht überschreiten (BAG 15. 2. 2005 – 9 AZR 51/04, AP Nr 6 zu § 12a TVG; so schon der 4. Senat 2. 10. 1990 – 4 AZR 106/90, AP Nr 1 zu § 12a TVG).

3. Bedeutung der Einordnung als arbeitnehmerähnliche Person

Arbeitsrechtliche Regelungen sind auf arbeitnehmerähnliche Personen **grundsätzlich** **236** **nicht anwendbar**. Etwas anderes gilt nur, wo dies gesetzlich bestimmt ist. So enthält zB § 2 S 2 BUrlG für das Urlaubsrecht die Bestimmung, dass als Arbeitnehmer Personen gelten, „die wegen ihrer wirtschaftlichen Unselbstständigkeit als arbeitnehmerähnliche Personen anzusehen sind", wobei für den Bereich der Heimarbeit ausdrücklich eine Sonderregelung in § 12 BUrlG vorgesehen ist; § 2 S 2 BUrlG definiert dabei den Begriff nicht selbstständig, sondern knüpft an die allgemeine Begriffsbestimmung an (BAG 15. 11. 2005 – 9 AZR 626/04, AP Nr 12 zu § 611 BGB). Für den Kompetenzbereich der Arbeitsgerichtsbarkeit ergibt sich aus **§ 5 Abs 1 S 2 ArbGG**, dass als Arbeitnehmer auch die in Heimarbeit Beschäftigten und die ihnen Gleichgestellten gelten „sowie sonstige Personen, die wegen ihrer wirtschaftlichen Unselbstständigkeit als arbeitnehmerähnliche Personen anzusehen sind"; für Handelsvertreter wird dagegen in § 5 Abs 3 ArbGG besonders geregelt, unter welchen Voraussetzungen sie als Arbeitnehmer iS des ArbGG gelten (vgl auch Rn 1909). Nach **§ 12a TVG** können die Verbände der dort genannten arbeitnehmerähnlichen Personen Tarifverträge abschließen. § 12a TVG findet aber auf die Personen, für die vor allem der Begriff der arbeitnehmerähnlichen Person entwickelt wurde, keine Anwendung, nämlich für die in **Heimarbeit Beschäftigten** und die ihnen Gleichgestellten, weil es insoweit bei der Sonderregelung der §§ 17 ff HAG verbleibt, und er gilt auch nicht für Handelsvertreter (§ 12a Abs 4 TVG), obwohl man sie unter bestimmten Voraussetzungen zu den arbeitnehmerähnlichen Personen zählt (s Rn 242, 1911).

237 Neuere Spezialgesetze beziehen vermehrt auch arbeitnehmerähnliche Personen samt den in Heimarbeit Beschäftigten mit ein, so zB § 6 Abs 1 S 1 Nr 3 AGG; § 3 Nr 12 lit f GenDG, § 7 Abs 1 Nr 3 PflegeZG, § 138 SGB IX (dazu Rn 246). Auch angesichts dessen ist mit der Annahme einer analogen Anwendung anderer arbeitsrechtlicher Vorschriften auf arbeitnehmerähnliche Personen Zurückhaltung geboten; zu Recht hat das BAG zB eine analoge Anwendung von § 612a (BAG 14. 12. 2004 – 9 AZR 23/04, AP Nr 62 zu § 138 BGB; s § 612a Rn 8) oder § 613a (BAG 3. 7. 1980 – 3 AZR 1077/78, AP Nr 23 zu § 613a BGB) abgelehnt. Nichts anderes kann für den allgemeinen und besonderen arbeitsrechtlichen Kündigungsschutz gelten (Nichtanwendung von § 622: BAG 8. 5. 2007 – 9 AZR 777/06, BB 2007, 2298 [2299 f]; Nichtanwendung von § 85 SGB IX: LAG Düsseldorf 11. 11. 2013 – 9 Sa 469/13, juris Rn 83).

238 Ob die für Arbeitnehmer geltende **Haftungsprivilegierung** auch auf arbeitnehmerähnliche Personen zu erstrecken ist, ist umstritten (bejahend BSG 24. 6. 2003 – B 2 U 39/02 R, NJW 2004, 966 [967]; LAG Hessen 17. 5. 2013 – 13 Sa 857/12, BeckRS 2013, 70404; Erman/Belling, § 619a Rn 4; Krause NZA 2003, 577 [582]; verneinend BGH 7. 10. 1969 – VI ZR 223/67, NJW 1970, 34 [35]; LAG Berlin 29. 10. 1990 – 9 Sa 67/90, LAGE Nr 15 zu § 611 BGB Arbeitnehmerhaftung; ErfK/Preis, § 619a Rn 19; vermittelnd MüKo-BGB/Henssler, § 619a Rn 18; Reichold, MünchArbR § 51 Rn 65). Richtigerweise ist dies zu **verneinen**, und zwar vor allem deshalb, weil es mangels Weisungsgebundenheit und Eingliederung in die vom Auftraggeber vorgegebene Betriebsorganisation an einem mit Arbeitnehmern vergleichbaren, fremdbestimmten Tätigwerden fehlt (Fischinger, Haftungsbeschränkung im Bürgerlichen Recht [2015] 567 ff; s näher Staudinger/Richardi/Fischinger [2016] § 619a Rn 28 ff, 68 f).

4. Heimarbeit

239 Heimarbeit wird zumeist von Personen verrichtet, die wegen ihrer individuellen Situation oder der allgemeinen Umstände ihres Lebensbereichs keinen Arbeitsplatz in einem Betrieb erhalten und zumeist geschäftlich zu unerfahren sind, um für den Markt zu arbeiten und daher die Auswertung ihrer Arbeit einem Unternehmer, dem sog Verleger, überlassen. Gewerkschaften spielen in der Heimarbeit so gut wie überhaupt keine Rolle. Für die in Heimarbeit Beschäftigten und ihnen Gleichgestellten enthält das **Heimarbeitsgesetz** vom 14. 3. 1951 (BGBl I 191) Regelungen, um wenigstens ein Mindestmaß sozialen Schutzes zu verwirklichen (s vor allem den Kommentar von Schmidt/Koberski/Tiemann/Wascher [4. Aufl 1998]; weiterhin Heenen, MünchArbR § 315); geschützt sind sie ferner durch § 103 SGB III und §§ 10, 11 EFZG. Nach § 5 Abs 1 S 2 BetrVG gelten Heimarbeiter, die in der Hauptsache für den Betrieb arbeiten, als Arbeitnehmer; damit ist bei Kündigungen § 102 BetrVG zu beachten. Im Übrigen finden arbeitsrechtliche Schutzvorschriften, auch des Kündigungsschutzes (BAG 8. 5. 2007 – 9 AZR 777/06, BB 2007, 2298 [2299 f]; LAG Hamm 15. 6. 1989 – 10 Sa 675/88, nv), auf sie keine Anwendung. Die Bedeutung der Heimarbeit ist in den letzten Jahren angesichts der Möglichkeiten von Computer-Heimarbeit ("virtuelles Büro") gestiegen; es bleibt abzuwarten, ob sich dieser Trend verfestigt und, wenn ja, ob dies Anlass für Neuregelungen geben wird.

240 Die in Heimarbeit Beschäftigten sind **keine Arbeitnehmer** (ebenso BAG 10. 7. 1963 – 4 AZR 237/62, BAGE 14, 245 [248]; zu § 613a BAG 3. 7. 1980 – 3 AZR 1077/78, BAGE 34, 34; zu § 615 BAG 13. 9. 1983 – 3 AZR 270/81, BAGE 44, 124 [129 f]; Hueck/Nipperdey I 55 ff; Nikisch I

136 ff; ZÖLLNER/LORITZ/HERGENRÖDER § 4 VI 1; **aA** für Heimarbeiter DIETZ, BetrVG [4. Aufl 1967] § 4 Rn 18; s zum Meinungsstand KAPPUS, Rechtsfragen der Telearbeit [1986] 177 ff). Dabei hat man allerdings zu beachten, dass die Arbeit in eigener Wohnung nicht der Anerkennung der Arbeitnehmereigenschaft entgegensteht (vgl Rn 104).

Vom Heimarbeiter ist deshalb der **Außenarbeitnehmer** abzugrenzen (vgl ausführlich **241** KAPPUS, Telearbeit 196 ff). Kriterium ist hier auch zunächst, ob Heimarbeit auf der Grundlage eines Dienst- oder Werkvertrages erbracht wird. In den typischen Fällen der Heimarbeit ist die zugesagte Dienstleistung nicht zeitbezogen, sondern erfolgsbezogen, sodass ein Werkvertrag vorliegt (ebenso KAPPUS, Telearbeit 227 f). Wird dagegen Heimarbeit auf der Grundlage eines Dienstvertrages erbracht, so begründet die Dauerbeziehung im Allgemeinen die Arbeitnehmereigenschaft.

5. Handelsvertreter

Handelsvertreter sind – anders als Handlungsgehilfen (vgl § 84 Abs 2 HGB) – keine **242** Arbeitnehmer, sondern selbstständige Unternehmer (vgl zur Abgrenzung näher Rn 1909). Dennoch kann ein Sozialschutz sachlich gerechtfertigt sein. Deshalb sieht **§ 92a HGB** vor, dass für das Vertragsverhältnis eines Handelsvertreters, der vertraglich nicht für weitere Unternehmer tätig werden darf oder dem dies nach Art und Umfang der von ihm verlangten Tätigkeit nicht möglich ist **(Einfirmenvertreter)**, durch Rechtsverordnung die untere Grenze der vertraglichen Leistungen des Unternehmers festgesetzt werden kann, um die notwendigen sozialen und wirtschaftlichen Bedürfnisse dieser Handelsvertreter sicherzustellen. Für Rechtsstreitigkeiten mit Handelsvertretern sind, wenn sie zu diesem Personenkreis gehören und wenn sie monatlich nicht mehr als 1000 € an Vergütung einschließlich Provision und Ersatz für einen im regelmäßigen Geschäftsbetrieb entstandenen Aufwendungen bezogen haben, die Arbeitsgerichte zuständig (§ 5 Abs 3 ArbGG). Die Vergütungsgrenze kann durch Rechtsverordnung den jeweiligen Lohn- und Preisverhältnissen angepasst werden.

6. Sonstige arbeitnehmerähnliche Personen

Wenn man von den in Heimarbeit Beschäftigten und den Handelsvertretern absieht, **243** kommen als arbeitnehmerähnliche Personen nur noch die sog **freien Mitarbeiter** in Betracht. Nach § 2 S 2 BUrlG für den Bereich des Urlaubsrechts und nach § 5 Abs 1 S 2 ArbGG für die Zuständigkeit der Arbeitsgerichte gelten als Arbeitnehmer auch „Personen, die wegen ihrer wirtschaftlichen Unselbstständigkeit als arbeitnehmerähnliche Personen anzusehen sind". Zur Konkretisierung kann man § 12a Abs 1 Nr 1 TVG heranziehen, wo darauf abgestellt wird, dass es sich um Personen handelt, „die wirtschaftlich abhängig und vergleichbar einem Arbeitnehmer sozial schutzbedürftig sind".

§ 12a TVG wurde durch Art II § 1 des Heimarbeitsänderungsgesetzes vom 29. 10. **244** 1974 in das TVG eingefügt, um dadurch vor allem den sog **Mitarbeitern der Rundfunk- und Fernsehanstalten** die Möglichkeit zu eröffnen, durch Zusammenschluss in einer Gewerkschaft Tarifverträge über ihre Arbeits- und Wirtschaftsbedingungen abzuschließen. Die Regelung gilt, wenn die genannten Personen aufgrund von Dienst- oder Werkverträgen für andere Personen tätig sind, die geschuldeten Leistungen persönlich und im Wesentlichen ohne Mitarbeit von Arbeitnehmern erbringen und entweder überwiegend für eine Person tätig sind oder ihnen von einer Person im Durchschnitt mehr als die Hälfte des Entgelts zusteht, bei Personen, die künstlerische, schriftstellerische oder journalistische Leistungen erbringen, bzw an der Erbringung, insbesondere der technischen Gestaltung solcher Leistungen unmittelbar mitwirken, auch dann, wenn ihnen im Durchschnitt mindestens ein Drittel des Entgelts zusteht, das ihnen für ihre Erwerbstätigkeit insgesamt zusteht (**§ 12a Abs 1 Nr 1 lit a, b, Abs 3 TVG**). Gefordert wird also nicht, wie man sonst für arbeitnehmerähnliche Personen als ausschlaggebend angesehen hat, dass jemand im Wesentlichen nur für einen Auftraggeber tätig ist (vgl Nikisch I 135). Es wird vielmehr darauf abgestellt, dass wirtschaftliche Abhängigkeit anzunehmen ist, wenn jemand von einer Person im Durchschnitt mehr als die Hälfte bzw sogar nur ein Drittel des Entgelts erhält, das ihm für seine Erwerbstätigkeit insgesamt zusteht (vgl auch Stein, in: Kempen/Zachert, TVG [5. Aufl 2014] § 12a Rn 28; Wank, in: Wiedemann, TVG § 12a Rn 73 ff; Reinecke, in: Däubler, TVG [3. Aufl 2012] § 12a Rn 44 ff).

245 Durch die Abgrenzung in § 12a Abs 1 Nr 1 TVG bringt der Gesetzgeber zum Ausdruck, dass er diesen Personenkreis nicht als Arbeitnehmer ansieht. Die Gesetzesbestimmung kann aber nicht herangezogen werden, um die Arbeitnehmer von den arbeitnehmerähnlichen Personen abzugrenzen; sie setzt vielmehr voraus, dass die Arbeitnehmereigenschaft zu verneinen ist (ebenso Rosenfelder, Der arbeitsrechtliche Status des freien Mitarbeiters [1982] 154). Da jedoch § 12a Abs 1 Nr 1 TVG ohne Unterschied darauf abstellt, dass arbeitnehmerähnliche Personen aufgrund von Dienst- oder Werkverträgen für andere Personen tätig sein können, werden mehr Probleme aufgeworfen als gelöst; insbesondere ist zu beachten, dass nach Art 9 Abs 3 GG die Koalitionsfreiheit und damit die Möglichkeit, sich am Tarifvertragssystem zu beteiligen, nicht in den Grenzen des § 12a TVG besteht (vgl insoweit zutreffend Rancke, Die freien Berufe zwischen Arbeits- und Wirtschaftsrecht [1978] 117 ff, 133).

246 Nach **§ 138 SGB IX** stehen **Behinderte**, die in Werkstätten für behinderte Menschen (§ 136 SGB IX) arbeiten, zu diesen in einem arbeitnehmerähnlichen Rechtsverhältnis, wenn sie nicht nach allgemeinen Grundsätzen Arbeitnehmer sind, und soweit sich aus dem zugrunde liegenden Sozialleistungsverhältnis nichts anderes ergibt. Ein Arbeitsverhältnis liegt erst dann vor, wenn der Hauptzweck der Beschäftigung das Erbringen wirtschaftlich verwertbarer Leistungen ist und nicht die Ermöglichung einer angemessenen Beschäftigung Vordergrund des Aufenthalts in der Behindertenwerkstatt ist (LAG Baden-Württemberg 26. 1. 2009 – 9 Sa 60/08, juris Rn 49). Ob der Begriff arbeitnehmerähnliches Rechtsverhältnis im technischen Sinne zu verstehen ist, ist fraglich (zweifelnd ErfK/Preis § 611 Rn 180). Jedenfalls hat die Werkstatt dem Behinderten ein Arbeitsentgelt zu zahlen (§ 138 Abs 2 SGB IX), wobei sich der Grundbetrag nicht in erster Linie nach der individuellen Leistungsfähigkeit des Behinderten bemessen darf (BAG 3. 3. 1999 – 5 AZR 162/98, NZA 1999, 825 [825 f]). Kündigen kann die Werkstatt das arbeitnehmerähnliche Verhältnis nur, wenn die Werkstattfähigkeit (§§ 136 Abs 2 SGB IX) wegfällt und/oder der Leistungsbescheid durch den Sozialleistungsträger aufgehoben wird. Für Streitigkeiten sind nach § 2 Abs 1 Nr 10 ArbGG die Arbeitsgerichte zuständig.

Titel 8 · Dienstvertrag und ähnliche Verträge
Untertitel 1 · Dienstvertrag § 611

IV. Betrieb und Unternehmen

1. Bedeutung des Betriebsbegriffs

Vor allem der **Begriff des Betriebs** ist der Anknüpfungspunkt für vielfältige arbeitsrechtliche Regelungen. Die Betriebsverfassung baut auf ihm auf (Richardi, ZfA 2010, 487 [490 ff]), denn er bezeichnet die Organisationseinheit, für die durch Wahl Arbeitnehmerrepräsentanten, die Betriebsräte, zur Mitwirkung und Mitbestimmung der Arbeitnehmer gebildet werden. Der Begriff ist weiterhin für das Koalitionsverbandsrecht von Bedeutung, soweit der Organisations- und Zuständigkeitsbereich einer Koalition nach dem Industrieverbandsprinzip abgegrenzt wird. Im Tarifvertragsrecht wird er herangezogen, um den Geltungsbereich eines Tarifvertrags festzulegen. Aber auch im Arbeitsvertragsrecht spielt er eine überragende Rolle: Da der Arbeitnehmer regelmäßig für einen bestimmten Betrieb eingestellt wird, ist der Leistungsort der Ort des Betriebs (s Rn 1060). Beim Geltungsbereich für den allgemeinen Kündigungsschutz stellt der Gesetzgeber in § 23 Abs 1 S 2 und 3 KSchG auf die Mindestanzahl der im Betrieb beschäftigten Arbeitnehmer ab; auch für die Frage, ob der Arbeitgeber vor der Entlassung mehrerer Arbeitnehmer zur Anzeige bei der Agentur für Arbeit verpflichtet ist, ist der Betriebsbegriff maßgeblich, § 17 Abs 1 KSchG (zum Betriebsbegriff der zugrundeliegenden RL 98/59/EG vgl EuGH 15. 2. 2007 – Rs C 270/05, AP Nr 4 zu EWG-Richtlinie Nr 98/59). Die Haftungsbefreiung eines Arbeitnehmers für Personenschäden in § 105 SGB VII greift nur ein, wenn der Geschädigte für „denselben Betrieb" tätig ist. Der Betriebsbegriff erscheint schließlich als Schlüsselbegriff beim Betriebsinhaberwechsel durch Rechtsgeschäft; § 613a hat dem Betrieb aber ohne weitere Einschränkung den Betriebsteil gleichgestellt. 247

2. Historische Entwicklung

Die §§ 611 ff kennen in ihrer **ursprünglichen Gesetzesfassung** weder den **Begriff des Betriebs noch** den des **Unternehmens**. Auch sonst sprach das BGB vom Betrieb nur im Sinne einer Tätigkeitsbezeichnung, zB in § 112, wenn dort vom „selbstständigen Betrieb eines Erwerbsgeschäfts" die Rede ist. 248

Wie der Arbeitnehmerbegriff hat der Begriff des Betriebs seine spezifische Auslegung durch das Sozialversicherungsrecht erhalten (vgl §§ 1 und 2 des Krankenversicherungsgesetzes vom 15. 6. 1883 sowie § 1 des Unfallversicherungsgesetzes vom 6. 7. 1884). Er ist von dort in das Arbeitsrecht übernommen worden, um Organisation und Tätigkeitsbereich einer institutionalisierten Arbeitnehmervertretung festzulegen. Der Begriff des Betriebs hat damit den bis dahin verwandten Begriff der Fabrik abgelöst (vgl Joost, Betrieb und Unternehmen [1988] 19 ff). Noch die Novelle zur Gewerbeordnung vom 1. 6. 1891, die in ihrer Regelung über den Erlass der Arbeitsordnung ein Anhörungsrecht für auf freiwilliger Grundlage gebildete Arbeiterausschüsse vorsah, sprach von „Fabriken, für welche ein ständiger Arbeiterausschuss" besteht (§ 134d GewO). Erst das Hilfsdienstgesetz vom 5. 12. 1916 rückte den Begriff des Betriebs in den Mittelpunkt, um die Organisation zu bezeichnen, für die eine Arbeitnehmervertretung zu bilden war. Der Begriff des Betriebes bildete sodann nach dem Betriebsrätegesetz vom 4. 2. 1920 die Einheit, für die regelmäßig ein Betriebsrat zu errichten ist. Schon das Betriebsrätegesetz sah aber eine zweistufige Arbeitnehmerrepräsentation vor, in dem es „die Errichtung eines Gesamtbetriebs- 249 rates neben den Einzelbetriebsräten" zuließ, wenn sich unter den in § 50 BRG genannten Voraussetzungen mehrere Betriebe „in der Hand eines Eigentümers" befanden (vgl Joost aaO 29 ff).

250 Für die Unterscheidung zwischen Betrieb und Unternehmen grundlegend wurde die Untersuchung von Erwin Jacobi, Betrieb und Unternehmen als Rechtsbegriffe (1926). Der Betriebsbegriff, wie er auch heute noch in Rechtsprechung und Rechtslehre Verwendung findet, geht auf seine Definition zurück: Betrieb ist die „Vereinigung von persönlichen, sächlichen und immateriellen Mitteln zur fortgesetzten Verfolgung eines von einem oder mehreren Rechtssubjekten gemeinsam gesetzten technischen Zweckes" (Jacobi 9; ders, Grundlehren des Arbeitsrechts [1927] 286). Für Jacobi ist die Unterscheidung zum Unternehmen wesentlich, die er in der Verschiedenheit des Zwecks sieht, auf die Betrieb und Unternehmen jeweils gerichtet sind: Beim Unternehmen werde im Gegensatz zum Betrieb die Vereinigung von persönlichen, sächlichen und immateriellen Mitteln „durch das von einem Rechtssubjekt (oder von mehreren Rechtssubjekten) gemeinsam verfolgte Ziel, ein bestimmtes Bedürfnis zu befriedigen", gebildet (Jacobi, Betrieb und Unternehmen 20). Mit diesem von ihm entwickelten „Begriff des Betriebes im objektiven Sinn" sollte sich der allgemeine Betriebsbegriff, den das Betriebsrätegesetz zugrunde legt, decken (Jacobi, Betrieb und Unternehmen 36). Damit waren aber zugleich die Weichen dafür gestellt, die Begriffsbestimmung auch sonst dem Arbeitsrecht zugrunde zu legen, ohne die Besonderheit des arbeitsrechtlichen Normzusammenhangs in die Abgrenzung einzubeziehen.

3. Begriffsbestimmung des Betriebs

a) Rechtsprechung und herrschende Lehre

251 Der Begriff des Betriebs wird im Gesetzesrecht nicht definiert, sondern als bekannt vorausgesetzt. In Anlehnung an die Begriffsbestimmung von Erwin Jacobi definiert man überwiegend den Betrieb als die **„organisatorische Einheit, innerhalb derer ein Unternehmer allein oder in Gemeinschaft mit seinen Mitarbeitern mit Hilfe von sächlichen und immateriellen Mitteln bestimmte arbeitstechnische Zwecke fortgesetzt verfolgt"** (A Hueck, in: Hueck/Nipperdey I, 93; so auch BAG 3. 12. 1954 – 1 ABR 7/54, BAGE 1, 175 [178]; BAG 13. 7. 1955 – 1 ABR 20/54, BAGE 2, 91 [93]; aus letzter Zeit BAG 14. 9. 1988 – 7 ABR 10/87, BAGE 59, 319 [324]; BAG 29. 5. 1991 – 7 ABR 54/90, BAGE 68, 67 [71]; BAG 1. 8. 2001 – 4 AZR 82/00, BAGE 98, 314 [320]; BAG 5. 2. 2009 – 6 AZR 110/08, NZA 2009, 1215 [1217]).

252 Nach herrschendem Verständnis sind Betrieb und Unternehmen **organisatorische Einheiten**, die sich allein durch ihren Zweck unterscheiden: Der Betrieb diene einem **arbeitstechnischen Zweck**, das Unternehmen dem hinter dem arbeitstechnischen Zweck liegenden Ziel, regelmäßig einem **wirtschaftlichen Zweck** (BAG 3. 12. 1954 – 1 ABR 7/54, BAGE 1, 175 [178]; BAG 13. 7. 1955 – 1 ABR 20/54, BAGE 2, 91 [93]; BAG 1. 2. 1963 – 1 ABR 1/62, BAGE 14, 82; BAG 24. 2. 1976 – 1 ABR 62/75, AP Nr 2 zu § 4 BetrVG 1972; BAG 23. 9. 2010 – 8 AZR 567/09, NZA 2011, 197 [199]; Hueck/Nipperdey I 96 f; Nikisch I 156 f; Zöllner/Loritz/Hergenröder § 46 II 2; Brecher, Das Unternehmen als Rechtsgegenstand [1953] 117). Während aber Jacobi in der Organisation nur ein Betriebsmittel neben anderen sah, steht heute die Erkenntnis im Mittelpunkt, dass Betrieb und Unternehmen jeweils eine organisatorische Einheit darstellen (vgl Joost, Betrieb und Unternehmen [1988] 94 ff).

Folgt man der herkömmlichen Betrachtung, so ist für die Annahme eines Betriebs **253** entscheidend, dass zur Erreichung einer arbeitstechnischen Zielsetzung eine *organisatorische Einheit* besteht (vgl BAG 23. 9. 1982 – 6 ABR 42/81, BAGE 40, 163 [165] und BAG 17. 2. 1983 – 6 ABR 64/81, BAGE 41, 303 [405]). Nicht notwendig ist, dass sie nur einem arbeitstechnischen Zweck dient, sondern möglich ist, dass ein einheitlicher Betrieb mehrere arbeitstechnische Zwecke gleichzeitig verfolgt (BAG 1. 2. 1963 – 1 ABR 1/62, BAGE 14, 82 [92]; BAG 17. 1. 1978 – 1 ABR 71/76, BAGE 30, 12 [20]; BAG 23. 9. 1982 – 6 ABR 42/81, BAGE 40, 163 [166]; BAG 25. 9. 1986 – 6 ABR 68/84, BAGE 53, 119 [127] und BAG 14. 9. 1988 – 7 ABR 10/87, BAGE 59, 319 [324]). Nicht erforderlich ist auch, dass die verschiedenen Zwecke sich berühren müssen (so aber RAG ARS 27, 87 [91]; Nikisch III 34). Deshalb kann in einem Unternehmen die Hauptverwaltung mit einer Produktionsstätte zu einem einheitlichen Betrieb zusammengefasst sein (vgl BAG 23. 9. 1982 – 6 ABR 42/81, BAGE 40, 163 [166 f]). Ein Wechsel oder eine Ergänzung der arbeitstechnischen Zielsetzung, zB Werkzeug- statt Maschinenfabrik, berührt nicht den Bestand des Betriebs, wenn die Organisationseinheit erhalten bleibt (vgl LAG Frankfurt 12. 4. 1950 – II LA 37/50, BB 1950, 479).

Da man das Wesensmerkmal des Betriebs in der Zusammenfassung zu einer orga- **254** nisatorischen Einheit erblickt, sieht man das Kriterium für die Einheitlichkeit der Organisation darin, dass ein **einheitlicher Leitungsapparat** vorhanden ist (BAG 23. 9. 1982 – 6 ABR 42/81, BAGE 40, 163 [166] und BAG 17. 2. 1983 – 6 ABR 64/81, BAGE 41, 403 [406]; BAG 25. 9. 1986 – 6 ABR 86/84, BAGE 53, 119 [127]; BAG 29. 5. 1991 – 7 ABR 54/90, BAGE 68, 67 [72]; so vor allem Dietz, in: FS Nikisch [1958] 23 [27 f]; Nikisch I 154). Da in Unternehmen, die sich in zwei oder mehrere Betriebe gliedern, die Betriebsleitung nicht mit der Unternehmensleitung identisch zu sein braucht, kann man sich für sie nicht an der für das Unternehmen maßgeblichen, bei Gesellschaften gesellschaftsrechtlich festgelegten Zuständigkeitsregelung orientieren. Die Einheit des Leitungsapparats kann deshalb im Verhältnis zur Unternehmensleitung nur relativ gegeben sein. Damit bleibt aber offen, nach welchen Merkmalen die einheitliche Leitung zu bestimmen ist, um mit ihrer Hilfe den Betrieb abzugrenzen. Für die Betriebsverfassung sieht man als entscheidend an, dass der Kern der Arbeitgeberfunktionen im sozialen und personellen Bereich von derselben institutionellen Leitung ausgeübt wird (BAG 14. 9. 1988 – 7 ABR 10/87, BAGE 59, 319 [325]; bereits BAG 29. 1. 1987 – 6 ABR 23/86, AP Nr 6 zu § 1 BetrVG 1972).

b) Notwendigkeit einer teleologischen Begriffsbestimmung

Weder durch den Hinweis auf die organisatorische Einheit noch durch deren Ver- **255** knüpfung mit dem Kriterium einheitlicher Leitung lässt sich der Betriebsbegriff bestimmen (so zutreffend Joost, Betrieb und Unternehmen [1988] 129). Eine Präzisierung der Betriebsabgrenzung ist nur zu erreichen, wenn man den Betriebsbegriff **teleologisch im Kontext des jeweiligen Regelungskomplexes** interpretiert. Der für die Betriebsverfassung entwickelte Betriebsbegriff deckt sich nicht mit dem Betriebsbegriff des Kündigungsschutzgesetzes, der wiederum nicht den tatbestandlichen Voraussetzungen für den gesetzlichen Übergang des Arbeitsverhältnisses bei einem Betriebsinhaberwechsel nach § 613a entspricht. Für den Haftungsausschluss unter Arbeitskollegen nach § 105 Abs 1 SGB VII ist die Zugehörigkeit zu demselben Betrieb unternehmensbezogen zu interpretieren.

Die Verwendung des Betriebsbegriffs im Arbeitsrecht berührt nicht die **rechtliche** **256**

Vermögens- und Zuständigkeitsordnung des Unternehmens. Diese ist, da das Arbeitsverhältnis nicht mit einem Betrieb, sondern mit dem Arbeitgeber besteht, auch für die Arbeitgeber-Arbeitnehmer-Beziehungen verbindlich, weil durch sie die für den Arbeitgeber maßgebende Ordnung festgelegt wird. Soweit in Arbeitsgesetzen an den Begriff des Betriebs angeknüpft wird, ist damit im Allgemeinen der Betrieb als das arbeitstechnische Spiegelbild des Unternehmens gemeint (so zutreffend zu § 5 Abs 3 Nr 3 BetrVG 1972 BAG 5. 3. 1974 – 1 ABR 19/73, BAGE 26, 36 [52] und BAG 9. 12. 1975 – 1 ABR 80/73, BAGE 27, 374 [383]). Bei Unternehmen mit mehreren Betrieben bildet der Betrieb keine vom Unternehmen verschiedene Arbeitsorganisation, sondern ist lediglich „dessen räumliche Teilorganisation" (BAG 9. 12. 1975 – 1 ABR 80/73, BAGE 27, 374, [383]; ebenso Th Raiser, Das Unternehmen als Organisation [1969] 123 ff). Deshalb ist die Unterscheidung von Betrieb und Unternehmen arbeitsrechtlich nur bedeutsam, wenn eine Regelung sich nach ihrem Zweck nicht auf den gesamten unternehmerischen Tätigkeitsbereich bezieht (so zutreffend Joost aaO 403). Für die Betriebsverfassung ist der maßgebliche Gesichtspunkt, die Mitbestimmungsordnung arbeitnehmernah zu gestalten (vgl Richardi, ArbRGegw 13 [1976] 19 [46]; ebenso Joost, Betrieb und Unternehmen [1988] 239). Deshalb wird hier mit dem Begriff des Betriebs die Organisationseinheit festgelegt, in der die Arbeitnehmer zur Wahrnehmung der Mitwirkungs- und Mitbestimmungsrechte einen Betriebsrat wählen können. Der Betriebsbegriff in § 23 Abs 1 S 2 und 3 KSchG bezieht sich dagegen auf den „Arbeitgeber", erfasst also nicht den Kleinbetrieb in einem Großunternehmen (vgl BVerfG 27. 1. 1998 – 1 BvL 15/87, BVerfGE 97, 169 [184 f]).

c) Betrieb oder Betriebsteil

257 Ein Arbeitgeber kann zwei oder mehrere Betriebe haben. Auch soweit wie bei einer juristischen Person oder Gesamthandsgemeinschaft eine doppelte unternehmerische Betätigung ausscheidet (s Rn 266), können mehrere Betriebe bestehen; denn die arbeitstechnische Organisation eines Unternehmens kann sich in mehrere Betriebe gliedern. Deshalb besteht in derartigen Fällen das Problem, ob bereits ein Betrieb oder lediglich ein Betriebsteil vorliegt.

258 Die Unterscheidung von Betrieb und Betriebsteil kann wie die Unterscheidung von Unternehmen und Betrieb ebenfalls nicht objektiv getroffen werden, sondern man muss den **normativen Zusammenhang** beachten, für den sie vorgenommen wird. Maßgebend sind deshalb auch hier teleologische Gesichtspunkte. So spielt für § 613a keine Rolle, ob ein Betrieb oder Betriebsteil durch Rechtsgeschäft auf einen anderen Inhaber übergeht. Für die Betriebsverfassung ist der Unterschied dagegen wesentlich; denn die Bildung eines Betriebsrats in Betriebsteilen ist nur zulässig, wenn sie räumlich weit vom Hauptbetrieb entfernt oder durch Aufgabenbereich und Organisation eigenständig sind (§ 4 Abs 1 S 1 BetrVG).

4. Unternehmen als Organisations- und Wirkungseinheit des Arbeitgebers

a) Bedeutung des Unternehmensbegriffs im Arbeitsrecht

259 Durch die Anknüpfung an den Begriff des Betriebs wird vielfach die Bedeutung, die der Begriff des Unternehmens für die Arbeitgeber-Arbeitnehmer-Beziehungen hat, verdeckt. Keineswegs trifft es aber zu, dass der Begriff des Unternehmens in erster Linie zum Bereich des Gesellschafts- und Wirtschaftsrechts gehört (so aber Biedenkopf, Mitbestimmung [1972] 316; ebenso Nikisch I 156 f; ErfK/Preis § 611 Rn 196; zutreffend dagegen Joost, Betrieb und Unternehmen [1988] 1 ff). Die Relativität der Unterscheidung zwischen Betrieb und Unternehmen tritt klar in Erscheinung, sobald ein Unternehmen eine arbeitstechnische Organisation zu seiner Zielverwirklichung unterhält. Die betriebsverfassungsrechtliche Mitbestimmungsordnung beschränkt sich aber nicht auf den Betrieb als arbeitstechnisches Spiegelbild des Unternehmens, sondern unterscheidet vom Betrieb das Unternehmen, um eine zweistufige Arbeitnehmerrepräsentation festzulegen: In Unternehmen, die sich in mehrere Betriebe gliedern, wird, wenn mindestens zwei Betriebe einen Betriebsrat haben, ein **Gesamtbetriebsrat** gebildet, der die Beteiligungsrechte in den Angelegenheiten ausübt, die nicht mit den Betriebsräten auf Betriebsebene geregelt werden können (§§ 47, 50 BetrVG).

Auch im Individualarbeitsrecht verwendet der Gesetzgeber häufig das Unternehmen als Gebrauchsbegriff, zB für den Erwerb des Kündigungsschutzes in § 1 Abs 1 KSchG. Darin liegt häufig nicht mehr als eine Klarstellung, dass bei Gliederung der arbeitstechnischen Organisation des Unternehmens in mehrere Betriebe nicht die Zugehörigkeit zu diesen Teilbereichen, sondern die Zugehörigkeit zum Gesamtbereich des Unternehmens maßgebend ist. **260**

b) Historische Entwicklung

Für das Arbeitsrecht braucht man **keinen besonderen Unternehmensbegriff** zu entwickeln; es gelten vielmehr dieselben Gesichtspunkte wie auch sonst für die Festlegung des Unternehmens als Rechtsbegriff; denn Arbeitgeber kann nur eine Rechtsperson oder eine als Gesamthand anerkannte Personengesellschaft sein. **261**

Soweit das Handelsgesetzbuch Anwendung findet, ist das Unternehmen das ökonomisch-soziale Substrat des Kaufmannsbegriffs (vgl Raisch, Geschichtliche Voraussetzungen, dogmatische Grundlagen und Sinnwandlung des Handelsrechts [1965] 121 ff; Th Raiser, Das Unternehmen als Organisation [1969] 1 ff). Der Begriff entspricht also insoweit dem Begriff des Handelsgewerbes (§§ 1–3 HGB) und dem Begriff des Handelsgeschäfts im Sinne der §§ 22–27 HGB (dazu auch Fischinger, Handelsrecht [2015] Rn 29 ff und 234 f). **262**

Der **Begriff des Unternehmens** wurde zum Schlüsselbegriff, als Gesetzgebung und Rechtsprechung unabhängig von der Kaufmannseigenschaft Rechtssätze für Gewerbetreibende entwickelten (vgl Gierke/Sandrock, Handels- und Wirtschaftsrecht [9. Aufl 1975] § 13 I 2 b). Eine neue Dimension erhielt der Unternehmensbegriff, als man mit der Formel vom „Unternehmen an sich" (Haussmann, Vom Aktienwesen und vom Aktienrecht [1928]) den Versuch unternahm, das Interesse der Aktiengesellschaft den Aktionärsinteressen gegenüberzustellen, und als man in der Zeit nach 1933 versuchte, durch den Begriff des Unternehmens „die Abstraktheit der juristischen Person zu überwinden" (Fechner, Die Treuebindungen des Aktionärs [1942] 62; vgl dazu im Einzelnen Flume, Allgemeiner Teil des Bürgerlichen Rechts, Bd I/2 [1983] § 2 III-V). Noch einen Schritt weiter geht, wer im Unternehmen einen sozialen Herrschaftsverband sieht, dem neben dem Management die Arbeitnehmer und die Anteilseigner angehören (Sozialverbandstheorie; vgl Boettcher/Hax/Kunze/vNell-Breuning/Ortlieb/Preller, Unternehmensverfassung als gesellschaftspolitische Forderung [1968]; unter Heranziehung der Organisationssoziologie Th Raiser, Das Unternehmen als Organisation [1969]). Sinn dieser Bemühungen ist eine Verselbstständigung des Unternehmens, um eine paritätische Beteiligung der Arbeitnehmer an der Auswahl und Kontrolle der Unternehmensleitung zu legitimie- **263** ren. Mit dem geltenden Recht lässt sich diese Auffassung nicht vereinbaren; die Sozialverbandstheorie ist nichts anderes als „eine geschickte Ideologie, um Mitbestimmungsforderungen zu begründen" (Wiedemann, Gesellschaftsrecht I [1980] 309).

c) Unternehmen als Rechtsbegriff

264 Unter Unternehmen wird eine organisatorische Einheit verstanden, die aus einem oder mehreren Betrieben besteht und einem **wirtschaftlichen oder ideellen Zweck** dient (BAG 3. 12. 1954 – 1 ABR 7/54, BAGE 1, 175 [178]; BAG 13. 7. 1955 – 1 ABR 20/54, BAGE 2, 91 [93]; BAG 1. 2. 1963 – 1 ABR 1/62, BAGE 14, 82; BAG 24. 2. 1976 – 1 ABR 62/75, AP Nr 2 zu § 4 BetrVG 1972; BAG 29. 9. 2004 – 1 ABR 39/03, RdA 2005, 377 [379]; Hueck/Nipperdey I 96 f; Nikisch I 156 f; Zöllner/Loritz/Hergenröder § 46 II 2; Brecher, Das Unternehmen als Rechtsgegenstand [1953] 117; MünchKomm/Müller-Glöge § 611 Rn 240; ErfK/Preis § 611 Rn 196).

265 Für die Annahme eines Unternehmens ist die **Planungs-, Organisations- und Leitungsautonomie weder erforderlich noch ausreichend**, obwohl sie das maßgebliche Kriterium des wirtschaftswissenschaftlichen Unternehmensbegriffs bildet (vgl E Rehbinder, Konzernaußenrecht und allgemeines Privatrecht [1969] 50 ff). Deshalb kann auch bei fremdbestimmter Leitung ein Unternehmen vorliegen, wie umgekehrt die Zusammenfassung unter einheitlicher Leitung nicht genügt, um ein Unternehmen anzunehmen (ebenso BAG 5. 12. 1975 – 1 ABR 8/74, BAGE 27, 359 [363]). Im letzteren Fall handelt es sich vielmehr um einen Konzern, der als solcher, weil er kein Rechtssubjekt ist, nicht Arbeitgeber sein kann (s Rn 276). Damit wird nicht ausgeschlossen, dass zwei oder mehrere Unternehmen sich zusammenschließen können, um gemeinsam ein Unternehmen zu betreiben **(Gemeinschaftsunternehmen)**. Jedoch ist auch in diesem Fall für die Einheit des Unternehmens die Identität des Rechtsträgers konstitutiv. Das gemeinsame Unternehmen ist entweder juristische Person oder Gesamthand.

266 Das Unternehmen als Rechtsbegriff ist auf die **Organisations- und Wirkungseinheit** zu beziehen, für die bei einer Gesellschaft das Gesellschaftsrecht die **Zuständigkeit** und **Verantwortung der für sie handelnden Organe** regelt. Bei den *juristischen Personen* des Privatrechts ist die Verfassung des Unternehmens mit der der juristischen Person identisch. Daraus folgt, dass eine Kapitalgesellschaft oder Genossenschaft nur ein Unternehmen bildet und auch arbeitsrechtlich nicht in mehrere Unternehmen zerlegt werden kann (ebenso für die Betriebsverfassung BAG 5. 12. 1975 – 1 ABR 8/74, BAGE 27, 359 [363]). Bei einer *OHG, KG* oder einer *BGB-Gesellschaft* werden die den Rechtsgegenstand des Unternehmens bildenden Rechte und Pflichten derselben Personengruppe zugeordnet; sie bilden ein Sondervermögen. Deshalb handelt es sich auch bei den Gesamthandsgesellschaften stets nur um *ein* Unternehmen. Beim *Einzelkaufmann* ist dagegen das Unternehmen keine rechtlich verselbstständigte Organisations- und Wirkungseinheit, und Gleiches gilt für Gesamthandsgemeinschaften wie die eheliche Gütergemeinschaft und die Miterbengemeinschaft, bei der die rechtliche Organisations- und Wirkungseinheit über das Unternehmen hinausreicht. Hier ist es deshalb auch möglich, dass der Einzelkaufmann oder die Gesamthand Inhaber zweier oder mehrerer Unternehmen sind (Fischinger, Handelsrecht [2015] Rn 235 f; **aA** Joost, Betrieb und Unternehmen [1988] 218 ff).

5. Gemeinsamer Betrieb mehrerer Unternehmen (Gemeinschaftsbetrieb)

a) Realsachverhalt

Die Zusammenarbeit von Unternehmen bei gemeinsamen Projekten, Unternehmensaufspaltungen und die Erfüllung bestimmter Arbeitsaufgaben für mehrere Unternehmen in einem Konzern können zur Folge haben, dass zwei oder mehrere Unternehmen gemeinsam eine arbeitstechnische Organisation bilden. Sieht man in ihr die Voraussetzungen des Betriebsbegriffs als erfüllt an, so gelangt man zu der Erscheinungsform des gemeinsamen Betriebs oder Gemeinschaftsbetriebs; dieser wird einfachgesetzlich durch § 322 UmwG sowie § 1 Abs 1 S 2, Abs 2 BetrVG anerkannt. Rechtlich bildet sie nur dann ein Sonderproblem, wenn der Betrieb nicht Teil eines Unternehmens ist, das zugleich für andere Unternehmen durch Abschluss eines Dienstleistungsvertrags Arbeitsaufgaben erfüllt. Ein gemeinsamer Betrieb liegt auch nicht vor, wenn mehrere Unternehmen für die Verfolgung arbeitstechnischer Zwecke eine Gesellschaft gründen, mit der die Arbeitnehmer den Arbeitsvertrag abschließen; denn bei der Arbeitsorganisation einer derartigen Gesellschaft handelt es sich nicht um einen gemeinsamen Betrieb mehrerer Unternehmen, sondern um den Betrieb eines eigenen Unternehmens, des **Gemeinschaftsunternehmens** (ebenso JOOST, Betrieb und Unternehmen [1988] 262). 267

b) Betriebsverfassungsrechtliche Organisationseinheit

Für die Betriebsverfassung ergibt sich aus § 1 Abs 1 S 2 BetrVG, dass ein gemeinsamer Betrieb betriebsratsfähig sein kann. Er bildet aber nur dann eine betriebsverfassungsrechtliche Organisationseinheit, wenn zum einen die **Voraussetzung des betriebsverfassungsrechtlichen Betriebsbegriffs** erfüllt und zum anderen die **Gemeinsamkeit rechtlich abgesichert** ist. Das BAG verlangt daher, dass die beteiligten Unternehmen sich zur gemeinsamen Führung des Betriebs rechtlich verbunden haben (BAG 17. 1. 1978 – 1 ABR 71/76, BAGE 30, 12; BAG 25. 11. 1980 – 6 ABR 108/78, AP Nr 2 zu § 1 BetrVG 1972; BAG 7. 8. 1986 – 6 ABR 57/85, BAGE 52, 325; BAG 25. 9. 1986 – 6 ABR 68/84, BAGE 53, 119; BAG 14. 9. 1988 – 7 ABR 10/87, BAGE 59, 319; BAG 24. 1. 1996 – 7 ABR 10/95, BAGE 82, 112 [116 f]; BAG 31. 5. 2000 – 7 ABR 78/98, BAGE 95, 15 [20]; vgl zu den Einzelheiten RICHARDI, in: RICHARDI, BetrVG § 1 Rn 64 ff). Hierzu müssen die in einer Betriebsstätte vorhandenen materiellen und immateriellen Betriebsmittel für einen einheitlichen arbeitstechnischen Zweck zusammengefasst, geordnet und gezielt eingesetzt werden und der Einsatz der menschlichen Arbeitskraft von einem einheitlichen Leitungsapparat gesteuert werden (BAG 13. 8. 2008 – 7 ABR 21/07, NZA-RR 2009, 255 [256 f]; BAG 23. 9. 2010 – 8 AZR 567/09, NZA 2011, 197 [199]; BAG 13. 2. 2013 – 7 ABR 36/11, NZA-RR 2013, 521 [523 f]). 268

Ein gemeinsamer Betrieb mehrerer Unternehmen wird **vermutet**, wenn zur Verfolgung arbeitstechnischer Zwecke die Betriebsmittel sowie die Arbeitnehmer von den Unternehmen gemeinsam eingesetzt werden (§ 1 Abs 2 Nr 1 BetrVG), wobei für die Betriebsmittel genügen muss, dass sie für den oder die arbeitstechnischen Zwecke gemeinsam genutzt werden (vgl RICHARDI, in: RICHARDI, BetrVG § 1 Rn 74). Ein gemeinsamer Betrieb wird weiterhin vermutet, wenn die Spaltung eines Unternehmens zur Folge hat, dass von einem Betrieb ein oder mehrere Betriebsteile einem an der Spaltung beteiligten anderen Unternehmen zugeordnet werden, ohne dass sich dabei die Organisation des betroffenen Betriebs wesentlich ändert (§ 1 Abs 2 Nr 2 BetrVG). Die Vermutung bezieht sich auf die **Gemeinsamkeit**. Sie ist widerlegt, 269 wenn nachgewiesen wird, dass keine Führungsvereinbarung besteht. Jedoch reicht es nicht aus, dass das Fehlen einer ausdrücklichen Führungsvereinbarung nachgewiesen wird; denn die für die Annahme eines gemeinsamen Betriebs erforderliche Führungsvereinbarung kann auch stillschweigend durch konkludentes Handeln zustande kommen (vgl BAG 13. 2. 2013 – 7 ABR 36/11, NZA-RR 2013, 521 [523 f]). Zur Widerlegung genügt auch nicht die bloße Kündigung einer Führungsvereinbarung, sondern notwendig ist der Nachweis, dass jedes Unternehmen seine Arbeitnehmer selbst einsetzt, soweit es um das die Arbeitsleistung konkretisierende Weisungsrecht geht. Deshalb ist es auch möglich, dass bei Aufhebung der Gemeinsamkeit die Identität des Betriebs gewahrt bleibt (BAG 19. 11. 2003 – 7 AZR 11/03, AP Nr 19 zu § 1 BetrVG 1972 Gemeinsamer Betrieb).

c) Gemeinschaftsbetrieb im Kündigungsschutz und beim Betriebsübergang

270 Die Konstruktion des Gemeinschaftsbetriebs blieb nicht auf die Betriebsverfassung beschränkt, sondern hat auch in das Kündigungsschutzrecht Eingang gefunden. Das BAG zieht sie für die Geltung des allgemeinen Kündigungsschutzes heran, weil § 23 Abs 1 S 2 und 3 KSchG auf die Arbeitnehmerzahl im *Betrieb* abstellt. Es macht daher von den für die Betriebsverfassung entwickelten Kriterien abhängig, ob ein gemeinsamer Betrieb mehrerer Unternehmen vorliegt, sodass die in ihnen Beschäftigten bei der Ermittlung der nach § 23 Abs 1 S 2 und 3 KSchG maßgebenden Arbeitnehmerzahl zusammenzurechnen sind (BAG 23. 3. 1984 – 7 AZR 515/82, BAGE 45, 259; BAG 18. 1. 1990 – 2 AZR 355/89, AP Nr 9 zu § 23 KSchG 1969). Dabei ist es aber nicht stehen geblieben, sondern die Konstruktion eines gemeinsamen Betriebs hat das BAG auch zur Beurteilung herangezogen, ob eine Kündigung betriebsbedingt ist (BAG 13. 6. 1985 – 2 AZR 452/84, AP Nr 10 zu § 1 KSchG 1969; BAG 15. 2. 2007 – 8 AZR 310/06, AP Nr 2 zu § 613a BGB Widerspruch; BAG 24. 5. 2012 – 2 AZR 62/11, NZA 2013, 277 [279]) und ob eine Betriebsstillegung vorliegt, sodass nach § 15 Abs 4 KSchG auch Betriebsratsmitgliedern gekündigt werden kann (BAG 5. 3. 1987 – 2 AZR 623/85, BAGE 55, 117). Der Rückgriff auf den betriebsverfassungsrechtlichen Betriebsbegriff ist aber hier bereits im Grundansatz verfehlt; denn die betriebsverfassungsrechtliche Abgrenzung der Organisationseinheit für die Bildung eines Betriebsrats kann den Kündigungsschutz weder erweitern noch einschränken (vgl Joost, Betrieb und Unternehmen [1988] 341 ff; Richardi, in: FS Wiedemann [2002] 493 [511 f]). Das Bestehen eines gemeinsam geführten Betriebs führt zu keinem Wechsel der Arbeitgeberstellung. Vertragsarbeitgeber für die Arbeitnehmer sind im Regelfall die beteiligten Unternehmen. Die Konstruktion eines Gemeinschaftsbetriebs rechtfertigt keinen Kontrahierungszwang zur Sicherung des Kündigungsschutzes.

271 Auswirkungen auf den Kündigungsschutz hat dagegen die Regelung des **§ 322 UmwG**. Führen an einer Spaltung oder an einer Teilübertragung nach dem Dritten oder Vierten Buch beteiligte Rechtsträger nach dem Wirksamwerden der Spaltung oder der Teilübertragung einen Betrieb gemeinsam, so gilt dieser als Betrieb im Sinne des Kündigungsschutzrechts. Sind dessen Voraussetzungen erfüllt – die Vermutungsregelung des § 1 Abs 2 BetrVG ist nicht (analog) anwendbar –, werden die kündigungsschutzrechtlichen Folgen der Spaltung quasi neutralisiert (Willemsen, in: Kallmeyer, Umwandlungsgesetz [5. Aufl 2013] § 322 Rn 10; ausf Simon, in: Semler/Stengel, Umwandlungsgesetz [3. Aufl 2012] § 322 Rn 12 ff).

272 Der Gemeinschaftsbetrieb kann auch beim **Betriebsübergang** relevant werden. Siehe dazu näher Jochums, Gemeinschaftsbetrieb als Betrieb im Sinne des § 613a BGB (2010); Staudinger/Annuss [2011] § 613a Rn 70, 99, 318, 357.

V. Konzern

1. Konzern als Form einer Unternehmensverbindung

Der Konzern wird in seiner Einheit durch die unternehmerische Planungs-, Organisations- und Leitungsautonomie bestimmt. Nach der Legaldefinition in § 18 AktG liegt seine Besonderheit in der **Zusammenfassung rechtlich selbstständiger Unternehmen unter einheitlicher Leitung**. Auch wenn ein Unternehmen konzernabhängig wird, verliert es nicht seine rechtliche Selbstständigkeit. Die sog Einheitstheorie von Isay (Recht am Unternehmen [1910]) ist im Gesellschaftsrecht spätestens seit der Kodifizierung des Konzernrechts im Aktiengesetz 1965 endgültig aufgegeben (vgl auch Mülbert, Aktiengesellschaft, Unternehmensgruppe und Kapitalmarkt [2. Aufl 1996] 21 ff). 273

Die Legaldefinition des Konzerns in § 18 AktG ist deshalb auch in den anderen Rechtsgebieten zu beachten, soweit sie auf den Konzerntatbestand abstellen. Sie unterscheidet zwei Arten von Konzernen: den **Unterordnungskonzern** und den **Gleichordnungskonzern**. Sind ein herrschendes und ein oder mehrere abhängige Unternehmen unter der einheitlichen Leitung des herrschenden Unternehmens zusammengefasst, so bilden sie nach § 18 Abs 1 AktG einen Konzern (Unterordnungskonzern). Sind dagegen rechtlich selbstständige Unternehmen, ohne dass das eine Unternehmen von dem anderen abhängig ist, unter einheitlicher Leitung zusammengefasst, so bilden auch sie gemäß § 18 Abs 2 AktG einen Konzern (Gleichordnungskonzern). Im letzteren Fall wird also durch die Zusammenfassung unter einheitlicher Leitung keine Abhängigkeit der Unternehmen begründet; sie bilden in der Regel eine Gesellschaft des bürgerlichen Rechts (§ 705). 274

Nur beim **Unterordnungskonzern** wird die einheitliche Leitung dadurch ausgeübt, dass ein Konzernunternehmen, das sog herrschende Unternehmen, die einheitliche Leitung durch Beherrschung des oder der von ihr abhängigen Konzernunternehmen ausübt. Dabei ist unerheblich, ob die Konzernleitung nur tatsächlich besteht oder rechtlich begründet ist, es sich also lediglich um einen bloß faktischen Konzern (vgl §§ 311 ff AktG), einen Vertragskonzern (vgl §§ 291 ff AktG) oder um eine Eingliederung (vgl §§ 319 ff AktG) handelt. 275

2. Kein eigenständiger Konzernbegriff im Arbeitsrecht

Das Arbeitsrecht kennt keinen besonderen Konzernbegriff. Gehört der Arbeitnehmer zu einem konzernverbundenen Unternehmen, so ist **Arbeitgeber nicht der Konzern**; denn er ist eine Unternehmensverbindung, nicht selbst Rechtssubjekt (vgl Windbichler, Arbeitsrecht im Konzern [1989] 68 f; Henssler, Der Arbeitsvertrag im Konzern [1983] 38 ff). Das Arbeitsverhältnis besteht vielmehr zu der einzelnen Konzerngesellschaft. Wird der Arbeitsvertrag mit einer abhängigen Konzerngesellschaft abgeschlossen, so ist deshalb nur sie, nicht die Konzernobergesellschaft, Arbeitgeber, obwohl die Konzernleitungsmacht der Konzernobergesellschaft die Möglichkeit eröffnet, rechtstatsächlich auf die Arbeitsverhältnisse mit den abhängigen Konzerngesellschaften Einfluss zu nehmen. 276

277 Die Konzerneinheit wird deshalb in der **Betriebsverfassung** berücksichtigt: Für einen Konzern iS des § 18 Abs 1 AktG (Unterordnungskonzern) kann ein Konzernbetriebsrat errichtet werden (§ 54 BetrVG), der die Aufgaben und Befugnisse der Betriebsvertretung in der betriebsverfassungsrechtlichen Mitbestimmungsordnung wahrnimmt, wenn die Angelegenheit den Konzern oder mehrere Konzernunternehmen betrifft und nicht durch die Betriebsvertretungen innerhalb ihrer Unternehmen geregelt werden kann (§ 58 Abs 1 S 1 BetrVG); das kommt aber nur dann in Betracht, wenn nicht nur die unter einheitlicher Leitung zusammengefassten Unternehmen, sondern auch die Konzernobergesellschaft ihren Sitz im Geltungsbereich des BetrVG hat (BAG 14. 2. 2007 – 7 ABR 26/06, AP Nr 13 zu § 54 BetrVG 1972) Der Gesetzgeber ist hier von der Existenz eines Konzernarbeitgebers ausgegangen. Das rechtfertigt aber nicht, dem Konzern, soweit die Zuständigkeit des Konzernbetriebsrats gegeben ist, eine originäre betriebsverfassungsrechtliche Arbeitgeberfunktion zuzuordnen; es besteht auch in der Betriebsverfassung **keine Teilrechtsfähigkeit** des Konzerns (ebenso WETZLING, Der Konzernbetriebsrat [1978] 196 f; WINDBICHLER, Arbeitsrecht im Konzern [1989] 339; KONZEN, RdA 1984, 65 [76]; aA KREUTZ/FRANTZEN, GK-BetrVG [10. Aufl 2014] § 58 Rn 11, 14). Einrichtung und Kompetenz eines Konzernbetriebsrats verändern nicht den Tatbestand der Konzernverbindung; es bleibt bei der rechtlichen Selbstständigkeit der Konzernunternehmen, auch wenn sie aufgrund eines Abhängigkeitsverhältnisses unter der einheitlichen Leitung eines herrschenden Unternehmens zu einem Konzern zusammengefasst sind.

278 Die Konzerneinheit wird nicht nur in der Betriebsverfassung (vgl neben der betriebsverfassungsrechtlichen Institution eines Konzernbetriebsrats die Regelung über die Wählbarkeit zum Betriebsrat in § 8 BetrVG und über das Mitbestimmungsrecht bei Sozialeinrichtungen nach § 87 Abs 1 Nr 8 BetrVG sowie die Aufstellung eines Sozialplans nach §§ 112 Abs 5 S 2 Nr 2, 112a Abs 1 S 2 BetrVG), sondern vor allem auch im **Recht der unternehmensbezogenen Mitbestimmung** berücksichtigt, zwar nicht im Montan-MitbestG, aber im MitbestErgG und bei der Mitbestimmungsregelung nach dem MitbestG 1976 und dem Drittelbeteiligungsgesetz: Ist ein Unternehmen, das nach seiner Rechtsform unter das MitbestG fällt, herrschendes Unternehmen eines Konzerns (§ 18 Abs 1 AktG), so werden nach § 5 Abs 1 MitbestG die Arbeitnehmer der (abhängigen) Konzernunternehmen den Arbeitnehmern des herrschenden Unternehmens zugerechnet. Beim Drittelbeteiligungsgesetz ist zu unterscheiden: Soweit die Beteiligung der Arbeitnehmer im Aufsichtsrat eines herrschenden Unternehmens von dem Vorhandensein oder der Zahl von Arbeitnehmern abhängt, wird auf die Belegschaft des Konzerns nur abgestellt, wenn zwischen den Unternehmen ein Beherrschungsvertrag besteht oder das abhängige Unternehmen in das herrschende Unternehmen eingegliedert ist (§ 2 Abs 2 DrittelbG). Erfüllt das herrschende Unternehmen eines Konzerns die Voraussetzungen für die Geltung des Drittelbeteiligungsgesetzes, so nehmen an der Wahl des Aufsichtsrats in diesem Fall die Arbeitnehmer der übrigen Konzernunternehmen auch teil, wenn nur eine faktische Konzernbindung besteht (§ 2 Abs 1 DrittelbG).

3. Konzernverbundenheit im Arbeitsvertragsrecht

279 **Bindungen des Arbeitgebers an andere Unternehmen** haben unmittelbar **keine Auswirkungen auf das Arbeitsverhältnis** (vgl ausführlich WINDBICHLER, Arbeitsrecht im Konzern [1989] 67 ff, 583 ff). Deshalb gilt als Grundsatz, dass für konzernspezifische Risiken nur der konzernrechtliche Gläubigerschutz Anwendung findet. Ein erweiterter Arbeitnehmerschutz kommt nur in Betracht, soweit den Arbeitnehmer zusätzliche Konzernrisiken treffen (ebenso KONZEN RdA 1984, 65 [69 ff]; ders ZHR 151 [1987] 566 [572 ff]).

Bei verbundenen Unternehmen ist Arbeitgeber grundsätzlich nur der **Vertragspart-** **280** **ner des Arbeitnehmers**; denn verbundene Unternehmen sind rechtlich selbstständige Unternehmen (§ 15 AktG). Das gilt auch bei Konzernabhängigkeit eines Unternehmens. Die Konzernobergesellschaft wird durch sie nicht Arbeitgeber der Arbeitnehmer abhängiger Konzerngesellschaften (so bereits KRONSTEIN, Die abhängige juristische Person [1931, 1973] 135). Das Arbeitsverhältnis besteht nur mit dem Konzernunternehmen, mit dem der Arbeitnehmer den Arbeitsvertrag abgeschlossen hat. Möglich ist allerdings, dass der Arbeitnehmer zu mehreren Konzernunternehmen in eine Vertragsbeziehung tritt. Dabei ist zu unterscheiden, ob die Arbeitsverhältnisse zeitlich aufeinander folgen oder ob sie gleichzeitig nebeneinander bestehen. Im letzten Fall wiederum ist möglich, dass der Arbeitnehmer jedem Konzernunternehmen eine Arbeitsleistung zu erbringen hat; die Vertragsbeziehungen können aber auch so gestaltet sein, dass der Arbeitnehmer sich gegenüber einem Konzernunternehmen verpflichtet hat, seine Arbeitsleistung bei einem anderen Konzernunternehmen zu erbringen, mit dem er ebenfalls einen Arbeitsvertrag abschließt.

Davon zu unterscheiden ist, dass der Arbeitsvertrag nur mit einem Konzernunter- **281** nehmen abgeschlossen ist, der Arbeitnehmer sich in ihm aber verpflichtet hat, sich zu einem oder allen Konzernunternehmen versetzen zu lassen. In einem derartigen Fall besteht kein Arbeitsvertrag mit dem Konzernunternehmen, bei dem der Arbeitnehmer seine Arbeitsleistung zu erbringen hat. Es handelt sich vielmehr um einen Sonderfall der Arbeitnehmerüberlassung. Das AÜG findet auf ihn aber keine Anwendung, wenn der Arbeitnehmer seine Arbeit vorübergehend nicht bei seinem Arbeitgeber leistet (§ 1 Abs 3 Nr 2 AÜG). Wenn ein Arbeitnehmer nach dem Vertragsinhalt auf Dauer bei einem anderen Konzernunternehmen tätig sein soll, liegt der Sache nach eine Arbeitsvermittlung vor, für die es keine konzernrechtliche Privilegierung gibt. Deshalb ist in einem derartigen Fall anzunehmen, dass zwischen dem Arbeitnehmer und dem Empfänger der Dienstleistung – ähnlich der Regelung des § 10 Abs 1 AÜG – kraft Gesetzes ein Arbeitsverhältnis zustande kommt (vgl auch KONZEN RdA 1984, 65 [73]). Von der Arbeitsvermittlung zu unterscheiden ist die Aneinanderreihung mehrerer jeweils auf zwei Jahre befristeter Arbeitsverhältnisse durch verschiedene Konzernunternehmen („Personalkarussell", dazu ausf BAUER/FISCHINGER DB 2007, 1410 [1412 ff]).

Die **Konzernleitungsmacht** begründet **kein arbeitsrechtliches Weisungsrecht** gegen- **282** über den Arbeitnehmern konzernabhängiger Unternehmen (ebenso ZÖLLNER ZfA 1983, 93 [100]). Das gilt nicht nur bei einem faktischen Konzern, sondern auch bei einem Vertrags- und einem Eingliederungskonzern. Besteht ein Beherrschungsvertrag (§ 291 Abs 1 AktG), so ist das herrschende Unternehmen zwar berechtigt, dem Vorstand der Gesellschaft hinsichtlich der Leitung der Gesellschaft Weisungen zu erteilen (§ 308 Abs 1 AktG; für Anerkennung einer Konzernleitungspflicht HOMMELHOFF, Die Konzernleitungspflicht [1982] 43 ff, 148 ff), und Gleiches gilt bei einer Eingliederung (§§ 319 Abs 1, 323 Abs 1 AktG); das konzernrechtliche Weisungsrecht vermittelt aber keine Rechtsposition in den mit den abhängigen Gesellschaften geschlossenen

Verträgen. Es begründet daher auch keine Arbeitgebereigenschaft der Konzernobergesellschaft.

283 Da der Arbeitsvertrag mit dem rechtlich selbstständigen Konzernunternehmen besteht, ist der **Kündigungsschutz** nach allgemeiner Meinung **grundsätzlich nicht konzernbezogen** (BAG 14. 10. 1982 – 2 AZR 568/80, NJW 1984, 381 [382]; BAG 18. 9. 2003 – 2 AZR 79/02, NZA 2004, 375 [378]; BAG 23. 4. 2008 – 2 AZR 1110/06, NZA 2008, 939 [941]; BAG 24. 5. 2012 – 2 AZR 62/11, NZA 2013, 277 [280]; CASPERS, Konzerndimensionaler Kündigungsschutz, 15, 18 f; MARTENS, in: FS 25 Jahre BAG 367 [379]; MünchKomm/HERGENRÖDER § 1 KSchG Rn 304; APS/DÖRNER/VOSSEN, Kündigungsrecht § 1 KSchG Rn 102; ErfK/OETKER § 1 KSchG Rn 286; BeckOK-ArbR/ROLFS § 1 KSchG Rn 382). Eine konzernbezogene Weiterbeschäftigungspflicht besteht nur in Ausnahmefällen und nur unter drei Voraussetzungen: **(1)** In einem anderen Konzernunternehmen muss ein geeigneter *freier,* mit Blick auf zB Qualifikation und Hierarchiestufe gleichwertiger oder auch etwas geringwertigerer *Arbeitsplatz* vorhanden sein. **(2)** Das Arbeitsverhältnis muss einen *Konzernbezug* aufweisen. Dies setzt voraus, dass entweder durch eine ausdrückliche Vertragsabsprache oder durch konkludentes Handeln ein Vertrauenstatbestand des Arbeitnehmers dahingehend generiert wurde, dass er in einem anderen Konzernunternehmen weiterbeschäftigt wird, wenn es beim eigenen Arbeitgeber nicht mehr weitergehen kann (BAG 23. 11. 2004 – 2 AZR 24/04, NZA 2005, 929 [932]). Ein derartiger Konzernbezug kann nach dem BAG auf verschiedene Weisen begründet werden, zB dadurch, dass der Arbeitsvertrag eine Konzernversetzungsklausel enthält oder dadurch, dass der Arbeitnehmer wiederholt und jeweils für eine gewisse Dauer bei einem oder mehreren anderen Konzernunternehmen beschäftigt wurde; auch das Versprechen des Arbeitgebers, dass der Arbeitnehmer durch ein anderes Konzernunternehmen übernommen oder er zumindest versuchen wird, ihn dort vor Ausspruch einer betriebsbedingten Kündigung unterzubringen, kann genügen (BAG 23. 11. 2004 – 2 AZR 24/04, NZA 2005, 929 [931]; BAG 24. 5. 2012 – 2 AZR 62/11, NZA 2013, 277 [280]; BAG 18. 10. 2012 – 6 AZR 41/11, NZI 2013, 151 [155]; BAG 22. 11. 2012 – 2 AZR 673/11, NZA 2013, 730 [733]). Schließlich muss **(3)** das Arbeitgeberunternehmen dergestalt „bestimmenden Einfluss" auf dasjenige Konzernunternehmen ausüben können, bei dem ein freier Arbeitsplatz im obigen Sinne vorhanden ist, dass es die Beschäftigung des Arbeitnehmers im anderen Betrieb entweder aufgrund einer entsprechend rechtlich fundierten oder kraft faktischer Macht durchsetzen kann (BAG 21. 2. 2002 – 2 AZR 749/00, NJOZ 2003, 1650 [1653]; BAG 23. 11. 2004 – 2 AZR 24/04, NZA 2005, 929 [932]; BAG 23. 3. 2006 – 2 AZR 162/05, AP Nr 13 zu § 1 KSchG 1969 Konzern; BAG 24. 5. 2012 – 2 AZR 62/11, NZA 2013, 277 [280]; BAG 18. 10. 2012 – 6 AZR 41/11, NZI 2013, 151 [156]; BAG 22. 11. 2012 – 2 AZR 673/11, NZA 2013, 730 [733]; RID, NZA 2011, 1121 [1123]).

E. Sonderregelungen für bestimmte Arbeitnehmergruppen

I. Notwendigkeit einer Differenzierung

284 Der Arbeitnehmerbegriff ist der Zentralbegriff des Arbeitsrechts; er steht für die normative Einheit dieser Rechtsmaterie. Da das Arbeitsverhältnis aber die privatrechtliche Gestaltungsform für die Erbringung der Arbeitsleistung im Rahmen einer arbeitsteiligen Organisation darstellt, müssen die Verschiedenheit der Dienstleistung sowie Art und Zweck des Betriebs sich in der Gestaltung der Rechtsbeziehungen widerspiegeln. Das ist eine Konsequenz der Privatautonomie. Bei einer Kodifikation des Arbeitsvertragsrechts darf deshalb das Prinzip einer Gleichbehandlung aller Arbeitnehmer nicht die Differenzierung verdrängen.

Erst durch die Entwicklung eines umfassenden Arbeitnehmerbegriffs hat sich ein **285** allgemeines Arbeitsrecht ausgebildet, das die bis dahin maßgebliche Unterscheidung nach den Sonderrechten der einzelnen Berufsgruppen ersetzt hat. Im Mittelalter und in der frühen Neuzeit hatten die Handwerksgesellen und die Bergleute, das Gesinde und die Kaufmannsgehilfen jeweils ihr eigenes Arbeitsrecht (vgl OGRIS RdA 1967, 286 ff). Vorherrschend war eine statusrechtliche Betrachtung, die auch für das Gesetzesrecht in der Unterscheidung nach der Berufszugehörigkeit noch nachwirkte (s STAUDINGER/RICHARDI/FISCHINGER [2011] Vorbem 359 ff zu §§ 611 ff).

Zwingendes Recht, das den sozialen Interessensausgleich mit dem Arbeitgeber nach **286** der Berufs- oder Gruppenzugehörigkeit der Arbeitnehmer verschieden gestaltet, steht in einem Wertungswiderspruch zu den Ordnungsgrundsätzen des Zivilrechts. Eine Differenzierung ist dagegen geboten, soweit die Art der Dienstleistung oder des Betriebs sie erfordert. Beispielsweise machen technische Bedingungen eine Sonderstellung im Bergbau, im Baugewerbe und in der Land- und Forstwirtschaft notwendig (ebenso MAYER-MALY, Arbeiter und Angestellte [1969] 12). Besonderheiten können sich aber auch sonst aus der Gestaltung eines Betriebs ergeben, zB im Gastgewerbe. MAYER-MALY nennt vier Kriterien sinnvoller Branchendifferenzierungen: Witterungsabhängigkeit, Saisonabhängigkeit, Wohnraumbeschaffung aus Anlass der Beschäftigung und Aufnahme in den Haushalt des Arbeitgebers (MAYER-MALY aaO 15). Dadurch darf zwar das Arbeitsrecht in seinen maßgeblichen Rechtsprinzipien nicht aufgespalten werden; das Gesetzesrecht muss aber Sonderregelungen enthalten oder ermöglichen.

Auch für den Geltungsbereich arbeitsrechtlicher Grundsätze können sich Abstufun- **287** gen ergeben: Bei Mitarbeitern in Rundfunk- und Fernsehanstalten verbietet das Grundrecht der Rundfunkfreiheit einen nivellierten arbeitsrechtlichen Bestandsschutz des Vertragsverhältnisses (s Rn 62 ff). Bei Arbeitnehmern im kirchlichen Dienst ist verfassungsrechtlich garantiert, dass die Kirche der Gestaltung ihrer Dienstverhältnisse das Leitbild einer kirchlichen Dienstgemeinschaft zugrunde legen kann (s Rn 312 ff).

II. Arbeitnehmer des öffentlichen Diensts

1. Abgrenzung

Zum öffentlichen Dienst gehören nicht nur Beamte, sondern auch Arbeitnehmer; **288** denn der Staat, die Gemeinden und die sonstigen Körperschaften, Anstalten und Stiftungen des öffentlichen Rechts sind nicht nur auf die öffentlich-rechtlichen Dienstformen beschränkt, sondern können sich auch der Privatautonomie bedienen. Beschäftigte im öffentlichen Dienst sind deshalb die Beamten, zu denen man im weiteren Sinn auch die Richter und Soldaten zählen kann, und die Arbeitnehmer.

Während die Eingriffs- oder Ordnungsverwaltung in öffentlich-rechtlichen Formen **289** betrieben wird, erfolgt die Leistungsverwaltung häufig in privat-rechtlichen Formen, zB wenn Einrichtungen der Daseinsvorsorge in der Rechtsform einer GmbH betrieben werden, die sich in der Hand einer öffentlichen Körperschaft befindet. Die dort beschäftigten Arbeitnehmer kann man in einem weiten Sinn ebenfalls zum öffentlichen Dienst zählen. Die Gewerkschaft ver.di bezieht sie in ihre Tarifzuständigkeit ein, und deshalb kann sich aus den für den öffentlichen Dienst abgeschlossenen Tarifverträgen ergeben, dass auch sie von ihnen erfasst werden.

290 Wer im eigentlichen Sinne Arbeitnehmer des öffentlichen Dienstes ist, beurteilt sich ausschließlich danach, ob der **Rechtsträger des Betriebs eine öffentlich-rechtliche Institution** ist. Maßgebend ist also die Abgrenzung zwischen dem Geltungsbereich des Betriebsverfassungs- und des Personalvertretungsrechts, wie sie sich aus § 130 BetrVG ergibt; sie richtet sich ausschließlich nach der Rechtsform des Inhabers bzw des Rechtsträgers des Betriebs oder der Verwaltungsstelle (ebenso BAG 18. 4. 1967 – 1 ABR 10/66, BAGE 19, 307 [309]; BAG 7. 11. 1975 – 1 AZR 74/74, BAGE 27, 316 [319]). Arbeitnehmer des öffentlichen Dienstes ist demnach nur, wer in einem Arbeitsverhältnis zu einer juristischen Person des öffentlichen Rechts steht (ebenso GIESEN, MünchArbR § 326 Rn 1 f).

2. Rechtsstellung

291 a) Der Unterschied zu den Beamten besteht darin, dass Arbeitnehmer aufgrund eines **privatrechtlichen Vertrags** beschäftigt werden. Deshalb fallen sie unter §§ 611 ff; das Arbeitsrecht findet auf sie Anwendung. Das Arbeitsverhältnis kann durch Kündigung aufgelöst werden, für die das allgemeine und besondere Kündigungsschutzrecht gilt. Es besteht Tarifautonomie und daher auch Streikfreiheit. Die Arbeitnehmer des öffentlichen Dienstes sind im Gegensatz zu den Beamten sozialversicherungspflichtig.

292 b) Die Besonderheiten des öffentlichen Dienstes haben dazu geführt, dass die Arbeitsverhältnisse ausführlich in **Tarifverträgen** geregelt sind, die praktisch wie Beamtengesetze gehandhabt werden, obwohl sie nicht einmal für allgemeinverbindlich erklärt sind. Maßgebend ist seit dem 1. 10. 2005 für die Beschäftigten der Bundesverwaltung und der Kommunen der Tarifvertrag für den öffentlichen Dienst (TVöD); für die Beschäftigten, deren Arbeitgeber Mitglied der Tarifgemeinschaft deutscher Länder (TdL) oder eines Mitgliedverbandes der TdL ist, gilt seit dem 1. 11. 2006 der Tarifvertrag für den öffentlichen Dienst der Länder (TV-L). Nachdem das BAG seine Rechtsprechung zum Grundsatz der Tarifeinheit aufgegeben hat (BAG [4. Senat] 27. 1. 2010 – 4 AZR 549/08, NZA 2010, 645; BAG [10. Senat] 23. 6. 2010 – 10 AS 2/10, NZA 2010, 778), können auch Tarifverträge, die vom Marburger Bund abgeschlossen wurden, gelten. Diese Tarifverträge werden aus haushaltsrechtlichen Gründen auch den Arbeitsverhältnissen zugrunde gelegt, bei denen der Arbeitnehmer nicht einer der tarifschließenden Gewerkschaften angehört und deshalb keine Tarifgebundenheit besteht (vgl §§ 3 Abs 1, 4 Abs 1 S 1 TVG); denn Personalausgaben, die nicht auf Gesetz oder Tarifvertrag beruhen, dürfen nur geleistet werden, wenn dafür Ausgabemittel besonders zur Verfügung gestellt sind (§ 51 BHO, § 28 Abs 2 HGrG).

293 Für die Arbeitnehmer des öffentlichen Dienstes gilt das Betriebsverfassungsgesetz nicht (§ 130 BetrVG). Sie bilden vielmehr zusammen mit den Beamten einen Personalkörper, auf den das **Personalvertretungsrecht** Anwendung findet. Maßgebend sind das Bundespersonalvertretungsgesetz vom 15. 3. 1974, das unmittelbar nur die Dienststellenverfassung des Bundes und der bundesunmittelbaren Körperschaften, Anstalten und Stiftungen des öffentlichen Rechts regelt und das für die Landesgesetzgebung lediglich Rahmenvorschriften enthält, und die Landespersonalvertretungsgesetze der Länder.

c)   Über Streitigkeiten aus dem Arbeitsverhältnis entscheiden die **Arbeitsgerichte** 294 im Urteilsverfahren (§ 2 Abs 1 Nr 3, Abs 5 iVm §§ 46 ff ArbGG). Handelt es sich um eine personalvertretungsrechtliche Streitigkeit, so sind dagegen, auch wenn von ihr ein Arbeitnehmer betroffen ist, die **Verwaltungsgerichte** zuständig. Sie entscheiden nach dem in §§ 80 ff ArbGG geregelten Beschlussverfahren (so jedenfalls § 83 Abs 2 BPersVG; vgl auch § 106 BPersVG; s dazu TREBER, in: RICHARDI/DÖRNER/WEBER, BPersVG § 83 Rn 37 ff).

III. Dienstordnungs-Angestellte

Bei den **Trägern der gesetzlichen Krankenversicherung und der gesetzlichen Unfall-** 295 **versicherung** können Verträge mit Angestellten einer **Dienstordnung** unterstehen. Für die Krankenkassen gelten die §§ 349 ff RVO. Wer der Dienstordnung unterstehen soll, wird durch schriftlichen Vertrag angestellt (§ 354 Abs 1 RVO). Seit dem 1. 1. 1993 dürfen die Krankenkassen aber keine neuen Dienstordnungsverträge mehr schließen (§ 358 RVO), sodass insoweit die Bedeutung der Dienstordnungs-Angestellten abnehmen wird; allerdings können die Verbände nach wie vor solche Verträge abschließen, § 414b RVO. Auch bei den Berufsgenossenschaften sind solche Verträge weiterhin möglich, die Ein- und Anstellungsbedingungen und die Rechtsverhältnisse der Angestellten sind dann durch eine Dienstordnung angemessen zu regeln, soweit nicht die Angestellten nach Tarifvertrag oder außertariflich angestellt werden (§ 144 SGB VII).

Die **Dienstordnung** ist eine **öffentlich-rechtliche Satzung**, die kraft ihrer Normen- 296 wirkung zwingend die Arbeitsverhältnisse der ihr unterworfenen Angestellten gestaltet (st Rspr des BAG; vgl BAG 25. 5. 1982 – 1 AZR 1073/79, BAGE 39, 76 [81] und BAG 21. 9. 1993 – 9 AZR 258/91 AP Nr 53 und 68 zu § 611 BGB Dienstordnungs-Angestellte; BAG 20. 2. 2008 – 10 AZR 440/07, ZTR 2008, 323). Das Dienstordnungs-Recht hat weitgehend dazu geführt, dass die Dienstordnungs-Angestellten nahezu vollständig den Beamten gleichgestellt sind. So gilt das Alimentationsprinzip beispielsweise auch für die Dienstordnungs-Angestellten (BAG 30. 8. 2005 – 3 AZR 391/04, AP Nr 77 zu § 611 BGB Dienstordnungs-Angestellte Rn 24 mwNw). Dennoch sind Dienstordnungs-Angestellte weder Beamte noch haben sie einen öffentlich-rechtlichen Status; **Basis des Dienstordnungs-Verhältnisses** ist vielmehr der schriftlich abzuschließende (Rn 295) **private Arbeitsvertrag** (BAG 20. 2. 2008 – 10 AZR 440/07, ZTR 2008, 323); daran ändert auch die Angabe einer Besoldungsgruppe nach dem BBesG nichts (BAG 1. 8. 2007 – 10 AZR 493/06, ZTR 2007, 693). Streitigkeiten entscheiden deshalb die Arbeitsgerichte im Urteilsverfahren (§ 2 Abs 1 Nr 3, Abs 5 iVm §§ 46 ff ArbGG). Bei Verweisung der Dienstordnung auf Beamtenrecht ist die Berufung in ein Dienstordnungsverhältnis aber unter den gleichen Voraussetzungen wie eine Ernennung zum Beamten nichtig bzw zurückzunehmen (§§ 13 f BBG, BAG 1. 6. 2006 – 6 AZR 730/05, ZTR 2006, 669). Jedoch darf durch Abbestellungsklauseln der Kündigungsschutz nicht umgangen werden

(BAG 9. 2. 2006 – 6 AZR 47/05, 23. 3. 2006 – 6 AZR 611/98, AP Nr 75, 76 zu § 611 BGB Dienstordnungs-Angestellte). Wird eine Innungskrankenkasse **aufgelöst** oder **geschlossen**, sind die Dienstordnungs-Angestellten unter den Voraussetzungen von **§ 164 Abs 3 SGB V** verpflichtet, eine vom Landesverband der Innungskrankenkasse nachgewiesene ordnungsmäße Stellung bei ihm oder einer anderen Innungskrankenkasse anzutreten, wenn diese nicht in auffälligem Missverhältnis zu den Fähigkeiten der Angestellten steht (dazu näher BAG 21. 11. 2013 – 2 AZR 495/12, ZTR 2014, 425; GRAU/SITTARD, KrV 2012, 6; ROLFS NZA 2013, 529; BOEMKE SGb 2014, 92); die Vertragsverhältnisse der Dienstordnungs-Angestellten, die auf diese Weise nicht untergebracht werden können, enden mit dem Tag der Auflösung oder Schließung, **§ 164 Abs 4 SGB V**. Im Fall der **Fusion** von Krankenkassen hat die entstehende „neue" Krankenkasse die Versorgung der aktiven und bereits im Ruhestand befindlichen Dienstordnungs-Angestellten, deren Arbeits- und Versorgungsverhältnisse von den geschlossenen Krankenkassen auf sie übergegangen sind, in der Dienstordnung zu regeln (BAG 21. 1. 2014 – 3 AZR 860/11, NZA-RR 2014, 440).

IV. Ausbildungsverhältnisse

1. Berufsausbildungsverhältnis

297 Die Berufsbildung erfolgt im dualen System. Für sie gilt das **Berufsbildungsgesetz**, das als Art 1 des Berufsbildungsreformgesetzes vom 23. 3. 2005 (BGBl I 931) ergangen ist; es hat das Berufsbildungsgesetz vom 14. 8. 1969 (BGBl I 1112) ersetzt. Das BBiG enthält spezielle Regelungen zur Begründung des Ausbildungsverhältnisses (§§ 10–12), zu den Pflichten der Parteien (§§ 13–16), zur Vergütung (§§ 17–19), zum Beginn und zur Beendigung (§§ 20–23) sowie zur Weiterarbeit (§ 24). Zum Schutz des Auszubildenden sind diese Vorschriften zu seinen Lasten nicht abdingbar (§ 25).

298 Der **Berufsausbildungsvertrag** ist **kein Arbeitsvertrag**, sondern ein atypischer Dienstvertrag (vgl MünchKomm/MÜLLER-GLÖGE § 611 Rn 1267; NATZEL, MünchArbR § 320 Rn 32 f; BAG 21. 9. 2011 – 7 AZR 375/10, NZA 2012, 255; **aA** ErfK/PREIS § 611 Rn 177 ff). Soweit es um die vertragsrechtliche Seite der Berufsausbildung geht, enthalten die §§ 10–26 BBiG Sondervorschriften. Der Ausbildungszweck gibt dem Berufsausbildungsverhältnis seinen Inhalt. Darin unterscheidet es sich von einem Arbeitsverhältnis, das ein Arbeitnehmer eingeht, um sich selbst in seiner Ausbildung zu vervollkommnen. Entsprechend sind nach **§ 10 Abs 2 BBiG** auf den Berufsausbildungsvertrag die **für den Arbeitsvertrag geltenden Rechtsvorschriften und Rechtsgrundsätze anzuwenden**, aber eben **nur, soweit sich aus seinem Wesen und Zweck und aus dem BBiG nichts anderes ergibt**. So finden beispielsweise wegen der Spezialregelung der §§ 22, 23 BBiG das KSchG und § 628 Abs 2 keine Anwendung (BAG 8. 5. 2007 – 9 AZR 527/06, NJW 2007, 3594; BAG 16. 7. 2013 – 9 AZR 784/11, NZA 2013, 1202 [1205]; s aber BAG 5. 7. 1990 – 2 AZR 53/90, NZA 1991, 671 [672]; BAG 26. 1. 1999 – 2 AZR 134/98, NZA 1999, 934 [935] für die Präklusionsfrist der §§ 13 Abs 1 2, 4, 7 KSchG) und das Berufsausbildungsverhältnis ist kein das Vorbeschäftigungsverbot des § 14 Abs 2 S 2 TzBfG auslösendes Arbeitsverhältnis (BAG 21. 9. 2011 – 7 AZR 375/10, NZA 2012, 255 [256]). Dagegen ist auch auf das Berufsausbildungsverhältnis § 613a anzuwenden (BAG 13. 7. 2006 – 8 AZR 382/05, NZA 2006, 1406 [1407]), es gilt die für Arbeitnehmer geltende Haftungsprivilegierung (BAG 18. 4. 2002 – 8 AZR 348/01, NZA 2003, 37 [38]), der Auszubildende hat Wettbewerb zulasten des Ausbildungsbetriebs zu unterlassen (BAG 20. 9. 2006 – 10 AZR 439/05, NZA 2007,

977 [979]), ein einem Arbeitsverhältnis vorangehendes Berufsausbildungsverhältnis ist auf die Wartezeit des § 3 Abs 3 BUrlG anzurechnen (BAG 20. 8. 2003 – 5 AZR 436/02, NZA 2004, 205 [206]) und es ist bei der Berechnung der Beschäftigungsdauer nach § 622 Abs 2 zu berücksichtigen (BAG 2. 12. 1999 – 2 AZR 139/99, NZA 2000, 720). Überdies werden manche Gesetze explizit auf Berufsauszubildende für anwendbar erklärt (zB § 1 Abs 2 EFZG, § 5 Abs 1 BetrVG, § 20 BEEG, § 2 Abs 2 BUrlG, § 6 Abs 1 S 1 Nr 2 AGG, § 7 Abs 1 Nr 2 PflegeZG, § 5 Abs 1 ArbGG).

2. Andere Vertragsverhältnisse, § 26 BBiG

Nach § 26 BBiG kann jemand auch eingestellt werden, „um berufliche Kenntnisse, **299** Fertigkeiten oder Erfahrungen zu erwerben, ohne dass es sich um eine Berufsausbildung im Sinne dieses Gesetzes handelt". Für diese auch als **Anlernverhältnisse** bezeichneten Konstellationen (ErfK/Preis § 611 Rn 177) gibt es zwei Gestaltungsformen: (1) die Möglichkeit des Abschlusses eines Arbeitsvertrags zur Begründung eines Arbeitsverhältnisses, in dessen Rahmen die Möglichkeit gegeben wird, berufliche Fertigkeiten, Kenntnisse, Fähigkeiten oder berufliche Erfahrungen zu sammeln, und (2) nicht der Abschluss eines besonderen Ausbildungsvertrags. Nur für den letzteren Fall ordnet § 26 BBiG an, dass die Vorschriften über das Berufsausbildungsverhältnis grundsätzlich Anwendung finden. Voraussetzung ist, dass an der Erreichung des Betriebszwecks mitgewirkt und umgekehrt berufliche Kenntnisse, Fertigkeiten oder Erfahrungen in einem systematischen Ausbildungsgang vermittelt werden, ohne dass die Voraussetzungen einer Berufsausbildung iS des § 1 Abs 3 BBiG erfüllt sind (vgl BAG 17. 7. 2007 – 9 AZR 1031/06, NZA 2008, 416 [418 f]).

3. Umschulungsverhältnisse

Auf **Umschulungsverhältnisse** sind allein die **§§ 1 Abs 5, 58 ff BBiG** anwendbar. Die **300** Vorschriften für die Berufsausbildung finden hingegen weder direkt noch über § 26 BBiG Anwendung; beiden ist gemein, dass jemandem *erstmals* eine berufliche Grundbildung bzw berufliche Kenntnisse vermittelt wird, wohingehend das Umschulungsverhältnis einen Übergang in eine andere geeignete berufliche Tätigkeit ermöglichen soll (BAG 12. 2. 2013 – 3 AZR 120/11, NZA 2014, 31 [31 f]). Die Umschulung kann entweder in Form eines Arbeitsverhältnisses oder eines isolierten Berufsbildungsvertrags erfolgen; nur im ersteren Fall sind die arbeitsrechtlichen Schutzvorschriften anwendbar (BAG 19. 1. 2006 – 6 AZR 638/04, NZA 2007, 97 [98]). Der Umschulungsvertrag endet wegen Zweckerfüllung mit dem erfolgreichen Abschluss der Umschulungsmaßnahme. In der Regel ist das Recht zur ordentlichen Kündigung (konkludent) ausgeschlossen, eine außerordentliche Kündigung ist aber möglich (BAG 15. 3. 1991 – 2 AZR 516/90, NZA 1992, 452 [454]).

4. Volontäre, Praktikanten und Werkstudenten

Vom Auszubildenden unterscheidet sich der **Volontär** dadurch, dass ihm die Mög- **301** lichkeit einer Verbreiterung und Vertiefung seiner Fachkenntnisse geboten wird, ohne dass eine geregelte Fachausbildung in einem staatlich anerkannten Ausbildungsberuf beabsichtigt ist (vgl BAG 21. 12. 1954 – 2 AZR 76/53, AP Nr 1 zu § 611 BGB Ärzte, Gehaltsansprüche). Volontäre können **Arbeitnehmer** sein, auch wenn sie kein Arbeitsentgelt erhalten; denn die Erwerbsdienlichkeit der Arbeitsleistung ist keine Voraussetzung für die Annahme eines Arbeitsverhältnisses. Allerdings muss der Volontär sich zu Dienstleistungen verpflichtet haben; denn besteht keine Pflicht zur Arbeit, so ist der Betreffende auch kein Arbeitnehmer. Entscheidend ist die Gewichtung der vertraglichen Pflichten; überwiegt die Pflicht des Volontärs zur Arbeitsleistung, handelt es sich um ein Arbeitsverhältnis, anderenfalls liegt ein Anlernverhältnis nach § 26 BBiG vor (BAG 1. 12. 2004 – 7 AZR 129/04, NZA 2005, 779 [781]), das dann nicht dem MiLoG unterfällt (BT-Drucks 18/2010, 24). Ein Volontärverhältnis ist Verbrauchervertrag iSv § 310 Abs 3 (BAG 18. 3. 2008 – 9 AZR 186/07, AP Nr 12 zu § 310 BGB Rn 17).

302 Vom Volontär unterscheidet sich der **Praktikant** dadurch, dass seine Tätigkeit im Betrieb dem Erwerb praktischer Kenntnisse und Erfahrungen zur Vorbereitung auf einen Beruf dient. Sie ist Teil einer geregelten Fachausbildung. Wie beim Berufsausbildungsverhältnis prägt auch hier der Ausbildungszweck den Vertragsinhalt; jedoch wird der Praktikant nicht durch die Beschäftigung im Dienst eines anderen zu einem staatlich anerkannten Ausbildungsberuf ausgebildet, sondern er soll die notwendigen praktischen Kenntnisse und Erfahrungen erhalten, die er im Rahmen einer meist akademischen Ausbildung benötigt (zur rechtlichen Stellung von Praktikanten vgl ORLOWSKI RdA 2009, 38 ff; MATIES RdA 2007, 135 ff; KRIMPHOVE BB 2014, 564 ff). In **§ 22 Abs 1 S 3 MiLoG** hat der Gesetzgeber erstmals – an systematisch vollkommen unzutreffender Stelle – den Praktikantenbegriff legaldefiniert. Danach ist unabhängig von der Bezeichnung des Rechtsverhältnisses Praktikant, „wer sich nach der tatsächlichen Ausgestaltung und Durchführung des Vertragsverhältnisses für eine begrenzte Dauer zum Erwerb praktischer Kenntnisse und Erfahrungen einer bestimmten betrieblichen Tätigkeit zur Vorbereitung auf eine berufliche Tätigkeit unterzieht, ohne dass es sich dabei um eine Berufsausbildung im Sinne des Berufsbildungsgesetzes oder um eine damit vergleichbare praktische Ausbildung handelt" (zur Anwendbarkeit des MiLoG auf Praktikanten s Rn 1349). Der Gesetzgeber orientierte sich dabei an Erwägungsgrund 27 der Empfehlung des Rats der Europäischen Union vom 10. 3. 2014 zu einem Qualitätsrahmen für Praktika (BT-Drucks 18/2010, 24). Auch Praktikanten können **Arbeitnehmer** sein. Die Arbeitnehmereigenschaft fehlt nur, wenn für das Praktikantenverhältnis der Schüler- oder Studentenstatus maßgebend bleibt. Ist dagegen der Praktikant dem Betriebsinhaber gegenüber zur Arbeitsleistung verpflichtet, so ist er Arbeitnehmer, auch wenn das Praktikum von einem Studenten nach der für sein Studium maßgeblichen Studien- und Prüfungsordnung abgeleistet werden muss (zur Abgrenzung vgl BAG 13. 3. 2003 – 6 AZR 564/01; LAG Köln 31. 5. 2006 – 3 Sa 225/06, NZA-RR 2006, 525).

303 Keine Praktikanten sind Studenten, die im Rahmen ihres Studiums in einem Betrieb eine dem Studienziel dienende praktische Ausbildung erhalten (**„Hochschulpraktikanten"**); hier ist das **BBiG nicht anwendbar** (BAG 18. 11. 2008 – 3 AZR 192/07, NZA 2009, 435 [437] mwNw), sodass sie weder Urlaubs- noch Arbeitsentgeltansprüche haben (BAG 25. 3. 1981 – 5 AZR 353/79, AP Nr 1 zu § 19 BBiG Rn 11 ff). Auch der gesetzliche Mindestlohn gilt für sie nicht, § 22 Abs 1 S 2 Nr 1 MiLoG.

304 In Abgrenzung zum Praktikanten steht bei **Werkstudenten** die Arbeitsleistung noch mehr im Vordergrund, der Ausbildungszweck ist demgemäß nur sekundär. Sie sind daher meist Arbeitnehmer (KÜTTNER/RÖLLER, Personalbuch 2015, Stichwort „Praktikant" Rn 4; KRIMPHOVE BB 2014, 564).

Für den **unionsrechtlichen Arbeitnehmerbegriff** ist die Rechtsprechung des EuGH zu **304a** beachten. Danach können auch Personen, die einen Vorbereitungsdienst ableisten oder in einem Beruf Ausbildungszeiten im Sinne einer praktischen Vorbereitung absolvieren, als Arbeitnehmer anzusehen sein, wenn sie dies unter den Bedingungen einer tatsächlichen und echten Tätigkeit im Lohn- und Gehaltsverhältnis für einen Arbeitgeber weisungsgebunden tun. Dem stehe auch weder entgegen, wenn der Betreffende keiner Vollzeitbeschäftigung nachgehe, seine Produktivität geringer sei, er eine beschränkte Vergütung erhält noch, dass seine Vergütung aus öffentlichen Mitteln finanziert werde (EuGH 9.7.2015 – C-229/14, juris Rn 50 f mwNw auf seine Rechtsprechung).

V. Beschäftigung im Tendenzbereich und kirchlichen Dienst

1. Grundrechtsschutz und Arbeitsrecht

Der Grundrechtsschutz kann zu einer modifizierten Anwendung des Arbeitsrechts **305** führen. Das gilt vor allem für Presseunternehmen, Rundfunk- und Fernsehanstalten, Hochschulen und Kirchen.

Grundrechtsbezug hat die **Tendenzautonomie** in der Mitbestimmungsordnung (s zur **306** Betriebsverfassung § 118 Abs 1 BetrVG; zur unternehmensbezogenen Mitbestimmung § 1 Abs 4 S 1 MitbestG und § 1 Abs 2 S 1 Nr 2 DrittelbG). Die grundrechtlich geschützte Tendenzautonomie hat darüber hinaus Bedeutung für die Anwendung des Arbeitsrechts überhaupt, und sie bestimmt auch die Pflichten aus dem Arbeitsverhältnis.

Verfassungsbezug hat vor allem auch, dass auf **Religionsgemeinschaften** und ihre **307** karitativen und erzieherischen Einrichtungen ohne Rücksicht auf deren Rechtsform weder das Betriebsverfassungsgesetz noch die Personalvertretungsgesetze noch die Gesetze über die unternehmensbezogene Mitbestimmung Anwendung finden (§ 118 Abs 2 BetrVG, § 112 BPersVG, § 1 Abs 4 S 2 MitbestG und § 1 Abs 2 S 2 DrittelbG). Die Verfassungsgarantie des Selbstbestimmungsrechts in Art 140 GG iVm Art 137 Abs 3 WRV gewährleistet eine arbeitsrechtliche Sonderstellung und Regelungsautonomie (s Rn 311 ff).

2. Besonderheiten im Tendenzbereich (Presseunternehmen, Rundfunk- und Fernsehanstalten, Hochschulen)

Für Tendenzunternehmen, zu denen Unternehmen gehören, die unmittelbar und **308** überwiegend entweder politischen, koalitionspolitischen, konfessionellen, karitativen, erzieherischen, wissenschaftlichen oder künstlerischen Bestimmungen oder Zwecken der Berichterstattung oder Meinungsäußerung, auf die Art 5 Abs 1 S 2 GG Anwendung findet, dienen, ist die betriebsverfassungsrechtliche **Mitbestimmung eingeschränkt** (§ 118 Abs 1 BetrVG). Die unternehmensbezogene Mitbestimmung findet auf sie sogar überhaupt keine Anwendung; es besteht insoweit ein absoluter Tendenzschutz (§ 1 Abs 4 S 1 MitbestG und § 1 Abs 2 S 1 DrittelbG). Die begrenzte Geltung des Betriebsverfassungsgesetzes hat vor allem Bedeutung für Arbeitnehmer, die tendenzbezogene Aufgaben wahrzunehmen haben (Tendenzträger). In Presse- und Verlagsunternehmen ist wegen des Grundrechts der Pressefreiheit

(Art 5 Abs 1 S 2 GG) für Arbeitnehmer, die durch ihre Tätigkeit auch inhaltlich auf Berichterstattung oder Meinungsäußerung Einfluss nehmen können, der betriebsverfassungsrechtliche Kündigungsschutz eingeschränkt (vgl BVerfG 6. 11. 1979 – 1 BvR 81/76, BVerfGE 52, 283); auch sonst sind in ihren Angelegenheiten die Beteiligungsrechte des Betriebsrats eingeschränkt (vgl BAG 7. 11. 1975 – 1 ABR 78/74, AP Nr 3 zu § 99 BetrVG 1972; bestätigt durch BAG 9. 12. 1975 – 1 ABR 27/73, 30. 1. 1990 – 1 ABR 101/88, 8. 5. 1990 – 1 ABR 33/89 und 27. 7. 1993 – 1 ABR 8/93, AP Nr 7, 44, 46 und 51 zu § 118 BetrVG 1972; siehe im Einzelnen und mwNw THÜSING, in: RICHARDI, BetrVG § 118 Rn 115 ff).

309 Möglich ist sogar, dass der **arbeitsrechtliche Bestandsschutz für das Arbeitsverhältnis** insgesamt zurücktritt; denn der Sozialschutz ist keine immanente Schranke der Grundrechtsbetätigung (so bereits BVerfG 6. 11. 1979 – 1 BvR 81/76, BVerfGE 52, 283 [298]; vor allem BVerfG 13. 1. 1982 – 1 BvR 848/77 ua, BVerfGE 59, 231 [267]). So sind in Rundfunk- und Fernsehanstalten Beschäftigte oftmals nicht Arbeitnehmer, sondern freie Mitarbeiter, sodass arbeitsrechtliche Schutzvorschriften schon im Grundsatz nicht anwendbar sind (Rn 62 ff). Selbst wer Arbeitnehmer ist, muss, wenn er unmittelbar programmgestaltend tätig ist, hinnehmen, dass eine vertraglich befristete Beschäftigung durch die in Art 5 Abs 1 S 2 GG verfassungsrechtlich gewährleistete Programmvielfalt legitimiert sein kann, hinter die der arbeitsrechtliche Bestandsschutz zurücktreten muss (§ 14 Abs 1 S 2 Nr 4 TzBfG, grundlegend BVerfG 13. 1. 1982 – 1 BvR 848/77 ua, BVerfGE 59, 231; BVerfG 18. 2. 2000 – 1 BvR 491, 562/93, NZA 2000, 653 [655]; BAG 9. 6. 1993 – 5 AZR 123/92, NZA 1994, 169 [171]; BAG 26. 7. 2006 – 7 AZR 495/05, NZA 2007, 147 [148]; BAG 4. 12. 2013 – 7 AZR 457/12, NZA 2014, 1018 [1020]; vgl zum Pressearbeitsrecht GIESEN, MünchArbR § 336; zur Befristungsmöglichkeit ErfK/MÜLLER-GLÖGE, § 14 TzBfG Rn 45 mwNw).

310 Für Arbeitsverträge mit wissenschaftlichem und künstlerischem Personal an **Hochschulen** und Forschungseinrichtungen besteht über die Zulässigkeit einer Befristung eine Sonderregelung im Wissenschaftszeitvertragsgesetz vom 12. 4. 2007 (BGBl I 506).

3. Mitarbeit im kirchlichen Dienst*

311 a) Den Kirchen gewährleistet die Verfassungsgarantie des Selbstbestimmungsrechts in Art 140 GG iVm Art 137 Abs 3 S 1 WRV eine **arbeitsrechtliche Sonderstellung und Regelungsautonomie** (vgl BVerfG 4. 6. 1985 – 1 BvL 7/85, BVerfGE 70, 138; bestätigt BVerfG 22. 10. 2014 – 2 BvR 661/12, NZA 2014, 1387); ausführlich RICHARDI, Arbeitsrecht in der Kirche [7. Aufl 2015] §§ 1 ff). Die Kirche wird auch nicht außerhalb der verfassungsrechtlich gewährleisteten Kirchenautonomie tätig, wenn sie ihren Dienst in privatrechtlichen Gestaltungsformen regelt und durch Vertrag Arbeitsverhältnisse begründet. Für sie ist zwar einerseits verbindlich, dass Privatautonomie nur in den Grenzen des Arbeitsrechts besteht; andererseits gilt aber, dass Arbeitsgesetze die Kirchenfreiheit nur insoweit beschränken, als sie zu dem für alle geltenden Gesetz iS des Art 137 Abs 3 WRV gehören.

312 Da den Kirchen verfassungsrechtlich garantiert ist, dass sie „der Gestaltung des kirchlichen Dienstes auch dann, wenn sie ihn auf der Grundlage von Arbeitsver-

---

* **Schrifttum**: U HAMMER, Kirchliches Arbeitsrecht (2002); RICHARDI, Arbeitsrecht in der Kirche (7. Aufl 2015); THÜSING, Kirchliches Arbeitsrecht (2006).

trägen regeln, das besondere **Leitbild einer christlichen Dienstgemeinschaft** aller ihrer Mitarbeiter zugrunde legen können" (vgl BVerfG 4. 6. 1985 – 1 BvL 7/85, BVerfGE 70, 138 [165]); BAG 20. 11. 2012 – 1 AZR 179/11, NZA 2013, 448; BAG 25. 4. 2013 – 2 AZR 579/12, NZA 2013, 1131), haben sie auch die Befugnis, „den ihr angehörenden Arbeitnehmern die Beachtung jedenfalls der tragenden Grundsätze der kirchlichen Glaubens- und Sittenlehre aufzuerlegen und zu verlangen, dass sie nicht gegen die fundamentalen Verpflichtungen verstoßen, die sich aus der Zugehörigkeit zur Kirche ergeben und die jedem Kirchenglied obliegen" (BVerfG 4. 6. 1985 – 2 BvR 1703/83, BVerfGE 70, 138 [165 f]). Welche kirchlichen Grundverpflichtungen als Gegenstand des Arbeitsverhältnisses bedeutsam sein können, richtet sich nicht nach der Meinung eines staatlichen Arbeitsgerichts, sondern nach den von der verfassten Kirche anerkannten Maßstäben (vgl BVerfG 4. 6. 1985 – 2 BvR 1703/83, BVerfGE 70, 138 [166, 168]; bestätigt durch BVerfG 22. 10. 2014 – 2 BvR 661/12, NZA 2014, 1387 [1392]).

Das **Allgemeine Gleichbehandlungsgesetz** vom 14. 8. 2006 (BGBl I 1897) berücksichtigt in § 9 die verfassungsrechtlich begründete Sonderstellung der Religionsgesellschaften. Bei ihnen kann eine unterschiedliche Behandlung wegen der Religion zulässig sein (Abs 1); zudem können sie von ihren Beschäftigten ein „loyales und aufrichtiges Verhalten im Sinne ihres jeweiligen Selbstverständnisses verlangen" (Abs 2; vgl BAG 8. 9. 2011 – 2 AZR 543/10, AP Nr 92 zu § 1 KSchG 1969 [Rn 33 ff], nicht berührt durch die Aufhebung des Urteils durch BVerfG 22. 10. 2014 – 2 BvR 661/12, NZA 2014, 1387; s auch Rn 471). 313

b) Für die **katholische Kirche** gilt die **Grundordnung des kirchlichen Dienstes im Rahmen kirchlicher Arbeitsverhältnisse**, die als Kirchengesetz von den Bischöfen für ihre Diözesen zum 1. 1. 1994, im Bistum Fulda zum 1. 1. 1995, in Kraft gesetzt und seitdem mehrfach geändert wurde (vgl Richardi, Arbeitsrecht in der Kirche [7. Aufl 2015] § 4 Rn 31 ff). 314

c) Die verfassungsrechtlich begründete Sonderstellung innerhalb des Arbeitsrechts beschränkt sich nicht auf die öffentlich-rechtlichen Gliederungen der Kirche; sie gilt vielmehr auch für ihre **privatrechtlich verselbstständigten Einrichtungen**, also insbesondere für die Einrichtungen der **Caritas** und der **Diakonie**. Die Regelungs- und Verwaltungsbefugnis gemäß Art 137 Abs 3 WRV steht nämlich der Kirche „nicht nur hinsichtlich ihrer körperschaftlichen Organisation und ihrer Ämter zu", sondern es sind „alle der Kirche in bestimmter Weise zugeordneten Einrichtungen ohne Rücksicht auf ihre Rechtsform Objekte, bei deren Ordnung und Verwaltung die Kirche grundsätzlich frei ist, wenn sie nach kirchlichem Selbstverständnis ihrem Zweck oder ihrer Aufgabe entsprechend berufen sind, ein Stück Auftrag der Kirche in dieser Welt wahrzunehmen und zu erfüllen" (BVerfG 11. 10. 1977 – 2 BvR 209/76, BVerfGE 46, 73 [85]; ebenso BVerfG 25. 3. 1980 – 2 BvR 208/76, BVerfGE 53, 366 [391]; BVerfG 17. 2. 1981 – 2 BvR 384/78, BVerfGE 57, 220 [242] und BVerfG 4. 6. 1985 – 2 BvR 1703/83, BVerfGE 70, 138 [162]; zuletzt BVerfG 22. 10. 2014 – 2 BvR 661/12, NZA 2014, 1387 [Rn 91 ff]). 315

Die Zuordnungskriterien sind daher nach dem kirchlichen Selbstverständnis zu bestimmen. Maßgebend ist, dass eine Einrichtung „teilhat an der Verwirklichung eines Stücks Auftrag der Kirche im Geist christlicher Religiosität, im Einklang mit dem Bekenntnis der christlichen Kirchen und in Verbindung mit den Amtsträgern der Kirche" (BVerfG 25. 3. 1980 – 2 BvR 206/76, BVerfGE 53, 366 [392]; so bereits für die 316

Zuordnung zur katholischen Kirche BVerfG 11. 10. 1977 – 2 BvR 209/76, BVerfGE 46, 73 [87]; BVerfG 22. 10. 2014 – 2 BvR 661/12, NZA 2014, 1387 [1389]).

317 Das Selbstbestimmungsrecht ist kein Recht der Einrichtung, sondern ein Recht der Religionsgesellschaft. Daraus folgt, dass sich nach den von der verfassten Kirche anerkannten Maßstäben richtet, worin die kirchenspezifische Besonderheit des in der Einrichtung zu erbringenden Dienstes liegt und welche Folgen sich daraus für die Gestaltung der Arbeitgeber-Arbeitnehmer-Beziehungen ergeben (vgl BVerfG 4. 6. 1985 – 2 BvR 1703/83, BVerfGE 70, 138 [166, 168]). Die Sonderstellung innerhalb der Arbeitsrechtsordnung beruht nicht auf der Satzungsautonomie, sondern auf dem verfassungsrechtlich verbürgten Selbstbestimmungsrecht der Kirche (vgl BAG 10. 12. 1992 – 2 AZR 271/92, AP Nr 41 zu Art 140 GG). Ein Rechtsträger kann daher für seine Einrichtung kein Sonderarbeitsrecht schaffen, sondern es gilt das kirchliche Arbeitsrecht, sofern er staatskirchenrechtlich der Kirche zugeordnet ist (vgl RICHARDI, Arbeitsrecht in der Kirche [7. Aufl 2015] § 3 Rn 9 f).

318 **d)** Die soziale Schutzgesetzgebung und das Sozialordnungsrecht des Staates müssen den Kirchen **eigene Wege** offenhalten, auf denen sie ihre Ordnung „unter Berücksichtigung der besonderen kirchlichen Aspekte und in der vom kirchlichen Selbstverständnis gebotenen Form verwirklichen" (BVerfG 25. 3. 1980 – 2 BvR 206/76, BVerfGE 53, 366 [405]). Sie können insbesondere **nicht** zum **Abschluss von Tarifverträgen** gezwungen werden, wenn dies ihrem Selbstverständnis von einer Gestaltung der Arbeitsbedingungen in ihrem Bereich widerspricht (vgl RICHARDI, Arbeitsrecht in der Kirche [7. Aufl 2015] § 10 Rn 41 ff).

319 Die Kirchen haben deshalb zur Ordnung ihrer Arbeitsverhältnisse im sog **Dritten Weg** ein eigenständiges Beteiligungsmodell entwickelt (vgl zum Arbeitsrechtsregelungssystem der Kirchen RICHARDI §§ 12–15). Arbeitsgesetze gestatten, soweit sie tarifdispositiv gestaltet sind, teilweise den Kirchen und öffentlich-rechtlichen Religionsgesellschaften wie den Tarifvertragsparteien, in ihren Regelungen von den Gesetzesvorschriften abzuweichen. Eine derartige Bestimmung enthalten § 7 Abs 4 ArbZG und § 21a Abs 3 JArbSchG. Die Mehrzahl der tarifdispositiven Gesetze enthält keine ausdrückliche Öffnungsklausel. Aber auch für sie muss gelten, dass die im Regelungsverfahren des Dritten Weges zustande gekommenen Arbeitsvertragsrichtlinien den Tarifverträgen gleichzustellen sind (vgl RICHARDI § 8 Rn 6 ff; zum TzBfG abw BAG 25. 3. 2009 – 7 AZR 710/07, AP Nr 59 zu § 14 TzBfG).

320 Die **Arbeitsvertragsordnungen** und Arbeitsvertragsrichtlinien der Kirchen und ihrer diakonischen oder karitativen Verbände, zB die AVR des Caritas-Verbandes, sind **keine Tarifverträge**. Sie dürfen aber auch nicht mit vom Arbeitgeber einseitig festgesetzten Vertragsgestaltungen auf eine Stufe gestellt werden, weil dadurch die Einordnung der kirchlichen Regelungsautonomie in die Verfassungsgarantie des Art 137 Abs 3 WRV verkannt wird, die den Kirchen gewährleistet, ein eigenes Beteiligungsmodell der Ordnung ihrer Arbeitsverhältnisse zugrunde zu legen. Das gilt insbesondere für §§ 305 ff (vgl RICHARDI § 15 Rn 36 ff; zur Gleichstellung mit Tarifverträgen und Betriebsvereinbarungen iRv § 310 Abs 4 S 1; s Rn 896).

321 Die Kirchen haben für ihren Bereich auf kirchengesetzlicher Grundlage im **Mitarbeitervertretungsrecht** eine betriebsverfassungsrechtliche Mitbestimmungsordnung

geschaffen (vgl RICHARDI §§ 17–19). Ihnen ist als eigene Angelegenheit verfassungsrechtlich garantiert, „ob und in welcher Weise die Arbeitnehmer und ihre Vertretungsorgane in Angelegenheiten des Betriebs, die ihre Interessen berühren, mitwirken und bestimmen" (BVerfG 11. 10. 1977 – 2 BvR 209/76, BVerfGE 46, 73 [94]). Deshalb findet auf sie und ihre karitativen und erzieherischen Einrichtungen ohne Rücksicht auf deren Rechtsform das staatliche Mitbestimmungsrecht keine Anwendung (§ 118 Abs 2 BetrVG, § 112 BPersVG, § 1 Abs 3 Nr 2 SprAuG, § 1 Abs 4 S 2 MitbestG und § 1 Abs 2 S 2 DrittelbG).

VI. Gewerbliche Arbeitnehmer und Handlungsgehilfen

Das älteste Gesetz, das sich mit dem Arbeitsverhältnis befasst, ist die **Gewerbeordnung**, deren Bestimmungen zT schon als Gesetz des Norddeutschen Bundes vom 21. 6. 1869 erlassen worden sind. In den §§ 105 ff GewO waren ursprünglich Sondervorschriften nur für die Arbeitnehmer in Gewerbebetrieben enthalten. Die Novellierung der Gewerbeordnung durch Gesetz vom 24. 8. 2002 (BGBl I 3412) hat unter der Überschrift „Allgemeine Arbeitsrechtliche Grundsätze" eine grundlegende Änderung herbeigeführt. Die Bestimmungen finden auf *alle* Arbeitnehmer Anwendung (§ 6 Abs 2 GewO). Bei ihnen handelt es sich um Regelungen zur Vertragsfreiheit (§ 105), zum Weisungsrecht des Arbeitgebers (§ 106), zur Entgeltzahlung (§§ 107, 108), zum Zeugnis (§ 109) und zum nachvertraglichen Wettbewerbsverbot (§ 110). **322**

Das **Handelsgesetzbuch** enthält in §§ 59–83 noch wenige Sondervorschriften für **Handlungsgehilfen**. Handlungsgehilfe ist nach der Legaldefinition in § 59 HGB, wer in einem Handelsgewerbe zur Leistung kaufmännischer Dienste gegen Entgelt angestellt ist. Voraussetzung ist also, dass der Arbeitgeber Kaufmann iS der §§ 1 ff HGB ist und der Angestellte kaufmännische Dienste leistet. Für Wettbewerbsabreden enthalten die §§ 74–75 f HGB sehr eingehende Schutzbestimmungen. Sie sind, wie sich aus § 110 S 2 GewO ergibt, auf alle Arbeitnehmer entsprechend anzuwenden (s näher Rn 1189 ff). **323**

VII. Im Bergbau beschäftigte Arbeitnehmer

Nach Art 67 EGBGB waren bei Einführung des BGB die landesgesetzlichen Vorschriften, welche dem Bergrecht angehören, unberührt geblieben. Deshalb galt für das Arbeitsrecht der Bergleute in Preußen das Preußische Allgemeine Berggesetz vom 24. 6. 1865, das in einem besonderen Abschnitt „Von den Bergleuten" (§§ 80 ff) die Arbeitsbedingungen der Bergarbeiter und Bergbauangestellten regelte; in den übrigen deutschen Bundesstaaten bestanden entsprechende Vorschriften in den diesem Gesetz zumeist nachgebildeten Berggesetzen. Die Gesetzgebung auf dem Gebiet des Bergarbeitsrechts hat sich auf die Entwicklung des allgemeinen Arbeitsrechts bahnbrechend ausgewirkt. Das gilt insbesondere für die obligatorische Einführung ständiger Arbeiterausschüsse durch Novelle zum Preußischen Allgemeinen Berggesetz vom 14. 7. 1905. Nach dem Ersten Weltkrieg ist die Bedeutung des Bergarbeitsrechts als selbstständiges Rechtsgebiet jedoch immer mehr zurückgegangen. Bereits das Knappschaftsrecht war 1912 aus dem Preußischen Berggesetz herausgelöst und als besonderes Knappschaftsgesetz erlassen worden; hieraus entwickelte sich das Reichsknappschaftsgesetz vom 20. 6. 1923 (RGBl I 431). Nachdem **324** bereits das Erste Arbeitsrechtsbereinigungsgesetz vom 14. 8. 1969 (BGBl I 1106) in Art 5 Abs 6 die noch erhalten gebliebenen Bestimmungen der Landesberggesetze auf dem Gebiet des privatrechtlichen Sektors des Bergarbeitsrechts im Wesentlichen aufgehoben hatte, brachte das Bundesberggesetz vom 13. 8. 1980 (BGBl I 1310) den Abschluss: Das Bundesberggesetz regelt nicht mehr das Arbeitsverhältnis des Arbeitnehmers im Bergbau.

325 Das Gesetz über **Bergmannsprämien** iF vom 12. 5. 1969 (BGBl I 434) sah für Arbeitnehmer des Bergbaus, die unter Tage beschäftigt werden, Bergmannsprämien vor, um der damaligen negativen Entwicklung der Arbeitsmarktlage im Bergbau entgegenzuwirken und ihnen eine Anerkennung für ihre besondere Leistung unter Tage zukommen zu lassen; arbeitsrechtlich galten sie nicht als Bestandteil von Lohn oder Gehalt. Schon mit dem Steueränderungsgesetz 2007 vom 19. 7. 2006 (BGBl I 1652) wurde die stufenweise Abschaffung der Prämie beschlossen. Vollends gestrichen wurde sie sodann durch Art 15 Steuervereinfachungsgesetz 2011 vom 1. 11. 2011 (BGBl I 2131). Sonderregelungen für den Bergbau bestehen nur noch in Form der landesrechtlichen Gesetze über **Bergmannsversorgungsscheine** (abgedruckt in: NIPPERDEY, Arbeitsrecht, Nr 447–449).

VIII. Land- und forstwirtschaftliche Arbeitnehmer

326 Ein besonderes Recht der landwirtschaftlichen Arbeitnehmer hat sich erst in der zweiten Hälfte des 19. Jahrhunderts herausgebildet. Die in der Landwirtschaft angestellten Personen fielen bis dahin unter den Begriff des Gesindes, für das die Gesindeordnungen galten. Da die Landwirtschaft nicht von der Reichsgewerbeordnung erfasst wurde, galt für landwirtschaftliche Arbeitnehmer auch nicht die durch § 152 GewO eingeführte Koalitionsfreiheit. Arbeitskämpfe wurden dadurch unmöglich gemacht, dass fast überall die landwirtschaftlichen Arbeitnehmer noch mit polizeilichem Zwang zur Leistung der Arbeit angehalten werden konnten, zu der sie sich vertraglich verpflichtet hatten. Diese Ausnahmegesetze gegen die Landarbeiter wurden ebenso wie die Gesindeordnungen erst durch den Aufruf des Rates der Volksbeauftragten vom 12. 11. 1918 beseitigt. Die dadurch entstandene Lücke wurde durch die Vorläufige Landarbeitsordnung vom 24. 1. 1919 (RGBl 111) geschlossen (vgl zu ihr MOLITOR, VorlLAO [2. Aufl 1952]). Da sie als unzeitgemäß angesehen wurde, hat sie das Erste Arbeitsrechtsbereinigungsgesetz vom 14. 8. 1969 (BGBl I 1106) durch Art 5 Abs 5 mit Rechtswirkung zum 1. 9. 1969 aufgehoben. Die Sonderregelung für Betriebe der Land- und Forstwirtschaft in § 8 Abs 2 BetrVG 1952, dass ein Betriebsrat erst zu bilden ist, wenn mindestens zehn ständig beschäftigte wahlberechtigte Arbeitnehmer vorhanden sind, wurde im Interesse einer einheitlichen Regelung des Betriebsverfassungsrechts für alle Wirtschaftszweige durch das BetrVG 1972 ebenfalls nicht übernommen (vgl ausf zur historischen Entwicklung THÜSING, in: FS Bauer [2010] 1023 [1024 ff]).

327 Trotz der Beseitigung besonderen Gesetzesrechts ist für die Rechtsanwendung von Bedeutung, ob ein Arbeitnehmer zu einem Betrieb der Land- und Forstwirtschaft gehört. Die landwirtschaftliche Arbeit hängt in besonderem Maß von der Jahreszeit und der Witterung ab. Schon aus diesem Grund bilden die land- und forstwirtschaftlichen Arbeitnehmer eine besondere Arbeitnehmergruppe (vgl WIELAND, Arbeitsverhältnisse in der Landwirtschaft [Diss Regensburg 2002]; THÜSING, in: FS Bauer [2010] 1023

Titel 8 · Dienstvertrag und ähnliche Verträge
Untertitel 1 · Dienstvertrag § 611

[1036 ff]), auf die in einigen Gesetzen Sonderregelungen wie zB §§ 8 Abs 3, 17 Abs 2 Nr 2 JArbSchG, § 10 Abs 1 Nr 12 ArbZG Anwendung finden.

IX. Schiffsbesatzungen

Bei Schiffsbesatzungen muss man unterscheiden, ob es sich um Seeschiffe oder Binnenschiffe handelt. Es gibt für sie kein einheitliches Arbeitsrecht. **328**

1. Seeschifffahrt

Für die Besatzung eines Kauffahrteischiffes, das nach dem Flaggenrechtsgesetz in der Fassung vom 25. 10. 1994 (BGBl I I 3140) die Bundesflagge führt, galt bis zum 31. 7. 2014 das Seemannsgesetz vom 26. 7. 1957 (BGBl II 713). Dieses wurde mit Wirkung zum 1. 8. 2014 durch das **Seearbeitsgesetz (SeeArbG)** vom 20. 4. 2013 (BGBl I 868) abgelöst. Auch diesem liegt – wie im internationalen Arbeitsrecht (vgl GAMILLSCHEG, Internationales Arbeitsrecht [1959] 136 f, 177 ff; weiterhin BAG 20. 11. 1997 – 2 AZR 631/96, AP Nr 7 zu Internationales Privatrecht/Arbeitsrecht mit Anm ABRAHAM; zum internationalen Seearbeitsrecht auch MAUL-SARTORI NZA 2013, 821 [821 f]) – das Flaggenprinzip zugrunde (§ 1 Abs 1 S 1 SeeArbG). **329**

Das SeeArbG unterscheidet den Kapitän und seinen Stellvertreter (§ 5 SeeArbG) von den Besatzungsmitgliedern (§ 3 SeeArbG), zu denen es auch die Schiffsoffiziere (§ 6 SeeArbG) zählt. Zwar hebt auch das SeeArbG die Unterschiede zwischen diesen Gruppen nicht völlig auf, sie sind aber nicht mehr so bedeutsam wie noch unter Geltung des SeemG (MAUL-SARTORI NZA 2013, 821 [822]). Der Kapitän ist der vom Reeder bestellte Führer des Schiffes; er wird aufgrund eines Dienstvertrags angestellt, und zwar auf bestimmte oder unbestimmte Zeit. Seine Rechtsstellung bestimmt sich nach den Vorschriften des SeeArbG (§ 479 HGB). Das Arbeitsverhältnis der Besatzungsmitglieder, das als Heuerverhältnis bezeichnet wird, regeln die §§ 28 ff SeeArbG. Es handelt sich um eine weitgehende Sonderregelung des Arbeitsverhältnisses. Das gilt insbesondere für die Beendigung des Heuerverhältnisses durch Kündigung (§§ 65 ff SeeArbG). Das Kündigungsschutzgesetz findet Anwendung; es sind hier aber Sonderbestimmungen zu beachten (§ 24 KSchG, § 65 Abs 4 SeeArbG; vgl zu den Einzelheiten des Seearbeitsrechts [aF] GIESEN, MünchArbR § 333; zum neuen Seearbeitsrecht instruktiv MAUL-SARTORI NZA 2013, 821). Ein einzelnes Schiff kann **Teilbetrieb** iSv § 613a sein, sodass es durch den Verkauf des Schiffes zum Betriebsübergang kommen kann (vgl BAG 18. 3. 1997 – 3 AZR 729/95, NZA 1998, 97 [98]; BAG 2. 3. 2006 – 8 AZR 147/05, AP Nr 302 zu § 613a BGB). **330**

2. Binnenschifffahrt und Flößereiwesen

Für Arbeitsverhältnisse der Schiffahrt auf Flüssen oder sonstigen Binnengewässern gilt das Gesetz betreffend die privatrechtlichen Verhältnisse der Binnenschifffahrt (Binnenschifffahrtsgesetz – BinSchG) vom 15. 6. 1895 (RGBl 301). Für das Dienstverhältnis des Schiffers, also des Führers des Schiffes, gelten die §§ 7, 20 BinSchG, und für die Schiffsmannschaft, dh insbesondere die Steuerleute, Bootsleute, Matrosen, Schiffsknechte, Schiffsjungen, Maschinisten und Heizer, enthalten die §§ 21–25 BinSchG eine Regelung. Bei der Rheinschifffahrt gilt das Abkommen über die Arbeitsbedingungen der Rheinschiffer vom 21. 5. 1954 (BGBl 1957 II 217). **331**

X. Hausangestellte

332 Hausangestellte, vielfach auch als Hausgehilfen bezeichnet, sind diejenigen Arbeitnehmer, die für einen fremden Haushalt Arbeit leisten. Ihr Rechtsverhältnis war ursprünglich im Gesinderecht geregelt. Auch nach Einführung des BGB hat Art 95 EGBGB das Gesinderecht mit einigen Einschränkungen der Landesgesetzgebung vorbehalten (vgl zum Gesinderecht O vGierke, Deutsches Privatrecht III 641 ff). Die Gesindeordnungen sind erst durch den Aufruf des Rates der Volksbeauftragten vom 12. 11. 1918 aufgehoben worden. Der Entwurf eines Hausgehilfengesetzes von 1921 (RABl 1921, 809) und der Entwurf von 1929 (RABl 1929 I 145) sind nicht Gesetz geworden; die Ausnahmeregelungen im Mutterschutzgesetz für die im Familienhaushalt Beschäftigten wurden durch das Gesetz zur Änderung des Mutterschutzrechts vom 20. 12. 1996 (BGBl I 2110) aufgehoben (vgl Sowka NZA 1997, 296 [297]). Daher gelten für das Arbeitsverhältnis dieses Personenkreises nunmehr grundsätzlich die allgemeinen arbeitsrechtlichen Regelungen. Mittelbar ergibt sich aber eine Sonderstellung daraus, dass der Haushalt **nicht als Betrieb** angesehen wird. Bestimmungen, die auf den Betrieb abstellen, finden deshalb auf Hausangestellte grundsätzlich keine Anwendung (für § 622 mit beachtlichen Argumenten **aA** Kocher NZA 2013, 929 [931 f]). Auch wenn die meisten Unfälle im Haushalt geschehen, sind Hausangestellte vom Anwendungsbereich des ArbSchG nach dessen § 1 Abs 2 S 1 ausgenommen; auf Hausangestellte finden aber immerhin oftmals die Vorschriften der §§ 617, 618 Abs 2 Anwendung.

XI. Künstler

333 Für Bühnenkünstler sowie Musiker und Artisten hat sich eine ganz eigene Tarifstruktur entwickelt, die viele Sondervorschriften über Begründung, Inhalt und Beendigung der Arbeitsverhältnisse enthalten (näher Schaub/Link, ArbRHdB § 187; Vogel AR-Blattei SD 1030. 2; s auch Rn 1928 ff).

F. Dienst- und Beschäftigungsverhältnisse außerhalb eines Arbeitsverhältnisses

I. Beamte, Soldaten und Richter

334 Anders als Arbeiter und Angestellte im öffentlichen Dienst sind **Beamte** keine Arbeitnehmer. Sie leisten zwar ebenfalls Arbeit im Dienst eines anderen, ihre Arbeitspflicht beruht aber nicht auf einem privatrechtlichen Vertrag, sondern auf einem öffentlich-rechtlichen Dienstverhältnis. Ihre Rechtsstellung ist durch Gesetze und Rechtsverordnungen geregelt. Wichtigste Rechtsquelle für Bundesbeamte ist das Bundesbeamtengesetz (BBG) iF vom 31. 3. 1999 (BGBl I 675). Für Beamte, deren Dienstverhältnis nach den Landesbeamtengesetzen geregelt ist, sichert das Beamtenrechtsrahmengesetz (BRRG) iF vom 31. 3. 1999 (BGBl I 654), dass entsprechende Grundsätze gelten. Bestand vor Aufnahme in den Beamtenstatus ein Arbeitsverhältnis, so endet dieses mit der Ernennung zum Beamten, § 12 Abs 3 BBG (auch bei Ernennung zum Widerruf, BAG 18. 5. 2006 – 6 AZR 615/05, ZTR 2006, 667) und lebt auch nach Rücknahme der Ernennung (§ 14 I BBG) nicht wieder auf (BAG 24. 4. 1997 – 2 AZR 241/96, NZA 1997, 1045 [1046 f]).

335 Ebenfalls in einem öffentlich-rechtlichen Dienstverhältnis stehen, obwohl sie nicht zu den Beamten gehören, **Richter und Soldaten**. Die Rechtsstellung der Bundesrichter ist durch das Deutsche Richtergesetz geregelt, und für die Richter im Landesdienst bestehen in den Bundesländern Richtergesetze, die das Dienstverhältnis der Richter entsprechend regeln. Für Soldaten gilt das Soldatengesetz. **Hochschullehrer** sind Beamte; für sie gelten aber Sonderregelungen des Hochschulrechts. Öffentlich-rechtlich sind auch die Dienstverhältnisse von Privatdozenten und Lehrbeauftragten (BAG 27. 6. 1984 – 5 AZR 567/82, AP Nr 42 zu § 611 BGB Lehrer, Dozenten; BAG 23. 6. 1993 – 5 AZR 248/92, AP Nr 10 zu § 128 ZPO; s auch BAG 18. 7. 2007 – 5 AZR 854/06, AP Nr 181 zu § 611 BGB Lehrer, Dozenten; LAG Baden-Württemberg 15. 12. 2010 – 13 Sa 78/10, BeckRS 2011, 67999) sowie von Vertretungsprofessoren und Verwaltern von Professorenstellen (BAG 25. 2. 2004 – 5 AZR 62/03, AP Nr 1 zu § 36 HRG; BAG 13. 7. 2005 – 5 AZR 435/04, ZTR 2006, 46). Auch mit wissenschaftlichen Mitarbeitern kann ein öffentlich-rechtliches Dienstverhältnis eigener Art begründet werden, das nicht als Arbeitsverhältnis einzustufen ist (BAG 14. 9. 2011 – 10 AZR 466/10, NZA-RR 2012, 616; kritisch ErfK/Preis, § 611 Rn 129).

Wird ein Beamter in einen **Privatbetrieb abgeordnet**, so ist möglich, dass ein Arbeitsvertrag mit dem Betriebsinhaber geschlossen wird (vgl BAG 27. 6. 2001 – 5 AZR 424/99, BAGE 98, 157). Aber auch wenn dies nicht der Fall ist, bestehen in begrenztem Umfang arbeitsrechtliche Beziehungen zum Betriebsinhaber, sofern der Beamte rechtlich verpflichtet ist, Arbeit im Dienst des Betriebsinhabers zu leisten. Für die Betriebsverfassung gilt er daher als Arbeitnehmer (§ 5 Abs 1 S 3 BetrVG, vgl Richardi, in: Richardi, BetrVG § 5 Rn 113 f). Unabhängig davon kann ein Beamter – soweit dies mit seiner beamtenrechtlichen Tätigkeit vereinbar ist – einer Nebentätigkeit im Rahmen eines privaten Arbeitsvertrags nachgehen (vgl BAG 13. 3. 1987 – 7 AZR 724/85, AP Nr 37 zu § 1 KSchG 1969 Betriebsbedingte Kündigung). **336**

Besondere Regelungen bestehen für die bei der **Deutschen Bahn AG** und den **Post-Aktiengesellschaften** beschäftigten Beamten nach dem Eisenbahnneuordnungsgesetz vom 27. 12. 1993 (BGBl I 2378) bzw Postneuordnungsgesetz vom 14. 9. 1994 (BGBl I 2325). **337**

Aufgrund ihres Status als Körperschaften des öffentlichen Rechts haben **Kirchen** die Befugnis, ihre Beschäftigten auf Grundlage öffentlich-rechtlicher Dienstverhältnisse zu ordnen; das wird durch § 135 S 2 BRRG bestätigt, möglich ist ihnen aber selbstverständlich auch der Abschluss privatrechtlicher Arbeitsverträge (vgl BAG 2. 2. 2006 – 2 AZR 154/05, AP Nr 46 zu § 611 BGB Kirchendienst). Angesichts der Verfassungsgarantie des kirchlichen Selbstbestimmungsrechts gelten Besonderheiten, insbesondere gesteigerte Loyalitätsobliegenheiten (s näher Rn 305 ff). **338**

II. Strafgefangene

Keine Arbeitnehmer sind Strafgefangene, denn die von ihnen zwangsweise geforderte oder ihnen auf Verlangen zugeteilte Arbeit (§ 37 StVollzG) wird nicht aufgrund eines Arbeitsvertrages geleistet (vgl BAG 3. 10. 1978 – 6 ABR 46/76, AP Nr 18 zu § 5 BetrVG 1972). Das gilt auch, wenn sie außerhalb der Anstalt in einem privaten Betrieb beschäftigt werden; möglich ist hier aber die Begründung eines Arbeitsvertrages mit dem Dritten entsprechend § 39 Abs 1 StVollzG (LAG Baden-Württemberg 15. 9. 1988 – 4b Sa 41/88, NZA 1989, 886). **339**

III. Ein-Euro-Jobber

340 **Erwerbsfähige Hilfebedürftige, die keine Arbeit finden können**, erhalten eine Grundsicherung für Arbeitsuchende nach dem Sozialgesetzbuch (SGB) – Zweites Buch (II), das durch das Vierte Gesetz für moderne Dienstleistungen am Arbeitsmarkt vom 24. 12. 2003 (BGBl I 2939) geschaffen wurde. Es sieht vor, dass ihnen Gelegenheit für im öffentlichen Interesse liegende, zusätzliche Arbeiten gegeben werden sollen. Werden sie auf dieser Basis beschäftigt, so erhalten sie zuzüglich zum Arbeitslosengeld II eine angemessene Entschädigung für Mehraufwendungen **(Ein-Euro-Job)**. Diese Arbeiten begründen nach § 16d Abs 7 S 2 SGB II kein Arbeitsverhältnis iS des Arbeitsrechts, und zwar auch dann nicht, wenn die gesetzlichen Zulässigkeitsschranken nicht eingehalten werden (BAG 26. 9. 2007 – 5 AZR 857/06, AP Nr 3 zu § 16 SGB II; BAG 19. 11. 2008 – 10 AZR 658/07, NZA 2009, 269 [271]; BSG 27. 8. 2011 – B 4 AS 1/10 R, juris Rn 19; ein Arbeitsvertrag ist nur bei einem ausdrücklichen Vertragsschluss anzunehmen, BAG 19. 3. 2008 – 5 AZR 435/07, AP Nr 5 zu § 16 SGB II); letzterenfalls entsteht auch kein faktisches Arbeitsverhältnis, auf das gestützt der Ein-Euro-Jobber über § 612 Abs 2 die übliche Vergütung verlangen könnte (vKoppenfeld-Spies NZS 2010, 2 [6]). Allerdings sind kraft expliziter gesetzlicher Anordnung die Vorschriften über den *Arbeitsschutz* aber entsprechend anzuwenden, und für Schäden bei der Ausübung ihrer Tätigkeit *haften sie nur wie Arbeitnehmer* (§ 16d Abs 7 S 2 HS 2, S 3 SGB II; vgl Richardi, in: FS Picker [2010] 1095 [1112]). Durch Verwaltungsakt (BSG 13. 4. 2011 – B 14 AS 101/10 R, juris Rn 15) wird daher ein *öffentlich-rechtliches Verhältnis eigener Art* begründet (vgl BAG 19. 11. 2008 – 10 AZR 658/07, NZA 2009, 269 [270]; vKoppenfeld-Spies NZS 2010, 2 [5]; Kohte, in: Gagel, SGB II § 16d Rn 41; für privatrechtlichen Vertrag sui generis Stölting, in: Eicher, SGB II § 16d Rn 51). Dennoch ist, wie das BAG zu Recht entschieden hat, das Mitbestimmungsrecht des § 99 Abs 1 BetrVG anwendbar, wenn der Ein-Euro-Jobber in den Betrieb eingegliedert wird, da es für die Betroffenheit der Belegschaft nicht auf den rechtlichen Status der aufzunehmenden Person ankommt (BAG 2. 10. 2007 – 1 ABR 60/06, AP Nr 54 zu § 99 BetrVG 1972 Einstellung; vKoppenfeld-Spies NZS 2010, 2 [5 f]).

341 Hingegen begründete die Beschäftigung in **Maßnahmen zur Arbeitsbeschaffung** nach den §§ 260–271 SGB III aF ein Arbeitsverhältnis (§ 260 Abs 1 Nr 4 SGB III aF). Diese Vorschriften wurden aber durch Art 2 Nr 19 des Gesetzes zur Verbesserung der Eingliederungschancen am Arbeitsmarkt vom 20. 11. 2011 (BGBl I 2854) aufgehoben, weil sie kaum praktische Relevanz hatten und überdies negative Effekte in Form eines verzögerten Übergangs in ungeförderte Beschäftigung zeitigten (BT-Drucks 17/6277, 109).

IV. Wiedereingliederungsverhältnis, § 74 SGB V

342 Können arbeitsunfähige Versicherte ihre bisherige Tätigkeit wieder teilweise verrichten und ist eine stufenweise Wiederaufnahme der Tätigkeit für die Wiedereingliederung ins Berufsleben voraussichtlich besser, kann ein Wiedereingliederungsverhältnis nach § 74 SGB V begründet werden. Dem müssen grundsätzlich sowohl der Arbeitnehmer als auch der **Arbeitgeber** zustimmen, ist Letzterer doch **nicht verpflichtet**, eine nur eingeschränkt angebotene Arbeitsleistung anzunehmen (BAG 13. 6. 2006 – 9 AZR 229/05, AP Nr 12 zu § 81 SGB IX; BAG 28. 7. 1999 – 4 AZR 192/98, AP Nr 3 zu § 74 SGB V; Kasseler Kommentar/Hess § 74 SGB V Rn 3; Spickhoff/Spickhoff [2. Aufl 2014],

Medizinrecht, § 74 SGB V Rn 2; BT-Drucks 11/2237, 192); etwas anderes gilt nur bei Schwerbehinderten, die gem § 81 Abs 4 S 1 Nr 1 SGB IX die Beschäftigung zur stufenweisen Wiedereingliederung verlangen können (BAG 13. 6. 2006 – 9 AZR 229/05, NZA 2007, 91 [92]; ErfK/Preis § 611 Rn 33; für einen Anspruch auf Wiedereingliederung auch nicht schwerbehinderter Arbeitnehmer Gaul NZA 2001, 988 [989 f]; Gagel, juris-PR-Arbeitsrecht 6/2007 Anm 1; auch bei Schwerbehinderten gegen einen Anspruch Boecken RdA 2012, 210 [214 f]). Das Wiedereingliederungsverhältnis ist kein Arbeitsverhältnis, sondern ein **Rechtsverhältnis sui generis** (BAG 29. 1. 1992 – 5 AZR 37/91, AP Nr 1 zu § 74 SGB V; LAG Rheinland-Pfalz 28. 1. 2014 – 6 Sa 342/13, juris Rn 87), denn es ist nicht auf Leistung von Arbeit im Sinne des arbeitsvertraglichen Leistungsaustausches gerichtet, sondern dient als Rehabilitationsmaßnahme der Erprobung, ob der Versicherte seine volle Arbeitsfähigkeit wiederherstellen kann (BAG 28. 7. 1999 – 4 AZR 192/98, NZA 1999, 1295). Nach dem BAG ruhen während des Wiedereingliederungsverhältnisses die arbeitsvertraglichen Hauptleistungspflichten (BAG 28. 7. 1999 – 4 AZR 192/98, NZA 1999, 1295 [1296]). Dementsprechend ist der Arbeitnehmer nicht zur Arbeitsleistung verpflichtet, hat aber ohne explizite Zusage auch weder aus dem Wiedereingliederungsvertrag noch aus § 74 SGB V einen Vergütungsanspruch (BAG 29. 1. 1992 – 5 AZR 37/91, AP Nr 1 zu § 74 SGB V). Da eine Freistellung von der Arbeitspflicht nicht möglich ist, kann der Urlaubsanspruch in dieser Zeit nicht erfüllt werden (BAG 19. 4. 1994 – 9 AZR 462/92, AP Nr 2 zu § 74 SGB V). Auch Nebenansprüche gelten nur bei entsprechender Vereinbarung (vgl BAG 28. 7. 1999 – 4 AZR 192/98, BAG AP Nr 3 zu § 74 SGB V).

V. Zivildienstleistende/Freiwillige nach dem Bundesfreiwilligendienstgesetz

343 Personen, die statt des Wehrdienstes einen **Zivildienst** leisteten (§ 25 WPflG iVm dem Gesetz über den Zivildienst der Kriegsdienstverweigerer [Zivildienstgesetz – ZDG] iF vom 28. 9. 1994 [BGBl I 1726]; vgl dazu auch BVerfG 13. 4. 1978 – 2 BvF 1/77, 2 BvF 2/77, 2 BvF 4/77. 2 BvF 5/77, BVerfGE 48, 127), waren keine Arbeitnehmer. Wurde aber von der Heranziehung zum Zivildienst abgesehen, weil der Kriegsdienstverweigerer freiwillig in einem Arbeitsverhältnis mit üblicher Arbeitszeit in einer Kranken- oder Heil- und Pflegeanstalt tätig wurde (§ 15a ZDG), wurde dadurch die Arbeitnehmereigenschaft nicht berührt.

344 Das ist freilich weitgehend Rechtsgeschichte, wurde doch zum 1. 7. 2011 – außer im Spannungs- und Verteidigungsfall (§ 2 WPflG) – mit dem Grundwehrdienst auch der Zivildienst ausgesetzt. An seine Stelle können **Freiwillige nach dem Bundesfreiwilligendienstgesetz** (BFDG) vom 28. 4. 2011 (BGBl I 687) treten. Dabei handelt es sich um Personen, die die Vollzeitschulpflicht erfüllt haben und sich aufgrund einer Vereinbarung zu einem freiwilligen Dienst ohne Erwerbsabsicht verpflichtet haben, für den sie nur unentgeltlich Unterkunft, Verpflegung und Arbeitskleidung (oder entsprechender Geldersatzleistungen) sowie ein angemessenes Taschengeld erhalten, § 2 BFDG. Grundlage ihrer Beschäftigung ist eine schriftliche Vereinbarung, § 8 BFDG. Der Freiwillige ist **kein Arbeitnehmer**, sondern steht vielmehr in einem öffentlichen Dienst sui generis. Das folgt zum einen daraus, dass er gerade ohne Erwerbsabsicht tätig wird, zum anderen aus einem Gegenschluss zu §§ 9 Abs 2, 13 BFDG und entspricht auch dem gesetzgeberischen Willen (BT-Drucks 17/4803, 17, 18). Allerdings **haftet** er für Schäden, die er in Ausübung seiner Tätigkeit verursacht hat, gemäß § 9 Abs 2 BFDG **nur wie Arbeitnehmer** (dazu Staudinger/Richardi/Fischinger [2016] § 619a Rn 28 ff, 64; vgl auch Leube ZTR 2013, 542). Überdies sind nach § 13 Abs 1

BFDG die **Arbeitsschutzbestimmungen, das JArbSchG** und das **BUrlG** auf den Freiwilligen entsprechend anzuwenden. Problematisch ist, ob auch das **EFZG** Anwendung findet. Unmittelbar ist das nicht der Fall, weil es nur auf Arbeitnehmer, in Heimarbeit Beschäftigte und ihnen Gleichgestellte anwendbar ist, §§ 1 Abs 2, 10 Abs 1, 11 Abs 1 EFZG. Die Literatur plädiert aber für eine Anwendung über § 13 Abs 1 BDFG (Schaub/Koch, ArbR von A–Z, Stichwort „Bundesfreiwilligendienst" Rn 1; Küttner/Ruppelt, Personalbuch 2014, Stichwort „Freiwilligendienste" Rn 17; Tiedemann NZA 2012, 602 [604 f]; Schaub/Vogelsang, ArbRHdB § 177 Rn 22). Dem ist zuzustimmen, denn der Gesetzgeber wollte insoweit einen Gleichlauf mit § 13 JFDG, für den das BAG entschieden hat, dass unter den Arbeitsschutz auch der soziale Arbeitsschutz zählt (BAG 10. 2. 1992 – 7 ABR 42/91, NZA 1993, 334 [335]), zu dem auch das EFZG gerechnet werden kann; von diesem Ergebnis geht offenkundig auch die Bundesregierung aus (vgl Informationsbroschüre „Der Bundesfreiwilligendienst von A–Z" 4). Im Übrigen aber finden angesichts der gesetzgeberischen Grundentscheidung, den Freiwilligendienst nach dem BFDG als Arbeitnehmer des öffentlichen Diensts sui generis auszugestalten, **keine arbeitsrechtlichen Schutzvorschriften** auf den Freiwilligen Anwendung. Das gilt namentlich für den allgemeinen oder besonderen Kündigungsschutz (ArbG Köln 31. 7. 2013 – 9 Ca 245/13, juris Rn 13 ff) und das MiLoG; Letzteres zum einen deshalb, weil der Freiwillige nach dem BFDG nicht unter den persönlichen Anwendungsbereich des § 22 MiLoG subsumiert werden kann, zum anderen, weil er nach der gesetzlichen Konzeption nur Anspruch auf ein „angemessenes Taschengeld" hat (§§ 2 Nr 1, 4, 8 Abs 1 S 2 Nr 6, 17 Abs 2 S 1 BFDG). Weil es sich nicht um eine den Freiwilligen, sondern die Belegschaft schützende Vorschrift handelt und diese durch dessen Eingliederung genauso betroffen sein kann wie bei einem Arbeitnehmer, ist allerdings § **99 BetrVG** bei seiner Einstellung anwendbar (ArbG Ulm 18. 7. 2012 – 7 BV 10/11, AiB 2012, 608; näher zur Stellung des Freiwilligen in Betriebsverfassungs- und Personalvertretungsrecht Leube ZTR 2012, 207 [209 ff]). Überdies sind für bürgerliche Rechtsstreitigkeiten der Freiwilligen aufgrund ihrer „besonderen Sachnähe" (BT-Drucks 17/4803, 20) die **Arbeitsgerichte zuständig**, § 2 Abs 1 Nr 8a ArbGG. Nach § **10 BFDG** wählen die Freiwilligen Interessensvertreter; die Vorschrift lässt nahezu alle Fragen offen und kann daher rechtspolitisch nicht überzeugen (ebenso Leube ZTR 2012, 207 [208]).

VI. Entwicklungshelfer

345 Entwicklungshelfer, die nach dem Entwicklungshelfergesetz (EhfG) vom 18. 6. 1969 (BGBl I 549) Entwicklungsdienst leisten, stehen zu dem Träger des Entwicklungsdienstes in keinem Arbeitsverhältnis (vgl BAG 27. 4. 1977 – 5 AZR 129/76, AP Nr 1 zu § 611 BGB Entwicklungshelfer). Der Entwicklungsdienstvertrag ist kein Arbeitsvertrag, sondern begründet ein Rechtsverhältnis eigener Art, auf das arbeitsrechtliche Bestimmungen nur insoweit Anwendung finden, als es sich aus den §§ 4 ff EhfG ergibt; möglich ist allerdings, dass der Entwicklungshelfer in einem Arbeitsverhältnis zu dem ausländischen Projektträger steht (BAG 27. 4. 1977 – 5 AZR 129/76, AP Nr 1 zu § 611 BGB Entwicklungshelfer; Joussen NZA 2003, 1173 [1174]). Entsprechend begründen Vorbereitungsverträge, die der Träger der Entwicklungshilfe mit Mitarbeitern zum Zweck der Vorbereitung auf den Auslandsaufenthalt abschließt, kein Berufsausbildungsverhältnis (BAG 27. 7. 1977 – 5 AZR 337/76, AP Nr 2 zu § 611 BGB Entwicklungshelfer). Für bürgerliche Streitigkeiten zwischen Entwicklungshelfern und den Trägern des

Entwicklungsdienstes nach dem EhfG sind aber nach § 2 Abs 1 Nr 7 ArbGG die Arbeitsgerichte zuständig.

VII. Jugendfreiwilligendienste (freiwilliges soziales/ökologisches Jahr)

Durch das Gesetz zur Förderung von Jugendfreiwilligendiensten (JFDG) vom 16. 5. **346** 2008 (BGBl I 482) wurden die rechtlichen Rahmenbedingungen für die Dienste im Rahmen eines freiwilligen sozialen Jahres (§ 3 JFDG) bzw freiwilligen ökologischen Jahres (§ 4 JFDG), die bis dato im FSJG bzw FÖJG geregelt waren, neu geregelt. Wer Freiwilliger in diesem Sinne ist, regelt – in weitgehender Anlehnung an § 2 BFDG – der § 2 JFDG. Grundlage der Vertragsbeziehung ist eine Vereinbarung, für deren Inhalt § 11 JFDG nähere Vorgaben macht. Wie der Freiwillige nach dem BFDG ist auch der Freiwillige nach dem JFDG **kein Arbeitnehmer**, wie ua der Gegenschluss zu § 13 JFDG zeigt. Für seine arbeitsrechtliche Behandlung gilt das zum Bundesfreiwilligen Gesagte entsprechend (Rn 344).

VIII. Mitarbeit in den Diensten Familienangehöriger

Die Mitarbeit eines Ehegatten in Erfüllung seiner Pflicht zur ehelichen Lebensge- **347** meinschaft (§ 1360; dazu STAUDINGER/VOPPEL [2012] § 1360 Rn 42 ff) und die Dienstleistung eines Kindes in Haus und Geschäft nach § 1619 werden durch familienrechtliche Bindungen geprägt, sodass das Arbeitsrecht hier keine Anwendung findet. Bei über diese Pflicht hinausgehender Mitarbeit kann aber auch mit ihnen ein Arbeitsverhältnis bestehen, sodass sie Arbeitnehmer sind (vgl RICHARDI, in: FS Schwab [2005] 1027 ff). Die Ehegatten haben hierbei die Wahl, ob sie die Tätigkeit auf eine familien- oder arbeitsrechtliche Grundlage stellen (LAG Mecklenburg-Vorpommern 20. 1. 2010 – 2 Sa 250/09, juris Rn 23). Die Abgrenzung richtet sich nach den allgemeinen Regelungen und ist, da oft keine klaren Absprachen getroffen werden, meist schwierig zu ziehen (vgl auch BSG 21. 4. 1993 – 11 RAr 67/92, AP Nr 67 zu § 611 BGB Abhängigkeit). Gegen das Vorliegen eines Arbeitsverhältnisses spricht dabei nicht, dass die Abhängigkeit zwischen Ehegatten in aller Regel weniger stark ausgeprägt ist wie im gewöhnlichen Arbeitsverhältnis und daher das Weisungsrecht eingeschränkter ist (LAG Baden-Württemberg 24. 6. 1975 – 7 Sa 22/75, AuR 1976, 187; ErfK/PREIS, § 611 Rn 134; SCHULZ NZA 2010, 75). Liegt ein Arbeitsverhältnis vor, ist die Scheidung der Ehe als solche noch kein Kündigungsgrund; sozial gerechtfertigt ist eine Kündigung nur dann, wenn zu erwarten ist, dass der Arbeitnehmer seine Pflichten nicht mit der erforderlichen Loyalität und Sorgfalt ausüben oder dass sich die Fortsetzung der ehelichen Streitigkeiten auf das Arbeitsverhältnis auswirken und den Betriebsfrieden stören wird (BAG 9. 2. 1995 – 2 AZR 389/94, NZA 1996, 249; LAG Köln 28. 11. 2002 – 5 Sa 566/02, NZA-RR 2003, 416). Handelt es sich um einen nicht dem KSchG unterfallenden Kleinbetrieb, ist der mitarbeitende Ehegatte nur über §§ 138, 242 vor sitten- bzw treuwidrigen Kündigungen geschützt; eine Kündigung aus Anlass einer Trennung oder Scheidung kann dabei angesichts der typischerweise engen persönlichen Zusammenarbeit in Kleinbetrieben aber nicht als treuwidrig angesehen werden (LAG Berlin-Brandenburg 9. 5. 2008 – 6 Sa 598/08, NZA-RR 2008, 633; SCHULZ NZA 2010, 75 [76]).

IX. Erbringung von Dienstleistungen als Gesellschafter

Gesellschafter, die aufgrund ihrer sich aus dem Gesellschaftsvertrag ergebenden **348**

Verpflichtung Dienste erbringen (vgl § 706 Abs 3; s auch Rn 107), sind **keine Arbeitnehmer** (vgl A Hueck, in: Hueck/Nipperdey I 46 f; Krause, Mitarbeit in Unternehmen [2002] 305 ff; Schnorr vCarolsfeld, in: FS Hueck [1959] 261 ff; Beuthien, in: FS 25 Jahre BAG [1979] 1 ff). Das gilt für die Gesellschafter einer OHG und die Komplementäre einer KG, soweit sie die Geschäftsführungsbefugnis zur Unternehmensleitung haben. Jedoch ist es durchaus möglich, dass zwischen der Gesellschaft und einem Gesellschafter ein separates Arbeitsverhältnis geschlossen wird; darüber entscheiden allein die Betroffenen (BAG 28. 11. 1990 – 4 AZR 198, 90, NZA 1991, 392 [393]; BAG 17. 9. 2014 – 10 AZB 43/14, NZA 2014, 1293 [1295]; vgl auch Krause, Mitarbeit in Unternehmen [2002] 305 ff; Diller, Gesellschafter und Gesellschaftsorgane als Arbeitnehmer [1994] 259 ff). Für eine Arbeitnehmereigenschaft spricht vor allem, wenn der Gesellschafter dem Weisungsrecht des Geschäftsführers unterworfen ist (BAG 6. 5. 1998 – 5 AZR 612/97, NZA 1998, 939 [940]; BAG 24. 3. 2011 – 2 AZR 674/09, NZA-RR 2012, 243 [244]; vgl auch LAG Berlin-Brandenburg 22. 3. 2013 – 8 Sa 2232/12, juris Rn 14); daher kann vor allem ein Kommanditist zugleich Arbeitnehmer der KG sein, hat er doch nach § 164 HGB keine Geschäftsführungsbefugnis (vgl Krause, Mitarbeit in Unternehmen [2002] 286 ff, 370 ff; G Hueck DB 1962, 1363 ff; Martens RdA 1979, 347 ff; Herrmann RdA 1989, 313 [317 ff]; Loritz RdA 1992, 310 ff; Kraft/Konzen, Die Arbeiterselbstverwaltung im Spannungsverhältnis von Gesellschafts- und Arbeitsrecht [1978] 37 ff). Eine Arbeitnehmereigenschaft scheidet aber aus, wenn der Gesellschafter einen so großen Einfluss auf die Führung der Gesellschaft hat, dass er über seine Gesellschafterstellung letztlich auch über die Leitungsmacht in der Gesellschaft verfügt. Das ist bei einem Gesellschafter einer GmbH, dem mehr als 50% der Stimmen zustehen selbst dann der Fall, wenn er nicht Geschäftsführer ist; auf die tatsächliche Ausübung der Leitungsmacht kommt es nicht an (BAG 28. 11. 1990 – 4 AZR 198/90, AP Nr 137 zu § 1 TVG Tarifverträge: Bau; BAG 6. 5. 1998 – 5 AZR 612/97, NZA 1998, 939 [940]; BAG 17. 9. 2014 – 10 AZB 43/14, NZA 2014, 1293 [1295]; Thüringer LAG 7. 4. 2014 – 1 Ta 31/13, juris Rn 30); Gleiches gilt für Minderheitengesellschafter, wenn sie weitreichende Mitbestimmungsrechte und insbesondere eine Sperrminorität haben (BAG 28. 11. 1990 – 4 AZR 198, 90, NZA 1991, 392 [393]). Umgekehrt hindert allein die Tatsache, dass jemand ein „Erfolgshonorar" erhält, das sich beispielsweise am Gewinn oder dem Umsatz des Unternehmens orientiert, nicht die Einstufung als Arbeitsverhältnis.

349 Für den Bereich der **Betriebsverfassung** ist in diesem Zusammenhang relevant, dass die Gesellschafter einer OHG oder die Mitglieder einer anderen Personengesamtheit, soweit sie durch Gesetz, Satzung oder Gesellschaftsvertrag zur Vertretung der Personengesamtheit oder zur Geschäftsführung berufen sind, in deren Betriebe nicht als Arbeitnehmer iS der Betriebsverfassung gelten (§ 5 Abs 2 Nr 2 BetrVG). Da ein derartiger Gesellschafter die Funktion als Arbeitgeber für die Gesellschaft wahrnimmt, ist er nicht zugleich deren Arbeitnehmer. Nicht gestattet ist allerdings der Umkehrschluss, dass Gesellschafter, die nicht zur Vertretung der Gesellschaft oder zur Geschäftsführung berufen sind, zu den Arbeitnehmern gehören, wenn sie für die Gesellschaft tätig werden, sondern insoweit ist darauf abzustellen, ob sie bei der Erbringung der Dienstleistung der Gesellschaft wie ein Dritter gegenüberstehen.

350 Schließen die Beteiligten neben dem Gesellschaftsverhältnis einen Arbeitsvertrag, so ist dieser grundsätzlich rechtlich unabhängig und kann deshalb auch dann gekündigt werden, wenn die Gesellschafterstellung bestehen bleibt; etwas anderes gilt im Zweifel aber dann, wenn der Gesellschaftsvertrag eine für die Erreichung des Gesellschaftszwecks wesentliche Verpflichtung des Kommanditisten zur Mitarbeit für die Gesellschaft normiert und der Gesellschaftszweck nur erreicht werden kann, wenn der Kommanditist für die Gesellschaft tätig wird (BAG 11. 5. 1978 – 3 AZR 21/77, AP Nr 2 zu § 161 HGB)

X. Organmitglieder

Bei Organen juristischer Personen wie insbesondere dem Vorstand einer AG oder dem Geschäftsführer einer GmbH ist grundlegend zwischen der Organstellung und dem dieser in der Regel zugrundeliegenden Anstellungsverhältnis zu differenzieren. Als Organ **repräsentiert** der Vorstand bzw Geschäftsführer die **juristische Person unmittelbar als Arbeitgeber**. Rechtsfragen der **Organstellung**, dh vor allem Bestellung und Abberufung, unterliegen allein den jeweiligen gesellschaftsrechtlichen Vorschriften, das Dienst- und Arbeitsrecht spielt insoweit keine Rolle. Anstellungsverhältnis und Organstellung können **unterschiedliche rechtliche Wege** gehen. So führt weder die Abberufung des Organs automatisch zum Erlöschen des Anstellungsvertrages, noch rechtfertigt ein Sachverhalt, der einen wichtigen Grund für den Widerruf der Bestellung darstellt, stets eine außerordentliche Kündigung des Anstellungsvertrages (ZÖLLER/NOACK, in: BAUMBACH/HUECK, GmbH-Gesetz [20. Aufl 2013] § 35 Rn 209 ff). **351**

Das **Anstellungsverhältnis** ist regelmäßig (mindestens) ein Dienstvertrag. Ob es sich dabei zudem um ein Arbeitsverhältnis mit der anstellenden Gesellschaft handeln kann, ist umstritten. Ob und inwieweit die im Folgenden zu referierenden, althergebrachten Grundsätze auch künftig noch Geltung beanspruchen, ist nach den Entscheidungen des EuGH in Sachen *Danosa* und *Balkaya* unsicher (s Rn 353). Der **BGH** lehnt eine Einstufung als Arbeitnehmer nicht nur bei AG-Vorständen, sondern auch GmbH-Geschäftsführern ausnahmslos ab (BGH 11. 7. 1953 – II ZR 126/52, BGHZ 10, 187 [191]; BGH 16. 12. 1953 – II ZR 41/53, BGHZ 12, 1 [8]; BGH 7. 12. 1961 – II ZR 117/60, BGHZ 36, 142 [143]; BGH 9. 11. 1967 – II ZR 64/67, BGHZ 49, 30 [31]; BGH 29. 1. 1981 – II ZR 92/80, BGHZ 79, 291 [292]; BGH 9. 3. 1987 – II ZR 132/86, NJW 1987, 2073; ebenso G HUECK ZfA 1985, 25 [31 f]; BOEMKE ZfA 1998, 209 [213 f]); gleiches gelte bei einer GmbH & Co KG, auch wenn der Geschäftsführervertrag mit der KG abgeschlossen ist; der Geschäftsführer der Komplementär-GmbH sei nicht Arbeitnehmer der KG, zu deren Vertretung er gemäß §§ 161 Abs 2, 125, 170 HGB iVm § 35 Abs 1 S 3 GmbHG berufen ist (vgl K SCHMIDT, in: GS Heinze [2005] 775 ff; so auch zu § 5 Abs 1 S 3 ArbGG BAG 20. 8. 2003 – 5 AZB 79/02, AP Nr 58 zu § 5 ArbGG 1979). Mit teilweiser Zustimmung in der Literatur geht zwar auch das **BAG** regelmäßig von einem „bloßen" Dienstvertrag aus, hält es aber in Ausnahmefällen für möglich, dass der Fremdgeschäftsführer als Arbeitnehmer zu qualifizieren ist (BAG 10. 7. 1980 – 3 AZR 68/79, NJW 1981, 302; BAG 15. 4. 1982 – 2 AZR 1101/79, NJW 1983, 2405; BAG 13. 5. 1992 – 5 AZR 344/91, ZIP 1992, 1496; BAG 26. 5. 1999 – 5 AZR 664/98, NZA 1999, 987 [988]; neuerdings aber einschränkend auf „extreme Ausnahmefälle" BAG 24. 11. 2005 – 2 AZR 614/04, NZA 2006, 366 [367]; aus der Literatur zB MünchKomm/MÜLLER-GLÖGE § 611 Rn 147; HENSSLER RdA 1992, 289 [292]). Letzterem ist zuzustimmen, wie schon ein Blick in das vorhandene Gesetzesrecht zeigt. Denn wenn zB §§ 14 KSchG, 5 Abs 1 S 3 ArbGG, 5 Abs 2 BetrVG Organmitglieder explizit vom Anwendungsbereich dieser Gesetze ausnehmen, so spricht das doch dafür, dass es der Gesetzgeber jedenfalls nicht für unmöglich hält, dass sie im Einzelfall Arbeit- **352**

§ 611

nehmer sein *können*. Das entspricht auch der Handhabung im Sozialversicherungsrecht (vgl näher BSG 18. 12. 2001 – B 12 KR 10/01 R, NJW-RR 2002, 758; BSG 16. 2. 2005 – B 1 KR 13/03 R, NZA-RR 2005, 542 [544 f]; FUCHS/PREIS, Sozialversicherungsrecht [2. Aufl 2009] § 12 II 3). Gegen die Haltung des BGH spricht ferner die klare (formale) Trennung zwischen Anstellungs- und Bestellungsverhältnis, die einen automatischen Rückschluss dergestalt, dass wer für die Vertretung der Gesellschaft bestellt ist, nicht Arbeitnehmer sein könne, nicht zulässt. Dem kann auch nicht überzeugend entgegengehalten werden, das Organmitglied übe Arbeitgeberfunktionen aus und könne dementsprechend nicht Arbeitnehmer sein. Dagegen spricht nämlich bereits ein Vergleich mit den leitenden Angestellten, die zum Teil wie ein Arbeitgeber der Belegschaft gegenüberstehen, deren grundsätzliche Einordnung als – wenn auch teilweise besonderen Regelungen zu unterwerfenden – Arbeitnehmer aber dennoch nicht zweifelhaft ist (LÜCKE NJOZ 2009, 3469 [3473 f]; SCHRADER/SCHUBERT BB 2007, 1617). Schon bei einer rein auf das **nationale Recht** bezogenen Betrachtung sind daher auch bei Organmitgliedern die allgemeinen Abgrenzungskriterien für Dienst- und Arbeitsvertrag entscheidend. Entsprechend scheidet bei **GmbH-(Fremd)Geschäftsführern** angesichts ihrer weisungsabhängigen Stellung eine Einstufung als Arbeitnehmer nicht von vornherein aus. Anders verhält es sich aber bei **AG-Vorständen**: Weil für ihre Dienstrechtsstellung prägend ist, dass der Vorstand unter eigener Verantwortung die Gesellschaft zu leiten hat (§ 76 Abs 1 AktG), ist eine Arbeitnehmereigenschaft hier nach nationalem Recht stets ausgeschlossen. Lediglich in der Konzernsituation, in der der Vorstand auf Weisung des Vorstandes der Konzernmutter handelt, kann dies anders zu beurteilen sein (vgl OBERTHÜR NZA 2011, 253 [254]; **aA** KRUSE/STENSLIK NZA 2013, 596 [601]).

353 Zwei neuere Entscheidungen des EuGH (*Danosa* und *Balkaya*) haben die Sprengkraft, um diesem bislang rein national geprägten Streitstand eine paradigmenwechselnde Richtungsänderung zu geben. So entschied der EuGH in der *Danosa*-Entscheidung, dass „ein Mitglied der Unternehmensleitung, das gegen Entgelt Leistungen gegenüber der Gesellschaft erbringt, die es bestellt hat und in die es eingegliedert ist, das seine Tätigkeit nach der Weisung oder unter der Aufsicht eines anderen Organs dieser Gesellschaft ausübt und das jederzeit ohne Einschränkung von seinem Amt abberufen werden kann, dem ersten Anschein nach die Voraussetzungen [erfüllt], um als Arbeitnehmer [...] zu gelten" (EuGH 11. 11. 2010 – C-232/09, NZA 2011, 143 [146] – *Danosa*). Prima vista scheint die Bedeutung dieser Entscheidung zwar gering, bezog sie sich doch nur auf Arbeitnehmerinnen im Sinne der Mutterschutzrichtlinie 92/85/EWG, und ist Besonderheit dieser Richtlinie im Vergleich zu anderen arbeitsrechtlich relevanten Richtlinien doch, dass diese gerade nicht auf den mitgliedsstaatlichen Arbeitnehmerbegriff rekurriert (REISERER, in: MOLL, Münchener Anwaltshandbuch ArbR § 6 Rn 67). Man könnte zu dem Schluss kommen, die Relevanz der Entscheidung beschränke sich auf das MuSchG, in dessen Rahmen GmbH-Fremdgeschäftsführer fürderhin als Arbeitnehmer zu behandeln sind. Wie aber zu erwarten war, zieht der EuGH die maßgeblichen, die die *Danosa*-Entscheidung tragenden Grundsätze auch in anderem Kontext heran. Mit seinem Vorlagebeschluss vom 6. 5. 2014 (1 Ca 35/13, NZA 2014, 665 [667]) hatte das ArbG Verden dem EuGH hierzu die Tür geöffnet, was der EuGH auch gleich genutzt hat. So bestätigte der Gerichtshof in Bezug auf den Arbeitnehmerbegriff der Massenentlassungsrichtlinie (Art 1 Abs 1 lit a RL 98/59) in der Rechtssache *Balkaya* den mit *Danosa* eingeschlagenen Weg und entschied, dass auch insoweit „die Eigenschaft einer

Person als Mitglied eines Leitungsorgans einer Kapitalgesellschaft als solche nicht ausschließen kann, dass sich diese Person in einem Unterordnungsverhältnis gegenüber der betreffenden Gesellschaft befindet" (EuGH 9. 7. 2015 – C-229/14, juris Rn 38). Entscheidend seien allein die Bedingungen, unter denen die Person als Geschäftsführer usw tätig werde. Könne sie jederzeit gegen ihren Willen abberufen werden, spreche dies ebenso dafür, sie als Arbeitnehmer im Sinne der Richtlinie anzusehen, wie wenn sie bei der Ausübung ihrer Tätigkeit Weisungen und der Aufsicht unterliege sowie Vorgaben und Beschränkungen unterworfen sei; der Tatsache, dass der Person keine Anteile an der Gesellschaft zustehen, maß das Gericht ebenfalls eine gewisse, nicht aber streitentscheidende Bedeutung zu (Rn 40). Bei Vorliegen derartiger Umstände, so der EuGH, sei ein Unterordnungsverhältnis (und damit eine Einstufung als Arbeitnehmer iSv Art 1 Abs 1 lit a RL 98/59) ungeachtet des Umstands anzunehmen, dass der Person ein größerer Ermessensspielraum zukomme als gewöhnlichen Arbeitnehmern (Rn 41). Für ebenfalls irrelevant erklärte es das Gericht, dass das deutsche Recht zwischen Organstellung und Anstellungsverhältnis unterscheide und letzteres nicht als Arbeitsverhältnis qualifiziere (Rn 35).

Konsequenz dieser Judikate ist, dass es bei der Anwendung des *europarechtlichen* Arbeitnehmerbegriffs auf Geschäftsführer auf die Umstände des Einzelfalls ankommt. Jedenfalls bei Minderheitsgeschäftsführern und Fremdgeschäftsführern ist die „Gefahr" groß, dass sie als Arbeitnehmer in diesem Sinne eingestuft werden. Davon zu unterscheiden sind Konstellationen, in denen der Arbeitnehmerbegriff nicht europarechtlich, sondern rein *nationalstaatlich* geprägt ist, weil entweder die maßgeblichen Bestimmungen nicht auf einer Richtlinie basieren oder die Richtlinie ausdrücklich die Bestimmung des Arbeitnehmerbegriffes dem Mitgliedsstaat überlässt (zB Leiharbeitrichtlinie). In solchen Fällen gilt auch weiterhin die oben skizzierte rein nationale Rechtslage. Dass es insoweit zu einem uneinheitlichen Arbeitnehmerbegriff kommt, ist bedauerlich, aber jedenfalls solange hinzunehmen, wie die deutsche höchstrichterliche Rechtsprechung sich nicht an den EuGH „anpasst" (OBERTHÜR NZA, 2011, 253 [257]).

Unabhängig von der formalen Einstufung als Arbeitnehmer und der Entscheidungen des EuGH in Sachen *Danosa* und *Balkaya* erkennen BAG und BGH im Übrigen angesichts der Weisungsgebundenheit von GmbH-Geschäftsführern ein gewisses Schutzbedürfnis an und wenden daher schon länger zT arbeitsrechtliche Vorschriften zumindest analog an (zB BGH 29. 1. 1981 – II ZR 92/80, AP Nr 14 zu § 622 BGB [für § 622 Abs 1]; BAG 9. 5. 1985 – 2 AZR 330/84, AP Nr 3 zu § 5 ArbGG 1979; abgelehnt dagegen für die §§ 74 ff HGB [BGH 26. 3. 1984 – II ZR 229/83, NJW 1984, 2366], das ArbnErfG [BGH 24. 10. 1989 – X ZR 58/88, NJW-RR 1990, 349] und das Schwerbehindertenrecht [BGH 9. 2. 1978 – II ZR 189/76, AP Nr 1 zu § 38 GmbHG]). Denn da der Arbeitnehmerbegriff teleologisch zu interpretieren ist, schließt eine Verneinung der Arbeitnehmereigenschaft nicht aus, dass auf das Anstellungsverhältnis eines Organmitglieds auch sonst Grundsätze zur Anwendung kommen können, wie sie in einem Arbeitsverhältnis gelten (vgl BGH 14. 5. 1990 – II ZR 122/89, AP Nr 7 zu § 35 GmbHG; RICHARDI, in: FG 50 Jahre BGH [2000] II 29 ff). Zudem kann zwischen Gesellschaft und Geschäftsführer die Anwendbarkeit des normalerweise nicht geltenden KSchG auf die Kündigung des Geschäftsführerdienstvertrages vereinbart werden (BGH 11. 5. 2010 – II ZR 70/09, NJW 2010, 2343). **354**

Von der Frage der Arbeitnehmereigenschaft des Organmitglieds sind Konstellatio- **355** nen zu unterscheiden, in denen ein Arbeitnehmer mit seinem Arbeitgeber einen Geschäftsführeranstellungsvertrag schließt und zum Geschäftsführer berufen wird. In Ermangelung einer unmissverständlichen anderslautenden Vertragsabrede wird das Arbeitsverhältnis nach Auffassung des BAG aufgehoben (BAG 8. 6. 2000 – 2 AZR 207/99; 14. 6. 2006 – 5 AZR 592/05, AP Nr 49, 62 zu § 5 ArbGG 1979; anders noch BAG 9. 5. 1985 – 2 AZR 330/84, AP Nr 3 zu § 5 ArbGG 1979: Suspendierung des Arbeitsverhältnisses). Die nach § 623 erforderliche Form werde durch den schriftlichen Geschäftsführeranstellungsvertrag gewahrt (BAG 19. 7. 2007, NZA 2007, 1095; aA BAUER GmbHR 2000, 767 [769]). Auch wenn der Geschäftsführer später wieder abberufen wird, lebe das Arbeitsverhältnis nicht wieder auf (BAG 24. 11. 2005 – 2 AZR 614/04, NZA 2006, 366 [368]). Ob diese Rechtsprechung, bei der die „Beförderung" zum Geschäftsführer ganz schnell zum vor allem in kündigungsrechtlicher Hinsicht äußerst gefährlichen „Boomerang" werden kann, zu überzeugen vermag, erscheint fraglich. Die Problematik könnte allerdings an Brisanz verlieren, wenn Organmitglieder über den „Motor EuGH" verstärkt als Arbeitnehmer zu qualifizieren wären.

XI. Arbeitsleistung aufgrund eines freien Dienstvertrages

356 Wer Dienstleistungen für einen anderen, aber nicht in dessen Dienst erbringt, ist kein Arbeitnehmer. Der **Arzt** oder **Rechtsanwalt**, der selbstständig tätig ist, steht zu seinen Patienten oder Mandanten in keinem Arbeitsverhältnis. Soweit er Dienstverträge abschließt, handelt es sich nicht um Arbeitsverträge, sondern um selbstständige Dienstverträge (s ausf für den Vertrag mit dem Rechtsanwalt Rn 1895 ff; für den Vertrag zwischen Arzt und Patient s näher die Kommentierung STAUDINGER/GUTMANN §§ 630a ff). Gleiches gilt, wenn jemand im Rahmen seiner freiberuflichen Tätigkeit auf der Grundlage eines Dienstvertrags tätig wird.

357 Ebenfalls kein Arbeitsverhältnis liegt vor, wenn jemand als **Kaufmann**, dh als Unternehmer, Dienstleistungen anbietet und zu diesem Zweck Dienstverträge abschließt. Auch wenn Gegenstand der Dienstleistung eine Geschäftsbesorgung ist, wird dadurch kein Arbeitsverhältnis begründet. **Kommissionäre, Spediteure** und **Frachtführer** sind keine Arbeitnehmer (vgl zum Frachtführer iS des § 425 HGB BAG 19. 11. 1997 – 5 AZR 653/96, BAGE 87, 129; BAG 30. 9. 1998 – 5 AZR 563/97, BAGE 90, 36; BAG 27. 6. 2001 – 5 AZR 561/99, BAGE 98, 146). Für das anwendbare Recht auf sie ist zu unterscheiden: Auf *Kommissionäre* finden primär die §§ 383 ff HGB und subsidiär über § 675 die dort genannten auftragsrechtlichen Vorschriften Anwendung. Ob im Übrigen Dienst- oder Werkvertragsrecht anwendbar ist, ist umstritten. Nach zutreffender Auffassung ist insoweit nach Problemkreisen zu differenzieren: In Bezug auf die Kündigung des Kommissionsvertrags ist Dienstvertrags-, bei Schlechterfüllung hingegen Werkvertragsrecht anzuwenden (KRÜGER, in: EBENROTH/BOUJONG/JOOST/ STROHN, HGB § 383 Rn 16; FISCHINGER, Handelsrecht [2015] Rn 788 mwNw zu abw Auffassungen). Auf den *Frachtführer* sind zunächst die §§ 407 ff HGB und hilfsweise die §§ 631 ff anzuwenden, handelt es sich beim Frachtvertrag doch um einen besonderen Werkvertrag (BT-Drucks 13/8445, 53; CANARIS, Handelsrecht, § 31 Rn 4). Gleiches gilt für den *Spediteur.*

358 Auch der **Handelsvertreter** ist selbstständiger Gewerbetreibender. Hier besteht aber das Problem der Abgrenzung zum Handlungsgehilfen, der Arbeitnehmer ist (s näher Rn 1909).

Keine Arbeitnehmer sind die **freien Mitarbeiter**. Wer jedoch die Voraussetzungen 359
der Arbeitnehmereigenschaft erfüllt, verliert sie nicht dadurch, dass er in dem Vertrag als *freier Mitarbeiter* bezeichnet wird (s Rn 30, 70).

XII. Arbeitsleistung aufgrund eines Gestellungsvertrages

Gestellungsverträge gibt es im Bereich der **Krankenpflege** und beim Einsatz von 360
Lehrpersonal in **Schulen**. Sie werden vor allem zwischen Orden und Säkularinstituten der römisch-katholischen Kirche und den der evangelischen Kirche zugeordneten Schwesternverbänden mit Rechtsträgern von Krankenhäusern, Altersheimen und Schulen abgeschlossen. Auch die Schwesternschaften vom Deutschen bzw Bayerischen Roten Kreuz schließen Gestellungsverträge ab (s auch Rn 187 ff).

Ein Gestellungsvertrag kann so gestaltet sein, dass er nur wie ein Tarifvertrag die 361
Rahmenbedingungen für die Beschäftigung festlegt. In diesem Fall schließt die gestellte Person einen Arbeitsvertrag mit dem Betriebsinhaber ab, steht also zu ihm unmittelbar in einem Arbeitsverhältnis. Bei dem **Gestellungsvertrag im eigentlichen Sinn** verpflichten sich dagegen der Gestellungsträger, dem Krankenhaus- bzw Schulträger die für die Krankenpflege bzw Lehrtätigkeit erforderlichen Personen zur Verfügung zu stellen, ohne dass mit dem Betriebsinhaber ein Arbeitsvertrag abgeschlossen wird. Die gestellte Person wird vielmehr aufgrund ihrer mitgliedschaftlichen Bindung zum Verband beim Dritten tätig, mit dem der Gestellungsvertrag besteht. Da die mitgliedschaftliche Bindung ein Arbeitsverhältnis zum Gestellungsträger ausschließt, ist die gestellte Person **kein Arbeitnehmer**, auch wenn sie die Arbeit nicht in einer Einrichtung ihres Verbands, sondern aufgrund des Gestellungsvertrags bei einem Dritten erbringt (zu den arbeitsrechtlichen Beziehungen s Rn 188 ff).

XIII. Franchise-Vertrag

Beim Franchise-System handelt es sich um eine **vertikale Kooperation von Unter-** 362
nehmern (s Vorbem 90 ff zu §§ 611 ff). Der Franchisenehmer als solcher ist deshalb nicht per se Arbeitnehmer. Wenn jedoch die Voraussetzungen eines Arbeitsverhältnisses erfüllt sind, steht seiner Annahme nicht entgegen, dass ein Arbeitnehmer Rechtsbindungen unterliegt, die auch ein Franchise-System kennzeichnen (BAG 16. 7. 1997 – 5 AZB 29/96, NZA 1997, 1126 [1127]; LAG Bremen 21. 2. 2007 – 2 Sa 206/05, juris Rn 220 ff; ErfK/ PREIS § 611 Rn 30). So sind Indizien für das Vorliegen eines Arbeitsvertrags die Vorgabe der Arbeitszeit durch den Franchisegeber, die Eingliederung in die Organisation des Franchisegebers, die Tatsache, dass der Franchisenehmer nur marginal auf den Umsatz und die Gestaltung seiner Tätigkeit Einfluss nehmen kann und er damit faktisch nur als Verkäufer des Franchisegebers tätig wird. Umgekehrt spricht es gegen die Annahme eines Arbeitsvertrages, wenn der Franchisenehmer seinen Betrieb – abgesehen von den Kernpunkten des Franchising – in freier Entscheidung organisieren kann, zB über Anzahl und Personen, die er zur Erbringung der Dienstleistung einsetzt, bestimmt (BAG 27. 1. 2000 – III ZB 67/99, NZA 2000, 390); allein aus der Tatsache, dass der Franchisenehmer zur Erfüllung seiner Aufgaben selbst Arbeitnehmer einstellt, führt aber nicht zwingend zur Verneinung seiner eigenen Arbeitnehmereigenschaft, kann doch ein mittelbares Arbeitsverhältnis (dazu Rn 163 ff) vorliegen (vgl LAG Bremen 21. 2. 2007 – 2 Sa 206/05, juris Rn 236). Denkbar ist zudem, dass der Franchisenehmer aufgrund entsprechend „knebelnder" seine wirtschaftliche Frei-

heit beschränkender Abreden im Rahmenvertrag als arbeitnehmerähnliche Person anzusehen ist (BGH 4. 11. 1998 – VIII ZB 12/98, NZA 1999, 53 [55]; BAG 16. 7. 1997 – 5 AZB 29/96, NZA 1997, 1126; BAG 27. 1. 2000 – III ZB 67/99, NZA 2000, 390 [391]; BAG 16. 10. 2002 – VIII ZB 27/02, NJW-RR 2003, 277 [280]; OLG Saarbrücken 11. 4. 2011 – 5 W 71/11, BeckRS 2011, 08611; Fischinger, Handelsrecht [2015] Rn 892).

G. Abschluss des Dienstvertrags

I. Grundsatz

363 Der Dienstvertrag als gegenseitiger Vertrag unterliegt im Grundsatz den allgemeinen Regeln des Allgemeinen Teils und kommt dementsprechend durch Angebot und Annahme zustande (§§ 145 ff). Er ist **Verpflichtungstatbestand** und **Rechtsgrund** für die Erbringung der Dienste und des Entgelts für diese.

364 Da **Vertragsfreiheit** gilt, entscheiden die Beteiligten autonom, ob überhaupt eine vertragliche Bindung eingegangen werden soll *(Abschlussfreiheit)* und mit wem und mit welchem Inhalt sie den Vertrag abschliessen *(Auswahl- und Inhaltsfreiheit)*. Daran hat auch das AGG insoweit nichts geändert, als selbst bei diskriminierender Nichteinstellung ein Anspruch auf Begründung eines Beschäftigungsverhältnisses nicht begründet wird, § 15 Abs 6 AGG (näher Rn 481). Der Abschluss ist grundsätzlich formfrei, dh die Beteiligten entscheiden selbst, welche Form für die Begründung des Vertragsverhältnisses und für die Verbindlichkeit seiner Regelung beachtet werden soll *(Formfreiheit)*.

365 Im Prinzip gilt dies auch, wenn durch den Dienstvertrag ein **Arbeitsverhältnis** begründet wird. Es bestehen jedoch insoweit zahlreiche Ausnahmen; diese berühren aber nicht das Prinzip, dass nach geltendem Recht die Ordnung der Arbeitsverhältnisse dem Grundsatz der Privatautonomie unterliegt, der hier über **Art 12 Abs 1 GG** verfassungsrechtlich gewährleistet ist (vgl BVerfG 24. 4. 1991 – 1 BvR 1341/90, 10. 3. 1992 – 1 BvR 454/91 et al., 27. 1. 1998 – 1 BvL 15/87, BVerfGE 84, 133 [146 f]; 85, 360 [372 f]; 97, 169 [175 f]) und im Übrigen deklaratorisch in **§ 105 S 1 GewO** bestätigt wird.

II. Einigung über die essentialia negotii

366 Ein Dienstvertrag kommt nur zustande, wenn sich die Parteien über die **essentialia negotii** einigen. Das würde eigentlich insbesondere eine Einigung über die Erbringung der Dienstleistung („versprochene Dienste") einerseits, das dafür geschuldete Entgelt andererseits voraussetzen. Dieses genetische Synallagma wird beim Dienstvertrag aber durch § 612 modifiziert: Es genügt eine Einigung über die Erbringung der Dienstleistung, wenn diese den Umständen nach nur gegen eine **Vergütung** zu erwarten ist; denn in diesem Fall gilt – wenn die Parteien nicht etwas anderes geregelt haben – eine Vergütung als stillschweigend vereinbart (§ 612 Abs 1; s dort Rn 4 ff). Der Vertragsschluss scheitert auch nicht dann, wenn die Parteien zwar eine Vergütung dem Grunde nach vereinbart haben, aber eine Abrede über die Höhe fehlt; denn dann greift § 612 Abs 2 (§ 612 Rn 41).

367 Haben sich die Parteien zwar über die Dienstleistungspflicht geeinigt, Umfang und

Dauer der **Arbeitszeit** aber nicht vereinbart, so scheitert daran der Vertragsschluss ebenfalls nicht, sondern es ist mangels Verabredung eines Teilzeitarbeitsverhältnisses im Zweifel ein Vollzeitarbeitsverhältnis vereinbart (BAG 8. 10. 2008 – 5 AZR 715/07, NJOZ 2009, 3114 [3117]; BAG 21. 6. 2011 – 9 AZR 236/10, NZA 2011, 1274 [1278]); welcher Beschäftigungsumfang geschuldet ist, ist nach dem BAG zT, soweit möglich, unter Rückgriff auf das Tarifrecht zu ermitteln, zT wird die betriebsübliche Arbeitszeit als vereinbart angesehen (BAG 15. 5. 2013 – 10 AZR 325/12, NZA-RR 2014, 519 [520 f]).

Eine bloße Stellenanzeige ist ebenso wenig wie die Einladung zu einem Vorstel- **368** lungsgespräch oder die Aufforderung zur Bewerbung bereits ein bindendes Vertragsangebot des Arbeitgebers, sondern eine bloße **invitatio ad offerendum** (dazu näher STAUDINGER/BORK [2015] § 145 Rn 3 ff). Durch die Bewerbung kommt daher noch kein Dienst- oder Arbeitsvertrag zustande. Die **Vorverhandlungen** können zur Ermittlung des Vertragsinhalts herangezogen werden, wenn der Vertragstext selbst hierzu nicht genügt (vgl BAG 27. 1. 1988 – 7 AZR 53/87, NZA 1988, 392 [393]). Im Anbahnungsverhältnis besteht nach **§ 311 Abs 1 Nr 1** ein gesetzliches, vor allem Schutz- und Rücksichtnahmepflichten begründendes Vertragsverhältnis (zu speziellen Pflichten des anwerbenden Arbeitgebers s Rn 617 ff).

Auch im Dienstvertragsrecht sind die **§§ 116–118** zu beachten. Relevant kann ins- **369** besondere § 117 werden. Ein **Scheingeschäft** liegt vor, wenn die Parteien einvernehmlich nur den äußeren Schein eines Rechtsgeschäfts hervorrufen wollen, in Wirklichkeit die mit dem Rechtsgeschäft verbundenen Rechtswirkungen aber nicht eintreten sollen (BAG 26. 4. 2006 – 7 AZR 366/05, AP Nr 1 zu § 14 TzBfG Vergleich). Als ein solches Scheingeschäft ist es einzuordnen, wenn in einem schriftlichen Arbeitsvertrag nur deshalb eine nicht zu erbringende Arbeitszeit angegeben wird, um auf diese Weise eine übertarifliche Vergütung zu verschleiern. In diesem Fall ist die im Arbeitsvertrag angegebene höhere Arbeitszeit nur zum Schein vereinbart, der Arbeitnehmer hat dann nur die tatsächlich vereinbarte Arbeitszeit zu leisten (BAG 28. 9. 1982 – 3 AZR 188/80, AP Nr 1 zu § 117 BGB). Ein Berufsausbildungsvertrag ist nach § 117 Abs 1 nichtig, wenn er nur abgeschlossen wurde, um Zugang zu einer Ausbildung in einem von einem Dritten getragenen Ausbildungsverbund zu verschaffen und beide Vertragspartner des Ausbildungsvertrags weder dessen Erfüllung beabsichtigten noch eine (Teil-)Ausbildung tatsächlich durchgeführt haben (LAG Hamm 24. 10. 2006 – 9 Sa 1033/05, NZA-RR 2007, 64 [65 f]). Als unwirksames Scheingeschäft ist es auch einzustufen, wenn der Arbeitsvertrag nur dem Zweck dient, auf Basis eines 450 €-Vertrages aufgelaufene Mehrarbeitsstunden auszugleichen und nachträglich zu vergüten (LAG Rheinland-Pfalz 7. 7. 2010 – 8 Sa 140/10, juris Rn 30). Hingegen liegt kein Scheingeschäft vor, wenn der Arbeitgeber dem Arbeitnehmer in einem zur Vorlage bei der Bundesagentur für Arbeit bestimmten Schreiben bestätigt, dass zwischen ihnen ein Arbeitsverhältnis vorliegt, denn dabei handelt es sich nicht um eine Willens-, sondern nur um eine Wissenserklärung (LAG Rheinland-Pfalz 5. 11. 2008 – 7 Sa 784/07, juris Rn 60). Ist der Arbeitsvertrag als Scheingeschäft nach § 117 Abs 1 nichtig, kann uU das dissimulierte Rechtsgeschäft nach **§ 117 Abs 2** wirksam sein, was im Bereich des Dienstvertragsrechts vor allem bei Einschaltung eines Strohmanns relevant werden kann (vgl BAG 22. 9. 1992 – 9 AZR 385/91, NZA 1993, 837 [837 f]). Die **Darlegungs- und Beweislast** dafür, dass es sich um ein Scheingeschäft handelt, trägt derjenige, der sich darauf beruft (BAG 13. 2. 2003 – 8 AZR 59/02, NZA 2003, 854 [856]). Der **Rechtsweg zu den Arbeitsgerichten** ist auch dann eröffnet, wenn der Arbeitnehmer seinen Anspruch auf einen Arbeitsvertrag stützt, den der Arbeitgeber nach § 117 Abs 1 für nichtig hält (LAG Hamm 24. 7. 2013 – 2 Ta 81/13, juris Rn 29).

III. Form des Dienstvertrags*

1. Grundsatz der Formfreiheit

370 Für den Abschluss des Dienstvertrags besteht grundsätzlich Formfreiheit. Etwas anderes kann sich aus der Besonderheit des Leistungsversprechens ergeben (vgl § 311b). Auch wenn durch den Vertrag ein **Arbeitsverhältnis** begründet wird, besteht grundsätzlich Formfreiheit. Etwas anderes kann aus Gesetz, Tarifvertrag oder Individualvertrag folgen.

371 Bei formfreier Begründung eines Arbeitsverhältnisses ist häufig zweifelhaft, ob ein Vertrag wirklich zustande gekommen ist, wenn der Beschäftigte erst zu einem späteren Zeitpunkt den Dienst antreten soll. Möglich ist, dass nur ein **Vorvertrag** vorliegt (vgl zum arbeitsrechtlichen Vorvertrag ZÖLLNER, in: FS Floretta [1983] 455 ff). Da jedoch in diesem Fall nicht zweifelhaft ist, dass ein Vertrag abgeschlossen ist, kann man für den Regelfall annehmen, dass die rechtsgeschäftlich begründete Verpflichtung sich bereits auf die Erbringung der Leistung zu dem bestimmten oder noch bestimmbaren Zeitpunkt bezieht. Ein Abgrenzungsproblem von praktischer Relevanz besteht nur, soweit zweifelhaft ist, ob bereits ein Vertrag zustande gekommen ist oder bloße Vorverhandlungen stattgefunden haben. Beweispflichtig ist, wer sich auf den Abschluss beruft.

2. Gesetzliche Formvorschriften

a) Konstitutive Formvorschriften für den Abschluss eines Arbeitsvertrags
aa) Befristeter Arbeitsvertrag

372 Wird durch den Dienstvertrag ein Arbeitsverhältnis begründet, so bedarf die **Befristungsabrede** zu ihrer Wirksamkeit der **Schriftform (§ 14 Abs 4 TzBfG**, vom 1. 5. bis 31. 12. 2000 § 623 aF). Gleiches gilt, wenn der Arbeitsvertrag unter einer auflösenden Bedingung geschlossen wird (§ 21 TzBfG).

373 Das Schriftformerfordernis gilt für **alle Arten der Befristung**, dh sowohl für die kalendermäßige Befristung als auch für die Zweckbefristung (vgl die Legaldefinitionen in § 3 Abs 1 S 2 TzBfG). **Keine Rolle** spielt auch die **Rechtsgrundlage für die Befristung** (vgl STAUDINGER/PREIS [2011] § 620 Rn 220). Das Formerfordernis ist also nicht auf die Befristungstatbestände des § 14 Abs 1–3 TzBfG beschränkt, sondern erfasst auch die Sonderbefristungstatbestände in anderen Gesetzen (zB § 1 Abs 1 S 5 WissZeitVG, § 21 BEEG, § 6 PflegeZG, § 1 Ärzte-Arbeitsverträgebefristungsgesetz). Etwas anderes gilt jedoch für das Berufsausbildungsverhältnis, da es gemäß § 21 BBiG bereits kraft Gesetzes bedingt und befristet ist (PREIS/GOTTHARD NZA 2000, 358, 357); darüber hinaus ist § 14 Abs 4 TzBfG nicht anwendbar, wenn der Arbeitsvertrag

---

* **Schrifttum**: KLIEMT, Formerfordernisse im Arbeitsverhältnis (1995); RICHARDI, Formzwang im Arbeitsverhältnis, NZA 2001, 57; RICHARDI/ANNUSS, Nachweispflicht und Formzwang beim befristeten Arbeitsvertrag, in: FS Schwerdtner (2003) 133; SCHWARZE, Praktische Handhabung und dogmatische Einordnung des Nachweisgesetzes, ZfA 1997, 43.

insgesamt auf einen Tarifvertrag Bezug nimmt, der die Befristung oder auflösende Bedingung enthält (BAG 23. 7. 2014 – 7 AZR 771/12, NZA 2014, 1341 [1344]).

Das Schriftformerfordernis bezieht sich nur auf die **Befristungsabrede**, nicht auf die sonstigen Abmachungen des befristeten Arbeitsvertrags; es gilt, soweit die Befristung durch einen Sachgrund gerechtfertigt ist (§ 14 Abs 1 TzBfG), nicht für den der Befristung zugrunde liegenden sachlichen Grund (BAG 23. 6. 2004 – 7 AZR 636/03, AP Nr 12 zu § 14 TzBfG). Bei einer kalendermäßigen Befristung genügt es, dass neben der Befristung deren Dauer schriftlich vereinbart wird. Bei einer Zweckbefristung oder auflösenden Bedingung bildet allerdings die Vereinbarung des Zweckes bzw des beendenden Ereignisses einen wesentlichen Bestandteil der Befristungsabrede. Sie muss deshalb für deren Wirksamkeit schriftlich getroffen werden (vgl STAUDINGER/PREIS [2011] § 620 Rn 227). Fällt das Arbeitsverhältnis in den Anwendungsbereich des Wissenschaftszeitvertragsgesetz, so ist im Arbeitsvertrag – wenn auch nicht zwingend schriftlich (APS/SCHMIDT § 2 WissZeitVG Rn 56) – anzugeben, ob die Befristung auf den Vorschriften dieses Gesetzes beruht (§ 2 Abs 4 S 1 WissZeitVG; näher BAG 21. 6. 2006 – 7 AZR 234/05, AP Nr 5 zu § 57a HRG zum insoweit inhaltsgleichen § 57b Abs 3 HRG); geschieht dies nicht, richtet sich die Zulässigkeit der Befristung nach § 14 Abs 1–3 TzBfG. 374

Bei **Nichtbeachtung der Schriftform** ist der Arbeitsvertrag **nicht nach § 125 S 1 unwirksam**, sondern er gilt **als auf unbestimmte Zeit** geschlossen (§ 16 S 1 HS 1 TzBfG). Eine Schranke für die Geltendmachung, dass die Befristung oder Bedingung rechtsunwirksam ist, ergibt sich aber aus § 17 TzBfG: Der Arbeitnehmer muss innerhalb von drei Wochen nach dem vereinbarten Ende des Arbeitsvertrags Klage beim Arbeitsgericht auf Feststellung erheben, dass das Arbeitsverhältnis aufgrund der Befristung bzw auflösenden Bedingung nicht beendet ist; §§ 5–7 KSchG gelten entsprechend. 375

bb) Schriftformerfordernis nach Kommunalrecht?

Im **Kommunalrecht der alten Bundesländer** ist landesgesetzlich festgelegt, dass Verpflichtungen von Gemeinden und Landkreisen der Schriftform bedürfen (vgl § 54 Abs 1 GemO Baden-Württemberg, Art 38 Abs 2 S 1 GemO Bayern, § 71 Abs 2 S 1 GemO Hessen, § 63 Abs 2 S 1 GemO Niedersachsen, § 64 Abs 2 S 1 GemO Nordrhein-Westfalen, § 49 GemO Rheinland Pfalz, § 62 Kommunal-SelbstverwG Saarland, § 51 Abs 2 S 1 GemO Schleswig-Holstein, Art 35 Abs 2 S 1 LKreisO Bayern, § 45 Abs 2 LKreisO Hessen, § 43 Abs 1 S 1 LKreisO Nordrhein-Westfalen, § 43 LKreisO Rheinland-Pfalz, § 18 Kommunal-SelbstverwG Saarland, § 50 Abs 2 S 1 LKreisO Schleswig-Holstein). Dies gilt auch für den **Abschluss eines Dienst- oder Arbeitsvertrages**. Bedenken bestehen aber dagegen, ob die landesrechtlich vorgeschriebene Schriftform eine Formvorschrift als Teil des bürgerlichen Rechts darstellt; denn dem Landesgesetzgeber ist durch Art 55 EGBGB die Zuständigkeit zum Erlass bürgerlich-rechtlicher Vorschriften genommen (vgl BGH 15. 6. 1960 – IV ZR 16/60, BGHZ 32, 375 [379 ff]). Ein Verstoß soll deshalb nicht unter dem Gesichtspunkt eines fehlenden Formerfordernisses zur Nichtigkeit führen, sondern es soll ausschließlich darum gehen, dass eine Regel des **Vertretungsrechts** nicht beachtet wurde, für deren Aufstellung der Landesgesetzgeber zuständig ist (so jedenfalls BGH 15. 6. 1960 – IV ZR 16/60, BGHZ 32, 375 [380 f]; vgl auch STAUDINGER/DILCHER[12] § 125 Rn 55). Folgt man dieser Auffassung, so können die Gebietskörperschaften sich nicht auf einen Formverstoß 376 berufen, wohl aber darauf, dass möglicherweise die Vertretungsregelung nicht beachtet wurde, weil die Erklärung nicht von dem oder den zuständigen Vertreter[n] (bzw Gesamtvertretern) abgegeben worden ist. Soweit eine landesrechtliche Bestimmung ausdrücklich nur für **Arbeitsverhältnisse** gilt (so der ehemalige § 80 Abs 5 S 3 NdsGemO), wird nach Ansicht des BAG die Wirksamkeit des Erlasses einer Formvorschrift nicht von Art 55 EGBGB berührt, weil das Kodifikationsprinzip nur eine bürgerlich-rechtliche Norm, nicht aber eine arbeitsrechtliche Norm erfasse (BAG 29. 6. 1988 – 7 AZR 180/87, BAGE 59, 93 [99 f]; vgl auch ArbRBGB/SCHLIEMANN § 611 Rn 470). Der Prüfung bedarf jedoch auch in diesem Fall, ob eine gesetzliche Formvorschrift oder eine Vertretungsregelung vorliegt. Wenn lediglich vorgeschrieben ist, dass für Arbeitsverträge die Erklärung, durch die eine Gemeinde verpflichtet werden soll, von der vertretungsberechtigten Person handschriftlich unterzeichnet und mit dem Dienstsiegel zu versehen ist, handelt es sich bloß um eine Vertretungsregelung; das Dienstsiegel steht in derartigen Fällen als Legitimationszeichen einer Vollmachtsurkunde iS des § 174 S 1 gleich (so zu § 80 Abs 5 S 3 NdsGemO BAG 29. 6. 1988 – 7 AZR 180/87, BAGE 59, 93 [100 f]).

cc) Dienstordnungs-Angestellte

377 Der Anstellungsvertrag eines **Dienstordnungs-Angestellten** (dazu Rn 295 f), bei dem es sich um einen privatrechtlichen Vertrag handelt (BAG 20. 2. 2008 – 10 AZR 440/07, ZTR 2008, 323), bedarf der Schriftform, es sei denn, er wird mit den Geschäftsführern der Sozialversicherungsträger geschlossen (MünchKomm/MÜLLER-GLÖGE § 611 Rn 225).

dd) Institutsvergütungsverordnung

378 Als Reaktion auf die Wirtschafts- und Finanzkrise Ende des ersten Jahrzehnts des 21. Jahrhunderts wurden auf Basis von durch die Verordnung über die aufsichtsrechtlichen Anforderungen an Vergütungssysteme von Instituten 2010 (Institutsvergütungsverordnung – InstitutsVergV 2010) vom 6. 10. 2010 (BGBl I 1374) spezielle Regelungen für Geschäftsleiter und Mitarbeiter von Instituten iSv §§ 1b, 53 Abs 1 KWG geschaffen. Die InstitutsVergV 2010 wurde durch die InstitutsVergV 2014 vom 16. 12. 2013 (BGBl I 4270) ersetzt (vgl deren § 29 S 2). Neben inhaltlichen Anforderungen an die Vergütungssysteme (s Rn 1397) sieht **§ 10 Abs 4 S 2 InstitutsVergV 2014** vor, dass der **Anstellungsvertrag** von **Geschäftsleitern** und dessen spätere Änderungen der **Schriftform** bedürfen; für den Geschäftsleiterbegriff kann auf § 1 Abs 2 KWG rekurriert werden (GROEGER RdA 2011, 287 [288]). Welche Rechtsfolgen die Verletzung dieses Schriftformerfordernisses zeitigt, ergibt sich weder aus der Verordnung selbst noch den von der BaFin aufgestellten Auslegungsrichtlinien (abzurufen unter www. http://www.bafin.de/SharedDocs/Veroeffentlichungen/DE/Auslegungsentscheidung/BA/ae_140101_institutsvergv.html). Da auch Verordnungen materielle Gesetze sind, ist auf die Grundregel des § 125 S 1 zurückzugreifen und deshalb davon auszugehen, dass ein Verstoß gegen das Schriftformgebot zur **Nichtigkeit** des Anstellungsvertrags bzw der späteren Änderungsabrede führt.

b) Nachweisgesetz

379 **aa) Keine konstitutive Formvorschrift** enthält das Gesetz über den Nachweis der für ein Arbeitsverhältnis geltenden wesentlichen Bedingungen **(Nachweisgesetz – NachwG)** vom 20. 7. 1995 (BGBl I 946), durch das die sog Nachweis-Richtlinie der EG vom 14. 10. 1991 (91/533/EWG) in nationales staatliches Recht umgesetzt wurde (vgl ErfK/PREIS, NachwG Einf Rn 4 f). Das Gesetz verpflichtet den Arbeitgeber, wenn

dem Arbeitnehmer kein schriftlicher Arbeitsvertrag ausgehändigt worden ist (§ 2 Abs 4 NachwG), spätestens einen Monat nach dem vereinbarten Beginn des Arbeitsverhältnisses die wesentlichen Vertragsbedingungen schriftlich niederzulegen, die Niederschrift zu unterzeichnen und dem Arbeitnehmer auszuhändigen, dh ihm den Besitz daran zu verschaffen (vgl § 2 NachwG; zum Anwendungsbereich s § 1 NachwG). Ziel ist es, den Arbeitnehmer besser über seine Rechte zu informieren. Auf den Dienstvertrag ist es ebenso wenig anwendbar wie auf arbeitnehmerähnliche Personen (LAG Köln 7. 1. 2000 – 11 Sa 510/99, ZTR 2000, 515). Übergangsrecht: § 4 NachwG.

bb) Welche **Vertragsbedingungen** in die Niederschrift **mindestens aufzunehmen** **380** sind, regelt detailliert § 2 Abs 1 S 2 NachwG (bei Auslandseinsätzen ergänzt durch § 2 Abs 2 NachwG; vgl ErfK/Preis § 2 NachwG Rn 7 ff). Beachtung verdient insbesondere, dass nach Nr 5 eine „kurze Charakterisierung oder Beschreibung der vom Arbeitnehmer zu leistenden Tätigkeit" aufzunehmen ist. Die Formulierung beruht auf dem Gesetz vom 29. 6. 1998 (BGBl I 1694), um der Entscheidung des EuGH vom 4. 12. 1997 (Rs C 253–258/96, AP Nr 3 zu EWG-Richtline 91/533) Rechnung zu tragen, dass es keine ordnungsgemäße Umsetzung der Richtlinie darstelle, wenn ein Mitgliedstaat dem Arbeitgeber erlaube, die Unterrichtung des Arbeitnehmers auf die bloße Bezeichnung seiner Tätigkeit zu beschränken. Die Nachweispflicht kann deshalb hier auch eingreifen, wenn der Arbeitgeber nach dem Vertrag berechtigt ist, dem Arbeitnehmer einseitig eine andere Tätigkeit zu übertragen. Zu den Mindestangaben gehört weiterhin ein in **allgemeiner Form gehaltener Hinweis auf die Tarifverträge sowie Betriebs- und Dienstvereinbarungen, die auf das Arbeitsverhältnis anzuwenden sind** (§ 2 Abs 1 S 2 Nr 10 NachwG; zur Problematik, ob die Festlegung im Gesetz richtlinienkonform ist, vgl Richardi, MünchArbR § 32 Rn 33); ein solcher allgemeiner Hinweis genügt auch, wenn der Tarifvertrag eine Ausschlussfrist enthält (BAG 23. 1. 2002 – 4 AZR 56/01, AP Nr 5 zu § 2 NachwG). Da die „wesentlichen Vertragsbedingungen" niederzulegen sind (§ 2 Abs 1 S 1 NachwG), können neben den in § 2 Abs 1 S 2 NachwG aufgeführten Mindestangaben weitere Arbeitsbedingungen nachweispflichtig sein (ebenso Schwarze ZfA 1997, 43 [52]; vgl auch EuGH 8. 2. 2001 – Rs C 350/99, AP Nr 4 zu § 2 NachwG für die Nachweis-RL). Notwendig ist, dass durch sie die für das konkrete Arbeitsverhältnis maßgeblichen Rechte und Pflichten des Arbeitnehmers festgelegt werden, wobei ein Indiz ist, was üblicherweise in Arbeitsverträgen bestimmter Arbeitnehmer vereinbart wird (vgl Preis, in: Preis, Der Arbeitsvertrag [4. Aufl 2011] I A Rn 33). Bei einer Bezugnahme auf Tarifverträge muss sich aus dem Nachweis ergeben, ob es sich um eine statische oder um eine dynamische Verweisung handelt (s auch Rn 831).

Die Mindestangaben können in den Grenzen des § 2 Abs 3 S 1 NachwG durch einen **381** **Hinweis auf die einschlägigen Tarifverträge, Betriebs- und Dienstvereinbarungen und ähnliche Regelungen, die für das Arbeitsverhältnis gelten, ersetzt** werden. Zu den „ähnlichen Regelungen" zählen insbesondere die Arbeitsvertragsrichtlinien der Kirchen und ihrer diakonisch-karitativen Verbände (ebenso ArbRBGB/Schliemann § 611 Rn 481; aA ErfK/Preis § 2 NachwG Rn 33). Von der angeordneten Ersetzungsfunktion werden nicht berührt: der Name und die Anschrift der Vertragsparteien, der Zeitpunkt des Beginns des Arbeitsverhältnisses, bei befristeten Arbeitsverhältnissen die vorhersehbare Dauer des Arbeitsverhältnisses, der Arbeitsort oder, falls der Arbeitnehmer nicht nur an einem bestimmten Arbeitsort tätig sein soll, ein Hinweis darauf, dass der Arbeitnehmer an verschiedenen Orten beschäftigt werden kann, und die kurze Charakterisierung oder Beschreibung der vom Arbeitnehmer zu leistenden Tätigkeit. Nicht ersetzt werden kann nach dem Gesetzestext auch „ein in allgemeiner Form gehaltener Hinweis auf die Tarifverträge, Betriebs- und Dienstvereinbarungen, die auf das Arbeitsverhältnis anzuwenden sind" (§ 2 Abs 1 S 2 Nr 10 NachwG). Deshalb stellt sich die Frage, unter welchen Voraussetzungen der Hinweis auf sie nach § 2 Abs 3 S 1 NachwG eine Ersetzungsfunktion entfaltet. Man wird sie dahingehend zu beantworten haben, dass eine Ersetzung nur eingreift, soweit in der Niederschrift der Sachzusammenhang (Entgelt, Arbeitszeit, Urlaub, Kündigungsfristen) genannt wird, auf den die Verweisung erfolgt (vgl LAG Köln 31. 7. 1998 – 11 Sa 1484/97, NZA 1999, 545 f). Eines gesonderten Hinweises auf eine im Tarifvertrag geregelte Ausschlussfrist bedarf es aber nicht (vgl BAG 17. 4. 2002 – 5 AZR 89/01, BAGE 101, 75 [79 f]).

382 Durch Art 3a des Gesetzes zur Stärkung der Tarifautonomie (Tarifautonomiestärkungsgesetz) wurde mit Wirkung zum 16. 8. 2014 das Nachweisgesetz auf **Praktikanten**, die im im Sinne von § 22 MiLoG als Arbeitnehmer gelten, erstreckt und sie als Arbeitnehmer im Sinne des NachwG eingeordnet (§ 1 S 2 NachwG). In Bezug auf sie sieht § 2 Abs 1a NachwG spezielle Niederschriftverpflichtungen vor.

383 cc) Der Arbeitgeber ist auch verpflichtet, die **Änderung der wesentlichen Vertragsbedingungen** innerhalb eines Monats nach der Änderung schriftlich mitzuteilen (§ 3 NachwG). Das gilt auch für eine kurze Charakterisierung oder Beschreibung einer Änderung der vom Arbeitnehmer zu leistenden Tätigkeit. Eine Ausnahme besteht aber bei Änderung der in S 2 genannten Regelungen, wenn der Arbeitgeber auf die jeweils gültige Fassung verwiesen hat; anders dagegen, wenn auf eine bestimmte Fassung verwiesen wurde (MünchKomm/MÜLLER-GLÖGE § 611 Rn 650). Zudem gilt § 3 S 1 – und nicht S 2 –, wenn aufgrund eines Tarifvertragsabschluss ein Tarifvertrag erstmals auf das Arbeitsverhältnis anwendbar ist (BAG 5. 11. 2003 – 5 AZR 469/02, AP Nr 1 zu § 3 NachwG; vgl auch BAG 24. 10. 2002 – 6 AZR 743/00, AP Nr 2 zu § 4 BBiG).

384 dd) Die **Niederschrift** ist als Information **keine Willenserklärung**, sondern eine Wissensmitteilung (vgl SCHWARZE ZfA 1997, 43 [60]). Auf sie findet daher § 126 unmittelbar keine Anwendung. Die Anordnung der schriftlichen Niederlegung und der Unterzeichnung durch den Arbeitgeber ergibt sich aber unmittelbar aus § 2 Abs 1 S 1 NachwG; eine Ersetzung durch die elektronische Form scheidet aus, § 2 Abs 1 S 3 NachwG.

385 ee) Die **Nichterfüllung der Nachweispflicht** berührt **nicht** die **Rechtswirksamkeit des Arbeitsvertrags** (BAG 21. 8. 1997 – 5 AZR 713/96, AP Nr 1 zu § 4 BBiG). Der Arbeitnehmer hat vielmehr, wenn kein schriftlicher Arbeitsvertrag abgeschlossen wird, aus dem Arbeitsverhältnis einen Anspruch auf Einhaltung der gesetzlichen Nachweispflicht. Kommt der Arbeitgeber ihr nicht nach, so liegt darin eine Pflichtverletzung iS des § 280 Abs 1 (vgl BAG 17. 4. 2002 – 5 AZR 89/01, BAGE 101, 75 [80 ff]). Auch wenn der Arbeitgeber entgegen § 2 NachwG auf eine arbeits- oder tarifvertragliche Ausschlussfrist zur Geltendmachung von Ansprüchen nicht hingewiesen hat, läuft diese ab (BAG 17. 4. 2002 – 5 AZR 89/01, NZA 2002, 1096 [1098]; BAG 21. 2. 2012 – 9 AZR 486/10, NZA 2012, 750 [753]; entgegen LAG Schleswig-Holstein 8. 2. 2000 – 1 Sa 563/99, NZA-RR 2000, 196). Jedoch ist der Arbeitnehmer über einen Schadensersatzanspruch geschützt, da sich der Arbeitgeber in der Regel im Verzug (§§ 280 Abs 1, 2, 286) befindet; Schaden ist das Erlöschen des Vergütungsanspruchs, sodass der Arbeitnehmer über § 249 Abs 1 so zu stellen ist, wie wenn dieser nicht erloschen wäre (BAG 17. 4. 2002 – 5 AZR 89/01, NZA 2002, 1096 [1098 f]); dabei hilft dem Arbeitnehmer regelmäßig die (widerlegliche) Vermutung aufklärungsgemäßen Verhaltens (BAG 17. 4. 2002 – 5 AZR 89/01, NZA 2002, 1096 [1098 f]), die ihn aber nicht davon entbindet, die Kausalität zwischen unterlassener Aufklärung und dem durch die Versäumung der Frist eingetretenen Schaden zu beweisen (BAG 20. 4. 2011 – 5 AZR 171/10, NZA 2011, 1173 [1175]). Daher besteht der Schadensersatzanspruch, wenn der Vergütungsanspruch bestand und nur wegen Versäumnis der Ausschlussfrist erloschen ist. § 2 NachwG ist aber **kein Schutzgesetz iS des § 823 Abs 2**, da er bewusst sanktionslos ausgestaltet wurde (ebenso BAG 17. 4. 2002 – 5 AZR 89/01, BAGE 101, 75 [82]; MünchKomm/Müller-Glöge § 611 Rn 670).

ff) Hinsichtlich der Auswirkungen auf die **Beweislast** ist zu unterscheiden: Hat der Arbeitgeber seiner **Nachweispflicht nicht genügt**, kommt es zwar nicht zur Beweislastumkehr (vgl BAG 16. 2. 2000 – 4 AZR 62/99, BAGE 93, 340 [353 ff]; offengelassen für Eingruppierungsstreitigkeit aber von BAG 8. 6. 2005 – 4 AZR 406/04, AP Nr 8 zu § 2 NachwG); insbesondere ist ein anderes Ergebnis nicht aufgrund der NachweisRL geboten (vgl EuGH 8. 2. 2001 – C-350/09, AP Nr 4 zu § 2 NachwG). Zu berücksichtigen ist der Gesetzesverstoß aber im Rahmen der freien Beweiswürdigung (§ 286 ZPO), hat der Arbeitgeber doch die Sachverhaltsaufklärung nicht unerheblich erschwert, sodass eine Anwendung der Grundsätze über die Beweisvereitelung angebracht ist (LAG Köln 18. 1. 2010 – 5 SaGa 23/09, nv; MünchKomm/Müller-Glöge § 611 Rn 689 mwNw). Hat der Arbeitgeber dagegen den **Nachweis erteilt**, ist damit zwar nicht die inhaltliche Richtigkeit dessen bewiesen, handelt es sich doch nur um eine Privaturkunde (§ 416 ZPO); auch eine Beweislastumkehr findet nicht statt. Jedoch ist der Nachweis im Rahmen des § 286 ZPO zu Gunsten des Arbeitnehmers zu berücksichtigen (Schaub/Linck § 34 Rn 44). **386**

c) Weitere deklaratorische Formvorschriften für den Gesamtvertrag
§ 11 BBiG enthält eine Formvorschrift für den **Berufsausbildungsvertrag**. Die Formvorschrift hat, wie sich eindeutig aus dem Gesetzestext ergibt, ebenfalls nur deklaratorischen Charakter. Beim Berufsausbildungsvertrag hat der Ausbildende unverzüglich nach Abschluss des Berufsausbildungsvertrags, spätestens vor Beginn der Berufsausbildung, den wesentlichen Inhalt des Vertrags schriftlich niederzulegen, wobei die Niederschrift bestimmte Mindestangaben enthalten muss. Ein Verstoß berührt also nicht die Rechtswirksamkeit des Berufsausbildungsvertrags; bei Versäumung einer (tarifvertraglichen) Ausschlussfrist aufgrund der Verletzung der Nachweispflicht gilt das zum NachweisG Gesagte entsprechend (vgl BAG 24. 10. 2002 – 6 AZR 743/00, AP Nr 2 zu § 4 BBiG und Rn 43). **387**

Bei **gewerbsmäßiger Arbeitnehmerüberlassung** richtet sich der Nachweis der wesentlichen Vertragsbedingungen des **Leiharbeitsverhältnisses** nach den Bestimmungen des Nachweisgesetzes; es sind aber zusätzlich in die Niederschrift aufzunehmen: Firma und Anschrift des Verleihers, die Erlaubnisbehörde sowie Ort und Datum der Erteilung der Erlaubnis nach § 1 AÜG sowie Art und Höhe der Leistungen für Zeiten, in denen der Leiharbeitnehmer nicht verliehen ist (**§ 11 Abs 1 S 2 AÜG**). **388**

d) Formerfordernisse für einzelne Vertragsabreden

389 Die **Vereinbarung eines Wettbewerbsverbots für die Zeit nach Beendigung des Arbeitsverhältnisses** bedarf der Schriftform und der Aushändigung einer vom Arbeitgeber unterzeichneten Urkunde (§ 110 S 2 GewO iVm § 74 Abs 1 HGB). Die Nichtbeachtung dieser Form berührt aber nicht die Rechtswirksamkeit des Arbeitsvertrags, sondern führt lediglich zur Nichtigkeit der Wettbewerbsabrede (BAG 26. 9. 1957 – 2 AZR 309/56, AP Nr 2 zu § 74 HGB; näher Rn 1190).

390 Soweit **einzelne Vertragsabreden befristet** abgeschlossen werden oder für sie eine **auflösende Bedingung** festgelegt wird, finden die §§ 14 Abs 4, 21 TzBfG keine Anwendung; denn die Schriftform ist dort nur für den Fall festgelegt, dass *das Arbeitsverhältnis* aufgrund der Befristung oder auflösenden Bedingung beendet werden soll (ebenso BAG 3. 9. 2003 – 7 AZR 106/03, NZA 2004, 255 [256]).

391 Die Verordnung über die aufsichtsrechtlichen Anforderungen an Vergütungssysteme von Instituten (Institutsvergütungsverordnung – **InstitutsVergV**) vom 16. 12. 2013 (BGBl I 4270) verpflichtet in ihrem **§ 13 S 1** dazu, Geschäftsleiter und Mitarbeiter der in § 1 InstitutsVergV genannten Institute schriftlich über die Ausgestaltung der für sie maßgeblichen Vergütungssysteme und insbesondere der für sie relevanten Vergütungsparameter in Kenntnis zu setzen; die Form wird dabei auch durch eine elektronische Übermittlung gewahrt, § 13 S 2 InstitutsVergV. Eine Rechtsfolge im Falle einer Verletzung dieser Pflicht sieht § 13 InstitutsVergV nicht vor. Es liegt nahe, die zum NachweisG entwickelten Grundsätze heranzuziehen. Ein Verstoß berührt also nicht die Wirksamkeit des Arbeitsvertrags oder auch nur der Lohnabrede, stellt aber eine Pflichtverletzung dar, die – einen daraus kausal entstandenen Schaden vorausgesetzt – über § 280 Abs 1 eine Schadensersatzverpflichtung begründet.

3. Formvorschriften in Tarifverträgen

392 a) Durch Tarifvertrag kann die Schriftform oder eine sonstige Form **konstitutiv** für den Abschluss von Arbeitsverträgen vorgesehen werden. Derartige Abschlussnormen gehören zum normativen Teil des Tarifvertrages (§ 1 Abs 1 TVG; s Rn 769 ff); sie haben aber Tarifgeltung nur bei beiderseitiger Tarifgebundenheit (§§ 3 Abs 1, 4 Abs 1 S 1 TVG). Der Tarifvertrag ist zwar kein Gesetz; wird aber gegen eine Abschlussnorm, die die Schriftform mit konstitutiver Wirkung vorschreibt, verstoßen, so ist für die Rechtsfolgenbestimmung maßgebend, dass nicht die Vertragsparteien selbst die Formvorschrift aufgestellt haben. Die Folgen der Nichtbeachtung richten sich daher wie bei einem Verstoß gegen eine gesetzlich vorgeschriebene Schriftform nach § 125 S 1; ggf entsteht ein fehlerhaftes Arbeitsverhältnis (ebenso iErg BAG 15. 11. 1957 – 1 AZR 189/57, AP Nr 2 zu § 125 BGB; Soergel/Kraft § 611 Rn 13; Wank, in: Wiedemann, TVG § 4 Rn 308). Dass die Tarifnorm ein derartiges konstitutives Formerfordernis aufstellt, ist – da dies oft zulasten des Arbeitnehmers geht – jedoch nur in absoluten **Ausnahmefällen** anzunehmen (Wank, in: Wiedemann, TVG § 4 Rn 308; aA wohl ErfK/Preis § 127 Rn 33; siehe auch Rn 774). Vielmehr wird das Schriftformerfordernis in aller Regel nur Beweiszwecken dienen und daher rein **deklaratorisch** wirken; entsprechend führt seine Verletzung nicht zu einer Unwirksamkeit eines mündlich geschlossenen Arbeitsvertrags (BAG 24. 6. 1981 – 7 AZR 198/79, AP Nr 2 zu § 4 TVG Formvorschriften; Löwisch/Rieble, TVG, § 1 Rn 298; Reim/Nebe, in: Däubler, TVG § 1 Rn 335, 337).

b) Verhältnismäßig große praktische Bedeutung hat, dass in Tarifverträgen für 393 die **Festlegung bestimmter Abreden** eine Schriftform vorgeschrieben wird. Da sie für Regelungen innerhalb des Vertragsverhältnisses aufgestellt werden und es damit nicht um den ursprünglichen Vertragsschluss, sondern Vertragsänderungen geht, handelt es sich bei ihnen nicht um Abschluss-, sondern um Inhaltsnormen. Die Festlegung einer derartigen Formvorschrift darf nicht bezwecken, das Günstigkeitsprinzip zu beseitigen oder einzuschränken. Die Bestimmung, dass bestimmte Abreden einer Schriftform bedürfen, hat jedoch im Allgemeinen nur eine Klarstellungsfunktion.

Deshalb ist die tarifvertragliche Bestimmung zulässig, dass **Nebenabreden** nur wirksam sind, wenn sie schriftlich vereinbart werden (vgl § 2 Abs 3 TVöD). Dabei 394 handelt es sich regelmäßig um eine **konstitutive** Formvorschrift, sodass ihre Nichtbeachtung zur Nichtigkeit der Nebenabrede führt, auch wenn der Tarifvertrag keine Tarifgeltung hat, sondern der Arbeitnehmer aufgrund der Einbeziehungsabrede dem Tarifvertrag unterworfen ist (§ 125 S 2). Eine Nebenabrede liegt nach der Rechtsprechung des BAG aber nur vor, wenn sie eine Nebenleistung betrifft, es also nicht um das Verhältnis von Leistung und Gegenleistung geht, da es sich insoweit um die beiderseitigen Hauptrechte und Hauptpflichten nach § 611 handelt (BAG 9. 2. 1972 – 4 AZR 149/71, 6. 9. 1972 – 4 AZR 422/71, 18. 5. 1977 – 4 AZR 47/76, 9. 12. 1981 – 4 AZR 312/79, AP Nr 1, 2, 4 und 8 zu § 4 BAT; BAG 3. 8. 1982 – 3 AZR 503/79, BAGE 39, 271 [274 f]).

Eine (tarifvertragliche) doppelte Schriftform kann das Entstehen einer Haftung aus 395 **betrieblicher Übung** verhindern. Denn für die betriebliche Übung gilt, dass sie nicht als Haftungsgrund zugerechnet werden kann, wenn ihr Gegenstand nur bei Wahrung der Schriftform verbindlich festgelegt werden kann (ebenso BAG 3. 8. 1982 – 3 AZR 503/79, AP Nr 12, 63 zu § 242 BGB Betriebliche Übung; BAG 18. 9. 2002 – 1 AZR 477/01, NZA 2003, 337 [338]; s zur betrieblichen Übung Rn 969 ff, 982). Bezieht sich die Tarifvorschrift (wie § 2 Abs 3 TVöD) aber auf Nebenabreden, verhindert sie nicht die Entstehung einer betrieblichen Übung bezüglich Hauptpflichten (BAG 1. 4. 2009 – 10 AZR 393/08, AP Nr 84 zu § 242 BGB Betriebliche Übung; abl Löwisch/Rieble TVG § 1 Rn 298).

4. Formvorschriften in Betriebs- und Dienstvereinbarungen

Eine für den **Abschluss** des Arbeitsvertrags **konstitutive Formvorschrift** kann **nicht** 396 **durch Betriebs- oder Dienstvereinbarung** festgelegt werden. Obwohl nach herrschendem Verständnis der Betriebsvereinbarungsautonomie unterliegt, was Gegenstand eines Tarifvertrags sein kann, ist hier maßgebend, dass eine Betriebsvereinbarung keine normative Wirkung für Arbeitnehmer haben kann, die noch nicht dem Betrieb angehören (ebenso ErfK/Preis § 127 Rn 35; aA Küttner/Röllner, Personalbuch 2014, Stichwort „Arbeitsvertrag" Rn 15). Davon ist die zu bejahende Frage zu unterscheiden, ob durch Betriebsvereinbarung mit normativer Wirkung Formvorgaben für die **Änderung** des Arbeitsvertrags oder ergänzende Absprachen gemacht werden können (vgl BAG 19. 3. 1986 – 5 AZR 254/85, juris Rn 30 f; BAG 18. 6. 2014 – 10 AZR 699/13, juris Rn 25).

Für eine **Dienstvereinbarung** gelten die gleichen Grundsätze; allerdings kann sich die 397 Unzulässigkeit der Festlegung eines Formzwangs hier bereits daraus ergeben, dass das einschlägige Personalvertretungsgesetz nur eine begrenzte Dienstvereinbarungsautonomie einräumt (vgl § 73 BPersVG).

5. Festlegung einer Formvorschrift durch die Vertragsparteien

398 **aa)** Wird nicht durch Gesetz oder Tarifvertrag, sondern durch die Vertragsparteien selbst eine Formvorschrift festgelegt, so ist ihre Tragweite durch Auslegung (§§ 133, 157) zu ermitteln. Nach § 125 S 2 hat der Mangel der durch Rechtsgeschäft bestimmten Form nur „im Zweifel gleichfalls Nichtigkeit zur Folge". Man hat hier allerdings zu unterscheiden, ob ohne Beachtung der Form überhaupt ein Vertrag geschlossen ist; denn ist die Beachtung der Schriftform für den Abschluss des Vertrages verabredet worden, so ist im Zweifel der Vertrag nicht geschlossen, bis die Beurkundung erfolgt ist (§ 154 Abs 2; vgl BAG 26. 1. 1967 – 2 AZR 15/66, AP Nr 2 zu § 611 BGB Vertragsabschluss).

399 Wird schon über die Beachtung der Formvorschrift keine Einigung erzielt, so hat man zu berücksichtigen, dass das Arbeitsverhältnis formfrei zustande kommen kann. Tritt der Arbeitnehmer seinen Dienst im Einverständnis mit dem Arbeitgeber an, ist durch konkludentes Verhalten mit dem Dienstantritt ein Arbeitsvertrag zustande gekommen. Aber auch wenn rechtsgeschäftlich Einverständnis darüber erzielt wurde, dass der Vertrag schriftlich niederzulegen ist, kann sich aus den Umständen ergeben, dass die vereinbarte Schriftform keine konstitutive Bedeutung haben soll, sondern nur als Beweismittel dienen soll. Etwas anderes gilt, wenn der Arbeitgeber den Abschluss eines **befristeten Arbeitsvertrags** von der Unterzeichnung der Vertragsurkunde abhängig macht; hier kann der Arbeitnehmer nicht durch Arbeitsaufnahme konkludent das Vertragsangebot annehmen (so jedenfalls BAG 1. 12. 2004 – 7 AZR 198/04, AP Nr 15 zu § 14 TzBfG m abl Anm BAUER/KRIEGER). Arbeitet der Arbeitnehmer dennoch, greifen auch die Grundsätze über das fehlerhafte Arbeitsverhältnis nicht ein, da es an den dafür erforderlichen korrespondierenden Willenserklärungen fehlt.

400 **bb)** Haben die Vertragsparteien für **künftige Vertragsabreden** die Beachtung der Schriftform vereinbart, muss auch insoweit geprüft werden, ob die vereinbarte Beurkundung nicht nur deklaratorische, sondern konstitutive Bedeutung haben soll. Kommt der Schriftform nur deklaratorische Bedeutung zu, ist eine nur mündlich getroffene Absprache wirksam. Aber auch wenn sie konstitutive Bedeutung haben soll, ist anerkannt, dass die Parteien davon im Wege gegenseitiger, und zwar formloser, Vereinbarung wieder abgehen können (vgl RGZ 95, 175 [176]; RAG ARS 18, 371 [372]; BAG 4. 6. 1963 – 5 AZR 16/63, AP Nr 1 zu § 127 BGB; SOERGEL/KRAFT § 611 Rn 14; MünchKomm/MÜLLER-GLÖGE § 611 Rn 643; HUECK/NIPPERDEY I 154 zu Fn 21; weiterhin STAUDINGER/HERTEL [2011] § 127 Rn 59 ff).

401 **cc)** Wird die Schriftformklausel in **Allgemeinen Geschäftsbedingungen** vereinbart, so gilt nach § 305b der Vorrang individueller, auch mündlicher Abreden (BAG 25. 4. 2007 – 5 AZR 504/06, AP Nr 121 zu § 615 BGB; anders ggü betrieblicher Übung, BAG 20. 5. 2008 – 9 AZR 382/07, AP Nr 35 zu § 307 BGB, s Rn 982). Das gilt auch für eine sog doppelte Schriftformklausel, nach der nicht nur die Änderung des Vertrags, sondern auch die Aufhebung bzw Änderung der Schriftformklausel selbst der Schriftform bedarf. Da solche Klauseln tendenziell dazu geeignet sind, den Arbeitnehmer von der Geltendmachung ihm zustehender Rechte abzuhalten, stellt das BAG zu Recht strenge Anforderungen an die Wirksamkeit formularmäßiger doppelter Schriftformklauseln. So stellt es insbesondere eine unangemessene Benachteiligung dar, wenn die

Klausel beim Arbeitnehmer den irrigen Eindruck erweckt, eine mündliche Abrede sei unwirksam (BAG 20. 5. 2008 – 9 AZR 382/07, NZA 2008, 1233 [1235 f]). Unwirksam ist ferner eine formularmäßige Klausel, nach der nach Vertragsabschluss getroffene mündliche Abreden nur bei schriftlicher Bestätigung gültig sind, nach § 307 Abs 1 unwirksam (LAG Düsseldorf 13. 4. 2007 – 9 Sa 143/07, NZA-RR 2007, 455; vgl auch BGH 26. 3. 1986 – VIII ZR 85/85, NJW 1986, 1809). Werden in Allgemeinen Geschäftsbedingungen Bestimmungen an eine strengere Form als die Schriftform oder an besondere Zugangserfordernisse gebunden, so ist diese Vertragsabrede unwirksam (§ 310 Abs 4 S 2 iVm § 309 Nr 13).

dd) Formvorschriften enthalten auch die **Arbeitsvertragsrichtlinien der Kirchen und ihrer diakonisch-karitativen Verbände** (so zB § 7 Abs 2 AVR Caritasverband). Soweit es sich um Regelungen handelt, die im kirchengesetzlich geregelten Beteiligungsverfahren festgelegt sind, darf der Staat sie wegen Art 140 GG iVm Art 137 Abs 3 WRV nicht anders behandeln als Tarifnormen (**aA** BAG 28. 10. 1987 – 5 AZR 518/85, AP Nr 1 zu § 7 AVR Caritasverband). 402

6. Anforderungen an die Schriftform

Ist durch Gesetz oder Tarifvertrag Schriftform vorgeschrieben, so muss die Urkunde von beiden Parteien eigenhändig durch Namensunterschrift unterzeichnet werden; werden mehrere gleichlautende Urkunden aufgenommen, so genügt es, wenn jede Partei die für die andere Partei bestimmte Urkunde unterzeichnet (§ 126 Abs 1 und 2). Die Schriftform wird durch die notarielle Beurkundung ersetzt (§ 126 Abs 4). Die schriftliche Form kann ferner durch die **elektronische Form** ersetzt werden, wenn sich nicht aus dem Gesetz ein anderes ergibt (§ 126 Abs 3; zur elektronischen Form § 126a). Für die Befristungsabrede sieht § 14 Abs 4 TzBfG nichts anderes vor (vgl auch BAG 23. 7. 2014 – 7 AZR 771/12, NZA 2014, 1341 [1344]). Zur Erfüllung der Nachweispflicht nach dem Nachweisgesetz (s Rn 379 ff) ist aber der Nachweis in elektronischer Form ausgeschlossen (§ 2 Abs 1 S 3 NachwG). Es gilt insoweit Gleiches wie für die Kündigung und den Auflösungsvertrag, bei denen die Schriftform ebenfalls nicht durch die elektronische Form ersetzt werden kann (§ 623 HS 2). 403

Diese Regelung gilt im Zweifel auch für die durch Rechtsgeschäft bestimmte schriftliche Form (§ 127 Abs 1). Für sie genügt aber, soweit kein anderer Wille anzunehmen ist, die telekommunikative Übermittlung und bei einem Vertrag der Briefwechsel (§ 127 Abs 2 S 1). 404

7. Ausschluss des Einwandes der Formnichtigkeit

Den Formmangel kann grundsätzlich jede Vertragspartei geltend machen. Jedoch kann die Berufung auf ihn gegen Treu und Glauben verstoßen (vgl BAG 9. 12. 1981 – 4 AZR 312/79, AP Nr 8 zu § 4 BAT; BAG 19. 3. 1986 – 5 AZR 254/85, juris Rn 31 f; für § 78a Abs 2 S 1 BetrVG: BAG 15. 12. 2011 – 7 ABR 40/10, NZA-RR 2012, 413 [416]; ausführlich Staudinger/ Hertel [2011] § 125 Rn 110 ff). Das ist allerdings nur in den absoluten Ausnahmefällen möglich, in denen das Ergebnis für die Partei nicht nur hart, sondern schlicht untragbar wäre (zB BGH 10. 10. 1986 – V ZR 247/85, NJW 1987, 1069 [1070]; BAG 27. 3. 1987 – 7 AZR 527/85, AP Nr 29 zu § 242 BGB Betriebliche Übung). Haben bei einem Arbeitsverhältnis die Vertragsparteien Schriftform vereinbart, so ist zu beachten, dass die Parteien es in 405 der Hand haben, den vereinbarten Formzwang wieder aufzuheben (s Rn 400 f). Aber auch wenn der Formzwang auf einem Tarifvertrag beruht, ist für die rechtliche Beurteilung wesentlich, dass ein Tarifvertrag nicht ohne Weiteres einem Gesetz gleichgestellt werden darf. Da das Arbeitsverhältnis im Prinzip formfrei begründet wird, ist eine tarifvertragliche Abschlussnorm, die eine Formvorschrift festlegt, eine Ausnahmeregelung, die außerdem Tarifgeltung nur bei beiderseitiger Tarifgebundenheit hat (§§ 3 Abs 1, 4 Abs 1 S 1 TVG). Da der Tarifvertrag eine Schutzfunktion vor allem für den Arbeitnehmer entfaltet, ist eine Berufung des Arbeitgebers auf den Formmangel treuwidrig, wenn das Arbeitsverhältnis bereits für eine verhältnismäßig erhebliche Zeit durchgeführt wurde (BAG 7. 9. 1982 – 3 AZR 357/80, AP Nr 1 zu § 3 TV Arbeiter Bundespost [für Schriftformerfordernis bei Nebenabrede]).

IV. Beschränkungen der Abschlussfreiheit

1. Grundsatz

406 Die Parteien entscheiden frei, ob und mit wem sie einen Dienstvertrag abschließen. Das gilt im Prinzip auch, wenn durch den Vertrag ein Arbeitsverhältnis begründet wird (vgl zB BAG 5. 4. 1984 – 2 AZR 513/82, NZA 1985, 329 [330]).

407 Nicht nur der Arbeitnehmer kann darüber bestimmen, ob und mit wem er ein Arbeitsverhältnis begründet, sondern auch der Arbeitgeber ist in seiner Entscheidung frei, ob er überhaupt einen Arbeitsvertrag abschließt, und er kann im Prinzip auch frei auswählen, wen er als Arbeitnehmer auf einem bestimmten Arbeitsplatz beschäftigt. Soweit es um seine Auswahlentscheidung geht, bestehen aber in mehrfacher Hinsicht Ausnahmen in der Form von Abschlussgeboten (s Rn 518 ff) und Abschlussverboten (s Rn 546 ff). Eine weitere Schranke ergibt sich vor allem aus den Diskriminierungsverboten (s Rn 416 ff). Überdies ist die Freiheit der Parteien, den Vertragsinhalt festzulegen, stark durch das meist einseitig zwingende, arbeitnehmerschützende gesetzliche Individualarbeitsrecht sowie Tarif- und Betriebsvereinbarungen beschränkt.

2. Verfassungsrechtliche Gewährleistung der Abschlussfreiheit

408 Für den **Arbeitnehmer** ist die freie Wahl des Arbeitsplatzes als Bestandteil des Grundrechts der Berufsfreiheit verfassungsrechtlich garantiert (Art 12 Abs 1 GG; vgl BVerfG 11. 6. 1958 – 1 BvR 596/56, BVerfGE 7, 397 [398 f]; BVerfG 1. 3. 1979 – 1 BvR 532, 533/77, 419/78, 1 BvL 21/78, BVerfGE 50, 290 [349, 362]; BVerfG 24. 4. 1991 – 1 BvR 1341/90, BVerfGE 84, 133 [146 f]; BVerfG 27. 1. 1998 – 1 BvL 15/87, BVerGE 97, 169 [175]). Für den **Arbeitgeber** ist ebenfalls verfassungsrechtlich gewährleistet, dass er frei darüber entscheiden kann, ob und mit wem er einen Arbeitsvertrag abschließt. Auch für ihn ist Art 12 Abs 1 GG einschlägig (ebenso MünchKomm/MÜLLER-GLÖGE § 611 Rn 324, 593; ZÖLLNER, in: Verhandlungen des 52. DJT I [1978] D 99; SCHOLZ ZfA 1981, 265 [275 ff]; vgl auch BVerfG 7. 2. 1990 – 1 BvR 26/84, BVerfGE 81, 242 [254 f]; BVerfG 27. 1. 1998 – 1 BvL 15/87, BVerGE 97, 169 [176]). Trotz seines individualrechtlich-personalen Ansatzes gilt das Grundrecht der Berufsfreiheit auch, wenn die Arbeitgeberfunktion von einer juristischen Person ausgeübt wird (vgl BVerfG 1. 3. 1979 – 1 BvR 532/77, BVerfGE 50, 290 [363]). Allerdings darf dabei nicht übersehen werden, dass das Grundrecht insoweit sehr verschiedene wirtschaftliche Sachverhalte erfasst. Das ist vor allem zu beachten, soweit dem

Titel 8 · Dienstvertrag und ähnliche Verträge
Untertitel 1 · Dienstvertrag   § 611

Arbeitgeber Schranken für die personelle Auswahlentscheidung auferlegt werden. Der personale Grundzug des Grundrechts bildet den Maßstab für die hier mögliche Abstufung. Entscheidend ist, dass der Arbeitgeber nicht in seinem Recht auf *freie Berufswahl*, sondern im Allgemeinen nur in seiner *Berufsausübung* beschränkt wird; Eingriffe in diese können unter viel leichteren Voraussetzungen verfassungsrechtlich gerechtfertigt sein als in die der Berufswahl. Überdies kann ein Arbeitgeber die ihm verbürgte Freiheit oftmals „nur mit Hilfe anderer, der Arbeitnehmer, wahrnehmen, die ebenfalls Träger des Grundrechts aus Art 12 Abs 1 GG sind" (BVerfG 1. 3. 1979 – 1 BvR 532, 533/77, 419/78, 1 BvL 21/78, BVerfGE 50, 290 [365]).

3. Kontrahierungszwang

a) Arbeitnehmer

Die Abschlussfreiheit des Arbeitnehmers wird lediglich durch das Gesetz zur Si- **409** cherstellung von Arbeitsleistungen für Zwecke der Verteidigung einschließlich des Schutzes der Zivilbevölkerung (**Arbeitssicherstellungsgesetz**) vom 9. 7. 1968 (BGBl I 787), dessen verfassungsrechtliche Grundlagen Art 12a, 80a GG sind, eingeschränkt. Unter den dort geregelten Voraussetzungen entsteht durch den Verpflichtungsbescheid ein Arbeitsverhältnis (§ 10; zu den Einzelheiten vgl MARSCHALL, AR-Blattei: Notstandsgesetzgebung IV [1980]).

Keine unmittelbare Schranke der Abschlussfreiheit stellt es hingegen dar, dass ein **410** Arbeitnehmer bei Beschäftigungslosigkeit Anspruch auf **Arbeitslosengeld** nur hat, wenn er alle Möglichkeiten nutzt und nutzen will, um seine Beschäftigungslosigkeit zu beenden (vgl §§ 136 ff SGB III). Man kann hier allein von einem mittelbaren, ökonomisch motivierten Zwang sprechen, sich eine Beschäftigung zu suchen. Ein zivilrechtlicher Kontrahierungszwang folgt daraus aber nicht. Kommt der Arbeitslose seinen Verpflichtungen nach dem SGB III nicht nach, hat dies alleine sozialrechtliche Konsequenzen. Gleiches gilt für eine **Bewährungsauflage**, die dem Entlassenen aufgibt, eine Arbeitsstelle im Inland anzunehmen (zur Verfassungskonformität BVerfG 10. 8. 1993 – 2 BvR 610/91, juris Rn 38). Auch sie begründet weder einen Zwang, einen bestimmten Arbeitsvertrag einzugehen, noch kann auf ihrer Grundlage ein Arbeitsverhältnis durch staatlichen Akt „angeordnet" werden; der Verstoß gegen die Auflage hat nur straf-, nicht aber zivilrechtliche Konsequenzen.

Die **Abschlussfreiheit wird negativ begrenzt**, soweit der Betriebsrat **bei der Einstel- 411 lung mitzubestimmen** hat (vgl §§ 99, 100 BetrVG; für die Personalvertretung des Bundes §§ 75 Abs 1 Nr 1, 77 Abs 2 BPersVG). Wenn bei Bestehen eines Mitbestimmungsrechts der Arbeitgeber den Betriebsrat nicht beteiligt oder dieser die Zustimmung zur Einstellung verweigert und sie auch nicht auf Antrag des Arbeitgebers durch einen Beschluss des Arbeitsgerichts ersetzt wird (§ 99 Abs 4 BetrVG), kann der Arbeitnehmer nicht den Arbeitsplatz erhalten. Der Arbeitsvertrag ist zwar wirksam; der Arbeitnehmer darf aber nicht beschäftigt werden (s Rn 869).

Zur Abschlussfreiheit des Arbeitnehmers gehört auch die **Freiheit, mit welchem 412 Arbeitgeber** er ein Arbeitsverhältnis begründen will. Nach **§ 613a Abs 1 S 1** tritt zwar, wenn ein Betrieb oder Betriebsteil durch Rechtsgeschäft auf einen anderen Inhaber übergeht, dieser in die Rechte und Pflichten aus den im Zeitpunkt des Übergangs bestehenden Arbeitsverhältnissen ein; der Arbeitnehmer hat aber ein ex tunc wirkendes Widerspruchsrecht, sodass ihm gegen seinen Willen kein anderer Arbeitgeber aufgedrängt werden kann (§ 613a Abs 6).

413 Beschränkt wird diese Freiheit, den Arbeitgeber auszuwählen, durch **§ 10 AÜG**, der im Schutzinteresse des Arbeitnehmers ein Arbeitsverhältnis zwischen ihm und dem Entleiher fingiert, wenn es sich um eine unerlaubte gewerbsmäßige Arbeitnehmerüberlassung handelt. Umstritten ist, ob dem Arbeitnehmer aufgrund verfassungskonformer Auslegung ein Widerspruchsrecht einzuräumen ist (so LAG Hessen 6. 3. 2001 – 2/9 Sa 1246/00, NZA-RR 2002, 73); die Gegenauffassung lehnt das zu Recht ab, räumt dem Arbeitnehmer aber das Recht zur außerordentlichen (BeckOK-BGB/Besgen § 10 AÜG Rn 4) oder zumindest ordentlichen (ErfK/Wank § 10 AÜG Rn 8) Kündigung ein.

b) Arbeitgeber

414 Für den Arbeitgeber gilt ebenfalls als Prinzip, dass kein Abschlusszwang – weder in der Form eines Kontrahierungszwanges noch als Anspruch auf Abschluss eines Arbeitsvertrags – besteht. Nur in besonders gelagerten Ausnahmefällen gilt etwas anderes, zB nach § 78a BetrVG bzw §§ 9, 107 BPersVG (s Rn 519 f), bei Schwerbehinderten (s Rn 521 ff) oder Inhabern von Bergmannversorgungsscheinen (Rn 524). Weitreichende Beschränkungen bestehen allerdings für die Auswahlentscheidung (s Rn 416 ff), und außerdem ist die Abschlussfreiheit negativ durch das **Mitbestimmungsrecht des Betriebsrats** bzw Personalrats beschränkt (s Rn 626 f). Zu beachten ist ferner der unter bestimmten Voraussetzungen zu bejahende **Wiedereinstellungsanspruch** nach einer wirksamen Kündigung (Rn 537 ff) und von Schwerbehinderten, denen lediglich aus Anlass eines Arbeitskampfes fristlos gekündigt wurde (§ 91 Abs 6 SGB IX, dazu Rn 523). Schließlich kann in einem bereits begründeten Arbeitsverhältnis der Arbeitnehmer **Anspruch auf Verringerung** (§§ 8 TzBfG, 15 Abs 6, 7 BEEG, 81 Abs 5 S 3 SGB IX) oder **Verlängerung der Arbeitszeit** (§ 9 TzBfG) haben (Rn 1082 ff).

415 Es gibt **kein Recht auf Arbeit**, aus dem sich ein privatrechtlicher Anspruch auf Begründung eines Arbeitsverhältnisses ableiten lässt (vgl ausführlich zum Recht auf Arbeit Staudinger/Richardi¹² § 611 Rn 53 ff).

V. Antidiskriminierungsrecht zur Begrenzung der Auswahlfreiheit des Dienstberechtigten*

1. EU-Recht

416 Die Europäische Wirtschaftsgemeinschaft beschränkte sich zunächst auf das Ziel

---

* **Schrifttum**: Das Schrifttum zum AGG ist in kurzer Zeit unüberschaubar geworden; vgl insbesondere Bauer/Göpfer, AGG (4. Aufl 2015); Däubler/Bertzbach/Deinert, Allgemeines Gleichbehandlungsgesetz (3. Aufl 2013); Kaiser, Tarifverträge und Altersdiskriminierungsschutz (2012); Liebhäuser, Die Bedeutung des Allgemeinen Gleichbehandlungsgesetzes für Organmitglieder (2012); vMedem, Kündigungsschutz und Allgemeines Gleichbehandlungsgesetz (2008); Monen, Das Verbot der Diskriminierung (2008); Polloczek, Altersdiskriminierung im Licht des Europarechts (2008); Picker, Antidiskriminierungsprogramme im freiheitlichen Privatrecht, in: Lorenz (Hrsg), Karlsruher Forum 2004: Haftung wegen Dis-

einer **Gleichstellung der Geschlechter**. Art 119 EWGV (Art 141 EG, heute: Art 157 AEUV) hatte das Gebot der Entgeltgleichheit verankert. Diese primärrechtliche Bestimmung wurde aber erst in den siebziger Jahren durch verschiedene Richtlinien ergänzt, vor allem die Gleichbehandlungs-Richtlinie 76/207/EWG. Der Grundsatz der Entgeltgleichheit, der unmittelbar in den Mitgliedstaaten der EG gilt, sowie die Entgeltgleichheits-Richtlinie 75/117/EWG und die Gleichbehandlungs-Richtlinie 76/207/EWG wurden durch das Arbeitsrechtliche EG-Anpassungsgesetz vom 13. 8. 1980 (BGBl I 1308) in das deutsche Recht umgesetzt; durch Art 1 Nr 1 dieses Gesetzes wurden § 611a, § 611b, § 612 Abs 3 und § 612a in das BGB eingefügt; bis auf § 612a wurden diese Vorschriften durch das AGG abgelöst und daher mit Wirkung zum 18. 8. 2006 aufgehoben (Art 3 Abs 14 des Gesetzes zur Umsetzung europäischer Richtlinien zur Verwirklichung des Grundsatzes der Gleichbehandlung v 14. 8. 2006 [BGBl I 1897]). Die Gleichbehandlungs-Richtlinie wurde durch die RL 2002/73/EG geändert und durch die RL 2004/113/EG ergänzt. Die RL 2006/54/EG fasste unter anderem die RL 75/117/EWG und RL 76/207/EWG zusammen und hob diese zum 15. 8. 2009 auf.

Durch den im Vertrag von Amsterdam vom 2. 10. 1997 (in Kraft getreten am 1. 5. 1999) eingefügten **Art 13 EG (heute: Art 19 AEUV)** ist die Gemeinschaft ermächtigt, im Rahmen der ihr übertragenen Zuständigkeiten geeignete Vorkehrungen zu treffen, um „Diskriminierungen aus Gründen des Geschlechts, der Rasse, der ethnischen Herkunft, der Religion oder Weltanschauung, einer Behinderung, des Alters oder der sexuellen Ausrichtung" zu bekämpfen. Auf dieser Grundlage ergingen im Jahr 2000 die beiden Richtlinien 2000/43/EG und 2000/78/EG. Die **RL 2000/43/EG** wendet sich gegen jede Diskriminierung aufgrund der **Rasse** und der **ethnischen Herkunft**, die **RL 2000/78/EG** untersagt für den Anwendungsbereich der beruflichen Tätigkeit eine Diskriminierung wegen der **Religion**, der **Weltanschauung**, einer **Behinderung**, des **Alters** oder der **sexuellen Ausrichtung**. Die Richtlinien waren bis zum 19. 7. 2003 (RL 2000/43/EG) bzw bis grundsätzlich zum 2. 12. 2003 (RL 2000/78/EG) in nationales Recht umzusetzen; eine Ausnahme galt hinsichtlich der RL 2000/78/EG insoweit, als Deutschland in Bezug auf das Verbot der Diskriminierung wegen des Alters von der durch Art 18 RL 2000/78/EG vorgesehenen Möglichkeit, die Umsetzungsfrist um drei Jahre bis zum 2. 12. 2006 zu verlängern, Gebrauch machte. 417

Der nächste Schritt im Baustein des europäischen Antidiskriminierungsrechts ist mit der für bindend Erklärung der **Charta der Grundrechte der Europäischen Union** (EUGC) durch Art 6 Abs 1 AEUV getan bzw vorbereitet. Denn deren Art 21 Abs 1 enthält ein – was die verbotenen Diskriminierungsmerkmale anbelangt – weitreichendes Diskriminierungsverbot, das unter anderem auch die Diskriminierung wegen politischer und sonstiger Anschauungen oder wegen des Vermögens erfasst. Zwar ist die Charta nach jetzigem Stand nur von den Organen und Einrichtungen der Union und den Mitgliedstaaten bei der Durchführung des Unionsrechts zu beachten (Art 51 Abs 1 AEUV). Erstens ist aber nicht auszuschließen, dass die 418

---

kriminierung nach derzeitigem und zukünftigem Recht (2005) 7 (mit ausführlichem Nachweis zum Schrifttum vor Inkrafttreten des AGG in Fn 21); TEMMING, Altersdiskriminierung im Arbeitsleben (2008); THÜSING, Arbeitsrechtlicher Diskriminierungsschutz (2. Aufl 2013); WISSKIRCHEN, AGG Allgemeines Gleichbehandlungsgesetz (3. Aufl 2007); WÖHRL, Die Beweislast nach dem Allgemeinen Gleichbehandlungsgesetz (2009).

Bestimmungen der Charta zumindest mittelbar auch auf Private angewandt werden. Und zweitens erscheint es nicht unwahrscheinlich, dass künftig Richtlinien ergehen, die die weitergehenden Diskriminierungsverbote des Art 21 Abs 1 EUGC aufgreifen und deren Umsetzung in nationales Recht vorschreiben werden.

2. Gesetzgebungsgeschichte und Kritik am AGG

419 Ein Versuch, die Richtlinien **RL 2000/43/EG** (Antirassismus-Richtlinie), **RL 2000/78/EG** (Rahmenrichtlinie Beschäftigung), **RL 2002/73/EG** zur Änderung der RL 76/207/EWG (Gender-Richtlinie) und **RL 2004/113/EG** (Gleichbehandlungs-Richtlinie wegen des Geschlechts außerhalb der Arbeitswelt) durch ein **Antidiskriminierungsgesetz (ADG)** umzusetzen (BT-Drucks 15/4538), scheiterte an dem vorzeitigen Ende der 15. Legislaturperiode (näher STAUDINGER/RICHARDI [2005] § 611 Rn 70 ff; zu den Unterschieden zwischen ADG und AGG siehe BAUER/KRIEGER, AGG Einl Rn 32; zu Zweifeln an der Vereinbarkeit der Richtlinien mit Primärrecht vgl RICHARDI ZfA 2008, 31 [45]).

420 Nachdem Deutschland wegen versäumter Umsetzung der Richtlinien RL 2000/43/EG und RL 2000/78/EG bereits zweimal vom EuGH verurteilt worden war (EuGH 28. 4. 2005 – C-329/04, EuZW 2005, 444; EuGH 23. 2. 2006 – C-43/05, NZA 2006, 553) war man zur Vermeidung von Sanktionen in der 16. Legislaturperiode schließlich zur Umsetzung dieser Richtlinien gezwungen. Daher wurde ein dem ADG-Entwurf fast identischer Entwurf als Art 1 des Gesetzes zur Umsetzung europäischer Richtlinien zur Verwirklichung des Grundsatzes der Gleichbehandlung unter dem neuen Namen „**Allgemeines Gleichbehandlungsgesetz" (AGG)** vorgelegt (BT-Drucks 16/1780), der nach Verabschiedung im Bundestag und Bundesrat am 18. 6. 2006 in Kraft trat (BGBl I 1897). Da sie in den Regelungen des AGG aufgingen, wurden die §§ 611a, 611b, 612 Abs 3 aufgehoben (Art 3 Abs 14).

421 Aufgrund der zahlreichen handwerklichen Mängel wurde das AGG schon durch Art 8 des Zweiten Gesetzes zur Änderung des Betriebsrentengesetzes mit Wirkung zum 12. 12. 2006 (BT-Drucks 16/3007; BGBl I 2742) geändert, wobei nicht nur einige dieser Mängel korrigiert, sondern auch die Rechtfertigungsgründe des § 10 S 3 Nr 6, 7 AGG aF gestrichen wurden. Änderungen der §§ 23, 26 AGG erfolgten durch Art 19 Abs 10 des Rechtsberatungsneuregelungsgesetzes vom 12. 12. 2007 (BGBl I 2840) bzw durch das 66. Dienstrechnungsneuordnungsgesetz vom 5. 2. 2009 (BGBl I 160). Durch Art 8 des SEPA-Begleitgesetzes vom 3. 4. 2013 (BGBl I 610) wurde § 20 Abs 2 S 1 AGG ersatzlos gestrichen und eine Übergangsvorschrift in § 33 Abs 5 AGG eingeführt.

422 Das Gesetz stieß und stößt auf erhebliche Kritik (vgl PICKER ZfA 2005, 167 ff; ADOMEIT NJW 2002, 1622; SÄCKER ZRP 2002, 286; LOBINGER, in: ISENSEE [Hrsg], Vertragsfreiheit und Diskriminierung [2007] 102 ff). Das fängt schon damit an, dass der Name des Gesetzes irreführend ist, regelt es doch keinesfalls die allgemeine Gleichbehandlung im Arbeitsrecht, sondern nur einen (engen) Teilausschnitt (RICHARDI ZfA 2008, 31 [32]). Der Gesetzgeber hat sich zudem nicht darauf beschränkt, die **europäischen Vorgaben umzusetzen**: So hat er zB einen Unterlassungsanspruch von Gewerkschaften und Betriebsrat geschaffen (§ 17 Abs 2 AGG), vor allem aber im allgemeinen Zivilrechtsverkehr nicht nur eine Diskriminierung wegen Rasse und ethnischer Zugehörigkeit, sondern auch wegen Religion, Alter, Behinderung und sexueller Identität untersagt. Kernpunkt der Kritik ist der mit dem AGG verbundene Eingriff in die **Privatautonomie** (so schon die Kritik des Bundesrates zu § 611a aF, BT-Drucks 8/3317, 12; s auch STEINER NZA 2008, 73 [74]; vgl auch RICHARDI, in: Europäisierung des Rechts [2010] 149 [154]). Die Vertragsfreiheit ist aber das Fundamentalprinzip des Zivil- und damit auch des Arbeitsrechts; sie umfasst nicht nur die Freiheit, den Inhalt des Vertrags zu bestimmen, sondern auch, sich seinen Vertragspartner auszusuchen. Das schließt grundsätzlich die Freiheit des einzelnen Privatrechtssubjekts zur Ungleichbehandlung anderer ein. Indem diese Freiheit durch das AGG weitgehend eingeschränkt wird, wird nicht nur die grundrechtlich gewährleistete Handlungs- und Berufsfreiheit (Art 2, 12 GG), sondern auch, soweit es die Richtlinien als europarechtliche Vorgaben umsetzt, das primäre Gemeinschaftsrecht der EU beeinträchtigt; denn die Handlungsfreiheit hat den Rang eines Gemeinschaftsgrundrechts (ebenso PICKER ZfA 2005, 167 [183 f]; vgl jetzt auch Art 6 EU-Grundrechtscharta ["Jede Person hat das Recht auf Freiheit und Sicherheit"], die durch den Verweis in Art 6 Abs 1 EUV für alle Mitgliedstaaten, ausgenommen Großbritannien, Polen und Tschechien, für bindend erklärt wurde).

Mit dem AGG wird verkannt, dass die Prinzipien der Freiheit und Gleichheit **423** unterschiedlichen „Adressaten" zugeordnet sind. Während die Freiheit das prägende Grundprinzip des Privatrechts ist, gehört die Gleichheit in die Sphäre des öffentlichen Rechts; dass der Staat dazu verpflichtet ist, alle Bürger ohne Ansehung zB der sexuellen Orientierung gleich zu behandeln (iustitia distributiva), steht außer Frage. Für den Bereich des Privatrechts gilt dagegen nur das Prinzip der Austauschgerechtigkeit (iustitia commutativa); die mit dem AGG verbundene Zuweisung öffentlicher „Aufgaben" ist nicht sachgerecht (näher PICKER ZfA 2005, 167 [169]). Angesichts dessen ist im Zweifel stets eine **restriktive Auslegung** der Regelungen des AGG vorzunehmen. Die gesetzestechnische Gestaltung des AGG ist verfehlt und führt zu nicht berechenbaren Interpretationen durch die Gerichte.

3. Struktur und Anwendungsbereich

a) Struktur

Das AGG enthält in seinem Ersten Abschnitt den Allgemeinen Teil mit Bestimmungen, die für alle von dem Gesetz betroffenen Rechtsgebiete gleichermaßen gelten (§§ 1–5). § 1 nennt als Ziel des Gesetzes „Benachteiligungen aus Gründen der Rasse oder wegen der ethnischen Herkunft, des Geschlechts, der Religion oder der Weltanschauung, einer Behinderung, des Alters oder der sexuellen Identität zu verhindern oder zu beseitigen". Für den Dienstvertrag einschlägig ist vor allem der Zweite Abschnitt mit der Überschrift „Schutz der Beschäftigten vor Benachteiligung" (§§ 6–18). Der Dritte Abschnitt regelt den „Schutz vor Diskriminierungen im Zivilrechtsverkehr", soweit nicht bereits der Zweite Abschnitt einschlägig ist (§§ 19–21). Es folgen in weiteren Abschnitten Regelungen über den Rechtsschutz (§§ 22, 23), für öffentlich-rechtliche Dienstverhältnisse (§ 24), über die Antidiskriminierungsstelle des Bundes (§§ 25–30) sowie Schlussvorschriften (§§ 31–33). Die Vorschriften des AGG sind **einseitig zwingend**, § 31 AGG. **424**

b) Persönlicher Anwendungsbereich

Der persönliche Anwendungsbereich der arbeitsrechtlichen Regelungen wird vor **425** allem durch den Begriff des Beschäftigten in § 6 Abs 1 bestimmt. Beschäftigte iS dieses Gesetzes sind nicht nur Arbeitnehmer, sondern auch „Personen, die wegen ihrer wirtschaftlichen Unselbstständigkeit als **arbeitnehmerähnliche Personen** anzusehen sind" (s zu arbeitnehmerähnlichen Personen Rn 231 ff); zu diesen gehören die in Heimarbeit Beschäftigten und die ihnen Gleichgestellten.

426 Erfasst sind nach § 6 Abs 1 S 1 Nr 2 AGG auch die zu ihrer **Berufsbildung Beschäftigten**; da nicht von Berufs*aus*bildung die Rede ist, werden alle Personen erfasst, die an Maßnahmen zur Berufsbildung teilnehmen, dh Teilnehmer an der Berufsausbildung (§ 1 Abs 3 BBiG), der Berufsausbildungsvorbereitung (§ 1 Abs 2 BBiG), der beruflichen Fortbildung (§ 1 Abs 4 BBiG) und der beruflichen Umschulung (§ 1 Abs 5 BBiG). Einbezogen sind somit auch Beschäftigte im Sinne des § 26 BBiG (zB Volontäre und Praktikanten).

427 Beamte, Richter, Zivildienstleistende und anerkannte Kriegsdienstverweigerer sind zwar nicht Beschäftigte im Sinne des AGG, für sie gilt das AGG aber unter Berücksichtigung ihrer besonderen Rechtsstellung, § 24 AGG. Für Soldaten gilt hingegen das SoldGG.

428 Da das Gesetz den Schutz vor Benachteiligung auf die Bedingungen – einschließlich Auswahlkriterien und Einstellungsbedingungen – für den Zugang zur Erwerbstätigkeit bezieht (§ 2 Abs 1 Nr 1 AGG), gelten als Beschäftigte auch **Bewerber** für ein (privatrechtlich begründetes) Beschäftigungsverhältnis (§ 6 Abs 1 S 2 AGG). Eine Benachteiligung ist hier aber nur denkbar, wenn die Bewerbung schon zum Zeitpunkt der Besetzungsentscheidung vorlag (BAG 19. 8. 2010 – 8 AZR 370/09, NZA 2011, 200). So richtig angesichts deren besonders schwachen Stellung eine Einbeziehung von Bewerbern in den Schutzbereich auch erscheint, ist der Bewerberbegriff einengend auszulegen, um ein mögliches sog **AGG-Hopping** zu vermeiden; AGG-Hopper ist, wem es nur darum geht, einen Schadensersatz- oder Entschädigungsanspruch zu erwerben, der aber für die ausgeschriebene Stelle gar nicht geeignet ist und diese auch gar nicht antreten wollte. Bewerber im Sinne des nationalen Rechts ist daher nach der zutreffenden, ganz herrschenden Auffassung nur, wer **objektiv** für die zu besetzende Stelle in Betracht kommt und sich **subjektiv ernsthaft** um die Begründung eines Beschäftigungsverhältnisses bemüht (BAG 12. 11. 1998 – 8 AZR 365/97, AP Nr 16 zu § 611a BGB; BAG 17. 12. 2009 – 8 AZR 670/08, NZA 2010, 383 [384]; vgl auch BAG 14. 11. 2013 – 8 AZR 997/12, NZA 2014, 489 [492]; LAG Rheinland-Pfalz 11. 1. 2008 – 6 Sa 522/07, NZA-RR 2008, 343; Diller BB 2006, 1968 [1969]; Deinert DB 2007, 398 [400]; s näher und mwNw Bauer/Krieger, AGG § 6 Rn 10 ff). Da die einschlägigen europäischen Richtlinien allerdings nicht auf den Begriff des Bewerbers abstellen, sondern von „Zugang zur Beschäftigung oder zu abhängiger und selbständiger Erwerbstätigkeit" sprechen, hat das BAG ein Vorabentscheidungsverfahren eingeleitet, in dessen Rahmen der EuGH klären soll, ob auch AGG-Hopper anspruchsberechtigt sein können (BAG 18. 6. 2015 – 8 AZR 848/13 [A], ZIP 2015, 1508). Das ist richtigerweise zu verneinen, ist doch die Einbeziehung derartiger Personen vom Schutzzweck der Richtlinie nicht umfasst und widerspräche überdies dem allgemein anerkannten Rechtsgrundsatz, dass missbräuchlich Handelnde keinen Schutz der Rechtsordnung verdienen.

429 Nach § 6 Abs 3 AGG werden auch **Selbstständige** und **Organmitglieder** geschützt, soweit es um Benachteiligungen im Hinblick auf die Bedingungen für den Zugang zur Erwerbstätigkeit sowie den beruflichen Aufstieg geht. § 6 Abs 3 AGG steht damit im Zusammenhang mit § 2 Abs 1 Nr 1 AGG, der den Schutz auch auf den Zugang zur selbstständigen Tätigkeit erstreckt. Da nur eine „entsprechende" Anordnung der §§ 7 ff AGG angeordnet ist, können die Besonderheiten der Organstellung bzw Selbstständigkeit berücksichtigt werden (vgl näher LIEBHÄUSER, Die Bedeutung des Allgemeinen Gleichbehandlungsgrundsatzes für Organmitglieder [2012]). Selbstständig ist, wer aufgrund eines Vertrags entgeltlich Leistungen erbringt, ohne hierbei weisungsgebunden zu sein. Gerade in Bezug auf Organmitglieder wirft § 6 Abs 3 AGG eine Reihe praxisrelevanter Fragen auf: So ist zunächst umstritten, ob das AGG nur für das Dienstverhältnis des Organs, oder ob es auch für sein gesellschaftsrechtliches Organverhältnis gilt (zu dieser Unterscheidung Rn 351). Teilweise wird darauf rekurriert, dass Rechtsgrundlage der Einkünfte allein das Dienstverhältnis ist und daraus geschlossen, das AGG sei auf das Dienstverhältnis beschränkt (BAUER/ARNOLD ZIP 2008, 993 [997]; REUTER, in: FS Adomeit [2008] 595 [598 f]; BAUER/KRIEGER, AGG § 6 Rn 27; LINGEMANN/WEINGARTH DB 2012, 2325 [2327]). Diese auf den rein monetären Aspekt verkürzte Sichtweise wird aber dem Ziel des AGG, Diskriminierungen umfassend zu bekämpfen und daher auch die immateriellen Schäden, die durch eine Benachteiligung entstehen, auszugleichen, nicht gerecht; die Diskriminierungsverbote erstrecken sich deshalb auch auf die Bestellung zum Geschäftsführer (BGH 23. 4. 2012 – II ZR 163/10, NZA 2012, 797 [798 f]; ESSER/BALUCH NZG 2007, 321 [328]; KRAUSE AG 2007, 392 [394]; WILSING/MEYER DB 2011, 341 [342]). Überdies ist die Behandlung von Organmitgliedern, die gleichzeitig Gesellschafter sind (Gesellschafter-Geschäftsführer), problematisch. Richtigerweise wird man das AGG anwenden können, wenn das Organmitglied nicht das Sagen in der Gesellschaft hat. Das wird bei einem Minderheitengesellschafter regelmäßig zu bejahen und bei einem Mehrheitsgesellschafter in der Regel zu verneinen sein. Verfehlt wäre es dabei aber, allein formal auf die Gesellschaftsanteile und die formelle Stimmenverteilung abzustellen; stattdessen sind die tatsächlichen („materiellen") Verhältnisse in der Gesellschaft entscheidend.

Angesichts des beschränkten sachlichen Anwendungsbereichs bei Selbstständigen **430** und Organmitgliedern ist die Bestimmung dessen, was unter „Bedingungen für den Zugang zur Erwerbstätigkeit sowie den beruflichen Aufstieg" zu verstehen ist, von besonderer Bedeutung. Fraglich ist insbesondere, ob die Nichtverlängerung eines befristeten Anstellungsvertrags als **Zugangsbedingung** zu betrachten ist. Richtigerweise ist das entgegen dem BGH zu verneinen. Zwar könnte man aus der Warte des Zeitpunkts der Verlängerungsentscheidung eine Zugangsbedingung in Form der „Ablehnung einer erneuten Einstellung" (JAEGER, in: FS Bauer [2010] 495 [499]) annehmen, funktional zählt die Frage der Verlängerung aber zur Beendigung des bereits bestehenden Anstellungsverhältnisses; überdies wird bei einer anderweitigen Auslegung die gesetzgeberische gewünschte Beschränkung auf Zugangs- und Aufstiegsbedingungen umgangen (vgl BAUER/ARNOLD ZIP 2008, 993 [999]; **aA** BGH 23. 4. 2012 – II ZR 163/10, NZA 2012, 797).

Die besondere Regelung in § 6 Abs 3 AGG zeigt, dass der Gesetzgeber die **Arbeit-** **431** **nehmereigenschaft von Organmitgliedern** verneinte und diese stets aus dem Anwendungsbereich des § 6 Abs 1 Nr 1 AGG ausnehmen wollte. Das ist unionsrechtlich so nicht völlig haltbar. Denn der EuGH hat in der Vergangenheit Organmitglieder teilweise als Arbeitnehmer eingestuft (EuGH 7. 5. 1998 – C-350/96, EuZW 1998, 601; anders EuGH 29. 10. 1998 – C-114/97, EuZW 1999, 125). Nach der jetzigen Rechtsprechung des EuGH ist das Mitglied einer Unternehmensleitung Arbeitnehmer, wenn es entgeltlich Leistungen gegenüber der Gesellschaft, die es bestellt hat und in die es eingegliedert ist, erbringt, dabei Tätigkeiten nach den Weisungen oder unter der Aufsicht eines anderen Organs dieser Gesellschaft ausübt und jederzeit abberufen werden kann (EuGH 11. 11. 2010 – C-232/09, NZA 2011, 143). Jedenfalls **GmbH-Fremdgeschäftsführer** sind unter Zugrundelegung dieses gemeinschaftsrechtlichen Arbeitnehmerbegriffs Arbeitnehmer (ErfK/Schlachter § 6 AGG Rn 5; HWK/Rupp § 6 AGG Rn 3; PWW/ Lingemann § 6 AGG Rn 7; Krause AG 2007, 392 [394]; Esser/Baluch NZG 2007, 321 [324]; Wilsing/Meyer DB 2011, 341 [342]); gleiches hat man für **nicht-beherrschende Gesellschafter-Geschäftsführer** anzunehmen (Adomeit/Mohr, AGG § 6 Rn 35; Bauer/Arnold ZIP 2008, 993 [995 f]; Kort NZG 2013, 601 [607]). Daher ist die deutsche Rechtslage insoweit unionsrechtswidrig, weil sie diese Organmitglieder sachlich nur hinsichtlich der in § 2 Abs 1 Nr 1 AGG genannten Bedingungen schützt. Einer unionsrechtskonformen Auslegung steht aber der eindeutige Wortlaut, der von einem ebenso klaren Willen des Gesetzgebers getragen wird, entgegen (vgl BT-Drucks 16/1780, 34; ebenso Bauer/Krieger, AGG § 6 Rn 35a; Bauer/Arnold ZIP 2008, 993 [995 f]; aA Adomeit/ Mohr, AGG § 6 Rn 35). Bei methodengetreuer Gesetzesanwendung bleibt es daher bei der Beschränkung des AGG auf die Bedingungen für den Zugang zur Erwerbstätigkeit sowie den beruflichen Aufstieg; erleidet das Organmitglied einen Nachteil zB im Hinblick auf seine Ausübungsbedingungen, bleibt nur ein Amtshaftungsanspruch gegen die Bundesrepublik Deutschland wegen mangelhafter Richtlinienumsetzung. Allerdings ist nicht auszuschließen, dass das BAG wie bei der Umsetzung (BAG 24. 3. 2009 – 9 AZR 983/07, AP Nr 39 zu § 7 BUrlG) der *Schultz-Hoff*-Entscheidung des EuGH (20. 1. 2009 – C-350/06, AP Nr 1 zu Richtlinie 2003/88/EG) dies unter Verweis auf den „anzunehmende[n] Wille[n]" des nationalen Gesetzgebers zur ordnungsgemäßen Umsetzung von Richtlinien" beiseiteschieben und eine „richtlinienkonforme [jetzt: unionrechtskonforme] Rechtsfortbildung" vornehmen wird (vgl Rn 737 ff). Bei **AG-Vorständen** stellt sich die Problematik nicht, weil diese selbst unter Zugrundelegung des weiten unionsrechtlichen Arbeitnehmerbegriffs nicht als Arbeitnehmer einzustufen sind, die deutsche Rechtslage also den europarechtlichen Vorgaben gerecht wird.

432 Da sich die Gesetzesregelung nicht auf den Dienstvertrag beschränkt, durch den ein Arbeitsverhältnis begründet wird, verwendet sie auch einen anderen **Arbeitgeberbegriff**. Nach § 6 Abs 2 S 1 AGG wird die Legaldefinition der Arbeitnehmereigenschaft auf Personen und rechtsfähige Personengesellschaften bezogen, „die Personen nach Absatz 1 beschäftigen". Arbeitgeber ist demnach nicht nur der Partner eines Arbeitsvertrags, sondern, wer den Arbeitnehmer tatsächlich beschäftigt (ErfK/ Schlachter § 6 AGG Rn 4). Entsprechend ist auch der Auftraggeber einer arbeitnehmerähnlichen Person erfasst (§ 6 Abs 2 S 3 AGG) und ist auch der Entleiher bei der Arbeitnehmerüberlassung Arbeitgeber im Sinn der §§ 6 ff AGG. Diese Erweiterungen des Arbeitgeberbegriffs sind rechtspolitisch zur Absicherung der praktischen Wirksamkeitsverbote zwar nachvollziehbar, dogmatisch aber nicht systemkonform. Dogmatisch zutreffend ist demgegenüber, dass bei Heimarbeitern als Adressat der Diskriminierungsverbote nicht ein – nicht vorhandener Arbeitgeber –, sondern der Auftraggeber oder ein Zwischenmeister tritt, § 6 Abs 2 S 3 AGG.

c) Sachlicher Anwendungsbereich
433 Der Gegenstand des Benachteiligungsverbots ergibt sich aus §§ 2, 7 AGG. Untersagt sind demnach **alle Vereinbarungen und Maßnahmen benachteiligenden Inhalts** hinsichtlich der in § 2 Abs 1 AGG genannten Bedingungen wegen eines in § 1 AGG

genannten Merkmals; relevant sind im arbeitsrechtlichen Kontext vor allem § 2 Abs 1 Nr 1, 2 und 4 AGG. Klargestellt ist, dass nicht nur die mit dem Arbeitnehmer getroffenen vertraglichen Abreden erfasst werden, sondern auch Vereinbarungen mit einem Dritten, die sich auf den Beschäftigten benachteiligend auswirken, wie Tarifverträge oder Betriebsvereinbarungen (§ 2 Abs 1 Nr 2 AGG; zur Rechtslage unter § 611a aF vgl STAUDINGER/ANNUSS [2005] § 611a Rn 23). Keine Rolle spielt auch, ob der Arbeitgeber Partei der kollektivrechtlichen Vereinbarung ist; erfasst wird daher auch ein Verbandstarifvertrag, der für den Arbeitgeber Tarifgeltung hat.

Benachteiligungen wegen eines in § 1 AGG genannten Merkmals sind ferner nicht **434** zulässig hinsichtlich Mitgliedschaft und Mitwirkung in Beschäftigten- **(Gewerkschaften)** oder **Arbeitgebervereinigungen**, § 2 Abs 1 Nr 4 AGG. Näher ausgestaltet wird dies durch § 18 AGG. Erfasst werden neben Gewerkschaften und Arbeitgeberverbänden (§ 2 Abs 1 TVG), Handwerksinnungen und Landesinnungsverbände, §§ 54 Abs 3 Nr 1, 82 S 2 Nr 3 HandwO auch zB Rechtsanwaltskammern und – über § 18 Abs 1 Nr 2 Alt 2 AGG – zB der Deutsche Sportbund (vgl BGH 2. 12. 1974 – IV ZR 138/ 72, BGHZ 62, 282), die Landessportverbände (vgl BGH 10. 12. 1985 – KZR 2/85, NJW-RR 1986, 583) oder ein Stadtjugendring (vgl LG Heidelberg 12. 1. 1990 – 5 O 149/89, MDR 1990, 625); mangels überragender Machtstellung nicht von § 18 Abs 1 Nr 2 Alt 2 AGG erfasst werden hingegen zB politische Parteien (vgl BGH 29. 6. 1987 – II ZR 295/86, BGHZ 101, 193) oder ein Mieterverein (vgl LG Münster 27. 9. 1973 – 15 O 242/73, MDR 1974, 310). Nach § 18 Abs 1 AGG gelten die §§ 7–17 AGG entsprechend für die Mitgliedschaft und Mitwirkung in solchen Organisationen. Nach § 18 Abs 2 AGG besteht Anspruch auf Mitgliedschaft und Mitwirkung in solchen Organisationen, wenn die Ablehnung einen Verstoß gegen § 7 Abs 1 AGG bedeutet; im Gegensatz zu § 15 Abs 6 AGG besteht in diesem Bereich also ein **Kontrahierungszwang**. Das stellt insoweit keinen Systembruch dar, als nach hM gegen Monopolverbände ein auf §§ 826, 249 Abs 1 gestützter Kontrahierungsanspruch in Betracht kommt (BGH 2. 12. 1974 – II ZR 78/ 72, BGHZ 63, 282 [284 f]; BGH 26. 6. 1979 – KZR 25/78, NJW 1980, 186; BGH 9. 11. 1989 – IX ZR 269/ 87, NJW 1990, 761 [762 f]; STAUDINGER/WEICK [2006] Vorbem 27 zu §§ 21 ff, § 35 Rn 28 ff).

Nach § 2 Abs 2 S 2 AGG gilt für die **betriebliche Altersversorgung** das BetrAVG. Das **435** BAG entnimmt dem aber richtigerweise nur eine Kollisionsregel dahingehend, dass das AGG auch insoweit Anwendung findet, soweit das BetrAVG keine vorrangigen Sonderregelungen enthält (BAG 11. 12. 2007 – 3 AZR 249/06, AP Nr 1 zu § 2 AGG). Ein vollständiger Ausschluss wäre mit Europarecht nicht vereinbar, da zu dem von jeweils Art 3 Abs 1 lit c der RL 2000/78/EG, RL 2000/43/EG und RL 2002/73/EG erfassten Arbeitsentgelt auch Leistungen der betrieblichen Altersversorgung gehören. Eine unionsrechtskonforme Auslegung ist möglich, da der Wortlaut („gilt") nicht eindeutig entgegensteht und zudem anderenfalls die Nennung der „betrieblichen Systeme der sozialen Sicherung" in § 10 S 3 Nr 4 AGG, die praktisch nur die betriebliche Altersversorgung meinen kann, keinen Sinn macht (ebenso HWK/RUPP § 2 AGG Rn 10; THÜSING, BetrAV 2006, 704; CISCH/BÖHM BB 2007, 602 [603]; REICHENBACH/GRÜNEKLEE BetrAV 2006, 708 [709]; gegen unionsrechtskonforme Auslegung hingegen BAUER/KRIEGER, AGG § 2 Rn 46 f; für völlige Unanwendbarkeit RENGIER NZA 2006, 1251; SCHRADER/SCHUBERT, in: DÄUBLER/BERTZBACH § 2 AGG Rn 141). Dementsprechend sind eingetragene Lebenspartner hinsichtlich der Hinterbliebenenversorung Ehegatten gleichzustellen, da anderenfalls eine Diskriminierung wegen der sexuellen Identität vorläge (BAG 14. 1. 2009 – 3 AZR 20/07, NZA 2009, 489; EuGH 1. 4. 2008 – C-267/06, AP Nr 9 zu Richtlinie 2000/78/EG).

4. Verbot der Benachteiligung wegen des Geschlechts*

a) Rechtsgrundlagen

436 Neben den europarechtlichen Vorgaben (s Rn 416 ff) bestimmt der in Art 3 Abs 2 GG normierte **Gleichberechtigungsgrundsatz** das für die Gleichbehandlung von Frauen und Männern geltende Recht. Er beschränkt sich nicht auf eine Konkretisierung des in Art 3 Abs 3 GG enthaltenen Verbots der geschlechtsbezogenen Diskriminierung, sondern zielt darüber hinaus auf eine Angleichung der tatsächlichen Lebensverhältnisse (vgl BVerfG 28. 1. 1992 – 1 BvR 1025/82, 1 BvL 16/83, 1 BvL 10/91; BVerfG 16. 11. 1993 – 1 BvR 258/86; BVerfGE 85, 191 [207]; 89, 276 [285]). Das Gesetz vom 27. 10. 1994 (BGBl I 3146) hat dem Art 3 Abs 2 GG einen Satz 2 angefügt, der den folgenden Wortlaut hat: „Der Staat fördert die tatsächliche Durchführung der Gleichberechtigung von Frauen und Männern und wirkt auf die Beseitigung bestehender Nachteile hin."

437 § 611a Abs 1 aF sah bis zu seiner Ersetzung durch das AGG vor, dass der Arbeitgeber den Bewerber um einen Arbeitsplatz bei der Begründung des Arbeitsverhältnisses nicht wegen seines Geschlechts benachteiligen durfte; eine unterschiedliche Behandlung wegen des Geschlechts war nur zulässig, soweit nach der Art der Tätigkeit, die der Vertrag zum Gegenstand hatte, ein bestimmtes Geschlecht unverzichtbare Voraussetzung für diese Tätigkeit war (vgl RICHARDI, MünchArbR² § 11 Rn 9 ff). Die gleiche Regelung ergibt sich nunmehr aus §§ 1, 7 f AGG, wobei sich Erweiterungen daraus ergeben, dass auf den Begriff des Beschäftigten abgestellt wird, der unter anderem auch arbeitnehmerähnliche Personen umfasst (Rn 425).

b) Inhalt des Benachteiligungsverbots

438 Das Benachteiligungsverbot des § 7 AGG bezieht sich auf jeden in § 1 AGG genannten Grund und damit auch auf das Geschlecht als Differenzierungskriterium. Keine Rolle spielt, ob das verbotene Merkmal tatsächlich vorliegt oder ob der Arbeitgeber dies nur fälschlich annimmt, § 7 Abs 1 HS 2 AGG (vgl BAG 17. 12. 2009 – 8 AZR 670/08, NZA 2010, 383 für Behinderung). Mit Geschlecht ist das biologische Geschlecht gemeint, wobei unzweifelhaft auch Zwitter erfasst werden; ob Transsexualität ebenfalls unter „Geschlecht" zu subsumieren ist (so EuGH 30. 4. 1996 – Rs C-13/94, NZA 1996, 695; EuGH 7. 1. 2004 – C-117/01, NJW 2004, 1440; ANNUSS BB 2006, 1629 [1630]; DÄUBLER, in: DÄUBLER/BERTZBACH § 1 AGG Rn 90) oder ob insoweit das Merkmal „sexuelle Identität" erfüllt ist (dafür HWK/RUPP § 1 AGG Rn 12; SZECH, Die Anfechtung des Arbeitsvertrags durch den Arbeitgeber und das Allgemeine Gleichbehandlungsgesetz [2012] 275; BAUER/KRIEGER, AGG § 1 Rn 25), macht praktisch keinen Unterschied.

439 Untersagt sind – wie sich mittelbar aus § 3 Abs 1 und 2 AGG ergibt – sowohl die unmittelbare wie mittelbare Benachteiligung als auch (sexuelle) Belästigungen.

440 aa) Eine **unmittelbare Benachteiligung** liegt nach der Begriffsbestimmung in § 3 Abs 1 S 1 AGG vor, wenn eine Person wegen eines in § 1 genannten Grundes „eine

---

* **Schrifttum**: CH BLOMEYER, Das Verbot der mittelbaren Diskriminierung gemäß Art 119 EGV: Seine Funktion im deutschen Arbeitsrecht (1994); PFARR/BERTELSMANN, Diskriminierung im Erwerbsleben, Ungleichbehandlungen von Frauen und Männern in der BRD (1989); SCHLACHTER, Wege zur Gleichberechtigung (1993); G WISSKIRCHEN, Das Allgemeine Gleichbehandlungsgesetz (2007).

weniger günstige Behandlung erfährt als eine andere Person in einer vergleichbaren Situation erfährt, erfahren hat oder erfahren würde". Ein derartiger Fall ist gegeben, wenn das Differenzierungskriterium sich ausschließlich auf eines der beiden Geschlechter bezieht, sodass die bevorzugte und die benachteiligte Gruppe hinsichtlich des Geschlechts jeweils homogen sind (C BLOMEYER, Verbot der mittelbaren Diskriminierung 17; PFARR/BERTELSMANN, Diskriminierung im Erwerbsleben, 64; SCHLACHTER, Wege zur Gleichberechtigung 150; SCHIEK/HORSTKÖTTER NZA 1998, 863). Erfasst wird auch eine geschlechtsneutrale Formulierung, die sich nur auf einen Mann oder eine Frau beziehen kann (sog **verdeckte Diskriminierung** als Umgehungstatbestand). Hinsichtlich § 2 Abs 1 Nr 1–4 AGG liegt eine unmittelbare Benachteiligung wegen des Geschlechts auch vor, wenn eine Frau wegen Schwangerschaft oder Mutterschaft ungünstiger behandelt wird (§ 3 Abs 1 S 2 AGG). Die Benachteiligung kann auch in einem **Unterlassen** bestehen, und zwar unabhängig davon, ob eine Handlungspflicht besteht (BAG 21. 6. 2012 – 8 AZR 364/11, NZA 2012, 1345 [1347] für Nichtverlängerung eines befristeten Arbeitsverhältnisses wegen eines in § 1 AGG inkriminierten Grundes).

Eine Benachteiligung kann nur bei **„vergleichbaren Situationen"** vorliegen; ob ein **441** Bewerber mit einem anderen Bewerber vergleichbar ist, ist anhand des vom Arbeitgeber entwickelten Anforderungsprofils zu beurteilen, wenn dieses nach allgemeiner Verkehrsanschauung einigermaßen plausibel ist (BAG 12. 9. 2006 – 9 AZR 807/05, NZA 2007, 507 [511]; BAG 19. 8. 2010 – 8 AZR 466/09; BAG 6. 5. 2014 – 9 AZR 724/12). Anzulegen ist dabei ein objektiver Vergleichsmaßstab (RUPP RdA 2009, 307; PWW/LINGEMANN § 3 AGG Rn 6; ErfK/SCHLACHTER § 3 AGG Rn 2 f).

Für das Vorliegen einer unmittelbaren Benachteiligung reicht es aus, dass das Ge- **442** schlecht nur Bestandteil eines **Motivbündels** ist, das die Entscheidung beeinflusst hat (BAG 5. 2. 2004 – 8 AZR 112/03, AP Nr 23 zu § 611a BGB; BAG 21. 7. 2009 – 9 AZR 431/08, NZA 2009, 1087 [1090]; BAG 24. 1. 2013 – 8 AZR 429/11, NZA 2013, 498 [501]; SCHIEFER ZfA 2008, 493 [498]; vgl auch GAUL, Aktuelles Arbeitsrecht [1/2010] 44). Wenn zT einschränkend verlangt wird, der Grund nach § 1 AGG dürfe gegenüber den anderen Motiven nicht unbedeutend sein (so BAUER/KRIEGER, AGG § 7 Rn 14), überzeugt das schon deshalb nicht, weil die Abgrenzung praktisch kaum durchführbar ist.

Eine unmittelbare Benachteiligung liegt nach dem EuGH schon in der **öffentlichen** **443** **Äußerung** eines Arbeitgebers, er werde Bewerber einer bestimmten Rasse oder ethnischen Herkunft nicht einstellen, weil dadurch potenzielle Bewerber von einer Bewerbung abgehalten werden können (EuGH 10. 7. 2008 – C-54/07, NZA 2008, 929 *Feryn*); das lässt sich auf alle verbotenen Diskriminierungsmerkmale übertragen.

bb) Eine **mittelbare Benachteiligung** liegt vor, wenn, wie es in § 3 Abs 2 AGG **444** heißt, „dem Anschein nach neutrale Vorschriften, Kriterien oder Verfahren Personen wegen eines in § 1 genannten Grundes gegenüber anderen Personen in besonderer Weise benachteiligen können, es sei denn, die betreffenden Vorschriften, Kriterien oder Verfahren sind durch ein rechtmäßiges Ziel sachlich gerechtfertigt und die Mittel sind zur Erreichung dieses Ziels angemessen und erforderlich". Gegenüber der mittelbaren ist die unmittelbare Benachteiligung vorrangig; die Abgrenzung ist vor allem deshalb von Bedeutung, weil für die mittelbare Benachteiligung die geringeren Rechtfertigungsanforderungen des § 3 Abs 2 AGG gelten (zur Abgrenzung ausf RUPP RdA 2009, 307 ff; zahlreiche Beispiele für mittelbare Benachteiligungen und ihre Rechtfertigung bei BAUER/KRIEGER, AGG § 3 Rn 38). Die allgemein gehaltene Legaldefinition des § 3 Abs 2 AGG erfasst Vereinbarungen oder Maßnahmen, die formal geschlechtsneutral ausgestaltet sind, von denen aber Frauen und Männer ungleich betroffen sind und die nachteilige Wirkung auf Begründung oder Ausgestaltung des Beschäftigungsverhältnisses für die Angehörigen des einen Geschlechts nicht anders als mit dem Geschlecht oder der traditionellen Rollenverteilung unter den Geschlechtern erklärt werden kann. Hier geht es also nicht – wie bei der verdeckten Diskriminierung – darum, dass eine geschlechtsneutrale Formulierung gewählt wird, um unter ihrem Deckmantel Personen des einen oder anderen Geschlechts zu bevorzugen oder zu benachteiligen, sondern es werden Kriterien zugrunde gelegt, die Frauen und Männer zunächst formell gleichbehandeln, sich aber iErg unterschiedlich auswirken; dabei ist aber kein statistischer Nachweis erforderlich, dass ein Geschlecht durch das in Frage stehende Kriterium *tatsächlich* wegen des Geschlechts benachteiligt wird, es genügt vielmehr, dass das Kriterium hierfür *geeignet* ist (vgl BAG 18. 8. 2009 – 1 ABR 47/08, NZA 2010, 222 [224 f]). Im Gegensatz zu den Fällen der verdeckten Diskriminierung muss in diesen Konstellationen zumindest die Chance bestehen, dass von der benachteiligenden Maßnahme sowohl Männer als auch Frauen erfasst werden (G WISSKIRCHEN, Mittelbare Diskriminierung 88). Eine mittelbare Diskriminierung kann deshalb nicht in einer konkreten Einzelmaßnahme als solcher, sondern nur in der Anwendung einer allgemeinen Regel durch den Arbeitgeber liegen.

445 Zur Bildung der Vergleichsgruppen ist zu unterscheiden: Geht es um die **Zuwendung von Vorteilen**, so sind die prozentualen Anteile jedes Geschlechts sowohl an der begünstigten als auch an der benachteiligten Gruppe zu ermitteln und zueinander ins Verhältnis zu setzen. Wenn ein Geschlecht zu einem höheren Prozentsatz in der benachteiligten als in der begünstigten Gruppe vertreten ist, liegt zu dessen Lasten eine mittelbare Diskriminierung vor. Ist hingegen eine **Auswahlentscheidung** zu treffen, so ist entscheidend, ob die Auswahlgruppe im Vergleich zur Gruppe der für die zu besetzende Position bei objektiver und abstrakter Betrachtung an sich geeigneten potenziellen Bewerber durch die Aufstellung bestimmter zusätzlicher Anforderungen zum Nachteil eines Geschlechts verändert worden ist. Insoweit ist daher die Geschlechterverteilung in der Gruppe der an sich geeigneten potenziellen Bewerber mit jener in der durch zusätzliche Auswahlkriterien definierten Gruppe zu vergleichen (C BLOMEYER, Verbot der mittelbaren Diskriminierung 26 ff; vgl zu § 611a aF STAUDINGER/ANNUSS [2005] § 611a Rn 42 f). Unter diesem Aspekt repräsentiert insbesondere die Teilzeitarbeit, die in ihrer Verbreitung immer noch „Frauensache" ist, einen Anwendungsfall, bei dem eine unterschiedliche Behandlung nicht nur gegen § 4 Abs 1 TzBfG verstößt, sondern auch einen Fall der mittelbaren Diskriminierung darstellt.

446 Für den Nachweis wird oftmals auf **Statistiken** zurückgegriffen, zwingend notwendig ist das aber nicht (BAG 27. 1. 2011 – 6 AZR 526/09, NZA 2011, 1361 [1363]; BAG 22. 4. 2010 – 6 AZR 966/08, NZA 2010, 947 [950]). Werden Statistiken herangezogen, so müssen sie aussagekräftige Angaben über ausreichend große Vergleichsgruppen enthalten (EuGH 27. 10. 1993 – C-127/92, NZA 1994, 797); entscheidend ist dabei die prozentuale Verteilung, nicht absolute Zahlen (EuGH 12. 10. 2004 – C-313/02, EuZW 2004, 724 [726]; BAG 18. 2. 2003 – 9 AZR 272/01, AP Nr 22 zu § 611a BGB). Noch nicht höchstrichterlich entschieden ist, ab welchem Zahlenverhältnis von einer mittelbaren Diskriminirung auszugehen ist (für 75% Relationsunterschied WISSMANN, in: FS Wlotzke [1996] 808 [815]; BAUER/KRIEGER, AGG § 3 Rn 26).

Anders als bei der unmittelbaren Benachteiligung, die nur nach Maßgabe der §§ 5, **447** 8–10 AGG gerechtfertigt sein kann, liegt eine unzulässige mittelbare Diskriminierung nach § 3 Abs 2 AGG schon tatbestandlich nicht vor, wenn die betreffenden Vorschriften, Kriterien oder Verfahren durch ein rechtmäßiges Ziel sachlich gerechtfertigt und die Mittel zur Erreichung dieses Ziels angemessen und erforderlich sind (BAG 7.7.2011 – 2 AZR 355/10, NZA 2011, 1412 [1414]; BAG 22.6.2011 – 8 AZR 48/10, NJW 2012, 171 [174]). § 3 Abs 2 AGG enthält mithin einen speziellen, nur für mittelbare Diskriminierungen anwendbaren **Rechtfertigungsgrund**. Seine Anforderungen sind insbesondere im Vergleich zu § 8 AGG wesentlich geringer; ist eine mittelbare Benachteiligung, gemessen an § 3 Abs 2 AGG unzulässig, wird sich aus §§ 8–10 AGG – so man die, was zweifelhaft erscheint, überhaupt für anwendbar hält (ablehnend auch BAUER/KRIEGER, AGG § 3 Rn 32 mwNw) – daher in praxi nichts anderes ergeben. Umstritten ist, ob der Anspruchssteller für das Fehlen einer Rechtfertigung **darlegungs- und beweisbelastet** ist (so zB GAIER/WENDTLAND § 22 AGG Rn 155; vSTEINAU-STEINRÜCK/SCHNEIDER/WAGNER NZA 2005, 28 [31]), oder ob umgekehrt der Anspruchsgegner deren Vorliegen darlegen und ggf beweisen muss (vgl ErfK/SCHLACHTER § 3 AGG Rn 13; DEINERT, in: DÄUBLER/BERTZBACH § 22 AGG Rn 37). Ersterem ist zuzustimmen, da das Fehlen einer Rechtfertigung Tatbestandsmerkmal der mittelbaren Benachteiligung des § 3 Abs 2 AGG ist (vgl BAG 18.8.2009 – 1 ABR 47/08, NZA 2010, 222 [224 f]), für die der Anspruchssteller nach § 22 AGG die Beweislast trägt; zudem entspricht die hier befürwortete Beweislastverteilung eindeutig dem Willen des Gesetzgebers (s BT-Drucks 16/1780, 33).

cc) Nach § 3 Abs 3, 4 AGG sind (sexuelle) Belästigungen den Benachteiligungen **448** gleichgestellt. Damit geht das AGG entgegen seinem Namen über ein Benachteiligungsverbot hinaus. Auf einen Vergleich zur Behandlung anderer Arbeitnehmer kommt es für den Tatbestand nicht an, das Unrecht liegt hier bereits in der Handlung selbst. **Belästigungen** sind dabei unerwünschte Verhaltensweisen, die mit einem in § 1 AGG genannten Grund in Zusammenhang stehen und die bezwecken oder bewirken, dass die Würde des Opfers verletzt *und* ein von Einschüchterungen, Anfeindungen, Erniedrigungen, Entwürdigungen oder Beleidigungen gekennzeichnetes Umfeld geschaffen wird, § 3 Abs 3 AGG; beide Voraussetzungen müssen kumulativ vorliegen (vgl BAG 24.9.2009 – 8 AZR 705/08, NZA 2010, 387; BAG 17.10.2013 – 8 AZR 742/12, NZA 2014, 303 [307]). Solche „Verhaltensweisen" können zB Beleidigungen, Witze oder auch körperliche Gewalt sein. Für die „Unerwünschtheit" genügt es, dass ein objektiver Beobachter davon ausgeht, dass der Betroffene das Verhalten nicht möchte (ErfK/SCHLACHTER § 3 AGG Rn 12). Der Tatbestand ist also sowohl erfüllt, wenn der Belästigende die Belästigung nur subjektiv wollte, selbst wenn das nicht erreicht wurde (Versuch), als auch dann, wenn der „Erfolg" objektiv eintritt, ohne dass der Belästigende vorsätzlich handelte (ANNUSS BB 2006, 1629 [1632]). Ein feindliches Arbeitsumfeld wird in der Regel nur dann vorliegen, wenn das belästigende Verhalten über einen gewissen Zeitraum mit einem gewissen Zusammenhang erfolgt. § 3 Abs 3 AGG beschreibt mobbingtypische Situationen und wird daher von der Rechtsprechung auch bei dessen Begriffsbestimmung herangezogen (BAG 15.1.1997 – 7 ABR 14/96, AP Nr 118 zu § 37 BetrVG 1972; zum Mobbing ausf Rn 1789 ff).

449 Unterfall der Belästigung ist die **sexuelle Belästigung**. Diese liegt nach § 3 Abs 4 AGG vor, wenn unerwünschtes, sexuell bestimmtes Verhalten die Würdeverletzung bezweckt oder bewirkt. Wie bei der „normalen" Belästigung genügt auch für § 3 Abs 4 AGG der bloße Eintritt der sexuellen Belästigung, vorsätzliches Verhalten ist nicht erforderlich (BAG 9. 6. 2011 – 2 AZR 323/10, NZA 2011, 1342 [1343]). Nicht zwingend erforderlich, in der Regel aber gegeben, ist, dass dadurch ein feindliches Umfeld geschaffen wird; das ergibt sich aus einem Vergleich zwischen Abs 3 („und") und Abs 4 („insbesondere"). Wann Verhalten sexuell bestimmt ist, illustrieren die im Gesetzestext genannten Beispiele. Da nur unerwünschtes Verhalten untersagt ist, bleiben einverständliche intime Beziehungen zwischen Beschäftigten zulässig; für die Abgrenzung kommt es auf den zum Ausdruck gebrachten Willen und nicht auf einen eventuellen inneren Vorbehalt an (BAUER/KRIEGER, AGG § 3 Rn 53). Im Unterschied zu Abs 3 erfasst Abs 4 sexuelle Belästigungen nur in Bezug auf § 2 Abs 1 Nr 1–4 AGG; erforderlich ist daher ein Zusammenhang zum Beschäftigungsverhältnis, was bei sexuellen Belästigungen auf einer Weihnachtsfeier zu bejahen ist (vgl auch LAG Berlin 3. 3. 2006 – 13 Sa 1906/05: Notwendigkeit eines betrieblichen Bezugs), bei einem (zufälligen) Treffen außerhalb der Arbeitszeit und der Betriebsstätte aber zu verneinen ist (näher BAUER/KRIEGER, AGG § 3 Rn 50 f). Die sexuelle Belästigung stellt regelmäßig an sich einen wichtigen Grund iSv § 626 dar, der die außerordentliche Kündigung des Täters ermöglicht (BAG 9. 6. 2011 – 2 AZR 323/10, NZA 2011, 1342 [1343]).

450 dd) § 3 Abs 5 AGG stellt die **Anweisung zur Benachteiligung** der Benachteiligung gleich; dasselbe gilt auch für die Anweisung zur Anweisung (HWK/RUPP § 3 Rn 18). Keine Rolle spielt, auf welche Form von Benachteiligung sich die Weisung bezieht und ob sie tatsächlich ausgeführt wird, erfasst ist maW also auch die nur versuchte Anstiftung (BAUER/KRIEGER, AGG § 3 Rn 68). Aus S 2 wird dabei überwiegend abgeleitet, dass es sich um eine Weisung im arbeitsrechtlichen Sinn handeln muss, sodass Weisungsbefugnis erforderlich ist (ANNUSS BB 2006, 1629 [1632]; KAMANABROU RdA 2006, 321 [326]; BAUER/KRIEGER, AGG § 3 Rn 64; **aA** DEINERT, in: DÄUBLER/BERTZBACH, AGG § 3 Rn 85: es genüge eine faktische Machtposition).

c) Zulässigkeit einer unterschiedlichen Behandlung wegen des Geschlechts

451 aa) Nach § 611a Abs 1 S 2 aF war eine unterschiedliche Behandlung wegen des Geschlechts nur zulässig, „soweit eine Vereinbarung oder eine Maßnahme die Art der vom Arbeitnehmer auszuübenden Tätigkeit zum Gegenstand hat und ein bestimmtes Geschlecht unverzichtbare Voraussetzung für diese Tätigkeit ist" (näher dazu STAUDINGER/ANNUSS [2005] § 611a Rn 57 ff). Da das AGG seine Regelung auf die unterschiedliche Behandlung „wegen eines in § 1 genannten Grundes" bezieht, erfasst die Bestimmung über eine zulässige unterschiedliche Behandlung wegen beruflicher Anforderungen in **§ 8 Abs 1 AGG** auch die Geschlechtszugehörigkeit. Eine unterschiedliche Behandlung wegen des Geschlechts ist demnach zulässig, wenn die Geschlechtszugehörigkeit wegen der Art der auszuübenden Tätigkeit oder der Bedingungen ihrer Ausübung eine wesentliche und entscheidende berufliche Anforderung darstellt, sofern der Zweck rechtmäßig und die Anforderung angemessen ist. Eine Absenkung des Schutzstandards ist mit dieser sprachlichen Änderung im Vergleich zu § 611a aF nicht verbunden (BT-Drucks 16/1780, 35; BAG 28. 5. 2009 – 8 AZR 536/08, NZA 2009, 1016 [1019]; BAG 18. 3. 2010 – 8 AZR 77/09, NZA 2010, 872 [875]; sie

Titel 8 · Dienstvertrag und ähnliche Verträge
Untertitel 1 · Dienstvertrag § 611

wäre überdies ein Verstoß gegen das „Verschlechterungsverbot" des Art 8e RL 76/207/EGW in der Fassung durch die RL 2002/73/EG).

Dabei **genügt es keineswegs**, dass der Arbeitgeber **sachliche Gründe** für eine geschlechtsbezogene Differenzierung anführen kann. Dieses Erfordernis genügt vielmehr nur für die Rechtfertigung einer mittelbaren Benachteiligung iS des § 3 Abs 2 AGG (s Rn 444 ff; vgl BAG 18. 8. 2009 – 1 ABR 47/08, NZA 2010, 222 [224 f]). Soweit dort darauf abgestellt wird, ob die Vorschriften, Kriterien oder Verfahren für eine unterschiedliche Behandlung durch ein rechtmäßiges Ziel sachlich gerechtfertigt und die Mittel zur Erreichung dieses Ziels angemessen und erforderlich sind, dürfen die Gründe nicht geschlechtsbezogen sein. Sind sie geschlechtsbezogen, so rechtfertigen sie eine Ungleichbehandlung nur gem § 8 Abs 1 AGG. 452

Der Maßstab für die Rechtfertigung nach § 8 Abs 1 AGG ist, wie der Wortlaut („wesentlich und entscheidende berufliche Anforderungen") zeigt, also deutlich strenger als bei § 3 Abs 2 AGG. Grundsätzlich entscheidet zwar der Arbeitgeber im Rahmen seiner grundrechtlich durch Art 12 Abs 1 GG geschützten unternehmerischen Freiheit, welche beruflichen Anforderungen er an seine Arbeitnehmer stellt. Man hat hierbei aber zu beachten, dass maßgeblich ist, was **eigentlicher Zweck der Aufgabe des Arbeitnehmers** und **Kern der vom Arbeitgeber angebotenen Leistung** ist. So ist zB Hauptaufgabe einer Fluggesellschaft die Beförderung von Personen, nicht deren Unterhaltung oder gar sexuelle Stimulation; dementsprechend ist es auch Aufgabe eines Flugbegleiters, die Gäste zu bedienen und ihnen zu helfen, nicht aber, „gut auszusehen". Dass „erschöpfte Geschäftsleute ein nettes Mädchen lieber als einen angegrauten Mann anschauen" (GAMILLSCHEG, in: FS Floretta [1983] 171 [178]), reicht daher als Begründung nicht aus, um nur junge, hübsche, weiße Frauen als Flugbegleiterinnen einzustellen (vgl für die USA: Wilson v Southwest Airlines 517 F Supp 292 [ND Texas 1981]; International Union UAW v Johnson Controls Inc, 499 US 187 [1991]). Dagegen kann zB bei Tänzern und Tänzerinnen oder Sängern und Sängerinnen das Geschlecht eine wesentliche und entscheidende berufliche Anforderung sein. Für das Vorführen für Männermoden kann man einen Dressman, für das Vorführen von Damenmoden weibliche Mannequins beschäftigen. Entscheidend ist also, ob das körperliche Erscheinungsbild mit den geschlechtsbezogenen Merkmalen in die auszuübende Tätigkeit einbezogen wird oder ob die Tätigkeit sich nach der Verkehrssitte ausschließlich an Angehörige des gleichen Geschlechts richtet und deshalb die Zielgruppe Frau/Mann prägend für die Tätigkeit ist. In Betracht kann weiterhin kommen, dass bei einer Auslandstätigkeit nachweisbar Frauen als Verhandlungspartner abgelehnt werden oder dort mit der vorgesehenen Tätigkeit überhaupt nicht beschäftigt werden können (vgl Stellungnahme der Bundesregierung BArbBl 11/1987, 40 f). 453

Um eine unterschiedliche Behandlung zu rechtfertigen, genügt es auch, dass die Geschlechtszugehörigkeit nicht wegen der Art der auszuübenden Tätigkeit, sondern wegen der **Bedingungen ihrer Ausübung** eine wesentliche und entscheidende berufliche Anforderung darstellt. Bei der Wahrnehmung von Erziehungsaufgaben ist es daher zB gerechtfertigt, dass männliche und weibliche Bezugspersonen vorhanden sind. Ein Männerorden kann Frauen zur Wahrnehmung von Arbeitsaufgaben, die eine ständige persönliche Zusammenarbeit erfordern, ablehnen. Bei der Besetzung einer Betreuerstelle für ein Mädcheninternat kann die Bewerberauswahl zumindest dann auf Frauen beschränkt werden, wenn die Tätigkeit auch Nachtdienste umfasst 454

(BAG 28. 5. 2009 – 8 AZR 536/08, NZA 2009, 1016 [1020]). Auch kann die Ausschreibung einer Stelle als kommunaler Gleichstellungsbeauftragten auf Frauen beschränkt werden, wenn der Schwerpunkt der Tätigkeit in Beratungsangeboten besteht, die sich an Frauen in Problemlagen richten, bei denen sie sich üblicherweise eher einer Frau anvertrauen und das Gespräch mit ihr suchen (BAG 18. 3. 2010 – 8 AZR 77/09, nv).

455 Schwierig sind Fälle zu bewerten, in denen die Kunden des Arbeitgebers eine „Betreuung" durch ein bestimmtes Geschlecht wünschen (**„customer preferences")**. Eine diskriminierende Einstellung ist hier jedenfalls dann gerechtfertigt, wenn dies zur Wahrung der Authenzität (zB Playboy-Bunny) oder zum Schutz des Schamgefühls der Kunden (zB Verkäuferin von Damenkleidung) zwingend erforderlich ist (Bauer/Krieger, AGG § 8 Rn 29; vgl auch Duchstein NJW 2013, 3066; Novara NZA 2015, 142 [145 f]). Bevorzugen Kunden dagegen nur aus diskriminierenden Gründen ein bestimmtes Geschlecht, scheidet eine Rechtfertigung nach § 8 Abs 1 AGG regelmäßig aus. Etwas anders gilt, wenn ein für den Arbeitgeber überragend wichtiger Kunde mit dem Abbruch der Geschäftsbeziehung droht. Dabei mag es sich um absolute Ausnahmefälle handeln, undenkbar sind sie nicht. Beispielsweise mag ein Scheich die Kontaktaufnahme über eine weibliche Sekretärin ablehnen; wenn die Existenz des Arbeitgebers faktisch von dieser Geschäftsbeziehung abhängt, ist es ihm (und den anderen Arbeitnehmern!) unzumutbar, diese zu gefährden – er kann daher zB gezielt nur nach einem männlichen Sekretär suchen.

456 bb) Gerechtfertigt ist eine unterschiedliche Behandlung auch, wenn eine **positive Maßnahme nach § 5 AGG** vorliegt. Um eine solche handelt es sich, wenn durch sie bestehende Nachteile wegen eines der in § 1 genannten Gründe verhindert oder ausgeglichen werden sollen; der Bevorzugung einer Gruppe entspricht die Benachteiligung einer anderen. Dabei ist nicht erforderlich, dass der Arbeitgeber betriebliche Interessen hat/verfolgt; positive Maßnahmen sind auch aus Allgemeinwohlinteressen zulässig. „Maßnahme" ist weit zu verstehen, sodass zB Gesetze, Tarifverträge, Betriebsvereinbarungen, Auswahlrichtlinien (§ 95 BetrVG) und arbeitsvertragliche Regelungen erfasst sind (HWK/Rupp § 5 AGG Rn 2). Die Maßnahme muss zur Erreichung des Zwecks des Abbaus bestehender Nachteile verhältnismäßig, dh geeignet, erforderlich und angemessen, sein (EuGH 17. 1. 1995 – C-450/93, NJW 1995, 3109 *Kalanke*). An der Angemessenheit fehlt es bei starren Quoten zB für Frauen oder (Schwer-) Behinderte, die unabhängig von der Qualifikation eine automatische Bevorzugung einer benachteiligten Gruppe vorsehen (Bauer/Krieger, AGG § 5 Rn 15; Werthmüller, Staatliche Eingriffe in die Aufsichtsratsbesetzung und Geschlechterquote [demnächst]); Gleiches gilt für Quoten, die bei gleicher Qualifikation einen unbedingten Vorrang vorsehen, ohne Raum für eine Einzelfallentscheidung zu lassen (ErfK/Schlachter § 5 AGG Rn 4; vgl auch BAG 21. 1. 2003 – 9 AZR 307/02, NZA 2003, 1036 [1038]) Beispiele für § 5 AGG sind zB Integrationsvereinbarungen oder diversity management (näher Bauer/Krieger, AGG § 5 Rn 18).

5. Verbot der Benachteiligung aus anderen Gründen

a) Grundlagen

457 Das AGG verbietet nicht nur die Benachteiligung wegen des Geschlechts, sondern erstreckt das Benachteiligungsverbot auch auf die **Rasse, ethnische Herkunft, Religion** oder **Weltanschauung**, eine **Behinderung**, das **Alter** und die **sexuelle Identität**

(§§ 1, 7 AGG). Da seine Regelungen gesetzestechnisch grundsätzlich nicht nach den verschiedenen Merkmalen differenzieren, sondern pauschal auf die Benachteiligung bzw unterschiedliche Behandlung „wegen eines in § 1 genannten Grundes" abstellen, gilt für die hier genannten Merkmale Gleiches wie für die Benachteiligung bzw unterschiedliche Behandlung wegen des Geschlechts (s Rn 451 ff).

Sonderregelungen bestehen nur für die unterschiedliche Behandlung wegen der **458** **Religion** oder **Weltanschauung** (§ 9 AGG; Rn 467 ff) und wegen des **Alters** (§ 10 AGG; Rn 472 ff).

b)   Verbotene Differenzierungsmerkmale
aa)   Mit der Verwendung des Begriffs der „**Rasse**" soll nicht zum Ausdruck ge- **459** bracht werden, dass es mehrere menschliche Rassen gibt, sondern nur an den Begriff des Rassismus angeknüpft werden (BT-Drucks 16/1780, 30 f). Erforderlich ist also eine rassistische Motivation, wobei die Zurechnung zu einer Gruppe aufgrund bestimmter äußerlicher Erscheinungsmerkmale wie zB Hautfarbe, Physiognomie oder Körperbau gemeint ist; eine „bloße" Ungleichbehandlung wegen des Fremdseins genügt nicht. Daher enthält zB die Bezeichnung als „Neger" ein rassistisches Element, nicht aber die als „Türke"; hinsichtlich Letzterer liegt aber das Merkmal der ethnischen Herkunft vor (Bauer/Krieger, AGG § 1 Rn 16 f; MünchKomm/Thüsing § 1 AGG Rn 57).

bb)   Das Merkmal „**ethnische Herkunft**" ist Oberbegriff zum Begriff „Rasse" und **460** umschreibt die Zugehörigkeit eines Menschen zu einer durch sprachliche oder kulturelle Merkmale verbundenen Gemeinschaft. Dabei ist die Bestimmung, was Ethnie in diesem Sinne ist, in vielen Fällen schwierig. Kennzeichnend für eine solche ist eine lange gemeinsame Geschichte und eine eigene kulturelle Tradition samt familiärer und sozialer Sitten und Gebräuche; Indizien können darüber hinaus eine gemeinsame Religion, Sprache oder ein gemeinsamer geographischer Ursprung sein (HWK/Rupp § 1 AGG Rn 3). Dies dürfte richtigerweise zB nicht nur für Sorben sowie Sinti und Roma anzunehmen sein, sondern auch für durch einen gemeinsamen Dialekt und bestimmte gemeinsame Traditionen objektiv abgegrenzte Bevölkerungsgruppen einer bestimmten Region. Die Benachteiligung wegen der schwäbischen Herkunft zB in Berlin ist daher ebenso unzulässig wie die als „Ossi" in Stuttgart (ebenso Bauer/Krieger, AGG § 1 Rn 23 mwNw; **aA** ArbG Stuttgart 15. 4. 2010 – 17 Ca 8907/09; MünchKomm/Thüsing § 1 AGG Rn 57). Auch wenn die Abgrenzung dadurch erschwert wird, ist es also verfehlt, bei allen Deutschen die gleiche ethnische Herkunft anzunehmen (so aber MünchKomm/Thüsing § 1 AGG Rn 57). Nicht erfasst sind aber bloße örtliche Rivalitäten (Düsseldorf vs Köln, Schwaben vs Baden) und die Benachteiligungen wegen der **Staatsangehörigkeit** (BAG 21. 6. 2012 – 8 AZR 364/11, NZA 2012, 1345); allerdings kann unter dem „Deckmantel" der Differenzierung nach der Staatsangehörigkeit eine unzulässige Benachteiligung wegen der ethnischen Herkunft verborgen sein. Verlangt der Arbeitgeber von seinem Arbeitnehmer Kenntnisse der deutschen Sprache, kann dies eine mittelbare Diskriminierung wegen der ethnischen Herkunft darstellen; allerdings ist diese schon nach § 3 Abs 2 AGG nicht unzulässig, wenn der Arbeitgeber dadurch eine möglichst optimale Erledigung der anfallenden Arbeit sicherstellen will (BAG 28. 1. 2010 – 2 AZR 764/08, NZA 2010, 625 [626]).

cc)   Die Begriffe **Religion** und **Weltanschauung** werden nicht definiert, sondern **461**

vorausgesetzt. Religion ist in der geschichtlichen Erfahrung und in ihrer gegenwärtigen Wirksamkeit nach Ursprung und Wesen eine überindividuelle Sinngebung des Daseins, die in Gemeinschaft gefunden und bezeugt wird. Wesentlich ist für sie der Bezug zur Transzendenz. Dadurch unterscheidet sie sich von der Weltanschauung, die mit ihr auf eine Stufe gestellt wird, sodass eine genaue Differenzierung zwischen beiden Begriffen nicht erforderlich ist (BVerwG 27. 3. 1992, BVwerGE 90, 112 [115]). Das BAG charakterisiert beide als „eine mit der Person des Menschen verbundene Gewissheit über bestimmte Aussagen zum Weltganzen sowie zur Herkunft und zum Ziel des menschlichen Lebens" (BAG 22. 3. 1995 – 5 AZB 21/94, NZA 1995, 823 [824]). Dabei müssen die geforderten Merkmale objektiv vorliegen, die bloße Behauptung genügt nicht (HWK/Rupp § 1 AGG Rn 5). Überdies zieht die freiheitlich-demokratische, durch das Grundgesetz errichtete Ordnung eine Grenze für die Anerkennungsfähigkeit als Religion oder Weltanschauung; eine das Existenzrecht Andersgläubiger verneinende Glaubensgemeinschaft ist daher keine geschützte Religionsgemeinschaft (Bauer/Krieger, AGG § 1 Rn 31 mwNw). Für Probleme sorgen immer wieder Fälle, in denen muslimische Frauen aus religiösen Gründen während der Arbeitszeit ein Kopftuch tragen möchten. Das kann der Arbeitgeber in aller Regel nicht untersagen; etwas anderes gilt nur, wenn dadurch der Betriebsablauf empfindlich gestört wird und keine anderweitigen Abhilfemöglichkeiten bestehen (vgl BVerfG 24. 9. 2003 – 2 BvR 1436/02, BVerfGE 108, 282; vgl auch BAG 24. 9. 2014 – 5 AZR 611/12, NZA 2014, 1404 [1417]) oder ein nicht selbst diskriminierendes Gesetz das Tragen religiöser Kleidung zB im Schuldienst untersagt (vgl BAG 20. 8. 2009 – 2 AZR 499/08, NZA 2010, 227; ArbG Wuppertal 29. 7. 2008 – 4 Ca 1077/08, BeckRS 2008, 56839). Strittig ist, ob Scientology eine Religions- oder Weltanschauungsgemeinschaft ist (verneint von BAG 22. 3. 1995 – 5 AZB 21/94, NZA 1995, 823 [824]; vgl Wiedemann/Thüsing DB 2002, 463 [466]). Nicht erfasst werden jedenfalls politische Einstellungen.

462 dd) Für den Begriff der **Behinderung** ist an die Definition in § 2 Abs 1 S 1 SGB IX, § 3 BGG anzuknüpfen (BT-Drucks 16/1780, 31). Danach sind Menschen behindert, wenn ihre körperlichen Funktionen, geistige Fähigkeiten oder seelische Gesundheit mit hoher Wahrscheinlichkeit länger als sechs Monate von dem für das Lebensalter typischen Zustand abweichen und daher ihre Teilhabe am Leben in der Gesellschaft beeinträchtigt ist. Angesichts dieses gesetzgeberischen Willens überzeugt es nicht, unter Berufung auf die Rechtsprechung des EuGH zum Begriff der Behinderung im Sinne der RL 2000/78/EG (EuGH 11. 7. 2006 – C-13/05, AP Nr 3 zu Richtlinie 2000/78/EG) einengend eine Beeinträchtigung der Teilhabe *am Arbeitsleben* zu verlangen, die von langfristiger Dauer ist (so aber Bauer/Krieger, AGG § 1 Rn 41, 41a; zutreffend BAG 19. 12. 2013, NZA 2014, 372 [379 ff], das von einem kombinierten unionsrechtlichen und deutschen Behindertbegriff ausgeht). Erfasst sind alle Behinderten, eine **Schwerbehinderung** im Sinne des § 2 Abs 2 SGB IX **muss nicht vorliegen**. Dabei liegt nach der zu weitgehenden Rechtsprechung des EuGH eine unmittelbare Benachteiligung auch vor, wenn nicht der ungünstiger behandelte Arbeitnehmer selbst, sondern sein von ihm gepflegtes Kind behindert ist (EuGH 17. 7. 2008 – C-303/06, AP Nr 10 zu Richtlinie 2000/78/EG).

463 Von der Behinderung zu unterscheiden ist die **Krankheit**, deren Charakteristikum eine vorübergehende Funktionsbeeinträchtigung ist. Eine Diskriminierung ihretwegen ist durch das AGG nicht untersagt (Domröse NZA 2006, 1320 [1321]; Bauer/Krieger, AGG § 1 Rn 41c). Bloße Grundleiden, die sich in der Zukunft uU zu einer Behinderung entwickeln können, genügen ebenfalls nicht (ArbG Hannover 27. 6. 2007 – 8 Ca

564/06). Entscheidend ist nach dem EuGH (11. 7. 2006 – C-13/05, AP Nr 3 zu Richtlinie 2000/78/EG) also das Merkmal der „langen Dauer", ohne dass er spezifiziert hätte, wann dieses Merkmal erfüllt ist. Rechtspolitisch überzeugender dürfte es sein, nicht auf die Dauer der Erkrankung, sondern darauf abzustellen, ob diese voraussichtlich heilbar sein wird (vgl ErfK/Preis § 611 Rn 274a); de lege lata ist aber die Definition in § 2 Abs 1 S 1 SGB IX, § 3 BGG und damit vor allem die Zeitdauer maßgeblich. Daher können auch **Suchtkrankheiten** trotz ihrer grundsätzlichen Therapierbarkeit als Behinderungen einzustufen sein, vorausgesetzt, sie sind voraussichtlich nicht innerhalb von sechs Monaten therapierbar (BAG 19. 12. 2013, NZA 2014, 372 [379]; vgl BAG 14. 1. 2004 – 10 AZR 188/03, AP Nr 3 zu AVR Caritasverband Anlage 1). Die Kündigung eines langfristig erkrankten Arbeitnehmers ist jedoch – unabhängig von der Problematik des § 2 Abs 4 AGG – in aller Regel allein am Kündigungsschutzrecht zu messen; das AGG ist hier regelmäßig nicht einschlägig, da die Kündigung nicht wegen der möglicherweise schon als Behinderung einzustufenden Krankheit erfolgt, sondern wegen der Fehlzeiten wegen Arbeitsunfähigkeit (zutreffend Bauer/Krieger, AGG § 1 Rn 41d; vgl BAG 22. 10. 2009 – 8 AZR 642/08, NZA 2010, 280 [281]; BAG 28. 4. 2011 – 8 AZR 515/10, NJW 2011, 2458 [2461 f]).

Selbst nach dem vom BAG vertretenen und hier geteilten Behindertenbegriff sind **464** **keine** Behinderungen: *Sehschwäche,* die das Tragen einer Brille erfordert; *Rauchen;* unter- oder überdurchschnittliche *Körpergröße* (VG Düsseldorf 2. 10. 2007 – 2 K 2070/07), es sei denn, es werden Extremgrenzen überschritten; (bloßes) *Übergewicht* (OVG Lüneburg 31. 7. 2012 – 5 LC 216/10, NJOZ 2013, 219; VG Gelsenkirchen 25. 6. 2008 – 1 K 3143/06, NVwZ-RR 2009, 252), anders aber bei extremer Fettleibigkeit (Adomeit/Mohr, AGG § 1 Rn 137).

ee) Unter **sexueller Identität** versteht die wohl hM primär die sexuelle Orientie- **465** rung eines Menschen, nicht aber das auf dieser Orientierung beruhende sexuelle Verhalten (so zB Bauer/Krieger, AGG § 1 Rn 53); richtigerweise sind aber auch sexuelle Vorlieben und Praktiken erfasst, solange diese in gewisser Weise verfestigt sind und es nicht um nur rein einmaliges oder situationsabhängiges Verhalten geht (ähnlich Annuss BB 2006, 1629 [1630 f]; BeckOK-ArbR/Roloff § 1 AGG Rn 9; vRoetteken, AGG § 1 Rn 180a; **aA** Bauer/Krieger, AGG § 1 Rn 53; PWW/Lingemann § 1 AGG Rn 10). Nicht geschützt ist in jedem Fall aber strafrechtlich untersagtes Verhalten wie Pädophilie, Sodomie oder Nekrophilie (vgl ErfK/Schlachter § 1 AGG Rn 16; HWK/Rupp § 1 AGG Rn 12); gleiches gilt für unerwünschte sexuelle Handlungen gegenüber Dritten (Bauer/Krieger, AGG § 1 Rn 53). Erfasst ist dagegen Homo- wie Bisexualität; ob auch Transsexuelle und Zwitter darunter – oder unter den Geschlechtsbegriff – fallen, ist iErg irrelevant (näher, Bauer/Krieger § 1 AGG Rn 25, 49; zu mit Geschlechtsumwandlungen verbundenen praktischen Problemen siehe dort Rn 51). Eine zumindest mittelbare Diskriminierung wegen der sexuellen Orientierung stellt es dar, wenn der Arbeitgeber Sonderleistungen in Abhängigkeit vom Familienstand erbringt und dabei eingetragenen Lebenspartnern geringere Leistungen gewährt (vgl EuGH 1. 4. 2008 – C-267/06, NZA 2008, 459; EuGH 12. 12. 2013 – C-267/12, NZA 2014, 143).

ff) Verboten ist schließlich die Benachteiligung wegen des **Lebensalters**. Es ist das **466** Diskriminierungsmerkmal mit der größten praktischen Bedeutung (neben dem des Geschlechts). Gemeint ist nicht nur das hohe, sondern jedes Alter. Das Benachteiligungsverbot bezieht sich daher auch auf die Diskriminierung wegen geringen

Alters. Keine Diskriminierung wegen des Alters stellt es dar, wenn der Arbeitgeber nur Arbeitnehmern ab einem bestimmten Jahrgang einen Aufhebungsvertrag (gegen Abfindung) anbietet, weil es für die älteren Arbeitnehmer an einer ungünstigeren Behandlung fehlt, behalten sie doch ihren Arbeitsplatz (BAG 25. 2. 2010 – 6 AZR 911/08, NZA 2010, 561). Dagegen kann es eine unzulässige mittelbare Diskriminierung wegen des Alters darstellen, wenn eine Stellenausschreibung auf Arbeitnehmer im ersten Berufs-/Tätigkeitsjahr abstellt (BAG 18. 8. 2009 – 1 ABR 47/08, NZA 2010, 222 [224]; vgl auch BAG 19. 8. 2010 – 8 AZR 530/09). Eine Diskriminierung wegen des Alters stellt es auch dar, wenn der Arbeitgeber nur Arbeitnehmer, die ein bestimmtes Lebensalter erreicht haben, versetzt (BAG 22. 1. 2009 – 8 AZR 906/07, NZA 2009, 945 [947 f]).

c) Sicherung der Religions- und Weltanschauungsfreiheit (§ 9 AGG)

467 Bei der Beschäftigung durch Religionsgemeinschaften und die ihnen zugeordneten Einrichtungen (ohne Rücksicht auf deren Rechtsform) sowie Vereinigungen, die sich die gemeinschaftliche Pflege einer Religion oder Weltanschauung zur Aufgabe machen, ist gem § 9 Abs 1 AGG eine unterschiedliche Behandlung wegen der Religion oder Weltanschauung auch zulässig, wenn die Religion oder Weltanschauung unter Beachtung des Selbstverständnisses der jeweiligen Religionsgemeinschaft oder Vereinigung nach der Art der Tätigkeit eine gerechtfertigte berufliche Anforderung darstellt. Klargestellt wird durch § 9 Abs 2 AGG, dass das Verbot unterschiedlicher Behandlung wegen der Religion oder der Weltanschauung nicht das Recht der Religionsgemeinschaften, der ihnen zugeordneten Einrichtungen oder der Weltanschauungsvereinigungen berührt, von ihren Beschäftigten ein loyales und aufrichtiges Verhalten iS ihres jeweiligen Selbstverständnisses verlangen zu können. § 9 AGG enthält damit eine besondere Privilegierung von Religionsgemeinschaften für Benachteiligungen wegen der Religion oder Weltanschauung; bei Benachteiligungen wegen anderer in § 1 AGG genannter Merkmale, kann sich auch eine Religionsgemeinschaft nur auf die §§ 5, 8, 10 AGG berufen. Der Ausschluss von Frauen von Kirchenämtern ist daher nicht an § 9 AGG, sondern an § 8 AGG zu messen (Bauer/Krieger, AGG § 9 Rn 11).

468 Die Bestimmung sichert im Einklang mit den europarechtlichen Vorgaben (Art 4 Abs 2 der RL 2000/78/EG) die grundrechtliche Gewährleistung der Glaubensfreiheit (Art 4 GG) und die sie ergänzende Verfassungsgarantie für das Selbstbestimmungsrecht der Religionsgesellschaften (Art 140 GG iVm Art 137 Abs 3 WRV). Der Begriff der Religionsgemeinschaft wird im Gesetz nicht definiert; er ist aber in dem gleichen Sinne zu verstehen wie der Begriff der Religionsgesellschaft in Art 137 WRV. Es handelt sich um einen Begriff des deutschen Staatskirchenrechts, der nach Auflösung der einen Kirche in die verschiedenen Bekenntnisse und ihre Umdeutung in „Gesellschaften" die christlichen und jüdischen Konfessionsgemeinschaften bezeichnete; erfasst sind daher neben den evangelischen Landeskirchen und der römisch-katholischen Kirche auch zB Baptisten, Zeugen Jehovas, die Gemeinschaft der Sieben-Tages-Adventisten oder die jüdische Religionsgemeinschaft (Bauer/Krieger, AGG § 9 Rn 8). § 9 AGG gilt aber nicht nur für die Kirchen, sondern auch für die ihnen zugeordneten Einrichtungen, ohne Rücksicht auf deren Rechtsform, also nicht nur für die sog verfasste Kirche, sondern auch für die Einrichtungen der Caritas und der Diakonie. § 9 Abs 1 AGG ermöglicht es, die Begründung eines Arbeitsverhältnisses von der Konfession abhängig zu machen.

Abgestellt wird auf das **Selbstverständnis der jeweiligen Religionsgemeinschaft** **469**
(RICHARDI ZfA 2008, 31 [45, 48 f]). Maßgebend sind für kirchliche Einrichtungen die
„von der verfaßten Kirche anerkannten Maßstäbe" (vgl BVerfG 4. 6. 1985 – 2 BvR 1703/
83, 2 BvR 1718/83, 2 BvR 856/84; BVerfGE 70, 138 [166, 168]). Für die katholische Kirche gilt
die Grundordnung des kirchlichen Dienstes im Rahmen kirchlicher Arbeitsverhältnisse (s Rn 314). Sie regelt, worauf ein kirchlicher Dienstgeber bei der Begründung
eines Arbeitsverhältnisses zu achten hat (Art 3; vgl RICHARDI ZfA 2008, 31 [48 f]).

Nach § 9 Abs 1 AGG genügt es, dass die Religion oder Weltanschauung eine „be- **470**
rufliche Anforderung" darstellt. Diese muss nicht wie bei § 8 Abs 1 AGG eine
„wesentliche und entscheidende" sein. Sie muss jedoch „gerechtfertigt" sein, was
eine **Abwägung der widerstreitenden Interessen** erfordert. Ein gewichtiger Anhaltspunkt hierfür ist, ob die zu besetzende Tätigkeit im sog „verkündungsnahen" Bereich liegt, also dort wo der Verkündungsauftrag der Religionsgemeinschaft betroffen ist, wie das zB bei einem Priester der Fall ist, oder ob es sich um den
„verkündungsfernen" Bereich (zB Putzfrau) handelt (KOCK MDR 2006, 1088 [1090];
ErfK/SCHLACHTER § 9 AGG Rn 1; HWK/RUPP § 9 AGG Rn 4; PWW/LINGEMANN § 9 AGG Rn 3;
vgl auch BAG 25. 4. 2013 – 2 AZR 579/12, NZA 2013, 1131 [1134] für Kündigung wegen Kirchen-
austritts).

§ 9 Abs 2 AGG erlaubt zudem, dass die Religionsgemeinschaft bzw Weltanschau- **471**
ungsvereinigung von ihren Beschäftigten loyales und aufrichtiges Verhalten verlangen kann, wobei sie berechtigt ist, autonom solche Verhaltensvorschriften aufzustel-
len. Maßgebend sind für kirchliche Einrichtungen die **„von der verfaßten Kirche
anerkannten Maßstäbe"** (BVerfG 4. 6. 1985 – 2 BvR 1703/83, 2 BvR 1718/83, 2 BvR 856/84,
BVerfGE 70, 138 [166, 168]; bestätigt durch BVerfG 22. 10. 2014 – 2 BvR 661/12, NZA 2014, 1387
[1392]). Dazu gehört, dass bestimmte Verhaltensweisen (zB homosexuelle Praktiken
oder Kirchenaustritt eines Caritas-Beschäftigten) verboten werden und für den Fall
eines Verstoßes arbeitsrechtlich – auch durch eine Kündigung – sanktioniert werden
können (vgl BVerfG 22. 10. 2014 – 2 BvR 661/12, NZA 2014, 1387; zum Kirchenaustritt BAG 25. 4.
2013 – 2 AZR 579/12, NZA 2013, 1131 [1134]).

d) Zulässige unterschiedliche Behandlung wegen des Alters (§ 10 AGG)

§ 10 AGG enthält eine spezielle Regelung zur Rechtfertigung einer Altersdiskrimi- **472**
nierung. Weil sich das Verbot der Altersdiskriminierung innerhalb weniger Jahre
zum praktisch wichtigsten, die Gerichte am häufigsten beschäftigendes Diskriminierungsmerkmal gemausert hat, ist § 10 AGG von überragender Bedeutung und die
Zahl der Entscheidungen, gemessen am vergleichsweise jungen Alter der Norm,
Legion. Angesichts des anhaltenden demographischen Wandels ist zu erwarten, dass
Altersdiskriminierungen und § 10 AGG die Gerichte auch fürderhin stark beschäftigen werden. Diese ausufernde Rechtsprechung kann hier aus Platzgründen nicht in
all ihren Verästelungen kommentiert werden, die folgenden Ausführungen beschränken sich daher auf die Grundlagen.

Generell gilt, dass eine unterschiedliche Behandlung wegen des Alters zulässig ist, **473**
wenn sie objektiv angemessen und durch ein legitimes Ziel gerechtfertigt ist (§ 10 **S 1**
AGG). Außerdem müssen die Mittel zur Erreichung dieses Ziels angemessen und
erforderlich sein (§ 10 **S 2** AGG). Das mit der Ungleichbehandlung verfolgte Ziel
muss ein **legitimes** sein. Das kann sowohl bei unternehmensbezogenen Zielen (zB

Sicherung einer ausgewogenen Altersstruktur, vgl BAG 6. 11. 2008 – 2 AZR 523/07, NZA 2009, 361 [366]; BAG 22. 1. 2009 – 8 AZR 906/07, NZA 2009, 945 [949]) wie solchen im Allgemeininteresse (zB Beschäftigungspolitik, berufliche Bildung) der Fall sein (vgl BT-Drucks 16/1780, 36); die Letzteres kritisierende Auffassung (Wiedemann/Thüsing NZA 2002, 1234 [1242]; Löwisch/Caspers/Neumann, Beschäftigung und demographischer Wandel [2003] 18 f) ist de lege lata angesichts des klaren Wortlauts und dem gesetzgeberischen Willen irrelevant (ebenso Bauer/Krieger, AGG § 10 Rn 20; PWW/Lingeman § 10 AGG Rn 6). Es muss ferner **objektiv** sein, dh auf tatsächlichen und nachvollziehbaren Erwägungen beruhen (BAG 13. 10. 2009 – 9 AZR 722/08, NZA 2010, 327 [332]). Schließlich muss die Ungleichbehandlung wegen des Alters zur Erreichung dieses Ziels **verhältnismäßig**, dh geeignet, erforderlich und angemessen sein, § 10 S 2 AGG.

474 In einem umfangreichen **Katalog** sind Regelbeispiele genannt, in denen unterschiedliche Behandlungen zulässig sind (§ 10 **S 3** AGG), wie zB die Festlegung besonderer Bedingungen für den Zugang zur Beschäftigung, um die berufliche Eingliederung von Jugendlichen, älteren Beschäftigten und Personen mit Fürsorgepflichten zu fördern oder ihren Schutz zu sichern (Nr 1), die Festlegung von Mindestanforderungen an das Alter, die Berufserfahrung oder das Dienstalter für den Zugang zur Beschäftigung (Nr 2) oder die Festsetzung eines Höchstalters für die Einstellung aufgrund der spezifischen Ausbildungsanforderungen eines bestimmten Arbeitsplatzes oder aufgrund der Notwendigkeit einer angemessenen Beschäftigungszeit vor dem Eintritt in den Ruhestand (Nr 3) sowie eine Vereinbarung, die die Beendigung des Beschäftigungsverhältnisses ohne Kündigung zu einem Zeitpunkt vorsieht, zu dem der Beschäftigte eine Rente wegen Alters beantragen kann (Nr 5). In Sozialplänen können nach Lebensalter oder Betriebszugehörigkeit gestaffelte Abfindungsregelungen vereinbart werden (Nr 6). Daher hat es das BAG für Abfindungsleistungen in Sozialplänen noch als gerechtfertigt angesehen, im Zeitpunkt des Ausscheidens bereits rentenberechtigten Arbeitnehmern nur eine Abfindungspauschale zum Ausgleich der monatlichen Rentenkürzung zu gewähren bzw sie sogar ganz von den Sozialplanleistungen auszuschließen (BAG 11. 11. 2008 – 1 AZR 475/07, NZA 2009, 210; BAG 26. 5. 2009 – 1 AZR 198/08, AP Nr 200 zu § 112 BetrVG 1972; bestätigt in BAG 23. 3. 2010 – 1 AZR 832/08, NZA 2010, 774; BAG 26. 3. 2013 – 1 AZR 857/11, DB 2013, 1792). Das ging dem EuGH insoweit zu weit, als es als unzulässige Altersdiskriminierung einzustufen sei, wenn einem Arbeitnehmer eine Entlassungsbedingung mit der Begründung vorenthalten wird, dass er eine Altersrente beziehen kann, würden damit doch (unverhältnismäßig) auch Personen betroffen, die gerade nicht in Rente gehen, sondern ihre berufliche Laufbahn fortsetzen wollen (EuGH 12. 10. 2010 – C-499/08, NZA 2010, 1341 [1342] *Ingeniørforeningen i Danmark*; EuGH 26. 9. 2013 – C-546/11, NVwZ 2013, 1401). Abgeschwächt hat der EuGH diese Judikatur mittlerweile aber insoweit, als er es billigt, dass bei betriebsbedingt gekündigten Mitarbeitern, die älter als 54 Jahre alt sind, die ihnen zustehende Abfindung auf der Grundlage des frühestmöglichen Rentenbeginns berechnet wird und im Vergleich zur Standardberechnungsmethode, nach der sich die Abfindung insbesondere nach der Dauer der Betriebszugehörigkeit richtet, eine geringere als die sich nach der Standardmethode ergebende Abfindungssumme, mindestens jedoch die Hälfte dieser Summe, zu zahlen ist (EuGH 6. 12. 2012 – C-152/11, NZA 2012, 1435 [1438]).

475 Die nicht abschließende Aufzählung von Gründen, die eine Diskriminierung wegen des Alters rechtfertigen können, ist europarechtskonform; eine Rechtfertigung aufgrund nicht genannter Gründe kommt aber nur in Betracht, wenn die Maßnahme durch **rechtmäßige sozialpolitische Ziele** wie solche aus den Bereichen Beschäftigungspolitik, Arbeitsmarkt und berufliche Bildung gerechtfertigt ist (EuGH 5. 3. 2009 – C-388/07, NZA 2009, 305 *Age Concern England*). Durch § 10 AGG gerechtfertigt ist demnach die **Befristung eines Arbeitsverhältnisses** auf den Zeitpunkt des Erreichens des Regelrenteneintrittsalters, da nur so das legitime Ziel einer durchmischten Altersstruktur erreicht und Arbeitsplätze für junge Arbeitnehmer freigeschaffen werden können (EuGH 16. 10. 2007 – C-411/05, AP Nr 8 zu Richtlinie 2000/78/EG *Palacios;* EuGH 12. 10. 2010 – C-45/09, AP Nr 18 zu Richtlinie 2000/78/EG *Rosenbladt;* BAG 18. 6. 2008 – 7 AZR 116/07, AP Nr 48 zu § 14 TzBfG [für tarifliche Regelung]; BAG 12. 6. 2013 – 7 AZR 917/11, NZA 2013, 1428 [für kirchliche Arbeitsrechtsregelung]; VGH Hessen 28. 9. 2009 – 1 B 2487/09, NVwZ 2010, 140; BVerwG 23. 2. 2012 – 2 C 76/10, NVwZ 2012, 880 [Altersgrenze von 40 Jahren für Lehrer]; unzulässig ist dagegen eine Altersgrenze von 40 Jahren für Anstellungsverträge mit Nachwuchswissenschaftlern, LAG Köln 12. 2. 2009 ZTR – 7 Sa 1132/08, 2009, 596); auch der EuGH hat die Verteilung der Berufschancen zwischen den Generationen innerhalb einer Berufsgruppe (hier: der Vertragszahnärzte) als angemessenes Ziel bezeichnet, das eine Altersgrenze (hier: 68 Jahre) rechtfertigen könne (EuGH 12. 1. 2010 – C-341/08, AP Nr 15 zu Richtlinie 2000/78/EG *Petersen*). Gebilligt hat er ferner eine Höchstaltersgrenze von 30 Jahren für die Einstellung von Feuerwehrleuten, um die Einsatzbereitschaft und das ordnungsgemäße Funktionieren der Berufsfeuerwehr zu sichern (EuGH 12. 1. 2010 – C 229/08, NVwZ 2010, 244 *Colin Wolf*); anders wurde hingegen für Polizisten entschieden (EuGH 13. 11. 2014 – C-416/13, NVwZ 2015, 427). Auch eine tarifliche Altersgrenze von 60 Jahren für Piloten wurde vom EuGH „kassiert" (EuGH 13. 9. 2011 – C-447/09, NZA 2011, 1039 *Prigge*). Mit der Notwendigkeit einer Kostenersparnis kann eine Altersdiskriminierung dagegen regelmäßig nicht gerechtfertigt werden (vgl LAG Saarland 11. 2. 2009 – 1 TaBV 73/08; vgl BAG 18. 8. 2009 – 1 ABR 47/08, NZA 2010, 222 [225]). Nicht rechtfertigbar ist ferner eine Staffelung der Grundvergütung nach Lebensaltersstufen (EuGH 19. 6. 2014 – C-501/12, NZA 2014, 831; BAG 10. 11. 2011 – 6 AZR 481/09, AP Nr 13 zu § 27 BAT; EuGH 8. 9. 2011 – C-297/10, NZA 2011, 1100).

Hingegen ist eine Berücksichtigung des Lebensalters bei der **Sozialauswahl** (§ 1 **476** Abs 3 S 1 KSchG) zwar eine unmittelbare Ungleichbehandlung wegen des Alters, die jedoch damit gerechtfertigt werden kann, dass ältere Arbeitnehmer, die typischerweise schlechtere Chancen auf dem Arbeitsmarkt haben, besser geschützt werden (BAG 6. 11. 2008 – 2 AZR 523/07, AP Nr 182 zu § 1 KSchG 1969). Damit bleibt die Verwendung eines auch das Alter berücksichtigenden Punkteschemas zulässig; auch die Bildung von Altersgruppen, die alle gleichmäßig am Gesamtumfang des Arbeitsplatzverlustes beteiligt werden, kann zulässig sein (BAG 6. 11. 2008 – 2 AZR 523/07). Eine unzulässige Altersdiskriminierung liegt dagegen vor, wenn bei der Festlegung der Dienstaltersstufen von Angestellten des öffentlichen Dienstes vor der Vollendung des 18. Lebensjahres liegende Dienstzeiten nicht berücksichtigt werden (EuGH 18. 6. 2009 – C-88/08, NZA 2009, 891). Auch die Herausrechnung von Zeiten vor Vollendung des 25. Lebensjahres bei der Berechnung der Beschäftigungsdauer zur Bestimmung der Kündigungsfristen nach § 622 Abs 2 S 2 ist nicht mit Europarecht vereinbar (EuGH 19. 1. 2010 – C-555/07, DB 2010, 228 *Kücükdeveci*); in Fortsetzung seiner *Mangold*-Entscheidung (EuGH 22. 11. 2005 – C-144/04, NZA 2005, 1345) verpflichtet der EuGH die nationalen Gerichte, § 622 Abs 2 S 2 unangewendet zu lassen (näher Rn 742 ff).

477 Als unzulässige Altersdiskriminierung hat das BAG es angesehen, wenn in einem Tarifvertrag der **Urlaubsanspruch nach Altersstufen** gestaffelt wird (BAG 20. 3. 2012 – 9 AZR 529/10, NZA 2012, 803 [804]). Hingegen ist es im Grundsatz zulässig, für die **betrieblichen Versorgungssysteme** Altersgrenzen festzusetzen; Voraussetzung ist allerdings, dass die konkreten Altersgrenzen iSv § 10 S 2 AGG angemessen sind (BAG 12. 2. 2013 – 3 AZR 100/11, NZA 2013, 733 [736]; vgl auch BAG 10. 12. 2013 – 3 AZR 796/11, NZA 2015, 50). Während das BAG früher sog Spätehenklauseln, nach denen eine Hinterbliebenenversorgung nur gezahlt wird, wenn die Ehe bis zu einem bestimmten Höchstalter des Arbeitnehmers oder vor dessen Ausscheiden aus dem Arbeitsverhältnis geschlossen wurde, gebilligt hat (vgl BAG 28. 7. 2005 – 3 AZR 457/04, NZA-RR 2006, 591; BAG 20. 4. 2010 – 3 AZR 509/08, NZA 2011, 1092: BAG 15. 10. 2013 – 3 AZR 653/11, NZA 2014, 308), hat es jüngst eine praxisbedeutsame Kehrtwende vollzogen und eine Spätehenklausel, die an die Vollendung des 60. Lebensjahres des Arbeitnehmers anknüpfte, als unzulässige Altersdiskriminierung eingestuft (BAG 4. 8. 2015 – 3 AZR 137/13, Pressemitteilung BAG Nr 40/2015). Für eine endgültige Bewertung des Urteils bleibt sicherlich die Publikation der Entscheidungsgründe abzuwarten. Allerdings erscheint es schwer vorstellbar, dass die Entscheidung in der Sache überzeugt. Gegen sie spricht zum einen die Vertragsfreiheit, ist doch eine Hinterbliebenenversorgung schon kein zwingender Bestandteil einer betrieblichen Altersversorgung (Schrader/Schubert, in: Däubler/Bertzbach § 2 AGG Rn 156a), zum anderen, dass der Arbeitgeber ein legitimes Interesse daran hat, über solche Klauseln „Versorgungsehen" auszuschließen (Bauer/Krieger AGG § 2 Rn 49).

6. Organisationspflichten des Arbeitgebers

478 Ein Arbeitsplatz darf nicht unter Verstoß gegen § 7 Abs 1 AGG ausgeschrieben werden, **§ 11 AGG**. Das gilt sowohl für öffentliche wie rein betriebsinterne Ausschreibungen (ErfK/Schlachter § 11 AGG Rn 1; MünchKomm/Thüsing § 11 AGG Rn 2). Adressat des Verbots ist allein der Arbeitgeber; schaltet er aber Dritte wie zB die Agentur für Arbeit in die Stellenausschreibung ein, so muss er sich deren Verstöße zurechnen lassen (BAG 5. 2. 2004 – 8 AZR 112/03, NZA 2004, 540 [544] zu § 611b BGB aF; BVerfG 21. 9. 2006 – 1 BvR 308/03, NZA 2007, 194 [197]; kritisch Adomeit/Mohr NJW 2007, 2522). Weitere Vorgaben macht § 11 AGG aber nicht, sodass der Arbeitgeber insbesondere in der Wahl, in welchem Medium er die Ausschreibung vornimmt, frei ist; entsprechend kann ein Verstoß gegen § 11 AGG bei einer auf das Internet beschränkten Ausschreibung richtigerweise nicht mit dem Argument zu begründen versucht werden, vorwiegend Personen jüngeren Alters würden das World Wide Web zur Stellensuche nutzen (Bauer/Krieger, AGG § 11 Rn 7a; Adomeit/Mohr, AGG § 11 Rn 9; aA Kania/Merten ZIP 2007, 8 [10]). Direkte Sanktionen bei der Verletzung von § 11 AGG sieht das Gesetz zwar nicht vor, jedoch ist ein Verstoß ein (starkes) Indiz im Sinne des § 22 AGG für das Vorliegen einer Diskriminierung (vgl BAG 5. 2. 2004 – 8 AZR 1127/03; NZA 2004, 540 [544] zu § 611b BGB aF; BAG 24. 1. 2013 – 8 AZR 4297/11, NZA 2013, 498; LAG Baden-Württemberg 20. 3. 2009 – 9 Sa 5/09).

479 **§ 12 AGG** normiert Schutzpflichten des Arbeitgebers. Während Abs 1 eine durch Abs 2 konkretisierte generelle Schutzpflicht enthält, die die Pflicht zu vorbeugenden Maßnahmen einschließt, verpflichten Abs 3 und 4 den Arbeitgeber, bei konkreten Diskriminierungsfällen durch Arbeitnehmer bzw Dritte die erforderlichen und angemessenen Maßnahmen zu treffen. Maßnahmen nach Abs 3 müssen sich unter

Beachtung des Verhältnismäßigkeitsgrundsatzes (vgl BAG 25. 10. 2007 – 8 AZR 593/06, NZA 2008, 223 [226]; BAG 9. 6. 2011 – 2 AZR 323/10, NJW 2012, 407 [409]; LAG Niedersachsen 29. 11. 2008 – 1 Sa 547/08, NZA-RR 2009, 249) zunächst gegen den Benachteiligenden richten. Nur wenn dies nicht erfolgversprechend oder sonst ungenügend ist, kommt als ultima ratio zB eine Versetzung des Betroffenen in Frage (ErfK/Schlachter § 12 AGG Rn 4). Dabei ist nicht höchstrichterlich geklärt, inwieweit der Betroffene einen Anspruch gegen den Arbeitgeber auf Ergreifung bestimmter Maßnahmen hat. Grundsätzlich wird man – vergleichbar der Situation beim Mobbing (Rn 1799) – dem Arbeitgeber ein Ermessen einräumen müssen; Anspruch auf eine bestimmte Maßnahme hat der Betroffene deshalb nur, wenn diese die einzige ist, die effektiven Schutz bietet (BAG 25. 10. 2007 – 8 AZR 593/06, AP Nr 6 zu § 611 BGB Mobbing; kritisch Gehlhaar NZA 2009, 825). Bedeutung haben diese Pflichten insoweit, als den Arbeitgeber im Falle ihrer Verletzung ein Organisationsverschulden für weitere diskriminierende Handlungen trifft und er daher nach § 15 Abs 1 AGG auf Schadensersatz selbst dann haftet, wenn ihm das Verhalten des Diskriminierenden nach § 31 analog oder § 278 nicht zurechenbar ist (Buschmann, in: Däubler/Bertzbach § 12 AGG Rn 14; PWW/Lingemann § 12 AGG Rn 18, § 15 AGG Rn 2; Bauer/Krieger, AGG § 12 Rn 5; aA Münch-Komm/Thüsing § 12 AGG Rn 13; HWK/Rupp § 12 AGG Rn 1).

Nach **§ 12 Abs 5 AGG** sind das AGG, § 61b ArbGG sowie Informationen über die **480** für die Behandlung von Beschwerden nach § 13 AGG zuständigen Stellen im Betrieb bekannt zu machen; richtigerweise ist analog § 12 Abs 5 AGG auch § 612a bekannt zu machen (Fischinger/Isemer NZA Heft 6/2010, Editorial; s § 612a Rn 37). Bei Verletzung der Publikationspflicht kommen Schadensersatzansprüche nach § 280 Abs 1 in Betracht (**aA** Bauer/Krieger, AGG § 12 Rn 43 mwNw).

7. Rechtsfolgen eines Verstoßes gegen das Benachteiligungsverbot

a) Rechtsfolgen bei Nichtbegründung eines Arbeitsverhältnisses

aa) Bei einem Verstoß gegen das Benachteiligungsverbot besteht **kein Anspruch** **481** **auf Begründung eines Arbeitsverhältnisses** (§ 15 Abs 6 AGG). Das entspricht den § 611a Abs 2 und 5 BGB aF. Bietet der Arbeitgeber dem zuvor abgelehnten Bewerber doch noch den Abschluss eines Arbeitsvertrags an und akzeptiert er diesen, so entfällt nach der Differenzhypothese der Schaden; dagegen reicht das bloße, vom Bewerber abgelehnte, Angebot des Arbeitgebers hierfür nicht aus (Deinert, in: Däubler/Bertzbach § 15 AGG Rn 43; aA Bauer/Krieger, AGG § 15 Rn 68). Auch wird man in der Ablehnung meist kein anspruchsminderndes Mitverschulden des Bewerbers (§ 254) sehen können, ist diesem doch die Annahme eines Jobangebots bei einem ihn zuvor diskriminierenden Arbeitgeber in der Regel nicht zumutbar; etwas anderes mag gelten, wenn (in einem größeren Unternehmen) der „Täter" zwischenzeitlich ausgeschieden ist und mit einem diskriminierungsfreien Umfeld gerechnet werden kann. § 15 Abs 6 AGG findet auch Anwendung, wenn der Arbeitgeber ein *wirksam* **befristetes** Arbeitsverhältnis trotz Möglichkeit hierzu wegen eines diskriminierenden Motivs nicht verlängert (LAG Hamm 26. 2. 2009 – 17 Sa 923/09; Bauer/Krieger, AGG § 15 Rn 68). War dagegen die ursprüngliche Befristung diskriminierend, so ist sie nach § 7 Abs 2 AGG unwirksam und der Arbeitsvertrag ist mangels Befristungsabrede – § 139 findet keine Anwendung – als auf unbestimmte Zeit abgeschlossen (BAG 6. 4. 2011 – 7 AZR 524/09, NZA 2011, 970 [971]).

482 bb) Nach § 15 Abs 1 AGG hat der diskriminierte Bewerber einen **Schadensersatzanspruch**, es sei denn, der Arbeitgeber hat dies nicht zu vertreten. Die Richtlinienkonformität dieses Verschuldenserfordernisses ist umstritten, richtigerweise aber zu bejahen. Erstens fordert die Richtlinie überhaupt keinen materiellen Schadensersatzanspruch und zweitens ist der Entschädigungsanspruch in § 15 Abs 2 AGG gerade verschuldensunabhängig ausgestaltet. In ihrem Zusammenspiel genügen § 15 Abs 1 und 2 AGG daher dem vom EuGH (22. 4. 1997 – C-180/95, AP Nr 13 zu § 611a BGB) aufgestellten Erfordernis, dass ein Verstoß gegen das Verbot der Ungleichbehandlung für sich genommen ausreichen muss, um die volle Haftung seines Urhebers auszulösen, es auf ein Verschulden also nicht ankommen darf (wie hier Bauer/Evers NZA 2006, 893; PWW/Lingemann § 15 AGG Rn 4; Adomeit/Mohr, AGG § 15 Rn 30 f; **aA** HWK/Rupp § 15 AGG Rn 3; MünchKomm/Thüsing § 15 AGG Rn 25, 34; ErfK/Schlachter § 15 AGG Rn 1 ff). Umstritten, richtigerweise aber zu bejahen ist, ob die Haftungsprivilegierung des **§ 15 Abs 3 AGG** auch auf den Schadensersatz nach Abs 1 anwendbar ist. Zwar spricht dagegen der Wortlaut, jedoch passt der Regelungszweck (Schutz der erhöhten Richtigkeitsgewähr) auch hier, sodass Abs 3 analog anzuwenden ist (ebenso Annuss DB 2006, 1629 [1635]; Jacobs RdA 2009, 193 [198]; Bauer/Krieger, AGG § 15 Rn 45; **aA** BAG 10. 11. 2011 – 6 AZR 148/09, NZA 2012, 161 [166]; BAG 20. 3. 2012 – 9 AZR 529/10, NZA 2012, 803 [807]; Däubler/Bertzbach/Deinert § 15 AGG Rn 92; näher zu Abs 3 Rn 487).

483 Ein Anspruch auf Schadensersatz kann nur einem Bewerber zustehen, der **objektiv für die ausgeschriebene Stelle in Betracht kommt** und sich **subjektiv ernsthaft** beworben hat (so zu Recht BAG 12. 11. 1998 – 8 AZR 365/97, AP Nr 16 zu § 611a BGB; BAG 17. 12. 2009 – 8 AZR 670/08, NZA 2010, 383; LAG Berlin 14. 7. 2004 – 15 Sa, NZA-RR 2005, 124; LAG Schleswig-Holstein 29. 1. 2009 – 4 Sa 346/08; Diller BB 2006, 1968 [1969]; Deinert DB 2007, 398 [400]; zu § 611a Abs 2 S 1 aF BAG 12. 11. 1998 – 8 AZR 365/97, AP Nr 16 zu § 611a BGB). Wenn es dem „Bewerber" nur darum geht, einen Schadensersatz- oder Entschädigungsanspruch zu erwerben, ist ihm der Vorwurf des Rechtsmissbrauchs zu machen, der dem Anspruch entgegensteht (**„AGG-Hopper"**, vgl Diller NZA 2007, 1321). Bewirbt sich der „Bewerber" für viele Stellen, für die er objektiv nicht in Betracht kommt, ist das ebenso ein Indiz für eine nicht ernsthafte Bewerbung wie utopische Vergütungsforderungen, unrealistische Arbeitsbedingungen (LAG Baden-Württemberg 20. 3. 2009 – 9 Sa 5/09; LAG Hamburg 12. 1. 2009 – 3 Ta 26/08) oder ein provokantes Auftreten des Bewerbers im Bewerbungsverfahren (LAG Köln 10. 2. 2010 – 5 Ta 408/09). Der Anspruch richtet sich nur gegen den potenziellen Arbeitgeber iSv § 6 Abs 2 S 1 AGG, nicht gegen Dritte wie insbesondere Personalberatungsunternehmen (BAG 23. 1. 2014 – 8 AZR 118/13, BB 2014, 1534 [1535]).

484 Zu ersetzen ist im Wege der Naturalrestitution das nach der Differenzhypothese zu ermittelnde **positive Interesse** gemäß den §§ 249 ff (aber: § 15 Abs 6 AGG, vgl Rn 481). Problematisch ist, dass der materielle Schadensersatzanspruch – im Gegensatz zum Entschädigungsanspruch des § 15 Abs 2 AGG – seinem Wortlaut nach nicht der Höhe nach begrenzt wird. Bei strikter Anwendung der Differenzhypothese würde der Arbeitgeber deshalb bei diskriminierender Nichteinstellung unbegrenzten Schadensersatz schulden, der sich nach dem entgangenen Lohn bis zum Erreichen der Regelaltersgrenze für den Bezug einer Rente wegen Alters zuzüglich des „Rentenschadens" abzüglich einer anderweitig bezogenen oder entgegen der Schadensminderungspflicht des § 254 Abs 2 S 1 Alt 2 nicht bezogenen Arbeitslohns bemessen würde. Allerdings: Eine solche, unbesehene Heranziehung der Differenzhypothese ist nicht europarechtskonform. Denn bei der Umsetzung europäischer Richtlinien muss der Gesetzgeber zwar abschreckende, aber eben auch verhältnismäßige Sanktionen schaffen (vgl zB Art 15 RL 2000/43/EG). Von einer verhältnismäßigen Sanktion kann jedoch keine Rede mehr sein, wenn ein Arbeitgeber, der – vielleicht gar noch leicht fahrlässig – beispielsweise mittelbar diskriminiert hat, bis ans Ende aller (Bewerber-)Tage zum Schadensersatz verpflichtet wäre (vgl BAUER/KRIEGER, AGG § 15 Rn 26). Auch wenn die Differenzhypothese der Ausgangspunkt ist, sind die Haftungsfolgen deshalb ggf zu modifizieren. In welcher Weise dies geschieht, ist umstritten. Verbreitet wird dafür plädiert, den Anspruch auf entgangenen Lohn auf den Zeitraum bis zu dem Zeitpunkt zu begrenzen, zu dem der Arbeitgeber das (hypothetische) Beschäftigungsverhältnis (hypothetisch) frühestens hätte kündigen können (SIMON/GRESSLIN BB 2007, 1782 [1787]; DEINERT, in: DÄUBLER/BERTZBACH § 15 AGG Rn 39 f; STOFFELS RdA 2009, 204 [213]; BAUER/KRIEGER, AGG § 15 Rn 27; HWK/RUPP § 15 AGG Rn 2; DEINERT AiB 2006, 741 [742]; für eine Orientierung an den zu § 628 Abs 2 entwickelten Grundsätzen hingegen ErfK/SCHLACHTER § 15 AGG Rn 3). Das überzeugt nicht. Erstens setzt diese Beschränkung eine einseitige Beendigungsmöglichkeit des Arbeitsverhältnisses durch den Arbeitgeber zum erstmöglichen Kündigungszeitpunkt voraus; eine solche ist aber mindestens zweifelhaft, weil eine derartige Kündigung (hypothetisch) ebenfalls wieder aus diskriminierenden Motiven erfolgen würde und damit selbst wieder unwirksam wäre (je nachdem, ob das KSchG anwendbar wäre oder nicht, gemäß § 7 Abs 1 iVm § 134 bzw § 7 Abs 2 AGG oder nach § 1 Abs 2 KSchG, vgl Rn 497 ff; **aA** BAUER/KRIEGER, AGG § 15 Rn 28). Zweitens wäre mit einer strikten Orientierung an den (hypothetischen) Kündigungsfristen nicht gewährleistet, dass der materielle Schadensersatz dem Richtlinienpostulat einer abschreckenden Sanktion gerecht würde (man denke an einen Arbeitgeber, der vorsätzlich einen 60-Jährigen wegen seines Alters diskriminiert). Richtigerweise wird man es daher – so unbefriedigend dies aus der Warte der Rechtssicherheit und der Gewaltenteilung auch ist – der **Einzelfallentscheidung** des erkennenden Gerichts überlassen müssen, den Anspruch über § 242 auf ein den Interessen beider Parteien gerecht werdendes Maß festzulegen. Völlig konturlos ist diese Entscheidung nicht. Wichtige Anhaltspunkte liefern zB der Verschuldensgrad auf Arbeitgeberseite, die Art der Diskriminierung (unmittelbar – mittelbar) und die realistische Chance des Bewerbers, in einem überschaubaren Zeitraum einen vergleichbaren Arbeitsplatz zu finden. Rechtspolitisch tut eine für Rechtssicherheit sorgende Entscheidung des Gesetzgebers dringend Not.

Unabhängig von dieser Problematik hat Anspruch auf materiellen Schadensersatz von vornherein richtigerweise nur der **bestqualifizierte Bewerber**, der deshalb bei einer benachteiligungsfreien Auswahl eingestellt worden wäre, fehlt es doch bei allen anderen Bewerbern an der haftungsausfüllenden Kausalität (vgl dazu sowie zu Beweiserleichterungen BAG 19. 8. 2010 – 8 AZR 530/09, NZA 2010, 1412 [1417]; BGH 23. 4. 2012 – II ZR 163/10, NZA 2012, 797 [801 f]; KRIEGER, in: FS Bauer [2010] 613 [620]; STOFFELS RdA 2009, 204 [212]). **485**

cc) Wegen eines Schadens, der nicht Vermögensschaden ist, kann der durch den Verstoß gegen das Benachteiligungsverbot Verletzte eine angemessene **Entschädigung** in Geld verlangen (§ 15 Abs 2 S 1 AGG). Das Gesetz entspricht damit der Forderung des EuGH nach einer wirksamen und verschuldensunabhängig ausgestalteten Sanktion bei Verletzung des Benachteiligungsverbots durch den Arbeitgeber, **486** wie sie für die geschlechtsbezogene Benachteiligung entwickelt wurde und in § 611a Abs 2 und 3 umgesetzt worden war (BAG 22. 1. 2009 – 8 AZR 906/07, NZA 2009, 945; Richardi NZA 2006, 881 [885]). Auch wenn dies in § 15 Abs 2 AGG nicht explizit geregelt wurde, ist ein Verstoß gegen das Benachteiligungsverbot des § 7 AGG angesichts des systematischen Zusammenhangs mit § 15 Abs 1 AGG Anspruchsvoraussetzung (allg Meinung, vgl zB BAG 22. 8. 2013 – 8 AZR 574/12, AP Nr 21 zu § 81 SGB IX). Dagegen setzt § 15 Abs 2 AGG nicht voraus, dass eine – gar: erhebliche – Verletzung des allgemeinen Persönlichkeitsrechts des Beschäftigten festgestellt wird; vielmehr ist eine solche bei einem Verstoß des Arbeitgebers gegen das Benachteiligungsverbot per se anzunehmen und daher von einem ersatzfähigen immateriellen Schaden auszugehen (BAG 22. 1. 2009 – 8 AZR 906/07, NZA 2009, 945; BAG 15. 3. 2012 – 8 AZR 37/11, NZA 2012, 910 [914]). Die Entstehung des Entschädigungsanspruchs hängt auch nicht von einem (vermuteten) Verschulden des Arbeitgebers ab; das folgt bereits aus dem ein solches Erfordernis nicht enthaltenden Wortlaut, zumindest aber aus einer unionsrechtskonformen Auslegung (BAG 21. 2. 2013 – 8 AZR 180/12, NZA 2013, 840 [843]; Bauer/Krieger, AGG § 15 Rn 32 mwNw). Schließlich ist auch keine Anspruchsvoraussetzung, dass der Diskriminierte der bestqualifizierte Bewerber war. Eine Entschädigung ist deshalb auch dann zu leisten, wenn der Bewerber auch bei diskriminierungsfreier Auswahl nicht eingestellt worden wäre (BAG 26. 6. 2014 – 8 AZR 547/13, ZTR 2014, 731 [733]; vgl auch schon BAG 17. 8. 2010 – 9 AZR 839/09, NZA 2011, 153 [155]). Das folgt zum einen aus einem Gegenschluss zu § 15 Abs 2 S 2 AGG sowie zum anderen aus dem Normzweck, hängt die in der Diskriminierung liegende Persönlichkeitsrechtsverletzung doch nicht von den Einstellungschancen ab. Etwas anderes gilt aber, wenn der Bewerber objektiv für die Stelle überhaupt nicht geeignet war, und zwar selbst dann, wenn dies dem Arbeitgeber nicht bekannt war (BAG 26. 9. 2013 – 8 AZR 650/12, NZA 2014, 258 [260]; BAG 14. 11. 2013 – 8 AZR 997/12, NZA 2014, 489 [492]; zum AGG-Hopper vgl auch Rn 428, 483). Der Anspruch richtet sich nur gegen den potenziellen Arbeitgeber im Sinne von § 6 Abs 2 S 1 AGG, nicht gegen Dritte wie insb Personalberatungsunternehmen (BAG 23. 1. 2014 – 8 AZR 118/13, BB 2014, 1534 [1535]).

487 Auch wenn der Entschädigungsanspruch kein Verschulden voraussetzt, ist der Arbeitgeber bei der Anwendung **kollektivrechtlicher Vereinbarungen** gem **§ 15 Abs 3 AGG** nur dann zur Entschädigung verpflichtet, wenn er vorsätzlich oder grob fahrlässig handelt. § 15 Abs 3 AGG ist dabei aber nur anwendbar, wenn der Arbeitgeber eine diskriminierende kollektive Regelung richtig anwendet, nicht aber, wenn die Diskriminierung daraus resultiert, dass der Arbeitgeber die nicht diskriminierende Kollektivregelung falsch anwendet (BAG 16. 2. 2012 – 8 AZR 697/10, NZA 2012, 667 [673]). Gilt der Tarifvertrag nicht kraft Mitgliedschaft (§§ 3 Abs 1, 4 Abs 1 TVG), sondern aufgrund einer einzelvertraglichen Bezugnahme, kommt Abs 3 zwar grundsätzlich in Betracht (BT-Drucks 16/1780, 38), aber richtigerweise nur dann, wenn es sich um eine Globalverweisung handelt, weil nur dann von einer erhöhten Richtigkeitsgewähr der in Bezug genommenen Regelungen ausgegangen werden kann (so auch HWK/Rupp § 15 AGG Rn 10; Adomeit/Mohr, AGG § 15 Rn 81; vRoetteken, AGG § 15 Rn 65; aA MünchKomm/Thüsing § 15 AGG Rn 39; Bauer/Krieger, AGG § 15 Rn 42; vgl zum ähnlichen Problem bei § 310 Abs 4 Rn 892 ff).

488 Die Entschädigung muss **angemessen** sein. Es gilt insoweit Gleiches wie nach § 253 Abs 2, der für den Schaden, der nicht Vermögensschaden ist, eine „billige Entschädigung in Geld" festlegt; zu berücksichtigen sind alle Umstände des Einzelfalls, wobei insbesondere die Härte der Sanktion der Schwere des Verstoßes entsprechen und geeignet sein muss, den dem Bewerber entstandenen immateriellen Schaden – soweit das durch eine Geldzahlung überhaupt möglich ist – adäquat auszugleichen (BAG 22. 1. 2009 – 8 AZR 906/07, NZA 2009, 945; BAG 22. 5. 2014 – 8 AZR 662/13, NZA 2014, 924 [927]; ausf zu den anzuwendenden Kriterien Bauer/Krieger, AGG § 15 Rn 35 f mwNw). Nur für den Fall einer diskriminierenden Nichteinstellung sieht § 15 Abs 2 S 2 AGG eine **Obergrenze** dergestalt vor, dass die Entschädigung drei Monatsgehälter nicht übersteigen darf, wenn der Bewerber auch bei benachteiligungsfreier Auswahl nicht eingestellt worden wäre. Während bei § 15 Abs 1 AGG den Bewerber die Darlegungs- und Beweislast dafür trifft, dass er bei benachteiligungsfreier Auswahl eingestellt worden wäre, trägt bei § 15 Abs 2 (S 2) AGG der Arbeitgeber die Darlegungs- und Beweislast für das Gegenteil (BAG 17. 8. 2010 – 9 AZR 839/08, NZA 2011, 153 [158]; BAG 19. 8. 2010 – 8 AZR 530/09, NZA 2010, 1412 [1416]).

Richtigerweise ist § 15 Abs 2 S 2 AGG nicht mit Art 3 Abs 1 GG vereinbar und **489** daher **verfassungswidrig**, führt er doch dazu, dass für die Verletzung des Persönlichkeitsrechts eines Bewerbers, der sich um einen schlechter bezahlten Arbeitsplatz beworben hat, eine geringere Entschädigung zu zahlen ist, als bei einem Bewerber um eine besser bezahlte Stelle. Der erzielbare Monatsverdienst ist jedoch ein vollkommen sachfremdes Bemessungskriterium für den finanziellen Ausgleich einer Persönlichkeitsrechtsverletzung (vgl dazu, dass aus Art 3 Abs 1 GG die Pflicht folgt, sachgemäße Berechnungsmaßstäbe anzulegen, auch Fischinger, Haftungsbeschränkung im Bürgerlichen Recht [2015] 89 ff).

b) Rechtsfolgen im bestehenden Arbeitsverhältnis

aa) Beschäftigte, die sich wegen eines verbotenen Diskriminierungsmerkmals be- **490** nachteiligt fühlen, steht ein **Beschwerderecht** zu, § 13 AGG. Nach dem eindeutigen Wortlaut genügt es, dass sich der Arbeitnehmer subjektiv diskriminiert fühlt; entsprechend greift das Maßregelungsverbot des § 16 AGG insoweit auch dann, wenn sich der Arbeitnehmer wegen einer objektiv gar nicht bestehenden Benachteiligung beschwere. Weitere Beschwerderechte folgen aus §§ 84, 85 BetrVG; Letzteres bleibt gemäß § 13 Abs 2 AGG unberührt. Der Betriebsrat hat ein Mitbestimmungs- und Initiativrecht (§ 87 Abs 1 Nr 1 BetrVG) bei der Einführung und Gestaltung des Beschwerdeverfahrens, nicht jedoch hinsichtlich der Fragen, wo die Beschwerdestelle eingerichtet und wie sie personell besetzt wird (BAG 21. 7. 2009 – 1 ABR 42/08, NZA 2009, 1049 [1051]; Besgen BB 2007, 213 [214]; Gach/Julius BB 2007, 773 [774 f]; vgl auch Westhauser/Sediq NZA 2008, 78 ff).

bb) Da die Benachteiligung für den Betroffenen eine Rechtsbeeinträchtigung dar- **491** stellt, hat er Anspruch auf **Beseitigung** und, wenn weitere Beeinträchtigungen zu besorgen sind, Anspruch auf **Unterlassung**. Diese individualrechtlichen Ansprüche bestehen neben einem etwaigen Unterlassungs- und Beseitigungsanspruch des Betriebsrats aus § 17 Abs 2 AGG, § 23 Abs 3 BetrVG.

cc) Der diskriminierte Beschäftigte hat ferner – wie der unter Verstoß gegen § 7 **492** AGG nicht eingestellte Bewerber – **Anspruch auf Schadensersatz und Entschädigung**, § 15 Abs 1, 2 AGG. Auch hier kann die „Deckelung" des materiellen Schadensersatzanspruchs Schwierigkeiten machen, vor allem bei diskriminierender **Nicht-Beförderung**. Auch hier geht es eingedenk der Tatsache, dass die Richtlinien nicht nur wirksame und abschreckende, sondern auch verhältnismäßige Sanktionen fordern, nicht an, einen unbegrenzten Schadensersatz auf die Lohndifferenz zu bejahen (aA LAG Berlin-Brandenburg 26. 11. 2008 – 15 Sa 517/08, AuR 2009, 134; THÜSING, Arbeitsrechtlicher Diskriminierungsschutz Rn 542). Wer sich bei der diskriminierenden Nicht-Einstellung für eine an den hypothetischen Kündigungsfristen ausrichtende Obergrenze ausspricht (s Rn 484), plädiert im Kontext der diskriminierenden Nicht-Beförderung konsequent für eine Deckelung bis zum Zeitpunkt des Wirksamwerdens einer hypothetischen Änderungskündigung bzw für den Fall, dass eine solche – wie in der Regel (BENECKE DB 2011, 934 [936]) – nach dem KSchG sozial ungerechtfertigt wäre, für eine Heranziehung des Rechtsgedankens der §§ 9, 10 KSchG (BAUER/EVERS NZA 2006, 893 [895]; BAUER/KRIEGER, AGG § 15 Rn 29; SEEL MDR 2006, 1321 [1323]; PWW/ LINGEMANN § 15 AGG Rn 5; ADOMEIT/MOHR, in: FS Bauer [2010] 1 [16]). Abgesehen davon, dass äußerst fraglich ist, ob die methodischen Voraussetzungen für ein derartiges, sich letztlich als analoge Anwendung darstellendes Vorgehen vorliegen, ist – wie bereits bei der diskriminierenden Nicht-Beförderung ausgeführt – nicht sichergestellt, dass die Sanktion abschreckende Wirkung hat und damit den unionsrechtlichen Vorgaben Rechnung getragen wird. Hier wie dort wird man daher auf die Umstände des Einzelfalls schauen müssen und über § 242 eine faire, den Interessen beider Vertragsparteien gerecht werdende Lösung anzustreben haben (vgl auch BENECKE DB 2011, 934 [937], nach der die Gehaltsdifferenz für ein Jahr Mindestdauer des zuzusprechenden Schadensersatzes ist, die Obergrenze aber bei drei bis fünf Jahren liegt).

493 Nach § 7 Abs 3 AGG ist ein Verstoß gegen das Benachteiligungsverbot eine Verletzung vertraglicher Pflichten. Dabei handelt es sich um eine bloße Klarstellung, weil dies nach Schaffung des AGG auch bereits als ungeschriebene Nebenpflicht aus dem Arbeitsvertrag als Unterfall der Verpflichtung des Arbeitgebers zum Schutz des Persönlichkeitsrechts des Arbeitnehmers folgt. § 7 Abs 3 AGG wird flankiert durch § 15 Abs 5 AGG, wonach dieser Ansprüche gegen den Arbeitgeber aus anderen Rechtsvorschriften unberührt lässt. Unstrittig neben § 15 Abs 1, 2 AGG anwendbar sind **deliktische Ansprüche**, insbesondere nach § 823 Abs 1, § 826 und § 831. Eine Diskriminierung kann das allgemeine Persönlichkeitsrecht verletzen; das ist aber nicht automatisch der Fall, die Voraussetzungen des § 823 Abs 1 müssen daher im Einzelfall vorliegen. Umstritten ist, ob auch die **§§ 280, 241 Abs 2** parallel zu § 15 Abs 1, 2 AGG herangezogen werden können. Das ist richtigerweise zu **verneinen** (BAG 21. 6. 2012 – 8 AZR 188/11, NZA 2012, 1211 [1214 f]; RICHARDI NZA 2006, 881 [886]; FISCHINGER AP Nr 11 zu § 15 AGG sub E IV; HWK/RUPP § 15 AGG Rn 14; STOFFELS RdA 2009, 204 [214]; ErfK/SCHLACHTER § 15 AGG Rn 18; WALKER NZA 2009, 5 [10]; aA HEY, AGG § 15 Rn 121 f; vROETTEKEN, AGG § 15 Rn 113; SIMON/GRESSLIN BB 2007, 1782 [1784]; BAUER/KRIEGER, AGG § 15 Rn 65). In der Sache handelt es sich bei § 15 Abs 1, 2 AGG um spezialgesetzlich geregelte Ansprüche, die teils Sonderregelungen unterworfen werden (§ 15 Abs 3, 4 AGG). Würde man daneben die §§ 280, 241 Abs 2 heranziehen, würde eine dem Willen des Gesetzgebers nicht entsprechende Aushebelung dieser Spezialregelungen drohen, die sich nur vermeiden ließe, wenn man auf sie die § 15 Abs 3, 4 AGG analog anwenden würde (wozu sich die Gegenauffassung dann auch gezwungen sieht, s zB BAUER/KRIEGER, AGG § 15 Rn 49, 67). Erst einen konkurrierenden vertraglichen Anspruch anzunehmen, ihn dann aber sogleich wieder den gleichen Beschränkungen zu unterwerfen und ihn damit faktisch zur Bedeutungslosigkeit zu verdammen, ist aber wenig sinnvoll. Der hier vertretenen Auffassung lässt sich auch nicht entgegenhalten, über die neben § 15 Abs 1, 2 AGG anwendbaren deliktischen Ansprüche drohe ohnehin eine Unterlaufung der § 15 Abs 3, 4 AGG. Denn damit wird übersehen, dass diese deliktischen Ansprüche nur unter zusätzlichen Voraussetzungen bestehen, wohingegen eine Diskriminierung nach §§ 7 Abs 3 AGG, 280 Abs 1, 241 Abs 2 unter den identischen Voraussetzungen zum Schadensersatz verpflichtet wie nach § 15 Abs 1 AGG (FISCHINGER AP Nr 11 zu § 15 AGG sub E IV).

dd) Ein **Leistungsverweigerungsrecht** bei fortbestehendem Anspruch auf das Arbeitsentgelt sieht **§ 14 AGG** vor, allerdings nur, wenn der Arbeitgeber keine oder offensichtlich ungeeignete Maßnahmen zur Unterbindung einer Belästigung oder sexuellen Belästigung am Arbeitsplatz ergreift; eine analoge Anwendung bei unmittelbaren und mittelbaren Benachteiligungen sowie bei Anweisung zu einer Benachteiligung (§ 3 Abs 1, 2, 5 AGG) scheidet mangels planwidriger Regelungslücke aus (ErfK/SCHLACHTER § 14 AGG Rn 1; BAUER/KRIEGER, AGG § 14 Rn 5). Praktisch ist das Leistungsverweigerungsrecht meist ein stumpfes Schwert, da der Arbeitnehmer das Risiko trägt, dass die Tatbestandsvoraussetzungen vorliegen; ist das nicht der Fall, lag also objektiv keine (sexuelle) Belästigung vor, verletzt er mangels Eingreifens von § 14 AGG seine Arbeitspflicht mit der Folge, dass er disziplinarischen Maßnahmen bzw – bei Verschulden – Schadensersatzansprüchen ausgesetzt sein kann (vgl BAG 29. 11. 1983 – 1 AZR 469/82, AP Nr 78 zu § 626 BGB [zu § 273]). Durch § 14 AGG unberührt bleibt das Leistungsverweigerungsrecht des § 273, das aber voraussetzt, dass der Arbeitnehmer einen fälligen Leistungsanspruch aus zB § 12 Abs 3, 4 AGG hat. **494**

ee) **Bestimmungen in Vereinbarungen**, die gegen das Benachteiligungsverbot verstoßen, sind **unwirksam** (§ 7 Abs 2 AGG). Der Vorschrift hätte es nicht bedurft, weil sich die gleiche Rechtsfolge schon aus § 7 Abs 1 AGG iVm § 134 ergibt (vgl SCHUNDER NZA 2006, 774 [775]). Vereinbarungen sind zweiseitige Individual- oder Kollektivverträge (vgl BAG 13. 10. 2009 – 1 AZR 469/82, AP Nr 1 zu § 7 AGG; BAG 29. 9. 2011 – 2 AZR 177/10, NZA 2012, 754 [755]; s auch § 612a Rn 13). Anders als der ADG-Entwurf (§ 7 Abs 2 S 2 ADG) enthält § 7 Abs 2 AGG nicht mehr die Anordnung, dass an die Stelle der unwirksamen kollektivrechtlichen Vereinbarung die Regelung tritt, die die Vertragspartner vereinbart hätten, wenn sie die Unwirksamkeit gekannt hätten. Für Individualvereinbarungen gilt daher § 139; anders verhält es sich beim Verhältnis zwischen Befristungsdauer und der Vereinbarung der Befristung überhaupt, gibt es doch keine Befristung ohne Dauer (BAG 6. 4. 2011 – 7 AZR 524/09, NZA 2011, 970 [972]). Bei Kollektivvereinbarungen ist dagegen grundsätzlich nur die jeweilige Abrede unwirksam; die gesamte Kollektivvereinbarung ist nur unwirksam, wenn anzunehmen ist, dass die Parteien den Vertrag ohne die Klausel gar nicht oder zumindest mit einem wesentlich anderen Inhalt geschlossen hätten (BAG 15. 1. 1955 – 1 AZR 305/54, AP Nr 4 zu Art 3 GG). Fraglich kann sein, wie die so entstehende Lücke zu schließen ist. BAG und EuGH haben hier – zumindest für vergangene Zeiträume – eine **Anpassung nach oben** vorgenommen (vgl EuGH 7. 2. 1991 – C-184/89, AP Nr 25 zu § 23a BAT; BAG 7. 3. 1995 – 3 AZR 282/94, AP Nr 26 zu § 1 BetrAVG Gleichbehandlung; kritisch BAUER/KRIEGER, AGG § 7 Rn 25 ff). Für die Zukunft kann die Ungleichbehandlung auch durch eine Anpassung nach unten beseitigt werden (BAG 7. 5. 1995 – 3 AZR 282/94, NZA 1996, 48 [52]; HWK/RUPP § 7 AGG Rn 5); Voraussetzung ist aber, dass es dem Arbeitgeber auf arbeitsrechtlich zulässigem Wege möglich ist, den bislang Begünstigten die Mehrleistungen zu nehmen (vgl EuGH 28. 9. 1994 – C-28/93, NZA 1994, 1073). Mangels Übergangsregelung gilt § 7 Abs 2 AGG für alle Individual- oder Kollektivvereinbarungen, sofern sie nach dem **495**

17. 8. 2006 liegende Sachverhalte regeln (BAG 12. 11. 2013 – 9 AZR 484/12, ZTR 2014, 279 [280]).

496 **Einseitige diskriminierende Maßnahmen** des Arbeitgebers (vor allem die Ausübung des Direktionsrechts) sind nach § 7 Abs 1 **unwirksam**; sie brauchen vom Arbeitnehmer nicht befolgt werden. § 7 Abs 1 schränkt richtigerweise schon das Fragerecht des Arbeitgebers bei der Einstellung insoweit ein, als Fragen, die auf ein verbotenes Merkmal zielen, nicht gestellt werden dürfen (HWK/Rupp § 7 AGG Rn 2; MünchKomm/Thüsing § 11 AGG Rn 16; **aA** Bauer/Krieger, AGG § 2 Rn 23a).

497 **ff)** Nach § 2 Abs 4 AGG gelten bei **Kündigungen** ausschließlich die Regelungen des allgemeinen und besonderen Kündigungsschutzes. Zu ersterem gehören neben den Regelungen des KSchG auch die Generalklauseln der §§ 138, 242, die anwendbar sind, wenn das KSchG mangels Betriebsgröße (§ 23 Abs 1 S 2 KSchG) oder mangels Erfüllung der Wartezeit (§ 1 Abs 1 KSchG) nicht einschlägig ist. Zum besonderen Kündigungsschutz zählen zB § 9 MuSchG, § 5 PflegeZG.

498 Das Kündigungsschutzrecht vieler Länder ist dadurch geprägt, dass Kündigungen grundsätzlich zulässig sind, wenn nicht ein Verbot eingreift. Beispielsweise ist in den USA eine Kündigung mangels anderslautender Vertragsabrede grundsätzlich zulässig („employment at will", zB Payne v Western & Atlantic Railroad Co, 81 Tenn 507 [1884]), eine Ausnahme gilt aber zB, wenn dies zum Schutz der „public policy" erforderlich ist (vgl zB Petermann v International Brotherhood of Teamsters, 174 CalApp 2d [1959]; Carl v Children's Hospital, 702 A2d 159 [DC App 1997]; Jones v Stevinson's Golden Ford, 36 P3d 129 [Colo CtApp 2001]) oder die Kündigung gegen ein explizites gesetzliches Verbot verstößt (zB gegen Title VII des Civil Rights Act of 1964). Nach der Systematik des deutschen Rechts ist dagegen im Anwendungsbereich des KSchG eine Kündigung nur wirksam, wenn sie sozial gerechtfertigt ist. Intention der Bereichsausnahme des § 2 Abs 4 AGG ist daher die Vermeidung eines systemwidrigen „doppelten" Kündigungsschutzes, der entstünde, wenn neben § 1 Abs 1 KSchG noch die „Negativgründe" des § 1 AGG treten würden.

499 Wörtlich verstanden ist diese Bereichsausnahme allerdings nicht **europarechtskonform**, weil die zugrundeliegenden Richtlinien auch die Beendigung des Beschäftigungsverhältnisses erfassen (vgl Art 3 Abs 1 lit c RL 2000/43/EG und Art 3 Abs 1 lit c RL 2000/78/EG; EuGH 11. 7. 2006 – C-13/05, NZA 2006, 839). Teilweise wird daraus der Schluss gezogen, die Norm sei schlicht unanwendbar (Schleusener/Suckow/Voigt, AGG § 2 Rn 30 ff; vgl Thüsing BB 2007, 1506 [1507]). Aus dem bloßen Richtlinienverstoß würde allerdings nicht die Unanwendbarkeit folgen, erforderlich wäre hierfür – auch nach den Judikaten *Mangold* (EuGH 22. 11. 2005 – C-144/04, NZA 2005, 1345) und *Kücükdeveci* (EuGH 19. 1. 2010 – C-555/07) – ein Verstoß gegen Primärrecht (Rn 740 ff). In Betracht käme insoweit ein Verstoß gegen die in Art 21 EU-Grundrechtecharta kodifizierten Diskriminierungsverbote. Allerdings muss man bei § 2 Abs 4 AGG nicht so weit gehen, sondern kann den Vorgaben des Europarechts auf andere Weise gerecht werden.

500 Ist das **KSchG** nach seinem betrieblichen und persönlichen Anwendungsbereich auf das Arbeitsverhältnis **anwendbar**, so können die Anforderungen des Gemeinschaftsrechts methodengerecht über eine unionsrechtskonforme Auslegung erfüllt werden, indem die §§ 1–10 AGG bei der Sozialwidrigkeitsprüfung **des § 1 Abs 2 KSchG** konkretisierend herangezogen werden; im Falle eines Verstoßes ergibt sich die Unwirksamkeit der Kündigung dann nicht aus § 7 Abs 1 AGG iVm § 134 oder § 7 Abs 2 AGG, sondern aus dem KSchG (BAG 6. 11. 2008 – 2 AZR 523/07, AP Nr 182 zu § 1 KSchG 1969; BAG 5. 11. 2009 – 2 AZR 676/08, NZA 2010, 457 [459]; ErfK/SCHLACHTER § 2 AGG Rn 17 f; HWK/RUPP § 2 AGG Rn 13; **aA** BAUER, in: FS vHoyningen-Huene [2014] 29 [36, 39]). Dabei handelt es sich noch um eine zulässige Auslegung (und nicht bereits um eine wesentlich kritischer zu bewertende) richterliche Rechtsfortbildung. Zwar scheint der als solches eindeutige Wortlaut des § 2 Abs 4 AGG ein anderes nahezulegen, zu berücksichtigen ist aber, dass in § 2 Abs 1 Nr 2 AGG von „Entlassungsbedingungen" die Rede und das AGG daher nicht hinreichend eindeutig ist, um einer unionsrechtskonformen Auslegung entgegenzustehen (vgl zu den Anforderungen an eine unionsrechtskonforme Auslegung Rn 741).

Ist das **KSchG nicht anwendbar** (Kleinbetrieb, § 23 Abs 1 S 2–4 KSchG bzw Nichterfüllung der Wartezeit, § 1 Abs 1 KSchG), so stellt sich die gleiche Problematik. Teils wird auch hier § 2 Abs 4 AGG wörtlich angewandt und per unionsrechtskonformer Auslegung durch eine Berücksichtigung der Diskriminierungsverbote im Rahmen der dann geltenden zivilrechtlichen Generalklauseln der §§ 138, 242 gelöst (ADOMEIT/MOHR, AGG § 2 Rn 230; KR/TREBER § 2 AGG Rn 17, 19; vHOYNINGEN-HUENE/LINCK § 1 KSchG Rn 238; vROETTEKEN, AGG § 2 Rn 69). Schon weil zweifelhaft ist, ob damit dem Gebot transparenter Richtlinienumsetzung Genüge getan wird, ist der Weg des **BAG** vorzuziehen. Danach ist § 2 Abs 4 AGG auf dem KSchG nicht unterfallende Kündigungen im Wege teleologischer Reduktion nicht anwendbar, solche Kündigungen werden vielmehr **direkt am Maßstab des AGG** geprüft (BAG 19. 12. 2013 – 6 AZR 190/12, NZA 2014, 372 [374 f]). Dafür, dass der Wortlaut „überschießend" und daher korrekturbedürftig ist, spricht die Gesetzgebungsgeschichte, lässt diese doch erkennen, dass es dem Gesetzgeber mit § 2 Abs 4 AGG darum ging, das Verhältnis des AGG zum KSchG – und nicht des AGG zu allen denkbaren, unter einen weiten Kündigungsschutzbegriff fallenden Schutzmechanismen – zu regeln (vgl BT-Drucks 15/5717, 5, 36; BT-Drucks 16/1780, 32; BT-Drucks 16/2022, 12). Überdies ist zu berücksichtigen, dass es außerhalb des Anwendungsbereichs des KSchG nicht zu einer Kollision bzw Addition zweier „Systeme" kommt, weil insofern auch nach deutschem Recht der Arbeitgeber keinen positiven, die Kündigung rechtfertigenden Grund benötigt. Findet also richtigerweise das AGG direkt – und nicht nur über den „Umweg" der §§ 138, 242 – Anwendung, ist eine eine ungerechtfertigte Diskriminierung darstellende Kündigung nach § 7 Abs 1 AGG iVm § 134 und § 7 Abs 2 AGG unwirksam.

Fraglich ist, inwieweit § 2 Abs 4 AGG der Anwendbarkeit **weiterer Vorschriften des AGG** auf diskriminierende Kündigungen entgegensteht. Praktisch bedeutsam ist das namentlich in Bezug auf die §§ 15 Abs 1, 2, 22 AGG. Heranzuziehen ist zunächst **§ 22 AGG** (BAG 19. 12. 2013 – 6 AZR 190/12, NZA 2014, 372 [376]; vgl auch BAG 23. 7. 2015 – 6 AZR 457/14, Pressemitteilung 37/15). Misst man zutreffenderweise nicht dem KSchG unterfallende Kündigungen direkt am AGG (Rn 497 ff), findet § 22 AGG ohnehin Anwendung. Weil das Eingreifen des allgemeinen Kündigungsschutzes nicht zu einer Verschlechterung der Situation des Arbeitnehmers führen darf, muss das dann aber auch für Kündigungen gelten, die am KSchG zu prüfen sind; für eine Anwendung des § 22 AGG auch in solchen Fällen spricht zudem, dass er nach zutreffender Auffassung auch sonst für außerhalb des AGG geregelte Ansprüche gilt, soweit es sich nur um solche handelt, für deren Inhalt das AGG den Maßstab bildet (Rn 514). Ob der diskriminierend Gekündigte über die Unwirksamkeit der Kündigung hinaus eine **Entschädigung** nach **§ 15 Abs 2 AGG** verlangen kann, ist umstritten. Dagegen spricht, dass die zugrundeliegenden Richtlinien einen Entschädigungsanspruch nicht explizit fordern und ein solcher auch nicht zur Erfüllung des vom EuGH aufgestellten Postulats, die Rechtsfolgen bei Verstoß gegen das Diskriminierungsverbot müssten „abschreckende Wirkung" haben, erforderlich ist, denn hierfür genügt die Nichtigkeit der Kündigung sowie ggf die Pflicht zur Zahlung von Verzugslohn (noch offengelassen von BAG 6. 11. 2008 – 2 AZR 523/07, NZA 2009, 361 [364]; BAG 22. 10. 2009 – 8 AZR 642/08, NZA 2010, 280 [282]; BAG 28. 4. 2011 – 8 AZR 515/10, NJW 2011, 2458 [2459]; HWK/Rupp § 2 AGG Rn 13). Mit europarechtlichen Überlegungen kann man daher eine Anwendung von § 15 Abs 2 AGG nicht begründen (aA LAG Bremen 29. 6. 2010 – 1 Sa 29/10; Freckmann BB 2007, 1049 [1051]), entscheidend ist allein eine Auslegung des nationalen deutschen Rechts. Gegen die Gewährung eines Entschädigungsanspruchs spricht sicherlich der Wortlaut, dessen Gewicht aber angesichts der gesetzgeberischen „Glanzleistungen" bei Schaffung des AGG nicht überbewertet werden darf (vgl zur atypisch begrenzten Bedeutung des Wortlauts und der Entstehungsgeschichte beim AGG auch Fischinger AP Nr 11 zu § 15 AGG sub E III). Das gilt umso mehr, als die Versagung eines Entschädigungsanspruchs zu kaum zu rechtfertigenden Widersprüchen in der Sache führen würde. Wäre der Arbeitnehmer nämlich nicht diskriminierend gekündigt worden, sondern zB diskriminierend versetzt oder hätte der Arbeitgeber ihm eine diskriminierende Weisung erteilt, bestünde kein Zweifel, dass nicht nur die Versetzung/Weisung unwirksam ist (§ 7 Abs 1 AGG iVm § 134 bzw § 7 Abs 2 AGG), sondern auch eine Entschädigungspflicht nach § 15 Abs 2 AGG bestünde. Dann aber kann es sich – auch mit Blick auf Art 3 Abs 1 GG – bei Kündigungen sinnvollerweise nicht anders verhalten, und zwar vor allem auch deshalb, weil weder durch die Unwirksamkeit der Kündigung noch durch die Pflicht zur Annahmeverzugslohnzahlung, die nach der gesetzgeberischen Wertung in ungerechtfertigten Diskriminierungen zu erblickende Persönlichkeitsrechtsverletzungen des Diskriminierten ausgeglichen wird (so nun auch BAG 12. 12. 2013 – 8 AZR 838/12, NZA 2014, 722 [723 f]; BAG 19. 12. 2013 – 6 AZR 190/12, NZA 2014, 372 [376]; für Anwendung von § 15 Abs 2 AGG auch Diller/Krieger/Arnold NZA 2006, 887 [890]; Bauer/Krieger, AGG § 2 Rn 59a, die aber dafür die Wirksamkeit der Kündigung nicht am AGG messen). Was schließlich **§ 15 Abs 1 AGG** anbelangt, so wird regelmäßig angesichts der Unwirksamkeit der Kündigung und der Möglichkeit, Annahmeverzugslohn beanspruchen zu können, schon gar kein ausgleichspflichtiger Schaden vorliegen (BAG 19. 12. 2013 – 6 AZR 190/12, NZA 2014, 372 [374 f]). Verhält es sich ausnahmsweise anders, wird man den Anspruch aber ebenfalls bejahen können.

c) Maßregelungsverbot (§ 16 AGG)

503 Als lex specialis zu § 612a bestimmt § 16 AGG, dass Beschäftigte nicht wegen der Inanspruchnahme von Rechten nach §§ 6–18 AGG oder wegen der Weigerung, eine gegen diese Vorschriften verstoßende Anweisung auszuführen, benachteiligt werden dürfen (Abs 1 S 1); geschützt sind auch die den Beschäftigten Unterstützenden sowie Zeugen (Abs 1 S 2). Als Rechtsausübung „nach diesem Abschnitt" ist die Beschwerde nach § 13 AGG, die Ausübung des Leistungsverweigerungsrechts nach § 14 AGG sowie die Geltendmachung von Ansprüchen nach § 15 Abs 1, 2 AGG anzusehen. Obwohl – anders als bei § 612a – nicht von der Ausübung der Rechte in „zulässiger Weise" die Rede ist, greift das Maßregelungsverbot nur, wenn der Arbeitnehmer ein tatsächlich bestehendes Recht ausübt, sodass ein Irrtumsprivileg des Arbeitnehmers nicht anzuerkennen ist (MünchKomm/Thüsing § 16 AGG Rn 5; PWW/ Lingemann § 16 AGG Rn 3; Bauer/Krieger, AGG § 16 Rn 2; vgl auch § 612a Rn 19); zu berücksichtigen ist aber, dass das Beschwerderecht des § 13 AGG bereits bei einer nur subjektiv angenommenen Benachteiligung besteht (s Rn 490). Auch im Übrigen sind die Ausführungen zu § 612a entsprechend heranzuziehen, sodass zB ebenfalls einseitige Maßnahmen des Arbeitgebers wie zweiseitige Vereinbarungen erfasst werden, eine Benachteiligung auch in der Vorenthaltung von Vorteilen bestehen kann und ein Kausalzusammenhang zwischen der Rechteausübung und der Benachteiligung erforderlich ist (siehe die Kommentierung zu § 612a Rn 13, 20 ff).

An die Tatsache, dass der Benachteiligte die Maßnahme geduldet oder zurückgewiesen hat, darf der Arbeitgeber keine Folgen knüpfen (Abs 2). Nach Abs 3 findet § 22 AGG entsprechend Anwendung; das ist so zu verstehen, dass der Beschäftigte Indizien beweisen muss, die eine Maßregelung vermuten lassen (Göpfert/Siegrist ZIP 2006, 1710 [1715 f]; ErfK/Schlachter § 16 AGG Rn 3; MünchKomm/Thüsing § 16 AGG Rn 14). **504**

Neben dem allgemeinen Maßregelungsverbot des § 612a hat § 16 AGG vor allem deshalb Bedeutung, weil er – anders als ersterer – auch für zB arbeitnehmerähnliche Personen und Stellenbewerber gilt und die Beweislastregelung des § 22 AGG anwendbar ist (§ 612a Rn 35 f). **505**

d) Ausschlussfristen (§ 15 Abs 4 AGG und § 61b ArbGG)
Ein Anspruch auf Schadensersatz und Entschädigung muss innerhalb einer Frist von zwei Monaten schriftlich geltend gemacht werden, wenn die Tarifvertragsparteien nichts anderes vereinbart haben (§ 15 Abs 4 S 1 AGG). Es handelt sich um eine Ausschlussfrist, bei deren Nichtbeachtung der Anspruch erlischt, was von Amts wegen zu berücksichtigen ist. Normzweck ist, dass der Arbeitgeber nicht mit Blick auf § 22 AGG gezwungen sein soll, sämtliche Dokumentationen über Einstellungen und sonstige Personalentscheidungen über den gesamten, uU fast vierjährigen Zeitraum der allgemeinen Verjährungsfrist aufbewahren zu müssen (BT-Drucks 16/1780, 38). Die **Unionsrechtskonformität** von § 15 Abs 4 AGG war von Anfang an umstritten. Auf Vorlage des LAG Hamburg (3. 6. 2009 – 5 Sa 3/09) hat der EuGH in der *Bulicke*-Entscheidung diesbezüglich wichtige Vorgaben gemacht, die Prüfung aber dem nationalen Gericht überlassen (EuGH 8. 7. 2010 – C-246/09, NZA 2010, 869 [870]). Nach Auffassung des **BAG** ist die Frist mit der Maßgabe mit europarechtlichen Vorgaben zu vereinbaren, dass § 15 Abs 4 S 2 AGG so ausgelegt wird, dass die Frist bei einer Bewerbung bzw beim beruflichen Aufstieg frühestens mit dem Zeitpunkt, in dem der Bewerber Kenntnis von seiner Benachteiligung erlangt, zu laufen beginnt (BAG 15. 3. 2012 – 8 AZR 37/11, NZA 2012, 910 [913]; BAG 21. 6. 2012 – 8 AZR 188/11, NZA 2012, 1211 [1213]; so auch schon [für § 3 Abs 3 AGG] BAG 24. 9. 2009 – 8 AZR 705/08, NZA 2010, 387 [391 f]; ebenso Jacobs RdA 2009, 193 [200]; Kolbe EuZA 2011, 65 [68]; Wagner/Potsch JZ 2006, 1085 [1092]). Das überzeugt nur insoweit, als ein Verstoß gegen das *Effektivitätsgebot,* nach dem nationale Verfahrensvorschriften nicht dem Einzelnen die Ausübung unionsrechtlich fundierter Rechte praktisch unmöglich machen oder auch nur übermäßig erschweren dürfen (vgl zB EuGH 10. 7. 1997 – C-261/95, NZA 1997, 1041 [1042] *Palmisani* Rn 27), verneint wird. Unproblematisch ist zunächst die Fristlänge, denn erstens sind zwei Monate in aller Regel ein ausreichend langer Zeitraum und zweitens sollen kurze Ausschlussfristen schnell Rechtssicherheit schaffen, was für ihre Recht- **506**

fertigung spricht. Das Problem, dass § 15 Abs 4 S 2 AGG bei Diskriminierungen im Rahmen von Bewerbungen und beim beruflichen Aufstieg für den Fristbeginn unabhängig von der Kenntnis des Benachteiligten von den die Diskriminierung begründenden Tatsachen allein auf den Zugang der Ablehnung durch den Arbeitgeber abstellt, kann durch eine unionsrechtskonforme Auslegung dahingehend, dass der Fristlauf hier kumulativ von der Kenntnis der Umstände *und* dem Zugang der Ablehnung abhängt, aus der Welt geschaffen werden (näher Fischinger NZA 2010, 1048 [1051 f]; ders AP Nr 11 zu § 15 AGG sub A II; s auch BeckOK-BGB/Fuchs, AGG § 15 Rn 13; Walker NZA 2009, 5 [10]; Kamanabrou RdA 2006, 321 [338]; Jacobs RdA 2009, 193 [201]). Im Übrigen aber ist die Auffassung des BAG abzulehnen, § 15 Abs 4 AGG ist richtigerweise **mit Unionsrecht nicht vereinbar**. So verstößt § 15 Abs 4 AGG bei geschlechtsbezogenen Diskriminierungen gegen das „Verschlechterungsverbot" des Art 8e RL 76/207/EGW in der Fassung durch die RL 2002/73/EG, weil die von ihm statuierte Ausschlussfrist kürzer ist als die des § 611a Abs 4 BGB aF; Folgen hat das aber nicht, insbesondere kommt deswegen weder eine unionsrechtskonforme Auslegung oder gar eine Unanwendbarkeit in Betracht (s Fischinger NZA 2010, 1048 [1048 f]). Vor allem aber verstößt § 15 Abs 4 AGG (für alle Diskriminierungsmerkmale) gegen den primärrechtlichen *Äquivalenzgrundsatz* aus Art 4 Abs 3 EUV und Art 47 EU-Grundrechtecharta, nach dem die Frist nicht weniger günstig sein darf, als die für vergleichbare innerstaatliche Rechtsbehelfe (ebenso vRoetteken, AGG § 15 Rn 104a; Schieck/Kocher, AGG § 15 Rn 56; Rust/Eggert-Weyand ZESAR 2011, 186 [189 f]; vgl zum Äquivalenzgrundsatz EuGH 29. 10. 2009 – C-63/08, EuZW 2010, 190 [193] *Pontin* Rn 45). Mit den Ansprüchen aus § 15 Abs 1, 2 AGG ist zB ein Anspruch aus § 823 Abs 1 wegen Verletzung des allgemeinen Persönlichkeitsrechts durch diskriminierende Nichteinstellung (vgl dazu BAG 14. 3. 1989 – 8 AZR 447/87, NZA 1990, 21 [21 f]) vergleichbar, der nur der allgemeinen Verjährungsfrist, nicht aber § 15 Abs 4 AGG unterliegt (vgl Rn 507), und daher unter günstigeren Voraussetzungen durchgesetzt werden kann, als die Ansprüche aus § 15 Abs 1, 2 AGG (ausf Fischinger AP Nr 11 zu § 15 AGG sub II; vgl auch Gotthardt ZTR 2000, 448 [450 f]). Unter Zugrundelegung der hier vertretenen Auffassung ist § 15 Abs 4 AGG wegen des Primärrechtsverstoßes **unanwendbar**. Für § 61b ArbGG gilt nichts anderes.

507 Sieht man von dieser europarechtlichen Problematik ab, ist umstritten, ob § 15 Abs 4 AGG auch für auf **andere Anspruchsgrundlagen** gestützte Schadensersatz- oder Entschädigungsansprüche gilt. Das ist angesichts des klaren Wortlauts des § 15 Abs 5 AGG *(„im Übrigen ... bleiben unberührt")* sowie dessen Zweck zu **verneinen**, wäre die Zulassung konkurrierender Ansprüche dann doch weitgehend sinnlos. Der Arbeitgeber steht auch nicht schutzlos, weil er sich insoweit durch die Vereinbarung vertraglicher Ausschlussfristen schützen kann (HWK/Rupp, AGG § 15 Rn 14; Fischinger AP Nr 11 zu § 15 AGG sub F; aA Bauer/Krieger, AGG § 15 Rn 49, 67).

508 Hält man § 15 Abs 4 AGG entgegen der hier vertretenen Auffassung für unionsrechtskonform und daher für anwendbar, so wird die Frist auch durch die gerichtliche Anspruchsgeltendmachung gewahrt werden, wobei § 167 ZPO anwendbar ist (BAG 22. 5. 2014 – 8 AZR 662/13, NZA 2014, 924 [925]).

509 Soweit ein Schaden, der nicht Vermögensschaden ist, geltend gemacht wird, es sich also um den Anspruch auf Entschädigung nach § 15 Abs 2 AGG handelt, muss eine Klage auf Entschädigung über § 15 Abs 4 AGG hinaus innerhalb von drei Monaten, nachdem der Anspruch schriftlich geltend gemacht worden ist, erhoben werden (**§ 61b ArbGG**). Es besteht also insoweit eine zweifache Ausschlussfrist. Wird die Klage nicht rechtzeitig erhoben, so erlischt der Anspruch. Eine analoge Anwendung des § 61b ArbGG auch auf Schadensersatzansprüche des § 15 Abs 1 AGG ist abzulehnen (BAG 20. 6. 2013 – 8 AZR 482/12, NZA 2014, 21 [23]; HWK/ZIEMANN § 61b ArbGG Rn 1); insofern fehlt es an Anhaltspunkten für eine planwidrige Regelungslücke (**aA** JACOBS RdA 2009, 193 [202]; BAUER/KRIEGER, AGG § 15 Rn 57). Letztlich kommt es darauf nach hier vertretener Auffassung aber nicht an, weil § 61b ArbGG – genauso wie § 15 Abs 4 AGG (Rn 506) – richtigerweise gegen den primärrechtlichen Äquivalenzgrundsatz verstößt und daher sowieso **unanwendbar** ist (FISCHINGER NZA 2010, 1048 [1052]).

8. Beweislast (§ 22 AGG)

Wenn eine Partei im Streitfall Indizien beweist, die eine Benachteiligung wegen eines in § 1 AGG genannten Grundes vermuten lassen, trägt die andere Partei die Beweislast dafür, dass kein Verstoß vorlag. Es handelt sich um „eine der konstruktiv kompliziertesten Beweislastregelungen des Arbeitsrechts" (so bereits zu § 611a Abs 1 S 3 aF PRÜTTING, Gegenwartsprobleme der Beweislast [1983] 334). § 22 AGG ist **zweistufig** ausgestaltet: **510**

Zunächst liegt die Darlegungs- und Beweislast alleine beim Anspruchssteller. Auf **erster Stufe** muss dieser zumindest Indizien darlegen und ggf (nach allgemeinen Regeln) beweisen, die eine Benachteiligung vermuten lassen. Indizien können zB diskriminierende Äußerungen sowie Fragen im Bewerbungsgespräch, die auf ein verbotenes Merkmal abzielen, sein; Letzteres ist bei Fragen nach gesundheitlichen Beeinträchtigungen, die oft zu einer Behinderung führen, der Fall, da dies auf eine Nachfrage, ob eine Behinderung vorliegt, schließen lässt (BAG 17. 12. 2009 – 8 AZR 670/08, NZA 2010, 383; weitere Beispiele bei SCHIEFER ZfA 2008, 493 [499 f]). Die Nichteinschaltung der Agentur für Arbeit entgegen §§ 81 Abs 1, 82 Abs 2 S 2 SGB IX ist ebenso ein Indiz dafür, dass der Arbeitgeber keinen Schwerbehinderten einstellen will (BAG 12. 9. 2006 – 9 AZR 807/05, AP Nr 13 zu § 81 SGB IX; vgl auch Rn 522), wie die Verletzung der Pflicht zur Beteiligung der Schwerbehindertenvertretung (BAG 15. 2. 2005 – 9 AZR 635/03, NZA 2005, 870 [872]; BAG 22. 8. 2013 – 8 AZR 574/12, AP Nr 21 zu § 81 SGB IX); auch entsprechende öffentliche Äußerungen des Arbeitgebers (vgl EuGH 10. 7. 2008 – C-54/07, NZA 2008, 929 *Feryn*) oder von nicht autorisierten Dritten, denen der Arbeitgeber nicht entgegengetreten ist (EuGH 25. 4. 2013 – C-81/12, NZA 2013, 891 [894]; BENECKE/BÖGLMÜLLER EuZW 2013, 469) begründen ein solches Indiz; Gleiches gilt für den Austausch der Begründung für die Ablehnung (BAG 21. 6. 2012 – 8 AZR 364/11, NZA 2012, 1345 [1349 f]). Dagegen genügt allein die Tatsache, dass der Arbeitgeber einen Mann statt einer schwangeren Frau eingestellt hat, nicht (BAG 24. 4. 2008 – 8 AZR 257/07, AP Nr 2 zu § 33 AGG [zu § 611a Abs 1 S 3 aF]). Dabei legt das BAG keinen zu strengen Maßstab an die Vermutungswirkung vom Arbeitnehmer vorgebrachter Hilfstatsachen an; es genügt, dass nach allgemeiner Lebenserfahrung eine überwiegende Wahrscheinlichkeit für eine Diskriminierung besteht; bei mehreren, jeweils für sich nicht ausreichenden Hilfstatsachen ist eine Gesamtbetrachtung vorzunehmen (BAG 24. 4. 2008 – 8 AZR 257/07; BAG 22. 7. 2010 – 8 AZR 1012/08, NZA 2011, 93 [101]). Statistiken können zwar ein Indiz für eine (mittelbare) Benachteiligung liefern; sie genügen jedoch noch nicht zur Darlegung der Diskriminierung, vielmehr müssen regelmäßig **511**

§ 611

noch weitere Anhaltspunkte vorgetragen werden (BAG 22. 7. 2010 – 8 AZR 1012/08; BAG 21. 6. 2012 – 8 AZR 364/11, NZA 2012, 1345 [1348]; BAG 18. 9. 2014 – 8 AZR 753/13). Ein Stellenbewerber hat aber richtigerweise **keinen Auskunftsanspruch** gegen den Arbeitgeber auf Übergabe der Daten aller Bewerber oder auf Auskunft über mögliche Differenzierungsgründe; es wäre nicht nur datenschutzrechtlich bedenklich, sondern zugleich für den Arbeitgeber organisatorisch unzumutbar, jedem abgelehnten Bewerber Auskunft erteilen zu müssen (EuGH 21. 7. 2011 – C-104/10, RDV 2011, 291 [293]; EuGH 19. 4. 2012 – C-415/10, NZA 2012, 493 [494]; BAG 20. 5. 2010 – 8 AZR 287/08, NZA 2010, 1006 [1008 f]; LAG Hamburg 9. 11. 2007 – 3 Sa 102/07; Grobys NZA 2006, 903; Schiefer ZfA 2008, 493 [503]). Allerdings kann die Verweigerung der Auskunft über die Person des erfolgreichen Bewerbers im Zusammenspiel mit anderen Faktoren und Indizien eine hinreichende Wahrscheinlichkeit für eine unerlaubte Diskriminierung begründen (EuGH 21. 7. 2011 – C-104/10, RDV 2011, 291 [293]; EuGH 19. 4. 2012 – C-415/10, NZA 2012, 493 [494]); das BAG verlangt insoweit aber, dass der Anspruchssteller schlüssig darlegt, dass erst die geforderte, aber verweigerte Auskunft es ihm ermögliche, eine unzulässige Benachteiligung nachzuweisen, oder dass er schlüssig dartut, warum gerade die verweigerte Auskunft – isoliert oder in der Gesamtschau mit anderen Indizien – die Vermutung einer Benachteiligung iSv § 22 AGG begründet (BAG 25. 4. 2013 – 8 AZR 287/08, DB 2013, 2509 [2512]).

512 Gelingt dem Arbeitnehmer dieser Nachweis, obliegt auf **zweiter Stufe** dem Arbeitgeber der Beweis dafür, dass entweder keine Differenzierung anhand der verbotenen Diskriminierungsmerkmale vorlag oder aber, dass diese zumindest gerechtfertigt war (BAG 21. 7. 2009 – 9 AZR 431/08, NZA 2009, 1087). Die Beweiserleichterung des § 22 AGG gilt damit **nicht** für das Vorliegen einer Benachteiligung, sondern nur für die **Kausalität** der Benachteiligung **wegen** eines Merkmals nach § 1 AGG; insoweit genügt dann die Überzeugung des Gerichts von der überwiegenden Wahrscheinlichkeit für die Kausalität. Etwas anderes gilt im Rahmen von § 3 Abs 2 AGG, da hier der Anspruchssteller nach zutreffender Auffassung auch für das Fehlen eines diese rechtfertigenden sachlichen Grundes darlegungs- und beweispflichtig ist (Rn 447).

513 Der Arbeitgeber kann sich nur auf solche Umstände berufen, die Motiv für sein Verhalten waren; Umstände, die zwar objektiv das Verhalten gerechtfertigt hätten, die aber nicht Triebfeder seines Handelns waren, kann er nicht „nachschieben" (HWK/Rupp § 22 AGG Rn 5 mwNw).

514 Fraglich ist schließlich der **Anwendungsbereich des § 22 AGG**. Unstrittig gilt § 22 AGG für die Ansprüche aus § 15 Abs 1 und 2 AGG sowie – wegen § 16 Abs 3 AGG – für das Maßregelungsverbot des § 16 AGG. Umstritten ist aber, ob er auch für Ansprüche außerhalb des AGG sowie für sonstige auf Bestimmungen des AGG gestützte Ansprüche/Rechte (zB die Unwirksamkeit einer Vereinbarung nach § 7 Abs 2 AGG) gilt. Das ist richtigerweise zu bejahen, aber nur wenn es um Ansprüche geht, für deren Inhalt das AGG den Maßstab bildet (ErfK/Schlachter § 22 AGG Rn 11; MünchKomm/Thüsing § 22 AGG Rn 5; Fischinger AP Nr 11 zu § 15 AGG sub G; **aA** Windel RdA 2007, 1 [8]; Hey, AGG § 22 Rn 107 f; Bauer/Krieger, AGG § 22 Rn 5; auf Linie der hier vertretenen Auffassung liegt es, dass BAG 15. 3. 2012 – 8 AZR 37/11, NZA 2012, 910 [919] § 22 AGG nicht auf einen Schadensersatzanspruch aus § 823 Abs 1 wegen Verletzung des allgemeinen Persönlichkeitsrechts anwendete). Dafür spricht neben dem weiten Wortlaut („im Streitfall"), dass die Art 8 RL 2000/43/EG, Art 10 RL 2000/78/EG und Art 4 RL 97/80/EG auch nicht nach der Anspruchsgrundlage differenzieren; aus § 16 Abs 3 AGG lässt sich ein Gegenschluss nicht ziehen, denn diese Norm war notwendig, da es beim Maßregelungsverbot des § 16 AGG nicht um eine direkte Benachteiligung wegen eines der Merkmale des § 1 AGG geht, sondern um eine solche wegen Inanspruchnahme von Rechten im Zusammenhang mit einer Benachteiligung (vgl HWK/Rupp § 16 AGG Rn 3).

VI. Weitere Rechtsbindungen eines Arbeitgebers bei der Auswahlentscheidung

1. Verfassungsrechtliche Gewährleistung des Zugangs zu einem öffentlichen Amt nach Art 33 Abs 2 GG

Nach Art 33 Abs 2 GG hat **jeder Deutsche nach seiner Eignung, Befähigung und fachlichen Leistung gleichen Zugang zu jedem öffentlichen Amte**. Die Vorschrift ist nicht nur bei Begründung eines **Beamtenverhältnisses**, sondern auch bei **Arbeitsverhältnissen im öffentlichen Dienst** zu beachten (ebenso BAG 2. 12. 1970 – 4 AZR 59/70, BAGE 23, 101 [109]; bestätigt durch BAG 31. 3. 1976 – 5 AZR 104/74, BAGE 28, 62 [66]; st Rspr, vgl BAG 18. 9. 2001 – 9 AZR 410/00, BAGE 99, 67). Der Bewerber kann grundsätzlich nur, aber eben doch verlangen, dass seine Bewerbung allein auf Eignung, Befähigung und fachliche Leistung geprüft wird. Das dient nicht nur dem öffentlichen Interesse an einer bestmöglichen Besetzung öffentlicher Stellen, sondern auch dem Interesse des Bewerbers an seinem beruflichen Fortkommen (BAG 21. 2. 2013 – 8 AZR 180/12, NZA 2013, 840 [841 f]); Art 33 Abs 2 GG enthält deshalb ein grundrechtsgleiches Recht (vgl zB BAG 12. 10. 2010 – 9 AZR 554/09, NZA-RR 2011, 216 [217]). Soll ein Beamtenverhältnis begründet werden, so müssen insoweit die Voraussetzungen erfüllt sein. Wenn aber eine Stelle für Beamte und für Arbeitnehmer ausgeschrieben wird, dürfen keine Anforderungen gestellt werden, die nur von Beamten, nicht aber von Arbeitnehmern erfüllt werden können (vgl BAG 18. 9. 2001 – 9 AZR 410/00, BAGE 99, 67 [73 f]). Hat die Einstellungsbehörde dagegen verstoßen, kann eine Neubescheidung aber nur verlangt werden, solange die Stelle nicht bereits rechtswirksam und dauerhaft mit einem Konkurrenten besetzt wurde (zum Begriff der Besetzung vgl BAG 28. 5. 2002 – 9 AZR 751/00, AP Nr 56 zu Art 33 Abs 2 GG; zur Konkurrentenklage vgl auch Seitz, Die arbeitsrechtliche Konkurrentenklage [1995]; Szabados, Krankenhäuser als Leistungserbringer in der gesetzlichen Krankenversicherung [2009] 147 ff). Danach sind grundsätzlich allenfalls Schadensersatzansprüche möglich (§ 280 Abs 1; § 823 Abs 2; s BAG 19. 2. 2008 – 9 AZR 70/07, AP Nr 69 zu Art 33 Abs 2 GG), Rechtsschutz gegen die Ablehnung der Einstellung besteht nicht (BAG 27. 7. 2005 – 7 AZR 508/04, AP Nr 63 zu Art 33 Abs 2 GG mwNw). Eine Ausnahme gilt, wenn die Verwaltung durch ihr Verhalten die Möglichkeit des Bewerbers, durch einstweiligen Rechtsschutz die Schaffung vollendeter Tatsachen zu verhindern, unterminiert hat, indem sie vor Abschluss dieses Verfahrens die Stelle rechtswirksam besetzte (Art 19 Abs 4 GG); dann kann sie dem Bewerber nicht die Stellenbesetzung entgegenhalten. Dieser kann vielmehr verlangen, so gestellt zu werden, wie wenn das Verfahren noch nicht beendet wäre (BAG 18. 9. 2007 – 9 AZR 672/06, AP Nr 64 zu Art 33 Abs 2 GG mAnm Walker; BAG 24. 3. 2009 – 9 AZR 277/08, AP Nr 70 zu Art 33 Abs 2 GG; BVerfG 28. 4. 2005 – 1 BvR 2231/02, NJW-RR 2005, 998; vgl auch BAG 11. 6. 2013 – 9 AZR 668/11, NZA-RR 2014, 52 [54]). Bricht der Arbeitgeber ein Besetzungsverfahren allerdings aus sachlichen Gründen ab, erlöschen die Rechte aus Art 33 Abs 2 GG (BAG 24. 3. 2009 – 9 AZR 277/08, NZA 2009, 901 [902 f]; BAG 17. 8. 2010 – 9 AZR

347/09, NZA 2011, 516 [518]). Zudem besteht natürlich auch im Bereich des Art 33 Abs 2 GG kein Anspruch auf Gleichbehandlung im Unrecht; aus der Tatsache, dass die Behörde in der Vergangenheit bei Einstellungen Art 33 Abs 2 GG verletzte, folgt also kein Anspruch darauf, dass sie dies auch bei einem erneuten Besetzungsverfahren tut (BAG 19. 2. 2003 – 7 AZR 67/02, NZA 2003, 1271 [1273]).

516 Ein **Einstellungsanspruch** des Bewerbers ergibt sich nur dann aus Art 33 Abs 2 GG, wenn der Bewerber alle Einstellungsvoraussetzungen erfüllt und „wenn sich nach den Verhältnissen im Einzelfall jede andere Entscheidung als die Einstellung dieses Bewerbers als rechtswidrig oder ermessensfehlerhaft und mithin die Einstellung als die einzige rechtmäßige Entscheidung der Behörde über die Bewerbung darstellt" (BAG 31. 3. 1976 – 5 AZR 104/74, BAGE 28, 62 [67]; bestätigt durch BAG 28. 1. 1993 – 8 AZR 169/92, BAGE 72, 176 [183 f]; BAG 19. 2. 2003 – 7 AZR 67/02, AP Nr 58 zu Art 33 Abs 2 GG). Art 33 Abs 2 GG enthält also nicht die Rechtsgrundlage für einen Anspruch auf Einstellung, sondern der Anspruch besteht nur als Folge einer sog Ermessensreduzierung auf Null. Das Vorliegen dieser Voraussetzungen hat grundsätzlich der abgelehnte Bewerber darzulegen und zu beweisen; hat aber der öffentliche Arbeitgeber weder ein schriftliches Anforderungsprofil noch eine ordnungsgemäße Dokumentation seiner Auswahlentscheidung erstellt, führt dies nach dem LAG Hessen (23. 4. 2010 – 19/3 Sa 47/09) zur Umkehr der Darlegungs- und Beweislast.

517 Der Arbeitgeber muss nicht nur den Auswahlprozess und die Auswahlüberlegungen hinreichend **dokumentieren** (BAG 21. 1. 2003 – 9 AZR 72/02, AP Nr 59 zu Art 33 Abs 2 GG; BAG 7. 4. 2011 – 8 AZR 679/09, NZA-RR 2011, 494 [497]), sondern schon das **Anforderungsprofil** so gestalten, dass es den Anforderungen der zu besetzenden Stelle entspricht und ihm keine sachfremden Erwägungen zugrunde liegen (BAG 12. 9. 2006 – 9 AZR 807/05, NZA 2007, 507 [511]; BAG 6. 5. 2014 – 9 AZR 724/12, NZA 2015, 446 [447]).

2. Abschlussgebote im Gesetzesrecht

a) Übernahme in ein Arbeitsverhältnis nach Berufsausbildung

518 Das Berufsausbildungsverhältnis endet mit Ablauf der Ausbildungszeit bzw dem Bestehen der Abschlussprüfung (§ 21 Abs 1, 2 BBiG). Es besteht kein Abschlussgebot, wenn man von den Sonderregelungen in § 78a BetrVG und §§ 9, 107 BPersVG absieht (s Rn 519). Eine Modifikation für die Begründung des Arbeitsverhältnisses ergibt sich aber daraus, dass bei einer Beschäftigung des Auszubildenden im Anschluss an das Berufsausbildungsverhältnis, sofern nicht ausdrücklich etwas anderes vereinbart worden ist, ein Arbeitsverhältnis auf unbestimmte Zeit als begründet gilt (§ 24 BBiG; dazu BENECKE NZA 2009, 820); ggf ist § 612 Abs 2 anwendbar. Das setzt aber voraus, dass der Auszubildende an seiner betrieblichen Ausbildungsstätte tätig wird (näher BAG 13. 3. 2007 – 9 AZR 494/06, AP Nr 13 zu § 14 BBiG). Berufsauszubildende, die noch Wehr- oder Zivildienst leisten, sind über § 2 Abs 5 ArbPlSchG, § 78 Abs 1 Nr 1 ZDG geschützt; für Freiwillige nach dem BFDG und dem JFDG existieren keine entsprechenden Regelungen.

519 Beabsichtigt der Arbeitgeber, einen Auszubildenden, der **Mitglied eines Betriebsrats oder einer Jugend- und Auszubildendenvertretung** ist, nach Beendigung des Berufsausbildungsverhältnisses nicht in ein Arbeitsverhältnis auf unbestimmte Zeit zu übernehmen, so muss er dies drei Monate vor Beendigung des Berufsausbildungs-

Titel 8 · Dienstvertrag und ähnliche Verträge
Untertitel 1 · Dienstvertrag   § 611

verhältnisses dem Auszubildenden schriftlich mitteilen (§ 78a Abs 1 BetrVG). Gleiches gilt, wenn das Berufsausbildungsverhältnis vor Ablauf eines Jahres nach Beendigung der Amtszeit des Betriebsrats bzw der Jugend- und Auszubildendenvertretung endet (§ 78a Abs 3 BetrVG). Verlangt der Auszubildende gleichwohl innerhalb der letzten drei Monate (ein früheres Verlangen ist unwirksam, vgl BAG 5. 12. 2012 – 7 ABR 38/11, NZA-RR 2013, 241 [243 f]) vor Beendigung des Berufsausbildungsverhältnisses schriftlich die Weiterbeschäftigung, so gilt zwischen ihm und dem Arbeitgeber im Anschluss an das Berufsausbildungsverhältnis ein Arbeitsverhältnis auf unbestimmte Zeit als begründet (§ 78a Abs 2 und 3 BetrVG; näher THÜSING, in: RICHARDI, BetrVG § 78a Rn 19 ff). Die gleiche Regelung besteht für Auszubildende, die Mitglied einer Personalvertretung oder einer für den öffentlichen Dienst gebildeten Jugend- und Auszubildendenvertretung sind, hier allerdings nur nach erfolgreicher Beendigung des Berufsausbildungsverhältnisses (§§ 9, 107 BPersVG). Das Gesetz gibt dem Auszubildenden also ein **Gestaltungsrecht**, um auch gegen den Willen des Arbeitgebers die Begründung eines Arbeitsverhältnisses herbeizuführen.

Eine Befreiung von der Übernahme in ein Arbeitsverhältnis tritt nur ein, wenn der **520** Arbeitgeber spätestens bis zum Ablauf von zwei Wochen nach Beendigung des Berufsausbildungsverhältnisses beim Arbeitsgericht bzw Verwaltungsgericht beantragt, festzustellen, dass ein Arbeitsverhältnis nicht begründet wird oder das bereits begründete Arbeitsverhältnis aufzulösen, weil Tatsachen vorliegen, aufgrund derer dem Arbeitgeber unter Berücksichtigung aller Umstände die Weiterbeschäftigung nicht zugemutet werden kann (§ 78a Abs 4 S 1 BetrVG, § 9 Abs 4 S 1 iVm § 107 S 2 BPersVG); in Betracht kommen verhaltens-, personen- und betriebsbedingte Gründe. Das Arbeitsgericht bzw Verwaltungsgericht entscheidet über den Antrag im Beschlussverfahren (BAG 5. 4. 1984 – 6 AZR 70/83, BAGE 45, 305 unter Aufgabe seiner früheren Rspr in BAG 3. 2. 1976 – 1 ABR 59/75, BAGE 28, 8 und BAG 23. 3. 1976 – 1 ABR 7/76, AP Nr 3 zu § 78a BetrVG 1972; vgl zu den Einzelheiten THÜSING, in: RICHARDI, BetrVG § 78a Rn 30 ff).

b) Schwerbehinderte Menschen
Das wichtigste Abschlussgebot ergibt sich aus dem Schwerbehindertenrecht im SGB **521** IX. Arbeitgeber, die über mindestens 20 Arbeitsplätze verfügen, haben auf wenigstens fünf Prozent der Arbeitsplätze schwerbehinderte Menschen zu beschäftigen (§ 71 Abs 1 S 1 SGB IX; zur praktischen Wirksamkeit vgl BANAFSCHE NZS 2012, 205). Unter ihnen müssen sich in angemessenem Umfang Schwerbehinderte, die nach Art oder Schwere ihre Behinderung im Arbeitsleben besonders betroffen oder die das 50. Lebensjahr vollendet haben (§ 72 Abs 1 SGB IX), befinden. Diese Beschäftigungspflicht ist aber nur eine **öffentlich-rechtliche Pflicht**, die dem einzelnen Schwerbehinderten keinen Anspruch gegen einen Arbeitgeber auf Begründung eines Arbeitsverhältnisses gibt (vgl auch BAG 5. 10. 1995 – 2 AZR 923/94, NZA 1996, 371 [372]); das ist systemgerecht, schließt § 15 Abs 6 AGG doch selbst bei diskriminierender Nichteinstellung eines Schwerbehinderten einen Anspruch auf Einstellung aus. Es besteht auch nicht mehr wie nach § 10 Schwerbeschädigtengesetz iF vom 14. 8. 1961 (BGBl I 1233) die Möglichkeit der Zwangseinstellung durch privatrechtsgestaltenden Verwaltungsakt. Solange der Arbeitgeber die vorgeschriebene Zahl schwerbehinderter Menschen nicht beschäftigt, hat er vielmehr lediglich für jeden unbesetzten Pflichtplatz monatlich eine **Ausgleichsabgabe** zu entrichten (§ 77 SGB IX); § 71 SGB

IX enthält damit nur eine mittelbare, ökonomisch wirkende Beschränkung der Abschlussfreiheit.

522 Um die Einstellung und Beschäftigung schwerbehinderter Menschen zu fördern, muss der Arbeitgeber nach § 81 Abs 1 SGB IX **prüfen**, ob freie Arbeitsplätze mit schwerbehinderten Menschen, insbesondere mit bei der Agentur für Arbeit arbeitslos oder arbeitssuchend gemeldeten schwerbehinderten Menschen, besetzt werden können; zu diesem Zweck hat er frühzeitig Verbindung mit der Agentur für Arbeit aufzunehmen und – wenn ihm diese einen entsprechenden Vermittlungsvorschlag unterbreitet – das detailliert geregelte Verfahren zu beachten. Ob diese Pflicht auch bei der rein internen Stellenbesetzung gilt, hat das BAG offengelassen (BAG 17. 6. 2008 – 1 ABR 38/07, AP Nr 46 zu § 99 BetrVG 1972 Versetzung); das ist aber zu verneinen, weil bei einer rein internen Besetzung gar kein frei werdender, neu zu besetzender Arbeitsplatz vorliegt (ebenso LAG Köln 8. 2. 2010 – 5 TaBV 73/09, juris Rn 33). Jedoch besteht diese Pflicht angesichts des weiten, keine Unterschiede machenden Wortlauts richtigerweise, wenn der Arbeitgeber den freien Arbeitsplatz mit einem Leiharbeitnehmer besetzen will (BAG 23. 6. 2010 – 7 ABR 3/09, NZA 2010, 1361 [1364] mwNw). Der weite Wortlaut gebietet eine Anwendung schließlich auch dann, wenn der Arbeitgeber nicht mehr als 20 Arbeitnehmer beschäftigt oder die Pflichtquote bereits erfüllt hat. Verletzt der Arbeitgeber diese Pflichten, berechtigt das den Betriebsrat zur **Zustimmungsverweigerung** gem § 99 Abs 2 Nr 1 BetrVG bei einer **Einstellung** (BAG 14. 11. 1989 – 1 ABR 88/88, AP Nr 77 zu § 99 BetrVG 1972), nicht aber bei einer Versetzung (BAG 17. 6. 2008 – 1 ABR 20/07, AP Nr 46 zu § 99 BetrVG 1972 Versetzung). Zudem begründen Verstöße gegen gesetzliche Verfahrensvorschriften, die der Förderung der Chancen schwerbehinderter Menschen dienen, ein Indiz im Sinne des **§ 22 AGG** dafür, dass der Arbeitgeber keinen Schwerbehinderten einstellen will; dazu zählt zB die Nichteinschaltung der Agentur für Arbeit entgegen § 81 Abs 1, § 82 Abs 2 S 2 SGB IX oder die Verletzung der aus § 81 Abs 1 S 9 SGB IX abzuleitenden Pflicht, die getroffene Besetzungsentscheidung unverzüglich mit allen Beteiligten zu erörtern (BAG 12. 9. 2006 – 9 AZR 807/05, AP Nr 13 zu § 81 SGB IX; BAG 13. 10. 2011 – 8 AZR 608/10, AP Nr 9 zu § 15 AGG; BAG 21. 2. 2013 – 8 AZR 180/12, NZA 2013, 840 [842]; BAG 22. 8. 2013 – 8 AZR 574/12, AP Nr 21 zu § 81 SGB IX). Das gilt aber nur für Schwerbehinderte und diesen gleichgestellte behinderte Menschen (§ 68 Abs 1 SGB IX), nicht für einfach Behinderte (BAG 27. 1. 2011 – 8 AZR 580/09, NZA 2011, 737 [740]).

523 Schwerbehinderte Menschen haben einen **Anspruch auf Entschädigung**, wenn sie bei der Einstellung wegen der Schwerbehinderteneigenschaft benachteiligt werden; es gelten die Regelungen des AGG, § 81 Abs 2 S 2 SGB IX. Schwerbehinderte haben weiterhin einen **Anspruch auf Wiedereinstellung**, wenn ihnen lediglich **aus Anlass eines Streiks oder einer Aussperrung fristlos gekündigt** worden ist (§ 91 Abs 6 SGB IX). Diese Gesetzesbestimmung übernimmt die schon im Schwerbeschädigtengesetz enthaltene Regelung, die völlig die Entwicklung des Arbeitskampfrechts seit dem Beschluss des Großen Senats vom 28. 1. 1955 (BAG [GS] 28. 1. 1955 – GS 1/54, BAGE 1, 291) ignoriert. Denn danach ist gegenüber Schwerbehinderten nur eine suspendierende, niemals aber eine lösende Aussperrung zulässig (so BAG [GS] 21. 4. 1971 – GS 1/68, BAGE 23, 292 [313]; BAG 7. 6. 1988 – 1 AZR 597/86, AP Nr 107 zu Art 9 GG Arbeitskampf). Eine fristlose Kündigung kommt deshalb nach geltendem Recht nur bei einem rechtswidrigen Streik in Betracht. Die Bedeutung des § 91 Abs 6 SGB IX beschränkt sich demzufolge darauf, dem Arbeitnehmer auch in diesem Fall einen Wiedereinstellungsanspruch zu geben (ebenso KR/Etzel § 91 SGB IX Rn 45). Die fristlose Kündigung ist aber nicht mehr lediglich aus Anlass eines Streiks oder einer Aussperrung erfolgt, wenn der Arbeitnehmer sich während eines Arbeitskampfes an rechtswidrigen Ausschreitungen beteiligt oder einen rechtswidrigen Streik angezettelt hat. Daher besteht in diesen Fällen nach Beendigung des Arbeitskampfes kein Anspruch auf Wiedereinstellung (ebenso KR/Etzel § 91 SGB IX Rn 46). Soweit ein Wiedereinstellungsanspruch besteht, hat der Schwerbehinderte Anspruch auf Begründung des Arbeitsverhältnisses mit dem früheren Vertragsinhalt. Im Gegensatz zu einer suspendierenden Aussperrung ist hier aber wesentlich, dass das Arbeitsverhältnis nicht nur tatsächlich, sondern auch rechtlich unterbrochen war, dh ein neues Arbeitsverhältnis begründet wird (Neumann, in: Neumann/Pahlen/Majerski-Pahlen, SBG IX § 91 Rn 35).

c) Inhaber von Bergmannversorgungsscheinen

Ein Abschlussgebot besteht weiterhin für Inhaber von Bergmannversorgungsscheinen, deren Erteilung das saarländische Gesetz über einen Bergmannversorgungsschein iF vom 16. 10. 1981 (ABl 825) vorsieht. Danach wird die Landesregierung ermächtigt, durch Rechtsverordnung zu bestimmen, dass Arbeitgeber, die über wenigstens 50 Arbeitsplätze verfügen, auf zwei Prozent der Arbeitsplätze Inhaber eines Bergmannversorgungsscheins zu beschäftigen haben (§§ 5–8 BergmVersG). Wird von der Ermächtigung Gebrauch gemacht, so besteht die Möglichkeit der Begründung eines Arbeitsverhältnisses durch privatrechtsgestaltenden Verwaltungsakt (§ 8 Abs 3 S 3 BergmVersG). Zudem kann bestimmt werden, dass für jeden nichtbesetzten Pflichtplatz eine Ausgleichsabgabe zu zahlen ist (§ 5 Abs 2 BergmVersG). Dagegen wurden ähnliche Regelungen in Niedersachsen und Nordrhein-Westfalen zum 19. 12. 2003 (G v 11. 12. 2003 [Nds GVBl S 419]) bzw 21. 5. 2009 (Gesetz v 12. 5. 2009 [GV NRW S 299]) aufgehoben (zu deren Inhalt Staudinger/Richardi [2005] § 611 Rn 113).

524

d) Sonstige Abschlussgebote

Ein Abschlussgebot kann sich mittelbar für **Bewerber im öffentlichen Dienst** aus Art 33 Abs 2 GG ergeben (s Rn 515 ff). Einschlägig sind weiterhin vor allem die Gesetze des Bundes und der Länder zur Frauenförderung, für den Bereich des Bundes das Gesetz zur Gleichstellung von Frauen und Männern in der Bundesverwaltung und in den Gerichten des Bundes (Bundesgleichstellungsgesetz – BGleiG) vom 30. 11. 2001 (BGBl I 3234). Die vom Gesetzgeber damit verbundenen Hoffnungen haben sich jedoch ebenso wenig erfüllt wie die von politischer Seite initiierten freiwilligen Selbstverpflichtungen der Unternehmen zur Erhöhung des Anteils weiblicher Führungskräfte. Daher befindet sich momentan im parlamentarischen Verfahren der Entwurf eines „Gesetzes für die gleichberechtigte Teilhabe von Frauen und Männern an Führungspositionen in der Privatwirtschaft und im Öffentlichen Dienst". Ziel ist es, den Anteil weiblicher Führungskräfte in Spitzenpositionen der deutschen Wirtschaft und der Bundesverwaltung zu erhöhen (BT-Drucks 18/3784, 1 f). Dies soll durch eine fixe Geschlechterquote von mindestens 30 % für Aufsichtsräte, eine Verpflichtung zur Festlegung von Zielgrößen für Aufsichtsräte, Vorstände und oberste Management-Ebenen sowie eine Novellierung der gesetzlichen Regelungen für den öffentlichen Dienst geschehen, die im Wesentlichen die Vorgaben für die **Geschlechterquote** und die Zielgrößenfestlegung in der Privatwirtschaft widerspiegeln soll.

525

526 Kein Abschlussgebot, sondern die Fiktion eines Arbeitsvertragsschlusses enthält § 10 AÜG, wenn der **Arbeitnehmerüberlassungsvertrag** unwirksam ist, weil dem Verleiher die nach § 1 AÜG erforderliche Erlaubnis fehlt (s auch Rn 146).

527 Ein Kontrahierungszwang besteht, soweit Arbeitnehmer nach einer **lösenden Aussperrung** einen Anspruch auf Wiedereinstellung haben (vgl BAG [GS] 21. 4. 1971 – GS 1/68, BAGE 23, 292 [316 ff]).

e) Weiterbeschäftigung während eines Kündigungsrechtsstreits

528 Kein Abschlussgebot enthält § **102 Abs 5 BetrVG**, der den Arbeitgeber nach einem Widerspruch des Betriebsrats gegen eine ordentliche Kündigung (§ 102 Abs 3 BetrVG) bei rechtzeitiger Erhebung der Kündigungsschutzklage verpflichtet, den Arbeitnehmer auf dessen Verlangen **nach Ablauf der Kündigungsfrist** bis zum rechtskräftigen Abschluss des Rechtsstreits bei unveränderten Arbeitsbedingungen weiterzubeschäftigen (vor Ablauf der Kündigungsfrist besteht der allgemeine Beschäftigungsanspruch, vgl dazu Rn 1694 ff). Eine entsprechende Regelung besteht für den Bereich des öffentlichen Dienstes nach § 79 Abs 2 BPersVG und in Baden-Württemberg und Bayern nach § 77 Abs 2 PersVG Bad-Württ bzw Art 77 Abs 2 BayPVG. Der Weiterbeschäftigungsanspruch ist ein dem Arbeitnehmer eingeräumtes Gestaltungsrecht zur Herbeiführung eines vorläufigen Bestandsschutzes des Arbeitsverhältnisses. Durch ihn wird nicht von Gesetzes wegen ein neues Arbeitsverhältnis begründet, sondern es wird nur die Rechtswirksamkeit der Kündigung bis zum rechtskräftigen Abschluss des Kündigungsrechtsstreits suspendiert. Das Arbeitsverhältnis wird mit dem bisherigen Vertragsinhalt fortgesetzt. Es handelt sich daher nicht um einen Fall eines echten Kontrahierungszwangs (aA Heinze, Personalplanung, Einstellung und Kündigung [1982] Rn 615), sondern um die von Gesetzes wegen herbeigeführte Einschränkung einer Auflösung des rechtsgeschäftlich begründeten Arbeitsverhältnisses. Das sog Weiterbeschäftigungsverhältnis ist deshalb dasselbe, durch Arbeitsvertrag begründete Arbeitsverhältnis, das durch die rechtskräftige Abweisung der Kündigungsschutzklage auflösend bedingt ist (ebenso im Erg BAG 26. 5. 1977 – 2 AZR 632/76, BAGE 29, 195 [209]; BAG 12. 9. 1985 – 2 AZR 324/84, AP Nr 7 zu § 102 BetrVG 1972 Weiterbeschäftigung).

529 Sind die Voraussetzungen des § 102 Abs 5 BetrVG nicht gegeben, sondern wird der Arbeitnehmer lediglich deshalb nach Ablauf der Kündigungsfrist während des Kündigungsrechtsstreits beschäftigt, weil er seinen allgemeinen **arbeitsrechtlichen Weiterbeschäftigungsanspruch** iS des Großen Senats des BAG geltend macht (vgl BAG [GS] 27. 2. 1985 – GS 1/84, BAGE 48, 122, dazu Rn 1714 ff), so wird davon der rechtliche Bestand des Arbeitsverhältnisses nicht berührt. Wird rechtskräftig festgestellt, dass die Kündigung rechtswirksam ist, so besteht kein Arbeitsverhältnis mehr nach Ablauf der Kündigungsfrist; der Arbeitgeber hat die Arbeitsleistung, der Arbeitnehmer das Arbeitsentgelt und die sonstigen Leistungen ohne rechtlichen Grund erlangt, die Rückabwicklung erfolgt nach den Vorschriften über die ungerechtfertigte Bereicherung (s Rn 1726).

530 Von § 102 Abs 5 BetrVG und einer zwangsweisen Durchsetzung des allgemeinen Beschäftigungsanspruchs zu unterscheiden ist die Situation, in der die Parteien die **Weiterbeschäftigung** während des Kündigungsschutzprozesses **vereinbaren**. Je nachdem, ob Weiterbeschäftigung bis zum Ende des Prozesses oder (selten) bis zur

rechtskräftigen Abweisung der Kündigungsschutzklage vereinbart wird, liegt ein zweckbefristeter oder ein auflösend bedingter neuer Arbeitsvertrag vor. In der Praxis ergeben sich daraus keine Unterschiede, denn nach §§ 21, 14 Abs 1 TzBfG bedarf beides der Einhaltung des Schriftformgebots (§ 14 Abs 4 TzBfG, s BAG 22. 10. 2003 – 7 AZR 113/03, AP Nr 6 zu § 14 TzBfG) sowie eines Sachgrundes (§ 14 Abs 2 S 1 TzBfG greift nicht ein, weil es sich um „denselben Arbeitgeber" im Sinne des S 2 handelt, zum Begriff vgl BAUER/FISCHINGER DB 2007, 1410); eine teleologische Reduktion dieser Vorschriften bei der Prozessbeschäftigung überzeugt nicht (ErfK/MÜLLER-GLÖGE § 14 TzBfG Rn 76, § 21 TzBfG Rn 8; SITTHARD/ULBRICH RdA 2006, 218 ff; **aA** BENGELSDORF NZA 2005, 277; anders SCHAUB/KOCH, ArbRHdB § 40 Rn 61, der stets vom Vorliegen eines Sachgrundes ausgeht). Für den Arbeitgeber bestehen hier Risiken, kann ein derartiges Prozessbeschäftigungsverhältnis doch nicht nur durch explizite Absprache, sondern auch dadurch zustande kommen, dass der Arbeitnehmer nach Ablauf der Kündigungsfrist tatsächlich unter Fortzahlung des Arbeitslohns beschäftigt wird (BAG 30. 3. 1989 – 6 AZR 288/87, juris Rn 16; BAG 4. 9. 1986 – 8 AZR 636/84, NZA 1987, 376 [377]; BAG 8. 4. 2014 – 9 AZR 856/11, juris Rn 28); fehlt es dann an der notwendigen Schriftform und/oder am Sachgrund, nützt dem Arbeitgeber ein mögliches Obsiegen im Kündigungsschutzprozess letztlich nichts, weil dann der zunächst zweckbefristete/auflösend bedingte (zweite) Arbeitsvertrag nach §§ 21, 16 TzBfG als auf unbestimmte Zeit abgeschlossen gilt. Vermeiden kann der Arbeitgeber dies, indem er klarstellt, kein auflösend bedingtes/zweckbefristetes zweites Arbeitsverhältnis eingehen zu wollen, fehlt es dann doch an der für einen Vertragsschluss notwendigen Willenserklärung (zutreffend BAG 22. 7. 2014 – 9 AZR 1066/12, NZA 2014, 1330 [1331]). Als Sachgrund dürfte § 14 Abs 1 S 2 **Nr 5** TzBfG – Befristung auf Wunsch des Arbeitnehmers – in der Regel ausscheiden, da das Prozessbeschäftigungsverhältnis der Minimierung des Verzugslohnrisikos des Arbeitgebers dient (ErfK/MÜLLER-GLÖGE § 14 TzBfG Rn 76). In Betracht kommt ein gerichtlicher Vergleich (§ 14 Abs 1 S 2 **Nr 8** TzBfG), der – über §§ 126 Abs 4, 127a – auch § 14 Abs 4 TzBfG wahrt (zum Erfordernis der Beachtung des Schriftformerfordernisses beim Prozessbeschäftigungsverhältnis vgl BAG 22. 10. 2003 – 7 AZR 113/03, NZA 2004, 1275 [1276]); das gilt aber nur für auf einem gerichtlichen Vorschlag beruhende Vergleiche, § 278 Abs 6 S 1 **Alt 2** ZPO, nicht hingegen für einen schriftlichen Vergleichsschluss nach § 278 Abs 6 S 1 Alt 1 ZPO (BAG 15. 2. 2012 – 7 AZR 734/10, NZA 2012, 919 [921]; BAG 14. 1. 2015 – 7 AZR 2/14, BeckRS 2015, 67389; ebenso MünchKomm/ HESSE § 14 TzBfG Rn 71; **aA** LAG Niedersachsen 5. 11. 2013 – 1 Sa 489/13, juris Rn 51; MARSCHNER, Anm EzTöD § 30 Abs 1 Nr 42; SERR SAE 2013, 44 [45 ff]; kritisch ErfK/MÜLLER-GLÖGE § 14 TzBfG Rn 77). § 14 Abs 1 S 2 Nr 8 TzBfG greift im Übrigen aber nur ein, wenn der Streit zwischen den Parteien tatsächlich bestand und nicht nur konstruiert wurde (BAG 26. 4. 2006 – 7 AZR 366/05, AP Nr 1 zu § 14 TzBfG Vergleich). Ob unabhängig von § 14 Abs 1 S 2 Nr 8 TzBfG die Prozessbeschäftigung an sich schon wegen des Interesses des Arbeitgebers an der Verringerung des Verzugslohnrisikos einen unbenannten Sachgrund darstellt, ist umstritten (so LAG Köln 5. 4. 2012 – 13 Sa 1360/11, BeckRS 2012, 71361; RICKEN NZA 2005, 323 [329 f]; LINGEMANN/STEINHAUSER NJW 2014, 2165 [2166]; ablehnend SCHLACHTER, in: LAUX/SCHLACHTER, TzBfG § 14 Rn 92) und erscheint zweifelhaft; zudem besteht hierfür angesichts der Möglichkeit des § 14 Abs 1 S 2 Nr 8 TzBfG kein Bedürfnis.

Vereinbaren die Parteien ein Prozessbeschäftigungsverhältnis und wird daraufhin **531** der Arbeitnehmer tatsächlich beschäftigt, so beendet dies nicht den eventuellen **Annahmeverzug** in Bezug auf das ursprüngliche Arbeitsverhältnis. Wird später rechtskräftig festgestellt, dass dieses nicht durch die Kündigung aufgelöst wurde, besteht daher dem Grunde nach Anspruch auf Annahmeverzugslohn, § 615 S 1. Allerdings wird die im Rahmen des Prozessbeschäftigungsverhältnis gezahlte Vergütung angerechnet (§ 615 S 2, § 11 Nr 1 KSchG), sodass faktisch kein Annahmeverzugsrisiko besteht (Lingemann/Steinhauser NJW 2014, 2165 [2167]).

3. Abschlussgebote in Tarifvertrag, Betriebsvereinbarung oder aufgrund einer einzelvertraglichen Vereinbarung

a) Tarifvertrag

532 Abschlussgebote können in einem Tarifvertrag vereinbart sein (vgl zB BAG 14. 11. 2001 – 7 AZR 568/00, NZA 2002, 392). Es handelt sich bei ihnen um Abschlussnormen, wenn die durch das Abschlussgebot begünstigte Person einen Einstellungsanspruch erhält (s auch Rn 773 ff). Derartige Abschlussgebote enthalten zB Tarifverträge in witterungsabhängigen Branchen (BAG 22. 8. 2001 – 5 AZR 699/99, NZA 2002, 610 [611]; LAG Hamm 3. 7. 2013 – 2 Sa 1770/12, juris Rn 59) und Rationalisierungsschutzabkommen (BAG 14. 11. 2001 – 7 AZR 568/00, NZA 2002, 392). Zu nennen sind weiter sog Beschäftigungsbrücken, durch die der Arbeitgeber zur zeitweisen Beschäftigung eines Auszubildenden nach bestandener Abschlussprüfung verpflichtet wird (vgl BAG 6. 7. 2006 – 2 AZR 587/05, AP Nr 201 zu § 1 TVG Tarifverträge: Metallindustrie). ZT werden auch sog Wiedereinstellungsklauseln verabredet, die den Arbeitgeber dazu verpflichten, Arbeitnehmer, deren Arbeitsverhältnis wegen und während eines Arbeitskampfes beendet wurden, wieder einzustellen (BAG 26. 10. 1971 – 1 AZR 245/68, SAE 1973, 15); die praktische Bedeutung ist aber gering, da dem Streik nur suspendierende Wirkung beikommt und eine lösende Aussperrung durch den Arbeitgeber kaum möglich ist (vgl auch Rn 1148).

b) Betriebsvereinbarung

533 Auch durch Betriebsvereinbarung kann ein Abschlussgebot festgelegt werden. Voraussetzung ist, dass der Anspruch hinreichend bestimmt ist. Beispielsweise kann Arbeitnehmern, die von einem Betriebsübergang betroffen sind, ein Anspruch auf Abschluss eines Arbeitsvertrags gegen den Veräußerer für den Fall eingeräumt werden, dass künftig eine Beschäftigung beim Erwerber betriebsbedingt nicht mehr möglich ist (BAG 19. 10. 2005 – 7 AZR 32/05, NZA 2006, 393 [394 f]; vgl auch BAG 14. 3. 2012 – 7 AZR 147/11, AP Nr 60 zu § 77 BetrVG 1972 Betriebsvereinbarung; zum Annahmeverzug des Arbeitgebers vgl LAG Rheinland-Pfalz 2. 9. 2013 – 5 Sa 231/13). Zu beachten ist allerdings, dass ein (Wieder-)Einstellungsanspruch mit normativer Wirkung (§ 77 Abs 4 S 1 BetrVG) durch Betriebsvereinbarung nur für Arbeitnehmer geschaffen werden kann, die aktuell Arbeitnehmer des Betriebs sind. Für Personen, die noch nicht oder nicht mehr Arbeitnehmer des Betriebs sind, ist das nicht möglich. Die Abschlussnorm kann bei solchen Personen nur als Vertrag zugunsten Dritter einem Arbeitnehmer einen Anspruch gegen den Arbeitgeber geben. Voraussetzung ist sowohl in diesem Fall wie bei einer normativ wirkenden Betriebsvereinbarungsbestimmung, dass der Anspruch genau genug bezeichnet ist, zB wenn vereinbart wird, dass aus bestimmten Anlässen gekündigte Arbeitnehmer wiedereinzustellen sind (HWK/Thüsing § 611 Rn 52). Dagegen genügt es nicht, dass Einstellungsbestimmungen nur allgemein bestimmte Gruppen, zB Schwerbehinderte, bezeichnen; insoweit handelt es sich lediglich um eine Auswahlrichtlinie (dazu näher Rn 554 ff). Dass eine Abschlussnorm den Arbeitnehmer nicht zum Abschluss eines Arbeitsvertrages

mit einem Arbeitgeber zwingen kann, ergibt sich aus der fehlenden normativen Wirkung der Abschlussnorm für ihn. Eine Betriebsvereinbarung kann deshalb dem Arbeitgeber auch keinen Anspruch auf Abschluss eines neuen Arbeitsvertrages geben, wenn das frühere Arbeitsverhältnis beendet war.

c) Einzelvertragliche Vereinbarung

Ein Abschlussgebot kann sich aus einem **Vorvertrag** ergeben. Er liegt vor, wenn entweder für eine oder beide Parteien die hinreichend bestimmte Verpflichtung eingegangen wird, einen Arbeitsvertrag abzuschließen (vgl zur Abgrenzung von anderen Vorformen des Arbeitsvertrags RICHARDI, MünchArbR § 32 Rn 7 ff). **534**

Ein Anspruch auf Vertragsschluss kann auch aus einer **Rückkehrzusage** an einen Arbeitnehmer folgen, der zunächst zu einem anderen Arbeitgeber wechselt; dabei spielt es letztlich keine Rolle, ob aus der Zusage die Verpflichtung des Arbeitgebers folgt, ein Angebot abzugeben, oder ob er verpflichtet ist, das Angebot des Arbeitnehmers anzunehmen (BAG 15. 10. 2013 – 9 AZR 571/12, NZA-RR 2014, 119 [121 f]). **535**

Möglich ist schließlich, dass sich aus einer **Betriebsübung** die Rechtsbindung des Arbeitgebers ergibt, einen Arbeitsvertrag abzuschließen. Ein derartiger Vertrauenstatbestand kann zB bei **Saisonarbeitern** gegeben sein, wenn Jahr für Jahr alle Arbeitnehmer in der Saison wiedereingestellt werden, die dies verlangen, der Arbeitgeber den Beginn der Saison ohne Vorbehalt am Schwarzen Brett bekannt gibt und sogar Arbeitnehmer neu einstellt (BAG 29. 1. 1987 – 2 AZR 109/86, AP Nr 1 zu § 620 BGB Saisonarbeit). Jedoch genügt allein das Vertrauen des Arbeitnehmers in die Wiedereinstellung nicht (BAG 26. 4. 2006 – 7 AZR 190/05, AP Nr 1 zu § 611 BGB Wiedereinstellung). **536**

d) Anspruch auf Wiedereinstellung nach wirksamer Kündigung*

Weil sich nach allgemeiner Rechtsgeschäftslehre die Wirksamkeit eines Rechtsgeschäfts nach dem Zeitpunkt seiner Vornahme richtet (vgl zB *für § 138* BGH 20. 9. 1993 – II ZR 194/92, NJW 1993, 3193; BGH 5. 10. 2001 – 5 ZR 237/00, NJW 2002, 429 [431]; BGH 10. 2. 2012 – V ZR 51/11, NJW 2012, 1570 [1571]; MünchKomm/ARMBRÜSTER § 138 Rn 136; BeckOK-BGB/WENDTLAND § 138 Rn 26; Staudinger/SACK/FISCHINGER [2011] § 138 Rn 94; *für § 14 TzBfG* zB BAG 24. 10. 2001 – 7 AZR 542/00, NZA 2002, 443; BAG 27. 7. 2005 – 7 AZR 443/04, **537**

---

* **Schrifttum**: BOEWER, Der Wiedereinstellungsanspruch, NZA 1999, 1121 und 1177; ELZ, Der Wiedereinstellungsanspruch des Arbeitnehmers nach Wegfall des Kündigungsgrundes (2002); BONANNI/NIKLAS, Der Wiedereinstellungsanspruch bei überraschendem Betriebsübergang, DB 2010, 1826; GERMAKOWSKI, Der allgemeine Wiedereinstellungsanspruch (2004); KONTUSCH, Der Wiedereinstellungsanspruch des Arbeitnehmers (2004); KRIEGER/EVA WILLEMSEN, Der Wiedereinstellungsanspruch nach Betriebsübergang, NZA 2011, 1128; KRÜLL, Der Wiedereinstellungsanspruch des Arbeitnehmers (2003); LEPKE, Zum Wiedereinstellungsanspruch nach krankheitsbedingter Kündigung, NZA-RR 2002, 617; LISEC, Der Wiedereinstellungsanspruch des Arbeitnehmers nach betriebsbedingter Kündigung und Betriebsübergang (2002); MEINEL/BAUER, Der Wiedereinstellungsanspruch, NZA 1999, 575; NÄDLER, Der Wiedereinstellungsanspruch des Arbeitnhmers nach Wegfall des Kündigungsgrundes (2004); OBERHOFER, Der Wiedereinstellungsanspruch, RdA 2006, 92; PFLÜGER, Der Wiedereinstellungsanspruch des Arbeitnehmers im kündigungsrechtlichen Bestandsschutz (2004); RAAB, Der Wiedereinstellungsanspruch des Arbeitnehmers bei Wegfall des Kündigungsgrundes, RdA 2000, 147.

NZA 2006, 37 [38]; BeckOK-ArbR/Bayreuther § 14 TzBfG Rn 22; APS/Backhaus § 14 TzBfG Rn 12 mwNw; *für § 307* Staudinger/Coester [2013] § 307 Rn 100; Hk-BGB/Schulte-Nölke § 307 Rn 11; *für § 134* zB BGH 21. 1. 2010 – Xa ZR 175/07, NZG 2010, 310 [312]; Staudinger/Sack/Seibl [2011] § 134 Rn 54 f mwNw), bestimmt sich die Wirksamkeit einer Kündigung gemäß dem Prognoseprinzip allein nach den Verhältnissen im Zeitpunkt des Zugangs der Kündigungserklärung; die Berücksichtigung späterer Umstände ist nicht möglich (BAG 29. 4. 1999 – 2 AZR 431/98, NZA 1999, 978 [980]; BAG 7. 11. 2002 – 2 AZR 599/01, AP Nr 40 zu § 1 KSchG 1969 Krankheit; BAG 15. 12. 2011 – 2 AZR 42/10, NZA 2012, 1044 [1046]; vgl für die Verdachtskündigung aber BAG 12. 5. 2010 – 2 AZR 587/08, NZA-RR 2011, 15 [18] und va BAG 24. 5. 2012 – 2 AZR 206/11, NZA 2013, 137 [141]). Die Kündigung ist daher auch dann wirksam, wenn sich die Prognose später als falsch herausstellt, zB der dauererkrankte Arbeitnehmer überraschend wieder gesundet („Lourdes-Effekt"), der die Verdachtskündigung tragende Verdacht sich als falsch erweist oder sich nach Ausspruch einer betriebsbedingten Kündigung doch noch unvorhergesehen eine Weiterbeschäftigungsmöglichkeit ergibt.

538 Um die sich daraus für den Arbeitnehmer ergebenden Härten zumindest partiell abzumildern, besteht unter bestimmten Voraussetzungen aber ein **Wiedereinstellungsanspruch**. Dieser zielt auf eine Neubegründung des Arbeitsverhältnisses.

539 Die **dogmatischen Grundlagen** dieses Wiedereinstellungsanspruchs sind umstritten und müssen als noch nicht geklärt gelten: Genannt werden ua die Fürsorgepflicht (KR/Etzel § 1 KSchG Rn 729; Löwisch/Spinner/Wertheimer, KSchG § 1 Rn 99, das Verbot des venire contra factum proprium (Boewer NZA 1999, 1121 [1128]), Vertrauensschutzgesichtspunkte (Krause/vHoyningen-Huene, KSchG § 1 Rn 254), eine systemimmanente Rechtsfortbildung (Raab RdA 2000, 147 [151 f]) oder eine erweiternde Auslegung von § 1 Abs 3 KSchG (Zwanziger BB 1997, 42 [43]). Das BAG zieht verschiedene Aspekte heran, ua § 242, grundrechtliche Schutzpflichten aus Art 12 Abs 1 GG und eine vertragliche Nebenpflicht (vgl zB BAG 15. 12. 2011 – 8 AZR 197/11, NZA-RR 2013, 179 [181]; s auch schon BAG 28. 7. 2000 – 7 AZR 904/98, NZA 2000, 1097 [1100]). Die Heranziehung von **§ 242** zur Begründung eines Wiedereinstellungs*anspruchs* ist methodisch zweifelhaft, weil § 242 typischerweise nur als Rechtsausübungsschranke fungiert, nicht aber rechtsbegründend wirkt (Fischinger JZ 2012, 546 [551 f]). Wenn überhaupt, so wäre es denkbar, § 242 auch im vorliegenden Kontext als **Rechtsausübungsschranke** fruchtbar zu machen. Ähnlich der Situation bei Ehevertrag oder Testament, bei denen anerkannt ist, dass sich der Begünstigte unter bestimmten Voraussetzungen nicht auf den Vertrag/das Testament berufen kann, wenn sich nach Vertragsschluss/Testamentserrichtung die Umstände gravierend ändern (BGH 15. 2. 1956 – IV ZR 294/55, BGHZ 20, 71 [75]; BGH 11. 2. 2004 – XII ZR 265/02, NJW 2004, 930 [935]; s näher Staudinger/Sack/Fischinger [2011] § 138 Rn 98 ff), könnte dem Arbeitgeber das Recht versagt werden, sich auf die Wirksamkeit der Kündigung zu berufen. Dogmatisch handelte es sich dann aber nicht um einen auf Begründung eines neuen Arbeitsverhältnisses gerichteten Wiedereinstellungsanspruch, das alte Arbeitsverhältnis wäre vielmehr, weil die Kündigung trotz ihrer Wirksamkeit letztlich nicht wirkt, schlicht fortzusetzen; richtigerweise müsste man deshalb von einem Fortsetzungsanspruch sprechen. Letztlich dürfte es aber überzeugender sein, § 242 auch nicht als Rechtsausübungsschranke heranzuziehen, sondern vielmehr eine gesetzlich vorgegebene, ungeschriebene **vertragliche Nebenpflicht** anzunehmen, deren materieller Grund zunächst in der Regelungs- und Schutzlücke zu sehen ist, die sich daraus ergibt, dass das Kündigungsschutzrecht zwar den Zweck verfolgt, den Bestand des Arbeitsverhältnisses zu sichern, aber für die Beurteilung, ob eine Kündigung sozial gerechtfertigt ist, auf den Zeitpunkt des Zugangs der Kündigungserklärung abstellt. Ergänzend ist der Anspruch auf eine sachgemäße Risikoverteilung zu stützen, ist doch nicht einzusehen, warum der Arbeitnehmer das alleinige Prognoserisiko tragen sollte; der Wiedereinstellungsanspruch ist mit anderen Worten das notwendige Korrektiv dafür, dass für die Wirksamkeit allein auf den Zeitpunkt des Zugangs der Kündigungserklärung abgestellt wird.

Unabhängig vom Streit um die dogmatische Begründung hat der Wiedereinstellungsanspruch die größte praktische Relevanz bei **betriebsbedingten Kündigungen**. Hier ist er grundsätzlich anzunehmen, wenn sich *zwischen dem Ausspruch der Kündigung und dem Ablauf der Kündigungsfrist* unvorhergesehen eine Weiterbeschäftigungsmöglichkeit ergibt (BAG 27. 2. 1997 – 2 AZR 160/96, BAGE 85, 194; BAG 6. 8. 1997 – 7 AZR 156/96, BAGE 86, 194; BAG 4. 12. 1997 – 2 AZR 140/97, BAGE 87, 221; BAG 12. 11. 1998 – 8 AZR 265/97, BAGE 90, 153; BAG 28. 6. 2000 – 7 AZR 904/98, BAGE 95, 171 [176 ff]). Ändern sich die maßgeblichen Umstände erst *nach Ablauf der Kündigungsfrist,* lehnt das BAG einen Wiedereinstellungsanspruch hingegen grundsätzlich ab (BAG 28. 7. 2000 – 7 AZR 904/98, NZA 2000, 1097 [1101 f] mwNw; MünchKomm/Hergenröder § 1 KSchG Rn 80). Das überzeugt, wenn man sich zur Begründung des Wiedereinstellungsanspruchs auf eine vertragliche Nebenpflicht des Arbeitgebers stützt, endet diese doch mit der rechtlichen Beendigung des Arbeitsverhältnisses; zöge man hingegen § 242 heran, wäre eine derartige Begrenzung nicht zwingend, sodass sich die Schwierigkeit ergäbe, sachgerechte Kriterien für eine zeitliche Beschränkung zu entwickeln. Eine Ausnahme ist aufgrund europarechtlicher Vorgaben für den Fall des Betriebsübergangs zu machen, wenn erst nach Ablauf der Kündigungsfrist ein Betriebsübergang erfolgt (BAG 13. 11. 1997 – 8 AZR 295/95, NZA 1998, 251 [252]; BAG 12. 11. 1998 – 8 AZR 265/97, NZA 1999, 311 [313 f]; vgl zum **Fortsetzungsanspruch gegen den Betriebserwerber** auch BAG 25. 9. 2008 – 8 AZR 607/07, NZA-RR 2009, 469 [472]; BAG 15. 12. 2011 – 8 AZR 197/11, NZA-RR 2013, 179 [182]; s näher Staudinger/Annuss [2011] § 613a Rn 83 ff). Ergibt sich bei einer Entlassung mehrerer Arbeitnehmer nur für einen Teil von ihnen eine Weiterbeschäftigungsmöglichkeit, muss der Arbeitgeber bei der Auswahl der wiedereinzustellenden Arbeitnehmer soziale Gesichtspunkte beachten, ohne an die strikten Vorgaben von § 1 Abs 3 KSchG gebunden zu sein (vgl BAG 28. 7. 2000 – 7 AZR 904/98, NZA 2000, 1097 [1101 f]; noch offen BAG 4. 12. 1997 – 2 AZR 140/97, NZA 1998, 701 [704]).

Auch bei **verhaltensbedingten Verdachtskündigungen** ist ein Wiedereinstellungsanspruch denkbar, wenn sich später die Unschuld des Arbeitnehmers herausstellt (BAG 4. 6. 1964 – 2 AZR 310/63, AP Nr 13 zu § 626 BGB Verdacht strafbarer Handlung; Belling RdA 1996, 223); die bloße Einstellung eines staatsanwaltschaftlichen Ermittlungsverfahrens nach § 170 Abs 2 StPO genügt hierfür aber richtigerweise noch nicht, weil diese nur eine vorläufige Einschätzung der Strafverfolgungsbehörde, nicht aber ein „echter" Freispruch ist und die die Arbeitsgerichte schon wegen der verschärften Beweisanforderungen im Strafprozess nicht zu binden vermag (BAG 20. 8. 1997 – 2 AZR 620/96, NZA 1997, 1340 [1343]; sehr streng LAG Baden-Württemberg 29. 3. 2006 – 12 Sa 135/04, BeckRS 2009, 54521). Die praktische Bedeutung des Wiedereinstellungsanspruchs wird bei Verdachtskündigungen aber dadurch gemindert, dass das BAG – dogmatisch zweifelhaft – bei der Prüfung der Wirksamkeit der Kündigung davon ausgeht, dass der ursprüngliche Verdacht durch später bekannt gewordene Umstände, jedenfalls

540

541

soweit sie bei Kündigungszugang objektiv bereits vorlagen, abgeschwächt oder verstärkt werden kann, und zwar auch dann, wenn der Arbeitgeber sie unverschuldet nicht hat kennen können (BAG 12. 5. 2010 – 2 AZR 587/08, NZA-RR 2011, 15 [18] und va BAG 24. 5. 2012 – 2 AZR 206/11, NZA 2013, 137 [141]); entsprechend ist die Kündigung ggf bereits unwirksam, eines Rückgriffs auf den Wiedereinstellungsanspruch bedarf es nicht.

542 Bei (krankheitsbedingten) **personenbedingten Kündigungen** wird ein Wiedereinstellungsanspruch zT grundsätzlich mit dem Argument abgelehnt, der Kündigungsgrund stamme aus der Sphäre des Arbeitnehmers (ErfK/Preis § 611 Rn 325). Das überzeugt nicht, weil verkannt wird, dass der entscheidende Grund für die Einräumung des Wiedereinstellungsanspruchs nicht darin besteht, dass der Arbeitgeber sich auf einen von ihm gesetzten, auf einer falschen Prognose beruhenden Kündigungsgrund gestützt hat, sondern darin, eine dem Zweck des Kündigungsschutzrechts widersprechende Normlücke zu schließen (so iE auch MünchKomm/Hergenröder § 1 KSchG Rn 82; Oberhofer RdA 2006, 92 [93]; Nägele BB 1998, 1686). Dann aber spielt es im Ausgangspunkt keine Rolle, ob der Kündigungsgrund aus der Sphäre des Arbeitnehmers oder des Arbeitgebers stammt; sähe man das anders, müsste man auch bei der verhaltensbezogenen Verdachtskündigung einen Wiedereinstellungsanspruch grundsätzlich ablehnen. Das BAG steht der Annahme eines Wiedereinstellungsanspruchs bei krankheitsbedingten Kündigungen zurückhaltend gegenüber und formuliert jedenfalls strenge Anforderungen. So soll es nicht genügen, dass nur die zugrundeliegende Gesundheitsprognose (negativ) erschüttert wird, sie muss vielmehr durch eine veränderte positive Prognose ersetzt werden (BAG 17. 6. 1999 – 2 AZR 639/98, NZA 1999, 1328 [1331]; BAG 7. 11. 2002 – 2 AZR 599/01, AP Nr 40 zu § 1 KSchG 1969 Krankheit); auch dürfen die neu eingetretenen Umstände nicht auf einem neuen Kausalverlauf beruhen (BAG 7. 11. 2002 – 2 AZR 599/01, AP Nr 40 zu § 1 KSchG 1969 Krankheit).

543 Stehen berechtigte **betriebliche Interessen des Arbeitgebers** entgegen, kann der grundsätzlich eigentlich bestehende Wiedereinstellungsanspruch ausgeschlossen sein (BAG 15. 12. 2011 – 8 AZR 197/11, NZA-RR 2013, 179 [182]). Das kann zB anzunehmen sein, wenn der Arbeitgeber den Arbeitsplatz schon anderweitig besetzt hat und damit nur schwer rückgängig zu machende Dispositionen getroffen hat; etwas anderes gilt nach dem Rechtsgedanken des § 162, wenn der Arbeitgeber den (erneuten) Wegfall der Beschäftigungsmöglichkeit treuwidrig herbeigeführt hat (BAG 4. 5. 2006 – 8 AZR 299/05, NZA 2006, 1096 [1101]; BAG 16. 2. 2012 – 8 AZR 693/10, NZA-RR 2012, 465 [471]).

544 Hingegen kommt ein Wiedereinstellungsanspruch (in ein unbefristetes Arbeitsverhältnis) nach Ablauf eines wirksam **befristeten Arbeitsvertrages** selbst dann nicht in Betracht, wenn sich – entgegen der ursprünglichen Prognose – wegen neuer Umstände doch die Möglichkeit einer Weiterbeschäftigung ergibt (BAG 20. 2. 2002 – 7 AZR 600/00, NZA 2002, 896 [898]). Das ist va mit dem geringeren Bestandsschutz zu erklären. Während nämlich bei der Kündigung eines unbefristeten Arbeitsvertrages dem Arbeitnehmer ein eigentlich auf Dauer angelegter Besitzstand entzogen wird, besteht bei einem wirksam befristeten Vertrag von Anfang an ein geringerer Bestandsschutz. Etwas anderes gilt auch dann nicht, wenn der Arbeitgeber während der Laufzeit des befristeten Vertrages beim Arbeitnehmer (schuldhaft) Vertrauen dahingehend begründet hat, er werde diesen nach Ablauf der Vertragszeit weiterbe-

schäftigen; ein derartiges Verhalten mag ggf zu Schadensersatzansprüchen führen, ein Kontrahierungszwang ergibt sich daraus nicht (BAG 26. 4. 2006 – 7 AZR 190/05, AP Nr 1 zu § 611 BGB Wiedereinstellung; BAG 21. 9. 2011 – 7 AZR 150/10, NZA 2012, 317 [319]; anders noch BAG 26. 4. 1995 – 7 AZR 936/94, NZA 1996, 87 [89]). Ein Anspruch auf Abschluss eines neuen Vertrages besteht nur, wenn das Verhalten des Arbeitgebers als bindende Zusage zu interpretieren ist (BAG 13. 8. 2008 – 7 AZR 513/07, NZA 2009, 27 [28]; BAG 21. 9. 2011 – 7 AZR 150/10, NZA 2012, 317 [319]).

Die Darlegungs- **und Beweislast** für die Voraussetzungen des Wiedereinstellungs- 545 anspruchs trägt der Arbeitnehmer. Nicht nur in materieller, sondern auch in prozessualer Hinsicht bleibt das Schutzniveau des Wiedereinstellungsanspruchs somit hinter dem des Kündigungsschutzes (vgl § 1 Abs 2 S 4 KSchG) zurück.

4. Abschlussverbote

Abschlussverbote untersagen den Abschluss von Arbeitsverträgen mit bestimmten 546 Personen oder mit einem bestimmten Inhalt. Sie sind von einem bloßen **Beschäftigungsverbot** zu unterscheiden, das die rechtswirksame Begründung eines Arbeitsverhältnisses unberührt lässt und nur die tatsächliche Beschäftigung verbietet. Der Verstoß gegen ein solches Beschäftigungsverbot führt regelmäßig nicht zur Unwirksamkeit des Arbeitsvertrages; wird der Arbeitnehmer wegen des Beschäftigungsverbots nicht beschäftigt, besteht wegen § 297 kein Anspruch aus Annahmeverzugslohn (BAG 15. 6. 2004 – 9 AZR 483/03, NZA 2005, 462 [463 ff]; s Staudinger/Richardi/Fischinger [2016] § 615 Rn 88). Abschlussverbote beruhen wie Abschlussgebote entweder auf gesetzlicher Vorschrift (Gesetz, Rechtsverordnung) oder auf Tarifvertrag. Ergeben sie sich aus einer Betriebsvereinbarung, so berühren sie niemals die Rechtswirksamkeit des Arbeitsvertrages (s Rn 552).

a) Gesetzesrecht
Ein Abschlussverbot enthält das **Verbot der Beschäftigung von Kindern** (§ 5 JArbSchG; 547 zur davon zu trennenden Frage der Geschäftsfähigkeit des Arbeitnehmers s Rn 122 ff). Kind iS dieses Gesetzes ist, wer noch nicht 15 Jahre alt ist, § 2 Abs 1 JArbSchG; wie Kinder werden auch Jugendliche (bis zu 18 Jahre) behandelt, die noch der Vollzeitschulpflicht unterliegen (§ 2 Abs 3 JArbSchG; vgl zur Berechnung auch Fischinger CaS 2011, 150). Bei Verstoß ist der Arbeitsvertrag nichtig, es gelten aber zugunsten des Kindes die Grundsätze über das fehlerhafte Arbeitsverhältnis (ErfK/Schlachter § 5 JArbSchG Rn 12; Weyand JArbSchG, § 5 Rn 8; ErfK/Preis § 611 Rn 329). Jugendliche, die nicht mehr der Vollzeitschulpflicht unterliegen, dürfen hingegen beschäftigt werden; es bestehen aber besondere Einschränkungen (§§ 8 ff JArbSchG) und Beschäftigungsverbote, die aber im Regelfall nicht dem Abschluss eines Arbeitsvertrages entgegenstehen (vgl insbesondere §§ 22 ff JArbSchG). Ein „umgekehrtes" Abschlussverbot enthält § 25 JArbSchG, der Personen, die bestimmten Delikte begangen haben, die Beschäftigung von Jugendlichen untersagt. Weitere Jugendschutzvorschriften enthalten die §§ 117 f SeeArbG.

Ein Abschlussverbot kann sich aus § 8 MuSchG ergeben, wenn eine **Schwangere** 548 ausschließlich nachts tätig sein soll. Das Nachtarbeitsverbot ist aber kein absolutes Verbot, sondern ein Verbot mit Erlaubnisvorbehalt. Deshalb ist ein Arbeitsvertrag nicht nach § 134 nichtig, wenn bei Vertragsabschluss noch mit der Erteilung einer

Ausnahmegenehmigung zu rechnen ist (BAG 8. 9. 1988 – 2 AZR 102/88, BAGE 59, 285 [290]). Außerdem ist bei einem Arbeitsvertrag auf unbestimmte Zeit die Annahme einer Nichtigkeit ein Verstoß gegen Art 2 EG-Gleichbehandlungsrichtlinie (EuGH 5. 5. 1994 – C-412/92, AP Nr 3 zu Art 2 EWG-Richtlinie Nr 76/207).

549 Bei **ausländischen Arbeitnehmern** ist zu unterscheiden, ob es sich um Bürger der Europäischen Union, um solche aus Kroatien oder um Nicht-EU-Bürger handelt (ausf Rn 629 ff).

550 Für ein **Berufsausbildungsverhältnis** gilt die Besonderheit, dass Auszubildende nur eingestellt und ausgebildet werden dürfen, wenn die Ausbildungsstätte nach Art und Einrichtung für die Berufsausbildung geeignet ist und die Zahl der Auszubildenden in einem angemessenen Verhältnis zur Zahl der Ausbildungsplätze oder zur Zahl der beschäftigten Fachkräfte steht (§ 27 Abs 1 BBiG). Auszubildende darf auch nur einstellen, wer persönlich geeignet ist; wer fachlich nicht geeignet ist oder wer nicht selbst ausbildet, darf Auszubildende nur dann einstellen, wenn er einen Ausbilder bestellt, der persönlich und fachlich für die Berufsausbildung geeignet ist (§§ 28–33 BBiG). Ein Verstoß gegen diese Vorschriften berührt aber nicht die Wirksamkeit des Ausbildungsvertrages (ErfK/Schlachter § 28 BBiG Rn 2).

b) Tarifvertragliche Abschlussverbote

551 Abschlussverbote können durch Tarifvertrag festgesetzt werden. Es handelt sich bei ihnen um Abschlussnormen (§ 1 Abs 1 TVG), die normativ nur gegenüber tarifgebundenen Arbeitgebern und Arbeitnehmern wirken (§ 4 Abs 1 S 1 TVG). Sie entfalten keine unmittelbare Rechtsgeltung bei einem Vertragsabschluss mit nicht tarifgebundenen Arbeitnehmern, auch wenn der Arbeitgeber tarifgebunden ist. Tarifliche Abschlussverbote können Abschlussnormen sein. Das ist der Fall, wenn sie dem Schutz der Vertragsparteien dienen, zB den Arbeitnehmer vor bestimmten, mit der Tätigkeit verbundenen Gesundheitsgefahren bewahren sollen (Löwisch/Rieble, TVG § 1 Rn 305) oder den Abschluss befristeter Arbeitsverträge verbieten (BAG 25. 7. 1989 – 1 ABR 48/88, NZA 1990, 737). Zielen sie auf den Schutz der Belegschaft, handelt es sich um Betriebsnormen. In diesem Fall genügt für ihre Rechtsgeltung zwar die Tarifgebundenheit des Arbeitgebers (§ 3 Abs 2 TVG), die Rechtswirksamkeit eines Arbeitsvertrages bleibt durch sie aber unberührt; stattdessen geben sie lediglich dem Betriebsrat bzw Personalrat die Möglichkeit, die Zustimmung zur Einstellung zu verweigern (§ 99 Abs 2 Nr 1 BetrVG, § 77 Abs 2 Nr 1 BPersVG).

c) Abschlussverbote in Betriebsvereinbarungen

552 Dem Betriebsrat fehlt die Kompetenz zur Mitgestaltung des Arbeitsvertrages. Schon aus diesem Grund kann eine Betriebsvereinbarung kein Abschlussverbot enthalten, das der Begründung eines Arbeitsverhältnisses mit dem Arbeitgeber entgegensteht (ebenso MünchKomm/Müller-Glöge § 611 Rn 616; HWK/Thüsing § 611 Rn 57; aA wohl ErfK/Preis § 611 Rn 330). Man muss hier vielmehr zwischen dem Abschluss des Arbeitsvertrages und der Einstellung, die sich auf die Übernahme eines bestimmten Arbeitsbereiches in einem Betrieb bezieht, unterscheiden (s Rn 411). Das mit einem Betriebsrat vereinbarte Verbot einer Einstellung lässt den rechtswirksamen Abschluss eines Arbeitsvertrages unberührt; es gibt dem Betriebsrat lediglich die Möglichkeit, im Rahmen seiner Mitbestimmung die Zustimmung zur Einstellung zu verweigern (§ 99 Abs 2 Nr 1 BetrVG); das daraus resultierende betriebsverfassungsrechtliche Be-

schäftigungsverbot ist im Mitbestimmungssicherungsverfahren durchzusetzen (§ 101 BetrVG, vgl auch Richardi/Bayreuther, Kollektives Arbeitsrecht § 33 Rn 26).

d) Abschlussverbote in Arbeitsverträgen

In einem Arbeitsvertrag kann ein Abschlussverbot nicht wirksam begründet werden, weil man sich, wie § 137 zeigt, nicht vertraglich seiner Privatautonomie begeben kann (ErfK/Preis § 611 Rn 331). Daher ist auch ein (zweiter) Arbeitsvertrag, der gegen ein wirksames Wettbewerbsverbot in einem anderen Arbeitsvertrag verstößt, wirksam; daran ändert ein Unterlassungsurteil des ersten Arbeitgeber nichts, jedoch muss der Arbeitnehmer seine Tätigkeit beim zweiten Arbeitgeber sofort einstellen, auch wenn er damit die Pflichten aus diesem Vertrag verletzt (Bauer/Diller, Wettbewerbsverbote [2012] Rn 885). Eine Unwirksamkeit des zweiten Arbeitsvertrages kommt nur in Betracht, wenn durch die Erfüllung der beiden Arbeitsverpflichtungen das nach dem ArbZG höchstzulässige Maß an Arbeitszeit krass überschritten wird. **553**

5. Auswahlrichtlinien

Neben Abschlussgeboten und -verboten können verbindliche Richtlinien die arbeitgeberische Auswahlentscheidung begrenzen. Solche können durch Tarifvertrag oder Betriebsvereinbarung festgelegt sein. Sie sind Betriebsnormen; sie begründen lediglich eine Rechtspflicht des Arbeitgebers, sind aber keine auf das Einzelarbeitsverhältnis unmittelbar einwirkenden Rechtsnormen (Zöllner, in: FS Gerhard Müller [1981] 665 [673 f]). Bei tarifvertraglichen Regelungen genügt daher für die Rechtsnormenwirkung die Tarifgebundenheit des Arbeitgebers (§ 3 Abs 2 TVG). **554**

Richtlinien über die personelle Auswahl bei Einstellungen sind im Allgemeinen nicht durch Tarifvertrag festgelegt. Stellt der Arbeitgeber sie auf, so bedürfen sie der **Zustimmung des Betriebsrats**; kommt keine Einigung über die Richtlinien oder ihren Inhalt zustande, so entscheidet auf Antrag des Arbeitgebers die Einigungsstelle mit bindender Wirkung **(§ 95 Abs 1 BetrVG)**. In Betrieben mit mehr als 500 Arbeitnehmern hat der Betriebsrat das Recht, die Aufstellung von Richtlinien über die bei einer Einstellung zu beachtenden fachlichen und persönlichen Voraussetzungen und sozialen Gesichtspunkte zu erzwingen (§ 95 Abs 2 BetrVG). Verstößt der Arbeitgeber bei der Einstellung gegen die Auswahlrichtlinien, so kann der Betriebsrat im Rahmen seiner Mitbestimmung die Zustimmung zur Einstellung verweigern (§ 99 Abs 2 Nr 1 BetrVG); der Arbeitsvertrag ist wirksam, es besteht aber ein Beschäftigungsverbot (vgl auch Rn 552). Die gleiche Regelung gilt für den öffentlichen Dienst des Bundes, soweit der Personalrat zu beteiligen ist (§§ 76 Abs 2 S 1 Nr 8, 77 Abs 2 Nr 1 BPersVG; vgl für Bayern Art 75 Abs 2 Nr 1, Abs 4 S 1 Nr 13 BayPVG). **555**

Richtlinien über die personelle Auswahl bei Einstellungen sind die Richtlinien, die im Rahmen der Personalplanung die Auswahlgesichtspunkte für die Einstellung von Arbeitnehmern festlegen und das Verfahren zu deren Feststellung regeln. **Stellenausschreibungen** selbst sind noch **keine Auswahlrichtlinien** (ebenso BAG 27. 10. 1992 – 1 ABR 4/92, BAGE 71, 259 [266 ff]). Gleiches gilt für **Anforderungsprofile**, in denen für einen bestimmten Arbeitsplatz die fachlichen, persönlichen und sonstigen Anforderungen an den Stelleninhaber abstrakt festgelegt werden (BAG 31. 5. 1983 – 1 ABR 6/80, AP Nr 2 zu § 95 BetrVG 1972), sowie **Stellen-** (BAG 31. 1. 1984 – 1 ABR 63/81, AP Nr 3 zu § 95 **556**

BetrVG 1972; BAG 14.1.2014 – 1 ABR 49/12, NZA-RR 2014, 356 [357]) **und Funktionsbeschreibungen** (BAG 14.1.1986 – 1 ABR 82/83, BAGE 50, 337 [347]). Entscheidend ist, dass es sich dabei um vorgelagerte Maßnahmen der Personalplanung handelt, deren Festlegung mitbestimmungsfrei ist. Für Auswahlrichtlinien ist wesentlich, dass sie die Auswahlentscheidung des Arbeitgebers bestimmen, sich also nicht darauf beschränken, die Aufgabe eines Arbeitsplatzes festzulegen und zu beschreiben, welchen fachlichen, persönlichen und sonstigen Anforderungen der künftige Inhaber dieses Arbeitsplatzes entsprechen soll, sondern die Grundsätze festlegen, nach denen bei der Einstellung entschieden wird, wer von mehreren in Frage kommenden Arbeitnehmern den Arbeitsplatz erhält.

557 Der Betriebsrat kann aber nach § 93 BetrVG verlangen, dass **Arbeitsplätze**, die besetzt werden sollen, allgemein oder für bestimmte Arten von Tätigkeiten vor ihrer Besetzung **innerhalb des Betriebs ausgeschrieben** werden; das gilt auch für Arbeitsplätze, die mit Leiharbeitnehmern besetzt werden sollen, deren Einsatzzeit zumindest vier Wochen betragen soll (BAG 1.6.2011 – 7 ABR 18/10, AP Nr 136 zu § 99 BetrVG 1971; BAG 15.10.2013 – 1 ABR 25/12, NZA 2014, 214 [215]). Für den Bereich der Personalvertretung des Bundes gilt, dass der Personalrat über das Absehen von der Ausschreibung von Dienstposten, die besetzt werden sollen, nach § 75 Abs 3 Nr 14 BPersVG mitzubestimmen hat. Die unterschiedliche Formulierung ist darauf zurückzuführen, dass Dienstposten, die besetzt werden sollen, ausgeschrieben werden (vgl Kaiser, in: Richardi/Dörner/Weber, BPersVG § 75 Rn 484). Verlangt der Betriebsrat die Ausschreibung der Arbeitsplätze innerhalb des Betriebs nach § 93 BetrVG, so kann er im Rahmen seiner Mitbestimmung die Zustimmung zu einer Einstellung verweigern, wenn die von ihm geforderte Ausschreibung im Betrieb unterblieben ist (§ 99 Abs 2 Nr 5 BetrVG); zwar ist der Arbeitsvertrag wirksam, es besteht aber ein Beschäftigungsverbot (vgl auch Rn 552). Der Arbeitgeber ist aber nicht verpflichtet, den Arbeitsplatz nur mit einem Arbeitnehmer, der sich auf die Ausschreibung beworben hat, zu besetzen oder ihm einen Vorrang einzuräumen (ebenso BAG 30.1.1979 – 1 ABR 78/76, AP Nr 11 zu § 118 BetrVG 1972; BAG 18.11.1980 – 1 ABR 63/78, AP Nr 1 zu § 93 BetrVG 1972). Doch ist es möglich, dass durch Betriebsvereinbarung etwas anderes bestimmt wird. Insbesondere kann durch eine Auswahlrichtlinie, die der Mitbestimmung des Betriebsrates nach § 95 Abs 1 und 2 BetrVG unterliegt, festgelegt werden, dass dem internen Bewerber um einen Arbeitsplatz der Vorzug vor externen Bewerbern gegeben werden soll, aber nur unter der Einschränkung, dass dem internen Bewerber wegen der Dauer seiner Betriebszugehörigkeit, also wegen eines sozialen Gesichtspunktes bei gleicher fachlicher und persönlicher Eignung der Vorrang gegeben wird (vgl auch BAG 31.5.1983 – 1 ABR 6/80, BAGE 43, 26 [32 f]).

VII. Fragerecht des Arbeitgebers und sonstige Datenerhebung vor Begründung des Arbeitsverhältnisses*

1. Grundsatz

558 Die Vertragsfreiheit umfasst die Freiheit, dass die Vertragspartner selbst bestimmen,

---

* **Schrifttum:** C Arnold, Kein Fragerecht des Arbeitgebers hinsichtlich Gewerkschaftsangehörigkeit während laufender Tarifvertragsverhandlungen, DB 2015, 867; Bellgardt, Rechtsprobleme des Bewerbergesprächs (1984); Borgaes, Der Informationsschutz des Arbeits-

von welchen Umständen sie den Abschluss eines Vertrages abhängig machen. Darauf beruht, dass bei der Vertragsanbahnung jeder den anderen nach Umständen fragen kann, die für ihn zum Abschluss des Vertrages wesentlich sind; es besteht im Prinzip keine Kompetenz eines Dritten, insoweit festzulegen, was die Vertragsparteien für wesentlich halten dürfen. Das Privatrecht geht allerdings davon aus, dass die im Vertrag vorausgesetzte Parität den Persönlichkeitsschutz gewährleistet, weil niemand, der vernünftig ist, ein seinen Interessen dienendes Rechtsgeschäft nur deshalb nicht tätigt, weil der Vertragspartner Besonderheiten und Eigenarten aufweist, die er nicht schätzt. Entsprechend besteht ohne Befragung eine Rechtspflicht zur Aufklärung nur, wenn es sich um ein Vertragsverhältnis handelt, „worin der Andere von uns Offenheit zu erwarten berechtigt ist" (SAVIGNY, System des heutigen Römischen Rechts III [1840] 119).

Für die **Relevanz von Willensmängeln in der Rechtsgeschäftslehre** ist allerdings maßgebend, dass eine bestimmte Kenntnis tatsächlicher Umstände als notwendig, aber auch als ausreichend erachtet wird, um zu gewährleisten, dass die privatautonome Rechtsgestaltung durch Rechtsgeschäft dem individuellen Willen entspricht. Für die Irrtumsanfechtung nach § 119 Abs 2 ist ausschlaggebend, „was im Verkehr bei Geschäften dieser Art als ein für die Bewertung wesentlicher oder erheblicher Umstand angesehen wird" (LARENZ, Allgemeiner Teil [7. Aufl 1989] 383). Eine Täuschung, also auch die wahrheitswidrige Beantwortung einer Frage, ist nur dann ein Anfechtungsgrund iS des § 123 Abs 1, wenn sie arglistig ist, also nicht bloß vorsätzlich erfolgt, sondern auch als rechtswidrig anzusehen ist (s Rn 670). Beispiel hierfür ist § 53 BZRG, unter dessen Voraussetzungen es dem Verurteilten erlaubt ist, sich gleichwohl als unbestraft zu bezeichnen und den der Verurteilung zugrunde liegenden Sachverhalt nicht zu offenbaren. Nur die wahrheitswidrige Beantwortung einer zulässigen Frage kann 559

---

platzbewerbers (1985); BUCHNER, Freiheit und Bindung des Arbeitgebers bei Einstellungsentscheidungen, NZA 1991, 577; DÄUBLER, Gläserne Belegschaften? Datenschutz in Betrieb und Dienststelle (5. Aufl 2010); EHRICH, Fragerecht des Arbeitgebers bei Einstellungen und Folgen der Falschbeantwortung, DB 2000, 421; FISCHINGER, Die arbeitsrechtlichen Regelungen des Gendiagnostikgesetzes, NZA 2010, 65; HITZIG, Das Fragerecht des Arbeitgebers gegenüber Arbeitnehmern mit Sonderkündigungsschutz (2008); HOFMANN, Zur Offenbarungspflicht des Arbeitnehmers, ZfA 1975, 1; HOHENSTATT/STAMER, Background Checks von Bewerbern in Deutschland: Was ist erlaubt?, NZA 2006, 1065; MORITZ, Fragerecht des Arbeitgebers sowie Auskunfts- und Offenbarungspflicht des Arbeitnehmers bei der Anbahnung von Arbeitsverhältnissen, NZA 1987, 329; RAAB, Das Fragerecht des Arbeitgebers nach schwebenden Strafverfahren und die Unschuldsvermutung des Bewerbers, RdA 1995, 36; RIESENHUBER, Kein Fragerecht des Arbeitgebers, NZA 2012, 771; SCHÖNHÖFT/HAUG, Klassiker im neuen Kleid: Die Frage nach der Gewerkschaftszugehörigkeit bei einem Betriebsübergang, BB 2011, 821; STUBBE, Assessment Center (2006); THÜSING/LAMBRICH, Das Fragerecht des Arbeitgebers – aktuelle Probleme zu einem klassischen Thema, BB 2002, 1146; WIEDEMANN, Zur culpa in contrahendo beim Abschluß des Arbeitsvertrages, in: FS Herschel (1982) 463; WIESE, Zur gesetzlichen Regelung der Genomanalyse an Arbeitnehmern, RdA 1988, 217; ders, Genetische Analysen und Rechtsordnung unter besonderer Berücksichtigung des Arbeitsrechts (1994); WISSKIRCHEN/BISSELS, Das Fragerecht des Arbeitgebers bei Einstellung unter Berücksichtigung des AGG, NZA 2007, 169; WOHLGEMUTH, Grundlagen des individualrechtlichen Arbeitnehmer-Datenschutzes, in: FS Hanau (1999) 329; ZÖLLNER, Daten- und Informationsschutz im Arbeitsverhältnis (2. Aufl 1983).

daher zur Anfechtung des Arbeitsvertrages berechtigen (ebenso BAG 5. 12. 1957 – 1 AZR 594/56, BAGE 5, 159 [164]; BAG 22. 9. 1961 – 1 AZR 241/60, BAGE 11, 270 [273]; Degener, Fragerecht 99 f).

560 Bei Begründung eines **Arbeitsverhältnisses** erfordert die Besonderheit des Leistungsversprechens und der gesetzlich gewährleistete Sozialschutz eine **weitere Modifikation**. Sie besteht darin, dass das Fragerecht des Arbeitgebers begrenzt wird, um den Persönlichkeitsschutz des Arbeitnehmers zu gewährleisten und zu verhindern, dass der gesetzlich gewährleistete Sozialschutz den Arbeitgeber veranlasst, die Einstellung von Umständen abhängig zu machen, die für den vorgesehenen Arbeitsplatz keine Bedeutung haben.

561 Zum Schutz davor, dass jemand durch den Umgang mit seinen personenbezogenen Daten in seinem Persönlichkeitsrecht beeinträchtigt wird, besteht das **Bundesdatenschutzgesetz (BDSG)** iF vom 14. 1. 2003 (BGBl I 66). Dieses gilt für die Erhebung, Verarbeitung und Nutzung personenbezogener Daten durch öffentliche Stellen des Bundes (§ 1 Abs 2 Nr 1 BDSG) und der Länder, soweit der Datenschutz nicht durch Landesgesetz geregelt ist und soweit sie Bundesrecht ausführen oder als Organe der Rechtspflege tätig werden und es sich nicht um Verwaltungsangelegenheiten handelt (§ 1 Abs 2 Nr 2 BDSG). Außerdem fallen unter das Gesetz nicht-öffentliche Stellen, soweit sie die Daten unter Einsatz von Datenverarbeitungsanlagen verarbeiten, nutzen, dafür erheben oder die Daten in oder aus nicht automatisierten Dateien verarbeiten, nutzen oder dafür erheben, sofern nicht die Datenverarbeitung ausschließlich für persönliche oder familiäre Tätigkeiten erfolgt (§ 1 Abs 2 Nr 3 iVm §§ 27 ff BDSG). Das Gesetz schützt nicht nur Arbeitnehmer, sondern unter dem Sammelbegriff des **Beschäftigten** zB auch zu ihrer Berufsbildung Beschäftigte, Beamte und Bewerber für ein Beschäftigungsverhältnis (§ 3 Abs 1 BDSG). Der Schutz erstreckt sich auf **personenbezogene Daten**, verstanden als Einzelangaben über persönliche oder sachliche Verhältnisse einer bestimmten oder bestimmbaren natürlichen Person, dem sog Betroffenen, § 3 Abs 1 BDSG. Ein gesteigertes Schutzniveau gilt zudem für **besondere Arten personenbezogener Daten**, dh Angaben über die rassische und ethnische Herkunft, politische Meinungen, religiöse oder philosophische Überzeugungen, Gewerkschaftszugehörigkeit, Gesundheit oder Sexualleben (§ 3 Abs 9 BDSG). Die Erhebung, Verarbeitung und Nutzung personenbezogener Daten ist nur zulässig, wenn dies durch das BDSG oder eine andere Rechtsvorschrift erlaubt ist oder der Betroffene eingewilligt hat, § 4 Abs 1 BDSG. Nachdem eine im Jahr 2010 geplante Reform des Beschäftigtendatenschutzes (Regierungsentwurf eines Gesetzes zur Regelung des Beschäftigtendatenschutzes vom 25. 8. 2010; dazu auch Forst NZA 2010, 1043 ff) bislang nicht verwirklicht worden ist, sind für das Arbeitsrecht nach wie vor insbesondere die **§§ 28, 32 BDSG** relevant. Die dadurch gezogenen Grenzen entsprechen denen der vor allem richterrechtlich entwickelten Beschränkungen des Fragerechts des Arbeitgebers (Schaub/Linck, ArbRHdB § 26 Rn 16; ErfK/Preis § 611 Rn 271). Daher bleibt das Datenschutzrecht im Folgenden im Wesentlichen außer Betracht. Sollten die geplanten Vorschriften zum Arbeitnehmerdatenschutz doch noch in Kraft treten, könnten die Informationsmöglichkeiten des Arbeitgebers über Bewerber (empfindlich) beschränkt werden. Einen speziellen Schutz hinsichtlich ihrer genetischen Eigenschaften, dh „ererbter oder während der Befruchtung oder bis zur Geburt erworbener, vom Menschen stammender Erbinformationen" (§ 3 Nr 4 GenDG) genießen Beschäftigte durch das **Gendiagnostik-**

gesetz vom 31. 7. 2009 (BGBl I 2529, ber 3672; dazu FISCHINGER NZA 2010, 65; näher Rn 611, 1781).

2. Fragerecht des Arbeitgebers

Der Arbeitgeber hat ein Fragerecht nur insoweit, als er ein **berechtigtes, billigens- 562 wertes und schutzwürdiges Interesse** an der Beantwortung seiner Frage für das Arbeitsverhältnis hat (ebenso BAG 7. 6. 1984 – 2 AZR 270/83, AP Nr 26 zu § 123 BGB; BAG 5. 10. 1995 – 2 AZR 923/94, AP Nr 40 zu § 123 BGB). Das folgt auch aus § 32 Abs 1 S 1, Abs 2 BDSG, wonach personenbezogene Daten eines Beschäftigten (und damit eines Bewerbers, § 3 Abs 11 Nr 7 BDSG) unter anderem erhoben, verarbeitet und genutzt werden dürfen, wenn dies für die Entscheidung über die Begründung eines Beschäftigungsverhältnisses erforderlich ist. Das Interesse des Arbeitgebers muss objektiv so stark sein, dass dahinter das Interesse des Arbeitnehmers am Schutz seines Persönlichkeitsrechtes und an der Unverletzbarkeit seiner Individualsphäre zurücktreten muss (BAG 15. 11. 2012 – 6 AZR 339/11, NZA 2013, 429 [432]). Das ist idR nur anzunehmen, wenn die begehrte Information für den angestrebten Arbeitsplatz und die zu erfüllende Tätigkeit relevant ist (BAG 7. 7. 2011 – 2 AZR 396/10, NZA 2011, 34 [35]).

Für die Abwägung ist dabei von Bedeutung, dass das verfassungsrechtlich geschützte 563 Persönlichkeitsrecht (Art 2 Abs 1 iVm Art 1 Abs 1 GG) die Befugnis des einzelnen einschließt, grundsätzlich selbst über die Preisgabe und Verwendung seiner persönlichen Daten zu bestimmen (vgl BVerfGE 65, 1). Bei Begründung eines Arbeitsverhältnisses wird allerdings durch eine unzulässige Frage nicht unmittelbar in dieses Recht auf **„informationelle Selbstbestimmung"** eingegriffen, weil der Bewerber die Frage nicht zu beantworten braucht bzw eine Beeinträchtigung seiner Persönlichkeit dadurch abwehren kann, dass er die Frage wahrheitswidrig beantwortet. Diese Freiheit des Bewerbers ist aber eine nur scheinbare, in Wahrheit befindet er sich in einer Zwickmühle: Verweigert er die Antwort oder antwortet er wahrheitsgemäß, läuft er Gefahr, den begehrten Arbeitsplatz nicht zu erhalten. Entscheidet er sich zur Lüge, wird er zwar vielleicht eingestellt, der Arbeitgeber könnte nach allgemein zivilrechtlichen Grundsätzen den Arbeitsvertrag aber später nach § 123 anfechten. Ein Ausweg aus dem Dilemma und eine Absicherung des Rechts auf informationelle Selbstbestimmung ist nur dadurch möglich, dass ausschließlich sachliche Gründe eine Frage zu rechtfertigen vermögen, die den Arbeitnehmer zur Offenlegung personenbezogener Daten zwingen, wenn er ausschließen will, dass das Arbeitsverhältnis fehlerhaft begründet wird.

Das Fragerecht des Arbeitgebers ist aus der **Begrenzung der Anfechtung wegen** 564 **arglistiger Täuschung** (§ 123 Abs 1) entwickelt worden. Obwohl dort im Gesetzestext nicht ausdrücklich vorgesehen, liegt der Anfechtungsgrund nur vor, wenn die Täuschung widerrechtlich ist (zB BAG 20. 5. 1999 – 2 AZR 320/98, AP Nr 50 zu § 123 BGB mwNw; RICHARDI/BUCHNER, MünchArbR § 34 Rn 27). Daraus folgt, dass eine Frage zulässig sein muss, weil anderenfalls ihre wahrheitswidrige Beantwortung keine zur Anfechtung berechtigende arglistige Täuschung darstellt. Ist die Frage unzulässig, hat der Stellenbewerber also de facto ein **„Recht zur Lüge"** (BAG 22. 9. 1961 – 1 AZR 241/60, AP Nr 15 zu § 123 BGB). Im Ergebnis keinen Unterschied macht es, ob der Arbeitnehmer eine Frage des Arbeitgebers absichtlich falsch beantwortete oder ob er sich im

Arbeitsvertrag zu etwas verpflichtete, ohne die Absicht zu haben, dem nachzukommen (zB Umzug in die Nähe der Betriebsstätte, vgl LAG Nürnberg 9. 12. 2003 – 6 Sa 676/02, NZA-RR 2004, 298).

565 Soweit nicht das Bundesdatenschutzgesetz einschlägig ist (s Rn 561), fehlt für den Bereich der Privatwirtschaft eine allgemeine Gesetzesregelung. Allerdings hat das **Allgemeine Gleichbehandlungsgesetz** Auswirkungen auf das Fragerecht des Arbeitgebers; Fragen, die sich auf eines der in § 1 AGG genannten Merkmale beziehen, sind nur unter den engen Rechtfertigungsvoraussetzungen der §§ 8–10 AGG zulässig, weil es anderenfalls an einem berechtigten Informationsinteresse des Arbeitgebers fehlt (HWK/Rupp § 7 AGG Rn 2 f; Schaub/Linck, ArbRHdB § 26 Rn 16; aA Bauer/Krieger, AGG § 2 Rn 23a: erst die diskriminierende Einstellungsentscheidung sei unzulässig, das Fragerecht bleibe unberührt). Gesetzlich geregelt ist zudem der Katalog zulässiger Fragen für den öffentlichen Dienst des Bundes durch **§ 7 Abs 2 BGleiG**: In Vorstellungs- oder Auswahlgesprächen sind Fragen nach dem Familienstand, einer bestehenden oder geplanten Schwangerschaft sowie der Sicherstellung der Betreuung von Kindern, behinderten oder pflegebedürftigen Angehörigen neben der Berufstätigkeit unzulässig.

566 Personenbezogene Daten des Beschäftigten dürfen grundsätzlich nur **bei diesem unmittelbar erhoben** werden, § 4 Abs 2 S 1 BDSG. Bei Dritten dürfen die Daten nur mit Zustimmung des Beschäftigten oder unter den engen Voraussetzungen des § 4 Abs 2 S 2 BDSG erhoben werden, wobei auch dann die im Folgenden zu skizzierenden Begrenzungen des Fragerechts gelten (näher Rn 567 ff). **Allgemein zugängliche Daten**, die zB über eine simple Internetrecherche („googeln") zu finden sind, dürfen gemäß § 28 Abs 1 S 1 Nr 3 BDSG bzw § 28 Abs 6 Nr 2 BDSG (besondere Arten personenbezogener Daten, § 3 Abs 9 BDSG) ohne Mitwirkung des Bewerbers erhoben werden. Befinden sich die Daten hingegen auf der Seite eines **sozialen Netzwerks**, das nur Mitgliedern offensteht, dürfte § 28 Abs 1 S 1 Nr 4, Abs 6 Nr 2 BDSG mangels einer allgemeinen Zugänglichkeit selbst dann ausscheiden, wenn die Anmeldung in dem Netzwerk kostenlos ist und innerhalb weniger Minuten möglich ist. In Betracht kommt hier nur eine Rechtfertigung nach § 32 Abs 1 S 1 BDSG. Insoweit wird man – soweit das möglich ist – nach der Art des Netzwerks unterscheiden müssen: Bei vor allem berufsorientierten Netzwerken (zB LinkedIn, Xing) ist die Recherche auch ohne Mitwirkung zulässig, werden dort doch typischerweise Daten zu Berufszwecken und damit auch zur Information potenzieller neuer Arbeitgeber eingestellt. Anders ist hingegen bei Netzwerken zu entscheiden, deren Fokus im Privaten liegt (zB Facebook, StudiVZ). Eine Suche auf diesen Plattformen kann über § 32 BDSG nicht gerechtfertigt werden und ist daher nur bei einer – freiwillig (!) erteilten – Einwilligung des Bewerbers zulässig, §§ 4 Abs 1 Alt 2, 4a BDSG (vgl zum Ganzen auch Forst NZA 2010, 427 [430 ff]).

567 Im Einzelnen gilt hinsichtlich des **Fragerechts des Arbeitgebers**:

a) Arbeitsplatzbezogene Voraussetzungen in der Person des Arbeitnehmers

568 Soweit sie für den in Aussicht genommenen Arbeitsplatz von Bedeutung sind, dürfen Fragen nach beruflichen und **fachlichen Fähigkeiten, Kenntnissen** und **Erfahrungen** uneingeschränkt gestellt werden (iSd § 32 Abs 1 S 1 BDSG ist eine Erhebung dieser Daten für die Entscheidung über die Begründung des Beschäftigungsverhältnisses erforderlich). Das Gleiche gilt für die Frage nach dem bisherigen **beruflichen Werdegang** sowie nach Zeugnissen und bestandenen Prüfungen. Auch nach dem AGG dürfte es weiterhin zulässig sein, nach der beruflichen Verfügbarkeit und Flexibilität (zB Versetzungsbereitschaft, Bereitschaft zur Arbeit im Schichtdienst) zu fragen (Wisskirchen/Bissels NZA 2007, 169 [171]).

Ausländer dürfen danach gefragt werden, ob sie eine ggf erforderliche **Aufenthalts-** **569** **erlaubnis** nach (§§ 4 Abs 3, 18 iVm §§ 39 ff AufenthG iVm der Beschäftigungsverordnung vom 6. 6. 2013 [BGBl I 1499]) bzw Genehmigung nach § 284 SGB III (siehe dazu Rn 629 ff) besitzen; denn anderenfalls darf der Arbeitgeber den Arbeitnehmer nicht beschäftigen und es besteht zudem die Gefahr einer Bußgeldverhängung nach § 95 Abs 2a AufenthG, § 404 Abs 2 Nr 3, Abs 3 SGB III oder gar einer Straftat nach § 10a SchwarzArbG bzw §§ 15, 15a AÜG. Dem steht das AGG richtigerweise nicht entgegen (HWK/Annuss/Rupp § 7 AGG Rn 3), und zwar schon deshalb nicht, weil der Arbeitgeber verpflichtet ist, zu prüfen, ob der erforderliche Aufenthaltstitel vorhanden ist (§ 4 Abs 3 S 4, 5 AufenthG).

Der Arbeitgeber darf fragen, ob der Bewerber rechtswirksam ein **Wettbewerbsver-** **570** **bot** mit einem früheren Arbeitgeber eingegangen ist (Küttner/Kreitner, Personalbuch 2015, Stichwort „Auskunftspflichten Arbeitnehmer" Rn 12; Buchner, MünchArbR § 30 Rn 317; s zur Zulässigkeit von Wettbewerbsabreden Rn 1188 ff). Wegen des Verbots der Vorbeschäftigung bei „demselben Arbeitgeber" nach § 14 Abs 2 S 2 TzBfG ist die Frage zulässig, ob in der Vergangenheit ein Arbeitsverhältnis mit dem gleichen Arbeitgeber bestand (näher Bauer/Fischinger DB 2007, 1410 [1411 f]). Es kann nach solchen Nebentätigkeiten gefragt werden, die die ordnungsgemäße Vertragserfüllung beeinträchtigen könnten.

Der Arbeitgeber darf ferner danach fragen, ob der Bewerber **langzeitarbeitslos** iSv **571** § 18 Abs 1 SGB III ist. Hintergrund ist, dass dies gemäß § 22 Abs 4 MiLoG für die Einschlägigkeit des MiLoG von Bedeutung sein kann (s näher Rn 1352).

b) Gesundheitszustand
Fragen nach dem Gesundheitszustand sind nicht grundsätzlich unzulässig, bedürfen **572** aber einer Rechtfertigung, da sie nicht unerheblich in die Intimsphäre des Bewerbers eingreifen. Im Wesentlichen beschränkt sich das Fragerecht des Arbeitgebers traditionell auf folgende Punkte (vgl BAG 7. 6. 1984 – 2 AZR 270/83, AP Nr 26 zu § 123 BGB):

(1) Liegt eine Krankheit bzw eine Beeinträchtigung des Gesundheitszustandes vor, durch die die Eignung für die vorgesehene Tätigkeit **auf Dauer** oder in **periodisch wiederkehrenden Abständen** eingeschränkt ist?

(2) Liegen **ansteckende Krankheiten** vor, die zwar nicht die Leistungsfähigkeit beeinträchtigen, jedoch die zukünftigen Kollegen oder Kunden gefährden?

(3) Ist im Zeitpunkt des Dienstantritts bzw in absehbarer Zeit mit einer **Arbeitsunfähigkeit zu rechnen**, zB durch eine geplante Operation, eine bewilligte Kur oder durch eine zur Zeit bestehende akute Erkrankung?

573 Ein allgemeingültiger Katalog, nach welchen Krankheiten gefragt werden kann, lässt sich dabei nicht aufstellen. Welche Krankheit zu offenbaren ist, richtet sich vielmehr nach den Anforderungen des Arbeitsplatzes (vgl ausführlich BUCHNER, Münch-ArbR § 30 Rn 272 ff). Ein Transportarbeiter, nicht aber ein Pförtner oder Telefonist kann nach einem Bruchleiden gefragt werden; ein Fernfahrer, nicht aber ein Buchhalter kann nach Bandscheibenschäden gefragt werden. Zu den zulässigen Fragen gehört im Prinzip, ob der Stellenbewerber an einer ansteckenden Krankheit leidet. Eine Einschränkung besteht jedoch insoweit, als der Bewerber keine Krankheit zu offenbaren braucht, durch die bei Erbringung der Arbeitsleistung keine Ansteckungsgefahr besteht (zur Aids-Erkrankung/-Infizierung s Rn 574). In der Regel ist die Frage, ob der Arbeitnehmer Raucher ist, unzulässig (vgl BVerwG 13. 9. 1984 – 2 C 33/82, NJW 1985, 876); etwas anderes kann gelten, wenn es um die Produktion empfindlicher Erzeugnisse geht. Ein apodiktisches Fragerecht normiert § 19 Nr 2 GenDG (näher Rn 611), der es dem Arbeitgeber verbietet, vom Beschäftigten die Mitteilung von Ergebnissen bereits vorgenommener genetischer Untersuchungen/Analysen zu verlangen und solche Ergebnisse entgegenzunehmen oder zu verwenden.

574 An den geschilderten Grundsätzen kann nach Inkrafttreten des AGG nur festgehalten werden, soweit keine **Behinderung** im Sinne des § 1 AGG vorliegt, denn eine Frage danach ist grundsätzlich unzulässig (s Rn 587 ff). Damit stellt sich das Problem, wie Krankheit und Behinderung voneinander abzugrenzen sind. In gewohnter sprachlicher Brillanz versteht der **EuGH** unter Behinderung einen Zustand, „der durch eine ärztlich diagnostizierte heilbare oder unheilbare Krankheit verursacht wird, wenn diese Krankheit eine Einschränkung mit sich bringt, die insbesondere auf physische, geistige oder psychische Beeinträchtigungen zurückzuführen ist, die in Wechselwirkung mit verschiedenen Barrieren den Betreffenden an der vollen und wirksamen Teilhabe am Berufsleben, gleichberechtigt mit den anderen Arbeitnehmern, hindern können, und wenn diese Einschränkung von langer Dauer ist" (EuGH 11. 4. 2013 – C-335/11, NZA 2013, 553 [556]; siehe auch schon EuGH 11. 7. 2006 – C-13/05, AP Nr 3 zu Richtlinie 2000/78/EG). Der Gesetzgeber will sich in Bezug auf § 1 AGG hingegen an den Definitionen in **§ 2 Abs 1 S 1 SGB IX, § 3 BGG** anlehnen. Beide verlangen, dass die „körperliche Funktion, geistige Fähigkeit oder seelische Gesundheit mit hoher Wahrscheinlichkeit länger als sechs Monate von dem für das Lebensalter typischen Zustand abweichen und daher [die] Teilhabe am Leben in der Gesellschaft beeinträchtigt ist". Zwischen beiden Definitionen bestehen praktisch nicht unerhebliche Unterschiede: So ist der nationale Behindertenbegriff insoweit weiter, als er es genügen lässt, dass die Teilhabe am *Leben in der Gesellschaft* beeinträchtigt ist, wohingegen nach der Definition des EuGH eine volle und wirksame *Teilhabe am Berufsleben* beeinträchtigt sein muss; überdies ist nach dem nationalen Recht bereits eine Beeinträchtigung von wahrscheinlich *sechs Monaten* als langfristig einzustufen, wohingegen es auf dem Boden des Europarechts eine Frage des *Einzelfalls* ist, ob sie schon als langfristig zu qualifizieren ist. Umgekehrt ist der nationale Behindertenbegriff insoweit enger, als er eine Abweichung „von dem für das *Lebensalter typischen Zustand*" verlangt, mithin – anders als bei Zugrundelegung der EuGH-Definition – *alterstypische Einschränkungen* keine Behinderung darstellen. Das **BAG** löst dieses Spannungsverhältnis zum maximalen Vorteil des Behinderten auf, indem es auf den jeweils weitergehenden Behindertenbegriff rekurrieren will (BAG 19. 12. 2013 – 6 AZR 190/12, NZA 2014, 372 [379]). Dem ist zuzustimmen, weil nur so gleichermaßen europarechtskonforme Ergebnisse erzielt als auch dem Willen des nationalen

Gesetzgebers Rechnung getragen werden kann; daran ändert sich nichts dadurch, dass rechtspolitisch der nationale Behindertenbegriff insoweit zweifelhaft ist, als die maßgebliche Demarkationsgrenze eigentlich nicht nach der Dauer der Erkrankung, sondern danach gezogen werden müsste, ob diese voraussichtlich heilbar ist (vgl ErfK/ SCHLACHTER § 1 AGG Rn 9; ErfK/PREIS § 611 Rn 274a) – angesichts des klaren gesetzgeberischen Willens führt de lege lata jedenfalls kein Weg an § 2 Abs 1 S 1 SGB IX, § 3 BGG vorbei. Unter Zugrundelegung beider Behindertenbegriffe liegt es nahe, eine **Aids-Erkrankung** als Behinderung einzustufen – die Frage danach ist aber wegen der drohenden dauernden Arbeitsunfähigkeit zulässig, vgl § 8 AGG. Dem steht das GenDG nicht entgegen, da dieses nur für „vom Menschen stammende" Erbinformationen gilt, nicht aber für solche nicht menschlichen Ursprungs wie zB HIV (BT-Drucks 16/10532, 21). Bei einer **Aids-Infizierung** droht dagegen wegen der langen Latenzzeit nicht unmittelbar eine Beeinträchtigung der Eignung für die angestrebte Tätigkeit; es liegt daher keine Behinderung vor (zT abw ErfK/PREIS § 611 Rn 283). Die Frage ist deshalb nur zulässig, wenn bei Erbringung der Arbeitsleistung Arbeitskollegen oder Dritte der Gefahr einer Ansteckung ausgesetzt sind (RICHARDI NZA 1988, 73 [74 f]); wie auch sonst genügt es nicht, dass durch eine vielleicht erst in vielen Jahren ausbrechende Krankheit erhebliche Kosten entstehen können.

c) Vermögen und früheres Arbeitseinkommen

Zur Privatsphäre des Arbeitnehmers gehört, welches **Vermögen** er besitzt. Ein Fragerecht des Arbeitgebers besteht deshalb nur, wenn der Arbeitsplatz ein besonderes Vertrauensverhältnis voraussetzt, der Arbeitnehmer bei seiner Tätigkeit mit erheblichen Geldbeträgen umgehen muss oder die Gefahr der Bestechung oder des Geheimnisverrats besteht (ebenso BUCHNER, MünchArbR § 30 Rn 351; DEGENER, Fragerecht 120; MORITZ NZA 1987, 329 [333]). **575**

Umstritten ist, ob der Arbeitgeber nach **Lohn- oder Gehaltspfändungen** fragen darf. **576** Das wird zT für grundsätzlich unzulässig gehalten und eine Ausnahme nur bei Arbeitnehmern in besonderen Vertrauenspositionen zugelassen (ArbG Berlin 16. 7. 1986 – 8 Ca 141/86, BB 1986, 1853). Richtigerweise wird man die Frage nach **aktuellen** Pfändungen stets für zulässig halten dürfen, da mit ihnen für den Arbeitgeber ein beträchtlicher Verwaltungsaufwand und haftungsrechtliche Risiken verbunden sind (ebenso MünchKomm/MÜLLER-GLÖGE § 611 Rn 619; KÜTTNER/KREITNER, Personalbuch 2015, Stichwort „Auskunftspflichten Arbeitnehmer" Rn 20; aA [nur bei besonderen Vertrauenspositionen] ZELLER BB 1987, 1522 [1523]; HWK/THÜSING § 123 Rn 10; SCHAUB/LINCK, ArbRHdB § 26 Rn 26; ErfK/PREIS § 611 Rn 280; vgl zur sozialen Rechtfertigung einer Kündigung wegen Lohnpfändungen im Kleinbetrieb: BAG 4. 11. 1981 – 7 AZR 264/79, AP Nr 4 zu § 1 KSchG 1969 Verhaltensbedingte Kündigung), umso mehr als er gegen den Arbeitnehmer keinen gesetzlichen Kostenerstattungsanspruch hat (BAG 18. 7. 2006 – 1 AZR 578/05, AP Nr 15 zu § 850 ZPO, s auch Rn 1609). Dagegen wird man hinsichtlich Pfändungen in der **Vergangenheit** zurückhaltend sein müssen, da diese nicht automatisch den Schluss zulassen, es werde auch in der Zukunft zu Pfändungen kommen; zulässig ist hier die Frage nur in besonderen Vertrauenspositionen.

Die Frage nach einem **früheren Arbeitseinkommen** ist unzulässig, wenn es für die **577** erstrebte Stelle keine Aussagekraft hat und der Bewerber sie auch nicht von sich aus als Mindestvergütung für die neue Stelle fordert; anders aber, wenn der Bewerber in seinem alten Arbeitsverhältnis vor allem leistungsbezogen entlohnt wurde (WISS-

KIRCHEN/BISSELS NZA 2007, 169 [174]; vgl BAG 19. 5. 1983 – 2 AZR 171/81, AP Nr 25 zu § 123 BGB).

578 Das Fragerecht wird durch das in **Art 21 der Charta der Grundrechte der Europäischen Union** (EUGC) enthaltene Diskriminierungsverbot nicht beeinträchtigt, da dieses nicht private Arbeitgeber, sondern nur die Mitgliedstaaten bei der Durchführung von Unionsrechts bindet.

d) Persönliche Lebensverhältnisse

579 Fragen nach familiären Verhältnissen sind zulässig, wenn der Arbeitgeber ein betriebsbezogenes berechtigtes Interesse an der Auskunft hat, zB nach Verwandtschaftsbeziehungen mit Betriebsangehörigen (ebenso MORITZ NZA 1987, 329 [333]); wegen der Gefahr einer Diskriminierung aufgrund der sexuellen Identität (§ 1 AGG) muss die Frage aber „neutral" formuliert sein, es sei denn, es liegt ein Rechtfertigungsgrund nach § 8 Abs 1 AGG vor. Fragen nach der Familienplanung beinhalten eine mittelbare Benachteiligung wegen der sexuellen Identität. Eine Ausforschung des Intimbereichs ist aber unzulässig. Daher kann im Allgemeinen nicht danach gefragt werden, ob der Bewerber um einen Arbeitsplatz eine **nichteheliche Lebensgemeinschaft** eingegangen ist oder ob er **geschieden** ist; etwas anderes gilt wegen der Verfassungsgarantie der Kirchenautonomie nur für kirchliche Einrichtungen. Unzulässig ist insbesondere auch die Frage, ob jemand in absehbarer Zeit eine Ehe einzugehen beabsichtigt.

580 Nach der **Gewerkschaftszugehörigkeit** darf der Arbeitgeber vor der Einstellung nicht fragen; denn alle Maßnahmen, die auf eine Behinderung der Koalitionsfreiheit hinauslaufen, sind nach Art 9 Abs 3 S 2 GG rechtswidrig (vgl BAG 28. 3. 2000 – 1 ABR 16/99, AP Nr 27 zu § 99 BetrVG 1972 Einstellung; s auch Rn 1804, 1814 ff). Da jedoch die Tarifgeltung davon abhängt, ob der Arbeitnehmer einer tarifschließenden Gewerkschaft angehört (§§ 3 Abs 1, 4 Abs 1 TVG), muss sichergestellt werden, dass der für das Arbeitsverhältnis geltende Tarifvertrag zur Anwendung kommt. Deshalb darf *nach* der Einstellung grundsätzlich gefragt werden, ob der Arbeitnehmer Mitglied einer Gewerkschaft ist, sofern nicht der mit ihr abgeschlossene Tarifvertrag ohnehin aufgrund einer arbeitsvertraglichen Bezugnahmeklausel (näher Rn 828 ff) den Arbeitsbedingungen zugrunde gelegt wird (MEYER BB 2011, 2362 [2364]; PREIS/GREINER NZA 2007, 1073; KÜTTNER/KREITNER, Personalbuch 2015, Stichwort „Auskunftspflichten Arbeitnehmer" Rn 18). Ausnahmsweise darf schon vor/bei Einstellung nach der Gewerkschaftsmitgliedschaft gefragt werden, und zwar dann, wenn der Arbeitnehmer bei einer Gewerkschaft oder einem Arbeitgeberverband beschäftigt werden soll. Umgekehrt darf auch nach der Einstellung während laufender Tarifvertragsverhandlungen nicht nach der Gewerkschaftszugehörigkeit gefragt werden, weil dies gegen die Koalitionsfreiheit der Gewerkschaft und des Gewerkschaftsmitglieds verstoßen würde (BAG 18. 11. 2014 – 1 AZR 257/13, NZA 2015, 306 [309]; ARNOLD DB 2015, 867; zum Schutz der Koalitionsfreiheit siehe auch Rn 1803 ff).

581 Fragen nach der **Religions- und Parteizugehörigkeit** des Bewerbers sind grundsätzlich unzulässig. Etwas anderes kann zunächst gelten, wenn der Arbeitgeber eine politische Partei ist bzw es sich um einen kirchlichen Arbeitgeber handelt. Bei Letzterem zeigt § 9 AGG, dass eine Ungleichbehandlung wegen der Religion (und damit auch eine auf die Religionszugehörigkeit zielende Frage) zulässig sein kann. Ein Fragerecht soll aber auch hier nur in Betracht kommen, wenn die Religionszugehörigkeit für die zu besetzende Position nach objektiven Maßstäben eine Rolle spielt; das ist zB bei einer Erzieherin anzunehmen, nicht aber bei einem Hausmeister (vgl Rn 470 und die Unterscheidung zwischen „verkündungsnahem und -fernem" Bereich). Auch bei nicht kirchlichen Arbeitgebern wird man eine Frage für zulässig halten können, die darauf abzielt, ob der Arbeitnehmer den Arbeitspflichten aus religiösen Gründen nicht wird nachkommen können (zB Muslim als Alkoholverkäufer; ebenso SCHAUB/LINCK, ArbRHdB § 26 Rn 31). Legt man die bisherige Rechtsprechung des BAG zugrunde, so wäre allerdings die Frage nach einer Mitgliedschaft bei **Scientology** zulässig, denn Scientology wird nicht als Religions- oder Weltanschauungemeinschaft angesehen (BAG 22. 3. 1995 – 5 AZB 21/94, AP Nr 21 zu § 5 ArbGG; für Fragerecht BAUER/BAECK/MERTEN DB 1997, 2534 [2535]; zweifelnd KÜTTNER/KREITNER, Personalbuch 2015, Stichwort „Auskunftspflichten Arbeitnehmer" Rn 21; grundsätzlich gegen ein Fragerecht mit Ausnahme bei der Besetzung von Schlüsselpositionen SZECH, Die Anfechtung des Arbeitsvertrags durch den Arbeitgeber und das Allgemeine Gleichbehandlungsgesetz [2012], 174 f). Schließlich kommt eine Frage nach der Zugehörigkeit zu einer verfassungsfeindlichen Partei bei Bewerbern für den öffentlichen Dienst in Betracht (s Rn 583).

Fragen nach einer früheren Mitgliedschaft in der **SED** oder einer Tätigkeit für das **582 MfS/Stasi** sind zumindest im öffentlichen Dienst zulässig (BAG 13. 6. 1996 – 2 AZR 483/95, NZA 1997, 204: Ausnahme für Vorgänge vor 1970 [abw für besonders schwerwiegende Tätigkeiten BAG 6. 7. 2000 – 2 AZR 543/99, AP Nr 58 zu § 123 BGB]; BAG 28. 5. 1998 – 2 AZR 549/97, AP Nr 46 zu § 123 BGB; BAG 16. 12. 2004 – 2 AZR 148/04, AP Nr 64 zu § 123 BGB). Für die Privatwirtschaft wird die Frage in der Literatur dagegen nur für zulässig gehalten, wenn der Arbeitsplatz ein besonderes Sicherheitsbedürfnis verlangt (WISSKIRCHEN/BISSELS NZA 2007, 169 [173]) oder ein Tendenzbetrieb vorliegt (ErfK/PREIS [14. Aufl 2014] § 611 Rn 285). Das BAG (25. 10. 2001 – 2 AZR 559/00, EzA § 626 nF BGB Nr 191) hat jedoch völlig zu Recht eine darauf zielende Frage nicht für grundsätzlich unzulässig gehalten. Relevant wird das vor allem, wenn der Arbeitnehmer Aufgaben wahrnimmt, die der öffentlichen Verwaltung zuzurechnen sind oder mit ihr eng verbunden sind; zulässig ist die Frage aber auch, um herauszufinden, ob der Bewerber früher die möglichen zukünftigen Kollegen bespitzelt hatte, denn in diesem Fall droht eine erhebliche, dem Arbeitgeber nicht zumutbare Beeinträchtigung des Betriebsklimas.

Fragen nach der **Verfassungstreue** und der Bereitschaft, sich für die freiheitlich-de- **583** mokratische Grundordnung einzusetzen, sind bei Bewerbern für ein Beamtenverhältnis angesichts deren gesteigerter Treuepflicht (vgl dazu BVerfGE 39, 334) zulässig; sie zählen zur „Eignung" iSv Art 33 Abs 2 GG (BAG 12. 5. 2011 – 2 AZR 479/09, NZA-RR 2012, 43 [44 f]; BAG 6. 9. 2012 – 2 AZR 372/11, NZA-RR 2013, 441 [443] mwNw). Hingegen unterliegen Arbeitnehmer des öffentlichen Dienstes keiner so weitreichenden Treuepflicht; entsprechend ist hier eine allgemeine Frage danach, ob der Bewerber irgendeiner verfassungsfeindlichen Organisation oder Partei angehört, grundsätzlich nicht zulässig, sondern nur, soweit die vorgesehene Funktion dies erfordert (BAG 12. 5. 2011 – 2 AZR 479/09, NZA-RR 2012, 43 [45 f]). Musste sich dem Bewerber aber die Erkenntnis aufdrängen, dass er wegen seines politischen Engagements nicht in der Lage sein würde, mit entsprechender Glaubwürdigkeit das für die angestrebte Tätigkeit erforderliche Maß an Verfassungstreue aufzubringen, so hat er dies von sich aus offenzulegen; tut er dies nicht, hat der Arbeitgeber das Recht zur Anfechtung des Arbeitsvertrages (BAG ebd).

e) Schwangerschaft

584 Bestritten war bis zum Urteil des EuGH vom 8. 11. 1990 (C-177/88, AP Nr 23 zu Art 119 EWG-Vertrag), ob die Frage nach der Schwangerschaft einer Bewerberin zulässig ist. Dies wurde überwiegend bejaht, wenn der Arbeitgeber die Frage in angemessener Form stellt, „und zwar ohne Rücksicht darauf, welchen Arbeitsplatz die Bewerberin einnehmen soll" (BAG 22. 9. 1961 – 1 AZR 241/60, BAGE 11, 270 [273]; ebenso HUECK/NIPPERDEY I 733; BULLA/BUCHNER, MuSchG [5. Aufl 1981] § 5 Rn 24; HOFMANN ZfA 1975, 1 [38 ff]; **aA** NIKISCH I 815; BULLA, MuSchG [3. Aufl 1968] § 5 Rn 17; RAMM AuR 1963, 161 [174 ff]; GAMILLSCHEG, in: FS Werner Weber [1974] 793 [814]; WIEDEMANN, in: FS Herschel [1982] 463 [472]). Eine Änderung in der Beurteilung trat ein, als § 611a in das BGB eingefügt wurde. Das BAG war jedoch zunächst der Ansicht, dass die Frage nach der Schwangerschaft keine geschlechtsspezifische Benachteiligung bedeute, wenn sich nur weibliche Arbeitnehmer um einen freien Arbeitsplatz bewerben. Diese sog **gespaltene Lösung** gab es aber auf (BAG 15. 10. 1992 – 2 AZR 227/92, AP Nr 8 zu § 611a BGB), nachdem der EuGH zur EG-Gleichbehandlungsrichtlinie im *Dekker*-Urteil erkannt hatte, dass es gleichgültig sei, ob sich nur Frauen oder auch Männer um den Arbeitsplatz bewerben (EuGH 8. 11. 1990 – C-177/88, AP Nr 23 zu Art 119 EWG-Vertrag).

585 Noch vor Aufgabe der gespaltenen Lösung hatte das BAG angenommen, dass eine Bewerberin auch ohne Befragen verpflichtet sei, ihre Schwangerschaft zu offenbaren, wenn sie ausschließlich zu Nachtarbeit verpflichtet werden soll und deshalb nach § 8 MuSchG als werdende und stillende Mutter **nicht beschäftigt werden kann** (BAG 8. 9. 1988 – 2 AZR 102/88, AP Nr 1 zu § 8 MuSchG 1968). Der EuGH hat jedoch auf Vorlage des ArbG Regensburg festgestellt, dass es die EG-Gleichbehandlungsrichtlinie ausschließe, einen Arbeitsvertrag auf unbestimmte Zeit, der sich auf eine nachts zu verrichtende Arbeit beziehe und zwischen einem Arbeitgeber und einer schwangeren Arbeitnehmerin in beiderseitiger Unkenntnis der Schwangerschaft geschlossen worden sei, wegen des nach dem nationalen Recht während der Schwangerschaft und des Stillens geltenden Nachtarbeitsverbots für nichtig zu erklären oder dem Arbeitgeber das Recht einzuräumen, seine Willenserklärung wegen eines Irrtums über eine für das Arbeitsverhältnis wesentliche Eigenschaft der Arbeitnehmerin bei Vertragsabschluss anzufechten (EuGH 5. 5. 1994 – C-421/92, AP Nr 3 zu Art 2 EWG-Richtlinie Nr 76/207). Nach Ansicht des EuGH verbietet die EG-Gleichbehandlungsrichtlinie auch die Entlassung einer Arbeitnehmerin, die auf unbestimmte Zeit eingestellt wurde, um zunächst eine andere Arbeitnehmerin während deren Mutterschaftsurlaub zu vertreten, und diese Vertretung nicht gewährleisten kann, weil sie selbst kurz nach der Einstellung schwanger wird (EuGH 14. 7. 1994 – C-32/93, AP Nr 21 zu § 9 MuschG 1968). Ferner hat der EuGH erkannt, dass es mit der EG-Gleichbehandlungsrichtlinie unvereinbar sei, eine Schwangere deshalb nicht auf eine unbefristete Stelle einzustellen, weil sie für die Dauer der Schwangerschaft wegen eines auf ihren Zustand folgenden gesetzlichen Beschäftigungsverbots auf dieser Stelle von Anfang an nicht beschäftigt werden dürfe (EuGH 3. 2. 2000 – C-207/98, AP Nr 18 zu § 611a BGB). Schließlich sei selbst dann die Entlassung einer Arbeitnehmerin wegen Schwangerschaft mit der EG-Gleichbehandlungsrichtlinie unvereinbar, wenn diese nur für befristete Zeit eingestellt wurde, sie die ihr bekannte Schwangerschaft im Einstellungsgespräch verschwiegen hatte und wegen dieser während eines wesentlichen

Teils der Vertragszeit nicht arbeiten kann (EuGH 4. 10. 2001 – C-109/00, AP Nr 27 zu EWG-Richtlinie Nr 76/207). Das **BAG** hat sich dem angeschlossen, soweit es um unbefristete Arbeitsverträge geht: Selbst wenn die Frau die vereinbarte Tätigkeit wegen eines mutterschutzrechtlichen Beschäftigungsverbotes zunächst nicht aufnehmen könne, verstoße die Frage des Arbeitgebers nach einer Schwangerschaft vor der geplanten unbefristeten Einstellung regelmäßig gegen § 611a (BAG 6. 2. 2003 – 2 AZR 621/01, AP Nr 21 zu § 611a BGB unter Aufgabe von BAG 1. 7. 1993 – 2 AZR 25/93, AP Nr 36 zu § 123 BGB).

Stellungnahme: So richtig und wichtig der Schutz werdender Mütter unzweifelhaft **586** ist, geht der EuGH zu weit, soweit die Einstellung von Schwangeren auf **befristeten Stellen** betroffen ist (**aA** die hM, vgl zB LAG Köln 11. 10. 2012 – 6 Sa 641/12, NZA-RR 2013, 232; Szech, Die Anfechtung des Arbeitsvertrags durch den Arbeitgeber und das Allgemeine Gleichbehandlungsgesetz [2012] 143 f; Schaub/Linck, ArbRHdB § 26 Rn 32; ErfK/Preis § 611 Rn 274; Küttner/Kreitner, Personalbuch 2015, Stichwort „Auskunftspflichten Arbeitnehmer" Rn 9). Der Arbeitgeber, der zB nur für einige Monate eine Aushilfe sucht, hat ein berechtigtes Interesse daran, sich durch eine Nachfrage im Einstellungsgespräch abzusichern, dass die Bewerberin wegen Schwangerschaft nicht schon jetzt vorhersehbar für einen Großteil der angestrebten Vertragslaufzeit nicht zur Verfügung stehen wird. Das ist keine verbotene Diskriminierung, sondern eine durch zwingende Umstände gerechtfertigte, zulässige Ungleichbehandlung (§ 8 Abs 1 AGG), wobei zugegebenermaßen die Schwierigkeit besteht, zu quantifizieren, ab wann die mögliche Ausfallzeit so relevant wird, dass der Arbeitgeber nach ihr fragen darf (näher Pallasch NZA 2007, 306 [307 f]; ders NZA-RR 2013, 232 [233 f]; Herrmann SAE 2003, 125 [133]).

f) Schwerbehinderteneigenschaft

Das BAG hielt die Frage nach der Schwerbehinderteneigenschaft lange Zeit stets für **587** zulässig (BAG 1. 8. 1985 – 2 AZR 101/83, AP Nr 30 zu § 123 BGB; BAG 11. 11. 1993 – 2 AZR 467/93, AP Nr 38 zu § 123 BGB; BAG 5. 10. 1995 – 2 AZR 923/94, AP Nr 40 zu § 123 BGB; BAG 3. 12. 1998 – 2 AZR 754/97, AP Nr 49 zu § 123 BGB; ohne nähere Begründung bereits BAG 25. 3. 1976 – 2 AZR 136/75, AP Nr 19 zu § 123 BGB; BAG 7. 6. 1984 – 2 AZR 270/83, AP Nr 26 zu § 123 BGB). Im Unterschied zum Mutterschutz prägt der Schwerbehindertenschutz auf Dauer den Inhalt der Rechte und Pflichten aus dem Arbeitsverhältnis. Die Frage nach der Schwerbehinderteneigenschaft wurde auch deshalb als zulässig angesehen, weil der Arbeitgeber öffentlich-rechtlich verpflichtet ist, auf wenigstens fünf Prozent der Arbeitsplätze Schwerbehinderte zu beschäftigen (§§ 71–79 SGB IX; s Rn 521).

Die Situation hat sich durch § 81 Abs 2 SGB IX und die Einführung des AGG, das **588** nicht nur eine Diskriminierung wegen der Schwerbehinderung, sondern auch wegen „normaler" Behinderung verbietet, grundlegend geändert. Die Frage nach der (Schwer-)Behinderteneigenschaft, der Gleichstellung oder einem Antrag auf Gleichstellung ist nunmehr **grundsätzlich unzulässig** (ganz hM, vgl zB Hessisches LAG 24. 3. 2010 – 6/7 Sa 1373/09, juris Rn 41; HWK/Thüsing § 123 Rn 25 f; ErfK/Preis § 611 Rn 274a; Küttner/ Kreitner, Personalbuch 2015, Stichwort „Auskunftspflichten Arbeitnehmer" Rn 10; offen gelassen von BAG 7. 7. 2011 – 2 AZR 396/10, NZA 2012, 34 [35]). Diese Einschränkung des Fragerechts lässt sich damit begründen, dass die aus der Beschäftigung (schwer-) behinderter Arbeitnehmer resultierenden wirtschaftlichen Belastungen und zusätzlichen Pflichten nach der Konzeption des AGG hinzunehmen sind (Szech, Die Anfechtung des

Arbeitsvertrags durch den Arbeitgeber und das Allgemeine Gleichbehandlungsgesetz [2012] 229). Vor diesem Hintergrund ist die Abgrenzung zu **Krankheiten** entscheidend, handelt es sich dabei doch nicht um ein durch das AGG inkriminiertes Differenzierungsmerkmal, sodass die Frage danach anderen Regelungen unterfällt (näher Rn 462 ff).

589 Eine erste Ausnahme ist aber zu machen, wenn die Abwesenheit einer (Schwer-)Behinderung wegen der Art der auszuübenden Tätigkeit oder der Bedingungen ihrer Ausübung eine **wesentliche und entscheidende berufliche Anforderung** darstellt, sofern der Zweck rechtmäßig und die Anforderung angemessen ist (§ 8 AGG; ArbG Berlin 7. 10. 2008 – 8 Ca 12611/08).

590 Des Weiteren ist die Frage nach der Schwerbehinderung zulässig, wenn sie der Vorbereitung einer **positiven Maßnahme** (§ 5 AGG) dient, mit anderen Worten der Arbeitgeber gerade einen Schwerbehinderten einstellen möchte; jedoch muss die Frage entsprechend formuliert sein und der Bewerber auf diese Absicht hingewiesen werden (Joussen NZA 2007, 174 [178 f]; gegen diese Ausnahme Bayreuther NZA 2010, 679 [680]; Szech, Die Anfechtung des Arbeitsvertrags durch den Arbeitgeber und das Allgemeine Gleichbehandlungsgesetz [2012] 230 ff).

591 Im Übrigen ist eine Frage im Anbahnungsverhältnis unzulässig. Insbesondere kann sie nicht damit „gerechtfertigt" werden, dass der Arbeitgeber vorträgt, sicherstellen zu wollen, die gesetzlichen Vorgaben des SGB IX zu erfüllen. Denn dies erfordert keine Frage *vor* der Einstellung, es genügt vielmehr, dass nach der Einstellung entsprechende Erkundigungen eingezogen werden (MünchKomm/Thüsing § 11 AGG Rn 21), wobei dann mit Blick auf § 90 Abs 1 Nr 1 SGB IX weiter fraglich ist, ob die Frage erst nach Ablauf der dortigen Sechsmonatsfrist oder schon zuvor zulässig ist. Richtigerweise wird man sie schon vor Ablauf der sechs Monate zulassen dürfen, aber nur, wenn daran ein berechtigtes Interesse des Arbeitgebers besteht (zB um die notwendigen Maßnahmen zur Erfüllung der speziellen Schutzpflichten vorzubereiten; für ein Fragerecht „jedenfalls" nach Ablauf der sechs Monate BAG 16. 2. 2012 – 6 AZR 553/10, NZA 2012, 555 [556]). Im laufenden Arbeitsverhältnis ist eine Frage nach der Schwerbehinderung dann aber insbesondere auch zur Vorbereitung von Kündigungen zulässig (BAG 16. 2. 2012 – 6 AZR 553/10, NZA 2012, 555 [556]).

g) Alkohol-/Drogenabhängigkeit

592 Nicht geklärt ist, ob seit Inkrafttreten des AGG die Frage nach einer aktuellen **Alkohol- oder Drogenabhängigkeit** zulässig ist; anders als die Frage nach gelegentlichem Alkoholgenuss, die nie erlaubt ist, wurde dies bislang für zulässig gehalten (zB Bengelsdorf NZA-RR 2004, 118). Daran ist grundsätzlich festzuhalten. Jedoch kann eine Abhängigkeit eine Behinderung im Sinne von § 2 Abs 1 S 1 SGB IX begründen (BAG 14. 1. 2004 – 10 AZR 188/03, AP Nr 3 zu AVR Caritasverband Anlage 1). Ist sie nach einer Prognose realistischerweise dann nicht innerhalb von sechs Monaten therapierbar, ist eine Behinderung anzunehmen (Szech, Die Anfechtung des Arbeitsvertrags durch den Arbeitgeber und das Allgemeine Gleichbehandlungsgesetz [2012] 255 f); für das Fragerecht gelten dann die zur Schwerbehinderung entwickelten Grundsätze (s dazu Rn 587 ff).

h) Alter

593 Ob nach Inkrafttreten des AGG die Frage nach dem Alter noch zulässig ist, ist fraglich. Das wird man bejahen können, weil der Arbeitgeber ein schützenswertes

Interesse daran hat, die bisherige berufliche Entwicklung des Arbeitnehmers einschätzen zu können, was adäquat nur möglich ist, wenn dessen Alter bekannt ist (ebenso SCHAUB/LINCK, ArbRHdB § 26 Rn 19; SZECH, Die Anfechtung des Arbeitsvertrags durch den Arbeitgeber und das Allgemeine Gleichbehandlungsgesetz [2012], 260 f; HANAU ZIP 2006, 2189 [2193]; **aA** die hM, vgl zB ErK/PREIS § 611 Rn 274; WISSKIRCHEN/BISSELS NZA 2007, 169 [172]; HWK/RUPP § 7 AGG Rn 3). Dafür spricht weiter, dass § 10 AGG besondere Rechtfertigungsmöglichkeiten für die Altersdiskriminierung enthält. Etwas anderes gilt allerdings, wenn der Arbeitgeber unzulässige Höchst- oder Mindestaltersgrenzen anwenden will und die Frage darauf abzielt zu ermitteln, ob diese über- oder unterschritten sind (SCHAUB/LINCK, ArbRHdB § 26 Rn 19).

i) Wehr- oder Zivildienst; Bundesfreiwilligendienst und freiwilliges Soziales/Ökologisches Jahr

Die Frage, ob ein männlicher Bewerber in der Vergangenheit Wehr- oder Zivildienst geleistet hat, ist nicht zulässig, da sie keine Relevanz für das Arbeitsverhältnis hat (**aA** MünchKomm/MÜLLER-GLÖGE § 611 Rn 623). Etwas anderes galt früher, wenn der Bewerber zu den Jahrgängen gehörte, in denen gerade Wehr- bzw Zivildienst zu leisten war; in diesem Fall hatte der Arbeitgeber ein Interesse an der Beantwortung der Frage, weil der Grundwehr- bzw Zivildienst das Arbeitsverhältnis für längere Zeit unterbrach, ohne dass der Arbeitgeber das Arbeitsverhältnis aus diesem Anlass kündigen durfte (§ 2 ArbPlSchG; ErfK/PREIS § 611 Rn 273; vgl auch BUCHNER, MünchArbR § 30 Rn 315; SCHRADER DB 2006, 2571 [2573]; **aA** SCHAUB/LINCK, ArbRHdB § 26 Rn 36; WISSKIRCHEN/BISSELS NZA 2007, 169 [174]; SZECH, Die Anfechtung des Arbeitsvertrags durch den Arbeitgeber und das Allgemeine Gleichbehandlungsgesetz [2012] 206); um einer Diskriminierung wegen der Weltanschauung (§ 1 AGG) vorzubeugen, durfte aber nur „neutral" gefragt werden, dh nach Wehr- *oder* Zivildienst. Da zum 1. 7. 2011 – außer im Spannungs- und Verteidigungsfall (§ 2 WPflG) – Grundwehrdienst und damit auch Zivildienst ausgesetzt wurden, spielt diese Fallkonstellation momentan keine praktische Rolle. 594

Nach den gleichen Grundsätzen ist die Frage nach einer Tätigkeit nach dem Bundesfreiwilligendienstgesetz oder nach einem freiwilligen Sozialen/Ökologischen Jahr zu bewerten: Nach einer früheren Tätigkeit darf nicht gefragt werden; für zulässig wird man jedoch die Frage erachten müssen, ob sich der Bewerber für die (nahe) Zukunft als Freiwilliger nach dem BFDG oder für ein freiwilliges soziales Jahr verpflichtet hat. 595

k) Vorstrafen und Strafverfahren

Die Frage nach Vorstrafen ist ein Einbruch in die rechtlich zu schützende Individualsphäre eines Bewerbers und gefährdet dessen Resozialisierung. Sie ist daher nur zulässig, (1) wenn und soweit die Kenntnis der Vorstrafe einen Schluss auf persönliche Eigenschaften zulässt, die für die Vertragsdurchführung wesentlich sind und (2) § 53 BZRG nicht eingreift. Es handelt sich um zwei gleichwertige Begrenzungen des Fragerechts; entgegen dem LAG Düsseldorf (24. 4. 2008 – 11 Sa 2101/07 mit verfehltem Hinweis auf das BAG) besteht daher, wenn § 53 BRZG eingreift, ein Recht zur Lüge auch dann, wenn die Vorstrafe einen Vorfall betrifft, der mit der zu verrichtenden Tätigkeit unmittelbar zusammenhängt. 596

Voraussetzung ist zunächst, dass die Vorstrafe **für den konkreten Arbeitsplatz ein-** 597 schlägig ist, wobei nicht die subjektive Auffassung des Arbeitgebers maßgeblich ist, sondern ein objektiver Maßstab. Daher darf zB bei Bankkassierern nach Vorstrafen auf vermögensrechtlichem Gebiet, bei Chauffeuren nach verkehrsrechtlichen Vorstrafen, bei Erziehern nach Sittlichkeitsdelikten und bei Angestellten des Verfassungsschutzamts nach Vorstrafen auf politischem Gebiet gefragt werden (BAG 5. 12. 1957 – 1 AZR 594/56, BAGE 5, 159 [164]; BAG 20. 5. 1999 – 2 AZR 320/98, NZA 1999, 975 [976]). Tendenziell strenger sind die Maßstäbe von im Öffentlichen Dienst mit Hoheitsaufgaben Betrauten. Hier können außerdienstlich begangene Straftaten selbst dann zu einem Eignungsmangel führen, wenn kein unmittelbarer Bezug zum Arbeitsverhältnis besteht (BAG 20. 6. 2013 – 2 AZR 583/12, NZA 2013, 1345 [1346]).

598 Nach § 53 BZRG darf sich unter den dort genannten Voraussetzungen ein Vorbestrafter als unbestraft bezeichnen und braucht den seiner Verurteilung zugrunde liegenden Sachverhalt nicht zu offenbaren. Diese Wertung begrenzt das Fragerecht des Arbeitgebers, der deshalb nur nach **Vorstrafen**, die **im Bundeszentralregister noch nicht gelöscht** sind, fragen darf (BAG 20. 3. 2014 – 2 AZR 1071/12, NZA 2014, 1131 [1133]; BUCHNER, MünchArbR § 30 Rn 342 ff; HOFMANN ZfA 1975, 1 [29 ff]; MORITZ NZA 1987, 329 [334]). Bei der Fragestellung muss zum Ausdruck kommen, dass strafgerichtliche Verurteilungen nicht genannt zu werden brauchen, wenn sie nicht in das Führungszeugnis aufzunehmen oder zu tilgen sind; fasst der Arbeitgeber die Frage zu weit, indem er diese Beschränkungen ignoriert, kann der Bewerber insgesamt falsch antworten, muss also nicht diejenigen Vorstrafen, nach denen zulässigerweise gefragt hätte werden dürfen, aufdecken. Ein darüber hinausgehendes Fragerecht besteht nur bei besonderen Vertrauensstellungen (ebenso BUCHNER, MünchArbR § 30 Rn 343).

599 Nach einem **anhängigen Strafverfahren** kann ebenfalls nur gefragt werden, wenn eine Verurteilung die persönliche Eignung des Bewerbers für den zu besetzenden Arbeitsplatz beeinträchtigt (BAG 27. 5. 2005 – 7 AZR 508/04, NZA 2005, 1243 [1245 f]; BAG 6. 9. 2012 – 2 AZR 270/11, NZA 2013, 1087 [1088 f]). Dem steht richtigerweise die strafrechtliche Unschuldsvermutung (vgl auch Art 6 Abs 2 EMRK) nicht entgegen, weil diese nur in Strafverfahren gilt (MünchKomm/MÜLLER-GLÖGE § 611 Rn 619; aA SCHWERDTNER, Arbeitsrecht I 33; MORITZ NZA 1987, 329 [334]). Ist der Bewerber bereits rechtskräftig verurteilt und wird er wegen der Verbüßung einer Freiheitsstrafe für einen verhältnismäßig erheblichen Zeitraum seinen Dienst nicht antreten können, besteht hingegen kein Recht zur Lüge (sogar für Offenbarungspflicht ohne Befragen LAG Frankfurt aM 7. 8. 1986 – 12 Sa 361/86, NZA 1987, 352 [352 f]; aA MORITZ NZA 1987, 329 [335], der lediglich einen Schadensersatzanspruch aus positiver Vertragsverletzung [heute: §§ 280, 241 Abs 2] anerkennt).

600 An den dargelegten Grundsätzen vermag auch die Schaffung des **AGG** nichts zu ändern. Zwar ist die Strafquote von Personen mit Migrationshintergrund statistisch höher als die von Personen ohne Migrationshintergrund. Das genügt aber nicht, in der Frage nach Vorstrafen/laufenden Ermittlungsverfahren eine mittelbare Diskriminierung wegen der ethnischen Herkunft zu sehen (SZECH, Die Anfechtung des Arbeitsvertrags durch den Arbeitgeber und das Allgemeine Gleichbehandlungsgesetz [2012] 198 f).

3. Offenbarungspflicht des Arbeitnehmers

601 Soweit der Arbeitgeber ein Fragerecht hat, besteht auch eine Offenbarungspflicht des Arbeitnehmers. Wird die Frage wahrheitswidrig beantwortet, liegt eine arglistige

Täuschung vor, die den Arbeitgeber zur Anfechtung des Arbeitsvertrages berechtigt. Zudem kann ein Arbeitgeber, dem durch die wahrheitswidrige Beantwortung bzw die Verletzung der Offenbarungspflicht ein Schaden entstanden ist, aus culpa in contrahendo Ersatz verlangen (§§ 280 Abs 1, 241 Abs 2, 311 Abs 2, BAG 7. 2. 1964 – 1 AZR 251/63, AP Nr 6 zu § 276 BGB Verschulden bei Vertragsabschluss). Das kommt zB auch in Betracht, wenn ein Arbeitnehmer nach der Einstellung verschweigt, dass er schwerbehindert ist und der Arbeitgeber deshalb weiterhin eine Ausgleichsabgabe (§ 77 SGB IX) zahlt (MünchKomm/Thüsing § 11 AGG Rn 24).

Zweifelhaft ist lediglich, ob auch **ohne Befragung durch den Arbeitgeber** eine Offenbarungspflicht besteht. Als Prinzip gilt, dass bei den Vertragsverhandlungen jede Vertragspartei selbst festlegt, welche Aufklärung sie vom Verhandlungspartner benötigt, um mit ihm einen Vertrag abzuschließen, es also nicht dessen Sache ist, auf Umstände hinzuweisen, die den Verhandlungspartner vom Vertragsschluss abhalten würden. Das gilt auch für die Begründung eines Arbeitsverhältnisses (ebenso Hofmann ZfA 1975, 1 [48]). Wie aber auch sonst kann sich etwas anderes aus dem Grundsatz von Treu und Glauben ergeben (vgl MünchKomm/Kramer § 123 Rn 30 f). Mindestvoraussetzung einer Offenbarungspflicht ist, dass eine darauf gerichtete Frage zulässig wäre. **602**

Darüber hinaus ist entscheidend, ob der Arbeitgeber wegen der Besonderheit des Arbeitsverhältnisses oder nach der Verkehrsanschauung eine Aufklärung vom Arbeitnehmer erwarten darf. Das gilt vor allem, soweit es sich um Umstände handelt, die einen **Leistungsvollzug im vertraglich vorgesehenen Rahmen unmöglich machen oder entscheidend beeinträchtigen** (BAG 6. 9. 2012 – 2 AZR 270/11, NZA 2013, 1087 [1089]; BAG 20. 3. 2014 – 2 AZR 1071/12, NZA 2014, 1131 [1133]). De lege lata besteht eine Offenbarungspflicht zB, wenn der Arbeitnehmer damit rechnen muss, infolge einer bereits vorliegenden Krankheit seiner Arbeitspflicht bei Beginn des Arbeitsverhältnisses nicht nachkommen zu können (BAG 7. 2. 1964 – 1 AZR 251/63, AP Nr 6 zu § 276 BGB Verschulden bei Vertragsabschluss; LAG Hamm 9. 11. 2006 – 17 Sa 172/06). Gleiches gilt bei einer vollen Erwerbsminderung (LAG Baden-Württemberg 27. 8. 2013 – 8 Sa 62/08, juris Rn 49 f). Ein Wettbewerbsverbot, die Tätigkeit für ein Konkurrenzunternehmen oder dessen aktive Unterstützung sowie sonstige mögliche Interessenkollisionen sind mitzuteilen (vgl BAG 21. 11. 1996 – 2 AZR 852/95; LAG Köln 25. 9. 2006 – 14 Sa 658/06, LAGE § 626 BGB 2002 Nr 10; LAG Rheinland-Pfalz 23. 1. 2008 – 8 Sa 592/07). Zumindest im öffentlichen Dienst besteht auch eine Offenbarungspflicht hinsichtlich einer früheren MfS/Stasi-Mitarbeit (vgl LAG Mecklenburg-Vorpommern 27. 11. 1995 – 5 Sa 685/94). Der Bewerber um eine Position als Kraftfahrer muss eine Alkoholabhängigkeit offenlegen (ErfK/Preis § 611 Rn 289); aufzudecken ist ferner, wenn demnächst eine (gar längere) Freiheitsstrafe anzutreten ist (LAG Hessen 7. 8. 1986 – 12 Sa 361/86, LAGE § 123 BGB Nr 8; aber: Ausschluss der Anfechtung nach § 242, wenn dem Arbeitnehmer der Freigängerstatus bewilligt wurde, BAG 18. 9. 1987 – 7 AZR 507/86, AP Nr 32 zu § 123 BGB). Seine Schwerbehinderung muss der Bewerber nur aufdecken, wenn er wegen ihr dauerhaft nicht in der Lage ist, der geforderten Tätigkeit nachzukommen (BAG 1. 8. 1985 – 2 AZR 101/83, NZA 1986, 635; ErfK/Preis § 611 Rn 290). Hinsichtlich Vorstrafen bzw laufenden Ermittlungsverfahren wird man eine Offenbarungspflicht nur annehmen können, wenn diese die Eignung für die nachgesuchte Stelle erheblich beeinträchtigen würde (zB Sexualdelikte bei Erzieher) und nicht bereits die Tilgungsfristen nach § 51 BZRG abgelaufen sind (vgl LAG Baden-Württemberg 22. 3. 2011 – 15 Sa 64/10, juris Rn 65). Eine Schwan- **603** gerschaft muss die Bewerberin nicht aufdecken. Das gilt nach nicht überzeugender hM auch dann, wenn die angestrebte Stelle befristet ist und die Bewerberin daher uU einen Großteil der angestrebten Laufzeit gar nicht beschäftigt werden kann (LAG Köln 11. 10. 2012 – 6 Sa 641/12, juris Rn 20; vgl dazu auch Rn 586).

4. Auskunftseinholung bei früheren Arbeitgebern

604 Zur Frage, inwieweit ein früherer Arbeitgeber eines Bewerbers zur Erteilung von Auskünften über diesen berechtigt bzw verpflichtet ist, siehe Rn 1782 ff.

5. Eignungsuntersuchungen

a) Ärztliche Eignungsuntersuchung

605 Der Arbeitgeber kann im Prinzip die Begründung eines Arbeitsverhältnisses davon abhängig machen, dass der Arbeitnehmer sich einer ärztlichen Untersuchung unterzieht und ihm ein Zeugnis über seinen Gesundheitszustand vorlegt. Dabei darf es aber nur um die Frage gehen, ob der Arbeitnehmer (voraussichtlich) in der Lage sein wird, den physischen und psychischen Anforderungen des zu besetzenden Arbeitsplatzes gerecht zu werden. Möglich ist es auch, den Arbeitsvertrag sofort abzuschließen, aber unter die auflösende Bedingung zu stellen, dass sich der Arbeitnehmer als gesundheitlich geeignet erweist (vgl LAG Rheinland-Pfalz 29. 8. 2007 – 7 Sa 272/07; ZELLER BB 1987, 2439 [2441]). Es gibt eine Vielzahl von Rechtsvorschriften, die eine ärztliche Untersuchung vor der Einstellung bzw vor Beginn der Beschäftigung sogar vorschreiben (§ 32 Abs 1 JArbSchG, § 12 SeeArbG [Seediensttauglichkeitszeugnis], §§ 60 ff StrahlenschutzVO, §§ 37 ff RöntgenVO, § 43 Abs 1 IfSG). Bis zur Vorlage einer entsprechenden ärztlichen Bescheinigung besteht in diesen Fällen ein Beschäftigungsverbot (vgl zB § 12 Abs 1 SeeArbG).

606 Der Arbeitgeber kann den **untersuchenden Arzt** bestimmen. Soweit ein Gesundheitszeugnis nicht gesetzlich vorgeschrieben ist, kann er aber die Einstellung eines Arbeitnehmers nur von einer Untersuchung auf solche körperlichen und geistigen Eigenschaften abhängig machen, über die er den Arbeitnehmer befragen darf (vgl auch § 8 Abs 1 S 1 des von der Arbeitsgesetzbuchkommission 1977 vorgelegten Entwurfs eines Allgemeinen Arbeitsvertragsrechtes; gegen diese Begrenzung ZÖLLNER, Daten- und Informationsschutz im Arbeitsverhältnis [2. Aufl 1983] 36). Für den Regelfall ist davon auszugehen, dass der Bewerber den Arzt nur insoweit von der ärztlichen Schweigepflicht entbunden hat, als es darum geht, ob er körperlich und geistig in der Lage ist, die in Aussicht genommene Arbeit zu verrichten (ebenso MünchKomm/MÜLLER-GLÖGE § 611 Rn 624). Der Arzt darf dem Arbeitgeber nur mitteilen, ob er den Bewerber für die vorgesehene Tätigkeit für geeignet hält. Hält er ihn für eingeschränkt geeignet, so darf er die Einschränkung insoweit mitteilen, als der Bewerber sie auf Befragen des Arbeitgebers offenbaren müsste.

607 Die **Kosten** der ärztlichen Untersuchung sind vom Arbeitgeber zu tragen. Trat der Bewerber in Vorleistung, hat er nach § 670 einen Anspruch auf Kostenerstattung, unabhängig davon, ob der Arbeitsvertrag zustande kam oder nicht (ArbG Frankfurt/O 9. 11. 2011 – 6 Ca 874/11, juris Rn 21).

608 Bei **Jugendlichen** muss sich die ärztliche Untersuchung nach § 37 Abs 1 JArbSchG auf den allgemeinen Gesundheitszustand erstrecken; es handelt sich insoweit um eine öffentlich-rechtliche Pflicht des Arztes. Ihr entspricht aber kein entsprechender Anspruch des Arbeitgebers auf Offenbarung des Untersuchungsergebnisses, sondern der Arzt hat lediglich eine für den Arbeitgeber bestimmte Bescheinigung darüber auszustellen, dass die Untersuchung stattgefunden hat und darin die Arbeiten zu vermerken, durch deren Ausführung er die Gesundheit oder die Entwicklung des Jugendlichen für gefährdet hält (§ 39 Abs 2 JArbSchG).

Für den Bereich des **öffentlichen Dienstes** hatte nach § 7 Abs 1 BAT und den entsprechenden Vorschriften anderer Tarifverträge der Arbeitnehmer auf Verlangen des Arbeitgebers „vor seiner Einstellung seine körperliche Eignung (Gesundheitszustand und Arbeitsfähigkeit) durch das Zeugnis eines vom Arbeitgeber bestimmten Arztes" nachzuweisen. Eine entsprechende Verpflichtung enthalten weder der TVöD noch die TV-L. Bei bestehendem Arbeitsverhältnis sehen § 3 Abs 4 TVöD bzw § 3 Abs 5 TV-L – vergleichbar § 7 Abs 2 BAT („gegebene Veranlassung") – eine Pflicht zur Untersuchung bei „begründeter Veranlassung" vor. Eine derartige Veranlassung liegt vor, wenn die Fürsorgepflicht für den Arbeitnehmer selbst oder für andere Arbeitnehmer eine Untersuchung gebietet oder der sonstige Pflichtenkreis des Arbeitgebers dies rechtfertigt (BAG 23. 2. 1967 – 2 AZR 124/66, AP Nr 1 zu § 7 BAT). **609**

Die Eignungsuntersuchung bedarf wie jede andere ärztliche Untersuchung der **Einwilligung des Arbeitnehmers** (das folgt auch aus §§ 32 Abs 2, 1, 4 Abs 1 BDSG). In ihr liegt konkludent die Entbindung von der ärztlichen Schweigepflicht, soweit es um die Mitteilung an den Arbeitgeber in den hier genannten Grenzen geht. Der Bewerber kann die Einwilligung verweigern oder die einmal erteilte Einwilligung jederzeit und ohne Grund zurücknehmen, läuft dann aber Gefahr, dass der Arbeitgeber vom Abschluss des Arbeitsvertrags absieht. Soweit die Untersuchung gesetzlich vorgeschrieben ist, ist der die Einwilligung verweigernde Bewerber nicht einzustellen, da ein Beschäftigungsverbot besteht (vgl Rn 546). **610**

Genomanalysen wurden schon nach bisheriger Rechtslage für grundsätzlich unzulässig gehalten (vgl WIESE RdA 1988, 217; DIEKGRÄFF BB 1991, 1854). Durch das Gesetz über genetische Untersuchungen beim Menschen **(Gendiagnostikgesetz – „GenDG"** v 31. 7. 2009 [BGBl I 2529]) wird es dem Arbeitgeber untersagt, vor oder nach Begründung eines Beschäftigungsverhältnisses die Vornahme genetischer Untersuchungen/Analysen sowie die Mitteilung von Ergebnissen früherer Untersuchungen/Analysen zu verlangen oder entgegenzunehmen (§ 19 GenDG; zum GenDG vgl ausf FISCHINGER NZA 2010, 65; WIESE BB 2011, 313; KERSTEN PersV 2011, 4 und 84). Damit soll der Gefahr vorgebeugt werden, dass der Arbeitgeber ärztliche Eignungsuntersuchungen nutzt, um mittels genetischer Untersuchungen weitere Erkenntnisse zu gewinnen und darauf basierend Personalentscheidungen zu treffen (BT-Drucks 16/10532, 37). Von § 19 GenDG unberührt bleiben nach bisheriger Rechtslage zulässige ärztliche Untersuchungen (BT-Drucks ebd). Das Verbot gilt grundsätzlich auch im Rahmen arbeitsmedizinischer Vorsorgeuntersuchungen, jedoch sind hier Ausnahmen möglich (§ 20 GenDG). Abgesichert wird dies durch ein spezielles Benachteiligungsverbot (§ 21 GenDG); bei dessen Verletzung ist nicht nur das entsprechende Rechtsgeschäft nichtig bzw die Maßnahme rechtswidrig (vgl § 612a Rn 31 ff), sondern der Arbeitnehmer hat zudem Anspruch auf Schadensersatz und Entschädigung nach § 15 AGG, wobei die Beweislastregelung des § 22 AGG Anwendung findet, § 21 **611**

Abs 2 GenDG. Daneben enthält das GenDG Straf- (§ 25 Abs 1 Nr 4, Abs 2) und Ordnungsvorschriften (§ 26 Abs 1 Nr 1, 8, 9).

612 **Testverfahren** sind dagegen zulässig, soweit der Arbeitgeber mit ihnen ein berechtigtes, billigenswertes und schutzwürdiges Interesse zur Besetzung des Arbeitsplatzes verfolgt. Er darf dadurch aber nicht das Persönlichkeitsrecht eines Bewerbers verletzen und Daten erheben, die für die Besetzung des Arbeitsplatzes keine Rolle spielen (vgl MünchKomm/Müller-Glöge § 611 Rn 624 ff).

b) **Sonstige Eignungsuntersuchungen**

613 Der Arbeitgeber kann den Abschluss des Arbeitsvertrags von weiteren Eignungsuntersuchungen abhängig machen. Er darf sie aber nur durchführen, soweit sie zur Ermittlung der **Eignung für die vorgesehene Tätigkeit geeignet und erforderlich** sind, er also ein berechtigtes, billigenswertes und schützenwürdiges Interesse an dem Test hat; Erkenntnisse über das allgemeine Persönlichkeitsprofil des Arbeitnehmers dürfen nicht gewonnen werden. Notwendig ist auch für sie die **Einwilligung des Bewerbers**, der sie jederzeit zurücknehmen kann. Dasselbe gilt für die Mitteilung des Ergebnisses an den Arbeitgeber. Die Untersuchung darf nicht die Persönlichkeit und Würde des Bewerbers verletzen. Wird der Eignungstest ganz oder zum Teil von Personen durchgeführt, die einer beruflichen Schweigepflicht unterliegen, darf dem Arbeitgeber insoweit nur mitgeteilt werden, ob der Beschäftigte für die vorgesehene Tätigkeit geeignet ist oder nicht; dem Beschäftigten ist das Ergebnis dagegen vollständig mitzuteilen.

614 **Psychologische Tests** sind nur mit Einwilligung des Bewerbers und nur zulässig, wenn sie arbeitsplatzbezogen sind, dh Auskunft über die Eignung für den angestrebten Arbeitsplatz geben (BAG 13. 2. 1964 – 2 AZR 286/63, AP Nr 1 zu Art 1 GG; Franzen NZA 2013, 1 [2]) und von diplomierten Psychologen, die der Schweigepflicht nach § 203 StGB unterliegen, durchgeführt werden. Bei **Assessment-Centern** werden mehrere Bewerber einem systematischen Verfahren unterzogen, um Verhaltensweisen und -defizite zu untersuchen; zulässig ist ein solches nur mit Zustimmung des Bewerbers. Der Betriebsrat hat ein Mitbestimmungsrecht nach §§ 94, 95, 99 BetrVG (BAG 20. 4. 1993 – 1 ABR 59/92, AP Nr 106 zu § 99 BetrVG 1972; zum Ganzen auch Schönfeld/Gennen NZA 1989, 543; Franzen NZA 2013, 1 [3 f]; **aA** für Assessment-Center Köhler GWR 2013, 132).

615 Die Einholung eines **graphologischen Gutachtens** bedarf zum Schutz des allgemeinen Persönlichkeitsrechts der Einwilligung des Bewerbers. Verlangt der Arbeitgeber einen handgeschriebenen Lebenslauf und weist er auf seine Absicht hin, diesen für ein solches Gutachten zu verwenden, liegt in der Einsendung des Lebenslaufs die Einwilligung; lässt der Bewerber den Lebenslauf von einem anderen verfassen, kommt eine Anfechtung des Arbeitgebers wegen arglistiger Täuschung in Betracht (BAG 16. 9. 1982 – 2 AZR 228/80, AP Nr 24 zu § 123 BGB).

6. **Begrenzung der Datenverarbeitung und -nutzung durch das Bundesdatenschutzgesetz**

616 Das Bundesdatenschutzgesetz begrenzt nicht nur die Datenerhebung (§ 32 BDSG), sondern auch die Datenverarbeitung und -nutzung vor Begründung des Beschäftigungsverhältnisses. Diese müssen insbesondere jeweils erforderlich sein (§ 32 Abs 1, 2 BDSG).

VIII. Pflichten eines anwerbenden Arbeitgebers

1. Mitteilungspflichten

Nach **§ 81 Abs 1 S 1 BetrVG** hat der Arbeitgeber „den Arbeitnehmer über dessen Aufgabe und Verantwortung sowie über die Art seiner Tätigkeit und ihre Einordnung in den Arbeitsablauf des Betriebs zu unterrichten". Durch die Einordnung in das BetrVG ist die unmittelbare Anwendung der Bestimmung auf dessen Geltungsbereich (§ 130 BetrVG) beschränkt. Ausgeklammert sind gemäß § 5 Abs 3 S 1 BetrVG auch die leitenden Angestellten. Keine Voraussetzung ist dagegen, dass im Betrieb ein Betriebsrat besteht. Da die Bestimmung letztlich nur die allgemeine Treue- und Fürsorgepflicht des Arbeitgebers konkretisiert, gilt ihr Rechtsgedanke auch außerhalb des BetrVG. Die Unterrichtungspflicht greift nicht erst ein, wenn der Arbeitnehmer nach Abschluss des Arbeitsvertrags im Betrieb eingestellt wird, sondern sie besteht schon **bei der Vertragsanbahnung** (MünchKomm/MÜLLER-GLÖGE § 611 Rn 628); sie ist hier von großer Bedeutung, wird sich der Arbeitnehmer aufgrund der bloßen Stellenanzeige doch oftmals keine konkreten Vorstellungen darüber machen können, was ihn im Betrieb erwartet (näher ZIMMERMANN AuR 2014, 262 [263]). Ist der Arbeitnehmer der deutschen Sprache nicht ausreichend mächtig, hat der Arbeitgeber auf seine Kosten einen Dolmetscher heranzuziehen (LAG Baden-Württemberg 1. 12. 1989 – 5 Sa 55/89, AiB 1990, 313). Im Übrigen setzt die Einweisung aber voraus, dass der Arbeitnehmer über die für die Ausübung der Tätigkeit erforderlichen beruflichen Kenntnisse und Erfahrungen bereits verfügt (BAG 23. 4. 1991 – 1 ABR 49/90, NZA 1991, 817 [819]). Bei Verletzung dieser Aufklärungspflicht besteht ein Schadensersatzanspruch auf das negative Interesse aus §§ 280 Abs 1, 241 Abs 2, 311 Abs 2 (s Rn 618 ff). Im laufenden Arbeitsverhältnis gilt eine entsprechende Mitteilungspflicht bei Veränderungen im Arbeitsbereich des Arbeitnehmers, § 81 Abs 2 BetrVG. **617**

2. Pflicht zur Schadensvermeidung

Durch die Vertragsanbahnung entsteht ein gesetzliches Schuldverhältnis zwischen den Verhandlungsparteien (§ 311 Abs 2). Die Vertragsanbahnung ersetzt aber nicht den Vertragsschluss und begründet keine Pflicht, den Vertrag tatsächlich abzuschließen. Der **Abbruch der Vertragsverhandlungen** begründet daher im Allgemeinen keine Schadensersatzpflichten, auch wenn bekannt ist, dass der Verhandlungspartner in der Erwartung des Vertragsschlusses erhebliche Aufwendungen gemacht hat. Etwas anderes gilt nur, wenn der andere Teil berechtigterweise auf das Zustandekommen des Vertrags vertraut und deswegen bereits wirtschaftliche Nachteile auf sich genommen hat, insbesondere ein bestehendes Arbeitsverhältnis mit einem anderen Arbeitgeber gekündigt hat (vgl BAG 7. 6. 1963 – 1 AZR 276/62, 15. 5. 1974 – 5 AZR 393/73, AP Nr 4 und 9 zu § 276 BGB Verschulden bei Vertragsabschluss). Verlangt werden kann nur der **Ersatz des Vertrauensschadens**, nicht der Ersatz des Erfüllungsinteresses. Der Arbeitnehmer kann nicht verlangen, so gestellt zu werden, als wäre das Arbeitsverhältnis zustande gekommen (vgl BAG 10. 11. 1955 – 2 AZR 282/54, 7. 6. 1963 – 1 AZR 276/62, AP Nr 1 und 4 zu § 276 BGB Verschulden bei Vertragsabschluss; BAG 15. 3. **618**

2012 – 8 AZR 37/11, NZA 2012, 910 [914]); etwas anderes gilt, wenn der Arbeitgeber bei Abschluss eines befristeten Vertrags zugesagt hat, den Arbeitnehmer unter bestimmten Voraussetzungen unbefristet weiterzubeschäftigen, und dies nicht tut, obwohl die aufgestellten Bedingungen erfüllt sind [BAG 16. 3. 1989 – 2 AZR 325/88, AP Nr 8 zu § 1 BeschFG 1985]). Möglich ist aber, dass im konkreten Fall der Vertrauensschaden höher ist als das positive Interesse (so bei Veranlassung der Kündigung eines Arbeitsverhältnisses mit höherem Arbeitsentgelt, BAG 15. 5. 1974 – 5 AZR 276/62, AP Nr 9 zu § 276 BGB Verschulden bei Vertragsabschluss [Fachhochschullehrerfall]). Dann ist dieses höhere Interesse zu ersetzen, da die in § 122 Abs 1 für die Irrtumsanfechtung festgelegte Begrenzung der Schadenshaftung auf das Interesse, dass eine Gültigkeit der Willenserklärung besteht, nicht verallgemeinert werden kann.

619 Beide Vertragsparteien trifft zudem die Pflicht, die andere Partei unaufgefordert über Umstände zu **informieren**, die dieser unbekannt, aber für ihre Entscheidung über den Abschluss des Vertrags erheblich sind (BeckOK-BGB/Gehrlein/Sutschet § 311 Rn 70; zur Offenbarungspflicht des Arbeitnehmers siehe hier Rn 601 ff). Der in Vertragsverhandlungen eintretende Arbeitgeber muss daher Umstände aller Art, die die vollständige Durchführung des Arbeitsverhältnisses gefährden können, offen legen, wenn sie ihm bekannt sind oder bekannt sein müssen (zB BAG 17. 7. 1997 – 8 AZR 257/96, AP Nr 2 zu § 16 BBiG). Eine Verletzung dieser Pflicht kann den Arbeitgeber auch noch **nach Abschluss des Arbeitsvertrags** zum Schadensersatz verpflichten, zB wenn das Arbeitsverhältnis aus Gründen vorzeitig endet oder seinen Sinn verliert, die der Arbeitgeber dem Arbeitnehmer vor Abschluss des Vertrags unter Verletzung seiner Aufklärungspflicht schuldhaft verschwiegen hat (vgl BAG 2. 12. 1976 – 3 AZR 401/75, AP Nr 10 zu § 276 BGB Verschulden bei Vertragsabschluss). So muss der Arbeitgeber den Bewerber darauf hinweisen, dass er Zweifel hat, in absehbarer Zeit fällige Gehälter zahlen zu können (BAG 24. 9. 1974 – 3 AZR 589/73, AP Nr 1 zu § 13 GmbHG; LAG Hamm 14. 1. 2005 – 10 Sa 1278/04; LAG Rheinland-Pfalz 9. 10. 2012 – 3 Sa 247/12, BeckRS 2012, 75813). Jedoch besteht eine Hinweispflicht hinsichtlich geplanter, den Bewerber betreffender Maßnahmen erst, wenn die Planungen eine hinreichende Reife und Konkretheit aufweisen; die bloße Möglichkeit zukünftigen Stellenabbaus genügt daher nicht (BAG 14. 7. 2005 – 8 AZR 300/04, NZA 2005, 1298 [1300 f]); zudem besteht keine Hinweispflicht, wenn die schlechte wirtschaftliche Lage allgemein oder zumindest dem Bewerber bekannt ist (vgl LAG München 8. 4. 2008 – 6 Sa 678/07). Über die Verweigerung der Zustimmung des Betriebsrats muss der Arbeitgeber den Arbeitnehmer informieren (§ 100 Abs 1 S 2 BetrVG), denn wird die Zustimmung nicht nach § 99 Abs 4 BetrVG ersetzt, darf der Arbeitgeber den Arbeitnehmer nicht beschäftigen.

620 Für den **öffentlichen Dienst** gelten keine Besonderheiten. Scheitert ein Vertragsschluss einer öffentlich-rechtlichen Körperschaft an den für sie bestehenden Vertretungsvorschriften (s Rn 376), so haftet die Körperschaft für ein Verschulden ihrer Vertreter bei den Vertragsverhandlungen, auch wenn sie keine Abschlussvollmacht haben (vgl BAG 10. 11. 1955 – 2 AZR 282/54, 7. 6. 1963 – 1 AZR 276/62, 27. 6. 1963 – 5 AZR 383/62, 15. 5. 1974 – 5 AZR 393/73, AP Nr 1, 4, 5 und 9 zu § 276 BGB Verschulden bei Vertragsabschluss).

3. Bewerbungsunterlagen

621 Mit Ausnahme unverlangt zugesandter Unterlagen, ist der Arbeitgeber verpflichtet,

Bewerbungsunterlagen sorgfältig aufzubewahren und sie unverzüglich wieder auszuhändigen, sobald feststeht, dass ein Arbeitsvertrag nicht zustande kommt; ggf hat er sie auf seine Kosten zurückzusenden (BeckOK-ArbR/Joussen § 611 Rn 11). Im Fall eines Vertragsabschlusses hat er sie in ordnungsgemäßem Zustand zurückzugeben, soweit sie für ihn nicht mehr von wesentlicher Bedeutung sind. Vom Arbeitgeber im Rahmen des Bewerbungsverfahrens zusätzlich erstellte Dokumente sind zum Schutz des Persönlichkeitsrechts des Bewerbers grundsätzlich zu vernichten, wenn ein Arbeitsverhältnis nicht zustande kommt (§ 1004 analog); etwas anderes gilt nur, wenn der Arbeitgeber ein berechtigtes Interesse an der Aufbewahrung hat, zB um Materialien zur Abwehr eines Diskriminierungsvorwurfs zu haben (vgl BAG 6. 6. 1984 – 5 AZR 286/81, AP Nr 7 zu § 611 BGB Persönlichkeitsrecht). Des Weiteren kann sich der Bewerber auf § 35 BDSG berufen; auch dieser steht einer Aufbewahrung jedoch richtigerweise nicht entgegen, soweit der Arbeitgeber die Geltendmachung von Schadensersatzansprüchen nach § 15 AGG fürchtet (Moos/Bandehzadeh/Bodenstedt DB 2007, 1194 [1196]; vgl aber auch Gola NZA 2013, 360 [363]; zum Umgang mit Bewerberdaten vgl Gresslin BB 2015, 117).

Der Arbeitgeber darf Dritten die Bewerbungsunterlagen nur mit Einwilligung des **622** Bewerbers zugänglich machen; bei Verletzung dieser Pflicht kommen Schadensersatzansprüche aus §§ 280 Abs 1, 241 Abs 2, 311 Abs 2 in Betracht (ArbG Passau 6. 5. 1991 – 2 Ca 734/90 D, BB 1991, 1125). Eine Ausnahme gilt für Personen und Stellen im Betrieb, die für den Arbeitgeber die Einstellungsentscheidung vorbereiten oder von Gesetzes wegen an ihr beteiligt sind, also vor allem für die Mitbestimmung des Betriebsrats nach § 99 BetrVG.

4. Vorstellungskosten

Fordert der Arbeitgeber einen Bewerber zur persönlichen Vorstellung auf, so ist er **623** im Zweifel – unabhängig davon, ob ein Arbeitsverhältnis zustande kommt – zur Erstattung der notwendigen Kosten verpflichtet (§ 670; vgl BAG 14. 2. 1977 – 5 AZR 171/76, AP Nr 8 zu § 196 BGB; BAG 29. 6. 1988 – 5 AZR 433/87, NZA 1989, 468; so auch § 16 des Diskussionsentwurfs eines Arbeitsvertragsgesetzes; **aA** Sieber/Wagner NZA 2003, 1312 [1313], die aber übersehen, dass ein eigenes Interesse des Beauftragten einem Auftragsverhältnis nicht entgegensteht). Will der Arbeitgeber dies nicht, muss er die Kostenübernahme noch vor der Anreise des Bewerbers eindeutig ausschließen (vgl ArbG Kempten 12. 4. 1994 – 4 Ca 720/94, BB 1994, 1504); dafür genügt die Mitteilung, es werde dem Bewerber freigestellt, sich persönlich vorzustellen, nicht aus (MünchKomm/Müller-Glöge § 611 Rn 630). Um die Kostenerstattungspflicht zu begründen muss der Arbeitgeber den Arbeitnehmer nicht persönlich zur Vorstellung auffordern, es genügt, dass dies ein mit der Personalsuche beauftragter Vertreter tut (BAG 29. 6. 1988 – 5 AZR 433/87, NZA 1989, 468). **Notwendig** sind die Aufwendungen, die der Bewerber den Umständen nach für erforderlich halten durfte, zB Fahrtkosten oder Mehrkosten für Verpflegung (BAG 29. 6. 1988 – 5 AZR 433/87, NZA 1989, 468; LAG Köln 19. 6. 2012 – 11 Sa 658/10, juris Rn 56; näher Schaub/Linck, ArbRHdB § 25 Rn 27 f). Übernachtungskosten sind nur erstattungsfähig, wenn aufgrund langer An- und Abreisezeiten oder der Verkehrslage eine Rückkehr noch am Bewerbungstag unzumutbar wäre (MünchKomm/Müller-Glöge § 611 Rn 632). Mit Ausnahme von Bewerbern auf herausgehobene Positionen wird man den Bewerber auf die 2. Bahnklasse verweisen können, Flugkosten werden idR nur bei expliziter Zusage erstattet (ArbG Hamburg 2. 11. 1994 – 13 Ca 24/94, NZA 1995, 428; ArbG

Düsseldorf 15. 5. 2012 – 2 Ca 2404/12, NZA-RR 2012, 488); bei Anreise mit dem eigenen Fahrzeug stellen die hypothetischen Kosten für öffentliche Verkehrsmittel die Obergrenze dar, wenn nichts anderes vereinbart ist (für Orientierung an den steuerlichen Sätzen bei Benutzung des eigenen Kfz bei Dienstreisen LAG Nürnberg 25. 7. 1995 – 2 Sa 73/94, LAGE § 670 BGB Nr 12). Einen eventuellen **Verdienstausfall** des Bewerbers muss der Arbeitgeber nach zutreffender Auffassung nicht tragen (ArbG Marburg/Lahn 22. 7. 1969 – Ca 280/69, DB 1969, 2041; Staudinger/Preis [2012] § 629 Rn 27; MünchKomm/Henssler, § 629, Rn 35; Rothe, DB 1968, 1906 [1907]; **aA** LAG Düsseldorf 18. 5. 1956 – 2 b Sa 289/55, BB 1956, 817; B Müller ZTR 1990, 237 [241]; ErfK/Müller-Glöge § 629 Rn 15).

624 Besteht ein Anspruch auf Ersatz von Vorstellungskosten, so unterfällt er einer **Ausgleichsklausel** in einem gerichtlichen Vergleich, die die Erledigung „aller eventueller finanzieller Ansprüche aus dem Arbeitsverhältnis und seiner Beendigung" vorsieht (LAG Nürnberg 29. 9. 2003 – 6 Sa 882/02, NZA-RR 2004, 290 [291]).

625 Ausbildungssuchende, von Arbeitslosigkeit bedrohte Arbeitssuchende und Arbeitslose können von der Bundesagentur für Arbeit aus dem Vermittlungsbudget eine Förderung erhalten, die zB in einem **Zuschuss** zu den Vorstellungskosten bestehen kann, **§ 44 SGB III**. Dies gilt aber nur, wenn nicht bereits der Arbeitgeber die Kosten trägt (Bieback, in: Gagel, SGB II/SGB III § 44 SGB III Rn 53).

5. Mitbestimmung des Betriebsrats und des Personalrats

626 Der Arbeitgeber hat den Betriebsrat über die **Personalplanung** zu unterrichten, § 92 BetrVG. Der Betriebsrat kann verlangen, dass zu besetzende Arbeitsplätze allgemein oder für bestimmte Arten von Tätigkeiten vor ihrer Besetzung **innerhalb des Betriebs ausgeschrieben werden**, § 93 BetrVG; verstößt der Arbeitgeber dagegen, besteht ein Zustimmungsverweigerungsrecht des Betriebsrats nach § 99 Abs Nr 5 BetrVG.

627 Personalfragebogen bedürfen der Zustimmung des Betriebsrats **(§ 94 Abs 1 BetrVG)** bzw des Personalrats (für den Bund § 75 Abs 3 Nr 8 BPersVG, für Bayern Art 75 Abs 4 S 1 Nr 10 BayPVG). Kommt keine Einigung zustande, so entscheidet die Einigungsstelle, deren Spruch die Einigung zwischen Arbeitgeber und Betriebsrat bzw Personalrat ersetzt. Zweck der Mitbestimmung ist es, sicherzustellen, dass der Arbeitgeber nicht nach persönlichen Verhältnissen fragt, die bei objektiver Betrachtung für den Arbeitsplatz und die berufliche Entwicklungsmöglichkeit im Betrieb keine Bedeutung haben. Die Zustimmung des Betriebs- bzw Personalrats begründet nicht die Zulässigkeit von Fragen, die der Arbeitgeber nicht stellen darf (Thüsing, in: Richardi, BetrVG § 94 Rn 11); die Mitbestimmung ist andererseits aber auch kein Instrument, um zu verhindern, dass personenbezogene Daten erhoben werden, deren Kenntnis der Arbeitgeber für den Leistungsvollzug des Arbeitsverhältnisses benötigt. Es hat deshalb weitgehend den Charakter eines Mitbeurteilungsrechts. Fehlt die Zustimmung des Betriebsrats bzw Personalrats und wird sie auch nicht durch den Spruch der Einigungsstelle ersetzt, so braucht der Arbeitnehmer die Fragen nicht zu beantworten. Steht er noch nicht in einem Arbeitsverhältnis, so besteht allerdings die Gefahr, dass der Arbeitgeber ihn bei der Einstellung nicht berücksichtigt. Zudem folgt aus der fehlenden Zustimmung **kein Recht zur wahrheitswidrigen Beantwortung**, der Arbeitgeber kann den Vertrag daher ggf anfechten

Titel 8 · Dienstvertrag und ähnliche Verträge
Untertitel 1 · Dienstvertrag § 611

(BAG 2. 12. 1999 – 2 AZR 724/98, AP Nr 16 zu § 79 BPersVG). Deshalb ist von Bedeutung, dass man es als Richtlinie über die personelle Auswahl bei Einstellungen ansehen kann, wenn der Arbeitgeber die Einstellung von der Erhebung bestimmter Personaldaten abhängig macht (s Rn 554 ff).

Auswahlrichtlinien, verstanden als Regeln, die der Arbeitgeber seiner personellen **628** Auswahlentscheidung zugrunde legt (Thüsing, in: Richardi, BetrVG § 95 Rn 5; s auch Rn 554 ff), bedürfen ebenfalls der Zustimmung des Betriebsrats, **§ 95 Abs 1 S 1 BetrVG**; kommt keine Einigung zustande, entscheidet auf Antrag des Arbeitgebers die Einigungsstelle mit bindender Wirkung für beide. Verletzt der Arbeitgeber das Mitbestimmungsrecht, besteht ein Zustimmungsverweigerungsrecht des Betriebsrats nach § 99 Abs 2 Nr 2 BetrVG.

IX. Beschäftigung ausländischer Arbeitnehmer

1. Zugang zur Beschäftigung

Das **Zuwanderungsgesetz** vom 30. 7. 2004 (BGBl I 1950), das am 1. 1. 2005 in Kraft **629** trat, hat für Ausländer die **Arbeitserlaubnis in das Aufenthaltsrecht integriert**. Art 1 enthält das Aufenthaltsgesetz (AufenthG) und Art 2 das Gesetz über die allgemeine Freizügigkeit von Unionsbürgern (FreizügigG/EU). Im Wesentlichen sind für die Beschäftigung ausländischer Arbeitnehmer drei Gruppen zu unterscheiden (s auch Schaub/Koch, ArbRHdB § 27):

(1) **Unionsbürger** genießen nach Art 45 Abs 1 AEUV (ex Art 39 Abs 1 EG) **630** innerhalb der **Europäischen Union Arbeitnehmerfreizügigkeit**. Das umfasst die Abschaffung jeder auf der Staatsangehörigkeit beruhenden unterschiedlichen Behandlung der Arbeitnehmer der Mitgliedstaaten in Bezug auf Beschäftigung, Entlohnung und sonstige Arbeitsbedingungen (Art 45 Abs 2 AEUV; vgl zur Freizügigkeit der Arbeitnehmer Hanau, in: Hanau/Steinmeyer/Wank, Handbuch des europäischen Arbeits- und Sozialrechts [2002] 391 ff; Roloff, Das Beschränkungsverbot des Art 39 EG (Freizügigkeit) und seine Auswirkungen auf das nationale Arbeitsrecht [2003]). Staatsangehörige eines Mitgliedstaats der Europäischen Union, denen nach deren Rechtsvorschriften Freizügigkeit zu gewähren ist, können daher unter den gleichen Voraussetzungen wie Deutsche ein Arbeitsverhältnis eingehen; sie **bedürfen** daher **keiner Genehmigung** dafür, abhängiger Arbeit in Deutschland nachzugehen. Ihnen gleichgestellt sind die Staatsangehörigen der sog EFTA-Staaten im Europäischen Wirtschaftsraum (EWR). Das sind die Angehörigen von Island, Liechtenstein, Norwegen und der Schweiz.

(2) Eine Sonderregelung gilt für **kroatische Staatsangehörige** und deren freizügig- **631** keitsberechtigte Familienangehörige. Nach § 284 Abs 1 SGB III dürfen diese eine Beschäftigung nur mit Genehmigung der Bundesagentur für Arbeit ausüben und von Arbeitgebern nur beschäftigt werden, wenn sie eine solche Genehmigung besitzen (zu den früheren Regelungen für Staatsangehörige anderer Staaten vgl Staudinger/Richardi/Fischinger [2010] § 611 Rn 250).

(3) Für **sonstige Ausländer** gilt als Prinzip, dass sie eine **Aufenthaltserlaubnis zur** **632** **Ausübung einer Beschäftigung** haben müssen, die grundsätzlich nur mit Zustimmung der Bundesagentur für Arbeit erteilt werden kann (§§ 4 Abs 3, 18 iVm §§ 39 ff

AufenthG iVm der Beschäftigungsverordnung vom 6. 6. 2013 [BGBl I 1499]). Die Zustimmung der Bundesagentur für Arbeit ist unter anderem davon abhängig, dass der Ausländer nicht zu ungünstigeren Arbeitsbedingungen als vergleichbare deutsche Arbeitnehmer beschäftigt wird (§ 39 Abs 2 S 1 aE AufenthG).

633 Für die **Folgen** einer Beschäftigung ohne die erforderliche Genehmigung oder Aufenthaltserlaubnis zur Ausübung einer Beschäftigung ist zu unterscheiden:

634 **(a) Öffentlich-rechtlich** stellt der Verstoß gegen § 284 SGB III sowohl für den Arbeitnehmer wie den Arbeitgeber eine Ordnungswidrigkeit dar (§ 404 Abs 1, 2 Nr 3, 4 SGB III); auch der Verstoß gegen § 4 Abs 3 AufenthG stellt für den Arbeitgeber eine Ordnungswidrigkeit dar (§ 95 Abs 2a AufenthG, § 404 Abs 1 SGB III), für den ausländischen Arbeitnehmer kommt sogar eine Straftat in Betracht (§ 95 Abs 1a AufenthG). Zu beachten ist ferner § 10a SchwarzArbG, wonach sich strafbar macht, wer einen Ausländer ohne Aufenthaltstitel beschäftigt, der Opfer von Menschenhandel ist. Für den Bereich der Leiharbeit sehen §§ 15, 15a AÜG spezielle Strafvorschriften vor.

635 **(b)** Nach dem zum 26. 11. 2011 durch Gesetz vom 22. 11. 2011 (BGBl I 2258) geschaffenen **§ 98a Abs 1, 2 AufenthG** hat der Ausländer einen Anspruch auf die übliche Vergütung, wenn nicht zulässigerweise eine geringere oder höhere Vergütung vereinbart ist; die Vereinbarung einer niedrigeren Vergütung ist insbesondere unzulässig und damit unbeachtlich, wenn sie gesetzliche Mindestlöhne unterschreitet (BR-Drucks 210/11, 76) oder sittenwidrig ist (zur Sittenwidrigkeitskontrolle von Lohnabreden s im Einzelnen STAUDINGER/SACK/FISCHINGER [2016] § 138). Der Anspruch richtet sich primär gegen den beschäftigenden Arbeitgeber, für ihn haften uU aber auch die Auftraggeber des Arbeitgebers, § 98a Abs 3–5 AufenthG. Die Vorschrift erging in (verspäteter) Umsetzung des Art 6 RL 2009/52/EG. Sie trägt dazu bei, dem Arbeitgeber den ökonomischen Anreiz für die illegale Beschäftigung von Ausländern zu nehmen (WUNDERLE, in: RENNER/BERGMANN/DIENELT, Ausländerrecht § 98a AufenthG Rn 2). § 98a Abs 1 AufenthG schließt alle auf die fehlende Aufenthaltserlaubnis bzw Genehmigung bezogenen Einwendungen gegen den Lohnanspruch des Ausländers aus, aber auch nur diese; sonstige Wirksamkeitsmängel bleiben mithin unberührt und hindern ggf die Anspruchsberechtigung (WUNDERLE Rn 4). Der ausländische Arbeitnehmer kann nicht nur seinen Vergütungsanspruch gegen den Arbeitgeber, sondern auch gegen die nach § 98a Abs 3–5 AufenthG Haftenden vor den deutschen Arbeitsgerichten geltend machen (§ 98a Abs 6 AufenthG). Hat der ausländische Arbeitnehmer nicht gearbeitet, scheidet ein Annahmeverzugslohnanspruch über § 615 wegen § 297 aus (s STAUDINGER/RICHARDI/FISCHINGER [2016] § 615 Rn 88).

636 **(c)** Umstritten ist, ob der Arbeitsvertrag wirksam ist. Handeln Arbeitgeber und Arbeitnehmer wissentlich und willentlich gesetzeswidrig, wird zT für die Nichtigkeit des Vertrags plädiert, wobei umstritten ist, ob wenigstens ein fehlerhaftes Arbeitsverhältnis vorliegt (so LAG Hamm 23. 11. 1971 – 3 Sa 724/71, DB 1972, 293 [294] zu § 19 AFG; **anders** HOFHERR, Illegale Beschäftigung ausländischer Arbeitnehmer und ihre arbeitsrechtliche Folgen [1999] 168 ff, 196 f). Richtigerweise ist der **Arbeitsvertrag jedoch wirksam**, der ausländische Arbeitnehmer darf nur nicht beschäftigt werden. Dafür spricht schon der Wortlaut der § 284 Abs 1 S 1 SGB III, § 4 Abs 3 AufenthG, nach denen der Arbeitnehmer nur nicht „*beschäftigt*" werden darf. Darüber hinaus spricht für dieses

Ergebnis, dass dem Zweck des AufenthaltsG bzw § 284 SGB III (=Verhinderung illegaler Beschäftigung), nur durch die Wirksamkeit des Arbeitsvertrags Rechnung getragen wird, da anderenfalls der Arbeitgeber von dem Verstoß zivilrechtlich sogar profitieren würde und einen Anreiz zur illegalen Beschäftigung hätte (ebenso LAG Frankfurt 6. 4. 1971 – 3 Sa 429/70, DB 1972, 2264; Hanau, in: FS BAG 169 [174 ff]; Will, Ausländer ohne Aufenthaltsrecht [2008] Rn 584 ff; MünchKomm/Müller-Glöge § 611 Rn 614). Aus § 98a AufenthG folgt nichts anderes. Zwar ließe sich argumentieren, dass angesichts des nunmehr gesetzlich abgesicherten Lohnanspruchs die Annahme der Wirksamkeit des Arbeitsvertrags für die Normzweckerreichung nicht mehr so bedeutsam ist; weil aber von der Gültigkeit des Arbeitsvertrags nach wie vor abhängt, ob der Arbeitgeber die sonstigen arbeitnehmerschützenden Instrumentarien zu beachten hat, wird dem Anliegen des Ausländerrechts besser Rechnung getragen, wenn der Arbeitsvertrag für wirksam gehalten wird. Entsprechend ging auch der Gesetzgeber bei der Schaffung von § 98a AufenthG davon aus, dass der Arbeitsvertrag wirksam ist (BR-Drucks 210/11, 75).

2. Arbeitsbedingungen

Ob deutsches Arbeitsrecht Anwendung findet, richtet sich nach den Regelungen des Internationalen Privatrechts (Art 3, 8 Rom I-VO). Auch wenn danach deutsches Recht nicht anwendbar ist, greifen wegen des Territorialitätsprinzips das **Arbeitnehmer-Entsendegesetz** (AEntG), das **Arbeitnehmerüberlassungsgesetz** (AÜG; vgl Brose DB 2013, 2087 [2088]) sowie das **Mindestlohngesetz** (MiLoG; dazu näher Rn 1341 ff) ein. **637**

Das **AEntG** dient vor allem der Bekämpfung von Sozialdumping durch „Schaffung und Durchsetzung angemessener Mindestarbeitsbedingungen für grenzüberschreitend entsandte und für regelmäßig im Inland" Beschäftigte, der Herstellung fairer Wettbewerbsbedingungen und der Erhaltung sozialversicherungspflichtiger Beschäftigung (vgl § 1 AEntG). Nach §§ 3, 8 AEntG finden die Arbeitsbedingungen (§ 5 AEntG) eines (grundsätzlich: bundesweit geltenden) Tarifvertrags auch auf Außenseiter-Arbeitsverhältnisse zwingend Anwendung, wenn diese entweder für allgemeinverbindlich erklärt wurden oder eine Rechtsverordnung nach § 7 AEntG vorliegt. Gebunden sind sowohl Arbeitgeber mit Sitz im Inland wie solche mit Sitz im Ausland, die in den Geltungsbereich fallen. Anwendbar ist das AEntG aber nur auf die abschließend in § 4 AEntG aufgezählten Branchen. **638**

§ 3a AÜG ermöglicht es, durch Rechtsverordnung des Bundesministeriums für Arbeit und Soziales auf gemeinsamen Vorschlag vorschlagsberechtigter Tarifvertragsparteien die von ihnen vereinbarten, bundesweit geltenden tariflichen Mindeststundensätze als Lohnuntergrenze für alle in den Geltungsbereich der Rechtsverordnung fallenden Arbeitgeber und Leiharbeitnehmer verbindlich festzusetzen. Dieser Mindeststundenlohn für Leiharbeitnehmer gilt auch für im Ausland ansässige Verleiher, § 2 Nr 4 AEntG; wie beim AEntG gilt also auch insoweit das Arbeitsortprinzip. **639**

Schließlich gilt der allgemeine gesetzliche Mindestlohn nach § 1 **MiLoG** gemäß § 20 MiLoG für alle im Inland beschäftigten Arbeitnehmer unabhängig von ihrer Nationalität, dem auf den Arbeitsvertrag anwendbaren Recht und der ausländerrechtlichen Rechtmäßigkeit ihrer Beschäftigung; es handelt sich mithin um eine Eingriffsnorm iSv Art 9 Rom I-VO (ErfK/Franzen § 20 MiLoG Rn 1). **640**

X. Begründung und Abwicklung eines Arbeitsverhältnisses bei fehlerhafter Vertragsgrundlage*

1. Vertrag als Begründungstatbestand des Arbeitsverhältnisses

641 Das **Arbeitsverhältnis** wird **durch Vertrag begründet**. Diese Frage war im Schrifttum lange streitig: Nach der **Eingliederungstheorie**, deren Hauptvertreter NIKISCH war, soll Begründungstatbestand des Arbeitsverhältnisses nicht der Arbeitsvertrag, sondern der tatsächliche Akt der Einstellung des Arbeitnehmers in den Betrieb oder Haushalt sein (NIKISCH I [2. Aufl 1955] 140 ff; begründet von SIEBERT, Das Arbeitsverhältnis in der Ordnung der nationalen Arbeit [1935] 85 ff; ders DAR 1937, 44 ff; abl schon damals NIPPERDEY DAR 1937, 142 [146 f]; wie SIEBERT auch HAUPT, Über faktische Vertragsverhältnisse [1943] 19 f; vgl zum Theorienstreit HUECK/NIPPERDEY I 115 ff).

642 Die Beurteilung, das Arbeitsverhältnis werde durch faktische Eingliederung begründet, widerspricht dem geltenden Recht, das die privatautonome Begründung eines Rechtsverhältnisses von einem Rechtsgeschäft abhängig macht. Auch NIKISCH hat in der 3. Aufl seines Lehrbuchs (1961) seine These, dass das Arbeitsverhältnis erst durch die Eingliederung entstehe, der Arbeitsvertrag aber lediglich die Verpflichtung begründe, diese Eingliederung herbeizuführen, eingeschränkt: Im Regelfall erzeuge bereits der Arbeitsvertrag das Arbeitsverhältnis, das allerdings erst mit der Eingliederung in den Betrieb oder in den privaten Lebensbereich des Arbeitgebers in den Erfüllungszustand eintrete (NIKISCH I 158 ff). Trotz dieser Modifikation ist der **Vertragstheorie der Vorzug zu geben** (vgl HUECK/NIPPERDEY I 115 ff; BÖTTICHER RdA 1955, 321 ff; A HUECK RdA 1955, 323 ff; WIEDEMANN, Arbeitsverhältnis 5 f, 75; **heute einhellige Lehre**, vgl MünchKomm/MÜLLER-GLÖGE § 611 Rn 163; ArbRBGB/SCHLIEMANN § 611 Rn 363 ff; HWK/THÜSING § 611 Rn 30; vSTEBUT, in: FS Kissel [1994] 1135 ff; SZECH, Die Anfechtung des Arbeitsvertrags durch den Arbeitgeber und das Allgemeine Gleichbehandlungsgesetz [2012] 38); denn nach geltendem Recht ist der Vertrag der Verpflichtungstatbestand und Rechtsgrund für die Erbringung von Leistung und Gegenleistung.

643 Der Gegensatz zwischen der Vertragstheorie und der Eingliederungstheorie auch in ihrer von NIKISCH modifizierten Form zeigt sich, wenn der Arbeitsvertrag nichtig ist oder angefochten wird, sodass er als von Anfang an nichtig anzusehen ist (§ 142 Abs 1). Nach NIKISCH sollen diese Rechtsfolgen unverändert für den Arbeitsvertrag gelten (Bd I 173 ff). Dennoch soll das Arbeitsverhältnis nur mit ex-nunc-Wirkung beendet werden können. Für dieses scheinbar widersprüchliche Ergebnis gibt NIKISCH die Begründung, „dass ausnahmsweise ein Arbeitsverhältnis auch durch die bloße Eingliederung des Arbeitnehmers in den Betrieb oder den privaten Lebensbereich des Arbeitgebers entstehen kann" (Bd I 174). Es sei ein vollgültiges Arbeits-

---

* **Schrifttum**: BEUTHIEN, Das fehlerhafte Arbeitsverhältnis als bürgerlich-rechtliches Abwicklungsproblem, RdA 1969, 161; BROX, Die Einschränkung der Irrtumsanfechtung (1960); HÖNN, Zur Problematik fehlerhafter Vertragsverhältnisse, ZfA 1987, 61; KÄSSER, Der fehlerhafte Arbeitsvertrag (1979); PICKER, Die Anfechtung von Arbeitsverträgen, ZfA 1981, 1; RAMM, Die Anfechtung des Arbeitsvertrages (1955); ders, Die Rechtswirkung der Anfechtung des Arbeitsvertrages, AuR 1963, 97; SACK, Der rechtswidrige Arbeitsvertrag, RdA 1975, 171; WIEDEMANN, Das Arbeitsverhältnis als Austausch- und Gemeinschaftsverhältnis (1966); weitere Nachweise bei STAUDINGER/RICHARDI[12] Fn vor § 611 Rn 128.

Titel 8 · Dienstvertrag und ähnliche Verträge
Untertitel 1 · Dienstvertrag   § 611

verhältnis, könne aber bei Nichtigkeit des Arbeitsvertrages jederzeit auch ohne Kündigung gelöst werden, da ihm die vertragliche Bindung fehle. Bei einer Anfechtung werde dem Arbeitsverhältnis nachträglich die vertragliche Grundlage entzogen, sodass es rückwirkend den Charakter eines faktischen Arbeitsverhältnisses erhalte, das ausschließlich auf der Eingliederung des Arbeitnehmers in den Betrieb beruhe und daher ebenfalls wegen Wegfalls der vertraglichen Bindung jederzeit gelöst werden könne (Nikisch I 222).

Diese begriffliche Konstruktion erklärt weniger, als sie verschleiert, nämlich dass es **644** **ausschließlich** um ein **Problem der Reduktion der Nichtigkeits- und Anfechtungsfolgen** geht, soweit das Arbeitsverhältnis bereits zur Ausführung gelangt ist. Es ist daher nicht einzusehen, dass systemwidrig für das Arbeitsverhältnis ein anderer Begründungstatbestand gelten soll, obwohl nach geltendem Recht die Ordnung der Arbeitsverhältnisse dem Grundsatz der Privatautonomie unterliegt. Zutreffend hat das BAG erkannt: „Grundsätzlich gelten alle Vorschriften des Allgemeinen Teils des BGB auch für das Arbeitsverhältnis; nur soweit sie mit dem Wesen und dem Inhalt des Arbeitsverhältnisses als eines Rechtsverhältnisses besonderer Art unvereinbar sind, sind sie unanwendbar" (BAG 5. 12. 1957 – 1 AZR 594/56, AP Nr 2 zu § 123 BGB). Durch die bloß tatsächliche Leistung weisungsabhängiger Dienste wird daher kein Arbeitsverhältnis begründet (**aA** Boemke, Schuldvertrag und Arbeitsverhältnis [1999] 266 ff; wie hier MünchKomm/Müller-Glöge § 611 Rn 164; s auch Nachw in Rn 641).

2. Fälle einer Nichtigkeit

Für Dienstverträge gelten die gleichen Nichtigkeitsgründe wie sonst für Rechtsge- **645** schäfte. Die Rechtswirksamkeit kann an fehlender oder beschränkter Geschäftsfähigkeit (§§ 104 ff; dazu Rn 122, 125 ff) oder fehlender Vertretungsmacht (§ 177) scheitern. Nichtigkeitsgründe sind auch hier Scheingeschäft (§ 117; dazu Rn 369), Scherz (§ 118) sowie Verstoß gegen eine konstitutive Formvorschrift (siehe Rn 370 ff), ein gesetzliches Verbot (§ 134; dazu Rn 646 ff) und Sittenwidrigkeit (§ 138; siehe Rn 651 ff). Wird das nichtige Rechtsgeschäft bestätigt, ist die Bestätigung als erneute Vornahme zu beurteilen; handelt es sich um einen Vertrag, haben die Parteien sich im Zweifel das einander zu gewähren, was sie haben würden, wenn der Vertrag von Anfang an wirksam gewesen wäre (§ 141).

a) Verstoß gegen ein gesetzliches Verbot

Der Dienst- oder Arbeitsvertrag kann insgesamt oder in Teilen gegen ein gesetz- **646** liches Verbot iS des § 134 verstoßen. Hierzu zählen insbesondere die Abschlussverbote (s Rn 546 ff). Aber auch die sonstigen Beschäftigungsverbote und -beschränkungen des öffentlich-rechtlichen Arbeitnehmerschutzes enthalten gesetzliche Verbote, die eine abweichende rechtsgeschäftliche Gestaltung durch die Arbeitsvertragsparteien ausschließen.

Nach dem Zweck des gesetzlichen Verbots richtet sich, welche Rechtsfolgen für das **647** Arbeitsverhältnis eintreten. Nur wenn der Verstoß gegen ein Arbeitnehmerschutzgesetz eine erlaubte Beschäftigung ausschließt, leidet der Vertrag insgesamt an einem Nichtigkeitsgrund. Gleiches gilt, wenn die zugesagte Arbeitsleistung auf einen Verstoß gegen ein gesetzliches Verbot gerichtet ist, zB Herstellung verfassungsfeindlichen Schrifttums im Auftrag einer verbotenen Partei oder Einstellung eines Bürovorstehers durch einen Rechtsanwalt, um die Veruntreuung von Mandantengeldern einzuleiten, vorzunehmen und zu verschleiern (BAG 25. 4. 1963 – 5 AZR 398/62, AP Nr 2 zu § 611 BGB Faktisches Arbeitsverhältnis). Ein Arbeitsvertrag ist nichtig, wenn er die Ausübung des ärztlichen Berufs zum Gegenstand hat und die erforderliche Approbation oder Erlaubnis nicht vorliegt und auch nicht erteilt werden kann (BAG 3. 11. 2004 – 5 AZR 592/03, AP Nr 25 zu § 134 BGB). Wird ein Handwerksmeister nur eingestellt, um § 7 HandwerksO zu umgehen, soll er aber gar nicht oder nicht in dem gesetzlich geforderten Umfang tätig werden, ist der Vertrag ebenfalls nichtig (BAG 18. 3. 2009 – 5 AZR 355/08, AP Nr 26 zu § 134 BGB).

648 Bei **Schwarzgeldabreden**, die gegen das Schwarzarbeitsbekämpfungsgesetz vom 23. 7. 2004 (BGBl I 1842) verstoßen, ist zu unterscheiden: Wird in einem Arbeitsvertrag vereinbart, dass die Vergütung „schwarz", dh ohne Berücksichtigung von Steuern und Sozialversicherungsbeiträgen ausgezahlt werden soll, ist der Vertrag in der Regel nicht deshalb nichtig. Das folgt aus § 14 Abs 2 S 2 SGB IV, der für solche Fälle eine Nettoarbeitsentgeltabrede fingiert (BAG 26. 2. 2003 – 5 AZR 690/01, AP Nr 24 zu § 134 BGB; etwas anderes gilt nur, wenn – was kaum einmal vorkommen dürfte – die Steuerhinterziehung Hauptzweck des Vertrages ist, ErfK/Preis § 611 Rn 342). Anders verhält sich dies dagegen bei dienstvertraglichen Abreden, hier führt der beiderseitige Verstoß gegen §§ 1 Abs 1 Nr 1, 2 Abs 1 Nr 1 SchwarzArbG zur Nichtigkeit des Vertrages, § 134 (BAG 24. 3. 2004 – 5 AZR 233/03, ZTR 2004, 547 mwNw). Zur Anwendbarkeit des § 612 siehe dort Rn 44.

649 Geht der Arbeitnehmer ein **Zweitarbeitsverhältnis** (Doppelarbeitsverhältnis) ein und überschreitet er durch die Zusammenrechnung der Arbeitszeiten (§ 2 Abs 1 S 1 HS 2 ArbZG) die gesetzlich zulässige Höchstgrenze, ist das zweite Arbeitsverhältnis nichtig (BAG 19. 6. 1959 – 1 AZR 565/57, AP Nr 1 zu § 611 BGB Doppelarbeitsverhältnis); nach § 139 kann es, einen entsprechenden Parteiwillen vorausgesetzt, jedoch in dem noch zulässigen Umfang aufrechterhalten werden (LAG Nürnberg 19. 9. 1995 – 2 Sa 429/94, NZA 1996, 882). Da die Nichtigkeit nur für die Zukunft geltend gemacht werden kann, hat der Arbeitnehmer für beide Arbeitsverhältnisse Vergütungs- und Urlaubsansprüche (BAG 19. 6. 1959 – 1 AZR 565/57, AP Nr 1 zu § 611 BGB Doppelarbeitsverhältnis; Hunold, NZA-RR 2002, 505 [506]).

650 Sieht der Anstellungsvertrag des Vorstands einer Aktiengesellschaft für den Fall der Beendigung der Organstellung die unveränderte Weiterführung des Anstellungsverhältnisses als Arbeitsverhältnis über die Fristen des **§ 84 Abs 1 AktG** hinaus vor, kommt ein Arbeitsverhältnis nach § 134 BGB nicht zustande (BAG 26. 8. 2009 – 5 AZR 522/08, AP Nr 2 zu § 84 AktG). Denn mit einer solchen Regelung wird § 84 Abs 1 AktG, der eine unbegrenzte Bindung der Aktiengesellschaft an ihren Vorstand verhindern soll, umgangen.

b) Verstoß gegen die guten Sitten

651 aa) Der Vertrag kann durch seinen Inhalt, insbesondere durch den Gegenstand der versprochenen Dienste, gegen die guten Sitten verstoßen *(Inhaltssittenwidrigkeit)*. Möglich ist aber auch, dass sich der Verstoß aus der Zusammenfassung von Inhalt, Begründung und Zweck ergibt *(Umstandssittenwidrigkeit),* zB aus der Art der Ausübung der Arbeit oder den Verhältnissen, unter denen die Arbeitsleistung erbracht werden soll (ebenso Hueck/Nipperdey I 195; siehe allgemein Staudinger/Sack/Fischinger

Titel 8 · Dienstvertrag und ähnliche Verträge
Untertitel 1 · Dienstvertrag   § 611

[2011] § 138 Rn 5). Sittenwidrig ist er, wenn er gegen das Anstandsgefühl aller billig und gerecht Denkenden verstößt (RGZ 120, 142 [148]; s näher und mwNw STAUDINGER/SACK/ FISCHINGER [2011] § 138 Rn 14 ff).

bb) Insgesamt sittenwidrig ist ein Arbeitsvertrag, wenn er auf die **Erbringung** **652** **sittenwidriger Arbeitsleistungen** wie zB die Begehung von Straftaten gerichtet ist (BGH 1. 4. 1976 – 4 AZR 96/75, AP Nr 34 zu § 138 BGB; BGH 6. 7. 1976 – VI ZR 122/75, NJW 1976, 1883; OLG Düsseldorf 27. 7. 1970 – 1 U 44/70, NJW 1970, 1852; RICHARDI/BUCHNER, in: MünchArbR § 34 Rn 10). Nach dem **Prostitutionsgesetz** (ProstG) vom 20. 12. 2001 (BGBl I 3983) begründet eine Vereinbarung, sexuelle Handlungen gegen ein vorher vereinbartes Entgelt vorzunehmen, eine rechtswirksame Forderung hinsichtlich des Entgelts; Gleiches gilt, wenn sich eine Person, insbesondere im Rahmen eines Beschäftigungsverhältnisses, für die Erbringung derartiger Handlungen gegen ein vorher vereinbartes Entgelt für eine bestimmte Zeitdauer bereithält (§ 1). Der Gesetzgeber wollte damit Prostituierten den für notwendig erachteten rechtlichen Schutz gewähren; zudem hat er darauf hingewiesen, dass er Prostitution nicht mehr als sittenwidrig betrachtet und sich insoweit im Einklang mit der Mehrheit der Bevölkerung sieht (BT-Drucks 14/5958, 4, 6). Daher ist nach zutreffender hM das Beschäftigungsverhältnis mit einem Bordellbetreiber **ebenso wenig sittenwidrig** wie der „Prostitutionsvertrag" mit dem Freier (vgl auch BGH 13. 7. 2006 – I ZR 241/03, NJW 2006, 3490 [3491]; MünchKomm/ARMBRÜSTER § 1 ProstG Rn 7; ders NJW 2002, 2763 [2764]; PWW/ AHRENS § 138 Rn 141; LASKOWSKI AuR 2002, 406; BeckOK-BGB/WENDTLAND § 1 ProstG Rn 3; ausf STAUDINGER/FISCHINGER [2011] Anh zu § 138: ProstG § 1 Rn 10 ff, 55). Etwas anderes kann insbesondere auch nicht mit einem Verstoß gegen die Menschenwürde begründet werden (aA PALANDT/ELLENBERGER § 1 ProstG Rn 2; OLG Schleswig-Holstein 13. 5. 2004 – 16 U 11/04, NJW 2005, 225 [226 f]; BGH 18. 1. 2011 – 3 StR 467/10, NStZ 2011, 278 [279]; MAYER NJW 2008, 1926 [1927 f]). Für die Bestimmung des Schutzbereichs von Art 1 Abs 1 GG ist der selbstbestimmten Entscheidung des jeweiligen Grundrechtsträgers erhebliches Gewicht beizumessen (FISCHINGER JuS 2007, 808 [811]); die sich freiwillig für diese Tätigkeit und für einen bestimmten Freier entscheidende Prostituierte verdeutlicht, dass sie darin gerade keinen Verstoß gegen ihre Menschenwürde sieht. Es ist nicht Sache des Richters, seine eigenen Vorstellungen über den Inhalt der Menschenwürde zum Entscheidungsmaßstab zu machen und der Prostituierten ein Ergebnis zu oktroyieren, das weder ihren Interessen noch ihrem Willen entspricht. Dies gilt aber (selbstverständlich) nur für die freiwillig ausgeübte Prostitution. **Zwangsprostitution** hingegen verletzt die Menschenwürde der Betroffenen und verstößt gegen die guten Sitten. Für sittenwidrig wird man überdies – selbst bei Freiwilligkeit – Verträge ansehen müssen, die auf Sex mit Tieren oder öffentlichen Geschlechtsverkehr (zB auf der Bühne eines Erotikclubs) zielen (näher STAUDINGER/FISCHINGER [2011] Anh zu § 138: ProstG § 1 Rn 16, 71). Was für die „klassische Prostitution", dh „Sex gegen Geld" gilt, muss erst recht für „mildere" Formen wie Telefonsex, Striptease, „Peep-shows", Verträge über die Mitwirkung in pornographischen Filmen oder über den Kauf von Sexartikeln gelten (STAUDINGER/FISCHINGER [2011] Anh zu § 138: ProstG § 1 Rn 66, 69 f, 72).

cc) Von der Sittenwidrigkeit des gesamten Arbeitsvertrags ist die **Sittenwidrigkeit** **653** **einzelner Absprachen** zu unterscheiden (zur Sittenwidrigkeit von Lohnabreden ausf STAUDINGER/SACK/FISCHINGER [2016] § 138). In aller Regel wird die Sittenwidrigkeit einer einzelnen Klausel – auch ohne Rückgriff auf die Grundsätze des fehlerhaften Arbeitsverhältnisses und entgegen der Vermutung des § 139 – nur zur Unwirksamkeit der jeweiligen Klausel, nicht aber des gesamten Arbeitsvertrags führen. Im Übrigen ist der Rückgriff auf die Generalklausel des § 138 nur notwendig und zulässig, soweit keine konkretisierende Regelung und kein vorrangiges Regelungssystem besteht. So räumt beispielsweise bei Verpflichtung zur Dienstleistung auf Lebenszeit § 624 dem Dienstverpflichteten ein Kündigungsrecht ein, das zu seinen Gunsten zwingend ist. Bei der Vereinbarung von Wettbewerbsverboten sind die Sonderregelungen der §§ 74 ff HGB zu beachten, die gemäß §§ 6 Abs 2, 110 S 2 GewO auf alle Arbeitnehmer Anwendung finden (näher zum Verhältnis der §§ 74 ff HGB zu § 138 STAUDINGER/SACK/FISCHINGER [2011] § 138 Rn 352 ff). Erheblich an Bedeutung hat die Sittenwidrigkeitskontrolle von arbeitsvertraglichen Abreden vor allem dadurch verloren, dass seit der Schuldrechtsmodernisierung auch Arbeitsverträge der AGB-Kontrolle unterliegen. Weil das Regelungs- und Rechtsfolgensystem der §§ 305 ff nicht über § 138 ausgehebelt werden darf, ist § 138 nur noch anwendbar, wo es sich entweder um keine AGB handelt, es um eine Prüfung der nach § 307 Abs 3 S 1 der Inhaltskontrolle entzogenen beiderseitigen Hauptleistungspflichten geht oder die Sittenwidrigkeit auf Umständen beruht, die bei der Inhaltskontrolle nach den §§ 307 ff unberücksichtigt bleiben, was va anzunehmen ist, wenn die Klausel gegen Interessen Dritter oder der Allgemeinheit verstößt (STAUDINGER/SACK/FISCHINGER [2011] § 138 Rn 514 f).

654 Eine Sittenwidrigkeit ist va anzunehmen, wenn der Dienstverpflichtete in seiner **wirtschaftlichen Freiheit**, insbesondere in seinem Fortkommen, in einer mit dem Anstandsgefühl aller billig und gerecht Denkenden nicht zu vereinenden Weise beschränkt wird. Zu einzelnen Abreden siehe STAUDINGER/SACK/FISCHINGER [2011] § 138 Rn 516 ff.

655 dd) Stehen Leistung des Arbeitnehmers und Gegenleistung des Arbeitgebers in einem auffälligen Missverhältnis (vgl zur Feststellung BAG 22. 4. 2009 – 5 AZR 436/08, AP Nr 64 zu § 138 BGB), so liegt **Wucher iS des § 138 Abs 2** vor, wenn Leistungsversprechen oder Leistungsgewährung unter Ausbeutung der Zwangslage, der Unerfahrenheit, des Mangels an Urteilsvermögen oder der erheblichen Willensschwäche erfolgt ist (vgl STAUDINGER/SACK/FISCHINGER [2011] § 138 Rn 229 ff). Der wucherische Charakter kann darin zum Ausdruck kommen, dass das Einkommen des Dienstverpflichteten besonders schwankend oder unsicher ist oder dass ihm bei geringem Lohn zugleich ein großes Risiko aufgebürdet wird, zB der Lohn in unbilliger Weise vom Erfolg der Arbeit abhängig gemacht wird (vgl RAG ARS 16, 462 – Verlustbeteiligung). Zum **Lohnwucher** siehe ausf STAUDINGER/SACK/FISCHINGER (2016) § 138.

656 Denkbar ist Wucher auch zu Lasten des Dienstberechtigten; jedoch werden zumeist die in § 138 Abs 2 genannten subjektiven Tatbestandsmerkmale fehlen. Doch kann in einem derartigen Fall § 138 Abs 1 eingreifen, wenn zu dem Missverhältnis ein weiterer Umstand hinzukommt, der in Verbindung hiermit das Rechtsgeschäft nach seiner aus der Zusammenfassung von Inhalt, Beweggrund und Zweck erhellenden Gesamtgestaltung als sittenwidrig erscheinen lässt (RGZ 150, 1; vgl einen derartigen Fall in BAG 10. 9. 1959 – 2 AZR 228/57, AP Nr 1 zu § 138 BGB).

3. Anfechtung des Arbeitsvertrags

a) Ersetzung der Anfechtung durch die Kündigung?

Vereinzelt wird das Rechtsinstitut der Anfechtung als für das Arbeitsvertragsrecht 657 wesensfremd angesehen. Die Vorschriften des BGB über die Anfechtung nach Aufnahme der Arbeit seien schlechthin unanwendbar: An ihre Stelle träten die Regeln über die ordentliche und außerordentliche Kündigung (LAG Baden-Württemberg 10. 10. 1956 – V Sa 52/56, DB 1956, 1236; Frey, AuR 1953, 167 ff; Schwerdtner, Arbeitsrecht I 21 ff; vgl auch Gamillscheg AcP 176 [1976] 197 [216 ff]; Hönn ZfA 1987, 61). Auch der Arbeitsvertragsrechtsentwurf der Arbeitsgesetzbuchkommission wollte in § 17c Abs 1 die Anfechtung nach § 119 Abs 2 durch die Kündigung ersetzen (vgl Arbeitsgesetzbuch-Kommission, Entwurf eines Arbeitsgesetzbuches – Allgemeines Arbeitsvertragsrecht [1977]).

Damit wird verkannt, dass Anfechtung und Kündigung wesensverschiedene Funk- 658 tionen haben und in ihren Voraussetzungen und Wirkungen voneinander zu unterscheiden sind (so iE auch die ganz hM, BAG 5. 12. 1057 – 1 AZR 594/56, NJW 1958, 516; BAG 21. 2. 1991 – 2 AZR 449/90, NZA 1991, 719; Picker ZfA 1981, 1; Richardi/Buchner, MünchArbR § 34 Rn 9 f; Szech, Die Anfechtung des Arbeitsvertrags durch den Arbeitgeber und das Allgemeine Gleichbehandlungsgesetz [2012] 51 ff, 58 f; Schaub/Linck, ArbRHdB § 34 Rn 24 f; ErfK/Preis § 611 Rn 345; MünchKomm/Müller-Glöge § 611 Rn 635; BeckOK-ArbR/Joussen § 611 Rn 108). Die Anfechtung dient dazu, dass man sich von den Folgen einer Willenserklärung befreien kann, die auf einem für die Anerkennung der Vertragsfreiheit wesentlichen Willensmangel beruht; die Kündigung soll dagegen ein Rechtsverhältnis, das fehlerfrei zustande gekommen ist, für die Zukunft beseitigen, weil sich entweder nachträglich die Voraussetzungen geändert haben oder eine Fortsetzung des Vertragsverhältnisses nicht mehr gewollt ist (so bereits BAG 5. 12. 1957 – 1 AZR 594/56, AP Nr 2 zu § 123 BGB). Auch soweit die Anfechtung das Arbeitsverhältnis nur für die Zukunft auflöst, ist lediglich insoweit ein Unterschied zur Kündigung aufgehoben; die Unterschiede in ihren tatbestandlichen Voraussetzungen und sonstige Folgewirkungen werden dadurch aber nicht beseitigt (grundlegend Picker ZfA 1981, 1). Begründet derselbe Sachverhalt sowohl ein Kündigungs- wie ein Anfechtungsrecht, hat der Arbeitgeber daher ein Wahlrecht (BAG 5. 12. 1057 – 1 AZR 594/56, NJW 1958, 516; BAG 21. 2. 1991 – 2 AZR 449/90, NZA 1991, 719; BAG 16. 12. 2004 – 2 AZR 148/04, AP Nr 64 zu § 123 BGB).

Auch soweit – wie bei der außerordentlichen Kündigung – eine Frist nicht einge- 659 halten werden muss, sind das Anfechtungsrecht und das Kündigungsrecht „wesensverschiedene Instrumente privatautonomer Gestaltung" (Picker ZfA 1981, 1 [35]). Sie betreffen einen unterschiedlichen Störungstatbestand, haben einen voneinander verschiedenen materiellen Geltungsgrund und erfüllen eine andere Ordnungsfunktion im geltenden Recht (Picker 20 ff). Das Institut der außerordentlichen Kündigung ist eine Ausprägung der Rechtsfigur der *clausula rebus sic stantibus,* sie gehört rechtsdogmatisch zur Rechtsfigur des Wegfalls der Geschäftsgrundlage und erfasst deshalb den Fall einer Leistungsstörung. Bei der Anfechtung geht es aber nicht um die Durchführung des Vertrags, sondern um eine in das Recht der Willensmängel einzuordnende Rechtsfigur. Sie ist eingeräumt, „um das Prinzip der Vertragsfreiheit als Kernbereich der Privatautonomie zu wahren" (Picker ZfA 1981, 1 [34]). Ihre Ersetzung durch die außerordentliche Kündigung verspielt eine dogmatische Klärung, die für das allgemeine Zivilrecht „zu einer selbstverständlichen, nie wieder in Frage gestell-

§ 611

ten Erkenntnis geworden ist" (PICKER ZfA 1981, 1 [63]); sie bedeutet der Sache nach die Statuierung einer Kontrahierungsverpflichtung (ebenso PICKER ZfA 1981, 1 [64]).

660 Da somit Anfechtungs- und Kündigungsrecht streng auseinander zu halten sind, hindern **Kündigungsverbote** wie zB § 9 MuSchG die Anfechtung nicht (BAG 5. 12. 1957 – 1 AZR 594/59, AP Nr 2 zu § 123 BGB; BAG 6. 10. 1962 – 2 AZR 360/61, NJW 1963, 222; PICKER SAE 1981, 86 [89]; HÖNN ZfA 1987, 61 [86 f]; SCHWERDTNER Jura 1989, 642 [643]; APS/ROLFS § 9 MuSchG Rn 48; SZECH, Die Anfechtung des Arbeitsvertrags durch den Arbeitgeber und das Allgemeine Gleichbehandlungsgesetz [2012], 79; aA GAMILLSCHEG AcP 176 [1976], 197 [217 f]). Der Betriebsrat muss nicht gem § 102 BetrVG angehört werden. Richtigerweise ist auch die Frist des § 626 Abs 2 nicht auf die Anfechtung zu übertragen (s Rn 681).

b) Irrtum als Anfechtungsgrund

661 Die Erklärung, einen Dienst- oder Arbeitsvertrag abschließen zu wollen, kann bei einem Erklärungsirrtum oder einem Inhaltsirrtum wie jede andere Willenserklärung nach § 119 Abs 1 angefochten werden. Der Irrtum über die sozialrechtlichen Folgen eines Altersteilzeitverhältnisses rechtfertigt aber keine Anfechtung, da es sich um ein irrtumsfrei erklärtes und gewolltes Rechtsgeschäft handelt, das nur andere und nicht gewollte Nebenfolgen zeitigt (BAG 10. 2. 2004 – 9 AZR 401/02, AP Nr 15 zu § 119 BGB).

662 Besondere Bedeutung hat für die Anfechtung von Arbeitsverträgen der Irrtum über eine **verkehrswesentliche Eigenschaft des Arbeitnehmers**. § 119 Abs 2 findet auf ihn uneingeschränkt Anwendung. Dabei genügt nicht schon jeder Irrtum über den Grad der Leistungsfähigkeit. Es kann nicht schon dann angefochten werden, wenn sich der Arbeitgeber bei der Einstellung unrichtige Vorstellungen über die Leistungsfähigkeit des Arbeitnehmers gemacht hat und dieser seinen Erwartungen nicht entspricht (zu weitgehend LOTMAR II 82; RAMM, Anfechtung 52). Anfechtungsgrund ist nicht die Fehlbeurteilung, sondern das Nichtwissen von Eigenschaften als Voraussetzung für die Beurteilung, ob der Arbeitnehmer für die vorgesehene Arbeitsleistung geeignet ist. Der Irrtum muss sich auf solche Eigenschaften der Person beziehen, die im Verkehr als wesentlich angesehen werden und sich auf die Eignung der Person für die Arbeit auswirken (RICHARDI/BUCHNER, MünchArbR § 34 Rn 22). Im Übrigen kann man als Faustregel aufstellen, dass dann, wenn eine Frage über die jeweilige Eigenschaft im Anbahnungsstadium unzulässig wäre, eine Anfechtung wegen § 119 Abs 2 ausscheidet (ErfK/PREIS § 611 Rn 350).

663 In Betracht kommen **Mängel an fachlicher Vorbildung** als notwendige Voraussetzung für die Erbringung der Arbeitsleistung (BAG 19. 4. 2012 – 2 AZR 233/11, NZA 2012, 1449 [1450]), **gesundheitliche oder sonstige Mängel**, wenn durch sie die vertraglich übernommene Arbeit nicht ausgeführt werden kann oder deren Erbringung erheblich beeinträchtigt ist (BAG 28. 3. 1974 – 2 AZR 92/73, AP Nr 3 zu § 119 BGB; BAG 26. 7. 1989 – 5 AZR 491/88, NZA 1990, 141 [142]; BAG 21. 2. 1991 – 2 AZR 449/90, NZA 1991, 719 [721]).

664 Vorstrafen stellen keine verkehrswesentlichen Eigenschaften dar; ihre Kenntnis kann aber im Einzelfall einen Schluss auf persönliche Eigenschaften (Zuverlässigkeit, Charakterfestigkeit) erlauben, sodass die Unkenntnis zur Anfechtung berechtigt. Wesentlich ist die Art der Vorstrafen und der Aufgabenbereich des Arbeitnehmers; es gelten die zum Fragerecht entwickelten Grundsätze (s Rn 558 ff). Auch bei

Einschlägigkeit reicht die Vorstrafe als Anfechtungsgrund daher nicht aus, wenn sich jemand nach § 53 BZRG als unbestraft bezeichnen kann (s Rn 596 ff). Der Makel der Vorstrafe ist getilgt.

Die **Ehrlichkeit** und Vertrauenswürdigkeit des Arbeitnehmers ist eine Eigenschaft, **665** die zumindest dann verkehrswesentlich ist, wenn es sich um eine besondere Vertrauensposition handelt und der Arbeitnehmer vom Arbeitgeber in seiner Tätigkeit schwer oder gar nicht kontrolliert werden kann (vgl BAG 12. 2. 1970 – 2 AZR 184/69, NJW 1970, 1565 [1566]; BGH 22. 12. 1959 – VIII ZR 172/58, BeckRS 1959, 31201260; MATIES RdA 2013, 115 [116]). Bewirbt sich ein Arbeitnehmer unter Vorlage gefälschter Zeugnisse, kommt regelmäßig schon eine Anfechtung wegen arglistiger Täuschung in Betracht (vgl LAG Baden-Württemberg 13. 10. 2006 – 5 Sa 25/06, MDR 2007, 1197). Überdies wird hier regelmäßig ein Irrtum über eine verkehrswesentliche Eigenschaft vorliegen. Das gilt auch, wenn zB ein niemals erlangter oder zwar einmal erlangter, zwischenzeitlich aber wieder entzogener **Doktortitel** behauptet wird. Eine Anfechtung nach § 123 Alt 1 scheidet aber – wenn der Arbeitgeber nicht explizit danach gefragt und der Bewerber gelogen hat – aus, wenn der Bewerber zwar formell einen Doktortitel führen darf, dieser aber wegen **Plagiats** jederzeit entzogen werden kann. In Betracht kommt hier jedoch eine Anfechtung nach § 119 Abs 2. Diese kann man angesichts der überragenden Bedeutung der Einhaltung der Grundsätze ordnungsgemäßen wissenschaftlichen Arbeitens jedenfalls bejahen, wenn es sich um eine Stelle im akademischen Bereich handelt (ebenso RÖBKE FA 2013, 199 [201]). Aber auch außerhalb der Wissenschaftswelt wird man eine Anfechtbarkeit annehmen können, wenn die materielle akademische Befähigung des Arbeitnehmers für den Arbeitgeber offenkundig ein für die Einstellung wichtiger oder gar ausschlaggebender Umstand war. Das dagegen vorgebrachte Argument, es handle sich um ein außerdienstliches Verhalten vor Begründung des Arbeitsverhältnisses (so RÖBKE FA 2013, 199 [201]), vermag nicht zu überzeugen, weil unter diesen Voraussetzungen das Vorgehen des Arbeitnehmers in das Arbeitsverhältnis hineinwirkt.

Die **Schwangerschaft** einer Bewerberin ist in aller Regel keine verkehrswesentliche **666** Eigenschaft iS des § 119 Abs 2 (BAG 22. 9. 1961 – 1 AZR 241/60, BAGE 11, 270 [272]; BAG 8. 9. 1988 – 2 AZR 102/88, BAGE 59, 285 [291 ff]). Fehlerhaft ist allerdings, wenn das BAG dies damit begründet, sie sei kein Dauerzustand; denn die Rechtsprechung sieht auch ansonsten Umstände, die nicht von Dauer sind, wie die derzeitige Vermögenslage, Zahlungsfähigkeit oder Kreditwürdigkeit als wesentliche Eigenschaften einer Person an (vgl RGZ 61, 84 [86]; RGZ 66, 385 [389]; RGZ 105, 206 [208]). Man wird sogar sagen können, dass wegen des Mutterschutzes die Schwangerschaft für das Arbeitsverhältnis gerade eine verkehrswesentliche Eigenschaft der Person darstellt. Es widerspräche nun aber dem Mutterschutz, eine Anfechtungsmöglichkeit zu eröffnen, die ohne seine Regelung nicht bestünde. Daher kann man für die Feststellung, ob die Schwangerschaft eine verkehrswesentliche Eigenschaft darstellt, nicht auf die Belastung durch den Mutterschutz abstellen, sondern maßgebend ist allein, wie die Schwangerschaft sich auf den Leistungsvollzug des Arbeitsverhältnisses auswirkt. Sie ist bei einem unbefristeten Arbeitsverhältnis kein Anfechtungsgrund (s Rn 584 ff). Für ein befristetes Arbeitsverhältnis hat das BAG bei einer kurzzeitigen Beschäftigung zunächst berücksichtigt, ob infolge der Schwangerschaft die vertraglich übernommene Tätigkeit überhaupt ausgeübt werden kann (BAG 6. 10. 1962 – 2 AZR 360/61, AP Nr 24 zu § 9 MuSchG, Bl 3 R; BAG 8. 9. 1988 – 2 AZR 102/88, BAGE 59, 285 [292]). Das dürfte mit der neueren Rechtsprechung des EuGH, nach der die Entlassung einer Arbeitnehmerin wegen Schwangerschaft selbst dann die EG-Gleichbehandlungsrichtlinie verletzt, wenn diese nur für befristete Zeit eingestellt wurde und wegen der Schwangerschaft während eines wesentlichen Teils der Vertragszeit nicht arbeiten kann, nicht vereinbar sein (EuGH 4. 10. 2001 – C-109/00, AP Nr 27 zu EWG-Richtlinie Nr 76/207; vgl LAG Köln 11. 10. 2012 – 6 Sa 641/12, NZA-RR 2013, 232). Jedoch geht diese Rechtsprechung in ihrer Rigidität zu weit; kann die Arbeitnehmerin während eines Großteils der vereinbarten Vertragslaufzeit wegen des Beschäftigungsverbots nicht beschäftigt werden, ist richtigerweise eine Anfechtung wegen des Rechtsgedankens des § 8 Abs 1 AGG möglich (vgl auch Rn 586).

667 Angesichts der Änderung des § 81 Abs 2 SGB IX und dem Verweis auf das AGG ist die **Schwerbehinderteneigenschaft** nur noch ein Anfechtungsgrund nach § 119 Abs 2, wenn sie wegen der Art der auszuübenden Tätigkeit oder der Bedingungen ihrer Ausübung eine wesentliche und entscheidende berufliche Anforderung darstellt, sofern der Zweck rechtmäßig und die Anforderung angemessen ist (vgl § 8 AGG).

668 Auch bei Vorliegen eines Anfechtungsgrunds kommt eine Anfechtung nur in Betracht, wenn der Irrtum iS des § 119 Abs 2 als Irrtum über den Inhalt der Erklärung gilt, dh dass der Irrende die Willenserklärung „bei Kenntnis der Sachlage und bei verständiger Würdigung des Falles nicht abgegeben haben würde" (**Kausalität**, § 119 Abs 1; vgl BAG 21. 2. 1991 – 2 AZR 449/90, AP Nr 35 zu § 123 BGB [unter II 4 f der Gründe]).

c) Arglistige Täuschung als Anfechtungsgrund

669 Nach § 123 Abs 1 Alt 1 kann die Willenserklärung anfechten, wer zu ihrer Abgabe durch arglistige Täuschung bestimmt worden ist. **Täuschung** ist jedes Tun oder Unterlassen, durch das bewusst eine unrichtige Vorstellung erregt, bestärkt oder aufrechterhalten wird (BAG 5. 10. 1995 – 2 AZR 923/94, NZA 1996, 371; vgl näher STAUDINGER/SINGER [2012] § 123 Rn 6 ff). Sie muss für den Abschluss des Dienstvertrags mindestens mitsächlich, dh für den Einstellungsentschluss von Bedeutung gewesen sein (BAG 11. 11. 1993 – 2 AZR 467/93, AP Nr 38 zu § 123 BGB). **Arglist** erfordert (mindestens bedingten) Vorsatz, dh (1) positive Kenntnis von der Täuschung bzw der Offenbarungspflicht und (2) Kenntnis bzw Bewusstsein, der Getäuschte werde durch die Täuschung zu einer Willenserklärung bestimmt (vgl STAUDINGER/SINGER [2012] § 123 Rn 46 f mwNw); Fahrlässigkeit genügt nicht (BAG 12. 5. 2011 – 2 AZR 479/09, NZA-RR 2012, 43 [46]).

670 Nach ganz hM ist weitere Voraussetzung für § 123 Abs 1 Alt 1, dass die arglistige Täuschung **rechtswidrig** war (BAG 5. 10. 1995 – 2 AZR 923/94, AP Nr 40 zu § 123 BGB; MünchKomm/KRAMER § 123 Rn 18). In Betracht kommt vor allem die **wahrheitswidrige Beantwortung einer zulässigen Frage** (vgl zB BAG 7. 7. 2011 – 2 AZR 396/10, NZA 2012, 34 [35]; BAG 20. 3. 2014 – 2 AZR 1071/12, NZA 2014, 1131 [1133] jeweils mwNw) oder das **Verschweigen einer offenbarungspflichtigen Tatsache**, obwohl der Bewerber erkennt, dass sie einen für den Vertragsgegner wichtigen Umstand betrifft (vgl zB BAG 6. 9. 2013 – 2 AZR 270/11, NZA 2013, 1087 [1089]; s auch Rn 673). Hat der Arbeitgeber kein Fragerecht, so besteht ein „Recht zur Lüge" (zu Fragerecht und Offenbarungspflicht näher Rn 562 ff bzw Rn 601 ff).

671 Problematisch ist, ob dies auch gilt, wenn der Arbeitgeber die Frage nicht stellen

darf, weil für den **Personalfragebogen** die Zustimmung des Betriebsrats nicht vorliegt und auch nicht durch einen Spruch der Einigungsstelle ersetzt ist (s Rn 627). Die Datenerhebung und -erfassung durch den Personalfragebogen ist in diesem Fall zwar unzulässig; die betriebsverfassungsrechtliche Pflichtwidrigkeit gibt aber keinen Freibrief, durch arglistige Täuschung in ein Arbeitsverhältnis zu gelangen. Gleiches gilt für den Bereich des öffentlichen Dienstes, soweit dort der Personalrat über den Inhalt von Personalfragebogen mitzubestimmen hat (so nach § 75 Abs 3 Nr 8 BPersVG; s Rn 627).

Die **wahrheitswidrige Beantwortung einer zulässigen Frage** ist auch dann keine arglistige Täuschung, wenn der Bewerber um den Arbeitsplatz nach seinem Erkenntnisstand die Wahrheit gesprochen hat, ohne dass es die Wahrheit ist. Eine Anfechtung kommt dann nur nach § 119 Abs 2 in Betracht, wenn der Irrtum sich auf eine verkehrswesentliche Eigenschaft bezieht. **672**

Auch **ohne Befragung durch den Arbeitgeber** kann das **Verschweigen einer für ihn wichtigen Tatsache** eine arglistige Täuschung bilden. Im Prinzip gilt, dass es Sache des Arbeitgebers, nicht des Arbeitnehmers ist, die Umstände aufzuklären, die ihm für den Vertragsschluss wesentlich sind. Stellt er keine entsprechende Frage, so liegt eine arglistige Täuschung nur vor, wenn er nach Treu und Glauben unter Beachtung der Verkehrsauffassung die Mitteilung der für ihn wichtigen Tatsache erwarten darf und der Verschweigende sich dessen bewusst war. Auch wenn eine Offenbarungspflicht besteht, muss daher nicht Arglist vorliegen. Fehlt dem Bewerber das Bewusstsein, die Kenntnis der Tatsache könne für den Abschluss des Arbeitsvertrags wesentlich sein, so kann der Arbeitsvertrag nicht nach § 123 angefochten werden. Gleiches gilt, wenn nach dem Schutzzweck eines Gesetzes für eine verkehrswesentliche Eigenschaft keine Offenbarungspflicht besteht, so für eine Geschlechtsumwandlung nach dem Transsexuellengesetz (vgl BAG 21. 2. 1991 – 2 AZR 449/90, AP Nr 35 zu § 123 BGB). In Betracht kommt zwar eine Anfechtung wegen Irrtums über eine verkehrswesentliche Eigenschaft der Person (§ 119 Abs 2); eine Grenze zieht jedoch insoweit das Benachteiligungsverbot wegen der sexuellen Identität (§§ 1, 7 AGG), das eine entsprechende Frage nur unter den in § 8 AGG genannten Voraussetzungen zulässt (SZECH, Die Anfechtung des Arbeitsvertrags durch den Arbeitgeber und das Allgemeine Gleichbehandlungsgesetz [2012], 275). **673**

Wie bei § 119 kommt eine Anfechtung nur in Betracht, wenn die arglistige Täuschung **kausal** für die Abgabe der zum Arbeitsvertragsschluss führenden Willenserklärung war, wobei Mitursächlichkeit genügt (BAG 11. 11. 1993 – 2 AZR 467/93, NZA 1994, 407 [408]). **674**

d) **Widerrechtliche Drohung als Anfechtungsgrund**
Zur Anfechtung berechtigt ist schließlich, wer durch widerrechtliche Drohung zur Abgabe einer Willenserklärung bestimmt wird (§ 123 Abs 1 Alt 2; vgl STAUDINGER/SINGER [2012] § 123 Rn 64 ff). Dabei spielt keine Rolle, wer die Drohung vorgenommen hat, sodass die Anfechtung auch dann zulässig ist, wenn ein am Arbeitsverhältnis nicht beteiligter Dritter widerrechtlich gedroht hat (BAG 12. 5. 2010 – 2 AZR 554/08, NZA 2010, 1250 [1253]). Die Ankündigung einer fristlosen Entlassung ist eine Drohung (ebenso BAG 8. 12. 1955 – 2 AZR 13/54, BAGE 2, 233 [236]); sie ist aber nicht widerrechtlich, wenn ein verständiger Arbeitgeber in der gleichen Lage eine fristlose Kündigung **675**

ausgesprochen hätte (BAG 30. 3. 1960 – 3 AZR 201/58, AP Nr 8 zu § 123 BGB) oder wenn er dem Arbeitnehmer zunächst wegen seines Verhaltens die fristlose Entlassung angekündigt hat, später aber aus sozialen Erwägungen das Angebot der Weiterbeschäftigung auf einem anderen Arbeitsplatz gegen verminderte Vergütung gemacht hat (BAG 5. 4. 1978 – 4 AZR 621/76, AP Nr 20 zu § 123 BGB). Mangels rechtswidriger Drohung kann der Arbeitnehmer einen Prozessvergleich, in dem eine weitere Befristung des Arbeitsvertrags vereinbart wurde, nicht anfechten, wenn der Arbeitgeber zuvor erklärt hat, bei Nichtannahme des Angebots zur weiteren befristeten Beschäftigung das Arbeitsverhältnis auslaufen zu lassen (BAG 13. 12. 2007 – 6 AZR 200/07, NZA-RR 2008, 341).

e) Beschränkung des Anfechtungsrechts aus dem Gesichtspunkt von Treu und Glauben

676 Das Anfechtungsrecht ist durch die Besonderheit gekennzeichnet, dass es sich auf die in der Vergangenheit liegende Willenserklärung bezieht. Für sie wird geltend gemacht, dass sie fehlerhaft abgegeben wurde, weil die vorgestellten Fakten nicht der Wirklichkeit entsprachen. Problematisch ist daher die Rechtslage, wenn sich nachträglich herausstellt, dass ein Anfechtungsgrund in Wirklichkeit von vornherein nicht bestand, oder ein zunächst tatsächlich bestehender Anfechtungsgrund im Verlauf der weiteren Entwicklung entfällt oder seine Bedeutung verliert (vgl zu dieser Unterscheidung PICKER ZfA 1981, 1 [85 ff]).

677 Für die Lösung der Problematik ist wesentlich, dass der Anfechtungsgrund **nicht** die Voraussetzungen zu erfüllen braucht, die an das Vorliegen eines **wichtigen Grundes iS des § 626 Abs 1** gestellt werden; denn es geht bei der Anfechtung nicht wie bei der außerordentlichen Kündigung um die Durchbrechung des Grundsatzes der Vertragstreue, sondern um das Recht zur Lossagung, weil der Vertrag auf einer fehlerhaften Willenserklärung beruht. Möglich ist zwar, dass neben der Anfechtung eine außerordentliche Kündigung zulässig ist, wenn der Anfechtungsgrund im Zeitpunkt der Anfechtungserklärung so stark nachwirkt, dass deshalb die Fortsetzung des Arbeitsverhältnisses unzumutbar ist (BAG 10. 2. 1968 – 3 AZR 4/67 und 28. 3. 1974 – 2 AZR 92/73, AP Nr 2 und 3 zu § 119 BGB; BAG 17. 8. 1972 – 2 AZR 415/71, BAGE 24, 401 [407]; BAG 14. 12. 1979 – 7 AZR 38/78, BAGE 32, 237 [244]); es wird dadurch aber das Anfechtungsrecht nicht durch das Recht zur außerordentlichen Kündigung ersetzt (s Rn 657 ff). Bei Bestehen eines Anfechtungsgrundes muss deshalb im Zeitpunkt der Anfechtung nicht zugleich auch ein wichtiger Grund iS des § 626 Abs 1 vorliegen.

678 In Betracht kann lediglich kommen, dass die **Geltendmachung gegen Treu und Glauben** verstößt, weil der Anfechtungsgrund im Zeitpunkt der Anfechtung seine Bedeutung für das Arbeitsverhältnis verloren hat (so BAG 12. 2. 1970 – 2 AZR 184/69, BAGE 22, 278 [281 f]; BAG 18. 9. 1987 – 7 AZR 507/86, AP Nr 32 zu § 123 BGB; BAG 11. 11. 1993 – 2 AZR 467/93, BAGE 75, 77 [86]; BAG 28. 5. 1998 – 2 AZR 549/97, AP Nr 46 zu § 123 BGB). Die Prüfung am Maßstab von Treu und Glauben darf aber nicht dazu führen, dass dem Anfechtungsberechtigten die Befugnis genommen wird, darüber zu entscheiden, ob er trotz des Willensmangels die vertragliche Bindung aufrechterhalten will (so zutreffend PICKER ZfA 1981, 1 [65 ff]). Zu eindeutigen Kriterien gelangt man nur, wenn man die beiden folgenden Fallgruppen rechtsdogmatisch klar voneinander unterscheidet, die Fälle einer *nachträglichen Veränderung nur des Wissens- und Kenntnisstandes* und die Fälle einer *nachträglichen Veränderung der tatsächlichen*

Gegebenheiten (vgl dazu PICKER ZfA 1981, 1 [86 ff]). Bei der ersten Fallgruppe ist für die Beurteilung, ob das Anfechtungsrecht besteht, der Wissens- und Kenntnisstand nicht bei Abgabe der Willenserklärung, sondern bei Erklärung der Anfechtung maßgebend. Stellt sich im Laufe der Vertragsdurchführung heraus, dass ein Anfechtungsgrund in Wirklichkeit von vornherein nicht bestand, so besteht auch kein Anfechtungsrecht.

Problematisch ist daher nur die zweite Fallgruppe. Fällt der für den Anfechtungsgrund bestimmende Umstand weg oder hat er seine Bedeutung für das Arbeitsverhältnis verloren, so ist die Anfechtung nicht schon ausgeschlossen, wenn aus der Sicht eines *Dritten* kein berechtigter Grund mehr besteht. Ausschlaggebend ist vielmehr allein, ob der *Anfechtende* bei Kenntnis der gesamten Sachlage, wie sie ihm im Zeitpunkt der Entscheidung über das Anfechtungsrecht bekannt ist, eine andere Entscheidung getroffen hätte (ebenso PICKER ZfA 1981, 1 [159]). Wenn aber die Interessen des Anfechtungsberechtigten im Zeitpunkt der Anfechtung tatsächlich nicht mehr beeinträchtigt sind, scheidet eine Anfechtung nach § 242 aus (BAG 18. 9. 1987 – 7 AZR 507/86, NZA 1988, 731; BAG 11. 11. 1993 – 2 AZR 467/03, NZA 1994, 407 [409]; BAG 28. 5. 1998 – 2 AZR 549/97, NZA 1998, 1052 [1055]). Fragt beispielsweise der Arbeitgeber im Vorstellungsgespräch danach, wie oft der Arbeitnehmer in der Vergangenheit das Arbeitsverhältnis gewechselt hat, so wird es ihm darum gehen, einen beständigen Arbeitnehmer zu gewinnen. Sind die Angaben über die früheren Beschäftigungszeiten nicht richtig, so kann darin eine arglistige Täuschung iS des § 123 liegen. Wird aber erst nach Jahr und Tag, wie in einem vom BAG entschiedenen Fall nach mehr als dreijähriger Tätigkeit, bekannt, dass die Angaben über die früheren Beschäftigungszeiten nicht richtig waren, so hat die Entwicklung bestätigt, dass der Arbeitnehmer nicht, wie befürchtet, ein „Zugvogel" ist. Ein Anfechtungsrecht ist daher nicht begründet (ebenso iErg BAG 12. 2. 1970 – 2 AZR 184/69, BAGE 22, 278; wie hier PICKER ZfA 1981, 1 [98 ff]). Trotz dieser Rechtsprechung wird § 242 der Anfechtung des Arbeitsvertrags wegen Vorlage eines getäuschten Ausbildungszeugnisses selbst dann nicht entgegenstehen, wenn der Arbeitnehmer über einen längeren Zeitraum beanstandungsfrei gearbeitet hat (so zu Recht LAG Baden-Württemberg 13. 10. 2006 – 5 Sa 25/06, DB 2007, 1197).

679

f) Ausschluss des Anfechtungsrechts durch Bestätigung

Wird das anfechtbare Rechtsgeschäft vom Anfechtungsberechtigten bestätigt, ist eine Anfechtung ausgeschlossen, § 144 Abs 1. Eine Bestätigung ist anzunehmen, wenn die Erklärung des Anfechtungsberechtigten erkennen lässt, dass er das ihm zustehende und ihm bekannte Anfechtungsrecht nicht ausüben wird (BAG 28. 11. 2007 – 6 AZR 1108/06, NZA 2008, 348 [352]). Zwar ist eine solche Bestätigung auch konkludent möglich, daran sind aber hohe Anforderungen zu stellen, sodass das nur gilt, wenn jedes andere, den Umständen nach mögliche Verständnis seines Verhaltens ausgeschlossen ist (BAG 12. 5. 2010 – 2 AZR 544/08, NZA 2010, 1250 [1255]; MünchKomm/BUSCHE § 144 Rn 6 mwNw). In einer vor Erklärung der Anfechtung ausgesprochenen außerordentlichen Kündigung ist ebenso wenig eine Bestätigung zu sehen wie in einer zeitgleich erklärten ordentlichen Kündigung (BAG 16. 12. 2004 – 2 AZR 148/04, AP Nr 64 zu § 123 BGB).

680

g) Anfechtungsfrist und Erklärung der Anfechtung

Die Anfechtung wegen Irrtums hat nach § 121 Abs 1 unverzüglich, dh ohne schuld-

681

haftes Zögern, zu erfolgen. Nach Auffassung des BAG wird § 121 Abs 1 durch die für die außerordentliche Kündigung festgelegte Ausschlussfrist des § 626 Abs 2 konkretisiert, sodass zwischen Kenntniserlangung und Zugang der Anfechtungserklärung höchstens zwei Wochen liegen dürfen (BAG 14. 12. 1979 – 7 AZR 38/78, BAGE 32, 237 = SAE 1981, 82 mit abl Anm PICKER, zust aber HÖNN ZfA 1987, 61 [87 ff]; ErfK/PREIS § 611 Rn 356 f; weiterhin BAG 21. 2. 1991 – 2 AZR 449/90, AP Nr 35 zu § 123 BGB mit der Modifikation, dass § 121 insofern unberührt bleibe, „als ein Fristablauf wegen Verzögerung auch schon vor Ablauf der Zweiwochenfrist eintreten kann"). Beachtet man aber, dass die Anfechtung und die außerordentliche Kündigung wesensverschiedene Rechtsgestaltungen sind, so besteht kein sachlicher Grund, das Anfechtungsrecht an die für eine außerordentliche Kündigung maßgeblichen Ausübungsmodalitäten zu binden. Die vermeintliche Konkretisierung erweist sich als Derogation des § 121 Abs 1 durch § 626 Abs 2 (vgl PICKER ZfA 1981, 1 [108 ff]). Richtigerweise bleibt es daher bei der „originären" Auslegung der Unverzüglichkeit aus sich selbst heraus. Dabei ist ein Zuwarten von einem Monat jedenfalls zu lange (BAG 20. 3. 2014 – 2 AZR 1071/12, NZA 2014 1131 [1135]).

682 Die Anfechtung einer **nach § 123 anfechtbaren Willenserklärung** kann innerhalb eines Jahres erfolgen (§ 124). Diese Frist gilt auch, wenn die Willenserklärung sich auf den Abschluss eines Arbeitsvertrags bezieht; für eine analoge Heranziehung von § 626 Abs 2 ist kein Raum (ebenso die hM, BAG 19. 5. 1983 – 2 AZR 171/81, AP Nr 25 zu § 123 BGB; LAG Hamm 9. 11. 2006 – 17 Sa 172/06; ErfK/PREIS § 611 Rn 363; ErfK/MÜLLER-GLÖGE § 620 Rn 34; SCHIEFER DB 2000, 669 [670]).

683 Die Anfechtung erfolgt durch Erklärung gegenüber dem Vertragsgegner (§ 143 Abs 1 und 2). Sie ist formlos möglich, das Schriftformerfordernis des § 623 ist nicht direkt und – mangels planwidriger Regelungslücke – auch nicht analog anwendbar (ebenso PREIS/GOTTHARDT NZA 2000, 348 [350]; RICHARDI/ANNUSS NJW 2000, 1231 [1233]; ROLFS NJW 2000, 1227 [1228]; STAUDINGER/OETKER [2011] § 623 Rn 35 f; GAUL DStR 2000, 691 [693]; SZECH, Die Anfechtung des Arbeitsvertrags durch den Arbeitgeber und das Allgemeine Gleichbehandlungsgesetz [2012], 62; aA DÄUBLER AiB 2000, 188 [190]; SANDER/SIEBERT AuR 2000, 330 [333 f]). Ein **Nachschieben von Anfechtungsgründen** nach Zugang einer auf andere Gründe gestützten Anfechtung ist nach dem BAG zum Schutz des Anfechtungsgegners nicht möglich, richtet er sein weiteres Verhalten doch auf die bei der Anfechtung vorgebrachten Gründe aus (BAG 7. 11. 2007 – 5 AZR 1007/06, AP Nr 329 zu § 613a BGB). Eine Anfechtung wegen arglistiger Täuschung kann aber zugleich als eine Anfechtung wegen Irrtums über eine verkehrswesentliche Eigenschaft verstanden werden, was durch Auslegung zu ermitteln ist (BAG 21. 2. 1991 – 2 AZR 449/90, NZA 1991, 719 [721 f]; BGH 26. 10. 1978 – VII ZR 202/76, NJW 1979, 160 [161]); ist dies zu bejahen, lässt es das BAG zu, dass sich der Anfechtende noch im Prozess ergänzend auf § 119 Abs 2 beruft (BAG 6. 9. 2012 – 2 AZR 270/11, NZA 2013, 1087 [1090]).

684 **Betriebs-** und **Personalrat** sind **nicht zu beteiligen**. Das Anhörungs- bzw Mitwirkungsrecht besteht nur bei Kündigungen, nicht bei einer Anfechtung (SZECH, Die Anfechtung des Arbeitsvertrags durch den Arbeitgeber und das Allgemeine Gleichbehandlungsgesetz [2012], 65 f; BAG 11. 11. 1993 – 2 AZR 467/93, AP Nr 38 zu § 123 BGB; BAG 5. 10. 1995 – 2 AZR 932/94, NZA 1996, 371 [374]; BAUER/BAECK/MERTEN DB 1997, 2534 [2536]; EHRICH DB 2000, 421 [427]; KÄPPLER ZfA 1995, 271 [275]; APS/KOCH § 102 BetrVG Rn 32; **aA** GAMILLSCHEG AcP 176 [1976], 197 [218]). Dafür spricht nicht nur, dass Anfechtung und Kündigung in den tatbestandlichen Voraussetzungen und Rechtsfolgen verschieden sind, sondern entschei-

dend ist auch, dass Betriebs- und Personalrat nicht die Einstellung eines bestimmten Bewerbers aufgrund des ihnen eingeräumten Mitbestimmungsrechts erzwingen können (vgl § 99 BetrVG, §§ 69, 75 Abs 1 Nr 1, 77 Abs 2 BPersVG). Deshalb muss der Arbeitgeber auch in seiner Entscheidung darüber frei sein, ob er den Arbeitsvertrag gelten lässt, nachdem der Anfechtungsgrund aufgedeckt ist (ebenso PICKER ZfA 1981, 1 [43 f]).

Erklärt der Arbeitgeber die Anfechtung, so kann der Arbeitnehmer durch **Feststel-** **685** **lungsklage geltend** machen, dass ein Anfechtungsgrund nicht besteht. Er ist insoweit **nicht an eine Frist gebunden**. § 13 Abs 1 S 2 iVm §§ 4 S 1, 7 KSchG finden nicht entsprechend Anwendung, weil die Anfechtung nicht einer außerordentlichen Kündigung gleichgestellt werden kann (ebenso vHOYNINGEN-HUENE/KRAUSE, KSchG § 1 Rn 165; MünchKomm/MÜLLER-GLÖGE § 611 Rn 637; APS/PREIS, Grundlagen K Rn 71; HWK/THÜSING § 119 Rn 18; PICKER ZfA 1981, 1 [105 ff, insb 107 ff]; WOLF/GANGEL AuR 1982, 271 [277]; SZECH, Die Anfechtung des Arbeitsvertrags durch den Arbeitgeber und das Allgemeine Gleichbehandlungsgesetz [2012], 73 f; **aA** HUECK/NIPPERDEY I 189; NIKISCH I 226; BROX, Einschränkung der Irrtumsanfechtung 271; RAMM, Anfechtung 73; HÖNN ZfA 1987, 61 [90 f]; offengelassen BAG 14. 12. 1979 – 7 AZR 38/78, AP Nr 4 zu § 119 BGB [jedoch hat das BAG nur deshalb von einer Stellungnahme abgesehen, weil es unter Hinweis auf seine Rechtsprechung zur außerordentlichen Kündigung einen Arbeitnehmer nicht für verpflichtet hielt, die Dreiwochenfrist des § 4 S 1 KSchG zu wahren, wenn er noch nicht wegen Nichterfüllung der Wartezeit in § 1 Abs 1 KSchG den allgemeinen Kündigungsschutz hat]; vgl BAG 27. 1. 1955 – 2 AZR 418/54, 15. 9. 1955 – 2 AZR 475/54, AP Nr 5 und 7 zu § 11 KSchG; BAG 17. 8. 1972 – 2 AZR 475/54, AP Nr 65 zu § 626 BGB).

h) Rechtsfolgen

Nach allgemein zivilrechtlichen Grundsätzen hat die Anfechtung nach **§ 142 Abs 1** **686** zunächst zur Folge, dass die Willenserklärung und damit der Arbeitsvertrag **ex tunc nichtig** sind. Für den Arbeits-, aber auch den Dienstvertrag haben sich hier aber richterrechtliche Sonderregelungen entwickelt, die unter bestimmten Voraussetzungen dazu führen, dass die Anfechtung nur **ex nunc** wirkt (näher Rn 692 ff).

Rechtsfolge einer Anfechtung nach den §§ 119, 120 ist ferner eine **Schadensersatz-** **687** **pflicht** des Anfechtenden, begrenzt auf das negative Interesse, **§ 122**. Ficht der Arbeitgeber an, kann der Arbeitnehmer also seinen Vertrauensschaden ersetzt verlangen. Bei einer Anfechtung nach § 123 besteht hingegen keine Schadensersatzpflicht.

4. Wirkung der Nichtigkeit und Anfechtbarkeit

a) Geltung der bürgerlich-rechtlichen Regelung

Nichtigkeit bedeutet, dass die im Rechtsgeschäft getroffene Regelung keine Geltung **688** erlangt. Das gilt unabhängig vom Parteiwillen. Bei der Anfechtbarkeit entscheidet dagegen der Anfechtungsberechtigte darüber, ob das Rechtsgeschäft gelten soll. Erklärt er die Anfechtung, so ist es als von Anfang an nichtig anzusehen (§ 142 Abs 1). Hängt es – wie zB bei einem Rechtsgeschäft mit einem beschränkt Geschäftsfähigen (§§ 107 ff) – von der Zustimmung des gesetzlichen Vertreters ab, ob das Rechtsgeschäft gelten soll, so ist, solange dies offen ist, der Vertrag schwebend unwirksam; er entfaltet ebenfalls keine Geltung, kann aber durch eine Genehmigung, dh die nachträgliche Zustimmung (§ 184 Abs 1), des gesetzlichen Vertreters noch wirksam werden.

689 Diese Grundsätze gelten für den Dienstvertrag, auch wenn durch ihn ein **Arbeitsverhältnis** begründet wird. Da die rechtsgeschäftlich getroffene Regelung nicht gilt, wird durch den Vertrag derjenige, der Dienste zusagt, nicht zur Leistung der versprochenen Dienste verpflichtet, und es besteht auch kein rechtsgeschäftlich begründeter Anspruch auf Gewährung der vereinbarten Vergütung. Ist die Dienstleistung dennoch erbracht worden, so hat der Empfänger sie ohne rechtlichen Grund erlangt; die Rückabwicklung erfolgt über das Bereicherungsrecht (§§ 812 ff). Vorbehaltlich einer verschärften Haftung nach §§ 818 Abs 4, 819 ist daher nur auszugleichen, was der Schuldner wenigstens dem Werte nach (§ 818 Abs 2) noch hat (§ 818 Abs 3).

690 Bei einer Arbeitsleistung ist zweifelhaft, was Kondiktionsgegenstand ist. Umstritten ist, ob auf die reale Vermögensvermehrung abzustellen ist oder ob es genügt, dass der Schuldner durch die rechtsgrundlose Inanspruchnahme fremder Dienste Ausgaben erspart hat (vgl STAUDINGER/LORENZ [2007] § 812 Rn 72). Teilweise ist man sogar so weit gegangen, anzunehmen, dass bei einer Dienstleistung eine Bereicherung begrifflich überhaupt nicht wegfallen könne; abzustellen sei stets auf das Erlangte, nicht auf die Bereicherung (vgl MünchKomm/LIEB [2004] § 812 Rn 359 mwNw aus dem Schrifttum). Für diese Auffassung soll sprechen, dass nur sie geeignet sei, auch die erfolgs- und ersparnisunabhängige Bereicherungshaftung des Bösgläubigen zu begründen (MünchKomm/LIEB [2004] § 812 Rn 363). Dieser Auffassung ist entgegenzuhalten, dass der Wegfall der Bereicherung nach § 818 Abs 3 zum Preis für Gutgläubigkeit wird, obwohl es sich um eine kategoriale Voraussetzung der Bereicherungshaftung handelt. Die Stellung des § 819 im bereicherungsrechtlichen Haftungssystem wird verkannt; der Bösgläubige, der beim Empfang der Leistung wusste, dass die zugrunde liegende Verbindlichkeit nicht bestand, begeht ein „zivilrechtliches Delikt" (Mot II 840; vgl WILHELM, Rechtsverletzung und Vermögensentscheidung als Grundlagen und Grenzen des Anspruchs aus ungerechtfertigter Bereicherung [1973] 182 ff). Das wird ohne Weiteres klar, wenn es sich bei dem Erlangten um eine Sache handelt. Bei Dienst- und Werkleistungen besteht eine Lücke im BGB. Dessen Väter sind, wie sich aus den Gesetzesmaterialien ergibt, davon ausgegangen, dass der bösgläubige Empfänger von Dienst- und Werkleistungen stets zum Wertausgleich verpflichtet ist. Daraus folgt aber zugleich für das Haftungssystem des Bereicherungsrechts, dass keine bereicherungsunabhängige Wertersatzverpflichtung besteht.

691 Der Empfänger von Dienst- und Werkleistungen ist deshalb zu einem Ausgleich nur verpflichtet, wenn durch sie sein Vermögen noch vermehrt ist, was unter Einbeziehung des hypothetischen Kausalverlaufs zu bestimmen ist, also vor allem nach dem Gesichtspunkt der Ersparnisbereicherung (vgl FRIESER, Der Bereicherungswegfall in Parallele zur hypothetischen Schadensentwicklung [1987] 182 ff).

b) Sonderentwicklung im Arbeitsrecht: Lehre vom fehlerhaften Arbeitsverhältnis

692 Im Arbeitsrecht hat sich eine Sonderentwicklung vollzogen, bei der man nicht als entscheidend ansieht, ob durch eine Dienstleistung eine Bereicherung im Vermögen des Arbeitgebers eingetreten ist und den vollen Wertausgleich auch nicht davon

Titel 8 · Dienstvertrag und ähnliche Verträge
Untertitel 1 · Dienstvertrag   § 611

abhängig macht, ob der Arbeitgeber iS des § 819 Abs 1 den Mangel des rechtlichen Grundes beim Empfang kannte. Insbesondere muss berücksichtigt werden, dass es va um den Fall geht, dass der Arbeitnehmer die Arbeitsleistung bereits so erbracht hat, wie es vertraglich vereinbart war. Außerdem gewährleistet die bereicherungsrechtliche Abwicklung nicht den zwingend festgelegten Sozialschutz, der für das Arbeitsverhältnis das Gegenseitigkeitsverhältnis von Arbeitsleistung und Arbeitsentgelt auflockert.

Durch Rechtsfortbildung hat deshalb das **Prinzip** Anerkennung gefunden, dass das **693** fehlerhaft begründete Arbeitsverhältnis, nachdem die Arbeit aufgenommen wurde, grundsätzlich so behandelt wird, als läge ein fehlerfrei begründetes Arbeitsverhältnis vor; es kann aber jederzeit beendet werden. Wenn ein **Arbeitsverhältnis in Funktion gesetzt** ist, soll deshalb regelmäßig die **Nichtigkeit des Arbeitsvertrags nicht mehr mit rückwirkender Kraft** geltend gemacht werden können (grundlegend BAG 15. 11. 1957 – 1 AZR 189/57, BAGE 5, 58 [65 f]; HUECK/NIPPERDEY I 123 ff, 183 ff; NIKISCH I 173 f, 215 ff; ZÖLLNER/LORITZ/HERGENRÖDER § 14 II 1b). Die **Anfechtung** soll ebenfalls entgegen § 142 Abs 1 nur **für die Zukunft (ex nunc)** wirken (grundlegend BAG 5. 12. 1957 – 1 AZR 594/56, BAGE 5, 159 [161 f]; einschränkend BAG 16. 9. 1982 – 2 AZR 228/80, BAGE 41, 54 [65]; BAG 29. 8. 1984 – 7 AZR 34/83, AP Nr 27 zu § 123 BGB; BAG 20. 2. 1986 – 2 AZR 244/85, BAGE 51, 167 [176 f]; BAG 3. 12. 1998 – 2 AZR 754/97, BAGE 90, 251 [254 ff]; aus dem Schrifttum: HUECK/ NIPPERDEY I 186 ff; NIKISCH I 222 f; SOERGEL/KRAFT § 611 Rn 25; ZÖLLNER/LORITZ/HERGENRÖDER § 14 II 1b; BROX, Einschränkung der Irrtumsanfechtung 233 f; WIEDEMANN, Arbeitsverhältnis 75 ff; FARTHMANN RdA 1958, 338 [340 f]; PICKER ZfA 1981, 1 [53]).

Voraussetzung der Lehre vom fehlerhaften Arbeitsvertrag ist zunächst eine **Willens- 694 einigung als tatsächlicher Akt**, dh zwei korrespondierende, auf den Abschluss eines Arbeitsvertrags gerichtete, unwirksame oder anfechtbare Willenserklärungen. Die Grundsätze des fehlerhaften Arbeitsverhältnisses greifen deshalb beispielsweise nicht ein, wenn jemand in einer staatlichen Akademie Vorlesungen abhält, obwohl ihm ein Lehrauftrag nicht erteilt wurde (BAG 16. 3. 1972 – 5 AZR 379/71, AP Nr 11 zu § 611 BGB Lehrer, Dozenten). Des Weiteren muss der Arbeitsvertrag bereits **in Vollzug gesetzt** worden sein, dh der Arbeitnehmer seine Arbeit bereits aufgenommen haben (BAG 3. 12. 1998 – 2 AZR 754/97, AP Nr 49 zu § 123 BGB; aA noch BAG 18. 4. 1968 – 2 AZR 145/ 67, AP Nr 32 zu § 63 HGB mit abl Anm MAYER-MALY). Ein einmal in Vollzug gesetztes Arbeitsverhältnis kann allerdings später wieder **außer Vollzug gesetzt** werden. Erbringt der Arbeitnehmer zB wegen Erkrankung oder Freistellung (zB infolge einer ausgesprochenen ordentlichen Kündigung) keine Arbeitsleistung mehr, wirkt die Anfechtung zwar nicht ex tunc auf den Vertragsschluss zurück, aber immerhin rückwirkend auf den Zeitpunkt der Außervollzugsetzung (BAG 3. 12. 1998 – 2 AZR 754/97, AP Nr 49 zu § 123 BGB unter Aufgabe der früheren Rechtsprechung). Schließlich greifen die Grundsätze über das fehlerhafte Arbeitsverhältnis nicht ein, wenn dem **übergeordnete Interessen entgegenstehen** (BAG 3. 11. 2004 – 5 AZR 592/03, NZA 2005, 1409 [1410]; BAG 18. 3. 2009 – 5 AZR 355/08, NZA 2009, 663 [665]). Das ist beispielsweise zum Schutz von beschränkt Geschäftsfähigen/Geschäftsunfähigen oder arglistig Getäuschten bzw widerrechtlich Bedrohten anzunehmen (s unten Rn 712 f und 704 ff).

Rechtsfolge der Lehre vom fehlerhaften Arbeitsverhältnis ist zunächst die grund- **695** sätzliche **Reduktion** der Nichtigkeits-/Anfechtungsfolgen auf die Zukunft (Rn 701; zur Ausnahme bei Außervollzugsetzung des Arbeitsverhältnisses s Rn 694). Das fehlerhaft begrün-

§ 611

dete Arbeitsverhältnis genießt allerdings **keinen Bestandsschutz** für die Zukunft. Jede Vertragspartei kann sich deshalb jederzeit ohne Beachtung von Kündigungsfristen, Formvorgaben usw mit sofortiger Wirkung vom Vertrag lösen, ohne die Vorgaben des allgemeinen oder besonderen Kündigungsschutzes beachten zu müssen (Sächsisches LAG 28. 6. 2013 – 3 Sa 746/12, juris Rn 41; ErfK/Preis § 611 Rn 147). Das ist sachgemäß, denn die contra-legem-Reduktion der Nichtigkeits-/Anfechtungsfolgen ist nur insoweit gerechtfertigt, als sie für die notwendige Vermeidung von Rückabwicklungsschwierigkeiten für die Vergangenheit erforderlich ist.

696 Der Lehre vom fehlerhaften Arbeitsverhältnis wird entgegengehalten, sie sei **nicht gesetzestreu**; es sei im Grundsatz auch für die Vergangenheit von der Nichtigkeit des Vertrags auszugehen und daher das fehlerhafte Arbeitsverhältnis als bürgerlich-rechtliches Abwicklungsproblem zu behandeln (Beuthien RdA 1969, 161; iErg auch Kässer, Fehlerhafter Arbeitsvertrag 95 ff; kritisch auch MünchKomm/Müller-Glöge § 611 Rn 635 mwNw). Nach weit verbreiteter Meinung soll dies jedenfalls für die Anfechtung wegen arglistiger Täuschung gelten; denn das Vertrauen des Arbeitnehmers verdiene keinen Schutz, wenn er sich selbst unlauter verhalten habe (Ramm, Anfechtung 38 f; ders AuR 1963, 97 [106 f]; Wiedemann, Arbeitsverhältnis 79; Picker ZfA 1981, 1 [61]; abweichend auch insoweit BAG 18. 4. 1968 – 2 AZR 145/67, AP Nr 32 zu § 63 HGB; aber aufgegeben von BAG 3. 12. 1998 – 2 AZR 754/97, BAGE 90, 251 [255]; s auch Rn 704 ff).

697 Das Arbeitsverhältnis bei fehlerhaftem Arbeitsvertrag wird häufig als **faktisches Arbeitsverhältnis** bezeichnet (vgl auch Staudinger/Lorenz [2007] § 812 Rn 90). Die Terminologie beruht auf der Lehre von den faktischen Vertragsverhältnissen, zu denen ihr maßgeblicher Begründer Günther Haupt auch das Arbeitsverhältnis gezählt hat (Haupt, Über faktische Vertragsverhältnisse [1943] 19 f). Die vielfältigen Wirkungen und Ausgestaltungen des Arbeitsverhältnisses ergäben sich in erster Linie aus der konkreten Ordnung des Betriebs, nicht aus rechtsgeschäftlichen Vereinbarungen. Der maßgebliche Anknüpfungspunkt sei deshalb die „rechtsbegründende Kraft der faktischen Eingliederung in eine Gemeinschaft". Entsprechend nahm Nikisch für den Fall des mangelhaften Arbeitsvertrags an, dass ein Arbeitsverhältnis auch durch bloße Eingliederung des Arbeitnehmers in den Betrieb oder den privaten Lebensbereich des Arbeitgebers entstehen kann (Nikisch I 174; s Rn 641 ff). Auf der gleichen Linie liegt die These von Simitis, das Arbeitsverhältnis könne durch die geleistete Arbeit entstehen (Simitis, Die faktischen Vertragsverhältnisse [1957] 394).

698 Diese Erklärungsversuche widersprechen dem geltenden Zivilrechtssystem, das den Vertragsschluss nur kraft rechtsgeschäftlich relevanten Willens anerkennt (so zutreffend Kässer, Fehlerhafter Arbeitsvertrag 57; vgl bereits Nipperdey MDR 1957, 129). Nicht einmal das Problem wird richtig bestimmt; denn es geht keineswegs darum, dass die aufgedrängte Arbeitsleistung ein Arbeitsverhältnis begründen soll, sondern um die Reduktion der Nichtigkeits- und Anfechtungsfolgen, soweit das Arbeitsverhältnis bei einem Vertrag, dessen Fehlerhaftigkeit sich nachträglich herausstellt, bereits zur Ausführung gelangt ist. Notwendig ist deshalb, dass eine Willenseinigung zumindest als tatsächlicher Akt vorhanden ist.

699 Bedenken bestehen überhaupt dagegen, die Beschränkung der Nichtigkeitsfolge bei einem Nichtigkeitsgrund und der Anfechtung von Arbeitsverträgen auf eine spezifisch arbeitsrechtliche Sonderregelung zurückzuführen (so aber mit der Erwägung, der

Titel 8 · Dienstvertrag und ähnliche Verträge
Untertitel 1 · Dienstvertrag   § 611

Grund liege in der Schutzbedürftigkeit und Schutzwürdigkeit des Arbeitnehmers WIEDEMANN, Arbeitsverhältnis 78). Es ist überhaupt nicht einzusehen, warum die normativen Gesichtspunkte, die zur Anerkennung der Arbeitnehmereigenschaft führen, den sachlichen Grund für eine Beschränkung der Nichtigkeitsfolgen liefern sollen. Richtigerweise sind die skizzierten Besonderheiten daher auch auf **Dienstverträge**, durch die kein Arbeitsverhältnis begründet wird, anwendbar (BeckOK-BGB/FUCHS § 611 Rn 59; MünchKomm/MÜLLER-GLÖGE § 611 Rn 638). Das hat der BGH zwar in dieser Allgemeinheit noch nicht ausgesprochen, seine Rechtsprechung deutet aber in diese Richtung, spätestens seit er die Beschränkung der Nichtigkeitsfolgen auch auf ein nichtiges Anstellungsverhältnis eines Vorstandsmitglieds einer AG bzw auf einen unwirksamen Geschäftsführeranstellungsvertrag anwendet (BGH 6. 4. 1964 – II ZR 75/62, BGHZ 41, 282 [288 f]; vgl auch bei nichtigem Dienstvertrag eines Werbeleiters BGH 12. 1. 1970 – VII ZR 48/68, BGHZ 53, 152 [158 f], wobei hier noch die wirtschaftliche/soziale Überlegenheit des Dienstberechtigten in den Vordergrund gerückt wurde).

Der **rechtfertigende Gesichtspunkt** für die Anerkennung, dass der Arbeitnehmer **700** trotz der Nichtigkeit des Vertrags die Erfüllung der Gegenpflichten des Arbeitgebers für die Vergangenheit so weit wie möglich soll beanspruchen können, liegt in der **Eigenart des Dienstleistungsversprechens**, das in der Erbringung der Dienste selbst, nicht wie beim Werkvertrag in der Herbeiführung eines Arbeitserfolgs besteht. Die erbrachte Arbeit ist daher als Vermögenswert dem Vermögen des Arbeitgebers unwiderruflich inkorporiert (so zutreffend PICKER ZfA 1981, 1 [53]). Ist ein Dienstvertrag so durchgeführt, wie es der rechtsgeschäftlichen Zusage entspricht, so kann man seine Wirksamkeit nicht mehr schlechthin in Frage stellen, ohne dem vollzogenen Lebenssachverhalt gerecht zu werden. Die „unwirksamen" Verträge haben nach Aufnahme der Tätigkeit in gleicher Weise – für den Arbeitsvertrag wie für den unabhängigen Dienstvertrag – Tatbestände geschaffen, die sich nicht einfach wegleugnen lassen (so bereits STAUDINGER/NIPPERDEY/NEUMANN[11] § 611 Rn 96).

5. Beschränkung der Nichtigkeitswirkung für die Vergangenheit

Der Ausschluss der Nichtigkeitswirkung für die Vergangenheit beruht auf **richter- 701 licher Rechtsfortbildung**. Er ist contra legem und bedarf deshalb der besonderen sachlichen Rechtfertigung, die für die Erbringung des Arbeitsentgelts darin besteht, dass die Arbeitsleistung dem Vermögen des Arbeitgebers unwiderruflich zugewachsen ist (vgl BAG 3. 12. 1998 – 2 AZR 754/97, BAGE 90, 251 [256 ff]; s Rn 692 f).

Im Einzelnen ergeben sich deshalb die folgenden Differenzierungen: **702**

a) Nichtigkeitsfolgen bei einer Anfechtung
Soweit **Arbeit bereits geleistet wurde**, wirkt die Anfechtung **regelmäßig nur für die 703 Zukunft**. Die Nichtigkeit entfaltet insoweit nicht, wie in § 142 Abs 1 angeordnet, *ex-tunc*-Wirkung, sondern es tritt nur eine *ex-nunc*-**Wirkung** ein; für die Vergangenheit wird das Arbeitsverhältnis als wirksam behandelt, eine bereicherungsrechtliche Rückabwicklung findet nicht statt. Da der sachliche Grund für die Beschränkung der Nichtigkeit im bereits verwirklichten Leistungsvollzug zu erblicken ist, ist eine Abkehr von § 142 Abs 1 nur insoweit gerechtfertigt, als der Arbeitnehmer vor dem Ausspruch der Anfechtung **bereits gearbeitet** hat (siehe oben Rn 694; ebenso § 17c

Abs 4 S 1 des Arbeitsvertragsgesetzentwurfs der Arbeitsgesetzbuchkommission, allerdings mit Ausnahme der Anfechtung wegen widerrechtlicher Drohung).

704 Problematisch ist, ob die Beschränkung der Nichtigkeitsfolge auch dann eingreift, wenn Anfechtungsgrund eine **arglistige Täuschung** oder **rechtswidrige Drohung** ist. Nach ursprünglich hM hat die Anfechtung wegen arglistiger Täuschung in gleicher Weise wie die Anfechtung wegen Irrtums keine rückwirkende Kraft, wenn das Arbeitsverhältnis bereits in Funktion gesetzt ist (BAG 18. 4. 1968 – 2 AZR 145/67, AP Nr 32 zu § 63 HGB; ebenso Hueck/Nipperdey I 186 Fn 8; Nikisch I 226). Nicht gewürdigt wird damit aber, ob das Vertrauen des Arbeitnehmers auch Schutz verdient, wenn er sich selbst unlauter verhalten hat. Das wird vielfach deshalb verneint, weil der Grundsatz der Lauterkeit im rechtsgeschäftlichen Verkehr als eine Elementarvoraussetzung für die Privatautonomie den Vorrang vor dem arbeitsrechtlichen Schutzprinzip verdiene (vgl Ramm, Anfechtung 38 f; ders AuR 1963, 97 [106 f]; Wiedemann, Arbeitsverhältnis 79; Mayer-Maly Anm AP Nr 32 zu § 63 HGB). Dabei wird allerdings verkannt, dass die Rückwirkung sich nicht aus dem Anfechtungsgrund, sondern aus der Besonderheit des Leistungsvollzugs bei Erbringung einer Dienstleistung im Dauerschuldverhältnis verbietet.

705 Im Schrifttum wird die **Beschränkung der Nichtigkeitswirkung** bei der Anfechtung wegen arglistiger Täuschung oder rechtswidriger Drohung für den Fall **abgelehnt**, dass der Arbeitnehmer seine Stellung nur aufgrund der Täuschung oder Drohung erlangt und deshalb seine Arbeitsleistung „in Wahrheit für den Arbeitgeber ohne jedes Interesse" ist (Picker ZfA 1981, 1 [58]; ähnlich Bydlinski, Privatautonomie und objektive Grundlagen des verpflichtenden Rechtsgeschäfts [1967] 147, soweit er darauf abstellt, es sei „ohne völlige Abwendung von der Rechtsidee nicht denkbar, dass man dem Betrüger oder Erpresser gestatte, sich auf die durch seine arglistige Täuschung oder Drohung veranlassten, ihm günstigen Vereinbarungen [zB eines hohen Gewinnanteils oder Lohnes] für die ganze Dauer der Zeit zu berufen, durch die es ihm gelingt, die Täuschung oder den Zwang aufrechtzuerhalten").

706 Diese Auffassung ist im Ansatz zutreffend (vgl auch BAG 3. 12. 1998–2 AZR 754/97, BAGE 90, 251 [255 f]). Sie wird iErg auch von denjenigen geteilt, die unterschiedslos für jede Anfechtung nach Aufnahme der Dienstleistung eine Auflösung des Arbeitsverhältnisses nur für die Zukunft anerkennen; denn es könne der Arbeitgeber Ansprüchen des Arbeitnehmers den Einwand der Arglist entgegenhalten, wenn wegen der arglistigen Täuschung die Arbeit für ihn wertlos war (Hueck/Nipperdey I 186 Fn 8; Nikisch I 226). Beachtet man, dass die Beschränkung der Nichtigkeitsfolge contra legem erfolgt ist, so bedeutet die Wiederherstellung der Rückwirkung nichts anderes, als dass die vom Gesetz bestimmte Rückwirkung der Nichtigkeitsfolge sachgerecht ist, wenn der Arbeitnehmer wegen seines Verhaltens keinen Schutz verdient.

707 Daraus kann nicht abgeleitet werden, dass jedenfalls bei arglistiger Täuschung generell die vom Gesetz vorgesehene Nichtigkeitsfolge die richtige Lösung ist. Das gilt wie bei einer Irrtumsanfechtung nur, soweit der Arbeitnehmer nicht oder nicht mehr gearbeitet hat (vgl BAG 3. 12. 1998 – 2 AZR 754/97, BAGE 90, 251 [254 ff]). Wenn dagegen die Arbeit erbracht wurde, ist von einer Korrektur der Nichtigkeitsfolge nur abzusehen, wenn die **Arbeitsleistung infolge der Täuschung für den Arbeitgeber keinen Wert hatte**. Lediglich für den Anfechtungsgrund der **rechtswidrigen Drohung** kann man im Allgemeinen davon ausgehen, dass § 142 Abs 1 Anwendung findet; denn in

b) Wesensverschiedenheit der Nichtigkeit zur Anfechtung

Die Beschränkung der Nichtigkeitsfolgen greift im Prinzip auch dann ein, wenn der **708** **Arbeitsvertrag nichtig** ist. Der Fall der Nichtigkeit liegt jedoch anders als die bloße Anfechtbarkeit. Diese bewirkt von vornherein nur die Vernichtbarkeit des Vertrages. Bis zur Anfechtung durch Erklärung gegenüber dem Anfechtungsgegner ist er wirksam; deshalb geht es hier im Wesentlichen nur darum, ob die Nichtigkeit, wie in § 142 Abs 1 vorgesehen, rückwirkend eintritt oder ob insoweit ein sachlicher Grund entgegensteht, sodass der Vertrag bis zur Anfechtung rechtswirksam bleibt. Die Nichtigkeit ergreift dagegen den Vertrag von Anfang an. Bei ihr ist nicht ungewiss, ob er rechtswirksam ist oder nicht.

Die Berufung auf die Nichtigkeit kann deshalb nicht der Anfechtungserklärung **709** gleichgesetzt werden, ohne den Unterschied zwischen Nichtigkeit und Anfechtbarkeit zu beseitigen. Zutreffend sagen NIPPERDEY/NEUMANN: „Von einer ex-nunc-Wirkung kann bei Nichtigkeit dogmatisch nicht gesprochen werden." (STAUDINGER/NIPPERDEY/NEUMANN[11] § 611 Rn 104). Dennoch besteht auch hier das Problem, dass die erbrachte Dienstleistung nicht ohne Weiteres rückgängig gemacht werden kann. Zu seiner Lösung braucht man jedoch nicht eine arbeitsrechtliche Sonderregelung zu erfinden, indem man das Arbeitsverhältnis nicht durch Vertrag, sondern durch Eingliederung entstehen lässt (NIKISCH; s Rn 641 f) oder zur Konstruktion eines faktischen Arbeitsverhältnisses greift (HAUPT, SIMITIS; s Rn 697), sondern man hat zunächst das rechtsdogmatische Instrumentarium einzusetzen, das auch sonst zivilrechtlich Anerkennung findet. Sollte sich erweisen, dass man mit diesen Hilfsmitteln in einem Fall nicht zu einer sachlich gebotenen Begrenzung der Nichtigkeitsfolge kommt, so ist eher anzunehmen, dass ein rechtsdogmatisches Begründungsdefizit vorliegt oder die Begrenzung der Nichtigkeitsfolge trotz gegenteiligen Anscheins sachlich nicht gerechtfertigt ist, als dass man geltendes Recht mit Spruchweisheiten vielfältiger Art verabschiedet, auch wenn man glaubt, sie der Soziologie entnehmen zu können.

Ein wesentlicher Gesichtspunkt, der zur Beschränkung der Nichtigkeitsfolgen führt, **710** kann sich daraus ergeben, dass sich derjenige, der die Dienste angenommen hat, mit seinem eigenen früheren Verhalten in Widerspruch setzt, wenn er sich nunmehr auf die Nichtigkeit des Vertrags beruft (venire contra factum proprium). Darin liegt „eine für die verschiedenen Fälle angemessene Lösung, ohne dass Hilfskonstruktionen, die dem bürgerlichen Recht fremd sind, wie die normative Kraft des Faktischen zu Hilfe genommen werden müssen" (STAUDINGER/NIPPERDEY/NEUMANN[11] § 611 Rn 104). Soweit jemand sich nicht auf die Nichtigkeit berufen kann, ist die causa für die Erbringung der Leistung das Rechtsgeschäft, und entsprechend besteht dann auch der Anspruch auf das Arbeitsentgelt wie bei einem rechtswirksamen Vertrag. Da der Tatbestand des Rechtsgeschäfts nicht fehlt, handelt es sich rechtsdogmatisch nicht um einen Anwendungsfall der Vertrauenshaftung (**aA** KÄSSER, Fehlerhafter Arbeitsvertrag 115 ff, in Anlehnung an CANARIS, Die Vertrauenshaftung im deutschen Privatrecht [1971]).

c) Formnichtigkeit

Bei Formnichtigkeit eines Arbeitsvertrags kann der Berufung auf die Formvorschrift **711** nur in ganz besonderen Ausnahmefällen der **Einwand der Arglist** oder des Rechtsmissbrauchs entgegengesetzt werden, zB wenn der Arbeitgeber in Kenntnis der erforderlichen Schriftform den Vertrag unter Formverstoß abgeschlossen oder gar den Arbeitnehmer zu solchem Abschluss veranlasst hat, um sich, falls dies später in seinem Interesse liegen sollte, auf die Nichtigkeit des Vertrags berufen zu können (BAG 15. 11. 1957 – 1 AZR 189/57, BAGE 5, 58 [64]). Die Geltendmachung der Nichtigkeit hat hier jedoch **regelmäßig keine Wirkung für die Vergangenheit**, soweit der Arbeitnehmer die ihm vertragsmäßig obliegende Leistung bereits erbracht hat oder sich auf Forderung des Arbeitgebers für die Erbringung der Arbeitsleistung zu Verfügung hielt (ebenso BAG 15. 11. 1957 – 1 AZR 189/57, BAGE 5, 58 [65 ff]). Begründen lässt sich dies damit, dass sich die Formvorschrift auf die Vertragsbindung, nicht aber auf die Zulässigkeit der zu erbringenden Arbeitsleistung bezieht (ebenso unter Annahme eines Anspruchs aus der Vertrauenshaftung KÄSSER, Fehlerhafter Arbeitsvertrag 115 ff).

d) Geschäftsunfähigkeit oder beschränkte Geschäftsfähigkeit

712 Bei Beteiligung eines Geschäftsunfähigen oder beschränkt Geschäftsfähigen am Arbeitsvertrag ist für die Anordnung der Nichtigkeitsfolge der Schutz dieses Personenkreises maßgebend. Dabei hat man allerdings zu beachten, dass bei einem **Minderjährigen**, der das siebente Lebensjahr vollendet hat, die Wirksamkeit des mit ihm abgeschlossenen Vertrags von der Genehmigung seines gesetzlichen Vertreters abhängt (§ 108); fällt bei einem **unter Betreuung gestellten Volljährigen** die Eingehung des Arbeitsverhältnisses unter einen vom Betreuungsgericht angeordneten Einwilligungsvorbehalt, so kann sein Betreuer die Genehmigung erklären (§ 1903 Abs 1 S 2 iVm § 108). Nur bei Verweigerung der Genehmigung stellt sich das Problem, ob und inwieweit die Nichtigkeitsfolge zu beschränken ist.

713 Der Schutzzweck der §§ 104 ff gebietet, dass man danach zu differenzieren hat, ob der Dienstverpflichtete oder der Empfänger der Dienstleistung nicht voll geschäftsfähig ist. Liegt der Mangel der Geschäftsfähigkeit auf der Seite des **Dienstverpflichteten**, so ist ihm für die Zeit der Beschäftigung das Arbeitsentgelt zu zahlen, das nach dem nichtigen Vertrag zu zahlen wäre; ihm stehen insoweit alle Rechte aus dem Dienstvertrag zu, dagegen treffen ihn nicht die Pflichten, weil er sich wegen des Mangels der Geschäftsfähigkeit nicht wirksam verpflichten konnte (so bereits RIEZLER, Venire contra factum proprium [1912] 134 ff; ebenso HUECK/NIPPERDEY I 190; STAUDINGER/NIPPERDEY/NEUMANN[11] § 611 Rn 105; mit Einschränkungen NIKISCH I 218; KÜCHENHOFF RdA 1958, 121 [129]; **aA** mit der Begründung, zugunsten eines Minderjährigen, der sein Alter kenne, könne eine anzuerkennende Vertrauenslage grundsätzlich nicht entstehen, versagt entsprechend der von ihr sonst vertretenen Meinung zur Begrenzung der Nichtigkeitsfolgen aus dem Grundsatz der Vertrauenshaftung eine Einschränkung der Nichtigkeit KÄSSER, Fehlerhafter Arbeitsvertrag 153).

714 Ist umgekehrt der **Empfänger der Dienstleistung** geschäftsunfähig oder beschränkt geschäftsfähig, so kann ihn keine vertragliche Lohnzahlungspflicht treffen; der Dienstverpflichtete ist vielmehr für bereits geleistete Dienste auf Bereicherungsansprüche angewiesen (ebenso HUECK/NIPPERDEY I 191; so bereits RIEZLER 139; weiterhin KÄSSER, Fehlerhafter Arbeitsvertrag 154). Hier ist aber stets sorgfältig zu prüfen, ob der gesetzliche Vertreter nicht durch die Duldung der Beschäftigung des Dienstverpflichteten die Zustimmung zu dem Vertrag gegeben hat (so zu Recht HUECK/NIPPERDEY I 191).

e) Verstoß gegen ein gesetzliches Verbot

Verstößt der Arbeitsvertrag gegen ein gesetzliches Verbot, so muss zunächst fest- **715** gestellt werden, ob dieses sich nur gegen eine **bestimmte Vertragsabrede** richtet (s Rn 646 ff). In diesem Fall ist nur die Nichtigkeit der betreffenden Abrede anzunehmen, die im Gegensatz zur Regel des § 139 nicht die Nichtigkeit des gesamten Arbeitsvertrages nach sich zieht (vgl STAUDINGER/ROTH [2015] § 139 Rn 3 f). Das gilt vor allem bei Verstoß gegen arbeitnehmerschützende Regelungen (BAG 4. 10. 1978 – 5 AZR 886/77, AP Nr 11 zu § 611 BGB Anwesenheitsprämie; BAG 9. 9. 1981 – 5 AZR 1182/79, AP Nr 117 zu Art 3 GG). Beispiel hierfür ist die Schwarzgeldabrede, bei der bei Annahme einer Totalnichtigkeit des Arbeitsvertrags letztlich nur der Arbeitnehmer „bestraft" würde, was für die Erreichung des Gesetzeszwecks kontraproduktiv wäre; etwas anderes gilt nur, wenn – höchst ausnahmsweise – die Absicht, Steuern und/ oder Sozialversicherungsbeiträge zu hinterziehen, Hauptzweck der Vereinbarung ist (BAG 26. 2. 2003 – 5 AZR 690/01, NZA 2004, 313 [315]; vgl für das Sozialversicherungsrecht auch § 14 Abs 2 S 2 SGB IV, s Rn 648). Der Vertrag ist ohne die nichtigen Bestimmungen aufrechtzuerhalten. Die Lücken sind durch die gesetzlichen Bestimmungen (zB § 612 Abs 2) oder die Verkehrssitte auszufüllen, soweit nicht Tarifnormen oder eine Betriebsvereinbarung eingreifen (ebenso HUECK/NIPPERDEY I 186; NIKISCH I 199). Die Nichtigkeit ergreift die verbotene Abrede von Anfang an, sodass rückwirkend an ihre Stelle die sie ersetzende Regelung tritt.

Schließt ein Verbotsgesetz eine erlaubte Beschäftigung des Arbeitnehmers über- **716** haupt aus, so ist der gesamte **Arbeitsvertrag nichtig**. Der Schutzzweck der verletzten Verbotsnorm kann aber fordern, dass bei einem Leistungsvollzug die Nichtigkeit des Arbeitsvertrags nicht für die Vergangenheit geltend gemacht werden kann (so zutreffend SACK RdA 1975, 171 [176]). Darüber hinaus lässt sich als Prinzip formulieren, dass sich auf die Nichtigkeit des Arbeitsvertrags für die Zeit der tatsächlich erfolgten Beschäftigung weder der Arbeitgeber noch der Arbeitnehmer berufen kann, solange dem anderen Teil die Nichtigkeit unbekannt war.

Der Grundsatz, dass die Nichtigkeit eines Arbeitsvertrags für die Vergangenheit, dh **717** für die Zeit der tatsächlich geleisteten Arbeit, nicht mit *ex-tunc*-Wirkung, sondern nur mit *ex-nunc*-Wirkung vom Arbeitnehmer geltend gemacht werden kann, findet daher keine Anwendung, wenn die Nichtigkeit des Arbeitsvertrags auf einem **vorsätzlichen Verstoß gegen allgemeine, für jedermann gültige, Strafgesetze** und damit auf einem Verbot des Bestehens eines derartigen Arbeitsverhältnisses überhaupt beruht (vgl BAG 25. 4. 1963 – 5 AZR 398/62, BAGE 14, 180 [186 f]; BAG 3. 11. 2004 – 5 AZR 592/03, AP Nr 25 zu § 134 BGB [Ausübung des ärztlichen Berufs ohne erforderliche Approbation]). Findet danach Bereicherungsrecht Anwendung, ist § 817 zu beachten (BAG 3. 11. 2004 – 5 AZR 592/03, AP Nr 25 zu § 134 BGB: Rückforderungsausschluss nach § 817 S 2 bei Leistungserbringung durch einen nicht approbierten Arzt).

f) Sittenwidrigkeit

Bei Sittenwidrigkeit ist im Prinzip wie bei Gesetzwidrigkeit zu differenzieren. Der **718** Vertrag ist nur insoweit nichtig, als er gegen die guten Sitten verstößt. Nichtigkeit des gesamten Vertrags ist deshalb nur anzunehmen, wenn entweder die zugesagte Tätigkeit sittenwidrig ist, zB Vorführung des Geschlechtsverkehrs auf offener Bühne (BAG 1. 4. 1976 – 4 AZR 96/75, AP Nr 34 zu § 138 BGB; STAUDINGER/FISCHINGER [2011] Anh zu § 138: ProstG § 1 Rn 16, 71), oder wenn es sich um die sittenwidrige Bindung einer

Vertragspartei handelt (s Rn 651 ff). Im ersteren Fall steht es, bei einem krassen Verstoß gegen die guten Sitten, mit den Grundauffassungen der geltenden Rechtsordnung in Widerspruch, wenn man eine Beschränkung der Nichtigkeitsfolgen für die Vergangenheit anerkennt (ebenso BAG 1. 4. 1976 – 4 AZR 96/75, BAGE 28, 83 [92]). Im letzteren Fall ist dagegen zu beachten, dass die Nichtigkeit sich nicht zu Lasten desjenigen auswirken darf, der durch das Verdikt der Sittenwidrigkeit geschützt werden soll. Das gilt insbesondere bei Lohnwucher; an die Stelle des unverhältnismäßig geringen Entgelts tritt mangels näherer Anhaltspunkte die nach § 612 Abs 2 zu bestimmende Vergütung (BAG 10. 3. 1960 – 5 AZR 426/58, AP Nr 2 zu § 138 BGB; näher STAUDINGER/SACK/FISCHINGER [2016] § 138). Findet Bereicherungsrecht Anwendung, ist § 817 zu beachten (BAG 3. 11. 2004 – 5 AZR 592/03, AP Nr 25 zu § 134 BGB).

XI. Öffentlich-rechtliche Meldepflichten und Vorlage von Arbeitspapieren

719 Der Arbeitgeber hat die **Einstellung**, sofern der Arbeitnehmer in der Kranken- (§ 198 SGB V), Pflege- oder Rentenversicherung (§ 190 SGB VI) oder nach dem Recht der Arbeitsförderung kraft Gesetzes versichert ist, der **zuständigen Krankenkasse** (§ 28i SGB IV) **zu melden** (§ 28a Abs 1 S 1 Nr 1 SGB IV; vgl im Einzelnen SCHAUB/ LINCK, ArbRHdB § 33). Die Nichteinhaltung dieser Pflicht berührt nicht die Begründung der öffentlich-rechtlichen Versicherungspflicht.

720 Der Arbeitnehmer hatte früher in der Regel beim Eintritt in das Arbeitsverhältnis seinem Arbeitgeber eine **Lohnsteuerkarte** auszuhändigen (§ 39b Abs 1 S 1 EStG aF); die papierene Lohnsteuerkarte ist mittlerweile aber abgeschafft, die vom Arbeitgeber benötigten Informationen werden ihm seit 2013 über eine Datenbank der Finanzverwaltung zur Verfügung gestellt (sog Elektronische LohnSteuerAbzugsMerkmale – ELStAM). Nach wie vor ist aber bei Beginn der Beschäftigung der **Sozialversicherungsausweis** vorzulegen bzw dies unverzüglich nachzuholen (§ 18h Abs 1, 3 SGB IV). Bei Nichtvorlage sind Abmahnung sowie (außer-)ordentliche Kündigung möglich (LAG Düsseldorf 23. 2. 1961 – 2 Sa 3/61, BB 1961, 677).

721 Zu diesen allgemeinen Arbeitspapieren treten in besonderen Fällen noch spezielle Nachweisurkunden, wie die Bescheinigung über eine Belehrung des Gesundheitsamtes nach § 43 IfSG oder die Gesundheitsbescheinigung von Jugendlichen nach § 39 Abs 2 JArbSchG. Ausländische Arbeitnehmer haben ggf die Arbeitsberechtigung-EU, § 284 SGB III, bzw Zustimmung der Bundesagentur für Arbeit (Aufenthaltserlaubnis, §§ 4 Abs 3, 18 AufenthG) vorzulegen (vgl auch Rn 629 ff).

H. Bestimmungsgründe für den Inhalt der Rechtsbeziehungen*

I. Überblick

722 Für den Dienstvertrag gilt – wie auch sonst – bei einem rechtsgeschäftlich begrün-

---

* **Schrifttum**: ADOMEIT, Rechtsquellenfragen im Arbeitsrecht (1969); BIRK, Die arbeitsrechtliche Leitungsmacht (1973); GIESEN, Tarifvertragliche Rechtsgestaltung für den Betrieb (2002); KARAKATSANIS, Die kollektivrechtliche Gestaltung des Arbeitsverhältnisses (1963); KREUTZ, Grenzen der Betriebsautonomie (1979); PREIS, Grundfragen der Vertragsgestaltung im Ar-

deten Schuldverhältnis, dass, soweit nicht zwingende Regeln des Gesetzes Platz greifen, der Inhalt der Rechtsbeziehungen durch den Vertrag festgelegt wird. Die dispositiven (nachgiebigen) Gesetzesvorschriften sind nur maßgebend, wenn nicht die Vertragsparteien eine andere Regelung getroffen haben. Ergänzend greifen die Grundsätze ein, die zur Konkretisierung der §§ 157, 242 entwickelt wurden; insoweit kann insbesondere auch die Verkehrssitte ein Bestimmungsgrund für den Vertragsinhalt sein.

Wird durch den Vertrag ein **Arbeitsverhältnis** begründet, so ist die **individuelle Vertragsfreiheit jedoch weitgehend eingeschränkt**. Soweit Gesetze dem Schutz des Arbeitnehmers dienen, sind die in ihnen getroffenen Regelungen zumeist (einseitig) zwingend (s Rn 733). Überdies gehen die Rechtsnormen von Tarifverträgen und Betriebsvereinbarungen dem Einzelarbeitsvertrag grundsätzlich vor. **723**

Die Bedeutung der **Betriebsverfassung** für das Arbeitsverhältnis erschöpft sich nicht darin, dass Arbeitgeber und Betriebsrat durch Betriebsvereinbarung Regelungen für den Vertragsinhalt treffen können. Der Betriebsrat hat außerdem in bestimmten, gesetzlich festgelegten Fällen **unterschiedlich abgestufte Beteiligungsrechte**, die der Arbeitgeber zu beachten hat (s Rn 858 ff). Entsprechende Mitwirkungs- und Mitbestimmungsrechte sind für den öffentlichen Dienst nach den Personalvertretungsgesetzen dem Personalrat eingeräumt (s Rn 870 f). Verletzt der Arbeitgeber die dem Betriebs- oder Personalrat eingeräumten Beteiligungsrechte, so gilt für die Bestimmung der Rechtsfolgen als Leitprinzip, dass der Arbeitgeber aus einer betriebsverfassungs- bzw personalvertretungsrechtlichen Pflichtwidrigkeit kein Rechtsvorteil im Rahmen des Arbeitsverhältnisses erwachsen darf (Richardi ZfA 1976, 1 [37]; zust BAG [GS] 16. 9. 1986 – GS 1/82, BAGE [GS] 53, 42 [74]; näher Rn 865 ff). **724**

Für das Arbeitsverhältnis zwar nicht wesentlich, aber typisch ist, dass die im Arbeitsvertrag festgelegte Arbeitspflicht einseitig durch den Arbeitgeber konkretisiert wird. Deshalb ist auch die **Weisung des Arbeitgebers** in Ausübung seines Direktionsrechts (§ 106 GewO) ein Gestaltungsfaktor des Arbeitsverhältnisses. **725**

Neben den Gestaltungsfaktoren, die man als Rechtsquellen des Arbeitsverhältnisses ansehen kann, sind weitere Bestimmungsgründe für den Vertragsinhalt die **Betriebsübung** (s Rn 969 ff) und der **Gleichbehandlungsgrundsatz** (s Rn 1001 ff). **726**

---

beitsverhältnis (1993); Reuter, Das Verhältnis von Individualautonomie, Betriebsautonomie und Tarifautonomie, RdA 1991, 193; Richardi, Kollektivgewalt und Individualwille bei der Gestaltung des Arbeitsverhältnisses (1968); ders, Empfiehlt es sich, die Regelungsbefugnisse der Tarifparteien im Verhältnis zu den Betriebsparteien neu zu ordnen?, in: Verhandlungen des 61. DJT I/B (1996); Rieble, Arbeitsmarkt und Wettbewerb (1996); Säcker, Gruppenautonomie und Übermachtkontrolle im Arbeitsrecht (1972); Schnorr, Die für das Arbeitsrecht spezifischen Rechtsquellen (1969); Veit, Die funktionelle Zuständigkeit des Betriebsrats (1998); Waltermann, Rechtsetzung durch Betriebsvereinbarung zwischen Privatautonomie und Tarifautonomie (1996).

II. System und Rangordnung der arbeitsrechtlichen Gestaltungsfaktoren

1. Rangordnung

727 Für den Vertragsinhalt des Arbeitsverhältnisses können **Gesetz, Tarifvertrag, Betriebsvereinbarung, Einzelarbeitsvertrag** und **Weisungen des Arbeitgebers** Regelungen enthalten. Ihre Geltung hängt davon ab, dass ihr Urheber für die Gestaltung der Arbeitsbedingungen eine entsprechende Regelungsbefugnis hat. Soweit dies der Fall ist, kann eine Regelungskonkurrenz bestehen. Nach der Rechtswirkung der Regelung richtet sich, welcher Gestaltungsfaktor den Vorrang hat. Daraus ergibt sich eine Rangordnung der Gestaltungsfaktoren. Dabei gilt: Grundsätzlich besteht ein Vorrang des Gesetzes, das allerdings verfassungs- wie unionsrechtskonform sein muss. Unter dem Gesetz steht der Tarifvertrag, darunter die Betriebsvereinbarung; beide haben gemein, dass sie als kollektivvertragliche Gestaltungsfaktoren unmittelbar und zwingend geltende Rechtsnormen generieren (§ 4 Abs 1 TVG, § 77 Abs 4 BetrVG), die dem Einzelarbeitsvertrag vorgehen, es sei denn, dieser enthält für den Arbeitnehmer günstigere Regelungen. Den schwächsten Gestaltungsfaktor stellt das Weisungsrecht des Arbeitgebers (§ 106 GewO) dar, denn es besteht nur in den Grenzen des Einzelarbeitsvertrags; je genauer die Einzelheiten der Arbeitsleistung (Ort, Umfang, Lage der Arbeitszeit) im Arbeitsvertrag geregelt sind, umso beschränkter ist deshalb das Weisungsrecht. Weisungen des Arbeitgebers müssen sich zudem im Rahmen von Gesetz, Tarifvertrag und Betriebsvereinbarung halten und nach billigem Ermessen erfolgen.

728 Diese **Rangpyramide** (so ZÖLLNER/LORITZ/HERGENRÖDER § 7 I) ist dadurch gekennzeichnet, dass die Reichweite zwingender Gesetze durch das Günstigkeitsprinzip als Auslegungsgrundsatz und das Verhältnis der Kollektivnormen zum Einzelarbeitsvertrag durch das Günstigkeitsprinzip als zwingende Schranke der kollektivrechtlichen Regelungsbefugnis bestimmt wird. Außerdem sind Arbeitsgesetze, soweit sie zwingend sind, häufig tarifdispositiv (s Rn 758), und im Verhältnis des Tarifvertrags zur Betriebsvereinbarung ist das Günstigkeitsprinzip durch § 77 Abs 3 BetrVG verdrängt (s Rn 852 f).

2. Begrenzter Erkenntniswert der Bezeichnung als Rechtsquellen

729 Die Rangpyramide der arbeitsrechtlichen Gestaltungsfaktoren beschäftigt die Rechtstheorie zum Nachweis der Richtigkeit der **Lehre vom Stufenbau der Rechtsordnung** (so va ADOMEIT, Rechtsquellenfragen im Arbeitsrecht [1969]; vgl auch ZÖLLNER, Die Rechtsnatur der Tarifnormen nach deutschem Recht [1966] 24 ff; zum Stufenbau der Rechtsordnung MERKL, Die Lehre von der Rechtskraft [1923]; KELSEN, Reine Rechtslehre [1934; 2. Aufl 1960]). Die Gestaltungsfaktoren des Arbeitsverhältnisses kann man als *Rechtsquellen* des Arbeitsverhältnisses (nicht des Arbeitsrechts) bezeichnen (so va ADOMEIT 70 ff). Die Vorstellung vom Stufenbau der Rechtsordnung eröffnet der Dogmatik die Erkenntnis, das Rechtsgeschäft als Rechtsquelle zu begreifen; denn es ist ebenso wie das staatliche Gesetz ein normerzeugender Tatbestand, der Rechtsnormen schafft, soweit ihn die Rechtsordnung eingesetzt hat (KELSEN 261 ff). Von diesem Ansatz her ist es auch möglich, Tarifvertrag und Betriebsvereinbarung, soweit sie Rechtsnormen aufstellen, den Rechtsquellen zuzuordnen, ohne dass damit zugleich eine Vorentscheidung darüber getroffen wird, ob es sich um eine aus der staatlichen Hoheitsgewalt abgeleitete Rechtsetzungsbefugnis oder um Erscheinungsformen im Bereich der rechtsgeschäftlichen Ordnung des Arbeitslebens handelt.

Die Vorstellung vom Stufenbau der Rechtsordnung führt zu **Fehlbeurteilungen**, 730 wenn man nicht ihren begrenzten Erkenntniswert beachtet. Sie erklärt nicht, was *inhaltlich* dem geltenden Recht entspricht. Für die Rechtsdogmatik ist der Gegensatz von Rechtssatz und Rechtsgeschäft kein Problem der Rechtslogik, sondern es geht um die materielle Legitimation einer für die Vertragsparteien bindenden Regelung. Richtig ist, dass man das Rechtsgeschäft nicht mit einem sonst rechtserheblichen Verhalten auf eine Stufe stellen darf; ihm gegenüber ist es vielmehr insoweit wesensverschieden, als durch den privatautonomen Gestaltungsakt eine *Regelung* getroffen wird (vgl FLUME, Allgemeiner Teil des Bürgerlichen Rechts II [3. Aufl 1979] § 1, 3). Daraus folgt aber nicht, dass die Vertragsparteien bestimmen, was rechtens sei (ebenso FLUME § 1, 4).

Dies gilt auch für Regelungen durch Tarifvertrag oder Betriebsvereinbarung. Deren 731 Kennzeichnung als **objektives Recht** bestimmt nur das Verhältnis zu den Parteien des Einzelarbeitsvertrags. Eine weitergehende Bedeutung hat diese Qualifikation nicht; denn dem Tarifvertrag und der Betriebsvereinbarung fehlt die Legitimation zur Verwirklichung des Rechtsgedankens (so zutreffend für den Tarifvertrag FLUME, in: FS Hundert Jahre deutsches Rechtsleben I [1960] 135 [143]). Ebenso wenig wie die Parteien des Einzelarbeitsvertrags sind die Tarifvertragsparteien und die Parteien einer Betriebsvereinbarung Herren des Rechts, sondern sie sind an das Recht gebunden. Darin liegt der Unterschied zur Rechtsetzungskompetenz der Gesetzgebung, die selbst allerdings wiederum an die Vorgaben der Verfassung und des Europarechts gebunden ist.

3. Vertrag zwischen Arbeitgeber und Arbeitnehmer als Rechtsgrund trotz Verschiedenheit des Gestaltungsfaktors

Nach der Verschiedenheit des Gestaltungsfaktors, der den Vertragsinhalt bestimmen 732 kann, unterscheidet man häufig, ob ein Anspruch durch Gesetz, Tarifvertrag, Betriebsvereinbarung oder den Arbeitsvertrag eingeräumt ist. In diesem Sinn spricht § 4 Abs 4 TVG von tariflichen und § 77 Abs 3 S 2 BetrVG von durch Betriebsvereinbarung eingeräumten Rechten. Diese Beurteilung ändert aber nichts daran, dass sie, wenn ihr Inhalt durch Gesetz, Tarifvertrag oder Betriebsvereinbarung festgelegt ist, ihren **Rechtsgrund im Einzelarbeitsvertrag** haben. Für die Erbringung der Leistungen aus dem Arbeitsverhältnis bildet der Vertrag zwischen dem Arbeitgeber und dem einzelnen Arbeitnehmer die causa, nicht Gesetz, Tarifvertrag oder Betriebsvereinbarung. Spricht man beim Arbeitsverhältnis von durch Vertrag begründeten oder vertraglichen Ansprüchen, so muss man unterscheiden, ob mit der Bezeichnung die Festlegung des Anspruchsinhalts durch den Arbeitsvertrag oder der Rechtsgrund des Anspruchs gemeint ist, der inhaltlich auch durch Gesetz, Tarifvertrag oder Betriebsvereinbarung festgelegt sein kann.

III. Gesetze als Bestimmungsgrund für den Vertragsinhalt eines Arbeitsverhältnisses

1. Struktur der Arbeitsgesetze

733 Der Gesetzgeber hat neben dem Organisations- und Verfahrensrecht für die Gestaltung der Arbeitgeber-Arbeitnehmer-Beziehungen Normen geschaffen, die unmittelbar den Interessenausgleich zwischen Arbeitgeber und Arbeitnehmer regeln. Soweit durch sie ein Schutz für die Arbeitnehmer verwirklicht werden soll, handelt es sich überwiegend um **zwingendes Gesetzesrecht**. Allerdings ist es wegen dieser Zweckbestimmung oft möglich, dass von ihm zugunsten des Arbeitnehmers abgewichen werden kann **(einseitig zwingend)**. Eine Vielzahl zwingender Gesetze gestattet aber eine Abweichung durch Tarifvertrag nicht nur zugunsten, sondern auch zu Lasten der Arbeitnehmer **(Tariföffnungsklauseln**; s Rn 758). Der Charakter ist der Norm ggf im Wege der Auslegung zu entnehmen.

734 Da das Arbeitsrecht Gegenstand der konkurrierenden Gesetzgebungszuständigkeit des Bundes ist (Art 74 Abs 1 Nr 12 GG), spielen Landesgesetze heute nur noch in Randbereichen eine Rolle (zB solche über Bildungsurlaub [dazu BVerfG 11. 2. 1992 – 1 BvR 890/94, AP Nr 1 zu § 1 SonderUrlG Hessen Rn 1129] oder Schlichtungsgesetze sowie die durch Landesrecht begründeten Freistellungsansprüche für Angehörige des Katastrophenschutzes und der Feuerwehr [zB Art 9 BayFwG oder § 13 Landeskatastrophenschutzgesetz BW]).

2. Verhältnis zum Europäischen Gemeinschaftsrecht

735 a) Die Europäisierung des Arbeitsrechts ist weit vorangeschritten. Die **primärrechtlichen Regelungen des AEUV** richten sich grundsätzlich nur an den Mitgliedsstaat und gelten nicht unmittelbar zwischen Privaten. Eine Ausnahme besteht aber für den Grundsatz der Entgeltgleichheit für Frauen und Männer (Art 157 AEUV [ex Art 141 EG]) sowie Art 45 AEUV (ex Art 39 EG), die jede auf Staatsangehörigkeit beruhende unterschiedliche Behandlung von Arbeitnehmern verbieten und diesen das Recht geben, sich frei in den Mitgliedsstaaten zu bewegen und auf angebotene Stellen zu bewerben (Freizügigkeit, s aber Rn 630). Als Primärrecht gehen sie nationalem Recht jeder Stufe vor. Dabei handelt es sich allerdings nur um einen Anwendungsvorrang. Entgegenstehendes nationales Recht ist also nicht unwirksam, sondern nur unanwendbar; mit Wegfall der europarechtlichen Bestimmung „lebt" es daher wieder „auf" und ist anwendbar (BAG 19. 11. 2002 – 3 AZR 631/97, NZA 2003, 380).

736 b) Gemäß Art 6 Abs 1 AEUV ist seit dem 1. 12. 2009 auch die **Charta der Grundrechte der Europäischen Union** (EUGC) Teil des Primärrechts. Sie enthält zahlreiche, für das Arbeitsrecht relevante Vorschriften, insbesondere ein weitreichendes Diskriminierungsverbot (Art 21 EUGC; s näher Rn 1387), das Recht auf Unterrichtung (Art 27 EUGC), auf Kollektivverhandlungen (Art 28 EUGC), auf Schutz vor ungerechtfertigter Entlassung (Art 30 EUGC), auf gerechte und angemessene Arbeitsbedingungen (Art 31 EUGC) sowie ein Verbot der Kinderarbeit (Art 32 EUGC) und das Postulat, das Familien- und Berufsleben müsse miteinander in Einklang gebracht werden können (Art 33 EUGC). Die Charta findet nach ihrem **Art 51 Abs 1 S 1** Anwendung allerdings nur für die Organe und Einrichtungen der Union und für die Mitgliedstaaten ausschließlich bei der Durchführung des Rechts der Union. **Zwischen Privaten** ist die Charta dementsprechend nach zutreffender hM **nicht** unmittelbar **anwendbar** (Jarass, EU-GRCharta Art 51 Rn 27; Kingreen, in: Calliess/ Ruffert, EUV/AEUV Art 51 EU-GRCharta Rn 18 mwNw); nicht ausgeschlossen sind allerdings mittelbare Ausstrahlungswirkungen (vgl Jarass, EU-GRCharta Art 51 Rn 30 f; Kingreen ebd Rn 23 ff).

c) Im Übrigen spielen vor allem **Richtlinien der Europäischen Union** eine dominierende Rolle. Grund dafür ist, dass die für das Arbeitsrecht relevanten Kompetenznormen (Art 153 AEUV [ex Art 137 EG]) ausschließlich den Gebrauch dieser Regelungsform gestatten. Richtlinien richten sich an die Mitgliedstaaten. Sie sind, wie es in Art 288 Abs 3 AEUV (ex Art 249 Abs 3 EG) heißt, für diese „hinsichtlich des zu erreichenden Ziels verbindlich, überlassen jedoch den innerstaatlichen Stellen die Wahl der Form und der Mittel". Daraus folgt, dass unmittelbar geltendes Recht für den einzelnen grundsätzlich erst entsteht, wenn der nationale Gesetzgeber die Richtlinie umgesetzt hat; schon vor Ablauf der Umsetzungsfrist besteht wegen Art 4 Abs 3 2. Unterabs EUV (ex Art 10 EG – „effet utile") allerdings das Verbot, Vorschriften zu erlassen, die die Erreichung des Richtlinienziels bei Fristablauf gefährden (**Frustrationsverbot**, EuGH 22. 11. 2005 – C-144/04, NZA 2005, 1345). Setzt der Mitgliedstaat innerhalb der Umsetzungsfrist die Richtlinie gar nicht oder nur ungenügend um, ist hinsichtlich der Rechtsfolgen zu unterscheiden: 737

aa) Da der Staat an die Richtlinie gebunden ist, kann jeder einzelne Bürger sich ihm gegenüber nach Ablauf der Umsetzungsfrist auf eine Richtlinienvorschrift berufen, soweit diese inhaltlich unbedingt und hinreichend genau ist (sog **vertikale Wirkung**, vgl zB EuGH 26. 2. 1986 – C-152/84, NJW 1986, 2178). Adressat ist in diesem Zusammenhang nicht nur der Staat als Hoheitsträger, der durch Gesetz Recht setzt, sondern auch der Staat als Arbeitgeber; denn es wird als unerheblich angesehen, ob er in privatrechtlicher Form auftritt. 738

bb) Bei nicht fristgerechter oder fehlerhafter Umsetzung von Richtlinien kommt ferner ein **Schadensersatzanspruch** der durch die Richtlinie begünstigten Bürger **gegen die Bundesrepublik Deutschland** in Betracht, wenn die Richtlinie inhaltlich unbedingt und hinreichend genau ist, sie die Verleihung von Rechten an den Geschädigten bezweckt und zwischen Verstoß und Schaden ein unmittelbarer Kausalzusammenhang besteht; auf ein Verschulden kommt es dagegen nicht an (vgl EuGH 19. 11. 1991 – C-6/90, NJW 1992, 165; BGH 16. 12. 1975 – VI ZR 202/74, NJW 1976, 1267; Richardi, in: Europäisierung des Rechts [2010] 149 [161 f]; im Einzelnen Ossenbühl, Staatshaftungsrecht [6. Aufl 2013] 597 ff; Streinz, Europarecht [9. Aufl 2012] Rn 458 ff). 739

cc) Hintergrund dieser Schadensersatzverpflichtung ist, dass dem einzelnen Bürger durch die vollständige Nichtumsetzung bzw nicht genügende Umsetzung ein Schaden entstehen kann. Denn nach traditionellem Verständnis gelten Richtlinien selbst nach erfolglosem Ablauf der Umsetzungsfrist im Verhältnis zwischen Privaten (sog **horizontale Wirkung**) nicht, sodass der von der Richtlinie Begünstigende nicht so geschützt wird, wie von der Richtlinie gefordert. Maßgeblich für die Ablehnung dieser horizontalen Wirkung ist die Überlegung, dass, anders als gegenüber dem seiner Umsetzungspflicht nicht nachkommenden Mitgliedstaat – der nicht auch 740 noch von seinem europarechtswidrigen Handeln profitieren soll –, dem privaten „Gegenspieler" kein Vorwurf gemacht werden kann.

741 Die Grenze zwischen vertikaler und horizontaler Wirkung war jedoch schon immer insoweit brüchig, als Staat iS einer vertikalen Wirkung auch die nationalen Gerichte sind, die zur sog **unionsrechtskonformen Auslegung** nationalen Rechts verpflichtet sind (vgl EuGH 10. 4. 1984 – C-14/83, NJW 1984, 2021; EuGH 14. 7. 1994 – C-91/92, NJW 1994, 2473); das gilt auch für Recht, das älter als die Richtlinie ist. Aus dem Umsetzungsgebot des Art 288 Abs 3 AEUV (ex Art 249 Abs 3 EG) sowie dem Grundsatz der Unionstreue (Art 4 Abs 3 2. Unterabs EUV [ex Art 10 EG – „effet utile"]) ergibt sich danach die Pflicht jedes nationalen Gerichts, im Zweifel derjenigen Auslegung den Vorzug zu geben, die das von der Richtlinie angestrebte Ziel am ehesten verwirklicht (EuGH 17. 9. 1997 – C-54/96, NJW 1997, 3365 [3367]; BGH 9. 4. 2002 – XI ZR 91/99, NJW 2002, 1881 [1882]); dabei besteht auch insoweit bereits eine „Vorwirkung" vor Ablauf der Umsetzungsfrist, als das Gericht zwar nicht notwendigerweise, aber zur Sicherung der Stimmigkeit seiner Beurteilung prüfen wird, ob und wie eine Umsetzung in das deutsche Arbeitsrecht erforderlich ist. Wie die verfassungskonforme Auslegung, so findet aber auch die unionsrechtskonforme Auslegung dort ihre Grenze, wo sie zu einer contra-legem-Auslegung würde, dh mit dem eindeutigen Wortlaut und dem klaren Willen des Gesetzgebers nicht vereinbar ist (EuGH 16. 6. 2005 – C-105/03, EuZW 2005, 433; BAG 18. 2. 2003 – 1 ABR 2/02, NZA 2003, 743 [747]; CANARIS JZ 2003, 831 [837]; FISCHINGER Jura 2006, 606 [610 f]); wo diese Grenze erreicht ist, bleibt es bei der Anwendung der zwar europarechtswidrigen, aber eindeutigen nationalen Regelung; möglich ist allein die Geltendmachung von Schadensersatzansprüchen gegen den Mitgliedsstaat wegen nicht ordnungsgemäßer Richtlinienumsetzung (FISCHINGER EuZW 2008, 312 [313]). Durch die unionsrechtskonforme Auslegung wird daher zwar einerseits faktisch eine horizontale Wirkung erzielt, andererseits sind angesichts ihrer dogmatischen Vorgaben zugleich Grenzen für diese faktisch-horizontale Wirkung gezogen, jenseits derer nur eine Staatshaftung wegen nicht fristgerechter oder fehlerhafter Richtlinienumsetzung möglich ist.

742 **dd)** Noch nicht absehbar ist, inwieweit diese überlieferte grundsätzliche Beschränkung nicht/mangelhaft umgesetzter Richtlinien auf das Verhältnis von Staat und Bürger (vertikale Wirkung) und die damit verbundene Ablehnung der horizontalen Drittwirkung durch zwei neuere Entwicklungen zum Teil weiter faktisch eingeschränkt oder gar aufgehoben wird:

743 **(1)** In der Rechtssache *Mangold* entschied der EuGH (22. 11. 2005 – C-144/04, NZA 2005, 1345), dass § 14 Abs 3 S 4 TzBfG aF, der eine Befristung von Arbeitsverträgen mit älteren Arbeitnehmern unter erleichterten Voraussetzungen zuließ, eine unzulässige Altersdiskriminierung beinhalte (zur inhaltlichen Fragwürdigkeit dieser Wertung vgl zB BAUER/ARNOLD NJW 2006, 6 [8 f]). Dabei beschränkte sich der EuGH nicht darauf, die Europarechtswidrigkeit der Norm auszusprechen, sondern hat die deutschen Gerichte dazu verpflichtet, sie unangewendet zu lassen. Er begründete dies mit einem Verstoß gegen den (primärrechtlichen) allgemeinen Gleichheitssatz, der „seinen Ursprung in verschiedenen völkerrechtlichen Verträgen und den gemeinsamen Verfassungstraditionen der Mitgliedstaaten" habe und der ein Verbot der Altersdiskriminierung beinhalte. Dieses Vorgehen sah sich berechtigter Kritik ausgesetzt, weil die Herleitung dieses vom EuGH quasi aus dem Hut gezauberten primärrechtlichen Altersdiskriminierungsverbots vollkommen unsubstantiiert erfolgte und auch in der Sache nicht zutraf (dazu PREIS NZA 2006, 401 [405 f]). Ungeachtet der massiven Kritik und ohne sich damit auseinanderzusetzen, hat der EuGH in der Folge den mit der *Mangold*-Entscheidung eingeschlagenen Kurs fortgesetzt *(Palacios* [EuGH 16. 10. 2007 – C-411/05, EuZW 2007, 762] und *Bartsch* [EuGH 23. 9. 2008 – C-427/06, NJW 2008, 3417]). Insbesondere in *Kücükdeveci* (EuGH 19. 1. 2010 – C-555/07, EuZW 2010, 177) hat er sich erneut auf das ungeschriebene primärrechtliche Verbot der Altersdiskriminierung berufen und dabei getreu der *Mangold*-Entscheidung die „inkriminierte" Vorschrift des nationalen Rechts (in diesem Fall: § 622 Abs 2 S 2 BGB) tatbestandlich an den Vorgaben der RL 2000/78/EG gemessen, die Rechtsfolge (= Unanwendbarkeit des § 622 Abs 2 S 2 BGB, vgl nun auch BAG 1. 9. 2010 – 5 AZR 700/09, NJW 2010, 3740 [3741]) dann aber ohne jede weitere inhaltliche Prüfung dem Primärrecht entnommen, weil die Richtlinie das Primärrecht lediglich konkretisiere. Damit vermischt der EuGH unzulässig die beiden zu trennenden und autonom auszulegenden Ebenen (näher FISCHINGER ZEuP 2011, 201 [206 f]).

Nun ist zwar der Kritik an der richterlichen Kreation eines *ungeschriebenen* primärrechtlichen Altersdiskriminierungsverbots für zukünftige Fälle insoweit der Boden entzogen, als Art 21 Abs 1 der durch Art 6 Abs 1 AEUV für bindend erklärten Charta der Grundrechte der Europäischen Union (EUGC) ein weitreichendes Diskriminierungsverbot statuiert, das – unter anderem – Benachteiligungen wegen des Alters, der Religion, der politischen oder sonstigen Anschauungen, des Vermögens oder der Geburt untersagt. Auch ist zuzugeben, dass der EuGH *formal* die Unanwendbarkeit gerade mit der primärrechtlichen Verankerung des (Alters-)Diskriminierungsverbots begründet hat (ANNUSS BB 2006, 325; so vom EuGH auch bestätigt in der *Kücükdeveci*-Entscheidung, 19. 1. 2010 – C-555/07, EuZW 2010, 177). Es ist aber nicht auszuschließen, dass die in *Mangold* begründete und in *Kücükdeveci* fortgesetzte Methode weiter Schule machen wird und der EuGH vom Inhalt der (nicht einmal notwendig: Antidiskriminierungs-)Richtlinien auf einen praktisch inhaltsgleichen Primärrechtsschutz schließt, der dann zur Unanwendbarkeit mitgliedstaatlicher Vorschriften führt – im praktischen Ergebnis liefe das auf eine faktische unmittelbare Anwendung der (Antidiskriminierungs-)Richtlinie hinaus (vgl BAUER/KRIEGER, AGG Einl Rn 54; vgl auch THÜSING ZIP 2005, 2149 [2150]: „kopernikanische Wende, wenn der EuGH gemeint hat, was er gesagt hat"). **744**

Dieses **Vorgehen des EuGH ist abzulehnen**. Es entwertet das fein austarierte System der europäischen Rechtsquellen, wenn *faktisch* der Richtlinie der Tatbestand, dem Primärrecht aber die Rechtsfolge entnommen wird (REPASI EuZW 2009, 756 [757]; FISCHINGER ZEuP 2011, 201 [206 f]). Konsequent zu Ende gedacht wird das Dogma der Nichtanwendbarkeit europäischer Richtlinien zwischen Privaten nur noch als formale Hülse aufrechterhalten werden, das stets unter dem Vorbehalt steht, dass der EuGH nicht einen dem Richtlinieninhalt letztlich entsprechenden Primärrechtsgrundsatz „entdeckt", mittels dessen die fehlende horizontale Drittwirkung „überspielt" werden kann. Mit dem EG-Vertrag bzw dem AEUV ist das nicht vereinbar. Dieser unterscheidet erstens klar zwischen „unmittelbar in jedem Mitgliedstaat" geltenden Verordnungen einerseits, und Richtlinien, deren Adressat nur die Mitgliedstaaten selbst, nicht aber Privatrechtssubjekte sind (Art 288 Abs 2, 3 AEUV [ex Art 249 Abs 2, 3 EG]), andererseits. Zweitens wird dadurch der den Mitgliedstaaten aus guten Gründen eingeräumte Gestaltungsspielraum bei der Umsetzung von **745**

§ 611 Abschnitt 8 · Einzelne Schuldverhältnisse

Richtlinien unterlaufen und drittens schließlich die Bedeutung der Richtlinie als Rechtsinstrument pervertiert, indem sie zum „Steigbügel zur Schöpfung neuen Primärrechts" aufgewertet wird (Preis NZA 2006, 401 [408]). Es droht zudem die Gefahr, dass der EuGH mittels „Flucht" in die Anwendung allgemeiner Rechtsgrundsätze zunehmend Kompetenzen in Anspruch nimmt, die ihm nach der durch Art 19 I 2, III EUV (ex Art 220 EG) zugewiesenen Rolle als Kontrolle der Exekutive und Legislative nicht zukommt (ähnlich Strybny BB 2005, 2753 [2754]). Diese Gefahr ist umso virulenter, als das BVerfG im *Honeywell*-Verfahren dem EuGH einen „Anspruch auf Fehlertoleranz" zugesteht und seine Prüfungsdichte bei der ultra-vires-Kontrolle auf offensichtlich kompetenzwidriges Handeln, das zu einer „strukturell bedeutsamen Verschiebung zulasten der Mitgliedstaaten führt", beschränkt (BVerfG 6. 7. 2010 – 2 BvR 2661/06, ZIP 2010, 1711 [juris Rn 61 ff]).

746 Diese Problematik muss im Zusammenhang mit der Bestimmung des **Anwendungsbereichs des Unionsrechts** gesehen werden, weil nur dort, wo dieser eröffnet ist, eine nationale Norm überhaupt am Maßstab des Europarechts zu messen ist. Auch insoweit könnte sich die *Kücükdeveci*-Entscheidung als Meilenstein erweisen. Bislang ging man davon aus, dass eine nationale Regelung nur dann in den „Geltungsbereich des Gemeinschaftsrechts" fällt, wenn sie EG-Recht umsetzt, sich auf eine im EG-Recht zugelassene Ausnahme beruft oder sie auf sonstige Weise in den Anwendungsbereich des Gemeinschaftsrechts fällt, weil eine spezifische materielle Vorschrift des EG-Rechts auf den Sachverhalt anwendbar ist (vgl zB EuGH 13. 7. 1989 – C-5/88, Slg 1989, 2609 „Wachauf"; EuGH 23. 9. 2008 – C-427/06, Slg 2008, I-7245 „Bartsch"). In *Kücükdeveci* führte der EuGH nun insoweit aus: „Zu diesem Zeitpunkt [nach Ablauf der Umsetzungsfrist] hat diese Richtlinie [2000/78/EG] bewirkt, dass die im Ausgangsverfahren fragliche Regelung, die einen von der Richtlinie geregelten Bereich erfasst, nämlich die Entlassungsbedingungen, in den Anwendungsbereich des Unionsrechts fällt." (EuGH 19. 1. 2010 – C-555/07, EuZW 2010, 177 [juris Rn 25]). In der Literatur wird das zT (ablehnend) so gedeutet, dass der EuGH den Anwendungsbereich des *gesamten* Unionsrechts als eröffnet ansieht, sobald nur eine bestimmte Sachmaterie in irgendeiner Hinsicht durch irgendeine Richtlinie geregelt ist (Thüsing ZIP 2010, 199 [200]). So dürfte der EuGH aber richtigerweise nicht zu verstehen sein, gemeint ist wohl eher, dass der Geltungsbereich des Unionsrechts nur insoweit eröffnet ist, als die Richtlinie selbst reicht (ebenso Bauer/vMedem ZIP 2010, 449 [451]; näher Fischinger ZEuP 2011, 201 [207 ff]).

747 Verschärft wird die Problematik schließlich insoweit, als der EuGH die Kompetenz eines nationalen Gerichts jeder Stufe annimmt, eine innerstaatliche Norm, die es als nicht mit dem unionsrechtlichen Altersdiskriminierungsverbot für vereinbar hält, unangewendet zu lassen, ohne zuvor ein Vorabentscheidungsverfahren nach Art 267 AEUV durchführen zu müssen (Link NJW 2010, 430 [431]; Willemsen/Sagan FAZ v 27. 1. 2000, 23; vgl auch Preis NZA 2006, 401 [403 f]; Strybny BB 2005, 2753 [2754]; Bauer/Krieger, AGG Einl Rn 54a). Mit dem einem deutschen Juristen eingeimpften „Respekt vor dem parlamentarischen Gesetz, den wir dem Richter nach der Philosophie des Art 100 GG abverlangen" (Steiner NZA 2008, 73 [74]), ist das schwer vereinbar. Dennoch ist diese Aussage de lege lata nicht zu beanstanden, weil sich weder aus dem AEUV noch aus dem nationalen Recht eine Vorlagepflicht nicht-letztinstanzlicher Gerichte begründen lässt; insbesondere greift auch Art 100 Abs 1 GG nicht ein (ausf Fischinger ZEuP 2011, 201 [212 f]). De lege ferenda ist erwägenswert, ob nicht auf europarechtlicher oder nationaler Ebene das aktuell durch Art 267 Abs 2 AEUV dem Instanzgericht eingeräumte Ermessen in solchen Fällen auf Null reduziert werden sollte, würde dies doch dem Anliegen des Unionsrechts, dessen möglichst einheitliche Anwendung sicherzustellen, dienen.

(2) Über die in Rn 743 beschriebene unzulässige Vermischung von Primär- und Sekundärebene hinaus kann es durch eine vorschnelle **unionrechtskonforme Rechtsfortbildung** faktisch zu einer unmittelbaren Anwendung von Richtlinien im Privatrechtsverkehr kommen (so auch HÖPFNER EuZW 2009, 159 [160]). Ein erster Schritt in diese Richtung war die *Quelle*-Entscheidung des BGH (26. 11. 2008 – VIII ZR 200/05, NJW 2009, 427 [428 ff]; bestätigt durch BGH 11. 2. 2009 – VIII ZR 176/06; zum kaufrechtlichen Problem siehe FISCHINGER Jura 2006, 606 [608 f]). Im zugrundeliegenden Fall scheiterte eine unionrechtskonforme *Auslegung* von § 439 Abs 4 am eindeutigen Wortlaut und Willen des Gesetzgebers, was zunächst auch vom BGH erkannt wurde (16. 8. 2006 – VIII ZR 200/05, NJW 2006, 3200 [3201]). Nachdem der EuGH die Richtlinienwidrigkeit festgestellt hatte (17. 4. 2008 – C-404/06, EuZW 2008, 310 mAnm FISCHINGER), „fiel" der BGH aber insoweit um, als er das nationale Recht per unionrechtskonformer *Rechtsfortbildung* „korrigierte". Er berief sich darauf, dass der Gesetzgeber von der Richtlinienkonformität der so geschaffenen Norm ausging (was zutrifft, vgl BT-Drucks 14/6040, 232 f) und daher eine ausfüllungsbedürftige planwidrige Regelungslücke vorliege (BGH 26. 11. 2008 – VIII ZR 200/05, BGHZ 179, 27). Das überzeugt nicht und stellt in Wahrheit ein contra-legem-Judizieren dar, das auch vom Europarecht nicht gefordert wird (vgl EuGH 4. 7. 2006 – C-212/04, EuZW 2006, 730). Denn der Gesetzgeber hatte bewusst eine konkrete Sachentscheidung getroffen und unterlag nur insoweit einem Rechtsirrtum, als er davon ausging, damit den Richtlinienvorgaben zu genügen (vgl auch MAYER/SCHÜRNBRAND JZ 2004, 545 [551]); dieser Rechtsirrtum ändert aber nichts am eindeutigen gesetzgeberischen Sachregelungswillen, sodass sich eine richterliche Rechtsfortbildung als unzulässiger Kompetenzübergriff der Judikative in den Bereich der Legislative darstellte (**aA** PFEIFFER NJW 2009, 412).

Das BAG (24. 3. 2009 – 9 AZR 983/07, AP Nr 39 zu § 7 BUrlG) ist dem BGH nicht nur prompt gefolgt, sondern in der „Umsetzung" der *Schultz-Hoff*-Entscheidung des EuGH (EuGH 20. 1. 2009 – C-350/06, AP Nr 1 zu Richtlinie 2003/88/EG, s Rn 1849 ff) sogar darüber hinausgegangen. Zwar wird (noch?) zugestanden, dass eine Auslegung contra legem vorliege, wenn eine eindeutige Entscheidung des Gesetzgebers entsprechend eigener rechtspolitischer Vorstellungen korrigiert wird (juris Rn 65). Jedoch wird an anderer Stelle betont, dass der „regelmäßig anzunehmende Wille des nationalen Gesetzgebers zur ordnungsgemäßen Umsetzung von Richtlinien" heranzuziehen sei (juris Rn 59). Schon nach dem § 439 Abs 4 BGB-Urteil des BGH wurde zu Recht befürchtet, dass es „vom Vorrang eines aus den Materialien ersichtlichen Umsetzungswillens zum Vorrang eines generellen, jedem Umsetzungsakt innewohnenden Umsetzungswillens […] nur noch ein kleiner Schritt" (HÖPFNER EuZW 2009, 159 [160]) sei. Auch wenn das BAG diesen Schritt noch nicht ganz gemacht haben mag, ist der Boden dafür bereitet, dass nationale Normen, die europäischem Sekundärrecht nicht genügen, auch gegen ihren klaren Wortlaut und gegen einen eindeutigen Sachregelungswillen des Gesetzgebers unter Berufung darauf, der Gesetzgeber habe in Erfüllung seiner Verpflichtungen aus Art 4 Abs 3 Unterabs 2, 288 Abs 3 AEUV (ex Art 10, 249 Abs 3 EG) eine europarechtskonforme Regelung erlassen wollen, unionrechtskonform fortgebildet werden können (kritisch auch BAUER/ARNOLD AP Nr 39 zu § 7 BUrlG).

3. Arbeitsvölkerrecht

750 Arbeitsrechtliche Regelungen finden sich auch in völkerrechtlichen Abkommen. Da ihr Adressat nur der vertragsschließende Staat ist, bedürfen sie einer Umsetzung durch einfache Bundesgesetze, Art 59 Abs 2 GG (erfolgt zB für den Internationalen Pakt über wirtschaftliche, soziale und kulturelle Rechte [G v 23. 11. 1973, BGBl II 1570]). Vorher können Arbeitnehmer in der Regel nicht unter Berufung auf das Abkommen Rechte herleiten; gleiches gilt, wenn das erlassene Gesetz hinter den Vorgaben des Abkommens zurückbleibt (ErfK/PREIS § 611 Rn 200 f; vgl beispielhaft BAG 25. 3. 1998 – 4 AZR 128/97, NZA 1998, 1072 [1075] für ILO-Übereinkommen). Ob die **Europäische Sozialcharta** vom 18. 10. 1961 geltendes Bundesrecht ist, ist umstritten (dafür RICHARDI RdA 1970, 65 [66]; dagegen RIEBLE RdA 2005, 200 [202 f]). Die hL sieht in ihr zwar kein unmittelbar geltendes Bundesrecht, berücksichtigt ihre Vorgaben aber bei der Gesetzesauslegung (GAMILLSCHEG RdA 1998, 2 [10]); das BAG hat die Frage offengelassen und die ESC zT ignoriert (BAG 12. 9. 1984 – 1 AZR 342/83, NZA 1984, 393 [398]), zT berücksichtigt (BAG 5. 3. 1985 – 1 AZR 468/83, NZA 1985, 504 [507]; BAG 7. 6. 1988 – 1 AZR 372/86, NZA 1988, 883 [883 f]).

4. Rechtsverordnungen; Unfallverhütungsvorschriften

751 Unterhalb von Parlamentsgesetzen stehen Rechtsverordnungen, die gemäß Art 80 Abs 1 GG von der Bundesregierung, einem Bundesminister oder einer Landesregierung erlassen werden können, wenn sie hierzu in einem Bundesgesetz ermächtigt werden. Beispiele hierfür sind die Wahlordnung zum BetrVG oder die Verordnung zur Durchführung des Tarifvertragsgesetzes vom 16. 1. 1989 (BGBl I 76). Zudem können die Rechtsnormen bestimmter **Tarifverträge** durch Rechtsverordnung auch für bislang nicht gebundene Arbeitgeber und Arbeitnehmer für verbindlich erklärt werden, §§ 3a AÜG, 7 AEntG (s näher Rn 152 und 639). Schließlich können durch Rechtsverordnung nach § 92a HGB Mindestarbeitsbedingungen für Ein-Firmen-Handelsvertreter festgesetzt werden.

752 Davon zu unterscheiden sind die als **Satzung** von den Berufsgenossenschaften erlassenen **Unfallverhütungsvorschriften, § 15 SGB VII** (s auch VOGEL, Die Rechtsbindung der Arbeitnehmer an Unfallverhütungsvorschriften gemäß § 15 Abs 1 S 1 Nr 2 SGB VII [2000]; s auch Rn 1250). Die Unfallverhütungsvorschriften normieren Verhaltens- und Unterlassungspflichten von Arbeitgebern und Arbeitnehmern und können neben § 99 Abs 2 Nr 1 BetrVG zB im Rahmen der sozialen Rechtfertigung einer Kündigung relevant werden (vgl BAG 20. 3. 2014 – 2 AZR 565/12, NZA 2014, 602 [604]).

Titel 8 · Dienstvertrag und ähnliche Verträge
Untertitel 1 · Dienstvertrag   § 611

IV. Kollektivvertragliche Gestaltungsfaktoren (1): Tarifvertrag*

1. Bedeutung des Tarifvertragssystems für die Ordnung des Arbeitslebens

Der praktisch bedeutendste Bestimmungsgrund des Arbeitsverhältnisses ist der Ta- **753** rifvertrag. So gibt es in Deutschland ca 70 000 Tarifverträge und 58 % der Beschäftigten bzw 31 % der Betriebe sind (normativ oder kraft Bezugnahmeklausel) tarifgebunden (WSI-Tarifarchiv 2014 – Statistisches Taschenbuch Tarifpolitik 1 [3]).

Durch den Tarifvertrag legen die Gewerkschaften und die Arbeitgeberseite den **754** Ordnungsrahmen für den Inhalt der Arbeitsverhältnisse, insbesondere für die Arbeitsentgelte und sonstigen materiellen Arbeitsbedingungen, fest. Sie erfüllen damit aber keinen Gemeinwohlauftrag, sondern nehmen **Gruppen- und Mitgliederinteressen** wahr. Die tarifliche Rechtsetzung ist deshalb keine Gesetzgebung, die der Staat den Tarifvertragsparteien übertragen hat, sondern sie ist die koalitionsrechtlich garantierte Wahrnehmung einer **Kartellbefugnis** (vgl auch Hartmann, Negative Arbeitsvertragsfreiheit [2014] 101 ff; Richardi, in: Verhandlungen des 61. DJT [1996] I/B, 33 ff; Rieble, Arbeitsmarkt und Wettbewerb [1996] 331 ff). Das Tarifvertragssystem ist durch Art 9 Abs 3 GG verfassungsrechtlich gewährleistet. Seine positivrechtliche Gestalt hat es durch das Tarifvertragsgesetz vom 9. 4. 1949 iF vom 25. 8. 1969 (BGBl I 1323) erhalten.

2. Begriff und rechtliche Einordnung des Tarifvertrags

Der Tarifvertrag ist ein schriftlicher Vertrag, der von einer Gewerkschaft mit einem **755** Arbeitgeberverband oder einem einzelnen Arbeitgeber (§ 2 Abs 1 TVG) abgeschlossen wird. Im sogenannten **schuldrechtlichen Teil** regelt er die Rechte und Pflichten der Tarifvertragsparteien. Die eigentliche Besonderheit des Rechtsinstituts Tarifvertrag besteht aber in seinem **normativen Teil**. Dieser enthält Rechtsnormen, die den Inhalt, den Abschluss und die Beendigung von Arbeitsverhältnissen sowie betriebliche und betriebsverfassungsrechtliche Fragen ordnen (vgl § 1 Abs 1 TVG) und die für die Tarifgebundenen (dazu Rn 764 ff) unmittelbar und zwingend gelten, § 4 Abs 1, 3 TVG. Dabei handelt es sich **nicht um eine besondere Form staatlich verliehener Rechtsetzungsgewalt**, vielmehr schafft der Tarifvertrag – wie seine Bezeichnung als Tarif*vertrag* zeigt – Rechtsnormen **rechtsgeschäftlich**. Entsprechend beruht die Normsetzungsbefugnis der Tarifpartner nicht auf einer öffentlich-rechtlich begründeten Rechtsetzungsgewalt (vgl Richardi, Kollektivgewalt 141 ff, 144 ff; **aA** vor allem Nikisch II 216 ff, 237). Geltungsgrund für die Rechtsnormen des Tarifvertrags ist nicht eine staatliche Ermächtigung (**so aber die hM**, wobei man wenig folgerichtig den Tarifvertrag gleichwohl nicht als Rechtsentstehungsvorgang dem öffentlichen Recht zuordnet, sondern meint, er habe privatrechtlichen Charakter; vgl Nipperdey, in: Hueck/Nipperdey II/1, 341 ff). Der materielle Geltungsgrund kann vielmehr nur unter

---

* **Schrifttum**: Fuchs/Reichold, Tarifvertragsrecht (2. Aufl 2006); Gamillscheg, Kollektives Arbeitsrecht I (1997); Hartmann, Negative Vertragsfreiheit im deutschen und europäischen Arbeitsrecht (2014); Hromadka/Maschmann, Arbeitsrecht Bd 2 (6. Aufl 2014); Jacobs/Krause/Oetker/Schubert, Tarifvertragsrecht (2. Aufl 2013); Preis, Arbeitsrecht – Praxislehrbuch zum Kollektivarbeitsrecht (3. Aufl 2012); Richardi, Kollektivgewalt und Individualwille bei der Gestaltung des Arbeitsverhältnisses (1968); Richardi/Bayreuther, Kollektives Arbeitsrecht (2. Aufl 2012); Stein, Tarifvertragsrecht (1997).

Einbeziehung der Tarifgebundenheit richtig bestimmt werden; denn die Tarifgebundenheit ist das Spiegelbild der Tariffähigkeit. Da die Tarifgebundenheit mit der Mitgliedschaft in einer auf dem Grundsatz der Freiwilligkeit beruhenden Koalition als Tarifvertragspartei verknüpft ist, wird sie durch den Beitritt und damit die Unterwerfung unter den Verbandswillen begründet. Die **normsetzende Gewalt der Tarifvertragsparteien** ist also **nicht staatlich-demokratisch**, sondern sie ist **mitgliedschaftlich legitimiert**, sie ist **kollektiv ausgeübte Privatautonomie** (vgl BVerfG 14. 6. 1983 – 2 BvR 488/80, BVerfGE 64, 208 [214, 216]; vgl HARTMANN, Negative Arbeitsvertragsfreiheit [2014] 101 ff; RICHARDI, Kollektivgewalt 164 f; ders ZfA 2014, 395 [401]; ähnlich iErg ZÖLLNER, Rechtsnatur der Tarifnormen 24 ff, 34 ff; vor allem RIEBLE, Arbeitsmarkt 358 ff; aA GAMILLSCHEG, Kollektives Arbeitsrecht I 558 ff). Die Wendung von der kollektiv ausgeübten Privatautonomie kann zu dem Missverständnis einladen, als ginge es primär um eine Privatautonomie der Tarifvertragsparteien. Die Tarifautonomie begründet aber keine originäre Kollektivautonomie. Sie verdankt vielmehr ihre Entstehung der individuellen Vertragsfreiheit. Sie ist, wie das BVerfG sagt, „darauf angelegt, die strukturelle Unterlegenheit der einzelnen Arbeitnehmer beim Abschluß von Arbeitsverträgen durch kollektives Handeln auszugleichen und damit ein annähernd gleichgewichtiges Aushandeln der Löhne und Arbeitsbedingungen zu ermöglichen" (BVerfG 26. 6. 1991 – 1 BvR 779/85, BVerfGE 84, 212 [229]). Sie bedarf daher einer Koalitionsbildung auf freiwilliger Grundlage, damit eine kollektive Teilhabe innerhalb einer rechtsgeschäftlichen Ordnung des Arbeitslebens realisiert wird.

3. Verhältnis des Tarifvertrags zu höherrangigem Recht

a) Grundrechtsbindung der Tarifvertragsparteien

756 Bereits in dem grundlegenden Urteil vom 15. 1. 1955 zum Grundsatz der Lohngleichheit von Mann und Frau begründete das Bundesarbeitsgericht seine Entscheidung mit der Grundrechtsbindung der Tarifvertragsparteien (BAG 15. 1. 1955 – 1 AZR 305/54, AP Nr 4 zu Art 3 GG). Zu diesem Ergebnis gelangte es unter Rückgriff auf Art 1 Abs 3 GG, nach dem die Grundrechte auch die Gesetzgebung als **unmittelbar** geltendes Recht binden. Zur Gesetzgebung in diesem Sinne zählte es die Tarifverträge, weil sie objektives Recht für die Arbeitsverhältnisse der Beteiligten setzten.

757 Diese Begründung wird nicht mehr aufrechterhalten (vgl BAG 25. 2. 1998 – 7 AZR 641/96, BAGE 88, 188 [123 f]). Da der Tarifvertrag keine besondere Form staatlich verliehener Rechtsetzungsgewalt ist, sondern die Tarifnormen auf kollektiv ausgeübter Privatautonomie beruhen, sind die Tarifvertragsparteien nicht unmittelbar an die Grundrechte gebunden. Die Tarifvertragsparteien, die im Rahmen des durch das Grundrecht der Koalitionsfreiheit gewährleisteten Bereichs tätig werden, greifen nicht hoheitlich in Grundrechte ein. Die Grundrechte setzen nur **mittelbar** Grenzen, weil den Staat die **Schutzpflicht** trifft, Arbeitgeber und Arbeitnehmer vor einer unverhältnismäßigen Beschränkung ihrer Grundrechte durch tarifvertragliche Regelungen zu bewahren (BAG 25. 2. 1998 – 7 AZR 641/96, BAGE 88, 118 [123 f]: Luftfahrt; BAG 30. 8. 2000 – 4 AZR 563/99, BAGE 95, 277 [282 ff]; ebenso HWK/HENSSLER, TVG Einl Rn 16; DIETERICH, in: FS Schaub [1998] 117 ff; ders, in: FS Wiedemann [2002] 229 ff; SCHLIEMANN, in: FS Hanau [1999] 577 [582 ff]; RICHARDI ZfA 2003, 655 [658 f]; bereits ZÖLLNER RdA 1964, 443 [448]).

b) Verhältnis zum staatlichen Gesetz

758 Soweit staatliches Gesetzesrecht zwingend ist, bindet es auch die Tarifvertragsparteien. Eine Besonderheit ergibt sich allerdings daraus, dass bei einer **Vielzahl zwingender Gesetzesbestimmungen** eine **Abweichung nicht nur zugunsten, sondern auch zu Lasten der Arbeitnehmer durch Tarifvertrag** gestattet wird (**tarifdispositives Gesetzesrecht**; so in § 622 Abs 4 S 1 BGB, § 13 Abs 1 und 2 BUrlG, § 4 Abs 4 S 1 EFZG, §§ 8 Abs 4 S 3, 12 Abs 3 S 1, 13 Abs 4 S 1, 14 Abs 2 S 3 TzBfG, § 17 Abs 3 S 1 BetrAVG, § 7 ArbZG, § 21a JArbSchG). Hintergrund derartigen tarifdispositiven Gesetzesrechts ist, dass das Tarifvertragssystem vom Verhandlungsgleichgewicht der Koalitionen ausgeht. Der Gesetzgeber lässt daher die von ihm gesetzte Regelung zurücktreten, soweit eine tarifvertragliche Regelung gilt. Auch bei zweiseitig zwingenden Gesetzen wie für die Vergütungssysteme bei Banken und Versicherungsunternehmen gelten die Schranken nicht, soweit die Vergütung durch Tarifvertrag oder in seinem Geltungsbereich durch Vereinbarung der Arbeitsvertragsparteien über die Anwendung der tarifvertraglichen Regelungen oder aufgrund eines Tarifvertrags in einer Betriebs- oder Dienstvereinbarung vereinbart ist (§ 25a Abs 1 S 3 HS 2 Nr 4 HS 2, § 45 Abs 1 S 1 Nr 4 HS 2 KWG, § 64b Abs 6 VAG).

Sind die Arbeitsvertragsparteien nicht tarifgebunden, so ist den Parteien des Einzel- **759** arbeitsvertrags im Allgemeinen gestattet, dass sie im Geltungsbereich des Tarifvertrags die Anwendung der von dem zwingenden Gesetzesrecht abweichenden tarifvertraglichen Bestimmungen vereinbaren (vgl § 622 Abs 4 S 2 BGB, § 13 Abs 1 S 2 BUrlG, § 4 Abs 4 S 2 EFZG, §§ 8 Abs 4 S 4, 12 Abs 3 S 2, 13 Abs 4 S 2, 14 Abs 2 S 4 TzBfG, §§ 3 Abs 1 Nr 3 S 3, 9 Nr 2 HS 4 AÜG, § 17 Abs 3 S 2 BetrAVG). Dabei müssen die folgenden Voraussetzungen erfüllt sein:

– Das Arbeitsverhältnis muss bei Tarifgeltung unter den räumlichen, sachlichen und personellen Geltungsbereich des Tarifvertrags fallen.

– Die Anwendung der tarifvertraglichen Bestimmungen muss vereinbart sein, wobei nicht erforderlich ist, dass auf den gesamten Tarifvertrag Bezug genommen wird, sondern es genügt die Übernahme des Regelungskomplexes aus dem einschlägigen Tarifvertrag. Keineswegs reicht es aus, dass die Tarifvertragsregelung nur inhaltsgleich in den Einzelarbeitsvertrag übernommen wird. Nur bei Bezugnahme auf den Tarifvertrag, nicht schon bei inhaltsgleicher Regelung, tritt bei tarifdispositiven Gesetzen die tarifvertragliche an die Stelle der gesetzlichen Regelung.

Da ein Verhandlungsgleichgewicht der Tarifvertragsparteien unterstellt wird, findet **760** die Gesetzesregelung über **Allgemeine Geschäftsbedingungen** auf Tarifverträge **keine Anwendung** (§ 310 Abs 4 S 1; s Rn 891 ff).

4. Abschluss des Tarifvertrags

a) Parteien
Partei eines Tarifvertrags können auf der Arbeitnehmerseite nur **Gewerkschaften**, **761** auf der Arbeitgeberseite **einzelne Arbeitgeber** und **Vereinigungen von Arbeitgebern** sein (§ 2 Abs 1 TVG). Die Verleihung der Tariffähigkeit an einzelne Arbeitgeber ist um der Achtung seiner negativen Koalitionsfreiheit willen erfolgt (vgl Richardi Jura 1971, 141 [154 f]). Der Abschluss von Tarifverträgen soll nicht dadurch unmöglich gemacht werden, dass ein Arbeitgeber keinem Arbeitgeberverband beitritt. Da eine

Zusammenfassung der Arbeitgeber zu einem Zwangsverband wegen Art 9 Abs 3 GG ausscheidet, tariffähig also eine Vereinigung nur bei Freiwilligkeit ihres Zusammenschlusses ist, kann auch der einzelne Arbeitgeber Partei eines Tarifvertrags sein. Auch der **Arbeitgeber, der sich einer Koalition anschließt**, bleibt tariffähig (BAG 10. 12. 2002 – 1 AZR 96/02, AP Nr 162 zu Art 9 GG Arbeitskampf; FISCHINGER ZTR 2005, 518 [523 ff]).

762 Den mit dem einzelnen Arbeitgeber abgeschlossenen Tarifvertrag bezeichnet man als **Firmentarifvertrag**. Von ihm ist der firmen-, betriebs- oder unternehmensbezogene Verbandstarifvertrag zu unterscheiden, der mit einem Arbeitgeberverband abgeschlossen wird, in seinem Geltungsbereich aber auf einen bestimmten Betrieb oder ein bestimmtes Unternehmen beschränkt wird. Auch ein solcher **firmenbezogener Verbandstarifvertrag** ist grundsätzlich zulässig, wobei jedoch der verbandsrechtliche Gleichbehandlungsgrundsatz zu beachten ist (ausf STAUDINGER/RICHARDI [2005] Vorbem 620 ff zu §§ 611 ff; vgl FISCHINGER, Arbeitskämpfe bei Standortverlagerung und -schließung [2006] 89 ff; ablehnend gegenüber einer Bindung der Tarifvertragsparteien an interne Verbandspflichten; OETKER, in: WIEDEMANN, TVG § 2 Rn 189 ff; BIEDENKOPF, Grenzen der Tarifautonomie [1964] 83; dagegen RICHARDI, Kollektivgewalt 350 f). Durch diese Begrenzung im Geltungsbereich auf ein Unternehmen bzw einen Betrieb unterscheiden sie sich von dem sog **Flächentarifvertrag**.

b) Abschluss

763 Der Tarifvertrag ist, auch soweit er Rechtsnormen enthält, ein **rechtsgeschäftlicher Tatbestand**. Er kommt durch Vertrag zustande (§§ 145 ff), der der **Schriftform** (§ 1 Abs 2 TVG) bedarf; ein nur mündlich geschlossener Tarifvertrag ist nichtig (§ 125). Möglich ist, dass auf einer oder beiden Seiten mehrere Parteien stehen (mehrgliedriger Tarifvertrag); in diesem Fall besteht zwischen den Vertragspartnern keine rechtliche Gemeinschaft, insbesondere keine Gesamthand. Die Rechtslage ist vielmehr im Allgemeinen so, als handelte es sich um mehrere selbstständig abgeschlossene Tarifverträge. Vertretung (§ 164) ist wie bei jedem Vertragsschluss möglich. Allerdings muss der Vertreter erkennbar im Namen des Vertretenen gehandelt haben; der bloße Abschluss eines Tarifvertrags durch eine Konzernobergesellschaft hat daher nicht automatisch zur Folge, dass auch die Tochtergesellschaften unmittelbar zwingend an den Tarifvertrag gebunden sind (BAG 18. 11. 2009 – 4 AZR 491/08, AP Nr 13 zu § 2 TVG Firmentarifvertrag).

5. Bindung an den Tarifvertrag

764 Tarifgeltung haben die Tarifnormen nur, wenn die **Arbeitsvertragsparteien tarifgebunden** sind. Insoweit ist grundlegend zwischen einer normativen Bindung, einer nur schuldrechtlichen Bindung kraft Bezugnahmeklausel, den gesetzlichen Anordnungen aufgrund einer Allgemeinverbindlicherklärung (§ 5 TVG) oder Rechtsverordnung (§§ 7, 7a AEntG, § 3a AÜG) sowie dem Sonderfall einer Bindung an den Tarifvertrag infolge eines Betriebsübergangs kraft gesetzlicher Anordnung nach § 612a Abs 1 S 2–4 zu differenzieren. Jede dieser Spielarten unterliegt nicht nur unterschiedlichen Voraussetzungen, sondern führt auch zu ganz unterschiedlichen Rechtsfolgen. Im Folgenden wird zunächst nur auf den Grundfall der Tarifgeltung kraft Mitgliedschaft eingegangen. Auf die anderen Formen wird unter Rn 820 ff eingegangen.

a) Tarifgebundenheit kraft Mitgliedschaft

Der **Arbeitgeber** ist normativ tarifgebunden, wenn er entweder selbst Partei des Tarifvertrags oder Mitglied des Arbeitgeberverbands ist, der den Tarifvertrag abgeschlossen hat, § 3 Abs 1 TVG. Eine Besonderheit besteht bei der sog **OT-Mitgliedschaft** (Ohne-Tarifbindung-Mitgliedschaft). Aufgrund ihrer Koalitionsfreiheit und ihrer Verbandsautonomie haben die Arbeitgeberverbände die Möglichkeit, neben der Vollmitgliedschaft eine solche zweite Form der Mitgliedschaft anzubieten. In diesem Fall gelten die vom Verband geschlossenen Tarifverträge grundsätzlich nicht für die Mitglieder, die dem Verband aufgrund einer OT-Mitgliedschaft angehören. Tarifrechtlich wirksam ist eine solche OT-Mitgliedschaft aber immer nur dann, wenn keine unmittelbare Einflussnahme von OT-Mitgliedern auf tarifpolitische Entscheidungen stattfindet; wird hiergegen verstoßen, ist die Mitgliedschaft *als* OT-Mitgliedschaft mit der Folge unwirksam, dass auch das scheinbare OT-Mitglied an den Tarifvertrag gebunden ist (siehe im Einzelnen näher BAG 4. 6. 2008 – 4 AZR 419/07, AP Nr 38 zu § 3 TVG; BAG 22. 4. 2009 – 4 AZR 111/08, AP Nr 26 zu § 3 TVG Verbandszugehörigkeit; BAG 20. 5. 2009 – 4 AZR 179/08, AP Nr 27 zu § 3 TVG Verbandszugehörigkeit; BAG 26. 8. 2009 – 4 AZR 294/08, ZTR 2010, 188; BAG 15. 12. 2010 – 4 AZR 256/09, NZA-RR 2012, 260; BAG 21. 11. 2012 – 4 AZR 27/11, ZTR 2013, 434; BAG 12. 2. 2014 – 4 AZR 450/12, ZTR 2014, 330; kritisch Bauer/Haussmann RdA 2009, 99 [104 ff]).

765

Da auf Arbeitnehmerseite Tarifverträge ausschließlich von Gewerkschaften geschlossen werden (§ 2 TVG), sind an diese nach der gesetzlichen Grundkonzeption nur diejenigen **Arbeitnehmer** gebunden, die Mitglied der tarifschließenden Gewerkschaft sind. Dies setzt (wie spiegelbildlich bei der Bindung eines Arbeitgebers an einen Verbandstarifvertrag) einen freiwilligen Beitritt zur Gewerkschaft voraus. Mit der Beitrittserklärung unterwirft sich das Mitglied der Vereinsgewalt und ermächtigt den Verband, für es Tarifverträge mit unmittelbarer und zwingender Wirkung abzuschließen.

766

Wenn der Arbeitnehmer oder der Arbeitgeber während der Laufzeit eines Tarifvertrags aus dem tarifschließenden Verband ausscheidet, ändert dies an der Tarifgebundenheit zunächst nichts. Diese bleibt vielmehr, wie sich aus § 3 Abs 3 TVG ergibt, bestehen, bis der Tarifvertrag endet. Diese sog **Nachbindung** dient der Sicherung der Funktionstüchtigkeit des Tarifvertragssystems, könnte sonst doch va die Arbeitgeberseite die praktische Wirksamkeit abgeschlossener Tarifverträge jederzeit durch Flucht aus dem Arbeitgeberverband konterkarieren. Entsprechend dieser Zwecksetzung ist Voraussetzung für die Nachbindung, dass die Beendigung der Mitgliedschaft nicht durch die Auflösung des tarifschließenden Verbands herbeigeführt wird, sondern auf einem Austritt oder Ausschluss aus der Vereinigung beruht (vgl BAG 15. 10. 1986 – 4 AZR 289/85, BAGE 53, 179 [182 ff]; **aA** Oetker, in: Wiedemann, TVG § 3 Rn 64 ff, 72 ff). Diese Nachbindung endet, wenn der Tarifvertrag durch Zeitablauf, Aufhebungsvertrag oder Kündigung beendet wird; nach zutreffender hM gilt Gleiches, wenn der Tarifvertrag – wenn auch vielleicht nur partiell – geändert wird (BAG 17. 5. 2000 – 4 AZR 363/99, NZA 2001, 453 [456]; BAG 7. 11. 2001 – 4 AZR 703/00, NZA 2002, 748 [749 f]; HWK/Henssler § 3 TVG Rn 44; Schaub/Treber, ArbRHdb § 205 Rn 36; **aA** Lorenz, in: Däubler § 3 TVG Rn 122). Endet die Nachbindung, schließt sich die **Nachwirkung** nach § 4 Abs 5 TVG an (dazu Rn 816 ff).

767

b) Geltungsbereich

768 Neben der Tarifgebundenheit ist für eine normative Tarifgeltung ferner Voraussetzung, dass der Arbeitnehmer und der Arbeitgeber unter den **Geltungsbereich** des jeweiligen Tarifvertrags fallen, § 4 Abs 1 S 1 TVG. Diesen legen die Tarifvertragsparteien selbst fest, dürfen dabei aber nicht ihre Tarifzuständigkeit überschreiten. Man unterscheidet den räumlichen, betrieblichen, fachlichen, persönlichen und zeitlichen Geltungsbereich. Mit dem *räumlichen Geltungsbereich* ist die Unterscheidung nach dem Tarifgebiet gemeint. Beim *betrieblichen Geltungsbereich* geht es um die Art des Betriebes. Er ist von besonderer Bedeutung, weil die Gewerkschaften und Arbeitgeberverbände überwiegend nach dem Industrieverbandsprinzip organisiert sind. Mit dem *fachlichen Geltungsbereich* wird der betriebliche Geltungsbereich eingeschränkt. Bei ihm geht es um die Art der Tätigkeit, also darum, ob der Tarifvertrag für technische oder kaufmännische Angestellte gilt. Mit dem *persönlichen Geltungsbereich* wird festgelegt, welche Merkmale persönlicher Art ein Arbeitnehmer erfüllen muss; zB kann ein Tarifvertrag nur für Arbeiter oder Angestellte gelten. Mit dem *zeitlichen Geltungsbereich* wird schließlich geregelt, wann der Tarifvertrag in Kraft tritt und wann er sein Ende finden soll (s auch Rn 811 ff).

6. Inhalt des Tarifvertrags

769 Neben einem schuldrechtlichen Teil, zu dem insbesondere die Friedens- und die Durchführungspflicht gehört (vgl dazu näher STAUDINGER/RICHARDI/FISCHINGER [2011] Vorbem 774 f zu §§ 611 ff), enthält der Tarifvertrag Rechtsnormen, die den Inhalt, den Abschluss und die Beendigung von Arbeitsverhältnissen sowie betriebliche und betriebsverfassungsrechtliche Fragen ordnen können. Hinzu kommen Rechtsnormen über gemeinsame Einrichtungen der Tarifvertragsparteien (§ 4 Abs 2 TVG). Für das Verständnis der Wirkungsweise von Tarifverträgen ist die Kenntnis dieser verschiedenen Rechtsnormarten essentiell.

a) Inhaltsnormen

770 Den Hauptgegenstand von Tarifverträgen bilden die Rechtsnormen, die den Inhalt der einzelnen Arbeitsverhältnisse regeln, die sog Inhaltsnormen. Bei ihnen handelt es sich um Bestimmungen, die ihrem Wesen nach durch Einzelarbeitsvertrag vereinbart werden können.

771 Besondere Bedeutung haben die Tarifbestimmungen über die **Arbeitsentgelte**. Die allgemeinen Bestimmungen, insbesondere die Regelung über die Gehalts- und Lohngruppen, sind meist in einem Manteltarifvertrag vereinbart, während die Höhe des Arbeitsentgelts in besonderen Lohn- und Gehaltstarifverträgen geregelt wird (vgl zu Einzelheiten THÜSING, in: WIEDEMANN, TVG § 1 Rn 470 ff). Ebenfalls ist regelmäßig im Manteltarifvertrag eine **Arbeitszeitregelung** enthalten, in der die Dauer der regelmäßigen Wochenarbeitszeit sowie die Behandlung von Überstunden (dazu § 612 Rn 30 ff) festgelegt ist. Schließlich findet sich im Manteltarifvertrag der meisten Wirtschaftszweige eine Regelung des Erholungsurlaubs, wobei dessen Dauer meist höher ist als die des gesetzlichen Urlaubsanspruchs nach § 2 BUrlG.

772 Die tarifvertragliche Normsetzungsmacht ist nicht auf die Bestimmungen beschränkt, welchen Inhalt ein Arbeitsverhältnis haben soll *(positive Inhaltsnormen)*, sondern es kann auch festgelegt werden, welchen Inhalt ein Arbeitsverhältnis nicht haben kann *(negative Inhaltsnormen)*. Beispielsweise kann in einem Tarifvertrag Mehrarbeit oder Samstagsarbeit verboten werden. Dann ist der Arbeitnehmer, für den der Tarifvertrag gilt, nicht verpflichtet, Überstunden zu leisten oder am Samstag zu arbeiten. Eine negative Inhaltsnorm liegt auch vor, wenn der Tarifvertrag für den zeitlichen Umfang der geschuldeten Arbeitsleistung eine Mindest- oder Höchstgrenze festlegt. Durch die Ausgestaltung ihrer Regelung als positive oder als negative Inhaltsnorm können die Tarifvertragsparteien aber nicht die ihnen durch das Günstigkeitsprinzip gezogene Grenze ihrer Regelungsbefugnis überschreiten (Richardi, in: Verhandlungen des 61. DJT [1996] I/B 91 f; zum Günstigkeitsprinzip vgl Rn 792 ff).

b) Abschlussnormen

Abschlussnormen regeln den Abschluss von Arbeitsverhältnissen. Sie können weiter unterteilt werden in: 773

aa) Konstitutive Vorschriften für den Abschluss von Arbeitsverträgen. Es kann 774 festgelegt werden, dass der Arbeitsvertrag eine bestimmte Form wahren muss. Im Allgemeinen ist bei einer derartigen Formvorschrift aber nicht anzunehmen, dass von ihrer Einhaltung die Begründung des Arbeitsverhältnisses abhängen soll; es handelt sich vielmehr nur um deklaratorische Formvorschriften, die den Parteien des Arbeitsvertrages einen Anspruch auf eine schriftliche Festlegung des Vertragsinhalts gewähren.

bb) Zu den Abschlussverboten gehören ferner Regelungen, die den Abschluss 775 eines Arbeitsvertrags schlechthin verbieten **(Abschlussverbote)**. Da es aber nicht darum gehen kann, für einen bestimmten fachlichen oder persönlichen Geltungsbereich die Begründung von Arbeitsverhältnissen auszuschließen, hat ein derartiges Abschlussverbot im Allgemeinen lediglich die Bedeutung eines Verbots der Beschäftigung *bestimmter Arbeitnehmer* auf *bestimmten Arbeitsplätzen*. Zu den Abschlussverboten können auch die Tarifnormen zählen, die den Abschluss eines Arbeitsvertrags mit einem bestimmten Inhalt verbieten. Voraussetzung ist allerdings, dass bei einem Verstoß das Arbeitsverhältnis nicht zustande kommen soll. Wird dagegen lediglich verboten, eine bestimmte Abrede zu treffen, wie bei dem Verbot einer Wettbewerbsabrede, so handelt es sich um eine negative Inhaltsnorm (s auch Rn 772), nicht um eine Abschlussnorm.

Inhaltsnormen und Abschlussnormen gelten unmittelbar und zwingend nur zwi- 776 schen den beiderseits tarifgebundenen Arbeitgebern und Arbeitnehmern. Da die Tarifbestimmungen, die die Beschäftigung bestimmter Arbeitnehmer auf bestimmten Arbeitsplätzen verbieten, auch zu den betrieblichen Normen gehören, die für den Betrieb bereits bei Tarifgebundenheit des Arbeitgebers gelten (§ 3 Abs 2 TVG; s auch Rn 780 ff), ist stets zu prüfen, ob eine derartige Regelung überhaupt den Charakter einer Abschlussnorm hat; denn die Beschränkung der Rechtsgeltung auf beiderseits Tarifgebundene ist wenig sinnvoll, wenn es sich um Einstellungsverbote handelt, die den Zugang zu einem Arbeitsplatz überhaupt verwehren.

Besetzungsregeln, die an die Besetzung eines Arbeitsplatzes bestimmte fachliche 777 oder persönliche Erfordernisse stellen (qualitative Besetzungsregeln) oder festlegen, wie die Belegschaftsstruktur zahlenmäßig gestaltet sein soll (quantitative Besetzungsregeln), sind im Zweifel lediglich als betriebliche Normen zu interpretieren

(BAG 26. 4. 1990 – 1 ABR 84/87, NZA 1990, 850 [853]; BAG 22. 1. 1991 – 1 ABR 19/90, NZA 1991, 675 [677]; BAG 18. 3. 2008 – 1 ABR 81/06, NZA 2008, 832 [835]; RICHARDI, Kollektivgewalt 238 f; aA LAG Düsseldorf 19. 9. 1960 – 1 Sa 300/60, AP Nr 1 zu § 4 TVG Lehrlingsskalen; vgl auch ebenso THÜSING, in: WIEDEMANN, TVG § 1 Rn 368).

778 cc) **Abschlussgebote** sind Tarifbestimmungen, die den Arbeitgeber verpflichten, unter den in ihnen genannten Voraussetzungen mit einem Arbeitnehmer einen Arbeitsvertrag abzuschließen (s auch Rn 532). Durch sie wird also **für den Arbeitgeber**, nicht aber für den Arbeitnehmer ein **Kontrahierungszwang** begründet (ebenso THÜSING, in: WIEDEMANN, TVG § 1 Rn 604). Eine derartige Abschlussnorm liegt vor, wenn in einem Tarifvertrag bei Entlassung wegen ungünstiger Witterung den davon betroffenen Arbeitnehmern der Anspruch auf Wiedereinstellung eingeräumt wird, wenn die Wiederbeschäftigung möglich ist (vgl auch BAG 16. 6. 1987 – 1 AZR 528/85, BAGE 55, 344 [354]).

c) **Beendigungsnormen**

779 Beendigungsnormen regeln die Beendigung des Arbeitsverhältnisses. Dazu zählen tarifliche **Altersgrenzen**, die ein automatisches Ende des Arbeitsverhältnisses vorsehen, ohne dass es einer Kündigung bedarf. Zu unterscheiden ist zwischen allgemeinen Altersgrenzen, die an das Erreichen der Regelaltersgrenze für den Bezug einer Rente wegen Alters anknüpfen, und speziellen Altersgrenzen, die eine Beendigung vorher vorsehen. Diese früher meist großzügig akzeptierten Altersgrenzen sind durch das AGG unter erheblichen Rechtfertigungsdruck geraten und können oftmals nicht aufrechterhalten werden (näher Rn 475 ff). Zu Beendigungsnormen zählen des Weiteren Regeln über die **Befristung von Arbeitsverhältnissen**, insbesondere darüber, was als sachlicher Grund (§ 14 Abs 1 TzBfG) anzuerkennen ist, sowie zur **Kündigung** (näher THÜSING, in: WIEDEMANN, TVG § 1 Rn 642 ff, 675 ff).

d) **Rechtsnormen über betriebliche Fragen (Betriebsnormen)**

780 Eine besondere Gruppe der Tarifnormen bilden die Rechtsnormen über betriebliche Fragen, die sog betrieblichen Normen oder Betriebsnormen. Das TVG folgt insoweit einem Unterschied, der in der tatsächlichen Gestaltung des Arbeitsverhältnisses innerhalb eines Betriebes begründet ist. Es ist dies die Erkenntnis, dass die Gestaltung des Arbeitsverhältnisses in der Wirklichkeit nicht nur durch Beziehungen bestimmt wird, die den Arbeitnehmer als Einzelnen mit dem Arbeitgeber verbinden, sondern auch durch Beziehungen geprägt wird, die nur für alle Arbeitnehmer gemeinsam oder einheitlich für eine Gruppe von ihnen bestehen und deshalb den Einzelnen nur als Glied der Gemeinschaft erfassen (zur Herkunft und Entstehungsgeschichte bei LOTMAR und SINZHEIMER; näher STAUDINGER/RICHARDI/FISCHINGER [2011] Vorbem 712 zu §§ 611 ff).

781 **Was unter den Begriff der Betriebsnorm fällt**, ist im Einzelnen umstritten. Bedeutsam ist die Abgrenzung zu Inhaltsnormen va, weil Letztere nur Geltung beanspruchen, wenn sowohl Arbeitgeber wie Arbeitnehmer tarifgebunden sind (§§ 4 Abs 1 S 1, 3 Abs 1 TVG), genügt bei Betriebsnormen die Tarifgebundenheit des Arbeitgebers (§§ 4 Abs 1 S 2, 3 Abs 2 TVG). Für die Einordnung unter die Betriebsnormen genügt nicht, dass die Bedeutung einer tariflichen Normierung über das einzelne Arbeitsverhältnis hinausreicht, sondern mit Rücksicht auf die negative Koalitionsfreiheit der Außenseiter bedarf, wie das BAG zutreffend feststellt, der sachlich-ge-

genständliche Bereich der Betriebsnormen einer „weiteren Eingrenzung" (BAG 26. 4. 1990 – 1 ABR 84/87, BAGE 64, 368 [382]). Das BAG lässt aber offen, worin die weitere Eingrenzung liegt; denn es beschränkt sich im Wesentlichen auf die Feststellung: „Immer dann, wenn eine Regelung nicht Inhalt eines Individualarbeitsvertrages sein kann, handelt es sich um Betriebsnormen und nicht um Inhalts- oder Abschlussnormen" (BAG 26. 4. 1990 – 1 ABR 84/87, BAGE 64, 368 [383]). Kriterium soll die **evident sachlogische Unzweckmäßigkeit einer individualvertraglichen Regelung** sein (BAG 26. 4. 1990 – 1 ABR 84/87; bestätigt von BAG 17. 6. 1997 – 1 ABR 3/97, BAGE 86, 126 [130 f]). Damit bleibt aber offen, welche Regelungsmaterien genau den sachlich-gegenständlichen Bereich der Betriebsnormen bilden (ebenso GIESEN, Tarifvertragliche Rechtsgestaltung 419 ff). Für die Zuordnung zu den Betriebsnormen genügt jedenfalls nicht, dass die Regelungsmaterie eine **nach § 87 Abs 1 BetrVG mitbestimmungspflichtige Angelegenheit** ist (vgl RICHARDI, in: Verhandlungen des 61. DJT [1996] I/B 70 f; GAMILLSCHEG, Kollektives Arbeitsrecht I 589; aA SÄCKER/OETKER, Tarifautonomie 145 ff; GIESEN, Tarifvertragliche Rechtsgestaltung 449 ff; H HANAU RdA 1996, 158 [173 ff]; siehe näher STAUDINGER/RICHARDI/ FISCHINGER [2011] Vorbem 720 zu §§ 611 ff).

Traditionell werden Betriebsnormen **in Solidar- und Ordnungsnormen** aufgespalten (RICHARDI, in: Verhandlungen des 61. DJT [1996] I/B 70; ebenso RIEBLE, Arbeitmarkt und Wettbewerb 459). Durch die *Solidarnormen* wird der Arbeitgeber zu Maßnahmen verpflichtet, die dem Schutz oder der Fürsorge für die gesamte Belegschaft oder für bestimmte Gruppen von Arbeitnehmern dienen. Sie erfassen insbesondere auch Abweichungen vom öffentlich-rechtlichen Arbeitnehmerschutz. Aber schon bei ihnen hat man zu beachten, dass die evident sachlogische Unzweckmäßigkeit einer Unterscheidung von organisierten und nichtorganisierten Arbeitnehmern den Tarifvertragsparteien keinen Übergriff auf die Rechtsverhältnisse der Außenseiter gestattet; denn die in den Arbeitsgesetzen enthaltenen Öffnungsklauseln verlangen, dass die Anwendung der Tarifvertragsregelung auf der Ebene des Einzelarbeitsvertrags vereinbart ist, wenn sie auch zwischen nichttarifgebundenen Arbeitgebern und Arbeitnehmern gelten soll. Zu den Betriebsnormen gehören ferner *Ordnungsnormen,* die **Vorschriften über das Ordnungsverhalten der Arbeitnehmer im Betrieb** machen, sowie **sonstige Regelungen, die Betriebsmittel und Arbeitseinsatz betreffen**. 782

Zu den Solidar- und Ordnungsnormen gesellten sich die sog **Zulassungsnormen**, die die Abweichung von einer zwingenden rechtlichen Arbeitnehmerschutzbestimmung gestatten (s NIKISCH II 301). Bei ihnen ist allerdings Voraussetzung, dass das Gesetz eine Öffnungsklausel enthält. Eine Zuordnung zu den Betriebsnormen hat zur Folge, dass für die Tarifgeltung die Tarifgebundenheit des Arbeitgebers genügt (§ 3 Abs 2 TVG). Der Gesetzgeber geht aber vom Gegenteil aus; denn die Öffnungsklauseln für die Tarifvertragsparteien sind, wenn man von § 7 ArbZG absieht, so gestaltet, dass die vom Gesetz abweichenden Tarifvertragsbestimmungen nur dann zwischen nichttarifgebundenen Arbeitgebern und Arbeitnehmern im Geltungsbereich des Tarifvertrags gelten, wenn ihre Anwendung zwischen ihnen vereinbart ist (vgl § 622 Abs 4 S 2 BGB, § 8 Abs 4 S 3 und 4, § 14 Abs 2 S 3 und 4 TzBfG, § 4 Abs 4 S 2 EFZG, § 3 Abs 1 Nr 3 S 2 und 3, § 9 Nr 2 HS 3 und 4 AÜG). Für die Arbeitgeberseite gilt dies uneingeschränkt, während sich für die Arbeitnehmerseite eine Ausnahme daraus ergeben kann, dass man die Regelungsmaterie den betrieblichen Fragen zuordnet. Damit steht zugleich fest, dass die Zulassungsnormen keine Un- 783 tergliederung der Tarifnormen über betriebliche Fragen sind (ebenso GIESEN, Tarifvertragliche Rechtsgestaltung 410).

e) Rechtsnormen über betriebsverfassungsrechtliche Fragen (Betriebsverfassungsnormen)

784 Betriebsverfassungsrechtlich sind die **Fragen, die sich auf die Rechtsstellung der Belegschaft gegenüber Arbeitgeber und Arbeitnehmer innerhalb der Arbeitsorganisation eines Unternehmens beziehen.** Sie ist von der Unternehmensverfassung zu unterscheiden, bei der die Mitbestimmung durch Beteiligung der Arbeitnehmer an der Auswahl und Kontrolle der Unternehmensleitung erfolgt (THÜSING, in: WIEDEMANN, TVG § 1 Rn 760; ebenso BEUTHIEN ZHR 148 [1984] 95 [99 f]); sie gehört nicht zur Verfassung der Arbeitsorganisation eines Unternehmens, sondern ist „der Regelung der Organisation der juristischen Person zuzurechnen" (FLUME, Allgemeiner Teil des Bürgerlichen Rechts I/2 [1983] 53).

785 Nach Ansicht des BAG und einem Teil des Schrifttums soll sich aus § 1 Abs 1 TVG ergeben, dass die Tarifvertragsparteien allgemein und umfassend dazu befugt seien, betriebsverfassungsrechtliche Fragen tarifautonom zu regeln (BAG 18. 8. 1987 – 1 ABR 30/86, BAGE 56, 18 [33 ff]; vor allem BAG 10. 2. 1988 – 1 ABR 70/86, BAGE 57, 317; GAMILLSCHEG, Kollektives Arbeitsrecht I 595 ff; JAHNKE, Tarifautonomie und Mitbestimmung [1984] 190 ff). Dabei hat man jedoch zu beachten, dass die Zulässigkeit einer Betriebsverfassungsnorm keine Rechtsetzungsbefugnis gegenüber Außenseitern eröffnet (vgl RICHARDI, Kollektivgewalt 246; DIETERICH, in: FS Däubler [1999] 451 [458 f]). Die Tarifautonomie umfasst keine betriebsverfassungsrechtliche Zuständigkeit der Tarifvertragsparteien. Sie können insbesondere keine betriebsverfassungsrechtliche Regelungsbefugnis für sich in Anspruch nehmen; denn durch sie wird eine Regelungsmacht gegenüber nicht tarifgebundenen Arbeitnehmern eröffnet, obwohl insoweit eine mitgliedschaftliche Legitimation fehlt (vgl zu deren Bedeutung für Inhalt und Reichweite der tarifvertraglichen Rechtsetzungsbefugnis BVerfG 14. 6. 1983 – 2 BvR 488/80, BVerfGE 64, 208 [214 f]).

786 Deshalb kann man § 1 Abs 1 TVG nicht dahin interpretieren, dass durch Tarifvertrag eine betriebsverfassungsrechtliche Zuständigkeit zur Regelung begründet werden kann (vgl GIESEN, Tarifvertragliche Rechtsgestaltung 334 ff; RICHARDI NZA 1988, 673 [675]). Auch § 3 Abs 2 TVG räumt den Tarifvertragsparteien keine gesonderte, nicht durch Art 9 Abs 3 GG gesicherte Regelungsbefugnis ein, „statt der Betriebsparteien betriebliche und betriebsverfassungsrechtliche Fragen zu regeln, um den Vorrang der Koalition auch im Betrieb zu wahren" (so aber BIEDENKOPF, Grenzen der Tarifautonomie [1964] 310). Betriebsverfassungsnormen teilen mit den Rechtsnormen über betriebliche Fragen denselben teleologischen Charakter. Auch sie betreffen Angelegenheiten, die im Betrieb nur einheitlich geordnet werden können; auch sie sind allein deshalb mit normativer Wirkung ausgestattet, um dem tarifgebundenen Arbeitgeber eine Bindung aufzuerlegen.

787 Überdies besteht die Befugnis der Tarifvertragsparteien, Betriebsverfassungsnormen zu vereinbaren, **nur in den Grenzen der gesetzlichen Ordnung der Betriebsverfassung.** So ist unstritig, dass die **Organisation der Betriebsvertretung** durch das Gesetz abschließend gestaltet ist; es ist jeweils gesetzlich besonders angeordnet, ob und in welchem Umfang durch Tarifvertrag eine abweichende Regelung getroffen werden kann, zB in § 3 Abs 1, § 38 Abs 1 S 5, § 47 Abs 4, § 55 Abs 4 S 1, § 72 Abs 4, § 76

Abs 8, § 76a Abs 5 und § 86 BetrVG (vgl BAG 10. 2. 1988 – 1 ABR 70/86, BAGE 57, 317 [324 f]). Umstritten ist hingegen, ob durch Tarifvertrag die dem Betriebsrat zugewiesene **Mitwirkung und Mitbestimmung** in sozialen, personellen und wirtschaftlichen Angelegenheiten geändert, insbesondere **erweitert und verstärkt** werden kann (ausf und mwNw STAUDINGER/RICHARDI/FISCHINGER [2011] Vorbem 727 f zu §§ 611 ff; RICHARDI, in: RICHARDI, BetrVG Einl Rn 146; HARTMANN, Negative Arbeitsvertragsfreiheit [2014], 278 ff).

Die Betriebsverfassung des öffentlichen Dienstes ist in den **Personalvertretungsgesetzen** geregelt. Für das Personalvertretungsrecht des Bundes ordnet § 3 BPersVG an, dass durch Tarifvertrag das Personalvertretungsrecht nicht abweichend von diesem Gesetz geregelt werden kann. Für die Landesgesetzgebung gilt als – seit der Föderalismusreform nicht mehr bindende – Rahmenvorschrift, dass durch Tarifvertrag eine von den gesetzlichen Vorschriften abweichende Regelung des Personalvertretungsrechts nicht zugelassen werden darf (§ 97 BPersVG). 788

f) Rechtsnormen über gemeinsame Einrichtungen der Tarifvertragsparteien, § 4 Abs 2 TVG

Gemeinsame Einrichtungen sind von den Tarifvertragsparteien geschaffene Einrichtungen, deren Zweck und Organisation durch Tarifvertrag festgelegt wird. Sie spielen vor allem im Baugewerbe eine Rolle. Gemeint sind hier zB die Urlaubskasse und die Lohnausgleichskasse. Die Rechtsnormen über gemeinsame Einrichtungen bilden einen selbstständigen Regelungskomplex, der im Katalog des § 1 Abs 1 TVG nicht genannt wird. Wie sich aus § 4 Abs 2 TVG ergibt, gilt ihre Regelung für die Satzung der gemeinsamen Einrichtung und deren Rechtsbeziehungen zu Arbeitgebern und Arbeitnehmern. Regelungsgegenstand ist nicht das Arbeitsverhältnis, sondern neben der Organisation das Rechtsverhältnis zu der gemeinsamen Einrichtung. Das Arbeitsverhältnis bildet lediglich den Anknüpfungspunkt für Leistungen, bei deren Erbringung die gemeinsame Einrichtung an die Stelle des Arbeitgebers tritt. Sie wird dadurch in das Leistungsverhältnis zwischen Arbeitgeber und Arbeitnehmer einbezogen. Bei nicht-ständiger Beschäftigung eines Arbeitnehmers kann dadurch gesichert werden, dass ein Arbeitnehmer beispielsweise Urlaub erhält; denn bei Kurzfristigkeit der Beschäftigung (zB im Baugewerbe) erfüllt er bei dem einzelnen Arbeitgeber im Allgemeinen nicht die Wartezeit für den Erwerb des Urlaubsanspruchs. 789

7. Normwirkung

a) Unabdingbarkeit

Inhalts- und Abschlussnormen gelten **unmittelbar** und **zwingend** zwischen den beiderseits tarifgebundenen Arbeitsvertragsparteien, die unter den Geltungsbereich des Tarifvertrags fallen (§ 4 Abs 1 S 1 TVG). Beide Wirkungen werden im Oberbegriff der Unabdingbarkeit zusammengefasst. Durch sie wird der grundsätzliche Vorrang des Tarifvertrags vor dem Einzelarbeitsvertrag verwirklicht und sichergestellt, dass die Tarifnormen nicht nur ohne, sondern auch gegen den Willen der Arbeitsvertragsparteien den Inhalt des Arbeitsverhältnisses gestalten. 790

Die zwingende Geltung führt für die Dauer ihrer Wirkung nur zur **Verdrängung** der arbeitsvertraglichen Vereinbarung, macht diese aber **nicht nichtig**. Relevant kann das werden, wenn die Tarifgeltung endet, weil dann die vormals verdrängten arbeitsvertraglichen Regelungen wieder aufleben können. 791

b) Das Günstigkeitsprinzip als Schranke der Normwirkung
aa) Allgemeines

792 Nach § 4 Abs 3 TVG sind von den Tarifnormen abweichende Abmachungen „nur zulässig, soweit sie durch den Tarifvertrag gestattet sind oder eine Änderung der Regelungen zugunsten des Arbeitnehmers enthalten". Damit wird die zwingende Geltung der Tarifnormen begrenzt. Dies beruht auf zwei verschiedenen Grundgedanken: Die Gestattung von Abweichungen im Tarifvertrag ergibt sich aus dem Vorrang des Kollektivwillens, die stets zulässige Abweichung zugunsten des Arbeitnehmers beruht auf einer **Begrenzung der Tarifmacht** aus dem Günstigkeitsprinzip. Dieses ist logische Folge der Grundkonzeption des Tarifvertragssystems, das als Arbeitnehmerschutzinstrument stets nur Mindest-, nicht aber Höchstarbeitsbedingungen setzen kann. „**Abmachungen**" iSv § 4 Abs 3 TVG können nur Vereinbarungen sein, die in der Normenhierarchie unter dem Tarifvertrag stehen, dh insbesondere Betriebsvereinbarungen – bei denen aber die Tarifvorbehalte der §§ 77 Abs 3, 87 Abs 1 Einleitungssatz BetrVG zu beachten sind (dazu Rn 852 f) – sowie Arbeitsverträge. Im Verhältnis zu anderen Tarifverträgen gelten hingegen andere Prinzipien zur Auflösung der Kollision (dazu Rn 819). Die zeitliche Reihenfolge spielt für § 4 Abs 3 TVG keine Rolle, er gilt unabhängig davon, ob erst der Tarifvertrag oder erst der Arbeitsvertrag zustande kam.

bb) Vergleichsmaßstab

793 Die Anwendung des Günstigkeitsprinzips setzt voraus, dass die einzelvertragliche Abrede von der Tarifnorm abweicht. Ist das nicht der Fall, ist eine einzelvertragliche Vereinbarung zulässig, ohne dass es darauf ankommt, ob sie den Arbeitnehmer begünstigt oder belastet. Die Feststellung der Regelungsidentität ist ein Auslegungsproblem. Beide Gestaltungsfaktoren müssen denselben Gegenstand regeln können und regeln wollen. Damit stellt sich als erste Frage, wie Regelungsidentität und damit die zu vergleichenden Gegenstände zu ermitteln sind. Ein **isolierter Einzelvergleich** jeder einzelnen tariflichen mit jeder einzelnen arbeitsvertraglichen Regelung würde dem Regelungszusammenhang der Vertragswerke nicht gerecht werden und insbesondere die Konzeption des Tarifvertrags als „Paket des gegenseitigen Gebens und Nehmens" zerstören. Umgekehrt würde ein **Gesamtvergleich** im Sinne eines in-einen-Topf-Werfens aller Regeln von Tarif- und Arbeitsvertrag in der Praxis regelmäßig daran scheitern, dass manche Gegenstände schlicht nicht sinnvoll miteinander verglichen werden können (das BAG spricht plastisch von der Unmöglichkeit eines „Vergleichs von Äpfeln mit Birnen", zB BAG 20. 4. 1999 – 1 ABR 72/98, NZA 1999, 884 [893]). Nach zutreffender Auffassung sind bei der Feststellung der Regelungsidentität alle Bestimmungen des Tarifvertrags und der einzelvertraglichen Abrede miteinander zu vergleichen, die in einem offensichtlichen inneren Zusammenhang stehen (sog **Sachgruppenvergleich**, vgl BAG 20. 4. 1999 – 1 ABR 72/98, BAGE 91, 210 [231]; bereits BAG 19. 12. 1958 – 1 AZR 42/58, BAGE 7, 149 [151 f]; Nikisch II 434; Richardi, Kollektivgewalt 377). Fehlt es an einem derartigen Sachzusammenhang, gilt im Sinne eines Einzelvergleichs die jeweils günstigere Regelung.

794 Ob zwischen den einzelnen Bestimmungen ein derartiger innerer Zusammenhang besteht, entscheiden in erster Linie die **Parteien des Einzelarbeitsvertrags** *(subjektiv-innerer Zusammenhang)*. Gewährt der Arbeitgeber neben einer vertraglich vereinbarten Grundvergütung eine Zulage, so ist festzustellen, ob Grundgehalt und Zulage nur Rechnungsposten einer einheitlichen Vergütung bilden oder ob sich die Zulage nach dem Willen der Vertragsparteien als ein relativ selbstständiger, gesondert neben der Grundvergütung stehender Lohnbestandteil darstellt (vgl BAG 10. 12. 1965 – 4 AZR 411/64, BAGE 18, 22 [26]). Kann nicht festgestellt werden, was nach dem Willen der Einzelvertragsparteien in einem inneren Zusammenhang stehen soll, so ist nach § 157 maßgebend, ob eine Regelung mit anderen Bestimmungen nach der Verkehrsanschauung eine rechtliche Einheit bildet *(objektiv-innerer Zusammenhang)*. Bestimmungen über Urlaubsdauer und Urlaubsvergütung sind grundsätzlich als einheitliche Urlaubsregelung anzusehen und stehen deshalb in einem objektiv-inneren Zusammenhang. Eine einzelvertragliche Regelung kann auch mit einer Tarifnorm in einem inneren Zusammenhang stehen. Das ist anzunehmen, wenn der übertarifliche Lohn tarifvertraglich gewährte Zulagen abgelten soll. Die einzelvertragliche Abrede ist in diesem Fall nicht schon dann günstiger als der Tarifvertrag, wenn der übertarifliche Lohn den tarifvertraglichen Grundlohn übersteigt, sondern erst dann, wenn er höher ist als der Grundlohn und die Zulagen zusammen (ebenso BAG 19. 12. 1958 – 1 AZR 42/58, BAGE 7, 149 [152]). Ein derartiger Zusammenhang muss sich aber eindeutig aus der einzelvertraglichen Abrede ergeben; denn im Allgemeinen wird sich die Vereinbarung übertariflicher Entlohnung nur auf den Grundlohn beziehen, zu dem die im Tarifvertrag vorgesehenen Zuschläge hinzukommen sollen.

795 Da das Günstigkeitsprinzip nicht die für den Arbeitnehmer einseitig zwingende Geltung der Tarifnormen beseitigt, können in den Sachgruppenvergleich nur Regelungen einbezogen werden, für deren Bewertung es einen **gemeinsamen Maßstab** gibt (vgl BAG 20. 4. 1999 – 1 ABR 72/98, BAGE 91, 210 [231]). Das Günstigkeitsprinzip ist eine Kollisionsnorm. Was nicht miteinander verglichen werden kann, bildet deshalb nicht den Gegenstand eines Günstigkeitsvergleichs. Das BAG ist deshalb zu dem Ergebnis gekommen, dass Tarifbestimmungen über die Höhe des Arbeitsentgelts und über die Dauer der regelmäßigen Arbeitszeit nicht mit einer betrieblichen Arbeitsplatzgarantie verglichen werden können („Betriebliches Bündnis für Arbeit", BAG 20. 4. 1999 – 1 ABR 72/98, BAGE 91, 210 [230 ff]; **aA** für den Fall, dass die Existenz des Arbeitsplatzes aktuell bedroht ist, SCHLIEMANN, in: Recht und Freiheit – Symposion zu Ehren von Reinhard Richardi [2003] 1 [13 ff]).

cc) Das Günstigkeitsprinzip als Werturteil

796 Wenn feststeht, dass eine vertragliche Abrede von der Tarifnorm abweicht, ist im nächsten Schritt zu beurteilen, ob sie eine Änderung zugunsten des Arbeitnehmers darstellt. Der Günstigkeitsvergleich ist ein **Werturteil** (ebenso WLOTZKE, Das Günstigkeitsprinzip [1957] 72). Das Günstigkeitsprinzip wirkt, soweit es einzelvertragliche Abreden ermöglicht, als **Vorbehalt zugunsten der individuellen Vertragsfreiheit** (vgl RICHARDI, Kollektivgewalt 372, 381). Der unabdingbare Tarifvertrag „nivelliert nach unten, nicht nach oben" (SINZHEIMER, Ein Arbeitstarifgesetz [1916] 114). Daher ist für den Günstigkeitsvergleich weder auf ein von den Tarifvertragsparteien festgelegtes Interesse noch auf die subjektive Einschätzung eines Arbeitnehmers abzustellen, sondern darauf, ob die Vertragsgestaltung nach einem objektiven, vernünftigen Maßstab für den konkret betroffenen Arbeitnehmer günstiger ist als die Tarifnorm (hL; vgl GAMILLSCHEG, Kollektives Arbeitsrecht I 855 f; HUECK/NIPPERDEY II/1, 609; NIKISCH II 432; **aA**, soweit auf die Interessen des einzelnen Arbeitnehmers abgestellt wird, aus dessen subjektiver Sicht ein Sachgruppenvergleich vorzunehmen sei, GITTER, in: FS Wlotzke [1996] 297 [303]).

797 Die Beurteilung der Begünstigung bereitet keine Schwierigkeiten, wenn die vom

Tarifvertrag abweichende Abrede das Äquivalenzverhältnis zwischen Arbeitsleistung und Arbeitsentgelt betrifft. Wenn der Arbeitnehmer für denselben Lohn weniger zu arbeiten braucht oder für dieselbe Arbeitsleistung einen höheren Lohn erhält, als es tarifvertraglich vorgesehen ist, so ist die einzelvertragliche Abrede für ihn die günstigere Regelung. Zweifelhaft ist die Rechtslage aber bei der Regelung der **Arbeitszeitdauer**, weil mit deren Verlängerung eine Erhöhung, mit deren Verkürzung eine Verringerung des Arbeitseinkommens verbunden ist. Der auf den Preis der Arbeit bezogene Günstigkeitsvergleich versagt, soweit es um die Pflicht zur Arbeit geht. Da auch bei Tarifgeltung nicht der Tarifvertrag, sondern der Einzelarbeitsvertrag den Rechtsgrund für die Erbringung der Arbeitsleistung bildet, können durch Tarifnorm zwar Arbeitszeitgrenzen aufgestellt werden; durch sie kann aber das rechtsgeschäftliche Dienstleistungsversprechen keinen anderen Inhalt erhalten. Eine Tarifnorm über die Arbeitszeit kann nicht bewirken, dass die Vertragsabrede über den zeitlichen Umfang der geschuldeten Arbeitsleistung durch die Tarifnorm ersetzt wird. In Betracht kommt vielmehr nur, dass die Tarifnorm dem Arbeitnehmer das Recht einräumt, länger oder kürzer als bisher zu arbeiten, oder dass sie eine Mindest- oder Höchstgrenze festlegt, die für die beiderseits tarifgebundenen Arbeitsvertragsparteien eine Verbotsnorm begründet.

798 Das Günstigkeitsprinzip greift nach herrschendem Verständnis nur ein, wenn der **Nachweis der Günstigkeit** gelingt (vgl BAG 12. 4. 1972 – 4 AZR 211/71, BAGE 24, 228; Wank, in: Wiedemann, TVG § 4 Rn 478). Selbst wenn der Vergleich neutral ausfällt, hat nicht die arbeitsvertragliche Vereinbarung, sondern der Tarifvertrag Vorrang. Damit wird aber die im Schutzinteresse des Einzelnen errichtete Schranke abweichender Vertragsgestaltung zur Rechtsgrundlage für die Herstellung einheitlicher Ordnung unter Verdrängung individueller Selbstbestimmung. Der Einzelne erhält in ihr nicht mehr Schutz vor einer Übermacht des Arbeitgebers, sondern er wird den Entscheidungen der Verbandsrepräsentanten zur Wahrnehmung des von ihnen definierten Gruppeninteresses unterworfen. Gerechtfertigt wird dies mit der Annahme einer Ordnungsfunktion, die auch dann dem Individualinteresse entgegengesetzt wird, wenn die Vertragsgestaltung nach objektiven Kriterien nicht ungünstiger ist als die tarifvertraglich festgelegte Ordnung. Das aber widerspricht der Zweckbestimmung des Günstigkeitsprinzips, das die Kartellwirkung des Tarifvertrags auch gegenüber den tarifgebundenen Arbeitsvertragsparteien begrenzt.

dd) Günstigkeitsprinzip und übertarifliche Arbeitsbedingungen

799 (1) Weder aus der Unabdingbarkeit der Tarifnormen noch aus dem Günstigkeitsprinzip ergibt sich, dass die tarifvertraglich gewährte Vergünstigung auch den Arbeitnehmern zugute kommt, die bisher aufgrund einzelvertraglicher Vereinbarung übertarifliche Arbeitsbedingungen erhielten. Denn dem Tarifvertrag wird genügt, wenn die einzelvertraglich vereinbarten Arbeitsbedingungen nicht hinter den Tarifsätzen zurückbleiben. Die Frage, welchen Einfluss eine Erhöhung des Tariflohns auf eine übertarifliche Entlohnung hat, beantwortet deshalb allein der **Einzelarbeitsvertrag** (vgl BAG 6. 3. 1958 – 2 AZR 457/55, BAGE 5, 221 [223]; BAG 18. 8. 1971 – 4 AZR 342/70, BAGE 23, 399 [405]; BAG 19. 7. 1978 – 5 AZR 180/77 und BAG 4. 6. 1980 – 4 AZR 530/78, AP Nr 10 und 13 zu § 4 TVG Übertarifl Lohn u Tariflohnerhöhung; s auch Rn 911 ff). In Betracht kommt entweder eine Aufstockung des in der Vergangenheit gezahlten Zuschlags auf den neuen Tariflohn oder eine Anrechnung dieses Zuschlags auf die Tariflohnerhöhung. Meist fehlt eine ausdrückliche Erklärung, sodass nur durch Auslegung oder Ergänzung des Einzelarbeitsvertrags festgestellt werden kann, ob ein übertariflicher Lohn tarifbeständig ist. Diese Auslegung hat sich maßgeblich am **Zweck** der übertariflichen Zahlung und daran zu orientieren, ob dieser in einem Zusammenhang mit dem Zweck der tariflichen Leistung steht. Entsprechend ist regelmäßig eine **Aufsaugung** anzunehmen, wenn die Arbeitsvertragsparteien den Tariflohn als nicht hoch genug ansahen, wird dann durch die Tariflohnerhöhung das Ziel der Parteien erreicht; etwas anderes kann gelten, wenn die Tariflohnerhöhung praktisch nur einen Inflationsausgleich darstellt. Von einer **Aufstockung** wird man hingegen ausgehen können, wenn zwischen dem Tariflohn und der außertariflichen Leistung kein Zusammenhang besteht, wie zB einer Zulage für besonders gefährliche oder schmutzige Arbeit. Als Unklarheitenregel gilt, dass die bisherigen übertariflichen Arbeitsbedingungen von einer Tariflohnerhöhung **aufgesogen** werden (vgl BAG 18. 8. 1971 – 4 AZR 342/70, BAGE 23, 399 [403]; BAG 8. 12. 1982 – 4 AZR 481/80, AP Nr 15 zu § 4 TVG Übertarifl Lohn u Tariflohnerhöhung mwNw; HUECK/NIPPERDEY II/1, 595; s auch Rn 911).

(2) Zweifelhaft ist, ob durch Tarifvertrag geregelt werden kann, dass übertariflich **800** entlohnte Arbeitnehmer in den Genuss der Tariflohnerhöhung kommen (sog **Effektivklauseln**). Der Inhalt dieser Klauseln kann sehr verschieden sein, je nachdem, welche Wirkungen die Tarifvertragsparteien ihnen beilegen wollen. Hat die Tarifbestimmung den Inhalt, dass die bisher gezahlten effektiven Löhne, erhöht um den im Tarifvertrag vorgesehenen Betrag, als unabdingbare tarifliche Mindestlöhne anzusehen sind, so bezeichnet man sie als **Effektivgarantieklausel**, da dem Arbeitnehmer der bisherige übertarifliche Lohn zuzüglich des Unterschieds zwischen dem alten und dem neuen Tarifsatz tarifvertraglich garantiert wird. Eine solche Klausel ist richtigerweise unzulässig. Zum einen verstößt sie gegen das Schriftformgebot des § 1 Abs 2 TVG, weil sich aus dem Tarifvertrag der konkrete Tariflohn nicht ergibt. Darüber hinaus verstößt sie gegen den verbandsrechtlichen Gleichbehandlungsgrundsatz, weil abweichende Tariflöhne für die einzelnen Mitglieder der Gewerkschaft vorgesehen werden. Vor allem aber überschreitet die Effektivgarantieklausel die Schranken der tariflichen Gestaltungsmacht, weil übertarifliche, arbeitsvertragliche Abreden nicht der Disposition der Tarifpartner unterliegen (grundlegend A HUECK BB 1954, 776 [778]; BAG 13. 6. 1958 – 1 AZR 591/57, BAGE 6, 31 [34]; BAG 14. 2. 1968 – 4 AZR 275/67, BAGE 20, 308 [317 f]; BAG 16. 6. 2004 – 4 AZR 408/03, AP Nr 24 zu § 4 TVG Effektivklausel; BAG 19. 4. 2012 – 6 AZR 578/10, ZTR 2012, 451; BAG 20. 3. 2013 – 4 AZR 590/11, BAGE 144, 351 [361]; HUECK/NIPPERDEY II/1, 602 f; WANK, in: WIEDEMANN, TVG § 4 Rn 529 ff; RICHARDI, Kollektivgewalt 418 f).

Regelmäßig verfolgt eine Effektivklausel nicht den Zweck, die bisher gezahlten **801** Löhne zu normativ festgelegten Tariflöhnen zu machen, sondern es soll lediglich erreicht werden, dass die Tariflohnerhöhung auch den übertariflich entlohnten Arbeitnehmern zugute kommt. Diese sog **begrenzte Effektivklausel** soll also nur die Rechtswirkungen haben, wie sie eine arbeitsvertragliche Aufstockungsabrede entfaltet. Im Schrifttum hält man sie deshalb überwiegend für wirksam, weil sie es nicht ausschließt, die angehobenen Arbeitsbedingungen durch einzelvertragliche Änderung (Änderungskündigung, Änderungsvertrag, Ausübung eines Widerrufsrechts) auf die Tarifmindestsätze herabzusetzen (grundlegend A HUECK BB 1954, 776 [777]; weiterhin HUECK/NIPPERDEY II/1, 601 f; GAMILLSCHEG, Kollektives Arbeitsrecht I 869; ZÖLLNER/LORITZ/HERGENRÖDER § 42 I 2b; DÄUBLER, Tarifvertragsrecht Rn 604; vor allem BÖTTICHER, Anm zu BAG 14. 2. 1968 – 4 AZR 275/67, AP Nr 7 zu § 4 TVG Effektivklausel; WIEDEMANN, in: GS Dietz

[1973] 361 ff). Vor allem unter dem Einfluss von NIKISCH (II 454 f; BB 1956, 468 ff; besonders ausführlich BB 1961, 1205 ff) hat das BAG jedoch die begrenzte Effektivklausel für unwirksam erklärt (BAG 14. 2. 1968 – 4 AZR 275/67, BAGE 20, 308). Dem ist zuzustimmen, denn auch die begrenzte Effektivklausel respektiert nicht die Unterschiede in der einzelvertraglichen Gestaltung, sondern nivelliert sie, ohne dass dafür ein sachlicher Grund besteht. Sie erschöpft sich nicht in dem Zweck, die übertariflichen, dh arbeitsvertraglichen Ansprüche zu erhalten (so aber, wenn er ihr den Sinn gibt, „dass den Arbeitsvertragsparteien *verboten* wird, die übertariflichen Arbeitsbedingungen allein aus Anlass des neuen Tarifvertrages zu senken", und sie daher als negative Inhaltsnorm interpretiert, BÖTTICHER, Anm zu BAG 14. 2. 1968 – 4 AZR 275/67, AP Nr 7 zu § 4 TVG Effektivklausel [Bl 10]). Die begrenzte Effektivklausel will vielmehr die übertariflichen Ansprüche *verbessern*. Sie ist daher eine positive Inhaltsnorm bzw die tarifvertragliche Festlegung einer Auslegungsregel, wenn dem Arbeitsvertrag weder im Wege der Auslegung noch durch Vertragsergänzung entnommen werden kann, was für den Fall einer Tariferhöhung gelten soll (KUNZE AuR 1969, 225 [228 ff]). Damit soll aber durch sie der Arbeitgeber zu einer Leistung verpflichtet werden, die er bisher aufgrund des Arbeitsvertrags nicht zu erbringen brauchte. Ein derartiger Anspruch wird also erst durch den Tarifvertrag geschaffen. Der Unterschied zur Effektivgarantieklausel besteht lediglich darin, dass die begrenzte Effektivklausel die Arbeitsvertragsparteien nicht daran hindert, die übertarifliche Entlohnung bis zum Betrag des allgemein gewährten tariflichen Mindestlohns herabzusetzen. Sie beherrscht die tarifunterworfenen Arbeitsverhältnisse aber ebenfalls mit unmittelbarer Wirkung. Daher besteht **kein grundsätzlicher Unterschied zur Effektivgarantieklausel**; in beiden Fällen wird die tarifvertragliche Gestaltungsmacht aus demselben Grund überschritten (ebenso WANK, in: WIEDEMANN, TVG § 4 Rn 537 f).

802 (3) Umgekehrt kann ein Tarifvertrag aber auch nicht bestimmen, dass ein übertariflicher Lohnbestandteil auf eine tarifliche Lohnerhöhung angerechnet wird (sog **Anrechnungsklausel**, ebenso BAG 18. 8. 1971 – 4 AZR 342/70, BAGE 23, 399). Eine derartige Anrechnungsklausel ist eine negative Effektivklausel (so zutreffend WIEDEMANN/STUMPF, TVG [5. Aufl 1977] § 4 Rn 271). Soweit nach der Arbeitsvertragsabrede ein übertariflicher Lohnbestandteil auch im Fall einer Tariflohnerhöhung weiterzuzahlen ist, verstößt die Anrechnungsklausel schon gegen das zwingende Günstigkeitsprinzip (ebenso BAG 18. 8. 1971 – 4 AZR 342/70, BAGE 23, 399 [405]; BAG 6. 7. 2011 – 4 AZR 706/09, NZA 2012, 100 [106]; WANK, in: WIEDEMANN, TVG § 4 Rn 543). Denkbar ist allerdings, dass die Anrechnungsklausel lediglich eingreifen soll, wenn der Einzelarbeitsvertrag keine Regelung darüber enthält, ob und in welchem Umfang die übertariflichen Lohnbestandteile auf die Tariflohnerhöhung anzurechnen sind. Dann verstößt sie zwar nicht gegen das Günstigkeitsprinzip, gegen eine derartige negative Auslegungsregel bestehen aber die gleichen Bedenken wie gegen die begrenzte Effektivklausel. Der Tarifvertrag kann nicht verbindlich festlegen, wie eine arbeitsvertragliche Abrede zu interpretieren ist, und deshalb auch keinen Grundsatz für eine Vertragsergänzung aufstellen (ebenso WANK, in: WIEDEMANN, TVG § 4 Rn 539 f; **aA** WIEDEMANN/STUMPF, TVG [5. Aufl 1977] § 4 Rn 271).

803 (4) Von der Effektivklausel ist die **Verdienstsicherungsklausel** zu unterscheiden, die einem Arbeitnehmer seinen bisherigen Effektivlohn bei Beschäftigung auf einem geringer bezahlten Arbeitsplatz sichert. Eine derartige Klausel ist auch nach Ansicht des BAG zulässig; denn es würden durch sie „mit tarifrechtlicher Wirkung

lediglich die Grundlagen der Berechnung des Durchschnittsverdienstes festgelegt", nicht aber würden die übertariflichen und außertariflichen Lohnbestandteile selbst mit tarifrechtlicher Wirkung abgesichert (BAG 16. 4. 1980 – 4 AZR 261/78, BAGE 33, 83 [89]; bestätigt BAG 6. 2. 1985 – 4 AZR 370/83, AP Nr 16 zu § 4 TVG Übertarifl Lohn u Tariflohnerhöhung; ebenso WANK, in: WIEDEMANN, TVG § 4 Rn 525). Der Unterschied zur Effektivklausel besteht darin, dass bei ihr nicht eine einzelvertragliche Regelung den Tatbestand der Norm bildet, sondern es geht um die Entgeltgestaltung für den auf einen geringer bezahlten Arbeitsplatz umgesetzten Arbeitnehmer. Wenn ihm die bisher gewährte Arbeitsvergütung erhalten bleiben soll, für sie aber nach dem Günstigkeitsprinzip eine einzelvertragliche Abmachung maßgebend ist, so wird die tarifvertragliche Verdienstsicherungsklausel nicht durch die entsprechenden Tarifsätze, sondern durch die einzelvertragliche Abmachung konkretisiert. Der Sache nach besteht kein Unterschied zu einer tarifvertraglichen Regelung, nach der beispielsweise das Urlaubsentgelt sich nach dem durchschnittlichen Arbeitsverdienst der letzten zwanzig Wochen berechnet (vgl RICHARDI, Kollektivgewalt 424 f).

c) Schutz tariflicher Ansprüche
Normativ geltende tarifliche Ansprüche werden durch spezielle gesetzliche Mechanismen geschützt. **804**

aa) Unverzichtbarkeit
Mit dem Sinn und Zweck der Unabdingbarkeit von Tarifnormen wäre es unvereinbar, wenn durch einen Verzicht, einen sog Erlassvertrag, erreicht werden könnte, dass die Leistungen nicht nach dem Tarifvertrag erbracht werden. Die Unabdingbarkeit schließt deshalb grundsätzlich den Verzicht auf entstandene tarifliche Rechte aus. **§ 4 Abs 4 S 1 TVG** geht daher von dem Grundsatz aus, dass was unabdingbar ist, auch unverzichtbar ist. Voraussetzung ist daher, dass die Rechte während der Tarifgeltung entstanden sind, die Tarifnormen also unmittelbar und zwingend für das Arbeitsverhältnis galten. Hingegen genügt es weder, dass der Anspruch zu einer Zeit begründet wurde, als der Tarifvertrag nur noch Nachwirkung hatte (§ 4 Abs 5 TVG), noch, wenn die Tarifvertragsregelung nur aufgrund einer arbeitsvertraglichen Einbeziehungsabrede dem Arbeitsverhältnis zugrunde gelegt wird. **805**

Ein Verzicht auf entstandene tarifliche Rechte ist zulässig, wenn dies in einem von den Tarifvertragsparteien gebilligten Vergleich erfolgt (§ 4 Abs 4 S 1 TVG). Dabei spielt keine Rolle, ob es sich um einen Prozessvergleich oder um einen außergerichtlichen Vergleich handelt. Deshalb ist eine Billigung durch die Tarifvertragsparteien nur für die Ansprüche erforderlich, die zu einer Zeit begründet wurden, als die Tarifvertragsparteien die Herrschaft über die Tarifvertragsregelung hatten. **806**

Nicht unter § 4 Abs 4 S 1 TVG fällt ein Vergleich, der den Streit oder die Ungewissheit beseitigt **(Tatsachenvergleich)**. Ein solcher Vergleich ist also auch ohne Billigung der Tarifpartner zulässig, denn der in ihm enthaltene Verzicht bezieht sich nicht auf die Geltung der Tarifnorm (BAG 5. 11. 1997 – 682/95, NZA 1998, 434 [435 f]; BAG 12. 2. 2014 – 4 AZR 317/12, NZA 2014, 613 [615]; WANK, in: WIEDEMANN, TVG § 4 Rn 680 ff). **807**

bb) Ausschluss der Verwirkung
Der Grundsatz der Unverzichtbarkeit wird dadurch ergänzt, dass die Verwirkung tariflicher Rechte ausgeschlossen ist (**§ 4 Abs 4 S 2 TVG**). Der Zeitablauf spielt daher **808**

bei tariflich begründeten Ansprüchen ohne besondere Regelung im Tarifvertrag nur insofern eine Rolle, als er zur Anspruchsverjährung führen kann. Durch den Ausschluss der Verwirkung soll lediglich verhindert werden, dass der Arbeitnehmer seinen Anspruch bereits bei illoyaler Verspätung der Geltendmachung verliert, bevor die Verjährungsfrist oder tarifvertragliche Ausschlussfrist abgelaufen ist. Nicht ausgeschlossen wird, dass die Geltendmachung des Anspruchs aus anderen Gründen eine unzulässige Rechtsausübung darstellt, zB bei Arglist (BAG 21. 12. 1954 – 2 AZR 76/53, AP Nr 1 zu § 611 BGB Ärzte, Gehaltsansprüche; WANK, in: WIEDEMANN, TVG § 4 Rn 703 ff).

cc) Ausschluss- und Verjährungsfristen

809 Die Unabdingbarkeit der Tarifnormen wird weiterhin dadurch gesichert, dass für die Geltendmachung tariflicher Rechte Ausschlussfristen nur im Tarifvertrag vereinbart werden können (**§ 4 Abs 4 S 3 TVG**). Auch hier ist Voraussetzung, dass die Tarifnormen Tarifgeltung hatten, als das Recht begründet wurde (s Rn 805). Das Gesetz spricht zwar nur von Ausschlussfristen, durch deren Festlegung bestimmt wird, dass der Anspruch erlischt, wenn er nicht innerhalb der Frist geltend gemacht wird, während der Ablauf der Verjährungsfrist den Anspruch nicht beseitigt, sondern lediglich ein Leistungsverweigerungsrecht gibt (§ 214 Abs 1). Es würde aber iErg für die Sicherung der Unabdingbarkeit der Tarifnorm keinen Unterschied machen, wenn die gesetzlich festgelegten Verjährungsfristen durch Betriebsvereinbarung oder einzelvertraglich abgekürzt werden könnten. Deshalb gilt § 4 Abs 4 S 3 TVG, wie ein Textvergleich mit der parallel gestalteten Vorschrift des § 77 Abs 4 S 3 BetrVG bestätigt, auch für die Abkürzung der Verjährungsfristen: Eine Verkürzung der gesetzlich vorgesehenen Verjährungsfristen kann, soweit es um die Geltendmachung tariflicher Rechte geht, also nur durch Tarifvertrag verbindlich festgelegt werden (ebenso HUECK/NIPPERDEY II/1, 633; WANK, in: WIEDEMANN, TVG § 4 Rn 732).

810 Die Tarifvertragsparteien beschränken die Ausschluss- und Verjährungsfristen in der Regel nicht auf die Geltendmachung der tariflich gestalteten Rechte, sondern es ist in der Tarifpraxis üblich, sie auf alle Ansprüche aus dem Arbeitsverhältnis zu erstrecken, sodass durch sie auch einzelvertraglich begründete Ansprüche beschränkt werden. Sie erfassen regelmäßig auch auf Gesetz beruhende Ansprüche, zB den Urlaubsanspruch (vgl BAG 28. 10. 1960 – 1 AZR 43/59, AP Nr 81 zu § 611 BGB Urlaubsrecht; BAG 23. 6. 1961 – 1 AZR 239/59, AP Nr 27 zu § 4 TVG Ausschlussfristen; s auch RICHARDI RdA 1962, 62 ff) und den Abfindungsanspruch nach § 113 Abs 3 BetrVG (vgl BAG 20. 6. 1978 – 1 AZR 102/76, BAGE 30, 347; BAG 3. 8. 1982 – 1 AZR 77/81, AP Nr 5 zu § 113 BetrVG 1972; BAG 22. 9. 1982 – 5 AZR 421/80, BAGE 40, 156 [159 f]). Die Beschränkung, dass Ausschlussfristen nur in einem Tarifvertrag festgelegt werden können, gilt aber lediglich für Tarifansprüche bei Tarifgeltung. Soweit ein auf das Arbeitsverhältnis anwendbarer Tarifvertrag keine Ausschlussklausel enthält, kann die Geltendmachung gesetzlicher und vertraglicher Ansprüche dadurch beschränkt werden, dass der Einzelarbeitsvertrag sie an die Innehaltung bestimmter Fristen bindet. Unstrittig nicht möglich ist es, dass sich eine tarifliche Ausschlussfrist oder Verjährungsverkürzung auch auf gesetzliche Mindestlohnansprüche nach dem MiLoG beziehen, sind doch auch Tarifverträge „Vereinbarungen" iSv § 3 S 1 MiLoG (zu diesem auch Rn 1369 ff). Fraglich ist aber, ob dieses Ergebnis damit erreicht wird, dass Ansprüche auf den gesetzlichen Mindestlohn als von einer derartigen Klausel schon gar nicht erfasst angesehen werden (vgl PREIS/ULBER, Ausschlussfristen und Mindestlohngesetz [2014] 44 ff), oder ob sie zwar erfasst sind, die Tarifklausel insoweit aber teilunwirksam ist. Zumindest bei tariflichen Ausschlussklauseln, die ihrem Wortlaut nach sämtliche Ansprüche aus dem Arbeitsverhältnis erfassen, ist Letzteres überzeugender und mit Blick auf den Wortlaut von § 3 S 1 MiLoG, der nur eine „insoweit-Unwirksamkeit" anordnet, auch unschwer dogmatisch umsetzbar.

d) Beginn und Ende der Tarifgeltung
aa) Beginn

Die Tarifvertragsparteien bestimmen den zeitlichen Geltungsbereich der Tarifgeltung der von ihnen vereinbarten Rechtsnormen. Sie können ihrer Regelung auch rückwirkende Kraft beilegen. Eine solche **Rückwirkung** unterliegt aber drei Grenzen: 811

Erstens kann sie sich nur auf Rechte und Pflichten beziehen, die bei Abschluss des Tarifvertrags noch erfüllt werden können. Sie ist unwirksam, wenn eine derartige Abwicklung nicht möglich ist, weil rechtlich nicht geboten werden kann, was tatsächlich zu verwirklichen unmöglich ist (vgl § 275 Abs 1). Abschlussnormen, Betriebsnormen und Betriebsverfassungsnormen sind deshalb einer Rückwirkung nicht zugänglich (ebenso HUECK/NIPPERDEY II/1, 465 f; NIKISCH II 380 f; WANK, in: WIEDEMANN, TVG § 4 Rn 255 ff). Eine **Rückwirkung** ist lediglich bei den **Inhaltsnormen** und bei den **Rechtsnormen über gemeinsame Einrichtungen möglich**. Sie kann aber auch hier nicht bei den formellen Arbeitsbedingungen und bei den materiellen Arbeitsbedingungen nur für Leistungen mit geldwertem Charakter durchgeführt werden (vgl RICHARDI, Kollektivgewalt 431). 812

Zweitens ergeben sich Grenzen der Rückwirkung aus dem **Grundsatz des Vertrauensschutzes**. Ebenso wie der Gesetzgeber ein rückwirkendes Belastungsgesetz grundsätzlich nicht erlassen kann, weil eine Änderung der Rechtslage zum Nachteil des Bürgers vorhersehbar und messbar sein muss (vgl zB BVerfG 23. 6. 1993 – 1 BvR 133/89, BVerfGE 89, 48 [66]), besteht für die Tarifvertragsparteien ein entsprechendes Rückwirkungsverbot aufgrund Vertrauensschutzes (BAG 23. 11. 1994 – 4 AZR 879/93, NZA 1995, 884; BAG 22. 5. 2012 – 1 AZR 103/11, NZA 2012, 1110 [1112]; BAG 28. 6. 2012 – 6 AZR 217/11, NZA 2012, 1440 [1447]). Bei den Tarifnormen muss vor allem berücksichtigt werden, dass die Bestimmungen, die das Verhältnis von Arbeitsleistung und Arbeitsentgelt regeln, insbesondere also die Arbeitsentgelthöhe festsetzen, stets zugleich begünstigend und belastend sind. Bei einer rückwirkenden Lohnerhöhung durch Tarifvertrag werden die tarifgebundenen Arbeitgeber aber belastet. Sie ist deshalb ohne weitere Einschränkung nur dann zulässig, wenn der Arbeitgeber selbst Partei des Tarifvertrags ist (volenti non fit iniuria). Bei einem Verbandstarifvertrag schützt ihn dagegen das Verbot rückwirkender Belastung in demselben Umfang wie den tarifgebundenen Arbeitnehmer. Nach der Rechtsprechung des BVerfG kann der Gesetzgeber eine Belastung rückwirkend anordnen, wenn der Bürger in dem Zeitpunkt, auf den der Eintritt der Rechtsfolge vom Gesetz zurückbezogen wird, **mit einer Änderung der Rechtslage rechnen musste** (vgl BVerfG 19. 12. 1961 – 2 BvL 6/59, BVerfGE 13, 261 [272]; BVerfG 16. 11. 1965 – 2 BvL 8/64, BVerfGE 19, 187 [196]; st Rspr, vgl BVerfG 23. 6. 1993 – 1 BvR 133/89, BVerfGE 89, 48 [66]). Tarifnormen können sich deshalb entsprechend für den Zeitraum Rückwirkung beilegen, in welchem die tarifunterworfenen Arbeitgeber und Arbeitnehmer die Änderung der tarifvertraglichen Ordnung voraussehen mussten (vgl zB BAG 11. 10. 2006 – 4 AZR 486/05, AP Nr 24 zu § 1 TVG Rückwirkung). Das ist insbesondere der Fall, wenn der Tarifvertrag abgelaufen ist und seine Rechtsnormen 813 nur noch nachwirken (ebenso HUECK/NIPPERDEY II/1, 403, 465; NIKISCH II 294; RICHARDI, Kollektivgewalt 433 f).

814 Drittens kann schließlich die Rückwirkung tarifvertraglicher Rechtsnormen nach allgemeiner Annahme nur eintreten, wenn die **Tarifgebundenheit sowohl bei Inkrafttreten wie bei Abschluss des Tarifvertrags** bestanden hat, denn ein Mitglied, das aus der Koalition ausgeschieden ist, unterliegt nicht mehr der tariflichen Rechtsetzungsgewalt (BAG 20. 6. 1958 – 1 AZR 245/57 und BAG 19. 6. 1962 – 3 AZR 413/61, AP Nr 2 und 5 zu § 1 TVG Rückwirkung; NIKISCH II 382, WANK, in: WIEDEMANN, TVG § 4 Rn 242).

bb) Ende

815 Die normative Tarifgeltung wird nicht dadurch beendet, dass einer der beiden Arbeitsvertragspartner aus dem tarifschließenden Verband austritt, gilt dann doch gemäß **§ 3 Abs 3 TVG** die sog **Nachbindung** (näher Rn 767).

816 Mit **Beendigung des Tarifvertrags**, insbesondere durch zeitlichen Ablauf des Tarifvertrags, endet die Tarifgeltung für die Zukunft. Dann gelten gemäß **§ 4 Abs 5 TVG** „seine Rechtsnormen weiter, bis sie durch eine andere Abmachung ersetzt werden". Diese sog **Nachwirkung** gilt entsprechend für den Fall, dass lediglich die Tarifgebundenheit an einen weitergeltenden Tarifvertrag endet, zB die Allgemeinverbindlicherklärung aufgehoben wird oder eine RVO nach § 7 AEntG endet. § 4 Abs 5 TVG findet auch bei einer Beendigung der Nachbindung gem § 3 Abs 3 TVG Anwendung (vgl BAG 17. 5. 2000 – 4 AZR 363/99, BAGE 94, 367 [377]). Nachwirkung entfalten nur Inhalts- und Betriebsnormen, nicht Abschluss- und Betriebsverfassungsnormen. Bei den Rechtsnormen über gemeinsame Einrichtungen der Tarifvertragsparteien für Satzungsnormen scheidet eine Nachwirkung aus, bei der Regelung des Beitrags- und Leistungsverhältnisses ist sie aber anzuerkennen (vgl zur Problematik im Einzelnen HUECK/RICHARDI, AR-Blattei Tarifvertrag VI, H II).

817 Durch die Nachwirkung soll ausgeschlossen werden, dass die Arbeitsverhältnisse mit Ablauf des Tarifvertrags „inhaltsleer" werden. Sie erstreckt sich nach überzeugender Auffassung nur auf **Arbeitsverhältnisse**, die schon **vor Ablauf des Tarifvertrags begründet** waren (ebenso BAG 6. 6. 1958 – 1 AZR 515/57, BAGE 6, 90; BAG 13. 6. 1958 – 1 AZR 591/57, BAGE 6, 31 [35]; BAG 19. 1. 1962 – 1 AZR 147/61, BAGE 12, 194 [197]; BAG 15. 2. 1965 – 5 AZR 347/64, BAGE 17, 90 [93]; BAG 14. 2. 1973 – 4 AZR 176/72, BAGE 25, 34 [37] und BAG 29. 1. 1975 – 4 AZR 218/74, BAGE 27, 22 [30]; zuletzt BAG 22. 7. 1998 – 4 AZR 403/97, BAGE 89, 241 [243 ff]; HUECK/NIPPERDEY II/1, 540, 542; RIEBLE/KLUMPP, MünchArbR § 181 Rn 6; HUECK/ RICHARDI, AR-Biattei Tarifvertrag VI, H I; RÜTHERS, in: FS G MÜLLER [1981] 445 [449 ff]; LIEB/ JACOBS, Arbeitsrecht Rn 497; **aA** GAMILLSCHEG, Kollektives Arbeitsrecht I 880; WANK, in: WIEDEMANN, TVG § 4 Rn 330 ff; KEMPEN, in: KEMPEN/ZACHERT, TVG § 4 Rn 722).

818 In der Nachwirkungsphase behalten die Tarifnormen zwar ihren unmittelbaren Charakter bei, **verlieren aber ihre zwingende Wirkung**. Die vormals unabdingbaren Tarifnormen sind daher nunmehr auch zulasten des Arbeitnehmers durch eine „andere Abmachung" **dispositiv**. Derartige „andere Abmachung[en]" werden in der Regel erst nach Ende des Tarifvertrags getroffen. Eine ablösende Abmachung kann aber auch schon im Voraus getroffen werden, wenn die Parteien den Willen hatten, für den unmittelbar bevorstehenden Nachwirkungszeitraum eine Regelung zu treffen; Voraussetzung ist also, dass die Abrede konkret und zeitnah vor dem Ende des

Tarifvertrags getroffen wird (BAG 20. 5. 2009 – 4 AZR 230/08, BeckRS 2009, 74494; BAG 1. 7. 2009 – 4 AZR 261/08, NZA 2010, 53 [57 ff]). Als „andere Abmachung" kommen Tarifverträge (beachte BAG 29. 1. 1975 – 4 AZR 218/74, BAGE 27, 22), Betriebsvereinbarungen oder arbeitsvertragliche Absprachen in Betracht.

cc) Neuer/konkurrierender Tarifvertrag

Vereinbaren die Tarifvertragsparteien einen neuen Tarifvertrag, so wirkt der alte **819** nicht gemäß § 4 Abs 5 TVG nach, sondern es wird in seinem Geltungsbereich die bisherige tarifvertragliche Regelung ersetzt und aufgehoben. Insoweit gilt nicht das Günstigkeitsprinzip des § 4 Abs 3 TVG, sondern das **Ablösungsprinzip** entsprechend dem auch für Gesetze geltenden Satz lex posterior derogat legi priori; der neue Tarifvertrag verdrängt den alten daher auch dann, wenn er für die Arbeitnehmer schlechter ist. (ebenso BAG 14. 6. 1962 – 2 AZR 267/60, BAGE 13, 142 [148 f]; BAG 9. 12. 1957 – 1 AZR 534/56, AP Nr 5 zu § 9 TVG; BAG 16. 2. 1962 – 1 AZR 164/61, AP Nr 11 zu § 4 TVG Günstigkeitsprinzip; BAG 14. 9. 2011 – 10 AZR 358/10, NZA 2011, 1358 [1359]; BAG 14. 3. 2012 – 10 AZR 172/11, NZA-RR 2012, 480 [483]; Hueck/Nipperdey II/1, 586 ff; Richardi, Kollektivgewalt 392). Von einem ablösenden Tarifvertrag ist ein **konkurrierender** Tarifvertrag zu unterscheiden, wobei zwischen **Tarifkonkurrenz und -pluralität** zu differenzieren ist (dazu näher Staudinger/Richardi/Fischinger [2011] Vorbem 776 ff zu §§ 611 ff).

8. Sonderformen der Tarifbindung

a) Normative Tarifgeltung aufgrund Allgemeinverbindlicherklärung (§ 5 TVG)

Die Begrenzung der Tarifgeltung auf Mitglieder der Tarifvertragsparteien ermög- **820** licht es nichtorganisierten Arbeitsvertragsparteien, beim Abschluss von Arbeitsverträgen den tarifvertraglich festgelegten Mindeststandard zu unterbieten. Zur Sicherung der tarifvertraglichen Regelungsbefugnis hat deshalb schon die Tarifvertragsverordnung vom 23. 12. 1918 das Rechtsinstitut der Allgemeinverbindlicherklärung eingeführt. Das Tarifvertragsgesetz hat in § 5 an ihm festgehalten.

Die Allgemeinverbindlicherklärung soll die durch das Grundrecht der Koalitions- **821** freiheit intendierte autonome Ordnung des Arbeitslebens durch die Tarifvertragsparteien abstützen. Daneben dient sie dem Ziel, den Außenseitern angemessene Arbeitsbedingungen zu sichern. Das BVerfG führt die Allgemeinverbindlicherklärung insoweit auf die **subsidiäre Regelungszuständigkeit des Staates** zurück. Die trete immer dann ein, „wenn die Koalitionen die ihnen übertragene Aufgabe, das Arbeitsleben durch Tarifverträge sinnvoll zu ordnen, im Einzelfall nicht allein erfüllen können und die soziale Schutzbedürftigkeit einzelner Arbeitnehmer oder Arbeitnehmergruppen oder ein sonstiges öffentliches Interesse ein Eingreifen des Staates erforderlich macht" (BVerfG 24. 5. 1977 – 2 BvL 11/74, BVerfGE 44, 322 [342]).

Die Allgemeinverbindlicherklärung hat die **Wirkung**, dass die Rechtsnormen eines **822** Tarifvertrags in seinem Geltungsbereich auch die bisher nicht tarifgebundenen Arbeitgeber und Arbeitnehmer erfassen (**§ 5 Abs 4 TVG**). Der allgemeinverbindliche Tarifvertrag entfaltet deshalb dieselbe unmittelbare und zwingende Wirkung wie ein normaler Tarifvertrag, für den sich die Tarifgebundenheit nach § 3 TVG richtet. Mit der Allgemeinverbindlicherklärung wird also die durch die Mitgliedschaft zu den Tarifverbänden gezogene Grenze der Tarifgeltung überschritten.

823 **Geltungsgrund** ist bei der Allgemeinverbindlicherklärung für die sonst von der Tarifgeltung nicht erfassten Arbeitgeber und Arbeitnehmer ein staatlicher Rechtsetzungsakt. Dabei ist die Allgemeinverbindlicherklärung keine Rechtsverordnung, sondern ein **Rechtsetzungsakt eigener Art** zwischen autonomer Regelung und staatlicher Rechtsetzung, der seine eigenständige Grundlage in Art 9 Abs 3 GG findet (so BVerfG 24. 5. 1977 – 2 BvL 11/74, BVerfGE 44, 322 [340]). Sie unterliegt daher nicht den verfassungsrechtlichen Beschränkungen für den Erlass von Rechtsverordnungen (Art 80, 82 GG; BVerfG 24. 5. 1977 – 2 BvL 11/74, BVerfGE 44, 322 [349 f]; RICHARDI, Kollektivgewalt 172 f). Zu den Voraussetzungen der Allgemeinverbindlicherklärung siehe näher § 5 TVG.

b) **Tarifgeltung aufgrund Rechtsverordnung**

824 Von der Tarifgeltung kraft Allgemeinverbindlicherklärung ist diejenige aufgrund Rechtsverordnung zu unterscheiden.

825 In Betracht kommt eine solche zunächst nach dem **Arbeitnehmer-Entsendegesetz** (AEntG) vom 20. 4. 2009 (BGBl I 799). Dieses bietet den Rechtsrahmen, um *für bestimmte Branchen* bestimmte tarifvertragliche *Mindestarbeitsbedingungen* für alle unter den Geltungsbereich des Tarifvertrags fallenden und nicht an ihn gebundenen Arbeitnehmer und Arbeitgeber der Branche durch eine Rechtsverordnung des Bundesministeriums für Arbeit und Soziales (§ 7 AEntG) verbindlich zu machen. In formeller Hinsicht ist ein gemeinsamer Antrag der jeweiligen Tarifvertragsparteien erforderlich. In materieller Hinsicht setzt dies insbesondere voraus, dass es sich um eine der in § 4 AEntG geregelten Branchen handelt, der Tarifvertrag die in § 5 AEntG aufgezählten Arbeitsbedingungen regelt, keine Ausnahme nach § 6 AEntG eingreift und der Erlass der Rechtsverordnung im öffentlichen Interesse geboten erscheint, § 7 Abs 1 AEntG. Rechtsfolge ist, dass auch die bislang nicht tarifgebundenen Arbeitgeber zur Anwendung des Tarifvertrags verpflichtet sind, soweit die in § 5 AEntG genannten Arbeitsbedingungen betroffen sind, § 8 Abs 1 AEntG; das gilt auch für bis zum Erlass der Rechtsverordnung anders tarifgebundene, § 8 Abs 2 AEntG. Da die Mindestarbeitsregelungen auch ausländische Arbeitgeber erfassen soll, wenn sie ihre Arbeitnehmer in der Bundesrepublik Deutschland beschäftigen, hat das Gesetz unter Abänderung des Internationalen Arbeitsrechts das **Arbeitsortprinzip** für die Geltung der Mindestlohnregelung festgelegt (§ 2 MiLoG). Das Verhältnis zum neuen allgemeinen gesetzlichen Mindestlohn von 8,50 € regelt § 1 Abs 3 MiLoG (siehe Rn 1363).

826 Eine Tariferstreckung auf bisherige Außenseiter ist seit 2011 auch auf Basis des **Arbeitnehmerüberlassungsgesetzes** (AÜG) vom 3. 2. 1995 (BGBl I 158) möglich. Zum Schutz von Leiharbeitnehmern kann das Bundesministerium für Arbeit und Soziales durch Rechtsverordnung auf gemeinsamen Vorschlag vorschlagsberechtigter Tarifvertragsparteien die von ihnen vereinbarten, bundesweit geltenden tariflichen Mindeststundensätze als Lohnuntergrenze für alle in den Geltungsbereich der Rechtsverordnung fallenden Arbeitgeber und Leiharbeitnehmer verbindlich festsetzen, **§ 3a Abs 1 S 1, Abs 2 AÜG**. Dabei kann das Ministerium den Vorschlag nur vollständig übernehmen oder ablehnen, inhaltlich ändern darf es ihn nicht, § 3a Abs 2 S 2 AÜG. Dabei kommt ihm ein weiter Einschätzungsspielraum zu (vgl § 3a Abs 3 AÜG). Ein auf diese Weise festgesetzter Mindeststundenlohn für Leiharbeitnehmer gilt auch für im Ausland ansässige Verleiher, § 2 Nr 4 AEntG; wie beim AEntG gilt also auch insoweit das Arbeitsortprinzip. Für das Verhältnis zum neuen allgemeinen gesetzlichen Mindestlohn gilt § 1 Abs 3 MiLoG (siehe Rn 1363).

Bis zum 15. 8. 2014 existierte zudem mit dem Gesetz über die Festsetzung von **827** Mindestarbeitsbedingungen **(Mindestarbeitsbedingungsgesetz** – MiArbG) eine weitere Rechtsgrundlage für ein Eingreifen des Staates. Es erlaubte, für *alle Wirtschaftszweige* durch Rechtsverordnung (§ 4 Abs 3) *Mindestarbeitsentgelte* festzusetzen, wenn in dem jeweiligen Wirtschaftszweig keine Tarifverträge bestanden oder die an Tarifverträge für diesen Wirtschaftszweig gebundenen Arbeitgeber weniger als 50 Prozent der unter den Geltungsbereich dieser Tarifverträge fallenden Arbeitnehmer beschäftigten (§ 1 Abs 2). Das **MiArbG**, von dem ohnehin nie Gebrauch gemacht worden war, wurde durch die Schaffung eines allgemeinen gesetzlichen Mindestlohns durch das MiLoG obsolet und daher durch Art 14 Tarifautonomiestärkungsgesetz vom 11. 8. 2014 (BGBl I 1348) **gestrichen**.

c) Schuldrechtliche Bindung kraft Bezugnahme auf Tarifinhalte im Einzelarbeitsvertrag

Sind die **Arbeitsvertragsparteien nicht tarifgebunden**, so haben die Tarifnormen, **828** wenn – wie im Regelfall – der Tarifvertrag nicht für allgemeinverbindlich erklärt ist oder aufgrund einer Rechtsverordnung Anwendung findet, für den Inhalt des Arbeitsverhältnisses keine Tarifgeltung. Die meisten Arbeitsverhältnisse werden heute aber dennoch nicht durch Gesetz, sondern durch Tarifvertrag geregelt, der innerhalb eines Wirtschaftszweiges die maßgebliche Ordnung für die Gestaltung der Arbeitsbeziehungen enthält. Rechtstechnisch geschieht dies entweder durch eine entsprechende Bezugnahmeklausel im Arbeitsvertrag, durch betriebliche Übung oder durch konkludentes Verhalten (BAG 19. 1. 1999 – 1 AZR 606/98, AP Nr 9 zu § 1 TVG Bezugnahme auf Tarifvertrag); eine entsprechende Klausel ist daher regelmäßig nicht überraschend im Sinne von § 305c (vgl BAG 24. 9. 2008 – 6 AZR 76/07, AP Nr 11 zu § 305c BGB; s aber auch Rn 917). Die Tarifnormen gelten dann **nicht normativ** und haben deshalb auch keinen Vorrang vor einer abweichenden Vertragsgestaltung, sondern gelten im Gegenteil nur nach Maßgabe des Arbeitsvertrags. Motiviert ist diese Praxis dadurch, dass sich der Arbeitgeber den mit einer Differenzierung zwischen Gewerkschaftsmitgliedern und Außenseitern verbundenen, uU nicht unerheblichen Verwaltungsaufwand ersparen und zudem den Arbeitnehmern den Anreiz nehmen will, der Gewerkschaft beizutreten. Soweit eine Gleichstellungsabrede (Rn 832 f) vorliegt, ist zusätzlicher Zweck, durch gleiche Arbeitsbedingungen für alle Arbeitnehmer möglichen, auf Neid und Missgunst basierenden Konflikten vorzubeugen (BAG 21. 1. 1997 – 1 AZR 572/96, AP Nr 64 zu § 77 BetrVG 1972).

Der **individualrechtliche Geltungsgrund** kann sehr **verschieden** sein. Möglich ist, dass **829** eine Tarifvertragsregelung nur inhaltsgleich in den Einzelarbeitsvertrag übernommen wird. Sonderregelungen für den Tarifvertrag im Gesetzesrecht, wie zB die Öffnungsklauseln (s Rn 758), finden auf diesen Fall keine Anwendung. Sie kommen nur in Betracht, wenn auf den Tarifvertrag durch **Einbeziehungsabrede** Bezug genommen wird. § 1 Abs 2 der Tarifvertragsverordnung vom 23. 12. 1918 sah vor, dass zu den beteiligten Personen, für die ein Tarifvertrag gilt, auch Arbeitgeber und Arbeitnehmer zählten, „die den Arbeitsvertrag unter Berufung auf den Tarifvertrag abgeschlossen haben". Vereinzelt sah man daher in der Berufung auf dem Tarifvertrag „eine der Verbandsmitgliedschaft völlig gleichgeordnete Beteiligungsform an einem Tarifvertrag" (Dietz, Die Berufung auf den Tarifvertrag [1933] 30). Das geltende Tarifvertragsrecht kennt nicht mehr das Rechtsinstitut der Berufung auf den Tarifvertrag. Schon deshalb entfällt ein kollektivrechtlicher Geltungsgrund. Die Berufung auf den Tarifvertrag bildet vielmehr einen Bestandteil des einzelnen Arbeitsvertrags.

830 Die Arbeitsvertragsparteien können frei darüber bestimmen, auf welchen Tarifvertrag sie verweisen; insbesondere gebietet es Art 9 Abs 3 GG nicht, nur auf solche Tarifverträge zu verweisen, die von der für den Betrieb tarifzuständigen Gewerkschaft abgeschlossen wurden (BAG 21. 9. 2011 – 5 AZR 520/10, NZA 2012, 31 [33]). Möglich ist es auch, auf eine bereits beendete Tarifbestimmung zu verweisen (BAG 18. 9. 2012 – 9 AZR 1/11, NZA 2013, 216 [217]). Inhaltlich kann die Bezugnahme entweder auf den gesamten Tarifvertrag **(Globalverweisung)**, einen abgeschlossenen Regelungskomplex des Tarifvertrags wie zB Urlaubs- oder Entgeltregelungen **(Teilverweisungen)** oder auf eine einzelne Tarifbestimmung **(Einzelverweisung)** erfolgen; was gewollt ist und wieweit die Verweisung reicht, ist gegebenenfalls im Wege der Auslegung zu bestimmen (vgl BAG 17. 11. 1998 – 9 AZR 584/97, AP Nr 10 zu § 1 TVG Bezugnahme auf Tarifvertrag; BAG 10. 11. 2010 – 5 AZR 633/09, ZTR 2011, 150). Diese Unterscheidung hat Auswirkungen im Rahmen von § 310 Abs 4 S 1 (s Rn 892 ff).

831 Die Arbeitsvertragsparteien können überdies frei darüber entscheiden, ob nur ein bestimmter, bereits bestehender Tarifvertrag einbezogen werden soll **(statische Verweisung)** oder ob die jeweils gültige Fassung eines bestimmten Tarifvertrags maßgebend sein soll **(dynamische Verweisung**; vgl zu den Klauseltypen Preis, in: Preis, Der Arbeitsvertrag [3. Aufl 2009] II V 40). Die dynamische Verweisung kann darin bestehen, dass auf den Tarifvertrag in seiner jeweils gültigen Fassung Bezug genommen wird, in dessen Geltungsbereich der Arbeitnehmer bei Begründung des Arbeitsverhältnisses fällt (kleine dynamische Bezugnahmeklausel), oder es wird der für den Betrieb jeweils einschlägige Tarifvertrag für anwendbar erklärt (große dynamische Bezugnahmeklausel). Wird im Rahmen einer kleinen dynamischen Bezugnahmeklausel auf einen nicht mehr geltenden Tarifvertrag verwiesen, ist die dadurch nachträglich entstehende Regelung per ergänzender Vertragsauslegung zu schließen und dadurch zu ermitteln, welcher Tarifvertrag stattdessen gelten soll (BAG 10. 11. 2010 – 5 AZR 633/09, ZTR 2011, 150; BAG 29. 6. 2011 – 5 AZR 651/09, NZA-RR 2012, 192 [194]; BAG 6. 7. 2011 – 4 AZR 706/09, NZA 2012, 100 [103]).

832 Welche Form von Bezugnahme gewollt war, ist im Wege der Auslegung zu bestimmen. Soweit es sich um Formularklauseln in nach dem 31. 12. 2001 geschlossenen Arbeitsverträgen handelt, ist die Unklarheitenregelung des § 305c Abs 2 von besonderer Bedeutung. Anders als früher (Rn 833) liegt danach in der Regel keine Gleichstellungsabrede vor, sondern es ist stattdessen von einer **konstitutiven Verweisung** auszugehen, die weder durch einen Verbandsaustritt oder -wechsel noch durch einen sonstigen Wegfall der Tarifbindung des Arbeitgebers beeinflusst wird (BAG 14. 12. 2005 – 4 AZR 536/04 und BAG 18. 4. 2007 – 4 AZR 652/05, AP Nr 39 und 53 zu § 1 TVG Bezugnahme auf Tarifvertrag; MünchKomm/Müller-Glöge § 611 Rn 343). Eine **Gleichstellungsabrede** ist danach nur noch möglich, wenn (1) der Arbeitgeber zum Zeitpunkt der Vereinbarung normativ an den Tarifvertrag gebunden ist, (2) das Arbeitsverhältnis in den persönlichen, sachlichen und räumlichen Geltungsbereich des Tarifvertrags fällt, (3) die dynamische Bezugnahme eindeutig formuliert wird und (4) der Arbeitgeber seine Tarifbindung offenlegt (BAG 14. 12. 2005 – 4 AZR 536/04, NZA 2006, 607 [609]; BAG 17. 11. 1998 – 9 AZR 584/97, AP Nr 10 zu § 1 TVG Bezugnahme auf Tarifvertrag; BAG 23. 2. 2011 – 4 AZR 536/09, NZA-RR 2011, 510; vgl auch BAG 26. 9. 2007 – 5 AZR 808/06 und BAG 22. 10. 2008 – 4 AZR 793/07, AP Nr 58, 67 zu § 1 TVG Bezugnahme auf Tarifvertrag: Enthält der Arbeitsvertrag eine „Jeweiligkeitsklausel", liegt eine statische Bezugnahme selbst dann nicht vor, wenn dem Angebot ein bereits abgelaufener Tarifvertrag beigefügt war; jüngst BAG 24. 2. 2010 – 4 AZR 691/08, DB 2010, 1593 [1594]). Ist ausnahmsweise eine Gleichstellungsabrede vereinbart, hat sie bei Außenseiterarbeitnehmern nur die Wirkung, die ggf fehlende Tarifgebundenheit nach § 3 TVG zu überwinden; dementsprechend nimmt der Arbeitnehmer nach einem Verbandsaustritt des Arbeitgebers nicht mehr an der weiteren Tarifentwicklung teil (BAG 26. 9. 2001 – 4 AZR 544/00, NZA 2002, 634; BAG 20. 2. 2002 – 4 AZR 123/01, NZA 2003, 933). Liegt hingegen keine Gleichstellungsabrede vor, so hat diese Rechtsprechung die dogmatisch nicht unbedingt einsichtige Konsequenz, dass eine arbeitsvertragliche Bezugnahme auf einen Tarifvertrag eine stärkere Bindung bewirkt als die §§ 3, 4 TVG (so auch ErfK/Preis § 611 Rn 230). Beim **Betriebsübergang** hatte der Wandel der Rechtsprechung zur Folge, dass arbeitsvertragliche Bezugnahmeklauseln, die nach diesen Regeln regelmäßig nicht als Gleichstellungsabreden einzustufen sind, ihre dynamische Wirkung beibehalten (BAG 14. 12. 2005 – 4 AZR 536/04, NZA 2006, 607 [609]; BAG 23. 9. 2009 – 4 AZR 331/08, NJW 2010, 1831; BAG 17. 11. 2010 – 4 AZR 127/09, NJW 2011, 1531 [1532 ff]). Das hatte für den Erwerber die meist ungewünschte Konsequenz, dass er an Änderungen einer für ihn fremden Tarifordnung gebunden war, und das im Prinzip ohne zeitliche Begrenzung. Ob diese Rechtsprechung auch nach der *Alemo-Herron*-Entscheidung des EuGH Bestand haben kann, ist allerdings sehr fraglich. Der EuGH entschied, dass Art 3 RL 2001/23/EG es einem Mitgliedstaat verwehrt, Klauseln, die dynamisch auf nach dem Übergangszeitpunkt verhandelte und geschlossene Kollektivverträge verweisen, gegenüber einem Erwerber anzuwenden, der keine Möglichkeit hat, an den Verhandlungen teilzuhaben (EuGH 18. 7. 2013 – C-426/11, NZA 2013, 835; vgl auch das Vorabentscheidungsverfahren BAG 17. 6. 2015 – 4 AZR 61/14 [A]). In der Tat ist es mit Blick auf die Unternehmerfreiheit durchaus zweifelhaft, einen Betriebserwerber einer Endlosbindung an fremde Regelungswerke zu unterwerfen, auf die er keinen Einfluss ausüben und denen er auch nicht entfliehen kann (zur Diskussion vgl näher Kainer EuZA 2014, 230; Willemsen/Grau NJW 2014, 12 mwNw).

Diese Rechtsprechung gilt nicht für **vor dem 1. 1. 2002** geschlossene Arbeitsverträge; **833** hier bewendet es bei der bisherigen Rechtsprechung (BAG 18. 4. 2007 – 4 AZR 653/05, AP Nr 54 zu § 1 TVG Bezugnahme auf Tarifvertrag), und zwar ohne zeitliche Begrenzung (BAG 14. 12. 2011 – 4 AZR 79/10, AP Nr 104 zu § 1 TVG Bezugnahme auf Tarifverträge). Danach ist bei einem tarifgebundenen Arbeitgeber bei einer dynamischen Bezugnahme auf den einschlägigen Tarifvertrag von einer Gleichstellungsabrede auszugehen. Handelt es sich – wie im Regelfall – um eine sog kleine dynamische Bezugnahmeklausel, wirkt diese nach Verbandsaustritt des Arbeitgebers nicht mehr dynamisch, sondern statisch (BAG 26. 9. 2001 – 4 AZR 544/00 und BAG 19. 3. 2003 – 4 AZR 331/02, AP Nr 21, 33 zu § 1 TVG Bezugnahme auf Tarifvertrag); als große dynamische Bezugnahmeklausel, die auf den jeweils für den Betrieb fachlich bzw betrieblich geltenden Tarifvertrag verweist, kann sie nur ausgelegt werden, wenn sich dies aus besonderen Umständen ergibt (BAG 29. 8. 2007 – 4 AZR 767/06 und BAG 22. 10. 2008 – 4 AZR 784/07, AP Nr 61, 66 zu § 1 TVG Bezugnahme auf Tarifvertrag). Wird ein „Altvertrag" aus der Zeit vor dem 1. 2. 2002 später geändert, kommt es für die Beurteilung, ob die Auslegungsmaßstäbe für

„Neu-" oder für „Altverträge" anzuwenden sind, darauf an, ob die Bezugnahmeklausel im Änderungsvertrag zum Gegenstand der rechtsgeschäftlichen Willensbildung der Vertragsparteien gemacht wurde (BAG 18. 11. 2009 – 4 AZR 514/08, NZA 2010, 170 [172, Rn 23 ff]; BAG 24. 2. 2010 – 4 AZR 691/08, DB 2010, 1593 [1594]; BAG 24. 8. 2011 – 4 AZR 717/10, PflR 2012, 573; BAG 19. 10. 2011 – 4 AZR 811/09, DB 2011, 2783).

d) Tarifbindung beim Betriebsübergang, § 613a Abs 1 S 2–4

834 Eine Sonderform der Tarifbindung kann sich beim Betriebsübergang über § 613a Abs 2 S 2–4 ergeben. Wenn ein beim Veräußerer anwendbarer Tarifvertrag beim Erwerber nicht normativ weitergilt (dazu ausführlich REINECKE, Die Sicherung der Tarifgeltung beim Betriebsübergang [demnächst]), greift subsidiär § 613a Abs 1 S 2. Danach werden die Rechtsnormen eines Tarifvertrags, die die Rechte und Pflichten der Arbeitsvertragsparteien regeln, mit dem Betriebsübergang Inhalt des Arbeitsverhältnisses. Das BAG deutet dies in neuerer Rechtsprechung als **Transformationsakt unter Beibehaltung des kollektivrechtlichen Charakters** (BAG 26. 8. 2009 – 5 AZR 969/08, NZA 2010, 173 [174]; BAG 22. 4. 2009 – 4 AZR 100/08, NZA 2010, 41 [43]; BAG 3. 7. 2013 – 4 AZR 961/11, NZA-RR 2014, 80 [82]; so auch STAUDINGER/ANNUSS [2011] § 613a Rn 198 f; MünchKomm/MÜLLER-GLÖGE § 613a Rn 133; HWK/WILLEMSEN/MÜLLER-BONANNI § 613a Rn 250; **aA** [für Rechtsnachfolge in die kollektivrechtliche Bindung, sog Sukzessionsmodell] ErfK/PREIS § 613a Rn 112; SAGAN RdA 2011, 163 [167 ff]; wiederum **aA** [für Transformation in Arbeitsvertrag und daher individualrechtliche Fortgeltung] HENSSLER, in: FS Schaub 311 [317]; MEYER NZA-RR 2013, 225 [227]). § 613a Abs 1 S 2 sieht eine einjährige Veränderungssperre vor, während derer die transformierten Normen nicht zum Nachteil des Arbeitnehmers geändert werden können; die Wirkung ähnelt derjenigen des § 3 Abs 3 TVG (vgl BAG 22. 4. 2009 – 4 AZR 100/08, NZA 2010, 41 [46]). An diese einjährige Dauer schließt sich sodann eine mit § 4 Abs 5 TVG vergleichbare Nachwirkung an (HWK/WILLEMSEN/MÜLLER-BONANNI § 613a Rn 250). Aus der Sicht des Erwerbers stellt § 613a Abs 1 S 2 mithin eine zeitlich limitierte, zwangsweise normative Bindung an den beim Veräußerer geltenden Tarifvertrag dar. Entkommen kann er dieser nur unter den Voraussetzungen der § 613a Abs 1 S 3, 4 (dazu im Einzelnen STAUDINGER/ANNUSS [2011] § 613a Rn 220 ff).

V. Kollektivvertragliche Gestaltungsfaktoren (2): Betriebsvereinbarung*

1. Begriff und rechtliche Einordnung

835 Das Recht der Betriebsverfassung verwirklicht die gesetzliche Mitbestimmung durch eine kollektivrechtliche Beteiligung der Arbeitnehmer an bestimmten Entscheidungen des Arbeitgebers. Zu diesem Zweck wird im Betrieb eine Repräsentativvertretung der Arbeitnehmer, der Betriebsrat, gebildet. Maßgebliche Rechtsquelle ist das Betriebsverfassungsgesetz vom 15. 1. 1972 (BGBl I 13). Sondergesetze gelten va für leitende Angestellte (Sprecherausschussgesetz vom 20. 12. 1988, BGBl I

---

* **Schrifttum:** GAMILLSCHEG, Kollektives Arbeitsrecht I (1997); HROMADKA/MASCHMANN, Arbeitsrecht Bd 2 (6. Aufl 2014); KREUTZ, Grenzen der Betriebsautonomie (1979); PREIS, Arbeitsrecht – Praxislehrbuch zum Kollektivarbeitsrecht (3. Aufl 2012); RICHARDI, Kollektivgewalt und Individualwille bei der Gestaltung des Arbeitsverhältnisses (1968); ders, Betriebsverfassungsgesetz (14. Aufl 2014); RICHARDI/BAYREUTHER, Kollektives Arbeitsrecht (2. Aufl 2012); WALTERMANN, Rechtsetzung durch Betriebsvereinbarung zwischen Privatautonomie und Tarifautonomie (1996).

Titel 8 · Dienstvertrag und ähnliche Verträge
Untertitel 1 · Dienstvertrag § 611

2316) und für die Vertretung der Arbeitnehmer in Unternehmen und Unternehmensgruppen, die innerhalb der Europäischen Gemeinschaft gemeinschaftsweit operieren (Gesetz über die Europäischen Betriebsräte vom 28. 10. 1996 (BGBl I 1548).

Die **Betriebsvereinbarung** ist die Rechtsform, durch die der Arbeitgeber den Betriebsrat an der Gestaltung der Arbeitsbedingungen und betrieblichen Ordnung beteiligt. Mit dem Tarifvertrag hat sie gemein, dass sie als Normenvertrag **Normwirkung** hat (s Rn 790 ff). Tarifvertrag und Betriebsvereinbarung beruhen aber auf **verschiedenen Ordnungsgrundsätzen** (vgl RICHARDI, Kollektivgewalt und Individualwille bei der Gestaltung des Arbeitsverhältnisses [1968] 312 ff; ders ZfA 2014, 395 [418]; KREUTZ, Grenzen der Betriebsautonomie [1979] 79 ff; WALTERMANN, Rechtsetzung durch Betriebsvereinbarung zwischen Privatautonomie und Tarifautonomie [1996]; VEIT, Die funktionelle Zuständigkeit des Betriebsrats [1998] 101 ff). Während die Rechtsgeltung der Tarifnormen auf einer mitgliedschaftlichen Legitimation beruht, ist die Betriebsvereinbarung, soweit es um die Rechtsgeltung gegenüber den Arbeitnehmern geht, eine korporative Zwangsordnung, für die der Betriebsrat das Mandat nach den Grundsätzen der demokratischen Legitimation erhalten hat. Die Betriebsvereinbarung lässt sich in das **traditionelle Modell der Privatautonomie nicht** einordnen; denn sie ist eine Gestaltungsform der Betriebsverfassung, die durch Gesetz geschaffen ist, um eine Mitbestimmung der Arbeitnehmer zu verwirklichen. 836

Vertragspartner der Betriebsvereinbarung sind der Arbeitgeber einerseits, der Betriebsrat andererseits; die Belegschaft als solches ist hingegen kein rechtlicher Verband, sondern eine bloß tatsächliche, nicht rechtsfähige Gemeinschaft (näher und mwNw STAUDINGER/RICHARDI/FISCHINGER [2011] Vorbem 982 ff zu §§ 611 ff). Der **Betriebsrat** ist dabei weder gesetzlicher Vertreter der Belegschaft noch einzelner Arbeitnehmer und kann daher für die Arbeitnehmer weder rechtsgeschäftliche Erklärungen abgeben oder entgegennehmen noch in einem Prozess mit dem Arbeitgeber als Prozessvertreter auftreten (ebenso BAG 9. 10. 1970 – 1 ABR 18/69, BAGE 22, 448 [457]; BAG 19. 7. 1977 – 1 AZR 483/74, AP Nr 1 zu § 77 BetrVG 1972; zum Personalrat BAG 14. 6. 1974 – 3 AZR 456/73, AP Nr 20 zu § 670 BGB; BVerwG 13. 2. 1976 – VII P 9.74, 13. 2. 1976 – VII P 4.75, BVerwGE 50, 176 [182] und 186 [196 f]). Der Betriebsrat ist vielmehr der **durch das demokratische Prinzip legitimierte Repräsentant der Belegschaft** (vgl RICHARDI, in: RICHARDI, BetrVG Einl Rn 101 mwNw aus dem Schrifttum). Der Betriebsrat ist zwar keine Rechtsperson, aber innerhalb seines Wirkungskreises Rechtssubjekt (ebenso VEIT, Die funktionelle Zuständigkeit des Betriebsrats [1998] 130; vgl auch ROSSET, Rechtssubjektivität des Betriebsrats und Haftung seiner Mitglieder [1985] 53 ff). Da der Betriebsrat keine juristische Person ist, wird angenommen, dass er auch nicht vermögensfähig sei (vgl BAG 24. 4. 1986 – 6 AZR 60/83, BAGE 52, 1). Das Dogma von der Vermögensunfähigkeit des Betriebsrats bedarf aber der Korrektur: Bereits aus der gesetzlichen Regelung ergibt sich, dass der Betriebsrat als Institution den Anspruch auf Kostentragung durch den Arbeitgeber hat (§ 40 Abs 1 BetrVG). Der Betriebsrat ist deshalb insoweit als Rechtssubjekt und damit als **partiell vermögensfähig** anzusehen, als er in seinem Wirkungskreis vermögensrechtlich tätig werden kann (ebenso RICHARDI, in: RICHARDI, BetrVG Einl Rn 111 ff; DÜTZ/SÄCKER DB 1972, Beil 17, 7 [15 f]; DÄUBLER AcP 1975 [1975] 182 f; HEINZE DB 1973 Beil 9, 6; KONZEN ZfA 1985, 469 [485 f]). 837

Vgl ausführlich zum Betriebsverfassungsrecht STAUDINGER/RICHARDI/FISCHINGER (2011) Vorbem 962 ff zu §§ 611 ff. 838

2. Abschluss einer Betriebsvereinbarung

839 Partei der Betriebsvereinbarung ist auf Arbeitnehmerseite der Betriebsrat. Nach dem Gesetzestext sind Betriebsvereinbarungen von Betriebsrat und Arbeitgeber gemeinsam zu beschließen und schriftlich niederzulegen (§ 77 Abs 2 S 1 BetrVG). Gemeint ist nicht ein gemeinsamer Beschluss von Betriebsrat und Arbeitgeber im Rahmen einer Sitzung des Betriebsrats, sondern die Betriebsvereinbarung ist eine **rechtsgeschäftliche Vereinbarung** zwischen dem Arbeitgeber einerseits und dem Betriebsrat bzw Gesamt- oder Konzernbetriebsrat als dem Repräsentanten der Belegschaft andererseits. Sie ist **schriftlich** niederzulegen und von beiden Seiten zu unterzeichnen (§ 77 Abs 2 S 1 und 2 BetrVG). Die Schriftform ist auch bei Bezugnahme auf eine andere Rechtsnorm gewahrt (vgl BAG 27. 3. 1963 – 4 AZR 72/62, BAGE 14, 140; bestätigt BAG 23. 6. 1992 – 1 ABR 9/92, BAGE 70, 356 [361]); grundsätzlich unzulässig sind aber *dynamische Blankettverweisungen.* Daher ist eine Betriebsvereinbarung insoweit unwirksam, als sie auf einen Tarifvertrag in seiner jeweils geltenden Fassung verweist (vgl BAG 23. 6. 1992 – 1 ABR 9/92, BAGE 70, 356; BAG 12. 4. 2011 – 9 AZR 229/10, NZA 2011, 1350 [1354]; s auch RICHARDI, in: RICHARDI, BetrVG § 77 Rn 35 f). Die **Schriftform** ist für die Betriebsvereinbarung eine **Wirksamkeitsvoraussetzung.** Fehlt sie, so ist allerdings die zwischen Arbeitgeber und Betriebsrat getroffene Vereinbarung nicht nichtig, sondern es liegt lediglich keine Betriebsvereinbarung vor, die für die regelungsunterworfenen Betriebsangehörigen unmittelbar und zwingend gilt. Es handelt sich nur um *eine formlose Regelungsabrede,* die als Gestaltungsform für die Wahrnehmung des Mitbestimmungsrechts genügt, aber keine normative Wirkung auf die Arbeitsverhältnisse der Belegschaftsangehörigen entfaltet.

840 Der Arbeitgeber hat die Betriebsvereinbarung an geeigneter Stelle **im Betrieb auszulegen** (§ 77 Abs 2 S 3 BetrVG); es handelt sich insoweit aber nur um eine Ordnungsvorschrift.

841 Hat der Betriebsrat für die Regelung ein Mitbestimmungsrecht, so kann die Einigung zwischen Arbeitgeber und Betriebsrat durch den **Spruch einer Einigungsstelle** ersetzt werden, der dann dieselben Rechtswirkungen hat (§ 87 Abs 2, § 94 Abs 1 S 2 und 3, Abs 2, § 95 Abs 1 S 2 und 3, Abs 2 S 2 und 3, § 97 Abs 2 S 2 und 3, § 112 Abs 4 BetrVG).

3. Inhalt und Grenzen der Betriebsvereinbarungsautonomie

842 a) Eine Betriebsvereinbarung kann nur über Angelegenheiten abgeschlossen werden, für die sich aus dem Gesetz eine Regelungskompetenz des Betriebsrats ableiten lässt. Es besteht also **keine Vertragsfreiheit**; denn der Betriebsrat kann als Repräsentant der Belegschaft nur im Rahmen der vom Gesetz festgelegten funktionellen Zuständigkeit handeln. Eine Betriebsvereinbarung kann daher jedenfalls überall dort abgeschlossen werden, wo das Gesetz die Einigung zwischen dem Arbeitgeber und dem Betriebsrat verlangt, vor allem über Angelegenheiten, die seinem Mitbestimmungsrecht unterliegen.

843 In sozialen Angelegenheiten geht die funktionelle Zuständigkeit des Betriebsrats weit über sein Mitbestimmungsrecht hinaus. Dem § 88 BetrVG entnehmen das BAG und die hL, dass sämtliche Arbeitsbedingungen durch **freiwillige Betriebsvereinba-**

rung geregelt werden können (so BAG 16. 3. 1956 – GS 1/55, AP Nr 1 zu § 57 BetrVG [1952]; BAG 25. 3. 1971 – 2 AZR 185/70, AP Nr 5 zu § 57 BetrVG [1952]; BAG 19. 5. 1978 – 6 ABR 25/75, AP Nr 1 zu § 88 BetrVG 1972; BAG 18. 8. 1987 – 1 ABR 30/86, AP Nr 23 zu § 77 BetrVG 1972; BAG 7. 11. 1989 – GS 3/85, AP Nr 46 zu § 77 BetrVG 1972; BAG 11. 7. 2000 – 1 AZR 551/99, NZA 2001, 462 [464]; teilweise begründet durch Umkehrschluss aus § 77 Abs 3 BetrVG, so BAG 18. 8. 1987 – 1 ABR 30/86, BAGE 56, 18 [25 f]; vor allem Kreutz, Grenzen der Betriebsautonomie [1979] 222; aA Richardi, in: Richardi, BetrVG § 77 Rn 66 ff; ders, in: Verhandlungen des 61. DJT I [1996] B 49 ff; Waltermann, Rechtsetzung durch Betriebsvereinbarung zwischen Privatautonomie und Tarifautonomie [1996] 17 ff; Veit, Die funktionelle Zuständigkeit des Betriebsrats [1998] 207 ff). Soweit der Tarifvorbehalt des § 77 Abs 3 BetrVG nicht eingreift, kann demnach, wie der Große Senat des BAG es formuliert hat, jede durch Tarifvertrag gemäß § 1 Abs 1 TVG regelbare Angelegenheit Gegenstand einer Betriebsvereinbarung sein (BAG 7. 11. 1989 – GS 3/85, AP Nr 46 zu § 77 BetrVG 1972).

b) **Nicht** durch eine Betriebsvereinbarung geändert werden kann das **rechtsgeschäftliche Leistungsversprechen des Arbeitnehmers im Arbeitsvertrag**. Die Art der versprochenen Arbeit und ihr zeitlicher Umfang sind den Betriebspartnern vorgegeben (vgl Richardi ZfA 1990, 211 [240 ff]). Auch kann durch Betriebsvereinbarung kein **Nebenbeschäftigungsverbot** erlassen und auch sonst nicht vorgeschrieben werden, wie der Arbeitnehmer seine arbeitsfreie Zeit und seinen Urlaub verbringt. Entsprechend scheiden Bestimmungen über die **Verwendung des Arbeitsentgelts** mit Ausnahme von Maßnahmen zur Förderung der Vermögensbildung (§ 88 Nr 3 BetrVG) aus. Dagegen kann ein **Lohnabtretungsverbot** festgelegt werden (vgl BAG 20. 12. 1957 – 1 AZR 237/56 und 5. 9. 1960 – 1 AZR 509/57, AP Nr 1 und 4 zu § 399 BGB); eine Grenze besteht hier nur insoweit, als das Lohnabtretungsverbot den Arbeitnehmer nicht unbillig belasten darf. Deshalb gelten hier dieselben rechtlichen Gesichtspunkte, die zu einer teleologischen Reduktion des § 400 geführt haben: Wenn der Arbeitgeber ohne Grund keinen Lohn zahlt, ist es insoweit unwirksam, als ein Dritter dem Arbeitnehmer die zur Erhaltung seiner Existenz erforderlichen Mittel vorgeschossen hat (vgl BAG 2. 6. 1966 – 2 AZR 322/65, AP Nr 8 zu § 399 BGB). **844**

c) Unabhängig davon darf eine Betriebsvereinbarung **keine Regelung** enthalten, die **ausschließlich zu Lasten der Arbeitnehmer** wirkt; sie kann daher nicht nur in einem Haftungsausschluss zugunsten des Arbeitgebers bestehen (vgl BAG 5. 3. 1959 – 2 AZR 268/56, BAGE 7, 280 [288 f]; BAG 12. 8. 1982 – 6 AZR 1117/79, NJW 1983, 68 [69]) oder dem Arbeitnehmer Kosten für eine Schutzkleidung auferlegen, die der Arbeitgeber aufgrund von Unfallverhütungsvorschriften bereitzustellen hat (vgl BAG 10. 3. 1976 – 5 AZR 34/75, AP Nr 17 zu § 618 BGB). Nur soweit eine Angelegenheit mitbestimmungspflichtig ist, kann die Betriebsvereinbarung auch eine Regelung zulasten der Arbeitnehmer treffen, wenn deren Festlegung mit dem Mitbestimmungstatbestand in einem unmittelbaren Zusammenhang steht. Es genügt nicht, dass sie nur als Annexregelung erfolgt. Deshalb können bei der Einführung einer einheitlichen Arbeitskleidung, über die der Betriebsrat nach § 87 Abs 1 Nr 1 BetrVG mitzubestimmen hat, die Betriebspartner nicht regeln, dass die Arbeitnehmer einen Teil der Kosten für die Gestellung der Arbeitskleidung zu tragen haben (BAG 1. 12. 1992 – 1 AZR 260/92, BAGE 72, 40 [44 ff]; ebenso Veit, Die funktionelle Zuständigkeit des Betriebsrats [1998] 404 ff). **845**

d) Die Betriebsvereinbarung ist an **zwingendes Gesetzesrecht** gebunden. Soweit gesetzliche Bestimmungen tarifdispositiv sind (s Rn 758), gilt dies nicht für die Be- **846**

triebsvereinbarung. Auch die Rechtsprechung des BAG zu den Rückzahlungsklauseln bei freiwilliger Gewährung einer Gratifikation, die nach Ansicht des BAG nicht ohne weiteres verbindlich ist, wenn die Gratifikationszahlung auf einem Tarifvertrag beruht (BAG 31. 3. 1966 – 5 AZR 516/65, BAGE 18, 217; BAG 23. 2. 1967 – 5 AZR 234/66 und 9. 10. 1969 – 5 AZR 48/69, AP Nr 57 und 68 zu § 611 BGB Gratifikation), ist zu beachten, wenn die Gratifikationszahlung auf einer Betriebsvereinbarung beruht (vgl BAG 16. 11. 1967 – 5 AZR 157/67, AP Nr 63 zu § 611 BGB Gratifikation; bestätigt durch BAG 22. 2. 1968 – 5 AZR 221/67, 17. 10. 1968 – 5 AZR 281/67 und 9. 10. 1969 – 5 AZR 48/69, AP Nr 64, 66 und 68 zu § 611 BGB Gratifikation). Die AGB-Regelung der §§ 305 ff findet dagegen auf Betriebsvereinbarungen wie auf Tarifverträge keine Anwendung (§ 310 Abs 4 S 1).

847 e) In **personeller Hinsicht** unterliegen der Gestaltungswirkung einer Betriebsvereinbarung **nur Arbeitnehmer, die zur Belegschaft iS des BetrVG gehören**, also nicht die in § 5 Abs 2 BetrVG genannten Personen und auch nicht die leitenden Angestellten iS des § 5 Abs 3 BetrVG (vgl BAG 31. 1. 1979 – 5 AZR 454/77, BAGE 31, 266). Zur Belegschaft gehören nicht mehr Arbeitnehmer, die **aus dem Betrieb ausgeschieden** sind. Deshalb erstreckt sich die Regelungskompetenz der Betriebspartner grundsätzlich nicht auf sie und ist beispielsweise das Ruhestandsverhältnis demnach einer normativen Gestaltung durch Betriebsvereinbarung entzogen (so BAG 16. 3. 1956 – GS 1/55, BAGE [GS] 3, 1; bestätigt für die Rechtslage nach dem BetrVG 1972 BAG 28. 4. 1977 – 3 AZR 300/76, AP Nr 7 zu § 242 BGB Ruhegehalt – Unterstützungskassen; BAG 5. 5. 1977 – 2 AZR 297/76, BAGE 29, 169 [174] und BAG 17. 1. 1980 – 3 AZR 456/78, BAGE 32, 293 [295]; BAG 25. 10. 1988 – 3 AZR 483/86, BAGE 60, 78 [83 ff]; aA RICHARDI, in: RICHARDI, BetrVG § 77 Rn 76 f). Etwas anderes gilt für **Sozialpläne**, in die auch die infolge der Betriebsänderung bereits entlassenen Arbeitnehmer, deren Kündigungsfrist abgelaufen ist, einbezogen werden können.

4. Rechtswirkungen einer Betriebsvereinbarung

848 a) Wie Tarifvertragsnormen gelten Betriebsvereinbarungen **unmittelbar** und **zwingend** und auf die in ihnen festgelegten Rechte kann nur mit Zustimmung des Betriebsrats verzichtet werden (§ 77 Abs 4 BetrVG). Die zwingende Geltung führt nicht zur Nichtigkeit, sondern nur zur **Nichtanwendbarkeit einer entgegenstehenden arbeitsvertraglichen Abrede**, sodass die verdrängte arbeitsvertragliche Regelung nach Ende der Betriebsvereinbarung wieder aufleben kann (vgl BAG 21. 9. 1989 – 1 AZR 454/88, BAGE 62, 360 und BAG 28. 3. 2000 – 1 AZR 366/99, BAGE 94, 179 [184]).

849 b) Obwohl das BetrVG keine entsprechende Bestimmung enthält, gilt das **Günstigkeitsprinzip** auch für die Betriebsvereinbarung; durch Einzelarbeitsvertrag kann also von ihrer Regelung zugunsten des Arbeitnehmers abgewichen werden (so bereits FLATOW, Betriebsvereinbarung und Arbeitsordnung [2. Aufl 1923] 68 f; heute hM, vgl BAG 16. 9. 1986 – GS 1/82, BAGE [GS] 53, 42 [58 ff] und BAG 7. 11. 1989 – GS 3/85, BAGE [GS] 63, 211 [219 f]; überholt deshalb die gegenteilige Meinung in BAG 12. 8. 1982 – 6 AZR 1117/79, BAGE 39, 295 [300 f]; aus dem Schrifttum RICHARDI, in: RICHARDI, BetrVG § 77 Rn 141 ff mwNw).

850 Das Günstigkeitsprinzip sichert nicht nur die Abweichung nach Inkrafttreten einer Betriebsvereinbarung, sondern, da es eine Regelungsschranke für die Betriebsautonomie ist, schützt es auch **Arbeitsvertragsregelungen** vor einer **Ablösung oder Verschlechterung durch Betriebsvereinbarung** (ebenso BAG 16. 9. 1989 – GS 1/82, BAGE [GS]

53, 42 [59 ff] und BAG 7.11.1989 – GS 3/85, BAGE [GS] 63, 211 [219 ff]; s auch Richardi, in: Richardi, BetrVG § 77 Rn 151 ff). Beruht die Arbeitsvertragsregelung auf einer vom Arbeitgeber gesetzten Einheitsregelung oder einer Gesamtzusage oder beruft sich der Arbeitnehmer zur Begründung eines Anspruchs auf eine betriebliche Übung, so gilt zwar auch das Günstigkeitsprinzip; möglich ist aber, dass die Arbeitsvertragsregelung in diesem Fall **betriebsvereinbarungsoffen** ist, sodass sie durch Betriebsvereinbarung abgelöst werden kann. Für Sozialleistungen nimmt der Große Senat des BAG sogar an, dass das Günstigkeitsprinzip hier einen anderen Inhalt hat: Derartige Leistungen, die auf einer arbeitsvertraglichen Einheitsregelung, einer Gesamtzusage oder einer betrieblichen Übung beruhen, seien nur durch einen **kollektiven Günstigkeitsvergleich** vor einer ablösenden Betriebsvereinbarung geschützt (BAG 16. 9. 1986 – GS 1/82, BAGE 53, 42 [64 ff]; BAG 16. 11. 2011 – 10 AZR 60/11, NZA 2012, 349 [350]). Deshalb soll zwar keine verschlechternde, aber eine umstrukturierende Betriebsvereinbarung zulässig sein, auch wenn dadurch die Rechtsposition eines einzelnen Arbeitnehmers verschlechtert wird, solange nur kollektiv keine Verschlechterung eintritt. Aber auch in diesem Fall soll eine Ablösung zum Nachteil des Arbeitnehmers nur zulässig sein, wenn für ihn die kollektive Ausgestaltung der Leistung erkennbar war (BAG 16. 9. 1986 – GS 1/82, BAGE 53, 42 [67]). Diese Konkretisierung des Günstigkeitsprinzips durch einen kollektiven Günstigkeitsvergleich wird im **Schrifttum überwiegend abgelehnt** (vgl Richardi NZA 1987, 185 [187 f]; Blomeyer DB 1987, 634 ff; Belling DB 1987, 1888 ff; Däubler AuR 1987, 349 [353 ff]; Joost RdA 1989, 7 [18 ff]). Auch das BAG hat erhebliche Einschränkungen vorgenommen; es gilt **nicht** für **Ansprüche auf das eigentliche Arbeitsentgelt als Gegenleistung für die geschuldete Arbeitsleistung und andere Fragen, die den Inhalt des Arbeitsverhältnisses bestimmen** (so bereits BAG 21. 9. 1989 – 1 AZR 454/88, BAGE 62, 360 [372]; bestätigt BAG 28. 3. 2000 – 1 AZR 366/99, BAGE 94, 179 [185]; für die Festlegung einer Altersgrenze BAG 7.11.1989 – GS 3/85, BAGE [GS] 63, 211 [220]).

c) Nach **Ablauf einer Betriebsvereinbarung** (§ 77 Abs 5 BetrVG) gelten ihre Regelungen in Angelegenheiten, in denen ein Spruch der Einigungsstelle die Einigung zwischen Arbeitgeber und Betriebsrat ersetzen kann, weiter, bis sie durch eine andere Abmachung ersetzt werden (§ 77 Abs 6 BetrVG). Durch diese Regelung sollte die Streitfrage behoben werden, ob die Betriebsvereinbarung eine **Nachwirkung** entfaltet, wie sie für den Tarifvertrag in § 4 Abs 5 TVG vorgesehen ist (kritisch Staudinger/Richardi/Fischinger [2011] Vorbem 1071 zu §§ 611 ff). Da das BAG die Nachwirkung auf § 77 Abs 6 BetrVG bezieht, gilt sie nur für eine **erzwingbare, nicht** aber für eine **freiwillige Betriebsvereinbarung** (vgl BAG 9. 2. 1989 – 8 AZR 310/87, AP Nr 40 zu § 77 BetrVG 1972; BAG 18. 4. 1989 – 3 AZR 688/87, BAGE 61, 323; BAG 21. 9. 1989 – 1 AZR 454/88, AP Nr 43 zu § 77 BetrVG 1972; BAG 26. 4. 1990 – 6 AZR 278/88, BAGE 64, 336; BAG 21. 8. 1990 – 1 ABR 73/89, BAGE 66, 8 und BAG 28. 4. 1998 – 1 ABR 43/97, AP Nr 4, 5 und 11 zu § 77 BetrVG 1972 Nachwirkung). Soweit wie für Entgeltleistungen ein Mitbestimmungsrecht über deren Gestaltung besteht (§ 87 Abs 1 Nr 10 BetrVG), es sich also um eine *teilmitbestimmte Betriebsvereinbarung* handelt, wirkt die Betriebsvereinbarung nach, wenn der Arbeitgeber mit der Kündigung beabsichtigt, das zur Verfügung gestellte Volumen zu reduzieren und den Verteilungsschlüssel zu ändern (so BAG 26. 10. 1993 – 1 AZR 46/93, BAGE 75, 16 [22 ff]; BAG 9. 12. 2008 – 3 AZR 384/07, AP Nr 22 zu § 9 BetrAVG). Diese sich aus dem Tarifvorrang ergebenden Differenzierungen der Mitbestimmung entfallen aber, wenn der Arbeitgeber nicht tarifgebunden ist, auch wenn ein Tarifvertrag durch Bezugnahme im Arbeitsvertrag dem Arbeitsverhältnis zugrunde ge-

851

legt wird. In Betrieben ohne Tarifbindung gilt daher eine Betriebsvereinbarung gem § 77 Abs 6 BetrVG auch dann weiter, wenn der Arbeitgeber mit der Kündigung beabsichtigt, eine bestimmte Entgeltleistung vollständig entfallen zu lassen (vgl BAG 26. 8. 2008 – 1 AZR 354/07, AP Nr 15 zu § 87 BetrVG 1972 mAnm Richardi).

5. Verhältnis zum Tarifvertrag

852 Die Betriebsvereinbarung ist im Verhältnis zum Tarifvertrag das rangschwächere Gestaltungsmittel. Nach dem Tarifvertragsgesetz kann eine Betriebsvereinbarung nur zugunsten der Arbeitnehmer von der tarifvertraglichen Regelung abweichen (§ 4 Abs 3 TVG). Die darin liegende Gefahr, dass die Betriebsräte den Gewerkschaften Konkurrenz machen, soll durch **§ 77 Abs 3 BetrVG** gebannt werden: Arbeitsentgelte und sonstige Arbeitsbedingungen können nicht Gegenstand einer Betriebsvereinbarung sein, wenn sie durch Tarifvertrag geregelt sind oder üblicherweise geregelt werden. Bereits die *Tarifüblichkeit*, nicht erst die tarifvertragliche Regelung selbst, führt zu einer Sperrwirkung. Ein Tarifvertrag kann jedoch den Abschluss ergänzender Betriebsvereinbarungen ausdrücklich zulassen.

853 Dieser Grundsatz gilt aber nicht ausnahmslos. So ist § 77 Abs 3 BetrVG nach § 112 Abs 1 S 4 BetrVG auf den **Sozialplan** nicht anwendbar, ein Sozialplan kann daher auch Materien regeln, die bereits in einem existierenden Tarifvertrag geregelt sind. Überdies wird § 77 Abs 3 BetrVG nach zutreffender hM durch **§ 87 Abs 1 Einleitungssatz BetrVG** für die dort normierten Mitbestimmungsrechte verdrängt (sog Vorrangtheorie; BAG 24. 2. 1987 – 1 ABR 18/85, AP Nr 21 zu § 77 BetrVG 1972; bestätigt von BAG GS 3. 12. 1991 – GS 2/90, AP Nr 51 zu § 87 BetrVG 1972 Lohngestaltung; BAG 27. 6. 2006 – 3 AZR 255/05, NZA 2006, 1285 [1287]; näher zum Streitstand Richardi, in: Richardi, BetrVG § 77 Rn 247 ff). Danach scheidet der Abschluss einer Betriebsvereinbarung nicht bereits bei Tarifüblichkeit aus, sondern nur dann, wenn der konkrete Gegenstand der Mitbestimmung bereits tatsächlich (abschließend) und zwingend in einem Tarifvertrag geregelt ist, der Tarifvertrag also insbesondere auch nicht nur nach § 4 Abs 5 TVG nachwirkt (vgl BAG 13. 7. 1977 – 1 AZR 336/75, AP Nr 2 zu § 87 BetrVG 1972 Kurzarbeit; BAG 24. 2. 1987 – 1 ABR 18/85, BAGE 54, 191 [206]; BAG 27. 11. 2002 – 4 AZR 660/01, AP Nr 34 zu § 87 BetrVG 1972 Tarifvorrang; BAG 3. 12. 1991 – GS 2/90, BAGE [GS] 69, 134 [154]). Dabei genügt nach Auffassung des BAG aber die Tarifgebundenheit des Arbeitgebers (vgl BAG 20. 12. 1988 – 1 ABR 57/87, BAGE 60, 323 [327 f]).

6. Die Mitbestimmung des Betriebsrats (Überblick)

a) Gegenstand der Beteiligungsrechte
854 Die Mitwirkungs- und Mitbestimmungsrechte erstrecken sich auf soziale, personelle und wirtschaftliche Angelegenheiten:

855 **aa)** Zu den **sozialen Angelegenheiten** zählen alle mit der Gestaltung der Arbeitsbedingungen im weitesten Sinne zusammenhängenden Fragen, insbesondere die Bestimmung der Arbeitsbedingungen, und zwar sowohl nach der materiellen wie nach ihrer formellen Seite **(§§ 87 ff BetrVG)**. Den Schwerpunkt bildet der **Katalog in § 87 Abs 1 BetrVG**. Erfasst werden die sog betrieblichen Angelegenheiten, für die eine Regelung im Tarifvertrag häufig deshalb fehlt, weil es auf die Eigenart des konkreten Betriebs ankommt, und die im Einzelarbeitsvertrag ebenfalls nicht ge-

regelt sind, weil sie nur einheitlich für alle Arbeitnehmer festgesetzt werden können. Der Katalog des § 87 Abs 1 BetrVG beschränkt sich aber nicht auf sie, sondern umfasst auch Angelegenheiten, die sich auf das Verhältnis von Leistung und Gegenleistung im Arbeitsverhältnis auswirken und die deshalb auch für die unternehmerische Entscheidungsautonomie Bedeutung haben. Der Betriebsrat hat nicht nur ein Zustimmungsrecht, sondern auch ein **Initiativrecht** (ebenso BAG 14. 11. 1974 – 1 ABR 65/73, AP Nr 1 zu § 87 BetrVG 1972; BAG 12. 6. 1975 – 3 ABR 13/74, BAGE 27, 194 [206]; BAG 31. 8. 1982 – 1 ABR 27/80, BAGE 40, 107 [121]; BAG 8. 8. 1989 – 1 ABR 62/88, BAGE 62, 322 und BAG 28. 11. 1989 – 1 ABR 97/88, AP Nr 3 und 4 zu § 87 BetrVG 1972 Initiativrecht; zur Einführung von Kurzarbeit BAG 4. 3. 1986 – 1 ABR 15/84, AP Nr 3 zu § 87 BetrVG 1972 Kurzarbeit; BAG 22. 6. 2010 – 1 AZR 853/08, NZA 2010, 1243 [1245]). Die Mitbestimmungstatbestände sind im Allgemeinen aber so abgegrenzt, dass der Arbeitgeber im Mitbestimmungsverfahren nicht gezwungen werden kann, **zusätzlich finanzielle Mittel** zur Verfügung zu stellen. Entsprechend besteht beispielsweise kein Mitbestimmungsrecht bei Errichtung, sondern erst bei Form, Ausgestaltung und Verwaltung von Sozialeinrichtungen (§ 87 Abs 1 Nr 8 BetrVG). Mitbestimmungspflichtig sind Fragen der betrieblichen Lohngestaltung (§ 87 Abs 1 Nr 10 BetrVG; s näher Rn 1488); mitbestimmungsfrei ist aber die lohnpolitische Entscheidung über die Entgelthöhe. Der Arbeitgeber kann im Mitbestimmungsverfahren zu einer finanziellen Mehrbelastung grundsätzlich nur durch eine Annexregelung verpflichtet werden; er kann aber nicht vom Zweck der Mitbestimmung her zu einer Erweiterung des finanziellen Dotierungsrahmens gezwungen werden. Eine Ausnahme gilt lediglich bei der Mitbestimmung über die Aufstellung eines Sozialplans (§ 112 Abs 1 S 2, Abs 4 und 5 BetrVG). Das BAG sieht wie die hL im Schrifttum in der Zustimmung des Betriebsrats eine **Wirksamkeitsvoraussetzung** für alle Maßnahmen im Bereich des § 87 Abs 1 BetrVG (BAG 7. 9. 1957 – 1 AZR 646/54, BAGE 3, 207; BAG 13. 7. 1977 – 1 AZR 336/75, AP Nr 2 zu § 87 BetrVG 1972 Kurzarbeit; BAG 10. 3. 2009 – 1 AZR 55/08, BAGE 129, 371; Richardi, in: Richardi, BetrVG § 87 Rn 101 ff; Fitting, in: Fitting, BetrVG § 87 Rn 599 ff; Wiese, in: GK-BetrVG, § 87 Rn 98 ff). Rechtsdogmatisch ist es aber verfehlt, die Sanktion für eine Verletzung der Mitbestimmung stets in der Nichtigkeit der vom Arbeitgeber getroffenen Anordnung oder Zusage zu erblicken (vgl auch BAG 16. 9. 1986 – GS 1/82, BAGE [GS] 53, 42 [73 f]; s Rn 867 ff).

bb) Die Mitbestimmung in **personellen Angelegenheiten** ist in drei Komplexe gegliedert: die allgemeinen personellen Angelegenheiten (§§ 92–95 BetrVG), die Berufsbildung (§§ 96–98 BetrVG) und die personellen Einzelmaßnahmen (§§ 99–104 BetrVG). Zu den allgemeinen personellen Angelegenheiten zählen die Beteiligung an der Personalplanung und die Mitbestimmung beim Personalfragebogen, bei der Aufstellung allgemeiner Beurteilungsgrundsätze und der Auswahlrichtlinien (§§ 92–95 BetrVG, dazu Rn 554 ff). Bei personellen Einzelmaßnahmen geht es vor allem um Maßnahmen, die sich auf die Zusammensetzung der Belegschaft beziehen. Dazu zählen zunächst **Einstellung, Versetzung, Ein- und Umgruppierung**, zu denen der Arbeitgeber die Zustimmung des Betriebsrats einzuholen hat (§ 99 BetrVG); verweigert der Betriebsrat diese, kann der Arbeitgeber die Ersetzung der Zustimmung beim Arbeitsgericht beantragen (§ 99 Abs 4 BetrVG) und/oder die Maßnahme vorläufig durchführen (§ 100 Abs 1 BetrVG, zum weiteren Verfahren vgl §§ 100 Abs 2, 3, 101 BetrVG). Vor jeder **Kündigung** hat der Arbeitgeber den Betriebsrat anzuhören, anderenfalls ist die Kündigung unwirksam (§ 102 Abs 1 BetrVG); bei

856

Mitgliedern betriebsverfassungsrechtlicher Vertretungsorgane braucht der Arbeitgeber sogar die Zustimmung des Betriebsrats (§ 103 BetrVG).

857 In **wirtschaftlichen Angelegenheiten** bestehen zunächst Informationsrechte über den sog **Wirtschaftsausschuss**, bei dem es sich um ein Hilfsorgan des Betriebsrats handelt (§§ 106–110 BetrVG). Bedeutsamer ist das Beteiligungsrecht des Betriebsrats bei **Betriebsänderungen** (§§ 111–113 BetrVG). Hier kann der Betriebsrat auf den Abschluss eines Interessenausgleichs dringen, um den Eintritt von wirtschaftlichen Nachteilen für die Belegschaft durch die Betriebsänderung zu *verhindern* (§ 112 Abs 1 S 1 BetrVG); zum Schutz der Unternehmerfreiheit ist der Interessenausgleich aber nicht erzwingbar. Erzwingbar ist aber ein Sozialplan, der auf Ausgleich oder Milderung der wirtschaftlichen Nachteile, die den Arbeitnehmern infolge der Betriebsänderung *entstehen,* gerichtet ist (§ 112 Abs 1 S 2, 4, 5 BetrVG).

b) Formen der Beteiligungsrechte

858 Neben bloßen **Informationsrechten** wie zB §§ 90, 92 Abs 1 S 1 hat der Betriebsrat **Beteiligungsrechte**, die **unterschiedlich ausgeprägt** sind. Man unterscheidet Mitwirkungs- und Mitbestimmungsrechte, die ihrerseits eine verschieden abgestufte Beteiligung festlegen.

859 **Mitwirkungsrechte** sind das *Anhörungsrecht* (zB § 102 BetrVG) und das *Beratungsrecht,* wie es zB bei einer Betriebsänderung zur Verhinderung wirtschaftlicher Nachteile für die von ihr betroffenen Arbeitnehmer dem Betriebsrat eingeräumt ist (§§ 111, 112 Abs 1–3 BetrVG).

860 In **§ 102 Abs 3–5 BetrVG** wird dem Betriebsrat unter den dort genannten formellen und materiellen Voraussetzungen ein **Widerspruchsrecht** gegen eine ordentliche Kündigung eingeräumt. Dieses ändert jedoch nichts daran, dass der Arbeitgeber alleine über den Ausspruch der Kündigung entscheidet, führt aber immerhin dazu, dass der Arbeitnehmer einen speziellen Weiterbeschäftigungsanspruch haben kann.

861 Auf der nächsten Stufe stehen die sog **Zustimmungsverweigerungsrechte** wie insbesondere § 99 BetrVG, bei denen der Betriebsrat seine Zustimmung zu einer vom Arbeitgeber geplanten Maßnahme zwar mit der uU eintretenden Wirkung, dass sie nicht durchgeführt werden darf, verweigern kann. Jedoch hat der Betriebsrat insoweit kein freies Ermessen, sondern kann die Zustimmung nur aus den im Gesetz abschließend genannten Gründen (§ 99 Abs 2 BetrVG) verweigern. Außerdem kann der Arbeitgeber die verweigerte Zustimmung ggf durch das Arbeitsgericht ersetzen lassen (§ 99 Abs 4 BetrVG).

862 Stärker ist die Position des Betriebsrats, wenn ihm ein **Zustimmungsrecht** zusteht, wie dies zB beim Personalfragebogen und der Aufstellung allgemeiner Beurteilungsgrundsätze der Fall ist (§ 94 BetrVG). Dann ist der Betriebsrat nicht an bestimmte Zustimmungsverweigerungsgründe gebunden und seine Zustimmungsverweigerung kann auch nicht gerichtlich ersetzt werden; kommt eine Einigung hier nicht zustande, entscheidet vielmehr bindend die Einigungsstelle (§ 94 Abs 1 S 2, 3 BetrVG). Allerdings besteht kein Initativrecht des Betriebsrats zur Aufstellung von Personalfragebogen oder Beurteilungsgrundsätzen.

Die höchste Stufe der Beteiligungsrechte des Betriebsrats ist bei den **echten Mit-** 863
bestimmungsrechten erreicht, bei denen er zudem über ein **Initiativrecht** verfügt. Das
ist namentlich bei der Mitbestimmung in sozialen Angelegenheiten (§ 87 Abs 1
BetrVG) der Fall. Auch hier gilt, dass bei Nichteinigung die Einigungsstelle bindend
entscheidet, § 87 Abs 2 BetrVG.

Das BetrVG normiert ein Beteiligungsrecht nicht nur dort, wo ein *Regelungsspiel-* 864
raum besteht, sondern es ist auch in Angelegenheiten vorgesehen, bei denen die
beteiligungspflichtige Maßnahme sich als *Normenvollzug* darstellt, zB bei Ein- und
Umgruppierungen nach § 99 BetrVG. Das Mitbestimmungsrecht ist hier kein **Recht
auf Mitgestaltung**, sondern ein **Recht auf Mitbeurteilung** (ebenso BAG 22. 3. 1983 – 1 ABR
49/81, AP Nr 6 zu § 101 BetrVG 1972; st Rspr, vgl BAG 27. 7. 1993 – 1 ABR 11/93, AP Nr 110 zu § 99
BetrVG 1972; BAG 12. 8. 1997 – 1 ABR 13/97, 28. 4. 1998 – 1 ABR 50/97 und 6. 8. 2002 – 1 ABR 49/
01, AP Nr 14, 18 und 27 zu § 99 BetrVG 1972 Eingruppierung).

7. „Bedeutung für die individualrechtlichen Rechtsbeziehungen zwischen Arbeitgeber und Arbeitnehmer"

Die Mitwirkungs- und Mitbestimmungsrechte räumen dem Betriebsrat nicht nur 865
eine kollektivrechtliche Befugnis ein, sondern sie haben auch unmittelbar zivilrechtliche Bedeutung für die Rechtsbeziehungen des Arbeitgebers zum einzelnen Arbeitnehmer. Unterliegt eine Maßnahme der Mitwirkung oder Mitbestimmung, so
darf der Arbeitgeber sie erst durchführen, wenn er den Betriebsrat ordnungsgemäß
beteiligt hat. Das gilt auch dann, wenn er nach dem Arbeitsvertrag mit dem Arbeitnehmer berechtigt ist, sie vorzunehmen.

Welche Rechtsfolgen im und für das Arbeitsverhältnis eintreten, wenn der Arbeit- 866
geber den Betriebsrat nicht oder nicht ordnungsgemäß beteiligt hat, ist rechtsdogmatisch bisher wenig geklärt. Nur vereinzelt ist die Rechtsfolge gesetzlich festgelegt:
Die Kündigung ist, wenn der Betriebsrat nicht vorher ordnungsgemäß angehört
wurde, unwirksam **(§ 102 Abs 1 S 3 BetrVG)**, und bei Fehlen des Versuchs eines
Interessenausgleichs mit dem Betriebsrat über eine beteiligungspflichtige Betriebsänderung **(§§ 111, 112 BetrVG)** hat der von ihr betroffene Arbeitnehmer einen
Anspruch auf Nachteilsausgleich (§ 113 BetrVG). Im Übrigen fehlt eine Regelung
im Gesetz.

Nach der herrschenden **Wirksamkeitstheorie** soll im Bereich der nach **§ 87 Abs 1** 867
BetrVG mitbestimmungspflichtigen Angelegenheiten eine Regelung nur wirksam
sein, wenn der Betriebsrat ihr zugestimmt hat oder sie auf einem Spruch der Einigungsstelle beruht (so bereits BAG 7. 9. 1956 – 1 AZR 646/54, BAGE 3, 207 [211 f] und BAG
1. 2. 1957 – 1 AZR 521/54, AP Nr 2 und 4 zu § 56 BetrVG [1952]; BAG 25. 10. 1957 – 1 AZR 397/56,
AP Nr 6 zu § 56 BetrVG [1952]; weiterhin BAG 22. 12. 1980 – 1 ABR 2/79, BAGE 34, 331 [354 f] und
BAG 22. 12. 1980 – 1 ABR 2/79, AP Nr 70 und 71 zu Art 9 GG Arbeitskampf; BAG 4. 5. 1982 –
3 AZR 1202/79, AP Nr 6 zu § 87 BetrVG 1972 Altersversorgung; BAG 3. 12. 1991 – GS 2/90, AP
Nr 51 zu § 87 BetrVG 1972 Lohngestaltung; s auch die Nachweise von Richardi, in: Richardi,
BetrVG § 87 Rn 102 f). Die Verletzung des Mitbestimmungsrechts wird also dadurch
sanktioniert, dass die Beteiligung des Betriebsrats rechtsdogmatisch als Wirksamkeitsvoraussetzung aufgefasst wird (Lobinger RdA 2011, 76 [86 ff]).

868 Bei vertraglichen Ansprüchen ist, wie der Große Senat des BAG selbst klargestellt hat, die Annahme, sie seien bei Verletzung des Mitbestimmungsrechts unwirksam, nicht in dieser Allgemeinheit richtig (BAG 16. 9. 1986 – GS 1/82, BAGE 53, 42 [73]). Die Sanktion der Nichtigkeit ist nur entwickelt worden, um zu verhindern, dass der Arbeitgeber dem Einigungszwang mit dem Betriebsrat durch Rückgriff auf arbeitsvertragliche Möglichkeiten ausweicht. Die Nichtigkeit ist deshalb nicht stets die geeignete Sanktion bei einer Verletzung des Mitbestimmungsrechts. **Leitgedanke muss vielmehr sein, dass dem Arbeitgeber aus einer betriebsverfassungsrechtlichen Pflichtwidrigkeit kein Rechtsvorteil im Rahmen des Arbeitsverhältnisses** erwachsen darf (Richardi ZfA 1976, 1 [36 f]; zust BAG 16. 9. 1986 – GS 1/82, BAGE 53, 42 [74]). Auf diesem Gesichtspunkt beruht, dass das BAG in seiner Rechtsprechung eine Unwirksamkeit im Allgemeinen nur dann annimmt, wenn dadurch Einzelansprüche der Arbeitnehmer vereitelt oder geschmälert werden (BAG 7. 9. 1956 – 1 AZR 646/54, BAGE 3, 207 und BAG 1. 2. 1957 – 1 AZR 521/54, BAGE 3, 266 [272 f]; BAG 25. 10. 1957 – 1 AZR 397/56, AP Nr 6 zu § 56 BetrVG [1952]; so auch BAG 17. 12. 1980 – 5 AZR 570/78, AP Nr 4 zu § 87 BetrVG 1972 Lohngestaltung).

869 Verletzt der Arbeitgeber bei der **Einstellung** eines Arbeitnehmers das Mitbestimmungsrecht des Betriebsrats aus **§ 99 BetrVG**, so kann der Betriebsrat verlangen, dass der Arbeitnehmer im Betrieb nicht beschäftigt wird (§ 101 BetrVG). Bei der **Versetzung** bezweckt das Mitbestimmungsrecht auch den Schutz des betroffenen Arbeitnehmers. Dieser kann sich daher auf die Nichtbeachtung des Beteiligungsrechts berufen, wenn er mit der Versetzung nicht einverstanden ist, auch wenn der Arbeitgeber aufgrund des Arbeitsvertrags berechtigt ist, die Versetzung vorzunehmen (ebenso iErg BAG 26. 1. 1988 – 1 AZR 531/86, BAGE 57, 242 [255 f]; BAG 26. 1. 1993 – 1 AZR 303/92, AP Nr 102 zu § 99 BetrVG 1972). Bei einer **Ein- oder Umgruppierung** in die für den Arbeitnehmer maßgebliche Vergütungsgruppe durch den Arbeitgeber ist wiederum zu beachten, dass sie Rechtsanwendung und kein Akt rechtlicher Gestaltung ist, sodass es ausschließlich darauf ankommt, ob die Maßnahme richtig getroffen ist, also nicht deshalb als rechtsunwirksam angesehen werden kann, weil der Betriebsrat nicht ordnungsgemäß beteiligt wurde; denn der Entgeltanspruch besteht unabhängig von dem Beteiligungsrecht des Betriebsrats bei der Ein- und Umgruppierung (ebenso BAG 10. 2. 1976 – 1 ABR 49/74, AP Nr 4 zu § 99 BetrVG 1972; BAG 22. 3. 1983 – 1 ABR 49/81, AP Nr 6 zu § 101 BetrVG 1972).

8. Dienstvereinbarungen im Personalvertretungsrecht

870 Für den öffentlichen Dienst ist die Betriebsverfassung in besonderen Gesetzen geregelt, nämlich im **Bundespersonalvertretungsgesetz** (BPersVG) vom 15. 3. 1974 (BGBl I 693) und den **Landespersonalvertretungsgesetzen**. Für diese Verselbstständigung ist maßgebend, dass im öffentlichen Dienst zum Personalkörper nicht nur Arbeitnehmer, sondern auch Beamte gehören. Der Personalrat und die sonstigen Personalvertretungen repräsentieren deshalb nicht nur die Arbeitnehmer, sondern auch die Beamten. Beide werden unter dem Oberbegriff des Beschäftigten zusammengefasst (§ 4 BPersVG).

871 Für den Bereich des öffentlichen Dienstes ist das der Betriebsvereinbarung entsprechende Rechtsinstitut die **Dienstvereinbarung**. Im Gegensatz zum Betriebsverfassungsrecht sind aber Dienstvereinbarungen nach dem Bundespersonalvertretungsgesetz nur zulässig, soweit sie das Gesetz ausdrücklich vorsieht (§ 73 BPersVG). Noch enger ist die Regelung im bayerischen Personalvertretungsrecht (Art 73 BayPVG). Andere Landespersonalvertretungsgesetze enthalten dagegen keine derartigen Begrenzungen (zB § 66 LPVG Mecklenburg-Vorpommern).

VI. Kollektivvertragliche Gestaltungsfaktoren (3): Kirchliche Sonderregelungen

Die Verfassungsgarantie des Selbstbestimmungsrechts (Art 140 GG iV mit Art 137 Abs 3 WRV) sichert den Kirchen, dass der Staat ihnen eigene Wege offen halten muss, wie sie den kirchlichen Dienst und seine arbeitsrechtliche Ordnung gestalten. Die Gewährleistung ihrer Eigenständigkeit im selbstbestimmten Bereich wird nicht dadurch eingeschränkt, dass sie sich zur Erfüllung ihres Auftrags der Privatautonomie bedienen. Das Recht zur Schrankenziehung gibt dem Staat keine Befugnis zur Herrschaft über das bekenntnismäßige Verständnis des kirchlichen Dienstes. Gleiches gilt nach der Europäischen Menschenrechtskonvention (Art 9 iV mit Art 11 EMRK; vgl BVerfG 22. 10. 2014 – 2 BvR 661/12, NZA 2014, 1387 [1393 ff]). **872**

Die verfassten Kirchen können deshalb **kirchengesetzliche Sonderregelungen** treffen, die auch für die ihnen zugeordneten Einrichtungen zur Erfüllung einer kirchlichen Grundfunktion in privatrechtlicher Organisationsform und damit insbesondere in der Caritas und Diakonie gelten. Ohne in einen Arbeitskampf verstrickt zu werden, können Tarifverträge geschlossen werden (sog **Zweiter Weg**; vgl BAG 20. 11. 2012 – 1 AZR 611/11, AP Nr 180 zu Art 9 GG Arbeitskampf). In der evangelischen Kirche überwiegend und in der katholischen Kirche ohne Ausnahme besteht ein eigenständiges Beteiligungsmodell zur Beschlussfassung von Rechtsnormen für den Vertragsinhalt. In seinem Mittelpunkt stehen Arbeitsrechtliche Kommissionen, die nach Maßgabe der entsprechenden Kirchengesetze paritätisch mit Vertretern der Dienstgeber und Mitarbeiter besetzt sind (sog **Dritter Weg**; vgl BAG 20. 11. 2012 – 1 AZR 179/11, AP Nr 179 zu Art 9 GG Arbeitskampf). Die Rechtsnormen entfalten nach hM keine normative Wirkung (abw Richardi ZfA 2014 Heft 4 mwNw). Sie müssen aber durch Bezugnahme im Arbeitsvertrag dem Vertragsinhalt zugrunde gelegt werden, um die Streikfreiheit in der kirchlichen Einrichtung zu gewährleisten (BAG 20. 11. 2012 – 1 AZR 179/11, AP Nr 179 zu Art 9 GG Arbeitskampf). Vgl zu den Einzelheiten Richardi, Arbeitsrecht in der Kirche (7. Aufl 2015) §§ 13 bis 15. **873**

Das BetrVG und die staatlichen Personalvertretungsgesetze finden auf die Kirchen und deren Einrichtungen keine Anwendung (§ 118 Abs 2 BetrVG, § 112 BPersVG). Es gelten vielmehr im evangelischen Bereich überwiegend das **Mitarbeitervertretungsgesetz der EKD** (MVG-EKD) und in der katholischen Kirche die von der Bischofskonferenz beschlossene, kirchengesetzlich von den Diözesanbischöfen erlassene **Mitarbeitervertretungsordnung** (MAVO). Diese Gesetze enthalten Beteiligungsrechte der Mitarbeitervertretung und ermöglichen für den Vertragsinhalt den Abschluss von Dienstvereinbarungen, die nach kirchengesetzlicher Anordnung normativ wirken (§ 36 Abs 3 MVG-EKD, § 38 Abs 3a MAVO). Vgl näher Richardi, Arbeitsrecht in der Kirche (7. Aufl 2015) §§ 16 bis 19. **874**

VII. Gestaltung durch Allgemeine Geschäftsbedingungen

1. Erscheinungsform der Allgemeinen Arbeitsbedingungen

875 Typisch für die Arbeitswelt ist, dass die Arbeitsbedingungen nicht individuell verschieden geregelt sind, sondern dass ihrer Gestaltung eine kollektive Ordnung zugrunde liegt. Kollektivrechtliche Gestaltungsfaktoren sind Tarifvertrag und Betriebsvereinbarung und – im kirchlichen und karitativen Bereich – die Richtlinien für Arbeitsverträge des kirchlichen Bereichs (AVR; s zu den kollektivvertraglichen Gestaltungsfaktoren Rn 753 ff, 835 ff, 872 ff). Aber auch soweit eine Regelung nicht durch sie erfolgt, legen die Unternehmen ihren Arbeitsverhältnissen eine hierarchisch gestaltete Ordnung zugrunde. Wegen dieses Sachverhalts hat der Betriebsrat weitgehende Mitbestimmungsrechte bei der Gestaltung der Arbeitsbedingungen, insbesondere bei der Festlegung der Arbeitszeit (§ 87 Abs 1 Nr 2 und 3 BetrVG) und bei der betrieblichen Lohngestaltung (§ 87 Abs 1 Nr 10 BetrVG). Bereits SINZHEIMER hat darauf hingewiesen, dass „der Arbeitgeber das Normalschema bestimmt und der Einzelne sich diesem unterwirft oder auf Arbeit in diesem Betrieb verzichtet" (Der korporative Arbeitsnormenvertrag I [1907] 10).

876 Zu den Grundfragen des Arbeitsrechts zählt deshalb, ob und wie die vom Arbeitgeber einseitig aufgestellten Normen für die inhaltliche Gestaltung der Arbeitsverhältnisse sich in ihrer Eigenart tatbestandlich erfassen lassen, ob sie rechtsdogmatisch neben Tarifvertrag, Betriebsvereinbarung und Einzelarbeitsvertrag einen selbstständigen Gestaltungsfaktor bilden, ob sie insoweit dem Kollektivrecht zuzuordnen sind oder trotz ihrer Besonderheit in Geltung und Bestand als Teil des Einzelarbeitsvertrages zu beurteilen sind (vgl dazu vor allem die Habilitationsschriften von HILGER, Das betriebliche Ruhegeld [1959]; RICHARDI, Kollektivgewalt und Individualwille bei der Gestaltung des Arbeitsverhältnisses [1968]; SÄCKER, Gruppenautonomie und Übermachtkontrolle im Arbeitsrecht [1972]).

2. Gesamtzusage des Arbeitgebers und vertragliche Einheitsregelung

a) Gesamtzusage

877 Wenn der Arbeitgeber einseitig bekanntgibt, dass er jedem Arbeitnehmer, sofern er die von ihm abstrakt festgelegten Voraussetzungen erfüllt, bestimmte Leistungen gewährt, spricht man von einer **Gesamtzusage des Arbeitgebers** (vgl HILGER, Ruhegeld 52); der Unterschied zur Betriebsübung liegt darin, dass er bei der Gesamtzusage eine ausdrückliche Verpflichtungserklärung abgibt (BAG 16. 2. 2010 – 3 AZR 181/08, NZA 2011, 42 [45]). Bei ihr handelt es sich um eine „Willenserklärung des Arbeitgebers, durch die dieser sich verpflichtet, seinen Arbeitnehmern nach Maßgabe der aufgestellten Ordnung die vorgesehenen Leistungen zu gewähren" (BAG 12. 3. 1963 – 3 AZR 266/62, AP Nr 90 zu § 242 BGB Ruhegehalt, Bl 2; BAG 16. 10. 2007 – 9 AZR 170/07, NZA 2008, 1012 [1013]; BAG 22. 12. 2009 – 3 AZR 136/08, NZA-RR 2010, 541 [542]). Sie ist **kein anspruchserzeugender Tatbestand eigener Art**. Sie neben der Betriebsvereinbarung als einen zusätzlichen **kollektivrechtlichen Gestaltungsfaktor** auf betrieblicher Ebene anzuerkennen, **widerspricht dem geltenden Recht**; vielmehr führt sie nur zu einer Änderung der Individualarbeitsverträge der begünstigten Arbeitnehmer (vgl RICHARDI, Kollektivgewalt 302 ff; ausführlich zu der Streitfrage STAUDINGER/RICHARDI [1999] § 611 Rn 235 ff; zu den Voraussetzungen s Rn 882 ff).

Das BAG sieht die Gesamtzusage als Vertragsangebot an jeden einzelnen Arbeit- **878** nehmer, das dieser nach § 151 annehmen könne (BAG 13. 3. 1975 – 3 AZR 446/74, AP Nr 167 zu § 242 BGB Ruhegehalt; BAG 22. 1. 2003 – 10 AZR 395/02, AP Nr 247 zu § 611 BGB Gratifikation; BAG 16. 10. 2007 – 9 AZR 170/07, NZA 2008, 1012 [1013]); sie kann daher nur für den Arbeitnehmer günstige Regelungen enthalten (MünchKomm/MÜLLER-GLÖGE § 611 Rn 409). Voraussetzung für § 151 ist zwar nicht, dass jeder einzelne Arbeitnehmer tatsächlich von dem Angebot Kenntnis nimmt, erforderlich ist aber, dass der Arbeitnehmer typischerweise in der Lage sein muss, Kenntnis davon zu nehmen (BAG 28. 6. 2006 – 10 AZR 385/05, AP Nr 74 zu § 242 BGB Betriebliche Übung mwNw; BAG 17. 11. 2009 – 9 AZR 765/08, NZA-RR 2010, 293 [294]); eine Zusage über das Intranet genügt, wenn nicht im Arbeitsvertrag eine besondere Form vereinbart wurde (BAG 22. 1. 2003 – 10 AZR 395/02, AP Nr 247 zu § 611 BGB Gratifikation). Ob eine Gesamtzusage vorliegt und welchen Inhalt sie hat, richtet sich nach den für Willenserklärungen geltenden Regeln (BAG 16. 10. 2007 – 9 AZR 170/07, NZA 2008, 1012 [1013]; BAG 22. 12. 2009 – 3 AZR 136/08, NZA-RR 2010, 541 [542]). Sie ist nach dem BAG regelmäßig nicht auf die im Zeitpunkt ihrer erstmaligen Erklärung beschäftigten Arbeitnehmer beschränkt, sondern wird auch gegenüber den später eintretenden Arbeitnehmern abgegeben, sodass auch diese das Vertragsangebot nach § 151 annehmen können (BAG 23. 9. 2009 – 5 AZR 628/08, AP Nr 36 zu § 157 BGB); möglich ist es aber, dass der Arbeitgeber ihren Inhalt für die Zukunft mit der Folge ändert, dass sie gegenüber neu eintretenden Arbeitnehmern nur in dieser geänderten Form gilt (BAG 20. 8. 2014 – 10 AZR 453/13, NZA 2014, 1333 [1334]). Auf die Zusage finden die §§ 307 ff Anwendung (BAG 24. 1. 2006 – 3 AZR 583/04, AP Nr 1 zu § 313 BGB; KOLBE ZfA 2011, 95 [113 f], näher Rn 887 ff).

Unter Umständen kann eine unwirksame Betriebsvereinbarung nach § 140 in eine **879** Gesamtzusage **umgedeutet** werden. Das ist aber nur möglich, wenn besondere Umstände den Schluss rechtfertigen, der Arbeitgeber habe sich unabhängig von der Betriebsvereinbarung in jedem Fall zur Erbringung der dort geregelten Leistung verpflichten wollen (BAG 19. 6. 2012 – 1 AZR 137/11, AP Nr 4 zu § 4 TV SozSich); das kann nur in Ausnahmefällen angenommen werden (BAG 30. 5. 2006 – 1 AZR 111/05, NZA 2006, 1170 [1172]).

Da die in der Gesamtzusage gewährten Leistungen Gegenstand des Arbeitsvertra- **880** ges werden, können sie grundsätzlich nur durch Änderungsvertrag geändert werden; soll sich die Änderung zu Lasten des Arbeitnehmers auswirken, ist § 151 nicht anwendbar (LAG Berlin 9. 3. 2001 – 19 Sa 2596/00, NZA-RR 2001, 491). Eine einseitige Änderung ist nur möglich, wenn die Zusage einen wirksamen Widerrufs-/Änderungsvorbehalt (zur Inhaltskontrolle s Rn 923 ff, 941 ff) enthält oder die Voraussetzungen einer Änderungskündigung vorliegen. Eine Ablösung durch eine verschlechternde Betriebsvereinbarung scheidet grundsätzlich aus (Rn 994 ff).

Bei Gesamtzusagen sind in der Regel die **Mitbestimmungsrechte** des Betriebsrats **881** nach § 87 Abs 1 Nr 8 und 10 BetrVG zu beachten. Diese beziehen sich zwar nicht auf das „Ob" der Zusatzleistung und den Gesamtdotierungsrahmen, ein Mitbestimmungsrecht besteht aber hinsichtlich der Verteilungsgrundsätze (vgl zB BAG 12. 6. 1975 – 3 ABR 13/74, AP Nr 1 zu § 87 BetrVG 1972 Altersversorgung).

b) Vertragliche Einheitsregelungen

882 Bei vertraglichen Einheitsregelungen handelt es sich um vorformulierte Vertragsbedingungen, die sich von der Gesamtzusage im Wesentlichen durch die Art und Weise ihrer Entstehung unterscheiden: Eine vertragliche Einheitsregelung enthalte „in allen Einzelfällen übereinstimmende Willenserklärungen von Arbeitgeber und Arbeitnehmern" (§ 145), während bei einer Gesamtzusage der Vertrag auch dann zustande komme, wenn die Annahme dem Arbeitgeber gegenüber nicht ausdrücklich erklärt worden sei, es sich also um einen Fall des § 151 handelt (unter C II 1a der Gründe, BAG GS 16. 9. 1986 – GS 1/82, BAGE [GS] 53, 42 [55]). Handelt es sich – wie im Regelfall – bei vertraglichen Einheitsregelungen um Allgemeine Geschäftsbedingungen im Sinne von § 305 Abs 1, unterliegen sie der Inhaltskontrolle nach §§ 307 ff (ausf Rn 887 ff).

c) Kein kollektivrechtlicher Charakter

883 In der älteren Judikatur und Literatur wurde die Auffassung vertreten, die vertragliche Einheitsregelung habe trotz ihres **Entstehens** auf einzelvertraglicher Grundlage kollektivrechtlichen Charakter (so ausdrücklich BAG 8. 12. 1981 – 3 ABR 53/80, BAGE 36, 327 [335]). Praktische Bedeutung hat diese Feststellung vor allem für die Frage, ob eine vertragliche Einheitsregelung auch zu Lasten der Arbeitnehmer durch Betriebsvereinbarung abgelöst werden kann. Mit dem Hinweis auf den angeblich kollektivrechtlichen Charakter wurde begründet, dass es für die Ablösung oder Abänderung durch Betriebsvereinbarung gleichgültig sei, ob es sich um eine vertragliche Einheitsregelung oder Betriebsvereinbarung handele (BAG 30. 1. 1970 – 3 AZR 44/68, BAGE 22, 252 [258 f, 264]; BAG 25. 3. 1971 – 2 AZR 185/70, BAGE 23, 257 [275]; BAG 8. 12. 1981 – 3 ABR 53/80, BAGE 36, 327 [335]; aus dem Schrifttum vor allem SIEBERT, in: FS Nipperdey [1955] 119 [126 f]; HUECK/NIPPERDEY II/1, 584 f, 591 ff; KARAKATSANIS, Die kollektivrechtliche Gestaltung des Arbeitsverhältnisses und ihre Grenzen [1963] 41 ff, 115; SÄCKER, Gruppenautonomie und Übermachtkontrolle im Arbeitsrecht [1972] 341 ff). Zu demselben Ergebnis gelangt mit modifiziertem Begründungsansatz REUTER, soweit er mit der Annahme eines Verbandsbezugs der Arbeitsbedingungen das primäre Regelungsinstrument für deren Gestaltung in der Betriebsvereinbarung erblickt (so vor allem REUTER RdA 1991, 193 [198]; ders ZfA 1996, 1 [36]; ähnlich NEBEL, Die Normen des Betriebsverbandes am Beispiel der ablösenden Betriebsvereinbarung [1989] 206 ff). Soweit Arbeitsbedingungen, die betriebseinheitlich gelten, durch Vertrag geregelt werden, soll es sich nur um eine Ersatzform der Betriebsvereinbarung handeln, die durch eine Betriebsvereinbarung abgelöst werden kann. Der Arbeitsvertrag wird auf die Einigung für den Arbeitsbeginn und die Arbeitsfunktion reduziert, während alles andere primär durch Betriebsvereinbarung festzulegen sei. Der Arbeitnehmer wird dadurch in eine vom Arbeitgeber gestaltete Hierarchie eingegliedert, in der seine Arbeitsbedingungen zur Disposition der Betriebsparteien stehen (s zur Lehre vom Verbandsbezug des Arbeitsverhältnisses Vorbem 172 f zu §§ 611 ff).

884 Da nach den Ordnungsgrundsätzen einer rechtsgeschäftlichen Ordnung des Arbeitslebens das rechtsgeschäftliche Dienstleistungsversprechen des Arbeitnehmers im Mittelpunkt zu stehen hat, darf man weder eine arbeitsvertragliche Einheitsregelung noch eine Gesamtzusage aus der für sie maßgeblichen Rangebene verbannen. Zutreffend sagt der Große Senat des BAG im Beschluss vom 16. 9. 1986, dass die inhaltlichen Besonderheiten vertraglicher Einheitsregelungen keinen Einfluss auf die Rechtsnatur der daraus erwachsenen Ansprüche haben; diese seien „vertragliche

Ansprüche und unterscheiden sich insoweit nicht von individual-vertraglich begründeten Ansprüchen" (unter C II 1b der Gründe, BAG GS 16. 9. 1986 – GS 1/82, BAGE [GS] 53, 42 [56]). Die Verschiedenheit des Tatbestands einer Betriebsvereinbarung von dem Tatbestand einer arbeitsvertraglichen Einheitsregelung wird nivelliert, wenn man darauf abstellt, dass die Arbeitnehmer auf den Fortbestand individualvertraglicher Allgemeinregelungen nicht mehr als auf den Fortbestand von kollektivvertraglichen Allgemeinregelungen vertrauten (so Säcker, Gruppenautonomie und Übermachtkontrolle im Arbeitsrecht [1972] 357; ähnlich Hanau Anm AP Nr 4 und 6 zu § 77 BetrVG 1972). Damit behandelt man die durch Rechtsgeschäft begründete Vertragsbindung lediglich als ein Problem des Vertrauensschutzes, um den Grundsatz der Vertragstreue außer Kraft zu setzen, soweit eine Betriebsvereinbarung eine arbeitsvertragliche Regelung zum Nachteil der Arbeitnehmer abändert. Die rechtsgeschäftlich begründete Verbindlichkeit beruht aber nicht auf der *Vertrauenshaftung,* sondern auf der *Willenserklärung* als einem Akt der Rechtsetzung (so auch Canaris RdA 1974, 18 [20]). Die Argumentation, bei einer arbeitsvertraglichen Einheitsregelung fehle die tatsächliche Basis für die Herausbildung eines Vertrauens auf den Fortbestand der Regelung (Säcker, Gruppenautonomie und Übermachtkontrolle im Arbeitsrecht [1972] 91 f, 314), macht die rechtsgeschäftliche Bindung zu einem Unterfall der Vertrauenshaftung. Sie verkennt, dass der Lehre von der Vertrauenshaftung überhaupt nur die beschränkte Funktion zugewiesen wird, „die privatautonome Selbstbindung dort zu ergänzen, wo die Rechtsgeschäftslehre Schutzlücken offenlässt" (Canaris, Die Vertrauenshaftung im deutschen Privatrecht [1971] 440).

Die Geltung des Vertrags und damit auch einer vertraglichen Einheitsregelung **885** beruht nicht auf einem Vertrauensschutz, sondern darauf, dass „die Vertragschließenden, ein jeder in Selbstbestimmung vereinbart haben, dass es so Rechtens sein soll" (Flume, Allgemeiner Teil des Bürgerlichen Rechts II [3. Aufl 1979] 7). Geltungsgrund ist die Anerkennung der Privatautonomie. Der Vertrag wird von der beiderseitigen Selbstbestimmung der Vertragschließenden getragen. Das genügt für seine Geltung; es bedarf nicht einer zusätzlichen Legitimation, dass die Vertragschließenden mit ihm eine bestimmte Funktion innerhalb der Arbeitsverfassung wahrnehmen (vgl Richardi, Kollektivgewalt 306 ff, 331 ff). Im Gegenteil bedarf es besonderer Rechtfertigung, wenn seine Geltung eingeschränkt wird. Dafür genügt aber nicht das Bedürfnis der Praxis, eine vertragliche Einheitsregelung ebenso ändern zu können wie eine Betriebsvereinbarung (so aber BAG 30. 1. 1970 – 3 AZR 44/68, BAGE 22, 252 [264 f]; BAG 12. 6. 1975 – 3 ABR 13/74, BAGE 27, 194 [207]; BAG 12. 6. 1975 – 3 ABR 137/73, 12. 6. 1975 – 3 ABR 66/74, AP Nr 2 und 3 zu § 87 BetrVG 1972 Altersversorgung; aufgegeben durch BAG GS 16. 9. 1986 – GS 1/82, BAGE [GS] 53, 42 [56 ff]).

Von dem Grundsatz, dass vertragliche Einheitsregelungen und Gesamtzusagen nicht **886** durch Betriebsvereinbarungen geändert werden können, bestehen **Ausnahmen**. So ist eine Abänderung/Ablösung erstens zulässig, wenn die Gesamtzusage **betriebsvereinbarungsoffen** gestaltet ist (vgl BAG 7. 9. 2004 – 9 AZR 631/03, AP Nr 17 zu § 611 BGB Sachbezüge; BAG 15. 2. 2011 – 3 AZR 35/09, NZA-RR 2011, 541 [545]; BAG 23. 4. 2013 – 3 AZR 512/11, juris Rn 25 f); Voraussetzung ist aber eine entsprechende Abrede (BAG 16. 11. 2011 – 10 AZR 60/11, NZA 2012, 349 [350]), wobei das BAG auch in jüngerer Vergangenheit vergleichsweise großzügig verfährt und keine ausdrückliche Formulierung verlangt, sondern es genügen lässt, dass sich die Betriebsvereinbarungsoffenheit aus den Gesamtumständen ergibt (BAG 15. 2. 2011 – 3 AZR 35/09, NZA-RR 2011, 541 [545]).

Fehlt es an einer entsprechenden Betriebsvereinbarungsoffenheit, so ist zweitens eine Abänderung durch Betriebsvereinbarung möglich, wenn die kollektivrechtliche Neuregelung sich bei kollektiver Gesamtbetrachtung als nicht ungünstiger darstellt (BAG GS 16. 9. 1986 – GS 1/82, BAGE [GS] 53, 42 [56 ff]; BAG 17. 6. 2008 – 3 AZR 254/07, AP Nr 53 zu § 1 BetrAVG; s ausf Rn 994). Ist hingegen eine Gesamtzusage nicht betriebsvereinbarungsoffen und zudem bei kollektiver Gesamtbetrachtung ungünstiger, kommt eine Abänderung durch Betriebsvereinbarung nur in den Ausnahmefällen in Betracht, in denen die Geschäftsgrundlage der Zusatzleistung weggefallen ist (BAG GS 16. 9. 1986 – GS 1/82, NZA 1987, 168 [171, 177]; BAG 17. 1. 2012 – 3 AZR 555/09, AP Nr 14 zu § 1 BetrAVG Überversorgung).

3. AGB-Kontrolle*

a) Einbeziehung der Arbeitsverträge durch § 310 Abs 4

887 Das Schuldrechtsmodernisierungsgesetz hat die im AGB-Gesetz vom 9. 12. 1976 enthaltene Bereichsausnahme für Verträge auf dem Gebiet des Arbeitsrechts (§ 23 Abs 1 AGB-Gesetz) auf Tarifverträge sowie Betriebs- und Dienstvereinbarungen aufgehoben (§ 310 Abs 4 S 1; s zur AGB-Kontrolle im Arbeitsrecht auch STAUDINGER/KRAUSE [2013] Anhang zu § 310). Die Gesetzesregelung über Allgemeine Geschäftsbedingungen findet deshalb auf **Arbeitsverträge** Anwendung, jedoch sind die **im Arbeitsrecht geltenden Besonderheiten angemessen zu berücksichtigen** (§ 310 Abs 4 S 2 HS 1); zudem sind die Einbeziehungsvorschriften des § 305 Abs 2 und 3 nicht anwendbar (§ 310 Abs 4 S 2 HS 2; zur verfehlten Begründung dieser Regelung vgl RICHARDI NZA 2002, 1057 [1058 f]). Soweit **Tarifverträge** sowie **Betriebs- und Dienstvereinbarungen unmittelbar und zwingend gelten** (§ 4 Abs 1 S 1 TVG bzw § 77 Abs 4 S 1 BetrVG), hat die Bereichsausnahme in § 310 Abs 4 S 1 eine nur klarstellende Funktion. Einen eigenständigen Bedeutungsgehalt erhält sie nur, wenn man sie auf Tarifverträge sowie Betriebs- und Dienstvereinbarungen erstreckt, die für das Arbeitsverhältnis nicht

---

* **Schrifttum**: ANNUSS, Grundstrukturen der AGB-Kontrolle von Arbeitsverträgen, BB 2006, 1333 ff; DÄUBLER, Schuldrechtsmodernisierung und Arbeitsrecht, NZA 2001, 1329; DÄUBLER/DORNDORF, AGB-Kontrolle im Arbeitsrecht (2004); GOTTHARDT, Arbeitsrecht nach der Schuldrechtsreform (2. Aufl 2003); GÜNTHER, AGB-Kontrolle von Arbeitsverträgen (2007); HEGNER, Arbeitsvertrag und Allgemeine Vertragsbedingungen (2011); HENSSLER, Arbeitsrecht und Schuldrechtsreform, RdA 2002, 129; HÖNN, Zu den „Besonderheiten" des Arbeitsrechts, ZfG 2003, 325 ff; HROMADKA, Schuldrechtsmodernisierung und Vertragskontrolle im Arbeitsrecht, NJW 2002, 2523; JOOST, Betrachtungen zur Inhaltskontrolle vorformulierter Arbeitserträge, in: FS 50 Jahre BAG (2004) 49 ff; JUNKER, Grundlegende Weichenstellung der AGB-Kontrolle von Arbeitsverträgen, in: FS Buchner (2009), 369 ff; LAKIES, AGB im Arbeitsrecht (2006); PREIS, Privatautonomie und das Recht der Allgemeinen Geschäftsbedingungen, in: FS Richardi (2007) 339 ff; PREIS/REICHOLD, Arbeitnehmerschutz und/oder Verbraucherschutz bei der Inhaltskontrolle des Arbeitsvertrags?, in: FS 50 Jahre BAG (2004) 153 ff; RICHARDI, Gestaltung der Arbeitsverträge durch Allgemeine Geschäftsbedingungen nach dem Schuldrechtsmodernisierungsgesetz, NZA 2002, 1057; SCHLODDER, Der Arbeitsvertrag im neuen Schuldrecht (2004) 194 ff; K SCHMIDT, Arbeitsrecht als Verbraucherrecht?, in: FS Konzen (2006) 863 ff; STÖHR, Die Inhaltskontrolle von Arbeitsverträgen auf dem Prüfstand, ZfA 2013, 213; STOFFELS, Grundfragen der Inhaltskontrolle von Arbeitsverträgen, ZfA 2009, 861 ff; THÜSING, AGB-Kontrolle im Arbeitsrecht (2007).

kollektivrechtlich, sondern als Bestandteil des Arbeitsvertrags individualrechtlich verbindlich sind (s Rn 893 ff).

Die **Legaldefinition der Allgemeinen Geschäftsbedingungen** in § 305 Abs 1 S 1 gilt auch für Arbeitsverträge. Dem Recht der Allgemeinen Geschäftsbedingungen unterliegen daher „alle für eine Vielzahl von Verträgen vorformulierten Vertragsbedingungen", die der Arbeitgeber „der anderen Vertragspartei bei Abschluss eines Vertrags stellt", wobei gleichgültig ist, „ob die Bestimmungen einen äußerlich gesonderten Bestandteil des Vertrags bilden oder in der Vertragsurkunde selbst aufgenommen werden, welchen Umfang sie haben, in welcher Schriftart sie verfasst sind und welche Form der Vertrag hat" (§ 305 Abs 1 S 1 und 2). Nicht notwendig ist, dass der Arbeitgeber die Vertragsbedingungen einseitig vorformuliert hat, es genügt, dass sie für eine Vielzahl von Verträgen vorformuliert sind, also nicht, wie in § 305 Abs 1 S 3 klargestellt wird, „zwischen den Vertragsparteien im Einzelnen ausgehandelt sind". Auch Vertragsbedingungen, die vor ihrer Verwendung kollektivrechtlich ausgehandelt wurden, sind Allgemeine Geschäftsbedingungen (BAG 19. 3. 2009 – 6 AZR 557/07, NZA 2009, 896 [898]); wegen § 310 Abs 4 S 1 unterliegen sie aber oft keiner Inhaltskontrolle (Rn 891 ff). **888**

Zu beachten ist, dass der **Arbeitnehmer** im Verhältnis zum Arbeitgeber **Verbraucher** ist (BAG 25. 5. 2005 – 5 AZR 572/04, AP Nr 1 zu § 310 BGB; BAG 31. 8. 2005 – 5 AZR 545/04, AP Nr 8 zu § 6 ArbZG; BVerfG 23. 11. 2006 – 1 BvR 1909/06, NZA 2007, 85; s näher Rn 128 ff), sodass **§ 310 Abs 3** anwendbar ist. Das hat erstens zur Folge, dass AGB als vom Arbeitgeber gestellt gelten, es sei denn, sie wurden durch den Arbeitnehmer in den Vertrag eingeführt (§ 310 Abs 3 **Nr 1**); zweitens gelten die §§ 305c Abs 2, 306, 307–309 sowie Art 46b EGBGB für vorformulierte Arbeitsvertragsbestimmungen auch dann, wenn sie nur einmal verwendet werden sollen (soweit der Arbeitnehmer auf ihren Inhalt keinen Einfluss nehmen kann), § 310 Abs 3 **Nr 2** (vgl zB BAG 8. 8. 2007 – 7 AZR 855/06, AP Nr 41 zu § 14 TzBfG). Und drittens schließlich sind über § 310 Abs 3 **Nr 3** auch die Umstände des Einzelfalles zu berücksichtigen, sodass die ansonsten anzuwendende generell-abstrakte Betrachtung durch eine individuell-konkrete ersetzt wird (BAG 31. 8. 2005 – 5 AZR 545/04, AP Nr 8 zu § 6 ArbZG); diese Regelung stellt aus Sicht des Arbeitnehmers insoweit ein zweischneidiges Schwert dar, als sie sich sowohl zu seinen Gunsten als auch zu seinen Lasten auswirken kann (JUNKER, in: FS Buchner [2009] 369 [371 f, 379]). **889**

b)   Verhältnis der AGB-Kontrolle zur bisherigen Angemessenheitskontrolle
Schon vor 2002 unterlagen arbeitsvertragliche Vereinbarungen einer Angemessenheitskontrolle, die vor allem mit dem aus dem Verhandlungsungleichgewicht der Arbeitsvertragsparteien folgenden Funktionsdefizit der Vertragsfreiheit im Arbeitsrecht begründet wurde (vgl FASTRICH, Richterliche Inhaltskontrolle im Privatrecht [1992] 186 f; STAUDINGER/KRAUSE [2013] Anhang zu § 310 Rn 10 ff). Soweit es sich um AGB handelt, bilden die §§ 305 ff nun eine **abschließende Regelung**. Das BAG geht aber noch einen Schritt weiter und verzichtet selbst dort, wo wegen Aushandelns der Vertragsbedingungen (§ 305 Abs 1, 3) keine AGB vorliegen, auf eine Angemessenheitskontrolle; denn die §§ 305 ff stellten eine abschließende Konkretisierung des Gebots von Treu und Glauben dar (vgl BAG 25. 5. 2005 – 5 AZR 572/04, AP Nr 1 zu § 310 BGB; SINGER RdA 2003, 194 [198]). Unberührt bleibt danach nur eine Rechtskontrolle der Vereinbarung nach §§ 134, 138 sowie die Ausübungskontrolle nach § 242 (zum Verhältnis der **890**

AGB-Kontrolle zu diesen Kontrollinstrumenten vgl näher STAUDINGER/KRAUSE [2013] Anhang zu § 310 Rn 21 ff). Diese Rechtsprechung ist mit der Intention des Gesetzgebers, mittels Streichung der Bereichsausnahme für das Arbeitsrecht die Kontrolldichte von Arbeitsverträgen zu erhöhen, kaum vereinbar; ihre praktischen Auswirkungen sind allerdings angesichts der strengen Anforderungen, die an den Begriff des „Aushandelns" gestellt werden, gering (JUNKER, in: FS Buchner [2009] 369 [371 f]).

c) Ausnahme für Tarifverträge sowie Betriebs- und Dienstvereinbarungen

891 Die Legaldefinition der Allgemeinen Geschäftsbedingungen (§ 305 Abs 1 S 1) erfasst auch **Tarifverträge**, die auf das Arbeitsverhältnis nur deshalb Anwendung finden, weil auf sie im Arbeitsvertrag Bezug genommen wird (s Rn 828 ff). Auch bei Betriebs- und Dienstvereinbarungen kommt in Betracht, dass sie erst als Bestandteil des Arbeitsvertrags für das Arbeitsverhältnis verbindlich werden. Ein derartiger Fall kann beispielsweise gegeben sein, wenn in einem Betrieb kein Betriebsrat besteht und der Arbeitgeber deshalb die für einen anderen Betrieb geschlossenen Betriebsvereinbarungen den Arbeitsverhältnissen der Belegschaftsangehörigen zugrunde legt.

892 **§ 310 Abs 4 S 1** nimmt Tarifverträge sowie Betriebs- und Dienstvereinbarungen von der AGB-Kontrolle aus. Das ist konsequent, weil angesichts der Anforderungen an die Tariffähigkeit vor allem einer Gewerkschaft bzw – im Bereich der Betriebsverfassung – durch die gesetzlich zugewiesenen Rechte des Betriebsrats und die im BetrVG geregelten Konfliktlösungsmechanismen idealtypisch sichergestellt ist, dass zwischen den Kollektivpartnern ein annäherndes Kräfte- und Verhandlungsgleichgewicht herrscht; entsprechend wohnt den von ihnen ausgehandelten Kollektivverträgen eine Richtigkeitsgewähr inne (vgl statt aller BAG 6. 9. 1995 – 5 AZR 174/94, NZA 1996, 437 [439]). Eine AGB-Kontrolle wäre daher überflüssig und – in Bezug auf Tarifverträge – ein unzulässiger Eingriff in die Koalitionsfreiheit der Tarifvertragsparteien (Art 9 Abs 3 GG). Angesichts dieser Begründung gilt die Bereichsausnahme des § 310 Abs 4 S 1 nur, soweit der Tarifvertrag kraft Tarifbindung (§ 4 Abs 1 TVG) gilt. Davon zu trennen ist die Geltung tariflicher Regelungen kraft **einzelvertraglicher Bezugnahme**. Insoweit ist zu unterscheiden:

893 (1) Bei einer **Globalverweisung** auf einen Tarifvertrag scheidet eine **Inhaltskontrolle** grundsätzlich aus, da in diesem Fall die Richtigkeitsgewähr der tariflichen Regelungen quasi in den Arbeitsvertrag transponiert und zugleich eine mittelbare Tarifzensur verhindert wird (BAG 25. 4. 2007 – 6 AZR 622/06, AP Nr 23 zu § 113 InsO; BAG 9. 2. 2011 – 7 AZR 91/10, NZA-RR 2012, 232 [236]; BAG 18. 9. 2012 – 9 AZR 1/11, NZA 2013, 216 [218]; STAUDINGER/KRAUSE [2013] Anhang zu § 310 Rn 92 mwNw; aA ANNUSS BB 2006, 1333 [1333 f]); das gilt auch für Allgemeine Geschäftsbedingungen, die dadurch zustande kamen, dass die Arbeitsvertragsparteien den Text einer zwischen den Betriebsparteien ausgehandelten Mustervereinbarung übernahmen (BAG 19. 3. 2009 – 6 AZR 557/07, NZA 2009, 896 [898]). Die Bereichsausnahme ist jedoch insoweit zu weit gefasst und daher teleologisch entsprechend zu beschränken, als sie nur gilt, wenn das Arbeitsverhältnis unter den **Geltungsbereich** des Tarifvertrags fällt, nicht aber bei Bezugnahme auf fremde Tarifverträge (vgl RICHARDI NZA 2002, 1057 [1062]; ErfK/PREIS § 310 Rn 14; die Kündigung des Tarifvertrags ist aber irrelevant, zutreffend BAG 18. 9. 2012 – 9 AZR 1/11, NZA 2013, 216 [218]). Denn die Regelungen eines Tarifvertrages basieren auf den ökonomischen Gegebenheiten der jeweiligen Branche, für die er erlassen wurde.

Eine Richtigkeitsgewähr für andere Branchen kann er nicht beanspruchen (HWK/ GOTTHARDT § 307 BGB Rn 14). Die in Bezug genommenen Klauseln unterliegen zudem entgegen der Auffassung des BAG einer **Transparenzkontrolle** (ebenso ErfK/PREIS § 310 Rn 15; aA BAG 28. 6. 2007 – 6 AZR 750/06, AP Nr 27 zu § 307 BGB); dafür spricht neben § 307 Abs 3 S 2 (mit § 310 Abs 4 S 3) insbesondere die Gesetzgebungsgeschichte (vgl BT-Drucks 14/6857, 54).

(2) Dagegen unterliegen per **Einzelverweisung** in Bezug genommene Tarifklauseln **894** in vollem Umfang der Inhaltskontrolle (vgl BAG 25. 4. 2007 – 10 AZR 634/06, AP Nr 29 zu §§ 22, 23 BAT; BAG 6. 5. 2009 – 10 AZR 390/08, NZA-RR 2009, 593 [594]; STAUDINGER/KRAUSE [2013] Anhang zu § 310 Rn 96 mwNw). Denn in diesem Fall greift die Überlegung, dass die einzelne, ggf für den Arbeitnehmer nachteilige Klausel Teil eines für ihn im ganzen günstigen Pakets ist, das zwischen den Tarifvertragsparteien als gleichstarken Verhandlungspartnern vereinbart wurde, nicht ein. Nur durch eine uneingeschränkte Inhaltskontrolle kann sichergestellt werden, dass der Arbeitgeber sich nicht die ausschließlich für ihn günstigen „Rosinen" des Tarifvertrages herauspickt (DÄUBLER NZA 2001, 1329 [1335]).

(3) Nichts anderes kann richtigerweise auch bei **Teilverweisungen** auf ganze **Re- 895 gelungskomplexe** des Tarifvertrages gelten. Zwar ließe sich anführen, dass solche Teilkomplexe oft in sich ausgewogene Regelungen enthalten; zwingend ist das aber nicht, denkbar ist vielmehr, dass gerade eine Seite hinsichtlich zB der Arbeitszeit nachgibt, um günstige Urlaubsregelungen zu erreichen. Die Richtigkeitsgewähr aus dem Gesamtzusammenhang gerissener einzelner Regelungskomplexe kann daher nicht einfach unterstellt werden. Zudem würde eine Herausnahme von Teilverweisungen aus der Inhaltskontrolle zu praktisch kaum handhabbaren Abgrenzungsfragen zwischen einzelnen Teilkomplexen führen (THÜSING/LAMBRICH NZA 2002, 1361 [1363]; REINECKE BB 2005, 378; vgl BGH 22. 1. 2004 – VII ZR 419/02, NJW 2004, 1597; aA BAG 6. 5. 2009 – 10 AZR 390/08, NZA-RR 2009, 593 [594]; zT abweichend DIEHN NZA 2004, 129 [131]; differenzierend STAUDINGER/KRAUSE [2013] Anhang zu § 310 Rn 96 mwNw).

Wegen der Verfassungsgarantie des Selbstbestimmungsrechts (Art 140 GG iVm **896** Art 137 Abs 3 WRV) sind den Tarifverträgen die Regelungen gleichzustellen, die nach dem **Beteiligungsmodell des „Dritten Weges" in kircheneigenen Arbeitsrechtsregelungsverfahren** erlassen sind (vgl RICHARDI, Arbeitsrecht in der Kirche [7. Aufl 2015] § 15 Rn 37 ff; vHOYNINGEN-HUENE, in: FS Richardi [2007] 909 [918 ff]). Das BAG dagegen lehnt eine (analoge) Anwendung des § 310 Abs 4 S 1 auf kirchliche Kollektivregelungen ab, da der Gesetzgeber – anders als zB bei § 7 Abs 4 ArbZG oder § 21a Abs 3 JArbSchG – bewusst von einer Gleichstellung der Regelungen des Dritten Weges mit Tarifverträgen abgesehen habe (BAG 17. 11. 2005 – 6 AZR 160/05, AP Nr 45 zu § 611 BGB Kirchendienst). Jedoch berücksichtigt das Gericht Art 140 GG iVm Art 137 Abs 3 WRV im Rahmen der im Arbeitsrecht geltenden Besonderheiten (§ 310 Abs 4 S 2 HS 1) und kommt mit dieser Begründung zu einer Gleichstellung mit den Tarifverträgen (BAG 22. 7. 2010 – 6 AZR 170/08, NZA 2011, 634 [639]; dazu RICHARDI RdA 2011, 119 ff).

d) Die „im Arbeitsrecht geltenden Besonderheiten" (§ 310 Abs 4 S 2 HS 1)
Die **Bestimmung**, dass bei der **Anwendung auf Arbeitsverträge** „die im Arbeitsrecht **897 geltenden Besonderheiten angemessen zu berücksichtigen"** seien, bildet für die

§ 611

AGB-Kontrolle eine Schranke, die wegen ihrer Gestaltung als Generalklausel eine Regelungslücke im Gesetzesrecht darstellt. Ihre Schließung wird kontrovers beurteilt, weil streitig ist, wie „die im Arbeitsrecht geltenden Besonderheiten" zu interpretieren sind (vgl BAG 4. 3. 2004 – 8 AZR 196/03, AP Nr 3 zu § 309 BGB). Letztlich handelt es sich um eine Leerformel, die es dem Gesetzesanwender überlässt, ob und inwieweit die AGB-Kontrolle auf Arbeitsverträge anwendbar ist (RICHARDI NZA 2002, 1057 [1058]; zur Gesetzgebungsgeschichte vgl ders, in: FS Picker [2010] 1095). Klar ist aber angesichts des Wortlauts immerhin, dass der Vorbehalt nicht nur für die Inhaltskontrolle nach §§ 307 ff, sondern für die gesamten §§ 305 ff gilt (STAUDINGER/KRAUSE [2013] Anhang zu § 310 Rn 145 mwNw). Bei der Auslegung muss man ferner beachten, dass die §§ 307 ff auf die Kontrolle von Verbraucherverträgen zugeschnitten sind, bei denen ein Abänderungsinteresse des Verwendungsgegners meist nicht gegeben ist. Beim Arbeitsvertrag handelt es sich dagegen im Regelfall um ein durch den Kündigungsschutz gesichertes Rechtsverhältnis, das Anpassungen erfordert. Anders als bei Verbraucherverträgen, bei denen die mit §§ 307 ff nicht zu vereinbarenden Bestimmungen unwirksam sind, muss bei der Kontrolle arbeitsvertraglicher Klauseln der Regelungsinhalt in die Festlegung der Rechtsordnung einbezogen werden; mit anderen Worten kann Schlussfolgerung für eine rechtlich missglückte Vertragsbestimmung nicht generell deren Unwirksamkeit sein, sondern es verdient das **Prinzip der Vertragstreue** Beachtung, um zu einem vertragsgerechten Interessenausgleich zu gelangen (RICHARDI, in: FS Picker [2010] 1095 [1106]).

898 Fest steht schließlich, dass die angemessene Berücksichtigung der im Arbeitsrecht geltenden Besonderheiten sich nur auf die Inhaltskontrolle der Vertragsbedingungen bezieht, die unter die Legaldefinition der Allgemeinen Geschäftsbedingungen iS des § 305 fallen. Eine Erstreckung auf Arbeitsverträge, deren Regelungsinhalt nicht von der Legaldefinition erfasst wird, kann daher nicht aus einer angemessenen Berücksichtigung der im Arbeitsrecht geltenden Besonderheiten abgeleitet werden.

899 Im Übrigen ist vieles umstritten: Richtigerweise ist mit dem BAG für die Bestimmung der Besonderheiten des Arbeitsrechts auf das **Rechtsgebiet Arbeitsrecht im Ganzen** und nicht auf die Besonderheiten bestimmter Arbeitsverhältnisse abzustellen (BAG 4. 3. 2004 – 8 AZR 196/03, AP Nr 3 zu § 309 BGB; **aA** HÜMMERICH/HOLTHAUSEN NZA 2002, 173 [178]). Auch ist es nicht erforderlich, dass es sich um Besonderheiten handelt, die ausschließlich auf dem Gebiet des Arbeitsrechts bestehen; es genügt, wenn sich die Abweichungen von typischen Regelungslagen vor allem im Arbeitsverhältnis auswirken (ebenso BAG 4. 3. 2004 – 8 AZR 196/03; STAUDINGER/KRAUSE [2013] Anhang zu § 310 Rn 149; **aA** ANNUSS BB 2006, 1333 [1334 f]). Das ist zB in Bezug auf § 888 Abs 3 ZPO der Fall, sodass Vertragsstrafenabreden in Arbeitsverträgen entgegen § 309 Nr 6 zulässig sein können (Rn 1292). § 310 Abs 4 S 2 ermöglicht es ferner zB auch, die besondere Situation im kirchlichen Arbeitsrecht zu berücksichtigen (BAG 17. 11. 2005 – 6 AZR 160/05, AP Nr 45 zu § 611 BGB Kirchendienst; RICHARDI, in: FS Picker [2010] 1095 [1099]). Allerdings ist die Tatsache, dass es sich beim Arbeitsverhältnis (typischerweise) um ein Dauerschuldverhältnis mit eingeschränkten Kündigungsmöglichkeiten handelt, als solches noch keine Besonderheit des Arbeitsrechts, findet sich das doch auch in anderen Bereichen des Zivilrechts, zB dem Mietrecht (BAG 23. 9. 2010 – 8 AZR 897/08, NZA 2011, 89 [92]).

900 Zuzustimmen ist dem BAG ferner, wenn es für § 310 Abs 4 S 2 rein tatsächliche

Umstände genügen lässt (BAG 25. 5. 2005 – 5 AZR 572/04, AP Nr 1 zu § 310 BGB; BAG 1. 3. 2006 – 5 AZR 540/05, AP Nr 3 zu § 308 BGB; BAG 20. 5. 2008 – 9 AZR 382/07, AP Nr 35 zu § 307 BGB: „ständige Dynamik und Veränderung" des Arbeitsverhältnisses; BAG 29. 9. 2010 – 3 AZR 557/08, NZA 2011, 206 [209]; ebenso Hanau, in: FS Konzen [2006] 249; Singer RdA 2003, 194 [199]; Löwisch, in: FS Canaris [2007] 1403 [1413]; **aA** Hönn ZfA 2003, 325 [331]). Zwar kann dem der Wortlaut des § 310 Abs 4 S 2, der nicht von den Besonderheiten des Arbeits*lebens* oder -*verhältnisses*, sondern von denen des Arbeits*rechts* spricht, entgegen gehalten werden, gerade im systematischen Vergleich mit § 310 Abs 1 S 2 HS 2 („Handelsverkehr"). Jedoch ist eine Abgrenzung rechtlicher und tatsächlicher Umstände praktisch nicht durchführbar, umso mehr, wenn auch tatsächliche Umstände, die sich normativ widerspiegeln, als ausreichend erachtet werden (so ErfK/Preis §§ 305–310 Rn 11); hinzu kommt, dass in den Gesetzesmaterialien von „besonderen Bedürfnissen eines Arbeits*verhältnisses*" (BT-Drucks 14/6857, 54) die Rede ist und das Wortlautargument ausnahmsweise nicht überbewertet werden sollte, da von einer wohlüberlegten Regelung angesichts der Tatsache, dass § 310 Abs 4 S 2 erst in allerletzter Minute eingefügt wurde (vgl Richardi NZA 2002, 1057), nicht ausgegangen werden kann. Jedoch darf daraus andererseits nicht abgeleitet werden, dass die vor 2002 üblichen Klauseln im Sinne eines „weiter so" einfach fortgeführt werden können, war es doch Anliegen des Gesetzgebers, das Schutzniveau im Arbeitsrecht zugunsten der Arbeitnehmer zu heben (BT-Drucks 14/6858, 53 f; kritisch zu bewerten ist daher die Aussage in BAG 1. 3. 2006 – 5 AZR 363/05, AP Nr 3 zu § 308 BGB, Anrechnungsvorbehalte seien in Arbeitsverträgen „seit Jahrzehnten gang und gäbe [und] stellen [daher] eine Besonderheit des Arbeitsrechts dar"; wie hier Staudinger/Krause [2013] Anhang zu § 310 Rn 150). Nach dem BAG sind über § 310 Abs 4 S 2 HS 1 bei der AGB-Kontrolle insbesondere auch den Besonderheiten des **kirchlichen Arbeitsrechts** Rechnung zu tragen (BAG 19. 11. 2009 – 6 AZR 561/08, NZA 2010, 583 [584]; BAG 19. 4. 2012 – 6 AZR 677/10, AP Nr 69 zu § 611 BGB Kirchendienst; BAG 28. 6. 2012 – 6 AZR 217/11, NZA 2012, 1440 [1444 f]); dem ist zuzustimmen, allerdings ist zu beachten, dass nach hier vertretener Auffassung eine AGB-Kontrolle insoweit schon weitgehend über § 310 Abs 4 S 1 ausscheidet (s Rn 896).

e) Einbeziehungskontrolle

901 Eine Einbeziehungskontrolle anhand des § 305 Abs 2, 3 findet nicht statt, da dieser nach § 310 Abs 4 S 2 HS 2 nicht anwendbar ist (Rn 889; falsch LAG Köln 19. 6. 2009 – 4 Sa 901/08, das § 305 Abs 2 anwendete). Es gelten die allgemeinen Regeln der §§ 145 ff BGB.

902 Anwendbar ist aber § 305c, nach dem **überraschende Klauseln** nicht Vertragsbestandteil werden. Das ist bei Abreden anzunehmen, die so ungewöhnlich sind und von den bei Vertragsschluss begründeten Erwartungen derart abweichen, dass der Arbeitnehmer mit ihnen nicht zu rechnen braucht (BAG 16. 4. 2008 – 7 AZR 132/07, NZA 2008, 876 [877]). Ihnen muss ein „Überrumpelungs- oder Übertölpelungseffekt" innewohnen. Dabei sind alle Umstände zu berücksichtigen, insbesondere das äußere Erscheinungsbild des Vertrags, Gang und Inhalt der Vertragsverhandlungen sowie der Grad an Abweichung vom dispositiven Gesetzesrecht (BAG 8. 8. 2007 – 7 AZR 132/07, AP Nr 4 zu § 21 TzBfG). Auch die Unterbringung einer Klausel an einer unerwarteten Stelle im Text kann sie als Überraschungsklausel erscheinen lassen. Das Überraschungsmoment ist um so eher zu bejahen, je belastender die Bestimmung ist. Im Einzelfall muss der Verwender auf die Klauseln besonders hinweisen oder sie drucktechnisch hervorheben (BAG 6. 8. 2003 – 7 AZR 9/03, AP Nr 51 zu § 133 BGB; BAG 29. 8.

2012 – 10 AZR 385/11, NZA 2013, 148 [150]). Die Tatsache, dass die Klausel in deutscher Sprache verfasst ist, begründet als solches – auch bei des Deutschen nicht mächtigen Arbeitnehmern – keinen Verstoß gegen § 305c (BAG 19. 3. 2014 – 5 AZR 252/12, NZA 2014, 1076 [1080]).

903 Regelmäßig inhaltlich **nicht überraschend** angesichts ihrer Verbreitung im Arbeitsleben sind Bezugnahmeklauseln (BAG 24. 9. 2008 – 6 AZR 76/07, AP Nr 11 zu § 305c BGB; BAG 28. 5. 2009 – 6 AZR 144/08, ZTR 2009, 489; BAG 23. 7. 2014 – 7 AZR 771/12, NZA 2014, 1341 [1343]; aA für den Fall einer Differenzierung nach der Gewerkschaftszugehörigkeit RICHARDI NZA 2010, 417 [419]; s ausf Rn 828 ff, 916 ff), Ausgleichs- und Abgeltungsklauseln in Aufhebungsverträgen oder Abwicklungsvereinbarungen (BAG 19. 11. 2008 – 10 AZR 671/07, NZA 2009, 318 [321]), Vertragsstrafenabreden (BAG 14. 8. 2007 – 8 AZR 973/06, AP Nr 28 zu § 307 BGB; s Rn 1292 ff), Ausschlussfristen (BAG 25. 5. 2005 – 5 AZR 572/04, AP Nr 1 zu § 310 BGB; BAG 24. 9. 2014 – 5 AZR 506/12, NJW-Spezial 2014, 755; s Rn 915, 1653 ff), Altersgrenzen, die an das gesetzliche Renteneintrittsalter anknüpfen (vgl BAG 27. 7. 2005 – 7 AZR 443/04, NZA 2006, 37 [38 f]), eine Pauschabgeltung von Überstunden (BAG 16. 5. 2012, 5 AZR 331/11, NZA 2012, 908 [909]) sowie Klauseln, die die Kündigungsfristen verlängern (BAG 25. 9. 2008 – 8 AZR 717/07, AP Nr 39 zu § 307 BGB). § 305c Abs 1 greift in solchen Fällen allerdings, wenn die Klausel an ungewöhnlicher Stelle, ggf unter irreführender Überschrift, im Vertrag „versteckt" ist oder das äußere Gestaltungsbild des Vertrages eine solche Klausel aus anderen Gründen nicht erwarten lässt (vgl BAG 25. 5. 2005 – 5 AZR 572/04, AP Nr 1 zu § 310 BGB; s auch Rechtsprechungsnachweise bei HUNOLD NZA-RR 2008, 449 [450]). Als in der Regel **überraschend** ist dagegen eine völlig unabgesprochene oder deutlich kürzer als vereinbarte Befristung anzusehen (BAG 16. 4. 2008 – 7 AZR 132/07, NZA 2008, 876 [877]); Gleiches gilt für eine Klausel in einem Zusatzvertrag, die eine Beendigung des Arbeitsverhältnisses vorsieht (BAG 15. 2. 2007 – 6 AZR 286/06, NZA 2007, 614 [616 f]). Zu betonen ist aber, dass stets die Umstände des Einzelfalles maßgebend sind; daher können regelmäßig nicht überraschende Klauseln im konkreten Fall überraschend sein (und vice versa).

f)   Schranken der Inhaltskontrolle (§ 307 Abs 3)

904 Die Inhaltskontrolle wird sachlich durch § 307 Abs 3 S 1 beschränkt. Danach unterliegen AGB nur dann einer Kontrolle nach §§ 309, 308, 307 Abs 1 und 2, wenn sie von Rechtsvorschriften abweichende oder diese ergänzende Regelungen enthalten. Das Gesetz wiederholende Regelungen sind daher nicht kontrollfähig; eine solche Kontrolle wäre letztlich auch sinnlos, da an die Stelle einer unwirksamen Vereinbarung die entsprechende Gesetzesvorschrift träte (§ 306 Abs 2), die der Richter wegen Art 100 Abs 1 GG nicht unangewendet lassen darf (ANNUSS BB 2006, 1333). Etwas anderes gilt aber, wenn eine **ausfüllungsfähige gesetzliche Rahmenregelung** ausgefüllt wird. In solchen Fällen (zB § 622 Abs 3, § 22 BBiG) ist entgegen dem BAG eine Kontrolle vorzunehmen (ebenso STAUDINGER/KRAUSE [2013] Anhang zu § 310 Rn 150; aA BAG 16. 12. 2004 – 6 AZR 127/04, NZA 2005, 578 [579]; BAG 24. 1. 2008 – 6 AZR 519/07, NZA 2008, 521 [523]); zwar wird die Einhaltung des vom Gesetzgeber vorgegebenen Rahmens grundsätzlich gegen eine unangemessene Benachteiligung sprechen, apodiktisch auszuschließen ist eine solche – vor allem weil wegen § 310 Abs 3 Nr 3 auch die konkret-individuellen Vertragsumstände zu berücksichtigen sind (Rn 889) – aber nicht.

905 Von besonderer Bedeutung ist § 307 Abs 3 S 1, weil er nach allgemeiner Meinung die Inhaltskontrolle von **Leistungsbeschreibungen** und der **Entgeltfestsetzung** ausschließt (vgl Preis, in: FS Richardi [2007] 339 [345] mwNw). Ob und inwieweit eine Preisvereinbarung Bestand hat, richtet sich nicht nach § 307, auch soweit sie sich aus Allgemeinen Geschäftsbedingungen ergeben sollte, sondern insoweit findet § 138 Anwendung. Nichts anderes gilt grundsätzlich auch für die Entgeltregelung bei Arbeitsverträgen. Damit ist dem Richter die Kontrolle, ob für die Arbeitsleistung ein „gerechter Preis" gezahlt wird, entzogen (BAG 31. 8. 2005 – 5 AZR 545/04, AP Nr 8 zu § 6 ArbZG; BAG 21. 11. 2012 – 4 AZR 85/11, NZA 2013, 512 [515]). Etwas anderes ergibt sich auch nicht aus § 310 Abs 4 S 3, der Tarifverträge sowie Betriebs- und Dienstvereinbarungen Rechtsvorschriften im Sinne von § 307 Abs 3 gleichstellt, denn Sinn des § 310 Abs 4 S 3 ist es, Tarifverträge usw einer Inhaltskontrolle zu entziehen (BT-Drucks 14/6857, 54), nicht aber, sie zum Maßstab der Inhaltskontrolle zu machen (ebenso Hensslen RdA 2002, 129 (136); Richardi NZA 2002, 1057 [1061]; **aA** Däubler NZA 2001, 1329 [1334]). Daher sind AGB, die den Umfang der Arbeitszeit und die Höhe der Vergütung hierfür regeln, nicht nach § 307 Abs 1 S 1 kontrollfähig (BAG 17. 10. 2012 – 5 AZR 792/11, NZA 2013, 266 [267]); das gilt auch für die Vergütung von Überstunden (BAG 16. 5. 2012 – 5 AZR 331/11, NZA 2012, 908 [909]). Auch Aufhebungsvereinbarungen unterfallen nicht der Inhaltskontrolle (vgl BAG 27. 11. 2003 – 2 AZR 135/03, NZA 2004, 598 [603 f]; Stoffels ZfA 2009, 861 [868] mwNw); eine Ausgleichsklausel anlässlich der Beendigung des Arbeitsverhältnisses unterfällt aber nicht § 307 Abs 3 S 1 und ist daher voll kontrollfähig (BAG 21. 6. 2011 – 9 AZR 203/10, NZA 2011, 1338 [1341]).

906 Wegen § 307 Abs 3 S 2 müssen aber auch Leistungsbeschreibungen und Entgeltvereinbarungen dem **Transparenzgebot** des § 307 Abs 1 S 2 genügen. Zudem unterliegen **Leistungs- und Preisnebenabreden**, dh solche, die sich mittelbar auf den Preis oder die zu erbringende Arbeitsleistung auswirken, voll der Inhaltskontrolle (vgl BGH 18. 4. 2002 – III ZR 199/01, NJW 2002, 2386). Das wirft das Problem auf, Hauptleistungsregelungen und Nebenabrede zu unterscheiden, was in Einzelfällen schwierig sein kann. Kontrollfähig sind zB einseitige Leistungsbestimmungsrechte (BAG 12. 1. 2005 – 5 AZR 364/04, NZA 2005, 465; BAG 20. 4. 2011 – 5 AZR 191/10, NZA 2011, 796), Lohnkürzungsregelungen (BAG 20. 2. 2008 – 10 AZR 125/07, NZA 2008, 1124 [1126]) und die Befristung einzelner Arbeitsbedingungen (BAG 27. 7. 2005 – 7 AZR 486/04, NZA 2006, 40 [45]).

g) Inhaltskontrolle einzelner Klauseln

907 Soweit vorformulierte Vertragsbedingungen der Inhaltskontrolle in §§ 307–309 unterliegen (§ 307 Abs 3 S 1), ist zunächst vorrangig zu prüfen, ob die **Klauselverbote mit Wertungsmöglichkeit** gemäß § 309 oder die **Klauselverbote ohne Wertungsmöglichkeit** gemäß § 308 eingreifen. Bei ihrer Anwendung sind aber die „im Arbeitsrecht geltenden Besonderheiten angemessen zu berücksichtigen" (§ 310 Abs 4 S 2, Rn 897 ff).

908 Bei § 307 wiederum ist zwischen der **Inhaltskontrolle** nach § 307 Abs 1 S 1, Abs 2 und der **Transparenzkontrolle** nach § 307 Abs 1 S 2 zu unterscheiden. Die Unterscheidung ist schon deswegen wichtig, weil Leistungsbeschreibungen und Entgeltvereinbarungen nur dem Transparenzgebot unterliegen, nicht aber der Inhaltskontrolle nach § 307 Abs 1 S 1, vgl § 307 Abs 3.

909 Das **Transparenzgebot** verlangt, dass die Klausel im Rahmen des Möglichen sowie rechtlich und tatsächlich Zumutbaren die Rechte und Pflichten der Vertragspartner so klar und präzise wie möglich umschreibt (vgl BAG 31. 8. 2005 – 5 AZR 545/04, AP Nr 8 zu § 6 ArbZG). Sie darf keine vermeidbaren Unklarheiten und Spielräume enthalten. Wegen § 310 Abs 3 Nr 3 kommt es wieder auf einen individuell-konkreten Maßstab an. Schon aus dem Wortlaut des § 307 Abs 1 S 2 ergibt sich, dass sich eine unangemessene Benachteiligung aus einer intransparenten Regelung ergeben *kann,* nicht aber muss; erforderlich ist daher, dass die Intransparenz zu einer unangemessenen Benachteiligung des Arbeitnehmers führt (Annuss BB 2006, 1333 [1337]). Auf das Transparenzgebot wird jeweils im Zusammenhang mit den einzelnen Klauseln näher eingegangen.

910 Für die **Auslegung** Allgemeiner Geschäftsbedingungen ist die **Unklarheitenregelung des § 305c Abs 2** zu beachten. Verbleiben nach Anwendung aller anerkannten Auslegungsmethoden nicht behebbare Zweifel, gehen diese zu Lasten des Arbeitgebers (zur „Subsidiarität" des § 305c Abs 2 vgl BAG 17. 1. 2006 – 9 AZR 41/05, NZA 2006, 923 [926]). Das bedeutet, dass die Klausel zunächst so arbeitnehmer*feindlich* wie möglich auszulegen ist, um so ihre Unwirksamkeit zu begründen; gelingt dies nicht, ist sie so arbeitnehmer*freundlich* wie möglich anzuwenden (vgl ausf Staudinger/Krause [2013] Anhang zu § 310 Rn 173; Staudinger/Schlosser [2013] § 305c Rn 108 mwNw).

aa) Anrechnungsvorbehalt

911 Gewährt der Arbeitgeber übertarifliche Entgelte und kommt es in der Folge zu einer **Tariflohnerhöhung**, so stellt sich die Frage, ob der übertarifliche Lohnbestandteil von der Tariflohnerhöhung **aufgesogen** wird (sodass sich der Gesamtbruttoverdienst nicht ändert) oder auf sie **aufzustocken** ist (s auch Rn 799). Enthält der Vertrag eine eindeutige Regelung, gilt diese (vgl BAG 23. 3. 1993 – 1 AZR 520/92, AP Nr 26 zu § 87 BetrVG; BAG 18. 5. 2011 – 10 AZR 206/10, NZA 2011, 1289 [1292]). Anderenfalls ist aus den Umständen zu ermitteln, ob eine Anrechnung stattfinden soll. Dabei ist grundsätzlich von einer **Aufsaugung** auszugehen, es sei denn, dem Arbeitnehmer wurde vertraglich ein selbstständiges Entgelt zusätzlich zum jeweiligen Tariflohn zugesagt (BAG 1. 3. 2006 – 5 AZR 540/05, NZA 2006, 688; BAG 18. 5. 2011 – 10 AZR 206/10, NZA 2011, 1289 [1292]); eine solche „anrechnungsfeste" übertarifliche Zulage ist in der Regel anzunehmen, wenn mit ihr ein Zweck verfolgt wird, der vom Tariflohn nicht erfasst wird (zB Familienzulage, Leistungszulage [Rn 1471, 1474 f] oder Erschwerniszulage [Rn 1472]). Allein aus der Tatsache, dass die übertarifliche Leistung auch nach der Tariflohnerhöhung noch vorbehaltlos und ohne Anrechnung gezahlt wurde, lässt sich nicht ableiten, dass der Arbeitgeber zur Aufstockung verpflichtet ist (BAG 23. 9. 2009 – 5 AZR 973/08, juris Rn 21; BAG 18. 5. 2011 – 10 AZR 206/10, NZA 2011, 1289 [1292])

912 Diese Grundsätze gelten auch in Formulararbeitsverträgen, der Vorbehalt der Anrechnung ist nicht ungewöhnlich, § 305c Abs 1 (BAG 27. 8. 2008 – 5 AZR 820/07, AP Nr 36 zu § 307 BGB; **ablehnend** ErfK/Preis § 611 Rn 420). Eine Inhaltskontrolle nach §§ 307 Abs 1 S 1, 308 f scheidet aus, da die Vereinbarung über die Zahlung einer übertariflichen Vergütung unmittelbar das Verhältnis von Leistung und Gegenleistung betrifft und daher unter § 307 Abs 3 S 1 fällt (BAG 27. 8. 2008 – 5 AZR 820/07, AP Nr 36 zu § 307 BGB). Jedoch muss der Vorbehalt dem Transparenzgebot (§§ 307 Abs 3 S 2, 307 Abs 1 S 2) genügen. Die Anforderungen sind hier aber nicht zu streng, da der Arbeitnehmer grundsätzlich mit einer Anrechnung rechnen muss; insbesondere müssen die Anrechnungsgründe nicht genannt werden (vgl BAG 1. 3. 2006 – 5 AZR 363/05, AP Nr 3 zu § 308 BGB: „jederzeit widerrufliche und anrechenbare betriebliche Ausgleichszulage" genügt; zu

großzügig BAG 23. 9. 2009 – 5 AZR 973/08, juris Rn 21, wonach es genügen soll, dass eine „übertarifliche Vergütung" vereinbart ist; aA FRANKE NZA 2009, 245). Eine „Tariflohnerhöhung" in diesem Sinne kann auch bei einer tariflichen Einmalzahlung vorliegen (BAG 25. 6. 2002 – 3 AZR 167/01, NZA 2002, 1216; BAG 21. 1. 2003 – 1 AZR 125/02, AP Nr 118 zu § 87 BetrVG 1972 Lohngestaltung).

Durch **Tarifvertrag** können keine Vorgaben für Aufsaugung oder Aufstockung gemacht werden. Sowohl tarifliche Effektiv(garantie)klauseln, die verbindlich eine Aufstockung anordnen, wie tarifliche Anrechnungsklauseln, die eine Aufsaugung festschreiben wollen, sind jedenfalls mit der Vertragsfreiheit der Vertragspartner nicht vereinbar (näher Rn 800 ff). Keine unzulässige Effektivklausel stellt es aber dar, wenn tarifliche Leistungen (zB Verdienst- oder Alterssicherungsklauseln) als Berechnungsgrundlage nicht nur an den tariflichen (Mindest-)Lohn anknüpfen, sondern in diese auch über- oder außertarifliche Leistungen einbeziehen. Denn damit werden die übertariflichen Leistungen nicht in Tarifansprüche umgewandelt. Dementsprechend bleiben die Gestaltungsmöglichkeiten hinsichtlich der über-/außertariflichen Entgelte erhalten; ändern sich diese, wirkt sich das auch auf den Tarifanspruch aus (BAG 16. 6. 2004 – 4 AZR 408/03, AP Nr 24 zu § 4 TVG Effektivklausel). **913**

Bei Anrechnungen kann ein Mitbestimmungsrecht des **Betriebsrates nach § 87 Abs 1 Nr 10 BetrVG** bestehen, wobei für das BAG keine Rolle spielt, ob die Anrechnung aufgrund der Feststellung einer Tarifautomatik (Anrechnungsvorbehalt) oder durch Ausübung eines Widerrufsvorbehalts eintritt (BAG GS 3. 12. 1991 – GS 2/90, AP Nr 51 und 52 zu § 87 BetrVG 1972 Lohngestaltung; vgl zur Mitbestimmung des Betriebsrats RICHARDI, in: RICHARDI, BetrVG § 87 Rn 776 ff). Ein Mitbestimmungsrecht besteht aber nur, wenn sich durch die Anrechnung die bisherige Verteilungsrelation ändert und noch ein Gestaltungsspielraum innerhalb des Dotierungsrahmens verbleibt; das ist nicht der Fall, wenn die Zulagen aller Arbeitnehmer vollständig und gleichmäßig aufgesogen werden (BAG 3. 12. 1991 – GS 2/90; BAG 1. 3. 2006 – 5 AZR 363/05, AP Nr 3 zu § 308 BGB). Vollzieht sich eine Tariflohnerhöhung in mehreren zeitlich versetzten Schritten, ist es möglich, dass sich das Mitbestimmungsrecht nicht nur auf die jeweilige Anrechnung beschränkt, sondern auch auf die arbeitgeberische Gesamtkonzeption bezieht (BAG 10. 3. 2009 – 1 AZR 55/08, AP Nr 134 zu § 87 BetrVG 1972 Lohngestaltung). **914**

bb) Ausschlussfristen
Ausschlussfristen müssen die Grenze des § 202 Abs 1 beachten, mindestens drei Monate lang sein und dürfen nicht einseitig nur Ansprüche des Arbeitnehmers erfassen (BAG 25. 5. 2005 – 5 AZR 572/04, AP Nr 1 zu § 310 BGB; s Rn 1653 ff). **915**

cc) Bezugnahmeklauseln
Die meisten Arbeitsverträge enthalten eine Bezugnahmeklausel auf einen Tarifvertrag. Dadurch werden die Tarifbestimmungen materiell zu arbeitsvertraglichen Regelungen (Rn 828 ff). **916**

Angesichts ihrer Üblichkeit sind Bezugnahmeklauseln in der Regel keine überraschenden Klauseln im Sinne von § 305c Abs 1 (vgl BAG 3. 4. 2007 – 9 AZR 283/06, BAGE 122, 33; BAG 23. 7. 2014 – 7 AZR 771/12, NZA 2014, 1341 [1343]). Strittig ist, ob das auch dann gilt, wenn auf einen branchen- oder ortsfremden Tarifvertrag verwiesen wird (bejahend GAUL ZfA 2003, 75 [86]; **aA** [überraschende Klausel] hingegen THÜSING/LAMBRICH NZA **917**

2002, 1361 [1365] mwNw; abweichend ANNUSS BB 2006, 1333 [1336], der zwischen Bezugnahmeklausel und -objekt trennt). Richtigerweise ist eine „inhaltliche Überraschung" meist abzulehnen, da auch die Verweisung auf fremde Tarifverträge im Arbeitsleben nicht unüblich ist; der Überraschungseffekt kann sich hier jedoch aus der formalen Gestaltung des Arbeitsvertrages ergeben. Die Unklarheitenregelung des § 305c Abs 2 ist in der Regel nicht anwendbar (BAG 17. 1. 2006 – 9 AZR 41/05, AP Nr 40 zu § 1 TVG Bezugnahme auf Tarifvertrag; BAG 24. 9. 2008 – 6 AZR 76/07, AP Nr 11 zu § 305c BGB; zur Auslegung von Bezugnahmeklauseln vgl Rn 830 ff).

918 Auch wenn die Bezugnahmeklausel dynamisch ausgestaltet ist, enthält sie keinen einseitigen Änderungsvorbehalt für den Arbeitgeber und ist deshalb **nicht** an **§ 308 Nr 4** zu messen (BAG 10. 12. 2008 – 4 AZR 801/07, NZA-RR 2010, 7 [12]; BAG 21. 11. 2012 – 4 AZR 85/11, NZA 2013, 512 [515]). Jedoch müssen Bezugnahmeklauseln § 307 Abs 1 S 2 genügen; § 310 Abs 4 S 1 steht dessen Anwendbarkeit nicht entgegen (BAG 24. 9. 2008 – 6 AZR 76/07, AP Nr 11 zu § 305c BGB). Dabei begründet allein die Tatsache, dass auf ein anderes Regelungswerk verwiesen wird, nicht die Intransparenz der Regelung; erforderlich ist jedoch, dass die tatbestandlichen Voraussetzungen und Rechtsfolgen so genau beschrieben werden, dass für den Arbeitgeber keine ungerechtfertigten Beurteilungsspielräume entstehen und der Gefahr vorgebeugt wird, dass der Arbeitnehmer von der Durchsetzung bestehender Rechte abgehalten wird (BAG 19. 3. 2014 – 10 AZR 622/13, NZA 2014, 595 [599]; BAG 23. 7. 2014 – 7 AZR 771/12, NZA 2014, 1341 [1343]). Unter Zugrundelegung dieser Maßstäbe hat das BAG aber selbst dynamische Verweisungsklauseln gebilligt, da es sich um eine übliche Regelungstechnik handle und auch das NachwG nicht mehr verlange (BAG 24. 9. 2008 – 6 AZR 76/07, AP Nr 11 zu § 305c BGB). Um dem Transparenzgebot Genüge zu tun, muss allerdings dann, wenn durch eine Bezugnahmeklausel mehrere eigenständige tarifliche Regelungswerke gleichzeitig für anwendbar erklärt werden sollen, eine Kollisionsregel aufgenommen werden, die regelt, welcher der mehreren in Bezug genommenen Tarifverträge im Falle widersprechender Regelungen Anwendung finden soll (BAG 13. 3. 2013 – 5 AZR 954/11, NZA 2013, 680 [683 f]).

919 Von der Kontrolle der Bezugnahmeklausel selbst ist die Frage zu unterscheiden, inwieweit die **in Bezug genommenen Regelungen** einer Inhaltskontrolle unterliegen (dazu Rn 892 ff).

dd) Formvorschriften

920 Formvorgaben in AGB sind nicht generell unwirksam. Zu beachten ist aber zunächst, dass auch wenn der Formulararbeitsvertrag bestimmt, dass eine Änderung des Vertrages nur schriftlich möglich ist, und das auch für die Schriftformklausel gelten soll **(doppelte Schriftformklausel)**, spätere mündliche Abreden wegen § 305b wirksam sind. Bedeutung kann solchen Klauseln jedoch insoweit zukommen, als sie – bei richtiger Ausgestaltung – theoretisch die Entstehung einer betrieblichen Übung verhindern können (Rn 982). Das BAG stellt an die Wirksamkeit solcher Klauseln jedoch zu Recht strenge Anforderungen, da sie tendenziell dazu geeignet sind, den Arbeitnehmer von der Durchsetzung ihm zustehender Rechte abzuhalten; erweckt eine Klausel beim anderen Vertragspartner den irrigen Eindruck, eine mündliche Abrede sei entgegen § 305b unwirksam, stellt sie eine unangemessene Benachteiligung dar und ist insgesamt unwirksam; entsprechend vermag sie dann auch die Entstehung einer Betriebsübung nicht zu verhindern (BAG 20. 5. 2008 – 9 AZR

382/07, NZA 2008, 1233 [1235 f]). Stets unwirksam ist eine Schriftformklausel weiter, wenn die Wirksamkeit ausdrücklicher, mündlicher Abreden ausgeschlossen werden soll (BAG 20. 5. 2008 – 9 AZR 382/07); dagegen dürfte es möglich sein, sie so zu fassen, dass nur die Entstehung von Ansprüchen aus betrieblicher Übung ausgeschlossen wird (so auch Preis NZA 2009, 281 [286]; Lingemann/Winkel NJW 2009, 1574 [1575] mit Klauselbeispiel).

Unangemessen ist auch eine Klausel, nach der nach dem Vertragsschluss getroffene mündliche Abmachungen mit umfassend zur Vertretung des Arbeitgebers berechtigten Personen ohne schriftliche Bestätigung keine Gültigkeit haben (LAG Düsseldorf 13. 4. 2007 – 9 Sa 143/07, NZA-RR 2007, 455; vgl auch BGH 26. 3. 1986 – VIII ZR 85/85, NJW 1986, 1809). **921**

Einer Formularabrede, nach der Erklärungen oder Anzeigen dem Verwender oder einem Dritten gegenüber an eine strengere Form als die Schriftform oder an besondere Zugangserfordernisse gebunden werden, ist unwirksam **(§ 309 Nr 13)**. Das schließt es aber wegen der im Arbeitsrecht geltenden Besonderheiten nicht aus, auf zweiter Stufe einer zweistufigen Ausschlussfrist eine gerichtliche Geltendmachung zu verlangen (vgl auch Rn 1659; BAG 25. 5. 2005 – 5 AZR 572/04, AP Nr 1 zu § 310 BGB; ErfK/ Preis § 218 Rn 45 mwNw; zu § 309 Nr 13 vgl auch Richardi NZA 2002, 1057 [1064]). **922**

ee) Freiwilligkeitsvorbehalt
Bei einem Freiwilligkeitsvorbehalt wird im Vertrag klargestellt, dass dem Arbeitgeber der **Verpflichtungswille fehlt**, er also einen Rechtsanspruch des Arbeitnehmers für die Zukunft ausschließen will. Der Freiwilligkeitsvorbehalt ist deshalb vom Widerrufsvorbehalt zu unterscheiden (Rn 941). Er spielt(e) vor allem eine Rolle, wo es um die Verhinderung der Entstehung von Ansprüchen aus betrieblicher Übung geht (s Rn 983 f). **923**

Soweit eine **Entgeltleistung mit der Arbeitsleistung in einem Gegenseitigkeitsverhältnis** steht, kann sie **nicht** unter einen **Freiwilligkeitsvorbehalt** gestellt werden (BAG 25. 4. 2007 – 5 AZR 627/06, NZA 2007, 853 [854]; BAG 14. 9. 2011 – 10 AZR 526/10, NZA 2012, 81 [84]); denn dies widerspricht der rechtsgeschäftlichen Bindung, die im Abschluss des Arbeitsvertrags liegt, und stellt eine unangemessene Benachteiligung des Arbeitnehmers dar. Auch kann nicht per ergänzender Vertragsauslegung ein Widerrufsvorbehalt angenommen werden, da dies voraussetzt, dass sich ermitteln lässt, welche Vereinbarung die Parteien getroffen hätten. **924**

Ob im Übrigen ein genereller Freiwilligkeitsvorbehalt im Formulararbeitsvertrag überhaupt noch wirksam möglich ist, ist nach der neueren Rechtsprechung des BAG unklar. Jedenfalls hat das Gericht die Anforderungen erheblich verschärft. So ist es widersprüchlich und damit intransparent im Sinne von § 307 Abs 1 S 2, wenn der Arbeitgeber im Formulararbeitsvertrag zugleich eine Gratifikation zusagt, diese aber in einer anderen Vertragsklausel unter einen Freiwilligkeitsvorbehalt stellt (BAG 30. 7. 2008 – 10 AZR 606/07, NZA 2008, 1173 [2. Orientierungssatz]; BAG 10. 12. 2008 – 10 AZR 1/08, AP Nr 40 zu § 307 BGB; BAG 24. 10. 2007 – 10 AZR 825/06, NZA 2008, 40 [41]; Salamon NZA 2009, 1076 [1077]). Der Freiwilligkeitsvorbehalt kann daher wenn überhaupt nur für etwaige zukünftige Zahlungen vorgesehen werden (LAG Hamm 24. 1. 2008 – 8 Sa 1805/07). Unzulässig wegen eines Verstoßes gegen § 307 Abs 1 S 2 ist auch **925** eine Kombination von Freiwilligkeits- und Widerrufsvorbehalt (BAG 30. 7. 2008 – 10 AZR 606/07, AP Nr 274 zu § 611 BGB Gratifikation; BAG 8. 12. 2010 – 10 AZR 671/09, NZA 2011, 628 [631]; BAG 14. 9. 2011 – 10 AZR 526/10, NZA 2012, 81 [82]). Drittens muss der Freiwilligkeitsvorbehalt eindeutig erklärt werden, vor allem in AGB (§ 307 Abs 1 S 2). Es genügt nicht, dass eine Leistung als „freiwillig und ohne jede rechtliche Verbindung" bezeichnet wird, weil dies nur als Hinweis darauf interpretiert wird, dass der Arbeitgeber nicht aus anderem Rechtsgrund zur Leistung verpflichtet ist (BAG 1. 3. 2006 – 5 AZR 363/05, AP Nr 3 zu § 308 BGB; BAG 8. 12. 2010 – 10 AZR 671/09, NZA 2011, 628 [630 f]; vgl auch BAG 27. 8. 2008 – 5 AZR 820/07, NZA 2009, 50); der Arbeitgeber muss vielmehr eindeutig klarstellen, dass keine Vertragsbindung eintreten soll (BAG 12. 1. 2000 – 10 AZR 840/98, AP Nr 223 zu § 611 BGB Gratifikation). Vor allem aber bezweifelt das BAG nunmehr viertens ganz generell, ob ein bloßer, im Arbeitsvertrag vorgesehener Freiwilligkeitsvorbehalt in der Lage ist, „dauerhaft den Erklärungswert einer ohne jeden Vorbehalt und ohne Hinweis auf die vertragliche Regelung erfolgten Zahlung so zu erschüttern, dass der Arbeitnehmer das spätere konkludente Verhalten […] nicht als Angebot […] verstehen kann" (BAG 14. 9. 2011 – 10 AZR 526/10, NZA 2012, 81 [84]). Unzulässig ist es schließlich fünftens, mit dem Freiwilligkeitsvorbehalt unterschiedslos auch alle zukünftigen Leistungen unabhängig von ihrer Art und ihrem Entstehungsgrund zu erfassen, weil damit unzulässigerweise auch laufende Leistungen einbezogen werden (BAG 14. 9. 2011 – 10 AZR 526/10, NZA 2012, 81 [84]).

ff) Haftungsausschluss

926 Für die Haftung des **Arbeitnehmers gegenüber dem Arbeitgeber** gelten die Grundsätze über die beschränkte Arbeitnehmerhaftung (s STAUDINGER/RICHARDI/FISCHINGER [2016] § 619a Rn 28 ff). Nach der Rechtsprechung handelt es sich dabei um „einseitig zwingendes Arbeitnehmerschutzrecht" (BAG 17. 9. 1998 – 8 AZR 175/97, AP Nr 2 zu § 611 BGB Mankohaftung; BAG 5. 2. 2004 – 8 AZR 91/03, AP Nr 126 zu § 611 BGB Haftung des Arbeitnehmers), sodass eine Abänderung zu Lasten des Arbeitnehmers stets ausscheidet, ohne dass es auf eine Inhaltskontrolle nach §§ 307 ff ankäme. Diese Auffassung überzeugt nicht und lässt sich insbesondere nicht mit der vom BAG selbst angenommenen Möglichkeit, eine vertragliche Mankohaftung zu begründen (s Rn 927), vereinbaren. Richtigerweise sind daher Absprachen, die von den Grundsätzen über die Beschränkung der Arbeitnehmerhaftung zu Lasten des Arbeitnehmers abweichen, nicht apodiktisch ausgeschlossen. Sie sind vielmehr (vor allem) an § 307 und (hilfsweise) § 138 zu messen (FISCHINGER, Haftungsbeschränkung im Bürgerlichen Recht [2015] 699 ff; ErfK/PREIS § 310 Rn 85; s näher STAUDINGER/RICHARDI/FISCHINGER [2016] § 619a Rn 90 ff).

927 Auch nach Auffassung des BAG kann die gesetzliche **Mankohaftung** (s STAUDINGER/RICHARDI/FISCHINGER [2016] § 619a Rn 109 ff) grundsätzlich durch Vertragsabreden erweitert werden. Eine verschuldensunabhängige Haftung des Arbeitnehmers kann aber nur begründet werden, wenn kein Dritter Zugriff auf den dem Arbeitnehmer anvertrauten Bestand hat und zudem sichergestellt ist, dass der Arbeitnehmer einen angemessenen wirtschaftlichen Ausgleich erhält (näher STAUDINGER/RICHARDI/FISCHINGER [2016] § 619a Rn 112; BAG 22. 5. 1997 – 8 AZR 562/95, 17. 9. 1998 – 8 AZR 175/97, 2. 12. 1999 – 8 AZR 386/98, AP Nr 1, 2 und 3 zu § 611 BGB Mankohaftung; BAG 18. 5. 1965 – 1 AZR 386/64, AP Nr 4 zu § 611 BGB Haftung des Arbeitnehmers).

928 Der Ausschluss der **Haftung des Arbeitgebers** ist wegen § 104 SGB VII vor allem

relevant, soweit es um die Beschädigung/Zerstörung von Sachen des Arbeitnehmers geht. Grenzen ziehen hier § 309 Nr 7 lit b bzw – soweit es um den Ausschluss der Haftung für einfache Fahrlässigkeit geht – § 307 Abs 1 (näher STAUDINGER/COESTER [2013] § 307 Rn 437 ff). Für Personenschäden ist die zivilrechtliche Haftung hingegen regelmäßig ausgeschlossen und wird durch den Versicherungsschutz in der gesetzlichen Unfallversicherung kompensiert (s näher Rn 1733 sowie STAUDINGER/RICHARDI/FISCHINGER [2016] § 619a Rn 99 ff).

gg) Nachvertragliches Wettbewerbsverbot
Formularklauseln, die ein nachvertragliches Wettbewerbsverbot statuieren, sind der Inhaltskontrolle grundsätzlich **entzogen**, da die §§ 74 ff HGB insoweit lex specialis sind; jedoch müssen sie dem Transparenzgebot des § 307 Abs 1 S 2 genügen (näher Rn 1191). **929**

hh) Teilbefristung
Eine flexible Gestaltung des Vertragsinhalts kann neben zB Widerrufsvorbehalten auch dadurch herbeigeführt werden, dass einzelne Vertragsabreden von vornherein befristet abgeschlossen werden. In Betracht kommt zB die vorübergehende Zuweisung eines anderen Tätigkeitsbereichs, die zeitweise Erhöhung oder Verringerung der Arbeitszeit oder die Befristung einer Entgeltregelung. **930**

Auf eine derartige Befristung ist das **TzBfG nicht anwendbar** (BAG 8. 8. 2007 – 7 AZR 855/06, AP Nr 41 zu § 14 TzBfG), sodass weder das Schriftformerfordernis des § 14 Abs 4 TzBfG noch die Präklusionsfrist des § 17 TzBfG gilt (BAG 4. 6. 2003 – 7 AZR 406/02, NZA 2003, 1424). Ist die Befristung formularmäßig vereinbart, so unterliegt sie aber der **Angemessenheitskontrolle nach §§ 307 ff**; Gleiches gilt für die Vereinbarung einer auflösenden Bedingung bzgl einzelner Arbeitsbedingungen (BAG 16. 5. 2012 – 10 AZR 252/11, AP Nr 49 zu §§ 22, 23 BAT Zulagen). § 307 Abs 3 steht nicht entgegen, da es nicht um eine Kontrolle der Höhe der Hauptleistungspflicht, sondern um deren zeitliche Befristung geht (vgl BAG 18. 1. 2006 – 7 AZR 191/05, AP Nr 8 zu § 305 BGB; 27. 7. 2005 – 7 AZR 508/04, AP Nr 6 zu § 307 BGB; BAG 8. 8. 2007 – 7 AZR 855/06, 18. 6. 2008 – 7 AZR 245/07, AP Nr 41, 52 zu § 14 TzBfG; MASCHMANN RdA 2005, 212 [216 ff]; **aA** THÜSING/LEDER BB 2005, 1563 [1567]; LEDER RdA 2010, 93 [98]). Wie bei mehreren aufeinander folgenden befristeten Arbeitsverträgen unterliegt auch bei mehreren aufeinander folgenden Verträgen zur befristeten Änderung von Arbeitsbedingungen nur die letzte Befristung der gerichtlichen Kontrolle (BAG 14. 11. 2007 – 4 AZR 945/06, NZA-RR 2008, 358). Zu unterscheiden ist zwischen der Befristung und dem Regelungsinhalt, auf den sie sich bezieht: Ein zulässiger Vertragsinhalt wird nicht dadurch unzulässig, dass er nur für eine bestimmte Zeit vereinbart wird. Zu differenzieren ist ferner zwischen der Frage der Zulässigkeit der Befristungsabrede (dazu Rn 932 ff) und der Problematik der eventuellen Einräumung einer Gestaltungsbefugnis des Arbeitgebers für die Zeit nach Ablauf der Befristung (Rn 935 f). **931**

(1) Anders als bei § 14 TzBfG kommt es im Rahmen von § 307 Abs 1 nicht auf das Vorliegen eines sachlichen Grundes, sondern auf eine Angemessenheitskontrolle nach umfassender Abwägung aller Interessen im Einzelfall an. Dem Flexibilisierungsinteresse des Arbeitgebers stellt das BAG dabei auf Arbeitnehmerseite vor allem das Interesse an der Planbarkeit der künftigen Lebensführung gegenüber (vgl BAG 27. 7. 2005 – 7 AZR 486/04, AP Nr 6 zu § 307 BGB; BAG 14. 11. 2007 – 4 AZR 945/06, **932**

NZA-RR 2008, 358). Trotz des divergierenden Prüfungsmaßstabs überwiegen in der Regel die Interessen des Arbeitgebers mit der Folge, dass eine unangemessene Benachteiligung im Sinne von § 307 Abs 1, 2 ausscheidet, wenn die **befristete Änderung von Arbeitsbedingungen** auf **Umständen** beruht, die die Sachgrundbefristung eines Arbeitsverhältnisses **nach § 14 Abs 1 TzBfG** rechtfertigen würden (BAG 8. 8. 2007 – 7 AZR 855/06, AP Nr 41 zu § 14 TzBfG; Schramm/Naber NZA 2009, 1318 [1320]); Beispiel ist die befristete Erhöhung der Arbeitszeit wegen Vertretung eines sich in Pflegezeit befindenden Arbeitnehmers (vgl § 14 Abs 1 S 2 Nr 3 TzBfG). Etwas anderes gilt nur, wenn der Arbeitnehmer außergewöhnliche Umstände vorträgt; ein solcher kann bei der befristeten Erhöhung der Arbeitszeit darin liegen, dass der Arbeitnehmer zuvor den Wunsch nach Verlängerung der Arbeitszeit angezeigt und ein freier Arbeitsplatz vorhanden war, den er nach § 9 TzBfG hätte einnehmen können (BAG 2. 9. 2009 – 7 AZR 233/08, DB 2009, 2439). Dabei hat das BAG eine Übertragung der für die Inhaltskontrolle von Vereinbarungen von Arbeit auf Abruf (§ 12 TzBfG) entwickelten Grundsätze zu Recht abgelehnt, da es nicht um die einseitige Festlegung der Arbeitszeit, sondern nur um die befristete Erhöhung des Arbeitszeitvolumens geht (BAG 8. 8. 2007 – 7 AZR 855/06, 18. 6. 2008 – 7 AZR 245/07, AP Nr 41, 52 zu § 14 TzBfG); die befristete Arbeitszeiterhöhung kann daher zu einer Arbeitszeit führen, die mehr als 25 % über der bisherigen Arbeitszeit liegt (ErfK/Preis § 310 Rn 76; Willemsen/Jansen RdA 2010, 1 [5 f]; Leder RdA 2010, 93 [98]). Allerdings hält das BAG in neuerer Rechtsprechung eine befristete Erhöhung der Arbeitszeit in erheblichem Umfang (drei Monate um 4/8) nur für zulässig, wenn Umstände vorliegen, die auch bei einem gesonderten Vertrag über die Arbeitszeitaufstockung eine Befristung nach § 14 Abs 1 TzBfG rechtfertigen würden (BAG 15. 12. 2011 – 7 AZR 394/10, NZA 2012, 674 [676]). Unabhängig davon ist auch bei der befristeten Arbeitszeiterhöhung nicht zulässig, dass der Arbeitgeber durch (ggf mehrfache) Befristungen das Wirtschafts- und Beschäftigungsrisiko auf den Arbeitnehmer verlagert (Preis/Bender NZA-RR 2005, 337), insbesondere kann der Arbeitgeber eine Befristung von Arbeitszeiterhöhung nicht mit der Ungewissheit über den künftigen Arbeitskräftebedarf rechtfertigen (BAG 18. 1. 2006 – 7 AZR 191/05, AP Nr 8 zu § 305 BGB; vgl auch LAG Schleswig-Holstein 10. 4. 2013 – 3 Sa 316/12, BeckRS 2013, 69222; LAG Schleswig-Holstein 23. 5. 2013 – 5 Sa 375/12, BeckRS 2013, 70058); überdies sind die vom BAG im Rahmen von § 14 Abs 1 TzBfG entwickelten Grundsätze des institutionellen Missbrauchs zur Befristungskontrolle übertragbar (LAG Baden-Württemberg 17. 6. 2013 – 1 Sa 2/13, BeckRS 2013, 71890).

933 Nicht endgültig geklärt ist, ob das **Transparenzgebot** die Nennung des **Befristungsgrundes** verlangt. Bei einer ausschließlich kalendermäßigen Befristung einer Arbeitszeiterhöhung lehnte das BAG zwar eine derartige Verpflichtung ab, ließ aber zugleich offen, ob nicht Ausnahmen denkbar sind (BAG 2. 9. 2009 – 7 AZR 233/08, NZA 2009, 1253 [1254]; vgl auch Schramm/Naber NZA 2009, 1318 [1319 f]). Da bei kalendermäßigen Befristungen nicht einmal § 14 Abs 4 TzBfG die Angabe des Befristungsgrundes verlangt (Rn 374), ist nicht einzusehen, warum bei der befristeten Änderung nur einzelner Arbeitsbedingungen eine derartige Angabe notwendig sein sollte (ebenso Schimmelpfennig NZA 2005, 603 [606]; Willemsen/Grau NZA 2005, 1137 [1142]; Willemsen/Jansen RdA 2010, 1 [8]; **aA** ErfK/Preis §§ 305–310 Rn 75, der die Angabe des „Kern[s] des Befristungsgrundes" verlangt). Anders wird man bei der Zweckbefristung entscheiden müssen: Da hier die Vereinbarung des Zweckes ganz wesentlicher Bestandteil der Abrede ist, verlangt das Transparenzgebot die Nennung des Zwecks (s auch Rn 374 für die parallele Handhabung bei § 14 Abs 4 TzBfG).

Ist die befristete Änderung der Arbeitsbedingung nach diesen Grundsätzen **unwirk-** 934
sam, berührt dies nicht die Wirksamkeit des Vertrages im Übrigen, § 306 Abs 1.
Hinsichtlich der **Rechtsfolgen** ist zu unterscheiden: Handelte es sich um eine für den
Arbeitnehmer günstige Änderung der Arbeitsbedingungen (zB vorübergehende
Zuweisung einer höherwertigen Tätigkeit), gelten – vergleichbar § 16 S 1 TzBfG –
diese „neuen" Arbeitsbedingungen dauerhaft (vgl BAG 13. 6. 1986 – 7 AZR 650/84, AP
Nr 19 zu § 2 KSchG). Wichen die befristeten Arbeitsbedingungen dagegen zu Lasten
des Arbeitnehmers von den „ursprünglichen" Arbeitsbedingungen ab (zB vorüber-
gehende Verkürzung der Arbeitszeit), gelten Letztere fort, da anderenfalls der
Arbeitgeber aus dem Gesetzesverstoß noch Vorteile ziehen würde.

(2) Von der Befristungsproblematik im engeren Sinne zu unterscheiden ist die 935
**Einräumung einer Gestaltungsbefugnis des Arbeitgebers für die Zeit nach Ablauf der
Befristung**. Wird der **Tätigkeitsbereich** bei Abschluss des Arbeitsvertrags befristet
zugewiesen, so ergeben sich rechtliche Bedenken erst für die Zuweisung eines
anderen Tätigkeitsbereichs nach Zeitablauf. Ist dieser neue Tätigkeitsbereich nicht
vertraglich festgelegt, sondern unterliegt die Zuweisung der Gestaltungsbefugnis des
Arbeitgebers, so muss sie nach § 106 GewO billigem Ermessen entsprechen. Erfolgt
die Übertragung einer anderen Tätigkeit nur vorübergehend, so muss das billige
Ermessen sich auf die Tätigkeitsübertragung „an sich" und die „Nicht-Dauerhaftig-
keit" der Übertragung beziehen („doppelte Billigkeit"; vgl BAG 17. 4. 2002 – 4 AZR 174/
01, BAGE 101, 91 [98 ff]). Die Befristung darf außerdem nicht zur Umgehung des
TzBfG und des KSchG führen. Wird bei einer Befristung des Tätigkeitsbereichs
die Fortsetzung des Arbeitsverhältnisses davon abhängig gemacht, dass Arbeitgeber
und Arbeitnehmer sich über den neuen Tätigkeitsbereich einigen, so liegt eine
Befristung des gesamten Arbeitsvertrags vor und § 14 TzBfG findet Anwendung.

Bei **Entgeltregelungen** ist zu unterscheiden, ob sie erstmals vereinbart wurden oder 936
eine zuvor getroffene Regelung verdrängt haben. Im ersteren Fall kann sich das
Problem stellen, wie das Entgelt nach Ablauf der Befristung zu bemessen ist. Ggf ist
§ 612 Abs 2 anzuwenden. Verdrängt die befristete Entgeltregelung dagegen eine
zuvor getroffene Bestimmung, so richtet sich bei Zeitablauf die Entgeltleistung nach
der zuvor getroffenen Regelung, wenn nicht deren Ersetzung vereinbart worden
war. Im letzteren Fall gilt Gleiches wie für eine Entgeltleistung, die erstmals, wenn
auch befristet, gewährt wird.

ii) Versetzungsklauseln

Versetzungsklauseln können grundsätzlich auch in Formulararbeitsverträgen verein- 937
bart werden. § 308 Nr 4 steht nicht entgegen, da dieser einseitige Bestimmungs-
rechte nur hinsichtlich der vom Verwender, dh dem Arbeitgeber, zu erbringenden
Leistung regelt (BAG 11. 4. 2006 – 9 AZR 557/05, AP Nr 17 zu § 307 BGB; BAG 13. 3. 2007 –
9 AZR 433/06, AP Nr 26 zu § 307 BGB). Kontrollmaßstab ist daher allein § 307 Abs 1 S 1
und S 2. Dabei ist zu berücksichtigen, dass der Arbeitgeber ein legitimes Interesse
daran hat, (unter anderem) mit Versetzungsklauseln auf bei Vertragsschluss nicht
vorhersehbare Entwicklungen flexibel reagieren zu können. Ferner darf nicht übersehen werden, dass Versetzungsklauseln für den Arbeitnehmer nicht nur Nachteile
haben müssen, sondern im Gegenteil im Falle betriebsbedingter Kündigungen sogar
vorteilhaft sind, weil sich der Kreis der in die Sozialauswahl einzubeziehenden

Arbeitnehmer erweitert (vgl zB BAG 17. 2. 2000 – 2 AZR 142/99, AP Nr 46 zu § 1 KSchG 1969 Soziale Auswahl).

938 Eine Versetzungsklausel, die materiell der Regelung des § 106 S 1 GewO entspricht, weil sie dem Arbeitgeber das Recht zur Versetzung des Mitarbeiters (auch an einen anderen Arbeitsort) nur entsprechend dessen Leistungen und Fähigkeiten einräumt, unterliegt schon nicht der Angemessenheitskontrolle, weil sie nicht von Rechtsvorschriften abweicht (§ 307 Abs 3 S 1, BAG 11. 4. 2006 – 9 AZR 557/05, AP Nr 17 zu § 307 BGB; BAG 13. 4. 2010 – 9 AZR 36/09, juris Rn 24; BAG 25. 8. 2010 – 10 AZR 275/09, NZA 2010, 1355 [1358]). Auch verlangt das Transparenzgebot nicht, dass konkrete Versetzungsgründe genannt oder Ankündigungsfristen aufgenommen werden, da ein entsprechendes Erfordernis mit dem Bedürfnis der Arbeitgebers, auf bei Vertragsschluss nicht vorhersehbare Veränderungen reagieren zu können, nicht zu vereinbaren wäre (BAG jeweils aaO). Zur Vermeidung einer unangemessenen Benachteiligung und Intransparenz ist es auch nicht erforderlich, einen maximalen Entfernungsradius oder eine angemessene Ankündigungsfrist vorzusehen (BAG 13. 4. 2010 – 9 AZR 36/09, juris Rn 28 ff).

939 Hingegen ist eine Versetzungsklausel, mit der der Arbeitgeber sich das Recht vorbehält, dem Arbeitnehmer eine geringwertigere Tätigkeit zuzuweisen, ein schwerwiegender Eingriff in den gesetzlich geschützten Inhaltsschutz und benachteiligt den Arbeitnehmer unangemessen (BAG 9. 5. 2006 – 9 AZR 424/05, AP Nr 21 zu § 307 BGB; LAG Rheinland-Pfalz 4. 3. 2009 – 8 Sa 410/08; s auch HUNOLD NZA 2007, 19 [21 f]; PREIS/GENENGER NZA 2009, 969). Die Klausel muss daher klarstellen, dass nur gleichwertige Tätigkeiten zugewiesen werden können. Bei Altverträgen, die vor der Schuldrechtsreform geschlossen wurden, kann uU eine ergänzende Vertragsauslegung stattfinden (LAG Hessen 31. 10. 2008 – 10 Sa 2096/06, BB 2009, 1242; s auch Rn 948 f).

kk) Vertragsstrafen; Schadenspauschalisierungen

940 Schadenspauschalisierungen sind nur zulässig, wenn sie die Vorgaben des § 309 Nr 5 beachten. Vertragsstrafen verstoßen zwar nicht gegen § 309 Nr 6, können aber den Arbeitnehmer unangemessen im Sinne von § 307 Abs 1, 2 benachteiligen (näher Rn 1290 ff).

ll) Widerrufsvorbehalt

941 Der Widerrufsvorbehalt setzt voraus, dass ein Rechtsanspruch durch Vertrag begründet ist; er eröffnet dem Arbeitgeber das **Recht, einseitig den Rechtsanspruch für die Zukunft zu beseitigen**. Er ist vom Freiwilligkeitsvorbehalt zu unterscheiden, der einen Rechtsanspruch gerade ausschließen soll, auch wenn die Leistung schon wiederholt gewährt worden ist (s Rn 923). Beim Widerrufsvorbehalt hat der Arbeitnehmer dagegen den Rechtsanspruch, solange der Widerruf nicht erfolgt ist. Widersprüchlich – und deshalb unwirksam – ist deshalb eine Vertragsklausel, nach der eine Leistung „freiwillig und unter dem Vorbehalt jederzeitigen Widerrufs" gewährt wird, also Freiwilligkeits- und Widerrufsvorbehalt miteinander kombiniert werden (vgl BAG 30. 7. 2008 – 10 AZR 606/07, AP Nr 274 zu § 611 BGB Gratifikation [für formularmäßigen Widerrufsvorbehalt]; BAG 8. 12. 2010 – 10 AZR 671/09, NZA 2011, 628 [631]; BAG 14. 9. 2011 – 10 AZR 526/10, NZA 2012, 81 [82]). Der Widerruf ist nur wirksam, wenn der Widerrufsvorbehalt wirksam vereinbart (dazu Rn 942 ff) und der Widerruf wirksam ausgeübt wurde (Rn 946 f).

(1) **Inhaltskontrolle**: Ein Widerrufsvorbehalt muss stets vereinbart werden; er folgt **942** nicht automatisch aus der Zusage einer (zusätzlichen) Leistung (BAG 16. 7. 1976 – 5 AZR 270/75, AP Nr 7 zu § 611 BGB Lohnzuschläge), auch nicht aus der Bezeichnung einer Zuwendung als „Geldgeschenk" (BAG 28. 4. 2004 – 10 AZR 481/03, AP Nr 175 zu § 4 TVG Ausschlussfristen). Widerrufsvorbehalte in individuell ausgehandelten Arbeitsverträgen unterliegen einer Sittenwidrigkeitskontrolle nach § 138. Soweit der Widerrufsvorbehalt – wie im Regelfall – auf **vorformulierten Vertragsbedingungen** beruht, finden die §§ 307 ff Anwendung (vgl BAG 7. 12. 2005 – 5 AZR 535/04, AP Nr 4 zu § 12 TzBfG). Seine Wirksamkeit ist an **§ 308 Nr 4** zu messen (Schlodder, Der Arbeitsvertrag im neuen Schuldrecht [2004] 230 ff mwNw). Dabei ist das Interesse des Arbeitgebers an einer Flexibilisierung der Arbeitsbedingungen abzuwägen gegen das Interesse des Arbeitnehmers, nicht das Wirtschaftsrisiko tragen zu müssen und vor einem Eingriff in den Kernbereich des Arbeitsverhältnisses geschützt zu sein. Eine Konkretisierung hat das BAG insoweit vorgenommen, als dem Arbeitnehmer der Widerrufsvorbehalt im Sinne von § 308 Nr 4 nur zumutbar sei, wenn der fest zugesagte Lohn den Tariflohn nicht unterschreitet und der widerrufliche Teil des Gesamtverdienstes **25%** nicht überschreitet (BAG 12. 1. 2005 – 5 AZR 364/04; 11. 10. 2006 – 5 AZR 364/04, AP Nr 1, 6 zu § 308 BGB; BAG 18. 3. 2009 – 10 AZR 289/08, NZA 2009, 535 [536]; kritisch Preis/ Lindemann AuR 2005, 220; Bayreuther ZIP 2007, 2009); zahlt der Arbeitgeber zusätzlich zum Entgelt im engeren Sinne Aufwendungsersatz an den Arbeitnehmer, erhöht sich der widerrufliche Anteil auf **30%**. Besteht keine Tarifbindung, ist die übliche Vergütung (§ 612 Abs 2) maßgeblich (MünchKomm/Müller-Glöge § 611 Rn 443). Erlaubt ein Arbeitgeber die Privatnutzung eines Dienstwagens, so handelt es sich hierbei um Entgelt für die Arbeitsleistung; dementsprechend kann nicht vereinbart werden, dass das Privatnutzungsrecht jederzeit sachgrundlos widerrufen werden kann (BAG 19. 12. 2006 – 9 AZR 294/06, AP Nr 21 zu § 611 BGB Sachbezüge); zulässig ist es hingegen, ein Widerrufsrecht für den Fall einer Freistellung des Arbeitnehmers vorzusehen, ist hier ein ausreichender Sachgrund doch zu bejahen (BAG 21. 3. 2012 – 5 AZR 651/10, NZA 2012, 616 [617]). Unproblematisch ist ein Änderungsvorbehalt, der fast alle Bedingungen des Arbeitsverhältnisses erfasst und zudem keinen triftigen Grund für die möglichen Änderungen nennt, als Verstoß gegen § 308 Nr 4 zu werten (BAG 7. 5. 2008 – 7 ABR 15/07, NZA 2009, 328 [331]).

Nicht geklärt hat das BAG bis jetzt Konstellationen, in denen **mehrere Leistungen** **943** des Arbeitgebers **unter Widerrufsvorbehalt** gestellt werden. Entsprechend der Rechtsprechung zum Mietrecht wird man die sich dabei ergebenden Summierungseffekte zu berücksichtigen haben, soweit es sich um inhaltlich in Zusammenhang stehende Leistungen handelt (vgl zB BGH 2. 12. 1992 – VIII ARZ 5/92, NJW 1993, 532 [533]; BGH 14. 5. 2003 – VIII 308/02, NJW 2003, 2234 [2235]; BGH 30. 6. 2004 – VIII ZR 243/03, NJW 2004, 3045 [3046]). Für die Bestimmung dieser inhaltlichen Zusammengehörigkeit ist aber richtigerweise nicht an den Leistungszweck der unter den Widerrufsvorbehalt gestellten Leistungen anzuknüpfen (so aber Willemsen/Grau NZA 2005, 1137 [1139]), sondern an den Widerrufsgrund (ebenso Annuss BB 2006, 1333 [1339]); denn unzumutbare belastende Auswirkungen sind dann zu befürchten, wenn der Arbeitgeber die verschiedenen Leistungen alle unter den gleichen oder zumindest sehr ähnlichen Voraussetzungen widerrufen kann, wohingegen bei Anknüpfung an gänzlich unterschiedliche Situationen die Gefahr des Eintritts von Summierungseffekten eher gering ist.

944 Darüber hinaus ist das **Transparenzgebot** (§ 307 Abs 1 S 2) zu beachten. Der bloße Vorbehalt zumutbarer Änderungen ist unzulässig. Es muss in der Klausel klar die *Leistung,* auf die sich der Widerruf beziehen soll, sowie die *Voraussetzungen und Gründe,* unter denen der Widerruf ausgeübt werden kann, zum Ausdruck kommen; war bisher davon auszugehen, dass es genügen dürfte, die Richtung, aus der der Widerruf möglich sein soll (wirtschaftliche Gründe; solche in der Person des Arbeitnehmers) sowie den notwendigen Grad der Störung (zB wirtschaftliche Notlage; unterdurchschnittliche Leistung) anzugeben (BAG 12. 1. 2005 – 5 AZR 364/04, 11. 10. 2006 – 5 AZR 721/05, AP Nr 1, 6 zu § 308 BGB; BAG 19. 12. 2006 – 9 AZR 294/06, AP Nr 21 zu § 611 BGB Sachbezüge; BAG 20. 4. 2011 – 5 AZR 191/10, NZA 2011, 796; BAG 21. 3. 2012 – 5 AZR 651/10, NZA 2012, 616 [617]), dürfte dies nach der neuen Rechtsprechung nicht mehr genügen (BAG 13. 4. 2010 – 9 AZR 113/09, NZA-RR 2010, 457).

945 Verstößt der Widerrufsvorbehalt gegen die hier genannten Grenzen, so wird er nicht durch eine geltungserhaltende Reduktion aufrechterhalten, sondern er ist unwirksam (ebenso BAG 12. 1. 2005 – 5 AZR 364/04, AP Nr 1 zu § 308 BGB). Da § 308 Nr 4 jedoch erst durch das Schuldrechtsmodernisierungsgesetz 2001 in das BGB eingefügt wurde, kann für einen vor dem 1. 1. 2002 geschlossenen Formulararbeitsvertrag eine ergänzende Vertragsauslegung zur Schließung der entstandenen Lücke in Betracht kommen. Gibt die Vertragsklausel dem Arbeitgeber das Recht, „übertarifliche Lohnbestandteile jederzeit unbeschränkt zu widerrufen", so gelten die Widerrufsgründe, die die Vertragsparteien zugrunde gelegt hätten, wenn ihnen die gesetzlich angeordnete Unwirksamkeit der Widerrufsklausel bekannt gewesen wäre (so BAG 12. 1. 2005 – 5 AZR 364/04; vgl zur ergänzenden Vertragsauslegung näher Rn 949).

946 (2) **Ausübungskontrolle**: Die Ausübung des Widerrufs muss nach § 315 Abs 1 **billigem Ermessen** entsprechen und auf einen im Widerrufsvorbehalt genannten Grund gestützt werden können (BAG 11. 2. 2009 – 10 AZR 222/08, NZA 2009, 428); eine anderslautende Parteivereinbarung (zB freies Ermessen) wird man angesichts der mit einem Widerruf verbundenen, potenziell erheblichen Einschnitte für unzulässig halten müssen (MünchKomm/Müller-Glöge § 611 Rn 445; ebenso – jedenfalls für Bestandteile des laufenden Verdienstes – BAG 13. 5. 1987 – 5 AZR 125/86, BAGE 55, 275 [280]). Eine Interessenabwägung kann dazu führen, dass der Arbeitgeber bei Ausübung des Widerrufs eine Auslauffrist einhalten muss, zB wenn er dem Arbeitnehmer den Dienstwagen widerruflich auch für private Zwecke überließ; beachtet er dies nicht, ist der ausgeübte Widerruf unbillig und damit unwirksam (BAG 21. 3. 2012 – 5 AZR 651/10, NZA 2012, 616 [617]). Der Gleichbehandlungsgrundsatz ist zu beachten.

947 Vom Widerrufsvorbehalt zu unterscheiden ist das **Teilkündigungsrecht**. Bei diesem werden nur einzelne Arbeitsbedingungen gekündigt, der Arbeitsvertrag im Übrigen bleibt unberührt. Weil anderenfalls § 2 KSchG umgangen und das Äquivalenzgefüge des Vertrages gestört werden könnte, ist eine Teilkündigung nur bei einer entsprechenden arbeitsvertraglichen Vereinbarung möglich (BAG 13. 3. 2007 – 9 AZR 612/05, AP Nr 1 zu § 4 f BDSG). Solche Teilkündigungsrechte werden von der Rechtsprechung traditionell in Widerrufsvorbehalte umgedeutet, um auf diese Weise eine Billigkeitskontrolle nach § 315 zu erreichen (BGH 12. 1. 1982 – VI ZR 237/79, BAG 14. 11. 1990 – 5 AZR 509/89, AP Nr 11, 25 zu § 611 BGB Arzt-Krankenhaus-Vertrag). Das wird nach der Schuldrechtsreform als Verstoß gegen das Verbot geltungserhaltender Reduktion eingestuft (MünchKomm/Müller-Glöge § 611 Rn 446), zumindest als unnötig angesehen, weil derartige Teilkündigungsklauseln zugelassen werden können, solange sie nur die allgemeinen Voraussetzungen transparenter Änderungsvorbehalte beachten (ErfK/Preis § 310 Rn 63). Entscheidend gegen eine Umdeutung spricht jedenfalls, dass diese sich letztlich zu Lasten des Arbeitnehmers auswirkt, weil die Teilkündigung zumindest deswegen für den Arbeitnehmer schonender ist, weil sie an die Kündigungsfristen gebunden ist.

h) Rechtsfolgen eines Verstoßes

Verstößt eine Formularabrede gegen die §§ 309 ff oder wird sie als überraschende Klausel nicht Vertragsbestandteil (§ 305c Abs 1), bleibt der Vertrag im Übrigen – anders als bei § 139 – unabhängig vom Parteiwillen wirksam, § 306 Abs 1 (zur Ausnahme siehe § 306 Abs 3; s dazu Linck, in: FS Bauer [2010] 645 [652]). Eine **geltungserhaltende Reduktion scheidet** nach hM aus, da sie die Verwendung unzulässiger Klauseln für den Verwender risikolos machen würde (zB BAG 12. 1. 2005 – 5 AZR 364/04, AP Nr 1 zu § 308 BGB; kritisch Staudinger/Schlosser [2013] § 306 Rn 22 ff mwNw). Von der geltungserhaltenden Reduktion zu unterscheiden ist aber die Aufrechterhaltung zulässiger Teile einer **teilbaren** Klausel. Zur Bestimmung, ob die Klausel teilbar ist, wendet die Rechtsprechung den „blue-pencil-Test" an (BAG 6. 5. 2009 – 10 AZR 443/08, AP Nr 43 zu § 307 BGB mwNw; s auch Staudinger/Krause [2013] Anhang zu § 310 Rn 254 f mit Nachweisen auch zur Gegenauffassung), wobei entscheidend ist, ob der Rest der Klausel sinnvollerweise aufrechterhalten werden kann; das bestimmt sich nach sprachlichen und inhaltlichen Kriterien (s für Ausschlussfristen Rn 1660, für Rückzahlungsverpflichtung Rn 1528, für Vertragsstrafenversprechen Rn 1293 und für Widerrufsvorbehalte Rn 945). Ist das nicht der Fall, ist die entstehende Lücke – soweit entsprechendes Gesetzesrecht besteht – durch dieses zu schließen, § 306 Abs 2.

948

Besteht kein (dispositives) Gesetzesrecht, kommt in besonders gelagerten Fällen eine **ergänzende Vertragsauslegung** in Betracht; dann tritt an die Stelle der unwirksamen Klausel die Gestaltung, die die Parteien bei einer angemessenen Abwägung der beiderseitigen Interessen nach Treu und Glauben als redliche Vertragsparteien vereinbart hätten (BAG 28. 11. 2007 – 5 AZR 992/06, AP Nr 33 zu § 307 BGB; ausf Gaul/Mückl NZA 2009, 1233). Relevant ist das vor allem bei Altverträgen, dh solchen, die vor der Erstreckung der AGB-Kontrolle auch auf das Arbeitsrecht geschlossen wurden. So hat das BAG einen nicht den formellen Anforderungen genügenden Widerrufsvorbehalt in einem Altvertrag mit dem Inhalt, den die Parteien vereinbart hätten, wenn ihnen die gesetzlich angeordnete Unwirksamkeit der Widerrufsklausel bekannt gewesen wäre, aufrecht erhalten (BAG 12. 1. 2005 – 5 AZR 364/04; 11. 10. 2006 – 5 AZR 364/04, AP Nr 1, 6 zu § 308 BGB). Um nicht das Verbot geltungserhaltender Reduktion durch die Hintertür der ergänzenden Vertragsauslegung zu umgehen, ist ein derartiges Vorgehen aber nur unter engen Voraussetzungen zulässig. Zu betonen ist zunächst der aus § 306 Abs 2 abzuleitende Vorrang des dispositiven Gesetzesrechts; dementsprechend scheidet eine ergänzende Vertragsauslegung bei einer unangemessen kurzen Ausschlussfrist aus, da hier die §§ 194 ff sowie die Möglichkeit einer Verwirkung der Annahme einer ausfüllungsbedürftigen Lücke entgegenstehen (BAG 28. 11. 2007 – 5 AZR 992/06, AP Nr 33 zu § 307 BGB). Auch wo kein dispositives Gesetzesrecht besteht, kommt eine ergänzende Vertragsauslegung zB nur in Betracht, wenn anderenfalls Ergebnisse entstünden, die den beiderseitigen Interessen nicht in vertretbarer Weise Rechnung tragen (vgl BAG aaO); an anderer Stelle hat das BAG darüber wohl hinausgehend gefordert, dass das Festhalten am

949

Vertrag für den Verwender unzumutbar im Sinne von § 306 Abs 3 sein müsse (BAG 19. 12. 2006 – 9 AZR 294/06, AP Nr 21 zu § 611 BGB Sachbezüge). Zudem spreche vieles dafür, eine ergänzende Vertragsauslegung abzulehnen, wenn der Arbeitgeber nicht während der Übergangsfrist bis zum 1. 1. 2003 (Art 229 § 5 S 2 EGBGB) versucht hat, die nach neuem Recht unwirksame Bestimmung durch eine wirksame zu ersetzen (letztlich aber offengelassen in BAG 7. 5. 2008 – 7 ABR 15/07, NZA 2009, 328 [331]).

950 Zum Teil versuchen Arbeitgeber, die geschilderten Rechtsfolgen durch „**salvatorische Klauseln**" zu verhindern. Das ist zum Scheitern verurteilt: Betont die Klausel nur, dass die Unwirksamkeit einer Abrede entgegen § 139 nicht zur Gesamtnichtigkeit des Arbeitsvertrages führt, ist sie wegen § 306 Abs 1 bedeutungslos. Weitergehende Klauseln, die zB für den Fall der Unwirksamkeit einer Klausel diese auf das eben noch zulässige Maß zurückführen oder die eine Ersatzregelung vorsehen, verstoßen gegen das Verbot geltungserhaltender Reduktion (BAG 25. 5. 2005 – 5 AZR 572/04, AP Nr 1 zu § 310 BGB).

**VIII. Einseitige Leistungsbestimmung und Weisungsrecht des Arbeitgebers*

1. Befugnis zu einseitiger Leistungsbestimmung im Arbeitsverhältnis?

951 Die Arbeitgebereigenschaft enthält nicht die Befugnis zur einseitigen Leistungsbestimmung im Arbeitsverhältnis. Da die Arbeitsleistung im Rahmen einer arbeitsteiligen Organisation erbracht wird, steht das Vertragsprinzip aber in einem Spannungsverhältnis zu der Notwendigkeit einheitlicher Planung, Organisation und Leitung des Arbeitsprozesses. Deshalb ist für das Arbeitsverhältnis typisch, dass die im Arbeitsvertrag festgelegte Arbeitspflicht durch Weisungen des Arbeitgebers konkretisiert wird. Dieses Weisungsrecht, das auch als Direktionsrecht bezeichnet wird, besteht aber nur in den Grenzen, die Gesetz, Tarifvertrag, Betriebsvereinbarung und Einzelarbeitsvertrag ziehen (vgl § 106 S 1 GewO). Im Verhältnis zum einzelnen Arbeitnehmer wird es durch den Arbeitsvertrag damit gleichzeitig legitimiert wie begrenzt (vgl auch Hromadka NZA 2012, 233).

952 Nach der Habilitationsschrift von Söllner (Einseitige Leistungsbestimmung im Arbeitsverhältnis [1966]) hat der **Arbeitgeber** als der die arbeitsteilige Kooperation organisierende Teil des Arbeitsverhältnisses die **Befugnis zu einseitiger Leistungsbestimmung im Arbeitsverhältnis** (vgl dazu die Kritik von Richardi RdA 1970, 208 ff). Da er de facto die Arbeitsbedingungen der Arbeitnehmer einseitig bestimme, müsse diese Regelungsmacht ihm auch de iure zustehen, wenn eine kooperative Arbeitsteilung möglich sein soll. Die Befugnis zu einseitiger Leistungsbestimmung bezieht Söllner nicht nur auf Anordnungen des Arbeitgebers, die die Leistungspflicht des Arbeitnehmers

---

* **Schrifttum**: Birk, Die arbeitsrechtliche Leitungsmacht (1973); Böker, Das Weisungsrecht des Arbeitgebers (1971); Böttner, Das Direktionsrecht des Arbeitgebers (1971); Brunhöber, Das Weisungsrecht im Arbeitsvertrag (2006); Enriquez, Die hybride Rechtsnatur des Weisungsrechts des Arbeitgebers, ZfA 2011, 121; Gast, Arbeitsvertrag und Direktion – Zweiseitige Leistungsbestimmung im Arbeitsverhältnis (1978); Hromadka, Grenzen des Weisungsrechts, NZA 2012, 233; Kuhn, Rechtsfolgen rechtswidriger Weisungen, NZA 2015, 10; Lehmann, Das Direktionsrecht des Arbeitgebers im Öffentlichen Dienst (2010); Söllner, Einseitige Leistungsbestimmung im Arbeitsverhältnis (1966).

gestalten (30 ff), sondern auch auf Zusagen, mit denen der Arbeitgeber eigene Leistungspflichten festlegt (32 ff). Der Vertrag als individualrechtliches Gestaltungsmittel des Arbeitsverhältnisses rückt damit an die Peripherie. Ein Vertrag iS des § 311 Abs 1 soll nur vorliegen, wenn „der Arbeitnehmer die tatsächliche Chance hatte, als einzelner durch Verhandlung mit dem Arbeitgeber eine andere Regelung zu erzielen" (39 f); in den sonstigen Fällen handle es sich um eine einseitige Leistungsbestimmung des Arbeitgebers, die ihre rechtsdogmatische Grundlage in einem ihm eingeräumten Gestaltungsrecht habe. Wer sich durch Arbeitsvertrag in die vom Arbeitgeber organisierte Arbeitsteilung eingliedern lasse, unterwerfe sich damit einem Gestaltungsrecht des Arbeitgebers, der nach § 315 die Bestimmung nach billigem Ermessen zu treffen habe.

Der Sache nach bedeutet diese Lehre eine **Preisgabe des Vertragsprinzips** für das Arbeitsverhältnis (ebenso PREIS, Grundfragen der Vertragsgestaltung im Arbeitsrecht [1993] 199). Sie knüpft an eine Tradition in der Arbeitsrechtswissenschaft an. Man kann geradezu sagen, die Feststellung der Rechtstatsache eines Alleinbestimmungsrechts des Arbeitgebers hat unter Abwendung vom formalen Vertragsprinzip das Arbeitsrecht als selbstständige Disziplin der Rechtswissenschaft begründet (vgl vor allem SINZHEIMER, Der korporative Arbeitsnormenvertrag I [1907] II [1908]). Dennoch hat die Entwicklung bisher gezeigt, dass die Verabschiedung des Vertragsprinzips zumeist eine Abkehr von den normativen Wertentscheidungen des geltenden Rechts bedeutet (s Vorbem 151 ff zu §§ 611 ff). Richtig ist lediglich, dass die Realitäten der Unterordnung nicht unter der begrifflichen Maske des Vertrags verborgen bleiben dürfen. Man triebe jedoch den Teufel mit dem Beelzebub aus, ersetzte man den Vertrag auch rechtlich durch ein einseitiges Leistungsbestimmungsrecht des Arbeitgebers. Das Phänomen der soziologisch begründeten Abhängigkeit von einseitiger Leistungsbestimmung besteht nicht nur beim Arbeitsverhältnis, sondern auch bei anderen Schuldverhältnissen. Wer einen Laden betritt, um Waren des täglichen Bedarfs zu kaufen, wird nur selten mit dem Verkäufer „handeln" können; zumeist muss er den Preis akzeptieren, wie er ausgezeichnet ist. Dennoch stellt man das Vertragsprinzip nicht ernsthaft in Zweifel. Die Abhängigkeit des Kunden wird durch die Gewährleistung des Leistungswettbewerbs ausgeglichen. Auch für das Arbeitsverhältnis ist das Vertragsprinzip der maßgebliche Ordnungsgrundsatz: Es enthält in seiner gesellschaftsordnenden Dimension die Grundentscheidung für eine rechtsgeschäftlich geordnete Arbeitsverfassung, die durch das Tarifvertragssystem und die gesetzlich geschaffene Mitbestimmung in ihrer Funktionsfähigkeit gewährleistet wird (vgl RICHARDI RdA 1970, 208 [209]). 953

Der Gesetzgeber hat durch die Einbeziehung des Arbeitsvertrags in seine Regelung der Allgemeinen Geschäftsbedingungen (§ 310 Abs 4 S 2) die hier vertretene Beurteilung bestätigt. 954

2. Direktionsrecht (Weisungsrecht) des Arbeitgebers

a) Rechtsgrundlage
Für das Arbeitsverhältnis ist wesentlich, dass die Arbeit im Rahmen eines für den Arbeitnehmer fremdbestimmt organisierten Arbeitsprozesses erbracht wird. Der Arbeitgeber hat deshalb eine **arbeitsrechtliche Leitungsmacht**, die sich auf die Ausführung der Arbeit selbst, auf ein den Arbeitsvollzug begleitendes Verhalten oder 955

ein sonstiges organisationsbedingtes Verhalten bezieht (Birk, Leitungsmacht 21). Daraus folgt aber nicht, dass ihm insoweit stets auch gegenüber dem einzelnen Arbeitnehmer ein entsprechendes Recht zu einseitiger Anordnung zusteht. Entscheidend ist vielmehr, ob und inwieweit er **aufgrund des Arbeitsvertrages** berechtigt ist, eine entsprechende Anordnung zu treffen. Alle anderen Bestimmungsgründe gehen deshalb dem Weisungsrecht vor, also insbesondere die vertragliche Vereinbarung, durch die die Ausführung der Arbeit in den Einzelheiten festgelegt sein kann. Das Weisungsrecht ist daher das rangschwächste Gestaltungsmittel (Zöllner/Loritz/Hergenröder § 7 I 8).

956 Je detaillierter die Arbeitsbedingungen im Arbeitsvertrag geregelt sind, umso geringer ist der Spielraum für das Direktionsrecht. Enthält der Arbeitsvertrag dagegen keine detaillierten Festlegungen, wird das Direktionsrecht regelmäßig nicht allein deshalb beschränkt, weil der Arbeitnehmer über Jahre hinweg die gleiche Tätigkeit auf einer bestimmten Stelle ausgeübt hat oder immer zur gleichen Zeit tätig wurde; auch der Hinweis bei Beginn des Arbeitsverhältnisses auf die geltende betriebliche Regelung über die Verteilung der Arbeitszeit beschränkt das Direktionsrecht nicht, erforderlich sind stets zusätzliche Umstände (vgl BAG 13. 3. 2007 – 9 AZR 433/06, AP Nr 26 zu § 307 BGB; BAG 7. 12. 2000 – 6 AZR 444/99, AP Nr 61 zu § 611 BGB Direktionsrecht; BAG 21. 1. 2004 – 6 AZR 583/02, AP Nr 1 zu § 12 MTA-O; BAG 15. 9. 2009 – 9 AZR 757/08, NJW 2010, 394 [397]; LAG Rheinland-Pfalz 5. 7. 1996 – 10 Sa 165/96, NZA 1997, 1113; LAG Brandenburg 2. 6. 2006 – 5 Sa 653/05, NZA-RR 2007, 448).

957 Weisungen, die gegen höherrangige Rechtsquellen verstoßen, braucht der Arbeitnehmer nicht nachzukommen (zB Aufforderung, eine Straftat zu begehen; vgl auch § 36 Abs 2 BeamtStG, § 63 Abs 2 BBG); arbeitsrechtliche Sanktionen dürfen an eine derartige Weigerung nicht geknüpft werden.

958 Nach der insoweit klarstellenden Bestimmung des § 106 S 1 GewO, der auf alle Arbeitnehmer Anwendung findet (§ 6 Abs 2 GewO), kann der Arbeitgeber **Inhalt, Ort und Zeit der Arbeitsleistung** nach billigem Ermessen näher bestimmen, soweit diese Arbeitsbedingungen nicht durch den Arbeitsvertrag, Bestimmungen einer Betriebsvereinbarung, eines anwendbaren Tarifvertrags oder gesetzliche Vorschriften festgelegt sind. Dies gilt, wie es in § 106 S 2 GewO ausdrücklich heißt, auch hinsichtlich der **Ordnung und des Verhaltens der Arbeitnehmer im Betrieb**, jedoch ist hier das Mitbestimmungsrecht des § 87 Abs 1 Nr 1 BetrVG zu beachten. Soweit der Arbeitgeber aufgrund des ihm eingeräumten Direktionsrechts berechtigt ist, die jeweils konkret zu leistende Arbeit und die Art und Weise ihrer Erbringung festzulegen, hat der Arbeitnehmer den Weisungen Folge zu leisten. Im älteren Schrifttum hat man diese Pflicht teilweise als Gehorsamspflicht bezeichnet (Hueck/Nipperdey I 238 ff; Staudinger/Nipperdey/Neumann[11] § 612 Rn 153). Sie soll das Gegenstück zum Weisungsrecht des Arbeitgebers sein (Hueck/Nipperdey I 238). Diese Gegenüberstellung ist jedoch verfehlt; denn die Verpflichtung, den zulässig zur Erbringung der Arbeit erteilten Weisungen nachzukommen, gehört „schon zum Wesen der Arbeitspflicht" (Nikisch I 283). Kommt der Arbeitnehmer ihnen nicht nach, so liegt darin die Nicht- oder Schlechterfüllung seiner *Arbeitspflicht* (vgl Adomeit, Rechtsquellenfragen 101; Birk, Leitungsmacht 89 f). Eine Pflicht zum Gehorsam trifft den Arbeitnehmer nicht; er ist nicht ein personenrechtlich Abhängiger, sondern ein Vertragspartner.

b) Inhalt und Umfang

Ob und in welchen Grenzen der Arbeitnehmer **Weisungen des Arbeitgebers** Folge zu leisten hat, richtet sich in erster Linie **nach dem Arbeitsvertrag**. Der Arbeitgeber ist berechtigt, einseitig die im Arbeitsvertrag nur rahmenmäßig umschriebene Leistungspflicht des Arbeitnehmers nach Inhalt, Ort und Zeit der Arbeitsleistung näher zu bestimmen. Er muss dabei aber die **Grundsätze billigen Ermessens (§ 106 S 1 GewO)** wahren. Eine Leistungsbestimmung entspricht billigem Ermessen, wenn sie die wesentlichen Umstände des Falles abgewogen und die beiderseitigen Interessen angemessen berücksichtigt hat (vgl BAG 24. 4. 1996 – 5 AZR 1031/94, NZA 1996, 1088; BAG 17. 4. 2002 – 4 AZR 174/01, AP Nr 23 zu § 24 BAT; BAG 19. 4. 2007 – 2 AZR 78/06, AP Nr 77 zu § 611 BGB Direktionsrecht). Bei der Ausübung des Ermessens hat der Arbeitgeber auch auf Behinderungen des Arbeitnehmers Rücksicht zu nehmen (**§ 106 S 3 GewO**); „Behinderung" in diesem Sinne setzt keine Schwerbehinderung entsprechend dem SGB IX voraus (vgl LAG Hamm 1. 6. 2007 – 10 Sa 249/07, BeckRS 2007, 48083). Da der Arbeitgeber die Behinderung lediglich „auch" berücksichtigen muss, besteht keine Pflicht, dieser besonderes Gewicht beizumessen oder ihr gar eigene oder die Interessen anderer Arbeitnehmer vollständig unterzuordnen (Bauer/Opolony BB 2002, 1590 [1591]). 959

Entspricht eine Weisung nicht billigem Ermessen, so kann der Arbeitnehmer dies per Feststellungsklage (§ 256 ZPO) geltend machen. Umstritten ist, ob **§ 315 Abs 3 S 2** anzuwenden ist. Das BAG bejaht das mit der Folge, dass der Arbeitnehmer an eine – nicht aus anderen Gründen unwirksame – Weisung, die nicht billigem Ermessen entspricht, solange gebunden ist, wie sie nicht durch rechtskräftiges Urteil nach § 315 Abs 3 S 2 ersetzt ist (BAG 22. 2. 2012 – 5 AZR 249/11, NZA 2012, 858 [860] mwNw). Das überzeugt nicht (so iE auch Boemke NZA 2013, 6; ErfK/Preis § 106 GewO Rn 7a), denn es widerspricht dem klaren Wortlaut von § 315 Abs 3 und der dortigen Regelungssystematik, ordnet dieser doch an, dass eine nicht billigem Ermessen entsprechende Weisung für den anderen nicht verbindlich ist (S 1), was nichts anderes bedeutet, als dass sie nicht befolgt werden muss; die dadurch entstehende Lücke ist durch richterlichen Gestaltungsakt zu schließen (S 2). 960

Durch Arbeits- und Tarifvertrag kann das **Weisungsrecht erweitert** werden (vgl BAG 30. 8. 1995 – 1 AZR 47/95, AP Nr 44 zu § 611 BGB Direktionsrecht). In diesem Fall hat eine **zweistufige Prüfung** zu erfolgen (Reinecke NZA-RR 2013, 393): Auf erster Stufe ist zu prüfen, ob die vertragliche Erweiterung zulässig ist **(Wirksamkeitskontrolle)**; ist das zu verneinen, ist automatisch auch die darauf gestützte Weisung rechtswidrig. Anderenfalls ist in einem zweiten Schritt die konkrete Weisung zu prüfen (**Ausübungskontrolle**; s Rn 960). Für die erste Stufe gilt: Das Transparenzgebot des § 307 Abs 1 S 2 verlangt nicht, dass alle möglichen Konkretisierungen der Arbeitspflicht und des Weisungsrechts festgelegt werden (BAG 13. 6. 2007 – 5 AZR 564/06, AP Nr 11 zu § 611 BGB Film). Daher verletzt auch der formularmäßige Vorbehalt, den Arbeitnehmer entsprechend seiner Leistungen und Fähigkeiten mit einer anderen im Interesse des Unternehmens liegenden Tätigkeit zu betrauen und auch an einem anderen Ort zu beschäftigen, nicht das Transparenzgebot; er hält auch einer Inhaltskontrolle stand und verstößt insbesondere weder gegen § 308 Nr 4 (da dieser nur für Leistungen des Verwenders [Arbeitgeber] gilt) noch benachteiligt er den Arbeitnehmer unangemessen (§ 307 Abs 1 S 1), denn er entspricht materiell der Regelung des § 106 S 1 GewO (BAG 13. 3. 2007 – 9 AZR 433/06, AP Nr 26 zu § 307 BGB; s aber auch Rn 937 ff). 961

962 Soweit es um die **Erbringung der zugesagten Arbeitsleistung** geht, hat der Arbeitgeber im Allgemeinen das Recht, **Einzelweisungen** zu erteilen. Da er durch sie im Allgemeinen nur die Art der vom Arbeitnehmer zu erbringenden Tätigkeit konkretisiert, haben derartige Anordnungen *nicht* die Qualität einer *Willenserklärung*. Sie sind auf **keine Rechtsgestaltung** gerichtet, sondern auf den Vollzug einer privatautonom festgelegten Pflicht. Ein Arbeitskommando („Hau-Ruck!") ist kein Rechtsgeschäft (so zutreffend BÖTTICHER AuR 1967, 321 [326]; **aA** ADOMEIT, Rechtsquellenfragen 108). Bezieht die Anordnung sich dagegen auf die Arbeitszeit oder auf den Ort der Arbeitsleistung, so handelt es sich um ein Rechtsgeschäft, weil dadurch die Arbeitsbedingungen festgelegt werden. Gleiches gilt, wenn der Arbeitgeber nicht nur die Art der vom Arbeitnehmer zu erbringenden Tätigkeit konkretisiert, sondern darüber hinaus dem Arbeitnehmer einen anderen Tätigkeitsbereich zuweist.

c) Einzelheiten

963 aa) Da die **Art der zu leistenden Dienste regelmäßig den Inhalt der Rechtsstellung eines Arbeitnehmers prägt**, werden sie meist im Arbeitsvertrag geregelt, wobei die Tätigkeitsbeschreibung im Formulararbeitsvertrag als Bestimmung des Inhalts der Hauptpflicht nur auf Transparenz kontrollierbar ist, § 307 Abs 3 S 2, Abs 1 S 1 (BAG 19. 1. 2011 – 10 AZR 738/09, NZA 2011, 631 [631]). Ist die Art der Arbeit im Vertrag geregelt, kann der Arbeitgeber dem Arbeitnehmer einseitig einen **Wechsel in der Art der Beschäftigung** nur auferlegen, wenn und soweit er sich dieses Recht nach dem Arbeitsvertrag ausdrücklich oder nach den Umständen (§§ 157, 242) vorbehalten hat. Das Weisungsrecht zur Konkretisierung der Arbeitspflicht gestattet dem Arbeitgeber im Allgemeinen nur die Zuweisung *anderer Arbeit* im Rahmen des vertraglich festgelegten Tätigkeitsbereichs, nicht aber die Zuweisung eines *anderen Tätigkeitsbereichs* (BAG 11. 4. 2006 – 9 AZR 557/05, NZA 2006, 1149 [1150]). Insbesondere ist eine Versetzung auf einen Arbeitsplatz mit geringwertiger Tätigkeit selbst dann unzulässig, wenn die vereinbarte Vergütung weiterhin gezahlt wird (BAG 14. 7. 1965 – 4 AZR 347/63, AP Nr 19 zu § 611 BGB Direktionsrecht; im öffentlichen Dienst kann dagegen grundsätzlich jede Tätigkeit übertragen werden, die den Merkmalen der Vergütungsgruppe entspricht, vgl BAG 21. 11. 2002 – 4 AZR 347/63, AP Nr 63 zu § 611 BGB Direktionsrecht). Die Zuweisung einer höherwertigen Tätigkeit kann dagegen vom Direktionsrecht gedeckt sein, solange dies billigem Ermessen entspricht; soll die Versetzung nur zeitweise erfolgen, so muss auch dies billigem Ermessen entsprechen („doppelte Billigkeit", BAG 17. 4. 2002 – 4 AZR 174/01, AP Nr 23 zu § 24 BAT; BAG 18. 4. 2012 – 10 AZR 134/11, NZA 2012, 927 [928 f]). Handelt es sich um eine Versetzung im Sinne von § 95 Abs 3 BetrVG, hat der Betriebsrat ein Mitbestimmungsrecht nach § 99 BetrVG. Welche Arbeitsleistungen zum Tätigkeitsbereich gehören, ist unter Berücksichtigung der Verkehrsanschauung im Wege der Vertragsauslegung zu bestimmen (ErfK/PREIS § 106 GewO Rn 5).

964 Im Übrigen ist ein Arbeitnehmer nur ausnahmsweise verpflichtet, Arbeiten außerhalb des vertraglich festgelegten Tätigkeitsbereichs zu verrichten. Es kann sich dabei im Allgemeinen nur um eine vorübergehende Leistung anderer Arbeiten handeln, soweit eine Notlage besteht und daher dem Arbeitnehmer nach Treu und Glauben zuzumuten ist, außerhalb seines Tätigkeitsbereichs Arbeit zu leisten (BAG 8. 10. 1962 – 2 AZR 550/61, AP Nr 18 zu § 611 BGB Direktionsrecht; ArbG Leipzig 4. 2. 2003 – 7 Ca 6866/02, NZA-RR 2003, 365). Ein arbeitsunfähig erkrankter Arbeitnehmer muss sich keine andere, aus Sicht des Arbeitgebers zumutbar erscheinende Tätigkeit zuweisen lassen

(LAG Hamm 20. 7. 1988 – 1 Sa 729/88, NZA 1989, 600 [600 f]); dagegen ist die Zuweisung einer schwangeren Arbeitnehmerin, die aufgrund eines gesetzlichen Beschäftigungsverbots ihre vertraglich geschuldete Arbeitsleistung nicht erbringen kann, nicht apodiktisch ausgeschlossen (BAG 21. 4. 1999 – 5 AZR 174/98, NZA 1999, 1044 [1045]).

bb) Wird der **Beschäftigungsort** im Arbeitsvertrag geregelt – auch insoweit handelt es sich um eine allein auf Transparenz kontrollierbare Festlegung der Hauptpflicht (BAG 19. 1. 2011 – 10 AZR 738/09, NZA 2011, 631 [631]) –, so kann der Arbeitgeber dem Arbeitnehmer ohne besondere Absicherung im Arbeitsvertrag einen anderen **Beschäftigungsort** nur zuweisen, wenn der Arbeitnehmer nach dem Inhalt seiner Leistungspflicht Arbeiten an verschiedenen Orten auszuführen hat (zB bei Bauarbeitern, Außenmonteuren, Verkaufsfahrern). Aber auch in diesem Fall ist zu beachten, dass beim Arbeitsverhältnis der Arbeitnehmer regelmäßig für einen bestimmten Betrieb eingestellt wird. Die **Versetzung in einen anderen Betrieb** ist dann nicht vom Direktionsrecht des Arbeitgebers gedeckt, auch wenn der Betrieb zu demselben Unternehmen gehört (vgl zum Ort der Arbeitsleistung auch REICHOLD, MünchArbR § 36 Rn 46 ff). Etwas anderes gilt, wenn im Arbeitsvertrag keine (konkludente) Festlegung des Beschäftigungsorts erfolgte, entweder weil gar kein Beschäftigungsort genannt oder von den Vertragsparteien vorausgesetzt wurde, oder weil zwar ein Beschäftigungsort bestimmt wurde, zugleich aber durch Vertragsvorbehalt ein Einsatz im gesamten Unternehmen für möglich erklärt wurde (BAG 19. 1. 2011 – 10 AZR 738/09, NZA 2011, 631 [632]). In diesem Fall kann der Arbeitgeber dem Arbeitnehmer Arbeit in verschiedenen Betrieben an unterschiedlichen Orten zuweisen, muss dabei aber natürlich billiges Ermessen walten lassen (vgl PREIS/GENENGER NZA 2008, 969 [971]). **965**

cc) Bei der **Arbeitszeit** hat man zu unterscheiden, ob es um den zeitlichen Umfang der geschuldeten Arbeitsleistung (Dauer der Arbeitszeit) oder nur um deren Verteilung auf den Tag innerhalb einer Woche oder eines Monats (Lage der Arbeitszeit) geht. Da die Arbeitszeit für das rechtsgeschäftliche Dienstleistungsversprechen das Maß der vom Arbeitnehmer geschuldeten Leistung festlegt, ist der **zeitliche Umfang der geschuldeten Arbeitsleistung** im Allgemeinen **vertraglich festgelegt** (vgl LAG Düsseldorf 30. 8. 2002 – 9 Sa 709/02, NZA-RR 2003, 407 [408]; REICHOLD, MünchArbR § 36 Rn 59 ff; s auch Rn 1064 ff). Sofern eine ausdrückliche Bestimmung fehlt, ist er im Wege ergänzender Vertragsauslegung festzustellen. Nur in besonders gelagerten Ausnahmefällen hat der Arbeitgeber auch insoweit ein Leistungsbestimmungsrecht, wobei ein vertraglich festgelegter Rahmen bestehen muss (vgl § 12 TzBfG). Für die Abrufarbeit hat der 5. Senat des BAG entschieden, dass der Arbeitgeber einseitig Arbeitsleistung über die wöchentliche Arbeitszeit hinaus abrufen kann, solange dies 25 % der wöchentlichen Mindestarbeitszeit nicht überschreitet (BAG 7. 12. 2005 – 5 AZR 535/04, AP Nr 4 zu § 12 TzBfG; LAG Düsseldorf 19. 8. 2014 – 8 Sa 764/13, juris Rn 152; kritisch JUNKER, in: FS Buchner [2009] 369 [374 f]). Dagegen hat der 9. Senat eine Formularabrede, die dem Arbeitgeber eine variable Ausgestaltung bis zu 75 % der Mindestarbeitszeit erlaubt, nicht als unangemessene Benachteiligung angesehen, weil sie der Arbeitsplatzsicherung diente (BAG 14. 8. 2007 – 9 AZR 18/07, AP Nr 2 zu § 6 ATG); das geht zu weit, weil es Arbeitgebern erlaubt, unter Berufung auf einen anderenfalls (angeblich) drohenden Arbeitsplatzwegfall weitreichende Flexibilisierungsregelungen durchzusetzen (ablehnend auch ErfK/PREIS § 310 Rn 56). **966**

Soweit es dagegen um die **Lage der Arbeitszeit** geht, also Beginn und Ende der **967** täglichen Arbeitszeit, Lage der Pausen und Verteilung des zeitlichen Umfangs der geschuldeten Arbeitsleistung auf die einzelnen Wochentage, kann der Arbeitgeber im Allgemeinen eine Anordnung kraft seines Weisungsrechts treffen (BAG 19. 6. 1985 – 5 AZR 57/84, AP Nr 11 zu § 4 BAT; BAG 25. 10. 1989 – 2 AZR 633/88, AP Nr 36 zu § 611 BGB Direktionsrecht; BAG 17. 7. 2007 – 9 AZR 819/06, AP Nr 17 zu § 50 ZPO; BAG 18. 4. 2012 – 5 AZR 195/11, NZA 2012, 796 [797]); das gilt auch für (gesetzlich zulässige) Sonn- und Feiertagsarbeit (BAG 15. 9. 2009 – 9 AZR 757/08, NJW 2010, 394) sowie die Anordnung von Rufbereitschaft, Bereitschaft und Überstunden (BAG 25. 4. 2007 – 6 AZR 799/06, AP Nr 53 zu § 15 BAT; zu Überstunden siehe Rn 1076 f). Er hat dabei aber das Mitbestimmungsrecht des Betriebsrats zu beachten (§ 87 Abs 1 Nr 2 BetrVG). Allein die Tatsache, dass der Arbeitgeber bei Beginn des Arbeitsverhältnisses auf die geltende betriebliche Regelung über die Verteilung der Arbeitszeit hinwies und in der Folge über längere Zeit von seinem Direktionsrecht zunächst nicht Gebrauch gemacht hat, beschränkt sein Direktionsrecht nicht (BAG 7. 12. 2000 – 6 AZR 444/99, AP Nr 61 zu § 611 BGB Direktionsrecht; vgl auch BAG 15. 9. 2009 – 9 AZR 757/08, NJW 2010, 394 [397]).

968 **dd)** Da der Arbeitgeber die arbeitsteilige Kooperation im Betrieb organisiert und leitet, legt er auch die **Verhaltensregeln zur Sicherung des ungestörten Arbeitsablaufs und des reibungslosen Zusammenlebens und Zusammenwirkens der Arbeitnehmer im Betrieb** fest (vgl § 106 S 2 iVm § 6 Abs 2 GewO). Regelungen, die der Arbeitgeber insoweit trifft, hat zwar der Arbeitnehmer aufgrund des Arbeitsverhältnisses zu befolgen, weil er sein Leistungsversprechen nur dann entsprechend seiner Zusage erfüllt, wenn er dem Empfänger der Dienstleistung ermöglicht, den von ihm verfolgten Arbeitserfolg herbeizuführen. Der Arbeitsvertrag wird dadurch aber nicht zum Werkvertrag; im Gegenteil ist die Pflicht des Arbeitnehmers, bei Erbringung der Arbeitsleistung ein bestimmtes Ordnungsverhalten zu beachten, lediglich Konsequenz des Prinzips, dass nicht er, sondern der Arbeitgeber als Empfänger der Dienstleistung das Risiko für den Arbeitserfolg trägt. Besteht im Betrieb ein Betriebsrat, so braucht der Arbeitnehmer insoweit Weisungen aber nur Folge zu leisten, wenn der Arbeitgeber das **Mitbestimmungsrecht nach § 87 Abs 1 Nr 1 BetrVG** (vgl BAG 24. 3. 1981 – 1 ABR 32/78, BAGE 35, 150 [154]; ausführlich RICHARDI, in: RICHARDI, BetrVG § 87 Rn 173 ff) beachtet hat. Dabei ist bei Regelungen für das Verhalten der Arbeitnehmer im Betrieb zu unterscheiden, ob die Anordnung sich auf das Verhalten bei der Erbringung der Arbeitsleistung bezieht **(Arbeits- oder Leistungsverhalten)** oder ob ihr Gegenstand das Zusammenleben und Zusammenwirken der Arbeitnehmer im Betrieb ist **(Ordnungsverhalten)**. Im ersteren Fall unterliegen Anordnungen des Arbeitgebers nicht der Mitbestimmung nach § 87 Abs 1 Nr 1 BetrVG (vgl BAG 11. 6. 2002 – 1 ABR 46/01, BAGE 101, 285 [286 f]). Lediglich um das mitbestimmungspflichtige Ordnungsverhalten geht es dagegen bei einer Regelung der Kleiderablage, Sicherung der von den Arbeitnehmern mitgebrachten Sachen, Ordnung des Arbeitsplatzes, Torkontrollen, Leibesvisitation sowie Rauch- und Alkoholverbote. Gleiches gilt entsprechend für den Bereich des öffentlichen Dienstes, soweit dort der Personalrat ein Beteiligungsrecht hat, und zwar nicht nur dann, wenn er mitzubestimmen hat (zB § 75 Abs 3 Nr 15 BPersVG), sondern auch dann, wenn er lediglich mitwirkt (zB Art 76 Abs 1 S 1 Nr 2 BayPVG).

IX. Betriebsübung als Bestimmungsgrund für den Vertragsinhalt*

1. Begriff und Wesen

Bestimmungsgrund für den Vertragsinhalt kann eine betriebliche Übung sein. Bei ihr geht es zunächst um den Sachverhalt, dass bestimmte Bräuche und Gewohnheiten mit kollektivem Bezug das Leben des Betriebes mit gewisser Gesetzmäßigkeit bestimmen. Sie können sich auf verschiedene Gegenstände beziehen. Praktische Bedeutung hat das Problem der Betriebsübung aber vor allem, wenn der Arbeitgeber **Leistungen** gewährt, die nicht durch Gesetz, Tarifvertrag, Betriebsvereinbarung oder Einzelarbeitsvertrag festgelegt sind. Nach allgemeiner Meinung erzeugt ein zur festen Übung gewordener Brauch eine **rechtliche Bindung des Arbeitgebers** (vgl BAG 8. 11. 1957 – 1 AZR 123/56, AP Nr 2 zu § 242 BGB Betriebliche Übung; BAG 13. 10. 1960 – 5 AZR 284/59, AP Nr 30 zu § 242 BGB Gleichbehandlung; BAG 5. 7. 1968 – 3 AZR 134/67, AP Nr 6 zu § 242 BGB Betriebliche Übung; BAG 5. 2. 1971 – 3 AZR 28/70, AP Nr 10 zu § 242 BGB Betriebliche Übung; zuletzt BAG 8. 12. 2010 – 10 AZR 671/09, AP Nr 91 zu § 242 BGB Betriebliche Übung; weiterhin Seiter, Die Betriebsübung [1967]; Ch Picker, Die betriebliche Übung [2011]). Betriebliche Übungen sind vom Arbeitgeber gestellte Allgemeine Geschäftsbedingungen i S des § 305 (BAG 20. 5. 2008 – 9 AZR 382/07, NZA 2008, 1233; Ch Picker, Betriebliche Übung 432). Die Rechtsfigur der betrieblichen Übung ist einfachgesetzlich in **§ 1b Abs 1 S 4 BetrAVG** anerkannt.

969

2. Geltungsgrund einer Bindungswirkung

Die auf Gewährung einer Leistung gerichtete Übung bildet **keine selbstständige Anspruchsgrundlage** (so bereits BAG 13. 10. 1960 – 5 AZR 284/59, AP Nr 30 zu § 242 BGB Gleichbehandlung, Bl 1 R). Sie ist weder als konkrete Ordnung des Betriebes (so Denecke DAR 1940, 141 ff im Anschluss an RAG ARS 33, 172 [176]) noch als betriebliches Gewohnheitsrecht (so Gamillscheg, in: FS Hilger/Stumpf [1983] 227 [243 ff]) eine Rechtsquelle (so bereits BAG 8. 11. 1957 – 1 AZR 123/56, BAGE 5, 44 [45]; BAG 13. 10. 1960 – 5 AZR 284/59, AP Nr 30 zu § 242 BGB Gleichbehandlung; weiterhin BAG 5. 2. 1971 – 3 AZR 28/70, BAGE 23, 213 [219]; Seiter, Betriebsübung 48 ff). Eine normative Geltung kann auch nicht damit begründet werden, dass der Arbeitgeber durch seine Erklärung oder durch sein Verhalten eine Norm setzt, an die er als Inhaber des Betriebes gebunden ist (so Bötticher RdA 1953, 161 [162]). Auch eine regelmäßige Handhabung erzeugt keine

970

---

* **Schrifttum**: Bötticher, Der Anspruch auf Gleichbehandlung im Arbeitsrecht, RdA 1953, 161; Canaris, Die Vertrauenshaftung im deutschen Privatrecht (1971); Denecke, Die konkrete Ordnung des Betriebes als Rechtsquelle, DAR 1940, 141; Dütz, Zur Betriebsübung im zivilen, öffentlichen und kirchlichen Arbeitsrecht, in: FS Wiese (1998) 85; Gamillscheg, Betriebliche Übung, in: FS Hilger/Stumpf (1983) 227; Henssler, Tarifbindung durch betriebliche Übung, in: FS 50 Jahre Bundesarbeitsgericht (2004) 684; A Hueck, Die rechtliche Bedeutung der betrieblichen Übung, in: FS Heinrich Lehmann II (1956) 633; Hromadka, Die betriebliche Übung: Vertrauensschutz im Gewande eines Vertrags, NZA 2011, 65; Jaeckel, „Tarifbindung" durch betriebliche Übung (2010); Ch Picker, Die betriebliche Übung (2011); Richardi, Die betriebliche Übung, RdA 1960, 401; Schneider, Betriebliche Übung: Vertragstheorie oder Fiktion von Willenserklärungen?, DB 2011, 2718; Seiter, Die Betriebsübung (1967); Waltermann, Die betriebliche Übung, RdA 2006, 257; Zeuner, Zum Problem der betrieblichen Übung, BB 1957, 647.

normative Wirkung; eine Parallele zur Selbstbindung durch eine entsprechende Ermessensausübung (so ZEUNER BB 1957, 647 ff) scheitert schon daran, dass der Arbeitgeber nicht aufgrund gesetzlicher Ermächtigung, sondern im Rahmen der Privatautonomie tätig wird (ebenso SEITER 70). Die Betriebsübung kann auch nicht als kollektivrechtliche Verpflichtungserklärung des Arbeitgebers gedeutet werden, die durch schlüssiges Verhalten zustande kommt (so HILGER, Das betriebliche Ruhegeld [1959] 55 ff, 72 ff; ähnlich SÖLLNER, Einseitige Leistungsbestimmung im Arbeitsverhältnis [1966] 34 ff); denn die Gesamtzusage ist kein selbstständiger Gestaltungsfaktor des Arbeitsverhältnisses (s Rn 877 ff).

971 Die Betriebsübung kann nur auf **individualrechtlicher Ebene** Rechtswirkungen entfalten. Nach Ansicht des BAG beruht ihre rechtliche Bedeutung „auf der Möglichkeit, ihren Inhalt zur Grundlage einer ausdrücklichen oder stillschweigenden vertraglichen Vereinbarung zu machen oder sie als Konkretisierung der Treue- und Fürsorgepflicht zur Vertragsauslegung und Vertragsergänzung heranzuziehen" (BAG 13. 10. 1960 – 5 AZR 284/59, AP Nr 30 zu § 242 BGB Gleichbehandlung, Bl 1 R). Entwickelt sich eine Betriebsübung erst, nachdem der Arbeitsvertrag abgeschlossen ist, so kann weder dessen Auslegung noch Ergänzung eine Leistungspflicht des Arbeitgebers begründen. Man kommt daher zu einer Rechtsbindung nur, wenn das Vertrauen der Arbeitnehmer auf Fortbestand der Betriebsübung für den Arbeitgeber eine Verpflichtungswirkung begründet. Welche Voraussetzungen insoweit gegeben sein müssen, ist streitig. Der Vertragstheorie steht die Vertrauenshaftungstheorie gegenüber.

972 Nach der **Vertragstheorie** muss der Tatbestand einer stillschweigenden Vereinbarung vorliegen (so vor allem A HUECK, in: FS Heinrich Lehmann II [1956] 633 [636 f]). Diese Ansicht dominiert in der Rechtsprechung des BAG (9. 3. 1961 – 5 AZR 114/60, 18. 7. 1968 – 5 AZR 400/67, 17. 9. 1970 – 5 AZR 539/69, 1. 3. 1972 – 4 AZR 200/71, 16. 4. 1997 – 10 AZR 705/96, 16. 1. 2002 – 5 AZR 715/00, 20. 1. 2004 – 3 AZR 360/01 und 8. 12. 2010 – 10 AZR 671/09, AP Nr 5, 8, 9, 11, 53, 56, 65 und 91 zu § 242 BGB Betriebliche Übung): Entscheidend ist, ob ein Tatbestand vorliegt, nach dem die Arbeitnehmer auf einen Verpflichtungswillen des Arbeitgebers schließen dürfen. In der Lehre überwiegt dagegen die Auffassung, dass im Allgemeinen der Tatbestand einer Willenserklärung fehlt, es aber ein unzulässiges venire contra factum proprium darstellt, wenn der Arbeitgeber sich durch einseitige Erklärung von betriebsüblichen Leistungen lossagt, obwohl die Arbeitnehmer sich auf deren Erbringung verlassen haben und nach Treu und Glauben auch darauf verlassen durften, dass die Leistungen fortgesetzt werden (**Vertrauenshaftungstheorie**, begründet von SEITER, Betriebsübung 92 ff; ebenso CANARIS, Vertrauenshaftung im deutschen Privatrecht 254 ff; SINGER ZfA 1993, 487 [494 ff]; zum Stand der Diskussion ausführlich CH PICKER, Betriebliche Übung, 5 ff, dort auch zur Vertrauenshaftung 78 ff).

973 Der Unterschied der rechtsdogmatischen Begründung wird nicht dadurch behoben, dass man im Anschluss an den BGH (7. 6. 1984 – IX ZR 66/83, NJW 1984, 2279 [2280]) trotz fehlenden Erklärungsbewusstseins eine Willenserklärung annimmt, wenn der Erklärende bei Anwendung der im Verkehr erforderlichen Sorgfalt hätte erkennen und vermeiden können, dass seine Äußerung nach Treu und Glauben und der Verkehrssitte als Willenserklärung aufgefasst werden durfte, und wenn der Empfänger sie auch tatsächlich so verstanden hat (st Rspr des BAG, zuletzt BAG 8. 12. 2010 – 10 AZR 671/09, AP Nr 91 zu § 242 BGB Betriebliche Übung). Bedenken bestehen schon dagegen, eine

Willenserklärung auch dann anzuerkennen, wenn dem Erklärenden das Erklärungsbewusstsein fehlt (vgl CANARIS NJW 1984, 2281; CH PICKER, Betriebliche Übung 57 ff). Entscheidend ist aber, ob man bei einer Betriebsübung eine Bindungswirkung nur anerkennt, wenn sich aus der regelmäßigen Wiederholung der Leistungserbringung auf einen Verpflichtungswillen des Arbeitgebers schließen lässt. Auf diese Voraussetzung verzichtet man, wenn man genügen lässt, dass die Betriebsübung bei den betroffenen Arbeitnehmern den Eindruck erweckt, die üblich gewordenen Leistungen seien auch künftig zu erwarten. Für die Zurechnung als Willenserklärung genügt nicht, dass aus der Sicht des Erklärungsgegners unklar bleibt, ob ein Verpflichtungswille besteht.

Eine **Verpflichtungswirkung** kann nur **privatautonom**, also rechtsgeschäftlich durch eine Willenserklärung, begründet werden (vgl CH PICKER, Betriebliche Übung 189 ff, 371 ff, 470). Es gibt keinen arbeitsrechtlichen Sonderweg, sondern konstitutiv ist auch hier die systematische Einheit mit dem allgemeinen Zivilrecht. Wer freiwillig zusätzliche Entgeltleistungen gewährt, bringt dadurch bewusst und gewollt seine Wertschätzung der erbrachten Betriebstreue und Arbeitsleistung zum Ausdruck. Der darin liegende rechtsgeschäftliche Wille ist Geltungsgrund für die betriebliche Übung; denn er ist wegen des Charakters des Arbeitsverhältnisses als ein Dauerschuldverhältnis zukunftsbezogen. Daher tritt bei nicht veränderten Umständen eine Bindungswirkung ein. Sie ergibt sich nicht aus der durch § 311 Abs 2 Nr 2 und Abs 3 S 2 kodifizierten Vertrauenshaftung (ebenso trotz Annahme eines Sonderfalls der Vertrauenshaftung HENSSLER, in: FS 50 Jahre BAG [2004] 683 [687 ff]). 974

3. Voraussetzungen für die Herbeiführung einer Bindungswirkung

Das Verhalten des Arbeitgebers muss bei einem durchschnittlichen Arbeitnehmer das Vertrauen darauf begründen, dass der Arbeitgeber sich für die Zukunft binden will. Das setzt ein **gleichförmiges** und **vorbehaltloses** Verhalten des Arbeitgebers über einen **bestimmten Zeitraum** voraus, ohne dass er hierzu aufgrund einer anderweitigen Anspruchsgrundlage verpflichtet ist. 975

(1) Der Arbeitgeber muss **regelmäßig bestimmte Verhaltensweisen** an den Tag gelegt haben, aus denen die begünstigten Arbeitnehmer aus Sicht eines objektiven Betrachters schließen durften, dass er sich damit dauerhaft binden möchte und nicht nur eine bereits aus anderen Rechtsgründen resultierende Rechtsverpflichtung erbringen will (BAG 20. 8. 2002 – 9 AZR 261/01, NZA 2003, 1046 [1049]; BAG 13. 3. 2007 – 1 AZR 232/06, NZA-RR 2007, 411 [413]). Die Betriebsübung entsteht deshalb nicht, wenn der Arbeitgeber zu der Leistung schon aus anderen Rechtsquellen verpflichtet ist. Von der freiwilligen ist auch die **irrtümliche Übung** zu unterscheiden (vgl CH PICKER, Betriebliche Übung 315 ff; SINGER ZfA 1993, 487 [491 f, 495 ff]). Bei ihr erbringt der Arbeitgeber infolge einer Fehlinterpretation geltender Bestimmungen Leistungen, auf die der Arbeitnehmer an sich keinen Rechtsanspruch hat. Sofern auch der Arbeitnehmer dem Rechtsirrtum unterliegt, ergibt sich seine Schutzwürdigkeit (mit der Folge einer Verpflichtungswirkung) daraus, dass er auf die Sachkompetenz des Arbeitgebers in der Beurteilung von Rechtsfragen vertraut (so SINGER ZfA 1993, 487 [497]). War dagegen erkennbar, dass der Arbeitgeber die Leistung nur irrtümlich aufgrund einer vermeintlichen Verpflichtung erbrachte, scheidet ein Anspruch auf Weitergewährung grundsätzlich aus und kommt nur in Betracht, wenn der Arbeitnehmer auf- 976 grund besonderer Anhaltspunkte annehmen kann, dass der Arbeitgeber trotz fehlender Rechtspflicht weiterhin zur Leistungserbringung bereit ist (BAG 22. 1. 2002 – IX ZR 66/83, NZA 2002, 1224; BAG 18. 4. 2007 – 4 AZR 653/05, AP Nr 54 zu § 1 TVG Bezugnahme auf Tarifvertrag; BAG 23. 8. 2011 – 3 AZR 650/09, NZA 2012, 37 [41]; vgl auch HOUBEN BB 2006, 2301 [2302]).

977 (2) Eine betriebliche Übung kann sich **gegenständlich** nicht nur auf Gratifikationen, sondern auch auf andere Materien beziehen, die allgemein in Arbeitsverträgen geregelt werden können und eine Begünstigung des Arbeitnehmers beinhalten; ein Beispiel ist die Erlaubnis der privaten Internetnutzung am Arbeitsplatz (CH PICKER, Betriebliche Übung 194 ff; BARTON NZA 2006, 460; MünchKomm/MÜLLER-GLÖGE § 611 Rn 415; Einzelnachweise bei ErfK/PREIS § 611 Rn 228). Anders hat das BAG aber für die Einschränkung des Direktionsrechts entschieden. Aus der Tatsache, dass der Arbeitgeber dieses über Jahre hinweg nicht in eine bestimmte Richtung ausgeübt hat, folgt noch keine Reduktion des Weisungsrechts; vielmehr müssen hier besondere Umstände hinzutreten (BAG 11. 2. 1998 – 5 AZR 472/97, NZA 1998, 647; BAG 15. 9. 2009 – 9 AZR 757/08, NJW 2010, 394 [397]).

978 (3) Was den für die Begründung eines Rechtsanspruchs erforderlichen **Zeitraum der Übung** anbelangt, so nimmt das BAG bei *einer Gratifikation* an, dass eine Rechtsbindung des Arbeitgebers eintritt, wenn er die freiwillige Zuwendung **vorbehaltlos in drei aufeinanderfolgenden Jahren** erbracht hat (BAG 6. 3. 1956 – 3 AZR 175/55, BAGE 2, 302 [304]; BAG 8. 12. 2010 – 10 AZR 671/09, NZA 2011, 628 [629]). Dieser Grundsatz gilt auch für das Ruhestandsverhältnis (BAG 23. 4. 1963 – 3 AZR 173/62, BAGE 14, 174 [177]; BAG 20. 1. 2004 – 9 AZR 43/03 und 31. 7. 2007 – 3 AZR 189/06, AP Nr 65 und 79 zu § 242 Betriebliche Übung); nicht notwendig ist, dass die Versorgungsempfänger bereits in den Genuss der Leistung gekommen waren, denn sie können bereits als Arbeitnehmer darauf vertrauen, dass die Übung fortgesetzt wird, wenn sie die Bedingungen in ihrer Person erfüllen (BAG 30. 10. 1984 – 3 AZR 236/82, BAGE 47, 130 [134]). Im Hinblick auf laufende Leistungen der betrieblichen Altersversorgung lässt das BAG fünf, jedenfalls aber acht Jahre genügen (BAG 15. 5. 2012 – 3 AZR 610/11, NZA 2012, 1279 [1287]; BAG 19. 8. 2008 – 3 AZR 194/07, NZA 2009, 106 [199]). Abgesehen davon lässt sich eine generelle Regel, nach der nach dreimaliger vorbehaltloser Gewährung eine betriebliche Übung entsteht, nicht aufstellen (BAG 28. 5. 2008 – 10 AZR 274/07, AP Nr 80 zu § 242 BGB Betriebliche Übung). Vielmehr ist im Einzelfall nach **Art, Dauer und Intensität der Leistungen** zu entscheiden. Dabei gilt: Je bedeutender die Leistung für die Arbeitnehmer ist, umso leichter wird sich eine betriebliche Übung bejahen lassen; des Weiteren kommt es auf die Zahl der Anwendungsfälle im Verhältnis zur Belegschaftsstärke an (BAG 28. 5. 2008 – 10 AZR 274/07; MünchKomm/MÜLLER-GLÖGE § 611 Rn 420). Ein Anspruch auf Lohnerhöhung entsprechend der Tarifentwicklung durch betriebliche Übung kann angesichts der nicht vorhersehbaren Dynamik der Lohnentwicklung aber regelmäßig nicht angenommen werden (BAG 16. 9. 1998 – 5 AZR 598/97 und 16. 1. 2002 – 5 AZR 715/00, AP Nr 54 und 56 zu § 242 BGB Betriebliche Übung).

979 (4) Darüber hinaus muss das Verhalten **gleichförmig** sein; ein Anspruch aus betrieblicher Übung entsteht daher nicht, wenn der Arbeitgeber von Jahr zu Jahr unterschiedlich hohe freiwillige Leistungen erbringt (BAG 28. 2. 1996 – 10 AZR 516/95, AP Nr 192 zu § 611 BGB Gratifikation). Der Entstehung einer betrieblichen Übung steht es nach dem BAG nicht entgegen, dass die an eine Reihe von Arbeitnehmern

geleisteten Zahlungen weder den übrigen Arbeitnehmern mitgeteilt noch im Betrieb öffentlich bekannt gemacht werden, weil – so das BAG – davon auszugehen sei, dass sich die begünstigende Leistung im Betrieb herumspreche und auf diese Weise allgemein bekannt werde (BAG 28. 5. 2008 – 10 AZR 274/07, NZA 2008, 941 [942]); erfolgt die Zahlung aber nur an wenige Arbeitnehmer, kann es an den für eine betriebliche Übung unabdingbaren kollektiven Bezug fehlen (vgl BAG 11. 4. 2006 – 9 AZR 500/05, NZA 2006, 1089 [1090 f]; s zum kollektiven Bezug Rn 980). Passt der Arbeitgeber die jährlichen Leistungen an die allgemeine Preisentwicklung an, gewährt er also einen Inflationsausgleich, so steht das der Gleichförmigkeit des Verhaltens nicht entgegen.

(5) Die Leistungen müssen einen **kollektiven Bezug** aufweisen (BAG 21. 4. 2010 – 10 AZR 163/09, NZA 2010, 808 [809]; BAG 17. 4. 2013 – 10 AZR 251/12, juris Rn 16). Das ist bei Leistungen an die gesamte oder große Teile der Belegschaft unproblematisch anzunehmen. Fehlt der kollektive Bezug, weil zB nur an einen einzigen Arbeitnehmer ohne vertragliche Abmachung ein Jahresbonus erbracht wird, kann dieser für die Zukunft ggf Anspruch aus einer konkludenten individuellen Abrede haben (BAG 21. 4. 2010 – 10 AZR 163/09, NZA 2010, 808; BAG 14. 9. 2011 – 10 AZR 526/10, NZA 2012, 81 [82]) – und gegenüber den anderen Arbeitnehmer der Gleichbehandlungsgrundsatz verletzt sein, sodass letztlich auch sie in den Genuss der Leistung gelangen, aber eben nicht auf Basis einer betrieblichen Übung. **980**

(6) Das Verhalten muss schließlich **vorbehaltlos** sein. Das ist zu verneinen, wenn der Arbeitgeber zu erkennen gibt, dass er eine Bindung für die Zukunft ausschließen will (BAG 4. 9. 1985 – 7 AZR 262/83, NZA 1986, 521). Im Einzelnen: **981**

Durch **Schriftformklauseln** kann das Entstehen einer betrieblichen Übung ggf verhindert werden. Hierbei ist aber zu unterscheiden: Eine *einfache arbeitsvertragliche Schriftformklausel* genügt nicht, da von einer (stillschweigenden) Aufhebung des Schriftformerfordernisses auszugehen ist, § 151 (BAG 18. 9. 2002 – 1 AZR 477/01, AP Nr 59 zu § 242 BGB Betriebliche Übung [für öffentlichen Dienst]; BAG 20. 5. 2008 – 9 AZR 382/07, NZA 2008, 1233 [1234]); das gilt nach dem BAG selbst dann, wenn die Parteien bei ihrer mündlichen Abrede gar nicht an das Schriftformgebot gedacht haben (BAG 14. 9. 2011 – 10 AZR 526/10, NZA 2012, 81 [82]). Demgegenüber kann durch eine *doppelte arbeitsvertragliche Schriftformklausel* das Entstehen einer Betriebsübung theoretisch grundsätzlich verhindert werden, da eine solche nicht durch eine die Schriftform nicht wahrende Abrede abbedungen werden kann. Das gilt allerdings uneingeschränkt nur für doppelte Schriftformklauseln in Individualabreden. Bei AGB ist dagegen § 305b zu beachten. Zwar stellt die betriebliche Übung keine vorrangige Individualabrede iSv § 305b dar. Jedoch ist eine doppelte Schriftformklausel nach § 307 Abs 1 unwirksam, wenn sie so gefasst ist, dass sie beim anderen Vertragspartner den Eindruck erweckt, eine mündliche Abrede sei entgegen § 305b unwirksam, ist sie dann doch geeignet, den Vertragspartner des Verwenders irrezuführen und ihn von der Geltendmachung seiner Rechte abzuhalten. Benachteiligt die doppelte Schriftformklausel deshalb den Vertragspartner unangemessen, so ist sie wegen des Verbots der geltungserhaltenden Reduktion insgesamt unwirksam und vermag daher das Entstehen einer betrieblichen Übung nicht zu verhindern (zum Ganzen BAG 20. 5. 2008 – 9 AZR 382/07, NZA 2008, 1233 [1235 f]; CH PICKER, Betriebliche Übung 250 f). Verhindert wird eine betriebliche Übung aber durch eine *Schriftformklausel in* **982** *einem normativ anwendbaren Tarifvertrag* (BAG 18. 9. 2002 – 1 AZR 477/01, NZA 2003, 337 [338]; BAG 15. 3. 2011 – 9 AZR 799/09, AP Nr 1 zu § 26 TVöD). Das gilt selbst für die einfache Schriftform, stellt doch auch diese ein gesetzliches Schriftformerfordernis iSv § 126 dar, das nicht durch die Arbeitsvertragsparteien aufgehoben werden kann. Nach Auffassung des LAG Baden-Württemberg (12. 9. 2013 – 11 Sa 37/13, BeckRS 2013, 73791) soll dies auch gelten, wenn die tarifliche Schriftformklausel nur kraft arbeitsvertraglicher Bezugnahme anwendbar ist. Dem wird man so in dieser Allgemeinheit nicht zustimmen können. Vielmehr ist entscheidend, ob die in Bezug genommenen Tarifbestimmungen der AGB-Kontrolle unterliegen; hierfür ist danach zu unterscheiden, ob es sich um eine Global-, Teil- oder Einzelverweisung handelt (näher Rn 892 ff).

983 Der Arbeitgeber kann durch einen sog **Freiwilligkeitsvorbehalt** unter Wahrung des Gleichbehandlungsgrundsatzes verhindern, dass eine Bindung für die Zukunft eintritt (ausführlich CH PICKER, Betriebliche Übung 246 ff). Möglich ist das allerdings nicht für das laufende Entgelt, gehört es doch zum Wesen des Arbeitsvertrags, dass der Arbeitgeber sich zur Erbringung einer Gegenleistung für die Arbeitsleistung verpflichtet (BAG 25. 4. 2007 – 5 AZR 627/06, NZA 2007, 853 [854]; BAG 14. 9. 2011 – 10 AZR 526/10, NZA 2012, 81 [84]; MünchKomm/MÜLLER-GLÖGE § 611 Rn 419). Wird diese Schranke beachtet, so ist im Übrigen zu unterscheiden: Ein Freiwilligkeitsvorbehalt ist jedenfalls dann möglich, wenn der Arbeitgeber ihn *bei jeder Leistungsgewährung* aufs Neue eindeutig erklärt, also klarstellt, sich damit nicht für die Zukunft binden zu wollen. Dieser Vorbehalt muss zwar eindeutig sein, einer bestimmten Form bedarf er aber nicht, sodass er beispielsweise mündlich, per Aushang oder Rundschreiben erfolgen kann (BAG 6. 9. 1994 – 9 AZR 672/92, NZA 1995, 418 [419]). Die Ausübung des Freiwilligkeitsvorbehalts in der Zukunft – dh das Unterlassen der erneuten Leistungsgewährung – bedarf dann keiner Begründung (BAG 21. 1. 2009 – 10 AZR 219/08, NZA 2009, 310 [312]). Nach der früheren Rechtsprechung des BAG konnte der Freiwilligkeitsvorbehalt auch *schon im ursprünglichen (Formular-)Arbeitsvertrag enthalten* sein und musste dann nicht mehr bei den einzelnen Leistungen wiederholt werden (vgl BAG 6. 12. 1995 – 10 AZR 198/95, AP Nr 187 zu § 611 BGB Gratifikation; BAG 21. 1. 2009 – 10 AZR 219/08, NZA 2009, 310; BAG 18. 3. 2009 – 10 AZR 289/08, NZA 2009, 535; etwas anderes galt aber schon damals, wenn dem Arbeitnehmer im Arbeitsvertrag zugleich eine Gratifikation zugesagt wird und diese zugleich wieder unter Freiwilligkeitsvorbehalt gestellt werden soll, vgl BAG 30. 7. 2008 – 10 AZR 606/07, AP Nr 274 zu § 611 BGB Gratifikation; s auch Rn 924 f). Ob das überhaupt noch gilt, ist fraglich, jedenfalls hat das BAG die Anforderungen an einen im Arbeitsvertrag enthaltenen Freiwilligkeitsvorbehalt deutlich verschärft. Erstens soll eine Klausel nicht genügen, nach der der Arbeitgeber „gesetzlich oder durch Tarifvertrag nicht vorgeschriebene Leistungen [...] freiwillig und ohne jede rechtliche Verbindung" erbringe; denn, so das BAG, ein um Verständnis bemühter Arbeitnehmer müsste das im Zweifel so verstehen, dass sich der Arbeitgeber zur Zahlung einer Gratifikation bereit erkläre, ohne hierzu bereits durch andere Regelungen verpflichtet zu sein (BAG 8. 12. 2010 – 10 AZR 671/09, NZA 2011, 628 [630 f]). Darüber noch hinausgehend hat das Gericht zweitens generelle Bedenken daran angemeldet, ob ein bloßer, im Arbeitsvertrag vorgesehener Freiwilligkeitsvorbehalt in der Lage ist, „dauerhaft den Erklärungswert einer ohne jeden Vorbehalt und ohne Hinweis auf die vertragliche Regelung erfolgten Zahlung so zu erschüttern, dass der Arbeitnehmer das spätere konkludente Verhalten [...] nicht als Angebot [...] verstehen kann" (BAG 14. 9. 2011 – 10 AZR 526/10, NZA 2012, 81 [84]).

Drittens schließlich ist es unzulässig, mit dem Freiwilligkeitsvorbehalt unterschiedslos auch alle zukünftigen Leistungen unabhängig von ihrer Art und ihrem Entstehungsgrund zu erfassen, weil damit unzulässigerweise auch laufende Leistungen einbezogen werden (BAG 14. 9. 2011 – 10 AZR 526/10, NZA 2012, 81 [84]).

Zusammenfassend ist zweifelhaft, ob ein bereits im Arbeitsvertrag enthaltener Freiwilligkeitsvorbehalt künftig überhaupt noch „funktionieren" kann. Erforderlich ist in jedem Fall – neben dem ausreichenden Hinweis auf die Freiwilligkeit – (1) die Klarstellung, dass auch bei wiederholter Zahlung kein Rechtsanspruch für die Zukunft begründet wird (vgl BAG 8. 12. 2010 – 10 AZR 671/09, NZA 2011, 628 [630 f]), (2) freiwillig gewährte laufende Leistungen explizit ausgenommen werden und (3) keine unzulässige, weil in der Regel dem Transparenzgebot widersprechende Kombination mit einem Widerrufsvorbehalt erfolgt (BAG 30. 7. 2008 – 10 AZR 606/07, AP Nr 274 zu § 611 BGB Gratifikation; BAG 8. 12. 2010 – 10 AZR 671/09, NZA 2011, 628 [631]; BAG 14. 9. 2011 – 10 AZR 526/10, NZA 2012, 81 [82]; vgl auch Rn 925). Auf der „sicheren Seite" dürfte der Arbeitgeber aber ohnehin nur noch sein, wenn er bei jeder erneuten, freiwillig erbrachten Leistung entweder einen expliziten Freiwilligkeitsvorbehalt erklärt oder auf den im Arbeitsvertrag enthaltenen Vorbehalt verweist (Preis/Sagan NZA 2012, 697).

Soweit ein wirksamer Freiwilligkeitsvorbehalt reicht, verhindert er, dass eine anspruchsbegründende Betriebsübung überhaupt entstehen kann. Von ihm ist der **Widerrufsvorbehalt** zu unterscheiden (ausführlich Ch Picker, Betriebliche Übung 421 ff). Er schließt nicht aus, dass eine Rechtsbindung des Arbeitgebers entsteht, sondern räumt dem Arbeitgeber nur das Recht ein, sich von ihr durch den Widerruf einseitig zu lösen. Der Widerruf kann daher nicht beliebig, sondern nur nach billigem Ermessen, also beim Vorliegen sachlicher Gründe ausgeübt werden (s auch Rn 946 f). **984**

Ein **neu eingestellter Arbeitnehmer** darf im Allgemeinen damit rechnen, die unter bestimmten Voraussetzungen gewährten Leistungen zu erhalten, sobald er die Voraussetzungen erfüllt (BAG 5. 7. 1968 – 3 AZR 134/67, AP Nr 6 zu § 242 BGB Betriebliche Übung; bestätigt durch BAG 5. 2. 1971 – 3 AZR 28/70, BAGE 23, 213 [222]; bereits RAG ARS 6, 203 [204]). Der Geltungsgrund kann im *Arbeitsvertrag* erblickt werden (vgl Ch Picker, Betriebliche Übung 359 ff; vor allem Canaris, Vertrauenshaftung im deutschen Privatrecht 255 f). Bereits dessen Auslegung ergibt nach § 157 in Verbindung mit dem Gleichbehandlungsgrundsatz, dass der Arbeitnehmer, soweit Leistungen unter bestimmten Voraussetzungen im Betrieb allgemein gewährt werden, verlangen kann, so gestellt zu werden, wie die anderen Arbeitnehmer in vergleichbarer Lage. Eine betriebliche Übung, wonach alle Arbeitnehmer innerhalb bestimmter Fristen übereinstimmende schriftliche Versorgungszusagen erhalten, begründet daher eine Versorgungsanwartschaft (BAG 29. 10. 1985 – 3 AZR 462/83 und 16. 7. 1996 – 3 AZR 352/95, AP Nr 2 und 7 zu § 1 BetrAVG Betriebliche Übung). Eine Rechtsbindung für die Zukunft tritt aber nur ein, soweit der Arbeitgeber auch gegenüber den anderen Arbeitnehmern sich nicht mehr einseitig von der Leistungsgewährung lossagen kann. Will der Arbeitgeber verhindern, dass der neu eingestellte Arbeitnehmer in den Genuss der Leistung kommt, so muss er die Gewährung im Arbeitsvertrag ausschließen. Der Gleichbehandlungsgrundsatz wird dadurch nicht verletzt, weil das Prinzip der Vertragsfreiheit Vorrang hat (s Rn 1024 ff). **985**

986 Die **Darlegungs- und Beweislast** für die eine Betriebsübung begründenden Tatsachen trifft den Arbeitnehmer (BAG 29. 8. 2012 – 10 AZR 571/11, NZA 2013, 40 [41] mwNw).

4. Bindungswirkung im Bereich des öffentlichen Dienstes

987 Für den Bereich des öffentlichen Dienstes gilt die Besonderheit, dass ein Arbeitnehmer dort regelmäßig davon ausgehen muss, sein Arbeitgeber wolle **nur** die **Leistungen** gewähren, zu denen er **rechtlich verpflichtet** ist (vgl BAG 14. 9. 1994 – 5 AZR 679/93, 29. 9. 2004 – 5 AZR 528/03, AP Nr 46, 67 zu § 242 BGB Betriebliche Übung; ausführlich Ch Picker, Betriebliche Übung 363 ff). Er kann deshalb nicht darauf vertrauen, dass ihm ohne tarifliche Grundlage eine Zulage als übertarifliches Entgelt auf Dauer gezahlt wird (BAG 3. 8. 1982 – 3 AZR 503/79, BAGE 39, 271 [276 f]; BAG 29. 11. 1983 – 3 AZR 491/81, AP Nr 15 zu § 242 BGB Betriebliche Übung; BAG 10. 4. 1985 – 7 AZR 36/83, BAGE 49, 31). Eine Verpflichtungswirkung aufgrund betrieblicher Übung scheidet also regelmäßig aus (**aA** Bieder RdA 2013, 274; ErfK/Preis § 611 Rn 223). Soweit ein Arbeitgeber aber nicht an das Haushaltsrecht gebunden ist, sondern autonom die Regeln für die Beschäftigung seiner Mitarbeiter aufstellt, greift die Begrenzung für den Bereich des öffentlichen Dienstes nicht ein (so BAG 16. 7. 1996 – 3 AZR 352/95, NZA 1997, 664). Diese Grundsätze gelten auch für Eigengesellschaften juristischer Personen des öffentlichen Rechts (BAG 16. 7. 1996 – 3 AZR 352/95, NZA 1997, 664), nicht aber für **Kirchen** und **Träger der freien Wohlfahrtspflege** (BAG 26. 5. 1993 – 4 AZR 130/93, AP Nr 3 zu § 12 AVR Diakonisches Werk).

988 Für den Bereich des öffentlichen Dienstes ist weiterhin von Bedeutung, dass nach den dort geltenden Tarifverträgen **Nebenabreden** nur wirksam sind, wenn sie schriftlich vereinbart werden (vgl § 2 Abs 3 TVöD). Die Nichtbeachtung dieser Formvorschrift führt zur Nichtigkeit der Nebenabrede, auch wenn der Tarifvertrag keine Tarifgeltung hat, sondern der Arbeitnehmer nur aufgrund der Einbeziehungsabrede dem Tarifvertrag unterworfen ist (§ 125 S 2; s Rn 394). Bei der betrieblichen Übung handelt es sich zwar nicht um eine Abrede; es gilt aber auch für sie, dass sie nicht als Haftungsgrund zugerechnet werden kann, wenn ihr Gegenstand nur bei Wahrung der Schriftform verbindlich festgelegt werden kann (BAG 3. 8. 1982 – 3 AZR 503/79, BAGE 39, 271 [274]). Deshalb ist entscheidend, ob es sich um die Gewährung einer Nebenleistung handelt, zB die Gewährung einer Trennungsentschädigung (BAG 7. 3. 1982 – 3 AZR 5/80, BAGE 40, 126). Eine Zulage bildet dagegen im Allgemeinen einen Bestandteil des Arbeitsentgelts und ist daher nicht Gegenstand einer Nebenabrede iS der Tarifbestimmungen des öffentlichen Dienstes. Die Verbindlichkeit der Betriebsübung scheitert deshalb bei ihr nicht am Erfordernis einer Schriftform für die vertragliche Absprache. Aber auch soweit es sich um Leistungen handelt, die den Gegenstand einer Nebenabrede bilden, kann die Berufung auf das Fehlen der Schriftform gegen Treu und Glauben verstoßen, wenn wie in einem vom BAG entschiedenen Fall 16 Jahre lang auf der Grundlage eines ministeriellen Erlasses und in der Form eines geordneten Verwaltungsverfahrens die Leistung gewährt und darauf in früheren Grundsatzprozessen entscheidend abgestellt wurde (BAG 7. 9. 1982 – 3 AZR 5/80, BAGE 40, 126 [136 ff]).

5. Tarifbindung durch betriebliche Übung

989 Das **Rechtsinstitut der betrieblichen Übung** ist auf die **Gestaltung des Arbeitsverhält-**

nisses beschränkt (so zutreffend BAG 19. 2. 2002 – 1 ABR 26/01, AP Nr 13 zu § 4 BetrVG 1972). Die **normative Geltung** von Tarifverträgen oder Betriebsvereinbarungen kann durch eine betriebliche Übung **nicht** erweitert werden; das verbietet schon die für den Tarifvertrag und die Betriebsvereinbarung vorgesehene Schriftform (§ 1 Abs 2 TVG, § 77 Abs 2 BetrVG). Bei Fehlen einer Tarifgeltung kann jedoch die **schuldrechtlich wirkende Bezugnahme** auf einen Tarifvertrag durch betriebliche Übung herbeigeführt werden (vgl Ch Picker, Betriebliche Übung 356 ff; Henssler, in: FS 50 Jahre BAG [2004] 683 [693 ff]). Dabei wird man in aller Regel aber nur von einer statischen Inbezugnahme ausgehen dürfen; denn die Unvorhersehbarkeit der Tariflohnentwicklung, die damit möglicherweise verbundene deutliche Steigerung der Personalkosten sowie die Tatsache, dass der Arbeitgeber auf die Tariflohnentwicklung zumindest beim Verbandstarifvertrag meist keinen (bestimmenden) Einfluss ausüben kann, spricht gegen die Annahme eines Willens zur Entgeltanpassung, sodass eine solche nur bei deutlichen Anhaltspunkten anzunehmen ist (BAG 16. 1. 2002 – 5 AZR 715/00, NZA 2002, 632 [633]; Betz BB 2010, 2045 [2050]; MünchKomm/Müller-Glöge § 611 Rn 422).

6. Betriebsübung bei unwirksamer Betriebsvereinbarung

990 Nach dem BAG kann eine wegen fehlender Zuständigkeit der Betriebsparteien unwirksame Betriebsvereinbarung **entsprechend § 140** in eine **vertragliche Einheitsregelung umgedeutet** werden, wenn und soweit der Willenserklärung des Arbeitgebers, eine Betriebsvereinbarung abschließen zu wollen, der hypothetische Wille entnommen werden kann, sich für den Fall des Scheiterns der an sich gewollten kollektivrechtlichen Regelung gegenüber den darin begünstigten Arbeitnehmern gleichwohl einzelvertraglich binden zu wollen (BAG 23. 8. 1989 – 5 AZR 391/88, AP Nr 42 zu § 77 BetrVG 1972 mit abl Anm Hromadka; BAG 24. 1. 1996 – 1 AZR 597/95 und 5. 3. 1997 – 4 AZR 532/95, AP Nr 8 und 10 zu § 77 BetrVG 1972 Tarifvorbehalt; aA Staudinger/Roth [2010] § 140 Rn 13; Veit/Waas BB 1991, 1329 ff). Da das umgedeutete Rechtsgeschäft in seinen Rechtswirkungen grundsätzlich nicht weitergehen kann als das ursprünglich gGewollte, ist für die Reichweite einer analogen Anwendung des § 140 zu berücksichtigen, dass eine Betriebsvereinbarung durch ordentliche und keiner Begründung bedürftigen Kündigung beendet oder durch eine neue Betriebsvereinbarung abgelöst werden kann (s zur Nachwirkung Rn 851), während dies bei arbeitsvertraglichen Regelungen grundsätzlich nur dann möglich ist, wenn entweder Änderungskündigungen der Arbeitsverhältnisse Erfolg haben oder entsprechende Abänderungsverträge mit allen Arbeitnehmern zustande kommen. Das BAG verlangt daher eine „strenge Prüfung, ob ein entsprechend weitgehender Verpflichtungswille des Arbeitgebers angenommen werden kann" (BAG 24. 1. 1996 – 1 AZR 597/95, AP Nr 8 zu § 77 BetrVG 1972 Tarifvorbehalt). Außerdem setzt eine Umdeutung typischerweise Fallgestaltungen voraus, in denen die Beteiligten die Unwirksamkeit des Rechtsgeschäfts zunächst nicht kennen. Ist den Beteiligten die Unwirksamkeit bekannt, geht es nicht um eine *Umdeutung*, sondern um die *Auslegung* ihrer Willenserklärungen. Die bloße Tatsache, dass der Arbeitgeber die Unwirksamkeit einer Betriebsvereinbarung kennt und trotzdem die darin geregelten Leistungen erbringt, bedeutet aber noch keineswegs, dass er damit seinen Verpflichtungswillen zum Ausdruck gebracht hat, sich einzelvertraglich zu binden (**aA** BAG 24. 1. 1996 – 1 AZR 597/95).

991 Soweit eine Umdeutung ausscheidet, kann eine Rechtsbindung des Arbeitgebers wie auch sonst bei einer betrieblichen Übung nur aus dem Grundsatz der Vertrauenshaftung abgeleitet werden. Ein zurechenbarer Rechtsscheinstatbestand liegt aber nicht schon darin, dass der Arbeitgeber in Erfüllung der unwirksamen Betriebsvereinbarung Leistungen erbracht hat. Er besteht vielmehr nur, wenn und soweit er weiß oder wissen muss, dass er eine von vornherein unwirksame Regelung trifft. In diesem Fall widerspricht es Treu und Glauben, wenn er für die Vergangenheit den Einwand der Rechtsunwirksamkeit erhebt. Für die Rechtsbindung in Zukunft ist zu beachten, dass der Vertrauensschutz es nicht erfordert, den Arbeitnehmer besser als bei wirksamer Betriebsvereinbarung zu stellen; denn für ihn war die kollektive Ausgestaltung der in der Betriebsvereinbarung zugesagten Leistungen erkennbar.

7. Beendigung der Bindungswirkung

a) Grundlagen

992 Soweit eine Betriebsübung für den Arbeitgeber eine Verpflichtungswirkung entfaltet, tritt eine **Vertragsbindung** ein. Das gilt auch bei der Begründung aus der Vertrauenshaftung; denn Sinn und Funktion des Vertrauensschutzes würden, sofern man ihn hier heranzieht, verkannt werden, wollte man die rechtliche Bindung des Arbeitgebers bei einem derart zustande gekommenen Vertragsinhalt anders beurteilen als bei einer rechtsgeschäftlichen Begründung der Bindungswirkung. Entsprechend stellt deshalb der Große Senat des BAG fest, um vertraglich begründete Ansprüche handele es sich auch dann, wenn sich der Arbeitnehmer zur Begründung eines Anspruchs auf eine betriebliche Übung berufe (BAG 16. 9. 1986 – GS 1/82, BAGE 53, 42 [56]).

993 Eine **einseitige Änderung** durch den Arbeitgeber ist nicht möglich, es sei denn, er hat sich wirksam den Widerruf vorbehalten, dessen Voraussetzungen nunmehr vorliegen (Rn 941 ff, 984). Ohne Zustimmung des Arbeitnehmers kann sich der Arbeitgeber daher grundsätzlich nur durch eine Änderungskündigung von der entstandenen Bindung lösen.

b) Ablösende Betriebsvereinbarung

994 Dennoch ist die Herkunft des Vertragsinhalts aus einer betrieblichen Übung von entscheidender Bedeutung, wenn an seine Stelle eine Kollektivvereinbarung tritt (so bereits RICHARDI Anm AP Nr 142 zu § 242 BGB Ruhegehalt; ders, in: FS 50 Jahre BAG [2004] 1041 [1054]). In einem derartigen Fall ist nämlich für den begünstigten Arbeitnehmer stets die kollektive Ausgestaltung der Leistung erkennbar. Deshalb kann sich bereits aus den Grundsätzen der Vertragsinterpretation ergeben, dass die betriebliche Übung **durch eine Betriebsvereinbarung abgelöst** werden kann (vgl RICHARDI, in: FS 50 Jahre BAG [2004] 1041 [1054]), und zwar selbst dann, wenn dies für den einzelnen Arbeitnehmer schlechter, bei kollektiver Betrachtung aber insgesamt günstiger ist („**kollektiver Günstigkeitsvergleich**"; s auch Rn 886). Da nach Ansicht des BAG der durch betriebliche Übung begründete Anspruch nicht von minderer Rechtsbeständigkeit sei, ist das seit dem 1. 1. 2002 aber nur noch möglich, wenn ein entsprechender Vorbehalt vereinbart wurde, der die Übung „betriebsvereinbarungsoffen" ausgestaltet und der – wie der Freiwilligkeits- und Widerrufsvorbehalt (BAG 11. 10. 2006 – 5 AZR 721/05, AP Nr 6 zu § 308 BGB) – dem Transparenzgebot des § 307 Abs 1 S 2 genügt; ein stillschweigender Vorbehalt ist abzulehnen (BAG 5. 8. 2009 – 10 AZR 483/08, NZA 2009, 1105 [1107]; sehr großzügig BAG 15. 2. 2011 – 3 AZR 35/09, NZA-RR 2011, 541 [545], wonach sich die Betriebsvereinbarungsoffenheit auch aus den Gesamtumständen ergeben kann).

Nach bisheriger Rechtsprechung war es zudem möglich, die durch betriebliche **995** Übung erzeugte Rechtsbindung durch eine **gegenläufige betriebliche Übung zu beenden oder zu modifizieren** (ausführlich Cʜ Pɪᴄᴋᴇʀ, Betriebliche Übung 333 ff). Voraussetzung war, dass eine bis dato gezahlte Gratifikation über drei Jahre hinweg gar nicht mehr (bzw unter klarer und unmissverständlicher Beifügung eines Freiwilligkeits- oder Widerrufsvorbehalts) gezahlt wird und der Arbeitnehmer dem nicht widersprochen hat (vgl BAG 18. 7. 1968 – 5 AZR 400/67; 10. 8. 1988 – 5 AZR 571/87; 26. 3. 1997 – 10 AZR 612/96, AP Nr 8, 32, 50 zu § 242 BGB Betriebliche Übung; bestätigt durch BAG 4. 5. 1999 – 10 AZR 290/98, BAGE 91, 283). Diese Auffassung hat nie überzeugt, da sie sich dogmatisch nicht begründen ließ: Nach allgemeinen Grundsätzen der Rechtsgeschäftslehre ist das bloße Schweigen auf ein einseitiges rechtsgeschäftlich erhebliches Handeln des Vertragspartners rechtlich bedeutungslos, § 147 (Hᴇɴssʟᴇʀ, in: FS 50 Jahre BAG [2004] 683 [704 ff]; Bᴇᴘʟᴇʀ RdA 2004, 226 [239]). Das BAG hat nunmehr seine **Rechtsprechung geändert**. Eine gegenläufige betriebliche Übung sei seit der Erstreckung der AGB-Kontrolle auch auf das Arbeitsrecht **nicht mehr möglich** (BAG 18. 3. 2009 – 10 AZR 281/08, AP Nr 83 zu § 242 BGB Betriebliche Übung; bestätigt durch BAG 16. 2. 2010 – 3 AZR 123/08). Auch wenn das BAG die oben geäußerte Kritik an seiner früheren Rechtsprechung zu teilen scheint, stützt es sich maßgeblich darauf, dass die Erklärung des Arbeitgebers an die Belegschaft, dass auf die bisher vorbehaltlos gezahlte Gratifikationsgewährung in Zukunft kein Rechtsanspruch mehr bestehen solle, eine für eine Vielzahl von Verträgen vorformulierte Vertragsbedingung sei. Damit greife **§ 308 Nr 5**, der der Annahme, dass durch eine dreimalige widerspruchslose Entgegennahme der nunmehr unter Freiwilligkeitsvorbehalt gezahlten Gratifikation die rechtliche Verpflichtung des Arbeitgebers ende, entgegenstehe. Für vor dem 1. 1. 2002 geschlossene Arbeitsverträge kann grds kein Vertrauensschutz gewährt werden (vgl BAG 16. 2. 2010 – 3 AZR 118/08, NZA 2011, 104 [106]). Die Entscheidung überzeugt nur iErg, nicht aber, soweit sie sich auf § 308 Nr 5 stützt; denn dieser regelt Fälle, in denen das Schweigen, an das die Fiktionswirkung geknüpft werden soll, dem Abschluss des Vertrages, der die Fiktionsklausel enthält, nachfolgt, nicht aber Konstellationen, in denen *dieser* Vertrag durch Anwendung der fiktiven Zustimmung zustande kommen soll (insoweit überzeugend Rᴏᴇᴅᴇʀ, NZA 2009, 883 [885]).

c) Anfechtung

Noch nicht höchstrichterlich geklärt ist, inwieweit der Arbeitgeber die Begründung **996** einer betrieblichen Übung mit dem Argument anfechten kann, es habe ihm bei Leistungserbringung der Wille gefehlt, sich für die Zukunft zu binden bzw er habe sich über die Bedeutung seines Handelns geirrt. Umstritten ist schon die **grundsätzliche Anfechtbarkeit**, die vereinzelt aus Vertrauensschutzgesichtspunkten abgelehnt wird (Hʀᴏᴍᴀᴅᴋᴀ NZA 2011, 65 [67 f]; so unter Berufung auf § 242 auch Hᴇɴssʟᴇʀ, in: FS BAG [2004] 683 [686, 690 f]), von der herrschenden Meinung aber bejaht wird (Wᴀʟᴛᴇʀᴍᴀɴɴ, RdA 2006, 257 [265]; Hᴏᴜʙᴇɴ BB 2006, 2301; Hᴏꜰꜰᴍᴀɴɴ, Betriebliche Übung und AGB-Kontrolle [2009] 351; Wᴀʟᴋᴇʀ JuS 2007, 1 [7]; Rᴇɪᴛᴇʀ ZfA 2006, 379; Sᴄʜᴀᴜʙ/Kᴏᴄʜ, ArbRHdB § 110 Rn 31; so im Grds auch Sᴄʜᴡᴀʀᴢᴇ NZA 2012, 289, der aber für eine Übertragung der Rechtsprechung zum Schutz des Kernbereichs der Arbeitsbedingungen plädiert [293 f]). Der herrschenden Auffassung ist auf dem Boden der Vertragstheorie zuzustimmen. Denn wenn danach die Betriebsübung durch zwei konkludente Willenserklärungen zustande kommt, ist nicht einsichtig, warum eine Anfechtung apodiktisch ausgeschlossen sein sollte. Das gilt umso mehr, als die Gegenauffassung die merkwürdige und dogmatisch unbefriedigende Konsequenz zeitigt, dass Willensmängel nur bei einer explizit, nicht aber bei einer konkludent begründeten Bindung beachtlich sein könnten und damit Letztere eine größere „Fesselungswirkung" entfalten würden. Dem lässt sich auch nicht überzeugend entgegenhalten, der Arbeitgeber könne sich wirksam den Widerruf vorbehalten, der das Anfechtungsrecht verdränge. Abgesehen davon, dass sich dem BGB ein derartiger Vorrang des Widerrufsrechts nicht entnehmen lässt, spricht – ähnlich wie bei der „Konkurrenzsituation" von Anfechtung und Kündigung des Arbeitsvertrags (s Rn 657 ff) – dagegen, dass Widerruf und Anfechtung dogmatisch an ganz verschiedene Umstände anknüpfen: Ersterer an eine bestimmte spätere Entwicklung, die derart gravierend ist, dass aus Sicht des Arbeitgebers eine Lösung von der Betriebsübung nötig ist, Letztere hingegen an bereits beim ursprünglichen Entstehungstatbestand vorhandene Willensmängel.

997 Ist die grundsätzliche Anfechtbarkeit also zu bejahen, stellt sich die Folgefrage nach dem Vorliegen eines **Anfechtungsgrunds**. Verbreitet wird dem Arbeitgeber eine Anfechtung mit dem Argument, er habe nicht gewusst, dass er durch die vorbehaltlose Zahlung eine Betriebsübung samt Bindung für die Zukunft begründe, versagt, weil dieser Irrtum als unbeachtlicher Rechtsfolgenirrtum qualifiziert wird (SCHAUB/KOCH ArbRHdB, § 110 Rn 31; LÖWISCH/CASPERS/KLUMPP, Arbeitsrecht [10. Aufl 2004] Rn 69; PREIS, Arbeitsrecht [4. Aufl 2012] 232). Orientiert man sich an der üblichen Abgrenzung von unbeachtlichem Rechtsfolgenirrtum und als Inhaltsirrtum zu behandelndem beachtlichen Rechtsfolgenirrtum, so überzeugt das nicht. Nach allgemeinen Grundsätzen ist der Rechtsfolgenirrtum nämlich (ausnahmsweise) *beachtlich,* wenn sich ein erklärtes, nicht gewolltes Rechtsgeschäft in seiner Wirkung vom eigentlich gewollten wesentlich unterscheidet, *unbeachtlich* dagegen, wenn es lediglich außer der gewollten Wirkung noch weitere, nicht erkannte und gewollte Rechtsfolgen zeitigt (RGZ 134, 195 [197 f]; BAG 30. 10. 1987 – 7 AZR 115/87, NZA 1988, 734 [735]). Anders formuliert ist der Rechtsfolgenirrtum beachtlich, wenn die nicht gewollte Rechtsfolge nicht nur kraft Gesetzes an die Erklärung anknüpft, sondern selbst Inhalt der Erklärung ist und daher kraft des auf sie gerichteten Willens eintreten soll (BGH 15. 12. 1994 – IX ZR 252/93, NJW 1995, 1484 [1485]; BAG 16. 2. 1983 – 7 AZR 134/81, AP Nr 22 zu § 123 BGB; BAG 30. 10. 1987 – 7 AZR 115/87, NZA 1988, 734 [735]; STAUDINGER/SINGER [2012] § 119 Rn 67 f; MünchKomm/ARMBRÜSTER § 119 Rn 80). Das aber ist unter Zugrundelegung der Vertragstheorie gerade der Fall, wird das Verhalten des Arbeitgebers doch als konkludente Willenserklärung gedeutet, die auf einen Verpflichtungswillen schließen lässt (zutreffend HOUBEN BB 2006, 2301 [2303]; WALTERMANN RdA 2006, 257 [265]; SCHWARZE NZA 2012, 289 [290]; HOFFMANN, Betriebliche Übung und AGB-Kontrolle [2009] 85). Entsprechend kommt in diese Fällen (theoretisch) eine Anfechtung der entstandenen Betriebsübung gemäß § 119 Abs 1 Alt 1 in Betracht, wobei sich der **Irrtum auf die Begründung einer Leistungsverpflichtung für die Zukunft beschränkt**; in Bezug auf die bereits erbrachten Leistungen irrt der Arbeitgeber hingegen nicht, sodass insoweit ein Anfechtungsrecht ausscheidet.

998 Auch wenn also in der Theorie durchaus ein Anfechtungsrecht des Arbeitgebers im Hinblick auf die zukunftsbezogene Komponente seiner Willenserklärung bestehen kann, wird der Arbeitgeber in der Praxis regelmäßig vor dem Problem stehen, seinen behaupteten Irrtum auch zu beweisen. Zwar steht ein Kennenmüssen der Kenntnis der Möglichkeit der Begründung einer Betriebsübung unter dem Blickwinkel des Anfechtungsrechts nicht gleich, angesichts der trotz aller Streitigkeiten im Detail bestehenden Einmütigkeit über die Grundsätze der Betriebsübung erscheint ein derartiger Irrtum aber nur schwer vorstellbar (vgl Waltermann RdA 2006, 257 [265]; weiter einschränkend Schwarze NZA 2012, 289 [290 f]).

Liegt ein Anfechtungsgrund vor, muss der Arbeitgeber die Anfechtung **unverzüglich** **999** **erklären** (§ 121 Abs 1 S 1). Die Frist beginnt spätestens ab dem Zeitpunkt zu laufen, in dem Arbeitnehmer weiterhin Ansprüche geltend machen, obwohl der Arbeitgeber die betriebliche Übung bereits eingestellt hatte. Dabei ist dem Arbeitgeber aber nicht nur das Recht einzugestehen, Rechtsrat einzuholen, sondern es ist ihm auch eine Überlegungsfrist einzuräumen, deren Länge unter anderem von der Komplexität des jeweiligen Sachverhalts abhängt (Hromadka NZA 2011, 65 [68]; nach Einschätzung von Schaub/Koch, ArbRHdB § 110 Rn 31 dürfte die Anfechtung oftmals spätestens an dieser Hürde scheitern); regelmäßig nicht mehr ausreichend ist die Erklärung der Anfechtung erst während der bereits erhobenen Zahlungsklage (Schwarze NZA 2012, 289 [290]). **Anfechtungsgegner** ist nach § 143 Abs 1, 2 der „andere Teil", dh im Kontext einer Betriebsübung sämtliche durch sie begünstigte oder potenziell in der Zukunft einmal begünstigte Arbeitnehmer (Houben BB 2006, 2301 [2303]; nicht überzeugend, weil nicht mit allgemeinen zivilrechtlichen Grundsätzen vereinbar Hromadka NZA 2011, 65 [68], der die betriebsübliche Bekanntmachung der Anfechtung ausreichen lassen will).

Liegen die Voraussetzungen der Anfechtung vor, so beschränkt sich die Nichtigkeit **1000** (§ 142 Abs 1) auf den **zukunftsbezogenen Teil der Willenserklärung**, dh der Arbeitgeber befreit sich nur von seiner Verpflichtung zur zukünftigen Leistungserbringung. Unberührt bleibt entgegen § 139 aber der Rechtsgrund für die gegenwartsbezogenen, bereits erbrachten Leistungen (Houben BB 2006, 2301 [2301 f, 2303]). In Folge der Anfechtung kommt ein **Schadensersatzanspruch des Arbeitnehmers** aus § 122 auf das **negative Interesse** in Betracht, wenn er im Vertrauen auf die Beständigkeit der Betriebsübung Dispositionen getätigt hat (Waltermann RdA 2006, 257 [265]).

X. Gleichbehandlungsgrundsatz als Rechtsprinzip des Arbeitsverhältnisses*

1. Wesen des Gleichbehandlungsgrundsatzes

Während es bei der betrieblichen Übung um die Gleichbehandlung in der Zeit geht, **1001**

---

* **Schrifttum:** Bepler, Gleichbehandlung im Betrieb, Unternehmen, Konzern, Sonderbeilage zu NZA Heft 18/2004, 3; Bickel, Über die Unmöglichkeit eines Grundsatzes der Gleichbehandlung im Arbeitsrecht (1968); Blomeyer, Die zulässige Ungleichbehandlung im Arbeitsrecht, in: FS Gerhard Müller (1981) 51; Bötticher, Der Anspruch auf Gleichbehandlung im Arbeitsrecht, RdA 1953, 161 = Gleichbehandlung und Waffengleichheit (1979) 51; ders, Der Ansatz des Gleichbehandlungsanspruchs im Arbeitsrecht, RdA 1957, 317 = Gleichbehandlung und Waffengleichheit (1979) 75; Farthmann, Gleichbehandlung aller Arbeitnehmer, in: FS Hilger/Stumpf (1983) 177; Fastrich, Gleichbehandlung und Gleichstellung, RdA 2000, 65; E Frey, Der Grundsatz der Gleichbehandlung im Arbeitsrecht (1954); Hanau, Freiheit und Gleichheit bei der Gestaltung des Arbeitsrechts, in: FS Universität Köln (1988) 183; Hilger, Zum Anspruch auf Gleichbehandlung im Arbeitsrecht, RdA 1975, 32; G Hueck, Der Grundsatz der gleichmäßigen Behandlung im Privatrecht (1963); ders, Gleichbehandlung und Billigkeitskontrolle, in: GS Dietz (1973) 241; Konzen, Gleichbehandlungsgrundsatz und personelle Grenzen der Kollektivautonomie, in: FS Gerhard Müller (1981) 245; Maute, Gleichbehandlung von Arbeitnehmern (1993); Mayer-Maly, Gleichbe-

handelt es sich bei dem Gleichbehandlungsgrundsatz um das Problem der **gleichmäßigen Behandlung in der Person** (so treffend Bötticher RdA 1953, 161). Er greift ein, wenn der Arbeitgeber Leistungen gewährt, ohne zu ihnen rechtlich verpflichtet zu sein, sei es auch nur aufgrund einer Betriebsübung. Der Arbeitgeber ist aus dem Arbeitsverhältnis zur Gleichbehandlung verpflichtet, darf also Arbeitnehmer, die sich in einer vergleichbaren Lage befinden, nicht aus sachfremden Gründen unterschiedlich behandeln. Die Existenz des Gleichbehandlungsgrundsatzes ist einfachgesetzlich anerkannt (§ 1b Abs 1 S 4 BetrAVG; vgl auch § 75 Abs 1 BetrVG; § 67 Abs 1 S 1 BPersVG, vgl auch § 2 Abs 3 AGG). Je nach Konstellation ist er Anspruchsgrundlage oder Rechtsausübungsschranke (Rn 1027 ff).

1002 Die Pflicht zur Gleichbehandlung ist rechtsdogmatisch **nicht identisch mit einer Bindung an den Gleichheitssatz** (Richardi ZfA 2008, 31 [34]). Soweit der Gleichheitssatz in Art 3 Abs 1 GG verankert ist, enthält er eine Schranke für eine ihm entgegenstehende Regelung. Das gilt auch für das europarechtlich in Art 157 AEUV (ex Art 141 EG) verankerte Gebot der Entgeltgleichheit für Frauen und Männer. Vor allem greift das Antidiskriminierungsrecht ein. Bestimmungen in individual- oder kollektivrechtlichen Vereinbarungen, die gegen ein gesetzliches Benachteiligungsverbot verstoßen, sind unwirksam (§ 7 Abs 2 AGG).

1003 Beim Gleichbehandlungsgrundsatz geht es dagegen nicht um die *Geltung* oder *Nichtgeltung* einer kollektiv- oder individualvertraglich vereinbarten Regelung, sondern um die Rechtsfolgengestaltung bei *Fehlen* einer Regelung. Bei Benachteiligungsverboten ist daher zu unterscheiden, ob eine *Gleichstellung* erzwungen werden soll, sodass an bestimmte Differenzierungskriterien nicht angeknüpft werden darf, oder ob es lediglich um die Pflicht des Arbeitgebers zur *Gleichbehandlung* geht, die nicht als Schranke der Vertragsfreiheit konzipiert ist (vgl zu dieser Unterscheidung Fastrich RdA 2000, 65 ff).

1004 Der Gleichbehandlungsgrundsatz ist deshalb auch **kein Anwendungsfall eines allgemeinen Billigkeitsgebots**, denn bei ihm geht es nicht um eine Störung der Vertragsparität, die durch die Bindung an das Billigkeitsgebot kompensiert wird, sondern er findet seinen letzten Grund in dem Gebot, Gleiches gleich, Ungleiches dagegen ungleich, aber der Ungleichheit entsprechend normgerecht zu behandeln (grundlegend G Hueck, in: GS Dietz [1973] 241 ff).

2. Rechtsgrundlage und Reichweite des Gleichbehandlungsgrundsatzes

a) Geltungsgrund

1005 Rechtsgrundlage des Gleichbehandlungsgrundsatzes ist **nicht Art 3 Abs 1 GG**, lediglich der Rechtsgedanke, auf dem auch dieser Verfassungsartikel beruht, ist identisch (grundlegend G Hueck, Grundsatz der gleichmäßigen Behandlung 2 f, 95 ff). Eine Pflicht zur Gleichbehandlung von Schuldnern besteht im Allgemeinen nicht. Etwas anderes gilt

---

handlung im Arbeitsverhältnis, AR-Blattei (1975); Richardi, Januskopfigkeit der Pflicht zur Gleichbehandlung im Arbeitsrecht, ZfA 2008, 31 ff; Wiedemann, Die Gleichbehandlungsgebote im Arbeitsrecht (2001); ders, Gerechtigkeit durch Gleichbehandlung, in: FS 50 Jahre Bundesarbeitsgericht (2004) 265. Weitere Nachweise s Staudinger/Richardi[12] § 611 Fn vor Rn 262.

nur dort, wo der Leistungswettbewerb nicht seine Funktion erfüllen kann: Marktbeherrschende Unternehmen und Unternehmen, die Preisbindungen durchführen, dürfen ein anderes Unternehmen gegenüber gleichartigen Unternehmen ohne sachlich gerechtfertigten Grund weder unmittelbar noch mittelbar unterschiedlich behandeln (§§ 20 Abs 1 und 2, 19 Abs 1, 2 Nr 1 GWB). Auch im Arbeitsverhältnis ist ein entscheidender Gesichtspunkt, dass die Norm, nach der verfahren wird, einseitig vom Arbeitgeber aufgestellt wird. Der Gleichbehandlungsgrundsatz ist weiterhin ein Prinzip des Gesellschaftsrechts; er ist dort eine immanente Schranke der Mehrheitsherrschaft (G Hueck 35 ff, 305 ff; Zöllner, Die Schranken mitgliedschaftlicher Stimmrechtsmacht bei den privatrechtlichen Personenverbänden [1963] 301 ff).

Für die **rechtsdogmatische Fundierung** des arbeitsrechtlichen Gleichbehandlungsgrundsatzes sind vor allem drei Modelle entwickelt worden: Bötticher sieht den maßgeblichen Gesichtspunkt im Vollzug einer selbst gesetzten Norm (RdA 1953, 161 ff und 1957, 317 ff), G Hueck im Bestehen eines Gemeinschaftsverhältnisses, das nach seiner Auffassung im Arbeitsverhältnis zu erblicken sei (Grundsatz der gleichmäßigen Behandlung 127 ff, 169 ff), und Söllner stellt entscheidend auf die Machtposition des Arbeitgebers gegenüber dem einzelnen Arbeitnehmer ab und sieht deshalb die rechtsdogmatische Begründung darin, dass der Arbeitgeber seine Gestaltungsmacht nach § 315 Abs 1 im Zweifel nach billigem Ermessen auszuüben habe (Söllner § 31 III). Damit werden jedoch nur Teilaspekte genannt, die die Anerkennung einer Gleichbehandlungspflicht sachlich rechtfertigen (vgl Wiedemann, Gleichbehandlungsgebote 10). Weder für die Feststellung der maßgeblichen sachlichen Gründe noch für die rechtsdogmatische Einordnung genügt es, wenn man sich auf die Feststellung beschränkt, „dass längst ein gesetzliche Wertungen artikulierendes Gewohnheitsrecht entstanden ist" (Mayer-Maly, AR-Blattei, Gleichbehandlung im Arbeitsverhältnis I, C V; weiterhin MünchKomm/Müller-Glöge § 611 Rn 1122). Ebenfalls unzureichend ist es auch, wenn man sich auf den Hinweis beschränkt, der Gleichbehandlungsgrundsatz werde inhaltlich durch den allgemeinen Gleichheitssatz des Art 3 Abs 1 GG bestimmt; er sei seinem Wesen nach kompetenzbezogen, beziehe sich also auf den Bereich, auf den sich die gebundene Regelungskompetenz erstrecke (BAG 17. 11. 1998 – 1 AZR 147/98, AP Nr 162 zu § 242 BGB Gleichbehandlung). Ein Zusammenhang zwischen Zuständigkeit und Gleichbehandlung erklärt nicht die dogmatische Verschiedenheit zwischen den Gleichstellungsgeboten und der Pflicht zur Gleichbehandlung. Ein Zusammenhang besteht nur insoweit, als Gleichstellungsgebote die Pflicht zur Gleichbehandlung konkretisieren. **1006**

Rechtsdogmatisch muss man **zwei Aspekte** unterscheiden: die **Aufstellung der Norm** und den **Normenvollzug**. Für die Aufstellung der Normen können Gleichstellungsgebote gelten, an die der Arbeitgeber gebunden ist. Beim Gleichbehandlungsgrundsatz handelt es sich dagegen um Fallgestaltungen, in denen der Arbeitgeber eine von ihm aufgestellte Regel nicht so durchführt, wie es ihr entspricht. Gewährt er eine Leistung, auf die kein Rechtsanspruch besteht, so ist er in seiner Entscheidung zwar frei, ob und nach welchen Kriterien er die Leistung erbringt, muss aber Gleichstellungsgebote beachten, die seinen Gestaltungsspielraum beschränken. Die von den Gleichstellungsgeboten zu unterscheidende Pflicht zur Gleichbehandlung ergibt sich aus der Anknüpfung des Arbeitgebers an das Arbeitsverhältnis bei Durchführung einer Regel, die er nicht bloß gegenüber einem einzelnen Arbeitnehmer, sondern gegenüber mehreren Arbeitnehmern anwendet. Der besondere Tatbestand, **1007** der das Arbeitsverhältnis von anderen schuldrechtlichen Austauschverhältnissen unterscheidet, besteht darin, dass bei Herstellung einer Arbeitsorganisation durch den Arbeitgeber die Arbeitsverhältnisse nicht isoliert nebeneinander stehen, sondern einen *Gemeinschaftsbezug* haben. Dieser Gemeinschaftsbezug findet in der Betriebsverfassung seine rechtliche Anerkennung. Er prägt daher auch das Arbeitsverhältnis in seinen individualrechtlichen Beziehungen im Gegensatz zu den Austauschverhältnissen, aber in Annäherung an den Gesellschaftsvertrag.

b) Geltungsbereich

1008 Adressat der Pflicht zur Gleichbehandlung ist der Arbeitgeber, auch der des öffentlichen Dienstes (BAG 16.6.2010 – 4 AZR 928/08, ZTR 2011, 36). Nach traditioneller Auffassung beschränkte sich der Geltungsbereich grundsätzlich auf den **einzelnen Betrieb**; dafür war ausschlaggebend, dass man seine Geltung auf ein durch die Betriebszugehörigkeit begründetes Gemeinschaftsverhältnis stützte und auch § 75 Abs 1 BetrVG sich auf den Betrieb bezieht. Überbetriebliche Geltung wurde dem Gleichbehandlungsgrundsatz daher nur ausnahmsweise zugemessen, wenn der Arbeitgeber eine Regel aufstellt und anwendet, die ihrerseits überbetrieblich ist (BAG 17.12.1992 – 10 AZR 306/91, AP Nr 105 zu § 242 BGB Gleichbehandlung; BAG 12.1.1994 – 5 AZR 6/93, BAGE 75, 236 [245 f]; vor allem BAG 17.11.1998 – 1 AZR 147/98, AP Nr 162 zu § 242 BGB Gleichbehandlung [wenn auch iErg offengelassen]).

1009 Nach heute hM beschränkt sich die Rechtsbindung dagegen **nicht** auf den **einzelnen Betrieb**, sie ist vielmehr **unternehmensbezogen** (vgl BAG 17.11.1998 – 1 AZR 147/98, BAG 3.12.2008 – 5 AZR 74/08, AP Nr 162, 206 zu § 242 BGB Gleichbehandlungsgrundsatz; BAG 8.11.2006 – 5 AZR 5/06, AP Nr 177 zu § 611 BGB Lehrer, Dozenten; RICHARDI, MünchArbR § 9 Rn 12; ders, ZfA 2008, 31 [37]; ebenso MünchKomm/MÜLLER-GLÖGE § 611 Rn 1133; HWK/THÜSING § 611 Rn 199). Das überzeugt, weil der Arbeitgeber anderenfalls durch Betriebsspaltungen sachwidrig die Geltung des Gleichbehandlungsgrundsatzes umgehen könnte. Auch § 75 Abs 1 BetrVG lässt sich nicht anführen, da diesem nicht die Funktion zukommt, die individualrechtliche Pflicht des Arbeitgebers zur Gleichbehandlung auf den Betrieb zu begrenzen.

1010 Jedoch kann und wird die unterschiedliche Betriebszugehörigkeit vielfach sachlicher Differenzierungsgrund sein, der eine Verletzung des Gleichbehandlungsgrundsatzes ausschließt (so auch ErfK/PREIS § 611 Rn 586; vgl BAG 3.12.2008 – 5 AZR 74/08, NZA 2009, 367 [369]). Zu berücksichtigen ist insbesondere, dass der Betriebsrat bei den Verteilungsgrundsätzen nach § 87 Abs 1 Nr 10 BetrVG zu beteiligen ist. Deshalb verletzt ein Arbeitgeber nicht die Pflicht zur Gleichbehandlung, wenn er Belegschaften betriebsratsloser Betriebe die Zahlung von Umsatzprämien zusagt, während er in Betrieben mit Betriebsrat die Gewährung vom Abschluss einer Betriebsvereinbarung abhängig macht (vgl BAG 25.4.1995 – 9 AZR 690/93, AP Nr 130 zu § 242 BGB Gleichbehandlung).

1011 In einem von **mehreren Unternehmen gemeinsam geführten Betrieb** können die Arbeitnehmer des einen Unternehmens nicht Gleichbehandlung mit den Arbeitnehmern des anderen Unternehmens verlangen, verlieren doch die beteiligten Unternehmen dadurch nicht ihre rechtliche Selbstständigkeit und handelt es sich somit um zwei unterschiedliche Normadressaten (ebenso BAG 19.11.1992 – 10 AZR 290/91, AP Nr 145 zu § 611 BGB Gratifikation; RICHARDI ZfA 2008, 31 [38]; MünchKomm/MÜLLER-GLÖGE § 611 Rn 1133; HWK/THÜSING § 611 Rn 201). Übernimmt ein Arbeitgeber einen Betrieb

(§ 613a) und schafft er zusammen mit einem ihm bereits zuvor gehörenden Betrieb einen einheitlichen Betrieb, können die beiden Arbeitnehmergruppen unterschiedlich behandelt werden, da eine Differenzierung nach dem bisherigen Besitzstand nicht sachwidrig ist (BAG 31. 8. 2005 – 5 AZR 517/04, AP Nr 288 zu § 613a BGB; BAG 14. 3. 2007 – 5 AZR 420/06, AP Nr 204 zu § 242 BGB Gleichbehandlung; vgl auch BAG 19. 1. 2010 – 3 ABR 19/08, NZA-RR 2010, 356 [359]; kritisch Rieble SAE 2003, 11).

Auch bei Bestehen einer **Konzernbindung** findet der Gleichbehandlungsgrundsatz **1012** **keine unternehmensübergreifende Anwendung** (vgl BAG 20. 8. 1986 – 4 AZR 272/85, AP Nr 6 zu § 1 TVG Tarifverträge: Seniorität; MünchKomm/Müller-Glöge § 611 Rn 1133; Richardi ZfA 2008, 31 [38]; Rüthers/Bakker ZfA 1990, 245 [284]; HWK/Thüsing § 611 Rn 200; Windbichler, Arbeitsrecht im Konzern [1989] 24 ff). Die Konzernbindung ist kein besonderer arbeitsrechtlicher Zuordnungsgrund, da die zusammengeschlossenen Unternehmen rechtlich selbstständig bleiben und folglich mehrere Arbeitgeber vorhanden sind. Eine konzerndimensionale Geltung ist nur anzunehmen, wenn die Konzernspitze für die Gewährung von Arbeitgeberleistungen eine Verteilungskompetenz in Anspruch nimmt und konzernrechtlich entsprechende Weisungen erteilt, sodass auch das Mitbestimmungsrecht (§ 87 Abs 1 Nr 8 oder Nr 10 BetrVG) vom Konzernbetriebsrat auszuüben ist (§ 58 Abs 1 BetrVG; vgl Richardi, MünchArbR § 9 Rn 14; ErfK/Preis § 611 Rn 588).

3. Gegenstand der Pflicht zur Gleichbehandlung

a) Arbeitsentgelterhöhung und freiwillige Gewährung zusätzlicher Entgeltleistungen

aa) Der Gleichbehandlungsgrundsatz ist für den Bereich der **freiwilligen Sozial-** **1013** **leistungen** entwickelt worden (vgl RAG ARS 33, 172). Es geht um freiwillig vom Arbeitgeber erbrachte Sonderleistungen wie Gratifikationen und Jubiläumszuwendungen (vgl BAG 17. 11. 1998 – 1 AZR 147/98, AP Nr 162 zu § 242 BGB Gleichbehandlung). Einen Schwerpunkt bildeten früher auch Ruhegeldleistungen (vgl BAG 2. 3. 1956 – 1 AZR 138/55, AP Nr 10 zu § 242 BGB Ruhegehalt). Heute steht im Mittelpunkt, dass der Arbeitgeber bei der Erteilung von Versorgungszusagen Arbeitnehmer übergeht. Eine Versorgungsanwartschaft kann deshalb auf einer Verletzung der Pflicht zur Gleichbehandlung beruhen (vgl § 1b Abs 1 S 4 BetrAVG). Durch einen Freiwilligkeitsvorbehalt kann der Geltungsbereich des Gleichbehandlungsgrundsatzes nicht beschränkt werden (BAG 6. 12. 1995 – 10 AZR 198/95, AP Nr 187 zu § 611 BGB Gratifikation).

bb) Der Gleichbehandlungsgrundsatz ist in seinem Anwendungsbereich keines- **1014** wegs auf Sondervergütungen begrenzt, sondern hat längst seine Herrschaft auch auf den Teil des **Arbeitsentgelts** erstreckt, der in einem Gegenseitigkeitsverhältnis zur Arbeitsleistung steht (BAG 25. 4. 1959 – 2 AZR 363/58; BAG 9. 11. 1972 – 5 AZR 224/72; BAG 10. 4. 1973 – 4 AZR 180/72; BAG 4. 2. 1976 – 5 AZR 83/75; BAG 10. 3. 1982 – 4 AZR 540/79; BAG 11. 9. 1985 – 7 AZR 371/81 und BAG 27. 7. 1988 – 5 AZR 244/87, AP Nr 15, 36, 38, 40, 47, 76 und 83 zu § 242 BGB Gleichbehandlung). Wegen des Vorrangs der Vertragsfreiheit (näher Rn 1024 ff) ist er hier aber nur anwendbar, wenn der Arbeitgeber die Besserstellung nach einem oder mehreren Kriterien vornimmt, die bei allen Begünstigten vorliegen; allein die Begünstigung einzelner Arbeitnehmer rechtfertigt nicht den Schluss, diese bildeten eine Gruppe (BAG 29. 9. 2004 – 5 AZR 43/04, AP Nr 192 zu § 242 BGB Gleichbehandlung). Werden zu einem bestimmten Zeitpunkt die Gehälter der tariflichen und der außertariflichen Angestellten allgemein erhöht, so darf ein außertariflicher Angestellter jedenfalls nicht insoweit von Gehaltserhöhungen ausgenommen werden, als in den individuell unterschiedlichen Anhebungen für diesen Personenkreis wegen der Steigerung des Lohn- und Preisniveaus auch ein Grundbetrag enthalten ist (BAG 9. 11. 1972 – 5 AZR 224/72, AP Nr 36 zu § 242 BGB Gleichbehandlung; allgemein für alle Arbeitnehmer BAG 11. 9. 1985 – 7 AZR 371/83, AP Nr 76 zu § 242 BGB Gleichbehandlung). Hat im Bereich des öffentlichen Dienstes der Arbeitgeber alle Angestellten auf einem bestimmten Dienstposten generell höher gestuft, so kann sich daraus für den einzelnen Arbeitnehmer ein Anspruch auf höhere Bezahlung wegen Verletzung der Gleichbehandlungspflicht ergeben, wenn er aus sachfremden oder sachwidrigen Gesichtspunkten von der Höhergruppierung ausgenommen wurde.

b) Ausübung des Direktionsrechts

1015 Nach herrschendem Verständnis findet der Gleichbehandlungsgrundsatz darüber hinaus Anwendung auf die Ausübung des Direktionsrechts (vgl Birk, Die arbeitsrechtliche Leitungsmacht [1983] 309 ff; Egger, Gestaltungsrecht und Gleichbehandlungsgrundsatz im Arbeitsverhältnis [1979] 60 ff). Er hat hier jedoch einen anderen Inhalt. Er bezieht sich nicht auf eine Leistungsgewährung durch den Arbeitgeber, sondern begrenzt über § 315 Abs 3 hinaus dessen Gestaltungsrecht zur Bestimmung von Arbeitnehmerpflichten. Entscheidend ist hier, wie nach dem Vertragsinhalt die Pflicht eines Arbeitnehmers begrenzt ist, Weisungen des Arbeitgebers zu folgen (vgl im Einzelnen Richardi, MünchArbR § 9 Rn 19 ff).

c) Kündigungen

1016 Im Kündigungsrecht begründet die Pflicht zur Gleichbehandlung für den Arbeitgeber **kein eigenständiges Kündigungsverbot**. Ihre Verletzung kann aber eine Rolle spielen, soweit es um die Frage geht, ob bei Bestehen des allgemeinen Kündigungsschutzes eine Kündigung iS des § 1 KSchG sozial gerechtfertigt ist oder ob bei einer außerordentlichen Kündigung ein wichtiger Grund iS des § 626 Abs 1 vorliegt. Wird nämlich der Kündigungsgrund auf ein Verhalten des Arbeitnehmers gestützt, so kann die Relevanz für die Kündigung davon abhängen, ob der Arbeitgeber andere Arbeitnehmer, die sich nicht anders verhalten haben, weiterbeschäftigt. Ein eigenständiges Kündigungsverbot kann sich aber aus einem Gleichstellungsgebot ergeben.

4. Inhalt der Pflicht zur Gleichbehandlung

a) Gleichheitsgebot

1017 Gleichheit ist nicht Identität, sondern setzt im Gegenteil Verschiedenheit voraus, bedeutet aber eine Übereinstimmung der verschiedenen Dinge in ihrem Wesen (Mayer-Maly, AR-Blattei, Gleichbehandlung im Arbeitsverhältnis I, E I). Für die Pflicht zur Gleichbehandlung ist das Wesensargument nicht auf eine Realanalyse, sondern auf eine *normative Bewertung* zu beziehen. Der Gleichbehandlungsgrundsatz verbietet sowohl die **sachfremde Schlechterstellung einzelner Arbeitnehmer** gegenüber anderen Arbeitnehmern in vergleichbarer Lage als auch die **sachfremde Unterscheidung zwischen Arbeitnehmern in einer bestimmten Ordnung** (so BAG 13. 12. 1994 – 3 AZR 367/94, BAGE 79, 8 [11]; st Rspr, vgl BAG 18. 9. 2001 – 3 AZR 656/00 und 13. 2. 2002 – 5 AZR 713/00, AP Nr 179 und 184 zu § 242 BGB Gleichbehandlung). Dabei muss zwischen

Arbeitgeber und Arbeitnehmer bereits ein Arbeitsverhältnis bestehen, zuvor greift der Gleichbehandlungsgrundsatz nicht ein (Küttner/Kania, „Gleichbehandlung" Rn 13).

aa) Der Gleichbehandlungsgrundsatz greift deshalb nur bei einem **kollektiven** **1018** **Bezug** ein, der sich daraus ergibt, dass der Arbeitgeber für die Leistungsgewährung oder sein sonstiges Verhalten entweder bestimmte Voraussetzungen oder Zwecke festlegt oder nach einem bestimmten, erkennbaren und generalisierenden Prinzip vorgeht (vgl ErfK/Preis § 611 Rn 580; HWK/Thüsing § 611 Rn 186 f; Richardi ZfA 2008, 31 [38]). Es muss also die **Bildung einer Gruppe begünstigter Arbeitnehmer** vorliegen; „begünstigt" in diesem Sinne ist auch ein Kreis von Arbeitnehmern, die von Belastungen verschont bleiben, zB einer belastenden Ausübung des Direktionsrechts (Rn 1015). Da es auf ein generalisierendes Prinzip ankommt, ist der Gleichbehandlungsgrundsatz nicht anwendbar, wenn es sich um individuell vereinbarte Löhne und Gehälter handelt und der Arbeitgeber nur einzelne Arbeitnehmer besserstellt (vgl BAG 19. 8. 1992 – 5 AZR 513/91 und 13. 2. 2002 – 5 AZR 713/00, AP Nr 102 und 184 zu § 242 BGB Gleichbehandlung; BAG 25. 1. 2012 – 4 AZR 147/10, NZA-RR 2012, 530 [537]; BAG 21. 5. 2014 – 4 AZR 50/13, DB 2015, 135). Ein Indiz für das Fehlen einer Gruppe liegt vor, wenn die Besserstellung einzelner Arbeitnehmer auf einer individuellen Abrede beruht und die Anzahl der dadurch begünstigten Arbeitnehmer im Verhältnis zur Gesamtzahl der betroffenen Arbeitnehmer sehr gering ist (vgl BAG 13. 2. 2002 – 5 AZR 713/00, AP Nr 184 zu § 242 BGB Gleichbehandlung: weniger als 5 % der Arbeitnehmer waren begünstigt).

bb) Erforderlich ist darüber hinaus eine **Ungleichbehandlung** der einen Arbeitneh- **1019** mergruppe gegenüber der anderen; daran fehlt es schon im Grundsatz, wenn der Arbeitgeber eine Begünstigung nur Personen angedeihen lässt, die gar keine Arbeitnehmer sind (BAG 12. 8. 2014 – 3 AZR 764/12, BeckRS 2014, 73982). Überdies setzt eine Ungleichbehandlung voraus, dass der Arbeitgeber die ihm eingeräumte Gestaltungsmacht einsetzt und dadurch eine eigene Ordnung schafft bzw vollzieht. Daran fehlt es, wenn der Arbeitgeber lediglich durch andere gesetzte Normen – vor allem in Gesetzen sowie Tarifverträgen und Betriebsvereinbarungen – vollzieht und den Vollzug auf die Normunterworfenen beschränkt (BAG 15. 4. 2008 – 1 AZR 65/07, NZA 2008, 888 [889]; BAG 21. 11. 2013 – 6 AZR 23/12, NZA-RR 2014, 263 [270]); das gilt auch dann, wenn der Arbeitgeber nur irrtümlich glaubt, zur Vollziehung einer fremden Norm verpflichtet zu sein (BAG 22. 12. 2009 – 3 AZR 895/07, NZA 2010, 521 [523]; BAG 6. 7. 2011 – 4 AZR 596/09, NZA 2011, 1426 [1429]; s auch Rn 1023). Ebenso wenig ist der Gleichbehandlungsgrundsatz anzuwenden, wenn der Arbeitgeber Leistungen zur Vertragserfüllung erbringt (BAG 21. 9. 2011 – 5 AZR 520/10, NZA 2012, 31 [33]).

cc) Die ungleich behandelten **Arbeitnehmergruppen** müssen **vergleichbar** sein. Das **1020** sind grundsätzlich nur solche, die identische oder vergleichbare Tätigkeiten ausüben, wobei es auf die überwiegende Tätigkeit ankommt (BAG 23. 8. 1995 – 5 AZR 942/93, AP Nr 48 zu § 612 BGB; Hunold NZA-RR 2006, 561 [565 f]). Nicht vergleichbar sind in der Regel Angestellte des öffentlichen Dienstes mit Beamten (BAG 3. 4. 2003 – 6 AZR 633/01, AP Nr 185 zu § 242 BGB Gleichbehandlung), Arbeitnehmer mit Heimarbeitern (vgl BAG 19. 6. 1957 – 2 AZR 84/55, AP Nr 12 zu § 242 BGB Gleichbehandlung), Handelsvertretern (BGH 28. 1. 1971 – VII ZR 95/69, AP Nr 35 zu § 242 BGB Gleichbehandlung) oder leitenden Angestellten (BAG 16. 7. 1985 – 1 AZR 206/81, AP Nr 32 zu § 112 BetrVG 1972). Ein besonderes Gleichbehandlungsgebot enthält **§ 4 TzBfG** für Teilzeitbeschäftigte und befristet Beschäftigte (s Rn 1388 ff). Allein der Statusunterschied von Angestellten und Arbeitern genügt nicht, eine Ungleichbehandlung kommt daher nur bei einem sachlichen Grund in Betracht (BVerfG 16. 11. 1982 – 1 BvL 16/75, AP Nr 16 zu § 622 BGB; BAG 21. 3. 1991 – 2 AZR 323/84, AP Nr 29 zu § 622 BGB; BAG 16. 2. 2010 – 3 AZR 216/09, NZA 2010, 701; s auch Rn 1022).

1021 **dd)** Die **Gruppenbildung** muss **sachlichen Kriterien** entsprechen (vgl BAG 28. 7. 1992 – 3 AZR 173/92, BAG 20. 7. 1993 – 3 AZR 52/93 und 13. 12. 1994 – 3 AZR 367/94, BAGE 71, 29 [35], 73, 343 [347] und 79, 8 [11]; BAG 18. 9. 2001 – 3 AZR 656/00, AP Nr 179 zu § 242 BGB Gleichbehandlung; BAG 14. 2. 2007 – 10 AZR 181/06, AP Nr 264 zu § 611 BGB Gratifikation). Eine unterschiedliche Behandlung der Gruppe ist dann sachfremd, wenn es für die Differenzierung keine billigenswerten Gründe gibt (so st Rspr, vgl BAG ebd). Beim Gleichbehandlungsgrundsatz geht es also nicht nur um den Vollzug der vom Arbeitgeber aufgestellten Regeln, sondern es müssen diese Regeln so abgegrenzt sein, dass die Unterscheidung nach dem Zweck der Leistung gerechtfertigt ist. Dabei hat man aber zu unterscheiden: **Absolute Differenzierungsverbote**, wie sie insbesondere in Art 3 Abs 2 und Abs 3 GG niedergelegt sind, untersagen jede ihnen entgegenstehende Differenzierung; **relative Differenzierungsverbote** beziehen sich auf Differenzierungen, bei denen durch eine inadäquate Relation von Grund und Folge die Pflicht zur Gleichbehandlung verletzt wird (vgl MAYER-MALY, AR-Blattei, Gleichbehandlung im Arbeitsverhältnis I, E III 1 und 3; näher RICHARDI ZfA 2008, 31 [39]). Für die Beurteilung bildet bei ihnen der Zweck, den der Arbeitgeber mit der Aufstellung einer Regel verfolgt, den Ausgangspunkt. Nach ihm richtet sich, ob eine Gruppenbildung sachlich gerechtfertigt ist.

1022 Nicht sachlich gerechtfertigt ist es daher, wenn **ausgeschiedene Arbeitnehmer** nicht in den Genuss einer allgemein gewährten Lohnerhöhung kommen, die rückwirkend für die Zeit gewährt wird, in der sie im Arbeitsverhältnis standen (vgl BAG 10. 3. 1982 – 4 AZR 540/79, BAGE 38, 118). Anknüpfungspunkt ist hier nämlich der Tatbestand der erbrachten Arbeitsleistung. Von den laufenden Entgelten ist deshalb die Gewährung freiwilliger Sonderzuwendungen zu unterscheiden; denn bei ihnen kann der Arbeitgeber ausgeschiedene Arbeitnehmer und Arbeitnehmer in gekündigter Stellung von der Zuwendung ausnehmen. Bei Gewährung einer Gratifikation ist es dagegen nicht gerechtfertigt, für Angestellte und Arbeiter einen verschiedenen Bemessungsmaßstab festzulegen (BAG 5. 3. 1980 – 5 AZR 881/78, AP Nr 44 zu § 242 BGB Gleichbehandlung; s auch BAG 25. 1. 1984 – 5 AZR 44/82; 25. 1. 1984 – 5 AZR 89/82; 25. 1. 1984 – 5 AZR 251/82, AP Nr 66, 67 und 68 zu § 242 BGB Gleichbehandlung; BAG 17. 6. 2014 – 3 AZR 757/12, DB 2014, 2292); etwas anderes kann auch nicht damit begründet werden, eine Ungleichbehandlung von Arbeitern und Angestellten entspreche einer historischen Tradition (vgl für § 622 Abs 2 BVerfG 30. 5. 1990 – 1 BvL 2/83, BVerfGE 82, 126 ff; vgl auch FISCHINGER, Haftungsbeschränkung im Bürgerlichen Recht [2015] 35 ff). Gerechtfertigt werden kann – wenn auch unter strengen Voraussetzungen – eine Differenzierung zwischen Arbeitern und Angestellten aber, wenn der Arbeitgeber durch die Gratifikation Angestellte an den Betrieb binden will (BAG 12. 10. 2005 – 10 AZR 640/04, AP Nr 259 zu § 611 BGB Gratifikation; dazu FISCHINGER JA 2006, 246). Sachlicher Grund für die Gewährung einer Gratifikation nur an eine Arbeitnehmergruppe kann ferner sein, Nachteile im laufenden Entgeltbereich auszugleichen (BAG 30. 3. 1994 – 10 AZR 681/92, AP Nr 113 zu § 242 BGB Gleichbehandlung; BAG 5. 8. 2009 – 10 AZR 666/08, NZA 2009, 1135; vgl auch BAG 12. 10. 2011 – 10 AZR 510/10, NZA 2012, 680 [682]); das gilt aber nicht, wenn die Gratifikation größer ist als die Entgeltdifferenz, wobei ein Gesamtvergleich maßgeblich ist (vgl auch BAG 13. 4. 2011 – 10 AZR 88/10, NZA 2011, 1047 [1049]; BAG 3. 9. 2014 – 5 AZR 6/13, ZIP 2015, 95). Schließlich sind sog **Stichtagsregelungen** als „Typisierung in der Zeit" zur Abgrenzung des begünstigten Personenkreises zulässig, wenn sich die Wahl des Zeitpunkts am zu regelnden Sachproblem orientiert und der Interessenlage der Beteiligten angemessen Rechnung trägt (BAG 15. 11. 2011 – 9 AZR 387/10, NZA 2012, 218 [220]).

b) Keine Gleichbehandlung im Unrecht und im Rechtsirrtum

Es gibt weder einen Anspruch auf Gleichbehandlung im Unrecht noch auf Gleichbehandlung im Rechtsirrtum (BAG 13. 8. 1980 – 5 AZR 325/78, AP Nr 2 zu § 77 BetrVG 1972; BAG 26. 4. 2005 – 1 AZR 76/04, AP Nr 12 zu § 87 BetrVG 1972; vgl MünchKomm/MÜLLER-GLÖGE § 611 Rn 1141; HWK/THÜSING § 611 Rn 191). Hielt sich der Arbeitgeber irrtümlich zur Leistung verpflichtet, können andere Arbeitnehmer also nicht über den Gleichbehandlungsgrundsatz Gleichstellung verlangen; erkennt der Arbeitgeber aber seinen Rechtsirrtum und setzt gleichwohl die Praxis fort, so muss eine Differenzierung durch einen sachlichen Grund gerechtfertigt sein (vgl BAG 26. 10. 1995 – 6 AZR 125/95, AP Nr 7 zu § 1 BAT-O; BAG 26. 11. 1998 – 6 AZR 335/97, NZA 1999, 1108 [1111]). **1023**

5. Vorrang der Vertragsfreiheit

Soweit **Differenzierungsverbote** bestehen, **begrenzen** sie die **Vertragsfreiheit**. Die Pflicht zur Gleichbehandlung kann auch nicht durch Vertrag ausgeschlossen werden. Sie berührt aber nicht den **Vorrang der Vertragsfreiheit für die Gestaltung der Rechtsbeziehungen** (vgl BAG 4. 5. 1962 – 1 AZR 250/61, 10. 4. 1973 – 4 AZR 180/72 und 27. 7. 1988 – 5 AZR 244/87, AP Nr 32, 38 und 83 zu § 242 BGB Gleichbehandlung; BAG 17. 12. 2009 – 6 AZR 242/09, NZA 2010, 273 [276]; G HUECK, Grundsatz der gleichmäßigen Behandlung 258 f, 354 f). Deshalb kann im Arbeitsvertrag festgelegt werden, dass ein Arbeitnehmer bestimmte Leistungen, die der Arbeitgeber bisher nach einer bestimmten Regel gewährt hat, nicht erhalten soll. Wenn eine Maßnahme bereits unter Verletzung des Gleichbehandlungsgrundsatzes getroffen ist, kann der Verstoß durch ein Einverständnis des Betroffenen geheilt werden. Jedoch genügt es nicht, dass der Arbeitnehmer sich lediglich dem Unrecht beugt. **1024**

Der Vorrang der Vertragsfreiheit gilt nicht nur für individuell ausgehandelte Vereinbarungen, sondern er greift auch ein, wenn der Arbeitgeber dem Arbeitnehmer **vorformulierte Vertragsbedingungen** stellt. Der Arbeitgeber kann in ihnen festlegen, dass Leistungen an Arbeitnehmer, die er bisher nach einer bestimmten Regel gewährt hat, nicht mehr gewährt werden. Er darf dadurch aber nicht gegen ein zwingend festgelegtes Differenzierungsverbot verstoßen. **1025**

Im Bereich der **Vergütung** hat der Grundsatz der Vertragsfreiheit nur dann Vorrang vor dem Gleichbehandlungsgrundsatz, wenn der Arbeitgeber nur einzelne Arbeitnehmer besserstellt und es sich dabei um individuell vereinbarte Löhne und Gehälter handelt (BAG 19. 8. 1992 – 5 AZR 513/91, NZA 1993, 171 [172]; BAG 13. 2. 2002 – 5 AZR 713/00, NZA 2003, 215 [216]). Erfolgt die Vergütung jedoch nach einem bestimmten erkennbaren und generalisierenden Prinzip, indem er bestimmte Voraussetzungen oder bestimmte Zwecke festlegt, greift der arbeitsrechtliche Gleichbehandlungs- **1026** grundsatz auch im Bereich der Entgeltzahlung (BAG 25. 1. 2012 – 4 AZR 147/10, NZA-RR 2012, 530 [537]; BAG 21. 5. 2014 – 4 AZR 50/13, DB 2015, 135).

6. Rechtsfolgen einer Verletzung der Gleichbehandlungspflicht

1027 Der Arbeitnehmer kann, wenn er durch einen Verstoß gegen den Gleichbehandlungsgrundsatz benachteiligt wird, die **Beseitigung der Rechtsbeeinträchtigung** verlangen. Wie dies zu geschehen hat, hängt davon ab, welche Art von Maßnahme gegen die Gleichbehandlungspflicht verstieß:

1028 Den Arbeitnehmer **belastende**, gegen die Gleichbehandlungspflicht verstoßende **Rechtsgeschäfte** wie zB Versetzung, Abmahnung, Kündigung, oder Ausübung des Direktionsrechts sind **unwirksam**.

1029 Dagegen bleibt eine Vereinbarung, die andere Arbeitnehmer sachwidrig besser stellt, wirksam, der benachteiligte Arbeitnehmer kann aber verlangen, nach Maßgabe der allgemeinen Regelung behandelt zu werden. Keine Rolle spielt dabei, ob die begünstigte oder die benachteiligte Gruppe zahlenmäßig größer ist (BAG 21. 10. 2009 – 10 AZR 664/08, NZA-RR 2010, 289 [291]). Bei einmaligen Leistungen ist der Gleichbehandlungspflicht genügt, wenn der Benachteiligte eine „Anpassung nach oben" erhält (BAG 15. 7. 2009 – 5 AZR 486/08, AP Nr 209 zu § 242 BGB Gleichbehandlung; BAG 14. 8. 2007 – 9 AZR 943/06, AP Nr 1 zu § 33 AGG). Bei Dauertatbeständen gilt: **Für die Vergangenheit** kann der Arbeitnehmer grundsätzlich die Leistung (nach-)verlangen, wenn der Arbeitgeber – wie in der Regel – tatsächlich oder rechtlich die Leistung von den begünstigten Arbeitnehmern nicht zurückfordern kann oder dies nicht tut (BAG 11. 9. 1974 – 5 AZR 667/73, BAG 10. 3. 1982 – 4 AZR 540/79, BAG 30. 11. 1982 – 3 AZR 214/80, BAG 15. 5. 2001 – 1 AZR 672/00, AP Nr 39, 47, 54, 176 zu § 242 BGB Gleichbehandlung; vgl RICHARDI ZfA 2008, 31 [41 f]). In Ausnahmefällen kann der Arbeitgeber aber Vertrauensschutz dergestalt genießen, dass er Übergangsregelungen schaffen kann (zB wenn eine Gruppenbildung für unzulässig erklärt wird, die zuvor gebilligt wurde [vgl BAG 25. 1. 1984 – 5 AZR 44/82, AP Nr 66 zu § 242 BGB Gleichbehandlung] oder wenn auf ihn erheblichste finanzielle Lasten zukämen, weil die Gruppe der sachwidrig nicht Begünstigten sehr groß ist [grds für möglich gehalten von BAG 7. 3. 1995 – 3 AZR 282/94, AP Nr 26 zu § 1 BetrAVG Gleichbehandlung]; nicht möglich aber bei Verstoß gegen Art 157 AEUV, vgl EuGH 7. 2. 1991 – C-184/89, NJW 1991, 2207; RICHARDI ZfA 2008, 31 [42]). **Für die Zukunft** ist die günstigere Regelung dagegen nicht zwingend vorgeschrieben. Denn wenn es dem Arbeitgeber auf arbeitsrechtlich zulässigem Wege möglich ist, den bislang Begünstigten die Mehrleistungen zu nehmen, so hat er die Wahl, ob er das Niveau für alle senken oder die bislang Benachteiligten auf das höhere Level heben möchte (EuGH 28. 9. 1994 – C-28/93, NZA 1994, 1073; vgl BAG 13. 11. 1985 – 4 AZR 234/84, AP Nr 136 zu Art 3 GG; eine Änderungskündigung zu diesem Zweck scheidet aus, BAG 28. 4. 1982 – 7 AZR 1139/79, AP Nr 3 zu § 2 KSchG 1969); kann er jedoch die Begünstigung nicht beseitigen, so bleibt auch für die Zukunft und dauerhaft nur eine „Anpassung nach oben" (vgl zB BAG 10. 11. 2011 – 6 AZR 481/09, NZA-RR 2012, 100 [102 f]).

1030 Zum Schutz der Tarifautonomie ist bei gegen Art 3 Abs 1 GG verstoßenden **Tarifverträgen** eine „Anpassung nach oben" nicht automatisch möglich. Vielmehr ist durch ergänzende Auslegung zu ermitteln, ob die Tarifnorm insgesamt oder nur teilnichtig ist. Bei Teilnichtigkeit ist eine „Anpassung nach oben" vorzunehmen; bei vollständiger Nichtigkeit dagegen ist das nur möglich, wenn entweder davon auszugehen ist, dass die Tarifvertragsparteien die Regelung auch dann getroffen hätten, wenn sie die Gleichheitswidrigkeit der Gruppenbildung gekannt hätten (BAG 7. 3. 1995 – 3 AZR 282/94, AP Nr 26 zu § 1 BetrAVG Gleichbehandlung), oder wenn die „Angleichung nach oben" die einzige Möglichkeit ist, den Anforderungen des Gleichheitssatzes Rechnung zu tragen (ErfK/Preis § 611 Rn 608). Eine Ausnahme gilt bei Verstößen gegen Art 157 AEUV (ex Art 141 EG), wo stets eine „Anpassung nach oben" vorzunehmen ist (EuGH 27. 6. 1990 – C-33/89, AP Nr 21 zu Art 119 EWG-Vertrag; EuGH 15. 1. 1998 – C-15/96, AP Nr 1 zu Art 48 EG-Vertrag).

7. Darlegungs- und Beweislast

Zwar ist es grundsätzlich Sache des Arbeitnehmers, die Voraussetzungen des Gleichbehandlungsgrundsatzes darzulegen und ggf zu beweisen. Entlohnt aber der Arbeitgeber Arbeitnehmer mit ähnlicher Tätigkeit unterschiedlich, hat er darzulegen, wie groß der begünstigte Personenkreis ist, wie er sich zusammensetzt, wie er abgegrenzt ist und warum der klagende Arbeitnehmer nicht dazugehört; der Arbeitnehmer hat dann darzulegen, dass er die vom Arbeitgeber vorgegebenen Voraussetzungen der Leistung erfüllt (BAG 29. 9. 2004 – 5 AZR 43/04, AP Nr 192 zu § 242 BGB Gleichbehandlung). Keine Rolle für die Bewertung eines möglichen Verstoßes gegen den Gleichbehandlungsgrundsatz spielt aber, ob der Arbeitgeber dem Arbeitnehmer die Gründe für die Ungleichbehandlung vorprozessual mitgeteilt hat. Eine materiell-rechtliche oder prozessuale „Präklusion" des Arbeitgebers mit außergerichtlich nicht genannten Differenzierungsgründen tritt nicht ein; schiebt der Arbeitgeber Differenzierungsgründe nach, ist das vielmehr ein Problem der Tatsachenfeststellung (BAG 23. 2. 2011 – 5 AZR 84/10, NZA 2011, 693 [694]). **1031**

Von der Problematik der Darlegungs- und Beweislast zu unterscheiden ist, ob der Arbeitnehmer, der einen Verstoß gegen den Gleichbehandlungsgrundsatz geltend macht, einen **materiell-rechtlichen Auskunftsanspruch** gegen den Arbeitgeber über die der begehrten Sonderleistung zugrundeliegenden Regeln hat. Das ist zu bejahen, wenn ein billigenswertes Interesse an der Auskunft besteht, der Arbeitnehmer die Information nicht zumutbarerweise auf andere Weise erlangen kann, der Arbeitgeber durch das Auskunftsverlangen nicht übermäßig belastet wird und schließlich die Darlegungs- und Beweissituation nicht unzulässig verändert wird (vgl näher BAG 1. 12. 2004 – 5 AZR 664/03, NZA 2005, 289 [291] Rn 23 ff). **1032**

J. Inhaltskontrolle von Arbeitsverträgen*

1. Billigkeitskontrolle

Das BAG hat in einer Vielzahl von Fällen die Rechtswirksamkeit arbeitsvertrag- **1033**

---

* **Schrifttum**: Fastrich, Richterliche Inhaltskontrolle im Privatrecht (1992); Hildebrandt, Disparität und Inhaltskontrolle im Arbeitsrecht (Diss Göttingen 1987); vHoyningen-Huene, Die Billigkeit im Arbeitsrecht (1978); Hromadka (Hrsg), Möglichkeiten und Grenzen flexibler Vertragsgestaltung (1990); Maschmann, Die Befristung einzelner Arbeitsbedingungen, RdA 2005, 212; Preis, Grundfragen der Vertragsgestaltung im Arbeitsrecht (1993);

licher Klauseln zugunsten der Arbeitnehmer durch eine Inhaltskontrolle eingeschränkt und dadurch den vertraglichen Gestaltungsmöglichkeiten des Arbeitgebers Grenzen gesetzt. Die **rechtlichen Gesichtspunkte**, die es heranzog, sind **sehr verschieden**, sie lassen sich auf keine juristische Einheitsformel zurückführen. In Betracht zog das BAG, dass wegen der fehlenden Gleichgewichtslage zwischen Arbeitgeber und Arbeitnehmer eine auf § 315 gestützte Korrektur nach Billigkeitsgründen in Betracht komme, die es als *Billigkeitskontrolle* bezeichnet hat (so in der Ausgangsentscheidung 30. 10. 1969 – 3 AZR 119/69, AP Nr 1 zu § 242 BGB Ruhegehalt-Unterstützungskassen). Der Hinweis auf § 315 ist aber verfehlt; denn es handelt sich bei ihm um eine Auslegungsregel (vgl Staudinger/Rieble [2015] § 315 Rn 39 ff). Die Vorschrift enthält dispositives Recht. Außerdem ist bei ihr mit der Billigkeit ein Maßstab angesprochen, der ausschließlich bei individuellen Situationen relevant ist; es geht um die Gerechtigkeit des Einzelfalls (vgl vHoyningen-Huene, Billigkeit 26 ff, 228 ff).

1034 Im Schrifttum hat man ebenfalls versucht, mit dem **Fehlen einer Gleichgewichtslage** zwischen den Arbeitsvertragsparteien eine **Sonderkontrolle des Vertragsinhalts** zu begründen. Lieb sieht in ihr eine „Angemessenheitskontrolle", die der allgemeinen Rechtskontrolle vorgelagert sei, „ohne sich von dieser methodisch wesentlich zu unterscheiden" (AcP 178 [1978] 196 [210]). Nach Fastrich ist sie eine „Form der Rechtskontrolle", die systematisch bei § 138 anzusiedeln sei, aber als „notwendige Folge einer generellen materiellen Einschränkung der Vertragsfreiheit" von dem Versagen der Richtigkeitsgewähr des Vertragsprinzips ausgehe und daher die Schranken notwendigerweise enger ziehe als § 138 (Inhaltskontrolle 365 f). Nach ihm ist deshalb von der „Prämisse generell eingeschränkter Vertragsfreiheit" auszugehen, „deren Konkretisierung die verschiedenen von der Rechtsprechung entwickelten Schranken sind" (Inhaltskontrolle 199). Ein derartiger Ansatz führt zu einer **normativ nicht mehr abgesicherten Inhaltskontrolle**, die das Vertragsprinzip als Grundlage des Arbeitsverhältnisses in Frage stellt.

2. Vertragsinhaltskontrolle als Rechtskontrolle

1035 Die Vertragsinhaltskontrolle bezieht sich auf die Grenzen der Vertragsgestaltung, die in ihrer Differenzierung rechtsdogmatisch präzisiert werden müssen (vgl grundlegend Preis, Vertragsgestaltung 149 ff). Gesetze zum Schutz der Arbeitnehmer unterscheiden bei zwingender Ausgestaltung nicht danach, ob es sich um Einheitsarbeitsbedingungen oder um individuelle Abreden handelt. Nichts anderes kann gelten, wenn durch richterliche Rechtsfortbildung Lücken im zwingenden Gesetzesrecht geschlossen werden oder ihm Leitprinzipien oder Rechtsregeln für den Vertragsinhalt des Arbeitsverhältnisses entnommen werden. Kommt der Gesetzgeber seiner Pflicht zum Grundrechtsschutz nicht nach, so können sich daraus Schutzlücken ergeben, die der Richter schließen muss (vgl Richardi, MünchArbR § 12 Rn 13 ff, dort

---

Reichold, Arbeitnehmerschutz und/oder Verbraucherschutz bei der Inhaltskontrolle des Arbeitsvertrags? in: FS 50 Jahre Bundesarbeitsgericht (2004) 153; Richardi, Auslegung und Kontrolle von Arbeitsverträgen und Betriebsvereinbarungen in der Rechtsprechung des Bundesarbeitsgerichts, in: FS 100-jähriges Bestehen des Deutschen Arbeitsgerichtsverbandes (1994) 537; Westhoff, Die Inhaltskontrolle von Arbeitsverträgen (1975); Zöllner, Immanente Grenzen arbeitsvertraglicher Regelungen, RdA 1989, 152. Zur AGB-Kontrolle s die Nachw vor Rn 296.

in Rn 15 auch zu den Grenzen, die eine grundrechtsschützende Rechtsprechung zu beachten hat; denn die Schutzfunktion der Grundrechte verschiebt „nicht die Aufgabenordnung des Gewaltenteilungsprinzips", so zutreffend BADURA, in: FS Molitor [1988] 1 [6]).

Von den für jeden Arbeitsvertrag geltenden Schranken sind die bei **Vorformulierung von Vertragsbedingungen geltenden Grenzen** zu unterscheiden. Bei ihnen geht es um die gleiche Zielsetzung wie auch sonst im Zivilrecht (vgl PREIS, Vertragsgestaltung 255 ff). Das Schuldrechtsmodernisierungsgesetz hat deshalb ihre Regelung in §§ 305 ff einbezogen (§ 310 Abs 4 S 2; s ausführlich Rn 887 ff). **1036**

K. Verpflichtung zur Leistung der versprochenen Dienste und Nebenpflichten des Dienstverpflichteten (Arbeitnehmers)

I. Arbeitspflicht des Dienstverpflichteten

1. Pflicht zur Leistung der versprochenen Dienste

Der Dienstverpflichtete (Arbeitnehmer) ist zur „Leistung der versprochenen Dienste" verpflichtet (Abs 1). Diese Pflicht steht im **Synallagma** mit der Verpflichtung des Dienstberechtigten zur Zahlung der vereinbarten bzw nach § 612 bestimmten Vergütung. Im Gegensatz zum Werkvertrag schuldet der Dienstverpflichtete **nicht** einen **durch Dienstleistung herbeizuführenden Erfolg**. Der Inhalt seiner Leistungspflicht besteht nicht in der Erzielung eines bestimmten quantitativen oder qualitativen Arbeitsergebnisses, sondern er stellt seine Dienste demjenigen, dem er sie versprochen hat, für eine Zeit zur Disposition (s Vorbem 26 f zu §§ 611 ff). Die Zeit ist deshalb das Maß der vom Arbeitnehmer geschuldeten Leistung, selbst wenn die Vergütung nicht zeitbezogen, sondern leistungsbezogen bemessen wird. **1037**

Wegen dieses Inhalts der rechtsgeschäftlichen Leistungspflicht ist der Dienstvertrag der Vertragstyp des Arbeitsverhältnisses. Die Spezifizierung der versprochenen Dienste durch die zeitliche Festlegung ihrer Erbringung bedeutet aber nicht, dass die Leistungspflicht nur darin besteht, dass der Arbeitnehmer seine Arbeitskraft während der Arbeitszeit *bereithält* (so SÖLLNER, in: TOMANDL, Entgeltprobleme aus arbeitsrechtlicher Sicht [1979] 93 [105]). Seine Leistungspflicht hat er vielmehr nur erfüllt, wenn er die Dienste auch *erbringt* (vgl auch Mot II 461; PICKER JZ 1979, 285 [292]). Es ist deshalb rechtsdogmatisch ein Problem der Gefahrtragungsregelung, wenn die Dienstleistung nicht erbracht werden kann, obwohl der Arbeitnehmer seine Arbeitskraft während der Arbeitszeit bereithält. **1038**

Der zur Dienstleistung Verpflichtete schuldet die „**versprochenen Dienste**". Das gilt auch, wenn durch den Dienstvertrag ein Arbeitsverhältnis begründet wird. Regelmäßig ist die Leistungspflicht des Arbeitnehmers im Arbeitsvertrag nur rahmenmäßig umschrieben, sodass der Arbeitgeber das Recht hat, sie **aufgrund seines Weisungsrechts im Einzelnen festzulegen** (Rn 935 ff). Dieses Recht zur einseitigen Gestaltung ist aber keine Befugnis, die durch den Arbeitsvertrag nur begrenzt wird, sondern sie wird durch ihn auch erst eingeräumt, hat also in ihm ihre Grundlage. Deshalb richtet sich primär nach dem rechtsgeschäftlichen Leistungsversprechen des Arbeitnehmers im Arbeitsvertrag, welche Dienste er schuldet. Das gilt nicht nur für **1039** ihren Inhalt und Umfang, sondern auch für Zeit und Ort der Arbeitsleistung. Auch wenn der Arbeitsvertrag eine weit gefasste Umschreibung der geschuldeten Tätigkeiten enthält, kann eine Konkretisierung auf eine bestimmte Tätigkeit an einem bestimmten Ort zu bestimmter Zeit eintreten, die das Weisungsrecht begrenzt; das kann aber nur unter besonderen Umständen erfolgen, neben einer Zeitkomponente muss sich aus diesen Umständen ferner ableiten lassen, dass der Arbeitnehmer nur noch diese Arbeit ohne Änderungen zu erbringen hat (BAG 11. 6. 1958 – 5 AZR 514/55, AP Nr 2 zu § 611 BGB Direktionsrecht; LAG Hamm 6. 10. 2006 – 10 Sa 821/06).

1040 Das Weisungsrecht des Arbeitgebers kann darüber hinaus in Inhalt und Umfang durch Gesetz und Kollektivvertrag (Tarifvertrag, Betriebsvereinbarung) beschränkt sein. Diese Grenzziehung wird vielfach ebenso angesehen wie die Begrenzung durch den Einzelarbeitsvertrag (vgl BAG 27. 3. 1980 – 2 AZR 506/78, BAGE 33, 71 [75]). Auch die Bestimmung des § 106 S 1 GewO steht unter diesem Blickwinkel (s Rn 958). Dennoch handelt es sich rechtsdogmatisch um eine wesensverschiedene Regelung. Weder durch Gesetz noch durch Kollektivvertrag kann dem Arbeitnehmer eine andere Leistungspflicht auferlegt werden, als er sie im Arbeitsvertrag versprochen hat. Das Recht zur einseitigen Gestaltung hat ein Arbeitgeber stets nur nach Maßgabe des Arbeitsvertrags. Es kann, soweit es um den Inhalt der Leistungspflicht geht, durch Tarifvertrag oder Betriebsvereinbarung zwar eingeschränkt, aber nicht erweitert werden.

2. Persönliche Verpflichtung

1041 Nach § 613 S 1 ist die Arbeitspflicht von dem Dienstverpflichteten im Zweifel in Person zu erfüllen (s § 613 Rn 3 ff), und der Anspruch auf die Dienstleistung ist nach § 613 S 2 an die Person des Dienstberechtigten gebunden (s § 613 Rn 22 ff).

3. Art der zu leistenden Dienste

1042 a)   Gegenstand der Leistungspflicht können **Dienste jeder Art** sein (Abs 2). Auch für Dienste höherer Art gilt das Dienstvertragsrecht (s Vorbem 11 zu §§ 611 ff). Eine Sonderregelung für sie besteht nur noch in § 627.

1043 Die Art der zu leistenden Dienste bestimmt sich nach dem **Vertrag**. Bei Begründung eines **Arbeitsverhältnisses** ist in den Nachweis, den der Arbeitgeber dem Arbeitnehmer auszuhändigen hat, „eine kurze Charakterisierung oder Beschreibung der vom Arbeitnehmer zu leistenden Tätigkeit" aufzunehmen (§ 2 Abs 1 S 2 Nr 5 NachwG). Es ist entweder ausdrücklich vereinbart oder ergibt sich aus den Umständen bei der Einstellung, welchen Arbeitsbereich der Arbeitnehmer übernehmen soll. Nur dort, wo für die Wahrnehmung der Arbeitsaufgabe keine besonderen Kenntnisse und Fähigkeiten erwartet werden, ist möglich, dass der Tätigkeitsbereich nicht näher abgegrenzt wird, der Arbeitnehmer also jede Arbeit zu verrichten hat, die ihm zugewiesen wird. Aber auch dann muss der Arbeitgeber bei Änderungen einen entsprechenden Nachweis erteilen, §§ 2 Abs 1 S 2 Nr 5, 3 NachwG.

1044 b)   **Im Rahmen des im Arbeitsvertrag festgelegten Tätigkeitsbereichs** hat der Arbeitgeber im Allgemeinen das **Recht zur Konkretisierung**, welche Arbeit der Arbeitnehmer zu leisten hat. Der Arbeitgeber kann Inhalt, Ort und Zeit der Arbeitsleistung nach billigem Ermessen näher bestimmen, soweit diese Arbeitsbedingungen nicht durch den Arbeitsvertrag, Bestimmungen einer Betriebsvereinbarung, eines anwendbaren Tarifvertrages oder gesetzliche Vorschriften festgelegt sind (§ 106 S 1 iVm § 6 Abs 2 GewO). Trotz dieser Umschreibung ist vor allem der Vertrag zwischen dem Arbeitgeber und dem einzelnen Arbeitnehmer dafür maßgeblich, wie weit der Arbeitgeber berechtigt ist, einseitig zu konkretisieren, welche Dienstleistung zu erbringen ist (s Rn 1039). Zudem können Rechte des Arbeitnehmers das Weisungsrecht einschränken (zB Kunstfreiheit, vgl BAG 13. 6. 2007 – 5 AZR 564/06, AP Nr 11 zu § 611 BGB Film). Haben Arbeitnehmer und Arbeitgeber eine **Zielvereinbarung** getroffen, darf der Arbeitgeber keine Weisungen erteilen, die der Zielerreichung entgegenstehen (so zu Recht KÖPPEN DB 2002, 374 [379]).

Dem Arbeitnehmer kann deshalb grundsätzlich aufgrund des Weisungsrechts auch **1045** eine andere Arbeit zugewiesen werden, sofern dadurch nicht die vertraglich festgelegte Art der Arbeitsleistung geändert wird (vgl auch BAG 21. 11. 2002 – 6 AZR 82/01, BAGE 104, 16 [19 f]). Hierbei gelten zu seinem Schutz aber Grenzen, die auch nicht durch Formularabrede geändert werden können (s Rn 959 ff).

c) Da die Art der zu leistenden Dienste regelmäßig den Inhalt der Rechtsstellung **1046** eines Arbeitnehmers prägt, kann der Arbeitgeber ihm einseitig einen **Wechsel in der Art der Beschäftigung** nur auferlegen, wenn und soweit er sich dieses Recht nach dem Arbeitsvertrag ausdrücklich oder nach den Umständen (§§ 157, 242) vorbehalten hat (vgl REICHOLD, MünchArbR § 36 Rn 24; RICHARDI DB 1974, 1285 [1288 f]; ausführlich zu den Schranken arbeitsrechtlicher Leitungsmacht aufgrund des Einzelarbeitsvertrags BIRK, Die arbeitsrechtliche Leitungsmacht [1973] 389 ff). Bei einer Beschäftigung auf Provisionsbasis gehört die Festlegung der Art der zu vermittelnden Geschäfte und des zu betreuenden Gebietes zum Vertragsinhalt. Eine einseitige Änderung durch den Arbeitgeber ist eine unzulässige Teilkündigung. Notwendig ist daher, dass ihm entweder im Arbeitsvertrag selbst oder in einem Tarifvertrag, nach herrschendem Verständnis auch in einer Betriebsvereinbarung, das Recht zu einer einseitigen Änderung der Vertragsbedingungen eingeräumt ist. Die Festlegung eines derartigen Widerrufsvorbehalts ist grundsätzlich zulässig; sie darf aber nicht zur Umgehung des zwingenden Kündigungsschutzes führen. Das wird in aller Regel dann der Fall sein, wenn wesentliche Elemente des Arbeitsvertrages einer einseitigen Änderung unterliegen sollen, durch die das Gleichgewicht zwischen Leistung und Gegenleistung grundlegend gestört würde (vgl BAG 7. 10. 1982 – 2 AZR 455/80, BAGE 40, 199 [207]). Die Ausübung des vereinbarten Widerrufs hat daher gemäß § 315 nach billigem Ermessen zu erfolgen (ebenso BAG 7. 10. 1982 – 2 AZR 455/80).

Die Betriebspraxis bezeichnet **die Zuweisung eines anderen Arbeitsbereichs** als **Ver- 1047 setzung**. Dieser Begriff entstammt jedoch dem Beamtenrecht, wo mit ihm die auf Dauer angelegte Zuweisung eines anderen Amtes unter Wechsel der Behörde und der Dienstvorgesetzten erfasst wird; er ist **rechtsdogmatisch kein Begriff des Arbeitsvertragsrechts** (vgl REICHOLD, MünchArbR § 36 Rn 33). Mit ihm lässt sich deshalb keine Klarheit darüber gewinnen, ob und in welchen Grenzen der Arbeitgeber einseitig berechtigt ist, dem Arbeitnehmer einen Wechsel in der Art und im Ort seiner Beschäftigung aufzuerlegen. Gehört beispielsweise zu den Pflichten eines Redakteurs, die in der Wochenendausgabe der Zeitung erscheinende Motorseite herzustellen, so muss anhand des Arbeitsvertrags geprüft werden, ob der Arbeitgeber ihm einseitig diesen Tätigkeitsbereich nehmen und ihm einen Arbeitsbereich in der Lokalredaktion zuweisen kann. Sollte sich aus dem Arbeitsvertrag ergeben, dass sein Tätigkeitsbereich ausschließlich die Herstellung der Motorseite ist, so kann der Arbeitgeber den Arbeitnehmer nur unter Änderung des Vertragsinhalts anderweitig beschäftigen; er benötigt also die Einverständniserklärung des betroffenen Arbeitnehmers. Erhält er sie nicht, so bleibt ihm, wenn er den Arbeitnehmer in dem bisherigen Tätigkeitsbereich nicht mehr beschäftigen kann, nur die Möglichkeit einer Änderungskündigung (vgl Staudinger/Neumann [2002] Vorbem 59 zu §§ 620 ff).

1048 Da der Arbeitsbereich die Rechtsstellung des Arbeitnehmers im Arbeitsverhältnis prägt, gehört er **regelmäßig** zum **Vertragsinhalt**. Das Weisungsrecht zur Konkretisierung der Arbeitspflicht gestattet dem Arbeitgeber im Allgemeinen nur die Zuweisung anderer Arbeit im Rahmen des vertraglich festgelegten Tätigkeitsbereichs, nicht aber die Zuweisung eines anderen Tätigkeitsbereichs. Nur ausnahmsweise kann ein Arbeitnehmer verpflichtet sein, Arbeiten außerhalb des vertraglich festgelegten Tätigkeitsbereichs zu verrichten. Es kann sich dabei im Allgemeinen auch nur um eine vorübergehende Leistung anderer Arbeiten handeln, soweit eine Notlage besteht und daher dem Arbeitnehmer nach Treu und Glauben zuzumuten ist, außerhalb seines Tätigkeitsbereichs Arbeit zu leisten (vgl BAG 8. 10. 1962 – 2 AZR 550/61, AP Nr 18 zu § 611 BGB Direktionsrecht).

1049 Nach diesen Kriterien ist zu bestimmen, ob der Arbeitgeber einem Arbeitnehmer sog **Streikarbeit** zuweisen kann (vgl auch Reichold, MünchArbR § 36 Rn 28). Von Streikarbeit spricht man, wenn der Arbeitnehmer während eines Arbeitskampfes eine andere als die bisherige Arbeit, insbesondere die Arbeit der Streikenden, leisten soll. Von ihr ist die sog indirekte Streikarbeit zu unterscheiden, die in der Fortsetzung der bisherigen Arbeitstätigkeit liegt. Zu ihr ist der Arbeitnehmer auch während eines Arbeitskampfes verpflichtet, wenn er sich nicht aktiv am Streik beteiligen will. Ein Teilstreik im Betrieb begründet zwar für den Arbeitgeber im Allgemeinen eine Notlage, da er die Betriebstätigkeit nur aufrechterhalten kann, wenn er die Arbeitsplätze der streikenden Arbeitnehmer besetzt. Hier zieht aber einer Erweiterung der rechtsgeschäftlichen Leistungspflicht der Gesichtspunkt der Zumutbarkeit eine Grenze: Ein Arbeitnehmer ist nicht verpflichtet, seinen streikenden Arbeitskollegen in den Rücken zu fallen und deren Arbeit zu übernehmen (vgl zur Rechtmäßigkeit der Verweigerung von Streikbrecherarbeit Rüthers ZfA 1972, 403 ff). Entsprechend bestimmt daher für die gewerbsmäßige Arbeitnehmerüberlassung § 11 Abs 5 AÜG, dass ein Leiharbeitnehmer nicht verpflichtet ist, bei einem Entleiher tätig zu sein, soweit dieser durch einen Arbeitskampf unmittelbar betroffen ist; auf dieses Recht hat der Verleiher ihn hinzuweisen.

1050 d) Ein Wechsel in der Art der Beschäftigung kann den **betriebsverfassungsrechtlichen Mitbestimmungstatbestand der Versetzung** erfüllen. Maßgebend für ihn ist aber ebenfalls nicht der allgemeine Versetzungsbegriff, sondern die Legaldefinition in § 95 Abs 3 BetrVG. Entscheidend ist danach die Zuweisung eines anderen Arbeitsbereichs. Gemeint ist die Zuweisung eines anderen Arbeitsplatzes, soweit man darunter nicht ausschließlich den Ort versteht, an dem der Arbeitnehmer tätig ist, also die räumliche Stelle innerhalb des Betriebs, sondern die durch den Aufgabenbereich umschriebene Stellung des Arbeitnehmers innerhalb der betrieblichen Organisation (vgl zum betriebsverfassungsrechtlichen Versetzungsbegriff BAG 10. 4. 1984 – 1 ABR

67/82 und 3. 12. 1985 – 1 ABR 58/83, AP Nr 4 und 8 zu § 95 BetrVG 1972; BAG 18. 2. 1986 – 1 ABR 27/84, BAGE 51, 151 [158 ff]; BAG 8. 8. 1989 – 1 ABR 63/88, BAGE 62, 314 [319 f]; BAG 19. 2. 1991 – 1 ABR 63/90, BAGE 67, 236 [243]). Für die Mitbestimmungsregelung geht das BetrVG in § 99 vom einzelnen Betrieb aus, in dem die personelle Einzelmaßnahme durchgeführt werden soll. Die **Versetzung in einen anderen Betrieb** erscheint deshalb aus der Sicht des aufnehmenden Betriebs als *Einstellung,* während sie aus der Sicht des abgebenden Betriebs eine *Versetzung* darstellt (vgl Thüsing, in: Richardi, BetrVG § 99 Rn 121 ff). Für das Mitbestimmungsrecht des Betriebsrats spielt keine Rolle, ob der Arbeitgeber aufgrund seines Direktionsrechts einseitig dem Arbeitnehmer einen anderen Arbeitsbereich zuweisen kann oder ob insoweit dessen Einverständniserklärung erforderlich ist, weil der Vertragsinhalt geändert wird. Auch wenn der Arbeitgeber vertragsrechtlich die Versetzung einseitig anordnen kann, braucht der Arbeitnehmer ihr bei **betriebsverfassungsrechtlich pflichtwidriger Durchführung** keine Folge zu leisten (ebenso BAG 26. 1. 1988 – 1 AZR 531/86, BAGE 57, 242 [255 f]; BAG 26. 1. 1993 – 1 AZR 303/92, AP Nr 102 zu § 99 BetrVG 1972). Die Beteiligung des Betriebsrats ist zwar keine Wirksamkeitsvoraussetzung für die rechtsgeschäftliche Versetzungsanordnung des Arbeitgebers; ihre Nichtbeachtung begründet aber ein betriebsverfassungsrechtliches Beschäftigungsverbot, auf das der Arbeitnehmer sich berufen kann, wenn er mit der Versetzung nicht einverstanden ist (vgl Raab ZfA 1995, 479 [499 ff]).

Findet nicht das BetrVG, sondern das **Personalvertretungsrecht** Anwendung, so kann ebenfalls ein Mitbestimmungsrecht des Personalrats in Betracht kommen. Der Versetzungsbegriff ist dort wegen seiner abweichenden Bedeutung im öffentlichen Dienstrecht enger. Im Ergebnis besteht aber weitgehend kein Unterschied, weil neben der Versetzung zu einer anderen Dienststelle die Übertragung einer höher oder niedriger zu bewertenden Tätigkeit, die Umsetzung innerhalb der Dienststelle, wenn sie mit einem Wechsel des Dienstortes verbunden ist, und die Abordnung für die Dauer von mehr als drei Monaten dem Mitbestimmungsrecht des Personalrats unterliegen (so jedenfalls nach § 75 Abs 1 Nr 2, 3 und 4 BPersVG; vgl Kaiser, in: Richardi/Dörner/Weber, BPersVG § 75 Rn 32 ff, 64 ff und 97 ff). 1051

4. Maß der zu erbringenden Dienstleistung

Für den Inhalt der Leistungspflicht ist wesentlich, dass der zur Dienstleistung Verpflichtete die Dienste im Zweifel in Person zu leisten hat (§ 613 S 1; s auch dort Rn 3 ff). Für das Arbeitsverhältnis steht deshalb im Mittelpunkt, dass der Arbeitnehmer seine Dienste „in Person" zu erbringen hat (vgl Söllner, in: Tomandl, Entgeltprobleme aus arbeitsrechtlicher Sicht [1979] 93 [97]). Darauf stellt insbesondere auch § 616 ab, der sogar die Fortzahlung des Arbeitsentgelts für den Fall vorsieht, dass der Arbeitnehmer durch einen in seiner Person liegenden Grund an der Dienstleistung verhindert wird. 1052

Die versprochene Dienstleistung kann deshalb nicht von der **Person des Arbeitnehmers** getrennt werden; sie besteht nicht in einer von der Person des Arbeitnehmers abstrahierten „Normalleistung" (ebenso Söllner, Entgeltprobleme 97 f). Der Begriff der „Normalleistung" gehört der Arbeitswissenschaft an; er spielt für die Bemessung des Arbeitsentgelts eine Rolle, wenn ein leistungsbezogenes Entgelt gezahlt wird, insbesondere die Entlohnung im Akkord erfolgt (s Rn 1414 ff). Für die zu erbringende 1053

Dienstleistung ist Maßstab aber keine von der Person des Dienstverpflichteten losgelöste Normalleistung; der Umfang der Arbeitspflicht bestimmt sich vielmehr nach dem **individuellen Leistungsvermögen des einzelnen Arbeitnehmers** (ebenso BAG 17. 7. 1970 – 3 AZR 423/69, BAGE 22, 402 [406]; Hueck/Nipperdey I 228; Nikisch I 300; Reichold, MünchArbR § 36 Rn 41 f; Schliemann, in: Schliemann, Arbeitsrecht im BGB § 611 Rn 579; Söllner, Entgeltprobleme 98 f; Tillmanns, Strukturfragen [2007] 160 ff; Richardi, NZA 2002, 1004 [1011]; Rüthers ZfA 1973, 399 [403]; allerdings modifiziert das BAG in neuerer Rechtsprechung diese Grundsätze insoweit, als es vorrangig auf die vertraglichen Parteivereinbarungen [BAG 17. 1. 2008 – 2 AZR 536/06, AP Nr 85 zu § 1 KSchG 1969] bzw die „berechtigte Erwartung des Arbeitgebers" abstellt [BAG 11. 12. 2003 – 2 AZR 667/02, AP Nr 48 zu § 1 KSchG 1969 Verhaltensbedingte Kündigung] s Friemel/Walk NZA 2005, 3669; in diese Richtung auch Sedlmeier, Unzureichende Arbeitsleistung – Voraussetzungen und Rechtsfolgen [2009] 74 ff, der im Wege einer normativ erläuternden Auslegung des Arbeitsvertrages den Leistungsinhalt danach bestimmt, wie ein objektiver Dritter das Leistungsversprechen des Arbeitnehmers verstehen durfte). Der Arbeitnehmer muss also nur die ihm subjektiv mögliche und zumutbare Arbeitsleistung erbringen und begeht dementsprechend keine Pflichtverletzung, wenn er mangels Leistungsfähigkeit nicht die objektive Normalleistung erbringt. Das Dienstvertragsrecht kennt keine Gewährleistungsansprüche wie das Kauf- und Werkvertragsrecht. Davon zu unterscheiden ist aber, dass der Arbeitnehmer im Rahmen seiner Leistungsfähigkeit bei der Erbringung der Dienstleistung die im Verkehr erforderliche Sorgfalt (§ 276) zu beobachten hat; tut er das nicht, kann er sich **schadensersatzpflichtig** machen (s zur Haftung im Arbeitsverhältnis Staudinger/Richardi/Fischinger [2016] § 619a Rn 28 ff).

1054 Da der Arbeitsvertrag die Person des Arbeitnehmers erfasst, ist die Dienstleistungspflicht auch **keine Gattungsschuld** (ebenso Söllner, Entgeltprobleme 97). Dass im Regelfall die Arbeitspflicht nur rahmenmäßig umschrieben ist und erst durch das Weisungsrecht des Arbeitgebers konkretisiert wird, macht die Dienstleistungsschuld nicht zur Gattungsschuld (so aber E Wolf, Das Arbeitsverhältnis [1970] 97). Der Arbeitnehmer schuldet keine nach Gattungsmerkmalen bestimmte Dienstleistung. Die Dienstleistungspflicht ist im Dienstvertragsrecht vielmehr als Speziesschuld konzipiert (vgl Picker JZ 1985, 699). § 243 findet deshalb auf den Arbeitsvertrag keine Anwendung (ebenso Tillmanns, Strukturfragen 134 ff; Söllner 98; vgl auch Staudinger/Schiemann [2015] § 243 Rn 46 ff).

5. Umfang der geschuldeten Dienstleistung

1055 a) Gegenstand eines Dienstvertrags kann eine bestimmte, inhaltlich fest umrissene Arbeitsleistung sein. Im Gegensatz zum Werkvertrag wird kein bestimmter Arbeitserfolg geschuldet. Die Dienstleistungspflicht wird vielmehr durch die **zeitliche Festlegung ihrer Erbringung** spezifiziert. Entsprechend ist auch der Umfang der geschuldeten Dienstleistung zeitbezogen.

1056 b) Für das **Arbeitsverhältnis** ist wesentlich, dass der Arbeitnehmer in den **Dienst eines anderen** tritt und daher eine zeitbestimmte Arbeitsleistung mit im Voraus nicht abgegrenzten Einzelleistungen rechtsgeschäftlich zugesagt wird. Deshalb ist von Bedeutung, wie lange ein Arbeitnehmer arbeiten muss. Es geht insoweit um die **Dauer der Arbeitszeit als Maßstab für den Umfang der vertraglich geschuldeten Arbeitsleistung**, für die als Gegenleistung das Arbeitsentgelt zu erbringen ist. Die

Verpflichtung zur Dienstleistung wird daher üblicherweise durch eine bestimmte Wochen- oder Monatsarbeitszeit festgelegt. Nach § 2 Abs 1 S 2 Nr 7 NachwG gehört die „vereinbarte Arbeitszeit" zu den Mindestbedingungen, die der Arbeitgeber in den Nachweis für den Arbeitnehmer aufzunehmen hat.

Der Umfang der Arbeitsleistung wird **durch den Arbeitsvertrag festgelegt**, wobei die Bestimmungen des öffentlich-rechtlichen Arbeitszeitschutzes (Rn 1068) hier Grenzen ziehen; kommt der Arbeitsvertrag – ausnahmsweise – nicht durch zwei explizite Willenserklärungen, sondern durch Realofferte und deren Annahme zustande, ist für die Bestimmung der Arbeitszeit auf das gelebte Rechtsverhältnis als Ausdruck des übereinstimmenden Parteiwillens abzustellen (BAG 17. 4. 2013 – 10 AZR 272/12, NZA 2013, 903 [907]). Sofern im Arbeitsvertrag hierzu nichts geregelt ist, besteht die Verpflichtung zur Arbeit im Rahmen der für den Betrieb maßgeblichen, durch Tarifvertrag oder Betriebsvereinbarung festgelegten üblichen Arbeitszeit (s zur Arbeitszeit Rn 1064 ff). Aus der Arbeitsaufgabe kann sich ergeben, dass der Arbeitnehmer sich unter bestimmten Voraussetzungen bereithalten muss, tätig zu werden (s Rn 1069 ff). **1057**

Der Umfang der Arbeitsleistung unterliegt **nicht** dem **Direktionsrecht des Arbeitgebers**, denn es handelt sich insoweit um die Hauptleistungspflicht des Arbeitnehmers aus dem Arbeitsverhältnis (ebenso BAG 12. 12. 1984 – 7 AZR 509/83, BAGE 47, 314 [321]; HWK/Thüsing § 611 Rn 307). Möglich ist aber, dass ihm insoweit durch Arbeits- oder Tarifvertrag oder Betriebsvereinbarung ein einseitiges Leistungsbestimmungsrecht iS von § 315 Abs 1 hinsichtlich des Umfangs der Arbeitszeit eingeräumt wird. Eine Vertragsabrede aber, die den Arbeitgeber berechtigen soll, den Umfang der vertraglich geschuldeten Arbeitsleistung nach Bedarf festzulegen, stellt nach Ansicht des BAG eine objektive Umgehung von zwingenden Vorschriften des Kündigungs- und Kündigungsschutzrechts dar (BAG 12. 12. 1984 – 7 AZR 509/83, BAGE 47, 314 [324]). Dieses Rückgriffs bedarf es jedoch nicht; denn sie ist bereits mit der rechtsgeschäftlichen Bindung unvereinbar, die im Abschluss des Vertrags zur Erbringung einer zeitbestimmten Dienstleistung liegt. **1058**

Vereinbaren Arbeitgeber und Arbeitnehmer, dass der Arbeitnehmer seine Arbeitsleistung entsprechend dem **Arbeitsanfall** zu erbringen hat, so muss nach **§ 12 Abs 1 S 2 TzBfG** zugleich eine bestimmte Dauer der Arbeitszeit festgelegt werden; anderenfalls gilt eine wöchentliche Arbeitszeit von 10 Stunden als vereinbart (§ 12 Abs 2 S 3 TzBfG). Dabei kann festgelegt werden, dass der Arbeitgeber einseitig Arbeitsleistung über die wöchentliche Arbeitszeit hinaus abrufen kann, solange dies 25 % der wöchentlichen Mindestarbeitszeit nicht überschreitet (BAG 7. 12. 2005 – 5 AZR 535/ 04, AP Nr 4 zu § 12 TzBfG). **1059**

6. Ort der Dienstleistung

Der Ort der Arbeitsleistung ergibt sich aus der Vereinbarung oder aus den Umständen, insbesondere aus der Natur des Dienstverhältnisses; es gilt insoweit § 269 Abs 1 und 2. Beim Arbeitsverhältnis wird der Arbeitnehmer regelmäßig für einen bestimmten Betrieb eingestellt. Leistungsort ist deshalb der **Ort des Betriebs.** Das gilt auch, wenn der Arbeitnehmer nach dem Inhalt seiner Leistungspflicht Arbeiten an verschiedenen Orten auszuführen hat (zB bei Bauarbeitern, Außenmonteuren, Ver- **1060** kaufsfahrern). Bei Außendienstmitarbeitern, die für einen größeren Bezirk verantwortlich sind, kann auch der Wohnsitz des Arbeitnehmers Erfüllungsort sein (BAG 12. 6. 1986 – 2 AZR 398/85, AP Nr 1 zu Art 5 Brüsseler Abkommen; ArbG Hanau 20. 7. 1995 – 2 Ca 165/95, NZA-RR 1996, 67; **aA** ArbG Regensburg 22. 2. 1989 – 6 Ca 2909/88 S, BB 1989, 634; ArbG Augsburg 18. 9. 1995 – 8 Ca 2490/95, NZA-RR 1996, 185; s auch MÜLLER BB 2002, 1094). Lässt sich dem Arbeitsvertrag – auch im Wege der Auslegung – keine Festlegung auf einen bestimmten Arbeitsort entnehmen, kann der Arbeitgeber über diesen im Wege des **Weisungsrechts** entscheiden (BAG 28. 8. 2013 – 10 AZR 569/12, NZA-RR 2014, 181 [182]). Dies gilt sowohl, wenn im Arbeitsvertrag überhaupt keine Festlegung erfolgt, wie wenn der Ort der Arbeitsleistung zwar bestimmt wird, der Arbeitgeber sich aber die Möglichkeit der Zuweisung eines anderes Ortes durch einen Versetzungsvorbehalt vorbehält (BAG 19. 11. 2011 – 10 AZR 738/09, NZA 2011, 631 [633]; BAG 28. 8. 2013 – 10 AZR 569/12, NZA-RR 2014, 181 [182]; anders noch LAG Baden-Württemberg 10. 12. 2010 – 18 Sa 33/10, BeckRS 2011, 68907); weil es sich auch beim Ort der Tätigkeit um die Bestimmung des Inhalts der Hauptpflicht handelt, findet keine Inhaltskontrolle nach § 307 Abs 3 S 1, Abs 1 S 1 statt (BAG 13. 4. 2010 – 9 AZR 36/09, AP Nr 45 zu § 307; BAG 19. 11. 2011 – 10 AZR 738/09, NZA 2011, 631 [633]). Ist im Arbeitsvertrag ein bestimmter Ort angegeben, so kann zwar darin eine vertragliche Festlegung des Arbeitsplatzes liegen, sodass kein Raum mehr für ein einseitiges Leistungsbestimmungsrecht des Arbeitgebers besteht; dies muss aber nicht der Fall sein, möglich ist vielmehr auch, dass es sich nur um die schriftliche Fixierung der erstmaligen Ausübung des Weisungsrechts ohne weitere Beschränkung desselben handelt (BAG 28. 8. 2013 – 10 AZR 569/12, NZA-RR 2014, 181 [182 f]).

1061 Vom Betrieb als Ort der Arbeitsleistung ist der **Arbeitsplatz innerhalb des Betriebs** zu unterscheiden. Er wird im Allgemeinen durch die Art der Tätigkeit bestimmt, sodass der Ort der Arbeitsleistung insoweit nur eine sekundäre Rolle spielt. Doch ist möglich, dass der Wechsel des Orts im Betrieb die Zuweisung eines anderen Arbeitsbereichs bedeutet, auch wenn ein Wechsel in der Art der Tätigkeit nicht eintritt (vgl RICHARDI DB 1974, 1285 [1286]). Regelmäßig kann der Arbeitgeber aber innerhalb des Betriebs den Ort der Arbeitsleistung einseitig festlegen; jedoch ist dann, wenn die Voraussetzungen des betriebsverfassungsrechtlichen Versetzungsbegriffs erfüllt sind (§ 95 Abs 3 BetrVG), der Betriebsrat zu beteiligen (§§ 99, 100 BetrVG; vgl BAG 18. 2. 1986 – 1 ABR 27/84, BAGE 51, 151; BAG 1. 8. 1989 – 1 ABR 51/88, AP Nr 17 zu § 95 BetrVG 1972; BAG 8. 8. 1989 – 1 ABR 63/88, BAGE 62, 314 [319 f]). Das gilt insbesondere, wenn der Betrieb an verschiedenen Orten besteht und insoweit ein Ortswechsel angeordnet wird. In diesem Fall ist der Arbeitnehmer im Allgemeinen nicht ohne sein Einverständnis verpflichtet, die Arbeit an dem neuen Ort aufzunehmen. Das gilt erst recht, wenn der Arbeitnehmer in einen anderen Betrieb versetzt wird (s zur Beteiligungspflicht des Betriebsrats Rn 1050 f).

1062 Bei **Verlegung des Betriebs** oder von wesentlichen Betriebsteilen ist der Betriebsrat nach §§ 111–113 BetrVG zu beteiligen (§ 111 S 3 Nr 2 BetrVG). Auch wenn der Betriebsrat der Betriebsverlegung zustimmt, über sie also einen Interessenausgleich abschließt (§ 112 Abs 1 S 1 BetrVG), ist der Arbeitnehmer nicht ohne Weiteres verpflichtet, die Arbeit an dem neuen Ort aufzunehmen. Auch ein mit dem Betriebsrat aufgestellter Sozialplan kann eine derartige Verpflichtung nicht normativ festlegen; insbesondere scheidet insoweit aus, dass eine derartige Pflicht durch den Spruch der Einigungsstelle begründet werden kann.

Wird der **Arbeitnehmer außerhalb des Betriebs beschäftigt**, so ist der Arbeitgeber in der Regel verpflichtet, die entstehenden **Kosten zu erstatten** (Auslösung, Auswärtszulage, Spesenersatz; s Rn 1740 ff). **1063**

II. Spezifizierung der Dienstleistungsschuld durch die Arbeitszeit

1. Dauer und Lage der Arbeitszeit

Da neben der Art der Dienste die Arbeitszeitmenge den Inhalt der Dienstleistungsschuld bestimmt, gehört die Zeit der Arbeitsleistung zum **Inhalt der Leistungspflicht**. Dabei hat man den **zeitlichen Umfang der vertraglich geschuldeten Arbeitsleistung** von der **Verteilung der Arbeitszeit auf Tag und Stunde in der Woche oder im Monat zu unterscheiden**. Durch den zeitlichen Umfang der Arbeitsleistung wird das Verhältnis von Leistung und Gegenleistung festgelegt, während die Bestimmung der Leistungszeit durch Festlegung von Beginn und Ende der täglichen Arbeitszeit und der Pausen sowie die Verteilung der Arbeitszeit auf die einzelnen Wochen- oder Monatstage der Dienstleistungsschuld ihre zeitliche Fixierung gibt. Beide Elemente bestimmen den Inhalt der Dienstleistungsschuld. Durch die Bestimmung der Lage der Arbeitszeit wird sie grundsätzlich zur **absoluten Fixschuld**. Auf dieser Konzeption beruht § 615, der davon ausgeht, dass die mangelnde Mitwirkung des Gläubigers zugleich die Möglichkeit der Leistungserbringung beseitigt, und auch § 616 liegt die Vorstellung zugrunde, dass bei einer persönlichen Verhinderung des Schuldners die Dienstleistung nicht nachgeholt werden kann. **1064**

Enthält der Arbeitsvertrag keine Regelung, hat der Arbeitnehmer die **im Betrieb übliche Arbeitszeit** zu leisten (BAG 15. 5. 2013 – 10 AZR 325/12, NZA-RR 2014, 519 [520 f]). Arbeitszeit ist dabei die Zeit zwischen Beginn und Ende der Arbeit abzüglich Pausen; ob Umkleiden und Fahrzeiten vergütungspflichtige Arbeitszeit ist, bestimmt sich nach den Umständen des Einzelfalles (BAG 22. 3. 1995 – 5 AZR 934/93 und 11. 10. 2000 – 5 AZR 122/99, AP Nr 8 und 20 zu § 611 Arbeitszeit; zurückhaltend MünchKomm/Müller-Glöge § 611 Rn 1014; s im Einzelnen § 612 Rn 37 f). Vereinbaren die Arbeitsvertragsparteien im Arbeitsvertrag die zu diesem Zeitpunkt im Betrieb geltende Regelung über Beginn und Ende der täglichen Arbeitszeit und die Verteilung der Arbeitszeit auf die einzelnen Wochentage, liegt darin keine individuelle Arbeitszeitvereinbarung, die gegenüber einer späteren Veränderung der betrieblichen Arbeitszeit durch Betriebsvereinbarung Bestand hat. Der Arbeitnehmer, der aus persönlichen Gründen an einer bestimmten, von der betriebsüblichen Arbeitszeit unabhängigen Lage der Arbeitszeit Interesse hat, muss dies mit dem Arbeitgeber auch dann vereinbaren, wenn die zur Zeit des Abschlusses des Arbeitsvertrages geltende betriebliche Arbeitszeit seinen Interessen entspricht (BAG 23. 6. 1992 – 1 AZR 57/92, AP Nr 1 zu § 611 BGB Arbeitszeit). **1065**

Die **Lage der Arbeitszeit am Tag und in der Woche** ist regelmäßig nicht durch vertragliche Abrede festgelegt, sondern fällt unter das **Direktionsrecht des Arbeitgebers** (vgl zB mwNw BAG 16. 5. 2014 – 5 AZR 483/12, NZA 2014, 1262 [1263]). Der **Betriebsrat** hat aber insoweit nach § 87 Abs 1 Nr 2 BetrVG **mitzubestimmen**, und auch im Personalvertretungsrecht ist im Allgemeinen ein entsprechendes Mitbestimmungsrecht für den Personalrat vorgesehen (vgl für den Bereich des Bundes § 75 Abs 3 Nr 1 BPersVG). Ein derartiges Mitbestimmungsrecht besteht aber nur, soweit eine **1066** tarifliche Regelung nicht besteht (§ 87 Abs 1 Einleitungssatz BetrVG), wobei aber im Allgemeinen die Lage der Arbeitszeit nicht durch Tarifvertrag geregelt wird. Sollte ausnahmsweise etwas anderes gelten, so ist auch insoweit der Unterschied zur Dauer der Arbeitszeit, durch die der Umfang der geschuldeten Arbeitsleistung festgelegt wird, zu beachten. Eine Tarifnorm über die Lage der Arbeitszeit gehört nicht zu den Inhaltsnormen, sondern zu den Betriebsnormen, die für alle Arbeitnehmer ohne Rücksicht auf deren Tarifgebundenheit gelten, sofern der Arbeitgeber tarifgebunden ist (§ 3 Abs 2 TVG; ebenso HWK/Thüsing § 611 Rn 310; s auch Rn 780).

1067 Bei der **Arbeitszeitflexibilisierung** muss man daher unterscheiden zwischen der *Arbeitszeitdifferenzierung,* bei der für Arbeitnehmer der zeitliche Umfang der geschuldeten Arbeitsleistung verschieden festgelegt ist, und der *Arbeitszeitvariabilität,* bei der die Flexibilisierung sich aus der verschiedenen Lage der Arbeitszeit am Tag und in der Woche ergibt. Der Betriebsrat hat nach § 87 Abs 1 Nr 2 BetrVG über die Arbeitszeitvariabilität, nicht aber über die Arbeitszeitdifferenzierung mitzubestimmen (vgl Richardi, in: Richardi, BetrVG § 87 Rn 287 ff). Das ist insbesondere bei Teilzeitbeschäftigung zu beachten (vgl Richardi Rn 294 ff).

1068 Für Dauer und Lage der Arbeitszeit besteht ein **öffentlich-rechtlicher Arbeitszeitschutz**. Einschlägig sind vor allem die Vorschriften des Arbeitszeitgesetzes, das in §§ 3 ff die Festlegung der werktäglichen Arbeitszeit begrenzt und in §§ 9 ff die Sonn- und Feiertagsruhe sichert. Überdies ergeben sich gesetzliche Begrenzungen der Arbeitszeitverteilung für Frauen vor allem aus § 8 MuSchG und für Jugendliche aus §§ 8 ff JArbSchG.

2. Sonderformen der Arbeitszeit

a) Arbeitsbereitschaft, Bereitschaftsdienst und Rufbereitschaft

1069 Da für das Arbeitsverhältnis wesentlich ist, dass eine zeitbestimmte Arbeitsleistung mit im Voraus nicht abgegrenzten Einzelleistungen rechtsgeschäftlich zugesagt wird, kann zu den Pflichten eines Arbeitnehmers gehören, **sich zur Arbeit bereit zu halten**. In diesem Fall wird die Dienstleistung zwar nicht erbracht, aber es besteht auch nicht Freizeit iS einer völligen Arbeitsruhe. Deshalb greifen Regelungen des öffentlich-rechtlichen Arbeitszeitschutzes ein (s Rn 1068). Arbeitsbereitschaft, Bereitschaftsdienst und Rufbereitschaft sind **verschiedene Formen einer Bereitschaft zur Arbeitsleistung** (vgl Anzinger, MünchArbR § 298 Rn 21 ff).

1070 Unter **Arbeitsbereitschaft** sind „Zeiten wacher Achtsamkeit im Zustande der Entspannung" zu verstehen (BAG 14. 4. 1966 – 2 AZR 337/64, BAGE 18, 273 [276]; BAG 12. 2. 1986 – 7 AZR 358/84, BAGE 51, 131 [137 f]). Arbeitsbereitschaft stellt gegenüber der geschuldeten Arbeitsleistung eine mindere Leistung dar, die den Arbeitnehmer erheblich weniger als die volle Arbeit beansprucht und damit einen Entspannungszustand ermöglicht. Sie ist jedoch **arbeitszeitrechtlich als Arbeitszeit** zu bewerten und unterscheidet sich insoweit von der Pause, in der sich der Arbeitnehmer nicht in wacher Achtsamkeit zur jederzeitigen Arbeitsaufnahme bereitzuhalten braucht (BAG 9. 3. 2005 – 5 AZR 385/02, ZTR 2005, 479).

1071 **Bereitschaftsdienst** liegt dagegen vor, wenn der Arbeitnehmer sich für Zwecke des Betriebs lediglich an einer vom Arbeitgeber bestimmten Stelle innerhalb oder außerhalb des Betriebs aufzuhalten hat, um erforderlichenfalls seine volle Arbeitstätigkeit unverzüglich aufnehmen zu können (BAG 10. 6. 1959 – 4 AZR 567/56, AP Nr 5 zu § 7 AZO). Da der Bereitschaftsdienst nach der EG-Arbeitszeitrichtlinie 93/104 als Arbeitszeit anzusehen war (vgl EuGH 3. 10. 2000 – C-303/98 und 9. 9. 2003 – C-151/02, AP Nr 2 und 7 zu EWG-Richtlinie Nr 93/104), wurde das Arbeitszeitgesetz durch Art 4b des Gesetzes zu Reformen am Arbeitsmarkt vom 24. 12. 2003 (BGBl I 3002) geändert, um die Regelung des Bereitschaftsdienstes der Rechtsprechung des EuGH anzupassen. Die Änderungen bestehen im Wesentlichen darin, den **Bereitschaftsdienst der Arbeitsbereitschaft gleichzustellen**, die man seit jeher der Arbeitszeit zuordnet; entsprechend ist nachts erbrachter Bereitschaftsdienst Nachtarbeitszeit (BAG 23. 2. 2011 – 10 AZR 579/09, NZA 2011, 1176 [1177]). Die Zuordnung des Bereitschaftsdienstes zur Arbeitszeit hat aber unmittelbar **keine lohnrechtlichen Auswirkungen** (ebenso BAG 5. 6. 2003 – 6 AZR 114/02 und 28. 1. 2004 – 5 AZR 530/02, AP Nr 7 und 10 zu § 611 BGB Bereitschaftsdienst; BAG 24. 9. 2008 – 10 AZR 770/07, NZA 2009, 272). Es ist deshalb zulässig, dass der Bereitschaftsdienst – wie bisher üblich – bei geringerer Inanspruchnahme durch den Arbeitgeber niedriger als sog Vollarbeit vergütet wird; fehlt eine Vereinbarung, gilt § 612 Abs 2. Zur Leistung von Bereitschaftsdienst ist der Arbeitnehmer nur aufgrund besonderer Vereinbarung verpflichtet; seine Anordnung unterliegt der Billigkeitskontrolle, § 315 (BAG 25. 10. 1989 – 2 AZR 633/88, AP Nr 36 zu § 611 BGB Direktionsrecht), wenn nicht die tarifvertragliche Regelung dies abschließend regelt (BAG 12. 2. 1992 – 4 AZR 314/91, AP Nr 2 zu AVR Caritasverband Anlage 5). Zu beachten ist, dass sich Bereitschaftsdienst unmittelbar an die Regelarbeitszeit anschließen kann, wenn dies zuvor rechtswirksam angeordnet wurde (BAG 25. 4. 2007 – 6 AZR 799/06, AP Nr 53 zu § 15 BAT). Das kann die – ggf für die Lohnhöhe wichtige – Abgrenzung zu Überstunden schwierig machen; für Bereitschaftsdienst müssen jedenfalls die Zeiten ohne Arbeitsleistungen überwiegen.

Von **Rufbereitschaft** schließlich spricht man, wenn der Arbeitnehmer in der Wahl **1072** seines Aufenthaltsortes frei ist, aber seine jederzeitige Erreichbarkeit durch den Arbeitgeber gewährleisten muss (BAG 5. 6. 2003 – 6 AZR 114/02, AP Nr 7 zu § 611 BGB Bereitschaftsdienst); ist die Zeitspanne, innerhalb derer der Arbeitnehmer am Arbeitsort zu sein hat, aber zu knapp bemessen, liegt trotz anderslautender Vereinbarung Bereitschaftsdienst vor (BAG 19. 12. 1991 – 6 AZR 592/89, AP Nr 1 zu § 67 BMT-G II; BAG 31. 2. 2002 – 6 AZR 214/00, NZA 2002, 871). Die Rufbereitschaft ist anders als der Bereitschaftsdienst **arbeitszeitrechtlich als Ruhezeit** zu werten. Während ihr erfolgende **Arbeitseinsätze sind aber Arbeitszeit**; mehrere Arbeitseinsätze sind zunächst jeweils auf volle Stunden aufzurunden und dann zu addieren (BAG 24. 9. 2008 – 6 AZR 259/08, AP Nr 2 zu § 8 TVöD für § 8 Abs 3 S 4 TVöD). Für die übrigen Zeiten kann die Vergütung frei vereinbart werden; ggf gilt § 612 (Baeck/Lösler NZA 2005, 247 [249]).

Bei Arbeitsbereitschaft hat der **Betriebsrat** über ihre Lage nach § 87 Abs 1 Nr 2 **1073** BetrVG **mitzubestimmen**, soweit eine Abgrenzung von der Vollarbeitszeit überhaupt möglich ist. Bereitschaftsdienst und Rufbereitschaft sind aber ebenfalls unabhängig davon, wie sie arbeitszeit- oder vergütungsrechtlich zu bewerten sind, Begrenzungen der Freizeitgestaltung, die mit der geschuldeten Arbeitsleistung im Zusammenhang stehen. Deshalb hat der Betriebsrat auch mitzubestimmen über Beginn und Ende eines Bereitschaftsdienstes oder einer Rufbereitschaft und deren Verteilung auf die einzelnen Wochentage (vgl BAG 21. 12. 1982 – 1 ABR 14/81, BAGE 41, 200). Der Mitbestimmung unterliegt aber nicht, ob ein Arbeitnehmer regelmäßig zu Arbeitsbereitschaft, Bereitschaftsdienst oder Rufbereitschaft verpflichtet ist.

1074 Eine Verpflichtung zur Zahlung des im MiLoG geregelten gesetzlichen Mindestlohns besteht nur für solche Zeiten der Arbeitsbereitschaft, des Bereitschaftsdienst und der Rufbereitschaft, die nach obigen Regeln als Arbeitszeit zu werten sind (ErfK/Franzen § 1 MiLoG Rn 4; vgl auch BAG 19. 11. 2014 – 5 AZR 1101/12, BeckRS 2014, 74316).

b) Mehrarbeit und Kurzarbeit

1075 Quantitative Mehrarbeit (Überstunden) und Kurzarbeit liegen nur vor, wenn die der **Arbeitszeitverteilung vorgegebene regelmäßige Dauer der Arbeitszeit vorübergehend geändert**, also verlängert bzw verkürzt wird. Da es um den zeitlichen Umfang der vertraglich geschuldeten Arbeitsleistung geht, hat der Arbeitgeber ein einseitiges Leistungsbestimmungsrecht nur, wenn es ihm durch Tarifvertrag, Betriebsvereinbarung (eine formlose Regelungsabrede genügt nicht, BAG 14. 2. 1991 – 2 AZR 415/90, AP Nr 4 zu § 615 BGB Kurzarbeit) oder Einzelarbeitsvertrag eingeräumt ist (vgl BAG 14. 2. 1991 – 2 AZR 415/90). Die Einräumung eines solchen einseitigen Leistungsbestimmungsrechts unterliegt aber Grenzen, insbesondere hinsichtlich der Dauer, für die Kurzarbeit angeordnet werden darf, da es anderenfalls zu einer Umgehung des Kündigungsschutzes käme (vgl BAG 18. 10. 1994 – 1 AZR 503/93, AP Nr 11 zu § 615 BGB Kurzarbeit; BAG 3. 5. 2006 – 1 ABR 14/05, AP Nr 119 zu § 87 BetrVG 1972 Arbeitszeit). Dabei ist höchstrichterlich bis jetzt nicht geklärt, inwieweit dem Arbeitgeber im Formulararbeitsvertrag wirksam das Recht zur einseitigen Anordnung von Kurzarbeit eingeräumt werden kann (näher Bauer/Günther BB 2009, 662 [664 f]). Bei rechtswidriger Anordnung von Kurzarbeit gerät der Arbeitgeber in Annahmeverzug.

1076 Der Arbeitnehmer ist ohne eine entsprechende Vereinbarung grundsätzlich nicht zur Erbringung von **Überstunden**, dh zur Arbeit über die vertraglich vereinbarte Arbeitszeit hinaus, verpflichtet; etwas anderes kann in Ausnahmefällen aus § 242 folgen (zB bei Katastrophen, vgl ArbG Leipzig 4. 2. 2003 – 7 Ca 6866/02, NZA-RR 2003, 365). Räumt ein Kollektivvertrag dem Arbeitgeber das Recht zur einseitigen Anordnung von Überstunden und zur Rückkehr zur Normalarbeitszeit ein, muss der Arbeitgeber billiges Ermessen walten lassen (§ 315, BAG 28. 11. 1984 – 5 AZR 123/83, AP Nr 1 zu § 4 TVG Bestimmungsrecht). Aus dem arbeitsrechtlichen Gleichbehandlungsanspruch kann ein Anspruch auf Zuweisung von Überstunden folgen (LAG Hessen 12. 9. 2001 – 8 Sa 1122/00, NZA-RR 2002, 348). Allein aus der Tatsache, dass der Arbeitnehmer über einen längeren Zeitraum Überstunden leistet, lässt sich keine einvernehmliche Verlängerung der regelmäßigen Arbeitszeit herleiten (BAG 22. 4. 2009 – 5 AZR 133/08, DB 2009, 1652). Von der Frage, ob der Arbeitnehmer verpflichtet ist, Überstunden zu leisten, ist das Problem zu trennen, ob er für geleistete Überstunden einen Lohnanspruch hat (s § 612 Rn 30 ff) und ggf Überstundenzuschläge (Rn 1462) verlangen kann.

1077 Nach § 87 Abs 1 Nr 3 BetrVG hat der **Betriebsrat** über die vorübergehende Verkürzung oder Verlängerung der betriebsüblichen Arbeitszeit mitzubestimmen, und zwar sowohl bei tarifvertraglicher Einräumung des Rechts zur einseitigen Anordnung der Mehr-/Kurzarbeit als auch bei deren einvernehmlichen Einführung (BAG 25. 11. 1981 – 4 AZR 274/79, DB 1982, 909; BAG 24. 4. 2007 – 1 ABR 47/06, AP Nr 124 zu § 87

BetrVG 1972 Arbeitszeit; vgl Richardi, in: Richardi, BetrVG § 87 Rn 336 ff). Dagegen hat der Personalrat bei der Einführung von Kurzarbeit kein Mitbestimmungsrecht, da § 75 BPersVG keine § 87 Abs 1 Nr 3 BetrVG vergleichbare Vorschrift enthält (BAG 10. 10. 2006 – 1 AZR 811/05, AP Nr 85 zu § 75 BPersVG). Wird durch die in einer Betriebsvereinbarung geregelten Kurzarbeit die Arbeitszeit auf Null reduziert, wird der Arbeitnehmer auch dann von seiner Arbeitspflicht befreit, wenn der Arbeitgeber zuvor für den gleichen Zeitraum Urlaub gewährt hatte; beruhte die Einführung der Kurzarbeit auf betrieblichen oder sonst vom Arbeitgeber zu vertretenden Gründen, hat der Arbeitnehmer Anspruch auf Ersatzurlaub aus §§ 280 Abs 1, 3, 283 (BAG 16. 12. 2008 – 9 AZR 164/08, AP Nr 40 zu § 7 BUrlG; zum Verhältnis von Kurzarbeit und Urlaub vgl Bauer/Kern NZA 2009, 925).

Von der arbeitsrechtlichen Behandlung von Kurzarbeit ist die sozialrechtliche Frage **1078** des Bezugs von **Kurzarbeitergeld** (§§ 95 ff SGB III) oder **Saison-Kurzarbeitergeld** (§§ 101 SGB III) zu trennen.

c) Arbeitszeitkonto

Beim Begriff „Arbeitszeitkonto" ist zu unterscheiden: **Kurzzeitkonten** dienen der **1079** Flexibilisierung der Arbeitszeit, indem für einen bestimmten Zeitraum (zB ein Jahr) ein bestimmtes Arbeitsvolumen vereinbart wird, das – wie zB bei der Saisonarbeit – flexibel auf diesen Zeitraum verteilt werden kann (vgl Kroll, Arbeitszeitkonten und ihre Abwicklung [2004] 45 ff; im Unterschied zur Abrufarbeit, § 12 TzBfG, kann aber bei einem kurzfristigen Arbeitsmehrbedarf die vereinbarte Arbeitszeit nur mit Zustimmung des Arbeitnehmers erhöht werden, vgl ErfK/Wank § 3 ArbZG Rn 20). Durch diese Zwecksetzung unterscheiden sie sich von **Langzeit-** und **Lebensarbeitszeitkonten**, bei denen durch über die vereinbarte regelmäßige Arbeitszeit hinausgehende Arbeitsleistungen und/oder durch die Stundung von in dieser entstehenden Entgeltansprüchen ein Guthaben angespart wird mit dem Ziel einer späteren längerfristigen Freistellung; beim Langzeitkonto geht es dabei vor allem um einen zeitweisen Ausstieg aus dem Berufsleben („sabbatical", näher Höfer/Greiwe BB 2006, 2242 ff; Wellisch/Lenz DB 2008, 2762), beim Lebensarbeitszeitkonto um die „Frühverrentung" (ausf Heide, Lebensarbeitszeitkonten aus arbeitsrechtlicher Sicht [2008] 26 ff; Klemm NZA 2006, 946 ff).

Gemeinsam ist allen drei Formen, dass die Abrede im Zweifel so zu verstehen ist, **1080** dass **spätestens bei Ende des Arbeitsverhältnisses das Konto auszugleichen** ist. Bei einem negativen Zeitguthaben hat der Arbeitnehmer den darin liegenden Lohnvorschuss daher an den Arbeitgeber zurückzuzahlen (BAG 13. 12. 2000 – 5 AZR 334/99, AP Nr 31 zu § 394 BGB; siehe auch Staudinger/Richardi/Fischinger [2016] § 614 Rn 5, 52); ist der Ausgleich während des laufenden Arbeitsverhältnisses vorzunehmen (zB Kurzzeitkonten), kann dies per Verrechnung mit den Lohnforderungen des Arbeitnehmers geschehen (vgl BAG 13. 12. 2000 – 5 AZR 334/99), wobei § 394 keine Anwendung findet. Diese Ausgleichspflicht gilt natürlich auch umgekehrt. Der Arbeitgeber kann dabei einseitig Freizeitausgleich statt Überstundenvergütung nur anordnen, wenn dies vertraglich geregelt ist (vgl BAG 18. 9. 2001 – 9 AZR 307/00, AP Nr 37 zu § 611 BGB Mehrarbeitsvergütung); eine solche Vereinbarung ist auch in AGB möglich (MünchKomm/Müller-Glöge § 611 Rn 1057). Ist Freizeitausgleich vereinbart, kann der Arbeitgeber den Anspruch hierauf (anders als den Urlaubsanspruch) auch durch eine widerrufliche Freistellung erfüllen (BAG 19. 5. 2009 – 9 AZR 433/08, DB 2009, 2103 [2105]).

1081 Kurz- und Langzeitkonten werden seit dem 1.1.2009 sozialversicherungsrechtlich nicht mehr als Wertguthaben angesehen (Gesetz zur Verbesserung der Rahmenbedingungen für die Absicherung flexibler Arbeitszeitregelungen und zur Änderung anderer Gesetze [„Flexi II"] vom 21.12.2008, BGBl I 2940; s Ars/Blümke/Scheithauer BB 2009, 1358; Cisch/Ulbrich BB 2009, 550), § 7b Nr 2 SGB IV. Sie müssen daher nicht den strengen Anforderungen an Wertguthabenvereinbarungen, vor allem der **Insolvenzsicherungspflicht** nach § 7e SGB IV, genügen. Für den gesetzlichen Mindestlohn nach dem MiLoG ist in Bezug auf Arbeitszeitkonten die Sonderregelung des **§ 2 Abs 2 MiLoG** zu beachten (s auch Rn 1366).

3. Anspruch auf Teilzeitarbeit

1082 Nach § 8 Abs 1 TzBfG kann ein **Arbeitnehmer, dessen Arbeitsverhältnis länger als sechs Monate bestanden hat**, verlangen, dass seine **vertraglich vereinbarte Arbeitszeit verringert** wird, sofern der Arbeitgeber, unabhängig von der Anzahl der Personen in Berufsbildung, **in der Regel mehr als 15 Arbeitnehmer beschäftigt** (§ 8 Abs 7 TzBfG). § 8 TzBfG unterscheidet zwischen der gewünschten Verringerung der Arbeitszeit (Abs 2 S 1) und der gewünschten Verteilung der Arbeitszeit (Abs 2 S 2); der Arbeitnehmer kann seinen Wunsch nach einer Verringerung der Arbeitszeit aber davon abhängig machen, dass der Arbeitgeber auch der gewünschten Verteilung zustimmt (BAG 24.6.2008 – 9 AZR 514/07, AP Nr 26 zu § 8 TzBfG). Keine Rolle spielt, in welchem Umfang der Arbeitnehmer eine Arbeitszeitreduzierung will; da § 8 TzBfG insoweit keine Mindestvorgaben macht, ist auch ein nur geringfügiges Reduzierungsverlangen nicht rechtsmissbräuchlich (BAG 11.6.2013 – 9 AZR 786/11, NZA 2013, 1074 [1075]). Auch gilt § 8 TzBfG nicht nur für Vollzeitarbeitnehmer, sondern auch für Teilzeitbeschäftigte, die mithin eine (weitere) Reduktion verlangen können (BAG 13.11.2012 – 9 AZR 259/11, NZA 2013, 373 [374]). Der Arbeitgeber ist verpflichtet, sowohl die gewünschte Verringerung der Arbeitszeit als auch deren Verteilung mit dem Arbeitnehmer mit dem Ziel der Einigung zu erörtern. Die Verletzung dieser Verhandlungsobliegenheit führt aber nicht dazu, dass eine Vereinbarung fingiert wird (vgl BAG 18.2.2003 – 9 AZR 356/02, BAGE 105, 133).

1083 Der Arbeitgeber hat der **Verringerung der Arbeitszeit zuzustimmen** und ihre Verteilung entsprechend den Wünschen des Arbeitnehmers festzulegen, **soweit betriebliche Gründe nicht entgegenstehen** (§ 8 Abs 4 S 1 TzBfG). Die Einzelheiten regelt § 8 Abs 4 S 2 bis 4, Abs 5 TzBfG.

1084 Ob einem mit dem Verlangen nach Verringerung der Arbeitszeit verbundenen Wunsch auf Festlegung der Lage der Arbeitszeit genügend gewichtige betriebliche Gründe entgegenstehen, ist in drei Stufen zu prüfen:

– Zunächst ist das vom Arbeitgeber aufgestellte und durchgeführte Organisationskonzept festzustellen, das der vom Arbeitgeber als betrieblich erforderlich angesehenen Arbeitszeitregelung zugrunde liegt,

– dann ist zu überprüfen, ob die vom Organisationskonzept bedingte Arbeitszeitregelung tatsächlich der gewünschten Änderung der Arbeitszeit entgegensteht,

– abschließend ist zu prüfen, ob das Gewicht der entgegenstehenden betrieblichen

Gründe so erheblich ist, dass die Erfüllung des Arbeitszeitwunsches des Arbeitnehmers zu einer wesentlichen Beeinträchtigung der Arbeitsorganisation, des Arbeitsablaufs, der Sicherung des Betriebs oder zu einer unverhältnismäßigen wirtschaftlichen Belastung des Betriebs führen würde (vgl BAG 18. 2. 2003 – 9 AZR 164/02, BAGE 105, 107; BAG 30. 9. 2003 – 9 AZR 665/02, AP Nr 5 zu § 8 TzBfG).

Der in § 8 Abs 4 TzBfG geregelte Anspruch des Arbeitnehmers auf Verringerung **1085** der Arbeitszeit und ihre Verteilung ist **zwingend** und **bindet auch die Tarifvertragsparteien** (§ 22 Abs 1 TzBfG; BAG 18. 3. 2003 – 9 AZR 164/02, BAGE 105, 248 [251]).

§ 8 TzBfG hat dem Arbeitnehmer ein **Gestaltungsrecht zur Änderung des Vertrags- 1086 inhalts** zugewiesen. Dadurch wird der Arbeitgeber mittelbar einem Kontrahierungszwang unterworfen, der durch unbestimmte Rechtsbegriffe konkretisiert wird (so auch die Beurteilung in BAG 18. 2. 2003 – 9 AZR 164/02, BAGE 105, 107 [117]). Das BAG ist aber gleichwohl zu dem Ergebnis gelangt, dass § 8 TzBfG nicht gegen das Grundgesetz verstößt (BAG 18. 2. 2003 – 9 AZR 164/02, BAGE 105, 107 [117 ff]).

Neben § 8 TzBfG existiert eine Reihe von Sondervorschriften. So gibt **§ 81 Abs 5 S 3** **1087** **SGB IX schwerbehinderten Menschen** einen speziellen Anspruch auf Teilzeitarbeit. Darüber hinaus enthalten **§ 15 Abs 5–7 BEEG**, **§ 3 PflegeZG** sowie **§ 2 FPflZG** (dazu Rn 1112 ff) Sonderregelungen, die eine – wenn auch nur zeitweise – Reduzierung der Arbeitszeit ermöglichen (vgl Joussen NZA 2005, 336 ff).

4. Anspruch auf Verlängerung der Arbeitszeit

Das Pendant zu § 8 TzBfG enthält **§ 9 TzBfG**. Dieser setzt insbesondere voraus, dass **1088** im Betrieb ein Arbeitsplatz zu besetzen ist, der der vom Arbeitnehmer gewünschten längeren Arbeitszeit entspricht (näher BAG 15. 8. 2006 – 9 AZR 8/06, AP Nr 1 zu § 9 TzBfG) und dieselben persönlichen und fachlichen Voraussetzungen an die Eignung stellt wie der vom Arbeitnehmer bisher besetzteN Stelle (BAG 8. 5. 2007 – 9 AZR 874/06 und 16. 9. 2008 – 9 AZR 781/07, AP Nr 3 und 6 zu § 9 TzBfG). Ein teilzeitbeschäftigter Arbeitnehmer hat Anspruch auf Verlängerung der Arbeitszeit, die mit einem Wechsel auf einen Arbeitsplatz mit einer höherwertigen Tätigkeit verbunden ist, nur in Ausnahmefällen (BAG 16. 9. 2008 – 9 AZR 78/07). Wie § 8 begründet auch § 9 TzBfG ggf einen mittelbaren Kontrahierungszwang für den Arbeitgeber.

III. Klage auf Erfüllung der Arbeitspflicht und Vollstreckung des Urteils

Unterbleibt die geschuldete Dienstleistung, so kann der Dienstberechtigte per Leis- **1089** tungsklage eine Verurteilung zur Arbeitsleistung erwirken. Das gilt auch, wenn es sich um ein Arbeitsverhältnis handelt (ebenso MünchKomm/Müller-Glöge § 611 Rn 1033; ErfK/Preis § 611 Rn 695; HWK/Thüsing § 611 Rn 344).

Allerdings kann ein Urteil auf Leistung der geschuldeten Dienste, soweit sie wie im **1090** Regelfall in Person zu leisten sind (§ 613 S 1), zum Schutz der Menschenwürde nicht im Wege der **Zwangsvollstreckung** erzwungen werden (§ 888 Abs 3 ZPO; BAG 5. 2. 2009 – 6 AZR 110/08, NZA 2009, 1215 [1216]; ErfK/Preis § 611 Rn 695; HWK/Thüsing § 611 Rn 344; Hueck/Nipperdey I 212 Fn 61; Nikisch I 281; Reichold, MünchArbR § 38 Rn 2 f) und hat daher vorwiegend Appellcharakter (ebenso MünchKomm/Müller-Glöge § 611

§ 611

Rn 1033). Im arbeitsgerichtlichen Verfahren ist aber mit der Verurteilung zur Arbeitsleistung auf Antrag des Arbeitgebers zugleich eine Entschädigung für den Fall festzusetzen, dass der Arbeitnehmer nicht innerhalb einer im Urteil festzusetzenden Frist seiner Arbeitsleistung nachkommt (§ 61 Abs 2 ArbGG). Es handelt sich insoweit nicht um eine *Zwangsvollstreckungsmaßnahme,* sondern um eine *Schadensersatzleistung,* die den dem Arbeitgeber entstandenen Schaden nicht übersteigen darf (vgl BAG 5. 6. 1985 – 4 AZR 533/83 und 27. 8. 1986 – 4 AZR 280/85, AP Nr 67 und 70 zu § 1 TVG Tarifverträge: Bau). Ggf kann der Arbeitgeber auch aus einer wirksamen Vertragsstrafenabrede gegen den Arbeitnehmer vorgehen (s Rn 1290 ff).

1091 Soweit eine Zwangsvollstreckung ausscheidet, kann auch keine **einstweilige Verfügung** zur Arbeitsleistung ergehen (ebenso LAG Baden-Württemberg 27. 1. 1958 – VII Ta 2/58, AP Nr 5 zu § 611 BGB Anspruch auf Arbeitsleistung; LAG Frankfurt aM 19. 10. 1989 – 3 SaGa 1120/89, NZA 1990, 614; MünchKomm/MÜLLER-GLÖGE § 611 Rn 1034; NIKISCH I 281 f; REICHOLD, MünchArbR § 38 Rn 4; **aA** für Zulässigkeit unter Ausschluss der Androhung einer Zwangsmaßnahme LAG Bremen 9. 11. 1955 – Ta 15/55, AP Nr 3 zu § 611 BGB Anspruch auf Arbeitsleistung; HUECK/NIPPERDEY I 212 Fn 61).

1092 Hat der vertragsbrüchige Arbeitnehmer eine **andere Arbeit** aufgenommen, so kann ihm dies nicht durch einstweilige Verfügung untersagt werden (ebenso LAG Berlin 23. 9. 1965 – 6 Ta 5/65, AP Nr 6 zu § 888 ZPO; ArbG Hamburg 14. 7. 1955 – 1 Ca 418/55, AP Nr 2 zu § 611 BGB Anspruch auf Arbeitsleistung; ArbG Wetzlar 28. 10. 1955 – AG 345/55, AP Nr 4 zu § 611 BGB Anspruch auf Arbeitsleistung). Bereits der Verfügungsanspruch ist nicht gegeben. Der Anspruch auf Erfüllung umfasst zwar den Anspruch auf Unterlassung einer Handlung, der eine Vertragserfüllung vereitelt; es handelt sich insoweit aber nicht um einen selbstständigen Anspruch (ebenso REICHOLD, MünchArbR § 38 Rn 6). Der Arbeitgeber kann dem Vertragsbruch nur dadurch begegnen, dass er den Arbeitnehmer auf Erfüllung des Arbeitsvertrages verklagt oder Schadensersatz wegen Nichterfüllung verlangt (so zutreffend NIKISCH, Anm AP Nr 4 zu § 611 BGB Anspruch auf Arbeitsleistung).

1093 Liegt dagegen in der Tätigkeit bei einem anderen Arbeitgeber eine **schädigende Wettbewerbshandlung**, so besteht insoweit ein selbstständiger Anspruch auf Unterlassung, der auch durch Erlass einer einstweiligen Verfügung durchgesetzt werden kann. Gegen den neuen Arbeitgeber kommt aber keine einstweilige Verfügung des Inhalts in Betracht, den Arbeitnehmer nicht zu beschäftigen (ebenso LAG Berlin 23. 9. 1965 – 6 Ta 5/65, AP Nr 6 zu § 888 ZPO).

IV. Befreiung von der Pflicht zur Dienstleistung

1. System der Befreiungsregelung

1094 Seit dem Schuldrechtsmodernisierungsgesetz vom 26. 11. 2001 (BGBl I 3138) sind mit dem Leistungsstörungsrecht die Grenzen rechtsgeschäftlicher Leistungspflichten neu gezogen. Die Ausrichtung des Leistungsstörungsrechts an der Unmöglichkeit wurde durch die Schaffung eines einheitlichen Haftungstatbestandes ersetzt, für den der zentrale Begriff die „Pflichtverletzung" ist (§ 280 Abs 1). Die Unmöglichkeit als Leistungsstörungstatbestand wurde aber gleichwohl nicht preisgegeben; denn nach § 275 Abs 1 ist der Anspruch auf Leistung ausgeschlossen, soweit diese für den

Schuldner oder für jedermann unmöglich ist. Die Zurückdrängung an den Rand begründet der Gesetzgeber mit dem Hinweis, die Unmöglichkeit spiele „in der Rechtswirklichkeit heute eine völlig untergeordnete Rolle", der die „Neuordnung des Leistungsstörungsrechts auch durchweg Rechnung trägt" (Begründung des RegE, BT-Drucks 14/6040, 128).

Hier irrte der Gesetzgeber, soweit es um die Dienstleistungsschuld aus dem Dienst- **1095** vertrag geht; denn für sie trifft seine Beurteilung, die Unmöglichkeit sei ein „Randfall der Leistungsstörungen" geworden (BT-Drucks 14/6040, 134), nicht zu. Die Dienstleistungspflicht wird anders als die Pflicht zur Herbeiführung eines Arbeitserfolgs aus dem Werkvertrag durch die zeitliche Festlegung ihrer Erbringung spezifiziert (s Rn 1055 ff). Fremdbezogen ist nicht nur der Umfang der geschuldeten Dienstleistung, sondern auch deren Erbringung (§ 613 S 1). Selbst wenn ein Arbeitnehmer selbst bestimmt, wann er arbeitet (etwa bei Gleitzeitarbeit), führt die Nichterbringung der Arbeitsleistung innerhalb des vorgesehenen Zeitraums zur Unmöglichkeit (BAG 9. 4. 2014 – 10 AZR 637/13, NZA 2014, 719 [720]); denn wegen des Inhalts der rechtsgeschäftlichen Leistungspflicht ist eine nachgeholte Dienstleistung eine andere als die ursprünglich geschuldete Dienstleistung (Picker JZ 1985, 641, 693 [699]; ders, in: FS Kissel [1994] 813 [822]). Unzweifelhaft besteht bei deren Nichterbringung daher kein vertraglicher Primäranspruch des Arbeitgebers auf „Nacharbeit", sondern es geht ausschließlich um die Frage, wer die Gegenleistungsgefahr zu tragen hat, ob also gleichwohl ein Anspruch auf die vereinbarte Vergütung besteht, und ob die nachgeholte Dienstleistung als Naturalrestitution wegen einer Schadensersatzpflicht des Dienstverpflichteten in Betracht kommt.

Die Befreiung von der Leistungspflicht regelt § 275. Das gilt auch für die Dienst- **1096** leistungsschuld. § 275 bestimmt in seinem Abs 1, dass der **Anspruch auf Leistung von Gesetzes wegen ausgeschlossen** ist, soweit diese für den Schuldner und für jedermann **unmöglich** ist, wobei unerheblich ist, ob er die Unmöglichkeit zu vertreten hat. § 275 Abs 2, 3 gewährt anders als Abs 1 nur ein **Leistungsverweigerungsrecht**, und zwar in Abs 2 für die sog **faktische Unmöglichkeit**, wenn die Behebung des Leistungshindernisses zwar möglich ist, aber einen Aufwand erfordert, der unter Beachtung des Inhalts des Schuldverhältnisses und der Gebote von Treu und Glauben in einem groben Missverhältnis zu den Leistungsinteressen des Gläubigers steht (vgl Staudinger/Caspers [2014] § 275 Rn 87 ff), und in Abs 3 für den Fall der **persönlichen Unzumutbarkeit** (vgl Staudinger/Caspers [2014] § 275 Rn 108 ff; s hier Rn 1101 ff). Von der Befreiung von der Arbeitspflicht wegen Unmöglichkeit (Nichtleistung) ist die **Schlechtleistung** zu unterscheiden (Rn 1282 ff).

2. Unmöglichkeit der Leistungserbringung

a) Verschuldensunabhängiger Befreiungsgrund
Der **Anspruch auf Leistung** ist **ausgeschlossen, soweit diese für den Schuldner oder für** **1097** **jedermann unmöglich ist** (§ 275 Abs 1). Bis zur Schuldrechtsreform war der auf eine unmögliche Leistung gerichtete Vertrag nichtig (§ 306 aF). Der Unterschied zwischen **anfänglicher** und **nachträglicher Unmöglichkeit** ist **insoweit** entfallen; denn der Wirksamkeit eines Vertrags steht es nicht entgegen, dass der Schuldner nach § 275 Abs 1 nicht zu leisten braucht und das Leistungshindernis schon bei Vertragsschluss vorliegt (§ 311a Abs 1). Schließt ein Arbeitnehmer mit zwei untereinander konkur-

rierenden Arbeitgebern gleichzeitig Arbeitsverträge ab, nach deren Inhalt er nur für einen Arbeitgeber und nicht für den damit konkurrierenden Arbeitgeber tätig werden darf, so sind beide Arbeitsverträge wirksam abgeschlossen (ebenso zur Rechtslage vor der Schuldrechtsreform unter Verneinung einer anfänglichen objektiven Unmöglichkeit iS des § 306 aF BAG 26. 3. 1965 – 3 AZR 248/63, AP Nr 1 zu § 306 BGB).

1098 Wenn – wie im Regelfall – die Dienste in Person zu leisten sind (§ 613 S 1), gehört die persönliche Erbringung der Dienstleistung zum Inhalt der Leistungspflicht. Eine Grenze zwischen **objektiver** und **subjektiver Unmöglichkeit** lässt sich deshalb hier strenggenommen nicht ziehen. Wenn nämlich von vornherein nur einer leisten kann, kann bei seinem Unvermögen keiner leisten (so zutreffend ENNECCERUS/LEHMANN, Schuldrecht § 29 I 3).

1099 Neben der Unmöglichkeit aufgrund von tatsächlichen Umständen nennt der Gesetzgeber als Beispiel die „rechtliche Unmöglichkeit, etwa bei einem Arbeitsverbot" (Begründung des RegE, BT-Drucks 14/6040, 129). Als Fall einer Unmöglichkeit wird auch die krankheitsbedingte Arbeitsunfähigkeit eines Arbeitnehmers genannt (vgl CANARIS JZ 2001, 499 [501 Fn 33, 504 Fn 54]). Der entscheidende Gesichtspunkt für die Unmöglichkeit als Leistungsbefreiungstatbestand in diesem Fall ist aber, dass nach dem Inhalt des Arbeitsvertrags keine Leistung abverlangt werden kann, die zwar faktisch durchaus möglich ist, aber einen Aufwand erfordert, der nach dem Inhalt des rechtsgeschäftlichen Leistungsversprechens nicht zugemutet werden kann (ebenso LOBINGER, Die Grenzen rechtsgeschäftlicher Leistungspflichten [2004] 84 ff). Damit ist die Grenze zu § 275 Abs 2 fließend, der die Leistungspflicht nicht von Gesetzes wegen entfallen lässt, sondern ein Leistungsverweigerungsrecht einräumt.

b) Abgrenzung vom Leistungsstörungstatbestand der Unmöglichkeit

1100 Für die Dienstleistungsschuld hat **§ 275 Abs 1** eine **doppelte Funktion**: Unter dem Aspekt, den die Bestimmung primär im Visier hat, begrenzt sie die *Leistungspflicht*, dem § 275 geht es nämlich mit all seinen Absätzen um „diese auf den Zeitraum *vor* der Nichterfüllung bezogene und damit inhaltlich auf die Grenzen der Leistungspflicht zielende Frage" (LOBINGER, Die Grenzen rechtsgeschäftlicher Leistungspflichten [2004] 253 Fn 42). Zugleich enthält § 275 Abs 1 aber auch einen *Leistungsstörungstatbestand*, weil er auch eingreift, soweit wegen des Fixschuldcharakters der Dienstleistungsschuld die nachgeholte Dienstleistung eine andere als die ursprünglich geschuldete Dienstleistung ist (s Rn 1064). Für den Eintritt dieses Leistungsstörungstatbestandes ist unerheblich, ob der Erbringung der Dienstleistung ein Arbeitsverbot entgegensteht oder eine krankheitsbedingte Arbeitsunfähigkeit vorliegt. Dies wird ohne Weiteres deutlich, wenn ein Arbeitnehmer trotzdem tätig wird. Die Leistungsstörung, die als Unmöglichkeit einzuordnen ist, tritt erst ein, wenn der Arbeitnehmer infolge des Arbeitsverbots oder der ärztlich festgestellten Arbeitsunfähigkeit nicht zu der festgelegten Zeit seine Arbeitsleistung erbringt. Für die Qualifizierung als Unmöglichkeit spielt aber keine Rolle, ob eine Leistungspflicht oder ein Leistungsverweigerungsrecht besteht. § 275 Abs 1 erfasst daher auch die Nichterfüllung der Arbeitspflicht ohne die in der alten Fassung enthaltene Klarstellung über die Leistungsgefahr. Wer sie zu tragen hat, ergibt sich vielmehr nur mittelbar aus der Regelung der Vergütungspflicht in § 326 Abs 2 und der Schadensersatzpflicht in § 280 Abs 1 (s Rn 1268 ff).

3. Leistungsverweigerungsrecht bei persönlicher Unzumutbarkeit

a) Struktur und rechtsdogmatische Einordnung des § 275 Abs 3

Nach der gesetzgeberischen Konzeption ist das in § 275 Abs 3 geregelte Leistungsverweigerungsrecht ein Fremdkörper; denn es geht bei ihm nicht um Fälle der Unmöglichkeit, sondern der Leistungserschwerung, deren Regelung gesetzessystematisch § 313 zugewiesen ist (vgl LOBINGER, Die Grenzen rechtsgeschäftlicher Leistungspflicht [2004] 74 ff). Es handelt sich also dogmatisch um ein „Stück § 313 in § 275 BGB" (LOBINGER, Die Grenzen rechtsgeschäftlicher Leistungspflichten [2004] 66). Das Leistungsverweigerungsrecht ist auf Leistungen begrenzt, die persönlich zu erbringen sind. Ausdrücklich heißt es in der Begründung des RegE, die Sonderregelung betreffe „vor allem Arbeits- und Dienstverträge" (zum entsprechenden § 275 Abs 2 S 2 RegE BT-Drucks 14/6040, 130). Als Beispiele werden der Fall der Sängerin genannt, die sich aufzutreten weigere, weil ihr Kind lebensgefährlich erkrankt sei (vgl BAG 21. 5. 1992 – 2 AZR 10/92, AP Nr 29 zu § 1 KSchG 1969 Verhaltensbedingte Kündigung; s auch LAG Hamm 27. 8. 2007 – 6 Sa 751/07), der Fall des Arbeitnehmers, der seine Arbeit nicht verrichten möchte, weil er in der Türkei zum Wehrdienst einberufen sei und bei Nichtbefolgung des Einberufungsbefehls mit der Todesstrafe rechnen müsse (vgl BAG 22. 12. 1982 – 2 AZR 282/82, AP Nr 23 zu § 123 BGB; s aber auch BAG 20. 5. 1988 – 2 AZR 682/87, AP Nr 9 zu § 1 KSchG 1969 Personenbedingte Kündigung), weiterhin während der Arbeitszeit notwendige Arztbesuche und Ladung zu Behörden und Gerichtsterminen (BT-Drucks 14/6040, 130). Da es sich um eine Einrede handelt, hat der Arbeitnehmer die Wahl, ob er die Arbeitsleistung erbringt oder nicht.

b) Inhalt und Reichweite des Leistungsverweigerungsrechts

Für den Fall, dass der Schuldner – wie nach § 613 S 1 im Regelfall für die Dienstleistungsschuld – die Leistung persönlich zu erbringen hat, kann er sie gemäß § 275 Abs 3 verweigern, wenn die Leistung ihm „unter Abwägung des seiner Leistung entgegenstehenden Hindernisses mit dem Leistungsinteresse des Gläubigers nicht zugemutet werden kann" (vgl STAUDINGER/CASPERS [2015] § 275 Rn 108 ff). Entscheidend ist daher eine Abwägung der widerstreitenden Interessen (vgl zB LAG Hamm 8. 11. 2007 – 15 Sa 271/07).

Die Nichtzumutbarkeit kann sich aus verschiedenen Gründen ergeben. § 275 Abs 3 greift regelmäßig ein, wenn sich der Arbeitnehmer durch die Arbeitsleistung erheblichen Gesundheitsgefahren oder gar dem Risiko des Todes aussetzen würde oder ein entsprechender objektiv begründeter Verdacht diesbezüglich besteht; etwas anderes gilt, wenn dies wie zB beim Feuerwehrmann oder beim Polizisten zum Berufsbild gehört (MünchKomm/MÜLLER-GLÖGE § 611 Rn 1037). § 275 Abs 3 kann auch vorliegen, wenn der Arbeitnehmer durch die Arbeit in einen **Gewissenskonflikt** käme (vgl BIRK, Die arbeitsrechtliche Leitungsmacht [1973] 314 ff; OTTO, Personale Freiheit und soziale Bindung [1978] 106 ff; REUTER BB 1986, 385 ff; KOHTE NZA 1989, 161 ff; KONZEN/RUPP, Gewissenskonflikte im Arbeitsverhältnis [1990]; S BAUER, Gewissensschutz im Arbeitsverhältnis [2004, Diss Regensburg 2003]; aus der Rechtsprechung zur alten Rechtslage vgl BAG 10. 10. 2002 – 2 AZR 472/01, AP Nr 44 zu § 1 KSchG 1969 Verhaltensbedingte Kündigung; LAG Hamm 26. 2. 2002 – 5 Sa 1582/01, AP Nr 3 zu § 611 BGB Gewissensfreiheit), und zwar auch dann, wenn der Gewissenskonflikt vorhersehbar war; ggf kommt dann aber ein Schadensersatzanspruch des Arbeitgebers aus § 311a Abs 2 in Betracht (MünchKomm/MÜLLER-GLÖGE § 611 Rn 1038). Die Verfasser des RegE zu § 275 Abs 3 (§ 275 Abs 2 S 2) gingen davon aus, dass die Leistungsverweigerung aus Gewissensgründen nicht unter § 275 Abs 3, sondern in den Anwendungsbereich der Lehre vom Wegfall der Geschäftsgrundlage falle (§ 313) oder über die Anwendung von Treu und Glauben (§ 242) zu lösen sei (BT-Drucks 14/6040, 130). Dabei handelt es sich allerdings um eine Fehlbeurteilung; denn nach dem Gesetzestext ist § 275 Abs 3 einschlägig (ebenso HENSSLER RdA 2002, 129 [131]).

1104 Der Arbeitnehmer ist nicht verpflichtet, **Streikarbeit** zu leisten (s aber Rn 1049, 1155). Für die gewerbliche Arbeitnehmerüberlassung bestimmt daher § 11 Abs 5 AÜG, dass der Leiharbeitnehmer nicht verpflichtet ist, bei einem Entleiher tätig zu sein, soweit dieser durch einen Arbeitskampf unmittelbar betroffen ist, worauf ihn der Verleiher hinzuweisen hat. Nach § 12 SchKG ist niemand verpflichtet, an einem **Schwangerschaftsabbruch mitzuwirken**, sofern dies nicht notwendig ist, um von der Frau eine anders nicht abwendbare Gefahr des Todes oder einer schweren Gesundheitsschädigung abzuwenden (s auch Rn 1879). Im Allgemeinen bestehen für die Fälle eines Gewissenskonflikts am Arbeitsplatz aber keine Gesetzesbestimmungen, die für die Problemlösung einen Anhaltspunkt bieten. Die grundrechtlich gewährleistete Gewissensfreiheit (Art 4 Abs 1 GG) umfasst die Freiheit der *Gewissensverwirklichung* (HERZOG, in: MAUNZ/DÜRIG, GG Art 4 Rn 135). Die (mittelbare) Drittwirkung des Grundrechts verbietet dem Arbeitgeber, den Arbeitnehmer in einen vermeidbaren Gewissenskonflikt zu stürzen (vgl BAG 29. 1. 1960 – 1 AZR 200/58, BAGE 9, 1 [3]; BAG 20. 12. 1984 – 2 AZR 436/83, BAGE 47, 363 = AP Nr 27 zu § 611 BGB Direktionsrecht mAnm BROX). Hat der Arbeitgeber nicht zu vertreten, dass der Arbeitnehmer in Gewissensnot gekommen ist, so entfällt, auch wenn die Nichterbringung der Arbeitsleistung keine Pflichtverletzung darstellt, nach § 326 Abs 1 S 1 der Anspruch auf das Arbeitsentgelt (ebenso zu § 323 aF KOHTE NZA 1989, 161 [165]). Der Arbeitgeber kann jedoch zur Vertragsanpassung verpflichtet sein, wenn er den Arbeitnehmer auf einem anderen Arbeitsplatz beschäftigen kann. Unterlässt er dies, so kommt er in Annahmeverzug und muss nach § 615 das Arbeitsentgelt fortzahlen (ebenso BROX, Anm zu BAG 20. 12. 1984 – 2 AZR 436/83, AP Nr 27 zu § 611 BGB Direktionsrecht). Der Wunsch, an einer Gewerkschaftssitzung teilzunehmen, berechtigt regelmäßig nicht zur Verweigerung der Arbeitsleistung nach § 275 Abs 3, zumindest dann nicht, wenn eine Verlegung der Sitzung auf außerhalb der Arbeitszeit nicht unmöglich ist (BAG 13. 8. 2010 – 1 AZR 173/09, NZA-RR 2010, 640 [641]; aA PASCHKE AuR 2010, 199). Ebenso wenig begründen geringfügige Änderungen an der von einer Schauspielerin zu spielenden Rolle ein Leistungsverweigerungsrecht (BAG 13. 6. 2007 – 5 AZR 564/06, NZA 2007, 974 [976]).

1105 Nach gesetzlicher Wertung ist ein Fall der Nichtzumutbarkeit die Dienstverhinderung in der Person des Dienstverpflichteten unter den Voraussetzungen des § 616 (vgl zum Gewissenskonflikt aber auch STAUDINGER/OETKER [2011] § 616 Rn 69). Der Schuldner wird in den dort genannten Grenzen nicht nur von seiner Verpflichtung zur Dienstleistung frei, sondern er behält auch den Anspruch auf die Vergütung; § 616 tritt an die Stelle des § 326 Abs 1.

1106 Die **Arbeitsunfähigkeit infolge Krankheit** kann sowohl unter § 275 Abs 1 als auch unter Abs 3 fallen. Richtigerweise ist zu differenzieren (vgl ErfK/PREIS § 611 Rn 685 mwNw): Ist dem Arbeitnehmer die Arbeitsleistung zwar möglich, droht ihm aber eine Verschlechterung seines Gesundheitszustandes, kommt Abs 3 in Betracht, da dies dem Arbeitnehmer unzumutbar sein kann; Abs 1 greift hingegen, wenn aufgrund der Krankheit die Arbeitserbringung objektiv unmöglich ist. Widersprechende ärztliche Gutachten, bei denen eines dazu rät, zugunsten des Genesungsprozesses der Arbeit fernzubleiben, begründen ein Leistungsverweigerungsrecht nach § 275 Abs 3 (LAG Sachsen 1. 12. 2006 – 3 Sa 229/06).

Für die Pflege und Versorgung **erkrankter Angehöriger** war zunächst allein § 275 **1107** Abs 3 einschlägig (vgl zB LAG Hamm 27. 8. 2007 – 6 Sa 751/07, juris Rn 31; BROSE NZA 2011, 719 [720]). Seit Schaffung des PflegeZG gehen jedoch dessen Regelungen als lex specialis vor, die ihn aber nur in ihrem Anwendungsbereich verdrängen (s auch Rn 1110 ff).

4. Folgen der Unmöglichkeit der Leistungserbringung

Nach § 275 wird der Arbeitnehmer (ggf nach Einredeerhebung) **von der Arbeits- 1108 pflicht frei**. Der Grundkonzeption nach **erlischt vice versa sein Vergütungsanspruch**, § 326 Abs 1 S 1; jedoch durchbrechen im Arbeitsrecht neben § 326 Abs 2 (weit überwiegende Verantwortlichkeit des Arbeitgebers für die Nichterbringung der Arbeitsleistung bzw Annahmeverzug) eine Reihe von Sonderregelungen den Grundsatz „Ohne Arbeit kein Lohn" (zB § 615 S 3, § 616; s aber STAUDINGER/OETKER [2011] § 616 Rn 69).

Hatte der Arbeitnehmer die Unmöglichkeit zu vertreten, kommen **Schadensersatz- 1109 ansprüche** (§§ 280 Abs 1, 3, 283 bzw § 311a Abs 2) in Betracht; hält man die Arbeitspflicht für (in Ausnahmefällen) nachholbar, ist auch §§ 280 Abs 1, 2, 286 möglich. Sinnvoller ist aber oft das Vorgehen über § 61 Abs 2 ArbGG (s auch Rn 1090). Ggf kann auch eine (außer-)ordentliche **Kündigung** (uU mit der Schadensersatznorm des § 628 Abs 2) ausgesprochen werden. Hat der Arbeitnehmer die Unmöglichkeit nicht verschuldet, scheidet zwar eine verhaltensbedingte Kündigung aus; in Betracht kommt aber uU eine personenbedingte Kündigung (BAG 24. 5. 1989 – 2 AZR 285/88, AP Nr 1 zu § 611 BGB Gewissensfreiheit). Schließlich kann eine **Vertragsstrafe** verwirkt sein, was aber deren wirksame vertragliche Vereinbarung voraussetzt (dazu Rn 1290 ff). Dagegen scheidet das Rücktrittsrecht des §§ 326 Abs 5, 323 im Arbeitsrecht aus, da es von der Kündigung verdrängt wird (CANARIS, in: FS Schmidt [2009] 177 [181]).

5. Wegfall der Dienstleistungspflicht nach PflegeZG und FPfZG*

Durch Art 3 des Gesetzes vom 28. 5. 2008 (BGBl I 874) wurde mit Wirkung zum 1. 7. **1110**

---

* **Schrifttum**: GÖTTLING/NEUMANN, Das neue Familienpflegezeitgesetz, NZA 2012, 119; GLATZEL, Fallen im Pflegezeitgesetz – für Arbeitnehmer und Arbeitgeber, NJW 2009, 1377; dies, Das neue Familienpflegezeitgesetz, NJW 2012, 1175; JOUSSEN, Streitfragen aus dem Pflegezeitgesetz, NZA 2009, 69; HOPFNER/ ZIMMERMANN/HÜMMER, Pflegezeitgesetz und Familienpflegezeitgesetz (2014); KOSSENS, Das neue Familienpflegezeitgesetz, PersR 2012, 17; LEHMANN, Familienpflegezeitgesetz (2012); S MÜLLER, Das Pflegezeitgesetz (PflegeZG) und seine Folgen für die arbeitsrechtliche Praxis, BB 2008, 1058; ders, Die Änderungen im Famlien- und Pflegezeitrecht, BB 2014, 3125; vPLETTENBERG, Die Arbeitsbefreiung nach dem Pflegezeitgesetz (2011); PREIS/NEHRING, Das Pflegezeitgesetz, NZA 2008, 729; SCHIEFER, Neues Pflegezeit- und Familienpflegezeitgesetz, P & R; 2014, 232; SCHIEFER/WORZALLA, Fami-

2008 das Gesetz über die Pflegezeit (PflegeZG) geschaffen, das mittlerweile durch das Familienpflegezeitgesetz vom 6. 11. 2011 (FPfZG, BGBl I 2564) ergänzt wurde. Ziel ist es jeweils, Beschäftigten zu ermöglichen, pflegebedürftige nahe Angehörige zu pflegen und damit die Vereinbarkeit von Beruf und Familie zu erhöhen (§ 1 PflegeZG bzw § 1 FPfZG). Erreicht werden soll zugleich eine Entlastung der Pflegekassen. Der **persönliche Anwendungsbereich** von PflegeZG und FPfZG ist denkbar weit, zählen doch nicht nur Arbeitnehmer, sondern auch zu ihrer Berufbildung (nicht: Berufs*aus*bildung, erfasst sind damit zB auch Beschäftigte im Sinne von § 26 BBiG) Beschäftigte sowie arbeitnehmerähnliche Personen zu den „Beschäftigten", § 7 Abs 1 PflegeZG. Die Einbeziehung arbeitnehmerähnlicher Personen führt zu systematischen Unstimmigkeiten, da diese über § 5 PflegeZG äußerst weitgehend gegen Kündigungen geschützt sind, obwohl sie traditionell überhaupt keinen Kündigungsschutz genießen (kritisch auch LINCK BB 2008, 2738). Auch der Bereich der „nahen Angehörigen" (§ 7 Abs 3 PflegeZG) ist weit gezogen und wurde mit Wirkung zum 1. 1. 2015 sogar noch um Stiefeltern, Partner einer lebenspartnerschaftsähnlichen Gemeinschaft sowie Schwägerinnen und Schwäger erweitert. Die Pflegebedürftigkeit bestimmt sich gemäß § 7 Abs 4 PflegeZG nach §§ 14, 15 SGB XI. In sachlicher Hinsicht enthalten PflegeZG und FPfZG im Wesentlichen **vier Kernrechte:**

1111 (1) Bei einer akuten Pflegesituation kann der Beschäftigte bis zu zehn Arbeitstage der Arbeit fernbleiben, um die sofortige Pflege des nahen Angehörigen sicherzustellen **(kurzzeitige Arbeitsverhinderung, § 2 Abs 1 PflegeZG).** Dogmatisch ist § 2 PflegeZG als Leistungsverweigerungsrecht und nicht als Anspruch auf Freistellung ausgestaltet. Der Arbeitnehmer, der sich auf § 2 PflegeZG beruft, trägt daher das Risiko, dass dessen Voraussetzungen nicht vorliegen und deshalb Schadensersatzansprüche des Arbeitgebers, Abmahnung und eine Kündigung des Arbeitsvertrags in Betracht kommen. § 2 PflegeZG ist auf Akutfälle begrenzt, dh auf plötzliche, unerwartete und unvermittelt auftretende Situationen (BAG 15. 11. 2011 – 9 AZR 348/10, NZA 2012, 323 [325]). Daher genügt es nicht, wenn nur absehbar in der (nahen) Zukunft ein Pflegebedarf entstehen wird, wenn bei einer bereits bestehenden Pflegebedürftigkeit keine gravierende Änderung stattfindet oder wenn bereits eine andere, zur Pflege fähige und dazu bereite Person die Pflege organisiert bzw den Angehörigen pflegt (HEXEL/LÜDERS NZS 2009, 264 [266]); dagegen genügt der unvorhergesehene Ausfall der bisher die Pflege übernehmenden Person (vgl MÜLLER BB 2008, 1058 [1059]). Anders als die Pflegezeit nach § 3 PflegeZG (s Rn 1112) kann das **Leistungsverweigerungsrecht pro Angehörigem** richtigerweise **mehrmals** ausgeübt werden. Zwar ging der Gesetzgeber davon aus, dass das Recht „regelmäßig auch nur einmal pro Pflegefall ausgeübt wird" (BR-Drucks 718/07, 220), jedoch ist es durchaus möglich, dass bei ein- und demselben Angehörigen mehrmals ein akuter Pflegebedarf eintritt (so auch PREIS/NEHRING NZA 2008, 729 [730]). Das Leistungsverweigerungsrecht besteht für **höchstens zehn Arbeitstage.** Dabei ist nicht eindeutig, ob der Beschäftigte stets nach seiner freien Entscheidung den vollen Zeitraum ausschöpfen kann; zwar legt der Wortlaut, der nicht von „soweit", sondern von „wenn" spricht,

---

lienpflegezeitgesetz, DB 2012, 516; SCHWERDLE, Die neue Familienpflegezeit, ZTR 2012, 3; THÜSING/PÖTTERS, Das Gesetz zur besseren Vereinbarkeit von Familie, Pflege und Beruf, BB 2015, 181; WALDENMAIER/LANGENHAN-KOMUS, Das neue Pflegezeitgesetz, RdA 2008, 312.

diese Auslegung nahe. Richtigerweise ist diese Sichtweise aber abzulehnen, da das Leistungsverweigerungsrecht unter dem Vorbehalt seiner Erforderlichkeit steht (ebenso HEXEL/LÜDERS NZS 2009, 264 [266]). Weil das Gesetz explizit auf Arbeitstage abstellt, sind nicht Kalendertage zu zählen, sodass der Beschäftige bei einer Fünf-Tages-Woche bis zu zwei Wochen die Arbeitsleistung verweigern kann (BÖHM, PflegeZG § 2 Rn 2). Nicht explizit berücksichtigt wird die Sondersituation bei **Teilzeitbeschäftigten**, die an weniger als fünf Werktagen pro Woche tätig sind. Der Anspruch ist hier entsprechend den Grundsätzen der Berechnung des Urlaubsanspruchs zu kürzen (LINCK BB 2008, 2738 [2740]), weil es richtigerweise nicht auf die regelmäßigen betrieblichen Arbeitstage des Arbeitgebers, sondern auf die individuellen, vertraglich geschuldeten Arbeitstage des die Leistung verweigernden Arbeitnehmers ankommt (BeckOK-ArbR/JOUSSEN § 2 PflegeZG Rn 9; BÖHM, PflegeZG § 2 Rn 4; aA HEXEL/LÜDERS NZS 2009, 264 [266 f]). Im **Verhältnis zu § 275 Abs 3** hat § 2 PflegeZG Vorrang, dh soweit seine Voraussetzungen vorliegen, kommt es auf § 275 Abs 3 nicht mehr an. Wo dies nicht der Fall ist, ist aber nach wie vor Raum für § 275 Abs 3, denn der Gesetzgeber wollte durch den Erlass des § 2 PflegeZG nicht die bereits bestehenden Rechte der Arbeitnehmer einschränken (LINCK BB 2008, 2738 [2739]; ErfK/GALLNER § 2 PflegeZG Rn 1; aA MÜLLER BB 2008, 1058 [1063]). § 275 Abs 3 geht insbesondere insoweit weiter, als er auch dann greifen kann, wenn keine Pflegebedürftigkeit im Sinne der §§ 14, 15 SGB XI vorliegt oder es sich um einen zehn Tage übersteigenden Zeitraum handelt. Jedoch ist die weite Definition des Begriffs des „nahen Angehörigen" für den Arbeitnehmer ebenso von Vorteil wie die Tatsache, dass bei § 2 PflegeZG anders als bei § 275 Abs 3 keine Abwägung der Arbeitnehmer- und Arbeitgeberinteressen erfolgt. Schließlich hat § 2 PflegeZG nunmehr für den Beschäftigten den Vorteil, ggf in den Genuss von Pflegeunterstützungsgeld nach § 44a Abs 3 SGB XI zu gelangen (Rn 1116). Von § 2 PflegeZG ist ferner der **Freistellungsanspruch nach § 45 Abs 3–5 SGB V** zu unterscheiden. Für Zeiten, in denen Anspruch auf Krankengeld nach § 45 Abs 1 SGB V besteht, kann der Arbeitnehmer vom Arbeitgeber unbezahlte Freistellung verlangen. Richtigerweise ist § 45 Abs 3–5 SGB V neben § 275 Abs 3 und § 2 PflegeZG anwendbar; sie haben unterschiedliche Tatbestandsvoraussetzungen, die zT enger, zT weiter sind. § 45 Abs 3–5 SGB V hat für den Arbeitnehmer vor allem den Vorteil, dass er zeitlich deutlich über § 2 PflegeZG und § 275 Abs 3 hinausgehen kann (vgl § 45 Abs 2, 4 SGB V).

(2) Für bis zu sechs Monate geben die **§§ 3, 4 PflegeZG** dem Beschäftigten ein **1112** Recht darauf, vollständig oder teilweise von der Arbeitsleistung freigestellt zu werden, um einen pflegebedürftigen nahen Angehörigen (§ 7 Abs 3, 4 PflegeZG) in häuslicher – bzw bei minderjährigen nahen Angehörigen auch außerhäuslicher (§ 3 Abs 5 PflegeZG) – Umgebung zu pflegen **(Pflegezeit)**. Die **Rechtsnatur** von § 3 PflegeZG ist umstritten. Das BAG sieht in ihm ein einseitiges Gestaltungsrecht, dessen Rechtsfolgen unmittelbar mit (wirksamer) Ausübung eintreten, ohne dass es noch eines weiteren Handelns des Arbeitgebers bedürfte (BAG 15. 11. 2011 – 9 AZR 348/10, NZA 2012, 323 [324]; ebenso JOUSSEN NZA 2009, 69 [71]; SCHWERDLE ZTR 2007, 655 [659]). Die Gegenauffassung nimmt hingegen einen Anspruch iSv § 194 an, der allerdings durch bloßes Fernbleiben der Arbeit gewissermaßen selbst „vollstreckt" werden könne (PREIS/NEHRING NZA 2008, 729 [734]). Ein sich selbst „vollstreckender" Anspruch ist dem Zivilrecht fremd, die Konzeption der Mindermeinung damit abzulehnen und mit der hM von einem Gestaltungsrecht auszugehen. **Voraussetzung** dessen ist zu-

nächst, dass es sich um einen Beschäftigten handelt, dessen Arbeitgeber in der Regel mehr als 15 Beschäftigte beschäftigt, § 3 Abs 1 S 1, 2 PflegeZG. Darüber hinaus muss ein naher Angehöriger des Beschäftigten bereits pflegebedürftig sein, § 3 PflegeZG kann also nicht dafür genutzt werden, eine spätere Pflegesituation erst vorzubereiten (vgl Joussen NZA 2009, 69 [71]; ErfK/Gallner § 3 PflegeZG Rn 1). Anders als bei § 2 PflegeZG greift die Pflegezeit aber auch dann ein, wenn es sich nicht um eine akute Pflegesituation handelt. Wie das BAG zu Recht entschieden hat, kann die Pflegezeit von jedem Beschäftigten **pro pflegebedürftigen nahen Angehörigen nur einmal** geltend gemacht werden (BAG 15. 11. 2011 – 9 AZR 348/10, NZA 2012, 323 [324]; ArbG Stuttgart 24. 9. 2009 – 12 Ca 1792/09; Glatzel NJW 2009, 1377 [1379]; Müller BB 2008, 1058 [1061]; Schmitz-Witte SAE 2013, 8 ff); das gilt auch dann, wenn der Arbeitnehmer bei diesem einen Mal nicht die Höchstfrist des § 4 Abs 1 PflegeZG ausgeschöpft hat. Dafür spricht neben dem Wortlaut des § 4 Abs 1 S 1 PflegeZG („die Pflegezeit") die Regelung zur Verlängerung einer einmal genommenen Pflegezeit in § 4 Abs 1 S 2, 3 PflegeZG sowie die Überlegung, dass durch eine mehrmalige Inanspruchnahme der Pflegezeit die Höchstgrenze des § 4 Abs 1 S 1 PflegeZG umgangen werden könnte. Der Beschäftigte muss die Pflegezeit unter Beachtung der detaillierten Vorgaben von § 3 Abs 3 PflegeZG rechtzeitig und formgerecht **ankündigen**. Überdies hat er eine **Bescheinigung** der Pflegekasse oder des Medizinischen Dienstes der Krankenversicherung über die Pflegebedürftigkeit des Angehörigen vorzulegen; eine Regelung darüber, wann diese Bescheinigung vorzulegen ist, fehlt; entsprechend ist die Erfüllung dieser Pflicht nicht Tatbestandsvoraussetzung für das Gestaltungsrecht (vgl ErfK/Gallner § 3 PflegeZG Rn 3 mwNw). Liegen diese Voraussetzungen vor, ist der Beschäftigte ganz oder teilweise **von der Arbeitsleistung freigestellt**. Da § 3 PflegeZG nach zutreffender Auffassung als Gestaltungsrecht konzipiert ist, tritt diese Rechtsfolge automatisch ein, einer Zustimmung des Arbeitgebers bedarf es nicht.

1113 (3) Seit dem 1. 1. 2015 besteht gemäß **§ 3 Abs 6 PflegeZG** überdies ein Recht darauf, von der Arbeitsleistung ganz oder teilweise zur **Begleitung** eines nahen Angehörigen freigestellt zu werden, wenn dieser an einer **progredient verlaufenden, unheilbaren Krankheit** leidet, die sich bereits in einem weit fortgeschrittenen Stadium befindet, eine palliativmedizinische Behandlung erfordert und die Lebenserwartung nur Wochen oder wenige Monate beträgt. Möglich ist dies allerdings für höchstens drei Monate, § 4 Abs 3 S 2 PflegeZG.

1114 (4) Schließlich können sich Beschäftigte nach **§ 2 FPflZG** für bis zu 24 Monate für die Pflege eines pflegebedürftigen nahen Angehörigen in häuslicher oder – soweit ein Minderjähriger pflegebedürftig ist – in außerhäuslicher Umgebung (§ 2 Abs 4 FPflZG) freistellen lassen **(Familienpflegezeit)**. Anders als bei §§ 3, 4 PflegeZG ist hierbei aber nur eine *teilweise* Reduzierung der Wochenarbeitszeit möglich und diese muss mindestens 15 Stunden betragen, § 2 Abs 1 S 2, 3 FPflZG. Überdies besteht der Anspruch nicht gegenüber Arbeitgebern mit regelmäßig 25 oder weniger Beschäftigten ausschließlich der zur ihrer Berufsbildung Beschäftigten (§ 2 Abs 1 S 4 FPflZG) und in der Addition dürfen Pflegezeit und Familienpflegezeit 24 Monate je pflegebedürftigem nahen Angehörigen nicht übersteigen, § 2 Abs 2 FPflZG.

1115 Abgesichert werden diese Rechte durch ein weitreichendes **Kündigungsverbot** (§ 5 PflegeZG, § 2 Abs 3 FPfZG), wobei der Gesetzgeber nunmehr auf die Kritik in der Literatur (Preis/Nehring NZA 2008, 729 [735 f]) reagiert und eine sachgerechte Beschränkung dieses besonderen Kündigungsschutzes erreicht hat, indem er § 5 PflegeZG dahingehend änderte, dass die den besonderen Kündigungsschutz auslösende Ankündigung höchstens zwölf Wochen vor dem angekündigten Beginn erfolgen kann. Um dem Arbeitgeber die Anstellung *einer Ersatz*kraft zu ermöglichen, enthält § 6 PflegeZG einen **Sonderbefristungstatbestand**, der auch bei der Familienpflegezeit gilt, § 2 Abs 3 FPfZG. Diese Regelungen sind unabdingbar, § 8 PflegeZG, § 2 Abs 3 FPfZG.

Zivilrechtliche Entgeltfortzahlungsansprüche für Zeiten, in denen der Beschäftigte **1116** wegen §§ 2, 3 f PflegeZG oder § 2 FPfZG keine Arbeitsleistung erbringt, folgen aus dem PflegeZG/FPfZG nicht. Ansprüche gegen seinen Arbeitgeber hat der Beschäftigte mithin nur, wenn sich solche aus anderen gesetzlichen Vorschriften ergeben (vgl § 2 Abs 3 S 1 PflegeZG). Als solche kommen vor allem § 616 BGB und § 19 Abs 1 Nr 2 lit b BBiG in Betracht. Dabei wurde in der Vergangenheit insbesondere die fehlende Harmonisierung von § 2 PflegeZG und § 616, der typischerweise nicht mehr eingreift, wenn die Pflegedauer fünf Arbeitstage überschreitet (vgl BAG 19. 4. 1978 – 5 AZR 834/76, AP Nr 48 zu § 616 BGB), kritisiert, weil dies es vielen Beschäftigten schwermachte, den vollen Zeitraum des § 2 PflegeZG auszuschöpfen (vgl STAUDINGER/ RICHARDI/FISCHINGER [2011] § 611 Rn 586). Mit Erlass des FPfZG und nunmehr aus § 44a SGB XI hat der Gesetzgeber auf diese Problematik reagiert. Innerhalb kürzester Zeit hat er hierbei einen bemerkenswerten **Paradigmenwechsel** vorgenommen: In der ursprünglichen, bis zum 1. 1. 2015 geltenden Fassung hatte der Beschäftigte bei einer Arbeitszeitreduzierung einen privatrechtlichen Anspruch auf Aufbau eines „negativen" Wertguthabens, das später auszugleichen war. Vereinfacht ausgedrückt bedeutete dies, dass der Beschäftigte während der Familienpflegezeit zB nur noch 50 % der vorherigen Arbeitszeit tätig war, dafür aber 75 % des früheren Lohns bezog und dies nach Beendigung der Familienpflegezeit entsprechend abgebaut wurde (weiterhin 75 % Lohn bei 100 % der früheren Arbeitsleistung). Weil dies mit einer nicht unerheblichen finanziellen Belastung für den Arbeitgeber verbunden war, der gewissermaßen in partielle Vorleistung treten musste, konnte er vom Bundesamt für Familie und zivilgesellschaftliche Aufgaben ein zinsloses Darlehen beantragen, § 3 FPfZG aF (siehe näher zB SCHWERDLE ZTR 2012, 3 [4 ff]; GLATZEL NJW 2012, 1175 [1176 f]). Richtigerweise hat der Gesetzgeber dieses Modell mit dem Gesetz zur besseren Vereinbarkeit von Familie, Pflege und Beruf vom 23. 12. 2014 (BGBl I 2462) aufgegeben, bürdete es doch sachfremd dem Arbeitgeber Risiken auf, die außerhalb des Arbeitsverhältnisses angesiedelt sind. Stattdessen verlagerte er die Entgeltproblematik nunmehr auf den Beschäftigten und die Allgemeinheit, die – wie ausgeführt (Rn 1110) – ein hohes Interesse an der Förderung privater Pflege hat. Im Einzelnen gilt Folgendes:

– Für die Dauer der Freistellung nach **§ 3 PflegeZG** oder **§ 2 FPfZG** kann der Beschäftigte vom Bundesamt für Familie und zivilgesellschaftliche Aufgaben auf Antrag ein **zinsloses Darlehen** erhalten, das sich auf die Hälfte des pauschalierten monatlichen Nettoentgelts vor und während der Freistellung beläuft, **§ 3 Abs 1, 2 FPfZG** (ggf iVm § 3 Abs 7 PflegeZG). Dieses ist vorrangig vor sonstigen öffentlich-rechtlichen Leistungen – wie zB Arbeitslosengeld II (BT-Drucks 18/3124, 36) – in Anspruch zu nehmen (§ 3 Abs 6 FPfZG) und nach Beendigung der Freistellung innerhalb von 48 Monaten zurückzuzahlen, wobei in Härtefällen eine Stundung möglich ist, §§ 6, 7 FPfZG.

– Darüber hinaus sieht **§ 44a SGB XI** zusätzliche Leistungen vor, durch die die mit der Inanspruchnahme der Rechte aus dem PflegeZG ggf resultierenden finanziellen Schwierigkeiten abgemildert werden sollen (NK-GesundhR/Fischinger § 44a SGB XI Rn 2). So hat ein Beschäftigter, der nach **§ 3 PflegeZG** vollständig freigestellt wurde oder dessen Beschäftigung durch Reduzierung zu einer geringfügigen Beschäftigung iSv § 8 Abs 1 Nr 1 SGB IV wurde, auf Antrag Anspruch auf **Zuschüsse zur Kranken- und Pflegeversicherung**, die sich auf die Höhe der Mindestbeiträge belaufen, die von freiwillig in der gesetzlichen Krankenversicherung versicherten Personen zur gesetzlichen Krankenversicherung und zur sozialen Pflegeversicherung zu entrichten sind, solange sie die tatsächliche Höhe der Beiträge nicht übersteigen, § 44a Abs 1 S 1, 3 SGB XI. Während einer kurzzeitigen Arbeitsverhinderung nach **§ 2 PflegeZG** erhält der Beschäftigte auf Antrag subsidiär, dh solange er keinen Anspruch auf Entgeltfortzahlung gegen den Arbeitgeber oder auf Kranken- oder Verletztengeld nach § 45 SGB V bzw § 45 Abs 4 SGB VII hat, einen Ausgleich für den entgangenen Arbeitslohn **(Pflegeunterstützungsgeld)** sowie einen **Zuschuss zur Krankenversicherung**, § 44a Abs 3, 4 SGB XI.

6. Annahmeverzug des Arbeitgebers

1117 Gerät der Gläubiger mit der Annahme der Dienstleistung in Verzug, so kann der Verpflichtete für die infolge des Verzugs nicht geleisteten Dienste die vereinbarte Vergütung verlangen, „ohne zur Nachleistung verpflichtet zu sein" (§ 615 S 1). Der Annahmeverzug bewirkt daher zugleich die Unmöglichkeit der Leistung des Schuldners.

7. Die Zurückbehaltungsrechte nach § 321 und § 273

1118 Soweit der Dienstverpflichtete mit der Arbeit vorleistungspflichtig ist (§ 614), hat er gegenüber dem Anspruch auf die Arbeitsleistung nicht die **Einrede des nichterfüllten Vertrages** (§ 320; s Staudinger/Richardi/Fischinger [2016] § 614 Rn 17 ff). Das gilt auch für ein Arbeitsverhältnis, wenn in Tarifvertrag, Betriebsvereinbarung oder Einzelarbeitsvertrag nichts anderes vereinbart ist. Auch wenn der Arbeitnehmer aus dem Arbeitsvertrag vorzuleisten verpflichtet ist, kann er aber die ihm obliegende Leistung verweigern, wenn nach dem Abschluss des Vertrags erkennbar wird, dass sein Anspruch auf die Gegenleistung durch mangelnde Leistungsfähigkeit des Arbeitgebers gefährdet wird (§ 321 Abs 1 S 1). Die Eröffnung des Insolvenzverfahrens begründet allein jedoch noch nicht die Unsicherheitseinrede (vgl Staudinger/Schwarze [2015] § 321 Rn 36).

1119 Ein Zurückbehaltungsrecht besteht weiterhin nach § 273, wenn der Dienstberechtigte nicht seiner **Fürsorgepflicht** nachkommt, soweit deren Einhaltung Bedeutung für die Erbringung der Arbeitsleistung hat. Das gilt insbesondere, wenn der Arbeitgeber bei der Arbeitsorganisation nicht die öffentlich-rechtlichen Arbeitnehmerschutzvorschriften beachtet, vor allem Bestimmungen des öffentlich-rechtlichen Gefahrenschutzes missachtet (vgl § 9 ArbSchG). Aber auch wenn keine besondere Rechtsvorschrift besteht, kann ein Leistungsverweigerungsrecht gegeben sein, wenn die Änderung des Arbeitsplatzes, des Arbeitsablaufs oder der Arbeitsumgebung den gesicherten arbeitswissenschaftlichen Erkenntnissen über die menschengerechte Gestaltung der Arbeit offensichtlich widerspricht und deshalb der Arbeitnehmer in besonderer Weise belastet wird (vgl zum korrigierenden Mitbestimmungsrecht des Betriebsrats in diesem Fall § 91 BetrVG). Ein weiteres Beispiel ist das Nichteinschreiten des Arbeitgebers gegen Mobbing (vgl BAG 23. 1. 2007 – 9 AZR 557/06, AP Nr 4 zu § 611 BGB Mobbing; BAG 13. 3. 2008 – 2 AZR 88/07, AP Nr 87 zu § 1 KSchG 1969; s auch Rn 1799). Wegen Vergütungsrückständen kann ein Zurückbehaltungsrecht in Betracht kommen (BAG 25. 10. 2007 – 8 AZR 917/06, NZA-RR 2008, 367 [371]; BAG 8. 5. 2014 – 6 AZR 246/12, NZA 2014, 860 [861]: LAG Köln 20. 1. 2010 – 9 Sa 991/09, juris Rn 32 f); jedoch scheidet dieses nach § 242 aus, wenn der Rückstand verhältnismäßig geringfügig ist, der Vergütungsanspruch auf andere Weise gesichert ist oder dem Arbeitgeber ein unverhältnismäßig großer Schaden entstünde (zB BAG 25. 10. 1984 – 2 AZR 417/83, AP Nr 3 zu § 273 BGB; BAG 26. 9. 2007 – 5 AZR 870/06, NZA 2008, 1063 [1066]; LAG Köln 19. 6. 2012 – 11 Sa 658/10, juris Rn 53). Bei Auszubildenden hat man mit der Annahme eines Leistungsverweigerungsrechts wegen Zahlungsverzugs des Ausbildenden mit der Ausbildungsvergütung angesichts des im Vordergrund stehenden Ausbildungszwecks viel zurückhaltender zu sein als bei Arbeitnehmern (vgl auch LAG Rheinland-Pfalz 16. 2. 2009 – 10 Ta 22/09, juris Rn 17).

Ein Leistungsverweigerungsrecht besteht schließlich, wenn der Arbeitgeber sich bei Zuweisung eines anderen Arbeitsbereichs betriebsverfassungsrechtlich pflichtwidrig verhält (s Rn 1050). **1120**

Der Arbeitnehmer muss in der Regel vor Ausübung des Zurückbehaltungsrechts den Arbeitgeber über seine Absicht informieren und konkret mitteilen, welche Verhaltensweisen beanstandet werden, sodass der Arbeitgeber den Anspruch ggf erfüllen und die Ausübung des Zurückbehaltungsrechts abwenden kann (BAG 23. 1. 2007 – 9 AZR 557/06, NZA 2007, 1166 [1167]; LAG Hessen 13. 9. 1984 – 12 Sa 676/84, BB 1985, 933; LAG Schleswig-Holstein 29. 11. 2007 – 1 Sa 202/07; LAG Hamburg 23. 3. 2006 – 2 Sa 109/04). **1121**

Die Darlegungs- und Beweislast für das Vorliegen der Voraussetzungen des Zurückbehaltungsrechts hat der Arbeitnehmer. Übt er das Leistungsverweigerungsrecht in der irrigen Annahme aus, dessen Voraussetzungen bestünden, kann das ein Grund zur (außer-)ordentlichen Kündigung sein; angesichts der Möglichkeit, Rechtsrat in Anspruch zu nehmen, wird sich der Arbeitnehmer selten auf einen unverschuldeten Rechtsirrtum berufen können. **1122**

8. Besonderes Leistungsverweigerungsrecht nach § 14 AGG

§ 14 AGG gewährt ein Leistungsverweigerungsrecht zur Unterbindung von Belästigungen und sexuellen Belästigungen am Arbeitsplatz (s Rn 494). **1123**

9. Befreiung von der Arbeitspflicht während rechtmäßiger Arbeitskämpfe

Nimmt ein Arbeitnehmer an einem Arbeitskampf, insbesondere an einem Streik, teil, so kommt er seiner arbeitsvertraglich geschuldeten Arbeitspflicht nicht nach und verletzt damit prima vista seine vertragliche Hauptpflicht. Das Individualarbeitsrecht wird insoweit aber dergestalt durch das Arbeitskampfrecht überlagert, dass dann, wenn der **Streik rechtmäßig** ist, die gegenseitigen **Hauptleistungspflichten suspendiert** werden. Gleiches gilt bei einer **rechtmäßigen Aussperrung**. **1124**

1125 Die folgenden Ausführungen beschränken sich auf das praktisch wichtigste Arbeitskampfmittel, den Streik. Zur Aussperrung unten Rn 1329 ff, zu anderen Arbeitskampfformen und generell zum Arbeitskampfrecht vgl näher STAUDINGER/RICHARDI/FISCHINGER (2011) Vorbem 792 ff zu §§ 611 ff; speziell zur Problematik, wie sich ein Arbeitskampf auf Schuldverhältnisse des Arbeitgebers mit Dritten auswirkt, siehe näher STAUDINGER/RICHARDI/FISCHINGER (2011) Vorbem 885 ff zu §§ 611 ff.

a) Grundlagen

1126 Das Arbeitskampfrecht ist gesetzlich nicht kodifiziert, nur vereinzelt wird der Arbeitskampf angesprochen und in Teilaspekten geregelt (vgl § 2 Abs 1 Nr 2 ArbGG, § 25 KSchG, § 74 Abs 2 BetrVG, § 66 Abs 2 BPersVG, § 160 SGB III, § 91 Abs 6 SGB IX, § 11 Abs 5 AÜG). Auch verfassungsrechtlich ist das Streikrecht nicht direkt, sondern nur als Teil der Gewährleistung der Koalitionsfreiheit geschützt (näher STAUDINGER/RICHARDI/FISCHINGER [2011] Vorbem 822 ff zu §§ 611 ff).

1127 Soweit es um einen Streik geht, kann man die Zulässigkeit einer Arbeitsniederlegung im Arbeitsverhältnis rechtsdogmatisch nicht aus einem Recht der Gewerkschaft, sondern nur aus einem Recht des einzelnen Arbeitnehmers begründen. Streik und Streikbeteiligung sind nicht ausschließlich kollektivrechtliche Größen, sondern es geht auch darum, ob und in welchen Grenzen sie mit den individualrechtlichen Pflichten aus dem Arbeitsverhältnis vereinbar sind. Ob im Verhältnis zum Arbeitgeber die Befugnis besteht, die rechtsgeschäftlich zugesagte Arbeitsleistung nicht zu erbringen, betrifft keine kollektivrechtliche, sondern eine individualrechtliche Beziehung, nämlich das Einzelarbeitsverhältnis. Das Streikrecht ist deshalb zivilrechtsdogmatisch ein Gestaltungsrecht, durch das dem einzelnen Arbeitnehmer die rechtliche Macht verliehen ist, einseitig in die arbeitsvertraglichen Beziehungen ändernd einzugreifen und die Arbeitspflicht zeitweilig zu suspendieren. Für die Einräumung dieser individualrechtlichen Befugnis sind aber kollektivrechtliche Kriterien maßgebend, nämlich die Herstellung und Wahrung des Verhandlungsgleichgewichts in der Tarifautonomie. Die Wirksamkeit der Streikrechtsausübung hängt deshalb von der gewerkschaftlichen Zustimmungserklärung ab. Für sie kann der Gesetzgeber zur Wahrung des Gemeinwohls, insbesondere zur Herstellung einer praktischen Konkordanz mit divergierenden Grundrechtsgewährleistungen Schranken errichten. Grundlegend für die Dogmatik eines zivilrechtshomogenen Arbeitskampfrechts PICKER ZfA 2010, 499 ff sowie ZfA 2011, 443 ff und 557 ff mit der Schlussformel: „Das Recht zum Arbeitskampf ist als Instrument einer privatrechtlichen Interessenverfolgung in Form eines Gestaltungsrechts darauf gerichtet und darauf beschränkt, durch die *Zurückbehaltung der eigenen Leistung* zwecks Verfolgung *eigener Interessen* im Rahmen der *eigenen Autonomiebereiche* auf den Gegner Zwang auszuüben, wenn die friedlich-verhandlungsweise Gestaltung der Arbeitsbedingungen scheitert" (ZfA 2011, 646).

1128 Das BAG hat dagegen – vor allem unter dem Einfluss von NIPPERDEY – für den Arbeitskampf die **kollektivrechtliche Einheitstheorie** entwickelt (grundlegend BAG 28. 1. 1955 – GS 1/54, AP Nr 1 zu Art 9 GG Arbeitskampf; wegweisend insoweit BULLA, in: FS Nipperdey [1955] 163 ff; zur in der Weimarer Republik noch geltenden Trennungstheorie vgl STAUDINGER/RICHARDI/FISCHINGER [2011] Vorbem 841 zu §§ 611 ff; kritisch zur kollektiven Einheitstheorie RICHARDI/FISCHINGER aaO Rn 847 ff) Danach gilt: „Der von einer Gewerkschaft beschlossene, von den Arbeitnehmern ohne fristgemäße Kündigung durchgeführte legitime Streik um die Arbeitsbedingungen berechtigt die bestreikten Arbeitgeber nicht zur außerordentlichen fristlosen Einzelentlassung des einzelnen Arbeitnehmers oder mehrerer einzelner Arbeitnehmer wegen Vertragsverletzung" (BAG 28. 1. 1955 – GS 1/54, AP Nr 1 zu Art 9 GG Arbeitskampf). Der Große Senat sah als entscheidend an, dass der Arbeitskampf als einheitliches Geschehen bei kollektivrechtlicher Zulässigkeit nicht individualrechtlich als Verletzung des Einzelarbeitsvertrags bewertet werden dürfe. Seitdem ist in der Rechtsprechung für die **Zulässigkeit der Streikbeteiligung** allein maßgebend, ob der Streik als **Kollektivakt rechtmäßig** ist. Wenn dies zu bejahen ist, führt die Streikbeteiligung lediglich zu einer Suspendierung des Arbeitsverhältnisses. Für den als Kollektivakt rechtswidrigen Streik hat dagegen die Feststellung, dass die Streikbeteiligung eines Arbeitnehmers nicht als Individualhandeln rechtlich bewertet werden könne, keine Bedeutung; sie stellt ohne Kündigung des Arbeitsverhältnisses einen Arbeitsvertragsbruch dar, der den Arbeitgeber berechtigt, den Arbeitnehmer aufgrund einer außerordentlichen Kündigung fristlos zu entlassen (vgl BAG 21. 4. 1971 – GS 1/68, BAGE 23, 292 [315]).

Der Große Senat traf seine Feststellung für einen gewerkschaftlichen Streik um die **1129** tarifliche Regelung der Arbeitsbedingungen, „der weder tarifwidrig (Bruch der tariflichen Friedenspflicht), noch nach seinen Mitteln oder seinen Zielen oder der Unverhältnismäßigkeit von Mittel und Ziel sozialinadaequat (Eingriff in die Gewerbebetriebe der Arbeitgeber nach § 823 Abs 1) noch sittenwidrig (§ 826) ist" (BAG 28. 1. 1955 – GS 1/54, BAGE 1, 291 [300]). Bestimmend war vor allem das **Verhältnis zum Deliktsrecht**; denn ist der Streik eine unerlaubte Handlung, so ist er als Kollektivakt rechtswidrig. Deshalb rückt in den Mittelpunkt, unter welchen Voraussetzungen der Streik eine unerlaubte Handlung darstellt. Da nach der Konzeption des BAG, die maßgeblich Nipperdey geprägt hat, der Streik einen Eingriff in den eingerichteten und ausgeübten Gewerbebetrieb des Arbeitgebers darstellt, erfüllt er den Tatbestand einer unerlaubten Handlung iS des § 823 Abs 1 (vgl BAG 4. 5. 1955 – 1 AZR 493/54, BAGE 2, 75 [76 f]; BAG 20. 12. 1963 – 1 AZR 428/62, BAGE 15, 174 [195]; BAG 20. 12. 1963 – 1 AZR 429/62, BAGE 15, 202 [205] und BAG 20. 12. 1963 – 1 AZR 157/63, BAGE 15, 211 [215]; BAG 21. 3. 1978 – 1 AZR 11/76, BAGE 30, 189 [198]; grundlegend für dieses Verständnis Nipperdey, Rechtsgutachten zum Zeitungsstreik, Schriftenreihe der BDA Heft 9 [1953]; kritisch gegenüber dem deliktsrechtlichen Begründungsansatz Staudinger/Richardi/Fischinger [2011] Vorbem 852 ff zu §§ 611 ff). Damit wird er „als eine von Haus aus unerlaubte Handlung angesehen" (so die Kritik von Bötticher BB 1957, 621 [623]; abl vor allem Ramm AuR 1964, 321 ff; vgl auch Seiter, Streikrecht 455 ff). § 823 Abs 1 BGB ist nämlich legislatorisch so konzipiert, dass bei Tatbestandsmäßigkeit die Rechtswidrigkeit des Verhaltens indiziert wird. Deshalb bedarf es eines besonderen Rechtfertigungsgrundes, um aus dem Anwendungsbereich des § 823 Abs 1 BGB herauszufallen. In Anlehnung an Nipperdey (vgl Hueck/Nipperdey, Grundriß des Arbeitsrechts [5. Aufl 1970] 300 ff) sieht das BAG aber den Arbeitskampf als **gerechtfertigt** an, wenn dieser bestimmte Voraussetzungen erfüllt (näher Rn 1135 ff).

b) Streikbegriff

Unter Streik ist allgemein die **gemeinsam durchgeführte Arbeitsniederlegung einer** **1130** **Mehrzahl von Arbeitnehmern, um dadurch die Arbeitsbedingungen zu erhalten oder zu verbessern**, zu verstehen (BAG 28. 1. 1955 – GS 1/54, BAGE 1, 291 [304]; BAG 20. 12. 1963 – 1 AZR 157/63, NJW 1964, 1291; LAG Köln 2. 7. 1984 – 9 Sa 602/84, NZA 1984, 402; näher zu den verschiedenen Arbeitskampfbegriffen STAUDINGER/RICHARDI/FISCHINGER [2011] Vorbem 815 ff zu §§ 611 ff). Im Einzelnen kann nach verschiedenen Kategorien differenziert werden:

1131 *Nach der Organisation* unterscheidet man zwischen dem **von einer Gewerkschaft organisierten Streik** und dem nichtgewerkschaftlichen Streik, der als **wilder Streik** bezeichnet wird und stets rechtswidrig ist (vgl BAG 20. 12. 1963 – 1 AZR 428/62, BAGE 15, 174 [191 ff]; BAG 28. 4. 1966 – 2 AZR 176/65, AP Nr 37 zu Art 9 GG Arbeitskampf; BAG 21. 10. 1969 – 1 AZR 93/68, AP Nr 41 zu Art 9 GG Arbeitskampf; BAG 14. 2. 1978 – 1 AZR 76/76, BAGE 30, 50 [57 ff] und BAG 7. 6. 1988 – 1 AZR 372/86, BAGE 58, 343 [349 f]). Möglich ist, dass eine Gewerkschaft nachträglich die Leitung übernimmt. Der wilde Streik wird dadurch zu einem gewerkschaftlichen Streik, allerdings nur mit ex nunc-Wirkung, sodass bis zu diesem Zeitpunkt eingetretene Rechtsfolgen unberührt bleiben, der Arbeitgeber also zB Schadensersatz für den Zeitraum des wilden Streiks von den Kämpfenden verlangen kann (teilweise abweichend KISSEL, Arbeitskampfrecht 248 f).

1132 *Nach dem Kampfziel* unterscheidet man den arbeitsrechtlichen und den politischen Streik. Bei einem arbeitsrechtlichen Streik ist Ziel die Regelung von Arbeitsbedingungen durch Tarifvertrag, wobei nicht notwendigerweise eigene Kampfziele verfolgt werden müssen, sondern es auch möglich ist, dass ein Streik als **Sympathie- oder Solidaritätsstreik** (Nebenstreik) zur Unterstützung eines Streiks (Hauptstreik) geführt wird. Bei einem **politischen Streik** geht es hingegen nicht um eine angestrebte tarifliche Regelung, sondern darum, auf den Gesetzgeber einzuwirken (vgl BGH 29. 9. 1954 – VI ZR 232/53, BGHZ 14, 347); ein politischer Streik ist nach klassischer Auffassung stets rechtswidrig.

1133 *Nach dem Kampfbeginn* sind **Angriffsstreik** und **Abwehrstreik** zu unterscheiden. Dabei geht es jedoch nicht in erster Linie um eine zeitliche Festlegung, sondern darum, ob der Streik in einer Auseinandersetzung mit der Arbeitgeberseite als Angriffs- oder Verteidigungswaffe eingesetzt wird. Da regelmäßig die Arbeitnehmer die Kampfforderung erheben, bestimmen sie Kampfbeginn und Kampfrahmen; es handelt sich hier um einen Angriffsstreik. Ein Abwehrstreik kommt nur in Betracht, wenn die Arbeitgeber Kampfmittel zur Durchsetzung einer von ihnen aufgestellten Kampfforderung ergriffen haben.

1134 *Nach der Taktik* kann der Streik Vollstreik oder Teilstreik sein. Bei einem **Vollstreik**, den man auch als Flächenstreik bezeichnet, sind alle Arbeitnehmer eines Kampfgebiets zur Arbeitsniederlegung aufgerufen. Der Vollstreik ist nicht mit dem *Generalstreik* identisch, bei dem in allen Wirtschaftszweigen die Arbeit eingestellt wird und der im Allgemeinen ein politischer Streik ist, zB der Kapp-Putsch 1920. Beim **Teilstreik** wird nur ein Teil der Arbeitnehmer der bestreikten Betriebe innerhalb eines Kampfgebiets in die Arbeitsniederlegung einbezogen. Der Teilstreik wird vielfach auch als **Schwerpunktstreik** bezeichnet. Teilweise spricht man jedoch von einem Schwerpunktstreik nur dann, wenn lediglich die Arbeitnehmer, die in den Betrieben eine Schlüsselstellung einnehmen, die Arbeit niederlegen oder in den Streik nur Betriebe einbezogen werden, die für andere Betriebe notwendiges Vormaterial liefern oder die Energieversorgung sicherstellen. Schließlich ist möglich, dass die Arbeitsniederlegung sukzessiv, dh zeitlich nacheinander, in einem angemessenen Zeitraum durchgeführt werden (Sukzessivstreik).

c) Rechtmäßigkeitsvoraussetzungen eines Streiks

Arbeitskämpfe können angesichts der mit ihnen eigentlich verbundenen Verletzung **1135** der arbeitsvertraglichen Pflichten nur rechtmäßig sein, wenn sie bestimmte Vorgaben nicht verletzen. Dies sind im Wesentlichen:

aa) Tarifvertrag als Regelungsziel

Ein Streik kann nur rechtmäßig sein, wenn die Forderung der Gewerkschaft, um **1136** derentwillen ein Streik geführt werden soll, **zulässiger Inhalt** eines Tarifvertrags sein kann (vgl BAG 26. 10. 1971 – 1 AZR 113/68, BAGE 23, 484 [502] und BAG 19. 6. 1973 – 1 AZR 521/72, BAGE 25, 226 [233]; BAG 27. 6. 1989 – 1 AZR 404/88, NZA 1989, 969 [971]; st Rspr; Fischinger RdA 2007, 99 [99 f]). Verfolgt die Gewerkschaft – wie in der Regel – mehrere Regelungsziele, so muss jedes von ihnen rechtmäßig sein; ist auch nur eines von ihnen rechtswidrig, ist nach zutreffender Auffassung der gesamte Streik rechtswidrig (Kissel, Arbeitskampfrecht § 24 Rn 11).

Nicht zum rechtlich privilegierten Arbeitskampf gehört deshalb der **politische Streik** **1137** (offengelassen von BAG 19. 6. 2007 – 1 AZR 396/06, AP Nr 173 zu Art 9 GG Arbeitskampf). Dieser ist vielmehr nur nach Maßgabe des verfassungsrechtlichen Widerstandsrechts gemäß Art 20 Abs 4 GG – und damit in der Praxis eines funktionierenden demokratischen Rechtsstaates eigentlich nie – zulässig.

Nach der traditionellen Rechtsprechung des BAG war auch ein Sympathiestreik, mit **1138** dem ein anderer Streik unterstützt werden soll, nicht zulässig (ebenso BAG 5. 3. 1985 – 1 AZR 468/83, AP Nr 85 zu Art 9 GG Arbeitskampf; bestätigt durch BAG 12. 1. 1988 – 1 AZR 219/86, AP Nr 90 zu Art 9 GG Arbeitskampf; vgl Kissel, Arbeitskampfrecht § 24 Rn 16 ff). Hingegen hält der 1. Senat **Sympathiestreiks** nun grundsätzlich für **zulässig** (BAG 19. 6. 2007 – 1 AZR 396/06, AP Nr 173 zu Art 9 GG Arbeitskampf; aA Picker ZfA 2010, 499 [522 ff]). Ausgangspunkt ist die Annahme, derartige Streiks unterfielen, da es um die Gestaltung von Arbeitsbedingungen geht, ebenfalls der Betätigungsfreiheit der Gewerkschaften. Aus Art 9 Abs 3 GG folgt aber, wie das BVerfG zu Recht hervorgehoben hat, „nicht die uneingeschränkte Befugnis, alle denkbaren Kampfformen einzusetzen" (BVerfG 26. 6. 1991 – 1 BvR 779/85, BVerfGE 84, 212 [Rn 49]). Das BAG verkennt, dass der Arbeitskampf nur ein Hilfsinstrument zur Sicherstellung der Funktionsfähigkeit des Tarifvertragssystems ist. Dieser ihn allein legitimierenden Aufgabe kann ein Streik aber nicht gerecht werden, wenn der Kampfgegner gar nicht in der Lage ist, die Kampfforderung zu erfüllen, und er daher durch den Streik nur in „wirtschaftliche Geiselhaft" (Otto, Arbeitskampf- und Schlichtungsrecht [2006] § 10 Rn 39) genommen wird (ebenso Wank RdA 2009, 1 [2 ff]); mit den Grundrechten des Arbeitgebers aus Art 12, 14 GG ist das nicht vereinbar. „Stoppen" kann den Unterstützungsstreik nach dem BAG nur der Verhältnismäßigkeitsgrundsatz (dazu Rn 1143 f), wobei das BAG in äußerst zweifelhafter Weise den Kontrollmaßstab auf eine „offensichtliche Ungeeignetheit" bzw Erforderlichkeit senkt und zudem lebensfremd davon ausgeht, dass der vom Sympathiestreik betroffene Arbeitgeber dergestalt auf den Hauptbestreikten einwirken könne, dass Letzterer den Tarifforderungen nachgibt (kritisch auch Rieble BB 2008, 1506 [1508 f und 1511]).

bb) Führung durch eine Gewerkschaft

Angesichts des auf die Durchsetzung rechtmäßiger Tarifforderungen gerichteten **1139** Zwecks von Arbeitskämpfen, die nur Hilfsinstrument zur Verwirklichung der Tarifautonomie sind, sowie der Tatsache, dass auf Arbeitnehmerseite gemäß § 2 Abs 1 TVG nur Gewerkschaften Tarifverträge schließen können, kann ein Streik nur rechtmäßig sein, wenn er von einer Gewerkschaft geführt wird. Ein nicht gewerkschaftlich getragener „wilder Streik" ist demgegenüber stets rechtswidrig (BAG 20. 12. 1963 – 1 AZR 428/62, BAGE 15, 174 [191]; BAG 21. 10. 1969 – 1 AZR 93/68, BAGE 22, 162 [164 f.]; BAG 7. 6. 1988 – 1 AZR 372/86, BAGE 58, 343 [349, 351]; KISSEL, Arbeitskampfrecht § 25 Rn 2 ff). Keine Voraussetzung ist allerdings, dass der Streikende Mitglied der Gewerkschaft ist, an einem gewerkschaftlichen Streik kann also auch ein sog Außenseiter-Arbeitnehmer teilnehmen (BAG 25. 7. 1957 – 1 AZR 194/56, AP Nr 3 und 4 zu § 615 BGB Betriebsrisiko; BAG 24. 1. 1958 – 1 AZR 132/57, AP Nr 4 zu § 615 BGB Betriebsrisiko; BROX/RÜTHERS, Arbeitskampfrecht Rn 132). Umgekehrt muss der Streik gegen einen **tariffähigen Gegner** geführt werden. Auf Arbeitgeberseite sind dies sowohl einzelne Arbeitgeber wie Arbeitgeberverbände (§ 2 Abs 1 TVG). Der einzelne Arbeitgeber ist dabei stets tarif- und arbeitskampffähig, und zwar nach zutreffender Auffassung selbst dann, wenn er Mitglied eines Arbeitgeberverbands ist (BAG 10. 12. 2002 – 1 AZR 96/02, AP Nr 162 zu Art 9 GG Arbeitskampf; FISCHINGER ZTR 2005, 518 [523 ff] mwNw).

cc) Anforderungen an den Kampfbeginn

1140 Ein Arbeitskampf darf erst begonnen werden, wenn eine eventuelle **tarifvertragliche Friedenspflicht** abgelaufen ist. Denn einem Tarifvertrag kommt nicht nur die Funktionen zu, den einzelnen Arbeitnehmer zu *schützen,* indem er dessen strukturelle Unterlegenheit ausgleicht und in dem vom Staat bewusst nicht geregelten Bereich die Arbeits- und Wirtschaftsbedingungen zu *ordnen,* sondern er hat auch die Aufgabe, das Arbeitsleben für die Dauer seiner Laufzeit zu *befrieden.* Damit wäre es nicht zu vereinbaren, wenn schon vor seinem Ende erneut Arbeitskämpfe um die in ihm geregelten Fragen geführt werden dürften. Ein die Friedenspflicht verletzender Arbeitskampf ist deshalb stets **rechtswidrig**, und zwar selbst dann, wenn nur ein Teil der Kampfforderungen nicht mit der Friedenspflicht zu vereinbaren ist (BAG 8. 2. 1957 – 1 AZR 169/55, AP Nr 1 zu § 1 TVG Friedenspflicht; KISSEL, Arbeitskampfrecht § 26 Rn 140). Zu unterscheiden ist zwischen der relativen und der absoluten Friedenspflicht. Die **relative Friedenspflicht** ist automatisch, dh auch ohne, dass es einer besonderen Vereinbarung bedürfte, Inhalt des schuldrechtlichen Teils jedes Tarifvertrags. Sie verbietet für die Dauer der Laufzeit des jeweiligen Tarifvertrags Arbeitskämpfe zwischen den Tarifvertragsparteien (nur) über die in dem Tarifvertrag geregelten Materien (BAG 21. 12. 1982 – 1 AZR 411/80, NJW 1983, 1750; BAG 27. 6. 1989 – 1 AZR 404/88, NZA 1989, 969 [970]). Eine **absolute Friedenspflicht** ist hingegen nur bei einer entsprechenden Vereinbarung anzunehmen (BAG 21. 12. 1982 – 1 AZR 411/80, NJW 1983, 1750); sie steht jeglichem Arbeitskampf zwischen den Tarifvertragsparteien entgegen, unabhängig davon, ob er sich auf Fragen bezieht, die bereits in dem laufenden Tarifvertrag geregelt sind oder nicht (KISSEL, Arbeitskampfrecht § 26 Rn 2). Die Friedenspflicht untersagt nicht nur die Führung eines Arbeitskampfes durch die Tarifvertragspartei, sondern verpflichtet sie darüber hinaus, mit den ihr zulässigen und zumutbaren Mitteln gegen Mitglieder vorzugehen, die tarifvertragswidrige Kampfmaßnahmen ergreifen (sog Einwirkungspflicht, vgl BROX/RÜTHERS, Arbeitskampfrecht Rn 221 mwNw).

1141 Selbst wenn die Friedenspflicht gewahrt ist, muss der Arbeitskampf **ultima ratio** sein (BAG 21. 4. 1971 – GS 1/68, AP Nr 43 zu Art 9 GG Arbeitskampf; vgl KISSEL, Arbeitskampfrecht § 30 Rn 1 ff; zur Bedeutung des ultima-ratio-Prinzips beim Warnstreik vgl näher STAUDINGER/RI-

CHARDI/FISCHINGER [2011] Vorbem 917 ff zu §§ 611 ff). Dem liegt die Vorstellung zugrunde, dass Arbeitskämpfe angesichts der mit ihnen verbundenen Störung der Vertragsbeziehungen und wirtschaftlichen Kosten unerwünscht sind. Das ultima-ratio-Prinzip dient damit der Vermeidung oder Begrenzung der mit Arbeitskämpfen verbundenen Schäden (vgl RÜTHERS, in: BROX/RÜTHERS Rn 154, 198 ff; s auch BAG 14. 7. 1981 – 1 AZR 159/78, BAGE 36, 131 [136]; bereits BAG 28. 1. 1955 – GS 1/54, BAGE 1, 291 [309]; BAG 19. 1. 1962 – 1 ABR 14/60, BAGE 12, 184 [190]). Die spezifische Funktion der ultima-ratio-Regel liegt darin, dass den Tarifvertragsparteien erlaubt ist, den Arbeitskampf nur als letztes Mittel einzusetzen, wenn durch Verhandlungen kein Tarifvertrag zustande kommt. Der Arbeitskampf ist also ein Instrument zur Herstellung und Sicherung des Verhandlungsgleichgewichts; er setzt aber nicht das Prinzip außer Kraft, dass die Tarifautonomie, wie der Große Senat des BAG es formuliert hat, „auf einem System freier Vereinbarungen beruht" (BAG 21. 4. 1971 – GS 1/68, BAGE 23, 292 [308]). Die spezifische Funktion der ultima-ratio-Regel besteht deshalb darin, die Freiheit der Verhandlung in der Tarifautonomie zu gewährleisten (so zutreffend PICKER, Warnstreik 190 ff und RdA 1982, 331 [341 ff]). Nur mittelbar dient sie auch der Schadensverhinderung; denn führt die Tarifverhandlung zum Erfolg, braucht ein Arbeitskampf nicht mehr geführt zu werden.

Das ultima-ratio-Prinzip bestimmt den **Zeitpunkt**, ab dem Arbeitskampfmaßnahmen **1142** erfolgen dürfen, und zwar dergestalt, dass dies erst „nach Ausschöpfung aller Verständnismöglichkeiten" (BAG 21. 6. 1988, – 1 AZR 651/68, BAGE 58, 364), also nach dem **Scheitern der Tarifvertragsverhandlungen** möglich ist. So bedeutsam dies auf den ersten Blick klingen mag, relativiert sich die Bedeutung des ultima-ratio-Prinzips schnell, wenn man es – wie die herrschende Meinung es tut – den Tarifvertragsparteien selbst überlässt festzustellen, dass die Verhandlungen gescheitert sind. Auch die Forderung danach, dass das Scheitern der Gegenseite bekannt gegeben wird (KISSEL, Arbeitskampfrecht § 30 Rn 23 ff), beinhaltet keine echte Hürde, wenn man mit dem BAG keine ausdrückliche Erklärung verlangt. Das BAG wörtlich: „Nach allem erfordert das ultima-ratio-Prinzip [...] nicht eine offizielle Erklärung des Scheiterns der Tarifvertragsverhandlungen als Voraussetzung für die Einleitung von Arbeitskampfmaßnahmen jeder Art. In der Einleitung von Arbeitskampfmaßnahmen liegt vielmehr die freie und nicht nachprüfbare und daher allein maßgebende Erklärung der Tarifvertragspartei, daß sie die Verständigungsmöglichkeiten ohne Ausübung von Druck als ausgeschöpft ansieht." (BAG 21. 6. 1988 – 1 AZR 651/86, NZA 1988, 846 [849]). Da die Kontrolldichte der Gerichte also eine äußerst geringe ist, ist der ultima-ratio-Grundsatz in der Praxis in aller Regel ein reiner „Papiertiger".

dd) Gebot der Verhältnismäßigkeit
Nach Ansicht des Großen Senats des BAG stehen Arbeitskämpfe unter dem obers- **1143** ten Gebot der Verhältnismäßigkeit (BAG 21. 4. 1971 – GS 1/68, BAGE 33, 292 [306]; vgl KISSEL, Arbeitskampfrecht § 29). Maßgebend für dieses Fundamentalprinzip des Arbeitskampfrechts ist, dass mit dem Arbeitskampf ein **Eingriff in fremde Rechte** verbunden ist. Entscheidend für seine Zulassung ist der Funktionszusammenhang mit dem Tarifvertragssystem. Darin liegt der materielle Geltungsgrund für seine rechtliche Privilegierung; zugleich sind aber aus ihm auch die Ordnungsgrundsätze zu entwickeln, die das Arbeitskampfrecht beherrschen. Die Kritik an dem vom BAG angenommenen Grundsatz der Verhältnismäßigkeit (vgl DÄUBLER JuS 1972, 642 ff; SÄCKER GewMH 1972, 287 ff; JOACHIM AuR 1973, 289 ff) lässt unbeachtet, dass die Arbeits-

kampffreiheit nicht lediglich Freiheitsausübung ist. Streik und Aussperrung berühren „nicht nur die am Arbeitskampf unmittelbar Beteiligten, sondern auch Nichtstreikende und sonstige Dritte sowie die Allgemeinheit vielfach nachhaltig" (BAG 21. 4. 1971 – GS 1/68, BAGE 23, 292 [306]). Das Streikrecht ist mit anderen Worten kein Freiheits-, sondern ein Eingriffsrecht (FISCHINGER/MONSCH NJW 2015, 2209).

1144 Der **Bezugspunkt der Verhältnismäßigkeitsprüfung** ist umstritten. Zum Teil wird dafür plädiert, Erforderlichkeit und Angemessenheit allein an der von der Gewerkschaft frei wählbaren Kampftaktik zu messen (LÖWISCH ZfA 1971, 319 [326 ff]) oder danach zu fragen, ob der Arbeitskampf geeignet, erforderlich und angemessen zur Beeinflussung der Willensbildung des Kampfgegners sei (vHOYNINGEN-HUENE JuS 1987, 505 [507]); andere rücken die Herstellung der Kampfparität in den Mittelpunkt und wollen dafür nicht geeignete, nicht erforderliche oder nicht angemesse Kampfmittel ausscheiden (SEITER RdA 1981, 65 [75]; KONZEN Jura 1981, 585 [587]). All diese Auffassungen vermögen nicht zu überzeugen, richtigerweise ist die **Durchsetzung** der von der kampfführenden Partei erhobenen **Tarifforderungen** der der Verhältnismäßigkeitskontrolle zugrunde zu legende Bezugspunkt und ist der Arbeitskampf nur als rechtmäßig anzusehen, wenn er zur Erreichung dieses Ziels geeignet, erforderlich und angemessen ist (ausf und mwNw FISCHINGER RdA 2007, 99).

ee) Wahrung der Kampfparität

1145 Das Arbeitskampfrecht wird vom Grundsatz der Kampfparität beherrscht (so bereits BAG 28. 1. 1955 – GS 1/54, BAGE 1, 291 [308]). Seine Grundlage ist die **Zuordnung des Arbeitskampfes zur Tarifautonomie** (grundlegend RÜTHERS JurA 1970, 85 [102 ff]). Für die Funktionsfähigkeit des Tarifvertragssystems ist von ausschlaggebender Bedeutung, dass zwischen den Tarifvertragsparteien ein Verhandlungsgleichgewicht besteht; denn die Tarifautonomie verwirklicht den Gedanken der *Vertragsgerechtigkeit* auf kollektiver Ebene (vgl BVerfG 26. 6. 1991 – 1 BvR 779/85, BVerfGE 84, 212 [229]). Daher gilt für den Arbeitskampf als Instrument von Tarifkonflikten der Grundsatz der Kampfparität.

1146 Man unterscheidet die **formelle und materielle Kampfparität** (vgl BAG 10. 6. 1980 – 1 AZR 822/79, BAGE 33, 140 [162 f]; KISSEL, Arbeitskampfrecht 363 ff; SEITER, Streikrecht 160 ff; WANK, in: FS Kissel [1994] 1225 [1239 ff]). Nach dem formellen Paritätsverständnis ist dem Paritätsgrundsatz Genüge getan, wenn beiden Kampfparteien gleichwertige und rechtlich identisch behandelte Kampfmittel zur Verfügung stehen (so noch BAG GS 28. 1. 1955 – GS 1/54, AP Nr 1 zu Art 9 GG Arbeitskampf). Dieser formelle Paritätsbegriff wurde nach Ansicht des BAG von seinem Großen Senat aber in seinem Beschluss zur Aussperrung (BAG 21. 4. 1971 – GS 1/68, BAGE 23, 292 [308]) aufgegeben, um zu einer materiellen Paritätsbetrachtung überzugehen (so die Feststellung in BAG 10. 6. 1980 – 1 AZR 822/79, BAGE 33, 140 [162 f]). Mit der Notwendigkeit einer materiellen Paritätsbetrachtung rechtfertigt das BAG nun Eingriffe in die Kampfmittel: „Als geeignet, erforderlich und proportional können nur solche Abwehraussperrungen gelten, die die Herstellung der Verhandlungsparität bezwecken" (BAG 10. 6. 1980 – 1 AZR 822/79, BAGE 33, 140 [176]). Das Paritätsgebot wird also nicht als *Regelungsschranke,* sondern als *Regelungsauftrag* verstanden. Prämisse ist für das BAG, dass das erforderliche Verhandlungsgleichgewicht sich weder formal fingieren noch normativ einordnen lasse, sondern wenigstens in groben Zügen tatsächlich feststellbar sein müsse (BAG 10. 6. 1980 – 1 AZR 822/79, BAGE 33, 140 [162 f]). Auf diese Erwägung stützt es die sehr weitgehende Beschränkung der Abwehraussperrung auf das Tarifgebiet als regelmäßig angemessene Grenze des Kampfgebiets und die Festlegung einer Quotenregelung (s Rn 1335 und näher Staudinger/Richardi/Fischinger [2011] Vorbem 930 ff zu §§ 611 ff).

Dieser **materielle Paritätsbegriff überzeugt nicht**. Mit ihm wird verkannt, dass Art 9 Abs 3 GG zuvörderst ein liberales Freiheitsrecht ist, das zunächst nur auf die Schaffung formeller Rechtsgleichheit gerichtet ist und darauf vertraut, dass sich materielle Koalitions- und Kampfparität im freiheitlichen Koalitionsverfahren von selbst herstellen (Scholz/Konzen, Die Aussperrung im System von Arbeitsverfassung und kollektivem Arbeitsrecht [1980] 174 ff; Scholz, Die Koalitionsfreiheit als Verfassungsproblem [1971] 264 f). Das Paritätsgebot enthält daher in Verbindung mit dem **Grundsatz staatlicher Neutralität** in erster Linie eine **Regelungsschranke** und eine **Absage an staatliche Interventionen** zur Herstellung des Kräftegleichgewichtes der Tarifpartner (Richardi NJW 1978, 2057 [2061]; ders RdA 1970, 65 [68 mit Fn 38]). Erst wenn der Einsatz eines Arbeitskampfmittels zu einer „evidente[n] Koalitionsimparität" führt und somit die dem Art 9 Abs 3 GG zugrunde liegende Erwartung, dass sich Kampfparität im freien Spiel der Kräfte entfaltet, offenkundig enttäuscht wird, ist Raum für staatliches Eingreifen zur Wiederherstellung der gestörten Parität um der Funktionsfähigkeit des Tarifvertragssystems willen in Form einer **gerichtlichen Untersagung der Kampfmaßnahme** (ähnlich Kissel, Arbeitskampfrecht [2002] § 32 Rn 52: Eingriffspflicht nur, wenn die Chancengleichheit „offenkundig gestört ist"; Belling NZA 1990, 214 [217)]: Verstoß nur bei einem „auffälligen Missverhältnis" vergleichbar § 138 Abs 2 BGB; Löwisch/Rieble, in: Löwisch, Arbeitskampf- und Schlichtungsrecht [1997] 25: Pflicht des Staates zum Eingreifen erst, wenn die Kampfparität „offenbar" nicht mehr besteht). Bei lediglich geringfügigen Paritätsstörungen hat sich der Staat dagegen entsprechend dem Grundsatz der passiven Neutralität „herauszuhalten" (Fischinger, Arbeitskämpfe bei Standortschließung und -verlagerung [2007] 156 f). **1147**

d) Rechtsfolgen
aa) Suspendierung der Arbeitspflicht bei rechtmäßigem Streik

Nimmt ein Arbeitnehmer an einem – nach den obigen Regeln – **rechtmäßigen** Streik teil, so wird unter Zugrundelegung der Einheitstheorie (näher Rn 1128) seine arbeitsvertragliche Pflicht zur Arbeitsleistung suspendiert. Der Arbeitnehmer kann dementsprechend der Arbeit fernbleiben, ohne seine Vertragspflichten zu verletzten. Ist der Streik dagegen **rechtswidrig**, wird die Arbeitspflicht nicht suspendiert und der nicht arbeitende Arbeitnehmer verletzt seine Arbeitspflicht (siehe näher Rn 1280 f). **1148**

bb) Ausnahme: Notstands- und Erhaltungsarbeiten während eines Arbeitskampfes

Trotz der Suspendierung der Arbeitsleistungspflicht beim rechtmäßigen Streik ist ein streikender Arbeitnehmer aber während eines Arbeitskampfes zur Leistung von Notstands- und Erhaltungsarbeiten verpflichtet. Diese Pflicht ist eine immanente Schranke des subjektiven Streikrechts. Umgekehrt hat aber kein Arbeitnehmer einen Anspruch auf Einsatz im Notdienst, weil er sich nicht am Streik beteiligen will (vgl BAG 31. 1. 1995 – 1 AZR 142/94, AP Nr 135 zu Art 9 GG Arbeitskampf). **1149**

Erhaltungsarbeiten sind diejenigen Arbeiten, die erforderlich sind, um Anlagen und Betriebsmittel während des Arbeitskampfes so zu erhalten, dass nach Beendigung **1150**

des Arbeitskampfes die Arbeit fortgesetzt werden kann (BAG 30. 3. 1982 – 1 AZR 265/80, NJW 1982, 2835 [2836]; BAG 31. 1. 1995 – 1 AZR 142/94, NZA 1995, 958 [959]). Das umfasst insbesondere die technische Existenzsicherung der Betriebsanlagen und -gelände zB gegen Witterungseinflüsse. Auch *Abwicklungsarbeiten,* die erforderlich sind, um den endgültigen Verderb von Halb- oder Fertigerzeugnissen zu verhindern, sowie Arbeiten, deren Besorgung notwendig ist, um *öffentlich-rechtlichen Vorgaben* gerecht zu werden, können geschuldet sein (BAG 30. 3. 1982 – 1 AZR 265/80, NJW 1982, 2835 [2837]). Die Pflicht, solche Arbeiten auch während eines Arbeitskampfes zu erbringen, folgt aus dem *Gebot fairer Kampfführung* und dem *Verbot des ruinösen Arbeitskampfes* (Kissel, Arbeitskampfrecht § 29 Rn 22; ErfK/Linsenmaier Art 9 GG Rn 180; BAG GS 21. 4. 1971 – GS 1/68, NJW 1971, 1668 [1669]). Es besteht jedoch **keine Pflicht**, den Eintritt **wirtschaftlicher Schäden** des Arbeitgebers zu verhindern, die daraus folgen, dass infolge des Streiks Kunden verloren oder Aufträge nicht erledigt werden können. Denn die wirtschaftliche Druckausübung auf den Arbeitgeber ist gerade Wesen des Streiks.

1151 **Notstandsarbeiten** zielen auf die Versorgung der Allgemeinheit mit lebensnotwendigen Diensten und Gütern wie zB Energie und Wasser, Feuerwehr und Müllbeseitigung (BAG 31. 1. 1995 – 1 AZR 142/94, NZA 1995, 958 [959]). Die Verpflichtung zu ihnen lässt sich mit der Gemeinwohlbindung von Arbeitskämpfen begründen.

1152 Umstritten ist, wem die **Organisation des Notdienstes** obliegt. Nach einem Teil des Schrifttums ist Träger der Erhaltungsarbeiten der Arbeitgeber (Apfel, Die Sicherung und Erhaltung des Betriebs bei Arbeitskämpfen [1970] 131; Fenn DB 1982, 430 [432]); nach anderer Ansicht hingegen die den Streik führende Gewerkschaft (Schumann, in: Däubler, Arbeitskampfrecht² Rn 226; Däubler AuR 1981, 257 [263]; Oetker, Die Durchführung von Not- und Erhaltungsarbeiten bei Arbeitskämpfen [1984] 68 ff), während eine dritte Meinung davon ausgeht, dass Umfang, Organisation und Durchführung der Erhaltungsarbeiten von Arbeitgeber und Gewerkschaft zu vereinbaren seien (Hueck/Nipperdey II/2, 949; Kissel, Arbeitskampfrecht 635 f; Brox, in: Brox/Rüthers, Arbeitskampfrecht Rn 293; offengelassen BAG 30. 3. 1982 – 1 AZR 265/80, AP Nr 74 zu Art 9 GG Arbeitskampf; BAG 14. 12. 1993 – 1 AZR 550/93, AP Nr 129 zu Art 9 GG Arbeitskampf; BAG 31. 1. 1995 – 1 AZR 142/94, BAGE 79, 152 [157]). Die Frage, wer Träger der Erhaltungsarbeiten ist, diese also bestimmt und leitet, ist falsch gestellt. Da weder die Gewerkschaft noch der einzelne Arbeitnehmer überblicken können, ob und in welchem Umfang Arbeiten zur Erhaltung der Anlagen und Betriebsmittel und zur Abwendung von Gefahren erforderlich sind, obliegt diese **Feststellung allein dem Arbeitgeber**. Daraus folgt aber noch keineswegs, dass er streikende Arbeitnehmer einseitig zur Durchführung von Not- und Erhaltungsarbeiten heranziehen kann; denn ein derartiges Auswahlrecht stünde im Gegensatz zum subjektiven Streikrecht des einzelnen Arbeitnehmers. Deshalb obliegt der **Gewerkschaft** aufgrund ihres Streikführungsrechts, **festzulegen, wer** für den Einsatz **zur Verfügung stehen soll**; denn von ihrer Zustimmung hängt ab, ob ein Arbeitnehmer sich überhaupt an einem Streik beteiligen kann (ebenso Löwisch/Mikosch ZfA 1978, 153 [165 ff]). Die streikführende Gewerkschaft bestimmt deshalb bei einem Streik, wer von den Arbeitnehmern Not- und Erhaltungsarbeiten zu leisten hat. Dazu ist sie nicht nur berechtigt, sondern auch verpflichtet (vgl auch Kissel 620, 630 f; Richardi, Die Grenzen der Zulässigkeit des Streiks [1980] 38). Eine Pflichtverletzung macht sie nach §§ 280 Abs 1, 311 Abs 2, 241 Abs 2 schadensersatzpflichtig.

1153 Auch bei einer **Aussperrung** besteht nach zutreffender Auffassung die Pflicht zur

Leistung von Notstands- und Erhaltungsarbeiten (Brox/Rüthers, Arbeitskampfrecht Rn 315; Kissel, Arbeitskampfrecht § 51 Rn 17 ff jeweils mwNw). Dann ist es Sache des Arbeitgebers, die Arbeitnehmer zu bestimmen, die diese zu leisten haben (ebenso Oetker, Not- und Erhaltungsarbeiten 80). Es ist aber kein Arbeitnehmer nur deshalb zu einer anderen Arbeit verpflichtet, als er im Vertrag zugesagt hat, weil der Arbeitgeber eine Aussperrung durchführt.

cc) Arbeitspflicht der nicht-streikenden Arbeitnehmer?

Diejenigen Arbeitnehmer, die sich nicht am Streik beteiligen, sind – wenn nicht der Arbeitgeber mit einer Aussperrung oder einer Betriebsstilllegung auf den Streik reagiert – selbstverständlich auch während des Arbeitskampfes zur Arbeitsleistung auf ihrem normalen Arbeitsplatz verpflichtet. **1154**

Davon ist die Frage zu unterscheiden, ob der arbeitswillige, nicht-streikende Arbeitnehmer gegen seinen Willen verpflichtet ist, während des Streiks sog **Streikarbeit** (auch Streikbrecherarbeit genannt) zu leisten, dh den Arbeitsplatz eines streikenden Kollegen zu besetzen. Sie ist zu **verneinen**. Zwar führt ein Teilstreik in einem Betrieb für den Arbeitgeber zu Problemen, da er die Betriebstätigkeit nur aufrechterhalten kann, wenn er die Arbeitsplätze der streikenden Arbeitnehmer besetzt. Dennoch besteht keine Pflicht zur Leistung von Streikarbeit. Begründen lässt sich dies mit dem Gesichtspunkt der Zumutbarkeit. Denn ein Arbeitnehmer ist nicht verpflichtet, seinen streikenden Arbeitskollegen in den Rücken zu fallen und deren Arbeit zu übernehmen (vgl zur Rechtmäßigkeit der Verweigerung von Streikbrecherarbeit Rüthers ZfA 1972, 403 ff; Kissel, Arbeitskampfrecht § 42 Rn 91). Entsprechend bestimmt daher für die vom AÜG erfasste Arbeitnehmerüberlassung **§ 11 Abs 5 AÜG**, dass ein Leiharbeitnehmer nicht verpflichtet ist, bei einem Entleiher tätig zu sein, soweit dieser durch einen Arbeitskampf unmittelbar betroffen ist; auf dieses Recht hat der Verleiher ihn hinzuweisen. **1155**

dd) Geltung auch bei der Aussperrung

Auch bei einer rechtmäßigen suspendierenden Aussperrung werden die synallagmatischen Hauptpflichten des Arbeitsvertrags suspendiert. Entsprechend entfällt auch hier die Arbeitspflicht des Arbeitnehmers (Brox/Rüthers, Arbeitskampfrecht Rn 314; zur Aussperrung näher Rn 1329 ff). **1156**

10. Befreiung von der Arbeitspflicht aufgrund besonderer gesetzlicher Regelung

Die Befreiung von der Arbeitspflicht kann auf besonderen gesetzlichen Bestimmungen beruhen. Hierher gehören insbesondere die zahlreichen Gesetzesregelungen, die dem Arbeitnehmer einen Anspruch auf Arbeitsbefreiung geben, wenn er **Aufgaben im Interesse der Allgemeinheit oder innerhalb der Mitbestimmungsordnung** zu erfüllen hat. **1157**

Die Weimarer Reichsverfassung enthielt in Art 160 die Bestimmung, dass derjenige, der in einem Dienst- oder Arbeitsverhältnis als Angestellter oder Arbeiter steht, das Recht auf die zur Wahrnehmung staatsbürgerlicher Rechte und, soweit dadurch der Betrieb nicht erheblich geschädigt wird, zur Ausübung ihm übertragener öffentlicher Ehrenämter nötige freie Zeit hat. Diese Vorschrift fasst zusammen, was im Wesent- **1158** lichen auch heute noch dem geltenden Recht entspricht. **Art 48 Abs 1 GG** gewährt den Bewerbern um einen Sitz im Deutschen Bundestag Anspruch auf Urlaub für die zur Vorbereitung der Wahl erforderliche Zeit. Entsprechende Regelungen bestehen auch für Bewerber um einen Sitz in einem Landtag, zB nach den Landesverfassungen von Baden-Württemberg (Art 29 Abs 1), Bayern (Art 30), Bremen (Art 97), Hessen (Art 76), Mecklenburg-Vorpommern (Art 23 Abs 1), Niedersachsen (Art 13 Abs 1), Nordrhein-Westfalen (Art 46 Abs 2), Rheinland-Pfalz (Art 96 Abs 1), Saarland (Art 84), Sachsen (Art 42 Abs 1), Sachsen-Anhalt (Art 56 Abs 1), Schleswig-Holstein (Art 4 Abs 1), Thüringen (Art 51 Abs 1), und für Bewerber um ein Mandat im Europäischen Parlament (§ 4 EuAbgG).

1159 Befreiungen von der Arbeitspflicht aufgrund besonderer Gesetzesvorschrift bestehen für die **Mitglieder eines Betriebsrats und eines Personalrats** sowie einer **Jugend- und Auszubildendenvertretung** (§§ 37 Abs 2, 38, 65 BetrVG, §§ 46 Abs 3 und 4, 62 BPersVG; s auch die Rahmenvorschrift für die Landesgesetzgebung in § 100 BPersVG). Sie haben Anspruch auf Fortzahlung ihres Arbeitsentgelts. Für Arbeitnehmervertreter im Aufsichtsrat eines mitbestimmten Unternehmens fehlt eine entsprechende Gesetzesregelung. Aber auch sie haben zur Wahrnehmung ihrer Aufgaben Anspruch auf Arbeitsbefreiung, wobei umstritten ist, ob sie dabei Fortzahlung des Arbeitsentgelts verlangen können (s Rn 1822). Der Arbeitnehmervertreter muss sich, wenn er seinen Arbeitsplatz verlässt, wie jeder andere Arbeitnehmer bei seinem Vorgesetzten abmelden (vgl BAG 15. 3. 1995 – 7 AZR 643/94, BAGE 79, 263 [266 ff]). Nach **§ 26 ArbGG** darf niemand gehindert werden, das Amt als ehrenamtlicher Richter am Arbeitsgericht auszuüben oder deshalb benachteiligt werden; daraus folgt auch die Verpflichtung, den Arbeitnehmer für gewerkschaftliche Schulungsveranstaltungen für ehrenamtliche Richter freizustellen, soweit sich dies in angemessenen Grenzen hält und die Veranstaltung für die Tätigkeit dienlich ist (BAG 25. 8. 1982 – 4 AZR 1147/79, AP Nr 1 zu § 26 ArbGG 1979).

1160 Gesetzlich festgelegte **Beschäftigungsverbote** können ebenfalls dazu führen, dass eine Befreiung von der Arbeitspflicht eintritt (vgl §§ 3 f, 6 MuSchG).

1161 Bei einem **Ruhen des Arbeitsverhältnisses** aufgrund gesetzlicher Bestimmung, zB nach § 1 ArbPlSchG, Art 48 Abs 1 GG oder bei Inanspruchnahme der Elternzeit nach §§ 15, 16 BEEG, sind die gegenseitigen Hauptleistungspflichten suspendiert. Auch durch Vertragsabrede kann das Ruhen des Arbeitsverhältnisses (konkludent) herbeigeführt werden, bei Individualvereinbarungen gilt aber die Grenze des § 138, bei Formularverträgen die des § 307 (näher BAG 10. 1. 2007 – 5 AZR 84/06, AP Nr 6 zu § 611 BGB Ruhen des Arbeitsverhältnisses).

V. **Nebenpflichten des Arbeitnehmers**

1. **Treuepflicht des Arbeitnehmers***

a) **Begriffsgeschichte**

1162 Bis in die 1960er Jahre war in Rechtsprechung und Lehre einhellig anerkannt, dass

---

* **Schrifttum**: A Hueck, Der Treuegedanke im modernen Privatrecht (1947); Klatt, Treue- pflichten im Arbeitsverhältnis (1990); Kramer, Arbeitsvertragsrechtliche Verbindlichkeiten neden Arbeitnehmer neben der Arbeitspflicht eine allgemeine Treuepflicht trifft (vgl BAG 5. 3. 1968 – 1 AZR 229/67; BAG 17. 10. 1969 – 3 AZR 442/68, AP Nr 6, 7 zu § 611 BGB Treuepflicht; HUECK/NIPPERDEY I 241 ff; NIKISCH I 445 ff; WIEDEMANN, Das Arbeitsverhältnis als Austausch- und Gemeinschaftsverhältnis [1966] 62 f). Grund für ihre Anerkennung war, dass man im Arbeitsverhältnis nicht mehr ein reines Schuldverhältnis, sondern ein personenrechtliches Gemeinschaftsverhältnis sah (s Vorbem 160 ff zu §§ 611 ff). Der Fürsorgepflicht des Arbeitgebers (s Rn 1686 ff) entsprach nach herrschendem Verständnis die Treuepflicht des Arbeitnehmers. Während die Fürsorgepflicht aber in § 618 ausdrücklich geregelt ist, fehlt für eine ihr entsprechende Treuepflicht des Dienstverpflichteten eine besondere Bestimmung im Dienstvertragsrecht. Die Anerkennung der Treuepflicht stand unter dem Zeichen, das Arbeitsverhältnis aus dem starren Synallagma zu lösen, in das es die BGB-Vorschriften über den Dienstvertrag gebettet hatten.

Wegweiser war OTTO VGIERKE mit seiner **Lehre vom deutschrechtlichen Ursprung** **1163** **des Dienstvertrags** (vgl VGIERKE, in: FS Brunner [1914] 37 ff; ders, Deutsches Privatrecht III [1917] 590 ff; s dazu JOBS ZfA 1972, 305 ff). Ihr lag die durchaus zutreffende Sicht zugrunde, dass der Arbeitsvertrag seinen Inhalt nicht ausschließlich aus den Vorschriften des BGB erhielt, sondern dass Sondervorschriften galten, in denen der Gedanke der Treue und Fürsorge mehr Berücksichtigung gefunden hatte als in der dürftigen Regelung über den Dienstvertrag. VGIERKE war deshalb der Meinung, dass personenrechtliche Beziehungen, die ursprünglich ausschließlich das Dienstvertragsrecht bestimmt hätten, auch den modernen Arbeitsvertrag beherrschten; denn jeder Dienstvertrag begründe ein persönliches Herrschaftsverhältnis. Deshalb gewinne auch ohne besondere gesetzliche oder vertragsmäßige Bestimmung die nach allgemeinen Grundsätzen geschuldete Vertragstreue für den Dienstpflichtigen den persönlichen Inhalt der Diensttreue (VGIERKE, Deutsches Privatrecht III 610).

Diese Auffassung hat entscheidend dazu beigetragen, dass die Treuepflicht als **1164** selbstständige Pflicht des Arbeitnehmers aus dem Arbeitsvertrag Anerkennung fand (vgl KASKEL, Arbeitsrecht [3. Aufl 1928] 110 [116 f]; TITZE, Das Recht des kaufmännischen Personals [1918] 307; zum Meinungsstand in der Weimarer Zeit RICHARDI, in: TOMANDL, Treue- und Fürsorgepflicht im Arbeitsrecht [1975] 41 [47 ff]). Durch § 2 Abs 2 AOG wurde die Treuepflicht zu einem wesentlichen Element der nationalsozialistischen Arbeitsverfassung. Dennoch hielten das RAG und die hL daran fest, dass § 2 AOG nicht unmittelbar für das Arbeitsverhältnis gelte (vgl HUECK/NIPPERDEY/DIETZ, AOG [4. Aufl 1943] § 2 Rn 6; auch A HUECK, in: FS Hedemann [1938] 312 [315]). Die Gesetzeslage führte jedoch dazu, dass die Treuepflicht als Maßstab auf den Inhalt des Einzelarbeitsverhältnisses einwirkte. Vor allem wer der Trennung des § 2 Abs 2 AOG vom Einzelarbeitsverhältnis widersprach, kam zu weitergehenden Ergebnissen. Grundlage des Arbeitsverhältnisses sei ausschließlich das Treueverhältnis zwischen den Beteiligten, sodass die Wirkungen des Arbeitsverhältnisses lediglich in einer beiderseitigen Treuepflicht

---

ben Lohnzahlung und Dienstleistung (1975); SCHWARZ/HOLZER, Die Treuepflicht des Arbeitnehmers und ihre künftige Gestaltung (1975); SCHWERDTNER, Fürsorge- und Treuepflichten im Gefüge des Arbeitsverhältnisses oder: Vom Sinn und Unsinn einer Kodifikation des Allgemeinen Arbeitsvertragsrechts, ZfA 1979, 1; TOMANDL (Hrsg), Treue- und Fürsorgepflicht im Arbeitsrecht (1975) mit Beiträgen von TOMANDL, RICHARDI, MAYER-MALY, ZÖLLNER und KRAMER. S auch die Angaben zur Fürsorgepflicht vor Rn 896.

bestünden (Siebert, Das Arbeitsverhältnis in der Ordnung der nationalen Arbeit [1935] 100 ff; dagegen aber Nikisch DAR 1938, 182 [183]). Mit dem Nationalsozialismus versank aber auch dieses Lehrgebäude.

1165 Beachtet man diese Geschichte, so wird verständlich, dass man in der Zeit nach dem Zweiten Weltkrieg noch an der Treuepflicht als einer selbstständigen rechtsdogmatischen Kategorie festhielt. Es lag nahe, den Treue- und Fürsorgegedanken zwar von nationalsozialistischer Ideologie zu befreien, ihn aber nicht preiszugeben, weil nur durch ihn die Verwirklichung sozialer Gerechtigkeit gewährleistet erschien, wie die Länderverfassungen und das Grundgesetz sie zum Auftrag gemacht hatten. Da im Arbeitsverhältnis der Arbeitnehmer seine persönliche Arbeitskraft dem Arbeitgeber unter dessen Leitung zur Verfügung stelle, werde auch dadurch „eine enge persönliche Verbindung, ein Gemeinschaftsverhältnis, begründet, das entsprechend alter deutschrechtlicher Auffassung vom Grundsatz beiderseitiger Treue beherrscht wird" (A Hueck, Der Treuegedanke im modernen Privatrecht [1947] 13). Mag auch diese Argumentation aus heutiger Sicht befremdlich wirken, so muss man sich doch in Erinnerung rufen, dass mit dem Treue- und Fürsorgegedanken ohne Hilfe des Gesetzgebers ein umfassender Pflichtenkreis entwickelt wurde, der auch heute noch im Wesentlichen den sozialen Inhalt des Arbeitsverhältnisses bestimmt. Daher handelt es sich nicht bloß um eine „gut verpaßte Ideologie" (so zu Unrecht die Beurteilung von Schwerdtner, Fürsorgetheorie und Entgelttheorie im Recht der Arbeitsbedingungen [1970] 69; vgl auch Brors, Die Abschaffung der Fürsorgepflicht [2002] 29 ff).

b) Keine rechtsdogmatische Kategorie

1166 Hinter der Anerkennung einer allgemeinen Treuepflicht des Arbeitnehmers steht die zutreffende rechtsdogmatische Erkenntnis, dass der Grundsatz von Treu und Glauben im Zivilrecht nicht nur zur Anerkennung von Pflichten führt, die allgemein in jedem Schuldverhältnis bestehen, sondern dass darüber hinaus auch die Besonderheit der Rechtsbeziehung zur Ausformung eines eigenen Pflichtenkreises führt (so A Hueck, Der Treuegedanke im modernen Privatrecht [1947]; vgl auch Mayer-Maly, in: Tomandl, Treue- und Fürsorgepflicht im Arbeitsrecht [1975] 71 ff). Problematisch ist aber, dass man für die Ausformung dieses Pflichtenkreises nicht die Besonderheit der rechtsgeschäftlichen Leistungspflicht im Arbeitsverhältnis, sondern die Qualifizierung des Arbeitsverhältnisses als eines personenrechtlichen Gemeinschaftsverhältnisses zum Ansatzpunkt gewählt hat. Die Fürsorgepflicht des Arbeitgebers ließ man in einer Treuepflicht aufgehen, der synallagmatisch eine Treuepflicht des Arbeitnehmers gegenübergestellt wurde. Die **Fürsorgepflicht ist aber Korrelat der Unterordnung des Arbeitnehmers unter die Organisationsgewalt des Arbeitgebers. Ihr entspricht keine korrespondierende Pflicht des Arbeitnehmers** (vgl Richardi, in: Tomandl, Treue- und Fürsorgepflicht im Arbeitsrecht [1975] 41 [64]; ähnlich Wiedemann, Das Arbeitsverhältnis als Austausch- und Gemeinschaftsverhältnis [1966] 57).

1167 Es gibt **keine Treuepflicht**, sondern **nur Treupflichten**, die als Nebenpflichten den Inhalt des Arbeitsverhältnisses bestimmen. Der Professorenentwurf eines ArbVG 92 hat deshalb von einer Generalklausel abgesehen und führt nur konkrete Pflichten auf, die den Bezug zur Arbeitsaufgabe in den Vordergrund stellen (vgl Verhandlungen des 59. DJT I/D [1992] 112 ff); Gleiches gilt für den 2007 von Henssler und Preis vorgelegten Diskussionsentwurf eines Arbeitsvertragsgesetzes (vgl Henssler/Preis, Entwurf eines Arbeitsvertragsgesetzes [2015], s die dortigen §§ 72 ff).

2. Bedeutung von Treu und Glauben für die Pflichten des Arbeitnehmers

Hauptpflicht des Arbeitnehmers ist die rechtsgeschäftlich zugesagte Verpflichtung **1168** zur Arbeitsleistung. Sofern sich nicht aus Tarifvertrag oder Einzelarbeitsvertrag ergibt, wie er bei Ausführung der Arbeit das Interesse des Arbeitgebers zu wahren hat, gilt als Maßstab die Beobachtung der im Verkehr erforderlichen Sorgfalt (§ 276 Abs 2). Deshalb geht es zu weit, wenn man den Arbeitnehmer für verpflichtet hält, bei der Erbringung der Arbeitsleistung das Interesse des Arbeitgebers „in jeder Weise wahrzunehmen" (so A Hueck, in: Hueck/Nipperdey I 241), oder, wie das BAG als Inhalt der Treuepflicht noch im Urteil vom 16. 8. 1990 (2 AZR 113/90, AP Nr 10 zu § 611 BGB Treuepflicht) formuliert hat, „alles zu unterlassen, was dem Arbeitgeber oder dem Betrieb abträglich ist" (kritisch auch ErfK/Preis § 611 Rn 709; HWK/Thüsing § 611 Rn 347). Soweit Nebenpflichten ihre Grundlage nicht im Willen der Vertragsparteien haben, kann ihre Begründung aus Treu und Glauben nur gerechtfertigt werden, soweit sie entweder in einem sachlichen Zusammenhang mit der rechtsgeschäftlich übernommenen Leistungspflicht stehen oder es sich um den Pflichtenkreis handelt, der in § 241 Abs 2 niedergelegt ist (Integritätsschutz).

Soweit es um Nebenpflichten im **Zusammenhang mit der rechtsgeschäftlich zugesag- 1169 ten Verpflichtung zur Arbeitsleistung** geht, ergibt sich aus Treu und Glauben, dass ein Arbeitnehmer im „Marktbereich" seines Arbeitgebers keine Dienstleistungen für Dritte erbringen oder ihnen anbieten darf (vgl BAG 16. 8. 1990 – 2 AZR 113/90, AP Nr 10 zu § 611 BGB Treuepflicht; näher Rn 1176 ff). Eine Verpflichtung, dem Dienstberechtigten Verstöße Dritter gegen ein vertragliches Wettbewerbsverbot anzuzeigen, besteht aber nur, soweit der Dienstverpflichtete rechtsgeschäftlich eine Überwachungsaufgabe übernommen hat (vgl BGH 23. 2. 1989 – IX ZR 236/86, AP Nr 9 zu § 611 BGB Treuepflicht).

Soweit es um den **Integritätsschutz** geht, muss berücksichtigt werden, dass der Ar- **1170** beitnehmer im Rahmen einer fremdbestimmten und fremdnützigen Arbeitsorganisation tätig wird. Daraus ergeben sich Konsequenzen für die Haftungsverfassung (s Staudinger/Richardi/Fischinger [2016] § 619a Rn 28 ff).

3. Verhaltenspflichten und Loyalitätsobliegenheiten eines Arbeitnehmers

a) Leistungstreuepflicht

Jeder Arbeitnehmer ist aus dem Arbeitsverhältnis verpflichtet, die im Arbeitsver- **1171** trag übernommene **Arbeit nach Treu und Glauben zu leisten**. Die Primärleistungspflicht bezieht sich auf die zugesagte Arbeitsleistung. Aber da er sie im Rahmen einer arbeitsteiligen Organisation erbringt, ist zu beachten, dass mit der Arbeitsleistung ein vom Arbeitgeber verfolgter Zweck eintreten soll. Der Arbeitnehmer, der ihn vereitelt, handelt daher vertragswidrig. Daraus folgt nicht nur, dass er dem Arbeitgeber während des Arbeitsverhältnisses keinen Wettbewerb machen darf (s Rn 1176 ff), sondern er hat auch darüber hinaus eine berufliche Tätigkeit zu unterlassen, wenn und soweit er durch eine Ausübung dieser Tätigkeit die Belange des Arbeitgebers beeinträchtigt (zu Nebentätigkeiten vgl Rn 1192 ff).

Da der Arbeitnehmer verpflichtet ist, seine Arbeitsleistung im Zusammenwirken **1172** mit den im Betrieb beschäftigten Arbeitnehmern zu erbringen, hat er auch die

Verhaltensregeln zur Sicherung des ungestörten Arbeitsablaufs und der **Ordnung im Betrieb** einzuhalten. Der Arbeitgeber hat insoweit ein Weisungsrecht (§ 106 S 2 GewO). Der Betriebsrat hat jedoch gem § 87 Abs 1 Nr 1 BetrVG mitzubestimmen. Bei Verletzung des Mitbestimmungsrechts sind einseitig getroffene Anordnungen des Arbeitgebers unwirksam, wenn sie sich ausschließlich auf die Ordnung des Betriebs beziehen, die geschuldete Arbeitsleistung also auch ohne sie erbracht werden kann (vgl BAG 14. 1. 1986 – 1 ABR 75/83, BAGE 50, 330 [337]). Der Arbeitnehmer hat ein Leistungsverweigerungsrecht nur insoweit, als es um sein Ordnungsverhalten geht; es erstreckt sich nicht auf die Erbringung der Arbeitsleistung.

b) Loyalitätsobliegenheiten

1173 Wie ein Arbeitnehmer sein **außerdienstliches Verhalten** einrichtet, geht den Arbeitgeber im Prinzip nichts an (zB kann der Arbeitgeber dem Arbeitnehmer nicht einen gesunden Lebenswandel vorschreiben, vgl LAG Düsseldorf 25. 2. 1997 – 8 Sa 1673/96, NZA-RR 1997, 381). Eine Grenze ergibt sich aber daraus, dass er durch sein Verhalten nicht die Glaubwürdigkeit der von ihm vertraglich zugesagten Arbeitsleistung für die Zielsetzung seines Arbeitgebers in Frage stellen darf. Diese Schranke ist aber durch keine Rechtspflicht gesichert, der ein Rechtsanspruch des Arbeitgebers auf Durchsetzung aus dem Arbeitsverhältnis entspricht, sondern es geht ausschließlich um eine Loyalitätsobliegenheit, deren Nichtbeachtung zur Folge haben kann, dass der Arbeitgeber den Arbeitnehmer nicht mehr zu beschäftigen braucht, also insbesondere eine Kündigung gerechtfertigt sein kann. Für den privaten Bereich des Arbeitnehmers können dagegen insoweit arbeitsvertragliche Vorgaben gemacht werden, als der dienstliche Bereich davon direkt berührt wird (zB Verbot des Alkoholkonsums direkt vor Dienstantritt von Lokomotivführern, vgl MünchKomm/Müller-Glöge § 611 Rn 1079).

1174 Die Loyalitätsobliegenheit hängt von der Zweckbestimmung des Unternehmens ab. Sie hat deshalb besondere Bedeutung für **Tendenzunternehmen** (zum Begriff Rn 308). Ein im Rechtsschutz tätiger Gewerkschaftssekretär darf sich nicht dadurch gegen die grundsätzliche Zielsetzung seines Arbeitgebers wenden, dass er Mitglied einer gewerkschaftsfeindlichen Organisation oder einer Partei wird, zu der es für die Gewerkschaft nur Gegnerschaft geben kann (vgl BAG 6. 12. 1979 – 2 AZR 1055/77, BAGE 32, 214).

1175 Für **kirchliche Einrichtungen** gestattet die Verfassungsgarantie des kirchlichen Selbstbestimmungsrechts (Art 140 GG iVm Art 137 Abs 3 S 1 WRV), dass einem dort beschäftigten Arbeitnehmer besondere Obliegenheiten einer kirchlichen Lebensführung auferlegt werden können (grundlegend BVerfG 4. 6. 1985 – 2 BvR 1703/83, 2 BvR 1718/83, 2 BvR 856/84, BVerfGE 70, 138; bestätigt duch BVerfG 22. 10. 2014 – 2 BvR 661/12, NZA 2014, 1387; ausführlich Rn 311 ff).

4. Pflicht zur Unterlassung von Wettbewerb*

a) Wettbewerbsverbot während der Dauer des Arbeitsverhältnisses
aa) Verbot

Für den Arbeitnehmer besteht während der Dauer des Arbeitsverhältnisses ein **1176** Wettbewerbsverbot. Für **Handlungsgehilfen** hat es in §§ 60, 61 HGB eine besondere Regelung erfahren. Wegen des Zusammenhangs mit der grundrechtlich gewährleisteten Berufsfreiheit ist § 60 Abs 1 HGB restriktiv zu interpretieren: Diese Gesetzesbestimmung verbietet dem kaufmännischen Angestellten den Betrieb eines Handelsgewerbes nicht, wie sich aus dem Gesetzestext ergibt, schlechthin, sondern nur im Handelszweig des Arbeitgebers (vgl BAG 25. 5. 1970 – 3 AZR 384/69 und 3. 5. 1983 – 3 AZR 62/81, BAGE 22, 344 und 42, 329 [334]).

Für **andere Arbeitnehmer** ergibt sich die Pflicht zur Unterlassung von Wettbewerb **1177** ausschließlich aus dem Grundsatz von **Treu und Glauben**; denn der Arbeitgeber kann erwarten, dass ein Arbeitnehmer alles unterlässt, was den Eintritt des Betriebserfolgs vereitelt. Deshalb hat ein Arbeitnehmer, auch wenn er nicht Handlungsgehilfe ist, ohne besondere Vereinbarung die Pflicht, sich des Wettbewerbs zu Lasten seines Arbeitgebers zu enthalten (ebenso BAG 17. 10. 1969 – 3 AZR 442/68, 16. 6. 1976 – 3 AZR 73/75, AP Nr 7, 8 zu § 611 BGB Treuepflicht; BAG 6. 8. 1987 – 2 AZR 226/87, AP Nr 97 zu § 626 BGB). Das gilt auch für **Auszubildende** (§ 10 Abs 2 BBiG, BAG 20. 9. 2006 – 10 AZR 439/05, AP Nr 13 zu § 60 HGB) und für **freie Berufe** (BAG 26. 9. 2007 – 10 AZR 511/06, AP Nr 4 zu § 61 HGB).

Das Wettbewerbsverbot besteht für die **rechtliche Dauer des Arbeitsverhältnisses** und **1178** ist daher bei einer Kündigung bis zum Ablauf der Kündigungsfrist zu beachten (BAG 17. 10. 2012 – 10 AZR 809/11, NZA 2013, 207 [208]). Es muss auch dann eingehalten werden, wenn ein Leistungsvollzug tatsächlich nicht mehr stattfindet, zB weil der Arbeitnehmer suspendiert oder sonst freigestellt ist (ebenso BAG 17. 10. 1969 – 3 AZR 442/68, AP Nr 7 zu § 611 BGB Treuepflicht; BAG 30. 5. 1978 – 2 AZR 598/76, AP Nr 9 zu § 60 HGB; BAG 17. 10. 2012 – 10 AZR 809/11, NZA 2013, 207 [208]; RAG ARS 35, 168). Bestreitet der Arbeitnehmer eine vom Arbeitgeber ausgesprochene Kündigung, ist er weiterhin an das Wettbewerbsverbot gebunden (BAG 25. 4. 1991 – 2 AZR 624/90, AP Nr 104 zu § 626 BGB). Das BAG hat aber jüngst offen gelassen, ob das dem Grunde nach zu bejahende Wettbewerbsverbot im gekündigten Arbeitsverhältnis in jeder Hinsicht gleich weit reicht wie im ungekündigten Arbeitsverhältnis (BAG 28. 1. 2010 – 2 AZR 1008/08,

---

* **Schrifttum:** BAUER/DILLER, Wettbewerbsverbote (7. Aufl 2015); BUCHNER, Das Wettbewerbsverbot während der Dauer des Arbeitsverhältnisses, AR-Blattei SD 1830. 2 (2006); DILLER, Nachvertragliches Wettbewerbsverbot: Entschädigungsanspruch ohne Entschädigungszusage?, NZA 2014, 1184; GAUL/LUDWIG, Betriebsübergang: Auswirkungen auf Vereinbarungen über nachvertragliche Wettbewerbsverbote, NZA 2013, 489; LASKAWY, Die Tücken des nachvertraglichen Wettbewerbsverbots im Arbeitsrecht, NZA 2012, 1011; LUMPER, Kontrollmaßstäbe für nachvertragliche Wettbewerbsverbote und ihre Anwendung im Kollisionsfall (2013); NABER, Wettbewerbsverbote in gesellschaftsrechtlichen Vereinbarungen mit Arbeitnehmern und Organmitgliedern, NZA 2013, 870; PARK, Nebenpflichten des Arbeitnehmers während der Dauer des Arbeitsverhältnisses (2013); SALOMON/FUHLROTT, Die Reichweite des Wettbewerbsverbotes im gekündigten Arbeitsverhältnis, BB 2011, 1018.

NZA-RR 2010, 461 [462 f]). Auch der Arbeitnehmer, der den Dienst vertragswidrig nicht antritt, untersteht dem Verbot bis zur ordnungsgemäßen Beendigung des Arbeitsverhältnisses. Verweigert aber der Arbeitgeber grundlos und endgültig die Annahme der Dienste oder kündigt er unwirksam, so kann er sich nicht auf das Wettbewerbsverbot berufen.

1179 Verboten ist nur eine **Konkurrenztätigkeit**, die geeignet ist, den Arbeitgeber zu **schädigen** (vgl BAG 3. 5. 1983 – 3 AZR 62/81, BAGE 42, 329 [334]). Das kann insbesondere bei einfachen Nebentätigkeiten, die nur eine untergeordnete wirtschaftliche Unterstützung des Konkurrenten bewirken und auch im Übrigen keine schutzwürdigen Arbeitgeberinteressen beeinträchtigen, zu verneinen sein (BAG 24. 3. 2010 – 10 AZR 66/09, NZA 2010, 693 [694]). Eine sonstige Nebentätigkeit, die für den Arbeitgeber wettbewerbsmäßig keine Gefahr bedeutet, ist erlaubt, sofern die Arbeitsleistung des Arbeitnehmers nicht durch sie beeinträchtigt wird (s Rn 1195 ff). Verboten sind auch nur Wettbewerbs*handlungen* während des Arbeitsverhältnisses; es muss also der Arbeitnehmer nach außen als Konkurrent auftreten. Nicht erfasst wird deshalb, dass ein Arbeitnehmer während des Arbeitsverhältnisses seinen Weggang von seinem bisherigen Arbeitgeber und den Übertritt zu einem Konkurrenzunternehmen *vorbereitet* (ebenso BAG 12. 5. 1972 – 3 AZR 401/71, 7. 9. 1972 – 2 AZR 486/71 und 16. 1. 1975 – 3 AZR 72/74, AP Nr 6, 7 und 8 zu § 60 HGB; BAG 26. 6. 2008 – 2 AZR 190/07, NZA 2008, 1415 [1416]); etwas anderes gilt natürlich, wenn dem Arbeitnehmer nachvertraglicher Wettbewerb wirksam untersagt ist (vgl BAG 16. 1. 2013 – 10 AZR 560/11, NZA 2013, 748 [749]). Die Abgrenzung zu Tätigkeiten, die das Geschäftsinteresse des Arbeitgebers beeinträchtigen und daher unzulässig sind (zB Abwerben anderer Arbeitnehmer, vgl dazu BAG 11. 11. 1980 – 6 AZR 292/78; BAG 26. 6. 2008 – 2 AZR 190/07, NZA 2008, 1415 [1416]; Schmiedl BB 2003, 1120 [1121 ff]; Busch/Dendorfer BB 2002, 301 [304 f]; Staudinger/Sack/Fischinger [2011] § 138 Rn 472; nicht überzeugend LAG Rheinland Pfalz 7. 2. 1992 – 6 Sa 528/91, NZA 1993, 265 f und LAG Hamburg 21. 12. 1999 – 2 Sa 62/99, die einen Verstoß nur bei sittenwidriger Abwerbung annehmen;), ist im Einzelfall zu bestimmen; daher kann (muss aber nicht) auch die kapitalmäßige Beteiligung an einem Konkurrenzunternehmen unter das Wettbewerbsverbot fallen (vgl BAG 16. 1. 1975 – 3 AZR 72/74, AP Nr 8 zu § 60 HGB). Der Erwerb einer Handelsgesellschaft und deren Eintragung ins Gesellschaftsregister zB verstoßen ebenso wenig wie die Umfirmierung gegen das Wettbewerbsverbot (BAG 26. 6. 2008 – 2 AZR 190/07, AP Nr 213 zu § 626 BGB).

1180 Eine **Konkurrenztätigkeit Dritter** wird dem Arbeitnehmer zugerechnet, wenn er sich an ihr beteiligt. Wenn dies nicht der Fall ist, ergibt sich aus Treu und Glauben eine Verpflichtung, sie dem Arbeitgeber anzuzeigen, nur, soweit der Arbeitnehmer rechtsgeschäftlich eine Überwachungsaufgabe übernommen hat (vgl BGH 23. 2. 1989 – IX ZR 236/86, AP Nr 9 zu § 611 BGB Treuepflicht).

bb) Rechtsfolgen bei Verletzung
1181 Verletzt der Arbeitnehmer das Wettbewerbsverbot schuldhaft (LAG Rheinland-Pfalz 23. 3. 2007 – 6 Sa 854/06), so kann der Arbeitgeber **Schadensersatz** fordern (so ausdrücklich für den Handlungsgehilfen § 61 Abs 1 HGB); dieser umfasst auch den entgangenen Gewinn, den der Arbeitgeber aus dem Geschäft erzielt hätte (BAG 20. 9. 2006 – 10 AZR 439/05, AP Nr 13 zu § 60 HGB; BAG 16. 1. 2013 – 10 AZR 560/11, NZA 2013, 748 [749]). Die Schadenshöhe kann ggf nach § 287 ZPO geschätzt werden (BAG 16. 1. 2013 – 10 AZR 560/11, NZA 2013, 748 [749]). Besteht der Wettbewerbsverstoß in der Verwertung

eines Betriebsgeheimnisses, so kann die Schadensberechnung im Wege der Lizenzanalogie erfolgen, der Arbeitgeber also Lizenzgebühren verlangen, die bei einer Lizenzvergabe erzielt worden wären (so ausdrücklich BAG 24. 6. 1986 – 3 AZR 486/84, AP Nr 4 zu § 611 BGB Betriebsgeheimnis im Anschluss an BGH 18. 2. 1977 – I ZR 112/75, NJW 1977, 1062 f).

Statt eines Schadensersatzanspruchs kann der Arbeitgeber aber auch verlangen, dass **1182** der Arbeitnehmer die für eigene Rechnung gemachten Geschäfte als für Rechnung des Arbeitgebers eingegangen gelten lässt. Auf diesem Weg kann der Arbeitgeber das Geschäft an sich ziehen (sog **Eintrittsrecht**). Der Arbeitnehmer kann dem Arbeitgeber eine Frist für die Ausübung des Eintrittsrechts setzen, § 264 Abs 2. Durch die Ausübung des Eintrittsrechts ändert sich nichts an der Stellung des Arbeitnehmers und des Dritten als Vertragspartner. Der Arbeitgeber kann nur vom Arbeitnehmer Herausgabe der Vergütung bzw Abtretung des Vergütungsanspruchs, Auskunftserteilung und Rechnungslegung verlangen. Das folgt für den Handlungsgehilfen explizit aus § 61 Abs 1 HGB, für sonstige Arbeitnehmer aus §§ 687 Abs 2, 666, 667. Erforderlich ist allerdings ein unmittelbarer Zusammenhang zwischen dem Drittgeschäft und der herausverlangten Vergütung (BAG 17. 10. 2012 – 10 AZR 809/11, NZA 2013, 207 [208 f]). Der Arbeitgeber kann dieses Recht auch nur in Bezug auf alle verbotswidrig vorgenommenen Geschäfte geltend machen; er kann es nicht auf einzelne Geschäfte beschränken (ebenso BAG 15. 2. 1962 – 5 AZR 79/61, AP Nr 1 zu § 61 HGB). Übt der Arbeitgeber sein Eintrittsrecht aus, muss er umgekehrt dem Arbeitnehmer dessen Aufwendungen ersetzen, § 670 (ErfK/Oetker § 61 HGB Rn 5).

Für Handlungsgehilfen bestimmt § 61 Abs 2 HGB ausdrücklich, dass die Ansprüche **1183** in drei Monaten von dem Zeitpunkt an **verjähren**, in dem der Arbeitgeber Kenntnis von dem Abschluss des Geschäfts erlangt; sie verjähren ohne Rücksicht auf diese Kenntnis in fünf Jahren von dem Abschluss des Geschäfts an. Diese Verjährungsfrist gilt für alle Ersatzansprüche des Arbeitgebers, die dieser aus Wettbewerbsverstößen iS des § 60 HGB herleitet, auch wenn sie auf §§ 280 Abs 1, 241 Abs 2 oder eine unerlaubte Handlung (ggf § 826) gestützt werden (ebenso BAG 28. 1. 1986 – 3 AZR 449/84 und 11. 4. 2000 – 9 AZR 131/99, AP Nr 2 und 3 zu § 61 HGB). Das BAG wendet § 61 Abs 2 HGB (analog) auf alle Arbeitnehmer an (BAG 26. 9. 2007 – 10 AZR 511/06, AP Nr 4 zu § 61 HGB); das ist fragwürdig, da es angesichts der Neuordnung des Verjährungsrechts im BGB durch das Schuldrechtsmodernisierungsgesetz an einer Regelungslücke fehlen dürfte.

Neben dem Anspruch auf Schadensersatz und dem sog Eintrittsrecht hat der Arbeitgeber einen **Unterlassungsanspruch**, den er selbstständig geltend machen kann; er **1184** kann auch durch einstweilige Verfügung durchgesetzt werden (ebenso LAG Mannheim 24. 11. 1967 – 3 AZR 385/66, BB 1968, 708; LAG Düsseldorf 1. 3. 1972 – 2 SA 520/71, DB 1972, 878).

Zur Vorbereitung dieser Ansprüche hat der Arbeitgeber einen **Auskunftsanspruch**, **1185** wenn er darlegen und ggf beweisen kann, dass der begründete Verdacht eines Verstoßes gegen das Konkurrenzverbot besteht (vgl BAG 17. 10. 2012 – 10 AZR 809/11, NZA 2013, 207 [209]; BGH 26. 9. 2013 – VII ZR 227/12, NJW 2014, 381 [382]).

Eine Verletzung des Wettbewerbsverbots berechtigt den Arbeitgeber auch mindes- **1186** tens zur **Abmahnung** und ggf auch zur (außer-)ordentlichen **Kündigung** (BAG 26. 6. 2008 – 2 AZR 190/07, NZA 2008, 1415 [1416]; BAG 28. 1. 2010 – 2 AZR 1008/08, NZA-RR 2010, 461 [462]).

1187 Ein Verstoß gegen das Wettbewerbsverbot berechtigt den Arbeitgeber nicht, die **Zahlung des Arbeitsentgelts** zu verweigern; denn die Pflicht zur Unterlassung von Wettbewerb steht nicht im Gegenseitigkeitsverhältnis zum Anspruch auf das Arbeitsentgelt (vgl auch BGH 19. 10. 1987 – II ZR 87/87, AP Nr 33 zu § 611 BGB Konkurrenzklausel). Jedoch kann der Arbeitgeber ggf eine **außerordentliche Kündigung** aussprechen (BAG 25. 4. 1991 – 2 AZR 624/90, AP Nr 104 zu § 626 BGB).

b)   Wettbewerbsabreden für die Zeit nach Beendigung des Arbeitsverhältnisses

1188 aa)   Nach Beendigung des Arbeitsverhältnisses kann der Arbeitnehmer grundsätzlich zu seinem bisherigen Arbeitgeber in Wettbewerb treten. Er darf zu ihm aber nicht durch die Verletzung von Betriebs- oder Geschäftsgeheimnissen in unlauteren Wettbewerb treten (§§ 1, 17 UWG; vgl BAG 24. 6. 1986 – 3 AZR 486/84, AP Nr 4 zu § 611 BGB Betriebsgeheimnis; s auch Rn 1214 ff).

1189 Arbeitgeber und Arbeitnehmer können gemäß § **110 S 1 GewO**, der auf alle Arbeitnehmer Anwendung findet (§ 6 Abs 2 GewO), die berufliche Tätigkeit des Arbeitnehmers für die Zeit nach Beendigung des Arbeitsverhältnisses durch Vereinbarung beschränken (Wettbewerbsverbot). Wegen der damit verbundenen Behinderung für das Fortkommen des Arbeitnehmers und zum Schutz von dessen Berufsfreiheit (Art 12 GG) sind Wettbewerbsabreden aber nur in engen Grenzen zulässig. Eine **Gesetzesregelung** enthalten die §§ **74 bis 75 ff HGB**, die für Handlungsgehilfen unmittelbar gelten, seit der Klarstellung durch die Novellierung der Gewerbeordnung durch Gesetz vom 28. 8. 2002 (BGBl I 3412) aber nach § 110 S 2 GewO auf alle Arbeitnehmer entsprechend anzuwenden sind (§ 6 Abs 2 GewO; das entspricht der bisherigen Handhabung des BAG, vgl BAG 14. 5. 1969 – 3 AZR 137/68, BAGE 22, 6; BAG 13. 9. 1969 – 3 AZR 138/63, BAGE 22, 125; bestätigt durch BAG 2. 5. 1970 – 3 AZR 134/69, AP Nr 26 zu § 74 HGB). Diese sind zum Schutze des Arbeitnehmers **unabdingbar**, § 75d HGB (vgl BAG 7. 9. 2004 – 9 AZR 612/03, AP Nr 11 zu § 75 HGB).

1190 bb)   An die Wirksamkeit einer Wettbewerbsabrede sind die folgenden Anforderungen zu stellen:

(1)   Die Wettbewerbsabrede bedarf der **Schriftform** (§ 126) und der Aushändigung einer vom Arbeitgeber unterzeichneten, die vereinbarten Bestimmungen enthaltenden Urkunde an den Arbeitnehmer (doppeltes Formerfordernis, § 74 Abs 1 HGB, näher BAUER/DILLER, Wettbewerbsverbote [2012] § 6). Das Schriftformerfordernis verlangt nicht, dass eine konkrete Höhe der Karenzentschädigung festgelegt wird (BAG 15. 1. 2014 – 10 AZR 243/13, NZA 2014, 536 [538]). Gewahrt wird die Schriftform bei fester Verbindung von Wettbewerbsabrede und Arbeitsvertrag, der auf sie verweist (BAG 30. 10. 1984 – 3 AZR 213/82, AP Nr 46 zu § 74 HGB); nicht aber genügt es, wenn die Wettbewerbsabrede nur in einer nicht unterschriebenen Anlage zum Arbeitsvertrag enthalten ist (ErfK/OETKER § 74 HGB Rn 13). Wird das Schriftformgebot verletzt, ist die Wettbewerbsabrede – nicht der Arbeitsvertrag – nichtig, worauf sich der Arbeitnehmer in der Regel berufen kann (BAG 26. 9. 1957 – 2 AZR 309/56, AP Nr 2 zu § 74 HGB, s auch Rn 1192); die fehlende Aushändigung hingegen begründet lediglich die Unver-

bindlichkeit des Wettbewerbsverbots (BAG 23. 11. 2004 – 9 AZR 595/03, AP Nr 75 zu § 74 HGB; vgl DILLER RdA 2006, 46).

(2) Der Arbeitnehmer darf zur Zeit des Abschlusses der Wettbewerbsabrede nicht **minderjährig** sein (§ 74a Abs 2 S 1 HGB).

(3) Die Vereinbarung darf nicht einen **Auszubildenden** in der Ausübung seiner beruflichen Tätigkeit für die Zeit nach Beendigung des Berufsausbildungsverhältnisses beschränken, § 12 Abs 1 S 1 BBiG. Verboten ist nicht nur die Vereinbarung eines Wettbewerbsverbot, sondern grundsätzlich (Ausnahme: S 2) auch, dass sich der Auszubildende dazu verpflichtet, nach Abschluss der Ausbildung bei seinem Dienstherrn zu bleiben. Dies gilt auch für Personen, die unter § 26 BBiG fallen.

Eine Wettbewerbsabrede, die gegen die in (1) bis (3) genannten Grundsätze verstößt, ist **nichtig** (zu den Folgen s näher Rn 1192).

(4) Das Wettbewerbsverbot muss ferner dem **Schutz eines berechtigten geschäftlichen Interesses des Arbeitgebers** dienen (§ 74a Abs 1 S 1 HGB). Soweit das nicht der Fall ist, ist es unverbindlich.

(5) Gleiches gilt, soweit es unter Berücksichtigung der gewährten Entschädigung nach Ort, Zeit oder Gegenstand eine **unbillige Erschwerung des Fortkommens des Arbeitnehmers** enthält (§ 74a Abs 1 S 2 HGB).

(6) Das Verbot kann nicht auf einen **Zeitraum** von mehr als zwei Jahren von der Beendigung des Dienstverhältnisses an erstreckt werden (§ 74a Abs 1 S 3 HGB).

(7) Zudem muss sich der Arbeitgeber verpflichten, für die Dauer des Verbots eine **Karenzentschädigung** zu zahlen, die für jedes Jahr des Verbots mindestens die Hälfte der von dem Arbeitnehmer zuletzt bezogenen vertragsmäßigen Leistungen erreicht (Grundsatz der bezahlten Karenz, § 74 Abs 2 HGB, vgl auch § 74b und § 74c HGB; das gilt auch, wenn das Arbeitsverhältnis während der Elternzeit beendet wird, vgl BAG 22. 10. 2008 – 10 AZR 360/08, NZA 2009, 962 [964]); dabei kann als Vereinbarung aber ein Verweis auf die §§ 74 ff HGB genügen (BAG 28. 6. 2006 – 10 AZR 407/05, AP Nr 80 zu § 74 HGB). Nicht ausreichend ist es, wenn die Höhe der Karenzentschädigung ins Ermessen des Arbeitgebers gestellt wird, ohne dass sichergestellt ist, dass die Mindesthöhe des § 74 Abs 2 HGB erreicht wird (BAG 15. 1. 2014 – 10 AZR 243/13, NZA 2014, 536 [538]). Das umstrittene Verbot von Wettbewerbsabreden mit Minderbesoldeten in § 74a Abs 2 S 1 HGB aF (dazu STAUDINGER/RICHARDI [2005] § 611 Rn 487) wurde durch Art 24 des 4. Euro-Einführungsgesetzes (BGBl 2000 I 1977) zum 31. 12. 2001 abgeschafft. Auf die Karenzentschädigung wird anderweitiger Verdienst nach § 74c HGB angerechnet (s zur Frage, ob Arbeitslosengeld anrechenbar ist, BAG 14. 9. 2011, 10 AZR 198/10, NZA-RR 2012, 98 [99 f]).

Bei einer Verletzung der in (4) bis (7) genannten Anforderungen ist die Wettbewerbsabrede nicht nichtig, sondern lediglich unverbindlich (dazu näher Rn 1192). Unverbindlich ist auch ein Vorvertrag, der den Arbeitnehmer ohne zeitliche Begrenzung zum Abschluss eines nachvertraglichen Wettbewerbsverbots verpflichtet (BAG 14. 7. 2010 – 10 AZR 291/09, NZA 2011, 413 [415]).

1191 cc) Bislang noch nicht höchstrichterlich geklärt ist das Verhältnis der §§ 74 ff HGB zu den **§§ 307 ff.** Richtigerweise findet eine Inhaltskontrolle nach den §§ 307 ff nicht statt. Teilweise wird das damit begründet, dass es sich bei den Festlegungen des Wettbewerbsverbots um die nach § 307 Abs 3 S 1 entzogene Definition der Hauptleistungspflichten handelt (LAG Hamm 14. 4. 2003 – 7 Sa 1881/02, NZA-RR 2003, 513; LAG BW 30. 1. 2008 NZA-RR 2008, 508; Bauer/Diller, Wettbewerbsverbote [2012] § 8 Rn 357 ff). Das erscheint aber zumindest dann fraglich, wenn das Wettbewerbsverbot im ursprünglichen Arbeitsvertrag vereinbart wird. Dogmatisch vorzugswürdig ist es, von einer Verdrängung der ex-ante-Kontrolle der §§ 307 ff durch die Spezialregelungen der ex-post-Kontrolle der §§ 74 ff HGB auszugehen (Thüsing/Leder BB 2004, 42 [46 f]; Staudinger/Krause [2013] Anhang zu § 310 Rn 45; Staudinger/Sack/Fischinger [2011] § 138 Rn 357). Dafür spricht insbesondere, dass anderenfalls die gesetzgeberische Grundentscheidung für eine geltungserhaltende Reduktion in den Fällen des § 74a Abs 1 HGB durch die starre Alles-oder-Nichts-Regelung des AGB-Rechts ausgehebelt würde. Fraglich ist angesichts dessen, ob wenigstens das Transparenzgebot des § 307 Abs 1 S 2 anwendbar ist. Selbst wenn man das bejaht (so könnte BAG 28. 6. 2006 – 10 AZR 407/05, AP Nr 80 zu § 74 HGB zu verstehen sein), ist für die Kontrolle aber nicht auf den (oft jahrelang zurückliegenden) Zeitpunkt der Vereinbarung des Wettbewerbsverbots, sondern vielmehr auf den des Ausscheidens aus dem Arbeitsverhältnis abzustellen; es genügt, dass die Reichweite des Verbots in diesem Moment objektiv feststellbar ist (LAG Baden-Württemberg 30. 1. 2008 – 10 Sa 60/07, NZA-RR 2008, 508; LAG Niedersachsen 8. 12. 2005 – 7 Sa 1871/05, NZA-RR 2006, 426). Zur Kontrollfähigkeit von nachvertraglichen Wettbewerbsverboten anhand von § **138** s näher Staudinger/Sack/Fischinger [2011] § 138 Rn 358.

1192 dd) Hinsichtlich der **Fehlerfolgen** ist zu unterscheiden: Auf ein **nichtiges** Wettbewerbsverbot kann sich weder der Arbeitgeber noch der Arbeitnehmer berufen. Wird ein nichtiges Wettbewerbsverbot von den Parteien in der irrigen Annahme seiner Wirksamkeit durchgeführt, richtet sich die Rückabwicklung nach § 812 Abs 1 S 1 Alt 1; Schwierigkeiten bereitet dabei die Frage, welchen zu erstattenden Wert die Karenz hat (s Bauer/Diller, Wettbewerbsverbote [2012] § 5 Rn 154). Ist das Wettbewerbsverbot nicht nichtig, sondern nur **unverbindlich**, hat es der Arbeitnehmer nach Auffassung des BAG in der Hand, ob er es gelten lassen und damit die Karenzentschädigung in Anspruch nehmen will (BAG 19. 1. 1978 – 3 AZR 573/77, 24. 4. 1980 – 3 AZR 104/77 und 16. 12. 1986 – 3 AZR 73/86 AP Nr 36, 37 und 53 zu § 74 HGB; BAG 14. 7. 1981 – 3 AZR 515/78, AP Nr 8 zu § 75 HGB; näher zur historischen Entwicklung und Kritik an der Rechtsprechung Bauer/Diller aaO § 5 Rn 157 ff). Ist das Wettbewerbsverbot nach § 74a Abs 1 S 1 HGB nur teilweise verbindlich, weil es nur zum Teil berechtigten geschäftlichen Interessen des Arbeitgebers dient, und beachtet der Arbeitnehmer nur den zulässigen Teil, hat er trotzdem Anspruch auf Karenzentschädigung (BAG 21. 4. 2010 – 10 AZR 288/09, NJW 2010, 2378 [2379 f]).

1193 ee) Der Arbeitnehmer kann sich von dem Wettbewerbsverbot **lossagen**, wenn er wegen vertragswidrigen Verhaltens des Arbeitgebers aus wichtigem Grund das Arbeitsverhältnis kündigt **(§ 75 Abs 1 HGB)**. Dasselbe gilt, falls ihm gekündigt wird, ohne dass er einen erheblichen Anlass gegeben hat, es sei denn, dass sich der Arbeitgeber bei der Kündigung bereit erklärt, während der Dauer der Beschränkung dem Arbeitnehmer die vollen zuletzt von ihm bezogenen vertragsmäßigen Leistungen zu gewähren (§ 75 Abs 2 HGB). Der Arbeitgeber kann vor der Beendigung des Arbeitsverhältnisses durch schriftliche Erklärung auf das Wettbewerbsverbot **verzichten (§ 75a HGB)**; das Wettbewerbsverbot entfällt sofort (BAG 17. 2. 1987 – 3 AZR 59/86, AP Nr 4 zu § 75a HGB), die Pflicht zur Karenzentschädigung aber erst mit dem Ablauf eines Jahres seit der Erklärung. Die Parteien können das Wettbewerbsverbot jederzeit aufheben (näher BAG 19. 11. 2008 – 10 AZR 671/07, NZA 2009, 318 [320]). Dagegen entfällt der Anspruch auf die Karenzentschädigung nicht nach § 75 Abs 3, da dieser wegen Verstoßes gegen Art 3 Abs 1 GG verfassungswidrig und – als vorkonstitutionelles Gesetz – unanwendbar ist (BAG 23. 2. 1977 – 3 AZR 620/75, AP Nr 6 zu § 75 HGB); die durch den Wegfall von § 75 Abs 3 entstandene Lücke wird man über eine Analogie zu § 75 Abs 1 schließen können, sodass der Arbeitgeber sich unter den gleichen Voraussetzungen vom Wettbewerbsverbot lossagen kann (MünchKomm/MÜLLER-GLÖGE § 611 Rn 1223).

ff) Diese Grundsätze gelten auch für **Mandantenschutzklauseln** von zB Rechts- **1194** anwälten und Steuerberatern (MünchKomm/MÜLLER-GLÖGE § 611 Rn 1234). Erforderlich ist daher vor allem die Zusage einer Karenzentschädigung entsprechend den Grundsätzen des § 74 Abs 2 HGB (BAG 16. 7. 1971 – 3 AZR 384/70; BAG 27. 9. 1988 – 3 AZR 59/87, AP Nr 25, 35 zu § 611 BGB Konkurrenzklausel). Eine (ggf unzulässige) verdeckte Mandantenschutzklausel liegt vor, wenn der Ausscheidende verpflichtet wird, über mehrere Jahre hinweg einen Teil des Umsatzes, den er mit übernommenen Mandanten erzielt, an den vormaligen Arbeitgeber auszukehren (BAG 7. 8. 2002 – 10 AZR 586/01, AP Nr 4 zu § 75d HGB; BAG 11. 12. 2013 – 10 AZR 286/13, NZA 2014, 433 [435]). Dagegen unterfallen Mandantenschutzklauseln, die nur die standes- und berufsrechtlichen Regelungen wiederholen, nicht den §§ 74 ff HGB (LAG Baden-Württemberg 18. 10. 2006 – 13 Sa 69/05).

5. Pflicht zur Unterlassung einer Nebenbeschäftigung*

Da der Arbeitnehmer nicht mit seiner Person im Dienst des Arbeitgebers steht, **1195** sondern nur mit seiner Arbeitsleistung, ist eine Nebentätigkeit **grundsätzlich erlaubt** (BAG 18. 1. 1996 – 6 AZR 314/95, NZA 1997, 41 [42]). Ein Verbot von Nebentätigkeiten kann sich aber aus Gesetz, Tarifvertrag, Betriebsvereinbarung oder dem Arbeitsvertrag ergeben. **Nebentätigkeit ist** eine die Arbeitskraft verwertende Tätigkeit, die entweder bei einem anderen Arbeitgeber, beim gleichen Arbeitgeber oder in anderer Weise ausgeübt wird (MünchKomm/MÜLLER-GLÖGE § 611 Rn 1095). Dazu zählt nicht die Übernahme von Ehrenämtern und kommunalpolitischen Mandaten; jedoch dürfen auch diese nicht während der Arbeitszeit ausgeübt werden oder in sonstiger Weise die Arbeitsleistung des Arbeitnehmers beeinträchtigen. Für die

---

* **Schrifttum:** BRAUN, Zulässigkeit, Grenzen und Probleme der Nebentätigkeit, DB 2003, 2282; BRÖCKNER, Nebenpflichten und Haftung von Arbeitnehmern in Führungspositionen (2012); GLÖCKNER, Nebentätigkeitsverbote im Individualarbeitsrecht (1993); HUNOLD, Rechtsprechung zur Nebentätigkeit des Arbeitnehmers, NZA-RR 2002, 505; ILBERTZ, Nebentätigkeit im öffentlichen Dienst des Bundes, der Länder und der Kommunen (2008); KAPPES/AABADI, Nebentätigkeit und Abmahnung, DB 2003, 938; PETER, Nebentätigkeiten von Arbeitnehmern (2006); WANK, Nebentätigkeit des Arbeitnehmers, AR-Blattei SD 1230 (2001); WULF, Nebentätigkeitsbeschränkungen und Wettbewerbsrecht (2008); VZWEHL, Nebentätigkeitsrecht im Öffentlichen Dienst (2011).

Angestellten des öffentlichen Dienstes ist § 3 Abs 3 TVöD bzw § 3 Abs 4 TV-L zu beachten.

1196 Zu unterscheiden ist zwischen Nebentätigkeitsverboten, Genehmigungsvorbehalten und Anzeigepflichten. Durch eine Vertragsabrede kann nicht generell festgelegt werden, dass eine **Nebenbeschäftigung verboten** ist oder von der Genehmigung des Arbeitgebers abhängt (ebenso BAG 3. 12. 1970 – 2 AZR 110/70 und 26. 8. 1976 – 2 AZR 377/75, AP Nr 60 und 68 zu § 626 BGB; BAG 18. 1. 1996 – 6 AZR 314/95, NZA 1997, 41 [42]; vgl auch HWK/Thüsing § 611 Rn 368 ff). Das widerspräche Art 12 Abs 1 GG (berufliche Tätigkeiten) bzw Art 2 Abs 1 GG (nichtberufliche Tätigkeiten), die insoweit die Vertragsfreiheit begrenzen (BAG 18. 1. 1996 – 6 AZR 314/95, AP Nr 25 zu § 242 BGB Auskunftspflicht; vgl BVerfG 4. 11. 1992 – 1 BvR 79/85, BVerfGE 87, 287). Untersagen kann der Arbeitgeber die Nebentätigkeit nur, wenn er hieran ein **berechtigtes Interesse** hat. Ein allgemeines Nebentätigkeitsverbot in Individualverträgen ist deshalb auf die Fälle zu beschränken, in denen die Nebentätigkeit die vertraglich geschuldeten Leistungen beeinträchtigen würde (so BAG 3. 12. 1970 – 6 AZR 314/95, AP Nr 60 zu § 626 BGB; BAG 24. 6. 1999 – 6 AZR 605/97 und 21. 9. 1999 – 9 AZR 759/98, AP Nr 5 und 6 zu § 611 BGB Nebentätigkeit); erfolgt diese Einschränkung nicht, scheidet wegen des Verbots der geltungserhaltenden Reduktion eine entsprechende Auslegung bei Formulararbeitsverträgen aus, die Klausel ist insgesamt unwirksam. Eine individualvertragliche Abrede, die eine Nebenbeschäftigung von der vorherigen Genehmigung des Arbeitgebers abhängig macht **(Genehmigungsvorbehalt)**, soll dahin auszulegen sein, „dass dem Arbeitnehmer für solche Nebentätigkeiten, bei deren Ausübung eine Beeinträchtigung der Interessen des Arbeitgebers nicht zu erwarten ist, ein Anspruch auf Erteilung der Genehmigung zusteht" (BAG 26. 8. 1976 – 2 AZR 377/75, AP Nr 68 zu § 626 BGB; vgl auch BAG 28. 2. 2002 – 6 AZR 33/01, ZTR 2002, 429; LAG Köln 22. 3. 2013 – 4 Sa 1062/12, juris Rn 37). Das gilt auch für eine tarifliche Regelung (vgl BAG 24. 6. 1999 – 6 AZR 605/97, AP Nr 5 zu § 611 BGB Nebentätigkeit); bei Formularverträgen kommt eine derartige geltungserhaltende Auslegung wiederum nicht in Betracht (ebenso Schaub/Linck, ArbRHdB § 42 Rn 10). **Anzeigepflicht**: Die Nebentätigkeit muss dem Arbeitgeber (auch ohne besondere Vereinbarung) angezeigt werden, wenn dadurch dessen berechtigte Interessen bedroht sein können (s auch BAG 18. 1. 1996 – 6 AZR 314/95, AP Nr 25 zu § 242 BGB Auskunftspflicht). Das ist zB wegen § 8 Abs 2 SGB IV anzunehmen, wenn der Arbeitnehmer eine zweite geringfügige Beschäftigung aufnimmt (BAG 18. 11. 1988 – 8 AZR 12/86, AP Nr 3 zu § 611 BGB Doppelarbeitsverhältnis; Hunold NZA-RR 2002, 505 [509]); eine Pflicht zur Auskunft über Ob und Umfang einer Nebentätigkeit besteht auch dann, wenn die gesetzlichen Höchstarbeitszeitgrenzen überschritten werden können, ist dies doch vom Arbeitgeber zu überwachen, §§ 22 f ArbZG (BAG 11. 12. 2001 – 9 AZR 464/00, NZA 2002, 965). Da die Interessen des Arbeitnehmers durch eine bloße Anzeigepflicht kaum tangiert werden, kann (arbeits-)vertraglich eine umfassende Anzeigepflicht für alle Nebentätigkeiten vereinbart werden; etwas anderes wird zT angenommen, wenn auf die Genehmigung der Nebentätigkeit offensichtlich ein Anspruch besteht (Kappes/Aabadi DB 2003, 938).

1197 Für eine **Nebenbeschäftigung** gelten deshalb arbeitsrechtlich die **folgenden Schranken**:

– Die Nebentätigkeit darf nicht dazu führen, dass die Pflichten aus dem Arbeitsverhältnis nicht erfüllt oder vernachlässigt werden, entweder weil es zu einer

Zeitkollision kommt, der Arbeitnehmer physisch oder psychisch durch die Nebentätigkeit überlastet wird (BAG 18. 1. 1996 – 6 AZR 314/95, NZA 1997, 41; BAG 3. 12. 1970 – 2 AZR 110/70, BB 1971, 397), er Kapazitäten des Arbeitgebers für die Nebentätigkeit nutzt oder weil durch die Nebentätigkeit der Ruf des Arbeitgebers Schaden zu erleiden droht (zB Krankenpfleger ist nebenberuflich als Leichenbestatter tätig, vgl BAG 28. 2. 2002 – 6 AZR 357/01, DB 2002, 1560; kritisch ErfK/Preis § 611 Rn 725).

– Die Gesamtarbeitszeit bei mehreren Arbeitgebern darf die Höchstgrenzen des öffentlich-rechtlichen Arbeitszeitschutzes nicht übersteigen (§ 2 Abs 1 S 1 HS 2 ArbZG; vgl BAG 11. 12. 2001 – 9 AZR 646/00, NZA 2002, 965; BAG 24. 2. 2005 – 2 AZR 211/04, AP Nr 51 zu § 1 KSchG 1969 Verhaltensbedingte Kündigung; zur Auswirkung auf das Zweitarbeitsverhältnis s Rn 649). Ein Kraftfahrer darf einer anderen mit dem Lenken von Fahrzeugen verbundenen Nebenbeschäftigung nicht nachkommen, wenn es dadurch zu einer Überschreitung der höchstzulässigen Lenkzeiten kommt (BAG 26. 6. 2001 – 9 AZR 343/00, AP Nr 8 zu § 1 TVG Tarifverträge: Verkehrsgewerbe für Tarifvertrag).

– Während des Urlaubs darf der Arbeitnehmer keine dem Urlaubszweck widersprechende Erwerbstätigkeit leisten (§ 8 BUrlG; s Rn 1853).

– Die Nebentätigkeit darf keine Konkurrenztätigkeit sein (s Rn 1176 ff).

– Einen speziellen Genehmigungsvorbehalt enthält § **15 Abs 4 S 3 BEEG**.

Verstößt der Arbeitnehmer gegen ein wirksames Nebentätigkeitsverbot, kann der **1198** Arbeitgeber mit Abmahnung bzw **Kündigung** reagieren, wenn seine berechtigten Interessen beeinträchtigt werden, weil die vertraglich geschuldeten Leistungen gefährdet werden (BAG 26. 8. 1976 – 2 AZR 377/75, AP Nr 68 zu § 626 BGB). Das ist zunächst der Fall, wenn der Arbeitnehmer der Nebentätigkeit während der Arbeitszeit nachgeht (vgl BAG 3. 12. 1970 – 2 AZR 110/70, BB 1971, 397). Aber auch dann, wenn der Arbeitnehmer in seiner Freizeit fortgesetzt und vorsätzlich eine offensichtlich nicht genehmigungsfähige Nebentätigkeit ausübt, stellt dies einen wichtigen Grund zur außerordentlichen Kündigung dar (BAG 18. 9. 2008 – 2 AZR 827/06, NZA-RR 2009, 393; vgl auch BAG 19. 4. 2007 – 2 AZR 180/06, AP Nr 20 zu § 174 BGB). Kündigungsgrund kann weiterhin eine Nebentätigkeit während krankheitsbedingter Arbeitsunfähigkeit sein (BAG 26. 8. 1993 – 2 AZR 154/93, AP Nr 112 zu § 626 BGB; s Hunold NZA-RR 2002, 505 [507] mwNw). Eine Abmahnung wegen Ausübung einer Nebentätigkeit ohne vorherige Einholung der Genehmigung ist auch dann möglich, wenn ein Anspruch auf Genehmigungserteilung bestand (BAG 11. 12. 2001 – 9 AZR 464/00, NZA 2002, 965). Kein Kündigungsgrund ist hingegen – trotz der Zusammenrechnung nach § 8 Abs 2 SGB IV – die abredewidrige Aufnahme einer weiteren geringfügigen Beschäftigung (BAG 6. 9. 1990 – 2 AZR 165/90, AP Nr 47 zu § 615 BGB). Bei einer Verletzung der Anzeigepflicht kommen **Schadensersatzansprüche** des Arbeitgebers in Betracht (BAG 18. 11. 1988 – 8 AZR 12/86, AP Nr 3 zu § 611 BGB). Gleiches gilt uU, wenn der Arbeitnehmer aufgrund der Doppelbelastung schlechte Arbeit erbringt (Braun DB 2003, 2282 [2283]).

Dass die Mitarbeitervertretung dem Vorgehen des Arbeitgebers gegen die Neben- **1199** tätigkeit nicht zugestimmt hat, berechtigt den Arbeitnehmer nicht, die Nebentätigkeit auszuüben (s BAG 28. 2. 2002 – 6 AZR 357/01, DB 2002, 1560).

1200 Für das **Nebentätigkeitsarbeitsverhältnis** gelten die allgemeinen arbeitsrechtlichen Regelungen. Aus der Tatsache einer zeitlichen Kollision der Arbeitspflichten folgt in der Regel nicht die Sittenwidrigkeit des zweiten Arbeitsverhältnisses (Braun DB 2003, 2282 [2285]). Jedoch ist es bei Verstoß gegen das ArbZG nichtig (BAG 19. 6. 1959 – 1 AZR 565/57, NJW 1959, 2036 [2037]; vgl auch Rn 553); eine Aufrechterhaltung des zweiten Arbeitsverhältnisses ist möglich, wenn dies dem mutmaßlichen Willen beider Parteien entspricht (LAG Nürnberg 19. 9. 1995 – 2 Sa 429/94, NZA 1996, 882).

6. Verschwiegenheitspflicht*

a) Verschwiegenheitspflicht während des Arbeitsverhältnisses

1201 aa) Der Arbeitnehmer ist verpflichtet, Betriebs- und Geschäftsgeheimnisse zu wahren; das gilt auch für Auszubildende, § 13 S 2 Nr 6 BBiG. Ein Geheimnisverrat durch den Arbeitnehmer ist nach § 17 UWG unter den dort genannten Voraussetzungen strafbar. Die Verschwiegenheitspflicht des Arbeitnehmers aus dem Arbeitsverhältnis geht aber wegen **§ 242** darüber hinaus (ebenso Reichold, MünchArbR § 48 Rn 39; Schaub/Linck, ArbRHdB § 53 Rn 51). Eine Mitteilung ist auch dann eine Pflichtverletzung, wenn sie nicht zu Zwecken des Wettbewerbs oder in Schädigungsabsicht erfolgt. Die Verschwiegenheitspflicht gilt auch gegenüber der Gewerkschaft, der der Arbeitnehmer angehört (s aber Rn 1819 f).

1202 bb) Der **Begriff des Betriebs- und Geschäftsgeheimnisses** stammt aus dem Wettbewerbsrecht; er wird in § 17 UWG verwendet, aber nicht definiert. Ein Betriebs- oder Geschäftsgeheimnis liegt vor, „wenn Tatsachen in Zusammenhang mit einem Geschäftsbetrieb, die nur einem eng begrenzten Personenkreis bekannt und nicht offenkundig sind, nach dem Willen des Arbeitgebers und im Rahmen eines berechtigten wirtschaftlichen Interesses geheimgehalten werden sollen" (BAG 16. 3. 1982 – 3 AZR 83/79 und 15. 12. 1987 – 3 AZR 474/86, AP Nr 1 und 5 zu § 611 BGB Betriebsgeheimnis). Dem eingeweihten Personenkreis muss die Beziehung des Geheimnisses zum Geschäftsbetrieb bekannt sein. Eine Offenkundigkeit ist bereits dann anzunehmen, wenn es so an die Öffentlichkeit gelangt ist, dass es ohne Schwierigkeiten ermittelt werden kann; es genügt also die Möglichkeit der Kenntniserlangung, die tatsächliche Erlangung der Kenntnis ist nicht erforderlich (ErfK/Preis § 611 Rn 712). Es kann aber auch ein bekanntes Verfahren Betriebsgeheimnis sein, sofern geheim ist, dass sich

---

* **Schrifttum**: Fingerhut, Datenmissbrauch und Geheimnisverrat durch Mitarbeiter – die Bedeutung des § 17 UWG, BB 2014, 389; Forst, Whistleblowing im internationalen Vergleich – was kann Deutschland von seinen Nachbarn lernen?, EuZA 2013, 37; Gaugenrieder/Hellmich, Know-how-Schutz – gehen mit dem Mitarbeiter auch die Unternehmensgeheimnisse? WRP 2011, 1364; Gaul, Der erfolgreiche Schutz von Betriebs- und Geschäftsgeheimnissen (1994); Groneberg, Whistleblowing (2011); Grünberger, Die Verschwiegenheitspflicht des Arbeitnehmers (2000); Neumann, Whistleblowing und die Frage nach dem rechtspolitischen Erfordernis einer gesetzlichen Schutzregelung (2010); Salger/Breifeld, Regelungen zum Schutz von betrieblichem Know-how – die Sicherung von Geschäfts- und Betriebsgeheimnissen, BB 2005, 154; Reinfeld, Verschwiegenheitspflicht und Geheimnisschutz im Arbeitsrecht (1989); Scheicht/Loy, Arbeitsrechtliche Aspekte des Whistleblowing, DB 2015, 803; Simon/Schilling, Kündigung wegen Whistleblowing?, BB 2011, 2421; Wawrzinek, Verrat von Geschäfts- und Betriebsgeheimnissen (2010); Wiebauer, Whistleblowing im Arbeitsschutz, NZA 2015, 22.

das Unternehmen gerade dieses Verfahrens bedient und dadurch besondere Erfolge erzielt (BGH 15. 3. 1955 – I ZR 111/54 und 1. 7. 1960 – I ZR 72/59, AP Nr 1 und 6 zu § 17 UWG). Der Annahme eines Betriebs- oder Geschäftsgeheimnisses steht nicht entgegen, dass ein Präparat bei entsprechendem Sachverstand von einem Interessierten analysiert werden kann (vgl BAG 16. 3. 1982 – 3 AZR 83/79, BAGE 41, 21 [30] – Thrombosol-Rezept). **Betriebsgeheimnisse** sind Geheimnisse, die sich auf die Erreichung des Betriebszwecks beziehen, zB Fabrikationsverfahren, Konstruktionen, technische Geräte und Maschinen. **Geschäftsgeheimnisse** beziehen sich auf das Know-how des Unternehmens, zB Kundenlisten, Jahresabschluss, Preisberechnungen. Das Geheimnis muss keinen Vermögenswert besitzen; es genügt, dass der Arbeitgeber Nachteile dadurch erleiden kann, dass Dritte Kenntnis davon erlangen (BGH 27. 4. 2006 – I ZR 126/03, NJW 2006, 3424).

Die Verschwiegenheitspflicht beschränkt sich nicht auf Betriebs- und Geschäftsgeheimnisse, sondern erfasst **auch Tatsachen**, die die **Person des Arbeitgebers oder eines anderen Arbeitnehmers in besonderem Maße berühren** und die er aufgrund seiner Tätigkeit im Betrieb erfahren hat (so auch § 80 Abs 1 S 2 Entw eines Arbeitsvertragsgesetzes der Arbeitsgesetzbuchkommission). **1203**

Für den Bereich des **öffentlichen Dienstes** bestimmt § 3 Abs 1 TVöD bzw § 3 Abs 2 TV-L, dass der Arbeitnehmer über Angelegenheiten der Verwaltung oder des Betriebes, deren Geheimhaltung durch gesetzliche Vorschriften vorgesehen oder auf Weisung des Arbeitgebers angeordnet ist, Verschwiegenheit zu bewahren hat. **1204**

cc) Der Arbeitgeber kann über den hier genannten Bereich hinaus nicht ohne Weiteres durch Weisung festlegen, wie weit die Verschwiegenheitspflicht des Arbeitnehmers reicht. Auch **vertragliche Erweiterungen** der Verschwiegenheitsverpflichtung sind nur eingeschränkt möglich. Hintergrund ist insbesondere das **Grundrecht der freien Meinungsäußerung** (Art 5 Abs 1 S 1 GG). Dieses besteht zwar nur in den Schranken der allgemeinen Gesetze (Art 5 Abs 2 GG), zu denen auch das Verbot zählt, seinem Vertragspartner Schaden zuzufügen. Bei der inhaltlichen Bestimmung der Schadensabwendungspflicht muss man aber diese Norm, soweit sie der Freiheit der Meinungsäußerung Schranken setzt, ihrerseits aus der Erkenntnis der wertsetzenden Bedeutung des Grundrechts auslegen und deshalb in ihrer das Grundrecht begrenzenden Wirkung selbst wieder einschränken (BVerfG 15. 1. 1958 – 1 BvR 400/57, BVerfGE 7, 198 [208 f]; BVerfG 28. 4. 1976 – 1 BvR 71/73, BVerfGE 42, 133 [141]; näher Rn 1232 ff). Voraussetzung für das Eingreifen einer Verschwiegenheitspflicht ist daher stets, dass ein Betriebs- oder Geschäftsgeheimnis betroffen ist und der Arbeitgeber ein berechtigtes Interesse an dessen Schutz hat. Eine Klausel, die die Verschwiegenheitsverpflichtung auf alle Geheimnisse ausdehnt, ist nach § 307 Abs 1 wegen unangemessener Benachteiligung oder (als Einzelabrede) wegen sittenwidriger Bindung nach § 138 Abs 1 unwirksam (LAG Hamm 5. 10. 1988 – 15 Sa 1403/88, DB 1989, 783; ErfK/Preis § 611 Rn 714). Wegen Verstoßes gegen § 307 Abs 1 unzulässig ist auch eine Formularabrede, die dem Arbeitnehmer verbietet, mit Kollegen über die Gehaltshöhe zu sprechen, weil derartige Gespräche notwendig sind, um eine eventuelle Verletzung des Gleichbehandlungsgebots feststellen zu können (LAG Mecklenburg-Vorpommern 21. 10. 2009 – 2 Sa 237/09, BeckRS 2010, 74409). Hingegen wird man Klauseln, die eine Schweigepflicht über die Lohnhöhe gegenüber Betriebsfremden stipulieren, zwar grundsätzlich für zulässig halten können; ausgenommen müssen **1205** aber bleiben: gesetzlich geforderte Angaben gegenüber Behörden bzw solche zur Erlangung sozialer Leistungen sowie Angaben, die (vor allem vor Gericht) zur Geltendmachung von Ansprüchen aus dem Arbeitsverhältnis oder bei der Stellensuche notwendig sind (KÜTTNER/KANIA, „Verschwiegenheitspflicht" Rn 8; weitere Klauseln bei SCHUSTER/DARSOW NZA 2005, 273 [274 f]). Eine Formularabrede, nach der im Rahmen einer Vertragsstrafenregelung bei „dauerhafter Verletzung der Verschwiegenheitspflicht oder des Wettbewerbsverbots jeder angebrochene Monat als eine erneute Verletzungshandlung" anzusehen ist, ist mangels klarer und verständlicher Regelung unwirksam, § 307 Abs 1 S 2 (BAG 14. 8. 2007 – 8 AZR 196/03, AP Nr 28 zu § 307 BGB).

1206 Der Betriebsrat hat kein **Mitbestimmungsrecht** nach § 87 Abs 1 Nr 1 BetrVG hinsichtlich standardisierter Schweigeerklärungen, wenn die vereinbarte Schweigepflicht entweder das Arbeitsverhalten betrifft oder zwar das Ordnungsverhalten betrifft, aber schon gesetzlich geregelt ist (BAG 10. 3. 2009 – 1 ABR 87/07, AP Nr 16 zu § 87 BetrVG 1972).

1207 dd) Eine Verletzung der Verschwiegenheitspflicht kann vorliegen, wenn der Arbeitnehmer **Missstände** im Unternehmen **an die Öffentlichkeit bringt**, sei es durch gezielte Zuspielung von Informationen an die Medien oder durch eine Strafanzeige (neudeutsch: **Whistleblower**). Allerdings: Soweit der Arbeitnehmer nach öffentlichem Recht hierzu verpflichtet ist (zB §§ 53 ff BImschG, §§ 64 ff WHG) und ein dort eventuell vorgeschriebenes Verfahren beachtet hat, dürfen hieran keine arbeitsrechtlichen Konsequenzen geknüpft werden. Stets zulässig ist es auch, dass der Arbeitnehmer in einem Strafverfahren eine wahrheitsgemäße Aussage macht, mag diese auch den Arbeitgeber belasten (BVerfG 2. 7. 2001 – 1 BvR 2049/00, AP Nr 170 zu § 626 BGB; LAG Sachsen-Anhalt 14. 2. 2006 – 8 Sa 385/05). Im Übrigen ist zwar richtigerweise aus der Treuepflicht abzuleiten, dass der Arbeitnehmer primär innerbetriebliche Abhilfemöglichkeiten ausschöpfen muss. Etwas anderes gilt aber dann, wenn er dies schon erfolglos versucht hat (LAG Köln 10. 7. 2003 – 5 Sa 151/03, MDR 2004, 41) oder entweder das Geheimhaltungsinteresse des Arbeitgebers nicht schutzwürdig ist oder aber überwiegende Interessen des Arbeitnehmers oder der Öffentlichkeit eine Publikmachung rechtfertigen (vgl BAG 3. 7. 2003 – 2 AZR 235/02, 7. 12. 2006 – 2 AZR 400/05, AP Nr 45, 55 zu § 1 KSchG 1969 Verhaltensbedingte Kündigung; vgl auch BGH 20. 1. 1981 – VI ZR 162/79, BGHZ 80, 25; LAG Baden-Württemberg 3. 2. 1987 – 7 (13) Sa 95/86, NZA 1987, 756; ErfK/SCHMIDT Art 5 GG Rn 37); Ersteres ist anzunehmen, wenn zu erwarten ist, dass der Arbeitgeber der Anzeige nicht nachgehen wird, er den Verstoß kennt und billigt, es sich um eine schwere Straftat handelt oder wenn der Arbeitgeber oder eines seiner Organe den Verstoß begangen haben. Ein überwiegendes Interesse des Arbeitnehmers ist vor allem anzunehmen, wenn er sich durch eine Nichtanzeige selbst strafbar machen würde oder wenn es sich um eine gegen ihn selbst gerichtete Straftat handelt. Ein öffentliches Interesse ist vor allem bei (schweren) Straftaten zu bejahen, kann aber auch bei sonstigen Missständen (zB in der Altenpflege) bestehen (EGMR 21. 7. 2011 – 28274/08, NZA 2011, 1269 [1271]).

1208 Eine Anzeige des Missstandes an die zuständige Behörde schließt in diesen Fällen arbeitsrechtliche Sanktionen aus. Das gilt selbst dann, wenn der Vorwurf falsch war, solange der Arbeitnehmer nicht grob fahrlässig oder vorsätzlich handelte (BVerfG 2. 7. 2001 – 1 BvR 2049/00, AP Nr 170 zu § 626 BGB). Zu verlangen ist aber, dass der Arbeitnehmer vor Veröffentlichung der belastenden Informationen alle ihm mögliche und zumutbare Maßnahmen ergreift, um zu überprüfen, ob sie genau und zuverlässig sind (EGMR 21. 7. 2011 – 28274/08, NZA 2011, 1269 [1271]). Die spätere Verurteilung des Angezeigten ist dabei zwar ein Indiz dafür, dass die Anzeige nicht leichtfertig erhoben wurde, die umgekehrte Annahme, dass nämlich die Strafanzeige nur dann kein Verstoß gegen arbeitsrechtliche Pflichten sei, wenn der Angezeigte später verurteilt wird, ist hingegen verfehlt (BAG 7. 12. 2006 – 2 AZR 400/05, AP Nr 55 zu § 1 KSchG 1969 Verhaltensbedingte Kündigung). Nicht geschützt ist aber ein Arbeitnehmer, der den Missstand nur aus verwerflichen Motiven publik macht (BAG 3. 7. 2003 – 2 AZR 235/01, AP Nr 45 zu § 1 KSchG 1969; BAG 4. 7. 1991 – 2 AZR 80/91; LAG Hamm 24. 2. 2011 – 17 Sa 1669/10, juris Rn 79; vgl zur Kündigung wegen Whistleblowing auch SIMON/SCHILLING BB 2011, 2421).

Diese Maßstäbe können sich ändern, wenn durch betriebliche **Compliance-Regeln** **1209** (Verhaltenskodex) ein innerbetriebliches Procedere zur Anzeige von Missständen eingeführt wird (**Whistleblower-Klauseln**, s auch Rn 1230 ff). Diese wirken sich insoweit zugunsten des anzeigenden Arbeitnehmers aus, als bei Beschreitung des vorgesehenen Weges arbeitsrechtliche Sanktionen umso eher ausscheiden (venire contra factum proprium; WISSKIRCHEN/KÖRBER/BISSELS BB 2006, 1567 [1571]); andererseits spricht einiges dafür, bei Bestehen eines institutionalisierten innerbetrieblichen Anzeigeverfahrens die Maßstäbe, nach denen der Arbeitnehmer den Missstand nach außen anzeigen darf, zu verschärfen. Die Einführung solcher Whistleblower-Regelungen unterliegt zumindest dann, wenn bestimmte Verfahrensweisen vorgeschrieben werden, dem **Mitbestimmungsrecht** nach § 87 Abs 1 Nr 1 BetrVG (LAG Düsseldorf 14. 11. 2005 – 10 TaBV 46/05, BB 2006, 335; s auch SCHUSTER/DARSOW NZA 2005, 273 [276]); bei Verwendung anonymer Telefonhotlines greift zudem § 87 Abs 1 Nr 6 BetrVG (ArbG Wuppertal 15. 6. 2005 – 5 BV 20/05, NZA-RR 2005, 476 [480]; zu datenschutzrechtlichen Fragen s WISSKIRCHEN/KÖRBER/BISSELS BB 2006, 1567 [1568 ff]). Eine **Pflicht** zur Anzeige innerbetrieblicher Missstände kann zwar grundsätzlich durch Direktionsrecht begründet werden, dabei gelten aber Grenzen zum Schutz berechtigter Arbeitnehmerinteressen (näher SCHUSTER/DARSOW NZA 2005, 273 [276]).

Auch wenn ein spezieller gesetzlicher Schutz von whistleblowern immer wieder **1210** gefordert wird und auch diverse **Gesetzesentwürfe** vorgelegt wurden (BT-Drucks 17/8567 und 17/9782 [dazu GAUL/BOEWER, Aktuelles ArbR 2012 I 5 ff; GAUL/GAUL, Aktuelles ArbR 2012 II 290 f] sowie jüngst BT-Drucks 18/3039), ist bislang keine gesetzliche Regelung ergangen.

Die **Verletzungshandlung** besteht in der **Offenbarung eines Geheimnisses**, bei Be- **1211** triebs- oder Geschäftsgeheimnissen liegt sie auch in deren Verwertung für eigene Zwecke (RAG ARS 37, 316). Wenn die Offenbarung zur Durchsetzung eigener Rechte des Arbeitnehmers erforderlich ist, kann er aber (ggf klageweise) Entbindung von der Schweigepflicht verlangen (BAG 25. 8. 1966 – 5 AZR 525/65 und 13. 2. 1969 – 5 AZR 199/68, AP Nr 1 und 3 zu § 611 BGB Schweigepflicht).

Die Verschwiegenheitspflicht hat der Arbeitnehmer zu wahren, solange das **Arbeits-** **1212** **verhältnis rechtlich besteht** (vgl BGH 16. 11. 1954 – I ZR 180/53, AP Nr 1 zu § 60 HGB).

Verletzt der Arbeitnehmer schuldhaft die Verschwiegenheitsverpflichtung, kommen **1213** neben der praktisch wenig bedeutsamen **Unterlassungsverpflichtung** (BGH 13.1

12. 2007 – I ZR 71/05, NZA-RR 2008, 421) vor allem eine (außer-)ordentliche **Kündigung** (BAG 4. 4. 1974 – 2 AZR 452/73, AP Nr 1 zu § 626 BGB Arbeitnehmervertreter im Aufsichtsrat; BAG 26. 9. 1990 – 2 AZR 602/89) sowie **Schadensersatzansprüche** (§§ 280 Abs 1, 241 Abs 2; § 823 Abs 2 BGB iVm § 17 Abs 1 UWG; §§ 1, 9 UWG; § 824) in Betracht (BGH 19. 3. 2008 – I ZR 225/06).

b) Verschwiegenheitspflicht nach Beendigung des Arbeitsverhältnisses

1214 Der **BGH** nimmt an, dass die Verschwiegenheitspflicht mit der Beendigung des Beschäftigungsverhältnisses grundsätzlich endet und daher die erworbenen Kenntnisse verwendet werden dürfen. Eine Verschwiegenheitspflicht bestehe nur, soweit die Voraussetzungen des § 17 Abs 2 UWG vorliegen oder die Offenbarung eine sonstige unerlaubte Handlung darstellt, insbesondere gegen § 1 UWG verstößt (BGH 3. 5. 2001 – I ZR 153/99, WM 2001, 1824 mwNw); das ist der Fall, wenn der Arbeitnehmer die vorzeitige Vertragsbeendigung arglistig gerade mit dem Ziel der Verwertung der erlangten Geheimnisse herbeigeführt hat (BGH 19. 11. 1982 – I ZR 99/80, AP Nr 2 zu § 611 BGB Betriebsgeheimnis) oder (analog § 90 HGB) wenn er in herausgehobener Position in einem Vertrauensverhältnis stand und besondere Umstände die Nutzung sittenwidrig erscheinen lassen (BGH 21. 12. 1962 – I ZR 47/61, AP Nr 7 zu § 17 UWG). Das **BAG** bejaht dagegen im Grundsatz den Fortbestand der Verschwiegenheitsverpflichtung, betont aber, dass diese nicht ein faktisches Wettbewerbsverbot begründen dürfe (BAG 16. 3. 1982 – 3 AZR 83/79; BAG 15. 12. 1987 – 3 AZR 474/86, AP Nr 1, 5 zu § 611 BGB Betriebsgeheimnis; 16. 8. 1988 – 3 AZR 664/87). Im Ergebnis dürften sich die Auffassungen kaum unterscheiden, da der Arbeitnehmer zur Geheimhaltung nur verpflichtet ist, wenn die Verpflichtung kein entschädigungsloses Konkurrenzverbot begründet und der Arbeitnehmer sich unredlich verhalten hat (Salger/Breitfeld BB 2005, 154 [156]). Wenn zT vertreten wird, dass auch ohne besondere tarifvertragliche oder arbeitsvertragliche Festlegung eine darüber hinausgehende Geheimhaltungspflicht bestehe (vgl Soergel/Kraft § 611 Rn 150; Dietz, in: FS Hedemann [1938] 330 ff; so auch Staudinger/Nipperdey/Neumann[11] § 611 Rn 164), ist das als zu weitgehende Beschränkung der weiteren beruflichen Tätigkeitsmöglichkeiten des Arbeitnehmers abzulehnen (vgl auch HWK/Thüsing § 611 Rn 351; Gaul NZA 1988, 225 ff).

1215 Eine **Erweiterung** der Verschwiegenheitspflicht für Betriebs- und Geschäftsgeheimnisse nach Beendigung des Arbeitsverhältnisses durch **Tarifvertrag** oder **Arbeitsvertrag** ist grundsätzlich auch ohne Karenzentschädigung und zeitliche Begrenzung möglich (vgl BAG 16. 3. 1982 – 3 AZR 83/79, BAG 15. 12. 1987 – 3 AZR 83/79, AP Nr 1, 5 zu § 611 BGB Betriebsgeheimnis; Beispiel: § 3 Abs 1 TVöD/§ 3 Abs 2 TV-L). Jedoch ist der Vertragsfreiheit bzw der Tarifautonomie Grenzen zu ziehen, weil der Arbeitnehmer durch die Pflicht zur Wahrung des Betriebs- oder Geschäftsgeheimnisses nicht einem Wettbewerbsverbot vergleichbar beschränkt werden darf (iErg ebenso BAG 25. 8. 1966 – 5 AZR 525/65; BAG 13. 2. 1969 – 5 AZR 199/68, AP Nr 1, 3 zu § 611 BGB Schweigepflicht, das auf die nachwirkende Fürsorgepflicht abstellt; näher Salger/Breitfeld BB 2005, 154 [158]).

c) Verschwiegenheitspflicht für Arbeitnehmer aufgrund besonderer Gesetzesvorschrift

1216 Eine besondere Geheimhaltungspflicht besteht für **Mitglieder und Ersatzmitglieder des Betriebsrats**. Nach § 79 Abs 1 BetrVG sind sie verpflichtet, Betriebs- oder Geschäftsgeheimnisse, die ihnen wegen ihrer Zugehörigkeit zum Betriebsrat bekanntgeworden und vom Arbeitgeber ausdrücklich als geheimhaltungsbedürftig bezeichnet worden sind, nicht zu offenbaren und nicht zu verwerten; dies gilt auch nach dem Ausscheiden aus dem Betriebsrat (vgl zu Gegenstand, Inhalt und Umfang der Geheimhaltungspflicht THÜSING, in: RICHARDI, BetrVG § 79 Rn 4 ff). Als eine Pflicht aus dem Amt besteht sie neben der für jeden Arbeitnehmer aus seinem Arbeitsverhältnis sich ergebenden Pflicht zu Verschwiegenheit über Geschäfts- und Betriebsgeheimnisse.

Der betriebsverfassungsrechtlichen Geheimhaltungspflicht unterliegen neben den **1217** Mitgliedern und Ersatzmitgliedern des Betriebsrats alle Arbeitnehmer, die ein **Amt in der Betriebsverfassung** ausüben, sowie die Mitglieder der Einigungsstelle, einer tariflichen Schlichtungsstelle (§ 76 Abs 8 BetrVG) und einer betrieblichen Beschwerdestelle (§ 86 BetrVG), und zwar ohne Rücksicht darauf, ob sie zu dem Arbeitgeber in einem Arbeitsverhältnis stehen (§ 79 Abs 2 BetrVG). Auch für die Vertreter der Gewerkschaften und der Arbeitgebervereinigungen, die im Zusammenhang mit ihrer Tätigkeit nach dem BetrVG Kenntnisse erhalten und für Sachverständige, die der Betriebsrat bei der Durchführung seiner Aufgaben nach näherer Vereinbarung mit dem Arbeitgeber hinzuzieht (§ 80 Abs 3 BetrVG), besteht die betriebsverfassungsrechtliche Geheimhaltungspflicht (§ 79 Abs 2 BetrVG).

Für die Mitglieder einer **Schwerbehindertenvertretung** besteht ebenfalls eine besondere Verschwiegenheitspflicht nach § 96 Abs 7 SGB IX (ebenso für Mitglieder einer Gesamt-, Haupt- und Bezirksschwerbehindertenvertretung gemäß § 97 Abs 7 SGB IX). **1218**

Weiter gespannt als in der Betriebsverfassung ist die im Personalvertretungsrecht **1219** angeordnete Verschwiegenheitspflicht für **Personalratsmitglieder** und sonstige Personen, die in der Personalvertretung Aufgaben oder Befugnisse wahrnehmen oder wahrgenommen haben (§ 10 BPersVG und die für die Landesgesetzgebung geltende Rahmenvorschrift des § 101 Abs 2 BPersVG). Gegenstand der Schweigepflicht sind hier alle Angelegenheiten und Tatsachen, die bei der Wahrnehmung der Aufgaben und Befugnisse bekanntgeworden sind.

Für die **Arbeitnehmervertreter im Aufsichtsrat** gilt die Verschwiegenheitspflicht eines **1220** Aufsichtsratmitglieds (vgl für AG und KGaA § 116 iVm § 93 Abs 1 S 3, 4 AktG; für die nach dem Montan-MitbestG mitbestimmte GmbH § 3 Abs 2 Montan-MitbestG iVm §§ 93 Abs 1 S 3, 4, 116 AktG; für die nach dem MitbestG 1976 mitbestimmte GmbH § 25 Abs 1 S 1 Nr 2 MitbestG iVm §§ 116, 93 Abs 1 S 3, 4 AktG; für die nach dem MitbestG 1976 mitbestimmte Genossenschaft § 25 Abs 1 S 1 Nr 3 MitbestG iVm §§ 41, 34 Abs 1 S 2 GenG; für die GmbH bei einem Mitbestimmungsstatut nach dem Drittelbeteiligungsgesetz § 1 Abs 1 Nr 3 DrittelbG iVm §§ 116, 93 Abs 1 S 3, 4 AktG; für die Genossenschaft bei einem Mitbestimmungsstatut nach dem Drittelbeteiligungsgesetz § 41 iVm § 34 Abs 1 S 2 GenG; § 41 Abs 2–5 SEBG).

Die Arbeitnehmervertreter haben die gleiche Verschwiegenheitsverpflichtung wie **1221** die übrigen Aufsichtsratsmitglieder (ebenso BGH 5. 6. 1975 – II ZR 156/73, BGHZ 64, 325 [330]). Sie bilden keine Fraktion des Aufsichtsrats mit Recht zur Information der Belegschaft oder des Betriebsrats. Daraus folgt aber kein Verbot für die einzelnen Aufsichtsratsmitglieder, Gegenstand, Verlauf und Ergebnis von Aufsichtsratsverhandlungen zu offenbaren, sondern die Grenze zieht insoweit ausschließlich der Geheimnisschutz (ebenso BGH 5. 6. 1975 – II ZR 156/73, BGHZ 64, 325 [331]). Die Verschwiegenheitspflicht geht aber wesentlich weiter als die Geheimhaltungspflicht nach § 79 BetrVG. Sie bezieht sich auf alle vertraulichen Angaben, die im Hinblick auf die Tätigkeit im Aufsichtsrat gemacht werden, und alle Geheimnisse, die ein Aufsichtsratsmitglied im Zusammenhang mit seiner Tätigkeit im Aufsichtsrat erfahren hat, ohne dass diese Kenntnisnahme auf einer vertraulichen Angabe zu beruhen braucht. Nicht erforderlich ist hier insbesondere, dass die vertraulichen Angaben und Geheimnisse ausdrücklich als geheimhaltungsbedürftig bezeichnet worden sind; denn als Mitglied eines Unternehmensorgans muss der Arbeitnehmervertreter im Aufsichtsrat selbst beurteilen, was im Interesse der Gesellschaft vertraulich zu behandeln ist (vgl DIETZ/RICHARDI, BetrVG [6. Aufl 1982] § 76 BetrVG 1952 Rn 165 ff).

1222 Da die Schweigepflicht ihren Rechtsgrund in der Organstellung als Aufsichtsratsmitglied hat, muss ihre Verletzung nicht zugleich automatisch einen Verstoß gegen die Pflichten aus dem Arbeitsverhältnis bedeuten (offengelassen von BAG 4. 4. 1974 – 2 AZR 452/73, BAGE 26, 116; BAG 3. 2. 2009 – 5 AZB 100/08, NZA 2009, 669 mwNw).

1223 Bei der **Datenverarbeitung** beschäftigte Personen haben das Datengeheimnis zu beachten, und zwar auch nach Beendigung der Tätigkeit (§ 5 S 1, 3 BDSG). Eine besondere Geheimhaltungspflicht für noch nicht frei gewordene **Diensterfindungen** statuiert § 24 Abs 2 ArbnErfG.

1224 Besondere, zudem strafrechtlich bewehrte Verschwiegenheitsverpflichtungen normiert **§ 203 StGB** für fremde Geheimnisse.

7. Schmiergeldverbot*

1225 Einen groben Verstoß gegen die Pflichten aus dem Arbeitsverhältnis stellt es dar, wenn ein Arbeitnehmer sich schmieren lässt (ebenso HUECK/NIPPERDEY I 247; NIKISCH I 457; REICHOLD, MünchArbR § 48 Rn 49). „Schmieren heißt, sich andere durch Bestechung gefügig machen." (BAUMBACH/HEFERMEHL, Wettbewerbsrecht [19. Aufl 1996] Vorbem 1 vor § 12 UWG) Es liegt sogar eine Straftat vor, wenn ein Arbeitnehmer im geschäftlichen Verkehr einen Vorteil als Gegenleistung dafür fordert, sich versprechen lässt oder annimmt, dass er einen anderen bei dem Bezug von Waren oder gewerblichen Leistungen im Wettbewerb in unlauterer Weise bevorzugt (§ 299 Abs 1 StGB). Für den öffentlichen Dienst gelten darüber hinaus die besonderen Strafvorschriften der §§ 331 ff StGB. Eine Pflichtverletzung liegt aber auch vor, wenn ein Straftatbestand nicht erfüllt ist. Es genügt, dass der Arbeitnehmer zu einer Handlung durch die Gewährung von Schmiergeld bestimmt oder für sie hinterher belohnt werden soll. Ein derartiges Verhalten bedeutet einen groben Verstoß gegen die Pflichten aus dem Arbeitsverhältnis unabhängig davon, ob die honorierte Handlung ihrerseits pflichtwidrig ist (ebenso HWK/THÜSING § 611 Rn 364). Gleichgültig ist auch, ob der Arbeitgeber geschädigt wird, denn es genügt die durch die Annahme begründete Gefahr, der Arbeitnehmer werde nicht mehr ausschließlich im Interesse des Arbeit-

---

* **Schrifttum:** ISELE, Schmiergeldannahme als Eingriffserwerb, RdA 1962, 52; KRAFT, Zur rechtlichen Problematik der Schmiergelder – BGHZ 39, 1, JuS 1963, 473; REINECKE, Herausgabe von Schmiergeldern im öffentlichen Dienst, ZTR 2007, 414 ff; SCHUSTER/DARSOW, Einführung von Ethikrichtlinien, NZA 2005, 273.

gebers tätig (BAG 21. 6. 2001 – 2 AZR 30/00, NJOZ 2002, 508 [513 f]). Unerheblich sind schließlich Bezeichnung und Form (zB Erlass einer bestehenden Forderung).

Übliche bloße Trinkgelder oder harmlose Geschenke zum Zeichen der Verbundenheit sind hingegen keine Schmiergelder (vgl dazu RAG ARS 9, 211; RG JW 1920, 138; RG 1930, 1738). Nicht mehr als bloßes Trinkgeld sind aber erhebliche Zuwendungen an Croupiers zu charakterisieren; sie sind dem „Tronc" zuzuführen (zum Tronc vgl LAG Köln 21. 3. 1996 – 5 Sa 1146/95, NZA-RR 1997, 163; LAG Hessen 28. 11. 1996 – 5 Sa 220/96, NZA-RR 1997, 373). Keinen „Rechtfertigungsgrund" stellt es auch dar, dass die Gewährung bzw Entgegennahme am jeweiligen Ort üblich oder Tradition ist („Bakschisch"); denn wenn die Annahme des Schmiergelds dennoch strafbar ist (§ 299 Abs 3 StGB), können im Arbeitsrecht keine anderen Maßstäbe gelten (KOLBE NZA 2009, 228 [229]). **1226**

In der Praxis stellt der Arbeitgeber oft per Ausübung des Direktionsrechts Verhaltensregeln auf, die unter anderem die Annahme von Geschenken oder Einladungen regeln (**Compliance-Regeln**; s Rn 1230 f). **1227**

Der Arbeitnehmer hat jedes Angebot von Schmiergeldern abzulehnen. Ob und inwieweit er dem Arbeitgeber **Mitteilung** machen muss, hängt vom Einzelfall ab (verneinend SOERGEL/KRAFT § 611 Rn 151; HWK/THÜSING § 611 Rn 367; bejahend SCHAUB/LINCK § 53 Rn 41); im öffentlichen Dienst gilt § 3 Abs 3 S 3 TVöD/§ 3 Abs 3 S 3 TV-L. Maßgebend ist insbesondere, ob das Schmiergeldangebot nach seiner Zielsetzung auch anderen Arbeitnehmern gemacht werden kann. Dann gebietet die Pflicht zur Abwendung drohender Schäden (Rn 1250 f), dass der Arbeitnehmer den Arbeitgeber von dem Vorfall informiert (ebenso REICHOLD, MünchArbR § 48 Rn 52). **1228**

Der Arbeitnehmer ist zur **Herausgabe der Schmiergelder** an den Arbeitgeber verpflichtet. Der Herausgabeanspruch ergibt sich aber nicht aus § 675 iVm § 667 (so aber BGH 7. 1. 1963 – VII ZR 149/61, AP Nr 2 zu § 687 BGB), sondern aus § 687 Abs 2 iVm §§ 681, 667 (ebenso BAG 14. 7. 1961 – 1 AZR 288/60, BAGE 11, 208 [211 f]; BAG 15. 4. 1970 – 3 AZR 259/69 und 26. 2. 1971 – 3 AZR 97/70, AP Nr 4 und 5 zu § 687 BGB; LAG München 8. 5. 2012 – 6 Sa 957/11, juris Rn 81; STRAUBE DB 2008, 1744 ff; SOERGEL/KRAFT § 611 Rn 151; ISELE RdA 1962, 52 [55 ff]; aA SCHULZ RdA 1971, 278 ff; für den öffentlichen Dienst vgl REINECKE ZTR 2007, 414). Darüber hinaus kann die Annahme von Schmiergeldern einen **Schadensersatzanspruch** des Arbeitgebers begründen; in Betracht kommen vor allem die § 280 Abs 1, § 241 Abs 2; § 823 Abs 2 BGB iVm § 266; § 299 Abs 1; §§ 331 ff StGB; § 826 BGB. Da die Schädigung des Arbeitgebers in der Regel mit einem entsprechenden Vorteil auf Seiten des Schmierenden korreliert und dieser mit der geldwerten Zuwendung an den geschmierten Arbeitnehmer typischerweise einen Teil dieses Vorteils weitergibt, spricht ein Anscheinsbeweis dafür, dass der Schaden des Arbeitgebers mindestens in der Höhe der Schmiergeldzahlung besteht (LAG Hessen 25. 1. 2008 – 10 Sa 1195/06, ZInsO 2008, 1094; LAG München 8. 5. 2012 – 6 Sa 957/11, juris Rn 116 ff). Insbesondere bei strafbarem Verhalten oder mehrfachen Verstößen gegen das Schmiergeldverbot ist ferner eine (außer-)ordentliche arbeitgeberseitige **Kündigung** auch ohne vorherige Abmahnung möglich (BAG 21. 6. 2001 – 2 AZR 30/00, NZA 2002, 232; LAG Köln 25. 9. 2008 – 7 Sa 313/08; LAG Hessen 29. 8. 2012 – 6 Sa 1396/11, juris Rn 27; LAG Baden-Württemberg 15. 11. 2012 – 18 Sa 68/12, juris Rn 54; s ausf STEINKÜHLER/KUNZE RdA 2009, 367), auch als Verdachtskündigung (vgl LAG München 14. 12. 2006 – 3 Sa 695/06; LAG **1229**

Hessen 3. 11. 2006 – 3 Sa 287/05; LAG Rheinland-Pfalz 31. 5. 2012 – 11 Sa 594/11, juris Rn 63 f). Das gilt vor allem auch im Öffentlichen Dienst, weil durch solche Handlungen das Vertrauen der Bürger in die Unbestechlichkeit und Unparteilichkeit der Behörde erschüttert wird (BAG 15. 11. 2001 – 2 AZR 605/00, AP Nr 175 zu § 626 BGB; LAG Köln 22. 11. 2012 – 13 Sa 614/12, juris Rn 17). Gekündigt werden kann dann auch ein Vorruhestandsverhältnis (LAG Rheinland-Pfalz 9. 6. 2011 – 2 Sa 705/10, juris Rn 73 ff).

8. Compliance-Regeln*

1230 Einen Sonderfall bilden **Compliance-Maßnahmen** im Unternehmen, zu denen **Ethikregeln**, auch Ethik-Richtlinien genannt, gehören. Der Sarbanes Oxley Act verlangt für alle an US-Börsen notierten Unternehmen und deren Töchter seit 2002 einen „Code of ethics". Bei ihm handelt es sich wie beim Honeywell Code of Business Conduct um einen Verhaltenskodex mit höchst verschiedenem Inhalt, um ein rechtstreues Verhalten der Unternehmensleitung und der Mitarbeiter *(Compliance)* zu gewährleisten (vgl BAG 22. 7. 2008 – 1 ABR 40/07, AP Nr 14 zu § 87 BetrVG 1972). Neben Sonderregeln für börsenorientierte Aktiengesellschaften ergibt sich aus § 130 OWiG für jeden Betriebsinhaber eine Pflicht zur Einführung von Compliance-Maßnahmen (vgl MASCHMANN NZA 2012-Beil, 50 ff).

1231 Ein derartiger Verhaltenskodex kann den Gegenstand einer Betriebsvereinbarung bilden, soweit in ihm Rechtspflichten und Empfehlungen für das Arbeitnehmerverhalten festgelegt werden. Dabei ist für jeden Regelungsgegenstand gesondert zu prüfen, ob die Compliance-Maßnahme wirksam festgelegt werden kann (vgl SCHLACHTER, in: FS Richardi [2007] 1067 ff). Schranken setzt neben § 75 Abs 1 das allgemeine Persönlichkeitsrecht der Beschäftigten sowie das AGG und § 32 BDSG. Vom Regelungsgegenstand hängt auch ab, ob ein Mitbestimmungsrecht besteht (s RICHARDI, in: RICHARDI, BetrVG § 87 Rn 181, 196 und 199). Die Einbeziehung einer mitbestimmungspflichtigen Regelung hat nicht zur Folge, dass der Verhaltenskodex insgesamt der Mitbestimmung unterliegt (ebenso BAG 22. 7. 2008 – 1 ABR 40/07, AP Nr 14 zu § 87 BetrVG 1972 [Rn 41]; KORT, in: FS Buchner [2009] 477 ff). Soweit Ethik-Richtlinien durch Betriebsvereinbarung geregelt werden können, sind sie daher in mitbestimmungspflichtige und mitbestimmungsfreie Teile zu untergliedern. Betreffen sie das Ordnungsverhalten des Arbeitnehmers, so sind sie nach § 87 Abs 1 Nr 1 mitbestimmungspflichtig (vgl BAG 22. 7. 2008 – 1 ABR 40/07 [Rn 41 ff]; s auch RICHARDI § 87 Rn 199). Der Betriebsrat hat mitzubestimmen, soweit keine gesetzliche oder tarifliche Regelung besteht. Das Mitbestimmungsrecht entfällt also, wenn die Regelung den Mitbestimmungsgegenstand inhaltlich und abschließend regelt (vgl BAG 22. 7. 2008 – 1 ABR 40/07 [Rn 72]). Soweit im Verhaltenskodex ein datenverarbeitendes System eingesetzt wird, ergibt sich für den Betriebsrat ein Mitbestimmungsrecht nach § 87 Abs 1 Nr 6 (vgl BAG 22. 7. 2008 – 1 ABR 40/07 [Rn 77 ff]; s RICHARDI § 87 Rn 509 ff).

---

* **Schrifttum:** BENECKE/GROSS, Druck von Dritten nach Compliance-Verstößen, BB 2015, 693; BÖHM, Non-Compliance und Arbeitsrecht (2011); KLOPP, Der Compliance-Beauftragte (2012); MASCHMANN, Compliance versus Datenschutz, NZA Beilage 2012, Nr 2, 50; MIKE SCHULZ, Compliance – Internes Whistleblowing, BB 2011, 629; THÜSING, Arbeitnehmerdatenschutz und Compliance (2010); ZANDER, Ethik- und Verhaltensrichtlinien im Betrieb (2010).

Titel 8 · Dienstvertrag und ähnliche Verträge
Untertitel 1 · Dienstvertrag   **§ 611**

9. Grenzen der Meinungsfreiheit und der politischen Betätigungsfreiheit*

a) Bedeutung der grundrechtlichen Gewährleistung

Das Arbeitsverhältnis rechtfertigt im Prinzip nicht, dass dem Arbeitnehmer Schran- **1232**
ken der Meinungsäußerung und der politischen Betätigung auferlegt werden.
Art 118 Abs 1 S 2 WRV enthielt die Bestimmung, dass kein Arbeits- oder Anstellungsverhältnis einen Deutschen an dem Recht, innerhalb der Schranken der allgemeinen Gesetze seine Meinung durch Wort, Schrift, Druck, Bild oder in sonstiger Weise frei zu äußern, hindern darf. Wenn auch eine entsprechende Bestimmung im Grundgesetz fehlt, so ist doch anzunehmen, dass sie auch im Bereich des Art 5 GG maßgebend ist; denn das Grundrecht der freien Meinungsäußerung als wesentliches Grundrecht für eine freiheitlich soziale Gestaltung des Gemeinschaftslebens wäre auf weiten Gebieten des menschlichen Lebens wirkungslos, wenn zwar nicht der Staat, wohl aber wirtschaftliche und soziale Mächte und Einzelne im privaten Rechtsverkehr in der Lage wären, dieses Recht nach ihrem Gutdünken kraft ihrer Machtstellung einzuschränken (BAG 3. 12. 1954 – 1 AZR 150/54, BAGE 1, 185 [194]). Vom Schutzbereich des Art 5 Abs 1 S 1 GG gedeckt sind auch überspitzte und polemische Äußerungen, nicht aber Schmähkritik und Formalbeleidigungen (BAG 6. 11. 2003 – 2 AZR 177/02, AP Nr 46 zu § 1 KSchG 1969 Verhaltensbedingte Kündigung; BAG 24. 11. 2005 – 2 AZR 584/04, AP Nr 198 zu § 626 BGB: Vergleich des Betriebs mit nationalsozialistischem Terrorsystem; BAG 29. 8. 2013 – 2 AZR 419/12, NZA 2014, 660 [663]). Macht der Arbeitnehmer zulässigerweise von seinen Grundrechten Gebrauch, darf ihn der Arbeitgeber nicht deshalb maßregeln (§ 612a; vgl zB BAG 21. 9. 2011 – 7 AZR 150/10, NZA 2012, 317 [320]; s auch § 612a Rn 15).

Das Recht der freien Meinungsäußerung findet aber seine Schranken in den Vor- **1233**
schriften der allgemeinen Gesetze (Art 5 Abs 2 GG), mit denen er in ein ausgeglichenes Verhältnis gebracht werden muss (BAG 23. 2. 2010 – 2 AZR 554/08, NZA 2010, 1123 [1126]; BAG 29. 8. 2013 – 2 AZR 419/12, NZA 2014, 660 [663]). Zu ihnen gehören auch die **Grundregeln über die Arbeitsverhältnisse**, insbesondere „auch das Pflichtengebot, sich so zu verhalten, dass der Betriebsfrieden nicht ernstlich und schwer gefährdet wird und dass die Zusammenarbeit im Betrieb mit den übrigen Arbeitnehmern, aber auch mit dem Arbeitgeber für diese zumutbar bleibt" (so schon BAG 3. 12. 1954 – 1 AZR 150/54, BAGE 1, 185 [194 f]). Ein Arbeitnehmer verletzt seine Loyalitätsobliegenheit (§ 241 Abs 2) gegenüber dem Arbeitgeber, wenn er ihn oder Vorgesetzte in der Öffentlichkeit herabsetzt (BAG 28. 9. 1972 – 2 AZR 469/71, AP Nr 2 zu § 134 BGB; BAG 27. 9. 2012 – 2 AZR 646/11, AP Nr 240 zu § 626 BGB). Er darf nicht durch das Tragen einer auffälligen Plakette, die bewusst den politischen Gegner provoziert, den Betrieb als Forum des Wahlkampfs nutzen (so für das Tragen einer „Anti-Strauß-Plakette" BAG 9. 12. 1982 – 2 AZR 620/80, BAGE 41, 150; für Anti-Atomkraft-Plakette als politisches Propagandamittel BAG 2. 3. 1982 – 1 AZR 694/79, BAGE 38, 85 [93]). Bei einer Beschäftigung im kirchlichen Dienst (s Rn 305 ff) braucht ein Arbeitgeber es nicht hinzunehmen, dass ein Arbeitnehmer öffentlich fundamentale Grundsätze kirchlicher Lehre in Frage stellt (vgl

---

* **Schrifttum**: BUCHNER, Meinungsfreiheit im Arbeitsrecht, ZfA 1982, 49; BUSCHMANN/GRIMBERG, Plaketten als Meinungsäußerung im Betrieb, AuR 1989, 65; KISSEL, Arbeitsrecht und Meinungsfreiheit, NZA 1988, 145; SCHAUB, Die Freiheit der Meinungsäußerung im Individualarbeits- und Betriebsverfassungsrecht, RdA 1979, 137; SÖLLNER, „Wes Brot ich eß', des Lied ich sing'", in: FS Herschel (1982) 389.

BVerfG 4. 6. 1985 – 2 BvR 1703/83, BVerfGE 70, 138 [169 ff]). Die vereinzelt gebliebene Aussage des BAG (28. 9. 1972 – 2 AZR 469/71, AP Nr 2 zu § 134 BGB), der Arbeitnehmer dürfe seine Meinungsfreiheit nicht ausüben, wenn dies den Interessen des Arbeitgebers zuwiderlaufe oder diese beeinträchtige, hat das BAG (vgl nur BAG 12. 1. 2006 – 2 AZR 21/05, AP Nr 53 zu § 1 KSchG 1969 Verhaltensbedingte Kündigung) inzwischen stillschweigend und zu Recht aufgegeben, war der damit verbundene absolute Vorrang der Arbeitgeberinteressen doch mit der Wechselwirkungslehre des BVerfG (BVerfG 15. 1. 1958 – 1 BvR 400/51, BVerfGE 7, 198 [208]) nicht vereinbar (so auch PREIS/STOFFELS RdA 1996, 210 [212]). Bei **Tendenzunternehmen** kann die Meinungsfreiheit aber stärker beschränkt werden (zB BAG 11. 8. 1982 – 5 AZR 1089/79, AP Nr 9 zu Art 5 Abs 1 GG Meinungsfreiheit). Sonderfragen stellen sich, wenn der Arbeitnehmer seine Meinungsfreiheit ausübt, um im Betrieb bestehende Missstände oder gar vom Arbeitgeber begangene, angeordnete oder geduldete Straftaten in die Öffentlichkeit bringt (**„Whistleblower"**, s dazu Rn 1207 ff).

b) Besonderheiten im öffentlichen Dienst

1234 Besondere Anforderungen gelten für Arbeitnehmer im öffentlichen Dienst. Dabei darf aber nicht der **Unterschied zum Beamtenverhältnis** nivelliert werden. Nur für Beamte ergibt sich aus den hergebrachten Grundsätzen des Berufsbeamtentums (Art 33 Abs 5 GG), dass ihnen eine besondere politische Treuepflicht gegenüber dem Staat und seiner Verfassung obliegt. Die Treuepflicht gebietet, dass der Beamte sich voll mit der freiheitlichen demokratischen rechts- und sozialstaatlichen Ordnung identifiziert und den Staat und seine Verfassung als positiven Wert anerkennt, für den einzutreten es sich lohnt (BVerfG 22. 5. 1975 – 2 BvL 13/73, BVerfGE 39, 334 [347]). Die Eignung für ein öffentliches Amt iS des Art 33 Abs 2 GG ist damit nur gegeben, wenn der Bewerber die Gewähr dafür bietet, dass er jederzeit für die freiheitlich demokratische Grundordnung einzutreten bereit ist (BVerfG 22. 5. 1975 – 2 BVL 13/73; vgl näher zu Art 33 Abs 2 GG Rn 515 ff).

1235 Auch **Arbeitnehmern im öffentlichen Dienst** obliegt eine **Treuepflicht gegenüber der freiheitlichen demokratischen Grundordnung**. Das BVerfG hat hierzu erkannt, dass zwar an die Angestellten im öffentlichen Dienst weniger hohe Anforderungen als an die Beamten zu stellen sind, sie aber gleichwohl dem Dienstherrn Loyalität und gewissenhafte Erfüllung ihrer dienstlichen Obliegenheiten schulden. Auch sie dürfen nicht den Staat, in dessen Dienst sie stehen, und seine Verfassungsordnung angreifen (BVerfG 22. 5. 1975 – 2 BvL 13/73, BVerfGE 39, 334 [335]).

1236 Da Arbeitnehmern des öffentlichen Dienstes in der Regel keine hoheitlichen Befugnisse übertragen werden (Art 33 Abs 4 GG), richtet sich der Umfang der von ihnen geforderten Treuepflicht nach der ihnen jeweils durch Arbeitsvertrag **übertragenen Funktion und Stellung** (BAG 31. 3. 1976 – 5 AZR 104/74, BAGE 28, 62 [69]; BAG 6. 2. 1980 – 5 AZR 848/77, AP Nr 5 zu Art 33 Abs 2 GG; BAG 12. 5. 2011 – 2 AZR 479/09, NZA-RR 2012, 43 [47 f]); § 41 S 2 TVöD BT-V bzw § 3 Abs 1 S 2 Tarifvertrag-L, die ein Bekenntnis des Angestellten zur freiheitlich demokratischen Grundordnung verlangen, stellen keine weitergehenden Anforderungen (BAG 6. 9. 2012 – 2 AZR 372/11, NZA-RR 2013, 441 [442]). Entsprechend kann es – abhängig von der Funktion des Arbeitnehmers – schon genügen, dass er die Pflicht zur Verfassungstreue dadurch wahrt, dass er die freiheitlich demokratische Grundordnung nicht aktiv bekämpft (sog „einfache politische Treuepflicht"; vgl BAG 6. 9. 2012 – 2 AZR 372/11, NZA-RR 2013, 441 [442]); andererseits ist aber auch möglich, dass der Inhalt der politischen Treuepflicht eines Angestellten mit der eines Beamten identisch sein kann (BAG 31. 3. 1976 – 5 AZR 104/74, BAGE 28, 62 [71]; BAG 6. 2. 1980 – 5 AZR 848/77, AP Nr 5 zu Art 33 Abs 2 GG). Ist jemand nicht bereit oder in der Lage, die ihm durch seine Funktion auferlegte politische Treuepflicht zu erfüllen, fehlt ihm die Eignung zur Tätigkeit im öffentlichen Dienst (bei Beamten iS des Art 33 Abs 2 GG).

Die **Mitgliedschaft in einer verfassungsfeindlichen Partei** oder die aktive Betätigung für sie ist geeignet, begründete Zweifel an der Verfassungstreue eines Bewerbers zu erwecken (BAG 31. 3. 1976 – 5 AZR 104/74, BAGE 28, 62 [72]; BAG 5. 3. 1980 – 5 AZR 604/78, BAGE 33, 43 [51]; BAG 15. 7. 1982 – 2 AZR 887/79, AP Nr 20 zu Art 33 Abs 2 GG; BAG 12. 5. 2011 – 2 AZR 479/09, NZA-RR 2012, 43 [44 f]). Die Zweifel müssen auf Umständen beruhen, die von hinreichendem Gewicht und geeignet sind, ernste Besorgnis an der künftigen Erfüllung der Verfassungstreuepflicht auszulösen (BAG 29. 7. 1982 – 2 AZR 1093/79, BAGE 39, 235). Bei der Beurteilung der individuellen Eignung des jeweiligen Bewerbers darf die Behörde sich aber nicht auf die Prüfung formaler Merkmale wie Mitgliedschaft und Aktivitäten in Vereinigungen oder politischen Parteien beschränken (BAG 5. 3. 1980 – 5 AZR 604/78, BAGE 33, 43; BAG 15. 7. 1982 – 2 AZR 887/79, AP Nr 20 zu Art 33 Abs 2 GG). Soweit aber Mitgliedschaft und Aktivitäten in Organisationen mit verfassungsfeindlichen Zielen begründete Zweifel an der Eignung eines Bewerbers erwecken, ist es Sache des Bewerbers, etwaige Zweifel an seiner Eignung auszuräumen (BAG 5. 3. 1980 – 5 AZR 604/78, BAGE 33, 43 [52]; BAG 19. 3. 1980 – 5 AZR 794/78, AP Nr 8 zu Art 33 Abs 2 GG). 1237

Für **Lehrer im Angestelltenverhältnis** gelten dieselben Anforderungen an die politische Treuepflicht wie für verbeamtete Lehrer. Auch ein Lehrer im Angestelltenverhältnis muss die Gewähr dafür bieten, sich durch sein gesamtes Verhalten jederzeit für die freiheitlich demokratische Grundordnung iS des Grundgesetzes einzusetzen. Nur so ist er in der Lage, seinen Erziehungsauftrag in einem freiheitlich demokratischen Staat wahrzunehmen und seinen Schülern die Grundwerte der Verfassung glaubwürdig zu vermitteln (BAG 31. 3. 1976 – 5 AZR 104/74, BAGE 28, 62 [71]; BAG 5. 3. 1980 – 5 AZR 604/78, BAGE 33, 43 [50]; BAG 19. 3. 1980 – 5 AZR 794/78, AP Nr 8 zu Art 33 Abs 2 GG; BAG 10. 12. 1980 – 5 AZR 18/79, AP NrNr 15 zu Art 33 Abs 2 GG; BAG 9. 12. 1981 – 5 AZR 512/79, BAGE 36, 344 [348]). Gleiches gilt für das Arbeitsverhältnis eines wissenschaftlichen Assistenten (LAG Berlin 16. 1. 1978 – 9 Sa 77/77, AP Nr 4 zu Art 33 Abs 2 GG) und für Sozialarbeiter (BAG 12. 3. 1986 – 7 AZR 20/83, BAGE 51, 246 [257 f]). 1238

Die Feststellung der Eignung eines Bewerbers macht eine vorausschauende Beurteilung seiner Persönlichkeit aufgrund einer Vielzahl von Einzelelementen erforderlich. Erforderlich ist dabei eine umfassende prognostische Beurteilung seiner Persönlichkeit. Es darf nicht nur an ein bestimmtes Merkmal allein angeknüpft werden, vielmehr muss der konkrete Fall in seiner Gesamtheit anhand einer Vielzahl von Elementen betrachtet werden, um ein Urteil über die Persönlichkeit des Bewerbers treffen zu können (vgl BVerfG 22. 5. 1975 – 2 BvL 13/73, BVerfGE 39, 334 [353]; BAG 31. 3. 1976 – 5 AZR 104/74, BAGE 28, 62 [72]). Gerichtlich nachprüfbar ist, ob Umstände von hinreichendem Gewicht gegeben und bei objektiver Betrachtung geeignet sind, begründete Zweifel an der Verfassungstreue des Bewerbers auszulösen. Die Rechtsprechung anerkennt aber einen **Beurteilungsspielraum der Einstellungsbehörde**, deren Entscheidung nur beschränkt gerichtlich kontrollierbar ist. Dieser besteht 1239 hinsichtlich der abschließenden Zusammenfassung und Wertung aller Beurteilungsmomente in der Prognose, ob der Bewerber eine hinreichende Gewähr für seine Verfassungstreue bietet. Insoweit beschränkt sich der Prüfungsumfang des Gerichts auf die Frage, ob vom richtigen Sachverhalt ausgegangen, die allgemeinen Beurteilungsgrundsätze beachtet und die Entscheidung in einem fehlerfreien Verfahren gebildet wurden (vgl BVerfG 22. 5. 1975 – 2 BvL 13/73, BVerfGE 39, 334 [354]; BAG 9. 12. 1981 – 5 AZR 512/79, BAGE 36, 344 [354]; BAG 29. 7. 1982 – 2 AZR 1093/79, BAGE 39, 235).

1240 Einen Arbeitnehmer des öffentlichen Dienstes trifft die **Pflicht, sich so zu verhalten**, wie es von **Angehörigen des öffentlichen Dienstes erwartet** wird. Sie umfasst vor allem das Gebot der Mäßigung und Zurückhaltung bei politischer Betätigung. Der Bürger soll nicht den Eindruck gewinnen können, dass die parteipolitische Bindung des Beschäftigten oder seine Einstellung zu kontroversen politischen Grundsatzfragen seine Amtsführung beeinflusst (BAG 2. 3. 1982 – 1 AZR 694/79, BAGE 38, 85 [93]). Welches Maß an Zurückhaltung bei politischer Betätigung geboten ist, hängt von der Funktion ab, die der Beschäftigte wahrzunehmen hat. Für Lehrer fordert das Zurückhaltungsgebot beispielsweise, dass sie im Dienst keine Anti-Atomkraft-Plaketten tragen, weil sie sonst den Erziehungsauftrag der Schule gefährden könnten (BAG 2. 3. 1982 – 1 AZR 694/79; s auch Rn 1233).

c) Verbot parteipolitischer Betätigung in Betrieb und Dienststelle

1241 **Arbeitgeber und Betriebsrat** haben **jede parteipolitische Betätigung im Betrieb zu unterlassen** (§ 74 Abs 2 S 3 BetrVG; s ausführlich Richardi, in: Richardi, BetrVG § 74 Rn 57 ff). Gleiches gilt für Dienststelle und Personalvertretung im öffentlichen Dienst (§§ 67 Abs 1 S 3, 105 S 3 BPersVG).

1242 Das gesetzlich festgelegte Verbot der parteipolitischen Betätigung verstößt nicht gegen das Grundrecht der Meinungsfreiheit (so ausdrücklich zu § 74 Abs 2 S 3 BetrVG BVerfG 28. 4. 1976 – 1 BvR 71/73, BVerfGE 42, 133 [140]; BAG 21. 2. 1978 – 1 ABR 54/76, AP Nr 1 zu § 74 BetrVG 1972). Die Gesetzesbestimmungen gehören zu den allgemeinen Gesetzen, die der Freiheit der Meinungsäußerung nach Art 5 Abs 2 GG Schranken setzen; denn sie verbieten die politische Betätigung nicht wegen ihrer geistigen Zielsetzung, sondern dienen der Erhaltung des Betriebsfriedens und wahren die Neutralität der Funktionsinhaber in der Betriebsverfassung und Personalvertretung.

1243 Das in § 74 Abs 2 S 3 BetrVG bzw §§ 67 Abs 1 S 3, 105 S 3 BPersVG niedergelegte Verbot der parteipolitischen Betätigung richtet sich nur an den Arbeitgeber und die Betriebsratsmitglieder in ihrer Funktion als Betriebsräte, **nicht** aber an die **einzelnen Arbeitnehmer**, die keine Funktion im Rahmen der Betriebsverfassung bzw Personalvertretung ausüben. Für Arbeitnehmer besteht ein Verbot, sich im Betrieb politisch zu betätigen, nur insoweit, als die Arbeitspflicht beeinträchtigt oder der Betriebsfrieden gestört wird.

10. Herausgabepflichten

1244 Kehrseite der entsprechenden Anwendung des § 670 zugunsten des Arbeitnehmers (Rn 1740 ff) ist die analoge Anwendung des § 667. Entsprechend hat der Arbeitnehmer an den Arbeitgeber (spätestens bei Beendigung des Arbeitsverhältnisses) alles herauszugeben, was er zur Ausführung des Arbeitsverhältnisses erhalten oder was er aus dem Arbeitsverhältnis erlangt hat. Aus dem Arbeitsverhältnis erlangt ist jeder Vorteil, den der Arbeitnehmer aufgrund eines inneren Zusammenhangs mit dem Arbeitsverhältnis erhielt (BAG 14.12.2011 – 10 AZR 283/10, NZA 2012, 501 [502]). Das Herausgabebegehren des Arbeitgebers muss ausreichend bestimmt sein, die Herausgabe „sämtlicher Unterlagen" soll dazu nicht genügen (LAG Hessen 26.11.2013 – 13 Sa 972/13, juris Rn 33).

Herauszugeben ist neben Geschäftsunterlagen insbesondere der Vorteil, der durch Nutzung eines Bonussystems im Rahmen dienstlicher Aktivitäten entsteht (zB Miles-and-more-**Bonusmeilen**); die Meilen sind auf Verlangen des Arbeitgebers dienstlich zu nutzen (BAG 11.4.2006 – 9 AZR 500/05, AP Nr 1 zu § 667 BGB). Erhaltenes **Schmiergeld** ist über §§ 687 Abs 2, 681, 667 an den Arbeitgeber herauszugeben (s Rn 1229). Wird der Arbeitnehmer in einem Krematorium tätig, hat er Edelmetallrückstände **(Zahngold)** aus der Krematoriumsasche an den Arbeitgeber herauszugeben (BAG 21.8.2014 – 8 AZR 655/13, NZA 2015, 95 [96]). Einen speziellen Herausgabeanspruch normiert § 61 Abs 1 HS 2 HGB für den Fall eines Verstoßes des Handlungsgehilfen gegen das **Wettbewerbsverbot des § 60 HGB**. Dieser setzt voraus, dass die herauszugebende Vergütung unmittelbar aus einem wettbewerbswidrigen Drittgeschäft erzielt wurde, erstreckt sich aber nicht auf das für sonstige wettbewerbswidrige Tätigkeiten erzielte Festgehalt (BAG 17.10.2012 – 10 AZR 809/11, NZA 2013, 207 [208]). **1245**

Der Herausgabeanspruch wird nicht dadurch iSv § 362 Abs 1 **erfüllt**, dass der Arbeitnehmer die Sache nur zur Vermeidung der Vollstreckung herausgibt (BAG 14.12.2011 – 10 AZR 283/10, NZA 2012, 501 [503]). Ein **Zurückbehaltungsrecht** an Geschäftsunterlagen zum Zwecke einer künftigen Verteidigung in einem Zivil- oder Strafverfahren besteht jedenfalls dann nicht mehr, wenn der Arbeitnehmer die Unterlagen bereits an die zuständige Behörden übermittelt hat (BAG 14.12.2011 – 10 AZR 283/10, NZA 2012, 501 [503]). Eine **Ausschlussklausel** in einem Aufhebungsvertrag, nach der „mit der Erfüllung des Vertrages […] alle wechselseitigen Ansprüche der vertragschließenden Parteien aus dem Dienstvertrag gegenseitig abgegolten" sind, erfasst den Herausgabeanspruch aus § 667 nicht (BAG 14.12.2011 – 10 AZR 283/10, NZA 2012, 501 [503 f]). Ist der Arbeitnehmer nicht (mehr) zur Herausgabe in der Lage, weil die Sache wegen seines Verschuldens zerstört wurde, so haftet er dem Arbeitgeber auf **Schadensersatz** (vgl LAG Rheinland-Pfalz 25.3.2014 – 6 Sa 514/13, juris Rn 41 ff), wobei die Haftung entsprechend der Grundsätze beschränkter Arbeitnehmerhaftung beschränkt sein kann (s dazu näher STAUDINGER/RICHARDI/FISCHINGER [2016] § 619a Rn 28 ff). Besteht die Herausgabepflicht schon während des laufenden Arbeitsverhältnisses, so kommt in diesem Fall auch eine Abmahnung, oder – in schweren Fällen – eine Kündigung des Arbeitsverhältnisses in Betracht. **1246**

11. Auskunfts- und Anzeigepflichten

Auskunfts-/Anzeige- bzw Mitteilungspflichten des Arbeitnehmers können sich aus besonderen Gesetzesbestimmungen oder Treu und Glauben (§ 242) ergeben; Letzteres ist bzgl Umständen anzunehmen, an denen der Arbeitgeber ein berechtigtes Interesse hat, über die er in entschuldbarer Weise im Ungewissen ist und über die der Arbeitnehmer unschwer Auskunft erteilen kann (vgl zB BAG 18.1.1996 – 6 AZR 314/95, AP Nr 25 zu § 242 BGB Auskunftspflicht). Beispiele: Nach § 5 EFZG ist eine **Arbeits- 1247**

unfähigkeit, nach §§ 14 Abs 2, 1 Abs 3 ArbPlSchG die Einberufung zum Wehrdienst unverzüglich anzuzeigen. Analog § 74c HGB ist ein eventueller **anderweitiger Verdienst** und dessen Höhe in den Fällen des § 11 S 1 Nr 1 KSchG/§ 615 S 2 BGB anzuzeigen; verletzt der Arbeitnehmer diese Pflicht, hat der Arbeitgeber ein Leistungsverweigerungsrecht (BAG 29. 7. 1993 – 2 AZR 110/93, AP Nr 52 zu § 615 BGB). Auch das vorzeitige Ende einer angezeigten **Schwangerschaft** hat der Arbeitnehmer mitzuteilen (BAG 18. 1. 2000 – 9 AZR 932/98, AP Nr 1 zu § 5 MuSchG). Gleiches gilt für eine vom Arbeitnehmer bemerkte **erhebliche Lohnüberzahlung** (BAG 1. 6. 1995 – 6 AZR 912/94, NZA 1996, 135 [136]; BAG 7. 11. 2007 – 5 AZR 910/06, NZA-RR 2008, 399 [400]; BAG 28. 8. 2008 – 2 AZR 15/07, AP Nr 214 zu § 626 BGB). Hingegen muss der Arbeitnehmer dem Arbeitgeber nicht Informationen weitergeben, die er aus privaten Gesprächen mit Dritten erlangt hat (LAG Schleswig-Holstein 3. 9. 2014 – 3 Sa 111/14). Zur Anzeigepflicht bei **Nebentätigkeiten** s Rn 1196; zur Anzeigepflicht bei **Schmiergeldangeboten** s Rn 1228; zu Auskunftsansprüchen bei Arbeitnehmererfindungen JESGARZEWSKI BB 2011, 1933.

1248 Darüber hinaus hat der Arbeitnehmer es dem Arbeitgeber anzuzeigen, wenn Schäden an Betriebsmitteln auftreten oder in sonstiger Weise der Betriebsablauf gestört wird. Jedoch ginge es zu weit, jeden Arbeitnehmer bei einem noch so kleinen Pflichtenverstoß eines Kollegen zur Anzeige beim Arbeitgeber zu verpflichten (vgl LAG Hamm 29. 7. 1994 – 18 (2) Sa 2016/93, BB 1994, 2352); das kann auch nicht durch Ethikrichtlinien festgelegt werden (SCHUSTER/DARSOW, NZA 2005, 273 [276]). Strengere Maßstäbe gelten aber bei Arbeitnehmern, deren Aufgabe gerade die Überwachung anderer Arbeitnehmer ist (BAG 18. 6. 1970 – 1 AZR 520/69, AP Nr 57 zu § 611 BGB Haftung des Arbeitnehmers). In jedem Fall sind eingetretene oder drohende Personen- oder schwere Sachschäden anzuzeigen.

1249 Von diesen „Initiativauskunftspflichten" des Arbeitnehmers ist seine Pflicht zu unterscheiden, **Fragen des Arbeitgebers** korrekt zu beantworten (zum Fragerecht und seinen Begrenzungen vor Begründung des Arbeitsverhältnisses näher Rn 558 ff). Auch im laufenden Arbeitsverhältnis stoßen die in der Bewerbungssituation bestehenden Interessengegensätze aufeinander: Das Interesse des Arbeitgebers, möglichst viele für ihn relevante Informationen zu erhalten einerseits, das berechtigte Anliegen des Arbeitnehmers am Schutz seiner Privatsphäre und seinem Persönlichkeitsrecht andererseits. Als Regel kann man auch während des bestehenden Arbeitsverhältnisses formulieren, dass der Arbeitgeber nur nach solchen Umständen fragen darf, an deren Kenntnis er ein berechtigtes, billigenswertes und schutzwürdiges Interesse hat (vgl BAG 16. 2. 2012 – 6 AZR 553/10, NZA 2012, 555 [556]); auf seine Fragen hat der Arbeitnehmer korrekt und umfassend zu antworten, es sei denn, er hat ein überwiegendes, eine Nicht- oder Falschantwort rechtfertigendes Interesse. Bei der gebotenen Abwägung wird man tendenziell arbeitgeberfreundlicher sein können als vor Begründung des Arbeitsverhältnisses, ist der Arbeitnehmer hier doch bereits beschäftigt und profitiert daher von den arbeitsrechtlichen Schutzinstrumenten. Beispielsweise hat der Arbeitgeber selbstverständlich das Recht, sich danach zu erkundigen, ob der Arbeitnehmer eine ihm übertragene Arbeit zu leisten imstande ist oder bereits erledigt hat; der Arbeitnehmer hat hierauf korrekt zu antworten, anderenfalls verletzt er seine Auskunftspflicht (LAG Mecklenburg-Vorpommern 15. 9. 2011 – 5 Sa 53/11, NZA-RR 2012, 246 [248 f]). Auch kann – anders als vor Begründung des Arbeitsverhältnisses (Rn 587 ff) – jedenfalls dann danach gefragt werden, ob der

Arbeitnehmer schwerbehindert oder gleichgestellt ist oder zumindest einen entsprechenden Antrag gestellt hat, wenn er sechs Monate beschäftigt ist und daher die §§ 85 ff SGB IX eingreifen; verneint der Arbeitnehmer wahrheitswidrig seine Schwerbehinderten- oder Gleichgestellteneigenschaft, ist es ihm nach Treu und Glauben verwehrt, sich später darauf zu berufen (BAG 16. 2. 2012 – 6 AZR 553/10, NZA 2012, 555 [556 ff, 560]).

12. Verhinderung von Schäden

Der Arbeitnehmer hat mit den Betriebsmitteln sorgfältig umzugehen (§ 241 Abs 2); **1250** für seine Haftung im Falle der Verletzung dieser Pflicht bestehen angesichts der Unterwerfung unter eine fremdbestimmte und -nützige Arbeitsorganisation aber Besonderheiten (s dazu STAUDINGER/RICHARDI/FISCHINGER [2016] § 619a Rn 28 ff). Soweit ihm das möglich und zumutbar ist, hat er drohende Schäden zu verhindern (vgl auch § 16 ArbSchG). Daher ist er verpflichtet, die Sicherheits- und Unfallverhütungsvorschriften zu befolgen. Er hat daher insbesondere Arbeitsschutzkleidung zu tragen und Arbeitsschutzvorschriften und -mittel zu benutzen, soweit das vorgeschrieben oder vom Arbeitgeber zum Schutz und zur Sicherheit von Personen oder Sachen angeordnet ist (vgl § 15 ArbSchG). Hat der Arbeitgeber insoweit Regelungen zur Ausfüllung einer Rahmenvorschrift zu treffen, so hat der Betriebsrat nach § 87 Abs 1 Nr 7 BetrVG mitzubestimmen. Im Rahmen des Zumutbaren hat der Arbeitnehmer ferner in Krisen- und Notfällen Mehrarbeit zu leisten bzw andere als die vertraglich vereinbarten Arbeiten auszuführen (BAG 8. 10. 1962 – 2 AZR 550/61, AP Nr 18 zu § 611 BGB Direktionsrecht; ArbG Leipzig 4. 2. 2003 – 7 Ca 6866/02, NZA-RR 2003, 365). Zur Anzeigepflicht von Schäden siehe Rn 1248.

Aus der Schadensverhinderungspflicht des Arbeitnehmers lässt sich keine Verpflich- **1251** tung ableiten, bei Verschlechterung der finanziellen Lage des Betriebs – soweit nach § 4 Abs 4 S 1 TVG überhaupt möglich – auf bereits entstandene Lohnansprüche zu verzichten oder diese auch nur zu stunden; denn dies würde nicht nur die Interessen des Arbeitnehmers unzumutbar beeinträchtigen, sondern auch der Risikoverteilung des Arbeitsvertragsverhältnisses nicht gerecht werden (LAG Hamm 9. 2. 1996 – 10 Sa 1185/95, NZA-RR 1997, 17 [18]; LAG München 6. 5. 1997 – 4 Sa 736/95, AuR 1997, 304; ErfK/Preis § 611 Rn 747; **aA** BAG 18. 12. 1964 – 5 AZR 262/64, AP Nr 51 zu § 611 BGB Gratifikation; für Stundungspflicht ArbG München 26. 5. 1995 – 12 Ca 15569/94, BB 1995, 1697).

13. Gesundheitsuntersuchungen

Soweit eine **gesetzliche** oder **tarifvertragliche Pflicht** dazu besteht, hat sich der Ar- **1252** beitnehmer Gesundheitsuntersuchungen zu unterziehen, die darüber Auskunft geben, ob er in der Lage ist, die geschuldete Arbeitsleistung zu erbringen (zB § 32 JArbSchG, § 43 IfSG, § 18 Abs 2 Nr 4 ArbSchG, § 3 Abs 4 TVöD, § 3 V TV-L). Eine Verletzung dieser Pflicht kann eine verhaltensbedingte (außer-)ordentliche Kündigung rechtfertigen (BAG 6. 11. 1997 – 2 AZR 801/96, NZA 1998, 326 [328]; BAG 12. 8. 1999 – 2 AZR 55/99, NZA 1999, 1209; BAG 27. 9. 2012 – 2 AZR 811/11, AP Nr 68 zu § 1 KSchG 1969 Verhaltensbedingte Kündigung; KLEINEBRINK DB 2014, 776 [780]). Das gilt aber nur, wenn die Statuierung der Pflicht ihrerseits rechtmäßig ist (zur Kontrolle einer tariflichen Untersuchungspflicht anhand des Persönlichkeitsrechts vgl zB LAG Berlin-Brandenburg 8. 7. 2013 – 18 Sa 437/13, juris Rn 56).

1253 In Abwesenheit einer speziell geregelten Pflicht kann eine solche aus der allgemeinen **Treuepflicht** abzuleiten sein (BAG 6. 11. 1997 – 2 AZR 801/96, NZA 1998, 326 [327]). Das gilt aber nicht einschränkungslos. Vielmehr kann der Arbeitgeber eine ärztliche Untersuchung nur verlangen, wenn eine Abwägung ergibt, dass sein Interesse daran die mit der Untersuchung verbundenen Beschränkungen der körperlichen Unversehrtheit und des Persönlichkeitsrechts des Arbeitnehmers rechtfertigen (so BAG 12. 8. 1999 – 2 AZR 55/99, NZA 1999, 1209; ErfK/Preis § 611 Rn 746; weitergehend noch BAG 6. 11. 1997 – 2 AZR 801/96, NZA 1998, 326 [327]). Beispielsweise sind Routineuntersuchungen, die vorbeugend klären sollen, ob der Arbeitnehmer alkohol- oder drogenabhängig ist, regelmäßig unzulässig; getestet werden darf erst, wenn bei lebensnaher Einschätzung eine ernsthafte Besorgnis der Abhängigkeit besteht (BAG 12. 8. 1999 – 2 AZR 55/99, NZA 1999, 1209; Kleinebrink DB 2014, 776 [777]). Bloße Vermutungen genügen nicht, es bedarf vielmehr tatsächlicher Anhaltspunkte dafür, dass der Arbeitnehmer nicht mehr in der Lage ist, die von ihm geschuldete Tätigkeit auszuführen (vgl Behrens NZA 2014, 401 [404]). Ein weiterer maßgeblicher Faktor im Rahmen der Abwägung der widerstreitenden Interessen ist die Gefahrgeneigtheit der Tätigkeit des Arbeitnehmers: Je eher die Gefahr besteht, dass er in Erfüllung seiner Arbeitspflicht den Arbeitgeber, Kollegen oder Dritte schädigt, umso eher wird man eine Pflicht annehmen können, Untersuchungen daraufhin durchführen zu lassen, ob er arbeitstauglich ist (vgl für Gefahrgut-LKW-Fahrer zB LAG Rheinland-Pfalz 23. 3. 2010 – 3 Sa 714/09).

VI. Recht am Arbeitsergebnis*

1. Zuordnung des Arbeitsergebnisses an den Empfänger der Dienstleistung

1254 Das Arbeitsergebnis, das durch die Erbringung der Dienstleistung erzielt wird, steht dem Empfänger der Dienstleistung zu. Hat der Dienstvertrag eine Geschäftsbesorgung zum Gegenstand, so hat der Dienstverpflichtete alles, was er aus dieser erlangt, herauszugeben (§ 675 iVm § 667).

1255 Wird durch Arbeit eine neue bewegliche Sache geschaffen, so entsteht an ihr neues Eigentum, falls nicht der Wert der Verarbeitung erheblich geringer ist als der Wert des Stoffes (§ 950). Das Eigentum steht dem Hersteller zu. In einem Arbeitsver-

---

* **Schrifttum**: Bartenbach/Volz, Arbeitnehmererfindungsgesetz, Kommentar (5. Aufl 2013); dies, Arbeitnehmererfindungen (6. Aufl 2014); dies, Die Novelle des Gesetzes über Arbeitnehmererfindungen 2009, GRUR 2009, 997 ff; Bartenbach, Arbeitnehmererfindung im Konzern (3. Aufl 2015); Hausmann, Das Arbeitnehmererfindungsrecht in Deutschland und Großbritannien (2011); Hubmann, Das Recht am Arbeitsergebnis, in: FS A Hueck (1959) 43; Kunze, Arbeitnehmererfinder- und Arbeitnehmerurheberrecht als Arbeitsrecht, RdA 1975, 42; M Rehbinder, Das Urheberrecht im Arbeitsverhältnis (1983); Reimer/Schade/Schippel, Das Recht der Arbeitnehmererfindung (6. Aufl 1993); Schwab, Arbeitnehmererfindungsrecht, Kommentar (3. Aufl 2014); Ulrici, Vermögensrechtliche Grundfragen des Arbeitnehmerurheberrechts (2008); ders, Das Recht am Arbeitsergebnis, RdA 2009, 92; Vollmer/Gaul, Arbeitnehmererfindungsgesetz (2. Aufl 1983); Wollwert, Ideenmanagement im Konzern, NZA 2012, 889; Zeuner, Die fremdwirkende Verarbeitung als Zurechnungsproblem, JZ 1955, 195; Zöllner, Die Reichweite des Urheberrechts im Arbeitsverhältnis untypischer Urheber, ZfA 1985, 451.

hältnis ist dies nicht der Arbeitnehmer, sondern der Arbeitgeber (vgl STAUDINGER/ WIEGAND [2011] § 950 Rn 37; vgl BAG 24. 11. 1960 – 5 AZR 261/60, AP Nr 1 zu § 11 LitUrhG für hergestelltes Manuskript; LAG Sachsen 17. 1. 2007 – 2 Sa 808/05, CR 2008, 352). Etwas anderes gilt für die Herstellung des Prüfungsstückes („Gesellenstück"), dessen Hersteller der Arbeitnehmer ist (LAG Köln 20. 12. 2001 – 10 Sa 430/01, juris Rn 19 ff; LAG München 8. 8. 2002 – 4 Sa 758/01, NZA-RR 2003, 187). Der Arbeitnehmer ist hinsichtlich der ihm zur Verfügung gestellten Arbeitsgeräte Besitzdiener (§ 855; BAG 2. 12. 1999 – 8 AZR 386/98, NZA 2000, 715 [716]; LAG Rheinland-Pfalz 25. 3. 2014 – 6 Sa 514/13, juris Rn 37). Er kann daher gegenüber Dritten Besitzwehr üben (§ 860; vgl auch OLG Köln 18. 5. 1956 – S 34/56, AP Nr 1 zu § 860 BGB). Findet der Arbeitnehmer bei Ausführung seiner Dienstverpflichtung eine Sache, die er nach seinen Dienstobliegenheiten dem Arbeitgeber abzuliefern hat, so erlangt er die Sachherrschaft als Besitzdiener für seinen Arbeitgeber; diesem stehen daher die Finderrechte zu (vgl BGH 27. 11. 1952 – IV ZR 178/52, BGHZ 8, 130; ZEUNER JZ 1955, 195 [197]).

Der zivilrechtliche Grundsatz, dass das Ergebnis der Arbeit dem Empfänger der Dienstleistung zusteht, gilt auch im Arbeitsverhältnis. Aber bei diesem gerät er wegen des Dauercharakters der Rechtsbeziehung in ein Spannungsverhältnis zu den Rechtsgrundsätzen, die für Erfindungen und für die Schaffung von Werken der Literaturwissenschaft und Kunst gelten. Das Recht an der Erfindung und an dem Werk steht allein seinem Schöpfer zu. Daraus ergeben sich Konflikte nicht nur hinsichtlich des Persönlichkeitsrechts an dem Werk, sondern vor allem auch hinsichtlich der Verwertungsrechte, weil für sie das Arbeitsentgelt in derartigen Fällen kein angemessenes Äquivalent darstellt. **1256**

2. Recht der Arbeitnehmererfindungen

a) Rechtsquellen

Das Recht der Erfindungen ist durch das Gesetz über **Arbeitnehmererfindungen** **1257** **(ArbnErfG)** vom 25. 7. 1957 (BGBl I 756, zuletzt geändert durch Gesetz vom 31. 7. 2009 [BGBl I 2521]; dazu BAYREUTHER NZA 2009, 1123 ff; BARTENBACH/VOLZ GRUR 2009, 997 ff; SCHREYER-BESTMANN/GARBERS-VON BOEHM DB 2009, 2266 ff) geregelt (vgl zur Entstehungsgeschichte STAUDINGER/NIPPERDEY/NEUMANN[11] § 611 Rn 116). Ergänzt wird es durch die vom Bundesminister für Arbeit und Sozialordnung erlassenen Richtlinien für die Vergütung von Arbeitnehmererfindungen im privaten Dienst vom 20. 7. 1959 (Beil zum Bundesanzeiger Nr 156; geändert durch Richtlinie vom 1. 9. 1983, Bundesanzeiger Nr 169; vgl zu ihnen BARTENBACH/VOLZ Arbeitnehmererfindervergütung [3. Aufl 2009]). Dem Gesetz unterliegen die Erfindungen und technischen Verbesserungsvorschläge von Arbeitnehmern im privaten und im öffentlichen Dienst, von Beamten und Soldaten (§ 1 ArbnErfG). Im Mittelpunkt seiner Regelung stehen die Arbeitnehmererfindungen im privaten Dienst. Erfasst sind Arbeitnehmer, nicht anwendbar ist das Gesetz insbesondere auf freie Mitarbeiter, Handelsvertreter und gesetzliche Vertreter juristischer Personen. Besonderheiten für den öffentlichen Dienst sind in den §§ 40–42 ArbnErfG geregelt. In der Sache geht es um den Ausgleich zweier berechtigter Interessen: Denen des die Erfindung machenden Arbeitnehmers einerseits und denen des Arbeitgebers, dem das Ergebnis der Arbeit zusteht, andererseits (MünchKomm/MÜLLER-GLÖGE § 611 Rn 567).

Das ArbnErfG unterscheidet zwischen **Erfindungen**, die patent- oder gebrauchs- **1258** musterfähig sind (§ 2), und **technischen Verbesserungsvorschlägen**, dh Vorschlägen für sonstige technische Neuerungen, die nicht patent- oder gebrauchsmusterfähig sind (§ 3).

1259 Nach § 87 Abs 1 Nr 12 BetrVG hat der Betriebsrat ein **Mitbestimmungsrecht bei den Grundsätzen über das betriebliche Vorschlagswesen** und entsprechend für den öffentlichen Dienst der Personalrat bei den Grundsätzen über die Bewertung von anerkannten Vorschlägen im Rahmen des betrieblichen Vorschlagswesens nach § 75 Abs 3 Nr 12 BPersVG. Zu diesem betrieblichen Vorschlagswesen gehören alle Systeme und Methoden, durch die Vorschläge der Arbeitnehmer zur Vereinfachung oder Verbesserung der betrieblichen Arbeit angeregt, gesammelt und bewertet werden (Richardi, in: Richardi, BetrVG § 87 Rn 925). Gegenstand des betrieblichen Vorschlagswesens ist daher der Verbesserungsvorschlag, wobei keine Rolle spielt, ob er auf technischem, kaufmännischem oder organisatorischem Gebiet gemacht wird. Soweit es sich aber um Verbesserungsvorschläge auf technischem Gebiet handelt, ist auch für das Mitbestimmungsrecht zwischen den Erfindungen, die patent- oder gebrauchsmusterfähig sind, und den sonstigen technischen Verbesserungsvorschlägen zu unterscheiden. Für die **Erfindungen** gibt das ArbNErfG eine abschließende Regelung. Für sie besteht daher **kein Mitbestimmungsrecht** des Betriebsrats (Richardi, in: Richardi, BetrVG § 87 Rn 927 mwNw); denn dieser hat nur mitzubestimmen, soweit eine gesetzliche Regelung nicht besteht (§ 87 Abs 1 BetrVG Einleitungssatz; ebenso für das dem Personalrat nach § 75 Abs 3 Nr 12 BPersVG eingeräumte Mitbestimmungsrecht). Anders für technische Verbesserungsvorschläge, s Rn 1263 f.

b) Patent- oder gebrauchsmusterfähige Erfindungen

1260 Der Arbeitgeber kann nur sog **Diensterfindungen** in Anspruch nehmen, nicht sonstige Erfindungen von Arbeitnehmern, die als freie Erfindungen bezeichnet werden (§ 4 Abs 3 ArbNErfG). Diensterfindungen sind während der rechtlichen (BGH 18. 5. 1971 – X ZR 68/67, NJW 1971, 1409) Dauer des Arbeitsverhältnisses gemachte Erfindungen, die entweder aus der dem Arbeitnehmer im Betrieb obliegenden Tätigkeit entstanden sind oder maßgeblich auf Erfahrungen oder Arbeiten des Betriebs beruhen (§ 4 Abs 2 ArbNErfG). Auch für sie gilt nach dem Patent- und Gebrauchsmusterrecht zwar, dass das Recht auf das Patent bzw Gebrauchsmuster der Erfinder, dh zunächst der Arbeitnehmer, hat (§ 6 PatG). Eine **Diensterfindung kann der Arbeitgeber** aber durch Erklärung gegenüber dem Arbeitnehmer **in Anspruch nehmen**; gibt er sie nicht innerhalb von vier Monaten nach der Meldung frei, gilt die Inanspruchnahme als erklärt **(Inanspruchnahmefiktion, § 6 Abs 2 ArbNErfG)**. Im Gegensatz zum früheren Recht unterscheidet das ArbNErfG nicht mehr zwischen der unbeschränkten und der beschränkten Inanspruchnahme. Rechtsfolge der Inanspruchnahme ist der Übergang aller Rechte an der Diensterfindung auf den Arbeitgeber (§ 7 Abs 1 ArbNErfG); dem Arbeitnehmer verbleiben aber die immateriellen Rechte der Erfinderehre und das Erfinderbenennungsrecht, § 63 PatG (Küttner/Poeche, Personalbuch 2015, Stichwort „Arbeitnehmererfindung" Rn 15). Es bedarf also für den Rechtserwerb keines Übertragungsakts durch den Arbeitnehmer. Verfügungen des Arbeitnehmers vor Inanspruchnahme, die den Arbeitgeber beeinträchtigen, sind diesem gegenüber unwirksam (§ 7 Abs 2 ArbNErfG). Allein der Arbeitgeber ist berechtigt, aber auch grundsätzlich verpflichtet, die Diensterfindung zur Erteilung eines Schutzrechts anzumelden (§ 13 Abs 1 ArbNErfG). Gibt der Arbeitgeber die Diensterfindung hingegen frei (§ 8 ArbNErfG), ist nur der Arbeitnehmer berechtigt, sie anzumelden; die aus einer durch den Arbeitgeber vorher bereits erfolgten Anmeldung entstehenden Rechte gehen auf den Arbeitnehmer über (§ 13 Abs 4 ArbnErfG). Nimmt der Arbeitgeber die Diensterfindung in Anspruch, kann der Arbeitnehmer eine angemessene **Vergütung** verlangen, auch wenn der Arbeitgeber die Erfindung nicht verwertet (§ 9 ArbnErfG). Die Höhe der Vergütung ist durch Vereinbarung zu regeln. Können sich die Parteien auf eine solche nicht einigen, hat der Arbeitgeber sie festzusetzen; der Arbeitnehmer kann dem widersprechen mit der Folge, dass ein Schiedsverfahren eingeleitet wird (zur Verwirkung des Vergütungsanspruchs vgl BGH 10. 9. 2002 – X ZR 199/01, NZA-RR 2003, 253). Die Vergütung für eine Diensterfindung ist – anders als die für eine freie Vergütung – Arbeitseinkommen iSv § 850 Abs 2 ZPO (BAG 30. 7. 2008 – 10 AZR 459/07, NZA 2009, 747 [751] mwNw). In der Insolvenz des Arbeitgebers gilt § 27 ArbnErfG (näher BARTENBACH/VOLZ GRUR 2009, 997 [1104 f]).

Freie Erfindungen (§ 4 Abs 3 ArbnErfG) können **vom Arbeitgeber nicht in Anspruch** 1261 **genommen** werden. Es bestehen aber nach § 4 Abs 3 iVm §§ 18, 19 ArbnErfG eine Mitteilungs- und eine Anbietungspflicht.

Für den Bereich des **öffentlichen Dienstes** ist zu beachten, dass an Hochschulen dem 1262 Erfinder im Fall der Inanspruchnahme der Diensterfindung ein nichtausschließliches Recht zu deren Benutzung im Rahmen seiner Lehr- und Forschungstätigkeit bleibt (§ 42 Nr 3 ArbnErfG). Das wesentlich weitergehende Hochschullehrerprivileg des § 42 ArbnErfG aF wurde aber abgeschafft (G v 18. 1. 2002 [BGBl I 414]; dazu BEYERLEIN NZA 2002, 1020; s auch BGH 18. 9. 2007 – X ZR 167/05, BGHZ 173, 356).

c) Technische Verbesserungsvorschläge

Technische Neuerungen, die nicht patent- oder gebrauchsmusterfähig sind, fallen 1263 nicht unter die Gesetzesregelung über die Inanspruchnahme von Diensterfindungen. Gewähren sie aber dem Arbeitgeber eine ähnliche Vorzugsstellung wie ein gewerbliches Schutzrecht, so hat der Arbeitnehmer gegen den Arbeitgeber einen Anspruch auf angemessene Vergütung, sobald dieser sie verwertet (§ 20 ArbnErfG).

Der Betriebsrat hat bei technischen Verbesserungsvorschlägen ein **Mitbestimmungs-** 1264 **recht** nach § 87 Abs 1 Nr 12 BetrVG (und entsprechend für den öffentlichen Dienst des Bundes der Personalrat nach § 75 Abs 3 Nr 12 BPersVG; für den Bereich des Landespersonalvertretungsrechts vgl zB Art 75 Abs 4 S 1 Nr 9 BayPVG). Zum Mitbestimmungstatbestand gehören auch die qualifizierten technischen Verbesserungsvorschläge iS des § 20 ArbnErfG; denn diese Gesetzesbestimmung gibt für sie keine abschließende Regelung. Der Mitbestimmung nach § 87 Abs 1 Nr 12 BetrVG unterliegen die Grundsätze über das betriebliche Vorschlagswesen, also dessen Organisation sowie das Verfahren über die Anerkennung und Bewertung der Verbesserungsvorschläge. Der Arbeitgeber kann durch die Mitbestimmung aber weder gezwungen werden, Verbesserungsvorschläge über § 20 ArbnErfG hinaus zu vergüten (vgl BAG 28. 4. 1981 – 1 ABR 53/79 und 16. 3. 1982 – 1 ABR 63/80, BAGE 35, 205 und 38, 148), noch überhaupt Verbesserungsvorschläge anzunehmen und zu verwerten (RICHARDI, in: RICHARDI, BetrVG § 87 Rn 937).

3. Arbeitnehmer-Urheberrecht*

1265 Für vom Arbeitnehmer geschaffene Werke der Literatur, Wissenschaft und Kunst fehlt eine besondere Gesetzesregelung. Nur für Geschmacksmuster, die an der Grenzscheide zwischen Urheberrecht und technischen Schutzrechten stehen, bestimmt § 7 Abs 2 GeschmMG, dass das Schutzrecht an Mustern, die von einem Arbeitnehmer in Ausübung seiner Aufgabe oder nach den Weisungen seines Arbeitgebers entworfen werden, dem Arbeitgeber zusteht, wenn durch Vertrag nichts anderes bestimmt ist.

1266 Das Urheberrechtsgesetz (UrhG) vom 9. 9. 1965 (BGBl I 1273) regelt nur am Rande den Fall, dass der Urheber das Werk in Erfüllung seiner Verpflichtungen aus einem Arbeits- oder Dienstverhältnis geschaffen hat: Nach § 43 UrhG sind die Vorschriften über die Einräumung eines Nutzungsrechts (§§ 31 ff UrhG) anzuwenden, soweit sich aus dem Inhalt oder dem Wesen des Arbeits- oder Dienstverhältnisses nichts anderes ergibt. Das **Urheberpersönlichkeitsrecht** steht originär **ausschließlich dem Arbeitnehmer** zu (Schöpferprinzip). Es geht deshalb nur darum, ob der Arbeitnehmer verpflichtet ist, dem Arbeitgeber **Nutzungsrechte** einzuräumen. Im Gegensatz zum ArbnErfG räumt das UrhG dem Arbeitgeber kein Recht auf einseitige Inanspruchnahme der urheberrechtlichen Verwertungsrechte seines Arbeitnehmers ein. Er kann die Nutzungsrechte daher nur durch *rechtsgeschäftliche Übertragung* durch den Urheber erlangen (vgl BAYREUTHER, MünchArbR § 91 Rn 4 f). Soweit der Arbeitnehmer in Erfüllung seiner Arbeitspflicht das Werk geschaffen hat, ist er verpflichtet, die Nutzungsrechte in den Grenzen der sog Zweckübertragungstheorie, dh entsprechend dem Zweck des zugrunde liegenden Vertrages, gemäß § 31 UrhG dem Arbeitgeber zu übertragen (vgl BGH 22. 2. 1974 – I ZR 128/72, DB 1974, 1242; BAYREUTHER, MünchArbR § 91 Rn 9 ff; KÜTTNER/POECHE, Personalbuch 2015, Stichwort „Urheberrecht" Rn 6 ff). Bis 2002 wurde der Arbeitslohn als ausreichende Gegenleistung für die Übertragung des Nutzungsrechts angesehen und nur in Fällen überobligatorischer Werkleistungen oder unter den Voraussetzungen des § 36 Abs 1 UrhG aF ein Vergütungsanspruch bejaht. Nach der Einführung der §§ 32, 32a UrhG (Gesetz vom 22. 3. 2002 [BGBl I 1155]) wird man davon ausgehen müssen, dass nun auch der Arbeitnehmer einen Anspruch auf angemessene Vergütung hat (GROBYS/FOERSTL NZA 2002, 1015 [1016 f]); WANDTKE, in: WANDTKE/BULLINGER, Urheberrecht § 43 Rn 143 ff).

1267 Wenn ein **ausübender Künstler** eine Darbietung in Erfüllung seiner Verpflichtungen aus einem Arbeits- oder Dienstverhältnis erbringt, so bestimmt sich, wenn keine besonderen Vereinbarungen getroffen sind, nach dem Wesen des Arbeits- oder Dienstverhältnisses, in welchem Umfang und unter welchen Bedingungen der Arbeitgeber die Darbietung benutzen und anderen ihre Benutzung gestatten darf (§ 79 Abs 2 S 2 iVm § 43 UrhG; näher BÜSCHER, in: WANDTKE/BULLINGER, Urheberrecht § 79 Rn 25 ff). Eine Sonderregelung gilt für Chor-, Orchester- und Bühnenaufführungen gemäß § 80 UrhG. Zur Umsetzung der EG-Richtlinie über den Rechtsschutz von Computerprogrammen erging § 69b UrhG. Es handelt sich bei ihm um eine Aus-

---

* **Schrifttum**: SCHWINGE, Leistungsschutzrechte von ausübenden Künstlern im Arbeitsverhältnis (1999).

nahmeregelung, durch die § 43 UrhG und somit auch § 79 UrhG nicht tangiert werden sollen.

VII. Nichterfüllung und Schlechterfüllung der Arbeitspflicht*

Die Verletzung der Arbeitspflicht kann dadurch erfolgen, dass die versprochenen **1268** Dienste nicht geleistet werden *(Nichterfüllung)* oder dass sie mit Mängeln behaftet sind *(Schlechterfüllung)*. Besondere Regeln über die Verletzung der Dienstleistungspflicht kennt das BGB in den §§ 611 ff nicht; es gelten daher die Bestimmungen des allgemeinen Schuldrechts.

1. Nichtleistung der Arbeit

a) Nichterfüllung als Leistungsstörungstatbestand

Nichtleistung der Arbeit ist Nichterfüllung der Leistungspflicht, wenn der Dienst- **1269** verpflichtete also pflichtwidrig die **geschuldete Dienstleistung** nicht erbringt. Sie kann darin bestehen, dass der Dienstverpflichtete den Dienst überhaupt nicht antritt, die Dienste zu spät leistet, die begonnene Arbeit grundlos unterbricht oder sie auf Dauer abbricht.

Wird die Arbeitsleistung wie im Regelfall zu einer fest bestimmten Zeit oder in- **1270** nerhalb einer fest bestimmten Zeit geschuldet (s Rn 1064), so wird sie, wenn der Dienstverpflichtete seine Arbeit dauernd oder vorübergehend nicht leistet, ganz oder teilweise unmöglich (s Rn 1097 ff). Versäumt der Arbeitnehmer also seine Arbeitszeit, so liegt darin in aller Regel eine von ihm zu vertretende teilweise **Unmöglichkeit der Leistung**, kein Schuldnerverzug (ebenso Nikisch I 275; Schaub/Linck, ArbRHdB § 51 Rn 2; Zöllner/Loritz/Hergenröder § 21 Rn 3 ff; Fabricius, Leistungsstörungen im Arbeitsverhältnis [1970] 98 f; Beuthien RdA 1972, 20 [22]; Henssler RdA 2002, 129 [132]; aA Hueck/Nipperdey I 223; vStebut RdA 1985, 66 [68]; vgl auch Reichold, MünchArbR § 39 Rn 8 ff). Nur wenn ausnahmsweise die Dienstleistung nach dem Inhalt des Leistungsversprechens nachholbar ist, kommt ein **Schuldnerverzug** in Betracht (ebenso Reichold, MünchArbR § 39 Rn 9 f; Waltermann § 12 Rn 216 f).

---

* **Schrifttum:** Below, Die mangelhafte Arbeitsleistung im Innenverhältnis zwischen Arbeitgeber und Arbeitnehmer, in: FS Heinrich Lehmann II (1956) 646; Beuthien, Lohnminderung bei Schlechtarbeit oder Arbeitsunlust?, ZfA 1972, 73; ders, Das Nachleisten versäumter Arbeit, RdA 1972, 20; Dietz/Wiedemann, Schlechterfüllung des Arbeitsvertrages: Lohnminderung oder Schadensersatz?, JuS 1961, 116; Fabricius, Leistungsstörungen im Arbeitsverhältnis (1970); Friemel/Walk, Neues zur Kündigung wegen Schlecht- und Minderleistung, NJW 2010, 1557; Gast, Die Schlechtleistung des Arbeitnehmers im Synallagma des Arbeitsvertrags (2015); Langanke, Kündigung wegen Minder- und Schlechtleistung (2013); Motzer, Die „positive Vertragsverletzung" des Arbeitnehmers (1982); Sedlmaier, Unzureichende Arbeitsleistung – Voraussetzungen und Rechtsfolgen (2009); Sommer, Die Nichterfüllung der Arbeitspflicht (1997); vStebut, Leistungsstörungen im Arbeitsverhältnis, RdA 1985, 66; Stoffels, Der Vertragsbruch des Arbeitnehmers (1994) – Zu den Änderungen durch das Schuldrechtsmodernisierungsgesetz 2001 unter Beachtung der bisherigen Rechtslage Schlodder, Der Arbeitsvertrag im neuen Schuldrecht (2004); Tillmanns, Strukturfragen des Dienstvertrages (2007). Zur Haftung im Arbeitsverhältnis s die Nachw bei Staudinger/Richardi/Fischinger (2011) § 619a vor Rn 28.

1271 Ob Nichterfüllung vorliegt, bestimmt sich danach, wozu der Schuldner verpflichtet ist (s auch TILLMANNS, Strukturfragen 85 ff). Maßgebend ist also das **rechtsgeschäftliche Leistungsversprechen**. Stellt sich der Erbringung der Leistung ein Hindernis entgegen, so hat der Schuldner zu dessen Behebung die **im Verkehr erforderliche Sorgfalt zu wahren**. Sofern wie im Regelfall die Dienste in Person zu erbringen sind, bestimmt sich der Umfang der Leistungspflicht nach dem individuellen Leistungsvermögen des Dienstverpflichteten (s Rn 1053 f). Bei der Erbringung der Dienstleistung hat er aber im Rahmen seiner Leistungsfähigkeit die im Verkehr erforderliche Sorgfalt zu beobachten (ebenso NIKISCH I 300 f).

1272 Nach diesem Maßstab ist zu beurteilen, ob bei **passiver Resistenz** Nichterfüllung vorliegt. Wenn der Arbeitnehmer zu langsam arbeitet, liegt darin keine Schlechtleistung (so aber HUECK/NIPPERDEY I 227; DIETZ/WIEDEMANN JuS 1961, 116 [117]; KNEVELS DB 1970, 1388 [1391]). Denn der Arbeitnehmer schuldet kein bestimmtes Arbeitsergebnis, sondern die Dienstleistung, bei deren Erbringung er im Rahmen seiner Leistungsfähigkeit die im Verkehr erforderliche Sorgfalt zu beobachten hat. Wenn dem Arbeitnehmer insoweit kein Vorwurf gemacht werden kann, hat er sein Leistungsversprechen erfüllt. Hat er aber seine Arbeit bewusst zurückgehalten, so liegt darin eine Nichterfüllung, die rechtlich ebenso zu behandeln ist wie eine eigenmächtige Arbeitsunterbrechung (ebenso BEUTHIEN ZfA 1972, 73 [80]; MOTZER, Die „positive Vertragsverletzung" des Arbeitnehmers [1982] 126 ff; zutreffend daher, soweit festgestellt wird, passive Resistenz stehe der Nichtleistung von Arbeit vielfach näher als die Schlechtleistung, BAG 17. 7. 1970 – 3 AZR 423/69, AP Nr 3 zu § 11 MuSchG 1968).

b) Rechtsfolgen

1273 Der Dienstberechtigte kann **Erfüllung** verlangen, wenn die versprochenen Dienste nicht geleistet werden (s Rn 1089 ff). Da die Leistungszeit in der Regel wesentlicher Bestandteil der Arbeitspflicht ist (s Rn 1064), kann aber bei Versäumung die Arbeit im Rückwirkungszeitraum nicht mehr erbracht werden; sie ist insoweit unmöglich.

1274 Braucht der Dienstverpflichtete nach § 275 Abs 1–3 die versprochenen Dienste nicht zu leisten (s Rn 1097 ff), so gilt als Grundsatz, dass der **Anspruch auf die Gegenleistung** entfällt (§ 326 Abs 1). Bei Nichterfüllung braucht daher der Dienstberechtigte für die nicht geleistete Arbeit kein Arbeitsentgelt zu zahlen (§§ 614, 320). Das gilt uneingeschränkt aber nur, wenn der Dienstverpflichtete die Unmöglichkeit zu vertreten hat, also insbesondere die im Verkehr erforderliche Sorgfalt zur Erbringung der Dienstleistung nicht beobachtet hat (§ 276 Abs 2). Hat der Dienstberechtigte die Unmöglichkeit allein oder weit überwiegend zu vertreten, so behält der Dienstverpflichtete den Anspruch auf die Gegenleistung (§ 326 Abs 2 S 1 Alt 1). Wird die Dienstleistung infolge eines Umstandes unmöglich, den weder der eine noch der andere Vertragsteil zu vertreten hat, so gilt zwar als Prinzip die in § 326 Abs 1 niedergelegte Bestimmung, dass der Schuldner den Anspruch auf die Gegenleistung verliert. Dieser Rechtsgrundsatz wird aber gerade beim Dienstvertrag weitgehend durchbrochen: Der Dienstberechtigte ist zur Zahlung des Arbeitsentgelts verpflichtet, wenn die Arbeitsleistung infolge seines Verzuges unmöglich wird, wobei keine Rolle spielt, ob er den Eintritt des Annahmeverzuges zu vertreten hat (§ 615; s dort Rn 80 ff, 96). Schließlich kann selbst, wenn die Dienstverhinderung in der Person des Dienstverpflichteten begründet ist, ein Anspruch auf Fortzahlung des Arbeitsentgelts bestehen (vgl § 616; zur Entgeltfortzahlung im Krankheitsfall und bei Maßnahmen der medizinischen Vorsorge und Rehabilitation siehe §§ 3 ff EFZG). § 326 Abs 1 greift aber, wenn sich das „Wegerisiko" verwirklicht (s näher STAUDINGER/RICHARDI/FISCHINGER [2016] § 615 Rn 90, 238 f).

Hat der Dienstverpflichtete die Unmöglichkeit zu vertreten, so hat der Dienstberechtigte Anspruch auf **Schadensersatz statt der Leistung** (§ 280 Abs 1, 3 iVm § 283 bzw § 311a Abs 2). Liegt ausnahmsweise nur Schuldnerverzug vor, so kann der Dienstberechtigte Erfüllung verlangen. Er hat in diesem Fall Anspruch auf Ersatz des Verzugsschadens (§§ 280 Abs 1 und 2, 286). Nur unter den Voraussetzungen des § 281, also insbesondere bei Weigerung, die Dienstleistung zu erbringen, hat er Anspruch auf Schadensersatz statt der Leistung. **1275**

Das Bestehen des Schadensersatzanspruchs setzt voraus, dass dem Arbeitgeber überhaupt ein **Schaden** entstanden ist, den er darzulegen und zu beweisen hat. Es muss die Nichterfüllung kausal für den Schaden sein. Worauf der Anspruch sich richtet, bestimmt sich nach §§ 249 ff. Die **Arbeitsvergütung**, die der Arbeitgeber **anderen Arbeitnehmern** zahlt, damit sie den vertragsbrüchig gewordenen Arbeitnehmer ersetzen, kann als Schadensersatz gefordert werden (vgl BAG 24. 4. 1970 – 3 AZR 324/69, AP Nr 5 zu § 60 HGB). Findet er keine Ersatzkraft und muss er deshalb den Arbeitsausfall in eigener Person ausgleichen, so kann er ebenfalls den hypothetischen Schaden verlangen, der ohne diesen Ausgleich entstanden wäre (vgl BAG 24. 8. 1967 – 5 AZR 59/67, AP Nr 7 zu § 249 BGB; dazu STOFFELS, Vertragsbruch 154 ff). **1276**

Neben den Kosten für den Ausgleich des Arbeitsausfalls gehört zum Nichterfüllungsschaden ein dem Schädiger zurechenbarer **Folgeschaden**, zB Rechtsanwaltskosten (vgl BGH 30. 4. 1986 – VIII ZR 112/85, AP Nr 28 zu § 249 BGB; s aber auch § 12a ArbGG). Zu ersetzen ist weiterhin der entgangene Gewinn des Arbeitgebers (§ 252), wenn wegen des Arbeitsausfalls ein Produktionsausfall eingetreten ist, der nicht durch Vorkehrungen des Arbeitgebers verhindert werden konnte. Kosten für die Anwerbung einer Ersatzkraft fallen dagegen nicht unter die Ersatzpflicht, soweit sie auch bei einer fristgemäßen ordentlichen Kündigung des Arbeitnehmers zum arbeitsvertraglich nächsten Kündigungstermin entstanden wären (BAG 26. 3. 1981 – 3 AZR 485/78, BAGE 35, 179; BAG 23. 3. 1984 – 7 AZR 37/81, AP Nr 8 zu § 276 BGB Vertragsbruch). **1277**

Das nach allgemeinem Leistungsstörungsrecht vorgesehene **Rücktrittsrecht** (§ 326 Abs 5) scheidet beim Arbeitsvertrag aufgrund dessen Charakters als Dauerschuldverhältnis aus und wird durch das Kündigungsrecht ersetzt. Ein Arbeitnehmer, der seine vertraglich geschuldete Arbeitspflicht verletzt, kann **abgemahnt**, ggf auch **(außer-) ordentlich gekündigt** werden (APS/DÖRNER/VOSSEN § 626 BGB Rn 72). **1278**

Für die Nichterfüllung der Arbeitspflicht kann eine **Vertragsstrafe** vereinbart werden. Das ist grundsätzlich auch in vorformulierten Vertragsbedingungen möglich (ausführlich Rn 1290 ff). **1279**

c) Besonderheiten bei Teilnahme an rechtswidrigen Streik

Nimmt ein Arbeitnehmer an einem rechtmäßigen Streik teil, werden nach dem oben Gesagten die arbeitsvertraglichen Hauptpflichten mit der Folge suspendiert, dass der Arbeitnehmer seine Arbeitspflicht nicht verletzt (Rn 1148). Ist der Streik aber **1280** rechtswidrig, wird die Arbeitspflicht nicht suspendiert, der nicht arbeitende Arbeitnehmer verletzt konsequenterweise seine Arbeitspflicht. Im Grundsatz zeitigt dies die allgemeinen Rechtsfolgen der Nichterfüllung der Arbeitspflicht. Uneingeschränkt gilt dies aber nur für den Erfüllungsanspruch des Arbeitgebers (Rn 1089) und für das Entfallen des Lohnanspruchs nach § 326 Abs 1 S 1 (Rn 1327).

1281 Besonderheiten gelten hingegen zunächst in Bezug auf mögliche **Schadensersatzverpflichtungen** des rechtswidrig streikenden Arbeitnehmers aus §§ 280 Abs 1, 3 iVm 283. Problematisch ist hierbei das Verschulden des Arbeitnehmers. Dieses wird zwar nach § 280 Abs 1 S 2 vermutet, weil § 619a im Wege teleologischer Reduktion bei vollständiger Nichtarbeit nicht anwendbar ist (STAUDINGER/RICHARDI/FISCHINGER [2016] § 619a Rn 15). Bei gewerkschaftlich geführten Streiks hält das BAG allerdings einen den Arbeitnehmer entlastenden und damit einer Schadensersatzpflicht entgegenstehenden **Rechtsirrtum** über die Rechtswidrigkeit des Streiks für möglich. Zwar hat das Gericht die früher vertretene Auffassung, wonach zugunsten der sich am Streik beteiligenden Arbeitnehmer eine tatsächliche Vermutung bestehe, dass der Streik rechtmäßig sei (so noch BAG 19. 6. 1973 – 1 AZR 521/72, NJW 1973, 1994), aufgegeben. Das Gericht rekurriert nun aber maßgeblich darauf, ob und inwieweit die Rechtswidrigkeit des Streiks für den Arbeitnehmer erkennbar war. Die Tatsache, dass der Streik von einer Gewerkschaft geführt wird, könne die Annahme rechtfertigen, dass dessen Rechtswidrigkeit für den Arbeitnehmer nicht erkennbar war (BAG 29. 11. 1983 – 1 AZR 469/82, NJW 1984, 1371 [1372]). Diese Erwägungen sind auch im Rahmen von vom Arbeitgeber wegen der rechtswidrigen Streikteilnahme ausgesprochenen **ordentlichen** oder **außerordentlichen Kündigung** zu berücksichtigen (BAG 14. 2. 1978 – 1 AZR 103/76, NJW 1979, 239 [240]; als Beispiel für eine wirksame Kündigung wegen rechtswidrigem Streik vgl LAG Schleswig-Holstein 6. 5. 2015 – 3 Sa 354/14).

2. Schlechterfüllung der Arbeitspflicht

a) Schlechtleistung als Leistungsstörungstatbestand

1282 Schlechtleistung liegt vor, wenn der Dienstverpflichtete die **Dienste zwar erbracht**, sie **aber mangelhaft geleistet** hat. Auch wenn die Art der Schlechtleistung sehr verschieden sein kann, ist eine negative Abgrenzung dahingehend möglich, dass Pflichtverletzungen ausgeklammert sind, die zu Verzug mit bzw Unmöglichkeit oder Unzumutbarkeit der Arbeitsleistung führen. Die Schlechtleistung kann darin bestehen, dass die *Arbeit schlecht ausgeführt* wurde, das Arbeitsergebnis also nicht gelungen ist. Zu ihr zählt man aber auch die Fälle, in denen der Arbeitnehmer *zu langsam arbeitet,* und schließlich bezeichnet man als Schlechtleistung in einem weiteren Sinne auch die *Beschädigung* der dem Arbeitnehmer zur Verfügung gestellten Gerätschaften, Werkzeuge, Maschinen und Materialien (vgl HUECK/NIPPERDEY I 226 f; REICHOLD, MünchArbR § 39 Rn 25; RICHARDI NZA 2002, 1004 [1010 f]).

1283 Rechtsdogmatisch unterscheidet man, ob der Dienstverpflichtete eine **fehlerhafte Leistung** erbracht hat (sog *Schlechterfüllung*) oder ob eine **Verletzung unselbstständiger Nebenpflichten** vorliegt, die von den §§ 280 Abs 1, 241 Abs 2 *(positive Forderungsverletzung)* erfasst wird (vgl REICHOLD, MünchArbR § 39 Rn 25 ff). Die Schlechterfüllung kann entweder in einer mangelhaften Arbeitsintensität oder einer mangelhaften Arbeitsqualität bestehen. In beiden Fällen geht es aber primär darum, ob der Schuldner mit der erbrachten Arbeit dem Gläubiger die Leistung verschafft hat, die er rechtsgeschäftlich zugesagt hat. Eine mangelhafte Arbeitsintensität kann Nichterfüllung sein (s Rn 1269 ff). Bei mangelnder Arbeitsqualität ist dagegen zu unterscheiden, worauf man die Fehlerhaftigkeit der Leistung bezieht. Geht es ausschließlich darum, dass das Arbeitsergebnis fehlerhaft ist, so hat man zu beachten, dass der Inhalt der Leistungspflicht nicht durch den Arbeitserfolg bestimmt wird; es besteht **keine Gewährleistungshaftung**. Ein mangelhaftes Arbeitsergebnis kann aber darauf beruhen, dass die zugesagten Dienste nicht so erbracht sind, wie es dem Inhalt des Leistungsversprechens entspricht. Für die Beurteilung gilt kein anderer Maßstab als sonst bei einem Schuldverhältnis, wobei hier nur die Besonderheit zu beachten ist, dass die Erfüllung der Dienstleistungspflicht sich nach dem individuellen Leistungsvermögen des einzelnen Dienstverpflichteten richtet (s Rn 1053). Wenn man davon absieht, hat er aber bei Erbringung der Dienstleistung die im Verkehr erforderliche Sorgfalt zu wahren, bei deren Wahrung schon der Leistungsstörungstatbestand der Schlechterfüllung entfällt, sodass auch insoweit keine Rolle spielt, ob die richterrechtlich entwickelte Haftungserleichterung für Arbeitnehmer eingreift. Hat der Dienstverpflichtete die Pflichtverletzung zu vertreten, kann der Dienstberechtigte Ersatz des hierdurch entstehenden Schadens verlangen, und zwar Schadensersatz statt der Leistung, weil wegen des Zeitbezugs der Dienstleistungsschuld die Erbringung der Dienstleistung teilweise unmöglich geworden ist.

Von diesem Fall zu unterscheiden ist, dass die Schlechtleistung die **Verletzung der dem Dienstberechtigten bereits zustehenden Rechtsgüter, seiner Person und seines Vermögens** zur Folge haben kann, es sich also um den Pflichtenkreis handelt, der in § 241 Abs 2 niedergelegt ist. Für den Integritätsschutz kann keine Rolle spielen, ob er durch eine Schlechtleistung eintritt oder ob Neben- und Schutzpflichten verletzt sind, die nicht rechtsgeschäftlich begründet sind, sondern sich bereits aus Kontakten iS des § 311 Abs 2 ergeben. Bei einem Arbeitsverhältnis gilt insoweit die richterrechtlich entwickelte Haftungserleichterung für Arbeitnehmer (s ausführlich STAUDINGER/RICHARDI/FISCHINGER [2016] § 619a Rn 28 ff). 1284

b) Rechtsfolgen

aa) Eine Minderung der Vergütung bei unverschuldet mangelhafter Leistung kennt das Dienstvertragsrecht nicht. § 320 Abs 2 kann hier nicht angewendet werden. Das Dienstvertragsrecht kennt **keine Gewährleistungshaftung**. Entsprechend gibt es deshalb nach zutreffender hM auch kein Recht auf Lohnminderung bei sog Schlechtleistung (ebenso BAG 17. 7. 1970 – 3 AZR 423/69, AP Nr 3 zu § 11 MuSchG 1968; HUECK/NIPPERDEY I 227; REICHOLD, MünchArbR § 39 Rn 62 f; BEUTHIEN ZfA 1972, 73 [74]; **aA** DIETZ/WIEDEMANN JuS 1961, 116 ff; siehe nun aber auch CANARIS, in: FS Schmidt [2009] 177 ff; TILLMANNS, Strukturfragen 383 ff, 454 ff). Auch die schuldhafte Schlechtleistung berechtigt den Dienstberechtigten an sich nicht zur Minderung oder Vorenthaltung der Vergütung (s aber Rn 1288). Entspricht das Arbeitsergebnis nicht den vom Arbeitgeber gestellten Anforderungen, so kann dieser kraft seines Direktionsrechts die Beseitigung der Mängel verlangen; dem Arbeitnehmer steht aber auch für die Zeit, die er zur Nachbesserung braucht, Lohn zu (ebenso HUECK/NIPPERDEY I 227). 1285

Durch Tarifvertrag, Betriebsvereinbarung oder Einzelarbeitsvertrag kann eine abweichende Vereinbarung getroffen werden. Insbesondere bei Akkord- oder Prämienentlohnung wird vielfach festgelegt, dass der Arbeitnehmer nur für ein Arbeitsergebnis, das bestimmten Mindestanforderungen entspricht, Lohn erhalten soll. Eine 1286 derartige Vereinbarung hat zur Folge, dass auch die vom Arbeitnehmer nicht verschuldete Schlechtleistung den Lohnanspruch mindert. Dies gilt allerdings nur, sofern nicht den Arbeitgeber ein Verschulden trifft; denn eine derartige Absprache darf nichts daran ändern, dass das Entgeltrisiko den Empfänger der Dienstleistung trifft, weil anderenfalls ein Werkvertrag vorliegt (s Vorbem 26 ff zu §§ 611 ff). Für den Regelfall ist weiterhin anzunehmen, dass eine Vereinbarung, wonach nur mangelfreie Arbeit bezahlt wird, nicht die Fälle erfasst, in denen der Arbeitnehmer seine Schuldlosigkeit beweist.

1287 bb) Sofern keine besondere Regelung vereinbart ist, ist die **Schlechterfüllung** rechtsdogmatisch **kein besonderer Leistungsstörungstatbestand des Dienstvertragsrechts** (ebenso MOTZER, Die „positive Vertragsverletzung" des Arbeitnehmers [1982] 130 ff). Es ist daher zu prüfen, ob bei unbrauchbarer Arbeit überhaupt das Leistungsversprechen erfüllt ist. Wenn man dies zu verneinen hat, liegt Nichterfüllung vor und es treten insoweit die dafür vorgesehenen Rechtsfolgen ein (s Rn 1273 ff). Wenn es dagegen nur darum geht, dass der Dienstverpflichtete hin und wieder einen Fehler macht, so ist dies im Regelfall keine Nichterfüllung (**aA** unter Einbeziehung einer Pflicht zur Gutarbeit in den Inhalt der Arbeitspflicht MOTZER 115 ff, 130 ff, 254: eine Lohnminderung nach dem Grundsatz „Ohne vollständige Arbeit kein voller Lohn" soll nur in Betracht kommen, wenn der Arbeitnehmer vorsätzlich oder grob fahrlässig gehandelt habe sowie wenn seine Fehlleistung nicht als arbeitstypisch zu bezeichnen sei und ihm leichte Fahrlässigkeit zur Last falle; vgl MOTZER 189 ff, 256).

1288 Der Dienstverpflichtete trägt nicht das Risiko des Misslingens seiner Arbeit. Wenn er aber die zugesagten Dienste nicht so erbringt, wie es dem Inhalt des Leistungsversprechens entspricht und dem Dienstberechtigten dadurch ein Schaden entsteht, so ist er nach **§ 280 Abs 1** zum Ersatz verpflichtet. Gleiches gilt, wenn der Dienstverpflichtete bei der Erbringung der Arbeit nicht die im Verkehr erforderliche Sorgfalt wahrt. Ob man insoweit eine Schutzpflicht außerhalb der rechtsgeschäftlich übernommenen Leistungspflicht konstruieren muss, hängt davon ab, worin man den Rechtsgrund für die Haftung in einer Sonderverbindung erblickt (s Rn 6 f). Bei Arbeitnehmern ist die Haftung für Arbeiten beschränkt, die durch den Betrieb veranlasst sind (s ausführlich STAUDINGER/RICHARDI/FISCHINGER [2016] § 619a Rn 28 ff).

3. Mankohaftung

1289 Wenn Arbeitnehmern eine Kasse oder ein Warenlager anvertraut ist, spielt die Haftung für etwaige in ihrem Tätigkeitsbereich festgestellte Fehlbeträge, die sog Mankohaftung, eine erhebliche Rolle. Manko ist jeder Fehlbestand an Gegenständen, der sich aus einem Vergleich des Soll- und Ist-Bestandes ergibt. Als Grundsatz gilt, dass eine Haftung für Fehlbeträge ohne besondere Vereinbarung sich nur aus „positiver Forderungsverletzung" (§§ 280, 241 Abs 2) ergeben kann. Soweit die tatbestandlichen Voraussetzungen gegeben sind, kann eine Schadensersatzpflicht sich auch aus der Deliktshaftung ergeben (s ausführlich STAUDINGER/RICHARDI/FISCHINGER [2016] § 619a, dort auch zur vertraglichen Mankohaftung Rn 109 ff).

4. Vertragsstrafen, Betriebsbußen und Schadenspauschalisierungen

a) Vertragsstrafe

Unter einer Vertragsstrafe versteht man die Zusage einer Partei, bei Nichtleistung **1290** oder nicht gehöriger Leistung eine Geldsumme als Strafe zu zahlen (§ 339). Sie kann also nicht nur für die Nichterfüllung der Arbeitspflicht vereinbart werden, sondern auch zur Sicherung einer sonstigen Verhaltenspflicht (vgl BAG 5. 2. 1986 – 5 AZR 564/84, AP Nr 12 zu § 339 BGB). Die Vertragsstrafe hat eine **bipolare Funktion** (Niemann RdA 2013, 92 [92 f]; J Winter BB 2010, 2757 [2758]): Bezweckt ist damit zum einen, den Schuldner unter Druck zu setzen, ordnungsgemäß zu leisten und damit Pflichtverletzungen zu vermeiden **(Präventivfunktion)**, zum anderen, dem Gläubiger im „worst case" die Schadensersatzforderung zu erleichtern, indem ein beweisfreier Mindestschadensersatz ermöglicht wird **(Schadensersatzfunktion**, näher MünchKomm/Gottwald Vorbem 6 zu §§ 339 ff). Zu beachten sind die §§ 339 ff, vor allem § 343, der die Herabsetzung einer unangemessen hohen Vertragsstrafe erlaubt.

Generell **unzulässig** ist die Vereinbarung einer Vertragsstrafe mit Auszubildenden **1291** und den in § 26 BBiG genannten Personen, § 12 Abs 2 Nr 2 BBiG.

Im Übrigen sind Vertragsstrafen **grundsätzlich möglich**, wie gerade der Gegenschluss **1292** zu § 12 Abs 2 Nr 2 BBiG zeigt. Insbesondere steht einer Vertragsklausel in **Allgemeinen Geschäftsbedingungen § 309 Nr 6** dem nicht entgegen. Zwar ist danach eine Bestimmung unwirksam, durch die dem Dienstberechtigten für den Fall, dass der andere Vertragsteil sich vom Vertrag löst, die Zahlung einer Vertragsstrafe versprochen wird. Dieses Klauselverbot gilt aber nicht für ein Arbeitsverhältnis. Es findet nach § 310 Abs 4 S 1 auf die Bestimmung in einem Tarifvertrag keine Anwendung, und Gleiches gilt wegen § 310 Abs 4 S 2 auch für eine Vertragsstrafe in einem Formulararbeitsvertrag (vgl BAG 4. 3. 2004 – 8 AZR 196/03, AP Nr 3 zu § 309 BGB; BAG 28. 5. 2009 – 8 AZR 896/07, AP Nr 6 zu § 306 BGB; BAG 23. 9. 2. 2010 – 8 AZR 897/08, NZA 2011, 89 [90]; BAG 23. 1. 2014 – 8 AZR 130/13, NZA 2014, 777 [779]). Zu den im Arbeitsrecht geltenden Besonderheiten, die bei der Anwendung auf Arbeitsverträge angemessen zu berücksichtigen sind, gehört nämlich die Regelung des § 888 Abs 3 ZPO, die es ausschließt, die Verpflichtung zur Arbeitsleistung zu vollstrecken. Hierdurch fehlt, wie das BAG zutreffend feststellt, „dem Arbeitgeber im Gegensatz zu anderen Gläubigern die Möglichkeit den vertraglichen Primäranspruch, die Leistung der Arbeit, durchzusetzen". Obwohl durch den Nichtantritt der Arbeit bzw die Nichteinhaltung der Kündigungsfrist nicht selten hohe Schäden entstehen, scheitert die Durchsetzung von Ersatzansprüchen häufig daran, dass die Kausalität der Pflichtverletzung für den Schaden oder dessen Höhe nicht nachgewiesen werden kann (s auch Rn 1276 f). Der Umstand, dass § 888 Abs 3 ZPO auch auf Dienstverträge Anwendung findet, die nicht Arbeitsverträge sind, schließt es nicht aus, in der fehlenden Vollstreckbarkeit der Arbeitsleistung eine „im Arbeitsrecht geltende Besonderheit" iS des § 310 Abs 4 S 2 zu erblicken; denn im Wesentlichen begründet die Vorschrift des § 888 Abs 3 ZPO nur im Arbeitsrecht die Schutzlosigkeit des Dienstberechtigten (so BAG 4. 3. 2004 – 8 AZR 196/03, AP Nr 3 zu § 309 BGB, s auch Rn 899).

Die Vertragsstrafenklausel in einem **Formulararbeitsvertrag** ist aber nach § 307 Abs 1 **1293** **S 1** unwirksam, wenn sie den **Arbeitnehmer entgegen Treu und Glauben unangemessen benachteiligt**. Dabei ist aber zu bedenken, dass der Arbeitgeber ein berechtigtes

Interesse an der Vertragserfüllung hat, während vice versa ein Interesse des Arbeitnehmers am Vertragsbruch nicht anzuerkennen ist; es bleibt daher bei der grundsätzlichen Zulässigkeit von Vertragsstrafen. Dennoch legt das BAG einen strengen Maßstab an (BAG 23. 1. 2014 – 8 AZR 130/13, NZA 2014, 777 [779]). Eine unangemessene Benachteiligung kann sich insbesondere aus der **Höhe der Vertragsstrafe** ergeben (bei Individualabsprachen beachte § 343). Zwar lässt sich eine generelle Höchstgrenze nicht richterrechtlich bestimmen (vgl BAG 25. 9. 2008 – 8 AZR 717/07, AP Nr 39 zu § 307 BGB), wichtige Parameter stellen aber die Dauer der vom Arbeitnehmer bei einer ordentlichen Eigenkündigung zu beachtenden *Kündigungsfrist* und das für diesen Zeitraum zu zahlende *Arbeitsentgelt* dar, ist dies doch die Mindest-, aber eben auch die Höchstdauer, in Bezug auf die sich der Arbeitgeber darauf verlassen kann, von der Arbeitsleistung des Arbeitnehmers profitieren zu können (NIEMANN RdA 2013, 92 [97]). Entsprechend beeinträchtigt die Festsetzung in Höhe eines vollen Monatsgehalts den Arbeitnehmer unangemessen, wenn er sich rechtmäßig mit einer kürzeren Kündigungsfrist vom Vertrag lösen könnte (vgl BAG 4. 3. 2004 – 8 AZR 196/03, AP Nr 3 zu § 309 BGB; BAG 23. 9. 2010 – 8 AZR 897/08, NZA 2011, 89 [90]); selbst dann kann die Klausel aber angemessen sein, und zwar wenn das Sanktionsinteresse des Arbeitgebers aufgrund ungewöhnlicher Umstände überwiegt (BAG 18. 12. 2008 – 8 AZR 81/08, NZA-RR 2009, 519). Eine Vertragsstrafe in Höhe von drei Bruttomonatsgehältern für den Fall der Nichteinhaltung der vertraglich vereinbarten Kündigungsfrist verstößt aber gegen § 307 Abs 1 (BAG 25. 9. 2008 – 8 AZR 717/07, AP Nr 39 zu § 307 BGB). Die unangemessene Benachteiligung führt nach § 307 Abs 1 zur Unwirksamkeit der Klausel. Es gilt also nicht § 343, auch eine geltungserhaltende Reduktion kommt nicht in Betracht (vgl BAG 4. 3. 2004 – 8 AZR 196/03, AP Nr 3 zu § 309 BGB; BAG 14. 8. 2007 – 8 AZR 973/06, AP Nr 28 zu § 307 BGB). Enthält das Strafversprechen nicht nur eine, sondern mehrere die Sanktion auslösende Tatbestände, die teils zulässig und teils unzulässig sind, hängt die Frage, ob die unzulässigen Teile auf die anderen ausstrahlen, davon ab, ob sie nach dem blue-pencil-Test sprachlich und inhaltlich teilbar sind (BAG 23. 9. 2. 2010 – 8 AZR 897/08, NZA 2011, 89 [90]).

1294 Dem **Transparenzgebot** des § 307 Abs 1 **S 2** ist nur Genüge getan, wenn das Verhalten, mit dem die Vertragsstrafe verwirkt wird, und die Strafe genau bezeichnet werden (s auch NIEMANN RdA 2013, 92 [95]). Entsprechend ist ein globales Strafversprechen, das durch die Formulierung „schuldhaftes vertragswidriges Verhalten des Arbeitnehmers, das den Arbeitgeber zur fristlosen Kündigung des Arbeitsverhältnisses" der Absicherung aller arbeitsvertraglichen Pflichten dient, unwirksam (BAG 21. 4. 2005 – 8 AZR 425/04, NZA 2005, 1053 [1055]). Gleiches gilt für eine Vertragsstrafenabrede, nach der bei jedem „gravierenden Vertragsverstoß" eine Vertragsstrafe in Höhe des ein- bis dreifachen Monatsgehalts verwirkt ist (BAG 18. 8. 2005 – 8 AZR 65/05, NZA 2006, 34 [36]), sowie für eine Abrede, nach der zum einen bestimmt ist, dass „für jeden Fall der Zuwiderhandlung eine Vertragsstrafe in Höhe von zwei durchschnittlichen Brutto-Monatseinkommen" anfällt und zum anderen geregelt ist, dass „[i]m Falle einer dauerhaften Verletzung der Verschwiegenheitspflicht oder des Wettbewerbsverbotes [...] jeder angebrochene Monat als eine erneute Verletzungshandlung" gilt (BAG 14. 8. 2007 – 8 AZR 973/06, NZA 2008, 170 [172]). Mögliche Intransparenzen können auch nicht durch eine sich vom Wortlaut lösende Auslegung beseitigt werden (BAG 23. 1. 2014 – 8 AZR 130/13, NZA 2014, 777 [779]).

1295 Schließlich darf die Vertragsstrafe keine unzulässige **Kündigungserschwerung** darstellen. Eine rechtmäßige, die Kündigungsfrist beachtende ordentliche Kündigung darf ebenso wenig wie eine außerordentliche Kündigung des Arbeitnehmers durch eine Vertragsstrafe sanktioniert werden (BAG 6. 9. 1989 – 5 AZR 586/88, AP Nr 27 zu § 622 BGB; BAG 3. 7. 2000 – II ZR 282/98, NZA 2000, 945 [947]; Bayreuther NZA 2004, 953 [956]); möglich ist es jedoch, die Kündigung vor Dienstantritt auszuschließen (vgl BAG 13. 6. 1990 – 5 AZR 304/89). Wie § 622 Abs 6 zeigt, ist es zudem unzulässig, durch die Vertragsstrafe nur einseitig die Kündigungsmöglichkeit des Arbeitnehmers zu beschränken.

b) Betriebsbuße

Von der Vertragsstrafe ist die **Betriebsbuße** zu unterscheiden, die nicht an die Funktion eines Schadensausgleichs gebunden ist und reinen Strafcharakter hat. Nach Ansicht des BAG und der hL soll es zulässig sein, dass bei **Verstößen gegen die betriebliche Ordnung** Geldbußen verhängt werden können. Der Erlass einer Betriebsbußenordnung und die Verhängung einzelner Betriebsbußen unterliegen aber nach § 87 Abs 1 Nr 1 BetrVG der Mitbestimmung des Betriebsrates (vgl BAG 5. 12. 1975 – 1 AZR 94/74, BAGE 27, 366 [370]; BAG 30. 1. 1979 – 1 AZR 342/76 und 7. 11. 1979 – 5 AZR 962/77, AP Nr 2 und 3 zu § 87 BetrVG 1972 Betriebsbuße; LAG Hessen 1. 9. 2011 – 5 TaBV 47/11, juris Rn 26; ablehnend dazu, in § 87 Abs 1 Nr 1 BetrVG die Rechtsgrundlage für eine betriebliche Strafgewalt zu erblicken, Richardi, in: Richardi, BetrVG § 87 Rn 213 ff; Bedenken auch in BAG 28. 4. 1982 – 7 AZR 962/79, BAGE 39, 31 [34 ff]; weiterhin U Luhmann, Betriebsjustiz und Rechtsstaat [1975]; Walker, in: FS Kissel [1994] 1205 ff; ohne Kritik an der Rechtsgrundlage Arzt/Eser, Entwurf eines Gesetzes zur Regelung der Betriebsjustiz [1975]; Kaiser/Metzger-Pregizer, Betriebsjustiz [1976]). Die Verhängung der Betriebsbuße muss verhältnismäßig und in einem rechtsstaatlichen Grundsätzen entsprechenden Verfahren erfolgt sein.

c) Schadenspauschalisierungen

Von der Vertragsstrafe sind schließlich **Schadenspauschalisierungen** zu unterscheiden. Sie haben keine Präventivfunktion, sondern zielen ausschließlich darauf, dem Verwender den Nachweis eines (konkreten) Schadens zu ersparen; für die Abgrenzung ist daher entscheidend, ob die Abrede nur diesen Schadensnachweis ersparen oder ob sie zudem Druck auf den Schuldner, ordnungsgemäß zu erfüllen, ausüben soll (Niemann RdA 2013, 92 [93]; MünchKomm/Gottwald Vorbemerkung 34 zu §§ 339 ff mwNw). Die Schadenspauschalisierung ist nur zulässig, wenn sie die Vorgaben des **§ 309 Nr 5** einhält.

VIII. Arbeitnehmerhaftung

Bei Leistungsstörungen des Arbeitnehmers ergibt sich für die **„Pflichtverletzung" als den zentralen Anknüpfungspunkt der Schadensersatzpflicht** in der Grundnorm des § 280 Abs 1 die folgende **systematische Gliederung**: Die Pflichtverletzung kann darin bestehen, dass die rechtsgeschäftlich zugesagte Dienstleistung gar nicht, verspätet oder schlecht erbracht wird. Sie kann aber auch darin liegen, dass die in § 241 Abs 2 statuierte Pflicht zur „Rücksicht auf die Rechte, Rechtsgüter und Interessen des anderen Teils" verletzt wird, die zwar auch Gegenstand rechtsgeschäftlicher Gestaltung sein kann, aber nach dem Begründungstatbestand in § 311 Abs 2 von Gesetzes wegen unter den dort genannten Voraussetzungen entsteht.

Inhalt und Umfang der Arbeitnehmerhaftung lassen sich nur dann richtig bestimmen, wenn man auch für sie beachtet, dass die **Leistungspflicht** und die **Schadensersatzpflicht** bei einer Integritätsverletzung des Gläubigers auf **heterogenen Geltungsgründen** beruhen (s Rn 6 f). Die Vertragspflicht des Schuldners besteht in seiner rechtsgeschäftlich übernommenen Pflicht, das Vermögen des Gläubigers um die Erbringung der Dienstleistung aufzustocken, während es bei dem Integritätsschutz eines Gläubigers ausschließlich darum geht, dass eine bei der Vertragsdurchführung herbeigeführte Verletzung seiner schon vorhandenen Güter und damit also eine Einbuße wiedergutzumachen ist (vgl zu dieser Unterscheidung PICKER JZ 1987, 1041 [1044]). Der Rechtsgrund für die Leistungspflicht und für die Wiedergutmachungspflicht ist daher wesensverschieden. Für die Leistungspflicht ist Rechtsgrund die privatautonom gesetzte rechtsgeschäftliche Bindung. Die Wiedergutmachungspflicht tritt dagegen ohne und sogar gegen den Willen des Haftenden ein; sie beruht auf dem neminem-laedere-Prinzip (grundlegend PICKER AcP 183 [1983] 369 [460 ff]; ders JZ 1987, 1041 [1047 ff]).

1300 Bei der **Erbringung der vertraglich zugesagten Leistung** hat der Arbeitnehmer die **im Verkehr erforderliche Sorgfalt zu beobachten** (s Rn 1271); insoweit gilt auch für ihn § 276 Abs 2. Bei einem **Arbeitsverhältnis** muss jedoch berücksichtigt werden, dass der Arbeitnehmer im Rahmen einer **fremdbestimmten und -nützigen Arbeitsorganisation** tätig wird. Dadurch ist er einem erhöhten Schadensrisiko ausgesetzt, dem er anders als bei Zufallskontakten nicht ausweichen kann. Er hat auch keinen Einfluss auf Höhe und Umfang des Schadensrisikos. Der Arbeitnehmer steht also in einer Drucksituation, wie sie sonst nicht besteht. Das ist der maßgebliche Umstand, der es rechtfertigt, die Haftung des Arbeitnehmers zu begrenzen (so zutreffend GAMILLSCHEG/HANAU, Haftung des Arbeitnehmers 54). Da der Arbeitnehmer nicht einmal einen durch die Dienstleistung herbeizuführenden Arbeitserfolg schuldet, sondern nur die Dienstleistung selbst, ist das Arbeitsentgelt auch nicht äquivalent für dieses zusätzliche Risiko. Hinzu kommt, dass der Arbeitnehmer wegen seiner Stellung am Arbeitsmarkt, aber auch wegen der Dauerbeziehung des Arbeitsverhältnisses, keine entsprechenden rechtsgeschäftlichen Vorkehrungen treffen kann, um zur Sicherung seiner Interessenlage eine Haftungsbegrenzung festzulegen (s zur dogmatischen Begründung der Beschränkung der Arbeitnehmerhaftung näher FISCHINGER, Haftungsbegrenzung im Bürgerlichen Recht [2015] 517 ff; STAUDINGER/RICHARDI/FISCHINGER [2016] § 619a Rn 51 ff).

1301 Wie die Sonderbeziehung es rechtfertigen kann, dass ein Integritätsschutz über die Deliktshaftung hinaus besteht, so ist die Sonderbeziehung auch der Ansatzpunkt für eine Haftungsbegrenzung, wenn ihre Besonderheit und Eigenart es erfordert, dass selbst bei einem sozial unerwünschten Verhalten keine Ersatzpflichten eintreten, die für den Betroffenen eine unzumutbare Belastung darstellen würden. Wer im Dienst eines anderen tätig wird, kann nicht mit Risiken belastet werden, die für ihn wegen der Tätigkeitsgestaltung nicht beherrschbar sind. Daraus ergeben sich Grenzen seiner Haftung. Sie gelten nicht nur bei Inanspruchnahme aus „positiver Forderungsverletzung" des Arbeitsverhältnisses, sondern auch für die Deliktshaftung (vgl BAG 12. 5. 1960 – 2 AZR 78/58, AP Nr 16 zu § 611 BGB Haftung des Arbeitnehmers; BAG 30. 8. 1966 – 1 AZR 456/65, BAGE 19, 66 [70]).

1302 Das durch das **Schuldrechtsmodernisierungsgesetz 2001** neugeschaffene System des Schadensersatzrechts enthält **keine Sonderregelung für Arbeitsverhältnisse**. Die durch richterliche Rechtsfortbildung entwickelte Haftungseinschränkung des Arbeitnehmers bleibt daher bestehen (ebenso HWK/KRAUSE § 619a Rn 11; FAUST, in: HUBER/FAUST, Schuldrechtsmodernisierung [2002] 75; HENSSLER RdA 2002, 129 [133]; MünchKomm/HENSSLER § 619a Rn 5 mit der These, das Schuldrechtsmodernisierungsgesetz bestätige mittelbar die Geltung der richterrechtlich entwickelten Grundsätze des innerbetrieblichen Schadensausgleichs durch § 619a; anders REICHOLD ZTR 2002, 209 [209], nach dem die Grundsätze der Arbeitnehmerhaftung auf § 276 Abs 1 S 2 gestützt werden können; vgl auch Gegenäußerungen der Bundesregierung, BT-Drucks 14/6857, 48; s näher STAUDINGER/RICHARDI/FISCHINGER [2016] § 619a Rn 28 ff). Eingefügt wurde lediglich für das Arbeitsverhältnis die Sonderregelung des § 619a, wonach abweichend von § 280 Abs 1 S 2 der Arbeitnehmer dem Arbeitgeber Ersatz für den aus der Verletzung einer Pflicht aus dem Arbeitsverhältnis entstehenden Schaden nur zu leisten hat, wenn er die Pflichtverletzung zu vertreten hat. Die Beweislast ist also anders als sonst in einem Schuldverhältnis nicht dem Schuldner, sondern dem Gläubiger zugewiesen (s STAUDINGER/RICHARDI/FISCHINGER [2016] § 619a Rn 23 ff, dort auch ausführlich zur Arbeitnehmerhaftung).

IX. Arbeitnehmerdarlehen*

Spiegelbildlich zum Arbeitgeberdarlehen (Rn 1533 ff) liegt ein Arbeitnehmerdarlehen vor, wenn der Arbeitnehmer dem Arbeitgeber Kapital zur vorübergehenden Nutzung überlässt. Relevant wird das vor allem, wenn er in wirtschaftlichen Krisenlagen einen finanziellen Beitrag zur Rettung des Unternehmens und damit des eigenen Arbeitsplatzes leisten will. Das Darlehen ist von der Stundung abzugrenzen; für Ersteres spricht eine Zinsvereinbarung. **1303**

Auf den Darlehensvertrag sind die §§ 488 ff (nicht: §§ 491 ff) und, soweit er vom Arbeitgeber vorformuliert wird, die §§ 305 ff anwendbar (näher BAG 23. 9. 1992 – 5 AZR 569/91, AP Nr 1 zu § 611 BGB Arbeitnehmerdarlehen). Der Darlehensvertrag ist selbstständig, sein rechtliches Schicksal vom Arbeitsvertrag daher grundsätzlich unabhängig (für das Arbeitgeberdarlehen vgl BAG 19. 1. 2011 – 10 AZR 873/08, NZA 2011, 1159 [1160]). Bei Beendigung des Arbeitsverhältnisses greift deshalb mangels anderweitiger Abrede nicht § 488 Abs 3 (LAG Baden-Württemberg 18. 7. 2011 – 15 Sa 110/10, juris Rn 58; KÜTTNER/GRIESE, Personalbuch 2015, Stichwort „Arbeitnehmerdarlehen" Rn 5); eine Vertragsanpassung über § 313 kommt nur in Betracht, wenn der Arbeitnehmer das Darlehen gerade zum Zwecke der Arbeitsplatzsicherung gewährt hat und die Vertragsbeendigung nicht von ihm verursacht wurde/verschuldet ist. **1304**

Ein Mitbestimmungsrecht nach § 87 Abs 1 Nr 10 BetrVG besteht richtigerweise selbst dann nicht, wenn der Zinssatz über dem marktüblichen liegt. Die darin liegende Vergünstigung erbringt der Arbeitgeber nicht wegen der Arbeitsleistung, was insbesondere dann auf der Hand liegt, wenn vertraglich vorgesehen ist, dass das Darlehen auch nach einem eventuellen Ausscheiden des Arbeitnehmers weiterlaufen soll (iE ebenso KÜTTNER/GRIESE, Personalbuch 2015, Stichwort „Arbeitnehmerdarlehen" Rn 7). **1305**

Für Streitigkeiten aus dem Darlehensvertrag kommt trotz seiner rechtlichen Selbstständigkeit eine **Zuständigkeit der Arbeitsgerichte** nach § 2 Abs 1 Nr 4 lit a ArbGG **1306**

---

* **Schrifttum:** BLUNK, Mitarbeiterbeteiligung in der Unternehmenskrise, BB 2015, 437; RÖDER, Die Beteiligung von Arbeitnehmern am Unternehmen, NZA 1987, 799.

in Betracht, aber nur, wenn ein unmittelbarer wirtschaftlicher Zusammenhang zum Arbeitsverhältnis besteht, dh wenn er ohne das Arbeitsverhältnis nicht zustande gekommen wäre. Das ist bei einem vor Abschluss des Arbeitsvertrags und unabhängig von ihm gewährten Darlehen zu verneinen (LAG Mecklenburg-Vorpommern 8. 8. 2013 – 3 Ta 18/13, juris Rn 27, 29).

L. Verpflichtung zur Gewährung der vereinbarten Vergütung

I. Die Vergütungspflicht des Dienstberechtigten

1307 Der Dienstberechtigte (Arbeitgeber) ist zur „Gewährung der vereinbarten Vergütung" verpflichtet (Abs 1). Das BGB versteht hier unter dem **Begriff der Vergütung** das **Arbeitsentgelt**. Der Dienst- und Arbeitsvertrag ist ein entgeltlicher, gegenseitiger Vertrag.

1. Begriff und Rechtsnatur

1308 Der Begriff der Vergütung bezieht sich im BGB auf die **Gegenleistung des Dienstberechtigten** für die von ihm bereits empfangene oder noch zu empfangende Leistung des Dienstverpflichteten. Handelt es sich um ein Arbeitsverhältnis, so sind auch die **Bezeichnungen** Lohn, Arbeitslohn, Gehalt, Bezüge, Preis, Gage, Heuer, Honorar oder Salär gebräuchlich. Herkömmlicherweise bezeichnet man die Vergütung von Arbeitern in Tages- oder Wochenraten als Lohn, die Vergütung von Angestellten, monatlich oder in noch größeren Zeiträumen berechnet, als Gehalt. Bei Künstlern spricht man von Gage, bei Seeleuten von Heuer (§ 37 SeeArbG). Die Verwendung dieser sehr unterschiedlichen Bezeichnungen ist aber **rechtlich unerheblich**, soweit durch sie das Entgelt gemeint ist, das der Arbeitgeber als Gegenleistung zu erbringen hat.

1309 Die Zahlung des Arbeitsentgelts ist die **Hauptpflicht des Dienstberechtigten**. Das gilt auch bei Begründung eines Arbeitsverhältnisses. Das Arbeitsentgelt ist die Gegenleistung des Dienstberechtigten für die von ihm bereits empfangene oder noch zu empfangende Leistung des Dienstverpflichteten. Die Entgeltpflicht steht daher in einem **Gegenseitigkeitsverhältnis** zur Arbeitspflicht. Nach § 612 Abs 1 gilt eine Vergütung als stillschweigend vereinbart, wenn die Dienstleistung den Umständen nach nur gegen eine Vergütung zu erwarten ist (s § 612 Rn 4 ff).

1310 Die Vergütung ist daher rechtlich weder Entschädigung oder Schadensersatz noch Aufwendungsersatz. Es ist vielmehr zu beachten, dass der Dienstverpflichtete neben dem Anspruch auf die Vergütung iS des Arbeitsentgelts Anspruch auf Aufwendungsersatz hat, soweit nicht das Gegenteil ausdrücklich oder stillschweigend vereinbart ist (s Rn 1740 ff). Scheitert allerdings der Leistungsvollzug an der Nichterbringung der vertraglich zugesagten Dienstleistung, so erhält, wenn der Arbeitgeber die Nichterfüllung zu vertreten hat oder das Arbeitsentgeltrisiko tragen muss (und nicht die Lohnerhaltungsvorschrift des § 615 eingreift), die zu entrichtende Vergütung den Charakter eines Schadensersatzes (zB § 326 Abs 2).

1311 Die Einigung über eine **Vergütung für schon geleistete Dienste** ist **nicht Schenkung**, sondern ein formlos rechtswirksamer entgeltlicher Vertrag (vgl RG WarnR 1911 Nr 20; 1917 Nr 202; RG JW 1911, 94; RG 1917, 710; RG 1919, 378; RG 1927, 1190; RG Recht 1911 Nr 2533; RGZ 72, 191; RGZ 74, 139; RGZ 75, 325; RGZ 94, 322; auch Liebisch, Das Wesen der unentgeltlichen Zuwendungen unter Lebenden [1927] 35 ff). Denn der Gesetzgeber hat unentgeltliche Dienstleistungen aus dem Begriff der Schenkung herausgenommen (vgl Staudinger/Wimmer-Leonhardt [2005] § 516 Rn 19). Davon ist die Situation zu unterscheiden, dass ein bereits bestehender Anspruch auf das Arbeitsentgelt erlassen wird; darin kann durchaus eine Schenkung liegen.

Der Dienstberechtigte kann für **Dienste bis zu seinem Tode** auch für die **Zeit nach seinem Tode** ein Entgelt zuwenden. Dabei ist zu prüfen, ob es sich um eine vertragliche Zusage unter Lebenden oder nur um eine unverbindliche Zusage, ihn testamentarisch zu bedenken, handelt. Oft wird ein Entgelt für die Zeit nach dem Tode in der Form zugesagt, dass der Arbeitnehmer dann eine Zuwendung erhalten soll. Dabei handelt es sich um echtes Entgelt, das insbesondere keine Schenkung von Todes wegen (§ 2301) darstellt. Das Versprechen ist deshalb formlos gültig; Voraussetzung ist, dass es sich um die Gegenleistung für gewährte Dienste handelt. Auch die zusätzliche Belohnung für die Dienste ist eine Gegenleistung und daher ebenfalls ein Arbeitsentgelt (vgl RAG ARS 35, 173; 46, 120). Sollen dagegen die nach dem Tod zu erbringenden Leistungen testamentarisch festgelegt werden und kommt das Testament formgültig nicht zustande oder wird es widerrufen, so hat der Arbeitnehmer einen Vergütungsanspruch nach näherer Maßgabe des § 612 Abs 2, wenn die Leistungen das Entgelt für die erbrachten Arbeitsleistungen darstellen sollen. Das ist insbesondere anzunehmen, wenn der Arbeitnehmer zu Lebzeiten des Arbeitgebers nicht angemessen entlohnt worden ist (s ausführlich § 612 Rn 8 ff). 1312

2. Bedeutungsinhalt des Arbeitsentgeltbegriffs im Arbeitsrecht

a) Das BGB spricht von der Vergütung, um die Gegenleistung des Dienstberechtigten für die Leistung des Dienstverpflichteten zu bezeichnen. Sie stellt daher das Entgelt für die Arbeitsleistung dar und steht zu ihr in einem Gegenseitigkeitsverhältnis. 1313

Handelt es sich aber um ein Arbeitsverhältnis, so gelten nicht nur die von den allgemeinen Prinzipien der Gefahrtragung abweichenden Regeln des Dienstvertragsrechts (§ 615 und § 616; s auch die Entgeltrisikoregelung bei Betriebsstörungen, Staudinger/Richardi/Fischinger [2016] § 615 Rn 196 ff); das **Gegenseitigkeitsverhältnis** wird vielmehr auch **durch spezifisch arbeitsrechtliche Regelungen gelockert** und aufgehoben, zB durch die Zahlung des Urlaubsentgelts bei Gewährung bezahlter Freizeit in Gestalt des Erholungsurlaubs (s Rn 1821 ff) oder die Lohnfortzahlung an Feiertagen (s Rn 1563 ff). Der Sache nach geht es in diesen Fällen darum, dass der Arbeitnehmer trotz Nichtleistung der Arbeit gegen den Arbeitgeber einen Vergütungsanspruch hat, der entweder in der Fortzahlung des Arbeitsentgelts besteht oder nach Faktoren bemessen wird, die sich nach der Gewährung der laufenden Bezüge bei Erbringung der Arbeitsleistung richten. 1314

b) Von diesen sog **laufenden Entgelten** sind **Sondervergütungen** zu unterscheiden, die nach der Legaldefinition in § 4a S 1 EFZG der Arbeitgeber zusätzlich zum laufenden Arbeitsentgelt erbringt. Es handelt sich um **Entgeltleistungen aus beson-** 1315 derem Anlass oder mit besonderer Zweckbestimmung, wie Gratifikationen oder Leistungen der betrieblichen Altersversorgung. Sie stehen nicht in einem Gegenseitigkeitsverhältnis zur Arbeitsleistung, sind aber auch Gegenleistungen für die Arbeit aus dem Arbeitsverhältnis. Ihr Rechtsgrund ist keine Schenkung, sondern der Arbeitsvertrag.

1316 Soweit Regelungen für die Vergütung der Arbeitnehmer bestehen, ist ihrer Auslegung zu entnehmen, ob sie nur für die laufenden Entgelte gelten. Der Begriff der Lohngestaltung in § 87 Abs 1 Nr 10 BetrVG als Anknüpfungspunkt für das Mitbestimmungsrecht des Betriebsrats beschränkt sich nicht auf sie, sondern erfasst alle vermögenswerten Arbeitgeberleistungen, bei denen die Bemessung nach bestimmten Grundsätzen oder nach einem System erfolgt (vgl BAG 10. 6. 1986 – 1 ABR 65/84, BAGE 52, 171 [174]; weiterhin RICHARDI, in: RICHARDI, BetrVG § 87 Rn 734). Soweit sich nicht aus Tarifvertrag, Betriebsvereinbarung oder Einzelarbeitsvertrag etwas anderes ergibt, ist die Hauptpflicht des Arbeitgebers nur die Zahlung des Arbeitsentgelts, das hier als Vergütung bezeichnet wird, also der Gegenleistung, die in einem Gegenseitigkeitsverhältnis zur Arbeitsleistung steht.

3. Art und Höhe der Vergütung

1317 Die **Art der Vergütung** ist im BGB nicht besonders festgesetzt. Sie ergibt sich aus der Vertragsabrede; sie besteht im Allgemeinen in der Zahlung von Geld (s Rn 1580 ff).

1318 Die **Höhe der Vergütung** wird grundsätzlich ebenfalls durch die Vertragsparteien bestimmt. Bei einem **Arbeitsverhältnis** gilt aber seit dem 1. 1. 2015 ein allgemeiner Mindestlohn von 8,50 € je Zeitstunde (§ 1 Abs 2 MiLoG), von dem – mit Ausnahme der in § 24 MiLoG geregelten Fälle – nicht zulasten des Arbeitnehmers abgewichen werden kann (§ 3 MiLoG, zum MiLoG näher Rn 1341 ff). Überdies sind hier die Arbeitsentgelte im Allgemeinen durch Tarifvertrag geregelt. Die Tarifnormen haben aber nur zwischen den beiderseits Tarifgebundenen, die unter den Geltungsbereich des Tarifvertrags fallen, normative Tarifgeltung (§ 3 Abs 1 iVm § 4 Abs 1 S 1 TVG), sodass von der tarifvertraglichen Regelung nur zugunsten des Arbeitnehmers abgewichen werden kann (§ 4 Abs 3 TVG). Soweit keine Tarifbindung besteht, kann die tarifvertragliche Regelung durch Einbeziehungsabrede Vertragsbestandteil sein (s Rn 828 ff). Sie gilt in diesem Fall aber nicht unmittelbar und zwingend, eine Abweichung ist daher auch zulasten des Arbeitnehmers möglich. Durch Allgemeinverbindlicherklärung (§ 5 TVG) kann die Tarifgeltung allerdings auf die bisher nicht tarifgebundenen Arbeitgeber und Arbeitnehmer erstreckt werden (§ 5 Abs 4 TVG, s näher Rn 820). Gleiches gilt – wenn auch nur für bestimmte Branchen – für eine Rechtsverordnung nach § 7 AEntG sowie – für Leiharbeitnehmer – für eine Rechtsverordnung nach § 3a AÜG (dazu näher Rn 825 und 639).

1319 Für Arbeitsverhältnisse besteht weiterhin die Möglichkeit, dass Arbeitsentgelte durch **Betriebsvereinbarung** geregelt sind. Vor allem soweit es um die Normalvergütung geht, ist aber zu beachten, dass nach § 77 Abs 3 BetrVG Arbeitsentgelte und sonstige Arbeitsbedingungen, die durch Tarifvertrag geregelt sind oder üblicherweise geregelt werden, nicht Gegenstand einer Betriebsvereinbarung sein können (s auch Rn 852 f). Wenn weder die Rechtsnormen einer Rechtsverordnung, eines Tarifvertrages oder einer Betriebsvereinbarung eingreifen noch die Höhe der Vergütung von den Parteien bestimmt ist, ist nach **§ 612 Abs 2** die übliche Vergütung als vereinbart anzusehen (s ausführlich § 612 Rn 56 ff).

Da die Vergütung verschieden zusammengesetzt sein kann, es also möglich ist, dass für die Arbeitsleistung neben einer Grundvergütung Zuschläge zu zahlen sind (s Rn 1458 ff) und zusätzliche vermögenswerte Leistungen erbracht werden (s Rn 1499 ff), können für derartige Leistungen verschiedene Bestimmungsgründe in Betracht kommen. Zur Frage, inwieweit Entgeltansprüche unter Widerrufsvorbehalt gestellt werden können vgl Rn 941 ff. **1320**

Der Arbeitnehmer kann verlangen, dass ihm die Berechnung und Zusammensetzung seines Arbeitsentgelts erläutert wird (§ 82 Abs 2 S 1 BetrVG). Er kann dazu ein Mitglied des Betriebsrats hinzuziehen (§ 82 Abs 2 S 2 BetrVG). Dem Arbeitnehmer ist bei Zahlung des Arbeitsentgelts eine Abrechnung in Textform zu erteilen (vgl § 6 Abs 2 iVm § 108 GewO; s auch Rn 1673 ff). **1321**

4. Zeit der Vergütungszahlung

Nach § 614 S 1 ist die Vergütung nach der Leistung der Dienste zu entrichten („Ohne Arbeit kein Lohn"). Es handelt sich insoweit aber nur um eine dispositive Bestimmung. Entscheidend ist daher, was vertraglich vereinbart ist (STAUDINGER/RICHARDI/FISCHINGER [2016] § 614 Rn 3 ff). **1322**

Für einzelne Gruppen von Arbeitnehmern bestehen besondere Vorschriften über die Zahlungszeit der Vergütung, so zB für Handlungsgehilfen nach § 64 HGB (s auch STAUDINGER/RICHARDI/FISCHINGER [2016] § 614 Rn 41 ff). In Betracht kommt weiterhin, dass die Fälligkeit des Arbeitsentgelts in einem Tarifvertrag oder einer Betriebsvereinbarung geregelt ist. Soweit eine tarifvertragliche Bestimmung fehlt, hat der Betriebsrat nach § 87 Abs 1 Nr 4 BetrVG über die Zeit der Auszahlung des Arbeitsentgelts mitzubestimmen (RICHARDI, in: RICHARDI, BetrVG § 87 Rn 410 ff; s auch STAUDINGER/RICHARDI/FISCHINGER [2016] § 614 Rn 6). **1323**

5. Ort der Vergütungszahlung

Der Leistungsort ergibt sich regelmäßig aus der vertraglichen Abrede. Für Arbeitnehmer kann er auch durch Tarifvertrag oder Betriebsvereinbarung festgelegt sein. Fehlt eine ausdrückliche Bestimmung, so ist festzustellen, ob der Zahlungsort sich aus den Umständen entnehmen lässt (§ 269 Abs 1). In der Regel ist das Arbeitsentgelt dort zu zahlen, wo auch die Arbeit geleistet wird. Erfüllungsort für die Lohnzahlungspflicht ist daher der **Ort**, an dem sich der **Betrieb** befindet (LAG Berlin 19. 5. 1960 – 2 Sa 14/60, AP Nr 3 zu § 269 BGB; ErfK/PREIS § 611 Rn 397; HWK/THÜSING § 611 Rn 93). Auch wenn Arbeitnehmer außerhalb der Betriebsstätte eingesetzt werden, bleibt bei ihnen Erfüllungsort der Sitz des Betriebes (ebenso HWK/THÜSING § 611 Rn 93). Die Lohnschuld ist also eine **Holschuld**. Nur wenn dem Arbeitnehmer nicht möglich oder nicht zuzumuten ist, den Lohn abzuholen oder abholen zu lassen, ist die Vergütung auf Gefahr und Kosten des Dienstberechtigten dem Dienstverpflichteten an dessen Wohnsitz zu übermitteln; die Lohnschuld wird insoweit zur Schickschuld (§ 270 Abs 1). Die Vorschriften über den Leistungsort werden dadurch aber nicht berührt (§ 270 Abs 4). Bei Bezahlung per Scheck tritt Erfüllung nicht mit **1324**

Übergabe des Schecks an den Arbeitnehmer, sondern erst mit dessen Einlösung ein. Bei bargeldloser Überweisung ist der Anspruch mit Gutschrift auf dem Konto des Arbeitnehmers erfüllt. Eine Sonderregelung enthält § 39 Abs 2 SeeArbG für die Auszahlung der Heuer an Seeleute.

1325 Soweit keine tarifvertragliche Bestimmung über den Ort der Auszahlung besteht, hat der **Betriebsrat** nach § 87 Abs 1 Nr 4 BetrVG **mitzubestimmen**. Die Einführung der bargeldlosen Entlohnung ist eine andere Art der Auszahlung. Sie unterliegt ebenfalls dem Mitbestimmungsrecht des Betriebsrats nach § 87 Abs 1 Nr 4 BetrVG (näher Rn 1626), ändert aber nicht den Erfüllungsort für die Entgeltleistung des Arbeitgebers.

II. Entfallen der Vergütungspflicht während eines Arbeitskampfs

1326 Die im Grundsatz bestehende Vergütungspflicht des Arbeitgebers kann während eines Arbeitskampfs entfallen.

1. Streik

1327 Im praktisch häufigsten Fall des Arbeitskampfs, dem **Streik**, haben die **streikenden** Arbeitnehmer für die Zeit der Arbeitsniederlegung **keinen** Anspruch auf das Arbeitsentgelt. Die Nichterbringung der Arbeitsleistung hat zur Folge, dass mit Ablauf des Zeitraums, in dem die Arbeit zu erbringen gewesen wäre, der Anspruch des Arbeitgebers auf die Arbeitsleistung unmöglich wird (§ 275 Abs 1). Weil Arbeitsleistung und Arbeitsentgelt in einem Gegenseitigkeitsverhältnis (§ 611 Abs 1) stehen, entfällt als Folge nach § 326 Abs 1 S 1 HS 1 auch der Anspruch auf die Gegenleistung, eine Ausnahme nach § 326 Abs 2, 3 greift nicht ein. Für dieses aus den allgemein-zivilrechtsdogmatischen Instrumentarien abzuleitenden Ergebnis **spielt keine Rolle**, ob es sich um einen **rechtmäßigen** oder einen **rechtswidrigen** Streik handelte und daher während der Teilnahme an dem Streik die beiderseitigen Rechte und Pflichten aus dem Arbeitsverhältnis suspendiert waren (so aber die Begründung in BAG 22. 3. 1994 – 1 AZR 622/93, BAGE 76, 196 [201]). Es bedarf für diesen Fall auch nicht der Anerkennung eines speziell arbeitskampfrechtlichen Lohnverweigerungsrechts (so aber SEITER, Streikrecht 296).

1328 Zur Frage, unter welchen Voraussetzungen auch der Lohnanspruch **arbeitswilliger, nicht-streikender Arbeitnehmer** entfällt, siehe näher STAUDINGER/RICHARDI/FISCHINGER (2016) § 615 Rn 242 ff.

2. Aussperrung

1329 Die Vergütungspflicht des Arbeitgebers kann des Weiteren aufgrund einer vom Arbeitgeber erklärten Aussperrung entfallen.

a) Begriff
1330 Die Aussperrung ist die planmäßig durchgeführte Nichtzulassung einer Gruppe von Arbeitnehmern zur Arbeitsleistung unter Verweigerung des Arbeitsentgelts, um dadurch ein bestimmtes Ziel zu erreichen.

b) Formen

Man kann wie beim Streik (Rn 1130 ff) nach der Kampfforderung zwischen der arbeitsrechtlichen und politischen Aussperrung, nach der Druckausübung zwischen der Erzwingungs- und der Demonstrationsaussperrung und nach der Selbstständigkeit des Kampfziels zwischen einer Aussperrung in eigener Angelegenheit und der Sympathie- oder Solidaritätsaussperrung unterscheiden. **1331**

Von Bedeutung ist weiterhin, ob die Aussperrung von einem Arbeitgeberverband organisiert wird (**Verbandsaussperrung**) oder ob sie nur ein einzelner Arbeitgeber durchführt. Die Differenzierung ist hier aber nicht ein Spiegelbild der Unterscheidung zwischen dem gewerkschaftlichen und dem sog wilden Streik; denn bei einem Streik muss stets eine Mehrzahl von Arbeitnehmern beteiligt sein, während bei der Aussperrung die Besonderheit gerade darin liegt, dass auch ein einzelner Arbeitgeber sie vornehmen kann. Der notwendige kollektive Bezug liegt ausschließlich auf der Arbeitnehmerseite, die bei einer Aussperrung passiv betroffen wird; ein einzelner Arbeitnehmer kann nicht ausgesperrt werden, sofern er nicht als Mitglied einer Gruppe von der Kampfmaßnahme betroffen wird. **1332**

Nach dem Kampfbeginn unterscheidet man die **Angriffsaussperrung** und die **Abwehraussperrung**. Eine Angriffsaussperrung liegt nicht schon dann vor, wenn sie über die von dem Streik erfassten Betriebe hinausgeht; es handelt sich vielmehr typischerweise um eine Abwehraussperrung, wenn durch sie der im Streik festgelegte Kampfrahmen erweitert wird. Eine Angriffsaussperrung ist nach Ansicht des BAG „nur dann anzunehmen, wenn die Arbeitgeber in einem Tarifgebiet den Arbeitskampf eröffnen und dabei ein eigenes kollektivvertragliches Regelungsziel verfolgen" (BAG 10. 6. 1980 – 1 AZR 822/79, BAGE 33, 140 [152]; vgl auch LIEB DB 1984 Beil 12, 13 ff). **1333**

Unterschieden werden können ferner die lösende und die suspendierende Aussperrung. Wesen der **lösenden Aussperrung** ist die arbeitskampfbedingte Beendigung des Arbeitsverhältnisses, wobei sich diese Wirkung nicht auf die Dauer des Arbeitskampfes beschränkt, sondern darüber hinausgeht. Die **suspendierende Aussperrung** hingegen lässt den Bestand des Arbeitsverhältnisses während und nach dem Arbeitskampf unberührt und führt „nur" zu einer Suspendierung der Hauptpflichten aus dem Arbeitsverhältnis (KISSEL, Arbeitskampfrecht § 51 Rn 2). Ob eine lösende Aussperrung überhaupt – unter bestimmten Voraussetzungen – zulässig sein kann, ist umstritten (BAG GS 21. 4. 1971 – GS 1/68, BAGE 23, 292 [314]; ablehnend zB BROX/RÜTHERS, Arbeitskampfrecht, Rn 205 f; KISSEL, Arbeitskampfrecht § 52 Rn 52 ff; zur historischen Entwicklung vgl näher STAUDINGER/RICHARDI/FISCHINGER [2011] Vorbem 930 ff zu §§ 611 ff). Das kann hier mangels praktischer Relevanz offenbleiben; die **folgenden Ausführungen beschränken sich auf die suspendierende Aussperrung**. **1334**

c) Zulässigkeitsvoraussetzungen

Die Aussperrung unterliegt im Ausgangspunkt denselben Zulässigkeitsvoraussetzungen wie der Streik (näher Rn 1135 ff). Die Aussperrung kann daher nur zulässig sein, wenn sie zur Durchsetzung eines tarifvertraglich regelbaren Ziels gegen eine Gewerkschaft geführt wird, die Friedenspflicht und der ultima-ratio-Grundsatz beachtet wird, nicht unverhältnismäßig ist und zu keiner Störung der Kampfparität führt. Gerade mit Blick auf den letzteren Gesichtspunkt unterwirft das BAG das **1335**

Recht zur Aussperrung Beschränkungen (BAG 21. 4. 1971 – GS 1/68, BAGE 23, 292; näher STAUDINGER/RICHARDI/FISCHINGER [2011] Vorbem 930 ff zu §§ 611 ff).

d) Aussperrung und Vergütungspflicht

1336 Im Fall der **suspendierenden Aussperrung** gilt: Prima vista verletzt der Arbeitgeber, der Arbeitnehmer aussperrt, seine Beschäftigungspflicht (zu dieser näher Rn 1694 ff), gerät in Annahmeverzug (§ 615) und wäre daher zur Fortzahlung der Vergütung verpflichtet. Ob es bei diesem Ergebnis bleibt, hängt aber davon ab, ob es sich um eine rechtmäßige oder eine rechtswidrige Aussperrung handelt: Bei einer **rechtmäßigen** Aussperrung werden – wie beim rechtmäßigen Streik (dazu Rn 1148) – die vertraglichen Hauptleistungspflichten suspendiert. Dementsprechend entfällt für die Dauer der Aussperung nicht nur die Beschäftigungspflicht des Arbeitnehmers, sondern auch die Vergütungspflicht des Arbeitgebers (BAG 22. 10. 1986 – 5 AZR 550/85, BAGE 53, 205, 211; KISSEL, Arbeitskampfrecht § 57 Rn 13; BROX/RÜTHERS, Arbeitskampfrecht Rn 314). Ist die Aussperrung dagegen **rechtswidrig**, so vermag sie keine Suspendierung der Hauptpflichten zu bewirken. Der Arbeitgeber befindet sich daher im Annahmeverzug, und zwar angesichts der in der Erklärung der Aussperrung enthaltenen Ablehnung der Annahme der Arbeitsleistung ohne dass es eines Angebots der Arbeitnehmer bedürfte. Der Arbeitnehmer hat daher einen Anspruch auf diejenige Vergütung, die er erhalten hätte, wenn er während der Aussperrungsdauer gearbeitet hätte (KISSEL, Arbeitskampfrecht § 57 Rn 13, § 58 Rn 2 f; BROX/RÜTHERS, Arbeitskampfrecht Rn 342).

1337 Auch **Außenseiter-Arbeitnehmer** können ausgesperrt werden (BAG 28. 1. 1955 – GS 1/54, BAGE 1, 291 [307]; BAG 29. 11. 1967 – GS 1/67, BAGE 20, 175 [195]; BAG 22. 3. 1994 – 1 AZR 622/93, BAGE 76, 196 [201]; GAMILLSCHEG, Kollektives Arbeitsrecht I 1047; SEITER, Streikrecht 343 ff). Das Risiko, ausgesperrt zu werden, ist gewissermaßen Kehrseite des Rechts des Außenseiters, an einem von einer Gewerkschaft, deren Mitglied er nicht ist, organisierten Arbeitskampf teilzunehmen (Rn 1139).

III. Rechtsvorschriften für die Entgeltfestsetzung

1. Grundsatz und Überblick

1338 Für die Festsetzung der Entgeltleistung gilt als Prinzip die **Vertragsfreiheit**. Es obliegt daher im Grundsatz der Vereinbarung der Dienstvertragsparteien, welche Gegenleistung für die Erbringung der Dienstleistung gezahlt werden soll.

1339 Vor allem, aber nicht nur bei Arbeitsverträgen, wird diese Vertragsfreiheit allerdings verschiedentlich begrenzt: (1) So erfolgt die Lohngestaltung, verfassungsrechtlich abgesichert über Art 9 Abs 3 GG, vor allem über **Tariflöhne**; eine Abweichung von diesen ist bei normativer Tarifbindung (§§ 3 Abs 1, 4 Abs 1 TVG) zwar zugunsten, nicht aber zulasten des Arbeitnehmers zulässig (§ 4 Abs 1, 3 TVG; s näher Rn 792 ff). (2) Die Vergütungsregelung darf nicht gegen die **guten Sitten** verstoßen oder den Tatbestand des Lohnwuchers erfüllen (§ 138 Abs 1 bzw 2; siehe dazu näher STAUDINGER/SACK/FISCHINGER [2016] § 138). (3) Ab dem 1. 1. 2015 (zT mit einer Übergangsregelung bis zum 31. 12. 2017) gilt zudem ein allgemeiner **Mindestlohn** nach § 1 Abs 1, 2 Mindestlohngesetz [MiLoG], von dem nicht zulasten des Arbeitnehmers abgewichen werden darf (§ 3 S 1 MiLoG; zum MiLoG ausf Rn 1341 ff). (4) Weitere Beschränkungen der Vertragsfreiheit (nicht nur in Bezug auf Entgeltabreden) enthalten das im AGG geregelte **Antidiskriminierungsrecht** (dazu Rn 1380 ff) sowie das (5) Verbot der Diskriminierung von Teilzeitbeschäftigten und befristet Beschäftigten (**§ 4 TzBfG**, unten Rn 1388 ff). (6) Sonderregelungen gelten ferner für den Bereich **gewerbsmäßiger Arbeitnehmerüberlassung** und des **Arbeitnehmer-Entsendegesetzes** (dazu Rn 1391 ff) sowie (7) für Vorstände von Aktiengesellschaften bzw Geschäftsleiter und Mitarbeiter im **Banken- und Versicherungsbereich** (näher Rn 1396 f).

Soweit die Entgeltregelung in vorformulierten Vertragsbedingungen enthalten ist, erfasst die **Inhaltskontrolle des § 307 Abs 1 S 1, Abs 2** wegen § 307 Abs 3 S 1 **nicht** die **Entgeltfestsetzung** (s Rn 905 f); kontrollfähig sind Entgeltregeln nur auf ihre Transparenz, § 307 Abs 3 S 2, Abs 1 S 2. **1340**

2. Mindestlohn nach dem MiLoG

Als Art 1 des Gesetzes zur Stärkung der Tarifautonomie (Tarifautonomiestärkungsgesetz) vom 11. 8. 2014 (BGBl I 1348) wurde mit Wirkung zum 1. 1. 2015 das Gesetz zur Regelung eines allgemeinen Mindestlohns (Mindestlohngesetz – MiLoG) geschaffen. Erstmals führt es in Deutschland einen flächendeckenden, im Grundsatz (vgl § 22 MiLoG) für alle Arbeitnehmer geltenden gesetzlichen Mindestlohn ein. **1341**

a) Überblick

§§ 1–3 MiLoG legen Höhe, Fälligkeit und Unabdingbarkeit des Mindestlohns fest, §§ 4–12 MiLoG regeln die Einsetzung und das Vorgehen der Mindestlohnkommission, deren Aufgabe es ist, über eine Anpassung der Höhe des Mindestlohnes zu befinden (§ 4 Abs 1 MiLoG), § 13 MiLoG verweist auf § 14 AEntG und die dort geregelte Haftung bei Einschaltung von Sub- und Nachunternehmern, die §§ 14–21 MiLoG normieren Kontrollrechte des Zolls, Melde- und Dokumentationspflichten des Arbeitgebers und Bußgeldvorschriften (näher zur staatlichen Durchsetzung des Mindestlohns MASCHMANN NZA 2014, 929), § 22 MiLoG legt den persönlichen Anwendungsbereich und § 24 MiLoG Übergangsregelungen fest. Eine – aus rechtssoziologischer Perspektive zu begrüßende – Evaluationspflicht im Jahr 2020 enthält § 23 MiLoG. **1342**

b) Zwecksetzung und Bewertung des Gesetzes

Das MiLoG ist eine Reaktion des Gesetzgebers auf das von ihm konstatierte Versagen des Tarifvertragssystems im Niedriglohnbereich. Da die Tarifvertragsparteien angesichts des sinkenden Organisationsgrads und der Fragmentierung der Arbeitsbeziehungen nicht mehr in der Lage seien, einen ausreichenden Schutz vor zu niedrigen Löhnen zu gewährleisten, sei ein gesetzlicher Mindestlohn erforderlich (BT-Drucks 18/1558, 27 f). Mit seiner Hilfe könne – bei Zugrundelegung einer durchschnittlichen Wochenarbeitszeit von 40 Stunden – ein Einkommen oberhalb der Pfändungsfreigrenzen des § 850c Abs 1 S 1 ZPO erreicht und zugleich verhindert werden, dass für die Arbeitgeber ein Anreiz bestünde, einen Lohnunterbietungswettbewerb zu Lasten der Arbeitnehmer und der sozialen Sicherungssysteme zu führen; entsprechend solle durch den Mindestlohn dazu beigetragen werden, dass der Wettbewerb der Unternehmen nicht mehr über Lohnsenkungen, sondern über die Leistung der angebotenen Produkte und Dienstleistungen erfolge (BT-Drucks 18/1558, 28). Zugleich wollte der Gesetzgeber mit der Übergangsregelung des § 24 **1343**

MiLoG verhindern, dass durch eine schlagartige Einführung des Mindestlohns besonders betroffene Branchen in eine Schieflage geraten (BT-Drucks 18/1558, 28).

1344 Bei dem MiLoG handelt es sich um eines der politisch, (volks-)wirtschaftlich und juristisch umstrittensten (arbeitsrechtlichen) Gesetze der letzten Jahre. In **volkswirtschaftlicher Hinsicht** lässt sich zum gegenwärtigen Zeitpunkt kaum seriös abschätzen, ob das Gesetz – wie von seinen Gegnern behauptet – zum (gar: flächendeckenden) Verlust von Arbeitsplätzen führen wird, oder ob – wie von den Befürwortern unter Verweis auf Erfahrungen aus anderen Ländern angeführt – insoweit keine negativen Konsequenzen zu erwarten sind. Auch Studien aus anderen Ländern dürften insofern kaum verlässliche Anhaltspunkte liefern, nicht nur, weil die dortige Höhe des Mindestlohn nicht der des § 1 Abs 2 MiLoG entspricht, sondern auch, weil man mit einem derartigen Vergleich anderen, unter Umständen relevanten Faktoren und deren Zusammenspiel mit dem Mindestlohn nicht gerecht wird (vgl auch SCHÖB/STEIN/FISCHER, DB 2014, 1937 [1937 f]; Versuch einer ersten Abschätzung bei WALLENSTEIN/POSSIENKE P&R; 2014, 39). Abzusehen ist aber, dass ca 5 % der Vollzeitbeschäftigen künftig einen höheren Lohnanspruch haben werden; bei den Teilzeitbeschäftigen liegt – obwohl dies nach § 4 Abs 1 TzBfG eigentlich weitgehend ausgeschlossen sein müsste – die Zahl mit ca 9,5 % der Beschäftigten noch höher; besonders betroffen sind Minijobs, wo ca 68 % der Arbeitnehmer weniger als den neuen Mindestlohn erhalten (Zahlen im Einzelnen bei SCHÖB/STEIN/FISCHER DB 2014, 1937 [1939]). Man wird angesichts dessen davon ausgehen können, dass es Gewinner und Verlierer des flächendeckenden Mindestlohns geben wird; da gerade im Niedriglohnsektor die Arbeitgeber die mit dem MiLoG verbundenen Mehrbelastungen nicht oder zumindest nicht vollumfänglich auf die Abnehmer abwälzen werden können, ist mit Arbeitsplatzverlusten zu rechnen (SCHÖB/STEIN/FISCHER DB 2014, 1937 [1940 f], gehen von ca 900.000 Arbeitsplätzen aus; vgl auch BAUER NZA 2014, 12; BEPLER, in: FS Richardi [2007] 189 [200]).

1345 Das MiLoG stößt in der Literatur auf **verfassungsrechtliche Bedenken** und wird zT sogar für verfassungswidrig gehalten (va LOBINGER JZ 2014, 810 [813]; vgl auch CH PICKER RdA 2014, 25 [31, 34]; LÖWISCH RdA 2009, 215, 220 f; ders NZA 2014, 948; **aA** BARCZAK RdA 2014, 290 [294 ff]). Richtig ist sicherlich, dass die Normierung eines allgemeinen gesetzlichen Mindestlohns einen Eingriff in die Vertragsfreiheit der Arbeitsvertragsparteien und in Art 9 Abs 3 GG darstellt. Letzteres zum einen deshalb, weil vorbehaltlich des § 24 Abs 1 MiLoG über § 3 MiLoG auch den Tarifpartnern die Möglichkeit genommen wird, zulasten der Arbeitnehmer abweichende Regelungen zu vereinbaren (Rn 1370), zum anderen, weil die Schaffung eines allgemeinen Mindestlohns den Anreiz für Arbeitnehmer, einer Gewerkschaft beizutreten, mindert. Zwar ist die Bezeichnung des Gesetzespakets als „Tarifautonomie*stärkungs*gesetz" in der Tat mindestens zweifelhaft, einen Verstoß gegen Art 9 Abs 3 GG wird man aber nicht annehmen können. Der Vorwurf, der Anreiz für einen Gewerkschaftsbeitritt würde geringer, mag in der Sache zutreffen, ließe sich aber letztlich gegen jegliche staatliche Schutzgesetzgebung ins Feld führen. Zur Verfassungswidrigkeit könnte er nur führen, wenn durch die staatlichen Maßnahmen den Tarifpartnern überhaupt kein substantieller Betätigungsbereich mehr verbliebe. Auch wenn die Lohngestaltung die vornehmste Aufgabe der Tarifvertragsparteien ist, ist diese Schwelle durch einen – für viele Branchen ohnehin weit unter den aktuellen Tariflöhnen liegenden – gesetzlichen Mindestlohn nicht überschritten.

Kritisiert wird des Weiteren erstens das Fehlen einer allgemeinen Tariföffnungs- **1346** klausel, die es den Tarifpartnern ermöglichen würde, für Regionen und Branchen, in denen zum gesetzlichen Mindestlohn eine Beschäftigung schlicht nicht erfolgen kann (zB Friseurhandwerk in Mecklenburg-Vorpommern, vgl Bepler, in: FS Richardi [2007] 189 [189, 200]), ein marktgerechtes, nicht zur Vernichtung von Arbeitsplätzen führendes Entgelt vorzusehen, sowie zweitens, dass es das MiLoG nicht ermöglicht, in Krisenfällen zur Rettung des Unternehmens und der Arbeitsplätze der dort Beschäftigten einvernehmlich durch Sanierungsvereinbarungen vom Mindestlohn abzuweichen (Lobinger JZ 2014, 810 [814 ff, 817]; Löwisch NZA 2014, 948; ders RdA 2009, 215, 220 f; vgl schon Ch Picker RdA 2014, 25 [31, 34]). Rechtspolitisch ist diese Kritik sicherlich zutreffend, gibt man den betroffenen Arbeitnehmern doch „Steine statt Brot", wenn man ausnahmslos derart hohe gesetzliche Mindestlöhne vorgibt, dass ihre Arbeitsplätze mit an Sicherheit grenzender Wahrscheinlichkeit aus wirtschaftlichen Gründen gänzlich wegfallen werden. Dass es hier nicht bessere Alternativen wie zB Kombilohnmodelle (zB Bepler, in: FS Richardi [2007] 189 [200]) geben würde, ist zweifelhaft. Allein: Ein Verfassungsverstoß wird man auch aus diesen Erwägungen angesichts des dem Gesetzgeber einzuräumenden weiten Einschätzungsspielraums in der Arbeitsmarkt- und Wirtschaftspolitik zum gegenwärtigen Zeitpunkt (noch) nicht herleiten können. Es bleibt abzuwarten, welche Folgen das Gesetz zeitigt (in diese Richtung auch Ch Picker RdA 2014, 25 [31]); erst dann, wenn es tatsächlich zu den von seinen Kritikern befürchteten massiven Arbeitsplatzverlusten führt, lässt sich eine fundierte verfassungsrechtliche Würdigung, vor allem mit Blick auf staatliche Schutzpflichten und Art 12 GG, vornehmen.

Was unabhängig von der verfassungsrechtlichen Bewertung die einfachgesetzliche, **1347** gewissermaßen **handwerkliche, Bewertung** des Gesetzes anbelangt, so bleibt zu beanstanden, dass der Gesetzgeber einige für die Praxis überaus wichtige Fragen nicht klar genug geregelt hat und deshalb bis zur jeweiligen höchstrichterlichen Klärung erhebliche Rechtsunsicherheit besteht. Das gilt neben dem unklaren Begriff der „repräsentative[n] Tarifvertragsparteien" in § 24 Abs 1 MiLoG (kritisch auch Schweibert/Lessmann DB 2014, 1866 [1867]) vor allem für die viel zu knappe, den zB mit der Bewertung von Zulagen, leistungsbezogenen Vergütungen oder Sachleistungen verbundenen Problemen nicht gerecht werdende Regelung des § 1 Abs 2 MiLoG. Aus demokratietheoretischer Sicht ist diese Flucht des Gesetzgebers vor den selbst geschaffenen Problemen und ihre Überbürdung auf die Gerichte nicht zu akzeptieren, vor allem da frühzeitig im Gesetzgebungsverfahren auf sie hingewiesen wurde (Schweibert/Lessmann DB 2014, 1866 [1871]).

c) Persönlicher Anwendungsbereich (§ 22 MiLoG)
Das MiLoG gilt nach seinem § 22 **Abs 1 S 1** für **Arbeitnehmerinnen und Arbeitneh-** **1348** **mer**. Im Vergleich zu einigen, sich auf den Beschäftigtenbegriff stützenden Sondergesetzen wie zB das AGG (§ 6 Abs 1) oder das PflegeZG (§ 7 Abs 1) ist der personelle Anwendungsbereich damit vergleichsweise schmal gefasst. Erfasst sind vorbehaltlich der Ausnahmeregelungen aber alle Arten von Arbeitsverhältnissen, dh zB auch die von Werkstudenten, Rentnern, Saisonarbeitskräften, 450-Euro-Jobs, Arbeitnehmern in Probearbeitsverhältnissen und Teilzeitarbeitnehmern (Barczak RdA 2014, 290 [291 f]), nicht allerdings Personen in einem Einfühlungsarbeitsverhältnis (Berndt DStR 2014, 1878 [1878 f]; Bayreuther NZA 2014, 865 [873]).

1349 Die Behandlung von **Praktikanten**, erstmals gesetzlich definiert in § 22 Abs 1 S 3 MiLoG, war im Gesetzgebungsverfahren besonders umstritten. In der Tat werfen sie das Problem auf, dass einerseits ein Anspruch auf den Mindestlohn nicht angezeigt erscheint, weil ihre Tätigkeit in erster Linie konzeptionell weniger dem Auszubildenden sondern vielmehr dazu dient, dem Praktikanten erste Einblicke zu verschaffen, andererseits eine Ausbeutung der „Generation Praktikum" vermieden werden muss (Jöris/vSteinau-Steinrück BB 2014, 2101; kritisch CH Picker/Sausmikat NZA 2014, 942). Der Gesetzgeber hat sich in § 22 **Abs 1 S 2** MiLoG für einen Kompromiss entschieden, indem er Praktikanten zwar grundsätzlich in den Anwendungsbereich des Gesetzes einbezieht, aber einige praxisrelevante Ausnahmen vorsieht. Klärungsbedürftig ist dabei insbesondere die Frage, was geschieht, wenn ein unter § 22 Abs 1 S 2 Nr 2, 3 MiLoG fallendes, weil zunächst auf maximal drei Monate beschränktes Praktikum anschließend über den Dreimonatszeitraum verlängert wird; um Missbräuche zu vermeiden wird man einen Mindestlohnanspruch nicht erst ab dem vierten Monat, sondern rückwirkend schon ab dem ersten Tag annehmen müssen (Jöris/vSteinau-Steinrück BB 2014, 2101 [2102]).

1350 Apodiktisch von der Anwendbarkeit des MiLoG sind durch den Verweis auf § 2 Abs 1, 2 JArbSchG in § 22 **Abs 2** MiLoG **Personen** ausgenommen, die **noch nicht 18 Jahre alt sind**. Der Gesetzgeber wollte damit verhindern, dass Jugendliche zugunsten einer scheinbar guten, weil mit dem Mindestlohn vergüteten Beschäftigung auf eine „ordentliche" Berufsausbildung verzichten und auf diese Weise langfristige Nachteile am Arbeitsmarkt erleiden (BT-Drucks 18/1558, 42). Diese Bereichsausnahme wird verschiedentlich kritisiert. So wird sie zT angesichts langer Schul- und Ausbildungsdauern für zu niedrig gehalten und für eine Erhöhung auf 21 plädiert (Bayreuther NZA 2014, 865 [872]; vgl auch Waltermann AuR 2015, 166 [172]). Andere halten die Vorschrift unter Altersdiskriminierungsgesichtspunkten gleich für verfassungs- und unionsrechtswidrig (Preis/Ulber, Die Verfassungsmäßigkeit des allgemeinen Mindestlohns, Rechtsgutachten für die Hans-Böckler-Stiftung, abrufbar unter: http://www.boeckler.de/pdf/gf_gutachten_preis_2014_04.pdf; Brors NZA 2014, 938 [941 f]; zweifelnd auch ErfK/Franzen § 22 MiLoG Rn 5). Auch wenn dem zuzugeben ist, dass einige Arbeitgeber dieses „Schlupfloch" nützen können, um über die Beschäftigung von Jugendlichen das MiLoG teilweise zu umgehen, geht diese Auffassung angesichts des dem Gesetzgeber einzuräumenden Einschätzungsspielraums zu weit, ist die § 22 Abs 2 MiLoG zugrundeliegende Hypothese des Gesetzgebers doch nicht unplausibel (so iErg auch Sittard NZA 2014, 951 [953]).

1351 Des Weiteren gilt das MiLoG nicht für zu ihrer Berufsausbildung Beschäftigte sowie ehrenamtlich Tätige, § 22 **Abs 3** MiLoG. In beiden Fällen handelt es sich um deklaratorische Bestimmungen. Zu ihrer **Berufsausbildung Beschäftigte** sind schon nach dem BBiG keine Arbeitnehmer, sodass sie schon nicht unter die Begriffsdefinition des § 22 Abs 1 S 1 MiLoG fallen (vgl auch den Gegenschluss zu § 6 Abs 1 S 1 Nr 1 und 2 AGG). Und auch **ehrenamtlich Tätige** sind mangels Tätigwerden gegen Entgelt keine Arbeitnehmer; eine Definition des Ehrenamts fehlt, angesichts des mit dem MiLoG intendierten Schutzes wird man den Begriff eng auszulegen haben (zutreffend Bayreuther NZA 2014, 865 [872]).

1352 Der Mindestlohn gilt schließlich in den ersten sechs Monaten nicht für Arbeitsverhältnisse von zuvor **Langzeitarbeitslosen**, § 22 **Abs 4** MiLoG. Damit sollen die Beschäftigungschancen dieser Personen besonders gefördert werden (BT-Drucks 18/1558, 43). Für den Begriff der Langzeitarbeitslosigkeit wird auf **§ 18 Abs 1 SGB III** verwiesen. Die in der Literatur vereinzelt geäußerten Bedenken an der Feststellbarkeit der Langzeitarbeitslosigkeit für den Arbeitgeber angesichts der in § 18 Abs 2 SGB III enthaltenen Unterbrechungen (Schweibert/Lessmann DB 2014, 1866 [1867]) sind unbegründet, weil § 18 Abs 2 SGB III ohnehin nur „[f]ür Leistungen, die Langzeitarbeitslosigkeit voraussetzen", relevant sind; überdies wurde die Verweisung in § 22 Abs 4 MiLoG bewusst zur Klarstellung auf § 18 Abs 1 SGB III beschränkt (BT-Drucks 18/2010, 5, 25). Interessanter ist die Frage, was geschieht, wenn der Bewerber nicht von sich aus aufdeckt, ob er Langzeitarbeitsloser in diesem Sinne ist. Angesichts der Bedeutung für das angestrebte Arbeitsverhältnis und weil der Arbeitgeber keinen Auskunftsanspruch gegen die Jobcenter hat (Schweibert/Lessmann DB 2014, 1866 [1867]), wird man ein Fragerecht im Vorstellungsgespräch annehmen können (so auch ErfK/Franzen § 22 MiLoG Rn 15). Problematisch ist, wenn der Arbeitnehmer auf diese Frage **lügt**: Gibt er wahrheitswidrig an, kein Langzeitarbeitsloser zu sein und wird eingestellt, „erschleicht" er sich einen Vorteil, wenn der Arbeitgeber ihn bei Kenntnis der Langzeitarbeitslosigkeit nur zu Konditionen unterhalb des Mindestlohns beschäftigt hätte; in diesem Fall wird man dem Arbeitgeber das Recht zur Anfechtung wegen arglistiger Täuschung geben müssen, wobei dieses aber wegen § 242 (kein Reuerecht) nur insoweit wirkt, als er sich an den Konditionen festhalten lassen muss, die er vereinbart hätte, wenn er um das Eingreifen von § 22 Abs 4 MiLoG gewusst hätte. Behauptet umgekehrt der Bewerber (zB in der Hoffnung, dann eingestellt zu werden) wahrheitswidrig, Langzeitarbeitsloser zu sein und zahlt der Arbeitgeber deswegen unter Verstoß gegen § 1 MiLoG in den ersten sechs Monaten zu wenig Entgelt aus, so wird man unter Durchbrechung von § 3 MiLoG keinen Nachforderungsanspruch des Arbeitnehmers annehmen können, ist ein arglistig Handelnder nach der Konzeption unserer Zivilrechtsordnung doch nicht schutzwürdig (**aA** ErfK/Franzen § 22 MiLoG Rn 15); auch dürfte regelmäßig mangels Fahrlässigkeit nicht der Ordnungswidrigkeitentatbestand des § 21 Abs 1 Nr 9 MiLoG erfüllt sein.

d) Territorialer Anwendungsbereich (§ 20 MiLoG)
Nach § 20 MiLoG gilt das **Territorialitätsprinzip**: Jeder Arbeitgeber, sei er im In- oder Ausland ansässig, hat im Inland beschäftigten Arbeitnehmern ein Arbeitsentgelt in Höhe von mindestens dem Mindestlohn nach § 1 Abs 2 MiLoG zu zahlen. Keine Rolle spielt, ob der Arbeitsvertrag deutschem Recht unterfällt oder nicht und ob es sich nur um eine kurzfristige oder eine dauerhafte Beschäftigung im Inland handelt. **1353**

e) Mindestlohn, § 1 MiLoG
aa) Nach § 1 Abs 1, 2 S 1 MiLoG hat jeder Arbeitnehmer einen gesetzlichen (vgl Schweibert/Lessmann DB 2014, 1866 [1870]) Mindestlohnanspruch von zunächst **8,50 € brutto je Zeitstunde**. Diese Regelung gilt für jeden Arbeitnehmer, dh auch der Anspruch desjenigen, der (weit) über dem Mindestlohn verdient, weist nunmehr einen **Sockelbetrag** von 8,50 € auf, der den Regelungen des MiLoG unterfällt und dessen rechtliches Schicksal vom überschießenden Lohnanspruch getrennt zu betrachten ist (Grimm/Linden AiB 2014, 339 [340]; Lembke NZA 2015, 70 [73]; ErfK/Franzen § 1 MiLoG Rn 2). Der Mindestlohnanspruch besteht in Anlehnung an die Rechtsprechung zur Überstundenvergütung (BAG 28.9.2005 – 5 AZR 52/05, NZA 2006, 149 [151]) **1354**

auch für solche Zeiten, die über die im ArbZG geregelten Höchstgrenzen hinausgehen (zutreffend DÄUBLER NZA 2014, 1924 [1926]).

1355 Auch wenn § 1 Abs 2 S 1 MiLoG auf den ersten Blick eine klare und leicht verständliche Regelung zu sein scheint, lässt sie bedauerlicherweise eine ganze Reihe von praxisrelevanten Fragen ungeregelt. Das beginnt mit dem Problem, ob der Arbeitnehmer wirklich für *jede* geleistete Arbeitsstunde den Mindestlohn erreichen muss oder ob eine **Durchschnittsbetrachtung** zulässig ist. Der Wortlaut spricht klar für ersteres, die Entwurfsbegründung (BT-Drucks 18/1558, 34) schweigt dazu. Berücksichtigt man die vom Gesetzgeber mit dem Mindestlohn verfolgten Zwecke (Rn 1343), erscheint entgegen dem Wortlaut eine Durchschnittsbetrachtung vertretbar. Denn sowohl das Ziel, Arbeitnehmern bei Zugrundelegung einer durchschnittlichen Wochenarbeitszeit von 40 Stunden ein Einkommen oberhalb der Pfändungsfreigrenzen des § 850c Abs 1 S 1 ZPO zu sichern, wie das Anliegen, einen Lohnunterbietungswettbewerb der Unternehmen zu verhindern, kann auch dann erreicht werden, wenn beispielsweise eine Arbeitsstunde mit 8,00 € und die nächste mit 9,00 € vergütet wird (so auch SCHWEIBERT/LESSMANN DB 2014, 1866 [1868]; BAYREUTHER NZA 2014, 865 [867]; SITTARD NZA 2014, 951; ErfK/FRANZEN § 1 MiLoG Rn 8; für Zulagen vgl aber unten Rn 1359). Hält man eine Durchschnittsbetrachtung für zulässig, stellt sich allerdings die Folgefrage nach dem **Referenzzeitraum**. Insoweit wird man auf die Fälligkeit des Mindestlohns (§ 2 MiLoG, unten Rn 1365 ff) rekurrieren müssen. Ist – wie in der Regel – monatliche Auszahlung vereinbart, so muss innerhalb jedes Monats im Durchschnitt mindestens der Mindestlohn gezahlt werden; erhält also der Arbeitnehmer zB im März zwar im Durchschnitt 9,00 € je Zeitstunde, im April aber nur 8,00 €, so ist die Unterschreitung für April nicht „gerechtfertigt" und es besteht der Anspruch nach § 1 Abs 1, 2 S 1 MiLoG.

1356 Nicht geregelt ist ferner, ob Zeiten der **Arbeitsbereitschaft, des Bereitschaftsdiensts** und der **Rufbereitschaft** als mit mindestens dem Mindestlohn zu bezahlende Zeitstunden gelten. Man wird dies zu bejahen haben, wenn diese Zeiten nach Tarif- oder Arbeitsvertrag als Arbeitszeit gelten. Besteht keine Regelung, wird man einen Mindestlohnanspruch für Arbeitsbereitschaft und Bereitschaftsdienst, nicht aber für Rufbereitschaft annehmen können (ErfK/FRANZEN § 1 MiLoG Rn 4; DÄUBLER NZA 2014, 1924 [1926]; KOCHER AuR 2015, 173).

1357 **Leistungsbezogene Vergütungssysteme** werden trotz der auf die Zeitstunde rekurrierenden Fassung von § 1 Abs 2 S 1 MiLoG nicht ausgeschlossen. Das hat der Gesetzgeber in der Entwurfsbegründung klargestellt, in der er ausdrücklich erwähnt, dass Stück- und Akkordlohnvereinbarungen nach wie vor zulässig sind (BT-Drucks 18/1558, 34; vgl nunmehr auch ArbG Düsseldorf 20. 4. 2015 – 5 Ca 1675/15). Voraussetzung ist aber auch insoweit, dass der Arbeitnehmer im Referenzzeitraum im Durchschnitt 8,50 € je Zeitstunde verdient und sie ihm bei Fälligkeit auch tatsächlich ausbezahlt werden (BERNDT DStR 2014, 1878 [1880]; BAYREUTHER NZA 2014, 865 [868]). Entsprechend sind auch Provisionsvereinbarungen zulässig, die diese Voraussetzungen wahren.

1358 Zur Berücksichtigung von **Sachleistungen** vom Arbeitgeber an den Arbeitnehmer lassen sich weder dem MiLoG noch der Entwurfsbegründung Vorgaben entnehmen. Es ist daher auf die allgemeine Regelung in **§ 107 Abs 2 GewO** zurückzugreifen (ebenso SCHWEIBERT/LESSMANN DB 2014, 1866). Entsprechend kommt eine Berücksichtigung im Rahmen von § 1 Abs 2 MiLoG von vornherein nur insoweit in Betracht, als nach einem abstrakt-objektiven Maßstab (Bauer/Opolony DB 2002, 159 [1593]; Wisskirchen, DB 2002, 1886 [1887]; gänzlich gegen eine Berücksichtigung von Sachleistungen Gaul/Mach, Aktuelles Arbeitsrecht 2/2014, 273 f) die Sachleistung dem Interesse des Arbeitnehmers oder der Eigenart des Arbeitsverhältnisses entspricht (§ 107 Abs 2 S 1 GewO). Anzunehmen ist das zB bei der Überlassung eines KfZ zu privaten Zwecken, einem Kohledebutat im Bergbau oder Kost und Logis (ErfK/Preis § 107 GewO Rn 4). Überdies ist die Grenze des § 107 Abs 2 S 5 GewO zu beachten (näher und mit Beispielen Berndt DStR 2014, 1878 [1881]). Für **Trinkgelder** ist durch § 107 Abs 3 GewO klargestellt, dass diese auf den Mindestlohn nicht angerechnet werden können; eine Unterschreitung der 8,50 € Grenze kann deshalb nicht damit „gerechtfertigt" werden, dass der Arbeitnehmer mit Trinkgeldern regelmäßig (weit) mehr verdient (Berndt DStR 2014, 1878 [1881]; Däubler NZA 2014, 1924 [1926]; ErfK/Franzen § 1 MiLoG Rn 7).

Problematisch ist ferner die Behandlung von **Zulagen** wie Feiertags-, Nacht- und Überstundenzuschläge. Der Gesetzgeber will hier offenbar die Maßstäbe angelegt wissen, die BAG und EuGH im Rahmen des AEntG aufgestellt haben (BT-Drucks 18/1558 Anl 4, 67). Nach dem Grundsatz der funktionalen Gleichwertigkeit können danach nur solche unmittelbaren Leistungen des Arbeitgebers für die Arbeitsleistung des Arbeitnehmers auf den Mindestlohn angerechnet werden, die funktional dem gleichen Zweck dienen (BAG 18. 4. 2012 – 4 AZR 139/10, NZA 2013, 392 [395]; EuGH 14. 4. 2005 – C-341/02, NZA 2005, 573 [575]). Leistungen, die ein Mehr an Arbeit oder Arbeit unter besonderen Bedingungen abgelten sollen, können also nicht berücksichtigt werden (Jöris/vSteinau-Steinrück BB 2014, 2101 [2103]). Daran gemessen sind Zuschläge für Sonn- und Feiertagsarbeit, Nachzuschläge, Schmutz- und Gefahrenzulagen sowie Akkord- und Qualitätsprämien nicht berücksichtigungsfähig (BT-Drucks 18/1558 Anl 4, 67; Schöb/Stein/Fischer DB 2014, 1937 [1942]; Ulber RdA 2014, 176 [181]). Soweit dies in der Literatur kritisiert und für eine abweichende Handhabung plädiert wird (Schweibert/Lessmann DB 2014, 1866 [1869]; Bayreuther NZA 2014, 865 [868 f]), ist das zwar in der Sache nachvollziehbar, kann de lege lata angesichts des klar geäußerten gesetzgeberischen Willens aber nicht umgesetzt werden. Das Argument, es handle sich nicht um eine Passage aus der Entwurfsbegründung, sondern „nur" um die Gegenäußerung der Bundesregierung (Bayreuther NZA 2014, 865 [869]), verkennt, dass auch diese Teil des gesetzgeberischen Willensbildungsbildungsprozesses ist und damit – weil sich diese Ansicht letztlich im Gesetzgebungsverfahren durchgesetzt hat – für den Rechtsanwender nach Art 20 Abs 3 GG verbindlich ist. **1359**

Wegegeld ist, wie andere **Aufwendungsersatzleistungen** des Arbeitgebers, nicht berücksichtigungsfähig, wenn es allein dem Kostenersatz des Arbeitnehmers dient, denn der Aufwendungsersatz ist kein Lohn (s Rn 1751; vgl auch Brors NZA 2014, 938 [940]; Lembke NZA 2015, 70 [75]); ggf muss der Anteil des Aufwendungsersatzes aus einem unspezifizierten Gesamtlohn herausgerechnet werden (Ulber RdA 2014, 176 [182]; Schweibert/Lessmann DB 2014, 1866 [1869]). Etwas anderes gilt, wenn die Auslegung des Vertrages ergibt, dass es sich bei dem Wegegeld um die Vergütung für die Wegezeit handelt (Jöris/vSteinau-Steinrück BB 2014, 2101 [2103]). **Vermögenswirksame Leistungen** können beim Mindestlohn ebenfalls nicht berücksichtigt werden, dienen sie doch der Vermögensbildung und können auch erst mit erheblicher zeitlicher Verzögerung abgerufen werden (EuGH 7. 11. 2013 – C-522/12, NZA 2013, 1359 [1361]; Ulber **1360**

RdA 2014, 176 [181]; Jöris/vSteinau-Steinrück BB 2014, 2101 [2103]; Lembke NZA 2015, 70 [75]).

1361 Nicht eindeutig geregelt ist ferner, ob der **Mindeststundenlohnanspruch auch für Zeiten** gilt, in denen der Arbeitnehmer einen Anspruch auf Arbeitsentgelt hat, obwohl er im fraglichen Zeitraum **gar nicht gearbeitet** hat, wie das zB beim Annahmeverzug des Arbeitgebers, an Feiertagen oder während des Erholungsurlaubs der Fall ist (dazu näher Rn 1554 ff). Das ist jedenfalls beim Annahmeverzug anzunehmen, handelt es sich hier doch um Situationen, in denen dem Arbeitgeber aufgrund der Umstände das Risiko des Arbeitsausfalls zugewiesen wird (insoweit ebenso ErfK/Franzen § 1 MiLoG Rn 19). Auch für Feiertags- und Urlaubsgeld wird man wegen des in § 4 Abs 1 EFZG normierten Lohnausfallprinzips nicht anders entscheiden können (vgl [zum AEntG] BAG 13. 5. 2015 – 10 AZR 191/14; **aA** ErfK/Franzen § 1 MiLoG Rn 18, 20); auch aus der Wendung „Arbeitsleistung erbracht wurde" in § 2 Abs 1 S 1 Nr 2 MiLoG folgt nichts anderes (vgl zum Problem auch Kocher AuR 2015, 173 [175 f]).

1362 Was schließlich **Sonderzahlungen** wie Weihnachts- oder Urlaubsgeld anbelangt, sind nach dem gesetzgeberischen Willen ebenfalls die vom EuGH (14. 5. 2005 – C-341/02, NZA 2005, 573) aufgestellten Grundsätze zu beachten (BT-Drucks 18/1558, Anl 4, 67). Entsprechend können sie nur dann berücksichtigt werden, soweit sie spätestens mit Ende der jeweiligen Fälligkeitsperiode tatsächlich und unwiderruflich ausgezahlt werden (Berndt DStR 2014, 1878 [1880]; Bayreuther NZA 2014, 865 [868]; Schweibert/Lessmann DB 2014, 1866 [1869]; kritisch gegenüber dem Unwiderruflichkeitserfordernis Sittard NZA 2014, 951 [952]). Ist also zB monatliche Lohnzahlung vereinbart, so ist ein im Jahr einmalig ausgezahltes Weihnachtsgeld nur für den Auszahlungsmonat, nicht aber für die übrigen Monate berücksichtigungsfähig. Im Niedriglohnsektor sind eventuelle Sonderzahlungen daher künftig nach Möglichkeit ratierlich zu leisten.

1363 bb) Nach § 1 Abs 3 MiLoG gehen die Regelungen des AEntG, des AÜG und der auf ihrer Grundlage erlassenen Rechtsverordnungen dem MiLoG vor, allerdings gilt der jeweilige, nach § 1 Abs 2 MiLoG vorgeschriebene Mindestlohn auch insoweit als Untergrenze (aber: § 24 Abs 2 MiLoG, siehe Rn 1378). Im Übrigen aber sind die Regelungen für den jeweiligen Branchenmindestlohn vorrangig, zB betreffend Arbeitszeitkonten, Fälligkeit oder Kontrolle seiner Einhaltung (BT-Drucks 18/1558, 34); auch der equal-treatment-Grundsatz (§§ 9 Nr 1, 10 Abs 4 AÜG) ist zu beachten (Lembke BB 2014, 1333 [1334]).

1364 cc) Zahlt der Arbeitgeber entgegen seiner Verpflichtung aus § 20 MiLoG vorsätzlich oder fahrlässig nicht mindestens ein Entgelt in der Höhe des Mindestlohns, so handelt er **ordnungswidrig** und verwirkt ein Bußgeld bis zu 500 000 €, **§ 21 Abs 1 Nr 9, 3 MiLoG**.

f) Fälligkeit, § 2 MiLoG

1365 Die Fälligkeit des Mindestlohnanspruchs richtet sich nach § 2 **Abs 1** S 1 Nr 1 MiLoG vorrangig nach der arbeitsvertraglichen Vereinbarung über die Fälligkeit des Lohnanspruchs. Entsprechend dem Gesetzeszweck, dem Arbeitnehmer einen über die Pfändungsfreigrenzen hinausreichenden Lebensunterhalt zu sichern, sieht § 2 Abs 1 S 1 Nr 2 MiLoG vor, dass der Mindestlohnanspruch spätestens am letzten Bankarbeitstag des Monats, der auf den Monat folgt, in dem die Arbeitsleistung erbracht wurde, zu erfüllen ist. Diese Auffangregelung dürfte in der Praxis kaum Bedeutung haben, da meist ohnehin eine monatliche Fälligkeit vereinbart wird (Bayreuther NZA 2014, 865 [869]). Hat sich der Arbeitgeber zur Zahlung eines den Mindestlohn übersteigenden Entgelts verpflichtet, so gilt § 2 MiLoG nur für den den Mindestlohnsockel (Rn 1354) übersteigenden Entgeltanteil (Jöris/vSteinau-Steinrück BB 2014, 2101 [2104]). Wurde überhaupt keine Vereinbarung getroffen, bleibt § 614 unberührt, § 2 Abs 1 S 2 MiLoG.

Eine Sonderregelung für **Arbeitszeitkonten** trifft § 2 Abs 2 MiLoG. Danach sind die in das schriftlich vereinbarte Arbeitszeitkonto eingestellten und über die vereinbarte Arbeitszeit hinausgehenden Arbeitsstunden spätestens innerhalb von zwölf Kalendermonaten auszugleichen, soweit der Mindestlohnanspruch nicht bereits durch Zahlung des verstetigten Arbeitsentgelts erfüllt ist (näher BT-Drucks 18/1558, 34 f; Jöris/vSteinau-Steinrück BB 2014, 2101 [2104]). **1366**

§ 24 Abs 1 und 2 MiLoG gelten nicht für **Wertguthabenvereinbarungen** iSd SGB IV (§ 24 **Abs 3** MiLoG). Der Gesetzgeber sieht diese Wertguthaben als durch die Regelungen des SGB IV ausreichend gesichert an (BT-Drucks 18/1558, 35). **1367**

Bei einem vorsätzlichen oder fahrlässigen Verstoß gegen die Fälligkeitsregelung liegt nach § **21 Abs 1 Nr 9, 3 MiLoG** eine Ordnungswidrigkeit vor, die mit einem Bußgeld bis zu 500.000 € sanktioniert werden kann. **1368**

g) Schutz des Mindestlohnanspruchs, §§ 3, 13 MiLoG

Der Mindestlohnanspruch – ggf der in einem höheren Arbeitsentgelt enthaltene Sockel (Rn 1354; so auch Bayreuther NZA 2014, 865 [870]; Sittard NZA 2014, 951 [952 f]; Grimm/Linden AiB 2014, 339 [340]) – ist durch § 3 MiLoG in mehrfacher Hinsicht geschützt. Dies gilt aber nur für den Mindestlohn nach dem MiLoG, nicht für Mindestentgeltansprüche nach AEntG oder § 3a AÜG (Grimm/Linden AiB 2014, 339 [340 f]). **1369**

So erklärt § 3 **S 1** MiLoG Vereinbarungen für unwirksam, die den Anspruch auf den Mindestlohn unterschreiten oder seine Geltendmachung beschränken oder ausschließen. Vereinbarungen idS sind nicht nur arbeitsvertragliche Abreden, sondern auch solche in Tarifverträgen (aber: § 24 Abs 1 MiLoG, Rn 1378) und – soweit wegen § 77 Abs 3 BetrVG überhaupt relevant – Betriebsvereinbarungen (Löwisch NZA 2014, 948). Verboten ist damit nicht nur der vollständige oder teilweise Ausschluss des Mindestlohnanspruchs, sondern zB auch **Ausschlussfristen**. Handelt es sich bei der Ausschlussklausel um eine sog „All-Klausel" („Sämtliche Ansprüche aus dem Arbeitsverhältnis ..."), so ist sie unwirksam, soweit der Mindestlohn(-sockel) betroffen ist; im Übrigen wird man sie aber für wirksam halten können, denn ein Verbot geltungserhaltender Reduktion gilt erstens nur im AGB-Recht und zweitens spricht der Wortlaut von § 3 S 1 MiLoG selbst davon, dass die Vereinbarung nur *insoweit* unwirksam ist (ebenso Bayreuther NZA 2014, 865 [870]; Lembke NZA 2015, 70 [73, 77]; Gaul/Mach, Aktuelles Arbeitsrecht 2/2014, 284; **aA** für Formularvereinbarungen Grimm/Linden AiB 2014, 339 [341 f]). S 1 steht nach dem Willen des Gesetzgebers einer **Entgeltumwandlung nach § 1a BetrAVG** nicht entgegen (BT-Drucks 18/1558, 35). **1370**

Für die Rechtsfolgen eines Verstoßes gegen S 1 ist zu unterscheiden: Bei einer **1371**

Ausschlussfrist ist diese (teil-)unwirksam, in Bezug auf den Mindestlohn(-sockel) gelten nur die allgemeinen Verjährungsvorschriften (§§ 195, 199 BGB). Eine Abrede, die eine geringere Entlohnung als den Mindestlohn vorsieht, ist unwirksam; an ihre Stelle tritt nicht etwa der Anspruch auf Mindestlohn, sondern nach § 612 Abs 2 die übliche Vergütung (Bayreuther NZA 2014, 865 [866]; Däubler NZA 2014, 1924 [1927]; aA Lembke NZA 2015, 70 [77]; Waltermann AuR 2015, 166 [170]; s § 612 Rn 56 ff). Eine Unterschreitung des Mindestlohns kann daher für den Arbeitgeber weitreichende Konsequenzen haben. Die Wirksamkeit des Arbeitsverhältnisses im Übrigen bleibt – entgegen § 139 – natürlich unberührt (Schweibert/Lessmann DB 2014, 1866 [1870]; Bayreuther NZA 2014, 865 [865 f]).

1372 Nach § 3 S 2 MiLoG ist ein **Verzicht** auf den Mindestlohnanspruch grundsätzlich ausgeschlossen. Etwas anderes gilt bei einem gerichtlichen Vergleich, weil der Gesetzgeber durch das Erfordernis einer richterlichen Mitwirkung einen ausreichenden Schutz vor einem ungerechtfertigten Verlust des Mindestlohnanspruchs unterstellt (BT-Drucks 18/1558, 35).

1373 § 3 S 3 MiLoG schließlich schließt die **Verwirkung** des Mindestlohnanspruchs aus. Weil nach § 3 S 1 MiLoG in Bezug auf den Mindestlohn(-sockel) auch Ausschlussfristen nicht wirksam vereinbart werden können, geht der Schutz über denjenigen tariflicher Ansprüche nach § 4 Abs 4 S 2, 3 TVG hinaus.

1374 Geschützt wird der Mindestlohnanspruch ferner über die **Haftungsregelungen** der §§ 13 MiLoG, 14 AEntG. Danach haftet ein Generalunternehmer bei Unterschreitung des Mindestlohnes durch von ihm beauftragte Sub- und Nachunternehmer wie ein Bürge, der auf die Einrede der Vorausklage (§ 771) verzichtet hat (näher Heuschmid/Hlava NJW 2015, 1719). Die im ursprünglichen Gesetzentwurf noch vorgesehene Exkulpationsmöglichkeit (BT-Drucks 18/1558, 11, 40) wurde auf Empfehlung des Ausschusses für Arbeit und Soziales gestrichen, weil sich die auf Basis des AEntG etablierte Praxis bewährt habe (BT-Drucks 18/2010, 4, 23). Die Regelung birgt erhebliche unternehmerische Risiken (Schöb/Stein/Fischer DB 2014, 1937 [1942]; zur Vertragsgestaltung Jöris/vSteinau-Steinrück BB 2014, 2101 [2105]).

h) Übergangsregelungen, § 24 MiLoG

1375 Teil des politischen Kompromisses bei der Einführung des flächendeckenden Mindestlohns war die Schaffung vergleichsweise weitreichender Übergangsregelungen in § 24 MiLoG. Mit ihnen will der Gesetzgeber verhindern, dass durch eine schlagartige Einführung des Mindestlohns besonders betroffene Branchen in eine Schieflage geraten (BT-Drucks 18/1558, 28).

1376 Daher sieht zunächst § 24 **Abs 1** S 1 MiLoG die Möglichkeit vor, durch Tarifverträge „repräsentativer Tarifvertragsparteien" mit Mindestlöhnen vom gesetzlichen Mindestlohn des § 1 Abs 2 MiLoG zulasten der Arbeitnehmer abzuweichen. Voraussetzung ist allerdings, dass diese Tarifverträge „verbindlich gemacht worden sind", dh entweder nach § 5 TVG für allgemeinverbindlich oder nach § 7 AEntG für zwingend erklärt wurden. Diese Tariföffnungsklausel ist doppelt eingeschränkt: Erstens gilt sie bis maximal zum 31. 12. 2017, und zweitens hat der Tarifvertrag spätestens ab dem 1. 1. 2017 einen Mindestlohn von 8,50 € je Zeitstunde vorzusehen; da damit zu rechnen ist, dass der gesetzliche Mindestlohn ab dem 1. 1. 2017 erhöht wird (vgl

§ 9 Abs 1 S 1 MiLoG), kann von ihm in den betroffenen Branchen auch für das Jahr 2017 nach unten abgewichen werden. Entsprechendes gilt für auf Grundlage von entweder § 11 AEntG oder § 3a AÜG erlassene Rechtsverordnungen, § 24 Abs 1 S 2 MiLoG.

Schwierigkeiten macht die Bestimmung der Tatbestandsvoraussetzung „**repräsentativer Tarifvertragsparteien**"; Hinweise, wie die Repräsentativität zu bestimmen ist, lassen sich weder dem Gesetzestext noch den Gesetzgebungsmaterialien entnehmen. Man wird sich an § 7 Abs 2 AEntG orientieren können. Dennoch ist die damit einhergehende Rechtsunsicherheit mit Blick auf die Folgen eines Verstoßes gegen das MiLoG problematisch (kritisch auch SCHWEIBERT/LESSMANN DB 2014, 1866 [1867]): Ist der Tarifvertrag nicht von „repräsentativen Tarifvertragsparteien" abgeschlossen worden, so ist die Tariflohnabrede nach § 3 S 1 MiLoG unwirksam. Zahlt ein Arbeitgeber in Unkenntnis dessen nur den in dem insoweit unwirksamen Tarifvertrag vorgesehenen, sich unterhalb des gesetzlichen Mindestlohnniveaus bewegenden Lohn, verstößt er gegen § 20 MiLoG. Zivilrechtlich hat dies zur Konsequenz, dass die Arbeitnehmer nicht nur nach § 1 Abs 1, 2 Abs 1 MiLoG Anspruch auf den gesetzlichen Mindestlohn, sondern gemäß § 612 Abs 2 auf die übliche Vergütung haben (Rn 1371). Überdies erfüllt das Verhalten des Arbeitgebers den objektiven Tatbestand der Ordnungswidrigkeit des § 21 Abs 1 Nr 9 MiLoG; angesichts der mit dem Repräsentativerfordernis einhergehenden Unklarheiten wird man allerdings beim subjektiven Tatbestand großzügig zugunsten des Arbeitgebers sein dürfen. Vermeiden ließen sich diese Probleme dadurch, dass man das Erfordernis der Repräsentativität der Tarifvertragsparteien stets bejaht, wenn der von ihnen geschlossene Tarifvertrag für allgemeinverbindlich bzw nach § 7 AEntG für zwingend erklärt wurde. Dafür spricht, dass diese staatlichen Akte nur erfolgen sollen, wenn enge Voraussetzungen vorliegen, die – bei aller Vorsicht mit solchen Vergleichen – einer gewissen Repräsentativität entsprechen; dagegen spricht allerdings die Normstruktur des § 24 Abs 1 MiLoG, würde eine derartige Auslegung doch dazu führen, dass das Tatbestandsmerkmal der „repräsentativen Tarifvertragsparteien" vollständig unter den Tisch fiele. 1377

§ 24 **Abs 2** S 1 MiLoG sieht für Zeitungszusteller bis mindestens 31. 12. 2016, wohl aber bis 31. 12. 2017 einen ermäßigten Mindestlohn mit stufenweiser Steigerung vor: 2015 beträgt er **75 %**, 2016 **85 %** des Mindestlohns nach § 1 Abs 2 MiLoG; 2017 dann gilt ein Mindestlohn von 8,50 € unabhängig davon, ob bis dahin der allgemeine Mindestlohn des § 1 Abs 2 MiLoG erhöht wurde. Erst ab dem 1. 1. 2018 kommen daher auch Zeitungszusteller in den vollen Genuss des allgemeinen Mindestlohns. 1378

Der Gesetzgeber begründete diese Sonderregelung mit der Notwendigkeit des Schutzes der Meinungsfreiheit und der Notwendigkeit, Gefährdungen des Abonnentenwesens vorzubeugen (BT-Drucks 18/2010, 25); auch wenn diese Begründung zweifelhaft ist (kritisch auch BAYREUTHER NZA 2014, 865 [872]; WALTERMANN AuR 2015, 166 [172 f]), wird man nicht so weit gehen können, sie als willkürlich und als mit Art 3 Abs 1 GG unvereinbar anzusehen. Die nach § 24 Abs 2 S 2 HS 2 MiLoG notwendige Unterscheidung zwischen Zustellern von Anzeigenblättern mit und ohne redaktionellem Inhalt dürfte in der Praxis für erheblichste Schwierigkeiten sorgen. 1379

3. Antidiskriminierungsrecht

1380 a) Der Lohngleichheitsgrundsatz **für Frauen und Männer** gehört schon seit langer Zeit zu den durch Rechtsnormen verschiedener Stufe vielfältig abgesicherten Ordnungsgrundsätzen für das soziale Leben. Er ergibt sich aus dem **Gleichberechtigungsgrundsatz** (Art 3 Abs 2 GG) und dem Benachteiligungsverbot (Art 3 Abs 3 GG). Das BAG hat deshalb vom Beginn seiner Rechtsprechung an Tarifverträge, Betriebsvereinbarungen und arbeitsvertragliche Einheitsregelungen dem Prinzip unterworfen, dass Mann und Frau bei gleicher Arbeit gleichen Lohn bekommen müssen (BAG 15. 1. 1955 – 1 AZR 305/54, BAGE 1, 258). Abgesichert wurde dieser Grundsatz europarechtlich durch Art 119 EWG-Vertrag, heute Art 157 AEUV (zwischenzeitlich Art 141 EG). Dieser ist nach der Rspr des EuGH – trotz der innerstaatlichen Umsetzung – **unmittelbar geltendes Recht in den Mitgliedstaaten der EU**; die betroffenen Arbeitnehmer haben daher einen Anspruch darauf, dass ihre Arbeitgeber das Lohngleichheitsgebot befolgen (EuGH 8. 4. 1976 – Rs 43/75, NJW 1976, 2068 ff; bestätigt durch EuGH 13. 5. 1986 – Rs 170/84; EuGH 17. 5. 1990 – C 262/88 und 27. 6. 1990 – C 33/89, AP Nr 10, 20 und 21 zu Art 119 EWG-Vertrag; für Heranziehung von Art 157 AEUV [ex Art 141 EG] als Rechtsquelle auch BAG 23. 1. 1990 – 3 AZR 58/88 und 20. 11. 1990 – 3 AZR 613/89, AP Nr 7 und 8 zu § 1 BetrAVG Gleichberechtigung; anders dagegen BAG 23. 8. 1995 – 5 AZR 942/93, BAGE 80, 343 [350]; BAG 10. 12. 1997 – 4 AZR 193/97, AP Nr 3 zu § 612 BGB Diskriminierung; BAG 9. 10. 2012 – 3 AZR 477/10, NZA-RR 2013, 150 [151]).

1381 Die zwischenzeitliche einfachgesetzliche Konkretisierung des Lohngleichheitsgebots für Frauen und Männer in **§ 612 Abs 3 aF** (geschaffen durch Art 1 Nr 3 Arbeitsrechtliches EG-Anpassungsgesetz vom 13. 8. 1980 [BGBl I 1308]; zur Gesetzesgeschichte ausf STAUDINGER/ANNUSS [2005] § 611a Rn 1 ff) ist mittlerweile im AGG aufgegangen (er wird dort durch § 8 Abs 2 AGG vorausgesetzt) und wurde daher durch Art 3 Abs 14 des G v 14. 8. 2006 (BGBl I 1897) mit Wirkung zum 18. 8. 2006 aufgehoben. § 612 Abs 3 aF gilt aber für vor dem 18. 8. 2006 erfolgte Benachteiligungen weiter, § 33 Abs 1 AGG.

1382 b) Jeder Arbeitnehmer kann verlangen, dass seine **Geschlechtszugehörigkeit keinen Unterschied in der Entgeltbemessung** begründet. Neben den oben genannten (Rn 1380) Vorschriften folgt dies einfachgesetzlich aus §§ 2 Abs 1 Nr 2, 8 Abs 2 AGG (BAG 11. 12. 2007 – 3 AZR 249/06, NZA 2008, 532 [536]). Die Geschlechtszugehörigkeit darf nicht den Maßstab für eine Entgeltdifferenzierung bilden, wobei alle Vergütungen, die der Arbeitgeber aufgrund des Arbeitsverhältnisses dem Arbeitnehmer mittelbar oder unmittelbar in bar oder in Sachleistungen zahlt, erfasst werden (BAG 28. 5. 2013 – 3 AZR 635/11, NZA 2014, 547 [548] mwNw). Der Grundsatz der Entgeltgleichheit gilt daher nicht nur für das regelmäßige Arbeitsentgelt, sondern auch für zB Gratifikationen, Sondervergütungen, Zulagen, vermögenswirksame Leistungen und für Leistungen der betrieblichen Altersversorgung (vgl EuGH 13. 5. 1986 – Rs 170/84, AP Nr 10 zu Art 119 EWG-Vertrag *Bilka*; BAG 14. 10. 1986 – 3 AZR 66/83, BAGE 53, 161 [167]).

1383 Anwendung findet der Entgeltgleichheitsgrundsatz nur, soweit es sich nach einer Gesamtschau um **gleiche oder gleichwertige Arbeit** handelt. Die üblicherweise zu erbringenden Arbeitsleistungen müssen daher nach Qualifikation, Arbeitsumfang und -bedingungen, Belastungen und Verantwortung identisch oder zumindest gleichartig sein (s näher EuGH 28. 2. 2013 – C-427/11, NZA 2013, 315 [318 f]; BAG 26. 1. 2005 – 4 AZR 171/03, NZA 2005, 1059 [1061]).

Der Grundsatz der Entgeltgleichheit für Frauen und Männer verbietet nicht nur die **1384** **unmittelbare**, sondern auch die **mittelbare Benachteiligung** (§ 3 Abs 2 AGG; für Art 157 AEUV vgl BAG 19. 1. 2011 – 3 AZR 29/09, NZA 2011, 860 [863] mwNw). Er verbietet daher auch eine Vergütungsdifferenzierung, die nach ihrem Inhalt zwar nicht zwischen Frauen und Männern unterscheidet, aber tatsächlich **erheblich mehr Angehörige des einen als des anderen Geschlechts nachteilig trifft** und **nicht durch objektive Faktoren gerechtfertigt** ist, die nichts mit einer Diskriminierung aufgrund des Geschlechts zu tun haben (EuGH 13. 7. 1989 – Rs 171/88 und 27. 6. 1990 – C 33/89, AP Nr 16 [Rinner-Kühn] und Nr 21 [Kowalska] zu Art 119 EWG-Vertrag; EuGH 7. 2. 1991 AP Nr 25 zu § 23a BAT [Nimz]; BAG 2. 12. 1992 – 4 AZR 152/92, BAGE 72, 64 [72]; BAG 10. 12. 1997 – 4 AZR 264/96, AP Nr 3 zu § 612 BGB Diskriminierung). Da ein erheblich geringerer Prozentsatz Frauen als Männer vollzeitbeschäftigt ist, steht deshalb der Ausschluss von **Teilzeitbeschäftigten** von Entgeltleistungen im Widerspruch zu Art 157 AEUV und §§ 7 Abs 1, 3 Abs 2 AGG (so bereits für Leistungen der betrieblichen Altersversorgung EuGH 13. 5. 1986 – Rs 170/84, AP Nr 10 zu Art 119 EWG-Vertrag *Bilka*; so auch BAG 14. 10. 1986 – 3 AZR 66/83, BAGE 53, 161 ff; siehe auch EuGH 6. 12. 2007 – Rs 300/06, NZA 2008, 31). Der Wunsch des Arbeitgebers, Teilzeitarbeit zu vermindern, ist zur Rechtfertigung der Ungleichbehandlung nicht ausreichend (so bereits EuGH 13. 5. 1986 – Rs 170/84, AP Nr 10 zu Art 119 EWG-Vertrag). Werden für **bestimmte Tätigkeiten** allerdings Vergütungen gezahlt, die Frauen nicht erhalten, weil sie die Tätigkeit nicht ausüben, so liegt darin kein Verstoß gegen § 7 Abs 1 AGG (vgl EuGH 1. 7. 1986 – Rs 170/84, AP Nr 13 zu Art 119 EWG-Vertrag).

Dass für bestimmte Arbeitnehmergruppen besondere, für den Arbeitgeber regel- **1385** mäßig mit erhöhten Kosten verbundene **Schutzvorschriften** – wie zB die §§ 8 ff, 22 ff ArbSchG, §§ 3, 4, 6, 8 MuSchG, §§ 80, 81 Abs 4 S 4 Nr 4, 5 SGB IX – gelten, rechtfertigt nach § 8 Abs 2 AGG keine geringere Entlohnung. Damit werden aber andere Gründe für die Rechtfertigung unterschiedlicher Entlohnung nicht ausgeschlossen (ErfK/SCHLACHTER § 8 AGG Rn 9). Entsprechend kann Frauen mit besseren Noten gegenüber Männern mit schlechteren Noten auch dann ein höheres Entgelt gezahlt werden, wenn beide gleichwertige Arbeit verrichten (BAUER/KRIEGER, AGG § 15 Rn 44).

c) Durch §§ 7 Abs 1, 2 Abs 1 Nr 2 AGG ist der Grundsatz der Entgeltgleichheit **1386** nicht mehr auf das Geschlecht beschränkt, sondern gilt auch für die anderen in § 1 AGG genannten Merkmale (**Rasse, ethnische Herkunft, Religion, Weltanschauung, Behinderung, Alter, sexuelle Identität**). Inhaltlich gilt das zur Entgeltgleichheit der Geschlechter Gesagte entsprechend. Daher wäre zB eine Entgeltregelung, die an das erfolgreiche Bestehen eines für die Berufsausübung nicht unbedingt erforderlichen Deutsch-Tests eine Zulage knüpft, als mittelbare Benachteiligung wegen der ethnischen Herkunft unzulässig. Das Verbot der Altersdiskriminierung steht hingegen einer nach der Berufserfahrung unterscheidenden Vergütungsregelung nicht entgegen, jedoch darf diese nicht einfach nach Lebensaltersstufen differenzierend unterstellt werden (EuGH 8. 9. 2011 – C-297/10, C-298/10, NZA 2011, 1100 [1102]; BAG 10. 11. 2011 – 6 AZR 481/09, NZA-RR 2012, 100 [102]).

d) Weitergehende Diskriminierungsverbote enthält **Art 21 EG-Grundrechtechar- 1387** ta, der angesichts des Verweises in Art 6 Abs 1 EUV Primärrechtsstatus genießt. Über die im AGG geregelten Diskriminierungsverbote hinaus verbietet er Diskriminierungen „insbesondere" wegen der Hautfarbe, der sozialen Herkunft, der genetischen Merkmale, der Sprache, der politischen oder sonstigen Anschauung, der Zugehörigkeit zu einer nationalen Minderheit, des Vermögens und der Geburt. Die Charta findet nach ihrem **Art 51 Abs 1 S 1** allerdings nur für die Organe und Einrichtungen der Union und für die Mitgliedstaaten ausschließlich bei der Durchführung des Rechts der Union Anwendung. **Zwischen Privaten** ist die Charta dementsprechend nach zutreffender herrschender Meinung **nicht** unmittelbar **anwendbar** (JARASS, EU-GRCharta Art 51 Rn 27; KINGREEN, IN: CALLIESS/RUFFERT, EUV/AEUV Art 51 EU-GRCharta Rn 18 mwNw); nicht ausgeschlossen sind allerdings mittelbare Ausstrahlungswirkungen (vgl JARASS, EU-GRCharta Art 51 Rn 30 f; KINGREEN, IN: CALLIESS/RUFFERT, EUV/AEUV Art 51 EU-GRCharta Rn 23 ff).

4. Verbot der Diskriminierung nach § 4 TzBfG

1388 Wegen der **Teilzeitarbeit** darf ein teilzeitbeschäftigter Arbeitnehmer nicht schlechter behandelt werden als ein vergleichbarer vollzeitbeschäftigter Arbeitnehmer, es sei denn, dass sachliche Gründe eine unterschiedliche Behandlung rechtfertigen (§ 4 Abs 1 S 1 TzBfG, sog pro-rata-temporis-Grundsatz). Ihm ist Arbeitsentgelt oder eine andere teilbare geldwerte Leistung mindestens in dem Umfang zu gewähren, der dem Anteil seiner Arbeitszeit an der Arbeitszeit eines vergleichbaren vollzeitbeschäftigten Arbeitnehmers entspricht (§ 4 Abs 1 S 2 TzBfG; vgl auch BAG 24. 9. 2008 – 10 AZR 634/07, 10 AZR 638/07, 10 AZR 639/07, AP Nr 1, 2, 3 zu § 24 TVöD; BAG 22. 10. 2008 – 10 AZR 734/07, AP Nr 31 zu §§ 22, 23 BAT Zuwendungs-TV). Der Arbeitgeber darf deshalb bei der Entgeltbemessung keine Gruppenbildung vornehmen, die allein auf den zeitlichen Umfang der vertraglich geschuldeten Arbeitsleistung abstellt (BAG 18. 3. 2014 – 9 AZR 740/13, juris Rn 24; vgl RICHARDI NZA 1992, 625 [627 ff]). Voraussetzung für die Anwendung von § 4 Abs 1 TzBfG ist aber, dass Teilzeit- und Vollzeitbeschäftigter vergleichbar sind, woran es zB bei unterschiedlich langen Beschäftigungszeiten fehlen kann (BAG 28. 5. 2013 – 3 AZR 266/11, juris Rn 26).

1389 Wegen der **Befristung eines Arbeitsvertrags** gilt ein entsprechend gestaltetes Verbot der Diskriminierung gem § 4 Abs 2 TzBfG. Dieser gilt aber nicht für Arbeitnehmer, die im Anschluss an ein befristetes Arbeitsverhältnis ein unbefristetes Arbeitsverhältnis zu geänderten Arbeitsbedingungen eingehen (BAG 11. 12. 2003 – 6 AZR 64/02, AP Nr 7 zu § 4 TzBfG).

1390 Verstößt der Arbeitgeber gegen ein Diskriminierungsverbot aus § 4 TzBfG, so schuldet er weder Schadensersatz noch eine Entschädigung; das folgt nicht nur daraus, dass der Wortlaut solche Folgen nicht vorsieht, sondern auch aus einem systematischen Gegenschluss zu § 15 Abs 1, 2 AGG (vgl BAG 21. 2. 2013 – 8 AZR 68/12, NZA 2013, 955 [957]). Stattdessen ist eine diskriminierende Abrede nach § 134 unwirksam (BAG 24. 5. 2000 – 10 AZR 629/99, NZA 2001, 216 [218 f]; BAG 5. 8. 2009 – 10 AZR 634/08, AP Nr 21 zu § 4 TzBfG) bzw eine diskriminierende einseitige Maßnahme rechtswidrig und der Teilzeitbeschäftigte/befristet Beschäftigte kann das **gleiche Arbeitsentgelt** oder andere geldwerte Leistungen verlangen wie die Vollzeitbeschäftigten/unbefristet Beschäftigten (§ 4 Abs 1 S 2, Abs 2 S 2); eines Rückgriffs auf § 612 Abs 2 bedarf es angesichts dieser Sonderregelung nicht (SCHÜREN, MünchArbR § 45 Rn 120; LAUX/

SCHLACHTER, TzBfG § 4 Rn 180; **aA die hM**: BAG 5. 8. 2009 – 10 AZR 634/08, AP Nr 21 zu § 4 TrBfG; HERMS, in: MEINEL/HEYN/HERMS, TzBfG § 4 Rn 49; MünchKomm/MÜLLER-GLÖGE § 4 TzBfG Rn 46; ErfK/PREIS § 4 TzBfG Rn 72). *Für die Vergangenheit* bedeutet dies eine „Anpassung nach oben" auf das für die bislang Bevorzugten geltende höhere Niveau, ist die Herstellung von Gleichheit doch nicht dadurch möglich, dass den Begünstigten rückwirkend die begünstigende Leistung entzogen wird (vgl BAG 28. 7. 1992 – 3 AZR 173/92, NZA 1993, 215 [219]). *Für die Zukunft* ist diese günstigere Regelung dagegen nicht zwingend vorgeschrieben. Denn wenn es dem Arbeitgeber auf arbeitsrechtlich zulässigem Wege möglich ist, den bislang Begünstigten die Mehrleistungen zu nehmen, so hat er die Wahl, ob er das Niveau für alle senken oder die bislang Benachteiligten auf das höhere Level heben möchte (EuGH 28. 9. 1994 – C-28/93, NZA 1994, 1073; ErfK/PREIS § 4 TzBfG Rn 75); kann er jedoch die Begünstigung nicht beseitigen, so bleibt auch für die Zukunft und dauerhaft nur eine „Anpassung nach oben". Entkommen kann der Arbeitgeber den höheren Lasten dann nur, indem er keine Vollzeitarbeitnehmer mehr beschäftigt, fällt doch damit die unzulässige Ungleichbehandlung mit der Folge weg, dass die ursprüngliche Vergütungsvereinbarung wieder auflebt (BAG 17. 4. 2002 – 5 AZR 413/00, NZA 2002, 1334 [1135]).

5. Sonderregelungen bei Arbeitnehmerüberlassung und im Arbeitnehmer-Entsendegesetz

Das Erste Gesetz für moderne Dienstleistungen am Arbeitsmarkt vom 23. 12. 2002 **1391** (BGBl I 4607) hat in gesetzestechnisch missglückter Form als Grundsatz festgelegt, dass Leiharbeitnehmer während der Dauer der Überlassung **wie vergleichbare Arbeitnehmer des entleihenden Unternehmens** hinsichtlich der wesentlichen Arbeitsbedingungen einschließlich des Arbeitsentgelts behandelt werden müssen (sog equal-treatment-Grundsatz, vgl § 3 Abs 1 Nr 3, § 9 Nr 2 und § 10 Abs 4 AÜG). Die im Entleiherbetrieb geltenden Arbeitsbedingungen sind einschließlich des Arbeitsentgelts grundsätzlich die Mindestgrenze für den Arbeitsvertrag zwischen dem Verleiher und dem Leiharbeitnehmer. Der Verleiher als Partei des Arbeitsvertrags wird ohne Rücksicht auf seine Vereinbarung mit dem Leiharbeitnehmer von Gesetzes wegen verpflichtet, der Erbringung seiner Leistung grundsätzlich die Arbeits- und Entgeltbedingungen im Entleiherbetrieb zugrunde zu legen.

Vom equal-treatment-Grundsatz kann zulasten der Arbeitnehmer durch **Tarifvertrag** **1392** abgewichen werden, §§ 3 Abs 1 Nr 3 S 2, 9 Nr 2 HS 2 AÜG. Es handelt sich dabei um eine Pervertierung des eigentlich zum Schutz der Arbeitnehmer existierenden Tarifvertragssystems, die umso gravierender ist, als selbst dann, wenn Arbeitnehmer und/oder Arbeitgeber nicht normativ an den Tarifvertrag gebunden sind, dieser in seinem Geltungsbereich durch Bezugnahme im Arbeitsvertrag übernommen werden kann (§ 3 Abs 1 Nr 3 S 3 und 4 und § 9 Nr 2 HS 3 und 4 AÜG). Voraussetzung ist aber, dass der Tarifvertrag wirksam ist; daran fehlt es bei den von der CGZP geschlossenen Tarifverträgen, sodass die Leiharbeitnehmer (rückwirkend) Anspruch auf equal-payment haben (vgl aus jüngerer Vergangenheit die CGZP-Beschlüsse des BAG, BAG 14. 12. 2010 – 1 ABR 19/10, NZA 2011, 289; BAG 22. 5. 2012 – 1 ABN 27/12).

Da das Arbeitnehmerüberlassungsgesetz nach seiner Grundkonzeption ein gewer- **1393** berechtliches Gesetz ist, beruht die arbeitsrechtliche Regelung auf einer Ergänzung:

Gewährt ein Verleiher dem im Gesetz niedergelegten Grundsatz zuwider einem Leiharbeitnehmer nicht die im Betrieb des Entleihers für einen vergleichbaren Arbeitnehmer des Entleihers geltenden wesentlichen Arbeitsbedingungen einschließlich des Arbeitsentgelts, so führt dies nicht nur zur Versagung, Zurücknahme oder zum Widerruf der Erlaubnis durch die Erlaubnisbehörde, sondern auch zur Unwirksamkeit der entsprechenden vertraglichen Vereinbarung mit dem Leiharbeitnehmer (§ 9 Nr 2 AÜG). Die dadurch eintretende Teilnichtigkeit schließt der Gesetzgeber durch die Bestimmung, dass der Leiharbeitnehmer vom Verleiher die „Gewährung der im Betrieb des Entleihers für einen vergleichbaren Arbeitnehmer des Entleihers geltenden wesentlichen Arbeitsbedingungen einschließlich des Arbeitsentgelts" verlangen kann (**§ 10 Abs 4 AÜG**; vgl zum Problem des gesetzlich „diktierten Vertrags" bei gewerbsmäßiger Arbeitnehmerüberlassung RICHARDI ZfA 2003, 655 [678 ff]; zur Vereinbarkeit mit dem Grundgesetz BVerfG [2. Kammer des Ersten Senats] 29. 12. 2004 – 1 BvR 2582/03, 1 BvR 2283/03, 1 BvR 2504/03, NZA 2005, 153 ff; dazu BAYREUTHER NZA 2005, 341 ff).

1394 Zu beachten ist im Bereich der Arbeitnehmerüberlassung ferner **§ 3a AÜG**. Dieser ermöglicht es, durch Rechtsverordnung des Bundesministeriums für Arbeit und Soziales auf gemeinsamen Vorschlag vorschlagsberechtigter Tarifvertragsparteien, die von ihnen vereinbarten, bundesweit geltenden tariflichen Mindeststundensätze als Lohnuntergrenze für alle in den Geltungsbereich der Rechtsverordnung fallenden Arbeitgeber und Leiharbeitnehmer verbindlich festzusetzen. Dieser Mindeststundenlohn für Leiharbeitnehmer gilt auch für im Ausland ansässige Verleiher, § 2 Nr 4 AEntG.

1395 Im Bereich des **Arbeitnehmer-Entsendegesetzes** finden nach §§ 3, 8 AEntG die in § 5 AEntG abschließend festgelegten Arbeitsbedingungen eines (grundsätzlich: bundesweit geltenden) Tarifvertrags auch auf Außenseiter-Arbeitsverhältnisse zwingend Anwendung, wenn diese entweder für allgemeinverbindlich erklärt wurden oder eine **Rechtsverordnung nach § 7 AEntG** vorliegt. Gebunden sind sowohl Arbeitgeber mit Sitz im Inland wie solche mit Sitz im Ausland, die in den Geltungsbereich fallen. Anwendbar ist das AEntG aber nur auf die abschließend in § 4 AEntG aufgezählten Branchen.

6. Vorstandsmitglieder/Banken- und Versicherungsbereich

1396 Für die Bemessung der Vergütung von **Vorstandsmitgliedern von Aktiengesellschaften** enthält § 87 Abs 1 AktG nähere Vorgaben. Diese muss in einem „angemessenen Verhältnis zu den Aufgaben und Leistungen des Vorstandsmitglieds sowie zur Lage der Gesellschaft stehen und die übliche Vergütung nicht ohne besondere Gründe übersteigen". Der Bezug zur „Leistung" des Vorstandsmitglieds wurde durch das **Gesetz zur Angemessenheit der Vorstandsvergütung (VorstAG)** vom 4. 8. 2009 (BGBl I 3509) eingeführt; es ist eine Reaktion auf die Finanzkrise, die nach Auffassung der Bundesregierung eine wesentliche Ursache darin hatte, dass durch kurzfristig ausgerichtete Vergütungsinstrumente fehlerhafte Verhaltensanreize gesetzt wurden (BT-Drucks 16/12278, 1, 5).

1397 Aus dem gleichen Grund normieren § 25a Abs 6 KWG bzw § 64b Abs 5 VAG Ermächtigungen des Bundesfinanzministeriums, für Geschäftsleiter und Mitarbeiter im Banken- und Versicherungsbereich sowie bei Letzterem zudem für Aufsichtsratsmitglieder durch Rechtsverordnung Einzelheiten der Ausgestaltung, Überwachung, Weiterentwicklung und Transparenz der Vergütungssysteme festzulegen (**Gesetz über die aufsichtsrechtlichen Anforderungen an die Vergütungssysteme von Instituten und Versicherungsunternehmen vom 21. 7. 2010** [BGBl I 950]; vgl BT-Drucks 17/1291, 1, 9); dies gilt nicht, soweit die Vergütung durch Tarifvertrag oder in seinem Geltungsbereich durch Vereinbarung der Arbeitsvertragsparteien über die Anwendung der tarifvertraglichen Regelungen oder aufgrund eines Tarifvertrags in einer Betriebs- oder Dienstvereinbarung vereinbart ist (§§ 25a Abs 1 S 3 HS 2 Nr 6 HS 2, 45 Abs 1 S 1 Nr 5a HS 2, Nr 6 HS 2 KWG, § 64b Abs 6 VAG). Geschäftsleiter im Sinne des KWG sind diejenigen natürlichen Personen, die nach Gesetz, Satzung oder Gesellschaftsvertrag zur Führung der Geschäfte und zur Vertretung eines Instituts in der Rechtsform einer juristischen Person oder einer Personenhandelsgesellschaft berufen sind, § 1 Abs 2 KWG; der Mitarbeiterbegriff ist nicht definiert, gemeint sind die Arbeitnehmer, die nicht unter den Geschäftsleiterbegriff fallen. In Umsetzung dieser Ermächtigungen wurde zunächst die Verordnung über die aufsichtsrechtlichen Anforderungen an Vergütungssysteme von Instituten (Institutsvergütungsverordnung – InstitutsVergV 2010) vom 6. 10. 2010 (BGBl I 1374) erlassen. Diese wurde mittlerweile durch die Verordnung über die aufsichtsrechtlichen Anforderungen an Vergütungssysteme von Instituten (**Institutsvergütungsverordnung – InstitutsVergV 2013**) vom 16. 12. 2013 (BGBl I 4270) abgelöst (vgl § 29 S 2 InstitutsVergV 2013; zu den InstitutsVergV vgl dazu Rubner NZG 2010, 1288; Groeger RdA 2011, 287; Simon/Koschker BB 2011, 120; Zürn/Böhm BB 2014, 1269; Jensen BB 2014, 2869). Die wesentliche Neuerung liegt darin, dass die variable Vergütung nunmehr grundsätzlich auf maximal 100 % des Fixgehalts beschränkt wird; durch Beschluss der Anteilseigner des Instituts kann die Obergrenze aber auf 200 % erhöht werden, vgl § 25a Abs 6 KWG, § 6 Abs 1 InstitutsVergV 2013 (vgl zu den damit verbundenen Problemen Insam/Hinrichs/Hörtz WM 2014, 1415; Merkelbach WM 2014, 1990).

IV. Gegenstand und Bemessung der Arbeitsvergütung

1. Gegenstand der Vergütung

a) Unterscheidung in Geld- und Naturallohn
Sofern nichts anderes vereinbart ist, wird die Vergütung in Geld berechnet und ausgezahlt. Es liegt eine **Geldschuld** vor. Für Arbeitnehmer gilt, dass das Arbeitsentgelt in **Euro zu berechnen und auszuzahlen** ist (§ 6 Abs 2 iVm § 107 Abs 1 GewO). 1398

Arbeitgeber und Arbeitnehmer können **Sachbezüge** als Teil des Arbeitsentgelts vereinbaren, zum Schutz des Arbeitnehmers aber nur, wenn dies dem Interesse des Arbeitnehmers oder der Eigenart des Arbeitsverhältnisses entspricht (§ 107 Abs 2 S 1 GewO; s näher Rn 1580 ff). Ist Gegenstand der Naturalvergütung die Gewährung von Wohnung und Kost, so gelten ergänzend die besonderen Fürsorgepflichten der §§ 617, 618 Abs 2, wenn der Verpflichtete in die häusliche Gemeinschaft aufgenommen wird. Die Einräumung des Rechts, die Betriebskantine entgeltlich zu nutzen, ist hingegen keine Form der (Natural-)Entlohnung (MünchKomm/Müller-Glöge § 611 Rn 702). 1399

Der Arbeitgeber darf dem Arbeitnehmer **keine Waren auf Kredit** überlassen (§ 6 1400

Abs 2 iVm § 107 Abs 2 S 2 GewO). Er darf ihm nach Vereinbarung Waren in Anrechnung auf das Arbeitsentgelt überlassen, wenn die Anrechnung zu den durchschnittlichen Selbstkosten erfolgt (§ 107 Abs 2 S 3 GewO). Die Zahlung eines regelmäßigen Arbeitsentgelts kann nicht für die Fälle ausgeschlossen werden, in denen der Arbeitnehmer für seine Tätigkeit von Dritten ein **Trinkgeld** erhält (§ 107 Abs 3 S 1 GewO; s auch Rn 1584). Trinkgeld ist ein Geldbetrag, den ein Dritter ohne rechtliche Verpflichtung dem Arbeitnehmer zusätzlich zu einer dem Arbeitgeber geschuldeten Leistung zahlt (so die Legaldefinition in § 107 Abs 3 S 2 GewO).

1401 Gewährt der Arbeitgeber dem Arbeitnehmer besondere **Rabatte** auf die von ihm produzierten Waren oder angebotenen Dienstleistungen, so ist auch das (steuerpflichtiges) Arbeitsentgelt (Krause, MünchArbR § 60 Rn 12; für das Steuerrecht vgl BFG 2. 10. 1968 – VI R 64/68, DStZ 1969, 191; **aA** LAG Bremen 28. 7. 1987 – 1 Sa 155/86, NZA 1987, 815 [816]). Grds ist es möglich, dass der Arbeitgeber **Rückzahlung**/Ausgleich eines derartigen Rabatts verlangt, wenn das Arbeitsverhältnis wegen eines aus der Sphäre des Arbeitnehmers stammenden Grunds innerhalb eines bestimmten Zeitraums beendet wird. Bei formularmäßigen Klauseln hat jedoch eine Inhaltskontrolle stattzufinden, da sie ähnlich wie Rückzahlungsklauseln für Gratifikationen (Rn 1514 ff) oder Ausbildungskosten (Rn 1524 ff) faktisch eine Kündigungserschwerung für den Arbeitnehmer beinhalten; dabei wird eine Übertragung der dort entwickelten Staffelwerte aber mehrheitlich abgelehnt (LAG Bremen 28. 7. 1987 – 1 Sa 155/86; Krause, MünchAbrR § 60 Rn 13; offen ErfK/Preis § 611 Rn 520).

b) Besondere Formen der Naturalvergütung

1402 Naturalvergütung spielt vor allem in der Land- und Forstwirtschaft eine Rolle. Gesetzliche Sonderregelungen bestehen hier aber nicht mehr (s Rn 326 f). Im Bergbau gehört zur Naturalvergütung die Gewährung von Kohledeputaten. Seeleute haben neben dem Anspruch auf Heuerzahlung (§§ 37 SeeArbG) Anspruch auf Unterbringung, Verpflegung und medizinische Betreuung nach den §§ 93 ff SeeArbG.

1403 Die Gewährung einer Werkwohnung ist nur dann Naturallohn, wenn sie (ohne Entgelt) die teilweise Gegenleistung für die Arbeit bildet **(Werkdienstwohnung)**. Es liegt nur ein Arbeitsvertrag und kein separater Mietvertrag vor (BAG 2. 11. 1999 – 5 AZB 18/99, NZA 2000, 277 [277 f]; Bruns NZM 2014, 535; vgl Staudinger/Rolfs [2014] § 576b Rn 4). Möglich ist allerdings auch, dass bei einer Werkdienstwohnung der Wohnraum zwar im Rahmen des Arbeitsverhältnisses überlassen wird, aber dennoch nicht Teil der Arbeitsvergütung ist. (Nur) für die Beendigung des Rechtsverhältnisses hinsichtlich des Wohnraums gilt nach § 576b Mietrecht; im Übrigen richten sich die Rechte und Pflichten aber nach den arbeitsvertraglichen Vereinbarungen und nicht nach Mietrecht (BAG 18. 9. 2007 – 9 AZR 822/06, AP Nr 10 zu § 310 BGB; vgl Staudinger/Rolfs [2014] § 576b Rn 4). Für Streitigkeiten aus der Überlassung einer Werkdienstwohnung sind die Arbeitsgerichte zuständig (§ 2 Abs 1 Nr 3 lit a ArbGG; vgl BAG 2. 11. 1999 – 5 AZB 18/99, AP Nr 68 zu § 2 ArbGG 1979; Thüringer LAG 25. 8. 2009 – 1 Sa 130/09, juris Rn 31). Ist der Arbeitnehmer arbeitsvertraglich zur Bewohnung der Werkdienstwohnung verpflichtet, kann diese Pflicht vorbehaltlich einer abweichenden Vereinbarung nicht selbstständig bei fortbestehendem Arbeitsvertrag gekündigt werden, da es sich um eine unzulässige Teilkündigung handelt (BAG 23. 8. 1989 – 5 AZR 569/88, AP Nr 3 zu § 565e BGB).

Titel 8 · Dienstvertrag und ähnliche Verträge
Untertitel 1 · Dienstvertrag   § 611

Wird nur mit Rücksicht auf das Bestehen des Arbeitsverhältnisses Wohnraum ver- **1404**
mietet, so handelt es sich um **Werkmietwohnungen**. Bei ihnen besteht neben dem
Arbeitsvertrag ein selbstständiger Gebrauchsüberlassungsvertrag, der bei entgeltlicher Überlassung ein Mietvertrag ist (BAG 2. 11. 1999 – 5 AZB 18/99, NZA 2000, 277); wird dem Arbeitnehmer das Recht eingeräumt, das ihm zum Gebrauch überlassene Grundstück auch zu nutzen, so handelt es sich insoweit um einen Pachtvertrag (§ 581). Für die Abgrenzung von Werkmiet- und Werkdienstwohnung ist nicht die Bezeichnung durch die Parteien maßgeblich, sondern der durch Auslegung zu ermittelnde materielle Inhalt des Vereinbarten. Ergibt diese ein Mietverhältnis, kann die Anwendbarkeit des Mietrechts nicht durch Parteivereinbarung abbedungen werden (BAG 28. 11. 2007 – 5 AZB 44/07, NZA 2008, 843 [844]; Abgrenzungsbeispiele bei BRUNS NZM 2014, 535 [536]). Für Streitigkeiten über Werkmietwohnungsverhältnisse sind stets die ordentlichen Gerichte zuständig (Thüringer LAG 25. 8. 2009 – 1 Sa 130/09, juris Rn 31). Solange das Arbeitsverhältnis besteht, gelten für die Kündigung eines Mietverhältnisses über die Werkmietwohnung die allgemeinen Vorschriften der §§ 568, 573 ff, 577a (LAG Köln 4. 3. 2008 – 11 Sa 582/07, juris Rn 36; vgl STAUDINGER/ROLFS [2014] § 576 Rn 13 ff). Da die Werkmietwohnung mit Rücksicht auf das Bestehen eines Arbeitsverhältnisses vermietet ist, gibt § 576 dem Vermieter nach Beendigung des Arbeitsverhältnisses ein Sonderkündigungsrecht (vgl STAUDINGER/ROLFS [2014] § 576 Rn 22 ff). Zuweisung und Kündigung von Wohnräumen, die dem Arbeitnehmer mit Rücksicht auf das Bestehen eines Arbeitsverhältnisses vermietet werden, sowie die allgemeine Festlegung der Nutzungsbedingungen fallen unter die Mitbestimmung des Betriebsrats nach § 87 Abs 1 Nr 9 BetrVG, und zwar ggf selbst dann, wenn sie Personen zugewiesen werden, die vom Betriebsrat nicht repräsentiert werden (BAG 28. 7. 1992 – 1 ABR 22/92, AP Nr 7 zu § 87 BetrVG 1972 Werkmietwohnungen; näher RICHARDI, in: RICHARDI, BetrVG § 87 Rn 686 ff; vgl auch JUNKER, in: FS Kreutz [2010] 171 ff).

Zu den Sachbezügen zählt auch die **Bereitstellung eines Dienstwagens zur privaten** **1405**
Nutzung. Sie ist Teil der Vergütung, die für die geschuldete Arbeitsleistung erbracht wird (vgl BAG 16. 11. 1995 – 8 AZR 240/95 und 27. 5. 1999 – 8 AZR 415/98, BAGE 81, 294 [297] und 91, 379 [381]; BAG 23. 6 1994 – 8 AZR 537/92, AP Nr 34 zu § 249 BGB; BAG 21. 3. 2012 – 5 AZR 651/10, NZA 2012, 616) und dementsprechend nicht nur bei der Berechnung der Unpfändbarkeitsgrenzen des § 850c ZPO zu berücksichtigen (vgl BAG 24. 3. 2009 – 9 AZR 294/06, AP Nr 22 zu § 611 BGB Sachbezüge), sondern auch bei der Prüfung des equal-payment-Grundsatzes nach § 9 Nr 2 AÜG (BAG 19. 2. 2014 – 5 AZR 1047/12, NZA 2014, 915 [918]). Überdies gelten die allgemeinen Grundsätze für Widerrufsvorbehalte; der Arbeitgeber kann sich daher in einem Formulararbeitsvertrag nicht wirksam das Recht vorbehalten, die Überlassung jederzeit zu widerrufen, §§ 307, 308 Nr 4 (BAG 19. 12. 2006 – 9 AZR 294/06, AP Nr 21 zu § 611 BGB Sachbezüge; BAG 13. 4. 2010 – 9 AZR 113/09, NZA-RR 2010, 457 [459]; s zum Widerrufsvorbehalt Rn 941 ff). Hingegen hält ein Widerrufsvorbehalt, nach dem der Arbeitnehmer den Wagen im Fall einer Freistellung an den Arbeitgeber zurückgeben muss, einer Inhaltskontrolle stand; allerdings muss die Ausübung des Widerrufs im konkreten Fall billigem Ermessen entsprechen, wozu in aller Regel gehört, dass der Arbeitnehmer eine angemessene Entschädigung erhält und/oder den Wagen nur unter Einräumung einer Auslauffrist zurückgeben muss (BAG 21. 3. 2012 – 5 AZR 651/10, NZA 2012, 616 [617]; ErfK/PREIS § 611 Rn 524). Ob der geldwerte Vorteil der Privatnutzung eines Firmenwagens auch im Rahmen der betrieblichen Altersversorgung zu berücksichtigen ist, hängt von der jeweiligen

Vereinbarung ab (vgl BAG 14. 8. 1990 – 3 AZR 321/89, NZA 1991, 104; BAG 13. 11. 2012 – 3 AZR 557/10, juris Rn 29).

1406 Der Arbeitgeber bleibt zur Bereitstellung auch bei Nichterbringung der Arbeitsleistung verpflichtet, solange er zur Fortzahlung des Arbeitsentgelts verpflichtet ist (BAG 14. 12. 2010 – 9 AZR 631/09, NZA 2011, 569 [570]; MünchKomm/MÜLLER-GLÖGE § 611 Rn 705; HWK/THÜSING § 611 Rn 89); das kann selbst während Mutterschutzfristen gelten (BAG 27. 5. 1999 – 8 AZR 415/98, AP Nr 12 zu § 611 BGB Sachbezüge; BAG 11. 10. 2000 – 5 AZR 240/99, NZA 2001, 445 [447]). Bei **unberechtigter Entziehung der Nutzungsmöglichkeit** ist die Leistung unmöglich geworden, weil die Nutzung nicht nachgeholt werden kann. Der Arbeitnehmer hat einen Anspruch auf Schadensersatz nach § 280 Abs 1, 3 iVm § 283 (vgl BAG 27. 5. 1999 – 8 AZR 415/98, BAGE 91, 379 [381 ff], s auch STAUDINGER/RICHARDI/ FISCHINGER [2016] § 615 Rn 138); eine Bemessung in Form von 1 % des Listenpreises des Firmenwagens pro Monat begegnet keinen Bedenken (BAG 19. 12. 2006 – 9 AZR 294/06, AP Nr 21 zu § 611 BGB Sachbezüge). Kündigt der Arbeitgeber die als solches berechtigte Entziehung des Dienstwagens nur zu spät an, so schuldet er hingegen keine Nutzungsausfallentschädigung, sondern muss nur den durch die verspätete Ankündigung entstehenden Schaden (wie zB erhöhte Mietwagenkosten) ersetzen (BAG 14. 12. 2010 – 9 AZR 631/09, NZA 2011, 569 [570 f]).

1407 Nach **Ende des Dienstverhältnisses** ist der Dienstwagen zurückzugeben; bei gerichtlichem Vorgehen gegen eine Kündigung gelten die Regeln über den Weiterbeschäftigungsanspruch entsprechend (ErfK/PREIS § 611 Rn 523; MünchKomm/MÜLLER-GLÖGE § 611 Rn 706). Stellt sich später heraus, dass sich der Arbeitgeber im Annahmeverzug befand und während dieser Zeit dem Arbeitnehmer die Nutzungsmöglichkeit zu Unrecht vorenthielt, schuldet er nach Auffassung des BAG über § 615 Wertersatz (BAG 23. 6. 1994 – 8 AZR 537/92, NZA 1994, 1128).

2. Bemessung der Arbeitsvergütung

1408 Die Feststellung, was der Dienstverpflichtete (Arbeitnehmer) im konkreten Fall für die Arbeitsleistung erhält, richtet sich nicht nur nach der Vereinbarung der Lohnhöhe, sondern auch nach der **Lohnfindungsmethode**. Für das System der Lohnfindung gibt es **verschiedene Entlohnungsgrundsätze**. Zu den Prinzipien, nach denen das Arbeitsentgelt bemessen wird, gehört, ob das Arbeitsentgelt *zeitbezogen* oder *leistungsbezogen* ausgestaltet sein soll oder ob es überhaupt nur in einer Gewinn- oder Ergebnisbeteiligung besteht. Entsprechend verschieden sind die Entgeltbemessungssysteme:

a) Zeitlohn
1409 Die verbreiteste Form der Entlohnung ist der Zeitlohn. Bei ihm wird die Vergütung nach der **Dauer der Arbeitszeit** bemessen, für die der Arbeitnehmer seine Dienste dem Arbeitgeber zur Disposition gestellt hat. Keine Rolle spielt, welches Arbeitsergebnis er dabei erzielt; der Arbeitnehmer hat daher einen Lohnanspruch auch bei Schlechtleistung. Das System für die Bemessung des zeitbezogenen Entgelts kann verschieden sein, je nachdem, ob die Lohn- oder Gehaltsfestsetzung nach abstrakten Tätigkeitsmerkmalen erfolgt, wie sie in den Tarifverträgen üblich ist oder ob für sie eine Positionsrangfolge und eine Leistungsbeurteilung maßgebend sind.

Die Lohnbemessungsperiode orientiert sich vor allem an Stunden. Der Arbeitnehmer erhält in diesem Fall nicht ein bestimmtes Gehalt, das ohne Rücksicht darauf ausbezahlt wird, wie viele Stunden er effektiv tätig war, sondern sein Arbeitsentgelt wird nach der tatsächlich geleisteten Arbeitszeit berechnet. Davon zu unterscheiden ist die Zeit der Lohnzahlung. Für sie gilt § 614 (s Staudinger/Richardi/Fischinger [2016] § 614 Rn 12 ff). **1410**

b) Besonderheit der leistungsbezogenen Entgelte

Vom Zeitlohn sind die **leistungsbezogenen Arbeitsentgelte** zu unterscheiden, die man unter dem Oberbegriff des Leistungslohns zusammenfasst. Sie können *arbeitsabhängig* oder *erfolgsabhängig* sein. Von ihnen sind Vergütungen zu unterscheiden, die wie eine Umsatz- und Gewinnbeteiligung ausschließlich **erfolgsbezogen** sind. **1411**

Bei den leistungsbezogenen Entgelten wird die Richtleistung für die Gewährung des Arbeitsentgelts nicht nach der Dauer der Arbeitszeit, sondern nach dem **Arbeitsergebnis** bestimmt. Dadurch wird aber nicht die Entgeltrisikoregelung geändert; nicht der Dienstverpflichtete, sondern der Dienstberechtigte trägt die Vergütungsgefahr. Anknüpfungspunkt für ein leistungsbezogenes Entgeltsystem kann die Menge oder Qualität der geleisteten Arbeit sein *(arbeitsabhängige Leistungsentgelte)*. Möglich ist es aber auch, dass mit dem Entlohnungsgrundsatz ergebnisorientierte Ziele verfolgt werden oder die Gewährung des Entgelts sich sogar ausschließlich nach dem Erfolg richtet *(erfolgsabhängige Leistungsentgelte)*. Deshalb ist es notwendig, dass bei einem leistungsbezogenen Entgelt festgelegt wird, worin die Bezugsgröße besteht, nach der sich die Erbringung des Arbeitsentgelts richtet, und wie die Bezugsbasis gestaltet ist, um den Entlohnungsgrundsatz in seiner konkreten Struktur zu bestimmen. **1412**

Für alle leistungsbezogenen Entgelte gilt einheitlich, dass der Arbeitnehmer die Möglichkeit haben muss, das Leistungsergebnis zu beeinflussen. Ein Leistungslohnsystem setzt weiterhin voraus, dass die Leistung quantifizierbar ist. **1413**

c) Akkordlohn

Die relativ einfachste Form eines Leistungslohnsystems ist der Akkordlohn. Sie bedarf einer entsprechenden individual- oder kollektivvertraglichen Vereinbarung (s Schwab NZA-RR 2009, 1). Die Bezugsgröße besteht hier in der **Mengenerzeugung**. Damit ist aber das Wesen des Akkordlohns noch nicht bestimmt. Ein weiteres Merkmal ist die **Zeitabhängigkeit der Leistung**. Wo diese Voraussetzung nicht gegeben ist, handelt es sich selbst dann, wenn die Bezugsgröße für die Entlohnung die Mengenerzeugung ist, nicht mehr um die Lohnform des Akkords. Hier und in den Fällen, in denen andere Bezugsgrößen gewählt werden, kommt als Leistungslohnform nur der Prämienlohn in Betracht. **1414**

Hinsichtlich der Bezugsbasis, die für den Akkord gewählt wird, unterscheidet man zwischen dem **Stückakkord**, bei dem nur die Anzahl der Stücke im Akkordansatz erscheint, **dem Gewichtsakkord**, bei dem die Menge des verarbeiteten oder transportierten Materials zugrunde gelegt wird, dem **Flächenakkord**, der durch die Größe der zu bearbeitenden Fläche bestimmt wird, und dem **Maßakkord**, zB bei der Handverpackung von Tabletten, und dem **Pauschalakkord**, der sich aus mehreren unterschiedlichen Arbeitsaufgaben zusammensetzt. **1415**

1416 Eine weitere Unterscheidung kann man zwischen **Einzelakkord**, bei dem es nur auf die Leistung eines einzelnen Arbeitnehmers ankommt, und dem **Gruppenakkord** treffen. Bei Letzterem entscheidet die Arbeitsleistung der gesamten Gruppe, wobei die auf sie entfallende Entlohnung auf ihre einzelnen Mitglieder aufzuteilen ist (BAG 26. 4. 1961 – 4 AZR 71/58, AP Nr 14 zu § 611 BGB Akkordlohn).

1417 Nur Bedeutung für die **Methode der Lohnverrechnung** hat die Unterscheidung zwischen dem Geldakkord (häufig verwechselt mit Stückakkord) und dem Zeitakkord. Bei dem **Geldakkord** wird für ein bestimmtes Stück (eine Leistungseinheit) ein bestimmter Geldbetrag zugesagt. Der effektive Verdienst des Arbeitnehmers ergibt sich als Produkt aus der Zahl der erbrachten Stücke (Leistungseinheiten) und dem für das Stück (die Leistungseinheit) angesetzten Lohnbetrag. Der Akkordansatz lautet also: Zahl der Stücke × Betrag des für das Stück zu gewährenden Lohns. Der Mangel dieser Form der Lohnbemessung besteht darin, dass der für die Richtigkeit des individuellen Leistungsgrads maßgebliche Gesichtspunkt, nämlich die Bestimmung, wie lange man zur Erbringung der Bezugs- oder Normalleistung benötigt (sog Zeitvorgabe), nicht offen ausgewiesen wird. Beim **Zeitakkord** wird deshalb das Stück bzw das Arbeitsvorkommen in die Zahl von Minuten aufgelöst, die von einem Arbeitnehmer für die Erbringung der Leistungseinheit benötigt wird. Für jede von dem Arbeitnehmer erbrachte Leistungseinheit wird ihm eine Minutenzahl „gutgebracht", ohne Rücksicht darauf, wieviel Zeit tatsächlich gebraucht wurde (sog Zeitfaktor). Jeder dieser sog „vorgegebenen" Minuten wird mit einem Centbetrag vergütet (sog Geldfaktor). Der Akkordansatz bestimmt sich daher beim Zeitakkord nach der Formel: Zahl der vom Arbeitnehmer erbrachten Leistungseinheiten × Zeitfaktor × Geldfaktor.

1418 Beim **Akkord** sind folgende Fragen zu beantworten:

1419 (1) *Wieviel soll der Arbeitnehmer bei der Erbringung der Bezugs- oder Normalleistung in der Stunde verdienen?* Die Antwort wird durch den **Akkordrichtsatz** gegeben, wobei es üblich ist, dass der Grundlohn, der als Akkordbasis dient, um einen Akkordzuschlag erhöht wird, sodass der Akkordrichtsatz beispielsweise 120 Prozent des Grundlohns darstellt. Beim Zeitakkord bildet den Geldfaktor der sechzigste Teil des Akkordrichtsatzes. Beträgt also der tarifliche oder sonst übliche Stundenlohn beim Zeitlohn 21 Euro (Akkordbasis), so ist bei einem Akkordzuschlag in Höhe von 20 Prozent der Akkordrichtsatz 25,20 Euro. Bezieht man ihn auf die Minute, so beträgt der für den Akkordverdienst maßgebliche Geldfaktor 0,42 Euro.

1420 (2) *Welche Zeit benötigt man für die Erbringung der Bezugs- oder Normalleistung?* Für die Richtigkeit des Akkordverdiensts ist wesentlich, dass der für die Leistungseinheit maßgebende **Zeitfaktor** richtig ermittelt wird; denn von ihm hängt ab, ob der Akkordverdienst dem individuellen Leistungsgrad entspricht. Während die Feststellung des Geldfaktors keine Schwierigkeiten bereitet, wenn man ihn auf die Minute bezieht, es also bei der insoweit starr vom Akkordrichtsatz abhängigen Größe nur darum geht, ob das Lohnniveau insgesamt hoch oder niedrig ist, bereitet die Feststellung der Bezugs- oder Normalleistung Schwierigkeiten. Von ihr hängt aber ab, ob der Akkordverdienst richtig errechnet wird. Bei fehlerhafter Bestimmung der Bezugs- oder Normalleistung ist auch die Berechnung des Akkordverdiensts fehlerhaft, wenn der Geldfaktor ein Sechzigstel des Akkordrichtsatzes beträgt.

Die Festsetzung der Zeit, wie lange man zur Erbringung der **Bezugs- oder Normal-** **1421**
leistung braucht, hat deshalb für die Richtigkeit der Akkordentlohnung wesentliche Bedeutung. Sie kann auf verschiedenen Wegen erfolgen: Feststellung aufgrund tatsächlicher Erfahrung durch eine dazu bestellte, meist mit den Umständen besonders vertraute Person (sog Faust- oder Meisterakkord) oder Zeitermittlung durch wissenschaftliche Methoden (wissenschaftliche Akkordsysteme). Diese Methoden beziehen sich auf die Beobachtung des Arbeitsablaufs, um den Zeitbedarf zu ermitteln. Ebenso wird nach wissenschaftlichen Methoden der Leistungsgrad der Person bestimmt, bei deren Arbeit die Zeit gemessen wird, um von ihr auf die für die Richtigkeit des Zeitfaktors wesentliche Arbeitsleistung, die man vielfach auch als Normalleistung bezeichnet, zu kommen. Am verbreitetsten ist das Refa-Verfahren („Reichsausschuß für Arbeitszeitermittlung"); daneben gibt es das Bedaux-Verfahren und die sog Kleinstzeitverfahren, auch Verfahren der vorbestimmten Zeiten genannt (vgl dazu KRAUSE, MünchArbR § 57 Rn 22; zur Mitbestimmung des Betriebsrates vgl MATTHES, MünchArbR § 251 Rn 68).

Vor allem bei geringem Akkordaufkommen wird es sich nicht lohnen, umfangreiche **1422**
Zeitstudien und Zeitaufnahmen zu machen, wie das Refa-Verfahren sie erfordert. In diesem Fall wird nicht nur der Leistungsgrad der beobachteten Person geschätzt, sondern es werden auch die arbeitsnotwendigen Zeiten nicht gemessen, sondern geschätzt. Man spricht deshalb hier vom Schätzakkord, der anders als der Faust- oder Meisterakkord zu den methodisch gebundenen Akkorden zählt.

(3) Schließlich stellt sich die *Frage, wie der Arbeitnehmer abgesichert ist, wenn er* **1423**
die dem Akkordsatz zugrunde liegende Richtleistung nicht erreicht. Im Prinzip trägt er das **Risiko seiner quantitativen Minderleistung**. Etwas anderes gilt nur, wenn, wie zahlreiche Tarifverträge es vorsehen, für Akkordarbeiter eine Mindestlohngarantie besteht (Verdienstsicherungsklausel). Aber auch wenn eine derartige Regelung nicht besteht, darf nicht das Arbeitsentgeltrisiko auf den Arbeitnehmer verlagert werden. Liegt die Ursache für die Minderleistung beim Arbeitgeber, so hat der Arbeitnehmer nach dem Prinzip des § 615 Anspruch auf den Durchschnittsverdienst (ebenso SOERGEL/KRAFT § 611 Rn 168; MünchKomm/MÜLLER-GLÖGE § 611 Rn 735). Das Risiko **qualitativer Minderleistung** trägt hingegen – wie auch sonst – der Arbeitgeber; etwas anderes gilt, wenn wirksam vereinbart wurde, dass ein Anspruch auf Arbeitslohn nur bei einwandfreier Arbeit besteht (näher BAG 15. 3. 1960 – 1 AZR 301/57, AP Nr 13 zu § 611 BGB Akkordlohn).

Eine Sonderform des Akkordlohns für Bergleute ist das **Gedinge**. Deren Entlohnung **1424**
bestimmt sich zB nach der Anzahl der geförderten Wagen oder der Länge der aufgefahrenen Strecke.

Da der Vereinbarung von Akkordlohnvergütung das Risiko immanent ist, dass der **1425**
Arbeitnehmer sich zur Erzielung eines möglichst hohen Entgelts überarbeitet, ist er für bestimmte Arbeitnehmergruppen **verboten** (§ 23 JArbSchG; § 4 Abs 3 MuSchG; § 3 FahrpersonalG).

d) Prämienlohn

1426 Der Prämienlohn ist eine besondere Form der Leistungsentlohnung. Bei zunehmender Mechanisierung und Automatisierung der Fertigungsvorgänge entfällt die Möglichkeit einer Akkordentlohnung. Selbst wenn Bezugsgröße für die Entlohnung die Mengenerzeugung ist, kommt die Lohnform des Akkords nicht mehr in Betracht, wenn die Leistung nicht mehr zeitabhängig ist. Außerdem kann ein Interesse daran bestehen, andere Merkmale einer Arbeitsleistung, wie Qualität oder Maschinenausnutzung, als Bezugsgröße für den Lohn zu wählen (vgl KRAUSE, MünchArbR § 57 Rn 31 ff). Prämienlohn wird im Allgemeinen nur als Zulage zum Zeit- oder Akkordlohn gezahlt; er ist also nicht die ausschließliche Leistungsart, die als Arbeitsentgelt für die Arbeit erbracht wird.

1427 Wie beim Akkordlohn muss der Arbeitnehmer die Möglichkeit haben, das Leistungsergebnis zu beeinflussen, da anderenfalls kein leistungsbezogenes Entgelt vorliegt (vgl GAUL, in: DIETZ/GAUL/HILGER, Akkord und Prämie [2. Aufl 1967] A III 95). Ein Leistungslohnsystem setzt als Entlohnungsgrundsatz weiterhin voraus, dass die Leistung quantifizierbar ist. Der Prämienlohn ist deshalb mit dem Akkordlohn verwandt. Der Unterschied besteht nicht darin, dass der Akkord nur auf die Quantität, die Prämie dagegen regelmäßig auf die Qualität des Arbeitsergebnisses bezogen sei. Eine Prämie ist vielmehr nur dann Leistungslohn, wenn der gewählte Maßstab die *Messbarkeit der Leistung* gestattet (ebenso TOMANDL, Rechtsprobleme des Akkord- und Prämienlohnes [1961] 13).

1428 Anders als beim Akkord sind bei der Einführung eines Prämienlohnsystems die Elemente der Entlohnung nicht vorgegeben. Es gibt **keinen Prämienlohn an sich**, sondern es müssen Bezugsgröße und Bezugsbasis festgelegt werden, um den **Entlohnungsgrundsatz in seiner konkreten Struktur** zu bestimmen. Bezugsgröße kann die Menge der Produktionsleistungen sein, die Erfüllung eines qualitativen Mindeststandards des Arbeitsergebnisses, zB geringer Ausschuss, oder die Materialersparnis bei der Erbringung der Arbeitsleistung. Schon bei einer Mengenleistungsprämie kann im Gegensatz zum Akkordlohn eine andere Bezugsbasis in Betracht kommen: Die Steigerung des Produktionsergebnisses kann entweder von der höheren menschlichen Arbeitsleistung oder von der geschickten Nutzung der Einstell- und Laufgeschwindigkeit von Maschinen und technischen Anlagen oder von der Sicherung des maschinell optimalen Produktionsergebnisses durch dauernde Nutzung der höchsten Einstell- und Laufgeschwindigkeit abhängen.

1429 Während beim Akkord die Arbeitsleistung von der Zeit proportional abhängig ist, kann sich bei der Prämienentlohnung aus der Wahl der Bezugsgröße ein unterschiedlicher Grad der Beeinflussungsmöglichkeit auf den Arbeitsfortschritt ergeben. Daraus wird in der Betriebswirtschaftslehre die Folgerung gezogen, dass die Prämie zweckmäßigerweise in **progressiver** Staffelung gezahlt, damit von ihr ein Leistungsanreiz ausgeht, oder dass sie **degressiv** bemessen wird, um bei einer Mengenleistungsprämie auch die Qualität des Produktionsergebnisses zu berücksichtigen. Diese Faktoren bestimmen die Prämienleistungsnorm.

1430 Wie beim Akkordlohn muss beim Prämienlohn die **nach der Prämienleistungsnorm maßgebende Richtleistung** richtig bestimmt werden, um im Rahmen der Prämienleistungsnorm eine leistungsgerechte Entlohnung des Arbeitnehmers sicherzustellen. Wie beim Akkordlohn ist die Richtigkeit des Prämienansatzes **nicht** von der **Höhe des Prämienentgeltsatzes abhängig**. Wenn beispielsweise bei einer Güteprämie Bezugsbasis der Ausschuss ist, so muss zunächst die Richtleistung festgestellt werden. Bei ihr kann beispielsweise ein Ausschuss von 20 Prozent bestehen. Zugleich muss ermittelt werden, bis zu welchem Prozentsatz der Ausschuss bei optimaler Arbeitsleistung gesenkt werden kann. Material und Maschinenarbeit können hier eine Grenze ziehen, die zB bei fünf Prozent liegt. Darin erschöpft sich aber noch nicht die Festlegung der Prämienleistungsnorm, nach der der Prämienansatz festgestellt wird. Aus ihr muss sich vielmehr auch ergeben, ob nur das Arbeitsergebnis oder auch die Anstrengung des Arbeitnehmers, den Ausschuss gering zu halten, bei der Bemessung der Prämie zu berücksichtigen ist. Bei einer Ausschussprämie wird der Arbeitnehmer es beispielsweise leichter erreichen, den Ausschuss von 20 auf 15 Prozent zu senken als von 15 auf 10 Prozent. Je mehr er sich der optimalen Grenze nähert, desto schwieriger wird es ihm fallen, die Ausschussquote zu senken. Aus der Prämienleistungsnorm folgt, dass hier ein Abhängigkeitsverhältnis zu berücksichtigen ist, das sich in einer Funktion ausdrücken lässt. Bei einem Vergleich zwischen fehlerfreien Stücken und Ausschuss ergibt sich eine degressive Kurve für den Ausschussgrad. Stellt man dagegen auf die Anstrengung des Arbeitnehmers ab, den Ausschuss gering zu halten, so verläuft die Kurve progressiv. Worauf es ankommen soll, wird in der Prämienleistungsnorm festgelegt.

Wie beim Akkord muss auch hier geklärt werden, wie die nach der Prämienleistungsnorm maßgeblichen Faktoren bestimmt werden. Fehler können dazu führen, dass der Arbeitnehmer nicht den richtigen Prämienlohn erhält, auch wenn bei der Berechnung der richtige Geldfaktor, der sich nach dem Prämienentgeltsatz bestimmt, zugrunde gelegt wird. **1431**

Wie der Akkordlohn, so ist auch eine Prämienlohnvereinbarung in den Fällen der § 23 JArbSchG, § 4 Abs 3 MuSchG und § 3 FahrpersonalG **verboten**. **1432**

e) Provision
Die Provision ist ein **erfolgsabhängiges Leistungsentgelt**. Sie ist die für den Handelsvertreter typische Form des Entgelts (§§ 87 ff HGB). Sie kann aber auch für Arbeitnehmer vereinbart werden. Oftmals wird sie zusätzlich zu einem (niedrigen) fixen Grundgehalt gewährt. Für Handlungsgehilfen gilt gemäß § 65 HGB, dass in diesem Fall § 87 Abs 1 und 3 sowie §§ 87a–87c HGB anzuwenden sind. Die Berechnung der Provision erfolgt in aller Regel als Prozentsatz des Geldgegenwertes für ein Geschäft, das auf die Tätigkeit des Arbeitnehmers zurückzuführen ist. Die Provisionsarten sind vielgestaltig (vgl KRAUSE, MünchArbR § 58 Rn 1 ff). Bei der **Abschluss- und Vermittlungsprovision** wird der Arbeitnehmer an den von ihm persönlich abgeschlossenen oder vermittelten Geschäften beteiligt. Bei der **Anteilsprovision**, die auch als Superprovision oder Leitungsprovision bezeichnet wird, erhält er einen Anteil an den Abschluss- oder Vermittlungsprovisionen der ihm unterstellten Mitarbeiter; Sonderfall ist die Bezirksprovision, bei der er an Geschäften mit Kunden eines bestimmten Bezirks beteiligt wird (BAG 14. 11. 1966 – 3 AZR 158/66, AP Nr 4 zu § 65 HGB). **Inkassoprovision** wird gezahlt, wenn ein Arbeitnehmer das Inkasso durchführt; sie bildet einen Unterfall der Verwaltungsprovisionen. Außerdem werden in der Versicherungswirtschaft für die Betreuung der Versicherten **Bestandspflegeprovisionen** gewährt. **Überhangprovisionen** sind bereits erarbeitet, aber erst nach dem **1433**

Ausscheiden aus dem Arbeitsverhältnis fällig gewordene Provisionen. In einem Formulararbeitsvertrag kann eine solche Provision nicht ohne Ausgleich auf die Hälfte der vereinbarten Provision gekürzt werden (BAG 20. 2. 2008 – 10 AZR 125/07, AP Nr 11 zu § 87 HGB); offengelassen hat das Gericht, ob diese Ansprüche abbedungen werden können, wenn dafür ein sachlicher Grund besteht.

1434 Die Provision unterscheidet sich von der Ergebnisbeteiligung dadurch, dass bei ihr ein Kausalzusammenhang zwischen dem Geschäft, an dessen Wert der Arbeitnehmer beteiligt wird, und dessen Tätigkeit besteht. Die Provision ist deshalb ein *leistungsbezogenes Entgelt*. Sie ist aber *erfolgsabhängig,* denn der Erwerb des Provisionsanspruchs hängt davon ab, dass das Geschäft zustande kommt, dass weiterhin der Unternehmer das Geschäft ausführen und der Dritte die Gegenleistung erbringen muss (§ 65 iVm §§ 87 Abs 1, 87a HGB). Dass die Entgeltleistung an den Erfolg der Arbeit anknüpft, ist jedoch kein Grund, der ihren Charakter als leistungsbezogenes Entgelt in Frage stellt. Maßgebend ist, dass ihr Erwerb und ihre Höhe vom Arbeitsverhalten des Arbeitnehmers abhängen. Diese Voraussetzung erfüllt nicht nur die Abschlussprovision (vgl BAG 29. 3. 1977 – 1 ABR 123/74, BAGE 29, 103 [112]), sondern auch die Anteils- und Leitungsprovisionen (vgl BAG 28. 7. 1981 – 1 ABR 56/78, BAGE 36, 1 [9]). Sie sind aber **kein dem Akkord- und Prämienlohn vergleichbares leistungsbezogenes Entgelt** (so für die Abschluss- und Vermittlungsprovision BAG 13. 3. 1984 – 1 ABR 57/82, BAGE 45, 208 [217 f] unter Aufgabe von BAG 29. 3. 1977 – 1 ABR 123/74, BAGE 29, 103 [112]; für die Anteils- und Leitungsprovision BAG 28. 7. 1981 – 1 ABR 56/78 BAGE 36, 1 [13 f]). Das ist jedoch nur von Bedeutung für die Reichweite des dem Betriebsrat eingeräumten Mitbestimmungsrechts (s Rn 1493 ff).

1435 Die Provisionsvereinbarung muss mit höherrangigem Recht zu vereinbaren sein. Bei Arbeitnehmern sind insbesondere die durch **§ 138** gezogenen Grenzen zu beachten. So ist die Vereinbarung sittenwidrig, wenn ein auffälliges Missverhältnis zwischen Leistung und Gegenleistung vorliegt oder es dem Arbeitnehmer nicht möglich ist, durch vollen Einsatz seiner Arbeitskraft ein ausreichendes Einkommen zu erzielen (BAG 16. 2. 2012 – 8 AZR 242/11, NZA 2012, 1307 [1311]; vgl auch STAUDINGER/SACK/FISCHINGER [2016] § 138).

f) Bedienungsgelder

1436 Dem Bedienungspersonal in Hotels und Gaststätten wird das Arbeitsentgelt als Festlohn oder durch die **Bedienungsgelder** als **umsatzabhängiger Lohn** gezahlt. Ob die Mehrwertsteuer bei diesem „Umsatz" zu berücksichtigen ist, richtet sich nach der vertraglichen Vereinbarung, hilfsweise der Verkehrssitte (BAG 7. 10. 1971 – 5 AZR 195/71, AP Nr 6 zu § 611 BGB Kellner; vgl auch LAG Hessen 5. 3. 1969 – 4 Sa 163/68, ARST 1970, 10). Auch im letzteren Fall richtet sich der Anspruch nicht gegen den Gast, sondern ausschließlich gegen den Wirt. Der Kellner ist verpflichtet, das von ihm für den Wirt erhobene Geld an den Wirt abzuliefern, in dessen Eigentum es durch Übergabe an ihn gelangt, §§ 929 S 1, 930 (LAG Hamm 21. 7. 1964 – 3 Sa 243/64, BB 1964, 1258); er hat seinerseits den Lohnanspruch gegen den Wirt, der in Höhe des Bedienungsgeldes besteht. Verrechnet der Arbeitnehmer die beiden Ansprüche, liegt eine Aufrechnung vor (vgl BAG 22. 5. 1965 – 3 AZR 306/64, AP Nr 4 zu § 611 BGB Kellner für „Provision"). Vom Bedienungsgeld ist das **Trinkgeld** zu unterscheiden, das der Arbeitnehmer von einem Dritten ohne rechtliche Verpflichtung zusätzlich zu der vom Arbeitgeber geschuldeten Leistung erhält, § 107 Abs 3 S 2 GewO. Dieses steht dem Beschäftigten unmittelbar zu (s auch Rn 1400). Es wird daher bei der Feststellung des Mindestlohns nach § 3 MiLoG nicht mitgezählt. Mit Übergabe des Trinkgelds wird der Arbeitnehmer Eigentümer und er ist im Verhältnis zum Wirt berechtigt, das Trinkgeld zu behalten.

Bei der Entlohnung durch Bedienungsgelder kann bei der Beschäftigung mehrerer Arbeitnehmer die Verteilung nach dem Tronc- oder nach dem Serviersystem erfolgen. Beim **Tronc-System**, das wegen des in den Landesspielbankgesetzen vorgesehenen Einzelzuwendungsverbots (vgl zB Art 6 Abs 1 S 1 BaySpielbG, § 10 Abs 1 SpielbankG Bremen) vor allem in Spielbanken anzutreffen ist, werden die Einnahmen an Bedienungsgeldern für die am Tronc Beteiligten in eine gemeinsame Kasse gegeben, aus der jeder den vorher vereinbarten Anteil erhält (zum Tronc vgl auch LAG Hessen 8. 7. 1999 – 5 Sa 2702/98; LAG Hessen 8. 3. 2004 – 16 Sa 1468/03). Davon zu unterscheiden ist das **Serviersystem**, bei dem jedem Kellner das bei ihm aufkommende Bedienungsgeld zugeschrieben wird. Das Bedienungspersonal darf aber freiwillige Zuwendungen der Gäste, also die echten Trinkgelder, behalten (s Rn 1436). **1437**

Da die Bedienungsgelder vom Kellner für den Wirt erhoben werden, werden sie dessen Eigentum. Daraus folgt für die **Pfändung**: Die Gläubiger des Wirtes können den Anspruch auf Herausgabe des Bedienungsgeldes pfänden und sich überweisen lassen. Die Aufrechnung kann dann nicht erfolgen; dem Kellner verbleibt ein Lohnanspruch gegen den Wirt. Die Gläubiger des Kellners können dessen Lohnanspruch gegen den Wirt, soweit er die Pfändungsgrenze überschreitet, pfänden und sich überweisen lassen. Der Wirt darf dann dem Beschäftigten das Bedienungsgeld nicht belassen, sondern muss vielmehr den gepfändeten Teil einbehalten bzw von ihm einfordern und an den Gläubiger abführen. **1438**

Urlaubsentgelt und Krankheitsfortzahlung berechnen sich nicht nach dem garantierten Mindestlohn, sondern sind unter Berücksichtigung von Bedienungsgeldern zu berechnen. Dagegen sind Trinkgelder (§ 107 Abs 3 S 2 GewO) hier nicht zu berücksichtigen, da sie kein Arbeitslohn sind (BAG 28. 6. 1995 – 7 AZR 1001/94, AP Nr 112 zu § 37 BetrVG 1972). **1439**

g) Tantieme

Tantieme ist die **Beteiligung eines Arbeitnehmers am Gewinn**. Sie unterscheidet sich von der Provision dadurch, dass sie nicht vom Bruttowert des einzelnen Geschäfts, sondern vom Gewinn des Unternehmens insgesamt, meist in der Form eines Prozentsatzes vom Nettogewinn eines Jahres, berechnet wird (vgl BAG 13. 4. 1978 – 3 AZR 844/76, AP Nr 1 zu § 611 BGB Tantieme). Ist Maßstab für ihre Berechnung der Umsatz (sog **Umsatzbeteiligung**), behandelt sie das BAG als Provision (vgl BAG 12. 1. 1973 – 3 AZR 211/72, AP Nr 4 zu § 87a HGB). Sinn der Tantieme ist es, einzelne, besonders wichtige Arbeitnehmer für den Unternehmenserfolg zu interessieren; das unterscheidet sie von der an die gesamte oder große Teile der Belegschaft gezahlte **Jahresabschlussvergütung**, die die Honorierung von Betriebstreue bezweckt, und von der **Ergebnisbeteiligung**, die ebenfalls an größere Teile der Belegschaft fließt und die Verbundenheit des Arbeitnehmers mit dem Unternehmen stärken soll (MünchKomm/Müller-Glöge § 611 Rn 758). Ein Tantiemeanspruch kann durch kollektive oder individualvertragliche Abrede – auch konkludent – begründet werden. Ist der Anspruch nur dem Grunde nach geregelt, greift hinsichtlich der Höhe § 612 **1440**

Abs 2; in Abwesenheit einer üblichen Vergütung entscheidet der Arbeitgeber nach billigem Ermessen über die Höhe, § 315 (vgl BAG 14. 11. 2012 – 10 AZR 783/11, NZA 2013, 1150; BAG 17. 4. 2013 – 10 AZR 251/12, DB 2013, 2568). Die Tantieme gehört zwar **nicht zu den leistungsbezogenen Entgelten**, da – wie bei anderen Formen einer Gewinn- oder Ergebnisbeteiligung – nicht die Arbeitsleistung des Arbeitnehmers der Lohnmaßstab ist, sondern das Ergebnis des gesamten Unternehmens. Aber auch sie ist eine Vergütungsform. Die Tantieme ist nicht Gratifikation, sondern **Arbeitsentgelt** (BAG 8. 9. 1998 – 9 AZR 273/97, NZA 1999, 824; BAG 12. 2. 2003 – 10 AZR 392/02, AP Nr 3 zu § 611 BGB Tantieme). Dementsprechend kann der Arbeitgeber den Anspruch auf sie nicht davon abhängig machen, dass das Arbeitsverhältnis noch eine bestimmte Zeit besteht, mit anderen Worten bei Ausscheiden innerhalb eines bestimmten Zeitraums der Anspruch entfällt bzw Geleistetes zurückzuerstatten ist (vgl BAG 8. 9. 1998 – 9 AZR 223/97, AP Nr 6 zu § 87a HGB [für Provision]; BAG 13. 9. 1974 – 5 AZR 48/74, AP Nr 84 zu § 611 BGB Gratifikation [Gegenschluss]; HWK/Thüsing § 611 Rn 124); das BAG versagt den Anspruch jedoch, wenn der Arbeitnehmer das gesamte Geschäftsjahr über arbeitsunfähig erkrankt war (BAG 8. 9. 1998 – 9 AZR 273/97, DB 1999, 696). Zudem ist es – auch in einem Formulararbeitsvertrag – möglich, den Tantiemeanspruch davon abhängig zu machen, dass an die Aktionäre eine Dividende zu zahlen ist (BAG 18. 1. 2012 – 10 AZR 670/10, NZA 2012, 499 [500]). Zur Berechnung und ggf gerichtlichen Durchsetzung seines Tantiemeanspruchs hat der Arbeitnehmer einen **Auskunfts-** und **Rechnungslegungsanspruch** gegen den Arbeitgeber (BAG 27. 3. 1958 – 2 AZR 188/56 und 2 AZR 291/57, AP Nr 1 un 2 zu § 670 BGB Auskunftspflicht).

h) Aktienkursorientierte Vergütung und Aktienoptionen

1441 Die Bemessung der Vergütung kann aktienkursorientiert sein (vgl zu den Grundformen Pulz, Personalbindung durch aktienkursorientierte Vergütung [2003] 17 ff). Ist sie arbeitsleistungsbezogen, so steht sie in einem Gegenseitigkeitsverhältnis zur Erbringung der Arbeitsleistung. Im Regelfall ist sie aber als Sondervergütung gestaltet, mit der die Betriebstreue honoriert wird (vgl zur Einordnung aktienkursorientierter Vergütung Pulz, Personalbindung 38 ff). Bei den aktienkursorientierten Vergütungsformen handelt es sich um die Sonderform einer **Koppelung der Arbeitsentgelte an den Unternehmenserfolg**.

1442 Mit der aktienkursorientierten Vergütung nicht zu verwechseln ist die Gewährung von **Aktienoptionen** durch den Arbeitgeber, durch die dieser dem Arbeitnehmer die Möglichkeit einräumt, unter bestimmten Voraussetzungen (in der Regel nach Ablauf einer Wartefrist) Aktien des Unternehmens (verbilligt) zu erwerben (dazu BAG 12. 2. 2003 – 10 AZR 299/02, NZA 2003, 487). Der Arbeitgeber hat bei Einräumung dieses Rechts den Gleichbehandlungsgrundsatz zu beachten (BAG 21. 10. 2009 – 10 AZR 664/08, NZA-RR 2010, 289 [290]). Auch unterliegen die Ausübungsbedingungen einer Inhaltskontrolle nach den §§ 305 ff, das BAG zieht aber die zu anderen Sondervergütungen entwickelten Grundsätze für Bindungs- und Verfallsklauseln nicht uneingeschränkt heran (BAG 28. 5. 2008 – 10 AZR 351/07, NZA 2008, 1066 [1070 f]). Wird die Aktienoption von Dritten (typischerweise der Konzernmutter an den Arbeitnehmer eines Tochterunternehmens) gewährt, handelt es sich nicht um Arbeitsentgelt (Lembke NJW 2010, 257 [258]; vgl BAG 16. 1. 2008 – 7 AZR 887/06, NZA 2008, 836 [837]); entsprechend geht eine solche Verpflichtung auch nicht beim Betriebsübergang der Tochtergesellschaft mit über (BAG 12. 2. 2003 – 10 AZR 299/02, NZA 2003, 487 [489]).

i) Zielvereinbarungen*
aa) Allgemeines

Kennzeichen von **Zielvereinbarungen** ist, dass die Zahlung eines Bonus von der **1443** Erreichung bestimmter „harter" (zB Umsatz) oder „weicher" (zB Kundenzufriedenheit) Ziele abhängig gemacht wird, um damit Motivation und Leistung des Arbeitnehmers zu steigern (BAG 10. 12. 2008 – 10 AZR 889/07, AP Nr 8 zu § 280 BGB; BAG 5. 7. 2011 – 1 AZR 94/10, juris Rn 35; näher zu den verschiedenen Modellen BAUER/DILLER/GÖPFERT BB 2002, 882 [882 f]). Dabei wird oft an einen Mix aus individueller Leistung des Arbeitnehmers (oder einer Gruppe von Arbeitnehmern) und den Unternehmenserfolg angeknüpft. Von der Zielvereinbarung, bei der die angestrebten Ziele durch Arbeitgeber und Arbeitnehmer einvernehmlich festgelegt werden und später vom Arbeitgeber nicht einseitig geändert werden können (vgl BAG 11. 12. 2013 – 10 AZR 364/13, juris Rn 21 mwNw), ist die **Zielvorgabe** zu unterscheiden, bei der dies der Arbeitgeber einseitig nach billigem Ermessen (§ 315 Abs 1, BAG 12. 12. 2007 – 10 AZR 97/07, AP Nr 7 zu § 280 BGB) im Rahmen seines Direktionsrechts tut. In beiden Fällen enthält der Arbeitsvertrag meist nur eine sog **Rahmenabrede**, die lediglich das Procedere für die dann (meist: kalenderjährlich) vorzunehmende Zielvereinbarung/-vorgabe regelt. Dabei ist weder die Rahmenvereinbarung noch die jährliche Zielvereinbarung so zu verstehen, dass der Arbeitnehmer sich zur Zielerreichung verpflichten will, da damit ein werkvertragliches Element ins Arbeitsverhältnis eingeführt würde (LISCHKA BB 2007, 552 [553]; aA BERWANGER BB 2003, 1499 [1500]: unvollkommene Verbindlichkeit). Der bei Zielerreichung versprochene Bonus ist **leistungsbezogenes Entgelt im engeren Sinne** (BAG 7. 6. 2011 – 1 AZR 807/09, NZA 2011, 1234 [1238]; BAG 18. 1. 2012 – 10 AZR 667/10, NZA 2012, 620 [621]; RIESENHUBER/vSTEINAU-STEINRÜCK NZA 2006, 785 [790]; MAURER NZA 2002, 540 [545]).

bb) Inhaltskontrolle

Zielvereinbarungen sind regelmäßig Standardklauseln und unterliegen daher grund- **1444** sätzlich der Inhaltskontrolle (vgl aber Rn 1448).

Da der aus der Zielerreichung erwachsende Bonusanspruch Entgelt im engeren **1445** Sinne ist, kann er **nicht** unter **Freiwilligkeitsvorbehalt** gestellt werden (BAG 24. 10. 2007 – 10 AZR 825/06, AP Nr 32 zu § 307 BGB); gleiches gilt für einen Vorbehalt, der dem Arbeitgeber das Recht zubilligt, trotz Abschluss der Zielvereinbarung nach Ablauf der Beurteilungsperiode frei darüber zu entscheiden, ob eine Vergütungszahlung erfolgen soll oder nicht (BAG 19. 3. 2014 – 10 AZR 622/13, NZA 2014, 595 [601]). Soweit sich der Arbeitgeber den **Widerruf** des Bonusanspruchs vorbehalten will, sind die dafür vom BAG gezogenen Grenzen aus § 308 Nr 4 zu beachten (näher Rn 942), insbesondere darf der widerrufliche Teil 25–30% der Gesamtvergütung nicht überschreiten;

---

* **Schrifttum**: DZIDA/NABER, Risikosteuerung durch variable Vergütung, BB 2011, 2613 ff; GRIMM/WINDELN, Zielvereinbarungen (2. Aufl 2011); HEIDEN, Entgeltrelevante Zielvereinbarungen aus arbeitsrechtlicher Sicht (2007); HIRSIGER, Die Zielvereinbarung im Einzelarbeitsverhältnis (2011); KUNER, Leistungsorientierte Bezahlung im öffentlichen Dienst (2. Aufl 2013); LISCHKA, Arbeitsrechtliche Zielvereinbarungen (2. Aufl 2007); ders, Unterjährige Zielanpassung und Feststellung der Zielerreichung bei entgeltrelevanten Zielvereinbarungen, DB 2009, 2714 ff; SCHÖNHÖFT, Zur Frage der Initiativlast bei unterbliebenen Zielvereinbarungen, BB 2013, 1529 ff; WEBER, Zielvereinbarungen und Zielvorgaben im Individualarbeitsrecht (2009).

zudem muss ein darauf gestützter Widerruf billigem Ermessen entsprechen (vgl BAG 12. 1. 2005 – 5 AZR 364/04 und 11. 10. 2006 – 5 AZR 721/05, AP Nr 1 und 6 zu § 308 BGB; siehe Rn 946 f).

1446 Inwieweit ein Bonusanspruch unter den Vorbehalt gestellt werden kann, dass das Arbeitsverhältnis an einem bestimmten Stichtag noch (ungekündigt) fortbesteht (**Stichtagsklausel**), ist noch nicht endgültig geklärt. Das BAG hat zunächst eine solche Klausel als unangemessene Benachteiligung angesehen, wenn der Arbeitnehmer unabhängig von der Bonushöhe und dem Grund des Ausscheidens bis zum 30. 9. des Folgejahres gebunden werden soll (BAG 24. 10. 2007 – 10 AZR 825/06, AP Nr 32 zu § 307 BGB). Die Entscheidung entspricht der Tendenz, Klauseln für unwirksam zu halten, die ökonomische Nachteile für den Arbeitnehmer an eine von ihm nicht zu vertretende Beendigung des Arbeitsverhältnisses knüpfen (vgl für Rückzahlung von Ausbildungskosten BAG 6. 5. 1998 – 5 AZR 535/97, BAG 5. 7. 2000 – 5 AZR 883/98 und 24. 6. 2004 – 6 AZR 383/03, AP Nr 28, 29 und 34 zu § 611 BGB Ausbildungsbeihilfe; zur Kompensationspflicht für gewährte Rabatte vgl Rn 1401). Ferner neigt das Gericht dazu, Bonusansprüchen, die mehr als 25 % der Gesamtvergütung ausmachen, reinen Entgeltcharakter zuzumessen, selbst wenn der Bonus nach der Parteivereinbarung auch der Honorierung vergangener/künftiger Betriebstreue dienen soll; eine Stichtagsklausel ist dann stets unzulässig, da sie den bereits erdienten Entgeltanspruch entziehen würde. In einer neueren Entscheidung hatte das Gericht es aber gebilligt, dass der Anspruch auf Bonuszahlung an das Bestehen eines ungekündigten Arbeitsverhältnisses im Geschäftsjahr, dh bis zum 31. 12., geknüpft wurde; der Wille der Vertragspartner, für den Bonus auf Jahresziele und nicht kurzfristigere Ziele abzustellen, sei hinzunehmen (BAG 6. 5. 2009 – 10 AZR 443/08, AP Nr 43 zu § 307 BGB). Enthält die Zielvereinbarung aber keine solche Klausel, ist bei unterjährigem Ausscheiden des Arbeitnehmers eine der geleisteten Arbeit entsprechende Vergütung geschuldet (pro rata temporis). Ob diese Rechtsprechung nach wie vor Bestand hat, ist fraglich, denn erstens entschied das Gericht vor kurzem, dass es eine unangemessene Benachteiligung darstelle, den Anspruch auf die variable Vergütung an sich oder auch nur dessen Höhe daran zu binden, dass der Arbeitnehmer nach Ablauf des Geschäftsjahrs weiter für das Unternehmen tätig ist (BAG 14. 11. 2012 – 10 AZR 783/11, NZA 2013, 1150 [1155]). Überdies ist es zweitens unzulässig, das Entstehen eines Anspruchs auf eine Sonderzahlung, die (auch) Entgelt für laufend erbrachte Arbeit ist, vom ungekündigten Bestand des Arbeitsverhältnisses am 31. 12. des Jahres, in dem die Arbeit geleistet wurde, abhängig zu machen; mit anderen Worten ist damit eine Klausel auch dann unwirksam, wenn lediglich ein Bestand des Arbeitsverhältnisses innerhalb des Bezugszeitraums vorausgesetzt werde, denn der Anspruch auf eine solche Sonderzuwendung entstehe regelmäßig während des Bezugszeitraums pro rata temporis entsprechend der absolvierten Vertragsdauer (BAG 13. 11. 2013 – 10 AZR 848/12, NZA 2014, 368 [371]).

1447 Auch die **Befristung** einer Bonusregelung unterliegt der Inhaltskontrolle nach §§ 307 ff (vgl BAG 27. 7. 2005 – 7 AZR 486/04, AP Nr 6 zu § 307 BGB; nicht aber einer Kontrolle anhand des § 14 TzBfG, vgl BAG 14. 1. 2004 – 7 AZR 213/03, AP Nr 10 zu § 14 TzBfG); zulässig ist sie zumindest bei unsicherer wirtschaftlicher Lage des Unternehmens oder wenn der Arbeitgeber ein neues Vergütungssystem testen will (Annuss NZA 2007, 290 [292]). Nicht endgültig geklärt ist, inwieweit der Bonusanspruch vom Erreichen einer **Mindestgrenze** der Leistungserreichung abhängig gemacht wer-

Titel 8 · Dienstvertrag und ähnliche Verträge
Untertitel 1 · Dienstvertrag   § 611

den kann (dazu Bauer/Diller/Göpfert BB 2002, 882 [885]; Horcher BB 2007, 2065 [2069]); da es das BAG gebilligt hat, dass im Ausnahmefall bei Ausübung des Ermessens nach § 315 nicht nur bei kumulativer Nichterreichung aller, sondern auch bei Nichterreichung nur eines Teils der vereinbarten Ziele keinerlei Leistungsbonus gezahlt wird (BAG 20. 3. 2013 – 10 AZR 8/12, NZA 2013, 970 [971 f]), wird man eine niedrige Mindestgrenze für zulässig halten können.

Dagegen unterliegt die **Bonushöhe** wegen § 307 Abs 3 nicht der Inhaltskontrolle **1448** (BAG 12. 12. 2007 – 10 AZR 97/07, AP NR 7 zu § 280 BGB). Eine Grenze zieht hier nur § 138. Die Vereinbarkeit mit § 138 wird zT nur bejaht, wenn schon das Grundgehalt die 2/3-Grenze (zur Bedeutung der 2/3-Grenze für die Bestimmung der Sittenwidrigkeit vgl Staudinger/Sack/Fischinger [2016] § 138) erreicht (Küttner/Griese, Personalbuch 2015, Stichwort „Zielvereinbarung" Rn 8). Das ist zu rigide: Bewegt sich das fixe Grundgehalt in der Nähe der 2/3-Grenze und besteht eine realistische Chance, dass der Arbeitnehmer auch ohne übermäßige Anstrengung das Ziel erreicht (und damit die Grenze überschreitet), ist die Abrede nicht sittenwidrig (ähnlich Riesenhuber/vSteinau-Steinrück NZA 2005, 785 [790]; Annuss NZA 2007, 290 [291]; ganz anderer Ansatz bei Tillmanns, Strukturfragen 52 ff, nach der 10–30 % der Gesamtvergütung – je nachdem, wieviel Einfluss der Arbeitnehmer auf die Zielerreichung hat – vom konkreten Leistungserfolg abhängig gemacht werden können). Auch die **Festsetzung einzelner Ziele** unterliegt nicht der Inhaltskontrolle. Nach § 307 Abs 3, Abs 1 S 2 müssen aber auch diese Klauseln dem Transparenzgebot genügen; Letzteres ist insbesondere bei weichen Zielen problematisch (vgl Horcher BB 2007, 2065 [2066]).

cc) Unterlassene Zielvereinbarung/-vorgabe

Wird entgegen der Rahmenvereinbarung für ein Kalenderjahr **keine Zielvereinba- 1449 rung getroffen**, so haftet der Arbeitgeber – wenn er dies zu vertreten hat – auf Schadensersatz gemäß §§ 280 Abs 1, 3, 283, da nach Ablauf des Kalenderjahrs eine Zielfestsetzung unmöglich wird (so BAG 12. 12. 2007 – 10 AZR 97/07, 10. 12. 2008 – 10 AZR 889/07, AP Nr 7, 8 zu § 280 BGB; BAG 14. 11. 2012 – 10 AZR 3/12, NZA 2013, 327 [329]; Gaul/Rauf DB 2009, 869 ff; zT wird abweichend auf § 162 rekurriert [LAG Köln 23. 5. 2002 – 7 Sa 71/02, NZA-RR 2003, 305], zT für eine entsprechende Anwendung von § 315 Abs 3 S 2 plädiert [ArbG Düsseldorf 13. 8. 2003 – 10 Ca 10348/02, DB 2004, 1103], zT wiederum auf eine ergänzende Vertragsauslegung abgestellt [LAG Köln 1. 9. 2003 – 2 Sa 471/03]; s auch Klein NZA 2006, 1129; Schönhöft BB 2013, 1529 [1529 f]). Die **Initiativlast** trägt regelmäßig der Arbeitgeber (vgl LAG Baden-Württemberg 18. 10. 2006 – 13 Sa 55/05, MDR 2007, 729; LAG Brandenburg 17. 9. 2008 – 15 Sa 283/08, DB 2008, 2544; **aA** Bauer/Diller/Göpfert BB 2002, 882 [883]; kritisch auch Schönhöft BB 2013, 1529 [1530 f]). Der Arbeitgeber hat das Nichtzustandekommen aber nicht zu vertreten, wenn er dem Arbeitnehmer den Abschluss einer konkreten Zielvereinbarung angeboten hat; das gilt jedoch nur, wenn die vorgeschlagenen Ziele nach einer Prognose erreichbar sind (BAG 10. 12. 2008 – 10 AZR 889/07, NZA 2009, 1227 [1228]; vgl auch Salamon NZA 2014, 465 [466]). Nicht zu entlasten vermag sich der Arbeitgeber hingegen mit dem Argument, der Arbeitnehmer habe bislang die vereinbarten Ziele niemals erreicht (BAG 12. 12. 2007 – 10 AZR 97/07, NZA 2008, 409 [415]).

Liegen die Haftungsvoraussetzungen vor, kann der Arbeitnehmer den entgangenen **1450** Gewinn verlangen (§ 252); das BAG wendet hierbei § 252 S 2 insoweit zugunsten des Arbeitnehmers an, als es (1) den für den Fall der Zielerreichung zugesagten Bonus zur Grundlage der Schadensermittlung macht und (2) davon ausgeht, dass der Arbeitnehmer die vereinbarten Ziele erreicht hätte, wenn nicht besondere – vom Arbeitgeber vorzutragende – Umstände vorliegen. Der Anspruch entfällt nach Auffassung des BAG auch dann nicht, wenn das Nichtzustandekommen auch auf vom Arbeitnehmer zu vertretenden Gründen beruht (aA Bauer/Diller/Göpfert BB 2002, 882 [883]); dies wird lediglich über § 254 berücksichtigt. Die Vereinbarung, dass eine für einen bestimmten Zeitraum getroffene Zielvereinbarung nach Ablauf des Zeitraums weiterlaufen soll, ist möglich, lässt aber die Verhandlungspflicht für eine neue Zielvereinbarung nicht entfallen (BAG 12. 5. 2010 – 10 AZR 390/09, NZA 2010, 1009 [1011]).

1451 Macht der Arbeitgeber **keine Zielvorgabe**, so hat sie das Gericht auf Klage des Arbeitnehmers vorzunehmen, § 315 Abs 3 S 2 (zB LAG München 12. 12. 2007 – 11 Sa 453/07); das wird zT auch noch nach Ablauf der Zielerreichungsperiode für möglich gehalten (Annuss NZA 2009, 290 [295]; LAG Düsseldorf 29. 10. 2003 – 12 Sa 900/03, AuA 2006, 744; offengelassen von BAG 12. 12. 2007 – 10 AZR 97/07, AP Nr 7 zu § 280 BGB); jedenfalls scheidet ein Mitverschulden des Arbeitnehmers hier stets aus und es bedarf keiner Mahnung des Arbeitnehmers, um den Arbeitgeber in Verzug zu setzen (BAG 12. 12. 2007 – 10 AZR 97/07).

dd) Zielfeststellung; Zielanpassung; Fehlzeiten

1452 Die Feststellung der Zielerreichung kann vor allem bei „weichen" Zielen Schwierigkeiten bereiten; hier ist dem Arbeitgeber ein gewisser Beurteilungsspielraum zuzugestehen (BAG 18. 6. 2014 – 10 AZR 699/13, EzA § 4 TVG Metallindustrie Nr 153; Bauer/Diller/Göpfert BB 2002, 882 [885]). Ist eine Zielfeststellung nicht erfolgt, trägt der Arbeitnehmer die Darlegungs- und Beweislast für die Umstände der Zielerreichung; gingen die Parteien davon aus, dass unter gewöhnlichen Umständen eine Zielerreichung möglich ist, sind aber die zum Zeugnisrecht entwickelten Grundsätze zur Verteilung der Darlegungs- und Beweislast anzuwenden (näher Annuss NZA 2007, 290 [294]). Hat der Arbeitgeber über die Höhe des individuellen Bonus unter Beachtung bestimmter Faktoren nach billigem Ermessen zu entscheiden und bestimmt sich die individuelle Leistung nach dem Erreichen vereinbarter Ziele, hat der Arbeitgeber den Grad der Zielerreichung darzulegen; offen gelassen hat das BAG hingegen, wie die Darlegungs- und Beweislast zu verteilen ist, wenn die Zielvereinbarung abschließend alle Faktoren und deren finanzielle Implikationen bestimmt, dem Arbeitgeber also kein Ermessensspielraum mehr verbleibt (BAG 14. 11. 2012 – 10 AZR 783/11, NZA 2013, 1150 [1156 f]).

1453 Die **Publikation** der Zielerreichungsgrade ist ohne Einwilligung des Arbeitnehmers zumindest hinsichtlich „underperformern" unzulässig (Bauer/Diller/Göpfert BB 2002, 882 [885]; weitergehend Preis, Der Arbeitsvertrag II Z 5 Rn 35 [stets unzulässig]).

1454 Schwierigkeiten ergeben sich auch, wenn aufgrund der Veränderung tatsächlicher Umstände die Zielerreichung faktisch unmöglich oder, vice versa, die Übererfüllung unproblematisch möglich ist. Eine **Zielanpassungspflicht** kann sich aus § 313 ergeben (vgl LAG Düsseldorf 21. 4. 2009 – 17 Sa 119/09). Dabei hängt die Frage, ob die Geschäftsgrundlage gestört ist, von der vertraglichen Risikoverteilung ab (ausf Annuss NZA 2007, 290 [292]). Hat der Arbeitgeber die Leistung nach billigem Ermessen zu bestimmen, kann er grundsätzlich nicht mehr von den Vorgaben der Zielvereinbarung abweichen; etwas anderes kommt nur bei außergewöhnlichen und zudem außerhalb des durch die Zielvereinbarung abgedeckten Bereichs in Betracht, wie zB wenn die Fortexistenz eines desaströse Verluste erleidenden Arbeitgebers nur durch staatliche, im Interesse der Abwehr schwerer Schäden für die Volkswirtschaft gewährter Leistungen gesichert werden konnte (BAG 29. 8. 2012 – 10 AZR 385/11, NZA 2013, 148 [151]).

Weist der Arbeitnehmer (längere) **Fehlzeiten** auf und erreicht er deshalb nicht das vereinbarte/ausgegebene Ziel, ist fraglich, ob er den Bonus dennoch verlangen kann. Geklärt ist lediglich, dass es unzulässig ist, Mutterschutzfristen (§§ 3 Abs 2, 6 Abs 1 MuSchG) nicht in die Berechnungsgrundlagen eines ergebnisbezogenen Entgelts einzubeziehen (BAG 2. 8. 2006 – 10 AZR 425/05, AP Nr 72 zu § 612 BGB). Unproblematisch dürfte auch sein, dass der Arbeitnehmer sich für Fehlzeiten, für die der Arbeitgeber keine Entgeltfortzahlung schuldet, nicht auf die hypothetische Zielerreichung berufen kann (KÜTTNER/GRIESE, Personalbuch 2015, Stichwort „Zielvereinbarung" Rn 17). Umstritten ist dagegen, ob der Arbeitnehmer verlangen kann, für Zeiten, in denen Anspruch auf Entgeltfortzahlung (§ 3 EFZG) bestand, so gestellt zu werden, als hätte er gearbeitet; das ist mit Blick auf den zwingenden Charakter der Entgeltfortzahlung (§ 12 EFZG) zu bejahen (ebenso REISERER NZA 2008, 609 [611]; ANNUSS NZA 2009, 290 [293]; KÜTTNER/GRIESE, Personalbuch 2015, Stichwort „Zielvereinbarung" Rn 17; dagegen BAUER/DILLER/GÖPFERT BB 2002, 882 [885]). **1455**

ee) Mitbestimmung des Betriebsrats

Soweit es sich um einen kollektiven Tatbestand handelt, begründet die Einführung eines Zielvereinbarungssystems ein Mitbestimmungsrecht nach **§ 87 Abs 1 Nr 10 BetrVG**; mitbestimmungspflichtig sind nur die Verteilungsgrundsätze, nicht aber, ob und – wenn ja – in welchem Umfang der Arbeitgeber Mittel zur Verfügung stellt (PREIS/LINDEMANN, in: PREIS, Der Arbeitsvertrag [3. Aufl 2009] II Z 5 Rn 45; näher RICHARDI NZA Beil 14/2014, 155 [156]). Knüpft das Zielvereinbarungssystem auch an die Leistung des Arbeitnehmers an, kann auch ein Mitbestimmungsrecht nach **§ 87 Abs 1 Nr 11 BetrVG** in Betracht kommen (näher ANNUSS NZA 2007, 290 [296]). Da in den Rahmenabreden oft auch das Verhalten der Arbeitnehmer geregelt wird (zB Pflicht zur Dokumentation der Arbeitsergebnisse), besteht in der Regel auch ein Mitbestimmungsrecht nach **§ 87 Abs 1 Nr 1 BetrVG** (KÜTTNER/GRIESE, Personalbuch 2015, Stichwort „Zielvereinbarung" Rn 19; LINCK/KOCH, in: FS Arbeitsgerichtsbarkeit und Wissenschaft [2012], 357). Bei Einsatz technischer Mittel, die das Verhalten oder die Leistung des Arbeitnehmers überwachen, greift ferner **§ 87 Abs 1 Nr 6 BetrVG**. **1456**

Der Betriebsrat hat zumindest dann einen Auskunftsanspruch nach **§ 80 Abs 2 BetrVG**, wenn die Zielvereinbarung in einem Tarifvertrag oder einer Betriebsvereinbarung enthalten ist (§ 80 Abs 1 Nr 1 BetrVG) oder ein Mitbestimmungsrecht nach § 87 Abs 1 Nr 10, 11 BetrVG besteht (ANNUSS NZA 2007, 290 [296]); dieses bezieht sich auf alle für die Anspruchsberechnung maßgebenden Umstände (zB den Zielerreichungsgrad, BAG 21. 10. 2003 – 1 ABR 39/02, AP Nr 62 zu § 80 BetrVG). Schließlich werden im Rahmen genereller Zielvereinbarungssysteme in der Regel Personalfragebögen erstellt, sodass ein Mitbestimmungsrecht nach **§ 94 Abs 1 BetrVG** besteht (DÄUBLER NZA 2005, 793 [794]). Ist zur Zielfeststellung die Leistung des Arbeitnehmers zu beurteilen, greift auch **§ 94 Abs 2 BetrVG**. **1457**

3. Vergütungszuschläge

1458 Zur Lohngestaltung gehört, ob ein Arbeitnehmer neben einer Grundvergütung Zuschläge erhält. Derartige Leistungen können Sozialleistungen wie Gratifikationen, Jubiläumszuwendungen oder Leistungen der betrieblichen Altersversorgung sein, also Leistungen, die zusätzlich zum Arbeitsentgelt gezahlt werden (s Rn 1315 f und 1499 ff). Mit dem Begriff des Zuschlags meint man aber im Allgemeinen nur die Leistungen, durch die das im Gegenseitigkeitsverhältnis zur Arbeitsleistung stehende Arbeitsentgelt erhöht wird, um besondere Leistungen des Arbeitnehmers zu vergüten, besondere Erschwernisse auszugleichen oder soziale Belastungen zu mildern.

a) Überstundenvergütung

1459 aa) Als **Überstunden** bezeichnet man die Überschreitung der für den Arbeitnehmer maßgeblichen regelmäßigen Arbeitszeit. Bei flexibler Arbeitszeitgestaltung handelt es sich um die Arbeitszeit, die den für die regelmäßige Erbringung der Arbeitsleistung festgelegten Arbeitszeitrahmen überschreitet. Maßgebend ist deshalb, ob bei verschiedener Verteilung der vertraglich festgelegten Arbeitszeit auf die einzelnen Tage, Wochen oder Monate der zeitliche Umfang der vertraglich geschuldeten Arbeitsleistung überschritten wird.

1460 Das Arbeitszeitgesetz trifft im Gegensatz zur von ihm ersetzten Arbeitszeitordnung keine Regelung über Mehrarbeitszuschläge (so ursprünglich § 15 AZO). Daher ist es auch nicht mehr notwendig, die Überstunden vom Begriff der **Mehrarbeit** abzugrenzen, durch den die Arbeit bezeichnet wurde, die über die gesetzlich zulässige regelmäßige Arbeitszeit hinaus geleistet wurde. In der betrieblichen Praxis wird von Mehrarbeit auch gesprochen, wenn es sich um Überstunden handelt, sodass die Begriffe synonym verwendet werden (vgl BAG 12. 1. 1988 – 1 ABR 54/86, AP Nr 8 zu § 81 ArbGG 1979).

1461 bb) Ob ein Arbeitnehmer für geleistete Überstunden **Anspruch auf (Grund-)Vergütung** hat, richtet sich primär nach der einschlägigen tariflichen oder arbeitsvertraglichen Regelung. Fehlt eine solche, kommt uU ein Anspruch nach § 612 Abs 1, 2 in Betracht (s näher § 612 Rn 30 ff). Bei der Berechnung des Arbeitsentgelts ist der effektive Verdienst des Arbeitnehmers zugrunde zu legen. Das ist vor allem von Bedeutung, wenn ein Arbeitnehmer nicht nur den tarifvertraglichen Mindestverdienst, sondern eine übertarifliche Entlohnung erhält. Die übertariflichen Lohnbestandteile und Zulagen sind deshalb bei der Berechnung zu berücksichtigen. Für die Berechnung der Vergütung kommt es nicht darauf an, ob die zugrunde liegende Arbeitszeit arbeitszeitrechtlichen Vorschriften widerspricht (vgl BAG 18. 9. 2001 – 9 AZR 307/00, AP Nr 37 zu § 611 BGB Mehrarbeitsvergütung). Wenn durch individual- oder tarifvertragliche Abrede vorgesehen ist, dass Überstunden grundsätzlich durch Arbeitsbefreiungen auszugleichen sind, kann der Arbeitgeber zwischen Vergütung und Freizeitausgleich wählen. Ggf kann auch vereinbart werden, dass der Arbeitnehmer selbst die aufgebauten Überstunden „abfeiern" muss (näher BAG 4. 5. 1994 – 4 AZR 445/93, AP Nr 1 zu § 1 TVG Tarifverträge: Arbeiterwohlfahrt).

1462 cc) Von der (Grund-)Vergütung für geleistete Mehrarbeit ist die Frage eines **besonderen Zuschlags** zu trennen. Anspruch auf Zahlung eines solchen besonderen

Zuschlags für die Leistung der Überstunden besteht nur, wenn dies kollektiv- oder einzelvertraglich vorgesehen ist. Teilzeitbeschäftigte, die über ihre individuelle Arbeitszeit hinaus, aber noch im Rahmen der regelmäßigen werktäglichen Arbeitszeit Vollzeitbeschäftigter tätig werden, haben keinen Anspruch auf Überstundenzuschläge (MünchKomm/Müller-Glöge § 611 Rn 791).

dd) Arbeitgeber und Arbeitnehmer können vereinbaren, dass Überstunden **mit** **1463** **dem Gehalt abgegolten** oder in Form einer **Pauschale** vergütet werden. Soweit dadurch mittelbar das Arbeitsentgelt für die erbrachte Arbeitsleistung gesenkt wird, kann die zwingende Wirkung einer tarifvertraglichen Vergütungsregelung entgegenstehen (§ 4 Abs 1 S 1 TVG). Zwar kann statt Überstundenvergütung ein Freizeitausgleich vereinbart werden (vgl zB BAG 17. 1. 1995 – 3 AZR 399/94, AP Nr 15 zu § 611 BGB Mehrarbeitsvergütung); ein bereits entstandener Anspruch auf Überstundenvergütung kann aber nicht durch einseitig vom Arbeitgeber angeordnete Freistellung von der Arbeit erfüllt werden (vgl BAG 18. 9. 2001 – 9 AZR 307/00, AP Nr 37 zu § 611 BGB Mehrarbeitsvergütung).

Pauschalisierungsabreden sind häufig Bestandteil **Allgemeiner Geschäftsbedingun-** **1464** **gen**, die dem Arbeitsvertrag zugrunde gelegt werden. Diese müssen jedenfalls dem Transparenzgebot genügen. Wenn – wie in der Regel – die Zahl der Überstunden vertraglich nicht geregelt ist, sind derartige Pauschalisierungsabreden auch nicht wegen § 307 Abs 3 S 1 von der Inhaltskontrolle ausgenommen. Denn sie regeln nicht unmittelbar die Höhe der Arbeitsvergütung, sondern erlauben es dem Arbeitgeber nur, mittelbar darauf Einfluss zu nehmen, indem er Mehrarbeit anordnet, ohne zur Zahlung eines über den im Arbeitsvertrag vereinbarten Betrags hinaus verpflichtet zu sein (ebenso ErfK/Preis §§ 305–310 Rn 91). Eine derartige Pauschalabgeltung wird man in Formulararbeitsverträgen als unangemessene Benachteiligung ansehen müssen, da der Arbeitgeber einseitig das Äquivalenzverhältnis erheblich beeinträchtigen kann (BAG 1. 9. 2010 – 5 AZR 517/09, BAGE 135, 250; LAG Köln 20. 12. 2001 – 6 Sa 965/01, LAGE § 612 BGB Nr 8; MünchKomm/Müller-Glöge § 611 Rn 792; HWK/ Thüsing § 611 Rn 137).

ee) Zur **Beweislast** vgl § 612 Rn 62. **1465**

b) **Nachtarbeits- sowie Sonn- und Feiertagszuschläge**
Bei ungünstiger Lage der Arbeitszeit sehen Tarifverträge vielfach vor, dass die **1466** Arbeitnehmer einen Zuschlag zur Normalvergütung erhalten. Das gilt vor allem für Nachtarbeit sowie Sonn- und Feiertagsarbeit. Wann sie vorliegen, ist zumeist tarifvertraglich definiert (vgl auch die Legaldefinition der Nachtarbeit in § 2 Abs 4 ArbZG; zur Sonn- und Feiertagsruhe § 9 ArbZG). Sonderregeln für Seeleute enthalten die §§ 51, 52 SeeArbG.

Nach **§ 6 Abs 5 ArbZG** hat der Nachtarbeit leistende Arbeitnehmer (vorbehaltlich **1467** einer tarifvertraglichen Regelung) Anspruch entweder auf eine angemessene Zahl bezahlter freier Tage oder einen angemessenen Zuschlag auf das Gehalt, der durch Individualvertrag ausgestaltet werden kann (BAG 15. 7. 2009 – 5 AZR 867/08, AP Nr 10 zu § 6 ArbZG); im Übrigen richtet sich der Nachtzuschlag nach der Gegenleistung, für die er bestimmt ist, sodass nur ein geringer Ausgleich für Nachtarbeit, die Arbeitsbereitschaft ist, erforderlich ist (BAG 11. 2. 2009 – 5 AZR 148/08, AP Nr 9 zu § 6 ArbZG; vgl auch BAG 31. 8. 2005 – 5 AZR 545/04, AP Nr 8 zu § 6 ArbZG). Ein Vorrang des Freizeitausgleichs besteht nicht (BAG 11. 2. 2009 – 5 AZR 148/08, AP Nr 9 zu § 6 ArbZG; Ausnahme: Jugendliche, § 18 Abs 3 JArbSchG). Leistet der Arbeitnehmer Sonn- oder Feiertagsarbeit, so hat er Anspruch auf einen Ersatzruhetag, § 11 Abs 3 ArbZG. Leistet er an Sonn- oder Feiertagen Nachtarbeit, so begründet die Verweisung in **§ 11 Abs 2 ArbZG** auf § 6 Abs 5 ArbZG zwar die dort geregelten Folgen wegen der Nachtarbeit; sie begründet aber keinen Anspruch auf einen gesetzlichen Sonn- und Feiertagszuschlag (BAG 11. 1. 2006 – 5 AZR 97/05, AP Nr 2 zu § 11 ArbZG).

1468 Der Arbeitnehmer hat den Anspruch auf zusätzliche Entlohnung auch, wenn er **gesetzeswidrig** mit Nachtarbeit bzw Sonn- oder Feiertagsarbeit beschäftigt wird.

1469 Ist ein prozentualer Zuschlag für Nachtarbeit bzw Sonn- und Feiertagsarbeit vorgesehen, so ist er wie bei der Überstundenvergütung im Zweifel vom wirklichen Arbeitsverdienst und nicht vom tariflich vorgesehenen Stundenlohn zu berechnen. Ist für Sonntagsarbeit ein niedrigerer Zuschlag als für Feiertagsarbeit vorgesehen und fällt der Feiertag auf einen Sonntag, so sind nicht beide Zuschläge nebeneinander zu zahlen. Streitig ist, ob nur der niedrigere Sonntagszuschlag (so HUECK/NIPPERDEY I 273) oder der höhere Feiertagszuschlag (so NIKISCH I 341) zu zahlen ist. Richtigerweise ist darauf abzustellen, ob die Arbeit an dem Feiertag, auch wenn er auf den Sonntag fällt, für den Arbeitnehmer besonders unangenehm ist, zB bei einer Beschäftigung an den hohen kirchlichen Feiertagen, wie Weihnachten, Ostern und Pfingsten (ebenso iErg HUECK/NIPPERDEY I 273 f; zur Regelung im Öffentlichen Dienst BAG 11. 12. 1980 – 3 AZR 163/78, AP Nr 2 zu § 27 MTB II; BAG 22. 9. 1981 – 3 AZR 330/79, AP Nr 1 zu § 35 BAT); soll dagegen nur die Mehrleistung prämiert werden, ist der geringere Sonntagslohn zu zahlen (MünchKomm/MÜLLER-GLÖGE § 611 Rn 802).

1470 Eine weitere Form stellt die **Wechselschichtzulage** dar (zB § 8 Abs 5 TVöD). Der Arbeitnehmer hat Anspruch auf sie aber nur, wenn er in allen Schichten, dh „rund um die Uhr" eingesetzt wird (BAG 24. 9. 2008 – 10 AZR 140/08, AP Nr 1 zu § 7 TVöD).

c) Leistungszulagen

1471 Die Anerkennung einer besonderen Leistung des Arbeitnehmers kann dadurch entgolten werden, dass er bei der Grundvergütung in eine für sie vorgesehene Lohn- oder Gehaltsgruppe eingestuft wird; es ist aber auch möglich, dass er neben der Grundvergütung einen Zuschlag erhält (Leistungszuschlag). Die Rechtsgrundlage dafür kann in einem Tarifvertrag enthalten sein. Sofern das nicht der Fall ist, kann ein Anspruch aufgrund einzelvertraglicher Abrede oder betrieblicher Übung bestehen. Wird im letzteren Fall die tarifvertraglich vorgesehene Grundvergütung erhöht, so ist zu beachten, dass der Leistungszuschlag nicht unselbstständiger Bestandteil einer übertariflichen Entlohnung ist, sondern eine *außertarifliche Zulage* darstellt, die regelmäßig nicht von der Tariflohnerhöhung aufgesogen wird, sondern neben der Tariflohnerhöhung weiter zu zahlen ist (BAG 1. 11. 1956 – 2 AZR 194/54, BAGE 3, 132; BAG 6. 3. 1958 – 2 AZR 457/55, BAGE 5, 221 [223]; BAG 23. 1. 1980 – 5 AZR 780/78, AP Nr 12 zu § 4 TVG Übertarifl Lohn und Tariflohnerhöhung; s zur Festlegung eines Anrechnungsvorbehalts Rn 911 ff). Eine nicht unter einen entsprechenden Vorbehalt gestellte Leistungszulage kann nicht widerrufen werden, auch nicht im Falle nachlassender Leistung (BAG 16. 7. 1976 – 5 AZR 270/75, AP Nr 7 zu § 611 BGB Lohnzuschläge). Besteht ein wirksamer Widerrufsvorbehalt (vgl Rn 941 ff), muss der Widerruf § 315 Abs 1 genügen (BAG

13. 5. 1987 – 5 AZR 125/86, AP Nr 4 zu § 305 BGB Billigkeitskontrolle; s auch Rn 946 f). Der Widerruf kann aber auch dann der Billigkeit entsprechen, wenn die Arbeitsleistung nicht nachgelassen hat (BAG 7. 7. 2011 – 6 AZR 151/10, AP Nr 2 zu § 18 TVöD). Entscheidend ist zudem ausschließlich, ob der Widerruf *objektiv* billigem Ermessen entspricht; daher kann er auch dann wirksam sein, wenn der Arbeitgeber irrig glaubt, nach freiem Ermessen widerrufen zu können, solange nur die von ihm letztlich getroffene Entscheidung objektiv billig ist (BAG 7. 7. 2011 – 6 AZR 151/10, AP Nr 2 zu § 18 TVöD).

d) Erschwerniszulagen

Als Erschwerniszulagen bezeichnet man Zuschläge, durch die besondere Arbeitserschwernisse zusätzlich entgolten werden sollen (Schmutzzulagen, Zulagen für gefährliche Arbeit, Hitzezulagen, Lärmzulagen, Zulagen für eine weite Entfernung der Arbeitsstelle vom Wohnort, Leistung von Wechselschichten [BAG 20. 1. 2010 – 10 AZR 990/08, NZA-RR 2010, 193 [194]; BAG 19. 3. 2014 – 10 AZR 744/13, juris Rn 18], Heimzulage für ganztägige Erziehung untergebrachter Kinder [BAG 16. 11. 2011 – 10 AZR 210/10, ZTR 2012, 100]). Wie die Leistungszuschläge können sie ihre Rechtsgrundlage in kollektivvertraglichen oder einzelvertraglichen Regelungen oder in einer betrieblichen Übung haben. Die Trennungsentschädigungen oder Entfernungszulagen sind von den sog Aufwandsentschädigungen oder **Auslösungen** zu unterscheiden. Im letzteren Fall handelt es sich nicht um den Lohnanspruch, sondern um eine Pauschalierung des Anspruchs auf Aufwendungsersatz (s Rn 1756; vgl BAG 18. 9. 1991 – 7 AZR 41/90, NZA 1992, 936 [937]). Bei **Tariflohnerhöhung** kommt es nur im Falle einer entsprechenden Vereinbarung zu einer Anrechnung (BAG 23. 3. 1993 – 1 AZR 520/92, AP Nr 26 zu § 87 BetrVG 1972). Entfällt die besonders vergütete Erschwernis, so kann die Zulage – einen entsprechenden zulässigen Widerrufsvorbehalt (vgl Rn 941 ff) vorausgesetzt – unter Beachtung des § 315 Abs 1 widerrufen werden (BAG 30. 8. 1972 – 5 AZR 140/72, AP Nr 6 zu § 611 BGB Lohnzuschläge). **1472**

e) Funktionszulagen

Von Leistungs- und Erschwerniszulagen sind Funktionszulagen zu unterscheiden. Sie zeichnen sich dadurch aus, dass für bestimmte Tätigkeiten in einer bestimmten Funktion eine zusätzliche Vergütung gewährt wird. So dienen tarifliche Funktionszulagen dazu, für herausgehobene Tätigkeiten, die sich mit der Grundvergütung der Tarifgruppe nicht adäquat erfassen und honorieren lassen, einen Zuschlag zu gewähren; anders als Erschwerniszulagen stellen sie also nicht auf tatsächliche, durch äußere Umstände begründete Erschwernisse ab, unter denen die Arbeit zu leisten ist (BAG 16. 11. 2005 – 10 AZR 108/05, ZTR 2006, 313; BAG 27. 10. 2010 – 10 AZR 361/09, juris 18; BAG 21. 1. 2014 – 3 AZR 362/11, juris Rn 41). Die Funktionszulage ist – wie die Grundvergütung – an Teilzeitbeschäftigte in einer der vereinbarten Arbeitszeit entsprechenden Höhe zu zahlen, § 4 Abs 1 S 2 TzBfG (BAG 18. 3. 2009 – 10 AZR 293/08, juris Rn 14). Im Falle einer **Tariflohnerhöhung** ist eine Anrechnung auf die Funktionszulage zulässig, es sei denn, sie wurde als selbstständiger Entgeltbestandteil neben dem Tariflohn zugesagt; es ist dann eine Frage der Auslegung der Parteivereinbarung, ob eine Anrechnung erfolgt oder nicht (BAG 16. 5. 2012 – 10 AZR 728/10, juris Rn 27 ff; zu Aufsaugung oder Aufstockung vgl auch Rn 799 und 911). **1473**

f) Sozialzulagen

Sozialzulagen sind Zulagen, die aufgrund besonderer sozialer Verhältnisse des **1474**

Dienstverpflichteten gezahlt werden. Zu ihnen zählen vor allem Verheirateten-, Kinder-, Alters- und Ortszulagen. Rechtsgrundlage kann ein Tarifvertrag, eine Betriebsvereinbarung, der Arbeitsvertrag oder eine betriebliche Übung sein. Nach ihrer Zweckbestimmung wird durch sie nicht die Arbeitsleistung entgolten, sondern sie werden zusätzlich zum Arbeitsentgelt gewährt. Sie sind aber gleichwohl Gegenleistung für die Dienste des Arbeitnehmers, und zwar nicht nur in dem weiten Sinn wie Sozialleistungen (s Rn 1315 f und 1499 ff), sondern ihre Gewährung hängt im Allgemeinen davon ab, dass der Arbeitnehmer die Arbeitsleistung erbringt (BAG 24. 11. 1971 – 4 AZR 63/71, AP Nr 3 zu § 1 TVG Tarifverträge: Versicherungsgewerbe). Ob und inwieweit der Arbeitnehmer Anspruch auf Sozialzulagen hat, richtet sich nach der Rechtsgrundlage für ihre Gewährung; dabei sind die Vorgaben des Gleichbehandlungsgrundsatzes und des AGG zu beachten (vgl BAG 20. 4. 1977 – 4 AZR 732/75, AP Nr 111 zu Art 3 GG). Sozialzulagen werden meist durch einen selbstständigen Betrag festgelegt.

1475 Von Kinderzuschlägen tariflicher oder betrieblicher Art, die der Arbeitgeber gewährt, ist das sog **Kindergeld** zu unterscheiden, das nach dem Bundeskindergeldgesetz (BKGG) iF vom 28. 1. 2009 (BGBl I 1450) die Bundesagentur für Arbeit zahlt.

g) Anwesenheitsprämie

1476 Anwesenheitsprämien sind Sondervergütungen, die einem Arbeitnehmer über das tarifvertraglich oder arbeitsvertraglich festgelegte Arbeitsentgelt hinaus gewährt werden, sofern er während eines bestimmten Zeitraums tatsächlich ununterbrochen gearbeitet hat. Die Formen sind vielgestaltig. Möglich ist insbesondere, dass Sozialleistungen, wie Gratifikationen und Treuegelder, so gestaltet werden, dass Fehlzeiten zu einer Minderung führen. Eine derartige Bemessung ist grundsätzlich zulässig, sie darf aber nicht zur Folge haben, dass die zwingenden Regelungen über die Entgeltfortzahlung für Zeiten der Nichtleistung der Arbeit umgangen werden.

1477 **Laufend zum regelmäßigen Arbeitsentgelt gezahlte Anwesenheitsprämien** waren nach Ansicht des BAG im Krankheitsfall fortzuzahlen; eine Vertragsabrede, nach der die Prämie während der durch Krankheit ausgefallenen Arbeitszeit nicht weitergezahlt werden soll, wurde als nichtig angesehen (BAG 11. 2. 1976 – 5 AZR 615/74 und 4. 10. 1978 – 5 AZR 886/77, AP Nr 10 und 11 zu § 611 BGB Anwesenheitsprämie). Dagegen sah es in einer **einmalig im Jahr gezahlten Anwesenheitsprämie** zunächst kein fortzuzahlendes Entgelt iS des Lohnfortzahlungsrechts (BAG 9. 11. 1972 – 5 AZR 144/72, AP Nr 9 zu § 611 BGB Anwesenheitsprämie), korrigierte diese Rechtsansicht dann aber zwischenzeitlich dahin, dass auch in diesem Fall Fehlzeiten nicht in Ansatz gebracht werden durften, die infolge einer Erkrankung entstanden waren, soweit der Arbeitnehmer den Anspruch auf Fortzahlung des Arbeitsentgelts hatte (BAG 19. 5. 1982 – 5 AZR 466/80, AP Nr 12 zu § 611 BGB Anwesenheitsprämie). Diese Auffassung gab das BAG aber wieder auf und ließ die Anrechnung von Fehlzeiten zu, wobei es als billig iS des § 315 anerkannte, wenn die Kürzungsrate pro Fehltag 1/60 der versprochenen Jahresleistung nicht übersteigt (vgl BAG 15. 2. 1990 – 6 AZR 381/88 und 26. 10. 1994 – 10 AZR 482/93, AP Nr 15 und 18 zu § 611 BGB Anwesenheitsprämie). Durch **§ 4a EFZG** (eingeführt durch G vom 25. 9. 1996 [BGBl I 1476]; durch § 9 EFZG gilt das auch für die dort genannten Maßnahmen der medizinischen Vorsorge und Rehabilitation) ist nunmehr klargestellt, dass eine Vereinbarung über die Kürzung von Leistungen, die der Arbeitgeber zusätzlich zum laufenden Arbeitsentgelt erbringt (Sondervergütungen; zum Begriff vgl

BAG 25. 7. 2001 – 10 AZR 502/00, AP Nr 1 zu § 4a EntgeltFG), für die Zeiten der Arbeitsunfähigkeit infolge Krankheit zulässig ist; die Kürzung darf aber für jeden Tag der Arbeitsunfähigkeit infolge Krankheit ein Viertel des Arbeitsentgelts, das im Jahresdurchschnitt auf einen Arbeitstag entfällt, nicht überschreiten (vgl auch BT-Drucks 13/4612, 16). Von § 4a EFZG nicht erfasst wird aber laufendes Arbeitsentgelt, sodass dieses nicht gekürzt werden kann (BAG 25. 7. 2001 – 10 AZR 502/00, AP Nr 1 zu § 4a EntgeltFG). Ggf muss durch Auslegung bestimmt werden, ob es sich um laufendes Arbeitsentgelt oder um eine Sondervergütung im Sinne von § 4a EFZG handelt. Da als laufendes Arbeitsentgelt der Bruttoverdienst des Arbeitnehmers anzusehen ist, den er aus dem Arbeitsverhältnis als Gegenleistung für geleistete Arbeit für bestimmte Zeitabschnitte erhält (BAG 26. 9. 2001 – 5 AZR 539/00, NZA 2002, 387 [389]), spricht die Zahlung einer Anwesenheitsprämie im Rhythmus des laufenden Arbeitsentgelts in der Regel für eine Einordnung als laufendes Entgelt (LAG München 11. 8. 2009 – 8 Sa 131/09, LAGE § 4a EntgeltfortzG Nr 2). Kürzt der Arbeitgeber entsprechend § 4a EFZG, liegt darin keine verbotene Maßregelung nach § 612a (dort Rn 26).

Zu beachten ist, dass § 4a EFZG keine gesetzliche Rechtsgrundlage dafür gibt, eine Anwesenheitsprämie zu kürzen. Eine Kürzung kann der Arbeitgeber somit nur vornehmen, wenn dafür eine **Rechtsgrundlage** in einem auf das Arbeitsverhältnis anwendbaren Tarifvertrag, einer Betriebsvereinbarung oder im Arbeitsvertrag besteht (BAG 19. 4. 1995 – 10 AZR 136/94, NZA 1996, 133; BAG 24. 5. 1995 – 10 AZR 619/94, NZA 1996, 31 [32]; ErfK/REINHARD § 4a EFZG Rn 2, 4). **1478**

Nimmt der Arbeitnehmer an einem **Streik** teil, so kann die Anwesenheitsprämie für die Streiktage anteilig gekürzt werden, ohne dass der Arbeitgeber an die Vorgaben des § 4a EFZG gebunden wäre. Ein Verstoß gegen § 612a ist darin nicht zu sehen (BAG 31. 10. 1995 – 1 AZR 217/95, NZA 1996, 389 [391]). Das gilt sowohl bei einem rechtmäßigen als auch bei einem rechtswidrigen Streik. Bei Ersterem werden die gegenseitigen Hauptpflichten ohnehin suspendiert (Rn 1148), bei Letzterem erfolgt dies zwar nicht, der Arbeitnehmer kann hier aber nicht besser stehen, als er bei einem rechtmäßigen Streik stehen würde. Bei einer **Aussperrung** ist hingegen zu unterscheiden: Ist diese rechtmäßig, ist eine Kürzung zulässig, da wie beim Streik die Hauptpflichten suspendiert werden (Rn 1336). Ist die Aussperrung hingegen rechtswidrig, kommt eine Kürzung nicht in Betracht. **1479**

h) Sonstige Zulagen

Sonstige Zulagen sind die **Tätigkeitszulage** und die **Verantwortungszulage**, die in der Versicherungswirtschaft gezahlt werden (§ 6 und § 7 Manteltarifvertrag für das private Versicherungsgewerbe). **1480**

4. Mitbestimmung des Betriebsrats

a) Systematik der Mitbestimmungsregelung

Fragen der betrieblichen Lohngestaltung unterliegen der Mitbestimmung des Betriebsrats, soweit eine gesetzliche oder tarifliche Regelung nicht besteht (§ 87 Abs 1 Nr 10 BetrVG; ebenso im Personalvertretungsrecht nach § 75 Abs 3 Nr 4 BPersVG). Zu ihnen gehören „insbesondere die Aufstellung von Entlohnungsgrundsätzen und die Einführung und Anwendung von neuen Entlohnungsmethoden sowie deren Änderung" (§ 87 Abs 1 Nr 10 BetrVG). Erforderlich ist stets ein „kollektiver Be- **1481** zug" der Regelung; die Zahl der betroffenen Arbeitnehmer ist hierfür ein Indiz, aber nicht allein maßgeblich (BAG 10. 10. 2006 – 1 ABR 68/05, AP Nr 68 zu § 80 BetrVG 1972 mwNw).

1482 Gesetzessystematisch enthält § 87 Abs 1 Nr 10 BetrVG den Grundtatbestand für die Beteiligung des Betriebsrats bei Entgeltleistungen des Arbeitgebers. Werden Entgeltleistungen durch eine Sozialeinrichtung erbracht, so erstreckt § 87 Abs 1 Nr 8 BetrVG das Mitbestimmungsrecht auf deren Form, Ausgestaltung und Verwaltung. Eine ergänzende Sonderregelung besteht nach § 87 Abs 1 Nr 9 BetrVG, wenn Wohnräume Arbeitnehmern mit Rücksicht auf das Bestehen eines Arbeitsverhältnisses vermietet werden (Werkmietwohnungen; s dazu Rn 1404). Bei leistungsbezogenen Entgelten ist zu beachten, dass der Betriebsrat nach § 87 Abs 1 Nr 11 BetrVG auch an der Festsetzung der Akkord- und Prämiensätze und vergleichbarer leistungsbezogener Entgelte einschließlich der Geldfaktoren beteiligt ist, um die Leistungsgerechtigkeit der Entlohnung zu sichern. Schließlich hat der Betriebsrat gemäß § 87 Abs 1 Nr 4 BetrVG über Zeit, Ort und Art der Auszahlung der Arbeitsentgelte mitzubestimmen (s Rn 1626). In Unternehmen mit in der Regel mehr als zwanzig wahlberechtigten Arbeitnehmern hat der Betriebsrat neben dem Mitbestimmungsrecht nach § 87 BetrVG auch bei der Einstufung des Arbeitnehmers in die für ihn maßgebliche Vergütungsordnung nach § 99 BetrVG mitzubestimmen (s auch Rn 856).

b) Vorrang von Gesetz und Tarifvertrag

1483 Der Betriebsrat hat nach dem Eingangshalbsatz des § 87 Abs 1 BetrVG nur mitzubestimmen, soweit eine gesetzliche oder tarifliche Regelung nicht besteht. Anders als bei § 77 Abs 3 BetrVG wird die Kompetenz der Betriebspartner aber nicht bereits dadurch beschränkt, dass die entsprechende Regelung tarifüblich ist, ist § 87 Abs 1 BetrVG insoweit doch als lex specialis einzustufen (sog Vorrangtheorie, vgl BAG 24. 2. 1987 – 1 ABR 18/85, AP Nr 21 zu § 77 BetrVG 1972; bestätigt durch BAG GS 3. 12. 1991 – GS 2/90, AP Nr 51 zu § 87 BetrVG 1972 Lohngestaltung; BAG 27. 6. 2006 – 3 AZR 255/05, NZA 2006, 1285 [1287]; näher zum Streitstand RICHARDI, in: RICHARDI, BetrVG § 77 Rn 247 ff). Voraussetzung ist allerdings, dass Gesetz oder Tarifvertrag eine zwingende, nicht nur dispositive Regelung normieren; daher hat ein Tarifvertrag, der abgelaufen ist und nur noch nachwirkt (§ 4 Abs 5 TVG), für das Mitbestimmungsrecht des Betriebsrats keine Sperrwirkung (vgl BAG 13. 7. 1977 – 1 AZR 336/75, AP Nr 2 zu § 87 BetrVG 1972 Kurzarbeit; BAG 24. 2. 1987 – 1 ABR 18/85, BAGE 54, 191 [296]). Es genügt auch nicht, dass dem Arbeitgeber durch Gesetz oder Tarifvertrag ein Gestaltungsrecht eingeräumt wird (BAG 13. 3. 1973 – 1 ABR 16/72, BAGE 25, 93 [96]; BAG 18. 4. 1989 – 1 ABR 100/87, BAGE 61, 296 [303]), Gesetz oder Tarifvertrag müssen vielmehr die Angelegenheit in nicht ergänzungsfähiger Art und Weise regeln (BAG 18. 3. 1976 – 3 ABR 32/75, AP Nr 4 zu § 87 BetrVG 1972 Altersversorgung; st Rspr); dementsprechend ist eine Betriebsvereinbarung möglich, wenn der Tarifvertrag sich darauf beschränkt, als mögliche Lohnarten Zeit-, Akkord- und Prämienlohn zu benennen (BAG 26. 8. 2008 – 1 AZR 353/07, AP Nr 139 zu § 2 KSchG 1969). Zahlt der Arbeitgeber zum tariflich geregelten Entgelt einen übertariflichen Zuschlag, so greift insoweit der Tarifvorrang nicht ein (vgl BAG [GS] 3. 12. 1991 – GS 2/90, BAGE 69, 134 [154 ff]).

1484 Für die zwingende, den Tarifvorbehalt des § 87 BetrVG auslösende Wirkung genügt nach Auffassung des BAG die **Tarifgebundenheit des Arbeitgebers** (vgl BAG 20. 12.

1988 – 1 ABR 57/87, BAGE 60, 323 [327 f]). Soweit Arbeitnehmer aber nicht unter den Geltungsbereich eines Tarifvertrags fallen, findet der Tarifvorbehalt keine Anwendung. Das Mitbestimmungsrecht des Betriebsrats erstreckt sich daher auf die Entgeltgestaltung für **außertarifliche Angestellte**, soweit sie nicht zu den leitenden Angestellten iS des § 5 Abs 3 BetrVG gehören (BAG 22. 1. 1980 – 1 ABR 48/77, BAGE 32, 350 [360 ff]).

Der Tarifvorrang beruht auf der Grundvorstellung, dass neben der Entgelthöhe auch die Struktur der Entgeltbemessung auf einer **Tarifeinheit** im Betrieb beruht. Bei Tarifabschlüssen mit Berufsgruppen- und Spartengewerkschaften, zB dem Marburger Bund, ist diese Voraussetzung nicht erfüllt. Nicht jeder Tarifvertrag kann daher bei Tarifbindung des Arbeitgebers das Mitbestimmungsrecht des Betriebsrats verdrängen. Man kann erwägen, dass den Tarifvorrang nur der Tarifvertrag mit einer Gewerkschaft auslöst, die für den Betrieb repräsentativ ist. Damit stellt sich die Frage, ob dies auch für einen Tarifvertrag mit einer Berufsgruppen- oder Spartengewerkschaft gilt. Es kann nämlich nicht ausgeschlossen werden, dass sie die meisten Mitglieder im Betrieb hat. Es wäre aber mit dem Mitbestimmungsgedanken nicht vereinbar, wenn dadurch möglicherweise für die Mehrheit der Arbeitnehmer im Betrieb das Mitbestimmungsrecht des Betriebsrats verdrängt wird. Bei einer Gewerkschaftspluralität im Betrieb greift deshalb der Tarifvorrang, der das Mitbestimmungsrecht des Betriebsrats verdrängt nur ein, wenn die Gewerkschaften für die Regelung eine Tarifgemeinschaft bilden oder bei Tarifpluralität die Tarifverträge zwar getrennt, aber einheitlich die Entgeltgestaltung für den Betrieb verbindlich festlegen. **1485**

Wenn dies nicht der Fall ist, greift bei einem Tarifvertrag mit einer Berufsgruppen- oder Spartengewerkschaft der Tarifvorrang nicht ein, weil deren Tarifzuständigkeit begrenzt ist, also nicht alle Arbeitnehmer des Betriebs erfasst. Die Entgeltmitbestimmung des Betriebsrats bleibt erhalten. Sie tritt damit möglicherweise in ein Konkurrenzverhältnis zu den tariflichen Regelungen. Das gilt aber nur, soweit sie auch die Entgeltgestaltung festlegen. Da sie den Tarifvorrang nicht auslösen, bleibt die Entgeltmitbestimmung des Betriebsrats bestehen. **1486**

Soweit die Mitbestimmung durch den Abschluss einer Betriebsvereinbarung ausgeübt wird, die Betriebsvereinbarung also die Entgeltgestaltung zur Sicherung der Verteilungsgerechtigkeit im Betrieb festlegt, gilt sie gemäß § 77 Abs 4 S 1 BetrVG unmittelbar und zwingend. Soweit eine Betriebsvereinbarung darüber hinaus eine Regelung über die Entgelthöhe trifft, ist sie dem Bereich einer freiwilligen Betriebsvereinbarung zuzuordnen, sodass der Tarifvorbehalt des § 77 Abs 3 BetrVG eingreift. Die Entgelthöhe bleibt den Betriebsparteien verschlossen; es sind für sie die Tarifvertragsparteien oder bei Nichtgeltung einer tariflichen Regelung die Arbeitsvertragsparteien zuständig. Daraus folgt zugleich auch, dass durch die Entgeltmitbestimmung eine einheitliche Ordnung im Betrieb hergestellt wird, auch wenn eine Tarifpluralität besteht. **1487**

c) Gegenstand und Inhalt der Mitbestimmung nach § 87 Abs 1 Nr 10 BetrVG

§ 87 Abs 1 Nr 10 BetrVG enthält eine Generalklausel, durch die dem Betriebsrat bei der Gestaltung des Arbeitsentgelts ein umfassendes Mitbestimmungsrecht eingeräumt wird. Es besteht in **„Fragen der betrieblichen Lohngestaltung, insbesondere die** **1488**

Aufstellung von Entlohnungsgrundsätzen und die Einführung und Anwendung von neuen Entlohnungsmethoden sowie deren Änderung". Der Mitbestimmungstatbestand dient nicht der Lohnpolitik, sondern der Lohnfindung unter dem Gesichtspunkt der Lohngerechtigkeit (so bereits BAG 14. 11. 1974 – 1 ABR 65/73, AP Nr 1 zu § 87 BetrVG 1972; vgl BAG [GS] 3. 12. 1991 – GS 2/90, BAGE 69, 134 [158]). Zweck der Mitbestimmung ist eine Beteiligung an den Entscheidungen, von denen bei der Erbringung der Entgeltleistungen die *Verteilungsgerechtigkeit* abhängt.

1489 Das Mitbestimmungsrecht bezieht sich daher **nicht** auf die **lohnpolitische Entscheidung über die Lohn- und Gehaltshöhe** (so bereits BAG 29. 3. 1977 – 1 ABR 123/74, BAGE 29, 103 [110]; vor allem BAG 22. 1. 1980 – 1 ABR 48/77, BAGE 32, 350 [362 f]). Die Lohngestaltung spricht, wie das BAG formuliert, „nur die Strukturformen des Entgelts einschließlich ihrer näheren Vollziehungsformen" an (BAG 22. 1. 1980 – 1 ABR 48/77, BAGE 32, 350 [362]; weiterhin BAG 31. 1. 1984 – 1 AZR 174/81 und 6. 12. 1988 – 1 ABR 44/87, BAGE 45, 91 [103] und 60, 244 [255]; BAG [GS] 3. 12. 1991 – GS 2/90, BAGE 69, 134 [163]). Der Mitbestimmung unterliegt die **Festlegung abstrakt-genereller (kollektiver) Grundsätze zur Entgeltfindung.** Erfasst wird die normative Festlegung der materiellen Gesichtspunkte und des Verfahrens, von denen die Lohn- und Gehaltsfindung im Einzelfall abhängt, wobei die Ermittlung der Höhe des Lohns oder Gehalts weder unmittelbar noch mittelbar in Rede steht. Eine Betriebsvereinbarung, die den Arbeitgeber neben der Entgeltgestaltung zu einer entsprechenden Entgeltleistung verpflichtet, ist eine teilmitbestimmte Betriebsvereinbarung.

1490 Da sich das Mitbestimmungsrecht auf die Lohngestaltung bezieht, kann es nicht eingesetzt werden, um isoliert von der Lohn- und Gehaltsfindung eine **Erhöhung** oder **Herabsetzung der Arbeitsentgelte** herbeizuführen. Die Freiwilligkeit einer Leistung schließt das Mitbestimmungsrecht nicht aus, zieht ihm aber Grenzen (BAG 8. 12. 1981 – 1 ABR 55/79, AP Nr 1 zu § 87 BetrVG 1972 Prämie; bereits BAG 10. 7. 1979 – 1 ABR 88/77, AP Nr 2 zu § 87 BetrVG 1972 Lohngestaltung; weiterhin BAG 30. 3. 1982 – 1 ABR 55/80, AP Nr 10 zu § 87 BetrVG 1972 Lohngestaltung). Der Arbeitgeber entscheidet mitbestimmungsfrei über den Zweck, den er mit seiner Leistung verfolgen und insoweit auch über den Personenkreis, den er begünstigen will, sowie über den finanziellen Rahmen, der für die Erbringung der Leistung zur Verfügung gestellt wird (BAG 9. 12. 1980 – 1 ABR 80/77, BAGE 34, 297 [304 f]; BAG 8. 12. 1981 – 1 ABR 55/79, BAGE 37, 206 [209]; BAG 3. 8. 1982 – 3 AZR 1219/79, BAGE 39, 277 [283]; bereits zur betrieblichen Altersversorgung BAG 12. 6. 1975 – 3 ABR 13/74, BAGE 27, 194 [203 ff]; BAG 12. 6. 1975 – 3 ABR 137/73, 12. 6. 1975 – 3 ABR 66/74 und 18. 3. 1976 – 3 ABR 32/75, AP Nr 2, 3 und 4 zu § 87 BetrVG 1972 Altersversorgung). Nicht unter den Mitbestimmungstatbestand fällt auch die **Ausgestaltung des Synallagmas**, also das Verhältnis von Leistung und Gegenleistung (so ausdrücklich BAG 16. 7. 1991 – 1 ABR 66/90, AP Nr 49 zu § 87 BetrVG 1972 Lohngestaltung). Dem Mitbestimmungsrecht unterliegt deshalb nicht, ob der Arbeitgeber die Entlohnung auch dann gewähren muss, wenn der Arbeitnehmer seine Leistung nicht erbringt. Die Leistung ist für das Mitbestimmungsrecht nur insoweit von Bedeutung, als von ihr die Lohngestaltung abhängt, es also um die Frage geht, ob das Arbeitsentgelt zeitbezogen oder leistungsbezogen gestaltet sein soll.

1491 Da das Mitbestimmungsrecht sich generell auf Fragen der betrieblichen Lohngestaltung bezieht, bilden seinen Gegenstand nicht nur **Lohn und Gehalt** im eigentlichen Sinn, also das Arbeitsentgelt, das nach Inhalt und Umfang in einem Synal-

Titel 8 · Dienstvertrag und ähnliche Verträge
Untertitel 1 · Dienstvertrag　　　　　　　　　　　　　　　　　　　　　　　§ 611

lagma zur Arbeitsleistung steht, sondern es werden von den Fragen der betrieblichen Lohngestaltung **alle vermögenswerten Arbeitgeberleistungen** erfasst, bei denen die Bemessung nach einem System erfolgt (vgl BAG 12. 6. 1975 – 3 ABR 13/74, BAGE 27, 194 [201]; BAG 12. 6. 1975 – 3 ABR 137/73; BAG 12. 6. 1975 – 3 ABR 66/74; BAG 18. 3. 1976 – 3 ABR 32/75, AP Nr 2–4 zu § 87 BetrVG 1972 Altersversorgung; BAG 17. 12. 1980 – 5 AZR 570/78, AP Nr 4 zu § 87 BetrVG 1972 Lohngestaltung; BAG 9. 12. 1980 – 1 ABR 80/77, BAGE 34, 297 [301]; s auch hier Rn 1398 ff). Zu den Fragen der betrieblichen Lohngestaltung gehören auch die Art der Vergütung und deren Zusammensetzung, soweit es um die Verteilungsgerechtigkeit innerhalb der mitbestimmungsfreien Vorgaben geht.

Bei der **Anrechnung einer Tariflohnerhöhung auf über- und außertarifliche Zulagen** 1492 (näher Rn 799 ff und 911 ff) kommt ein Mitbestimmungsrecht des Betriebsrats in Betracht, wenn eine kollektive Maßnahme vorliegt, sich durch die Anrechnung die bisher bestehenden Verteilungsrelationen ändern und für die Neuregelung innerhalb des vom Arbeitgeber mitbestimmungsfrei vorgegebenen Dotierungsrahmens ein Gestaltungsspielraum verbleibt; Letzteres ist nicht der Fall, wenn das Zulagenvolumen vollständig aufgezehrt wird oder eine oberste Bundesbehörde eine vollständige Anrechnung beschließt (BAG 22. 5. 2012 – 1 AZR 94/11, NZA 2012, 1234 [1235]). Beteiligt der Arbeitgeber den Betriebsrat nicht, ist der Widerruf der Zulage unwirksam (vgl BAG [GS] 3. 12. 1991 – GS 2/90; BAG 3. 12. 1991, 21. 1. 2003 – 1 AZR 125/02 und 10. 3. 2009 – 1 AZR 57/08, AP Nr 51, 52, 118 und 134 zu § 87 BetrVG 1972 Lohngestaltung; BAG 22. 5. 2012 – 1 AZR 94/11, NZA 2012, 1234 [1236]; näher RICHARDI, in: RICHARDI, BetrVG § 87 Rn 790 ff).

d)　**Weitergehendes Mitbestimmungsrecht bei der Festsetzung der Akkord- und Prämiensätze und vergleichbarer leistungsbezogener Entgelte**
Bereits der Mitbestimmung nach § 87 Abs 1 Nr 10 BetrVG unterliegt, ob das Ar- 1493 beitsentgelt leistungsbezogen gestaltet wird, ob insoweit die Entlohnung im Akkord erfolgt, ob Prämienlohn gezahlt wird, worin dessen Bezugsgröße und Bezugsbasis bestehen, ob eine Provision gewährt wird und worin der Provisionsschlüssel liegt (s zum Prämienlohn BAG 13. 9. 1983 – 1 ABR 32/81 und 16. 12. 1986 – 1 ABR 26/85, BAGE 43, 278 [285 f] und 54, 46 [51 ff]; zur Provision BAGE 45, 208 [220 f]; BAG 26. 7. 1988 – 1 AZR 54/87, AP Nr 6 zu § 87 BetrVG 1972 Provision). Der Betriebsrat hat außerdem schon nach § 87 Abs 1 Nr 10 BetrVG mitzubestimmen, wie der gewählte Entlohnungsgrundsatz durchgeführt wird, also beim Akkordlohn vor allem, ob die Akkorde nach einem arbeitswissenschaftlichen System bestimmt (und welches wissenschaftliche System zur Anwendung kommen soll) oder ob sie geschätzt werden sollen.

Durch **§ 87 Abs 1 Nr 11 BetrVG** wird zusätzlich angeordnet, dass das Mitbestim- 1494 mungsrecht sich darüber hinaus auf die Festsetzung der Akkord- und Prämiensätze und vergleichbarer leistungsbezogener Entgelte einschließlich der Geldfaktoren erstreckt. Leistungsbezogen ist ein Entgelt, wenn eine Leistung des Arbeitnehmers gemessen, mit einer Bezugsleistung verglichen wird und das Verhältnis der Leistungen zur Bezugsleistung das Leistungsentgelt in seiner Höhe bestimmt (BAG 13. 3. 1984 – 1 AZR 57/82, BAGE 45, 208 [216]; BAG 22. 10. 1985 – 1 ABR 67/83, AP Nr 3 zu § 87 BetrVG 1972 Leistungslohn). Dazu zählt die Provision nicht (s Rn 1433 ff). Der Betriebsrat hat daher insoweit abstrakt-generell über die Festlegung aller Faktoren mitzubestimmen, die für die Ermittlung und Berechnung des Akkord- bzw Prämienlohns oder anderer vergleichbarer leistungsbezogener Entgelte von Bedeutung sind. Eine Besonderheit besteht hier auch insoweit, als nach dem Gesetzestext die Mitbestimmung die Beteiligung an der **Festsetzung der Geldfaktoren** umfasst. Daraus leitet das BAG ab, dass das Mitbestimmungsrecht sich auch auf die *Entgelthöhe* erstreckt (BAG 29. 3. 1977 – 1 ABR 123/74, BAGE 29, 103 [110 f]; bestätigt durch BAG 22. 1. 1980 – 1 ABR 48/77, BAGE 32, 350 [363]; BAG 13. 9. 1983 – 1 ABR 32/81, BAGE 43, 278 [283 ff]; bestätigt durch BAG 16. 12. 1986 – 1 ABR 26/85, BAGE 54, 46 [51]; BAG 14. 2. 1989 – 1 AZR 97/88, AP Nr 8 zu § 87 BetrVG 1972 Akkord). Dagegen bestehen Bedenken; denn die Beteiligung an der Festsetzung der Geldfaktoren soll nur die Richtigkeit des leistungsbezogenen Entgelts sichern, nicht aber systemwidrig die Mitbestimmung auf die Entgelthöhe erstrecken (vgl Richardi, in: Richardi, BetrVG § 87 Rn 904 ff).

e) Leistungsgewährung durch Sozialeinrichtungen

1495 Bei Leistungsgewährung durch Sozialeinrichtungen hat der Betriebsrat ein Mitbestimmungsrecht nach **§ 87 Abs 1 Nr 8 BetrVG** über Form, Ausgestaltung und Verwaltung von Sozialeinrichtungen. Voraussetzung ist aber, dass deren Wirkungsbereich auf den Betrieb, das Unternehmen oder den Konzern beschränkt ist; das ist nicht der Fall, wenn sie einem unbestimmten Personenkreis zugänglich sind (BAG 10. 2. 2009 – 1 ABR 94/07, AP Nr 21 zu § 87 BetrVG 1972 Sozialeinrichtung).

1496 **Sozialeinrichtungen** sind Einrichtungen, die vom Arbeitgeber errichtet sind, um den Belegschaftsmitgliedern und ihren Angehörigen Sozialleistungen zukommen zu lassen. Voraussetzung ist ein zweckgebundenes Sondervermögen mit einer abgrenzbaren, auf Dauer ausgerichteten Organisation, die der Verwaltung bedarf (BAG 12. 6. 1975 – 3 ABR 13/74, BAGE 27, 194 [198]; BAG 9. 12. 1980 – 1 ABR 80/77, BAGE 34, 297 [302 f]). Der Annahme einer Sozialeinrichtung steht nicht entgegen, dass mit ihrer Hilfe Leistungen erbracht werden, die zugleich Entgeltcharakter haben (vgl BAG 12. 6. 1975 – 3 ABR 13/74, BAGE 27, 194 [202]). Nicht erforderlich ist auch, dass die Sozialeinrichtung ihre Leistungen unentgeltlich anbietet, sofern sie objektiv dem Zweck dient, die soziale Lage der Arbeitnehmer oder ihrer Angehörigen zu verbessern. Eine negative Abgrenzung ist jedoch insoweit vorzunehmen, als es sich bei den Leistungen der Sozialeinrichtung nicht um das Arbeitsentgelt handeln kann, das unmittelbar im Synallagma zur Arbeitsleistung steht; denn der Mitbestimmung unterliegt nicht, wie der Arbeitgeber organisatorisch sicherstellt, dass er das von ihm geschuldete Arbeitsentgelt richtig erbringt.

1497 Der Mitbestimmung unterliegen **Form, Ausgestaltung und Verwaltung** einer Sozialeinrichtung, **nicht deren Errichtung** (§ 88 Nr 2 BetrVG). Der Betriebsrat hat also mitzubestimmen, ob Rechtsträger der Sozialeinrichtung der Arbeitgeber oder eine von ihm verschiedene Gesamthand oder juristische Person sein soll. Auch bei rechtlich selbstständigen Sozialeinrichtungen richtet sich aber das Mitbestimmungsrecht gegen den Arbeitgeber. Bei der Einigung zwischen Arbeitgeber und Betriebsrat bedarf es deshalb eines doppelten Schrittes – zuerst der Einigung (Betriebsvereinbarung), dann des Vollzugs in der Einrichtung aufgrund der Einwirkungsmöglichkeit des Arbeitgebers (vgl Richardi, in: Richardi, BetrVG § 87 Rn 51 ff).

f) Verletzung des Mitbestimmungsrechts

1498 Die Verletzung des Mitbestimmungsrechts berührt nicht die Rechtswirksamkeit des rechtsgeschäftlichen Leistungsversprechens (vgl BAG [GS] 16. 9. 1986 – GS 1/82, BAGE 53, 42 [73 f]). Dem Arbeitgeber darf aber aus einer betriebsverfassungsrechtlichen Pflichtwidrigkeit **kein Rechtsvorteil im Rahmen des Arbeitsverhältnisses** erwachsen (s Rn 865 ff). Von der Unwirksamkeitsfolge wird deshalb eine Regelung betroffen, durch die der Arbeitgeber bereits bestehende Rechtspositionen der Arbeitnehmer schmälert; die Verletzung von Mitbestimmungsrechten des Betriebsrats führt aber nicht dazu, dass sich individualrechtliche Ansprüche der betroffenen Arbeitnehmer ergeben, die zuvor noch nicht bestanden haben (vgl BAG 11. 6. 2002 – 1 AZR 390/01, BAGE 101, 288 [296]). Da für den Tarifvorrang die Tarifgebundenheit des Arbeitgebers genügt (s Rn 852), ist ein tarifgebundener Arbeitgeber betriebsverfassungsrechtlich verpflichtet, die tarifliche Vergütungsordnung ungeachtet der Tarifbindung der Arbeitnehmer im Betrieb anzuwenden (BAG 18. 10. 2011 – 1 ABR 25/10 und 1 ABR 34/10, AP Nr 141 und 142 zu § 87 BetrVG 1972 Lohngestaltung). Das gilt aber nur, soweit der Tarifvorrang die Mitbestimmung verdrängt, und gilt auch nicht für die in der tariflichen Vergütungsordnung festgelegten Entgelthöhe. Die Rechtsbindung des Arbeitgebers an den tariflichen Entlohnungsgrundsatz beruht hier nicht auf einer von ihm erfolgten Aufstellung des Entlohnungsgrundsatzes, über die der Betriebsrat mitzubestimmen hat, sondern ausschließlich auf der nicht seiner einseitigen Gestaltungsmacht unterliegenden Tarifbindung. Wird sie beendet, so entfällt auch die Rechtsbindung an den tariflichen Entlohnungsgrundsatz (**aA** BAG 15. 4. 2008 – 1 AZR 65/07 und 22. 6. 2010 – 1 AZR 853/08, AP BetrVG 1972 § 87 Lohngestaltung Nr 133 und 136; wie hier REICHOLD, in: FS Konzen [2006] 763 ff; ders, in: FS Picker [2010] 1079 ff; CASPERS, in: FS Löwisch [2010] 45 ff; JACOBS, in: FS Säcker [2011] 201 ff; ders RdA 2011, 76 [88]; **aA** KREFT, in: FS Bepler [2012] 317 [329 ff]; für neu eingestellte Arbeitnehmer unter Rückgriff auf den Gleichbehandlungsgrundsatz BEPLER, in: FS Bauer [2010] 161, 175; gegen diese Begründung REICHOLD, in: FS Picker [2010] 1079 [1088 f]; JACOBS, in: FS Säcker [2011] 201, 208 f).

V. Sondervergütungen

1. Begriff und Erscheinungsformen

Neben Lohn und Gehalt, also dem Arbeitsentgelt im engeren Sinn, das in einem Synallagma zur Arbeitsleistung steht, gewähren Arbeitgeber oftmals **Sondervergütungen** als **zusätzliche Leistungen**. Die Palette ist bunt; sie reicht von zusätzlichen Lohnbestandteilen, die aus sozialen Gründen gewährt werden, über Leistungen der betrieblichen Altersversorgung, Gratifikationen, Jubiläumszuwendungen bis hin zum Dienstwagen, der Übernahme von privaten Telefonkosten, Fahrgeld- und Essenszuschüssen und einem „Wiesngeld" zum Münchener Oktoberfest oder einem Kostümgeld für den Karneval am Rhein. Diese Leistungen werden als **Sozialleistungen** bezeichnet (vgl TOMANDL [Hrsg], Betriebliche Sozialleistungen [1974]). Zu den Sonderleistungen gehören aber auch Vergütungen, die überwiegend nicht aus sozialer Motivation erbracht werden, sondern zur Sicherung der Leistungsfähigkeit des Unternehmens, um bei angespannter Arbeitsmarktlage eine Fluktuationshemmung zu entfalten und bei hoher Arbeitslosigkeit das Leistungs- und Anwesenheitsverhalten der Arbeitnehmer zu steuern. **1499**

Werden zusätzliche Leistungen nicht als Teile des laufenden Entgelts, sondern aus **bestimmten Anlässen** gewährt, so entstehen Sonderprobleme, deren Lösung in Rechtsprechung und Literatur höchst umstritten ist. Eine auf die Zulässigkeit einer Vereinbarung über Kürzungen bezogene **Legaldefinition von Sondervergütungen** enthält § 4a EFZG; er bezeichnet als Sondervergütungen „Leistungen, die der Arbeitgeber zusätzlich zum laufenden Arbeitsentgelt erbringt" (ähnlich § 50 Abs 1 des **1500**

Professorenentwurfs eines ArbVG, in: Verhandlungen des 59. DJT [1992] I/D 34 und § 38 Abs 1 Diskussionsentwurfs eines Arbeitsvertragsgesetzes [vgl HENSSLER/PREIS, Entwurf eines Arbeitsvertragsgesetzes, 2015]). Herangezogen werden kann ferner § 23a Abs 1 S 1 SGB IV, nach dem einmalig gezahltes Arbeitsentgelt „Zuwendungen [sind], die dem Arbeitsentgelt zuzurechnen sind und nicht für die Arbeit in einem einzelnen Entgeltabrechnungszeitraum gezahlt werden". Schon frühzeitig hat sich die Auffassung durchgesetzt, dass derartige Leistungen, auch wenn sie aus freiwilligem Entschluss erbracht werden, **keine Schenkung** darstellen, sondern Rechtsgrund ihrer Gewährung das Arbeitsverhältnis darstellt (RGZ 94, 322; BAG 29. 6. 1954 – 2 AZR 13/53; BAG 4. 10. 1956 – 2 AZR 213/54; BAG 4. 3. 1961 – 5 AZR 169/60; BAG 10. 5. 1962 – 5 AZR 452/61; BAG 10. 5. 1962 – 5 AZR 353/61, AP Nr 1, 4, 21, 22 und 23 zu § 611 BGB Gratifikation; BAG 18. 10. 1961 – 1 AZR 76/61, AP Nr 69 zu Art 3 GG; zuletzt BAG 23. 10. 2002 – 10 AZR 48/02, BAGE 103, 151 [156]; etwas anderes kann nur bei persönlichen Zuwendungen, zB zum Geburtstag oä, anzunehmen sein). Bei sozialer Zielsetzung hat man sie aber zunächst rechtsdogmatisch nicht in den Bereich des Arbeitsentgelts eingeordnet, sondern als Leistungen in Erfüllung der dem Arbeitgeber obliegenden **Fürsorgepflicht** beurteilt (so vor allem Leistungen der betrieblichen Altersversorgung; vgl BAG 30. 11. 1955 – 1 AZR 217/54, AP Nr 8 zu § 242 BGB Ruhegehalt; HUECK/NIPPERDEY I 478; NIKISCH I 572). Einen Rechtsanspruch auf die Leistung hat man daraus aber nicht abgeleitet, sondern für erforderlich gehalten, dass eine besondere Rechtsgrundlage besteht (vgl RAG ARS 33, 172; dazu RICHARDI, in: TOMANDL, Treue- und Fürsorgepflicht im Arbeitsrecht [1975] 52). Da der Arbeitgeber aber auch diese Leistungen allein mit Rücksicht auf das Bestehen des Arbeitsverhältnisses erbringt, sind sie, wie man heute einhellig anerkennt, **Gegenleistungen aus dem Arbeitsverhältnis**, auch wenn sie zur Arbeitsleistung nicht in einem Gegenseitigkeitsverhältnis stehen (MünchKomm/MÜLLER-GLÖGE § 611 Rn 772 f; ErfK/PREIS § 611 Rn 527; SCHAUB/LINCK, ArbRHdB § 78 Rn 9). Sie haben deshalb ebenfalls **Entgeltcharakter** (zur rechtsdogmatischen Begründung vgl SCHWERDTNER, Fürsorgetheorie und Entgelttheorie im Recht der Arbeitsbedingungen [1970] 145 ff; vARNIM, Die Verfallbarkeit von betrieblichen Ruhegeldanwartschaften [1970] 84 f; MOLL, Die Mitbestimmung des Betriebsrats beim Entgelt [1977] 136 ff; RICHARDI ZfA 1976, 1 [7 f, 10 f]).

2. Gratifikationen

a) Begriff und Zwecke

1501 Die Gratifikation ist eine **neben dem laufenden Entgelt** gewährte **besondere Vergütung**, die aus **bestimmten Anlässen** gezahlt wird (zB Weihnachten, Jahresurlaub). Sie ist selbst bei einmaliger, freiwilliger Leistung **kein Geschenk**, sondern **Teil der Vergütung** (BAG 29. 6. 1954 – 2 AZR 13/53; BAG 4. 10. 1956 – 2 AZR 213/54; BAG 10. 5. 1962 – 5 AZR 452/61 und 10. 5. 1962 – 5 AZR 353/61, AP Nr 1, 4, 22 und 23 zu § 611 BGB Gratifikation). Das gilt selbst dann, wenn sie vom Arbeitgeber als Geschenk bezeichnet wird (vgl RAG ARS 9, 357; BAG 23. 10. 2002 – 10 AZR 48/02, BAGE 103, 151 [156]). Eine **Schenkung** ist nur anzunehmen, wenn die Zuwendung einer Geld- oder Sachleistung **keine Beziehung zum Arbeitsverhältnis** hat, zB für eine Hausgehilfin anlässlich der Geburt eines Kindes (vgl BAG 23. 10. 2002 – 10 AZR 48/02, BAGE 103, 151 [156]; MünchKomm/MÜLLER-GLÖGE § 611 Rn 772; SCHAUB/LINCK § 78 Rn 9).

1502 Zumeist handelt es sich bei der Gratifikation um eine **Jahresleistung**. **Traditionell** unterscheidet man, je nach dem vom Arbeitgeber mit der Sonderzuwendung verfolgten **Zweck**, drei Arten: (1) Dieser kann darin bestehen, dass nur die Fälligkeit eines laufend verdienten Entgelts verzögert und auf einen jährlichen Zeitpunkt festgelegt ist. In diesem Fall wird die Sondervergütung proportional erdient; sie ist **Entgelt für geleistete Arbeit**. Man bezeichnet sie auch als *Jahresleistung ohne Bindungswirkung* (so KRAUSE, MünchArbR § 59 Rn 2 f). Zu diesen Jahresleistungen ohne Bindungswirkung können Sondervergütungen zählen, bei denen Fehlzeiten wegen Arbeitsunfähigkeit infolge Krankheit zur Kürzung führen (Anwesenheitsprämie, s Rn 1476 ff). (2) Zweck der Gewährung einer Sondervergütung kann für den Arbeitgeber aber auch sein, den Arbeitnehmer an das Unternehmen zu binden. Das ist der Fall, wenn die Gewährung das Bestehen oder die Fortdauer des Arbeitsverhältnisses voraussetzt. Derartige Sondervergütungen werden als *Jahresleistungen mit Bindungswirkung* bezeichnet (vgl KRAUSE, MünchArbR § 59 Rn 16 ff). Bei ihnen wird die **Betriebstreue** entgolten. Vergangene Betriebstreue wird dadurch gewährleistet, dass der Arbeitnehmer an einem bestimmten Stichtag noch beim Arbeitgeber beschäftigt ist, zukünftige hingegen dadurch, dass auf den rechtlichen Fortbestand des Arbeitsverhältnisses über einen Stichtag hinaus abgestellt wird (ErfK/PREIS § 611 Rn 534). (3) Möglich ist schließlich, dass die Sonderzuwendung *Entgelt für geleistete Arbeit und zugleich Betriebstreue* sein soll. Derartige Leistungen werden als **Sonderzuwendungen mit Mischcharakter** bezeichnet (vgl auch KRAUSE, MünchArbR § 59 Rn 26 ff). Die Feststellung eines Mischcharakters reicht aber nicht aus, um zu dem Ergebnis zu gelangen, dass eine nicht ganz unerhebliche tatsächliche Arbeitsleistung im Bezugszeitraum Voraussetzung für die Gewährung der Gratifikation ist (BAG 5. 8. 1992 – 10 AZR 88/90, BAGE 71, 78 unter Aufgabe von BAG 18. 1. 1978 – 5 AZR 56/77; BAG 18. 1. 1978 – 5 AZR 685/77 und 7. 9. 1989 – 6 AZR 637/88, AP Nr 92, 93 und 129 zu § 611 BGB Gratifikation). Diese tradierte Handhabung ist insoweit ins Wanken geraten, als das BAG Sondervergütungen mit Mischcharakter in Bezug auf Stichtagsklauseln nunmehr (grundsätzlich) gleich behandelt wie Sondervergütungen mit reinem Entgeltcharakter (s näher Rn 1510 ff).

1503 Die Unterscheidung, welche dieser Arten von Sonderzuwendung vorliegt, ist wichtig vor allem dafür, ob und – wenn ja – unter welchen Voraussetzungen sie entsteht, vom Arbeitgeber gekürzt und ob eine Rückzahlungspflicht vereinbart werden kann. So steht dem Arbeitgeber bei Sonderleistungen zur Honorierung der Betriebstreue ein größerer Spielraum zu als bei solchen, die nur oder zumindest auch Gegenleistung für erbrachte Dienste sind. Die Abgrenzung ergibt sich durch **Auslegung der Vereinbarung**; auf die Bezeichnung kommt es nicht an (vgl BAG 24. 10. 1990 – 6 AZR 341/89, AP Nr 2 zu § 1 TVG Tarifverträge Glasindustrie). Wird beispielsweise weder eine bestimmte Wartezeit für das Entstehen einer Weihnachtsgratifikation noch der ungekündigte Fortbestand des Arbeitsverhältnisses im intendierten Auszahlungszeitraum vorausgesetzt und fehlt es ferner an einer Rückzahlungsverpflichtung, ist die Gratifikation keine mit Mischcharakter, sondern Entgelt für bereits geleistete Dienste (BAG 21. 5. 2003 – 10 AZR 408/02, EzA § 611 BGB 2002 Gratifikation, Prämie Nr 8). Für die Einstufung als zumindest (auch) Entgelt für geleistete Arbeit hat das BAG die Äußerung des Arbeitgebers genügen lassen, die Leistung erfolge unter anderem als „Dank für [...] persönlichen Einsatz" (BAG 13. 11. 2013 – 10 AZR 848/12, NZA 2014, 368 [370]). Überdies tendiert das BAG dazu, Sondervergütungen, die mehr als 25 % der Gesamtvergütung betragen, als solche mit reinem Entgeltcharakter oder zumindest Mischcharakter anzusehen, sodass die dafür geltenden Regelungen Anwendung finden (vgl BAG 24. 10. 2007 – 10 AZR 825/06, AP Nr 32 zu § 307 BGB; BAG 18. 1. 2012 – 10 AZR 612/10, NZA 2012, 561 [562]). Lässt sich der Zweck der Gratifikation aus dem Arbeitsvertrag entnehmen, kann der Arbeitgeber diesen nicht nachträglich einseitig ändern und weitere Voraussetzungen für die Anspruchsentstehung aufstellen (BAG 10. 12. 2008 – 10 AZR 35/08, NZA 2009, 258 [260]).

b) Rechtsanspruch auf Zahlung einer Gratifikation

1504 aa) Da die Gewährung einer Gratifikation kein Geschenk, sondern Teil der Vergütung ist, gilt nicht § 518 Abs 1 und bedarf folglich ihr Versprechen keiner Form. Ein Rechtsanspruch kann sich aus dem **Arbeitsvertrag**, aber auch aus einem **Tarifvertrag** oder einer **Betriebsvereinbarung** ergeben. Kündigt der Arbeitgeber freiwillig die Zahlung einer Gratifikation für ein bestimmtes Jahr an, so liegt in seiner Erklärung ein Vertragsangebot, das der Arbeitnehmer annimmt und bei dem der Arbeitgeber auf den Zugang der Annahmeerklärung verzichtet (§ 151; vgl BAG 4. 3. 1961 – 5 AZR 169/60, AP Nr 21 zu § 611 BGB Gratifikation; BAG 18. 10. 1961 – 1 AZR 75/61, BAGE 11, 338 [343]; BAG 13. 3. 1964 – 5 AZR 293/63, AP Nr 34 zu § 611 BGB Gratifikation). Keine Vertragsbindung tritt aber ein, wenn die Gratifikationszusage einen wirksamen **Freiwilligkeitsvorbehalt** des Inhalts enthält, dass Ansprüche für die Zukunft auch aus wiederholten Zahlungen nicht hergeleitet werden können. Der Vorbehalt schließt nicht nur Ansprüche für die Zukunft, sondern auch für den laufenden Bezugszeitraum aus (BAG 5. 6. 1996 – 10 AZR 883/95, AP Nr 193 zu § 611 BGB Gratifikation; s aber auch Rn 1505). Sagt der Arbeitgeber in einem vorformulierten Arbeitsvertrag ausdrücklich zu, jedes Jahr Weihnachtsgeld zu zahlen, stellt er dies aber in derselben Klausel unter einen Freiwilligkeitsvorbehalt, ist die Klausel jedoch intransparent und daher unwirksam, § 307 Abs 1 S 2; entsprechend dem Rechtsgedanken des § 305c Abs 2 fällt der Freiwilligkeitsvorbehalt ersatzlos weg, sodass ein Anspruch auf Weihnachtsgeld besteht (BAG 10. 12. 2008 – 10 AZR 1/08, AP Nr 40 zu § 307 BGB; vgl auch BAG 24. 10. 2007 – 10 AZR 825/06, AP Nr 32 zu § 307 BGB; s auch Rn 925).

1505 bb) Erbringt der Arbeitgeber mehrfach hintereinander eine Gratifikation, so kann sich aus einer **betrieblichen Übung** eine rechtliche Bindung des Arbeitgebers ergeben (s zur Betriebsübung Rn 969 ff). Das BAG nimmt an, dass der Arbeitnehmer einen Anspruch auf die Weihnachtsgratifikation erwirbt, wenn sie ihm vorbehaltslos in drei aufeinanderfolgenden Jahren gewährt worden war (BAG 6. 3. 1956 – 3 AZR 175/55, BAGE 2, 302 [304]). Das gilt aber nicht, wenn besondere Umstände, wie sie beispielsweise im öffentlichen Dienst bestehen, dieser Annahme entgegenstehen (s auch Rn 987 f). Eine Rechtsbindung des Arbeitgebers tritt ferner nicht ein, wenn er bei Auszahlung der Weihnachtsgratifikation im Wege eines wirksamen *Freiwilligkeitsvorbehalts* unzweideutig zum Ausdruck bringt, dass er eine rechtliche Verpflichtung, diese Gratifikation auch in Zukunft zu zahlen, nicht eingehen will (BAG 4. 10. 1956 – 2 AZR 213/54, AP Nr 4 zu § 611 BGB Gratifikation); ob ein Freiwilligkeitsvorbehalt in der Praxis auch noch in einem (Formular-)Arbeitsvertrag möglich ist, ist fraglich geworden, nachdem das BAG die Anforderungen hierfür deutlich verschärft hat (näher Rn 925, 983). Nicht undenkbar ist zwar, dass das Entstehen eines Anspruchs aus betrieblicher Übung durch eine doppelte Schriftformklausel verhindert wird, auch insoweit hat das BAG aber die Anforderungen deutlich verschärft (näher Rn 982).

1506 cc) Ein Anspruch auf Zahlung einer Gratifikation kann sich auch aus dem **Grundsatz der Gleichbehandlung** im Arbeitsrecht ergeben (s Rn 1001 ff). Der Rückgriff auf diesen Rechtsgrundsatz ist aber nur notwendig, wenn eine Rechtsbindung des Arbeitgebers nicht schon durch Vertrag oder Betriebsübung eingetreten ist. Kündigt der Arbeitgeber die Gewährung einer Gratifikation an, so kann in dieser Ankündigung bereits ein vorrangiger rechtsgeschäftlicher Verpflichtungstatbestand liegen (s Rn 877). Der Arbeitgeber darf aber auch bei freiwilliger Zahlung einzelne Arbeitnehmer nicht willkürlich von der Gratifikationszahlung ausschließen (vgl BAG 29. 6. 1954 – 2 AZR 13/53, BAGE 1, 36; BAG 11. 9. 1974 – 5 AZR 567/73, AP Nr 39 zu § 242 BGB Gleichbehandlung; s auch Rn 1017 ff). Das gilt nicht nur, wenn der Arbeitgeber sich darauf beschränkt, eine Gratifikation zu zahlen, sondern vor allem auch für ein von ihm erklärtes Vertragsangebot, also bei Ankündigung einer Gratifikation. Eine Verletzung der Gleichbehandlungspflicht liegt in der Regel vor, wenn der Arbeitgeber für Angestellte und Arbeiter einen verschiedenen Bemessungsmaßstab für die Gratifikation zugrunde legt (BAG 5. 3. 1980 – 5 AZR 881/78, BAGE 33, 57; BAG 12. 10. 2005 – 10 AZR 640/04, NZA 2005, 1418 [1419]; vgl auch BAG 25. 1. 1984 – 5 AZR 44/82, BAGE 45, 66, 76 und 86; BAG 25. 4. 1991 – 6 AZR 532/89, BAGE 68, 32 [36]; BAG 19. 4. 1955 – 10 AZR 136/94, AP Nr 172 zu § 611 BGB Gratifikation); etwas anderes kann (nur) gelten, wenn Zweck der Gratifikation die Bindung von Angestellten an das Unternehmen ist (BAG 19. 3. 2003 – 10 AZR 365/02, NZA 2003, 724 [725]; BAG 12. 10. 2005 – 10 AZR 640/04, NZA 2005, 1418 [1419]; s dazu Rn 1022). Gewährt der Arbeitgeber eine Sonderzahlung, deren Höhe sich nach der Zahl der Anwesenheitstage berechnet und im Hinblick auf Rückzahlungsklauseln auch die Betriebstreue für die Zukunft bezweckt, nur solchen Arbeitnehmern, die neue, verschlechternde Arbeitsverträge unterschrieben haben, verstößt dies gegen den arbeitsrechtlichen Gleichbehandlungsgrundsatz (BAG 30. 7. 2008 – 10 AZR 497/07, NZA 2008, 1412). Keinen Verstoß gegen den Gleichbehandlungsgrundsatz stellt es dagegen grundsätzlich dar, wenn der Arbeitgeber bei Sonderzahlungen unterschiedliche Arbeitsbedingungen berücksichtigt und eine geringere laufende Vergütung einer Arbeitnehmergruppe durch eine Sonderzahlung zT oder vollständig kompensiert (BAG 30. 3. 1994 – 10 AZR 681/92, NZA 1994, 786 [787]; BAG 5. 8. 2009 – 10 AZR 666/08, AP Nr 208 zu § 242 BGB Gleichbehandlung). Ein vom Arbeitgeber erklärter **Freiwilligkeitsvorbehalt** schließt seine **Bindung an den Gleichbehandlungsgrundsatz** bei Erbringung der Leistung **nicht aus** (BAG 27. 10. 1978 – 5 AZR 273/77, AP Nr 97 zu § 611 BGB Gratifikation; BAG 25. 4. 1991 – 6 AZR 532/89, BAGE 68, 32 [36]; BAG 6. 12. 1995 – 10 AZR 198/95, AP Nr 187 zu § 611 BGB Gratifikation).

c) Festlegung der Leistungsvoraussetzungen, Höhe und Kürzung bei Fehlzeiten

aa) Besteht eine Rechtsbindung des Arbeitgebers zur Erbringung der Gratifikation, so ergeben sich die Leistungsvoraussetzungen – ggf im Wege der Auslegung – aus der Regelung, die den Rechtsanspruch begründet (BAG 16. 3. 1994 – 10 AZR 669/92, NZA 1994, 747 [748]). Bei einer rechtsgeschäftlichen Zusage kann deshalb der Arbeitgeber festlegen, ob und in welchem Umfang die Erbringung der Arbeitsleistung Voraussetzung für die Gewährung der Gratifikation ist. Grenzen der Vertragsgestaltungsfreiheit ergeben sich hier nur aus zwingendem Gesetzesrecht, einem Tarifvertrag bei Tarifgeltung oder einer Betriebsvereinbarung. **1507**

bb) Die **Höhe** der Gratifikationszahlung richtet sich in erster Linie nach ihrer Rechtsgrundlage; in Ermangelung einer Regelung bestimmt sie der Arbeitgeber nach billigem Ermessen (§ 315 Abs 1; vgl zB BAG 16. 1. 2013 – 10 AZR 26/12, NZA 2013, 1013; BAG 19. 3. 2014 – 10 AZR 622/13, NZA 2014, 595 [599 f]). Bei Teilzeitbeschäftigten ist nach dem Zweck der Sonderzuwendung zu unterscheiden: Dient diese der Belohnung von Betriebstreue (zB Jubiläumsprämie), hat auch ein Teilzeitbeschäftigter **1508**

Anspruch auf die ganze Zuwendung (BAG 22. 5. 1996 – 10 AZR 618/95, AP Nr 1 zu § 39 BAT); ist sie dagegen bloßes Entgelt für geleistete Dienste, ist sie nur anteilig zu leisten. Wechselt der Arbeitnehmer während eines laufenden Kalenderjahres von Teil- in Vollzeitbeschäftigung oder umgekehrt, richtet sich die Höhe der Zuwendung nach dem Status des Arbeitsverhältnisses am Stichtag (BAG 31. 10. 1975 – 5 AZR 482/74, AP Nr 87 zu § 611 BGB Gratifikation).

1509 **cc)** Bei **Fehlzeiten** des Arbeitnehmers während des Bezugszeitraums ist zu unterscheiden:

(1) Bei solchen mit *reinem Entgeltcharakter* entsteht schon gar kein bzw nur ein anteilig gekürzter Anspruch für Zeiten, in denen der Arbeitnehmer nicht gearbeitet hat; etwas anderes gilt für Fehlzeiten, während derer der Arbeitgeber zur Fortzahlung des Entgelts gesetzlich verpflichtet ist (zB § 3 EFZG; Mutterschutz; vgl BAG 27. 7. 1994 – 10 AZR 314/93; BAG 19. 4. 1995 – 10 AZR 49/94 und 10. 5. 1995 – 10 AZR 648/94, AP Nr 164, 173 und 174 zu § 611 BGB Gratifikation).

(2) Sondervergütungen, die ausschließlich vergangene oder zukünftige *Betriebstreue* entlohnen, bleiben auch bei Nichtleistung während des gesamten Jahres erhalten. Gleiches gilt bei Sondervergütungen mit *Mischcharakter* (BAG 5. 8. 1992 – 10 AZR 88/90 und 9. 8. 1995 – 10 AZR 539/94, AP Nr 143 und 181 zu § 611 BGB Gratifikation).

Durch Kürzungsvereinbarung kann der Gratifikationsanspruch für Fehlzeiten aber (weiter) eingeschränkt werden, soweit die Grenzen des **§ 4a EFZG** beachtet werden. Anspruchsmindernd sind aber stets nur diejenigen Umstände, die eindeutig vereinbart wurden.

d) **Stichtagsklausel**

1510 Die Entstehung des Anspruchs auf die Sonderzahlung wird häufig unter den Vorbehalt gestellt, dass der Arbeitnehmer bis zu einem gewissen Zeitpunkt (zB 31. 12. des jeweiligen Jahres) in einem ungekündigten Arbeitsverhältnis zum Arbeitgeber steht. Für die Wirksamkeit solcher **Stichtagsklauseln** ist zu unterscheiden:

1511 **aa)** Hat die Sonderzahlung *reinen Entgeltcharakter,* so kann keine vollständige, sondern nur eine anteilige Kürzung vorgesehen werden, ist doch kein Grund ersichtlich, warum der Arbeitgeber dem Arbeitnehmer den bereits durch Arbeitsleistung verdienten Vergütungsbestandteil entziehen können sollte (BAG 8. 11. 1978 – 5 AZR 358/77, AP Nr 100 zu § 611 BGB Gratifikation).

1512 **bb)** Dient die Gratifikation dagegen allein der *Honorierung der Betriebstreue* des Arbeitnehmers, so ist es im Grundsatz möglich, den Anspruch unter den Vorbehalt zu stellen, dass der Arbeitnehmer am maßgeblichen Stichtag nicht bereits ausgeschieden ist und das Arbeitsverhältnis auch nicht gekündigt wurde; das gilt nach noch aktueller Rechtsprechung selbst dann, wenn der Grund für die Beendigung des Arbeitsverhältnisses nicht aus der Sphäre des Arbeitnehmers, sondern des Arbeitgebers stammt, dh namentlich auch bei betriebsbedingter Kündigung (BAG 27. 10. 1978 – 5 AZR 139/77; BAG 4. 9. 1985 – 5 AZR 655/84, AP Nr 96, 123 zu § 611 BGB Gratifikation; BAG 18. 1. 2012 – 10 AZR 667/10, NZA 2012, 620 [621]; BAG 22. 7. 2014 – 9 AZR 981/12, NZA 2014, 1136; HWK/Thüsing § 611 Rn 110; **aA** BAG 13. 9. 1974 – 5 AZR 48/74; BAG 26. 6. 1975 –

5 AZR 412/74, AP Nr 84, 86 zu § 611 BGB Gratifikation; Zweifel daran, dass das BAG dies auch künftig noch so sehen wird, bei Roggel/Neumann BB 2014, 1909 [1911]).

cc) Bei Gratifikationen mit *Mischcharakter* hatte der Arbeitnehmer nach tradi- **1513** tioneller Auffassung nur dann einen anteiligen Anspruch, wenn dies ausdrücklich vereinbart wurde, anderenfalls bestand gar kein Anspruch (BAG 26. 10. 1994 – 10 AZR 109/93, NZA 1995, 307 [308]). Dies ist, soweit es sich um Stichtagsklauseln in **AGB** handelt, überholt. Denn nach zutreffender Auffassung des BAG kann eine Sondervergütung mit Mischcharakter, die neben der Honorierung der Betriebstreue auch Vergütung für bereits erbrachte Arbeitsleistungen ist, nicht vom ungekündigten Bestand des Arbeitsverhältnisses zu einem Zeitpunkt außerhalb des Bezugszeitraums, in dem die Arbeitsleistung erbracht wurde, abhängig gemacht werden. Zu Recht stellt das Gericht darauf ab, dass eine solche Klausel im Widerspruch zum Grundgedanken des § 611 Abs 1 steht und eine unzumutbare Kündigungserschwerung enthält, sodass sie mit der durch Art 12 Abs 1 GG geschützten Berufsfreiheit nicht vereinbar ist und eine **unangemessene Benachteiligung** darstellt (BAG 18. 1. 2012 – 10 AZR 612/10, NZA 2012, 561 [562 f]; BAG 13. 11. 2013 – 10 AZR 848/12, NZA 2014, 368 [370]; Bartholomä BB 2012, 2250; Reineke BB 2013, 437; Beitz SAE 2013, 17). Unzulässig ist es auch, das Entstehen eines Anspruchs auf eine Sonderzahlung, die (auch) Entgelt für laufend erbrachte Arbeit ist, vom ungekündigten Bestand des Arbeitsverhältnisses am 31. 12. des Jahres, in dem die Arbeit geleistet wurde, abhängig zu machen; mit anderen Worten ist damit eine Klausel auch dann unwirksam, wenn lediglich ein Bestand des Arbeitsverhältnisses innerhalb des Bezugszeitraumes vorausgesetzt wird, denn der Anspruch auf eine solche Sonderzuwendung entstehe regelmäßig während des Bezugszeitraums pro rata temporis entsprechend der absolvierten Vertragsdauer (BAG 13. 11. 2013 – 10 AZR 848/12, NZA 2014, 368 [371]). **Ausnahmen** hält das BAG für möglich, wenn die Arbeitsleistung gerade in einem bestimmten Zeitraum vor dem Stichtag besonderen Wert für den Arbeitgeber hat, was zB bei Saisonbetrieben der Fall sein kann, oder wenn die Sonderzahlung an bis zu bestimmten Zeitpunkten eintretende Unternehmenserfolge anknüpft (BAG 13. 11. 2013 – 10 AZR 848/12; vgl auch Heiden RdA 2012, 225 [227 ff]). Für auf Sonderzuwendungen mit Mischcharakter bezogene Stichtagsklauseln in **Tarifverträgen** gilt diese Rechtsprechung allerdings nicht, denn angesichts des zwischen Tarifvertragsparteien typischerweise bestehenden Verhandlungsgleichgewichts räumt das BAG ihnen einen größeren Gestaltungsspielraum ein (BAG 13. 11. 2013 – 10 AZR 848/12).

e) **Rückzahlungsvorbehalt**

Von Stichtagsklauseln, die bereits die Entstehung des Anspruchs auf die Sonder- **1514** zahlung ausschließen, sind Rückzahlungsvorbehalte zu unterscheiden, dh die Zahlung einer Gratifikation wird mit dem Vorbehalt einer Rückzahlungsverpflichtung für den Fall verbunden, dass der Arbeitnehmer vor einem bestimmten Zeitpunkt aus dem Arbeitsverhältnis ausscheidet. An solche Rückzahlungsklauseln sind strengere Voraussetzungen als an Stichtagsklauseln zu stellen, stellt sich die Verpflichtung zur Rückzahlung bereits einmal erhaltener geldwerter Leistung doch meist als belastender da, wie wenn der Anspruch schon gar nicht entstand.

Eingedenk dessen sind von vornherein Rückzahlungsvorbehalte **ausgeschlossen**, **1515** wenn die **Sondervergütung reinen Entgeltcharakter** (vgl Rn 1502) hat, der Arbeitnehmer sie also durch seine erbrachte Arbeitsleistung bereits verdient hat (vgl BAG 13. 9.

1974 – 5 AZR 48/74, AP Nr 84 zu § 611 BGB Gratifikation). Das BAG neigt dazu, in Fällen, in denen die Sonderzahlung mindestens 25 % der Gesamtvergütung ausmacht, eine Sondervergütung mit reinem Entgeltcharakter zu sehen, bei der die Zielsetzung, künftige Betriebstreue zu belohnen und den Arbeitnehmer zu reger und engagierter Mitarbeit zu motivieren, zurücktrete. Damit scheidet eine Rückzahlungsverpflichtung aus; zumindest hält das BAG hier Rückzahlungsverpflichtungen für bedenklich, wenn das Arbeitsverhältnis durch betriebsbedingte Kündigung endet (BAG 24. 10. 2007 – 10 AZR 825/06, AP Nr 32 zu § 307 BGB). Auch bei **Sonderzuwendungen mit Mischcharakter** scheidet angesichts der neueren Rechtsprechung zu Stichtagsklauseln (s Rn 1510 ff) ein Rückzahlungsvorbehalt in aller Regel aus; ob eine der im Rahmen von Stichtagsklauseln vom BAG erwogenen Ausnahmen auch bei Rückzahlungsvorbehalten möglich sind, erscheint zweifelhaft.

1516 Rückzahlungsklauseln kommen daher also stets nur bei **Sonderzuwendungen** in Betracht, die **ausschließlich** künftige oder vergangene **Betriebstreue** entlohnen sollen. Bei solchen sind sie **grundsätzlich zulässig**, es bestehen aber Grenzen. In formeller Hinsicht müssen solche Klauseln, insbesondere in Formularverträgen (§ 307 Abs 1 S 2), hinsichtlich Voraussetzungen und Bindungszeitraum klar und ausdrücklich formuliert sein. Inhaltlich ist zu bedenken, dass sich die Rückgewährung eines Vermögensvorteils für den Fall der Kündigung für den Arbeitnehmer als Vermögensnachteil auswirkt, sobald er kündigt (vgl Nikisch BB 1962, 1332 [1333]; Bötticher AuR 1965, 161 [165]); die Rückzahlungsklausel kann deshalb den Charakter einer selbstständigen Vertragsstrafe annehmen und den Arbeitnehmer in einen „goldenen Käfig" sperren, der seine Berufsfreiheit (Art 12 Abs 1 GG) beeinträchtigt (Bötticher AuR 1965, 161 [165]; ders ZfA 1970, 3 [19 ff]). Es liegt daher ein Normenkonflikt vor: Einerseits kann der Arbeitgeber die Voraussetzungen bestimmen, unter denen er freiwillig Sonderleistungen gewährt, und damit auch verbinden, dass sie zurückzuzahlen sind, wenn der Arbeitnehmer vor einem bestimmten Zeitpunkt kündigt. Andererseits kann er mit ihm keine Vereinbarung treffen, durch die einseitig die Kündigungsmöglichkeit des Arbeitnehmers erschwert wird (§ 622 Abs 6). Man muss daher das berechtigte Interesse des Arbeitgebers, mit einer Sonderleistung nicht nur die bereits erbrachten Dienstleistungen, sondern auch die zukünftige Mitarbeit zu prämieren, und das zwingend geschützte Interesse der Arbeitnehmer, nicht einseitig mit einer Kündigungserschwerung belastet zu werden, gegeneinander abwägen. Der Maßstab ist deshalb darin zu erblicken, ob die Einhaltung der Rückzahlungsklausel dem Arbeitnehmer zuzumuten ist (ebenso BAG 10. 5. 1962 – 5 AZR 452/61, BAGE 13, 129 [133 f]).

1517 Das BAG hat für die Fälle, in denen die Weihnachtsgratifikation einen Monatsbezug des Arbeitnehmers nicht übersteigt, folgende **allgemeine Richtlinien** aufgestellt (BAG 10. 5. 1962 – 5 AZR 452/61, BAGE 13, 129):

(1) Erhält der Arbeitnehmer einen Monatsbezug und hat er bis zum 31. März des darauffolgenden Jahrs nur eine Kündigungsmöglichkeit, dann ist ihm in aller Regel zuzumuten, diese eine Kündigungsmöglichkeit auszulassen.

(2) Erhält der Arbeitnehmer einen Monatsbezug und hat er bis zum 31. März des darauffolgenden Jahrs mehrere Kündigungsmöglichkeiten, dann ist ihm wegen der Höhe der ihm gewährten Weihnachtsgratifikation zuzumuten, den Betrieb erst nach

dem 31. März zum nächstzulässigen Kündigungstermin zu verlassen, wenn er die Gratifikation behalten will.

(3) Erhält der Arbeitnehmer einen Betrag, der ursprünglich 100 DM, seit BAG vom 17. 3. 1982 (BAG 17. 3. 1982 – 5 AZR 1250/79, BAGE 38, 178) 200 DM, nunmehr 100 Euro (BAG 21. 5. 2003 – 10 AZR 390/02, AP Nr 250 zu § 611 BGB Gratifikation; BAG 25. 4. 2007 – 10 AZR 634/06, NZA 2007, 875 [877]) übersteigt, jedoch nicht einen Monatsbezug erreicht, so ist ihm regelmäßig zuzumuten, eine Rückzahlungsklausel einzuhalten, die bis zum 31. März des darauffolgenden Jahrs reicht.

(4) Erhält ein Arbeitnehmer als Weihnachtsgratifikation nur einen Betrag, der ursprünglich 100 DM, nunmehr 100 Euro nicht übersteigt, so kann damit regelmäßig überhaupt keine Rückzahlungsklausel verbunden werden.

Diese Richtlinien sind kompliziert formuliert; die ihnen zugrunde liegende Abgrenzung ist aber leicht fassbar: Erhält der Arbeitnehmer als Gratifikation einen Monatsbezug, so kann er erst nach dem 31. März des darauffolgenden Jahrs aus dem Arbeitsverhältnis ausscheiden, wenn er die Gratifikation behalten will. Erhält er nicht einen Monatsbezug, so reicht die Bindungswirkung bis zum 31. März, wobei Voraussetzung ist, dass sie den Kleinbetrag von 100 Euro übersteigt. Mit einer Gratifikation, die nur bis zu diesem Betrag reicht, kann regelmäßig überhaupt keine Rückzahlungsklausel verbunden werden. Ergänzend hat das BAG festgelegt, dass ein Arbeitnehmer bei einer Gratifikation, die ein Monatsgehalt übersteigt, aber nicht ein zweifaches Monatsgehalt erreicht, durch eine Rückzahlungsklausel jedenfalls dann nicht über den 30. Juni des folgenden Jahrs hinaus an den Betrieb gebunden werden kann, wenn er bis dahin mehrere Kündigungsmöglichkeiten hatte (BAG 27. 10. 1978 – 5 AZR 754/77, AP Nr 99 zu § 611 BGB Gratifikation). **1518**

Diese für die Gewährung einer Weihnachtsgratifikation entwickelten Richtlinien gelten allgemein für vom Arbeitgeber gewährte **Sondervergütungen**, zB **Abschluss- und Treueprämien**, für die eine Rückzahlungspflicht vereinbart wurde (BAG 13. 7. 1962 – 5 AZR 498/61, BAGE 13, 204). **1519**

Hält der Arbeitnehmer die Rückzahlungsklausel nicht ein, so ist er zur Rückzahlung der Gratifikation verpflichtet. Er muss sie in vollem Umfang erstatten, kann also nicht einen Sockelbetrag in Höhe von 100 Euro behalten (BAG 11. 6. 1964 – 5 AZR 472/63, BAGE 16, 107). Dass bei einer Kleinstgratifikation eine Rückzahlungsverpflichtung nicht begründet werden kann, ergibt sich aus dem Gesichtspunkt eines unverhältnismäßigen Äquivalents für die Chancen und Möglichkeiten eines Arbeitsplatzwechsels. Das bedeutet aber nicht, dass, wenn für eine angemessene Zeit der Betriebstreue ein adäquates Entgelt geboten wird, bei Nichtwahrung der Betriebstreue der Arbeitnehmer die Gratifikation dennoch teilweise behalten darf (BAG 11. 6. 1964 – 5 AZR 472/63, BAGE 16, 107 [113]). **1520**

Die vom BAG aufgestellten Richtlinien gelten nicht nur für eine einzelvertraglich vereinbarte Rückzahlungsklausel, sondern auch für eine **Betriebsvereinbarung** (BAG 16. 11. 1967 – 5 AZR 157/67, AP Nr 63 zu § 611 BGB Gratifikation; bestätigt BAG 22. 2. 1968 – 5 AZR 221/67, 17. 10. 1968 – 5 AZR 231/67 und 9. 10. 1969 – 5 AZR 48/69, AP Nr 64, 66 und 68 zu § 611 BGB Gratifikation). Sie finden dagegen **keine Anwendung** auf die in einem **Tarif- 1521** vertrag enthaltene Rückzahlungsklausel; es handelt sich insoweit um **tarifdispositives Richterrecht** (BAG 31. 3. 1966 – 5 AZR 516/65, BAGE 18, 217; bestätigt durch BAG 23. 2. 1967 – 5 AZR 234/66, AP Nr 57 zu § 611 BGB Gratifikation; vgl auch BAG 13. 11. 2013 – 10 AZR 848/12, NZA 2014, 368 [371]; Richardi, in: GS Dietz [1973] 269 [285 ff]; Käppler, Voraussetzungen und Grenzen tarifdispositiven Richterrechts [1977] 91 ff, 112 f). Ist der Tarifvertrag nicht normativ anwendbar, sondern lediglich aufgrund arbeitsvertraglicher Bezugnahme, gilt § 310 Abs 4 nur dann, wenn der gesamte Tarifvertrag auf Dauer in Bezug genommen ist; anderenfalls unterliegt die Rückzahlungsklausel einer Inhaltskontrolle nach § 307 (BAG 25. 4. 2007 – 5 AZR 634/06, AP Nr 29 zu §§ 22, 23 BAT, s Rn 892 ff).

3. Maßnahmen zur Förderung der Vermögensbildung

1522 Eine zusätzliche Leistung sind auch die vom Arbeitgeber neben dem Arbeitsentgelt gewährten vermögenswirksamen Leistungen. Sie werden nach den Vorschriften des Fünften Vermögensbildungsgesetzes iF vom 27. 3. 1998 (BGBl I 560) gefördert. Vermögenswirksame Leistungen sind arbeitsrechtlich Bestandteil des Lohns oder Gehalts (§ 2 Abs 7 S 1 5. VermBG). Der Anspruch auf sie ist nach § 2 Abs 7 S 2 5. VermBG nicht übertragbar, also insbesondere nicht abtretbar und pfändbar.

4. Ausbildungsbeihilfen

1523 Übernimmt der Arbeitgeber für den Arbeitnehmer die Kosten einer beruflichen Fort- oder Weiterbildung, so handelt es sich bei Fortzahlung der Bezüge um die laufenden Entgeltleistungen ohne Erbringung der Gegenleistung. Entstehen zusätzliche Ausbildungskosten, so kann auch ihre Übernahme eine Entgeltleistung sein, wenn ihre Gewährung im Interesse des Arbeitnehmers liegt.

1524 Die Arbeitsvertragsparteien vereinbaren in der Praxis häufig, dass die Ausbildungskosten vom Arbeitnehmer zu erstatten sind, wenn das Arbeitsverhältnis vor Ablauf einer bestimmten Frist beendet wird **(Rückzahlungsklausel)**. Aufgrund der Vertragsfreiheit sind solche Vereinbarungen zwar grundsätzlich möglich, sie können jedoch zu einer übermäßigen Beeinträchtigung der arbeitsplatzbezogenen Berufswahlfreiheit des Arbeitnehmers (Art 12 Abs 1 S 1 GG) führen (vgl BAG 11. 4. 2006 – 9 AZR 610/05, AP Nr 16 zu § 307 BGB; BAG 28. 3. 2007 – 10 AZR 261/06, AP Nr 265 zu § 611 BGB Gratifikation; BAG 14. 1. 2009 – 3 AZR 900/07, AP Nr 41 zu § 611 BGB Ausbildungsbeihilfe; Münch-Komm/Müller-Glöge § 611 Rn 884; siehe auch die Rechtsprechungsübersicht bei Hunold, NZA-RR 2008, 449 [454]); in diesem Fall kann sich der Arbeitgeber auf sie nach § 242 nicht berufen bzw sind sie, wenn es sich – wie in der Regel – um Abreden in Allgemeinen Geschäftsbedingungen handelt, wegen unangemessener Benachteiligung unwirksam, § 307 Abs 1. Dabei spielt die Bezeichnung keine Rolle, die folgenden Grundsätze gelten daher zB auch für ein dem Arbeitnehmer gewährtes „Darlehen", das durch die Arbeitsleistung nach und nach „abgezahlt" wird (vgl BAG 18. 3. 2008 – 9 AZR 186/07, AP Nr 12 zu § 310 BGB).

1525 Möglich sind solche Rückzahlungsklauseln generell nur, wenn das Arbeitsverhältnis aufgrund einer Kündigung des Arbeitnehmers, einer von ihm veranlassten Kündigung durch den Arbeitgeber oder einer von ihm veranlassten Aufhebung des Arbeitsverhältnisses endet; hat der Arbeitgeber den **Grund für die Beendigung** des Arbeitsverhältnisses gesetzt, kann er keine Rückzahlung verlangen (BAG 6. 5. 1998 –

5 AZR 535/97; BAG 5. 7. 2000 – 5 AZR 883/98, BAG 24. 6. 2004 – 6 AZR 383/03, AP Nr 28, 29, 34 zu § 611 BGB Ausbildungsbeihilfe; BAG 19. 1. 2011 – 3 AZR 621/08, NZA 2012, 85 [88]). Mit anderen Worten muss es der Arbeitnehmer also in der Hand haben, durch eigenes vertragsgetreues Verhalten eine Rückzahlungsverpflichtung zu vermeiden. Nimmt die Klausel Beendigungsgründe, die aus der Sphäre des Arbeitgebers stammen, nicht aus, so ist sie nach § 307 unwirksam (BAG 13. 12. 2011 – 3 AZR 791/09, NZA 2012, 738 [739 f]). In jedem Fall entsteht der Anspruch erst mit der Beendigung des Arbeitsverhältnisses (BAG 18. 11. 2004 – 6 AZR 651/03, AP Nr 36 zu § 611 BGB Ausbildungsbeihilfe).

1526 Die Rückzahlungsverpflichtung muss **verständlich und klar** sein, § 307 Abs 1 S 2 (BAG 18. 3. 2008 – 9 AZR 186/07, AP Nr 12 zu § 310 BGB). Dies gilt sowohl hinsichtlich des „Auslösers" der Rückzahlungsverpflichtung wie für ihre Höhe (s aber noch Rn 1531). Erforderlich ist, dass die durch die Fortbildung entstehenden Kosten, soweit möglich und zumutbar, dem Grunde und der Höhe nach angegeben werden; zumindest müssen Art und Berechnungsgrundlagen benannt werden (BAG 21. 8. 2012 – 3 AZR 698/10, NZA 2012, 1428 [1430]), es dürfen keine ungerechtfertigten Beurteilungs- und Gestaltungsspielräume für den Arbeitgeber entstehen und der Arbeitgeber muss die einzelnen Positionen genau und abschließend bezeichnen (BAG 6. 8. 2013 – 9 AZR 442/12, NZA 2013, 1361 [1362]). Bei einem Verstoß gegen das Transparenzgebot ist die Rückzahlungsvereinbarung unwirksam, der Rest des Vertrages – und damit die Fortbildungsvereinbarung – bleibt aber nach § 306 Abs 1 wirksam; der Arbeitgeber kann kein der unwirksamen Rückzahlungsvereinbarung nahekommendes Ereignis erreichen, indem er sich auf die §§ 812 ff beruft (näher BAG 21. 8. 2012 – 3 AZR 698/10, NZA 2012, 1428 [1431]).

1527 In materieller Hinsicht hängt das Ergebnis entscheidend von einer **Abwägung** der beiderseitigen Interessen unter Berücksichtigung aller Umstände im jeweiligen Einzelfall ab (BAG 21. 11. 2001 – 5 AZR 158/00, AP Nr 31 zu § 611 BGB Ausbildungsbeihilfe). Maßgeblich sind dabei regelmäßig die folgenden Faktoren: **(1)** Relevant ist zunächst, inwieweit der Arbeitnehmer durch die Ausbildung einen *geldwerten Vorteil* erlangt hat, dh entweder durch sie beim bisherigen Arbeitgeber die Voraussetzungen für eine höhere Vergütung erfüllt oder aber Kenntnisse erworben hat, die er auch außerhalb des jeweiligen Betriebes einsetzen kann; ist das der Fall, spricht dies für die Zulässigkeit einer Bindung, anderenfalls dagegen (st Rspr; vgl BAG 16. 3. 1994 – 5 AZR 339/92, 21. 11. 2001 – 5 AZR 158/00 und 5. 12. 2002 – 6 AZR 539/01, AP Nr 18, 31 und 32 zu § 611 BGB Ausbildungsbeihilfe; STOFFELS, in: PREIS, Der Arbeitsvertrag [4. Aufl 2011] II A 120 Rn 21 ff). **(2)** Des Weiteren sind typischerweise *Ausbildungs- und Bindungsdauer* in Zusammenhang zu setzen; Hintergrund ist, dass der Arbeitgeber nur dann ein billigenswertes Interesse an der Rückzahlung hat, wenn sich die Aufwendungen für die Ausbildung nicht durch zwischenzeitliche Arbeitsleistungen typischerweise amortisiert haben. Die Rechtsprechung hat hierfür „Daumenregeln" entwickelt: Bei einer Ausbildungsdauer von bis zu einem Monat ist eine höchstens sechsmonatige Bindung zulässig, bei einer Ausbildung von zwei Monaten eine Bindung von bis zu einem Jahr; die Bindungsdauer kann zwei Jahre betragen, wenn die Ausbildung drei bis vier Monate dauerte, drei Jahre, wenn die Ausbildung sechs bis zwölf Monate dauerte. Eine bis zu fünfjährige Bindung soll bei einer mehr als zweijährigen Ausbildung akzeptabel sein (BAG 19. 6. 1974 – 4 AZR 299/73, BAG 12. 12. 1979 – 5 AZR 1056/77, BAG 23. 2. 1983 – 5 AZR 531/80, BAG 15. 12. 1993 – 5 AZR 279/93, BAG 16. 3. 1994 – 5 AZR 339/92, BAG 6. 9. 1995 – 5 AZR 241/94, BAG 21. 7. 2005 – 6 AZR 539/01, AP Nr 1, 4, 6, 17, 18, 23, 37 zu

§ 611 BGB Ausbildungsbeihilfe; BAG 18. 3. 2008 – 9 AZR 186/07, AP Nr 12 zu § 310 BGB; BAG 15. 9. 2009 – 3 AZR 173/08, NZA 2010, 342). Diese Faktoren liefern aber nur **Anhaltspunkte** für die durch sie nicht entbehrlich werdende Einzelfallabwägung. So kann zB auch bei kürzerer Ausbildung, die dem Arbeitnehmer überdurchschnittliche Vorteile bringt, eine längere Bindung gerechtfertigt sein; umgekehrt kann die Zuweisung von Aufgaben, die nach der Rückkehr von der Fortbildung nicht mehr der Ausbildung des Arbeitnehmers entsprechen, diesem die Bindung an das Arbeitsverhältnis und damit die Rückzahlungspflicht unzumutbar machen (BAG 5. 12. 2002 – 6 AZR 537/00, AP Nr 11 zu § 5 BBiG).

1528 Ist die **Rückzahlungsklausel unwirksam**, so ist bei Individualvereinbarungen eine Reduktion auf das zulässige Maß möglich (BAG 16. 3. 1994 – 5 AZR 339/92, BAG 6. 9. 1995 – 5 AZR 241/94, BAG 5. 12. 2002 – 6 AZR 539/01, AP Nr 18, 23, 32 zu § 611 BGB Ausbildungsbeihilfe). Handelt es sich – wie in der Regel – um einen Formulararbeitsvertrag, so ist die Klausel unwirksam (§ 306 Abs 1) und eine geltungserhaltende Reduktion oder ergänzende Vertragsauslegung scheidet nach AGB-Maßstäben grundsätzlich aus (BAG 11. 4. 2006 – 9 AZR 610/05, AP Nr 16 zu § 307 BGB; ErfK/Preis § 611 Rn 440). Das gilt nach der Rechtsprechung aber nur, wenn die Klausel aus anderen Gründen als der überlangen Bindungsdauer nichtig ist (zB weil die Rückzahlungsverpflichtung auch eingreifen soll, wenn der Grund für die Beendigung aus der Sphäre des Arbeitgebers stammt), denn hier fehlt es an einem Prognoserisiko, vor dem der Arbeitgeber zu schützen wäre (vgl BAG 6. 8. 2013 – 9 AZR 442/12, NZA 2013, 1361 [1363]). Ist die Rückzahlungsklausel hingegen wegen der durch sie bewirkten **überlangen Bindung** unwirksam, kann per ergänzender Vertragsauslegung die unzulässige Bindungsdauer auch hier auf eine zulässige reduziert werden, wenn es für den Arbeitgeber objektiv schwierig war, angesichts der einzelfallbezogenen Bewertung (Rn 1527) eine zulässige Klausel zu vereinbaren (BAG 14. 1. 2009 – 3 AZR 900/07, AP Nr 41 zu § 611 BGB Ausbildungsbeihilfe; gegen eine ergänzende Vertragsauslegung noch BAG 11. 4. 2006 – 9 AZR 610/05, NZA 2006, 1042 [1045 f]). Dieser Durchbrechung der normalen AGB-Grundsätze ist zuzustimmen, handelt es sich doch bei den oben referierten Zahlen nur um Anhaltspunkte und ist für den Arbeitgeber das Ergebnis der richterlichen Rechtskontrolle regelmäßig nicht mit der erforderlichen Sicherheit prognostizierbar.

1529 Unabhängig von einer Interessenabwägung ist eine Rückzahlungsverpflichtung unzulässig, soweit es um die Kosten eines **Berufsausbildungsverhältnisses** geht. Das gilt auch für Verpflegungs- und Unterbringungskosten (BAG 21. 9. 1995 – 5 AZR 994/94, AP Nr 6 zu § 5 BBiG). Denn die Kosten der Ausbildung hat der Ausbilder zu tragen, §§ 12 Abs 2 Nr 1, 25 BBiG. Eine Ausnahme gilt für die Kosten des Berufsschulbesuchs (BAG 26. 9. 2002 – 6 AZR 486/00, NZA 2003, 1403 [1404]); veranlasst aber der Ausbildende, dass der Auszubildende eine andere Bildungseinrichtung als die staatliche Berufsschule besucht, hat er die dafür anfallenden Kosten zu tragen (BAG 25. 7. 2002 – 6 AZR 381/00, AP Nr 9 zu § 5 BBiG).

1530 Angesichts des dort unterstellten Kräftegleichgewichts der Vertragspartner gelten diese Grundsätze nicht 1:1 für **tarifvertragliche** Rückzahlungsklauseln, § 310 Abs 4 (BAG 6. 9. 1995 – 5 AZR 241/94, AP Nr 23 zu § 611 BGB Ausbildungsbeihilfe). Jedoch zieht die Berufswahlfreiheit (Art 12 Abs 1 GG) des Arbeitnehmers auch solchen Vereinbarungen Grenzen. Ist der Tarifvertrag nicht normativ anwendbar, sondern lediglich aufgrund arbeitsvertraglicher Bezugnahme, gilt § 310 Abs 4 nur, wenn der gesamte Tarifvertrag auf Dauer in Bezug genommen ist; anderenfalls unterliegt die Rückzahlungsklausel einer Inhaltskontrolle nach § 307 (vgl BAG 25. 4. 2007 – 10 AZR 634/06, AP Nr 29 zu §§ 22, 23 BAT).

Die Rückzahlungspflicht ist ihrer **Höhe** nach mehrfach begrenzt: Der Arbeitnehmer hat höchstens die vereinbarten Kosten zu tragen, selbst dann, wenn die Ausbildung tatsächlich teurer war. Der Arbeitgeber kann höchstens die Kosten verlangen, die tatsächlich angefallen sind, da eine darüber hinausgehende Vereinbarung anderenfalls eine Vertragsstrafe darstellen würde (BAG 16. 3. 1994 – 5 AZR 339/92, AP Nr 18 zu § 611 BGB Ausbildungsbeihilfe; ausführlich STOFFELS, in: PREIS, Der Arbeitsvertrag [4. Aufl 2011] II A 120). Schließlich verringert sich die Rückzahlungspflicht dadurch, dass der Arbeitnehmer nach dem Ende der Ausbildung beim Arbeitgeber zeitweise tätig war; eine sachgerechte monatliche Staffelung muss nach dem BAG aber nicht vereinbart werden (BAG 23. 4. 1986 – 5 AZR 159/85, AP Nr 10 zu § 611 BGB Ausbildungsbeihilfe). **1531**

Die **Darlegungs- und Beweislast** hat der sich auf § 307 bzw § 242 berufende Arbeitnehmer. Macht er geltend, dass die tatsächlich entstandenen Ausbildungskosten geringer als der im Vertrag angesetzte Betrag waren, helfen ihm die Grundsätze der sekundären Darlegungs- und Behauptungslast. **1532**

5. Arbeitgeberdarlehen; Abschlagszahlung; Gehaltsvorschuss

Gewährt der Arbeitgeber einem Arbeitnehmer einen über die normale Vergütung hinausgehenden Kapitalbetrag, ist für die rechtliche Behandlung zu unterscheiden, ob es sich um eine Abschlagszahlung, einen Lohn-/Gehaltsvorschuss oder ein Arbeitgeberdarlehen handelt. Das ist durch Auslegung zu bestimmen. **1533**

Eine **Abschlagszahlung** wird für bereits vom Arbeitnehmer geleistete Dienste, die noch nicht abgerechnet wurden, erbracht; beim **Gehaltsvorschuss** dagegen wird eine demnächst fällige Gehaltszahlung, die der Arbeitnehmer noch nicht verdient hat, für kurze Zeit vorgezogen, um dem Arbeitnehmer die normale Lebensführung zu ermöglichen (KÜTTNER/GRIESE, Personalbuch 2015, Stichwort „Arbeitgeberdarlehen" Rn 1; s auch ausf STAUDINGER/RICHARDI/FISCHINGER [2016] § 614 Rn 26 ff). Für Abschlagszahlung und Gehaltsvorschuss bestehen keine Besonderheiten. Grundlage ist der Arbeitsvertrag, mit dessen rechtlichem Schicksal sie (zB beim Betriebsübergang, s BAG 21. 1. 1999 – 8 AZR 373/97, nv) verknüpft sind. Scheidet der Arbeitnehmer aus, bevor er den Vorschuss „erarbeitet" hat, ist dieser zurückzuzahlen; auf § 818 Abs 3 kann er sich nicht berufen (Rn 1642 und STAUDINGER/RICHARDI/FISCHINGER [2016] § 614 Rn 33 ff). **1534**

Um ein **Arbeitgeberdarlehen** handelt es sich in der Regel, wenn der gewährte Betrag die Lohnhöhe nicht unwesentlich übersteigt und zu einem Zweck hingegeben wird, der mit den normalen Bezügen nicht (sofort) erreicht werden kann und für den anderenfalls üblicherweise ein Kredit aufgenommen werden müsste (LAG Düsseldorf 14. 7. 1955 – 2a Sa 158/55, AP Nr 1 zu 614 BGB Gehaltsvorschuß; LAG Bremen 21. 12. 1960 – 1 Sa 147/60, DB 1962, 243; ArbG Frankfurt 25. 7. 1968 – 5 Ca 268/68, DB 1968, 1544; vgl auch BAG 19. 3. 2009 – 6 AZR 557/07, NZA 2009, 896). Hier liegt ein eigenständiges Vertragsverhältnis neben dem Arbeitsvertrag vor. Auf diesen Darlehensvertrag sind die §§ 488 ff und ggf die §§ 305 ff anwendbar (vgl BAG 23. 9. 1992 – 5 AZR 569/91, AP Nr 1 zu § 611 BGB **1535**

Arbeitnehmerdarlehen) und ist der Arbeitnehmer auch in Bezug auf den Darlehensvertrag Verbraucher iSv § 13 (BAG 12. 12. 2013 – 8 AZR 829/12, NJW 2014, 2138 [2139]); die §§ 491 ff gelten aber dennoch nur, wenn der Zinssatz nicht unter den marktüblichen Sätzen liegt (§ 491 Abs 2 Nr 4). Bei der Vergabe von Darlehen hat der Arbeitgeber den Gleichbehandlungsgrundsatz zu beachten (BAG 27. 7. 1994 – 10 AZR 538/93, AP Nr 37 zu § 2 BeschFG 1985; vgl auch LAG Hamm 19. 3. 1993 – 10 Sa 1511/92, BB 1993, 1593); ein Warenkredit ist unzulässig, § 107 II 2 GewO. Handelt es sich um ein zinsgünstiges Darlehen, stellt dieses trotz der Selbstständigkeit des Darlehensvertrages eine betriebliche Sozialleistung dar, die dem Mitbestimmungsrecht des § 87 Abs 1 Nr 10 BetrVG unterfällt (BAG 9. 12. 1980 – 1 ABR 80/77, AP Nr 5 zu § 87 BetrVG 1972 Lohngestaltung). Eine Verzinsung ist nur anzunehmen, wenn sie vereinbart wurde; dabei ist § 307 Abs 1 S 2 zu beachten. Soll die Rückzahlung durch Anrechnung auf künftige Lohnansprüche erfolgen, sind wegen § 394 die Pfändungsgrenzen der §§ 850 ff ZPO zu beachten (Rn 1585 ff).

1536 Die **Fälligkeit der Rückzahlungsverpflichtung** richtet sich nach der im Darlehensvertrag getroffenen Vereinbarung. Da es sich um selbstständige Verträge handelt, wird das echte Arbeitgeberdarlehen durch einen Betriebsübergang nicht berührt; etwas anderes gilt nur, wenn das Darlehen zu den Rechten und Pflichten aus dem Arbeitsverhältnis zählt, was anzunehmen ist, wenn der Arbeitgeber einen Gehaltsvorschuss gewährte (BAG 21. 1. 1999 – 8 AZR 373/97, BeckRS 1999, 30368263). Gleiches gilt grundsätzlich bei **Beendigung des Arbeitsvertrages** für den Darlehensvertrag, insbesondere wird die Rückzahlungsverpflichtung nicht automatisch fällig oder erfolgt eine Anpassung nach § 313 (BAG 5. 3. 1964 – 5 AZR 172/63, AP Nr 2 zu § 607 BGB; LAG Baden-Württemberg 15. 7. 1969 – 7 Sa 20/69, AP Nr 3 zu § 607 BGB). Ggf kommt eine Kündigung nach § 488 Abs 3 in Betracht (K Gamillscheg AR-Blattei SD 570 Rn 52 ff). Vertragsklauseln, die bei Beendigung des Arbeitsvertrages eine sofortige Fälligkeit oder Kündbarkeit vorsehen, sind zwar grundsätzlich zulässig, aufgrund der negativen Berufswahlfreiheit des Arbeitnehmers aber nur unter engen Voraussetzungen. Stets unzulässig ist es, eine solche Klausel auch für Fälle betriebsbedingter Kündigungen oder eine vom Arbeitgeber verursachte Eigenkündigung des Arbeitnehmers vorzusehen (BAG 24. 2. 1964 – 5 AZR 201/63, AP Nr 1 zu § 607 BGB; BAG 12. 12. 2013 – 8 AZR 829/12, NJW 2014, 2138 [2141]; zulässig ist aber auch in diesen Fällen die Vereinbarung, dass ab Vertragsbeendigung – nicht aber rückwirkend [vgl BAG 16. 10. 1991 – 5 AZR 35/91, NZA 1992, 793] – der marktübliche Zinssatz geschuldet ist, [vgl BAG 23. 2. 1999 – 9 AZR 737/97, AP Nr 4 zu § 611 BGB Arbeitnehmerdarlehen]); die geltungserhaltende Reduktion einer zu weit gefassten Fälligkeits-/Kündigungsklausel in Allgemeinen Geschäftsbedingungen scheidet aus (BAG 12. 12. 2013 – 8 AZR 829/12, NJW 2014, 2138 [2141]). Verursacht/verschuldet dagegen der Arbeitnehmer die Beendigung des Arbeitsverhältnisses, so sind Rückzahlungsklauseln zwar grundsätzlich denkbar; angesichts des Art 12 Abs 1 GG wird man aber ähnliche Grenzen ziehen können wie für die Rückzahlung von Ausbildungskosten (Rn 1524 ff; näher Küttner/Griese, Personalbuch 2015, Stichwort „Arbeitgeberdarlehen" Rn 8 ff).

1537 Ob eine **Ausschlussklausel** in einem Abwicklungsvertrag auch die Ansprüche aus einem selbstständigen Arbeitgeberdarlehen erfasst, hängt davon ab, wie eng das Darlehen nach seiner Ausgestaltung mit dem Arbeitsverhältnis verknüpft ist (BAG 19. 3. 2009 – 6 AZR 557/07, NZA 2009, 896; BAG 28. 7. 2009 – 3 AZR 250/07, NZA 2010, 356 [359]; BAG 21. 1. 2010 – 6 AZR 556/07, AP Nr 3 zu § 611 BGB Arbeitgeberdarlehen; BAG 19. 1. 2011 –

10 AZR 87/08, NJW 2011, 2381 [2382]; vgl auch BAG 28. 7. 2007 – 3 AZR 250/07; für Ausschlussfristen in Tarifverträgen ist die Rechtsprechung gespalten, s BAG 23. 2. 1999 – 9 AZR 737/97, AP Nr 4 zu § 611 BGB Arbeitnehmerdarlehen einerseits, BAG 20. 2. 2001 – 9 AZR 11/00, AP Nr 5 zu § 611 BGB Arbeitnehmerdarlehen andererseits).

6. Leistungen der betrieblichen Altersversorgung*

a) Zu den Sozialleistungen gehören vor allem die Leistungen der betrieblichen Altersversorgung. Dabei kann es sich um Geld- und Sachleistungen (zB Stromdeputat, vgl BAG 12. 12. 2006 – 3 AZR 476/05, AP Nr 45 zu § 1 BetrAVG) handeln. Sie werden regelmäßig neben der Rente aus der Sozialversicherung gezahlt, die ein Arbeitnehmer bei Erreichen der Altersgrenze oder vorher bei Erwerbs- oder Berufsunfähigkeit erhält. Das **Gesetz zur Verbesserung der betrieblichen Altersversorgung** vom 19. 12. 1974 (BGBl I 3610) kanalisiert die sozial erwünschte Einführung einer betrieblichen Altersversorgung, um einen sozialen Interessenausgleich zu gewährleisten. Nach der **Legaldefinition** in § 1 Abs 1 S 1 BetrAVG gehören zur betrieblichen Altersversorgung Leistungen der Alters-, Invaliditäts- oder Hinterbliebenenversorgung, die einem Arbeitnehmer aus Anlass seines Arbeitsverhältnisses zugesagt werden. Die Betriebspraxis spricht in Kurzform von **Pension** oder **Ruhegeld**, auch Ruhegehalt genannt. Das Ruhegeld ist eine zusätzliche Vergütung, die nach der Beendigung des Arbeitsverhältnisses bei Erreichen einer bestimmten Altersgrenze bzw bei Arbeitsunfähigkeit oder Beschränkung der Arbeitsfähigkeit gezahlt werden soll. Leistungen der betrieblichen Altersversorgung werden nicht nur Arbeitnehmern, sondern auch Personen, die keine Arbeitnehmer sind, aus Anlass ihrer Tätigkeit für ein Unternehmen zugesagt. Für diesen Personenkreis gelten die §§ 1–16 BetrAVG entsprechend (§ 17 Abs 1 S 2 BetrAVG).

1538

Für die Gewährung der betrieblichen Altersversorgung bestehen **vier Grundformen**: Der Arbeitgeber sagt zu, dass er bei Eintritt des Versorgungsfalles ein Ruhegeld zahlt **(Direktzusage)**. Der Arbeitgeber schließt eine Lebensversicherung auf das Leben des Arbeitnehmers ab, durch die der Arbeitnehmer oder seine Hinterbliebenen hinsichtlich der Leistungen des Versicherers ganz oder teilweise bezugsberechtigt sind **(Direktversicherung)**, vgl § 1b Abs 2 S 1 BetrAVG). Die betriebliche Altersversorgung wird von einer **Pensionskasse** oder einem **Pensionsfonds**, also nach der Legaldefinition in § 1b Abs 3 S 1 BetrAVG von einer rechtsfähigen Versorgungseinrichtung durchgeführt, die dem Arbeitnehmer oder seinen Hinterbliebenen auf ihre Leistungen einen Rechtsanspruch gewährt. Schließlich besteht die Möglichkeit, dass der Arbeitgeber eine **Unterstützungskasse** errichtet, die nach der Legaldefinition in § 1b Abs 4 S 1 BetrAVG eine rechtsfähige Versorgungseinrichtung darstellt, die auf ihre Leistungen keinen Rechtsanspruch gewährt. Während die Direktzusage nur zwischen Arbeitnehmer und Arbeitgeber abgewickelt wird, ist bei den anderen Arten zwischen dem Arbeitsverhältnis, dem Leistungsverhältnis (zwischen Arbeit-

1539

---

* **Schrifttum**: BLOMEYER/ROLFS/OTTO, Kommentar zum Gesetz zur Verbesserung der betrieblichen Altersversorgung (6. Aufl 2015); FÖRSTER/RÜHMANN/CISCH/SCHUMANN, Betriebsrentengesetz (13. Aufl 2011); HÖFER, Gesetz zur Verbesserung der betrieblichen Altersversorgung I (Arbeitsrecht) (16. Aufl 2014); KEMPER/KISTERS-KÖLKES/BERENZ/HUBER, BetrAVG (6. Aufl 2014); STEINMEYER, Betriebliche Altersversorgung und Arbeitsverhältnis (1991).

nehmer und Versorgungsträger) und dem Deckungsverhältnis zwischen Arbeitgeber und Versorgungsträger zu unterscheiden.

1540 Wegen dieses Unterschieds sind nur die **Pensionskassen** und **Pensionsfonds** in die Versicherungsaufsicht einbezogen, nicht die **Unterstützungskassen**. Für das Verhältnis zum Arbeitgeber ist dabei allerdings wesentlich, dass das BAG den Ausschluss des Anspruchs lediglich als Widerrufsvorbehalt deutet (vgl BAG 17. 5. 1963 – 3 AZR 381/72, BAGE 25, 194). Der Arbeitgeber muss die Unterstützungskasse so ausreichend dotieren, dass diese ihre Leistungen erbringen kann. Geschieht dies nicht, so kann der Arbeitnehmer den Arbeitgeber unmittelbar selbst in Anspruch nehmen. Die Berechtigung zum Widerruf hängt nicht von der Leistungsfähigkeit der Unterstützungskasse, sondern von der wirtschaftlichen Lage des Trägerunternehmens, also des Arbeitgebers, ab (vgl BAG 28. 4. 1977 – 3 AZR 300/76 und 10. 11. 1977 – 3 AZR 705/76, AP Nr 7 und 8 zu § 242 BGB Ruhegehalt-Unterstützungskassen; bestätigt durch BAG 13. 7. 1978 – 3 ABR 108/77, BAGE 31, 11 [16]; BLOMEYER/OTTO, BetrAVG Anh § 1 Rn 901 ff).

1541 b) Der Arbeitgeber kann nicht gezwungen werden, dass er eine betriebliche Altersversorgung einführt, welche finanziellen Mittel er zu diesem Zweck zur Verfügung stellt, welche Form der betrieblichen Altersversorgung er wählt und wie er den begünstigten Personenkreis abgrenzt. Er ist auch berechtigt, Wartezeiten festzulegen. Soweit aber bestimmt wird, dass die Ruhegeldanwartschaft verfällt, wenn der Arbeitnehmer aus dem Arbeitsverhältnis ausscheidet, zieht § 1b BetrAVG Grenzen: Eine **Versorgungsanwartschaft** wird **unverfallbar**, wenn der Arbeitnehmer mindestens das 25. Lebensjahr vollendet hat und die Versorgungszusage für ihn mindestens fünf Jahre bestanden hat; die frühere Altersgrenze (30. Lebensjahr) wurde mit Änderungsgesetz vom 10. 12. 2007 (BGBl I 2838) gesenkt. Bei einer Entgeltumwandlungsvereinbarung werden die Versorgungsanwartschaften sofort unverfallbar (§ 1b Abs 5 BetrAVG).

1542 Macht der Arbeitgeber eine **Versorgungszusage**, so ist, sobald der rechtsgeschäftliche Tatbestand vollendet ist, der Versorgungsanspruch begründet, weil sein Entstehen nur noch davon abhängt, dass die in der Versorgungszusage aufgestellten Tatbestandsvoraussetzungen, also insbesondere der Versorgungsfall, eintreten. Dieser bedingte Versorgungsanspruch ist die Versorgungsanwartschaft. Sie ist also nicht nur eine Erwerbsaussicht, sondern ein Anwartschaftsrecht. Der Verpflichtung aus einer Versorgungszusage sind Versorgungsverpflichtungen gleichgestellt, die auf betrieblicher Übung oder dem Grundsatz der Gleichbehandlung beruhen (§ 1b Abs 1 S 4 BetrAVG).

1543 Ist die Versorgungszusage durch **Tarifvertrag** oder **Betriebsvereinbarung** festgelegt, so bedarf es hier nicht einer besonderen einzelvertraglichen Abrede; die Rechtsnormen wirken vielmehr unmittelbar und zwingend auf die Arbeitsverhältnisse, bei tarifvertraglicher Regelung allerdings nur unter der Voraussetzung beiderseitiger Tarifgebundenheit der Arbeitsvertragsparteien (§§ 3 Abs 1, 4 Abs 1 S 1 TVG, § 77 Abs 4 BetrVG). Dem rechtsgeschäftlichen Tatbestand der Versorgungszusage ist es hier gleichgestellt, wenn der Arbeitnehmer aufgrund der normativen Wirkung des Tarifvertrags oder der Betriebsvereinbarung auf sein Arbeitsverhältnis die Rechtsstellung eines Begünstigten hat.

§ 3 BetrAVG beschränkt die Möglichkeiten, unverfallbare Versorgungsanwartschaf- **1544** ten **abzufinden**, erheblich, da anderenfalls die Versorgungsfunktion beeinträchtigt werden würde. Daher können vor Eintritt des Versorgungsfalls nur geringwertige Versorgungsanwartschaften abgefunden werden (§ 3 Abs 2 S 1 BetrAVG). § 3 BetrAVG enthält ein Verbotsgesetz iSv § 134, das auf einen Verstoß gegen das Abfindungsverbot gerichtete Rechtsgeschäft ist daher unwirksam (BAG 22. 3. 1983 – 3 AZR 499/80, NZA 1985, 218). Als Folge ist die Versorgungsverbindlichkeit nicht erfüllt, die Versorgungsanwartschaft besteht fort (BAG 17. 10. 2000 – 3 AZR 7/00, NZA 2001, 963; BAG 20. 11. 2001 – 3 AZR 28/01, AP Nr 12 zu § 3 BetrVG). Ob auch die Übereignung der Versorgungssumme unwirksam ist, ist umstritten (ablehnend LAG Köln 3. 3. 1997 – 3 Sa 56/96, NZA-RR 1997, 397; **aA** ROLFS, in: BLOMEYER/ROLFS/OTTO, BetrAVG § 3 Rn 42).

c) Beim Eintritt des Versorgungsfalls entsteht das **Ruhestandsverhältnis**. Es ist **1545** vom Arbeitsverhältnis zu unterscheiden. Die Ruhegeldberechtigung begründet zwischen dem Pensionär und dem Arbeitgeber kein die Betriebszugehörigkeit vermittelndes Arbeitsverhältnis. Deshalb kann es auch nicht mehr durch Betriebsvereinbarung geregelt werden (so jedenfalls BAG [GS] 16. 3. 1956 – GS 1/55, BAGE 3, 1 [8 f]; BAG 19. 6. 1956 – 3 AZR 207/54, AP Nr 2 zu § 57 BetrVG; BAG 17. 12. 1958 – 4 AZR 395/57, AP Nr 47 zu § 242 BGB Ruhegehalt; BAG 28. 4. 1977 – 3 AZR 300/76, AP Nr 7 zu § 242 BGB Ruhegehalt – Unterstützungskassen; BAG 18. 5. 1977 – 3 AZR 371/76, BAGE 29, 169 [174] und BAG 17. 1. 1980 – 3 AZR 456/78, BAGE 32, 293 [295]; BAG 25. 10. 1988 – 3 AZR 483/86, BAGE 60, 78 [83 ff]; differenzierend BAG 13. 5. 1997 – 1 AZR 75/97, AP Nr 65 zu § 77 BetrVG 1972; vgl auch RICHARDI, in: RICHARDI, BetrVG § 77 Rn 75 f; KREUTZ, in: FS Kraft [1998] 323 ff; KONZEN/JACOBS, in: FS Dieterich [1999] 297 [318 ff]).

d) Das Gesetz zur Verbesserung der betrieblichen Altersversorgung enthält ein **1546** System der **Insolvenzsicherung**, damit eine unverfallbare Versorgungsanwartschaft und der Anspruch auf Leistungen der betrieblichen Altersversorgung bei Zahlungsunfähigkeit des Arbeitgebers erhalten bleiben (§§ 7 ff BetrAVG).

e) Der Arbeitgeber hat außerdem im Dreijahresrhythmus, beginnend mit dem **1547** Eintritt des individuellen Versorgungsfalls, zu prüfen, ob Leistungen der betrieblichen Altersversorgung dem **veränderten Geldwert** anzupassen sind, und er muss insoweit eine Entscheidung nach billigem Ermessen treffen (§ 16 BetrAVG).

7. Mitbestimmung des Betriebsrats

a) Nach **§ 87 Abs 1 Nr 10 BetrVG** hat der Betriebsrat ein Mitbestimmungsrecht **1548** bei der **Gestaltung der betrieblichen Sozialleistungen**. Gegenstand der Mitbestimmung bilden nämlich alle vermögenswerten Arbeitgeberleistungen, bei denen die Bemessung nach einem System erfolgt (s Rn 1488 ff). Deshalb sind auch zusätzliche Sonderleistungen einzubeziehen, wie Gratifikationen, Jubiläumszuwendungen, zinsverbilligte Arbeitgeberdarlehen (BAG 9. 12. 1980 – 1 ABR 80/77, AP Nr 5 zu § 87 BetrVG 1972 Lohngestaltung), die Gewährung geldwerter Vorteile bei Veranstaltung von Wettbewerben zur Erbringung bestimmter Leistungen (BAG 30. 3. 1982 – 1 ABR 55/80, AP Nr 10 zu § 87 BetrVG 1972 Lohngestaltung), der Erwerb verbilligter Flugscheine (BAG 22. 10. 1985 – 1 ABR 38/83, BAGE 50, 29 [36 f]) oder die Lieferung von billigem Gas aus eigener Produktion (BAG 22. 10. 1985 – 1 ABR 47/83, BAGE 50, 37 [43]). Erfasst wird auch die betriebliche Altersversorgung; denn auch sie gehört zu den Fragen der betrieblichen Lohngestaltung iS des § 87 Abs 1 Nr 10 BetrVG (grundlegend BAG 12. 6. 1975 – 3 ABR 13/74, AP Nr 1 zu § 87 BetrVG 1972 Altersversorgung; BAG 12. 6. 1975 – 3 ABR 137/73, BAG 12. 6. 1975 – 3 ABR 66/74 und 18. 3. 1976 – 3 ABR 32/75, AP Nr 2, 3 und 4 zu § 87 BetrVG 1972 Altersversorgung; BAG 19. 3. 1981 – 3 ABR 38/80, AP Nr 14 zu § 80 BetrVG 1972; ausführlich RICHARDI, in: RICHARDI, BetrVG § 87 Rn 837 ff).

1549 Die **Freiwilligkeit einer Leistung** schließt das Mitbestimmungsrecht nicht aus; sie zieht ihm aber Grenzen. Der Arbeitgeber entscheidet mitbestimmungsfrei über den Zweck, den er mit seiner Leistung verfolgen will, und insoweit auch über den Personenkreis, den er begünstigen will, sowie über den finanziellen Rahmen, der für die Erbringung der Leistung zur Verfügung gestellt wird (BAG 9. 12. 1980 – 1 ABR 80/77, BAGE 34, 297 [304 f]; bereits zur betrieblichen Altersversorgung BAG 12. 6. 1975 – 3 ABR 13/74, BAGE 27, 194 [203 ff]). Der Mitbestimmung unterliegt also nur der Leistungsplan im Rahmen der vom Arbeitgeber mitbestimmungsfrei getroffenen Vorentscheidungen. Soll er geändert werden, so ist dies nur mit Zustimmung des Betriebsrats möglich. Der Widerruf einer Zulage ist daher rechtsunwirksam, wenn durch ihn die Bemessungsgrundlagen und damit der Leistungsplan geändert werden (vgl BAG [GS] 3. 12. 1991 – GS 2/90, BAGE 69, 134 [170 f]; bereits BAG 17. 12. 1980 – 5 AZR 570/78, AP Nr 4 zu § 87 BetrVG 1972 Lohngestaltung; weiterhin BAG 28. 9. 1994 – 1 AZR 870/93, BAGE 78, 74 [82]).

1550 b) Werden **Sozialleistungen durch eine Sozialeinrichtung** erbracht, so besteht das Mitbestimmungsrecht bereits nach **§ 87 Abs 1 Nr 8 BetrVG**; es geht über den Bereich des § 87 Abs 1 Nr 10 BetrVG hinaus und erstreckt sich auf die Form, Ausgestaltung und Verwaltung der Sozialeinrichtung (vgl auch Rn 1496). Sozialeinrichtungen sind Werkskantinen (BAG 6. 12. 1963 – 1 ABR 9/63, BAGE 15, 136 [139]), Kindergärten (BAG 10. 2. 2009 – 1 ABR 94/07, AP Nr 21 zu § 87 BetrVG 1972) sowie im Rahmen der betrieblichen Altersversorgung die Unterstützungs- und Pensionskassen (BAG 12. 6. 1975 – 3 ABR 13/74 und 13. 7. 1978 – 3 ABR 108/77, BAGE 27, 194 [199] und 31, 11 [14]). Auch Werkmietwohnungen können eine Sozialeinrichtung sein; jedoch enthält insoweit § 87 Abs 1 Nr 9 BetrVG eine besondere Mitbestimmungsregelung (vgl BAG 13. 3. 1973 – 1 ABR 16/72, BAGE 25, 93 [98]; BAG 3. 6. 1975 – 1 ABR 118/73, AP Nr 3 zu § 87 BetrVG 1972 Werkmietwohnungen).

1551 Das Mitbestimmungsrecht bezieht sich auf **Form, Ausgestaltung und Verwaltung der Sozialeinrichtung**, es erstreckt sich aber nicht auf deren Errichtung (vgl § 88 Nr 2 BetrVG). Deshalb ist bei einer betrieblichen Altersversorgung nicht nur mitbestimmungsfrei, ob der Arbeitgeber sie überhaupt einführt und zu diesem Zweck finanzielle Mittel zur Verfügung stellt, in welchem Umfang er dies tut und welchen Arbeitnehmerkreis er durch die betriebliche Altersversorgung begünstigt, sondern der Arbeitgeber entscheidet auch mitbestimmungsfrei über die Versorgungsform, also darüber, ob er eine Direktzusage macht oder eine Versicherung bei einem Versicherungsunternehmen (Direktversicherung; die Wahl des Unternehmens ist mitbestimmungsfrei, vgl BAG 29. 7. 2003 – 3 ABR 34/02, AP Nr 18 zu § 87 BetrVG 1972 Sozialeinrichtung) abschließt oder ob er die betriebliche Altersversorgung durch eine Sozialeinrichtung erbringt. Wählt er als Versorgungsform die betriebliche Altersversorgung durch eine Sozialeinrichtung, so ist auch mitbestimmungsfrei, ob er zu diesem Zweck eine Pensionskasse oder eine Unterstützungskasse errichtet, weil die insoweit bestehenden Unterschiede in der Organisation von wesentlicher Bedeutung für die Finanzierung der Versorgungsleistungen sind (BAG 12. 6. 1975 – 3 ABR 13/74,

BAGE 27, 194 [204]). Der Arbeitgeber kann auch mitbestimmungsfrei die Mittel für die Sozialeinrichtung einschränken und ein Versorgungswerk teilweise schließen; das Mitbestimmungsrecht besteht also nur bei der Verwaltung des Versorgungswerks und hinsichtlich der Verteilung der zur Verfügung gestellten Mittel (st Rspr, vgl nur BAG 9. 12. 2008 – 3 AZR 384/07, AP Nr 22 zu § 9 BetrAVG mwNw).

Sieht man von diesem Fall ab, so unterliegt der Mitbestimmung, ob Rechtsträger der **1552** Sozialeinrichtung der Arbeitgeber oder eine von ihm verschiedene Gesamthand oder juristische Person sein soll. Wird die **Sozialeinrichtung rechtlich verselbstständigt**, so ist das Mitbestimmungsrecht damit nicht konsumiert, sondern ihre Ausgestaltung (Festlegung der Organisation und des Leistungsplans) und Verwaltung bleiben mitbestimmungspflichtig. Das Mitbestimmungsrecht richtet sich aber nicht gegen die Sozialeinrichtung, sondern gegen den Arbeitgeber, der aufgrund seiner Einwirkungsmöglichkeit die zwischen ihm und dem Betriebsrat herbeigeführte Einigung in Organisation und Verwaltung der Sozialeinrichtung durchsetzen muss (vgl zur Durchführung der Mitbestimmung BAG 13. 7. 1978 – 3 ABR 108/77, BAGE 31, 11; RICHARDI, in: RICHARDI, BetrVG § 87 Rn 651 ff).

Verletzt der Arbeitgeber das Mitbestimmungsrecht, ist die Maßnahme **unwirksam**; **1553** das gilt für einseitige Maßnahmen (Ausübung des Direktionsrechts) gleichermaßen wie für einzelvertragliche Abreden (BAG [GS] 20. 8. 1991 – 1 AZR 326/90, AP Nr 50 zu § 87 BetrVG 1972 Lohngestaltung). Die Änderung einer bisher im Betrieb geltenden Vergütungsordnung unter Verletzung des Mitbestimmungsrechts des Betriebsrates ist daher unwirksam mit der Folge, dass sie fortbesteht (BAG 26. 10. 2004 – 1 ABR 31/03, AP Nr 113 zu § 87 BetrVG). Die **Mitbestimmungswidrigkeit einer Vergütungsregelung** bildet aber **keinen Rechtsgrund für die Erbringung einer Entgeltleistung**. Es ist daher nicht folgerichtig, wenn das BAG den Arbeitgeber verpflichtet, zur Sanktionierung eines Mitbestimmungsverstoßes einem Arbeitnehmer Leistungen zu erbringen, auf die er individualrechtlich keinen Anspruch hat (BAG 15. 4. 2008 – 1 AZR 65/07 und 22. 6. 2010 – 1 AZR 853/08, AP Nr 133 und 136 zu § 87 BetrVG 1972 Lohngestaltung; wie hier REICHOLD, in: FS Konzen [2006] 763 ff; ders, in: FS Picker [2010] 1079 ff; CASPERS, in: FS Löwisch [2010] 45 ff; JACOBS, in: FS Säcker [2011] 201 ff; LOBINGER RdA 2011, 76 [88]; RICHARDI NZA Beil 4/2014, 155 [158]; aA KREFT, in: FS Bepler [2012] 317 [329 ff]; für neu eingestellte Arbeitnehmer unter Rückgriff auf den Gleichbehandlungsgrundsatz BEPLER, in: FS Bauer [2010] 161 [175]; gegen diese Begründung REICHOLD, in: FS Picker [2010] 1079 [1088 f]; JACOBS, in: FS Säcker [2011] 201 [208 f]).

VI. Arbeitsentgelt trotz Nichtleistung der Arbeit

Dienstleistung und **Vergütung** stehen in einem **Gegenseitigkeitsverhältnis** (Abs 1). **1554** Nach § 614 S 1 ist, sofern nichts anderes festgelegt wird, die Vergütung nach der Leistung der Dienste zu entrichten. Diese Regelung gilt auch, wenn durch den Dienstvertrag ein **Arbeitsverhältnis** begründet wird. Sie bezieht sich auf die laufenden Entgelte. Gewährt der Arbeitgeber Sondervergütungen als zusätzliche Leistungen, so haben zwar auch sie Entgeltcharakter, stehen aber zur Arbeitsleistung nicht in einem Gegenseitigkeitsverhältnis (s Rn 1499 f). Nach der Zweckbestimmung, die der Arbeitgeber mit ihnen verfolgt, richtet sich, ob und in welchem Umfang sie bei Nichtleistung der Arbeit zu zahlen sind (s für Gratifikationen Rn 1509).

Das BGB gibt, auch soweit Dienstleistung und Vergütung in einem Gegenseitig- **1555** keitsverhältnis stehen, **in bestimmten Fällen trotz Nichtleistung der Arbeit** dem Dienstverpflichteten einen **Vergütungsanspruch**. Das gilt vor allem bei einem Arbeitsverhältnis, weil der Arbeitgeber hier über die Entgeltrisikoregelung im Dienstvertragsrecht hinaus begrenzt an Lebensrisiken des Arbeitnehmers beteiligt wird.

1556 Im Einzelnen geht es um die folgenden Fälle:

1. Unmöglichkeit der Leistungserbringung

1557 Soweit die Erbringung der Arbeitsleistung für den Dienstverpflichteten unmöglich ist, ist der Anspruch des Dienstberechtigten auf die Leistung ausgeschlossen (§ 275 Abs 1; s auch Rn 1097). Als **Grundsatz** gilt, dass auch der **Anspruch auf die Vergütung entfällt** (§ 326 Abs 1). Ist aber der **Dienstberechtigte** für den Umstand, aufgrund dessen der Schuldner nach § 275 Abs 1 bis 3 nicht zu leisten braucht, **allein oder weit überwiegend verantwortlich**, so behält der Dienstverpflichtete den Lohnanspruch, muss sich aber anrechnen lassen, was er infolge der Befreiung von der Arbeitsleistung erspart oder durch anderweitige Verwendung seiner Arbeitskraft erwirbt oder zu erwerben böswillig unterlässt (§ 326 Abs 2 S 1 Alt 1, S 2). Anders als der auf sechs Wochen begrenzte Entgeltfortzahlungsanspruch im Krankheitsfall (§ 3 EFZG) ist dieser Anspruch prinzipiell zeitlich unbegrenzt.

1558 Wenn der Dienstverpflichtete wegen **persönlicher Unzumutbarkeit** nach § 275 Abs 3 ein Leistungsverweigerungsrecht ausübt (s Rn 1101 ff), entfällt zwar gem § 326 Abs 1 ebenfalls der Anspruch auf die Gegenleistung. Auch wenn nicht § 326 Abs 2 eingreift, besteht ein Anspruch auf Fortzahlung der Vergütung unter den **Voraussetzungen des § 616** (vgl STAUDINGER/OETKER [2011] § 616 Rn 1 ff) bzw nach §§ 3 ff EFZG (vgl zur Entgeltfortzahlung im Krankheitsfall STAUDINGER/OETKER [2012] § 616 Rn 162 ff).

2. Annahmeverzug des Arbeitgebers

1559 a) Obwohl sonst im Schuldverhältnis der Annahmeverzug nicht zur Folge hat, dass der Gläubiger den Anspruch auf die Leistung verliert, sondern nur, dass das Haftungsrisiko anders verteilt wird (vgl §§ 300, 326 Abs 2), ist die Rechtslage beim Dienstvertrag eine wesentlich andere: Der Dienstverpflichtete kann nach **§ 615** die vereinbarte Vergütung fordern, ohne seinerseits zur Nachleistung der Arbeit verpflichtet zu sein (s STAUDINGER/RICHARDI/FISCHINGER [2016] § 615 Rn 141 f). Eine Anspruchserhaltung bei Annahmeverzug des Arbeitgebers kommt im Grundsatz auch über **§ 326 Abs 2 S 1 Alt 2** in Betracht. Beide Vorschriften müssen daher voneinander abgegrenzt werden (dazu näher STAUDINGER/RICHARDI/FISCHINGER [2016] § 615 Rn 19 ff).

1560 b) Da § 615 darauf beruht, dass die mangelnde Mitwirkung des Gläubigers zugleich die Möglichkeit der Leistungserbringung beseitigt, umfasst er auch den Fall, dass der Leistungsvollzug an einer **Betriebsstörung** scheitert, die der Gläubiger nicht zu vertreten hat. Der Dienstberechtigte trägt deshalb das Betriebsrisiko. Bei dem Scheitern des Erfüllungsversuchs durch einen auf Seiten des Gläubigers liegenden Grund wird nicht zwischen der personen- und substratsbedingten Verhinderung unterschieden. Das gilt nicht nur für den Eintritt des Annahmeverzugs, sondern auch für die Verpflichtung des Dienstberechtigten zur Lohnzahlung, da die Erfordernisse der Lohnzahlungspflicht mit denen des Annahmeverzugs zusammenfallen (Mot II 463; s ausführlich STAUDINGER/RICHARDI/FISCHINGER [2016] § 615 Rn 19 ff und 196 ff).

1561 Der Dienstberechtigte trägt nur dann nicht das Betriebsrisiko, wenn die Beschäftigung infolge eines Arbeitskampfes unmöglich wird; es gilt insoweit vielmehr die vom BAG entwickelte Arbeitskampfrisikolehre (BAG 22. 12. 1980 – 1 ABR 2/79, BAGE 34, 331; s ausführlich STAUDINGER/RICHARDI/FISCHINGER [2016] § 615 Rn 242 ff).

3. Urlaub

1562 Ein Fall des Lohnanspruchs bei Nichtleistung der Dienste ist der Anspruch auf Erholungsurlaub. Der Arbeitnehmer wird von den nach dem Arbeitsverhältnis bestehenden Arbeitspflichten befreit und hat Anspruch auf Fortzahlung seines Arbeitsentgelts als Urlaubsentgelt, für dessen Berechnung § 11 BUrlG maßgebend ist, soweit durch Tarifvertrag keine andere Berechnungsmethode festgelegt wird (§ 13 Abs 1 BUrlG; zum BUrlG s näher Rn 1855 ff).

4. Feiertagsbezahlung

1563 Die Entgeltzahlung an Feiertagen ist zusammen mit der Entgeltfortzahlung im Krankheitsfall im **Entgeltfortzahlungsgesetz** geregelt, das als Art 53 des Pflege-Versicherungsgesetzes vom 26. 5. 1994 (BGBl I 1014) ergangen ist und am 1. 6. 1994 in Kraft trat. Einschlägig ist **§ 2 EFZG**, der das Gesetz zur Regelung der Lohnzahlung an Feiertagen (FeiertagslohnzahlungsG) vom 2. 8. 1951 (BGBl I 479) abgelöst hat.

1564 Grundsätzlich besteht an Sonn- und Feiertagen Arbeitsruhe (§§ 9 ff ArbZG). Der Sonntag ist der geborene Feiertag. Die anderen Feiertage sind nur erkoren. Für den Sonn- und Feiertagsschutz ergibt sich aus diesem Unterschied, dass die Sicherung der Arbeitsruhe nach denselben Grundsätzen, ihre Auswirkung auf die Zahlung des Arbeitsentgelts aber nach anderen Grundsätzen geregelt ist. Soweit die Arbeitszeit wegen des Sonntags ausfällt, gilt der Grundsatz, dass ohne Erbringung der Arbeitsleistung kein Anspruch auf das Arbeitsentgelt besteht. Dasselbe galt ursprünglich auch mangels entgegenstehender besonderer Vereinbarung für den Arbeitsausfall infolge eines Feiertags. Die Bezahlung an Feiertagen wurde erstmalig durch das Gesetz vom 26. 4. 1934 (RGBl I 337) für den 1. Mai eingeführt. Ergänzend bestimmte dann die Anordnung über die Lohnzahlung an Feiertagen vom 3. 12. 1937, dass der Lohnausfall am 1. Mai, Neujahrstag, Oster- und Pfingstmontag und an den beiden Weihnachtsfeiertagen zu bezahlen sei, es sei denn, der Neujahrstag und die Weihnachtstage fielen auf einen Sonntag (vgl RAG ARS 34, 324). Heute bestimmt § 2 Abs 1 EFZG – wie schon § 1 Abs 1 S 1 Gesetz zur Regelung der Lohnzahlung an Feiertagen vom 2. 8. 1951 (BGBl I 479, geändert durch Gesetz vom 18. 12. 1975, BGBl I 3091) –, dass für die Arbeitszeit, die infolge eines gesetzlichen Feiertags ausfällt, vom Arbeitgeber den Arbeitnehmern das Arbeitsentgelt zu zahlen ist, das sie ohne den Arbeitsausfall erhalten hätten **(Lohnausfallprinzip)**.

a) Anspruchsvoraussetzungen
aa) Anspruch auf Feiertagsbezahlung haben **Arbeitnehmer** im Sinne von § 1 Abs 2 **1565** EFZG. Eine Wartefrist muss – anders als bei § 3 EFZG – nicht erfüllt sein; jedoch ist es zulässig, dass die Arbeitsvertragsparteien den Beginn des Arbeitsverhältnisses

derart wählen, dass eine anderenfalls bestehende Pflicht zur Feiertagsvergütung vermieden wird (zB Arbeitsbeginn am 2. Mai). Da es nur auf den Bestand des Arbeitsverhältnisses ankommt, besteht der Anspruch auch während des Laufs der Kündigungsfrist. Teilzeitbeschäftigte haben ebenfalls einen Anspruch auf Feiertagsvergütung, wenn der Arbeitnehmer regelmäßig an dem Wochentag beschäftigt wird, auf den der Feiertag fällt (BAG 3. 5. 1983 – 3 AZR 100/81, BAGE 42, 324). Keine Rolle spielt ferner, ob es sich um ein unbefristetes oder befristetes Arbeitsverhältnis handelt; auch Arbeitnehmer in kurzfristigen Aushilfsarbeitsverhältnissen kommen also in den Genuss von § 2 EFZG (ErfK/REINHARD § 2 EFZG Rn 4). Keinen Anspruch hat aber, wer nur für einen Tag eingestellt ist, und zwar auch dann, wenn er unmittelbar vor und nach dem Feiertag beschäftigt worden ist (BAG 14. 7. 1967 – 3 AZR 436/66, AP Nr 24 zu § 1 Feiertagslohnzahlungsg). Auch auf **Freiwillige** im Bundesfreiwilligendienst ist § 2 EFZG anwendbar (s näher Rn 344). Für Heimarbeiter und Hausgewerbetreibende gilt hingegen nicht § 2, sondern § 11 EFZG.

1566 bb) Nur **gesetzliche Feiertage** lösen den Entgeltzahlungsanspruch aus. Für bloß staatlich geschützte Feiertage ist gesetzlich keine Pflicht zur Entgeltzahlung für ausfallende Arbeit festgesetzt; denn sie fallen auch nicht unter die arbeitszeitrechtliche Regelung über die Arbeitsruhe an Sonn- und Feiertagen. §§ 1, 2 EFZG bestimmen nicht, welche Feiertage zu bezahlen sind. Wenn man von Art 2 Abs 2 Einigungsvertrag absieht, nach dem der 3. Oktober als Tag der Deutschen Einheit gesetzlicher Feiertag ist, bestimmen die Feiertagsgesetze der Bundesländer, welche Tage gesetzlicher Feiertag sind (vgl die Übersicht in dtv-Arbeitsgesetze Nr 18b). Maßgebend ist das Recht am Arbeitsort (BAG 14. 12. 1982 – 3 AZR 311/81, juris Rn 10; BAG 17. 3. 2010 – 5 AZR 317/09, AP Nr 9 zu § 1 TVG Tarifverträge: Brotindustrie; BAG 16. 4. 2014 – 5 AZR 483/12, NZA 2014, 1262 [1264]). Wird der Arbeitnehmer an verschiedenen Arbeitsorten eingesetzt, kommt es auf das Recht an diesem Ort an dem jeweiligen Tag an. Wird der Arbeitnehmer im Ausland eingesetzt, greift § 2 EFZG nicht ein, wenn der Tag nur in Deutschland, nicht aber am Einsatzort ein Feiertag ist; im umgekehrten Fall wird ein Vergütungsanspruch zT aus § 2 EFZG, zT aus den Grundsätzen des Betriebsrisikos hergeleitet (vgl MünchKomm/MÜLLER-GLÖGE § 2 EFZG Rn 9).

1567 cc) Der **Feiertag** muss die **alleinige Ursache des Arbeitsausfalls** sein (vgl BAG 21. 12. 1954 – 2 AZR 5/53, BAGE 1, 241 [244]; BAG 3. 5. 1957 – 1 AZR 400/56, AP Nr 3 zu § 1 FeiertagslohnzahlungsG; BAG 24. 10. 2001 – 5 AZR 245/00 und 14. 8. 2002 – 5 AZR 417/01, AP Nr 8 und 10 zu § 2 EntgeltFG; grundlegend SCHNEIDER, Entgeltfortzahlung und Konkurrenzen [2014]). Kein Anspruch besteht daher, wenn sog objektive Leistungshindernisse, zB Ausfall öffentlicher Verkehrsmittel, Verkehrssperren oder auch eine Schneekatastrophe und Eisglätte, die Erbringung der Arbeitsleistung auch ohne den Feiertag unmöglich gemacht hätten. Trägt der Arbeitgeber jedoch das Betriebsrisiko, so besteht auch Anspruch auf Feiertagslohnzahlung; entsprechend ist zB bei einem Smog-Alarm danach zu differenzieren, ob dieser ein Verkehrsverbot normiert, wegen dem der Arbeitnehmer nicht an die Betriebsstätte gelangen kann (kein Feiertagslohnanspruch), oder ob der Smog-Alarm ein Betriebsverbot zur Folge hat, sodass der Feiertagslohnanspruch besteht (vgl auch STAUDINGER/RICHARDI/FISCHINGER [2016] § 615 Rn 91). Ist der Arbeitnehmer am Feiertag dienstplanmäßig freigestellt, so soll er nach Ansicht des BAG keinen Anspruch auf Feiertagsvergütung haben; eine dienstplanmäßige Freistellung ist aber nur anzunehmen, wenn nach vorausbestimmtem Dienstplan an bestimmten Kalendertagen unabhängig von etwaigen Feiertagen Freizeit vorgesehen ist (BAG 27. 9. 1983 – 3 AZR 159/81, BAGE 44, 160 [162]; bestätigt durch BAG 9. 10. 1996 – 5 AZR 345/95 und 24. 1. 2001 – 4 AZR 538/99, AP Nr 3, 5 zu § 2 EntgeltFG). Fällt der Feiertag auf einen Sonntag, so besteht kein Entgeltfortzahlungsanspruch. Etwas anderes gilt nur, wenn abweichend vom Grundsatz der Arbeitsruhe am Sonntag gearbeitet worden wäre; denn nur in diesem Fall ist der Feiertag Ursache für den Arbeitsausfall. Fällt ein Feiertag in den Erholungsurlaub, so gilt der Feiertag als der alleinige Grund für den Arbeitsausfall; etwas anderes gilt jedoch, wenn an dem Feiertag in dem Betrieb gearbeitet wird (vgl BAG 15. 1. 2013 – 9 AZR 430/11, NZA 2013, 1091 [1092 f]). Erhält ein Arbeitnehmer für die Dauer von Betriebsferien unbezahlten Sonderurlaub, weil er seinen vollen Jahresurlaub schon genommen hat, so wird durch eine solche Regelung der gesetzliche Anspruch auf Feiertagsbezahlung nicht berührt (BAG 6. 4. 1982 – 3 AZR 1079/79, BAGE 38, 255 [258]). Ist der Arbeitnehmer arbeitsunfähig krank, erhält er zwar nicht Feiertagslohn, sondern Krankheitsentgeltfortzahlung (§ 3 EFZG); jedoch richtet sich deren Höhe nach dem Feiertagsrecht, § 4 Abs 2 EFZG. Haben die Parteien wirksam das Ruhen des Arbeitsverhältnisses vereinbart (Rn 1705 ff), besteht kein Anspruch auf Feiertagsbezahlung (BAG 10. 1. 2007 – 5 AZR 84/06, AP Nr 6 zu 611 BGB Ruhen des Arbeitsverhältnisses; LAG Rheinland-Pfalz 15. 1. 2013 – 1 Sa 363/12, ZTR 2013, 212).

Arbeitnehmer, die am Feiertag **streiken** oder **ausgesperrt** sind, haben keinen Anspruch auf Feiertagsbezahlung, da die Arbeit nicht infolge des Feiertags, sondern aufgrund des Arbeitskampfs ausfällt (vgl BAG 31. 5. 1988 – 1 AZR 589/86, BAGE 58, 320; BAG 11. 5. 1993 – 1 AZR 649/92, AP Nr 63 zu § 1 Feiertagslohnzahlungsg); Gleiches gilt, wenn der Arbeitgeber wegen des Arbeitskampfs gezwungen ist, seinen Betrieb vorübergehend zu schließen. Endet der Arbeitskampf aber vor dem Feiertag oder beginnt er erst unmittelbar nach ihm, so besteht der Anspruch. Für eine Beendigung des Arbeitskampfs ist notwendig, dass die Suspendierung der Hauptpflichten aus dem Arbeitsverhältnis rückgängig gemacht wird. Bei einem Streik muss daher entweder die streikführende Gewerkschaft oder der streikende Arbeitnehmer gegenüber dem Arbeitgeber eine entsprechende Erklärung abgegeben haben (BAG 23. 10. 1996 – 1 AZR 269/96, BAGE 58, 320 [324]). Wird der Streik unmittelbar nach dem Feiertag fortgesetzt, so besteht kein Anspruch auf Feiertagslohnbezahlung; denn erklärt eine Gewerkschaft die Aussetzung eines Streiks lediglich für Tage, an denen ohnehin keine Arbeitspflicht besteht, so liegt keine Streikunterbrechung vor (BAG 1. 3. 1995 – 1 AZR 786/94, BAGE 79, 230). Anders verhält es sich dagegen, wenn der Streik erst am übernächsten Tag nach dem Feiertag fortgesetzt wird (vgl BAG 1. 3. 1995 – AZR 786/94). **1568**

Eine Ausnahme von dem Grundsatz, dass der Feiertag die ausschließliche Ursache für den Arbeitsausfall sein muss, normiert § 2 Abs 2 EFZG für die **Kurzarbeit**: Bei einem Zusammenfallen von Feiertag und Kurzarbeit gilt das Beschäftigungsverbot an Feiertagen als der maßgebliche Grund. Der Arbeitnehmer hat keinen Anspruch auf Kurzarbeitergeld, sondern auf die Feiertagsvergütung. Das gilt auch bei arbeitskampfbedingter Kurzarbeit (BAG 20. 7. 1982 – 1 AZR 404/80, AP Nr 38 zu § 1 Feiertagslohnzahlungsg). **1569**

Bei Arbeit nach einem **Schichtplan** besteht ein Anspruch nach § 2 EFZG nur, wenn die planmäßige Freistellung durch den Feiertag bestimmend beeinflusst ist, nicht aber, wenn die Freistellung aus einem Planschema folgt, das von der gesetzlichen **1570**

Feiertagsruhe unabhängig ist (BAG 27. 3. 2014 – 6 AZR 621/12, NZA-RR 2014, 500 [501]). Eine **tarifliche Änderung** des von § 2 EFZG verlangten Kausalzusammenhangs zwischen Feiertag und Arbeitsausfall ist **unwirksam** (BAG 15. 5. 2013 – 5 AZR 139/12, NZA 2013, 974 [975]).

b) Berechnung der Feiertagsvergütung

1571 Nach dem durch § 2 Abs 1 EFZG angeordneten **Lohnausfallprinzip** ist der Arbeitnehmer so zu stellen, als hätte er an dem Feiertag gearbeitet. Er hat daher Anspruch auf das **Arbeitsentgelt**, das er an diesem Tag erhalten hätte, **einschließlich aller Vergütungsbestandteile**, soweit sie nicht Ersatz für tatsächliche (wegen des Feiertags eben nicht anfallende) Aufwendungen sind. Zweck der Regelung ist es, dem Arbeitnehmer den Lebensstandard trotz des Arbeitsausfalls wegen der Feiertagsruhe zu gewährleisten; er soll durch den Feiertag weder besser- noch schlechtergestellt werden (vgl BAG 14. 6. 1957 – 1 AZR 97/56, AP Nr 2 zu § 1 FeiertagslohnzahlungsG; BAG 9. 7. 1959 – 1 AZR 4/58, BAGE 8, 76 [78 f]).

1572 Voraussetzung ist daher, dass der Arbeitnehmer ohne die Feiertagsvergütung einen Verdienstausfall erleiden würde. Wer feste Bezüge erhält, ohne dass ihre Höhe von der Zahl der Arbeitsstunden abhängt (zB Angestellte mit festem Monatsgehalt), ist nicht anspruchsberechtigt (BAG 25. 3. 1966 – 3 AZR 358/65, AP Nr 19 zu § 1 FeiertagslohnzahlungsG). Richtet sich dagegen der Arbeitsverdienst nach der Zahl der geleisteten Arbeitsstunden, so erhält der Arbeitnehmer für die ausgefallenen Stunden den üblichen Arbeitsverdienst, nicht dagegen einen zum Ausgleich der Feiertagsarbeit erhöhten Verdienst (BAG 23. 9. 1960 – 1 AZR 561/59, BAGE 10, 35 [38]). Ist die Arbeitszeit des Arbeitnehmers stets gleich, ergeben sich bei der Berechnung kaum Probleme. Bei variabler Arbeitszeit können aber Schwierigkeiten entstehen. Denn wäre ohne den Feiertag Mehrarbeit geleistet worden, so ist sie zu vergüten (BAG 23. 9. 1960 – 1 AZR 561/59, BAGE 10, 35; BAG 28. 2. 1964 – 1 AZR 464/63 und 26. 3. 1985 – 3 AZR 239/83, AP Nr 16 und 47 zu § 1 FeiertagslohnzahlungsG; BAG 26. 3. 1985 – 3 AZR 239/83, AP Nr 47 zu § 1 FeiertagslohnzahlungsG). Fraglich kann im Einzelfall sein, ob ohne den Feiertag Mehrarbeit angestanden hätte. Die Regelmäßigkeit von Überstunden hat nur Indizwirkung (BAG 28. 2. 1964 – 1 AZR 464/63, AP Nr 16 zu § 1 FeiertagslohnzahlungsG). Der Beweis soll nach den Grundsätzen des Anscheinsbeweises als geführt gelten, wenn der Arbeitnehmer vor und nach dem Feiertag über längere Zeit Mehrarbeit geleistet hat (BAG 28. 2. 1964 – 1 AZR 464/63; auch BAG 26. 3. 1985 – 3 AZR 239/83, AP Nr 47 zu § 1 FeiertagslohnzahlungsG). Der Provisionsausfall am Feiertag ist zu vergüten; die Provisionshöhe ist nach dem Durchschnittsverdienst des letzten Jahres zu schätzen (BAG 4. 6. 1969 – 3 AZR 243/68, BAGE 22, 45 [49 ff]; BAG 29. 9. 1971 – 3 AZR 164/71, AP Nr 28 zu § 1 FeiertagslohnzahlungsG; zum Provisionsausfall eines Verkäufers im Innendienst BAG 17. 4. 1975 – 3 AZR 289/74, AP Nr 32 zu § 1 FeiertagslohnzahlungsG). Akkordarbeitern ist der Akkordlohn zu vergüten (näher BAG 26. 2. 2003 – 5 AZR 162/02, AP Nr 64 zu § 4 EntgeltFG). Eine Pauschalisierung der Feiertagsbezahlung ist zulässig; sie muss jedoch „von vornherein eindeutig erkennen lassen, dass die Pauschale geeignet ist, den Anspruch – auch zeitgerecht – auszugleichen" (BAG 22. 10. 1973 – 3 AZR 83/73, AP Nr 31 zu § 1 FeiertagslohnzahlungsG).

1573 Fällt ein Feiertag in eine **Kurzarbeitsperiode**, so besteht der Anspruch des Arbeitnehmers gegen den Arbeitgeber in Höhe des Kurzarbeitergelds (BAG 5. 7. 1979 – 3 AZR 173/78, AP Nr 33 zu § 1 FeiertagslohnzahlungsG; BAG 20. 7. 1982 – 1 AZR 404/80, BAGE

39, 191 [197]). Die Sozialversicherungsbeiträge sind allein vom Arbeitgeber zu tragen; Lohnsteuer ist hingegen einzubehalten und abzuführen, ohne dass der Arbeitgeber dafür einen Ausgleich an den Arbeitnehmer zahlen müsste (BAG 8. 5. 1984 – 3 AZR 194/82, BAGE 46, 13).

c) Feiertagsvergütung bei Arbeitszeitflexibilisierung

Bei flexibler Gestaltung der Arbeitszeit ist zweifelhaft, wie sie sich auf die Berechnung der Feiertagsvergütung auswirkt. Wird die Betriebsnutzungszeit von 40 Stunden wöchentlich oder acht Stunden täglich beibehalten und erfolgt der Ausgleich zu einer festgelegten geringeren individuellen regelmäßigen wöchentlichen Arbeitszeit durch Freischichten, so ist nach Ansicht des BAG die wegen eines Feiertags ausgefallene Arbeitszeit mit acht Stunden zu vergüten (BAG 2. 12. 1987 – 5 AZR 471/86 und 2. 12. 1987 – 5 AZR 602/86, AP Nr 52 und 53 zu § 1 FeiertagslohnzahlungsG). Folgerichtig besteht dann aber auch kein Anspruch auf Feiertagsvergütung, wenn der Ausgleichstag auf einen Feiertag fällt (BAG 24. 1. 2001 – 4 AZR 538/99, AP Nr 5 zu § 2 EntgeltFG). **1574**

Die Berechnung der Feiertagsvergütung erfolgt nach dem Lohnausfallprinzip (s Rn 1571 ff). Durch Tarifvertrag kann aber vorgesehen werden, dass wie für das Urlaubsentgelt das Referenzprinzip zugrunde zu legen ist. Erfolgt der Freizeitausgleich in Form von freien Tagen (Freischichtenmodell), so darf man die Ausgleichstage nicht als Arbeitstage, sondern muss sie als unbezahlte freie Tage in die Berechnung einbeziehen. Der Zeitfaktor richtet sich also nach der tatsächlich ausgefallenen Zeit und nicht nach der Arbeitszeit, die sich bei gleichmäßiger Verteilung der Gesamtarbeitszeit auf alle Wochentage ergibt. **1575**

d) Ausschluss des Anspruchs

Arbeitnehmer, die am letzten Arbeitstag vor oder am ersten Arbeitstag nach Feiertagen unentschuldigt der Arbeit fernbleiben, haben keinen Anspruch auf Bezahlung für diese Feiertage (§ 2 Abs 3 EFZG). Maßgeblich sind dabei die individuellen Arbeitstage; hat der Arbeitnehmer daher also zB nach dem Feiertag ohnehin arbeitsfrei, kommt es auf den Tag *danach* an (MünchKomm/Müller-Glöge § 2 EFZG Rn 36). **1576**

Das Fernbleiben von der Arbeit ist unentschuldigt, „wenn objektiv eine Vertragsverletzung vorliegt und subjektiv dem Arbeitnehmer ein Verschulden an der Arbeitsversäumnis zur Last fällt" (BAG 28. 10. 1966 – 3 AZR 186/66, BAGE 19, 115). Dem Arbeitgeber soll die Lohnzahlung ohne Arbeitsleistung nur dann zugemutet werden, wenn der Arbeitsablauf nicht über das durch den Feiertag bedingte Ausmaß hinaus gestört wird. Dieser Zweck würde nicht erreicht, wenn nur ein Vollarbeitsversäumnis zum Verlust der Feiertagsvergütung führen und schon eine geringfügige Arbeitsleistung am Tag vor oder nach einem gesetzlichen Feiertag ausreichen würde, um den Anspruch auf Feiertagsbezahlung zu erhalten (BAG 28. 10. 1966 – 3 AZR 186/66). Der Arbeitnehmer darf daher nicht einen wesentlichen Teil des Arbeitstages versäumt haben (verneinend für den Fall der Beschäftigung bis zur Mittagspause von etwa fünfeinhalb Stunden BAG 4. 3. 1960 – 1 AZR 18/58, BAGE 9, 100 [102]; bejahend für den Fall einer Arbeit von nur zwei Stunden am Pfingstdienstag BAG 28. 10. 1966 – 3 AZR 186/66, BAGE 19, 115 [119 ff]; gegen eine Orientierung an Arbeitsquoten und stattdessen für ein Abstellen auf den Einzelfall ErfK/Reinhard § 2 EFZG Rn 21); ist dies der Fall, entfällt der Anspruch nicht nur teilweise, sondern für den ganzen Feiertag. Das gilt auch, wenn der Arbeitnehmer unentschul- **1577** digt den Urlaub überschreitet, in den ein Feiertag gefallen ist; durch einen einzigen Tag unentschuldigtes Fernbleiben kann der Arbeitnehmer also ggf den Feiertagslohnanspruch für mehrere Feiertage verlieren (zB Urlaub vom 20.12. bis 2.1. mit unentschuldigtem Fernbleiben am 3.1., ErfK/Reinhard § 2 EFZG Rn 22; MünchKomm/Müller-Glöge § 2 EFZG Rn 36; BeckOK-ArbR/Ricken § 2 EFZG Rn 35).

e) Nachholen der am Feiertag ausgefallenen Arbeit

1578 Durch Tarifvertrag kann festgelegt werden, dass die am Feiertag ausgefallene Arbeit am nächstfolgenden arbeitsfreien Werktag nachgeholt wird (BAG 25.6.1985 – 3 AZR 347/83, BAGE 49, 120). Auch einzelvertraglich kann eine derartige Regelung vereinbart werden. Da es sich aber um eine vorübergehende Verlängerung der betriebsüblichen Arbeitszeit handelt, hat der Betriebsrat nach § 87 Abs 1 Nr 3 BetrVG mitzubestimmen. Die Feiertagsbezahlung bleibt davon unberührt. Der Arbeitnehmer ist nicht verpflichtet, unentgeltlich Vor- oder Nacharbeit zu leisten (st Rspr des BAG; vgl BAG 3.5.1983 – 3 AZR 100/81 und 25.6.1985 – 3 AZR 347/83, BAGE 42, 324 [327] und 49, 120 [124]). Die an dem arbeitsfreien Tag geleistete Arbeit ist, wenn nichts anderes bestimmt ist, keine Überarbeit; es besteht daher iS der tarifvertraglichen Vergütungsregelungen kein Anspruch auf Mehrarbeitszuschläge, wenn nichts anderes bestimmt ist (BAG 26.3.1966 – 3 AZR 453/65, BAGE 18, 213; BAG 7.10.1966 – 3 AZR 169/66, AP Nr 22 zu § 1 FeiertagslohnzahlungsG).

VII. Sicherung des Arbeitsentgelts

1579 Da der Lohnanspruch im Allgemeinen die Existenzgrundlage des Arbeitnehmers darstellt, ist er rechtlich besonders gesichert. Für gewerbliche Arbeitnehmer gehörte deshalb das Verbot des Trucksystems zu den ältesten Arbeitnehmerschutzvorschriften in der Gewerbeordnung. Die insoweit einschlägigen Vorschriften wurden durch die Novellierung der Gewerbeordnung durch Gesetz vom 24.8.2002 (BGBl I 3412) aufgehoben. Für alle Arbeitnehmer (§ 6 Abs 2 GewO) gilt seit 1.1.2003 die Regelung über die Sicherung der Geldleistungspflicht in §§ 107, 108 GewO (s Rn 1580 ff). Der Lohnanspruch ist gegen die Pfändung des Gläubigers des Arbeitnehmers bis zu einem gewissen Betrag geschützt (Lohnpfändungsverbot; s Rn 1585 ff). Er ist weiter dadurch gesichert, dass den Beschäftigten vertragliche Verfügungen gegenüber Dritten über den Lohnanspruch, soweit er unpfändbar ist, unmöglich sind (s Rn 1607 f). Hier wird der Arbeitnehmer also gegen sich selbst geschützt (rechtsgeschäftliche Verfügungsverbote). Der Arbeitnehmer ist ferner gegen gewisse Handlungen des Arbeitgebers geschützt, die zu einer Minderung des auszuzahlenden Lohnes führen könnten (Aufrechnung, Zurückbehaltungsrecht; s Rn 1611 ff und 1620 f). Bei Insolvenz des Arbeitgebers greifen besondere Regelungen ein und die Arbeitnehmer haben Anspruch auf Insolvenzgeld (s Rn 1622 f).

1. Geldleistungspflicht als Prinzip

1580 Das Arbeitsentgelt ist **in Euro zu berechnen und auszuzahlen** (§ 6 Abs 2 iVm § 107 Abs 1 GewO). Arbeitgeber und Arbeitnehmer können Sachbezüge als Teil des Arbeitsentgelts nur vereinbaren, wenn dies dem Interesse des Arbeitnehmers oder der Eigenart des Arbeitsverhältnisses entspricht (§ 107 Abs 2 GewO). Dieses sog **Truckverbot** und seine Sicherung durch die Beschränkung durch Lohnverwendungsabreden, wie sie für gewerbliche Arbeitnehmer und Bergleute nach §§ 115 ff GewO aF bestanden (s STAUDINGER/RICHARDI [1999] § 611 Rn 702 ff), sind zwar mit Wirkung zum 1.1.2003 entfallen (ausf BAUER/OPOLONY BB 2002, 1590 [1592 ff]; DÜWELL ZTR 2002, 461; WISSKIRCHEN DB 2002, 1886). Doch gilt nunmehr für alle Arbeitnehmer, dass der Arbeitgeber dem Arbeitnehmer keine Waren auf Kredit überlassen darf; in Anrechnung auf das Arbeitsentgelt darf er ihm nach Vereinbarung Waren nur überlassen, wenn die Anrechnung zu den durchschnittlichen Selbstkosten erfolgt (§ 107 Abs 2 S 2 und 3 GewO). Eine besondere Anrechnungsregelung enthält § 17 Abs 2 BBiG.

Sachbezüge können nur dann als Teil des Arbeitsentgelts vereinbart werden, wenn das dem Interesse des Arbeitnehmers oder der Eigenart des Arbeitsverhältnisses entspricht (§ 107 Abs 2 S 1 GewO). Hierbei ist ein abstrakt-objektiver Maßstab anzulegen (BAUER/OPOLONY BB 2002, 1590 [1593]). Sachbezug in diesem Sinne ist nur, was Gegenleistung für die Arbeitsleistung in anderer Form als Geld ist (BAG 17.2. 2009 – 9 AZR 676/07, NZA 2010, 99 [100]: verneint für vom Arbeitgeber gestellte Arbeitskleidung). Im Interesse des Arbeitnehmers ist der Sachbezug nur, wenn er diesen sinnvoll nutzen kann. Das ist beispielsweise bei der Überlassung des Dienstwagens auch für private Zwecke der Fall (BAG 24.3.2009 – 9 AZR 733/07, NZA 2009, 861 [862]). Unter Eigenart des Arbeitsverhältnisses sind insbesondere die im Bergbau, der Gastronomie und der Tabak- und Brauereigewerbe üblichen Deputate gemeint (BT-Drucks 14/8796, 24). Kann der Arbeitnehmer die Sachbezüge für Zeiten, in denen der Arbeitgeber die Fortzahlung der Vergütung schuldet, nicht entgegennehmen, so sind sie mit dem Betrag abzugelten, die der Arbeitnehmer aufwenden müsste, um sie sich auf dem freien Markt zu beschaffen (BAG 22.9.1960 – 2 AZR 507/59, AP Nr 27 zu § 616 BGB; ErfK/PREIS § 611 Rn 518; für Berufsausbildungsverhältnisse vgl § 19 Abs 2 BBiG; für entgangene Nutzungsmöglichkeit des Dienstwagens HÖSER BB 2011, 573). Zur Berücksichtigung von Sachbezügen beim MiLoG vgl Rn 1358. **1581**

Können nach § 107 Abs 2 S 1 GewO Sachbezüge geleistet oder dem Arbeitnehmer nach Vereinbarung Waren in Anrechnung auf das Arbeitsentgelt überlassen werden (§ 107 Abs 2 S 3 GewO), müssen die geleisteten Gegenstände **mittlerer Art und Güte** sein, soweit nicht ausdrücklich eine andere Vereinbarung getroffen worden ist (§ 107 Abs 2 S 4 GewO). Der Wert der vereinbarten Sachbezüge oder die Anrechnung der überlassenen Waren auf das Arbeitsentgelt darf die **Höhe des pfändbaren Teils des Arbeitsentgelts nicht übersteigen** (§ 107 Abs 2 S 5 GewO); bei einem Verstoß hiergegen bleibt der Lohnanspruch bestehen (BAG 24.3.2009 – 9 AZR 733/07, NZA 2009, 861 [863]). Sind die in Geld geleistete Nettovergütung und der Sachbezug in ihrer Summe nach §§ 850c Abs 1, 850e Nr 3 ZPO unpfändbar, verstößt eine Anrechnung des Sachbezugs auf das Arbeitseinkommen gegen § 107 Abs 2 S 5 GewO (BAG 24.3. 2009 – 9 AZR 733/07, NZA 2009, 861; vgl auch BAG 17.2.2009 – 9 AZR 676/07, AP Nr 16 zu § 850 ZPO). Nach dem LAG München ist § 107 Abs 2 S 5 GewO nicht anwendbar, wenn es sich bei der Tätigkeit, für die ein Sachbezug vereinbart wurde, um eine reine Nebentätigkeit handelt, die neben einer entgeltlichen Haupttätigkeit ausgeübt wird (LAG München 30.11.2005 – 7 Sa 569/05). **1582**

Naturallohn kann auch die Gewährung von **Kost und Logis** sein. Ist der Dienstverpflichtete dabei in die häusliche Gemeinschaft des Dienstberechtigten aufgenommen, bestehen besondere Pflichten (s §§ 617, 618 Abs 2). **1583**

Erhalten die Arbeitnehmer von Dritten für ihre Tätigkeit ein sog **Trinkgeld** (dazu auch **1584**

Rn 1400, 1436 ff; rechtsvergleichend Birk, in: FS Säcker [2011] 189), also nach der Legaldefinition in § 107 Abs 3 S 2 GewO einen „Geldbetrag, den ein Dritter ohne rechtliche Verpflichtung dem Arbeitnehmer zusätzlich zu einer dem Arbeitgeber geschuldeten Leistung zahlt", so darf dadurch nicht die Zahlung eines regelmäßigen Arbeitsentgelts ausgeschlossen werden (§ 107 Abs 3 S 1 GewO). Ein Trinkgeld, das der Arbeitnehmer erhält, steht ihm unmittelbar zu; der Arbeitgeber kann nicht einseitig anordnen, dass das Trinkgeld in einen „gemeinsamen Topf" eingeht und unter allen Angestellten aufgeteilt wird (LAG Rheinland-Pfalz 9. 12. 2010 – 10 Sa 483/10, juris Rn 22 ff). Zahlt der Dritte das Trinkgeld nicht an den Arbeitnehmer, sondern an den Arbeitgeber, erwartet aber dessen Weiterleitung an einen bestimmten Arbeitnehmer, so ist der Arbeitgeber hierzu verpflichtet; der Arbeitnehmer hat, wenn ihm die Höhe der Trinkgelder unbekannt ist, einen Auskunftsanspruch gegen den Arbeitgeber (ArbG Gelsenkirchen 21. 1. 2014 – 1 Ca 1603/13, juris Rn 37). Trinkgelder können nicht auf den Mindestlohn nach dem MiLoG angerechnet werden (Berndt DStR 2014, 1878 [1881]; Däubler NZA 2014, 1924 [1926]; ErfK/Franzen § 1 MiLoG Rn 7) und sind auch bei der Sittenwidrigkeitskontrolle der Entgeltvereinbarung (dazu Staudinger/Sack/Fischinger [2016] § 138) unberücksichtigt zu lassen.

2. Lohnpfändung*

a) Entstehung

1585 Die heutige Regelung des Lohnpfändungsschutzes hat ihren Ursprung im Gesetz des Norddeutschen Bundes betreffend die Beschlagnahme des Arbeits- oder Dienstlohnes vom 21. 6. 1869 (BGBl 242). Dem Gesetzgebungsverfahren war eine lebhafte juristische und politische Diskussion vorangegangen (vgl dazu eingehend Lippross, Grundlagen und System des Vollstreckungsschutzes [1983] 26). Nach der Abschaffung der Schuldhaft im Jahre 1868 wurde zunehmend die Frage thematisiert, ob nicht sozialethische Gesichtspunkte auch eine Begrenzung der Vermögensvollstreckung forderten. Trotz der schon im Vorfeld geäußerten Bedenken entzog die gesetzliche Regelung nicht nur den zum „nothdürftigen Unterhalt" des Schuldners und seiner Familie erforderlichen Lohnanteil der Zwangsvollstreckung, sondern sprach ein generell angelegtes Pfändungsverbot aus (§ 1), das lediglich Gehalt und Dienstbezüge „der im Privatdienste dauernd angestellten Personen" ausnahm, „soweit der Gesammtbetrag die Summe von vierhundert Thalern jährlich übersteigt" (§ 4 Nr 4). Im selben Umfang wurde der Lohnanspruch der rechtsgeschäftlichen Disposition des Arbeitnehmers entzogen (§ 2 Abs 2). Durchbrochen wurde der Beschlagnahmeschutz andererseits zugunsten der Vollstreckung von Unterhaltsansprüchen der Familienmitglieder (§ 4 Nr 3) und einer Reihe von öffentlichen Abgaben (§ 4 Nr 2).

1586 Das System des damit in der Grundstruktur erstmals festgelegten Beschlagnahmeschutzes wurde in der Folgezeit wiederholt geändert, ausgebaut und verfeinert. Auch die rechtspolitische Diskussion wurde unvermindert fortgeführt. Die wechselvolle Geschichte der gesetzlichen Regelung führte nur allmählich zu einer einheitlichen

---

* **Schrifttum:** Stein/Jonas/Brehm, Kommentar zur Zivilprozessordnung (23. Aufl 2010); Honold, Die Pfändung des Arbeitseinkommens (1998); Ludwig, Der Pfändungsschutz für Lohneinkommen: Die Entstehungs- und Entwicklungsgeschichte der Vorschriften zum Schutz vor Lohnpfändung in Deutschland (2001); Stöber, Forderungspfändung (16. Aufl 2013); Würdinger, Das Ende eines Paradoxons im Lohnpfändungsrecht, NJW 2014, 3121.

Behandlung aller in den Schutz einbezogenen Vollstreckungsschuldner. Die nach der ZPO-Novelle vom 17. 5. 1898 für alle Lohnansprüche geltenden Freigrenzen mussten der Preisentwicklung entsprechend wiederholt angepasst werden. Im Jahre 1934 wurden die Lohnpfändungsvorschriften in die ZPO eingegliedert, um durch die Lohnpfändungsverordnung vom 30. 10. 1940 wieder eine gesonderte Regelung zu erfahren. Erst das Gesetz über Maßnahmen auf dem Gebiete der Zwangsvollstreckung vom 20. 8. 1953 führte die Vorschriften als §§ 850 ff in die Zivilprozessordnung zurück.

b) Zweck, Geltungsbereich und Grundstruktur der geltenden Regelung

1587 Die Vorschriften über den Pfändungsschutz für Arbeitseinkommen gelten für jede Zwangsvollstreckung wegen Geldforderungen (§§ 802a–883h ZPO), bei der Arrestvollziehung (§§ 928, 930 ZPO) sowie in der Insolvenz des Arbeitgebers (§ 4 InsO). Darüber hinaus finden die Regelungen über die §§ 319, 324 Abs 3 S 5 AO oder anderweitige Verweisungsnormen Anwendung auf die Beitreibung außerhalb der ZPO. Die Anwendung weitergehender Vollstreckungsschutzvorschriften wird durch die §§ 850 ff ZPO nicht ausgeschlossen (vgl STEIN/JONAS/BREHM § 850 Rn 8). Zweck des Pfändungsschutzes ist es, sicherzustellen, dass dem Arbeitnehmer von seinem Lohn ein Betrag verbleibt, mit dem er seinen und den Lebensunterhalt seiner Familie bestreiten kann. Dies dient nicht nur seinem Interesse, sondern mittelbar auch denen der Allgemeinheit, die nicht – über die Sozialhilfe – für den Unterhalt eine komplett „ausgeplünderten" Arbeitnehmers aufkommen muss (MünchKommZPO/SMID § 850 Rn 1 mwNw; vgl auch BAG 17. 4. 2013 – 10 AZR 59/12, NZA 2013, 859 [861]).

1588 Ausgangspunkt für die Konzeption der §§ 850 ff ZPO ist der Begriff des **Arbeitseinkommens** (s Rn 1590 ff). Die Pfändungsbeschränkungen betreffen damit den gesamten Bereich der durch persönliche Arbeit erworbenen Geldansprüche und einige gleichgestellte Forderungen. Eine Verschränkung mit dem Pfändungsschutzsystem des Sozialrechts erfolgt über die Vorschriften der §§ 850i Abs 3 und 850e Nr 2a ZPO. Demgegenüber beziehen sich die Vorschriften nicht unmittelbar auf die **bereits eingenommenen Gelder**. Insoweit greift für das auf Bankkonten überwiesene Arbeitseinkommen ergänzend § 850k ZPO ein, während Bargeld dem Vollstreckungsschutz des § 811 Abs 1 Nr 8 ZPO unterliegt.

1589 Innerhalb der in den §§ 850 ff ZPO bezeichneten Forderungen wird weiterhin unterschieden in **wiederkehrendes Arbeitseinkommen**, dessen Pfändungsschutz durch die §§ 850–850h ZPO gewährleistet wird, und **einmaliges Arbeitseinkommen**, für das § 850i ZPO Vollstreckungsschutz vorsieht. Der Regelungsschwerpunkt der §§ 850 ff ZPO befasst sich mit dem wiederkehrenden Arbeitseinkommen. Der Lohnschutz wird in diesem Bereich dadurch bewerkstelligt, dass bestimmte Teile des Arbeitseinkommens der Pfändung überhaupt entzogen werden (§ 850a ZPO), während die Beschlagnahme im Übrigen nur bedingt (§ 850b ZPO) oder jenseits bestimmter Freigrenzen beschränkt (§§ 850c, 850e ZPO) zulässig bleibt. Der dadurch festgelegte, generelle Pfändungsschutz wird zugunsten der Vollstreckung bestimmter privilegierter Forderungen durchbrochen (§ 850d ZPO). Der Bekämpfung unredlicher Schuldnermanipulationen durch Lohnschiebung und Lohnverschleierung dient § 850h ZPO. In den §§ 850 f und 850g ZPO schließlich sind Vorschriften vorgesehen, auf deren Grundlage die Pfändungsbeschränkungen durch das Vollstreckungsgericht modifiziert bzw veränderten tatsächlichen Verhältnissen angepasst werden können.

c) Begriff des Arbeitseinkommens

1590 Der Begriff des Arbeitseinkommens (§ 850 ZPO) erfasst **jede Vergütung in Geld, die aus einem gegenwärtigen oder früheren Arbeitsverhältnis** herrührt. Ohne Belang ist, ob die Geldleistungen auf wirksamer Vertragsgrundlage erfolgen, wie sie berechnet und bezeichnet werden, welcher Art die Arbeitsleistung ist und ob die Vergütung in einem angemessenen Verhältnis zum Wert der Arbeitsleistung steht. Gleichgültig ist zudem grundsätzlich, in welchem Maße die dem Arbeitseinkommen zugrunde liegende Tätigkeit die Arbeitskraft des Schuldners in Anspruch nimmt. Etwas anderes gilt lediglich für die in § 850 Abs 2 ZPO angesprochenen „sonstigen Vergütungen für Dienstleistungen aller Art" (vgl dazu STEIN/JONAS/BREHM § 850 Rn 37 ff; STÖBER, Forderungspfändung Rn 886 ff).

1591 Pfändungsschutz genießt das Arbeitseinkommen auch insoweit, als der Lohnanspruch die tatsächliche Erbringung der Arbeitsleistung nicht voraussetzt (vgl dazu wegen des Urlaubsentgelts BAG 30. 9. 1965 – 5 AZR 115/65, AP Nr 5 zu § 850 ZPO; STEIN/JONAS/BREHM § 850a Rn 15). Zum Arbeitseinkommen gehören auch Abfindungen aus Anlass der Beendigung des Arbeitsverhältnisses (BAG 12. 8. 2014 – 10 AZB 8/14, NZA 2014, 1155 [1157]).

1592 Voraussetzung ist stets, dass die Vergütung in Geld zahlbar ist. Ansprüche auf Naturalbezüge werden gem § 850 Abs 1 ZPO von der Lohnpfändung nicht erfasst. Ihrer selbstständigen Pfändung werden häufig die §§ 847 Abs 2, 811 Abs 1 Nr 2 und Nr 4a bzw § 851 ZPO entgegenstehen. Andererseits findet der Wert der Naturalleistungen Berücksichtigung bei der Berechnung des zugriffsfreien Teils der Geldbezüge gem § 850e Nr 3 ZPO.

1593 Vergütungsansprüchen aus einem gegenwärtigen Arbeitsverhältnis sind kraft gesetzlicher Anordnung (§ 850 Abs 2 ZPO) **gleichgestellt: Ruhegelder** und ähnliche nach dem einstweiligen oder dauernden Ausscheiden aus dem Dienst- oder Arbeitsverhältnis gewährte fortlaufende Einkünfte **sowie Hinterbliebenenbezüge** (vgl dazu im Einzelnen STEIN/JONAS/BREHM § 850 Rn 33 ff). Leistungen der betrieblichen Altersversorgung unterliegen damit dem Pfändungsschutz ohne Rücksicht darauf, ob der Arbeitgeber selbst, eine Pensionskasse oder eine Unterstützungskasse die Zahlung leistet. Aufgrund ausdrücklicher Bestimmung werden Versicherungsrenten, die ein Ruhegehalt oder die Hinterbliebenenversorgung ersetzen oder ergänzen (§ 850 Abs 3 lit b ZPO), sowie Karenzentschädigungen (§ 850 Abs 3 lit a ZPO) als Arbeitseinkommen angesehen und damit in den Pfändungsschutz einbezogen.

d) Pfändungsschutz des wiederkehrend zahlbaren Arbeitseinkommens

1594 Trotz des umfassenden Begriffs des Arbeitseinkommens sind dessen einzelne Bestandteile entsprechend dem Regelungskonzept der §§ 850 ff ZPO in unterschiedlichem Maße der Pfändung entzogen. Die Bestimmungen setzen voraus, dass es sich bei dem Arbeitseinkommen um eine wiederkehrend zahlbare Vergütung handelt. Nicht wiederkehrend zahlbare Vergütungen fallen unter die Regelung des § 850i ZPO.

(1) Schlechthin **unpfändbar** sind die in § 850a ZPO aufgeführten Ansprüche. Aus **1595** sozialen Gründen bzw im Hinblick auf ihre Zweckgebundenheit sollen sie dem uneingeschränkten Vollstreckungszugriff entzogen werden (vgl im Einzelnen STEIN/JONAS/BREHM § 850a Rn 7 ff).

(2) Nach Maßgabe des § 850c ZPO ist das Arbeitseinkommen **beschränkt pfänd- 1596 bar**, soweit es nicht bereits von § 850a ZPO erfasst wird.

Die Regelung teilt den einheitlichen Lohnanspruch zum Zwecke der Berechnung **1597** des pfändungsfreien Teils in drei Teilbeträge auf:

(a) Völlig pfändungsfrei ist der auf der Grundlage von § 850c Abs 1 ZPO zu bestimmende Grundbetrag.

(b) Der Pfändung uneingeschränkt zugänglich ist demgegenüber der die sog Pfändungsschutzgrenze des § 850c Abs 2 S 2 ZPO übersteigende Lohnanteil.

(c) Der zwischen der Pfändungsfreigrenze des § 850c Abs 1 ZPO und der Pfändungsschutzgrenze des § 850c Abs 2 S 2 ZPO gelegene Lohnanteil unterliegt der Pfändung zu einem veränderlichen Bruchteil zwischen 1/10 und 7/10 (§ 850c Abs 2 S 1 ZPO). Der pfändbare Teil ergibt sich aus der als Anlage zu § 850c ZPO veröffentlichten Tabelle.

e) Durchbrechung des Pfändungsschutzes zugunsten privilegierter Forderungen

Der in den §§ 850–850c ZPO verankerte Pfändungsschutz für wiederkehrendes **1598** Arbeitseinkommen wird zugunsten der in § 850d Abs 1 S 1 ZPO genannten Unterhaltsberechtigten durchbrochen. Dem Schuldner ist jedoch so viel zu belassen, wie er für seinen eigenen notwendigen Unterhalt, zur Erfüllung seiner laufenden Unterhaltspflichten gegenüber den dem Gläubiger vorgehenden Berechtigten bzw zur gleichmäßigen Befriedigung der dem Gläubiger gleichstehenden Berechtigten benötigt; von den in § 850a Nr 1, 2 und 4 ZPO genannten Bezügen muss mindestens die Hälfte des nach § 850a ZPO pfändbaren Betrags beim Schuldner verbleiben (§ 850d Abs 1 S 2 ZPO). Andererseits darf der danach verbleibende Teil des Arbeitseinkommens nicht den gegenüber nichtbevorrechtigten Gläubigern gem § 850c ZPO pfändungsfreien Betrag übersteigen (§ 850d Abs 1 S 3 ZPO). Für ältere Rückstände gilt die Privilegierung nur, wenn nach Lage der Verhältnisse anzunehmen ist, dass der Schuldner sich der Zahlungspflicht absichtlich entzogen hat (§ 850d Abs 1 S 4 ZPO).

Eine Kollisionsregelung für den Fall des Zusammentreffens privilegierter und ge- **1599** wöhnlicher Gläubiger sieht § 850e Nr 4 ZPO vor (vgl dazu STEIN/JONAS/BREHM § 850e Rn 75 ff), während im Verhältnis mehrerer privilegierter Gläubiger zueinander die Regelung des § 850d Abs 2 ZPO die Rangfolge festlegt und für den Bereich des Vorrechts (vgl dazu STEIN/JONAS/BREHM § 850d Rn 37) das für den allgemein pfändbaren Bereich geltende Prioritätsprinzip (§ 804 Abs 3 ZPO) verdrängt.

f) Pfändungsschutz nicht wiederkehrend zahlbaren Arbeitseinkommens

Keine zahlenmäßig starren Pfändungsgrenzen sieht das Gesetz für den Fall nicht **1600** wiederkehrend zahlbarer Vergütungen vor. § 850i ZPO überlässt die Bestimmung des pfändungsfreien Betrags dem Vollstreckungsgericht. Hauptanwendungsfall dieser Bestimmung sind die Vergütungsansprüche der **freiberuflich Tätigen**, unabhängig davon, ob sie aus Dienst-, Werk-, Werklieferungs-, Kauf-, Verlags- oder sonstigen Verträgen hergeleitet werden. Hierher gehören jedoch auch nicht wiederkehrend zahlbare Vergütungen, die ihre Grundlage im Arbeitsverhältnis haben, wie etwa Abfindungen nach §§ 1a, 9, 10 KSchG oder §§ 112, 113 BetrVG (BAG 13. 11. 1991 – 4 AZR 39/91, NZA 1992, 384 [385]; BAG 12. 8. 2014 – 10 AZB 8/14, NZA 2014, 1155 [1157]; vgl dazu und wegen weiterer Einzelheiten STÖBER, Forderungspfändung Rn 1234; HERGENRÖDER ZVI 2006, 173).

1601 Dem Schuldner ist so viel zu belassen, wie ihm verbliebe, wenn sein Einkommen aus laufendem Arbeits- oder Dienstlohn bestünde, § 850i Abs 1 S 1 ZPO. Bei der Entscheidung sind die wirtschaftlichen Verhältnisse des Schuldners vom Vollstreckungsgericht frei zu würdigen (§ 850i Abs 1 S 2 ZPO). Der Antrag des Schuldners ist abzulehnen, soweit überwiegende Gläubigerinteressen entgegenstehen, § 850i Abs 1 S 3 ZPO.

g) Modifizierung des Pfändungsschutzes durch das Vollstreckungsgericht: Anpassung an veränderte tatsächliche Voraussetzungen

1602 Auf Antrag kann das Vollstreckungsgericht unter Berücksichtigung der Besonderheiten des Einzelfalls von den generell geltenden Pfändungsbeschränkungen zugunsten des Schuldners (§ 850 f Abs 1 ZPO) oder zugunsten des Gläubigers (§ 850 f Abs 2 und 3 ZPO) abweichen bzw den gem Pfändungsbeschluss veränderten tatsächlichen Verhältnissen anpassen (§ 850g ZPO).

h) Berechnung

1603 Das pfändbare Arbeitseinkommen richtet sich nach dem sog **Nettoeinkommen**, nicht mitzurechnen sind also die nach § 850a ZPO pfändungsfreien Bezüge sowie die Beträge, die unmittelbar aufgrund steuerrechtlicher oder sozialrechtlicher Vorschriften zur Erfüllung gesetzlicher Verpflichtungen des Schuldners abzuführen sind (§ 850e Nr 1 S 1 ZPO). Steuern, die nicht vom Arbeitgeber einbehalten werden, bleiben daher außer Ansatz. Einbezogen wird in die Berechnung nur die Lohn- und die Kirchensteuer. Den Beträgen, die nicht mitzurechnen sind, sind die in § 850e Nr 1 S 2 ZPO genannten Beträge gleichgestellt. Mehrere Arbeitseinkommen sind auf Antrag des Gläubigers durch das Vollstreckungsgericht zusammenzurechnen (§ 850e Nr 2 ZPO). Naturalleistungen sind dem Werte nach auf den pfändungsfreien Einkommensteil zu verrechnen (§ 850e Nr 3 ZPO). Gleiches gilt für laufende Geldleistungen nach dem Sozialgesetzbuch (§ 850e Nr 2a ZPO).

i) Lohnschiebung und Lohnverschleierung

1604 Unredlichen Schuldnermanipulationen zur Vereitelung des Vollstreckungszugriffs begegnet die Regelung des § 850h ZPO. Die gesetzliche Regelung unterscheidet zwischen der Lohnschiebung (§ 850h Abs 1 ZPO) und der Lohnverschleierung (§ 850h Abs 2 ZPO).

1605 Der sog **Lohnschiebung** liegt die Vereinbarung mit dem Arbeitgeber zugrunde, dass die über die Pfändungsfreigrenze hinausgehende Vergütung nicht dem Arbeitnehmer, sondern einem Dritten (häufig dessen Ehefrau) zustehen solle. Das Gesetz

Titel 8 · Dienstvertrag und ähnliche Verträge
Untertitel 1 · Dienstvertrag

§ 611

setzt sich über die Vertragsgestaltung hinweg und eröffnet dem vollstreckenden Gläubiger sowohl den Pfändungszugriff zu Lasten des Drittberechtigten aufgrund des Titels gegen den Schuldner (§ 850h Abs 1 S 1 ZPO), als auch die Pfändung zu Lasten des Schuldners (§ 850h Abs 1 S 2 ZPO; vgl dazu im Einzelnen STEIN/JONAS/BREHM § 850h Rn 1 ff; STÖBER, Forderungspfändung Rn 1210 ff).

Als **Lohnverschleierung** erfasst § 850h Abs 2 ZPO den Tatbestand, dass der Schuldner seine Arbeitskraft unentgeltlich oder zu einer unverhältnismäßig geringen Vergütung zur Verfügung stellt. In diesem Fall gilt nach der gesetzlichen Regelung zugunsten des Gläubigers eine angemessene Vergütung als geschuldet; erforderlich ist eine einzelfallbezogene Beurteilung, sodass sich eine generelle Annahme, eine Vergütung von 75% der üblichen Vergütung sei nicht unverhältnismäßig gering, verbietet (BAG 22.10.2008 – 10 AZR 703/07, NZA 2009, 163; wegen der Einzelheiten s STEIN/JONAS/BREHM § 850h Rn 18 ff; STÖBER, Forderungspfändung Rn 1220 ff). **1606**

3. Beschränkungen einer rechtsgeschäftlichen Verfügung über den Lohnanspruch

Während der Anspruch auf die Dienste im Zweifel nicht übertragbar ist (§ 613 S 2), besteht für den Anspruch auf die Vergütung keine derartige Auslegungsregel. Die Lohnforderung geht daher beim Tod des Dienstverpflichteten nach den allgemeinen erbrechtlichen Grundsätzen auf den Erben über. Aber auch durch Rechtsgeschäft unter Lebenden kann der Dienstverpflichtete grundsätzlich über seinen Lohn verfügen, ihn auch ganz oder teilweise **abtreten** oder **verpfänden**. Das gilt auch für Vorausabtretungen, die hinreichend bestimmt sein müssen (BAG 21.11.2000 – 9 AZR 692/99, NZA 2001, 654 [655]). **1607**

Bei einem Arbeitsverhältnis verhindert die der Lohnsicherung dienende Beschränkung der Lohnpfändung, dass der Arbeitnehmer durch Abtretung den Lohnanspruch verliert; denn nach **§ 400** kann eine Forderung **nicht abgetreten** werden, **soweit** sie der **Pfändung nicht unterworfen** ist (§§ 850a–i ZPO, s Rn 1594 ff), eine entgegenstehende Vereinbarung ist unwirksam, § 134 (BAG 21.11.2000 – 9 AZR 692/99, AP Nr 2 zu § 400 BGB); in solchen Fällen ist auch die Bestellung eines Pfandrechts unmöglich (§ 1274 Abs 2). Hat der Arbeitgeber aufgrund einer solchen unwirksamen Verfügung an einen Dritten gezahlt, so wird er nicht befreit; er muss nochmals an den Beschäftigten zahlen, kann aber vom Dritten nach § 812 Abs 1 S 1 Alt 1 kondizieren. § 400 dient dem Schutz des Arbeitnehmers (ggf gegen seinen Willen) und ist daher nicht abdingbar. Er ist aber im Wege **teleologischer Reduktion** nicht anzuwenden, wenn der mit ihm bezweckte Arbeitnehmerschutz auf andere Weise gewährleistet ist. Das ist insbesondere der Fall, wenn der Zessionar dem zedierenden Arbeitnehmer einen Geldbetrag in Höhe der abgetretenen Forderung zur Verfügung stellt, findet hier doch gewissermaßen nur ein Wechsel in der Person statt, die dem Arbeitnehmer den für die Lebensführung notwendigen Geldbetrag zur Verfügung stellt (BGH 10.12.1951 – GSZ 3/51, BGHZ 4, 153; BAG 21.2.2013 – 6 AZR 553/11, NZA-RR 2013, 590 [593]). In aller Regel ist eine solche teleologische Reduktion nur bei der Gewährung von Geldleistungen – und nicht nur von Sachleistungen – möglich (BAG 21.11.2000 – 9 AZR 692/99, AP Nr 2 zu § 400 BGB). **1608**

Soweit die Lohnforderung der Pfändung unterworfen ist, kann sie abgetreten werden **1609**

§ 611

den, auch wenn dadurch dem Arbeitgeber bei der Lohnzahlung Mehraufwand erwächst. Die bloße Mehrbelastung des Arbeitgebers begründet noch nicht den Einwand der unzulässigen Rechtsausübung gegenüber dem Abtretungsempfänger (BGH 20. 12. 1956 – VII ZR 279/56, AP Nr 1 zu § 398 BGB). Einen Erstattungsanspruch für diese Kosten gegen den Arbeitnehmer hat der Arbeitgeber nicht (BAG 18. 7. 2006 – 1 AZR 578/05, AP Nr 15 zu § 850 ZPO); inwieweit er dem Arbeitnehmer durch Allgemeine Geschäftsbedingungen diese Kosten aufbürden kann, ist noch ungeklärt (zu weit gehend, da vollständig ablehnend MünchKomm/MÜLLER-GLÖGE § 611 Rn 850).

1610 Das **Recht zur Lohnabtretung** kann (formular-)vertraglich sowie durch **Tarifvertrag** oder **Betriebsvereinbarung ausgeschlossen** werden (§ 399; zur Zulässigkeit eines Lohnabtretungsverbots durch Betriebsvereinbarung BAG 20. 12. 1957 – 1 AZR 237/56 und 5. 9. 1960 – 1 AZR 509/57, AP Nr 1 und 4 zu § 399 BGB; RICHARDI, Kollektivgewalt und Individualwille bei der Gestaltung des Arbeitsverhältnisses [1968] 183, 321 f, 425 f; kritisch bzgl Betriebsvereinbarungen ErfK/PREIS § 611 Rn 462). Eine Grenze besteht hier insoweit, als das Lohnabtretungsverbot den Arbeitnehmer nicht unbillig belasten darf. Wenn der Arbeitgeber ohne Grund keinen Lohn zahlt, ist das Lohnabtretungsverbot insoweit unwirksam, als ein Dritter dem Arbeitnehmer die zur Erhaltung seiner Existenz erforderlichen Mittel vorgeschossen hat (vgl BAG 2. 6. 1966 – 2 AZR 322/65, AP Nr 8 zu § 399 BGB).

4. Aufrechnung

1611 a) **Gegen eine Lohnforderung** des Dienstverpflichteten kann der **Dienstberechtigte** grundsätzlich mit einer gleichartigen Forderung, also namentlich mit einer Geldforderung aufrechnen (§ 387). Eine Schranke ergibt sich aber für den **Arbeitgeber** aus dem **Pfändungsschutz im Arbeitsverhältnis**: Soweit die Lohnforderung der **Pfändung nicht unterworfen** ist (s Rn 1585 ff), findet die **Aufrechnung gegen sie nicht statt** (§ 394 S 1; vgl HARTMANN, Die Aufrechnung im Arbeitsverhältnis [1988]). Dies ist zur flankierenden Absicherung des existenzsichernden Pfändungsschutzes notwendig. Der Dienstberechtigte kann daher insoweit nicht mit einer Gegenforderung aufrechnen; er hat stets den unpfändbaren Teil auszuzahlen. Der Pfändungsschutz – und damit Schutz vor Aufrechnung – kann nicht dadurch umgangen werden, dass der Arbeitgeber dazu ermächtigt wird, eine monatliche Beteiligung des Arbeitnehmers für die Berufskleidung mit dem monatlichen Nettoentgelt ohne Beachtung der Pfändungsfreigrenzen zu vereinbaren (BAG 17. 2. 2009 – 9 AZR 676/07, AP Nr 16 zu § 850 ZPO).

1612 Das Aufrechnungsverbot besteht auch dann, wenn der Dienstberechtigte einen Schadensersatzanspruch (LAG Krefeld ARS 25, 217) oder einen Anspruch auf eine verwirkte Vertragsstrafe geltend macht. Deshalb ist auch eine Lohnverwirkungsabrede ungültig, wenn und soweit der Lohn unterhalb der Pfändbarkeitsgrenze bleibt. Die Parteien des Arbeitsverhältnisses sind zwar befugt, nach Eintritt der Fälligkeit des Lohnanspruchs eine **Aufrechnungsvereinbarung** zu treffen, die auch den unpfändbaren Lohn ergreift; das gilt aber nicht, wenn die einbezogene Lohnforderung noch nicht fällig ist, denn hierbei handelt es sich um eine nach § 134 unwirksame Umgehung von § 394 (BAG 18. 8. 1976 – 5 AZR 95/75, AP Nr 4 zu § 613a BGB; BAG 17. 12. 2009 – 9 AZR 676/07, NZA 2010, 99 [101]; LAG Hamm 15. 3. 1973 – 8 Sa 18/73, DB 1973, 1080).

1613 Der Arbeitgeber kann auch nicht mit Ansprüchen aus Lohnüberzahlung aufrechnen

Titel 8 · Dienstvertrag und ähnliche Verträge
Untertitel 1 · Dienstvertrag   § 611

(ebenso ArbG Berlin 7. 3. 1972 – 10 Ca 770/71, AP Nr 27 zu § 394 BGB [keine Aufrechnung gegen tarifvertragliche Ansprüche des Arbeitnehmers auf vermögenswirksame Leistungen]; wie hier, aber nur, soweit der Arbeitnehmer gutgläubig ist, Hueck/Nipperdey I 373 Fn 85; Nikisch I 366; aA RAG ARS 6, 22, 45; RAG 14, 398; RAG 17, 214; Staudinger/Nipperdey/Neumann¹¹ § 611 Rn 233). Etwas anderes gilt nur dann, wenn der Arbeitgeber von vornherein zur Tilgung einer späteren Lohnschuld einen Vorschuss gezahlt hat; denn durch ihn wird die Lohnschuld erfüllt, sodass eine Aufrechnung überhaupt nicht in Betracht kommt (so zutreffend Hueck/Nipperdey I 373 Fn 85).

Das **Aufrechnungsverbot gilt nicht**, soweit dem Dienstberechtigten aus einer **vorsätz-** **1614** **lichen Vertragsverletzung** oder einer **vorsätzlichen unerlaubten Handlung** des Arbeitnehmers eine **Schadensersatzforderung** zusteht. Der Dienstverpflichtete, der den Arbeitgeber vorsätzlich geschädigt hat, kann sich nach **Treu und Glauben** nicht auf das Aufrechnungsverbot berufen (RGZ 85, 116; RGZ 135, 8; RG JW 1932, 493; RG JW 1936, 2213; RAG ARS 5, 517; RAG 14, 345; RAG 18, 241; RAG 32, 297; BGH 22. 4. 1959 – IV ZR 255/58, BGHZ 30, 36; BAG 31. 3. 1960 – 5 AZR 441/57, 28. 8. 1964 – 1 AZR 414/63 und 18. 3. 1997 – 3 AZR 756/95, AP Nr 5, 9 und 30 zu § 394 BGB; BAG 13. 11. 2012 – 3 AZR 444/10, NZA 2013, 1279 [1283]). Diese Ausnahme wurde aber zunächst nur für Ansprüche aus vorsätzlicher unerlaubter Handlung gemacht (so auch noch BGH 22. 4. 1959 – IV ZR 255/58, AP Nr 4 zu § 394 BGB); sie muss aber auch bei vorsätzlicher Vertragsverletzung Anerkennung finden (ebenso BAG 31. 3. 1960 – 5 AZR 441/57 und 28. 8. 1964 – 1 AZR 414/63, AP Nr 5 und 9 zu § 394 BGB; Hueck/Nipperdey I 372 Fn 85; Nikisch I 435; Soergel/Kraft § 611 Rn 247; Schaub/Linck, ArbRHdB § 73 Rn 12; aA BGH 22. 4. 1959 – IV ZR 255/58, AP Nr 4 zu § 394 BGB). Wegen des Gewichts, das dem mit § 394 S 1 bezweckten Sozialschutz zukomme, soll es sich nach Ansicht des BAG aber nach den gesamten Umständen des Einzelfalles richten, ob das Aufrechnungsverbot wegen einer vom Arbeitnehmer im Rahmen seines Arbeitsverhältnisses verübten treuwidrigen und vorsätzlichen Nachteilszufügung weichen müsse, wobei das Gewicht des mit § 394 S 1 gewollten Sozialschutzes und der Treueverstoß gegeneinander abzuwägen seien (BAG 31. 3. 1960 – 5 AZR 441/57, AP Nr 5 zu § 394 BGB); eine Durchbrechung soll aber auch nur bis zu den Grenzen des § 850d ZPO zulässig sein (BAG 16. 6. 1960 – 5 AZR 121/60, AP Nr 8 zu § 394 BGB), darüber hinaus nur dann, wenn der Arbeitnehmer ausgeschieden sei (BAG 28. 8. 1964 – 1 AZR 414/63, AP Nr 9 zu § 394 BGB; s auch dort die Anm von Bötticher).

Soweit die Vergütungsforderung die Unpfändbarkeitsgrenze übersteigt, ist die Auf- **1615** rechnung ohne Weiteres zulässig. Das gilt auch in Fällen, in denen dem Arbeitnehmer irrtümlich zu viel Lohn ausbezahlt worden ist (vgl zum Anspruch auf Rückzahlung bei unrichtiger Lohnberechnung Rn 1642 ff). Der Arbeitgeber kann aber nur gegenüber den **Netto-Lohnforderungen** des Arbeitnehmers aufrechnen, eine Aufrechnung gegen Bruttolohnforderungen ist ausgeschlossen (LAG Köln 23. 10. 2006 – 14 Sa 459/06, NZA-RR 2007, 236 [238]; LAG Mecklenburg-Vorpommern 30. 8. 2011 – 5 Sa 11/11, juris Rn 32; LAG Köln 17. 12. 2012 – 5 Sa 697/12, juris Rn 27; s auch BAG 22. 3. 2000 – 4 AZR 120/99, BeckRS 2000, 30783845).

Jede Aufrechnung ist ausgeschlossen, soweit der Arbeitgeber dem § 107 Abs 2 S 2 **1616** GewO zuwider Waren kreditiert hat. Andererseits findet das in § 394 S 1 niedergelegte Aufrechnungsverbot keine Anwendung, soweit der Arbeitgeber dem Arbeitnehmer nach Vereinbarung Waren in Anrechnung auf das Arbeitsentgelt überlassen darf (§ 107 Abs 2 S 3 GewO). Die Anrechnung auf das Arbeitsentgelt ist nämlich keine Aufrechnung, sondern ergibt sich daraus, dass die Sachleistung gem § 364 Abs 1 an Erfüllungs statt geleistet wird (so zu § 115 Abs 2 S 2 und 3 GewO aF RAG ARS 5, 369; RAG 7, 310; RAG 14, 345; 18, 146; Hueck/Nipperdey I 373 Fn 86; Soergel/Kraft § 611 Rn 248).

1617 Nicht vom Aufrechnungsverbot umfasst ist die **Anrechnung** der Leistungen von Sozialleistungsträgern oder anderer Arbeitgeber (näher Rn 1636 f).

1618 b) Das **Aufrechnungsverbot** gilt nur für den Arbeitgeber, **nicht für den Arbeitnehmer**. Diesem kann in den vom Arbeitgeber gestellten Allgemeinen Geschäftsbedingungen nicht die Befugnis genommen werden, mit einer unbestrittenen oder rechtskräftig festgestellten Forderung gegen Ansprüche des Arbeitgebers aufzurechnen (§ 310 Abs 4 S 2 iVm § 309 Nr 3).

1619 c) Als selbstständiges Gegenrecht unterfällt die Aufrechnung nicht § 17 Abs 2 GVG; auch § 2 Abs 3 ArbGG ist nicht anwendbar. Dementsprechend entscheiden Arbeitsgerichte nicht über Gegenforderungen, die in die Zuständigkeit der ordentlichen Gerichte gehören (und umgekehrt, BAG 23. 8. 2001 – 5 AZB 3/01, AP Nr 2 zu § 17 GVG; BAG 28. 11. 2007 – 5 AZB 44/07, NJW 2008, 1010).

5. Zurückbehaltungsrecht

1620 Eine dem § 394 entsprechende Vorschrift, die aufgrund einer Gegenforderung (aus dem Arbeitsverhältnis) die Zurückbehaltung des Lohns (§ 273) gegenüber dem unpfändbaren Lohnanspruch ausschließt, enthält das BGB nicht. Da Zurückbehaltung und Aufrechnung in ihren Voraussetzungen und Wirkungen verschieden sind, nahm das Reichsgericht wie die früher herrschende Meinung ursprünglich die Zulässigkeit des Zurückbehaltungsrechts an (RGZ 55, 1 ff). Diese Ansicht hat aber bereits das Reichsgericht aufgegeben (RGZ 85, 108 ff). Ist der Gegenanspruch des Dienstberechtigten eine Geldforderung, so führt die Doppelstellung der beteiligten Parteien als Gläubiger und Schuldner nicht zur Zurückbehaltung, sondern nur zur Aufrechnung (zB bei auf Geld gerichtetem Schadensersatzanspruch, vgl auch Staudinger/Bittner [2014] § 273 Rn 3, 104 ff). Schon aus diesem Grund findet § 394 unmittelbar Anwendung. Soweit allerdings die Aufrechnung nicht erklärt werden kann, zB wenn der Arbeitnehmer bei einem Arbeitsvertrag mit einer OHG oder KG nicht die Gesellschaft, sondern den Gesellschafter in Anspruch nimmt, ist hier das Verbot des § 394 auch auf die Einrede auszudehnen; denn der Gesellschafter hat ein Leistungsverweigerungsrecht nur, soweit die Gesellschaft aufrechnen kann (§ 129 Abs 3 HGB).

1621 Soweit eine Aufrechnung ausgeschlossen ist, weil der Anspruch des Arbeitgebers aus dem Arbeitsverhältnis nicht auf Geld gerichtet ist, er zB Herausgabe von Werkzeugen oder die Räumung einer Werkswohnung fordert, ist § 394 unmittelbar nicht anwendbar. Eine analoge Anwendung wird man mangels planwidriger Regelungslücke nicht annehmen können und daher ein Zurückbehaltungsrecht auch insoweit im Grundsatz bejahen müssen, als es gegen eine Forderung auf Arbeitsentgelt gerichtet ist, das der Pfändung nicht unterliegt. Etwas anderes kann nur gelten, wenn sich die Ausübung des Zurückbehaltungsrechts nach den Umständen des Einzelfalles, insbesondere des Werts der Gegenforderung, als missbräuchlich oder treuwidrig darstellt (STAUDINGER/GRUNSKY [2011] § 394 Rn 13; anders noch STAUDINGER/RICHARDI/FISCHINGER [2011] § 611 Rn 972). Ein Zurückbehaltungsrecht an Arbeitspapieren ist aber abzulehnen (ebenso WANK, MünchArbR § 106 Rn 7).

6. Insolvenz des Arbeitgebers; Insolvenzgeld

Nach der Insolvenzordnung, die am 1. 1. 1999 in Kraft getreten ist, sind Ansprüche der Arbeitnehmer auf Bezüge aus einem Arbeitsverhältnis im Insolvenzverfahren des Arbeitgebers nicht mehr privilegiert (vgl zur Rechtslage nach der Konkursordnung, die in den alten Bundesländern bis zum 31. 12. 1998 galt, STAUDINGER/RICHARDI[12] § 611 Rn 725 ff). Jedoch besteht für **betriebliche Versorgungsleistungen** und nach § 1 BetrAVG **unverfallbare Versorgungsanwartschaften** die **Insolvenzsicherung nach §§ 7 ff BetrAVG**. **1622**

Zudem wurde durch das Gesetz über Konkursausfallgeld vom 17. 7. 1974 (BGBl I 1481) zur Sicherung rückständiger Arbeitsentgelte bei Zahlungsunfähigkeit des Arbeitgebers eine **Konkursausfallversicherung im Rahmen der Sozialversicherung** geschaffen. Die maßgeblichen Vorschriften wurden in das Arbeitsförderungsgesetz eingefügt (§§ 141b–141n AFG). Sie sind mit Wirkung zum 1. 1. 1999 durch die Regelungen in §§ 183 ff SGB III aF (jetzt: §§ 165 ff SGB III) ersetzt worden. Das Konkursausfallgeld hat die Bezeichnung „**Insolvenzgeld**" erhalten. Anspruch auf Insolvenzgeld haben im Inland beschäftigte Arbeitnehmer, wenn sie bei Eröffnung des Insolvenzverfahrens über das Vermögen ihres Arbeitgebers bzw beim Eintritt des sonstigen Insolvenzereignisses (§ 165 Abs 1 S 2 SGB III) für die vorausgehenden drei Monate des Arbeitsverhältnisses noch Ansprüche auf Arbeitsentgelt haben. **1623**

7. Keine Bevorrechtigung der Lohnforderung in Zwangsversteigerung und -verwaltung mehr

Bis zur Änderung durch das Gesetz zur Änderung des Wohnungseigentumsgesetzes und anderer Gesetze (BGBl 2007 I S 370) hatten land- und forstwirtschaftliche Arbeitnehmer bei der Zwangsversteigerung und Zwangsverwaltung in land- und forstwirtschaftliche Grundstücke ein Vorrecht auf Befriedigung wegen der laufenden und der aus dem letzten Jahr rückständigen Beträge (§§ 10 Nr 2 aF, 155 ZVG); ein entsprechendes Vorrecht galt bei der Zwangsversteigerung eines im Schiffsregister eingetragenen Schiffs (§ 162 ZVG). Mit Wirkung zum 1. 7. 2007 wurde diese Privilegierung ersatzlos gestrichen, da der Gesetzgeber sie mit Recht als durch die soziale und rechtliche Entwicklung überholt ansah (BT-Drucks 16/887, 44); die alte Rechtslage gilt aber für alle zu diesem Zeitpunkt bereits anhängigen Zwangsversteigerungs- und richtigerweise auch Zwangsverwaltungsverfahren fort, § 62 Abs 1 WEG (ausf dazu FISCHINGER, in: LÖHNIG, ZVG § 10 Rn 7, 44 f). **1624**

VIII. Zahlung des Arbeitsentgelts

1. Erfüllungshandlung

Das Arbeitsentgelt ist regelmäßig eine Geldleistung (s Rn 1580). Die Vergütung ist, sofern nichts anderes bestimmt ist, nach der Leistung der Dienste zu entrichten (§ 614 S 1). Die Art der Übermittlung des geschuldeten Geldes ist dem Schuldner **1625** grundsätzlich freigestellt. Sie kann durch Barzahlung oder bargeldlos erfolgen. Durch die Auszahlung des Arbeitsentgelts erfüllt der Arbeitgeber den Entgeltanspruch des Arbeitnehmers, der deshalb iSv **§ 362 Abs 1 erlischt**. Nach der zutreffenden Theorie der realen Leistungsbewirkung handelt es sich bei der Erfüllung grundsätzlich nicht um ein Rechtsgeschäft, sondern es genügt ein faktisches Tun oder Unterlassen (vgl mwNw FISCHINGER JZ 2012, 546 [549]). Bei Wechsel- oder Scheckhingabe liegt im Allgemeinen nur eine Leistung erfüllungshalber vor, sodass Erfüllung erst eintritt, wenn der Scheck eingelöst bzw auf den Wechsel gezahlt wird. Bei Überweisung tritt Erfüllung erst mit Gutschrift auf dem Konto des Arbeitnehmers ein, der Arbeitgeber trägt das Risiko einer Fehlüberweisung.

1626 Die Art der Auszahlung unterliegt dem **Mitbestimmungsrecht des Betriebsrats** nach § 87 Abs 1 Nr 4 BetrVG. Der Mitbestimmung unterliegt insbesondere, ob der Arbeitgeber bei Einführung der bargeldlosen Entlohnung die **Kontoführungskosten** zu tragen hat. Dem Arbeitgeber fallen nämlich nach § 270 nur die Kosten der Überweisung zur Last, sodass ohne besondere Vereinbarung den Arbeitnehmer die Kontoführungsgebühren treffen (vgl BAG 15. 12. 1976 – 4 AZR 531/75, AP Nr 1 zu § 36 BAT). Der Betriebsrat kann aber die Zustimmung zur Einführung der bargeldlosen Entlohnung davon abhängig machen, dass der Arbeitgeber die Kontoführungskosten übernimmt, soweit dadurch gesichert wird, dass der Arbeitnehmer sein ihm zustehendes Arbeitsentgelt ungeschmälert erhält, es sich also um die Gebühr für die Errichtung und Unterhaltung eines Kontos sowie um die Gebühr für die Überweisung des Arbeitsentgelts und die Gebühr für die einmalige Abhebung des Arbeitsentgelts handelt (BAG 8. 3. 1977 – 1 ABR 33/75, BAGE 29, 40 [45]; st Rspr, vgl BAG 5. 3. 1991 – 1 ABR 41/90 und 10. 8. 1993 – 1 ABR 21/93, AP Nr 11 und 12 zu § 87 BetrVG 1972 Auszahlung). Nicht unter das Mitbestimmungsrecht des Betriebsrats und auch nicht unter die Betriebsvereinbarungsautonomie fällt, bei welcher Bank oder Sparkasse der Arbeitnehmer sein Konto einrichtet. Nur soweit der Arbeitgeber im Rahmen der Mitbestimmung die Kontoführungskosten zu tragen hat, kann insoweit eine Grenze gezogen werden, als er keine Kosten zu tragen braucht, die nicht der Üblichkeit entsprechen (vgl BAG 5. 3. 1991 – 1 ABR 41/90, AP Nr 11 zu § 87 BetrVG 1972 Auszahlung). Der Betriebsrat kann seine Zustimmung zur Einführung der bargeldlosen Entlohnung nicht davon abhängig machen, dass der Arbeitgeber **Arbeitsbefreiungen unter Fortzahlung des Arbeitsentgelts** gewährt, um die Bank oder Sparkasse aufzusuchen (so RICHARDI, in: RICHARDI, BetrVG § 87 Rn 430; aA BAG 20. 12. 1988 – 1 ABR 57/87, BAGE 60, 323 [328]; BAG 5. 3. 1991 – 1 ABR 41/90, AP Nr 11 zu § 87 BetrVG 1972 Auszahlung).

2. Empfangsberechtigung

1627 Gläubiger der Vergütungspflicht ist in der Regel der Dienstverpflichtete selbst. Denkbar ist, dass im Wege eines Vertrages zugunsten Dritter nach den §§ 328 ff der Lohnanspruch einem Dritten zusteht.

1628 Ist der Dienstverpflichtete geschäftsunfähig (§ 104), so ist das Entgelt an den gesetzlichen Vertreter zu zahlen (vgl STAUDINGER/OLZEN [2011] § 362 Rn 37 ff). Ist er als Minderjähriger in der Geschäftsfähigkeit beschränkt (§ 106) oder besteht für ihn im Rahmen einer Betreuung ein betreuungsgerichtlich angeordneter Einwilligungsvorbehalt (§ 1903 Abs 1 S 1), so entfaltet eine an ihn bewirkte Zahlung des Entgelts ohne Einwilligung oder Genehmigung des gesetzlichen Vertreters bzw Betreuers keine Erfüllungswirkung (strittig; vgl STAUDINGER/OLZEN [2011] § 362 Rn 38 f). An einem ausgezahlten Geldbetrag erwirbt der Dienstverpflichtete aber Eigentum; denn insoweit erlangt er lediglich einen rechtlichen Vorteil (§§ 107, 1903 Abs 3 S 1). Hat dagegen bei einem Minderjährigen dessen gesetzlicher Vertreter oder bei einem Einwilligungsvorbehalt im Rahmen einer Betreuung der Betreuer den Dienstverpflichteten ermächtigt, in Dienst oder Arbeit zu treten (§ 113 bzw § 1903 Abs 1 S 2 iVm § 113), so umfasst die Teilgeschäftsfähigkeit auch die Annahme des Arbeitsentgelts, sodass Erfüllung eintritt. Doch ist möglich, dass der gesetzliche Vertreter bzw Betreuer sich die Empfangnahme des Arbeitsentgelts vorbehält, so zB wenn er die Auszahlung an sich verlangt (vgl LAG Dortmund ARS 34, 63).

3. Gesetzlich vorgeschriebene Lohnabzüge; Brutto- und Nettolohn

Ist der Dienstverpflichtete Arbeitnehmer, so hat er nur Anspruch auf Auszahlung **1629** des um die gesetzlichen Lohnabzüge gekürzten Arbeitsentgelts. Der Arbeitgeber ist nämlich zur Einbehaltung von **Lohnsteuern** und **Sozialversicherungsbeiträgen** verpflichtet (§ 38 Abs 3 EStG; §§ 28d, 28g SGB IV; s ausführlich zu den Lohnabzügen SCHAUB/LINCK § 71). Die Beiträge in der Kranken- oder Rentenversicherung für einen kraft Gesetzes versicherten Arbeitnehmer sowie der Beitrag zur Bundesanstalt für Arbeit werden als *Gesamtsozialversicherungsbeitrag* vom Arbeitgeber an die zuständige Krankenkasse gezahlt (§§ 28d, 28e, 28h und 28i SGB IV). Auch die **Kirchensteuer** wird, soweit sie als Zuschlag zur Einkommensteuer zu erheben ist, durch Steuerabzug vom Arbeitslohn einbehalten. Maßgebend sind insoweit die landesrechtlichen Bestimmungen (vgl zur Kompetenz der Kirchen und Religionsgemeinschaften zur Erhebung von Kirchensteuern Art 140 GG iVm Art 137 Abs 6 WRV; s auch BVerfG 17. 2. 1977 – 1 BvR 33/76, NJW 1977, 1282; weiterhin BVerfG 14. 12. 1965 – 1 BvL 31/62, BVerfGE 19, 226, wonach ein Arbeitnehmer, der keiner steuerberechtigten Kirche angehört, durch staatliches Gesetz nicht verpflichtet werden kann, Kirchensteuern nur deshalb zu zahlen, weil sein Ehegatte einer Kirche angehört; zum kirchlichen Besteuerungsrecht MARRÉ, in: LISTL/PIRSON, Handbuch des Staatskirchenrechts der Bundesrepublik Deutschland[2] [1994] 1101 ff [§ 37]). Der Arbeitgeber ist aufgrund der ihm obliegenden Fürsorgepflicht **gegenüber dem Arbeitnehmer verpflichtet**, den **Lohn richtig zu berechnen** (so für die richtige Berechnung der Lohnsteuer BAG 27. 3. 1958 – 2 AZR 188/56, BAG 24. 10. 1958 – 4 AZR 114/56, BAG 17. 3. 1960 – 5 AZR 395/58, 19. 12. 1963 – 5 AZR 174/63 und 18. 1. 1974 – 3 AZR 183/73, AP Nr 1, 2, 4, 5 [= BAGE 6, 52], Nr 7 [= BAGE 7, 1], Nr 8 [= BAGE 9, 105], Nr 15 [= BAGE 15, 168] und Nr 19 zu § 670 BGB; bezüglich der Sozialversicherung BAG 21. 9. 1962 – 1 AZR 388/61, AP Nr 41 zu § 256 ZPO).

Das um die Abzüge gekürzte Arbeitsentgelt bezeichnet man als **Nettovergütung**. Der **1630** Arbeitgeber schuldet aber aus dem Arbeitsverhältnis grundsätzlich den Bruttobetrag, sofern keine **Nettolohnvereinbarung** getroffen ist (vgl zu ihr SCHAUB/LINCK, ArbRHdB § 71 Rn 99 ff; KÜTTNER/GRIESE, Personalbuch 2015, Stichwort „Nettolohnvereinbarung"). Letztere ist die Ausnahme und daher nur anzunehmen, wenn dies zwischen den Parteien oder durch Kollektivvertrag eindeutig vereinbart wurde; für ihr Vorliegen ist der Arbeitnehmer darlegungs- und beweispflichtig (BAG 18. 1. 1974 – 3 AZR 183/73, AP Nr 19 zu § 670 BGB; BAG 21. 7. 2009 – 1 AZR 167/08, NZA 2009, 1213 [1214 f]; BAG 27. 7. 2010 – 3 AZR 615/08, juris Rn 27). Eine Schwarzgeldabrede stellt nicht ohne Weiteres eine Nettolohnvereinbarung dar; etwas anderes folgt insbesondere nicht aus § 14 Abs 2 S 2 SGB IV, da dieser nur für das Sozialversicherungsrecht gilt (BAG 17. 3. 2010 – 5 AZR 301/09, NZA 2010, 881 [882]; BAG 21. 9. 2011 – 5 AZR 629/10, NZA 2012, 145 [147]).

Liegt eine Nettolohnabrede vor, so hat der Arbeitgeber sämtliche Steuern und Sozialversicherungsbeiträge zu tragen (der Begriff „netto" kann dabei uU von den Parteien weit verstanden worden sein, sodass der Arbeitgeber auch Beitragsleistungen zur freiwilligen Kranken- und Pflegeversicherung zu tragen hat, vgl BAG 26. 8. 2009 – 5 AZR 616/08, AP Nr 37 zu § 157 BGB). Überdies wirken sich Änderungen in den Steuergrundlagen (wie zB die Änderung der Steuerklasse) nicht auf die Höhe des dem Arbeitnehmer geschuldeten Entgelts aus; den Arbeitgeber treffen daher je nachdem höhere oder niedrigere Lohnkosten (ErfK/Preis § 611 Rn 475). Eine Nettolohnvereinbarung ist daher für den Arbeitgeber mit erheblichen Unsicherheiten und Risiken behaftet, weil sich von ihm nicht beeinflussbare Umstände auf seine Leistungsverpflichtung auswirken (Küttner/Griese, Personalbuch 2015, Stichwort „Nettolohnvereinbarung" Rn 1). Auch eine Nettolohnvereinbarung „rechtfertigt" nicht eine dem Arbeitnehmer arbeitsvertraglich auferlegte Verpflichtung, seine Steuererklärung durch eine vom Arbeitgeber beauftragte Steuerberatungsgesellschaft erstellen zu lassen, die daher nach § 307 Abs 1 S 1 unwirksam ist (BAG 23. 8. 2012 – 8 AZR 804/11, NZA 2013, 268 [273]).

1631 Liegt, wie in der Regel, eine **Bruttolohnabrede** vor, so richtet sich der Anspruch auf die Entrichtung der Bruttovergütung; er wird aber dadurch erfüllt, dass der Arbeitgeber die Nettovergütung auszahlt und die einbehaltenen Lohnabzüge an die zuständige Einzugsstelle abführt (BAG 30. 4. 2008 – 5 AZR 725/07, NZA 2008, 884 [885]). Steuerrechtlich ist der Arbeitnehmer Schuldner der Lohnsteuer (§ 38 Abs 2 EStG); der Arbeitgeber haftet aber für die Einbehaltung und Abführung der Lohnsteuer (§ 42d EStG). Der Arbeitnehmer ist verpflichtet, den Lohnsteuerabzug zu dulden. Das gilt auch bei Pauschalierung der Lohnsteuer für Teilzeitbeschäftigte nach § 40a EStG (BAG 22. 6. 1978 – 3 AZR 156/77, BAG 5. 8. 1987 – 5 AZR 22/86 und 1. 2. 2006 – 5 AZR 628/04, AP Nr 1, 2 und 4 zu § 40a EStG). Für den Gesamtsozialversicherungsbeitrag hat der Gesetzgeber rechtstechnisch eine andere Lösung gewählt: Der Arbeitgeber hat ihn zu zahlen (§ 28e Abs 1 SGB IV). Er hat aber gegen den Beschäftigten einen Anspruch auf den von diesem zu tragenden Teil des Gesamtsozialversicherungsbeitrags, wobei der Anspruch nur durch Abzug vom Arbeitsentgelt geltend gemacht werden kann (§ 28g S 1 und 2 SGB IV).

1632 Für die Einbehaltung von Lohnsteuern und Sozialversicherungsbeiträgen ist unerheblich, ob das Arbeitseinkommen die Pfändungsgrenze überschreitet (s Rn 1603). Zu ihr ist der Arbeitgeber auch verpflichtet, soweit der Lohnanspruch unpfändbar ist.

1633 **Führt der Arbeitgeber zu viel Lohnsteuer** an das Finanzamt **ab**, verliert der Arbeitnehmer seinen Erfüllungsanspruch nicht, sondern kann die zu viel einbehaltenen Lohnbestandteile vom Arbeitgeber einfordern (LAG Hamm 4. 6. 1980 – 12 Sa 217/80, DB 1980, 2196). **Führt der Arbeitgeber umgekehrt zu wenig Lohnsteuer** an das Finanzamt ab, hat er gegenüber dem betroffenen Arbeitnehmer einen Anspruch auf Freistellung von drohenden Steuernachforderungen; hat er die fehlende Lohnsteuer nachentrichtet, so verwandelt sich dieser Freistellungsanspruch in einen Erstattungsanspruch. Die Freistellungs- und Erstattungsansprüche sind Ansprüche aus dem Arbeitsverhältnis (vgl BAG 14. 6. 1974 – 3 AZR 456/73, BAG 19. 1. 1979 – 3 AZR 330/77, BAG 20. 3. 1984 – 3 AZR 124/82, AP Nr 20, 21, 22 zu § 670 BGB; BAG 16. 6. 2004 – 5 AZR 521/03, AP Nr 9 zu § 611 BGB Lohnrückzahlung). Im Prinzip gilt Gleiches für den **Gesamtsozialversicherungsbeitrag**. Ein unterbliebener Abzug darf aber nur bei den drei nächsten Lohn- oder Gehaltszahlungen nachgeholt werden, danach nur dann, wenn der Abzug ohne Verschulden des Arbeitgebers unterblieben ist (§ 28g S 3 SGB IV).

4. Lohneinbehaltung

Die Lohneinbehaltung beschränkt sich nicht nur auf die öffentlich-rechtlich vorgesehenen Lohnabzüge, sondern sie kann **auch auf privatrechtlicher Grundlage** eintreten. Man versteht unter ihr insoweit aber nur die Nichtauszahlung des Lohns oder eines Teils des Lohns, der **für den Beschäftigten verwendet oder verwahrt** wird. Tritt eine Verringerung der Auszahlung aus anderen Gründen ein, so bezeichnet man sie nicht als Lohneinbehaltung, zB bei Aufrechnung mit einer Gegenforderung (s Rn 1611 ff) oder bei Lohnverwirkung (s Rn 1638). Die Einbehaltung beruht nicht auf einer Gegenforderung, und sie bedeutet auch nicht, dass die Lohnforderung ganz oder teilweise verfallen ist. Die Forderung auf den einbehaltenen Betrag steht vielmehr dem Dienstverpflichteten zu. Die Lohneinbehaltung dient entweder dem Interesse des Dienstverpflichteten (Arbeitnehmers) zu Spar- oder sonstigen Verwendungszwecken oder dem Interesse des Dienstberechtigten (Arbeitgebers) zu Sicherungszwecken für etwa entstehende Schadensersatzansprüche, zB aus Vertragsbruch (Staudinger/Gursky [2011] § 394 Rn 18). **1634**

Sieht man vom Recht des Arbeitgebers zur Einbehaltung der Lohnabzüge aufgrund der ihm obliegenden öffentlich-rechtlichen Pflicht ab (s Rn 1629 ff), so ist eine Lohneinbehaltung nur zulässig, wenn sie durch **Vertrag** ausbedungen wird. Eine derartige Abrede ist für den Arbeitnehmer aber nur bindend, soweit der Lohn pfändbar ist, da es sich um eine Verfügung über den Lohnanspruch handelt (s Rn 1607 f). Die Lohneinbehaltung fällt zwar nicht unmittelbar unter die Lohnsicherungsvorschriften (§§ 394, 400 und § 1274 Abs 2); es entspricht aber ihrer Zweckbestimmung, die Lohneinbehaltung einzubeziehen (ebenso Hueck/Nipperdey I 376; Nikisch I 439). **1635**

5. Anrechnung auf das Arbeitsentgelt

In gewissen Fällen ist dem Dienstberechtigten das Recht gegeben, Beträge auf den Lohn anzurechnen, dh gewisse Leistungen (eigene oder von Dritten) als eine Art Lohnzahlung zu behandeln und den Lohn somit zu kürzen. Die Anrechnung ist von der Aufrechnung, der Zurückbehaltung und der Lohneinbehaltung zu unterscheiden. Anders als bei der Lohneinbehaltung (Rn 1634 f) geht es bei der Anrechnung nicht darum, dass der nicht ausgezahlte Teil des Lohns für den Beschäftigten verwendet oder verwahrt wird. Von der Aufrechnung und der Einrede des Zurückbehaltungsrechts unterscheidet sich die Anrechnung dadurch, dass hier keine Gegenforderung des Dienstberechtigten vorliegt. Die Anrechnung bezweckt vielmehr, Doppelleistungen an den Beschäftigten zu verhindern, die nach Treu und Glauben unberechtigt sein würden. Hierfür gibt sie dem Dienstberechtigten ein Leistungsverweigerungsrecht (Einrede). **1636**

Zu einer einseitigen Anrechnung ist der Arbeitgeber nur berechtigt, wenn sie im Vertrag oder gesetzlich vorgesehen ist. Eine Anrechnung anderweitigen Erwerbs oder böswillig unterlassenen Erwerbs findet in folgenden Fällen statt: Bei vom Dienstberechtigten zu vertretener Unmöglichkeit der Arbeitsleistung (§ 326 Abs 2 **1637**

S 2; s Rn 1557), bei Annahmeverzug des Dienstberechtigten (§ 615 S 2; s dort Rn 148 ff), bei Gewährung der bezahlten Karenzzeit an den Handlungsgehilfen, der einer Konkurrenzklausel unterliegt (§ 74c HGB) und bei Feststellung der Rechtsunwirksamkeit einer Kündigung im Kündigungsschutzverfahren bei einem Anspruch auf das Arbeitsentgelt (§ 11 KSchG). Eine Anrechnung von Leistungen der Sozialversicherung sieht § 616 S 2 vor (vgl STAUDINGER/OETKER [2011] § 616 Rn 123 ff). Schließlich erlaubt § 617 Abs 1 S 3 eine (praktisch wenig relevante) Anrechnung.

6. Lohnverwirkung

1638 Neben der Lohneinbehaltung und der Lohnanrechnung kennt das Schrifttum auch die Lohnverwirkung (vgl HUECK/NIPPERDEY I 376 f; NIKISCH I 440 f; SCHAUB/LINCK, ArbRHdB § 73 Rn 25 ff). Man bezeichnet mit ihr die Vereinbarung, dass unter gewissen Voraussetzungen, zB bei Vertragsverletzung, die Lohnforderung ganz oder teilweise verfallen sein soll. Sie kann der Entschädigung des Arbeitgebers dienen oder Buße für den Arbeitnehmer sein. Sie ist zu unterscheiden von der Verwirkung durch verspätete Geltendmachung (dazu Rn 1665 ff; vgl STAUDINGER/OLZEN/LOOSCHELDER [2015] § 242 Rn 300 ff). Mit ihr hat die hier angesprochene vertragliche Verwirkung von Entgelt nichts zu tun. Rechtsdogmatisch handelt es sich nicht um eine Verwirkung im Sinne von § 4 Abs 4 S 2 TVG oder um einen Verzicht gem § 4 Abs 4 S 1 TVG, sondern um die Vereinbarung einer Vertragsstrafe (BAG 18. 11. 1960 – 1 AZR 238/59, AP Nr 1 zu § 4 TVG Vertragsstrafe; **aA** ArbG Gießen 25. 7. 2007 – 3 Ca 119/07: aufschiebend bedingter Erlassvertrag). Es gelten daher die für diese aufgestellten Grundsätze (Rn 1290 ff). Überdies muss durch die Lohnverwirkungsabrede der unpfändbare Teil der Lohnforderungen unangetastet bleiben (STAUDINGER/GURSKY [2011] § 394 Rn 21).

7. Lohnverwendungsabreden

1639 Lohnverwendungsabreden sind Vereinbarungen, durch die der Dienstverpflichtete sich dem Dienstberechtigten gegenüber verpflichtet, den Lohn ganz oder teilweise zu bestimmten Zwecken oder zugunsten bestimmter Personen zu verwenden. Eine derartige Abrede ist **in Arbeitsverträgen** grundsätzlich **in den Grenzen des § 138 zulässig**, nachdem § 117 Abs 2 GewO aF, der für gewerbliche Arbeitnehmer vorsah, dass Verabredungen über die Verwendung des Verdienstes zu einem anderen Zweck als zur Beteiligung an Einrichtungen zur Verbesserung der Lage der Arbeitnehmer oder ihrer Familien nichtig sind, durch Gesetz vom 24. 8. 2002 (BGBl I 3412) aufgehoben wurde.

1640 § 117 Abs 2 GewO aF galt auch für einen **Tarifvertrag** oder eine **Betriebsvereinbarung**. Unabhängig davon war aber schon frühzeitig das Problem aufgeworfen worden, ob eine Kollektivnorm die Entscheidung des Arbeitnehmers über seinen Arbeitslohn zum Gegenstand haben kann (verneinend vor allem SIEBERT, in: FS Nipperdey [1955] 119 [139 f]). Wer die Kollektivmacht durch die Annahme einer Individualsphäre begrenzt, kommt zu dem Ergebnis, dass eine Lohnverwendung zu bestimmtem Zweck nicht durch Kollektivnorm vorgeschrieben werden kann, weil sie zum ursprünglichen Individualbereich gehört (so vor allem SIEBERT BB 1953, 241 [243]; ders, in: FS Nipperdey [1955] 119 [128 f], 139 ff). Die Grenzen für die kollektivvertragliche Gestaltungsbefugnis können aber nicht durch die Anerkennung einer kollektivfreien Individualsphäre festgelegt werden, sondern aus ihnen ergibt sich der Umfang des

Individualbereichs (so schon NIPPERDEY, in: HUECK/NIPPERDEY II [6. Aufl 1957] 190; vgl RICHARDI, Kollektivgewalt und Individualwille bei der Gestaltung des Arbeitsverhältnisses [1968] 336 ff). **Die Festlegung der Verwendungsbindung für das verdiente Arbeitsentgelt fällt nicht mehr unter die kollektivvertragliche Regelungsbefugnis.**

Das gilt im Prinzip auch, soweit der Arbeitnehmer verpflichtet werden soll, einen **1641 Teil seines Arbeitsentgelts vermögenswirksam anzulegen.** Es gehört nicht zu den Aufgaben der Tarifvertragsparteien, die Arbeitnehmer für sparfähig zu deklarieren (ebenso BIEDENKOPF RdA 1965, 241 [250]). Auch die Betriebsvereinbarungsautonomie reicht nicht soweit, die Arbeitnehmer durch Betriebsvereinbarung zum Sparen zu zwingen. In Betracht kommen deshalb für vermögenswirksame Leistungen nur zusätzliche Leistungen (vgl RICHARDI, Kollektivgewalt 189 ff). Die Verwendungsbindung ist aber auch insoweit nur zulässig, als von ihr die Existenz der Leistung als einer vermögenswirksamen Leistung abhängt. Die Schranken der kollektivrechtlichen Regelungsbefugnis werden überschritten, wenn darüber hinaus angeordnet wird, wie der Arbeitnehmer das ihm durch Kollektivnorm zugeflossene Vermögen verwaltet. Die Tarifvertragsparteien und die Betriebsparteien können keine Bestimmung über die Sparanlageentscheidung treffen; denn es besteht insoweit kein Zusammenhang mit den rechtlichen Beziehungen zwischen Arbeitgeber und Arbeitnehmer (vgl RICHARDI, Kollektivgewalt 193).

8. Lohnüberzahlung und Rückzahlungspflicht

Bezahlt der Dienstberechtigte irrtümlich zu viel Lohn, etwa aufgrund eines Rechen- **1642** fehlers oder einer falschen Einstufung des Arbeitnehmers in die für ihn maßgebliche Vergütungsgruppe, so ist der Dienstverpflichtete zur Rückzahlung des zu viel erhaltenen Betrages nach den Vorschriften über die ungerechtfertigte Bereicherung **(§ 812 Abs 1 S 1 Alt 1)** verpflichtet (vgl BAG 18. 9. 1986 – 6 AZR 517/83, BAGE 53, 77 [83]; HROMADKA, in: Freundesgabe Söllner [1990] 105 [107]). Der Anspruch ist auf Rückzahlung des überzahlten Bruttobetrags gerichtet (BAG 15. 3. 2000 – 10 AZR 101/99, NZA 2000, 1004; BFH 4. 5. 2006 – VI R 17/03, NZA-RR 2006, 588; **aA** LÜDERITZ BB 2010, 2629). Der Anspruch besteht nicht, wenn der Arbeitgeber wusste, dass er nicht zur Leistung verpflichtet ist (§ 814 Alt 1); dem Arbeitgeber schadet dabei nur eigene Kenntnis oder Kenntnis des leistenden Vertreters, es findet aber keine Zusammenrechnung des Wissensstands aller Arbeitnehmer statt (BAG 13. 10. 2010 – 5 AZR 648/09, NZA 2011, 219 [220]). Notwendig ist, dass dem Arbeitgeber aufgrund einer Parallelwertung in der Laiensphäre das Fehlen seiner Verpflichtung bekannt war (BAG 20. 3. 2014 – 8 AZR 269/13, EzA § 717 ZPO 2002 Nr 3).

Die Rückzahlungspflicht entfällt, wenn der Arbeitnehmer nicht mehr bereichert ist **1643 (§ 818 Abs 3).** Das trifft vor allem zu, wenn er den fraglichen Betrag ausgegeben hat, ohne dass noch ein Gegenwert in seinem Vermögen vorhanden ist und ohne dass er das Geld zu ohnehin notwendigen Ausgaben verwandt, also anderenfalls entstandene Schulden vermieden hat (vgl BAG 1. 6. 1995 – 6 AZR 912/94, BAGE 80, 144 [147]). Dem hierfür darlegungs- und beweispflichtigen Arbeitnehmer kann eine Beweiserleichterung in Form eines Anscheinsbeweises zugutekommen. Das setzt voraus, dass es sich um eine verhältnismäßig nicht hohe Überzahlung handelt und sich der Arbeitnehmer in einer Lebenssituation befindet, in der typischerweise der zu viel gezahlte Lohn zur Bestreitung der laufenden Lebenshaltungskosten verwendet wird;

Letzteres ist meist nur bei Arbeitnehmern mit geringem oder mittlerem Einkommen möglich (vgl BAG 12. 1. 1994 – 5 AZR 597/92, AP Nr 3 zu § 818 BGB; BAG 25. 4. 2001 – 5 AZR 497/99, AP Nr 46 zu § 242 BGB Verwirkung; BAG 9. 2. 2005 – 5 AZR 175/04, AP Nr 12 zu § 611 BGB Lohnrückzahlung). Auf den Wegfall der Bereicherung kann der Dienstverpflichtete sich aber nicht mehr berufen, wenn die Ausgabe erst erfolgt, nachdem der Dienstberechtigte den zu viel bezahlten Betrag eingeklagt (§ 818 Abs 4) oder der Dienstverpflichtete erfahren hat, dass ein Irrtum vorliegt (§ 819 Abs 1). Eine Berufung auf Entreicherung scheidet ferner aus, wenn es um die Zurückzahlung nicht verdienter **Vorschüsse** geht (vgl BAG 25. 2. 1993 – 6 AZR 334/91, AP Nr 10 zu § 37 BAT).

1644 Durch **Vertragsabrede** oder durch eine entsprechende Rechtsnorm in einem Tarifvertrag oder einer Betriebsvereinbarung kann die Verpflichtung des Arbeitnehmers festgelegt werden, Lohnüberzahlungen zurückzuerstatten. Der Arbeitnehmer kann sich in diesem Fall **nicht auf den Wegfall der Bereicherung berufen** (BAG 8. 2. 1964 – 5 AZR 371/63, AP Nr 2 zu § 611 BGB Lohnrückzahlung; BAG 15. 3. 2000 – 10 AZR 101/99, NZA 2000, 1004 so bereits RAG ARS 37, 38). Eine einseitige Erklärung des Arbeitnehmers auf ein vom Arbeitgeber vorgelegtem, vorgedruckten Formular, ihm sei bekannt, dass er alle Bezüge zurückzahlen müsse, die er infolge unterlassener, verspäteter oder fehlerhafter Meldung zu viel erhalten habe, enthält aber keine Vereinbarung über den Ausschluss des Entreicherungseinwands (vgl BAG 18. 9. 1986 – 6 AZR 517/83, BAGE 53, 77 [83 f]). Inwieweit eine entsprechende Vereinbarung in Allgemeinen Geschäftsbedingungen getroffen werden kann, ist noch nicht geklärt. Bei der Abwägung im Rahmen der Inhaltskontrolle ist zu berücksichtigen, dass der Arbeitnehmer nur das zurückgeben muss, auf was er nie einen Anspruch hatte. Andererseits kann er ein schutzwürdiges Interesse daran haben, nicht in seiner aktuellen Lebensführung durch eine von ihm nicht verschuldete Rückzahlungsverpflichtung beeinträchtigt zu werden; überdies stellt eine solche Vereinbarung den Arbeitgeber in der Sache in gewisser Weise von der Verpflichtung zur ordnungsgemäßen Lohnabrechnung frei und ist auch deshalb äußerst kritisch zu betrachten (näher BIEDER DB 2006, 1318 und MünchKomm/MÜLLER-GLÖGE § 611 Rn 871, die globale Freizeichnungsklauseln für unzulässig halten).

1645 Hat der Arbeitnehmer im Vertrauen auf die Richtigkeit der Lohnabrechnung Ausgaben getätigt, die er bei Kenntnis von der Rückzahlungsverpflichtung nicht gemacht hätte, kommt ein **Schadensersatzanspruch** gegen den Arbeitgeber in Betracht, mit dem der Arbeitnehmer gegen den Rückzahlungsanspruch aufrechnen kann. Grundsätzlich haftet der Arbeitgeber richtigerweise für jede Fahrlässigkeit (KÜTTNER/GRIESE, Personalbuch 2015, Stichwort „Entgeltrückzahlung" Rn 3), möglich ist es aber, eine Haftung für leichte Fahrlässigkeit auszuschließen (vgl BAG 8. 2. 1964 – 5 AZR 371/63, NJW 1964, 1241 [1242]).

1646 Besteht für Ansprüche aus dem Arbeitsverhältnis eine **Ausschlussfrist**, so erfasst sie auch den Bereicherungsanspruch (so zu § 70 BAT BAG 16. 11. 1989 – 6 AZR 114/88, BAGE 63, 246 [152 f]); fällig wird der Anspruch im Zeitpunkt der Überzahlung, wenn die Vergütung fehlerhaft berechnet wurde, unabhängig davon, ob die maßgebenden Umstände bekannt waren oder hätten bekannt sein müssen (BAG 7. 3. 1996 – 2 AZR 432/95, AP Nr 18 zu § 812 BGB). Das gilt aber gemäß § 242 nicht, wenn der Arbeitnehmer es pflichtwidrig unterlassen hat, dem Arbeitgeber Umstände mitzuteilen, die die Geltendmachung des Rückzahlungsanspruchs innerhalb der Ausschlussfrist ermöglicht hätten (BAG 1. 6. 1995 – 6 AZR 912/94, BAGE 80, 144 [148 ff]; BAG 13. 10. 2010 – 5 AZR 648/09, NZA 2011, 219 [220]). Der Einwand des Rechtsmissbrauchs entfällt aber, wenn der Arbeitgeber auf anderem Wege Kenntnis von der Überzahlung erlangt hat; in diesem Fall beginnt keine neue Ausschlussfrist zu laufen, sondern der Arbeitgeber muss innerhalb einer kurzen, nach Treu und Glauben und den Einzelfallumständen zu bemessenden Zeitspanne den Anspruch geltend machen (BAG 10. 3. 2005 – 6 AZR 217/04, NZA 2005, 812 [814]; BAG 13. 10. 2010 – 5 AZR 648/09, NZA 2011, 219 [221]). Verletzt der Arbeitnehmer zudem seine Nebenpflicht, eine von ihm bemerkte erhebliche Lohnüberzahlung anzuzeigen (vgl dazu BAG 1. 6. 1995 – 6 AZR 912/94, NZA 1996, 135 [136]; BAG 7. 11. 2007 – 5 AZR 910/06, NZA-RR 2008, 399 [400]; BAG 28. 8. 2008 – 2 AZR 15/07, AP Nr 214 zu § 626 BGB), kommt ein Schadensersatzanspruch des Arbeitgebers aus §§ 280 Abs 1, 241 Abs 2 in Betracht, dessen Fälligkeit die Kenntnis des Arbeitgebers von der Überzahlung voraussetzt (BAG 13. 10. 2010 – 5 AZR 648/09, NZA 2011, 219 [221]). Gleiches gilt, wenn die Überzahlung darauf beruht, dass der Arbeitnehmer nicht rechtzeitig eine für die korrekte Lohnabrechnung relevante Änderung seiner – zB familiären – Verhältnisse mitteilt (vgl BAG 27. 3. 1990 – 3 AZR 187/88, NZA 1990, 76).

9. Verjährung und Ausschlussfrist

a) Verjährung

Das Schuldrechtsmodernisierungsgesetz hat das Verjährungsrecht völlig neu gestaltet. Die bisherigen Sonderregelungen für den Anspruch der Arbeitnehmer auf Lohn, Gehalt oder andere Dienstbezüge mit der kurzen Verjährungsfrist von zwei Jahren nach § 196 Abs 1 Nr 8 und Nr 9 aF wurden aufgehoben (vgl zur alten Gesetzeslage STAUDINGER/RICHARDI [1999] § 611 Rn 781 ff). Für den Dienstvertrag und damit den Arbeitsvertrag gilt **keine Sonderregelung**. Lediglich für das Betriebsrentenrecht enthält § 18a BetrAVG die Klarstellung, dass das Rentenstammrecht in 30 Jahren verjährt, während Ansprüche auf regelmäßig wiederkehrende Leistungen der regelmäßigen Verjährungsfrist nach den Vorschriften des BGB unterliegen. Da die Verjährungsfristen dem Rechtsfrieden und der Rechtssicherheit dienen, verstößt die Berufung des Schuldners auf sie regelmäßig nicht gegen Treu und Glauben; etwas anderes gilt, wenn der Schuldner den Gläubiger durch sein Verhalten von der Erhebung einer Klage abgehalten oder bei ihm durch positives Tun oder pflichtwidriges Unterlassen den Irrtum erregt hat, der Anspruch werde ohne Rechtsstreit befriedigt (BAG 7. 11. 2007 – 5 AZR 910/06, AP Nr 23 zu § 196 BGB). **1647**

Die **regelmäßige Verjährungsfrist** beträgt **drei Jahre** (§ 195). In dreißig Jahren verjähren aber, soweit nicht ein anderes bestimmt ist, rechtskräftig festgestellte Ansprüche, Ansprüche aus vollstreckbaren Vergleichen oder vollstreckbaren Urkunden und Ansprüche, die durch die im Insolvenzverfahren erfolgte Feststellung vollstreckbar geworden sind (§ 197 Abs 1 Nr 3, 4 und 5). **1648**

Der **Beginn der regelmäßigen Verjährungsfrist** ist in § 199 Abs 1 geregelt. Es müssen kumulativ eine objektive und eine subjektive Voraussetzung vorliegen: Der Anspruch muss entstanden sein (§ 199 Abs 1 Nr 1), und es muss der Gläubiger von den den Anspruch begründenden Umständen und der Person des Schuldners Kenntnis erlangt haben oder grob fahrlässig in Unkenntnis geblieben sein (§ 199 Abs 1 Nr 2). Die regelmäßige Verjährungsfrist beginnt mit dem Schluss des Jahres, in dem diese Voraussetzungen erfüllt sind. Liegt die subjektive Voraussetzung nicht vor, so **1649** verjährt der Anspruch ohne Rücksicht auf Kenntnis oder grob fahrlässige Unkenntnis in zehn Jahren von seiner Entstehung an (§ 199 Abs 4).

1650 Die **Verjährung wird** unter anderem **gehemmt**, wenn der Berechtigte auf Befriedigung oder auf Feststellung des Anspruchs Klage erhebt (§ 204 Abs 1 Nr 1) oder zwischen den Parteien Verhandlungen über den Anspruch schweben (§ 203, dazu FISCHINGER VersR 2005, 1641). Die Kündigungsschutzklage unterbricht nicht die Verjährung des Lohnanspruchs (BAG 1. 2. 1960 – 5 AZR 20/58, AP Nr 1 zu § 209 BGB), auch nicht eine sonstige Klage des Arbeitnehmers auf Feststellung des Fortbestehens seines Arbeitsverhältnisses (BAG 29. 5. 1961 – 5 AZR 162/59, AP Nr 2 zu § 209 BGB; bestätigt durch BAG 7. 11. 1991 – 2 AZR 159/91, AP Nr 6 zu § 209 BGB).

1651 Durch **vertragliche Abrede** kann die **gesetzliche Verjährungsfrist grundsätzlich verkürzt** werden. Eine erste Schranke hierfür normiert allerdings **§ 202 Abs 1**, wonach die Haftung wegen Vorsatzes nicht im Voraus durch Rechtsgeschäft erleichtert werden darf. Bei einem Verstoß gegen § 202 Abs 1 ist die entsprechende Abrede unwirksam, wobei das BAG die Unwirksamkeit entgegen § 139 auf den mit § 202 Abs 1 nicht zu vereinbarenden Teil (dh eigenes Handeln und das von Organen) beschränkt (vgl [für Ausschlussfristen] zB BAG 28. 9. 2005 – 5 AZR 52/05, NZA 2006, 149 [151]; BAG 26. 9. 2013 – 8 AZR 1013/12, NZA-RR 2014, 177 [181]; letztlich zum gleichen Ergebnis, aber auf anderem Wege [Auslegung], kommt BAG 20. 6. 2013 – 8 AZR 280/12, NZA 2013, 1265 [1266 f]). Über § 202 Abs 1 wird eine Umgehung des Verbots des § 276 Abs 3 durch Vereinbarung einer sehr kurzen Verjährungsfrist verhindert (vgl BAG 20. 6. 2013 – 8 AZR 280/12, NZA 2013, 1265 [1266]); wegen § 278 S 2 ist § 276 Abs 3 und damit auch § 202 Abs 1 aber nicht auf Abreden anwendbar, die die Verjährung von auf vorsätzlichen Handlungen von Erfüllungsgehilfen beruhenden Ansprüchen abkürzen (BAG 26. 9. 2013 – 8 AZR 1013/12, NZA-RR 2014, 177 [180]). Überdies sieht das BAG Tarifverträge nicht als Rechtsgeschäfte iSv § 202 Abs 1 an, sodass eine tarifvertragliche Verkürzung nicht an § 202 zu messen ist (BAG 20. 6. 2013 – 8 AZR 280/12, NZA 2013, 1265 [1267]; BAG 26. 9. 2013 – 8 AZR 1013/12, NZA-RR 2014, 177 [180]). Unabhängig von § 202 Abs 1 darf eine Verkürzung durch Allgemeine Geschäftsbedingungen im Vertrag den Dienstverpflichteten nicht entgegen den Geboten von Treu und Glauben unangemessen benachteiligen (**§ 307 Abs 1 S 1**). Da das Schuldrechtsmodernisierungsgesetz die gesetzliche Verjährungsfrist verlängert hat, ist eine unangemessene Benachteiligung anzunehmen, wenn die Frist auf unter drei Monate verkürzt wird (s auch Rn 1659). Von einer Vertragsabrede über die Verkürzung der Verjährungsfrist werden **tarifliche Rechte**, also Ansprüche, die durch Tarifvertrag mit Tarifgeltung geregelt sind (s Rn 809), nicht erfasst, und Gleiches gilt für **Rechte aus einer Betriebsvereinbarung** (§ 77 Abs 4 S 4 BetrVG). Für tarifliche Rechte können die gesetzlichen Verjährungsfristen nur in einem Tarifvertrag, für Ansprüche, die durch Betriebsvereinbarung eingeräumt sind, nur in einem Tarifvertrag oder einer Betriebsvereinbarung abgekürzt werden (analog § 4 Abs 4 S 3 TVG bzw unmittelbar § 77 Abs 4 S 4 BetrVG). Die Inhaltskontrolle nach § 307 findet auf Tarifverträge sowie Betriebs- und Dienstvereinbarungen keine Anwendung (§ 310 Abs 4 S 1).

1652 Eine **Verlängerung** der gesetzlichen Verjährungsfrist ist seit der Schuldrechtsmodernisierung im Grundsatz zulässig, allerdings nicht ausnahmslos. Eine erste Grenze zieht allerdings **§ 202 Abs 2** wonach die Verjährung nicht über eine Frist von 30 Jahren ab dem gesetzlichen Verjährungsbeginn hinaus erschwert werden darf; eine dagegen verstoßende Abrede ist nach § 134 unwirksam (Löhnig, Fristen und Termine im Zivilrecht [2. Aufl 2006] Rn 161). Aber auch Vereinbarungen, die vor Eintritt der Verjährung getroffen werden und die Grenze des § 202 Abs 2 wahren, können nach § 307 bzw § 138 oder § 242 unwirksam sein. Ist Verjährung bereits eingetreten, ist ein Verzicht hingegen nach zutreffender Auffassung unbeschränkt möglich (näher zum Ganzen auch Fischinger, Haftungsbeschränkung im Bürgerlichen Recht [2015] 732).

b) Vereinbarung einer Ausschlussfrist

aa) Von der Verjährung ist der Ablauf einer Ausschlussfrist zu unterscheiden. Die Verjährung gibt nur ein Leistungsverweigerungsrecht, eine nur nach Geltendmachung zu berücksichtigende Einrede (§ 214 Abs 1). Der Ablauf einer Ausschlussfrist begründet dagegen eine **Einwendung**, die bei entsprechendem Sachvortrag von Amts wegen zu berücksichtigen ist (BAG 17. 8. 2011 – 5 AZR 490/10, NZA 2012, 563 [566]). Gemeinsam ist beiden, dass sie der Sicherung des Rechtsfriedens und der Rechtssicherheit dienen (BAG 12. 12. 2006 – 1 AZR 96/06, AP Nr 94 zu § 77 BetrVG 1972). Das BAG bezog lange Zeit in st Rspr die Ausschlussfrist nicht auf das Recht als solches, sondern nur auf seine Geltendmachung (BAG 26. 8. 1960 – 1 AZR 425/58, AP Nr 6 zu § 4 TVG Ausschlussfristen; BAG 28. 10. 1960 – 1 AZR 43/59, AP Nr 81 zu § 611 BGB Urlaubsrecht; BAG 23. 6. 1961 – 1 AZR 239/59, AP Nr 27 zu § 4 TVG Ausschlussfristen; ebenso schon RAG ARS 28, 264; **abl** Wiedemann/Stumpf, TVG [5. Aufl 1977] § 4 Rn 365; Richardi RdA 1962, 62 ff; vgl Wank, in: Wiedemann, TVG § 4 Rn 715 ff). **1653**

bb) Während die Verjährung kraft Gesetzes eintritt, gilt eine **Ausschlussfrist** nur, wenn sie **besonders vereinbart** oder durch **Tarifvertrag oder Betriebsvereinbarung festgelegt** ist (vgl Krause RdA 2004, 36 ff, 106 ff). Eine derartige Bestimmung bezeichnet man als **Verfallklausel**. Handelt es sich um tarifliche Rechte, also Ansprüche, deren Inhalt durch Tarifvertrag mit Tarifgeltung festgelegt ist (s Rn 790 ff), so können für ihre Geltendmachung Ausschlussfristen nur im Tarifvertrag, nicht in einer Betriebsvereinbarung oder durch einzelvertragliche Abrede vereinbart werden (§ 4 Abs 4 S 4 TVG). Sind Ansprüche durch Betriebsvereinbarung festgelegt, so sind Ausschlussfristen für ihre Geltendmachung nur insoweit zulässig, als sie in einem Tarifvertrag oder einer Betriebsvereinbarung vereinbart werden (§ 77 Abs 4 S 4 BetrVG). **§ 202 Abs 1** verbietet nicht nur die im Voraus vereinbarte Erleichterung der Verjährung für Haftung wegen Vorsatzes, sondern auch die Vereinbarung einer entsprechenden Ausschlussfrist (statt aller BAG 26. 9. 2013 – 8 AZR 1013/12, NZA-RR 2014, 177 [180]; s näher Rn 1651). **1654**

cc) Nach Auffassung des BAG kann ein **Tarifvertrag** Ausschlussfristen auch auf unabdingbare gesetzliche Ansprüche erstrecken (vgl BAG 26. 8. 1960 – 1 AZR 425/58, BAG 23. 6. 1961 – 1 AZR 239/59 und 30. 3. 1962 – 2 AZR 101/61, AP Nr 6, 27 und 28 zu § 4 TVG Ausschlussfristen; BAG 28. 10. 1960 – 1 AZR 43/59, AP Nr 81 zu § 611 BGB Urlaubsrecht; BAG 9. 8. 2011 – 9 AZR 365/10, NZA 2011, 1421 [1423]; dazu Richardi, RdA 1962, 62 ff). Auch die Einbeziehung von einzelvertraglich begründeten Ansprüchen aus dem Arbeitsverhältnis, aus Betriebsvereinbarung und Sozialplan in eine tarifvertragliche Verfallklausel wird für zulässig erachtet (vgl Wank, in: Wiedemann, TVG § 4 Rn 743 ff; Richardi, Kollektivgewalt und Individualwille bei der Gestaltung des Arbeitsverhältnisses [1968] 427). Nicht erfasst werden aber insolvenzrechtliche Rückgewähransprüche nach § 143 Abs 1 S 1 InsO (BGH 16. 1. 2014 – IX ZR 31/12, ZInsO 2014, 2042). Zu beachten ist ferner **§ 3 S 1 MiLoG**, wonach Vereinbarungen unwirksam sind, die den Anspruch auf den **gesetz-** **1655**

lichen Mindestlohn unterschreiten oder seine Geltendmachung beschränken oder ausschließen. „Vereinbarungen" idS sind nicht nur arbeitsvertragliche Abreden, sondern auch solche in Tarifverträgen (Löwisch NZA 2014, 948). Unter § 3 S 1 MiLoG fallen auch Ausschlussfristen. Eine (tarifliche) Ausschlussklausel, die den in jedem Lohnanspruch enthaltenen „Mindestlohnsockel" erfasst, ist damit unwirksam, wobei die Unwirksamkeit auf diesen Teil beschränkt, die Klausel im Übrigen also wirksam ist (s Rn 1370).

1656 Sieht man von diesen Grenzen ab, unterliegen tarifliche Ausschlussfristen einer nur geringen Kontrolldichte. So ist anders als in Individualvereinbarungen in Tarifverträgen eine **einseitige Ausschlussfrist**, die nur Ansprüche des Arbeitnehmers erfasst, möglich (BAG 4. 12. 1997 – 2 AZR 809/96, AP Nr 143 zu § 4 TVG Ausschlussfristen). Diese muss auch nicht die vom BAG bei arbeitsvertraglichen Verfallklauseln verlangte **Mindestfrist** von drei Monaten wahren; in Abwesenheit spezialgesetzlicher Regelungen wie § 9 S 3 AEntG ist eine Untergrenze vielmehr nur insoweit zu ziehen, als noch eine effektive Rechtswahrnehmung möglich und zumutbar sein muss (vgl BAG 18. 9. 2012 – 9 AZR 1/11, NZA 2013, 216 [218]). Darüber hinaus gilt die Grenze des § 202 Abs 1 nach dem BAG nicht für Tarifverträge, da diese nicht als Rechtsgeschäfte iSd § 202 angesehen werden; auch Ansprüche wegen einer Haftung für Vorsatz können daher Ausschlussfristen unterworfen werden (BAG 18. 8. 2011 – 8 AZR 187/10, AP Nr 198 zu § 4 TVG Ausschlussfristen; BAG 20. 6. 2013 – 8 AZR 280/12, NZA 2013, 1265 [1267]; BAG 26. 9. 2013 – 8 AZR 1013/12, NZA-RR 2014, 177 [180]).

1657 Verfallklauseln sind angesichts ihrer weitreichenden Wirkung im Zweifel **eng auszulegen** (BAG 19. 11. 1968 – 1 AZR 213/63, AP Nr 40 zu § 4 TVG Ausschlussfristen; BAG 18. 8. 2011 – 8 AZR 187/10, AP Nr 198 zu § 4 TVG Ausschlussfristen); insbesondere Ruhegeldansprüche werden in der Regel nicht erfasst (BAG 15. 9. 1992 – 3 AZR 438/91, ZTR 1993, 161), Gleiches gilt für Urlaubsansprüche, weil diese mit § 7 BUrlG einem eigenen Fristenregime unterfallen (BAG 23. 3. 2011 – 10 AZR 661/09, AP Nr 12 zu § 6 ArbZG; BAG 12. 11. 2013 – 9 AZR 727/12); anders ist aber nach Aufgabe der Surrogationstheorie für den Urlaubsabgeltungsanspruch zu entscheiden (BAG 14. 5. 2013 – 9 AZR 844/11, NZA 2013, 1098 [1099]).

1658 Da die **Betriebsvereinbarung** keine dem Tarifvertrag vergleichbare Ordnungsfunktion entfalten kann, kann sie nicht generell für gesetzliche und einzelvertragliche Ansprüche aus dem Arbeitsverhältnis Ausschlussfristen festlegen oder gesetzliche Verjährungsfristen abkürzen (vgl Richardi, in: Richardi BetrVG § 77 Rn 189; MünchKomm/Müller-Glöge § 611 Rn 1164).

1659 dd) Strengere Maßstäbe gelten, wenn die Verfallklausel **im Arbeitsvertrag** geregelt ist und es sich dabei – wie im Regelfall – um **Allgemeine Geschäftsbedingungen** handelt (zu eventuellem Vertrauensschutz für Altverträge vgl BAG 28. 11. 2007 – 5 AZR 992/06, AP Nr 33 zu § 307 BGB). Zu beachten sind zunächst die allgemeinen, durch § 202 Abs 1 (s Rn 1651) und § 3 S 1 MiLoG (s Rn 1370, 1655) gezogenen Grenzen. Darüber hinaus unterliegen diese Klauseln einer Einbeziehungs- wie Inhaltskontrolle. Als weit verbreitete Klauseln sind Verfallklauseln als solche angesichts ihrer Häufigkeit im Arbeitsleben zwar regelmäßig nicht überraschend; etwas anderes gilt aber, wenn sie an versteckter Stelle, gar unter irreführender Überschrift und ohne besondere drucktechnische Hervorhebung, abgedruckt werden (§ 305c Abs 1; s BAG 31. 8. 2005 –

5 AZR 545/04, AP Nr 8 zu § 6 ArbZG; BAG 23. 10. 2013 – 5 AZR 556/12, NZA 2014, 313 [314]). Ferner verlangt das Transparenzgebot (§ 307 Abs 1 S 2), dass die Regelung klar und unmissverständlich ist, gerade hinsichtlich der Konsequenzen des Verstreichenlassens der Ausschlussfrist (BAG 25. 5. 2005 – 5 AZR 572/04, AP Nr 1 zu § 310 BGB). Eine strengere Form als die Schriftform kann wegen § 309 Nr 13 ebenso wenig verlangt werden wie besondere Zugangserfordernisse; das schließt es aber wegen der im Arbeitsrecht geltenden Besonderheiten (§ 310 Abs 4 S 2) nicht aus, auf zweiter Stufe einer zweistufigen Ausschlussfrist eine gerichtliche Geltendmachung zu verlangen (BAG 25. 5. 2005 – 5 AZR 572/04, AP Nr 1 zu § 310 BGB; ErfK/Preis § 218 Rn 45 mwNw). Nicht anwendbar ist allerdings § 309 Nr 7, da die Vereinbarung einer Ausschlussfrist weder einen Haftungsausschluss noch eine Haftungsbegrenzung beinhaltet (BAG 25. 5. 2005 – 5 AZR 572/04, AP Nr 1 zu § 310 BGB; BAG 28. 9. 2005 – 5 AZR 52/05, AP Nr 7 zu § 307 BGB; **anders** BGH 15. 11. 2006 – VIII ZR 3/06, NJW 2007, 674). Möglich ist jedoch, dass die Klausel eine unangemessene Benachteiligung iSv § 307 beinhaltet. Anzunehmen ist das bei **einseitig** nur für Ansprüche des Arbeitnehmers geltenden Ausschlussfristen. Anders als Ausschlussfristen in Tarifverträgen ist hier nämlich nicht davon auszugehen, dass sie Ergebnis der Verhandlungen gleichstarker Parteien sind (BAG 2. 3. 2004 – 1 AZR 271/03, AP Nr 31 zu § 3 TVG; BAG 31. 8. 2005 – 5 AZR 545/04, AP Nr 8 zu § 6 ArbZG). Unwirksam ist ferner, einer Ausschlussfrist rückwirkende Wirkung beizumessen (BAG 24. 9. 2014 – 5 AZR 254/13, ArbuR 2014, 481). Nach dem BAG beträgt überdies die zulässige **Mindestdauer** in Allgemeinen Geschäftsbedingungen sowohl für die erste wie für die zweite Stufe der Ausschlussfrist **drei Monate** (BAG 28. 9. 2005 – 5 AZR 52/05, NZA 2006, 149 [152]; BAG 16. 5. 2012 – 5 AZR 251/11, NZA 2012, 971 [973]). Für diese vergleichsweise kurzen Fristen sprechen praktische Probleme beim Nachweis der Anspruchsvoraussetzung (zB Überstundenleistung) nach Ablauf einer längeren Periode. Zudem lässt sich anführen, dass eine Reihe arbeitsrechtlicher Normen (zB § 4 KSchG, § 17 TzBfG, § 61b Abs 1 ArbGG aF, § 611a Abs 4 BGB aF, § 81 Abs 2 S 2 Nr 4 SGB IX aF) kurze Fristen für die Geltendmachung von Rechtspositionen enthalten, es sich mithin um eine – über § 310 Abs 4 S 2 HS 1 zu berücksichtigende – Besonderheit des Arbeitsrechts handelt; daran ändert die Normierung einer mindestens sechsmonatigen Ausschlussfrist in § 9 S 3 HS 2 AEntG nichts, da diese nur für einen spezifischen Bereich gilt (näher Kortstock NZA 2010, 311 [313 f]). Eine kürzere Frist als drei Monate ist dagegen mit den wesentlichen Grundgedanken des Verjährungsrechts nicht vereinbar und schränkt die Möglichkeit, Ansprüche zu realisieren, unzumutbar ein (BAG 25. 5. 2005 – 5 AZR 572/04, AP Nr 1 zu § 310 BGB; BAG 28. 9. 2005 – 5 AZR 52/05, AP Nr 7 zu § 307 BGB; BAG 31. 8. 2005 – 5 AZR 545/05, AP Nr 8 zu § 6 ArbZG). Bei Leiharbeitnehmern muss schließlich die erste Stufe einer Ausschlussfrist es genügen lassen, dass der Anspruch nach § 10 Abs 4 AÜG nur dem Grunde nach geltend gemacht wird, kann doch nur so gewährleistet werden, dass der Leiharbeitnehmer, der keine Kenntnis von der Höhe des vergleichbaren Stammarbeitnehmern gewährten Arbeitsentgelts, seinen equal-payment-Anspruch geltend machen kann (BAG 13. 3. 2013 – 5 AZR 954/11, NZA 2013, 680 [685]).

Wurde eine **zu kurze Frist** vereinbart, scheidet eine Verlängerung auf drei Monate **1660** angesichts des Verbots der geltungserhaltenden Reduktion aus (BAG 28. 9. 2005 – 5 AZR 52/05, AP Nr 7 zu § 307 BGB; Krause RdA 2004, 36, 106 [112]). Ist bei zweistufigen Ausschlussfristen die zweite Frist zu kurz, bleibt die Vereinbarung hinsichtlich der ersten Stufe wegen der Teilbarkeit der Klausel wirksam (BAG 12. 3. 2008 – 10 AZR 152/07; BAG 19. 3. 2008 – 5 AZR 429/07, AP Nr 10, 11 zu § 305 BGB; BAG 23. 10. 2013 – 5 AZR 556/12,

NZA 2014, 313 [314]; BAG 24. 9. 2014 – 5 AZR 506/12, NJW-Spezial 2014, 755). Ist die erste Stufe unwirksam, kann nach dem blue-pencil-Test zwar theoretisch die zweite Stufe aufrecht erhalten werden, jedoch baut die zweite Stufe meist auf der ersten auf, sodass sie bei deren Wegfall auch nicht mehr bestehen kann (BAG 16. 5. 2012 – 5 AZR 251/11, NZA 2012, 971 [973 f]); etwas anderes gilt nur, wenn die zweite Stufe von der ersten ausnahmsweise vollkommen unabhängig ist (so bei LAG Hamm 17. 12. 2008 – 10 Sa 1113/08, nv).

1661 **ee)** Der **Lauf** der Ausschlussfrist beginnt in der Regel mit der Fälligkeit des Anspruchs, bei rückwirkender Geltendmachung der Arbeitnehmereigenschaft aber erst mit deren rechtskräftiger Feststellung (BAG 14. 3. 2001 – 4 AZR 152/00, AP Nr 35 zu § 1 TVG Tarifverträge: Rundfunk). Bei Schadensersatzansprüchen setzt dies voraus, dass der Gläubiger Kenntnis vom Schaden und dessen Höhe hat (BAG 16. 5. 1984 – 7 AZR 143/81, AP Nr 85 zu § 4 TVG Ausschlussfristen) und ihn daher zumindest annähernd beziffern kann (BAG 31. 7. 2014 – 6 AZR 759/12, NZA-RR 2015, 28). Bei Dauertatbeständen wie Mobbing beginnt die Frist mit jeder Mobbinghandlung erneut zu laufen (Rn 1800). Rekurriert die Frist nur auf das Ende des Arbeitsverhältnisses unabhängig von der Fälligkeit des Anspruchs, ist dies wegen unangemessener Benachteiligung des Arbeitnehmers unwirksam (BAG 1. 3. 2006 – 5 AZR 511/05, AP Nr 10 zu § 307 BGB). Die zweite Stufe beginnt in der Regel nur nach Ablehnung des Anspruchs durch den Schuldner oder dessen Nichtreaktion über einen gewissen Zeitraum zu laufen (vgl BAG 26. 4. 2006 – 5 AZR 403/05, AP Nr 188 zu § 4 TVG Ausschlussfristen).

1662 **ff)** Die zur Fristwahrung erforderliche **Anspruchsgeltendmachung** setzt voraus, dass der Vertragspartner unmissverständlich zur Erfüllung des Anspruchs aufgefordert und auf Erfüllung bestanden wird. Der Anspruch muss daher seinem Grunde nach und seine Höhe mit der für den Schuldner hinreichenden Deutlichkeit ersichtlich gemacht werden (BAG 16. 1. 2013 – 10 AZR 863/11, NZA 2013, 975 [977 f]). Nach dem BAG beinhaltet die Erhebung einer Kündigungsschutzklage die Geltendmachung hiervon abhängiger (Annahmeverzugs-)Ansprüche und wahrt damit die zweite Stufe (BAG 19. 3. 2008 – 5 AZR 429/07, AP Nr 11 zu § 305 BGB; BAG 19. 9. 2012 – 5 AZR 627/11, NZA 2013, 101 [102]; BAG 19. 9. 2012 – 5 AZR 924/11, NZA 2013, 156 [157 f]; LAG Nürnberg 12. 11. 2014 – 2 Sa 407/14, ZTR 2015, 144); das überzeugt nicht, zu fordern ist vielmehr, dass jeder einzelne Anspruch explizit geltend gemacht wird (ebenso Schöne SAE 2009, 25). Kann die Ausschlussfrist durch zB ein einfaches Schreiben gewahrt werden, wählt der Arbeitnehmer aber die Form einer (Leistungs-)Klage, so geht es zu seinen Lasten, wenn die Klage nicht innerhalb der Frist zugestellt wird (BAG 22. 5. 2014 – 8 AZR 662/13, NZA 2014, 924 [925]; so auch schon BAG 25. 9. 1996 – 10 AZR 678/95, nv). Hingegen ist es nicht treuwidrig, wenn sich ein Arbeitgeber auf den Ablauf einer Ausschlussfrist beruft, wenn eine unrichtige Auskunft nicht von ihm selbst oder einer von ihm bestimmten Person erteilt wurde, sondern der Arbeitnehmer der unrichtigen Auskunft einer nicht zuständigen Person geglaubt hat und deshalb von einer rechtzeitigen Anspruchsgeltendmachung absah (BAG 8. 12. 2011 – 6 AZR 397/10, NZA 2012, 808 [810]).

1663 Bei einer Ausschlussfrist in einem anwendbaren Tarifvertrag genügt der Arbeitgeber seiner **Nachweispflicht** nach § 2 Abs 1 NachwG, wenn er in die Niederschrift den Hinweis auf den Tarifvertrag (§ 2 Abs 1 S 2 Nr 10 NachwG) aufgenommen hat. Verstößt er gegen diese Pflicht und hat deshalb der Arbeitnehmer keine Kenntnis von der Ausschlussfrist, so muss der Arbeitnehmer nach Schadensersatzgrundsätzen (§§ 280, 286) so gestellt werden, als wäre der Anspruch nicht verfallen (vgl BAG 5. 11. 2003 – 5 AZR 676/02, AP Nr 7 zu § 2 NachwG; näher Rn 385). Die Berufung auf den Ablauf der Ausschlussfrist kann aber **treuwidrig** und somit unbeachtlich sein. Das ist zB der Fall, wenn der Arbeitgeber den Arbeitnehmer durch Tun oder pflichtwidriges Unterlassen von der rechtzeitigen Geltendmachung abhält, etwa indem er ihm versichert, der Anspruch werde erfüllt werden (vgl BAG 5. 6. 2003 – 6 AZR 249/02, NZA 2004, 400); Gleiches gilt, wenn der Arbeitnehmer in Kenntnis der irrtümlichen Lohnüberzahlung des Arbeitgebers diesem Informationen vorenthalten hat, die dem Arbeitgeber die Wahrung der Frist ermöglicht hätte (BAG 13. 10. 2010 – 5 AZR 648/09, NZA 2011, 219 [220 f]).

gg) Beim **Betriebsübergang** gilt: Der Erwerber tritt in den Frist(ab)lauf ein, umgekehrt wirkt aber eine rechtzeitige Fristwahrung gegenüber dem Veräußerer auch ihm gegenüber; möglich ist es auch, die 1. Stufe gegenüber dem Veräußerer und die 2. Stufe gegenüber dem Erwerber zu wahren (BAG 22. 8. 2012 – 5 AZR 526/11, NZA 2013, 376 [377]). Nach § 242 kann sich der Erwerber jedoch auf den Ablauf der Ausschlussfrist nicht berufen, wenn überhaupt keine Information über den Betriebsübergang nach § 613a Abs 5 erfolgte und ein innerer Zusammenhang zwischen dieser Pflichtverletzung und der Fristversäumnis bestand (BAG 22. 8. 2012 – 5 AZR 526/11, NZA 2013, 376 [378]). Inzwischen hat das BAG auch die streitige Frage entschieden, ab wann die Ausschlussfrist zu laufen beginnt, wenn der Arbeitnehmer dem Betriebsübergang widerspricht. Entgegen einer in Literatur und Rechtsprechung vertretenen Auffassung beginnt die Ausschlussfrist nach dem BAG frühestens mit Zugang des Widerspruchs zu laufen (BAG 16. 4. 2013 – 9 AZR 731/11, NZA 2013, 850 [852]; **aA** LAG München 19. 8. 2010 – 4 Sa 311/10, LAGE § 613a BGB 2002 Nr 31; Däubler/Zwanziger TVG § 4 Rn 1148). Konsequenz dieser Judikatur ist es, dass es der Arbeitnehmer in der Hand hat, ab wann die Ausschlussfrist zu laufen beginnt. Das ist jedenfalls dann unproblematisch, wenn die Belehrung nach § 613a Abs 5 ordnungsgemäß erfolgte, hat der Arbeitnehmer dann doch maximal einen Monat Zeit für den Widerspruch. Erfolgte die Belehrung nicht ordnungsgemäß und läuft daher die Widerspruchsfrist gar nicht an, führt die Auffassung des BAG dazu, dass auch die Ausschlussfrist lange Zeit nicht zu laufen beginnt; man wird dies aber mit dem Argument als für den Arbeitgeber zumutbar halten können, als es ja dessen Verpflichtung ist und seinem ureigenen Interesse entspricht, durch eine korrekte Information die Frist des § 613a Abs 6 zum Laufen zu bringen.

10. Verwirkung des Lohnanspruchs

Der Lohnanspruch kann nach **Treu und Glauben** verwirkt sein (§ 242). Der Gläubiger muss für geraume Zeit untätig geblieben sein **(Zeitmoment)**, und zwar unter Umständen, die den Eindruck erwecken, dass er sein Recht nicht mehr ausüben wird **(Umstandsmoment**, vgl zB BAG 12. 12. 2012 – 4 AZR 328/11, AP Nr 122 zu § 1 TVG Bezugnahme auf Tarifvertrag; BAG 10. 12. 2014 – 4 AZR 991/12, juris Rn 22). Zeit- und Umstandsmoment stehen zueinander in Wechselwirkung („kommunizierende Röhren", BAG 22. 6. 2011 – 8 AZR 752/09, NZA-RR 2012, 507 [509]; BAG 17. 10. 2013 – 8 AZR 974/12, NZA 2014, 774 [776]). Dementsprechend: Je stärker das Zeitmoment ausgeprägt ist, umso geringer sind die Anforderungen an das Umstandsmoment (und vice versa). Eine Verwirkung wegen Zeitablaufs kommt bei kurzen Verjährungsfristen nur in Ausnahmefällen in Betracht (BGH 6. 12. 1988 – XI ZR 19/88, AP Nr 44 zu § 242 BGB Verwirkung). Zudem sind die Anforderungen an das Zeitmoment umso höhere, je schwieriger zu bewerten der dem Anspruch zugrundeliegende Sachverhalt und die durch ihn aufgeworfenen Rechtsfragen sind (BAG 27. 11. 2008 – 8 AZR 174/07, NZA 2009, 552 [555]; BAG 12. 12. 2012 – 4 AZR 328/11, AP Nr 122 zu § 1 TVG Bezugnahme auf Tarifvertrag).

1666 Gerade im Arbeitsrecht wird (wegen § 4 Abs 4 S 2 TVG, § 77 Abs 4 S 3 BetrVG, s Rn 1667) traditionell zwischen zwei Arten der Verwirkung unterschieden: Die Verwirkung *infolge Zeitablaufs* ist ein Unterfall der unzulässigen Rechtsausübung wegen widersprüchlichen früheren Verhaltens: Die unerwartete Geltendmachung der Forderung steht im Widerspruch zu einer länger andauernden Nichtausübung, die bei der Gegenseite einen entsprechenden Vertrauenstatbestand begründet hat (vgl MünchKomm/Roth/Schubert § 242 Rn 389 ff). Die Verwirkung infolge Zeitablaufs ist von dem Fall zu unterscheiden, dass die Rechtsausübung wegen eines zu *missbilligenden früheren Verhaltens* unzulässig ist (vgl MünchKomm/Roth/Schubert § 242 Rn 284 f).

1667 Bei Arbeitsverhältnissen ist die **Verwirkung von tariflichen Rechten** (§ 4 Abs 4 S 2 TVG), von Rechten, die für die Arbeitnehmer **durch Betriebsvereinbarung eingeräumt** sind (§ 77 Abs 4 S 3 BetrVG) und solchen aus bindenden Festsetzungen nach dem HAG (§ 19 Abs 3 S 4 HAG) ausgeschlossen. Unter das Verwirkungsverbot fallen nur die Rechte des Arbeitnehmers, nicht die Rechte des Arbeitgebers. Ausgeschlossen wird nach hM aber nur die **Verwirkung infolge Zeitablaufs**, nicht dagegen, dass die Geltendmachung des Anspruchs aus anderen Gründen eine unzulässige Rechtsausübung darstellt (vgl BAG 25. 7. 1962 – 4 AZR 535/61, AP Nr 114 zu § 1 TVG Auslegung; Hueck/Nipperdey II/1 624 ff; Richardi, in: Richardi BetrVG § 77 Rn 185).

11. Erlöschen des Lohnanspruchs durch Verzicht

1668 Für den Anspruch auf das Arbeitsentgelt gelten grundsätzlich die im Allgemeinen Schuldrecht vorgesehenen Erlöschensgründe: Erfüllung (§ 362, dazu Rn 1625 ff), Hinterlegung (§ 372), Aufrechnung (§ 387; dazu Rn 1611 ff) und Erlass (§ 397).

1669 Handelt es sich um Arbeitseinkommen, so bestehen für den **Erlass** aber **Schranken**: Zwar findet § 394, nach dem eine Aufrechnung gegen eine Forderung nicht stattfindet, soweit diese der Pfändung nicht unterworfen ist, auf einen Erlassvertrag keine Anwendung (ebenso Staudinger/Rieble [2012] § 397 Rn 190; **aA** Schaub/Linck § 73 Rn 3; ErfK/Preis § 611 Rn 468). Unzulässig ist aber zunächst ein Verzicht auf Entgeltansprüche nach dem EFZG (**§ 12 EFZG**) und dem BUrlG (**§ 13 Abs 1 BUrlG**).

1670 Überdies ist ein **Verzicht auf entstandene tarifliche Rechte**, also Ansprüche, die in einem Tarifvertrag mit Tarifgeltung festgelegt sind, nur in einem von den Tarifvertragsparteien gebilligten Vergleich zulässig (§ 4 Abs 4 S 1 TVG; s auch Simon, Unabdingbarkeit und vertraglicher Verzicht [2008] 319 ff). Werden Arbeitnehmern **durch eine Betriebsvereinbarung Rechte eingeräumt**, so ist ein Verzicht auf sie nur mit Zustimmung des Betriebsrats zulässig (§ 77 Abs 4 S 2 BetrVG, s auch Simon 323 ff). Der Arbeitnehmer kann auch nicht im Rahmen eines anhängigen Rechtsstreits auf die durch Tarifvertrag oder Betriebsvereinbarung eingeräumten Rechte durch Verzichtserklärung nach § 306 ZPO oder durch Anerkenntnis des negativen Feststellungsbegehrens gemäß § 307 ZPO wirksam verzichten (vgl Hueck/Nipperdey II/1 619;

NIKISCH II 460; WANK, in: WIEDEMANN, TVG § 4 Rn 658; RICHARDI, in: RICHARDI, BetrVG § 77 Rn 180). Verzicht und Anerkenntnis beziehen sich zwar nur auf den prozessualen Anspruch, sind also reine Prozesshandlungen, deren Wirksamkeit sich allein nach Prozessrecht richtet. Aber da es sich um eine Rechtsbehauptung handelt, ist Voraussetzung, dass die Prozessparteien die Rechtsfolge nach materiellem Recht herbeiführen können. Daran fehlt es hier; denn bei tariflichen Rechten ist ein Verzicht nur in einem von den Tarifvertragsparteien gebilligten Vergleich zulässig, und bei Rechten aus einer Betriebsvereinbarung ist die Zustimmung des Betriebsrats erforderlich. Der Arbeitnehmer kann aber die Klage zurücknehmen (§ 269 ZPO), weil der Kläger hier nur sein Rechtsschutzbegehren fallen lässt; auch gegen eine Verpflichtung zur Klagerücknahme bestehen keine Bedenken, wenn mit ihr kein Verzicht auf den geltend gemachten Anspruch verbunden wird (ebenso HUECK/NIPPERDEY II/1 619 und Fn 17). Nicht unter das Verzichtsverbot des § 4 Abs 4 S 1 TVG bzw § 77 Abs 4 S 2 BetrVG fällt, dass Meinungsverschiedenheiten über die **tatsächlichen Voraussetzungen** eines durch Tarifvertrag oder Betriebsvereinbarung geschaffenen Anspruchs durch Vereinbarung zwischen Arbeitgeber und Arbeitnehmer beseitigt werden, zB wenn über die Zahl der geleisteten Überstunden oder die Höhe des Akkordergebnisses Streit besteht (ebenso BAG 31. 7. 1996 – 10 AZR 138/96, AP Nr 63 zu § 77 BetrVG 1972; vgl auch BAG 14. 11. 2012 – 10 AZR 903/11, NZA 2013, 634 [635]; WANK, in: WIEDEMANN, TVG § 4 Rn 680 ff; RICHARDI, in: RICHARDI, BetrVG § 77 Rn 184 – jeweils mwNw aus dem Schrifttum). Bereits entstandene Ansprüche können durch Tarifvertrag oder durch Betriebsvereinbarung grundsätzlich nicht erlassen, herabgesetzt oder gestundet werden (vgl BAG 14. 6. 1962 – 2 AZR 267/60, BAGE 13, 142 [149]).

Unabhängig von § 4 Abs 4 S 1 TVG, § 77 Abs 4 S 2 BetrVG ist ein **formularmäßiger** 1671 Verzicht auf Lohnansprüche zwar aufgrund der Vertragsfreiheit nicht a priori ausgeschlossen, unterliegt aber strengen Anforderungen, wird das Arbeitsverhältnis aus Sicht des Arbeitnehmers doch ohne Lohnanspruch sinnentleert und stellt ein Verzicht quasi eine Ausschlussfrist mit der Laufzeit „Null" dar, sodass die dort gemachten Einschränkungen (Rn 1653 ff) hier erst recht gelten müssen. Ein Verzicht ohne Gegenleistung (wie zB Abfindung) stellt daher in aller Regel eine unangemessene Benachteiligung dar. Dabei ist aber die Einschränkung des Kontrollumfangs durch § 307 Abs 3 zu beachten (näher THÜSING/LEDER BB 2005, 1563; vgl auch Rn 904 ff).

Zur **Ausgleichsquittung**, mit der die Parteien – idR am Ende des Arbeitsverhält- 1672 nisses – vereinbaren, dass zwischen ihnen keine Ansprüche mehr bestehen, vgl Rn 1677 ff.

12. Lohnabrechnung und Quittung

a) Lohnabrechnung und Lohnbelege

Nach § 108 Abs 1 S 1 GewO, der auf alle Arbeitnehmer Anwendung findet (§ 6 1673 Abs 2 GewO) ist dem Arbeitnehmer bei Zahlung des Arbeitsentgelts eine **Abrechnung in Textform** (§ 126b) zu erteilen (zur elektronischen Übermittlung KREMER/SCHMIDT CR 2014, 228). Die Verpflichtung zur Abrechnung entfällt, wenn sich die Angaben gegenüber der letzten ordnungsgemäßen Abrechnung nicht geändert haben (§ 108 Abs 2 GewO). Sie entsteht zudem erst bei tatsächlicher Lohnzahlung und ist vorher nicht zur Vorbereitung eines Zahlungsanspruchs einklagbar (BAG 12. 7. 2006 – 5 AZR

646/05, NZA 2006, 1294 [1295]; BAG 10. 1. 2007 – 5 AZR 665/06, NZA 2007, 679 [680]). Heimarbeiter haben gemäß § 9 HAG Anspruch auf Aushändigung von Entgeltbüchern.

1674 Die Abrechnung, die dem Arbeitnehmer in Textform zu erteilen ist, muss mindestens Angaben über **Abrechnungszeitraum** und **Zusammensetzung des Arbeitsentgelts** enthalten (§ 108 Abs 1 S 2 GewO). Hinsichtlich der Zusammensetzung sind insbesondere Angaben über Art und Höhe der Zuschläge, Zulagen, sonstige Vergütungen, Art und Höhe der Abzüge, Abschlagszahlungen sowie Vorschüsse erforderlich (§ 108 Abs 1 S 3 GewO). Ein Anspruch auf Berichtigung früherer Gehaltsabrechnungen folgt aus § 108 Abs 1 GewO nicht (BAG 9. 6. 2010 – 5 AZR 122/09, juris Rn 28). Allerdings hat der Arbeitnehmer einen Auskunftsanspruch über die Grundlagen seines Vergütungsanspruchs, wenn er hierüber unverschuldet keine Kenntnis besitzt und diese Informationen benötigt, um den Zahlungsanspruch konkret darlegen zu können (BAG 12. 7. 2006 – 5 AZR 646/05, NZA 2006, 1294 [1295]; LAG Hessen 23. 8. 2011 – 19 Sa 550/11, juris Rn 47).

1675 Die in Erfüllung der gesetzlichen Pflicht des § 108 GewO erstellte Lohnabrede stellt in aller Regel **kein Schuldanerkenntnis** des Arbeitgebers dar. Denn es entspräche nicht seinem Willen, sich damit zu einer nicht geschuldeten Lohnleistung zu verpflichten und streitig gewordene Ansprüche endgültig festzulegen (BAG 10. 3. 1987 – 8 AZR 610/84, NZA 1987, 557 [558]; LAG Baden-Württemberg 13. 10. 2010 – 2 Sa 20/10, juris Rn 13).

1676 Von § 108 GewO nicht berührt wird **§ 82 Abs 2 S 1 BetrVG**, nach dem ein Arbeitnehmer verlangen kann, dass ihm die **Berechnung und Zusammensetzung seines Arbeitsentgelts erläutert** werden. Er kann ein Mitglied des Betriebsrats hinzuziehen (§ 82 Abs 2 S 2 BetrVG).

b) Quittung und Ausgleichsquittung

1677 Nach § 368 S 1 hat der Dienstverpflichtete gegen Empfang des Arbeitsentgelts auf Verlangen eine Quittung, dh ein schriftliches Empfangsbekenntnis, zu erteilen. Die Quittung ist ein **reines Beweismittel**. Mit ihr kann aber eine **Befreiungswirkung** verbunden sein, wenn der Dienstberechtigte das Arbeitsentgelt an einen Dritten zahlt, der ihm die Quittung des Gläubigers überbringt (§ 370).

1678 Der Dienstverpflichtete braucht nur zu bescheinigen, welchen Betrag er erhalten hat. Dagegen ist er nicht zur Abgabe einer Erklärung verpflichtet, dass ihm weitere Ansprüche nicht zustünden. **Eine Quittung als solche enthält keinen Verzicht** (RAG ARS 29, 119).

1679 Dennoch ist es in der Praxis üblich, dass die Arbeitsvertragsparteien in gewissen Abständen, insbesondere bei Beendigung des Arbeitsverhältnisses, einander bestätigen, keine Ansprüche mehr aus dem Arbeitsverhältnis gegeneinander zu haben. Diese Erklärung bezeichnet man als **Ausgleichsquittung** (vgl zu ihr WANK, MünchArbR § 104). **Rechtsnatur**: Bestand zwischen den Vertragsparteien über das Bestehen weiterer Ansprüche Streit, so liegt in der Erteilung der Ausgleichsquittung ein Vergleich (§ 779), wenn ein gegenseitiges Nachgeben vorliegt. Gingen die Parteien dagegen vom Bestand einer Forderung aus, so hat die Ausgleichsquittung die Bedeutung eines Erlassvertrages (§ 397 Abs 1); um ein negatives Schuldanerkenntnis handelt es

Titel 8 · Dienstvertrag und ähnliche Verträge
Untertitel 1 · Dienstvertrag   **§ 611**

sich, wenn die Parteien eine Reihe von (un-)bekannten Ansprüchen zum Erlöschen bringen wollten, § 397 Abs 2. Die Abgrenzung ist durch Auslegung vorzunehmen, wobei – wie stets – an die Annahme eines Verzichtswillens strenge Anforderungen zu stellen sind (BAG 23. 2. 2005 – 4 AZR 139/04, AP Nr 42 zu § 1 TVG Tarifverträge: Druckindustrie; zurückhaltend auch BAG 23. 10. 2013 – 5 AZR 135/12, NZA 2014, 200 [202]).

Welche **Ansprüche erfasst** werden, ist durch Auslegung zu ermitteln. Nicht erfasst **1680** sind im Zweifel Zeugnis- und Ruhegeldansprüche, Ansprüche aus dem ArbnErfG, Anwartschaften und Rechte aus vertraglichen Wettbewerbsabreden (BAG 9. 11. 1973 – 3 AZR 66/73, AP Nr 163 zu § 242 BGB Ruhegehalt; BAG 16. 9. 1974 – 5 AZR 255/74, AP Nr 9 zu § 630 BGB; BAG 20. 10. 1981 – 3 AZR 1013/78, AP Nr 39 zu § 74 HGB; BAG 20. 4. 2010 – 3 AZR 225/08, NZA 2010, 883 [888]) sowie Herausgabeansprüche nach § 667 (BAG 14. 12. 2011 – 10 AZR 283/10, NZA 2012, 501 [503 f]). Da Ausgleichsquittungen den Verlust von Ansprüchen und Rechten zur Folge haben, sind sie zwar grundsätzlich eng auszulegen (vgl für Erlass BAG 7. 11. 2007 – 5 AZR 880/06, AP Nr 2 zu § 397 BGB); etwas anderes gilt aber bei gerichtlichen Vergleichen und Aufhebungsverträgen, da hier ja gerade eine endgültige Abwicklung des Arbeitsverhältnisses erreicht werden soll (vgl BAG 31. 7. 2002 – 10 AZR 513/01; BAG 28. 7. 2004 – 10 AZR 661/03, AP Nr 177 zu § 4 TVG Ausschlussfristen; BAG 22. 10. 2008 – 10 AZR 617/07, AP Nr 74, 82 zu § 74 HGB; BAG 28. 5. 2008 – 10 AZR 351/07, AP Nr 12 zu § 305 BGB; BAG 22. 10. 2008 – 10 AZR 617/07, NZA 2009, 139 [141]; BAG 24. 6. 2009 – 10 AZR 707/08 [F], NZG 2009, 1197).

Soweit ein Arbeitnehmer nicht auf den Anspruch verzichten kann (s Rn 1669 ff), ist **1681** die Ausgleichsquittung unwirksam. Nicht möglich ist ein Verzicht in den Fällen des § 12 EFZG und § 13 Abs 1 BUrlG. Überdies unterliegt eine **formularmäßige Verzichtserklärung** der Einbeziehungs- und Inhaltskontrolle. Wird sie unter einer falschen oder missverständlichen Überschrift „versteckt", so wird sie nicht Vertragsinhalt (§ 305c Abs 1, BAG 23. 2. 2005 – 4 AZR 139/04, AP Nr 42 zu § 1 TVG Tarifverträge: Druckindustrie); eine unangemessene Benachteiligung des Arbeitnehmers liegt vor, wenn er in einer Ausgleichsquittung auf die Erhebung einer Kündigungsschutzklage verzichtet, ohne eine Kompensation (in Bezug auf zB den Beendigungszeitpunkt, die Beendigungsart oder eine Abfindung) dafür zu erhalten (BAG 6. 9. 2007 – 2 AZR 722/06, AP Nr 62 zu § 4 KSchG 1969). Gleiches gilt in der Regel, wenn der Arbeitnehmer ohne Kompensation auf alle Ansprüche aus dem Arbeitsverhältnis und seiner Beendigung verzichtet (LAG Düsseldorf 13. 4. 2005 – 12 Sa 154/05, AuR 2006, 67). Zahlt der Arbeitgeber aber eine Kompensation, so handelt es sich – unabhängig von deren Höhe – nur um eine der Transparenzkontrolle unterfallende Hauptleistung (§ 307 Abs 3; ErfK/Preis §§ 305 ff Rn 77); § 307 Abs 1 S 2 ist verletzt, wenn die Klausel nicht eindeutig erkennen lässt, welche Ansprüche erfasst sein sollen (LAG Berlin 5. 6. 2007 – 12 Sa 524/07). In **Individualvereinbarungen** ist ein Klageverzicht auch ohne Kompensation möglich, jedoch muss sich ein entsprechender Wille eindeutig aus der Abrede ergeben (BAG 6. 4. 1977 – 4 AZR 721/75; BAG 29. 6. 1978 – 2 AZR 681/76 und 3. 5. 1979 – 2 AZR 679/77, AP Nr 4, 5 und 6 zu § 4 KSchG 1969).

Die in der Ausgleichsquittung liegende Willenserklärung kann der Arbeitnehmer **1682** **wegen Irrtums über ihren Inhalt anfechten** (RAG ARS 8, 115 [118]). Die Voraussetzungen werden aber nur selten gegeben sein, da nicht genügt, dass der Erklärende die Erklärung ungelesen unterschreibt (RGZ 62, 201 [205]; 77, 309 [312]; LAG Hessen 1. 3. 2003 – 13 Sa 1240/02). Bei fehlenden Sprachkenntnissen des Arbeitnehmers ist aber bereits ein Vertrag nicht zustande gekommen, wenn der Arbeitgeber erkannt hat oder erkennen musste, dass der Arbeitnehmer die Tragweite der Erklärung nicht verstanden hat (ebenso Schaub/Linck § 72 Rn 25; nach aA ist die Erklärung nach § 119 anfechtbar, vgl ErfK/Preis § 611 Rn 407 mwNw). Eine Anfechtung wegen arglistiger Täuschung ist nicht schon dann berechtigt, wenn der Arbeitgeber auf die Ausgleichsformel nicht aufmerksam gemacht hat, wohl aber, wenn ausdrücklich erklärt wurde, der Arbeitnehmer möge den Lohn oder die Papiere quittieren. Schließlich ist möglich, dass ein Anfechtungsrecht besteht, weil der Arbeitnehmer zur Ausgleichsquittung durch eine rechtswidrige Drohung bestimmt wurde, so zB unter dem Druck der Kündigung oder der Drohung, Lohn oder Papiere ohne die Quittung nicht ausgehändigt zu bekommen (RAG ARS 11, 598).

1683 Der Arbeitnehmer kann einen **Anspruch auf Rückgabe** der Ausgleichsquittung **aus ungerechtfertigter Bereicherung** haben (§ 812 Abs 2), wenn er nachweist, dass er diese in der Annahme unterschrieben hat, keine Forderung zu haben, trotzdem aber noch Forderungen bestehen (RAG ARS 14, 131; 16, 240 [249]; Hueck/Nipperdey I 293 Fn 135 unter f; Nikisch I 371); anders jedoch, wenn er mit der Möglichkeit rechnete, noch Forderungen zu haben (RAG ARS 37, 196). Der Arbeitnehmer kann, wenn die Voraussetzungen des § 812 Abs 1 vorliegen, den früheren Lohnanspruch sofort geltend machen und der Berufung auf die Ausgleichsquittung die Replik der ungerechtfertigten Bereicherung entgegensetzen.

1684 Ist die Ausgleichsquittung vergleichsweise erteilt worden, so kann sie unter den Voraussetzungen des § 779 unwirksam sein (Hueck/Nipperdey I 293 Fn 135 unter e).

13. Lohnzahlungsklage

1685 Da die Arbeitsvertragsparteien regelmäßig eine Bruttolohnvereinbarung treffen, ist die Lohnzahlungsklage grundsätzlich auf den **Bruttobetrag** zu richten (BAG 7. 3. 2001 – GS 1/00, AP Nr 4 zu § 288 BGB; eine Nettolohnklage ist aber auch bei Bruttolohnvereinbarungen nicht apodiktisch unzulässig, vgl BAG 29. 8. 1984 – 7 AZR 34/83, NJW 1985, 646; BAG 26. 2. 2003 – 5 AZR 223/02, NZA 2003, 922 [924]); da auch die Zwangsvollstreckung auf den Bruttobetrag gerichtet ist, ist entsprechend zu tenorieren (vgl BGH 21. 4. 1966 – VII ZB 3/66, AP Nr 13 zu § 611 BGB). Auch die **Verzugszinsen** kann der Arbeitnehmer aus der Bruttovergütung verlangen (BAG 7. 3. 2001 – GS 1/00, AP Nr 4 zu § 288 BGB); die Zinshöhe richtet sich nach § 288 Abs 1 S 2 (BAG 23. 2. 2005 – 10 AZR 602/03, NZA 2005, 694 [697], s Rn 129). Zum Verzugsschaden bei verspäteter Lohnauszahlung kann auch ein Steuerschaden infolge des Zuflussprinzips (§§ 11 Abs 1 S 1, 38 Abs 2 S 2, 38a Abs 1 EStG) gehören (MünchKomm/Müller-Glöge § 611 Rn 843 ff). Eine **Nettoentgeltklage** ist nur bei einer – ausnahmsweise vorliegenden – Nettolohnvereinbarung, nach der der Arbeitgeber Steuern und Sozialversicherungsbeiträge zu tragen hat (s Rn 1630; BAG 8. 4. 1987 – 5 AZR 60/86, BeckRS 1987, 30721005), sowie in den Sonderfällen der Bürgenhaftung nach § 14 AEntG, § 13 MiLoG zu erheben (vgl BAG 17. 8. 2011 – 7 AZR 490/10, NZA 2012, 563 [564]).

Titel 8 · Dienstvertrag und ähnliche Verträge
Untertitel 1 · Dienstvertrag   § 611

M. Weitere Pflichten des Dienstberechtigten (Arbeitgebers)

I. Begriff und Bedeutung der Fürsorgepflicht*

Hauptpflicht des Dienstberechtigten ist die „Gewährung der vereinbarten Vergü- **1686**
tung" (Abs 1). Die Besonderheit eines Arbeitsverhältnisses ist aber gerade dadurch
gekennzeichnet, dass die Verpflichtung des Arbeitgebers sich nicht in ihr erschöpft;
es bestehen neben ihr **umfassende Pflichten zur Wahrung der Arbeitnehmerinteressen.**

Diesen Pflichtenkreis versuchte man unter dem Begriff der **Treue- und Fürsorge- 1687
pflicht** zusammenzufassen (vgl HUECK/NIPPERDEY I 405 f). Im Dienstvertragsrecht des
BGB besteht für sie eine besondere Regelung nur in den §§ 617, 618. Modell waren
die sondergesetzlichen Regelungen, nämlich die mittlerweile aufgehobenen §§ 120a,
120b GewO (vgl MENGER, Das bürgerliche Recht und die besitzlosen Volksklassen [1890], zitiert
nach der 5. Aufl [1927] 171 ff). § 618 Abs 1 beschränkt sich auf einen zivilrechtlichen
Schutz gegen die Gefahren für Leben und Gesundheit; er bezieht sich nicht auf das
Eigentum des Arbeitnehmers. Für diese Differenzierung besteht aber kein sachlicher Grund. Die Fürsorgepflicht ist deshalb über den engen Bereich, wie er in
§§ 617, 618 festgelegt ist, erweitert worden. Bestritt man zunächst, dass in der Gesetzesregelung ein allgemeiner Rechtssatz zum Ausdruck kommt (RGZ 63, 53 [55]; vgl
auch KASKEL, Arbeitsrecht [3. Aufl 1928] 155 f), so änderte sich die Beurteilung vor allem
unter dem Einfluss OTTO VGIERKES, der die Fürsorgepflicht mit personenrechtlichen
Elementen des Arbeitsverhältnisses begründet hatte (vgl O VGIERKE, Deutsches Privatrecht III [1917] 620 ff; s zur Entwicklung RICHARDI, in: TOMANDL, Treue- und Fürsorgepflicht im
Arbeitsrecht [1975] 41 ff).

Durch § 2 Abs 2 AOG wurden Fürsorge- und Treuepflicht zu den wesentlichen **1688**
Elementen der **nationalsozialistischen Arbeitsverfassung**. Mit ihr wurde nunmehr
begründet, dass der Arbeitgeber zur Aufbewahrung der Sachen des Arbeitnehmers
verpflichtet ist, die dieser berechtigterweise in den Betrieb mitbringt und dort während der Arbeit ablegt, sodass er nicht auf sie achten kann (A HUECK, in: FS Hedemann
[1938] 312 [318]). War bisher eine Pflicht zur Beschäftigung des Arbeitnehmers verneint worden (vgl SINZHEIMER, Grundzüge des Arbeitsrechts [2. Aufl 1927] 147), so stützte

---

* **Schrifttum:** BRORS, Die Abschaffung der Fürsorgepflicht: Versuch einer vertragstheoretischen Neubegründung der Nebenpflichten des Arbeitgebers (2002); HELMER, Stress am Arbeitsplatz als Herausforderung für das Arbeitsrecht (2013); KLATT, Treuepflichten im Arbeitsverhältnis: Eine rechtshistorische Untersuchung (1990); KRAMER, Arbeitsvertragsrechtliche Verbindlichkeiten neben Lohnzahlung und Dienstleistung (1975); SCHWERDTNER, Fürsorgetheorie und Entgelttheorie im Recht der Arbeitsbedingungen (1970); ders, Fürsorge- und Treuepflicht im Gefüge des Arbeitsverhältnisses oder: Vom Sinn und Unsinn einer Kodifikation des Allgemeinen Arbeitsvertragsrechts, ZfA 1979, 1; TOMANDL (Hrsg), Treue und Fürsorgepflicht im Arbeitsrecht (1975) mit Beiträgen von TOMANDL, RICHARDI, MAYER-MALY, ZÖLLNER, KRAMER; WEBER, Die Nebenpflichten des Arbeitgebers, RdA 1980, 290; WIEDEMANN, Das Arbeitsverhältnis als Austausch- und Gemeinschaftsverhältnis (1966); WIESE, Der personale Gehalt des Arbeitsverhältnisses, ZfA 1996, 439 ff; E WOLF, Das Arbeitsverhältnis – Personenrechtliches Gemeinschaftsverhältnis oder Schuldverhältnis? (1970); ders, „Treu und Glauben", „Fürsorge" im Arbeitsverhältnis, DB 1971, 1863.

man jetzt auf die Fürsorgepflicht des Arbeitgebers, dass ein Anspruch auf tatsächliche Beschäftigung bestand (Hueck/Nipperdey/Dietz, AOG [4. Aufl 1943] § 2 Rn 18; A Hueck, Deutsches Arbeitsrecht [2. Aufl 1944] 120 f). Die Verpflichtung, Urlaub zu gewähren, für den es eine gesetzliche Regelung nicht gab, wurde ebenfalls aus der allgemeinen Fürsorgepflicht des Arbeitgebers abgeleitet (A Hueck 124; ders, in: FS Hedemann [1938] 312 [325]). Das RAG und die hL hielten aber dennoch am „schuldrechtlichen Entstehungsgrund" des Arbeitsverhältnisses fest; die in § 2 Abs 2 AOG gesetzlich festgelegte Treue- und Fürsorgepflicht wirkte nur als Maßstab auf den Inhalt des Einzelarbeitsverhältnisses ein, war aber „nicht unmittelbar die Quelle bestimmter vermögensrechtlicher Ansprüche" (RAG ARS 33, 172; vgl auch Rüthers, Die unbegrenzte Auslegung [1968, 6. Aufl 2005] 392 ff). Dieser Trennung des § 2 Abs 2 AOG vom Einzelarbeitsverhältnis hatte vor allem Siebert widersprochen; er sah in der Lohnzahlungspflicht sogar nur noch einen Unterfall der Fürsorgepflicht des Arbeitgebers (Siebert, Das Arbeitsverhältnis in der nationalen Arbeit [1935] 56 ff).

1689 Der Treuegedanke war von den Schlacken nationalsozialistischer Ideologie zu befreien (vgl A Hueck, Der Treuegedanke im modernen Privatrecht [1947]). Die Fürsorgepflicht selbst ist aber **kein Produkt nationalsozialistischer Ideologie**. Bedenken gegen sie bestehen nur insoweit, als sie bei mangelnder Präzisierung das Einfallstor für eine Treue- und Fürsorge-Ideologie bieten kann (vgl Schwerdtner, Fürsorgetheorie und Entgelttheorie im Recht der Arbeitsbedingungen [1970] 76 ff; Fischinger, Haftungsbeschränkung im Bürgerlichen Recht [2015] 549 ff; für Ersetzung der Fürsorgepflicht durch ein vertragstheoretisches Modell Brors, Die Abschaffung der Fürsorgepflicht [2002]).

1690 **Rechtsdogmatisch** handelt es sich bei der Fürsorgepflicht letztlich „schlicht" um eine spezielle Ausprägung der mit jedem Vertragsverhältnis einhergehenden **Pflicht zur Rücksichtnahme** auf die Rechte, Rechtsgüter und Interessen des Vertragspartners, wie sie seit der Schuldrechtsreform allgemein in **§ 241 Abs 2** kodifiziert ist (so zB auch BAG 24. 9. 2009 – 8 AZR 444/08, NZA 2010, 337 [338]; BAG 14. 12. 2010 – 9 AZR 631/09, NZA 2011, 569 [570]); nur um eine terminologische Modifikation, nicht aber eine Änderung in der Sache handelt es sich dann, wenn man statt des patriarchalisch-verstaubt angehauchten Begriffs Fürsorgepflicht von Schutzpflicht sprechen mag (vgl Schaub/Koch, ArbRHdb § 106 Rn 1; BeckOK-ArbR/Joussen § 611 BGB Rn 240). Eine solche, sich in die Dogmatik des allgemeinen Zivilrechts nahtlos einfügende und von den personenrechtlichen Elementen des Arbeitsverhältnisses ablösende Fürsorgepflicht ist nach wie vor für das Arbeitsverhältnis bedeutsam.

1691 Um zu verhindern, dass sie ein Eintrittsticket für ein Abgleiten in eine konturlose Billigkeitsprüfung wird, mit deren Hilfe ein allein dem Gerechtigkeitsempfinden gespeisten Ergebnis pseudo-juristische Legitimität zu verschaffen versucht wird (vgl Annuss NZA 1998, 1089 [1092]; Richardi ZfA 1974, 3 [20 f]; Fischinger, Haftungsbeschränkung im Bürgerlichen Recht [2015] 550 ff), ist sie allerdings auf solche Pflichten und Umstände begrenzt, die den Arbeitgeber als **Korrelat der Unterordnung des Arbeitnehmers unter fremde Organisationsgewalt** treffen. Dabei geht es nicht nur um den Schutz von Leben und Gesundheit des Arbeitnehmers (s Rn 1731 ff), sondern auch um die Sicherung von vermögensrechtlichen Belangen (s Rn 1757 ff) und den Schutz des Persönlichkeitsrechts des Arbeitnehmers (s Rn 1760 ff). Auch wenn die rechtsdogmatische Begründung der begrenzten Arbeitnehmerhaftung vorwiegend durch das vom Arbeitgeber zu tragende Betriebsrisiko geleistet wird, ist die Fürsorgepflicht auch in dem Kontext nicht ohne Bedeutung (s näher STAUDINGER/RICHARDI/FISCHINGER [2016] § 619a Rn 56 ff).

Rechtsdogmatisch nicht auf derselben Ebene angesiedelt ist die Pflicht zur Fortzahlung des Arbeitsentgelts bei einer krankheitsbedingten Arbeitsunfähigkeit (vgl STAUDINGER/OETKER [2011] § 616 Rn 170 ff) und die Gewährung eines Erholungsurlaubs (s Rn 1821 ff). Rechtsgrundlage für vermögenswerte Leistungen ist niemals die Fürsorgepflicht des Arbeitgebers, sondern ein besonderer Rechtstitel, sofern nicht eine rechtliche Bindung des Arbeitgebers aufgrund betrieblicher Übung oder aus dem Gleichbehandlungsgrundsatz eintritt. **1692**

Einen Grenzfall stellt dagegen die Beschäftigungspflicht des Arbeitgebers dar (s Rn 1694 ff); denn bei ihr geht es darum, den Betrieb so zu gestalten, dass der Arbeitnehmer beschäftigt wird. Der materielle Gesichtspunkt, der zur Anerkennung einer Beschäftigungspflicht geführt hat, liegt aber auf einer anderen Ebene, erschöpft sich also nicht in einer Schutzpflicht gegen Gefahren für Persönlichkeit und Vermögen des Arbeitnehmers. **1693**

II. Beschäftigungspflicht des Arbeitgebers

1. Rechtsgrundlage

Für den **Dienstvertrag** wahrt das Dienstvertragsrecht des BGB die Interessen des Dienstverpflichteten allein dadurch, dass er bei Annahmeverzug des Dienstberechtigten den Anspruch auf die vereinbarte Vergütung behält, ohne zur Nachleistung verpflichtet zu sein (§ 615; s STAUDINGER/RICHARDI/FISCHINGER [2016] § 615 Rn 141 f); einen Anspruch des (freien) Dienstverpflichteten auf tatsächliche Beschäftigung durch den Dienstberechtigten besteht hingegen nicht. Für das **Arbeitsverhältnis** nimmt die ganz hM aber an, dass der Arbeitnehmer Anspruch nicht nur auf Arbeitsentgelt, sondern auch auf Beschäftigung hat. Insoweit fehlt aber eine ausdrückliche Gesetzesgrundlage. **1694**

Ein Beschäftigungsanspruch wurde daher **ursprünglich nicht anerkannt** (s Rn 1688); denn hat der Dienstverpflichtete über das Interesse am Entgelt hinaus ein Interesse, die Dienstleistung zu erbringen, so ist dies regelmäßig ein wichtiger Grund, der ihn berechtigt, das Dienstverhältnis ohne Einhaltung einer Kündigungsfrist zu kündigen (§ 626). Diese Ausweichmöglichkeit besteht aber nur dann, wenn die Auflösung des Dienstverhältnisses im Interesse des Dienstverpflichteten liegt, um durch Lösung von der Vertragsbindung seine Dienste anderen anzubieten. In diesem Fall genügt für den Dienstverpflichteten, dass ihm § 628 Abs 2 einen Anspruch auf Ersatz des durch die Aufhebung des Dienstverhältnisses entstehenden Schadens gibt. Hat dagegen der Dienstverpflichtete nicht diese Ausweichmöglichkeit, so kann sein Interesse, die Dienstleistung zu erbringen, nur im Rahmen des bestehenden Vertragsverhältnisses realisiert werden. **1695**

Für die Anerkennung eines Beschäftigungsanspruchs ist deshalb ein wesentlicher Gesichtspunkt, dass Bestand und Vertragsinhalt des Arbeitsverhältnisses durch den Kündigungsschutz gesichert werden. Deshalb ist es kein Zufall, dass die **Rechtsprechung** ihn erst seitdem **anerkennt** (vgl BAG 10. 11. 1955 – 2 AZR 591/54, BAGE 2, 221; **1696** weiterhin BAG 19. 8. 1976 – 3 AZR 173/75 und 26. 5. 1977 – 2 AZR 632/76, BAGE 28, 168 und 29, 195; BAG 2. 11. 1983 – 7 AZR 65/82, BAGE 44, 201 [210 f]; BAG [GS] 27. 2. 1985 – GS 1/84, BAGE 48, 122 [131 ff]; für Anerkennung eines Beschäftigungsanspruchs schon Dietz, in: Hueck/Nipperdey/Dietz, AOG [1934] § 2 Rn 18). Der entscheidende Gesichtspunkt ist nach der Rechtsprechung der **Persönlichkeitsschutz des Arbeitnehmers**. Diese Rechtsprechung hat im Schrifttum überwiegend Zustimmung gefunden (vgl Hueck/Nipperdey I 380 ff; Nikisch I 514; MünchKomm/Müller-Glöge § 611 Rn 973; Zöllner/Loritz/Hergenröder § 19 II Rn 17 ff; Dütz, in: FS 25 Jahre BAG [1979] 71 ff; iE bei Ablehnung der Begründung Reichold, MünchArbR § 83 Rn 9 ff; **aA** Pallasch, Der Beschäftigungsanspruch des Arbeitnehmers [1993]; Brors, Die Abschaffung der Fürsorgepflicht [2002] 218 ff; HJ Weber BB 1974, 698 ff; Heinze DB 1985, 111 ff).

1697 Aus dem durch Art 1 und 2 GG garantierten **Persönlichkeitsschutz** lässt sich zwar nicht ohne Weiteres eine Pflicht des Arbeitgebers auf positive Förderung der Entfaltung der Persönlichkeit seines Arbeitnehmers durch Arbeitsleistung herleiten (so zutreffend der Große Senat in BAG [GS] 27. 2. 1985 – GS 1/84, BAGE 48, 122 [138]). Es besteht vielmehr innerhalb des Rechtssystems eine Regelungslücke, die durch die Anerkennung eines Beschäftigungsanspruchs zu schließen ist (ebenso im Begründungsansatz BAG [GS] 27. 2. 1985 – GS 1/84, BAGE 48, 122 [139]). Doch reicht als Begründung nicht aus, wenn man darauf abstellt, „dass die Arbeitsleistung nicht nur als ein Wirtschaftsgut, sondern auch als Ausdruck der Persönlichkeit des Arbeitnehmers verstanden wird" (BAG [GS] 27. 2. 1985 – GS 1/84). Die **materielle Legitimation** für einen Beschäftigungsanspruch ist vielmehr darin zu erblicken, dass er für den **Kündigungsschutz** eine notwendige Ergänzung darstellt (zust Pallasch 74 ff).

1698 Auch der Gesetzgeber geht davon aus, dass eine Pflicht zur Beschäftigung besteht, wie sich aus dem Gesetzestext des § 102 Abs 5 BetrVG bzw § 79 Abs 2 BPersVG ergibt, obwohl dort rechtsdogmatisch nur mittelbar die Pflicht zur Beschäftigung geregelt ist, während es in erster Linie um die Anerkennung eines vorläufigen Bestandsschutzes des Arbeitsverhältnisses geht (s Rn 1714 f).

1699 Nach Ansicht des Großen Senats des BAG ist der Anspruch auf Beschäftigung „abzuleiten aus den §§ 611, 613 BGB in Verbindung mit § 242 BGB"; die Generalklausel des § 242 werde „dabei ausgefüllt durch die Wertentscheidung des Art 1 und 2 GG" (BAG [GS] 27. 2. 1985 – GS 1/84, BAGE 48, 122 [134 f]; BAG 9. 4. 2014 – 10 AZR 637/13, NZA 2014, 719 [720]). Diese **Begründung** ist **fehlerhaft**; denn es kann keinem Zweifel unterliegen, dass das Dienstvertragsrecht des BGB keinen Beschäftigungsanspruch vorsieht; er kann insbesondere auch nicht daraus abgeleitet werden, dass der Arbeitsvertrag „den Arbeitnehmer gemäß § 613 BGB zur persönlichen Dienstleistung für den Arbeitgeber verpflichtet" (BAG [GS] 27. 2. 1985 – GS 1/84, BAGE 48, 122 [139]). Auch der Rückgriff auf § 242 reicht als juristische Begründung nicht aus; denn es handelt sich bei ihm um eine Generalklausel, deren Ausfüllung einer materiellen Legitimation bedarf. Entscheidend ist jedoch, dass eine derartige Legitimation vorhanden ist. Sie besteht darin, dass der Arbeitnehmer wegen des Kündigungsschutzes berechtigt ist, sein Interesse an der Erbringung der Dienstleistung im Rahmen des bestehenden Arbeitsverhältnisses zu verwirklichen, und dass er zugleich auch zur Sicherung des Kündigungsschutzes verhindern kann, durch fehlende Beschäftigung die Voraussetzungen einer ihm gegenüber sozial gerechtfertigten Kündigung zu schaffen. Außerdem geht das geltende Recht davon aus, dass der Arbeitnehmer im Arbeitsverhältnis eine berufliche Weiterentwicklungsmöglichkeit hat, die zwar nicht durch das Individualarbeitsrecht gesichert wird, die aber mittelbar durch die Beteiligungsrechte des Betriebsrats bei der Aufstellung von Beurteilungsgrundsätzen (§ 94 Abs 2 BetrVG), bei der Aufstellung von Auswahlrichtlinien bei Versetzungen (§ 95 BetrVG) und bei der Durchführung von Versetzungen selbst (§ 99 BetrVG) geschützt wird. Da eine möglichst lückenlose Erwerbsbiographie für das berufliche Fortkommen von erheblicher Bedeutung ist und der Arbeitnehmer regelmäßig zur selben Zeit nur in einem Arbeitsverhältnis steht, hat er daher ein für den Arbeitgeber erkennbares Interesse, tatsächlich beschäftigt zu werden. Diese Möglichkeit für ein Fortkommen des Arbeitnehmers wird vereitelt, wenn der Arbeitgeber ihn überhaupt nicht beschäftigt.

2. Inhalt der Beschäftigungspflicht

Der Arbeitnehmer hat aus dem Arbeitsverhältnis einen Anspruch darauf, dass der Arbeitgeber ihn im vertraglich festgelegten Tätigkeitsbereich beschäftigt. Was die Arbeitsgesetzbuchkommission in § 29 Abs 1 S 1 ihres Entwurfs eines Allgemeinen Arbeitsvertragsrechts vorgeschlagen hat (vgl dazu Rn 15 sowie Vorbem 130 zu §§ 611 ff), ist bereits geltendes Recht: „Der Arbeitnehmer kann vom Arbeitgeber verlangen, ihn im Rahmen seiner Verpflichtung zur Arbeitsleistung zu beschäftigen, es sei denn, die Beschäftigung ist dem Arbeitgeber aus dringenden betrieblichen Gründen oder aus in der Person oder im Verhalten des Arbeitnehmers liegenden Gründen nicht zumutbar." Vergleichbar der Entwurf eines Arbeitsvertragsgesetzes in § 26: „Der Arbeitnehmer kann verlangen, vereinbarungsgemäß beschäftigt zu werden, sofern dies nicht aus betrieblichen Gründen unmöglich oder ein wichtiger Grund im Sinne des § 112 Abs 1 entgegensteht" (www.arbvg.de). **1700**

Eine spezielle Ausprägung des allgemeinen Beschäftigungsanspruchs enthält **§ 81 Abs 4 S 1 Nr 1 SGB IX**, der Schwerbehinderten grundsätzlich einen Anspruch darauf gibt, so beschäftigt zu werden, dass sie ihre Fähigkeiten und Kenntnisse möglichst voll verwerten und weiterentwickeln können. Daraus folgt aber „nur" ein Anspruch auf behinderungsgerechte Beschäftigung, aber weder auf einen bestimmten Arbeitsplatz noch gar auf Schaffung eines neuen Arbeitsplatzes (BAG 10. 5. 2005 – 9 AZR 230/04, AP Nr 8 zu § 81 SGB IX; BAG 22. 11. 2005 – 1 ABR 49/04, AP Nr 7 zu § 117 BetrVG 1972). Kann der Schwerbehinderte die vertraglich vereinbarte Tätigkeit nicht mehr ausüben, entfällt nicht automatisch der Beschäftigungsanspruch; vielmehr kann er Anspruch auf eine anderweitige Beschäftigung und ggf auf Vertragsänderung haben (BAG 14. 3. 2006 – 9 AZR 411/05, AP Nr 11 zu § 81 SGB IX); er kann zudem Anspruch auf stufenweise Wiedereingliederung haben (näher BAG 13. 6. 2006 – 9 AZR 229/05, AP Nr 12 zu § 81 SGB IX). Bei einem Verstoß besteht Anspruch auf Schadensersatz nach § 280 Abs 1 und § 823 Abs 2 iVm § 81 Abs 4 S 1 Nr 1 SGB IX (vgl BAG 4. 10. 2005 – 9 AZR 632/04, NZA 2006, 442 [444]). **1701**

Hat der Arbeitnehmer also grundsätzlich Anspruch auf vertragsgemäße Beschäftigung, so folgt daraus, dass diese Pflicht nur bei **überwiegenden schutzwürdigen Interessen des Arbeitgebers** entfällt (BAG [GS] 27. 2. 1985 – GS 1/84, BAGE 48, 122 [134 f]; BAG 9. 4. 2014 – 10 AZR 637/13, NZA 2014, 719 [720]). Beispiele: Betriebsstörung; bei einem Streik müssen arbeitswillige Arbeitnehmer nicht beschäftigt werden, wenn dies wirtschaftlich sinnlos oder unzumutbar ist (s Rn 1713); wenn ein wichtiger Grund **1702** zu einer außerordentlichen Kündigung vorliegt, der Arbeitgeber sie aber noch nicht aussprechen kann, weil es sich zB um einen Arbeitnehmer handelt, der Pflegezeit beantragt hat (§ 5 PflegeZG); begründete Besorgnis des Verrats von Geschäfts- oder Betriebsgeheimnissen; Störung der Vertrauensgrundlage. Selbst dann ist aber nicht gesagt, dass der Arbeitnehmer in diesem Fall keinen Anspruch auf das Arbeitsentgelt hat (s STAUDINGER/RICHARDI/FISCHINGER [2016] § 615 Rn 98).

1703 Ein Beschäftigungsanspruch des Arbeitnehmers besteht grundsätzlich auch **nach Erklärung einer Kündigung während der Kündigungsfrist** (BAG 19. 8. 1976 – 3 AZR 173/75, BAGE 28, 168 [173]). Der Ausspruch einer ordentlichen Kündigung ist für sich noch kein Grund, der den Arbeitgeber von seiner Beschäftigungspflicht befreit. Ist eine Kündigung nicht berechtigt, so gelten die normativen Gesichtspunkte, die zur Anerkennung des Beschäftigungsanspruchs geführt haben, auch in diesem Fall (vgl LÖWISCH DB Beil 7/1978, 4). Man kann sogar sagen, dass ihnen besonderes Gewicht zukommt, wenn dem Arbeitnehmer bestritten wird, ihn überhaupt noch beschäftigen zu müssen. Aber auch hier entfällt die Beschäftigungspflicht, wenn überwiegende schutzwürdige Interessen des Arbeitgebers bestehen, zB wenn der Arbeitsplatz und damit der Beschäftigungsbedarf wegfällt (vgl BAG 18. 3. 1999 – 8 AZR 344/98, ZTR 1999, 516).

1704 Verletzt der Arbeitgeber die Beschäftigungspflicht, kommen **Schadensersatzansprüche** des Arbeitnehmers aus § 280 Abs 1 in Betracht (BAG 24. 9. 2003 – 5 AZR 282/02, AP Nr 3 zu § 151 BGB; BAG 27. 8. 2008 – 5 AZR 16/08, AP Nr 124 zu § 615 BGB). Da der Arbeitnehmer meist über § 615 einen Anspruch auf Annahmeverzugslohn hat, besteht insoweit kein Schaden. Da Grundlage des Beschäftigungsanspruchs das allgemeine Persönlichkeitsrecht des Arbeitnehmers sein soll, kommt bei seiner Verletzung ein Anspruch auf **Entschädigung** (immaterieller Schadensersatz) in Betracht. Voraussetzung ist aber, dass es sich um eine schwerwiegende Verletzung des allgemeinen Persönlichkeitsrechts handelt (näher LAG Baden-Württemberg 17. 6. 2011 – 12 Sa 1/10, juris Rn 181 ff).

3. Freistellung/Suspendierung

1705 Anlässlich zB einer vom Arbeitgeber ausgesprochenen ordentlichen Kündigung können die Parteien in Ausübung ihrer Vertragsfreiheit eine **einvernehmliche Freistellung** vereinbaren, durch die zunächst nur die Beschäftigungspflicht bzw der Beschäftigungsanspruch des Arbeitnehmers aufgehoben wird (BAG 23. 1. 2008 – 5 AZR 393/07, NZA 2008, 595 [596]; zum Anspruch auf Annahmeverzugslohn vgl STAUDINGER/ RICHARDI/FISCHINGER [2016] § 615 Rn 119 ff). Die Nebenpflichten bleiben hingegen grundsätzlich bestehen, es sei denn, es ergibt sich aus der Vereinbarung etwas anderes (zB explizite Gestattung des Arbeitnehmers, einer anderen Tätigkeit nachzugehen). Handelt es sich bei der Freistellung um eine kollektive Maßnahme, wird dadurch also die betriebsübliche Arbeitszeit vorübergehend verkürzt, so hat der Betriebsrat insoweit nach § 87 Abs 1 Nr 3 BetrVG mitzubestimmen.

1706 Weil es sich bei der Beschäftigung um eine vertragliche und damit durch zweiseitigen Akt eingegangene Verpflichtung des Arbeitgebers handelt, kann sich dieser nur unter engen Voraussetzungen durch **einseitige Suspendierung** des Arbeitnehmers von seiner Pflicht zur Erbringung der Arbeitsleistung „entledigen", selbst wenn er bereit ist, das Arbeitsentgelt fortzuzahlen (BAG 21. 9. 1993 – 9 AZR 335/91, NZA 1994, 267; näher BAUER NZA 2007, 409). Ein derartiges Recht besteht nur, wenn ihm die weitere Beschäftigung des Arbeitnehmers **unzumutbar** ist. Das ist anzunehmen, wenn entweder durch die Beschäftigung (weitere) Schäden drohten oder ein durch Tatsachen begründeter Verdacht erheblicher Pflichtverletzungen besteht. Wegen des besonderen Schutzes vor Beendigung und Veränderung des Arbeitsverhältnisses von Betriebsratsmitgliedern ist auch ihre Suspendierung nur unter erheblich erschwerten Voraussetzungen möglich (LAG Köln 2. 8. 2005 – 1 Sa 952/05, NZA-RR 2006, 28; LAG Hamburg 27. 2. 2008 – 5 SaGa 1/08). Durch die Suspendierung gerät der Arbeitgeber grundsätzlich in Annahmeverzug und ist deshalb nach § 615 zur **Fortzahlung des Arbeitsentgelts** verpflichtet, ohne dass es eines Arbeitsangebots des Arbeitnehmers bedarf (BAG 23. 9. 2009 – 5 AZR 518/08, NZA 2010, 781 [783]; s auch STAUDINGER/RICHARDI/ FISCHINGER [2016] § 615 Rn 120), sofern nicht ausnahmsweise so schwerwiegende Gründe bestehen, dass ihm nicht nur die weitere Entgegennahme der Arbeitsleistung, sondern auch die Fortzahlung der Vergütung unzumutbar ist (BAG [GS] 26. 4. 1956 – GS 1/56, AP Nr 5 zu § 9 MuSchG; BAG 29. 10. 1987 – 2 AZR 144/87, NZA 1988, 465; MünchKomm/ MÜLLER-GLÖGE § 611 Rn 979). Der Arbeitgeber kann eine unwiderrufliche Freistellung mit einer **Urlaubserteilung** verbinden, um den Resturlaub vor dem rechtlichen Ausscheiden des Arbeitnehmers zum Erlöschen zu bringen; für die Zeit der Urlaubserteilung gerät er dann nicht in Annahmeverzug. Voraussetzung ist aber, dass der Arbeitgeber die Urlaubsteilung ausreichend klargestellt und entweder den Urlaubszeitraum konkret bestimmt oder dem Arbeitnehmer das Recht einräumt, dies selbst zu tun (BAG 6. 9. 2006 – 5 AZR 703/05, AP Nr 118 zu § 615 BGB; BAG 14. 5. 2013 – 9 AZR 760/ 11, DB 2013, 2155 [2156]; ErfK/PREIS § 611 Rn 567); anderenfalls ist die Urlaubserteilung unwirksam, der Arbeitgeber schuldet Annahmeverzugslohn und der Arbeitnehmer kann ggf nach der rechtlichen Beendigung des Arbeitsverhältnisses Urlaubsabgeltung verlangen, § 7 Abs 4 BUrlG.

Noch nicht höchstrichterlich entschieden ist, ob in einem **Formulararbeitsvertrag** das **1707 Recht zur einseitigen Freistellung** über die oben dargestellten Grundsätze im Voraus **erweitert** werden kann. Hierbei sind strenge Maßstäbe anzulegen, weil es sich um eine erhebliche Abweichung von dem richterrechtlich geprägten gesetzlichen Leitbild handelt (§ 307 Abs 1, 2 Nr 1; zur Bedeutung richterrechtlich entwickelter Grundsätze bei § 307 Abs 2 Nr 1 vgl BGH 10. 12. 1992 – I ZR 186/90, BGHZ 121, 14 [18]). Dem kann auch nicht überzeugend entgegengehalten werden, der Arbeitnehmer könne in einer konkreten Situation, in der es auf den Beschäftigungsanspruch ankommt, auf diesen verzichten. Denn damit wird übersehen, dass der Arbeitnehmer im Zeitpunkt des Arbeitsvertragsschlusses in aller Regel die eventuelle spätere Bedeutung des Beschäftigungsanspruchs noch gar nicht hinreichend abschätzen kann und daher vor einer übereilten Veräußerung seiner Rechte geschützt werden muss (zu verschiedenen Ausprägungen des Übereilungsschutzgedankens im Zivilrecht vgl FISCHINGER, Haftungsbeschränkung im Bürgerlichen Recht [2015] 699 ff, 726 ff; vgl auch ErfK/PREIS § 611 Rn 568). Entgegen dem LAG Köln (20. 2. 2006 – 14 [10] Sa 1394/05, NZA-RR 2006, 342) ist deshalb eine Klausel, die dem Arbeitgeber das Recht gibt, den Arbeitnehmer unter automatischer Anrechnung auf einen eventuell noch bestehenden Urlaubsanspruch nach Ausspruch der Kündigung zu suspendieren, unwirksam. Zulässig kann eine solche Klausel nur sein, wenn der Arbeitgeber sachlich vertretbare, das Interesse des Arbeitnehmers an der Beschäftigung überwiegende Gründe für die Freistellung (zB Gefahr des Geheimnisverrats) benennt und die konkrete Freistellung auf diese Gründe gestützt werden kann, was am Maßstab des § 315 zu überprüfen ist (HWK/Thüsing § 611 Rn 176; vgl auch LAG München 7. 5. 2003 – 5 Sa 297/03, LAGE § 307 BGB 2002 Nr 2). Diese Grundsätze gelten nicht nur für das laufende, ungestörte Arbeitsverhältnis, sondern auch für das ordentlich **gekündigte Arbeitsverhältnis** vor Ablauf der Kündigungsfrist. Anders verhält es sich aber, wo sich die Regelung auf das nach Ausspruch einer (typischerweise: arbeitgeberseitigen) Kündigung **beendete Arbeitsverhältnis** bezieht. Hier besteht ohnehin grundsätzlich keine Beschäftigungspflicht, einen Anspruch auf Weiterbeschäftigung erkennt die Rechtsprechung nur bei offensichtlich unwirksamen Kündigungen oder dann an, wenn bereits ein Instanzgericht die Unwirksamkeit der Kündigung festgestellt hat (s Rn 1716 ff). Aber selbst insoweit kommt ein unbeschränkter formularmäßiger Ausschluss nicht in Betracht (s Rn 1727).

4. Entfallen der Beschäftigungspflicht bei Arbeitskämpfen

1708 Die Beschäftigungspflicht des Arbeitgebers kann während eines Arbeitskampfes entfallen.

a) Streik
1709 Das ist zum einen hinsichtlich der **Streikenden** bei einem rechtmäßigen Streik der Fall. Das Ablehnungsrecht des Arbeitgebers ist angesichts der in der Streikteilnahme liegenden Arbeitsverweigerung der Arbeitnehmer aber praktisch bedeutungslos.

1710 Die nicht-streikenden, **arbeitswilligen Arbeitnehmer** muss der Arbeitgeber dagegen grundsätzlich beschäftigen. Etwas anderes gilt aber zum einen, wenn er auf den Streik mit einer **rechtmäßigen suspendierenden Aussperrung** der arbeitswilligen Arbeitnehmer reagiert (Rn 1711), zum anderen wenn er von seiner Befugnis zur **Betriebsstilllegung** Gebrauch macht (Rn 1713).

b) Aussperrung
1711 Das traditionelle, praktisch aber nahezu bedeutungslose Arbeitskampfmittel der Arbeitgeberseite ist die Aussperrung (näher oben Rn 1329 ff).

1712 Mit einer **suspendierenden Aussperrung** verletzt der Arbeitgeber auf den ersten Blick seine Beschäftigungspflicht. Handelt es sich aber um eine **rechtmäßige** Aussperrung, so werden durch diese die vertraglichen Hauptleistungspflichten suspendiert. Nun wird man zwar die Beschäftigungspflicht des Arbeitgebers nicht zu den Hauptpflichten aus dem Arbeitsverhältnis zählen können, jedoch wird man auch diese als suspendiert ansehen müssen. Denn hätte der Arbeitnehmer auch während einer rechtmäßigen suspendierenden Aussperrung einen Beschäftigungsanspruch, wäre die Aussperrung iErg sinnlos, weil der Arbeitnehmer nicht nur seine Beschäftigung verlangen könnte, sondern nach deren Erbringung selbstverständlich einen Lohnanspruch hätte. Deshalb entfällt bei einer rechtmäßigen suspendierenden Aussperrung die Beschäftigungspflicht (so iE auch Brox/Rüthers, Arbeitskampfrecht Rn 314). Das gilt gleichermaßen für die Aussperrung von Gewerkschaftsmitgliedern wie Außenseiter-Arbeitnehmern. Anders verhält es sich hingegen bei einer **rechtswidrigen** Aussperrung. Durch eine solche verletzt der Arbeitgeber seine Beschäftigungspflicht, entsprechend kann der Arbeitnehmer den Beschäftigungsanspruch (ggf gerichtlich) geltend machen (KISSEL, Arbeitskampfrecht § 58 Rn 4; BROX/RÜTHERS, Arbeitskampfrecht Rn 343).

c) Stilllegungsbefugnis des Arbeitgebers

Der Arbeitgeber ist weder gezwungen noch darauf beschränkt, einem Streik kampfrechtlich mit der Aussperrung zu begegnen. Vielmehr kann er nach Auffassung des BAG einen **bestreikten Betrieb oder Betriebsteil** während des Streiks mit der Folge stilllegen, dass die beiderseitigen Rechte und Pflichten aus dem Arbeitsverhältnis suspendiert werden und auch nicht-streikende, arbeitswillige Arbeitnehmer ihren **Beschäftigungs- und Lohnanspruch verlieren** (grundlegend BAG 22. 3. 1994 – 1 AZR 622/93, AP Nr 130 zu Art 9 GG Arbeitskampf; bestätigt durch BAG 31. 1. 1995 – 1 AZR 142/94, AP Nr 135 zu Art 9 GG Arbeitskampf; BAG 27. 6. 1995 – 1 AZR 1016/94, BAGE 80, 213; so auch BAG 22. 3. 1994 – 1 AZR 622/93, AP Nr 130 zu Art 9 GG Arbeitskampf; BAG 11. 7. 1995 – 1 AZR 63/95, BAGE 80, 265 und BAG 11. 7. 1995 – 1 AZR 161/95, AP Nr 137, 138 und 139 zu Art 9 GG Arbeitskampf mAnm KONZEN; kritisch auch LIEB SAE 1996, 182 ff). Die Stilllegung bedarf einer **eindeutigen Erklärung** des Arbeitgebers (BAG 22. 3. 1994 – 1 AZR 622/93, AP Nr 130 zu Art 9 GG Arbeitskampf). Zudem besteht die Stilllegungsbefugnis nur im **zeitlichen und räumlichen Rahmen des Streiks**.

1713

5. Weiterbeschäftigungspflicht nach Ablauf der Kündigungsfrist bzw nach Erklärung einer außerordentlichen Kündigung*

a) Vorläufiger Bestandsschutz des Arbeitsverhältnisses

Hat der Betriebsrat einer ordentlichen Kündigung widersprochen, so muss der Arbeitgeber den Arbeitnehmer auf dessen Verlangen nach Ablauf der Kündigungsfrist bis zum rechtskräftigen Abschluss des Rechtsstreits bei unveränderten Arbeitsbedingungen weiterbeschäftigen, wenn der Arbeitnehmer Kündigungsschutzklage erhoben hat; der Arbeitgeber kann sich davon nur durch einstweilige Verfügung dispensieren lassen (**§ 102 Abs 5 BetrVG**). Für den Bereich des öffentlichen Dienstes besteht eine entsprechende Regelung in § 79 Abs 2 S 2 BPersVG, § 77 Abs 2 S 2 PersVG Baden-Württemberg und Art 77 Abs 2 S 2 PersVG Bayern.

1714

Der hier eingeräumte Weiterbeschäftigungsanspruch ist **nicht** mit dem **Beschäftigungsanspruch aus dem Arbeitsverhältnis gleichzusetzen**. Die rechtsdogmatische Besonderheit der Gesetzesregelungen besteht vielmehr darin, dass dem gekündigten Arbeitnehmer ein **Gestaltungsrecht** eingeräumt wird, durch das er die Rechtswirkungen einer Kündigung bis zum rechtskräftigen Abschluss des Rechtsstreits suspendieren kann: Die Kündigung verliert ihre Auflösungswirkung; das Arbeitsverhältnis wird mit dem bisherigen Vertragsinhalt fortgesetzt und ist durch die rechtskräftige Abweisung der Kündigungsschutzklage auflösend bedingt (vgl BAG 26. 5. 1977 – 2 AZR 632/76, BAGE 29, 195 [209]). Durch den Gesetzestext ist außerdem klargestellt, dass der Arbeitgeber den Arbeitnehmer auch zu beschäftigen hat, damit dieser im Fall seines Obsiegens im Kündigungsschutzprozess tatsächlich weiterbe-

1715

---

* **Schrifttum**: Vgl die Nachw bei RICHARDI, BetrVG (14. Aufl 2014) unter Rn 207 ff zu § 102; zum richterrechtlich entwickelten Beschäftigungsanspruch während des Kündigungsrechtsstreits KONZEN, Das Weiterbeschäftigungsverhältnis mit dem gekündigten Arbeitnehmer, in: FS Kim (1995) 63; WEBER/WEBER, Zur Dogmatik eines allgemeinen Beschäftigungsanspruchs im Arbeitsverhältnis, RdA 2007, 344.

schäftigt werden kann (BAG [GS] 27. 2. 1985 – GS 1/84, BAGE 48, 122 [140]). Der Beschäftigungsanspruch besteht aber nur in den Grenzen, wie sie für ein nicht gekündigtes Arbeitsverhältnis bestehen. Ein formularmäßiger Ausschluss des Weiterbeschäftigungsanspruchs ist unwirksam, da mit dem gesetzlichen Leitbild des § 102 Abs 5 BetrVG nicht vereinbar, § 307 Abs 1, 2 Nr 1 (ebenso LAG Baden-Württemberg 5. 1. 2007 – 7 Sa 93/06, NZA-RR 2007, 406).

b) Allgemeiner Beschäftigungsanspruch zur Sicherung des Arbeitsplatzes

1716 **aa)** Außerhalb der Regelung des § 102 Abs 5 BetrVG (und des § 79 Abs 2 BPersVG, des § 77 Abs 2 PersVG Baden-Württemberg sowie des Art 77 Abs 2 PersVG Bayern) besteht **grundsätzlich keine Pflicht zur Weiterbeschäftigung**, durch die ein vorläufiger Bestandsschutz des Arbeitsverhältnisses verwirklicht wird. Man kann § 102 Abs 5 BetrVG auch nicht allgemein auf jede in ihrer Rechtswirksamkeit zweifelhafte Kündigung anwenden; denn die Pflicht des Arbeitgebers zur Weiterbeschäftigung ist hier an den ordnungsgemäßen Widerspruch des Betriebsrats gebunden (so bereits BAG 26. 5. 1977 – 2 AZR 632/76, BAGE 29, 195 [209]).

1717 Deshalb stellt sich die Frage, ob eine Weiterbeschäftigungspflicht während des Kündigungsrechtsstreits auf den allgemeinen Beschäftigungsanspruch des Arbeitnehmers aus dem Arbeitsverhältnis gestützt werden kann. Die Frage kann nicht schon deshalb verneint werden, weil § 102 Abs 5 BetrVG eine Sonderregelung ist; denn deren Besonderheit liegt in der Anordnung eines *vorläufigen Bestandsschutzes* des Arbeitsverhältnisses. Deshalb schließt § 102 Abs 5 BetrVG einen allgemeinen Beschäftigungsanspruch des gekündigten Arbeitnehmers bis zum Abschluss des Kündigungsschutzprozesses nicht aus (BAG [GS] 27. 2. 1985 – GS 1/84, BAGE 48, 122 [143]; kritisch WEBER/WEBER RdA 2007, 344 [350 f]). § 102 Abs 5 BetrVG ist für den Beschäftigungsanspruch nur insoweit von Bedeutung, als „der Gesetzgeber davon ausgeht, dass im unangefochtenen Arbeitsverhältnis ein Anspruch auf tatsächliche vertragsgemäße Beschäftigung besteht" (BAG [GS] 27. 2. 1985 – GS 1/84, BAGE 48, 122 [140]).

1718 Der allgemeine Beschäftigungsanspruch setzt voraus, dass ein Arbeitsverhältnis noch besteht. Der Ausspruch einer Kündigung begründet für den Arbeitgeber kein überwiegendes schutzwürdiges Interesse, das ihn von einer Beschäftigungspflicht befreit (s Rn 1703). Das Dilemma besteht aber darin, dass während eines Kündigungsrechtsstreites zwischen den Arbeitsvertragsparteien gerade streitig ist, ob die Kündigung das Arbeitsverhältnis wirksam aufgelöst hat. Es geht also darum, wer das **Risiko der Ungewissheit über die objektive Rechtslage** zu tragen hat.

1719 **bb)** Nach **Ansicht des Großen Senats des BAG** besteht der Beschäftigungsanspruch über den Ablauf der Kündigungsfrist oder bei einer fristlosen Kündigung über deren Zugang hinaus bis zum rechtskräftigen Abschluss des Kündigungsrechtsstreites, „wenn die Kündigung unwirksam ist und überwiegende schutzwerte Interessen des Arbeitgebers einer solchen Beschäftigung nicht entgegenstehen" (BAG [GS] 27. 2. 1985 – GS 1/84, BAGE 48, 122). Das Problem, dass ungewiss ist, ob die Kündigung unwirksam ist, löst der Große Senat durch die Regel, dass außer im Fall einer **offensichtlich unwirksamen Kündigung** die Ungewissheit über den Ausgang des Kündigungsschutzprozesses ein schutzwertes Interesse des Arbeitgebers an der Nichtbeschäftigung des gekündigten Arbeitnehmers für die Dauer des Kündigungsschutzprozesses begründe; dieses Interesse überwiege in der Regel das Beschäftigungsinteresse des Arbeitnehmers bis zu dem Zeitpunkt, in dem im Kündigungsschutzprozess ein die **Unwirksamkeit der Kündigung feststellendes Urteil** (erster oder zweiter Instanz) ergehe. Begründet wird diese Auffassung damit, dass der allgemeine Beschäftigungsanspruch in seinem Bestand materiell-rechtlich von der jeweiligen Interessenlage der Vertragsparteien beeinflusst werde. Deshalb könne auch das Anhängigwerden eines Rechtsstreits materiell-rechtliche Auswirkungen haben, wenn sich infolge der dadurch hervorgerufenen Ungewissheit und Unsicherheit die Interessenlage verschiebe (BAG [GS] 27. 2. 1985 – GS 1/84, BAGE 48, 122 [149]).

Liegen die genannten Voraussetzungen vor, besteht ein materiell-rechtlicher Weiterbeschäftigungsanspruch unabhängig davon, ob der Arbeitnehmer eine Verurteilung des Arbeitgebers zur Weiterbeschäftigung beantragt hatte (BAG 22. 7. 2014 – 9 AZR 1066/12, NZA 2014, 1330 [1332]). Er kann – idR als unechter **Hilfsantrag**, der nur für den Fall des Obsiegens gestellt wird – gemeinsam mit der Kündigungsschutzklage geltend gemacht werden (BAG 8. 4. 1988 – 2 AZR 777/87, NZA 1988, 741). Eine **einstweilige Verfügung** ist nicht per se ausgeschlossen. Da eine erfolgte Beschäftigung aber als solche nicht mehr rückgängig gemacht werden kann und es sich daher um eine Vorwegnahme der Hauptsache handelt, kommt sie nur bei einer außergewöhnlichen Interessenslage in Betracht (vgl LAG Berlin 4. 1. 2005 – 17 Sa 2664/04, juris Rn 4; LAG Düsseldorf 1. 6. 2005 – 12 Sa 352/05, juris Rn 18; LAG Berlin-Brandenburg 16. 3. 2011 – 4 SaGa 2600/11, juris Rn 30 ff; LAG Köln 22. 1. 2014 – 11 SaGa 10/13, juris Rn 22; ArbG Köln 9. 5. 1996 – 8 Ga 80/96, NZA-RR 1997, 186 [188]; HWK/Thüsing § 611 Rn 170). Die **Weiterbeschäftigungspflicht entfällt** mit Aufhebung des die Unwirksamkeit der Kündigung aussprechenden Urteils (BAG 8. 4. 2014 – 9 AZR 856/11, juris Rn 39). **1720**

Diese Grundsätze sollen entsprechend Anwendung finden, wenn um die Wirksamkeit einer **Befristung** oder **auflösenden Bedingung des Arbeitsverhältnisses** gestritten wird (BAG 13. 6. 1985 – 2 AZR 410/84, AP Nr 19 zu § 611 BGB Beschäftigungspflicht; BAG 22. 7. 2014 – 9 AZR 1066/12, NZA 2014, 1330). Nimmt dagegen der Arbeitnehmer bei einer **Änderungskündigung** das Angebot unter Vorbehalt an und erhebt dann Änderungsschutzklage, braucht der Arbeitgeber ihn grundsätzlich vorläufig nicht zu den alten Konditionen beschäftigen. Die Abwägung der beiderseitigen Interessen geht hier zulasten des Arbeitnehmers, hat er doch mit der Annahme zu erkennen gegeben, dass die Weiterbeschäftigung unter geänderten Bedingungen nicht unzumutbar ist (BAG 28. 5. 2009 – 2 AZR 844/07, NZA 2009, 954 [956]). **1721**

Ist die Kündigung offensichtlich unwirksam oder erging bereits ein die Unwirksamkeit feststellendes Urteil, so kann der Arbeitnehmer grundsätzlich Weiterbeschäftigung verlangen. Etwas anderes gilt nur, wenn ausnahmsweise nach den Umständen des Einzelfalls dennoch die **Interessen des Arbeitgebers überwiegen**. Das kann anzunehmen sein, wenn die Beschäftigung für den Arbeitgeber oder andere Arbeitnehmer unzumutbar ist (vgl LAG Hamburg 6. 8. 1985 – 1 Sa 24/85, BeckRS 1985, 30459446), ein zulässiger Auflösungsantrag nach § 9 KSchG gestellt wurde (BAG 16. 11. 1995 – 8 AZR 864/93, NZA 1996, 589 [593]) oder wenn der Arbeitgeber weitere, nicht offenkundig unwirksame und sich nicht als bloße Wiederholungskündigungen darstellende Kündigungen ausgesprochen hat (MünchKomm/Müller-Glöge § 611 Rn 980). **1722**

cc) Kritik: Die vom **Großen Senat des BAG entwickelte Ungewissheitsregel** ist **systemfremd** und führt **praktisch zu erheblichen Schwierigkeiten**. Die objektiv beste- **1723**

hende materielle Rechtslage erfährt nicht allein dadurch eine Veränderung, dass über sie in einem Rechtsstreit mit ungewissem Ausgang gestritten wird (so zutreffend BAG [GS] 27. 2. 1985 – GS 1/84, BAGE 48, 122 [149]). Mit dieser Erkenntnis ist nicht vereinbar, dass ein Beschäftigungsanspruch materiell-rechtlich im Regelfall nur bestehen soll, wenn entweder das Fortbestehen des Arbeitsverhältnisses trotz erfolgter Kündigung nach der objektiven Rechtslage unzweifelhaft ist oder im Kündigungsschutzprozess ein die Unwirksamkeit der Kündigung feststellendes Urteil ergangen ist. Damit wird der Beschäftigungsanspruch materiell-rechtlich eingeschränkt, obwohl es ausschließlich darum geht, wer die Ungewissheit des Prozessausgangs zu tragen hat. Es wird damit auch der Möglichkeit, den Beschäftigungsanspruch außerhalb der vorgenommenen Grenzziehung durch Erlass einer einstweiligen Verfügung zu sichern, der Boden entzogen.

1724 Vor allem hat der Große Senat des BAG nicht beachtet, dass nach der damals geltenden Gesetzeslage bei Geltendmachung der Sozialwidrigkeit einer ordentlichen Kündigung bzw bei der außerordentlichen Kündigung für das Fehlen eines wichtigen Grundes keine Inzidententscheidung ergehen konnte. Nach geltendem Recht gilt dies für die Geltendmachung der Rechtsunwirksamkeit einer schriftlichen Kündigung schlechthin; der Arbeitnehmer muss innerhalb einer Dreiwochenfrist Klage auf Feststellung erheben, dass das Arbeitsverhältnis durch die Kündigung nicht aufgelöst ist (§§ 4 S 1, 13 Abs 1 S 2 iVm § 23 Abs 1 S 2 und 3 KSchG). Verlangt er die Zahlung des Arbeitsentgelts oder auch Beschäftigung für die Zeit nach Ablauf der Kündigungsfrist bzw bei einer außerordentlichen Kündigung nach deren Erklärung, so kann ein Urteil über die Leistungsklage nur ergehen, wenn zwischen den Arbeitsvertragsparteien rechtskräftig feststeht, dass das Arbeitsverhältnis durch die Kündigung nicht aufgelöst ist. Sollte ein Arbeitnehmer sich darauf beschränken, nur die Zahlung des Arbeitsentgelts bzw Beschäftigung zu verlangen, so wird die Klage abgewiesen, weil nach Ablauf der Dreiwochenfrist die Kündigung als von Anfang an rechtswirksam gilt, wenn sie nicht wegen des Mangels der Schriftform (§§ 623, 125 S 1) rechtsunwirksam ist (§ 7 KSchG). Das System dieser Gesetzesregelung macht es daher unmöglich, dass der Leistungsklage auf Lohn oder Beschäftigung stattgegeben wird, bevor das Feststellungsurteil rechtskräftig geworden ist (ebenso zur alten Gesetzeslage Bötticher BB 1981, 1954 ff; vgl Dietz/Richardi, BetrVG [6. Aufl 1982] § 102 Rn 259 ff).

1725 Die **Sicherung des Arbeitsplatzes während eines Kündigungsrechtsstreits** ist **kein Problem der materiell-rechtlichen Gestaltung des Arbeitsverhältnisses**, sondern es geht insoweit ausschließlich um das prozessuale Problem der sachgerechten Gestaltung des einstweiligen Rechtsschutzes (so zutreffend Picker ZfA 1981, 472). Die Verlagerung des Problems in das materielle Recht führt zu nicht lösbaren Folgeproblemen prozessualer und materiell-rechtlicher Art (ebenso Brors, Die Abschaffung der Fürsorgepflicht [2002] 228 ff).

1726 dd) Soweit nach den Grundsätzen des Großen Senats ein Beschäftigungsanspruch besteht, ist materiell-rechtlich zweifelhaft, wie das **Beschäftigungsverhältnis abzuwickeln** ist, wenn rechtskräftig festgestellt wird, dass die **Kündigung rechtswirksam** war. Da im Gegensatz zu § 102 Abs 5 BetrVG kein vorläufiger Bestandsschutz des Arbeitsverhältnisses besteht, hat man zugrunde zu legen, dass nach Ablauf der Kündigungsfrist bzw bei einer außerordentlichen Kündigung nach deren Erklärung das Arbeitsverhältnis beendet war. Denn die vom Arbeitnehmer erzwungene Wei-

Titel 8 · Dienstvertrag und ähnliche Verträge
Untertitel 1 · Dienstvertrag   **§ 611**

terbeschäftigung verpflichtet den Arbeitgeber nur zu einer tatsächlichen Beschäftigung, nicht zum Abschluss eines Arbeitsvertrags (so BAG 10. 3. 1987 – 8 AZR 146/84 und 12. 2. 1992 – 5 AZR 297/90, BAGE 54, 232 [239] und 69, 324 [328]). Arbeitgeber und Arbeitnehmer können zwar ein sog **Prozessbeschäftigungsverhältnis** vereinbaren, dh ein für die Dauer des Kündigungsschutzprozesses geltendes und durch die rechtskräftige Abweisung der Kündigungsschutzklage auflösend bedingtes Arbeitsverhältnis (vgl BAG 19. 1. 2005 – 7 AZR 113/04; BAG 8. 4. 2014 – 9 AZR 856/11, juris Rn 28; BAG 22. 7. 2014 – 9 AZR 1066/12, NZA 2014, 1330 [1331]; das Schriftformerfordernis des § 14 Abs 4 TzBfG ist zu beachten, BAG 22. 10. 2003 – 7 AZR 113/03, NZA 2004, 1275 [1276]; siehe zu diesem näher Rn 372 ff). Wird der Arbeitnehmer aber nur zur Vermeidung der Zwangsvollstreckung weiterbeschäftigt, so sind bei rechtswirksamer Kündigung die gegenseitigen Leistungen **ohne rechtlichen Grund** erbracht und daher bereicherungsrechtlich rückabzuwickeln. Der Arbeitnehmer hat demnach nur einen Anspruch aus ungerechtfertigter Bereicherung auf Ersatz des Wertes der geleisteten Arbeit (§ 812 Abs 1 S 1 iVm § 818 Abs 2; so BAG 10. 3. 1987 – 8 AZR 146/84, BAGE 54, 232 [239 f]; BAG 12. 2. 1992 – 5 AZR 297/90, BAGE 69, 324 [329]; s auch § 612 Rn 14). Zu den Leistungen, die in den Bereicherungsausgleich einzubeziehen sind, gehört daher insbesondere nicht der Urlaub; denn er ist nach der Rechtsprechung des BAG keine Gegenleistung des Arbeitgebers für erbrachte oder noch zu erbringende Arbeitsleistungen (BAG 10. 3. 1987 – 8 AZR 146/84, BAGE 54, 232 [242]). Der Wert der Arbeitsleistung bestimmt sich nach der dafür üblichen Vergütung (vgl zu ihr BAG 12. 2. 1992 – 5 AZR 297/90, BAGE 69, 324 [329 ff]). Im Gegenzug muss der Arbeitnehmer den während der Dauer der Weiterbeschäftigung gezahlten Lohn nach § 812 Abs 1 S 1 Alt 1 herausgeben. Da beide Ansprüche auf Geldzahlung gerichtet sind, können sie durch Aufrechnung zum Erlöschen gebracht werden, soweit sie sich decken, § 389. Ist der Wert der Arbeitsleistung geringer als der vom Arbeitnehmer bezogene Lohn, so ist der Arbeitnehmer in Höhe des Überschusses zur Rückzahlung verpflichtet. Ggf kann er sich insoweit aber nach § 818 Abs 3 auf Entreicherung berufen.

ee) Bejaht man auf der Basis der BAG-Rechtsprechung einen allgemeinen Weiterbeschäftigungsanspruch, so kann dieser richtigerweise nicht in einem **Formulararbeitsvertrag** generell und einschränkungslos ausgeschlossen werden (ebenso LAG Baden-Württemberg 5. 1. 2007 – 7 Sa 93/06, NZA-RR 2007, 406); denn zu den gesetzlichen Leitbildern des § 307 Abs 2 Nr 1 gehören auch richterrechtlich entwickelte Rechtsgrundsätze (vgl BGH 10. 12. 1992 – I ZR 186/90, BGHZ 121, 14 [18]). Eine solche Klausel ist mit dem vom BAG entwickelten allgemeinen Weiterbeschäftigungsanspruch nicht vereinbar. **1727**

6. Berufliche Fortbildung zur Beschäftigungssicherung

Da die Qualifizierung der Arbeitnehmer sowohl für die Wettbewerbsfähigkeit der Unternehmen als auch für den Erhalt des Arbeitsplatzes und den beruflichen Aufstieg von herausragender Bedeutung ist, ist dem Betriebsrat nach § **97 Abs 2 BetrVG** ein Mitbestimmungsrecht zur Einführung von Maßnahmen der betrieblichen Berufsbildung eingeräumt, wenn der Arbeitgeber Maßnahmen geplant hat oder durchführt, die dazu führen, dass sich die Tätigkeit der betroffenen Arbeitnehmer ändert und ihre beruflichen Kenntnisse und Fähigkeiten zur Erfüllung ihrer Aufgaben nicht mehr ausreichen. Kommt eine Einigung mit dem Arbeitgeber nicht zustande, so **1728** entscheidet die Einigungsstelle im verbindlichen Einigungsverfahren; der Spruch der Einigungsstelle ersetzt die Einigung zwischen Arbeitgeber und Betriebsrat.

1729 Den Arbeitgeber trifft aber nicht kraft Gesetzes die Nebenpflicht zur beruflichen Fortbildung seiner Arbeitnehmer, sondern ein derartiger Anspruch besteht nur bei einer entsprechenden Regelung im Tarifvertrag, einer durch das Mitbestimmungsrecht nach § 97 Abs 2 BetrVG erzwingbaren Betriebsvereinbarung oder aufgrund einer einzelvertraglichen Vereinbarung mit dem Arbeitnehmer.

1730 Wenn der Arbeitgeber die Kosten der beruflichen Fortbildung trägt, kann unter bestimmten Voraussetzungen festgelegt werden, dass sie ihm zu erstatten sind (näher Rn 1524 ff).

III. Pflicht zum Schutz von Leben und Gesundheit des Dienstverpflichteten; Haftungsbeschränkung nach § 104 SGB VII

1. Zivilrechtliche Grundsätze

1731 Den Dienstberechtigten treffen nach §§ 617–619 Pflichten zur Fürsorge für Leben und Gesundheit des Dienstverpflichteten. Von Bedeutung ist vor allem die in § 618 Abs 1 niedergelegte allgemeine Fürsorgepflicht sowie die Sonderregelungen in § 62 Abs 1 HGB, § 114 SeeArbG, § 28 JArbSchG, dem ASiG und § 12 HAG. Der Dienstberechtigte hat Räume, Vorrichtungen und Gerätschaften so einzurichten und zu unterhalten und Dienstleistungen, die unter seiner Anordnung oder seiner Leitung vorzunehmen sind, so zu regeln, dass der Dienstverpflichtete gegen Gefahren für Leben und Gesundheit soweit geschützt ist, als die Natur der Dienstleistung es gestattet. Diese Generalklausel wird durch die Vorschriften des **öffentlich-rechtlichen Gefahrenschutzes konkretisiert** (grundlegend NIPPERDEY, in: Die RG-Praxis im deutschen Rechtsleben IV [1929] 203 ff; s auch STAUDINGER/OETKER [2011] § 618 Rn 10 ff).

1732 Verstößt der Dienstberechtigte gegen die Fürsorgepflicht, so hat der Dienstverpflichtete ein **Recht zur Verweigerung der Arbeitsleistung** (s STAUDINGER/OETKER [2002] § 618 Rn 257 ff). Erleidet er einen Schaden, hat er außerdem **Anspruch auf Schadensersatz** aus §§ 280 Abs 1, 241 Abs 2 (s STAUDINGER/OETKER [2002] § 618 Rn 286 ff). Auf die Verpflichtung zum Schadensersatz finden insoweit die für unerlaubte Handlungen geltenden Vorschriften der §§ 842–846 entsprechende Anwendung (§ 618 Abs 3; s STAUDINGER/OETKER [2011] § 618 Rn 303 ff). Dagegen ist § 618 kein Schutzgesetz im Sinne von § 823 Abs 2, da anderenfalls § 618 Abs 3 überflüssig wäre.

2. Haftungsersetzung durch Versicherungsschutz

1733 Wegen **§ 104 SGB VII** hat die skizzierte zivilrechtliche Schadensersatzpflicht des Arbeitgebers für **Personenschäden** allerdings nur geringe Bedeutung. Denn danach haftet der Arbeitgeber dem Arbeitnehmer für aus Versicherungsfällen resultierende Personenschäden aus vertraglichen oder deliktischen Ansprüchen grundsätzlich nicht; eine Ausnahme gilt nur, wenn der Schaden auf einem Versicherungsfall beruht, der vorsätzlich oder auf einem nach § 8 Abs 2 Nr 1–4 SGB VII versicherten Weg herbeigeführt wurde. Diese grundsätzliche Versagung zivilrechtlicher Ansprüche wird dadurch kompensiert, dass der geschädigte Arbeitnehmer sozialversicherungsrechtliche Ansprüche gegen den zuständigen Unfallversicherungsträger aus der gesetzlichen Unfallversicherung erhält.

Trotz dieser Kompensation bedarf diese „Haftungsersetzung durch Versicherungsschutz" einer **rechtsdogmatischen Legitimation**. Verbreitet sieht man sie auch heute noch im Schutz des Betriebsfriedens vor einer Störung durch Rechtsstreitigkeiten zwischen Arbeitgeber und Arbeitnehmer (RGZ 74, 27 [29]; BSG 24. 1. 2006 – VI ZR 290/04, NZS 2006, 539 [540]; BGH 27. 6. 2006 – VI ZR 143/05, NJW 2006, 3563 [3563 f]; BGH 6. 2. 2007 – VI ZR 55/06, NJW-RR 2007, 1395 [1396]; Maschmann SGb 1998, 54 [54 f]; Waltermann NJW 2008, 2895 [2896]; Kampen NJW 2012, 2234 [2238]; Brose RdA 2011, 205 [206]; Kasseler Kommentar/Ricke § 104 SGB VII Rn 2, § 105 SGB VII Rn 2); dieses sog *Betriebsfriedensargument* vermag jedoch nicht zu überzeugen (so iE auch Lepa, Haftungsbeschränkungen bei Personenschäden nach dem Unfallversicherungsrecht [2004] 44 f; Bogs, in: FS Gitter [1995] 123 [129]; Rolfs, Das Versicherungsprinzip im Sozialversicherungsrecht [2000] 469 f; s näher Fischinger, Haftungsbeschränkung im Bürgerlichen Recht [2015] 457 ff; Staudinger/Richardi/Fischinger [2016] § 619a Rn 100). Vielmehr hat man als entscheidenden, sowohl die Entlastung des Arbeitgebers von den *konkreten* Schadensfolgen wie den Entzug privatrechtlicher Ansprüche des Arbeitnehmers tragenden Gedanken das sog **Finanzierungsargument** anzusehen. Es beruht auf der Erkenntnis, dass – anders als in den anderen Zweigen der Sozialversicherung – die Unternehmer die Beiträge zur gesetzlichen Unfallversicherung alleine tragen (§ 150 Abs 1 SGB VII) und damit das System finanzieren. Von dieser Einsicht ist es nur ein kleiner Schritt dahin, in der Beitragsleistung einen quasi präventiv-abstrakten Freikauf von konkreten Schadensersatzverpflichtungen zu sehen. Durch die Haftungsversagung wird verhindert, dass der Arbeitgeber zweimal – zum einen präventiv-abstrakt und zum anderen nachträglichkonkret – den gleichen Schaden ausgleichen muss. Soweit die Leistungen der Unfallversicherungsträger mit den hypothetischen zivilrechtlichen Ansprüchen kongruent sind, ist ein Haftungsausschluss daher nicht zu beanstanden (so die überzeugende hM, RT-Drucks 1884 Nr 4, 82; vgl BT-Drucks 13/2204, 72; BGH 27. 6. 2006 – VI ZR 143/05, NJW 2006, 3563; BSG 24. 1. 2006 – VI ZR 290/04, NZS 2006, 539 [540]; Rupp Jura 2007, 124 [125]; Leichsenring/Petermann, SGb 1989, 464 [465]; Kasseler Kommentar/Ricke § 104 SGB VII Rn 2; s ausf Fischinger, Haftungsbeschränkung im Bürgerlichen Recht [2015] 463 ff).

1734

Voraussetzung für den Haftungsausschluss nach § 104 SGB VII ist, dass

1735

(1) ein Versicherungsfall vorliegt,

(2) der Unternehmer durch eine betriebliche Tätigkeit einen Versicherungsfall eines Versicherten, der für sein Unternehmen tätig ist oder zu seinem Unternehmen in einer sonstigen, die Versicherung begründenden Beziehung steht, verursacht hat und

(3) der Versicherungsfall nicht vorsätzlich und nicht auf einem nach § 8 Abs 2 Nr 1–4 SGB VII versicherten Weg herbeigeführt wurde.

Ein **Versicherungsfall** ist insbesondere ein **Arbeitsunfall** (§ 7 Abs 1 SGB VII), dh „Unfälle von Versicherten infolge einer den Versicherungsschutz nach §§ 2, 3 oder 6 begründenden Tätigkeit (versicherte Tätigkeit)", wobei als Unfälle „zeitlich begrenzte, von außen auf den Körper einwirkende Ereignisse" definiert werden, „die

1736

zu einem Gesundheitsschaden oder zum Tod führen" (§ 8 Abs 1 SGB VII). Erfasst wird deshalb ein Unfall, den ein Arbeitnehmer im Rahmen seiner Arbeitstätigkeit erleidet. Ist zwischen den Parteien streitig, ob ein Versicherungsfall vorliegt, ist das Gericht insoweit nach § 108 SGB VII an die endgültige, in einem Verfahren nach dem SGB VII oder dem Sozialgerichtsgesetz ergehende Entscheidung gebunden.

1737 Der Schädiger muss zudem den Versicherungsfall durch eine **betriebliche Tätigkeit** verursacht haben. Für die Feststellung, ob es sich um eine betriebliche Tätigkeit handelt, spielt die Art, wie eine Arbeit verrichtet wird, keine Rolle; es ist also unerheblich, ob sie sachgemäß oder fehlerhaft ausgeführt oder bei ihr vorsichtig oder leichtsinnig gehandelt wird (BAG 9. 8. 1966 – 1 AZR 426/65, BAGE 19, 41 [48]). Sogar verbotswidriges Handeln schließt einen Versicherungsfall nicht aus (§ 7 Abs 2 SGB VII). Keine Verursachung des Arbeitsunfalls durch eine betriebliche Tätigkeit liegt aber vor, wenn der Arbeitgeber den Schaden bei Gelegenheit seiner Arbeit im Betrieb verursacht hat, zB ein brennendes Streichholz an eine „Benzinglocke" hält, die sich um den Körper eines Arbeitnehmers gebildet hat (vgl BAG 9. 8. 1966 – 1 AZR 426/65, BAGE 19, 41 [45 ff] für § 105 SGB VII).

1738 Wenn der Versicherungsfall auf einem nach **§ 8 Abs Nr 1–4 SGB VII** versicherten Weg oder **vorsätzlich** herbeigeführt wurde, scheidet § 104 SGB VII aus. Vorsatz in diesem Sinne erfordert, wie der Gegenschluss zu § 110 Abs 1 S 3 SGB VII zeigt, nach hM nicht nur Vorsatz hinsichtlich der zur Verletzung führenden Handlung, sondern auch bezüglich des Schadens (BGH 11. 2. 2003 – VI ZR 34/02, NJW 2003, 1605 [1606]; LAG Rheinland-Pfalz 27. 6. 2014 – 7 Sa 112/14, juris Rn 33; BeckOK-SozR/Stelljes § 104 SGB VII Rn 24; Kasseler Kommentar/Ricke § 104 SGB VII Rn 12; aA Rolfs NJW 1996, 3177 [3178]).

1739 Der Haftungsausschluss erstreckt sich allein auf den Ersatz des Personenschadens und umfasst insoweit in verfassungsrechtlich zulässiger Weise auch den Anspruch auf Schmerzensgeld (s auch Staudinger/Richardi/Fischinger [2016] § 619a Rn 36). Für **Sachschäden** haftet der Arbeitgeber dem Arbeitnehmer – mit Ausnahme solcher für die Beschädigung oder den Verlust von Hilfsmitteln, die Personenschäden gleichgestellt werden (§§ 8 Abs 3, 31 SGB VII) – nach allgemeinen Grundsätzen.

IV. Pflicht zum Aufwendungsersatz

1. Rechtsgrundlage

1740 Hat der Dienstverpflichtete in Ausführung seiner Arbeitspflicht im Interesse des Dienstberechtigten Aufwendungen gemacht, die er den Umständen nach für erforderlich halten durfte, so kann er Ersatz dieser Aufwendungen vom Dienstberechtigten verlangen. Das ergibt sich aus § 670, der bei Dienstverträgen, die eine Geschäftsbesorgung (vgl zum Geschäftsbesorgungsbegriff Staudinger/Martinek [2006] § 675 Rn A 6 ff) zum Gegenstand haben, nach § 675 und im Übrigen, dh vor allem im Arbeitsrecht, entsprechend anzuwenden ist; denn der hinter § 670 stehende Rechtsgedanke, dass jemand, der im Rahmen einer Geschäftsbesorgung im Interesse eines anderen Aufwendungen tätigt, diese nicht selbst tragen soll, passt auch in diesen Konstellationen (vgl BAG [GS] 10. 11. 1961 – GS 1/60, BAGE 12, 5 [24]; BAG 12. 4. 2011 – 9 AZR 14/10, NZA 2012, 97 [99] mwNw; auch beim Leiharbeitnehmer LAG Niedersachsen 20. 12.

2013 – 6 Sa 392/13, juris Rn 47 f). Man hat in diesem Fall aber zu beachten, dass beim Dienstvertrag wegen des Anspruchs auf das Arbeitsentgelt eine Abgeltung der Aufwendungen durch die Vergütung in Betracht kommt und in diesem Fall ein Aufwendungsersatzanspruch ausscheidet (BAG 12. 3. 2013 – 9 AZR 455/11, NZA 2013, 1086 [1086 f]). Vom Aufwendungsersatz nach § 670 (analog) sind **betriebsverfassungsrechtliche** Aufwendungsersatzansprüche nach § 40 Abs 1 BetrVG zu unterscheiden.

2. Ersatzfähige Aufwendungen

a) Zu den ersatzfähigen Aufwendungen gehören alle **freiwilligen Vermögensopfer**, die der Dienstverpflichtete entweder als **Folge einer Geschäftsbesorgung** auf sich nimmt oder die der **Ausführung der Arbeitsleistung** selbst dienen und die **nicht** bereits durch die **Arbeitsvergütung** oder eine **Auslagenpauschale kompensiert** werden. Entscheidend ist, dass der Arbeitnehmer sie bei vernünftiger Ermessensausübung subjektiv für erforderlich halten durfte; auf die objektive Erforderlichkeit kommt es also nicht an (SCHAUB/KOCH, ArbRHdB § 82 Rn 1). **1741**

Zu den Aufwendungen gehören insbesondere Reisespesen und Fahrtkosten zu einer auswärtigen Arbeitsstelle (BAG 21. 1. 1993 – 6 AZR 194/92, AP Nr 1 zu § 17 Tarifvertrag Arb Bundespost) oder für dienstliche Fahrten (s auch Rn 1746). Von einer **Dienstfahrt** ist insbesondere auszugehen, wenn der Arbeitgeber den Arbeitnehmer aufforderte, sein eigenes Auto einzusetzen (BAG 23. 11. 2006 – 8 AZR 701/05, AP Nr 39 zu § 611 BGB Haftung des Arbeitgebers) oder dies billigte (LAG Niedersachsen 2. 9. 2004 – 7 Sa 2085/03, NZA-RR 2005, 64). Mangels einer Absprache wird der Arbeitnehmer nur die tatsächlich entstandenen Treibstoffkosten verlangen können, nicht aber die steuerliche Kilometerpauschale (KÜTTNER/GRIESE, Personalbuch 2015, Stichwort „Aufwendungsersatz" Rn 3); ist Kostenübernahme für öffentliche Transportmittel zugesagt, sind Pkw-Kosten bis zu dieser Höhe ersatzfähig. Verlangt der Arbeitgeber aus Sicherheitsgründen, dass der Arbeitnehmer bei Durchführung einer Urlaubsreise ein Flugzeug benutzt, so kann dieser Ersatz der ihm entstandenen Mehrkosten verlangen, aber nur in angemessenem Umfang (BAG 1. 2. 1963 – 5 AZR 74/62, AP Nr 10 zu § 670 BGB). **1742**

Nicht erstattungsfähig sind umgekehrt grundsätzlich die **Umzugskosten** des Arbeitnehmers, der sich zum Dienstantritt begibt, weiterhin nicht die Kosten der Arbeitskleidung (ausf dazu SCHAUB/KOCH, ArbRHdB § 82 Rn 19 ff) und der Beköstigung während der Arbeit. In all diesen Fällen handelt es sich um Aufwendungen, die der Dienstverpflichtete für sich persönlich macht und aus eigenen Mitteln bestreiten muss. Ebenfalls grundsätzlich nicht ersatzfähig sind die **Fahrtkosten von der Wohnung zur Arbeitsstätte** (vgl BAG 22. 6. 2011 – 8 AZR 102/10, NZA 2012, 91 [92]); etwas anderes wird man bei Leiharbeitnehmern annehmen können, aber nur soweit die tatsächlich anfallenden Fahrtkosten zum Entleiher die Kosten für Fahrten zur Geschäftsstelle des Verleihers übersteigen (so LAG Köln 24. 10. 2006 – 13 Sa 881/06, NZA-RR 2007, 345 [346]; LAG Niedersachsen 20. 12. 2013 – 6 Sa 392/13, juris Rn 49; weitergehend LAG Düsseldorf 30. 7. 2009 – 15 Sa 268/09 [Ersatz der vollen Kosten]; vollständig ablehnend dagegen LAG Hamm 16. 7. 2008 – 2 Sa 1797/07; LAG Rheinland-Pfalz 8. 9. 2009 – 1 Sa 331/09). Von der Erstattungsfähigkeit von Aufwendungen ist die Frage zu unterscheiden, ob es sich bei diesen Zeiten um vergütungspflichtige Arbeitszeit handelt (s dazu näher § 612 Rn 37 f). Für **Umzugskosten** kann ein Aufwendungsersatzanspruch auch ohne eine solche Vereinbarung **1743**

bestehen, wenn der Umzug infolge Versetzung aus dienstlichen Gründen erforderlich ist (für den öffentlichen Dienst s § 44 Abs 1 TVöD BT-V, § 44 BAT, vgl BAG 21. 3. 1973 – 4 AZR 187/72, AP Nr 4 zu § 44 BAT). Der Arbeitgeber kann die Übernahme der Umzugskosten grundsätzlich insoweit einschränken, als er den Arbeitnehmer per Vereinbarung zur Rückzahlung verpflichtet, wenn dieser innerhalb eines bestimmten Zeitraums aus dem Arbeitsverhältnis ausscheidet; Grenzen ziehen – wie bei Rückzahlungsklauseln bzgl Ausbildungskosten (Rn 1524 ff) – die Berufsfreiheit des Arbeitnehmers und § 307. Gebilligt wurde eine dreijährige Bindung, wenn die Umzugskosten ca einem Monatsverdienst entsprechen und der Umzug auch dem Interesse des Arbeitnehmers dient (BAG 24. 2. 1975 – 5 AZR 235/74, AP Nr 50 zu Art 12 GG; aber nicht fünf Jahre, vgl LAG Düsseldorf 3. 12. 1971 – 9 Sa 785/71, DB 1972, 1587). Bei unzulässiger Rückzahlungsvereinbarung findet in Formularverträgen wegen des Verbots geltungserhaltender Reduktion keine Rückführung auf das noch zulässige Maß statt (anders bei Individualverträgen, vgl LAG Schleswig-Holstein 15. 12. 1972 – 4 Sa 329/72, AP Nr 1 zu § 611 BGB Umzugskosten). Eine Rückzahlung scheidet aus, wenn das Arbeitsverhältnis aufgrund betriebsbedingter Kündigung endet (ErfK/Preis § 611 Rn 433).

1744 **b)** Auch die Bereitstellung von **Privaträumen** durch den Arbeitnehmer für dienstliche Zwecke kann eine Pflicht zum Aufwendungsersatz begründen (BAG 14. 10. 2003 – 9 AZR 657/02, AP Nr 32 zu § 670 BGB; Bongers/Hoppe AuA 2014, 148). Allerdings kommt es hier darauf an, ob dies überwiegend im Interesse des Arbeitgebers oder des Arbeitnehmers geschieht; daher scheidet ein Aufwendungsersatzanspruch für ein häusliches Arbeitszimmer aus, wenn der Arbeitgeber es dem Arbeitnehmer freigestellt hat, an welchem Ort er seine Arbeitsleistung erbringt (BAG 12. 4. 2011 – 9 AZR 14/10, NZA 2012, 97 [99]).

1745 Stellt der Arbeitgeber – wie in der Regel – die **Arbeitsmittel** zur Verfügung, hat der Arbeitnehmer keinen Aufwendungsersatz, wenn er alternative Arbeitsmittel anschafft, nur weil er diese vorzieht (zB anderes Mobiltelefon für den Dienstgebrauch). Unterlässt es der Arbeitgeber aber, dem Arbeitnehmer die notwendigen Arbeitsmittel zu überlassen und beschafft der Arbeitnehmer sie daher zunächst auf eigene Kosten, hat er regelmäßig einen Aufwendungsersatzanspruch (BAG 12. 3. 2013 – 9 AZR 455/11, NZA 2013, 1086 [1087]: für den Unterricht notwendiges Schulbuch); ggf ist aber die Möglichkeit privater Nutzung anspruchsmindernd zu berücksichtigen (zB bei einem PC).

1746 **c)** Auch ungewollte, aber mit der Erledigung der Arbeitsleistung notwendig oder doch mit hoher Wahrscheinlichkeit verbundene **Körper-** und **Sachschäden** sowie die Entstehung gesetzlicher Schadensersatzverpflichtungen, wie etwa aus § 823 können gegebenenfalls als Aufwendungen iS des § 670 angesehen werden (so bereits RAG ARS 12, 452; RAG 30, 157 [160]; vgl Stoffels, AR-Blattei: Haftung des Arbeitgebers I [SD 860. 1, 1995] Rn 133 ff; s auch Staudinger/Richardi/Fischinger [2016] § 619a Rn 96); das zeigt gerade auch § 110 Abs 1 HGB. Nach dem BAG besteht ein besonderer Aufwendungsersatzanspruch für bei der Arbeit erlittene Schäden nur, wenn der Schaden im Vollzug gefährlicher Arbeit eingetreten und außergewöhnlich ist (BAG [GS] 10. 11. 1961 – GS 1/60, BAGE 12, 15 [für Schäden an Kleidung]). Mit arbeitsadäquaten (zB Kleidungsverschleiß) und gelegentlichen Schäden müsse jeder Arbeitnehmer bei der Erbringung seiner Arbeitsleistung rechnen; das gehöre zur Einsatzpflicht, die durch die Vergütung mitabgegolten werde (vgl zB BAG 28. 10. 2010 – 8 AZR 647/09, NZA 2011, 406 [407]; BAG 22. 6. 2011 – 8 AZR 102/10, NZA 2012, 91 [92]). Diese Rechtsprechung ist insoweit fehlgeleitet, als typischerweise gerade bei gefährlicher Arbeit mit arbeitsadäquaten Schäden zu rechnen ist und daher Ansprüche des Arbeitnehmers regelmäßig ausscheiden würden; besser ist es daher, auf die Risikosphären abzustellen (Küttner/Griese, Personalbuch 2015, Stichwort „Aufwendungsersatz" Rn 8). Demnach hat der Arbeitgeber Ersatz zu leisten, wenn der Schaden in die betriebliche Risikosphäre fällt (zB Haftung einer Nervenheilanstalt für Beschädigung der Brille des Arbeitnehmers durch einen Patienten, vgl BAG 20. 4. 1989 – 8 AZR 632/87 und 17. 7. 1997 – 8 AZR 480/95, AP Nr 9 und 14 zu § 611 BGB Gefährdungshaftung des Arbeitgebers). Setzt der Arbeitnehmer einen eigenen **PKW** ein, der dann beschädigt wird, setzt der Anspruch voraus, dass dies mit Billigung des Arbeitgebers geschieht, der Schaden dem Betätigungsbereich des Arbeitgebers zuzurechnen ist und der Arbeitnehmer nicht zur Abdeckung des Unfallschadensrisikos eine besondere Vergütung erhält (BAG 28. 10. 2010 – 8 AZR 647/09, NZA 2011, 406 [407]; BAG 22. 6. 2011 – 8 AZR 102/10, NZA 2012, 91 [92]); dem Betätigungsbereich des Arbeitgebers zuzurechnen ist der Einsatz des Privatfahrzeugs entweder, wenn ohne diesen der Arbeitgeber ein eigenes Fahrzeug hätte einsetzen müssen (BAG 17. 7. 1997 – 8 AZR 480/95, NZA 1997, 1346; BAG 23. 11. 2006 – 7 AZR 701/05, NZA 2007, 870) oder wenn er den Arbeitnehmer aufgefordert hat, den eigenen PKW zu nutzen (BAG 22. 6. 2011 – 8 AZR 102/10, NZA 2012, 91 [93]). Weil Fahrten zwischen der Wohnung und der Arbeitsstelle regelmäßig Privatsache des Arbeitnehmers sind (Rn 1743), hat der Arbeitnehmer, der auf einem solchen Weg verunglückt, grundsätzlich keine Erstattungsansprüche gegen seinen Arbeitgeber; etwas anderes kann gelten, wenn es sich um einen Arzt handelt, der im Rahmen seiner Rufbereitschaft auf dem Weg zur Klinik einen Unfall erleidet (BAG 22. 6. 2011 – 8 AZR 102/10, NZA 2012, 91 [92 f]; Schwarze RdA 2012, 317 [318 f]). Zur Kürzung wegen Mitverschuldens siehe Rn 1754.

Werden gegen den Arbeitnehmer **Bußgelder** oder **Geldstrafen** für betrieblich veranlasste Tätigkeiten verhängt, sind diese in aller Regel **nicht** ersatzfähig, da dies den Buß-/Strafzweck vereitelt und solche Kosten auch nicht „erforderlich" sind. Eine darauf zielende Vereinbarung ist sittenwidrig (BAG 25. 1. 2001 – 8 AZR 465/00, AP Nr 14 zu § 611 BGB Haftung des Arbeitgebers). Dementsprechend sind auch die **Kosten der Rechtsverfolgung/Strafverteidigung** grundsätzlich nicht ersatzfähig. § 670 (analog) greift aber, wenn der Arbeitnehmer als Kraftfahrer bei einem Unfall außerhalb der Europäischen Union eine unzumutbare Geldstrafe zahlen muss oder eine Kaution verfallen lässt, um einer unzumutbaren Freiheitsstrafe zu entgehen (BAG 11. 8. 1988 – 8 AZR 721/85, AP Nr 7 zu § 611 BGB Gefährdungshaftung des Arbeitgebers [nur bezogen auf Vorfälle außerhalb der BRD]; richtigerweise ist angesichts der Rechtsvereinheitlichung und -angleichung nun auf die Europäische Union abzustellen, so auch LAG Rheinland-Pfalz 10. 4. 2008 – 10 Sa 892/06). Gleiches gilt für die erforderlichen Kosten einer Strafverteidigung, wenn ein Berufskraftfahrer in Ausübung einer betrieblichen Tätigkeit unverschuldet einen schweren Verkehrsunfall verursacht und deshalb gegen ihn ein staatsanwaltliches Ermittlungsverfahren eingeleitet wird (BAG 16. 3. 1995 – 8 AZR 260/94, BAGE 79, 294). Nimmt ein Arbeitgeber durch entsprechende Anordnungen bewusst in Kauf, dass es zum Verstoß gegen öffentlich-rechtliche Vorschriften kommt, handelt er sittenwidrig und haftet dem Arbeitnehmer nach § 826 auf Schadensersatz; zu dem ersatzfähigen Schaden gehört aber nur in Ausnahmefällen

1747

die Erstattung der Geldbuße (BAG 25. 1. 2001 – 8 AZR 465/00, AP Nr 14 zu § 611 BGB Haftung des Arbeitgebers).

1748 **d)** Die **Kosten für die Vorstellung eines Stellenbewerbers** sind nicht zu ersetzen, wenn es nicht ausdrücklich oder stillschweigend vereinbart ist. Fordert aber der Dienstberechtigte den Stellenbewerber zur Vorstellung auf, so entsteht, auch wenn der Dienstvertrag nicht zustande kommt, ein Auftragsverhältnis, das den Dienstberechtigten zum Ersatz der Vorstellungskosten verpflichtet (§ 670; so BAG 14. 2. 1977 – 5 AZR 171/76, AP Nr 8 zu § 196 BGB; BAG 29. 6. 1988 – 5 AZR 433/87, NZA 1989, 468; bereits RAG ARS 14, 341 [344]; RAG 36, 44; vgl Staudinger/Preis [2012] § 629 Rn 25 ff); etwas anderes gilt, wenn dieser Anspruch durch den Arbeitgeber durch einen entsprechend klaren und unmissverständlichen Hinweis ausgeschlossen wird (LAG Nürnberg 16. 8. 1966, AP Nr 12 zu § 670 BGB). Selbst wenn der Anspruch danach in Betracht kommt, setzt seine Entstehung einen ordnungsgemäß *erfüllten* Auftrag voraus; reist der Bewerber zwar an, erscheint aber dennoch nicht zum verabredeten Zeitpunkt, besteht daher kein Aufwendungsersatzanspruch (LAG Rheinland-Pfalz 7. 2. 2012 – 3 Sa 540/11, juris Rn 24, 27). Stellt sich ein Bewerber zwecks Erlangung einer Stelle am gleichen Ort zwei verschiedenen Arbeitgebern vor, die ihm beide Ersatz der Reisekosten versprochen haben, so kann er die Kosten, wenn er sie von dem einen Arbeitgeber ersetzt erhalten hat, von dem anderen nicht noch einmal fordern (LAG Stuttgart ARS 18, 116). Besteht der Anspruch dem Grunde nach, so richtet sich nach den Umständen des Einzelfalles, in welcher Höhe Ersatz verlangt werden kann (näher BeckOK-ArbR/Joussen § 611 Rn 21 ff).

1749 **e)** Schädigt der Arbeitnehmer in Wahrnehmung seiner Dienstaufgaben einen außerhalb des Arbeitsverhältnisses stehenden Dritten (Arbeitskollegen oder Betriebsfremden), so haftet er diesem – vorbehaltlich des § 105 SGB VII – unter Anwendung der allgemeinen zivilrechtlichen Regelungen voll, weil er sich auf das Haftungsprivileg der beschränkten Arbeitnehmerhaftung nur gegenüber seinem Arbeitgeber berufen kann. Allerdings kann er in solchen Situationen einen **Freistellungsanspruch** gegen den Arbeitgeber haben (vgl auch Staudinger/Richardi/Fischinger [2016] § 619a Rn 97).

3. Vorschuss

1750 Soweit der Dienstverpflichtete Aufwendungsersatz verlangen kann, hat der Dienstberechtigte ihm auf Verlangen einen Vorschuss zu leisten (§§ 675, 669). Der Anspruch ist einklagbar, soweit die Erbringung der Dienstleistung die Aufwendungen erfordert (vgl Hueck/Nipperdey I 389; s auch Staudinger/Martinek [2006] § 669 Rn 5).

4. Kein Bestandteil der Vergütungspflicht

1751 Der Anspruch auf Ersatz der Aufwendungen ist **kein Lohnanspruch**; er hat einen anderen Rechtsgrund (BAG 19. 2. 2014 – 5 AZR 700/12, NZA 2014, 1097 [1102]). Relevant wird das zB im Rahmen des equal-pay-Grundsatzes des § 10 Abs 4 AÜG: Handelt es sich um echten Aufwendungsersatz im obigen Sinne, so ist er weder Arbeitsentgelt noch wesentliche Arbeitsbedingung im dortigen Sinne, wird eine Zahlung hingegen nur als Aufwendungsersatz deklariert, handelt es sich in Wahrheit aber um „verschleiertes" und damit steuerpflichtiges Arbeitsentgelt, so ist es bei dem Gesamtvergleich der Entgelte von Leiharbeitnehmer und Stammbelegschaft zu berücksichtigen (BAG 13. 3. 2013 – 5 AZR 294/12, NZA 2013, 1226 [1229]). Weil der Aufwendungsersatzanspruch kein Lohnanspruch ist, entfällt er im Allgemeinen, wenn der Arbeitnehmer trotz Nichtleistung der Arbeit Fortzahlung des Arbeitsentgelts verlangen kann (vgl § 4 Abs 1a EFZG).

Der Anspruch auf Aufwendungsersatz ist, soweit er den Rahmen des Üblichen nicht übersteigt (vgl dazu BAG 30. 6. 1971 – 3 AZR 8/71, DB 1971, 1923; LAG Mecklenburg-Vorpommern 30. 8. 2011 – 5 Sa 11/11, juris Rn 36), **unpfändbar** (§ 850a Nr 3 ZPO), sodass nach § 394 **nicht gegen ihn aufgerechnet** werden kann. Bei den Pfändungsgrenzen für das Arbeitseinkommen iS des § 850c ZPO ist er nicht einzubeziehen. Ist für den Lohn und den Auslagenersatz eine Gesamtpauschalsumme vereinbart, so müssen die Posten getrennt werden. **1752**

Der Anspruch auf Aufwendungsersatz unterliegt einer (tariflichen) **Ausschlussfrist**, nach der alle beiderseitigen Ansprüche aus dem Arbeitsverhältnis innerhalb bestimmter Fristen nach der Fälligkeit zu erheben sind (BAG 1. 12. 1967 – 3 AZR 459/66, AP Nr 17 zu § 670 BGB). Etwas anderes gilt, wenn die Klausel nur die „Arbeitsvergütung" erfasst. **1753**

5. Mitverschulden bei Eigenschädigungen

Der Anspruch des Arbeitnehmers gegen den Arbeitgeber auf Ersatz für Körper- oder Sachschäden aus § 670 (analog) kann um ein eventuelles Mitverschulden des Arbeitnehmers zu kürzen sein (**§ 254 analog**). Jedoch sind dabei die Grundsätze über die Beschränkung der Arbeitnehmerhaftung quasi „reziprok" anzuwenden. Denn aus wirtschaftlicher Perspektive besteht für die richtige Schadensverteilung kein Unterschied zwischen den beiden Konstellationen (BAG 17. 7. 1997 – 8 AZR 480/95, AP Nr 14 zu § 611 BGB Gefährdungshaftung des Arbeitgebers; BAG 23. 11. 2006 – 8 AZR 701/05, AP Nr 39 zu § 611 BGB Haftung des Arbeitgebers). Verursachte der Arbeitnehmer den Schaden also vorsätzlich, scheidet ein Ersatzanspruch stets, bei grob fahrlässigem Handeln in der Regel aus; bei mittlerer Fahrlässigkeit erfolgt eine Schadensteilung, bei leichtester Fahrlässigkeit besteht der Anspruch in vollem Umfang (BAG 28. 10. 2010 – 8 AZR 647/09, NZA 2011, 406 [409]; vgl zur Parallelproblematik bei der Beschränkung der Arbeitnehmerhaftung STAUDINGER/RICHARDI/FISCHINGER [2016] § 619a Rn 75 ff). Zu berücksichtigen dürfte hierbei auch sein, inwieweit im Einzelfall eine Obliegenheit zur Versicherung des Gegenstandes bestand; ist eine solche zu bejahen, scheidet eine Ersatzpflicht des Arbeitgebers aus bzw beschränkt sich auf die Selbstbeteiligung (vgl LAG Baden-Württemberg 17. 9. 1991 – 7 Sa 44/91, NZA 1992, 458). **1754**

Die **Darlegungs- und Beweislast** dafür, dass der Anspruch nicht wegen vorsätzlichem oder grob fahrlässigem Handeln ausscheidet bzw wegen mittlerer Fahrlässigkeit zu kürzen ist, trägt nach hM der den Aufwendungsersatzanspruch aus § 670 begehrende **Arbeitnehmer** (BAG 28. 10. 2010 – 8 AZR 647/09, NZA 2011, 406 [409]; ErfK/MÜLLER-GLÖGE § 619a Rn 92; FRIEGES NZA 1995, 403 [406]; SALAMON/KOCH NZA 2012, 658 [659 f], die diese Begrenzung allerdings nicht aus § 254 analog, sondern aus dem Erforderlichkeitskriterium des § 670 herleiten). **Das überzeugt nicht**, weil es dem in diesem Kontext zentralen Gedanken widerspricht, dass es bei wirtschaftlicher Betrachtung keinen Unterschied machen darf, ob der Arbeitnehmer bei einer betrieblichen Tätigkeit eine Sache des Arbeit- **1755** gebers oder eine eigene Sache beschädigt (s Rn 1755 sowie STAUDINGER/RICHARDI/FI-SCHINGER [2016] § 619a Rn 94). Denn wenn – richtigerweise – im ersten Fall den Arbeitgeber die Darlegungs- und Beweislast (auch) für das Maß des Verschuldens des Arbeitnehmers und die sonstigen, im Rahmen des innerbetrieblichen Schadensausgleichs relevanten Umstände trifft (s STAUDINGER/RICHARDI/FISCHINGER [2016] § 619a Rn 89), kann dort, wo es um eine eventuelle Kürzung des Aufwendungsersatzanspruchs des Arbeitnehmers wegen erlittener Eigenschäden geht, nichts anderes gelten, drohte dem Arbeitnehmer doch anderenfalls eine sachlich nicht zu rechtfertigende Schlechterstellung. Für dieses Ergebnis spricht weiter, dass der Arbeitgeber als Anspruchsgegner unter Berufung auf eine Analogie zu § 254 ein Gegenrecht geltend macht, wofür er schon nach allgemeinen Grundsätzen beweisbelastet ist (zutreffend SCHWARZE RdA 2013, 140 [146]); eines Rückgriffs auf eine analoge Anwendung von § 619a bedarf es daher nicht (**aA** DIDIER RdA 2013, 285 [286]).

6. Pauschalisierung; abweichende Vereinbarungen

1756 Durch **Tarifvertrag** ist eine Pauschalisierung oder ein Ausschluss des Aufwendungsersatzanspruches möglich (BAG 21. 7. 1993 – 4 AZR 471/92, AP Nr 9 zu § 1 TVG Tarifverträge: Versicherungsgewerbe; oft auch „**Auslösung**" genannt, vgl Rn 1063). Gleiches gilt für **Individualarbeitsverträge**. In **Formulararbeitsverträgen** stellt es aber eine unangemessene Benachteiligung (§ 307 Abs 1 S 1) dar, wenn der Arbeitgeber den Aufwendungsanspruch vollständig ausschließt oder durch eine zu niedrige Pauschalisierung faktisch entwertet (ebenso SCHAUB/KOCH, ArbRHdB § 82 Rn 25); hingegen ist es auch in AGB nicht zu beanstanden, wenn der Arbeitgeber Leiharbeitnehmern eine pauschalierte Fahrtkostenerstattung von 0,30 €/km erst ab dem 21. Entfernungskilometer zahlt, oder wenn die Berechnung nicht ab der Betriebsstätte des Verleihers, sondern dem Wohnsitz des Arbeitnehmers erfolgt (LAG Niedersachsen 20. 12. 2013 – 6 Sa 392/13, juris Rn 64 ff). Ob durch die Zahlung einer km-Pauschale ein Aufwendungsersatzanspruch für während der Dienstfahrt entstandene Schäden am PKW ausgeschlossen ist, richtet sich danach, ob die Pauschale nur Treibstoffkosten oder auch Schäden abdecken soll (vgl BAG 8. 5. 1980 – 3 AZR 82/79, AP Nr 6 zu § 611 BGB Gefährdungshaftung des Arbeitgebers; LAG Baden-Württemberg 17. 9. 1991 – 7 Sa 44/91, NZA 1992, 458).

V. Pflichten zum Schutz des Eigentums und sonstiger vermögensrechtlicher Belange des Dienstverpflichteten (Arbeitnehmers)

1. Schutz der eingebrachten Sachen

1757 Die Fürsorgepflicht des Dienstberechtigten bezieht sich nicht nur, wie sich unmittelbar aus § 618 Abs 1 ergibt, auf den Schutz des Lebens und der Gesundheit, sondern sie erstreckt sich auch auf die Vermögensgegenstände des Arbeitnehmers, also namentlich auf sein Eigentum (§ 241 Abs 2). Soweit ihm das zumutbar ist, ist der Arbeitgeber verpflichtet, entweder Einrichtungen zum Schutz des eingebrachten Arbeitnehmereigentums zu schaffen oder doch wenigstens durch Verbotsmaßnahmen die Arbeitnehmer vor einer Gefährdung zu bewahren (BAG 5. 3. 1959 – 2 AZR 268/56, BAGE 7, 280 [283]). Diese Pflicht besteht nur für Sachen, die ein Arbeitnehmer notwendigerweise oder berechtigterweise zur Arbeit mitbringt oder während der Arbeit bei sich trägt (vgl im Einzelnen STAUDINGER/OETKER [2011] § 618 Rn 132 ff). Der

Arbeitgeber ist daher nicht verpflichtet, Einrichtungen zum Schutz eingebrachter Motorroller seiner Arbeitnehmer zu schaffen oder für die Autos, mit denen die Arbeitnehmer zur Arbeitsstätte fahren, einen Parkplatz zur Verfügung zu stellen (BAG 4. 2. 1960 – 2 AZR 290/57, BAGE 9, 31 [34]). Sofern der Arbeitgeber Parkplätze einrichtet, hat er aber aufgrund seiner Fürsorgepflicht die Plätze verkehrssicher zu gestalten (vgl BAG 16. 3. 1966 – 1 AZR 340/65, BAGE 18, 190; zum Mitbestimmungsrecht des Betriebsrats hinsichtlich der Nutzungsbedingungen BAG 7. 2. 2012 – 1 ABR 63/10, NZA 2012, 685 [686]); zu einer weitergehenden Sicherung gegen Beschädigungen durch Dritte oder Diebstähle besteht eine Verpflichtung aber wiederum nur, wenn der Parkplatz sich in einer unsicheren Gegend befindet (BAG 25. 6. 1975 – 5 AZR 260/74, 25. 5. 2000 – 8 AZR 518/99, AP Nr 4, 8 zu § 611 BGB Parkplatz; LAG Hessen 11. 4. 2003 – 12 Sa 243/02, NZA-RR 2004, 69 [70]). Verletzt der Arbeitgeber diese Pflicht und erleidet der Arbeitnehmer deswegen einen Schaden, besteht ein **Schadensersatzanspruch** aus §§ 280 Abs 1, 241 Abs 2; ggf kommen auch deliktische Ansprüche in Betracht.

2. Rücksichtnahme auf weitere Vermögensinteressen

Die Schutz- und Rücksichtnahmepflicht des Arbeitgebers erstreckt sich auch auf die **1758** Vermögensinteressen des Arbeitnehmers, woraus **Hinweis- und Informationspflichten** resultieren können (vgl zB BAG 12. 8. 2014 – 3 AZR 492/12, juris Rn 83). Allgemein trifft den Arbeitgeber die Pflicht, dem Arbeitnehmer **keine falschen oder unvollständigen Auskünfte** zu erteilen; bei schuldhafter Verletzung dieser Pflicht kann er daher zum Schadensersatz aus §§ 280 Abs 1, 241 Abs 2 verpflichtet sein (BAG 4. 5. 2010 – 9 AZR 184/09; BAG 10. 7. 2012 – 9 AZR 11/11, juris Rn 33). So trifft den Arbeitgeber die Pflicht, die Lohnsteuer richtig zu berechnen (s Rn 1629). Die Pflichten, die dem Arbeitgeber für den Arbeitnehmer aus der Sozialversicherung erwachsen, sind zugleich Pflichten aus dem Arbeitsverhältnis und die entsprechenden Anmelde- und Beitragsvorschriften Schutzgesetze iSv § 823 Abs 2 (vgl BAG 2. 6. 1960 – 2 AZR 168/59 und 13. 5. 1970 – 5 AZR 385/69, AP Nr 56 und 79 zu § 611 BGB Fürsorgepflicht; ErfK/Preis § 611 Rn 629; Kania/Peters-Lange ZTR 1996, 534; s auch hier Rn 1629). Erleidet der Arbeitnehmer durch die Verletzung dieser Pflicht bzw durch Verstoß gegen ein solches Schutzgesetz einen Schaden (zB wegen Schmälerung der Rente), hat der Arbeitgeber diesen auszugleichen (vgl BGH 16. 5. 2000 – VI ZR 90/99, AP Nr 24 zu § 823 BGB Schutzgesetz). Nach Ansicht des BAG soll sich aus der Fürsorgepflicht sogar ergeben, dass der Arbeitgeber des öffentlichen Dienstes verpflichtet ist, dem Arbeitnehmer die Möglichkeit der Versicherung zu eröffnen, die im Interesse des Arbeitnehmers zur Sicherung seiner Altersversorgung eingerichtet ist (BAG 9. 9. 1966 – 1 AZR 259/65, AP Nr 76 zu § 611 BGB Fürsorgepflicht; BAG 17. 12. 1991 – 3 AZR 44/91, NZA 1992, 973 [974]; BAG 14. 1. 2009 – 3 AZR 71/02, NZA 2010, 63). Der Arbeitgeber hat grundsätzlich auch die Pflicht, bei der Wahrung oder Entstehung von (insbesondere Versicherungs-) Ansprüchen seiner Arbeitnehmer mitzuwirken, die diese gegenüber Dritten erwerben können; das gilt aber nur, wenn die Entstehung von Rechtspositionen des Arbeitnehmers überhaupt in Betracht zu ziehen war (BAG 24. 9. 2009 – 8 AZR 444/08, NZA 2010, 337 [338]). Jedoch besteht – auch im öffentlichen Dienst – keine Pflicht des Arbeitgebers, den Arbeitnehmer auf die Möglichkeit einer Entgeltumwandlung nach § 1a BetrAVG hinzuweisen (BAG 21. 1. 2014 – 3 AZR 807/11, NZA 2014, 903 [905]).

Auch wenn § 241 Abs 2 den Arbeitgeber zum Schutz der Interessen des Arbeitneh- **1759** mers verpflichtet und diese Pflicht sich nicht darauf beschränkt, keine falschen oder unvollständigen Auskünfte zu erteilen, sondern vielmehr auch darauf gehen kann, von sich aus geeignete Hinweise zu geben, geht sie andererseits **nicht** so weit, dass man aus ihr **eine umfassende Vermögensschutzpflicht** ableiten könnte (zB BAG 12. 8. 2014 – 3 AZR 492/12, juris Rn 84). Ob eine Informationspflicht besteht, hängt von einer Abwägung der Einzelfallumstände ab, wobei insbesondere die Schwierigkeit der Materie, das Ausmaß der dem Arbeitnehmer ggf drohenden Nachteile, deren Wahrscheinlichkeit und Vorhersehbarkeit, die zumutbaren Beratungsmöglichkeiten des Arbeitgebers und ein eventuelles Kompetenz- und Informationsgefälle zulasten des Arbeitnehmers maßgeblich sind (vgl BAG 14. 1. 2009 – 3 AZR 71/07, AP Nr 7 zu § 1 BetrAVG Auskunft [juris Rn 30]; BAG 11. 12. 2012 – 3 AZR 611/10, juris Rn 69; BAG 15. 10. 2013 – 3 AZR 10/12, NZA-RR 2014, 87 [90 f]; BAG 21. 1. 2014 – 3 AZR 807/11, NZA 2014, 903 [904]). Gesteigerte Informationspflichten sind insbesondere dann anzunehmen, wenn eine für den Arbeitnehmer nachteilige Vereinbarung auf Initiative des Arbeitgebers getroffen wird (BAG 15. 10. 2013 – 3 AZR 10/12, NZA-RR 2014, 87 [91]; BAG 15. 4. 2014 – 3 AZR 288/12, juris Rn 45). Hingegen ist bei der Annahme von Aufklärungs- und Informationspflichten bzgl Umständen, die nicht unmittelbar das Arbeitsverhältnis betreffen, Zurückhaltung geboten; denn grundsätzlich muss sich jeder selbst die Informationen beschaffen, die zur Wahrung seiner Interessen erforderlich sind. Daher besteht weder eine allgemeine Pflicht zur Rechtsberatung noch muss der Arbeitgeber den Arbeitnehmer auf die Möglichkeit des § 850i ZPO hinweisen (BAG 13. 11. 1991 – 4 AZR 20/91, AP Nr 13 zu § 850 ZPO; vgl BAG 4. 10. 2005 – 9 AZR 598/04, AP Nr 42 zu § 242 BGB Auskunftspflicht).

VI. Pflichten zum Persönlichkeitsschutz des Arbeitnehmers

1. Schutz vor Beeinträchtigungen der Persönlichkeit

1760 Die in § 618 Abs 1 festgelegte Schutzpflicht bezieht sich auf Leben und Gesundheit des Dienstverpflichteten. Die diesem grundsätzlich entsprechende Bestimmung des § 62 Abs 1 HGB verlangt darüber hinaus explizit, die Arbeitsgestaltung so vorzunehmen, dass „die Aufrechterhaltung der guten Sitten und des Anstandes gesichert ist". Entsprechend gilt daher allgemein, dass der Arbeitgeber das **Persönlichkeitsrecht des Arbeitnehmers zu achten** hat. § 75 Abs 2 S 1 BetrVG bestimmt ausdrücklich, dass Arbeitgeber und Betriebsrat die freie Entfaltung der Persönlichkeit der im Betrieb beschäftigten Arbeitnehmer zu schützen und zu fördern haben.

1761 Die Schutzpflicht beschränkt sich also nicht nur auf die **körperliche Integrität** (Leben und Gesundheit), sondern sie umfasst die gesamte **Persönlichkeit des Dienstverpflichteten** (vgl auch STAUDINGER/OETKER [2011] § 618 Rn 12). Das Persönlichkeitsrecht des Arbeitnehmers ist dabei nicht nur deliktisch über § 823 Abs 1 als „sonstiges Recht" geschützt (vgl zB BGH 25. 5. 1954 – I ZR 211/53, NJW 1954, 1404 [1405]; BGH 2. 4. 1957 – VI ZR 9/56, NJW 1957, 1146; BGH 5. 10. 2006 – I ZR 277/03, NJW 2007, 684 [684 f]), sondern auch dadurch, dass aus dem Arbeitsvertrag die Nebenpflicht des Arbeitgebers zum Schutz des Persönlichkeitsrechts des Arbeitnehmers abzuleiten ist. Ob eine Verletzung des Persönlichkeitsrechts vorliegt, ist durch eine umfassende **Interessen- und Güterabwägung** im Lichte aller Einzelfallumstände zu ermitteln (BAG 18. 12. 1984 – 3 AZR 389/83, AP Nr 8 zu § 611 BGB Persönlichkeitsrecht; BAG 21. 6. 2012 – 2 AZR 153/11, NZA 2012, 1025 [1028]).

Die allgemeine Pflicht zum Persönlichkeitsschutz hat ganz unterschiedliche konkrete Ausprägungen, angefangen bei der Beschränkung der Handlungsmöglichkeiten des Arbeitgebers (zB Begrenzung des Fragerechts [Rn 558 ff], Verbot der Diskriminierung [Rn 416 ff]) über die Statuierung von Handlungspflichten (zB Einschreiten gegen Mobbing durch Vorgesetzte oder Kollegen [Rn 1789 ff]) bis hin zur Begründung von Ansprüchen/Rechten des Arbeitnehmers (zB Einsicht in die Personalakten [Rn 1763 ff]). Zum Persönlichkeitsschutz gehört auch der **Schutz vor sexueller Belästigung am Arbeitsplatz** (vgl HERZOG, Sexuelle Belästigung am Arbeitsplatz [1997]). Dem dient vor allem § 14 AGG: Ergreift der Arbeitgeber keine oder offensichtlich ungeeignete Maßnahmen zur Unterbindung der Belästigung, so sind die belästigten Arbeitnehmer berechtigt, ihre Tätigkeit ohne Verlust des Arbeitsentgelts einzustellen, soweit dies zu ihrem Schutz erforderlich ist (Rn 494). Vorbild hierfür war § 4 Abs 3 Beschäftigtenschutzgesetz. Das AGG gilt nicht für Soldaten (BVerwG 18. 10. 2007 – 1 WB 67/06), einschlägig sind vielmehr das SGleiG und das SoldGG, die keine § 14 AGG entsprechende Regelung enthalten.

1762

2. Einsicht in die Personalakten

a) Rechtsgrundlagen

Nach § 83 Abs 1 S 1 BetrVG hat der Arbeitnehmer das Recht, in die über ihn geführten Personalakten Einsicht zu nehmen. Das Einsichtsrecht besteht, weil es ausschließlich individualrechtlichen Charakter hat, auch in Betrieben, die keinen Betriebsrat haben (THÜSING, in: RICHARDI, BetrVG § 83 Rn 2). Es ist eine Konkretisierung des Anspruchs auf Achtung seiner Persönlichkeit, den der Arbeitnehmer gegen den Arbeitgeber aus dem Arbeitsverhältnis hat. Für leitende Angestellte ergibt sich das Einsichtsrecht aus § 26 Abs 2 SprAuG. Auch im öffentlichen Dienst hat jeder Arbeitnehmer ein Recht auf Einsicht in seine vollständigen Personalakten (vgl § 3 Abs 5 TVöD; s auch GRÄFL, in: RICHARDI/DÖRNER/WEBER, BPersVG § 68 Rn 96 ff). Es handelt sich um ein höchstpersönliches Recht, das gegen den Willen des Arbeitgebers nicht durch einen Dritten ausgeübt werden kann (LAG Schleswig-Holstein 17. 4. 2014 – 5 Sa 385/13, NZA-RR 2014, 465 [466]); in Betracht kommt nur die Hinzuziehung eines Dritten unter den Voraussetzungen des § 83 Abs 1 S 2 BetrVG.

1763

b) Begriff der Personalakten

Für den Begriff der Personalakten besteht keine Legaldefinition. Für die Begriffsbestimmung ist deshalb der Normzweck maßgebend. Dementsprechend ist der Begriff nicht formell-gegenständlich, sondern materiell dahingehend zu verstehen, dass der Arbeitnehmer sich Kenntnis über alle **personenbezogenen Daten** verschaffen kann, die der Arbeitgeber über ihn sammelt. Personenbezogene Daten sind Einzelangaben über persönliche oder sachliche Verhältnisse einer bestimmten oder bestimmbaren natürlichen Person (so die Legaldefinition in § 3 Abs 1 BDSG; zur digitalen Personalakte vgl HERFS-RÖTTGEN, NZA 2013, 478 [481]). Zu den Personalakten gehören deshalb alle auf die persönlichen und dienstlichen Verhältnisse eines Arbeitnehmers bezogenen Urkunden und aktenmäßig festgehaltenen Vorgänge. Die betrieblichen Beurteilungen eines Arbeitnehmers sind ebenfalls Bestandteil seiner Personalakte (ebenso BAG 28. 3. 1979 – 5 AZR 80/77, AP Nr 3 zu § 75 BPersVG). Keine Rolle spielt, wie die personenbezogenen Daten bezeichnet werden, insbesondere ob sie in einem Schriftstück niedergelegt werden. Personalakten sind deshalb auch die in einem automatisierten Informationssystem gespeicherten personenbezogenen Da-

1764

ten, gleich ob es sich um eine Personaldatenbank oder eine sonstige Datenbank handelt (zur elektronischen Personalakte vgl Diller/Schuster DB 2008, 928).

1765 Nicht zu den Personalakten gehören die **Bruttolohn- und -gehaltslisten**, weil sie auch personenbezogene Daten über andere Arbeitnehmer enthalten; ein Einsichtsrecht hat nur der Betriebsrat in den Grenzen des § 80 Abs 2 S 2 HS 2 BetrVG, nicht aber der Arbeitskollege. Auch die **Aufzeichnungen und Unterlagen des Betriebsarztes** gehören nicht zu den Personalakten, denn sie sind wegen der ärztlichen Schweigepflicht dem Arbeitgeber nicht zugänglich (§ 8 Abs 1 S 3 ASiG). Deshalb hat der Arbeitnehmer insoweit keinen Anspruch gegen den Arbeitgeber, sondern nur gegen den Betriebsarzt, soweit ein derartiger Anspruch auch sonst aus einem medizinischen Behandlungsvertrag anerkannt wird.

c) Recht auf Einsicht

1766 Der Arbeitnehmer hat nur ein Recht auf Einsicht; er kann nicht verlangen, dass ihm die Personalakten zur Verfügung gestellt oder Fotokopien oder Abschriften überlassen werden. Er kann sich aber Notizen machen. Da zu den Personalakten auch die personenbezogenen Daten gehören, die in automatisierten Informationssystemen gespeichert sind, kann der Arbeitnehmer verlangen, dass auch diese ihm zur Kenntnis gebracht werden, dh lesbar gemacht werden, zB durch Ausdruck (vgl Diller/Schuster DB 2008, 928 [931]).

1767 Der Arbeitnehmer kann bei Einsicht in die Personalakten ein **Mitglied des Betriebsrats hinzuziehen** (§ 83 Abs 1 S 2 BetrVG). Ein Schwerbehinderter hat außerdem das Recht, bei Einsicht in die über ihn geführte Personalakte die Schwerbehindertenvertretung hinzuzuziehen (§ 95 Abs 3 SGB IX).

d) Rechte des Arbeitnehmers hinsichtlich des Inhalts der Personalakten

1768 aa) Der Arbeitnehmer hat nicht nur das Recht, zum Inhalt der Personalakte Stellung zu nehmen (§ 82 Abs 1 S 2 BetrVG), sondern er hat darüber hinaus auch das Recht, dass von ihm abgegebene **Erklärungen zum Inhalt der Personalakte** dieser auf sein Verlangen beizufügen sind (§ 83 Abs 2 BetrVG). Dieser Anspruch besteht unabhängig davon, ob der Inhalt der Personalakte richtig ist. Der Arbeitnehmer erhält dadurch die Möglichkeit, seine Gegenvorstellungen zum Inhalt der Personalakte zu machen.

1769 bb) Sind tatsächliche **Angaben** in der Personalakte **nicht zutreffend** oder ist eine Bewertung von Führung oder Leistung des Arbeitnehmers nicht im Rahmen des pflichtgemäßen Ermessens getroffen worden, so kann der Arbeitnehmer verlangen, dass der Arbeitgeber in Erfüllung der ihm obliegenden Fürsorgepflicht die Angaben **berichtigt** oder die Unterlagen aus der Personalakte **entfernt und durch zutreffende Unterlagen ersetzt** (vgl BAG 25. 2. 1959 – 4 AZR 549/57, BAGE 7, 267 [273 f]; BAG 25. 4. 1972 – 1 AZR 322/71, BAGE 24, 247 [257]; BAG 15. 1. 1986 – 5 AZR 70/84, BAGE 50, 362 [366 f]; BAG 30. 5. 1996 – 6 AZR 537/95, AP Nr 2 zu § 611 BGB Nebentätigkeit). Da zugleich das Persönlichkeitsrecht des Arbeitnehmers betroffen ist, besteht zudem ein inhaltsgleicher Anspruch aus §§ 1004, 823 analog (MünchKomm/Müller-Glöge § 611 Rn 1001).

1770 Werden der Beurteilung eines Arbeitnehmers Beurteilungsgrundsätze zugrunde gelegt, bei deren Erlass **nicht das Mitbestimmungsverfahren gewahrt** wurde (§ 94 Abs 2

BetrVG), kann der Arbeitnehmer ihre Entfernung aus der Personalakte verlangen (ebenso BAG 28. 3. 1979 – 5 AZR 80/77, AP Nr 3 zu § 75 BPersVG). Gleiches gilt für eine **Abmahnung**, wenn der in ihr erhobene Vorwurf ungerechtfertigt ist (st Rspr, zB BAG 30. 1. 1979 – 1 AZR 342/76, AP Nr 2 zu § 87 BetrVG 1972 Betriebsbuße; BAG 23. 6. 2009 – 2 AZR 606/08, NZA 2009, 1011), oder für einen Verweis, der ihm ohne Beteiligung des Betriebsrats nach § 87 Abs 1 Nr 1 BetrVG erteilt wird (BAG 5. 12. 1975 – 1 AZR 94/74, BAGE 27, 366 [374]).

e) Verhältnis zum Bundesdatenschutzgesetz

Die Regelung über die Berichtigung, Sperrung und Löschung personenbezogener Daten in § **35 BDSG** wird, soweit es um die **Berichtigung** und **Löschung** geht, **nicht durch § 83 Abs 2 BetrVG verdrängt** (zu §§ 34, 35 BDSG vgl RIESENHUBER NZA 2014, 753). Die Vorschriften stehen nicht in einem Verhältnis der Subsidiarität zueinander, sondern finden nebeneinander Anwendung. **1771**

Das in § 83 Abs 2 BetrVG geregelte **Recht, eine Erklärung zur Personalakte zu geben, verdrängt** aber den in § **35 Abs 4 BDSG vorgesehenen Anspruch auf Sperrung**, denn soweit dort der Anspruch für den Fall gegeben wird, dass die Richtigkeit personenbezogener Daten vom Betroffenen bestritten wird und sich weder die Richtigkeit noch die Unrichtigkeit feststellen lässt, handelt es sich um die gleiche Konfliktlage, für die in § 83 Abs 2 BetrVG ein Anspruch des Arbeitnehmers eingeräumt wird (ebenso FITTING, BetrVG [22. Aufl 2004] § 83 Rn 35; THÜSING, in: RICHARDI, BetrVG § 83 Rn 41 f). **1772**

Neben dem Einsichtsrecht gemäß § 83 BetrVG kann der Arbeitnehmer auch einen **Auskunftsanspruch** nach § **34 BDSG** haben. Das gilt allerdings nicht für *rein* in Papierform geführte Personalakten, weil auf personenbezogene Daten, die nicht „in oder aus einer automatisierten Datei verarbeitet, genutzt oder für die Verarbeitung oder Nutzung in einer solchen Datei erhoben werden" nach § 32 Abs 2 BDSG nur dessen Abs 1, nicht aber die restlichen Vorschriften des Dritten Abschnitts des BDSG anwendbar sind (BAG 16. 11. 2010 – 9 AZR 573/09, NZA 2011, 453 [454 f]). **1773**

f) Recht auf Einsicht nach Beendigung des Arbeitsverhältnisses

§ 83 BetrVG, § 26 Abs 2 SprAuG gelten nur im nicht beendeten Arbeitsverhältnis. Aber auch nach Beendigung des Arbeitsverhältnisses besteht ein aus § 241 Abs 2 BGB iVm Art 2 Abs 1, 1 Abs 1 GG ableitbares Einsichtsrecht in die Personalakte, und zwar unabhängig davon, ob der Arbeitnehmer ein konkretes berechtigtes Interesse darlegen kann (BAG 16. 11. 2010 – 9 AZR 573/09, NZA 2011, 453 [454]; LAG Schleswig-Holstein 17. 4. 2014 – 5 Sa 385/13, NZA-RR 2014, 465 [466]; KRAUSE JA 2012, 147). **1774**

3. Zeugnisanspruch

Bei Beendigung eines dauernden Dienstverhältnisses kann der Dienstverpflichtete vom Dienstberechtigten ein schriftliches **Zeugnis** über das Dienstverhältnis und seine Dauer fordern (§ 630 S 1). Sofern er es verlangt, ist das Zeugnis auf die Leistung und die Führung im Dienste zu erstrecken (§ 630 S 2; vgl STAUDINGER/PREIS [2012] § 630 Rn 37 ff). Wenn der Verpflichtete ein Arbeitnehmer ist, findet § 109 GewO Anwendung (§ 630 S 4). Die Bestimmung deckt sich in Abs 1 mit § 630 S 1 und 2. Ergänzend wird in § 109 Abs 2 GewO bestimmt, dass das Zeugnis klar und ver- **1775** ständlich formuliert sein muss und keine Merkmale oder Formulierungen enthalten darf, die den Zweck haben, eine andere als aus der äußeren Form oder aus dem Wortlaut ersichtliche Aussage über den Arbeitnehmer zu treffen.

4. Beurteilung des Dienstverpflichteten

1776 Der Arbeitnehmer kann während des Arbeitsverhältnisses verlangen, dass mit ihm die **Beurteilung seiner Leistungen** sowie die **Möglichkeiten seiner beruflichen Entwicklung im Betrieb erörtert** werden (§ 82 Abs 2 S 1 BetrVG). Auch insoweit handelt es sich um eine Konkretisierung der Fürsorgepflicht des Arbeitgebers. Für den Anspruch kommt es daher nicht darauf an, ob der Arbeitnehmer zu der vom Betriebsrat repräsentierten Belegschaft gehört oder ob im Betrieb überhaupt ein Betriebsrat besteht (Thüsing, in: Richardi, BetrVG § 83 Rn 2). Der Arbeitnehmer kann verlangen, dass ein Mitglied des Betriebsrats hinzugezogen wird (§ 82 Abs 2 S 2 BetrVG); das gilt unabhängig davon, wer die Initiative zu dem Gespräch ergriff (BAG 20. 4. 2010 – 1 ABR 85/08, NZA 2010, 1307 [1308]). Soweit die Beurteilungen schriftlich niedergelegt sind, gehören sie zu den über die Person des Arbeitnehmers geführten Personalakten (s Rn 1764). Soweit der Arbeitgeber in diesem Rahmen ein Zwischenzeugnis erteilt, ist er in der Regel bei der Abfassung des Endzeugnisses an dieses gebunden (vgl BAG 21. 6. 2005 – 9 AZR 352/04, AP Nr 31 zu § 630 BGB).

1777 Die **Aufstellung allgemeiner Beurteilungsgrundsätze** bedarf der **Zustimmung des Betriebsrats** (§ 94 Abs 2 BetrVG; für den Bereich der Personalvertretung s § 75 Abs 3 Nr 9 BPersVG). Zu den allgemeinen Beurteilungsgrundsätzen gehören die Festlegung der materiellen Beurteilungsmerkmale und die Verfahren, die für deren Feststellung maßgebend sein sollen. Das Mitbestimmungsrecht besteht nicht bei der Durchführung der Beurteilung im Einzelfall. Der Arbeitnehmer hat aber einen Anspruch auf Entfernung der Beurteilung aus den Personalakten, wenn der Arbeitgeber Beurteilungsgrundsätze zugrunde legt, bei deren Aufstellung er nicht das Mitbestimmungsverfahren gewahrt hat (ebenso zu § 75 Abs 3 Nr 9 BPersVG BAG 28. 3. 1979 – 5 AZR 80/77, AP Nr 3 zu § 75 BPersVG).

5. Datenschutz im Arbeitsverhältnis*

1778 Das allgemeine Persönlichkeitsrecht des Art 2 Abs 1 iVm Art 1 Abs 1 GG umfasst unter den Bedingungen der modernen Datenverarbeitung den **Schutz des einzelnen gegen unbegrenzte Erhebung, Speicherung, Veränderung und Weitergabe seiner persönlichen Daten** (grundlegend BVerfG 15. 12. 1983 – 1 BvR 209/83, BVerfGE 65, 1). Dem einzelnen ist dadurch verfassungsrechtlich garantiert, grundsätzlich selbst über die

---

* **Schrifttum**: Burger, Der Schutz gesundheitsbezogener Beschäftigtendaten (2013); Däubler, Gläserne Belegschaften? (6. Aufl 2015); Düwell, Beschäftigtendatenschutz im Fokus der Rechtsprechung des Bundesarbeitsgerichts und des Bundesverwaltungsgerichts (2012); Gola/Wronka, Handbuch für Arbeitnehmer-Datenschutz (6. Aufl 2013); Gresslin, Umgang mit Bewerberdaten – was geht und was geht nicht?, BB 2015, 117; Pötters, Grundrechte und Beschäftigtendatenschutz (2013); Selig, Arbeitnehmerdatenschutz (2011); Simitis (Hrsg), Bundesdatenschutzgesetz, Kommentar (8. Aufl 2014); Woerz, Arbeitnehmerdatenschutz beim Betriebsübergang (2011); Zöllner, Daten- und Informationsschutz im Arbeitsverhältnis (2. Aufl 1983).

Titel 8 · Dienstvertrag und ähnliche Verträge
Untertitel 1 · Dienstvertrag   §611

Preisgabe und Verwendung seiner persönlichen Daten zu bestimmen (Recht auf „informationelle Selbstbestimmung"). Für den Datenschutz im Arbeitsverhältnis gilt neben den spezifisch arbeitsrechtlichen Schutzpflichten das **Bundesdatenschutzgesetz** iF der Bekanntmachung vom 14. 1. 2003 (BGBl I 66), insbesondere die §§ 28, 32 BDSG (eine geplante Reform des Arbeitnehmerdatenschutzes wurde bislang nicht verwirklicht, s Regierungsentwurf eines Gesetzes zur Regelung des Beschäftigtendatenschutzes vom 25. 8. 2010; dazu STAUDINGER/RICHARDI/FISCHINGER [2011] § 611 Rn 1102 ff). Sie gelten auch, wenn die personenbezogenen Daten erhoben, verarbeitet oder genutzt werden, ohne dass sie automatisiert verarbeitet oder in oder aus einer nicht automatisierten Datei verarbeitet, genutzt oder für die Verarbeitung oder Nutzung in einer solchen Datei erhoben werden (§ 32 Abs 2 BDSG).

Nach **§ 32 Abs 1 S 1 BDSG** dürfen personenbezogene Daten (§ 3 Abs 1 BDSG) eines   **1779**
Beschäftigten (§ 3 Abs 11 BDSG) für Zwecke des Beschäftigungsverhältnisses erhoben, verarbeitet oder genutzt (§ 3 Abs 3–5 BDSG) werden, wenn dies für die Entscheidung über die Begründung eines Beschäftigungsverhältnisses oder nach Begründung des Beschäftigungsverhältnisses für dessen Durchführung oder Beendigung erforderlich ist. § 32 Abs 1 S 2 BDSG ergänzt dies dahingehend, dass zur Aufdeckung von Straftaten personenbezogene Daten eines Beschäftigten nur dann erhoben, verarbeitet oder genutzt werden dürfen, wenn zu dokumentierende tatsächliche Anhaltspunkte den Verdacht begründen, dass der Betroffene im Beschäftigungsverhältnis eine Straftat begangen hat, die Erhebung, Verarbeitung oder Nutzung zur Aufdeckung erforderlich ist und das schutzwürdige Interesse des Beschäftigten an dem Ausschluss der Erhebung, Verarbeitung oder Nutzung nicht überwiegt, insbesondere Art und Ausmaß im Hinblick auf den Anlass nicht unverhältnismäßig sind.

Bei der Erhebung personenbezogener Daten besteht ein Mitbestimmungsrecht;   **1780**
denn der Personalfragebogen bedarf der Zustimmung des Betriebsrats, und Gleiches gilt für persönliche Angaben in schriftlichen Arbeitsverträgen (§ 94 BetrVG; für den Bereich der Personalvertretung § 75 Abs 3 Nr 8 BPersVG). Werden **Leistungs- oder Verhaltensdaten** der Arbeitnehmer durch **technische Einrichtungen erhoben oder gespeichert**, so hat der Betriebsrat nach § 87 Abs 1 Nr 6 BetrVG **mitzubestimmen** (vgl dazu vor allem BAG 6. 12. 1983 – 1 ABR 43/81 und 14. 9. 1984 – 1 ABR 23/82, BAGE 44, 285 und 46, 367; BAG 23. 4. 1985 – 1 ABR 39/81 und 23. 4. 1985 – 1 ABR 2/82, AP Nr 11 und 12 zu § 87 BetrVG 1972 Überwachung). Der Betriebsrat hat daher beispielsweise mitzubestimmen, wenn in einem Personalinformationssystem auf einzelne Arbeitnehmer bezogen Aussagen über krankheitsbedingte Fehlzeiten, attestfreie Krankheitszeiten und unentschuldigte Fehlzeiten erarbeitet werden (BAG 11. 3. 1986 – 1 ABR 12/84, BAGE 51, 217 [PAISY-Entscheidung]; vgl auch RICHARDI, in: RICHARDI, BetrVG § 87 Rn 475 ff). Auch die Videoüberwachung am Arbeitsplatz unterfällt § 87 Abs 1 Nr 6 BetrVG; verletzt der Arbeitgeber das Mitbestimmungsrecht, folgt daraus aber jedenfalls dann kein eigenständiges Beweisverwertungsverbot, wenn der Betriebsrat der Verwendung der Aufzeichnung und der darauf gestützten Kündigung zugestimmt und die Beweisverwertung auch nach allgemeinen Grundsätzen gerechtfertigt ist (BAG 27. 3. 2003 – 2 AZR 51/02, AP Nr 36 zu § 87 BetrVG 1972).

6. Schutz nach dem Gendiagnostikgesetz

1781 Nach der Entschlüsselung des Humangenoms besteht die Gefahr, dass durch humangenetische Untersuchungen Erkenntnisse über – unter anderem – Erbkrankheiten des Arbeitnehmers gewonnen und zu dessen Nachteil verwendet werden. Beispielsweise mag ein Arbeitgeber von der Beförderung absehen, wenn er von dessen genetischer Prädisposition für eine behandlungsintensive, langandauernde Erkrankung erfährt. Um das zu verhindern und um die Würde des Menschen und sein Recht auf informationelle Selbstbestimmung zu schützen, wurde das Gesetz über genetische Untersuchungen bei Menschen (Gendiagnostikgesetz – GenDG) vom 31. 7. 2009 (BGBl I 2529; BT-Drucks 16/10532; dazu Fischinger NZA 2010, 65) mit Wirkung zum 1. 2. 2010 erlassen. Spezielle arbeitsrechtliche Regelungen enthalten die §§ 19 ff GenDG (näher Rn 611).

7. Auskunftserteilung über den Dienstverpflichteten*

1782 Arbeitgeber haben häufig ein Interesse daran, beim aktuellen oder einem **früheren Arbeitgeber** des Stellenbewerbers Auskünfte über dessen Leistung und Verhalten zu erlangen.

1783 a) Der Arbeitgeber ist von Gesetzes wegen **gegenüber einem Dritten grundsätzlich nicht zur Auskunft über den Beschäftigten verpflichtet**. Etwas anderes kann sich aber **erstens** aus besonderen Rechtsvorschriften oder aus einer rechtsgeschäftlichen Beziehung, die zwischen dem Arbeitgeber und einem Dritten eine Auskunftspflicht begründet, ergeben. In Betracht kommt das zB, wenn im Falle eines Betriebsübergangs der Erwerber zur Erfüllung der ihm gegenüber dem ausscheidenden Arbeitnehmer obliegenden Pflicht zur Erteilung eines Zeugnisses vom Veräußerer Informationen über Leistung und Verhalten des Arbeitnehmers vor Betriebsübergang benötigt (BAG 16. 10. 2007 – 9 AZR 248/07, AP Nr 33 zu § 630 BGB); denn hier ist im Begehren des Arbeitnehmers auf Zeugniserteilung eine konkludente Einwilligung zur Datenerhebung beim Veräußerer zu sehen.

1784 Für den Bereich des öffentlichen Dienstes ist zu beachten, dass alle Behörden des Bundes und der Länder sich gegenseitig Rechts- und Amtshilfe leisten (Art 35 GG). Deshalb wird es als unwirksam angesehen, wenn sich die Behörde eines Landes durch Vertrag mit einem Arbeitnehmer verpflichtet, Bundes- oder Landesbehörden keine Auskünfte über ihn zu geben (BAG 15. 7. 1960 – 1 AZR 496/58, AP Nr 1 zu Art 35 GG).

1785 Eine Verpflichtung zur Auskunftserteilung besteht **zweitens** dann, wenn der Bewerber, der daran ein berechtigtes Interesse hat, diese vom Arbeitgeber verlangt und die Auskunftserteilung den Arbeitgeber nicht unbillig belastet; das gilt auch, wenn der Arbeitnehmer bereits aus dem Arbeitsverhältnis ausgeschieden ist. Auskunft ist vor allem an solche Personen zu erteilen, mit denen der Arbeitnehmer in Verhandlungen über den Abschluss eines Arbeitsvertrages steht (BAG 18. 12. 1984 – 3 AZR 389/

---

* **Schrifttum**: U Birk, Auskünfte über Arbeitnehmer (1985); Braun, Zulässigkeit und Grenzen der Informationsbeschaffung im Bewerbungsverfahren, DÖD 2004, 52 ff; Schulz, Zur Auskunftserteilung unter Arbeitgebern über Arbeitnehmer, NZA 1990, 717.

83, AP Nr 8 zu § 611 BGB Persönlichkeitsrecht). Dogmatisch wird dies zT aus der nachwirkenden Fürsorgepflicht des Arbeitgebers abgeleitet (BAG 18. 12. 1984 – 3 AZR 389/83; bereits BAG 25. 10. 1957 – 1 AZR 434/55, AP Nr 1 zu § 630 BGB; HUECK/NIPPERDEY I 472; NIKISCH I 866). Es geht insoweit aber richtigerweise nicht um eine *nachvertragliche Pflicht,* sondern um eine *Nebenpflicht aus dem Arbeitsverhältnis,* die nicht mit dessen Auflösung erlischt (vgl ZÖLLNER, in: TOMANDL, Treue- und Fürsorgepflicht im Arbeitsrecht [1975] 91 ff). Es handelt sich um eine Ergänzung der Zeugnispflicht; deren Erstreckung auf Erteilung eines qualifizierten Zeugnisses (§ 630 S 4 BGB iVm § 109 Abs 1 S 3 GewO) bezweckt, dem Arbeitnehmer Unterlagen für sein berufliches Fortkommen an die Hand zu geben. Der Arbeitgeber ist daher nicht nur verpflichtet, dem Arbeitnehmer ein schriftliches Zeugnis auszustellen, sondern er muss auch auf dessen Verlangen zur Erläuterung einem Dritten, bei dem der Arbeitnehmer sich um eine Anstellung bewirbt, mündlich, fernmündlich oder schriftlich Auskünfte über dessen Leistungen und Verhalten erteilen (so ausdrücklich LAG Berlin 8. 5. 1989 – 9 Sa 21/89, NZA 1989, 965). Ein derartiges Auskunftsbegehren berechtigt den Arbeitgeber aber nicht, dem Dritten die Personalakten des Arbeitnehmers ohne dessen Wissen zugänglich zu machen (BAG 18. 12. 1984 – 3 AZR 389/83, AP Nr 8 zu § 611 BGB Persönlichkeitsrecht).

b) Von der Verpflichtung zur Auskunftserteilung zu unterscheiden ist, dass der Arbeitgeber nach tradierter Ansicht des BAG grundsätzlich **berechtigt** ist, Auskünfte über den Arbeitnehmer **auch gegen dessen Willen** an Personen zu erteilen, mit denen der Arbeitnehmer in Verhandlungen über den Abschluss eines Arbeitsvertrages steht (so noch BAG 18. 12. 1984 – 3 AZR 389/83, AP Nr 8 zu § 611 BGB Persönlichkeitsrecht; bereits früher BAG 25. 10. 1957 – 1 AZR 434/55, 5. 8. 1976 – 3 AZR 491/75, AP Nr 1, 10 zu § 630 BGB; für den Bereich des öffentlichen Dienstes BAG 15. 7. 1960 – 1 AZR 496/58, AP Nr 1 zu Art 35 GG). Obwohl der geplante § 32 Abs 6 S 4 BDSG-E, nach dem ein Arbeitgeber apodiktisch nur mit Einwilligung des Betroffenen personenbezogene Daten des Beschäftigten bei Dritten hätte erheben dürfen, bislang nicht in Kraft trat, ist diese Rechtsprechung so nicht mehr aufrecht zu erhalten. Zu beachten ist in diesem Kontext nämlich **§ 4 Abs 2 S 2 BDSG**, wonach eine Datenerhebung, die nicht beim Betroffenen selbst erfolgt, engen Grenzen unterliegt (zur Anwendbarkeit von § 4 Abs 2 S 2 BDSG bei der Auskunftseinholung bei früheren Arbeitgebern vgl zB POLENZ, in: KILIAN/HEUSSEN, Computerrecht Teil 13: Individueller Arbeitnehmerdatenschutz Rn 7). Neben den im Bereich der Privatwirtschaft wenig relevanten Fällen, dass eine Rechtsvorschrift dies vorsieht oder zwingend voraussetzt (Nr 1) bzw eine zu erfüllende Verwaltungsaufgabe ihrer Art nach oder der Geschäftszweck eine Erhebung bei anderen Personen erforderlich macht (Nr 2 lit a]) kommt nur Nr 2 lit b in Betracht. Danach ist eine Erhebung bei Dritten möglich, wenn sie beim Betroffenen einen „unverhältnismäßigen Aufwand" erfordern würde. Das wird man nur annehmen können, wenn entweder der Bewerber tatsächlich nicht über die notwendigen Informationen verfügt, seine bzw die Angaben des alten Arbeitgebers zu unspezifisch sind oder aber der potenzielle neue Arbeitgeber konkrete Anhaltspunkte dafür hat, dass der Bewerber die Unwahrheit sagt (DÄUBLER, Gläserne Belegschaften [6. Aufl 2015] Rn 237; POLENZ, IN: KILIAN/HESSEN, Computerrecht Teil 13: Individueller Arbeitnehmerdatenschutz Rn 7). Selbst wenn die Voraussetzungen des § 4 Abs 2 S 2 BDSG vorliegen, dürfen durch eine Auskunftseinholung beim früheren Arbeitgeber selbstverständlich **die dem Fragerecht des Arbeitgebers gezogenen Schranken** (dazu Rn 558 ff) nicht umgangen

1786

werden; nach Informationen, nach denen der Arbeitgeber den Bewerber nicht direkt fragen darf, darf er also erst recht nicht beim früheren Arbeitgeber nachsuchen.

1787 c) **Erteilt der Arbeitgeber eine Auskunft, ohne dazu berechtigt zu sein**, so liegt darin eine Verletzung des allgemeinen Persönlichkeitsrechts des früheren Arbeitnehmers (vgl BAG 18. 12. 1984 – 3 AZR 389/83, AP Nr 8 zu § 611 BGB Persönlichkeitsrecht). Soweit der Arbeitgeber zur Auskunft verpflichtet ist (Rn 1783 ff), müssen seine Angaben der Wahrheit entsprechen und dürfen nicht dem Inhalt eines Zeugnisses widersprechen, das der Arbeitnehmer auf sein Verlangen erhalten hat (vgl auch STAUDINGER/PREIS [2012] § 630 Rn 85). Wird die Auskunft zu Unrecht verweigert oder ist sie unrichtig, hat der Arbeitnehmer aus dem Arbeitsverhältnis einen Anspruch auf Schadensersatz aus §§ 280 Abs 1, 241 Abs 2 (LAG Niedersachsen 29. 5. 2007 – 9 Sa 1641/06) und kann Richtigstellung verlangen (§ 249 Abs 1; § 1004 analog). Bei wahrheitsgemäßer ungünstiger Auskunft besteht ein Schadensersatzanspruch nur bei Verletzung des Rechts auf informationelle Selbstbestimmung, das als Teil des allgemeinen Persönlichkeitsrechts verfassungsrechtlich anerkannt ist (vgl BVerfG 15. 12. 1983 – 1 BvR 209/83, BVerfGE 65, 1 [41 ff]). Sind weitere Beeinträchtigungen dieses Rechts zu besorgen, so hat der Arbeitnehmer einen Anspruch auf Unterlassung.

1788 d) **Erteilt der Arbeitgeber eine wahrheitswidrige günstige Auskunft**, so haftet er dem Dritten wie bei Erteilung eines unrichtigen Zeugnisses (ebenso STAUDINGER/PREIS [2012] § 630 Rn 86, dort in Rn 81 f zur Haftung gegenüber Dritten).

8. Unterlassen von bzw Einschreiten gegen Mobbing*

a) Begriff

1789 „Mobbing" (aus dem Englischen „to mob" = jemanden anpöbeln, über jemanden herfallen) hat das BAG zunächst als systematisches Anfeinden, Schikanieren und Diskriminieren von Arbeitnehmern untereinander (Mobbing ieS), gegenüber Untergebenen („bossing") oder gegenüber Vorgesetzten („staffing" oder „upwards mobbing") definiert (BAG 15. 1. 1997 – 7 ABR 14/96, AP Nr 118 zu § 37 BetrVG 1972). Seit Schaffung des § 3 Abs 3 AGG zieht das BAG auch die dort definierte Belästigung als gesetzliche Umschreibung von Mobbing heran (BAG 25. 10. 2007 – 8 AZR 593/06, NZA 2008, 223 [225]). Mobbing ist nach allgemeiner Meinung weder ein Rechtsbegriff noch eine Anspruchsgrundlage (BAG 25. 10. 2007 – 8 AZR 593/06; BAG 28. 10. 2010 – 8 AZR 546/09, NZA 2011, 378 [379]), ist aber durch bestimmte Charakteristika gekennzeichnet (Rn 1790 ff). Anders als zB Frankreich (Art L 1152–1 Code du travail) kennt Deutschland auch kein eigenständiges „Anti-Mobbing-Recht".

---

* **Schrifttum**: BENECKE, „Mobbing" im Arbeitsrecht, NZA-RR 2003, 225; dies, Mobbing: Persönlichkeitsschutz und Haftung des Arbeitgebers, RdA 2008, 357; FISCHINGER, „Mobbing" – the German law of bullying, Comparative Labor Law and Policy Journal 2011, 101; HEY, Cybermobbing – Welche Pflichten treffen den Arbeitgeber?, BB 2013, 2805; KOLLMER, Mobbing (Schikane) im Arbeitsverhältnis, AR-Blattei SD 1215; LANGE, Die Handhabung des Phänomens „Mobbing" im Arbeitsrecht, SAE 2008, 285; RIEBLE/KLUMPP, Mobbing und die Folgen, ZIP 2002, 369; WIESE, Zur Dogmatik des Mobbing im Arbeitsverhältnis, in: FS Birk (2008) 1009.

b) Charakteristika

Auch wenn sich Mobbing einer exakten Definition entzieht, haben die erkennenden **1790**
Gerichte doch eine Reihe von Charakteristika entwickelt, die nach ihrer Auffassung
einen Mobbingtatbestand ausmachen:

(1) Nach dem BAG kann von Mobbing nur bei eindeutigen **Täter-Opfer-Konstel-** **1791**
lationen gesprochen werden: „Verhaltensweisen von Arbeitgebern oder Vorgesetzten [können] nicht in die Prüfung [ob der Mobbing-Vorwurf zutrifft] einbezogen werden, die lediglich eine Reaktion auf Provokationen durch den vermeintlich gemobbten Arbeitnehmer darstellen." (BAG 16. 5. 2007 – 8 AZR 709/06, NZA 2007, 1154 [1162]; LAG Düsseldorf 26. 3. 2013 – 17 Sa 602/12, BeckRS 2013, 67558) Die Forderung nach einer solchen „Einbahnstraße" an Schikanierungen erscheint zumindest dann bedenklich, wenn die vom Mobbingopfer provozierte Reaktion eine vollkommene Überreaktion war oder die Provokation nicht absichtlich erfolgte. Auch ist durchaus fraglich, ob es richtig ist, das Opfer dazu zu verdammen, die Angriffe solange hinzunehmen, bis diese ein solches Maß erreicht haben, dass sich das Opfer gerichtlich mit Aussicht auf Erfolg wehren kann. Die vom BAG vorgenommene „Alles-oder-nichts-Wertung" orientiert sich zu sehr an strafrechtlichen Kategorien, passt aber nicht zur Konzeption der Zivilrechtsordnung. Systemkonformer ist es, den Mobbingtatbestand trotz der Gegenwehr des Opfers zu bejahen, aber bei den Rechtsfolgen anzusetzen: Schadensersatzansprüche können unschwer entsprechend dem Gewicht des Verursachungsbeitrags des Opfers über § 254 Abs 1 gekürzt werden; Unterlassungsansprüche und das Recht zur Ausübung des Zurückbehaltungsrechts kann man unter die Voraussetzung stellen, dass das Opfer zunächst einmal sein eigenes Verhalten korrigiert und abwartet, ob sich die Situation dann nicht entspannt.

(2) Zweitens ist es nicht der einzelne isolierte Vorfall, der den Mobbing-Vorwurf **1792**
begründet. Entscheidend ist vielmehr eine **Gesamtschau mehrerer Akte**, die jeweils – für sich betrachtet – rechtlich neutral bzw zu vernachlässigen sind; plastisch spricht man hier von „Gewalt der kleinen Treffer" und „Häufung der winzigen Traumata" (Hirigoyen, Mobbing [2004] 20). Fraglich ist, wie sich die einzelnen Geschehnisse, die in ihrer Gesamtheit den Mobbing-Vorwurf begründen sollen, zueinander verhalten müssen. Müssen sie in einem von dem Täter oder den Tätern gewollten Zusammenhang stehen, also Teil eines Gesamtplans und damit systematisch aufeinander abgestimmt sein, oder genügt das bloße, quasi zufällige Nebeneinander solcher Einzelakte? Die Rechtsprechung des BAG und der Obergerichte hierzu ist widersprüchlich, weil einerseits zwar immer wieder ein systematisches, planmäßig aufeinander abgestimmtes Verhalten verlangt wird, man sich andererseits aber bei der Begriffsdefinition des Mobbings an § 3 Abs 3 AGG orientiert (BAG 16. 5. 2007 – 8 AZR 709/06, NZA 2007, 1154 [1159]; BAG 25. 10. 2007 – 8 AZR 593/06, NZA 2008, 223 [225]; LAG Thüringen 17. 12. 2009 – 5 Sa 306/09, BeckRS 2011, 65597; LAG Hamm 3. 11. 2011 – 15 Sa 869/11, BeckRS 2012, 66745; LAG Rheinland-Pfalz 19. 3. 2012 – 5 Sa 701/11, BeckRS 2012, 70278; LAG Düsseldorf 26. 3. 2013 – 17 Sa 602/12, BeckRS 2013, 67558); nach Letzterem genügt es aber, dass „unerwünschte Verhaltensweisen bezwecken *oder bewirken,* dass ein feindliches Umfeld geschaffen wird" – das wird dort zu Recht so verstanden, dass eine objektiv kausal wirkende Handlung genügt (zB BAG 9. 6. 2011 – 2 AZR 323/10, NZA 2011, 1342; BeckOK-ArbR/Roloff § 3 AGG Rn 29; ErfK/Schlachter § 3 AGG Rn 18). Liest man die Entscheidungen des BAG im Kontext, wird man aber davon ausgehen können,

dass das Gericht ein systematisches Vorgehen verlangt, denn die Forderung nach einem solchen steht stets im Mittelpunkt der Entscheidungen (vgl va BAG 16. 5. 2007 – 8 AZR 709/06, NZA 2007, 1154 [1159]), wohingegen die Zitierung des § 3 Abs 3 AGG eher gedankenlos und en passant zu erfolgen scheint. In der Sache ist das aber durchaus zweifelhaft, schon weil es für die Wirkung auf das Opfer keinen Unterschied macht, ob die verschiedenen Täter abgestimmt oder als zufällige Nebentäter vorgehen.

1793 Unabhängig von diesem Problem sind für die Frage, ob es sich um Mobbing handelt, stets die Umstände des Einzelfalls entscheidend. Als Verhaltensweisen, die den Mobbingvorwurf begründen können, kommt der Gebrauch arbeitsrechtlicher Mittel (wie ungerechtfertigte Abmahnungen oder nicht ausführbare Weisungen) ebenso in Betracht wie rein zwischenmenschliches Verhalten (zB soziale Ausgrenzung) oder strafbare Handlungen (zB Diebstähle, Beleidigungen). Zu Recht betonen die zur Entscheidung berufenen Arbeitsgerichte aber, dass **nicht jedes sozial unerwünschte Verhalten** gleich einen **Mobbingvorwurf begründet**. So handelt es sich bei den im Arbeitsleben üblichen Konfliktsituationen selbst dann nicht um Mobbing, wenn es deshalb zum Rechtsstreit kommt, ist der Betrieb doch keine „Wohlfühloase" (BAG 16. 5. 2007 – 8 AZR 709/06, NZA 2007, 1154 [1161]; Rieble/Klumpp ZIP 2002, 369 [373]). Auch der Ausspruch einer unwirksamen Kündigung ist grundsätzlich kein Mobbing, regelt doch das KSchG, wie sich der Arbeitnehmer dagegen zur Wehr setzen kann; etwas anderes gilt nur, wenn die Kündigung der Verletzung des Persönlichkeitsrechts des Arbeitnehmers dient (BAG 24. 4. 2008 – 8 AZR 347/07, NZA 2009, 38 [41]). Vom Direktionsrecht gedeckte Weisungen sind nur dann als Mobbing anzusehen, wenn sie eindeutig schikanöse Tendenzen haben (BAG 16. 5. 2007 – 8 AZR 709/06, NZA 2007, 1154 [1162]; LAG Düsseldorf 26. 3. 2013 – 17 Sa 602/12, BeckRS 2013, 67558); selbst vom Direktionsrecht nicht umfasste Weisungen sind kein Mobbing, wenn der Arbeitgeber für sie nur einen sachlichen Grund anführen kann (LAG Berlin-Brandenburg 15. 2. 2012 – 15 Sa 1758/11, BeckRS 2012, 68673).

(3) In der Zusammenschau dieser Verhaltensweisen muss schließlich ein **Recht des Opfers verletzt** worden sein. In Betracht kommen neben Eigentumsverletzungen vor allem Gesundheitsschädigungen, Körperverletzungen und eine Verletzung des allgemeinen Persönlichkeitsrechts. Beeinträchtigt kann das Opfer aber auch dadurch werden, dass es entweder im Zuge des Mobbings/Bossings entlassen wird oder, weil es die andauernden Anfeindungen nicht mehr erträgt, selbst kündigt.

c) Ansprüche gegen mobbende Vorgesetzte oder Kollegen

1794 Mangels vertraglicher Rechtsbeziehungen zwischen Arbeitskollegen und Arbeitnehmern/Vorgesetzten bestehen keine vertraglichen Ansprüche (anders wenn der Arbeitgeber der Täter ist, vgl Rn 1795). Möglich sind aber Unterlassungsansprüche nach § 1004 Abs 1 (analog) sowie Schadensersatzansprüche wegen Gesundheitsschädigung, Körper- oder Eigentumsverletzung oder Verletzung des allgemeinen Persönlichkeitsrechts nach § 823 Abs 1 bzw § 823 Abs 2 (iVm §§ 185, 223, 240, 303 StGB). Nach überzeugender Auffassung hat der Arbeitnehmer hingegen kein absolutes Recht am Arbeitsplatz, weil es sich bei den aus dem Arbeitsvertrag resultierenden Rechten und Pflichten nur um schuldrechtliche, allein zwischen Arbeitgeber und Arbeitnehmer geltenden Rechtspositionen geht; wird das Mobbingopfer von einem Vorgesetzten entlassen oder kündigt es wegen des Mobbings durch Vorgesetzte/

Kollegen selbst, kommt daher kein Schadensersatz nach § 823 Abs 1 gegen den Täter in Betracht (OLG Koblenz 23. 1. 2003 – 5 U 13/03, NZA 2003, 438 [439]; LG Frankfurt 26. 10. 1999 – 2/26 O 166/98, NZA-RR 2000, 185; Riesenhuber JZ 1999, 711 [715 f]; ErfK/Preis § 619a BGB Rn 56; Lange, SAE 2008, 285 [290]; offengelassen, aber wohl eher ablehnend BAG 4. 6. 1998 – 8 AZR 786/96, AP Nr 7 zu § 823 BGB). Etwas anderes gilt nur in den Fällen des § 826, was aber den Nachweis des doppelten Schädigungsvorsatzes verlangt. In Betracht kommen auch Ansprüche auf Schmerzensgeld aus § 823 Abs 1 BGB iVm Art 2 Abs 1, 1 Abs 1 GG (zur Herleitung des Anspruchs vgl BVerfG 8. 3. 2000 – 1 BvR 1127/96, NJW 2000, 2187 [2187]; BGH 1. 12. 1999 – 1 ZR 49/97, NJW 2000, 2195 [2197]). Schadensersatzansprüchen gegen mobbende Vorgesetzte/Kollegen können weder die richterrechtlichen **Grundsätze der beschränkten Arbeitnehmerhaftung** noch **§ 105 Abs 1 SGB VII** entgegen gehalten werden. Ersteres, weil diese nur im Verhältnis zwischen Arbeitgeber und Arbeitnehmer, nicht aber zwischen Kollegen gelten (Staudinger/Richardi/Fischinger [2016] § 619a Rn 99 ff), und zweitens greift nicht § 105 SGB VII ein, weil Mobbing keinen Versicherungsfall iSv § 7 SGB VII darstellt. Als Dauertatbestand handelt es sich nicht um ein plötzliches, von außen kommendes Ereignis und damit nicht um einen Arbeitsunfall (§ 8 SGB VII), als Berufskrankheit (§ 9 Abs 1 SGB VII) ist Mobbing nicht anerkannt und auch eine „Wie-Erkrankung" (§ 9 Abs 2 SGB VII) nehmen die Instanzgerichte nicht an (LSG Baden-Württemberg 16. 8. 2001 – L 7 U 18/01, BeckRS 9999, 09228; LSG Berlin 15. 7. 2003 – L 2 U 145/01, BeckRS 9999, 06218; LSG Hessen 28. 6. 2011 – L 3 U 30/08, BeckRS 2013, 65134).

d) Schadensersatzansprüche gegen den Arbeitgeber

Vertragliche Ansprüche auf Schadensersatz sind nicht nur gegeben, wenn der Arbeitgeber selbst der Mobbende ist, sondern auch, wenn ihm das Verhalten des Täters nach § 278 oder § 31 (analog) zugerechnet wird. Eine Zurechnung über § 278 ist aber nur möglich, wenn der Täter Erfüllungsgehilfe des Arbeitgebers ist und das Mobbingverhalten in innerem sachlichen Zusammenhang zu den Aufgaben steht, die dem Erfüllungsgehilfen vom Arbeitgeber zugewiesen wurden, dh nicht nur „bei Gelegenheit" erfolgte. § 278 greift daher nur bei Mobbing, das sich arbeitsrechtlicher Mittel (Rn 1793) bedient, nicht aber, wenn der Erfüllungsgehilfe sich rein zwischenmenschlich anstößig verhält (Kollmer, AR-Blattei SD 1215 Rn 70 f). Eine Zurechnung über § 278 ist daher nur bei Mobbinghandlungen direkter, weisungsberechtigter Vorgesetzter, nicht aber bei Verhalten sonstiger Vorgesetzter oder Kollegen möglich. Eine Haftung des Arbeitgebers kommt hier aber in Betracht, wenn er seine aus **§ 241 Abs 2** abzuleitende Schutzpflicht verletzt: Nicht nur muss er seinen Betrieb so organisieren, dass die Möglichkeit von Mobbing möglichst reduziert wird (zB durch Schaffung klarer Hierarchien), sondern er muss vor allem gegen ihm bekannt gewordene Schikanen durch Vorgesetzte, Kollegen oder Dritte, auf die er Einfluss hat, einschreiten und die notwendigen und angemessenen Maßnahmen zum Schutz des Opfers treffen; sowohl bei der Organisation des Betriebs als auch bei der Ergreifung von Maßnahmen ist dem Arbeitgeber aber ein Einschätzungsspielraum einzuräumen. **1795**

Eine **deliktische** Haftung lässt sich bei eigenem Handeln des Arbeitgebers oder bei solchem seiner Organe (§ 31) über § 823 Abs 1 bzw 2 begründen; in Betracht kommt ggf auch § 826. Ob auch die Verletzung der Schutzpflichten aus § 241 Abs 2 eine Haftung nach § 823 Abs 1 begründen kann, ist umstritten, aber richtigerweise zu bejahen (Benecke NZA-RR 2003, 225 [227]; **aA** Rieble/Klumpp FA 2002, 307 [309]). Für **1796**

Vorgesetzte kommt eine Haftung nach § 831 Abs 1 in Betracht, wobei auch hier wiederum erforderlich ist, dass sich der Täter arbeitsrechtlicher Mittel bedient; bloße Unfreundlichkeiten im zwischenmenschlichen Bereich genügen nicht, da diese nur „bei Gelegenheit" erfolgen. Daher kommt eine Haftung für das Verhalten von (gleichgeordneten) Kollegen nach § 831 Abs 1 nicht in Betracht. Möglich ist zudem eine Exkulpation.

1797 Der Arbeitgeber haftet auf materiellen Schadensersatz, der insbesondere Behandlungskosten und ggf entgangenen Lohn (zB wegen der Differenz zwischen Krankengeld, §§ 44 ff SGB V, und dem regulären Lohnanspruch oder wegen Arbeitsplatzverlusts) umfasst. In Betracht kommen ferner Schmerzensgeldansprüche nach § 253 Abs 2 bzw – soweit es um das allgemeine Persönlichkeitsrecht geht – aus § 823 Abs 1 iVm Art 2 Abs 1, 1 Abs 1 GG.

1798 Schadensersatzansprüche gegen den Arbeitgeber werden durch **§ 104 SGB VII** nicht ausgeschlossen, weil Mobbing keinen Versicherungsfall iSv § 7 SGB VII darstellt.

e) Sonstige Rechte/Ansprüche gegenüber dem Arbeitgeber

1799 Ist der Arbeitgeber der Täter oder verletzt er seine Fürsorgepflicht aus § 241 Abs 2 (allgemein zu dieser vgl Rn 1686 ff), kann das Opfer **Unterlassung** bzw ein Einschreiten des Arbeitgebers gegen den Täter verlangen. Handelt es sich um gravierende Mobbinghandlungen, weiß der Arbeitgeber um sie und unternimmt er dennoch nicht die erforderlichen Maßnahmen dagegen, kann das Opfer ohne Verlust des Lohnanspruchs (§ 615 S 1) die Arbeitsleistung verweigern **(Zurückbehaltungsrecht, § 273 Abs 1)**, wenn dies ein erforderliches und angemessenes Mittel zur Beseitigung der Beeinträchtigung ist (LANGE SAE 2008, 285 [290]). Es hat zudem ein **Beschwerderecht** sowohl nach § 84 als auch nach § 85 BetrVG. Nur in Ausnahmefällen wird das Opfer eine **Versetzung** oder gar **Kündigung des Täters** verlangen können; denn da der Arbeitgeber einen weiten Einschätzungsspielraum hat (vgl BENECKE RdA 2008, 357 [364]), wie er auf das Mobbing reagiert, kommt das nur in Betracht, wenn jede andere Entscheidung ermessensfehlerhaft wäre. Ggf kann auch der Betriebsrat die Versetzung oder Entlassung des Täters verlangen, **§ 104 BetrVG**. Seine **eigene Versetzung** wird das Opfer zumindest verlangen können, wenn im Betrieb ein geeigneter Arbeitsplatz frei ist (BENECKE RdA 2008, 357 [363 f]); selbst einen Anspruch auf Schaffung eines geeigneten Arbeitsplatzes wird man nicht apodiktisch ablehnen müssen (vgl BAG 25. 10. 2007 – 8 AZR 593/06, NZA 2008, 223, wo ein solcher Anspruch zwar abgelehnt wurde, dies aber damit begründet wurde, dass es sich um eine besonders herausgehobene Stellung [1. Oberarzt für Neurochirurgie] handelte). Ist die Situation derart unerträglich, dass dem Arbeitnehmer nach einer Abwägung der beiderseitigen Interessen eine ordentliche Kündigung nicht zumutbar ist, kommt auch eine **außerordentliche Kündigung** durch den Arbeitnehmer (§ 626) samt Geltendmachung von **Schadensersatzansprüchen (§ 628 Abs 2)** in Betracht.

f) Ausschlussfristen, Verjährung und Verwirkung

1800 Enthält der Arbeits- oder ein anwendbarer Tarifvertrag eine wirksame Ausschlussfrist zur Geltendmachung von Ansprüchen aus dem Arbeitsverhältnis (s Rn 1653 ff), werden nicht nur vertragliche, sondern auch deliktische Ansprüche erfasst (BAG 16. 5. 2007 – 8 AZR 709/06, NZA 2007, 1154). Umstritten ist, ob das auch für Schmerzensgeldansprüche wegen Verletzung des allgemeinen Persönlichkeitsrechts gilt; das ist entgegen der Mehrzahl der Senate des BAG (25. 4. 1972 – 1 AZR 322/71, AP Nr 9 zu § 611 BGB öffentlicher Dienst [1. Senat]; 15. 7. 1987 – 5 AZR 215/86, AP Nr 14 zu § 611 BGB Persönlichkeitsrecht [5. Senat]) zu bejahen, da es keinen Grund für die Ungleichbehandlung mit Ansprüchen zB wegen Körperverletzungen oder Gesundheitsschädigungen gibt (BAG 27. 4. 1995 – 8 AZR 582/94, ZTR 1995, 520; BAG 16. 5. 2007 – 8 AZR 709/06, AP Nr 5 zu § 611 BGB Mobbing [jeweils 8. Senat]). Beim Mobbing als Dauertatbestand entsteht der Anspruch erst mit der (jeweils) letzten Handlung; erst ab da beginnt die Ausschluss- und die Verjährungsfrist (§§ 195, 199 Abs 1) zu laufen (BAG 16. 5. 2007 – 8 AZR 709/06, AP Nr 5 zu § 611 BGB Mobbing; Sasse BB 2008, 1450 [1453]; LAG Köln 2. 3. 2011 – 1 Ta 375/10, BeckRS 2011, 70014). Die Ausschlussfrist des § 15 Abs 4 AGG ist – so sie überhaupt für unionsrechtskonform gehalten wird (dazu Rn 506) – auf „Mobbingansprüche" nicht anwendbar. Eine **Verwirkung** von Mobbingansprüchen ist nach den allgemeinen Regeln möglich, wobei auch insoweit gelten muss, dass für das Zeitmoment auf die zeitlich letzte Mobbinghandlung abzustellen ist; während das LAG Nürnberg (25. 7. 2013 – 5 Sa 525/11, BeckRS 2013, 73309) Verwirkung annahm, wenn erst mehr als zwei Jahre nach dem letzten Mobbingvorfall Klage erhoben wird, lehnte das BAG dies zu Recht mit der Begründung ab, dass über das bloße „Zuwarten" hinaus ein Umstandsmoment erfüllt werden müsse (BAG 11. 12. 2014 – 8 AZR 838/13, NJW-Spezial 2015, 338).

g) Prozessuales

Das Opfer trägt die Darlegungs- und Beweislast für die einzelnen Mobbing-Handlungen, die Rechtsgutsverletzung sowie die Kausalität; in der Praxis scheitern Mobbingklagen in der Regel an der Unmöglichkeit, die behaupteten Vorfälle beweisen zu können. Ein zeitlicher Zusammenhang zwischen den (bewiesenen) Handlungen und der Rechtsgutsverletzung liefert zwar ein starkes Indiz für die Kausalität (BAG 16. 5. 2007 – 8 AZR 709/06, AP Nr 5 zu § 611 BGB Mobbing). Weitergehende Beweiserleichterungen sind aber abzulehnen, insbesondere der Rückschluss von einem „mobbingtypischen" medizinischen Befund auf die Richtigkeit der Behauptung bei „Konnexität" (so aber LAG Thüringen 15. 2. 2001 – 5 Sa 102/2000, NZA-RR 2001, 577; wie hier BAG ebd). **1801**

Gerade bei (psychischen) Gesundheitsbeeinträchtigungen lässt sich oft nicht ausschließen, dass es zu nicht vorhersehbaren Spätfolgen kommt. Zum Schutz vor Beweisschwierigkeiten und vor einer anderenfalls ggf drohenden Verjährung lässt das BAG **Feststellungsanträge** zu (BAG 16. 5. 2007 – 8 AZR 709/06, AP Nr 5 zu § 611 BGB Mobbing). **1802**

VII. Pflicht zur Achtung der Koalitionsfreiheit

1. Allgemeines

Nach **Art 9 Abs 3 S 1 GG** ist „[d]as Recht zur Wahrung und Förderung der Arbeits- und Wirtschaftsbedingungen Vereinigungen zu bilden, […] für jedermann und für alle Berufe gewährleistet." Diese sog Koalitionsfreiheit ist das Grundrecht der Arbeitsverfassung und schützt als **Doppelgrundrecht** (BAG [GS] 29. 11. 1967 – GS 1/67, BAGE [GS] 20, 175 [210]; BAG 22. 9. 2009 – 1 AZR 972/08, NZA 2009, 1347 [Rn 18]; vMangoldt/Klein, GG Art 9 Anm V 3 [327]; ErfK/Linsenmaier, GG Art 9 Rn 39; Gamillscheg, Kollektives Arbeitsrecht I 181 ff; Löwisch/Rieble, MünchArbR § 155 Rn 4; Biedenkopf, Grenzen der Tarif- **1803** autonomie [1964] 88) nicht nur die **individuelle Koalitionsfreiheit**, sondern auch die **Koalitionen in ihrem Recht auf verbandsautonomen Bestand und zur spezifisch koalitionsgemäßen Betätigung** (BVerfG 18. 11. 1954 – 1 BvR 629/52, BVerfGE 4, 96 [101 f, 106]; BVerfG 14. 4. 1964 – 2 BvR 69/62, BVerfGE 17, 319 [333]; BVerfG 26. 5. 1970 – 2 BvR 664/65, BVerfGE 28, 295 [304]; BVerfG 1. 3. 1979 – 1 BvR 532/77, BVerfGE 50, 290 [367]; BVerfG 26. 6. 1991 – 1 BvR 779/85, BVerfGE 84, 212 [224]; BVerfG 14. 11. 1995 – 1 BvR 601/92, BVerfGE 93, 352 [357]; BVerfG 24. 4. 1996 – 1 BvR 712/86, BVerfGE 94, 268 [282 f]; BVerfG 24. 2. 1999 – 1 BvR 123/93, BVerfGE 100, 214 [221] und BVerfG 27. 4. 1999 – 1 BvR 2203/93, BVerfGE 100, 271 [282]).

1804 Die grundrechtsdogmatische Besonderheit dieses Grundrechts folgt aus **Art 9 Abs 3 S 2 GG**, der Abreden, die dieses Recht einschränken oder zu behindern suchen, für nichtig und hierauf gerichtete Maßnahmen für rechtswidrig erklärt. Der Koalitionsfreiheit kommt somit – als einzigem Grundrecht – **unmittelbare Drittwirkung** zu und sie entfaltet deshalb **unmittelbare Rechtswirkungen zwischen dem einzelnen Arbeitgeber und seinen Arbeitnehmern.**

2. Grundrechtsträger

1805 Anders als die Vereinigungsfreiheit des Art 9 Abs 1 GG ist die Koalitionsfreiheit **kein Deutschengrundrecht**, sondern ein **Menschenrecht**. Art 9 Abs 3 GG erfasst dabei nicht nur den „klassischen" Arbeitnehmer, der durch das Merkmal persönlich abhängiger Arbeit auf privatrechtlicher Basis geprägt ist. Die Koalitionsfreiheit gilt vielmehr auch, wenn die Beschäftigung nach öffentlich-rechtlichen Grundsätzen erfolgt, wie das zB bei Beamten, Richtern und Soldaten der Fall ist. Grenzen ergeben sich aus der öffentlich-rechtlichen Gestaltung des Dienstes erst für die Koalitionsbetätigung. Entsprechend gilt die Koalitionsfreiheit auch für Beschäftigungsverhältnisse im kirchlichen Dienst, wobei hier der Koalitionsbetätigung Schranken durch die Verfassungsgarantie des Selbstbestimmungsrechts in Art 140 GG iVm Art 137 Abs 3 WRV gezogen sind (vgl Richardi, Arbeitsrecht in der Kirche [6. Aufl 2012] § 8 Rn 20 ff). Keine Arbeitnehmer iS des Art 9 Abs 3 GG sind aber Personen, die nicht in einem privatrechtlichen oder öffentlich-rechtlichen Dienstverhältnis stehen, wie Schüler und Studenten. Wer dagegen seine Ausbildung durch Arbeit im Dienst eines anderen erhält, wie Auszubildende, ist Grundrechtsträger iS des Art 9 Abs 3 GG. Gleiches gilt für leitende Angestellte, die unter § 5 Abs 3 BetrVG fallen (ebenso BAG 15. 3. 1977 – 1 ABR 16/75, BAGE 29, 72 [85]; Scholz, in: Maunz/Dürig, GG Art 9 Rn 181; vgl auch BAG 16. 11. 1982 – 1 ABR 22/78, AP Nr 32 zu § 2 TVG).

1806 Die Koalitionsfreiheit schützt nicht nur Arbeitnehmer, sondern auch **Arbeitgeber** (BVerfG 18. 11. 1954 – 1 BvR 629/52, BVerfGE 4, 96 [101 f, 106]; BVerfG 6. 5. 1964 – 1 BvR 79/62, BVerfGE 18, 18 [25 f]; BVerfG 26. 6. 1991 – 1 BvR 779/85, BVerfGE 84, 212 [228]; BAG 2. 8. 1963 – 1 AZR 9/63, BAGE 14, 282 [288]; BAG 10. 6. 1980 – 1 AZR 822/79, BAGE 33, 140 [160]; Scholz, in: Maunz/Dürig, GG Art 9 Rn 3, 155 ff). Die folgenden Ausführungen beschränken sich allerdings auf Arbeitnehmer.

3. Positive und negative Koalitionsfreiheit

1807 Das Individualgrundrecht der Koalitionsfreiheit schützt zunächst das Recht des einzelnen Arbeitnehmers oder Arbeitgebers, Koalitionen zu gründen sowie bestehenden Koalitionen beizutreten und in ihnen zu verbleiben **(positive Koalitionsfrei-**

heit). Außerdem gehört zur individuellen Koalitionsfreiheit auch das Recht, „an der spezifischen Tätigkeit der Koalition in dem Bereich teilzunehmen, der für die Koalition verfassungsrechtlich geschützt ist" (BVerfG 30. 11. 1965 – 2 BvR 54/62, BVerfGE 19, 303 [312]; bestätigt BVerfG 26. 5. 1970 – 2 BvR 664/65, BVerfGE 28, 295 [304]). Das Grundrecht der Koalitionsfreiheit umfasst daneben aber auch die **negative Koalitionsfreiheit**, dh die „Freiheit des Austritts und des Fernbleibens" (BVerfG 1. 3. 1979 – 1 BvR 532/77, BVerfGE 50, 290 [367]; bestätigt durch BVerfG 15. 7. 1980 – 1 BvR 24/74, BVerfGE 55, 7 [21]; BVerfG 17. 2. 1981 – 2 BvR 384/78, BVerfGE 57, 220 [245]; BVerfG 14. 6. 1983 – 2 BvR 488/80, BVerfGE 64, 208 [213]; ebenso BAG [GS] 29. 11. 1967 – GS 1/67, BAGE [GS] 20, 175 [227]; BAG 10. 12. 2002 – 1 AZR 96/02, AP Nr 162 zu Art 9 GG Arbeitskampf; BAG 18. 3. 2009 – 4 AZR 64/08, AP Nr 41 zu § 3 TVG [Rn 34 ff]).

4. Koalitionsbegriff

Koalitionen iSv Art 9 Abs 3 GG können **Arbeitgeberverbände** und **Gewerkschaften** sein. Hierfür müssen sie die folgenden Voraussetzungen erfüllen: **1808**

Die Vereinigung muss als **freiwilliger Zusammenschluss** (BVerfG 18. 11. 1954 – 1 BvR 629/ 52, BVerfGE 4, 96 [106]; BVerfG 6. 5. 1964 – 1 BvR 79/62, BVerfGE 18, 18 [28]; BVerfG 18. 12. 1974 – 1 BvR 430/65, BVerfGE 38, 281 [303]) mit korporativer Organisation auf der Ebene des **Privatrechts** errichtet sein. Entsprechend scheiden öffentlich-rechtliche Zwangsverbände wie zB Ärztekammern oder Handwerksinnungen aus. Die Vereinigung kann als Verein mit nichtwirtschaftlicher Zielsetzung die Rechtsfähigkeit durch Eintragung im Vereinsregister erlangen. Diese ist jedoch – wie es sich aus historischen Gründen für Gewerkschaften im Deutschen Gewerkschaftsbund ergibt – keine Voraussetzung, um den kollektivrechtlichen Status der Koalition in der Arbeitsverfassung anzuerkennen. Der Zusammenschluss muss **auf** (eine gewisse) **Dauer** angelegt sein, sog ad-hoc-Koalitionen zur Umgehung des Verbots des „wilden Streiks" (dazu Rn 1131) unterfallen nicht Art 9 Abs 3 GG (Scholz, in: Maunz/Dürig, GG Art 9 Rn 192 mwNw). **1809**

Die Vereinigung muss dem **Gebot der Koalitionsreinheit** entsprechen. Es dürfen in einer Gewerkschaft keine Arbeitgeber und in einem Arbeitgeberverband keine Arbeitnehmer organisiert sein und die Willensbildung muss unbeeinflusst von der Gegenseite erfolgen *(Gegnerfreiheit* und *-unabhängigkeit,* BVerfG 18. 11. 1954 – 1 BvR 629/52, BVerfGE 4, 96 [106]; BVerfG 6. 5. 1964 – 1 BvR 79/62, BVerfGE 18, 18 [28]; BVerfG 20. 10. 1981 – 1 BvR 404/78, BVerfGE 58, 233 [247]). Die Vereinigung muss außerdem in ihrer Willensbildung frei und unbeeinflusst von der Gegenseite sein (BVerfG 1. 3. 1979 – 1 BvR 532/77, BVerfGE 50, 290 [367 f]). **1810**

Zweck der Vereinigung muss es sein, die Arbeits- und Wirtschaftsbedingungen ihrer Mitglieder durch den Einsatz spezifisch koalitionsgemäßer Gestaltungsmittel wahrzunehmen. Während unter Arbeitsbedingungen unschwer alle Umstände zu verstehen sind, unter denen abhängige Arbeit geleistet wird, bereitet die Auslegung des Begriffs „Wirtschaftsbedingungen" Schwierigkeiten. Einerseits wäre es verfehlt, in ihnen nur die Arbeitsbedingungen aus der Sicht des Arbeitgebers zu sehen, wäre ihre Nennung dann doch eine reine Tautologie. Andererseits ist es aber auch nicht zutreffend, unter sie all die Bedingungen zu subsumieren, unter denen der Arbeitgeber sein Unternehmen betreibt. Richtig ist vielmehr, die Arbeits- und Wirtschafts- **1811**

bedingungen als einheitliches, aufeinander bezogenes Begriffspaar zu interpretieren (näher und mwNw FISCHINGER, Arbeitskämpfe bei Standortverlagerung und -schließung [2006] 48 ff).

1812 Schließlich muss die **institutionelle Selbstständigkeit** gegenüber dem Staat, den politischen Parteien und Religionsgesellschaften gewahrt sein, ein äußerer Einfluss dieser Institutionen auf die Vereinigung darf nicht bestehen. Eine Neutralität zu ihnen muss nach der Ausrichtung in der Satzung der Vereinigung aber nicht bestehen.

1813 Notwendig ist des Weiteren eine **demokratische Binnenorganisation**, für die kennzeichnend ist, dass die Koalitionsleitung durch Wahl legitimiert ist, auf Zeit gewählt ist, alle Mitglieder gleiche Mitwirkungs- und Stimmrechte haben und Minderheitenschutz gewährt wird. Dies ergibt sich aber nicht aus einem Demokratisierungsgebot, wie es Art 21 Abs 1 S 3 GG für die Parteien enthält, sondern beruht auf dem grundrechtlichen Charakter der Koalitionsfreiheit, der auch die Organisation einer Koalition zu beherrschen hat (SCHOLZ, in: MAUNZ/DÜRIG, GG Art 9 Rn 103 ff, 206 f; ders, Koalitionsfreiheit als Verfassungsproblem [1971] 175 f).

5. Koalitionsfreiheit und Pflichten aus dem Arbeitsverhältnis

a) Positive Koalitionsfreiheit

1814 Wegen der Drittwirkung der Koalitionsfreiheit hat diese unmittelbare Auswirkung auf das Verhältnis von Arbeitgeber und Arbeitnehmer. Entsprechend ist beispielsweise ein vom Arbeitgeber einseitig ausgesprochenes Verbot an seine Arbeitnehmer, eine **Gewerkschaft zu gründen** oder einer Gewerkschaft ihrer Wahl **beizutreten**, wegen Verstoßes gegen die positive Koalitionsfreiheit rechtswidrig und unbeachtlich. Nach einer zutreffenden neuen Entscheidung des BAG stellt auch die Umfrage unter den Mitarbeitern, wer Gewerkschaftsmitglied ist, einen Verstoß gegen Art 9 Abs 3 GG dar, wenn dies während laufender Tarifvertragsverhandlungen erfolgt (BAG 18. 11. 2014 – 1 AZR 257/13, NZA 2015, 306 [309]; ARNOLD DB 2015, 867). Es handelt sich also um unerlaubte Handlungen, die – einen materiellen Schaden vorausgesetzt – eine Schadensersatzpflicht auslösen, wobei unerheblich ist, ob man die Anspruchsgrundlage in § 823 Abs 2 zu erblicken hat, weil Art 9 Abs 3 GG ein Schutzgesetz iS dieser Bestimmung darstellt (NIKISCH II 41; GAMILLSCHEG, Kollektives Arbeitsrecht I 207), oder ob man den Anspruch auf § 823 Abs 1 stützt, indem man die Koalitionsfreiheit als ein sonstiges Recht iS dieses Grundtatbestandes anerkennt (NIKISCH II 41 f). Sieht man in der individuellen Koalitionsfreiheit zudem einen Bestandteil des allgemeinen Persönlichkeitsrechts, kann bei besonders schwerwiegenden Verstößen zudem Schmerzensgeld verlangt werden (so NIPPERDEY, in: HUECK/NIPPERDEY II/1, 133; vgl auch LÖWISCH/RIEBLE, MünchArbR² § 245 Rn 104). Außerdem besteht ein Beseitigungs- und Unterlassungsanspruch, wobei für diesen Anspruch Verschulden keine Voraussetzung ist.

1815 Im Bereich der Koalitionsfreiheit ist auch ein freiwilliger **Grundrechtsverzicht** des Arbeitnehmers in Form eines Vertrags mit dem Arbeitgeber ausgeschlossen. Diesem steht der Passus „Abreden, die dieses Recht einschränken oder zu behindern suchen, sind nichtig" in Art 9 Abs 3 S 2 GG entgegen (FISCHINGER JuS 2007, 808 [812]). Entsprechend kann der Arbeitnehmer sich seine Koalitionsfreiheit nicht im Gegenzug zu zB einem höheren Lohn „abkaufen" lassen.

Im Verhältnis von Arbeitgeber und Arbeitnehmer ist die positive Koalitionsfreiheit aber nicht nur insoweit relevant, als es um Beitritt/Gründung einer Gewerkschaft geht. Vielmehr umfasst die Verfassungsgarantie der Koalitionsfreiheit auch das Recht des einzelnen Arbeitnehmers, **an der verfassungsrechtlich geschützten Tätigkeit seiner Koalition teilzunehmen** (so bereits BVerfG 30. 11. 1965 – 2 BvR 54/62, BVerfGE 19, 303 [312]; BVerfG 26. 5. 1970 – 2 BvR 664/65, BVerfGE 28, 295 [304]). Diese verfassungsrechtliche Gewährleistung ist nicht, wozu das BVerfG neigt, aus der Koalitionsbetätigungsgarantie abzuleiten; sie ist vielmehr bereits aufgrund der individuellen Koalitionsfreiheit verfassungsrechtlich gewährleistet. Der Unterschied im rechtsdogmatischen Ansatz ändert aber nichts am Ergebnis, dass dem Arbeitnehmer verfassungsrechtlich garantiert ist, Funktionen in seiner Gewerkschaft wahrzunehmen. Entsprechend fällt es unter den Schutzbereich der Koalitionsfreiheit nicht nur der Gewerkschaft (BAG 14. 2. 1967 – 1 AZR 494/65, BAGE 19, 217; BAG 14. 2. 1967 – 1 AZR 533/65, AP Nr 11 zu Art 9 GG; näher dazu STAUDINGER/RICHARDI/FISCHINGER [2010] Vorbem 641 ff zu §§ 611 ff), sondern des einzelnen Arbeitnehmers, dass auch im Betrieb des Arbeitgebers **Werbung** für die Gewerkschaft gemacht wird; die Begrenzung dieses Rechts erfolgt erst auf der Rechtfertigungsebene (vgl BVerfG 26. 5. 1970 – 2 BvR 664/65, NJW 1970, 1635; BVerfG 14. 2. 1978 – 1 AZR 280/77, NJW 1979, 1844 [1845]; BAG 28. 2. 2006 – 1 AZR 460/04, NZA 2006, 798 [800]; BAG 20. 1. 2009 – 1 AZR 515/08, NZA 2009, 615 [619]). **1816**

b) Negative Koalitionsfreiheit
Auch die negative Koalitionsfreiheit kann zwischen Arbeitgeber und Arbeitnehmer Bedeutung entfalten. Nun wird zwar eine vom Arbeitgeber dem Arbeitnehmer auferlegte Pflicht, Mitglied in einer Gewerkschaft zu werden oder zu bleiben, praktisch kaum bedeutsam sein; anderes wäre nur im Bereich der Leiharbeit mit Blick auf § 9 Nr 2 HS 2 AÜG vorstellbar, ist aber auch dort wegen § 9 Nr 2 HS 3 AÜG letztlich nicht relevant. In jedem Fall wäre eine auf eine solche Mitgliedschaftspflicht gerichtete Vereinbarung nichtig, eine entsprechende Anweisung rechtswidrig, Art 9 Abs 3 S 2 GG. **1817**

Von größerer praktischer Relevanz ist die negative Koalitionsfreiheit im Hinblick auf in Tarifverträgen vereinbarte **Differenzierungsklauseln**. Darunter fallen zunächst sog *Tarifausschlussklauseln*, die es dem Arbeitgeber verbieten, für Gewerkschaftsmitglieder vereinbarte Tarifleistungen auch Außenseitern zu gewähren. *Abstands- oder Spannenklauseln* hingegen lassen das Recht des Arbeitgebers, diese Leistungen freiwillig auch an Außenseiter zu erbringen, unberührt, verpflichten ihn aber in diesem Fall, Gewerkschaftsmitgliedern in einem bestimmten Umfang zusätzliche Leistungen zu erbringen, womit ein gewisser Abstand zu den Außenseitern wiederhergestellt ist. Beide Formen sind nicht mit der negativen Koalitionsfreiheit vereinbar, da sie einen unzulässigen Zwang zum Eintritt in die Gewerkschaft beinhalten (so auch BAG [GS] 29. 11. 1967 – GS 1/67, AP Nr 13 zu Art 9 GG; vgl auch BAG 21. 1. 1987 – 4 AZR 486/86, AP Nr 46 zu Art 9 GG und BAG 21. 1. 1987 – 4 AZR 547/86, AP Nr 47 zu Art 9 GG); etwas anderes gilt aber für Klauseln, die zwischen verschiedenen Gewerkschaftsmitgliedern, zB nach der Dauer der Mitgliedschaft, differenzieren (vgl BAG 5. 9. 2012 – 4 AZR 696/10, AP Nr 53 zu § 3 TVG; BAG 21. 8. 2013 – 4 AZR 861/11, NZA-RR 2014, 201 [203]); die Ausschlussklausel verstößt zudem gegen die Vertragsfreiheit aus Art 2 **1818**

Abs 1 GG. Die Rechtsprechung befindet sich aber momentan im Fluss. So ließ das BAG die Zulässigkeit einer qualifizierten Differenzierungsklausel offen, weil es die konkrete Klausel wegen einer Stichtagsregelung für unwirksam hielt (BAG 9. 5. 2007 – 4 AZR 275/06, NZA 2007, 1439). In einer anderen Entscheidung hat es sog *„einfache Differenzierungsklauseln"*, bei denen die Mitgliedschaft in der tarifschließenden Gewerkschaft Anspruchsvoraussetzung für eine tarifliche Leistung ist, als grundsätzlich mit Art 9 Abs 3 GG vereinbar angesehen (BAG 18. 3. 2009 – 4 AZR 64/08, AP Nr 41 zu § 3 TVG [Rn 34 ff]; bestätigt durch BAG 22. 9. 2010 – 4 AZR 117/09, juris Rn 25). Als maßgeblich sieht es an, dass es diese Klausel dem Arbeitgeber nicht untersagt, die Entgeltleistung freiwillig auch den nicht- oder anders-organisierten Arbeitnehmern zu gewähren; daher beinhalte die Klausel nur einen – zulässigen – Anreiz dafür, in die Gewerkschaft einzutreten, nicht aber einen mit der negativen Koalitionsfreiheit nicht zu vereinbarenden Zwang. Das BAG hat dies aber insoweit eingeschränkt, als erstens „jedenfalls in aller Regel Differenzierungsklauseln nicht an den Regelungen des Austauschverhältnisses von Leistung und Gegenleistung anknüpfen dürfen, die Grundlage des laufenden Lebensunterhaltes sind", und zweitens „Sonderleistungen, die außerhalb des Austauschverhältnisses liegen [...] nicht eine Höhe erreichen [dürfen], dass sie dieses Verhältnis im wirtschaftlichen Ergebnis maßgeblich beeinflussen, sich bei wertender Betrachtung nur als eine Art Umschichtung des insgesamt versprochenen Entgelts von der laufenden Vergütung hin zu einer Einmalzahlung darstellen" (BAG 22. 9. 2010 – 4 AZR 117/09, juris Rn 79). Kritisch zu bewerten ist, dass die vom BAG für möglich gehaltene freiwillige Leistung des Arbeitgebers an anders oder nicht organisierte Arbeitnehmer oftmals „graue Theorie" sein dürfte, insbesondere wenn der Tarifvertrag der Restrukturierung des Unternehmens und der Kostensenkung dient (ausf RICHARDI NZA 2010, 417; kritisch zB auch BAUER/ARNOLD NZA 2009, 1169; GREINER NJW 2010, 131). Immerhin hat das BAG aber jüngst seine frühere Rechtsprechung zu qualifizierten Differenzierungsklauseln (in concreto: Spannenklauseln) bestätigt und diese Klauseln wegen Überschreitung der Tarifmacht zu Recht als unwirksam eingestuft (BAG 23. 3. 2011 – 4 AZR 366/09, NZA 2011, 920 [923 f]; zustimmend BAUER/ARNOLD NZA 2011, 945; HARTMANN SAE 2011, 225; LIPINSKI BB 2011, 1139; einschränkend BRECHT-HEITZMANN/GRÖLS NZA-RR 2011, 505; **aA** J SCHUBERT ZTR 2011, 579; NEUMANN, AP Nr 147 zu Art 9 GG; ULBER/STRAUSS EzA Art 9 GG Nr 104; DÄUBLER RdA 2013, 1 [6 f]; vgl auch LELLEY/BECKER BB 2015, 1397).

c) Schranken

1819 Soweit Art 9 Abs 3 GG die Freiheit des Einzelnen, mit anderen eine Koalition zu *bilden* oder einer bestehenden Koalition *beizutreten,* schützt, ist die Koalitionsfreiheit *im Verhältnis zum Arbeitgeber* unbeschränkt gewährleistet (hier nicht näher interessierende Kollisionen können sich aber im Verhältnis zur Koalitionsfreiheit der Gewerkschaft selbst ergeben, vgl zB BVerfG 24. 2. 1999 – 1 BvR 123/93, NJW 1999, 2657). Nach der grundgesetzlichen Ordnung ist deshalb mit den Pflichten aus dem Arbeitsverhältnis vereinbar, dass Arbeitnehmer eine Funktion in ihrer Gewerkschaft, zB den Vorsitz in einer Ortsverbandsgruppe, übernehmen; das gilt auch, wenn der Arbeitnehmer in dem Unternehmen eine Führungsposition einnimmt oder sogar leitender Angestellter iS des § 5 Abs 3 BetrVG ist. Im Übrigen steht das Grundrecht der Koalitionsfreiheit hingegen zwar nicht unter einem ausdrücklichen Gesetzesvorbehalt, besteht aber dennoch **nicht schrankenlos**. Das gilt insbesondere, soweit es um das Tätigwerden für die Gewerkschaft im Betrieb geht. Beispielsweise ist zwar im Grundsatz eine werbende Tätigkeit auch im Betrieb geschützt (Rn 1816), es ist hier aber als Schranke **kollidierendes Verfassungsrecht** zu beachten, vor allem Grundrechte des Arbeitgebers. Entsprechend rechtfertigt das Recht, für die Gewerkschaft tätig zu sein, **keine Einschränkung der Pflichten aus dem Arbeitsverhältnis**. Ein Arbeitnehmer darf beispielsweise für seine Gewerkschaft nur vor oder nach der Arbeitszeit und während der Pausen und nur in einer Weise tätig werden, dass es dadurch nicht zu nennenswerten Betriebsablaufstörungen oder wirtschaftlichen Belastungen für den Arbeitgeber kommt (BAG 28. 2. 2006 – 1 AZR 460/04, NZA 2006, 798 [800]; zur Sitzungsteilnahme vgl BAG 13. 8. 2010 – 1 AZR 173/09, NZA-RR 2010, 640 [641]). Setzt er sich darüber hinweg, so verletzt er seine Pflichten aus dem Arbeitsverhältnis, auch wenn Zweck die Ausübung seines Koalitionsrechts ist; denn die Koalitionsfreiheit entfaltet sich innerhalb der rechtlich geregelten Ordnung des Arbeitslebens, gibt aber keinen Freibrief, sich über sie hinwegzusetzen.

Ein Arbeitnehmer darf deshalb Unterlagen, die er in seiner Eigenschaft als Arbeitnehmer erhält, nicht an seine Gewerkschaft weiterleiten, auch wenn sie Daten enthalten, die für die Wahrnehmung des Koalitionszwecks von Bedeutung sind. Dabei geht es nicht nur darum, dass das Eigentum des Arbeitgebers zu respektieren ist, sondern ein Arbeitnehmer hat darüber hinaus auch über die ihm zugänglichen Daten Stillschweigen zu bewahren, wenn es sich um Betriebs- oder Geschäftsgeheimnisse handelt oder es sich um Angaben handelt, an deren Vertraulichkeit der Arbeitgeber ein besonderes Interesse hat (vgl Rn 1201 ff). Die Grenzziehung mag, soweit es um die Vermittlung von Kenntnissen geht, Schwierigkeiten bereiten. Fest steht aber in jedem Fall, dass Unterlagen des Unternehmens nicht weitergeleitet und auch nicht kopiert werden dürfen, um sie einer Gewerkschaft zu überlassen. Auch besteht kein Recht, auf **Eigentum** und Betriebsmittel des Arbeitgebers zu Gewerkschaftszwecken zuzugreifen. Untersagt ist es daher zB, einen vom Arbeitgeber zur Verfügung gestellten Schutzhelm mit einem Button der Gewerkschaft zu bekleben (BAG 23. 2. 1979 – 1 AZR 172/78, AP Nr 30 zu Art 9 GG). Dagegen ist eine Gewerkschaft nach dem BAG grundsätzlich berechtigt, **E-Mails** zu Werbezwecken auch gegen den Willen des Arbeitgebers (und ohne Aufforderung der Arbeitnehmer) an betriebliche E-Mail-Adressen zu schicken, und zwar auch dann, wenn der Arbeitgeber die private Nutzung untersagt hat (BAG 20. 1. 2009 – 1 AZR 515/08, NZA 2009, 615 [619]). **1820**

VIII. Pflicht zur Urlaubsgewährung

1. Erholungsurlaub und andere Urlaubsformen

Nach dem allgemeinen Sprachgebrauch verwendet man den Begriff des Urlaubs nicht nur zur Bezeichnung für den Erholungsurlaub, sondern darüber hinaus allgemein für Arbeitsbefreiungen zu bestimmten Zwecken. Sofern keine besondere Kennzeichnung vorgenommen wird, versteht man im Rechtssinne aber unter Urlaub den Erholungsurlaub, der im Bundesurlaubsgesetz (BUrlG) geregelt ist. Die anderen Fälle einer Arbeitsbefreiung zu bestimmtem Zweck fasst man zweckmäßigerweise unter dem Sammelbegriff der **Beurlaubung** zusammen (so Neumann/Fenski, BUrlG [10. Aufl 2011] § 1 Rn 34 f; Hohmeister/Oppermann, BUrlG [3. Aufl 2013] § 1 Rn 66; Bleistein, in: GK-BUrlG [5. Aufl 1992] § 1 Rn 23). **1821**

Bei den Beurlaubungen sind Arbeitsbefreiungen unter Fortzahlung und unter Wegfall des Arbeitsentgelts zu unterscheiden. Fälle **gesetzlicher Beurlaubung** unter Fort- **1822** zahlung des Arbeitsentgelts sind die **Arbeitsbefreiung für Betriebsratsmitglieder** und Jugend- und Auszubildendenvertreter nach §§ 37 Abs 2, 65 BetrVG, die Freistellung von Betriebsratsmitgliedern nach § 38 BetrVG sowie die Arbeitsbefreiung zur Ausübung des Wahlrechts oder der Betätigung im Wahlvorstand bei einer Betriebsratswahl nach § 20 Abs 3 S 2 BetrVG. Entsprechende Rechte bestehen im Personalvertretungsrecht (vgl § 24 Abs 2 S 2 und S 3, § 46 Abs 2 und 3, §§ 62, 100 Abs 2 BPersVG). Auch Mitglieder einer Schwerbehindertenvertretung haben den Anspruch auf Arbeitsbefreiung unter Fortzahlung des Arbeitsentgelts (§ 96 Abs 4 SGB IX). Arbeitnehmer, die dem **Aufsichtsrat als Arbeitnehmervertreter** angehören, haben ebenfalls Anspruch auf Arbeitsbefreiung. Umstritten ist, ob sie dabei Anspruch auf Fortzahlung des Arbeitsentgelts haben. Das wird zT apodiktisch per Analogie zu § 37 Abs 2 BetrVG bejaht (GK-MitbestG/Naendrup § 26 Rn 17; Reich/Lewerenz AuR 1976, 353 [366]). Eine derartige analoge Anwendung überzeugt aber mangels nachgewiesener planwidriger Regelungslücke nicht und sie ist auch nicht erforderlich. Den berechtigten Interessen des Arbeitnehmervertreters kann vorrangig über eine eventuell bestehende Aufsichtsratsvergütung (vgl § 113 Abs 1 AktG) Rechnung getragen werden; nur wenn eine solche nicht besteht oder nicht angemessen ist, bleibt der Entgeltanspruch bestehen, wobei dies aus dem Rechtsgedanken des § 26 S 2 MitbestG abgeleitet werden kann, der eine Benachteiligung wegen der Tätigkeit im Aufsichtsrat verbietet (ErfK/Oetker § 26 MitbestG Rn 4; MünchKomm-AktG/Gach § 26 MitbestG Rn 7).

1823 Weitere Fälle einer gesetzlichen Beurlaubung ohne Entgeltausfall sind die Freistellung **Jugendlicher** für den Besuch der Berufsschule und die Durchführung der vorgesehenen ärztlichen Untersuchungen (§§ 9, 43 JArbSchG), die Freizeitgewährung zur Durchführung der Untersuchungen im Rahmen der **Mutterschaftshilfe** (§ 16 MuSchG) und die – wegen der Aussetzung der Wehrpflicht praktisch momentan nicht relevante – Vorladung Wehrpflichtiger zu den Erfassungs- und Wehrersatzbehörden (§ 14 ArbPlSchG). Einen besonderen Fall der Arbeitsbefreiung stellt die **Elternzeit** nach § 15 BEEG dar; dogmatisch handelt es sich um einen gesetzlich vorgesehenen Sonderurlaub mit Selbstbeurlaubungsrecht des Arbeitnehmers (Heenen, MünchArbG § 307 Rn 1). Das Arbeitsverhältnis besteht fort, es werden aber die gegenseitigen Hauptpflichten suspendiert, sodass insbesondere auch **kein Anspruch auf Fortzahlung des Arbeitsentgelts** besteht; stattdessen hat der Arbeitnehmer einen Anspruch gegen den Staat auf Gewährung von Erziehungsgeld (§§ 1 ff BEEG). Bei Freistellungen nach dem **PflegeZG** bzw dem **FPfZG** folgen zivilrechtliche Entgeltfortzahlungsansprüche gegen den Arbeitgeber nicht aus diesen Sondergesetzen selbst (vgl § 2 Abs 3 PflegeZG), sondern sind nur unter den Voraussetzungen von § 616 denkbar. Im Übrigen sind die pflegenden Beschäftigten auf öffentlich-rechtliche Leistungen angewiesen, wobei je nach Konstellation zinslose Darlehen (§ 3 FPfZG), Pflegeunterstützungsgeld (§ 44a Abs 3 SGB XI) und/oder Zuschüsse zu Kranken- und Pflegeversicherung (§ 44a Abs 1, 2, 4 SGB XI) in Betracht kommen (näher Rn 1116). Einen Anspruch auf (allerdings wiederum unbezahlte) Freistellung gewährt ferner § **45 Abs 3–5 SGB V** für Zeiten, in denen Anspruch auf Krankengeld nach § 45 Abs 1 SGB V besteht; dieser hat neben § 2 PflegeZG auch deshalb Bedeutung, weil er zeitlich (deutlich) über ihn hinausgehen kann (§ 45 Abs 2, 4 SGB V).

1824 Ein Fall der Beurlaubung ist auch die **Freizeitgewährung zur Stellensuche** nach § 629.

Ob Anspruch auf Zahlung des Arbeitsentgelts besteht, richtet sich in diesem Fall nach § 616 (vgl Staudinger/Preis [2012] § 629 Rn 21).

Der Arbeitnehmer hat weiterhin Anspruch auf Urlaub zwecks Wahrnehmung **staats- 1825 bürgerlicher Rechte** und Ausübung **öffentlicher Ehrenämter**. Dieses Recht, das in Art 160 WRV ausdrücklich niedergelegt war, gilt auch heute noch uneingeschränkt fort (s Rn 1158). Es besteht in diesen Fällen aber kein Anspruch auf Fortzahlung des Arbeitsentgelts. Einen Anspruch auf Beurlaubung haben die ehrenamtlichen Richter in der Arbeitsgerichtsbarkeit (§ 26 ArbGG) und in der Sozialgerichtsbarkeit (§§ 19, 20 SGG). Schließlich besteht auch ein Anspruch auf Freizeit für die Ausübung des Amtes als Schöffe sowie im Bereich der Bundesagentur für Arbeit und der Sozialversicherung für die Mitglieder der Selbstverwaltungsorgane (§§ 371 Abs 6 und 7, 376 SGB III, §§ 40, 41 SGB IV).

Landesgesetzlich geregelt ist der sog **Bildungsurlaub**, der der politischen Bildung 1826 oder der beruflichen Weiterbildung dient (s auch Rn 734). Gesetzliche Regelungen bestehen insoweit in den Bundesländern Berlin, Brandenburg, Bremen, Hamburg, Hessen, Mecklenburg-Vorpommern, Niedersachsen, Nordrhein-Westfalen, Rheinland-Pfalz, Saarland, Sachsen-Anhalt und Schleswig-Holstein (s die Gesetzestexte in Nipperdey I, Arbeitsrecht, dort unter Nr 137a ff). Für den Bildungsurlaub besteht Anspruch auf Fortzahlung des Arbeitsentgelts, wobei wie für den Erholungsurlaub die Referenzmethode zugrunde gelegt wird. Zum Hessischen Gesetz über den Anspruch auf Bildungsurlaub und zum nordrhein-westfälischen Arbeitnehmerweiterbildungsgesetz hat das BVerfG erkannt, dass die Gesetzesregelung über den Bildungsurlaub mit dem Grundgesetz vereinbar ist (BVerfG 15. 12. 1987 – 1 BvR 563/85, BVerfGE 77, 308; s zum Bildungsurlaub nach den landesgesetzlichen Regelungen Hauck, in: Schütz/Hauck, Gesetzliches und tarifliches Urlaubsrecht [1996] Rn 1068 ff).

Schließlich ist ebenfalls landesrechtlich die Freistellung von Arbeitnehmern für 1827 **Zwecke der Jugendarbeit** geregelt (vgl Nipperdey I, Arbeitsrecht, dort unter Nr 134a ff).

2. Begriff und Rechtsgrundlage des Erholungsurlaubs*

a) Begriff und Rechtsnatur

Nach § 1 BUrlG hat jeder Arbeitnehmer in jedem Kalenderjahr Anspruch auf 1828 bezahlten Erholungsurlaub. Erfasst wird also nur der Urlaub, der zum Zweck der Erholung gewährt wird. Nach ursprünglich hL ist der Urlaubsanspruch ein *Einheitsanspruch*, der untrennbar aus den Wesenselementen Freizeitgewährung und Fortzahlung der Vergütung für die Urlaubszeit besteht (so auch noch Neumann/Fenski § 1 Rn 68, 69; Bleistein, in: GK-BUrlG § 1 Rn 9; Zöllner/Loritz/Hergenröder § 19 II Rn 25). Dieser Ansicht war ursprünglich auch das BAG, hat sie aber im Urteil vom 28. 1. 1982 aufgegeben (BAG 28. 1. 1982 – 6 AZR 571/79, BAGE 37, 382 [383 f]). Es meint seitdem, dass die Pflicht zur Entgeltzahlung nicht als Wesenselement in den Urlaubsanspruch einbezogen werden dürfe, sodass der Urlaubsentgeltanspruch aus § 611 folge (BAG

---

* **Schrifttum**: Kommentare zum BUrlG von ErfK/Gallner (15. Aufl 2015); Laux/Schlachter (2. Aufl 2011); Leinemann/Linck (2. Aufl 2001); Neumann/Fenski (10. Aufl 2011); HWK/Schinz (6. Aufl 2014); weiterhin Schütz/Hauck, Gesetzliches und tarifliches Urlaubsrecht (1996).

8. 3. 1984 – 6 AZR 600/82, BAGE 45, 184 [188] im Anschluss an LEINEMANN DB 1983, 989). Die Pflicht zur Erteilung von Urlaub sei „eine **Nebenpflicht des Arbeitgebers** im Arbeitsverhältnis, deren Erfüllung darin besteht, eine Hauptpflicht des Arbeitnehmers, dessen Arbeitspflicht, für die Urlaubsdauer auszuschließen", während dies keinen Einfluss auf das „Fortbestehen der Pflicht des Arbeitgebers zur Lohnzahlung" habe (BAG 8. 3. 1984 – 6 AZR 600/82; BAG 24. 6. 2003 – 9 AZR 563/02, BAGE 106, 368; vgl LEINEMANN/ LINCK § 1 Rn 25 ff; kritisch STAUDINGER/RICHARDI/FISCHINGER [2010] § 611 Rn 1132).

1829 Zwar war gesetzgeberisches Motiv bei Schaffung des BUrlG, dem jeden Menschen innewohnenden Erholungsbedürfnis Rechnung zu tragen. Das Bestehen eines Erholungsbedürfnisses im Einzelfall ist aber kein Tatbestandsmerkmal; auch ein erholter Arbeitnehmer hat daher einen Urlaubsanspruch. Der Anspruch ist weder übertragbar noch pfändbar; beides wäre – da der Zessionar nur wieder Freistellung des Zedenten verlangen könnte – nicht nur sinnlos, sondern es wäre auch mit dem Charakter des BUrlG als Arbeitnehmerschutzrecht unvereinbar, dass ein Dritter über den Urlaub entscheidet (str, wie hier MünchKomm/MÜLLER-GLÖGE § 611 Rn 922; **aA** ErfK/GALLNER § 1 BUrlG Rn 24; zur Nicht-Vererblichkeit des Urlaubsanspruchs siehe § 613 Rn 16). Gleiches gilt wegen § 850a Nr 2 ZPO, § 400 für den Urlaubs*geld*anspruch, wohingegen der Urlaubs*entgelt*anspruch abtretbar, vererblich und pfändbar ist (BAG 11. 1. 1990 – 8 AZR 440/88, AP Nr 11 zu § 4 TVG Gemeinsame Einrichtungen). Auch der Urlaubs*abgeltungs*anspruch ist abtretbar und pfändbar (BAG 28. 8. 2001 – 9 AZR 611/ 99, AP Nr 80 zu § 7 BUrlG Abgeltung); zu seiner Vererblichkeit s § 613 Rn 17 ff.

b) Geschichte und Rechtsgrundlagen

1830 Eine gesetzliche Regelung des Urlaubsanspruchs erfolgte zuerst in § 21 Jugendschutzgesetz vom 30. 4. 1938 (RGBl I 437) für Jugendliche. Eine Verpflichtung des Dienstberechtigten zur Gewährung von Erholungsurlaub wurde dagegen in der Zeit vor dem Zweiten Weltkrieg von der Rechtsprechung grundsätzlich nur in den Fällen anerkannt, in denen sie durch Vereinbarung festgelegt war (vgl RAG ARS 45, 98 [108]). Im Schrifttum war dagegen die gegenteilige Meinung herrschend: Eine Verpflichtung zur Gewährung von Erholungsurlaub sei auch ohne besondere Vereinbarung anzuerkennen; denn die Pflicht des Arbeitgebers, dem Arbeitnehmer einen jährlichen Erholungsurlaub zu gewähren, entspreche einer allgemeinen Rechtsüberzeugung und sei daher Gewohnheitsrecht (A HUECK, in: FS Hedemann [1938] 325; vgl auch BAG 20. 4. 1956 – 1 AZR 476/54, AP Nr 6 zu § 611 BGB Urlaubsrecht).

1831 Nach 1945 haben fast alle Verfassungen der neu entstehenden deutschen Bundesländer programmatisch einen Anspruch auf Urlaub vorgesehen (vgl NEUMANN/FENSKI Einl Rn 12). Die Länder der Bundesrepublik Deutschland haben bis auf Württemberg-Hohenzollern Urlaubsgesetze erlassen (vgl NEUMANN/FENSKI Einl Rn 13). Das BVerfG hat entschieden, dass sie mit dem Grundgesetz vereinbar seien (BVerfG 22. 4. 1958 – 2 BvL 32/56, BVerfGE 7, 342). Die Zersplitterung auf dem Gebiet des Urlaubsrechts wurde durch das Gesetz über Mindesturlaub für Arbeitnehmer (BUrlG) vom 8. 1. 1963 (BGBl I 2) beseitigt. Für die DDR war der Urlaub in §§ 189 ff Arbeitsgesetzbuch vom 16. 6. 1977 (GBl I 185, zuletzt geändert durch Gesetz vom 22. 6. 1990 [GBl I 371]) geregelt. Durch Art 8 des Einigungsvertrages wurde das BUrlG auf die neuen Bundesländer und Ost-Berlin übergeleitet, wobei zunächst § 3 für das Beitrittsgebiet die Fassung erhielt: „Der Urlaub beträgt jährlich mindestens 20 Arbeitstage. Dabei ist von 5 Arbeitstagen die Woche auszugehen."

Nachdem die EG-Richtlinie 93/104 vom 23. 11. 1993 (ABlEG L 307/18) in Art 7 einen **1832** bezahlten Mindesturlaub von 4 Wochen vorgeschrieben hatte, wurde durch das Arbeitszeitrechtgesetz vom 6. 6. 1994 (BGBl I 1170) ab 1. 1. 1995 in ganz Deutschland durch Neufassung des § 3 Abs 1 BUrlG der Mindesturlaub auf 24 Werktage festgelegt.

Neben dem BUrlG bestehen Sonderregelungen auf Bundesebene für Jugendliche in **1833** § 19 JArbSchG, für Seeleute in §§ 56 ff SeeArbG, für die Elternzeit (§ 17 BEEG) und für den Erholungsurlaub nach § 17 MuSchG. Außerdem haben Schwerbehinderte einen Anspruch auf einen bezahlten zusätzlichen Urlaub von fünf Arbeitstagen im Urlaubsjahr (vgl § 125 SGB IX).

3. Überblick über die Urlaubsregelung im Bundesurlaubsgesetz

a) Anspruchsberechtigung

Der Urlaubsanspruch besteht für alle **Arbeitnehmer** einschließlich der zu ihrer Be- **1834** rufsausbildung Beschäftigten und für **arbeitnehmerähnliche Personen** (§ 2 BUrlG; näher BAG 15. 11. 2005 – 9 AZR 626/04, AP Nr 12 zu § 611 BGB Arbeitnehmerähnlichkeit). Eine Sonderregelung enthält § 12 BUrlG für Heimarbeiter. Der Urlaubsanspruch setzt nur den Bestand des Arbeitsverhältnisses und die Erfüllung der Wartezeit (s Rn 1837) voraus, nicht aber die tatsächliche Erbringung von Arbeitsleistungen im Urlaubsjahr.

b) Urlaubsdauer

Der Vollurlaub beträgt jährlich **mindestens 24 Werktage**, wobei als Werktage alle **1835** Kalendertage gelten, die nicht Sonn- oder gesetzliche Feiertage sind (§ 3 BUrlG; s auch Rn 1833). Da nach Einführung der Fünftagewoche auch Vollzeitbeschäftigte in der Regel nicht an allen Werktagen tätig sind, muss der in Werktagen gemessene Urlaubsanspruch in Arbeitstage umgerechnet werden, um den Anspruch auf Befreiung von der Arbeitspflicht entsprechend der dem Arbeitnehmer obliegenden Arbeitspflicht zu ermitteln. Für teilzeitbeschäftigte Arbeitnehmer, die an weniger Arbeitstagen einer Woche zur Arbeit verpflichtet sind als Vollzeitarbeitnehmer, ist der Urlaubsanspruch ebenfalls entsprechend der für sie maßgeblichen Arbeitstage umzurechnen (vgl BAG 14. 2. 1991 – 8 AZR 97/90, AP Nr 1 zu § 3 BUrlG Teilzeit). Es gilt daher die Berechnungsformel: 24 Werktage geteilt durch 6 multipliziert mit der Anzahl der Tage, an denen der Arbeitnehmer in der Woche zu arbeiten hat (BAG 5. 9. 2002 – 9 AZR 244/01, AP Nr 17 zu § 3 BUrlG Fünf-Tage-Woche). Ändert sich die Zahl der regelmäßigen Arbeitstage während eines Jahres, ist der Urlaub für die jeweiligen Abschnitte gesondert zu berechnen (ErfK/Gallner § 3 BUrlG Rn 15; **aA** BAG 28. 4. 1998 – 9 AZR 314/97, AP Nr 7 zu § 3 BUrlG).

In vielen Fällen wird das gesetzliche Mindestmaß der Urlaubsdauer durch tarif- oder **1836** arbeitsvertragliche Absprachen überschritten. Das ist, als für den Arbeitnehmer günstigere Regelung, selbstverständlich zulässig (vgl auch § 13 Abs 1 BUrlG). In diesem Fall ist es allerdings aufgrund der Tarifautonomie bzw Vertragsfreiheit grundsätzlich möglich, den vertraglichen Zusatzurlaub anderen Regelungen (zB für seine Abgeltung oder seine Übertragbarkeit) als für den gesetzlichen Mindesturlaub vorzusehen.

c) Urlaubserteilung
aa) Wartezeit

1837 Der Arbeitnehmer erwirbt den **vollen Urlaubsanspruch** nach einer Wartezeit von sechs Monaten nach Bestehen des Arbeitsverhältnisses (§ 4 BUrlG). Vorher bestehen nur Teilurlaubsansprüche gemäß § 5 BUrlG (s Rn 1839).

bb) Arbeitsfähigkeit

1838 Eine Urlaubserteilung ist nur möglich, wenn der Arbeitnehmer arbeitsfähig ist. Anderenfalls (zB bei Krankheit) ist eine Befreiung von der Arbeitspflicht begrifflich unmöglich. Eine Erkrankung ist ein in der Person des Arbeitnehmers liegender Grund, der zur Übertragung des Urlaubs auf das folgende Kalenderjahr nach § 7 Abs 3 S 2 BUrlG führt (vgl BAG 13. 5. 1982 – 6 AZR 360/80, AP Nr 4 zu § 7 BUrlG).

cc) Teilurlaub

1839 Die Regelung über den Teilurlaub (§ 5 BUrlG) berücksichtigt, dass der Arbeitnehmer erst nach Ablauf der Wartezeit den vollen Urlaubsanspruch erwirbt. Da das Urlaubsjahr das Kalenderjahr ist (§ 7 Abs 3 BUrlG), stellt sich die Frage, ob der Arbeitnehmer auch Anspruch auf Urlaub hat, wenn er im Kalenderjahr die Wartezeit nicht erfüllt (§ 5 Abs 1 lit a BUrlG) oder wenn er vor erfüllter Wartezeit aus dem Arbeitsverhältnis ausscheidet (§ 5 Abs 1 lit b BUrlG): In diesem Fall hat er Anspruch auf ein Zwölftel des Jahresurlaubs für jeden vollen Monat des Bestehens des Arbeitsverhältnisses (nicht: Kalendermonat) – und zwar als Freizeitanspruch. Hat der Arbeitnehmer die Wartezeit erfüllt, so hat er den vollen Urlaubsanspruch in jedem Kalenderjahr. Wenn er aber vor Erfüllung des Urlaubsanspruchs in der ersten Hälfte eines Kalenderjahres aus dem Arbeitsverhältnis ausscheidet, hat er nur Anspruch darauf, dass ihm Teilurlaub erteilt wird (§ 5 Abs 1 lit c BUrlG). Hat er jedoch bereits den Urlaub in voller Höhe erhalten, so kann das dafür gezahlte Urlaubsentgelt nicht zurückgefordert werden (§ 5 Abs 3 BUrlG).

1840 Ein weiterer Fall des Teilurlaubs kann sich aus § 6 BUrlG ergeben: Der Anspruch auf Urlaub besteht nicht, soweit dem Arbeitnehmer für das laufende Kalenderjahr bereits von einem früheren Arbeitgeber Urlaub *gewährt* worden ist. Die bloße Tatsache des *Bestehens* eines Urlaubsanspruchs gegenüber dem früheren Arbeitgeber genügt nicht. Der Wegfall des Urlaubsanspruchs gegen den späteren Arbeitgeber hängt vielmehr allein von der *Erfüllung* des früher entstandenen Urlaubsanspruchs ab (BAG 17. 2. 1966 – 5 AZR 447/65, AP Nr 2 zu § 5 BUrlG). Dagegen hat der Arbeitnehmer, der zeitgleich in zwei Arbeitsverhältnissen steht, zwei unabhängige Urlaubsansprüche; § 6 BUrlG gilt hier nicht (vgl BAG 19. 6. 1959 – 1 AZR 565/57, AP Nr 1 zu § 611 BGB Doppelarbeitsverhältnisse).

dd) Zeitliche Lage des Urlaubs

1841 Für die zeitliche Festlegung des Urlaubs hat der Arbeitgeber ein **einseitiges Leistungsbestimmungsrecht** (§ 7 Abs 1 BUrlG). Jedoch hat der Betriebsrat bei der Aufstellung allgemeiner Urlaubsgrundsätze und des Urlaubsplans ein Mitbestimmungsrecht nach § 87 Abs 1 Nr 5 BetrVG. Für den Bereich des öffentlichen Dienstes bestehen entsprechende Beteiligungsrechte des Personalrats (vgl für den Bund und die bundesunmittelbaren Körperschaften, Anstalten und Stiftungen des öffentlichen Rechts § 75 Abs 3 Nr 3 BPersVG).

Titel 8 · Dienstvertrag und ähnliche Verträge
Untertitel 1 · Dienstvertrag   § 611

Bei der Erteilung des Urlaubs gilt das **Gebot der Wunschberücksichtigung**: Bei der 1842
zeitlichen Festlegung des Urlaubs sind die Urlaubswünsche des Arbeitnehmers zu
berücksichtigen, wenn dringende betriebliche Belange oder Urlaubswünsche anderer Arbeitnehmer, die unter sozialen Gesichtspunkten den Vorrang verdienen, nicht
entgegenstehen (§ 7 Abs 1 BUrlG). Der Urlaub ist zusammenhängend zu gewähren,
wenn nicht dringende betriebliche oder in der Person des Arbeitnehmers liegende
Gründe eine Teilung des Urlaubs erforderlich machen (§ 7 Abs 2 S 1 BUrlG). Kann
der Urlaub deshalb nicht zusammenhängend gewährt werden und hat der Arbeitnehmer Anspruch auf Urlaub von mehr als zwölf Werktagen, so muss einer der
Urlaubsteile mindestens zwölf aufeinanderfolgende Werktage umfassen (§ 7 Abs 2
S 2 BUrlG).

Eine Urlaubserteilung im Sinne von § 7 Abs 1 BUrlG setzt die **unwiderrufliche** 1843
Freistellung von der Arbeitspflicht voraus, da ein Arbeitnehmer, der mit der Rückberufung an den Arbeitsplatz rechnen muss, nicht seine Freizeit in dem vom BUrlG
intendierten Sinne planen und gestalten kann (BAG 14. 3. 2006 – 9 AZR 11/05, AP Nr 32 zu
§ 7 BUrlG; davon zu unterscheiden ist der Anspruch auf Freizeitausgleich, zB aus
einem Arbeitszeitkonto, der auch durch widerrufliche Freistellung erfüllt werden
kann, vgl BAG 19. 5. 2009 – 9 AZR 433/08, AP Nr 41 zu § 7 BUrlG); eine nach unwiderruflicher Freistellung erfolgte Rückberufung ist unwirksam (BAG 20. 6. 2000 – 9 AZR 405/
99, AP Nr 28 zu § 7 BUrlG). Jedoch ist die Urlaubserteilung regelmäßig als unwiderrufliche zu verstehen; ein Widerrufsvorbehalt muss daher ausdrücklich erklärt werden (BAG 14. 3. 2006 – 9 AZR 11/05, AP Nr 32 zu § 7 BUrlG). Der Urlaubsanspruch kann
auch dadurch erfüllt werden, dass der Arbeitgeber den Arbeitnehmer nach Ausspruch einer Kündigung unter Anrechnung auf den Urlaubsanspruch bis zur Beendigung des Arbeitsverhältnisses freistellt, auch wenn er die zeitliche Lage des Urlaubs nicht festlegt (BAG 14. 8. 2007 – 9 AZR 934/06, AP Nr 38 zu § 7 BUrlG mwNw; vgl BAUER
NZA 2007, 409; s auch Rn 1706).

Können Arbeitgeber und Arbeitnehmer sich nicht über die Festsetzung der zeit- 1844
lichen Lage des Urlaubs einigen, so hat der Betriebsrat nach § 87 Abs 1 Nr 5 BetrVG
ein **Mitbestimmungsrecht** (ebenso der Personalrat nach § 75 Abs 3 Nr 3 BPersVG).
Werden Betriebsferien eingeführt, so ist nicht erforderlich, dass dafür dringende
betriebliche Belange sprechen, sondern rechtswirksam eingeführte Betriebsferien
begründen individualrechtlich solche Belange, hinter denen nach § 7 Abs 1 BUrlG
die individuellen Urlaubswünsche der Arbeitnehmer zurückstehen müssen (so jedenfalls BAG 28. 7. 1981 – 1 ABR 79/79, BAGE 36, 14 [25]). Wenn man davon absieht, sind aber
Arbeitgeber und Betriebsrat bei der Ausübung des Mitbestimmungsrechts an das
Gebot der Wunschberücksichtigung gebunden. Das Mitbestimmungsrecht zielt also
auf eine *Mitbeurteilung,* ob der Arbeitgeber von einem Wunsch des Arbeitnehmers
nach § 7 Abs 1 BUrlG abweichen kann. Das Mitbestimmungsrecht bindet auch nur
den Arbeitgeber, nicht den einzelnen Arbeitnehmer; dieser kann vielmehr unmittelbar Klage beim Arbeitsgericht erheben, wenn er mit der Bestimmung der zeitlichen
Lage seines Urlaubs nicht einverstanden ist.

Auch wenn der Arbeitgeber unter Verletzung von § 7 Abs 1 S 1 BUrlG die Urlaubs- 1845
gewährung verweigert, hat der Arbeitnehmer **kein Recht zur Selbstbeurlaubung**. Sie
stellt daher eine Verletzung vertraglicher Pflichten dar, die den Arbeitgeber zur

Kündigung des Arbeitsverhältnisses berechtigen kann (BAG 22. 1. 1998 – 2 ABR 19/97, NZA 1998, 708 [709 f]; BAG 16. 3. 2000 – 2 AZR 75/99, NZA 2000, 1332 [1334]).

d) Erlöschen des Urlaubsanspruchs
aa) Grundsätze

1846 Der Urlaub muss im **laufenden Kalenderjahr** gewährt und genommen werden (§ 7 Abs 3 S 1 BUrlG). Das BAG sieht zutreffend den Zweck dieses Übertragungsverbots darin, „dass jeder Arbeitnehmer in einem einigermaßen regelmäßigen Rhythmus eine gewisse Zeit der Erholung auch tatsächlich erhält" (BAG 26. 6. 1969 – 5 AZR 393/68, NJW 1969, 1981 [1982]).

1847 Nach Ansicht des BAG bedeutet diese Regelung, dass der Urlaubsanspruch grundsätzlich auf das **Kalenderjahr befristet** ist (vgl BAG 13. 5. 1982 – 6 AZR 360/80, BAGE 39, 53). Er besteht nur im Kalenderjahr, mit dessen Ablauf er – vorbehaltlich eines Übertragungssachverhalts (Rn 1848) – erlischt, sodass eine Erfüllung des Urlaubsanspruchs unmöglich wird (§ 275 Abs 1). Hat der Arbeitnehmer jedoch zuvor den Urlaubsanspruch rechtzeitig wirksam geltend gemacht (vgl BAG 23. 6. 1992 – 9 AZR 57/91, AP Nr 22 zu § 1 BUrlG) und unterließ der Arbeitgeber die damals noch objektiv mögliche Urlaubserteilung, befand sich der Arbeitgeber im Verzug. Das ändert zwar am Erlöschen des Urlaubsanspruchs nichts, jedoch hat der Arbeitnehmer in diesem Fall einen **Schadensersatzanspruch** aus §§ 280 Abs 1, 3, 283, 286 Abs 1, 287 S 2. Dieser ist auf Naturalrestitution (§ 249 Abs 1) und somit auf Urlaubsgewährung in gleicher Höhe gerichtet **(Ersatzurlaubsanspruch**, BAG 5. 9. 1985 – 6 AZR 86/82, BAGE 49, 299 [302 f]; BAG 7. 11. 1985 – 6 AZR 62/84, BAGE 50, 112 [118] und BAG 7. 11. 1985 – 6 AZR 169/84, BAGE 50, 124 [129 f]; BAG 7. 11. 1985 – 6 AZR 169/84, AP Nr 16 zu § 3 BUrlG Rechtsmißbrauch; BAG 26. 6. 1986 – 8 AZR 75/83, BAGE 52, 254 [257]; BAG 18. 3. 2003 – 9 AZR 190/02, AP Nr 17 zu § 3 BUrlG Rechtsmissbrauch; BAG 14. 5. 2013 – 9 AZR 760/11, LSG 2013, 370875; LEINEMANN AuR 1987, 193 [196 f]); er unterliegt der regelmäßigen Verjährungsfrist (§ 195, BAG 11. 4. 2006 – 9 AZR 523/05, AP Nr 28 zu § 7 BUrlG). Eine Geldentschädigung kommt nur in Betracht, wenn das Arbeitsverhältnis mittlerweile beendet wurde, sodass eine Ersatzurlaubsgewährung nicht mehr möglich ist (BAG 18. 2. 2003 – 9 AZR 563/01, NZA 2004, 52 [53]).

1848 Nach dem oben Gesagten ist eine **Übertragung** des Jahresurlaubs auf ein späteres Kalenderjahr grundsätzlich **nicht möglich**. Hiervon existieren allerdings Ausnahmen. Neben den spezialgesetzlichen Ausnahmen der § 17 S 2 MuSchG, § 17 Abs 2 BEEG und § 4 Abs 2 ArbPlSchG enthält **§ 7 Abs 3 S 2, 3 BUrlG** eine allgemeine Durchbrechung des Übertragungsverbots. Er erlaubt eine Übertragung auf das nächste Kalenderjahr, wenn dringende betriebliche oder in der Person des Arbeitnehmers (zB krankheitsbedingte Arbeitsunfähigkeit) liegende Gründe dies rechtfertigen. Liegen diese Voraussetzungen vor, wird der Urlaub kraft Gesetzes auf das Folgejahr übertragen, muss aber innerhalb der ersten drei Monate gewährt und genommen werden; anderenfalls erlischt er, es gilt das unter Rn 1847 Gesagte entsprechend. **Teilurlaubsansprüche** nach § 5 Abs 1 lit a BUrlG können ebenfalls unter den Voraussetzungen des § 7 Abs 3 **S 2** BUrlG kraft Gesetzes übertragen werden, müssen dann aber ebenfalls innerhalb der ersten drei Monate gewährt und genommen werden. Davon zu unterscheiden ist die nur auf Verlangen des Arbeitnehmers erfolgende Übertragung nach § 7 Abs 3 **S 4** BUrlG, die zur Übertragung auf das gesamte Folgejahr führt, sodass der Teilurlaubsanspruch auch noch nach Ablauf des 31. März des Folgejahres geltend gemacht werden kann (BAG 25. 8. 1987 – 8 AZR 118/86, AP Nr 15 zu § 7 BUrlG Übertragung).

bb) Besonderheiten bei dauerhaft erkrankten Arbeitnehmern
Besonderheiten gelten, wenn die Urlaubserteilung nicht möglich war, weil der Arbeitnehmer während des gesamten Bezugsraums oder eines Teils davon krankgeschrieben war. Zwar ging das BAG auch hier früher von einem Erlöschen mit Ablauf des 31. 3. des Folgejahres aus (BAG 13. 5. 1982 – 6 AZR 360/80, AP Nr 4 zu § 7 BUrlG). Nach der *Schultz-Hoff*-Entscheidung des EuGH soll es jedoch eine unzulässige Einschränkung des unionsrechtlichen Mindesturlaubsanspruchs – der nunmehr sogar primärrechtlich in Art 6 Abs 1 AEUV iVm Art 31 Abs 2 EUGC abgesichert ist (EuGH 22. 11. 2012 – C-214/10, NZA 2014, 1333 [1334] *KHS*) – darstellen, wenn der gesetzliche Urlaubsanspruch mit Ablauf des Kalenderjahres bzw des Übertragungszeitraumes auch dann erlischt, wenn eine Urlaubserteilung wegen Erkrankung des Arbeitnehmers unmöglich war; entsprechende nationale Rechtsvorschriften seien unionsrechtswidrig (EuGH 20. 1. 2009 – C-350/06, AP Nr 1 zu Richtlinie 2003/88/EG *Schultz-Hoff*). Das BAG hat das umgesetzt und ausgeführt, dass der gesetzliche Urlaubsabgeltungsanspruch nicht erlösche, wenn der Arbeitnehmer bis zum Ende des Urlaubsjahres/Übertragungszeitraums wegen Erkrankung arbeitsunfähig sei (BAG 24. 3. 2009 – 9 AZR 983/07, AP Nr 39 zu § 7 BUrlG; kritisch Bauer/Arnold NJW 2009, 631 [632 f]). Dogmatisch stützt der 9. Senat dies auf eine unionsrechtskonforme Rechtsfortbildung des § 7 Abs 3, 4 BUrlG, womit er die wohlüberlegten Grenzen der unionsrechtskonformen Auslegung ohne Not ausgehebelt hat; wo eine unionsrechtskonforme Auslegung nicht möglich ist, kann der davon Benachteiligte regelmäßig Kompensation über einen Schadensersatzanspruch gegen den Mitgliedsstaat erhalten (s Rn 739 f; kritisch auch Krieger/Arnold NZA 2009, 530 [531]; vgl auch Fischinger Jura 2006, 606 [611 f]).

1849

In *Schultz-Hoff* erörterte der EuGH keine Beschränkung der Übertragungsmöglichkeiten langfristig erkrankter Arbeitnehmer, sodass zunächst davon auszugehen war, der gesetzliche jährliche Urlaubsanspruch dauerhaft erkrankter Arbeitnehmer werde in den Grenzen der Verjährung (§§ 195, 199 Abs 1) immer weiter übertragen, sodass der Arbeitnehmer schließlich einen entsprechend kumulierten Anspruch auf Urlaubsgewährung bzw -abgeltung hat (vgl Staudinger/Richardi/Fischinger [2010] § 611 Rn 1151). Diese Haltung hat der EuGH aber im Judikat **KHS** korrigiert (das Gericht spricht selbst irreführenderweise von „nuanciert") und entschieden, dass eine tarifliche Beschränkung des Übertragungszeitraums auf 15 Monate nach Ablauf des Urlaubsjahrs mit Unionsrecht vereinbar ist (BAG 22. 11. 2011 – C-214/10, NZA 2011, 1333 [1334]). Dem ist zuzustimmen, weil die unbegrenzte Ansammlung von Ansprüchen auf bezahlten Jahresurlaub weder vom Zweck des Erholungsurlaubs gedeckt ist noch mit den berechtigten Interessen des Arbeitgebers vereinbar ist. Das BAG hat dies mittlerweile umgesetzt und legt § 7 Abs 3 S 3 BUrlG im Wege der unionsrechtskonformen Auslegung so aus, „dass gesetzliche Urlaubsansprüche vor Ablauf eines Zeitraums von 15 Monaten nach dem Ende des Urlaubsjahres nicht erlöschen, wenn der Arbeitnehmer aus gesundheitlichen Gründen an seiner Arbeitsleistung gehindert war" (BAG 7. 8. 2012 – 9 AZR 353/10, NZA 2012, 1216 [1221]). Mit Ablauf des 31. 3. des zweiten Folgejahres geht der Urlaubsanspruch dann aber selbst dann unter, wenn der Arbeitnehmer weiterhin dauerhaft arbeitsunfähig erkrankt war (BAG 7. 8. 2012 – 9 AZR 353/10). Überdies: Geht der aus dem Vorjahr übertragene

1850

Urlaubsanspruch nach Ablauf des Übertragungszeitraums nicht unter, weil der Arbeitnehmer wegen andauernder krankheitsbedingter Arbeitsunfähigkeit gehindert war, den Urlaub in Anspruch zu nehmen, teilt er das rechtliche Schicksal des Urlaubsanspruchs, den der Arbeitnehmer zu Beginn des aktuellen Urlaubsjahres erworben hat. Er unterliegt keinem längeren Fristenregime als der zu Beginn des neuen Urlaubsjahres entstandene Urlaubsanspruch. Entsprechend erlischt er, wenn der Arbeitnehmer nach Wiederherstellung der Arbeitsfähigkeit nicht gehindert war, im laufenden Urlaubsjahr seinen Urlaub zu nehmen (BAG 9. 8. 2011 – 9 AZR 425/10, NZA 2012, 29 [30 f]).

1851 Diese Rechtsprechung findet auch auf den **Zusatzurlaub von Schwerbehinderten** nach § 125 SGB IX Anwendung (BAG 23. 3. 2010 – 9 AZR 128/09, NZA 2010, 810 [817]; verneinend noch LAG Berlin-Brandenburg 2. 10. 2009 – 6 Sa 1215/09, juris Rn 25). Für **tarif- oder arbeitsvertraglichen Urlaubsanspruch** gelten diese Grundsätze hingegen grundsätzlich nicht, allerdings muss für einen Regelungswillen, dass die Vertragsparteien zwischen gesetzlichen und übergesetzlichen (tarif-)vertraglichen Ansprüchen differenzieren wollen, deutliche Anzeichen bestehen (BAG 23. 3. 2010 – 9 AZR 128/09, NZA 2010, 810 [814]). Die Arbeitgeberseite muss daher, um eine Gleichbehandlung des (tarif-)vertraglichen Urlaubsanspruchs zu vermeiden, eine entsprechende Klarstellung vorsehen (vgl dazu POWIETZKA/FALLENSTEIN NZA 2010, 673).

e) Sicherung des Erholungszwecks

1852 Schon durch die Bindung an das Urlaubsjahr wird gewährleistet, dass der Arbeitnehmer die Gelegenheit erhält, sich zu erholen. Das BUrlG enthält aber noch weitere Vorschriften, um den Erholungszweck zu sichern:

1853 So darf der Arbeitnehmer während des Urlaubs keine dem Urlaubszweck widersprechende Arbeitstätigkeit leisten (**§ 8 BUrlG**); eine solche liegt bei Mithilfe in einem Familienbetrieb aber regelmäßig nicht vor (LAG Köln 21. 9. 2009 – 2 Sa 674/09, AiB 2010, 487). Ein Verstoß gegen § 8 BUrlG gibt dem Arbeitgeber nicht das Recht zur Kürzung des Urlaubsentgelts; etwas anderes gilt bei einer entsprechenden, allein bezüglich des den gesetzlichen Mindesturlaub übersteigenden Urlaubs möglichen, tarifvertraglichen Regelung (BAG 25. 2. 1988 – 8 AZR 596/85, AP Nr 3 zu § 8 BUrlG). Dagegen hält das BAG die Geltendmachung von Unterlassungs- und Schadensersatzansprüchen sowie eine Kündigung wegen Verstoßes gegen § 8 BUrlG für möglich (BAG 25. 2. 1988 – 8 AZR 596/85).

1854 Erkrankt der Arbeitnehmer während des Urlaubs, so werden die durch ärztliches Zeugnis nachgewiesenen Tage der Arbeitsunfähigkeit auf den Jahresurlaub nicht angerechnet (**§ 9 BUrlG**). Damit wird verhindert, dass der Urlaubsanspruch nach § 275 Abs 1 erlischt (BAG 18. 3. 2014 – 9 AZR 669/12, ZTR 2014, 549 [551]). Gleiches gilt für Maßnahmen der medizinischen Vorsorge oder Rehabilitation, soweit ein Anspruch auf Fortzahlung des Arbeitsentgelts nach den gesetzlichen Vorschriften über die Entgeltfortzahlung im Krankheitsfall besteht. Aus dieser Regelung folgt, dass einem erkrankten Arbeitnehmer oder einem Arbeitnehmer, der sich einer Kur unterzieht, Urlaub nicht wirksam erteilt werden kann. Wird dem Arbeitnehmer zunächst Urlaub gewährt, dann aber durch eine Betriebsvereinbarung über Kurzarbeit die Arbeitszeit auf Null reduziert, kann der mit der Urlaubsfestsetzung bezweckte Erfolg nicht eintreten; der Arbeitnehmer hat einen Anspruch auf Ersatzurlaub aus §§ 280

Abs 1, 3, 283, 249 Abs 1 (BAG 16. 12. 2008 – 9 AZR 164/08, AP Nr 40 zu § 7 BUrlG). Nach § **10 BUrlG** dürfen Maßnahmen der medizinischen Versorgung oder Rehabilitation nicht auf den Urlaub angerechnet werden, soweit Anspruch auf Entgeltfortzahlung besteht. Gemäß § **9 EFZG** besteht ein Entgeltfortzahlungsanspruch während Maßnahmen der medizinischen Versorgung oder Rehabilitation.

f)   Urlaubsentgelt

Der Urlaub ist als **bezahlter Erholungsurlaub** zu gewähren (§ 1 BUrlG). Der Arbeitnehmer soll nämlich seinen Urlaub im gewohnten Lebenszuschnitt verbringen können. Nach Ansicht des BAG ist der Anspruch auf Urlaubsentgelt nicht Bestandteil des Urlaubsanspruchs (s Rn 1828). Der Anspruch des Arbeitnehmers auf Urlaubsentgelt folgt daher aus § 611 BGB (vgl BAG 24. 11. 1992 – 9 AZR 564/91, AP Nr 34 zu § 11 BUrlG). Unter Abweichung von § 614 ist das Urlaubsentgelt vor Urlaubsantritt zu zahlen, § 11 Abs 2 BUrlG. **1855**

Nach § 11 Abs 1 S 1 BUrlG bemisst sich das Urlaubsentgelt nach dem durchschnittlichen Arbeitsverdienst, den der Arbeitnehmer in den letzten dreizehn Wochen vor dem Beginn des Urlaubs erhalten hat, mit Ausnahme des zusätzlich für Überstunden gezahlten Arbeitsverdienstes. Für die Berechnung des Urlaubsentgelts gilt also die **Referenzmethode**; es kann durch Tarifvertrag aber auch eine andere Methode gewählt werden, um das Urlaubsentgelt zu berechnen (§ 13 Abs 1 BUrlG). Nicht tarifdispositiv ist aber der Grundsatz, dass der Urlaub als *bezahlter Erholungsurlaub* zu gewähren ist. Die Tarifvertragsparteien können deshalb eine andere Form der *Urlaubsentgeltberechnung* wählen; sie sind aber an das durch § 1 BUrlG garantierte *Lebensstandardprinzip* gebunden (§ 13 Abs 1 BUrlG). **1856**

Die Berechnung des Urlaubsentgelts richtet sich nach **zwei Faktoren**: Dem Faktor, in welchem Umfang Arbeitsleistung als durch den Urlaub ausgefallen angesehen wird **(Zeitfaktor)**, und dem Faktor, mit welchem Betrag eine durch den Urlaub ausfallende Zeiteinheit zu messen ist **(Geldfaktor**; vgl Schütz, in: Schütz/Hauck, Urlaubsrecht Rn 680 ff). § 11 BUrlG trifft nur eine Regelung für den Geldfaktor und regelt insbesondere, dass der zusätzlich für Überstunden gezahlte Arbeitsverdienst außer Betracht bleibt; da er den Zeitfaktor nicht regelt, sind bei diesem aber die Überstunden zu berücksichtigen, die während der Urlaubszeit zu leisten wären (BAG 9. 11. 1999 – 9 AZR 771/98, NZA 2000, 1335 [1337]). Bei flexibilisierter Arbeitszeit kann die Arbeitszeit im Bezugszeitraum und im Urlaubszeitraum unterschiedlich sein. Für die Berechnung des Urlaubsentgeltanspruchs ist in diesen Fällen zunächst maßgebend, welche Berechnungsregel der einschlägige Tarifvertrag vorsieht. Besteht eine abweichende tarifvertragliche Regelung nicht, so ist für die Bestimmung des Zeitfaktors zunächst die Arbeitszeit maßgebend, die infolge der urlaubsbedingten Freistellung ausfällt. Es ist dabei nur auf die tatsächlichen Arbeitstage, nicht jedoch auf die zum Zeitausgleich zur Erreichung der individuellen regelmäßigen Arbeitszeit festgesetzten freien Tage abzustellen (vgl BAG 8. 11. 1994 – 9 AZR 576/90, BAGE 78, 188, 200 und 213; BAG 8. 11. 1994 – 9 AZR 477/91, AP Nr 122 zu § 1 TVG Tarifverträge: Metallindustrie). **1857**

Vom Urlaubsentgelt wie der Urlaubsabgeltung (Rn 1859 ff) ist das sog **Urlaubsgeld** („13. Gehalt") zu unterscheiden. Dabei handelt es sich um eine Sondervergütung, die nur zu zahlen ist, wenn sie kollektiv- oder einzelvertraglich vereinbart oder ein Anspruch durch betriebliche Übung begründet wurde oder sich aus dem allgemei- **1858** nen arbeitsrechtlichen Gleichbehandlungsgrundsatz ergibt. Geht der Urlaubsanspruch ersatzlos unter, erlischt in der Regel auch der Urlaubsgeldanspruch (vgl BAG 27. 5. 2003 – 9 AZR 562/01, NZA 2004, 232).

g) Urlaubsabgeltung

1859 Der Urlaubsanspruch wird durch Freistellung des Arbeitnehmers von der Arbeitspflicht erfüllt. Angesichts seines Zwecks, eine regelmäßige Erholung des Arbeitnehmers zu ermöglichen, scheidet eine Abgeltung grundsätzlich aus **(Abgeltungsverbot)**. Etwas anderes gilt nur, wenn der Urlaub wegen Beendigung des Arbeitsverhältnisses ganz oder teilweise nicht mehr gewährt werden kann (§ 7 Abs 4 BUrlG; zur vorrangigen Sonderregelung bei Seeleuten siehe § 64 SeeArbG). Etwas anderes kann auch nicht durch Tarifvertrag geregelt werden; denn der Vorrang des Freizeitanspruchs vor dem Abgeltungsanspruch ergibt sich aus § 1 BUrlG, der nicht zur Disposition der Tarifvertragsparteien steht (§ 13 BUrlG).

1860 Beendigung im Sinne von § 7 Abs 4 BUrlG ist die **rechtliche Beendigung** des Arbeitsverhältnisses (BAG 10. 5. 2005 – 9 AZR 196/04, AP Nr 88 zu § 7 BUrlG Abgeltung). Daraus folgt, dass beim Betriebsübergang wegen § 613a Abs 1 S 1 kein Abgeltungsanspruch entsteht (BAG 2. 12. 1999 – 8 AZR 774/98, AP Nr 202 zu § 613a BGB). Da bei Altersteilzeit im Blockmodell das Arbeitsverhältnis erst mit Ende der Freistellungsphase endet, ist daher ein bei Beginn der Freistellungsphase noch bestehender Urlaubsanspruch nicht abzugelten (BAG 10. 5. 2005 – 9 AZR 196/04, AP Nr 88 zu § 7 BUrlG Abgeltung; BAG 16. 10. 2012 – 9 AZR 234/11, NZA 2013, 575 [577]).

1861 Dogmatisch wandelt sich der noch nicht erfüllte Urlaubsanspruch mit rechtlicher Beendigung automatisch in den Abgeltungsanspruch um, Handlungen von Arbeitnehmer und/oder Arbeitgeber bedarf es hierfür nicht (BAG 20. 1. 1998 – 9 AZR 712/96, NZA 1998, 816 mwNw).

1862 Nach früherer Auffassung war der Urlaubsabgeltungsanspruch **Surrogat des Urlaubsanspruchs**, der deshalb an die gleichen Voraussetzungen gebunden war wie dieser; entsprechend entstand er daher nach Ansicht des BAG nicht, wenn der Urlaubsanspruch wegen Fortbestehens der Arbeitsunfähigkeit bis zum Ablauf des Urlaubszeitraums nicht mehr erfüllbar war (st Rspr, BAG 23. 6. 1983 – 6 AZR 180/80; BAG 28. 6. 1984 – 6 AZR 521/81; BAG 7. 3. 1985 – 6 AZR 334/82; BAG 7. 11. 1985 – 6 AZR 202/83; BAG 14. 5. 1986 – 8 AZR 604/84 und 5. 12. 1995 – 9 AZR 871/94, AP Nr 14, 18, 21, 24, 26 und 70 zu § 7 BUrlG Abgeltung). Diese Rechtsprechung hat das BAG infolge der *Schultz-Hoff*-Entscheidung (s näher Rn 1849 ff) zunächst für Fälle lang andauernder Arbeitsunfähigkeit des Arbeitnehmers (BAG 24. 3. 2009 – 9 AZR 983/07, NZA 2009, 538 [542 ff]; BAG 13. 12. 2011 – 9 AZR 399/10, NZA 2012, 514 [515]) und mittlerweile auch bei Arbeitsfähigkeit des ausscheidenden Arbeitnehmers und damit vollständig aufgegeben (BAG 19. 6. 2012 – 9 AZR 652/10, NZA 2012, 1087 [1088 f]). Danach ist der Abgeltungsanspruch nunmehr ein **reiner Geldanspruch**, der nicht dem Fristenregime des BUrlG, sondern allein den allgemeinen Regeln der Verjährung und Verwirkung unterfällt, aber auch von Ausschlussfristen erfasst werden kann (BAG 19. 6. 2012 – 9 AZR 652/10, NZA 2012, 1087 [1089]). Als reiner Geldanspruch entsteht er nunmehr unabhängig davon, ob der Arbeitnehmer bei der rechtlichen Beendigung des Arbeitsverhältnisses arbeitsunfähig erkrankt war oder nicht. Zur Frage der **Vererblichkeit** des Abgeltungsanspruchs siehe näher § 613 Rn 17 ff.

Titel 8 · Dienstvertrag und ähnliche Verträge
Untertitel 1 · Dienstvertrag § 611

4. Abdingbarkeit

Die gesetzliche Regelung des BUrlG ist für die Parteien des Einzelarbeitsvertrages **1863** und die Betriebspartner einseitig zwingend (§ 13 Abs 1 S 3 BUrlG). Sie ist aber mit Ausnahme der §§ 1, 2 und 3 Abs 1 BUrlG **tarifdispositiv** (§ 13 Abs 1 S 1 BUrlG; s auch Rn 758; weitergehend in der Tarifdispositivität § 13 Abs 2 BUrlG für das Baugewerbe und sonstige Wirtschaftszweige, in denen als Folge häufigen Ortswechsels der von den Betrieben zu leistenden Arbeit Arbeitsverhältnisse von kürzerer Dauer als einem Jahr in erheblichem Umfang üblich sind, und nach § 13 Abs 3 BUrlG für den Bereich der Deutschen Bahn AG und der Deutschen Post AG).

N. Das Recht der sog freien Dienstverträge unter Einbeziehung des mit ihnen in Zusammenhang stehenden Sonderarbeitsrechts

Das Dienstvertragsrecht des BGB setzt, wie man schon früh erkannt hat, einen **1864** Dienstvertrag voraus, bei dem im Allgemeinen ein Arbeitsverhältnis vorliegt (vgl bereits MOLITOR, Wesen des Arbeitsvertrages [1925] 71 ff). Die Bestimmungen des Dienstvertragsrechts sind „in ihrer Mehrheit auf Arbeitsverhältnisse zugeschnitten, sodass der freie Dienstvertrag vernachlässigt wird" (WENDEHORST AcP 206 [2006] 205 [223]). Die Bezeichnung als „Arbeitsverhältnis" enthalten nur Bestimmungen neueren Datums. So gelten nur für Arbeitsverhältnisse die §§ 612a, 613a, § 615 S 3, § 619a und § 622 sowie die durch das Allgemeine Gleichbehandlungsgesetz aufgehobenen §§ 611a, 612 Abs 3. Schließlich gelten, wie es im Gesetzestext heißt, §§ 629, 630 S 1–3 für ein „dauerndes Dienstverhältnis". Speziell bezogen auf ein „Dienstverhältnis, das kein Arbeitsverhältnis im Sinne des § 622 ist", sind nur die §§ 621, 627 (vgl auch WENDEHORST AcP 206 [2006] 205 [233]). Vor dem Schuldrechtsmodernisierungsgesetz, das in § 310 Abs 4 S 2 mit der einschränkenden Formel einer angemessenen Berücksichtigung der „im Arbeitsrecht geltende[n] Besonderheiten" das Recht der Allgemeinen Geschäftsbedingungen, wie es dort heißt, auf „Arbeitsverträge" erstreckte, hatte erst durch das Teilzeit- und Befristungsgesetz vom 21. 12. 2000 der Arbeitsvertrag als Begriff in das BGB Eingang gefunden, also mehr als 100 Jahre nach dessen Inkrafttreten. In § 620 Abs 3 war als Verweisungsbestimmung eingefügt worden, dass für „Arbeitsverträge, die auf bestimmte Zeit abgeschlossen werden", das Teilzeit- und Befristungsgesetz gilt. Ansonsten blieb es in den §§ 611–630 beim „Dienstvertrag".

Dienstverträge, die keine Arbeitsverträge sind, werden verbreitet als sog freie **1865** Dienstverträge bezeichnet. Welches Recht auf sie jeweils Anwendung findet, hängt von der Art der zu leistenden Dienste ab. Dabei werden im Folgenden nur die wichtigsten Arten von Dienstverträgen dargestellt. Angesichts der Vielgestaltigkeit der Lebensverhältnisse wäre es nämlich ein wenig aussichtsreiches und überdies auch kaum ertragreiches Vorhaben, sämtliche Konstellationen, in denen das Dienstvertragsrecht (und sei es nur ganz entfernt und am Rande) eine Rolle spielen kann, an dieser Stelle zu erörtern.

I. Vertrag mit dem Arzt*

1866 Der medizinische Behandlungsvertrag ist durch Gesetz zur Verbesserung der Rechte von Patientinnen und Patienten vom 20. 2. 2013 (BGBl I 277) in den §§ 630a–h kodifiziert. Anders als in den Vorbearbeitungen wird daher von einer näheren Darstellung des Behandlungsvertrags sowie der verschiedenen Gestaltungsformen, in deren Rahmen ärztliche Leistungen erbracht werden können, im Folgenden abgesehen. Verwiesen sei auf die Vorbearbeitung (s dazu STAUDINGER/RICHARDI/FISCHINGER [2011] Vorbem 101 ff zu §§ 611 ff; zur grundsätzlichen Qualifikation des Behandlungsvertrags als Dienstvertrag vgl Vorbem 34, 55 zu §§ 611 ff) bzw die Kommentierung der §§ 630a ff (STAUDINGER/GUTMANN §§ 630a ff). Einzugehen ist an dieser Stelle daher nur noch auf das **Dienstvertragsverhältnis eines Arztes**.

1. Arbeitnehmereigenschaft und freier Beruf

1867 Die Tätigkeit des Arztes gehört zu den freien Berufen. § 1 Abs 2 Bundesärzteordnung (BÄO) lautet: „Der ärztliche Beruf ist kein Gewerbe; er ist seiner Natur nach ein freier Beruf." Daraus folgt aber nicht, dass ein Arzt nicht Arbeitnehmer sein kann. Die Bestimmung bedeutet zunächst lediglich, dass die Tätigkeit des Arztes, wenn sie selbstständig wahrgenommen wird, zu den freien Berufen gehört. Darüber hinaus wird durch sie nach der amtlichen Begründung für ihre Einfügung in den Gesetzestext klargestellt, „dass grundsätzlich die Freiheit ärztlichen Tuns gewährleistet sein muß, unabhängig davon, in welcher Form der Beruf ausgeübt wird" (BT-Drucks 3/2810, 1). Die Qualifizierung als freier Beruf steht demnach der Annahme eines Arbeitsverhältnisses nicht entgegen. Sichergestellt wird aber, dass der Arzt „bei seinen ärztlichen Entscheidungen keinen Weisungen unterliegt" (BVerfG 23. 7. 1963 – 1 BvL 1/61, BVerfGE 16, 286 [294]).

1868 Nicht jeder Arzt, der in einem Krankenhaus tätig ist, steht in einem Arbeitsverhältnis zum Krankenhausträger und ist dessen Arbeitnehmer (ausf RICHARDI, MünchArbR § 339 Rn 1 ff). Möglich ist, dass, wenn es sich um eine öffentlich-rechtlich betriebene Krankenanstalt handelt, der Krankenhausarzt Beamter ist. Voraussetzung für die Arbeitnehmereigenschaft ist deshalb hier wie sonst, dass der Krankenhausträger ihn durch privatrechtlichen Vertrag angestellt hat, um die Patienten des Krankenhauses zu behandeln. Besteht keine derartige Pflicht gegenüber dem Krankenhausträger, so liegt auch kein Arbeitsverhältnis vor.

1869 Der **Belegarzt** ist kein Arbeitnehmer; denn der Krankenhausträger hat ihm im

---

* **Schrifttum:** ANDERS/GEHLE, Das Recht der freien Dienste: Vertrag und Haftung (2001); DEUTSCH/SPICKHOFF, Medizinrecht (7. Aufl 2014); LAUFS/KATZENMEIER/LIPP, Arztrecht (7. Aufl 2014); LAUFS/KERN (Hrsg), Handbuch des Arztrechts (4. Aufl 2010); NARR, Ärztliches Berufsrecht (LBl); SPICKHOFF, Medizinrecht – Kommentar (2. Aufl 2014); RICHARDI, Krankenhausarzt und Arbeitsrecht, in: 13. Deutscher Krankenhaustag und Interhospital 85 (1985) 118; ders, Das Arbeitsverhältnis der Krankenhausärzte, in: Münchener Handbuch zum Arbeitsrecht Bd 2 (3. Aufl 2009) § 339; RIEGER, Lexikon des Arztrechts (2. Aufl 2001); TAUPITZ, Die Standesordnungen der freien Berufe (1991); WERN, Die arbeitsrechtliche Stellung des leitenden Krankenhausarztes (Diss Saarbrücken 2005); WETH/THOMAE/REICHOLD, Arbeitsrecht im Krankenhaus (2. Aufl 2010).

Belegarztvertrag, einem Vertrag sui generis (vgl OLG Koblenz 25. 8. 1989 – 5 W 478/89, NJW 1990, 1534), lediglich das Recht eingeräumt, seine Patienten im Krankenhaus unter Inanspruchnahme der hierfür bereitgestellten Räume und Einrichtungen stationär zu behandeln. Der mit dem Patienten abgeschlossene Krankenhausaufnahmevertrag verpflichtet den Krankenhausträger lediglich zur Unterbringung, Verpflegung und pflegerischen Hilfeleistung, während die ärztliche Versorgung Gegenstand eines selbstständigen Vertrages ist. Auch ein **Gastarzt** ist kein Arbeitnehmer, da er nur zur Erweiterung seiner Kenntnisse oder Fähigkeiten unentgeltlich und nicht in hauptberuflicher Stellung in einer Klinik weilt.

Die **Grenze zum Arbeitsrecht** wird erst überschritten, wenn der Arzt gegenüber dem *Krankenhausträger* zur ärztlichen Versorgung *verpflichtet* ist. Dass es sich um einen leitenden Krankenhausarzt (Chefarzt) handelt, steht der Annahme der **Arbeitnehmereigenschaft** nicht entgegen. Entscheidend ist vielmehr darauf abzustellen, „ob der Chefarzt, wenn er auch in der Ausübung seines ärztlichen Berufs eigenverantwortlich ist, im Übrigen bei seiner Tätigkeit im Wesentlichen vom Krankenhausträger persönlich abhängig und an dessen Weisungen gebunden ist" (so BAG 27. 7. 1961 – 2 AZR 255/60, BAGE 11, 225 [228]; vgl WERN, Die arbeitsrechtliche Stellung des leitenden Krankenhausarztes [2005] 9 ff). Gegen die Arbeitnehmereigenschaft spricht hingegen nicht, dass dem Krankenhausarzt, wie bei Chefärzten üblich, das Liquidationsrecht gegenüber den selbstzahlenden Patienten eingeräumt wurde. Es handelt sich vielmehr nur um eine andere Form der Gehaltszahlung (so BAG 27. 7. 1961 – 2 AZR 255/60, BAGE 11, 225 [229]; zum Liquidationsrecht s STAUDINGER/RICHARDI/FISCHINGER [2011] Vorbem Rn 151 ff zu §§ 611 ff). **1870**

Die bloße Verpflichtung zur ärztlichen Versorgung von Krankenhauspatienten reicht für die Annahme eines Arbeitsverhältnisses aber nicht aus. Das ist insbesondere zu beachten, wenn ein Belegarzt neben seinen eigenen Patienten auch Patienten des Krankenhauses behandelt. Möglich ist in diesem Fall zwar, dass der Belegarzt insoweit auf der Basis eines mit dem Krankenhausträger zusätzlich abgeschlossenen Arbeitsvertrags tätig wird; er ist dann (nebenberuflich) Krankenhausarzt und insoweit Arbeitnehmer. Liegt das Schwergewicht seiner Tätigkeit jedoch in eigener Praxis und nicht in der ärztlichen Betreuung von Krankenhauspatienten, spricht dies gegen die Annahme eines zusätzlichen Arbeitsvertrags. **1871**

2. Hierarchische Organisation des ärztlichen Dienstes als Strukturprinzip des Dienstrechts der Krankenhausärzte

a) Hierarchische Organisation des ärztlichen Dienstes

Struktur und Organisation des ärztlichen Dienstes im Krankenhaus müssen so gestaltet sein, dass der Krankenhausträger mit der von ihm unterhaltenen Einrichtung die dem Krankenhaustyp entsprechende Versorgung innerhalb des gegliederten Krankenhaussystems erfüllen kann. Nach dem Krankenhaustyp richtet sich, wie das Krankenhaus organisatorisch gegliedert sein muss (vgl RICHARDI, MünchArbR § 339 Rn 8 ff). **1872**

Die Organisation des ärztlichen Dienstes ist im Allgemeinen so gestaltet, dass unter der Führung des leitenden Arztes einer Fachabteilung oder eines Funktionsbereichs, des sog Chefarztes, weitere Ärzte tätig sind. Der Chefarzt ist nicht identisch mit dem **1873**

Ärztlichen Direktor bzw Leitenden Arzt, den der Krankenhausträger nach den Krankenhausgesetzen der Bundesländer zu bestellen hat. Der Chefarzt wird von einem Oberarzt vertreten, soweit es um die Beratungs- und Kontrollfunktionen geht. Gliedert sich die Fachabteilung, die unter der Verantwortung eines Chefarztes steht, in mehrere Krankenstationen, so kann die Sicherstellung der ordnungsgemäßen ärztlichen Versorgung der Patienten auf der Krankenstation einem Stationsarzt übertragen sein. Ärzte ohne besondere Entscheidungskompetenz sind die sog Assistenzärzte, die im Allgemeinen nach der Approbation zunächst in einem Krankenhaus tätig sind, um dort Erfahrungen zu sammeln oder sich zu einem Facharzt weiterzubilden.

b) Gestaltung des ärztlichen Dienstrechts

1874 Die hierarchische Organisation des ärztlichen Dienstes spiegelt sich in der Gestaltung des ärztlichen Dienstrechts wider (ausf RICHARDI, MünchArbR § 339 Rn 15 ff). Soweit Krankenhausärzte aufgrund eines Vertrages mit dem Krankenhausträger angestellt sind, folgt die Vertragsgestaltung einheitlichen Grundsätzen, die nicht durch Gesetzesrecht festgelegt sind. Durch die Krankenhausgesetze der Bundesländer wird lediglich die Organisation des Krankenhauses geregelt, wobei insbesondere festgelegt wird, dass der Krankenhausträger einen Ärztlichen Direktor bzw Leitenden Arzt zu bestellen hat, der nach dem Gesetz einen eigenen Aufgaben- und Zuständigkeitsbereich hat. Das Dienstrecht ist dagegen nicht gesetzlich geregelt. Soweit Krankenhausärzte in einem Arbeitsverhältnis stehen, ist in diesem Zusammenhang auch zu beachten, dass nach Art 74 Abs 1 Nr 12 GG das Arbeitsrecht zur konkurrierenden Gesetzgebung gehört, für die die Länder die Befugnis zur Gesetzgebung nur haben, solange und soweit der Bund von seinem Gesetzgebungsrecht keinen Gebrauch macht (Art 72 Abs 1 GG).

1875 Die **Vertragsverhältnisse mit den Krankenhausärzten** sind trotz der Besonderheit des ärztlichen Berufes in die **Arbeitsverfassung eingebettet**. Das Tarifvertragssystem und die gesetzliche Regelung der Mitbestimmung finden auch auf sie Anwendung. Sind sie bei einem öffentlich-rechtlichen Krankenhausträger tätig, so fallen sie im Allgemeinen unter den Geltungsbereich des Tarifvertrages für den öffentlichen Dienst (TVöD), die Tarifverträge des öffentlichen Dienstes der Länder (TV-L) oder – im Bereich der kommunalen Krankenhäuser – unter den TVöD-K. Nach der Aufgabe des Grundsatzes der Tarifeinheit (BAG [4. Senat] 27. 1. 2010 – 4 AZR 549/08, NZA 2010, 645; BAG [10. Senat] 23. 6. 2010 – 10 AS 2/10, NZA 2010, 778) sind aber auch Tarifverträge mit dem Marburger Bund möglich; für Ärzte, die an Universitätskliniken beschäftigt sind, hat dieser den Tarifvertrag für Ärztinnen und Ärzte an Universitätskliniken (TV-Ärzte) geschlossen. Die Tarifvertragsparteien verwenden den Begriff des Arztes dort iS des inländischen Medizinrechts (vgl BAG 20. 4. 1984 – 4 AZR 375/80, AP Nr 71 zu §§ 22, 23 BAT 1975). Für die Befristung von Arbeitsverhältnissen besteht eine Sonderregelung im Gesetz über befristete Arbeitsverträge mit Ärzten in der Weiterbildung (ÄrzteBefrG) vom 15. 5. 1986 (BGBl I 742); das Schriftformerfordernis des § 14 Abs 4 TzBfG gilt auch hier (s auch Rn 373).

c) Weisungsrecht gegenüber nachgeordneten Ärzten

1876 Die **Letztverantwortung für die ärztliche Versorgung** kann **nur bei einem Arzt** liegen. Der leitende Arzt einer Fachabteilung oder eines Funktionsbereichs, der sog **Chefarzt**, unterliegt deshalb bei seinen ärztlichen Entscheidungen keinen Weisungen; er untersteht insoweit auch nicht dem „leitenden Arzt des Krankenhauses", den die Krankenhausgesetze der Bundesländer mit eigenem Aufgaben- und Zuständigkeitsbereich vorsehen.

Für die dem Chefarzt **nachgeordneten Ärzte (Oberärzte, Assistenzärzte)** wird im Allgemeinen angenommen, dass der Chefarzt in diagnostischer und therapeutischer Hinsicht ihr fachlich weisungsberechtigter Vorgesetzter sei (so HOFFMANN, in: MÜLLER, Führungsaufgaben im modernen Krankenhaus [2. Aufl 1983] 149). Dem steht allerdings entgegen, dass das Vertragsverhältnis, aus dem sich arbeitsrechtlich ein Direktionsrecht für den Arbeitgeber ergibt, nicht zum Chefarzt, sondern zum Krankenhausträger besteht, der Krankenhausträger aber aus dem Arbeitsverhältnis keine Weisungsbefugnis hat, weil der ärztliche Beruf seiner Natur nach ein freier Beruf ist, dh die Freiheit ärztlichen Tuns und der ärztlichen Entscheidung gewährleistet sein muss. Der Arzt trägt für sein Tun die *selbstständige Handlungsverantwortung*. Dagegen verbleibt die Führungskompetenz beim Chefarzt. Aus ihr ergibt sich, dass kein nachgeordneter Arzt eine ärztliche Tätigkeit vornehmen darf, die im Widerspruch zu einer Weisung des Chefarztes steht. Eine abgeleitete Führungskompetenz hat der Oberarzt als Vertreter des Chefarztes. Dem Assistenzarzt kommt Führungsverantwortung nur in Notfällen zu, wenn auf eine Entscheidung des vorgesetzten Arztes nicht gewartet werden kann (vgl GENZEL/DEGENER-HENCKE, in: LAUFS/KERN § 86 Rn 32 f). 1877

3. Arbeitspflicht eines angestellten Arztes

Für die Erbringung der Arbeitsleistung gelten im Prinzip **dieselben Grundsätze wie auch sonst für die Erfüllung der Arbeitspflicht** eines Arbeitnehmers. Besonderheiten ergeben sich daraus, dass die **Freiheit des ärztlichen Tuns** und der ärztlichen Entscheidung auch im Arbeitsverhältnis gewährleistet ist. Soweit die Arbeitsleistung in der Erbringung der ärztlichen Versorgung besteht, ist für sie maßgebend, dass der mit dem Patienten bestehende medizinische Behandlungsvertrag richtig erfüllt wird. Der angestellte Arzt ist deshalb seinem Arbeitgeber gegenüber verpflichtet, den Patienten nach den Regeln der medizinischen Wissenschaft zu untersuchen und zu behandeln sowie ihn zu informieren. 1878

Der Arbeitgeber muss den ärztlichen Dienst so regeln, dass kein Arzt durch die Zuweisung einer Aufgabe in eine für ihn bestehende **Gewissensnot** gerät. Bei Nichtbeachtung hat der Arzt das **Recht, die an sich geschuldete Arbeitsleistung zu verweigern** (vgl BAG 20. 12. 1984 – 2 AZR 436/83, AP Nr 27 zu § 611 BGB Direktionsrecht; BAG 24. 5. 1989 – 2 AZR 285/88, AP Nr 1 zu § 611 BGB Gewissensfreiheit [dort zu einem Mediziner in der Forschungsabteilung eines Pharma-Unternehmens]; näher RICHARDI, MünchArbR § 339 Rn 22 ff). Einen gesetzlichen Schutz der Gewissensfreiheit enthält § 12 SchKG: **Niemand ist verpflichtet, an einem Schwangerschaftsabbruch mitzuwirken** (Abs 1); dies gilt nicht, wenn die Mitwirkung notwendig ist, um von der Frau eine anders nicht abwendbare Gefahr des Todes oder einer schweren Gesundheitsschädigung abzuwenden (Abs 2). Für einen Arzt fällt „das Recht, die Mitwirkung an Schwangerschaftsabbrüchen – mit Ausnahme medizinisch indizierter – zu verweigern, in den Schutzbereich seines durch das ärztliche Berufsrecht geprägten Persönlichkeitsrechts (Art 2 Abs 1 iVm Art 12 Abs 1 GG)" (BVerfG 28. 5. 1993 – 2 BvF 2/90, BVerfGE 88, 203 [294]). § 12 SchKG ist vertraglich nicht abdingbar (so ausdrücklich BVerfG 28. 5. 1993 – 2 BvF 2/90, BVerfGE 88, 203 [294]). Die Bestimmung steht in einem Spannungs- 1879 verhältnis zur Befugnis des Krankenhausträgers, unter Beachtung der verfassungsrechtlichen Vorgaben einen von der Strafbarkeit ausgeschlossenen Schwangerschaftsabbruch durchführen zu lassen. Sie verhindert nicht, dass die Stelle eines Krankenhausarztes in einer Frauenklinik nur noch *erhält* und *behält,* wer ärztliche Hilfe bei einem Schwangerschaftsabbruch leistet, sofern man von Krankenhäusern absieht, deren Rechtsträger der katholischen Kirche zugeordnet ist. Damit besteht eine Schutzlücke im Gesetzesrecht, deren Schließung Aufgabe der Rechtsprechung sein wird, da insoweit vom Gesetzgeber nichts zu erwarten ist.

1880 Im Rahmen der Arbeitszeitgestaltung ist vor allem das **Arbeitszeitgesetz** zu beachten, das außer auf Chefärzte als leitenden Angestellten (§ 18 Abs 1 Nr 1 ArbZG) auch auf Krankenhausärzte anwendbar ist. Die allgemeinen Regelungen des ArbZG werden aber durch die Sonderregelungen des § 5 Abs 2, 3 ArbZG modifiziert. Auch wird klargestellt, dass in Krankenhäusern Arbeitnehmer auch an Sonn- und Feiertagen zur Behandlung, Pflege und Betreuung beschäftigt werden dürfen, § 10 Abs 1 Nr 3 ArbZG.

4. Vergütung eines angestellten Arztes

a) Arbeitsentgelt

1881 Angestellte Ärzte haben aus ihrem Arbeitsverhältnis zum Krankenhausträger einen Anspruch auf Gewährung der vereinbarten Vergütung (§ 611 Abs 1).

1882 Die Vergütung ist tarifvertraglich geregelt. Hierbei ist zu beachten, dass sowohl der **Marburger Bund** als auch **ver.di** für die bei ihnen organisierten Ärzte mit der Arbeitgeberseite jeweils eigene Tarifverträge geschlossen haben, so zB im Bereich der kommunalen Krankenhäuser (TV-Ärzte/VKA einerseits, TVöD-K andererseits). Ermöglicht wurde dies durch die Aufgabe des Grundsatzes der Tarifeinheit (BAG [4. Senat] 27. 1. 2010 – 4 AZR 549/08, NZA 2010, 645; BAG [10. Senat] 23. 6. 2010 – 10 AS 2/10, NZA 2010, 778).

1883 Entsprechende Regelungen enthalten für angestellte Ärzte in **kirchlichen Krankenhäusern** die Arbeitsvertragsrichtlinien des Diakonischen Werkes bzw die Arbeitsvertragsrichtlinien des Deutschen Caritasverbandes.

b) Liquidationsrecht als Bestandteil der Vergütungsregelung

1884 Für die Gestaltung von Verträgen zwischen Krankenhausträgern und leitenden Abteilungsärzten, den **Chefärzten**, sind zwischen der Deutschen Krankenhausgesellschaft und dem Verband der leitenden Krankenhausärzte Deutschlands eV Grundsätze vereinbart (ausf RICHARDI, MünchArbR § 339 Rn 32 ff; zur Chefarztvergütung allgemein vgl auch WERN, Die arbeitsrechtliche Stellung des leitenden Krankenhausarztes [2005] 176 ff). Diese Grundsätze haben nicht die Qualität eines Tarifvertrags, dessen Rechtsnormen bei beiderseitiger Tarifgebundenheit der Arbeitsvertragsparteien für den Inhalt des Arbeitsverhältnisses unmittelbar und zwingend gelten; maßgebend ist vielmehr stets der individuell abgeschlossene Vertrag mit dem Chefarzt. Nach den Grundsätzen, die üblicherweise der Vertragsgestaltung zugrunde gelegt werden, erhält der Chefarzt neben einem Festgehalt, das in der Regel in Anlehnung an eine beamtenrechtliche Besoldungsgruppe, und zwar an die Besoldungsgruppe A 14 bis A 16 oder an die entsprechende Vergütungsgruppe im TV-L bzw TV-Ärzte/VKA festgelegt wird, das Liquidationsrecht für die gesondert berechenbaren ärztlichen Leistungen bei denjenigen Kranken, die dies nach § 17 Abs 1 S 1 KHEntgG mit dem Krankenhaus vereinbart haben (DEUTSCH/SPICKHOFF Rn 179 ff).

Das Liquidationsrecht bildet rechtsdogmatisch einen **Bestandteil der Vergütung aus dem Arbeitsverhältnis**; es ist nicht die Einräumung eines Rechts zur Nebentätigkeit. Man muss nämlich zwischen der Privatpraxis des Arztes und der Behandlung der Privatpatienten des Krankenhauses unterscheiden, gegenüber denen dem Arzt das Liquidationsrecht zusteht. Für dessen Existenz ist der Inhalt des Krankenhausaufnahmevertrages mit dem Patienten maßgebend. Es kommt daher nicht in Betracht, wenn die Fallpauschale die ärztliche Behandlung einschließt, sondern nur, wenn eine besondere Berechnung erfolgt, die nach § 17 Abs 1 S 1 KHEntgG „mit dem Krankenhaus vereinbart" sein muss. **1885**

Die Regelung über Wahlleistungen in § 17 KHEntgG geht davon aus, dass für Wahlleistungen der Arzt zur gesonderten Berechnung berechtigt ist. Besteht aber kein Arztzusatzvertrag, ist **Verpflichtungsgrund für den Patienten** der mit dem Krankenhausträger abgeschlossene **Krankenhausaufnahmevertrag**. Der Krankenhausarzt hat für die Erbringung der ärztlichen Leistung kein originäres Liquidationsrecht gegenüber dem Patienten. Der Rechtsgrund für das Liquidationsrecht des Arztes liegt dagegen ausschließlich im Arbeitsverhältnis des Arztes mit dem Krankenhausträger; keine Rolle spielt insoweit, dass die ärztlichen Leistungen nach der Gebührenordnung für Ärzte zu berechnen sind. Von der Gestaltung des Arbeitsvertrages hängt ab, ob der Krankenhausträger gegenüber dem Chefarzt verpflichtet ist, den Krankenhausaufnahmevertrag so abzuschließen, dass der Arzt unmittelbar einen Anspruch gegen den Patienten erhält (Vertrag zugunsten Dritter), oder ob er lediglich verpflichtet ist, dem Arzt den Anspruch auf gesonderte Berechnung der ärztlichen Leistungen abzutreten (Forderungsabtretung). Entsprechend erhält der Arzt das Liquidationsrecht gegenüber dem Patienten entweder originär (beim Vertrag zugunsten Dritter) oder aufgrund eines derivativen Rechtserwerbes (Forderungsabtretung). **1886**

Die richtige rechtsdogmatische Einordnung des Liquidationsrechts ist für die **Vertragsrechtsposition des Krankenhausarztes** von grundlegender Bedeutung. Wäre die Erbringung der ärztlichen Leistung, für die der Arzt ein Liquidationsrecht hat, eine Nebentätigkeit, so wären Veränderungen in diesem Bereich ohne jeden Einfluss auf den Inhalt des Arbeitsverhältnisses. Wenn nämlich ein Arbeitgeber eine Nebentätigkeit gestattet, gehört nicht zu seinem Risiko, dass sich für den Arbeitnehmer auch die Gelegenheit bietet, eine Nebentätigkeit auszuüben. Sollte der Gesetzgeber beispielsweise festlegen, dass bestimmte Tätigkeiten nicht mehr selbstständig von Personen ausgeübt werden dürfen, die in einem Arbeitsverhältnis stehen, so wäre dies für den Arbeitgeber unerheblich. Da aber das vertraglich eingeräumte Liquidationsrecht Teil der Vergütung für die Tätigkeit im dienstlichen Aufgabenbereich ist, hat das BAG angenommen, dass eine gesetzliche Änderung, die sich auf die Voraussetzungen des Liquidationsrechts auswirkt, eine Änderung der Geschäftsgrundlage darstellt und daher den Krankenhausträger verpflichtet, die vereinbarte Vergütung nach (jetzt) § 313 anzupassen (BAG 9. 1. 1980 – 5 AZR 71/78, BAGE 32, 249 [262] noch unter Heranziehung von § 242). Zudem ist eine sog Entwicklungsklausel zugunsten des Krankenhausträgers, die keinen Widerrufsgrund für den Fall der Errichtung von Kon- **1887** kurrenzabteilungen vorsieht, als unzulässig angesehen worden (DEUTSCH/SPICKHOFF Rn 181).

c) Nutzungsentgelt des liquidationsberechtigten Arztes

1888 Da ein liquidationsberechtigter Arzt Einrichtungen und Personal des Krankenhauses zur Erbringung seiner Leistung in Anspruch nimmt, ist er verpflichtet, dem Krankenhaus die entstehenden Kosten zu erstatten. Die Regelung ergibt sich aus § 17 und § 19 KHEntgG. Die gebräuchliche Bezeichnung als Nutzungsentgelt liegt hier allerdings neben der Sache; denn es geht nicht darum, dass der Arzt Einrichtungen des Krankenhauses für eine Nebentätigkeit nutzt, sondern es geht um die Ermittlung der Vergütung, die dem Arzt nach dem Arbeitsverhältnis zusteht. Da der Krankenhausarzt nicht die Kosten einer eigenen Praxis hat, erscheint es angemessen, dass ihm nicht die Einnahmen aus einer selbstständigen Berechnung der ärztlichen Leistungen in voller Höhe gebühren, sondern an ihnen auch der Krankenhausträger beteiligt wird.

5. Nebentätigkeit

1889 Liquidationsberechtigten Ärzten wird häufig im Arbeitsvertrag gestattet, im Krankenhaus eine **nichtstationäre ärztliche Tätigkeit** auszuüben. Bei ihr handelt es sich um eine Nebentätigkeit. Für sie ist allein der Arzt aufgrund des medizinischen Behandlungsvertrages zwischen ihm und dem Patienten zur Liquidation berechtigt. Wenn insoweit für die Inanspruchnahme von Personal, Räumen, Apparaten, Instrumenten und Material des Krankenhauses der Arzt eine Abgabe zu leisten hat, handelt es sich um ein echtes Nutzungsentgelt. Es kann in seiner Höhe nicht wie das sog Nutzungsentgelt für das Liquidationsrecht des Arztes (Rn 1884) festgelegt werden, ist also von ihm rechtsdogmatisch zu unterscheiden. Insbesondere kann nicht das Gehalt aus dem Arbeitsverhältnis bei der Ermittlung der Kosten berücksichtigt werden, die dem Krankenhausträger für die Inanspruchnahme von Einrichtungen und Personal zu erstatten sind (vgl BAG 15. 11. 1994 – 5 AZR 604/93, AP Nr 31 zu § 611 BGB Arzt-Krankenhaus-Vertrag).

6. Beteiligung ärztlicher Mitarbeiter an den Liquidationserlösen der leitenden Krankenhausärzte

1890 Da nachgeordnete Ärzte und nichtärztliche Mitarbeiter des Krankenhauses bei der Versorgung selbstzahlender Patienten mitwirken, werden sie an den Liquidationserlösen der leitenden Krankenhausärzte beteiligt. Teilweise bestehen sogar Regelungen über die Mitarbeiterhonorierung in den Krankenhausgesetzen der Länder, obwohl es sich um Dienstrecht, nicht um Organisationsrecht handelt. Ergänzend greift, so zB in Bayern (Art 6 BayHSchPG iVm § 14 BayHSchLNV), das gesetzliche Hochschulrecht ein. Was hier geboten ist, begründet aber keinen Anspruch aus dem Arbeitsverhältnis. Sofern es sich nicht um freiwillige Leistungen handelt, die ein leitender Krankenhausarzt seinen Mitarbeitern erbringt, ist die Rechtsgrundlage deren Vertrag mit dem Krankenhausträger, wie auch die Verpflichtung des Chefarztes ebenfalls ausschließlich auf der für ihn verbindlichen Regelung des Liquidationsrechts beruht, also ebenfalls ihre Rechtsgrundlage in dem Dienstvertrag mit dem Krankenhausträger hat oder sich aus dem gesetzlichen Krankenhaus- oder Hochschulrecht ergibt. Ein unmittelbarer Anspruch des Mitarbeiters gegen den

Chefarzt kann sich nur aus einer Vertragsabrede mit ihm ergeben. In Betracht kann aber auch ein Anspruch aus betrieblicher Übung kommen (so BGH 2. 12. 1976 – II ZR 60/75, WM 1977, 739 [740]; vgl Ch Picker, Betriebliche Übung [2011] 225).

Veranlasst ein Krankenhausträger, Teile des Liquidationserlöses in einen Fonds abzuführen, um den nachgeordneten Ärzten und sonstigen Mitarbeitern dadurch eine zusätzliche Vergütung zu verschaffen, so handelt es sich bei den Regeln, nach denen die Fondsmittel verteilt werden, um einen Entlohnungsgrundsatz. Besteht im Krankenhaus ein Betriebsrat, so hat dieser nach **§ 87 Abs 1 Nr 10 BetrVG** mitzubestimmen (vgl BAG 16. 6. 1998 – 1 ABR 67/97, AP Nr 92 zu § 87 BetrVG 1972 Lohngestaltung). Der Mitbestimmungstatbestand liegt jedoch nicht vor, wenn die Regelung lediglich dem Interesse der Chefärzte entspricht, standesrechtlichen Obliegenheiten zu genügen. Die gleiche Rechtslage besteht für die Mitbestimmung eines Personalrats, wenn nach dem einschlägigen Personalvertretungsgesetz Fragen der Lohngestaltung einen Mitbestimmungstatbestand bilden (so nach § 75 Abs 3 Nr 4 BPersVG, Art 75 Abs 4 S 1 Nr 4 BayPVG). In einem kirchlichen Krankenhaus fehlt dagegen eine entsprechende Gesetzesgrundlage in der MAVO und dem MVG.EKD (vgl zur Beteiligung der Mitarbeitervertretung bei der Lohngestaltung Richardi ZMV Sonderheft 2003, 14 ff). **1891**

7. Beendigung des Arbeitsverhältnisses

Für die Beendigung des Arbeitsverhältnisses eines Krankenhausarztes gelten die allgemeinen Bestimmungen. Krankenhausärzte, die als Arbeitnehmer angestellt sind, haben den **allgemeinen** und **besonderen Kündigungsschutz**. Im Bereich des öffentlichen Dienstes finden bei Tarifgeltung oder arbeitsvertraglicher Einbeziehungsabrede § 34 TV-L/§ 35 TV-Ärzte/VKA Anwendung. Ist Rechtsträger des Krankenhauses eine kirchliche Einrichtung, so ergeben sich entsprechende Vorschriften aus den Arbeitsvertragsrichtlinien des Diakonischen Werkes bzw des Deutschen Caritasverbandes. **1892**

Für die **Beteiligung einer Betriebs- oder Personalvertretung vor der Kündigung** gelten keine Besonderheiten. Ist Krankenhausträger eine kirchliche Einrichtung, so ist nach kirchengesetzlicher Regelung die Mitarbeitervertretung zu beteiligen. Einheitlich ist für alle Fälle angeordnet, dass eine ohne Beteiligung der zuständigen Betriebs- oder Personalvertretung erklärte Kündigung unwirksam ist (§ 102 Abs 1 S 3 BetrVG, §§ 79 Abs 4, 108 Abs 2 BPersVG, §§ 30 Abs 5, 31 Abs 3 MAVO, § 41 Abs 3 iVm § 38 Abs 1 S 2, § 45 Abs 2 MVG.EKD). **1893**

Besondere Regelungen sind meist bei **Chefärzten** in deren Arbeitsverträgen vereinbart (vgl Richardi, MünchArbR § 339 Rn 45 ff; vgl Wern, Die arbeitsrechtliche Stellung des leitenden Krankenhausarztes [2005] 367 ff). Dazu gehört oft, dass das Recht des Krankenhauses zur ordentlichen Kündigung nach fünfjährigem Bestand ausgeschlossen wird. Abgesehen davon findet der gesetzliche Kündigungsschutz Anwendung, da Chefärzte in der Regel nicht unter § 14 Abs 2 KSchG fallen. Besteht bei privatrechtlicher Organisation des Krankenhauses ein Betriebsrat, so ist er, sofern der Chefarzt leitender Angestellter iS des § 5 Abs 3 S 2 BetrVG ist, der Sprecherausschuss für leitende Angestellte vor der Kündigung zu hören. Handelt es sich um einen öffentlich-rechtlichen Krankenhausträger, so richtet sich nach dem jeweils geltenden Personalvertretungsgesetz, ob die Personalvertretung zu beteiligen ist. Handelt es sich **1894** um ein kirchliches Krankenhaus, so entfällt die Beteiligung der Mitarbeitervertretung, wenn Chefärzte nicht zu dem von ihr repräsentierten Mitarbeiterkreis zählen (vgl für Chefärzte in einem katholischen Krankenhaus § 3 Abs 2 S 1 Nr 4 und S 2 MAVO).

II. Vertrag mit dem Rechtsanwalt*

1. Begriff und Wesen

1895 Der Rechtsanwalt ist ein unabhängiges Organ der Rechtspflege (§ 1 Bundesrechtsanwaltsordnung [BRAO vom 1. 8. 1959; BGBl I 565]) und darf sich daher bei der Berufsausübung weder unsachlich verhalten noch widerstreitende Interessen vertreten (§ 43a Abs 3, 4 BRAO). Er übt wie der Arzt einen freien Beruf aus; seine Tätigkeit ist kein Gewerbe (§ 2 BRAO). Er ist der „berufene unabhängige Berater und Vertreter in allen Rechtsangelegenheiten" (§ 3 Abs 1 BRAO). Wie der Arzt wird er ebenfalls aufgrund eines privatrechtlichen Vertrages tätig. Das Vertragsverhältnis ist allerdings in eine öffentlich-rechtliche Ordnung eingebettet: Rechte und Pflichten des Anwalts sind in §§ 43 ff BRAO, dem Rechtsanwaltsvergütungsgesetz vom 5. 5. 2004 (BGBl I 718, 788), das die Bundesgebührenordnung für Rechtsanwälte (BRAGO) vom 26. 7. 1957 (BGBl I 861, 907) abgelöst hat, und den Prozessordnungen geregelt. Das Berufsrecht ist durch das Gesetz zur Neuordnung des Berufsrechts der Rechtsanwälte und der Patentanwälte vom 2. 9. 1994 (BGBl I 2278) neu geregelt worden.

1896 Neben dem Gesetzesrecht besteht das durch den anwaltlichen Berufsstand selbst gesetzte Berufsordnungsrecht, nämlich die in Satzungsform ergangene Berufs- und Fachanwaltsordnung (BORA und FAO). Die EG-Niederlassungsrichtlinie ist durch das Gesetz über die Tätigkeit europäischer Rechtsanwälte in Deutschland (EuRAG) vom 9. 3. 2000 (BGBl I 182, ber. 1349) in nationales Recht umgesetzt worden.

1897 Die Zulassung zur Rechtsanwaltschaft ist öffentlich-rechtlich geregelt (§§ 4 f BRAO). Das Vertragsverhältnis zwischen einem Rechtsanwalt und seinem Auftraggeber (Mandant oder Klient) wird im Allgemeinen als **Dienstvertrag** qualifiziert, der eine Geschäftsbesorgung (§ 675 Abs 1) zum Gegenstand hat, wenn er aus Anlass eines Rechtsstreits zustande kommt (s Vorbem 57 zu §§ 611 ff; kritisch gegen die Einstufung als Geschäftsbesorgungsvertrag STAUDINGER/MARTINEK [2006] § 675 B 22). Für möglich hält man allerdings auch einen Werkvertrag, wenn der Rechtsanwalt es übernimmt, Rechtsauskunft über eine konkrete Frage zu erteilen, ein schriftliches Rechtsgutachten anzufertigen oder eine Vertragsurkunde zu erstellen (vgl RG 3. 1. 1911, RGZ 75, 105; RG 5. 5. 1916, RGZ 88, 223; RG 30. 1. 1925, RGZ 110, 139; RG 20. 11. 1939, RGZ 162, 171;

---

* **Schrifttum:** ANDERS/GEHLE, Das Recht der freien Dienste: Vertrag und Haftung (2001); HENSSLER/PRÜTTING (Hrsg), Bundesrechtsanwaltsordnung (4. Aufl 2014); HIRTE, Berufshaftung (1996); STEINKRAUS, Anwaltliche Berufsordnung und Zivilrecht (Diss Köln 2004); STEINKRAUS/SCHAAF, Zur Einführung: Das Berufsrecht der Rechtsanwälte, JuS 2001, 167, 275, 377; VOLLKOMMER/GREGER/HEINEMANN, Anwaltshaftungsrecht (4. Aufl 2014); TAUPITZ, Die Standesordnungen der freien Berufe (1991); WALTER, Spezialisierung und Sorgfaltsstandard im Arzt- und Anwaltshaftungsrecht (Diss Regensburg 2004).

BGH 20. 10. 1964 – VI ZR 101/63, NJW 1965, 106; BGH 20. 6. 1996 – IX ZR 106/95, NJW 1996, 2929 [2930]; siehe Vorbem 57 zu §§ 611 ff).

2. Abschluss des Rechtsanwaltsvertrages

Für den Abschluss des Vertrages gelten die Vorschriften des Allgemeinen Teils (ausf STAUDINGER/MARTINEK [2006] § 675 B 167). Es besteht **keine besondere Formvorschrift**. Der Vertrag kann auch stillschweigend zustande kommen. Der Rechtsanwalt, der in seinem Beruf in Anspruch genommen wird und den Auftrag nicht annehmen will, muss allerdings die Ablehnung unverzüglich erklären (§ 44 S 1 BRAO). Geschieht dies nicht, so gilt sein Schweigen zwar nicht als Annahme des Angebots; er hat aber den Schaden zu ersetzen, der aus einer schuldhaften Verzögerung seiner Erklärung entsteht (§ 44 S 2 BRAO; vgl auch FISCHINGER JuS 2015, 294 [298]). Ein gesetzlicher Kontrahierungszwang besteht für den Rechtsanwalt nur in bestimmten, gesetzlich geregelten Fällen (vgl § 48 BRAO). **1898**

Außerdem darf der Rechtsanwalt nicht tätig werden, wenn er durch ein ihm zugemutetes Verhalten seine Berufspflichten verletzen würde oder sonst ein in § 45 BRAO geregelter Fall vorliegt. Der Anwaltsvertrag ist jedoch auch dann wirksam geschlossen, wenn der Anwalt ihn durch standeswidriges Verhalten herbeigeführt hat. Hingegen kommt kein Anwaltsvertrag zustande, wenn ein als Notar angegangener Anwaltsnotar anwaltliche Tätigkeiten entfaltet und der Klient diese in der Meinung entgegennimmt, der Anwaltsnotar sei als Notar tätig geworden (vgl OLG Hamm 10. 4. 1968 – 12 U 21/68, DNotZ 1968, 625). **1899**

Ist der Rechtsanwalt als Einzelanwalt tätig, so wird selbstverständlich nur er selbst mandatiert; gleiches gilt aber auch, wenn er in **Bürogemeinschaft** mit anderen Rechtsanwälten operiert, denn es handelt sich um eine reine BGB-Innengesellschaft. Ein derartiges Einzelmandat kann auch einem in einer **Anwaltssozietät** eingebundenen Rechtsanwalt erteilt werden; schon immer wurde hier aber davon ausgegangen, dass keine Einzelmandatierung gewollt war, sondern im Zweifel alle Rechtsanwälte Vertragspartner werden sollten (BGH 6. 7. 1971 – VI ZR 94/69, BGHZ 56, 355). Durch die Änderung der Rechtsprechung zur Teilrechtsfähigkeit der Außen-GbR ist nun von einer Beauftragung der Anwaltssozietät auszugehen. Das hat Auswirkungen für die Haftung, ist doch nun davon auszugehen, dass alle Sozien für die gegen die Sozietät gerichteten vertraglichen Ansprüche haften (wie hier VOLLKOMMER/GREGER/HEINEMANN, Anwaltshaftungsrecht [4. Aufl 2014] § 4 Rn 6 mwNw); für deliktische Ansprüche hat der BGH dies analog § 31 selbst für Scheinsozien schon anerkannt (BGH 3. 5. 2007 – IX ZR 218/05, NJW 2007, 2490 [2491]). Statt einer GbR kann auch unter den Voraussetzungen des Partnerschaftsgesellschaftsgesetzes eine Partnerschaft iS dieses Gesetzes gegründet werden (vgl zur Partnerschaftsfähigkeit HENSSLER, PartGG [1997] § 1 Rn 149 ff). Zulässig ist aber auch der Zusammenschluss in einer GmbH (§§ 59c–59m BRAO; grundlegend BayObLG 24. 11. 1994 – 3 Z BR 115/94, ZIP 1994, 1868). Für zulässig gehalten wird sogar eine Rechtsanwalts-AG (so BayObLG 27. 3. 2000 – 3 Z BR 331/99, ZIP 2000, 835). **1900**

Ist der Rechtsanwalt **zugleich Notar** (§ 3 Abs 2 BNotO), so ist zu beachten, dass der Notar nicht aufgrund eines privatrechtlichen Vertrages tätig wird, sondern ein Amt ausübt (vgl zur Amtstätigkeit §§ 20–24 BNotO). Ein sog Anwaltsnotar kann zwar zu **1901** der Partei, die ihn beauftragt hat, auch in einem Vertragsverhältnis als Rechtsanwalt stehen. Bei einer Notartätigkeit ist allerdings anzunehmen, dass der Rechtsanwalt als Notar tätig geworden ist, wenn die Handlung bestimmt ist, Amtsgeschäfte als Notar vorzubereiten oder auszuführen (§ 24 Abs 2 BNotO; zur Haftung Rn 1903).

3. Pflichten und Rechte des Rechtsanwalts

1902 Welche Pflichten den Rechtsanwalt treffen, ergibt sich aus dem übernommenen Mandat. Ihm obliegt eine umfassende Prüfungs-, Beratungs- und Belehrungspflicht. Er hat den Mandanten möglichst erschöpfend zu beraten und alle geeigneten Schritte zu unternehmen, um dessen Rechte zu wahren und vermeidbare Nachteile abzuwenden (vgl Hirte, Berufshaftung 12 ff; Staudinger/Martinek [2006] § 675 B 169 ff). Dabei hat er das Gebot des **sichersten Weges** zu beachten (zB BGH 4. 6. 1996 – IX ZR 51/95, NJW 1996, 2648 [2649]; BGH 2. 12. 1999 – IX ZR 415/98, NJW 2000, 725). Auch hat er den Sachverhalt soweit erforderlich aufzuklären, wobei er grundsätzlich auf die Richtigkeit der vom Mandanten gelieferten Informationen vertrauen darf (BGH 18. 11. 1999 – IX ZR 420/97, NJW 2000, 730 [731]); er muss aber – wo notwendig – durch Nachfragen, ausnahmsweise auch durch eigene Ermittlungen, eine soweit wie möglich vollständige Sachverhaltsaufklärung herbeiführen (BGH 21. 11. 1960 – III ZR 160/59, NJW 1961, 601 [602]). Darüber hinaus hat sich der Anwalt in den von ihm beratenen Rechtsgebieten stets über den aktuellen Stand zu informieren.

1903 Eine Verletzung seiner Pflichten führt zu einer **Haftung gegenüber dem Vertragspartner**, wobei die Einordnung als Dienstvertrag und somit als ein Vertrag ohne gesetzlich geregeltes Gewährleistungsprogramm zu einem weitgehenden Rückgriff auf die Haftung nach § 280 Abs 1 **(positive Vertragsverletzung)** geführt hat (vgl Hirte, Berufshaftung 12 f). Ist ein Mandantenverhältnis nicht begründet worden, so kann eine Haftung aus §§ 280 Abs 1, 311 Abs 2, 241 Abs 2 (culpa in contrahendo) in Betracht kommen (vgl Hirte 18 ff). Wird der Rechtsanwalt als Notar tätig (Rn 1901), richtet sich die Haftung nach § 19 BNotO.

1904 Im Synallagma zur Beratungs- und Vertretungspflicht steht der **Honoraranspruch** des Rechtsanwalts (Staudinger/Martinek [2006] § 675 B 177). Nähere Regelungen hierzu enthält das Gesetz über die Vergütung der Rechtsanwältinnen und Rechtsanwälte (RVG) vom 5. 5. 2004 (BGBl I 718). Die Höhe seiner Gebühren richtet sich nach der gesetzlichen Grundkonzeption starr nach dem Gegenstandswert, § 2 RVG iVm Anlage 1; es handelt sich um Taxen iS von § 612 Abs 2 (s § 612 Rn 51 ff). Vergütungsvereinbarungen unterliegen den Einschränkungen der §§ 3a, 4, 4a, 4b RVG, § 49b Abs 1, 2 BRAO. Eine Abtretung der Honorarforderung ist nur unter den Voraussetzungen des § 49b Abs 4 BRAO zulässig.

4. Beendigung des Vertragsverhältnisses

1905 Da es sich bei der Tätigkeit des Rechtsanwalts um Dienste höherer Art handelt (BGH 16. 10. 1986 – III ZR 67/85, NJW 1987, 315), ist der Geschäftsbesorgungsvertrag **jederzeit kündbar**, und zwar von beiden Seiten (§ 627 Abs 1). Auch nicht dem Rechtsanwalt vorbehaltene Tätigkeiten sind Dienste höherer Art, wenn sie Bestandteil eines einheitlichen Dienstvertrages sind (BGH 11. 2. 2010 – IX ZR 114/09, DB 2010, 555).

Im Übrigen endet das Vertragsverhältnis mit **Zweckerreichung**. Bei einer Prozess- **1906** vertretung endet es allerdings nicht mit der Verkündung des Urteils, das die Instanz abschließt. Der Rechtsanwalt hat vielmehr seinen Mandanten unverzüglich, vollständig und zutreffend über den Inhalt der Entscheidung und das Datum der Verkündung zu unterrichten; insbesondere hat er ihm das vollständige Urteil mit Tatbestand und Entscheidungsgründen zu übersenden, auch wenn es ihm (noch) nicht im Parteibetrieb zugestellt worden ist (Vollkommer/Greger/Heinemann, Anwaltshaftungsrecht [4. Aufl 2014] § 6 Rn 2). Den durch schuldhafte Verletzung dieser Informationspflicht verursachten Schaden hat der Rechtsanwalt zu ersetzen (vgl OLG Frankfurt 14. 7. 1976 – 17 U 222/75, VersR 1977, 41).

III. Handelsvertretervertrag

1. Begriff und Abgrenzungen

Handelsvertreter ist nach § 84 Abs 1 S 1 HGB, wer als **selbstständiger Gewerbetrei-** **1907** **bender ständig damit betraut** ist, **für einen anderen Unternehmer Geschäfte zu vermitteln** (Vermittlungsvertreter) **oder in dessen Namen abzuschließen** (Abschlussvertreter). Er gehört zu den **Hilfspersonen des Kaufmanns**, ist aber nicht Arbeitnehmer, sondern Selbstständiger und **selbst Kaufmann**. Das Vertragsverhältnis mit ihm ist in den §§ 84–92c HGB geregelt; dabei kommt es nach § 84 Abs 4 HGB nicht darauf an, ob er Kaufmann iSv §§ 1 ff HGB oder Kleingewerbetreibender ist.

Wer als Handelsvertreter damit betraut ist, Versicherungsverträge zu vermitteln **1908** oder abzuschließen, ist **Versicherungsvertreter** (§ 92 Abs 1 HGB). Für ihn gilt ebenfalls das Handelsvertreterrecht, allerdings mit den in § 92 Abs 3 und Abs 4 HGB geregelten Besonderheiten. Außerdem enthalten für ihn die §§ 69–73 VVG Sonderbestimmungen über die gesetzliche Vertretungsmacht und § 215 VVG eine solche für Gerichtsstände.

Die Besonderheit des Handelsvertreters besteht darin, dass er aufgrund des Ver- **1909** tragsverhältnisses nicht eine bestimmte abgegrenzte Dienstleistung erbringt, sondern ständig damit betraut ist, für einen anderen Unternehmer Geschäfte zu vermitteln oder in dessen Namen abzuschließen. Eine derartige Tätigkeit kann allerdings auch von einem Arbeitnehmer, dem sog **Handlungsgehilfen**, erbracht werden (vgl § 84 Abs 2 HGB). Das für die Arbeitnehmereigenschaft konstitutive Merkmal der Arbeitsleistung im Dienst eines anderen leistet deshalb hier keinen Beitrag für die Abgrenzung; denn wegen der ständigen Betrauung ist der Handelsvertreter in die arbeitstechnische Organisation des Unternehmens einbezogen, für das er tätig wird. Gemäß § 84 Abs 1 S 2 HGB wird zur Abgrenzung darauf abgestellt, dass selbstständig ist, wer im Wesentlichen frei seine Tätigkeit gestalten und seine Arbeitszeit bestimmen kann. Das hängt vom Gesamtbild der vertraglichen Ausgestaltung der tatsächlichen Vertragsdurchführung ab (BGH 4. 3. 1998 – VIII ZB 25/97, NJW 1998, 2057 [2058]; BAG 15. 12. 1999 – 5 AZR 566/98, NZA 2000, 447 [447 f]; BAG 20. 9. 2000 – 5 AZR 271/99, NZA 2001, 210 [211]; BAG 20. 10. 2009 – 5 AZB 30/09, NZA 2009, 1411; BAG 9. 6. 2010 – 5 AZR 332/09, NZA 2010, 877; BGH 27. 10. 2009 – VIII ZB 45/08, juris Rn 12; OLG Frankfurt 16. 9. 2013 – 15 W 79/11, juris Rn 10; OLG München 20. 3. 2014 – 7 W 315/14, BB 2014, 1044 mAnm Hilgard; Fischinger, Handelsrecht [2015] Rn 839). Gegen eine Einstufung als Handelsvertreter (und für die Annahme eines Handlungsgehilfenverhältnisses) sprechen beispielsweise Urlaubspläne, eine fest vereinbarte Vergütung oder die Abführung von Sozialversicherungsabgaben, vor allem aber die Einbindung in die Organisation des Unternehmers und eine Weisungsgebundenheit bzgl Ort, Inhalt, Zeit und Durchführung der Tätigkeit; in Bezug auf das Weisungsrecht ist allerdings zu beachten, dass auch der selbstständige Handelsvertreter einem Weisungsrecht unterfällt (s Rn 1914), sodass es maßgeblich darauf ankommt, wie das Weisungsrecht ausgestaltet ist. Für ein selbstständiges Tätigwerden und damit für ein Handelsvertreterverhältnis sprechen umgekehrt zum Beispiel die Tätigkeit für verschiedene Unternehmer, die Abwesenheit von Arbeits- oder Schichtplänen, die Führung eigener Handelsbücher, die Unabhängigkeit von Weisungen und die Verwendung eines eigenen Briefkopfs.

1910 Auch wenn der Handelsvertreter einen Provisionsanspruch regelmäßig nur hat, wenn er tatsächlich einen Vertrag für den Unternehmer vermittelt oder in dessen Namen abgeschlossen hat, schuldet er nur das Bemühen darum, nicht aber den Erfolg. Bei der Zuordnung zu den Vertragsarten des bürgerlichen Rechts gehört deshalb der Handelsvertretervertrag zum **Dienstvertrag**, nicht zum Werkvertrag. Er hat eine **Geschäftsbesorgung** zum Gegenstand, sodass auch das Recht des Auftrags grundsätzlich Anwendung findet (§ 675), soweit es nicht durch die Sonderregeln des Handelsvertreterrechts verdrängt wird (STAUDINGER/MARTINEK [2006] § 675 B 218 f).

1911 Wenn der Handelsvertreter vertraglich nicht für weitere Unternehmer tätig werden darf oder ihm dies nach Art und Umfang der von ihm verlangten Tätigkeit nicht möglich ist, besteht eine wirtschaftliche Abhängigkeit, bei der die Ausgrenzung aus dem Arbeitsrecht sachlich nicht zu rechtfertigen ist. Deshalb enthält § 92a HGB für diese sog **Einfirmenvertreter** eine Ermächtigungsgrundlage zum Erlass von Rechtsverordnungen, durch die das Bundesministerium der Justiz im Einvernehmen mit dem Bundesministerium für Wirtschaft und Technologie nach Anhörung von Verbänden der Handelsvertreter und der Unternehmer die untere Grenze der vertraglichen Leistungen des Unternehmers festsetzen kann, um die notwendigen sozialen und wirtschaftlichen Bedürfnisse dieser Handelsvertreter oder einer bestimmten Gruppe von ihnen sicherzustellen. Einfirmenvertreter zählen deshalb zu den **arbeitnehmerähnlichen Personen** (vgl zu diesen Rn 231 ff). Von dieser Verordnungsermächtigung wurde bisher aber kein Gebrauch gemacht. Angesichts der Nähe zum Arbeitnehmer wird der Einfirmenvertreter zT in den Geltungsbereich arbeitsrechtlicher Gesetze einbezogen, so zB bei § 5 Abs 1 S 2 ArbGG oder § 2 S 2 HS 1 BUrlG.

1912 Für die Abgrenzung zum **Handelsmakler** (§§ 93 ff HGB) ist maßgeblich, dass der Handelsvertreter ständig mit der Vermittlung bzw dem Abschluss von Verträgen für den Unternehmer betraut ist. Gemeint ist damit, dass seine Tätigkeit auf eine unbestimmte Vielzahl von Verträgen gerichtet ist, wobei die bloße Absicht genügt (vgl BGH 1. 4. 1992 – IV ZR 154/91, NJW 1992, 2818 [2819]).

2. Vertragsschluss

1913 Der Vertragsschluss ist grundsätzlich formlos möglich, einzelne Abreden bedürfen aber der Schriftform (Vereinbarung eines nachvertraglichen Wettbewerbsverbots, § 90a Abs 1 S 1 HGB, oder einer Delkredereprovision, § 86b Abs 1 S 3 HGB). Ist der Vertrag zwar nicht wirksam zustande gekommen, aber in Vollzug gesetzt wor-

Titel 8 · Dienstvertrag und ähnliche Verträge
Untertitel 1 · Dienstvertrag §611

den, ist vergleichbar den Grundsätzen über das fehlerhafte Arbeitsverhältnis eine bereicherungsrechtliche Rückabwicklung ausgeschlossen, wenn der Handelsvertreter aufgrund seiner wirtschaftlichen und sozialen Unterlegenheit einem Arbeitnehmer vergleichbar schutzbedürftig ist (BGH 3. 5. 1995 – VIII ZR 95/94, NJW 1995, 1958; **aA** Canaris, Handelsrecht § 15 Rn 27 f).

3. Rechte und Pflichten

Der **Handelsvertreter** ist nach § 86 Abs 1 HS 1 HGB verpflichtet, sich um Abschluss bzw die Vermittlung von Geschäften für den Unternehmer zu bemühen und daher zB neue Geschäftsverbindungen aufzubauen und alte zu pflegen oder allgemein den Markt zu beobachten. Dabei muss er die Interessen des Unternehmers wahren, § 86 Abs 1 HS 2 HGB. Entsprechend unterliegt er während der Laufzeit auch dann einem Wettbewerbsverbot, wenn ein solches nicht vereinbart wurde, und muss er die aus den für den Unternehmer abgeschlossenen Geschäften erlangte Gegenstände ordnungsgemäß aufbewahren und an ihn herausgeben (§§ 675, 667). Überdies hat er die Weisungen des Unternehmers zu befolgen (§§ 675, 665). Das gilt aber nur insoweit, als die Weisungen nicht die grundsätzliche Selbstständigkeit des Handelsvertreters aufheben; unzulässig wäre daher eine Weisung, die dem Handelsvertreter vorschreibt, wie viele und welche Hilfskräfte er einzustellen hat (Brox/Henssler, Handelsrecht [21. Aufl 2011] Rn 252). 1914

Umgekehrt schuldet der **Unternehmer** unter den Voraussetzungen des § 87 Abs 1 S 1 bzw Abs 2 HGB eine Abschlussprovision bzw eine Bezirks-/Kundenkreisprovision (näher Fischinger, Handelsrecht [2015] Rn 854, 856). Auch für Geschäfte, die erst nach Beendigung des Handelsvertretervertrags geschlossen werden, kann der Handelsvertreter nach § 87 Abs 3 HGB ggf eine Provision verlangen. Sonderfälle stellen die Inkassoprovision (§ 87 Abs 4 HGB) und die Delkredereprovision (§ 86b HGB) dar. Des Weiteren schuldet der Unternehmer dem Handelsvertreter Aufwendungsersatz nach §§ 675, 670, wobei allerdings die durch § 87d HGB gezogenen Grenzen zu beachten sind. 1915

4. Beendigung und Ansprüche der Beteiligten

Da der Handelsvertretervertrag dem Dienstvertragsrecht unterfällt, würden eigentlich die §§ 620 ff gelten. Sie werden aber teils durch Spezialvorschriften verdrängt. So geht § 89 HGB in seinem Anwendungsbereich für **ordentliche Kündigungen** vor, und für die **außerordentliche Kündigung** gilt § 89a Abs 1 HGB, der – anders als § 626 Abs 2 – keine Kündigungserklärungsfrist kennt (vgl BGH 3. 7. 1986 – I ZR 171/84, NJW 1987, 57 [58]; bei längerem Zuwarten kann eine außerordentliche Kündigung aber dennoch ausscheiden, vgl BGH 26. 5. 1999 – VIII ZR 123/98, BB 1999, 1516 [1517]). Anwendbar sind aber die §§ 675, 624. 1916

Im Fall einer außerordentlichen Kündigung sieht § 89a Abs 2 HGB einen **Schadensersatzanspruch** vor, der § 628 Abs 2 HGB als lex specialis verdrängt. Überdies sieht § 89b HGB einen subsidiären **Ausgleichsanspruch** vor, der dem Handelsvertreter ggf eine dem Billigkeitsgefühl entsprechende Gegenleistung für durch Provision noch nicht vollständig abgegoltene Leistungen zukommen lassen soll (Fischinger, Handels- 1917 recht [2015] Rn 867 ff mwNw). Nach § 90a HGB ist schließlich die Vereinbarung eines nachvertraglichen **Wettbewerbsverbots** möglich.

IV. Steuerberatervertrag*

1918 Der Vertrag mit einem Steuerberater (Steuerbevollmächtigten) hat die gleichen Wesensmerkmale wie der Rechtsanwaltsvertrag. Wie beim Rechtsanwalt sind die Berufsausübungsgrundlagen öffentlich-rechtlich geregelt, hier im Steuerberatungsgesetz (StBerG) vom 16. 8. 1961 iF der Bekanntmachung vom 4. 11. 1975 (BGBl I 2735). Vor dem Inkrafttreten dieses Gesetzes waren Steuerberater und Helfer in Steuersachen auf dem Gebiet der Steuerberatung tätig. Das Steuerberatungsgesetz kennt nur noch den Einheitsberuf des Steuerberaters. Die Helfer in Steuersachen erhielten die Berufsbezeichnung eines Steuerbevollmächtigten.

1919 Steuerberater üben wie Ärzte und Rechtsanwälte einen **freien Beruf** aus; ihre Tätigkeit ist kein Gewerbe (§ 32 Abs 2 StBerG). Sie erbringen ihre Leistungen für die Mandanten aufgrund eines privatrechtlichen Vertrages. Er ist ein **Geschäftsbesorgungsvertrag** (§ 675, vgl BGH 4. 6. 1970 – VII ZR 187/68, NJW 1970, 1596). Soweit einem Steuerberater die Wahrnehmung steuerlicher Interessen übertragen wird, wird er regelmäßig als **Dienstvertrag** angesehen (BGH 4. 6. 1970 – VII ZR 187/68, BGHZ 54, 106 [107 f]; BGH 6. 11. 1980 – VII ZR 237/79, BGHZ 78, 335 [337 f]; BGH 17. 10. 1991 – IX ZR 255/90, BGHZ 115, 382 [386]; BGH 7. 3. 2002 – III ZR 12/01, NJW 2002, 1571 [1572]; BGH 11. 5. 2006 – IX ZR 63/05, NJW-RR 2006, 1490; STAUDINGER/MARTINEK [2006] § 675 B 196 f). Ein Vertrag zur Erstellung der Buchführung und des Abschlusses ist dagegen ebenso Werkvertrag wie der über die Anfertigung einer Steuererklärung (vgl HIRTE, Berufshaftung 38 ff).

1920 Für den **Vertragsschluss** gelten keine Besonderheiten; er bedarf insbesondere nicht der Schriftform, kann daher auch stillschweigend geschlossen werden. Wie für den Rechtsanwalt gilt aber auch hier, dass die Ablehnung eines Mandats unverzüglich zu erklären ist; denn sonst hat der Steuerberater den Schaden zu ersetzen, der aus einer schuldhaften Verzögerung dieser Erklärung entsteht (§ 63 StBerG).

1921 Wie der Rechtsanwalt hat der Steuerberater die **Pflicht**, seinen Mandanten umfassend zu beraten, zB auf die Möglichkeit einer Steuerersparnis hinzuweisen (vgl BGH 6. 7. 2006 – IX ZR 88/02, NJW-RR 2006, 1682). Überdies muss er, einem Anwalt vergleichbar, stets den für den Mandanten sichersten Weg wählen. Ein Unterschied ergibt sich lediglich daraus, dass der Rechtsanwalt der berufene Berater und Vertreter auf allen Rechtsgebieten ist, während der Steuerberater insoweit nur auf dem Gebiet des Steuerrechts tätig wird. Besonderheiten ergeben sich allerdings daraus, dass der Steuerberater einen Buchführungsauftrag erhalten kann. Auch ist der Steuerberater stärker als der Rechtsanwalt der Allgemeinheit verpflichtet (MünchKomm/MÜLLER-GLÖGE § 611 Rn 127).

1922 Wie der Rechtsanwalt hat der Steuerberater Anspruch auf eine **Vergütung**, die sich aus Gebühren und Auslagenersatz zusammensetzt. Die Ermächtigungsgrundlage für

---

* **Schrifttum**: ANDERS/GEHLE, Das Recht der freien Dienste: Vertrag und Haftung (2001); GRÄFE/LENZEN/SCHMEER, Steuerberaterhaftung (5. Aufl 2014); SPÄTH, Die zivilrechtliche Haftung des Steuerberaters (4. Aufl 1994).

den Erlass einer Gebührenordnung enthält § 64 StBerG. Rechtsgrundlage ist die Gebührenverordnung für Steuerberater, Steuerbevollmächtigte und Steuerberatungsgesellschaften (Steuerberatergebührenverordnung – StBGebV) vom 17. 12. 1981 (BGBl I 1442; s ausf STAUDINGER/MARTINEK [2006] § 675 B 196 ff). Bei den dortigen Sätzen handelt es sich um eine Taxe iSv § 612 Abs 2 (vgl § 612 Rn 51 ff). Daher trifft denjenigen, der die mündliche Vereinbarung einer die Taxe unterschreitenden Gebührenvereinbarung behauptet, dafür die Beweislast (BGH 21. 9. 2000 – IX ZR 437/99, NJW-RR 2001, 493). Seit dem 1. 7. 2008 sind unter bestimmten Umständen auch Erfolgshonorarvereinbarungen möglich (§ 9a StBerG).

Da es sich bei der Tätigkeit des Steuerberaters um Dienste höherer Art handelt **1923** (BGH 19. 11. 1992 – IX ZR 77/92, NJW-RR 1993, 374), ist der Geschäftsbesorgungsvertrag jederzeit **kündbar**, und zwar von beiden Seiten (§ 627 Abs 1). Auch nicht dem Steuerberater vorbehaltene Tätigkeiten sind Dienste höherer Art, wenn sie Bestandteil eines einheitlichen Dienstvertrages sind (BGH 11. 2. 2010 – IX ZR 114/09, DB 2010, 555).

V. Vertrag mit dem Wirtschaftsprüfer

Wirtschaftsprüfer haben die berufliche Aufgabe, betriebswirtschaftliche Prüfungen, **1924** insbesondere solche von Jahresabschlüssen wirtschaftlicher Unternehmen, durchzuführen und Bestätigungsvermerke über die Vornahme und das Ergebnis solcher Prüfungen zu erteilen (§ 2 Abs 1 WPO). Derartige Prüfungen sind teilweise gesetzlich vorgeschrieben, so für Kapitalgesellschaften mit Ausnahme von kleinen Gesellschaften iSv § 267 Abs 1 HGB (§§ 316 ff HGB). Bei einer mittelgroßen GmbH (§ 267 Abs 2 HGB) brauchen Abschlussprüfer nicht Wirtschaftsprüfer und Wirtschaftsprüfungsgesellschaften zu sein, sondern es können auch vereidigte Buchprüfer und Buchprüfungsgesellschaften sein (§ 319 Abs 1 S 2 HGB). Neben dem Wirtschaftsprüfer kennt das Gesetz über eine Berufsordnung der Wirtschaftsprüfer (Wirtschaftsprüferordnung – WPO) iF vom 5. 11. 1975 (BGBl I 2803) den vereidigten Buchprüfer (§§ 128 ff WPO).

Wie der Rechtsanwalt und der Steuerberater übt der Wirtschaftsprüfer einen **freien 1925 Beruf** aus; seine Tätigkeit ist kein Gewerbe (§ 1 Abs 2 WPO).

Der Wirtschaftsprüfer wird aufgrund eines privatrechtlichen Vertrages tätig, der **1926 Geschäftsbesorgungscharakter** iS von § 675 hat (STAUDINGER/MARTINEK [2006] § 675 B 250). Dabei handelt es sich in der Regel um **Dienstverträge**. Nur soweit er festumrissene Einzelaufträge wahrnimmt, ist der Vertrag ein Werkvertrag (BGH 1. 2. 2000 – X ZR 198/97, NJW 2000, 1107; vgl auch HIRTE, Berufshaftung 57 f). Da von der Ermächtigungsgrundlage zum Erlass einer Gebührenordnung in § 55 WPO nie Gebrauch gemacht worden war und eine solche auch weder wirtschafts- noch berufspolitisch gewollt ist, wurde § 55 WPO mWz 6. 9. 2007 aufgehoben (BGBl I 2178; BT-Drucks 16/2858, 28).

VI. Vertrag mit dem Architekten

Dienstleistungen in selbstständiger Tätigkeit werden vor allem im Baugewerbe er- **1927** bracht. Der Bauvertrag stellt geradezu einen typischen Werkvertrag dar (vgl BGH 22. 10. 1981 – VIII ZR 310/79, NJW 1982, 438). Wird in diesem Rahmen ein Vertrag mit dem Architekten abgeschlossen, so handelt es sich auch dabei in aller Regel um

Werkverträge (s auch Vorbem 59 zu §§ 611 ff; s auch Hirte, Berufshaftung 120; ausf Staudinger/ Martinek [2006] § 675 B 13 ff).

VII. Verträge mit Künstlern und Buchautoren

1928 Die Urheber von Werken der Literatur, Wissenschaft und Kunst genießen für ihre Werke Schutz nach dem Urheberrechtsgesetz vom 9. 9. 1965 (BGBl I 1273). Das Urheberrecht schützt den Urheber in seinen geistigen und persönlichen Beziehungen zum Werk und in der Nutzung des Werkes (§ 11 UrhG). Es besteht auch an der Bearbeitung eines Werkes, soweit sie eine persönliche geistige Schöpfung des Bearbeiters darstellt (§ 3 UrhG). Ein dem Urheberrecht verwandtes Schutzrecht haben ausübende Künstler (§§ 73 ff UrhG).

1929 Ausübende Künstler, also insbesondere Musiker und Schauspieler, können in einem Arbeitsverhältnis stehen. Möglich ist allerdings auch, dass sie selbstständig tätig werden. Die Abgrenzung zwischen Dienst- und Werkvertrag bereitet Schwierigkeiten. Schuldet der Künstler lediglich eine abgegrenzte Dienstleistung, so wird im Allgemeinen er, nicht sein Vertragspartner auch das Entgeltrisiko tragen, sodass nicht die Erbringung der Dienste, sondern der durch Dienstleistung herbeigeführte Erfolg die Vertragsbeziehungen beherrscht; es handelt sich in diesem Fall um einen Werkvertrag. Wird hingegen eine längerfristige Dienstleistung geschuldet – beispielsweise ein Saisonengagement eines Bühnendarstellers –, so liegt ein Dienstvertrag vor. Problematisch ist dann regelmäßig, ob schon die Grenze zum Arbeitsrecht überschritten ist oder ob der Künstler noch als freier Mitarbeiter einzustufen ist.

1930 Bei Buchautoren bilden die rechtlichen Beziehungen zum Verleger regelmäßig den Gegenstand eines **Verlagsvertrages**, für den das Gesetz über das Verlagsrecht (VerlG) vom 19. 6. 1901 (RGBl 217) gilt. Der Verlagsvertrag ist ein sondergesetzlich geregelter Vertrag sui generis, auf den die Vorschriften der Vertragstypen des BGB nicht zur Anwendung kommen (vgl RG 21. 11. 1910, RGZ 74, 359 [361]; BGH 8. 7. 1960 – I ZR 36/59, NJW 1960, 2144 [2145 f]; Wiese, Buchautoren als arbeitnehmerähnliche Personen [1980] 51 f).

VIII. Dienstverträge im Rahmen der Tertiarisierung der Wirtschaftslandschaft

1931 Schon seit Jahren besteht nicht nur in Deutschland, sondern allen hochindustrialisierten Ländern der westlichen Welt der Trend zur Verlagerung unternehmerischer Tätigkeiten auf fremde Dienstleister (Tertiarisierung). Während das „outsourcing" eigener betrieblicher Aufgaben in der Anfangsphase vor allem Arbeiten betraf, die nicht zum eigentlichen Geschäftsbetrieb zählen (wie zB Reinigungstätigkeiten oder die Lohnbuchhaltung), zielt die Entwicklung momentan darauf, selbst zum eigentlichen Kerngeschäft gehörende Bereiche fremd zu vergeben (Rieble ZfA 2013, 137 [138]). Ziel des Fremdpersonaleinsatzes ist es, den Vorschriften des Kündigungsschutzrechts und sonstiger arbeitnehmerschützender Instrumente zu entgehen, durch die Schaffung kleinerer und spezialisierter Einheiten ein flexibleres Wirtschaften zu ermöglichen und (mittelbar) vom in der Regel niedrigeren Lohnniveau des Fremdunternehmens zu profitieren (Rieble ZfA 2013, 137 [139 f]). Zwischen (Haupt-)Unternehmen und Drittanbieter kann, muss aber nicht ein Dienst- oder Werkvertrag vorliegen, die Abgrenzung beider voneinander richtet sich nach den allgemeinen Regeln (s Vorbem 26 ff zu §§ 611 ff). Ist dies der Fall, bestehen keine arbeitsrechtlichen Besonderheiten, die Arbeitnehmer des Drittanbieters stehen allein zu diesem, nicht aber dem (Haupt-) Unternehmen in arbeitsrechtlichen Beziehungen; die Rechtsverhältnisse zwischen (Haupt-)Unternehmen und Drittanbieter richten sich nach den §§ 611 ff bzw §§ 631 ff und den vom dispositiven Gesetzesrecht zulässigerweise abweichenden vertraglichen Vereinbarungen. Ganz anders stellt sich die Rechtslage aber dar, wenn zwischen (Haupt-)Unternehmen und Drittanbieter ein Arbeitnehmerüberlassungsvertrag vorliegt (zur Abgrenzung und den sich daraus ergebenden Konsequenzen s näher Rn 157 ff).

IX. Sonstige Dienstverträge

Es existiert noch eine ganz Reihe weiterer Vertragskonstellationen, die dem Dienstvertragsrecht zuzuordnen sind, zB der **Auktionsvertrag** mit dem Auktionator, der **Inkassovertrag**, der **Internatsvertrag** (s Vorbem 60 zu §§ 611 ff), der **Schiedsrichtervertrag** (s Vorbem 94 zu §§ 611 ff) oder der **Detektivvertrag**. Im Übrigen ist auf zahlreiche Verträge subsidiär Dienstvertragsrecht anwendbar, beispielsweise auf den Kommissionsvertrag (vgl Fischinger, Handelsrecht [2015] Rn 788 mwNw). **1932**

§ 611a
(weggefallen)

§ 611b
(weggefallen)

§ 612
Vergütung

(1) Eine Vergütung gilt als stillschweigend vereinbart, wenn die Dienstleistung den Umständen nach nur gegen eine Vergütung zu erwarten ist.

(2) Ist die Höhe der Vergütung nicht bestimmt, so ist bei dem Bestehen einer Taxe die taxmäßige Vergütung, in Ermangelung einer Taxe die übliche Vergütung als vereinbart anzusehen.

Materialien: Zu Abs 1 und 2: E I § 559 Abs 2, II § 552, III § 605; Mot II 459 f; Prot II 277 f – zum ehemaligen Abs 3: Art 1 Nr 2 RegE eines Arbeitsrechtlichen EG-Anpassungsgesetzes, BT-Drucks 8/3317, 4, 10; Bericht des BT-Ausschusses für Arbeit und Sozialordnung, BT-Drucks 8/4259, 8 f; Art 3 Abs 14 Gesetz vom 14. 8. 2006, BGBl 2006 I S 1897, BT-Drucks 16/1780, 35, 57 f.

§ 612

Schrifttum

Bydlinski, Lohn- und Kondiktionsansprüche aus zweckverfehlenden Arbeitsleistungen, in: FS Wilburg (1965) 45
Canaris, Atypische faktische Arbeitsverhältnisse, BB 1967, 165
Fenn, Die Mitarbeit in den Diensten Familienangehöriger (1970)
Lieb, Die Ehegattenmitarbeit im Spannungsverhältnis zwischen Rechtsgeschäft, Bereicherungsausgleich und gesetzlichem Güterstand (Habil Tübingen 1970)
Rieble/C Picker, Lohnwucher, ZfA 2014, 153.

Systematische Übersicht

A. Überblick über den Inhalt der Gesetzesvorschrift	1
B. Erläuterungen zu § 612 Abs 1	
I. Rechtsdogmatische Bedeutung	
1. Entstehungsgeschichte	4
2. Atypische Fiktion	5
3. § 612 Abs 1 als bereicherungsunabhängiger Ausgleichsanspruch?	8
a) Meinungsstand	8
b) Kritik	10
II. Voraussetzungen für die Fiktion einer stillschweigenden Vergütungsvereinbarung	
1. Vertrag über die zugesagte Dienstleistung	11
2. Fehlen einer rechtsgeschäftlichen Entgeltregelung	15
3. Erwartung einer Vergütung	20
4. Mehrleistung	25
a) Qualitative Mehrleistung	25
b) Leistung eines aliuds	29
c) Quantitative Mehrleistung	30
d) Fahrzeiten/Umkleidezeiten	37
5. Rechtsfolge bei Nichterwartung einer Vergütung	39
C. Art und Höhe der Vergütung, Abs 2	
I. Bedeutungsgehalt	40
II. Anwendungsbereich	
1. Fehlende Vereinbarung	41
2. Nichtige Abrede	42
III. Bestimmung der Höhe der Vergütung	50
1. Vergütung nach Taxen	51
2. Übliche Vergütung	56
3. Fehlen einer üblichen Vergütung	61
D. Darlegungs- und Beweislast	62

Alphabetische Übersicht

aliud	29
Anfechtung	17
Arbeitsrechtliches EG-Anpassungsgesetz	3
Arbeitsschutzvorschriften	43
Arzt	22, 53
Ausgleichsanspruch	8 ff
Auslegungsregel	5 ff, 40
Ausschlussfrist	59
Auszubildende	36
Befristung	46
Bereicherungsrecht	8 ff
Beweislast	62 f
Darlegungs- und Beweislast	62 f
Diakonisches Werk	55
Fahrzeiten	37
Familienrechtliche Dienstverpflichtung	24
Fehlerhaftes Arbeitsverhältnis	13

Fiktion, atypische	5 ff	Überstunden	30 ff
		übliche Vergütung	56 ff
Gefälligkeitsverhältnisse	23	– Gebührenordnungen	53
Geschäftsführer	22	– öffentlicher Dienst	58
		– Tariflohn	58
Höherwertige Dienstleistungen	25 ff	Umkleidezeiten	38
		Unwirksame Vergütungszusage	18, 42
Irrtum	17		
		Vergütung	40 ff
Leistungsbestimmungsrecht, §§ 315 f BGB	61	– Höhe	50 ff
Lohnwucher	49	– nach Taxen	51 ff
		– übliche	56 ff
Mehrleistung	25 ff	– Vertragsauslegung (ergänzende)	61
Mindestlohn	47	Vergütungserwartung	20 ff, 40
Mitbestimmungsrecht	38	Voraussetzungen für die Fiktion einer stillschweigenden Vergütungsvereinbarung	11 ff
Qualitative Mehrleistung	25 ff		
Quantitative Mehrleistung	30 ff	– Fehlen einer rechtsgeschäftlichen Entgeltregelung	15 ff
Rechtsanwalt	52	– Vergütungserwartung	20 ff
		– Wirksamkeit des Arbeitsvertrages	13
Schwarzgeldabreden	44		
Sittenwidrigkeit	49	Weiterbeschäftigung während Kündigungsrechtsstreit	14
Steuerberater	54		
Taxen	51 ff		
Teilzeitbeschäftigte	46		

A. Überblick über den Inhalt der Gesetzesvorschrift

Die Bestimmungen in Abs 1 und 2 enthielt das BGB von Anfang an; sie wurden **1** niemals geändert, wie vor allem die veraltete Formulierung des Abs 2 zeigt. Durch die Rechtsprechung hat aber Abs 1 einen Inhalt erhalten, der den Sinn und die Funktion dieser Vorschrift nicht unerheblich verändert (s Rn 8 ff).

Abs 1 und 2 modifiziert für den Dienstvertrag das **genetische Synallagma**: Ein Dienst- **2** vertrag ist abgeschlossen, auch wenn die Vergütungsvereinbarung fehlt, sofern die Dienstleistung den Umständen nach nur gegen eine Vergütung zu erwarten ist (Abs 1). In ihr kommt das Prinzip zum Ausdruck, dass **jede Arbeit ihres Lohnes** wert ist. Dieselbe Regelung gilt deshalb auch für den Werkvertrag (§ 632). Auch wenn die ganz überwiegende Praxisbedeutung des § 612 im Arbeitsrecht liegt, gilt er nicht nur für Arbeitsverträge, sondern für sämtliche Dienstverträge.

1980 wurde durch Art 1 Nr 3 des Gesetzes über die Gleichbehandlung von Männern **3** und Frauen am Arbeitsplatz und über die Erhaltung von Ansprüchen bei Betriebsübergang (Arbeitsrechtliches EG-Anpassungsgesetz vom 13. 8. 1980 [BGBl I 1308]) ein **Abs 3** folgenden Inhalts angefügt: „Bei einem Arbeitsverhältnis darf für gleiche oder für gleichwertige Arbeit nicht wegen des Geschlechts des Arbeitnehmers eine geringere Vergütung vereinbart werden als bei einem Arbeitnehmer des anderen Geschlechts. Die Vereinbarung einer geringeren Vergütung wird nicht dadurch gerechtfertigt, dass wegen des Geschlechts des Arbeitnehmers besondere Schutzvorschriften gelten. § 611a Abs 1 Satz 3 ist entsprechend anzuwenden." Durch Art 3 Abs 14 des Gesetzes v 14. 8. 2006 (BGBl I 1897) wurde Abs 3 mit Wirkung zum 18. 8. 2006 aber wieder aufgehoben, weil sein Regelungsgehalt im weitergehenden AGG aufging; er gilt jedoch für vor dem 18. 8. 2006 erfolgte Benachteiligungen weiter, § 33 Abs 1 AGG.

B. Erläuterungen zu § 612 Abs 1

I. Rechtsdogmatische Bedeutung

1. Entstehungsgeschichte

4 Die Bestimmung geht auf Art 614 Abs 2 des Dresdener Entwurfs zurück, der folgenden Wortlaut hatte: „Eine Vergütung gilt als stillschweigend vereinbart, wenn die Dienstleistung den Umständen nach nur gegen eine Vergütung zu erwarten war" (JAKOBS/SCHUBERT, Die Beratung des BGB – §§ 433 bis 651 [1980] 745). Auf Anregung WINDSCHEIDS wurde durch die 1. Kommission der Ausdruck „gilt" durch die Formulierung „ist anzusehen" ersetzt (JAKOBS/SCHUBERT 745 f). Die ursprüngliche Fassung wurde dann allerdings auf Antrag STRUCKMANNS durch die 2. Kommission wiederhergestellt (JAKOBS/SCHUBERT 751 f). Anhaltspunkte dafür, dass damit eine inhaltliche Änderung verbunden werden sollte, ergeben sich aus den Materialien nicht.

2. Atypische Fiktion

5 Die Motive bezeichnen die Bestimmung als **Auslegungsregel** (Mot II 459). Die Gesetzesformulierung, dass eine Vergütung als stillschweigend vereinbart *gilt*, spricht für eine **Fiktion** (vgl HWK/THÜSING § 612 Rn 4; ESSER/WEYERS, Schuldrecht II/1 § 28 I 3; HANAU AcP 165 [1965] 220 [264 ff]; aA BGB-RGRK/HILGER § 612 Rn 7). Es handelt sich aber um **keine Fiktion im eigentlichen Sinn**; denn „es wird nicht etwas unterstellt, was der Wirklichkeit nicht entspricht, sondern die Möglichkeit bleibt offen, dass die Parteien eine unentgeltliche Leistung vereinbart haben" (BGB-RGRK/HILGER § 612 Rn 7; vgl auch SOERGEL/RAAB § 612 Rn 3).

6 Wenn die Dienstleistung den Umständen nach nur gegen eine Vergütung zu erwarten ist, besteht der Anspruch auf Vergütung auch, wenn insoweit eine Vertragsabrede fehlt. § 612 Abs 1 greift aber nur ein, wenn die Dienstleistung aufgrund eines *Vertrags* erbracht wurde (so schon LOTMAR I 124). Im Gegensatz zu den gegenseitigen Verträgen, die eine Sachleistung zum Gegenstand haben, wird hier nicht verlangt, dass das genetische Synallagma sich auch auf die Gegenleistung zu erstrecken hat; es gilt vielmehr eine Vergütung als vereinbart, wenn die Dienstleistung den Umständen nach nur gegen eine Vergütung zu erwarten ist. Notwendige, aber hinreichende Bedingung ist, dass über die Erbringung der Dienstleistung nach dem rechtsgeschäftlichen Leistungsversprechen ein Dienstvertrag vorliegt (wohingegen bei der werkvertraglichen Parallelbestimmung des § 632 Abs 1 die Fiktion der stillschweigenden Vereinbarung einer Vergütung eingreift, „wenn die Herstellung des Werkes den Umständen nach nur gegen eine Vergütung zu erwarten ist").

§ 612 Abs 1 **fingiert** daher **nicht das Vorliegen eines Dienstvertrages**, sondern setzt dessen Abschluss voraus (ebenso SOERGEL/RAAB § 612 Rn 5; LIEB, Ehegattenmitarbeit 85; REUTER/MARTINEK, Ungerechtfertigte Bereicherung [1983] 138; **aA** BGB-RGRK/HILGER § 612 Rn 10; offengelassen von BAG 20. 7. 2004 – 9 AZR 570/03, AP Nr 65 zu § 611 BGB Ärzte-Gehaltsansprüche). Er will die Ungültigkeit des Rechtsgeschäfts wegen Dissenses (§§ 154, 155) ausschließen (ESSER, Schuldrecht II [3. Aufl 1969] 148; zust LIEB, Ehegattenmitarbeit 81 Fn 60; in der Begründung abw HWK/THÜSING § 612 Rn 3: fingiert wird die Rechtsgeschäftlichkeit einer gesetzlich angeordneten Entgeltlichkeit). 7

3. § 612 Abs 1 als bereicherungsunabhängiger Ausgleichsanspruch?

a) Meinungsstand

Nach der hM ist Abs 1 auch anwendbar, wenn **ohne Rücksicht auf das Bestehen einer Verpflichtung zur Arbeitsleistung** für die erbrachten Dienste eine **Vergütung erwartet** worden ist, diese Erwartung aber fehlschlug (vgl BAG 15. 3. 1960 – 5 AZR 409/58, 24. 9. 1960 – 5 AZR 3/60, 5. 8. 1963 – 5 AZR 79/63, 18. 1. 1964 – 5 AZR 261/63, 14. 7. 1966 – 5 AZR 2/66 und 30. 9. 1971 – 5 AZR 177/77, AP Nr 13, 15, 20, 22, 24 und 27 zu § 612 BGB; BAG 17. 8. 2011 – 5 AZR 406/10 NZA 2011, 1335 [1337]; BGH 23. 2. 1965 – VI ZR 281/63, AP Nr 3 zu § 196 BGB; Hessisches LAG 7. 9. 2010 – 12 Sa 1817/07 juris Rn 28; ErfK/PREIS § 612 Rn 2, 23; MünchKomm/ MÜLLER-GLÖGE § 612 Rn 14; KÖHLER, GWR 2012, 457 [458]). Nach dem BAG besteht ein Anspruch nach § 612 Abs 1, „wenn eine Erwartung besteht, dass durch eine in der Zukunft erfolgende Übergabe eines Vermögens oder Vermögensbestandteils in der Vergangenheit geleistete Dienste abgegolten werden sollen, wenn weiter für diese Dienste entweder keine oder doch nur eine deutlich unterwertige Bezahlung erfolgt ist und wenn schließlich ein unmittelbarer Zusammenhang zwischen dieser unterwertigen oder fehlenden Zahlung und der oben erwähnten Erwartung besteht" (BAG 14. 7. 1966 – 5 AZR 2/66, AP Nr 24 zu § 612 BGB). Dabei macht das BAG keinen Unterschied, ob die erwartete Vergütung **fest, aber rechtsunwirksam zugesagt** ist, oder es sich um eine **von vornherein unverbindlich in Aussicht gestellte, atypische Gegenleistung** handelt. Dabei ging es um folgende Fälle: Die Verlobte arbeitet im Betrieb des Schwiegervaters unentgeltlich mit, um damit einen Beitrag für die gemeinsame Zukunft zu leisten; die Hoffnung erfüllt sich nicht, weil das Verlöbnis in die Brüche geht (BAG 15. 3. 1960 – 5 AZR 409/58, AP Nr 13 zu § 612 BGB). Der Neffe arbeitet auf dem Hof des Onkels, wobei man davon ausgeht, dass er den Gutsbetrieb dereinst als Erbe übernimmt; der Onkel gibt dann aber den Plan auf, dem Neffen sein Gut später als Erbe zu hinterlassen (BAG 24. 6. 1965 – 5 AZR 443/64, AP Nr 23 zu § 612 BGB). Der Sohn arbeitet bei seinem Vater, weil er die von diesem betriebene Steuerpraxis übernehmen soll; da er sich mit seinen Eltern überwirft, wird die Praxis an einen Steuerberater veräußert (BAG 14. 7. 1966 – 5 AZR 2/66, AP Nr 24 zu § 612 BGB). Eine Schwägerin führt den Haushalt für freie Kost und Wohnung, weil sie testamentarisch als Erbin eingesetzt wird; da bereits ein gemeinschaftliches Testament vorliegt, durch das ein anderer Alleinerbe wird, ist das Testament unwirksam (BAG 30. 9. 1971 – 5 AZR 177/71, AP Nr 27 zu § 612 BGB; LAG Berlin-Brandenburg 18. 12. 2008 – 14 Sa 1098/08). 8

Das BAG begründet dies damit, dass § 612 Abs 1 eine Auffangfunktion habe, um bei Erbringung von Diensten, die nur gegen Vergütung erwartet werden können, dem- 9 jenigen, der sie ohne vertragliche Vergütungsabrede leistet, zu einem vertraglichen Vergütungsanspruch zu verhelfen (BAG 15. 3. 1960 – 4 AZR 409/58, AP Nr 13 zu § 612 BGB). Der Gesetzgeber habe mit § 612 Abs 1 „ein bereicherungsrechtliches Element in das Recht des Dienstvertrages eingeführt, das dann zu einem gerechten Ausgleich zugunsten des Dienstverpflichteten führen soll, wenn für das an diesen zu zahlende Entgelt eine sonstige Rechtsgrundlage fehlt" (BAG 4. 10. 1972 – 4 AZR 475/71, AP Nr 2 zu § 24 BAT). Lasse § 612 Abs 1 schon objektive Umstände für die Annahme genügen, dass die Dienste nur gegen Vergütung erwartet werden können, und knüpfe er daran bereits die Fiktion der geschehenen Vereinbarung einer Vergütung, so sei seine Anwendung „noch um so viel mehr geboten, wenn Dienste gegen eine erwartete Vergütung geleistet werden, diese Erwartung aber fehlgeht" (BAG 15. 3. 1960 – 4 AZR 409/58, AP Nr 13 zu § 612 BGB; s auch die Nachw in Rn 8). Auch im Schrifttum wird die Auffassung vertreten, dass zwischen § 612 Abs 1 und dem Bereicherungsrecht eine enge Grundlagenverwandtschaft bestehe (BYDLINSKI 66 ff). § 612 Abs 1 soll daher Anwendung finden, wenn jemand eine Dienstleistung bewusst in Anspruch nimmt, dh absichtlich veranlasst, wobei keine Rolle spielen soll, ob eine Verpflichtung zur Arbeitsleistung vorgelegen habe oder nicht (BYDLINSKI 71; s auch ders, Anm zu BAG 24. 6. 1965 – 5 AZR 443/64, AP Nr 23 zu § 612 BGB).

b) Kritik

10 Die **hM überzeugt nicht** (ebenso BGB-RGRK/HILGER § 612 Rn 6, die infolge eines Missverständnisses die hier vertretene Auffassung zur Gegenmeinung zählt; ArbRBGB/SCHLIEMANN § 612 Rn 5; HWK/THÜSING § 612 Rn 14). In diesen Fällen steht nämlich die Entgeltlichkeit fest, und es geht ausschließlich darum, dass die zugesagte oder erwartete Gegenleistung ausfällt und deshalb als Ausgleich verlangt wird. § 612 Abs 1 bezieht sich aber nicht auf den Fall, dass schon nach den Vorstellungen der Parteien an der Entgeltlichkeit kein Zweifel bestehen kann (ebenso CANARIS BB 1967, 165; LIEB, Ehegattenmitarbeit 73). **Maßgebend für den Ausgleich ist nicht § 612 Abs 1, sondern das Bereicherungsrecht** (LIEB, Ehegattenmitarbeit 86 ff; aA CANARIS BB 1967, 165 [170], der das Bereicherungsrecht durch einen „Ausgleichsanspruch eigener Art" ersetzt). Die Konstruktion des BAG hat keinen anderen Zweck als die Ausschaltung des Bereicherungsrechts; sie ist rechtsdogmatisch keine geglückte richterliche Rechtsfortbildung (so aber DIEDERICHSEN, Anm zu BAG 14. 7. 1966 – 5 AZR 2/66, AP Nr 24 zu § 612 BGB), sondern ein Missgriff. Regelmäßig handelt es sich um Gegenleistungen, die als Vergütung für eine Dienstleistung atypisch sind. Wenn die Erwartung ihrer Gewährung fehlgeht, handelt es sich um ein Ausgleichsproblem, auf das nicht § 612 Abs 1, sondern das Bereicherungsrecht Anwendung findet. Immerhin hat das BAG einer Heranziehung von § 612 Abs 1 bei einem Großkanzleirechtsanwalt, der Überstunden in der Hoffnung erbrachte, Partner zu werden, eine Absage erteilt (BAG 17. 8. 2011 – 5 AZR 406/10, NZA 2011, 1335 [1337]; zustimmend BAUER/MERTEN RdA 2012, 178 [180]; SALOMON/HOPPE/ROGGE BB 2013, 1720 [1722]; MOLL/KATERNDAL AP Nr 55 zu § 307 BGB).

II. Voraussetzungen für die Fiktion einer stillschweigenden Vergütungsvereinbarung

1. Vertrag über die zugesagte Dienstleistung

11 Notwendige Voraussetzung für die Anwendung des § 612 Abs 1 ist, dass ein Vertrag über die zugesagte Dienstleistung vorliegt. Der Anspruch auf Vergütung setzt eine

Vereinbarung der Arbeit voraus (so schon LOTMAR I 124; s Rn 6 f). Wo keine solche Vereinbarung vorliegt, findet § 612 Abs 1 keine Anwendung.

Eine derartige Vereinbarung liegt vor, wenn der Dienstberechtigte eine Arbeitszusage durch den Arbeitnehmer angenommen hat oder sie auf seinen Antrag hin erfolgt. Die Vereinbarung kann ausdrücklich oder stillschweigend zustande kommen. Der Vertragstatbestand muss aber vorliegen, es sei denn, § 362 HGB oder eine der wenigen ungeschriebenen Ausnahmen, in denen Schweigen Erklärungswert zukommt (vgl FISCHINGER JuS 2015, 294 ff, 394 ff), greift ein. Die Zusage kann in der Vornahme der Arbeit liegen. Das ist insbesondere der Fall, wenn jemand die Erbringung einer Dienstleistung verlangt und daraufhin die Arbeit vorgenommen wird (vgl LOTMAR I 69 f). Auch bei Weiterbeschäftigung eines Praktikanten nach Beendigung der vereinbarten Zeit liegt in der Regel ein Arbeitsvertrag vor (LAG Hamm 12. 11. 2004 – 13 Sa 891/04). 12

Für die Anwendung des § 612 Abs 1 genügt, dass die Dienstleistung aufgrund einer rechtsgeschäftlichen Zusage erbracht wird, während keine Rolle spielt, ob der **Vertrag fehlerhaft** ist, sofern die Nichtigkeitsfolgen nach den Grundsätzen des fehlerhaft begründeten Arbeitsverhältnisses auf die Zukunft begrenzt sind (vgl BAG 27. 7. 2010 – 3 AZR 317/08, AP Nr 3 zu § 4 BBiG; zum fehlerhaften Arbeitsverhältnis vgl näher § 611 Rn 641 ff). Diese Besonderheit ist hier zu berücksichtigen; sie bestimmt mittelbar auch den Anwendungsbereich des § 612 Abs 1. Ist der Vertrag schlechthin nichtig oder hat eine Anfechtung ausnahmsweise Rückwirkung, ist dies ebenso zu behandeln wie das Fehlen einer rechtsgeschäftlichen Zusage, dh § 612 Abs 1 findet keine Anwendung, sondern der Ausgleich für erbrachte Dienstleistungen richtet sich nach dem Bereicherungsrecht. 13

Wird ein **Arbeitnehmer bei einem Rechtsstreit über die Wirksamkeit der Auflösung seines Arbeitsverhältnisses weiterbeschäftigt**, ist zu unterscheiden, ob die Weiterbeschäftigungspflicht des Arbeitgebers darauf beruht, dass – wie im Fall des § 102 Abs 5 BetrVG – die Auflösungswirkung der Kündigung suspendiert wird, oder ob sie auf der Grundlage des allgemeinen Beschäftigungsanspruchs nach den vom Großen Senat des BAG aufgestellten Grundsätzen erfolgt (BAG 27. 2. 1985 – GS 1/84, AP Nr 14 zu § 611 BGB Beschäftigungspflicht; s § 611 Rn 1714 ff). Im letzteren Fall besteht bei erzwungener Weiterbeschäftigung ein Vergütungsanspruch nur aus ungerechtfertigter Bereicherung, wenn das Gericht zu dem Ergebnis kommt, dass das Arbeitsverhältnis wirksam aufgelöst wurde (BAG 10. 3. 1987 – 8 AZR 146/84, AP Nr 1 zu § 611 BGB Weiterbeschäftigung); § 612 Abs 1 findet dann keine Anwendung (ebenso MünchKomm/MÜLLER-GLÖGE § 612 Rn 11; ArbRBGB/SCHLIEMANN § 612 Rn 15; HWK/THÜSING § 612 Rn 15). Wurde das Arbeitsverhältnis dagegen nicht wirksam aufgelöst, hat der Arbeitnehmer einen vertraglichen Vergütungsanspruch; § 612 ist anwendbar. 14

2. Fehlen einer rechtsgeschäftlichen Entgeltregelung

a) § 612 Abs 1 greift nur ein, wenn eine Vergütung nicht – auch nicht stillschweigend – vereinbart ist, also eine entsprechende Abrede **vollständig fehlt** (zB LAG München 19. 11. 2008 – 3 Sa 541/08). Da aber die Umstände, aus denen das Gesetz eine Vergütungsverpflichtung auch ohne Abrede ableitet, darin liegen, dass die „Dienstleistung den Umständen nach nur gegen eine Vergütung zu erwarten ist", sind in der 15

Mehrzahl der Fälle die Voraussetzungen erfüllt, die man nach der Rechtsgeschäftslehre an das Vorliegen einer stillschweigenden Vereinbarung stellt. Wer nämlich eine Dienstleistung in Anspruch nimmt, die den Umständen nach nur gegen eine Vergütung zu erwarten ist, gibt durch *schlüssiges Handeln* eine Willenserklärung ab, durch die er sich zur Zahlung einer Vergütung verpflichtet. Damit ist Abs 1 nicht anwendbar, weil nicht der *Grund,* sondern nur die *Höhe* der Vergütung offen ist – hier hilft Abs 2. Dagegen fehlt es an einer rechtsgeschäftlichen Vereinbarung, wenn offen ist, ob man das Verhalten des Dienstberechtigten als *Erklärungsakt* deuten kann, durch den er sich zur Leistung einer Vergütung verpflichtet. Gerade für diesen Fall hat Abs 1 eine selbstständige Bedeutung: Die Dienstleistung ist zu vergüten, wenn sie den Umständen nach nur gegen eine Vergütung zu erwarten ist (ebenso Soergel/Raab § 612 Rn 12; ArbRBGB/Schliemann § 612 Rn 5; HWK/Thüsing § 612 Rn 18).

16 Da die rechtsgeschäftliche Abrede Vorrang hat, kann sich aus ihr ergeben, dass keine Vergütung zu leisten ist, auch wenn die Umstände für das Gegenteil sprechen; § 612 greift dann nicht ein. Bestehen jedoch Zweifel, ob eine Vereinbarung von unentgeltlicher Arbeit getroffen ist, so greift er ein. Die Bestimmung ist aber keine Auslegungsregel für den *rechtsgeschäftlichen Verpflichtungswillen,* sondern sie ersetzt das *Fehlen* einer Vergütungsvereinbarung, wenn die Dienstleistung den Umständen nach nur gegen eine Vergütung zu erwarten ist.

17 b) Die Unterscheidung ist wesentlich, weil von ihr abhängt, ob ein **Irrtum über die Vergütungspflicht** zur Anfechtung berechtigt. Anfechtbar ist nämlich nur eine *Willenserklärung* (§ 119). Soweit § 612 Abs 1 eingreift, fehlt sie. Ein Irrtum über die Entgeltlichkeit der Arbeitsleistung berechtigt deshalb den Dienstberechtigten nicht zur Anfechtung (ebenso MünchKomm/Schaub [3. Aufl 1997] § 612 Rn 6; HWK/Thüsing § 612 Rn 7). Dagegen kann der Dienstverpflichtete nach § 119 Abs 1 wegen Inhaltsirrtums anfechten, wenn er das Dienstleistungsversprechen in der Erwartung abgegeben hat, der Erklärungsgegner sei ihm zur Zahlung eines Arbeitsentgelts verpflichtet, die Auslegung einer vom Dienstberechtigten abgegebenen Willenserklärung aber ergibt, dass keine Vergütungspflicht besteht; die Anfechtung „rettet" ihn vor der Anwendbarkeit der Auftragsvorschriften (Rn 39) und ist Eintrittsbillet in das – verglichen mit den §§ 662 ff – günstigere Reich des Bereicherungsanspruchs. Ist die Willenserklärung des Dienstberechtigten dagegen objektiv mehrdeutig, so wird der in diesem Fall vorliegende versteckte Dissens durch die Fiktion des § 612 Abs 1 ersetzt, einer Anfechtung bedarf es nicht (vgl auch Soergel/Raab § 612 Rn 12; HWK/Thüsing § 612 Rn 3).

18 c) Vom Fehlen einer rechtsgeschäftlichen Entgeltregelung ist die Unwirksamkeit der Vergütungszusage zu unterscheiden. Wurde – wenn auch unwirksam – ein Entgelt vereinbart, kann es nämlich keine Rolle mehr spielen, ob die Dienstleistung den Umständen nach nur gegen eine Vergütung zu erwarten ist. § 612 **Abs 1 gilt daher nicht für den Fall, dass die Vergütungszusage unwirksam** ist (ebenso Beuthien RdA 1969, 161 [166]; aA unter fehlerhafter Zitierung von BAG 10. 3. 1960 – 5 AZR 426/58, AP Nr 2 zu § 138 BGB; BAG 26. 5. 1993 – 4 AZR 461/92, AP Nr 2 zu § 612 BGB Diskriminierung und BAG 16. 6. 1993 – 4 AZR 317/92, AP Nr 26 zu § 2 BeschFG 1985 [Anwendung des Abs 2]: MünchKomm/Müller-Glöge § 612 Rn 7; ErfK/Preis § 612 Rn 2; ArbRBGB/Schliemann § 612 Rn 21; HWK/Thüsing § 612 Rn 10). Hier besteht nämlich kein Zweifel an der Entgeltlichkeit der vereinbarten Arbeit. Auch wenn bei einem gegenseitigen Vertrag die Wirksamkeit jedes Leistungsversprechens von der Gültigkeit des Gegenversprechens abhängt, führt die Nichtigkeit einer Vergütungsabrede in der Regel nicht zur Nichtigkeit des gesamten Dienstvertrags: Handelt es sich um ein Arbeitsverhältnis, so tritt an die Stelle der nichtigen Vertragsabrede bei Bestehen eines Tarifvertrags der Tariflohn, wenn die tarifvertragliche Regelung für das Arbeitsverhältnis Tarifgeltung hat (§§ 3 Abs 1, 4 Abs 1 S 1 TVG). Auch die Regelung einer Betriebsvereinbarung kann einschlägig sein. Ist beides nicht der Fall oder liegt ein Dienstvertrag vor, hilft **Abs 2**.

d) § 612 Abs 1 ist daher richtigerweise **nicht** anwendbar, wenn die Vergütung fest, 19 aber unwirksam zugesagt wurde oder es sich um eine von vornherein unverbindlich in Aussicht gestellte, atypische Gegenleistung handelt (näher Rn 8 f).

3. Erwartung einer Vergütung

Die Umstände, aus denen das Gesetz eine Vergütungsverpflichtung ableitet, liegen 20 darin, dass die „Dienstleistung den Umständen nach nur gegen eine Vergütung zu erwarten ist". Dabei besteht **keine** automatische Parallelität zum Arbeitszeitbegriff des **§ 2 Abs 1 ArbZG**, denn dieser hat mit dem Gesundheits- und Arbeitsschutz des Arbeitnehmers eine andere Zielrichtung; zB ist Bereitschaftszeit nicht zwingend voll vergütungspflichtige Arbeitszeit (MünchKomm/MÜLLER-GLÖGE § 612 Rn 22). Auch existiert kein genereller Grundsatz, dass jede quantitative Mehrarbeit über die übliche Arbeitszeit hinaus zu vergüten ist (näher Rn 30 ff).

Die Erwartung ist **objektiv nach den äußeren tatsächlichen Verhältnissen** zu beur- 21 teilen. Es kommt also nicht darauf an, ob der Dienstberechtigte gewusst hat, dass die Dienstleistung den Umständen nach nur gegen eine Vergütung zu erwarten ist (ebenso BGB-RGRK/HILGER § 612 Rn 8; SOERGEL/RAAB § 612 Rn 21; HWK/THÜSING § 612 Rn 28).

Für die Umstände, nach denen zu beurteilen ist, ob die Dienstleistung nur gegen 22 eine Vergütung zu erwarten ist, sind von besonderer Bedeutung der **Umfang** und die **Dauer der Dienste**, die **besondere Lebensstellung**, die **Berufs- und Erwerbsverhältnisse des Dienstleistenden** sowie die **Verkehrssitte** (BAG 11. 10. 2000 – 5 AZR 122/99, AP Nr 20 zu § 611 BGB Arbeitszeit). Machte der Dienstverpflichtete aus den Dienstleistungen in entgeltlicher Gestalt ein Gewerbe oder übt er einen freien Beruf aus, so könnte niemand, es sei denn aufgrund besonderer Zusicherung der Unentgeltlichkeit, berechtigterweise voraussetzen, die verlangten Dienste würden unentgeltlich geleistet (vgl auch § 354 Abs 1 HGB). Ob es sich um höhere oder niedere Dienste handelt, spielt keine Rolle. Aus standesrechtlichen Regeln kann nicht ohne Weiteres abgeleitet werden, dass die Dienstleistung ohne Vergütung zu erwarten ist, zB bei Behandlung eines Arztes durch einen Kollegen; näher liegt vielmehr, dass zunächst ein üblicher entgeltlicher Arztvertrag abgeschlossen wird, der Behandelnde dann aber nachträglich übungsgemäß auf die Geltendmachung seiner reinen Dienstleistungsvergütung (anders meist bei Entschädigung für Sachleistungen) verzichtet (BGH 7. 6. 1977 – VI ZR 77/76, NJW 1977, 2120). Bei Gesellschafter-Geschäftsführern besteht keine Verkehrssitte dahingehend, dass sie entgeltlich tätig werden (OLG Frankfurt 10. 6. 1992 – 9 U 73/91, GmbHR 1993, 358; tendenziell gegen Vergütungserwartung nunmehr auch BAG 21. 9. 2011 – 5 AZR 629/10, NZA 2012, 145 [148]; BeckOK-ArbR/JOUSSEN § 612 Rn 26).

Überträgt ein Geschäftsführer dem Unternehmen eine Erfindung, hängt die Frage, ob er über Abs 2 hierfür eine besondere Vergütung verlangen kann, von den Umständen des Einzelfalles ab, ohne dass eine Vermutung dafür oder dagegen streiten würde (näher BGH 26. 9. 2006 – X ZR 181/03, NJW-RR 2007, 103).

23 Entspricht es der Verkehrssitte, dass vereinbarte Arbeit auch unentgeltlich geleistet werden kann, so müssen besondere Umstände vorliegen, aus denen sich eine Vergütungserwartung im konkreten Fall ergibt. Das ist insbesondere bei **Gefälligkeitsleistungen** zu beachten. Bei ihnen sind drei Arten denkbar, deren Vorliegen im Einzelfall durch Auslegung zu ermitteln ist: **(1)** Die Beteiligten wollen sich überhaupt nicht der Rechtsordnung unterstellen (zB wenn jemand seiner Lebensgefährtin beim Geschirrabwasch hilft), oder **(2)** die Gefälligkeit bezieht sich auf die Unentgeltlichkeit der im Übrigen sich nach Rechtsregeln vollziehenden Arbeitsleistung (zB wenn jemand das Schneeräumen vor dem Haus seines Nachbarn übernimmt). Dagegen ist von Entgeltlichkeit auszugehen, wenn **(3)** der Gedanke, dem anderen gefällig zu sein, nur Motiv und Anlass für die Übernahme einer Arbeitsaufgabe ist, beispielsweise wenn die wegen Heirat aus dem Dienst geschiedene Hausgehilfin „aus Gefälligkeit" im Haushalt tätig wird, weil die Hausfrau erkrankt ist (MünchKomm/Müller-Glöge § 612 Rn 9; ErfK/Preis § 612 Rn 14).

24 Wer als Ehegatte oder Kind **familienrechtlich zu einer Dienstleistung verpflichtet** ist (§§ 1356, 1619), erbringt sie nicht aufgrund eines Dienstvertrages (näher zur Abgrenzung familienrechtlicher und schuldrechtlich begründeter Dienstleistungsverpflichtungen Staudinger/Voppel [2012] § 1356 Rn 32 ff mwNw; Staudinger/Hilbig-Lugani [2015] § 1619 Rn 62 ff). Schon aus diesem Grund entfällt die Anwendung des § 612. Das Fehlen einer familienrechtlichen Mitarbeitspflicht bedeutet aber nicht automatisch, dass eine Vergütungserwartung besteht (vgl OLG Nürnberg 24. 11. 1959 – 2 U 136/59, FamRZ 1960, 119); wendet der Dienstverpflichtete jedoch seine gesamte oder zumindest große Teile seiner Arbeitskraft auf, spricht das für Entgeltlichkeit (zutreffend MünchKomm/Müller-Glöge § 612 Rn 8). Hingegen spricht es gegen Entgeltlichkeit, wenn eine Entlohnung erst nach Auftreten familiärer Zwistigkeiten oder gar erst nach einem schweren Zerwürfnis verlangt wird (ArbG Passau 30. 11. 1989 – 4 Ca 514/89, MDR 1990, 576).

4. Mehrleistung

a) Qualitative Mehrleistung

25 Nach Ansicht des **BAG** ist § 612 **Abs 1 entsprechend** anzuwenden, wenn über den Rahmen des Arbeitsvertrags hinaus qualitativ höherwertige Dienste geleistet werden, für die eine Vergütungsregelung fehlt (BAG 4. 10. 1972 – 4 AZR 475/71, BAGE 24, 452 [458]; BAG 16. 2. 1978 – 3 AZR 723/76, AP Nr 31 zu § 612; BAG 21. 3. 2002 – 6 AZR 108/01, AP Nr 17 zu § 1 TVG Tarifverträge; BAG 29. 1. 2003 – 5 AZR 703/01, AP Nr 66 zu § 612; BAG 21. 4. 2005 – 6 AZR 287/04, nv; vgl zuletzt auch BAG 20. 1. 2010 – 5 AZR 986/08, nv; BAG 18. 5. 2011 – 5 AZR 181/10, AP Nr 57 zu § 253 ZPO). Dabei wird teilweise angenommen, dass es sich um die gleiche Problematik wie bei einem fehlerhaft begründeten Arbeitsverhältnis handele, bei dem der Arbeitgeber die entgegengenommene, vom Arbeitnehmer tatsächlich geleistete Arbeit so zu vergüten habe, als ob der Arbeitsvertrag fehlerfrei voll wirksam wäre (BAG 14. 6. 1972 – 4 AZR 315/71, BAGE 24, 307 [314 f]). Überwiegend wird aber die Parallele zu den Fällen der sog fehlgegangenen Vergütungserwartung gezogen, in denen für die geleisteten Dienste keine oder eine nur deutlich unterwertige Bezahlung gewährt worden ist (vgl BAG 14. 7. 1966 – 5 AZR 2/66, AP Nr 24 zu § 612 BGB; BAG 13. 5. 1969 – 5 AZR 457/63, AP Nr 25 zu § 612 BGB). Im ersten Fall wird übersehen, dass ein wirksamer Arbeitsvertrag vorliegt und es deshalb ausschließlich darum geht, dass hier eine Dienstleistung über den Rahmen des Arbeitsvertrags hinaus, dh ohne entsprechende vertragliche Arbeitspflicht, erbracht wurde. Im zweiten Fall bleibt unbeachtet, dass dort eine bestimmte Gegenleistung erwartet und deshalb, weil sie nicht realisiert wird, eine andere Vergütung verlangt wird.

Richtigerweise geht es bei der qualitativen Mehrleistung ausschließlich darum, dass die vertragliche Vergütungsregelung nur die vertraglich geschuldete Dienstleistung abdeckt, der Dienstpflichtige aber über den Rahmen des Dienstvertrags hinaus höherwertige Dienste geleistet hat. Da hinsichtlich dieser Tätigkeit eine Arbeitsvereinbarung besteht, weil der Dienstberechtigte entweder aufgrund des vertraglich eingeräumten Direktionsrechts eine entsprechende Weisung erteilt hat oder eine entsprechende Vertragsabrede erfolgt ist, mag dies auch konkludent geschehen sein, liegen die Voraussetzungen vor, von denen § 612 Abs 1 ausgeht, nämlich das Fehlen einer Vergütungsvereinbarung bei vertraglicher Vereinbarung der Erbringung einer Dienstleistung. **§ 612 Abs 1** findet deshalb nach zutreffender Auffassung nicht nur entsprechend, sondern **unmittelbar Anwendung** (ebenso Soergel/Raab § 612 Rn 30; HWK/Thüsing § 612 Rn 20). **26**

Deshalb richtet sich nach den Umständen, ob die höherwertige Dienstleistung nur gegen eine entsprechende Vergütung zu erwarten ist. Aus ihnen kann sich ergeben, dass kein zusätzliches Entgelt geschuldet wird, zB wenn ein Arbeitnehmer im Rahmen seines Arbeitsvertrags zeitweilig eine höherwertige Tätigkeit als Urlaubs- oder Krankheitsvertreter verrichtet oder sie zur Probe erbringen soll (vgl BAG 11. 11. 1977 – 1 AZR 56/75, AP Nr 31 zu § 612 BGB; BAG 16. 2. 1978 – 3 AZR 723/76, AP Nr 31 zu § 612 BGB). **27**

Verletzt der Arbeitgeber durch die Zuweisung höherwertiger Dienstleistungen das **Mitbestimmungsrecht des Betriebsrats** (§ 99 BetrVG) oder einer Personalvertretung (zB nach § 75 Abs 1 Nr 2 BPersVG), wirkt sich das auf die (Nicht-)Anwendbarkeit von § 612 Abs 1 nicht aus, § 612 Abs 1 ist deshalb aus diesem Grund weder unmittelbar noch entsprechend anwendbar (so aber zunächst BAG 14. 6. 1972 – 4 AZR 315/71, BAGE 24, 307 [314 f]; auch noch BAG 10. 3. 1982 – 4 AZR 541/79, BAGE 38, 130 [139]). Maßgebend ist vielmehr allein, ob eine Vergütungsregelung besteht. Dass die vom Arbeitgeber vorgenommene Maßnahme möglicherweise unwirksam ist, rechtfertigt nämlich keine Anwendung des § 612 Abs 1 (ebenso BGB-RGRK/Hilger § 612 Rn 17). Das BAG hat denn auch unter Aufgabe seiner früheren Rechtsprechung zwischenzeitlich entschieden, dass die Mitbestimmungswidrigkeit nicht die Rechtsunwirksamkeit der arbeitsvertraglichen Abrede zur Folge hat (BAG 16. 1. 1991 – 4 AZR 301/90, BAGE 67, 59). **28**

b) Leistung eines aliuds
Von der Erbringung höherwertiger Arbeitsleistungen ist die Leistung **gleichwertiger**, aber anderer als der vertraglich vereinbarten Arbeitsleistungen zu unterscheiden (zB Kindermädchen macht die Wäsche). Solange sich dies im Rahmen der vereinbarten Arbeitszeit bewegt, kommt eine zusätzliche Vergütung in der Regel nicht in Betracht (MünchKomm/Müller-Glöge § 612 Rn 20). **29**

c) Quantitative Mehrleistung

30 Von besonders hoher praktischer Bedeutung ist § 612 Abs 1 bei **Überstunden**, dh **quantitativer Mehrarbeit**. Hier kommt in **direkter** (anders zB BAG 17. 3. 1982 – 5 AZR 1047/79, AP Nr 33 zu § 612 BGB; BAG 1. 9. 2010 – 5 AZR 517/09, NZA 2011, 575; BAG 22. 2. 2012 – 5 AZR 765/10, NZA 2012, 861 [862]: Abs 1 entsprechend, vgl Rn 25 f; zT zitiert das BAG hingegen schlicht „§ 612 Abs 1", zB BAG 18. 4. 2012 – 5 AZR 195/11, NZA 2012, 796 [797]; BAG 16. 5. 2012 – 5 AZR 347/11, NZA 2012, 939 [940 f]) Anwendung von Abs 1 ein Anspruch auf die übliche Vergütung in Betracht. Vorrang hat dabei zwar selbstverständlich eine wirksame (!) Regelung der Vergütung von Überstunden im Arbeitsvertrag; Eine solche steht der Anwendung von Abs 1 aber nicht entgegen, wenn der (pauschale) Ausschluss einer Überstundenvergütung nach § 307 Abs 1 S 2 BGB unwirksam ist (vgl BAG 17. 8. 2011 – 5 AZR 406/10, NZA 2011, 1335; Schramm/Kuhnke NZA 2012, 127 [127 f]). Besteht nach Abs 1 dem Grunde nach ein Anspruch, so richtet sich dessen Höhe nach Abs 2 (Salomon/Hoppe/Rogge BB 2013, 1720 [1721]).

31 Auch wenn Abs 1 bei der Leistung von Überstunden somit anwendbar sein kann, besteht kein genereller Grundsatz, dass jede noch so geringfügige quantitative Mehrleistung zu vergüten ist (vgl BAG 4. 5. 1994 – 4 AZR 445/93, NZA 1994, 1035: Möglichkeit des „Abfeierns"; BAG 27. 6. 2012 – 5 AZR 530/11, NZA 2012, 1147 [1148]). Entscheidend ist, ob unter Berücksichtigung der jeweiligen **Verkehrssitte** aus Sicht eines objektiven Durchschnittsbeobachters eine Vergütung zu erwarten ist, wobei Art, Umfang und Dauer der Mehrarbeit sowie die Stellung der Beteiligten zueinander zu berücksichtigen sind (BAG 21. 9. 2011 – 5 AZR 629/10, NZA 2012, 145 [148]; BAG 22. 2. 2012 – 5 AZR 765/10, NZA 2012, 861 [862]); die Verkehrssitte ist dabei richtigerweise nach Branche und Region zu bestimmen (Bauer/Merten RdA 2012, 178 [180]). Nach dem BAG soll eine Vergütungspflicht für Überstunden regelmäßig anzunehmen sein, wenn in einschlägigen Tarifverträgen eine Überstundenvergütung vorgesehen wird (BAG 27. 6. 2012 – 5 AZR 530/11, NZA 2012, 1147 [1148] mwNw; Bauer/Merten RdA 2012, 178 [180]; Salomon/Hoppe/Rogge BB 2013, 1720 [1721]); soweit es um private Arbeitgeber geht, ist das mit Vorsicht zu genießen, weil mit dieser Rechtsprechung die fehlende Tarifbindung und damit die negative Koalitionsfreiheit partiell ausgehebelt zu werden droht (s auch Rn 58).

32 Hingegen verneint das BAG eine Überstundenvergütung bei **Diensten höherer Art** (BAG 17. 8. 2011 – 5 AZR 406/10, NZA 2011, 1335 [1337]; BeckOK-ArbR/Joussen § 612 Rn 20; vgl auch Franzen RdA 2014, 1 [3]; Moll/Katerndal, AP Nr 55 zu § 307 BGB) oder wenn eine Vergütung gezahlt wird, die deutlich über der **Beitragsbemessungsgrenze zur gesetzlichen Rentenversicherung**, dh (in 2013) ca 5 800 € (West) bzw 4 900 € (Ost) liegt (zB Großkanzleianwalt, Chefarzt, leitender Angestellter, s BAG 22. 2. 2012 – 5 AZR 765/10, NZA 2012, 861 [862 f]; LAG Hamm 15. 3. 2013 – 18 Sa 1802/12, juris Rn 51; Schramm/Kuhnke NZA 2012, 127 [128]; Bauer/Merten RdA 2012, 178 [180]). Dem ist im Grundsatz zuzustimmen, da in beiden Konstellationen die Vergütung in der Regel nicht für die Leistung eines bestimmten Stundendeputats, sondern für die Erfüllung der obliegenden Arbeitsaufgaben gezahlt wird (vgl Kock DB 2012, 1328 [1329 f]; Salomon/Hoppe/Rogge BB 2013, 1720 [1721]; Franzen RdA 2014, 1 [2]). Etwas anderes wird man aber annehmen können, wenn die Gesamtarbeitszeit über einen signifikanten Zeitraum den arbeitsvertraglichen Stundenumfang krass übersteigt (zB 70 Wochenstunden statt 40 über mehrere Monate). Noch nicht entschieden ist, wie mit Situationen umzugehen ist, in denen ein *Teilzeitarbeitnehmer* Dienste höherer Art erbringt bzw sein Verdienst – hochgerechnet auf eine Vollzeitkraft – die Beitragsbemessungsgrenze überschreiten würde. Richtigerweise sind auch hier die obigen Maßstäbe im Grundsatz anzuwenden, dh im Regelfall besteht kein Anspruch auf Überstundenvergütung; etwas anderes gilt nur, wenn die Gesamtarbeitszeit über einen signifikanten Zeitraum die vereinbarte Stundenzahl krass übersteigt.

Auch bei Arbeitnehmern, deren Vergütung hauptsächlich **erfolgsbezogen** geleistet wird, ist in aller Regel eine Vergütung für Überstunden nicht zu erwarten, zeigt die Vereinbarung der Parteien doch, dass es bei ihnen nicht auf eine Entlohnung geleisteter Arbeitszeit ankommt (SALOMON/HOPPE/ROGGE BB 2013, 1720 [1722]). Das gilt auch bei einer zeitlichen Verschränkung von arbeitszeitabhängiger und -unabhängiger vergüteter Arbeitsleistung, sodass § 612 Abs 1 nur bei besonderen Umständen zu bejahen ist (BAG 21. 9. 2011 – 5 AZR 629/10, NZA 2012, 145 [148]; zustimmend MOLL/KATERNDAL, AP Nr 55 zu § 307 BGB). 33

Schließlich ist eine Über„stunde" in aller Regel zu verneinen, wenn es sich um sehr **kurze Zeiträume** im Minuten- oder gar Sekundenbereich handelt (Hessisches LAG 30. 6. 2011 – 14 Sa 29/11, juris Rn 41; KLOCKE RdA 2014, 223 [227]). 34

Bei Arbeitnehmern, die **kein herausgehobenes Entgelt** beziehen, wird man mit der Annahme einer Vergütung für Überstunden über § 612 Abs 1 großzügig sein können (LAG Rheinland-Pfalz 28. 10. 2013 – 5 Sa 257/13, juris Rn 29; ErfK/PREIS § 612 Rn 18). Anders wird man aber auch hier entscheiden müssen, wenn Überstunden (vorrangig) durch Freizeit auszugleichen sind (BAG 4. 5. 1994 – 4 AZR 445/93, NZA 1994, 1035 [1036]; LAG Köln 7. 9. 1989 – 10 Sa 488/89, NZA 1990, 349 [350]; BeckOK-ArbR/JOUSSEN § 612 Rn 21). 35

Neben der Überstundenleistung setzt der Anspruch richtigerweise voraus, dass die Überstunden vom Arbeitgeber angeordnet, gebilligt oder geduldet wurden bzw sie jedenfalls zur Erledigung der arbeitsvertraglich geschuldeten Arbeit notwendig waren; denn der Arbeitnehmer hat einen Beschäftigungs- und damit Vergütungsanspruch nur im arbeitsvertraglich festgelegten Rahmen und kann diesen nicht durch einseitiges, dem Arbeitgeber aufdrängendes Verhalten „erweitern" (BAG 15. 6. 1961 – 2 AZR 436/60, AP Nr 7 zu § 253 ZPO; BAG 17. 4. 2002 – 5 AZR 644/00, NZA 2002, 1340 [1344]; BAG 10. 4. 2013 – 5 AZR 122/12, NZA 2013, 1100 [1101] mwNw). Der Anwendung von Abs 1 steht es andererseits nicht entgegen, dass der Arbeitgeber die Überstunden weder anordnen noch entgegennehmen durfte, weil sie zu einer Überschreitung der nach § 3 ArbZG gesetzlich zulässigen Arbeitszeit führten (BAG 28. 9. 2005 – 5 AZR 52/05, AP Nr 7 zu § 307 BGB). Für Ausbildungsverhältnisse enthalten **§ 17 Abs 3 BBiG, § 12 Abs 3 KrPflG** spezielle Regelungen. 36

d) Fahrzeiten/Umkleidezeiten
Bei **Fahrzeiten** des Arbeitnehmers ist zu unterscheiden: **(1)** Fahrten zwischen Wohn- und Arbeitsstätte sind grundsätzlich nicht vergütungspflichtig (BAG 8. 12. 1960 – 5 AZR 304/58, AP Nr 1 zu § 611 BGB Wegezeit; LAG Rheinland-Pfalz 23. 5. 2013 – 10 Sa 25/13, juris Rn 32); etwas anderes kann bei einem Außendienstmitarbeiter gelten, der direkt zum Kunden fährt, va wenn er den Pkw selbst lenkt und der Arbeitgeber die Fahrt angeordnet hat (BAG 22. 4. 2009 – 5 AZR 292/08, DB 2009, 1602; dabei ist aber die Zeit, die der Arbeitnehmer dadurch erspart, dass er sich nicht von seiner Wohnung zum Betrieb zu begeben braucht, anzurechnen, vgl BAG 8. 12. 1960 – 5 AZR 204/58, AP Nr 1 zu 37

§ 611 BGB Wegezeit). **(2)** Fahrten zwischen der Betriebsstätte und einer außerhalb gelegenen Arbeitsstätte sind dagegen regelmäßig als Arbeitszeit zu vergüten (BAG 28. 3. 1963 – 5 AZR 209/62, AP Nr 3 zu § 611 BGB Wegezeit; s auch LAG Köln 24. 10. 2006 – 13 Sa 881/06, NZA-RR 2007, 345). **(3)** Bei Dienstreisen ist zwar die Zeit, die zB auf dem Kongress verbracht wird, stets vergütungspflichtige Arbeitszeit; selbiges gilt für Reisezeiten, die in die reguläre werktägliche Arbeitszeit fallen. Jedoch besteht kein Rechtssatz des Inhalts, dass darüber hinausgehende Reisezeiten zu vergüten sind (BAG 26. 7. 2006 – 7 AZR 495/05, AP Nr 25 zu § 14 TzBfG). Fehlt es an einer ausdrücklichen Vereinbarung, ist zu prüfen, ob den Umständen nach eine Vergütung zu erwarten war. Dabei kommt es entscheidend darauf an, ob der Arbeitnehmer während der Fahrt eine Arbeitsaufgabe zu erfüllen hat (zB als Sekretärin) oder jedenfalls eine belastende Tätigkeit ausübt (zB Lenken des Autos); bei bloßer Mitfahrt (BAG 23. 7. 1996 – 1 ABR 17/95, NZA 1997, 216 [219]) oder wenn der Arbeitgeber nur das Beförderungsmittel vorgibt, dem Arbeitnehmer aber überlässt, wie dieser die Zeit nutzt (BAG 11. 7. 2006 – 9 AZR 519/05, AP Nr 10 zu § 611 BGB Dienstreise), besteht keine Vergütungspflicht. Arbeitnehmer in Führungspositionen haben zudem ein gewisses Maß an Reiseverpflichtungen entschädigungslos hinzunehmen (vgl BAG 3. 9. 1997 – 8 AZR 131/93, AP Nr 1 zu § 611 BGB Dienstreise; s HEINS/LEDER NZA 2007, 249 [250]). Von der Frage, ob es sich um vergütungspflichtige Arbeitszeit handelt, ist die danach zu unterscheiden, ob der Arbeitgeber dem Arbeitnehmer **Aufwendungsersatz** schuldet (dazu § 611 Rn 1740 ff).

38 Immer wieder umstritten ist, ob für **Umkleidezeiten**, also die Zeiten für An- bzw Ausziehen der dienstlichen Arbeitskleidung, über § 612 Abs 1 eine Vergütung verlangt werden kann. Keine Rolle spielt dafür angesichts der verschiedenen Schutzzwecke von § 612 einerseits, dem Arbeitszeitrecht andererseits, ob Umkleidezeiten als Arbeitszeit iSv § 2 Abs 1 ArbZG oder Art 2 Abs 1 RL 93/104/EG anzusehen ist (BAG 11. 10. 2000 – 5 AZR 122/00, NZA 2001, 458 [459]). Vielmehr ist **(1)** zunächst durch autonome Auslegung von § 612 Abs 1 zu klären, ob es sich überhaupt um eine Dienstleistung handelt. Dabei ist maßgeblich, ob das Umkleiden *nur* der Befriedigung eines fremden Interesses oder *auch* einem eigenen Interesse dient (BAG 11. 10. 2000 – 5 AZR 122/00, NZA 2001, 458 [460]; für § 87 Nr 1 BetrVG ebenso BAG 10. 11. 2009 – 1 ABR 54/08, NZA-RR 2010, 301 [302 f]). Wird die Dienstkleidung noch zu Hause angelegt und daher – ohne nach objektiven Maßstäben besonders auffällig zu sein – auf dem Weg zur Arbeit getragen, dient das Ankleiden auch einem eigenen Interesse und es liegt schon keine Dienstleistung vor (BUSCHE BB 1995, 1690). Anders verhält es sich hingegen, wenn der Arbeitnehmer wegen der zu Hause angelegten Dienstkleidung auf dem Weg zur Arbeit unschwer als Mitarbeiter des Arbeitgebers erkennbar ist, liegt das Tragen der Dienstkleidung auf dem Weg von und zur Arbeit dann doch im alleinigen Interesse des Arbeitgebers und ist damit Dienstleistung (BAG 19. 3. 2014 – 5 AZR 954/12, NZA 2014, 787 [789]; LAG Berlin-Brandenburg 23. 5. 2012 – 20 Sa 2616/11, juris Rn 67); wiederum anders verhält es sich, wenn der Arbeitnehmer die Wahl hat und sich freiwillig dafür entscheidet, die auffällige Kleidung nicht erst im Betrieb, sondern bereits zu Hause anzuziehen (BAG 12. 11. 2013 – 1 ABR 59/12, NZA 2014, 557 [559] zu § 87 Abs 1 Nr 2 BetrVG). Als Dienstleistung ist das Umkleiden dagegen anzusehen, wenn die Kleidung notwendigerweise im Betrieb an- und ausgezogen werden muss und ohne sie arbeitsschutzrechtlich die eigentliche Arbeitsleistung gar nicht erfolgen kann (zB Schutzanzug im Labor, BAG 11. 10. 2000 – 5 AZR 122/00, NZA 2001, 458 [460]). Liegt eine Dienstleistung vor, ist **(2)** zu prüfen, ob hierfür eine Vergütung zu erwarten ist. Das hängt maßgeblich von der entsprechenden Verkehrssitte und von einer Auslegung des einschlägigen, diese Frage oft nicht regelnden Tarifvertrages ab, wobei die Rechtsprechung tendenziell streng verfährt (gegen Anspruch zB BAG 11. 10. 2000 – 5 AZR 122/00, NZA 2001, 458 [460 f]; BAG 18. 5. 2011 – 5 AZR 181/10, AP Nr 57 zu § 253 ZPO; für Anspruch hingegen BAG 19. 3. 2014 – 5 AZR 954/12, NZA 2014, 787 [789] entgegen der Vorinstanz LAG Berlin-Brandenburg 23. 5. 2012 – 20 Sa 2616/11, juris Rn 67); ist daran gemessen eine Vergütungspflicht für Umkleidezeiten zu bejahen, besteht eine solche auch für Zeiten, in denen der Arbeitnehmer auf Weisung des Arbeitgebers die Dienstkleidung außerhalb des Betriebs abholen muss (BAG 19. 3. 2014 – 5 AZR 954/12, NZA 2014, 787 [789]). Für **Waschzeiten** gelten im Wesentlichen die gleichen Maßstäbe.

5. Rechtsfolge bei Nichterwartung einer Vergütung

Liegen die gekennzeichneten Umstände – dass nämlich die Dienstleistung den 39 Umständen nach nur gegen eine Vergütung zu erwarten ist – nicht vor, so ist mangels ausdrücklicher oder stillschweigender Vereinbarung über eine Vergütung ein Dienstvertrag nicht gegeben. Der unentgeltlich Beschäftigte kann zwar trotzdem, wenn es sich um abhängige Arbeit handelt, Arbeitnehmer iS des Arbeitsrechts sein, auf den die Regeln der übrigen arbeitsrechtlichen Gesetzgebung Anwendung finden (s § 611 Rn 84). Ein Dienstvertrag liegt aber, wenn keinerlei Vergütung in Frage kommt, nicht vor. Es handelt sich um einen Auftrag, auf den die Regeln der §§ 662 ff Anwendung finden.

C. Art und Höhe der Vergütung, Abs 2

I. Bedeutungsgehalt

Die Bestimmung enthält eine **Auslegungsregel** für den Fall, dass die **Höhe der Ver-** 40 **gütung** nicht bestimmt ist, also weder durch Gesetz, Tarifvertrag oder Betriebsvereinbarung noch durch Vereinbarung der Parteien festgelegt ist (ebenso HWK/Thüsing § 612 Rn 34). Sie bezieht sich aber nicht darauf, ob die Vergütung durch Geld oder andere Leistungen erfolgt und nach welchen Grundsätzen sie bemessen wird. Fehlt eine Regelung, so beurteilt sich nach Abs 1, was als stillschweigend vereinbart gilt. Nach den Umständen ist daher zu bestimmen, ob die Vergütung, die zu erwarten ist, durch Geld oder andere Leistungen erfolgt und um welche Vergütungsform es sich handelt.

II. Anwendungsbereich

1. Fehlende Vereinbarung

Die Bestimmung gilt wie Abs 1 nicht nur für Arbeitsverträge, sondern für **jeden** 41 **Dienstvertrag**. Sie greift nicht nur ein, wenn iS des Abs 1 eine Vergütung als stillschweigend vereinbart gilt, sondern sie gilt auch, wenn die Pflicht zur Vergütung ausdrücklich oder stillschweigend vereinbart, aber ihre Höhe nicht bestimmt ist (ebenso BeckOK-BGB/Fuchs § 612 Rn 10; ArbRBGB/Schliemann § 612 Rn 31; HWK/Thüsing § 612 Rn 32). Abs 2 gilt ferner, wenn die Parteien das Dienstverhältnis irrtümlich als freies Mitarbeiterverhältnis bezeichnet haben, es sich in Wahrheit aber um einen

Arbeitsvertrag handelt und die von ihnen getroffene Vergütungsvereinbarung in dessen Rahmen nicht anwendbar ist (BAG 21. 11. 2001 – 5 AZR 87/00, AP Nr 63 zu § 612 BGB; LAG Sachsen-Anhalt 17. 9. 2013 – 6 Sa 242/11, juris Rn 43); das kann sich zu Lasten des Arbeitnehmers auswirken, weil er dann nicht nach den (meist höheren) Stundensätzen eines freien Mitarbeiters entlohnt wird (s auch BAG 21. 1. 1998 – 5 AZR 50/97, AP Nr 55 zu § 612 BGB) und zudem gegebenenfalls überzahlte Honorare zurückgezahlt werden müssen (BAG 29. 5. 2002 – 5 AZR 680/00, AP Nr 27 zu § 812 BGB; s aber auch BAG 9. 2. 2005 – 5 AZR 175/04, AP Nr 12 zu § 611 BGB Lohnrückzahlung).

2. Nichtige Abrede

42 Abs 2 findet entsprechend Anwendung, wenn die Höhe der Vergütung zwar bestimmt ist, ihre Vereinbarung aber **nichtig** ist (BAG 24. 11. 1993 – 5 AZR 153/93, AP Nr 11 zu § 611 BGB Mehrarbeitsvergütung; BAG 21. 8. 2012 – 3 AZR 698/10, NZA 2012, 1428 [1431]; weiterhin MünchKomm/MÜLLER-GLÖGE § 612 Rn 32; ArbRBGB/SCHLIEMANN § 612 Rn 31; HWK/THÜSING § 612 Rn 32). Wird die ursprünglich unwirksame Entgeltvereinbarung während des laufenden Dienstverhältnisses wirksam, gilt von da ab nur noch sie und nicht mehr Abs 2 (BAG 17. 4. 2002 – 5 AZR 413/00, AP Nr 84 zu § 2 BeschFG 1985). Verweisen die Parteien in einem Arbeitsvertrag auf die unwirksame Regelung in einem Tarifvertrag, so ist Abs 2 nicht anwendbar, wenn sie zugleich regeln, dass dies auch dann gilt, wenn der Tarifvertrag unwirksam sein sollte (Sächsisches LAG 25. 4. 2012 – 2 Sa 370/11, juris Rn 39).

43 Ein bloßer Verstoß der Vergütungsabrede gegen **öffentlich-rechtliche Arbeitsschutzvorschriften** begründet nicht deren Unwirksamkeit. Weil somit eine wirksame Vergütungsabrede besteht, ist Abs 2 nicht anwendbar (BAG 28. 1. 2004 – 5 AZR 530/02, AP Nr 10 zu § 611 BGB Bereitschaftsdienst; BAG 21. 4. 2005 – 6 AZR 287/04).

44 Schwarzgeldabreden (näher § 611 Rn 648, 715) in *Dienstverträgen* führen zur Nichtigkeit des Vertrages; damit ist richtigerweise weder Abs 1 noch Abs 2 anwendbar (s auch Rn 6 f, 12 f). Die Wirksamkeit von *Arbeitsverträgen* bleibt dagegen in der Regel unberührt, hier greift also gegebenfalls Abs 2 ein.

45 Die Bestimmung gilt für **alle Arten von Vergütungen**, also nicht nur für das Arbeits- und Dienstentgelt im eigentlichen Sinn, sondern auch für die Zusage eines Gewinnanteils oder einer Gratifikation ohne Angabe der Höhe. Auch auf Leistungen der betrieblichen Altersversorgung findet sie Anwendung.

46 Eine Sonderregelung gilt für **Teilzeitarbeit** und die **Befristung eines Arbeitsvertrages**: Verstößt die Vergütungsabrede gegen das Verbot der Diskriminierung, so ist einem teilzeitbeschäftigten Arbeitnehmer die Vergütung mindestens in dem Umfang zu gewähren, der dem Anteil seiner Arbeitszeit an der Arbeitszeit eines vergleichbaren vollzeitbeschäftigten Arbeitnehmers entspricht (§ 4 Abs 1 S 2 TzBfG). Einem befristet beschäftigten Arbeitnehmer ist die Vergütung mindestens in dem Umfang zu gewähren, der dem Anteil seiner Beschäftigungsdauer am Bemessungszeitraum entspricht (§ 4 Abs 2 S 2 TzBfG). Er ist insoweit grundsätzlich so zu stellen wie unbefristet beschäftigte Arbeitnehmer (§ 4 Abs 2 S 3 TzBfG).

47 Entsprechend anwendbar ist Abs 2 auch, wenn die Vergütungsabrede wegen Verstoßes gegen **§ 3 S 1 MiLoG** unwirksam ist. In einem solchen Fall schuldet der Arbeitgeber (und über § 13 MiLoG, § 14 AEntG ggf auch ein Generalunternehmer!) nicht nur den gesetzlichen Mindestlohn, sondern die übliche Vergütung (Bayreuther, NZA 2014, 865 [866]; zum MiLoG vgl näher § 611 Rn 1341 ff). Ein Verstoß gegen das MiLoG kann daher gravierende finanzielle Folgen haben.

Eine Abs 2 verdrängende Sondervorschrift, die ebenfalls einen Anspruch auf die übliche Vergütung vorsieht, stellt **§ 98a Abs 2 AufenthG** dar (dazu näher § 611 Rn 635). **48**

Von besonderer praktischer Relevanz ist die Nichtigkeit von **Lohnabreden** wegen Lohnwucher oder Sittenwidrigkeit, § 138 Abs 2 bzw Abs 1; siehe dazu näher Staudinger/Sack/Fischinger (2016) § 138. **49**

III. Bestimmung der Höhe der Vergütung

Beim Bestehen einer bestimmten Taxe (Rn 51 ff) ist die taxmäßige Vergütung, in Ermangelung einer Taxe die übliche Vergütung (Rn 56 ff) als vereinbart anzusehen. Gibt es auch keine übliche Vergütung, so kommt ein Leistungsbestimmungsrecht des Dienstverpflichteten, bzw – wenn ein solches nicht gewollt ist – eine ergänzende Vertragsauslegung (Rn 61) in Betracht. **50**

1. Vergütung nach Taxen

Taxen sind auf **Bundes- oder Landesrecht beruhende, staatlich festgesetzte Vergütungssätze**. Da der Staat für den Bereich der Privatwirtschaft keine Kompetenz zur Preisregulierung hat, spielen sie nur noch vereinzelt eine Rolle. Man unterscheidet Zwangstaxen, die als Maximaltaxen allgemeine Geltung beanspruchen und nicht überschritten werden dürfen, primäre Dispositivtaxen, die eine Maximaltaxe enthalten, aber durch Parteivereinbarung geändert werden können, und subsidiäre Dispositivtaxen, die keine Befolgung fordern, sondern nur maßgebend sein sollen, wenn keine Vereinbarung getroffen ist. Diese Unterscheidungen, wie der Begriff der Taxe überhaupt, sind veraltet und spiegeln nicht mehr das geltende Recht wider. Die Rechtsgrundlage für den Erlass von Zwangstaxen in §§ 76–78 GewO ist entfallen (Art 1 Nr 49 des Gesetzes zur Änderung der Gewerbeordnung über die Einrichtung eines Gewerbezentralregisters vom 13. 6. 1974 [BGBl I 1281, 1290]). Taxen bestehen daher nur noch als **Dispositivtaxen**. Der Mindestlohn nach § 1 MiLoG ist keine solche Taxe; bei einer Unterschreitung des gesetzlichen Mindestlohns ist daher nicht dieser, sondern vielmehr die übliche Vergütung nach Abs 2 geschuldet (Bayreuther NZA 2014, 865 [866]). **51**

Für **Rechtsanwälte** enthält das Rechtsanwaltsvergütungsgesetz vom 5. 5. 2004 Taxen (BGBl I 718, 788; s auch § 611 Rn 1904). **52**

Für **Ärzte** gilt die Gebührenordnung für Ärzte (GOÄ) vom 12. 11. 1982 (BGBl I 1522) iF vom 9. 2. 1996 (BGBl I 2316). Für Zahnärzte gilt die Gebührenordnung für Zahnärzte (GOZ) vom 22. 10. 1987 (BGBl I 2316). Die Gebührenordnungen finden auf die beruflichen Leistungen der Ärzte nur Anwendung, soweit nicht durch Bundesgesetz etwas anderes bestimmt ist. Anderweitige bundesgesetzliche Regelungen bestehen **53** für ärztliche Leistungen im Rahmen der Sozialhilfe (§ 52 Abs 3 S 2 SGB XII) und vor allem der gesetzlichen Krankenversicherung (§§ 72 ff SGB V).

54 Für **Steuerberater**, Steuerbevollmächtigte und Steuerberatungsgesellschaften gilt die Steuerberater-Gebührenverordnung (StBGebV) vom 17. 12. 1981 (BGBl I 1442; vgl Lotz DStR 2009, 1716 ff).

55 Die Arbeitsvertragsrichtlinien der Diakonischen Werke (**AVR-DWBO** oder **AVR-DW-EKD**) stellen weder eine taxmäßige noch die übliche Vergütung dar (BAG 24. 2. 2011 – 6 AZR 719/09, AP Nr 59 zu § 611 BGB Kirchendienst).

2. Übliche Vergütung

56 Fehlt eine Taxe, so ist die **übliche Vergütung als vereinbart anzusehen**. Üblich ist die Vergütung, die am gleichen Ort in gleichen oder ähnlichen Gewerben oder Berufen („vergleichbarer Wirtschaftskreis", BAG 26. 4. 2006 – 5 AZR 549/05, AP Nr 63 zu § 138 BGB; BAG 20. 4. 2011 – 5 AZR 171/10, NZA 2011, 1173 [1174]; für Dienstverträge ähnlich BGH 13. 11. 2012 – XI ZR 145/12, juris Rn 42) für entsprechende Arbeit unter Berücksichtigung der Verhältnisse des Dienstleistenden (Familienstand, Dienstzeit, Anzahl Kinder) bezahlt zu werden pflegt; maßgeblich sind daher die Einzelfallumstände. Der Ortsgebrauch ist unbeachtlich, wenn er unangemessen ist, zB auf der Ausnutzung von Machtstellungen beruht. Jedenfalls spielt es keine Rolle, ob es sich um einen Mann oder eine Frau handelt; denn insoweit hat der Grundsatz der Entgeltgleichheit von Mann und Frau den Vorrang. Die Üblichkeit hat mit der Angemessenheit der Vergütung nichts zu tun, daher können insbesondere nicht die für § 6 Abs 5 ArbZG entwickelten Maßstäbe herangezogen werden (zutreffend LAG Schleswig-Holstein 7. 11. 2013 – 4 Sa 254/13, juris Rn 34). Bei einer vorübergehenden **Entsendung des Arbeitnehmers ins Ausland** hat der Arbeitnehmer nicht Anspruch auf dasjenige, was ein vergleichbarer Arbeitnehmer eines dort ansässigen Unternehmens erhält, sondern auf das, was üblicherweise ein von einem inländischen Unternehmen vorübergehend entsandter Arbeitnehmer erhält (BAG 20. 4. 2011 – 5 AZR 171/10, NZA 2011, 1173 [1174]; Neumann AP Nr 333 zu § 1 Tarifverträge: Bau; MünchKomm/Müller-Glöge § 612 Rn 29).

57 Die von Verbänden oder Privaten aufgestellten **Gebührenordnungen** können **nicht** ohne Weiteres als übliche Vergütung angesehen werden; es ist vielmehr entscheidend, ob sie allgemeine Verkehrsgeltung erlangt haben (vgl BGH 29. 9. 1969 – VII ZR 108/67, NJW 1970, 699 [699 f]). Zur üblichen Vergütung gehört, dass die Mehrwertsteuer zusätzlich zu zahlen ist, wenn derjenige, der die Dienstleistung erbringt, umsatzsteuerpflichtig ist (ebenso MünchKomm/Müller-Glöge § 612 Rn 29; aA BAG 31. 7. 1986 – 6 ABR 79/83, AP Nr 19 zu § 76 BetrVG 1972; HWK/Thüsing § 612 Rn 38).

58 Bei Arbeitnehmern sieht das BAG sowohl im öffentlichen Dienst wie in der Privatwirtschaft den **Tariflohn** im Regelfall als die übliche Vergütung an (vgl BAG 27. 10. 1960 – 5 AZR 427/59, AP Nr 21 zu § 611 BGB Ärzte, Gehaltsansprüche; BAG 24. 6. 1965 – 5 AZR 443/64; BAG 21. 1. 1998 – 5 AZR 50/97; BAG 21. 11. 2001 – 5 AZR 87/00, AP Nr 23, 55, 63 zu § 612 BGB; BAG 25. 1. 1989 – 5 AZR 161/88 und 26. 9. 1990 – 5 AZR 122/90, AP Nr 2 und 9 zu § 2 BeschFG 1985; etwas anderes gilt, wenn üblicherweise ein übertarifliches Entgelt gezahlt wird oder die übliche Vergütung geringer ist, vgl BAG 26. 5. 1993 – 4 AZR 461/92, AP Nr 2 zu § 612 BGB Diskriminierung einerseits, BAG 14. 6. 1994 – 9 AZR 89/93, NZA

1995, 178 andererseits). Dieser Rechtsprechung ist nur für den **öffentlichen Dienst** zuzustimmen, da hier tarifvertragliche Regelungen ohne Rücksicht auf die Verbandszugehörigkeit der Arbeitnehmer angewandt werden. Bei **privaten Arbeitgebern** dagegen darf das Fehlen der Tarifgebundenheit nicht dadurch ersetzt werden, dass man im Tariflohn automatisch die übliche Vergütung sieht, würden dadurch doch die Grenzen der normativen Tarifgeltung (§§ 3 Abs 1, 4 Abs 1 TVG) beseitigt (vgl auch RIEBLE/C PICKER, ZfA 2014, 153 [179, 210]). Wie bei der Prüfung einer arbeitsvertraglichen Entgeltvereinbarung auf ihre Sittenwidrigkeit (s STAUDINGER/SACK/FISCHINGER [2016] § 138) hin muss daher auch insoweit gelten, dass zwar ein Indiz dafür spricht, dass der übliche Tariflohn der üblichen Vergütung entspricht; entspricht jedoch der übliche Tariflohn nicht der üblichen Vergütung, so besteht (nur) Anspruch auf sie, unabhängig davon, ob sie höher oder niedriger ist als der übliche Tariflohn.

Bemisst sich die übliche Vergütung nach der Höhe eines sachlich und räumlich einschlägigen Tariflohns, sieht das Gericht zumindest bei solchen Tarifwerken, die einen direkten Zusammenhang zwischen dem Lohn und einer speziellen **Ausschlussfrist** herstellen, diese Frist als Teil der üblichen Vergütung iSv § 612 Abs 2 mit der Folge an, dass der Anspruch verfällt, wenn die Frist nicht gewahrt wird (BAG 27. 7. 2010 – 3 AZR 317/08, AP Nr 3 zu § 4 BBiG; BAG 20. 4. 2011 – 5 AZR 171/10, NZA 2011, 1173 [1175]; anders noch zB BAG 26. 9. 1990 – 5 AZR 112/90, NZA 1991, 247 [248]). Wenn dem entgegengehalten wird, der Wortlaut des Abs 2 beziehe sich nur auf die *Höhe* der üblichen Vergütung, nicht aber auch auf ihre *Durchsetzbarkeit* (NEUMANN AP Nr 333 zu § 1 Tarifverträge: Bau), so wird damit verkannt, dass diese Bezugnahme auf die Höhe nur zum Tatbestand des Abs 2 gehört, wohingegen die Rechtsfolgenanordnung sich eben auf die übliche Vergütung beschränkt (zutreffend SAGAN BB 2011, 572 [575]). Die Auffassung des BAG ist daher jedenfalls dann nicht zu beanstanden, wenn es sich in der Tat um eine spezielle, gerade auf den Tariflohnanspruch zugeschnittene und von den allgemeinen tariflichen Ausschlussfristen abweichende Frist handelt. Im Übrigen wird man aber mit Blick auf die negative Koalitionsfreiheit bei der Einbeziehung von Ausschlussfristen in die „übliche Vergütung" zurückhaltend zu verfahren haben, weil nicht normativ Tarifgebundene einem fremden Regelungswerk unterstellt werden können, ohne dass hierfür eine Legitimationsgrundlage bestünde (vgl auch ErfK/PREIS § 612 Rn 7). 59

Eine Besonderheit besteht, wenn die Vergütungsabrede gegen **§ 7 Abs 2 AGG** verstößt (zB wegen Alters- oder Geschlechtsdiskriminierung). Nach der zutreffenden Auffassung des BAG kann der benachteiligte Arbeitnehmer in einem solchen Fall nicht nur in entsprechender Anwendung von § 612 Abs 2 die übliche Vergütung verlangen, bestünde dann doch die Gefahr, dass die Diskriminierung dadurch nicht beseitigt wird; vielmehr besteht – zumindest für die Vergangenheit, für die Zukunft kann dagegen ggf eine Anpassung „nach unten" erfolgen (vgl ErfK/SCHLACHTER § 7 AGG Rn 8 mwNw) – ein Anspruch auf Anpassung „nach oben", also auf dasjenige, was dem nicht diskriminierten Arbeitnehmer gezahlt wird (BAG 10. 11. 2011 – 6 AZR 148/09, NZA 2012, 161 [162]). 60

3. Fehlen einer üblichen Vergütung

Die Behandlung von Konstellationen, in denen es auch an einer üblichen Vergütung fehlt, ist strittig. In Betracht kommt grundsätzlich ein **einseitiges Leistungsbestim-** 61 mungsrecht des Dienstverpflichteten nach §§ 316, 315 Abs 1, das er nach billigem Ermessen auszuüben hat, § 315 Abs 3 (so zB BAG 21. 11. 2001 – 5 AZR 87/00, AP Nr 63 zu § 612 BGB; ErfK/Preis § 612 Rn 42; aA BAG 21. 4. 2010 – 10 AZR 163/09, NZA 2010, 808 [810]; Schulze/Dörner/Ebert/Eckert § 612 Rn 3; Löwisch AP Nr 12 zu BAG § 27: Bestimmungsrecht des Arbeitgebers/Unternehmers); bei Unbilligkeit hat die Bestimmung durch Urteil zu erfolgen (BAG 21. 4. 2010 – 10 AZR 163/09, NZA 2010, 808 [810]; LAG Baden-Württemberg 1. 12. 2010 – 22 Sa 40/10, BeckRS 2011, 68908) Jedoch ist bei gegenseitigen Verträgen wie Dienst- und Arbeitsverträgen ein einseitiges Leistungsbestimmungsrecht einer Partei häufig nicht gewollt; zudem enthalten die §§ 315 f nur Zweifelsregelungen. Die Lücke ist daher oft nicht nach §§ 315 f, sondern durch (gegebenenfalls **ergänzende) Vertragsauslegung** durch Festsetzung einer angemessenen Vergütung zu schließen (BGH 13. 3. 1985 – IV a ZR 211/82, NJW 1985, 1895 [1896] für Maklervertrag; MünchKomm/Müller-Glöge § 612 Rn 31; stets gegen Anwendbarkeit der §§ 315 f: Staudinger/Rieble [2015] § 316 Rn 8; BeckOK-BGB/Fuchs § 612 Rn 14). Wenn demgegenüber zT für die Anwendbarkeit des § 612 Abs 2 aufgrund eines „objektiven Maßstabes" plädiert wird (so BAG 8. 3. 1989 – 5 AZR 92/88, AP Nr 4 zu § 43 UrhG; MünchKomm/Gottwald § 316 Rn 2), erscheint das wenig hilfreich, weil sich ein solcher doch gerade nicht bestimmen lässt und die Formel daher letztlich nur verschleiert, dass der Richter den von ihm für angemessen gehaltenen Betrag festsetzt.

D. Darlegungs- und Beweislast

62 Stützt der Dienstverpflichtete den Vergütungsanspruch auf **Abs 1**, muss er erstens darlegen und beweisen, dass ein Vertrag über die Erbringung der Dienstleistung geschlossen wurde, sowie zweitens, dass nach den Umständen eine Vergütung zu erwarten war (vgl BAG 12. 5. 1975 – 3 AZR 179/72, WM 1975, 643 [645]). Beruft sich der Dienstberechtigte darauf, dass trotz der Umstände eine Abrede über die Unentgeltlichkeit der Dienstleistung getroffen wurde, trägt er hierfür die Beweislast (BAG 12. 5. 1975 – 3 AZR 179/72). Hat ein Arbeitgeber es entgegen § 2 Abs 1 NachwG unterlassen, die dort geforderte Niederschrift der Vertragsbedingungen vorzunehmen und dem Arbeitnehmer auszuhändigen, so findet keine Beweislastumkehr statt: Der Arbeitnehmer muss weiterhin darlegen und beweisen, dass ein Vertrag zur Leistung von Diensten geschlossen wurde; für die Feststellung von deren Art und zeitlichem Umfang kann er sich aber bei Verletzung der Nachweispflicht durch den Arbeitgeber auf die tatsächlich erbrachte Leistung berufen. Verlangt der Arbeitnehmer Vergütung für Überstunden, muss er beweisen, dass er quantitative Mehrleistungen über die vertraglich geschuldete Normalarbeit hinaus erbracht hat und der Arbeitgeber dies angeordnet, gebilligt oder geduldet hat bzw diese zumindest zur Erledigung der geschuldeten Arbeit erforderlich waren; es gilt dann eine abgestufte Darlegungslast (näher BAG 16. 5. 2012 – 5 AZR 347/11, NZA 2012, 939 [941]; BAG 10. 4. 2013 – 5 AZR 122/12, NZA 2013, 1100 [1100 f] mwNw). Will der Arbeitnehmer Umkleide-/Waschzeiten vergütet haben, so setzt dieser – ohnehin nur höchst selten gegebene – Anspruch (s Rn 37 f) voraus, dass der Arbeitnehmer im Prozess konkret die dafür notwendigerweise aufzuwendende Zeit benennt (BAG 13. 7. 2010 – 9 AZR 264/09, juris Rn 52).

63 Den Dienstverpflichteten trifft die Beweislast für die Höhe der Vergütung **(Abs 2)**, also auch für die übliche Vergütung, die als vereinbart anzusehen ist, wenn die Höhe der Vergütung nicht bestimmt und auch nicht durch eine Taxe festgelegt ist (vgl BAG 29. 1. 1986 – 4 AZR 465/84, BAGE 51, 59 [102 f]). Verlangt der Arbeitnehmer Vergütung für quantitative Mehrarbeit (Rn 30 ff), hat er darzulegen, an welchen einzelnen Tagen und in welchem Umfang er gearbeitet hat und dass dies vom Arbeitgeber angeordnet, gebilligt oder geduldet wurde oder zumindest aus betrieblichen Gründen notwendig war (BAG 26. 7. 2006 – 7 AZR 495/05, AP Nr 25 zu § 14 TzBfG; LAG München 14. 4. 2005 – 4 Sa 1258/04). Beruft sich der Dienstberechtigte auf die Vereinbarung einer Vergütung, die geringer ist als die Taxe bzw die übliche Vergütung, so hat hierfür er die Darlegungs- und Beweislast (BGH 21. 9. 2000 – IX ZR 437/99, NJW-RR 2001, 493).

§ 612a
Maßregelungsverbot

Der Arbeitgeber darf einen Arbeitnehmer bei einer Vereinbarung oder einer Maßnahme nicht benachteiligen, weil der Arbeitnehmer in zulässiger Weise seine Rechte ausübt.

Materialien: Art 1 Nr 3 eines arbeitsrechtlichen EG-Anpassungsgesetzes, BT-Drucks 8/3317, 4, 10, 14, 16; Bericht des BT-Ausschusses für Arbeit und Sozialordnung, BT-Drucks 8/4259, 5; BR-Drucks 353/79, 8, 17.

Schrifttum

ADAM, Befristung und Maßregelungsverbot, EzA § 612a BGB 2002 Nr 7
BELLING, Die Zulässigkeit freiwilliger Sonderzahlungen als Mittel der Streikabwehr, NZA 1990, 214
BELLING/vSTEINAU-STEINRÜCK, Freiwillige Leistungen des Arbeitgebers als Maßregelung streikender Arbeitnehmer?, DB 1993, 534
FAULENBACH, Das arbeitsrechtliche Maßregelungsverbot (Diss Bonn 2005)
GAUL, Die „Streikbruchprämie" als zulässiges Arbeitskampfmittel, NJW 1994, 1025
GRIEBELING, Kündigung wegen eines Motivbündels, in: FS Gerhard Etzel (2012) 185
vHOYNINGEN-HUENE, Streikbedingte Sonderzuwendungen als Arbeitskampfmittel, DB 1989, 1466

ISENHARDT, Schein und Sein des Maßregelungsverbots nach § 612a BGB, in: FS Reinhard Richardi (2007) 269
ROLFS, Zur Zulässigkeit von Streikprämien im Arbeitskampf, DB 1994, 1237
SCHWARZER, Die Auslegung des gesetzlichen Maßregelungsverbots (§ 612a BGB) am Beispiel streikbedingter Sonderzuwendungen, NZA 1993, 967
STAHLHACKE, Zulässigkeit neuer Kampfmittel im Arbeitskampf (1994)
THÜSING, Anwendungsbereich und Regelungsgehalt des Maßregelungsverbots gem § 612a BGB, NZA 1994, 728
WILKEN, Regelungsgehalt des Maßregelungsverbots gem § 612a BGB (Diss Göttingen 2001).

Systematische Übersicht

I. **Entstehungsgeschichte und Normzweck**
1. Entstehungsgeschichte ___ 1
2. Normzweck und Reichweite des Maßregelungsverbots ___ 3

II. **Geltungsbereich** ___ 6

III. **Voraussetzungen des Maßregelungsverbots**
1. Geltung bei einer Vereinbarung oder einer Maßnahme ___ 13
2. Ausübung eines Rechts ___ 14
3. Benachteiligung durch den Arbeitgeber ___ 20

IV. **Rechtsfolgen eines Verstoßes** ___ 31

V. **Beweislast** ___ 35

VI. **Publikation der Gesetzesbestimmung** ___ 37

Alphabetische Übersicht

Abdingbarkeit ___ 3
Alternativbegründung ___ 23
Anwesenheitsprämien ___ 26
Arbeitnehmerähnliche ___ 8
Arbeitsrechtliches EG-Anpassungsgesetz ___ 2, 37
Ausübung eines Rechts ___ 14 ff
Benachteiligung ___ 20 ff
Beweislast ___ 35 f
Krankheit ___ 14
Kündigung ___ 24, 32
Maßnahme ___ 13
Normzweck ___ 3
Rechteausübung ___ 14 ff
Rechtmäßige Alternativbegründung ___ 23
Schadensersatz ___ 33
Stellenbewerber ___ 8
Streikbruchprämien ___ 30
Tarifvertragliche Maßregelungsverbote ___ 30
Vereinbarung ___ 13
Whistleblowing ___ 25

I. Entstehungsgeschichte und Normzweck

1. Entstehungsgeschichte

1 Nach Art 5 der EG-Richtlinie 75/177/EWG vom 10. 2. 1975 (ABl EG Nr L 45) treffen die Mitgliedstaaten die notwendigen Maßnahmen, um Arbeitnehmer vor jeder Entlassung zu schützen, die eine Reaktion des Arbeitgebers auf eine Beschwerde im Betrieb oder gerichtliche Klage auf Einhaltung des Grundsatzes des gleichen Entgelts darstellt. Gleiches bestimmt Art 7 EG-Richtlinie 76/207/EWG vom 9. 2. 1976 (ABl EG Nr L 39/40) für Beschwerden oder gerichtliche Klagen auf Einhaltung des Grundsatzes der Gleichbehandlung. Die hier in das BGB eingefügte Bestimmung geht darüber hinaus. Sie beschränkt sich nicht auf Kündigungen, sondern erfasst auch andere, ebenso ungerechtfertigte Maßregelungen. Außerdem beschränkt sie sich nicht auf die Fälle der Geschlechtsdiskriminierung, sondern gilt allgemein für die in zulässiger Weise erfolgte Rechtsausübung.

Titel 8 · Dienstvertrag und ähnliche Verträge
Untertitel 1 · Dienstvertrag   § 612a

Die Vorschrift wurde durch Art 1 Nr 3 des Gesetzes über die Gleichbehandlung von 2
Männern und Frauen am Arbeitsplatz und über die Erhaltung von Ansprüchen bei
Betriebsübergang (Arbeitsrechtliches EG-Anpassungsgesetz) vom 13. 8. 1980
(BGBl I 1308) eingefügt; sie ist am 21. 8. 1980 in Kraft getreten (Art 5). Überlegungen,
in einem neuen § 612a (der jetzige § 612a sollte zu § 612b nF werden) ein Anzei-
gerecht des Arbeitnehmers zu normieren, wenn es im Betrieb zur Verletzung ge-
setzlicher Pflichten kam (Ausschuss-Drucks 16[10]849), wurden (vorerst) nicht umgesetzt
(NJW-Spezial 2009, 180).

2. Normzweck und Reichweite des Maßregelungsverbots

Das hier festgelegte Maßregelungsverbot regelt einen **Sonderfall der Sittenwidrigkeit** 3
(BAG 2. 4. 1987 – 2 AZR 227/86, BAGE 55, 190 [196]; BAG 22. 5. 2003 – 2 AZR 426/02, AP Nr 18 zu
§ 1 KSchG 1969 Wartezeit; BAG 21. 9. 2011 – 7 AZR 150/10, NZA 2012, 317 [320]). Es dient dem
Schutz der Entschließungsfreiheit des Arbeitnehmers darüber, ob er ein ihm zustehendes Recht geltend machen will. Diese wäre erheblich gefährdet, wenn er deswegen Repressalien des Arbeitgebers ausgesetzt wäre (BAG 14. 2. 2007 – 7 AZR 95/06,
AP Nr 18 zu § 612a BGB; BAG 21. 9. 2011 – 7 AZR 150/10, NZA 2012, 317 [320]). Letztlich ist
auch § 612a – wie die meisten arbeitnehmerschützenden Vorschriften – aus der
Notwendigkeit geboren, den Arbeitnehmer vor dem im Arbeitsverhältnis typischerweise bestehenden Machtungleichgewicht zu seinen Lasten zu schützen (BAG 21. 9.
2011 – 7 AZR 150/10, NZA 2012, 317 [320]). Zugleich dient § 612a dem **Schutz der Rechtsordnung**, da die tatsächliche Durchsetzung der durch sie geschützten Rechte wahr-
scheinlicher wird. Als Arbeitnehmerschutzvorschrift ist § 612a **unabdingbar**.

Die Bestimmung enthält ein **allgemeines Diskriminierungsverbot** (so zutreffend Preis, 4
Grundfragen der Vertragsgestaltung im Arbeitsrecht [1993] 172). Da das Benachteiligungsverbot auch bei einer Vereinbarung (Rn 13) gilt, bildet es insoweit als Spezialfall des
§ 138 eine **Schranke der Vertragsgestaltung** (vgl Preis 170 ff). Da eine Vereinbarung
ohne Einverständniserklärung des betroffenen Arbeitnehmers nicht zustande
kommt, geht die Norm davon aus, dass trotz der Einverständniserklärung eine
Benachteiligung des Arbeitnehmers vorliegen kann.

Das Maßregelungsverbot wird durch **besondere Maßregelungsverbote** konkretisiert 5
(Rn 9 ff). Zudem enthalten Tarifverträge häufig Maßregelungsverbote (Rn 30).

II. Geltungsbereich

Das Maßregelungsverbot richtet sich an den **Arbeitgeber**; im Fall des § 16 AGG 6
(Rn 11) ist § 6 Abs 2 AGG zu beachten. Es gilt also nicht schlechthin für jeden, der
einen Dienstvertrag abschließt. An das Maßregelungsverbot sind nach dem BAG
auch die Betriebsparteien gebunden, wobei es offenlässt, ob sich dies aus einer
unmittelbaren Anwendung von § 612a oder mittelbar aus § 75 Abs 1 BetrVG ergibt
(BAG 31. 5. 2005 – 1 AZR 254/04, AP Nr 175 zu § 112 BetrVG 1972; BAG 18. 9. 2007 – 3 AZR 639/
06, NZA 2008, 56); Letzteres ist vorzugswürdig, da § 612a mit dem Arbeitgeber explizit
nur einen der beiden Betriebspartner nennt.

Keine Rolle spielt, ob der Arbeitgeber einen Betrieb hat. Die Vorschrift richtet sich 7
nicht nur an den Arbeitgeber als **Vertragspartner**, sondern auch an den Arbeitgeber

als **Inhaber der betrieblichen Organisationsgewalt**. Deshalb gilt sie auch, wenn ein Dritter in die Arbeitgeberstellung einbezogen wird, zB als Entleiher bei der Arbeitnehmerüberlassung (s zur Einbeziehung Dritter in die Arbeitgeberstellung § 611 Rn 134 ff).

8 Die Bestimmung gilt für **alle Arbeitnehmer**, wobei keine Rolle spielt, ob sie zu den Voll-, Kurz- oder Teilzeitbeschäftigten gehören, ob sie zu ihrer Berufsbildung (§ 10 Abs 2, § 26 BBiG, § 13 Abs 3 AltPflG [vgl BAG 23. 8. 2011 – 3 AZR 575/09, NZA 2012, 211 [216]) beschäftigt werden oder als Praktikanten oder Volontäre. Auch **leitende Angestellte** (§ 5 Abs 3 S 2 BetrVG) fallen unter den Schutz des Maßregelungsverbots (MünchKomm/Müller-Glöge § 612a Rn 4). Nicht erfasst werden dagegen **arbeitnehmerähnliche Personen**. Eine analoge Anwendung auf sie scheidet aus, da es angesichts des möglichen Rückgriffs auf § 138 an einer planwidrigen Regelungslücke fehlt (vgl BAG 14. 12. 2004 – 9 AZR 23/04, AP Nr 62 zu § 138 BGB; **aA** HWK/Thüsing § 612a Rn 4; ErfK/Preis § 612a Rn 4; Benecke NZA 2011, 481, 482); zudem spricht der systematische Gegenschluss zu § 16, § 6 Abs 1 AGG und § 2 Nr 12 lit f GenDG sowie die Entstehungsgeschichte gegen eine Analogie, sparte der Gesetzgeber diese Beschäftigtengruppe in seiner Aufzählung doch gerade aus (s BR-Drucks 353/79, 8). Ebenfalls nicht erfasst sind Stellenbewerber, für sie gelten nur § 2 Abs 1 Nr 1, § 6 Abs 1 S 2 AGG. Dagegen mag man zwar den Normzweck anführen, weil der Bewerber in seiner Freiheit, ein Recht auszuüben, beeinträchtigt wird (BAG 23. 8. 2011 – 3 AZR 575/09, NZA 2012, 211 [216]). Jedoch lässt der Wortlaut („Arbeitnehmer") – gerade im Gegenschluss zu § 6 Abs 1 S 2 AGG – de lege lata keine andere Auslegung zu; zu erwägen wäre eine gesetzgeberische Änderung de lege ferenda (LAG Berlin 21. 7. 2008 – 10 Sa 555/08). Das gilt auch dann, wenn zwar das Recht noch vor Begründung des Arbeitsverhältnisses ausgeübt wird (zB wahrheitswidrige Beantwortung einer rechtswidrigen Frage), die Benachteiligung deswegen aber erst im späteren Arbeitsverhältnis erfolgt (zB Anfechtung des Arbeitsvertrags, vgl BAG 15. 11. 2012 – 6 AZR 339/11, NZA 2013, 429 [431]; **aA** BAG 23. 8. 2011 – 3 AZR 575/09, NZA 2012, 211 [216]).

9 Obwohl die Bestimmung ein **allgemeines Diskriminierungsverbot** enthält, also generell alle Fälle erfasst, in denen ein Arbeitnehmer in zulässiger Weise seine Rechte ausübt, bestehen – nicht zuletzt wegen europarechtlicher Vorgaben – **besondere Maßregelungsverbote**, die für die Rechtsanwendung Vorrang vor § 612a haben, wenn ihr persönlicher und sachlicher Anwendungsbereich eröffnet ist (vgl ErfK/Schlachter § 16 AGG Rn 1; ArbRBGB/Schliemann § 612a Rn 3; **aA** Jauernig/Mansel § 612a Rn 1).

10 Der Arbeitgeber darf nach **§ 5 TzBfG** einen Arbeitnehmer nicht wegen der Inanspruchnahme von Rechten nach diesem Gesetz benachteiligen; nach **§ 11 TzBfG** darf das Arbeitsverhältnis nicht wegen der Weigerung des Arbeitnehmers, von einem Voll- in ein Teilzeitarbeitsverhältnis oder umgekehrt zu wechseln, gekündigt werden.

11 § 16 AGG verbietet die Benachteiligung eines Beschäftigten (§ 6, § 24 AGG) wegen der Inanspruchnahme von Rechten nach §§ 6 ff AGG bzw wegen der Weigerung, eine gegen diese Vorschriften verstoßende Anweisung auszuführen; geschützt sind auch Personen, die den Beschäftigten hierbei unterstützen oder als Zeuge aussagen. Sachlich gilt § 16 AGG nur, soweit es um Benachteiligungen oder Belästigungen iSv § 3 AGG wegen eines in § 1 AGG genannten Grundes oder um sexuelle Belästigungen (§ 3 Abs 4 AGG) geht. Jedoch ist der personelle Anwendungsbereich deutlich weiter als der des § 612a, erfasst werden nicht nur Arbeitnehmer, sondern auch arbeitnehmerähnliche Personen, in Heimarbeit oder zur Berufsbildung Beschäftigte, Bewerber für ein Beschäftigungsverhältnis und Personen, deren Beschäftigungsverhältnis beendet ist, sowie – unter Beachtung der Besonderheiten des § 24 AGG – Beamte, Richter, Zivildienstleistende und anerkannte Kriegsdienstverweigerer (§ 6 Abs 1 AGG). Für Soldatinnen und Soldaten und Personen, die zu einer Einberufung zum Wehrdienst nach Maßgabe des Wehrpflichtgesetzes anstehen oder die sich um die Begründung eines Wehrdienstverhältnisses aufgrund freiwilliger Verpflichtung bewerben, gilt das besondere Maßregelungsverbot des **§ 13 SoldGG** (Art 2 G v 14. 8. 2006 [BGBl I 1897]); es entspricht als solches § 16 AGG, jedoch verbietet § 1 SoldGG *nicht* Benachteiligungen wegen Behinderung und Alter und beschränkt den Schutz vor Benachteiligungen aufgrund des Geschlechts auf Belästigungen und sexuelle Belästigungen im Dienstbetrieb (dazu BT-Drucks 16/1780, 27, 53 f). § 16 AGG und § 13 SoldGG gehen damit weiter als der zum 18. 8. 2006 (Art 4 G v 14. 8. 2006 [BGBl I 1897]) weggefallene § 4 Abs 3 Beschäftigtenschutzgesetz.

§ 21 GenDG untersagt die Benachteiligung eines Arbeitnehmers wegen seiner oder 12 der genetischen Eigenschaften einer genetisch verwandten Person; das Gleiche gilt für die Weigerung, genetische Untersuchungen/Analysen bei sich vornehmen zu lassen oder die Ergebnisse früherer Untersuchungen/Analysen zu offenbaren (näher Fischinger NZA 2010, 65). **§ 84 Abs 3 BetrVG** verbietet es, dass ein Arbeitnehmer wegen Einlegung einer Beschwerde nach § 84 Abs 1 Nachteile erleidet (näher Thüsing, in: Richardi, BetrVG § 84 Rn 18 ff); **§ 17 Abs 2 S 2 ArbSchG** schützt Arbeitnehmer, die sich mit einer außerbetrieblichen Beschwerde an behördliche Stellen gewandt haben. Weitere Benachteiligungs- und zT auch Bevorzugungsverbote enthalten **§ 20 Abs 2 BetrVG, § 78 S 2 BetrVG, § 8 BPersVG** (die Landespersonalvertretungsgesetze enthalten ähnliche Bestimmungen, zB Art 8 BayPVG), **§ 2 Abs 3 SprAuG, § 26 S 2 MitbestG, § 9 S 2 DrittelbG, § 2 Abs 2 AbgG** (die Landesrechte kennen ähnliche Bestimmungen, zB Art 2 Abs 2 BayAbgG), **Art 48 Abs 2 GG, § 4 f Abs 3 S 3 BDSG**. Die Landesfeuerwehr- und Katastrophengesetze können ebenfalls Benachteiligungsverbote enthalten (zB Art 9 BayFwG oder § 13 Landeskatastrophengesetz BW). Das **MiLoG** enthält hingegen kein spezielles Maßregelungsverbot; Arbeitnehmer, die ihren Mindestlohn einfordern, sind daher über § 612a geschützt.

III. Voraussetzungen des Maßregelungsverbots

1. Geltung bei einer Vereinbarung oder einer Maßnahme

Das Verbot bezieht sich generell auf **ungerechtfertigte Maßregelungen**. Es heißt ganz 13 allgemein, dass der Arbeitgeber einen Arbeitnehmer „bei einer Vereinbarung oder einer Maßnahme" nicht deshalb benachteiligen darf, weil dieser in zulässiger Weise seine Rechte ausübt. Mit dem Begriff der **Maßnahme** werden alle vom Arbeitgeber einseitig getroffenen Maßnahmen rechtsgeschäftlicher oder tatsächlicher Art erfasst; sie kann auch in einem Unterlassen bestehen (zB Nichtgewährung von Vorteilen, vgl BAG 21. 9. 2011 – 7 AZR 150/10, NZA 2012, 317 [320]; Faulenbach, Maßregelungsverbot [2005] 88 f). Durch die Einbeziehung einer **Vereinbarung** wird klargestellt, dass die Maßregelung ihren Charakter als Benachteiligung nicht durch die Einverständniserklärung des Arbeitnehmers verliert. Die Bedeutung geht hier aber noch darüber hinaus, weil § 612a der **Vertragsfreiheit im Schutzinteresse des Arbeitnehmers Grenzen setzt**:

Der Arbeitsvertrag darf keine für den Arbeitnehmer nachteilige Wirkung damit verbinden, dass er in zulässiger Weise seine Rechte ausübt. § 612a gilt daher auch für Bestimmungen in einem **Tarifvertrag** oder einer **Betriebsvereinbarung** (vgl zur Betriebsvereinbarung BAG 31. 5. 2005 – 1 AZR 254/04, AP Nr 175 zu § 112 BetrVG 1972; BAG 18. 9. 2007 – 3 AZR 639/06, NZA 2008, 56, vgl Rn 6).

2. Ausübung eines Rechts

14 Der Arbeitnehmer muss ein Recht **ausgeübt** haben. Das liegt nicht nur vor, wenn er Ansprüche geltend macht, sondern auch bei der sonstigen Wahrnehmung seiner Rechtspositionen, zB durch Klageerhebung (BAG 14. 2. 2007 – 7 AZR 95/06, AP Nr 18 zu § 612a BGB; BAG 23. 2. 2000 – 10 AZR 1/99, NZA 2001, 680), Ausübung eines Zurückbehaltungsrechts, Ablehnung eines Vertragsänderungsangebots (BAG 22. 5. 2003 – 2 AZR 426/02, AP Nr 18 zu § 1 KSchG 1969 Wartezeit, s Rn 24), Streikteilnahme (BAG 11. 8. 1992 – 1 AZR 103/92, AP Nr 124 zu Art 9 GG Arbeitskampf; LAG Rheinland-Pfalz 1. 10. 2012 – 5 Sa 268/12, juris Rn 47) oder Ablehnung der Verlängerung der (tarif-)vertraglich vereinbarten Arbeitszeit ohne Lohnausgleich (BAG 12. 6. 2002 – 10 AZR 340/01, AP Nr 8 zu § 612a BGB; kritisch RIEBLE, in: GS Heinze [2005] 687 [700 f]). Ob das auch durch Unterlassen geschehen kann, hängt von den Umständen ab (zB kommt die unterlassene Annahme eines Änderungsgebots einer Ablehnung gleich). Zu berücksichtigen ist aber, dass nicht in jeder Situation, in der die Rechtsordnung den Arbeitnehmer schützt, die Ausübung eines Rechts vorliegt; zB kann der Arbeitnehmer im Krankheitsfall zwar einen Entgeltfortzahlungsanspruch haben, ein Recht auf Krankheit hat er aber nicht. Daher verstößt eine Kündigung während und wegen der Erkrankung des Arbeitnehmers nicht gegen § 612a, da der Arbeitnehmer kein Recht ausübt (BAG 16. 2. 1989 – 2 AZR 299/88, AP Nr 20 zu § 1 KSchG 1969 Krankheit; LAG Rheinland-Pfalz 30. 8. 2007 – 2 Sa 373/07, EEK 3347; LAG Berlin-Brandenburg 7. 10. 2010 – 25 Sa 1425/10, juris Rn 34 f; kritisch ErfK/PREIS § 612a Rn 12). Schutz bietet in solchen Konstellationen nur der allgemeine und besondere Kündigungsschutz. § 612a ist ferner nicht anwendbar, wenn der Arbeitgeber eine Kündigung des Arbeitsverhältnisses mit der unzureichenden quantitativen Arbeitsleistung des Arbeitnehmers begründet (Sächsisches LAG 15. 1. 2010 – 3 Sa 716/08, juris Rn 85).

15 „Rechte" iSv § 612a müssen zwar gegenüber dem Arbeitgeber bestehen, nicht erforderlich ist hingegen, dass sie auf dem Arbeitsverhältnis beruhen (LAG Rheinland-Pfalz 1. 10. 2012 – 5 Sa 268/12, juris Rn 44; ErfK/PREIS § 612a Rn 2; MünchKomm/MÜLLER-GLÖGE § 612a Rn 7; **aA** FAULENBACH, Maßregelungsverbot [2005] 67 f). Dafür spricht der weite Wortlaut, der – anders als zB § 613a Abs 1 S 1 – nicht auf das Arbeitsverhältnis rekurriert, sowie der Zweck des § 612a (Rn 3 f), soll der Arbeitnehmer doch sonstige Rechte (zB aus Mietvertrag oder deliktische Ansprüche) gegen den Arbeitgeber geltend machen können, ohne arbeitsrechtliche Konsequenzen fürchten zu müssen. Auch Grundrechte sind erfasst, soweit sie – ggf über Generalklauseln – gegenüber dem Arbeitgeber bestehen (BAG 21. 9. 2011 – 7 AZR 150/10, NZA 2012, 317 [320]; MünchKomm/ MÜLLER-GLÖGE § 612a Rn 7). Das kommt insbesondere für die Menschenwürde und das allgemeine Persönlichkeitsrecht (Art 2 Abs 1, 1 Abs 1 GG), die Religionsfreiheit (Art 4 GG), die Meinungsfreiheit (Art 5 Abs 1 GG) und die Koalitionsfreiheit (Art 9 Abs 3 GG) in Betracht.

16 Wenn § 612a eine Ausübung **in zulässiger Weise** verlangt, so drückt es damit eine

Selbstverständlichkeit aus, verdient ein vertrags- oder gesetzeswidriges Handeln des Arbeitnehmers doch keinen Schutz (vgl BT-Drucks 8/3317, 10).

Umstritten ist, ob § 612a auch eingreift, wenn der Arbeitnehmer ein tatsächlich **nicht** **17** **bestehendes Recht** geltend macht. Das wird zT bejaht, solange nur der Arbeitnehmer subjektiv annehmen durfte, dass es bestehe (ArbG Düsseldorf 9. 9. 1992 – 6 Ca 3728/92, BB 1992, 2364; BeckOK-BGB/Fuchs, § 612a Rn 3 mit wohl verfehltem Hinweis auf BAG 9. 2. 1995 – 2 AZR 389/94, NZA 1996, 249 [251] – der dritte redaktionelle Leitsatz gibt die Entscheidung nicht korrekt wieder, betont das BAG in den Gründen doch nur die Selbstverständlichkeit, dass die Geltendmachung eines vermeintlichen Rechts keine die Kündigung rechtfertigende Belastung des Arbeitsverhältnisses begründet). In einer (vor Inkrafttreten des § 612a) noch zu § 138 ergangenen Entscheidung hielt das BAG die Maßregelung eines Arbeitnehmers dann für verwerflich, wenn er keine ganz undiskutablen Ansprüche erhoben und auch die Form gewahrt hat (BAG 23. 11. 1961 – 2 AZR 301/61, AP Nr 22 zu § 138 BGB). Die Gegenauffassung verlangt, dass das Recht tatsächlich bestehen muss (MünchKomm/ Müller-Glöge § 612a Rn 6; ErfK/Preis § 612a Rn 5). Manche Vertreter dieser Auffassung schränken dies aber insoweit ein, als das Recht nicht die Qualität einer Anspruchsgrundlage erreichen müsse, es vielmehr genüge, wenn die Geltendmachung verständlich und vernünftig und die Ablehnung durch den Arbeitgeber treuwidrig sei (Erfk/Preis § 612a Rn 2); daher berechtige die – nicht von § 2 NachwG gedeckte – Forderung nach einem schriftlichen Arbeitsvertrag nicht zur Kündigung (ArbG Düsseldorf 9. 9. 1992 – 6 Ca 3728/92, BB 1992, 2364 [2365]).

Eine zusätzliche Dimension gewinnt die Problematik, wenn der Arbeitnehmer das **18** Recht nicht nur schlicht gegenüber dem Arbeitgeber geltend macht, sondern **Leistungs- oder Feststellungsklage** erhebt. Das BAG sieht darin eine zulässige Rechtsausübung, auch wenn die Klage nicht erfolgreich war; eine Ausnahme lässt es nur für mutwillige oder rechtsmissbräuchliche Klagen zu (BAG 23. 2. 2000 – 10 AZR 1/99, AP Nr 80 zu §§ 22, 23 BAT Lehrer); dem stimmen auch die Vertreter der zweiten Auffassung unter Rn 17 zu (MünchKomm/Müller-Glöge § 612 a Rn 11).

Stellungnahme: Das Maßregelungsverbot greift richtigerweise nur, wenn ein tatsäch- **19** lich bestehendes Recht geltend gemacht wird; ein Irrtumsprivileg des Arbeitnehmers ist abzulehnen. Dafür spricht der Wortlaut, der nicht auf ein „vermeintliches" Recht abstellt, sowie der Normzweck: Der Schutz der Rechtsordnung ist nicht tangiert und der Arbeitnehmer nicht schutzwürdig, wo es um die Durchsetzung nicht bestehender Rechte geht. Auch ist der irrig ein Recht geltend machende Arbeitnehmer keineswegs schutzlos, greifen doch die allgemeinen Arbeitnehmerschutzvorschriften (zB § 1 Abs 2 KSchG, § 315 BGB, § 106 GewO), die mit ihrem flexibleren Maßstab zudem für die Behandlung solcher Konstellationen weit geeigneter sind als der starre § 612a. Abzulehnen ist schließlich die Auffasssung, die Erhebung unzulässiger/unbegründeter Klagen könne eine Rechtsausübung iSv § 612a darstellen; erstens ist es widersprüchlich, dem Arbeitnehmer den Schutz des § 612a zu versagen, wenn er das vermeintliche Recht lediglich dem Arbeitgeber gegenüber geltend macht, es ihm aber zu gewähren, wenn er eine den Arbeitgeber weit belastendere Klage erhebt. Zweitens ist auch in diesen Fällen der Arbeitnehmer über die allgemeinen Vorschriften sachgerechter geschützt. Schließlich vermeidet die hier vertretene Ansicht die schwierige Abgrenzung, ob die Geltendmachung eines nicht existenten Rechts durch den Arbeitnehmer im Einzelfall noch

3. Benachteiligung durch den Arbeitgeber

20 a) Verboten ist jede **Benachteiligung**, also nicht nur die unmittelbare, sondern auch die mittelbare. Ein Verstoß liegt daher nicht nur vor, wenn der Arbeitnehmer eine Einbuße erleidet, sich also seine Situation gegenüber dem bisherigen Zustand verschlechtert, sondern auch, wenn ihm Vorteile vorenthalten werden, die der Arbeitgeber nunmehr (freiwillig) anderen Arbeitnehmern gewährt, die die entsprechenden Rechte nicht ausgeübt haben (vgl BAG 11. 8. 1992 – 1 AZR 103/92, BAGE 71, 92 [101 ff]; BAG 12. 6. 2002 – 10 AZR 340/01, AP Nr 8 zu § 612a BGB; BAG 5. 8. 2009 – 10 AZR 666/08; BAG 16. 5. 2013 – 6 AZR 619/11, juris Rn 53; s aber LAG Schleswig-Holstein 23. 1. 2008 – 6 Sa 151/07; LAG Hamm 26. 8. 2008 – 14 Sa 1761/07: Kein Verstoß, wenn die nur einigen Arbeitnehmern gewährte Lohnerhöhung dem Ausgleich von Vergütungsunterschieden dient). Keine Voraussetzung der Benachteiligung ist, dass der Arbeitnehmer im Verhältnis zu anderen Arbeitnehmern schlechter behandelt wird, denn § 612a ist kein an den Vergleich mit der Behandlung anderer *Personen* anknüpfendes Diskriminierungsverbot, sondern beruht auf dem Vergleich zwischen der *Situation* vor und nach der Rechtsausübung (BAG 21. 9. 2011 – 7 AZR 150/10, NZA 2012, 317 [320]; Benecke NZA 2011, 481, 483). Erforderlich ist aber, dass die Benachteiligung objektiv vorliegt, bloße subjektive Ansichten und Empfindlichkeiten genügen nicht (LAG Rheinland-Pfalz 25. 2. 2013 – 6 Sa 441/12, juris Rn 90; MünchKomm/Müller-Glöge § 612a Rn 10). Auch die Beeinträchtigung **immaterieller Rechte** kommt in Betracht.

21 Ein Verstoß liegt nicht nur vor, wenn die Benachteiligung der Rechtsausübung folgt, sondern sie ist auch gegeben, wenn die benachteiligende Maßnahme der Rechtsausübung vorausgeht (ebenso Soergel/Raab § 612a Rn 11; Preis Grundlagen der Vertragsgestaltung im Arbeitsrecht [1993] 172; Gaul NJW 1994, 1025 [1027]; Benecke NZA 2011, 481 [482 f]; BeckOK-ArbR/Joussen § 612a Rn 9; **aA** Thüsing NZA 1994, 728 [730 f]; MünchKomm/Müller-Glöge § 612a Rn 17; offengelassen von BAG 31. 5. 2005 – 1 AZR 254/04, AP Nr 175 zu § 112 BetrVG 1972).

22 b) Zwischen der Benachteiligung und der Rechtsausübung muss ein unmittelbarer Zusammenhang bestehen, Letztere muss der **tragende Beweggrund (wesentliches Motiv)** für die Benachteiligung sein; es genügt nicht, dass die Rechtsausübung nur äußerer Anlass für die Benachteiligung ist (BAG 2. 4. 1987 – 2 AZR 227/86, BAGE 55, 190 [197]; BAG 6. 11. 2003 – 2 AZR 690/02, AP Nr 7 zu § 14 TzBfG; Soergel/Raab § 612a Rn 9; **aA** Schwarzer, NZA 1993, 967 [968 f]). An dieser, für den Arbeitnehmer im Vergleich zur Situation im AGG, wo es genügt, dass eine diskriminierende Absicht Teil eines Motivbündels ist (vgl zB BAG 22. 1. 2009 – 8 AZR 906/07, NZA 2009, 945 [947]), ungünstigeren Handhabung hält das BAG auch nach Inkrafttreten des AGG fest (BAG 15. 7. 2009 – 5 AZR 486/08, AP Nr 209 zu § 242 BGB Gleichbehandlung; BAG 16. 10. 2013 – 10 AZR 9/13, NZA 2014, 264 [267]; vgl auch Griebeling, in: FS Etzel [2011] 185 [189 f]). Rechtsirrtümer des Arbeitgebers sind irrelevant, § 612a greift daher auch, wenn der Arbeitgeber die Ausübung des Rechts durch den Arbeitnehmer irrig als unzulässig ansah (LAG Köln 13. 10. 1993 – 7 Sa 690/93; LAG Rheinland-Pfalz 1. 10. 2012 – 5 Sa 268/12, juris Rn 46; Faulenbach, Maßregelungsverbot [2005] 109; **aA** Wilken, Regelungsgehalt [2001] 147 ff, 150).

Nach ISENHARDT (in: FS Richardi [2007] 269 [274 ff]) greift § 612a nicht, wenn die in **23** Sanktionierungsabsicht vorgenommene Maßnahme durch eine **rechtmäßige Alternativbegründung** zu rechtfertigen gewesen wäre; zB sei eine als Racheakt vorgenommene Kündigung rechtmäßig, wenn zugleich ein Grund iSv § 1 Abs 2 KSchG vorlag, worauf sich der Arbeitgeber auch später berufen könne. Obwohl diese Auffassung die zT schwierige Abgrenzung, ob die Bestrafungsabsicht wesentliches Motiv war, vermeidet, ist sie abzulehnen, da sie § 612a aushöhlt und mit dessen Wortlaut nicht vereinbar ist (BAG 22. 5. 2003 – 2 AZR 426/02, AP Nr 18 zu § 1 KSchG 1969 Wartezeit; BAG 23. 4. 2009 – 6 AZR 189/08, NZA 2009, 974; LAG Baden-Württemberg 30. 10. 2013 – 13 Sa 45/13, juris Rn 26; LAG Rheinland-Pfalz 25. 2. 2014 – 6 Sa 463/13, juris Rn 33; APS/LINCK § 612a Rn 12). Der Arbeitgeber, der einen Arbeitnehmer versetzt, weil dieser berechtigterweise Ansprüche geltend machte, erfüllt den Tatbestand; daran ändert sich nichts, nur weil auch ein betrieblicher Grund für die Versetzung bestand. Auch die mit der hM verbundenen Abgrenzungs- und damit letztlich Beweisschwierigkeiten ändern nichts an der materiellen Rechtslage; zudem hilft dem Arbeitnehmer oft ein Anscheinsbeweis (Rn 36).

c) Der Arbeitgeber darf keine **Kündigung** erklären, weil der Arbeitnehmer in **24** zulässiger Weise ein ihm eingeräumtes Recht ausübt (vgl zB BAG 12. 5. 2011 – 2 AZR 384/10, NZA 2012, 208 [210 f]; BAG 20. 12. 2012 – 2 AZR 867/11, NZA 2013, 1003 [1007]). Auch wenn also das KSchG § 612a nicht verdrängt, ist dessen praktische Bedeutung gering, weil eine Kündigung, mit der der Arbeitgeber nur auf die Ausübung eines Rechts durch den Arbeitnehmer reagiert, sozial nicht gerechtfertigt ist. Relevant ist § 612a daher vor allem bei Arbeitsverhältnissen, die nicht unter das KSchG fallen. Entgegen der Aussage des BAG (2. 4. 1987 – 2 AZR 227/86, BAGE 55, 190 [197 f]) orientiert es sich **nicht** an der zu § 613a Abs 4 geübten Praxis zur Abgrenzung, ob die Kündigung eine Maßregelung wegen einer zulässigen Wahrnehmung von Arbeitnehmerrechten darstellt. Denn bei § 613a Abs 4 prüft das BAG stets, ob es – neben dem Betriebsübergang – einen sachlichen Grund gibt, der „aus sich heraus" die Kündigung zu rechtfertigen vermag, sodass der Betriebsübergang nur äußerer Anlass, nicht aber tragender Grund für die Kündigung gewesen ist. Bei § 612a hingegen hält es es – zu Recht (Rn 23) – für irrelevant, dass ein Sachverhalt gegeben war, der die Kündigung gerechtfertigt hätte, wenn nur die zulässige Rechtsverfolgung der *ausschließliche* Grund für den Kündigungsentschluss des Arbeitgebers war (BAG 20. 4. 1989 – 2 AZR 498/88 [nv]; BAG 22. 5. 2003 – 2 AZR 426/02, AP Nr 18 zu § 1 KSchG 1969 Wartezeit). **Beispiele**: Es verstößt gegen § 612a, wenn die Kündigung ergeht, weil der Arbeitnehmer einen Antrag auf Gewährung von Vorruhestandsgeld stellt (vgl BAG 2. 4. 1987 – 2 AZR 227/86, AP Nr 1 zu § 612a BGB), weil er aus einem Urteil vollstreckt (LAG Düsseldorf 13. 12. 1988 – 8 Sa 663/88, DB 1989, 685) oder weil der Arbeitgeber Revanche für eine vorherige Arbeitnehmerkündigung nimmt (LAG Nürnberg 7. 10. 1988 – 6 Sa 44/87). Kein Verstoß gegen § 612a liegt dagegen vor, wenn der Arbeitgeber auf die Entfristungsklage des Arbeitnehmers vorsorglich kündigt (BAG 22. 9. 2005 – 6 AZR 607/04, AP Nr 20 zu § 1 KSchG 1969 Wartezeit). Kündigt der Arbeitgeber, weil der Arbeitnehmer sein Änderungsangebot abgelehnt hat, verstößt das gegen § 612a nur, wenn das Änderungsangebot selbst eine unerlaubte Maßregelung iSv § 612a darstellte, dh „Racheakt" für eine vorherige Rechtsausübung des Arbeitnehmers war (BAG 22. 5. 2003 – 2 AZR 426/02, AP Nr 18 zu § 1 KSchG 1969 Wartezeit). Eine Sonderregelung für die Altersteilzeit trifft **§ 8 AltersteilzeitG**.

25 Bringt der Arbeitnehmer im Betrieb bestehende Missstände an die Öffentlichkeit („**Whistleblowing**"), kommen arbeitsrechtliche Sanktionen nur unter bestimmten Voraussetzungen in Betracht (ausf § 611 Rn 1207 ff).

26 Knüpft der Arbeitgeber **Sondervergütungen** an die tatsächlich erbrachte Arbeitsleistung, sodass Fehlzeiten anspruchsmindernd wirken (sog **Anwesenheitsprämien**), so liegt darin ein Verstoß gegen § 612a, wenn die Jahresleistung überproportional gekürzt wird (vgl PREIS, Grundfragen der Vertragsgestaltung im Arbeitsrecht [1993] 175 f). Eine Konkretisierung ist hier durch § 4a EFZG erfolgt (ebenso BAG 31. 5. 2005 – 1 AZR 254/04, NZA 2005, 997 [1000]; s auch § 611 Rn 1477). Eine dieser Bestimmung entsprechende Kürzung ist keine Maßregelung iS des § 612a.

27 d) Nicht unter das Maßregelungsverbot fällt, wenn dem Arbeitnehmer durch die Wahrnehmung seiner Rechte **Nachteile entstehen**. Der Arbeitgeber ist nicht verpflichtet, sie auszugleichen (BAG 16. 5. 2013 – 6 AZR 619/11, juris Rn 53). Durch das Maßregelungsverbot wird ihm nur untersagt, den Arbeitnehmer zu benachteiligen. Der Arbeitnehmer hat deshalb nach § 612a keinen Anspruch auf das Arbeitsentgelt, wenn er Arbeitszeit versäumt, um seine Rechte auszuüben. Eine Ausnahme gilt aber, soweit es sich um im Rahmen der Betriebsverfassung eingeräumte Rechte des Arbeitnehmers handelt (vgl § 20 Abs 3 S 2, § 39 Abs 3 und § 44 Abs 1 S 2 und Abs 2 S 2 BetrVG), auch, soweit er von den ihm in § 84 und § 85 BetrVG eingeräumten Beschwerderechten Gebrauch macht (vgl THÜSING, in: RICHARDI, BetrVG § 84 Rn 19).

28 e) **Kein Verstoß** gegen das Maßregelungsverbot liegt vor, wenn der Arbeitgeber sein Verhalten an der Rechtsordnung ausrichtet, eine kollektiv- oder individualvertragliche Regelung (vermeintlich) vollzieht (BAG 21. 9. 2011 – 5 AZR 520/10, NZA 2012, 31 [33 f]; BAG 16. 5. 2013 – 6 AZR 619/11, juris Rn 53) oder nach Kündigungsgründen sucht (DILLER, NZA 2006, 569 [570 f]). Ebenfalls verletzt es in der Regel nicht § 612a, wenn der Arbeitgeber dem Arbeitnehmer eine Abfindung unter der Bedingung des Verzichts auf die Erhebung einer Kündigungsschutzklage verspricht (BAG 15. 2. 2005 – 9 AZR 116/04, AP Nr 15 zu § 612a BGB). Denn durch ein entsprechendes Angebot werden die Handlungsoptionen des Arbeitnehmers erweitert, sodass der Normzweck des § 612a nicht einschlägig ist; zudem vertrüge sich ein anderes Ergebnis nicht mit der ausdrücklichen gesetzlichen Billigung des „Abkaufs" des Klagerechts in § 1a KSchG. Gleiches gilt für einen tariflichen Abfindungsanspruch (BAG 6. 12. 2006 – 4 AZR 798/05, AP Nr 1 zu § 1 TVG Sozialplan), nicht aber für Sozialplanabfindungen, da diese dem Ausgleich oder der Milderung der durch die Betriebsänderung entstandenen Nachteile und damit einem anderen Zweck als die Abfindung nach § 1a KSchG dienen (s LAG Niedersachsen 16. 8. 2002 – 10 Sa 409/02, NZA-RR 2003, 578; iErg ebenso, aber Verstoß gegen § 612a offengelassen, BAG 31. 5. 2005 – 1 AZR 254/04, AP Nr 175 zu § 112 BetrVG 1972; kritisch BENECKE BB 2006, 938). Ebenfalls verstößt es nicht gegen § 612a, wenn ein Insolvenzplan dem Arbeitnehmer die Möglichkeit gibt, ein Wahlrecht auszuüben, als dessen Folge unterschiedliche Ansprüche bestehen (LAG Niedersachsen 1. 6. 2010 – 11 Sa 1658/09, juris Rn 22). Schließlich ist § 612a nicht deshalb verletzt, weil ein Arzt zum Bereitschaftsdienst eingeteilt wird, ohne dass zugleich ein anderer Arzt zur Gewährleistung der ärztlichen Grundversorgung zur Verfügung steht (BAG 16. 10. 2013 – 10 AZR 9/13, NZA 2014, 264 [267]).

29 f) Ein Verstoß gegen § 612a liegt hingegen vor, wenn sich der Arbeitgeber nach

Titel 8 · Dienstvertrag und ähnliche Verträge
Untertitel 1 · Dienstvertrag

§ 612a

Ende eines befristeten Arbeitsverhältnisses **weigert**, ein **neues** (befristetes oder unbefristetes) **Arbeitsverhältnis abzuschließen**, weil der Arbeitnehmer zuvor in zulässiger Weise sein Recht ausgeübt hat. Das Verhalten des Arbeitgebers ist nicht durch seine Vertragsfreiheit „gedeckt", weil sein Motiv von der Rechtsordnung missbilligt wird und die Vertragsfreiheit nur innerhalb der durch die Rechtsordnung – und damit auch § 612a – gezogenen Grenzen besteht (BAG 21. 9. 2011 – 7 AZR 150/10, NZA 2012, 317 [321]; LAG Rheinland-Pfalz 1. 10. 2012 – 5 Sa 268/12, juris Rn 52). Allerdings kann man § 15 Abs 6 AGG analog anwenden, sodass aus dem Verstoß **kein Anspruch auf Abschluss eines (un-)befristeten Folgevertrags** folgt (BAG 21. 9. 2011 – 7 AZR 150/10, NZA 2012, 317 [322]; zustimmend GROSSE-BROCKHOFF GWR 2012, 192; Beck-OK-BGB/FUCHS § 612a Rn 8; MünchKomm/MÜLLER-GLÖGE § 612a Rn 23; **aA** ADAM EzA § 612a BGB 2002 Nr 7); in Betracht kommt daher nur Schadensersatz in Geld nach § 280 Abs 1, § 241 Abs 2, § 252 oder § 823 Abs 2, § 612a, § 252. Die übrigen anspruchsbeschränkenden Vorschriften des § 15 AGG (insbesondere Abs 2 S 2 und Abs 4) sind hingegen richtigerweise *nicht* auf den Anspruch aus § 612a anwendbar (anders GROSSE-BROCKHOFF GWR 2012, 192). Dagegen sprechen die unterschiedlichen Schutzzwecke von AGG einerseits, § 612a andererseits. Überdies ist die Existenz der – richtigerweise ohnehin unionsrechtswidrigen (dazu FISCHINGER NZA 2010, 1049; ders, AP Nr 11 zu § 15 AGG) – Ausschlussfrist des § 15 Abs 4 AGG mit dem aus der Beweislastvorschrift des § 22 AGG resultierenden Interesse des Arbeitgebers an einer zügigen Abwicklung von Diskriminierungsstreitigkeiten zu erklären; da § 22 AGG auf Ansprüche aus § 612a nicht angewandt werden kann (s Rn 35), gibt es auch kein Argument für eine analoge Heranziehung des § 15 Abs 4 AGG.

g) Zahlt der Arbeitgeber eine **Prämie an Nichtstreikende** (sog **Streikbruchprämie**), **30** so liegt in der Zusage und Zahlung während des Arbeitskampfs ein Arbeitskampfmittel, das wegen der Zielsetzung der Streikabwehr zulässig ist und deshalb keine Maßregelung darstellt (vgl GAUL NZA 1994, 1025 ff; vHOYNINGEN-HUENE DB 1989, 1466 ff; BELLING NZA 1990, 214 ff; BELLING/vSTEINAU-STEINRÜCK DB 1993, 534 ff; weiterhin BAG 13. 7. 1993 – 1 AZR 676/92, BAGE 73, 320 [331 f]). Gleiches gilt, wenn der Arbeitgeber die Prämie schon vor Beginn des Arbeitskampfes verspricht (ErfK/PREIS § 613a Rn 16). Diese Funktion hat die Prämie aber nicht mehr, wenn sie erst nach Beendigung des Arbeitskampfs ohne vorherige Zusage gezahlt wird. Dass die Prämie den Arbeitnehmern vorenthalten wird, die sich an einem zulässigen Streik beteiligten, ist eine Benachteiligung iS des § 612a (vgl BAG 4. 8. 1987 – 1 AZR 486/85, AP Nr 88 zu Art 9 GG Arbeitskampf; weiterhin BAG 17. 9. 1991 – 1 AZR 26/91, 28. 7. 1992 – 1 AZR 87/92, 11. 8. 1992 – 1 AZR 103/92, AP Nr 120, 123 und 124 zu Art 9 GG Arbeitskampf; zust insoweit auch vHOYNINGEN-HUENE DB 1989, 1466 [1470]; KONZEN SAE 1989, 22 [23]); etwas anderes gilt, wenn sie mit Gründen, die außerhalb des Streikrechts liegen, gerechtfertigt werden kann (zB Kompensation von mit Streikarbeit verbundenen Belastungen, die über das übliche Maß weit hinausgehen, BAG 11. 8. 1992 – 1 AZR 103/92, AP Nr 124 zu Art 9 GG Arbeitskampf). Zulässig ist schließlich die anteilige Kürzung einer Jahressonderzahlung für die Streikteilnahme, wenn der Arbeitgeber stets Zeiten ohne Arbeitsleistung berücksichtigt (BAG 13. 2. 2007 – 9 AZR 374/06, NZA 2007, 573; ErfK/PREIS § 612a Rn 19 f). Durch **tarifvertragliche Maßregelungsverbote** werden die Wirkungen derartiger Streikbruchprämien in der Praxis oft aufgehoben (näher BAG 13. 7. 1993 – 1 AZR 676/92 und 17. 6. 1997 – 1 AZR 674/96, AP Nr 127 und 150 zu Art 9 GG Arbeitskampf; dazu ausf THÜSING, in: WIEDEMANN, TVG § 1 Rn 620 ff).

IV. Rechtsfolgen eines Verstoßes

31 Verstößt ein **Rechtsgeschäft** (auch: Betriebsvereinbarungen, Rn 6) gegen das Benachteiligungsverbot, so ist es gemäß § 134 **nichtig**.

32 Das gilt auch für eine **Kündigung** des Arbeitsverhältnisses durch den Arbeitgeber (ebenso BAG 2. 4. 1987 – 2 AZR 227/86, BAGE 55, 190 [195 ff]). Der Arbeitnehmer muss innerhalb von drei Wochen durch Erhebung einer Feststellungsklage nach § 4 KSchG den Verstoß geltend machen (§ 13 Abs 3 KSchG). Der Arbeitgeber kann keinen Auflösungsantrag nach § 9 Abs 1 S 2 KSchG stellen (LAG Düsseldorf 13. 12. 1988 – 8 Sa 663/88, DB 1989, 685).

33 **Rechtshandlungen** und sonstige **tatsächliche Maßnahmen** sind, wenn sie sich als Maßregelung darstellen, **rechtswidrig**. Der Arbeitnehmer muss einer rechtswidrigen Weisung nicht nachkommen und kann verlangen, dass die Beeinträchtigung beseitigt wird; geschieht das nicht, kann er die Arbeitsleistung ohne Verlust des Vergütungsanspruchs verweigern, § 615 S 1, § 273. Ist eine Wiederholung zu besorgen, so hat er Anspruch auf Unterlassung. Entsteht ihm ein Schaden, so hat er nach § 280 Abs 1, § 241 Abs 2 (positive Forderungsverletzung) einen Anspruch auf **Schadensersatz**. § 612a ist außerdem Schutzgesetz iS des § 823 Abs 2 (ebenso Kort RdA 2003, 122 [125]).

34 Verstößt der Arbeitgeber bei der Gewährung zusätzlicher Leistungen gegen das Maßregelungsverbot, so ist die von ihm vorgenommene Differenzierung mangels sachlichen Grundes rechtswidrig. Der übergangene Arbeitnehmer hat Anspruch auf Erbringung der Leistung (ebenso BAG 4. 8. 1987 – 1 AZR 486/85, AP Nr 88 zu Art 9 GG Arbeitskampf; BAG 23. 2. 2000 – 10 AZR 1/99, NZA 2001, 680; iErg ebenso APS/Linck § 612a Rn 25; Benecke NZA 2011, 481 [482]; MünchKomm/Müller-Glöge § 612a Rn 22, die dies allerdings auf den arbeitsrechtlichen Gleichbehandlungsgrundsatz stützen; in neueren Entscheidungen lässt das BAG es offen, ob der Anspruch auf Gleichstellung auf § 612a alleine oder auf das Zusammenspiel mit dem arbeitsrechtlichen Gleichbehandlungsgrundsatz zu stützen ist, vgl BAG 21. 9. 2011 – 7 AZR 150/10, NZA 2012, 317 [320]; BAG 16. 5. 2013 – 6 AZR 619/11, juris Rn 52).

V. Beweislast

35 Eine dem § 611a Abs 1 S 3 aF bzw § **22 AGG** entsprechende Bestimmung fehlt bei § 612a. Der Arbeitnehmer hat deshalb die Darlegungs- und Beweislast dafür, dass er wegen seiner Rechtsausübung durch den Arbeitgeber benachteiligt worden ist (BAG 23. 4. 2009 – 6 AZR 189/08, NZA 2009, 974; LAG Baden-Württemberg 30. 10. 2013 – 13 Sa 45/13, juris Rn 27; ebenso MünchKomm/Müller-Glöge § 612a Rn 24; HWK/Thüsing § 612a Rn 35).

36 Jedoch kommt der Arbeitnehmer in den Genuss einer Beweiserleichterung in Form eines **Anscheinsbeweises**, wenn ein Sachverhalt vorliegt, der nach der Lebenserfahrung auf einen bestimmten Geschehensablauf hinweist (BAG ebd; BAG 11. 8. 1992 – 1 AZR 103/92, AP Nr 124 zu Art 9 GG Arbeitskampf; BAG 23. 4. 2009 – 6 AZR 189/08, NZA 2009, 974; LAG Niedersachsen 12. 9. 2005 – 5 Sa 396/05, NZA-RR 2006, 346; LAG Baden-Württemberg 30. 10. 2013 – 13 Sa 45/13, juris Rn 27); das kommt insbesondere in Betracht, wenn ein enger zeitlicher Zusammenhang zwischen der Ausübung des Rechts und der Benachteiligung besteht (kritisch BENECKE NZA 2011, 481 [484]), oder wenn der Arbeitgeber schon in der Vergangenheit (bei demselben oder anderen Arbeitnehmern) auf die Ausübung von Rechten mit benachteiligenden Maßnahmen reagiert hat. Legt der Arbeitnehmer einen entsprechenden Sachverhalt dar, muss der Arbeitgeber mit einem substantiierten Sachvortrag (§ 138 Abs 2 ZPO) reagieren; gelingt ihm das, trägt der Arbeitnehmer die volle Beweislast (LAG Schleswig-Holstein 28. 6. 2005 – 5 Sa 64/05; LAG Baden-Württemberg 30. 10. 2013 – 13 Sa 45/13, juris Rn 27). Eine über einen Anscheinsbeweis noch hinausgehende **Beweislastumkehr** bei Vortrag von Indizien, die für eine Maßregelung sprechen, ist abzulehnen; insbesondere scheidet eine analoge Anwendung der § 22, § 16 Abs 3 AGG mangels planwidriger Regelungslücke aus (zutreffend BENECKE NZA 2011, 481 [484]). Gleiches gilt erst Recht für den früher geltenden § 611a Abs 1 S 3 (so auch BeckOK-ArbR/JOUSSEN § 612a Rn 24).

VI. Publikation der Gesetzesbestimmung

Art 2 Arbeitsrechtliches EG-Anpassungsgesetz (iF des Art 9 des 2. GleiBG vom 24. 6. 1994, BGBl I 1406) verpflichtete den Arbeitgeber, in Betrieben, in denen in der Regel mehr als fünf Arbeitnehmer beschäftigt sind, auch einen Abdruck des § 612a im Betrieb an geeigneter Stelle zur Einsicht auszulegen oder auszuhängen. Die Norm wurde jedoch mit Wirkung zum 18. 8. 2006 durch Art 3 Abs 2 des G v 14. 8. 2006 (BGBl I 1897) aufgehoben. Die Nachfolgevorschrift des § 12 Abs 5 AGG bezieht sich dem Wortlaut nach nur auf das AGG und § 61b ArbGG. Jedoch wollte der Gesetzgeber die bisher durch Art 2 Arbeitsrechtliches EG-Anpassungsgesetz geregelten Konstellationen einheitlich in § 12 Abs 5 AGG umsetzen (BT-Drucks 16/1780, 27 f, 37, 56). Damit ist die Nichtnennung des § 612a in § 12 Abs 5 AGG ein offenkundiges Redaktionsversehen (Normlücke), die im Wege der analogen Anwendung des § 12 Abs 5 AGG geschlossen werden kann (FISCHINGER/ISEMER NZA 2010, Heft 6, III [editorial]). **37**

§ 613
Unübertragbarkeit

Der zur Dienstleistung Verpflichtete hat die Dienste im Zweifel in Person zu leisten. Der Anspruch auf die Dienste ist im Zweifel nicht übertragbar.

Materialien: E II § 554, III § 606; Prot II 278 ff.

Systematische Übersicht

I. Entstehungsgeschichte und rechtsdogmatische Einordnung der Vorschrift _____ 1	3. Job-Sharing als Ausnahme? _____ 12	
	4. Tod des Dienstverpflichteten _____ 13	
	a) Dienstleistungspflicht und Erbenhaftung _____ 13	
II. Die persönliche Dienstleistungspflicht, S 1	b) Ansprüche des Dienstverpflichteten 15	
	aa) Allgemeines _____ 15	
1. Inhalt _____ 3	bb) Urlaubsanspruch und Urlaubsabgeltung _____ 16	
2. Auslegungsregel _____ 6		

cc)	Auflösung des Arbeitsverhältnisses, §§ 9, 10 KSchG	20	2. Keine Geltung für die Vererblichkeit	24
dd)	Abfindungsansprüche	21	3. Dienstleistung für Dritte	26
			4. Abtretung des Anspruchs auf die Arbeitsleistung	29

III. Übertragbarkeit des Anspruchs auf die Dienstleistung, S 2
1. Inhalt _____ 22

Alphabetische Übersicht

Abfindungsansprüche	21	Landesgesetze		31
Arbeitnehmerüberlassung	29			
Arbeitsgemeinschaft	28	Matrix-Struktur		32
Arbeitszeitkonto	15			
Auflösung des Arbeitsverhältnisses	20	Tod		13 ff
Auslegungsregel	2, 6			
		Übertragbarkeit		22 ff, 29 ff
Betriebsübergang	30	Urlaubsabgeltung		16 ff
		Urlaubsanspruch		16 ff
Dienstvertrag	33			
		Vererblichkeit		13 ff, 19
Höchstpersönliche Pflicht	7 ff	– Abfindungsanspruch		21
– Arzt	10	– Arbeitszeitkontenabrede		15
– freie Berufe	9	– Insolvenzgeld		15
– Gruppenarbeit	7	– Urlaubsanspruch		16 ff
– Rechtsanwalt	11	– Urlaubsabgeltung		16 ff
– Steuerberater	11	Vertrag zugunsten Dritter		27
– Unternehmer	8			
Job-Sharing	12			

I. Entstehungsgeschichte und rechtsdogmatische Einordnung der Vorschrift

1 Die Vorschrift verdankt ihre Entstehung der Zweiten Kommission; dieser erschien es „nützlich, die in der Mehrzahl der Fälle der Parteiabsicht entsprechende Regel [des heutigen § 613] auszusprechen" (Prot II 278 f). Der E I hatte noch von ihr abgesehen, „damit der Richter freie Hand behält, die besonderen Umstände des einzelnen Falles, unbeengt durch eine dispositive Rechtsnorm oder durch eine Auslegungsregel, der Würdigung zu unterziehen" (Mot II 457).

2 Der Gesetzgeber hat den Bedenken insoweit Rechnung getragen, als er nur eine **Auslegungsregel** für die höchstpersönliche Pflicht aufgestellt hat, und zwar sowohl für die Erbringung der Dienstleistung durch den Dienstverpflichteten (S 1) als auch für den Anspruch des Dienstberechtigten auf die Erbringung der Dienstleistung (S 2). Sie berücksichtigt nicht die Besonderheit der arbeitsteiligen Organisation, wenn der zur Dienstleistung Verpflichtete ein Unternehmen ist. Wird dagegen durch den Dienstvertrag ein Arbeitsverhältnis begründet, so prägt den Inhalt der Leistungspflicht, dass der Arbeitnehmer seine Dienste in Person zu erbringen hat (s § 611

Rn 1041 ff). Soweit es um den Anspruch auf die Dienste geht, muss beachtet werden, dass der Arbeitnehmer seine Dienste im Betrieb zu erbringen hat (s § 611 Rn 1060). Unter den Voraussetzungen des § 613a findet deshalb S 2 keine Anwendung: Wer den Betrieb oder Betriebsteil durch Rechtsgeschäft übernimmt, tritt von Gesetzes wegen in das Arbeitsverhältnis ein (§ 613a Abs 1 S 1). Von der Übertragung der Dienstleistungspflicht sind das mittelbare Arbeitsverhältnis (§ 611 Rn 163 ff) und das Gruppenarbeitsverhältnis (§ 611 Rn 168 ff) zu unterscheiden.

II. Die persönliche Dienstleistungspflicht, S 1

1. Inhalt

Nach S 1 hat der Dienstverpflichtete die **Arbeit im Zweifel in Person zu leisten**. Daraus ergibt sich zweierlei: 3

a) Der Dienstverpflichtete ist im Zweifel **nicht berechtigt**, die Dienstleistung durch **einen anderen vornehmen zu lassen**. Ein Arbeitnehmer darf daher seine Arbeit grundsätzlich nicht durch eine andere Person verrichten lassen. Das gilt nicht nur für den Fall, dass der andere überhaupt an seine Stelle treten soll, sondern auch für den Fall, dass er einen anderen als Gehilfen zur Erbringung der Dienstleistung hinzuzieht. Dagegen lassen sich aus S 1 keine Anhaltspunkte für die Qualität der geschuldeten Dienste herleiten, etwa um eine Kündigung wegen „low performance" zu rechtfertigen. 4

b) Der Dienstverpflichtete ist andererseits auch **nicht verpflichtet**, die Dienste durch **einen anderen erbringen zu lassen**, wenn er aus einem in seiner Person liegenden Grund an der Dienstleistung verhindert wird (ebenso ArbRBGB/Ascheid § 613 Rn 3; Soergel/Raab § 613 Rn 2; BeckOK-BGB/Fuchs § 613 Rn 2). 5

2. Auslegungsregel

Dass der Dienstverpflichtete die **Dienste in Person zu leisten** hat, gilt nur **im Zweifel**. S 1 enthält eine **Auslegungsregel** (ebenso ArbRBGB/Ascheid § 613 Rn 1; BeckOK-BGB/ Fuchs § 613 Rn 1; MünchKomm/Müller-Glöge § 613 Rn 1; HWK/Thüsing § 613 Rn 1). Die Parteien können etwas anderes vereinbaren. Eine abweichende Regelung kann insbesondere auch stillschweigend getroffen werden; sie kann sich aus den Umständen, vor allem aus der Besonderheit des Dienstleistungsversprechens ergeben. Die Bedeutung der Auslegungsregel hängt maßgeblich davon ab, um was für eine Art von Dienstvertrag es sich handelt: 6

a) So prägt beim **Arbeitsverhältnis** den Inhalt der Leistungspflicht, dass die versprochene Dienstleistung als **höchstpersönliche Pflicht** nicht von der Person des Arbeitnehmers getrennt werden kann. Zum Beispiel kann ein als Fahrer angestellter Arbeitnehmer, dem die Fahrerlaubnis entzogen wurde, nicht durch einen Ersatzfahrer seine Arbeitspflicht erfüllen (LAG Schleswig Holstein 16. 6. 1986 – 4 [5] Sa 684/85, NZA 1987, 669; vgl BAG 14. 2. 1991 – 2 AZR 525/90, RzK I 6a 70); umgekehrt kann er aber auch nicht einen Bekannten schicken, der für ihn die Arbeit leistet. Trifft den Dienstverpflichteten ein Verschulden an der Unmöglichkeit der Erfüllung seiner Dienstleistungspflicht und erleidet der Dienstberechtigte dadurch einen Schaden, 7 kommen Schadensersatzansprüche aus (vor allem) §§ 280 Abs 1, 3, 283 in Betracht (vgl zB LAG Bremen 16. 4. 1971 – 1 Sa 5/71, DB 1971, 1429). Nur ausnahmsweise ist der Arbeitnehmer berechtigt, einen Dritten als Gehilfen für die Erbringung der Dienstleistung heranzuziehen, so zB beim Pförtner- und Hauswartvertrag, wo es geboten sein kann, dass die Ehefrau an Stelle ihres Ehemannes dessen Dienstpflichten erfüllt (vgl RAG DRW 1940, 1248). Soweit der Dritte im Einverständnis mit dem Arbeitgeber zur Erbringung der Dienstleistung in das Arbeitsverhältnis einbezogen wird, gelten die Regeln über das mittelbare Arbeitsverhältnis (§ 611 Rn 163 ff). Möglich ist weiterhin, dass nach dem Inhalt des Leistungsversprechens ein Arbeitnehmer seine Dienstleistung vertragsgerecht nur zusammen mit anderen erbringen kann, zB bei einem Orchester. Eine derartige Verpflichtung besteht aber keineswegs, weil **Gruppenarbeit** vorliegt (dazu § 611 Rn 168 ff). Maßgebend ist vielmehr auch bei ihr der Inhalt des Leistungsversprechens.

8 b) Ist der zur Dienstleistung Verpflichtete ein **Unternehmer**, der zur Verwirklichung des Unternehmenszwecks einen **Dienstvertrag** abgeschlossen hat, so ist hier im Prinzip davon auszugehen, dass die versprochenen Dienste durch die Unternehmensorganisation erbracht werden können. Der Unternehmer als Vertragspartner muss also nicht in persona leisten, sondern kann sich der Mithilfe seiner Arbeitnehmer oder sonstiger Dritter bedienen. Die Auslegungsregel findet auf diesen Fall also keine Anwendung. Das ist selbstverständlich, wenn der zur Dienstleistung Verpflichtete eine Kapital- oder Personengesellschaft ist, kann diese selbst doch gar nicht handeln, sondern nur ihre Organe bzw ihre Erfüllungsgehilfen für sie. Es gilt aber auch für den Fall, dass es sich um einen Einzelkaufmann handelt.

9 c) Wiederum anders verhält es sich hingegen typischerweise bei **freien Berufen**. Hier gilt, wie beim Arbeitnehmer, dass die versprochenen Dienste im Zweifel in Person zu leisten sind, basiert hier die Beauftragung doch gerade oft auf dem der Person entgegengebrachten Vertrauen. Das schließt aber natürlich nicht aus, dass der Dienstverpflichtete zur Erbringung seiner Dienstleistung Hilfskräfte hinzuziehen kann. So darf zB ein Architekt, sofern hier überhaupt ein Dienstvertrag vorliegt (dazu Vorbem 59 zu §§ 611 ff), geschulte Gehilfen in die Bauleitung und die Bauaufsicht einschalten (RGZ 82, 287). Im Hochschulbereich ist es üblich, dass bei der Bearbeitung wissenschaftlicher Werke oder der Gutachtenerstellung studentische und wissenschaftliche Hilfskräfte (ggf auch im Rahmen eines Privatdienstvertrags, § 3 WissZeitVG) hinzugezogen werden.

10 Bei einem **medizinischen Behandlungsvertrag** darf der Arzt die Dienstleistung **nicht durch einen anderen Arzt** erbringen lassen (S 1 iVm § 630b, vgl zB BGH 14. 1. 2010 – III ZR 188/09, VersR 2010, 816; Spickhoff, in: Spickhoff, Medizinrecht § 630b Rn 4; ders VersR 2013, 267 [269]). Er ist aber berechtigt, geschultes Personal zur Erbringung von Hilfsleistungen heranzuziehen, und er ist nicht nur berechtigt, sondern gegebenenfalls sogar verpflichtet, andere Ärzte hinzuzuziehen oder den Patienten an sie zu überweisen, um eine Behandlung nach dem Stand der medizinischen Wissenschaft zu gewährleisten. Bei einer **Behandlung im Krankenhaus** muss, wenn die Leistung des leitenden Arztes als gesondert berechenbare Leistung in Anspruch genommen wird, diese von ihm persönlich erbracht werden (BGH 11. 5. 2010 – VI ZR 252/08, VersR 2010, 1038; OLG Braunschweig 25. 9. 2013 – 1 U 24/12, juris Rn 40; s zu Krankenhausaufnahmeverträgen näher Staudinger/Richardi/Fischinger [2011] Vorbem 101 ff zu §§ 611 ff). Er braucht zwar nicht jeden Handgriff selbst auszuführen, muss aber die grundlegenden Entscheidungen über die Therapie selbst treffen und die Behandlung entweder selbst durchführen oder zumindest überwachen. Zwar ist bei der Erbringung seiner ärztlichen Leistung zu beachten, dass ein Zusammenwirken leitender und nachgeordneter Ärzte in der Natur des modernen Krankenhausbetriebs liegt (vgl LG Hamburg 16. 8. 2000 – 303 I 10/99, MedR 2001, 314 [315]; Spickhoff, Aktuelle Rechtsfragen des medizinischen Behandlungsverhältnisses [2004] 19 ff; vgl auch Bäune MedR 2014, 76). Die in Wahlarztvereinbarungen häufig zu findenden **Vertreterregelungen** sind aber nur in beschränktem Umfang zulässig: In Allgemeinen Geschäftsbedingungen sind sie wegen § 308 Nr 4 nur möglich, wenn sie ausdrücklich auf den Fall einer unvorhergesehenen Abwesenheit des liquidationsberechtigten Arztes beschränkt werden und der ständige ärztliche Vertreter iSv § 4 Abs 2 S 3, §§ 4, 5 Abs 5 GOÄ als Vertreter benannt wird (BGH 20. 12. 2007 – III ZR 144/07, BGHZ 175, 76; OLG Braunschweig 25. 9. 2013 – 1 U 24/12, GesR 2014, 155 [juris Rn 44]; LG München 28. 6. 2011 – 13 S 6738/10, juris Rn 6; kritisch Seibl LMK 2008, 254205). Selbst im Rahmen individualvertraglicher Abreden nimmt der BGH eine besondere Aufklärungspflicht über die möglichen Optionen (Vertreterhandeln; Verzicht auf die Inanspruchnahme wahlärztlicher Leistungen und Behandlung ohne Zuzahlung von dem jeweils diensthabenden Arzt; Verschieben der Maßnahme) an, da wegen der Sorge des Patienten über seine Gesundheit die Verhandlungsparität der Vertragspartner typischerweise gestört ist (BGH 20. 12. 2007 – III ZR 144/07). Ist die Vertreterregelung unwirksam oder die Aufklärung nicht erfolgt, besteht weder ein vertraglicher noch ein bereicherungsrechtlicher Vergütungsanspruch (siehe OLG Koblenz 21. 2. 2008 – 5 U 1309/07, NJW 2008, 1679; Spickhoff/Seibl NZS 2008, 57 [62]). Bei **zahnärztlichen Leistungen** darf ein Zahnarzt zwar nichtärztliche Hilfspersonen zur Unterstützung heranziehen; er darf ihnen aber nicht medizinische Tätigkeiten überlassen, zB die Abnahme von provisorischen Kronen, das Anfertigen eines Abdrucks und das Wiederaufsetzen von Provisorien (LG Frankfurt aM 9. 12. 1981 – 2/22 O 467/80, NJW 1982, 2610).

Wird ein zu einer Sozietät gehörender **Rechtsanwalt** mandatiert, ist in der Regel die Sozietät Vertragspartner, sodass nicht nur der akquierende Anwalt tätig werden kann (BGH 6. 7. 1971 – VI ZR 94/69, NJW 1971, 1801 [1802]; BGH 5. 11. 1993 – V ZR 1/93, NJW 1994, 257; BeckOK-BGB/Fuchs § 613 Rn 5). Im Übrigen kann sich ein Rechtsanwalt nur in den Grenzen des § 53 BRAO vertreten lassen. Er muss für seine Vertretung sorgen, wenn er länger als eine Woche daran gehindert ist, seinen Beruf auszuüben oder sich länger als eine Woche von seiner Kanzlei entfernen will. Jedoch kann er den Vertreter nur selbst bestellen, wenn die Vertretung von einem bei demselben Gericht zugelassenen Rechtsanwalt übernommen wird, wobei dies auch im Vornherein für alle Verhinderungsfälle während eines Kalenderjahres geschehen kann. In anderen Fällen kann der Vertreter nur auf Antrag des Rechtsanwalts von der Rechtsanwaltskammer bestellt werden. Die Vertretung soll einem Rechtsanwalt übertragen werden, es können aber auch andere Personen, die die Fähigkeit zum Richteramt haben, oder Referendare, die seit mindestens zwölf Monaten im Vorbereitungsdienst beschäftigt sind, bestellt werden. Der Vertreter wird in eigener Verantwortung, jedoch im Interesse, für Rechnung und auf Kosten des Vertretenen tätig, die §§ 666, 667, 670 gelten entsprechend. Der frühere § 52 BRAO, nach dem ein Rechtsanwalt Untervollmacht nur an einen seinerseits postulationsfähigen Rechtsanwalt erteilen konnte, wurde durch Gesetz zur Neuregelung des Rechtsberatungsrechts vom 12. 12. 2007 (BGBl I 2840) abgeschafft; eine Rechtsänderung ist

11

damit aber nicht verbunden, da sich das Erfordernis der Postulationsfähigkeit eines Vertreters schon aus allgemeinen Grundsätzen ergibt, § 52 BRAO somit nur klarstellende Funktion hatte (BT-Drucks 16/6634, 54). **Steuerberater** und **-bevollmächtigte** müssen einen allgemeinen Vertreter bestellen, wenn sie länger als einen Monat an der Berufsausübung gehindert sind, § 69 StBerG (dazu UEBERFELDT DStR 2009, 346 ff).

3. Job-Sharing als Ausnahme?

12 Nach § 13 Abs 1 S 1 TzBfG kann ein Arbeitgeber mit zwei oder mehreren Arbeitnehmern vereinbaren, dass sie sich einen Arbeitsplatz teilen. Charakteristikum ist, dass die Job-Sharer die auf den geteilten Arbeitsplatz entfallende Gesamtarbeitszeit eigenverantwortlich unter sich aufteilen können. § 13 TzBfG wird zT als gesetzliche Ausnahme von bzw als Durchbrechung des S 1 eingestuft (ErfK/PREIS § 613 Rn 4; HWK/THÜSING § 613 Rn 8). Das überzeugt nicht. Zwischen den Arbeitnehmern besteht gerade kein Gesamtschuldverhältnis iSv § 421, jeder von ihnen wird vielmehr nur aufgrund seines *eigenen* Arbeitsvertrages in dem dort vereinbarten zeitlichen Umfang (mit der Besonderheit der begrenzten Zeitsouveränität) tätig und erfüllt entsprechend die daraus resultierende eigene Arbeitsverpflichtung. Fällt einer der Job-Sharer aus und springt ein anderer für ihn ein, so wird damit nicht die Arbeitsverpflichtung des Ausgefallenen erfüllt. Aus § 13 Abs 1 S 2, 3 TzBfG folgt nichts anderes; denn unabhängig davon, ob es zur Vertretung aufgrund einer Zustimmung (S 2) oder aufgrund dringender betrieblicher Gründe (S 3) kommt, ist jeweils nur das Vertragsverhältnis des Vertreters zum Arbeitgeber, nicht aber das des verhinderten Arbeitnehmers betroffen. Dementsprechend kann sich der „Arbeitsvertrag" in § 13 Abs 1 S 3 TzBfG auch nur auf den Arbeitsvertrag des Vertreters, nicht aber den des Verhinderten beziehen. Summa summarum hebt § 13 TzBfG damit die persönliche Dienstleistungspflicht nicht auf (ebenso MünchKomm/MÜLLER-GLÖGE § 613 Rn 7).

4. Tod des Dienstverpflichteten

a) Dienstleistungspflicht und Erbenhaftung

13 Soweit der Dienstverpflichtete die Dienste in Person zu leisten hat, geht die Dienstleistungspflicht **nicht auf die Erben** über. Beim Tod eines Arbeitnehmers kann deshalb der Arbeitgeber von den Erben keine Dienstleistung verlangen. Auch diese können nicht fordern, in den Dienst- oder Arbeitsvertrag einzutreten. Das Dienstverhältnis erlischt vielmehr mit dem Tod des Dienstverpflichteten.

14 Die Erben haften nach erbrechtlichen Grundsätzen (§ 1967) dafür, dass sonstige Verbindlichkeiten, die den Dienstverpflichteten treffen, erfüllt werden (zB Herausgabe des Dienstwagens, der Büroschlüssel oder dem Arbeitgeber gehörender Dokumente).

b) Ansprüche des Dienstverpflichteten
aa) Allgemeines

15 Forderungen des Dienstverpflichteten gegen den Dienstberechtigten gehen auf den Erben über. Das gilt auch für Ansprüche aus dem Arbeitsverhältnis, soweit sie nicht höchstpersönlich sind oder sich aus besonderen Regelungen oder Abmachungen, zB für Hinterbliebenenbezüge, etwas anderes ergibt. Hat der Arbeitnehmer Kündigungsschutzklage erhoben, verstarb er danach und hängen vom Arbeitgeber bestrit-

tene Lohnansprüche vom Ausgang des Rechtsstreits ab, können die Erben den Rechtsstreit fortführen (LAG Hamm 19. 9. 1986 – 16 Sa 833/86, NZA 1987, 669). Vererblich ist auch der Vergütungsanspruch, der sich aus einem Plus an Arbeitsstunden bei einer **Arbeitszeitkontenabrede** ergibt; umgekehrt sind die Erben nicht zur Arbeitsleistung verpflichtet, wenn der Erblasser im Minus war (Rn 13; PETERMEIER BB 2005, 931 [933]). Unvererblich ist dagegen der Anspruch auf **Insolvenzgeld**, §§ 165 ff SGB III (BSG 11. 3. 1987 – 10 RAr 1/86, AP Nr 11 zu § 141b AFG).

bb) Urlaubsanspruch und Urlaubsabgeltung
Der **Urlaubsanspruch** ist wegen seiner Erholungszweckbindung höchstpersönlicher **16** Natur. Er kann daher nicht vererbt werden (so bereits BAG 20. 4. 1956 – 1 AZR 448/54, AP Nr 7 zu § 611 BGB Urlaubsrecht). Eine Vererblichkeit würde auch in der Sache keinen Sinn machen, weil die Erben ohnehin nicht in die Dienstverpflichtung eintreten (oben Rn 13).

Die Behandlung des **Urlaubsabgeltungsanspruchs (§ 7 Abs 4 BUrlG)** ist hingegen **17** hoch umstritten. Dabei sind im Grundsatz zwei denkbare Konstellationen zu unterscheiden:

(1) Das *Arbeitsverhältnis endete durch Tod des Arbeitnehmers,* der noch über einen **18** (Rest-)Urlaubsanspruch verfügte.

Insoweit war man sich lange Zeit darüber einig, dass die Erben *keinen* Anspruch auf Urlaubsabgeltung gegen den Arbeitgeber geltend machen können (BAG 23. 6. 1992 – 2 AZR 111/91, AP Nr 59 zu § 7 BUrlG Abgeltung; BAG 20. 1. 1998 – 9 AZR 601/96, juris Rn 17; MünchKomm/MÜLLER-GLÖGE § 613 Rn 11; ErfK/PREIS § 613 Rn 6; NEUMANN/FENSKI, BUrlG [10. Aufl 2011] § 7 Rn 115; HWK/THÜSING § 613 Rn 11; BeckOK-BGB/FUCHS § 613 Rn 7). Nachdem das BAG aber in Gefolge der *Schultz-Hoff-Entscheidung* die Surrogationstheorie aufgegeben hat (BAG 24. 3. 2009 – 9 AZR 983/07, AP Nr 39 zu BUrlG; methodisch kritisch dazu § 611 Rn 1849 ff mwNw), wurden in der instanzgerichtlichen Rechtsprechung und in der Literatur Stimmen laut, die für eine Abkehr von dieser Handhabung plädierten und sich für einen Urlaubsabgeltungsanspruch der Erben aussprachen (LAG Hamm 22. 4. 2010 – 16 Sa 1502/09, NZA 2011, 106; ArbG Potsdam 15. 2. 2011 – 3 Ca 1512/10, juris Rn 19; SCHIPPER/POLZER NZA 2011, 80; ErfK/GALLNER § 7 BUrlG Rn 81; WINDELN ArbRB 2011, 138 [139]; LANGE, Erbrecht [2011] § 9 Rn 34; JESGARZEWSKI BB 2012, 1347; ders BB 2013, 1792).

Das **BAG** hat dies zunächst zurückgewiesen (BAG 20. 9. 2011 – 9 AZR 416/10, NZA 2012, 326), und zwar völlig **zu Recht**. Schon der Wortlaut des § 7 Abs 4 BUrlG spricht gegen einen Urlaubsabgeltungsanspruch der Erben, setzt er doch voraus, dass der Urlaub „*wegen der Beendigung* des Arbeitsverhältnisses" nicht mehr gewährt werden kann. Daran fehlt es jedoch, weil bereits mit dem Tod die Dienstleistungspflicht entfiel und *deshalb* – und nicht wegen der mit dem Tod zugleich ebenfalls erfolgten Beendigung des Arbeitsverhältnisses – eine Freistellung von der Arbeitspflicht in Form von Urlaubsgewährung unmöglich wurde. Auch die Gesetzgebungsgeschichte des § 7 Abs 4 BUrlG spricht richtigerweise nicht für die Zuerkennung eines Urlaubsabgeltungsanspruchs in der vorliegenden Konstellation, sondern dagegen (näher FISCHINGER AP Nr 92 zu § 7 BUrlG Abgeltung sub III 2 c). Überdies ändert richtigerweise auch die Aufgabe der Surrogationstheorie nichts daran, dass es sich bei dem Urlaubsabgeltungsanspruch zwar um einen Geldanspruch handelt, dieser aber eben einen speziellen Zweck verfolgt, nämlich den ausgeschiedenen Arbeitnehmer finanziell in die Lage zu versetzen, sich vor Aufnahme einer neuen Tätigkeit zu erholen. Ein mit einem derartig „erkauften" Urlaub möglicher Entspannungs- und Erholungszweck ist bei einem Toten aber denklogisch nicht mehr zu erreichen, sodass auch eine teleologische Auslegung gegen einen Urlaubsabgeltungsanspruch der Erben spricht. Daher zeigt sich: Auch wenn der Urlaubsabgeltungsanspruch ein Geldanspruch ist, so ist er ein solcher mit einer ganz bestimmten Zweckrichtung, der daher richtigerweise nur entstehen kann, wenn diese Zwecksetzung bei abstrakt-typisierender Betrachtung überhaupt eintreten *kann*. Das ist zwar bei Beendigung des Arbeitsverhältnisses wegen Eintritts in den Ruhestand, nicht aber bei Versterben des Arbeitnehmers im laufenden Arbeitsverhältnis der Fall (FISCHINGER AP Nr 92 zu § 7 BUrlG Abgeltung sub III 2 d).

Diese Rechtsprechung hat das BAG auch nach der vollständigen Aufgabe der Surrogationstheorie (durch BAG 19. 5. 2012 – 9 AZR 652/10, NZA 2012, 1087) bestätigt und zugleich betont, dass daran auch weder eine zur Arbeitsunfähigkeit führende Erkrankung des Erblassers im Zeitpunkt des Todes etwas ändert noch, dass der Urlaubsanspruch zu diesem Zeitpunkt rechtshängig war (BAG 12. 2. 2013 – 9 AZR 532/11, NZA 2013, 678). Auch diesen beiden Gesichtspunkten ist zuzustimmen. Eine mögliche Erkrankung des späteren Erblassers ändert nämlich nichts daran, dass dieser nach seinem Tod nicht mehr von den Zwecken der Urlaubsgewährung bzw -abgeltung profitieren kann. Und die bloße Tatsache der Rechtshängigkeit eines Anspruchs schützt ihn materiell-rechtlich nicht gegen ein Erlöschen, zB per Anfechtung.

Auf Vorlage des LAG Hamm (14. 2. 2013 – 16 Sa 1511/12) hat der **EuGH** diese Rechtsprechung allerdings gekippt und entschieden, dass Art 7 der RL 2003/88/EG nationalen Rechtsvorschriften entgegensteht, die den Anspruch auf bezahlten Jahresurlaub ohne Begründung eines Abgeltungsanspruchs für nicht genommenen Urlaub untergehen lassen, wenn das Arbeitsverhältnis durch den Tod des Arbeitnehmers endet (EuGH 12. 6. 2014 – C-118/13, NZA 2014, 651 *Bollake*). Das Gericht berief sich darauf, dass der Anspruch auf bezahlten Jahresurlaub ein besonders bedeutsamer Grundsatz des Sozialrechts der Union sei und der Anspruch auf Jahresurlaub und auf Bezahlung während dieses zwei Aspekte eines einheitlichen Anspruchs seien (juris Rn 15 f). Damit sei sicherzustellen, dass der Arbeitnehmer während dieser Ruhe- und Entspannungszeit das gewöhnliche Entgelt weiterbezieht (juris Rn 21). Auch stelle § 7 Abs 2 der Richtlinie keine weiteren Voraussetzungen auf, als dass (1) das Arbeitsverhältnis beendet ist und (2) der Arbeitnehmer nicht den gesamten Urlaub genommen hat (juris Rn 23). Schließlich sei ein finanzieller Ausgleich auch erforderlich, um die Wirksamkeit des Anspruchs auf bezahlten Jahresurlaub sicherzustellen, weil anderenfalls „ein unwägbares, weder vom Arbeitnehmer noch vom Arbeitgeber beherrschbares Vorkommnis rückwirkend zum vollständigen Verlust des Anspruchs auf bezahlten Jahresurlaub selbst […] führen würde" (juris Rn 24).

Das Urteil des EuGH ist verfehlt, keines der vorgebrachten Argumente ist relevant. Wenn das Gericht anführt, der Anspruch auf bezahlten Urlaub weise mit Arbeitsfreistellung und Bezahlung zwei Aspekte auf, ist das zwar ebenso richtig wie die Aussage, die Bezahlung solle sicherstellen, dass der Arbeitnehmer während der Ruhe- und Entspannungszeit sein Gehalt weiterbeziehe. Das Gericht zieht daraus aber die völlig falschen Schlüsse und verkennt den naheliegenden und durchschlagenden Einwand, dass ein Arbeitnehmer, der verstorben ist, nach menschlichem Kenntnisstand gar keine Ruhe- und Entspannungszeit mehr haben kann und daraus als einzig denklogische Konsequenz abzuleiten ist, dass eben gerade *kein* Abgeltungsanspruch zu gewähren ist (so zu Recht auch PÖTTERS EuZW 2014, 590 [592]; vorsichtig in diese Richtung auch NABER NJW 2014, 2415 [2417]). Entsprechend ist es auch nicht zur Sicherung des „effet utile" notwendig, einen Abgeltungsanspruch vorzusehen, wird doch durch das „unwägbare [...] Vorkommnis", den Tod des Arbeitnehmers, nicht die praktische Wirksamkeit des Urlaubsanspruchs beeinträchtigt. Auch das Argument, § 7 Abs 2 der Richtlinie stelle keine weitergehenden Voraussetzungen auf, geht fehl, weil das Gericht nicht beachtet, dass der Tod des Arbeitnehmers nicht nur das Arbeitsverhältnis beendet, sondern zugleich – und nicht etwa eine juristische Sekunde danach – auch den Urlaubsanspruch wegen Unmöglichkeit (§ 275 Abs 1) entfallen lässt. Diese Gegenargumente können nicht mit dem pauschalen Hinweis auf den für die Auslegung wenig hilfreichen Allgemeinplatz, der Anspruch auf bezahlten Jahresurlaub sei ein besonders bedeutsamer Grundsatz des Sozialrechts, hinweg gewischt werden. Überdies setzt sich das Gericht in der Sache in Widerspruch zu seinen eigenen Grundannahmen in der Rechtssache KHS. Dort lehnte es – in teilweiser Korrektur von *Schultz-Hoff* – die Möglichkeit eines jahrelangen Ansammelns von Urlaubsansprüchen mit dem treffenden Argument ab, dass dem Jahresurlaub seine positive Wirkung als Erholungszeit über gewisse Grenzen hinaus fehle, wenn ein gewisses Quantum überschritten sei. Wenn damit aber Kern *und* Grenze (!) für einen Urlaubs(abgeltungs)anspruch das berechtigte Interesse an bezahlter Erholung ist, muss dies erst Recht im Fall des Versterbens des Arbeitnehmers relevant werden (in diese Richtung auch C SCHMIDT, NZA 2014, 701 [704]). Schließlich lässt sich die Vorgabe des EuGH auch nicht ohne Verletzung grundlegender *erbrechtlicher Prinzipien* ins deutsche Recht umsetzen: Eine erstmalige Anspruchsentstehung in der Person des Erben scheitert schon daran, dass der Erbe immer nur in bereits bei Erbfall bestehende Rechtspositionen eintreten kann, der Urlaubsabgeltungsanspruch in der Person des Erblassers aber nie entstanden war (vgl § 1922). Wenn das Problem damit vermieden werden soll, dass man davon ausgeht, der im Zeitpunkt des Todes noch vorhandene Urlaubsanspruch des Erblassers wandle sich in dieser Sekunde in einen Urlaubsabgeltungsanspruch um (so SCHIPPER/POLZER NZA 2011, 80 [83]), so überzeugt auch das dogmatisch nicht, weil es dem Grundprinzip des Erbrechts widerspricht, dass das Vermögen des Erblassers nur mit identischem rechtlichen Inhalt und in demselben Zustand übergehen kann (STAUDINGER/MAROTZKE [2008] § 1922 Rn 45; BeckOk-BGB/MÜLLER-CHRISTMANN § 1922 Rn 17; NK-BGB/KROISS § 1922 Rn 7; vgl auch BGH 14. 7. 1997 – II ZR 122/96, NJW 1997, 3379; BGH 13. 11. 2000 – II ZR 52/99, ZEV 2001, 68; GLATZEL NZA-RR 2013, 514 [515]; s auch noch FISCHINGER AP Nr 92 zu § 7 BUrlG Abgeltung sub III 2 e). Mit einer unionsrechtskonformen Auslegung des § 7 Abs 4 BUrlG ist es daher richtigerweise nicht getan (so aber PÖTTERS EuZW 2014, 590 [592]).

Unabhängig von der Bewertung des Urteils bezieht sich dieses nur auf den in Art 7 Abs 1 RL 2003/88/EG vorgesehenen, in § 3 Abs 1 BUrlG normierten **gesetzlichen Mindesturlaubsanspruch** von vier Wochen (insoweit zutreffend JESGARZEWSKI BB 2014, 1728). Für darüber hinausgehende, tarif- oder arbeitsvertraglich begründete Urlaubsansprüche kann es bei der überzeugenden Linie des BAG verbleiben, weil dem EuGH insoweit die Kompetenz fehlt. Für Arbeitgeber dürfte es naheliegen, dies im Arbeitsvertrag festzulegen. Eine unangemessene Benachteiligung § 307 Abs 1 S 1 ist darin nicht zu erblicken, scheitert eine Inhaltskontrolle doch schon an § 307 Abs 3, weil die Klausel nur ausdrückt, was sich ohnehin durch Auslegung des § 7 Abs 4 BUrlG ergibt.

19 (2) Von obiger Konstellation ist der Fall zu unterscheiden, dass das *Arbeitsverhältnis „regulär" endete*, der Arbeitnehmer dadurch nach § 7 Abs 4 BUrlG einen *Urlaubsabgeltungsanspruch erwarb* und noch vor dessen Erfüllung durch den Arbeitgeber *verstarb*.

Das BAG hielt den Urlaubsabgeltungsanspruch auf Basis seiner Surrogationstheorie früher (konsequenterweise) für nicht vererblich, gewährte dem Arbeitnehmer aber einen Schadensersatzanspruch nach §§ 280 Abs 1, 3, 283, 286, 287 S 2, wenn sich der Arbeitgeber mit der Urlaubsgewährung in Verzug befand (BAG 18. 7. 1989 – 8 AZR 44/88, AP Nr 49 zu § 7 BUrlG Abgeltung; BAG 19. 11. 1996 – 9 AZR 376/95, AP Nr 71 zu § 7 BUrlG Abgeltung; s auch § 611 Rn 1847).

Diese Rechtsprechung ist nach Aufgabe der Surrogationstheorie – unabhängig von eventuellen europarechtlichen Wertungen – obsolet, der **bereits entstandene Urlaubsabgeltungsanspruch** ist unproblematisch **vererblich** (so auch Pötters EuZW 2014, 590 [591 f]; ErfK/Preis § 613 Rn 6). Darin liegt kein Widerspruch zu obigen Ausführungen. Denn auch wenn der Abgeltungsanspruch nach zutreffender Auffassung und entgegen dem EuGH nur dort entstehen kann, wo bei abstrakt-typisierender Betrachtung sein Zweck überhaupt erreicht werden kann, folgt daraus nicht, dass der Arbeitnehmer den Anspruch auch sofort realisieren muss (vgl auch Fischinger AP Nr 92 zu § 7 BUrlG Abgeltung sub III 2 d). Überdies kann es keinen Unterschied machen, ob der Arbeitnehmer erst nach Erfüllung des Urlaubsabgeltungsanspruchs verstirbt (sodass die Erben unproblematisch erben) oder ob er das nicht mehr erlebt.

cc) Auflösung des Arbeitsverhältnisses, §§ 9, 10 KSchG

20 Höchstpersönlich ist das Recht des Arbeitnehmers, im Rahmen des Kündigungsschutzverfahrens die Auflösung des Arbeitsverhältnisses gegen Zahlung einer Abfindung zu beantragen (§§ 9, 10 KSchG; ebenso ArbRBGB/Ascheid § 613 Rn 6; MünchKomm/Müller-Glöge § 613 Rn 12; Soergel/Raab § 613 Rn 17; HWK/Thüsing § 613 Rn 12). War der Antrag zum Zeitpunkt des Erbfalls aber bereits gestellt, so ist für den Fall, dass er begründet ist, der Anspruch auf Abfindung bereits entstanden und damit auf den Erben übergegangen; das gilt nach zutreffender Ansicht aber nicht, wenn der Arbeitnehmer vor Ablauf der Kündigungsfrist verstorben ist (ErfK/Kiel § 9 KSchG Rn 5; APS/Biebl § 9 KSchG Rn 16, § 10 Rn 45; Soergel/Raab § 613 Rn 17; aA wohl HWK/Thüsing § 613 Rn 12), denn das Bestehen eines Arbeitsverhältnisses im Auflösungszeitpunkt (§ 9 Abs 2 KSchG) ist materiell-rechtliche Voraussetzung für das Auflösungsurteil (vgl zB BAG 20. 3. 1997 – 8 AZR 769/95, AP Nr 30 zu § 9 KSchG 1969). Eine Ausnahme ist allerdings auch bei Versterben vor Eintritt des Auflösungszeitpunkts für bereits rechtskräftig zuerkannte Abfindungsansprüche zu machen, die stets vererblich sind (BAG 26. 5. 1987 – 2 AZR 504/86, NZA 1988, 466).

dd) Abfindungsansprüche

21 Der Abfindungsanspruch nach **§ 1a KSchG** ist kein höchstpersönliches Recht. Wie das BAG zu Recht entschieden hat, entsteht er aber erst mit Ablauf des ordentlichen Kündigungstermins, dh mit Ende des Arbeitsverhältnisses; bei vorherigem Versterben des Arbeitnehmers (oder sonstiger Beendigung des Arbeitsverhältnisses) entsteht der Anspruch nicht und geht daher auch nicht auf die Erben über (BAG 10. 5. 2007 – 2 AZR 45/06, AP Nr 3 zu § 1a KSchG 1969; FISCHINGER FA 2008, 260). Gleiches gilt bei Ansprüchen aus § 113 BetrVG (**Nachteilsausgleich**) sowie Abfindungsansprüchen aus **Sozialplänen**, da diese dem Ausgleich der wirtschaftlichen Folgen des Arbeitsplatzverlustes dienen und weder eine Gegenleistung für die Einwilligung in den Arbeitsplatzverlust darstellen noch der Versorgung der Hinterbliebenen dienen (BAG 22. 5. 1996 – 10 AZR 907/95, AP Nr 13 zu § 4 TVG Rationalisierungsschutz; BAG 25. 9. 1996 – 10 AZR 311/96, AP Nr 105 zu § 112 BetrVG 1972; das gilt auch, wenn der Arbeitnehmer in eine Beschäftigungs- und Qualifizierungsgesellschaft wechselt, LAG Düsseldorf 12. 3. 2004 – 14 Sa 1827/03). Für Abfindungen in **Aufhebungs- oder Abwicklungsverträgen** (ggf im Rahmen eines Prozessvergleiches) hängt die Vererblichkeit von der vertraglichen Gestaltung ab, wobei davon auszugehen ist, dass ein entstandener Anspruch in der Regel auch vererblich ist (LAG München 25. 8. 1980 – 7 Sa 166/80, ARST 1981, 86). Fehlt – wie häufig – eine explizite vertragliche Regelung, ist der Parteiwille durch Auslegung unter Berücksichtigung der beiderseitigen Interessen zu ermitteln. Maßgeblich ist der Zweck der Abfindung: Stellt diese im Wesentlichen eine Gegenleistung für die Einwilligung des Arbeitnehmers in die vorzeitige Beendigung des Arbeitsverhältnisses und den Verzicht auf Erhebung einer Kündigungsschutzklage dar, entsteht der Anspruch schon mit Vertragsschluss, und ist ab da vererblich; dient sie hingegen der Kompensation des Verdienstausfalls zwischen dem vereinbarten Ende und dem frühestmöglichen Bezug einer gesetzlichen Altersrente, entsteht der Anspruch erst mit Erreichen des Beendigungszeitpunkts und ist – bei vorherigem Versterben – nicht vererblich (vgl im Einzelnen BAG 16. 5. 2000 – 9 AZR 277/99, AP Nr 20 zu § 620 BGB Aufhebungsvertrag; BAG 22. 5. 2003 – 2 AZR 250/02, AP Nr 8 zu § 767 ZPO; REITER, BB 2006, 42 [44]).

III. Übertragbarkeit des Anspruchs auf die Dienstleistung, S 2

1. Inhalt

Während S 1 die „Handlungsmöglichkeiten" des Dienstverpflichteten beschränkt, dient die in S 2 enthaltene **Auslegungsregel** seinem Schutz, indem der Anspruch auf die Dienste unabhängig von § 399 Alt 1 als im Zweifel nicht übertragbar – und damit zugleich unpfändbar, § 851 Abs 1 ZPO – ausgestaltet wird (ebenso ArbRBGB/ASCHEID § 613 Rn 1; MünchKomm/MÜLLER-GLÖGE § 613 Rn 1; HWK/THÜSING § 613 Rn 1). Da der Dienstverpflichtete nicht einen bestimmten Arbeitserfolg, sondern Dienste schuldet, die im Regelfall nicht von seiner Person zu trennen sind, verträgt diese Besonderheit nach der Regel des Gesetzes nicht, dass der Dienstberechtigte dem Dienstverpflichteten gegen dessen Willen einen neuen Dienstberechtigten aufzwingen kann. Denn die Entscheidung, ob, für wen und in welcher Weise er seine Arbeitskraft einsetzt, gehört zum Bereich höchstpersönlicher Lebensführung (BGH 11. 12. 2003 – IX ZR 336/01, NJW-RR 2004, 696 [697]). **22**

S 2 gilt auch für die Übertragung von **Teilrechten** aus dem Arbeitsverhältnis (zB Wettbewerbsverbot, vgl BAG 28. 1. 1966 – 3 AZR 374/65, AP Nr 18 zu § 74 HGB). Auch wenn das BAG zu Recht in dieser die personalen Elemente des Arbeitsverhältnisses widerspiegelnden Regelung einen wesentlichen Grundsatz des Arbeitsrechts erblickt (BAG 17. 1. 1979 – 5 AZR 248/78, AP Nr 2 zu § 613 BGB), ist die praktische Bedeutung **23** der Auslegungsregel gering. Man war deshalb bei den Gesetzgebungsarbeiten zunächst der Ansicht, dass keine Regelung notwendig sei, inwiefern der Dienstverpflichtete nur der Person des Dienstberechtigten die Dienste zu leisten verpflichtet sei, weil man § 399 Alt 1 für ausreichend hielt (Mot II 457).

2. Keine Geltung für die Vererblichkeit

24 S 2 hat gegenüber S 1 einen verschiedenen Inhalt. Während aus S 1 folgt, dass die Dienstverpflichtung nicht auf die Erben übergeht, ist in S 2 der Anspruch auf die Dienste im Zweifel nur für *unübertragbar*, nicht aber für unvererblich erklärt. Das Gesetz gibt also **für die Vererblichkeit keine Auslegungsregel** (ebenso ArbRBGB/Ascheid § 613 Rn 8; MünchKomm/Müller-Glöge § 613 Rn 22; HWK/Thüsing § 613 Rn 15). Ob der Anspruch vererblich ist, hängt vom Inhalt des Leistungsversprechens ab. Wenn die Arbeiten des Dienstverpflichteten ganz oder doch überwiegend unmittelbar für die Person des Dienstberechtigten zu leisten waren, zB Krankenpflege oder Privatsekretär, kann die Dienstleistung mit dem Tod des Dienstberechtigten nicht mehr erbracht werden. Von der Gestaltung des Dienstvertrags hängt ab, ob damit das Vertragsverhältnis aufgelöst ist. Bei einem Arbeitsvertrag kann eine auflösende Bedingung vorliegen (LAG Hamburg 17. 6. 1952 – 20 Sa 217/52; kritisch Soergel/Raab § 613 Rn 22). Gemäß §§ 21, 15 Abs 2 TzBfG, die nach hM auch eingreifen, wenn – wie zB beim Tod des zu pflegenden Arbeitgebers – feststeht, dass der Zweck nicht mehr erreicht werden kann (APS/Backhaus § 15 TzBfG Rn 3 mwNw), endet das Arbeitsverhältnis dann frühestens zwei Wochen nach Zugang der schriftlichen Unterrichtung des Arbeitnehmers über den Bedingungseintritt; Miterben können die Unterrichtung nur gemeinschaftlich vornehmen, § 2038 Abs 1 S 1 (die zügige Trennung von einer unnötigen Haushaltshilfe oder Ähnliches gehört aber zur ordnungsgemäßen Verwaltung, § 2038 Abs 1 S 2 HS 1). Auch wenn der Sinn des § 15 Abs 2 TzBfG eigentlich auch dann gewahrt ist, wenn der Arbeitnehmer auf andere Art und Weise Kenntnis vom Tod des Arbeitgebers erhält, wird man die Mitteilung angesichts des zwingenden Normcharakters sowie aus Gründen der Rechtssicherheit verlangen müssen (Hergenröder, AR-Blattei SD 500. 2 Rn 6). Voraussetzung für §§ 21, 15 Abs 1 TzBfG ist zudem, dass bei Festlegung der auflösenden Bedingung die Schriftform gemäß § 14 Abs 4 TzBfG gewahrt wurde. Anderenfalls gilt selbst bei Annahme einer auflösenden Bedingung der Arbeitsvertrag als auf unbestimmte Zeit geschlossen (§ 16 TzBfG). Hier kann der Tod aber ein wichtiger Grund sein, der zur außerordentlichen Kündigung berechtigt; da nach § 16 S 2 TzBfG aber eine ordentliche Kündigung auch möglich ist, wenn eine entsprechende Vereinbarung (§ 15 Abs 3 TzBfG) fehlt, gilt das nur, wenn es dem Erben nicht zumutbar ist, das Ende der Kündigungsfrist abzuwarten. Möglich soll zB die außerordentliche Kündigung einer Notariatsangestellten nach dem Tod eines Nur-Notars sein (BAG 2. 5. 1958 – 2 AZR 607/57, AP Nr 20 zu § 626 BGB), da mit dem Tod der „Betrieb" völlig unterging; das wird man bei einem Krankenpfleger ähnlich sehen können, anders verhält es sich aber uU bei einem Privatsekretär oder einer Haushaltshilfe. (Zunächst) keine Probleme der Vererblichkeit stellen sich hingegen, wenn eine Haushaltshilfe von den Ehegatten als gemeinsame Arbeitgeber engagiert wurde und dann einer der Ehegatten stirbt; in diesem Fall besteht das Arbeitsverhältnis mit dem Überlebenden fort und geht nicht auf die Miterben in gesamthändischer Verbundenheit über (LAG Hamm 7. 10. 2002 – 8 Sa 1758/01, NZA-RR 2004, 125 [126]).

In der Mehrzahl der Fälle, nämlich immer da, wo der Arbeitnehmer für einen **25** Betrieb eingestellt ist, wird der Tod des Arbeitgebers auf den weiteren Vollzug des Arbeitsverhältnisses ohnehin ohne Einfluss sein. Die Erben des Arbeitgebers treten hier in das Arbeitsverhältnis ein (zu Fragen der Erbengemeinschaft vgl HERGENRÖDER, AR-Blattei SD 500. 2 Rn 19 f).

3. Dienstleistung für Dritte

S 2 bezieht sich auf die Übertragbarkeit des Anspruchs auf die Dienstleistung, nicht **26** aber darauf, ob die Dienstleistung beim Dienstberechtigten oder einem Dritten zu erfolgen hat. Dies hängt vielmehr ausschließlich vom rechtsgeschäftlichen Inhalt des Leistungsversprechens ab. Aus ihm kann sich ergeben, dass ein Arbeitnehmer seine Arbeitsleistung im Unternehmen eines Dritten zu erbringen hat (zB Fensterputzkolonne); an der Stellung als Arbeitgeber und den daraus folgenden Rechten und Pflichten ändert das nichts (BAG 20. 7. 2004 – 9 AZR 570/03, AP Nr 65 zu § 611 BGB Ärzte-Gehaltsansprüche; zur Abgrenzung zum Leiharbeitsverhältnis s § 611 Rn 157 ff). Da S 2 auch für die Übertragung von Teilrechten aus dem Arbeitsverhältnis gilt (Rn 23), hat der Dritte ein dienstvertragliches Weisungsrecht nur, wenn ihm dies mit Zustimmung des Dienstverpflichteten übertragen wurde (SOERGEL/RAAB § 613 Rn 19; **anders** wohl MünchKomm/MÜLLER-GLÖGE § 613 Rn 23: begrenztes Weisungsrecht); in Betracht kommt jedoch ein Weisungsrecht aufgrund Werkvertragsrecht mit dem Dienstberechtigten, das auch dem Dienstverpflichteten gegenüber besteht.

Soll die Dienstleistung einem Dritten erbracht werden, so kann ein **Vertrag zuguns-** **27** **ten Dritter** vorliegen (§ 328). Soweit es um den Vergütungsanspruch geht, bleibt aber auch hier der ursprüngliche Dienstberechtigte verpflichtet. Der Dritte hat einen Anspruch auf Arbeitsleistung und in der Regel ein diesbezügliches Weisungsrecht. Die Behandlung von in der gesetzlichen Krankenversicherung versicherten Patienten beruht nicht auf einem Vertrag der Krankenkasse mit dem Vertragsarzt zugunsten des Patienten, sondern der Behandlungsvertrag wird zwischen dem Patienten und dem Vertragsarzt abgeschlossen (s ausführlich STAUDINGER/RICHARDI/FISCHINGER [2011] Vorbem 121 ff zu §§ 611 ff).

Im Baugewerbe ist nach § 9 BRTV-Bau eine Freistellung für bzw die Abordnung an **28** eine **Arbeitsgemeinschaft** (ARGE) möglich (dazu SCHWAB NZA-RR 2008, 169 ff; KNIGGE DB 1982, Beilage Nr 4, 1 ff). Bei der Freistellung wird ein neues Arbeitsverhältnis mit der regelmäßig als GbR organisierten ARGE begründet, das Arbeitsverhältnis zum Stammbetrieb samt der daraus resultierenden Hauptpflichten zur Arbeitsleistung und Lohnzahlung ruht (BAG 11. 3. 1975 – 1 ABR 77/74, AP Nr 1 zu § 24 BetrVG 1972; Nebenpflichten bleiben aber bestehen, BAG 17. 9. 1974 – 1 ABR 85/73, AP Nr 1 zu § 116 BetrVG 1972). Für kürzere Einsätze kommt eine Abordnung in Betracht, bei der kein zweites Arbeitsverhältnis begründet wird, der Arbeitnehmer erhält den Lohn vom abstellenden Arbeitgeber. § 9 BRTV-Bau entbindet aber nicht von einer notwendigen individualvertraglichen (konkludenten) Zustimmung des Arbeitnehmers; dieses Erfordernis folgt für die Abordnung aus S 2, für die Freistellung zudem aus der Tatsache, dass ein zweiter Arbeitsvertrag geschlossen wird.

4. Abtretung des Anspruchs auf die Arbeitsleistung

29 Beim Arbeitsverhältnis muss man unterscheiden, ob es nur darum geht, dass die dem Arbeitgeber geschuldete Dienstleistung an einen Dritten zu erfolgen hat (dann Rn 26) oder ob dieser berechtigt ist, den Arbeitnehmer nach seinen Vorstellungen zu beschäftigen. Im letzteren Fall (typischerweise liegt eine erlaubnispflichtige, § 1 Abs 1 S 1 AÜG, **Arbeitnehmerüberlassung** vor) ist der Anspruch auf die Arbeitsleistung dem Dritten übertragen. Wegen der in S 2 niedergelegten Auslegungsregel ist das nur zulässig, wenn der Arbeitnehmer zugestimmt hat oder sich aus dem Inhalt des Vertrages ergibt, dass er einem Dritten zur Beschäftigung überlassen werden kann (vgl BGH 11. 12. 2003 – IX ZR 336/01, NJW-RR 2004, 696 [697]); daran ändert eine ggf nach AÜG erteilte Erlaubnis nichts. Die Abtretung des Anspruchs auf die Dienstleistung führt zur Entstehung eines sog Leiharbeitsverhältnisses, bei der die Vertragsrechtsstellung des Arbeitgebers nicht auf den Entleiher übergeht, sondern beim Verleiher verbleibt (s ausführlich § 611 Rn 141 ff). Ein Arbeitsverhältnis zum Entleiher wird selbst dann nicht allein deshalb fingiert, weil es an einer ausdrücklichen Vereinbarung nach S 2 fehlt (LAG Düsseldorf 10. 3. 2008 – 17 Sa 856/07, EzAÜG § 10 AÜG Fiktion Nr 120).

30 Da ein Arbeitnehmer regelmäßig für einen bestimmten Betrieb eingestellt wird, findet **S 2 keine Anwendung**, soweit der Arbeitgeber den **Betrieb** oder **Betriebsteil**, in dem der Arbeitnehmer beschäftigt wird, **auf einen anderen überträgt**. Es ergibt sich vielmehr aus § 613a Abs 1 S 1, dass in diesem Fall, ohne dass es einer Abtretung des Anspruchs auf die Arbeitsleistung bedarf, der Erwerber von Gesetzes wegen in die Rechte und Pflichten aus den im Zeitpunkt des Übergangs bestehenden Arbeitsverhältnisse eintritt. Vor Einfügung des § 613a durch § 122 BetrVG 1972 hatte sich bereits die Auffassung durchgesetzt, dass die Auslegungsregel des § 613 S 2 keine Anwendung findet, wenn der Betrieb, für den die Arbeit zu leisten ist, übertragen wird. Man billigte dem Arbeitgeber das Recht zu, den Anspruch auf die Arbeitsleistung auch ohne Zustimmung des Arbeitnehmers auf den Erwerber des Betriebs zu übertragen, weil in den meisten Fällen die zu leistende Arbeit weit mehr von der Art und dem Umfang des betreffenden Betriebs als von der Person des Betriebsinhabers abhängt (vgl Hueck/Nipperdey I 514 ff mwNw aus dem Schrifttum). Auch wenn S 2 damit dem Übergang eines Arbeitsverhältnisses nach § 613a Abs 1 S 1 nicht entgegensteht, ist er – bzw der in ihm zum Ausdruck kommende Rechtsgedanke, dass ein „Verkauf" des Arbeitnehmers mit dessen Menschenwürde nicht vereinbar ist – doch ein maßgeblicher Grund dafür, dass das BAG an einen Widerspruch nach § 613a Abs 6 die Rechtsfolge des Bestehenbleibens des Arbeitsverhältnisses zum Veräußerer knüpft (BAG 13. 7. 2006 – 8 AZR 382/05, AP Nr 1 zu § 613a BGB). Da § 613a nur für Arbeitsverträge gilt, ist ein Vertragspartnerwechsel bei **Dienstverträgen** nur über eine Vertragsübernahme (dazu Staudinger/Busche [2012] Einl 196 ff zu §§ 398 ff) möglich.

31 S 2 steht schließlich einem **(landes-)gesetzlich angeordneten Übergang** von Arbeitsverhältnissen von einer öffentlich-rechtlichen Körperschaft auf eine andere Körperschaft oder Anstalt des öffentlichen Rechts nicht entgegen (BAG 2. 3. 2006 – 8 AZR 124/05, AP Nr 25 zu § 419 BGB Funktionsnachfolge; BAG 18. 12. 2008 – 8 AZR 660/07, EzA-SD 2009, Nr 15, 9–11).

32 Die neuerdings anzutreffenden sog **Matrix-Konzernstrukturen** zeichnen sich dadurch aus, dass eine vom Vertragsarbeitgeber unabhängige Arbeitsorganisation existiert und der Arbeitnehmer häufig in mehreren Weisungsbeziehungen steht. Weil auch die Übertragung des Weisungsrechts nach zutreffender Auffassung von S 2 erfasst wird (s Rn 23, 26), bedarf dies in solchen Konzernstrukturen der Zustimmung des Arbeitnehmers oder einer entsprechenden Regelung im Arbeitsvertrag (näher Kort NZA 2013, 1318 [1320]; Meyer NZA 2013, 1326 [1329]; Neufeld/Michels KSzW 2012, 49).

Auch im **Dienstvertragsrecht** außerhalb von Arbeitsverträgen ist S 2 relevant. So **33** wird ein Arzt es in aller Regel und mit Recht ablehnen können, einen anderen als seinen Vertragspartner zu behandeln. Als höchstpersönlich und daher gemäß S 2 nicht abtretbar ist auch die Verpflichtung anzusehen, einen Insolvenzschuldner in der Krisensituation seines Unternehmens und gegenüber Insolvenzgericht und -verwalter zu beraten (BGH 21. 2. 2013 – IX ZR 69/12, NZI 2013, 434 [435]).

Sachregister

Die fetten Zahlen beziehen sich auf die Paragrafen, die mageren Zahlen auf die Randnummern.

Abfindung
 Altersdiskriminierung **611** 474
 Kündigungsschutzklage, Verzicht auf **612a** 28; **613** 21
 Sozialplanabfindung **612a** 28; **613** 21
Abfindungsanspruch
 Ausschlussfristen **611** 810
 tariflicher Abfindungsanspruch **612a** 28
 Vererblichkeit **613** 20 f
 Verjährungsfristen **611** 810
Ablösungsprinzip
 Tarifvertrag **611** 819
Abmachung, andere
 Betriebsvereinbarung **611** 818
 Tarifvertrag **611** 818
Abmahnung
 Entfernung aus der Personalakte **611** 1770
 Gleichbehandlungspflicht, Verletzung **611** 1028
 Nebentätigkeitsverbot **611** 1198
 Wettbewerbsverstoß **611** 1186
Abrechnung
 Lohnabrechnung
  s dort
Abschlagszahlungen
 Abrechnung **611** 1674
 Begriff **611** 1533 f
Abschlussfreiheit
 Arbeitgeber **611** 408, 414
  Auswahl des Arbeitgebers **611** 412 f
 Arbeitnehmer **611** 408, 412 f
 Dienstvertrag **611** 364, 406 ff
 Mitbestimmungsrecht des Betriebsrats **611** 411, 414
Abschlussgebote
 Abschlussnormen **611** 778
 Beschäftigungsbrücken **611** 532
 Betriebsübung **611** 536
 Betriebsvereinbarung **611** 533
 Kontrahierungszwang **611** 778
 Rückkehrzusage **611** 535
 Tarifnormen **611** 532
 Vorvertrag **611** 534
Abschlussnormen
 Abschlussgebote **611** 778
 Abschlussverbote **611** 551, 775
 Formerfordernisse **611** 392 f, 405
 Tarifgebundenheit **611** 776
 Tarifvertrag **611** 773 ff
 Unabdingbarkeit **611** 790 f
 Vertrag zugunsten Dritter **611** 533

Abschlussprämie
 Rückzahlungsklausel **611** 1519
Abschlussverbote
 Abschlussnormen **611** 551, 775
 Arbeitsvertrag **611** 553, 646
 Betriebsnormen **611** 551
 Betriebsvereinbarung **611** 546, 552
 Gesetzesrecht **611** 546 ff
 Tarifvertrag **611** 546, 551
Abstandsklauseln
 Differenzierungsklauseln **611** 1818
Abtretung
 Dienstvertrag **611** 118
 Lohnanspruch **611** 1607 ff
Abwicklungsvertrag
 Abfindungsanspruch, Vererblichkeit **613** 21
 Arbeitgeberdarlehen **611** 1537
 Ausschlussklausel **611** 1537
 Widerrufsrecht **611** 128, 130
Abzüge
 Abrechnung **611** 1674
 Arbeitsentgelt **611** 1629 ff
Änderungskündigung
 Arbeitsbereich, Änderung **611** 1047
 Betriebsübung **611** 993
Äquivalenzgrundsatz
 Unionsrecht **611** 506, 509
Ärztlicher Direktor
 Krankenhausrecht **611** 1873 f
Äußerung, öffentliche
 Benachteiligung, unmittelbare **611** 443
AG-Vorstand
 s Vorstandsmitglieder
AGB-Kontrolle
 Arbeitsrecht **611** 995
 im Arbeitsrecht geltende Besonderheiten **611** 887, 897 ff, 907
 Arbeitsvertrag **611** 887 ff, 890, 897
 Betriebsvereinbarung **611** 891 f
 Dienstvereinbarung **611** 891 f
 Koalitionsfreiheit **611** 892
 Mustervereinbarung **611** 893
 Tarifvertrag **611** 891 f
 Vertragstreue **611** 897
AGG-Hopping
 Bewerbungsverfahren **611** 428, 483
Aids-Erkrankung
 Fragerecht des Arbeitgebers **611** 574
Aids-Infizierung
 Fragerecht des Arbeitgebers **611** 574

Akkord
Arbeitsentgelt, leistungsbezogenes **611** 19
Akkordlohn
Akkordbasis **611** 1420
Akkordrichtsatz **611** 1419 f, 1423
Akkordsysteme, wissenschaftliche **611** 1421
Arbeitsentgelt **611** 1414 ff
Arbeitsergebnis **611** 1286
Bedaux-Verfahren **611** 1421
Bezugsleistung **611** 1421
Einzelakkord **611** 1416
Faustakkord **611** 1421
Feiertagsbezahlung **611** 1572
Flächenakkord **611** 1415
Gedinge **611** 1424
Geldakkord **611** 1417
Geldfaktor **611** 1417, 1420, 1494
Gewichtsakkord **611** 1415
Gruppenakkord **611** 1416
Kleinstzeitverfahren **611** 1421
Leistungslohn **611** 1414 ff
Maßakkord **611** 1415
Meisterakkord **611** 1421
Mengenerzeugung **611** 1414, 1426
Minderleistung, qualitative **611** 1423
Minderleistung, quantitative **611** 1423
Mindestlohn **611** 1357
Mitbestimmungsrecht **611** 1493 f
Normalleistung **611** 1053, 1421
Pauschalakkord **611** 1415
Refa-Verfahren **611** 1421 f
Schätzakkord **611** 1422
Stückakkord **611** 1415
Verbot **611** 1425
Vereinbarung **611** 1414
Verfahren der vorbestimmten Zeiten **611** 1421
Zeitabhängigkeit **611** 1414
Zeitakkord **611** 1417
Zeitfaktor **611** 1417, 1420
Akkordprämie
Mindestlohn **611** 1359
Aktienkurs
Vergütung, aktienkursorientierte **611** 1441
Aktienoptionen
Betriebsübergang **611** 1442
Entgeltbegriff **611** 1442
Erwerbsmöglichkeit **611** 1442
Gleichbehandlungsgrundsatz **611** 1442
Inhaltskontrolle **611** 1442
Aliud
Arbeitsleistungen, gleichwertige **612** 29
Alkoholabhängigkeit
Behinderung **611** 592
Fragerecht des Arbeitgebers **611** 592
Offenbarungspflicht des Arbeitnehmers **611** 603
Untersuchung, ärztliche **611** 1253

Allgemeine Arbeitsbedingungen
Ordnung, kollektive **611** 875 f
Allgemeine Geschäftsbedingungen
Arbeitsvertrag **Vorbem 611 ff** 22, 150; **611** 8, 887 ff, 1864
Auslegung **611** 910
 arbeitnehmerfeindliche Auslegung **611** 909
 arbeitnehmerfreundliche Auslegung **611** 909
Bereichsausnahmen **611** 887, 891 ff
blue-pencil-Test **611** 948
Einbeziehungskontrolle **611** 901 ff
Einheitsregelungen, vertragliche **611** 882
Inhaltskontrolle
 s dort
Klausel, teilbare **611** 948
Legaldefinition **611** 888, 891
Reduktion, geltungserhaltende **611** 948
Schriftformklausel **611** 401
Tarifvertrag **611** 760
Transparenzgebot
 s dort
Unklarheitenregelung **611** 910
Vertragsauslegung, ergänzende **611** 949
Vertragsstrafe **611** 1292 ff
Allgemeines Bürgerliches Gesetzbuch
Dienstvertrag **Vorbem 611 ff** 9
Werkvertrag **Vorbem 611 ff** 9
Allgemeines Gleichbehandlungsgesetz
s a Antidiskriminierungsrecht
AGG-Hopping **611** 428, 483
Alter **611** 424, 457 f, 466, 472 ff
Altersversorgung, betriebliche **611** 435
Anwendungsbereich, persönlicher **611** 425 ff
Anwendungsbereich, sachlicher **611** 433 ff
Arbeitgeberbegriff **611** 432
arbeitnehmerähnliche Personen **611** 237, 425
Aufstieg, beruflicher **611** 429 ff, 430
Auslegung **611** 423
Ausschlussfrist **611** 506 ff; **612a** 29
Behinderung **611** 424, 457, 462 f
Belästigung **611** 439, 448
 sexuelle Belästigung **611** 449
zur Berufsbildung Beschäftigte **611** 426
Berufsfreiheit **611** 422
Beschäftigtenbegriff **611** 425 ff, 437
Beseitigungsanspruch **611** 491
Betriebsvereinbarung **611** 433
Beweislast **611** 510 ff
Dienstverhältnisse, öffentlich-rechtliche **611** 424
Dienstvertrag **Vorbem 611 ff** 21; **611** 424
Dienstvertragsschluss **611** 364
einseitig zwingendes Recht **611** 424
Entschädigungsanspruch **611** 482, 486 ff
Folgevertrag, Ablehnung **612a** 29

Allgemeines Gleichbehandlungsgesetz (Forts)
  Fragerecht des Arbeitgebers **611** 565, 600
  Geschlecht **611** 424, 436 ff
  Gesetzgebungsgeschichte **611** 419 ff
  Handlungsfreiheit **611** 422
  Heimarbeit **611** 425
  Herkunft, ethnische **611** 424, 457, 460
  Identität, sexuelle **611** 579
  Inkrafttreten **611** 420
  Kontrahierungszwang **611** 434
  Kündigung **611** 498 f
  Leistungsverweigerungsrecht **611** 1123
  Maßregelungsverbot **611** 503 ff; **612a** 11
  Privatautonomie **611** 422
  Publikationspflicht **611** 480
  Rasse **611** 424, 457, 459
  Rechtsschutz **611** 424
  Regelungsbereich **611** 422
  Religion **611** 424, 457 f, 461, 467 ff
  Schadensersatz **611** 482 ff
  Schutzpflichten des Arbeitgebers **611** 479
  sexuelle Identität **611** 424, 438, 457, 465
  Struktur **611** 424
  Systeme der sozialen Sicherung, betriebliche **611** 435
  Tarifvertrag **611** 433
  Transsexualität **611** 438, 465
  Unterlassungsanspruch **611** 422, 492
  Verbandstarifvertrag **611** 433
  Weltanschauung **611** 424, 457 f, 461, 467 ff
  Zivilrechtsverkehr, allgemeiner **611** 422
  Zugang zur Erwerbstätigkeit **611** 428 ff
Allgemeinverbindlicherklärung
  Arbeitsbedingungen, angemessene **611** 821
  Arbeitsentgelt **611** 1318
  Außenseiter **611** 821
  Geltungsgrund **611** 823
  Mindestlohn **611** 1376
  Rechtsetzungsakt eigener Art **611** 823
  Tarifgeltung, normative **611** 820 ff
  Tarifnormen **611** 764
  Wirkung **611** 822
  Zwangstarif **Vorbem 611 ff** 117
Alter
  Differenzierung, zulässige **611** 472 ff, 593
    Angemessenheit **611** 473
    Verhältnismäßigkeit **611** 473
    Ziele, legitime **611** 473
    Ziele, sozialpolitische **611** 475
  Diskriminierung, mittelbare **611** 466
  Diskriminierungsverbot **611** 417, 422, 424, 457 f, 466
    Entgeltgleichheit **611** 1386
  Fragerecht des Arbeitgebers **611** 593
  Sozialversicherung **Vorbem 611 ff** 110, 112
  Zugangsbedingung **611** 474
Altersdiskriminierung
  Arbeitsvertrag, befristeter **611** 743

Altersdiskriminierung (Forts)
  Berufserfahrung **611** 1386
  Mindestlohn **611** 1350
  Spätehenklauseln **611** 477
  Vergütung, übliche **612** 60
  Vorabentscheidungsverfahren **611** 747
Altersgrenzen
  Angemessenheit **611** 477
  Diskriminierung, Rechtfertigung **611** 475
  tarifliche Altersgrenzen **611** 779
  Versorgungssysteme, betriebliche **611** 477
Altersrente
  Beschäftigungsverhältnis, Beendigung **611** 474
Alterssicherungsklausel
  Tariflohnerhöhung **611** 913
Altersteilzeit
  Blockmodell **611** 1860
  Maßregelungsverbot **612a** 24
  Urlaubsabgeltungsanspruch **611** 1860
Altersversorgung, betriebliche
  Altersversorgung **611** 1538
  Arbeitsentgelt **611** 435
  Benachteiligungsverbot **611** 435
  Betriebsübung **611** 978, 1542
  Direktversicherung **611** 1539, 1551
  Direktzusage **611** 1539, 1551
  Entgeltumwandlung **611** 1370
  Geldwertanpassung **611** 1547
  Gleichbehandlungsgrundsatz **611** 1542
  Hinterbliebenenversorgung **611** 477, 1538
  Insolvenzsicherung **611** 1546
  Invaliditätsversorgung **611** 1538
  Legaldefinition **611** 1538
  Leistungshöhe, nicht bestimmte **612** 45
  Mitbestimmungsrecht **611** 1548 ff
  Pensionsfonds **611** 1539 f
  Pensionskasse **611** 1539 f, 1550
  Pfändungsschutz **611** 1593
  Ruhestandsverhältnis **611** 1545
  Sondervergütung **611** 1315, 1499
  Sozialeinrichtung **611** 1551
  Sozialleistungen **611** 1458, 1538 ff
  Unterstützungskasse **611** 1539 f, 1550
  Versicherungsaufsicht **611** 1540
  Versorgungssumme, Übereignung **611** 1544
Alterszulage
  Sozialzulage **611** 1474
Anbahnungsverhältnis
  Dienstvertrag **611** 368
Anfechtung
  Arbeitsvertrag **611** 559, 657 ff
  arglistige Täuschung **611** 559, 601, 669 ff
    Widerrechtlichkeit **611** 564
  Bestätigung des anfechtbaren Rechtsgeschäfts **611** 680
  Betriebsübung **611** 996 ff
  Eigenschaftsirrtum **611** 662 ff

Anfechtung (Forts)
    Kausalität **611** 668
    Erklärung **611** 683
    Erklärungsirrtum **611** 661
    ex-nunc-Wirkung **611** 703
    ex-tunc-Wirkung **611** 686, 693
    Frist **611** 660, 682
    Inhaltsirrtum **611** 661
    Irrtum über die Vergütungspflicht **612** 17
    Irrtumsanfechtung **611** 661 ff
        Unverzüglichkeit **611** 681
    Kündigungsverbot **611** 660
    Mitbestimmungsrecht **611** 684
    Nichtigkeitsfolgen, Beschränkung
        611 703 ff
    Schadensersatzpflicht **611** 687
    Treu und Glauben **611** 678
    Vertrauensschaden **611** 687
Anfechtungsgrund
    Betriebsübung **611** 997, 999
    Feststellungsklage **611** 685
    Nachschieben von Anfechtungsgründen
        611 683
    Nichtbestehen **611** 676, 685
    Wegfall **611** 676 ff
        Gegebenheiten, tatsächliche **611** 679
        Wissens- und Kenntnisstand **611** 679 f
Anforderungsprofil
    Personalplanung **611** 556
Angehörige, erkrankte
    Arbeitsleistung, Unmöglichkeit **611** 1106
Angelegenheiten, betriebliche
    Mitbestimmungsrecht des Betriebsrats
        611 855
Angelegenheiten, personelle
    allgemeine personelle Angelegenheiten
        611 856
    Berufsbildung **611** 856
    Einzelmaßnahmen, personelle **611** 856
    Mitbestimmungsrecht des Betriebsrats
        611 854, 856
Angelegenheiten, soziale
    Initiativrecht des Betriebsrats **611** 855, 863
    Katalog **611** 855
    Mitbestimmungsrecht des Betriebsrats
        611 854 f, 863
Angelegenheiten, wirtschaftliche
    Mitbestimmungsrecht des Betriebsrats
        611 854, 857
Angemessenheitskontrolle
    Arbeitsvertrag **611** 890
Angestellte
    Abgrenzung **611** 205 ff
    Arbeitnehmerbegriff **Vorbem 611 ff** 138
    Arbeitnehmereigenschaft **611** 11
    Arbeitsrecht **Vorbem 611 ff** 137 ff
    außertarifliche Angestellte
        s AT-Angestellte
    Begriff **Vorbem 611 ff** 137 f; **611** 195 ff

Angestellte (Forts)
    Gehalt **611** 204
    Gleichbehandlungsgrundsatz **611** 201
    Gruppenschutz **611** 202
    leitende Angestellte
        s dort
    Rentenversicherung **611** 194
    Tarifverträge **611** 203, 209
Angestellte, gewerbliche
    Dienstverhältnis **Vorbem 611 ff** 13, 15
Anlernverhältnisse
    Arbeitsvertrag **611** 299
    Ausbildungsvertrag **611** 299
Annahmeverzug
    Arbeitgeber **611** 1559 ff
    Dienstvertrag **611** 1694
    Vergütung **611** 1117
Anordnungen
    Weisungsrecht **611** 962
Anpassung nach oben
    Ungleichbehandlung **611** 495; **612** 60
Anpassung nach unten
    Ungleichbehandlung **612** 60
Anrechnungsvorbehalt
    Mitbestimmungsrecht des Betriebsrats
        611 914
    Tariflohnerhöhung **611** 911 ff
Anschauung, politische
    Diskriminierungsverbot **611** 1387
Anschauung, sonstige
    Diskriminierungsverbot **611** 1387
Anstalt des öffentlichen Rechts
    Arbeitsverhältnis, Übergang **613** 31
Anstellung
    Begriff **611** 195
Anstellungsvertrag
    Änderungen **611** 378
    Arbeitsverhältnis **611** 58
    Institutsvergütungsverordnung **611** 378
    Nichtigkeitsfolgen **611** 699
    Nichtverlängerung **611** 430
    Organmitglieder **611** 351 f
    Schriftform **611** 378
    Verbrauchereigenschaft **611** 133
Antidiskriminierungsrecht
    s a Allgemeines Gleichbehandlungsgesetz
    Gleichheitssatz **611** 1002
    Vergütungsregelung **611** 1339
Antidiskriminierungsrichtlinien
    Diskriminierungsverbote **611** 417
Antidiskriminierungsstelle des Bundes
    Allgemeines Gleichbehandlungsgesetz
        611 424
Antirassismus-Richtlinie
    Umsetzung **611** 417, 419 f
Anwaltsnotar
    Anwaltstätigkeit **611** 1899, 1901
    Haftung **611** 1903

Anwaltsvertrag
s Rechtsanwaltsvertrag
Anweisung zur Benachteiligung
Anweisung zur Anweisung **611** 450
Benachteiligung wegen des Geschlechts **611** 450
Maßregelungsverbot **611** 503
Weisungsbefugnis **611** 450
Anwesenheitsprämie
Arbeitsentgelt, laufendes **611** 1477
Aussperrung **611** 1479
Fehlzeiten **611** 1477, 1502
Krankheitsfortzahlung **611** 1477
Kürzung **611** 1478
Maßregelungsverbot **612a** 26
Sondervergütung **611** 1476 f
Streikteilnahme **611** 1479
Anzeigenblätter
Inhalt, redaktioneller **611** 1379
Anzeigepflichten
Arbeitnehmer **611** 1247 ff
Arbeiter
Abgrenzung **611** 205 ff
Arbeitnehmereigenschaft **611** 11
Begriff **611** 194
gewerbliche Arbeiter **611** 194
Dienstverhältnis **Vorbem 611 ff** 13, 15
Gleichbehandlungsgrundsatz **611** 201
Gruppenschutz **611** 202
Stundenlohn **611** 204
Tarifverträge **611** 203, 209
Arbeiterrecht
Begriff **Vorbem 611 ff** 137
Arbeiterschutzgesetzgebung
Arbeiterbegriff **611** 194
Arbeitsbedingungen, Verbot **Vorbem 611 ff** 110 f
Arbeiterschutzrecht
Begriff **Vorbem 611 ff** 137
Arbeitgeber
Allgemeines Gleichbehandlungsgesetz **611** 432
Dienstberechtigter **611** 113 ff
Fiktion **611** 117
Fürsorgepflicht **611** 52
Koalitionsfreiheit, negative **611** 761
Tariffähigkeit **611** 761
Tarifgebundenheit **611** 765, 767
Tod des Arbeitgebers **613** 24 f
Unterrichtungspflicht **613** 24
Unternehmereigenschaft **611** 114
Vergütungspflicht **611** 1307 ff
Arbeitgeberdarlehen
Abwicklungsvertrag **611** 1537
Begriff **611** 1533, 1535
Darlehensvertrag **611** 1535 f
Mitbestimmungsrecht **611** 1535, 1548 ff
Rückzahlungsverpflichtung **611** 1536

Arbeitgeberhaftung
Inhaltskontrolle **611** 928
Arbeitgeberverbände
Benachteiligungsverbot **611** 434
Koalitionsbegriff **611** 1808
OT-Mitgliedschaft **611** 765
Arbeitgebervereinigungen
Benachteiligungsverbot **611** 434
Geheimhaltungspflicht **611** 1217
Tariffähigkeit **611** 761
Arbeitnehmer
Angestellte **611** 193 f
Anzeigepflichten **611** 1247 ff
Arbeiter **611** 193 f
Auskunftspflichten **611** 1247 ff
ausländische Arbeitnehmer
s dort
Begriff **611** 123 f
Berufsschutz **611** 46
Existenzschutz **611** 46
Formulararbeitsverträge **611** 204
gewerbliche Arbeitnehmer **611** 203 f, 322
Gleichbehandlung **611** 284
Haftungsbefreiung
Betriebsbegriff **611** 247, 255
Haftungsrisiko **611** 52
Hauptpflichten **611** 1168
Herausgabepflichten **611** 1244 ff
Individualautonomie **Vorbem 611 ff** 175
Kontinuitätsinteresse **611** 52
Kündigungsschutz **611** 53
Mitteilungspflichten **611** 1247 ff
öffentlicher Dienst **611** 288 ff
Offenbarungspflicht **611** 601 ff
Schutzbedürftigkeit **611** 45
Sorgfaltsmaßstab **611** 1271, 1288, 1300
Sozialschutz **611** 75
Tarifgebundenheit **611** 766 f
Tod des Arbeitnehmers **613** 13
Treuepflicht **611** 1162 ff
Verbrauchereigenschaft **611** 123, 128, 131, 889
Verhalten, außerdienstliches **611** 1173
Arbeitnehmer-Entsendegesetz
Mindestlohn **611** 1363, 1369
Rechtsverordnung **611** 1395
Territorialitätsprinzip **611** 637 f
Vergütungsregelung **611** 1339
Arbeitnehmerähnliche Personen
Abhängigkeit, wirtschaftliche **611** 232, 234
Arbeitgeberbegriff **611** 432
Arbeitnehmereigenschaft **611** 48
Arbeitsgerichtsbarkeit **611** 231, 236
Begriff **611** 232
Beschäftigtenbegriff **611** 12, 425, 437
Einfirmenvertreter **611** 1911
Franchisenehmer **611** 362
freie Mitarbeiter **611** 231, 243
Gründungszuschuss **611** 234

Arbeitnehmerähnliche Personen (Forts)
  Haftungsprivilegierung **611** 238
  Handelsvertreter **611** 231, 236 f
  Heimarbeit **611** 231, 236 f
  Legaldefinition **611** 233
  Maßregelungsverbot **611** 505; **612a** 8, 11
  Pflegezeitgesetz **611** 1110
  Schutzwürdigkeit **611** 234
  Tarifverträge **611** 235 f
  Urlaubsrecht **611** 236, 1834
Arbeitnehmerbegriff
  Abhängigkeit, organisatorische **611** 40
  Abhängigkeit, persönliche **611** 21, 23, 26 f, 31 ff, 40 ff, 60
  Abhängigkeit, wirtschaftliche **611** 21, 24 f
  Angestellte **611** 11
  Arbeiter **611** 11
  Arbeitsorganisation, von Dritten bestimmte **611** 27 f, 31 f
  Arbeitspflicht **611** 19
  Arbeitsrecht **611** 10, 285
  Berufszugehörigkeit **611** 285 f
  Daseinsvorsorge **611** 44
  de lege ferenda **611** 15 ff
  Einheitlichkeit **611** 18, 52, 62
  Entgeltlichkeit der Arbeit **Vorbem 611 ff** 68; **611** 22, 84 f
  Fabrikarbeiter **611** 89
  Gemeinschaftsrecht **611** 14
  Legaldefinition **611** 15
  Lohnarbeit **611** 24
  Relativität **611** 52
  Sozialrecht **611** 13, 51
  Sozialschutz **611** 70
  Statusbegriff **611** 68
  Statusrecht **611** 285
  Typusbegriff **611** 28, 55
  Umstände der Dienstleistung **611** 27
  unionsrechtlicher Arbeitnehmerbegriff **611** 14, 304a, 353
  Unselbständigkeit, wirtschaftliche **611** 24
  Vertrag, privatrechtlicher **611** 20
  Vertragsdurchführung **611** 30
  Weisungsgebundenheit **611** 29, 34 ff
    Fremdnützigkeit der Arbeitsleistung **611** 42 f
  Weisungsrecht des Arbeitgebers **611** 28 f
Arbeitnehmerdarlehen
  Abzahlung der Arbeitsleistung **611** 1524
  Ausscheiden des Arbeitnehmers **611** 1305
  Begriff **611** 1303, 1524
  Darlehensvertrag **611** 1304
  Mitbestimmungsrecht **611** 1305
  Rechtswegzuständigkeit **611** 1306
  Zinsvereinbarung **611** 1303
Arbeitnehmerdatenschutz
  de lege ferenda **611** 561
Arbeitnehmereigenschaft
  Arbeitsort **611** 102 f

Arbeitnehmereigenschaft (Forts)
  Arbeitsverhältnis **611** 59
  Berufsmäßigkeit der Arbeitsleistung **611** 91
  Dienstpläne **611** 101
  Entgeltgestaltung **611** 86 f
  Entgelthöhe **611** 86 f
  Erwerbsdienlichkeit der Beschäftigung **611** 81 ff
  Kurzzeitbeschäftigung **611** 92, 94 ff
  Lohnarbeit **611** 81
  Nebenberuflichkeit **611** 92 f
  Rechtsfolgenirrtum **611** 76
  Sonderverbindung, verbandsrechtliche **611** 106 ff
  Tarifvertrag **611** 79 f
  Teilzeitbeschäftigung **611** 92, 97 ff
  Unabdingbarkeit **611** 69 f, 79
  Unentgeltlichkeit der Beschäftigung **611** 84; **612** 39
  Vollzeitbeschäftigung **611** 92
Arbeitnehmereigentum
  Fürsorgepflicht **611** 1757
  Verbotsmaßnahmen **611** 1757
Arbeitnehmerentsendung
  Bürgenhaftung **611** 1685
  Mindestarbeitsbedingungen **611** 825
  Nettoentgeltklage **611** 1685
  Rechtsverordnung **611** 1318
Arbeitnehmererfindungen
  Arbeitnehmereigenschaft **611** 1257
  Diensterfindung **611** 1260
    s a dort
  Erfinderbenennungsrecht **611** 1260
  Erfinderehre **611** 1260
  freie Erfindungen **611** 1261
  Gebrauchsmusterfähigkeit **611** 1258, 1260
  Inanspruchnahme **611** 1260
  Inanspruchnahmefiktion **611** 1260
  Patentfähigkeit **611** 1258, 1260
  Persönlichkeitsrecht **611** 1256
  Richtlinien **611** 1257
  Schutzrechtsanmeldung **611** 1260
  Verbesserungsvorschläge, technische **611** 1258, 1263
  Vergütung **611** 1260
Arbeitnehmerfreizügigkeit
  Unionsbürger **611** 629 f, 735
Arbeitnehmerhaftung
  Abhängigkeit, persönliche **611** 43
  arbeitnehmerähnliche Personen **611** 238
  Berufsausbildungsverhältnis **611** 298
  Betriebsrisiko **611** 1691
  Fürsorgepflicht **611** 1691
  Haftungsbeschränkung **Vorbem 611 ff** 23; **611** 1288, 1302
  Inhalt **611** 1299
  Inhaltskontrolle **611** 926
  Integritätsschutz **611** 1284, 1299 ff

Arbeitnehmerhaftung (Forts)
Kündigungsschutz **611** 237
leitende Angestellte **611** 230
Pflichtverletzung **611** 1298
Umfang **611** 1299
Arbeitnehmerschutzrecht
Arbeitsrecht **Vorbem 611 ff** 148
Arbeitsschutz, sozialer **Vorbem 611 ff** 181, 183 ff
Arbeitsschutz, technischer **Vorbem 611 ff** 181 f
einseitig zwingendes Recht **611** 723
Individualarbeitsrecht **Vorbem 611 ff** 178, 180
Pflichten, öffentlich-rechtliche **Vorbem 611 ff** 177, 180 f
Vertragsinhaltsschutz **611** 407
Arbeitnehmerüberlassung
s a Leiharbeitsverhältnis
Abgrenzung **Vorbem 611 ff** 25, 54; **611** 57, 157 ff
Anspruch auf die Dienstleistung **613** 29
Arbeitgebereigenschaft **611** 146, 158
Arbeitgeberfunktion **611** 138
Arbeitgeberpflichten **611** 145
Arbeitgeberrisiko **611** 137, 145
Arbeitnehmerauswahl **611** 137
Arbeitsbedingungen **611** 1391, 1393
Arbeitsentgelt **611** 1391, 1393
Arbeitsverhältnis Entleiher/Leiharbeitnehmer **611** 146, 150
Arbeitsvertragsschluss, Fiktion **611** 526; **613** 29
Betriebsorganisation **611** 145
Beweislast **611** 162
Darlegungslast **611** 162
echte Arbeitnehmerüberlassung **Vorbem 611 ff** 73; **611** 135
equal-treatment-Grundsatz **611** 1391 f
Erlaubnis **611** 1393; **613** 29
Erlaubnispflicht **611** 144 f
Fehlverhalten des Arbeitnehmers **611** 158
Fremdpersonaleinsatz **611** 1931
gelegentliche Arbeitnehmerüberlassung **611** 144
Gewerberecht **611** 145, 1393
gewerbsmäßige Arbeitnehmerüberlassung **Vorbem 611 ff** 73; **611** 144, 388, 1391 ff; **613** 29
illegale Arbeitnehmerüberlassung
s Arbeitnehmerüberlassung ohne Erlaubnis
Konzernverhältnis **611** 143, 281
legale Arbeitnehmerüberlassung **611** 146
Mindestlohn **611** 1363, 1369
Mindeststundenlohn **611** 152, 639, 826, 1394
Nachweispflicht **611** 388
Ordnungswidrigkeitenrecht **611** 158

Arbeitnehmerüberlassung (Forts)
Personenführungsgesellschaften **611** 144
Rechtsverordnung **611** 826, 1394
Sozialversicherungsrecht **611** 158
Stammarbeitsverhältnis **611** 145
Strafrecht **611** 158
Tätigkeit, wirtschaftliche **611** 144
Tariferstreckung **611** 826
unbefristete Arbeitnehmerüberlassung **611** 143
Unternehmen, karitative **611** 144
Vergütungsregelung **611** 1339
Vertragsverhältnis **611** 136
vorübergehende Arbeitnehmerüberlassung **611** 143
Weisungsrecht **611** 136, 149, 157
arbeitsrechtliches Weisungsrecht **611** 160 f
Zulässigkeit **611** 144 ff
Zustimmung des Arbeitnehmers **611** 142; **613** 29
Arbeitnehmerüberlassung ohne Erlaubnis
Arbeitgebereigenschaft, Fiktion **611** 117, 146, 148, 413, 526
Widerspruchsrecht des Arbeitnehmers **611** 413
Arbeitsvertrag, Unwirksamkeit **611** 146
Vertragsverhältnis **611** 136 ff
Arbeitnehmerüberlassungsgesetz
Anwendungsbereich **611** 144
Leiharbeitsverhältnis **611** 149
Territorialitätsprinzip **611** 637, 639
Arbeitnehmerüberlassungsvertrag
Begriff **611** 136
Arbeitnehmervertreter im Aufsichtsrat
Arbeitsbefreiung **611** 1159, 1822
Aufsichtsratsvergütung **611** 1822
Drittelbeteiligung **Vorbem 611 ff** 123
Konzerneinheit **611** 278
leitende Angestellte **611** 215, 222
Unternehmensmitbestimmung **Vorbem 611 ff** 124, 177
Verschwiegenheitspflicht **611** 1220 ff
Arbeitsanfall
Arbeitsleistung **611** 1059
Arbeitsaufnahme
Vertragsschluss, konkludenter **611** 399
Arbeitsausfall
Schadensersatzanspruch **611** 1276
Arbeitsbedingungen
Änderungen, befristete **611** 930 ff
Allgemeine Arbeitsbedingungen
s dort
Befristung **611** 906
Mitbestimmungsrechte **611** 875
Tarifvertrag **611** 754
übertarifliche Arbeitsbedingungen **611** 799
Verhalten, konkludentes **611** 828

Arbeitsbefreiung
　Beurlaubung **611** 1821 f
Arbeitsberechtigung-EU
　Vorlagepflicht **611** 721
Arbeitsbereitschaft
　Arbeitszeit **611** 1070, 1071
　Begriff **611** 1069 f
　Mindestlohn **611** 1074, 1356
　Mitbestimmung **611** 1073
Arbeitsbeschaffungsmaßnahmen
　Arbeitsverhältnis **611** 341
Arbeitseinkommen
　Begriff **611** 1590 ff
　Berechnung **611** 1603
　einmaliges Arbeitseinkommen **611** 1589, 1600 f
　Geldleistungen nach SGB **611** 1603
　mehrere Arbeitseinkommen **611** 1603
　Naturalleistungen **611** 1603
　Nettoeinkommen **611** 1603
　　Kirchensteuer **611** 1603
　　Lohnsteuerkarte **611** 1603
　　Steuern **611** 1603
　Pfändbarkeit, beschränkte **611** 1596 f
　Pfändungsschutz **611** 1587 ff, 1594, 1598 f
　Unpfändbarkeit **611** 1595
　wiederkehrendes Arbeitseinkommen
　　611 1589, 1594, 1598 f
Arbeitsentgelt
　s a Lohnanspruch
　Abrechnung **611** 1673 ff
　Abzüge **611** 1629 ff
　Akkordlohn **611** 1414 ff
　Altersversorgung, betriebliche **611** 435
　Arbeitsbefreiung zur Abhebung **611** 1626
　Aufrechnung **611** 1579, 1668
　Auszahlungszeit **611** 1323
　bargeldlose Entlohnung **611** 1625 f
　Barzahlung **611** 1625
　Betriebsvereinbarung **611** 844, 851, 1319
　Bruttovergütung **611** 1631
　Einbeziehungsabrede **611** 1318
　Empfangsberechtigung **611** 1627 f
　Erfüllung **611** 1625, 1668
　Erfüllungsort **611** 1324 f
　Erläuterung **611** 1676
　Erlass **611** 1311, 1668 f
　Euro **611** 1398, 1580
　Fälligkeit **611** 1323
　Freiwilligkeitsvorbehalt **611** 983
　Gegenleistung **611** 1313 f, 1316
　Gegenseitigkeitsverhältnis **611** 1313 f, 1316, 1327, 1554 f
　Geldleistung **611** 1317, 1398, 1580 ff, 1625
　Geschäftsfähigkeit, beschränkte **611** 1628
　Geschäftsunfähigkeit des Dienstverpflichteten **611** 1628
　Gewerbeordnung **611** 322
　Gleichbehandlungsgrundsatz **611** 1014

Arbeitsentgelt (Forts)
　Günstigkeitsprinzip **611** 795
　Hauptpflicht **611** 1309
　Hinterlegung **611** 1668
　Holschuld **611** 1324
　Inhaltskontrolle **611** 1340
　Inhaltskontrolle, Ausschluss **611** 905
　laufendes Entgelt **611** 1315 f
　Leiharbeitsverhältnis **611** 150
　leistungsbezogenes Arbeitsentgelt
　　611 1408, 1411 ff, 1493 f
　Leistungsbezogenheit **611** 19
　Leistungslohn **611** 1411 ff
　Lohnabzüge **611** 1629 ff
　Lohnanrechnung **611** 1636 f
　Lohneinbehaltung **611** 1634 f
　Lohnfindungsmethode **611** 1408 ff
　Lohnüberzahlung **611** 1642 ff
　Lohnverwendungsabrede **611** 1639 ff
　Lohnverwirkung **611** 1634, 1638
　Mitbestimmungspflicht **611** 855
　Mitbestimmungsrecht **611** 1323, 1325
　Mitbestimmungsrecht des Betriebsrats
　　611 1626
　Naturallohn **611** 1402 ff, 1581 ff
　Nettovergütung **611** 1630
　Nichtleistung der Arbeit **611** 1554 ff, 1751
　ohne Arbeit kein Lohn **611** 1322
　Rabatte **611** 1401
　Rechtsverordnungen **611** 1318
　Sachbezüge **611** 1399, 1581 f
　Scheckhingabe **611** 1324, 1625
　Sicherung **611** 1579 ff
　Tarifbestimmungen **611** 771
　Tarifvertrag **611** 754, 1318
　Transparenzgebot **611** 1340
　Trinkgelder **611** 1400
　übertarifliches Arbeitsentgelt **611** 799
　Überweisung **611** 1324 f, 1625
　Unternehmenserfolg **611** 1441
　Verfügungsverbot **611** 1579, 1635
　Vergütung **611** 1307, 1310
　　s a dort
　Vertragsfreiheit **611** 1338 f
　Waren, Anrechnung zu Selbstkosten
　　611 1580 ff, 1616
　Waren auf Kredit **611** 1400, 1580, 1616
　Wechselhingabe **611** 1625
　Zeitlohn **611** 1408 ff
　Zurückbehaltungsrecht **611** 1579, 1620 f
　Zusammensetzung **611** 1320 f, 1674
Arbeitsentgeltrisiko
　Arbeitgeber **611** 52 f
Arbeitsergebnis
　Eigentumserwerb **611** 1255
　Herausgabepflicht **611** 1254
　Leistungslohn **611** 1412
　Mängelbeseitigung **611** 1285
　Mindestanforderungen **611** 1286

Arbeitsergebnis (Forts)
  Recht am Arbeitsergebnis **611** 1254 ff
Arbeitserlaubnis
  Aufenthaltsrecht **611** 629
Arbeitsgeräte
  Besitzdienerschaft **611** 1255
  Besitzwehr **611** 1255
Arbeitsgerichtsbarkeit
  Arbeitsrecht **Vorbem 611 ff** 179
  Bundesarbeitsgericht **Vorbem 611 ff** 118, 131
  Instanzenzug **Vorbem 611 ff** 118
  Rechtsentwicklung **Vorbem 611 ff** 118, 126
  Richter, ehrenamtliche **611** 1825
  Schiedsgerichtsbarkeit **Vorbem 611 ff** 97
Arbeitsgesetzbuch
  DDR **Vorbem 611 ff** 127
  Gesetzgebungsauftrag **Vorbem 611 ff** 129 f
Arbeitsgesetzbuchkommission
  Arbeitnehmerbegriff **611** 15
Arbeitsgruppe
  Arbeitsleistung **611** 171
  Betriebsgruppe **611** 170
Arbeitskampf
  Arbeitsrecht **Vorbem 611 ff** 148, 177
  kollektives Arbeitsrecht **Vorbem 611 ff** 178
  Arbeitsvertragsbruch **Vorbem 611 ff** 148; **611** 1128
  Beginn **611** 1140
  Beschäftigungspflicht, Wegfall **611** 1708 ff
  Einheitstheorie **611** 1128, 1148
  Kampfparität **611** 1144 f
  Neutralität, staatliche **611** 1147
  Tarifautonomie **611** 1145
  Tarifforderungen **611** 1144
  Tarifkonflikt **Vorbem 611 ff** 145
  ultima-ratio-Regel **611** 1141 f
  Untersagung, gerichtliche **611** 1147
  Vergütungspflicht, Entfallen **611** 1326 f
  Verhältnismäßigkeitsgrundsatz **611** 1143 f
  Wirtschaftsverfassung **611** 52
Arbeitskampffähigkeit
  Arbeitgeber **611** 1139
Arbeitskampfrecht
  Kodifizierung **611** 1126
Arbeitskampfrisikolehre
  Lohnzahlungspflicht **611** 1561
Arbeitskampfteilnahme
  Arbeitspflicht, Suspendierung **611** 1124, 1148 f
Arbeitskleidung
  Ersatzfähigkeit **611** 1743
Arbeitskollegen
  Haftungsausschluss **611** 247, 255
Arbeitskontrolle
  Arbeitnehmerbegriff **611** 31
Arbeitskraft
  Arbeitnehmereigenschaft **611** 57

Arbeitsleistung
  Dienstvertrag **Vorbem 611 ff** 2
  Einrede des nichterfüllten Vertrages **611** 1118 ff
  einstweilige Verfügung **611** 1091 ff
  Einzelweisungen **611** 962
  Fremdnützigkeit **611** 29, 42 f
  Gegenleistung **611** 983
  Hauptleistungspflicht **611** 1058
  Inhalt **611** 958, 1044
  Klage auf Erfüllung **611** 1089 f
  Leistung in Person **611** 139, 163, 1041, 1052 ff
  Leistungsvermögen **611** 1053
  Normalleistung **611** 1053
  Ort **611** 958, 1044
  Sittenwidrigkeit **611** 652
  Umfang **611** 1057 ff
  Unmöglichkeit **611** 1557
  Werkvertrag **Vorbem 611 ff** 2
  Zeit **611** 958, 1044, 1063
  Zurückbehaltungsrecht **611** 1118 ff
  Zwangsvollstreckung **611** 1090
  Zweckbestimmung **611** 91
Arbeitslohn
  Vergütung **611** 1308
Arbeitslose
  Vorstellungskosten, Zuschuss **611** 625
Arbeitslosengeld
  Beschäftigungssuche **611** 410
Arbeitslosenversicherung
  Gesamtsozialversicherungsbeitrag **611** 1629 ff
Arbeitsmittel
  Aufwendungsersatzanspruch **611** 1745
Arbeitsmündigkeit
  Dienstverpflichteter **611** 126
Arbeitsort
  Arbeitnehmereigenschaft **611** 102 f
Arbeitspapiere
  Vorlagepflicht **611** 719 ff
  Zurückbehaltungsrecht **611** 1621
Arbeitspflicht
  s a Dienstleistungspflicht
  Arbeitsverhältnis **611** 725
  Aussperrung **611** 1156
  Befreiung von der Arbeitspflicht **611** 1157 ff
  Dienstverpflichteter **611** 1037 ff
  Direktionsrecht des Arbeitgebers **611** 1054
  Erfüllung in Person **611** 139, 163, 1041, 1052 ff, 1098
  Leistungszeit **611** 1273
  Nebenpflichtverletzung **611** 1283
  Nichterfüllung **611** 958, 1268 ff, 1287
    Kündigungsrecht **611** 1278
    Pflichtverletzung **611** 1288
    Rücktrittsrecht **611** 1278

Arbeitspflicht (Forts)
    Schadensersatz statt der Leistung **611** 1275 f
    – Arbeitsausfall **611** 1276
    – Folgeschaden **611** 1277
    Sorgfaltsmaßstab **611** 1300
    Streik, rechtswidriger **611** 1280
    Vertragsstrafe **611** 1279, 1290 ff
   Nichtleistung **611** 1268 ff
    Arbeitsentgelt **611** 1274
    Schuldnerverzug **611** 1270
    Unmöglichkeit **611** 1270
   positive Forderungsverletzung **611** 1283
   Schlechterfüllung **611** 1268, 1282 ff, 1287
    Integritätsschutz **611** 1284
   Schlechtleistung **611** 1285
   Weisungsrecht **611** 963 f

Arbeitsplatz
   Ortswechsel **611** 1061
   Tätigkeitsart **611** 1061

Arbeitsplatzgarantie, betriebliche
   Günstigkeitsprinzip **611** 795

Arbeitsplatzteilung
   Dienstleistungspflicht **613** 12
   Teilzeitbeschäftigung **611** 100

Arbeitsplatzwahl
   Berufsfreiheit **611** 408

Arbeitsrecht
   Arbeit, abhängige **Vorbem 611 ff** 4, 18, 135, 139, 174
   Arbeitnehmerbegriff **611** 10
   Arbeitsgerichtsbarkeit **Vorbem 611 ff** 179
   Arbeitsvertrag **Vorbem 611 ff** 176
    s a dort
   Begriff **Vorbem 611 ff** 135 ff, 140; **611** 10
   Dogmatik **Vorbem 611 ff** 144 f
   einheitliches Arbeitsrecht **Vorbem 611 ff** 139, 146 f, 151
   Geltungsbereich, personeller **611** 49
   Gesetzgebung **Vorbem 611 ff** 110 f
   Gesetzgebungskompetenz **611** 734
   Individualarbeitsrecht **Vorbem 611 ff** 178
   Kodifikation **Vorbem 611 ff** 99, 129
   kollektives Arbeitsrecht **Vorbem 611 ff** 109, 121, 148, 178
   Privatautonomie **Vorbem 611 ff** 144
   Programmatik **Vorbem 611 ff** 141 ff
   Rechtsgebiet, selbstständiges **Vorbem 611 ff** 113, 139 f, 144, 148 ff, 152 f; **611** 49
   Rechtsverordnungen **611** 152, 751
   Selbständigkeit, fehlende **Vorbem 611 ff** 31
   Status **Vorbem 611 ff** 144
   Tarifautonomie **Vorbem 611 ff** 145
   Vergütung **612** 2
   Weimarer Reichsverfassung **Vorbem 611 ff** 136
   Zivilrecht **Vorbem 611 ff** 144, 150, 153

Arbeitsruhe
   Feiertage **611** 1564

Arbeitsschutz
   Benachteiligungsverbot **612a** 12
   Kodifikation **Vorbem 611 ff** 129
   sozialer Arbeitsschutz **Vorbem 611 ff** 181
   technischer Arbeitsschutz **Vorbem 611 ff** 181 f
   Vergütungsabrede **612** 43

Arbeitssicherstellungsgesetz
   Abschlussfreiheit, Beschränkung **611** 409

Arbeitssuchende
   Vorstellungskosten, Zuschuss **611** 625

Arbeitsteilung
   Arbeitsverfassung **Vorbem 611 ff** 101 f

Arbeitsunfähigkeit
   Anzeigepflicht **611** 1247

Arbeitsunfähigkeit infolge Krankheit
   Arbeitsleistung, Unmöglichkeit **611** 1100, 1106
   Arbeitsleistung, Unzumutbarkeit **611** 1106
   Entgeltfortzahlungspflicht **611** 1692
   Entgeltkürzung **611** 1477 f
   Feiertage **611** 1567

Arbeitsunfall
   Versicherungsfall **611** 1736

Arbeitsverbot
   Unmöglichkeit, rechtliche **611** 1099 f

Arbeitsverfassung
   Arbeitsteilung **Vorbem 611 ff** 101 f
   Arbeitsvertrag **Vorbem 611 ff** 177
   Familie **Vorbem 611 ff** 101
   Feudalismus **Vorbem 611 ff** 102
   Gewerkschaftsbewegung **Vorbem 611 ff** 108
   Industrialisierung **Vorbem 611 ff** 100, 106 f
   Koalitionsfreiheit **611** 1803
   Mitbestimmung **Vorbem 611 ff** 108
   paritätische Arbeitsverfassung **Vorbem 611 ff** 109
   Sippe **Vorbem 611 ff** 101
   Tarifvertragssystem **Vorbem 611 ff** 108

Arbeitsverhalten
   Direktionsrecht des Arbeitgebers **611** 968

Arbeitsverhältnis
   Anfechtung **611** 644
   Arbeitnehmereigenschaft **611** 59
   Austauschverhältnis, schuldrechtliches **Vorbem 611 ff** 174 f
   Begründung **611** 641 ff
   Bereicherungsausgleich **611** 689 ff
   Bestandsschutz **Vorbem 611 ff** 145
    vorläufiger Bestandsschutz **611** 1698, 1714
   Betriebsübergang **611** 118
   Betriebsübung **611** 726
   Betriebsvereinbarung **611** 727, 731
   Betriebsverfassung **611** 724
   BGB **Vorbem 611 ff** 22, 150; **611** 8
   causa **611** 5

Arbeitsverhältnis (Forts)
  Dienstvertrag **Vorbem 611 ff** 5, 7, 19 ff;
    611 8, 20, 58, 84, 365, 1864
  Dienstvertragsrecht **Vorbem 611 ff** 5
  Drittbeziehungen **611** 139 f
  Drittdimension **Vorbem 611 ff** 175
  Eingliederungstheorie **611** 641 ff, 697
  einheitliches Arbeitsverhältnis **611** 115
  Einordnung in einen Betrieb **611** 32 f
  Einzelleistungen **Vorbem 611 ff** 174
  faktisches Arbeitsverhältnis **611** 697
  fehlerhaftes Arbeitsverhältnis
    s Arbeitsverhältnis, fehlerhaftes
  Formfreiheit **611** 370 f
  Fürsorgepflichten **Vorbem 611 ff** 167
  Gemeinschaftsbezug **Vorbem 611 ff** 175;
    611 1007
  Gemeinschaftsverhältnis, personenrechtliches **Vorbem 611 ff** 160, 167 ff; **611** 1162
  Gesellschaftsrecht **Vorbem 611 ff** 170 f
  Gesetz **611** 727, 733 ff
  Gestaltungsfaktoren **611** 727 ff
  Gleichbehandlungsgrundsatz **Vorbem 611 ff** 175
  Gleichstellung Mann und Frau **Vorbem 611 ff** 21
  Gliedschaftsverhältnis, personenrechtliches **Vorbem 611 ff** 166 f
  Gruppenarbeitsverhältnis
    s dort
  Integritätsverletzungen **611** 7
  Leiharbeitsverhältnis
    s dort
  Leistungspflicht **613** 7
  Leistungsversprechen **611** 7
  mittelbares Arbeitsverhältnis **611** 111, 116, 163 ff; **613** 7
    Arbeitgeberfunktion **611** 138
    Franchising **611** 362
    Gestellungsvertrag **611** 190
    Kündigung **611** 166
    Mittelsperson **611** 165 f
    Rechtsformmissbrauch **611** 166
  Nichtigkeit **611** 644 ff
  Privatautonomie **Vorbem 611 ff** 7, 19, 144, 156, 161; **611** 20, 56, 60, 68, 642, 644
  Rechtsnatur **Vorbem 611 ff** 160 ff, 170
  Ruhen **611** 1161
    Formularvertrag **611** 1161
    Individualvereinbarung **611** 1161
  Schutzpflichten, soziale **Vorbem 611 ff** 145
  Tarifvertrag **611** 727, 731
  Teilgeschäftsfähigkeit **611** 126
  Teilrechte, Übertragbarkeit **613** 23, 26, 32
  Treuepflichten **Vorbem 611 ff** 167
  Treupflichten **611** 1167
  Unterordnungsverhältnis **Vorbem 611 ff** 159
  Veränderungen **611** 617

Arbeitsverhältnis (Forts)
  Verbandsbezug **Vorbem 611 ff** 172 f
  Vergütungsanspruch **611** 1555
  Vertragsfreiheit **611** 723
  Vertragsinhaltsschutz **Vorbem 611 ff** 145
  Vertragsprinzip **Vorbem 611 ff** 159
  Vertragstheorie **611** 641 ff, 698
  Zeitelement **Vorbem 611 ff** 174
  Zeitmoment **611** 88 ff
  Zivilrecht **Vorbem 611 ff** 156 ff
Arbeitsverhältnis, fehlerhaftes
  Anfechtung **611** 693, 703 ff
  Anfechtung ex nunc **611** 693, 695
  Arbeitsleistung **611** 692 ff
  Außervollzugsetzung **611** 694
  Beendigung **611** 693, 695
  Bestandsschutz **611** 695
  Invollzugsetzung **611** 693 f
  Leistungsvollzug **611** 700, 703
  Nichtigkeit ex nunc **611** 695, 701 ff
  Rechtsfortbildung, richterliche **611** 701
  Vergütung **612** 25
  Willenseinigung **611** 694
Arbeitsvermittlung
  Dienstverschaffungsvertrag **611** 166
  Dienstvertragsschluss, Vermittlung
    Vorbem 611 ff 73
  Einordnung in Entleiherbetrieb **611** 145
  Konzernverhältnis **611** 281
Arbeitsvertrag
  AGB-Kontrolle **611** 887
  Allgemeine Geschäftsbedingungen
    Vorbem 611 ff 22, 150; **611** 8, 1864
  Anfechtbarkeit **611** 708 f
  Anfechtung **611** 657 ff
  Angaben, persönliche **611** 1780
  Arbeitsverhältnis **Vorbem 611 ff** 4; **611** 58
  Auftragsrecht **Vorbem 611 ff** 70
  Bedingung, auflösende **611** 372, 374
  BGB **611** 8
  Billigkeitskontrolle **611** 1033 f
  causa **Vorbem 611 ff** 176
  Dienstvertrag **611** 50
  Entgeltlichkeit **611** 1307
  fehlerhafter Arbeitsvertrag **611** 692 ff
  Formerfordernisse **611** 398 f, 774
    Vertragsabreden, künftige **611** 400
  Formmangel **611** 405
  Formnichtigkeit **611** 711
  Formzwang, vereinbarter **611** 398 ff, 405
  freier Arbeitsvertrag **611** 9
  Gegenleistung **611** 19
  Herrschaftsvertrag **Vorbem 611 ff** 161 ff
  Inhaltskontrolle **611** 1033 ff
  Kontrahierungszwang **611** 409 ff
  Kündigung **611** 657 ff
  Leistungsvollzug **611** 139

Arbeitsvertrag (Forts)
  Nachweisgesetz
    s dort
  Nebenabreden **611** 394 f
  Nichtigkeit **611** 708 ff
  Parteien **611** 50
  Schriftform **611** 372 f, 403 f
    Allgemeine Geschäftsbedingungen **611** 401
    Nichtbeachtung **611** 375
    Tarifnormen **611** 392 f
  Schuldvertrag mit personenrechtlichem Einschlag **Vorbem 611 ff** 165
  Sittenwidrigkeit **611** 651 ff
  Treudienstvertrag **Vorbem 611 ff** 161
  Ungleichgewicht **Vorbem 611 ff** 153
  Verbot, gesetzliches **611** 646 ff
  Vertrag, gegenseitiger **611** 1307
  Vertrag, gemeinschaftsbegründender **Vorbem 611 ff** 160
  Vertragsfreiheit **Vorbem 611 ff** 105, 161, 164
  Werkvertrag **611** 50

Arbeitsvertrag, befristeter
  s Befristung

Arbeitsvertragsgesetz
  Entwürfe **611** 15 ff

Arbeitsvertragsrecht
  Kodifikation **Vorbem 611 ff** 129 f, 149 f

Arbeitsvölkerrecht
  Gesetzesauslegung **611** 750
  Umsetzung **611** 750

Arbeitszeit
  Abhängigkeit, persönliche **611** 43
  Arbeitnehmerbegriff **611** 31
  Beginn **611** 1065
  betriebsübliche Arbeitszeit **611** 367
  Dauer **611** 1056, 1059, 1064 f
  Dienstvertragsschluss **611** 367
  Direktionsrecht des Arbeitgebers **611** 966
  Einteilung, freie **611** 38, 60
  Fixschuld, absolute **611** 1064
  Günstigkeitsprinzip **611** 797
  Mitbestimmungsrecht des Betriebsrats **611** 875
  Monatsarbeitszeit **611** 1056
  Scheingeschäft **611** 369
  Tarifbestimmungen **611** 771 f
  Üblichkeit **611** 1065
  vereinbarte Arbeitszeit **611** 1056
  Wochenarbeitszeit **611** 1056, 1059

Arbeitszeitflexibilisierung
  Arbeitszeitdifferenzierung **611** 1067
  Arbeitszeitvariabilität **611** 1067
  Feiertagsbezahlung **611** 1574 f
  Kurzzeitkonten **611** 1079

Arbeitszeitgesetz
  Gruppenschutz **611** 202

Arbeitszeitkonto
  Arbeitsleistung **613** 15
  Ausgleich **611** 1080
  Kurzzeitkonto **611** 1079 ff
  Langzeitarbeitszeitkonto **611** 1079 ff
  Lebensarbeitszeitkonto **611** 1079 f
  Mindestlohn **611** 1080, 1366
  Vergütungsanspruch, Vererblichkeit **613** 15

Arbeitszeitlage
  Betriebsnorm **611** 1066
  Direktionsrecht des Arbeitgebers **611** 967, 1066

Arbeitszeitrecht
  Kodifikation **Vorbem 611 ff** 129

Arbeitszeitschutz
  Arbeitsleistung **611** 1057
  Arbeitsschutz, sozialer **Vorbem 611 ff** 183
  Arbeitszeitdauer **611** 1068
  Arbeitszeitlage **611** 1068

Arbeitszeitverkürzung
  geringfügige Verkürzung **611** 1082
  Mitbestimmung **611** 1077
  Teilzeitarbeit **611** 1082
  Teilzeitarbeit, Anspruch auf **611** 1082 ff

Arbeitszeitverlängerung
  Anspruch des Arbeitnehmers **611** 414, 1088
  Kontrahierungszwang **611** 1088
  Maßregelungsverbot **612a** 14
  Mitbestimmung **611** 1077

Arbeitszeitverringerung
  Anspruch des Arbeitnehmers **611** 414

Arbeitszimmer, häusliches
  Aufwendungsersatzanspruch **611** 1744

Arbeitszusage
  Vergütungsvereinbarung **612** 12 f

Architektenvertrag
  Dienstleistungspflicht **613** 9
  Werkvertrag **Vorbem 611 ff** 29, 59; **611** 1927

ARGE
  Abordnung **613** 28
  Arbeitsverhältnis **613** 28
  Freistellung **613** 28

Arglisteinwand
  Arbeitsvertrag **611** 711
  Zeugnis, gefälschtes **611** 665

Arglistige Täuschung
  Anfechtungsfrist **611** 682
  Anfechtungsgrund **611** 559, 669 ff, 696
  Arglist **611** 669
  Kausalität **611** 674
  Kenntnis **611** 669
  Nichtigkeitsfolge **611** 704 ff
  Rechtswidrigkeit **611** 670
  Täuschung **611** 669
  Verschweigen von Tatsachen **611** 673

Artisten
  Arbeitsrecht **611** 333

Arzt
  Arbeitnehmereigenschaft **611** 1867 ff
  Beamtenstatus **611** 1868
  Beruf, freier **611** 1867, 1877
  Dienstvertrag, freier **611** 356
  Dienstvertragsverhältnis **611** 1866
  Gebührenordnung für Ärzte **612** 53
  Handlungsverantwortung **611** 1877
  Krankenhausarzt **611** 1872 ff
    s a dort
  Leitender Arzt **611** 1873 f, 1876
Arztvertrag
  Behandlungsvertrag
    s dort
Assessment-Center
  Zustimmung des Bewerbers **611** 614
Assistenzarzt
  Krankenhausarzt **611** 1872 f, 1877
AT-Angestellte
  Begriff **611** 229
  Betriebsverfassung **611** 229
Aufenthaltserlaubnis
  ausländische Arbeitnehmer **611** 632
  Ausübung einer Beschäftigung **611** 632 f
  Fragerecht des Arbeitgebers **611** 569
  Ordnungswidrigkeiten **611** 634
  Strafvorschriften **611** 634
  Vorlagepflicht **611** 721
  Zustimmungserfordernis **611** 632
Aufhebungsvertrag
  Abfindungsanspruch, Vererblichkeit **613** 21
  Alter des Arbeitnehmers **611** 466
  Ausschlussklausel **611** 1246
  Inhaltskontrolle, Ausschluss **611** 905
  Widerrufsrecht **611** 128, 130
Aufklärungspflicht
  Arbeitnehmer **611** 558
Auflösungsvertrag
  Form **611** 403
Aufrechnung
  Arbeitnehmer **611** 1618
  Arbeitsentgelt **611** 1634, 1668
  Ausschluss **611** 1616
  Lohnüberzahlung **611** 1613
  Netto-Lohnforderungen **611** 1615
  Pfändungsschutz **611** 1611
  Rechtswegzuständigkeit **611** 1619
  Sozialleistungen, Anrechnung **611** 1617
  Unpfändbarkeitsgrenze **611** 1615
  Verbot **611** 1611 ff
Aufrechnungsverbot
  Arbeitgeber **611** 1618
Aufrechnungsvereinbarung
  Lohnanspruch, Fälligkeit **611** 1612
  Treu und Glauben **611** 1614
  unerlaubte Handlung, vorsätzliche **611** 1614
  Vertragsverletzung, vorsätzliche **611** 1614

Aufsichtsrat
  Arbeitnehmervertreter im Aufsichtsrat
    s dort
Aufstiegsbedingung
  Allgemeines Gleichbehandlungsgesetz **611** 429 ff
Auftrag
  Geschäftsbesorgung **Vorbem 611 ff** 67, 69
  Unentgeltlichkeit **Vorbem 611 ff** 24, 67 f
  Vergütung, Nichterwartung **612** 39
  Vertrag auf Arbeit **Vorbem 611 ff** 24
Aufwandsentschädigung
  Aufwendungsersatzanspruch **611** 1472
Aufwendungsersatzanspruch
  Arbeitnehmer **611** 1063, 1740
  Aufrechenbarkeit **611** 1752
  Ausschluss **611** 1756
  Ausschlussfrist **611** 1753
  Eigenschädigung **611** 1754 f
  Erforderlichkeit der Aufwendungen **611** 1741
  Ersatzfähigkeit der Aufwendungen **611** 1741 ff
  Geschäftsbesorgung **611** 1740 f
  Pauschalisierung **611** 1756
  Pfändungsgrenzen **611** 1752
  Rechtsgrund **611** 1751
  Unpfändbarkeit **611** 1752
  Vorschuss **611** 1750
Aufwendungsersatzleistungen
  Mindestlohn **611** 1360
Auktionsvertrag
  Dienstvertragsrecht **611** 1932
Ausbildungsbeihilfen
  Entgeltleistungen **611** 1523
  Rückzahlungsklauseln **611** 1401, 1524 ff
    Beweislast **611** 1532
  Rückzahlungsverpflichtung **611** 1529
Ausbildungskosten
  s Ausbildungsbeihilfen
Ausbildungssuchende
  Vorstellungskosten, Zuschuss **611** 625
Ausbildungsvergütung
  Zahlungsverzug des Ausbilders **611** 1119
Ausgleichsklausel
  Inhaltskontrolle **611** 905
  Vorstellungskosten **611** 624
Ausgleichsquittung
  Anfechtung **611** 1682
  Ansprüche, erfasste **611** 1680
  Auslegung **611** 1680
  Begriff **611** 1672
  Einbeziehungskontrolle **611** 1681
  Erlassvertrag **611** 1679
  Inhaltskontrolle **611** 1681
  Rechtsnatur **611** 1679
  Rückgabeanspruch **611** 1683
  Schuldanerkenntnis, negatives **611** 1679
  Unverzichtbarkeit des Anspruchs **611** 1681

Ausgleichsquittung (Forts)
  Vergleich **611** 1679, 1684
Auskunftspflichten
  Arbeitnehmer **611** 1247 ff
  Arbeitsleistung **611** 1249
Ausländische Arbeitnehmer
  Abschlussverbot **611** 549
  Arbeitnehmerfreizügigkeit **611** 629 f
  Arbeitsbedingungen **611** 637 ff
  Arbeitsberechtigung-EU **611** 721
  Aufenthaltserlaubnis **611** 569, 632, 721
    fehlende Aufenthaltserlaubnis **611** 633 ff
  Vergütung, übliche **611** 635
  Zugangsbedingungen **611** 629 ff
Auslegung
  unionsrechtskonforme Auslegung **611** 741
Auslösung
  Aufnahmeanspruch **611** 1756
  Aufwendungsersatzanspruch **611** 1472
  Kostenerstattung **611** 1063
Ausschlussfristen
  All-Klausel **611** 1370
  Allgemeines Gleichbehandlungsgesetz **611** 506 ff
  Anspruchsgeltendmachung **611** 1662
  Betriebsübergang **611** 1664
  Betriebsvereinbarung **611** 1654 f, 1658
  blue-pencil-Test **611** 1660
  einseitige Ausschlussfrist **611** 1656
  Einwendung **611** 1653
  Fristlauf **611** 1661
  Fristwahrung **611** 1662
  Hinweispflicht **611** 385
  Inhaltskontrolle **611** 915
  Kündigungsschutzklage **611** 1662
  Leiharbeitsverhältnis **611** 1659
  Mindestdauer **611** 1659 f
  Mindestlohn **611** 1370 f
  Tarifnormen **611** 809 f, 1654 ff
  Vereinbarung **611** 1654
  Vergütung, übliche **612** 59
  Verschlechterungsverbot **611** 506
  Zweistufigkeit **611** 1659 f, 1662
Ausschlussklausel
  Herausgabeanspruch **611** 1246
Ausschlussprämie
  Prämienlohn **611** 1430
Außenarbeitnehmer
  Arbeitnehmereigenschaft **611** 241
Außendienstmitarbeiter
  Arbeitnehmereigenschaft **611** 102
Außenseiter
  Koalitionsfreiheit, negative **611** 781
Außenseiter-Arbeitnehmer
  Aussperrung **611** 1337
  Streikbeteiligung **611** 1139
Außerhalb von Geschäftsräumen geschlossener Vertrag
  Überrumpelungssituation **611** 130

Außerhalb von Geschäftsräumen geschlossener Vertrag (Forts)
  Widerrufsrecht **611** 130
Aussperrung
  Abwehraussperrung **611** 1333
  Angelegenheiten, eigene **611** 1331
  Angriffsaussperrung **611** 1333
  Anwesenheitsprämie, Kürzung **611** 1479
  arbeitsrechtliche Aussperrung **611** 1331
  Außenseiter-Arbeitnehmer **611** 1337
  Begriff **611** 1330
  Beschäftigungspflicht **611** 1710 ff
  Demonstrationsaussperrung **611** 1331
  Erhaltungsarbeiten **611** 1153
  Erzwingungsaussperrung **611** 1331
  Feiertagsbezahlung **611** 1568
  Friedenspflicht **611** 1335
  Hauptleistungspflichten, Suspendierung **611** 1124, 1156
  Kampfparität **611** 1335
  lösende Aussperrung **611** 527, 1334
  Notstandsarbeiten **611** 1153
  politische Aussperrung **611** 1331
  Rechtmäßigkeit **611** 1336, 1710, 1712
  Rechtswidrigkeit **611** 1336, 1712
  Solidaritätsaussperrung **611** 1331
  suspendierende Aussperrung **611** 1334, 1336, 1710, 1712
  Sympathieaussperrung **611** 1331
  ultima-ratio-Grundsatz **611** 1335
  Verbandsaussperrung **611** 1332
  Vergütungspflicht, Entfallen **611** 1329, 1336 f
  Verhältnismäßigkeitsgrundsatz **611** 1335
  Wiedereinstellungsanspruch **611** 527
  Zulässigkeit **611** 1335
Ausübungskontrolle
  Arbeitsvertrag **611** 890
  Widerrufsvorbehalt **611** 946
Auswärtszulage
  Kostenerstattung **611** 1063
Auswahlentscheidung
  Abschlussgebote **611** 407, 518 ff
  Abschlussverbote **611** 407, 414, 416 ff
  Benachteiligung, mittelbare **611** 445
  Zugang zu öffentlichem Amt **611** 515 ff
Auswahlfreiheit
  Dienstvertrag **611** 364, 416 ff
Auswahlrichtlinien
  Auswahlentscheidung **611** 556
  Beschäftigungsverbot **611** 555
  Betriebsnormen **611** 554
  Betriebsvereinbarung **611** 554
  Mitbestimmungsrecht des Betriebsrats **611** 856
  Personaldaten **611** 627
  Personalplanung **611** 556
  Tarifvertrag **611** 554 f
  Versetzung **611** 1699

Auswahlrichtlinien (Forts)
Zustimmung des Betriebsrats **611** 555, 628, 1699
Auszubildende
Koalitionsfreiheit **611** 1805
Vertragsstrafe **611** 1291
Wettbewerbsverbot **611** 1177
nachvertragliches Wettbewerbsverbot **611** 1190

Baden-Württemberg
Arbeitsverträge der Gemeinden/Landkreise, Schriftform **611** 376
Banken
Vergütungsregelung **611** 1339, 1397
Bauführung
Werkvertrag **Vorbem 611 ff** 59
Baugewerbe
Arbeitnehmerüberlassung **611** 147
Arbeitsrecht **611** 286
ARGE **613** 28
Einrichtungen der Tarifvertragsparteien, gemeinsame **611** 789
Bauvertrag
Werkvertrag **611** 1927
Bayern
Arbeitsverträge der Gemeinden/Landkreise, Schriftform **611** 376
Beamte
Abordnung in Privatbetrieb **611** 336
Allgemeines Gleichbehandlungsgesetz **611** 427
Arbeitsverhältnis **611** 334
Beschäftigtenbegriff **611** 870
Betriebsbeamte
s dort
Deutsche Bahn AG **611** 337
Dienstverhältnis, öffentlich-rechtliches **611** 288, 334
Eignung **611** 583
Gruppenschutz **611** 202
Koalitionsfreiheit **611** 1805
Maßregelungsverbot **612a** 11
Nebentätigkeit **611** 336
Post-Aktiengesellschaften **611** 337
Treuepflicht **611** 583
politische Treuepflicht **611** 1234
Beamtenverhältnis
Zugang zu öffentlichem Amt **611** 515 ff
Bedaux-Verfahren
Akkordlohn **611** 1421
Bedienungsgeld
Eigentum **611** 1438
Krankheitsfortzahlung **611** 1439
Mehrwertsteuer **611** 1436
Pfändung **611** 1438
Umsatzabhängigkeit **611** 1436
Urlaubsentgelt **611** 1439

Bedingung, auflösende
Arbeitsvertrag **611** 372, 374
Form **611** 390
Weiterbeschäftigungsanspruch **611** 1721
Beendigungsnormen
Tarifbestimmungen **611** 779
Befristung
Angemessenheitskontrolle **611** 931 f
Beendigungsnormen **611** 779
Diskriminierungsverbot **611** 1389
Folgevertrag, Ablehnung **612a** 29
Gleichbehandlungsgebot **611** 1020
kalendermäßige Befristung **611** 374, 933
Klagefrist **611** 375
Maßregelungsverbot **612a** 29
Missbrauch, institutioneller **611** 932
Nichtverlängerung **611** 481
Regelrenteneintrittsalter **611** 475
Sachgrund **611** 374, 779
Schriftform **611** 372 ff
Vergütungsregelung **611** 1339; **612** 46
Vertragsabreden **611** 930 ff
Vertragsschluss, konkludenter **611** 399
Wiedereinstellungsanspruch in unbefristetes Arbeitsverhältnis **611** 544
Zweckbefristung **611** 374, 933
Befristungsabrede
Form **611** 372 ff, 390, 403
Behandlungsvertrag
Dienstleistungspflicht **613** 10, 33
Dienstvertrag **Vorbem 611 ff** 29, 34, 56
Kassenpatienten **613** 27
Kodifikation **611** 1866
Werkvertrag **Vorbem 611 ff** 55 f
Beherrschungsvertrag
Weisungen **611** 282
Behinderung
Begriff **611** 462 ff, 574
Dauer, lange **611** 462
Direktionsrecht des Arbeitgebers **611** 959
Diskriminierungsverbot **611** 417, 422, 424, 457, 462 f
Entgeltgleichheit **611** 1386
Fragerecht des Arbeitgebers **611** 574, 588
Belästigung
Allgemeines Gleichbehandlungsgesetz **611** 439, 448
Arbeitsumfeld, feindliches **611** 448
Begriff **611** 448
Leistungsverweigerungsrecht **611** 494, 1123
sexuelle Belästigung **611** 449
Unerwünschtheit **611** 448
Würdeverletzung **611** 448
Belegarzt
Arbeitnehmereigenschaft **611** 1869, 1871
Belegarztvertrag
Vertrag sui generis **611** 1869

Belegschaft
Begriff **611** 837
Benachteiligung
Beweislast **611** 510 ff
Darlegungslast **611** 511
Indizien **611** 511
Kausalität **611** 512
Rechtsfolgen **611** 481 ff
Vermutung **611** 511
Benachteiligungsverbot
Allgemeines Gleichbehandlungsgesetz **611** 433 ff
Arbeitsverhältnis, Begründung **611** 481
Beseitigungsanspruch **611** 491
Betriebsverfassung **612a** 12
Deliktshaftung **611** 493
Individualverträge, Unwirksamkeit **611** 495
Kollektivverträge, Unwirksamkeit **611** 495
Leistungsverweigerungsrecht **611** 494
Maßregelungsverbot **612a** 20 ff
Pflichtverletzung **611** 493
Schadensersatz **611** 482 ff, 492 ff
Unterlassungsanspruch **611** 491
Verstöße **611** 481 ff
Bereicherungsausgleich
Arbeitsverhältnis **611** 689 ff
Dienstvertrag **611** 689 ff
Bereitschaftsdienst
Anschluss an die Regelarbeitszeit **611** 1071
Arbeitszeit **611** 1069, 1071
Begriff **611** 1069, 1071
Billigkeitskontrolle **611** 1071
Grundversorgung, ärztliche **612a** 28
Mindestlohn **611** 1074, 1356
Mitbestimmung **611** 1073
Vergütung **611** 1071
Bereitschaftszeit
Vergütungspflicht **612** 20
Bergbau
Arbeitsrecht **611** 286, 324 f
Deputate **611** 1581
Gedinge **611** 1424
Naturalvergütung **611** 1402
Bergmannsprämien
Streichung **611** 325
Bergmannsversorgungsscheine
Abschlussgebot **611** 414, 524
Landesrecht **611** 325
Berufsausbildung
Beschäftigtenbegriff **611** 12
Berufsausbildungsverhältnis
Abschlussprüfung **611** 518
Abschlussverbot **611** 550
Arbeitsmündigkeit **611** 126
Arbeitsrecht, Anwendbarkeit **611** 298
Ausbildungsplätze **611** 550
Ausbildungsstätte **611** 550
Ausbildungszeit **611** 518

Berufsausbildungsverhältnis (Forts)
Ausbildungszweck **611** 298
Beendigung **611** 297, 518
Beginn **611** 297
Begründung **611** 297
Beschäftigungsbrücken **611** 532
Betriebsübergang **611** 298
Form **611** 373
Haftungsprivilegierung **611** 298
Kündigungsschutz **611** 298
Mindestlohn **611** 1351
Pflichten **611** 297
Rückzahlungsverpflichtung **611** 1529
Übernahme in ein Arbeitsverhältnis **611** 297, 518 ff
Betriebsratsmitglieder **611** 519
Jugend- und Auszubildendenvertretungsmitglieder **611** 519
Überstunden **612** 36
Urlaub **611** 298
Vergütung **611** 297
Wettbewerbsverbot **611** 298
Berufsausbildungsvertrag
Dienstvertrag, atypischer **611** 298
Form **611** 387
Nachweispflicht **611** 387
Scheingeschäft **611** 369
Berufsausbildungsvorbereitung
Allgemeines Gleichbehandlungsgesetz **611** 426
Berufsbildung
Allgemeines Gleichbehandlungsgesetz **611** 426
Angelegenheit, personelle **611** 856
Arbeitnehmereigenschaft **611** 42
Einigungsstellenverfahren **611** 1728
Maßregelungsverbot **612a** 8, 11
Mitbestimmungsrecht **611** 1728
Pflegezeitgesetz **611** 1110
System, duales **611** 297
Vertragsstrafe **611** 1291
Berufserfahrung
Altersdiskriminierung **611** 474
Berufsfreiheit
Allgemeines Gleichbehandlungsgesetz **611** 422
Arbeitsplatzwahl, freie **611** 408
Arbeitsrecht **Vorbem 611 ff** 144
Berufsausübung **611** 408
Berufswahl **611** 408
juristische Person **611** 408
Privatautonomie **611** 365
Berufsschulbesuch
Freistellungspflicht **611** 127, 1823
Rückzahlungsverpflichtung **611** 1529
Beschäftigte
Begriff **611** 12
Beschäftigtendaten
Daten, personenbezogene

Beschäftigtendaten (Forts)
 s dort
Beschäftigtendatenschutz
 de lege ferenda **611** 561
Beschäftigung, geringfügige
 Scheingeschäft **611** 369
Beschäftigungsanspruch
 allgemeiner Beschäftigungsanspruch **611** 1716 ff
  einstweilige Verfügung **611** 1720
  Hilfsantrag **611** 1720
  Ungewissheitsregel **611** 1719, 1723
 Arbeitsverhältnis **611** 1694 ff
  Bestandsschutz, vorläufiger **611** 1698, 1714
  Betriebsstörung **611** 1702
  Freistellung, einvernehmliche **611** 1705
  während Kündigungsfrist **611** 1703
  Kündigungsschutz **611** 1697
  Persönlichkeitsschutz **611** 1696 f
  Schadensersatz **611** 1704
  Tätigkeitsbereich **611** 1700
Beschäftigungsbrücken
 Abschlussgebot **611** 532
Beschäftigungsort
 Transparenzgebot **611** 965
Beschäftigungspflicht
 s Beschäftigungsanspruch
Beschäftigungsverbot
 Abschlussverbot **611** 546
 Arbeitspflicht, Befreiung von der **611** 1160
 Arbeitsverhältnis **611** 546
 Eignungsuntersuchung **611** 605
 Verbot, gesetzliches **611** 646
Beschäftigungsverhältnis
 Gegenleistung **611** 81
Beschäftigungsverordnung
 Aufenthaltserlaubnis **611** 632
Beschwerderecht
 Diskriminierung **611** 480, 490
 Initiativrecht des Betriebsrats **611** 490
 Maßregelungsverbot **611** 503; **612a** 27
 Mitbestimmungsrecht des Betriebsrats **611** 490
Beschwerdestelle
 Antidiskriminierungsrecht **611** 490
Beschwerdestelle, betriebliche
 Geheimhaltungspflicht **611** 1217
Besetzungsregeln
 qualitative Besetzungsregeln **611** 777
 quantitative Besetzungsregeln **611** 777
Bestätigung
 Anfechtungsausschluss **611** 680
 Dienstvertrag, nichtiger **611** 645
 konkludente Bestätigung **611** 680
Bestandsschutz
 Arbeitsverhältnis **Vorbem 611 ff** 145; **611** 76, 1698

Betätigung, politische
 s Politische Betätigung
Betreuung
 Arbeitsentgelt, Auszahlung **611** 1628
 Arbeitsverhältnis des Betreuten **611** 712
 Dienstberechtigter **611** 122
 Dienstverpflichteter **611** 126
 Einwilligungsvorbehalt **611** 1628
Betrieb
 Begriff **611** 247 ff
 Beschäftigung außerhalb des Betriebs **611** 1063
 Einheit, organisatorische **611** 251 ff, 256
 Gemeinschaftsbetrieb **611** 267 f
 Kündigungsschutz **611** 256
 Leitungsapparat, einheitlicher **611** 254
 mehrere Betriebe **611** 257, 259
Betriebsänderung
 Beratungsrecht des Betriebsrats **611** 859
 Beteiligungsrecht des Betriebsrats **611** 857, 866
 Interessenausgleich **611** 857, 866
 Unternehmerfreiheit **611** 857
Betriebsarzt
 Einsichtsrecht in Aufzeichnungen/Unterlagen **611** 1765
 Schweigepflicht **611** 1765
Betriebsautonomie
 Arbeitsverhältnis **Vorbem 611 ff** 175
Betriebsbeamte
 Angestelltenbegriff **Vorbem 611 ff** 137; **611** 197 f
Betriebsbußen
 Mitbestimmungsrecht des Betriebsrats **611** 1296
 Strafcharakter **611** 1296
 Verhältnismäßigkeit **611** 1296
Betriebsbußenordnung
 Mitbestimmungsrecht des Betriebsrats **611** 1296
Betriebsferien
 Sonderurlaub, unbezahlter **611** 1567
 Urlaubsgewährung **611** 1844
Betriebsfrieden
 Arbeitsverhältnis **611** 1233
 politische Betätigung **611** 1243
Betriebsgeheimnisse
 Begriff **611** 1202
 Geheimnisoffenbarung **611** 1211
 Verschwiegenheitspflicht **611** 1201 f, 1205, 1211, 1215
 Wettbewerb, unlauterer **611** 1188
Betriebsgruppe
 s a dort
 Arbeitsentgelt **611** 170, 173
 Arbeitsgruppe, bloße **611** 170 f
 Arbeitsleistung **611** 170
  Gruppenleistung **611** 172
 Arbeitsverhältnis **611** 172

Betriebsgruppe (Forts)
  Betriebsverfassungsrecht **611** 175
  Entstehung **611** 171
  Fürsorgepflicht **611** 173
  Gruppenakkord **611** 170
  Gruppenarbeitsverhältnis **611** 168
    s a dort
  Haftung, anteilige **611** 172
  Kündigung **611** 174
  low performer **611** 173
  Mitbestimmung **611** 169
  Schlechtleistung **611** 172
    Beweislast **611** 172
  Vertragsänderung **611** 171
Betriebsinhaberwechsel
  Arbeitsverhältnis **Vorbem 611 ff** 21
  Betriebsbegriff **611** 247
Betriebsleiter
  Begriff **611** 226
  Kündigungsschutz **611** 225 f
Betriebsmittel
  Schäden, Anzeigepflicht **611** 1248
Betriebsnormen
  Abschlussverbote **611** 551
  Arbeitszeitlage **611** 1066
  Auswahlrichtlinien **611** 554
  Begriff **611** 781
  Ordnungsnormen **611** 782
  Solidarnormen **611** 782
  Tarifbestimmungen **611** 780 ff
  Zulassungsnormen **611** 783
Betriebsorganisation
  Arbeitnehmerbegriff **611** 31 f
Betriebsrätegesetz
  Betriebsverfassung **Vorbem 611 ff** 117
  Kontrollratsgesetz **Vorbem 611 ff** 123
Betriebsrat
  Angelegenheiten, soziale **611** 854 f
  Anhörungsrecht **611** 856, 859
  Belegschaftsrepräsentant **611** 837, 842
  Beratungsrecht **611** 859
  Beteiligungsrecht
    Normenvollzug **611** 864
  Beteiligungsrechte **611** 858
  Informationsrechte **611** 858
  Initiativrecht **611** 863
  Mitbestimmungsrechte **611** 835, 854 ff, 858, 863, 865 f
  Mitwirkungsrechte **611** 854 ff, 858 f, 865 f
  Rechtssubjektivität **611** 837
  Vermögensfähigkeit **611** 837
  Widerspruchsrecht **611** 860
  Zuständigkeit, funktionelle **611** 842 f
  Zustimmungsersetzung **611** 856, 861
  Zustimmungsrecht **611** 862
  Zustimmungsverweigerungsrechte **611** 861
Betriebsratsmitglieder
  Arbeitsbefreiung **611** 1159, 1822
  Entgeltfortzahlung **611** 1159

Betriebsratsmitglieder (Forts)
  Freistellung **611** 1822
  Geheimhaltungspflicht **611** 1216
  Weiterbeschäftigungspflicht **611** 414
Betriebsratswahlen
  Arbeitsbefreiung **611** 1822
  Wahlrecht, aktives **611** 153
Betriebsrisiko
  Arbeitnehmerhaftung **611** 1691
  Dienstberechtigter **611** 1560 f
  Feiertagsbezahlung **611** 1567
Betriebsschutz
  Arbeitsschutz, technischer **Vorbem 611 ff** 181 f
Betriebsstilllegung
  Beschäftigungspflicht **611** 1710, 1713
  Gemeinschaftsbetrieb **611** 270
Betriebsstörung
  Arbeitsentgeltrisiko **611** 52 f, 1560
  Beschäftigungspflicht **611** 1702
Betriebsteil
  Betriebsbegriff **611** 247, 257 f
Betriebsteilübergang
  Anspruch auf die Arbeitsleistung **613** 30
Betriebsübergang
  Anspruch auf die Arbeitsleistung **613** 30
  Arbeitsverhältnis, Eintritt des Arbeitgebers **611** 118
  Ausschlussfristen **611** 1664
  Berufsausbildungsverhältnis **611** 298
  Beschäftigungsanspruch gegenüber Veräußerer **611** 533
  Bezugnahmeklauseln **611** 832 ff
  Gemeinschaftsbetrieb **611** 272
  Kündigungsfrist, Ablauf **611** 540
  Tarifbindung **611** 764, 834
  Urlaubsabgeltungsanspruch **611** 1860
  Zeugniserteilung **611** 1783
Betriebsübung
  Abschlussgebote **611** 536
  Änderungskündigung **611** 993
  Anfechtung **611** 996 ff
    Schadensersatzanspruch des Arbeitnehmers **611** 1000
  Anfechtungserklärung **611** 999
  Anfechtungsgegner **611** 999
  Anfechtungsgrund **611** 997, 999
  Arbeitsbedingungen **611** 828
  Arbeitsverhältnis **611** 726, 989
  Arbeitsvertrag **611** 971
  Begriff **611** 969
  Betriebsvereinbarung, ablösende **611** 994
  Betriebsvereinbarung, Unwirksamkeit **611** 990 f
  Betriebsvereinbarungsoffenheit **611** 886
  Beweislast **611** 986
  Bezug, kollektiver **611** 980
  Bindungswirkung **611** 970 ff, 975 ff
    Beendigung **611** 992 ff

Betriebsübung (Forts)
  Darlegungslast **611** 986
  Entgeltanpassung **611** 989
  freiwillige Übung **611** 976
  Freiwilligkeitsvorbehalt **611** 923, 983
  gegenläufige Übung **611** 995
  Gegenstand **611** 977
  Gleichbehandlungsgrundsatz **611** 985
  Gratifikationen **611** 1505 f
  Günstigkeitsvergleich, kollektiver **611** 850, 886, 994
  Hauptpflichten **611** 395
  irrtümliche Übung **611** 976
  Irrtum **611** 997 f
  Leistungen, Dauer **611** 978
  Leistungen, Intensität **611** 978
  Lohnerhöhung **611** 978
  Neueinstellung **611** 985
  Schriftformklauseln **611** 982
    doppelte Schriftformklausel **611** 395, 1505
  Tarifbindung **611** 989
  Vereinbarung, stillschweigende **611** 972
  Verhalten, gleichförmiges **611** 975, 979
  Verhalten, vorbehaltloses **611** 975, 978, 981
  Verhaltensweisen des Arbeitgebers **611** 976
  Verpflichtungswille **611** 973
  Verpflichtungswirkung **611** 974, 992
  Versorgungszusage **611** 985
  Vertragstheorie **611** 972, 996
  Vertrauenshaftung **611** 972, 974, 991, 992, 993
  Widerrufsvorbehalt **611** 993
  Zeitraum **611** 975, 978
Betriebsvereinbarung
  Ablauf **611** 851
  ablösende Betriebsvereinbarung **611** 850, 994
  Abmachung, andere **611** 818
  Abschluss **611** 839 ff
  Abschlussgebote **611** 533
  Abschlussverbote **611** 546, 552
  AGB-Kontrolle **611** 846, 891 f
  Arbeitnehmereigenschaft **611** 79
  Arbeitsbedingungen **611** 836, 843, 875
  Arbeitsentgelt **611** 851, 1319
    Verwendung **611** 844
  Arbeitskleidung **611** 845
  Arbeitsverhältnis **611** 727, 731
  Arbeitsvertrag, Änderung **611** 396
  Arbeitsvertragsregelungen **611** 848 ff
    Wiederaufleben **611** 848
  Auswahlrichtlinien **611** 554
  Belegschaftszugehörigkeit **611** 847
  Benachteiligungsverbot **611** 433
  Bestimmtheit **611** 533
  Betriebsratsbeteiligung **611** 836

Betriebsvereinbarung (Forts)
  Bezugnahme **611** 839
  Einigungsstellenspruch, Ersetzung durch **611** 841
  Einstellungsbestimmungen **611** 533
  erzwingbare Betriebsvereinbarung **611** 851
  Formvorschriften **611** 396
  freiwillige Betriebsvereinbarung **611** 843, 851
  Gegenstand **611** 843 f
  Geltung, unmittelbare **611** 848, 887
  Geltung, zwingende **611** 848, 887
  Gratifikationen **611** 846, 1504, 1507, 1521
  Günstigkeitsprinzip **611** 792, 849 f
  Haftungsausschluss **611** 845
  zu Lasten der Arbeitnehmer **611** 845
  Leistungsversprechen des Arbeitnehmers **611** 844
  Lohnabtretungsverbot **611** 844
  Maßregelungsverbot **612a** 13, 31
  Nachwirkung **611** 851
  Nebenbeschäftigungsverbot **611** 844
  Normenvertrag **611** 836
  Ordnung, betriebliche **611** 836
  Ruhestandsverhältnis **611** 847
  Schriftform **611** 839, 989
  Schutzkleidung **611** 845
  Sozialplan **611** 852
  Tarifbindung **611** 851, 853
  Tarifdispositivität gesetzlicher Bestimmungen **611** 846
  Tarifüblichkeit **611** 852 f
  Tarifvertrag, Sperrwirkung **611** 852
  Tarifvorbehalt **611** 792, 852
  teilmitbestimmte Betriebsvereinbarung **611** 851
  Umdeutung in Einheitsregelung **611** 990
  Umdeutung in Gesamtzusage **611** 879
  Unwirksamkeit **611** 990
  Vermögensbildung, Förderung **611** 844
  verschlechternde Betriebsvereinbarung **611** 850, 880
  Vertragsinhaltsschutz **611** 407
  Vertragspartner **611** 837, 839
  Verwirkungsverbot **611** 1667
  Verzicht auf festgelegte Rechte **611** 848
  Vorrang **611** 723
  Wirkungen **611** 848 ff
  Zwangsordnung, korporative **611** 836
Betriebsvereinbarungsoffenheit
  Betriebsübung **611** 886
  Gesamtzusage **611** 850, 886
Betriebsverfassung
  Arbeitnehmereigenschaft **611** 42, 52 ff, 81, 83
  Arbeitnehmervertretungen **Vorbem 611 ff** 177
  Arbeitskampfmaßnahmen, Verbot **Vorbem 611 ff** 178

Betriebsverfassung

Betriebsverfassung (Forts)
Arbeitsrecht **Vorbem 611 ff** 148, 175
kollektives Arbeitsrecht **Vorbem 611 ff** 178
Arbeitsverhältnis **611** 724
Begriff **611** 784
Benachteiligungsverbot **612a** 12
Beschlussverfahren **Vorbem 611 ff** 179
Betriebsbegriff **611** 247, 255
Betriebsrätegesetz **Vorbem 611 ff** 117
Bevorzugungsverbote **612a** 12
Geheimhaltungspflicht **611** 1216 f
Konzerneinheit **611** 277 f
Kooperationsmodell **Vorbem 611 ff** 178
Mitbestimmung **611** 835
Mitbestimmungsrechte **Vorbem 611 ff** 145
Mitwirkungsrechte **Vorbem 611 ff** 145
öffentliches Recht **Vorbem 611 ff** 148
Rechtsentwicklung **Vorbem 611 ff** 124
Rechtsform des Betriebsinhabers **611** 290
Repräsentationsprinzip **Vorbem 611 ff** 178
Schwellenwerte **611** 153
Tarifautonomie **611** 785
Betriebsverfassungsnormen
Tarifbestimmungen **611** 784 ff
Betriebsverlegung
Arbeitsleistung, Ort **611** 1062
Zustimmung des Betriebsrats **611** 1062
Betriebsverpachtung
Vertragseinordnung **Vorbem 611 ff** 80
Weisungsrecht **Vorbem 611 ff** 80
Betriebszugehörigkeit
Betriebsgruppe **611** 175
Leiharbeitsverhältnis **611** 153
Beurkundung, notarielle
Schriftform, Ersetzung **611** 403
Beurlaubung
Arbeitsbefreiung **611** 1821 f
Beurteilungen
Betriebsratsmitglied, Hinzuziehung **611** 1776
Entfernung aus der Personalakte **611** 1777
Fürsorgepflicht **611** 1776
Personalakten **611** 1764, 1770, 1776
Beurteilungsgrundsätze
Zustimmung des Betriebsrats **611** 856, 862, 1699, 1770, 1777
Bevorzugungsverbote
Betriebsverfassung **612a** 12
Bewährungsauflage
Arbeitsstelle, Annahme **611** 410
Bewerber
AGG-Hopping **611** 428, 483
Allgemeines Gleichbehandlungsgesetz **611** 428
Benachteiligung wegen des Geschlechts **611** 437
Maßregelungsverbot **611** 505

Bewerbung
invitatio ad offerendum **611** 368
Bewerbungsgespräch
Benachteiligung **611** 511
Bewerbungsunterlagen
Aufbewahrungspflicht **611** 621
Aushändigung **611** 621
Zugänglichmachen gegenüber Dritten **611** 622
Bewerbungsverfahren
Schadensersatz **611** 482 ff
Bezüge
Vergütung **611** 1308
Bezugnahme
Betriebsvereinbarung **611** 839
Einzelverweisung **611** 830, 894, 982
Gleichstellungsabrede **611** 828, 832 f
Globalverweisung **611** 830, 893, 982
Inhaltskontrolle **611** 893 ff
Tarifbindung, Wegfall **611** 832
Tarifvertragsregelungen **611** 759, 828 ff
Teilverweisung **611** 830, 895, 982
Transparenzkontrolle **611** 893
Verbandsaustritt **611** 832
Verbandswechsel **611** 832
Verweisung, dynamische **611** 831 ff
Verweisung, konstitutive **611** 832
Verweisung, statische **611** 831
Bezugnahmeklauseln
Altverträge **611** 833
Arbeitsbedingungen **611** 580, 828 ff
Arbeitsentgelt **611** 1318
Auslegung **611** 830, 832
Betriebsübergang **611** 832 ff
dynamische Bezugnahmeklausel **611** 918
große dynamische Bezugnahmeklausel **611** 831
Inhaltskontrolle **611** 916 ff
kleine dynamische Bezugnahmeklausel **611** 831, 833
Neuverträge **611** 833
Tarifgebundenheit **611** 764
Tarifvertrag, branchenfremder **611** 917
Tarifvertrag, ortsfremder **611** 917
Überraschungsklauseln **611** 903, 917
Unklarheitenregelung **611** 832, 917
Unternehmerfreiheit **611** 832 ff
BGB
Arbeitsvertrag **611** 8
BGB-Gesellschaft
Unternehmensbegriff **611** 266
Bildungsurlaub
Entgeltfortzahlung **611** 1826
Landesrecht **611** 734, 1826
Billigkeitskontrolle
Arbeitsvertrag **611** 1033 f
Binnenschifffahrt
Arbeitsrecht **611** 331

blue-pencil-Test
  Allgemeine Geschäftsbedingungen **611** 948
  Ausschlussfristen **611** 1660
Bonusanspruch
  Leistungsentgelt **611** 1443
  Widerrufsvorbehalt **611** 1445
  Zielvereinbarung **611** 1443
Bonusmeilen
  Herausgabepflicht **611** 1245
bossing
  Begriff **611** 1789
Brauereigewerbe
  Deputate **611** 1581
Bruttolohn-/-gehaltslisten
  Einsichtsrecht **611** 1765
Bruttolohnabrede
  Arbeitsentgelt **611** 1631
  Lohnzahlungsklage **611** 1685
Bruttovergütung
  Arbeitsentgelt **611** 1631
Buchautoren
  Urheberrecht **611** 1930
Buchprüfer, vereidigter
  Berufsordnung **611** 1924
Bühnenaufführungen
  Urheberrecht **611** 1267
Bühnenkünstler
  Arbeitsrecht **611** 333
Bürgenhaftung
  Nettoentgeltklage **611** 1685
Büroangestellte
  Versicherungspflicht **611** 199 f
Büroschlüssel
  Tod des Dienstverpflichteten **613** 14
Bundesarbeitsgericht
  Sitz **Vorbem 611 ff** 118, 131
Bundesdatenschutzgesetz
  s Datenschutz
Bundesfreiwilligendienst
  Arbeitsschutz **611** 344
  Dienst sui generis **611** 344
  Entgeltfortzahlungsgesetz **611** 344
  Feiertagsbezahlung **611** 1565
  Fragerecht des Arbeitgebers **611** 595
  Haftung **611** 344
  Interessenvertretung **611** 344
  Jugendarbeitsschutz **611** 344
  Kündigungsschutz **611** 344
  Mindestlohn **611** 344
  Mitbestimmungsrecht **611** 344
  Rechtswegzuständigkeit **611** 344
  Urlaubsrecht **611** 344
Bundesrepublik Deutschland
  Arbeitsrecht **Vorbem 611 ff** 122 ff
Bundestag
  Urlaubsanspruch der Bewerber um ein Mandat **611** 1158

Bußgelder
  Aufwendungsersatzanspruch **611** 1747
Caritas
  s a Kirchlicher Dienst
  Arbeitsrecht **611** 315 ff, 320, 873
    Formvorschriften **611** 402
  Diskriminierungsverbot **611** 468
causa
  Arbeitsverhältnis **611** 732
Charta der Grundrechte der Europäischen Union
  s Grundrechtecharta
Chefarzt
  Arbeitnehmereigenschaft **611** 35, 1870
  Arbeitsverhältnis
    Beendigung **611** 1894
  Begriff **611** 1876
  Dienstrecht, ärztliches **611** 1874
  Krankenhausarzt **611** 1872 f
  Liquidationsrecht **611** 1870, 1884 ff
  Mitarbeiterhonorierung **611** 1890 f
  Weisungsbefugnis **611** 1877
  Weisungsfreiheit **611** 1876
Compliance-Regeln
  Betriebsvereinbarung **611** 1231
  Datenschutz **611** 1231
  Diskriminierungsverbot **611** 1231
  Einladungen **611** 1227
  Geschenke **611** 1227
  Honeywell Code of Business **611** 1230
  Missstände, Anzeige **611** 1209, 1248
  Mitbestimmungsrecht **611** 1231
  Persönlichkeitsrecht, allgemeines **611** 1231
  Sarbanes Oxley Act **611** 1230
  Verhaltenskodex **611** 1230 f
Computerprogramme
  Urheberrecht **611** 1267
customer preferences
  Differenzierung, zulässige **611** 455

Darlehen
  Vermögensgegenstand, Verschaffung **Vorbem 611 ff** 2, 23
Daseinsvorsorge
  Arbeitnehmerbegriff **611** 44
  Tarifzuständigkeit **611** 289
Daten, personenbezogene
  Berichtigung **611** 1771
  Erhebung **611** 1778 ff
    Mitbestimmungsrecht **611** 1780
  Löschung **611** 1771
  Nutzung **611** 1778 f
  Personalakten **611** 1764, 1766
  Speicherung **611** 1778, 1780
  Sperrung **611** 1771 f
  Veränderung **611** 1778
  Verarbeitung **611** 1778 f
  Weitergabe **611** 1778

Datenerhebung
  bei Dritten **611** 566
  Erforderlichkeit **611** 616
  unmittelbare Datenerhebung **611** 566
Datengeheimnis
  Geheimhaltungspflicht **611** 1223
Datennutzung
  Erforderlichkeit **611** 616
Datenschutz
  Arbeitsrecht **611** 561
  Arbeitsverhältnis **611** 1778
  Beschäftigte **611** 561
  Daten, personenbezogene **611** 561
  de lege ferenda **611** 561
  Interesse des Arbeitgebers, berechtigtes **611** 562
  Persönlichkeitsrecht, allgemeines **611** 1778
  Persönlichkeitsschutz **611** 561
Datenverarbeitung
  Erforderlichkeit **611** 616
DDR
  Arbeitsgesetzbuch **Vorbem 611 ff** 127
  Arbeitsverfassung **Vorbem 611 ff** 127
Deputate
  Sachbezüge **611** 1581
Detektivvertrag
  Dienstvertragsrecht **611** 1932
Deutscher Sportbund
  Benachteiligungsverbot **611** 434
Diakonie
  s a Kirchlicher Dienst
  Arbeitsrecht **611** 315 ff, 320, 873
    Formvorschriften **611** 402
  Arbeitsvertragsrichtlinien **612** 55
  Diskriminierungsverbot **611** 468
Diakonissen
  Arbeitnehmereigenschaft **611** 109
Dienstalter
  Altersdiskriminierung **611** 474
Dienstberechtigter
  Begriff **611** 113 ff
  Geschäftsfähigkeit **611** 122
  Tod des Dienstberechtigten **613** 24
  Unternehmereigenschaft **611** 114
  Vergütungspflicht **611** 1307 ff
Dienstbereitschaft
  Arbeitnehmereigenschaft **611** 38, 101
Dienstboten
  Arbeitsmündigkeit **611** 126
  Gehorsam **Vorbem 611 ff** 14
  Treuepflicht **Vorbem 611 ff** 14
Dienste höherer Art
  Leistungspflicht **Vorbem 611 ff** 11, 29; **611** 1042
  Weisungsgebundenheit, fachliche **611** 35
Dienste jeder Art
  Leistungspflicht **Vorbem 611 ff** 1, 11; **611** 1042 f

Diensterfindung
  s a Arbeitnehmererfindungen
  Begriff **611** 1260
  Freigabe **611** 1260
  Geheimhaltungspflicht **611** 1223
  Inanspruchnahme **611** 1260
  öffentlicher Dienst **611** 1262
  Schutzrechtsanmeldung **611** 1260
  Vergütung **611** 1260
Dienstfahrt
  Aufwendungsersatzanspruch **611** 1742
    km-Pauschale **611** 1756
Dienstleistungsanspruch
  Übertragbarkeit **613** 22 f
  Unübertragbarkeit **613** 1, 26, 33
  Vererblichkeit **613** 24
Dienstleistungserbringung
  Arbeitsrecht **Vorbem 611 ff** 99
  Dienstvertrag **Vorbem 611 ff** 2; **611** 1038
  Werkvertrag **Vorbem 611 ff** 2
Dienstleistungspflicht
  s a Arbeitspflicht
  Befreiung von der Leistungspflicht **611** 1094
  Dienstleistung für Dritte **613** 26 f, 29
  Fixschuld **Vorbem 611 ff** 43; **611** 1100
  Gattungsschuld **611** 1054
  Gegenseitigkeitsverhältnis **611** 1554
  Höchstpersönlichkeit **613** 2 ff
    Auslegungsregel **613** 6 ff
  Inhalt **611** 1052 ff
  Leistung, untergeordnete **Vorbem 611 ff** 84
  Ort der Dienstleistung **611** 1060 ff
  Person des Arbeitnehmers **611** 1053 f, 1098
  Schlechtleistung **611** 1094
  Spezieschuld **Vorbem 611 ff** 43; **611** 1054
  Übertragbarkeit, Vereinbarung **611** 118
  Umfang **611** 1055 ff
  Unmöglichkeit **611** 1094 ff, 1097 ff
  Unübertragbarkeit **611** 118, 142; **613** 2 ff
  Unvererblichkeit **613** 13
  Unzumutbarkeit **611** 1094, 1101 ff, 1558
  Verhinderung an der Dienstleistung **613** 5
  zeitbestimmte Leistung **611** 1055 f
Dienstmiete
  Dienstleistung **Vorbem 611 ff** 11, 78
Dienstordnung
  Satzung, öffentlich-rechtliche **611** 296
Dienstordnungs-Angestellte
  Abbestellungsklauseln **611** 296
  Alimentationsprinzip **611** 296
  Arbeitsvertrag **611** 296
    Schriftform **611** 377
  Besoldungsgruppe **611** 296
  Fusion von Krankenkassen **611** 296
  Innungskrankenkasse, Auflösung/ Schließung **611** 296
  Krankenversicherung, gesetzliche **611** 295 f

Dienstordnungs-Angestellte (Forts)
    Kündigungsschutz **611** 296
    Rechtswegzuständigkeit **611** 296
    Unfallversicherung, gesetzliche **611** 295 f
Dienstplan
    Arbeitnehmerbegriff **611** 31, 38, 101
Dienstreisen
    Aufwendungsersatz **612** 37
    Vergütung **612** 37
Dienstvereinbarung
    AGB-Kontrolle **611** 891 f
    Formvorschriften **611** 396 f
    Geltung, unmittelbare **611** 887
    Geltung, zwingende **611** 887
    Zulässigkeit **611** 871
Dienstverhältnis
    dauerndes Dienstverhältnis **Vorbem 611 ff** 5; **611** 8, 1864
    kein Arbeitsverhältnis im Sinn des § 622 **611** 8, 1864
Dienstverpflichtete
    Schutz, sozialer **Vorbem 611 ff** 20
Dienstverpflichteter
    Arbeitsmündigkeit **611** 126
    Arbeitspflicht **611** 1037 ff
    Begriff **611** 123 f
    Gesamthand **611** 124
    Geschäftsfähigkeit **611** 125 ff
    juristische Person **611** 124
    natürliche Person **611** 123
    Tod des Dienstverpflichteten **613** 13 ff
        Forderungen des Dienstverpflichteten **613** 15
        Herausgabepflichten **613** 14
    Verbrauchereigenschaft **611** 123, 128, 131
Dienstverschaffungsvertrag
    Begriff **Vorbem 611 ff** 71 f
    Dienstleistung **Vorbem 611 ff** 73
    Eigengruppe **611** 180 f
    Leiharbeit **Vorbem 611 ff** 72; **611** 146
Dienstvertrag
    Abgrenzung **Vorbem 611 ff** 23 ff
    de lege ferenda **Vorbem 611 ff** 48 ff
    Abschlussfreiheit **611** 406 ff
    Anfechtbarkeit **611** 688 f
    Anfechtung **611** 657 ff
    Arbeit als solche **Vorbem 611 ff** 27 f, 33, 62
    Arbeitsleistung auf Zeit **Vorbem 611 ff** 35
    Arbeitsverhältnis **Vorbem 611 ff** 5, 7, 19 ff; **611** 8, 20, 58, 84, 365, 1864
    Arbeitsvertrag, abhängiger **Vorbem 611 ff** 6
    Austauschverträge **Vorbem 611 ff** 74; **611** 3
    Begriff **Vorbem 611 ff** 1
    causa **611** 5
    Dienstberechtigter **611** 113 ff
    Dienste höherer Art **Vorbem 611 ff** 11, 29
    Dienstleistungserbringung **Vorbem 611 ff** 11 f; **611** 1 f
    Dienstverpflichteter **611** 123 ff

Dienstvertrag (Forts)
    Einstandspflicht **611** 6
    Entgeltgestaltung **Vorbem 611 ff** 41
    Entgeltlichkeit **Vorbem 611 ff** 2, 68; **611** 1, 3, 1307
    Entgeltrisiko **Vorbem 611 ff** 40 ff, 52, 78
    Erfüllungsgehilfen **Vorbem 611 ff** 72
    essentialia negotii **611** 366 ff
    fehlerhafter Dienstvertrag **611** 699 f
    Forderungsabtretung **611** 118
    Formfreiheit **611** 364 f, 370 f
    freier Dienstvertrag **611** 1865
    Fürsorgepflicht **Vorbem 611 ff** 17
    Gefahrtragung **Vorbem 611 ff** 40 ff
    Gegenleistung **Vorbem 611 ff** 1
    Gewährleistungsrecht **Vorbem 611 ff** 39; **611** 1285
    Kündigung **Vorbem 611 ff** 23, 39
    Leistung von Arbeit **Vorbem 611 ff** 2
    Leistung, zeitbestimmte **Vorbem 611 ff** 44; **611** 2
    Leistungserfolg **Vorbem 611 ff** 42
    Leistungsgegenstand **Vorbem 611 ff** 26 f
    Leistungshandlung **Vorbem 611 ff** 42
    Leistungspflicht **611** 6
    Leistungsversprechen **611** 1, 4
    Leitbild, soziales **Vorbem 611 ff** 31 f
    Lohnarbeit **611** 81
    Nichtigkeit **611** 688 f
    Parteien **611** 113 ff
    partiarischer Dienstvertrag **Vorbem 611 ff** 76
    Rechtsgrund **611** 363
    Sittenwidrigkeit **611** 651 ff
    Sonderverbindung **611** 6
    Synallagma **611** 366, 1037, 1490 f, 1499
    genetisches Synallagma **612** 2, 6
    Treudienstvertrag **Vorbem 611 ff** 17, 19
    Treuepflicht **Vorbem 611 ff** 17
    unabhängiger Dienstvertrag **Vorbem 611 ff** 6
    Verbot, gesetzliches **611** 645 ff
    Vergütungsanspruch **Vorbem 611 ff** 41; **611** 1, 3 f
    Verpflichtungstatbestand **611** 363
    Vertrag auf Arbeit **Vorbem 611 ff** 3, 23 f, 62
    Vertrag, gegenseitiger **Vorbem 611 ff** 1, 68; **611** 3 f, 84, 363, 1307
    Vertrag zugunsten Dritter **613** 27
    Vertragsfreiheit **611** 364
    Vertragsinhalt **611** 722
    Vertragspartnerwechsel **613** 30
    Vertragsschluss **611** 363 ff
    Vertragstyp **Vorbem 611 ff** 1, 19, 33 ff, 43, 75; **611** 2
        Gebrauchsüberlassung **Vorbem 611 ff** 79
    Weisungsrecht **611** 135
Dienstvertragsrecht
    Arbeitsvertrag **Vorbem 611 ff** 21

Dienstvertragsrecht

Dienstvertragsrecht (Forts)
  Entstehungsgeschichte **Vorbem 611 ff** 10 ff
  Selbständige **Vorbem 611 ff** 21
Dienstwagen
  Arbeitsleistung, Nichterbringung **611** 1406
  Auslauffrist **611** 1405
  Kündigungsrechtsstreit **611** 1407
  Nutzungsausfallentschädigung **611** 1406
  Nutzungsmöglichkeit, Entziehung **611** 1406
  Privatnutzung **611** 1405 f
  Rückgabe **611** 1405, 1407
  Sondervergütung **611** 1499
  Tod des Dienstverpflichteten **613** 14
  Unpfändbarkeitsgrenzen **611** 1405
  Vergütung **611** 1405, 1581
  Widerrufsvorbehalt **611** 1405
Differenzierungsklauseln
  einfache Differenzierungsklauseln **611** 1818
  Koalitionsfreiheit, negative **611** 1818
  qualifizierte Differenzierungsklauseln **611** 1818
Direktionsrecht des Arbeitgebers
  s a Weisungsrecht
  Arbeitnehmereigenschaft **611** 28
  Arbeitsleistung **611** 1058
    Inhalt **611** 958, 1044
    Ort **611** 958, 1044
    Zeit **611** 958, 1044
  Arbeitspflicht **611** 963, 1044 f
  Arbeitsverhältnis **611** 955 ff
  Arbeitsverhalten **611** 968
  Arbeitszeit **611** 966
  Arbeitszeitlage **611** 967
  Beschäftigungsart **611** 963, 1046, 1048, 1050
  Beschäftigungsort **611** 965
  Diskriminierung **611** 496
  Gleichbehandlungsgrundsatz **611** 1015, 1028
  Leistungsverhalten **611** 968
  Ordnungsverhalten **611** 958, 968
  Straftaten **611** 957
  Tätigkeitsbereich **611** 963 f, 1048
  Verhaltensregeln **611** 968
  Versetzung **611** 965
  Weisungen **611** 725
Diskriminierung
  Maßnahmen, einseitige **611** 496
  Maßnahmen, vorbeugende **611** 479
  Organisationsverschulden **611** 479
  Schadensersatz **611** 479 f, 482 ff
  Zurechnung **611** 479
Diskriminierungsverbote
  Abschlussfreiheit, Beschränkung **611** 407
Dissens
  Dienstvertrag **612** 7

Sachregister

diversity management
  Maßnahmen, positive **611** 456
Doktortitel
  Anfechtungsgrund **611** 665
Dokumente
  Tod des Dienstverpflichteten **613** 14
Doppelarbeitsverhältnis
  Arbeitnehmerüberlassung **611** 146
  Arbeitszeit, Höchstgrenze **611** 649
  Urlaub **611** 649
  Vergütung **611** 649
Drittbetrieb
  Arbeitgeberfunktion **611** 135
  Beschäftigung in fremdem Betrieb **611** 135
  Weisungsrecht **611** 135
Drittelbeteiligung
  Konzerneinheit **611** 278
  Rechtsentwicklung **Vorbem 611 ff** 123
Dritter Weg
  Beteiligungsmodell **611** 319, 873, 896
Drogenabhängigkeit
  Behinderung **611** 592
  Fragerecht des Arbeitgebers **611** 592
  Untersuchung, ärztliche **611** 1253
Drohung, widerrechtliche
  Anfechtungsgrund **611** 675
  Nichtigkeitsfolge **611** 704 ff
Durchführungspflicht
  Tarifvertrag **611** 769

EDV-Anlagenbetreuung
  Arbeitsverhältnisse **611** 135
Effektivgarantieklausel
  Tariflohnerhöhung **611** 799, 801, 913
Effektivitätsgebot
  Unionsrecht **611** 506
Effektivklausel
  begrenzte Effektivklausel **611** 800
  Tariflohnerhöhung **611** 799 f, 913
EFTA-Staaten
  Arbeitnehmerfreizügigkeit **611** 630
Ehegattenmitarbeit
  Arbeitnehmereigenschaft **611** 347
  Dienstleistungspflicht **612** 24
  Kündigung **611** 347
  Lebensgemeinschaft, eheliche **611** 347
  Scheidung der Ehe **611** 347
Ehescheidung
  Fragerecht des Arbeitgebers **611** 579
Eheschließung
  Fragerecht des Arbeitgebers **611** 579
Ehrenamt, öffentliches
  Arbeitspflicht, Befreiung von der **611** 1158
  Arbeitsverhältnis, Abgrenzung **611** 22
  Arbeitszeit **611** 1195
  Mindestlohn **611** 1351
  Urlaubsanspruch **611** 1824
Ehrlichkeit
  Eigenschaft, verkehrswesentliche **611** 665

Eigengruppe
  Arbeitsleistung, Angebot **611** 176
  Arbeitspflicht **611** 179
  Arbeitsverhältnis **611** 177
  BGB-Gesellschaft **611** 176, 179 f
  Dienstverpflichteter **611** 124
  Dienstverschaffungsvertrag **611** 180 f
  Gruppenarbeitsverhältnis **611** 168, 176 ff
    s a dort
  Mitbestimmung **611** 169
  Rechtsform **611** 176, 179
  Vertragsschluss **611** 177 f
  Werkvertrag **611** 180
Eigenschädigung
  Aufwendungsersatzanspruch **611** 1754 f
    Beweislast **611** 1755
Eignungsuntersuchung
  s a Gesundheitsuntersuchungen
  ärztliche Eignungsuntersuchung **611** 605 ff
  Arbeitsverhältnis, Begründung **611** 605 ff
  Arzt, Bestimmung durch Arbeitgeber
    611 606
  Einwilligung des Bewerbers **611** 610, 613
  Erforderlichkeit **611** 613
  Kosten **611** 607
  Öffentlicher Dienst **611** 609
  Persönlichkeitsrechtsverletzung **611** 613
  Schweigepflichtentbindung **611** 606, 610
  Umfang **611** 606
  Untersuchungsergebnis, Mitteilung
    611 606, 613
  Würdeverletzung **611** 613
Ein-Euro-Jobber
  Arbeitsschutz **611** 340
  Arbeitsvertrag **611** 340
  Entschädigung für Mehraufwendungen
    611 340
  Haftung **611** 340
  Mitbestimmungsrecht **611** 340
  Verhältnis eigener Art, öffent-
    lich-rechtliches **611** 340
Ein-Firmen-Handelsvertreter
  Mindestarbeitsbedingungen **611** 751
Einbeziehungsabrede
  Tarifvertrag **611** 829
Einbeziehungskontrolle
  Arbeitsvertragsbestimmungen **611** 901 ff
  Überraschungsklausel **611** 902 f
Einführungsarbeitsverhältnis
  Vergütung **611** 1348
Eingliederung
  Weisungen **611** 282
Eingliederung, berufliche
  Altersdiskriminierung **611** 474
Eingruppierung
  Normenvollzug **611** 864
  Zustimmung des Betriebsrats **611** 856,
    864, 869

Einheitsregelungen, vertragliche
  Abänderung durch Betriebsvereinbarung
    611 883, 886
  Ablösung durch Betriebsvereinbarung
    611 883
  Allgemeine Geschäftsbedingungen
    611 882
  Begriff **611** 882
  Betriebsvereinbarung, Umdeutung
    611 990
  Entstehung **611** 882 f
  Günstigkeitsvergleich, kollektiver **611** 850
  Privatautonomie **611** 884 f
  Vertrauensschutz **611** 884 f
Einigungsstellenmitglieder
  Geheimhaltungspflicht **611** 1217
Einigungsstellenspruch
  Betriebsvereinbarung **611** 841
Einigungsstellenverfahren
  Auswahlrichtlinien **611** 628
  Personalfragebogen **611** 627, 671
Einrede des nichterfüllten Vertrages
  Arbeitsleistung **611** 1118 ff
Einrichtungen der Tarifvertragsparteien,
  gemeinsame
  Tarifnormen **611** 789
    Rückwirkung **611** 812
  Tarifvertrag **611** 769
Einsatzorte, wechselnde
  Arbeitnehmereigenschaft **611** 102
Einstellung
  Begriff **611** 112
  Meldepflichten des Arbeitgebers **611** 719
  Mitbestimmungsrecht **611** 112, 869
  Unterrichtungspflicht des Arbeitgebers
    611 617
  Zustimmung des Betriebsrats **611** 619, 856
Einstellungsanspruch
  Abschlussgebote **611** 532
  Betriebsübergang **611** 533
Einstweilige Verfügung
  Arbeitsleistung **611** 1091 ff
  Wettbewerbsverstoß **611** 1184
Einwilligungsvorbehalt
  Dienstberechtigter **611** 122
  Dienstverpflichteter **611** 126
Einzelarbeitsvertrag
  Arbeitsverhältnis **611** 727
Einzelkaufmann
  Unternehmensbegriff **611** 266
Einzelmaßnahmen, personelle
  Mitbestimmungsrecht des Betriebsrats
    611 856
Einzelverweisung
  Inhaltskontrolle **611** 894, 982
Elektronische Form
  Schriftform, Ersetzung **611** 403
ELSTAM
  Arbeitsverhältnis **611** 720

Elternzeit
- Arbeitsbefreiung **611** 1823
- Arbeitsschutz, sozialer **Vorbem 611 ff** 184
- Arbeitsverhältnis, Ruhen **611** 1161
- Karenzentschädigung **611** 1190
- Nebentätigkeit, Genehmigungsvorbehalt **611** 1197
- Teilzeitarbeit, Anspruch auf **611** 1087
- Urlaubsanspruch **611** 1833

Entfernungszulage
- Erschwerniszulage **611** 1472

Entfristungsklage
- Kündigung, vorsorgliche **612a** 24

Entgeltfestsetzung
- Inhaltskontrolle **611** 1340
- Inhaltskontrolle, Ausschluss **611** 905

Entgeltgleichheit
- Benachteiligung, mittelbare **611** 1384
- Geschlechter, Gleichstellung **611** 416, 735, 1002, 1380 ff; **612** 3
- Schutzvorschriften **611** 1385

Entgeltumwandlung
- Mindestlohn **611** 1370

Entgeltvereinbarung
- Inhaltskontrolle **611** 908
- Transparenzgebot **611** 906, 908

Entlassungsbedingungen
- Diskriminierungsverbot **611** 500

Entlassungsschutz
- Maßregelungsverbot **612a** 1

Entleiher
- Arbeitgeberbegriff **611** 432
- Fürsorgepflicht **611** 150

Entschädigungsanspruch
- Allgemeines Gleichbehandlungsgesetz **611** 482, 486 ff
- Angemessenheit **611** 488
- Anspruchsgegner **611** 486
- Ausschlussfrist **611** 506 ff
- Beschäftigter, diskriminierter **611** 492
- Beweislast **611** 514
- Bewerber, diskriminierter **611** 486 ff
- Fahrlässigkeit, grobe **611** 487
- Klagefrist **611** 509
- Kollektivregelungen **611** 487
- Kündigung, diskriminierende **611** 502
- Nichteinstellung, diskriminierende **611** 488
- Schwerbehinderte **611** 523
- Verschuldensunabhängigkeit **611** 482, 486
- Vorsatz **611** 487

Entwicklungshelfer
- Arbeitsverhältnis **611** 345
- Entwicklungsdienstvertrag **611** 345
- Rechtswegzuständigkeit **611** 345
- Vorbereitungsvertrag **611** 345

equal-pay-Grundsatz
- Aufwendungsersatzanspruch **611** 1751

equal-treatment-Grundsatz
- Arbeitnehmerüberlassung **611** 1391 f

equal-treatment-Grundsatz (Forts)
- Leiharbeitsverhältnis **611** 151, 154
- Mindestlohn **611** 1363
- Tarifvertrag **611** 151, 154

Erbengemeinschaft
- Unternehmensbegriff **611** 266

Erbenhaftung
- Dienstvertrag **613** 14

Erfindung
- s Arbeitnehmererfindungen

Erfüllung
- Arbeitsentgelt **611** 1625, 1668

Erfüllungsgehilfen
- Arbeitsleistung **611** 134
- Dienstvertrag **Vorbem 611 ff** 72; **611** 157
- Weisungsrecht **611** 157
- Werkvertrag **611** 157, 158, 160

Ergebnisbeteiligung
- Unternehmensverbundenheit **611** 1440

Erhaltungsarbeiten
- Aussperrung **611** 1153
- Streik **611** 1149 f, 1152

Erholungsurlaub
- Arbeitstätigkeit während des Urlaubs **611** 1853
- Begriff **611** 1828
- Erholungsbedürfnis **611** 1828
- Erholungszweck **611** 1852 ff
- Erkrankung während des Urlaubs **611** 1854
- Gewohnheitsrecht **611** 1830
- Lohnanspruch **611** 1562
- Mindestlohn **611** 1361
- Rehabilitierungsmaßnahmen **611** 1854
- Tarifbestimmungen **611** 771
- Urlaubsbegriff **611** 1821
- Urlaubsentgelt **611** 1314
- Vereinbarung **611** 1830
- Vergütungspflicht **611** 1855
- Versorgung, medizinische **611** 1854

Erlass
- Arbeitsentgeltanspruch **611** 1311, 1668 f
- Ausgleichsquittung **611** 1679

Erlassvertrag
- Tarifansprüche **611** 805

Ermittlungsverfahren
- Offenbarungspflicht des Arbeitnehmers **611** 603

Erschwerniszulage
- Arbeitserschwernisse **611** 1472
- Widerrufsvorbehalt **611** 1472
- Zuschläge **611** 1472

Erwerbsminderung
- Offenbarungspflicht des Arbeitnehmers **611** 603

Erziehungsgeld
- Elternzeit **611** 1823

Essenszuschuss
- Sondervergütung **611** 1499

essentialia negotii
Dienstvertrag **611** 366 ff
Ethikregeln
Compliance-Regeln **611** 1230
s a dort
EU-Richtlinien
Adressaten **611** 737 f, 745
Arbeitsrecht **611** 737 ff
Auslegung, unionsrechtskonforme **611** 741
effet utile **611** 737, 741
Frustrationsverbot **611** 737
Nichtumsetzung **611** 737 ff
Rechtsfortbildung, unionsrechtskonforme **611** 748
Schadensersatzanspruch **611** 739 f
Umsetzung **611** 737 ff
Unionstreue **611** 741
Vorabentscheidungsverfahren **611** 747
Wirkung, horizontale **611** 740 ff
Wirkung, vertikale **611** 738, 741 f
450-Euro-Jobs
Mindestlohn **611** 1348
Europäische Menschenrechtskonvention
Selbstbestimmungsrecht, kirchliches **611** 872
Europäische Sozialcharta
Bundesrecht **611** 750
Europäische Union
Arbeitnehmerbegriff **611** 14, 304a, 353
Arbeitnehmerfreizügigkeit **Vorbem 611 ff** 133
Arbeitsmarkt **Vorbem 611 ff** 132
Arbeitsrecht **Vorbem 611 ff** 134
Primärrecht **611** 735 f
Entgeltgleichheit **611** 735
Sozialpolitik **Vorbem 611 ff** 134
Europäischer Betriebsrat
Mitbestimmungsrecht **611** 835
Europäisierung
Arbeitsrecht **611** 735
Evangelische Kirche
Mitarbeitervertretungsgesetz **611** 874

Fabrikanten
Begriff **Vorbem 611 ff** 103
Fabrikarbeiter
Begriff **611** 194
Fabrikgesetzgebung
Arbeitsrecht **Vorbem 611 ff** 137
Factoring
Dienstleistungsfunktion **Vorbem 611 ff** 88
Dienstvertragselement **Vorbem 611 ff** 82
echtes Factoring **Vorbem 611 ff** 88 f
Kreditfunktion **Vorbem 611 ff** 88
unechtes Factoring **Vorbem 611 ff** 88 f
Fahrerlaubnis
Entziehung **613** 7
Fahrgeldzuschuss
Sondervergütung **611** 1499

Fahrpersonal
Akkordlohn, Verbot **611** 1425
Prämienlohn, Verbot **611** 1432
Fahrtkosten
Aufwendungsersatzanspruch **611** 1742 f, 1746
Fahrzeiten
Arbeitszeit **611** 1065
Aufwendungsersatz **612** 37
Vergütung **612** 37
Falschbezeichnung
Arbeitsverhältnis **611** 70
Familie
Arbeitsverfassung **Vorbem 611 ff** 101
Familienpflegezeit
Arbeitsleistungspflicht, Wegfall **611** 1110
Befristungstatbestand **611** 1115
Darlehen, zinsloses **611** 1116
Entgeltfortzahlung **611** 1116
Freistellung **611** 1823
Freistellungsanspruch **611** 1114
Kündigungsverbot **611** 1115
Teilzeitarbeit, Anspruch auf **611** 1087
Vereinbarkeit von Familie und Beruf **611** 1110
Zuschuss zur Krankenversicherung **611** 1116
Familienpflegezeitgesetz
Anwendungsbereich, persönlicher **611** 1110
Familienplanung
Fragerecht des Arbeitgebers **611** 579
Feiertage
gesetzliche Feiertage **611** 1566
Vergütungsanspruch **611** 1314
Feiertagsarbeit
Zuschläge **611** 1466
Feiertagsbezahlung
Akkordlohn **611** 1572
Arbeitsausfall, Kausalzusammenhang **611** 1570
Arbeitsverhältnis **611** 1565
Arbeitszeit, variable **611** 1572
Arbeitszeitflexibilisierung **611** 1574 f
Ausschluss **611** 1576 f
Aussperrung **611** 1568
Berechnung **611** 1571 ff
Betriebsrisiko **611** 1567
Dienstplan **611** 1567
Entgeltfortzahlung **611** 1563 ff
Fernbleiben von der Arbeit, unentschuldigtes **611** 1576 f
Kurzarbeit **611** 1569, 1573
Leistungshindernis, objektives **611** 1567
Lohnausfallprinzip **611** 1564, 1571, 1575
Mehrarbeit **611** 1572
Nachholen ausgefallener Arbeit **611** 1578
Pauschalierung **611** 1572
Provision **611** 1572

Feiertagsbezahlung (Forts)
  Schichtplan **611** 1570
  Streik **611** 1568
Feiertagsgeld
  Mindestlohn **611** 1361
Feiertagsruhe
  Arbeitsruhe **611** 1564
  Arbeitszeitschutz **611** 1068
Feiertagszuschlag
  Mindestlohn **611** 1359
  Vergütung **611** 1466, 1468 f
Fernbleiben von der Arbeit, unentschuldigtes
  Feiertagsbezahlung **611** 1576 f
Fernsehanstalten
  Arbeitsverhältnis, Bestandsschutz **611** 309
Feststellungsklage
  Maßregelungsverbot **612a** 18
Feudalismus
  Arbeitsverfassung **Vorbem 611 ff** 102
Feuerwehr
  Benachteiligungsverbot **612a** 12
  Freistellungsanspruch **611** 734
Firmentarifvertrag
  Begriff **611** 762
Firmenwagen
  s Dienstwagen
Flächentarifvertrag
  Begriff **611** 762
Flößereiwesen
  Arbeitsrecht **611** 331
Flugzeuge, Gebrauchsüberlassung
  Arbeitsverhältnisse **611** 135
Form
  Dienstvertrag **611** 645
Formerfordernisse
  Formzwang, vereinbarter **611** 398 ff
Formmangel
  Treu und Glauben **611** 405
Formulararbeitsvertrag
  Arbeitnehmer **611** 204
Forschungs- und Entwicklungsvertrag
  Dienstvertrag **Vorbem 611 ff** 61
  Werkvertrag **Vorbem 611 ff** 61
Forschungseinrichtungen
  Arbeitsverhältnisse, befristete **611** 310
Forstwirtschaft
  Arbeitsrecht **611** 286, 326 f
  Arbeitsverhältnis, mittelbares **611** 165
  Naturalvergütung **611** 1402
Fortbildung, berufliche
  Allgemeines Gleichbehandlungsgesetz **611** 426
  Beschäftigungssicherung **611** 1728 f
  Kostentragung **611** 1730
Fortkommen, berufliches
  Beschäftigungspflicht **611** 1699
Frachtführer
  Arbeitnehmereigenschaft **611** 357

Frachtvertrag
  Vertrag auf Arbeit **Vorbem 611 ff** 24
  Werkvertrag, besonderer **611** 357
Fragerecht des Arbeitgebers
  Aids **611** 574
  Alkoholabhängigkeit **611** 592
  Allgemeines Gleichbehandlungsgesetz **611** 565
  Alter **611** 593
  Arbeitseinkommen, früheres **611** 577
  Arbeitsplatzbezug **611** 568 ff
  Arbeitsunfähigkeit **611** 572
  Arbeitsverhältnis, laufendes **611** 1249
  Arbeitsverhältnis mit dem gleichen Arbeitgeber **611** 571
  Aufenthaltserlaubnis **611** 569
  Auskunftseinholung **611** 604
  Beantwortung zulässiger Fragen, wahrheitswidrige **611** 559, 670 ff
  Behinderung **611** 574, 588
  Bundesfreiwilligendienst **611** 595
  Daten, allgemein zugängliche **611** 566
  Datenerhebung bei Dritten **611** 566
  Datenschutz **611** 561 f
  Diskriminierungsmerkmale **611** 496
  Drogenabhängigkeit **611** 592
  Ehescheidung **611** 579
  Eheschließung **611** 579
  Erfahrungen, berufliche **611** 568
  Fähigkeiten, berufliche **611** 568
  Familienplanung **611** 579
  Freiheitsstrafe **611** 599
  freiwilliges soziales/ökologisches Jahr **611** 595
  Gehaltspfändung **611** 576
  Gesundheitszustand **611** 572 ff
  Gewerkschaftszugehörigkeit **611** 580
  Interesse des Arbeitgebers, berechtigtes **611** 562, 565
  Interessenabwägung **611** 562 f, 1249
  Internetrecherche **611** 566
  Intimbereich **611** 579
  Kenntnisse, berufliche **611** 568
  Krankheit **611** 572 ff, 588
    ansteckende Krankheit **611** 572 f
  Langzeitarbeitslosigkeit **611** 571, 1352
  Lebensgemeinschaft, nichteheliche **611** 579
  Lebensverhältnisse, persönliche **611** 579 f
  Lohnpfändung **611** 576
  MfS-/Stasi-Mitarbeit **611** 582
  Nebentätigkeit **611** 570
  Netzwerke, soziale **611** 566
  Offenbarungspflicht des Arbeitnehmers **611** 601 ff
  Parteizugehörigkeit **611** 581 f
  Persönlichkeitsschutz **611** 560
  Person des Arbeitnehmers **611** 568 ff
  Prüfungen **611** 568

Fragerecht des Arbeitgebers (Forts)
  Rauchen **611** 573
  Recht zur Lüge **611** 564
  Religionszugehörigkeit **611** 581
  Schwangerschaft **611** 584 ff
  Schwerbehinderteneigenschaft **611** 587 ff
  SED-Mitgliedschaft **611** 582
  Selbstbestimmung, informationelle **611** 563
  Strafverfahren **611** 599 f
  Täuschung **611** 559, 564, 601, 670
  Verfassungstreue **611** 583
  Vermögen des Arbeitnehmers **611** 575
  Vorbeschäftigungsverbot **611** 570
  Vorstrafen **611** 596 ff
  Wehrdienst **611** 594
  Weltanschauung **611** 594
  Werdegang, beruflicher **611** 568
  Wettbewerbsverbot **611** 570
  Zeugnisse **611** 568
  Zivildienst **611** 594
  Zulässigkeit der Frage **611** 564
Franchise
  Begriff **Vorbem 611 ff** 91
Franchisenehmer
  arbeitnehmerähnliche Person **611** 362
  Arbeitnehmereigenschaft **Vorbem 611 ff** 92; **611** 362
Franchising
  Absatzkooperation **Vorbem 611 ff** 90, 92
  Arbeitsverhältnis, mittelbares **611** 362
  Dauerschuldverhältnis **Vorbem 611 ff** 91
  Dienstvertragselement **Vorbem 611 ff** 82
  Kooperation, vertikale **Vorbem 611 ff** 90; **611** 362
  Subordinations-Franchising **Vorbem 611 ff** 92
Frankreich
  Mobbing **611** 1789
Frauenarbeitsschutz
  Arbeitsschutz, sozialer **Vorbem 611 ff** 184
  Kodifikation **Vorbem 611 ff** 129
Freie Berufe
  Arbeitgebereigenschaft **611** 114
  Arzt **611** 1867
  Dienstleistungspflicht, Höchstpersönlichkeit **613** 9
  Dienstvertrag, freier **611** 356
  Hilfskräfte **613** 9
  Teilzeitarbeit **611** 99
  Unternehmereigenschaft **611** 114
  Wettbewerbsverbot **611** 1177
Freie Mitarbeiter
  arbeitnehmerähnliche Personen **611** 231, 243
  Arbeitnehmereigenschaft **611** 359
  Honorarrückforderung **611** 77; **612** 41
  Statusänderung **611** 77 f
  Vergütung **612** 41

Freie Mitarbeiter (Forts)
  Vertragsverhältnis, Rechtsnatur **611** 71, 78
Freiheit
  Privatrecht **611** 423
Freiheitsstrafe
  Offenbarungspflicht des Arbeitnehmers **611** 603
Freistellung
  Beschäftigungspflicht **611** 1706
  Urlaubserteilung **611** 1706
Freiwilliges soziales/ökologisches Jahr
  s Jugendfreiwilligendienste
Freiwilligkeitsvorbehalt
  im Arbeitsvertrag **611** 983 f
  Betriebsübung **611** 923, 983, 984
  Entgeltleistung **611** 924
  Erklärung **611** 925
  Form **611** 983
  Gleichbehandlungsgrundsatz **611** 1013
  Gratifikation **611** 983, 1504 f
  Gratifikationen **611** 1506
  Inhaltskontrolle **611** 923 ff
  Kombination Freiwilligkeits-/Widerrufsvorbehalt **611** 925, 941
  Leistungen, künftige **611** 925
  Wiederholung **611** 983
  Zielvereinbarung **611** 1445
Fremdarbeitnehmer
  Erfüllungsgehilfeneigenschaft **611** 134
Fremdfirmeneinsatz
  Erfüllungsgehilfeneigenschaft **611** 134
Fremdgeschäftsführer
  Arbeitnehmereigenschaft **611** 352 f, 431
Fremdpersonaleinsatz
  Arbeitnehmerschutzrecht **611** 1931
  Arbeitnehmerüberlassung **611** 1931
  Dienstvertrag **611** 1931
  Kündigungsschutzrecht **611** 1931
  Tertiarisierung **611** 1931
  Werkvertrag **611** 1931
Friedenspflicht
  absolute Friedenspflicht **611** 1140
  Arbeitskampfbeginn **611** 1140
  Aussperrung **611** 1335
  Einwirkungspflicht **611** 1140
  relative Friedenspflicht **611** 1140
  Tarifvertrag **611** 769
Frühverrentung
  Lebensarbeitszeitkonto **611** 1079
Fürsorgepflicht
  Arbeitgeber **611** 52, 1166
  Arbeitnehmerinteressen **611** 1686 ff
  Beschäftigungspflicht **611** 1688, 1693 ff
  Eigentum des Arbeitnehmer **611** 1757
  Gesundheit des Arbeitnehmers **611** 1687, 1691, 1731
  Leben des Arbeitnehmers **611** 1687, 1691, 1731
  Leistungsverweigerungsrecht **611** 1732

Fürsorgepflicht (Forts)
   Lohnberechnung **611** 1629
   Persönlichkeitsrecht des Arbeitnehmers **611** 1691
   Rücksichtnahmepflicht **611** 1690
   Schadensersatz **611** 1732
   Schadensersatzanspruch **611** 1757 f
   Vermögensinteressen **611** 1691, 1757
     Hinweispflichten **611** 1758 f
     Informationspflichten **611** 1758 f
     – gesteigerte Informationspflichten **611** 1759
   Versicherungsschutz **611** 1733 ff
   Zurückbehaltungsrecht **611** 1119
Fund
   Besitzdienerschaft **611** 1255
Funktionsbeschreibung
   Personalplanung **611** 556
Funktionszulagen
   Begriff **611** 1473
   Teilzeitbeschäftigung **611** 1473

Gage
   Vergütung **611** 1308
Gastarzt
   Arbeitnehmereigenschaft **611** 1869
Gastgewerbe
   Arbeitsrecht **611** 286
Gastronomie
   Deputate **611** 1581
Gebietskörperschaften
   Schriftformerfordernis **611** 376
   Vertretungsregelung **611** 376
Gebührenordnung
   Ärzte **612** 53
   Steuerberatung **611** 1922; **612** 54
   Vergütung, übliche **612** 57
   Zahnärzte **612** 53
Geburt
   Diskriminierungsverbot **611** 1387
Gedinge
   Akkordlohn **611** 1424
Gefälligkeitsleistung
   Vergütungserwartung **612** 23
Gefahrenschutz
   Arbeitsschutz, technischer **Vorbem 611 ff** 181 f
Gefahrenschutz, öffentlich-rechtlicher
   Dienstvertrag **611** 1731
Gefahrenzulage
   Mindestlohn **611** 1359
   Vergütung **611** 1472
Gefahrgeneigtheit der Tätigkeit
   Gesundheitsuntersuchungen **611** 1253
Gefahrgut-LKW-Fahrer
   Gesundheitsuntersuchungen **611** 1253
Gefahrtragung
   Dienstleistungserbringung **611** 1038

Gegnerfreiheit
   Vereinigungen **611** 1810
Gegnerunabhängigkeit
   Vereinigungen **611** 1810
Gehalt
   Vergütung **611** 1308
Gehaltspfändung
   Fragerecht des Arbeitgebers **611** 576
Gehaltsvorschuss
   Begriff **611** 1533 f
Geheimnisoffenbarung
   Beschäftigungspflicht, Wegfall **611** 1702
Geheimnisverrat
   Schädigungsabsicht **611** 1201
   Strafbarkeit **611** 1201, 1224
   Wettbewerbshandlung **611** 1201
Gehilfenverhältnis
   Einschaltung Dritter **611** 140
   Gruppenarbeitsverhältnis **611** 182 ff
Gehorsamspflicht
   Arbeitnehmer **611** 958
Geldstrafen
   Aufwendungsersatzanspruch **611** 1747
Gemeines Recht
   Dienstmiete **Vorbem 611 ff** 11, 78
Gemeinschaft, häusliche
   Naturalvergütung **611** 1399, 1583
Gemeinschaft, lebenspartnerschaftsähnliche
   Pflegezeitgesetz **611** 1110
gemeinschaftliche Rechtszuständigkeit
   operae liberales **Vorbem 611 ff** 32
Gemeinschaftsbetrieb
   Arbeitsverhältnisse **611** 135
   Betriebsbegriff **611** 267 f
   Betriebsratsfähigkeit **611** 268
   Betriebsstilllegung **611** 270
   Betriebsübergang **611** 272
   Betriebsverfassung **611** 267 f
   Führungsvereinbarung **611** 269
   Gemeinsamkeit **611** 268 f
   Kündigungsschutz **611** 270 f
   Leitungsapparat, einheitlicher **611** 268
   Spaltung eines Unternehmens **611** 269, 271
   Teilübertragung **611** 271
   Vermutung **611** 269
Gemeinschaftsrecht
   s Europäische Union
Gemeinschaftsunternehmen
   Gesamthand **611** 265
   juristische Person **611** 265
   Unternehmensbegriff **611** 265
Gender-Richtlinie
   Umsetzung **611** 419
Gendiagnostikgesetz
   arbeitnehmerähnliche Personen **611** 237
   Benachteiligungsverbot **611** 611; **612a** 12
   Beschäftigtenschutz **611** 561, 1781
   Eignungsuntersuchung **611** 611

Gendiagnostikgesetz (Forts)
  Fragerecht des Arbeitgebers **611** 573 f
  Recht auf informationelle Selbstbestimmung **611** 1781
  Vorsorgeuntersuchungen, arbeitsmedizinische **611** 611
Generalunternehmer
  Mindestlohn **612** 47
Genetische Merkmale
  Diskriminierungsverbot **611** 1387
  s a Gendiagnostikgesetz
Genomanalyse
  s a Gendiagnostikgesetz
  Untersagung **611** 611
Geringfügigkeit
  Sozialversicherungspflicht **611** 98
Gesamtbetriebsrat
  Betriebe, mehrere **611** 259
Gesamthafenbetrieb
  Arbeitgeberfunktion **611** 121, 186
  Gruppenarbeitsverhältnis **611** 185 f
Gesamthand
  Dienstverpflichteter **611** 124
Gesamthandsgemeinschaft
  Unternehmensbegriff **611** 266
Gesamtsozialversicherungsbeitrag
  Einbehaltung **611** 1629 ff
  Erstattungsanspruch **611** 1633
  Freistellungsanspruch **611** 1633
Gesamtzusage
  Ablösung **611** 880
  Änderung **611** 878, 880
    durch Betriebsvereinbarung **611** 886
  Änderungskündigung **611** 880
  Begriff **611** 877, 970
  Betriebsvereinbarung, Umdeutung **611** 879
  Betriebsvereinbarungsoffenheit **611** 850, 886
  Form **611** 878
  Günstigkeitsvergleich, kollektiver **611** 850
  Intranet **611** 878
  Klauselkontrolle **611** 878
  Mitbestimmungsrechte des Betriebsrats **611** 881
  Verpflichtungserklärung **611** 877
  Vertragsangebot **611** 878
  Widerrufsvorbehalt **611** 880
Geschäftsbesorgungsvertrag
  Tätigkeit, wirtschaftlicher Art, selbständige **Vorbem 611 ff** 69
  Vermögensinteressen, Wahrnehmung **Vorbem 611 ff** 69
Geschäftsfähigkeit
  Arbeitsvertrag **611** 712 ff
  Dienstberechtigter **611** 122, 714
  Dienstverpflichteter **611** 125 ff, 713
  Dienstvertrag **611** 645

Geschäftsfähigkeit, beschränkte
  Arbeitsvertrag **611** 712 ff
Geschäftsführer
  Arbeitnehmereigenschaft **611** 353
  Begriff **611** 226
  Berufung eines Arbeitnehmers der Gesellschaft zum Geschäftsführer **611** 355
  Kündigungsschutz **611** 225 f
  Verbrauchereigenschaft **611** 133
Geschäftsführeranstellungsvertrag
  Nichtigkeitsfolgen **611** 699
Geschäftsführerbestellung
  Diskriminierungsverbote **611** 429
Geschäftsgeheimnisse
  Begriff **611** 1202
  Geheimnisoffenbarung **611** 1211
  Verschwiegenheitspflicht **611** 1201 f, 1205, 1211, 1215
  Wettbewerb, unlauterer **611** 1188
Geschäftsinhalt
  Arbeitsverhältnis, Abgrenzung **Vorbem 611 ff** 25; **611** 61, 70
Geschäftsunfähigkeit
  Arbeitsvertrag **611** 712 ff
Geschäftsunterlagen
  Herausgabepflichten **611** 1245 f
  Zurückbehaltungsrecht **611** 1246
Geschlecht
  Anforderungen, wesentliche und entscheidende berufliche **611** 451, 453 f
  Anweisung zur Benachteiligung **611** 450
  Belästigung **611** 439, 448
  Benachteiligung, mittelbare **611** 439, 444
    Rechtfertigung **611** 447, 452
    – Beweislast **611** 447
    Statistiken **611** 446, 511
    Vergleichsgruppen **611** 445
  Benachteiligung, unmittelbare **611** 439 ff
    Motivbündel **611** 442
    Situation, vergleichbare **611** 440 f
  biologisches Geschlecht **611** 438
  customer preferences **611** 455
  Differenzierung, zulässige **611** 451 ff
  Diskriminierungsverbot **611** 424, 436 ff
  Entgeltgleichheit **611** 416
  Maßnahmen, positive **611** 456
Geschlechterquote
  Aufsichtsräte **611** 525
  öffentlicher Dienst **611** 525
Geschlechtsdiskriminierung
  Maßregelungsverbot **612a** 1
  Vergütung, übliche **612** 60
Geschlechtsumwandlung
  Anfechtungsgrund **611** 673
Gesellen
  Dienstverhältnis **Vorbem 611 ff** 102
Gesellenstück
  Eigentumserwerb **611** 1255

Gesellschaft
- Gesamthandsvermögen **Vorbem 611 ff** 75
- Schuldverhältnis **Vorbem 611 ff** 168
- Vermögensgemeinschaft **Vorbem 611 ff** 75

Gesellschafter
- Arbeitsverhältnis zur Gesellschaft **Vorbem 611 ff** 77; **611** 107, 348
- Betriebsverfassung **611** 349
- Arbeitsvertrag **611** 350
- Erfolgshonorar **611** 348
- Leitungsmacht **611** 348
- Minderheitengesellschafter **611** 348

Gesellschafter-Geschäftsführer
- Allgemeines Gleichbehandlungsgesetz **611** 429
- Arbeitnehmereigenschaft **611** 431
- Vergütung **612** 22

Gesellschaftsvertrag
- Element, personenrechtliches **Vorbem 611 ff** 74
- Vertrag, gegenseitiger **Vorbem 611 ff** 74
- Vertragstyp **Vorbem 611 ff** 75
- Zweck, gemeinsamer **Vorbem 611 ff** 74 f

Gesetzgebungskompetenz
- Arbeitsrecht **611** 734

Gesinderecht
- Arbeitsverhältnisse, landwirtschaftliche **Vorbem 611 ff** 14
- Dienstleistungserbringung **Vorbem 611 ff** 102
- Gesindeordnungen **Vorbem 611 ff** 14, 116
- Hauspersonal **Vorbem 611 ff** 14

Gestellungsvertrag
- Arbeitgeberstellung **611** 191
- Arbeitsleistungen **611** 109 f, 188, 360 f
- Arbeitsverhältnis, mittelbares **611** 190
- Betriebsverfassungsrecht **611** 192
- Krankenpflege **611** 187, 190, 360
- Personalvertretungsrecht **611** 192
- Rahmenbedingungen **611** 361
- Rahmenvertrag **611** 189
- Schulen **611** 187, 190, 360
- Unternehmensmitbestimmung **611** 192
- Weisungsverhältnis **611** 191
- Zurverfügungstellung erforderlicher Personen **611** 187, 190
- Zustimmungsverweigerungsrecht des Betriebsrats **611** 192

Gesundheit
- Datenschutz **611** 561
- Fragerecht des Arbeitgebers **611** 572 ff

Gesundheitsbescheinigung
- Vorlagepflicht **611** 721

Gesundheitsuntersuchungen
- s a Eignungsuntersuchung
- Arbeitsleistung **611** 1252
- Gefahrgeneigtheit der Tätigkeit **611** 1253
- Pflichtverletzung **611** 1252
- Treuepflicht **611** 1253

Gewerbefreiheit
- Vertragsfreiheit **Vorbem 611 ff** 104

Gewerbeordnung
- Arbeitsrecht **Vorbem 611 ff** 150; **611** 9
- Arbeitsverhältnis **611** 322
- Privatautonomie **611** 365

Gewerkschaften
- Beitrittserklärung **611** 766
- Benachteiligungsverbot **611** 434
- Einheitsgewerkschaft **Vorbem 611 ff** 121
- Industriegewerkschaften **Vorbem 611 ff** 121
- Koalitionsbegriff **611** 1808
- Tariffähigkeit **611** 766
- Werbung für Gewerkschaften **611** 1816, 1820
- Wiederzulassung **Vorbem 611 ff** 121

Gewerkschaftsbeitritt
- Koalitionsfreiheit, negative **611** 1818
- Koalitionsfreiheit, positive **611** 1814, 1816

Gewerkschaftsbewegung
- Arbeitsverfassung **Vorbem 611 ff** 108

Gewerkschaftsgründung
- Koalitionsfreiheit, positive **611** 1814, 1816

Gewerkschaftsmitgliedschaft
- Umfrage unter Mitarbeitern **611** 1814

Gewerkschaftssitzung
- Arbeitspflicht **611** 1104

Gewerkschaftsvertreter
- Geheimhaltungspflicht **611** 1217

Gewerkschaftszugehörigkeit
- Datenschutz **611** 561
- Fragerecht des Arbeitgebers **611** 580

Gewinnanteil
- Höhe, nicht bestimmte **612** 45

Gewinnbeteiligung
- Dienstvertrag **Vorbem 611 ff** 76
- Erfolgsbezogenheit **611** 1411
- Gesellschaftsvertrag **Vorbem 611 ff** 76
- Tantieme **611** 1440

Gewissensfreiheit
- Gewissensverwirklichung **611** 1104

Gewissenskonflikt
- Leistungspflicht **611** 1101 ff
- Schwangerschaftsabbruch **611** 1104, 1879
- Vertragsanpassung **611** 1104

Glaubensfreiheit
- Diskriminierungsverbot **611** 468

Gleichbehandlungsgrundsatz
- Abmahnung **611** 1028
- Adressat **611** 1008
- Anpassung nach oben **611** 1029 f; **612** 60
- Anpassung nach unten **612** 60
- Anspruchsgrundlage **611** 1001
- Arbeitnehmer, ausgeschiedene **611** 1022
- Arbeitnehmer, einzelne **611** 1017
- Arbeitnehmergruppen **611** 1017 ff
- Differenzierungsverbote, absolute **611** 1021, 1024

Gleichbehandlungsgrundsatz (Forts)
  Differenzierungsverbote, relative **611** 1021, 1024
  Vergleichbarkeit **611** 1020
  Arbeitsentgelt **611** 1014
  Arbeitsrecht **611** 1005 f
  Arbeitsverhältnis **Vorbem 611 ff** 175; **611** 726
  Auskunftsanspruch **611** 1032
  Begriff **611** 1001 ff
  Benachteiligungsverbot **611** 1003
  Beseitigungsanspruch **611** 1027 ff
  Betriebszugehörigkeit **611** 1009 ff
  Beweislast **611** 1031
  Bezug, kollektiver **611** 1018
  Darlegungslast **611** 1031
  Direktionsrecht des Arbeitgebers **611** 1015, 1028
  Freiwilligkeitsvorbehalt **611** 1013
  Geltungsbereich **611** 1008 ff
  Geltungsgrund **611** 1005 ff
  Gesellschaftsrecht **611** 1005
  Gleichbehandlungsgrundsatz **611** 1026
  Gleichheitsgebot **611** 1017
  Gratifikationen **611** 1506
  Inhalt **611** 1017 ff
  Konzernbindung **611** 1012
  Kündigung **611** 1016, 1028
  Lebensverhältnisse, Angleichung **611** 436
  Lohngleichheit **611** 1380 ff
  Nachschieben von Differenzierungsgründen **611** 1031
  Normenvollzug **611** 1007
  öffentliches Recht **611** 423
  Präklusion **611** 1031
  Rechtausübungsschranke **611** 1001
  Rechtsirrtum **611** 1023
  Sozialleistungen, freiwillige **611** 1013
  Stichtagsregelung **611** 1022
  Ungleichbehandlung **611** 1019
  im Unrecht **611** 1023
  Unternehmensbezogenheit **611** 1009 ff
  Vergütung **611** 1026
  Versetzung **611** 1028
  Versorgungsanwartschaft **611** 1013
  Vertragsfreiheit **611** 1014
Gleichbehandlungsrichtlinie
  Entgeltgleichheit **611** 416
Gleichbehandlungsrichtlinie wegen des Geschlechts außerhalb der Arbeitswelt
  Umsetzung **611** 419
Gleichberechtigungsgrundsatz
  Benachteiligungsverbot **611** 436 ff
Gleichgestellteneigenschaft
  Auskunftspflicht **611** 1249
Gleichheitssatz
  Antidiskriminierungsrecht **611** 1002
Gleichstellung
  Benachteiligungsverbot **611** 1003

Gleichstellung (Forts)
  Normaufstellung **611** 1007
Gleichstellungsabrede
  Arbeitsbedingungen **611** 828, 832 f
  Außenseiter **611** 832
Gleichstellungsgrundsatz
  Arbeitsverhältnis **Vorbem 611 ff** 21
Gleitzeitarbeit
  Unmöglichkeit **611** 1095
Globalverweisung
  Inhaltskontrolle **611** 982
  auf Tarifvertrag **611** 893
GmbH & Co KG
  Geschäftsführer, Arbeitnehmereigenschaft **611** 352
GmbH-Geschäftsführer
  Anstellungsverhältnis **611** 351 f
  Arbeitnehmereigenschaft **611** 352 ff, 431
  Kündigungsschutz **611** 354
  Organstellung **611** 351
  Weisungsgebundenheit **611** 354
GmbH-Gesellschafter
  Arbeitnehmereigenschaft **611** 348
Gratifikationen
  Ankündigung **611** 1506
  Arbeitsvertrag **611** 1504
  Begriff **611** 1501
  Benachteiligung, unangemessene **611** 1513
  Betriebstreue **611** 1502, 1508, 1509, 1512 f, 1516
  Betriebsübung **611** 977, 1505 f
  Betriebsvereinbarung **611** 846, 1504, 1507, 1521
  Entgeltcharakter **611** 1502 f, 1509, 1511, 1515
  Ermessen, billiges **611** 1508
  Fehlzeiten **611** 1476, 1509
  Freiwilligkeitsvorbehalt **611** 983, 1504 f, 1506
  Gleichbehandlungsgrundsatz **611** 1013, 1506
  Höhe **611** 1508
    nicht bestimmte Höhe **612** 45
  Jahresleistung **611** 1502
    mit Bindungswirkung **611** 1502
    ohne Bindungswirkung **611** 1502
  Kleinstgratifikation **611** 1520
  Kündigungserschwerung **611** 1513
  Kürzung **611** 1502 f, 1511
  Kürzungsvereinbarung **611** 1509
  Leistungsvoraussetzungen **611** 1507 ff
  Mischcharakter **611** 1502 f, 1509, 1513, 1515
  Mitbestimmungsrecht **611** 1548 ff
  Rückzahlung **611** 1502 f, 1520
  Rückzahlungsklauseln **611** 846, 1401
  Rückzahlungsvorbehalt **611** 846, 1401, 1514 ff
    Ausschluss **611** 1515

Gratifikationen (Forts)
    Kündigung, betriebsbedingte **611** 1515
    Saisonbetriebe **611** 1513
    Schenkung **611** 1501
    Schriftformklausel, doppelte **611** 1505
    Sondervergütung **611** 1315, 1499, 1501 ff
    Sozialleistungen **611** 1458
    Stichtagsklauseln **611** 1502, 1510 ff
    Tarifvertrag **611** 846, 1504, 1507, 1513, 1521
    Teilzeitarbeit **611** 1508
    Vergütung **611** 1504
    Wartezeit **611** 1502 f
Gründungszuschuss
    Abhängigkeit, wirtschaftliche **611** 234
Grundrechtecharta
    Antidiskriminierungsrecht **611** 418
    Arbeitsbedingungen **611** 736
    Diskriminierungsverbot **611** 736, 744
    Diskriminierungsverbote **611** 1387
    Entlassungsschutz **611** 736
    Familien- und Berufsleben, Vereinbarung von **611** 736
    Fragerecht des Arbeitgebers **611** 578
    Handlungsfreiheit **611** 422
    Kinderarbeitsverbot **611** 736
    Kollektivverhandlungen **611** 736
    Primärrecht **611** 736, 1387
    Unterrichtungsrecht **611** 736
Grundsicherung für Arbeitsuchende
    Hilfebedürftige, erwerbsfähige **611** 340
Grundvergütung
    Altersdiskriminierung **611** 475
Gruppenakkord
    Betriebsgruppe **611** 170
Gruppenarbeitsverhältnis
    Arbeitgeberfunktion **611** 138
    Arbeitsverhältnis **611** 168 ff; **613** 7
    Betriebsgruppe **611** 168, 170 ff
    s a dort
    Eigengruppe **611** 168, 176 ff
    s a dort
    Einschaltung Dritter **611** 140; **613** 7
    Gehilfenverhältnis **611** 182 ff
    s a dort
    Gesamthafenbetrieb **611** 121, 185 f
    Legaldefinition **611** 169
    Mitbestimmung **611** 169
Günstigkeitsprinzip
    Arbeitsentgelt **611** 795
    Arbeitszeit **611** 797
    Betriebsvereinbarung **611** 792, 849 f
    Einzelvergleich **611** 793
    Gesamtvergleich **611** 793
    Nachweis der Günstigkeit **611** 798
    Regelungsidentität **611** 793 f
    Sachgruppenvergleich **611** 793, 795
    Sozialleistungen **611** 850
    Tarifmachtbegrenzung **611** 792 ff

Günstigkeitsprinzip (Forts)
    Vertragsfreiheit **611** 796
    Werturteil **611** 796
Günstigkeitsvergleich
    kollektiver Günstigkeitsvergleich **611** 850, 886, 994
Güteprämie
    Prämienlohn **611** 1430
Gütergemeinschaft
    Unternehmensbegriff **611** 266
Gutachten, graphologische
    Einwilligung des Bewerbers **611** 615

Haftungsausschluss
    Inhaltskontrolle **611** 926 ff
Handelsmakler
    Begriff **611** 1912
Handelsvertreter
    Abgrenzung **611** 51, 358, 1909, 1912
    Abschlussprovision **611** 1915
    Abschlussvertreter **611** 1907
    arbeitnehmerähnliche Personen **611** 59, 90, 231, 236 f, 242
    Arbeitsgerichtsbarkeit **611** 59, 236, 242
    Aufwendungsersatzanspruch **611** 1915
    Ausgleichsanspruch **611** 1917
    Begriff **611** 1907, 1909
    Bezirksprovision **611** 1915
    Delkredereprovision **611** 1913, 1915
    Einfirmenvertreter **611** 242, 1911
    Erholungsurlaub **611** 59
    Inkassoprovision **611** 1915
    Interessenwahrungspflicht **611** 1914
    Kaufmannseigenschaft **611** 1907
    Kundenkreisprovision **611** 1915
    Mindestarbeitsbedingungen **611** 751
    Provision **611** 1433 ff
    Provisionsanspruch **611** 1910
    Selbstständigkeit **611** 11, 37, 39, 59, 90, 242, 358, 1907, 1914
    Sozialschutz **611** 59, 90, 242
    Unternehmerrisiko **611** 59
    Vermittlungsvertreter **611** 1907
    Verordnungsermächtigung **611** 59
    Weisungsbefolgungspflicht **611** 1914
    Weisungsrecht **611** 1909
    Wettbewerbsverbot **611** 1914
    nachvertragliches Wettbewerbsverbot **611** 1913, 1917
Handelsvertreterverhältnis
    Arbeitsmündigkeit **611** 126
    Unternehmer **611** 1915
Handelsvertretervertrag
    Dienstvertrag **Vorbem 611 ff** 53; **611** 1910, 1916
    Formfreiheit **611** 1913
    Geschäftsbesorgung **611** 1910
    Invollzugsetzung **611** 1913
    Kündigung, außerordentliche **611** 1916 f

Handelsvertretervertrag (Forts)
  Kündigung, ordentliche **611** 1916
  Schriftform **611** 1913
  Vertrag auf Arbeit **Vorbem 611 ff** 24
  Vertragsschluss **611** 1913
  Vertragsverhältnis **611** 1907
Handlungsfreiheit
  Allgemeines Gleichbehandlungsgesetz **611** 422
  Gemeinschaftsgrundrecht **611** 422
Handlungsgehilfen
  Abgrenzung **611** 51, 1909
  Arbeitnehmereigenschaft **611** 37, 39, 358, 1909
  Buchführung **611** 196
  Dienstverhältnis **Vorbem 611 ff** 13
  Legaldefinition **611** 323
  Provision **611** 1433 ff
  Vergütung **611** 1323
  Weisungsgebundenheit **611** 1909
  Wettbewerbsabreden **611** 323, 1189
  Wettbewerbsverbot **611** 1176, 1182 f, 1245
Handwerksinnung
  Benachteiligungsverbot **611** 434
Hauptberuf
  Existenzgrundlage **611** 92
Hausangestellte
  Arbeitnehmereigenschaft **611** 332
  Sozialschutz **611** 332
Hausgewerbetreibende
  Entgeltfortzahlung **611** 1565
Haushalt
  Betriebsbegriff **611** 332
Haushaltshilfe
  Arbeitgeber **611** 114; **613** 24
Hausmeistervertrag
  Vertrag, gemischter **Vorbem 611 ff** 86
Haustürgeschäft
  Widerrufsrecht **611** 130
Hauswartvertrag
  Dienstleistungspflicht **613** 7
Hautfarbe
  Diskriminierungsverbot **611** 1387
Heimarbeit
  Arbeitgeberbegriff **611** 432
  Arbeitgebereigenschaft, Fiktion **611** 117
  arbeitnehmerähnliche Personen **Vorbem 611 ff** 186; **611** 231, 236 f
  Arbeitnehmereigenschaft **611** 240 f
  Arbeitsgerichtsbarkeit **611** 236
  Begriff **611** 239
  Computer-Heimarbeit **611** 239
  de lege ferenda **611** 239
  Dienstvertrag **611** 241
  Diskriminierungsverbote **611** 432
  Entgeltbücher, Aushändigung **611** 1673
  Entgeltfortzahlung **611** 1565
  Maßregelungsverbot **612a** 11
  Sozialschutz **Vorbem 611 ff** 186; **611** 239

Heimarbeit (Forts)
  Urlaub **611** 236
  Urlaubsrecht **611** 236
  Verleger **611** 239
  Verwirkungsverbot **611** 1667
  Werkvertrag **611** 241
Heimarbeitsschutz
  Arbeitsschutz **Vorbem 611 ff** 185
Heimzulage
  Erschwerniszulage **611** 1472
Helfer in Steuersachen
  Steuerbevollmächtigte **611** 1918
Herausgabepflichten
  Arbeitnehmer **611** 1244 ff, 1254
  aus dem Arbeitsverhältnis erlangt **611** 1244
  Ausschlussklausel **611** 1246
  Bestimmtheit des Herausgabebegehrens **611** 1244
  Erfüllung **611** 1246
  Geschäftsunterlagen **611** 1245 f
  Schadensersatz **611** 1246
Herkunft, ethnische
  Datenschutz **611** 561
  Diskriminierung, mittelbare **611** 460, 600
  Diskriminierungsverbot **611** 417, 422, 424, 457, 460
  Entgeltgleichheit **611** 1386
Herkunft, soziale
  Diskriminierungsverbot **611** 1387
Hessen
  Arbeitsverträge der Gemeinden/Landkreise, Schriftform **611** 376
  Bildungsurlaub **611** 1826
Heuer
  Auszahlung **611** 1324
  Vergütung **611** 1402
Heuerverhältnis
  Kündigung **611** 330
  Kündigungsschutzgesetz **611** 330
  Seeschifffahrt **611** 330
Hinterbliebenenversorgung
  Altersversorgung, betriebliche **611** 477, 1538
  Lebenspartner, eingetragene **611** 435
  Pfändungsschutz **611** 1593
  Spätehenklauseln **611** 477
Hinterlegung
  Arbeitsentgelt **611** 1668
Hitzezulage
  Erschwerniszulage **611** 1472
Hochschulen
  Arbeitsrecht **611** 305
  Arbeitsverhältnisse, befristete **611** 310
  Diensterfindung, Inanspruchnahme **611** 1262
  Grundrechtsschutz **611** 305
  Hilfskräfte **613** 9
  Privatdienstvertrag **613** 9

Hochschullehrer
  Dienstverhältnis, öffentlich-rechtliches **611** 335
Hochschulpraktikanten
  Rechtsvorschriften, Anwendbarkeit **611** 303
Höchstaltersgrenze
  Einstellung **611** 474 f
Höchstarbeitszeit
  Tarifbestimmungen **611** 772
Hörigkeitsverhältnis
  Dienstleistungserbringung **Vorbem 611 ff** 102
Hofgängerverhältnis
  Arbeitsverhältnis, mittelbares **611** 165
Homeoffice
  Arbeitnehmereigenschaft **611** 104 f
  Sozialschutz de lege ferenda **611** 239
Honeywell Code of Business
  Compliance-Regeln **611** 1230
Honorar
  Vergütung **611** 1308

Identität, sexuelle
  Fragerecht des Arbeitgebers **611** 579
Individualarbeitsrecht
  Arbeitnehmerschutzrecht **Vorbem 611 ff** 178, 180
  Arbeitsvertragsrecht **Vorbem 611 ff** 178
Industrialisierung
  Arbeitsverfassung **Vorbem 611 ff** 100, 106 f
Infektionsschutzgesetz
  Eignungsuntersuchung **611** 606
Inhaltsfreiheit
  Dienstvertrag **611** 364, 407
Inhaltskontrolle
  Aktienoptionen **611** 1442
  Anrechnungsvorbehalt **611** 911 ff
  Arbeitgeberhaftung **611** 928
  Arbeitsentgelt **611** 1340
  im Arbeitsrecht geltende Besonderheiten **611** 897 ff, 907
  Arbeitsvertrag **611** 1033 ff
  Ausgleichsquittung **611** 1681
  Ausschlussfristen **611** 915
  Bezugnahme **611** 893 ff
  Bezugnahme, einzelvertragliche **611** 892 ff, 919
  Einheitsregelungen, vertragliche **611** 882
  Einzelverweisung **611** 894, 982
  Entgeltfestsetzung **611** 905
  Entgeltvereinbarung **611** 908
  Formvorschriften **611** 920 ff
  Freiwilligkeitsvorbehalt **611** 923 ff
  Globalverweisung **611** 893, 982
  Haftungsausschluss **611** 926 ff
  Klauselverbote **611** 907
  Leistungsbeschreibungen **611** 905, 908
  Mankohaftung **611** 927

Inhaltskontrolle (Forts)
  Rabatte **611** 1401
  Rahmenregelung, gesetzliche **611** 904
  Schadenspauschalierung **611** 940, 1297
  Schranken **611** 904 ff
  Schriftformklausel, doppelte **611** 920
  Tariflohnerhöhung **611** 912
  Teilbefristung **611** 930 ff
    Entgeltregelungen **611** 936
    Tätigkeitsübertragung **611** 935
  Teilverweisung **611** 895, 982
  Verschwiegenheitspflicht **611** 1205
  Versetzungsklauseln **611** 937 ff
  Vertragsbedingungen, vorformulierte **611** 1036
  Vertragsinhaltskontrolle **611** 1035
  Vertragsstrafen **611** 940
  Wettbewerbsabrede **611** 1191
  Widerrufsvorbehalt **611** 941 ff
  Zielvereinbarung **611** 1444, 1446 ff
Inhaltsnormen
  Arbeitsentgelt **611** 771
  Begriff **611** 770
  negative Inhaltsnormen **611** 772
  positive Inhaltsnormen **611** 772
  Rückwirkung **611** 812
  Tarifbestimmungen **611** 770 ff
  Tarifgebundenheit **611** 781
  Unabdingbarkeit **611** 790 f
Inkassovertrag
  Dienstvertragsrecht **611** 1932
Innungskrankenkasse
  Dienstordnungs-Angestellte **611** 296
Insolvenz
  Beratungspflicht, Höchstpersönlichkeit **613** 33
Insolvenzgeld
  Anspruch des Arbeitnehmers **611** 1579
  Insolvenz des Arbeitgebers **611** 1622 f
  Unvererblichkeit **613** 15
Insolvenzplan
  Wahlrecht des Arbeitnehmers **612a** 28
Institutsvergütungsverordnung
  Geschäftsleiter, Anstellungsvertrag **611** 378
  Unterrichtungspflicht **611** 391
  Vergütungsregelung **611** 1397
Integrationsvereinbarung
  Maßnahme, positive **611** 456
Integritätsschutz
  Arbeitnehmerhaftung **611** 1299 ff
  Persönlichkeitsschutz **611** 1761
  Schlechtleistung **611** 1284
Interessenausgleich
  Betriebsänderung **611** 857, 866
  Betriebsverlegung **611** 1062
Internatsvertrag
  Dienstvertrag **Vorbem 611 ff** 60; **611** 1932

Internetnutzung
  Betriebsübung **611** 977
Invalidität
  Sozialversicherung **Vorbem 611 ff** 110, 112
Invaliditätsversorgung
  Altersversorgung, betriebliche **611** 1538
invitatio ad offerendum
  Dienstvertrag **611** 368
Irrtumsanfechtung
  Arbeitsvertrag **611** 559
Island
  Arbeitnehmerfreizügigkeit **611** 630
ius civile
  Begriff **Vorbem 611 ff** 155
ius gentium
  Begriff **Vorbem 611 ff** 155
iustitia commutativa
  Austauschgerechtigkeit **611** 423
iustitia distributiva
  Gleichbehandlungsgrundsatz **611** 423

Jahresleistung
  Betriebstreue **611** 1440, 1502
  Gratifikationen **611** 1502
Job-Sharing
  Dienstleistungspflicht **613** 12
  Teilzeitbeschäftigung **611** 100
Jubiläumszuwendungen
  Betriebstreue **611** 1508
  Gleichbehandlungsgrundsatz **611** 1013
  Mitbestimmungsrecht **611** 1548 ff
  Sondervergütung **611** 1499
  Sozialleistungen **611** 1458
Jugend- und Auszubildendenvertretungsmitglied
  Arbeitsbefreiung **611** 1159, 1822
  Entgeltfortzahlung **611** 1159
  Übernahme in ein Arbeitsverhältnis **611** 519
  Weiterbeschäftigungspflicht **611** 414
Jugendarbeit
  Freistellung **611** 1827
Jugendarbeitsschutz
  Abschlussverbot **611** 547
Jugendfreiwilligendienste
  Fragerecht des Arbeitgebers **611** 595
  Vertragsbeziehung **611** 346
Jugendliche
  Akkordlohn, Verbot **611** 1425
  Arbeitsschutz, sozialer **Vorbem 611 ff** 185; **611** 127
  Arbeitszeitschutz **611** 1068
  Beschäftigung **611** 127
  Eignungsuntersuchung, ärztliche **611** 608
  Gesundheitsbescheinigung **611** 721
  Höchstarbeitszeit **611** 127
  Prämienlohn, Verbot **611** 1432
  Untersuchungen, ärztliche **611** 1823
  Urlaubsanspruch **611** 1830, 1833

Jugendliche (Forts)
  Vollzeitschulpflicht **611** 127
Juristische Personen
  Arbeitnehmereigenschaft **611** 124, 165
  Eigengruppe **611** 124, 176, 179
  Unternehmensbegriff **611** 266

Kampfparität
  Arbeitskampf **611** 1145 ff
  Aussperrung **611** 1335
  formelle Kampfparität **611** 1146
  materielle Kampfparität **611** 1146 f
  Verhältnismäßigkeitsgrundsatz **611** 1144
Kantine
  Mitbestimmungsrecht **611** 1550
  Nutzung, entgeltliche **611** 1399
Kapitän
  Dienstvertrag **611** 330
Kapitalgesellschaft
  Arbeitgeberfunktion **611** 120
KAPOVAZ
  Arbeitszeit **611** 100
Karenzentschädigung
  bezahlte Karenz **611** 1190
  Ermessen des Arbeitgebers **611** 1190
  Mindesthöhe **611** 1190
  Pfändungsschutz **611** 1593
  Verdienst, anderweitiger **611** 1190
  Wettbewerbsabrede **611** 1190
Katastrophenschutz
  Benachteiligungsverbot **612a** 12
  Freistellungsanspruch **611** 734
Katholische Kirche
  Grundordnung des kirchlichen Dienstes **611** 314, 469
  Mitarbeitervertretungsordnung **611** 874
Kauf
  Vermögensgegenstand, Verschaffung **Vorbem 611 ff** 2, 23
  Verpackungspflicht **Vorbem 611 ff** 84
  Versendungspflicht **Vorbem 611 ff** 84
Kaufmann
  Dienstvertrag, freier **611** 357
KG
  Unternehmensbegriff **611** 266
Kinder
  Beschäftigung **611** 127
  Beschäftigungsverbot **611** 127, 547
  Dienstleistung in Haus und Geschäft **611** 347
  Heimzulage **611** 1472
  Mitarbeitspflicht, familienrechtliche **612** 24
Kinderarbeit
  Arbeiterschutzgesetzgebung **Vorbem 611 ff** 111
Kinderarbeitsverbot
  Arbeitsschutz, sozialer **Vorbem 611 ff** 185
  Grundrechtecharta **611** 736

Kindergarten
  Mitbestimmungsrecht **611** 1550
Kindergeld
  Sozialleistung **611** 1475
Kinderzulage
  Sozialzulage **611** 1474
Kirche, verfasste
  Diskriminierungsverbot **611** 468 f
  Sonderregelungen **611** 873
Kirchenaustritt
  Kündigungsgrund **611** 471
Kirchensteuer
  Einbehaltung **611** 1629 f
Kirchlicher Dienst
  AGB-Kontrolle **611** 896, 900
  Allgemeines Gleichbehandlungsgesetz **611** 313
  Arbeitsbedingungen **611** 875
  Arbeitsrecht **611** 305, 311 ff
  Arbeitsverträge **611** 338
    Formvorschriften **611** 402
  Arbeitsvertragsordnungen **611** 320
  Arbeitsvertragsrichtlinien **611** 320, 875
  Dienstvereinbarung **611** 874
  Dienstverhältnis **611** 287
    öffentlich-rechtliche Dienstverhältnisse **611** 338
  Dritter Weg **611** 319, 873, 896
  Einrichtungen, privatrechtlich verselbstständigte **611** 315 ff
  Europäische Menschenrechtskonvention **611** 872
  Grundrechtsschutz **611** 305, 311 f
  Koalitionsfreiheit **611** 1805
  Loyalitätsobliegenheiten **611** 338, 1175, 1233
  Mitarbeitervertretung **611** 321, 874
  Regelungsautonomie **611** 307, 311
  Selbstbestimmungsrecht **611** 311, 317, 872, 896, 1175, 1805
  Tarifverträge **611** 318, 873
  Zweiter Weg **611** 873
Klageerhebung
  Maßregelungsverbot **612a** 14, 18 f
Klageverzicht
  Inhaltskontrolle **611** 1681
Kleinbetriebe
  Ehegattenmitarbeit **611** 347
  Kündigungsschutz **611** 497, 501
Koalition
  ad-hoc-Koalition **611** 1809
  Arbeitsbedingungen, Wahrnehmung **611** 1811
  Begriff **611** 1808
  Binnenorganisation, demokratische **611** 1813
  Rechtsfähigkeit **611** 1809
  Selbstständigkeit, institutionelle **611** 1812

Koalition (Forts)
  Wirtschaftsbedingungen, Wahrnehmung **611** 1811
  Zusammenschluss, privatrechtlicher **611** 1809
Koalitionsfreiheit
  Arbeitgeber **611** 1806
  Arbeitnehmer **611** 1805 f
  Arbeitsbedingungen **Vorbem 611 ff** 145, 175, 177
  Arbeitsrecht **Vorbem 611 ff** 148
    kollektives Arbeitsrecht **Vorbem 611 ff** 178
  Arbeitsverfassung **611** 1803
  Beschäftigungsverhältnis **611** 81
  Beseitigungsanspruch **611** 1814
  Betätigungsfreiheit **611** 1803
  Drittwirkung, unmittelbare **611** 1804
  Fragerecht des Arbeitgebers **611** 580
  Grundrechtsschutz **Vorbem 611 ff** 144
  Grundrechtsträger **611** 1805
  Grundrechtsverzicht **611** 1815
  individuelle Koalitionsfreiheit **611** 1803, 1807, 1814
  Maßregelungsverbot **612a** 15
  Menschenrecht **611** 1805
  negative Koalitionsfreiheit **611** 761, 1807, 1817 f; **612** 31
  positive Koalitionsfreiheit **611** 1807, 1814, 1816
  Schadensersatzanspruch **611** 1814
  Schmerzensgeld **611** 1814
  Schranken **611** 1819
  Streikrecht **611** 1126
  Unterlassungsanspruch **611** 1814
  Verbandsautonomie **611** 1803
  Weimarer Republik **Vorbem 611 ff** 114
  Wirtschaftsbedingungen **Vorbem 611 ff** 145
  Wirtschaftsverfassung **611** 52 f
Koalitionsreinheit
  Vereinigungen **611** 1810
Koalitionsverfahren
  Tarifautonomie **Vorbem 611 ff** 145
Kodifikation
  Arbeitsrecht **Vorbem 611 ff** 99, 129
  Arbeitsschutz **Vorbem 611 ff** 129
  Arbeitsvertragsrecht **Vorbem 611 ff** 129 f, 152; **611** 17
  Arbeitszeitrecht **Vorbem 611 ff** 129
  Frauenarbeitsschutz **Vorbem 611 ff** 129
Körpergröße
  Behinderungsbegriff **611** 464
Körperschäden
  Aufwendungsersatzanspruch **611** 1746, 1754
Körperschaft des öffentlichen Rechts
  Arbeitsverhältnis, Übergang **613** 31
Kollektives Arbeitsrecht
  Arbeitskampfrecht **Vorbem 611 ff** 178

Kollektives Arbeitsrecht (Forts)
Betriebsebene **Vorbem 611 ff** 178
Koalitionsfreiheit **Vorbem 611 ff** 178
Koalitionsrecht, inneres **Vorbem 611 ff** 178
Konfrontationsmodell **Vorbem 611 ff** 178
Schlichtungsrecht **Vorbem 611 ff** 178
Tarifvertragsrecht **Vorbem 611 ff** 178
Überbetrieblichkeit **Vorbem 611 ff** 178
Kollektivverträge
Richtigkeitsgewähr **611** 892 f
Kommanditisten
Arbeitnehmereigenschaft **611** 107, 348, 350
Mitarbeitspflicht **611** 350
Kommissionär
Arbeitnehmereigenschaft **611** 357
Kommissionsvertrag
Dienstvertrag **Vorbem 611 ff** 53; **611** 1932
Kündigung **611** 357
Schlechterfüllung **611** 357
Vertrag auf Arbeit **Vorbem 611 ff** 24
Werkvertrag **Vorbem 611 ff** 53
Komplementär
Arbeitnehmereigenschaft **611** 348
Konfession
Arbeitsverhältnis **611** 468
Konkurrenztätigkeit
Dritte **611** 1180
Nebentätigkeit **611** 1197
Schädigung des Arbeitgebers **611** 1179
Kontoführungskosten
Entlohnung, bargeldlose **611** 1626
Kontrahierungszwang
Abschlussgebote **611** 778
Arbeitsvertrag **611** 409 ff
Arbeitszeitverlängerung **611** 1088
Organisationen, Mitwirkung/Mitgliedschaft **611** 434
Teilzeitarbeit **611** 1086
Kontrollratsgesetze
Arbeitsrecht **Vorbem 611 ff** 121
Betriebsrätegesetz **Vorbem 611 ff** 123
Konzern
Arbeitgebereigenschaft **611** 276, 280
Arbeitnehmerschutz **611** 279
Arbeitnehmerüberlassung **611** 281
Arbeitsrecht **611** 276
Arbeitsverhältnisse **611** 280 f, 283
Arbeitsvermittlung **611** 281
Betriebsverfassung **611** 277 f
Eingliederungskonzern **611** 275, 282
Einheitstheorie **611** 273
faktischer Konzern **611** 275, 277 f, 282
Gläubigerschutz **611** 279
Gleichbehandlungsgrundsatz **611** 1012
Gleichordnungskonzern **611** 274
Kündigungsschutz **611** 283
Legaldefinition **611** 273 f
Leitungsautonomie **611** 273

Konzern (Forts)
Organisationsautonomie **611** 273
Personalkarussell **611** 281
Planungsautonomie **611** 273
Teilrechtsfähigkeit **611** 277
Unternehmensmitbestimmung **611** 278
Unterordnungskonzern **611** 274 f
Vertragskonzern **611** 275, 282
Weisungsrecht, arbeitsrechtliches **611** 282
Weisungsrecht, konzernrechtliches **611** 282
Weiterbeschäftigungspflicht **611** 283
Konzernbetriebsrat
Konzernarbeitgeber **611** 277
Mitbestimmungsrecht **611** 1012
Konzernobergesellschaft
Arbeitgebereigenschaft **611** 280, 282
Tarifvertragsschluss **611** 763
Konzernverhältnis
Arbeitnehmerüberlassung **611** 143
Konzernversetzungsklausel
Konzernbezug **611** 283
Kost und Logis
Naturallohn **611** 1583
Kostümgeld
Sondervergütung **611** 1499
Krankengeld
Freistellung **611** 1823
Freistellungsanspruch **611** 1111
Krankenhausarzt
angestellter Arzt **611** 1878 ff
Arbeitnehmereigenschaft **611** 1868
Arbeitsverfassung **611** 1875
Arbeitsverhältnis **611** 1874 f, 1878 ff
Beendigung **611** 1892 ff
Befristung **611** 1875
Arbeitsverhältnis, mittelbares **611** 165
Arbeitszeit **611** 1880
Chefarzt **611** 1890 ff
Dienstrecht, ärztliches **611** 1874
Direktionsrecht des Arbeitgebers **611** 1877
Entwicklungsklausel **611** 1887
Führungskompetenz **611** 1877
Gewissensnot **611** 1879
Hilfspersonal **611** 165
Krankenhäuser, kirchliche **611** 1879, 1883, 1891, 1894
Leistungsverweigerungsrecht **611** 1879
Liquidationsrecht **611** 1884 ff
Mitarbeiterhonorierung **611** 1890 f
Nebentätigkeit **611** 1885, 1887 f
Nutzungsentgelt **611** 1888 f
Organisation, hierarchische **611** 1872 ff
Fachabteilungen **611** 1872 f
Schwangerschaftsabbruch **611** 1104, 1879
Tarifeinheit **611** 1875
Tarifvertragssystem **611** 1875, 1882
Vergütungsanspruch **611** 1881 ff, 1891
Krankenhausaufnahmevertrag
Belegarzt **611** 1869

Krankenhausaufnahmevertrag (Forts)
  Forderungsabtretung 611 1886
  Kommissionsvertrag **Vorbem 611 ff** 85
  Liquidationsrecht 611 1885
  Vertrag zugunsten Dritter 611 1886
  Wahlleistungen 611 1886
Krankenhausvertrag
  Dienstleistungspflicht 613 10
  Vertreterregelungen 613 10
  Wahlarztvereinbarungen 613 10
Krankenpflege
  Gestellungsvertrag 611 187, 190, 360
Krankenversicherung
  Sozialversicherung **Vorbem 611 ff** 110, 112
Krankenversicherung, gesetzliche
  Dienstordnungs-Angestellte 611 295 f
  Gesamtsozialversicherungsbeitrag
    611 1629 ff
  Leistungen, ärztliche 612 53
Krankheit
  Begriff 611 574
  Fragerecht des Arbeitgebers
    611 572 ff, 588
  Funktionsbeeinträchtigung, vorübergehende 611 463
  Kündigungsgrund 611 463
  Offenbarungspflicht des Arbeitnehmers
    611 603
Kriegsdienstverweigerer
  Allgemeines Gleichbehandlungsgesetz
    611 427
  Maßregelungsverbot 612a 11
Kroatien
  Beschäftigungsgenehmigung 611 631
Kündigung
  Allgemeines Gleichbehandlungsgesetz,
    Bereichsausnahme 611 498 f
  Anhörung des Betriebsrats 611 856, 866
  Arbeitsverhältnis, mittelbares 611 166
  Arbeitsvertrag 611 657 ff
  Beendigungsnormen 611 779
  Betriebsgruppe 611 174
  vor Dienstantritt 611 1295
  Dienstvertrag **Vorbem 611 ff** 23
  Diskriminierungsverbot 611 497
  Form 611 403
  Gleichbehandlungsgrundsatz
    611 1016, 1028
  Maßregelungsverbot 612a 1, 14, 24, 32
  Nebentätigkeitsverbot 611 1198
  Prognoseprinzip 611 537
  Rechtfertigung, soziale 611 498, 752
  Sozialwidrigkeit 611 500
  Wechsel in Vollzeit-/Teilzeitarbeitsverhältnis 612a 10
  Werkvertrag **Vorbem 611 ff** 23
  Wettbewerbsverbot 611 1178
  Wiedereinstellungsanspruch 611 414,
    537 ff

Kündigung (Forts)
  Wirksamkeit 611 537
  Zustimmung des Betriebsrats 611 856
Kündigung, außerordentliche
  Anfechtungsgrund 611 677
  Beschäftigungspflicht, Wegfall 611 1702
  clausula rebus sic stantibus 611 659
  sexuelle Belästigung 611 449
  Streikbeteiligung 611 1128
  Tod des Arbeitgebers 613 24
  Wettbewerbsverstoß 611 1186 f
Kündigung, betriebsbedingte
  Versetzungsklauseln 611 937
  Weiterbeschäftigungsmöglichkeit 611 537
  Wiedereinstellungsanspruch 611 540
Kündigung, krankheitsbedingte
  Gesundheitsprognose 611 542
  Wiedereinstellungsanspruch 611 542
Kündigung, ordentliche
  Beschäftigungspflicht, Wegfall 611 1703
  Freistellung 611 1705
  Kündigungsfristen **Vorbem 611 ff** 21
  Weiterbeschäftigungsanspruch 611 860
  Widerspruchsrecht des Betriebsrats
    611 860
Kündigung, personenbedingte
  Wiedereinstellungsanspruch 611 542
Kündigungsausschluss
  Kündigung vor Dienstantritt 611 1295
Kündigungserklärung
  Zugang 611 537, 539
Kündigungserschwerung
  Gratifikationen 611 1513
  Rabatte 611 1401
  Vertragsstrafe 611 1295
Kündigungsfristen
  Arbeitsverhältnis **Vorbem 611 ff** 21
  Beschäftigungsdauer 611 298
  Dienstverhältnis **Vorbem 611 ff** 21
Kündigungsrechtsstreit
  Arbeitsplatzsicherung 611 1716 ff, 1725
  Beschäftigungsanspruch, allgemeiner
    611 529
  Fortführung durch die Erben 613 15
  Weiterbeschäftigung, vereinbarte 611 530
  Weiterbeschäftigungsanspruch 611 528 ff,
    1714 ff
Kündigungsschutz
  allgemeiner Kündigungsschutz
    611 497, 502
  arbeitnehmerähnliche Personen 611 237
  Arbeitnehmereigenschaft 611 53
  Arbeitsverhältnis **Vorbem 611 ff** 145, 170
  Beschäftigungsanspruch 611 1697
  besonderer Kündigungsschutz 611 497
  Betriebsbegriff 611 255, 256
  Betriebsgröße 611 497, 501
  Gemeinschaftsbetrieb 611 270 f
  Generalklauseln 611 497, 501

Sachregister Leihe

Kündigungsschutz (Forts)
  Konzernbezug **611** 283
  leitende Angestellte **611** 219, 225 ff
  Rechtsentwicklung **Vorbem 611 ff** 125
  Schwellenwerte **611** 153
  Spaltung **611** 271
  Unternehmen **611** 260
  Wartezeit **611** 497, 501
Kündigungsschutzklage
  Auflösungsantrag **612a** 32; **613** 20
  Ausschlussfristen **611** 1662
  Klagefrist **612a** 32
  Verzicht gegen Abfindung **612a** 28
Kündigungsverbot
  Gleichstellungsgebot **611** 1016
Künstler
  Arbeitsrecht **611** 333
  Arbeitsverhältnis **611** 1929
  ausübende Künstler **611** 1928 f
  Urheberrecht **611** 1267, 1928
Kunst
  Arbeitsergebnis **611** 1256
Kunstfreiheit
  Weisungsrecht des Arbeitgebers **611** 1044
Kurzarbeit
  Annahmeverzug **611** 1075
  arbeitskampfbedingte Kurzarbeit **611** 1569
  Arbeitsleistung, Umfang **611** 1075
  Dauer **611** 1075
  Ersatzurlaub **611** 1077
  Feiertagsbezahlung **611** 1569, 1573
  Kurzarbeit Null **611** 1077
  Leistungsbestimmungsrecht **611** 1075
  Mitbestimmung **611** 1077
Kurzarbeitergeld
  Sozialleistung **611** 1078
Kurzzeitbeschäftigung
  Arbeitnehmereigenschaft **611** 92, 94 ff
  Maßregelungsverbot **612a** 8
  mehrmalige Kurzzeitbeschäftigung **611** 95
Kurzzeitkonto
  Arbeitszeitflexibilisierung **611** 1079

Lärmzulage
  Erschwerniszulage **611** 1472
Landesinnungsverband
  Benachteiligungsverbot **611** 434
Landesrecht
  Arbeitsrecht **611** 734
Landessportverbände
  Benachteiligungsverbot **611** 434
Landtage
  Urlaubsanspruch der Bewerber um ein Mandat **611** 1158
Landwirtschaft
  Arbeiterbegriff **611** 194
  Arbeitsrecht **611** 286, 326 f
  Arbeitsverhältnis, mittelbares **611** 165
  Koalitionsfreiheit **Vorbem 611 ff** 114

Landwirtschaft (Forts)
  Naturalvergütung **611** 1402
Langzeitarbeitslosigkeit
  Fragerecht des Arbeitgebers **611** 571, 1352
  Mindestlohn **611** 1352
Lebensalter
  s Alter
Lebensgemeinschaft, nichteheliche
  Fragerecht des Arbeitgebers **611** 579
Lebenslauf
  handgeschriebener Lebenslauf **611** 615
Lebenspartner, eingetragene
  Diskriminierung, mittelbare **611** 465
  Hinterbliebenenversorgung **611** 435
Lehrbeauftragte
  Dienstverhältnis, öffentlich-rechtliches **611** 335
  Nebenberuf **611** 93
Lehrer
  Arbeitnehmereigenschaft **611** 40
  Treuepflicht, politische **611** 1238
Leiharbeitsverhältnis 611 412 f
  s a Arbeitnehmerüberlassung
  Abgrenzung Werkvertrag/Dienstvertrag **611** 157 ff
  Arbeitgeberfunktion **611** 119, 138
  Arbeitnehmerleihe, unechte **611** 143
  Arbeitnehmerüberlassungsgesetz **611** 149
  Arbeitsentgelt **611** 150
  Arbeitsrecht **611** 149
  Aufenthaltserlaubnis **611** 634
  Ausschlussfristen **611** 1659
  Begriff **611** 141
  Betriebszugehörigkeit **611** 153
  Dienstleistungsanspruch, Abtretung **613** 29
  Dienstverschaffungsvertrag **Vorbem 611 ff** 72; **611** 141, 148
  echtes Leiharbeitsverhältnis **611** 143
  Einstellung, unbefristete **611** 154
  equal-treatment-Grundsatz **611** 151
  Fahrtkostenerstattung **611** 1756
  Fürsorgepflicht **611** 150
  Koalitionsfreiheit, negative **611** 1817
  Kündigungsschutz **611** 153
  Mindeststundenlohn **611** 152, 639, 826
  Mitbestimmungspflicht **611** 154, 158
  Nachweispflicht **611** 388
  Rechtsverordnung **611** 152, 1318
  Schwellenwerte **611** 153
  Streikarbeit **611** 1155
  Tarifvertrag **611** 151
  Vertrag zugunsten Dritter **611** 149
  Zuordnung, betriebsverfassungsrechtliche **611** 153, 158
  Zustandekommen **611** 149
Leihe
  Vermögensgegenstand, Verschaffung **Vorbem 611 ff** 2, 23

Leistungen, vermögenswirksame
s Vermögenswirksame Leistungen
Leistungsabreden
Inhaltskontrolle **611** 906
Leistungsbeschreibungen
Inhaltskontrolle **611** 905, 908
Transparenzgebot **611** 906, 908
Leistungsbestimmung, einseitige
Arbeitsverhältnis **611** 951 ff
Ermessen, billiges **611** 959 f
Inhaltskontrolle **611** 906
Leistungsbestimmungsrecht
Kurzarbeit **611** 1075
Mehrarbeit **611** 1075 f
Vergütung **612** 50, 61
Leistungsdaten
Mitbestimmungsrecht **611** 1780
Leistungsklage
Maßregelungsverbot **612a** 18
Leistungslohn
Akkordlohn **611** 1414 ff
Arbeitsabhängigkeit **611** 1411 f
Arbeitsentgelt **611** 1411 ff
Arbeitsergebnis **611** 1412
Erfolgsabhängigkeit **611** 1411 f
Prämienlohn **611** 1426 ff
Leistungsort
Arbeitsverhältnis **611** 1060 ff
Leistungspflicht
Dienste, versprochene **611** 1039 f
Dienstvertrag **611** 1037 ff, 1041 ff, 1100
Direktionsrecht des Arbeitgebers **611** 1039 f
Leistungstreuepflicht
Arbeitnehmer **611** 1171 f
Leistungsverhalten
Direktionsrecht des Arbeitgebers **611** 968
Leistungsverwaltung
Tarifzuständigkeit **611** 289
Leistungsverweigerungsrecht
Benachteiligung **611** 494
Beweislast **611** 494
Dienstvertrag **611** 1094, 1099, 1101 ff
Maßregelungsverbot **611** 503
Unzumutbarkeit, persönliche **611** 1558
Leistungszulage
außertarifliche Zulage **611** 1471
Zuschlag **611** 1471
Leistwerk
Werkvertrag **Vorbem 611 ff** 45
Leitende Angestellte
Abgrenzung **611** 212 ff
Altersversorgung, betriebliche **611** 220
Arbeitgeberfunktion **611** 211, 213, 217, 352
Arbeitnehmereigenschaft **611** 211
Arbeitnehmergruppe **611** 215
Arbeitnehmervertreter im Aufsichtsrat **611** 215, 222

Leitende Angestellte (Forts)
Arbeitsrecht, kollektives **611** 211, 222 ff
Arbeitsschutzrecht **611** 220
Aufsichtsratsbesetzung **611** 215
Begriff **611** 216, 222 ff
Einzelarbeitsvertrag **611** 228
Haftung **611** 230
Kündigungsschutz **611** 219, 225 ff
besonderer Kündigungsschutz **611** 227
Legaldefinition **611** 216, 222 ff
Maßregelungsverbot **612a** 8
Mitbestimmungsrecht **611** 222, 835
Personalakten, Einsichtsrecht **611** 1763
Sozialschutz **611** 218, 228
Sprecherausschuss **611** 222
Verdienstgrenze **611** 220
Leitungsmacht
Arbeitgeber **611** 955
Lenkzeitenüberschreitung
Nebentätigkeit **611** 1197
Liechtenstein
Arbeitnehmerfreizügigkeit **611** 630
Lieferungskauf
Kaufvertrag **Vorbem 611 ff** 64
Literatur
Arbeitsergebnis **611** 1256
locatio conductio
Dienstvertrag **Vorbem 611 ff** 8, 62, 78
Gebrauchsüberlassung **Vorbem 611 ff** 8
Konsensualkontrakt **Vorbem 611 ff** 8
locatio conductio operarum **Vorbem 611 ff** 8
locatio conductio operis **Vorbem 611 ff** 8
locatio conductio rei **Vorbem 611 ff** 8
Miete **Vorbem 611 ff** 8, 78
Pacht **Vorbem 611 ff** 8
Sklavenmiete **Vorbem 611 ff** 8, 10 ff
Werkvertrag **Vorbem 611 ff** 8, 62
Lohn
Vergütung **611** 1308
Lohn- und Gehaltstarifvertrag
Arbeitsentgelt **611** 771
Lohnabrechnung
Abrechnungszeitraum **611** 1674
Arbeitsentgelt **611** 1673 ff
Arbeitsentgelt, Zusammensetzung **611** 1674
Auskunftsanspruch **611** 1674
Berichtigungsanspruch **611** 1674
Textform **611** 1321, 1673 f
Lohnabrede
Schuldanerkenntnis **611** 1675
Lohnabtretung
Ausschluss **611** 1610
Lohnforderung **611** 1607 ff
Verbot **611** 1608 f
Vorausabtretung **611** 1607
Lohnabtretungsverbot
Betriebsvereinbarung **611** 844

Lohnanrechnung
 Arbeitsentgelt **611** 1636 f
Lohnanspruch
 s a Arbeitsentgelt
 Abtretung **611** 1607 ff
 Aufrechnungsverbot **611** 1611 ff
 Pfändbarkeit **611** 1609
 Unpfändbarkeit **611** 1608
 Vererblichkeit **611** 1607
 Verjährung **611** 1647 ff
 Verpfändung **611** 1607
 Verzicht **611** 1251
 Vorausabtretung **611** 1607
Lohnarbeit
 Arbeitsrecht **611** 24, 81
 Dienstvertrag **611** 81
Lohnausgleichskasse
 Tarifnormen **611** 789
Lohnberechnung
 Fürsorgepflicht **611** 1629
Lohneinbehaltung
 Begriff **611** 1634
 Vertrag **611** 1635
Lohnfindungsmethode
 Arbeitsentgelt **611** 1408 ff
Lohngestaltung
 Arbeitgeberleistungen **611** 1316
 Mitbestimmungsrecht des Betriebsrats
  611 855, 875, 1481 ff, 1548
  Entlohnungsgrundsätze **611** 1488 ff
 Tariflohn **611** 1339
 Tarifvorrang **611** 1483 ff
Lohngleichheitsgebot
 Gleichbehandlungsgrundsatz **611** 1380 ff
Lohnpfändung
 Arbeitseinkommen **611** 1587 ff
  s a dort
 Arrestvollziehung **611** 1587
 Beschlagnahmeschutz **611** 1585 f
 Fragerecht des Arbeitgebers **611** 576
 Insolvenz des Arbeitgebers **611** 1587, 1622 f
 Naturalbezüge **611** 1592
 Pfändungsschutz **611** 1587, 1589, 1591, 1598 ff
  Modifizierung durch Vollstreckungsgericht **611** 1602
 Pfändungsschutzgrenze **611** 1597
 Ruhegelder **611** 1593
 Zurückbehaltungsrecht **611** 1620 f
 Zwangsvollstreckung wegen Geldforderungen **611** 1587
Lohnpfändungsverbot
 Arbeitsentgelt, Sicherung **611** 1579
Lohnschiebung
 Begriff **611** 1605
 Pfändungsbeschränkung **611** 1589
 Pfändungszugriff **611** 1604 f

Lohnsteuer
 Berechnung **611** 1758
 Duldung des Lohnsteuerabzugs **611** 1631
 Einbehaltung **611** 1629 ff
 Erstattungsanspruch **611** 1633
 Freistellungsanspruch **611** 1633
 Lohnsteuerschuldner **611** 1631
 Pauschalierung **611** 1631
Lohnsteuerkarte
 Aushändigung **611** 720
Lohnüberzahlung
 Anzeigepflicht **611** 1247
 Aufrechnungsverbot **611** 1613
 Ausschlussfrist **611** 1646
 Rückzahlungspflicht **611** 1642 ff
 Schadensersatzanspruch **611** 1645
 Wegfall der Bereicherung **611** 1643 f
Lohnverschleierung
 Begriff **611** 1606
 Pfändungsbeschränkung **611** 1589
 Pfändungszugriff **611** 1604, 1606
Lohnverwendungsabrede
 Arbeitsentgelt **611** 1639 ff
 Truckverbot **611** 1580
Lohnverwirkung
 Arbeitsentgelt **611** 1634, 1638
Lohnwucher
 Vergütung **611** 1339; **612** 49
Lohnzahlungsklage
 Bruttobetrag **611** 1685
 Verzugszinsen **611** 1685
Lourdes-Effekt
 Kündigung, Wirksamkeit **611** 537
low performance
 Kündigungsgrund **613** 4
 Schadensersatz **611** 173
Loyalitätsobliegenheiten
 Arbeitnehmer **611** 1173 ff, 1233

Mandantenschutzklausel
 Karenzentschädigung **611** 1194
 verdeckte Mandantenschutzklausel
  611 1194
 Zulässigkeit **611** 1194
Mandat, kommunalpolitisches
 Arbeitszeit **611** 1195
mandatum
 Dienstleistungen **Vorbem 611 ff** 29
 Konsensualkontrakt **Vorbem 611 ff** 11
 Unentgeltlichkeit **Vorbem 611 ff** 11
Mankohaftung
 Inhaltskontrolle **611** 927
 Schadensersatzpflicht **611** 1289
Manteltarifvertrag
 Arbeitsentgelt **611** 771
 Arbeitszeitregelung **611** 771
 Erholungsurlaub **611** 771

Maßregelungsverbot
  Allgemeines Gleichbehandlungsgesetz
    611 503 ff
  Alternativbegründung, rechtmäßige
    612a 23
  Anscheinsbeweis **612a** 23, 36
  Anwendungsbereich de lege ferenda
    612a 8
  Anwesenheitsprämie **612a** 26
  Anzeigerecht de lege ferenda **612a** 2
  Arbeitgeber **612a** 6 f
  Arbeitnehmer **612a** 8
  Benachteiligung **612a** 20 ff
  Beschwerderechte, Ausübung **612a** 27
  besondere Maßregelungsverbote **612a** 5, 9
  Betriebsparteien **612a** 6
  Betriebsvereinbarung **612a** 13, 31
  Beweislast **611** 505, 514; **612a** 35 f
  Diskriminierungsverbot **612a** 4, 9
  Entschließungsfreiheit des Arbeitnehmers
    612a 3
  Fehlzeiten **612a** 26
  Geschlechtsdiskriminierung **612a** 1
  Gleichstellung, Anspruch auf **612a** 34
  Kündigungen **612a** 1, 14, 24, 32
  Kündigungsschutz **612a** 14
  Meinungsfreiheit **611** 1232
  Publikationspflicht **612a** 37
  Rechtsausübung, zulässige **612a** 1, 3, 9 ff, 14 ff
    durch Unterlassen **612a** 14
    Grundrechte **612a** 15
    Motiv für Benachteiligung **612a** 22
    Nachteile **612a** 27
    nicht bestehendes Recht **612a** 17 ff
    Rechte **612a** 15
  Schadensersatz **612a** 33
  Sittenwidrigkeit **612a** 3
  Streikbruchprämie **612a** 30
  Tarifvertrag **612a** 5, 13, 30
  Unabdingbarkeit **612a** 3
  ungerechtfertigte Maßregelungen
    612a 1, 13
  Unterlassungsanspruch **612a** 33
  Verstoß **612a** 31 ff
  Vertragsgestaltungsfreiheit **612a** 4
Matrix-Konzernstrukturen
  Weisungsrecht, Übertragung **613** 32
Medizinischer Behandlungsvertrag
  s Behandlungsvertrag
Mehrarbeit
  Arbeitsleistung, Umfang **611** 1075 f
  Begriff **611** 1460
  Beweislast **612** 63
  Feiertagsbezahlung **611** 1572
  Leistungsbestimmungsrecht **611** 1075 f
  Mitbestimmung **611** 1077
  Notfälle **611** 1250

Mehrarbeit (Forts)
  qualitative Mehrarbeit
    s Mehrleistung
  quantitative Mehrarbeit **612** 20, 30 ff, 63
  Verbot **611** 772
  Vergütung **611** 1460 ff; **612** 20, 25 ff, 30 ff
  Zuschläge **611** 1462
Mehrarbeitsvergütung
  Scheingeschäft **611** 369
Mehrheitsgesellschafter
  Allgemeines Gleichbehandlungsgesetz
    611 429
Mehrleistung
  Dienstleistung, höherwertige **612** 25 ff
  qualitative Mehrleistung **612** 25 ff
  quantitative Mehrleistung **612** 30 ff
  Vergütung **612** 25 ff
Meinungsäußerungsfreiheit
  Schranken **611** 1233
  Verschwiegenheitspflicht **611** 1205
Meinungsfreiheit
  Arbeitsverhältnis **611** 1232 f
  politische Betätigung **611** 1242
Meldepflichten
  Einstellung **611** 719
  Mindestlohn **611** 1342
Menschenwürde
  Arbeitsverhältnis, Übergang **613** 30
  Gendiagnostikgesetz **611** 1781
  Maßregelungsverbot **612a** 15
Merkmale, genetische
  s Genetische Merkmale
MfS-/Stasi-Mitarbeit
  Fragerecht des Arbeitgebers **611** 582
Miete
  Entgeltrisiko **Vorbem 611 ff** 78
  Sachen **Vorbem 611 ff** 79
  Vermögensgegenstand, Verschaffung
    Vorbem 611 ff 2, 23
Mieterverein
  Benachteiligungsverbot, Anwendungsbereich **611** 434
Minderheit, nationale
  Diskriminierungsverbot **611** 1387
Minderheitengesellschafter
  Allgemeines Gleichbehandlungsgesetz
    611 429
Minderjährige
  Arbeitsmündigkeit **611** 126
  Ermächtigung zum selbstständigen Betrieb
    eines Erwerbsgeschäfts **611** 122
  Mindestlohn **611** 1350
  Teilgeschäftsfähigkeit **611** 1628
Mindestalter
  Beschäftigungsverhältnis **611** 127
Mindestarbeitsbedingungen
  Streichung **611** 827
Mindestarbeitszeit
  Tarifbestimmungen **611** 772

Mindestlohn
  Akkordlohn **611** 1357
  Allgemeinverbindlicherklärung **611** 1376
  Altersdiskriminierung **611** 1350
  Annahmeverzug des Arbeitgebers
    611 1361
  Anpassung **611** 1342
  Antidiskriminierungsrecht **611** 1380 ff
  Anwendungsbereich, persönlicher
    611 1342, 1348 ff
  Anwendungsbereich, territorialer **611** 1353
  Arbeitnehmer, ausländische **611** 635, 640;
    612 48
  Arbeitnehmer-Entsendegesetz
    611 1363, 1369
  Arbeitnehmerentsendung **611** 825
  Arbeitnehmerüberlassung **611** 1363, 1369
  Arbeitsbereitschaft **611** 1074, 1356
  Arbeitsortprinzip **611** 825
  Arbeitsplatzverluste **611** 1344, 1346
  Arbeitsverhältnis **611** 1318
  Arbeitszeitkonto **611** 1080, 1366
  Aufwendungsersatzleistungen **611** 1360
  Ausschluss **611** 1370
  Ausschlussfristen **611** 1370 f
  Ausschlussklauseln **611** 810
  Bereitschaftsdienst **611** 1074, 1356
  zur Berufsausbildung Beschäftigte
    611 1351
  Branchenmindestlohn **611** 1363
  Bürgenhaftung **611** 1685
  Bußgeldvorschriften **611** 1342, 1364, 1368
  Dokumentationspflichten **611** 1342
  Durchschnittsbetrachtung **611** 1355
    Referenzzeitraum **611** 1355, 1357
  Ehrenamt **611** 1351
  Entgeltumwandlung **611** 1370
  equal-treatment-Grundsatz **611** 1363
  Erhöhung **611** 1376
  Erholungsurlaub **611** 1361
  450-Euro-Jobs **611** 1348
  Evaluationspflicht **611** 1342
  Fälligkeit **611** 1342, 1365
  Feiertage **611** 1361
  Generalunternehmer **612** 47
  gesetzlicher Mindestlohn **611** 1341, 1343,
    1345, 1354
  Gewerkschaftsbeitritt **611** 1345
  Haftung **611** 1374
  Höhe **611** 1342, 1354
  Langzeitarbeitslose **611** 1352
  Leiharbeitsverhältnis **611** 152
  Leistungen, vermögenswirksame **611** 1360
  Maßregelungsverbot **612a** 12
  Meldepflichten **611** 1342
  Minderjährige **611** 1350
  Nachunternehmereinsatz **611** 1342, 1374
  Nettoentgeltklage **611** 1685
  Pfändungsfreigrenzen **611** 1343, 1355

Mindestlohn (Forts)
  Praktikanten **611** 1349
  Probearbeitsverhältnis **611** 1348
  Rechtstatsachen **611** 1344
  Rentner **611** 1348
  Rufbereitschaft **611** 1074, 1356
  Sachleistungen **611** 1347, 1358
  Saisonarbeitskräfte **611** 1348
  Sanierungsfall **611** 1346
  Schutzvorschriften **611** 1369 f
  Sockelbetrag **611** 1354
  Stücklohn **611** 1357
  Subunternehmereinsatz **611** 1342, 1374
  Tariföffnungsklausel **611** 1346, 1376
  Tarifvertragsparteien, repräsentative
    611 1347, 1376 f
  Teilzeitarbeitsverhältnis **611** 1348
  Trinkgelder **611** 1358, 1436, 1584
  Übergangsregelung **611** 1342 f, 1375 ff
  Unabdingbarkeit **611** 1342
  Unterschreitung **611** 1371, 1374; **612** 51
  Verfallklausel **611** 1655, 1659
  Vergütung **611** 1339
    übliche Vergütung **612** 47, 51
  Vergütungssysteme, leistungsbezogene
    611 1347, 1357
  Vertragsfreiheit **611** 1345
  Verwirkung **611** 1373
  Verzicht **611** 1372
  Wegegeld **611** 1360
  Werkstudenten **611** 1348
  Wertguthabenvereinbarung **611** 1367
  Zeitungszusteller **611** 1378 f
  Zoll, Kontrollrechte **611** 1342
  Zulagen **611** 1347, 1359
Mindestlohngesetz
  Eingriffsnorm **611** 640
  Territorialitätsprinzip **611** 637, 640, 1353
  Verfassungswidrigkeit **611** 1345 f
  Verstoß **612** 47
Mindestlohnkommission
  Mindestlohn, Anpassung **611** 1342
Mitbestimmung
  Arbeitnehmereigenschaft **611** 52 f
  Arbeitsverfassung **Vorbem 611 ff** 108
Mitbestimmungsrecht
  Arbeitsrecht **Vorbem 611 ff** 178
  Regelungsabrede **611** 839
  Verletzung **611** 1498
  Wirksamkeitstheorie **611** 867
Mitteilungspflichten
  Arbeitnehmer **611** 1247 ff
Mobbing
  Abmahnungen **611** 1793
  Arbeitnehmerhaftung **611** 1794
  Ausgrenzung, soziale **611** 1793
  Ausschlussfristen **611** 1800
  Begriff **611** 448, 1789 ff
  Beleidigung **611** 1793

Mobbing (Forts)
  Berufskrankheit **611** 1794
  Beweislast **611** 1801
  bossing **611** 1789
  Darlegungslast **611** 1801
  Diebstahl **611** 1793
  Direktionsrecht des Arbeitgebers **611** 1793
  Eigentumsverletzung **611** 1793 f
  Einschreiten gegen den Täter **611** 1799
  Feststellungsanträge **611** 1802
  Fürsorgepflichtverletzung **611** 1799
  Gesamtschau mehrerer Akte
    611 1791, 1793
  Gesundheitsschädigung **611** 1793 f, 1802
  Kausalität **611** 1801
  Körperverletzung **611** 1793 f
  Kündigung **611** 1793 f
    außerordentliche Kündigung **611** 1799
  Kündigung des Täters **611** 1799
  Persönlichkeitsrechtsverletzung **611** 1793 f
  Pflichten des Arbeitgebers **611** 479
  Rechtsverletzung **611** 1793 f
  Schadensersatz **611** 1794 ff, 1799
  Schmerzensgeld **611** 1794, 1798, 1800
  Spätfolgen **611** 1802
  staffing **611** 1789
  Täter-Opfer-Konstellation **611** 1791
  Unfallversicherung, gesetzliche
    611 1794, 1798
  Unterlassungsanspruch **611** 1794, 1799
  upwards mobbing **611** 1789
  Verhaltensweisen **611** 1793
  Verjährungsfrist **611** 1800
  Versetzung des Täters **611** 1799
  Versetzung, eigene **611** 1799
  Verwirkung von Mobbingansprüchen
    611 1800
  Weisungen, unausführbare **611** 1793
  Wie-Erkrankung **611** 1794
  Zurückbehaltungsrecht **611** 1119, 1799
Monatsarbeitszeit
  Dienstleistungspflicht **611** 1056
Montan-Mitbestimmungsgesetz
  Rechtsentwicklung **Vorbem 611 ff** 123
Musiker
  Arbeitsrecht **611** 333
  Arbeitsverhältnis **611** 1929
  Urheberrecht **611** 1267
Musikkapellen
  Arbeitsverhältnis, mittelbares **611** 165, 167
  Eigengruppe **611** 176
Musikschullehrer
  Arbeitnehmereigenschaft **611** 40
  Nebenberuf **611** 93
Mutterschaftshilfe
  Untersuchungen **611** 1823
Mutterschutz
  Akkordlohn, Verbot **611** 1425

Mutterschutz (Forts)
  Anfechtung des Arbeitsvertrages
    611 660, 666
  Arbeitnehmereigenschaft **611** 353
  Arbeitsschutz, sozialer **Vorbem 611 ff** 184
  Arbeitszeitschutz **611** 1068
  Beschäftigungsverbot **611** 1160
  Erholungsurlaub **611** 1833
  Kündigungsschutz, besonderer **611** 497
  Nachtarbeitsverbot **611** 548
  Prämienlohn, Verbot **611** 1432
Nachbindung
  Tarifgeltung, normative **611** 815
  Tarifvertrag **611** 767
    Änderung **611** 767
    Beendigung **611** 767
Nachtarbeit
  Arbeitsbefreiung **611** 1467
  Begriff **611** 1466
  Nachtarbeitszuschlag **611** 1466 ff
Nachtarbeitsverbot
  Arbeitsvertrag, Anfechtung **611** 585
  Schwangerschaft **611** 548
Nachteilsausgleich
  Sozialplan **611** 857
  Vererblichkeit **613** 21
Nachtzuschlag
  Mindestlohn **611** 1359
Nachweisgesetz
  Anspruch auf Einhaltung der Nachweispflicht **611** 385
  Ausschlussfristen **611** 1663
  Beweislast **611** 386
  Bezugnahme auf Tarifverträge **611** 380
  elektronische Form, Ausschluss
    611 384, 403
  Mindestangaben **611** 380 f
    Ersetzung **611** 381
  Nichterfüllung der Nachweispflicht
    611 385
  Niederschrift **611** 379, 384
    Unterzeichnung **611** 384
    Wissensmitteilung **611** 384
  Tätigkeitsbereich **611** 1043 f
  Vertragsbedingungen, wesentliche
    611 379 f
    Änderung **611** 383, 1043
Nachweisurkunden
  Vorlagepflicht **611** 721
Nachwirkung
  Betriebsvereinbarung **611** 851
  Tarifvertrag **611** 767, 813, 816 ff
Nationalsozialismus
  Arbeitsverfassung **Vorbem 611 ff** 119 ff
  Arbeitsvertragsrecht **Vorbem 611 ff** 120
  Betriebsgemeinschaft **Vorbem 611 ff** 119
  Dienstverpflichtung **Vorbem 611 ff** 119
  Fürsorgepflicht **611** 1688 f

Sachregister · Öffentlicher Dienst

Nationalsozialismus (Forts)
 Höchstlöhne **Vorbem 611 ff** 119
 Tarifordnungen **Vorbem 611 ff** 119
Naturallohn
 Arbeitsentgelt **611** 1402 ff, 1581 ff
Naturrecht
 Dienstleistungserbringung **Vorbem 611 ff** 103
Nebenabreden
 Inhaltskontrolle **611** 906
 Schriftform **611** 394 f
Nebenberuflichkeit
 Arbeitnehmereigenschaft **611** 92 f
Nebenpflichten
 Treupflichten **611** 1167
 Wettbewerbsverbot **611** 1169, 1171
Nebenpflichtverletzung
 Arbeitspflicht **611** 1283
Nebentätigkeit
 Anzeigepflicht **611** 1196, 1198
 Arbeitsunfähigkeit, krankheitsbedingte **611** 1198
 Arbeitsverhältnis **611** 1200
 Begriff **611** 1195
 Fragerecht des Arbeitgebers **611** 570
 Genehmigungsvorbehalt **611** 1196 f
 Höchstarbeitszeitgrenzen **611** 1196 f, 1200
 Konkurrenztätigkeit **611** 1197
 Sachbezug **611** 1582
 Schadensersatz **611** 1198
 Unterlassung **611** 1171
 Unterlassungspflicht **611** 1195
 Untersagung **611** 1196
  Interesse des Arbeitgebers, berechtigtes **611** 1196, 1198
 Urlaub **611** 1197
 Verbot **611** 1196
  Abmahnung **611** 1198
  Kündigung **611** 1198
 Wettbewerbsverbot **611** 1179
 Zeitkollision **611** 1197, 1200
Nettolohnvereinbarung
 Arbeitsentgelt **611** 1630
 Inhaltskontrolle **611** 1630
 Lohnzahlungsklage **611** 1685
 Schwarzgeldabrede **611** 1630
Nettovergütung
 Arbeitsentgelt **611** 1630
Netzwerke, soziale
 Fragerecht des Arbeitgebers **611** 566
Niedersachsen
 Arbeitsverträge der Gemeinden/Landkreise, Schriftform **611** 376
Niedriglohnsektor
 Mindestlohn **611** 1343 f, 1362
  s a dort
 Sonderzahlungen **611** 1362
Nordrhein-Westfalen
 Arbeitnehmerweiterbildung **611** 1826

Nordrhein-Westfalen (Forts)
 Arbeitsverträge der Gemeinden/Landkreise, Schriftform **611** 376
Normalleistung
 Akkordlohn **611** 1421
 Arbeitsentgelt **611** 1053
Normenvertrag
 Betriebsvereinbarung **611** 836
Normenvollzug
 Beteiligungsrecht des Betriebsrats **611** 864
 Eingruppierung **611** 864
 Gleichbehandlungsgrundsatz **611** 1007
 Umgruppierung **611** 864
Norwegen
 Arbeitnehmerfreizügigkeit **611** 630
Notariat, bayerisch-pfälzisches
 Arbeitnehmerüberlassung **611** 155 f
 Kassenangestellte **611** 155 f
 Privatangestellte **611** 155
Notlagen
 Weisungsrecht **611** 964
Notstandsarbeiten
 Aussperrung **611** 1153
 Streik **611** 1149, 1151

Oberarzt
 Führungskompetenz **611** 1877
 Krankenhausarzt **611** 1872 f, 1877
Öffentlicher Dienst
 Abschlussgebot **611** 525
 Altersversorgung **611** 1758
 Arbeitnehmer **611** 288 ff, 870
  Arbeitsverhältnis **611** 290 f
  Kündigung **611** 291
  Kündigungsschutz **611** 291
  Personalvertretungsrecht **611** 293
  Rechtswegzuständigkeit **611** 294
  Sozialversicherungspflicht **611** 291
  Streikfreiheit **611** 291
  Tarifautonomie **611** 291
  Treuepflicht **611** 1235 f, 1240
 Auskunftserteilung über Beschäftigte **611** 1784
 Beamte **611** 288, 334, 870
 Beschäftigte **611** 870
 Betriebsübung **611** 987 f
 Betriebsverfassung **611** 870
 Diensterfindung **611** 1262
 Fragerecht **611** 565, 582
  Parteizugehörigkeit **611** 581
  SED-Mitgliedschaft **611** 582
  Verfassungstreue **611** 583
  Vorstrafen **611** 597
 Geschlechterquote **611** 525
 Gesundheitszeugnis **611** 609
 Gleichbehandlungspflicht **611** 1014
 Koalitionsbetätigung **611** 1805
 Koalitionsfreiheit **611** 1805
 Meinungsfreiheit **611** 1234

Öffentlicher Dienst (Forts)
   MfS-/Stasi-Mitarbeit **611** 582, 603
   Nebenabreden **611** 988
   Nebentätigkeit **611** 1195
   Personalakten, Einsichtsrecht **611** 1763
   Personalvertretungsrecht **Vorbem 611 ff** 124
   politische Betätigung **611** 1234
   Richter **611** 288
   Schadensvermeidungspflicht **611** 620
   Schmiergeldverbot **611** 1225, 1229
   Soldaten **611** 288
   Tariflohn **612** 58
   Tarifverträge **611** 292
   Treuepflicht **611** 1234 ff
     politische Treuepflicht **611** 1234
     – einfache politische Treuepflicht **611** 1236
   Verfassungstreuepflicht **611** 1237
   Verschwiegenheitspflicht **611** 1204
   Vertretungsvorschriften **611** 620
   Zugang zu öffentlichem Amt **611** 515 ff
Öffentliches Amt
   Auswahlentscheidung **611** 515 ff
   Einstellungsanspruch **611** 516
   Zugang zu öffentlichem Amt
     Beweislast **611** 516
Öffentliches Recht
   Gleichbehandlungsgrundsatz **611** 423
Offenbarungspflicht des Arbeitnehmers
   Alkoholabhängigkeit **611** 603
   arglistige Täuschung **611** 673
   Befragung durch den Arbeitgeber **611** 602
   Ermittlungsverfahren **611** 603
   Erwerbsminderung **611** 603
   Fragerecht des Arbeitgebers **611** 601 ff
   Freiheitsstrafe **611** 603
   Krankheit **611** 603
   MfS-/Stasi-Mitarbeit **611** 603
   Schwerbehinderteneigenschaft **611** 603
   Vorstrafen **611** 603
   Wettbewerbsverbot **611** 603
OHG
   Unternehmensbegriff **611** 266
OHG-Gesellschafter
   Arbeitnehmereigenschaft **611** 348
Ohne-Tarifbindung-Mitgliedschaft
   s OT-Mitgliedschaft
Operation
   Werkvertrag **Vorbem 611 ff** 34, 55
Orchester
   Arbeitsverhältnis, mittelbares **611** 167; **613** 7
Ordensangehörige
   Arbeitnehmereigenschaft **611** 109
   Gestellungsvertrag **611** 192, 360
Ordnungsverhalten
   Direktionsrecht des Arbeitgebers **611** 958, 968, 1172

Ordnungsverhalten (Forts)
   Leistungsverweigerungsrecht **611** 1172
   Mitbestimmungsrecht **611** 958
Organmitglieder
   Allgemeines Gleichbehandlungsgesetz **611** 429, 431
   Anstellungsverhältnis **611** 351 f, 429
   Arbeitgeberfunktion **611** 352
   Arbeitnehmereigenschaft **611** 59, 352 ff, 431
   Arbeitsverhältnis **611** 352, 429
   Organstellung **611** 351
   Unterordnungsverhältnis **611** 353
Ortszulage
   Sozialzulage **611** 1474
OT-Mitgliedschaft
   Arbeitgeberverbände **611** 765
Outsourcing
   Fremdpersonaleinsatz **611** 1931
   Werkvertragsrecht **611** 158

Pacht
   Abgrenzung **Vorbem 611 ff** 80
   Rechte **Vorbem 611 ff** 80
   Vermögensgegenstand, Verschaffung **Vorbem 611 ff** 2, 23
Parkplätze
   Fürsorgepflicht **611** 1757
Parteien, politische
   Benachteiligungsverbot, Anwendungsbereich **611** 434
Parteizugehörigkeit
   Fragerecht des Arbeitgebers **611** 581 f
Pause
   Begriff **611** 1070
Pension
   Altersversorgung, betriebliche **611** 1538
Persönlichkeitsentfaltung
   Schutzpflicht **611** 1760
Persönlichkeitsrecht
   Achtung des Persönlichkeitsrechts **611** 1760
   Datenschutz **611** 1778
   Fürsorgepflicht **611** 1691, 1760 ff
   Maßregelungsverbot **612a** 15
Persönlichkeitsrechtsverletzung
   Auskunftserteilung **611** 1787
   Diskriminierung **611** 486
   Entschädigungsanspruch **611** 489, 502
   Güterabwägung **611** 1761
   Interessenabwägung **611** 1761
   Mobbing **611** 1793 f
   Schmerzensgeld **611** 1800
   Verjährungsfrist **611** 506
Persönlichkeitsschutz
   Beschäftigungsanspruch **611** 1696 f
   Datenschutz **611** 561
   Fragerecht des Arbeitgebers **611** 560, 563
   Integritätsschutz **611** 1761

Persönlichkeitsschutz (Forts)
  Schutzpflicht des Arbeitgebers **611** 493, 1760 ff
Personalakten
  Abmahnung **611** 1770
  Angaben, unzutreffende **611** 1769
  Auskunftsanspruch **611** 1773
  Begriff **611** 1764
  Beurteilungen, betriebliche **611** 1764, 1770, 1776
  Daten, personenbezogene **611** 1764, 1766
  Datenschutzrecht **611** 1771 ff
  Einsichtsrecht **611** 1763, 1766
    Arbeitsverhältnis, beendetes **611** 1774
    Betriebsratsmitglied, Hinzuziehung **611** 1767
    Höchstpersönlichkeit **611** 1763
  Entfernung von Unterlagen **611** 1770, 1777
  Erklärungen des Arbeitnehmers, Beifügung **611** 1768, 1772
  Fürsorgepflicht **611** 1769
  Gegenvorstellungen **611** 1768, 1772
  Informationssysteme, automatisierte **611** 1764, 1766
  Personaldatenbank **611** 1764
  Stellungnahme zum Inhalt **611** 1768
  Verweis **611** 1770
Personalfragebogen
  Beantwortung zulässiger Fragen, wahrheitswidrige **611** 671
  Zielvereinbarung **611** 1457
  Zustimmung des Betriebsrats **611** 627, 671, 856, 862, 1457, 1780
Personalplanung
  Auswahlrichtlinien **611** 556
  Mitbestimmungsrecht des Betriebsrats **611** 856
  Unterrichtungspflicht des Arbeitgebers **611** 626
Personalratsmitglieder
  Arbeitspflicht, Befreiung von der **611** 1159
  Entgeltfortzahlung **611** 1159
  Verschwiegenheitspflicht **611** 1219
  Weiterbeschäftigungspflicht **611** 414
Personalvertretungsrecht
  Auswahlrichtlinien **611** 555 f
  Beschlussverfahren **611** 294
  Dienstposten, Ausschreibung **611** 557
  Gruppenschutz **611** 202
  öffentlicher Dienst **Vorbem 611 ff** 124; **611** 290, 293, 870
  Rechtswegzuständigkeit **611** 294
  Tarifvertrag **611** 788
  Versetzung **611** 1051
Personengesellschaft
  Arbeitgeberfunktion **611** 120
Personenschäden
  Anzeigepflicht **611** 1248

Personenschäden (Forts)
  Aufwendungsersatzanspruch **611** 1746
  Haftungsbefreiung **611** 247, 255, 928
  Unfallversicherung, gesetzliche **611** 928, 1733 ff
Pfändungsfreigrenze
  Lohnpfändung **611** 1597
  Mindestlohn **611** 1343, 1355
Pfändungsschutz
  Lohnpfändung **611** 1587, 1589, 1591, 1598 ff
Pflegeunterstützungsgeld
  Sozialleistung **611** 1111, 1116
Pflegezeit
  Beschäftigungspflicht, Wegfall **611** 1702
  Freistellungsanspruch **611** 1112 f
  Gestaltungsrecht **611** 1112
Pflegezeitgesetz
  Akutfälle **611** 1111
  Angehörige, erkrankte **611** 1107
  Angehörige, nahe **611** 1110 f, 1112
    Krankheit, progredient verlaufende, unheilbare **611** 1113
  Anwendungsbereich, persönlicher **611** 1110
  arbeitnehmerähnliche Personen **611** 237
  Arbeitsleistungspflicht, Wegfall **611** 1110
  Arbeitsverhinderung, kurzzeitige **611** 1111
  Befristungstatbestand **611** 1115
  Darlehen, zinsloses **611** 1116
  Entgeltfortzahlung **611** 1116
  Freistellung **611** 1823
  Kündigungsschutz, besonderer **611** 497
  Kündigungsverbot **611** 1115
  Leistungsverweigerungsrecht **611** 1111
    Ausübung, mehrmalige **611** 1111
  Pflegebedürftigkeit **611** 1110, 1112
    Bescheinigung **611** 1112
  Teilzeitarbeit, Anspruch auf **611** 1087
  Teilzeitbeschäftigung **611** 1111
  Vereinbarkeit von Familie und Beruf **611** 1110
  Zuschuss zur Krankenversicherung **611** 1116
Pförtnervertrag
  Dienstleistungspflicht **613** 7
Politische Betätigung
  Arbeitsverhältnis **611** 1232 f
  Meinungsfreiheit **611** 1242
  Unterlassung **611** 1241 ff
Prämie
  Arbeitsentgelt, leistungsbezogenes **611** 19
Prämienlohn
  Arbeitsergebnis **611** 1286
  Ausschlussprämie **611** 1430
  Bezugsbasis **611** 1428
  Bezugsgröße **611** 1428 f
  Geldfaktor **611** 1431, 1494
  Güteprämie **611** 1430

Prämienlohn
  Prämienlohn (Forts)
    Leistungslohn **611** 1426 ff
      Messbarkeit der Leistung **611** 1427
    Mitbestimmungsrecht **611** 1493 f
    Prämienansatz **611** 1430
    Richtleistung **611** 1430
    Staffelung, degressive **611** 1429
    Staffelung, progressive **611** 1429
    Verbot **611** 1432
    Zulage **611** 1426
Praktikanten
  Allgemeines Gleichbehandlungsgesetz **611** 426
  Arbeitnehmereigenschaft **611** 302, 382
  Hochschulpraktikanten **611** 303
  Legaldefinition **611** 302
  Maßregelungsverbot **612a** 8
  Mindestlohn **611** 1349, 1349@
  Nachweisgesetz **611** 382
  Schülerpraktikanten **611** 302
  Studentenstatus **611** 302
  Verbrauchereigenschaft **611** 132
  Vertragsverhältnis **Vorbem 611 ff** 68; **611** 302
  Weiterbeschäftigung **612** 12
Preis
  Vergütung **611** 1308
Preisnebenabreden
  Inhaltskontrolle **611** 906
Presseunternehmen
  Arbeitsrecht **611** 305
  Grundrechtsschutz **611** 305
  Kündigungsschutz **611** 308
Preußisches Allgemeines Landrecht
  Dienstvertrag **Vorbem 611 ff** 9
  Fabrikanten **Vorbem 611 ff** 103
  Vertragsfreiheit **Vorbem 611 ff** 103
  Werkvertrag **Vorbem 611 ff** 9
Privatautonomie
  Allgemeines Gleichbehandlungsgesetz **611** 422
  Arbeitsverhältnis **Vorbem 611 ff** 7, 19, 144, 156, 161; **611** 20, 56, 60, 68, 642, 644
  Berufsfreiheit **611** 365
  Einheitsregelungen, vertragliche **611** 884 f
  Gewerbeordnung **611** 365
  Tarifnormen **611** 755, 757
Privatdozenten
  Dienstverhältnis, öffentlich-rechtliches **611** 335
Privaträume
  Aufwendungsersatzanspruch **611** 1744
Probearbeitsverhältnis
  Mindestlohn **611** 1348
Projektsteuerungsvertrag
  Werkvertrag **Vorbem 611 ff** 59
Prostitution
  Sittenwidrigkeit **611** 652

Provision
  Abschlussprovision **611** 1433, 1915
  Anteilsprovision **611** 1433
  Arbeitnehmer **611** 1433
  Arbeitsentgelt, leistungsbezogenes **611** 19
  Berechnung **611** 1433
  Bestandspflegeprovisionen **611** 1433
  Bezirksprovision **611** 1433, 1915
  Delkredereprovision **611** 1913, 1915
  Erfolgsabhängigkeit **611** 1433 f
  Feiertagsbezahlung **611** 1572
  Handlungsgehilfen **611** 1433 ff
  Inkassoprovision **611** 1433, 1915
  Kundenkreisprovision **611** 1915
  Leistungsentgelt **611** 1433 f
  Leitungsprovision **611** 1433
  Mitbestimmungsrecht **611** 1434
  Sittenwidrigkeit **611** 1435
  Superprovision **611** 1433
  Überhangprovision **611** 1433
  Vermittlungsprovision **611** 1433
  Verwaltungsprovisionen **611** 1433
Prozessbeschäftigungsverhältnis
  Vereinbarung **611** 530 f, 1726
  Vergleich, gerichtlicher **611** 530
  Verzugslohnrisiko **611** 530 f
  Weiterbeschäftigung **611** 530
Prozessvergleich
  Abfindungsanspruch, Vererblichkeit **613** 21
  Anfechtung **611** 675
Prozessvertretung
  Dienstvertrag **Vorbem 611 ff** 29
  Rechtsanwaltsvertrag **Vorbem 611 ff** 57
Prüfungen
  Fragerecht des Arbeitgebers **611** 568
  Freistellungspflicht **611** 127
Prüfungsstücke
  Eigentumserwerb **611** 1255
Putzkolonne
  Arbeitsverhältnisse **611** 135

Qualitätsprämie
  Mindestlohn **611** 1359
Quittung
  Befreiungswirkung **611** 1677
  Beweismittel **611** 1677
  Empfangsbekenntnis **611** 1677
  Verzicht **611** 1678
Quoten
  Maßnahmen, positive **611** 456

Rabatte
  Arbeitsentgelt **611** 1401
  Inhaltskontrolle **611** 1401
Rahmenrichtlinie Beschäftigung
  Umsetzung **611** 417, 419 f
Rasse
  Datenschutz **611** 561

Rasse (Forts)
    Diskriminierungsverbot **611** 417, 422, 424, 457, 459
    Entgeltgleichheit **611** 1386
Rauchen
    Behinderungsbegriff **611** 464
Realofferte
    Arbeitsvertrag **611** 1057
Recht auf Arbeit
    Anspruch **611** 415
Recht auf informationelle Selbstbestimmung
    Datenschutz **611** 1778
    Untersuchung, humangenetische **611** 1781
Recht zur Lüge
    Fragerecht des Arbeitgebers **611** 564, 670
    Vorstrafen **611** 596, 598
Rechte, staatsbürgerliche
    s Staatsbürgerliche Rechte, Wahrnehmung
Rechtsanwalt
    Anwaltsnotar **611** 1899, 1901
    Anwaltssozietät **611** 1900
        Scheinsozien **611** 1900
    Belehrungspflicht **611** 1902
    Beratungspflicht **611** 1902, 1904
    Beruf, freier **611** 1895
    Berufspflichtverletzung **611** 1899
    Berufsrecht **611** 1895 f
    Bürogemeinschaft **611** 1900
    Haftung **611** 1903, 1906
    Honoraranspruch **611** 1904
    Informationspflicht **611** 1902, 1906
    Mandat **611** 1902
    Partnerschaftsgesellschaft **611** 1900
    Postulationsfähigkeit **613** 11
    Prüfungspflicht **611** 1902
    Rechtsanwalts-AG **611** 1900
    Rechtsanwalts-GmbH **611** 1900
    Vergütungsvereinbarungen **611** 1904
    Verhalten, standeswidriges **611** 1899
    Vertragsverhältnis **611** 1895 ff
    s a Rechtsanwaltsvertrag
    Vertreterbestellung für im Beitrittsgebiet belegene Grundstücke **613** 11
    Vertretungspflicht **611** 1904
    Weg, sicherster **611** 1902
    Zulassung zur Rechtsanwaltschaft **611** 1897
Rechtsanwaltskammern
    Benachteiligungsverbot **611** 434
Rechtsanwaltssozietät
    Dienstleistungspflicht **613** 11
Rechtsanwaltsvergütung
    Taxen **612** 52
Rechtsanwaltsvertrag
    Beratung, dauernde **Vorbem 611 ff** 57
    Dienste höherer Art **611** 1905
    Dienstvertrag **Vorbem 611 ff** 59; **611** 356, 1897
    Formfreiheit **611** 1898

Rechtsanwaltsvertrag (Forts)
    Geschäftsbesorgungsvertrag **611** 1897, 1905
    Kontrahierungszwang **611** 1898
    Kündbarkeit **611** 1905
    Mandantenschutzklausel **611** 1194
    Prozessvertretung **Vorbem 611 ff** 8, 57; **611** 1906
    Rechtsgutachten **Vorbem 611 ff** 57; **611** 1897
    Vertragsabschluss **611** 1898
        Ablehnung, unverzügliche **611** 1898
    Vertragsurkunden **Vorbem 611 ff** 57; **611** 1897
    Werkvertrag **611** 1897
    Zweckerreichung **611** 1906
Rechtsformverfehlung
    Dienstleistung **611** 76
Rechtsformwahl
    Arbeitsverhältnis **611** 73 ff
    Dienstvertrag **611** 73 ff
Rechtsfortbildung, richterliche
    Arbeitsrecht **Vorbem 611 ff** 158
Rechtsirrtum
    Arbeitnehmereigenschaft **611** 76
Rechtsmissbrauch
    Arbeitnehmereigenschaft **611** 76
    Arbeitsvertrag **611** 711
Rechtsverfolgungskosten
    Aufwendungsersatzanspruch **611** 1747
Rechtsverordnungen
    Arbeitnehmer-Entsendegesetz **611** 1395
    Arbeitnehmerüberlassung **611** 1394
    Arbeitsentgelt **611** 1318
    Arbeitsrecht **611** 152, 751
    Tarifgeltung **611** 824 ff
    Tarifnormen **611** 751, 764
Rechtswahl
    Arbeitnehmereigenschaft **611** 72
Refa-Verfahren
    Akkordlohn **611** 1421 f
Rehabilitierungsmaßnahmen
    Entgeltfortzahlung **611** 1854
Reisespesen
    Aufwendungsersatzanspruch **611** 1742
Reisevertrag
    Werkvertrag **Vorbem 611 ff** 66
Religion
    Anforderung, berufliche **611** 470
    Begriff **611** 461
    Datenschutz **611** 561
    Diskriminierungsverbot **611** 417, 422, 424, 457 f, 461, 467 ff
        Entgeltgleichheit **611** 1386
    Loyalitätsobliegenheiten **611** 471
    Transzendenz **611** 461
    Verkündungsnähe **611** 470
Religionsfreiheit
    Maßregelungsverbot **612a** 15

Religionsgemeinschaften
Arbeitnehmereigenschaft der Mitglieder 611 109 f
Selbstbestimmungsrecht 611 307, 311, 468
Religionsgesellschaften
Selbstbestimmungsrecht 611 468
Religionszugehörigkeit
Fragerecht des Arbeitgebers 611 581
Rentenversicherung
Gruppenschutz, Aufhebung 611 202, 206
Rentenversicherung, gesetzliche
Beitragsbemessungsgrenze 612 32
Rentenversicherungsbeiträge
Gesamtsozialversicherungsbeitrag 611 1629 ff
Rentner
Mindestlohn 611 1348
Resistenz, passive
Nichterfüllung 611 1272
Rheinland-Pfalz
Arbeitsverträge der Gemeinden/Landkreise, Schriftform 611 376
Richter
Allgemeines Gleichbehandlungsgesetz 611 427
Dienstverhältnis, öffentlich-rechtliches 611 288, 335
Koalitionsfreiheit 611 1805
Maßregelungsverbot 612a 11
Richter, ehrenamtliche
Beurlaubung 611 1825
Römisches Recht
Dienstvertrag Vorbem 611 ff 8
honorarium Vorbem 611 ff 101
ius civile Vorbem 611 ff 155
ius gentium Vorbem 611 ff 155
locatio conductio Vorbem 611 ff 8
mandatum Vorbem 611 ff 11, 29, 32
operae illiberales Vorbem 611 ff 11, 101; 611 1
operae liberales Vorbem 611 ff 32; 611 1
patria potestas Vorbem 611 ff 101
salarium Vorbem 611 ff 101
Sozialordnung Vorbem 611 ff 101
Röntgenverordnung
Eignungsuntersuchung 611 605
Rom I-VO
Arbeitnehmerschutz 611 72
Rot-Kreuz-Schwestern
Arbeitnehmereigenschaft 611 109, 111
Gestellungsvertrag 611 187, 360
Mitbestimmungsrecht des Betriebsrats 611 111
Rückkehrzusage
Abschlussgebot 611 535
Rücksichtnahmepflicht
Fürsorgepflicht 611 1690
Rückzahlungsklauseln
Abschlussprämie 611 1519

Rückzahlungsklauseln (Forts)
Ausbildungsbeihilfen 611 1401, 1524 ff
Berufsausbildungsverhältnis 611 1529
Bindungsdauer, überlange 611 1527 f
Gratifikationen 611 846, 1401
Höhe der Rückzahlungspflicht 611 1531
Staffelwerte 611 1401
Tarifvertrag 611 1530
Treueprämie 611 1519
Weihnachtsgratifikation 611 1517 f
Rufbereitschaft
Arbeitseinsätze 611 1072
Begriff 611 1069, 1072
Mindestlohn 611 1074, 1356
Mitbestimmung 611 1073
Ruhezeit 611 1072
Unfallschadensregulierung 611 1746
Ruhegeld
Altersversorgung, betriebliche 611 1538
Pfändungsschutz 611 1593
Ruhegeldleistungen
Gleichbehandlungsgrundsatz 611 1013
Ruhestand
Beschäftigungszeit, vorangehende 611 474
Ruhestandsverhältnis
Altersversorgung, betriebliche 611 1545
Betriebsübung 611 978
Rundfunkanstalten
Arbeitsrecht 611 305
Grundrechtsschutz 611 305
Rundfunkfreiheit
Rundfunkmitarbeiter, Arbeitsverhältnis 611 287
Rundfunkmitarbeiter
arbeitnehmerähnliche Personen 611 244 f
Arbeitnehmereigenschaft 611 39, 41, 62 ff
Arbeitsverhältnis 611 73
Bestandsschutz 611 287, 309
Dienstvertrag 611 73
Statusklage 611 62

Saarland
Arbeitsverträge der Gemeinden/Landkreise, Schriftform 611 376
Bergmannsversorgungsscheine 611 524
sabbatical
Arbeitszeitkonto 611 1079
Sachen des Arbeitnehmers, eingebrachte
Arbeitnehmereigentum
s dort
Sachleistungsvertrag
Vermögensgegenstand, Verschaffung Vorbem 611 ff 23
Sachschäden
Anzeigepflicht 611 1248
Aufwendungsersatzanspruch 611 1746, 1754
Haftung des Arbeitgebers 611 1739

Sachverständige
  Geheimhaltungspflicht **611** 1217
Säkularinstitute
  Gestellungsvertrag **611** 109, 187, 190, 192, 360
Saison-Kurzarbeitergeld
  Sozialleistung **611** 1078
Saisonarbeit
  Abschlussgebot **611** 536
  Gratifikationen **611** 1513
  Mindestlohn **611** 1348
Salär
  Vergütung **611** 1308
Salvatorische Klausel
  geltungserhaltende Reduktion, Verbot **611** 950
Samstagsarbeit
  Verbot **611** 772
Sarbanes Oxley Act
  Compliance-Regeln **611** 1230
Schadensersatz
  Allgemeines Gleichbehandlungsgesetz **611** 482 ff
  Anspruchsgegner **611** 483
  Arbeitsverhältnis, Begründung **611** 481
  Ausschlussfrist **611** 506 ff
  Beschäftigter, diskriminierter **611** 492 ff
  Beweislast **611** 514
  Bewerber, bestqualifizierter **611** 485
  Bewerber, diskriminierter **611** 482 ff
  Differenzhypothese **611** 481, 484
  Kausalität, haftungsausfüllende **611** 485
  Nichtbeförderung **611** 492
  Verschuldenserfordernis **611** 482
Schadenspauschalierung
  Inhaltskontrolle **611** 940, 1297
Schadensverhinderungspflicht
  Arbeitnehmer **611** 1250 f
Schadensvermeidungspflicht
  Vertragsanbahnung **611** 618 ff
Schädigung Dritter
  Freistellungsanspruch **611** 1749
Schauspieler
  Arbeitsverhältnis **611** 1929
  Leistungsverweigerungsrecht **611** 1104
Scheck
  Arbeitsentgelt **611** 1324, 1625
Scheingeschäft
  Beweislast **611** 369
  Dienstvertrag **611** 369, 645
  Rechtswegzuständigkeit **611** 369
Schenkung
  Dienstleistung **611** 1311
  Entgeltanspruch **611** 1311
  Vermögensgegenstand, Verschaffung **Vorbem 611 ff** 2, 23
Schichtplan
  Arbeitnehmerbegriff **611** 31, 38
  Feiertagsbezahlung **611** 1570

Schiedsgutachtenvertrag
  Arbeitsverhältnis **Vorbem 611 ff** 98
  Begriff **Vorbem 611 ff** 96
Schiedsrichtervertrag
  Begriff **Vorbem 611 ff** 94
  Dienstvertragsrecht **611** 1932
  Haftung **Vorbem 611 ff** 95
  Nebentätigkeitsgenehmigung **Vorbem 611 ff** 95
  Rechtsnatur **Vorbem 611 ff** 94
  Vergütung **Vorbem 611 ff** 95
  Vertragsverhältnis **Vorbem 611 ff** 95
Schiedsvertrag
  Arbeitsverhältnis **Vorbem 611 ff** 97
  Begriff **Vorbem 611 ff** 93
  Einrede, prozesshindernde **Vorbem 611 ff** 93
  Prozessvertrag **Vorbem 611 ff** 93
Schiffsbesatzung
  Arbeitsrecht **611** 328 ff
Schleswig-Holstein
  Arbeitsverträge der Gemeinden/Landkreise, Schriftform **611** 376
Schlichtung
  Arbeitsrecht, kollektives **Vorbem 611 ff** 178
  Tarifkonflikt **Vorbem 611 ff** 145
Schlichtungsstelle
  Geheimhaltungspflicht **611** 1217
Schmiergeldangebot
  Ablehnung angebotener Schmiergelder **611** 1228
  Mitteilungspflicht **611** 1228
Schmiergeldverbot
  Geschenke **611** 1226
  Herausgabe der Schmiergelder **611** 1229, 1245
  Kündigung **611** 1229
  Mitteilungspflicht **611** 1228
  öffentlicher Dienst **611** 1225, 1229
  Pflichtverletzung **611** 1225
  Schadensersatz **611** 1229
  Trinkgelder **611** 1226
  Verdachtskündigung **611** 1229
  Vorruhestandsverhältnis **611** 1229
Schmutzzulage
  Mindestlohn **611** 1359
  Vergütungsanspruch **611** 1472
Schöffen
  Freizeitgewährung **611** 1825
Schriftform
  gewillkürte Schriftform **611** 404
  Aufhebung **611** 405
  Namensunterschrift **611** 403
Schriftformklausel
  Allgemeine Geschäftsbedingungen **611** 401
  Betriebsübung, Verhinderung **611** 982
  doppelte Schriftformklausel **611** 401, 920, 982, 1505

Schriftformklausel (Forts)
  einfache Schriftformklausel **611** 982
Schuldrechtsmodernisierung
  Arbeitsverhältnis **Vorbem 611 ff** 22, 150
  Arbeitsvertrag **Vorbem 611 ff** 150;
    611 8, 1864
Schulen
  Gestellungsvertrag **611** 187, 190, 360
Schutzkleidung
  Schadensvermeidungspflicht **611** 1250
Schwägerschaft
  Pflegezeitgesetz **611** 1110
Schwangerschaft
  Abschlussverbot **611** 548
  Arbeitsverhältnis, befristetes **611** 586, 603, 666
  Eigenschaft, verkehrswesentliche **611** 666
  Ende, vorzeitiges **611** 1247
  Fragerecht des Arbeitgebers **611** 584 ff, 586, 603
  Lösung, gespaltene **611** 584 f
  Nachtarbeitsverbot **611** 548, 585
  Offenbarungspflicht **611** 585, 603
  Vertretung während Mutterschaftsurlaub **611** 585
Schwangerschaftsabbruch
  Mitwirkungspflicht **611** 1104, 1879
Schwarzgeldabrede
  Arbeitsvertrag **612** 44
  Arbeitsvertrag, Nichtigkeit **611** 648; **612** 44
  Dienstvertrag **612** 44
  Nettolohnvereinbarung **611** 1630
  Vergütungspflicht **612** 44
Schweigepflicht
  Betriebsarzt **611** 1765
Schweigepflichtentbindung
  Eignungsuntersuchung **611** 606, 610
Schweiz
  Arbeitnehmerfreizügigkeit **611** 630
Schwerbehinderte
  Agentur für Arbeit, Beteiligung **611** 522
  Aussperrung **611** 523
  Beschäftigungsanspruch **611** 1701
  Beschäftigungspflicht **611** 414, 521 ff
    Ausgleichsabgabe **611** 521
  Diskriminierungsverbot **611** 511
  Eingliederung **Vorbem 611 ff** 185
  Einstellung, Zustimmungsverweigerung **611** 522
  Entschädigungsanspruch **611** 523
  Förderungspflicht des Arbeitgebers **611** 522
  Kündigung aus Anlass eines Arbeitskampfs **611** 414
  Leiharbeitnehmereinsatz **611** 522
  Personalakten, Einsichtsrecht **611** 1767
  Prüfungspflicht des Arbeitgebers **611** 522
  Stellenbesetzung, interne **611** 522
  Teilzeitarbeit, Anspruch auf **611** 1087

Schwerbehinderte (Forts)
  Wiedereingliederung, stufenweise **611** 1701
  Wiedereingliederungsverhältnis **611** 342
  Wiedereinstellungsanspruch **611** 414, 523
  Zusatzurlaub **611** 1833, 1851
Schwerbehinderteneigenschaft
  Anfechtungsgrund **611** 667
  Auskunftspflicht **611** 1249
  Fragerecht des Arbeitgebers **611** 587 ff
    Anbahnungsverhältnis **611** 591
    Anforderungen, wesentliche und entscheidende berufliche **611** 589
    Arbeitsverhältnis, laufendes **611** 591
    Maßnahmen, positive **611** 590
  Offenbarungspflicht des Arbeitnehmers **611** 603
Schwerbehindertenvertretung
  Arbeitsbefreiung **611** 1822
  Beteiligungspflicht **611** 511
  Geheimhaltungspflicht **611** 1218
Scientology
  Fragerecht des Arbeitgebers **611** 581
  Religionsgemeinschaftsbegriff **611** 461, 581
  Weltanschauungsgemeinschaftsbegriff **611** 461, 581
SED-Mitgliedschaft
  Fragerecht des Arbeitgebers **611** 582
Seearbeitsgesetz
  Besatzungsmitglieder **611** 330
  Flaggenprinzip **611** 329
  Kapitän **611** 330
    Stellvertreter **611** 330
Seediensttauglichkeit
  Eignungsuntersuchung **611** 605
Seeleute
  Heuerzahlung **611** 1402
  Naturalvergütung **611** 1402
  Urlaubsanspruch **611** 1833
  Zuschläge **611** 1466
Seeschifffahrt
  Arbeitsrecht **611** 329 f
  Betriebsübergang **611** 330
Sehschwäche
  Behinderungsbegriff **611** 464
Selbstbestimmung, informationelle
  Fragerecht des Arbeitgebers **611** 563
Selbstständige
  Allgemeines Gleichbehandlungsgesetz **611** 429
  Dienstvertragsrecht **Vorbem 611 ff** 21
  Eigenvorsorge **611** 46
  Sozialschutz **611** 231
  Unternehmerrisiko, freiwillige Übernahme **611** 46 ff
Selbstständigkeit
  Legaldefinition **611** 11, 37

Sexualleben
  Datenschutz **611** 561
Sexuelle Ausrichtung
  Diskriminierungsverbot **611** 417
Sexuelle Belästigung
  Begriff **611** 449
  Leistungsverweigerungsrecht
    611 494, 1123
  Persönlichkeitsschutz **611** 1762
  Würdeverletzung **611** 449
Sexuelle Identität
  Begriff **611** 465
  Diskriminierung, mittelbare **611** 465
  Diskriminierungsverbot **611** 422, 424,
    457, 465
    Entgeltgleichheit **611** 1386
    Geschlecht **611** 438
    Geschlechtsumwandlung **611** 673
    Hinterbliebenenversorgung **611** 435
Sicherheitsvorschriften
  Schadensvermeidungspflicht **611** 1250
Sicherungsrechte
  Werkvertrag **Vorbem 611 ff** 23
Sippe
  Arbeitsverfassung **Vorbem 611 ff** 101
Sittenwidrigkeit
  Arbeitsvertrag **611** 651 f, 718, 890
    Abreden, einzelne **611** 653
  Dienstvertrag **611** 645
  Fortkommen, berufliches **611** 654
  Freiheit, wirtschaftliche **611** 654
  Inhaltssittenwidrigkeit **611** 651
  Maßregelungsverbot **612a** 3
  Provision **611** 1435
  Umstandssittenwidrigkeit **611** 651
  Vergütung **611** 635, 655, 1339; **612** 49
  Zielvereinbarung **611** 1448
Soldaten
  Antidiskriminierungsrecht **611** 427
  Dienstverhältnis, öffentlich-rechtliches
    611 288, 335
  Koalitionsfreiheit **611** 1805
  Maßregelungsverbot **612a** 11
  Persönlichkeitsschutz **611** 1762
Sondervergütung
  Begriff **611** 1499
  Betriebstreue **611** 1516
  Entgeltcharakter **611** 1500, 1502 f,
    1515, 1554
  Gegenleistung aus dem Arbeitsverhältnis
    611 1500
  Kürzung **611** 1502 f
  Legaldefinition **611** 1500
  Mischcharakter **611** 1502 f, 1515
  Monatsbezug **611** 1517 ff
  Rückzahlung **611** 1502 f
  Wartezeit **611** 1502 f
Sonderzahlungen
  Leistung, ratierliche **611** 1362

Sonntagsarbeit
  Zuschläge **611** 1466, 1468 f
Sonntagsruhe
  Arbeitsruhe **611** 1564
  Arbeitszeitschutz **611** 1068
Sorgfaltsmaßstab
  Arbeitnehmer **611** 1271, 1288, 1300
Sozialauswahl
  Altersdiskriminierung, Rechtfertigung
    611 476
Sozialdumping
  Mindestarbeitsbedingungen **611** 638
Soziale Frage
  Arbeitskraft, Verkauf **Vorbem 611 ff** 107
Sozialeinrichtungen
  Ausgestaltung **611** 1550 f
  Begriff **611** 1496
  Errichtung **611** 1551
  Form **611** 1550 f
  Mitbestimmungsrecht des Betriebsrats
    611 855, 1495, 1497, 1550 ff
  Rechtsträger **611** 1552
  Verwaltung **611** 1550 f
Sozialgerichtsbarkeit
  Richter, ehrenamtliche **611** 1825
Sozialhilfe
  Leistungen, ärztliche **612** 53
Sozialleistungen
  Altersversorgung, betriebliche **611** 1538 ff
  Begriff **611** 1499 f
  Freiwilligkeit **611** 1549
  Fürsorgepflicht **611** 1500
  Gleichbehandlungsgrundsatz **611** 1013
  Gratifikationen **611** 1501 ff
  Günstigkeitsprinzip **611** 850
  Mitbestimmungsrecht **611** 1548 ff
Sozialplan
  Abfindungsregelungen, gestaffelte **611** 474
  Arbeitnehmer, entlassene **611** 847
  Arbeitsleistung, Ort **611** 1062
  Betriebsvereinbarung **611** 852
  Erzwingbarkeit **611** 857
  Mitbestimmung **611** 855
  Nachteilsausgleich **611** 857
Sozialplanabfindung
  Maßregelungsverbot **612a** 28
  Vererblichkeit **613** 21
Sozialrecht
  Arbeitnehmerbegriff **611** 13, 51
Sozialschutz
  Arbeitnehmer **611** 75
  Arbeitnehmerbegriff **611** 70
  Fragerecht des Arbeitgebers **611** 560
  Handelsvertreter **611** 59
  Heimarbeit **Vorbem 611 ff** 186
Sozialversicherung
  Anmeldevorschriften **611** 1758
  Arbeiterschutz **Vorbem 611 ff** 137
  Beitragsvorschriften **611** 1758

Sozialversicherung (Forts)
 Fürsorge **Vorbem 611 ff** 110, 112
 Gruppenschutz **611** 202
 Selbstverwaltungsorgane **611** 1825
Sozialversicherungsausweis
 Vorlagepflicht **611** 720
Sozialversicherungsbeiträge
 Einbehaltung **611** 1629 ff
Sozialversicherungspflicht
 Beschäftigungsbegriff **611** 13
 Geringfügigkeit **611** 98
Sozialzulagen
 Begriff **611** 1474
 Gegenleistung **611** 1474
Spätehenklauseln
 Altersdiskriminierung **611** 477
Spaltung
 Gemeinschaftsbetrieb **611** 269, 271
Spannenklauseln
 Differenzierungsklauseln **611** 1818
Spediteure
 Arbeitnehmereigenschaft **611** 357
Speditionsvertrag
 Dienstvertrag **Vorbem 611 ff** 53
 Vertrag auf Arbeit **Vorbem 611 ff** 24
 Werkvertrag **Vorbem 611 ff** 53; **611** 357
Spesenersatz
 Kostenerstattung **611** 1063
Sprache
 Diskriminierungsverbot **611** 1387
Sprecherausschuss
 Mitbestimmungsrechte **611** 222
Staatsangehörigkeit
 Differenzierung, zulässige **611** 460
Staatsbürgerliche Rechte, Wahrnehmung
 Beurlaubung **611** 1158
 Urlaubsanspruch **611** 1825
Stadtjugendring
 Benachteiligungsverbot **611** 434
Staffelwerte
 Rückzahlungsklauseln **611** 1401
staffing
 Begriff **611** 1789
Stammarbeitsverhältnis
 Arbeitnehmerüberlassung **611** 145
Standesrecht
 Vergütungserwartung **612** 22
Stationsarzt
 Krankenhausarzt **611** 1872 f
Statistiken
 Diskriminierung, mittelbare **611** 446, 511
Statusklage
 Arbeitnehmereigenschaft **611** 62
Statusvereinbarung
 Arbeitnehmereigenschaft **611** 69
Stellenanzeige
 invitatio ad offerendum **611** 368
Stellenausschreibung
 Diskriminierungsverbot **611** 478

Stellenausschreibung (Forts)
 innerbetriebliche Stellenausschreibung
  611 557, 626
 Mitbestimmungsrecht des Betriebsrats
  611 557
 Personalplanung **611** 556
Stellenbeschreibung
 Personalplanung **611** 556
Stellenbewerber
 Auskunftserteilung des Arbeitgebers
  611 1782 ff
 wahrheitswidrig günstige
  Auskunft **611** 1788
 Maßregelungsverbot **612a** 8, 11
 Vorstellungskosten
  s dort
Stellensuche
 Freizeitgewährung **611** 1824
Steuerberater
 Beratungspflicht **611** 1921
 Beruf, freier **611** 1919
 Berufsrecht **611** 1918
 Buchführung **611** 1919, 1921
 Dienste höherer Art **611** 1922
 Erfolgshonorar **611** 1922
 Mandatsablehnung **611** 1920
 Vergütungsanspruch **611** 1922
 Vertreterbestellung für im Beitrittsgebiet
  belegene Grundstücke **613** 11
Steuerberatervertrag
 Dienstvertrag **Vorbem 611 ff** 58;
  611 1919, 1923
 Formfreiheit **611** 1920
 Gebührenordnung **611** 1922; **612** 54
 Geschäftsbesorgungsvertrag
  611 1919, 1923
 Kündbarkeit **611** 1923
 Mandantenschutzklausel **611** 1194
 Vertragsschluss **611** 1920
 Werkvertrag **Vorbem 611 ff** 58; **611** 1919
Steuerberatungsgesellschaften
 Gebührenordnung **612** 54
Steuerbevollmächtigte
 Berufsbezeichnung **611** 1918
 Gebührenordnung **612** 54
 Vertreterbestellung für im Beitrittsgebiet
  belegene Grundstücke **613** 11
Steuererklärung
 Nettolohnvereinbarung **611** 1630
 Werkvertrag **611** 1919
Steuerrecht
 Arbeitnehmerbegriff **611** 13
Stichtagsklauseln
 Sondervergütung **611** 1502, 1510 ff
 Zielvereinbarung **611** 1446
Stichtagsregelung
 Gleichbehandlungsgrundsatz **611** 1022
Stiefeltern
 Pflegezeitgesetz **611** 1110

Stille Gesellschaft
 Verlustbeteiligung **Vorbem 611 ff** 76
 Zweckverfolgung, gemeinsame **Vorbem 611 ff** 76
Stinnes/Legien-Abkommen
 Arbeitsrecht **Vorbem 611 ff** 113
Strafgefangene
 Arbeitnehmereigenschaft **611** 339
Straftaten
 Arbeitsvertrag, Sittenwidrigkeit **611** 652
Strafverfahren
 Fragerecht des Arbeitgebers **611** 599 f
Strafverteidigungskosten
 Aufwendungsersatzanspruch **611** 1747
Strahlenschutzverordnung
 Eignungsuntersuchung **611** 605
Streik
 Abwehrstreik **611** 1133
 Angriffsstreik **611** 1133
 Arbeitnehmer, nicht-streikende arbeitswillige **611** 1154, 1328, 1702, 1710
 Arbeitsentgelt, Wegfall **611** 1327
 arbeitsrechtlicher Streik **611** 1132
 Begriff **611** 1130
 Beschäftigungspflicht **611** 1709 f
 Erhaltungsarbeiten **611** 1149 f, 1152
 Feiertagsbezahlung **611** 1568
 Flächenstreik **611** 1134
 Generalstreik **611** 1134
 gewerkschaftlicher Streik **611** 1131, 1139, 1281
 Hauptleistungspflichten, Suspendierung **611** 1327
 Kampfziel **611** 1132
 Nebenstreik **611** 1132
 nichtgewerkschaftlicher Streik **611** 1131
 Notdienst, Organisation **611** 1152
 Notstandsarbeiten **611** 1149, 1151
 politischer Streik **611** 1132, 1137
 Rechtmäßigkeit **611** 1128 f, 1135 ff, 1148, 1327
 Rechtswidrigkeit **611** 1280 f, 1327
  Erfüllungsanspruch des Arbeitgebers **611** 1280
  Kündigung, außerordentliche **611** 1281
  Kündigung, ordentliche **611** 1281
  Lohnanspruch, Entfallen **611** 1280
  Rechtsirrtum **611** 1281
  Schadensersatzpflicht **611** 1281
  Verschulden des Arbeitnehmers **611** 1281
 Regelungsziele **611** 1136
 Resistenz, passive **611** 1272
 Solidaritätsstreik **611** 1132
 Sympathiestreik **611** 1132, 1138
 Teilstreik **611** 1134, 1155
 unerlaubte Handlung **611** 1129
 Unterstützungsstreik **611** 1138

Streik (Forts)
 Verhältnismäßigkeitsgrundsatz **611** 1138, 1143 f
 Vollstreik **611** 1134
 wilder Streik **611** 1131, 1139, 1809
Streikarbeit
 indirekte Streikarbeit **611** 1049
 Leistungspflicht **611** 1049, 1104, 1155
 Zumutbarkeit **611** 1155
 Zuweisung **611** 1049
Streikbeteiligung
 Anwesenheitsprämie, Kürzung **611** 1479
 Arbeitspflicht, Suspendierung **611** 1123 ff, 1148 f, 1280
 Außenseiter-Arbeitnehmer **611** 1139
 Kündigung, außerordentliche **611** 1128
 Streik, Rechtmäßigkeit **611** 1128 f, 1280
 Streik, rechtswidriger **611** 1280 f
Streikbrecherarbeit
 s Streikarbeit
Streikbruchprämie
 Arbeitskampfmaßnahme **612a** 30
 Maßregelungsverbote, tarifvertragliche **612a** 30
Streikrecht
 Eingriffsrecht **611** 1143
 Gestaltungsrecht **611** 1127
 Koalitionsfreiheit **611** 1126
Strohmann
 Dienstvertragsschluss **611** 369
Studenten
 Hochschulpraktikanten **611** 303
 Praktikum **611** 302
Stücklohn
 Mindestlohn **611** 1357
Suchtkrankheiten
 Behinderungsbegriff **611** 463
Suspendierung
 Beschäftigungspflicht **611** 1706 f
 Entgeltfortzahlung **611** 1706
 Inhaltskontrolle **611** 1707

Tabakgewerbe
 Deputate **611** 1581
Tätigkeitsbeschreibung
 Arbeitsvertrag **611** 963, 1043
Tätigkeitszulage
 Versicherungswirtschaft **611** 1480
Tantieme
 Arbeitsentgelt **611** 1440
 Auskunftsanspruch **611** 1440
 Berechnung **611** 1440
 Gewinnbeteiligung **611** 1440
 Rechnungslegungsanspruch **611** 1440
Tarifansprüche
 Erlassvertrag **611** 805
 Verzicht **611** 805 ff
Tarifausschlussklauseln
 Differenzierungsklauseln **611** 1818

Tarifautonomie
  arbeitnehmerähnliche Personen **611** 80
  Arbeitskampf **Vorbem 611 ff** 177; **611** 1145
  Arbeitsrecht **Vorbem 611 ff** 148
  Betriebsverfassung **611** 785
  Koalitionsverfahren **Vorbem 611 ff** 145
  Rechtsentwicklung **Vorbem 611 ff** 122
  Vertragsfreiheit **611** 755
  Wirtschaftsverfassung **611** 52
Tarifbindung
  Tarifvertrag **611** 892
Tarifdispositivität
  Gesetzesrecht **611** 758
  Nachwirkung **611** 818
Tarifeinheit
  Entgeltbemessung **611** 1485 f
Tariffähigkeit
  Arbeitgeber **611** 761, 1139
  Arbeitgebervereinigungen **611** 761
Tarifgebundenheit
  Arbeitnehmer **611** 766
  Arbeitsverhältnis **611** 753, 755
  Arbeitsvertragsparteien **611** 764
  Betriebsübergang **611** 764
  Bindung, normative **611** 764, 768
  Bindung, schuldrechtliche **611** 764
  Mitgliedschaft **611** 764 ff
    Beendigung **611** 767
Tarifgeltung
  Allgemeinverbindlicherklärung
    611 820 ff, 1318
  Beendigung **611** 791
  Beginn **611** 811 ff
  Ende **611** 815 ff
  Gewerkschaftszugehörigkeit **611** 580
  normative Tarifgeltung **611** 1318
  Rechtsverordnung **611** 824 ff
Tarifkonkurrenz
  Tarifvertrag, konkurrierender **611** 819
Tariflohn
  Lohngestaltung **611** 1339
  Vergütung, übliche **612** 58 f
Tariflohnerhöhung
  Alterssicherungsklausel **611** 913
  Anrechnungsklausel **611** 802
  Anrechnungsvorbehalt **611** 911 ff,
    914, 1492
  Aufsaugung **611** 799, 911, 913
  Aufstockung **611** 799, 911, 913
  Effektivgarantieklausel **611** 799, 801, 913
  Effektivklausel **611** 799 f, 913
  Entlohnung, übertarifliche **611** 799
  Erschwerniszulage **611** 1472
  Funktionszulage **611** 1473
  Inhaltskontrolle **611** 912
  Mitbestimmungsrecht des Betriebsrats
    611 914
  Transparenzgebot **611** 912
  Verdienstsicherungsklausel **611** 803, 913

Tariflohnerhöhung (Forts)
  Widerrufsvorbehalt **611** 914
  Zulagen **611** 1492
Tarifnormen
  Abmachungen, abweichende **611** 792, 818
  Abschlussnormen **611** 392, 405, 532, 773 ff
  Allgemeinverbindlicherklärung **611** 764
  Ausschlussfristen **611** 809 f
  Beendigungsnormen **611** 779
  Betriebsnormen **611** 554, 780 ff
  Betriebsverfassungsnormen **611** 784 ff
  Geltung, unmittelbare **611** 790, 805
  Geltung, zwingende **611** 790 f, 805, 818
  Günstigkeitsprinzip **611** 792 ff
  Inhaltsnormen **611** 393, 770 ff
  Privatautonomie, kollektive **611** 755, 757
  Rechtsverordnungen **611** 751, 764
  Rückwirkung **611** 811 ff
    Tarifgebundenheit **611** 814
    Vertrauensschutz **611** 813
  Unabdingbarkeit **Vorbem 611 ff** 113, 148;
    611 790 f, 805, 809
  Verjährungsfristen **611** 809 f
  Vorrang **Vorbem 611 ff** 148; **611** 723
Tariföffnungsklausel
  Arbeitsverhältnis **611** 733
  Mindestlohn **611** 1346, 1376
Tarifpluralität
  Tarifvertrag, konkurrierender **611** 819
Tarifrechte
  Verwirkungsverbot **611** 1667
Tarifüblichkeit
  Betriebsvereinbarung **611** 852 f
Tarifvertrag
  Ablösungsprinzip **611** 819
  Abmachung, andere **611** 818
  Abschluss **611** 763
  Abschlussgebote **611** 532
  Abschlussverbote **611** 546, 551
  AGB-Kontrolle **611** 891 f
  Arbeitsbedingungen **611** 875
  Arbeitsverhältnis **611** 727, 731, 753 f
  Aufhebungsvertrag **611** 767
  Beendigung **611** 768, 816
  Begriff **611** 755
  Benachteiligungsverbot **611** 433
  Durchführungspflicht **611** 769
  Einbeziehungsabrede **611** 829
  Ermächtigung, staatliche **611** 755
  Firmentarifvertrag **611** 762
  Flächentarifvertrag **611** 762
  Friedenspflicht **611** 769
  Geltung, unmittelbare **611** 887
  Geltung, zwingende **611** 887
  Geltungsbereich, personeller **611** 768
    betrieblicher Geltungsbereich **611** 768
    fachlicher Geltungsbereich **611** 768
    persönlicher Geltungsbereich **611** 768
    räumlicher Geltungsbereich **611** 768

Tarifvertrag (Forts)
  zeitlicher Geltungsbereich **611** 768
  Inkrafttreten **611** 768
  Kartellbefugnis **611** 754, 798
  konkurrierender Tarifvertrag **611** 819
  Kündigung **611** 767
  Lohn- und Gehaltstarifvertrag **611** 771
  Manteltarifvertrag **611** 771
  Maßregelungsverbot **612a** 5, 13
  mehrgliedriger Tarifvertrag **611** 763
  normativer Teil **611** 755
  Öffnungsklauseln **611** 783
  Privatrecht **611** 755
  Rechtsgeschäft **611** 755, 763
  Rechtsnormen **611** 769 ff
  Schriftform **611** 763, 989
  schuldrechtlicher Teil **611** 755, 769
  Verbandstarifvertrag **611** 433, 762
  Vertragsinhaltsschutz **611** 407
  Vertretung **611** 763
  Zeitablauf **611** 767, 816
Tarifvertragsparteien
  Arbeitgeber **611** 761
  Arbeitgebervereinigungen **611** 761
  Grundrechtsbindung **611** 756 f
  Normsetzungsbefugnis **611** 754
Tarifvertragssystem
  Angestellte **611** 203, 209
  Arbeitnehmer **611** 203, 209
  Arbeitsverfassung **Vorbem 611 ff** 108, 113, 117
  Grundrechtsschutz **611** 754
  Mindestarbeitsbedingungen **611** 792
  Verhandlungsgleichgewicht **611** 758, 760
Tarifvorbehalt
  Betriebsvereinbarung **611** 792, 852
  Regelungsbereich **611** 843
Tarifvorrang
  Arbeitgeber, Tarifgebundenheit **611** 1498
  Tarifnormen **Vorbem 611 ff** 148; **611** 723
Tarifzuständigkeit
  Leistungsverwaltung **611** 289
Tausch
  Vermögensgegenstand, Verschaffung **Vorbem 611 ff** 2, 23
Taxe
  Begriff **612** 51
  Dispositivtaxen **612** 51
    primäre Dispositivtaxen **612** 51
    subsidiäre Dispositivtaxen **612** 51
  Fehlen einer Taxe **612** 56 ff
  Kostgeld **Vorbem 611 ff** 102
  Lohn **Vorbem 611 ff** 102
  Maximaltaxen **612** 51
  Rechtsanwaltsvergütung **611** 1904; **612** 52
  Steuerberatergebührenverordnung **611** 1922
  Vergütungshöhe **612** 50 ff
  Zwangstaxen **612** 51

Taxibestellung
  Werkvertrag **Vorbem 611 ff** 72
Techniker
  Begriff **611** 198
Teilgeschäftsfähigkeit
  Arbeitsverhältnis **611** 126
Teilkündigung
  Vertragsbedingungen, einseitige Änderung **611** 1046
Teilkündigungsrecht
  Billigkeitskontrolle **611** 947
  Umdeutung **611** 947
Teilverweisung
  Inhaltskontrolle **611** 895, 982
Teilzeitarbeit
  Anspruch auf Teilzeitarbeit **611** 1082 ff
  Arbeitnehmereigenschaft **611** 92, 97 ff
  Arbeitsentgelt **611** 1388, 1390
  Arbeitsplatzteilung **611** 100
  Arbeitszeitverkürzung **611** 1082
  Benachteiligungsverbot **612a** 10
  betriebliche Gründe, entgegenstehende **611** 1083 f
  Dienste höherer Art **612** 32
  Diskriminierung, mittelbare **611** 445
  Diskriminierungsverbot **611** 1339, 1388, 1390
  Feiertagsbezahlung **611** 1565
  Funktionszulage **611** 1473
  Gleichbehandlungsgrundsatz **611** 1020, 1384
  Gratifikationen **611** 1508
  Job-Sharing **611** 100
  KAPOVAZ **611** 100
  Kontrahierungszwang **611** 1086
  Lohnsteuer, Pauschalierung **611** 1631
  Maßregelungsverbot **612a** 8
  Mindestlohn **611** 1348
  Pflegesituation **611** 1111
  pro-rata-temporis **611** 1388
  Überstundenvergütung **612** 32
  Vergütung **612** 46
  Vorbeschäftigungsverbot **611** 298
  Zustimmung des Arbeitgebers **611** 1083
Telearbeit
  Arbeitnehmereigenschaft **611** 104 f
Telefonkosten
  Sondervergütung **611** 1499
Tendenzautonomie
  Arbeitnehmereigenschaft **611** 62 ff, 91
  Arbeitsrecht **611** 306
  Arbeitsverhältnis **611** 306
  Mitbestimmungsrecht **611** 306
Tendenzträger
  Arbeitnehmereigenschaft **611** 308
Tendenzunternehmen
  Loyalitätsobliegenheiten **611** 1174 f
  Meinungsfreiheit **611** 1233
  Mitbestimmungsrecht **611** 308

Tendenzunternehmen (Forts)
  Sozialschutz **611** 309
Territorialitätsprinzip
  Arbeitsbedingungen **611** 637 f
  Mindestlohngesetz **611** 1353
Tertiarisierung
  Fremdpersonaleinsatz **611** 1931
Tests, psychologische
  Arbeitsplatzbezug **611** 614
  Einwilligung des Bewerbers **611** 614
  Schweigepflicht **611** 614
Testverfahren
  Zulässigkeit **611** 612
Transparenzgebot
  Arbeitsentgelt **611** 1340
  Arbeitsvertragsklauseln **611** 908 f
  Pauschalierungsabreden **611** 1464
  Tariflohnerhöhung **611** 912
  Teilbefristungen **611** 933
  Verfallklausel **611** 1659
  Vertragsstrafe **611** 1294
  Weisungsrecht **611** 961
  Wettbewerbsabrede **611** 1191
  Wettbewerbsverbot, nachvertragliches **611** 929
  Widerrufsvorbehalt **611** 944
Transportvertrag
  Vertrag auf Arbeit **Vorbem 611 ff** 24
Transsexualität
  Diskriminierungsverbot **611** 438, 465
Trennungsentschädigung
  Erschwerniszulage **611** 1472
Treu und Glauben
  Arbeitsverhältnis **611** 1168 ff
  Wettbewerbsunterlassung **611** 1177
Treudienstvertrag
  Arbeitsvertrag **Vorbem 611 ff** 161
  Dienstvertrag **Vorbem 611 ff** 17, 19
Treuegelder
  Fehlzeiten **611** 1476
Treuepflicht
  Arbeitnehmer **611** 1162 ff
  Arbeitnehmerinteressen **611** 1686 ff
  Verfassungstreue **611** 1237
Treueprämie
  Rückzahlungsklausel **611** 1519
Trinkgelder
  Arbeitsentgelt **611** 1400
  Auskunftsanspruch **611** 1584
  Eigentumserwerb **611** 1436
  Legaldefinition **611** 1584
  Mindestlohn **611** 1358, 1436, 1584
  Schmiergeldverbot **611** 1226
  Sittenwidrigkeitskontrolle **611** 1584
  Weiterleitung an Arbeitnehmer **611** 1584
  Zuwendungen Dritter **611** 1436 f, 1439, 1584
Tronc-System
  Einzelzuwendungsverbot **611** 1226, 1437

Truckverbot
  Sachbezüge **611** 1580 f
TVöD
  Arbeitnehmerbegriff **611** 209
  Krankenhausarzt **611** 1875
  leitende Angestellte **611** 216

Übergewicht
  Behinderungsbegriff **611** 464
Überraschungsklausel
  Einbeziehungskontrolle **611** 902 f
Überstunden
  s a Mehrarbeit
  Anordnung **612** 36
  Arbeitsbefreiung **611** 1461
  Arbeitsleistung, Umfang **611** 1075 f
  Begriff **611** 1459 f; **612** 30, 34
  Berufsausbildungsverhältnis **612** 36
  Duldung **612** 36
  Entgegennahme **612** 36
  Freizeitausgleich **611** 1461, 1463; **612** 35
  Leistungsbestimmungsrecht **611** 1075 f
  Lohnanspruch **611** 1076
  Mitbestimmung **611** 1077
  Notwendigkeit **612** 36
  Verpflichtung **611** 1076
Überstundenvergütung
  Beitragsbemessungsgrenze zur gesetzlichen Rentenversicherung **612** 32
  Beweislast **612** 63
  Dienste höherer Art **612** 32
  Gesamtarbeitszeit **612** 32
  Koalitionsfreiheit, negative **612** 31
  Pauschale **611** 1463 f
  Tarifvertrag **612** 31
  Teilzeitarbeit **612** 32
  Vereinbarung **612** 30
  Vergütung, erfolgsbezogene Vergütung **612** 33
  Vergütungsanspruch **611** 1460 ff, 1461; **612** 30 ff
  Verkehrssitte **612** 31
  Zeitraum, kurzer **612** 34
Überstundenzuschlag
  Beweislast **612** 62
  Mindestlohn **611** 1359
  Vergütungsanspruch **611** 1076, 1462
Übung, betriebliche
  s Betriebsübung
Umgruppierung
  Beteiligungsrecht des Betriebsrats **611** 864
  Normenvollzug **611** 864
  Zustimmung des Betriebsrats **611** 856, 869
Umkleidezeiten
  Arbeitsschutz **612** 38
  Arbeitszeit **611** 1065; **612** 38
  Vergütung **612** 38
Umsatzbeteiligung
  Erfolgsbezogenheit **611** 1411

Umsatzbeteiligung (Forts)
  Tantieme **611** 1440
Umschulung
  Allgemeines Gleichbehandlungsgesetz
    611 426
  Arbeitsverhältnis **611** 300
  Berufsbildungsvertrag **611** 300
  Kündigungsausschluss **611** 300
  Zweckerfüllung **611** 300
Umzugskosten
  Aufwendungsersatzanspruch **611** 1743
Unfallverhütungsvorschriften
  Satzungsrecht **611** 752
  Schadensvermeidungspflicht **611** 1250
Unfallversicherung
  Sozialversicherung **Vorbem 611 ff** 110, 112
Unfallversicherung, gesetzliche
  Dienstordnungs-Angestellte **611** 295 f
  Personenschäden **611** 928, 1733 ff
    Finanzierungsargument **611** 1734
  Versicherungsfall **611** 1735 ff
    Arbeitsunfall **611** 1736
    Tätigkeit, betriebliche **611** 1737
    Vorsatz **611** 1738
Universitätsklinik
  Tarifvertrag **611** 1875
Unmöglichkeit
  Annahmeverzug **611** 1117
  Anspruch auf die Gegenleistung **611** 1274
  Arbeitsleistung **611** 1327, 1557
  Arbeitszeitversäumung **611** 1270
  Dienstleistungspflicht **611** 1094 ff, 1097 ff; **613** 5, 7
  faktische Unmöglichkeit **611** 1094
  Kündigung **611** 1109
  rechtliche Unmöglichkeit **611** 1099
  Schadensersatzanspruch **611** 1109; **613** 7
  Verantwortlichkeit des Schuldners **611** 1557
  Vergütungsanspruch **611** 1108 f
  Vertragsstrafe **611** 1109
  Vertretenmüssen des Dienstverpflichteten **611** 1275; **613** 7
Unternehmen
  Begriff **611** 248, 250, 252, 259, 261 ff
    Handelsrecht **611** 262
  Gemeinschaftsunternehme **611** 265
  Kündigungsschutz **611** 260
  Leitungsautonomie **611** 265
  Organisationsautonomie **611** 265
  Organisationseinheit **611** 252, 264 ff
  Planungsautonomie **611** 265
  Vermögenszuordnung **611** 256
  Wirkungseinheit **611** 266
  Zuständigkeitsordnung **611** 256
  Zweckbestimmung **611** 264
Unternehmensleitung
  Arbeitnehmereigenschaft **611** 431

Unternehmensmitbestimmung
  Arbeitnehmervertreter **Vorbem 611 ff** 177
  Konzerneinheit **611** 278
Unternehmensverfassung
  Begriff **611** 784
Unternehmer
  Arbeitgebereigenschaft **611** 114
  Begriff **611** 114
  Dienstleistungspflicht **613** 8
Unternehmerarbeiter
  Erfüllungsgehilfeneigenschaft **611** 134
Unternehmerfreiheit
  Betriebsänderung **611** 857
  Bezugnahmeklausel **611** 832 ff
Unterrichtungspflicht des Arbeitgebers
  Arbeitsverhältnis **611** 617
  Vertragsanbahnung **611** 617
Untersuchungen, ärztliche
  Freistellungsanspruch **611** 1823
Unverzichtbarkeit
  Tarifansprüche **611** 805 ff
upwards mobbing
  Begriff **611** 1789
Urheberrecht
  Arbeitnehmer-Urheberrecht **611** 1265 ff
  Computerprogramme **611** 1267
  Nutzungsrechte **611** 1266
  Schöpferprinzip **611** 1266
  Urheberpersönlichkeitsrecht **611** 1266
Urlaub
  Arbeitsbefreiung **611** 1821
  Dauer **611** 1835 f
  Erholungsurlaub **611** 1821, 1828 ff
    s a dort
  Freistellung, unwiderrufliche **611** 1843
  Kalenderjahr, Befristung auf **611** 1847
  Mindesturlaub **611** 1832
  Mitbestimmungsrecht des Betriebsrats **611** 1844
  Selbstbeurlaubung **611** 1845
  Tarifdispositivität **611** 1863
  Wartezeit **611** 298
  Wunschberücksichtigung **611** 1842, 1844
Urlaubsabgeltungsanspruch
  Abgeltungsverbot **611** 1859
  Abtretbarkeit **611** 1829
  Altersteilzeit **611** 1860
  Arbeitsverhältnis, Beendigung **611** 1859 ff
    Tod des Arbeitnehmers **613** 17 ff
    – Urlaubsabgeltungsanspruch, bestehender **613** 18
    – Urlaubsanspruch, bestehender **613** 18
  Betriebsübergang **611** 1860
  effet utile **613** 18
  Geldanspruch **611** 1862; **613** 18
  Inhaltskontrolle **613** 18
  Mindesturlaubsanspruch **613** 18
  Pfändbarkeit **611** 1829
  Schadensersatz **613** 19

Urlaubsabgeltungsanspruch (Forts)
   Surrogat des Urlaubsanspruchs **611** 1862; **613** 18 f
   Vererblichkeit **611** 1862; **613** 17 ff
   Verfallklausel **611** 1657
Urlaubsanspruch
   Altersdiskriminierung **611** 477
   Arbeitnehmer **611** 1834
   arbeitnehmerähnliche Personen **611** 236, 1834
   Arbeitsfähigkeit **611** 1838
   Arbeitstage, regelmäßige **611** 1835
   Arbeitsverhältnis, bestehendes **611** 1834
   Ausscheiden aus dem Arbeitsverhältnis **611** 1839
   Ausschlussfristen **611** 810
   Einheitsanspruch **611** 1828
   Entgeltzahlungspflicht **611** 1828
   Erfüllung **611** 1859
   Erlöschen **611** 1846 ff
   Ersatzurlaubsanspruch **611** 1847, 1854
   Höchstpersönlichkeit **613** 16
   Mindesturlaub **611** 1835
   Rechtshängigkeit **613** 18
   Tarifvertrag **611** 1835 f
   Teilurlaubsanspruch **611** 1837, 1839 f
   Unpfändbarkeit **611** 1829
   Unübertragbarkeit **611** 1829
   Urlaubsrecht **611** 1831
   Verfallklausel **611** 1657
   Verjährungsfristen **611** 810
   Vertragsfreiheit **611** 1836
   Vollurlaub **611** 1835
   Wartezeit **611** 1834, 1837, 1839
   Werktage **611** 1835
Urlaubsentgeltanspruch
   Abtretbarkeit **611** 1829
   Berechnung **611** 1855 ff
   Erholungsurlaub, bezahlter **611** 1855 f
   Geldfaktor **611** 1857
   Lebensstandardprinzip **611** 1855 f
   Lohnfortzahlung **611** 1562, 1828
   Pfändbarkeit **611** 1829
   Referenzmethode **611** 1856
   Vererblichkeit **611** 1829
   Zeitfaktor **611** 1857
Urlaubserteilung
   Nebenpflicht **611** 1828
Urlaubsgeld
   Mindestlohn **611** 1361 f
   Sondervergütung **611** 1858
Urlaubsgeldanspruch
   Betriebsübung **611** 1858
   Gleichbehandlungsgrundsatz **611** 1858
   Unpfändbarkeit **611** 1829
   Unübertragbarkeit **611** 1829
   Vereinbarung **611** 1858
Urlaubsgewährung
   Arbeitgeber, früherer **611** 1840

Urlaubsgewährung (Forts)
   Kalenderjahr **611** 1846
   Leistungsbestimmungsrecht **611** 1841
   Schadensersatz **611** 1847
   zusammenhängende Urlaubsgewährung **611** 1842
Urlaubsgrundsätze
   Mitbestimmungsrecht **611** 1841
Urlaubsjahr
   Erholungsurlaub **611** 1852 ff
   Kalenderjahr **611** 1839
Urlaubskasse
   Tarifnormen **611** 789
Urlaubsplan
   Mitbestimmungsrecht **611** 1841
Urlaubsübertragung
   Erkrankung **611** 1838, 1848 ff
   Folgejahr **611** 1848
   Teilurlaubsansprüche **611** 1848
USA
   Kündigung, Zulässigkeit **611** 498

Verantwortungszulage
   Versicherungswirtschaft **611** 1480
Verbandsaustritt
   Bezugnahme **611** 832
Verbandstarifvertrag
   Begriff **611** 762
   Benachteiligungsverbot **611** 433
   firmenbezogener Verbandstarifvertrag **611** 762
Verbandswechsel
   Bezugnahme **611** 832
Verbesserungsvorschläge, technische
   Begriff **611** 1258
   Mitbestimmungsrecht **611** 1264
   Vergütung **611** 1263
Verbot, gesetzliches
   Abschlussverbote **611** 646
   Arbeitsleistung **611** 647
   Arbeitsvertrag **611** 646 ff, 715 ff
   Beschäftigungsverbote **611** 646
   Dienstvertrag **611** 645 ff
Verbrauchereigenschaft
   Arbeitnehmer **611** 123, 128, 131
Verdachtskündigung
   Schmiergeldannahme **611** 1229
   Wiedereinstellungsanspruch **611** 541
   Wirksamkeit **611** 537
Verdienst, anderweitiger
   Anzeigepflicht **611** 1247
Verdienstsicherungsklausel
   Tariflohnerhöhung **611** 803, 913
Verein
   Arbeitnehmerschutzrecht **611** 108
   Dienstleistungen für einen Verein **611** 108
Vereinigungen
   Koalition
     s dort

Vereinsmitglied
  Dienstleistungserbringung **611** 108
Verfallklausel
  AGB-Kontrolle **611** 1659
  Arbeitsvertrag **611** 1659
  Auslegung **611** 1657
  Ausschlussfrist **611** 1654
  Einbeziehungskontrolle **611** 1659
  Inhaltskontrolle **611** 1659
  Mindestfrist **611** 1656
  Mindestlohn **611** 1655, 1659
  Sozialplan **611** 1655
  Transparenzgebot **611** 1659
  Urlaubsabgeltungsanspruch **611** 1657
  Urlaubsanspruch **611** 1657
Verfassungstreue
  Fragerecht des Arbeitgebers **611** 583
Vergleich
  Ausgleichsquittung **611** 1679, 1684
Vergütung
  aktienkursorientierte Vergütung **611** 1441
  Arbeitsentgelt **611** 1307, 1310; **612** 2
    s a dort
  Art **611** 1317
  Begriff **611** 1307 f, 1310
  Berechnung **611** 1321
  Beweislast **612** 62 f
  Darlegungslast **612** 62 f
  Dienste, geleistete **611** 1311
  Dienstvertrag **Vorbem 611 ff** 41; **611** 1, 3 f, 366; **612** 1
  erfolgsbezogene Vergütung **612** 33
  Erwartung einer Vergütung **612** 8 ff, 20 ff, 39 f
    familienrechtliche **612** 24
    fehlgegangene Vergütungserwartung **612** 25
    Gefälligkeitsleistung **612** 23
    Umkleidezeiten **612** 38
  Gegenleistung **611** 1308, 1313 f, 1316
  Gegenseitigkeitsverhältnis **611** 1554
  Geldschuld **611** 1398
  Grundvergütung **611** 1320, 1458
  Hauptpflicht **611** 1686
  Höhe **611** 1318; **612** 40 ff, 63
    nicht bestimmte Höhe **612** 40
  Irrtum über die Vergütungspflicht **612** 17
  Leistungen, vermögenswerte **611** 1320
  Leistungsbestimmungsrecht **612** 50, 61
  Leistungsort **611** 1324 f
  Leistungszeit **611** 1322 f
  Mehrleistung **612** 25 ff
  Mindestlohn
    s dort
  Naturalvergütung **611** 1399, 1402 ff
  Nichtigkeit der Vergütungsvereinbarung **612** 42 ff
  Sittenwidrigkeit **611** 635, 655, 1339; **612** 49
  Sondervergütungen **611** 1315

Vergütung (Forts)
  stillschweigend vereinbarte Vergütung **Vorbem 611 ff** 1; **611** 4, 22, 84, 366; **612** 4 ff, 11 ff, 40 f
    Fiktion **612** 5 ff, 15 ff
    Taxe **612** 50 ff
      s a dort
  Tod des Dienstberechtigten **611** 1312
  übliche Vergütung **611** 1319; **612** 50, 56 ff
    Altersdiskriminierung **612** 60
    Ausschlussfristen **612** 59
    Fehlen **612** 61
    Geschlechtsdiskriminierung **612** 60
    Tariflohn **612** 58 f
  Unwirksamkeit der Vergütungszusage **612** 18 f
  Vereinbarung, stillschweigende **611** 1309
  Vergütungsvereinbarung, Fehlen **612** 6
  Vertragsauslegung, ergänzende **612** 50, 61
  Vertragsfreiheit **611** 1026
  Werkvertrag **Vorbem 611 ff** 41; **612** 2
  Zusammensetzung **611** 1320 f, 1674
  Zuschläge **611** 1320, 1458 ff
Verhältnismäßigkeitsgrundsatz
  Arbeitskampf **611** 1143 f
Verhaltensdaten
  Mitbestimmungsrecht **611** 1780
Verheiratetenzulage
  Sozialzulage **611** 1474
Verjährung
  Arbeitsrecht **611** 1647
  Betriebsrentenstammrecht **611** 1647
  Dienstvertrag **611** 1647
  Einrede **611** 1653
  Leistungsverweigerungsrecht **611** 1653
  Verjährungsbeginn **611** 1649
  Verjährungsfristen **611** 1648 f
    Verkürzung **611** 1651, 1658
    – Inhaltskontrolle **611** 1651
    Verlängerung **611** 1652
  Verjährungshemmung **611** 1650
Verjährungsfristen
  Tarifnormen **611** 809 f
Verkehrssitte
  Dienstvertrag **611** 722
  Erwartung einer Vergütung **612** 22 f, 38
  Überstundenvergütung **612** 31
Verlagsunternehmen
  Kündigungsschutz **611** 308
Verlagsvertrag
  Vertrag sui generis **611** 1930
Verleger
  Heimarbeit **611** 239
Verleiher
  Annahmeverzug **611** 150
Vermögen
  Diskriminierungsverbot **611** 1387
Vermögensschutzpflicht
  Fürsorgepflicht **611** 1759

Vermögenswirksame Leistungen
  Betriebsvereinbarung **611** 844
  Lohnverwendungsabrede **611** 1641
  Mindestlohn **611** 1360
  Vergütungsbestandteil **611** 1522
Verpfändung
  Lohnanspruch **611** 1607
Verpflichtungsbescheid
  Arbeitsverhältnis **611** 409
Verschlechterungsverbot
  Ausschlussfristen **611** 506
Verschwiegenheitspflicht
  Arbeitnehmer **611** 1201 ff
    andere Arbeitnehmer **611** 1203
  Arbeitsverhältnis, Beendigung **611** 1214 f
  Arbeitsverhältnis, bestehendes **611** 1211
  Arbeitsvertrag **611** 1215
  Betriebsgeheimnisse **611** 1201 f, 1205, 1211, 1215
  Betriebsratsmitglieder **611** 1216 f
    Ersatzmitglieder **611** 1216 f
  Erweiterung **611** 1205, 1215
  Gehaltshöhe **611** 1205
  Geheimhaltungsinteresse **611** 1207
  Geschäftsgeheimnisse **611** 1201 f, 1205, 1211, 1215
  gegenüber Gewerkschaft **611** 1201, 1820
  Inhaltskontrolle **611** 1205
  Kündigung **611** 1213
  Meinungsäußerungsfreiheit **611** 1205
  Missstände im Unternehmen **611** 1207 f
  Mitbestimmungsrecht **611** 1206
  öffentlicher Dienst **611** 1204
  Person des Arbeitgebers **611** 1203
  Schadensersatz **611** 1213
  Strafverfahren **611** 1207
  Tarifvertrag **611** 1215
  Unterlassungsverpflichtung **611** 1213
  Verletzungshandlung **611** 1211
Versetzung
  Alter des Arbeitnehmers **611** 466
  Arbeitsbereich, Zuweisung **611** 1047, 1050
    Leistungsverweigerungsrecht **611** 1120
  Auswahlrichtlinien **611** 1699
  Beschäftigungsart **611** 1050
  Betrieb, anderer **611** 1050
  Direktionsrecht des Arbeitgebers **611** 965
  Diskriminierungsbekämpfung **611** 479
  Gleichbehandlungspflicht, Verletzung **611** 1028
  Legaldefinition **611** 1050
  Personalvertretung **611** 1051
  Tätigkeit, geringwertige **611** 963
  Tätigkeit, höherwertige **611** 963
  Zustimmung des Betriebsrats **611** 856, 869, 963, 1050, 1699
Versetzungsklauseln
  Inhaltskontrolle **611** 937 ff
  Kündigung, betriebsbedingte **611** 937

Versicherungen
  Bestandspflegeprovisionen **611** 1433
  Tätigkeitszulage **611** 1480
  Verantwortungszulage **611** 1480
  Vergütungsregelung **611** 1339, 1397
Versicherungsrenten
  Pfändungsschutz **611** 1593
Versicherungsvertreter
  Gerichtsstand **611** 1908
  Handelsvertreterrecht **611** 1908
  Vertretungsmacht **611** 1908
Versorgung, medizinische
  Entgeltfortzahlung **611** 1854
Versorgungsanwartschaft
  Abfindung **611** 1544
  Altersgrenze **611** 1541
  Unverfallbarkeit **611** 1541
Versorgungsehe
  Spätehenklauseln **611** 477
Versorgungsfall
  Ruhestandsverhältnis **611** 1545
Versorgungssysteme, betriebliche
  Altersgrenzen **611** 477
Versorgungszusage
  Anwartschaftsrecht **611** 1542
  Betriebsübung **611** 985, 1542
  Betriebsvereinbarung **611** 1543
  Gleichbehandlungsgrundsatz **611** 1013
  Tarifvertrag **611** 1543
Vertrag auf Arbeit
  Auftrag **Vorbem 611 ff** 24
  Dienstvertrag **Vorbem 611 ff** 3, 23 f, 62
  Verwahrungsvertrag **Vorbem 611 ff** 24
  Werkvertrag **Vorbem 611 ff** 3, 23 f, 62
Vertrag, gegenseitiger
  Dienstvertrag **Vorbem 611 ff** 1, 68; **611** 3 f, 84, 363
  Gesellschaftsvertrag **Vorbem 611 ff** 74
Vertrag, gemischter
  Dienstvertragselement **Vorbem 611 ff** 81, 83
  im engeren Sinne **Vorbem 611 ff** 83, 87
  Kombinationsvertrag **Vorbem 611 ff** 83, 85
  Typenvermengung **Vorbem 611 ff** 83, 87
  Vertrag, doppeltypischer **Vorbem 611 ff** 83, 86
  Zwillingsvertrag **Vorbem 611 ff** 83, 85
  Zwittervertrag **Vorbem 611 ff** 83, 86
Vertrag, typenfremder
  Dienstvertragselement **Vorbem 611 ff** 82
Vertragsänderungsangebot
  Maßregelungsverbot **612a** 14, 24
Vertragsanbahnung
  Schadensvermeidungspflicht **611** 618 ff
  Unterrichtungspflicht des Arbeitgebers **611** 617
Vertragsdurchführung
  Arbeitnehmereigenschaft **611** 30, 70 f, 78
  Geschäftsinhalt **Vorbem 611 ff** 25; **611** 61

Vertragsfreiheit
  Arbeitsentgelt **611** 1338 f
  Arbeitsverhältnis **611** 69, 723
  Arbeitsvertrag **Vorbem 611 ff** 105, 161, 164
  Dienstleistungserbringung **Vorbem 611 ff** 103
  Dienstvertrag **611** 364 f, 406 ff
  Differenzierungsverbote **611** 1024
  Gewerbefreiheit **Vorbem 611 ff** 104
  Gewerbeordnung **611** 322
  Gleichbehandlungsgrundsatz **611** 1014
  Günstigkeitsprinzip **611** 796
  Mindestlohn **611** 1345
  Vergütung **611** 1026
  Vertragsbedingungen, vorformulierte **611** 1025
Vertragsinhalt
  Arbeitsverhältnis **611** 722 ff
  Gestaltungsfaktoren, Rangordnung **611** 727 ff, 732
Vertragsparität
  Billigkeitsgebot **611** 1004
Vertragsprinzip
  Arbeitsverhältnis **Vorbem 611 ff** 159; **611** 951, 953 f
Vertragsstrafe
  Allgemeine Geschäftsbedingungen **611** 1292 ff
  Arbeitspflicht, Nichterfüllung **611** 1090, 1279, 1290 ff
  Begriff **611** 1290
  Bipolarität **611** 1290
  Formularvertrag **611** 1292 f
  Höhe **611** 1293
  Inhaltskontrolle **611** 940
  Kündigungserschwerung **611** 1295
  Präventivfunktion **611** 1290
  Schadensersatzfunktion **611** 1290
  Transparenzgebot **611** 1294
  Unmöglichkeit **611** 1109
  Verhaltenspflichten **611** 1290
Vertragstheorie
  Arbeitsverhältnis **611** 641 ff, 698
  Betriebsübung **611** 972, 996
Vertragstreue
  Arbeitsrecht **Vorbem 611 ff** 148; **611** 677, 897
  Dienstvertrag **Vorbem 611 ff** 17; **611** 1163
Vertragsübernahme
  Dienstvertrag **613** 30
Vertragsverhandlungen
  Abbruch **611** 618
  Hinweispflicht des Arbeitgebers **611** 619
  Vertrauensschaden **611** 618
Vertrauensgrundlage
  Beschäftigungspflicht, Wegfall **611** 1702
Vertrauensschutz
  Tarifnormen, Rückwirkung **611** 813

Vertrauenswürdigkeit
  Eigenschaft, verkehrswesentliche **611** 665
Vertretungsmacht
  Dienstvertrag **611** 645
Vertretungsprofessoren
  Dienstverhältnis, öffentlich-rechtliches **611** 335
Verwirkung
  Mindestlohnanspruch **611** 1373
  Mobbingansprüche **611** 1800
  Rechtsausübung, unzulässige **611** 1666 f
  Tarifansprüche **611** 808
  Treu und Glauben **611** 1665
  Umstandsmoment **611** 1665, 1800
  Zeitablauf **611** 1666 f
  Zeitmoment **611** 1665, 1800
Verzicht
  Betriebsvereinbarung **611** 1670
  Entgeltfortzahlungsansprüche **611** 1669
  Lohnanspruch **611** 1671
  Mindestlohnanspruch **611** 1372
  Rechte, tarifliche **611** 1670
  Tarifansprüche **611** 806
  Tatsachenvergleich **611** 807
  Urlaubsansprüche **611** 1669
Verzugszinssatz
  Arbeitsverhältnis **611** 128 f
Videoüberwachung
  Mitbestimmungsrecht **611** 1780
Völkerrecht
  Arbeitsvölkerrecht **611** 750
Volkshochschuldozenten
  Arbeitnehmereigenschaft **611** 40
  Nebenberuf **611** 93
Vollarbeit
  Vergütung **611** 1071
Vollzeitbeschäftigung
  Arbeitnehmereigenschaft **611** 92
  Arbeitsverhältnis **611** 89
  Maßregelungsverbot **612a** 8
Volontäre
  Allgemeines Gleichbehandlungsgesetz **611** 426
  Arbeitnehmereigenschaft **611** 301
  Maßregelungsverbot **612a** 8
  Verbrauchereigenschaft **611** 132
Volontärverhältnis
  Arbeitsverhältnis **Vorbem 611 ff** 68; **611** 301
  Verbrauchervertrag **611** 301
Vorausabtretung
  Lohnanspruch **611** 1607
Vorbeschäftigungsverbot
  Fragerecht des Arbeitgebers **611** 570
Vorruhestandsgeld
  Maßregelungsverbot **612a** 24
Vorruhestandsverhältnis
  Schmiergeldverbot **611** 1229
Vorschlagswesen, betriebliches
  Mitbestimmungsrecht **611** 1259

Vorschlagswesen, betriebliches (Forts)
　Verbesserungsvorschlag 611 1259
Vorschuss
　Abrechnung 611 1674
　Aufwendungsersatzanspruch 611 1750
　Gehaltsvorschuss 611 1533 f
Vorstandsmitglieder
　Anstellungsverhältnis 611 351 f
　　Nichtigkeitsfolgen 611 699
　　Weiterführung nach Beendigung der Organstellung 611 650
　Arbeitnehmereigenschaft 611 352 f, 431
　Organstellung 611 351
　Vergütung 611 1396
　Vergütungsregelung 611 1339
Vorstellungsgespräch, Einladung
　invitatio ad offerendum 611 368
Vorstellungskosten
　Ausgleichsklausel 611 624
　Erstattungspflicht 611 623 f, 1748
　Fahrtkosten 611 623
　Flugkosten 611 623
　Kostenübernahme, Ausschluss 611 623
　Notwendigkeit 611 623
　Übernachtungskosten 611 623
　Verdienstausfall 611 623
　Verpflegungskosten 611 623
　Zuschuss 611 625
Vorstrafen
　Anfechtungsgrund 611 664
　Fragerecht des Arbeitgebers 611 596 ff
　　Arbeitsplatzbezug 611 597
　Offenbarungspflicht des Arbeitnehmers 611 603
　Recht zur Lüge 611 596, 598
Vorverhandlungen
　Dienstvertrag 611 368
Vorvertrag
　Abschlussgebote 611 534
　Dienstvertrag 611 371

Warnzweck
　s a Rechtsanwaltsvertrag
Wechsel
　Arbeitsentgelt 611 1625
Wechselschichtzulage
　Vergütungsanspruch 611 1470, 1472
Wegegeld
　Mindestlohn 611 1360
Wegfall der Geschäftsgrundlage
　Arbeitnehmereigenschaft 611 76
Wehrdienst
　Anzeigepflicht 611 1247
　Maßregelungsverbot 612a 11
　Vorladung Wehrpflichtiger 611 1823
Weihnachtsgeld
　Mindestlohn 611 1362
Weihnachtsgratifikation
　Monatsbezug 611 1517 f

Weihnachtsgratifikation (Forts)
　Rechtsbindung 611 1505
　Rückzahlungsklausel 611 1517 f
　Wartezeit 611 1503
Weimarer Reichsverfassung
　Arbeitsrecht **Vorbem 611 ff** 136, 147; 611 307
　Regelungsautonomie 611 307, 320
　Religionsgemeinschaften, Selbstbestimmungsrecht 611 307
　staatsbürgerliche Rechte, Wahrnehmung 611 1158
Weimarer Republik
　Achtstundentag **Vorbem 611 ff** 116
　Allgemeinverbindlicherklärung **Vorbem 611 ff** 117
　Arbeitnehmerbeteiligung **Vorbem 611 ff** 115
　Arbeitsgerichtsbarkeit **Vorbem 611 ff** 118
　Arbeitsrecht **Vorbem 611 ff** 113 ff
　　Gesetzgebungskompetenz **Vorbem 611 ff** 114
　Betriebsverfassung **Vorbem 611 ff** 117
　Erwerbslosenfürsorge **Vorbem 611 ff** 116
　Koalitionsfreiheit **Vorbem 611 ff** 114
　Massenentlassungen, Kündigungsschutz **Vorbem 611 ff** 116
　Regelungsautonomie, kollektive **Vorbem 611 ff** 117
　Schwerbeschädigtenrecht **Vorbem 611 ff** 116
　Tarifauseinandersetzung **Vorbem 611 ff** 117
　　Einlassungszwang **Vorbem 611 ff** 117
　　Verbindlichkeitserklärung **Vorbem 611 ff** 117
　Zwangstarif **Vorbem 611 ff** 117
Weisungsgebundenheit
　Abhängigkeit, organisatorische 611 29
　Arbeitnehmereigenschaft 611 28 ff, 34 ff
　fachliche Weisungsgebundenheit 611 29, 34 f
　Fremdnützigkeit der Arbeitsleistung 611 29
　örtliche Weisungsgebundenheit 611 29, 36 ff
　zeitliche Weisungsgebundenheit 611 29, 36 ff
Weisungsrecht
　s a Direktionsrecht des Arbeitgebers
　Arbeitsleistung 611 962 ff
　Arbeitsverhältnis 611 725, 727, 951
　Beschäftigung in fremdem Betrieb 611 135
　Betriebsvereinbarung 611 1040
　Dienstvertrag 611 135
　Einzelweisungen 611 962
　Ermessen, billiges 611 727, 959 f
　Erweiterung 611 961
　　Ausübungskontrolle 611 961
　　Wirksamkeitskontrolle 611 961

Weisungsrecht (Forts)
  Feststellungsklage des Arbeitnehmers **611** 960
  Gewerbeordnung **611** 322
  Konzernunternehmen **611** 282
  Rechtsquellen, höherrangige **611** 957
  Tarifvertrag **611** 1040
  Transparenzgebot **611** 961
  Übertragbarkeit **613** 26, 32
  Werkvertrag **611** 135
Weiterbeschäftigung
  Sachgrund **611** 530
  Schriftform **611** 530
  Unzumutbarkeit **611** 1706
  Vereinbarung **611** 530 f
Weiterbeschäftigungsanspruch
  allgemeiner Weiterbeschäftigungsanspruch **611** 529, 1716 ff; **612** 14
    Ausschluss **611** 1727
  Arbeitsverhältnis, Befristung **611** 1721
  Konzernbezug **611** 283
  Kündigung, ordentliche **611** 860
  Kündigungsrechtsstreit **611** 528 ff, 1714 ff; **612** 14
  Vergütungsanspruch **612** 14
Weiterbeschäftigungspflicht
  s Weiterbeschäftigungsanspruch
Weiterbeschäftigungsverhältnis
  Arbeitsverhältnis, auflösend bedingtes **611** 528
  Kündigung, Wirksamkeit **611** 1726
Weiterentwicklung
  Arbeitnehmer **611** 1699
Weltanschauung
  Anforderung, berufliche **611** 470
  Begriff **611** 461
  Diskriminierungsverbot **611** 417, 424, 457 f, 461, 467 ff
    Entgeltgleichheit **611** 1386
  Loyalitätsobliegenheiten **611** 471
Werk
  Persönlichkeitsrecht **611** 1256
  Verwertungsrechte **611** 1256
Werkdienstwohnung
  Arbeitsvertrag **Vorbem 611 ff** 86; **611** 1403
  Naturallohn **611** 1403
Werklieferungsvertrag
  Kaufvertrag **Vorbem 611 ff** 64
  Sachen, nicht vertretbare **Vorbem 611 ff** 65
Werkmeister
  Angestelltenbegriff **Vorbem 611 ff** 137; **611** 196, 198
Werkmietwohnung
  Dienstvertrag **Vorbem 611 ff** 86
  Kündigung des Mietverhältnisses **611** 1404
  Mietvertrag **611** 1404
  Mitbestimmungsrecht **611** 1550
  Naturallohn **611** 1404

Werkstätten für behinderte Menschen
  arbeitnehmerähnliche Personen **611** 237, 246
  Arbeitsentgelt **611** 246
  Arbeitsverhältnis **611** 246
  Kündigungsrecht **611** 246
  Leistungsbescheid, Aufhebung **611** 246
  Rechtswegzuständigkeit **611** 246
  Werkstattfähigkeit **611** 246
Werkstudenten
  Arbeitnehmereigenschaft **611** 304
  Mindestlohn **611** 1348
Werkswohnung
  Zurückbehaltungsrecht **611** 1621
Werkvertrag
  Abgrenzung **Vorbem 611 ff** 23 ff, 54; **611** 57
    de lege ferenda **Vorbem 611 ff** 48 ff
  Abgrenzung Arbeitnehmerüberlassung/Werkvertrag **611** 157 ff
  Arbeitgeber **611** 158
  Arbeitsleistung **Vorbem 611 ff** 45
  Begriff **Vorbem 611 ff** 10
  Beschaffung des Stoffs durch den Unternehmer **Vorbem 611 ff** 64
  Dienstvertragsrecht **Vorbem 611 ff** 38
  Eigentumserwerb **Vorbem 611 ff** 63 f
  Entgeltgestaltung **Vorbem 611 ff** 41
  Entgeltrisiko **Vorbem 611 ff** 40 ff, 52
  Erfolg **Vorbem 611 ff** 27 f, 30, 33 f, 47, 62; **611** 19, 57
  Erfüllungsgehilfen **611** 158, 160
  Fixschuld **Vorbem 611 ff** 45
  Gefahrtragung **Vorbem 611 ff** 40 ff
  Gewährleistungsrecht **Vorbem 611 ff** 39
  Herstellung einer Sache **Vorbem 611 ff** 63
  Kündigung **Vorbem 611 ff** 23, 39
  Leistung von Arbeit **Vorbem 611 ff** 2
  Leistungsgegenstand **Vorbem 611 ff** 26 f
  Leistungshandlung **Vorbem 611 ff** 42
  Leistwerk **Vorbem 611 ff** 45
  Leitbild, soziales **Vorbem 611 ff** 31 f
  Mängelhaftung **Vorbem 611 ff** 23
  Mangelfreiheit **Vorbem 611 ff** 46
  Scheinwerkvertrag **611** 158
  Selbständigkeit **Vorbem 611 ff** 31, 51
  Sicherungsrechte **Vorbem 611 ff** 23
  Substratsgefahrtragung **Vorbem 611 ff** 47
  Tätigkeit, handwerkliche **Vorbem 611 ff** 29, 32
  Veränderung einer Sache **Vorbem 611 ff** 63
  Vergütung, stillschweigend vereinbarte **612** 6
  Vergütungsanspruch **Vorbem 611 ff** 41; **612** 2
  Vertrag auf Arbeit **Vorbem 611 ff** 3, 23 f, 62
  Vertragstyp **Vorbem 611 ff** 33 ff
  Weisungen **Vorbem 611 ff** 30; **611** 57
  Weisungsrecht **611** 135, 157, 160

Werkzeug
  Zurückbehaltungsrecht **611** 1621
Wertguthabenvereinbarung
  Insolvenzsicherungspflicht **611** 1081
  Mindestlohn **611** 1367
Wettbewerb, unlauterer
  Betriebsgeheimnisse **611** 1188
  Geschäftsgeheimnisse **611** 1188
Wettbewerbsabrede
  Arbeitnehmer **611** 323
  Aushändigung der Urkunde **611** 1190
  Auszubildende **611** 1190
  Fortkommenserschwerung **611** 1189 f
  Handlungsgehilfen **611** 1189
  Inhaltskontrolle **611** 1191
  Interesse, berechtigtes **611** 1190
  Karenzentschädigung **611** 1190
  Minderjährigkeit des Vertretenen **611** 1190
  Nichtigkeit **611** 1190, 1192
  Schriftform **611** 1190
  Transparenzgebot **611** 1191
  Unverbindlichkeit **611** 1190, 1192
  Wettbewerbsverbot, nachvertragliches **611** 1189
Wettbewerbsverbot
  Abschlussverbot **611** 553
  Arbeitnehmer **611** 1176 ff
  Arbeitsverhältnis **611** 1178 f
    gekündigtes Arbeitsverhältnis **611** 1178
  Auskunftsanspruch **611** 1185
  Berufsausbildungsverhältnis **611** 298
  Berufsfreiheit **611** 1176
  Beweislast **611** 1185
  Fragerecht des Arbeitgebers **611** 570
  Handlungsgehilfen **611** 1176, 1182 f
  Herausgabeanspruch **611** 1245
  Offenbarungspflicht des Arbeitnehmers **611** 603
  Übertragbarkeit **613** 23
  Verjährung **611** 1183
Wettbewerbsverbot, nachvertragliches
  Arbeitsverhältnis, Beendigung **611** 1188 ff
  Aufhebung **611** 1193
  Berufsfreiheit **611** 1189
  Gewerbeordnung **611** 322
  Handelsvertreter **611** 1913
  Konkurrenztätigkeit **611** 1179
  Konkurrenztätigkeit Dritter **611** 1180
  Lossagung **611** 1193
  Schriftform **611** 389
  Transparenzgebot **611** 929
  Urkundenaushändigung **611** 389
  Verzicht **611** 1193
  Wettbewerbshandlungen **611** 1179
Wettbewerbsverstoß
  Abmahnung **611** 1186
  Arbeitsentgelt **611** 1187
  einstweilige Verfügung **611** 1184
  Eintrittsrecht **611** 1182

Wettbewerbsverstoß (Forts)
  Gewinn, entgangener **611** 1181
  Kündigung, außerordentliche **611** 1186 f
  Lizenzanalogie **611** 1181
  Schadensersatz **611** 1181
  Unterlassungsanspruch **611** 1093, 1184
Whistleblowing
  Maßregelungsverbot **612a** 25
  Meinungsfreiheit **611** 1233
  Missstände, Anzeige **611** 1209; **612a** 25
  Schutz de lege ferenda **611** 1210
  Verschwiegenheitspflichtverletzung **611** 1207, 1209
Widerruf
  Ausübungskontrolle **611** 946
  Ermessen, billiges **611** 984
Widerrufsvorbehalt
  Dienstwagen **611** 1405
  Inhaltskontrolle **611** 941 ff
  Kombination Freiwilligkeits-/Widerrufsvorbehalt **611** 925, 941
  Leistungen, mehrere **611** 943
  Rechtsbindung **611** 984
  Reduktion, geltungserhaltende **611** 945
  Sittenwidrigkeitskontrolle **611** 942
  Transparenzgebot **611** 944
  Vereinbarung **611** 942
  Zielvereinbarung **611** 1445
Wiedereingliederungsverhältnis
  Nebenansprüche **611** 342
  Rechtsverhältnis sui generis **611** 342
  Schwerbehinderte **611** 342
  Urlaubsanspruch **611** 342
  Vergütungsanspruch **611** 342
  Zustimmung **611** 342
Wiedereinstellungsanspruch
  Aussperrung, lösende **611** 527
  Beweislast **611** 545
  Fürsorgepflicht **611** 539
  Interessen, betriebliche **611** 543
  nach Kündigung **611** 414, 537 ff
    betriebsbedingte Kündigung **611** 540
  Rechtsfortbildung **611** 539
  Schwerbehinderte **611** 523
  Treu und Glauben **611** 539
  venire contra factum proprium **611** 539
Wiedereinstellungsklauseln
  Arbeitskampf **611** 532
Wiedervereinigung
  Arbeitsrecht **Vorbem 611 ff** 128 ff
Wiesngeld
  Sondervergütung **611** 1499
Wirtschaftsausschuss
  Informationsrechte **611** 857
Wirtschaftsprüfer
  Aufgabe, berufliche **611** 1924
  Beruf, freier **611** 1925
  Berufsordnung **611** 1924

Wirtschaftsprüfervertrag
  Dienstvertrag **Vorbem 611 ff** 58; **611** 1926
  Geschäftsbesorgungsvertrag **611** 1926
  Verordnungsermächtigung **611** 1926
  Werkvertrag **Vorbem 611 ff** 58; **611** 1926
Wissenschaftliche Mitarbeiter
  Dienstleistungspflicht **613** 9
  Dienstverhältnis, öffentlich-rechtliches **611** 335
Wissenschaftszeitvertragsgesetz
  Befristung **611** 374
Witterung
  Abschlussgebote, tarifvertragliche **611** 532, 778
Wochenarbeitszeit
  Dienstleistungspflicht **611** 1056, 1059
Wucher
  Nichtigkeit des Arbeitsvertrages **611** 655 f

Zahnarzt
  Gebührenordnung für Zahnärzte **612** 53
  Hilfspersonen **613** 10
Zahngold
  Herausgabepflicht **611** 1245
Zahnprothese
  Dienstvertrag **Vorbem 611 ff** 55
  Gewährleistung **Vorbem 611 ff** 55
Zeitarbeit
  Arbeitnehmerleihe, unechte **611** 143
Zeitlohn
  Arbeitsentgelt **611** 1408 ff
Zeitungszusteller
  Mindestlohn **611** 1378 f
    Inhalt, redaktioneller **611** 1379
Zeugnis
  Arbeitnehmereigenschaft **611** 9
  Auskunftserteilung **611** 1785
  Endzeugnis **611** 1776
  Fälschung **611** 665
  Fragerecht des Arbeitgebers **611** 568
  Gewerbeordnung **611** 322
  qualifiziertes Zeugnis **611** 1785
  Zwischenzeugnis **611** 1776
Zeugnisanspruch
  Arbeitnehmer **611** 1775
Zielvereinbarung
  Arbeitsverhältnis, Bestand **611** 1446
  Auskunftsanspruch des Betriebsrats **611** 1457
  Befristung **611** 1447
  Begriff **611** 1443
  Benachteiligung, unangemessene **611** 1446
  Betriebsvereinbarung **611** 1457
  Bonusanspruch **611** 1443, 1445 ff
  Bonushöhe **611** 1448
  Fehlzeiten **611** 1455
  Freiwilligkeitsvorbehalt **611** 1445
  Inhaltskontrolle **611** 1444, 1446 ff
  Initiativlast **611** 1449

Zielvereinbarung (Forts)
  Kundenzufriedenheit **611** 1443
  Mitbestimmungsrecht **611** 1456 f
  Personalfragebogen **611** 1457
  Rahmenabrede **611** 1443, 1456
  Sittenwidrigkeit **611** 1448
  Stichtagsklausel **611** 1446
  Tarifvertrag **611** 1457
  Umsatz **611** 1443
  unterlassene Zielvereinbarung **611** 1449 ff
  Unternehmenserfolg **611** 1443
  Weisungsrecht **611** 1044
  Widerrufsvorbehalt **611** 1445
  Zielanpassung **611** 1454
  Ziele, harte **611** 1443
  Ziele, weiche **611** 1443, 1448
  Zielerreichung **611** 1452 ff
    Publikation **611** 1453
  Zielfeststellung **611** 1452
Zielvorgabe
  Direktionsrecht des Arbeitgebers **611** 1443
  Rahmenabrede **611** 1443
  unterlassene Zielvorgabe **611** 1449 ff
Zimmervermietung
  Vertragseinordnung **Vorbem 611 ff** 84
Zivildienst
  Arbeitnehmereigenschaft **611** 343
Zivildienstleistende
  Allgemeines Gleichbehandlungsgesetz **611** 427
  Maßregelungsverbot **612a** 11
Zoll
  Mindestlohn, Kontrollrechte **611** 1342
Zugangsbedingung
  Allgemeines Gleichbehandlungsgesetz **611** 428 ff
  Alter **611** 474
  Anstellungsvertrag, Nichtverlängerung **611** 430
Zulagen
  Abrechnung **611** 1674
  Mindestlohn **611** 1359
Zurückbehaltungsrecht
  Abwendung **611** 1121
  Arbeitsentgelt **611** 1620 f
  Arbeitsleistung **611** 1118 ff
  Beweislast **611** 1122
  Informationspflicht des Arbeitnehmers **611** 1121
  Lohnpfändung **611** 1620 f
  Maßregelungsverbot **612a** 14
  Mobbing **611** 1799
  Mobbing, Nichteinschreiten gegen **611** 1119
  Vergütungsrückstände **611** 1119
Zuschläge
  Abrechnung **611** 1674
  Gegenseitigkeitsverhältnis **611** 1458 ff
  Vergütung **611** 1320

Zuwanderungsgesetz
  Arbeitserlaubnis **611** 629
Zwangsprostitution
  Sittenwidrigkeit **611** 652
Zwangsversteigerung
  Lohnforderung **611** 1624
Zwangsvollstreckung
  Arbeitsleistung **611** 1090
  Maßregelungsverbot **612a** 24
Zweckbefristung
  Schriftformerfordernis **611** 374

Zweitarbeitsverhältnis
  s a Doppelarbeitsverhältnis; s a Nebentätigkeit
  Zeitkollision **611** 1200
Zwischenmeister
  Arbeitsverhältnis, mittelbares **611** 165
Zwischenzeugnis
  Bindungswirkung **611** 1776
Zwitter
  Diskriminierungsverbot **611** 438, 465

J. von Staudingers Kommentar zum Bürgerlichen Gesetzbuch mit Einführungsgesetz und Nebengesetzen

Übersicht vom 1. 11. 2015
Die Übersicht informiert über die Erscheinungsjahre der Kommentierungen in der 13. Bearbeitung und deren Neubearbeitungen (= Gesamtwerk STAUDINGER). *Kursiv* geschrieben sind die geplanten Erscheinungsjahre.

Die Übersicht ist für die 13. Bearbeitung und für deren Neubearbeitungen zugleich ein Vorschlag für das Aufstellen des „Gesamtwerk STAUDINGER" (insbesondere für solche Bände, die nur eine Sachbezeichnung haben). Es wird empfohlen, die Austauschbände chronologisch neben den überholten Bänden einzusortieren, um bei Querverweisungen auf diese schnell Zugriff zu haben. Bei Platzmangel sollten die ausgetauschten Bände an anderem Ort in gleicher Reihenfolge verwahrt werden.

Neubearbeitungen

Buch 1. Allgemeiner Teil

Einl BGB; §§ 1–14; VerschG		1995	2004	2013	
§§ 21–89; 90–103 (1995)	1995				
§§ 21–79			2005		
§§ 80–89			2011		
§§ 90–103 (2004); 104–133; BeurkG	2004				
§§ 90–124; 130–133				2012	
§§ 90–124; 130–133				2012	
§§ 134–163		1996	2003		
§§ 134–138				2011	
§§ 139–163				2010	2015
§§ 164–240		2001	2004	2009	2014

Buch 2. Recht der Schuldverhältnisse

§§ 241–243		1995	2005	2009	2014
§§ 244–248		1997			
§§ 249–254		1998	2005		
§§ 255–292		1995			
§§ 293–327		1995			
§§ 255–314			2001		
§§ 255–304			2004	2009	2014
AGBG	1998				
§§ 305–310; UKlaG			2006	2013	
§§ 311, 311a, 312, 312a–i				2005	2013
§§ 311b, 311c				2006	2012
§§ 313, 314	*2017*				
§§ 315–327			2001	2004	2009	2015
§§ 328–361b		1995	2001		
§§ 328–359				2004	
§§ 328–345					2009	2015
§§ 346–361				2012	
§§ 362–396		1995	2000	2006	2011
§§ 397–432		1999	2005	2012	
§§ 433–534		1995			
§§ 433–487; Leasing			2004		
§§ 433–480				2013	
Wiener UN-Kaufrecht (CISG)	1994	1999	2005	2013	
§§ 488–490; 607–609			2011	2015	
VerbrKrG; HWiG; § 13a UWG	1998				
VerbrKrG; HWiG; § 13a UWG; TzWrG	1998	2001			
§§ 491–512			2004	2012	
§§ 516–534			2005	2013	
§§ 535–563 (Mietrecht 1)	1995				
§§ 564–580a (Mietrecht 2)	1997				
2. WKSchG; MÜG (Mietrecht 3)	1997				
§§ 535–562d (Mietrecht 1)		2003	2006	2011	
§§ 563–580a (Mietrecht 2)		2003	2006	2011	
§§ 535–555f (Mietrecht 1)					2014
§§ 556–561; HeizkostenV; BetrKV (Mietrecht 2)					2014
§§ 562–580a; Anh zum Mietrecht: AGG (Mietrecht 3)					2014
MietNovG 2015	2015				
Leasing				2014	
§§ 581–606		1996	2005	2013	
§§ 607–610 (siehe §§ 488–490; 607–609)	./.				
§§ 611–615		1999	2005		
§§ 611–613				2011	2015
§§ 613a–619a				2011	
§§ 616–619	1997				
§§ 616–630		2002			
§§ 620–630			2012		
§§ 631–651	2000	2003	2008	2013	
§§ 651a–651m	2001	2003	2011		
§§ 652–704	1995				
§§ 652–656		2003	2010		
§§ 652–661a					2015
§§ 657–704		2006			
§§ 675c–676c			2012		
§§ 677–704				2015	
§§ 705–740	2003				
§§ 741–764	1996	2002	2008	2015	
§§ 765–778	1997	2013			
§§ 779–811	1997	2002	2009	2015	
§§ 812–822	1994	1999	2007		
§§ 823–825	1999				
§§ 823 E-I, 824, 825		2009			
§§ 826–829; ProdHaftG	1998	2003	2009	2013	
§§ 830–838	1997	2002	2008	2012	
§§ 839, 839a	2002	2007	2013		
§§ 840–853	2002	2007	2015		

Buch 3. Sachenrecht

§§ 854–882	1995	2000	2007	2012

Neubearbeitungen

§§ 883–902	1996	2002	2008	2013
§§ 903–924; UmweltHR	1996			
§§ 903–924			2002	2015
§§ 905–924			2009	
UmweltHR		2002	2010	
§§ 925–984; Anh §§ 929 ff	1995	2004	2011	
§§ 985–1011	1993	1999	2006	2013
ErbbVO; §§ 1018–1112	1994	2002		
ErbbauRG; §§ 1018–1112			2009	
§§ 1113–1203	1996	2002	2009	2014
§§ 1204–1296; §§ 1–84 SchiffsRG	1997	2002	2009	
§§ 1–64 WEG	2005			

Buch 4. Familienrecht

§§ 1297–1320; Anh §§ 1297 ff; §§ 1353–1362	2000	2007		
§§ 1297–1352		2012	2015	
LPartG		2010		
§§ 1353–1362			2012	
§§ 1363–1563	1994	2000	2007	
§§ 1564–1568; §§ 1–27 HausratsVO	1999	2004		
§§ 1564–1568; §§ 1568 a+b			2010	
§§ 1569–1586b	2014			
§§ 1587–1588; VAHRG	1998	2004		
§§ 1589–1600d	1997	2000	2004	2011
§§ 1601–1615o	1997	2000		
§§ 1616–1625	2000	2007	2014	
§§ 1626–1633;§§ 1–11 RKEG	2002	2007	2015	
§§ 1638–1683	2000	2004	2009	2015
§§ 1684–1717	2000	2006	2013	
§§ 1741–1772	2001	2007		
§§ 1773–1895; Anh §§ 1773–1895 (KJHG)	1999	2004		
§§ 1773–1895			2013	
§§ 1896–1921	1999	2006	2013	

Buch 5. Erbrecht

§§ 1922–1966	1994	2000	2008	
§§ 1967–2086	1996			
§§ 1967–2063		2002	2010	2015
§§ 2064–2196		2003	2013	
§§ 2087–2196	1996			
§§ 2197–2264	1996	2003		
§§ 2197–2228			2012	
§§ 2229–2264			2012	
§§ 2265–2338a	1998			
§§ 2265–2338		2006		
§§ 2265–2302			2013	
§§ 2303–2345			2014	
§§ 2339–2385	1997	2004		
§§ 2346–2385			2010	

EGBGB

Einl EGBGB; Art 1, 2, 50–218	1998	2005	2013	
Art 219–222, 230–236	1996			
Art 219–245		2003		
Art 219–232			2015	
Art 233–245			2015	

EGBGB/Internationales Privatrecht

Einl IPR; Art 3–6	1996	2003		
Einl IPR			2012	
Art 3–6			2013	
Art 7, 9–12, 47,48	2000	2007	2013	
IntGesR	1993	1998		
Art 13–18	1996			
Art 13–17b		2003	2011	
Art 18; Vorbem A + B zu Art 19		2003		
Vorbem C–H zu Art 19		2009		
IntVerfREhe	1997	2005		
IntVerfREhe 1			2014	
Kindschaftsrechtl Ü; Art 19	1994			
Art 19–24		2002	2008	2014
Art 20–24	1996			
Art 25, 26	1995	2000	2007	
Art 27–37	2002			
Art 1–10 Rom I VO		2011		
Art 11–29 Rom I–VO, Art 46b, c		2011		
Art 38	1998			
Art 38–42		2001		
IntWirtschR	2000	2006	2010	2015
Art 43–46	1996	2014		

Eckpfeiler des Zivilrechts	2008	2011	2012	2014

Demnächst erscheinen

§§ 651a–651m	2001	2003	2011	2015
IntVerfREhe 2			2015	

oHG Dr. Arthur L. Sellier & Co. KG – Walter de Gruyter GmbH, Berlin
Postfach 30 34 21, D-10728 Berlin, Telefon (030) 2 60 05-0, Fax (030) 2 60 05-222